C. Faulhaber
6/87

# A CONCORDANCE TO JUAN RUIZ

## LIBRO DE BUEN AMOR

# A CONCORDANCE TO JUAN RUIZ

## *LIBRO DE BUEN AMOR*

Edited by
**Rigo Mignani**
**Mario A. Di Cesare**
and
**George F. Jones**

State University of New York Press
Albany 1977

First published in 1977 by
State University of New York Press
Albany, New York 12246

Printed in the United States of America

Library of Congress Cataloging in Publication Data

Mignani, Rigo, 1921–
A concordance to Juan Ruiz, Libro de buen amor.

1. Ruiz, Juan, Arcipreste de Hita, fl. 1343.
Libro de buen amor—Concordances.
I. Di Cesare, Mario A.
II. Jones, George Fenwick, 1916–
III. Ruiz, Juan, Arcipreste de Hita, fl. 1343.
Libro de buen amor.
IV. Title.
PQ6430.M5      861'.1      76-46390
ISBN 0-87395-322-3

# CONTENTS

Introduction                                              vii
Concordance                                                 1
Appendix I (Prose and Fragments)                          317
Appendix II (Word frequency alphabetically)               320
Appendix III (Word frequency by frequency)                326

# INTRODUCTION

The maker of a concordance might say, with a special poignancy to be appreciated only by some editors, "All texts are not equal. And some are more unequal than others."

The months of concentrated work we have put into this book during the past three years have wiped out the lingering notion that a concordance is merely the product of keypunching, wizardry in programming, and a few simple decisions. In a few uninteresting cases, this may be true. But in most instances, the concordance-maker will find he has to rethink many conventional operations if he is to avoid producing an incomprehensible mass of printout.

At the start, we considered using a modern edition to avoid the problems of the manuscripts. We also considered defining a "word," the basic particle of this work, as any combination of letters between two spaces. But these policies would have allowed the guesses of a modern editor and such forces as scribal taste, circumstance, or pronunciation vagaries, to control our work. So we went back to the manuscripts for an accurate text (a burden considerably lightened by the transcription of Criado de Val and Edward Naylor). We also learned quickly that mechanical processing of "words" as defined above would produce bizarre problems of distortion or of scattering, which would inevitably hamper the very studies a concordance should simplify. Our twin goals were to work on the basis of as authentic a text as possible, while endeavoring to make the concordance as useful as possible. This required extensive editorial labor and imaginative programming. While preserving a text that reflects the manuscripts themselves, we have normalized the word list and avoided distracting problems of spelling, uncommon usages, contractions, arbitrary forms of Latin words, reflexives, and submerged enclitics.

In the process we have sought to maintain a precarious balance in our relationship to The Machine (an IBM 370/158, in this case). We found ourselves consciously working to exploit the machine while not being subjected to it—trying to "de-computerize" our work, for instance, even though some of the results may appear trivial, objectively speaking. Sometimes, in consternation or despair, we have had to bow to its unreasoning but sternly logical requirements. Even our failures have been instructive: since The Machine could not learn semantics or lexicography for so limited a project, the necessity for increased editorial labors has perhaps added some ordinary human uncertainties to the result.

# THE TEXT

When an auctorial text or holograph is lacking (frequently in medieval works), there commonly is a traditional text assembled from the manuscript which appears most accurate and complete. Sometimes the text is based on an early edition or even on more than one manuscript. For a long time, the text of the *Libro* was just such a traditional text—first, that of Sánchez of the latter part of the eighteenth century, and then the edition of Cejador at the beginning of the twentieth century. In recent decades, however, vigorous editorial activity has produced several important critical editions—by Chiarini (1964), Corominas (1967), Willis (1972), and Joset (1974).[1] The shape of these editions has been much affected by the polemic over the two versions of the *Libro*.[2] The assumptions which an editor makes or the conclusions he reaches about the question of the two versions considerably affects his view of the stemma of the manuscripts and his editorial assumptions and practices.

All this creates a special and delicate situation for a concordance. All three manuscripts of the *Libro* have authority; none has primacy; the manuscripts differ in provenance, scribal characteristics, and conventions; the three contain spurious material by defect and by excess (e.g., meaningless forms evolved through scribal errors and then reconstruction of previous errors). Given all this, the concordance-maker is tempted to adopt a modern text. But no modern text is definitive; each has restored some of the corrupt forms, but some restorations are only guesses which may, in fact, add to the sum of spurious material, and most of the problems remain anyway.[3]

Since any modern edition, then, is one step further removed from the putative original, we turned to the manuscripts themselves. Our first question was how to "use" them? One approach would be to concord them completely and let the user discriminate. This approach had three major defects: first, it would have produced a book more than double this size and perhaps economically impossible; second, it would have required a huge job of "normalizing" all the entries, a job geometrically greater than that which we had, since the orthographic systems of the MSS, already internally inconsistent, vary much among themselves; and it would have cluttered the work.

We decided therefore to concord a complete "text" of the poem as it now exists, and to use as our base the most complete of the three manuscripts, S, complemented by the G manuscript and appropriate fragments. (T has no unique passages.) The trouble here, of course, is that this decision appears to give S prominence, as if its forms must be closer to Juan Ruiz's original than the forms of G and T. Such prominence is not our intention. We are well aware that S contains proportionately more *lectiones faciliores,* errors, omissions, and probable misreadings than do the other two MSS. But using G would imply an analogous editorial decision while increasing the likely scattering of graphic forms and the problems of normalizing. Hence, completeness became a practical criterion.

The text, therefore, that serves to define the lexical items of this concordance is an "integrated" text of the three MSS and of the fragments, with the maximum of information that would make the concordance viable. Effectively, we regard the MSS as consisting of the "same" text if the differences are only differences in orthography or function words or word-sequence or dialectal forms. On the same principle, we have limited variants from T and the rest of G to those words (about eighty in all) which do not occur in the base text.

# EDITORIAL PRINCIPLES

## THE CONCORDED TEXT

In preparing the text we have omitted all rubrics and marginalia in the MSS, since these are obviously scribal and not auctorial; we have also omitted the punctuation supplied by modern editors. However, we have used conventional line-numbering for all the verse.

We have thought it useful to transcribe the prose and the unattributed fragments at the end of this volume, so that both would be readily available; the latter are not easily accessible, and the former has to be arbitrarily lineated in any case. The coding of both the prose and the fragments refers directly to the line-numbering given here.

The text has been keypunched from the transcription of Criado de Val and Edward Naylor (2d ed.) and checked against the manuscripts themselves. The concorded text is reproduced in its integrity, even though we have normalized the vocabulary for the entry list. That is, the concorded text reproduces as closely as possible the graphic vest provided in the MSS. Neither our text nor Criado's provides a one-to-one correspondence with the MSS.[4] That is beyond our technical resources, and for any detailed study or analysis of the graphemic systems of the MSS, the basic document must be the MSS themselves, two of which (S and G) are now available in excellent facsimiles.[5]

We have included the symbols adopted by Criado de Val to mark archaic or unusual word-division in the MSS—specifically, a dash to show that the MSS divide what modern usage unites, and a space plus dash for the opposite case. In a few cases we united certain words in the entry list (e.g., trota+conventos, Sant+ander, Fuent+fria, ruy+señor, ruy+barvo) which, if left separate, would have caused misleading entries.

Criado de Val has marked with an asterisk those words which appear to be obvious copyist's errors, some 210 cases in the three MSS. Most of them are simply oversights, such as omissions of a letter or of an abbreviation sign or of a diacritical mark. We have, therefore, corrected such cases as: ago > algo, cochno > cochino, eror > error, fablande > fablalde, huefana > huerfana, metyr > mentyr, pofia > porfia. We have corrected about 50 of them (mostly in S, only 3 or 4 in G). On the other hand, we have not attempted to correct forms which could be the result of metathesis or assimilation, and which, at any rate, might have been current in some dialect. Thus we have left for the philologist's contemplation such words as: concordia, cas (for casa), desfranbrido, dellogava, despencho, gadnar, granzava, logxuria, nocheriniego, sancristan, and most of the -m endings (as in digam, leem, ordem, tam) as well as the omission of -t- in fuere, pares, fares, pueras, etc.

## OMISSIONS

There are none. The practice of omitting high-frequency words is widespread, and we are keenly aware of economic pressures. We were tempted to exclude the 15,000 entries of the following words: a, de, e, el, en, la, lo, non, por, que. But since so little material has been organized for the study of medieval Spanish language and lexicography, it seemed to us necessary to retain these. Indeed, the term used to justify such omissions—"non-significant words"—appears to us question-begging, since concordances should be constructed for the widest possible uses (including uses their makers may not imagine) rather than for limited, predetermined purposes. A researcher probing aspects of paratactic style would want to examine the uses of correlative conjunctions like e or que; another might be interested in the use of the article. Most concordances would give little help to these scholars. If omissions are necessary, we believe they should be made after careful deliberation and should be as few as possible.

# NOTE TO USERS

ENTRY LIST

We have normalized extensively, but not with absolute consistency nor out of pedantic compulsion. Our aim was to make the concordance more usable.

*Spelling.* In order to avoid a veritable diaspora of words, we have modified some of the spelling. In the MSS the same word is often represented in different forms; we were able to devise rules to make many changes mechanically—e.g., in the cases of u and v—, but some could only be made manually—e.g., initial b and v, interchangeable in Old Spanish. The following rules have been applied generally, though it was necessary to make numerous exceptions manually and by revising single entries:

1. *i* > i
2. *s* > s
3. y preceded or followed by consonant > i
4. Double s, m, n, f and initial ll followed by i > simple
5. Capitals (except medial R) > lower case
6. v followed by consonant (except r) > u
7. ç followed by i or e > c
8. Initial j followed by n > i
9. z and *z* followed by consonant (except r) > s
10. u preceded by 1 or r and followed by vowel > v, when l or r are preceded by vowel.
11. Initial rr (or R or Rr) > r
12. Initial u followed by vowel, and intervocalic u > v
13. Initial qua > cua (except for Latin words)
14. Initial and final *z* > s
15. Initial ll followed by i or y > l
16. Consonants alone in entry list change as follows:
    s > se; z > se; t > te; m > me; n > me; l > lo (or le) d > de
17. biv > viv
18. Initial io > jo

On the other hand, we have avoided normalizing where such modification might obscure significant characteristics of a word. For example, we have not normalized alternate forms of obvious dialectal importance like the l/r forms (e.g., nonble, nombre; enplea, enprea; enxienplo, enxienpro; flor, fror; noble, nobre; flaqueza, fraqueza; flema, frema; flaire, fraire and many more), the y/ll forms (gayo, gallo), the -t endings (mostrat, maldat, mandat, it) the clusters -dg- (judgar). We have not remedied the absence of n in forms like entiede, macebos, mitiendo, niguno, mitiras, mitroso. So also, for the same reasons, we have not palatalized the n in forms like enganan, ensanen, garanon. It is our view that concordances are useful not only for obtaining specific information about a particular word or other text element, but also for general perusal. Hence, we have tried to organize the material in ways which will meet both of these aims.

*Alphabetization.* We follow Spanish practice, grouping c words, then ch words, and finally ç.

*Word-division.* Some words, namely the prepositions a, en, de, con, etc. and some pronouns (que) followed by the article or by a pronoun are written as one word in the MSS, while they are divided in modern usage. Criado has indicated these by a space and a dash. We have followed modern usage and written them separately. We have divided the *enclitical forms* of the personal pronouns (subject and object) suffixed to prepositions, conjunctions and verbs, in order to list them under their respective homographs. After separating the parts we have restored the missing character to list the morphemes with their group. Thus -l > le or lo, -m > me, etc. (as indicated in the rules for graphics), and ant-, cab-, d-, delant-, entr-, qu-, sienpr-, have been completed. Al has been preserved. Cadal does not seem to contain two morphemes; it has not been changed. Synon, which also appears as sy non, has been divided. At S1699.2, desi does not seem to be divisible into de si; we have left it in one word. It was impossible, without switching the graphemes, to separate, for listing, the imperative + pronoun with metathesis and the infinitives + pronoun with assimilation. We have, therefore, concorded them as one word. The list follows:

> *Imperatives:* seguilda, S813.4; dalda, S1187.2, T1197.2; daldes, S1450.4; fablande, S1452.3; fabralde, T1452.3; dezilde, S1452.4; desylde, T1452.4; soltalde, T1461.4; amalde, T1490.4; tornalde, S1510.4.
>
> *Infinitives* (all from S): guardalas, 107.2; astragallos, 207.3; tragallos, 207.4; dexallo, 321.2; tragallo, 321.4; traella, 488.4; corrella, 521.2; ferilla, 521.2; corrella, 522.2; dexallo, 808.2; començallo, 808.3; abrillo, 895.2; encantalla, 916.1; descobrilla, 921.4; pyntalla, 1021.2; trotalla, 1021.3; escapalla, 1076.4; dalle, 1090.3; descolgallos, 1126.2; adorallo, 1644.7.

*Latin Words.* We have corrected misspellings which, in some cases, make the words unrecognizable; our norm has been the Vulgate text.

*Homographs.* Our definition of homographs has been large and accommodating, perhaps excessively so, marking about 350 words. In the strict definition, a homograph is a word spelled identically with another, but having a different origin and a different meaning. For this concordance, however, we have also attempted to discriminate among the various grammatical functions of words; thus we have separated verbs and tenses, nouns, adjectives, pronouns, in order to provide ready-made lists for grammatical or stylistic research. Examples:

> ay [verb, adverb, interjection], calla [present and imperative], casa [noun, verb], de [preposition, verb], do [adverb, verb], el [article (masculine or feminine), pronoun], era [verb, noun], esto [pronoun, verb], faz [verb, noun], mal [adjective, noun, adverb], mi [adjective, pronoun], o [conjunction, adverb, interjection], quita [verb (present or imperative), adjective], si [conjunction, pronoun, adverb], te [direct or indirect pronoun], tu [adjective, pronoun], vino [verb, noun].

It remains to be seen whether the mighty labors necessary to produce these rarified results were worth the trouble. Future scholars and makers of concordances will have to decide on the relevance of Horace's line: 'Parturient montes, nascetur ridiculus mus.'

*Coding, Format, Frequencies.*

Our format is as simple as it was feasible to make it. Identification of the reference text is always by manuscript (S, G) except that we have treated the prose passage separately and marked it P and the fragments are all noted as F; the text of the fragments at the end of the Introduction supplies any deficiencies possible there. Our coding entry, therefore, consists of S or G or F followed by a stanza number and a line number, or of P or F followed by a line number.

The context of each entry word is the line of poetry (or the adjusted line of prose as printed out below); in a few cases—verses from the lyric poems, songs or hymns—the line is inevitably very short, but the context is usually clear.

We have not indicated frequencies in the text, but we have provided a frequency list at the end. The "frequency" here is, of course, simply an indication of the number of times the word occurs (in its various forms) in our base text—not in the "work" or in "Ruiz's usage." Thus, such a frequency can only be an approximate indication.

# NOTES

1. The three known MSS of the *Libro* are the Salamanca (S) and Toledo (T), from the respective place of origin, and the Gayoso (G) from the name of a former owner. They are all incomplete. The complete *Libro* must have included well over 1800 stanzas. Today S has 1619, Gayoso 1153 and T 441. As G supplies 109 stanzas missing in S, we know 1728 stanzas altogether. The Fragments add seven more lines that cannot be assigned to specific passages. The Salamanca MS has been reproduced in facsimile by C. Real de la Riva (Madrid: Edilán, 1974) and the Gayoso by the Academia Española (Madrid, 1974).

2. The problem stems from the passages in S which are not found in G and T: are these passages omissions or additions? The different dates in the envoi are another aspect of the same question. The critical literature on the subject is quite large: see Rigo Mignani, "Bibliografia compendiaria sul 'Libro de buen amor'," *Cultura Neolatina,* 25 (1965): 62–90.

3. Besides the editors and their reviewers, who have proposed hundreds of restorations, many other scholars have suggested revisions of single words or groups; to cite and account for all of these ( Joset, 1974, tries) would require a huge *apparatus criticus.*

4. The MSS have four graphemes for the sibilants, for example, which Criado reduces to three, incorporating two of them into the special character which we reproduce by *z.* J. Ducamin, editor of an earlier diplomatic edition of the *Libro* (Toulouse, 1901), had kept them separate.

5. There is a study of the orthography of MS. G in an unpublished dissertation by J. Forsyth, "The Phonemic Structure of Medieval Spanish as Reflected in the 'Libro de buen amor' " (University of New Mexico, 1961). Criado's transcription uses three special characters to reproduce the graphemes of the MSS, two of which seem to be purely graphic variations that is the long i and the long s in no evident complementary distribution with the short s. The third represents an affricate or fricative variously corresponding to s, z, or ç.

# ACKNOWLEDGEMENTS

This work has been carried out under numerous auspices and with many kinds of assistance; only a few can be acknowledged here.

Our major debt is to Alfred G. Lynn, senior programmer at the Computer Center of the State University of New York at Binghamton. He brought to the work not only high competence and demanding standards, but also dedication, persistence, wit, and imagination, all qualities which have served us well since we first broached the project early in 1973.

In the last several months, much of the labor has devolved on Lea Ann Boone, programmer and graduate student in English; she has given generously of her time and talents both to carry through the work and to solve the innumerable problems this particular project has created.

Many officers of our two universities have helped willingly, despite the difficult times that universities face: we wish to thank particularly the Graduate Office at the University of Maryland and the following officers of the State University of New York at Binghamton: Vice-President Norman Cantor, Provost Arthur Smith, Computer Center Director David Stonehill. From the beginning, Norman Mangouni, Director of the State University of New York Press, and Professor Bernard F. Huppé have given practical help and moral support on many occasions. We are grateful to both. Professor Paul Szarmach, Director of the Center for Medieval and Early Renaissance Studies at Binghamton, has shown concrete evidence in various kinds of support, of the Center's continuing interest in developing important scholarly tools. Robert E. Roberson, first Director of the State University of New York at Binghamton Computer Center, gave the project considerable practical help and moral support. Robert Mock, of Vail-Ballou Press, has contributed much time, effort, and skill to solving the problems associated with photocomposition.

Finally, we wish to record our gratitude to The Research Foundation of State University of New York, which is providing funds to assist in the publication of this volume.

"Words pay no debts"—but perhaps this book of words may suggest our gratitude.

August 1976

Rigo Mignani
Mario A. Di Cesare
*State University of*
   *New York at Binghamton*
George F. Jones
*University of Maryland*

A

| P | 5 | a -cada vno de nos dize |
| P | 19 | vna de -las petiçionez que demando dauid a -dios |
| P | 26 | Ca luego ez el buen entendimiento en los que temen A -dios |
| P | 51 | e trae al cuerpo a fazer buenaz obraz |
| P | 72 | Como quier que a -laz vegadaz |
| P | 89 | a -loz tales mucho disolutoz E de mal entendimiento |
| P | 98 | e a pecado que a -bien esto dize el decreto |
| P | 110 | E por esto ez maz apropiada a -la memoria del alma |
| P | 148 | E querran maz amar a -si mesmoz que al pecado |
| P | 155 | E muchoz dañoz a -loz cuerpoz |
| P | 160 | E ansi este mi libro a -todo omne o -muger |
| P | 163 | E obrare bien Amando a dioz |
| P | 168 | E rruego E conssejo a -quien lo oyere E lo oyere |
| P | 175 | E non -la jntençion a -laz palabraz |
| P | 178 | maz fue por Reduçir a -toda persona |
| P | 179 | A -memoria buena de bien obrar |
| P | 189 | E conposelo otrosi a -dar algunoz leçion |
| S | 1-1 | Señor dios que a -loz jodioz pueblo de perdiçion |
| S | 1-3 | a -daniel sacaste del poço de babilon |
| S | 1-4 | saca a -mi coytado desta mala presion |
| S | 2-1 | Señor tu diste graçia a -ester la Reyna |
| S | 3-2 | de poder de gentilez sacaste a -santiago |
| S | 3-3 | a santa marina libreste del vientre del drago |
| S | 3-4 | libra A -mi dioz mio desta presion do ya(go) |
| S | 4-1 | Señor tu que libreste A -santa susaña |
| S | 5-1 | A jonaz 'el profecta del vientre de -la ballena |
| S | 6-1 | a -los trez niñoz de muerte loz libraste |
| S | 6-3 | de -las ondaz del mar a -sant pedro tomeste |
| S | 7-1 | Avn tu que dixiste a -loz tus seruidorez |
| S | 13-2 | enforma e ayuda a -mi el tu açipreste |
| S | 13-4 | que -los cuerpos alegre e a -las almas preste |
| S | 23-1 | Del angel que a -ty vino |
| S | 29-4 | graçias a -dios o subia |
| S | 34-4 | que a -la grand culpa mia |
| S | 37-3 | a -demostrar |
| S | 37-5 | a -los rreyes conpañero |
| S | 38-6 | que viera a -el |
| S | 39-4 | al çielo a -su padre mayor |
| S | 39-6 | de a -el yr |
| S | 41-6 | commo a -madre |
| S | 44-2 | que omne a -sus coydadoz que tiene en coraçon |
| S | 45-2 | abre algunas bulrras aqui a -enxerir |
| S | 46-4 | quando demando Roma a -greçia la çiençia |
| S | 47-2 | fueron las demandar a -griegos que las tienen |
| S | 50-4 | a -los griegos doctores non vi a su mucho saber |
| S | 52-1 | ffueron a -vn vellaco muy grand E muy ardid |
| S | 58-1 | A Todos los de greçia dixo el sabio griego |
| S | 60-1 | yo dixe que era todo a -la su voluntad |
| S | 64-2 | non ha mala palabra si -non es a -mal tenida |
| S | 66-3 | a -trobar con locura non creas que me muevo |
| S | 67-1 | En general a -todos ffabla la escriptura |
| S | 73-4 | E quanto mas el omne que a -toda cosa se mueva |
| S | 74-2 | todos a -tienpo çierto se juntan con natura |
| S | 76-2 | ove de -las mugeres a -las vezes grand amor |
| S | 81-1 | dixo la duena cuerda a -la mi mensajera |
| S | 81-3 | yo veo otraz muchas creer a -ti parlera |
| S | 83-2 | conbidaronle todas quel darian A -yantar |
| S | 84-1 | ffizo partir al lobo e mando que a -todoz diese |
| S | 85-3 | para mi E a -los otroz la canal que es vana |
| S | 86-4 | el leon a -la rraposa mando la vianda dar |
| S | 89-2 | que jamaz a -mi non vengas nin me digas tal enemiga |
| S | 90-2 | que a -cabo de tiempo non sea bien sabida |
| S | 90-3 | ffue la mi poridat luego a -la plaça salida |
| S | 95-1 | Commo dize la fabla quando a -otro sometem |
| S | 96-3 | dixo a -la mi vieja que -le avia enbiada |
| S | 98-1 | Ansy ffue que -la tierra començo a -bramar |
| S | 98-3 | a -quantos la oyen podie mal espantar |
| S | 99-4 | que a -todo el mundo conbrie e estragaria |
| S | 101-1 | E bien ansi acaesçio a -muchos e a -tu Amo |
| S | 102-1 | omne que mucho fabla faze menos a -vezes |
| S | 102-4 | las viles e las rrefezes son caras a -las de vezes |
| S | 110-1 | ssy omne a -la muger non -la quisiesse bien |
| S | 113-3 | a -vn mi conpanero sopome el clauo echar |
| S | 113-4 | el comio la vianda e a -mi fazie Rumiar |
| S | 115-2 | Pues perdido he a cruz |
| S | 117-2 | dixielo a fferrand garçia |
| S | 118-3 | a -mi dio rrumiar saluado |
| S | 121-2 | santiguava me a -ella do quier que -le fallaua |
| S | 125-4 | non pueden desmentir a -la astrologia |
| S | 130-1 | Entre los estrelleros quel vinieron a -ver |
| S | 133-1 | desque fue el infante a -buena hedat llegado |
| S | 133-3 | de yr a correr monte caçar algun venado |
| S | 134-1 | Cataron dia claro para yr a -caçar |
| S | 134-2 | desque fueron en -el monte ovose a -leuantar |
| S | 134-4 | e a -poca de ora començo de apedrear |
| S | 135-3 | diz vayamos nos Señor que -los que a -vos fadaron |
| S | 144-2 | al rrey en algund tienpo a -tanto le seruio |
| S | 146-2 | en -que a sus subditos manda çierta pena dar |
| S | 149-2 | E por seruir a -dios con mucha contriçion |
| S | 153-4 | a -muchas serui mucho que nada non acabesçi |
| S | 154-2 | en seruir a -las duenas punar e non en al |
| S | 154-4 | en estar a -la sonbra en plazer verdadero |
| S | 155-1 | muchas noblezas ha en -el que a -las dueñas sirue |
| S | 155-3 | en seruir a -las dueñas el muy noble se esquiue |
| S | 159-2 | a -su amiga bueno paresçe E rrico onbre |
| S | 160-3 | que buen es-fuerço vençe a -la mala ventura |
| S | 160-4 | E a -toda pera dura grand tienpo la madura |
| S | 161-2 | la qual a -vos dueñas yo descobrir non oso |
| S | 173-1 | Non perdere yo a -dios nin al su parayso |
| S | 174-1 | anssy contençio a -mi con -la dueña de prestar |
| S | 174-2 | commo conteçio al ladron que entraua a -furtar |
| S | 174-4 | el ladron por furtar algo começole a -falagar |
| S | 178-3 | asy conteçio a -mi E al mi buen mensajero |
| S | 180-4 | por esto a -las vegadas con -el amor peleo |
| S | 181-3 | vn omne grande fermoso mesurado a -mi vino |
| S | 182-1 | Con saña que tenia fuylo a -denostar |
| S | 183-3 | al que mejor te syrue a -el fieres quando tiras |
| S | 184-1 | Traes enloquecidos a muchos con tu saber |
| S | 184-3 | ffazes a -muchos omes tanto se atreuer |
| S | 185-2 | a -las vegadas prendes con grand arrevatamiento |
| S | 185-3 | a -vezes poco a -poco con maestrias ciento |
| S | 190-4 | E dende a -vn mes conplido casase con -la mayor |
| S | 191-4 | quisiese que -le casasen a -ley e a -bendiçion |
| S | 192-2 | que el tenia muger en -que anbos a -dos oviesen |
| S | 196-1 | a -la muger primera el tanto la amo |
| S | 196-2 | que a -la otra donzella nunca mas la tomo |
| S | 197-4 | destruyes lo del todo commo el fuego a -la rrama |
| S | 198-3 | desque A -ti fallaron todo su bien pedieron |
| S | 198-4 | fueles commo a -laz Ranaz quando el Rey pidieron |
| S | 199-4 | pidyeron Rey a -don jupiter mucho gelo Rogauan |
| S | 201-3 | pidieron Rey a -don jupiter como sy solyan pedir |
| S | 203-1 | Querellando a -don jupiter dieron boçes las rranas |
| S | 207-1 | byen anssy acaesçe a -todos tus contrallos |
| S | 208-4 | rresponde a -quien te llama vete de mi posada |
| S | 210-2 | das le a -quien non -le ama tormentas le con penas |
| S | 212-1 | En vn punto lo pones a jornadas trezientas |
| S | 212-4 | a -quien nol quiere nil ama ssyenpre gela mientass |
| S | 214-3 | tu cada que a mi prendez tanta es tu orgullya |
| S | 223-1 | Por cobdiçia feciste a -troya destroyr |
| S | 223-3 | quando la dio a -venuz paris por le jnduzir |
| S | 223-4 | que troxo a -elena que cobdiçiaua seruir |
| S | 225-4 | lo que contescio al perro a -estos tal les viene |
| S | 231-2 | rrobar a -camineros las joyas preçiosas |
| S | 238-3 | que a -las otras bestias espanta como trueno |
| S | 241-2 | a arar lo pusieron e a traer la leña |
| S | 241-3 | a -vezes a -la noria a -vezes a -la açenia |
| S | 242-2 | del jnogar a -vezes fynchadas las narizes |
| S | 248-4 | que nunca lo diste a -vno pidiendo telo çiento |
| S | 250-3 | pidias a -dios que te diesen Salud e mantenençia |
| S | 252-1 | El lobo a -la cabra comiala por merienda |
| S | 257-1 | Syenpre esta loxuria a do-quier que tu estas |
| S | 258-2 | que mato a -uriaz quando le mando en -la lyd |
| S | 258-4 | leuad esta mi carta a -jaab E venid |
| S | 259-2 | fue el Rey dauid omeçida e fizo a -dios falliaz |
| S | 261-4 | coydando que -lo sobia a -su torre por esto |
| S | 264-1 | sy daua vno a -otro fuego o -la candela |
| S | 264-2 | amatauase luego e venien todos a -ella |
| S | 266-4 | a -dueñas tu loxuria desta guisa las doma |
| S | 267-3 | de navajas agudas por que a -la sobida |
| S | 268-2 | nunca mas fue a -ella nin la ovo talente |
| S | 269-3 | matanse a -sy mesmos los locos alvardanes |
| S | 271-3 | fue commo avia vsado a -ferir los venados |
| S | 273-3 | destruye a -su cuerpo e a -su alma mata |
| S | 274-1 | omne ave o -bestia a -que ammor Retiente |
| S | 277-2 | temiendo que a -tu amiga otro le fabla en locura |
| S | 279-1 | Con çelo e ssospecha a -todos aborresçes |
| S | 279-4 | contesçe te como acaesçe en -la rred a -los peçes |
| S | 281-1 | Por la envidia cayn a -su hermano abel |
| S | 281-3 | jacob a esau por la enbidia del |
| S | 283-3 | a do-quier que tu seas los çelos ally cryan |
| S | 284-4 | como con los paueznos contesçio a -la graja |
| S | 287-3 | a mejores que non ella era desagradesçida |
| S | 289-1 | Anssy con tu envidia ffazes a -muchos sobrar |
| S | 290-3 | lo suyo E lo ageno todo se va a -perder |
| S | 290-4 | quien se tiene por lo que non es loco es va a -perder |
| S | 291-2 | querries a -quantas vees gostar las tu primero |
| S | 292-4 | sy tienes que o -puedes a -la noche çahorar |
| S | 296-1 | ffeciste por la gula a -lot noble burges |
| S | 296-3 | a -fazer tu forniçio Ca do mucho vino es |
| S | 299-4 | mas yr a -sy non puedo que tengo vn grand contrallo |
| S | 305-4 | poco a -dios preçiaua nin avia del temor |
| S | 308-4 | a -sy mesmo con yra e a -otros muchos mato |
| S | 309-4 | sy devo fyar en -ti a -la fe non ansy lo crey |
| S | 311-2 | que fue a -todas bestias cruel e muy dañoso |
| S | 311-3 | mato a -sy mesmo yrado et muy sañoso |
| S | 312-3 | a -las vnas matava e a -otras feria |
| S | 313-1 | ffueron aquestas nuevas a -las bestias cosseras |
| S | 316-2 | lo que pare sy non quiere non -lo deue a -otros fazer |
| S | 316-4 | E lo quel fizo a otros dellos tal puede aver |
| S | 321-1 | ffurtava la Raposa a -su vezina el gallo |
| S | 322-1 | lo que mas fazia a -otros lo acusava |
| S | 322-2 | a -otros rretraya lo quel en -sy loaua |
| S | 323-1 | Enplazola por fuero el lobo a -la comadre |
| S | 326-4 | que vino a nuestra çibdat por nonble de monedero |
| S | 327-2 | entro a -ffurtar de noche por çima del fumero |
| S | 327-4 | leuolo E comiolo a -mi pessar en tal ero |
| S | 330-2 | a -esta vuestra çibdat non conosco la gente |
| S | 335-1 | A -mi acaescio con -el muchas noches e dias |
| S | 338-3 | nin -le mando dar rrespuesta a -sus malas conssejas |
| S | 338-4 | asolued a -mi comadre vayase de -laz callejas |
| S | 341-1 | don ximio fue a su cas con -el mucha conpaña |
| S | 342-1 | las partes cada vna a -su abogado escucha |
| S | 346-1 | dixieron las partes a -los sus abogados |
| S | 348-4 | en -que a -la marfusa furto -le aponia |
| S | 356-4 | que -a muchos abogados se olvida e se pospone |
| S | 366-1 | do lyçençia a -la Raposa vayase a -la saluagina |
| S | 366-3 | pero mando que non furte el gallo a -su vezina |
| S | 371-1 | a -esto dixo el alcalde vna sola Responssion |
| S | 372-3 | eres mal enemigo a -todos quantos plazes |
| S | 373-1 | a -obla de piedad nunca paras mientes |
| S | 374-4 | Jn notibus estolite despuez vas a -matynes |
| S | 375-1 | Do tu Amiga mora comienças a -leuantar |
| S | 375-2 | domine labia mea en alta boz a -cantar |

A (cont.)

S 376-1 desque sientes a -ella tu coraçon espaçias
S 377-2 deus jn nomine tuo Ruegas a -tu saquima
S 377-3 que -la lieue por agua e que de a -toda çima
S 377-4 va en achaque de agua a -verte la mala esquima
S 378-2 que la lyeue a -las vertas por las rrosaz bermejas
S 379-2 tu catolica a -ella cata manera que -la trastorne
S 379-4 va la dueña a -terçia caridat a -longe pone
S 380-1 Tu vas luego a -la iglesia por le dezir tu Razon
S 381-2 que -la vieja que tiene a -tu amiga presta
S 382-4 ella te dize quam dulçia que rrecubdas a -la nona
S 383-1 vas a -Rezar la nona con -la duena loçana
S 383-4 justus est domine tañe a -nona la canpana
S 384-1 Nunca vy sancristan que a -visperas mejor tanga
S 384-3 la que viene a -tus visperas por byen que se rremanga
S 385-1 Sede a -destris meys dizes a -la que viene
S 385-3 illyc enim asçenderunt a -qualquier que ally se atiene
S 388-4 a -los tuyos das oblas de males e quebrantos
S 392-1 Con tus muchas promesas a -muchos envelyñas
S 392-2 en cabo son muy pocos a -quien byen adelyñas
S 395-4 Remeçe la cabeça a -mal seso tiene mientes
S 396-1 Tu le rruyes a -la oreja E das le mal conssejo
S 397-1 El coraçon le tornas de mill guisas a -la ora
S 397-3 a -las vezes en saya a -las vezes en alcandora
S 398-1 El que mas a -ty cree anda mas por mal cabo
S 398-2 a -ellos e a -ellas a -todos das mal rramo
S 399-1 das muerte perdurable a -las almas que fieres
S 399-4 a -dios pierde e al mundo amor el que mas quieres
S 403-4 quanto mas a -ty creen tanto peor baratan
S 406-1 a -bletador semejaz quando tañe su brete
S 407-1 Contesçe cada dia a -tus amigos con-tigo
S 408-4 vyno a -el cantando la rrana cantadera
S 409-3 yo te sacare a -saluo agora por la mañana
S 410-3 sacar te he bien a -saluo non te fare enojo
S 412-4 qual de yuso qual suso andauan a -mal vso
S 413-4 al topo e a -la rrana leuolos a -su nido
S 414-1 Comiolos a -entranbos non -le quitaron la fanbre
S 414-2 asy faze a -los locos tu falsa vedegabre
S 415-1 a -los neçios e neçias que vna vez enlaças
S 418-1 Del bien que omne dize sy a -sabyendas mengua
S 421-2 eres de cada dia logrero E das a -Renuevo
S 423-4 que a -las vezes poca agua faze abaxar grand fuego
S 426-3 torna te a -tu culpa pues por ti lo erreste
S 426-4 por que a -mi non veniste nin viste nin prometiste
S 428-2 non quieras amar duenas que a -ty non avyene
S 435-4 que -la talla del cuerpo te dira esto a -guisa
G 436-1 A -la muger que enbiarez de ti zea parienta
G 439-3 a dioz alçan laz cuentaz querellando suz coytaz
G 442-3 por que a -ty non mienta sabe laz falagar
G 447-4 zy laz yo dexieze començarien a rreyr
G 449-3 si a sueraz friaz ssy demanda quanto barrunta
G 449-4 al omne si drize si a -tal muger te ayunta
S 454-1 Requiere a -menudo a -la que bien quisieres
S 463-3 vyno me desçendimiento a -las narizes muy vyl
S 472-3 non se pagan de disanto en poridat nin a -escuso
S 475-2 yo volo yr a -frandes portare muyta dona
S 477-2 fuese don pytas pajaz a ser novo mercadero
S 477-4 fazia sele a -la dona vn mes año entero
S 485-3 con dezires fermosos a -la muger conbydes
S 486-4 tomala esto contesçe a caçadorez mill
S 488-1 otrosi quando vyeres a -quien vsa con ella
S 488-4 ca estas cosas pueden a -la muger traella
S 493-4 todos a -el se omillan commo a -la magestat
S 494-3 a -muchos clerigos nesçios davales dinidades
S 495-4 a -los pobres dezian que non eran letrados
S 503-1 yo vy a -muchos monges en sus predycaciones
S 503-2 denostar al dinero E a -sus tenptaçiones
S 505-1 Commo quier que -los frayles E clerigos dyzen que aman a dios seruir
S 505-3 quando oyen sus dineros que comiençan a Retenir
S 505-4 qual dellos lo leuaran comyençan luego a -Renir
S 507-2 non es muerto ya dizen pater noster a -mal aguero
S 512-2 a -coyta E a -grand priessa el mucho dar acorre
S 513-2 por ende a -tu vieja se franco e llenero
S 515-3 a las vegadas poco en onesto lugar
S 516-1 Sy vna cosa sola a -la muger non muda
S 516-4 non puede ser que a -tienpo a -byen non te rrecubda
S 517-3 a -la peña pesada non la mueve vna palanca
S 517-4 con cuños E almadanas poco a -poco se arranca
S 522-4 judgar todas las otras e a -su fija bella
S 524-1 A toda cosa brava grand vso la amansa
S 527-1 guarda te non te abuelvas a -la casamentera
S 527-3 por que te faria perder a -la entendera
S 528-3 que el vino fizo a loc con sus fijas boluer
S 529-1 fizo cuerpo E alma perder a -vn hermitano
S 530-2 que en -todas sus oblas en yermo a -dios seruia
S 531-3 vyno a -el vn dia con sotyleza presto
S 532-1 Marauillose el monge diz a -dios me acomiendo
S 532-3 grand tienpo ha que esto aqui a -dyos seruiendo
S 533-1 Non pudo el dyablo a su persona llegar
S 533-2 seyendo arredrado començolo a -Retentar
S 539-3 el gallo a -las fenbras con -ellas se deleytaua
S 540-4 trae el mucho vino a los decomunales
S 541-1 desçendyo de -la hermita forço a -vna muger
S 542-2 que non ay encobyerta que a -mal non rrevierta
S 544-4 a do es el mucho vyno toda cosa es perdida
S 546-4 a -dios lo yerran mucho del mundo des-fallesçen
G 550-4 de -lo que -le prometierez non la trayaz a traspazo
G 552-3 a -quien de oy en craz fabla non dan por verdadero
G 552-4 al que manda e da luego a -esto lo an primero
G 558-2 a -la muger que es cuerda non le seaz çelozo
G 559-3 cuydara que a -la otra querriaz ante vençer
G 560-1 de otra muger non le digaz mas a -ella alaba
G 562-2 Non le fagaz zenalez a ti mismo non matez
S 565-2 que tu entendera amase a frey moreno
S 567-4 a muchos de -las dueñas por estos los party
S 570-1 a -muchos faze mal el omne mesturero
S 570-2 a -muchos des-ayuda e a -sy primero
S 571-4 quien a -ssy E a -otros muchos estorua con mal sesso
S 572-1 de trez cossaz que le pidas a -la muger falaguera
S 572-4 non pierdas a -la dueña por tu lengua parlera
S 574-3 pesa les por mi tardança a -mi pessa del vagar
S 574-4 Castiga te castigando E sabras a -otros castigar
S 575-3 nunca falle tal dueña como a -vos amor pynta
S 579-4 quando non coydares a -otra ora lo avras
G 583-3 fuy m(e) a doña venus que le leuaze menzaje
G 585-4 todoz voz obedesçen commo a -su fazedor
G 586-2 vos temen e voz seruen commo a vuestra fechura
G 587-2 Pero a -mi cuytado es me graue de far
G 588-3 Non ozo moztrar la laga matar me a si la oluido
G 589-1 la llaga non ze me dexa a -mi catar nin ver
G 592-4 la esperança non conorte zabez a -las vezez fallir
S 596-3 sobra e vençe a -todas quantas ha en -la çibdat
S 598-1 A persona deste mundo yo non la oso fablar
S 599-2 menos los preçia todos que a -dos viles sarmientos
S 600-3 pues ansy aver non puedo a -la duena gentil
S 601-2 por aquesto a -ella non me oso atrever
S 612-1 El amor leo a ovydyo en -la escuela
S 616-4 el conejo por maña doñea a -la vaca
S 617-1 a -la muela pesada de -la peña mayor
S 619-4 por arte non ha cosa a -que tu non rrespondas
S 622-3 nin pueden dar a -la dueña el amor e la querencia
S 624-1 con aquesto podras a -tu amiga Sobrar
S 628-4 a -ty mesmo contesçio E a -otros podra acaesçer
S 629-2 vn poquillo como a -miedo non dexes de jugar
S 634-1 El miedo e la verguença faze a las mugeres
S 636-4 mas val que fazer se pobre a -quien nol dara nada
S 637-1 las mentyras a -las de vezes a -muchos aprouechan
S 637-2 la verdat a -las de vezes muchos en daño echa
S 637-4 ante salen a -la peña que por carrera derecha
S 638-4 Seruidor ligongero a -su señor engaña
S 641-4 a -muger que esta dubdando afynquela el varon
S 647-4 el tyenpo todas cosas trae a -su lugar
S 648-4 fuese doña venuz a -mi dexo en fadigna
S 650-1 Amigos vo a -grand pena E so puesto en -la fonda
S 650-2 vo a -fablar con -la dueña quiera dios que bien me Responda
S 651-2 oteo a -todas partes e non puedo fallar puerto
S 652-2 por que por la mi fabla venga a -fazer mesura
S 652-4 a -vezes de chica fabla vinie mucha folgura
S 654-2 a -mi luego me venieron muchos miedos e tenblores
S 656-2 a -bezes mal perro atado tras mala puerta abierta
S 658-3 a -todos dy por rrespuesta que -la non queria non
G 661-1 en -el mundo non es coza que yo ame a par de uoz
G 661-3 que por vuestro amor me pena amo voz mas que a -dioz
G 662-1 Con la grant pena que pazo vengo a -uoz dezir mi quexa
G 664-1 zeñora yo non a me treuo d dezir uoz mas rrazonez
G 664-2 fasta que me rrespondadez a -estoz pocoz sermonez
G 665-1 bien asi enganan muchoz a otraz muchaz endrinaz
G 665-2 el omne tan engañozo asi engaña a -suz vezinaz
G 665-4 buscat a -quien engañedez con vuestraz falsaz espinaz
G 667-1 a -las vegadas lastan justoz por pecadorez
G 667-2 a muchoz enpeesçen los ajenoz errorez
G 667-3 faz mal culpa de malo a -buenoz e a mejorez
G 667-4 deuen tener la pena a -loz suz fazedorez
G 668-1 el yerro que otro fizo a mi non faga mal
G 669-1 pazo o paso don endrina so el portal es entrada
G 671-1 a -dioz juro zeñora para aquezta tierra
G 673-4 a entender laz cosaz el grand tienpo laz guia
G 674-1 a -todaz laz cosaz faze el grand vso entender
G 675-1 yd e venit a -la fabla otro dia por mesura
G 675-3 yt e venid a -la fabla esa creençia atan dura
G 676-2 que vengadez otro dia a -la fabla zola miente
G 677-3 yr e venit a -la fabla que mugerez e varonez
G 679-4 a qual quier que -laz fablare o con -ellaz rrazonare
G 680-1 quanto esto uoz otorgo a -uoz o a otro qual quier
G 682-3 a -la merçed que agora de palabra me fazedez
G 683-1 pero fio de dioz que a -vn tienpo verna
G 688-1 Cuydadoz muchoz me quexan a -que non fallo cozejo
G 688-3 puede seer tanta la fama que saliria a conçejo
G 691-3 E a -la mi mucha cuyta non ze consejo nin arte
S 692-2 a -muchos omnes non dexa su proposito fazer
S 693-2 E a -muchos es contraria puede los mal estoruar
S 696-4 nunca son a -los omnes buenas nin prouechosas
S 702-2 de quantos bienes fazedez al que a -vos viene coytado
S 705-1 Sy a -quantas desta villa nos vendemos las alfajas
S 706-2 ella si me non engaña paresçe que ama a -mi
S 709-1 dixo yo ire a -su casa de esa vuestra vezina
S 712-3 mensaje que mucho tarda a -muchos omnes desmuele
S 715-3 a -muchos hes grand ayuda a -muchos estoruador
S 718-2 a -esta dueña e a -otras moçetas de cuello aluillo
S 718-3 yo fare con mi escanto que se vengan paso a -pasillo
S 719-2 el mi algo E mi casa a -todo vuestro mandar
S 724-4 que pensse aquesta noche poco a poco la aguja
S 727-4 a -todos los otros sobra en fermosura e bondat
S 733-1 a -veçes luenga fabla tiene chico prouecho
S 733-3 a -vezes cosa chica faze muy grand despecho
S 734-1 E a -vezes pequeña fabla bien dicha e chico Ruego
S 734-2 obra mucho en -los fechos a -vezes rrecabda luego
S 734-4 e vienen grandes peleas a -vezez de chico juego
S 739-2 a -par deste maçebillo ningunos non llegaron
S 740-3 muchas otras vegadas me vyno a -Retentar
S 741-2 E cree a -los omnes con mentiras jurando
S 743-1 A -la fe dyxo la vieja desque vos veen bilda
S 745-2 sy non contesçer vos puede a -vos mucho ayna
S 747-1 Dixo la golondrina a -tortolas e a -pardales

A

| | |
|---|---|
| **(cont.)** | |
| S 751-1 | fuese la golondrina a -casa del caçador |
| S 752-2 | fuese el paxarero commo solia a -caça |
| S 752-3 | prendio al abutarda leuola a -la plaça |
| S 754-3 | juran que cada dia vos leuaran a -conçejo |
| S 755-3 | ayuda e deffiende a -quien sele encomienda |
| G 756-3 | daua zonbra a -las casaz e rreluzie la cal |
| G 759-4 | casar ante del año que a -bivda non conuien |
| G 760-2 | perderia la manda que a -mi es mandada |
| G 763-2 | a caualleroz e a dueñaz es prouecho vestido |
| S 767-1 | a -cabo de grand pieça leuantose estordido |
| S 768-4 | a -la fe diz agora se cunple el estornudo |
| S 769-2 | Salieron a -rresçebir le los mas adelantados |
| S 769-4 | byen venido seades a -los vuestros criados |
| S 770-1 | quatro de nos queriamos yr vos a -conbydar |
| S 770-2 | que nuestra santa fiesta venieseds a -onrrar |
| S 772-4 | con palos e con mastines vinieron los a -buscar |
| S 775-1 | dyxo luego el lobo a -la puerca byen ansi |
| S 775-4 | mandad vos E fare yo despues governad a mi |
| S 776-4 | bautizat a -mis fijuelos por que mueran xristianos |
| S 777-4 | conbredes e folgaredes a -la sonbra del vyçio |
| S 779-1 | Toxo lo enderedor a mal andar el rrodezno |
| S 784-2 | el mundo rrevoluiendo a -todos engañades |
| S 784-4 | a -los nesçios fazedes las mentyras verdades |
| S 785-1 | ay que todos mis mienbros comiençan a -tremer |
| S 785-4 | por esperança vana todo se va a -perder |
| S 789-4 | ay cuerpo tan penado commo te vas a -moryr |
| S 794-3 | pues a -la mi señora cras le dan marido |
| S 800-1 | ansy fazedes madre vos a -mi por ventura |
| S 804-4 | muchas vezes allega rriquezas a monton |
| S 805-4 | a -vezes viene la cosa pero faga tardança |
| S 807-3 | quando de vos le fablo e a -ella oteo |
| S 808-1 | yo a -las de vegadas mucho canssada callo |
| S 814-4 | tyra muchos prouechos a -vezes la pereza |
| S 814-2 | a -muchos aprouecha vn ardit sotileza |
| S 816-1 | a -vezes non façemos todo lo que dezimos |
| S 817-4 | sy vos yo engañare el a -mi lo demande |
| S 820-2 | al poble e al menguado e a -la poble mesquina |
| S 821-4 | a -las vezes espanta la mar e faze buen orilla |
| S 822-3 | quiero me yr a -la dueña rrogar le he por mesura |
| S 822-4 | que venga a mi posada a -vos fablar segura |
| S 824-1 | fuese a -casa de -la dueña dixo quien mora aqui |
| S 826-1 | Anda me todo el dia como a -çierua corriendo |
| S 827-2 | dexola con -la fija e fuese a -la calleja |
| S 827-3 | començo la buhona a -dezir otra consseja |
| S 827-4 | a -la rraçon primera tornole la pelleja |
| S 828-1 | diz ya leuase el verco a -la vieja Risona |
| S 839-4 | a -la mi quexa grande non le fallo consejo |
| S 840-4 | de cassar se con-vusco a -ley e a -bendiçion |
| S 841-2 | dize a -mi llorando palablas muy manzelleras |
| S 845-3 | dixo trota conventos a -la vyeja pepita |
| S 846-2 | vençe a -todas guardas e tyene las por mueras |
| S 847-1 | dixo doña endrina a -la mi vieja paga |
| S 849-2 | tome me por palabla a -la peor se tenga |
| S 850-1 | venga qual se quier comigo a -departir |
| S 857-3 | fija la vuestra porfia -a vos mata e derrama |
| S 858-4 | el a -vos ansy vos trahe en -su coraçon consygo |
| S 859-1 | Tan byen a -vos commo a -el este coydado vos atierra |
| S 859-3 | dar vos ha muerte a -entranbos la tardança e la desira |
| S 861-1 | verdat es que -los plazeres conortan a -las de vezes |
| S 861-2 | por ende fija Señora yd a -mi casa a -vezes |
| S 861-3 | jugaremos a -la pella e a -otros juegos Raezes |
| S 862-1 | Nunca esta mi tyenda syn fruta a -las loçanas |
| S 863-1 | dexade aqui a -la mi tienda non ay synon vna pasada |
| S 863-4 | poco a -poco nos yremos jugando syn rreguarda |
| S 864-1 | yd vos tan segura mente con-migo a -la mi tyenda |
| S 864-2 | commo a -vuestra casa a -tomar buena merienda |
| S 867-2 | a -tomar de -la su fruta e a -la pella jugar |
| S 871-2 | a -ora de medio dia quando yanta la gente |
| S 873-4 | a -la fe aquel es don melon yo lo conosco yo lo viento |
| S 877-2 | vieja por esto teniades a -mi la puerta çerrada |
| S 878-3 | a -mi non Retebdes fija que vos lo meresçedes |
| S 880-2 | defenda vos E ayude vos a -tuerto e a -derecho |
| S 880-3 | fija a -daño fecho aved rruego E pecho |
| S 882-2 | a -las mugeres trahedes engañadas vendidas |
| S 883-3 | quando el lazo veen ya las lyeuan a -vender |
| S 885-3 | pyerde el cuerpo e el alma a -muchos esto aviene |
| S 888-1 | a -las grandes dolençias a -las desaventuras |
| S 888-2 | a -los acaesçimientos a -los yerros de locuras |
| S 889-1 | la yra la discordia a -los amigos mal faz |
| S 893-4 | vynieron antel todos a -fazer buena fyesta |
| S 894-2 | commo estaua byen gordo començo a -Retoçar |
| S 894-3 | su atanbor taniendo bien alto a -Rebuznar |
| S 894-4 | al leon e a -los otros querialos atronar |
| S 897-4 | en -todos e agora non vale vna faua |
| S 899-2 | tornose a -la fiesta baylando el cantador |
| S 900-2 | prendieron a -don burro commo eran castigados |
| S 909-4 | dixela por te dar ensienpro non por que a -mi vino |
| S 916-1 | Començo a -encantalla dixole Señora fija |
| S 916-3 | dam vos esta poco a -poco la aguja |
| S 917-4 | quered salyr al mundo a -que vos dios fizo nasçer |
| S 920-4 | que non mengua cabestro a -quien tyene çiuera |
| S 921-1 | fue sañuda la vieja tanto que a -marauilla |
| S 923-2 | que nunca mal rretrayas a -furto nin en conçejo |
| S 924-1 | a -la tal mensajera nunca le digas maça |
| S 927-2 | dezir todos sus nonbles es a -mi fuerte cosa |
| S 929-1 | ove con -la grand coyta Rogar a -la mi vieja |
| S 930-1 | a -la fe diz açipreste vieja con coyta trota |
| S 931-4 | yo dare a -todo çima e lo trahere a -rrodo |
| S 933-2 | buen amor dixe al libro e a -ella todo saçon |
| S 936-1 | ffue a -pocos de dias amatada la fama |
| S 936-2 | a -la dueña non -la guardan su madre nin su ama |

A

| | |
|---|---|
| S 936-3 | torme me a -mi vieja commo a -buena Rama |
| S 939-3 | diz quiero me aventurar a -que quier que me venga |
| S 942-4 | se que el perro viejo non ladra a -tocon |
| S 943-2 | ouo por mal pecado la dueña a -ffallyr |
| S 943-3 | murio a -pocos dias non lo puedo desir |
| S 948-1 | a -vos dueñas Señoras por vuestra cortesia |
| S 950-2 | fuy a -prouar la syerra e fiz loca demanda |
| S 952-1 | yo so la chata Rezia que a -los omnes ata |
| S 958-1 | Echome a -su pescueço por las buenas rrespuestas |
| S 958-2 | E a -mi non me peso por que me lleuo acuestas |
| S 959-2 | salteome vna serrana a -la asomada del rrostro |
| S 960-1 | Dixele yo a -la pregunta vome fazia sotos aluos |
| S 961-2 | a -la he diz escudero aqui estare yo queda |
| S 965-1 | Dyz yo leuare a -cassa e mostrar te he el camino |
| S 967-2 | commo a -çuron lyuiano e leuon la cuesta ayusso |
| S 972-2 | non a -conprar las joyas para la chata novia |
| S 976-2 | non te lleges a -mi ante telo comidas |
| S 977-3 | proue me de llegar a -la chata maldita |
| S 979-3 | non te ensañes del juego que esto a -las vegadas |
| S 980-1 | Dyz entremos a -la cabaña fferruzo non lo entienda |
| S 985-1 | ssacome de -la choça E llegome a -dos senderos |
| S 988-1 | a -la fuera desta aldea la que aqui he nonblado |
| S 989-2 | a -las vezes omne gana o -pierde por aventura |
| S 995-1 | que dize a -su amigo queriendol conssejar |
| S1001-1 | sse faser el altybaxo E sotar a -qual quier muedo |
| S1001-3 | quando a -la lucha me abaxo al que vna vez trauar puedo |
| S1005-2 | byen loçanas E fermosas a -tus parientes conbydes |
| S1007-2 | corri la cuesta ayuso ca diz quien dra a -la torre |
| S1009-4 | touelo a -dios en merçed e leuome a -la tablada |
| S1011-3 | a grand hato daria lucha e grand con-quista |
| S1017-3 | boz gorda e gangosa a -todo omne enteca |
| S1019-2 | dauan le a -la çinta pues que estauan dobladas |
| S1019-4 | a -todo son de çitola andarian syn ser mostradas |
| S1022-4 | a -la madrugada |
| S1024-1 | a -la deçida |
| S1025-1 | dixe yo a -ella |
| S1026-3 | a vos fermosura |
| S1035-4 | fecha a mi guisa |
| S1043-3 | torne Rogar a -dios que non diese a -oluido |
| S1044-4 | a -onrra de -la virgen ofreçile este ditado |
| S1046-2 | virgen Santa e dina oye a -mi pecador |
| S1047-4 | rruega por mi a -dios tu fijo mi Señor |
| S1048-3 | la triste estoria que a -jhesu yazer |
| S1049-1 | Myercoles a -terçia el cuerpo de xpisto |
| S1051-1 | a -ora de maytines dandole judas paz |
| S1052-1 | Tu con -el estando a -ora de prima |
| S1053-1 | a -la terçera ora xpistus fue judgado |
| S1054-1 | Dizyendo le vaya lieua lo a -muerte |
| S1055-1 | a -ora de sesta fue puesto en -la cruz |
| S1056-1 | a -ora de nona morio e constesçio |
| S1057-1 | a -la vesperada de cruz fue desçendido |
| S1058-2 | a mis coytas fagas aver consolaçion |
| S1058-3 | tu que a -dios pagas da me tu bendiçion |
| S1060-1 | Cuentan los profetas lo que sse ouo a -conplir |
| S1065-4 | a -los que en -el avemos esperança syn par |
| S1066-4 | a -los que creemos el nos quiera ssaluar |
| S1067-3 | dende a -siete dias era quaresma tanto |
| S1068-1 | Estando a -la mesa con do jueuez lardero |
| S1068-2 | truxo a -mis dos cartaz vn lygero trotero |
| S1069-2 | enbiada de dios a -todo pecador |
| S1069-3 | a -todos los açiprestes E clerigoz con amor |
| S1074-4 | la nota es aquesta a -carnal fue dada |
| S1075-3 | a -ty carnal goloso que te non coydas fartar |
| S1076-2 | que seades con migo en -el canpo alla batalla |
| S1077-2 | vy que venia a -mi vn fuerte mandado |
| S1077-4 | a -mi e a -mi huesped puso nos en -coydado |
| S1078-1 | do tenia a -don juenes por huesped a -la messa |
| S1079-3 | a -don carnal mañana e todo esto le dezit |
| S1079-4 | que venga apercebido el martes a -la lyd |
| S1080-3 | non quise dar Respuesta vino a -mi acuçioso |
| S1085-4 | que dan de -las espuelas a -los vinos byen tyntos |
| S1088-2 | Señor diz non me escusedes de aquesta lyd a -mi |
| S1090-2 | Señor diz alla dueña yo le metre la fiebre |
| S1091-3 | Señor diz a -la duena sy con-migo la enlazas |
| S1092-2 | vino su paso a -paso el buey viejo lyndero |
| S1092-2 | Señor diz a -herren me echa oy el llugero |
| S1095-2 | a messa mucho farta en vn Rico estrado |
| S1099-4 | llegaron a -don carnal aquestas nuevas malas |
| S1101-1 | Todos amodoridos fueron a -la pelea |
| S1101-4 | vinieron se a -fferyr deziendo todos ea |
| S1102-1 | El primero de todos que ferio a -don carnal |
| S1103-2 | firio muy Rezia mente a -la gruesa gallyna |
| S1103-4 | despues a -don carnal falsol la capellyna |
| S1105-2 | salpresaz e trechadas a -grandes manadillas |
| S1105-4 | dauan a -don carnal por medio de -las costillas |
| S1106-4 | dierale a -don ladron por medio del coraçon |
| S1108-4 | ençierra se en -la mesquita non vayas a -las prezes |
| S1109-3 | E a -costados e a -piernas dauales negro Rato |
| S1111-3 | ffazian a -don carnal pagar todas las costas |
| S1113-3 | a -las torcazas matan las sabogas valyentes |
| S1114-2 | de seuilla E de alcantara venian a -leuar prea |
| S1116-1 | el pulpo a -los pauones non -les daua vagar |
| S1116-2 | nin a -los faysanes non dexaua bolar |
| S1116-3 | a cabritos E a -gamos queria los afogar |
| S1118-3 | a -don carnal Seguiendo llegandol a -la muerte |
| S1120-2 | si a -carnal dexaran dierale mal estrena |
| S1122-2 | el jaualyn E el çieruo fuyeron a -las montañas |
| S1124-4 | a -el e a -los suyos metieron en vn cordel |
| S1125-2 | dieron los a -la dueña ante que se aforrasen |
| S1125-3 | mando luego la dueña que a -carnal guardasen |
| S1125-4 | E a -doña çeçina con -el toçino colgasen |
| S1126-2 | E que a -descolgallos ninguno y non vaya |

| | |
|---|---|
| S1127-1 | (cont.) |
| S1127-1 | Mando a -don carnal que guardase el ayuno |
| S1127-4 | E quel dyesen a -comer al dia majar vno |
| S1128-2 | començole a -predicar de dios a departyr |
| S1128-3 | ouose don carnal luego mucho a -sentyr |
| S1138-1 | quito quanto a -dios que es sabidor conplido |
| S1138-2 | mas quanto a -la iglesia que non judga de ascondido |
| S1139-1 | En sus pechos feriendo a -dios manos alçando |
| S1140-2 | pero que a -purgatorio lo va todo a -purgar |
| S1142-2 | nego a -jhesu xpisto con miedo E quexura |
| S1143-2 | lloro mucho contrito a -la pared tornado |
| S1144-2 | oyen de penitençia a -todos los erradoz |
| S1144-3 | quier a -sus parrochianos quier a -otros culpados |
| S1144-4 | a -todos los absueluen de todos sus pecados |
| S1147-2 | a -arçobispos e abispos e a mayores perlados |
| S1150-4 | son mucho defendidos a -clerigos menores |
| S1151-4 | el estudio a -los Rudos faz sabios maestros |
| S1156-4 | a -vuestros E ajenos oyd absolued E quitad |
| S1159-1 | E otrosi mandatle a -este tal dolyente |
| S1159-4 | vaya a -lauarse al Rio o a -la fuente |
| S1163-4 | yras a -la iglesia E non estaras en -la cal |
| S1173-4 | los vnos a -los otros non se paga de contyenda |
| S1175-3 | todo lo fyzo lauar a -laz suz lauanderaz |
| S1176-4 | saluo a -don carnal non se a -quien non plega |
| S1177-3 | a todoz loz xristianoz llama con buena cara |
| S1177-4 | que vayan a -la iglesia con conçiençia clara |
| S1178-1 | A -loz que alla van con el su buen talente |
| S1180-3 | yua se poco a -poco de -la cama yrguiendo |
| S1181-1 | Dixo a -don ayuno el domingo de Ramos |
| S1182-3 | fueron a -la iglesia non a -lo quel dezia |
| S1183-1 | fuyo de -la iglesia fuese a -la joderia |
| S1183-4 | plogo a -ellos con -el e el vido buen dia |
| S1185-4 | a -muchos de nos otros tirara las pellejas |
| S1190-3 | a -ty quaresma fraca magra E muy sarnosa |
| S1190-4 | non salud mas sangria commo a -mala flemosa |
| S1191-2 | enbyamos nos a -ty al armuerzo nuestro amigo |
| S1192-1 | Commo ladron veniste de noche a -lo escuro |
| S1193-1 | la nota de -la carta venia a -todos nos |
| S1193-3 | a -todos los xristianos e moros e jodioz |
| S1193-4 | salud con muchas carnes sienpre de nos a -voz |
| S1197-2 | dalda a -don almuerzo que vaya con -el mandado |
| S1198-3 | desian a -la quaresma donde te asconderas catyua |
| S1200-2 | quien a -su enemigo popa a -laz sus manos muere |
| S1200-3 | el que a -su enemigo non mata si podiere |
| S1200-4 | su enemigo matara a -el si cuerdo fuere |
| S1202-3 | de yr a -jerusalen avia fecho promision |
| S1204-2 | los pescados a -ella para la ayudar |
| S1208-4 | que a -todo pardal vejo nol toman en -todaz Redes |
| S1209-3 | luego aquesta noche llego a -rronçaz valles |
| S1211-2 | a -rresçebyr los salen quantos que -los esperan |
| S1212-1 | a -don carnal rresçiben todos los carniçeroz |
| S1212-3 | a -el salen triperaz taniendo suz panderoz |
| S1217-2 | a -toda quatro-pea con -ella da la muerte |
| S1217-3 | cuchillo muy agudo a -las rreses acomete |
| S1217-4 | con aquel laz deguella e a -desollar se mete |
| S1219-3 | en -el su carro otro a -par del non caualga |
| S1219-4 | a -la liebre que sale luego le echa la galga |
| S1223-2 | venian a -obedeçerle villaz E alcariaz |
| S1223-4 | començo el fidalgo a fazer caualleriaz |
| S1224-2 | dando a -quantoz veniam castellanoz E jnglezes |
| S1228-3 | el corpudo laud que tyene punto a -la trisca |
| S1231-2 | adormiendo a -vezes muy alto a -las vegadaz |
| S1231-4 | a -laz gentes alegra todaz laz tyene pagadaz |
| S1241-4 | magne nobiscum domine que tañe a -conpletaz |
| S1244-1 | a -cabo de grand pieça vy al que -la traye |
| S1244-2 | estar rresplandeçiente a -todo el mundo rriye |
| S1249-1 | Non quieras a -los clerigos por vesped de aquesta |
| S1249-3 | Señor chica morada a -grand Señor non presta |
| S1250-1 | Esquilman quanto puedem a -quien zeles allega |
| S1250-3 | a -grand Señor conviene grand palaçio e grand vega |
| S1253-4 | al tomar vienen prestos a -la lid tardineroz |
| S1256-2 | que amauan falsa mente a -quantos laz amauan |
| S1257-4 | trahen a -muchos locos con sus falsos rrisetes |
| S1258-1 | Myo señor don amor si el a -mi creyera |
| S1259-4 | a -todos prometio merçed E a mi primero |
| S1260-1 | Desque vy a -mi señor que non tenia posada |
| S1262-2 | fue a -la mi posada con -esta procesion |
| S1263-1 | ffueron se a -sus posadaz laz mas de aquestaz gentes |
| S1264-2 | ssy me viniere a -ver algud enamorado |
| S1264-4 | Ca todo tyenpo quiere a todos ser pagado |
| S1270-1 | luego a -la entrada a -la mano derecha |
| S1270-4 | trez comen a -ella vno a -otro assecha |
| S1271-1 | Tres caualleros comian todos a -vn tablero |
| S1272-2 | comiença a -dar çanahoria a -bestias de estabrias |
| S1272-3 | da primero faryna a -bueys de eryas |
| S1274-4 | con -el frio a -las de vezes en -las sus vnas besa |
| S1276-1 | a dos partes otea aqueste cabeçudo |
| S1277-1 | ffaze a -sus collaçoz fazer loz valladarez |
| S1278-1 | Estauan trez fijos dalgo a otra noble tabla |
| S1278-2 | mucho estauan llegados vno a -otro non fabla |
| S1281-1 | El Segundo enbya a -viñas cauadoror |
| S1281-4 | a -omes aves e bestias mete los en amorez |
| S1282-2 | el vno enbiaua a -las dueñas dar pena |
| S1282-4 | desde entonçe comiença a -pujar el avena |
| S1284-4 | los diablos do se fallan llegan se a -conpania |
| S1286-4 | a -los moços medrosos ya los espanta el trueno |
| S1288-3 | fuyan del los gallos a -todos los mataua |
| S1293-1 | Comiença a -comer laz chiquitaz perdiçez |
| S1293-4 | a -las bestias por tierra e abaxar laz çeruiçes |
| S1296-3 | comiença a -bendimiar vuas de -los parrales |
| S1298-3 | rrogue a -mi Señor que me diese rraçon |
| S1302-2 | vino dormir a -ella fue poca su estada |

| | |
|---|---|
| S1304-1 | Dyxo en -la jnvernada visite a sseuilla |
| S1306-2 | vino a -mi mucha duena de mucho ayuno magra |
| S1311-2 | fuy tener la quaresma a -la villa de castro |
| S1311-3 | rresçebieron me muy byen a -mi e a -mi rrastro |
| S1312-4 | dende andare la tyerra dando a -muchos materia |
| S1320-3 | torno a -mi muy triste e con coraçon agudo |
| S1322-3 | rrogue a -la mi vieja que me ovies piadat |
| S1324-4 | non vido a -la mi vieja ome gato nin can |
| S1328-3 | el que al lobo enbia a -la fe carne espera |
| S1331-3 | vino a -mi rreyendo diz omillome don polo |
| S1331-4 | fe a -que buen amor qual buen amiga buscolo |
| S1332-3 | non se casara luego nin saldra a -conçejo |
| S1333-2 | tienen a -sus amigos viçiosos syn sosaños |
| S1339-4 | quien a -monjas non ama non vale vn marauedy |
| S1344-1 | ffuese a -vna monja que avia Seruida |
| S1345-1 | Desque me party de vos a -vn açipreste siruo |
| S1345-3 | para que a -vos sirua cada dia lo abyuo |
| S1346-1 | Dixol doña garoça enbio te el a -mi |
| S1350-1 | Tomola en -la falda e leuola a -su casa |
| S1351-4 | tanto que sierpe grande a -todoz paresçia |
| S1354-4 | ansi derecha mente a -mi de ty me vino |
| S1358-4 | a -todos sus vezinos del galgo se loaua |
| S1359-3 | fue su Señor a caça e Salio vn conejo |
| S1361-2 | a -mi Señor la daua quier muerta o -quier byua |
| S1363-1 | En amar al mançebo e a -la su loçania |
| S1366-2 | quien a -mal ome sirue sienprel sera mendigo |
| S1366-3 | el malo a -los suyos non les presta vn figo |
| S1367-1 | E señora convusco a -mi atal acaesçe |
| S1369-3 | con -el mur de -la villa yendo a -fazer enplea |
| S1370-2 | fuese a -monferrado a -mercado andaua |
| S1370-4 | conbidol a -yantar e diole vna favaua |
| S1371-3 | a -los pobrez manjarez el plazer los rrepara |
| S1373-1 | ffue con -el a -ssu casa E diol mucho de queso |
| S1376-2 | la puerta del palaçio començo a -ssonar |
| S1377-4 | estouo a -lo escuro a -la pared arrimado |
| S1379-4 | a -ty solo es dulçe tu solo come del |
| S1385-2 | E fazer a -dios seruiçio con -las dueñas onrradas |
| S1388-2 | que a -ty nin a -çiento tales en -la mi mano |
| S1389-1 | Sy a -mi oy fallase quien fallar me deuia |
| S1391-1 | A -quien da dios ventura e non la quiere tomar |
| S1392-1 | byen asy acaesçe a -vos doña garoza |
| S1396-1 | otro dia la vieja fuese a -la mongia |
| S1396-2 | E fallo a -la dueña que en la misa seya |
| S1397-4 | verdat diz mi amo a -como yo entiendo |
| S1403-3 | yo a -la mi Señora E a -todaz sus gentes |
| S1407-1 | Non deue ser el omne a -mal fazer denodado |
| S1408-4 | callar a -las de vegadaz faze mucho prouecho |
| S1409-3 | por ende non me atreuo a -preguntar que pensastez |
| S1410-2 | a -dezir me pastrañaz de -lo que ayer me fableste |
| S1414-1 | Tendiose a -la puerta del aldea nonbrada |
| S1417-3 | a -moças aojadaz E que han la madrina |
| S1423-1 | E pues tu a -mi dizez Razon de perdimiento |
| S1426-2 | el mur con -el grand miedo començo a -falgar |
| S1428-1 | Por ende vençer es onrra a -todo ome nasçido |
| S1430-1 | ffuese el mur al forado el leon fue a -caçar |
| S1431-1 | Començo a -querellarse oyolo el murizillo |
| S1431-2 | fue a -el dixo Señor yo trayo buen cochillo |
| S1431-3 | con aquestos mis dientes Rodre poco a -poquillo |
| S1435-4 | non cavenia a -dueña de ser tan denodada |
| S1436-2 | non querria que fuesen a -mi fiel E amargos |
| S1440-2 | prazie a -todo el mundo mas que con otro cantar |
| S1441-1 | Començo a -cantar la su boz a -erçer |
| S1441-2 | el queso de -la boca ouosele a -caer |
| S1441-3 | la gulhara en punto selo fue a -comer |
| S1443-3 | pecar en tal manera non conviene a -monja |
| S1446-1 | Andauan a -todas partes non podian quedas ser |
| S1446-2 | con -el grand miedo que se fuesen a -esconder |
| S1448-1 | a -la buena esperança nos conviene atener |
| S1449-2 | esto le puso miedo e fizo a todos yr |
| S1451-1 | Aquesto acaesçe a -vos Señora mia |
| S1451-2 | E a -todas las monjaz que tenedes freylia |
| S1452-3 | sy mas ya non fablalde como a -chate pastor |
| S1453-2 | que dio a -su amigo mal consejo e mal cabo |
| S1456-2 | vino a -el vn diablo por que non -lo perrdiese |
| S1457-4 | fue el ladron a -vn canbio furto de oro grand sarta |
| S1458-2 | llamo a -su amigo quel conssejo aquesto |
| S1459-1 | quando a -ty sacaren a -judgar oy o cras |
| S1460-1 | ssacaron otro dia los presos a -judgar |
| S1463-2 | vino el malo E dixo a -que me llamas cada dia |
| S1464-2 | puso mano a -su Seno e fallo negro fallado |
| S1465-1 | leuando lo a -la forca vido en altas torres |
| S1466-3 | engaña a -quien te engaña a -quien te fay fayle |
| S1468-1 | Suban te non temaz cuelgate a -osadaz |
| S1468-4 | sotoue a -miz amigoz en -talez caualgadaz |
| S1469-3 | a -loz maloz amigoz en mal lugar dexaron |
| S1470-4 | me troxieron a -esto por que tu me sopesaz |
| S1475-2 | dexo a -su amigo en -la forca tan alto |
| S1482-4 | si de vos me partiere a -mi caya el perjuro |
| S1490-1 | A -la dueña mi vieja tan byen que -la enduxo |
| S1491-4 | a -pan de quinçe diaz fanbre de trez selmanas |
| S1492-3 | quiero yr a -dezir gelo yuy como me engraçio |
| S1492-4 | yol fare cras que venga aqui a -este palaçio |
| S1494-3 | se -que el que al lobo enbia a -la fe carne espera |
| S1496-3 | a -la misa de mañana vos en -buena ora yd |
| S1496-4 | enamorad a -la monja e luego voz venid |
| S1498-1 | leuol vna mi carta a -la missa de prima |
| S1499-1 | En -el nonbre de dios fuy a -misa de mañana |
| S1499-2 | vy estar a -la monja en oraçion loçana |
| S1500-2 | quien dyo a -blanca rrosa abito velo prieto |
| S1500-3 | mal valdrie a -la fermosa tener fijos e nieto |
| S1501-4 | el pecado de monja a -omne doñeador |
| S1504-1 | Con mucha oraçion a -dios por mi Rogaua |

A

| | | | |
|---|---|---|---|
| **A** | | | |
| S1505-2 | **(cont.)** | S1698-1 | que yo dexe a -ora-buena la que cobre antaño |
| | para rrogar a -dioz con obras piadosaz | S1698-2 | en -dexar yo a -ella rresçibierya yo grand dapño |
| S1506-3 | a -morir han los onbrez que son o -seran nados | S1701-3 | diz amigoz si este Son a -de -ser verdadero |
| S1508-2 | rrogue a -la mi vieja que me quisiese casar | S1702-1 | E del mal de vos otros a -mi mucho me pesa |
| S1509-1 | Dixo trota conventos a -la mora por mi | S1702-3 | pero dexare a -talauera E yr me a -oropesa |
| S1513-4 | el cantar que non sabes oylo a -cantaderaz | S1703-1 | Ca nunca fue tan leal blanca flor a -frorez |
| S1515-2 | a -cantigas algunas son mas apropiados | S1704-2 | E con rrauia de -la muerte a -su dueño traua al rrostro |
| S1519-2 | murio a -mi seruiendo lo que me desconuerta | S1707-2 | otro si a -las vibdas esto es cosa con verdat |
| S1520-2 | mataste a -mi vieja matasses a -mi ante | S1707-4 | dexemos a -las buenas E a -las malas vos tornad |
| S1521-3 | a -todos los egualas e los lieuas por vn prez | F    2 | a -las uezes con algo a -las uezes uazio |
| S1523-4 | desque vienes non quieres a -ome atender | F    7 | De mal en peor andan (co)mo a las hormigas |
| S1524-1 | Dexas el cuerpo yermo a -gusanos en -fuesa | **A** | **(L)** |
| S1526-2 | aborresçen lo muerto como a -cosa estraña | S  379-4 | va la dueña a -terçia caridat a -longe pone |
| S1530-4 | que non atender a -ty nin a -tu amigo cras cras | S  385-1 | Sede a -destris meys dizes a -la que viene |
| S1533-4 | que desque viene la muerte a -toda cosa sonbra | **ABA** | |
| S1534-1 | Muchos cuydan ganar quando dizen a -todo | S1188-4 | aba aba pastorez acorred nos con -los perros |
| S1537-4 | que non el parentesco nin a -las baruas canas | **ABAD** | |
| S1539-1 | Mucho fazen que luego lo vayan a -soterrar | S1235-4 | en -la proçesion yua el abad de borbones |
| S1540-1 | Non dan por dios a -pobrez nin cantan sacrifiçios | **ABADES** | |
| S1541-1 | Entieran lo de grado E desque a -graçiaz van | S1283-1 | El Segundo diablo entra en -los abades |
| S1544-1 | Muerte por mas dezir te a -mi coraçon fuerço | **ABALLAR** | |
| S1544-2 | nunca das a -los omes conorte nin esfuerço | S1010-4 | sy ella non quisiese non -la podria aballar |
| S1545-3 | en -la cabeça fiere a -todo fuerte doma | **ABARCA** | |
| S1550-1 | Non plazes a -ninguno a -ty con muchos plaze | S  204-2 | de dos en dos nos come nos abarca e nos astraga |
| S1552-4 | dizez a cada vno yo sola a -todos mudo | **ABARCAR** | |
| S1556-1 | El Señor que te fizo tu a -este mataste | S  226-4 | cobdiçiola abarcar cayosele la que leuaua |
| S1556-3 | al que tiene el çielo e la tierra a -este | **ABARCAS** | |
| S1558-2 | la su muerte muy cruel a -mi mucho espanto | S1000-3 | bien se guytar las abarcas e taner el caramillo |
| S1558-3 | al jnfierno E a -los suyos E a -ty mal quebranto | **ABARCAS** | **(H)** |
| S1560-1 | A -santos que tenias en tu mala morada | S1562-4 | profectas E otros santos muchos que tu abarcas |
| S1561-1 | Saco de -las tus penas a -nuestro padre adan | **ABARREDERA** | |
| S1561-2 | a -eua nuestra madre a -sus fijos sed e can | S  324-4 | galgo que de -la rrapossa es grand abarredera |
| S1561-3 | a -jafet a -patriarcaz al bueno de abrahan | **ABASTADO** | |
| S1561-4 | a -ysac e a -ysayas tomolos non te dexo dan | S1095-4 | desaz muchas vyandas era byen abastado |
| S1562-1 | A ssant johan el bautista con muchos patriarcas | **ABASTAR** | |
| S1563-3 | a -todos los saco como santos escogidos | S  83-4 | mando matar al toro que podria abastar |
| S1564-1 | A -los suyos leuolos con -el a -parayso | **ABAT** | |
| S1565-1 | A -los perdidos malos que dexo en -tu poder | S1236-2 | la orden de cruz niego con su abat bendito |
| S1566-4 | a -venir es a -tu rrauia que a -todo el mundo escarda | **ABATIDA** | **(V)** |
| S1567-3 | a -dios me acomiendo que yo non fallo al | T1574-2 | non se de-tenia do fazia abatyda |
| S1568-1 | Muerte desmesurada matase a -ty sola | **ABATIO** | |
| S1571-2 | a -dios merçed le pido que te de la su gloria | S  413-3 | abatiose por ellos subyo en apellydo |
| S1571-4 | pues que a -ty non viere vere tu triste estoria | **ABATIS** | |
| S1573-2 | que si a -vos syruiera vos avriades della duelo | S1335-2 | el diaçitron abatys con -el fino gengibrante |
| S1577-3 | obrad bien en -la vida a -dios non -lo erredes | **ABAXA** | |
| S1578-4 | Si dezir non -lo quisiere a -muerta non maldiga | G  662-4 | tanto me da la muerte quanto mas se me abaxa |
| S1584-4 | que vençamos nos a -ellos quiero vos dezir quales | **ABAXAR** | |
| S1588-1 | Sobrar a -la grand soberuia dezir mucha omildat | S  423-4 | que a -las vezes poca agua faze abaxar grand fuego |
| S1588-2 | debdo es temer a -dios e a -la su magestad | S  812-3 | sy por vos non menguare abaxar se ha la rrama |
| S1589-1 | Con mucha misericordia dar a -los pobrez posada | S1293-4 | a -las bestias por tierra e abaxar laz çeruiçes |
| S1590-2 | dando lymosna a -pobles dolyendo nos de su mal | **ABAXE** | |
| S1591-2 | vençeremos a avariçia con la graçia spiritual | S  659-1 | abaxe mas la palabra dixel que en juego fablaua |
| S1592-1 | ligera mente podremos a -la loxuria Refrenar | **ABAXO** | |
| S1593-3 | cassar los pobres menguados dar a -beuer al sediento | S  301-1 | abaxose el leon por le dar algund confuerto |
| S1596-1 | grand pecado es gula puede a -muchos matar | S  778-1 | abaxose el lobo ally so aquel sabze |
| S1597-1 | otrosi rrogar a -dios con santo Sacrifiçio | **ABAXO** | **(H)** |
| S1599-3 | non faziendo mal a -los sinplex pobrez non denostemos | S1001-3 | quando a -la lucha me abaxo al que vna vez trauar puedo |
| S1599-4 | con estas armas de dios a -enbidia desterraremos | **ABBAD** | |
| S1601-4 | ansy que con santas obras a -dios baldios non fallen | S  776-3 | diz señor abbad conpadre con esas santas manos |
| S1603-2 | al mundo con caridad a -la carne con ayuno | S  875-3 | non queblantedes mi pueras que del abbad de sant paulo |
| S1605-3 | por que el dia del juyzio sea fecho a -nos conbyd | S1495-4 | que -las monjaz non ze pagan del abbad fazañero |
| S1605-4 | que nos diga jhesu xpisto bendicho a -mi venid | **ABBADES** | |
| S1623-4 | a -la fe diz buscare avn que el mundo se funda | S  494-1 | fazie muchos priores obispos E abbades |
| S1623-4 | que a -las vezes mal perro rroye buena coyunda | S1237-3 | abbades beneditos en -esta fiesta tal |
| S1625-4 | que a -mi non te enbia nin quiero tu mandado | S1618-3 | traya abbades lleno el su rregaço |
| S1626-3 | punto a -mi librete mas non -lo çerrare | **ABBUELBOLA** | |
| S1627-4 | fazer a -dios seruiçio En punto lo desea | S  898-1 | Mas valya vuestra abbuelbola e vuestro buen solaz |
| S1628-3 | desea dar a -pobrez bodigos E rrazionez | **ABDIENCIA** | |
| S1629-3 | ande de mano en mano a -quien quier quel pydiere | S  336-4 | nin en vuestra abdiençia oydo nin escuchado |
| S1629-4 | como pella a -las dueñas tomelo escolar | S  347-3 | estando assentado assentado en -la su abdiençia |
| S1633-4 | por vos dar solaz a -todos fable vos en -juglería | **ABEBRARON** | |
| S1634-3 | que fazen muchos e muchas a -otras con sus engaños | S1065-2 | la su set abebraron con vinagre E fiel |
| S1634-4 | E por mostrar a -los synplex fablas e versos estraños | **ABEITAR** | |
| S1636-6 | fue terçero angel a -ty menssajero | S  232-3 | lyeua los el diablo por el tu grand abeytar |
| S1637-1 | Conçebiste a tu padre | S  459-3 | esto dezie la dueña queriendo los abeytar |
| S1638-3 | venieron a -la luz della | **ABEITE** | |
| S1640-1 | quando a -los çielos sobio | S  406-2 | que canta dulçe con engaño al ave pone abeyte |
| S1641-5 | quando a judgar | **ABEJON** | |
| S1642-2 | a -la virgen santa | S  927-1 | Aguijon escalera nin abejon nin losa |
| S1643-2 | a -esta donzella | **ABEL** | |
| S1643-4 | Saludo a -ella | S  281-1 | Por la envidia cayn a -su hermano abel |
| S1644-3 | a -este moçuelo | **ABENENCIA** | |
| S1651-4 | quered por dios a -mi dar | S  343-3 | dixo el buen alcalde aved buena abenençia |
| S1653-1 | quando a -dios dierdes cuenta | S  346-3 | nin querian abenencia para ser despechados |
| G1656-1 | zeñorez voz dat a -noz escularez pobrez dos | S  417-3 | dezir palablas dulzes que traen abenençia |
| S1658-2 | si el salue a -todoz noz | S  496-3 | en tener pleitos malos E fazer abenençia |
| S1662-9 | por que loe a -ty fermosa | S1595-3 | aborresçer los denuestos e amar buena abenençia |
| S1670-2 | por lo qual a -ty bendigo que me guardes de quebranto | **ABENGAS** | |
| S1670-3 | pues a -ty Señora canto tu me guarda de lisyon | S  956-4 | conssejate que te abengas antes que te despoje |
| S1671-2 | tu acorro E guarda fuerte a -mi libre defendiendo | **ABENGO** | |
| S1671-3 | pues a -ty me encomiendo non me seas desdeñosa | S  578-4 | que sy byen non abengo nunca mas aberne |
| S1672-1 | A -ty me encomiendo virgen ssanta maria | **ABENID** | |
| S1676-7 | venga a -ti Señora en miente | S1480-4 | abenid voz entre anboz desque en vno estedes |
| S1677-2 | como a -otros ya conpliste | **ABERNE** | |
| S1678-1 | quiero Seguir a -ty flor de -laz florez | S  578-4 | que sy byen non abengo nunca mas aberne |
| S1682-4 | quien a -ty non oluida | **ABIERTA** | |
| S1683-1 | sufro grand mal syn meresçer a -tuerto | S  202-3 | andando pico abierta como era ventenera |
| S1683-4 | nade a -puerto | S  352-2 | bien acta e byen formada bien clara e abyerta |
| S1690-4 | tal que si plugo a -vno peso mas que a -dos mill | S  656-2 | a -bezes mal perro atado tras mala puerta abierta |
| S1692-2 | Sy pesa a -vos otros bien tanto pesa a -mi | S1074-1 | otra carta traya abyerta e ssellada |
| S1693-3 | he -vos lo a -dezir que quiera o -que non | S1519-4 | me fue despues çerrada que antes me era abierta |
| S1696-2 | leuanto se el dean a -mostrar su manzilla | | |

**ABIERTAS**
S 846-4 las fuertes çerraduras le paresçen abyertas
**ABIERTO**
S 295-4 por comer e tragar sienpre estas boca abierto
G 595-4 en vuestraz manoz pongo el mi coraçon abierto
S1066-2 despues fue abierto de azcona su costado
**ABISPOS**
S1147-2 a arçobispos e abispos e a mayores perlados
**ABITO**
S1500-2 quien dyo a -blanca rrosa abito velo prieto
**ABITOS**
S1500-4 que atal velo prieto nin que abitos çiento
**ABIVA**
S 856-2 tanto maz en -la pelea se abyua e se ençiende
**ABIVAD**
S1705-4 por ende yo apello en -este escripto abiuad voz
**ABIVE**
S 155-2 loçano fablador En ser franco se abiue
**ABIVO**
S1345-3 para que a -vos sirua cada dia lo abyuo
**ABIVO** (H)
S1350-3 abiuo la culebra ante que -la el asa
**ABLAÇO**
S1353-3 ablaçolo tan fuerte que lo querria afogar
**ABLANDA**
S1179-4 ablanda Robre duro con -el su blando lino
S1375-4 solaz con yantar buena todos omes ablanda
**ABLANDAS**
S 992-4 yot mostrare sinon ablandas commo se pella el erizo
**ABLENTANDO**
S1295-3 trillando e ablentando aparta pajas puras
**ABLEVIADO**
S1299-4 esta fue rrespuesta Su dicho ableuiado
**ABOGADA**
S1641-8 E ser mi abogada
S1662-2 abogada
**ABOGADO**
S 320-4 abogado de fuero oy fabla prouechossa
S 324-3 tenie buen abogado ligero e sotil era
S 329-4 dat me vn abogado que fable por mi vida
S 330-4 ayas tu abogado luego al plazo vente
S 331-3 qual dineros qual prendas para al abogado dar
S 332-2 vyno dona marfusa con vn grand abogado
S 333-1 Este grand abogado propuso pa su parte
S 342-1 las partes cada vna a -su abogado escucha
S 353-4 abogado de romançe esto ten en memoria
S 358-4 nin deue el abogado tal petiçion comedyr
S 509-2 este es conssejero E sotil abogado
**ABOGADOS**
S 341-3 ay van los abogados de -la mala picaña
S 346-1 dixeron las partes a -los sus abogados
S 356-4 que -a muchos abogados se olvida e se pospone
S 368-1 ally los abogados dyxieron contra el juez
S 369-4 tomaron los abogados del ximio buena liçion
S 371-4 aprendieron los abogados en -esta disputaçion
S 496-2 con muchos abogados era su mantenençia
**ABONDAR**
S1280-4 con -la chica alhiara nol pueden abondar
**ABONDAS**
S 619-3 con arte E con seruiçio muchas cosas abondas
**ABONDO**
S 192-3 casamiento abondo e desto le dixiesen
**ABORESCAS**
S 43-1 Por nos otros pecadores non aborescas
**ABORRENCIA**
S 103-1 Tommo por chica cosa aborrençia e grand saña
**ABORRESCE**
P 40 E otrosi desecha E aborresçe el alma
**ABORRESCEN**
S 546-2 fazen muchas vylezas todos los aborrescen
S1526-2 aborresçen lo muerto como a -cosa estraña
**ABORRESCER**
S 628-3 tomara tan grand enojo que te querra aborresçer
S1595-3 aborresçer los denuestos e amar buena abenençia
**ABORRESCERAN**
P 151 E desecharan E aborrezçeran laz maneraz
**ABORRESCES**
S 279-1 Con çelo e ssospecha a -todos aborresçes
S1549-4 muerte matas la vida al mundo aborresçes
**ABORRIDA**
S1422-3 es de dios ayrada e del mundo aborrida
S1525-1 Eres en -tal manera del mundo aborrida
S1528-4 vyl fediondo es muerto aborrida villeza
**ABORRIDOS**
S1527-4 desque tu vienes muerte luego son aborridos
**ABRACEMOS**
G 684-2 segund que -lo yo deseo voz e yo noz abraçemoz
**ABRAÇAR**
G 685-3 ençendemiento grande pone el abraçar el amada
**ABRAÇO**
S1120-4 abraçose con -el echolo en -la arena
S1488-4 Señora del non vy mas por su amor voz abraço
**ABRAHAN**
S1561-3 a -jafet a -patriarcaz al bueno de abrahan
**ABRAS**
S1031-2 fidalgo diz abras
**ABRE**
S 45-2 abre algunas bulrras aqui a -enxerir
**ABRES**
S 386-3 digan te conortamos de grado abres las puertas
**ABREVIAR**
S1606-1 quiero vos abreuiar la predicaçion

**ABRIA**
S1376-3 abriala su Señora dentro querria entrar
**ABRID**
S 904-3 abrid vuestras orejas vuestro coraçon se lançe
**ABRIENDO**
S1432-2 abriendo e tirando laz rredes rresgaredes
**ABRIL**
S 463-1 yo era enamorado de vna duena en abryl
S1210-1 vigilia era de pascua abril çerca pasado
S1690-1 Alla en talavera en -las calendas de abril
**ABRILLO**
S 895-2 quiso abrillo todo alcançar non lo pudo
**ABRIO**
S 900-3 al leon lo troxieron abriol por los costados
**ABRIR**
S 461-4 que por non abrir la boca de sed perdy el fablar mio
**ABRIRE**
S 876-1 yo vos abrire la puerta esperat non -la quebredes
**ABSOLUCION**
S1171-3 deziendo mia culpa diole la absoluçion
**ABSOLVADES**
S1155-3 guardat non lo absoluades nin de-des la sentençia
**ABSOLVED**
S1156-4 a -vuestros E ajenos oyd absolued E quitad
**ABSOLVIO**
S1161-4 absoluiole de todo quanto estaua ligado
**ABSTINENCIA**
S1504-2 con -la su abstinençia mucho me ayudaua
S1596-2 abstinençia E ayuno puede lo de nos quitar
**ABSUELTA**
S1141-4 fue quita E absuelta de culpa e de pena
**ABSUELVEN**
S1144-4 a -todos los absueluen de todos sus pecados
**ABUELVAS**
S 527-1 guarda te non te abuelvas a -la casamentera
**ABURRA**
S 114-2 la dueña que -la oyere por ello non me aburra
**ABUTARDA**
S 745-3 commo la abutarda quando la golondryna
S 746-4 andaua el abutarda çerca en -el sendero
S 747-2 e mas al abutarda estas palabras tales
S 749-1 Torno la golondrina e dixo al abutarda
S 750-1 dixo el abutarda loca sandia vana
S 752-3 prendio al abutarda leuola a -la plaça
S 754-4 commo al abutarda vos pelaran el pellejo
**ACA**
S 838-4 que venir aca cada dia non seria poridat
S 852-3 aca e alla lo trexna el su quexoso amor
S 966-3 ella diz dam mas amigo anda aca trete con-migo
S1377-2 el huesped aca e alla fuya des-errado
**ACABA**
G 552-2 nin acaba quanto quiere si -le veyen coztumero
S 721-4 do bien acaba la cosa ally son todas bondades
**ACABAD**
S 814-3 conplid vuestro trabajo e acabad la nobleza
S 858-4 acabad vuestros desseos matad vos con enemigo
**ACABADA**
S 317-4 en pecado comiençan e en-tristezan acabada
S 381-4 acabada ya la missa Rezas tan byen la sesta
S1265-2 nunca pudo ver omne cossa tan acabada
S1449-1 acabada ya su fabla començaron de foyr
S1475-1 Su Razon acabada tirose dyo vn zalto
**ACABADO**
S 579-3 lo que en muchos dias acabado non as
S1089-1 Non avia acabado dezir byen su verbo
S1372-1 la su yantar comida el manjar acabado
**ACABADOS**
S 128-4 dieron juyzios fuertes de acabados males
**ACABAN**
S 127-1 Non acaban en orden nin son mas cavalleros
**ACABAR**
S 180-3 nunca puedo acabar lo medio que deseo
G 587-3 zin voz yo non la puedo començar ni acabar
**ACABASE**
S 267-4 que sobiese vergilio acabase su vida
**ACABESCI**
S 153-4 a -muchas serui mucho que nada non acabesçi
**ACAECIO**
S1321-4 acaçiome vna ventura la fiesta non pasada
**ACAESCE**
S 143-1 Acaesçe que alguno ffaze grand trayçion
S 207-1 byen anssy acaesçe a -todos tus contrallos
S 279-4 contesçe te como acaesçe en -la rred a -los peçes
S 284-3 anssy te acaesçe por le leuar ventaja
S1367-2 E sseñora convusco a -mi atal acaesçe
S1392-1 byen asy acaesçe a -vos doña garoza
S1451-1 Aquesto acaesçe a -vos Señora mia
**ACAESCER**
S 628-4 a -ty mesmo contesçio E a -otros podra acaesçer
**ACAESCIMIENTOS**
S 888-2 a -los acaesçimientos a -los yerros de locuras
**ACAESCIO**
S 25-1 En belem acaesçio
S 101-1 E bien ansi acaesçio a -muchos e a -tu Amo
S 335-1 A -mi acaesçio con -el muchas noches e dias
S1246-4 acaesçio grand contyenda luego en ese llano
**ACALAÑAR**
S1705-3 el quiere acalañar nos lo que perdono dios
**ACELIN**
S1184-1 luego lunes de mañana don rraby açelyn
**ACENIA**
S 241-3 a -vezes a -la noria a -vezes a -la açenia

**ACEÑA**
S1404-2 trayoles la farina que comen del açeña
**ACERCA**
G 562-1 ante otroz de acerca tu muchoz Nom la catez
S1297-4 açerca se el jnvierno bien commo de primero
**ACERCANDO**
S1067-1 acercando sse viene vn tienpo de dios ssanto
**ACERTAD**
S 708-4 açertad aqueste fecho pues que vierdes las voluntades
**ACERTE**
S 697-4 açerte en -la tyenda del sabio corredor
**ACIERTAS**
S 68-3 ssi la rrazon entiendes o en -el sesso açiertas
**ACIPRESTE**
S 6-4 Señor de aquesta coyta saca al tu açipre(ste)
S 13-2 enforma e ayuda a -mi el tu acipreste
S 19-3 açipreste de fita della primero fiz
S 423-2 dyz açipreste Sañudo non seyas yo te rruego
S 575-1 Yo Johan Ruyz el sobre dicho acipreste de hita
S 930-1 a -la ке diz açipreste vieja con coyta trota
S 946-2 açipreste mas es el rroydo que -las nuezes
S1318-3 diz açipreste amad esta yo ire alla mañana
S1345-1 Desque me party de vos a -vn açipreste siruo
S1691-1 aqueste açipreste que traya el mandado
S1692-1 ffablo este açipreste E dixo bien ansy
**ACIPRESTES**
S1069-3 a -todos loz açiprestes E clerigoz con amor
S1245-2 açiprestes E dueñas estos vienen delante
S1283-2 açiprestes e dueñas fablan sus poridades
**ACOJE**
S1708-4 que -la acoje de noche en casa avn que gelo defiendo
**ACOJER**
S 136-1 Penssaron mucho Ayna todos de se acojer
**ACOMETAS**
S 646-2 non acometas cosa por que fynque espantada
**ACOMETE**
S1217-3 cuchillo muy agudo a -las rreses acomete
**ACOMETER**
S 231-1 ffazes con tu soberuia acometer malas cosaz
**ACOMETIDAS**
S1121-3 pero ansi apeado fazia grandes acometidas
**ACOMIENDO**
S 532-1 Marauillose el monge diz a -dios me acomiendo
S1567-3 a -dios me acomiendo que yo non fallo al
**ACONPAÑADA**
S1570-2 con dos martyrez deues estar aconpañada
**ACONPAÑADO**
S1081-3 de gentes muy guarnidas muy byen aconpañado
**ACONPAÑADOS**
S1316-2 veya los de dueñaz estar aconpañados
**ACONPAÑAN**
S1262-3 todoz le aconpañan con grand conssolaçion
**ACONPAÑAR**
S 693-3 el trabajo e el fado suelen se aconpañar
**ACORDAD**
S 870-1 Catad non enperezedes acordad vos de -la fablilla
S1579-1 Señorez acordad vos de -bien si vos lo digo
**ACORDADO**
S 609-4 mejor es el conssejo de muchos acordado
**ACORDADOS**
S 346-2 que non podrian ser en vno acordados
S1515-2 Para los jnstrumentos estar byen acordados
**ACORDAR**
S1059-2 de su muerte deuemos doler nos e acordar
**ACORDARAN**
P 145 acordaran la memoria E non despreçiaran su fama
**ACORDARSE**
P 95 nin acordarse dello para lo obrar
**ACORDASTES**
S1409-4 rruego vos que me digades en -lo que acordastez
**ACORDAT**
S1659-1 Acordat vos de su estoria
**ACORDE**
S 921-1 Non me acorde estonçe desta chica parlylla
**ACORDOSE**
S 135-1 Acordose su Ayo de commo lo judgaron
**ACORRA**
S 926-4 creo que si esto guardares que -la vieja te acorra
**ACORRE**
S 203-2 señor señor acorre nos tu que matas E sanas
S 512-2 a -coyta E a -grand priessa el mucho dar acorre
S 870-2 quando te dan la cablilla acorre con la soguilla
S1007-4 yo dixe so perdido sy dios non me acorre
**ACORRED**
S1188-4 aba aba pastorez acorred nos con -los perros
**ACORREDES**
S 701-4 sy vos non me acorredes mi vida es perdida
S1577-2 parientes e Amigos qui non me acorredes
**ACORRER**
S 138-2 afogose en -el agua acorrer non lo podieron
S 601-3 otro cobro non fallo que me pueda acorrer
S 793-3 quiça el grand trabajo puede vos acorrer
**ACORRES**
S1465-2 estar su mal amigo diz por que non me acorres
S1677-7 bien acorres muy de llano
**ACORRO**
S1669-3 non le es falleçedero tu acorro syn dudança
S1671-2 tu acorro E guarda fuerte a -mi libre defendiendo
**ACORTA**
S 274-4 acortase la vida quien lo dixo non miente
**ACORTAR**
S 544-1 faz perder la vysta E acortar la vyda

**ACOSTAR**
S1547-4 quando eres denostada do te vienes acostar
**ACOSTUNBLADO**
S1044-3 fuy tener y vigilia commo es acostunblado
**ACOSTUNBRADA**
G 582-3 E bien acostunbrada es de calataut
**ACOSTUNBRADO**
S 732-1 ome es de buena vyda E es byen acostunbrado
**ACTA**
S 324-2 acta e byen formada clara e byen çertera
S 352-2 bien acta e byen formada bien clara e abyerta
**ACUCIOSO**
S 648-2 sey sotil e acucioso e avras tu amiga
S1080-3 non quise dar Respuesta vino a -mi acuçioso
**ACUCIOZO**
G 580-2 mas val rrato acuçiozo que dia perezozo
**ACUDA**
S1532-4 vestid la con -la obra ante que muerte acuda
**ACUERDE**
P 50 por que se acuerde dello
P 73 se acuerde pecado e lo quiera e lo obre
**ACUERDO**
S 124-2 otros muchos maestros en -este acuerdo son
S1695-4 para aver su acuerdo juntaron se otro dia
**ACUERDO (H)**
S 808-4 fago que me non acuerdo ella va començallo
**ACUESTA**
S 613-4 El omne mucho cauando la grand peña acuesta
**ACUESTAS**
S 958-2 E a -mi non me peso por que me lleuo acuestas
S1622-3 que solo e cargado faz acuestas traer
**ACUSA**
S 364-1 Pues el lobo confiesa que fizo lo que acusa
S 519-3 pero que todo el mundo por esto le acusa
**ACUSACION**
S 334-2 non deue ser oyda nin tal acusaçion
S 370-2 que fecha la conclusyon en criminal acusaçion
**ACUSADO**
S 336-3 por ende non deue ser del ninguno acussado
**ACUSAR**
S 849-1 Mas el que contra mi por acusar me venga
**ACUSAVA**
S 322-1 lo que el mas fazia a -otros lo acusava
**ACUSO**
S 328-1 de aquesto la acuso ante vos el buen varon
**ACUZIOSOS**
S 457-2 que querian casamiento e andavan acuziossos
**ACHACA**
S 616-1 syrue la con arte E mucho te achaca
**ACHAQUE**
S 93-2 achaque le leuanta por que non le de del pan
S 377-4 va en achaque de agua a -verte la mala esquima
G 559-4 poder te ya tal achaque tu pleyto enpeesçer
**AÇAFRAN**
S1252-4 coloran su mucha agua con poco açafran
**AÇIDENTE**
S 140-2 pero dios que crio natura e açidente
**AÇIDIA**
S 219-3 gula envidia açidia ques pegan commo lepra
S 317-1 de -la açidia eres messonero E posada
S 319-1 otrosy con açidia traes ypocresia
S 388-1 Con açidya traes estos males atantos
S1600-1 armados estemos mucho contra açidia mala cosa
**AÇOR (V)**
G 801-2 commo al aue que zale de vnaz de açor
**AÇOTAR**
S1063-4 este dios en -que creemos fueron açotar
**AÇUCAR**
S 17-4 açucar negro e blanco esta en vil caña vera
S1337-1 ssabed que de todo açucar ally anda bolando
S1337-3 açucar de confites e açucar violado
S1610-2 en açucar muy poco yaze mucho dulçor
S1614-4 con doñeo es mas dulçe que açucar nin flor
**ADALID**
S 926-2 xaquima adalid nin guya nin handora
**ADAMA**
S1355-2 onde ovieses cobro non tenias adama
**ADAMAR**
S 941-3 o sy le dio ponçoña o algud adamar
**ADAMARES**
S 915-2 leuogelos la vieja con otros adamares
**ADAN**
S 294-1 adan el nuestro padre por gula e tragonia
S1561-1 Saco de -las tus penas a -nuestro padre adan
**ADARAGAS**
S1087-3 por adaragas calderas sartenes e cosinas
**ADEFINAS**
S 781-3 des-echan el carnero piden las adefinas
**ADELANTADO**
S1464-3 saco vna grand soga diola al adelantado
**ADELANTADOS**
S 769-2 Salieron a -rresçebir le los mas adelantados
**ADELANTAR**
S 459-4 ffabro luego el coxo coydo se adelantar
**ADELANTE**
S 774-1 fuese mas adelante çerca de vn molino
S1709-4 E dende en adelante çiertas procuraçones
**ADELIÑAS**
S 392-2 en cabo son muy pocos a -quien byen adelyñas
**ADELIÑO**
S 918-4 somouiola ya quanto e byen lo adeliño

**ADEVINA**
S 211-2    rrebuelves lo amenudo tu mal non adeuina
**ADEVINARON**
S 135-4    non sean verdaderos en -lo que adevinaron
**ADEVINO**
S 774-4    que agora se cunple el mi buen adeuino
S1620-3    rreñidor E adeuino suzio E agorero
**ADIESTRA**
S1145-3    si el çiego al çiego adiestra o lo quier traer
**ADIVAS**
S 302-3    yua mucho cansado tomaron lo adyuaz
**ADO**
S 138-1    Estando ansy colgado ado todos lo vieron
S 365-4    que ado buen alcalde judga toda cosa ez segura
S 397-4    rremira se la loca ado tu lo-cura mora
S 405-1    Natura as de diablo ado quier que tu mores
S 454-4    perezoso non seas ado buena azina vyeres
S 547-1    Ado mas puja el vyno quel seso dos meajas
G 584-4    todo por su consejo se fara ado apuerte
S 599-3    ado es el grand lynaje ay son los alçamientos
S 599-4    ado es el mucho algo son los desdeñamientos
S 624-3    los logares ado suele cada dia vsar
S 629-1    Ado fablares con ella sy vieres que ay lugar
S 639-1    ado son muchos tyzones e muchos tyzonadores
S 639-3    ado muchos le dixieren tus bienes e tus loores
S 656-4    ado es lugar seguro es bien fablar cosa çierta
S1089-2    ahe vos ado viene muy lygero el çieruo
S1127-2    E que lo touiesen encçerrado ado non -lo vea ninguno
S1176-3    ado ella ver lo puede suzedet non se -llega
S1331-1    enbie por mi vieja ella dixo adolo
S1343-2    yo entrar como puedo ado non se tal portillo
S1569-3    ado te me han leuado non cosa çertera
S1609-4    mucho al y fallaredes ado byen pararedes mientes
S1696-1    Ado estauan juntados todos en -la capilla
**ADOBA**
S1296-1    El Segundo adoba e rrepara carralez
**ADOBLADAS**
S1555-4    escotan tu manjar adobladas e zenzillas
**ADOLESCER**
S1697-4    creed se ha adolesçer de aquestos nuestros males
**ADONA**
S1243-2    de piedras de grand preçio con amor se -adona
**ADONADA**
S1615-3    ado-nada fermosa preçiada cantador
**ADORA**
S 462-4    nin ver tal la puede omne que en dios adora
**ADORALLO**
S1644-7    dar adorallo
**ADORARON**
S 26-3    e adoraron al que veys
S1638-6    E adoraron
**ADORAVA**
S 121-3    el conpaño de çerca en -la cruz adoraua
**ADORMIDO**
S1100-3    estaua apezgado e estaua adormido
**ADORMIENDO**
S1231-2    adormiendo a -vezes muy alto a -las vegadaz
**ADORMIERON**
S1097-4    adormieron se todos despues de -la ora buena
**ADRAGUEA**
S1336-1    adraguea e alfenique con -el estomatricon
**ADUCHA**
S 342-3    qual copa qual taza en poridat aducha
**ADUCHO**
S1511-3    aducho bueno vos adugo fablad me alaud
**ADUGO**
S1511-3    aducho bueno vos adugo fablad me alaud
**ADULTERIO**
S 257-2    adulterio E fornjço toda via desseaz
S 795-2    non casaria con-migo ca seria adulterio
S1166-4    por conplir adulterio fazias grandes promesaz
**ADUXO**
S 770-4    pues que dios vos aduxo quered la oy cantar
S1490-3    la merca de tu vço dios que -la aduxo
**ADUZ**
S 120-4    que la caça ansy aduz
**AFAN**
S 564-3    sy non todo tu afan es sonbra de luna
S1324-1    ffue con -la pleytesia tomo por mi afan
**AFANAN**
S 152-3    trabajan E afanan mucho syn medida
**AFEITADAS**
S 625-2    palabras afeytadas con gestos amorosos
**AFEITES**
G 440-3    con poluoz e afeytez e con alcoholeras
S1257-2    palabrillaz pyntadaz fermosillos afeytes
**AFILADA**
S 434-1    la naryz afylada los dientes menudiellos
**AFINCA**
G 662-2    vuestro amor he deseo que me afinca e me aquexa
S1606-4    Ca poco E bien dicho afyncase el coraçon
**AFINCADA**
S1352-1    venido ez el estio la siesta affyncada
**AFINCADO**
S 602-1    atrevy me con locura E con amor afyncado
G 663-4    esto zobre todas cosaz me traye mas afincado
**AFINCAMIENTO**
S 865-1    los omnes muchas vegadas con -el grand afyncamiento
S1700-2    con -grand afyncamiento ansi como dios Sabe
**AFINCANDO**
S 615-3    afyncando lo mucho el artero conplador
S 640-4    desque vieres que dubda ve la tu afyncando

**AFINCARON**
S 190-2    afyncaron le mucho que ya por su amor
**AFINCAVA**
S 659-4    començel dezir mi quexura del amor que me afyncaua
**AFINCO**
S 606-3    afynco vos pidiendo con dolor e tristura
S 714-1    yo lo trayo estoruando por quanto non -lo afynco
**AFINES**
S 374-2    cum hiz qui oderunt paçem fasta que el salterio afines
**AFINQUE**
S 641-4    a -muger que esta dubdando afynquela el varon
**AFINQUES**
G 764-4    non me afinquez tanto luego el primero dia
**AFIUZIAVAN**
S1256-4    tarde cunplen o -nunca lo que afiuziauan
**AFOGA**
S 293-2    duermes con tu amiga afoga te postema
S1103-3    atrauesosele en -el pyco afogala ayna
**AFOGADO**
S 131-4    dixo el quinto maestro morra en agua afogado
**AFOGAR**
S 252-3    afogar se queria demandava corriendo
S 278-2    ssospiros e corages quieren te afogar
S1116-3    a cabritos E a -gamos queria los afogar
S1353-3    ablaçolo tan fuerte que lo querria afogar
**AFOGARIA**
S 176-3    ssy yo tu mal pan comiese con -ello me afogaria
**AFOGO**
S 138-2    afogose en -el agua acorrer non lo podieron
**AFORRASEN**
S1125-2    dieron los a -la dueña ante que se aforrasen
**AFORRE**
S 512-3    non ha syeruo cabtivo que el dinero non le aforre
**AFRAE**
S1092-3    non so para afrae en carrera nin ero
**AFRECHO**
S1201-3    para lydiar non firmes quanto en afrecho estacaz
**AFRUENTA**
S 249-1    Mesquino tu que faras el dia de -la afruenta
S1648-6    de mal E de afruenta
S1653-3    escusar voz ha de afruenta
**AFRUENTAS**
S 744-2    de pleitos e de afruentas de verguençaz e de plazos
**AFUGAZEN (V)**
G1125-2    dieron loz a -la dueña ante que ze afugazen
**AFUZIADA**
G 451-4    luego eztara afuziada far(a) lo que quisierez
**AGENA**
S 81-4    bien commo la rrapossa en agena mollera
**AGENAS**
S 781-2    en agenas posadas demandan gollorias
**AGENO**
S 89-4    que el cuerdo E la cuerda en mal ageno castiga
S 255-2    de pan e de dineros que forçaste de -lo ageno
S 289-2    pierden lo que ganaron por lo ageno coblar
S 290-2    con algo de -lo ageno aora rresplandesçer
S 290-3    lo suyo E lo ageno todo se va a -perder
S 321-3    dezia que non deuia lo ageno furtarllo
S 369-3    que el de fecho ageno non fazia menzion
S 635-1    de tuyo o -de ageno vele byen apostado
S 767-2    dixo diome el diablo el ageno Roydo
**AGORA**
S 68-4    non diras mal del libro que agora rrefiertas
S 111-1    vna fabla lo dize que vos digo agora
S 255-1    byen ansy tu lo fazes agora que estas lleno
S 326-1    E digo que agora en -el mes que paso de feblero
S 409-3    yo te sacare a -saluo agora por la mañana
S 426-1    ssi tu fasta agora cosa non rrecabdaste
G 447-1    trez cosaz non te oso agora descobryr
G 462-2    chica es la pereza que este dixo agora
S 578-2    porfiando le dixe agora yo te porne
G 682-1    señora por la mesura que agora prometedez
G 682-3    a -la merçed que agora de palabra me fazedez
S 736-1    agora señora fija dezit me vuestro coraçon
S 738-2    es aparado bueno que dios vos traxo agora
S 742-4    nin te cunple agora dezir me esos mandadoz
G 764-3    non me digaz agora mas desa ledania
G 765-1    yo non quize fasta agora mucho buen casamiento
G 765-3    sy agora tu me sacaz de buen entendemiento
S 767-4    non quise comer tozino agora soy escarnido
S 768-4    a -la fe diz agora se cunple el estornudo
S 774-4    que agora se cunple el mi buen adeuino
S 799-1    Señora madre vieja que me dezides agora
S 874-3    ally rraviaria agora que non puede tirar el fierro
S 897-4    a -todos e agora non vale vna faua
S 940-1    Agora es el tienpo pues que ya non la guardan
S 970-3    oteo me la pastora diz ya conpañon agora
S 983-1    Pensso de mi e della dixe yo agora se prueua
S1039-2    tanto algo agora
S1355-4    conssejas me agora que pierda la mi alma
S1360-3    agora que so viejo dizen que poco valo
S1361-3    estonçes me loaua agora que so viejo me esquiua
S1365-3    agora que non do algo so vil e despreçiado
S1411-3    dezir te he su enxienplo agora por de mano
S1439-3    sy agora cantasses todo el pesar que trayo
S1635-5    tu Señora da me agora
S1660-1    agora en quanto byuierdes
S1662-6    por la tu bondad agora
S1679-4    ven me librar agora
S1703-2    nin es agora tristan con todos sus amorez
**AGORERO**
S1620-3    rreñidor E adeuino suzio E agorero

**AGOSTINES**
S1238-3 ally van agostynes e diʒen sus cantorez
**AGOSTO**
S1285-3 fasta que pasa agosto non dexan de rrebuznar
S1704-4 yo le daria tal buelta que nunca viese al agosto
**AGRA**
S1306-3 con muchos pater nostres e con mucha oraçion agra
**AGRADESCIDO**
S 717-4 por que me non es agradesçido nin me es gualardonado
**AGRANIZAR**
S 134-3 vn rrevatado nublo començo de agranizar
**AGRAVIADO**
S1671-1 Yo so mucho agrauiado en esta çibdad seyendo
**AGRAVIADOS**
S1147-1 Todos los casos grandes fuertes agrauiados
**AGRAZ**
S 907-2 que de vn grano de agraz se faze mucha dentera
S1290-4 agraz nueuo comiendo enbargole la boz
S1381-3 las viandaz preçiadaz con miedo son agraz
**AGRILLO**
S1030-4 agrillo e Ralo
**AGUA**
S 131-4 dixo el quinto maestro morra en agua afogado
S 138-2 afogose en -el agua acorrer non lo podieron
S 226-3 con la sonbra del agua dos tantol semejaua
S 266-2 tiberio agua cabdal que muchas aguas toma
S 377-3 que -la lieue por agua e que de a -toda çima
S 377-4 va en achaque de agua a -verte la mala esquima
S 412-2 dio salto en -el agua somiese fazia yuso
S 423-4 que a -las vezes poca agua faze abaxar grand fuego
S 464-3 daua me vna gotera del agua que fazia
S 526-1 Muy blanda es el agua mas dando en piedra dura
S 845-4 ya la cruz la leuase conl agua bendita
S 992-5 syn agua E syn rroçio
S1056-4 ssangre E agua salio del mundo fue dulçor
S1168-2 el viernes pan E agua comeras E non cozina
S1252-4 coloran su mucha agua con poco açafran
S1392-2 queredes en cuento mas agua con -la orça
S1446-4 las rranas con -su miedo so el agua meter
**AGUADUCHO**
S 246-3 non te fartaria duero con -el su agua ducho
**AGUARDANDO**
S1668-2 aguardando los coytados de dolor E de tristura
**AGUAS**
S 266-2 tiberio agua cabdal que muchas aguas toma
S 302-1 El cavallo connel miedo fuyo aguas byuaz
S 884-1 ssy los peçes de -las aguas quando veen al anzuelo
S1291-3 boluia las aguaz frias de su naturaleza
**AGUDA**
G 448-3 zy ha la mano chyca delgada boz aguda
S 990-4 quiça el pecado puso esa lengua tan aguda
S1228-2 de -laz bozez aguda e de -los puntos arisca
**AGUDAS**
S 267-3 de navajas agudas por que a -la sobida
**AGUDILLOS**
S 434-3 las enzivas bermejas los dientes agudillos
**AGUDO**
S 156-4 al perezoso fazelo ser presto e agudo
S 243-2 el espinazo agudo las orejas colgadas
S1217-3 cuchillo muy agudo a -las rreses acomete
S1276-4 echar de yuso yelos que guardan vino agudo
S1320-3 torno a -mi muy triste e con coraçon agudo
**AGUERO**
S 507-2 non es muerto ya dizen pater noster a -mal aguero
S 767-3 yo ove buen aguero dios avia melo conplido
S1483-4 Señora el aue muda diz non faze aguero
**AGUIJA**
S 916-3 dam vos esta poco a -poco la aguija
**AGUIJO**
S 137-1 ffaciendo la grand piedra el infante aguijo
S 390-3 tanto mas me aquexas quanto yo mas aguijo
**AGUIJON**
S 641-3 asno coxo quando dubda corre con -el aguijon
S 927-1 Aguijon escalera nin abejon nin losa
**AGUIJONES**
S 521-4 estos son aguijonez que la fazen saltar
**AGUILA**
S 269-4 contesçeles commo al aguila con -los nesçios truhanez
S 270-1 El aguila cabdal canta sobre la faya
S 271-2 con pendolas de aguila los ha enpendolados
S 271-4 al aguila cabdal diole por los costados
S 272-1 Cato contra sus pechos el aguila ferida
S 306-4 vñas crio mayorez que aguila cabdal
**AGUISADA**
S 88-2 tan buena tan aguisada tan derecha con rrazon
**AGUISADO**
S 236-2 que non ha de dios miedo nin cata aguisado
S 403-3 quier feo quier natyo aguisado non catam
S 702-1 oy dezir sienpre de vos mucho bien e aguisado
**AGUJA**
S 724-4 que pensse aquesta noche poco a poco la aguja
**AGUZA**
S 395-3 como mula camurzia aguza rrostros e dientes
**AGUZADERA**
S 925-3 pala aguzadera freno nin corredor
**AHE**
S1089-2 ahe vos ado viene muy lygero el çieruo
**AINA**
S 2-3 Señor da me tu graçia e tu merçed Ayna
S 33-4 que de tus gozos ayna
S 136-1 Penssaron mucho Ayna todos de se acojer
S 297-4 dezir telo he mas breue por te enbiar ayna

S 316-3 que mucho ayna se puede todo su poder perder
S 366-2 pero que non ha asueluo del furto tan ayna
S 391-2 mudas te do te pagas cada dia Ayna
S 546-1 los omnes enbriagos ayna enveješen
G 551-1 quien muy ayna fabla ninguno non lo entiede
S 612-4 que tarde o que ayna crey que de ty se duela
S 650-3 puso me el marinero ayna en -la mar fonda
S 745-2 sy non conteçier vos puede a -vos mucho ayna
S 820-1 El derecho del poble pierde se muy ayna
S 922-3 ayna yerra omne que non es aperçebydo
S 941-4 mucho ayna la sopo de su seso sacar
S 968-1 Pusso me mucho ayna en vna venta con su enhoto
S 985-3 ande lo mas que pud ayna los oteros
S1093-4 la dueña fue maestra non vino tan ayna
S1103-3 atrauesosele en -el pyco afogala ayna
S1168-4 aver te ha dios merçed e saldras de aqui ayna
S1186-4 alboroço ayna fizo muy grand portillo
S1205-1 esportilla e cuentas para Rezar ayna
S1209-1 ssalyo mucho ayna de todaz aquestaz callez
S1359-1 Con -el mucho lazerio ffue muy ayna viejo
S1532-4 la Salud E la vida muy ayna se muda
S1594-1 yra que es enemiga e mata muchos ayna
**AIRADA**
S 614-1 si la primera onda del mar ayrada
S1352-3 salvo de aquel forado sañuda E ayrada
S1422-3 es de dios ayrada e del mundo aborrida
**AIRADO**
S1194-3 de -la falsa quaresma e de mar ayrado
**AIRADOS**
S 224-3 fueron e son ayrados de dios los que te creyeron
**AIRAS**
S 183-4 partes lo del amiga al omne que ayras
**AIRES**
S 908-3 dueña por te dezir esto non te asanes nin te ayres
**AIRES**
**(H)**
S1289-2 busca yeruas e ayres en -la sierra enfiesta
**AJAN**
S 482-2 mostrat me -la figura e ajan buen solaz
**AJENA**
S 905-4 en ajena cabeça sea byen castigada
S1146-3 non deue poner omne su foz en miese ajena
S1291-1 Enxeria los arborez con ajena corteza
**AJENAS**
S 210-4 penssando e sospirando por las cosas ajenas
S1589-3 non rrobar cosaz ajenaz non forçar muger nin nada
**AJENO**
S 221-3 muchos por tal cobdiçia lo ajeno furtaron
S 565-4 E por tu coraçon judgaras ajeno
S1154-4 non querades vos penar por ajeno pecador
S1586-3 saber nos guardar de -lo ajeno non dezir esto querria
**AJENOS**
G 667-2 a muchoz enpeeçen los ajenoz errorez
S 713-4 vayan ante vuestros rruegos que los ajenos conbites
S1156-4 a -vuestros E ajenos oyd absolued E quitad
**AJEVIO**
S1387-1 andaua en -el muladar el gallo ajeuio
**AJOBA**
S 402-3 el mas astroso lobo al enodio ajoba
**AJOBO**
S 420-4 echas en flacas cuestas grand peso e grand ajobo
**AL**
P 14 e aluengan la vida al cuerpo
P 51 e trae al cuerpo a fazer buenaz obraz
P 97 que mas aparejada E jnclinada ez al mal que al bien
P 115 E non ez apropiada al cuerpo vmano
P 124 entiendo quantoz bienez fazen perder el alma e al cuerpo
P 148 E querran maz amar a -si mesmoz que al pecado
P 161 al cuerdo E al non cuerdo
P 162 al que entendiere el bien e escogiere saluaçion
P 164 otrosi al que quisiere el ammor loco
P 173 E non al son feo de -laz palabraz
P 174 E segud derecho laz palabraz siruen al -la jntençion
P 185 Ca dize sant gregorio que menoz firien al onbre
S 3-1 Señor tu que sacaste al profecta del lago
S 6-4 Señor de aquesta coyta saca al tu açipre(ste)
S 24-4 al fijo que dios en -ti enbia
S 26-3 e adoraron al que veys
S 27-4 Al que dios e omne seya
S 29-2 quando al tu fijo viste
S 29-3 Sobir al çielo E diste
S 31-4 al çielo e quanto y avia
S 34-6 mas al loor
S 39-2 quando al tu fijo Señor
S 39-4 al çielo a -su padre mayor
S 41-4 al çielo te fizo pujar
S 42-1 Señora oy al pecador
S 46-2 non me contesca con-tigo commo al doctor de greçia
S 50-4 a -los griegos doctores nin al su mucho saber
S 59-1 Preguntaron al griego sabio que fue lo que dixiera
S 59-2 por señas al rromano e que -le rrespondiera
S 61-1 Preguntaron al vellaco qual fuera su antojo
S 83-4 mando matar al toro que podria abastar
S 84-1 ffizo partidor al lobo e mando que a -todoz diese
S 84-4 al leon dixo el lobo que -la mesa bendixiese
S 86-2 dio grand golpe en -la cabeça al lobo por lo castigar
S 87-2 toda la canal del toro al leon dio entera
S 104-4 al tienpo se encoje mejor la yerua malua
S 109-3 al omne por conpañera nin del non -la feziera
S 133-2 pidio al rrey su padre que -le fuese otorgado
S 143-4 si piden merçed al Rey dale conplido perdon
S 144-2 al rrey en algund tienpo a -tanto le seruio
S 144-3 que piedat e seruiçio mucho al rrey mouio

AL

(cont.)

| | |
|---|---|
| S 156-1 | El amor faz sotil al omne que es rrudo |
| S 156-2 | ffazele fabrar fermoso al que antes es mudo |
| S 156-3 | al omne que es couarde fazelo muy atreuudo |
| S 156-4 | al perezoso fazelo ser presto e agudo |
| S 157-1 | Al mançebo mantiene mucho en mançebez |
| S 157-2 | e al viejo faz perder mucho la vejez |
| S 161-1 | vna tacha le fallo al amor poderoso |
| S 173-1 | Non perdere yo a -dios nin al su parayso |
| S 174-2 | commo conteçio al ladron que entraua a -furtar |
| S 175-1 | lanço medio pan al perro que traya en -la mano |
| S 177-1 | Al señor que me crio non fare tal falsedat |
| S 178-2 | tanto siguio al ladron que fuyo de aquel çillero |
| S 178-3 | asy conteçio a -mi E al mi buen mensajero |
| S 183-3 | al que mejor te syrue a -el fieres quando tiras |
| S 183-4 | partes lo del amiga al omne que ayras |
| S 186-3 | fazes al que te cree lazar en tu mesnada |
| S 191-3 | que al otro su hermano con vna e con mas non |
| S 196-4 | ansy tu deuaneo al garçon loco domo |
| S 199-3 | creyeron al diablo que del mal se pagavan |
| S 209-2 | das al cuerpo lazeria trabajo syn Razon |
| S 225-4 | lo que contesçio al perro a -estos tal les viene |
| S 228-1 | Cada dia contessçe al cobdiçiosso atal |
| S 236-4 | contesçel commo al asno con -el cavallo armado |
| S 239-2 | andaua mal e poco al cauallo enbargava |
| S 246-2 | al tomar te alegras el dar non -lo as ducho |
| S 247-2 | que al poble Sant lazaro non dio solo vn çatico |
| S 248-2 | que vistas al desnudo E fartes al fanbriento |
| S 248-3 | E des al poble posada tanto eres avariento |
| S 253-1 | Prometio al que -lo sacase thesoros e grand Riqueza |
| S 254-1 | Dyxo la grulla al lobo quel quisiese pagar |
| S 255-3 | non quieres dar al poble vn poco de çenteno |
| S 256-1 | En fazer bien al malo cosa nol aprouecha |
| S 258-1 | ffeciste por loxuria al profeta dauid |
| S 261-2 | al sabidor virgillio commo dize en -el testo |
| S 275-3 | al que tu ençendimiento e tu locura cata |
| S 285-1 | al pauon la corneja vydol fazer la Rueda |
| S 293-4 | tu dizes al garçon que coma byen e non tema |
| S 297-2 | al cuerpo muy goloso e al alma mesquina |
| S 298-3 | el leon tan goloso al cauallo sopessa |
| S 299-1 | al leon gargantero rrespondio el cavallo |
| S 311-1 | yra E vana gloria al leon orgulloso |
| S 330-4 | ayas tu abogado luego al plazo vente |
| S 331-3 | qual dineros qual prendas para al abogado dar |
| S 340-2 | pidieron al alcalde que les asignase dia |
| S 341-4 | por boluer al alcalde ninguno non -lo engaña |
| S 342-2 | presentan al alcalde qual salmon e qual trucha |
| S 362-4 | por ende pongo sylençio al lobo en -esta saçon |
| S 380-4 | coxqueaz al dar ofrenda byen trotas el comendon |
| S 393-3 | al que quieres matar ssacas los de carrera |
| S 399-2 | das muchos enemigos al cuerpo que rrequieres |
| S 399-3 | fazer perder la fama al que mas amor dieres |
| S 399-4 | a -dios pierde e al mundo amor el que mas quieres |
| S 401-1 | Eres muy grand gigante al tienpo del mandar |
| S 402-3 | el mas astroso lobo al enodio ajoba |
| S 407-2 | commo contesçio al topo que quiso ser amigo |
| S 409-1 | Señor enamorado dixo al mur la Rana |
| S 410-2 | ata tu pie al mio suba en mi ynojo |
| S 413-4 | al topo e a -la rrana leuolos a -su nido |
| S 416-1 | Al vno e al otro eres destroydor |
| S 416-2 | tan byen al engañado commo al enganador |
| S 418-3 | confonda dios al cuerpo do tal coraçon fuelga |
| S 419-3 | non -le conviene al bueno que sea lyjongero |
| S 420-2 | al que vna vez travas lievas telo en Robo |
| S 420-3 | matas al que mas quieres del byen eres encobo |
| G 438-3 | grandez cuentaz al cuelo zaben muchaz conzejaz |
| G 449-4 | al omne si drize si a -tal muger te ayunta |
| S 455-1 | quando la muger vee al perezoso covarde |
| S 470-1 | Desque la verguença pierde el tafur al tablero |
| S 490-2 | al torpe faze bueno E omne de prestar |
| S 490-3 | ffaze correr al cojo E al mudo fablar |
| S 493-2 | que todos al dinero fazen grand homildat |
| S 499-1 | fazer perder al pobre su casa e su vyña |
| S 501-1 | vy tener al dinero las mejores moradas |
| S 501-4 | todas al dinero syruen E suyas son conpladas |
| S 503-2 | denostar al dinero E a -sus tenptaçiones |
| S 507-3 | commo los cuervos al asno quando le desuellan el cuero |
| S 525-1 | Por vna vez al dia que omne gelo pida |
| S 534-4 | el diablo al monge armado lo enlaze |
| G 548-3 | Al que demaz lo beue zacalo de cordura |
| G 552-4 | al que manda e da luego a -esto lo an primero |
| G 554-3 | El judio al año da tres por quatro pero |
| G 555-3 | Al tablagero fincan dineroz e vestidoz |
| G 584-2 | enflaqueçe e mata al rrezio e al fuerte |
| G 594-2 | Al monge e al buen amigo quel daran por auentura |
| S 603-1 | quanto mas esta omne al grand fuego llegado |
| S 606-2 | que al su seruidor non le faga mesura |
| S 614-2 | espantase al marynero quando vyene torbada |
| S 620-2 | E la arte al culpado salualo del malefiçio |
| S 620-4 | faze andar de cauallo al peon el seruiçio |
| S 622-1 | Non pueden dar los parientes al pariente por herençia |
| S 626-2 | quiere -la muger al omne alegre por Amigo |
| S 626-3 | al sañudo e al torpe non lo preçian vn figo |
| S 627-1 | El alegria al omne fazelo apuesto e fermoso |
| S 632-2 | al comienço del fecho syenpre son rreferteras |
| S 641-1 | ssy nol dan de -las espuelas al cauallo faron |
| S 649-1 | ssy -le conortan non lo sanan al doliente los joglares |
| G 678-4 | al omne conorte grande e plazenteria bien zana |
| S 693-1 | ayuda la ventura al que bien quiere guiar |
| S 702-2 | de quantos bienes fazedez al que a -vos vino coytado |
| S 707-4 | poca cossa le enpeçe al mesquino en mesquindat |
| S 718-4 | en aqueste mi farnero las traere al sarçillo |
| S 722-1 | Mejor cosa es al omne al cuerdo e al entendido |
| S 729-1 | El sabio vençer al loco con conssejo non es tan poco |
| S 729-3 | el cuerdo non enloqueçe por fablar al Roça poco |
| S 730-3 | creo byen que tal fijo al padre semejara |
| S 731-2 | en semejar fijo al padre non es cosa tan nueua |
| S 751-4 | plogo al paxarero que era madrugador |
| S 766-3 | cogieron al lobo en medio en -el feriendo |
| S 769-1 | quando vyeron al lobo fueron mal espandados |
| S 777-4 | conbredes e folgaredes a -la sonbra al vyçio |
| S 779-3 | bueno le fuera al lobo pagarse con torrezno |
| S 801-1 | Estonçe dixo la vieja ansy al amador |
| S 815-2 | por mi verna la dueña andar al estricote |
| S 816-3 | al mandar somos largos E al dar escasos primos |
| S 817-2 | ca engañar al poble es pecado muy grande |
| S 820-2 | al poble e al menguado e a -la poble mesquina |
| S 826-2 | commo el diablo al Rico omne ansy me anda seguiendo |
| S 858-2 | en -el vuestro coraçon al omne vuestro amigo |
| S 884-1 | ssy los peçes de -las aguas quando veen al anzuelo |
| S 892-4 | al asno syn orejas e syn su coraçon |
| S 894-4 | al leon a -los otros querialos atronar |
| S 898-3 | que toda nuestra fiesta al leon mucho plaz |
| S 898-4 | que tornedes al juego en saluo e en paz |
| S 900-3 | al leon lo troxieron abriol por los costados |
| S 901-1 | Mando el leon al lobo con sus vñas parejas |
| S 902-2 | pidio al lobo el asno que -le avya encomendado |
| S 903-1 | dixo al leon el lobo quel asno tal nasçia |
| S 905-2 | guarde se que non torne al mal otra vegada |
| S 909-4 | sola con ome non te fyes nin te llegues al espino |
| S 914-2 | Cada dia llegaua la fabla mas non al |
| S 917-4 | quered salyr al mundo a -que vos dios fizo nasçer |
| S 933-2 | buen amor dixe al libro e a -ella todo saçon |
| S 942-1 | Commo faze venir el senuelo al falcon |
| S 942-2 | asy fizo venir vrraca la dueña al Ryncon |
| S 964-4 | mas querria estar al fuego |
| S 972-4 | que mato al viejo rrando segund dize en moya |
| S 974-1 | Torne para mi casa luego al terçer dya |
| S1001-3 | quando a -la lucha me abaxo al que vna vez trauar puedo |
| S1008-2 | de frio al pie del puerto falle me con vestiglo |
| S1045-2 | luz luziente al mundo del çielo claridat |
| S1049-3 | quan poco la preçia al tu fijo quisto |
| S1050-4 | dieron le algo al falzo vendedor |
| S1055-3 | mas al mundo presta que dende vino luz |
| S1062-3 | al que todos bendiçen por nos todos morio |
| S1068-4 | ca laz cartaz leydas dy las al menssajero |
| S1073-1 | Dad al menssajero esta carta leyda |
| S1079-2 | fuese e yo fiz mis cartaz dixele al viernes yd |
| S1090-1 | vino presta e lygera al alarde la lyebre |
| S1108-2 | diz la pixota al puerco do estas que non paresçes |
| S1112-3 | quantos son en la mar vinieron al torneo |
| S1113-4 | el dolfyn al buey viejo derribole los dientes |
| S1115-3 | dio en medio de -la fruente al puerco e al lechon |
| S1127-4 | E quel dyesen a -comer al dia majar vno |
| S1136-3 | determina el cabo qual es la confesion |
| S1143-4 | quinçe años de vida anadio al culpado |
| S1145-3 | si el çiego al çiego adiestra o lo quier traer |
| S1159-4 | vaya a -laurase al Rio o -a la fuente |
| S1161-3 | en -la grand nesçesidat al cardenal aprisionado |
| S1170-3 | esta y muy deuoto al santo misterio |
| S1179-1 | Al xristiano catholico dale el santo signo |
| S1191-2 | enbyamos nos a -ty al armuerzo nuestro amigo |
| S1210-4 | de dos enperadorez que al mundo han llegado |
| S1218-3 | al cablon que esta gordo el muy gelo pynta |
| S1225-4 | todoz vsan rresçebir cantando al amor |
| S1244-1 | a -cabo de grand pieça vy al que -la traye |
| S1246-3 | al que gela non besa tenian lo por villano |
| S1253-4 | al tomar vienen prestos a -la lid tardineroz |
| S1254-3 | al contar laz soldadaz ellos vienen primeros |
| S1268-2 | creo que era rroby al fuego ssemejaua |
| S1271-2 | asentados al fuego cada vno Señoro |
| S1287-3 | del primero al segundo ay vna grand labrança |
| S1287-4 | el segundo al terçero con cosa non le alcança |
| S1292-4 | el tauano al asno ya le yua mordiendo |
| S1294-2 | al Segundo atiende el que va en delantera |
| S1294-3 | el terçero al Segundo atiendel en frontera |
| S1294-4 | el que viene non alcança al otro quel espera |
| S1297-3 | enbya derramar la sienpre al ero |
| S1314-2 | con -el muy grand plazer al su enamorado |
| S1323-4 | mas el leal amigo al byen e al mal se para |
| S1328-3 | el que al lobo enbia a -la fe carne espera |
| S1347-4 | como con -la culebra contesçio al ortolano |
| S1354-2 | E por fructo dar pena al amigo e al vezino |
| S1356-4 | conteçe me commo al galgo viejo que non caça nada |
| S1358-1 | al su Señor el sienpre algo le presentaua |
| S1360-1 | El caçador al galgo firiolo con vn palo |
| S1363-1 | En amar al mançebo e a -la su loçania |
| S1363-2 | E des-echar al viejo e fazer le peoria |
| S1369-2 | non querria que me fuese commo al mur del aldea |
| S1372-2 | conbido el de -la villa al mur de monferrado |
| S1376-4 | los muros con -el miedo fuxieron al ero |
| S1379-2 | dixo el aldeano al otro venino jaz en -el |
| S1380-1 | Al ome con -el miedo nol sabe dulçe cosa |
| S1384-2 | al rrico temeroso es poble la rriqueza |
| S1389-3 | al que el estiercol cubrre mucho rresplandesçeria |
| S1391-4 | contesçel commo al gallo que escarua en -el muladar |
| S1398-4 | pues la misa es dicha vayamoz al estrado |
| S1399-1 | Alegre va la monja del coro al parlador |
| S1399-2 | alegre va el frayle de terçia al rrefitor |
| S1400-2 | non me contesca commo al asno contesçio con -el blanchete |
| S1419-3 | ella diz al diablo catedes vos el polso |
| S1424-4 | commo al leon vino del mur en su dormir |
| S1425-4 | al leon despertaron con su burla tamaña |
| S1427-1 | Que onrra es al leon al fuerte al poderoso |

**AL**

**(cont.)**

| | |
|---|---|
| S1427-2 | matar vn pequeno al pobre al coytoso |
| S1427-4 | el que al amor vençe es loor vengoncoso |
| S1428-2 | es maldad E pecado vençer al desfallydo |
| S1429-2 | solto al morezillo el mur quando fue soltado |
| S1430-1 | ffuese el mur al forado el leon fue a -caçar |
| S1433-2 | al pobre al menguado non lo quieraz de ti echar |
| S1436-3 | commo fueron al cueruo los dichos los encargos |
| S1437-2 | vido al cueruo negro en vn arbol do estaua |
| S1452-2 | amad al buen amigo quered su buen amor |
| S1454-2 | fueron al rrey las nueuas querellas e pregones |
| S1454-4 | al enforcauan por quatro pepiones |
| S1459-2 | aparta al alcalde E con -el fablaras |
| S1460-2 | el llamo al alcalde apartol e fue fablar |
| S1461-1 | diogela en presente callando al alcalde |
| S1464-1 | Aparto al alcalde el ladron Segud lo avia vsado |
| S1464-3 | saco vna grand soga diola al adelantado |
| S1469-1 | Entonçes loz sayonez al ladron enforcaron |
| S1475-3 | quien al diablo cree traual su garauato |
| S1479-3 | al que te dexa en coyta nol quieraz ayudes en -trebejo |
| S1479-4 | al que te mata so capa nol salues en conçejo |
| S1481-2 | que fizo el diablo al ladron su amigo |
| S1487-2 | la boca non pequena labros al comunal |
| S1494-3 | se -que el que al lobo enbia a -la fe carne espera |
| S1496-1 | De -lo que cunple al fecho aquesto le dezit |
| S1521-1 | Muerte al que tu fieres lieuas telo de belmez |
| S1521-2 | al bueno e al malo al Rico E al rrefez |
| S1525-2 | que por bien que -lo amen al omne en -la vida |
| S1528-1 | ffazes al mucho Rico yazer en grand pobleza |
| S1536-3 | quando al fisico por su dolençia preguntan |
| S1538-1 | Desque sal el alma al rrico pecador |
| S1540-4 | es dar bozes al sordo mas non otros seruiçios |
| S1545-1 | faze doler la cabeça al que lo mucho coma |
| S1549-4 | muerte matas la vida al mundo aborresçes |
| S1551-3 | al -lugar do mas siguez aquel va muy peor |
| S1555-1 | Tu despoblaste muerte al çielo e sus syllas |
| S1556-3 | al que tiene el çielo e la tierra a -este |
| S1558-3 | al jnfierno E a -los suyos E a -ty mal quebranto |
| S1559-3 | dionos vida moriendo al que tu muerte diste |
| S1561-3 | a -jafet a -patriarcaz al bueno de abrahan |
| S1562-3 | al cabdillo de moysen que tenias en -tus baraças |
| S1576-2 | en quanto fuy el mundo oue vyçio e soltura |
| S1582-4 | E para sienpre jamas dizen al jnfierno yd vos |
| S1590-4 | con tal maça al avarizia bien larga mente dad |
| S1593-3 | cassar los pobres menguados dar a -beuer al sediento |
| S1603-2 | al mundo con caridad a -la carne con ayuno |
| S1603-3 | con coraçon al diablo todos trez yran de yuso |
| S1610-4 | pocas palabras cunplen al buen entendedor |
| S1625-1 | Dil aquestos cantarez al que de dios mal fado |
| S1637-4 | syn dolor salio al mundo |
| S1638-7 | al tu fijo presentaron |
| S1645-6 | al çielo sobido |
| S1647-5 | al çielo fue subida |
| S1650-1 | Señorez dat al escolar |
| S1669-1 | Ayudaz al ynoçente con amor muy verdadero |
| S1669-2 | al que es tu seruidor bien lo libraz de lygero |
| S1677-8 | Al que quieres E quisiste |
| S1698-4 | E avn para la mi corona anoche fue al baño |
| S1704-2 | E con rrauia de -la muerte a -su dueño traua al rrostro |
| S1704-3 | Sy yo touiese al arçobispo en otro tal angosto |
| S1704-4 | yo le daria tal buelta que nunca viese el agosto |

**AL**

**(H)**

| | |
|---|---|
| S 77-4 | Nunca al fizo por mi nin creo que fazer quiso |
| S 154-2 | en seruir a -las duenas punar e non en al |
| S 306-2 | comia yeruas montessas commo buey paja E al |
| S 315-3 | con sus vñas mesmas murio E con al non |
| S 328-2 | pido que -la condenedes por sentençia e por al non |
| S 350-4 | E las partes que pyden sentençia E al non |
| S 398-3 | de pecado dañoso de al non te alabo |
| S 398-4 | tristeza e flaqueza al de ty non Recabdo |
| S 411-2 | mas ti tiene pensado en -el su coraçon |
| G 553-1 | En todoz los tuz fechoz en fablar e en Al |
| S 655-2 | el miedo de -las conpañaz me facian al departir |
| G 668-4 | aqui voz fable vno ally voz fablare al |
| G 676-4 | al non oso demandar voz venid zegura miente |
| S 809-3 | sienpre de vos dezimos en al nunca fablamos |
| S 823-4 | el su coraçon della non sabe al amar |
| S 844-3 | mas que nos al queramos por vos fazer seruicio |
| S 986-4 | Ca tu endenderas vno e el libro dize al |
| S1015-2 | yo non vy en -ella al mas sy tu en -ella escaruas |
| S1137-4 | por la contriçion sola pues al non puede far |
| S1163-2 | conbras garuanços cochoz con azeyte e non al |
| S1204-1 | lo al es ya verano e non venian del mar |
| S1237-4 | te amore laudemus le cantan E al |
| S1471-4 | tus pies descalabrados e al non se que vea |
| S1512-3 | pues que al non me dezides quiero me yr de aqui |
| S1567-3 | a -dios me acomiendo que yo non fallo al |
| S1609-4 | mucho al y fallaredes ado byen pararedes mientes |
| S1621-4 | quando non podia al fazer ayunaua con dolor |
| S1683-3 | mas tu me val que non veo al |

**AL**

**(H)**

| | |
|---|---|
| P 13 | que traen al Alma conssolaçion |
| S 104-2 | mande que gelas diesen de noche o al alua |
| S 269-4 | conteçeles commo al aguila con -los nesçios truhanez |
| S 271-4 | al aguila cabdal diole por los costados |
| S 297-2 | al cuerpo muy goloso e al alma mesquina |
| S 406-2 | que canta dulçe con engaño al ave pone abeyte |
| S 576-2 | desque vyno al alua començe de comedyr |
| S 612-3 | que trabajo e seruiçio non -la traya al espuela |
| S 747-2 | e mas al abutarda estas palabras tales |
| S 749-1 | Torno la golondrina e dixo al abutarda |
| S 752-3 | prendio al abutarda leuola a -la plaça |

| | |
|---|---|
| S 754-4 | commo al abutarda vos pelaran el pellejo |
| S 801-2 | commo al aue que sale de manos del astor |
| S 936-4 | quien tal vieja touiere guardela commo al alma |
| S 966-4 | non ayas miedo al escacha |
| S 985-4 | llegue con sol tenplano al aldea de ferreros |
| S1524-2 | al alma que -lo puebra lieuas tela de priesa |

**AL**

**(V)**

| | |
|---|---|
| G 959-2 | zalteome vna serrana al azomante de vn rroztro |

**ALA**

| | |
|---|---|
| S1510-4 | tomaldo fija Señora dixo la mora le ala |

**ALABA**

| | |
|---|---|
| G 557-4 | Ca el que mucho ze alaba de si mismo es denoztador |
| G 560-1 | de otra muger non le digaz mas a -ella alaba |
| G 560-3 | rrazon de fermosura en -ella la alaba |

**ALABANÇA**

| | |
|---|---|
| S1047-1 | My alma E mi coyta e en tu alabança |

**ALABAR**

| | |
|---|---|
| S 740-4 | mas de mi el nin vos non vos podredes alabar |

**ALABE**

| | |
|---|---|
| S 577-3 | mucho las guarde syenpre nunca me alabe |

**ALABES**

| | |
|---|---|
| G 559-1 | ante ella non alabez otra de paresçer |
| S 566-2 | non te alabes della que es grand torpedat |

**ALABO**

| | |
|---|---|
| S 398-3 | de pecado dañoso de al non te alabo |
| S1624-3 | e Señor vos veredes maguer que non me alabo |

**ALAE**

| | |
|---|---|
| S 965-3 | alae promed algo e tener te he por fydalgo |

**ALAHE**

| | |
|---|---|
| S1492-2 | alahe dixo la vieja amor non sea laçio |

**ALANA**

| | |
|---|---|
| S1014-1 | Su boca de alana E los rrostros muy gordos |
| S1600-4 | mas fijos malos tyene que -la alana rrauiosa |

**ALANAS**

| | |
|---|---|
| S1221-4 | laz alanaz paridaz en -laz cadenaz presaz |

**ALANES**

| | |
|---|---|
| S1220-1 | Enderredor de ssy trahe muchos alanes |

**ALANO**

| | |
|---|---|
| S 175-2 | dentro yuan las çaraças varrunto lo el alano |
| S 226-1 | alano carniçero en vn Rio andaua |
| S 227-2 | la carne que tenia perdiola el alano |

**ALARDE**

| | |
|---|---|
| S1082-4 | fazian su alarde çerca de -los tyzones |
| S1090-1 | vino presta e lygera al alarde la lyebre |

**ALARDO**

| | |
|---|---|
| S 455-4 | del vestido mas chico sea tu ardit alardo |

**ALAROÇA**

| | |
|---|---|
| S1392-3 | que con taçaz de plata e estar alaroça |

**ALAS**

| | |
|---|---|
| S 753-1 | luego los ballesteros pelaron le las alas |
| S1099-3 | dieron bozes los gallos batieron de -las alas |

**ALAUD**

| | |
|---|---|
| S1511-3 | aducho bueno vos adugo fablad me alaud |

**ALBOGON**

| | |
|---|---|
| S1233-1 | Dulçema e axabeba el fynchado albogon |

**ALBOGUES**

| | |
|---|---|
| S1213-2 | taniendo su çapoña E loz albogues espera |
| S1517-1 | albogues e mandurria caramillo e çanpolla |

**ALBOROÇARON**

| | |
|---|---|
| S1098-4 | por ende se alboroçaron del Roydo que oyeron |

**ALBOROÇO**

| | |
|---|---|
| S1186-4 | alboroço ayna fizo muy grand portillo |

**ALBURES**

| | |
|---|---|
| S1114-1 | ssavalos E albures E la noble lanplea |

**ALCAHUETA**

| | |
|---|---|
| S 926-1 | Canpana tarauilla alcahueta nin porra |

**ALCALA**

| | |
|---|---|
| S1312-3 | quiero yr ver alcala morare ay la feria |
| S1510-1 | fija mucho vos saluda vno que es de alcala |

**ALCALDE**

| | |
|---|---|
| S 323-3 | don ximio avia por nonble de buxia alcalde |
| S 325-2 | don xymio ordinario alcalde de bugia |
| S 330-1 | Respondio el alcalde yo vengo nueua mente |
| S 331-1 | leuantosse el alcalde esa ora de judgar |
| S 333-2 | alcalde Señor don ximio quanto el lobo departe |
| S 340-2 | pidieron al alcalde que les asignase dia |
| S 341-4 | por boluer al alcalde ninguno non -lo engaña |
| S 342-2 | presentan al alcalde qual salmon e qual trucha |
| S 343-3 | dixo el buen alcalde aved buena abenençia |
| S 344-2 | por saber del alcalde lo que quierre fazer |
| S 347-1 | El alcalde letrado e de buena çiençia |
| S 348-2 | yo don ximio ordinario alcalde de bugia |
| S 360-2 | Ca entonçe el alcalde puede le atormentar |
| S 361-4 | nin puede el alcalde mas que el derecho mandar |
| S 365-4 | que ado buen alcalde judga toda cosa ez segura |
| S 371-1 | a -esto dixo el alcalde vna sola Responssion |
| S 509-1 | El dinero es alcalde E juez mucho loado |
| S1146-2 | o que juzgara en -françia al alcalde de rrequena |
| S1454-3 | enbio alla su alcalde merinos e Sayones |
| S1459-2 | aparta al alcalde E con -el fablaras |
| S1460-2 | el llamo al alcalde apartol e fue fablar |
| S1461-1 | diogela en presente callando al alcalde |
| S1464-1 | Aparto al alcalde el ladron Segud lo avia vsado |
| S1464-4 | el alcalde diz mando que sea enforcado |

**ALCANCE**

| | |
|---|---|
| S 904-2 | guardat vos de amor loco non vos prenda nin alcançe |

**ALCANÇA**

| | |
|---|---|
| S1287-4 | el segundo al terçero con cosa non le alcança |
| S1294-4 | el que viene non alcança al otro quel espera |
| S1476-3 | por mucho que se tarde mal galardon alcança |

**ALCANÇAN**

| | |
|---|---|
| S1300-4 | andan e non se alcançan atiendense en Ribera |

**ALCANÇAR**
S 895-2    quiso abrillo todo alcançar non lo pudo
S1278-3    non se podrian alcançar con -las vigas de gaola
**ALCANÇARA**
S1382-4    ally me alcançara e me diera mal rrato
**ALCANÇARIEN**
S1271-3    non se alcançarien con vn luengo madero
**ALCANÇO**
S 999-4    antes lo alcanço quel galgo
**ALCANDORA**
S 397-3    a -las vezes en saya a -las vezes en alcandora
**ALCANTARA**
S1114-2    de seuilla E de alcantara venian a -leuar prea
S1237-2    calatraua e alcantara con -la de buena val
**ALCARAZ**
S 129-1    Era vn Rey de moros alcaraz nonbre avia
**ALCARIAS**
S1223-2    venian a -obedeçerle villaz E alcariaz
**ALCOHOLERAS**
G 440-3    con poluoz e afeytez e con alcoholeras
**ALCUDIA**
S1187-1    El canpo de alcudia e toda la calatraua
**ALÇA**
S 653-4    con saetas de amor fyere quando los sus ojos alça
**ALÇAMIENTOS**
S 599-3    ado es el grand lynaje ay son los alçamientos
**ALÇAN**
G 439-3    a dioz alçan laz cuentaz querellando suz coytaz
S 618-3    caen las torres altas alçan pesos duros
**ALÇANDO**
S 569-3    alçando el cuello suyo descobre se la garça
S1139-1    En sus pechos feriendo a -dios manos alçando
**ALÇAR**
S1430-4    enbuelto pies e manos non se podia alçar
**ALÇARAS**
S 517-1    con vna flaca cuerda non alçaras grand trança
**ALÇO**
S 86-1    alço el leon la mano por la mesa santiguar
**ALDARA**
S1022-3    falle me con aldara
**ALDEA**
S 985-4    llegue con sol tenplano al aldea de ferreros
S 988-1    a -la fuera desta aldea la que aqui he nonblado
S1369-2    non querria que me fuese commo al mur del aldea
S1412-1    Contesçio en vna aldea de muro byen çercada
S1414-1    Tendiose a -la puerta del aldea nonbrada
**ALDEANO**
S1373-4    con esto el aldeano touos por byen apreso
S1378-2    estaua el aldeano con miedo e con tremor
S1379-2    dixo el aldeano al otro venino jaz en -el
**ALDEANOS**
S 500-1    El faze caualleros de neçios aldeanos
**ALEGA**
S1631-4    syn la que se a-lega en -la Razon fermosa
**ALEGRA**
S1231-4    a -laz gentes alegra todaz laz tyene pagadaz
S1354-1    alegrase el malo en dar por miel veninos
S1378-4    alegrate E come de -lo que as mas sabor
**ALEGRAN**
G 442-1    do eztaz mugerez vzan mucho ze alegran
S 891-2    alegran se las conpañas en -las bodas con rrazon
**ALEGRANÇA**
S1230-2    entrellos alegrança el galipe françisco
**ALEGRAR**
S 83-1    Por le fazer plazer E mas le alegrar
**ALEGRARON**
S 82-4    alegraron se todas mucho por su amor
**ALEGRAS**
S 246-2    al tomar te alegras el dar non -lo as ducho
**ALEGRAVA**
S1440-4    alegraua laz gentes mas que otro juglar
**ALEGRE**
G 449-2    si es muger alegre de amor se rrepunta
S 626-2    quiere -la muger al ome alegre por Amigo
S 868-1    vyno me trota conventos alegre con el mandado
S1078-2    leuantose byen alegre de -lo que non me pesa
S1328-2    vyno me muy alegre dixo me de la primera
S1384-4    la pobredat alegre es Segura nobleza
S1399-1    Alegre va la monja del coro al parlador
S1399-2    alegre va el frayle de terçia al rrefitor
S1489-3    doñeador alegre para las çapatas mias
S1494-1    vino la mi leal vieja alegre plazentera
S1641-4    alegre e pagada
**ALEGRE**    (H)
S 13-4    que -los cuerpos alegre e a -las almas preste
S 44-3    entre-ponga plazeres e alegre la rrazon
**ALEGRES**
S 313-2    fueron muy alegres por que andauan solteras
**ALEGRIA**
S 21-4    Cantar de tu alegria
S 28-1    Alegria quarta e buena
S 34-1    Dezir de tu alegria
S 38-1    ffue tu quarta alegria
S 492-2    plazer e alegria del papa Racion
S 627-1    El alegria al omne fazelo apuesto e fermoso
G 678-2    es la color e la vista alegria palançiana
G 687-3    zolaz tan plazentero e tan grande alegria
G 758-2    sienpre an gasajado plazer e alegria
S 813-3    por la vuestra ayuda creçe mi alegria
S1226-4    mas alegria fazen los que son maz mejores
S1314-3    syenpre quiere alegria plazer e ser pagado
S1374-4    alegria buen Rostro con todo esto se llega

S1549-2    desfazes la fechura alegria entristezes
S1616-3    solaz E alegria plazer E bendiçion
S1639-1    fue tu alegria quarta
S1646-1    Sesta alegria
S1647-6    que grand alegria
S1649-2    aved alegria
S1687-5    e dame alegria
**ALEGRIAS**
S1222-4    de talez alegriaz non ha en -el mundo memoria
S1234-3    tan grandes alegrias nin atan comunales
S1315-2    vy llenos de alegriaz de bodas e cantares
**ALEGRO**
S 842-3    pero en mi talante alegro me en parte
S 855-3    alegro me con mi tristeza lasa mas enamorada
**ALEVOSAS**
S 790-1    Mugeres aleuosas de coraçon traydor
**ALEVOSO**
S 220-1    En -ti fazen morada aleuoso traydor
**ALEXANDRE**
S1081-4    serie don alexandre de tal rreal pagado
**ALEXANDRIA**
S1338-1    Monpesler alexandria la nonbrada valençia
**ALEXAR**
S 387-2    ante facien onium sabes las alexar
**ALFAJA**
S1207-1    De yuso del sobaco va la mejor alfaja
**ALFAJAS**
S 705-1    Sy a -quantas desta villa nos vendemos las alfajas
S1708-2    es este que va de sus alfajaz prendiendo
**ALFAJEME**
S1416-1    El alfajeme pasaua que venia de ssangrar
**ALFAMARES**
S1254-1    Tyenden grandes alfamarez ponen luego tablerz
**ALFAYATE**
S 66-2    rre-mendar bien non sabe todo alfayate nuevo
**ALFENIQUE**
S1336-1    adraguea e alfenique con -el estomatricon
**ALFEREZ**
S 218-3    esta ez tu alferez E tu casa offiçia
S1096-1    Estaua delante del su alferez homil
**ALFILERES**
S 723-2    meneando de sus joyas sortijas E alfileres
**ALFOZ**
S1290-2    segando las çeuadas de todo el alfoz
**ALFREZ**
S1078-3    dixo yo so el alfrez contra esta mala presa
**ALGAREA**
G 562-4    de lexoz algarea quedo non te arrebatez
**ALGO**
P 107    E non olvidar algo
S 16-2    nin creadez que ez chufa algo que en -el leo
S 173-3    non soy yo tan ssyn sesso sy algo he priso
S 174-4    el ladron por furtar algo començole a -falagar
S 290-2    con algo de -lo ageno aora rresplandesçer
S 345-2    algo de -la sentençia por su coraçon descobrir
S 394-4    do coyda algo en ella tyene nada
S 421-1    Plaze me byen te digo que algo non te devo
S 488-3    sy podieres dal ago non -le ayas querella
S 511-2    toda muger cobdyçiosa de algo es falaguera
S 514-1    Sy algo non -le dyeres cosa mucha o poca
G 558-3    si algo nol prouarez nol zeaz despechozo
S 609-1    sy algo por ventura de mi te fuere mandado
G 677-2    yo entendere de -uoz algo E oyredez loz miz rrazonez
S 818-3    sy en algo menguamos de -lo que prometemos
S 876-2    E con byen e con sosiego dezid si algo queredes
S 956-3    non temas syn das algo que -la nieue mucho moje
S 961-3    fasta que algo me prometas por mucho que te arremetas
S 965-3    alae promed algo e tener te he por fydalgo
S 999-1    Mas pariente tu te cata sy sabes de sierra algo
S1002-2    Casar me he de buen talento contigo si algo dieres
S1041-4    del que non da algo
S1048-2    yo en tu memoria algo quiero fazer
S1050-4    dieron le algo al falzo vendedor
S1261-2    el byen si algo se de ti me fue mostrado
S1355-3    ayudete con algo fuy grand tyenpo tu ama
S1358-1    al su Señor el sienpre algo le presentaua
S1365-3    agora que non do algo so vil e despreçiado
S1391-2    non quiere valer algo nin saber nin pujar
F 2    a -las uezes con algo a -las uezes uazio
**ALGO**    (H)
S 177-3    tu leuarys el algo yo faria grand maldat
S 491-3    quanto mas algo tiene tanto es mas de valor
G 558-4    Non seaz de su algo pedidor codiçiozo
G 583-1    fiia de algo en todo e de alto linaje
S 599-4    ado es el mucho algo son los desdeñamientos
S 719-2    el mi algo E mi casa a -todo vuestro mandar
S1039-2    tanto algo agora
S1538-3    rroban todos el algo primero lo mejor
S1541-4    ellos lieuan el algo el alma lyeua satan
**ALGOS**
S 400-2    almas cuerpos e algos commo huerco las tragas
S 742-2    de muchos que me tyenen los mis algos forçados
S1653-2    de -los algos E de -la Renta
**ALGUACIL**
S 509-3    alguaçil E meryno byen ardyt es-forçado
S1075-2    alguaçil de -las almas que se han de saluar
S1096-4    parlaua mucho el vino de todos alguaçil
**ALGUD**
S 518-2    quier lo vea o -non saber lo ha algud dia
S 941-3    o sy le dio ponçoña o algud adamar
S1264-2    ssy me viniere a -ver algud enamorado

**ALGUEVA**
S 983-3   escote la meryenda e party me dalgueua
**ALGUN**
S 91-3   algun triste ditado que podiese ella saber
S 133-3   de yr a correr monte caçar algun venado
S 718-1   ssy me dieredes ayuda de que passe algun poquillo
S1327-1   Mas val tener algun cobro mucho ençelado
S1581-2   con algun enemigo en -el canpo entrar
**ALGUNA**
S 102-3   las cosas mucho caras alguna ora son rrafezes
S 167-2   querer sienpre tener alguna enamorada
S 538-4   con -el alguna fenbra que con -ellas mejor cria
S 564-2   non te sepa que amas otra mayor alguna
S 656-3   bueno es jugar fermoso echar alguna cobierta
S 725-2   sola envejeçedes quered alguna vegada
S1317-3   rroguel que me catase alguna tal garrida
S1332-2   amad alguna monja creed me de conssejo
**ALGUNAS**
P 99   E estaz son algunaz de -laz rrazonez
P 131   en -que son escriptaz algunaz maneraz e maestriaz
P 159   aqui fallaran algunaz maneraz para ello
S 45-2   abre algunas bulrras aqui a -enxerir
S1390-3   tyenen algunaz cosaz preçiadaz e de querer
S1515-2   a -cantigas algunas son mas apropiados
**ALGUNAS**   **(H)**
S 286-4   algunas ffazen esto que fizo la corneja
**ALGUND**
S 144-2   al rrey en algund tienpo a -tanto le seruio
S 301-1   abaxose el leon por le dar algund confuento
G 681-4   ante testigoz que noz veyan fablar uoz he algund dia
S1018-3   sy ella algund dia te quisiese espulgar
S1067-2   ffuy me para mi tierra por folgar algund quanto
S1169-3   commo quier que algund poco en -esto lazraraz
**ALGUNO**
S1127-3   si non fuese doliente o confesor alguno
S1308-1   Coyde en otra orden fallar cobro alguno
**ALGUNO**
S 143-1   Acaesçe que alguno ffaze grand trayçion
S 809-4   quando alguno vyene otra rrazon mudamos
S1090-4   mas querria mi pelleja quando alguno le quiebre
S1627-2   que si lo oye alguno que tenga muger fea
**ALGUNOS**
P 9   laz qualez dizen algunoz doctorez philosophos
S 500-2   condes e Ricos omnes de algunos vyllanoz
S1514-1   Cantares fiz algunoz de -los que dizen los ziegos
S1695-3   algunoz de -los legos tomaron azedia
**ALGUNOS**   **(H)**
P 133   que vsan algunoz para pecar
P 157   si algunoz lo que non loz conssejo
P 184   como algunoz vsan por el loco amor
P 189   E conposelo otrosi a -dar algunoz leçion
S 638-1   quando vyeres algunos de -los de su conpana
S 781-1   algunos en -sus cassas passan con dos sardinas
S 906-4   non me maldigan algunos que por esto se encone
S1366-1   Non sse nienbran algunoz del mucho byen antyguo
**ALHAONEDES**
S 876-3   luego vos yd de mi puerta non nos alhaonedes
**ALHEÑA**
S 432-2   cabellos amarillos non sean de alheña
**ALHIARA**
S1280-4   con -la chica alhiara nol pueden abondar
**ALHOLIZ**
G 556-3   mas alholiz rrematan pero non comen pan
**ALHORRE**
S1007-3   antes dize la piedra que sale el al-horre
**ALI**
S1088-3   que ya muchas vegadaz lydie con don aly
**ALIMPIAR**
S 463-4   por pereza de alympiar me perdy la duena gentil
**ALINPIAT**
S 792-4   alynpiat vuestras lagrimas pensad que fagades
**ALISO**
S 173-2   por pecado del mundo que es sonbra de aliso
**ALIXANDRIA**
S1335-1   Cominada alixandria con -el buen dia-gargante
**ALJABA**
G 560-2   el trebejo dueña non lo quiere en otra aljaba
**ALJAVAS**
S1111-2   trayan muchas saetas en sus aljauas postas
**ALLELUIA**   **(L)**
S1240-4   cantando andeluya anda toda la villa
**ALMA**
P 10   que son en -el alma E propia mente suyas
P 13   que traen al Alma conssolaçion
P 35   E desque esta jnformada E jnstruyda el Alma
P 40   E otrosi desecha E aborresçe el alma
P 46   E desque el Alma con -el buen entendimiento
P 65   e buena voluntad escoje el alma
P 110   E por esto ez maz apropiada a -la memoria del alma
P 124   entiendo quantoz bienez fazen perder el alma e al cuerpo
P 169   que guarde bien laz trez cosaz del Alma
S 184-4   en ti fasta que el cuerpo e el alma van perder
S 197-3   amor quien te mas sygue quemas le cuerpo e alma
S 273-1   El loco el mesquino que su alma non cata
S 273-3   destruye a -su cuerpo e a -su alma mata
S 297-2   al cuerpo muy goloso e al alma mesquina
S 469-4   alma e cuerpo e fama todo lo dexan perder
S 529-1   fizo cuerpo E alma perder a -vn hermitano
S 543-3   perdio cuerpo e alma el cuytado mal trecho
S 830-3   ya la vuestra manera entyende la ya mi alma
S 885-3   pyerde el cuerpo e el alma a -muchos esto aviene
S 936-4   quien tal vieja touiere guardela commo al alma

**ALTO**
S 943-4   dios perdone su alma e quiera la rresçebyr
S1045-3   mi alma E mi cuerpo ante tu magestat
S1047-1   My alma E mi coyta e en tu alabança
S1169-4   tu alma pecador ansi la saluaraz
S1177-2   asi en este dia por el alma se para
S1355-4   conssejas me agora que pierda la mi alma
S1385-3   que perder la mi alma con perdizez assadaz
S1423-2   del alma e del cuerpo e muerte e enfamiamiento
S1456-3   dixol que de su alma la carta le feciese
S1457-1   otorgole su alma fizole dende carta
S1506-4   dios perdone su alma e los nuestros pecados
S1524-2   al alma que -lo puebra lieuas tela de priesa
S1538-1   Desque sal el alma al rrico pecador
S1541-4   ellos lieuan el algo el alma lyeua satan
**ALMADANA**
S 924-3   señuelo coberbera al-madana coraça
**ALMADANAS**
S 517-4   con cuños E almadanas poco a -poco se arranca
**ALMAGRA**
S1306-1   Estaua en vn palaçio pyntado de almagra
**ALMAJARES**
S 915-3   Señora diz conprad me aquestos almajares
**ALMARIO**
S1632-3   por ende fago punto E çierro mi almario
**ALMAS**
P 153   que faze perder laz almaz E caer en saña de dioz
S 11-4   sea de nuestras almas cobertura E manto
S 13-4   que -los cuerpos alegre e a -las almas preste
S 43-5   nuestras almas le ofresçaz
S 126-1   otros entran en ordem por saluar las sus almas
S 207-4   en cuerpos e en almas asy todos tragalloz
S 221-4   por que penan sus almas e los cuerpos lazraron
S 318-4   con tus malas maestrias almas e cuerpos matas
S 386-1   Nunca vy cura de almas que tan byen diga conpletas
S 399-1   das muerte perdurable a -las almas que fieres
S 400-2   almas cuerpos e algos commo huerco las tragas
S 498-4   muchas almas perdia E muchas salvaua
S1075-2   alguaçil de -las almas que se han de saluar
S1112-2   para saluar sus almas avian todos desseo
S1474-2   los gatos E las gatas son muchas almas mias
S1583-3   las almas quieren matar pues los cuerpos han feridos
**ALMOHAÇA**
S 924-4   altaba traynel cabestro nin almohaça
**ALMOHALLA**
S1076-1   Desde oy en syete dias tu e tu almohalla
**ALMOZAR**
S 982-1   Pardios dixe yo amiga mas querria almozar
**ALMUERÇA**
S1032-1   diz huesped almuerça
**ALMUERÇAS**
S 292-2   almuerças de mañana non pierdes la yantar
**ALMUERZO**
S1197-2   dalda a -don almuerzo que vaya con -el mandado
**ALMUEZAS**
S1275-2   enclaresçe los vinos con anbas sus almuezaz
**ALMUEZO**
S1196-1   E vaya el almuezo que es mas aperçebido
**ALO**
S1360-3   quando era mançebo dezian me halo alo
**ALONGADO**
S 603-2   tanto muy mas se quema que quando esta alongado
**ALONGUEMOS**
S1709-1   Pero non alonguemos atanto las rrazones
**ALQUILADO**
S1630-3   non le dedes por dineros vendido nin alquilado
**ALROTES**
S1478-2   non viene dellos ayuda mas que de vnos alrrotes
**ALTA**
S 53-3   subio en alta cathreda dixo con bauoquia
S 375-2   domine labia mea en alta boz a -cantar
S 642-3   torre alta desque tyenbla non ay synon caer
S 771-3   vos cantad en -boz alta rresponderan los cantores
S 772-2   los cabrones e las cabras en alta boz balar
S1229-1   El rrabe gritador con -la su alta nota
S1230-3   la flauta diz con ellos mas alta que vn Risco
S1242-2   blanca rresplandeçiente mas alta que -la peña
S1574-1   alta muger nin baxa ençerrada nin ascondida
**ALTABA**
S 924-4   altaba traynel cabestro nin almohaça
**ALTAR**
S1062-4   dios e omne que veemos en -el santo altar
**ALTARES**
S1315-1   Dia de quasy-modo iglesias E altares
**ALTAS**
S 432-3   las çejas apartadas luengas altas en peña
S 501-2   altas e muy costosas fermosas e pyntadas
S 618-3   caen las torres altas alçan pesos duros
S1037-4   de cuello byen altas
S1465-1   leuando lo a -la forca vido en altas torres
**ALTEZA**
S 253-2   vino la grulla de somo del alteza
**ALTEZA**
S 508-1   Toda muger del mundo E duena de alteza
S1664-5   en alteza
**ALTIBAXO**
S1001-1   sse faser el altybaxo E sotar a -qual quier muedo
**ALTO**
S 8-2   fijo de dioz muy alto saluador de ys(rael)
S 9-2   por el nonbre tan alto hemanuel saluaçion
S 433-4   sy ha el cuello alto atal quieren las gentes
G 583-1   fiia de algo en todo e de alto linaje
S 653-2   que talle que donayre que alto cuello de garça

**ALTO**     **(cont.)**
S1001-2   non fallo alto nin baxo que me vença Segund cuedo
S1229-3   el salterio con ellos mas alto que -la mota
S1236-4   venite exultemus cantan en alto grito
S1499-3   alto cuello de garça color fresco de grana

**ALTO**     **(H)**
S 894-3   su atanbor taniendo bien alto a -Rebuznar
S1231-2   adormiendo a -vezes muy alto a -las vegadaz
S1475-2   dexo a -su amigo en -la forca tan alto

**ALTOS**
S1126-1   mandolos colgar altos byen como atalaya

**ALTRA**
S 476-3   por que seades guardada de toda altra locura

**ALTURA**
S1006-1   Syenpre ha la mala manera la sierra E la altura
S1576-4   cay en vna ora so tierra del altura
S1681-4   Señora del altura

**ALUENGAN**
P 14   e aluengan la vida al cuerpo

**ALUNBRA**
S1267-4   alunbrase la tyenda de su grand rresplandor

**ALUNBRANDO**
S1646-7   alunbrando

**ALUNBRAR**
S 12-2   el me done su graçia e me quiera alunbrar
S 40-2   los discipulos vino alunbrar
S1585-2   dones de spiritu santo que nos quiera alunbrar

**ALUNBRAVA**
S1268-3   non avia menester sol tanto de sy alunbraua

**ALVA**
S 104-2   mande que gelas diesen de noche o al alua
S 576-2   desque vyno al alua començe de comedyr
S 993-1   lunes antes del alua Començe mi camino

**ALVALA**
S1510-2   enbia vos vna çodra con aqueste aluala

**ALVAÑARES**
S1277-2   rrefazer los pesebres lynpiar los aluañarez

**ALVARDA**
S 711-4   que non ay mula de aluarda que la troxa non consienta
S 991-4   sobarte diz el aluarda synon partes del trebejo

**ALVARDANA**
S1232-4   la hadedura aluardana entre ellos se entremete

**ALVARDANES**
S 269-3   matanse a -sy mesmos los locos alvardanes

**ALVAS**
S 739-3   el dia que vos nasçites fadas aluas vos fadaron

**ALVERCHE**
S1105-4   las truchas de aluerche dauanle en -las mexillas

**ALVILLO**
S 718-2   a -esta dueña e a -otras moçetas de cuello aluillo

**ALVO**
S1102-2   fue el puerro cuelle aluo e ferio lo muy mal

**ALVOS**
S 960-1   Dixele yo a -la pregunta vome fazia sotos aluos

**ALLA**
S 477-3   tardo alla dos años mucho fue tardinero
S 658-1   querian alla mis parientes Cassar me en esta Saçon
S 708-1   aqui es bien mi vezina Ruego vos que alla vayades
S 852-3   aca e alla lo trexna el su quexoso amor
S 872-2   non me detoue mucho para alla fuy luego ydo
S1178-1   A -loz que alla van con el su buen talente
S1318-3   diz açipreste amad esta yo ire alla mañana
S1377-2   el huesped aca e alla fuya des-errado
S1454-3   enbio alla su alcalde merinos e Sayones
S1625-3   dixol doña fulana tyra te alla pecado
S1690-1   Alla en talavera en -las calendas de abril

**ALLEGA**
S 804-4   muchas vezes allega rriquezas a monton
S1250-1   Esquilman quanto puedem a -quien zeles allega
S1374-2   byen llena de farina el mur ally se allega

**ALLEGAMIENTO**
S1535-2   de sus muchos thesoros e de su allegamiento

**ALLEGO**
S1543-1   Allego el mesquino E non ssopo para quien

**ALLEGRIA**
S1313-3   dexome con cuydado pero con allegria

**ALLI**
S 78-3   mucho de omne se guardam ally do ella mora
S 137-3   fforado se la puente por alli se despeño
S 194-4   quiso prouar commo ante e vino ally vn dia
S 264-3   ençendien ally todos commo en grand çentella
S 270-2   todas las otras aves de ally las atalaya
S 280-4   estorua te tu pecado façe te ally moryr
S 283-3   a do-quier que tu seas los çelos ally cryan
S 346-4   pyden que por sentençia fuesen de ally lybrados
S 368-1   ally los abogados dyxieron contra el juez
S 385-2   cantas letatus sum sy ally se detiene
S 385-3   illyc enim asçenderunt a -qualquier que ally se atiene
S 499-4   do el dinero juega ally el ojo guiña
S 507-1   Ally estan esperando qual avra mas Rico tuero
G 668-2   Auet por bien que uoz fable ally zo aquel portal
G 668-4   aqui voz fable vno ally voz fablare al
S 721-4   do bien acaba la cosa ally son todas bondades
S 751-2   fizo ally su nido quanto pudo mejor
S 778-1   abaxose el lobo ally so aquel sabze
S 864-3   nunca dios lo quiera fija que de ally nasca contyenda
S 874-3   ally rraviaria alguna que non puede tirar el fierro
S 978-2   ally proue que era mal golpe el del oydo
S1085-2   ally andan saltando e dando grandes gritos
S1108-1   Alli con los lauanços lydian baruos E peçes
S1109-1   ally vino la lyxa en aquel desbarato
S1117-1   ally lidian las ostyas con todos los conejos

S1118-1   ally lydia el conde de laredo muy fuerte
S1140-3   ally faz la emienda purgando el su errar
S1172-1   ffynco ally ençerrado don carnal el coytoso
S1182-4   de -lo que dixo en -casa ally se desdezia
S1228-1   ally sale gritando la guitarra morisca
S1233-4   la neçiacha manduria ally faze su son
S1238-1   ally van de ssant paulo los sus predicadorez
S1238-3   ally van agostynes e dizen sus cantorez
S1248-1   Dixieron ally luego todos los rreligiosoz e ordenados
S1256-1   ally Responden todos que non gelo conssejauan
S1264-3   de noche e de dia ally sea el estrado
S1285-4   desde ally pierden seso esto puedes prouar
S1287-1   Andan tres Ricoz onbrez ally en vna danca
S1304-3   ally toda persona de grado se me omilla
S1311-4   pocos ally falle que me non llamasen padrasto
S1337-1   ssabed que de todo açucar ally anda bolando
S1374-2   byen llena de farina el mur ally se allega
S1382-4   ally me alcançara e me diera mal rrato
S1425-3   ally juegan de mures vna presta conpaña
S1432-1   los vuestros blazos fuertes por ally los sacaredes
S1646-5   dioz ally enbya

**AMA**
P 37   e piensa e ama e desea omne el buen amor de dioz e sus man-
       damientoz
P 48   escoge E ama el buen Amor que ez el de dioz
P 66   E ama el Amor de dioz por se saluar por ellaz
S 197-2   mas arde e mas se quema qual quier que te mas ama
S 210-2   das le a -quien non -le ama tormentas le con penas
S 212-4   a -quien nol quiere nil ama ssyenpre gela mientass
S 630-1   Toda muger los ama omnes aperçebydos
S 706-2   ella si me non engaña paresçe que ama a -mi
S 806-2   sy me ama la dueña o sy me querra amar
S 807-2   que vos quiere e vos ama e tyene de vos desseo
S 812-2   ella non me lo niega ante diz que vos ama
S 830-2   nin el grande amor non puede encobrir lo que ama
S 842-4   por que veo que vos ama e vos quiere syn arte
S 857-2   façed byen su mandado del amor que vos ama
S1339-4   quien a -monjas non ama non vale vn marauedy
S1444-2   el omne que vos ama nunca lo esquiuedes

**AMA**     **(H)**
S 936-2   a -la dueña non -la guardan su madre nin su ama
S1355-3   ayudete con algo fuy grand tyenpo tu ama

**AMAD**
S1318-3   diz açipreste amad esta yo ire alla mañana
S1332-2   amad alguna monja creed me de conssejo
S1452-2   amad al buen amigo quered su buen amor
S1490-4   amad dueñas amalde tal omne qual debuxo

**AMADA**
S 167-3   por aver solaz bueno del amor con amada
S 394-1   Tyene omne su fija de coraçon amada
G 685-3   encçendimiento grande pone el abraçar el amada
S 831-2   que sodes de aquel omne loçana mente amada
S 866-4   andan por escarneçerla coyda que es amada e quista
S1028-5   darvos he amada
S1673-2   de dios madre muy amada
F 1   De señor y de amada y de monte y de Rio

**AMADES**
S 798-4   sy mucho la amades mas vos tyene amado
S 843-2   E veo que entre amos por egual vos amades
S 860-2   oluidar o escusar aquello que mas amades

**AMADO**
S 798-4   sy mucho la amades mas vos tyene amado
S1197-4   dada en torna vacaz nuestro lugar amado

**AMADOR**
S 416-4   eres mal enemigo fazes te amador
S 801-1   Estonçe dixo la vieja ansy al amador
S 852-1   ay dios dixo la dueña el coraçon del amador
S1503-2   ssyenprel fuy mandado e leal amador
S1551-1   Enemiga del bien en -el mal amador

**AMAGOTES**     **(V)**
G1478-3   si non falzaz ezcuzaz lizonjaz amagotez

**AMALDE**
S1490-4   amad dueñas amalde tal omne qual debuxo

**AMAN**
S 505-1   Commo quier que -los frayles E clerigos dyzen que aman a dios
       seruir
S1516-4   mas aman la tauerna e sotar con vellaco
S1526-1   los quel aman E quieren e quien ha avido su conpaña

**AMANDO**
P 127   escogiendo E amando con buena voluntad
P 163   E obrare bien Amando a dioz

**AMANSA**
S 524-1   A toda cosa brava grand vso la amansa

**AMANSAR**
S1602-4   con estas armas lydiando podemos los amanssar

**AMAR**
P 94   ansi que non puede amar el bien
P 148   E querran maz amar a -si mesmoz que al pecado
S 152-2   es amar las mugeres nunca seles olvida
S 428-2   non quieras amar duenas que a -ty non avyene
S 430-1   sy quisyeres amar dueñas o otra qual quier muger
S 431-3   sy podieres non quieras amar muger villana
S 450-1   atal es de seruir e atal es de amar
S 490-1   Mucho faz el dinero E mucho es de amar
S 545-4   si amar quieres dueña del vyno byen te guarda
S 610-4   amar te ha la dueña que en -ello pienssa e sueña
S 624-2   la que te era enemiga mucho te querra amar
S 806-2   sy me ama la dueña o sy me querra amar
S 823-3   el su coraçon della non sabe al amar
S1363-1   En amar al mançebo e a -la su loçania
S1516-3   çitola odreçillo non amar caguyl hallaço
S1595-3   aborresçer los denuestos e amar buena abenençia

**AMARA**
S 310-4   quanto mas te prouare menos te amara

**AMARA**
G 689-2   sy veye que -la oluido ella otro amara
**AMARES**
S 564-1   de vna cossa te guarda quando amares vna
**AMARGA**
S 825-3   corrida e amarga que me diz toda enemiga
S1443-2   de aqueste dulçor Suele venir amarga lonja
S1520-4   de tu memoria amarga non es que non se espante
**AMARGAN**
S1380-4   todaz cosaz amargan en vida peligrosa
**AMARGOS**
S1436-2   non querria que fuesen a -mi fiel E amargos
**AMARGOTES**
S1478-3   sinon falssaz escusaz lysonjaz amargotes
**AMARGURA**
S 800-2   por que pierda tristeza dolor e amargura
S1142-3   se yo que lloro lagrimas triste con amargura
S1381-4   todo es amargura do mortal miedo yaz
S1548-4   lo dulçe fazes fiel con tu much amargura
S1668-4   non catando su pecado saluas lo de amargura
**AMARIELLA**
G 757-3   deso creo que estadez amariella e magrilla
**AMARILLA**
S1004-2   E da me toca amarilla byen listada en -la fruente
**AMARILLO**
S 810-2   el color se le muda bermejo e amarillo
S 831-3   su color amarillo la su faz mudada
S1123-2   que estaua amarillo de dias mortezino
**AMARILLOS**
S 432-2   cabellos amarillos non sean de alheña
**AMAS**
S 247-3   non quieres ver nin amas poble grand nin chico
S 564-2   non te sepa que amas otra muger alguna
S 786-3   por que amas la dueña que non te preçia nada
**(H)**
S1077-1   ley amas laz cartaz entendy el ditado
**AMASADAS**
S 968-3   buenas perdizes asadas fogaças mal amassadas
**AMASE**
S 565-2   que tu entendera amase a frey moreno
**AMATA**
S 857-4   los plazeres de -la vyda perdedes sinon se amata
**AMATADA**
S 936-1   ffue a -pocos de dias amatada la fama
**AMATAR**
S 857-1   E pues que vos non podedes amatar la vuestra llama
S 984-2   ca mala es de amatar el estopa de que arde
S1602-3   con fierro de buenas obraz los pecados amatar
**AMATAVA**
S 264-2   amatauase luego e venien todos a -ella
**AMAVA**
S 322-3   lo que el mas amaua aquello denostaua
S1401-4   demonstraua en -todo grand Amor que -la Amaua
**AMAVAN**
S1256-2   que amauan falsa mente a -quantos laz amauan
**AME**
S 215-2   en quantas que ame nin de -la dueña bendicha
G 661-1   en -el mundo non es coza que yo ame a par de uoz
**AMEN**
S 694-4   el que amen dixiere lo que cobdiçia lo vea
**(H)**
S1525-2   que por bien que -lo amen al omne en -la vida
**AMEN**
**(L)**
S1239-4   benedictus qui venit Responden todos amen
**AMENAÇAR**
S 425-2   non deue amenaçar el que atyende perdon
**AMENAZAR**
S 63-4   dexose de amenazar do non gelo preçian nada
**AMENAZAN**
S 632-4   amenazan mas non fieren en çelo son arteras
**AMENAZAR**
S 982-4   non se pago del dicho e quiso me amenazar
**AMENAZAS**
S 415-3   que non han de dios miedo nin de sus amenazas
S1091-2   deziendo sus bramuras e muchas amenazas
S1531-2   temed sus amenazas non fagades su Ruego
**AMENAZAVA**
S 964-2   fascas que me amenazaua pagan sinon veras juego
**AMENUDILLO**
S 810-3   el coraçon le salta ansy amenudillo
**AMENUDO**
S 211-2   rrebuelves lo amenudo tu mal non adeuina
S 464-4   en -el mi ojo muy Rezia amenudo feria
S 624-4   aquellos deues tu mucho amenudo andar
S 768-2   vyo en vnos fornachos rretoçar amenudo
S 922-2   non la podia aver ansi tan amenudo
S1096-3   tañia amenudo con -el el añafyl
S1276-2   gallynas con capirotada comia amenudo
S1288-4   los baruos e laz truchas amenudo çenaua
S1310-2   dueñas e otraz fenbraz fallaua amenudo
S1320-4   diz do non te quieren mucho non vayas amenudo
S1375-2   vn manjar mejor que otro amenudo y anda
S1485-1   Señora diz la vieja yol veo amenudo
S1536-2   por lo heredar todo amenudo se ayuntan
**AMESTE**
S 426-2   de dueñas e de otras que dizes que ameste
S 487-2   mas garçon e mas ardit quel primero que ameste
**AMIDOS**
S 339-2   otorgaron lo todo con miedo e amidos
S 401-4   tarde daz e Amidos byen quieres demandar
G 555-4   do non les come se rrascan los tahures amidoz
S 630-4   lo poco e lo mucho façen lo como amidos

S 954-4   amiga dixel amidos faze el can baruecho
S 957-2   comadre quien mas non puede amidos moryr se dexa
S1249-4   de grado toma el clerigo e amidos enpresta
S1541-2   amidoz tarde o -nunca en misa por el estan
**AMIGA**
S 89-1   Por ende yo te digo vieja e non mi amiga
S 158-2   otrosi su amiga maguer que sea muy fea
S 159-2   a -su amiga bueno paresçe E rrico onbre
S 167-4   tome amiga nueva vna dueña ençerrada
S 183-4   partes lo del amiga al omne que ayras
S 230-3   las joyaz para tu Amiga de que las conplaras
S 277-2   temiendo que a -tu amiga otro le fabla en locura
S 293-2   duermes con tu amiga afoga te postema
S 375-1   Do tu Amiga mora comienças a -leuantar
S 379-1   E sy es dueña tu amiga que desto non se conpone
S 381-2   que -la vieja que tiene a -tu amiga presta
S 409-2   quiero ser tu amiga tu muger e tu çercana
S 624-1   con aquesto podras a -tu amiga Sobrar
S 643-1   ssy tyene madre vieja tu amiga de beldat
S 648-2   sey sotil e acucioso e avras tu amiga
S 711-2   yo le dixe por dios amiga guardat vos de soberuienta
S 825-1   dixo le doña Rama como venides amiga
S 881-3   castigad vos amiga de otra tal contra yz
S 954-4   amiga dixel amidos faze el can baruecho
S 955-1   dexa me passar amiga dar te he joyas de sierra
S 982-1   Pardios dixe yo amiga mas querria almozar
S1331-4   fe a -que buen amor qual buen amiga buscolo
S1497-1   yol dixe trota conventos Ruego te mi amiga
S1509-2   ya amiga ya amiga quanto ha que non vos vy
S1578-2   e sil de dios buen amor E plazer de amiga
F 3   No auedes amiga de carne el coraçon
**AMIGANÇA**
S 695-4   amigança debdo e sangre la muger lo muda
**AMIGAS**
S1527-2   amigos e amigas dezeados E Seruidos
**AMIGO**
S 94-4   nin el leal amigo non es en toda plaça
S 276-3   sy el tu amigo te dize fabla ya quanta
S 407-2   commo contesçio al topo que quiso ser amigo
S 467-3   por ende mi amigo en -tu coraçon non yaga
S 538-1   Amigo dyz non sabes de noche nin de dia
S 568-4   diz que la buena poridat en buen amigo anda
S 573-3   la que te oy te desama cras te querra Amigo
S 573-4   faz consejo de Amigo fuye de loor de enemigo
G 594-2   Al monge e al buen amigo quel daran por auentura
S 626-2   quiere -la muger al ome alegre por Amigo
S 648-1   Amigo en -este fecho que quieres mas que te diga
G 683-2   que qual es el buen amigo por laz obraz parescera
S 712-1   Mienbre se vos buen amigo de -lo que dezir se suele
S 713-1   Amigo non vos durmades que -la dueña que dezidez
S 797-3   conortad vos amigo e tened buena creençia
S 807-1   Amigo diz la vieja en la dueña lo veo
S 815-1   Amigo Segund creo por mi avredes conorte
S 858-2   en -el vuestro coraçon al omne vuestro amigo
S 868-2   amigo diz como estades yd perdiendo coydado
S 942-3   ca diz vos amigo que -las fablas verdat son
S 966-3   ella diz dam mas amigo anda aca trete con-migo
S 995-1   que dize a -su amigo queriendol conssejar
S1191-2   enbyamos nos a -ty al armuerzo nuestro amigo
S1323-4   mas el leal amigo al byen e al mal se para
S1327-2   ca mas val buen amigo que mal marido velado
S1332-1   Ella dixo amigo oyd me vn poquiello
S1354-2   E por fructo dar pena al amigo e al vezino
S1364-4   de amigo syn prouecho non ha el ome cura
S1366-4   apenas quel pobre viejo falla ningud amigo
S1378-3   falagaual el otro deziendol amigo Señor
S1393-3   dexades del amigo perdizes E capones
S1394-3   dexades del amigo las truchas laz gallynas
S1452-2   amad al buen amigo quered su buen amor
S1453-2   que dio a -su amigo mal consejo e mal cabo
S1458-2   llamo a -su amigo quel conssejo aquesto
S1458-3   vino el mal amigo diz fe me aqui presto
S1459-4   amigo con aquesto en saluo escaparas
S1463-1   llamo su mal amigo asy commo solia
S1465-2   estar su mal amigo diz por que non me acorres
S1465-4   andando E fablando amigo non te engorres
S1466-4   entre tanto amigo vete con ese bayle
S1467-2   Amigo valme valme que me quieren enforcar
S1471-1   fablo luego el diablo diz amigo otea
S1475-2   dexo a -su amigo en -la forca tan alto
S1476-2   quien con amigo malo pone su amistança
S1476-4   es en amigo falso toda la mal andança
S1479-1   Non es dicho amigo el que da mal conssejo
S1481-2   que fizo el diablo al ladron su amigo
S1495-1   Amigo dios vos salue folgad sed plazentero
S1530-4   que non atender a -ty nin a -tu amigo cras cras
S1623-1   Dixele huron amigo buscame nueua funda
**AMIGOS**
S 165-1   diz por las verdadez sse pierden los Amigos
S 407-1   Contesçe cada dia a -tus amigos con-tigo
S 650-1   Amigos vo a -grand pena E so puesto en -la fonda
G 660-4   do se çelan loz amigoz son mas fielez entramoz
G 677-4   por laz palabraz se conosçen e zon amigoz e conpañonez
S 783-3   ay vieja mata amigos para que melo dixistes
S 889-1   la yra la discordia a -los amigos mal faz
S1132-2   non deuedes amigos dexar la oluidada
S1194-1   Byen ssabedes amigos en commo mal pecado
S1333-2   tienen a -sus amigos viçiosos syn sosaños
S1457-3   desta guisa el malo sus amigos enarta
S1461-2   diz luego el judgador amigos el Ribalde
S1468-4   sotoue a -miz amigoz en -talez caualgadaz
S1469-3   a -loz maloz amigoz en mal lugar dexaron

| | |
|---|---|
| **AMIGOS** | **(cont.)** |
| S1469-4 | los amigos entranbos en vno rrazonaron |
| S1477-3 | parientes apostizos amigos pauiotes |
| S1478-1 | De -los malos amigoz vienen malos escotes |
| S1478-4 | guarde vos dios amigoz de tales amigotes |
| S1526-3 | parientes E amigos todos le tyenen Saña |
| S1527-2 | amigos e amigas dezeados E Seruidos |
| S1531-1 | Señorez non querades ser amigoz del cueruo |
| S1533-3 | amigos aperçebid vos e fazed buena obra |
| S1577-2 | parientes e Amigos qui non me acorredes |
| S1580-4 | non podemos amigos della fuyr por suerte |
| S1696-3 | diz amigoz yo querria que toda esta quadrilla |
| S1701-3 | diz amigoz si este Son a -de -ser verdadero |
| **AMIGOTES** | |
| S1478-4 | guarde vos dios amigoz de tales amigotes |
| **AMISION** | **(V)** |
| T1202-4 | para pasar la mar fecho ha su amision |
| **AMISTAD** | |
| S1522-1 | Non catas señorio debdo nin amistad |
| **AMISTANÇA** | |
| S1476-2 | quien con amigo malo pone su amistança |
| **AMO** | |
| S 101-4 | vete dil que me non quiera que nol quiero nil amo |
| G 661-3 | que por vuestro amor me pena amo voz mas que a -dioz |
| G 663-3 | cret que uoz amo tanto que non ey mayor cuydado |
| S 706-1 | yo le dixe amo vna dueña sobre quantas yo vy |
| **AMO** | **(H)** |
| S 196-1 | a -la muger primera el tanto la amo |
| **AMO** | **(H)** |
| S 101-1 | E bien ansi acaesçio a -muchos e a -tu Amo |
| S1397-4 | verdat diz mi amo a -como yo entiendo |
| **AMODORIDOS** | |
| S1101-1 | Todos amodoridos fueron a -la pelea |
| **AMODORRIDA** | |
| S1349-2 | estaua la culebra medio amodorrida |
| **AMOLADOS** | |
| S 271-1 | Saetas e quadrillos que trae amolados |
| **AMONDAR** | |
| S1280-2 | E enxerir de escoplo e gauillas amondar |
| **AMOR** | |
| P 37 | e piensa e ama e desea omne el buen amor de dioz e sus mandamien- toz |
| P 41 | el pecado del amor loco deste mundo |
| P 48 | escoge E ama el buen Amor que ez el de dioz |
| P 66 | E ama el Amor de dioz por se saluar por ellaz |
| P 126 | el amor loco del pecado del mundo |
| P 132 | e sotilezaz engañosaz del loco Amor del mundo |
| P 152 | E maestriaz malaz del loco Amor |
| P 158 | quisieren vsar del loco amor |
| P 164 | otrosi al que quisiere el ammor loco |
| P 184 | como algunoz vsan por el loco amor |
| S 13-3 | que pueda fazer vn libro de buen amor aqueste · |
| S 18-4 | ansi so el mal tabardo esta buen amor |
| S 39-5 | e tu fincaste con amor |
| S 66-4 | lo que buen amor dize con rrazon telo prueuo |
| S 68-1 | las del buen amor sson Razones encubiertas |
| S 76-2 | ove de -las mugeres a -las vezes grand amor |
| S 77-2 | de su amor non fuy en -ese tienpo rrepiso |
| S 82-4 | alegraron se todas mucho por su amor |
| S 92-2 | ffize cantar tan triste commo este triste amor |
| S 105-4 | ssaluo amor de dios todas sson lyuiandat |
| S 156-1 | El amor faz sotil al omne que es rrudo |
| S 157-4 | lo que non vale vna nuez amor le da grand prez |
| S 159-4 | como vn amor pierde luego otro cobre |
| S 162-2 | lo que en -si es torpe con amor bien semeja |
| S 164-1 | bien atal es el amor que da palabra llena |
| S 167-3 | por solaz bueno del amor con amada |
| S 169-4 | graçiosa e donable amor en -toda cosa |
| S 170-1 | Por amor desta dueña ffiz trobas e cantares |
| S 190-2 | afyncaron le mucho que ya por su amor |
| S 220-3 | prometen e mandan mucho los omnes con ammor |
| S 221-2 | por conplyr las promesas que con amor mandaron |
| S 241-4 | escota el soberuio el amor de -la dueña |
| S 259-1 | Por amor de berssabe la mujer de vrias |
| S 274-1 | omne aue o -bestia a -que ammor Retiente |
| S 399-3 | fazer perder la fama al que mas amor dieres |
| S 424-1 | Por poco mal dezir se pierde grand amor |
| S 428-1 | Para todas mugeres tu amor non conviene |
| S 428-3 | es vn amor baldio de grand locura viene |
| S 428-4 | syenpre sera mesquino quien Amor vano tyene |
| S 430-3 | para que ella te quiera en su amor querer |
| S 431-4 | que de amor non sabe es como bausana |
| G 443-2 | rruegal que te non mienta muestral buen amor |
| G 449-2 | si es muger alegre de amor se rrepunta |
| S 452-1 | syrue la non te enojes syruiendo el amor creçe |
| S 452-3 | sy se tarda non se pierde el amor nunca falleze |
| S 488-2 | quier sea suyo o -non fablale por amor della |
| S 510-4 | toda cosa del sygro se faze por su amor |
| G 561-3 | do te fablare de amor sey tu plazentero |
| G 581-4 | graçiosa e Risueña amor de toda coza |
| S 596-4 | sy el amor non me engaña yo vos digo la verdat |
| S 602-1 | atrevy me con locura E con amor afyncado |
| S 606-4 | el grand amor me faze perder salud e cura |
| S 611-1 | Syruela non -te enojes siruiendo el amor creçe |
| S 611-3 | sy se tarda non se pierde el amor non falleçe |
| S 622-3 | nin pueden dar a -la dueña el amor e la querencia |
| S 628-1 | Por vna pequeña cosa pierde amor la muger |
| S 653-4 | con saetas de amor fyere quando los sus ojos alça |
| S 659-4 | començe dezir mi quexura del amor que me afyncaua |
| G 661-3 | que por vuestro amor me pena amo voz mas que a -dioz |
| G 662-2 | vuestro amor he deseo que me afinca e me aquexa |
| G 684-2 | zeñora que me prometedes de -lo que de amor queremoz |
| G 689-1 | si la non sigo non vzo el amor se perdera |
| G 689-3 | El amor con vzo creçe desusando menguara |
| G 690-3 | el amor bien querençia creçe con vzar juego |
| G 691-4 | el amor do esta firme todoz los miedoz departe |
| S 731-4 | grand amor e grand ssaña non puede sser que non se mueua |
| S 790-3 | de mudar do queredes el vuestro falso amor |
| S 802-2 | sy verdat le dixistes e amor le avedes |
| S 830-2 | nin el grande amor non puede encobrir lo que ama |
| S 839-1 | El grand amor me mata el su fuego parejo |
| S 843-4 | pues el amor lo quiere por que non vos juntades |
| S 845-1 | que yo mucho faria por mi amor de fyta |
| S 846-1 | El amor cobdiçioso quiebla caustras E puertas |
| S 850-3 | que aquel buen mançebo dulçe amor e syn fallyr |
| S 852-2 | aca e alla lo trexna el su quexoso amor |
| S 853-2 | lo que el amor desea mi coraçon lo querria |
| S 854-3 | con -el mi amor quexoso fasta aqui he porfiado |
| S 856-3 | quantas mas dulçes palabras la dueña de amor atyende |
| S 857-2 | façed byen su mandado del amor que vos ama |
| S 904-2 | guardat vos de amor loco non vos prenda nin alcançe |
| S 904-4 | en amor de dios lynpio vuestro loco nol trançe |
| S 906-2 | non quieran amor falso loco rriso non asome |
| S 910-1 | Seyendo yo despues desto syn amor e con coydado |
| S 932-2 | llamat me buen amor e fare yo lealtat |
| S 933-1 | Por amor de la vieja e por dezir Rason |
| S 933-2 | buen amor dixe al libro e a -ella todo saçon |
| S1069-3 | a -todos loz açiprestes E clerigoz con amor |
| S1077-3 | ca non tenia amor nin era enamorado |
| S1094-3 | aves E animalias por el su grand amor |
| S1243-2 | de piedras de grand preçio con amor se -adona |
| S1329-3 | de mudar vuestro amor por aver nueuaz bodaz |
| S1331-4 | fe a -que buen amor qual buen amiga buscolo |
| S1332-4 | andares en amor de grand dura sobejo |
| S1338-4 | en noblezaz de amor ponen toda su femençia |
| S1340-4 | para el amor todo que dueñas de sueraz |
| S1341-3 | grandes demandaderaz amor sienpre les dura |
| S1364-2 | sy el amor da fructo dando mucho atura |
| S1364-3 | non dando nin seruiendo el amor poco dura |
| S1401-4 | demonstraua en -todo grand Amor que -la Amaua |
| S1427-4 | el que al amor vençe es loor vengonçoso |
| S1452-2 | amad al buen amigo quered su buen amor |
| S1483-2 | que -la muger comiençe fablar de amor primero |
| S1488-4 | Señora del non vy mas por su amor voz abraço |
| S1492-2 | alahe dixo la vieja amor non sea laçio |
| S1503-3 | mucho de bien me fizo con dios en lynpio amor |
| S1505-3 | que para amor del mundo mucho son peligrosaz |
| S1507-3 | emiende la todo omne e quien buen amor pecha |
| S1509-4 | saluda vos amor nueuo dixo la mora yznedri |
| S1522-3 | non ay en -ty mesura amor nin piedad |
| S1575-4 | la oraçion fagades por la vieja de amor |
| S1578-2 | e sil de dios buen amor E plazer de amiga |
| S1607-2 | es en -la dueña chica amor E non poco |
| S1608-1 | De -las chicas que byen diga el amor me fizo Ruego |
| S1609-1 | Son frias de fuera con -el amor ardientes |
| S1610-3 | en -la dueña pequeña yase muy grand amor |
| S1611-3 | asi dueña pequena sy todo amor consyenta |
| S1613-4 | fermosura donayre amor E lealtad |
| S1615-4 | bien atal es la -dueña pequena con amor |
| S1630-1 | Pues es de buen amor enprestadlo de grado |
| S1630-4 | ca non ha grado nin graçiaz nin buen amor conplado |
| S1658-3 | dad nos por el su amor |
| S1660-2 | por su amor sienpre dedes |
| S1669-1 | Ayudaz al ynoçente con amor muy verdadero |
| **AMOR** | **(H)** |
| S 110-2 | non ternia tantos presos el amor quantos tien |
| S 161-1 | vna tacha le fallo al amor poderoso |
| S 161-4 | es esta que el amor sienpre fabla mentiroso |
| S 180-4 | por esto a -las vegadas con -el amor peleo |
| S 181-4 | yo le pregunte quien era dixo amor tu vezino |
| S 182-2 | dixel si amor eres non puedes aqui estar |
| S 197-3 | amor quien te mas sygue quemas le cuerpo e alma |
| S 235-3 | amor por tu soberuia se fazen bien lo creas |
| S 390-1 | Non te quiero amor nin cobdiçio tu fijo |
| S 399-4 | a -dios pierde e al mundo amor el que mas quieres |
| S 422-4 | pues calla te e callemos amor vete tu vya |
| S 423-1 | El amor con mesura dio me rrespuesta luego |
| S 423-3 | non digas mal de amor en verdat nin en -juego |
| S 525-2 | çient vegadas de noche de amor es rrequerida |
| S 575-3 | nunca falle tal dueña como a -vos amor pynta |
| S 576-1 | Partyose amor de mi E dexo me dormir |
| G 585-1 | zeñora doña venus muger de don amor |
| G 585-3 | de todaz cozaz zodez voz e el amor zeñor |
| S 608-1 | ya fueste conssejado del amor mi marydo |
| S 612-1 | El amor leo a ovydyo en -la escuela |
| S 645-4 | qual don amor te dixo tal sea la trotera |
| S 697-1 | busque trota conventos qual me mando el amor |
| S 928-2 | coytando me amor mi señor E mi Rey |
| S1211-1 | Estos dos enperadores amor E carnal eran |
| S1211-4 | los que amor atyenden sobre todos se esmeran |
| S1225-4 | todoz van rresçebir cantando al amor |
| S1246-1 | Desque fue y llegado don amor el loçano |
| S1258-1 | Myo señor don amor si el a -mi creyera |
| S1263-3 | mi Señor don amor en -todo paro mientes |
| S1299-1 | El mi Señor don amor Commo omne letrado |
| S1313-2 | mouio con su mesnada amor e fue su via |
| **AMOREM** | **(L)** |
| S1237-4 | te amore laudemus le cantan E al |
| **AMORES** | |
| S 625-4 | creçem mucho amores e son desseosos |
| S 654-1 | Pero tal lugar non era para fablar en amores |
| S 806-3 | que quien amores tyene non los puede çelar |
| S1227-3 | rresçiben lo omnes E dueñas con amorez |
| S1281-4 | a -omes aves e bestias mete los en amorez |
| S1505-1 | Para tales amores zon las rreligiosaz |

## AMORES

**AMORES** (cont.)
S1703-2   nin es agora tristan con todos sus amorez
**AMOROSA**
S 169-1   De talla muy apuesta E de gesto amorosa
**AMOROSOS**
S 625-2   palabras afeytadas con gestos amorosos
S1257-3   con gestos amorosos e engañosos jugetes
**AMOROZA**
G 581-1   de talle muy apuesta de gestos amoroza
**AMORTESCER**
S 788-4   penaredes mis ojos penar e amortesçer
**AMOS**
S 457-3   amos por vna dueña estauan codyçiossos
S 843-2   E veo que entre amos por egual vos amades
**AMUGRONADORES**
S1281-2   echan muchos mugrones los amugronadores
**AMXI**
S1512-4   cabeçeo la mora dixole amxy axmy
**AN**
G 552-4   al que manda e da luego a -esto lo an primero
G 556-2   todaz suz maeztriaz e las tachaz que an
G 583-2   poco salie de caza zegunt lo an de vzaje
G 589-2   ende mayorez peligroz espera que an de zeer
G 758-2   sienpre an gasajado plazer e alegria
S1339-2   do an vino de toro non enbian valadi
S1564-2   do an vida veyendo mas gloria quien mas quiso
**ANADES**
S1082-3   anades e lauancos e gordos anssaronez
**ANADIO**
S1143-4   quinçe años de vida anadio al culpado
**ANBAS**
S 126-3   otros siruen Señorez con -las manos anbas
S1275-2   enclaresçe los vinos con anbas sus almuezaz
**ANBICIA**
S 218-2   esta es tu fija mayor tu mayordoma anbiçia
**ANBOS**
S 192-2   que el tenia muger en -que anbos a -dos oviesen
S 466-2   qual es la mayor dellas anbos pares estades
S 645-3   que entienda de vos anbos byen la vuestra manera
S 708-2   E fablad entre nos anbos lo mejor que entendades
S 889-3   aved entre vos anbos corcordia e paz
S 985-2   anbos son byen vsados con dos camineros
S1181-2   vayamos oyr misa señor vos e yo anbos
S1275-3   anbos visten çamarraz querrien calientes quezaz
S1480-4   abenid voz entre anboz desque en vno estedes
**ANCIANO**
S1279-3   tenia laz yeruas nueuas en -el plado ançiano
**ANCHA**
S1017-1   mas ancha que mi mano tyene la su muñeca
**ANCHAS**
S1014-3   las sobreçejas anchas e mas negras que tordos
S1111-4   las plaças que eran anchas fazian se le angostas
**ANCHETA**
S 432-4   ancheta de caderaz esta es talla de dueña
G 445-3   ancheta de caderaz piez chicoz socavadoz
**ANCHO**
S1013-2   el su pescueço negro ancho velloso chico
**ANCHOS**
S1014-2   dyentes anchos E luengos asnudos e moxmordos
**ANDA**
P 68   en -la carrera de saluaçion en -que anda
S 79-2   conplida de muchos byenes anda manssa e leda
S 210-3   anda el coraçon syn cuerpo en tus cadenas
S 212-2   anda todo el mundo quando tu lo rretientas
S 287-4   con -las paueznoz anda la tan desconosçida
S 304-4   enojo E mal querençia anda en -tu conpaña
S 398-1   El que mas a -ty cree anda mas por mal cabo
S 473-3   muger mucho seguida syenpre anda loçana
S 499-3   por todo el mundo anda su sarna e su -tyña
S 513-4   non me pago de joguetes do non anda el dinero
S 517-2   nin por vn solo farre non anda bestia manca
S 520-3   tanto mas por el anda loca muerta E perdida
S 523-4   do non es tan seguida anda mas floxa laxa
S 525-4   en -lo quel mucho piden anda muy ençendida
S 568-4   diz que la buena poridat en buen amigo anda
S 617-3   anda por maestria lygera enderedor
S 692-3   por esto anda el mundo en leuantar e en caer
S 821-1   En toda parte anda poca fe e grand fallya
S 826-1   Anda me todo el dia como a -çierua corriendo
S 826-2   commo el diablo al Rico omne ansy me anda seguiendo
S 833-1   sy anda o -sy queda en vos esta pensando
S 834-1   El mesquino sienpre anda con aquesta tristeza
S 835-4   anda deuaneando el pez con -la ballena
S 854-1   Non sabe que se faga sienpre anda descaminado
S 950-4   quien mas de pan de trigo busca syn de seso anda
S 966-3   ella diz dam mas amigo anda aca trete con-migo
S1025-5   anda tu jornada
S1070-2   que anda don carnal sañudo muy estraño
S1170-1   anda en -este tienpo por cada çiminteryo
S1174-2   en -laz casaz do anda cesta nin canistillo
S1180-1   En quanto ella anda estaz oblaz faziendo
S1240-4   cantando anduluya anda toda la villa
S1289-3   anda muy mas loçano que pauon en floresta
S1337-1   ssabed que de todo açucar ally anda bolando
S1375-2   vn manjar mejor que otro amenudo y anda
S1518-4   por que trota conventos ya non anda nin trota
S1569-4   nunca torna con nueuas quien anda esta carrera
**ANDADOR**
S1621-3   sienpre aquestos dos dias ayunaua mi andador
**ANDALUZ**
S 116-4   Commo andaluz

## ANDAVA

**ANDALUZIA**
S1304-2   toda el andaluzia que non fynco y villa
**ANDAN**
G 438-2   que andan las iglesias e zaben las callejaz
G 439-2   andan por todo el mundo por plaçaz e cotaz
G 440-2   andan de caza en caza e llaman ze parteraz
S 500-3   con -el dinero andan todos los omnes loçanos
S 546-3   en su color non andan secanse e en-magresçen
G 668-3   Non uoz vean aqui todoz lo que andan por la calle
S 700-2   andan de casa en casa vendiendo muchas donas
S 859-2   vuestras fazes E vuestros ojos andan en color de tierra
S 866-4   andan por escarneçerla coyda que es amada e quista
S 908-1   Andan por todo el pueblo della muchos dezires
S 938-2   andan de casa en casa vendiendo muchas donas
S1085-2   ally andan saltando e dando grandes gritos
S1206-4   destaz cosaz Romeraz andan aparejados
S1207-4   non andan los rromeroz syn aquesta sofraja
S1284-2   todos e ellas andan en modorria
S1287-1   Andan tres Ricoz onbrez ally en vna dança
S1300-4   andan e non se alcançan atiendense en Ribera
S1315-4   andan de boda en -boda clerigos e juglarez
S1514-2   E para escolarez que andan nocheriniegos
F 7   De mal en peor andan (co)mo el lobo a las hormigas
**ANDANÇA**
S 653-3   que cabellos que boquilla que color que buen andança
S 805-3   por buen comienço espera omne la buena andança
S1476-4   es en amigo falso toda la mal andança
S1477-2   en buena andança el omne tyene muchos galeotes
S1587-2   que dios por quien lo faremos nos dara buena andança
S1587-4   E dios guardar nos ha de cobdiçia mal andança
S1669-4   guardalo de mal andança el tu bien grande llenero
**ANDANDO**
S 193-4   andando mucho la muela teniala con -el pie quedo
S 202-3   andando pico abierta como era ventenera
S 473-1   çierta cossa es esta quel molyno andando gana
S 934-2   fizo se loca publica andando syn vestidura
S1173-3   andando por el mundo mando fazer emienda
S1304-4   andando mucho viçioso quanto fue marauilla
S1310-1   Andando por la çibdat rradio E perdido
S1348-3   andando por su huerta vido so vn peral
S1430-2   andando en -el monte ouo de entropeçar
S1465-4   andando E fablando amigo non te engorres
S1473-3   he Roto yo andando en pos ty Segund viste
S1474-4   en -pos ellas andando las noches E los diaz
**ANDANTE**
S 571-3   sea el mal andante sea el mal apresso
G 587-4   yo sere bien andante por lo uoz otorgar
S1345-2   mançebo byen andante de su ayuda biuo
S1520-1   ay muerte muerta sseas muerta e mal andante
**ANDAR**
S 186-4   E por plazer poquillo andar luenga jornada
S 211-1   ffazes lo Andar bolando como la golondrina
S 378-1   E sy es tal que non vsa andar por las callejas
S 390-2   fazes me andar de balde dizes me digo digo
S 620-4   faze andar de cauallo al peon el seruiçio
S 624-4   aquellos deues tu mucho amenudo andar
S 645-2   que sepa sabia mente andar esta carrera
S 700-4   ffazen con -el mucho viento andar las athonas
S 725-3   Salyr andar en -la plaça con vuestra beldat loada
G 762-2   andar en-vergonçada e con mucho sosaño
S 779-1   Toxo lo enderedor a mal andar el rrodezno
S 815-2   por mi verna la dueña andar al estricote
S 938-4   fazen con -el vyento andar las atahonas
S1189-1   Enbio laz cartaz andar non pudo
S1376-2   los murez con -el miedo fuxieron al andar
S1486-2   el su andar enfiesto bien como de pauon
**ANDARE**
S1312-4   dende andare la tyerra dando a -muchos materia
S1343-3   ella diz yo lo andare en pequeño rratillo
**ANDARES**
S1332-4   andares en amor de grand dura sobejo
**ANDARIAN**
S1019-4   a -todo son de çitola andarian syn ser mostradas
**ANDARIAS**
S1388-4   que sy me conosçiesez tu andariaz loçano
**ANDARIEGAS**
G 441-3   zon mucho andariegaz e merescen las çapataz
**ANDARIEGO**
S 58-4   grand onrra ovo rroma por vn vil andariego
**ANDARIEGOS**
S1514-3   e para muchos otros por puertas andariegos
**ANDAS**
S 216-4   andas vrdiendo sienpre cobierto so mal paño
S 319-2   andas con grand synpleza penssando pletisia
S 391-4   como el fuego andas de vezina en vezina
S 959-3   fade maja diz donde andas que buscas o -que demandas
S 988-5   E andas commo Radio
S 998-1   diz que buscas por esta tierra commo andas descaminado
**ANDAT**
S 475-3   ella diz mon señer andat en ora bona
**ANDAVA**
S 226-1   alano carniçero en vn Rio andava
S 239-2   andaua mal e poco al cauallo enbargava
S 413-1   Andaua y vn milano volando desfranbrido
S 746-4   andaua el abutarda çerca en -el sendero
S 897-1   ffuese la Raposilla donde el asno andaua
S1106-1   Ay andaua el atun como en vn brauo leon
S1113-1   Andava y la vtra con muchos conbatyentes
S1115-1   brauo andaua el tollo vn duro vyllanchon
S1187-4   el rroçin del rrabi con miedo byen andaua
S1280-1   lo mas que este andaua era viñaz podar
S1292-1   El terçero andaua los çetenos trayendo

**ANDAVA** (cont.)
S1370-2   fuese a -monferrado a -mercado andaua
S1387-1   andaua en -el muladar el gallo ajeuio
S1437-1   la marfusa vn dia con -la fanbre andaua

**ANDAVAN**
S 199-2   cosa non les nuzia bien solteras andauan
S 313-2   fueron muy alegres por que andauan solteras
S 412-4   qual de yuso qual suso andauan a -mal vso
S 457-2   que querian casamiento e andavan acuziossos
S1256-3   son parientas del cueruo de cras en cras andauan
S1445-1   Andauan se las liebrez en -las seluas llegadas
S1446-1   Andauan a -todas partes non podian quedas ser
S1541-3   por lo que ellos andauan ya fallado lo han

**ANDE**
S 817-1   Madre vos non temades que en mentyra vos ande
S 985-3   ande lo mas que pud ayna los oteros
S1451-3   por vna syn ventura muger que ande rradia
S1629-3   ande de mano en mano a -quien quier quel pydiere

**ANDEMOS**
G 761-3   andemoz lo fablemoz lo teng(a)moz lo çelado
S1601-2   nos andemos rromerias e las oras non se callen

**ANDEN**
G 666-1   yo le dixe ya sañuda anden fermozoz trebejoz

**ANDES**
G 444-4   contra la fegura toda por que maz çierto andez

**ANDO**
G 686-3   non sospeche contra mi que ando con sezo vano
S 989-1   Radio ando sseñora en esta grand espessura
S 998-2   dixe ando por esta sierra do quirria cassar de grado
S1455-2   con -la forca que por furto ando desorejado

**ANDUDE**
S1262-4   tyenpo ha que non andude tan buena estaçion

**ANDUDIERE**
P 165   en -la carrera que andudiere

**ANDUDIESE**
S1322-4   E que andudiese por mi passos de caridat

**ANDUDO**
S1187-3   en tres dia lo andudo semeja que bolaua

**ANEJO**
S 119-2   trigo que tenia Anejo

**ANGEL**
S 8-3   en -la salutaçio(n) el angel grabiel
S 23-1   Del angel que a -ty vino
S 35-4   del angel quando oyste
S1636-6   fue terçero angel a -ty menssajero
S1643-3   angel de dios bueno

**ANGELES**
S 36-4   de -los angeles seruido
S 233-2   primero muchos angeles con -ellos lucifer
S1265-3   byen creo que de angeles fue tal cosa obrada
S1555-3   feçiste de -los angeles diablos e rrensillas
S1664-4   de -los angeles loada

**ANGOSTAS**
S1111-4   las plazas que eran anchas fazian se le angostas

**ANGOSTILLOS**
S 434-4   los labros de -la boca bermejos angostillos

**ANGOSTO**
S 959-1   Passando vna mañana por el puerto de mal angosto
S 959-4   por aqueste puerto angosto
S1704-1   Por que suelen dezir que el can con grand angosto
S1704-3   Sy yo touiese al arçobispo en otro tal angosto

**ANGOSTURA**
S 365-2   fizo la conffesion cogido en angostura

**ANGUILLAS**
S1105-1   De parte de valençia venien las anguillas

**ANILLOS**
S1003-2   e dame vn bel pandero E seys anillos de estaño

**ANIMA**
P 128   saluaçion E gloria del parayso para mi anima

**ANIMA** (L)
P 113   otrosi dize dauid Anima mea illius viuet
P 114   querite dominum e viuet Anima vestra

**ANIMALIAS**
S 73-2   omnes aves animalias toda bestia de cueva
S 82-2   todas las animalias vinieron ver su Señor
S 631-4   en todas las animalyas esta es cosa prouada
S 893-3   todas las animalias vn domingo en -la syesta
S1094-3   aves E animalias por el su grand amor

**ANIMAS**
S 224-2   los cuerpos enfamaron las animas perdieron

**ANNI** (L)
P 121   Anni nostri sicut aranea meditabuntur e cetera

**ANOCHE**
S1698-4   E avn para la mi corona anoche fue al baño

**ANPARADO**
S1377-3   non tenia lugar çierto do fuese anparado

**ANPARANÇA**
S1665-3   de xpistianos anparança

**ANSARES**
S1084-2   laz anssares çeçinas costados de carneroz
S1398-2   diez ansarez en laguna que çient bueyez en prado

**ANSARONES**
S1082-3   anades e lauancos e gordos anssaronez

**ANSI**
P 94   ansi que non puede amar el bien
P 160   E ansi este mi libro a -todo omne o -muger
S 16-4   ansi en feo libro esta saber non feo
S 18-4   ansi so el mal tabardo esta buen amor
S 19-4   cantar de -los sus gozos siete que ansi diz
S 47-1   ansy fue que rromanos las leyes non avien
S 98-1   Ansy ffue que -la tierra commenço a -bramar
S 101-1   E bien ansi acaesçio a -muchos e a -tu Amo

S 113-1   E por que yo non podia con -ella ansi fablar
S 120-4   que la caça ansy aduz
S 122-4   quien ansy me feziese de escarnio magadaña
S 138-1   Estando ansy colgado ado todos lo vieron
S 143-2   ansi que por el fuero deue morir con rraçon
S 145-1   E ansy commo por fuero avia de morir
S 148-1   bien ansy nuestro señor dios quando el çielo crio
S 149-1   Anssy que por ayuno e lymosna e oracion
S 165-3   anssy entendet sano los proverbios antiguos
S 174-1   anssy contençio a -mi con -la dueña de prestar
S 196-4   ansy tu deuaneo al garçon loco domo
S 202-2   çercava todo el lago ansy faz la rribera
S 207-1   byen anssy acaesce a -todos tus contrallos
S 255-1   byen ansy tu lo fazes agora que estas lleno
S 255-4   mas ansi te ssecaras como rroçio E feno
S 263-1   Anssy que -los rromanos fasta la criatura
S 264-4   ansy vengo virgillio su desonrra e querella
S 268-3   ansy por la loxuria es verdadera mente
S 284-3   anssy te acaesçe por le leuar ventaja
S 289-1   Anssy con tu envidia ffazes a -muchos sobrar
S 302-4   anssy mueren los locos golosos do tu y vaz
S 309-4   sy devo fyar en -ti a -la fe non ansy lo crey
S 403-1   ansy muchas fermosas contigo se enartan
S 503-4   asueluen el ayuno ansy fazen oraçionez
S 600-3   pues ansy aver non puedo a -la duena gentil
S 775-1   dyxo luego el lobo a -la puerca byen ansi
S 800-1   ansy fazedes madre vos a -mi por ventura
S 801-1   Estonçe dixo la vieja ansy al amador
S 802-1   Creed que verdat digo e ansy lo fallaredes
S 809-2   ansy vna grand pieça en vno nos estamos
S 810-3   el coraçon le salta ansy amenudillo
S 826-2   commo el diablo al Rico omne ansy me anda seguiendo
S 837-3   descobrid vuestra llaga synon ansy morredes
S 848-2   grand pecado e desonrra en -las ansy dañar
S 858-3   el a -vos ansy vos trahe en -su coraçon consygo
S 879-2   que non que vos descobrades E ansy vos pregonedes
S 922-2   non la podia aver ansi tan amenudo
S 970-2   commo me ya calentando ansy me yua sonrriendo
S 976-1   ssemejas me diz sandio que ansy te conbidas
S 997-4   dixele yo ansy dios te ssalue hermana
S1109-4   ansi traua dellos Como si fuese gato
S1121-3   pero ansi apeado fazia grandes acometidas
S1169-4   tu alma pecador ansi la saluaraz
S1354-4   ansi derecha mente a -mi de ty me vino
S1386-3   ansy commo el gallo vos ansy escogedes
S1403-2   dixo el burro nesçio ansy entre sus dientez
S1412-4   que -la presta gulhara ansi era vezada
S1463-3   faz ansi como sueles non temas en mi fia
S1494-4   que -la buena corredera ansy faze carrera
S1509-4   non es quien ver vos pueda y como sodes ansy
S1543-2   E maguer que cada esto ansi avien
S1593-4   ansi contra luxuria avremos vençimiento
S1601-1   Contra esta e sus fiios que ansy nos de-vallen
S1601-4   ansy que con santas obras a -dios baldios non fallen
S1612-4   ansy en -dueña chica yaze muy grad sabor
S1613-3   ansi dueña pequena tiene mucha beldat
S1654-4   ansi lo quiera el mandar
S1692-1   ffablo este açipreste E dixo bien ansy
S1700-2   con -grand afyncamiento ansi como dios Sabe

**ANTAÑO**
S1698-1   que yo dexe a -ora-buena la que cobre antaño

**ANTE**
P 77   Ante viene de -la fraqueza de -la natura humana
P 186   loz dardoz que ante son vistoz
P 188   de -lo que ante hemoz visto
S 43-4   antel con nusco parescas
S 48-2   que ante les convenia con sus sabios disputar
S 122-3   Ca de Ante nin despues non falle en españa
S 147-4   ante es çierta çiençia e de mucho prouecho
S 163-4   mas ante pudren que otra pero dan buen olor
S 193-3   ante que fuese casado el garçon atan Reçio
S 194-2   ante que fuese casado lygero la fazia
S 194-4   quiso prouar commo ante e vino ally vn dia
S 335-4   ante que -las comiese yo gelas tome frias
S 343-4   ante yo pronunçie e vos de la sentençia
S 427-1   quisyste ser maestro ante que discipulo ser
S 475-1   Ante del mes conplido dixo el nuestra dona
S 523-2   lo que mas le defienden aquello ante passa
G 559-3   cuydara que a -la otra querriaz ante vençer
S 637-4   ante salen a -la peña que por carrera derecha
S 712-2   que çiuera en molyno el que ante viene muele
S 713-4   vayan ante vuestros rruegos que los ajenos conbites
S 719-4   pero ante que vayades quiero voz yo castigar
G 758-4   ante de muchoz diaz veriedez la mejoria
G 759-2   casar ante del año que a -bivda non conuien
G 760-1   sy yo ante casaze seria enfamada
S 812-2   ella non me lo niega ante diz que vos ama
S 893-4   vynieron antel todos a -fazer buena fyesta
S 935-2   de -lo que ante creyan fue cada vno rrepiso
S 976-2   non te lleges a -mi nante telo comidas
S 982-3   sy ante non comiese non podria byen luchar
S1081-2   vino don carnal que ante estaua esforçado
S1125-2   dieron los a -la dueña ante que se aforrasen
S1245-3   luego el mundo todo e quanto vos dixe ante
S1260-3   fynque los mis ynojos antel e su mesnada
S1316-1   los que ante son solos desque eran casados
S1335-4   e la roseta nouela que deuiera dezir ante
S1350-3   abiuo la culebra ante que -la el asa
S1421-3   ante que façer cosa quel sea rretrayada
S1421-4   quando teme ser preso ante busque guarida
S1456-1   Ante que el desposado penitençia presiese
S1479-2   ante es enemigo E mal queriente sobejo

**ANTE** (cont.)
| | |
|---|---|
| S1494-2 | ante del dioz voz salue dixo la mensajera |
| S1497-2 | que lieues esta carta ante que gelo yo diga |
| S1520-2 | mataste a -mi vieja matasses a -mi ante |
| S1532-2 | vestid la con -la obra ante que muerte acuda |
| S1542-2 | ante de misa dicha otros la han en miente |
| S1559-2 | sy ante lo espantaste mill tanto pesar oviste |
| S1631-2 | non creo que es chica ante es byen grad prosa |
| S1696-4 | apellasemos del papa antel Rey de castilla |
| S1699-1 | Ante Renunçiaria toda la mi prebenda |
| S1702-4 | ante que -la partyr de toda la mi mesa |

**ANTE** (H)
| | |
|---|---|
| S 7-2 | que con elloz serias ante Reys dezidorez |
| S 62-1 | que yo le quebrantaria ante todas las gentes |
| S 323-2 | fueron ver su juyzio ante vn sabydor grande |
| S 325-1 | Ante vos el mucho honrrado e de grand sabidoria |
| S 328-1 | de aquesto la acuso ante vos el buen varon |
| S 343-2 | ante el juez las partes estauan en -presençia |
| S 351-4 | dyos Ante mis ojos nin Ruego nin pecho |
| S 362-2 | del lobo ante mi dicha E por otra cosa non |
| G 559-1 | ante ella non alabez otra de paresçer |
| G 562-1 | ante otroz de acerca tu muchoz Nom la catez |
| G 681-2 | ante testigoz que noz veyan fablar uoz he algund dia |
| S1045-3 | mi alma E mi cuerpo ante tu magestat |
| S1051-3 | aquestos mastines asy ante su faz |
| S1108-3 | sy ante mi te paras dar te he lo que meresçes |
| S1322-2 | rrogando muy deuota ante la majestad |
| S1402-1 | Ante ella E sus conpañas en -pino se tenia |
| S1493-2 | ve dil que venga cras ante buenas conpañas |

**ANTE** (L)
| | |
|---|---|
| S 387-2 | ante facien onium sabes las alexar |

**ANTEL**
| | |
|---|---|
| S 2-2 | antel el rrey asuero ouo tu graçia digna |

**ANTES**
| | |
|---|---|
| S 156-2 | ffazele fabrar fermoso al que antes es mudo |
| G 562-3 | Ca muchoz lo entieden que lo prouaron antez |
| S 730-2 | non estraga lo que gana antes lo guardara |
| S 956-2 | prometeme que quiera antes que me enoje |
| S 956-4 | conssejate que te abengas antes que te despoje |
| S 993-1 | lunes antes del alua Començe mi camino |
| S 999-4 | antes lo alcanço quel galgo |
| S1007-3 | antes dize la piedra que sale el al-horre |
| S1158-4 | que si antes que muera si podieren fallar |
| S1195-2 | que -la des-añedes antes que dende parta |
| S1196-2 | digale que el domingo antes del sol salido |
| S1284-1 | antes viene cueruo blanco que pierdan asneria |
| S1313-1 | Otro dia mañana antes que fues de dia |
| S1519-4 | me fue despues çerrada que antes me era abierta |

**ANTIGUEDAT**
| | |
|---|---|
| S 643-4 | Sabe lo E entyendelo por la antiguedat |

**ANTIGUO**
| | |
|---|---|
| S1366-1 | Non sse nienbran algunoz del mucho byen antyguo |

**ANTIGUOS**
| | |
|---|---|
| S 123-1 | los antiguos astrologos dizen en -la çiençia |
| S 165-3 | anssy entendet sano los proverbios antiguos |
| S 170-3 | verdat ez lo que dizen los antiguos rretraheres |
| S 886-1 | Esta en -los antiguos Seso e sabyençia |

**ANTIPARA**
| | |
|---|---|
| S1323-1 | Ella fizo mi rruego pero con antipara |

**ANTOJA**
| | |
|---|---|
| S 403-2 | con quien se les antoja con aquel se apartan |

**ANTOJADA**
| | |
|---|---|
| S 831-4 | en todos los sus fechos vos trahe antojada |

**ANTOJO**
| | |
|---|---|
| S 61-1 | Preguntaron al vellaco qual fuera su antojo |
| S 404-4 | byen te pueden dezir antojo por denuesto |

**ANTOJOS**
| | |
|---|---|
| S 388-2 | muchos otros pecados antojos e espantos |
| S 471-4 | non dexaria de fazer sus antojos azedos |

**ANTON**
| | |
|---|---|
| S1240-1 | ffrayles de sant anton van en esta quadrilla |

**ANTRE**
| | |
|---|---|
| S 236-3 | antre muere que otro mas fraco e mas lazrado |

**ANZARONES**
| | |
|---|---|
| G 556-4 | que corderoz la pascua nin anzaronez zan juan |

**ANZUELO**
| | |
|---|---|
| S 884-1 | ssy los peçes de -las aguas quando veen al anzuelo |
| S 925-4 | nin badil nin tenazas nin anzuelo pescador |
| S1573-3 | llorariedes por ella por su Sotil anzuelo |

**AÑADIERES**
| | |
|---|---|
| G 690-1 | do añadierez la leña creçe syn dubda el fuego |

**AÑADIR**
| | |
|---|---|
| S1629-2 | mas ay añadir E emendar si quisiere |

**AÑAFIL**
| | |
|---|---|
| S1096-3 | tañia amenudo con -el el añafyl |

**AÑAFILES**
| | |
|---|---|
| S1234-1 | Tronpas e añafiles ssalen con atanbales |

**AÑAL**
| | |
|---|---|
| S1013-1 | las orejas mayores que de añal burrico |
| S1016-4 | sus touillos mayores que de vna añal novilla |

**AÑO**
| | |
|---|---|
| S 326-2 | era de mill e trezientos en -el ano primero |
| S 477-4 | fazia sele a -la dona vn mes año entero |
| G 554-3 | El judio al año da tres por quatro pero |
| G 759-2 | casar ante del año que a -bivda non conuien |
| G 759-3 | fasta que pase el año de -loz lutus que tien |
| G 761-1 | fiia dixo la vieja el año ya es pasado |
| G 762-3 | zeñora dexar duelo e faz el cabo de año |
| S1003-3 | vn çamaron disantero e garnacho para entre el año |
| S1070-1 | ssabed que me dixieron que ha çerca de vn año |
| S1078-4 | yo justare con ella que cada año me sopesa |
| S1112-1 | ffecho era el pregon del año jubileo |

**AÑOS**
| | |
|---|---|
| S1300-2 | son quatro tenporadaz del año del espera |
| S1321-2 | de -las mayores del año de xristianos loada |
| S1643-1 | El año dozeno |
| S1644-4 | el trezeno año |

**AÑOS**
| | |
|---|---|
| S 477-3 | tardo alla dos anos mucho fue tardinero |
| S 484-3 | en dos anos petid corder non se fazer carner |
| S 530-1 | Era vn hermitano quarenta Años avya |
| G 661-2 | tienpo es ya pazado de -loz añoz mas de dos |
| S1143-4 | quinçe años de vida anadio al culpado |
| S1333-1 | yo la serui vn tienpo more y byen diez años |
| S1634-1 | Era de mill E trezientos E ochenta E vn años |
| S1645-1 | Años treynta e trez |
| S1647-3 | nueue años de vida |
| S1648-2 | años çinquenta |

**AOJADAS**
| | |
|---|---|
| S1417-3 | a -moças aojadaz E que han la madrina |

**AORA**
| | |
|---|---|
| S 290-2 | con algo de -lo ageno aora rresplandesçer |

**APARADO**
| | |
|---|---|
| S 738-2 | es aparado bueno que dios vos traxo agora |

**APAREJADA**
| | |
|---|---|
| P 97 | que mas aparejada E jnclinada ez al mal que al bien |
| S 63-3 | desque vio -que -la pelea tenie mal aparejada |
| S1302-1 | Myo señor desque fue su tyenda aparejada |

**APAREJADOS**
| | |
|---|---|
| S1206-4 | destaz cosaz Romeraz andan aparejados |

**APAREJAMIENTO**
| | |
|---|---|
| S 537-4 | armo sobrel su casa e su aparejamiento |

**APAREJAN**
| | |
|---|---|
| P 125 | E loz malez muchoz que -lez aparejan e traen |

**APARESCENCIA**
| | |
|---|---|
| S 417-2 | sobre la falsa lengua mitirosa aparesçençia |

**APARESCIO**
| | |
|---|---|
| S 25-3 | e sin dolor aparesçio |

**APARTA**
| | |
|---|---|
| S1295-3 | trillando e ablentando aparta pajas puras |
| S1459-2 | aparta al alcalde E con -el fablaras |

**APARTADAS**
| | |
|---|---|
| S 432-3 | las çejas apartadas luengas altas en peña |
| S1486-1 | las çejas apartadaz prietas como cabron |

**APARTADILLOS**
| | |
|---|---|
| S 434-2 | eguales e bien blancos vn poco apartadillos |

**APARTADOS**
| | |
|---|---|
| S 132-3 | fizo los tener presos en logares apartadoz |

**APARTAN**
| | |
|---|---|
| S 403-2 | con quien se les antoja con aquel se apartan |

**APARTAR**
| | |
|---|---|
| S1596-4 | comer tanto que podamos para pobres apartar |

**APARTES**
| | |
|---|---|
| S1165-4 | para por dios lo otro todo te mando que apartes |

**APARTO**
| | |
|---|---|
| S 84-2 | el aparto lo menudo para el leon que comiese |
| S1460-2 | el llamo al alcalde apartol e fue fablar |
| S1464-1 | Aparto al alcalde el ladron Segud lo avia vsado |

**APEADO**
| | |
|---|---|
| S1121-3 | pero ansi apeado fazia grandes acometidas |

**APEDREADO**
| | |
|---|---|
| S 130-4 | dixo el vn maestro apedreado ha de ser |

**APEDREAR**
| | |
|---|---|
| S 134-4 | e a -poca de ora començo de apedrear |

**APEGA** (V)
| | |
|---|---|
| G1374-2 | bien llena de farina el mur ally se apega |

**APELLARON**
| | |
|---|---|
| S 367-1 | Non apellaron las partes del juyzio son pagados |

**APELLASEMOS**
| | |
|---|---|
| S1696-4 | apellasemos del papa antel Rey de castilla |

**APELLIDAR**
| | |
|---|---|
| S 772-3 | oyeron lo los pastores aquel grand apellidar |

**APELLIDO**
| | |
|---|---|
| S 413-3 | abatiose por ellos subyo en apellydo |
| S1100-4 | por todo el su Real entro el apellido |
| S1196-4 | sy muy sorda non fuere oyra nuestro apellido |

**APELLIDOS**
| | |
|---|---|
| S1188-3 | dan grandes apellidos terneras E beçerros |

**APELLO**
| | |
|---|---|
| S1705-4 | por ende yo apello en -este escripto abiuad voz |

**APENAS**
| | |
|---|---|
| S 166-4 | apenas non se pierde fasta que viene la muerte |
| S 610-3 | apenaz de myll vna te lo niegue mas desdeña |
| S 655-3 | apenas me conosçia nin sabia por do yr |
| S1366-4 | apenas quel pobre viejo falla ningud amigo |

**APERCEBID**
| | |
|---|---|
| S1533-3 | amigos aperçebid vos e fazed buena obra |

**APERCEBIDA**
| | |
|---|---|
| S 329-2 | ffue sabya la gulpeja e byen aperçebida |
| S1073-3 | que non diga su gente que non fue aperçebida |

**APERCEBIDO**
| | |
|---|---|
| S 240-1 | Dio salto en -el canpo ligero aperçebido |
| S 608-2 | del en muchas maneras fuste aperçebydo |
| S 712-4 | el omne aperçebido nunca tanto se duele |
| S 872-1 | Commo la mi vejezuela me avya aperçebydo |
| S 922-3 | ayna yerra omne que non es aperçebydo |
| S1079-4 | que venga aperçebido el martes a -la lyd |
| S1196-1 | E vaya el almuerzo que es mas aperçebido |
| S1261-3 | de te fuy aperçebido e de ty fuy castigado |

**APERCEBIDOS**
| | |
|---|---|
| P 182 | E por que sean todoz aperçebidoz |
| S 630-1 | Toda muger los ama omnes aperçebydos |
| S1093-3 | todos aperçebidos para la lyd malyna |

**APERCIBES**
| | |
|---|---|
| S 213-3 | nunca me aperçibes de tu ojo nin del dedo |

**APERO**
S 480-2    conplido de cabeça con todo su apero
**APEROS**
S1212-2    E todoz loz rrabyz con todoz suz aperoz
**APERTAR**
S 254-3    el cuello con mis dientes sy quisiera apertar
**APESGADO**
S1100-3    estaua apezgado e estaua adormido
**APILAN**
S 991-3    dixo la endiablada asy apilan el conejo
**APOCALIPSI**
P 53    E desto dize sant Ioan apostol en -el Apocalipsi
S1011-1    Enl apocalipsi Sant Johan evangelista
**APOCANDO**
P 154    apocando la vida E dando mala fama e deshonrra
**APODAS**
S1329-4    por ende casa la duena con cauallero apodaz
**APODERADO**
S 509-4    de todos los ofiçios es muy apoderado
S 854-4    mi porfya el la vençe es mas fuerte apoderado
S1149-3    con pontifical non es destos apoderado
**APODO**
S 931-1    Nunca jamas vos contesca e lo que dixe apodo
S1534-3    llega el omne thesoros por lograr los apodo
**APONÇOÑAR**    (V)
G1352-4    començo de aponçoñar de vino la pozada
**APONIA**
S 348-4    en -que a -la marfusa furto -le aponia
**APONIENDO**
S 784-3    mityendo aponiendo deziendo vanidades
**APOS**
S 62-3    dixo me luego apos esto que -le parase mientes
**APOST**
S 487-3    el primero apost deste non vale mas que vn feste
**APOSTADO**
S 15-4    rrazon mas plazentera ffablar mas apostado
S 635-1    de tuyo o -de ageno vele byen apostado
S1619-3    huron avia por nonbre apostado donçel
**APOSTADOS**
S 726-2    mançebillos apostados e de mucha loçania
**APOSTIZO**
S 288-2    vydo el mal engaño E el color apostizo
**APOSTIZOS**
S1477-3    parientes apostizos amigos pauiotes
**APOSTOL**
P 53    E desto dize sant Ioan apostol en -el Apocalipsi
P 200    Segud dize el apostol
S 950-1    prouar todas las cosas el apostol lo manda
S1043-1    Santiago apostol diz de todo bien conplido
**APOSTOLOS**
S1700-1    Demando los apostolos E todo lo que mas vale
**APELLARON**
S1709-2    appellaron los clerigos otrosy los clerizones
**APPROLLAÇONES**
S1709-3    ffezieron luego de mano buenas approllaçones
**APRECIA**
S1049-2    judea lo apreçia esa ora fue visto
**APREMIA**
S 839-2    pero quanto me fuerça apremia me sobejo
**APREMIADO**
S 206-3    el que non toviere premia non quiera ser apremiado
**APREMIDOS**
S1563-2    quantos en -tu jnfierno estauan apremidos
**APRENDE**
G 561-4    ca el que calla e aprende este es manzellero
**APRENDER**
S 427-2    e non sabes la manera commo es de -aprender
S 430-2    muchas cosas avras primero de aprender
**APRENDI**
S1135-2    aprendi e se poco para ser demostrador
S1339-1    E avn vos dire mas de quanto aprendi
**APRENDIERON**
S 371-4    aprendieron los abogados en -esta disputaçion
**APRESAS**
S 784-1    ay viejas pytofleras mal apresas seades
S1470-3    dixo el enforcado tus obras mal apresaz
**APRESO**
S 571-3    sea el mal andante sea el mal apresso
S 935-1    dizen por cada canton que sea mal apreso
S1373-4    con esto el aldeano touos por byen apreso
**APRESTA**    (V)
G 725-4    entre aquestaz paredez non uoz apresta nada
**APRESTOS**
G 549-3    los fermozos rretraherez tien para dezir apreztoz
**APRETANDO**
S 833-3    apretando sus manos en su cabo fablando
S1353-4    apretandolo mucho cruel mente syn vagar
**APRIESA**
S 971-2    lyeua te dende apriesa desbuelue te de -aquez hato
**APRIETA**
S 810-4    aprieta me mis dedos en -sus manos quedillo
**APRIETO**
S1500-1    val me santa maria mis manos aprieto
**APRIEZA**
G 550-1    Non fables muy aprieza nin otrosi muy pazo
**APRISA**
S1691-3    mando juntar cabildo aprisa fue juntado
**APRISCA**
S1228-4    la guitarra latyna con esos se aprisca
**APRISIONADO**
S1161-3    en -la grand nesçesidat al cardenal aprisionado

**APROPIADA**
P 110    E por esto ez maz apropiada a -la memoria del alma
P 115    E non ez apropiada al cuerpo vmano
**APROPIADOS**
S1515-2    a -cantigas algunas son mas apropiados
**APROVECHA**
S 256-1    En fazer bien al malo cosa nol aprouecha
S 715-4    tienpo ay que aprouecha E tienpo ay que faz peor
S 814-2    a -muchos aprouecha vn ardit sotileza
S 834-4    mas non -le aprouecha arte nin sotileza
**APROVECHAN**
S 637-1    las mentyras a -las de vezes a -muchos aprouechan
**APROVECHAR**
S 693-4    pero syn dios todo esto non puede aprouechar
S1416-2    diz el colmillo desta puede aprouechar
S1433-4    el que non puede mas puede aprouechar
**APUERTE**
G 584-4    todo por su consejo se fara ado apuerte
**APUESTA**
S 169-1    De talla muy apuesta E de gesto amorosa
G 581-1    de talle muy apuesta de gestos amoroza
S 613-2    con arte o con seruiçio ella la dara apuesta
S 910-2    vy vna apuesta dueña ser en -su estrado
S 912-1    apuesta E loçana e duena de lynaje
**APUESTO**
S 404-1    fazes por muger fea perder omne apuesto
S 627-1    El alegria al omne fazelo apuesto e fermoso
S1438-1    o cueruo tan apuesto del çisne eres pariente
**APUESTOS**
S 457-4    eran muy byen apuestos E veras quan fermosos
G 549-2    quando fablarez con dueñaz dile doñeoz apueztoz
**AQUEL**
S 178-2    tanto siguio al ladron que fuyo de aquel çillero
S 213-1    Varon que as con-migo qual fue aquel mal debdo
S 396-4    que aquel mingo oveja non es della parejo
S 410-4    poner te he en -el otero o en aquel rrastrojo
S 479-4    en aquel logar mesmo vn cordero menor
S 533-3    diz aquel cuerpo de dios que tu deseas gustar
G 668-2    Auet por bien que uoz fable ally zo aquel portal
S 695-2    quando aquel fuego vinie todo coraçon muda
S 743-4    por ende aquel buen omne vos ternia defendida
S 768-1    ssalio de aquel plado corrio lo mas que pudo
S 772-3    oyeron lo los pastores aquel grand apellidar
S 778-1    abaxose el lobo ally so aquel sabze
S 831-2    que sodes de aquel omne loçana mente amada
S 832-3    con tantas de mesuras de aquel omne tan largo
S 850-3    que aquel buen mançebo dulçe amor e syn fallyr
S 872-4    yuy diz que es aquello que faz aquel rroydo
S1109-1    ally vino la lyxa en aquel desbarato
S1264-1    Dyz mando que mi tyenda fynque en -aquel plado
S1307-4    vy que non podia sofrir aquel lazerio
S1352-3    salvo de aquel forado sañuda E ayrada
S1404-4    commo aquel blanchete que yaze so su peña
S1649-3    en aquel dia
**AQUEL**    (H)
S 103-3    aquel es enganado quien coyda que engaña
S 129-2    nasçiole vn fijo bello mas de aquel non tenia
S 318-1    Nunca estas baldio aquel que vna vez atas
S 402-4    aquel da de -la mano e de aquel se encoba
S 403-2    con quien se les antoja con aquel se apartan
S 459-2    con -el mas perezosso E aquel queria tomar
S 829-1    Preguntol la dueña pues que nuevas de aquel
S 873-3    es aquel non es aquel el me semeja yo lo siento
S 873-4    a fe aquel es aquel non melon yo lo conosco yo lo viento
S1074-3    aquel era el sello de -la duena nonbrada
S1217-4    con aquel laz deguella e a -desollar se mete
S1551-1    al -lugar do mas siguez aquel va muy peor
S1551-4    do tu tarde rrequierez aquel esta·mejor
S1566-2    aquel nos guarde de ty que de ty non se guarda
**AQUELLA**
S 659-2    por que toda aquella gente de -la plaça nos miraua
S 825-4    vno non se quien es mayor que aquella vyga
S1009-1    Con -la coyta del frio e de aquella grand elada
S1061-1    Dize otra proffeçia de aquella vieja ley
S1418-1    El fisico pasaua por aquella calleja
**AQUELLA**    (H)
S 651-4    esta en aquella sola que me trahe penado e muerto
S 658-4    de aquella seria mi cuerpo que tiene mi coraçon
S 874-1    aquella es la su cara e su ojo de bezerro
**AQUELLAS**
S 335-3    vy que las dellogaua en aquellas erias
**AQUELLO**
S 322-3    lo que el mas amaua aquello denostaua
S 523-2    lo que mas le defienden aquello ante passa
S 523-3    aquello la ençiende E aquello la traspassa
S 860-2    oluidar o escusar aquello que mas amades
S 872-4    yuy diz que es aquello que faz aquel rroydo
**AQUELLOS**
S 535-3    dyz aquellos taverneros que van por el camino
S1474-1    Aquellos garauatos son las mis arterias
**AQUELLOS**    (H)
S 624-1    aquellos deues tu mucho amenudo andar
S1584-3    destos trez vienen aquellos tomemos armas atales
**AQUES**
S 971-2    lyeua te dende apriesa desbuelue te de -aquez hato
**AQUESA**
S 975-2    que guardaua sus vacaz en aquesa rribera
**AQUESE**
S 294-3    echole del parayso dios en aquesse dia
**AQUESO**
S 151-4    por aqueso lo digo otrossy veo aquesto

**AQUESTA**

| | |
|---|---|
| S 6-4 | Señor de aquesta coyta saca al tu açipre(ste) |
| S 92-1 | Por conplir su mandado de aquesta mi Señor |
| S 107-1 | Sabe dios que aquesta dueña e quantas yo vy |
| S 178-4 | con aquesta dueña cuerda e con la otra primero |
| S 191-1 | ffizo su cassamiento con aquesta condiçion |
| S 194-1 | aquesta fuerça grande e aquesta valentia |
| S 228-3 | de aquesta rrayz mala nasçe todo el mal |
| S 383-2 | mirabilia comienças dizes de aquesta plana |
| G 671-1 | a -dioz juro zeñora para aquesta tierra |
| S 724-4 | que pensse aquesta noche poco a poco la aguja |
| S 726-1 | En aquesta villa mora muy fermosa mançebia |
| S 727-1 | Muy byen me rresçiben todos con aquesta pobledat |
| S 747-3 | comed aquesta semiente de aquestos eriales |
| S 834-1 | El mesquino sienpre anda con aquesta tristeza |
| S 914-1 | aquesta mensajera fue vieja byen leal |
| S1044-1 | Cerca de aquesta ssierra ay vn logar onrrado |
| S1071-1 | E por aquesta Razon en vertud obediençia |
| S1088-2 | Señor diz non me escusedes de aquesta lyd a -mi |
| S1207-4 | non andan los rromeroz syn aquesta sofraja |
| S1209-3 | luego aquesta noche llego a -rronçaz valles |
| S1260-4 | demandele merçed aquesta señalada |
| S1312-2 | la quaresma catolica do aquesta quiteria |
| S1347-1 | aquesta buena dueña avie seso bien Sano |
| S1364-1 | El mundo cobdiçioso es de aquesta natura |
| S1507-1 | Con -el mucho quebranto ffiz aquesta endecha |

**AQUESTA** (H)

| | |
|---|---|
| S 381-3 | comienças jn verbum tuum e dizes tu de aquesta |
| G 446-4 | e para aquesta cata la fyna avancuerda |
| S 698-4 | de quanto fizo aquesta por me fazer plazer |
| S1055-2 | grand coyta fue aquesta por el tu fijo duz |
| S1074-4 | la nota es aquesta a -carnal fue dada |
| S1110-4 | mas negra fue aquesta que non la de larcos |
| S1156-1 | Segund comun derecho aquesta es la verdat |
| S1249-1 | Non quieras a -los clerigos por vesped de aquesta |
| S1417-2 | diz el ojo de aquesta es para melezina |

**AQUESTAS**

| | |
|---|---|
| S 313-1 | ffueron aquestas nuevas a -las bestias cosseras |
| G 439-1 | zon grandez maeztraz aqueztaz pauiotaz |
| G 443-1 | de aqueztaz viejaz todaz ezta ez la mejor |
| S 601-1 | Todas aquestas noblezas me fazen querer |
| S 644-3 | sospechan E barruntan todas aquestas cosaz |
| S 725-4 | entre aquestas paredes non vos prestara nada |
| S 836-3 | por aquestas dos cosas fue mucho engañado |
| S 918-2 | diole aquestas cantigas la çinta le çynio |
| S1038-1 | Con aquestas joyas |
| S1058-1 | Por aquestas llagas desta santa pasion |
| S1099-4 | llegaron a -don carnal aquestas nuevas malas |
| S1209-4 | ssalyo mucho ayna de todaz aquestaz callez |
| S1263-1 | ffueron se a -sus posadaz laz mas de aquestaz gentes |
| S1493-4 | e dil que non me diga de aquestas tus fazanaz |
| S1695-1 | Con aquestas rrazones que -la carta dezia |

**AQUESTE**

| | |
|---|---|
| S 13-3 | que pueda fazer vn libro de buen amor aqueste |
| S 193-1 | Aqueste omne bueno padre de aqueste neçio |
| S 708-4 | açertad aqueste fecho pues que vierdes las voluntades |
| S 717-2 | de aqueste ofiçio byuo non he de otro coydado |
| S 718-4 | en aqueste mi farnero las traere al sarçillo |
| S 720-1 | Todo el vuestro cuydado sea a -aquesta aquesta fecho |
| G 761-2 | tomad aqueste marido por omne e por velado |
| S 959-4 | por aqueste puerto angosto |
| S 989-4 | rribera de aqueste rrio |
| S1043-3 | E yo desque saly de todo aqueste Roydo |
| S1258-2 | el conbid de -laz monjas aqueste rresçibiera |
| S1276-1 | a dos partes otea aqueste cabeçudo |
| S1351-1 | aqueste ome bueno dauale cada dia |
| S1353-1 | dixole el ortolano vete de aqueste lugar |
| S1396-4 | en aqueste rroydo vos fallo cada via |
| S1443-2 | de aqueste dulçor Suele venir amarga lonja |
| S1501-3 | ay dioz E yo -lo fuese aqueste pecador |
| S1510-2 | enbia vos vna çodra con aqueste aluala |
| S1516-2 | çinfonia guitarra non son de aqueste marco |
| S1674-5 | de aqueste dolor que siento |
| S1691-1 | aqueste açipreste que traya el mandado |
| S1705-2 | diz aqueste arçobispo non se que se ha con noz |

**AQUESTE** (H)

| | |
|---|---|
| S 144-1 | O -sy por aventura aqueste que -lo erro |
| S 487-1 | dyz la muger entre dientes otro pedro es aqueste |
| S 487-4 | con aqueste e por este fare yo sy dios me preste |
| S1556-2 | jhesu xpisto dios E ome tu aqueste pennaste |
| S1701-1 | ffablo en -pos de aqueste luego el thesorero |
| S1705-1 | ffablo en -post aqueste el chantre Sancho muñoz |

**AQUESTO**

| | |
|---|---|
| S 150-1 | Non son por todo aquesto los estrelleros mintrosos |
| S 151-4 | por aquesto lo digo otrossy veo aquesto |
| S 328-1 | de aquesto la acuso ante vos el buen varon |
| S 468-2 | por aquessto faz mucho sy -la podieres aver |
| S 531-2 | penso commo podiese partyrle de aquesto |
| S 601-2 | por aquesto a -ella non me oso atrever |
| S 624-1 | por aquesto podras a -tu amiga Sobrar |
| G 676-1 | otorgat me ya zeñora aquesto de buena miente |
| S 708-3 | encobrid todo aquesto lo mas mucho que podades |
| S 732-4 | vos queriades aquesto que yo vos he fablado |
| S1053-3 | por aquesto morra en cabtiuo dado |
| S1134-1 | E por aquesto que tengo en coraçon de escreuir |
| S1135-3 | aquesto que yo dixiere entendet lo voz mejor |
| S1137-1 | verdat es todo aquesto do puede omne fablar |
| S1137-3 | do aquesto fallesçe bien se puede saluar |
| S1140-1 | Por aquesto es quito del jnfierno mal lugar |
| S1383-2 | comes muchas viandas aquesto te engaña |
| S1451-1 | Aquesto acaesçe a -vos Señora mia |
| S1458-2 | llamo a -su amigo quel conssejo aquesto |

| | |
|---|---|
| S1459-4 | amigo con aquesto en saluo escaparas |
| S1496-1 | De -lo que cunple al fecho aquesto le dezit |
| S1583-4 | por aquesto deuemos estar de armas byen guarnidos |

**AQUESTOS**

| | |
|---|---|
| S 723-3 | dezia por fazalejas conprad aquestos manteles |
| S 747-3 | comed aquesta semiente de aquestos eriales |
| S 855-1 | Con aquestos pesares trae me muy quebrantada |
| S 915-1 | luego en -el comienço fiz aquestos cantares |
| S 915-3 | Señora diz conprad me aquestos almajares |
| S1051-3 | aquestos mastines asy ante su faz |
| S1158-1 | Pero que aquestos talez deuedes les mandar |
| S1325-1 | Dixol por que yva e diole aquestos verssos |
| S1431-3 | con aquestos mis dientes Rodre poco a -poquillo |
| S1621-3 | sienpre aquestos dos dias ayunaua mi andador |
| S1625-1 | Dil aquestos cantarez al que de dios mal fado |
| S1697-4 | creed se ha adolesçer de aquestos nuestros males |

**AQUESTOS** (H)

| | |
|---|---|
| S 126-4 | pero muchos de aquestos dan en tierra de palmas |
| S1084-4 | luego en pos de aquestos estan los caualleroz |
| S1151-1 | Muchos son los primeros e muchos son aquestos |
| S1229-4 | la vyuela de pendola con aquestos y ssota |
| S1255-1 | Dexa todos aquestos toma de nos Seruiçio |
| S1279-1 | El primero de aquestos era chico enano |
| S1583-2 | aquestos de cada dia nos trahen muy conbatidos |

**AQUEXA**

| | |
|---|---|
| G 662-2 | vuestro amor he deseo que me afinca e me aquexa |

**AQUEXAS**

| | |
|---|---|
| S 390-3 | tanto mas me aquexas quanto yo mas aguijo |

**AQUI**

| | |
|---|---|
| P 159 | aqui fallaran algunaz maneraz para ello |
| S 45-2 | abre algunas bulrras aqui a -enxerir |
| S 177-4 | vete de aqui ladron non quiero tu poridad |
| S 182-2 | dixel si amor eres non puedes aqui estar |
| S 209-1 | Non quiero tu conpaña vete de aqui varon |
| S 216-1 | quanto mas aqui estas tanto mas me assaño |
| S 245-1 | Aqui tomen ensyenpro e lyçion de cada dia |
| S 353-2 | mas la descomunion es aqui dilatoria |
| S 532-3 | grand tienpo ha que esto aqui a -dyos seruiendo |
| S 532-4 | nunca vy aqui omne con -la cruz me defyendo |
| S 574-1 | Mucho mas te diria sy podiese aqui estar |
| S 596-1 | Dona endryna que mora aqui en mi vezindat |
| S 647-1 | asaz te he ya dicho non puedo mas aqui estar |
| S 648-3 | non quiero aqui estar quiero me yr mi vya |
| G 668-3 | Non uoz vean aqui todoz lo que andan por la calle |
| G 668-4 | aqui voz fable vno ally voz fablare al |
| G 686-2 | mi madre verna de miza quiero me yr de aqui tenprano |
| S 708-1 | aqui es bien mi vezina Ruego vos que alla vayades |
| S 747-4 | que es aqui senbrado por nuestros males grandes |
| S 775-2 | dios vos de paz comadre que por vos vine yo aqui |
| S 824-1 | fuese a -casa de -la dueña dixo quien mora aqui |
| S 840-2 | en casar vos en vno aqui non ay trayçion |
| S 854-3 | con -el mi amor quexoso fasta aqui he porfiado |
| S 863-1 | desde aqui a -la mi tienda non ay synon vna pasada |
| S 863-3 | todo es aqui vn barrio e vezindat poblada |
| S 875-1 | Cyerto aqui quiere entrar mas por que yo non -le fablo |
| S 916-2 | catad aqui que vos trayo esta preçiosa sortija |
| S 961-2 | a -la he diz escudero aqui estare yo queda |
| S 962-4 | que non avras aqui passada |
| S 988-1 | a -la fuera dasta aldea la que aqui he nonblado |
| S 989-4 | pues vos yo tengo hermana aqui en esta verdura |
| S 991-1 | Enbiome la cayada aqui tras el pastorejo |
| S 998-3 | ella dixo non lo yerra el que aqui es cassado |
| S1002-1 | Diz aqui avras casamiento qual tu demandudieres |
| S1014-4 | los que quieren casar se aqui non sean sordos |
| S1025-4 | aqui non te engorres |
| S1028-3 | aqui en -ferreros |
| S1168-4 | aver te ha dios merçed e saldras de aqui ayna |
| S1184-4 | dixieron los corderos vedes aqui la fyn |
| S1185-3 | sy nos lyeuas de aqui Carnal por las callejas |
| S1319-2 | con ellas estas cantigas que vos aqui Robre |
| S1353-2 | non fagas aqui dapño ella fuese en-sañar |
| S1382-1 | Por -que tanto me tardo aqui todo me mato |
| S1458-3 | vino el mal amigo diz fe me aqui presto |
| S1492-4 | yol fare cras que venga aqui a -este palaçio |
| S1512-1 | pues que al non me dezides quiero me yr de aqui |
| S1515-3 | de -los que he prouado aqui son Señalados |
| S1578-1 | El que aqui llegare si dios le bendiga |

**ARADAS**

| | |
|---|---|
| S 979-2 | dixo la descomulgada non pises las aradas |

**ARANEA** (L)

| | |
|---|---|
| P 121 | Anni nostri sicut aranea meditabuntur e cetera |

**ARAÑA**

| | |
|---|---|
| S1526-4 | todos fuyen del luego como si fuese araña |

**ARAPA**

| | |
|---|---|
| S1157-1 | En tienpo de peligro do la muerte arapa |

**ARAR**

| | |
|---|---|
| S 241-2 | a arar lo pusieron e a traer la leña |

**ARAVIGO**

| | |
|---|---|
| S1516-1 | arauigo non quiere la viuela de arco |
| S1517-2 | non se pagan de arauigo quanto dellos boloña |

**ARBOL**

| | |
|---|---|
| S 137-4 | en vn arbol del rrio de sus faldas se colgo |
| S1437-2 | vido al cueruo negro en vn arbol do estaua |

**ARBOR**

| | |
|---|---|
| S 907-3 | de vna nuez chica nasçe grand arbor de grand noguera |

**ARBORES**

| | |
|---|---|
| S1211-3 | las aves e los arbores nobre tyenpo averan |
| S1227-1 | rresçiben lo los arborez con rramos E con florez |
| S1291-1 | Enxeria los arborez con ajena corteza |
| S1292-3 | estauan de -los arbores las frutas sacodiendo |

**ARCAS**

| | |
|---|---|
| S1539-2 | temense que -las arcas les han de des-ferrar |

**ARCAS** (cont.)
S1562-2 que los tenies en -las penas en -las tus malas arcas

**ARCIPRESTE**
S1484-2 que de ese arçipreste me digas su figura

**ARCO**
S1231-1 la viuela de arco ffaz dulçez de vayladaz
S1516-1 arauigo non quiere la viuela de arco

**ARCOS**
S1110-3 trayan armas muy fuertes e ballestas e arcos

**ARÇOBISPO**
S1149-1 Pues que el arçobispo bendicho e conssagrado
S1157-2 vos sodes para todo arçobispo E papa
S1690-2 llegadas son laz cartaz del arçobispo don gil
S1704-3 Sy yo touiese al arçobispo en otro tal angosto
S1705-2 diz aqueste arçobispo non se que se ha con noz
S1706-2 non ha el arçobispo desto por que se sienta
S1707-3 por que si el arçobispo tiene que es cosa que es maldad

**ARÇOBISPOS**
S 494-2 arçobispos doctores patriarcas potestades
S1147-2 a arçobispos e abispos e a mayores perlados
S1160-4 arçobispos e obispos patriarca cardenal

**ARDE**
S 75-2 commo quier que mas arde quanto mas se atiza
S 197-2 mas arde e mas se quema qual quier que te mas ama
S 232-4 fuego jnfernal arde do vuiaz assentar
S 984-2 ca mala es de amatar el estopa de que arde

**ARDEDES**
S 837-2 pero que avn vos callades tan bien commo el ardedes

**ARDEN**
S 219-2 avarizia e loxuria que arden mas que estepa
S1608-4 son friaz como la nieue e arden commo el fuego

**ARDER**
S1565-2 en fuego jnfernal los fazes tu arder

**ARDID**
S 52-1 ffueron a -vn vellaco muy grand E muy ardid
S1450-1 El miedo es muy malo syn esfuerço ardid
S1605-1 denos dios atal esfuerço tal ayuda E tal ardid

**ARDIDA**
S 64-1 Por esto dize la pastraña de -la vieja ardida
S 482-4 fey y ardida mente todo lo que vollaz

**ARDIENTES**
S1609-1 Son frias de fuera con -el amor ardientes

**ARDIESE**
S 265-3 descanto el fuego que ardiesse en -la leña

**ARDIT**
S 455-4 del vestido mas chico sea tu ardit alardo
S 487-2 mas garçon e mas ardit quel primero que ameste
S 509-3 alguaçil E meryno byen ardyt es-forçado
S 627-2 mas sotil e mas ardit mas franco e mas donoso
S 814-2 a -muchos aprouecha vn ardit sotileza

**ARDIZ**
S1119-2 ardiz E denodado fuese contra don salmon

**ARDOR**
S 379-3 os lynga mens la enuade seso con ardor pospone

**ARDORES**
S 639-2 mayor sera el fuego e mayores los ardores
S1703-3 que faze muchas vezes rrematar los ardorez

**ARDURA**
S 605-2 tyra de mi coraçon tal saeta e tal ardura

**ARENA**
S 835-2 quien sy non el mesquino sienbra en -el arena
S1120-4 abraçose con -el echolo en -la arena

**ARENAL**
S 170-4 quien en -el arenal sienbra non trilla peguijarez

**ARENQUES**
S1112-4 arenques E vesugos vinieron de bermeo

**ARGULLOSO**
S1080-1 las cartaz Resçebidas don carnal argulloso

**ARGUMENTOS**
S1153-2 con fueres argumentos E con sotiles Razones

**ARIGOTES**
S1477-1 El mundo es texido de malos arigotes

**ARISCA**
S1228-2 de -laz bozez aguda e de -los puntos arisca

**ARISTA**
S 866-3 non vee rredes nin lazos en -los ojos tyene arista

**ARISTOTILES**
S 71-1 Commo dize aristotiles cosa es verdadera

**ARLOTAS**
G 439-4 ay quanto mal zaben eztaz viejaz arlotaz

**ARMA**
S 534-4 el diablo al monge armado lo enlaze
S1267-1 El mastel en -que se arma es blanco de color

**ARMADA**
S1265-1 Desque ovo yantado fue la tyenda armada

**ARMADO**
S 236-4 conteççel commo al asno con -el cavallo armado
S1216-4 en saya faldas en çinta e sobra byen armado

**ARMADOS**
S 900-1 Commo el leon tenia sus monteros armados
S1600-1 armados estemos mucho contra açidia mala cosa

**ARMAN**
S 342-4 arman se çancadilla en -esta falsa lucha

**ARMAR**
S1581-3 cada qual buscaria armas para se armar

**ARMAS**
S 126-2 otros toman esfuerço en -querer vsar armas
S 483-2 E vydo vn grand carnero con armas de prestar
S1086-4 trayan armas estrañas e fuertes guarniçiones
S1101-3 la conpaña del mar las sus armas menea
S1110-3 trayan armas muy fuertes e ballestas e arcos
S1114-3 sus armas cada vno en don carnal enprea

S1580-3 por ende cada vno de nos sus armas puerte
S1581-3 cada qual buscaria armas para se armar
S1581-4 Syn armas non querria en tal peligro entrar
S1583-4 por aquesto deuemos estar de armas byen guarnidos
S1584-3 destos trez vienen aquellos tomemos armas atales
S1599-4 con estas armas de dios a -enbidia desterraremos
S1602-4 con estas armas lydiando podemos los amanssar

**ARMO**
S 537-4 armo sobrel su casa e su aparejamiento

**ARMOÇAVA**
S1288-2 figados de cabrones con rruy baruo armoçaua

**ARMUERZO**
S1191-2 enbyamos nos a -ty al armuerzo nuestro amigo

**ARPOM**
S 56-3 en manera de arpom los otros dos encogidos

**ARPUDO** (V)
T1228-3 El arpudo laud que tyene punto a la (t)risca

**ARRAIGAR**
S 278-1 Desque uvia el çelo en ty arraygar

**ARRANCA**
S 517-4 con cuños E almadanas poco a -poco se arranca

**ARRANCADA**
S1589-4 con esta confirmaçion la soberuia es arrancada

**ARRANCADO**
S1194-2 estando nos seguro fuemoz della arrancado

**ARRANCAN**
S 617-2 maestria e arte la arrancan mejor

**ARRANCAR**
S 86-3 el cuero con la oreja del caxco le fue arrancar

**ARRANCASE**
S 749-2 que arrancase la yerua que era ya pujada

**ARRANQUEMOS**
S1605-2 que vençamos los pecados e arranquemos la lid

**ARRAS**
S 599-1 Con arras e con dones rrueganle cassamientos

**ARRASTRADOS**
S 222-2 arrastrados E enforcados de manera estraña

**ARRAVAL**
S 914-4 que çerca de -la villa puso el arraval

**ARREBATADAS**
S1445-3 fue sueno de laguna ondas arrebatadas

**ARREBATAMIENTO**
G 551-3 El grant arrebatamiento con locura contiende

**ARREBATES**
G 562-4 de lexoz algarea quedo non te arrebatez

**ARRECIDO**
S 982-2 que ayuno E arreçido non ome podria solazar

**ARREDRADO**
S 533-2 seyendo arredrado començolo a -Retentar
S1020-2 vnas trez vezes contelas estando arredrado

**ARREDRARA**
S 310-2 el que tos obras viere de ty se arredrara

**ARREDRO**
S 103-2 arredrose de mi fizo me el juego mañana

**ARREMANGADO**
S1216-3 el buen enperador esta arremangado

**ARREMETAS**
S 961-3 fasta que algo me prometas por mucho que te arremetas

**ARREPANTAJAS**
S 705-3 muchas bodas ayuntamos que viene arrepantajas

**ARREPENTI**
S1368-3 de -lo que yo te dixe luego me arrepenty

**ARREPENTIDO**
S 722-3 que fablar lo que non -le cunple por que sea arrepentido
S1138-4 sinos de penitençia que es arrepentido

**ARREPENTIERA**
S1258-4 sy en dormitorio entrara nunca se arrepentiera

**ARREPENTIMIENTO**
S 865-3 quando es fecho el daño viene el arrepentymiento

**ARREPENTIR**
S1128-4 demando penitençia con grand arrepentyr
S1420-4 lo que emendar non se puede non presta arrepentyr

**ARREPIENTA**
G 436-4 Non puede por mal caza que non ze arrepienta
S 711-3 ella diz pues fue casada creed que se non arrepienta

**ARREPIENTE**
S 274-2 desque cunple luxuria luego se arrepiente

**ARREPINTADES**
S 721-2 fablad tanto E tal cosa que non vos aRepintades

**ARREVATAMIENTO**
S 185-2 a -las vegadas prendes con grand arrevatamiento

**ARREVEZES**
S1334-4 enbyan e otraz cada dia arrueuezes

**ARREZIDO**
S 954-3 desque me vy en coyta aRezido mal trecho
S 966-1 yo con miedo E aRezido prometil vna garnacha

**ARRIMADO**
S1377-4 estouo a -lo escuro a -la pared arrimado

**ARROJO**
S 963-2 arrojome la cayada e Rodeome la fonda

**ARROYOS**
S 958-3 escuso me de passar los arroyos E las cuestas

**ARROZ**
S1290-3 comie las bebraz nueuas e cogia el arroz

**ARRUFASTES**
S1409-1 E por que ayer Señora vos tanto arrufastez

**ARTE**
S 333-3 quanto demanda E pide todo -lo faz con arte
S 600-4 aver la he por trabajo E por arte sotil
S 613-2 con arte o con seruiçio ella la dara apuesta
S 616-2 syrue la con arte E mucho te achaca
S 616-3 maestria e arte de fuerte faze flaca

**ARTE** (cont.)

| | |
|---|---|
| S 617-2 | maestria e arte la arrancan mejor |
| S 618-1 | Con arte se quebrantan los coraçones duros |
| S 618-4 | por arte juran muchos e por arte son perjuros |
| S 619-1 | Por arte los pescados se toman so -las ondas |
| S 619-3 | con arte E con seruiçio muchas cosas abondas |
| S 619-4 | por arte non ha cosa a -que tu non rrespondas |
| S 620-1 | ome poble con arte pasa con chico ofiçio |
| S 620-2 | E la arte al culpado salualo del malefiçio |
| S 622-2 | el mester e el ofiçio el arte e la sabiençia |
| G 674-2 | el arte e el vso muestra todo el zaber |
| G 674-3 | sin el vso e arte ya se va pereçer |
| G 691-3 | E a -la mi mucha cuyta non ze consejo nin arte |
| S 794-1 | yo le dixe qual arte qual trabajo qual sentido |
| S 834-4 | mas non -le aprouecha arte nin sotileza |
| S 842-4 | por que veo que vos ama e vos quiere syn arte |
| S1434-4 | tenga manera E seso arte e Sabidoria |
| S1463-4 | daras cras el presente saldras con arte mia |

**ARTERA**

| | |
|---|---|
| S 87-1 | la gulpeja con -el miedo e commo es artera |
| S 698-2 | artera e maestra e de mucho saber |

**ARTERAS**

| | |
|---|---|
| S 632-4 | amenazan mas non fieren en çelo son arteras |

**ARTERIA**

| | |
|---|---|
| S 821-2 | en-cubre se en -cabo con mucha arteria |

**ARTERIAS**

| | |
|---|---|
| S1474-1 | Aquellos garauatos son las mis arterias |

**ARTERO**

| | |
|---|---|
| S 615-3 | afyncando lo mucho el artero conplador |
| S 617-4 | mover se ha la dueña por artero seruidor |

**ARTES**

| | |
|---|---|
| G 591-3 | las artez muchaz vegadaz ayudan oras fallesçen |
| G 591-4 | por las artez biuen muchoz por las artez peresçen |
| S 793-1 | grandes artes de-muestra el mucho menester |
| S 882-3 | ayer mill cobros me dauaz mill artes mill salidas |

**ARTESAS**

| | |
|---|---|
| S1221-3 | para laz triperaz gamellaz e artesaz |

**ARVEJA**

| | |
|---|---|
| S 162-3 | tiene por noble cosa lo que non vale vna arveja |

**ARVEJAS**

| | |
|---|---|
| S 338-2 | por ende los sus dichos non valen dos arvejas |
| S1164-2 | conbras de -las arvejas mas non salmon nin trucha |

**AS**

| | |
|---|---|
| S 213-1 | Varon que as con-migo qual fue aquel mal debdo |
| S 230-1 | Soberuia mucha traes ha -do miedo non as |
| S 230-2 | piensaz pues non as miedo tu de que pasaras |
| S 246-2 | al tomar te alegras el dar non -lo as ducho |
| S 277-4 | ssyenpre coydas en çelos de otro bien non as cura |
| S 391-1 | Non as miedo nin verguença de Rey nin Reyna |
| S 401-2 | eres enano chico quando lo as de dar |
| S 404-3 | plaze te con qual quier do el ojo as puesto |
| S 405-1 | Natura as de diablo ado quier que tu mores |
| S 536-2 | dixo saca dello e beue pues lo as traydo |
| S 579-3 | lo que en muchos dias acabado non as |
| S 699-4 | estas dan la maçada sy as orejas oyas |
| S 937-4 | estas dan la maçada si az orejas oyas |
| S 988-4 | ella me rrespuso ca la carrera as errado |
| S 995-2 | non dexes lo ganado por lo que as de ganar |
| S1164-4 | nin bolueras pelea Segund que la as ducha |
| S1378-4 | alegrate E come de -lo que as mas sabor |
| S1520-3 | enemiga del mundo que non as semejante |
| S1551-2 | Natura as de gota del mal e de dolor |
| S1677-5 | pues poder as E oviste |

**ASA**

| | |
|---|---|
| S1350-3 | abiuo la culebra ante que -la el asa |

**ASADAS**

| | |
|---|---|
| S 968-3 | buenas perdizes asadas fogaças mal amassadas |
| S1385-3 | que perder la mi alma con perdizez assadaz |

**ASADERO**

| | |
|---|---|
| S 969-2 | mucho queso assadero leche natas e vna trucha |

**ASADURAS**

| | |
|---|---|
| S 545-3 | que-ma -las assaduras el fygado tras-cala |

**ASANES**

| | |
|---|---|
| S 908-3 | dueña por te dezir esto non te asanes nin te ayres |

**ASAÑO**

| | |
|---|---|
| S 216-1 | quanto mas aqui estas tanto mas me assaño |
| S1070-4 | vertyendo mucha ssangre de -lo que mas me asaño |

**ASAÑO** (H)

| | |
|---|---|
| S 984-4 | assañose contra mi Resçele e fuy couarde |

**ASAVA**

| | |
|---|---|
| S1273-1 | Comia Nuezes primeras e asaua laz castañas |

**ASAZ**

| | |
|---|---|
| S 535-4 | te daran asaz dello ve por ello festino |
| S 647-1 | asaz te he ya dicho non puedo mas aqui estar |
| S 717-1 | Non vos dire mas rrazones que asaz vos he fablado |
| S1320-1 | assaz fizo mi vieja quanto ella fazer pudo |

**ASCENDENTE**

| | |
|---|---|
| S 124-3 | qual -es el asçendente e la costellaçion |

**ASCENDERUNT** (L)

| | |
|---|---|
| S 385-3 | illyc enim asçenderunt a -qualquier que ally se atiene |

**ASCONA**

| | |
|---|---|
| S1056-3 | dandol del ascona la tierra estremeçio |
| S1066-2 | despues fue abierto de azcona su costado |

**ASCONDER**

| | |
|---|---|
| S 951-3 | de nieue e de granizo non ove do me asconder |
| S1523-1 | Non puede foyr omne de ty nin se asconder |

**ASCONDERAS**

| | |
|---|---|
| S1198-3 | desian a -la quaresma donde te asconderas catyua |

**ASCONDIDA**

| | |
|---|---|
| S1574-1 | alta muger nin baxa ençerrada nin ascondida |

**ASCONDIDO**

| | |
|---|---|
| G 588-2 | en -el coraçon lo trayo ençerrado e ascondido |

| | |
|---|---|
| S1138-2 | mas quanto a -la iglesia que non judga de ascondido |

**ASCUT**

| | |
|---|---|
| S1511-4 | non vaya de vos tan muda dixo la mora ascut |

**ASECHA**

| | |
|---|---|
| S 874-2 | catat catat commo assecha barrunta nos commo perro |
| S1270-4 | trez comen a -ella vno a -otro assecha |

**ASEGUR**

| | |
|---|---|
| S1217-1 | Traya en -la su mano vn assegur muy fuerte |

**ASEGURANDO**

| | |
|---|---|
| S 406-4 | assegurando matas quita te de mi vete |

**ASEGURO**

| | |
|---|---|
| S1482-2 | de eso que vos rresçelades ya vos yo asseguro |

**ASENTADA**

| | |
|---|---|
| G 669-3 | loz ojoz baxo por tierra en -el poyo asentada |
| S1570-1 | Cyerto en parayso estas tu assentada |

**ASENTADO**

| | |
|---|---|
| S 347-3 | estando assentado assentado en -la su abdiençia |
| S1095-1 | Estaua don carnal Rica mente assentado |

**ASENTADOS**

| | |
|---|---|
| S1271-2 | asentados al fuego cada vno Señero |

**ASENTAR**

| | |
|---|---|
| S 41-5 | con -el te fizo assentar |
| S 232-4 | fuego jnfernal arde do vuiaz assentar |

**ASENTO**

| | |
|---|---|
| S 55-3 | luego se assento en -ese mismo lugar |
| S 56-4 | assentose el neçio Catando sus vestidos |
| S 57-2 | E assentose luego con su memoria sana |
| S 766-1 | assentose el lobo estudo atendiendo |

**ASEO**

| | |
|---|---|
| S 180-2 | que si lo faz mi signo o -ssy mi mal asseo |

**ASI**

| | |
|---|---|
| S 5-3 | sacastelo tu sano asy commo de casa buena |
| S 77-1 | Assy fue que vn tienpo vna dueña me prisso |
| S 178-3 | asy conteçio a -mi E al mi buen mensajero |
| S 207-4 | en cuerpos en almas asy todos tragalloz |
| S 307-1 | dizes muchos baldones asy que de rrondon |
| S 414-2 | asy faze a -los locos tu falsa vedegabre |
| S 435-1 | la su boca pequena asy de buena guisa |
| G 553-4 | asi syn la mesura todo paresçe mal |
| S 603-4 | asy señora doña venuz ssea de vos ayudado |
| G 665-1 | bien asi enganan muchoz a -otraz muchaz endrinaz |
| G 665-2 | el omne tan engañozo asi engaña a -suz vezinaz |
| G 688-4 | asi perderia la dueña que sera pesar sobejo |
| G 757-1 | asi estadez fiia biuda e mançebilla |
| S 885-4 | pues otro cobro yo non he asy fazer me convyene |
| S 904-1 | assy Señoras dueñas entended el rromançe |
| S 931-3 | asy como se desfaze entre los pies el lodo |
| S 942-2 | asy fizo venir vrraca la dueña al Ryncon |
| S 991-3 | dixo la endiablada asy apilan el conejo |
| S1051-3 | aquestos mastines asy ante su faz |
| S1177-2 | asi en este dia por el alma se para |
| S1344-4 | Señora dixo la vieja asy comunal vyda |
| S1347-3 | diz asy me contesçeria con tu consssejo vano |
| S1392-1 | byen asy acaesçe a -vos doña garoza |
| S1463-1 | llamo su mal amigo asy commo solia |
| S1519-1 | assy fue mal pecado que mi vieja es muerta |
| S1577-4 | que byen como yo mori asy todos morredes |
| S1611-3 | asi dueña pequena sy todo amor consyenta |

**ASIGNADO**

| | |
|---|---|
| S 332-1 | El dia era venido del plaso asignado |

**ASIGNASE**

| | |
|---|---|
| S 340-2 | pidieron al alcalde que les asignase dia |

**ASIGNO**

| | |
|---|---|
| S 340-4 | E asignoles plazo despuez de -la epifania |

**ASMAR**

| | |
|---|---|
| S 806-1 | Madre vos non podedes conosçer o asmar |

**ASNERIA**

| | |
|---|---|
| S1284-1 | antes viene cueruo blanco que pierdan asneria |

**ASNO**

| | |
|---|---|
| S 236-4 | conteçel commo al asno con -el cavallo armado |
| S 237-4 | mucho delantel yva el asno mal doliente |
| S 238-4 | el asno con -el miedo quedo e nol fue bueno |
| S 239-1 | Estava rrefusando el asno con -la grand carga |
| S 243-3 | vido lo el asno nesçio Rixo bien trez vegadas |
| S 313-4 | avn el asno nesçio venie en -las delanteras |
| S 314-4 | el asno pereçoso en -el ponie su syllo |
| S 507-3 | commo los cuervos al asno quando le desuellan el cuero |
| S 641-3 | asno coxo quando dubda corre con -el aguijon |
| S 892-4 | al asno syn orejas e syn su coraçon |
| S 897-1 | ffuese la Raposilla donde el asno andava |
| S 902-2 | pidio al lobo el asno que -le avya encomendado |
| S 903-1 | dixo al leon el lobo quel asno tal nasçiera |
| S 906-3 | ya oystes que asno de muchos lobos lo comen |
| S1292-1 | el tauano al asno ya le yua mordiendo |
| S1400-2 | non me contesca commo al asno contesçio con -el blanchete |
| S1402-4 | veya lo el asno esto de cada dia |
| S1403-1 | El asno de mal Seso penso E touo mientes |
| S1622-2 | que mas val con mal asno el omne contender |

**ASNOS**

| | |
|---|---|
| S1285-1 | Enbia otro diablo en -los asnos entrar |

**ASNUDOS**

| | |
|---|---|
| S1014-2 | dyentes anchos E luengos asnudos e moxmordos |

**ASOLVED**

| | |
|---|---|
| S 338-4 | asolued a -mi comadre vayase de -laz callejas |

**ASOLVER**

| | |
|---|---|
| S1150-3 | pueden bien asoluer los e ser dispenssadorez |

**ASOMA**

| | |
|---|---|
| S1214-1 | Por el puerto asoma vna seña bermeja |
| S1545-2 | otrosi tu mal moço en punto que assoma |

**ASOMADA**

| | |
|---|---|
| S 959-2 | salteome vna serrana a -la asomada del rrostro |

**ASOME**
S 906-2　non quieran amor falso loco rriso non asome
**ASOMO**
S 196-3　non prouo mas tener la muela sol non -lo asomo
**ASONADOS**
S1515-4　en quales quier jnstrumentos vienen mas assonados
**ASPEROS**
S1117-2　con la liebre justauan los asperos cangrejos
**ASTA**
S1602-2　fagamos asta de lança e non queramos canssar
**ASTACA**
S 919-2　que çedaçuelo nueuo trez dias en astaca
**ASTOR**
S 801-2　commo al aue que sale de manos del astor
**ASTRAGA**
S 204-2　de dos en dos nos come nos abarca e nos astraga
**ASTRAGALLOS**
S 207-3　tu despues nunca pienssas synon por astragallos
**ASTRAGANDO**
S1070-3　astragando mi tierra faziendo mucho dapño
**ASTRAGAR**
S 754-2　por astragar lo vuestro e fazer vos mal trebejo
**ASTRALABIO**
S 151-2　nin se astralabio mas que buey de cabestro
**ASTROLOGIA**
S 123-2　de -la astrologia vna buena sabiençia
S 125-4　non pueden desmentir a -la astrologia
S 139-4　de su astrologia en -que non avie que dubdar
S 151-1　Non sse astrologia nin so ende maestro
**ASTROLOGOS**
S 123-1　los antiguos astrologos dizen en -la çiençia
**ASTROSIA**
S 456-2　torpedat e vileza ssuziedat e astrossya
**ASTROSO**
S 402-3　el mas astroso lobo al enodio ajoba
**ASTROZA**
S1685-1　ventura astroza
**ASUELTO**
S1130-3　non puede por escripto ser asuelto nin quito
**ASUELVEN**
S 503-4　asueluen el ayuno ansy fazen oraçionez
**ASUELVO**
S 366-2　pero que non la asueluo del furto tan ayna
**ASUERO**
S 2-2　antel el rrey asuero ouo tu graçia digna
**ATA**
S 410-2　ata tu pie al mio sube en mi ynojo
S 952-4　yo so la chata Rezia que a -los omnes ata
**ATADO**
S 656-2　a -bezes mal perro atado tras mala puerta abierta
**ATADOS**
S 411-3　creo se lo el topo en vno atados son
S 414-3　quantos tyenes atados con tu mala estable
S1125-1　Troxieron los atados por que non escapasen
**ATAHONAS**
S 938-4　fazen con -el su vyento andar las atahonas
**ATAJA**
S 637-3　muchos caminos ataja desuiada estrecha
**ATAL**
P 38　E esto atal dize el dicho profecta
S 153-1　En este signo atal creo que yo nasçi
S 154-1　Commo quier que he provado mi signo ser atal
S 164-1　bien atal es el amor que da palabra llena
S 228-1　Cada dia contessçe al cobdiçiosso atal
S 306-3　de cabellos cobyerto como bestia atal
S 357-1　Es toda perentoria la escomunion atal
S 433-4　sy ha el cuello alto atal quieren las gentes
G 438-1　si parienta non tienez atal toma viejaz
G 448-2　atal media pecada el huerco la zaguda
G 448-4　atal muger si puedez de buen seso la muda
G 450-1　atal es de seruir e atal es de amar
S 730-1　Mançebillo en -la villa atal non se fallara
S 739-4　que para esse buen donayre atal cosa vos guardaron
S 877-3　tan buen dia es oy este que falle atal çellada
S 986-1　desta burla passada ffiz vn cantar atal
S1348-4　vna culebra chica medio muerta atal
S1367-1　E sseñora convusco a -mi atal acaesçe
S1484-3　bien atal qual sea di me toda su fechura
S1487-4　laz espaldaz byen grandes laz muñecas atal
S1500-4　que atal velo prieto nin que abitos çiento
S1506-1　Atal fue mi ventura que dos messes pasados
S1567-1　Tanto eres muerte syn byen E atal
S1605-1　denos dios atal esfuerço tal ayuda E tal ardit
S1615-4　bien atal es la -dueña pequena con amor
S1637-6　bien atal rremaneçiste
**ATALAYA**
S 270-2　todas las otras aves de ally las atalaya
S1126-1　mandolos colgar altos byen como atalaya
**ATALAYAS**
S 393-2　atalayas de lexos e caças la primera
**ATALES**
S 128-1　Por que creas el curso destos signos atales
S1584-3　destos trez vienen aquellos tomemos armas atales
**ATALVINA**
S 709-2　e le fare tal escanto e le dare tal atal-vina
**ATAMA**
G 857-4　loz plazerez de -la vida perderedez si voz atama
**ATAN**
S 193-3　ante que fuese casado el garçon atan Reçio
S 285-3　por ser atan fermosa esta locura coeda
G 671-4　e zodez atan moça que esto me atierra
G 675-3　yt e venid a -la fabla esa creençia atan dura

S 726-4　nunca puede ome atan buena conpañia
S 783-2　que nuevas atan malas tan tristes me troxistes
S1054-3　qual dellos la aya pesar atan fuerte
S1234-3　tan grandes alegrias nin atan comunales
**ATAN**　**(H)**
S 411-4　atan los pies en vno las voluntades non
**ATANBALES**
S1234-1　Tronpas e añafiles ssalen con atanbales
**ATANBOR**
S 894-3　su atanbor taniendo bien alto a -Rebuznar
S 895-3　su atanbor taniendo fuese mas y non estudo
S 898-2　vuestro atanbor sonante los sonetes que faz
S 899-4　escota juglar neçio el son del atanbor
**ATANBORES**
S1227-4　con muchos jnstrumentos salen los atanborez
**ATANTA**
S1680-2　pena atanta con dolor atormentado
S1680-3　en -tu esperança coyta atanta
**ATANTO**
S 99-2　coydauan que era preñada atanto se dolia
S 856-4　atanto mas doña venus la fla e la ençiende
S1428-4　su loor es atanto quanto es el debatido
S1709-1　Pero non alonguemos atanto las rrazones
**ATANTOS**
S 388-1　Con açidya traes estos males atantos
**ATAPA**
S1157-4　la grand neçesidat todos los casos atapa
**ATAR**
S1320-2　mas non pudo trabar atar nin dar nudo
**ATARDAR**
S1266-2　aver se vos ha vn poco atardar la yantar
**ATAS**
S 318-1　Nunca estas baldio aquel que vna vez atas
**ATENDER**
S1523-4　desque vienes non quieres a -ome atender
S1530-4　que non atender a -ty nin a -tu amigo cras cras
**ATENDIENDO**
S 766-1　assentose el lobo estudo atendiendo
**ATENDIO**
S1119-4　atendiole el fidalgo non -le dixo de non
**ATENER**
S1448-1　a -la buena esperança nos conviene atener
**ATENGA**
S 849-3　faga quanto podiere en ello se atenga
**ATERIDA**
S1349-3　el omne piadoso que la vido aterida
**ATHONAS**
S 700-4　ffazen con -el mucho viento andar las athonas
**ATIENDE**
S 425-2　non deue amenaçar el que atyende perdon
G 551-2　quien fabla muy pazo enojaze quien le atiende
S 856-3　quantas mas dulçes palablas la dueña de amor atyende
S1213-1　El pastor lo atyende fuera de -la carrera
S1294-2　al Segundo atiende el que va en delantera
S1294-3　el terçero al Segundo atiendel en frontera
**ATIENDEN**
S1211-4　los que amor atyenden sobre todos se esmeran
S1300-4　andan e non se alcançan atiendense en Ribera
**ATIENE**
S 385-3　illyc enim asçenderunt a -qualquier que ally se atiene
**ATIERRA**
G 671-4　e zodez atan moça que esto me atierra
S 859-1　Tan byen a -vos commo a -el este coydado vos atierra
S 955-4　E por dios da me possada que el frio me atierra
**ATINCAR**
S 941-1　ssy la ensychizo o sy -le dyo atyncar
**ATIZA**
S 75-2　commo quier que mas arde quanto mas se atiza
**ATORA**
S1053-2　judgolo el atora pueblo porfiado
**ATORMENTADO**
S1680-2　pena atanta con dolor atormentado
**ATORMENTAR**
S 360-2　Ca entonçe el alcalde puede le atormentar
**ATRAVESO**
S 252-2　atravesosele vn veso estaua en contienda
S1103-3　atrauesosele en -el pyco afogala ayna
**ATRAVIESA**
S 597-2　atrauiesa me el coraçon en -el la tengo fyncada
S1524-4　de fablar en ti muerte espanto me atrauiesa
**ATREVER**
S 184-3　ffazes a -muchos omes tanto se atreuer
S 601-2　por aquesto a -ella non me oso atrever
**ATREVI**
S 602-1　atrevy me con locura E con amor afyncado
S1303-2　atreui me e preguntel que el tyenpo pasado
**ATREVO**
S 421-4　mucho mas te diria Saluo que non me atrevo
S1409-3　por ende non me atreuo a -preguntar que pensastez
**ATREVUDA**
S 990-2　desçendio la cuesta ayuso commo era atrevuda
**ATREVUDO**
S 156-3　al omne que es couarde fazelo muy atrevudo
S1189-4　pero de venir solo non era atre-vudo
**ATRIBULADO**
S1680-1　virgen muy santa yo paso atribulado
**ATRISCA**　**(V)**
G1228-4　la gitara ladina con -ezte ze atrizca
**ATRONAR**
S 894-4　al leon e a -los otros querialos atronar
**ATUN**
S1106-1　Ay andaua el atun commo vn brauo leon

**ATURA**
S 263-4    de -la muger mesquina otro non les atura
S1364-2    sy el amor da fructo dando mucho atura

**AUDIAT** (L)
S 375-4    nostras preçes ut audiat E fazes los despertar

**AULLAR**
S 772-1    Creo se los el neçio començo de Avllar

**AUN**
P 92    E avn digo que viene de -la pobledad de -la memoria
S 7-1    Avn tu que dixiste a -loz tus seruidorez
S 154-3    pero avn que omne non goste la pera del peral
S 194-4    diz ay molyno Rezio avn te vea casado
S 313-4    avn el asno nesçio venie en -las delanteras
G 588-4    e avn dezir non ozo el nonbre de quien me ferio
S 623-1    Maguer te diga de non E avn que se ensañe
S 837-2    pero que avn vos callades tan bien commo el ardedes
S 926-3    nunca le digas trotera avn que por ti corra
S1005-1    yol dixe dar te he esas cosas e avn mas si mas comides
S1307-1    Avn quise porfiar fuy me para vn monasterio
S1339-1    E avn vos dire mas de quanto aprendi
S1623-2    a -la fe diz buscare avn que el mundo se funda
S1698-4    E avn pura la mi corona anoche fue al baño
S1708-4    que -la acoje de noche en casa avn que gelo defiendo

**AURORA** (L)
S 376-3    laudes aurora lucis das les grandes graçias

**AVANCUERDA**
G 446-4    e para aquesta cata la fyna avancuerda
S 925-2    esco-fyna avancuerda nin Rascador

**AVARICIA**
S1165-1    Por tu grand avariçia mando te que el martes
S1590-1    ayamos contra avariçia spiritu de pyedat
S1591-4    vençeremos a avariçia con la graçia spiritual

**AVARIENTO**
S 248-3    E des al poble posada tanto eres avariento

**AVARIZIA**
S 219-2    avarizia e loxuria que arden mas que estepa
S 246-1    Tu eres avarizia eres escaso mucho

**AVARIZIA**
S1590-4    con tal maça al avarizia bien larga mente dad

**AVE**
S 111-2    que vna ave sola nin bien canta nin bien llora
S 274-1    omne ave o -bestia a -que ammor Retiente
S 406-2    que canta dulçe con engaño al ave pone abeyte
S 801-2    commo al aue que sale de manos del astor
S1483-4    Señora el aue muda diz non faze aguero
S1614-2    pero mas dulçe canta que otra ave mayor

**AVE** (L)
S 23-4    dixote ave maria
S 35-5    aue maria conçebiste
S 38-2    quando te dixo ave maria
S1310-3    con sus aue mariaz fazian me estar mudo
S1633-4    digades vn pater noster por mi E ave maria
S1661-1    Aue maria gloriosa

**AVED**
S 343-3    dixo el buen alcalde aved buena abenençia
S 703-4    diz la vieja puez dezidlo e en mi creençia
S 822-2    lo que yo vos promety tomad E aved folgura
S 880-3    fija a -daño fecho aved rruego E pecho
S 889-3    aved entre vos anbos corcordia e paz
S 892-1    dueñas aved orejas oyd buena liçion
S1649-2    aved alegria

**AVEDES**
S 782-1    fijo el mejor cobro de quantos vos avedes
S 790-2    que non avedes miedo mesura nin pauor
S 792-1    Diz loco que avedes que tanto vos quexades
S 802-2    sy verdat le dixistes e amor le avedes
S 832-1    E vos del non avedes nin coyta nin enbargo
S1154-3    de poder que non avedes non seades judgador
S1203-2    fasta quando lydiasen byen lo avedes oydo
S1329-2    diz non avedes pauor vos las mugeres todaz
S1444-4    el miedo de -las liebres las monjas lo auedes
S1583-1    los mortales pecados ya los avedes oydos
F 3    No auedes amiga de carne el coraçon

**AVEITAR**
S 387-3    in -gloria plebys tue fazes las aveytar

**AVELLANAS**
S 862-3    que castanas que piñones e que muchas avellanas

**AVEMOS**
S 52-2    dixieron le nos avemos con griegos nuestra conbit
S 818-1    En lo que nos fablamos fyuza deuer avemos
S1059-1    Los que -la ley de xpistus avemos de guardar
S1065-4    a -los que en -el avemos esperança syn par

**AVENA**
S 170-2    ssenbre avena loca Ribera de henares
S1282-4    desde entonçe comiença a -pujar el avena

**AVENTURA**
S 144-1    O -sy por aventura aqueste que -lo erro
G 594-2    Al monge e al buen amigo quel daran por auentura
G 672-1    fablo en aventura con la vuestra moçedat
S 805-2    esta en aventura esta en la balança
S 821-3    non ha el aventura contra el fado valya
S 822-1    lo que me prometistes pongo lo en aventura
S 823-1    sy por aventura yo solos vos podies juntar
S 989-2    a -las vezes omne gana o -pierde por aventura

**AVENTURAR**
S 598-4    en -le dezir mi deseo non me oso aventurar
S 939-3    diz quiero me aventurar a -que quier que me venga
S1133-2    so rrudo E syn çiençia non me oso aventurar

**AVER**
S 71-3    por aver mantenençia la otra cosa era
S 71-4    por aver juntamiento con fenbra plazentera
S 91-4    que cantase con tristeza pues la non podia aver

S 142-4    para quien faze el yerro que pena deue aver
S 167-3    por aver solaz bueno del amor con amada
S 171-1    Coydando la yo aver entre las benditas
S 225-2    coyda aver mas mucho de quanto le conviene
S 263-2    non podien aver fuego por su desaventura
S 316-4    E lo quel fizo a otros dellos tal puede aver
S 370-3    non podia dar lycençia para aver conpusiçion
S 435-3    puna de aver muger que -la veas syn camisa
S 468-2    por aquessto faz mucho sy -la podieres aver
S 528-1    buenas costunbres deues en -ty syenpre aver
G 582-1    la mas Noble figura de quantaz yo auer pud
G 593-2    si ayuda non demanda por auer zalut mijor
G 594-3    melezina e consejo por do pueda auer fulgura
S 600-3    pues ansy aver non puedo a -la duena gentil
S 600-4    aver la he por trabajo E por arte sotil
S 628-2    E por pequeña tacha que en -ty podria aver
S 642-4    la muger que esta dubdando lygera es de aver
S 716-2    synon por mi non la puede omne del mundo aver
S 782-2    es oluidar la cosa que aver non podedes
S 791-4    pues que aver non la puedo mi muerte es llegada
S 922-2    non la podia aver ansi tan amenudo
S 948-3    aver saña de vos Ca de pesar morria
S1058-2    a mis coytas fagas aver consolaçion
S1155-1    Syn poder del perlado o -syn aver liçençia
S1156-3    do el pecador non puede aver de otro sanidat
S1158-3    E puedan aver su cura para se confesar
S1168-4    aver te ha dios merçed E saldras de aqui ayna
S1266-2    aver se vos ha vn poco atardar la yantar
S1329-3    de mudar vuestro amor por aver nueuaz bodaz
S1389-2    sy aver me podiese el que me conosçia
S1390-4    que non les ponen onrra la qual deuian aver
S1684-4    es rrazon de aver fiança
S1695-4    para aver su acuerdo juntaron se otro dia

**AVER** (H)
S 489-1    Por poquilla cosa del tu aver quel dyerez
S 917-2    que quien le diese esta villa con todo su aver

**AVERAN**
S1211-3    las aves e los arbores nobre tyenpo averan

**AVERES**
S 221-1    Cobdiçian los averes que ellos non ganaron
S 249-2    quando de tus averes E de tu mucha rrenta
S 400-1    Estruyes las personas los averes estragas
S1535-4    los averes llegados derrama los mal viento

**AVES**
S 73-2    omnes aves animalias toda bestia de cueva
S 270-2    todas las otras aves de ally las atalaya
S 883-1    Sy las aves lo podiesen byen saber E entender
S1094-3    aves E animalias por el su grand amor
S1211-3    las aves e los arbores nobre tyenpo averan
S1225-3    los omnes e laz avez e toda noble flor
S1226-1    Resçiben lo laz aves gayos E Ruy Señorez
S1281-4    a -omes aves e bestias mete los en amorez
S1438-3    mas que todaz las aves cantas muy dulçe mente
S1615-1    sson aves pequenas papagayo e orior

**AVET**
G 668-2    Auet por bien que uoz fable ally zo aquel portal

**AVIA**
S 31-4    al çielo e quanto y avia
S 57-4    mostro puño çerrado de porfia avia gana
S 77-3    ssienpre avia della buena fabla e buen rriso
S 85-4    el leon fue sañudo que de comer avia gana
S 96-3    dixo a -la mi vieja que -le avia enbiada
S 129-1    Era vn Rey de moros alcaraz nonbre avia
S 145-1    E ansy commo por fuero avia de morir
S 194-3    el vn mes ya pasado que casado avia
S 195-1    prouo tener la muela commo avia vsado
S 271-3    fue commo avia vsado a -ferir los venados
S 302-2    avia mucho comido de yeruas muy esquiuaz
S 305-3    poco a -dios preçiaua nin avia del temor
S 308-3    en -que avia la fuerça E desque la byen cobro
S 323-3    don ximio avia por nonble de buxia alcalde
S 331-4    ya sabya la rraposa quien le avia de ayudar
S 368-2    que avya mucho errado E perdido el su buen prez
S 368-3    por lo que avia dicho E suplido esta vez
S 458-3    el vno del otro avya muy grand despecho
S 496-4    en cabo por dineros avya penitençia
S 530-1    Era vn hermitano quarenta Años avya
S 543-1    descobrio con -el vyno quanto mal avya fecho
S 698-1    falle vna vieja qual avia menester
S 767-3    yo ove buen aguero dios avia melo conplido
S 872-1    Commo la vejezuela me avya aperçebydo
S 902-2    pidio al lobo el asno que -le avya encomendado
S1012-1    Avia la cabeça mucho grand syn guisa
S1060-3    diz luego ysayas que -lo avya de parir
S1089-1    Non avia acabado dezir byen su verbo
S1098-3    non avia marauilla que sus mugeres perdieron
S1100-1    Commo avia buen omne Sobra mucho comido
S1198-4    ella esta Razon aviala por esquiva
S1199-1    Pero que ella non avia laz cartas rrescebidaz
S1202-3    de yr a -jerusalem avia fecho promisiom
S1203-3    por ende non avia por que lidiar con su vençido
S1268-3    non avia menester sol tanto de sy alunbraua
S1303-3    commo nunca me viera o -do avia morado
S1313-4    este mi Señor sienpre tal constubre avia
S1344-1    ffuese a -vna monja que avia Seruida
S1352-2    que ya non avia miedo de viento nin de elada
S1357-2    avia quando era jouen pies ligeros corriente
S1357-3    avia buenos colmillos buena boca e diente
S1464-1    Aparto al alcalde el ladron Segud lo avia vsado
S1619-3    huron avia por nonbre apostado donçel

**AVIAN**
S 272-2    e vido que sus pendolas la avian escarnida

**AVIAN** (cont.)
S 954-2    vna vereda estrecha vaqueros la avian fecho
S1112-2    para saluar sus almas avian todos desseo

**AVIDO**
S 351-2    avydo mi conssejo que me fizo prouecho
S 536-4    veras que mi conssejo te sera por byen avydo
S 890-2    por mi quiero que sea el vuestro byen avydo
S1382-2    del miedo que he avido quando bien melo cato
S1526-1    los quel aman E quieren e quien ha avido su conpaña

**AVIE**
S 112-4    yo cruyziaua por ella otro la avie val-dia
S 139-4    de su astrologia en -que non avie que dubdar
S 371-2    que el avie poder del Rey en su comision
S 478-2    auie con su marido fecha poca morada
S1347-1    aquesta buena dueña avie seso bien Sano

**AVIEN**
S 47-1    ansy fue que rromanos las leyes non avien
S1315-3    todos avien grand fiesta fazien grandez yantares
S1543-2    E maguer que cada esto ansi avien

**AVIENDO**
S1180-2    don carnal el doliente yua salud aviendo
S1599-2    auiendo por dios conpasion con caridat non erremos

**AVIENE**
S 428-2    non quieras amar duenas que a -ty non avyene
S 885-3    pyerde el cuerpo e el alma a -muchos esto aviene

**AVIENES**
S 515-2    sy sabes o avienes en fermoso cantar

**AVIESA**
S1524-3    non es omne çierto de tu carrera aviesa

**AVIESOS**
S1325-2    Señora diz conprad traueseros e aviesos

**AVINO**
S 993-3    vna sserrana lerda dire vos que -me avino
S1354-3    por piedat engaño donde bien le avino

**AVIVA**
S 811-3    avyua mas el ojo e esta toda bulliendo

**AVOGADOS**
S 344-1    Pugnan los avogados E fazen su poder

**AVOLEZA**
S 172-1    Non quiso Reçeuirlo bien fuxo de avoleza

**AVOLEZA**
S 814-4    perder la por tardanca seria grand avoleza

**AVRA**
P 22    Ca el ome entendiendo el bien avra de dios temor
S 359-4    la pena ordinaria non avra yo vos lo digo
S 507-1    Ally estan esperando qual avra mas Rico tuero
S1033-3    avra bien de çena
S1053-4    del qual nunca saldra nin avra librador
S1652-4    esto vos avra de ayudar

**AVRAS**
S 64-4    entiende bien my dicho e avras dueña garrida
S 70-4    ssy me puntar sopieres ssienpre me avras en miente
S 430-2    muchas cosas avras primero de aprender
S 492-1    sy tovyeres dyneros avras consolacion
S 579-4    quando non coydares a -otra ora lo avras
S 648-2    sey sotil e acucioso e avras tu amiga
S 920-3    syrue do avras pro pues sabes la manera
S 962-4    que non avras aqui passada
S 980-2    meter te he por camino e avras buena merienda
S 995-4    non avras lo que quieres poder te has engañar
S1002-1    Diz aqui avras casamiento qual tu demandudieres
S1170-4    ayudar te ha dios e avraz pro del lazerio

**AVREDES**
S 720-3    de todo vuestro trabajo auredez ayuda e pecho
S 815-1    Amigo Segund creo por mi avredes conorte
S1131-4    que por la penitencia avredes saluaçion
S1608-3    dezir vos he de dueñas chicaz que -lo avredes por juego

**AVREMOS**
S 507-4    cras cras nos lo avremos que nuestro es ya por fuero
S 844-4    tal lugar non avremos para plazer E vyçio
S 867-3    Señora dixo la vieja cras avremos buen vagar
S1593-4    ansi contra luxuria avremos vençimiento
S1595-4    con esto vençeremos yra E avremos de dios querençia

**AVRIA**
S 117-1    Coydando que -la avria

**AVRIADES**
S1573-2    que si a -vos syruiera vos avriades della duelo

**AVRIAS**
S1255-2    las monjas le dixeron Señor non avrias viçio

**AVRIE**
S 163-3    non avrie de -las plantas fructa de tal valor

**AVRIEN**
S1553-3    non aurien de ti miedo nin de tu mal hostal

**AVUELO**
S 884-4    non la quieren los parientes padre madre nin avuelo

**AXABEBA**
S1233-1    Dulçema e axabeba el fynchado albogon

**AXENUZ**
S 17-1    El axenuz de fuera mas negro es que caldera

**AXMI**
S1512-4    cabeçeo la mora dixole amxy axmy

**AXUAR**
S1539-4    de todos sus thesoros dan le poco axuar

**AY**
S 90-1    E segund diz jhesu xpisto non ay cossa escondida
S 94-3    diz la dueña sañuda non ay paño syn rraça
S 125-1    Muchos ay que trabajan sienpre por clerezia
S 188-2    muchos libros ay desto de commo las engañaz
S 270-3    non ay pendola della que en -tierra caya
S 297-3    desto ay muchas fablas e estoria paladina
S 304-1    yra e vana gloria traes en -el mundo non ay tanta
S 392-4    mas traes neçios locos que ay pyñones en piñas

S 542-2    que non ay encobyerta que a -mal non rrevierta
S 545-2    vele muy mal la boca non ay cosa quel vala
S 625-1    sy vieres que ay lugar dile jugetes fermosos
S 629-1    Ado fablares con ella sy vieres que ay lugar
S 642-3    torre alta desque tyenbla non ay synon caer
S 699-3    non ay tales maestras commo estas viejas troyas
S 711-4    que non ay mula de aluarda que la troxa non consienta
S 715-4    tienpo ay que aprouecha E tienpo ay que faz peor
S 829-3    mesquino e magrillo non ay mas carne en -el
S 840-2    en casar vos en vno aqui non ay trayçion
S 851-2    el mormullo e el Roydo que -lo digan non ay quien
S 863-1    desde aqui a -la mi tienda non ay synon vna pasada
S 867-4    yo me verne para vos quando vyere que ay logar
S 923-4    que commo el verdadero non ay tan mal trebejo
S 928-1    Commo dize vn derecho que coyta non ay ley
S 933-4    non ay pecado syn pena nin bien syn gualardon
S 937-3    non ay tales maestras commo estas viejas troyas
S1040-2    do non ay moneda
S1040-3    non ay merchandia
S1040-4    nin ay tan buen dia
S1041-1    Non ay mercadero
S1044-1    Cerca de aquesta ssierra ay vn logar onrrado
S1136-1    En -el santo decreto ay grand disputaçion
S1141-2    ay en -la santa iglesia mucha prueua e buena
S1215-2    mas vienen çerca della que en -granada ay moroz
S1254-4    para yr en frontera muchos ay costumeroz
S1269-2    do todo se escriue en toledo non ay papel
S1269-3    en -la obra de dentro ay tanto de fazer
S1287-3    del primero al segundo ay vna grand labrança
S1365-4    non ay moneda nin grado de seruiçio ya pasado
S1383-1    Tu tyenes grandes casaz mas ay mucha conpaña
S1522-3    non ay en -ty mesura amor nin piedad
S1547-3    non ay omne que te sepa del todo denostar
S1607-3    dueñas ay muy grandes que por chicas non troco
S1616-1    De -la muger pequeña non ay conparaçion

**AY** (H)
S 54-1    vino ay vn griego doctor muy esmerado
S 341-3    ay van los abogados de -la mala picaña
S 384-4    con virgam virtutis tue fazes que de ay Retangan
S 599-3    ado es el grand lynaje ay son los alçamientos
S 659-3    desque vy que eran ydos que omne ay non fyncaua
S 775-3    vos e vuestros fijuelos que fazedes por ay
S 875-4    las ove ganado non posistes ay vn clauo
S1106-1    Ay andaua el atun commo vn brauo leon
S1312-3    quiero yr ver alcala morare ay la feria
S1629-2    mas ay añadir E emendar si quisiere

**AY** (H)
S 195-4    diz ay molyno Rezio avn te vea casado
G 439-4    ay quanto mal zaben eztaz viejaz arlotaz
S 653-1    ay dios E quam fermosa vyene doña endrina por la plaça
S 769-3    ay Señor guardiano dixeron los barbados
S 783-1    ay de mi con que cobro tan malo me venistes
S 783-3    ay vieja mata amigos para que melo dixistes
S 784-1    ay viejas pytofleras mal apresas seades
S 785-1    ay que todos mis mienbros comiençan a -tremer
S 786-1    ay coraçon quexoso cosa des-aguisada
S 787-4    penaras ay coraçon tan oluidado penado
S 788-1    ay ojos los mis ojos por que vos fustes poner
S 789-1    Ay lengua syn ventura por que queredes dezir
S 789-4    ay cuerpo tan penado commo te vas a -moryr
S 790-4    ay muertas vos veades de tal Rauia e dolor
S 852-1    ay dios dixo la dueña el coraçon del amador
S 861-4    jugaredes e folgaredes e dar vos he ay que nuezes
S 882-1    doña endrina le dixo ay viejas tan perdidas
S1045-1    ay noble Señora madre de piedat
S1470-1    El diablo quexose diz ay que mucho pesaz
S1501-3    ay dioz E yo -lo fuese aqueste pecador
S1520-1    ay muerte muerta sseas muerta e mal andante
S1569-1    ay mi trota conventos mi leal verdadera
S1692-3    ay viejo mezquino en -que envegeçi

**AYA**
S 164-4    por vos descobrir esto dueña non aya pena
G 756-2    quando el que buen siglo aya seya en -este portal
S 800-3    por que tome conorte e por que aya folgura
S 847-4    por me dar tu conssejo verguença en ty non aya
S 891-3    sy vyllania he dicho aya de vos perdon
S1054-3    qual dellos la aya pesar atan fuerte
S1126-4    el sayon yua deziendo quien tal fizo tal aya
S1391-3    aya mucha lazeria e coyta e trabajar
S1421-2    lo que fazer quisiere que aya del salyda

**AYADES**
S 720-2    trabajat en tal manera por que ayades prouecho
S 792-3    tenprad con -el buen seso el pesar que ayades

**AYAMOS**
S1192-4    que de ty non ayamoz el cuero maduro
S1590-1    ayamos contra avariçia spiritu de pyedat

**AYAS**
S 330-4    ayas tu abogado luego al plazo vente
S 454-2    non ayas miedo della quanto tienpo tovyeres
S 488-3    sy podieres dal ago non -le ayas querella
S 518-3    non sera tan esquiua que non ayas mejoria
S 536-3    prueua vn poco dello E desque ayas beuido
S 777-1    despues que vos ayas fecho este sacrifiçio
S 966-4    non ayas miedo al escacha
S1484-1    dixo l doña garoça que ayas buena ventura

**AYER**
S 300-1    ayer do me ferrava vn ferrero mal-dito
S 882-3    ayer mill cobros me dauaz mill artes mill salidas
S1409-1    E por que ayer Señora vos tanto arrufastez
S1410-2    a -dezir me pastrañaz de -lo que ayer me fableste

**AYO**
S 135-1    Acordose su Ayo de commo lo judgaron

**AYUDA**
S 143-3 pero por los priuados que en -su ayuda son
S 204-4 danos la tu ayuda tira de nos tu plaga
S 516-2 muchas cosas juntadas facer te han ayuda
G 593-2 si ayuda non demanda por auer zalut mijors
S 649-4 ayuda otra non me queda synon lengua e parlares
S 695-1 hermano nin Sobrino non quiero por ayuda
S 702-3 como ha bien e ayuda quien de vos hes ayudado
S 715-3 a -muchos hes grand ayuda a -muchos estoruador
S 718-1 ssy me dieredes ayuda de que passe algun poquillo
S 720-3 de todo vuestro trabajo auredez ayuda e pecho
S 813-3 por la vuestra ayuda creçe mi alegria
S 850-4 El sera en nuestra ayuda que -lo fara desdezir
S1103-1 vino luego en ayuda la salada sardina
S1345-2 mançebo byen andante de su ayuda biuo
S1478-2 non viene dellos ayuda mas que de vnos alrrotes
S1605-1 denos dios atal esfuerço tal ayuda E tal ardid

**AYUDA** (H)
S 10-4 Ayuda me gloriosa madre de pecado(res)
S 13-2 enforma e ayuda a -mi el tu acipreste
S 693-1 ayuda la ventura al que bien quiere guiar
S 755-3 ayuda e deffiende a -quien sele encomienda
S1047-3 virgen tu me ayuda e sy detardanca

**AYUDADO**
S 603-4 asy señora doña venuz ssea de vos ayudado
S 702-3 como ha bien e ayuda quien de vos hes ayudado
S1675-7 de ty sea ayudado

**AYUDAN**
G 591-3 las artez muchaz vegadaz ayudan oras fallesçen

**AYUDAR**
S 331-4 ya sabya la rraposa quien le avia de ayudar
S1170-4 ayudar te ha dios e avraz pro del lazerio
S1204-2 los pescados a -ella para la ayudar
S1592-3 spiritu de fortaleza que nos quiera ayudar
S1641-7 jhesu vinier quiere me ayudar
S1652-4 esto vos avra de ayudar

**AYUDARE**
S1467-4 que yo te ayudare commo lo suelo far

**AYUDARES**
S1688-5 E bien ayudares

**AYUDAS**
S1669-1 Ayudaz al ynoçente con amor muy verdadero

**AYUDAVA**
S1504-2 con -la su abstinençia mucho me ayudaua

**AYUDE**
S 880-2 defyenda vos E ayude vos a -tuerto e a -derecho

**AYUDE** (H)
S1355-3 ayudete con algo fuy grand tyenpo tu ama

**AYUNADOR**
S1621-1 Dos dias en -la selmana era grand ayunador

**AYUNAR**
S 292-2 desque te conosçi nunca te vy ayunar

**AYUNAVA**
S1621-2 quando non tenia que comer ayunaua el pecador
S1621-3 sienpre aquestos dos dias ayunaua mi andador
S1621-4 quando non podia al fazer ayunaua con dolor

**AYUNO**
S 149-1 Anssy que por ayuno e lymosna e oracion
S 503-4 asueluen el ayuno ansy fazen oraçiones
S 530-4 en santidat e en ayuno e en oracion beuia
S 981-2 era nona passada e yo estaua ayuno
S 982-2 que ayuno E arreçido non ome podria solazar
S1071-2 que por mi e por mi ayuno e por mi penitençia
S1075-4 enbyo te el ayuno por mi des-afiar
S1127-2 Mando a -don carnal que guardase el ayuno
S1181-1 Dixo a -don ayuno el domingo de Ramos
S1182-1 Resspondiole don ayuno que desto le plazia
S1306-2 vino a -mi mucha duena de mucho ayuno magra
S1308-3 con oraçion e lymosna e con mucho ayuno
S1596-2 abstinençia E ayuno puede lo de nos quitar
S1603-2 al mundo con caridad a -la carne con ayuno

**AYUNTA**
G 449-4 al omne si drize si a -tal muger te ayunta

**AYUNTAMOS**
S 705-3 muchas bodas ayuntamos que viene arrepantajas

**AYUNTAN**
S 754-1 que muchos se ayuntan e son de vn conssejo
S1536-2 por lo heredar todo amenudo se ayuntan

**AYUNTEN**
S1603-1 Contra los trez prinçipales que non se ayunten de consuno

**AYUSO**
S 967-2 commo a -çuron lyuiano e leuon la cuesta ayusso
S 975-1 Por el pynar ayuso falle vna vaquera
S 978-1 Deribo me la cuesta ayuso E cay estordido
S 990-2 desçendio la cuesta ayuso commo era atreuuda
S1007-2 corri la cuesta ayuso ca diz quien da a -la torre

**AZAR**
S1534-2 viene vn mal azar trae dados en Rodo

**AZANASTES** (V)
G1409-2 por lo que yo dezia por bien uoz azanastez

**AZEDIA**
S1695-3 algunoz de -los legos tomaron azedia

**AZEDOS**
S 471-4 non dexaria de fazer sus antojos azedos

**AZEITE**
S1163-3 conbras garuanços cochoz con azeyte e non al
S1274-3 faze nueuo azeyte con -la blaza nol pesa
S1286-3 faze poner estacaz que dan azeyte bueno

**AZINA**
S 454-4 perezoso non seas ado buena azina vyeres

**AZOFAR**
S1232-2 con sonajas de azofar fazen dulçe sonete

**AZOLVICION** (V)
T 369-2 que lo auia errado por les dar azoluiçion

**AZUNBRE**
S1207-3 bien cabe su azunbre e mas vna meaja

**BABILON**
S 1-3 a -daniel sacaste del poço de babilon

**BABILONIA**
S 305-2 donde era poderoso e de babylonia señor

**BACIN**
S1174-3 non dexa tajador bacin nin cantarillo

**BACINEZ**
S 374-3 diçes ecce quan bonum con sonajas e baçinez

**BAÇO**
S1488-1 los ojos ha pequeños es -vn poquillo baço

**BADIL**
S 925-4 nin badil nin tenazas nin anzuelo pescador

**BAHAREROS**
S1255-3 son pobres bahareros de mucho mal bollyçio

**BAILANDO**
S 899-2 tornose a -la fiesta baylando el cantador

**BAILE**
S1466-4 entre tanto amigo vete con ese bayle

**BALANÇA**
S 805-2 esta en aventura esta en la balança

**BALANDO**
S1214-3 vienen derredor della balando mucha oveja
S1218-4 faze fazer ve valando en -boz E doble quinta

**BALAR**
S 772-2 los cabrones e las cabras en alta boz balar

**BALDE**
S 323-4 era sotil e sabio nunca seya de valde
S 390-2 fazes me andar de balde dizes me digo digo
S1447-3 las rranas se escondem de balde ya lo veemos
S1461-3 non fallo por que muera prendistez le de -balde

**BALDIA**
S 112-4 yo cruyziaua por ella otro la avie val-dia

**BALDIO**
S 317-3 desque lo vees baldio dasle vida penada
S 318-1 Nunca estas baldio aquel que vna vez atas
S 428-3 es vn amor baldio de grand locura viene

**BALDIOS**
S 179-1 ffueron dares valdios de -que ove manzilla
S1181-4 oyremos pasion pues que baldios estamos
S1601-4 ansy que con santas obras a -dios baldios non fallen

**BALDON**
S 425-1 Escucha la mesura pues dixiste baldon
S1106-2 fallose con don tozino dixole mucho baldon

**BALDONADA**
S1356-1 sseñora dixo la vieja por que so baldonada

**BALDONES**
S 307-3 dizes muchos baldones asy que de rrondon

**BALDOSA**
S1233-2 çinfonia e baldosa en -esta fiesta sson

**BALIDOS**
S1185-2 dauan grandes balidos dezien estas conssejas

**BALLENA**
S 421-3 tomas la grand vallena con -el tu poco çeuo

**BALLESTERO**
S 270-4 sy vallestero la falla preçiala mas que saya

**BALTASAR**
S 27-3 oro ofrecio baltasar

**BALLENA**
S 5-1 A jonas el profecta del vientre de -la ballena
S 835-4 anda devaneando el pez con -la ballena
S1120-3 mas vino contra el la gigante ballena

**BALLESTAS**
S1110-3 trayan armas muy fuertes e ballestas e arcos

**BALLESTEROS**
S 753-1 luego los ballesteros pelaron le las alas
S1084-1 En -pos loz escudados estan lo ballesteroz

**BAÑA**
S 638-3 quando esto la duena su coraçon se baña

**BAÑE**
S 623-3 faziendo le zeruiçio tu coraçon se bañe

**BAÑO**
S1698-4 E avn para la mi corona anoche fue al baño

**BARAÇAS**
S1562-3 al cabdillo de moysen que tenias en -tus baraças

**BARAJA**
S 279-2 leuantas les baraja con çelo enfraquesçez
S 284-2 con tu mucha envidia leuantas le baraja

**BARAJAS**
S 235-2 jnjurias e varajas e contiendas muy feas
S 547-3 por ende vyenen muertes contyendas e barajas
S 705-3 ssopiesen vnos de otros muchas serian las barajas

**BARATA**
S 273-2 vsando tu locura e tu mala barata
S 275-2 quien dirie tu forniçio e tu mala barata

**BARATAN**
S 403-4 quanto mas a -ty creen tanto peor baratan

**BARATAS**
S 318-2 fazes le penssar engaños muchas malas baratas
S 318-3 deleytase en pecados E en malas baratas
G 441-4 eztas trota conventoz fazen muchaz barataz

**BARATO**
S 971-4 creo que ffiz buen barato

**BARBADOS**
S 769-3 ay Señor guardiano dixieron los barbados

**BARBUDA**
G 448-1 guarte que non zea belloza nin barbuda

**BARCAS** (V)
T1562-3 al zanto moyzen que teniaz en tuz barcaz

## BARCILONA

| | |
|---|---|
| S1243-4 | non conplara la seña paris nin barçilona |

## BARRACAS

| | |
|---|---|
| S1201-4 | saluo si son vellozaz ca estaz son barracaz |

## BARRAGANA

| | |
|---|---|
| S 337-3 | por que tiene barragana publica e es casado |

## BARRAGANES

| | |
|---|---|
| S 269-2 | quantos en tu loxuria son grandes varraganes |

## BARRIL

| | |
|---|---|
| S1096-2 | el ynojo fyncado en -la mano el barril |

## BARRILES

| | |
|---|---|
| S1175-2 | cañadaz e uarrilez todaz cosaz casseraz |
| S1293-2 | sacan varriles frios de -los pozos helyzes |

## BARRIO

| | |
|---|---|
| S 738-3 | mançebillo guisado en vuestro barrio mora |
| S 863-3 | todo es aqui vn barrio e vezindat poblada |
| S1708-3 | E van se las vezinaz por el barrio deziendo |

## BARRUNTA

| | |
|---|---|
| G 449-3 | si a sueraz friaz ssy demanda quanto barrunta |
| S 874-2 | catat catat commo assecha barrunta nos commo perro |

## BARRUNTAN

| | |
|---|---|
| S 505-2 | sy varruntan que el rrico esta ya para moryr |
| S 644-3 | sospechan E barruntan todas aquestas cosaz |
| S1536-1 | Desque los sus parientes la su muerte varruntan |

## BARRUNTAS

| | |
|---|---|
| S 960-2 | diz el pecado barruntas en -fablar verbos tan blauos |

## BARRUNTO

| | |
|---|---|
| S 175-2 | dentro yuan las çaraças varrunto lo el alano |

## BARVA

| | |
|---|---|
| S1370-3 | vn mur de franca barua rresçibiol en su caua |

## BARVAS

| | |
|---|---|
| S1015-1 | Mayores que -las mias tyene sus prietas baruas |
| S1537-4 | que non el parentesco nin a -las baruas canas |

## BARVECHO

| | |
|---|---|
| S 954-4 | amiga dixel amidos faze el can baruecho |

## BARVECHOS

| | |
|---|---|
| S1296-2 | estercuela baruechos e sacude nogales |

## BARVOS

| | |
|---|---|
| S1108-1 | Alli con los lauancos lydian baruos E peçes |
| S1288-4 | los baruos e laz truchas amenudo çenaua |

## BATALLA

| | |
|---|---|
| S1076-2 | que seades con migo en -el canpo alla batalla |

## BATALLAS

| | |
|---|---|
| S 235-1 | quantas fueron e son batallas e pelleas |

## BATIERON

| | |
|---|---|
| S1099-3 | dieron bozes los gallos batieron de -las alas |

## BAUSANA

| | |
|---|---|
| S 431-4 | que de amor non sabe es como bausana |

## BAUTISMO

| | |
|---|---|
| S1586-1 | Contra la grand cobdiçia el bautismo porfia |

## BAUTISTA

| | |
|---|---|
| S1562-1 | A ssant johan el bautista con muchos patriarcas |

## BAUTIZAT

| | |
|---|---|
| S 776-4 | bautizat a -mis fijuelos por que mueran xristianos |

## BAVIECA

| | |
|---|---|
| S 159-1 | El bauieca el torpe el neçio El poble |
| S 172-2 | ffizo de mi bauieca diz non muestra pereza |
| S 378-3 | ssy cree la bauieca sus dichos e conssejas |
| S1408-1 | quando coyda el bauieca que diz bien e derecho |

## BAVIECAS

| | |
|---|---|
| S 307-4 | matanse los bauiecas desque tu estas follon |

## BAVOQUIA

| | |
|---|---|
| S 53-3 | subio en alta cathreda dixo con bauoquia |
| S 948-4 | conssentyd entre los ssesos vna tal bauoquia |

## BAXA

| | |
|---|---|
| S1574-1 | alta muger nin baxa ençerrada nin ascondida |

## BAXAR (V)

| | |
|---|---|
| G 423-4 | ca muy poca agua faze baxar grant fuego |

## BAXO (H)

| | |
|---|---|
| S1001-2 | non fallo alto nin baxo que me vença Segund cuedo |

## BAXO

| | |
|---|---|
| G 669-3 | loz ojoz baxo por tierra en -el poyo asentada |

## BAYONA

| | |
|---|---|
| S1107-1 | de parte bayona venien muchos caçones |

## BEATAS

| | |
|---|---|
| G 441-2 | que vzan mucho frayrez monjaz e beataz |

## BEATI (L)

| | |
|---|---|
| P 55 | beati mortui qui in domino moriuntur |

## BEBDO

| | |
|---|---|
| S1620-1 | Era mintroso bebdo ladron e mesturero |

## BEBRAS

| | |
|---|---|
| S1290-3 | comie las bebraz nueuas e cogia el arroz |

## BECERROS

| | |
|---|---|
| S1188-3 | dan grandes apellidos terneras E beçerros |

## BEL

| | |
|---|---|
| S1003-2 | e dame vn bel pandero E seys anillos de estaño |

## BELDANDO (V)

| | |
|---|---|
| G1295-3 | trillando e bel-dando e apartando pajaz puraz |

## BELDAT

| | |
|---|---|
| S 596-2 | de fermosura e donayre e de talla e de beldat |
| S 643-1 | ssy tyene madre vieja tu amiga de beldat |
| S 725-2 | Salyr andar en -la plaça con vuestra beldat loada |
| S 727-2 | El mejor e el mas noble de lynaje e de beldat |
| S1613-3 | ansi dueña pequena tiene mucha beldat |

## BELEM

| | |
|---|---|
| S 25-1 | En belem acaesçio |

## BELMEZ

| | |
|---|---|
| S1521-1 | Muerte al que tu fieres lieuas telo de belmez |

## BELTAD

| | |
|---|---|
| S1322-1 | vy estar vna dueña fermosa de veltad |

## BELLA

| | |
|---|---|
| S 522-4 | judgar todas las otras e a -su fija bella |

## BELLA

| | |
|---|---|
| S1025-2 | omillome bella |
| S1643-5 | virgen bella |
| S1663-4 | catadura muy bella |

## BELLO

| | |
|---|---|
| S 129-2 | nasçiole vn fijo bello mas de aquel non tenia |

## BELLOZA

| | |
|---|---|
| G 448-1 | guarte que non zea belloza nin barbuda |

## BENDICEN

| | |
|---|---|
| S1062-3 | al que todos bendiçen por nos todos morio |

## BENDICION

| | |
|---|---|
| S 9-4 | ganame del tu fijo graçia E bendiçion |
| S 21-1 | gana me graçia E bendiçion |
| S 191-4 | quisiese que -le casasen a -ley e a -bendiçion |
| S 281-4 | ffurtole la bendiçion por que fue rrebtado del |
| S 492-4 | do son muchos dineros esta mucha bendiçion |
| S 840-4 | de cassar se con-vusco a -ley e a -bendiçion |
| S1058-3 | tu que a -dios pagas da me tu bendiçion |
| S1171-4 | partiose del el frayel dada la bendiçion |
| S1616-3 | solaz E alegria plazer E bendiçion |
| S1676-5 | conplida de bendiçion |

## BENDICHA

| | |
|---|---|
| S 215-2 | en quantas que ame nin de -la dueña bendicha |
| S 724-2 | para esa mano bendicha quered esta sortija |
| S1664-8 | o -bendicha fror e Rosa |

## BENDICHO

| | |
|---|---|
| S1149-1 | Pues que el arçobispo bendicho e conssagrado |

## BENDIGA

| | |
|---|---|
| S1578-1 | El que aqui llegare si dios le bendiga |

## BENDIGAMOS

| | |
|---|---|
| S1642-1 | Todos bendigamos |

## BENDIGO

| | |
|---|---|
| S1670-2 | por lo qual a -ty bendigo que me guardes de quebranto |

## BENDIMIAR

| | |
|---|---|
| S1296-3 | comiença a -bendimiar vuas de -los parrales |

## BENDITA

| | |
|---|---|
| S 845-4 | ya la cruz la leuase conl agua bendita |

## BENDITAS

| | |
|---|---|
| S 171-1 | Coydando la yo aver entre las benditas |

## BENDITO

| | |
|---|---|
| S 300-3 | enclauo me ven Señor con tu diente bendito |
| S1130-4 | menester es la palabla del conffesor bendito |
| S1236-2 | la orden de cruz niego con su abat bendito |

## BENDITOS

| | |
|---|---|
| S1605-4 | que nos diga jhesu xpisto benditos a -mi venid |

## BENDIXIESE

| | |
|---|---|
| S 84-4 | al leon dixo el lobo que -la mesa bendixiese |

## BENDIXO

| | |
|---|---|
| G 758-1 | dioz bendixo la caza do el buen omne cria |

## BENEDICTA (L)

| | |
|---|---|
| S1664-1 | benedita tu |

## BENEDICTUS (L)

| | |
|---|---|
| S1239-4 | benedictus qui venit Responden todos amen |
| S1666-1 | E benedictus fructus |

## BENEDITOS

| | |
|---|---|
| S1237-3 | abbades benedictos en -esta fiesta tal |

## BENITO

| | |
|---|---|
| S1236-1 | ordenes de çisten Con -las de sant benito |

## BEODOS

| | |
|---|---|
| S 547-2 | fazen rroydo los beodos commo puercos e grajas |

## BERA

| | |
|---|---|
| S1186-2 | la bera de plazençia fasta valdemorillo |

## BERMEJA

| | |
|---|---|
| S1035-2 | bermeja byen tynta |
| S1207-2 | calabaça bermeja mas que pyco de graja |
| S1214-1 | Por el puerto asoma vna seña bermeja |

## BERMEJAS

| | |
|---|---|
| S 378-2 | que la lyeue a -las vertas por las rrosaz bermejas |
| S 434-3 | las enzivas bermejas los dientes agudillos |
| S1111-1 | De sant ander vinieron las bermejas langostas |
| S1487-1 | las ençiuas bermejas E la fabla tunbal |

## BERMEJO

| | |
|---|---|
| S 810-2 | el color se le muda bermejo e amarillo |
| S 997-3 | vestida de buen bermejo buena çinta de lana |
| S1003-1 | diz dame vn prendero que sea de bermejo pano |

## BERMEJOS

| | |
|---|---|
| S 242-4 | ojos fondos bermejos commo piez de perdizes |
| S 434-4 | los labros de -la boca bermejos angostillos |
| S1012-3 | ojos fondos bermejos poco e mal deuisa |
| S1487-3 | mas gordos que delgadoz bermejos como coral |

## BERMEO

| | |
|---|---|
| S1112-4 | arenques E vesugos vinieron de bermeo |

## BERSABE

| | |
|---|---|
| S 259-1 | Por amor de berssabe la mujer de vrias |

## BESA

| | |
|---|---|
| S 298-4 | vassallo dixo mio la mano tu me besa |
| S 930-4 | que mano besa ome que -la querria ver corta |
| S1246-3 | al que gela non besa tenian lo por villano |
| S1274-4 | con -el frio a -las de vezes en -las sus vnas besa |

## BESAN

| | |
|---|---|
| S 500-4 | quantos son en -el mundo le besan oy las manos |

## BESAR

| | |
|---|---|
| S 299-3 | en te besar la mano yo en eso me fallo |

## BESARON

| | |
|---|---|
| S1246-2 | todos finojos fyncados besaron le la mano |

## BESAVA

| | |
|---|---|
| S1401-2 | con su lengua e boca laz manoz le besaua |

## BESO

| | |
|---|---|
| S 935-4 | dixe yo en mano de vieja nunca dy mejor beso |

## BESTIA

| | |
|---|---|
| S 73-2 | omnes aves animalias toda bestia de cueva |
| S 99-3 | penssauan que grand sierpe o -grand bestia pariria |
| S 114-3 | Ca devrien me dezir neçio e mas que bestia burra |

## BESTIA (cont.)

| | |
|---|---|
| S 274-1 | omne ave o -bestia a -que ammor Retiente |
| S 306-3 | de cabellos cobyerto como bestia atal |
| G 443-3 | que mucha mala bestia vende buen corredor |
| S 517-2 | nin por vn solo farre non anda bestia manca |

## BESTIAS

| | |
|---|---|
| S 238-3 | que a -las otras bestias espanta como trueno |
| S 283-2 | con envidia e çelo omnes e bestias lydian |
| S 306-1 | El ffue muy vil tornado E de -las bestias egual |
| S 311-2 | que fue a -todas bestias cruel e muy dañoso |
| S 312-2 | quando era mançebo todas bestias corria |
| S 313-1 | ffueron aquestas nuevas a -las bestias cosseras |
| S1272-2 | comiença a -dar çanahoria a -bestias de estabrias |
| S1281-4 | a -omes aves e bestias mete los en amorez |
| S1293-4 | a -las bestias por tierra e abaxar laz çeruiçes |

## BEVE

| | |
|---|---|
| S 536-2 | dixo saca dello e beue pues lo as traydo |
| G 548-2 | Al que demaz lo beue zacalo de cordura |
| S 957-1 | Commo dize la vieja quando beue ssu madexa |
| S1032-2 | e beue e esfuerça |

## BEVEDOR

| | |
|---|---|
| S 18-3 | como so mala capa yaze buen beuedor |

## BEVER

| | |
|---|---|
| S 184-2 | fazes los perder el sueño el comer y el beuer |
| S 296-2 | beuer tanto que yugo con sus fijas pues ves |
| S 528-2 | guardate sobre todo mucho vino beuer |
| S 529-4 | fizole beuer el vino oye en-sienpro estraño |
| S 543-4 | en -el beuer demas yaz todo mal prouecho |
| S1269-4 | que si lo dezir puedo meresçia el beuer |
| S1593-3 | cassar los pobres menguados dar a -beuer al sediento |

## BEVERIA

| | |
|---|---|
| S1013-4 | beueria en pocos dias cavdal de buhon Rico |

## BEVERRIA

| | |
|---|---|
| S 303-2 | otrossy mucho vino con mucha beuerria |

## BEVIA

| | |
|---|---|
| S 530-4 | en santidat e en ayuno e en oracion beuia |

## BEVIDO

| | |
|---|---|
| S 536-3 | prueua vn poco dello E desque ayas beuido |
| S 946-4 | desque han beuido el vino dizen mal de las fezes |
| S1100-2 | con -la mucha vianda mucho vino ha beuido |

## BEVIERA

| | |
|---|---|
| S 529-2 | que nunca -lo beuiera prouolo por so daño |

## BEVIO

| | |
|---|---|
| S 537-1 | beuio el hermitano mucho vyno syn tyento |

## BEZERILLO

| | |
|---|---|
| S 730-4 | en -el bezerillo vera omne el buey que fara |

## BEZERRO

| | |
|---|---|
| S 874-1 | aquella es la su cara e su ojo de bezerro |

## BEZOS

| | |
|---|---|
| G 685-2 | que por suz bezoz la dueña finca muy engañada |

## BIEN

| | |
|---|---|
| P 54 | de -loz buenos que mueren bien obrando |
| P 163 | E obrare bien Amando a dioz |
| P 166 | puede cada vno bien obrar |
| P 169 | que guarde bien laz trez cosaz del Alma |
| P 170 | lo primero que quiera bien entender |
| P 171 | E bien juzgar la mi entençion por que lo fiz |
| P 179 | A -memoria buena de bien obrar |
| S 46-1 | Entiende bien mis dichos e piensa la sentençia |
| S 53-1 | vistieron lo muy bien paños de grand valia |
| S 64-3 | veras que bien es dicha si bien fuese entendida |
| S 64-4 | entiende bien my dicho e avras dueña garrida |
| S 66-2 | rre-mendar bien non sabe todo alfayate nuevo |
| S 70-2 | bien o -mal qual puntares tal te dira çierta mente |
| S 75-3 | el omne quando peca bien vee que se desliza |
| S 81-4 | bien commo la rrapossa en agena mollera |
| S 90-2 | que a -cabo de tienpo non sea bien sabida |
| S 96-2 | sotil entendida cuerda bien messurada |
| S 101-1 | E bien ansi acaesçio a -muchos e a -tu Amo |
| S 107-4 | de dueña mesurada sienpre bien escreui |
| S 110-1 | ssy omne a -la muger non -la quisiese bien |
| S 111-2 | que vna ave sola nin bien canta nin bien llora |
| S 111-4 | nin las verças non se crian tan bien sin la noria |
| S 132-1 | mando que -los maestros fuesen muy bien guardados |
| S 138-3 | los çinco dados dichos todos bien se conplieron |
| S 146-3 | pero puede muy bien contra ellas dispenssar |
| S 148-1 | bien ansy nuestro señor dios quando el çielo crio |
| S 158-4 | que tan bien le paresca nin que tanto desea |
| S 162-2 | lo que en -si es torpe con amor bien semeja |
| S 162-4 | lo que semeja non es oya bien tu -oreja |
| S 164-1 | bien atal es el amor que da palabra llena |
| S 172-1 | Non quiso Reçeuirlo bien fuxo de avoleza |
| S 189-1 | Era vn garçon loco mançebo bien valiente |
| S 199-2 | cosa non les nuzia bien solteras andauan |
| S 202-4 | de dos en dos las rranas comia bien lygera |
| S 207-1 | byen anssy acaesçe a -todos tus contrallos |
| S 235-3 | amor por tu soberuia se fazen bien lo creas |
| S 237-3 | lorigas bien levadas muy valiente se siente |
| S 243-3 | vido lo el asno nesçio Rixo bien trez vegadas |
| S 255-1 | byen ansy tu lo fazes agora que estas lleno |
| S 287-2 | vydo se byen pintada e fuese enloquesçida |
| S 293-4 | tu dizes al garçon que coma byen e non tema |
| S 303-4 | tu dizes que quien byen come byen faze garçonia |
| S 308-3 | en -que avia la fuerça E desque la byen cobro |
| S 310-1 | quien byen te conosçiere de ty non fyara |
| S 324-2 | acta e byen formada byen çertera |
| S 329-2 | ffue sabya la gulpeja e byen aperçebida |
| S 340-3 | en -que diese sentençia qual el por bien tenia |
| S 347-2 | vso bien de su ofiçio E guardo su conçiençia |
| S 352-1 | fallo que -la demanda del lobo es byen çierta |
| S 352-2 | bien acta e byen formada byen clara e abyerta |
| S 352-3 | fallo que -la Raposa es en parte byen çierta |

| | |
|---|---|
| S 354-1 | la exepçion primera muy byen fue llegada |
| S 369-1 | dixo les que byen podia el en -su pronunçiaçion |
| S 374-1 | Rezas muy byen las oras con garçones folgaynez |
| S 380-4 | coxqueaz al dar ofrenda byen trotas el comendon |
| S 381-1 | acabada ya la missa Rezas tan byen la sesta |
| S 384-3 | la que viene a -tus visperas por byen que se rremanga |
| S 386-1 | Nunca vy cura de almas que tan byen diga conpletas |
| S 392-2 | en cabo son muy pocos a -quien byen adelyñas |
| S 401-3 | luego de grado mandas bien te sabes mudar |
| S 401-4 | tarde daz e Amidos byen quieres demandar |
| S 404-4 | byen te pueden dezir antojo por denuesto |
| S 407-4 | entiende byen la fabla E por que te lo digo |
| S 410-1 | yo se nadar muy byen ya lo ves por el ojo |
| S 410-3 | sacar te he bien a -saluo non te fare enojo |
| S 411-1 | byen cantava la rrana con fermosa rraçon |
| S 416-2 | tan byen al engañado como al enganador |
| S 419-2 | todo lo quel dixieren piense lo bien primero |
| S 421-1 | Plaze me byen te digo que algo non te devo |
| S 425-3 | do byen eres oydo escucha mi Razon |
| S 427-3 | oy e leye mis castigos e sabe los byen fazer |
| S 433-2 | E de luengas pestañas byen claras e Reyentes |
| S 434-2 | eguales e bien blancos vn poco apartadillos |
| G 436-2 | que bien leal te zea non sea su seruienta |
| G 437-2 | zea bien rrazonada zotil e coztumera |
| G 440-4 | echan la moça en ojo e çiegan bien de ueraz |
| G 442-4 | ca tal escanto vsan que saben bien çegar |
| S 454-1 | Requiere a -menudo a -la que bien quisieres |
| S 457-4 | eran muy byen apuestos E veras quan fermosos |
| S 495-4 | el dinero los daua por byen examinados |
| S 506-2 | byen les dan de -la çeja do son sus parçioneros |
| S 509-3 | alguaçil E meryno byen ardyt es-forçado |
| S 514-4 | mercador que esto faze byen vende e byen troca |
| S 515-1 | sy sabes estromentos byen tañer o tenplar |
| S 516-4 | non puede ser que a -tienpo a -byen non te rrecubda |
| S 536-4 | veras que mi consssejo te sera por byen avydo |
| S 542-1 | Commo dize el proverbyo palabla es byen çierta |
| S 545-4 | si amar quieres dueña del vyno byen te guarda |
| S 565-3 | pues piensa por ty mesmo e cata byen tu seno |
| S 572-3 | sy las dos byen guardares tuya es la terçera |
| S 578-4 | que sy byen non abengo nunca mas aberne |
| G 582-3 | E bien acostunbrada es de calataut |
| G 587-4 | yo sere bien andante por lo uoz otorgar |
| S 633-3 | la muger byen sañuda e quel omne byen guerrea |
| S 634-2 | non fazer lo que quieren byen como tu lo quieres |
| S 635-1 | de tuyo o -de ageno vele byen apostado |
| S 638-2 | faz les muchos plazeres fabla les bien con maña |
| S 644-4 | byen sabe las paranças quien paso por las losas |
| S 645-3 | que entienda de vos anbos byen la vuestra manera |
| S 650-2 | vo a -fablar con -la dueña quiera dios que bien me Responda |
| S 656-4 | ado es lugar seguro es bien fablar cosa çierta |
| G 665-1 | bien asi enganan muchoz a otraz muchaz endrinaz |
| G 668-2 | Auet por bien que uoz fable ally zo aquel portal |
| G 669-2 | bien loçana e orgulloza bien manza e sosegada |
| G 678-4 | al omne conorte grande e plazenteria bien zana |
| G 687-4 | quiso me dioz bien giar e la ventura mia |
| G 690-3 | el amor e la bien querençia creçe con vzar juego |
| S 693-1 | ayuda la ventura al que bien quiere guiar |
| S 701-2 | dixele madre zeñora tan bien seades venida |
| S 702-3 | como ha bien e ayuda quien de vos hes ayudado |
| S 703-1 | quiero fablar con-vusco bien en -como penitençia |
| S 708-1 | aqui es bien mi vezina Ruego vos que alla vayades |
| S 710-4 | doblar se ha toda dueña que sea bien escantada |
| S 711-1 | Dixo me que esta dueña era byen su conosçienta |
| S 714-4 | dio melo tan byen parado que nin es grande nin chico |
| S 719-1 | yo le dixe madre señora yo vos quiero byen pagar |
| S 720-4 | pensat bien lo que fablaides con seso e con derecho |
| S 721-1 | Del comienço fasta el cabo pensat bien lo que digades |
| S 721-3 | en -la fyn esta la onrra e la desonrra bien creades |
| S 721-4 | do bien acaba la cosa ally son todas bondades |
| S 722-4 | o piensa bien lo que fablas o calla faz te mudo |
| S 727-1 | Muy byen me rresçiben todos con aquesta pobledat |
| S 728-3 | con los locos faze se loco los cuerdos del byen dixeron |
| S 730-1 | creo que tal fijo al padre semejara |
| S 732-1 | ome es de buena vyda E es byen acostunbrado |
| S 732-3 | ssy vos lo byen sopiesedes qual es e quan preçiado |
| S 734-1 | E a -vezes pequeña fabla bien dicha e chico Ruego |
| S 737-1 | Respondiole la dueña con mesura E byen |
| G 759-4 | Renpondiole la dueña diz non me estaria bien |
| S 766-2 | los carneros valyentes vinieron bien corriendo |
| S 769-4 | byen venido seades a -los vuestros criados |
| S 775-1 | dyxo luego el lobo a -la puerca byen ansi |
| S 780-4 | con lo quel dios diere paselo bien fermoso |
| S 815-4 | sy buen manjar queredes pagad bien el escote |
| S 819-1 | Eso dixo la vieja byen se dize fermoso |
| S 828-4 | veo vos byen loçana byen gordilla e fermosa |
| S 837-4 | pero que avn vos calledes tan bien commo el ardedes |
| S 838-1 | dezid me de todo en -todo bien vuestra voluntad |
| S 838-3 | o -byen lo fagamos o -byen lo dexat |
| S 842-1 | Desque veo sus lagrimas e quan byen lo de-parte |
| S 851-1 | la fama non sonara que yo la guardare byen |
| S 857-2 | façed byen su mandado del amor que vos ama |
| S 858-1 | vos de noche e de dia lo vedes byen vos digo |
| S 859-1 | Tan byen a -vos commo a -el este coydado vos atierra |
| S 869-1 | byen se que diz verdat vuestro prouerbyo chico |
| S 871-4 | entro con ella en -su tyenda byen sosegada mente |
| S 872-3 | falle la puerta çerrada mas la vieja byen me vydo |
| S 883-1 | Sy las aves lo podiesen byen saber E entender |
| S 890-4 | todo vuestro deseo es byen por mi conplido |
| S 892-2 | entendet bien las fablas guardat vos del varon |
| S 894-2 | commo estaua byen gordo començo a -Retoçar |
| S 894-3 | su atanbor taniendo bien alto a -Rebuznar |
| S 897-2 | paçiendo en vn prado tan byen lo saludaua |

| BIEN | (cont.) | |
|---|---|---|
| S 905-4 | en ajena cabeça sea byen castigada |
| S 908-4 | mis fablas e mis fazañas Ruego te que byen las mires |
| S 909-1 | Entyende byen mi estoria de -la fija del endrino |
| S 913-3 | nunca se omne byen falla de mala conpania |
| S 914-1 | aquesta mensajera fue vieja byen leal |
| S 918-4 | somouiola ya quanto e byen lo adeliño |
| S 922-4 | o -piensa byen que fables o calla faz te mudo |
| S 924-2 | byen o -mal commo gorgee nunca le digas pycaça |
| S 931-2 | yo lo desdire muy byen e lo des-fare del todo |
| S 933-3 | desque bien la guarde ella me dio mucho don |
| S 944-3 | pasaron byen dos dias que me non pud leuantar |
| S 976-4 | sy en lleno te cojo byen tarde la oluidas |
| S 982-3 | sy ante non comiese non podria byen luchar |
| S 985-2 | anbos son byen vsados e anbos son camineros |
| S 986-3 | fasta que el libro entyendas del byen non digas nin mal |
| S 999-2 | yol dixe bien se guardar vacas yegua en cerro caualgo |
| S1000-1 | sse muy bien tornear vacas E domar brauo nouillo |
| S1000-3 | bien se guytar las abarcas e taner el caramillo |
| S1004-1 | Dan çarçillos de heuilla de laton byen Reluziente |
| S1004-2 | E da me toca amarilla byen listada en -la fruente |
| S1004-4 | bien caso menga lloriente |
| S1005-2 | byen loçanas E fermosas a -tus parientes conbydes |
| S1006-3 | byen ençima del puerto fazia orrilla dura |
| S1009-3 | dixo me qual plazia sil fuese bien pagada |
| S1010-2 | ca byen creed que era vna grand yegua cavallar |
| S1010-3 | quien con ella luchase non se podria bien fallar |
| S1016-1 | Mas en verdat sy byen vy fasta la rrodilla |
| S1018-4 | byen sentiria tu cabeça que son viga de lagar |
| S1021-2 | fize bien trez cantigaz mas non pud bien pyntalla |
| S1024-5 | e byen colorada |
| S1025-3 | diz tu que bien corres |
| S1033-3 | avra bien de çena |
| S1035-2 | bermeja byen tynta |
| S1037-4 | de cuello byen altas |
| S1038-3 | seras byen venido |
| S1043-2 | e todo don muy bueno de dios bien escogido |
| S1078-2 | leuantose byen alegre de -lo que non me pesa |
| S1081-2 | de gentes muy guarnidas muy byen aconpañado |
| S1085-4 | que dan de -las espuelas a -los vinos byen tyntos |
| S1086-3 | venian muy byen guarnidos enfiestos los pendones |
| S1087-1 | Eran muy byen labladas tenpladas e byen fynas |
| S1089-1 | Non avia acabado dezir byen su verbo |
| S1095-4 | desaz muchas vyandas era byen abastado |
| S1126-1 | mandolos colgar altos byen como atalaya |
| S1137-3 | do aquesto fallesçe bien se puede saluar |
| S1141-1 | Que tal contriçion ssea penitençia byen llena |
| S1150-3 | pueden bien asoluer los e ser dispenssadorez |
| S1151-3 | trastorne byen los libros las glosaz e los testos |
| S1177-1 | Bien commo en este dia para el cuerpo Repara |
| S1183-2 | rresçebieron lo muy bien en -su carneçeria |
| S1187-4 | el rroçin del rrabi con miedo byen andaua |
| S1191-1 | byen sabes commo somos tu mortal enemigo |
| S1194-1 | Byen ssabedes amigos en commo mal pecado |
| S1203-2 | fasta quando lydiasen byen lo avedes oydo |
| S1206-1 | los çapatos rredondos e bien sobre solados |
| S1207-3 | bien cabe su azunbre e mas vna meaja |
| S1216-4 | en saya faldas en çinta e sobra byen armado |
| S1231-3 | bozes dulzes sabrosaz claraz e bien pyntadaz |
| S1247-3 | tan bien ellas commo ellos querrian la mejoria |
| S1248-4 | los grandes dormitorios de lechos byen poblados |
| S1265-3 | byen creo que de angeles fue tal cosa obrada |
| S1297-4 | açerca se el jnvierno bien commo de primero |
| S1309-4 | rrefez es de coger se el omne do se falla bien |
| S1311-3 | rresçebieron me muy byen a -mi e a -mi rrastro |
| S1318-2 | muy rrica e byen moça e con mucha vfana |
| S1333-1 | yo la serui vn tienpo more e byen diez años |
| S1345-2 | mançebo byen andante de su ayuda biuo |
| S1347-1 | aquesta buena dueña avie seso bien Sano |
| S1348-1 | Era vn ortolano byen sinpre e syn mal |
| S1354-3 | por piedat engaño donde bien le avino |
| S1365-1 | byen quanto da el omne en -tanto es preçiado |
| S1367-2 | serui vos byen e syruo en -lo que contesçe |
| S1373-4 | con esto el aldeano touos por byen apreso |
| S1374-2 | byen llena de farina el mur ally se allega |
| S1382-2 | del miedo que he avido quando bien melo cato |
| S1388-3 | el çafir diol Respuesta bien te digo villano |
| S1392-1 | byen asy acaesçe a -vos doña garoza |
| S1404-3 | puez tan bien torne pino e falagare la dueña |
| S1405-1 | Salio bien rrebuznando de -la su establia |
| S1408-1 | quando coyda el bauieca que diz bien e derecho |
| S1409-2 | por lo que que yo dezia por byen vos ensanastez |
| S1411-4 | despues dar te he rrespuesta qual deuo e bien de -llano |
| S1412-1 | Contesçio en vna aldea de muro byen çercada |
| S1435-2 | vieja dixo non temas asy dios vos establia |
| S1437-3 | ella con su lijonga tan bien lo saludaua |
| S1440-1 | bien se coydo el cueruo que con -el gorgear |
| S1449-3 | en tal manera tema al mal byen quiere beuir |
| S1484-3 | bien atal qual sea di me toda su fechura |
| S1485-2 | el cuerpo ha bien largo mienbros grades e trifudo |
| S1486-2 | el su andar enfiesto bien como de pauon |
| S1487-4 | laz espaldaz byen grandes laz muñecas atal |
| S1488-2 | los pechos delanteros bien trifudo el braco |
| S1488-3 | bien conplidaz laz piernaz del pie chico pedaço |
| S1489-1 | Es ligero valiente byen mançebo de diaz |
| S1490-1 | A -la dueña mi vieja tan byen que -la enduxo |
| S1512-2 | diz quanto vos he dicho bien tanto me perdi |
| S1515-1 | Para los jnstrumentos estar byen acordados |
| S1523-2 | nunca fue quien contigo podiese bien contender |
| S1525-2 | que por bien que -lo amen al omne en -la vida |
| S1529-2 | ome sabio nin neçio que de ty byen de-parta |
| S1530-3 | el que byen fazer podiese oy le valdria mas |

| S1543-3 | non ha omne que faga su testamento byen |
| S1550-3 | toda cosa bien fecha tu maço laz desfaze |
| S1558-1 | Nol cataste nil viste vyo te el byen te cato |
| S1577-3 | obrad bien en -la vida a -dios non -lo erredes |
| S1577-4 | que byen como yo mori asy todos morredes |
| S1583-4 | por aquesto deuemos estar de armas byen guarnidos |
| S1585-1 | obras de missericordia E de mucho bien obrar |
| S1590-4 | con tal maça al avarizia bien larga mente dad |
| S1592-4 | con estaz brafuneraz la podremos bien matar |
| S1594-4 | con paçiençia bien podremos lydiar con tal capelina |
| S1602-4 | De todos buenos desseos e de todo bien obrar |
| S1606-4 | Ca poco E bien dicho afyncase el coraçon |
| S1608-1 | De -las chicas que byen diga el amor me fizo Ruego |
| S1609-3 | en casa cuerdas donosaz sosegadas byen fazientes |
| S1609-4 | mucho al y fallaredes ado byen pararedes mientes |
| S1615-4 | bien atal es la -dueña pequena con amor |
| S1628-4 | dios con esto se sirue bien lo vedes varones |
| S1629-1 | qual quier omne que -lo oya sy byen trobar sopiere |
| S1631-3 | non creo que es chica ante as byen grad prosa |
| S1632-1 | De -la santidat mucha es byen grand lyçionario |
| S1637-6 | bien atal rremanesçite |
| S1665-4 | de -los santos bien seruida |
| S1669-2 | al que es tu seruidor bien lo libraz de lygero |
| S1677-7 | bien acorres muy de llano |
| S1688-5 | E bien ayudares |
| S1691-2 | bien creo que -lo fizo mas con midos que de -grado |
| S1692-1 | ffablo este açipreste E dixo bien ansy |
| S1692-2 | Sy pesa a -vos otros bien tanto pesa a -mi |
| S1697-2 | seruimos le muy byen fuemos le sienpre leales |

| BIEN | (H) | |
|---|---|---|
| P 17 | entiende onbre el bien E sabe dello el mal |
| P 22 | Ca el ome entendiendo el bien avra de dios temor |
| P 94 | ansi que non puede amar el bien |
| P 97 | que mas aparejada E jnclinada ez al mal que al bien |
| P 98 | e a pecado que a -bien esto dize el decreto |
| P 129 | fiz dela escriptura en memoria de bien |
| P 162 | al que entendiere el bien e escogiere saluaçion |
| S 19-1 | E por que de todo bien es comienço e Rayz |
| S 65-3 | que saber bien e mal dezir encobierto e doñeguil |
| S 76-4 | e saber bien e mal e vsar lo mejor |
| S 108-4 | todo bien del mundo e todo plazer es |
| S 109-4 | ssy para bien non fuera tan noble non saliera |
| S 139-3 | fizo les mucho bien e mando les vsar |
| S 153-3 | el bien que me feçieron non lo desagradesçi |
| S 198-3 | desque A -ti fallaron todo su bien perdieron |
| S 225-1 | Por la cobdiçia pierde el omne el bien que tiene |
| S 256-1 | En fazer bien al malo cosa nol aprouecha |
| S 256-2 | omne desagradesçido bien fecho nunca pecha |
| S 256-4 | el bien que omne le faze diz que es por su derecha |
| S 277-4 | ssyenpre coydas en çelos de otro bien non as cura |
| S 282-4 | en -ty non es vn byen nin fallado nin visto |
| S 320-2 | de quanto bien pedricaz non fazez dello cosa |
| S 418-1 | Del bien que omne dize sy a -sabyendas mengua |
| S 420-3 | matas al que mas quieres del byen eres encobo |
| S 702-2 | oy dezir sienpre de vos mucho bien e aguisado |
| S 771-2 | fazemos byen grande syn perros e syn pastorez |
| S 783-4 | tanto byen non me faredes quanto mal me fezistes |
| S 876-2 | E con byen e con sosiego dezid si algo queredes |
| S 890-2 | por mi quiero que sea el vuestro byen avydo |
| S 933-4 | non ay a pecado syn pena nin bien syn gualardon |
| S 967-3 | hadre duro non te espantes que byen te dare que yantes |
| S1043-1 | Santiago apostol diz de todo bien conplido |
| S1261-2 | el byen si algo se de ti me fue mostrado |
| S1323-4 | mas el leal amigo al byen e al mal se para |
| S1346-4 | por el byen que me fezistes en quanto vos serui |
| S1351-3 | creçio con -el grand vyçio e con -el grand bien que tenia |
| S1366-1 | Non sse nienbran algunoz del mucho byen antyguo |
| S1503-3 | mucho de bien me fizo con dios en lynpio amor |
| S1529-3 | en -el mundo non ha cosa que con byen de ti se parte |
| S1531-3 | el byen que fazer podierdes fazed lo oy luego |
| S1532-3 | el byen que faras cras palabla es desnuda |
| S1551-1 | Enemiga del bien en -el mal amador |
| S1567-3 | Tanto eres muerte syn byen E atal |
| S1579-1 | Señorez acordad vos de -bien si vos lo digo |
| S1626-2 | es comienço E fyn del bien tal es mi fe |
| S1652-1 | El byen que por dios feçierdes |
| S1655-1 | Catad que el byen fazer |
| S1669-4 | guardalo de mal andança el tu bien grande llenero |

| BIENES | | |
|---|---|---|
| P 124 | entiendo quantoz bienez fazen perder el alma e al cuerpo |
| S 79-2 | conplida de muchos byenes anda manssa e leda |
| S 630-2 | mas desea tal omne que todos byenes conplidos |
| S 639-3 | ado muchos le dixieren tus bienes e tus loores |
| S 640-1 | En quanto estan ellos de tus bienes fablando |
| S 702-2 | de quantos bienes fazedez al que a -vos viene coytado |
| S 737-2 | que vos tanto loades e quantos bienes tyen |
| S1362-1 | los byenes E los loores muchos de mançebos |

| BLAÇO | | |
|---|---|---|
| S1031-3 | ese blaço E toma |

| BLAÇOS | | |
|---|---|---|
| S 809-1 | En -el mi cuello echa los sus blaços entranbos |

| BLAGO | | |
|---|---|---|
| S1149-2 | de palio e de blago e de mitra onrrado |

| BLANCA | | |
|---|---|---|
| S 17-3 | blanca farina esta so negra cobertera |
| S 42-5 | el que pariste blanca flor |
| S 285-4 | la negra por ser blanca contra sy se denueda |
| S 435-2 | la su faz sea blanca syn pelos clara e lysa |
| S1218-2 | vna blanca rrodilla esta de sangre tynta |
| S1219-2 | queça tenie vestida blanca e Raby galga |
| S1242-2 | blanca rresplandeçiente mas alta que -la peña |
| S1281-3 | vid blanca fazen prieta loz buenoz enxeridorez |

**BLANCA**	(cont.)
S1500-2	quien dyo a -blanca rrosa abito velo prieto
S1703-1	Ca nunca fue tan leal blanca flor a -frorez
**BLANCAS**
S 386-2	vengan fermosas o feas quier blancas quier prietas
S1241-1	Todaz dueñas de orden laz blancaz e laz prietaz
**BLANCO**
S 17-2	es de dentro muy blanco mas que -la peña vera
S 17-4	açucar negro e blanco esta en vil caña vera
S 157-3	ffaze blanco e fermoso del negro como pez
G 666-4	la peña tiene blanco e prieto pero todoz zon conejoz
S 929-4	de prieto fazen blanco boluiendole la pelleja
S1267-1	El mastel en -que se arma es blanco de color
S1284-1	antes viene cueruo blanco que pierdan asneria
**BLANCOS**
S 434-2	eguales e bien blancos vn poco apartadillos
**BLANCURA**
S1438-2	en blancura en do-no fermoso rreluziente
**BLANCHETE**
S1400-2	non me contesca commo al asno contesçio con -el blanchete
S1401-1	Vn perrillo blanchete con su Señora jugaua
S1404-4	commo aquel blanchete que yaze so su peña
**BLANCHETES**
S1403-4	mas con prouecho syruo que mill tales blanchetes
**BLANDA**
S 526-1	Muy blanda es el agua mas dando en piedra dura
S 568-2	tenga la porydat que es mucho mas blanda
S1594-3	entendiendo su grand dapno faziendo blanda farina
**BLANDO**
S1179-4	ablanda Robre duro con -el su blando lino
**BLASA**
S 965-2	fazer te he fuego e blasa darte he del pan e del vino
S1350-2	pusola çerca del fuego çerca de buena blasa
**BLASMO**
S1612-3	commo en poco blasmo yaze grand buen olor
**BLAVA**
S 650-4	dexo me solo e señero syn Remos con -la blaua onda
**BLAVAS**
S1223-3	dixo con grand orgullo muchaz blauaz grandiaz
**BLAVO**
S1000-4	E caualgar blauo potrillo
**BLAVOS**
S 960-4	diz el pecado barruntas en -fablar verbos tan blauos
**BLAZA**
S1274-3	faze nueuo azeyte con -la blaza nol pesa
**BLAZOS**
S1432-1	los vuestros blazos fuertes por ally los sacaredes
**BLETADOR**
S 406-1	a -bletador semejaz quando tañe su brete
**BOCA**
S 226-2	vna pieça de carne en -la boca passaua
S 295-4	por comer e tragar sienpre estas boca abierto
S 434-4	los labros de -la boca bermejos angostillos
S 435-1	la su boca pequena asy de buena guisa
S 461-4	que por non abrir la boca de sed perdy el fablar mio
S 514-3	quien non tiene miel en -la orça tengala en -la boca
S 545-2	vele muy mal la boca non ay cosa quel vala
S 636-3	coge sus muchas lagrimas en -su boca çerrada
S 810-1	los labrios de la boca tyenbranle vn poquillo
S1014-1	Su boca de alana E los rrostros muy gordos
S1130-1	sinon por la boca misma del pecador contrito
S1357-3	avia buenos colmillos buena boca e diente
S1401-2	con su lengua e boca laz manoz le besaua
S1414-2	fizose commo muerta la boca rregañada
S1441-2	el queso de -la boca ouosele a -caer
S1487-2	la boca non pequena labros al comunal
**BOCADO**
S 175-3	diz non quiero mal bocado non serie para mi sano
**BOCES**
S 203-1	Querellando a -don jupiter dieron boçes las rranas
**BOÇO**	(V)
G1015-1	de peloz mucho negroz tiene boço de baruaz
**BODA**
S1315-4	andan de boda en -boda clerigos e juglarez
**BODAS**
S 705-3	muchas bodas ayuntamos que viene arrepantajas
S 891-2	alegran se las conpañas en -las bodas con rrazon
S1005-3	luego fagamos las bodas e esto non lo oluides
S1315-3	vy llenos de alegriaz de bodas e cantares
S1329-3	de mudar vuestro amor por aver nueuaz bodaz
**BODEGA**
S1250-4	para grand Señor non es posar en -la bodega
**BODEGUERO**
S1297-3	fynche todaz sus cubas commo buen bodeguero
**BODIGOS**
S1206-3	gallofaz e bodigoz lyeua y condesados
S1628-2	desea dar a -pobrez bodigos E rrazionez
**BOGAR**	(V)
G 823-2	Ruego voz que seadez omne de buen bogar
**BOLANDO**
S 211-1	ffazes lo Andar bolando como la golondrina
S1337-1	ssabed que de todo açucar ally anda bolando
**BOLAR**
S1116-2	nin a -los faysanes non dexaua bolar
**BOLAVA**
S1187-3	en tres dia lo andudo semeja que bolaua
**BOLOÑA**
S1517-3	non se pagan de arauigo quanto dellos boloña
**BOLSA**
S 973-3	desque vy que -la mi bolsa que -se paraua mal
**BOLTURA**	(V)
T1576-3	con buena rrazon muchoz caze e non quiz boltura

**BOLVER**
S 341-4	por boluer al alcalde ninguno non -lo engaña
S 528-3	que el vino fizo a loc con sus fijas boluer
S 793-4	dios e el vso grande fazen los fados boluer
**BOLVERAS**
S1164-4	nin bolueras pelea Segund que la as ducha
**BOLVIA**
S1291-3	boluia las aguaz frias de su naturaleza
**BOLVIENDO**
S 929-4	de prieto fazen blanco boluiendole la pelleja
**BOLLICIO**
S 777-3	E vos faredes por ellos vn salto syn bolliçio
S1255-3	son pobres bahareros de mucho mal bollyçio
**BONA**
S 475-3	ella diz mon señer andat en ora bona
S 476-2	yo volo fazer en vos vna bona fygura
**BONA**	(L)
P 31	qui timet dominum façiet bona
**BONDAD**
S1662-6	por la tu bondad agora
S1667-6	en bondad
S1671-4	tu bondad marauillosa loare sienpre seruiendo
S1675-4	mas la tu propia bondad
**BONDADES**
G 548-2	muchaz bondadez tiene sy ze toma con mesura
S 721-4	do bien acaba la cosa ally son todas bondades
**BONDAT**
S 317-2	nunca quieres que de bondat faga nada
S 566-1	Sobre todas las cosas fabla de su bondat
S 727-4	a -todos los otros sobra en fermosura e bondat
S1613-1	Como Roby pequeño tyene mucha bondat
**BONUM**	(L)
S 374-3	diçes ecce quan bonum con sonajas e baçinez
**BONUS**	(L)
P 29	jntellectuz bonus omibus façientibus eum e cetera
**BOQUILLA**
S 653-3	que cabellos que boquilla que color que buen andança
**BORBONES**
S1235-4	en -la proçesion yua el abad de borbones
**BORDON**
S1205-3	bordon lleno de ymagenes en -el la palma fyna
**BOVA**
S 402-1	de la loçana fazes muy loca E muy bova
**BOZ**
S 375-2	domine labia mea en alta boz a -cantar
G 448-3	zy ha la mano chyca delgada boz aguda
S 771-3	vos cantad en -boz alta rresponderan los cantores
S 772-2	los cabrones e las cabras en alta boz balar
S1017-3	boz gorda e gangosa a -todo omne enteca
S1218-4	faze fazer ve valando en -boz E doble quinta
S1290-3	agraz nueuo comiendo enbargole la boz
S1441-1	Començo a -cantar la su boz a -erçer
**BOZES**
S 203-3	el rrey que tu nos diste por nuestraz bozes vanas
S 205-2	el rrey tan demandado por quantas bozes distes
S 541-2	ella dando muchas bozes non se pudo defender
S1099-3	dieron bozes los gallos batieron de -las alas
S1398-3	Mayor Roydo fazen mas bozes syn rrecabdo
**BOZES**
S1228-2	de -laz bozez aguda e de -los puntos arisca
S1231-3	bozes dulzes sabrosaz claraz e bien pyntadaz
S1406-2	ella dando Sus bozes vinieron los collaçoz
S1540-4	es dar bozes al sordo mas non otros seruiçios
**BRACO**
S1488-2	los pechos delanteros bien trifudo el braco
**BRAÇO**
S 26-4	En tu braço do yazia
**BRAÇOS**
G 444-2	nin loz braços delgadoz tu luego lo demandez
S1406-1	Puso en -los sus onbros entranbos los sus braçoz
**BRAFUNERAS**
S1592-4	con estaz brafuneraz la podremos bien matar
**BRAGUERO**
S 470-2	sy el pellote juga jugara el braguero
**BRAMAR**
S 98-1	Ansy ffue que -la tierra commenço a -bramar
**BRAMAVA**
S 100-1	quando ella bramaua pensauan de foyr
**BRAMIDOS**
S 99-1	la gente que tan grandes bramidos oya
**BRAMURAS**
S 100-4	ssus bramuras e espantos en burla fueron salir
S 633-1	Maguer que faze bramuras la duena que se doñea
S1091-2	deziendo sus bramuras e muchas amenazas
**BRANCA**
S1374-1	Manteles de buen lyenço vna branca talega
**BRAVA**
S 524-1	A toda cosa brava grand vso la amansa
S 524-4	la dueña mucho braua vsando se faz manssa
S 606-1	qual es la dueña tan braua E tan dura
S 633-4	los doñeos la vençen por muy braua que sea
**BRAVO**
S 55-4	leuantose el rribaldo brauo de mal pagar
S1000-1	sse muy bien tornear vacas E domar brauo nouillo
S1106-1	Ay andaua el atun commo vn brauo leon
S1115-1	brauo andaua el tollo vn duro vyllanchon
S1424-2	Mucho temio la vieja deste brauo dezir
**BRAVURAS**	(V)
G1091-2	deziendo suz brauuraz con muchaz amenazaz
**BRETAÑA**
S 474-3	era don pita pajas vn pyntor de bretaña

**BRETE**
| | |
|---|---|
| S 406-1 | a -bletador semejaz quando tañe su brete |

**BREVE**
| | |
|---|---|
| P 71 | que enpieça primero breue |
| S 141-4 | prueuo telo breue mente con esta semejança |
| S 297-4 | dezir telo he mas breue por te enbiar ayna |
| S1606-3 | e de dueña pequena E de breue Razon |

**BREVES** (L)
| | |
|---|---|
| P 117 | et dize job breuez diez hominiz sunt |
| P 119 | homo natuz de muliere breuez diez hominiz sunt |

**BREVIARIO**
| | |
|---|---|
| S1632-2 | mas de juego E de burla es chico breuiario |

**BRIO**
| | |
|---|---|
| S 304-2 | mas orgullo e mas bryo tyenes que toda españa |

**BRONCA**
| | |
|---|---|
| S 966-2 | E mandel para el vestido vna bronca E vn pancha |

**BRONCHA**
| | |
|---|---|
| S 957-4 | mandele pacha con broncha e con çorron de coneja |

**BROSNA**
| | |
|---|---|
| S 710-1 | la çera que es mucho dura e mucho brozna e elada |

**BUEIS**
| | |
|---|---|
| S1188-2 | los bueys E vacas Repican los çençerros |
| S1215-3 | muchos bueyz castañoz otros hoscoz e loroz |
| S1272-3 | da primero faryna a -bueys de eryas |

**BUELTA**
| | |
|---|---|
| S1704-4 | yo le daria tal buelta que nunca viese al agosto |

**BUELTA** (H)
| | |
|---|---|
| S1104-3 | buelta es la pelea de muy mala manera |

**BUELVE**
| | |
|---|---|
| S 852-2 | en quantas guysas se buelue con miedo e con temor |

**BUEN**
| | |
|---|---|
| P 16 | Ca por el buen entendimiento |
| P 26 | Ca luego ez el buen entendimiento en los que temen A -dios |
| P 37 | e piensa e ama e desea omne el buen amor de dioz e sus mandamien-toz |
| P 46 | E desque el Alma con -el buen entendimiento |
| P 48 | escoge E ama el Amor que ez el de dioz |
| P 64 | que con buen entendimiento |
| P 74 | este desacuerdo non viene del buen entendimiento |
| P 83 | E viene otrosi de -la mengua del buen entendimiento |
| P 93 | que non esta jnstructa del buen entendimiento |
| P 135 | ome o muger de buen entendemiento |
| S 13-3 | que pueda fazer vn libro de buen amor aqueste |
| S 14-1 | Sy queredes senores oyr vn buen solaz |
| S 16-3 | Ca segund buen dinero yaze en vil correo |
| S 18-3 | como so mala capa yaze buen beuedor |
| S 18-4 | ansi so el mal tabardo esta buen amor |
| S 45-1 | E por que del buen seso non puede omne Reyr |
| S 66-4 | lo que buen amor dize con rrazon telo prueuo |
| S 67-2 | los cuerdos con buen sesso entendran la cordura |
| S 68-1 | las del buen amor sson Razones encubiertas |
| S 77-3 | ssienpre avia della buena fabla e buen rriso |
| S 160-3 | que buen es-fuerço vençe a -la mala ventura |
| S 163-4 | mas ante pudren que otra pero dan buen olor |
| S 168-1 | duena de buen lynaje e de mucha nobleza |
| S 168-3 | cuerda E de buen seso non sabe de villeza |
| S 168-4 | muchas dueñaz e otras de buen saber las veza |
| S 178-3 | asy conteçio a -mi E al mi buen mensajero |
| S 198-1 | los que te non prouaron en buen dya nasçieron |
| S 251-1 | oyo dios tus querellas E dio te buen consejo |
| S 256-3 | el buen conosçemiento mal omne lo dessecha |
| S 324-3 | tenie buen abogado ligero e sotil era |
| S 328-1 | de aquesto la acuso ante vos el buen varon |
| S 343-3 | dixo el buen alcalde aved buena abenençia |
| S 355-1 | Por cartas o por testigos o por buen jnstrumente |
| S 365-4 | que ado buen alcalde judga cosa ez segura |
| S 368-2 | que avya mucho errado E perdido el su buen prez |
| S 419-1 | Non es para buen omne creer de lygero |
| S 419-4 | en -el buen dezir sea omne firme et verdadero |
| G 443-2 | rruegal que te non mienta muestral buen amor |
| G 443-3 | que mucha mala bestia vende buen corredor |
| G 443-4 | e mucha mala rropa cubre buen cobertor |
| G 448-4 | atal muger si puedez de buen seso la muda |
| S 482-4 | mostrat me -la figura e ajan buen solaz |
| S 531-4 | dyos te salue buen omne dixol con ssynple gesto |
| S 568-4 | diz que la buena poridat en buen amigo anda |
| S 569-4 | buen callar çient sueldos val en toda plaça |
| G 594-2 | Al monge e al buen amigo quel daran por auentura |
| S 615-4 | lyeva la mercadorya por el buen corredor |
| S 621-3 | con buen seruiçio vençen cavalleros de españa |
| S 633-2 | nunca el buen doñeador por esto enfaronea |
| S 636-1 | El pobre con buen seso E con cara pagada |
| G 683-2 | que qual es el buen amigo por laz obraz parescera |
| S 696-1 | El cuerdo con buen seso pensar deue las cosas |
| S 712-1 | Mienbre se vos buen amigo de -lo que dezir se suele |
| S 713-3 | es omne de buen lynaje viene donde vos venides |
| S 732-2 | creo que casaria el con vusco de buen grado |
| S 739-4 | que para esse buen donayre atal cosa vos guardaron |
| S 743-4 | por ende aquel buen omne vos ternia defendida |
| S 745-4 | le daua buen consejo commo buena madrina |
| S 753-3 | non quiso buen consejo cayo en fuertes palas |
| S 756-2 | quando el que buen siglo aya seya en -este portal |
| G 758-4 | dioz bendixo la caza do el buen omne cria |
| G 765-1 | yo non quize fasta agora mucho buen casamiento |
| G 765-3 | sy agora tu me sacaz de buen entendimiento |
| S 767-3 | yo ove buen aguero dios avia melo conplido |
| S 774-2 | fallo vna puerca con mucho buen cochino |
| S 774-3 | ea diz ya desta tan buen dia me vino |
| S 774-4 | que agora se cunple el mi buen adeuino |
| S 792-3 | tenprad con -el buen seso el pesar que ayades |
| S 805-3 | por buen comienço espera omne la buena andança |
| S 815-4 | sy buen manjar queredes pagad bien el escote |
| S 850-3 | que aquel buen mançebo dulçe amor e syn fallyr |

**BUEN**
| | |
|---|---|
| S 867-3 | Señora dixo la vieja cras avremos buen vagar |
| S 877-3 | tan buen dia es oy este que falle atal çellada |
| S 889-4 | el pesar E la saña tornad lo en buen solaz |
| S 898-1 | Mas valya vuestra abbuelbola e vuestro buen solaz |
| S 932-2 | llamat me buen amor e fare yo lealtat |
| S 932-4 | el buen desir non cuesta mas que -la nesçedat |
| S 933-2 | buen amor dixe al libro e a -ella todo saçon |
| S 944-4 | dixe yo que buen manjar sy non por el escotar |
| S 969-1 | creo que ffiz buen vino vn quartero manteca de vacaz mucha |
| S 971-4 | creo que ffiz buen barato |
| S 994-4 | oluidose la fabla del buen conssejador |
| S 997-3 | vestida de buen bermejo buena çinta de lana |
| S1002-2 | Casar me he de buen talento contigo si algo dieres |
| S1002-3 | faras buen entendimiento dixel yo pide lo que quisieres |
| S1040-4 | nin ay tan buen dia |
| S1079-1 | Dio me muy muchas graçiaz por el buen conbyd |
| S1100-1 | Commo avia buen omne Sobra mucho comido |
| S1123-3 | que non podia de gordo lydiar syn el buen vino |
| S1178-1 | A -loz que alla van con el su buen talente |
| S1183-4 | plogo a -ellos con -el e el vido buen dia |
| S1216-3 | el buen enperador esta arremangado |
| S1280-3 | mandaua poner viñaz para buen vino dar |
| S1297-2 | fynche todaz sus cubas commo buen bodeguero |
| S1327-2 | ca mas val buen amigo que mal marido velado |
| S1331-4 | fe a -que buen amor qual buen amiga buscolo |
| S1335-1 | Cominada alixandria con -el buen dia-gargante |
| S1342-1 | Todo plazer del mundo e todo buen donear |
| S1357-1 | El buen galgo ligero corredor e valyente |
| S1362-4 | el seso del buen viejo non se mueue de rrefez |
| S1371-1 | Estaua en mesa pobre buen gesto e buena cara |
| S1371-4 | pagos del buen talente mur de guadalajara |
| S1374-1 | Manteles de buen lyenço vna branca talega |
| S1374-4 | alegria buen Rostro con todo esto se llega |
| S1375-3 | E de mas buen talente huesped esto demanda |
| S1431-2 | fue a -el dixo Señor yo trayo buen cochillo |
| S1452-2 | amad al buen amigo quered su buen amor |
| S1503-1 | Resçibio me la dueña por su buen Seruidor |
| S1507-3 | emiende la todo omne e quien buen amor pecha |
| S1508-4 | por la dueña buen seso yo fiz mucho cantar |
| S1578-2 | e sil de dios buen amor E plazer de amiga |
| S1598-4 | spiritu de buen conssejo encordado destaz letraz |
| S1610-4 | pocas palabras cunplen al buen entendedor |
| S1612-4 | commo en poco blasmo yaze grand buen olor |
| S1624-4 | que sy lo comienço que -le dare buen cabo |
| S1630-1 | Pues es de buen amor enprestadlo de grado |
| S1630-4 | ca non ha grado nin graçiaz nin buen amor conplado |

**BUEN** (H)
| | |
|---|---|
| S 653-3 | que cabellos que boquilla que color que buen andança |
| S 738-4 | don melon de -la verta quered lo en buen ora |
| S 796-3 | despues de -las muchas luuias viene buen orilla |
| S 821-4 | a -las vezes espanta la mar e faze buen orilla |
| S 876-4 | entrad mucho en buen ora yo vere lo que faredes |
| S1331-4 | fe a -que buen amor qual buen amiga buscolo |

**BUENA**
| | |
|---|---|
| P 15 | E dan le onrra con pro e buena fam(a) |
| P 47 | e buena voluntad con buena rremenbrança |
| P 63 | que obraz sienpre estan en -la buena memoria |
| P 65 | e buena voluntad escoje el alma |
| P 75 | nin tal querer non viene de -la buena voluntad |
| P 76 | nin de -la buena obra non viene tal obra |
| P 127 | escogiendo E amando con buena voluntad |
| P 179 | A -memoria buena de bien obrar |
| P 194 | E por que toda buena obra |
| S 5-3 | sacastelo tu sano asy commo de casa buena |
| S 28-1 | Alegria quarta e buena |
| S 67-4 | escoja lo mejor el de buena ventura |
| S 69-3 | dicha buena o mala por puntos la juzgat |
| S 77-3 | ssienpre avia della buena fabla e buen rriso |
| S 80-4 | si non quiere el mandado non da buena rrepuesta |
| S 85-2 | comme la tu señor que -te sera buena e sana |
| S 87-4 | marauillose el leon de tan buena egualadera |
| S 88-2 | tan buena tan aguisada tan derecha con rrazon |
| S 94-1 | Que me diga della commo de buena caça |
| S 96-1 | Commo la buena dueña era mucho letrada |
| S 123-2 | de -la astrologia vna buena sabiençia |
| S 133-1 | desque fue el infante a -buena hedat llegado |
| S 164-2 | toda cosa que dize paresçe mucho buena |
| S 324-1 | ffizo el lobo demanda en muy buena manera |
| S 334-2 | legitima e buena por que su petiçion |
| S 343-3 | dixo el buen alcalde aved buena abenençia |
| S 347-1 | El alcalde letrado e de buena çiençia |
| S 364-4 | rresçibo sus defensiones e la buena escusa |
| S 369-4 | tomaron los abogados del ximio buena liçion |
| S 424-4 | la buena fabla sienpre faz de bueno mejor |
| S 435-1 | la su boca pequena asy de buena guisa |
| S 454-4 | perezoso non seas ado buena azina vyeres |
| S 568-4 | diz que la buena poridat en buen amigo anda |
| S 645-1 | Por ende busca vna buena medianera |
| G 676-1 | otorgat me ya zeñora aquesto de buena miente |
| S 702-4 | por la vuestra buena fama E por vos enbiado |
| S 726-4 | nunca puede omne atan buena conpañia |
| S 732-1 | ome es de buena vyda E es byen acostunbrado |
| S 737-2 | buena muger dezid me qual es ese o quien |
| S 745-4 | le daua buen consejo commo buena madrina |
| S 770-3 | dezir nos buena missa e tomar buena yantar |
| S 796-1 | dixo la buena vieja en ora muy chiquilla |
| S 797-3 | conortad vos amigo e tened buena creençia |
| S 805-3 | por buen comienço espera omne la buena andança |
| S 835-1 | de tierra mucho dura furta non sale buena |
| S 864-2 | commo a -vuestra casa a -tomar buena meryenda |
| S 877-4 | dios E mi buena ventura mela touieron guardada |
| S 886-4 | E dio en este pleito vna buena sentençia |

**BUENA** (cont.)

| | |
|---|---|
| S 892-1 | dueñas aved orejas oyd buena liçion |
| S 893-4 | vynieron antel todos a -fazer buena fyesta |
| S 932-3 | Ca de buena palabra paga se la vezindat |
| S 936-3 | torme me a -mi vieja commo a -buena Rama |
| S 965-4 | buena mañana te vino |
| S 968-4 | de buena carne de choto |
| S 980-2 | meter te he por camino e avras buena merienda |
| S 988-3 | yol dixe en buena ora sea de vos cuerpo tan guisado |
| S 997-3 | vestida de buen bermejo buena çinta de lana |
| S1029-3 | e dion buena lunbre |
| S1033-4 | E lechiga buena |
| S1035-3 | E buena camisa |
| S1036-4 | de buena valya |
| S1037-1 | E dan buena toca |
| S1083-4 | en -la buena yantar estos venian primero |
| S1086-1 | Traya buena mesnada Rica de jnfançones |
| S1097-4 | adormieron se todos despues de -la ora buena |
| S1104-4 | caya de cada cabo mucha buena mollera |
| S1131-2 | rrepetir vos querria vna buena lyçion |
| S1141-2 | ay en -la santa iglesia mucha prueua e buena |
| S1177-3 | a todoz loz xristianoz llama con buena cara |
| S1237-2 | calatraua e alcantara con -la de buena val |
| S1262-4 | tyenpo ha que non andude tan buena estaçion |
| S1282-4 | pesal en -el lugar do la muger es buena |
| S1325-3 | dixo la buena dueña tus dezirez trauiesos |
| S1328-1 | Sy Recabdo o non la buena menssajera |
| S1347-1 | aquesta buena dueña avie seso bien Sano |
| S1347-2 | era de buena vida non de fecho lyuiano |
| S1350-2 | pusola çerca del fuego çerca de buena blasa |
| S1355-1 | tu estauas coytada poble sspin buena fama |
| S1357-3 | avia buenos colmillos buena boca e diente |
| S1363-4 | en -el viejo se loa su buena mançebia |
| S1371-1 | Estaua en mesa pobre buen gesto e buena cara |
| S1371-2 | con -la poca vianda buena voluntad para |
| S1375-1 | Esta en mesa rrica mucha buena vyanda |
| S1375-4 | solaz con yantar buena todos omes ablanda |
| S1383-3 | buena mi pobleza en -ssegura cabaña |
| S1384-1 | Con paz E zegurança es buena la pobleza |
| S1415-2 | o diz que buena cola mas vale que vn dinero |
| S1448-1 | a -la buena esperança nos conviene atener |
| S1452-1 | Tened buena esperança dexad vano temor |
| S1453-4 | oye buena fabla non quieras mi menoscabo |
| S1477-2 | en buena andança el omne tyene muchos galeotes |
| S1484-1 | dixo l doña garoça que ayas buena ventura |
| S1486-3 | su paso ssosegado e de buena Razon |
| S1493-3 | fablar me ha buena fabla non burla nin picañas |
| S1494-4 | que -la buena corredera ansy faze carrera |
| S1496-3 | a -la misa de mañana vos en -buena ora yd |
| S1498-2 | troxo me buena rrepuesta de -la fermosa Ryma |
| S1498-4 | pero de buena fabla vino la buena çima |
| S1506-2 | murio la buena duena oue menos cuydados |
| S1519-3 | non se como lo diga que mucha buena puerta |
| S1533-3 | amigos aperçebid vos e fazed buena obra |
| S1576-3 | con buena rrazon muchos case non quise locura |
| S1586-2 | dono de spiritu santo de buena Sabidoria |
| S1587-2 | que dios por quien lo faremos nos dara buena andança |
| S1595-3 | aborresçer los denuestos e amar buena abenençia |
| S1611-1 | Es pequeño el grano de -la buena pemienta |
| S1623-4 | que a -las vezes mal perro rroye buena coyunda |
| S1627-1 | buena propiedat ha do quier que sea |
| S1688-6 | faras buena estança |

**BUENAS**

| | |
|---|---|
| P 12 | las quales digo si buenaz son |
| P 51 | e trae al cuerpo a fazer buenaz obraz |
| P 67 | Ca dioz por laz buenas obraz que faze omne |
| P 180 | e dar ensienpro de buenaz constunbrez |
| S 79-3 | es de buenas construnbres sossegada e queda |
| S 429-3 | muchas buenas maneras para enamorado |
| S 528-1 | buenas costunbres deues en -ty syenpre aver |
| S 696-4 | nunca son a -los omnes buenas nin prouechosas |
| S 726-3 | en todas buenas costunbres creçen de cada dia |
| S 958-1 | Echome a -su pescueço por las buenas rrespuestas |
| S 968-3 | buenas perdizes asadas fogaças mal amassadas |
| S 979-4 | cohieren se en vno las buenas dineradas |
| S1036-1 | E dan buenas sartas |
| S1340-1 | ssyn todaz estaz noblezaz han muy buenas maneras |
| S1418-1 | diz que buenaz orejaz son laz de la gulpeja |
| S1436-1 | Estas buenaz palablaz estos dulçes falagos |
| S1493-2 | ve dil que venga çras ante buenas conpañas |
| S1601-4 | E penssemos pensamientos que de buenas obras salen |
| S1602-3 | con fierro de buenas obraz los pecados amatar |
| S1707-4 | dexemos a -las buenas E a -las malas vos tornad |
| S1709-3 | ffezieron luego de mano buenas approllaçones |

**BUENO**

| | |
|---|---|
| S 159-2 | a -su amiga bueno paresçe E rrico onbre |
| S 167-3 | por aver solaz bueno del amor con amada |
| S 193-1 | Aqueste omne bueno padre de aqueste neçio |
| S 238-4 | el asno con -el miedo quedo e nol fue bueno |
| S 490-2 | al torpe faze bueno E omne de prestar |
| S 547-4 | el mucho vyno es bueno en -cubas e en tinajas |
| G 548-1 | Es el vino muy bueno en su mesma natura |
| S 656-3 | bueno es jugar fermoso echar alguna cobierta |
| S 738-2 | es aparado bueno que dios vos traxo agora |
| G 761-4 | hado bueno que voz tienen vuestraz fadaz fadado |
| S 779-3 | bueno le fuera al lobo pagarse con torrezno |
| S1020-4 | ca moço mesturero non es bueno para mandado |
| S1043-4 | e todo don muy bueno de bien escogido |
| S1286-4 | faze poner estacaz que dan azeyte bueno |
| S1351-1 | aqueste ome bueno dauale cada dia |
| S1368-4 | por que talente bueno entiendo yo en -ty |
| S1511-3 | aducho bueno vos adugo fablad me alaud |

**BUENO** (H)

| | |
|---|---|
| S 155-3 | en seruir a -las dueñas el bueno non se esquiue |
| S 419-3 | non -le conviene al bueno que sea lyjongero |
| S 424-4 | la buena fabla sienpre faz de bueno mejor |
| S 452-2 | el seruiçio en -el bueno nunca muere nin peresçe |
| S 611-2 | seruiçio en -el bueno nunca muere nin pereçe |
| S1041-2 | bueno sin dinero |
| S1521-2 | al bueno e al malo al Rico E al rrefez |
| S1561-3 | a -jafet a -patriarcaz al bueno de abrahan |

**BUENOS**

| | |
|---|---|
| S 234-1 | Maguer de su natura buenos fueron criados |
| G 549-1 | por ende fuy del vino e faz buenoz geztoz |
| S1082-1 | Pusso en -la delanteras muchos buenos peones |
| S1086-2 | muchos buenos faysanes los locanos pauones |
| S1129-4 | çerca desto le dixo muchos buenos ditados |
| S1240-2 | muchos buenos cauallos e mucha mala silla |
| S1281-3 | vid blanca fazen prieta loz buenoz enxeridorez |
| S1297-3 | Pissa los buenos vinos el labrador terçero |
| S1357-3 | avia buenos colmillos buena boca e diente |
| S1527-3 | de mugeres leales los sus buenos maridos |
| S1602-1 | De todos buenos desseos e de todo bien obrar |

**BUENOS** (H)

| | |
|---|---|
| P 54 | de -loz buenos que mueren bien obrando |
| G 667-3 | faz mal culpa de malo a -buenoz e a mejorez |

**BUEY**

| | |
|---|---|
| S 151-2 | nin se astralabio mas que buey de cabestro |
| S 306-2 | comia yeruas montessas commo buey paja E al |
| S 730-4 | en -el bezerillo vera omne el buey que fara |
| S1092-1 | vino su paso a -paso el buey viejo lyndero |
| S1113-4 | el dolfyn al buey viejo derribole los dientes |

**BUEYES**

| | |
|---|---|
| S1398-2 | diez ansarez en laguna que çient bueyez en prado |

**BUGIA**

| | |
|---|---|
| S 325-2 | don xymio ordinario alcalde de bugia |
| S 348-2 | yo don ximio ordinario alcalde de bugia |

**BUHON**

| | |
|---|---|
| S1013-4 | beueria en pocos dias cavdal de buhon Rico |

**BUHONA**

| | |
|---|---|
| S 699-1 | Era vieja buhona destas que venden joyas |
| S 723-1 | la buhona con farnero va taniendo cascaueles |
| S 827-3 | començo la buhona a -dezir otra consseja |

**BUHONAS**

| | |
|---|---|
| S 700-1 | Como lo han vso estas tales buhonas |
| S 938-1 | otrosi vos dixe que estas tales buhonas |

**BUHONERA**

| | |
|---|---|
| S 940-2 | con mi buhonera de mi non se guardam |

**BULRRA**

| | |
|---|---|
| S 65-1 | la bulrra que oyeres non la tengas en vil |

**BULRRAS**

| | |
|---|---|
| S 45-2 | abre algunas bulrras aqui a -enxerir |
| S1514-4 | caçurros E de bulrras non cabrian en -dyez priegos |

**BULLEN**

| | |
|---|---|
| S 470-4 | syenpre le bullen los pies e mal para el pandero |
| S 471-2 | en -el telar e en -la dança syenpre bullen los dedoz |

**BULLIENDO**

| | |
|---|---|
| S 811-3 | avyua mas el ojo e esta toda bulliendo |

**BUREL**

| | |
|---|---|
| G 763-1 | xergaz por mal zeñor burel por mal marido |

**BURGES**

| | |
|---|---|
| S 296-1 | ffeciste por la gula a -lot noble burges |

**BURGOS**

| | |
|---|---|
| S1073-4 | data en castro de ordiales en burgos Resçebida |

**BURLA**

| | |
|---|---|
| S 100-4 | ssus bramuras e espantos en burla fueron salir |
| S 114-4 | sy de tan grand escarnio yo non trobase burla |
| S 474-2 | sy vieres que es burla dyme otra tan mañana |
| S 986-1 | desta burla passada ffiz vn cantar atal |
| S1425-4 | al leon despertaron con su burla tamaña |
| S1493-3 | fablar me ha buena fabla non burla nin picañas |
| S1632-2 | mas de juego E de burla es chico breuiario |

**BURRA**

| | |
|---|---|
| S 114-3 | Ca devrien me dezir neçio e mas que bestia burra |

**BURRICO**

| | |
|---|---|
| S1013-1 | las orejas mayores que de añal burrico |

**BURRO**

| | |
|---|---|
| S 894-1 | Estaua y el burro fezieron del joglar |
| S 899-3 | non sabya la manera el burro de Señor |
| S 900-2 | prendieron a -don burro como eran castigados |
| S1403-4 | dixo el burro nesçio ansy entre sus dientez |

**BUSCA**

| | |
|---|---|
| S 432-1 | busca muger de talla de cabeça pequeña |
| G 441-1 | E buzca menzajera de vnaz negraz pecaz |
| S 645-1 | Por ende busca vna buena medianera |
| S 950-4 | quien mas de pan de trigo busca syn de seso anda |
| S 998-4 | busca e fallaras de grado |
| S1289-4 | busca yeruas e ayres en -la sierra enfiesta |
| S1623-1 | Dixele huron amigo buscame nueua funda |

**BUSCAD**

| | |
|---|---|
| S 239-4 | diz don villano nesçio buscad carrera larga |
| S 467-1 | buscad con quien casedes que -la dueña non se paga |

**BUSCANDO**

| | |
|---|---|
| S 413-2 | buscando que comiese esta pelea vydo |

**BUSCAR**

| | |
|---|---|
| S 331-2 | las partes cada vna pensaron de buscar |
| G 591-2 | he de buscar muchoz cobroz zegunt que me pertenezçen |
| S 772-4 | con palos e con mastines vinieron los a -buscar |
| S 888-3 | deue buscar conssejo melezinas e curas |
| S 913-2 | nin lo coydo buscar para mensajeria |

**BUSCARE**
S1623-2 a -la fe diz buscare avn que el mundo se funda
**BUSCARIA**
S1581-3 cada qual buscaria armas para se armar
**BUSCAS**
S 279-3 buscas malas contiendas fallas lo que meresçes
S 959-3 fade maja diz donde andas que buscas o -que demandas
S 998-1 diz que buscas por esta tierra commo andas descaminado
**BUSCAT**
G 665-4 buscat a -quien engañedez con vuestraz falsaz espinaz
**BUSCAVA**
S1289-1 buscaua cassa fria fuya de -la siesta
**BUSCO**
S 951-4 quien busco lo que non pierde lo que tiene deue perder
**BUSCO (H)**
S1331-4 fe a -que buen amor qual buen amiga buscolo
**BUSQUE**
G 580-4 busque e falle dueña de qual zo dezeozo
S 697-1 busque trota conventos qual me mando el amor
S 912-3 busque trota conventos que siguiese este viaje
S 913-1 Sabed que non busque otro ferrand garçia
S1421-4 quando teme ser preso ante busque guarida
**BUSQUES**
S 980-3 lieua te dende cornejo non busques mas contyenda
**BUXIA**
S 323-3 don ximio avia por nonble de buxia alcalde
**CA**
P 16 Ca por el buen entendimiento
P 22 Ca el ome entendiendo el bien avra de dios temor
P 26 Ca luego ez el buen entendimiento en los que temen A -dios
P 67 Ca dioz por laz buenas obraz que faze omne
P 79 Ca dize Caton Nemo sine crimine viuit
P 106 ca tener todaz laz cosaz en -la memoria
P 139 ca leyendo E coydando el mal que fazen
P 146 ca mucho ez cruel quien su fama menospreçia
P 185 ca dize sant gregorio que menoz firien al onbre
P 191 Ca trobas E notaz e rrimaz e ditadoz e uersoz
S 14-4 Ca por todo el mundo se vsa E se faz
S 16-3 Ca segund buen dinero yaze en vil correo
S 75-4 mas non se parte ende Ca natura lo entiza
S 108-3 ca en muger loçana fermosa e cortes
S 114-3 Ca devrien me dezir neçio e mas que bestia burra
S 122-3 Ca de Ante nin despues non falle en españa
S 160-1 Ca puesto que su signo sea de tal natura
S 162-1 Ca Segund vos he dicho en -la otra consseja
S 180-1 Ca segund vos he dicho de tal ventura seo
S 205-3 vengue vuestra locura Ca en poco touistes
S 296-3 a -fazer tu forniçio Ca do mucho vino es
S 334-4 el fazer non -la puede ca es fyno ladron
S 360-2 Ca entonçe el alcalde puede le atormentar
S 365-3 Ca su miedo era vano e non dixo cordura
G 437-4 ca mas fierbe la olla con la su cobertera
G 442-4 ca tal escanto vsan que saben bien çegar
G 488-4 ca estas cosas pueden a -la muger traella
S 527-2 donear non la quieras ca es vna manera
S 527-4 ca vna congrueca de otra sienpre tyene dentera
G 554-2 Ca es mala ganançia peor que de logrero
G 557-4 Ca el que mucho ze alaba de si mismo es denoztador
G 559-2 ca en punto la faraz luego entristeçer
G 561-4 ca el que calla e aprende este es manzellero
G 562-3 Ca muchoz lo entieden que lo prouaron antez
G 583-4 ca ella es comienço e fin deste viaje
G 684-4 para uoz non pido mucho ca con -esto pazaremoz
G 714-2 ca es omne muy escaso pero que es muy Rico
G 759-4 casarse ca el luto con esta carga vien
S 795-2 non casaria con-migo ca seria adulterio
S 817-2 ca engañar al poble es pecado muy grande
S 932-3 Ca de buena palabra paga se la vezindat
S 940-4 Ca do viejos non lydian los cuervos non gradan
S 942-3 ca diz vos amigo que -las fablas verdat son
S 947-3 Ca nunca los oyo dueña que dellos mucho non rrixo
S 948-1 aver saña de vos Ca de pesar morria
S 955-3 Ca segund es la fabla quien pregunta non yerra
S 984-2 ca mala es de amatar el estopa de que arde
S 986-4 Ca tu endenderas vno e el libro dize al
S 988-4 ella me rrespuso ca la carrera as errado
S1007-2 corri la cuesta ayuso ca diz quien da a -la torre
S1010-2 ca byen creed que era vna grand yegua cavallar
S1019-3 ca estando senzillas dar -l -yen so -las yjadas
S1020-4 ca moço mesturero non es bueno para mandado
S1068-4 ca laz cartaz leydas dy las al menssajero
S1077-3 ca non tenia amor nin era enamorado
S1160-2 ca es de todo el mundo vicario general
S1201-4 saluo si son vellozaz ca estaz son barracaz
S1249-2 ca non tyenen moradas do toujesedes la fiesta
S1263-4 Ca vido pequeñas cassas para tantos seruientes
S1264-4 Ca todo tyenpo quiere a todos ser pagado
S1316-4 Ca omne que es solo sienpre pienso cuydados
S1317-4 Ca solo syn conpaña era penada vida
S1324-2 fizose que vendie joyas Ca de vso lo han
S1326-4 ca mas val suelta estar la viuda que mal casar
S1327-2 ca mas val buen amigo que mal marido velado
S1531-4 tened que cras morredes ca -la vida es juego
S1553-2 ca beuiendo omne sienpre e mundo terrenal
S1566-3 ca por mucho que vyuamos por mucho que se tarda
S1579-3 ca non vee la ora que vos lyeue consigo
S1580-2 ca nuestra enemiga es natural E fuerte
S1606-4 ca poco E bien dicho afyncase el coraçon
S1630-4 ca non ha grado nin graçiaz nin buen amor conplado
S1703-1 Ca nunca fue tan leal blanca flor a -frorez
**CABAÑA**
S 980-1 Dyz entremos a -la cabaña fferruzo non lo entienda

**CABAÑAS**
S1383-3 buena mi pobleza en -ssegura cabaña
**CABAÑAS**
S1273-3 matar los gordos puercos e desfazer laz cabañas
**CABCE**
S 778-3 diole la puerca del rrosto echole en -el cabçe
**CABDAL**
S 228-2 coyda ganar con-tigo E pierde su cabdal
S 973-1 Estude en esa çibdat e espendi mi cabdal
S1063-2 ffue de judas vendido por mi poco cabdal
**CABDAL (H)**
S 266-2 tiberio agua cabdal que muchas aguas toma
S 270-1 El aguila cabdal canta sobre la faya
S 271-4 al aguila cabdal diole por los costados
S 306-4 vñas crio mayorez que aguila cabdal
**CABDILLO**
S1562-3 al cabdillo de moysen que tenias en -tus baraças
**CABE**
S1207-3 bien cabe su azunbre e mas vna meaja
S1229-2 cabel El orabyn taniendo la su rrota
S1287-2 entre vno e otro non cabe punta de lança
**CABECEO**
S1512-4 cabeçeo la mora dixole amxy axmy
**CABEÇA**
S 86-2 dio grand golpe en -la cabeça al lobo por lo castigar
S 88-3 ella dixo en -la cabeça del lobo tome yo esta liçion
S 395-4 Remeçe la cabeça a -mal seso tiene mientes
S 432-1 busca muger de talla de cabeça pequeña
S 465-1 yo ove grand pereza de la cabeça Redrar
S 480-2 conplido de cabeça con todo su apero
S 905-4 en ajena cabeça sea byen castigada
S1012-1 Avia la cabeça mucho grand syn guisa
S1018-4 byen sentiria tu cabeça que son viga de lagar
S1139-4 do mas fazer non puede la cabeça enclinando
S1219-1 Tenia coffya en -la cabeça quel cabello nol ssalga
S1243-1 Traya en -su cabeça vna noble corona
S1485-3 la cabeça non chica velloso pescoçudo
S1545-1 faze doler la cabeça al que lo mucho coma
S1545-3 en -la cabeça fiere a -todo fuerte doma
**CABEÇAS**
S1275-4 en pos deste estaua vno con dos cabeçaz
S1285-2 en -las cabeçaz entra non en -otro lugar
**CABEÇUDO**
S1276-1 a dos partes otea aqueste cabeçudo
**CABELLO**
S1219-1 Tenia coffya en -la cabeça quel cabello nol ssalga
S1278-4 non cabria entre vno e otro vn cabello de paula
**CABELLOS**
S 306-3 de cabellos cobyerto como bestia atal
S 308-2 quando su muger dalyda los cabellos le corto
S 396-3 los cabellos en rrueda el peyne E el espejo
S 432-2 cabellos amarillos non sean de alheña
S 653-4 que cabellos que boquilla que color que buen andança
S1012-2 cabellos muy negros mas que corneja lysa
**CABESTRO**
S 151-2 nin se astralabio mas que buey de cabestro
S 920-4 que non mengua cabestro a -quien tyene çiuera
S 924-4 altaba traynel cabestro nin almohaça
**CABILDO**
S1691-3 mando juntar cabildo aprisa fue juntado
**CABLILLA**
S 870-2 quando te dan la cablilla acorre con la soguilla
**CABLON**
S1218-3 al cablon que esta gordo el muy gelo pynta
**CABO**
S 90-2 que a -cabo de tienpo non sea bien sabida
S 125-3 en -cabo saben poco que su fado les guia
S 189-4 porfiaron en -cabo con -el toda la gente
S 195-3 leuantole las piernas echolo por mal cabo
S 392-2 en cabo son muy pocos a -quien byen adelyñas
S 398-1 El que mas a -ty cree anda mas por mal cabo
S 496-1 en cabo por dineros avya penitençia
S 503-3 en cabo por dynero otorgan los perdones
S 721-1 Del comienço fasta el cabo pensat bien lo que digades
G 762-3 zeñora dexar duelo e fazet el cabo de año
S 767-1 a -cabo de grand pieça leuantose estordido
S 821-2 en-cubre se en -cabo con mucha arteria
S 833-3 apretando sus manos en su cabo fablando
S1104-4 caya de cada cabo mucha buena mollera
S1136-3 determina al cabo qual es la confesion
S1244-1 a -cabo de grand pieça vy al que -la traye
S1453-2 que dio a -su amigo mal consejo e mal cabo
S1453-3 puso lo en -la forca dexolo y en su cabo
S1624-1 El ssabia leer tarde poco e por mal cabo
S1624-4 que sy lo comienço que -le dare buen cabo
**CABOS**
S1485-4 el cuello non muy luengo caboz prieto orejudo
**CABPTIVO**
S1559-4 saco nos de cabptiuo la cruz en -quel posiste
**CABRA**
S 252-1 El lobo a -la cabra comiala por merienda
**CABRAS**
S 768-3 cabritos con las cabraz mucho cabron cornudo
S 772-2 los cabrones e las cabras en alta boz balar
S1016-3 de -las cabras de fuego vna grand manadilla
S1031-1 Dion queso de cabras
**CABRIA**
S1278-4 non cabria entre vno e otro vn cabello de paula
**CABRIAN**
S1514-4 caçurros E de bulrras non cabrian en -dyez priegos
**CABRIE**
S1271-4 e non cabrie entrellos vn canto de dinero

**CABRITOS**
S 768-3   cabritos con las cabraz mucho cabron cornudo
S 771-4   ofreçeremos cabritos los mas e los mejores
S1085-1   las puestas de -la vaca lechones E cabritoz
S1116-3   a cabritos E a -gamos queria los afogar
S1185-1   Cabrones e cabritos carneros e ovejas
S1214-4   carneroz E cabritoz con su chica pelleja

**CABRON**
S 327-1   En cassa de don cabron mi vassallo e mi quintero
S 768-3   cabritos con las cabraz mucho cabron cornudo
S1091-1   vino el cabron montes con corços e torcazaz
S1486-1   las çejas apartadaz prietas como cabron

**CABRONES**
S 772-2   los cabrones e las cabras en alta boz balar
S1185-1   Cabrones e cabritos carneros e ovejas
S1215-1   loz cabrones valyentes muchas vacas E toroz
S1288-2   figados de cabrones con rruy baruo armoçaua

**CABTIVO**
S 1-2   sacaste de cabtiuo del poder de fa(ron)
S 512-3   non ha syeruo cabtiuo que el dinero non le aforre
S1053-3   por aquesto morra en cabtiuo dado

**CAÇA**
S 94-1   Que me loaua della commo de buena caça
S 120-4   que la caça ansy aduz
S 298-2   veni el leon de caça pero con -el non pesa
S 752-2   fuese el paxarero commo solia a -caça
S1359-3   fue su Señor a caça e Salio vn conejo
S1361-1   En mi joventud caça por piez non sse me yua

**CAÇA**   **(H)**
S1356-4   conteçe me como al galgo viejo que non caça nada

**CAÇADOR**
S 524-3   caçador que -la sigue tomala quando descanssa
S 746-1   Era se vn caçador muy sotil paxarero
S 748-4   el caçador el canamo e non las espantaua
S 751-1   fuese la golondrina a -casa del caçador
S 801-3   en todo logar tyene que esta el caçador
S1360-1   El caçador al galgo firiolo con vn palo

**CAÇADORES**
S 486-4   tomala esto conteçe a caçadorez mill

**CAÇAR**
S 133-3   de yr a correr monte caçar algun venado
S 134-1   Cataron dia claro para yr a -caçar
S1430-1   ffuese el mur al forado el leon fue a -caçar

**CAÇAS**
S 393-2   atalayas de lexos e caças la primera

**CAÇO**   **(V)**
T1618-2   el pecador que sienpre de todo mal ez caço

**CAÇONES**
S1107-1   de parte bayona venien muchos caçones
S1393-2   verçuelas e lazeria e los duros caçones

**CAÇORRIA**
S1405-3   rretoçando E faziendo mucha de caçorria

**CAÇRES**
S1186-1   Plados de medellyn de caçres de troxillo

**CAÇURA**
S 114-1   ffiz con -el grand pessar esta troba caçura

**CAÇURIAS**
S 895-1   con -las sus caçurias el leon fue sanudo

**CAÇURRO**
G 557-2   Non quieras zer caçurro nin zeaz escarnidor

**CAÇURROS**
S 947-3   fiz cantares caçurros de quanto mal me dixo
S1514-4   caçurros E de bulrras non cabrian en -dyez priegos

**CADA**
P 5   a -cada vno de nos dize
P 166   puede cada vno bien dezir
S 147-3   veemos cada dia pasar esto de fecho
S 151-3   mas por que cada dia veo pasar esto
S 176-2   non perdere los manjares nin el pan de cada dia
S 228-1   Cada dia contessçe al cobdiçiosso atal
S 245-1   Aqui tomen ensyenpro e lyçion de cada dia
S 283-1   Cada dia los omes por cobdiçia porfian
S 331-2   las partes cada vna pensaron de buscar
S 342-1   las partes cada vna a -su abogado escucha
S 391-2   mudas te do te pagas cada dia Ayna
S 407-1   Conteçe cada dia a -tus amigos con-tigo
S 421-2   eres de cada dia logrero E das a -Renuevo
S 538-3   toma gallo que te muestre las oras cada dia
S 624-3   los logares ado suele cada dia vsar
G 691-1   cuydados tan departidoz creçen me de cada parte
S 707-3   syenpre cada dia cresçe con enbia e falsedat
S 726-3   en todas buenas costunbres creçen de cada dia
S 754-3   juran que cada dia vos leuaran a -conçejo
S 813-4   non canssades vos madre seguilda cada dia
S 831-1   Por que veo e conosco en vos cada vegada
S 838-4   que venir aca cada dia non seria poridat
S 914-2   Cada dia llegaua la fabla mas non al
S 917-1   diz yo se quien vos querria mas cada dia ver
S 935-1   dizen por cada canton que sea mal apreso
S 935-3   de -lo que ante creyan fue cada vno rrepiso
S1078-4   yo justare con ella que cada año me sopesa
S1097-2   que tenia cada vno ya la talega llena
S1104-4   caya de cada cabo mucha buena mollera
S1114-3   sus armas cada vno en don carnal enprea
S1162-3   comiese cada dia a vn manjar señalado
S1170-1   anda en -este tienpo por cada çiminteryo
S1198-2   todos con -el plazer cada vno do yua
S1200-1   Por ende cada vno non esta fabla decuere
S1271-2   asentados al fuego cada vno Señero
S1334-4   enbyan e otraz cada dia arreuezes
S1345-3   para que a -vos sirua cada dia lo abyuo
S1351-1   aqueste ome bueno dauale cada dia
S1396-4   en aqueste rroydo vos fallo cada via
S1402-3   dauale cada vno de quanto que comia
S1402-4   veya lo el asno esto de cada dia
S1463-2   vino el malo E dixo a -que me llamas cada dia
S1530-1   Cada dia le dizes que tu le fartaras
S1543-2   E maguer que cada esto ansi avien
S1552-4   dizez a cada vno yo yo sola a -todos mudo
S1580-3   por ende cada vno de nos sus armas puerte
S1581-3   cada qual buscaria armas para se armar
S1583-2   aquestos de cada dia nos trahen muy conbatidos
S1600-3   esta cada dia pare do quier quel diablo posa
S1631-3   que sobre cada fabla se entyende otra cosa

**CADA**   **(H)**
S 45-3   cada que las oyerdes non querades comedir
S 74-4   cada que puede e quiere fazer esta locura
S 214-3   tu cada que a mi prendez tanta es tu orgullya
S 246-4   ssyenpre me ffallo mal cada que te escucho
G 451-1   de tus joyaz fermozaz cada que dar podierez
S 489-4   que mucho o poco dal cada que podieres
S 634-3   non fynca por non querer cada que podieres
G 680-4   non uoz consintre engaño cada que -lo entendiere
S 811-1   Cada que vuestro nonbre yo le esto deziendo

**CADAHALSO**
S1442-4   e es la magadaña que esta en -el cadahalso

**CADENA**
S 208-2   que tan presos los tienes en tu cadena doblada
S1282-1   Este tyene trez diablos presos en -su cadena
S1458-1   El ladron fue tomado en -la cadena puesto

**CADENAS**
S 210-3   anda el coraçon syn cuerpo en tus cadenas
S 497-1   El dinero quebranta las cadenas dañosas
S 497-2   tyra çepos e gruillos E cadenas peligrosas
S1221-4   laz alanaz paridaz en -laz cadenaz presaz

**CADERAS**
S 432-4   ancheta de caderaz esta es talla de dueña
G 445-3   ancheta de caderaz piez chicoz socavadoz

**CAE**
S 251-3   quando vees el poble caesete el çejo

**CAEN**
S 618-3   caen las torres altas alçan pesos duros
S1050-2   quel Caen Señores del noble vngento

**CAER**
P 153   que faze perder laz almaz E caer en saña de dioz
S 233-1   de -las sillas del cielo ovieron de caer
S 528-4   en verguença del mundo en zaña de dios caer
S 642-3   torre alta desque tyenbla non ay synon caer
S 692-3   por esto anda el mundo en leuantar e en caer
S1145-4   en -la foya dan entranbos e dentro van caer
S1441-2   el queso de -la boca ouosele a -caer

**CAGUIL**
S1516-3   çitola odreçillo non amar caguyl hallaço

**CAIDAS**
S1199-3   rrespondio mucho flaca laz mexillaz caydaz

**CAIN**
S 281-1   Por la envidia cayn a -su hermano abel

**CAL**
G 756-3   daua zonbra a -las casaz e rreluzie la cal
S1163-3   yras a -la iglesia E non estaras en -la cal

**CALA**   **(V)**
G 545-3   quema laz asaduraz el figado cala

**CALABAÇA**
S1207-2   calabaça bermeja mas que pyco de graja

**CALANDRIA**
S1439-1   Mejor que -la calandria nin el papa gayo
S1614-1   Chica es la calandria E chico el rruyseñor

**CALANDRIAS**
S1226-2   calandriaz papagayos mayorez e menorez

**CALATAUT**
G 582-3   E bien acostunbrada es de calataut

**CALATRAVA**
S1187-1   El canpo de alcudia e toda la calatraua
S1237-2   calatraua e alcantara con -la de buena val

**CALCAÑARES**
S 630-3   han muy flacas las manos los calcañares podridos

**CALÇAR**
S1415-3   fare traynel della para calçar lygero

**CALDERA**
S 17-1   El axenuz de fuera mas negro es que caldera

**CALDERAS**
S1087-3   por adaragas calderas sartenes e cosinas
S1175-1   Escudillaz sartenez tinajaz e calderaz

**CALENDAS**
S1690-1   Alla en talavera en -las calendas de abril

**CALENTANDO**
S 970-2   commo me yua calentando ansy me yua sonrriendo

**CALENTURA**
S1006-2   sy nieua o -si yela nunca da calentura

**CALIENTA**
S1032-3   calyenta te e paga
S1611-2   pero mas que -la nuez conorta E calyenta

**CALIENTES**
S1275-3   anbos visten çamarraz querrien calientes quezaz

**CALOÑA**
S1517-4   quien gelo dezir feziere pechar deue caloña

**CALOR**
S1270-3   delante ella grand fuego de -si grand calor echa
S1289-2   la calor del estio doler faze la tyesta

**CALLA**
G 561-4   ca el que calla e aprende este es manzellero
S 864-4   yremos calla callando que otre non nos lo entyenda

**CALLA**   **(H)**
S 422-4   pues calla te e callemos amor vete tu vya

**CALLA** (cont.)
S 722-4   o -piensa bien lo que fablas o calla faz te mudo
S 922-4   o -piensa byen que fables o calla faz te mudo
S1021-4   de -la que te non pagares veyla e Rye e calla

**CALLAD**
S 740-1   Dixo doña endrina callad ese predicar
S 880-4   callad guardat la fama non salga de sotecho

**CALLADES**
S 837-2   pero que avn vos callades tan bien commo el ardedes

**CALLANDO**
S 864-4   yremos calla callando que otre non nos lo entyenda
S1461-1   diogela en presente callando al alcalde

**CALLAR**
S 200-3   el grand golpe del fuste fizo las rranas callar
S 569-4   buen callar çient sueldos val en toda plaça
S 722-2   callar do non -le enpeçe E tyenen le por sesudo
S1010-1   ssus mienbros e su talla non son para callar
S1408-4   callar a -las de vegadaz faze mucho prouecho

**CALLARA**
S 849-4   o callara vençido o vaya se por menga

**CALLE**
S 799-3   que -le dize falagos por que calle esa ora

**CALLE** (H)
G 668-3   Non uoz vean aqui todoz lo que andan por la calle

**CALLEDES**
S 878-4   El mejor cobro que tenedes vuestro mal que -lo calledes

**CALLEJA**
S 827-2   dexola con -la fija e fuese a -la calleja
S1418-1   El fisico pasaua por aquella calleja

**CALLEJAS**
S 338-4   asoled a -mi comadre vayase de -laz callejas
S 378-1   E sy es tal que non vsa andar por las callejas
G 438-2   que andan las iglesias e zaben las callejaz
S 901-3   quanto el leon traspuso vna o dos callejas
S1185-3   sy nos lyeuas de aqui Carnal por las callejas

**CALLEMOS**
S 422-4   pues calla te e callemos amor vete tu vya

**CALLEN**
S1601-2   nos andemos rromerias e las oras non se callen

**CALLES**
S1209-1   ssalyo mucho ayna de todaz aquestas callez

**CALLO**
S 808-1   yo a -las de vegadas mucho canssada callo

**CALLO** (H)
S 462-1   Desque callo el coxo dixo el tuerto Señora

**CAMA**
G 446-1   en la cama muy loca en casa muy cuerda
G 464-1   en -la cama despierto e muy fuerte llouia
S 944-2   yo cay en -la cama e coyde peligrar
S1180-3   yua se poco a -poco de -la cama yrguiendo
S1609-2   en -la cama solaz trebejo plazenteras Ryentes

**CAMADRE** (V)
G 81-4   bien commo la camadre en agena mollera

**CAMARONES**
S1107-3   del Rio de henares venian los camarones
S1393-1   Comedes en convento Sardinaz e camaronez

**CAMINEROS**
S 231-2   rrobar a -camineros las joyas preçiosas
S 985-2   anbos son byen vsados e anbos son camineros

**CAMINO**
S 37-4   el camino verdadero
S 535-3   dyz aquellos taverneros que van por el camino
G 595-3   Pues este es camino mas seguro e mas çierto
S 951-2   pasado el puerto de lacayo fuy camino prender
S 954-1   Detouo me el camino commo era estrecho
S 965-1   Dyz yo leuare a -cassa e mostrar te he el camino
S 974-1   erre todo el camino commo quien lo non sabia
S 980-2   meter te he por camino e avras buena merienda
S 989-3   mas quanto esta mañana del camino non he cura
S 993-1   lunes antes del alua Començe mi camino

**CAMINOS**
S 637-3   muchos caminos ataja desuiada estrecha

**CAMISA**
S 435-3   puna de aver muger que -la veas syn camisa
S 983-2   que pan E vino juega que non camisa nueva
S1035-3   E buena camisa

**CAMISAS**
S1394-4   las camissaz fronçidaz los paños de mellynas

**CAMURZIA**
S 395-3   como mula camurzia aguza rrostros e dientes

**CAN**
S 93-1   Diz el prouerbio viejo quien matar quisier su can
S 616-2   el can que mucho lame sin dubda sangre saca
S 954-4   amiga dixel amidos faze el can baruecho
S1324-1   non vido a -la mi vieja ome gato nin can
S1561-2   a -eua nuestra madre a -sus fijos sed e can
S1704-1   Por que suelen dezir que el can con grand angosto

**CANAL**
S 84-3   E para si la canal la mejor que omne viese
S 85-3   para mi E a -los otroz la canal que es vana
S 87-2   toda la canal del toro al leon dio entera
S 778-4   en -la canal del molino entro que mal le plaçe

**CANAMO**
S 748-4   el caçador el canamo e non las espantaua

**CANAS**
S1537-4   que non el parentesco nin a -las baruas canas

**CANASTA**
S1343-4   quien faze la canasta fara el canestillo

**CANBIO**
S1457-4   fue el ladron a -vn canbio furto de oro grand sarta

**CANDELA**
S 262-3   la lunbre de -la candela encanto E el fuego

S 264-1   sy daua vno a -otro fuego o -la candela
S1502-1   oteome de vnos ojos que paresçian candela

**CANDI**
S1337-2   poluo terron e candy e mucho del rrosado

**CANES**
S1220-2   vaqueros e de monte e otros muchos canes
S1220-4   e muchos nocherniegos que saltan mata canes

**CANESTILLO**
S1343-4   quien faze la canasta fara el canestillo

**CANGREJOS**
S1117-2   con la liebre justauan los asperos cangrejos

**CANILLERAS**
S1593-1   quixotes E canilleras de santo Sacramento

**CANISTILLO**
S1174-2   en -laz casaz do anda cesta nin canistillo

**CANONIGO**
S1708-1   Don gonçalo canonigo Segud que vo entendiendo

**CANPANA**
S 383-4   justus est domine tañe a -nona la canpana
S 623-4   non puede ser que non se mueva canpana que se tañe
S 926-1   Canpana tarauilla alcahueta nin porra
S1251-4   tyenen muy grand galleta e chica la canpana

**CANPANAS**
S1222-3   taniendo laz canpanaz en diziendo la gloria
S1537-2   non coydan ver la ora que tangan las canpanas

**CANPO**
S 237-1   yva lydiar en -canpo el cavallo faziente
S 240-1   Dio salto en -el canpo ligero aperçebido
S 241-1   desque salyo del canpo non valya vna çermeña
S1076-2   que seades con migo en -el canpo alla batalla
S1187-1   El canpo de alcudia e toda la calatraua
S1187-2   el canpo de fazaluaro en vasayn entrava
S1581-2   con algun enemigo en -el canpo entrar

**CANSA**
S 524-2   la çierua montesyna mucho corrida canssa

**CANSADA**
S 808-1   yo a -las de vegadas mucho canssada callo
S 855-2   su porfia e su grand quexa ya me trahe cansada

**CANSADES**
S 813-4   non canssades vos madre seguilda cada dia

**CANSADO**
S 302-3   yua mucho cansado tomaron lo adyuaz

**CANSAM**
S 853-1   dos penas desacordads canssam me noche e dia

**CANSAR**
S1602-2   fagamos asta de lança e non queramos canssar

**CANSARIA**
S 853-4   qual coraçon tan seguido de tanto non cansaria

**CANSE**
S 577-2   de commo en seruir dueñas todo tienpo non canse

**CANSES**
S 518-4   non cansses de seguir la vençeras su porfia
S 623-2   non canses de seguir la tu obra non se dañe

**CANTA**
S 31-2   la iglesia toda canta
S 111-2   que vna ave sola nin bien canta nin bien llora
S 270-1   El aguila cabdal canta sobre la faya
S 406-2   que canta dulçe con engaño al ave pone abeyte
S 620-3   el que llorava poble canta Ryco en vyçio
S1614-2   pero mas dulçe canta que otra ave mayor
S1642-6   que -la estoria canta

**CANTAD**
S 771-3   vos cantad en -boz alta rresponderan los cantores

**CANTADERA**
S 408-4   vyno a -el cantando la rrana cantadera
S 470-3   desque la cantadera dize el cantar primero
S 471-1   Texedor E cantadera nunca tyenen los pies quedos

**CANTADERAS**
S 841-4   ella sanar me puede e non las cantaderas
S1513-4   el cantar que non sabes oylo a -cantaderaz

**CANTADOR**
S 899-2   tornose a -la fiesta baylando el cantador
S1615-3   ado-nada fermosa preçiada cantador

**CANTAN**
S1236-4   venite exultemus cantan en alto grito
S1237-4   te amore laudemus le cantan E al
S1540-1   Non dan por dios a -pobrez nin cantan sacrifiçios

**CANTANDO**
S 408-4   vyno a -el cantando la rrana cantadera
S1225-4   todoz van rresçebir cantando al amor
S1240-4   cantando andeluya anda toda la villa
S1241-3   todaz salen cantando diziendo chanzonetaz
S1397-1   o vos fallo cantando o -vos fallo leyendo

**CANTAR**
S 21-4   Cantar de tu alegria
S 164-3   non es todo cantar quanto rruydo suena
S 375-2   domine labia mea en alta boz a -cantar
S 770-4   pues que dios vos aduxo quered la oy cantar
S 773-4   dixo diome el diabro cantar missa en forno
S1441-1   Començo a -cantar la su boz a -erçer
S1572-2   fare cantar misaz e dare oblaçion

**CANTAR** (H)
S 19-4   cantar de -los sus gozos siete que ansi diz
S 92-2   ffize cantar tan triste commo este triste amor
S 470-3   desque la cantadera dize el cantar primero
S 515-2   sy sabes o avienes en fermoso cantar
S 986-1   desta burla passada ffiz vn cantar atal
S 996-1   de quanto que paso fize vn cantar serrano
S1266-4   muchos dexan la çena por fermoso cantar
S1438-4   sy vn cantar dixieres dire yo por el veynte
S1440-2   prazie a -todo el mundo mas que con otro cantar
S1508-4   ella fizo buen seso yo fiz mucho cantar

## CANTAR (cont.)

| | |
|---|---|
| S1513-4 | el cantar que non sabes oylo a -cantaderaz |
| S1624-2 | dixo dad me vn cantar E veredes que Recabdo |
| S1678-2 | sienpre dezir cantar de tus loorez |

## CANTARES

| | |
|---|---|
| S 12-3 | que pueda de cantares vn librete Rimar |
| S 170-1 | Por amor desta dueña ffiz trobas e cantares |
| S 649-2 | el dolor creçe E non mengua oyendo dulçes cantares |
| S 915-1 | luego en -el comienço fiz aquestos cantares |
| S 947-2 | fiz cantares caçurros de quanto mal me dixo |
| S1315-2 | vy llenos de alegriaz de bodas e cantares |
| S1514-1 | Cantares fiz algunoz de -los que dizen los ziegos |
| S1625-1 | Dil aquestos cantarez al que de dios mal fado |
| S1626-3 | fiz le quatro cantares E con -tanto fare |

## CANTARILLO

| | |
|---|---|
| S1174-3 | non dexa tajador bacin nin cantarillo |

## CANTAS

| | |
|---|---|
| S 385-2 | cantas letatus sum sy ally se detiene |
| S1438-3 | mas que todaz las aves cantas muy dulçe mente |

## CANTASE

| | |
|---|---|
| S 91-4 | que cantase con tristeza pues la non podia aver |

## CANTASES

| | |
|---|---|
| S1439-3 | sy agora cantasses todo el pesar que trayo |

## CANTATE (L)

| | |
|---|---|
| S 376-2 | con -la maytinada cantate en -las friurias laçias |

## CANTAVA

| | |
|---|---|
| S 92-3 | cantavalo la dueña creo que con dolor |
| S 411-1 | byen cantava la rrana con fermosa rraçon |

## CANTAVAN

| | |
|---|---|
| S 199-1 | las rranas en vn lago cantauan E jugauan |

## CANTEN

| | |
|---|---|
| S1239-3 | todos manda que digam que canten e que llamen |

## CANTIGA

| | |
|---|---|
| S 80-1 | Enbiele esta cantiga que es de yuso puesta |

## CANTIGAS

| | |
|---|---|
| S 104-1 | ffiz luego estas cantigas de verdadera salua |
| S 171-4 | con ello estas cantigas que son de yuso escriptas |
| S 918-2 | diole aquestas cantigas la çinta le çynio |
| S1021-2 | fize bien trez cantigas mas non pud bien pyntalla |
| S1045-4 | ofresco con cantigas e con grand omildat |
| S1319-2 | con ellas estas cantigas que vos aqui Robre |
| S1513-1 | Despues fize muchas cantigas de dança e troteras |
| S1515-2 | a -cantigas algunas son mas apropiados |

## CANTO

| | |
|---|---|
| S 11-3 | que sienpre lo loemos en prosa E en canto |

## CANTO (H)

| | |
|---|---|
| S1031-4 | vn canto de soma |
| S1271-4 | e non cabrie entrellos vn canto de dinero |

## CANTO (H)

| | |
|---|---|
| S1636-4 | los tus gozos que canto |
| S1670-3 | pues a -ty Señora canto tu me guarda de lisyon |

## CANTON

| | |
|---|---|
| S 935-1 | dizen por cada canton que sea mal apreso |

## CANTORES

| | |
|---|---|
| S 771-3 | vos cantad en -boz alta rresponderan los cantores |
| S1238-3 | ally van agostynes e dizen sus cantorez |

## CANTOS

| | |
|---|---|
| S1226-3 | dan cantos plazenteros e dulçes ssaborez |

## CAÑA

| | |
|---|---|
| S 17-4 | açucar negro e blanco esta en vil caña vera |
| S1213-3 | su moço el caramillo fecho de caña vera |

## CAÑADAS

| | |
|---|---|
| S1175-2 | cañadaz e uarrilez todaz cosaz casseraz |

## CAÑAMO

| | |
|---|---|
| S 752-1 | Cogido ya el cañamo E fecha la parança |

## CAÑAMONES

| | |
|---|---|
| S 746-2 | ffue senbrar cañamones en vn viçioso ero |

## CAÑO

| | |
|---|---|
| S1230-1 | Medio caño E harpa con -el rrabe morisco |
| S1232-1 | Dulçe caño entero sal con -el panderete |

## CAPA

| | |
|---|---|
| S 18-3 | como so mala capa yaze buen beuedor |
| S1157-3 | todo el su poder esta so vuestra capa |
| S1479-4 | al que te mata so capa nol salues en conçejo |

## CAPADA (V)

| | |
|---|---|
| G1276-2 | gallinaz con capada comia amenudo |

## CAPAS

| | |
|---|---|
| S 385-4 | la fiesta de seys capas contigo la pasqua tiene |
| S 771-1 | ffiestas de seys capas E de grandes clamorez |

## CAPELINA

| | |
|---|---|
| S1594-4 | con paçiençia bien podremos lydiar con tal capelina |

## CAPELLINA

| | |
|---|---|
| S1103-4 | despues a -don carnal falsol la capellyna |

## CAPELLINAS

| | |
|---|---|
| S1087-2 | ollas de puro cobre trayan por capellynas |

## CAPILLA

| | |
|---|---|
| S1696-1 | Ado estauan juntados todos en -la capilla |

## CAPIROTADA

| | |
|---|---|
| S1276-2 | gallynas con capirotada comia amenudo |

## CAPONES

| | |
|---|---|
| S1082-2 | gallynas e perdizes conejos e capones |
| S1107-2 | mataron las perdizes Castraron loz capones |
| S1393-3 | dexades del amigo perdizes E capones |

## CAPTIVA

| | |
|---|---|
| S1685-3 | captiua mesquina |

## CAPTIVOS

| | |
|---|---|
| S1582-3 | enemigos que nos quieren fazer sieruos captiuos |

## CARA

| | |
|---|---|
| S 286-1 | Pelo todo su cuerpo su cara E su çeja |
| S 636-1 | El pobre con buen seso E con cara pagada |
| S 741-4 | que mal se laua la cara con lagrimas llorando |
| S 874-1 | aquella es la su cara e su ojo de bezerro |

| | |
|---|---|
| S1040-5 | nin cara pagada |
| S1177-3 | a todoz loz xristianos llama con buena cara |
| S1371-1 | Estaua en mesa pobre buen gesto e buena cara |

## CARA (H)

| | |
|---|---|
| S 521-1 | Coyda su madre cara que por la sosañar |
| S1323-2 | dixo non querria esta que me costase cara |

## CARAÇA

| | |
|---|---|
| S 94-2 | E que profaçaua della commo si fuese caraça |

## CARAMILLO

| | |
|---|---|
| S1000-3 | bien se guytar las abarcas e taner el caramillo |
| S1213-3 | su moço el caramillo fecho de caña vera |
| S1517-1 | albogues e mandurria caramillo e çanpolla |

## CARAS

| | |
|---|---|
| S1309-2 | yo veya las caras mas non lo que dezien |

## CARAS (H)

| | |
|---|---|
| S 102-3 | las cosas mucho caras alguna ora son rrafezes |
| S 102-4 | las viles e las rrefezes son caras a -las de vezes |

## CARBONIENTO

| | |
|---|---|
| S 873-2 | vedes vedes como otea el pecado carboniento |

## CARCEL

| | |
|---|---|
| S1666-9 | en carcel peligrosa |

## CARCELERO (V)

| | |
|---|---|
| G1127-2 | E el fuese carçelero que non lo vieze ninguno |

## CARDENAL

| | |
|---|---|
| S1160-4 | arçobispos e obispos patriarca cardenal |
| S1161-3 | en -la grand nesçesidat al cardenal aprisionado |

## CARGA

| | |
|---|---|
| S 239-1 | Estava rrefusando el asno con -la grand carga |
| G 759-4 | casarse ca el luto con esta carga vien |

## CARGADO

| | |
|---|---|
| S1622-3 | que solo e cargado faz acuestas traer |

## CARIDAD

| | |
|---|---|
| P 149 | que la ordenada caridad de -si mesmo comiença |
| S1594-2 | con don de entendimiento e con caridad dyna |
| S1603-2 | al mundo con caridad a -la carne con ayuno |

## CARIDAT

| | |
|---|---|
| S 379-4 | va la dueña a -terçia caridat a -longe pone |
| S1309-1 | En caridat fablauan mas non mela fazien |
| S1322-4 | E que andudiese por mi passos de caridat |
| S1599-2 | auiendo por dios conpasion con caridat non erremos |

## CARMEN

| | |
|---|---|
| S1239-1 | los de -la trinidad con -los fraylez del carmen |

## CARNAL

| | |
|---|---|
| S1070-2 | que anda don carnal sañudo muy estraño |
| S1074-4 | la nota es aquesta a -carnal fue dada |
| S1075-3 | a -ty carnal goloso que te non coydas fartar |
| S1079-3 | a -don carnal mañana e todo esto le dezit |
| S1080-1 | las cartaz Resçebidas don carnal argulloso |
| S1081-2 | vino don carnal que ante estaua esforçado |
| S1094-1 | Commo es don carnal muy grand enperador |
| S1095-1 | Estaua don carnal Rica mente assentado |
| S1099-4 | llegaron a -don carnal aquestas nuevas malas |
| S1102-1 | El primero de todos que ferio a -don carnal |
| S1103-4 | despues a -don carnal falsol la capellyna |
| S1105-3 | dauan a -don carnal por medio de -las costillas |
| S1111-3 | ffazian a -don carnal pagar todas las costas |
| S1114-3 | sus armas cada vno en don carnal enprea |
| S1118-3 | a -don carnal Seguiendo llegandol a -la muerte |
| S1120-2 | si a -carnal dexaran dierale mal estrena |
| S1125-3 | mando luego la dueña que a -carnal guardasen |
| S1127-1 | Mando a -don carnal que guardase el ayuno |
| S1128-3 | ouose don carnal luego mucho a -sentyr |
| S1162-1 | Desque del santo flayre ovo carnal cofesado |
| S1171-2 | estaua don carnal con muy grand deuoçion |
| S1172-1 | ffynco ally ençerrado don carnal el coytoso |
| S1176-4 | saluo a -don carnal non se a -quien non plega |
| S1180-2 | don carnal el doliente yua salud aviendo |
| S1182-2 | rrezio es don carnal mas flaco se fazia |
| S1185-3 | sy nos lyeuas de aqui Carnal por las callejas |
| S1190-2 | de nos don carnal fuerte madador de toda cosa |
| S1193-2 | don carnal poderoso por la graçia de dioz |
| S1209-2 | diz tu carnal soberuio meto que non me falles |
| S1211-1 | Estos dos enperadores amor E carnal eran |
| S1212-1 | a -don carnal rresçiben todos los carniçeroz |
| S1216-1 | Venia don carnal en carro muy preciado |
| S1302-4 | los mas con don carnal fazian su morada |
| S1312-1 | Pues carnal es venido quiero perder lazeria |

## CARNALES

| | |
|---|---|
| S1697-3 | demas que sabe el rrey que todos somos carnales |

## CARNE

| | |
|---|---|
| S 226-2 | vna pieça de carne en -la boca passaua |
| S 227-2 | la carne que tenia perdiola el alano |
| S 829-3 | mesquino e magrillo non ay mas carne en -el |
| S 968-4 | de buena carne de choto |
| S1030-5 | e carne salada |
| S1092-4 | mas fago el seruiçio con -la carne e cuero |
| S1252-3 | tyenen cozinaz grandes mas poca carne dam |
| S1274-1 | El Segundo comia carne salpresa |
| S1328-3 | el que al lobo enbia a -la fe carne espera |
| S1494-3 | se -que el que al lobo enbia a -la fe carne espera |
| S1553-4 | non temerie tu venida la carne vmagnal |
| S1557-2 | temio te la su carne grand miedo le posiste |
| S1584-2 | la carne el diablo el mundo destos nasçen los mortales |
| S1603-2 | al mundo con caridad a -la carne con ayuno |
| F 3 | No auedes amiga de carne el coraçon |

## CARNECERIA

| | |
|---|---|
| S1183-2 | rresçebieron lo muy bien en -su carneçeria |

## CARNECERIAS

| | |
|---|---|
| S1072-4 | creo que se me non detenga en -las carneçerias |
| S1223-1 | Pesso el enperante en -suz carneçeriaz |

## CARNER

| | |
|---|---|
| S 484-3 | en dos anos petid corder non se fazer carner |

**CARNERO**
S 480-1   Pyntole con -la grand priessa vn eguado carnero
S 483-2   E vydo vn grand carnero con armas de prestar
S 781-3   des-echan el carnero piden las adefinas
**CARNEROS**
S 766-2   los carneros valyentes vinieron bien corriendo
S1084-2   laz anssares çeçinas costados de carneroz
S1185-1   Cabrones e cabritos carneros e ovejas
S1214-4   carneroz E cabritoz con su chica pelleja
**CARNES**
S1168-3   fostigaras tus carnes con santa disçiplina
S1193-4   salud con muchas carnes sienpre de nos a -voz
**CARNICERO**
S 226-1   alano carniçero en vn Rio andava
S 291-4   por cobrar la tu fuerça eres lobo carniçero
**CARNICEROS**
S1212-1   a -don carnal rresçiben todos los carniçeroz
**CARNOSAS**
S1113-2   feriendo e matando de -las carnosas gentes
**CARO**
S 615-1   jura muy muchas vezes el caro vendedor
**CAROS**
S1470-2   tan caros que me cuestan tus furtos e tus presaz
**CARRALES**
S1296-1   El Segundo adoba e rrepara carralez
**CARRANCAS**
S 332-3   vn mastyn ovejero de carrancas çercado
**CARRERA**
P 68   en -la carrera de saluaçion en -que anda
P 165   en -la carrera que andudiere
S 116-3   tome senda por carrera
S 239-4   diz don villano nesçio buscad carrera larga
S 393-3   al que quieres matar ssacas los de carrera
G 437-3   zepa mentir fermozo e ziga la carrera
S 511-3   por joyas E dineros Salyra de carrera
G 590-2   qual carrera tomare que me non vaya matar
S 637-4   ante salen a -la peña que por carrera derecha
S 645-2   que sepa sabia mente andar esta carrera
S 920-2   non tomes el sendero e dexes la carrera
S 962-2   tirate de -la carrera que non trax para ty nada
S 975-4   o morar me he con-vusco o mostrad me la carrera
S 988-4   ella me rrespuso ca la carrera as errado
S1092-3   non so para afrae en carrera nin ero
S1213-1   El pastor lo atyende fuera de -la carrera
S1294-1   trez labradorez vinien todos vna carrera
S1300-1   El tablero la tabla la dança la carrera
S1494-4   que -la buena corredera ansy faze carrera
S1524-1   non es omne çierto de tu carrera aviesa
S1569-4   nunca torna con nuevas quien anda esta carrera
**CARRERAS**
S 851-1   syn verguença es el fecho pues tantas carreras tyen
S1235-1   laz carreraz van llenaz de grandes proçesiones
**CARRIZO**
S 288-3   pelole toda la pluma E echola en -el carrizo
**CARRO**
S1216-1   Venia don carnal en carro muy preciado
S1219-3   en -el su carro otro a -par del non caualga
**CARTA**
S 258-4   leuad esta mi carta a -jaab E venid
S1071-4   que lo des-afiedes luego con mi carta de creençia
S1073-1   Dad la al menssajero esta carta leyda
S1074-1   otra carta traya abyerta e ssellada
S1074-2   vna concha muy grande de -la carta colgada
S1129-1   En carta por escripto le daua sus pecados
S1130-1   Non se faze penitençia por carta nin por escripto
S1193-1   la nota de -la carta venia a -todos nos
S1195-1   Por ende vos mandamos vista la nuestra carta
S1197-1   nuestra carta leyda tomad della traslado
S1456-3   dixol que de su alma la carte le feciese
S1457-1   otorgole su alma fizole dende carta
S1497-2   que lieues esta carta ante que gelo yo diga
S1498-1   leuol vna mi carta a -la missa de prima
S1529-1   Non ha en -el mundo libro nin escrito nin carta
S1695-1   Con aquestas rrazones que -la carta dezia
**CARTAJENA**
S1146-1   que poder ha en -Roma el juez de cartajena
**CARTAS**
S 355-1   Por cartas o por testigos o por buen jnstrumente
S1068-2   truxo a -mi dos cartaz vn lygero trotero
S1068-4   ca laz cartaz leydas dy las al menssajero
S1077-1   ley amas laz cartaz entendy el ditado
S1079-2   fuese e yo fiz mis cartaz dixele al viernes yd
S1080-1   las cartaz Resçebidas don carnal argulloso
S1189-1   Enbio laz cartaz andar non pudo
S1190-1   Estas fueron laz cartaz el testo e la glosa
S1198-1   Escriptaz son laz cartas todas con sangre biua
S1199-1   Pero que ella non avia laz cartaz rrescebidaz
S1690-1   llegadas son laz cartaz del arçobispo don gil
S1694-1   Cartas eran venidaz que dizen en esta manera
**CAS**
S 341-1   don ximio fue a su cas con -el mucha conpaña
**CASA**
S 5-3   sacastelo tu sano asy commo de casa buena
S 218-3   esta ez tu alferez E tu casa offiçia
S 327-1   En cassa de don cabron mi vassallo e mi quintero
G 446-2   en la cama muy loca en casa muy cuerda
S 499-1   fazer perder al pobre su casa e su vyña
S 537-4   armo sobrel su casa e su aparejamiento
S 700-2   andan de casa en casa vendiendo muchas donas
S 701-1   desque fuy en mi casa esta vieja sabida
S 709-1   dixo yo ire a -su casa de esa vuestra vezina
S 719-2   el mi algo E mi casa a -todo vuestro mandar

S 724-1   Entro la vieja en casa dixole Señora fija
S 751-1   fuese la golondrina a -casa del caçador
S 824-1   fuese a -casa de -la dueña dixo quien mora aqui
S 861-2   por ende fija Señora yd a -mi casa a -vezes
S 864-2   commo a -vuestra casa a -tomar buena meryenda
S 878-1   quando yo saly de casa puez que veyades las rredes
S 912-2   poco salya de casa era como saluase
S 938-2   andan de casa en casa vendiendo muchas donas
S 965-1   Dyz yo leuare a -cassa e mostrar te he el camino
S 974-1   Torne para mi casa luego al terçer dya
S 997-1   do -la casa del cornejo primer dia de selmana
S1182-4   de -lo que dixo en -casa ally se desdezia
S1263-2   pero que en mi casa fyncaron los jnstrumentes
S1289-1   buscaua cassa fria fuya de -la siesta
S1350-1   Tomola en -la falda e leuola a -su casa
S1373-1   ffue con -el a -ssu casa E diol mucho de queso
S1560-3   ffue por tu santa muerte tu casa despoblada
S1564-4   guarde nos de tu casa non fagas de nos rriso
S1609-3   en casa cuerdas donosaz sosegadas byen fazientes
S1706-1   que sy yo tengo o -toue en casa vna seruienta
S1708-4   que -la acoje de noche en casa avn que gelo defiendo
**CASA** (H)
S1329-4   por ende casa la duena con cauallero apodaz
**CASADA**
S 478-1   Commo era la moça nueva mente casada
S 711-3   ella diz pues fue casada creed que se non arrepienta
S 791-3   Pues que la mi Señora con otro fuer casada
S1330-1   E desque ffue la dueña con otro ya casada
S1694-3   que non touiese mançeba cassada nin soltera
**CASADAS**
S 231-3   forçar muchas mugeres cassadas e esposas
S1166-3   non guardaste casadas nin mongas profesaz
**CASADO**
S 192-1   Respondio el cassado que esto non feçiesen
S 193-3   ante que fuese casado el garçon atan Reçio
S 194-1   ante que fuese casado lygero la fazia
S 194-3   el vn mes ya pasado que casado avia
S 195-4   diz ay molyno Rezio avn te vea casado
S 337-1   por que tiene barragana publica e es casado
S 998-3   ella dixo non lo yerra el que aqui es cassado
S1028-2   mas soy cassado
S1455-4   el me fara con -la forca ser del todo casado
S1694-2   que clerigo nin cassado de toda talauera
**CASADOS**
S 891-1   doña endrina e don melon en vno casados son
S1316-1   los que ante son solos desque eran casados
**CASAMENTERA**
S 527-1   guarda te non te abuelvas a -la casamentera
**CASAMIENTO**
S 191-1   ffizo su cassamiento con aquesta condiçion
S 192-3   casamiento abondo e desto le dixiesen
S 457-2   que querian casamiento e andavan acuziossos
S 458-4   coydando que tenian su cassamiento fecho
G 765-3   yo non quize fasta agora mucho buen casamiento
S 879-3   casamiento que vos venga por esto non lo perderedes
S1002-1   Diz aqui avras casamiento qual tu demandudieres
S1326-3   Señora pues yo digo de casamiento far
S1593-2   que dios fizo en parayso matrimonio E casamiento
**CASAMIENTOS**
S 599-1   Con arras e con dones rrueganle cassamientos
S 735-2   leuantar yo de mio e mouer cassamientos
**CASANDO**
S1591-3   casando huerfanas pobres e nos con esto tal
**CASAR**
S 97-1   Diz quando quier casar omne con dueña mucho onrrada
S 189-2   non queria cassar se con vna sola mente
S 192-4   de casarlo con otra non se entremetiesen
S 395-1   Coydan se la cassar como las otras gentes
S 397-2   ssy oy cassar la quieren cras de otro se enamora
S 459-1   dyxo les la dueña que ella queria casar
S 465-4   deuedes por mas pereza duena con-migo casar
S 658-1   querian alla mis parientes Cassar me en esta Saçon
S 713-2   otro quiere casar con ella pide lo que vos pedidez
G 759-2   casar ante del año que a -bivda non conuien
G 759-4   casarse ca el luto con esta carga vien
S 798-2   non quiere ella casar se con otro ome nado
S 840-2   en casar vos en vno aqui non ay trayçion
S 840-4   de cassar se con-vusco a -ley e a -bendiçion
S 993-4   coydos cassar con-migo commo con su vezino
S 998-2   dixe ando por esta sierra do quirria cassar de grado
S1002-2   Casar me he de buen talento contigo si algo dieres
S1014-4   los que quieren casar se aqui non sean sordos
S1326-4   ca mas val suelta estar la viuda que mal casar
S1508-2   rrogue a -la mi vieja que me quisiese casar
S1593-2   cassar los pobres menguados dar a -beuer al sediento
**CASARA**
S1332-3   non se casara luego nin saldra a -conçejo
S1542-3   que casara con mas rrico o -con moço valiente
**CASARIA**
S 732-2   creo que casaria el con vusco de buen grado
S 795-2   non casaria con-migo ca seria adulterio
**CASAS**
G 756-3   daua zonbra a -las casaz e rreluzie la cal
S 781-1   algunos en -sus cassas passan con dos sardinas
S1174-2   en -laz casaz do anda cesta nin canistillo
S1263-4   Ca vido pequeñas cassas para tantos seruientes
S1383-1   Tu tyenes grandes casaz mas ay mucha conpaña
**CASASE**
S 190-3   con dos que -se cassase primero con -la menor
S 190-4   E dende a -vn mes conplido casase con -la mayor
**CASASEN**
S 191-4   quisiese que -le casasen a -ley e a -bendiçion

**CASAZE**
G 760-1 sy yo ante casaze seria enfamada
**CASCAVELES**
S 723-1 la buhona con farnero va taniendo cascaueles
**CASE**
S1576-3 con buena rrazon muchos case non quise locura
**CASEDES**
S 467-1 buscad con quien casedes que -la dueña non se paga
**CASERAS**
S1175-2 cañadaz e uarrilez todaz cosaz casseraz
**CASILLA**
S 973-4 dixe mi casilla e mi fogar çient sueldos val
**CASO**
S 474-4 casose con muger moça pagavase de conpaña
S1004-4 bien caso menga lloriente
**CASOS**
S1147-1 Todos los casos grandes fuertes agrauiados
S1150-2 son otros casos muchos de que son oydores
S1153-3 tyenen sobre estos casos diuersas opiniones
S1155-4 de -los casos que non son en -vuestra pertenençia
S1157-4 la grand neçesidat todos los casos atapa
S1159-3 que de -los casos grandes que vos distes vngente
**CASTA**
S 521-3 que por ende sera casta e la fara estar
S1443-4 rreligiosa non casta es perdida toronja
**CASTANAS**
S 862-3 que castanas que piñones e que muchas avellanas
**CASTAÑAS**
S1122-4 los que con -el fyncaron non valyan dos castañas
S1273-1 Comia Nuezes primeras e asaua laz castañas
**CASTAÑOS**
S1215-3 muchos bueyz castañoz otros hoscoz e loroz
**CASTELLANOS**
S1224-2 dando a -quantoz veniam castellanoz E jnglesez
**CASTIDAT**
S1592-2 con castidat E con conçiençia podernos emos escusar
**CASTIGA**
S 89-3 sy -non yo te mostrare commo el leon castiga
S 89-4 que el cuerdo E la cuerda en mal ageno castiga
S 485-1 Por ende te castiga non dexes lo que pides
S 574-4 Castiga te castigando E sabras a -otros castigar
**CASTIGAD**
S 881-3 castigad vos amiga de otra tal contra yz
**CASTIGADA**
S 905-4 en ajena cabeça sea byen castigada
**CASTIGADO**
S 429-4 panfilo e nason yo los ove castigado
S1261-3 de te fuy aperçebido e de ty fuy castigado
**CASTIGADOS**
S 900-2 prendieron a -don burro como eran castigados
**CASTIGANDO**
S 574-4 Castiga te castigando E sabras a -otros castigar
**CASTIGAR**
S 86-4 dio grand golpe en -la cabeça al lobo por lo castigar
S 200-4 mas vieron que non era Rey para las castigar
S 574-4 Castiga te castigando`E sabras a -otros castigar
S 719-4 pero ante que vayades quiero voz yo castigar
**CASTIGO**
S 81-3 E fallanse ende mal castigo en -su manera
S 359-2 sea exepçion prouada nol faran otro castigo
S 906-1 En muchas engañadas castigo e seso tome
**CASTIGO** (H)
G 446-3 esto que te castigo con ouidio concuerda
S 573-1 ssy tu guardar sopieres esto que te castigo
**CASTIGO** (H)
S 576-3 en -lo que me castigo E por verdat dezir
**CASTIGOS**
P 101 e de castigoz E constunbrez E de otraz çiençiaz
P 181 e castigoz de saluaçion
S 427-3 oy e leye mis castigos e sabe los byen fazer
S 576-4 falle que en -sus castigos syenpre vse beuir
**CASTIGUE**
S 88-4 en -el lobo castigue que feziese o -que non
**CASTILLA**
S1222-1 Rehalaz de castilla con pastorez de ssoria
S1696-4 apellasemos del papa antel Rey de castilla
**CASTILLO**
S1192-3 non te nos defenderaz en castillo nin en muro
**CASTILLOS**
S 501-3 castillos hereadadez E villas entorredaz
**CASTOS**
S 388-3 non te pagas de omes castos nin dignos santos
**CASTRARON**
S1107-2 mataron las perdizes Castraron loz capones
**CASTRO**
S1073-4 data en castro de ordiales en burgos Resçebida
S1119-3 de castro de vrdiales llegaua esa saçon
S1311-2 fuy tener la quaresma a -la villa de castro
**CATA**
S 236-2 que non ha de dios miedo nin cata aguisado
S 273-1 El loco el mesquino que su alma non cata
S 275-3 al que tu eçendimiento e tu locura cata
S 379-2 tu catolica a -ella cata manera que -la trastorne
S 431-1 Cata muger fermosa donosa e loçana
G 446-4 e para aquesta cata la fyna avancuerda
S 565-3 pues piensa por ty mesmo e cata byen tu seno
S 999-1 Mas pariente tu te cata sy sabes de sierra algo
**CATAD**
S 870-1 Catad non enperezedes acordad vos de -la fablilla
S 916-2 catad aqui que vos trayo esta preçiosa sortija
S1495-3 mas catad non -le digades chufaz de pitoflero
S1655-1 Catad que el byen fazer

**CATADES**
S 466-4 veo tuerto suzio que sienpre mal catades
**CATADURA**
S 605-1 Non veen los vuestros ojos la mi triste catadura
S1663-4 catadura muy bella
**CATAM**
S 403-3 quier feo quier natyo aguisado non catam
**CATANDO**
S 56-4 assentose el neçio Catando sus vestidos
S1668-4 non catando su pecado saluas lo de amargura
S1675-2 non catando mi maldad
**CATAR**
G 589-1 la llaga non ze me dexa a -mi catar nin ver
G 590-2 Cuytado yo que fare que non la puedo yo catar
S 788-2 en dueña que non vos quiere nin catar nin ver
S1421-1 Deue catar el omne con -seso E con medida
S1596-3 con spiritu de çiençia sabiendo mesura catar
**CATARON**
S 134-1 Cataron dia claro para yr a -caçar
S 135-2 los sabios naturales que su signo cataron
**CATAS**
S1522-1 Non catas señorio debdo nin amistad
**CATASE**
S1317-3 rroguel que me catase alguna tal garrida
**CATASTE**
S1558-1 Nol cataste nil viste vyo te el byen te cato
**CATAT**
S 482-3 diz la muger monseñer vos mesmo la catat
S 874-2 catat catat commo assecha barrunta nos commo perro
**CATEDES**
S1419-3 ella diz al diablo catedes vos el polso
**CATES**
G 562-1 ante otroz de acerca tu muchoz Nom la catez
**CATHOLICA**
P 195 es comienço E fundamento dioz e la fe catholica
P 203 que ez de -la santa trinidad E de -la fe catholica
S 140-4 segund la fe catholica yo desto creyente
**CATHOLICAE** (L)
P 197 que comiença fidey catholiçe fundamento
**CATHOLICO**
S1179-1 Al xristiano catholico dale el santo signo
**CATHREDA**
S 53-3 subio en alta cathreda dixo con bauoquia
S 54-3 sobio en otra cathreda todo el pueblo juntado
**CATIVA**
S1198-3 desian a -la quaresma donde te asconderas catyua
**CATIVEDAT** (V)
G1053-3 por aquezto moran en catiuedat
**CATO**
S1382-2 del miedo que he avido quando bien melo cato
**CATO** (H)
S 272-1 Cato contra sus pechos el aguila ferida
S 483-1 Cato don pitas pajas el sobredicho lugar
S1558-1 Nol cataste nil viste vyo te el byen te cato
**CATOLICA**
S 379-2 tu catolica a -ella cata manera que -la trastorne
S1312-2 la quaresma catolica do aquesta quiteria
**CATON**
P 79 Ca dize Caton Nemo sine crimine viuit
S 44-1 Palabras son de sabio e dixo lo caton
S 568-3 caton sabyo Romano en su lybro lo manda
**CAUDAL**
S1013-4 beueria en pocos dias cavdal de buhon Rico
**CAUSTRA**
S1307-2 falle por la caustra e por el çiminterio
**CAUSTRAS**
S 846-1 El amor cobdiçioso quiebla caustras E puertas
**CAVA**
S1370-3 vn mur de franca barua rresçibiol en su caua
**CAVADORES**
S1281-1 El Segundo enbya a -viñas cauadorez
**CAVADURA**
S 526-2 muchas vegadas dando faze grand cavadura
**CAVALGA**
S1219-3 en -el su carro otro a -par del non caualga
**CAVALGADAS**
S1468-4 sotoue a -miz amigoz en -talez caualgadaz
**CAVALGADURAS**
S 502-4 guarnimientos estraños nobles caualgaduras
**CAVALGAR**
S1000-4 E caualgar blauo potrillo
**CAVALGO**
S 999-2 yol dixe bien se guardar vacas yegua en cerro caualgo
**CAVALLAR**
S1010-2 ca byen creed que era vna grand yegua cavallar
**CAVALLERIAS**
S1223-4 començo el fidalgo a -fazer caualleriaz
**CAVALLERO**
S1275-1 Comie el cavallero el toçino con verçaz
S1329-4 por ende casa la duena con cauallero apodaz
**CAVALLEROS**
S 127-1 Non acaban en orden nin son mas cavalleros
S 500-1 El faze caualleros de neçios aldeanos
S 621-3 con buen seruiçio vençen cavalleros de españa
G 763-2 a caualleroz e a dueñaz es prouecho vestido
S1084-4 luego en pos de aquestos estan los caualleroz
S1253-1 Señor sey nuestro huesped dizien los caualleros
S1271-1 Tres caualleros comian todos a -vn tablero
**CAVALLO**
S 236-4 conte.çel commo al asno con -el cavallo armado
S 237-1 yva lydiar en -canpo el cavallo faziente
S 238-2 el cavallo soberuio fazia tan grand sueno

## CAVALLO (cont.)

| | |
|---|---|
| S 239-2 | andaua mal e poco al cauallo enbargava |
| S 239-3 | derribole el cavallo en medio de -la varga |
| S 298-1 | vn cavallo muy gordo pasçia en -la defesa |
| S 298-3 | el leon tan goloso al cavallo sopessa |
| S 299-1 | al leon gargantero rrespondio el cavallo |
| S 301-2 | el cavallo ferrado contra sy fizo tuerto |
| S 301-3 | las coçes el cavallo lanço fuerte en çierto |
| S 302-1 | El cavallo connel miedo fuyo aguas byuaz |
| S 512-4 | el que non tyene que dar su cavallo non corre |
| S 565-1 | Pyenssa sy consyntyra tu cavallo tal freno |
| S 620-4 | faze andar de cauallo al peon el seruiçio |
| S 641-1 | ssy nol dan de -las espuelas al cauallo faron |
| S1244-4 | el cauallo de españa muy grand preçio valie |

## CAVALLOS

| | |
|---|---|
| S1240-2 | muchos buenos cauallos e mucha mala silla |

## CAVALLUNOS (V)

| | |
|---|---|
| G1014-2 | dientez anchoz e luengoz cauallunoz moxmordoz |

## CAVAN

| | |
|---|---|
| S 699-2 | estas echan el laço estas cavan las foyas |

## CAVANDO

| | |
|---|---|
| S 613-4 | El omne mucho cauando la grand peña acuesta |

## CAVAS

| | |
|---|---|
| S 937-2 | ya vos dixe que estas paran cauas e foyas |

## CAXCO

| | |
|---|---|
| S 86-3 | el cuero con la oreja del caxco le fue arrancar |

## CAY

| | |
|---|---|
| S 460-4 | cay del escalera fynque con esta ligion |
| S 944-2 | yo cay en -la cama e coyde peligrar |
| S 978-1 | Deribo me la cuesta ayuso E cay estordido |
| S1576-4 | cay en vna ora so tierra del altura |

## CAYA

| | |
|---|---|
| S 270-2 | non ay pendola della que en -tierra caya |
| S1482-4 | si de vos me partiere a -mi caya el perjuro |

## CAYA (H)

| | |
|---|---|
| S1104-4 | caya de cada cabo mucha buena mollera |

## CAYADA

| | |
|---|---|
| S 963-2 | arrojome la cayada e Rodeome la fonda |
| S 976-3 | sy non yo te fare que mi cayada midas |
| S 977-4 | diome con -la cayada en -la oreja fyera |
| S 990-5 | si la cayada te enbyo |
| S 991-1 | Enbiome la cayada aqui tras el pastorejo |

## CAYO

| | |
|---|---|
| S 200-2 | la mayor quel pudo Cayo en -ese lugar |
| S 226-4 | cobdiçiola abarcar cayosele la que leuaua |
| S 753-3 | non quiso buen conssejo cayo en fuertes palas |
| S 766-4 | el cayo quebrantado ellos fueron fuyendo |
| S1430-3 | cayo en -grandes rredes non las podia Retaçar |

## CAZA

| | |
|---|---|
| G 440-2 | andan de caza en caza e llaman ze parteraz |
| S 475-4 | non olvidedez vuestra caza nin la mi persona |
| G 583-2 | poco salie de caza zegunt lo an de vzaje |
| S 725-1 | ffija sienpre estades en caza ençerrada |
| S 756-4 | mas do non mora omne la caza poco val |
| G 758-3 | dioz bendixo la caza do el buen omne cria |

## CAZA (H)

| | |
|---|---|
| G 436-4 | Non puede zer quien mal caza que non ze arrepienta |

## CAZADOR

| | |
|---|---|
| S 486-2 | non la sygue nin la toma faze commo cazador vyl |

## CECADO

| | |
|---|---|
| S1123-4 | estaua muy señero çecado e mesquino |

## CECIAL

| | |
|---|---|
| S1118-2 | congrio çeçial e fresco mando mala suerte |

## CECINA

| | |
|---|---|
| S1093-1 | Estaua don toçino con mucha otra çeçina |
| S1106-3 | synon por doña çeçina quel desuio el pendon |
| S1123-1 | Synon fuese la çeçina con -el grueso toçino |
| S1125-4 | E a -doña çeçina con -el toçino colgasen |

## CECINAS

| | |
|---|---|
| S1084-2 | laz anssares çeçinas costados de carneroz |

## CEDAÇUELO

| | |
|---|---|
| S 919-2 | que çedaçuelo nueuo trez dias en astaca |

## CEGAR

| | |
|---|---|
| G 442-4 | ca tal escanto vsan que saben bien çegar |

## CEJA

| | |
|---|---|
| S 286-1 | Pelo todo su cuerpo su cara E su çeja |
| S 506-2 | byen les dan de -la çeja do son sus parçioneros |

## CEJAS

| | |
|---|---|
| S 432-3 | las çejas apartadas luengas altas en peña |
| S1486-1 | las çejas apartadaz prietas como cabron |

## CEJO

| | |
|---|---|
| S 251-3 | quando vees el poble caesete el çejo |

## CELA

| | |
|---|---|
| P 49 | E ponelo en -la çela de -la memoria |

## CELADA

| | |
|---|---|
| S 393-4 | de logar encobyerto sacas çelada fiera |

## CELADO

| | |
|---|---|
| G 761-3 | andemoz lo fablemoz lo teng(a)moz lo çelado |

## CELAN

| | |
|---|---|
| G 660-4 | do se çelan loz amigoz son mas fielez entramoz |

## CELAR

| | |
|---|---|
| S 806-3 | que quien amores tyene non los puede çelar |
| S 848-3 | verguença que fagades yo he de çelar |

## CELARE

| | |
|---|---|
| S 736-3 | guardar vos he poridat çelare vuestra rraçon |

## CELARES (V)

| | |
|---|---|
| G 567-1 | si mucho te çelarez mucho fara por ti |

## CELEDES

| | |
|---|---|
| S 879-1 | menos de mal sera que esto poco çeledes |

## CELICIO

| | |
|---|---|
| S1255-4 | Señor vete con nusco prueua nuestro çeliçio |

## CELO

| | |
|---|---|
| S 276-2 | con grand çelo que tienes omne de ti se espanta |
| S 277-1 | El çelo syenpre nasçe de tu enbydia pura |
| S 278-1 | Desque uvia el çelo en ty arraygar |
| S 279-1 | Con çelo e ssospecha a -todos aborresçes |
| S 279-2 | leuantaz les baraja con çelo enfraquesçez |
| S 283-2 | con envidia e çelo omnes e bestias lydian |
| S 632-4 | amenazan mas non fieren en çelo son arteras |

## CELOS

| | |
|---|---|
| S 277-4 | ssyenpre coydas en çelos de otro bien non as cura |
| S 283-3 | a do-quier que tu seas los çelos ally cryan |

## CELOSA

| | |
|---|---|
| S 643-3 | es de -la mançebya çelosa la vejedat |

## CELOSAS

| | |
|---|---|
| S 644-2 | mucho son de -las moças guardaderas çelosas |

## CELOSO

| | |
|---|---|
| S 277-3 | por esto eres çeloso e triste con rrencura |

## CELOZO

| | |
|---|---|
| G 558-2 | a -la muger que es cuerda non le seaz çelozo |

## CELLADA

| | |
|---|---|
| S 877-3 | tan buen dia es oy este que falle atal çellada |

## CEMENTERIO

| | |
|---|---|
| S 795-1 | ffasta que su marido pueble el çementerio |

## CEMIENTO

| | |
|---|---|
| S 537-3 | desque vydo el dyablo que ya echaua çemiento |

## CENA

| | |
|---|---|
| S1033-3 | avra bien de çena |
| S1097-1 | Desque vino la noche mucho despuez de çena |
| S1266-4 | muchos dexan la çena por fermoso cantar |

## CENAR

| | |
|---|---|
| S 292-3 | syn mesura meriendas mejor quieres çenar |

## CENARAS

| | |
|---|---|
| S1167-1 | El jueues çenaraz por la tu mortal yra |

## CENARIA

| | |
|---|---|
| S 176-1 | Por poca vianda que esta noche çenaria |

## CENAVA

| | |
|---|---|
| S1288-4 | los baruoz e laz truchas amenudo çenaua |

## CENCERRO

| | |
|---|---|
| S 874-4 | mas quebrantaria las puertas menealas commo çencerro |

## CENCERROS

| | |
|---|---|
| S1188-2 | los bueys E vacas Repican los çençerros |

## CENIZA

| | |
|---|---|
| S 75-1 | El ffuego ssienpre quiere estar en -la çeniza |
| S1178-2 | con çeniza los cruzan de Ramoz en -la fruente |
| S1178-4 | que son çeniza e tal tornaran çierta mente |

## CENTELLA

| | |
|---|---|
| S 264-3 | ençendien ally todos commo en grand çentella |
| S 734-3 | e de chica çentella nasçe grand llama de fuego |

## CENTENO

| | |
|---|---|
| S 255-3 | non quieres dar al poble vn poco de çenteno |
| S1030-1 | diome pan de çenteno |

## CENTURIO

| | |
|---|---|
| S1057-4 | çenturio fue dado luego por guardador |

## CENZEÑO

| | |
|---|---|
| S1183-3 | pascua de pan çenzeño estos les venia |

## CEÑIDA

| | |
|---|---|
| S1218-1 | Enderedor traya çeñida de -la su çynta |

## CEÑIGLO

| | |
|---|---|
| S1008-4 | yeguariza trifuda talla de mal çeñiglo |

## CEPA

| | |
|---|---|
| S 219-4 | de -la cobdiçia nasçen es della rrayz e çepa |

## CEPOS

| | |
|---|---|
| S 497-2 | tyra çepos e gruillos E cadenas peligrosas |

## CERA

| | |
|---|---|
| S 710-1 | la çera que es mucho dura e mucho brozna e elada |

## CERCA

| | |
|---|---|
| S 55-2 | E mostro solo vn dedo que esta çerca del pulgar |
| S 121-3 | el conpaño de çerca en -la cruz adoraua |
| S 350-2 | la comadre contra el lobo çerca la conclusion |
| S 370-4 | menester la zentençia çerca la conclusion |
| S 746-4 | andaua el abutarda çerca en -el sendero |
| S 774-1 | fuese mas adelante çerca de vn molino |
| S 797-3 | cerca son vuestros gozos de -la vuestra querençia |
| S 914-4 | que çerca de -la villa puso el arraual |
| S 952-2 | falle vna vaquerisa çerca de vna mata |
| S 993-2 | falle çerca el cornejo do tajaua vn pyno |
| S1022-1 | Cerca la tablada |
| S1044-1 | Cerca de aquesta ssierra ay vn logar onrrado |
| S1070-1 | ssabed que me dixeron que ha çerca de vn año |
| S1082-4 | fazian su alarde çerca de -los tyzones |
| S1129-4 | çerca desto le dixo muchos buenos ditados |
| S1210-1 | vigilia era de pascua abril çerca pasado |
| S1215-2 | mas vienen çerca della que en -granada ay moroz |
| S1296-4 | esconbra los Rastrojos e çerca los corrales |
| S1350-2 | pusola çerca del fuego çerca de buena blasa |
| S1467-1 | Cerca el pie de -la forca començo de llamar |

## CERCADA

| | |
|---|---|
| S1412-1 | Conteçio en vna aldea de muro byen çercada |

## CERCADO

| | |
|---|---|
| S 332-3 | vn mastyn ovejero de carrancas çercado |
| S1216-2 | cobierto de pellejos e de cueros çercado |
| S1267-3 | de piedraz muy preciosas çercado en -derredor |

## CERCANA

| | |
|---|---|
| S 409-2 | quiero ser tu amiga tu muger e tu çercana |

## CERCANAS

| | |
|---|---|
| S1537-3 | mas preçian la erençia çercanos e çercanas |

## CERCANOS

| | |
|---|---|
| S1537-3 | mas preçian la erençia çercanos e çercanas |

## CERCAVA

| | |
|---|---|
| S 202-2 | çercava todo el lago ansy faz la rribera |

## CERCO

| | |
|---|---|
| S 408-3 | çerco todz su cueva que non salya de fuera |

**CEREZA**
S1291-4 traya las manos tyntas de -la mucha çereza
**CERMEÑA**
S 241-1 desque salyo del canpo non valga vna çermeña
**CERRADA**
S 636-3 coge sus muchas lagrimas en -su boca çerrada
S 872-3 falle la puerta çerrada mas la vieja byen me vydo
S 877-2 vieja por esto teniades a -mi la puerta çerrada
S1378-1 Cerrada ya la puerta e pasado el temor
S1412-3 que entraua de noche la puerta ya çerrada
S1519-4 me fue despues çerrada que antes me era abierta
**CERRADO**
S 57-4 mostro puño çerrado de porfia avia gana
**CERRADOS**
S1129-2 con sello de poridat çerrados E sellados
**CERRADURAS**
S 846-4 las fuertes çerraduras le paresçen abyertas
**CERRAR**
S1276-3 fazia çerrar sus cubas fenchir laz con enbudo
S1277-3 çerrar los silos del pan e seguir los pajarez
**CERRARE**
S1626-4 punto a -mi librete mas non -lo çerrare
**CERRARIAS**
S1481-3 dexar miaz con -el sola çerrariaz el postigo
**CERRARON**
S1413-2 çerraron los portillos finiestraz E forados
**CERRO**
S 999-2 yol dixe bien se guardar vacas yegua en cerro caualgo
**CERROS**
S1188-1 Desquel vieron los toros yrizaron los çerros
**CERTENIDAD**
S 60-4 entendien que meresçen de leyes çertenidad
**CERTERA**
S 324-2 acta e byen formada clara e byen çertera
S1034-3 la cosa çertera
S1569-3 ado te me han leuado non cosa çertera
**CERTERO**
S 480-4 que ya don pytas pajas desta venia çertero
**CERTIFICADO**
S1299-3 por do el que lo oyere sera çertificado
**CERVICES**
S 242-1 Tenia del grand yugo dessolladaz las ceruiçes
S1293-4 a -las bestias por tierra e abaxar laz çeruiçes
**CESTA**
S1174-2 en -laz casaz do anda cesta nin canistillo
**CESTILLA**
S 870-3 rrecabdat lo que queredes non vos tenga por çestilla
**CESTO**
S 261-3 engañolo la duena quando lo colgo en -el çesto
**CETENO**
S1286-2 con -los vientoz que faze grana trigo E çeteno
**CETENOS**
S1292-1 El terçero andaua los çetenos trayendo
**CETERA** (L)
P 21 Da michi intellectum e cetera
P 29 jntellectuz bonus omibus façientibus eum e cetera
P 43 qui diligitis dominum odite malum e cetera
P 121 Anni nostri sicut aranea meditabuntur e cetera
P 137 E podra dezir con -el salmista veni veritatis E cetera
P 167 jntellectum tibi dabo e cetera
P 205 ita deuz pater deus filius e cetera
**CEVADAS**
S1290-2 segando las çeuadas de todo el alfoz
**CEVO**
S 421-3 tomas la grand vallena con -el tu poco çeuo
S 646-4 vna vez echale çeuo que venga segurada
S 883-4 mueren por el poco çeuo non se pueden defender
**CEYO**
S 539-1 Ceyo su mal conssejo ya el vino vsaua
**CIBDAD**
S 22-2 en çibdad de galilea
S 266-1 Todo el suelo del Ryo de -la çibdad de Roma
S1671-1 Yo so mucho agrauiado en esta çibdad seyendo
**CIBDADANO**
S 51-1 Estando en su coyta dixo vn cibdadano
**CIBDADES**
S 260-1 ffueron por la loxuria çinco nobles çibdadez
S 618-2 tomanse las çibdadez derribanse los muros
**CIBDAT**
S 326-4 que vino a nuestra çibdat por nonble de monedero
S 330-2 a -esta vuestra cibdat non conosco la gente
S 596-3 sobra e vençe a -todas quantas ha en -la çibdat
S 973-1 Estude en esa çibdat e espendi mi cabdal
S1306-4 echaron me de la çibdat por la puerta de visagra
S1310-1 Andando por la çibdat rradio E perdido
**CIDIERBEDAS**
S1093-2 çidierbedas e lomos fynchida la cozina
**CIDRAS**
S 862-2 muchas peras e duraznos que çidras e que mancanas
**CIEGA**
S 866-2 pierde el entendimiento çiega e pierde la vista
**CIEGA** (H)
S 865-4 çiega es la muger seguida non tyene seso nin tyento
**CIEGAN**
S 101-3 çiegan muchos con -el viento van se perder con mal Ramo
G 440-4 echan la moça en ojo e çiegan bien de ueraz
**CIEGAS**
S1546-2 çiegas los en vn punto non han en -si prouecho
**CIEGO**
S1145-3 si el çiego al çiego adiestra o lo quier traer
**CIEGOS**
S 405-4 traes los omnes çiegos que creen en tus loorez

**CIELO**
S1514-1 Cantares fiz algunoz de -los que dizen los ziegos
**CIELO**
S 12-1 El que fizo el çielo la tierra E el mar
S 29-3 Sobir al çielo E diste
S 31-4 al çielo e quanto y avia
S 33-1 Tu virgen del çielo Reyna
S 39-4 al çielo a -su padre mayor
S 40-5 del çielo viste y entrar
S 41-4 al çielo te fizo pujar
S 42-4 del çielo en ti morador
S 148-1 bien ansy nuestro señor dios quando el çielo crio
S 233-4 de -las sillas del çielo ovieron de caer
S1045-2 luz luziente al mundo del çielo claridat
S1052-4 de su faz tam clara del çielo rresplandor
S1055-4 claridat del çielo por syenpre durador
S1064-1 En -su faz escopieron del çielo claridat
S1555-1 Tu despoblaste muerte al çielo e sus syllas
S1556-3 al que tiene el çielo e la tierra a -este
S1640-8 el çielo pujaste
S1645-6 al çielo sobido
S1647-5 al çielo fue subida
**CIELOS**
S1640-1 quando a -los çielos sobio
S1673-3 en -los çielos ensalçada
**CIENCIA**
P 122 onde yo de mi poquilla çiençia
P 193 Segund que esta çiençia Requiere
S 46-4 quando demando Roma a -greçia la çiençia
S 123-1 los antiguos astrologos dizen en -la çiençia
S 147-4 ante es çierta çiençia e de mucho prouecho
S 150-3 ellos e la çiençia son çiertos e non dubdosos
S 347-1 El alcalde letrado e de buena çiençia
S 886-2 es en -el mucho tienpo el saber e la çiençia
S1133-3 so rrudo E syn çiençia non me oso aventurar
S1134-3 con -la çiençia poca he grand miedo de fallyr
S1596-3 con spiritu de çiençia sabiendo mesura catar
**CIENCIAS**
P 101 e de castigoz E constunbrez E de otraz çiençiaz
**CIENT**
S 182-4 saluar non puedes vno puedes çient mill matar
S 525-2 çient vegadas de noche de amor es rrequerida
S 569-4 buen callar çient sueldos val en toda plaça
S 710-3 despuez con -el poco fuego çient vezes sera doblada
S 973-4 dixe mi casilla e mi fogar çient sueldos val
S1398-2 diez ansares en laguna que çient bueyez en prado
**CIENTO**
S 185-3 a -vezes poco a -poco con maestrias çiento
S 248-4 que nunca le diste a -vno pidiendo telo çiento
G 765-2 de quantoz me Rogaron zabez tu mas de çiento
S1153-1 Decretales mas de çiento en -libros E en -questionez
S1388-2 que a -ty nin a -çiento tales en -la mi mano
S1500-2 que atal velo prieto nin que abitos çiento
S1654-2 vos çiento de dios tomedes
**CIERO**
S 229-2 desque lo tiene omne çiero E ya ganado
**CIERRA**
S 573-2 cras te dara la puerta quien te oy çierra el postigo
**CIERRO**
S1632-3 por ende fago punto E çierro mi almario
**CIERTA**
S 8-4 te fizo çierta desto tu fueste çierta del
S 70-2 bien o -mal qual puntares tal te dira çierta mente
S 146-2 en -que a sus subditos manda çierta pena dar
S 147-3 ante es çiençia e de mucho prouecho
S 166-3 la costunbre es otra que natura çierta mente
S 185-1 Non tienes Regla çierta nin tienes en ti tiento
S 352-1 fallo que -la demanda del lobo es byen çierta
S 352-3 fallo que -la Raposa es en parte byen çierta
S 473-1 çierta cossa es esta quel molyno andando gana
S 538-2 qual es la ora çierta nin el mundo como se guia
S 542-1 Commo dize el proverbyo palabla es byen çierta
S 656-4 ado es lugar seguro es bien fablar cosa çierta
S1178-4 que son çeniza e tal tornaran çierta mente
S1648-3 e quatro çierta mente
**CIERTAS**
S 68-2 trabaja do fallares las sus señales çiertas
S 128-3 que judgaron vn niño por sus çiertas senales
S 846-3 dexa el miedo vano e sospechas non çiertas
S1709-4 E dende en adelante çiertas procuraçones
**CIERTO**
S 74-2 todos a -tienpo çierto se juntan con natura
S 142-1 Cyerto es que el rrey en su Regno ha poder
S 295-2 de -los mas mejores que y eran por çierto
S 301-3 las coçes el cavallo lanço fuerte en çierto
S 363-2 es magnifiesto e cierto lo que la marfusa puso
S 364-2 E es magnifiesto e çierto que el por ello vsa
G 444-4 contra la fegura toda por que maz çierto andez
G 595-3 Pues este es camino mas seguro e mas çierto
S 609-4 seras dello mas çierto yras mas segurado
S 860-1 Mas çierto fija Señora yo creo que vos cuydades
S 875-1 Cyerto aqui quiere entrar mas por que yo non -le fablo
S1066-2 por estas llagas çierto es el mundo saluado
S1368-1 vieja dixo la dueña çierto yo non menty
S1377-3 non tenia lugar çierto do fuese anparado
S1483-3 cunple otear firme que es çierto menssajero
S1524-3 non es omne çierto de tu carrera aviesa
S1530-2 el omne non es çierto quando E qual mataras
S1570-1 Cyerto en parayso estas tu assentada
**CIERTOS**
S 148-3 sus poderios çiertos E juyzios otorgo
S 150-3 ellos e la çiençia son çiertos e non dubdosos
S1580-1 Deuemos estar çiertos non Seguros de muerte

**CIERVA**
S 524-2   la çierua montesyna mucho corrida canssa
S 826-1   Anda me todo el dia como a -çierua corriendo
**CIERVO**
S1089-2   ahe vos ado viene muy lygero el çieruo
S1122-2   el jaualyn E el çieruo fuyeron a -las montanas
**CIGOÑINOS**
S 978-4   que de tal guisa coje çigoñinos en nido
**CIGUEÑA**
S 202-1   Enbioles por su Rey çigueña manzillera

S 978-3   cofonda dios dixe yo çigueña en -el exido
**CILLERO**
S 178-2   tanto siguio al ladron que fuyo de aquel çillero
**CIMA**
S 327-2   entro a -ffurtar de noche por çima del fumero
S 377-3   que -la lieue por agua e que de a -toda çima
S 931-4   yo dare a -todo çima e lo trahere a -rrodo
S 952-1   En çima deste puerto vyme en Rebata
S1023-1   En çima del puerto
S1052-3   pilatos judgando escupenle en çima
S1268-2   en -la çima del mastel vna piedra estaua
S1475-4   el le da mala çima E grand mal en chico Rato
S1498-4   pero de buena fabla vino la buena çima
**CIMIENTO**
P 198   e do este non es cimiento
**CIMINTERIO**
S1170-1   anda en -este tienpo por cada çiminteryo
S1307-2   falle por la caustra e por el çiminterio
**CIMINTERIOS**
S1554-1   Tu yermas los pobrados puebras los çiminterios
**CINCO**
S 128-2   dezir te vn juyzio de çinco naturales
S 130-2   vinieron çinco dellos de mas conplido saber
S 138-3   los çinco fados dichos todos bien se conplieron
S 260-1   ffueron por la loxuria çinco nobles çibdadez
S1547-2   todos los çinco sesos tu los vienes tomar
**CINFONIA**
S1233-2   çinfonia e baldosa en -esta fiesta sson
S1516-2   çinfonia guitarra non son de aqueste marco
**CINIO**
S 918-2   diole aquestas cantigas la çinta le çynio
**CINQUAENTA**
S 249-4   non te valdran thesoros nin Reynos çinquaenta
S1648-2   años çinquaenta
**CINTA**
S 918-2   diole aquestas cantigas la çinta le çynio
S 997-3   vestida de buen bermejo buena çinta de lana
S1019-2   dauan le a -la çinta pues que estauan dobladas
S1035-1   pues dan vna çinta
S1216-4   en saya faldas en çinta e sobra byen armado
S1218-1   Enderedor traya çeñida de -la su çynta
**CINTAS**
S 171-2   davale de mis donas non paños e non çintas
**CIRUGIANO**
S1411-1   Sy dixo la comadre quando el çirugiano
**CISNE**
S1438-1   o cueruo tan apuesto del çisne eres pariente
**CISTEL**
S1241-2   de çistel predicaderaz e muchaz menoretaz
**CISTEN**
S1236-1   ordenes de çisten Con -las de sant benito
**CITOLA**
S1019-4   a -todo son de çitola andarian syn ser mostradas
S1213-4   taniendo el Rabadan la çitola trotera
S1516-3   çitola odreçillo non amar caguyl hallaço
**CIVERA**
S 712-2   que çiuera en molyno el que ante viene muele
S 907-4   e muchas espigas nasçen de vn grano de çiuera
S 920-4   que non mengua cabestro a -quien tyene çiuera
**CLAMORES**
S 771-1   ffiestas de seys capas E de grandes clamorez
**CLARA**
S 73-1   que diz verdat el sabio clara mente se prueua
S 324-2   acta e byen formada clara e byen çertera
S 352-2   bien acta e byen formada bien clara e abyerta
S 355-3   esta tal dilatoria prouar se clara mente
S 435-2   la su faz sea blanca syn pelos clara e lysa
S1052-4   de su faz tam clara del çielo rresplandor
S1177-4   que vayan a -la iglesia con conçiençia clara
S1380-2   non tiene voluntad clara la vista temerosa
S1591-2   con fe santa escogida mas clara que cristal
**CLARAS**
S 433-2   E de luengas pestañas byen claras e Reyentes
S1231-3   bozes dulzes sabrosaz claraz e bien pyntadaz
**CLARIDAD**
S1613-2   color virtud e preçio e noble claridad
**CLARIDAT**
S1045-2   luz luziente al mundo del çielo claridat
S1055-4   claridat del çielo por syenpre durador
S1064-1   En -su faz escopieron del çielo claridat
**CLARO**
S 134-1   Cataron dia claro para yr a -caçar
S1225-2   el sol era salydo muy claro E de noble color
**CLAVO**
S 113-3   a -vn mi conpanero sopome el clauo echar
S 300-2   echo me en este pie vn clauo tan fito
S 875-4   las ove ganado non posistes ay vn clauo
**CLAVOS**
S1065-1   Con clauos enclauaron las manos e pies del
**CLEREZIA**
S 125-1   Muchos ay que trabajan sienpre por clerezia

**CLERIGO**
S1149-4   por que el sinple clerigo es desto tan osado
S1154-1   vos don clerigo synpre guardat vos de error
S1155-2   del su clerigo cura non le dedes peniteniça
S1249-4   de grado toma el clerigo e amidos enpresta
S1694-2   que clerigo nin cassado de toda talauera
**CLERIGOS**
S 494-3   a -muchos clerigos nesçios davales dinidades
S 495-1   fazia muchos clerigos e muchos ordenados
S 505-1   Commo quier que -los frayles E clerigos dyzen que aman a dios seruir
S 506-1   Monges frayles clerigos non toman los dineros
S1069-3   a -todos loz açiprestes E clerigoz con amor
S1144-1   Muchos clerigos synples que non son tan letrados
S1150-4   son mucho defendidos a -clerigos menores
S1249-1   Non quieras a -los clerigos por vesped de aquesta
S1251-1   Señor dizen los clerigos non quieras vestir lana
S1315-4   andan de boda en -boda clerigos e juglarez
S1491-2   los clerigos cobdiçiosoz desean laz vfanaz
S1697-2   que maguer que somos clerigos Somos sus naturales
S1709-2   appellaron los clerigos otrosy los clerizones
**CLERIZONES**
S1709-2   appellaron los clerigos otrosy los clerizones
**CLERIZIA**
S1247-2   querria leuar tal huesped luego la clerizia
S1695-2   fynco muy queblantada toda la clerizia
**CLERIZONES**
S1235-3   los legos segralez con muchoz clerizonez
**COBDICIA**
S 217-2   con mucha cobdiça los omnes enganadoz
S 218-1   de todos los pecados es rrayz la cobdiçia
S 219-4   de -la cobdiçia nasçen de della rrayz e çepa
S 221-3   muchos por tal cobdiçia lo ajeno furtaron
S 222-4   quien tu cobdiçia tiene el pecado lo engaña
S 223-1   Por cobdiçia feciste a -troya destroyr
S 224-1   Por tu mala cobdiçia los de egipto morieron
S 225-1   Por la cobdiçia pierde el omne el bien que tiene
S 228-4   es la mala cobdiçia pecado mortal
S 283-1   Cada dia los omes por cobdiçia porfian
S 540-1   ffue con -el cobdyçia Rays de todos males
S1163-1   El dia del domingo por tu cobdiçia mortal
S1586-1   Contra la grand cobdiçia el bautismo porfia
S1587-3   con -tal loriga podremos con cobdiçia que nos trança
S1587-4   E dios guardar nos ha de cobdiçia mal andança
**COBDICIA**
**(H)**
S 629-3   muchas vezes cobdiçia lo que te va negar
S 694-4   el que amen dixiere lo que cobdiçia lo vea
**COBDICIAN**
S 220-4   por conplir lo que mandan cobdiçian lo peor
S 221-1   Cobdiçian los averes que ellos non ganaron
S 225-3   non han lo que cobdiçian lo suyo non mantienen
**COBDICIAR**
S 217-3   ffazes les cobdiçiar e mucho ser denodadoz
S 227-3   non ovo lo que quiso nol fue cobdiçiar sano
**COBDICIARON**
S 224-4   de mucho que cobdiçiaron poca parte ovieron
**COBDICIAVA**
S 223-4   que troxo a -elena que cobdiçiaua seruir
**COBDICIE**
S 110-4   non cobdiçie conpaña sy solo se mantiem
**COBDICIES**
S1163-4   que non veas el mundo nin cobdicies el mal
**COBDICIO**
S 226-4   cobdiçiola abarcar cayosele la que leuaua
S 390-1   Non te quiero amor nin cobdiçio tu fijo
S 539-4   cobdiçio fazer forniçio desque con vyno estaua
S 844-1   lo que tu me demandas yo eso cobdicio
S1636-1   por que seruir te cobdiçio
**COBDICIOSA**
S 511-2   toda muger cobdyçiosa de algo es falaguera
**COBDICIOSO**
S 228-1   Cada dia contessçe al cobdiçiosso atal
S 846-1   El amor cobdiçioso quiebla caustras E puertas
S1364-1   El mundo cobdiçioso es de aquesta natura
**COBDICIOSOS**
S1491-2   los clerigos cobdiçiosoz desean laz vfanaz
**COBERTERA**
S 17-3   blanca farina esta so negra cobertera
G 437-4   ca mas fierbe la olla con la su cobertera
S 924-3   señuelo cobertera al-madana coraça
**COBERTERAS**
S1175-4   espetos e grialez ollaz e coberteraz
**COBERTOR**
G 443-4   e mucha mala ropa cubre buen cobertor
S 925-1   garavato nin tya cordel nin cobertor
**COBERTURA**
S 11-4   sea de nuestras almas cobertura E manto
**COBIERTA**
S 656-3   bueno es jugar fermoso echar alguna cobierta
**COBIERTO**
S 216-4   andas vrdiendo sienpre cobierto so mal paño
S 306-3   de cabellos cobyerto como bestia atal
S1216-2   cobierto de pellejos e de cueros çercado
**COBLAR**
S 289-2   pierden lo que ganaron por lo ageno coblar
**COBRA**
S1224-4   cobra quanto ha perdido en -loz pasadoz mesez
S1533-1   quien en mal juego porfia mas pierde que non cobra
**COBRADA**
S 97-2   promete E manda mucho desque -la ha cobrada
**COBRAR**
S 291-4   por cobrar la tu fuerça eres lobo carniçero
G 450-3   si tal zaber podierez e la quisierez cobrar

**COBRE**
S 266-3   fizole suelo de cobre Reluze mas que goma
S1087-2   ollas de puro cobre trayan por capellynas
**COBRE**   (H)
S 159-4   como vn amor pierde luego otro cobre
**COBRE**   (H)
S1698-1   que yo dexe a -ora-buena la que cobre antaño
**COBRIR**
S 830-1   El grand fuego non puede cobrir la su llama
**COBRO**
S 601-3   otro cobro non fallo que me pueda acorrer
S 782-1   fijo el mejor cobro de quantos vos avedes
S 783-1   ay de mi con que cobro tan malo me venistes
S 878-4   El mejor cobro que tenedes vuestro mal que -lo calledes
S 885-2   vase perder por el mundo pues otro cobro non tyene
S 885-4   pues otro cobro yo non he asy fazer me convyene
S1308-1   Coyde en otra orden fallar cobro alguno
S1327-1   Mas val tener algun cobro mucho ençelado
S1355-2   onde ovieses cobro non tenias adama
**COBRO**   (H)
S 308-3   en -que avia la fuerça E desque la byen cobro
**COBROS**
G 591-2   he de buscar muchoz cobroz zegunt que me perteneçen
S 882-3   ayer mill cobros me dauaz mill artes mill salidas
**COCES**
S 301-3   las coçes el cavallo lanço fuerte en çierto
S 315-1   dyole grand par de coçes en -la fruente gelas pon
**COCHILLO**
S1431-2   fue a -el dixo Señor yo trayo buen cochillo
**COCHINO**
S 774-2   fallo vna puerca con mucho buen cochino
S 778-2   por tomar el cochino que so -la puerca yaze
**COCHO**
S1373-3   enxundiaz e pan cocho syn rraçion e syn peso
**COCHOS**
S1163-2   conbras garuanços cochoz con azeyte e non al
**CODICIAVA**
S 112-2   codiciava tener lo que otro para sy tenia
**CODICIOSOS**
S 457-3   amos por vna dueña estauan codyçiossos
**CODICIOZO**
G 558-4   Non seaz de su algo pedidor codiçiozo
**CODONATE**
S1334-2   diaçitron codonate letuario de nuezes
**CODORNIZ**
S 881-1   Synon parlase la pycaça mas que -la codorniz
**COEDA**
S 285-3   por ser atan fermosa esta locura coeda
**COFESADO**
S1162-1   Desque del santo flayre ovo carnal cofesado
**COFIA**
S1219-1   Tenia coffya en -la cabeça quel cabello nol ssalga
**COFONDA**
S 978-3   cofonda dios dixe yo çigueña en -el exido
**COGE**
S 636-3   coge sus muchas lagrimas en -su boca çerrada
**COGER**
S1173-1   mouio todo el Real mando coger su tyenda
S1309-4   rrefez es de coger se el omne do se falla bien
**COGIA**
S1290-3   comie las bebraz nueuas e cogia el arroz
**COGIDO**
S 365-2   fizo la conffesion cogido en angostura
S 752-1   Cogido ya el cañamo E fecha la parança
**COGIERON**
S 766-3   cogieron le al lobo en medio en -el feriendo
**COGITATIONES**   (L)
P 87   Cogitaciones hominum vane sunt
**COGO**
S 953-1   yo guardo el portadgo E el peaje cogo
**COGUERÇO**
S1544-3   sy non de que es muerto quel come coguerço
**COHIEREN**
S 979-4   cohieren se en vno las buenas dineradas
**COHITA**
S 575-4   nin creo que -la falle en toda esta cohyta
**COIDA**
S 103-3   aquel es enganado quien coyda que engaña
S 179-2   dixo vno coyda el vayo e E otro el que -lo ensilla
S 211-3   oras coyda en -su saña oras en merjelina
S 225-2   coyda aver mas mucho de quanto le conviene
S 228-2   coyda ganar con-tigo E pierde su cabdal
S 394-4   do coyda algo en ella tyene nada
S 516-3   desque lo oye la dueña mucho en ello coyda
S 519-4   es coyda syenpre por este faz la musa
S 520-4   non coyda ver la ora que con -el seya yda
S 521-1   Coyda su madre cara que por la sosañar
S 866-4   andan por escarneçerla coyda que es amada e quista
S1408-1   quando coyda el bauieca que diz bien e derecho
S1408-2   E coyda fazer zeruiçio e plazer con su fecho
S1532-2   en vn punto se pierde quando omne non coyda
S1533-2   coyda echar su ssuerte echa mala çocobra
**COIDADES**
S 843-1   En -todo paro mientes mas de quanto coydades
**COIDADO**
S 44-4   que la mucha tristeza mucho coydado pon
S 229-3   nunca deue dexarlo por vn vano coydado
S 613-3   que syguiendo e seruiendo en -este coydado es puesta
S 717-2   de aqueste ofiçio byuo non he de otro coydado
S 859-1   Tan byen a -vos commo a -el este coydado vos atierra
S 868-2   amigo diz como estades yd perdiendo coydado
S 910-1   Seyendo yo despues desto syn amor e con coydado

**COIDADO**
S1077-4   a -mi e a -mi huesped puso nos en -coydado
S1303-4   rrespondio me con sospiro e commo con coydado
S1314-1   Syenpre do quier que sea pone mucho coydado
**COIDADOS**
S 44-2   que omne a -sus coydadoz que tiene en coraçon
S 742-1   Dexa me de tus Roydos que yo tengo otros coydados
S1663-3   melezina de coydadoz
**COIDAN**
S 395-1   Coydan se la cassar como las otras gentes
S 744-3   muchos dizen que coydan parar vos talez lazos
S1537-2   non coydan ver la ora que tangan las canpanas
**COIDANDO**
P 139   ca leyendo E coydando el mal que fazen
S 113-2   puse por mi menssajero coydando Recabdar
S 117-1   Coydando que -la avria
S 171-1   Coydando la yo aver entre las benditas
S 261-4   coydando con -lo sobia a -su torre por esto
S 458-4   coydando que tenian su cassamiento fecho
S1469-2   coydando que era muerto todoz dende derramaron
S1691-4   coydando que traya otro mejor mandado
**COIDAR**
S 227-4   Por la sonbra mentirosa E por su coydar vano
S 995-3   sy dexas lo tyenes por mintroso coydar
S1061-4   en dauit lo leemos segud el mi coydar
**COIDARES**
S 69-1   Do coydares que miente dize mayor verdat
S 579-4   quando non coydares a -otra ora lo avras
**COIDAS**
S 277-4   ssyenpre coydas en çelos de otro bien non as cura
S 629-4   dar te ha lo que non coydas sy non te das vagar
S1075-3   a -ty carnal goloso que te non coydas fartar
**COIDAVAN**
S 99-2   coydauan que era preñada atanto se dolia
S 345-4   coydauan que jugaua e todo era rrenir
**COIDE**
S 944-2   yo cay en -la cama e coyde peligrar
S 974-3   coyde tomar el puerto que es de -la fuent fria
S1023-2   coyde ser muerto
S1298-2   coyde que soñaua pero que verdat son
S1305-2   coyde estar viçioso plazentero e ledo
S1308-1   Coyde en otra orden fallar cobro alguno
**COIDEDES**
S 860-3   esto vos non lo penssedes nin coydedes nin creades
**COIDO**
S 227-4   coydo ganar E perdio lo que tenia en su mano
S 240-2   coydo ser vençedor E fynco el vençido
S 459-4   ffabro luego el coxo coydo se adelantar
S 740-2   que ya esse parlero me coydo engañar
S 993-4   coydos cassar con-migo commo con su vezino
S 994-1   Preguntome muchas cosas coydos que era pastor
S 994-3   coydos que traya rrodando en derredor
S1440-1   bien se coydo el cueruo que con -el gorgear
**COIDO**   (H)
S 913-2   nin lo coydo buscar para mensajeria
**COITA**
S 4-3   libra me mi dioz desta coyta tan maña
S 6-4   Señor de aquesta coyta saca al tu açipre(ste)
S 50-2   ffueron rromanos en -coyta non sabian que se fazer
S 51-1   Estando en su coyta dixo vn cibdadano
S 512-2   a -coyta E a -grand priessa el mucho dar acorre
S 832-1   E vos que non avedes nin coyta nin enbargo
S 841-1   Entyendo su grand coyta en mas de mill maneras
S 842-2   con piedat e coyta yo lloro por quel farte
S 928-1   Commo dize vn derecho que coyta non ay ley
S 929-1   ove con -la grand coyta Rogar a -la mi vieja
S 930-1   a -la he diz açipreste vieja con coyta trota
S 954-3   desque me vy en coyta aRezido mal trecho
S1009-1   Con -la coyta del frio e de aquella grand elada
S1047-1   My alma E mi coyta e en tu alabança
S1055-2   grand coyta fue aquesta por el tu fijo duz
S1311-1   Saly desta lazeria de coyta e de lastro
S1391-3   aya mucha lazeria e coyta e trabajar
S1477-4   desque le veen en coyta non dan por el dotes motes
S1479-3   al que te dexa en coyta nol quieras en -trebejo
S1508-1   Por oluidar la coyta tristeza E pessar
S1672-2   la mi coyta tu la parte tu me salua E me guia
S1680-3   en -tu esperança coyta atanta
S1686-3   la coyta estraña
S1688-2   coyta e pesarez
**COITADA**
S1355-1   tu estauas coytada poble ssyn buena fama
**COITADAS**
S1393-4   perdedes vos coytadaz mugeres syn varones
**COITADO**
S 1-4   saca a -mi coytado desta mala presion
S 602-3   non preçia nada muerto me trae coytado
S 651-1   Coytado sy escapare grand miedo he de ser muerto
S 702-2   de quantos bienes fazedes al que a -vos viene coytado
S 819-2   mas el poble coytado syenpre esta temeroso
S 928-4   que estaua coytado commo oveja syn grey
S1677-4   en -que so coytado triste
**COITADOS**
S1668-2   aguardando los coytados de dolor E de tristura
S1674-4   de coytados saluamiento
**COITANDO**
S 928-2   coytando me amor mi señor E mi Rey
**COITAR**
S 98-4   commo duena en parto començose de coytar
**COITAS**
G 439-3   a dioz alçan laz cuentaz querellando suz coytaz
S 604-4   oyt me vos mansa mente las mis coytas sobejas
S 652-3   deziendo de mis coytas entender mi Rencura

## COITAS

**(cont.)**

| | |
|---|---|
| S 888-4 | el sabydor se prueua en coytas e en presuras |
| S1058-2 | a mis coytas fagas aver consolaçion |
| S1420-1 | Dixo todaz laz coytas puede ome sofrir |
| S1682-2 | syenpre guaresçez de coytas E das vida |
| S1689-4 | ya las coytas mias |

## COITOSO

| | |
|---|---|
| S 819-4 | por chica rrazon pierde el poble e el coytoso |
| S1172-1 | ffynco ally ençerrado don carnal el coytoso |
| S1427-2 | matar vn pequeno al pobre al coytoso |

## COITRAL

| | |
|---|---|
| G 756-1 | començo su escanto la vieja coytral |

## COJE

| | |
|---|---|
| S 978-4 | que de tal guisa coje çigoñinos en nido |

## COJO

| | |
|---|---|
| S 976-4 | sy en lleno te cojo byen tarde la oluidas |

## COLA

| | |
|---|---|
| S1401-3 | ladrando e con la cola mucho la fallagaua |
| S1415-2 | o diz que buena cola mas vale que vn dinero |

## COLGADA

| | |
|---|---|
| S1074-2 | vna concha muy grande de -la carta colgada |

## COLGADAS

| | |
|---|---|
| S 243-2 | el espinazo agudo las orejas colgadas |
| S1019-1 | Por el su garnacho tenia tetas colgadas |

## COLGADO

| | |
|---|---|
| S 131-3 | el quarto dixo el jnfante ha de ser colgado |
| S 138-1 | Estando ansy colgado ado todos lo vieron |

## COLGADOS

| | |
|---|---|
| S1472-4 | dellos estan colgados muchas gatas e gatos |

## COLGAR

| | |
|---|---|
| S1126-1 | mandolos colgar altos byen como atalaya |
| S1467-3 | vino el malo e dixo ya te viese colgar |

## COLGARIAN

| | |
|---|---|
| S 881-2 | non la colgarian en -la plaça nin Reyrian de -lo que diz |

## COLGASEN

| | |
|---|---|
| S1125-4 | E a -doña çeçina con -el toçino colgasen |

## COLGO

| | |
|---|---|
| S 137-4 | en vn arbol del rrio de sus faldas se colgo |
| S 261-3 | engañolo la duena quando lo colgo en -el çesto |

## COLMILLO

| | |
|---|---|
| S 314-2 | el javalyn sañudo dauale del col-millo |
| S1416-2 | diz el colmillo desta puede aprouechar |

## COLMILLOS

| | |
|---|---|
| S1357-3 | avia buenos colmillos buena boca e diente |

## COLOR

| | |
|---|---|
| S 163-2 | de dentro qual de fuera dan vista e color |
| S 288-2 | vydo el mal engaño E el color apostizo |
| S 546-3 | en su color non andan secanse e en-magresçen |
| S 607-1 | El color he ya perdido mis sesos des-falleçen |
| S 653-3 | que cabellos que boquilla que color que buen andança |
| G 678-2 | es la color e la vista alegria palançiana |
| S 806-4 | en gestos o en sospiros o en color o en fablar |
| S 807-4 | todo se le demuda el color e el desseo |
| S 810-2 | el color se le muda bermejo e amarillo |
| S 831-3 | su color amarillo la su faz mudada |
| S 859-2 | vuestras fazes E vuestros ojos andan en color de tierra |
| S1225-2 | el sol era salydo muy claro E de noble color |
| S1267-1 | El mastel en -que se arma es blanco de color |
| S1499-3 | alto cuello de garça color fresco de grana |
| S1612-1 | Commo en chica rrosa esta mucha color |
| S1613-2 | color virtud e preçio e noble claridad |

## COLORADA

| | |
|---|---|
| S1024-5 | e byen colorada |

## COLORADO

| | |
|---|---|
| S 635-4 | encubre tu pobleza con mentyr colorado |

## COLORAN

| | |
|---|---|
| S1252-4 | coloran su mucha agua con poco açafran |

## COLORES

| | |
|---|---|
| S 405-2 | fazes tenblar los omnes e mudar sus colores |
| S 654-4 | perdi seso perdi fuerça mudaron se mis colores |

## COLLAÇOS

| | |
|---|---|
| S1277-1 | ffaze a -sus collaçoz fazer loz valladarez |
| S1406-2 | ella dando Sus bozes vinieron los collaçoz |

## COLLARADA

| | |
|---|---|
| S1035-5 | con su collarada |

## COLLORES

| | |
|---|---|
| S1227-2 | de diuerssas maneraz de diuerssaz collorez |

## COMA

| | |
|---|---|
| S 293-4 | tu dizes al garçon que coma byen e non tema |
| G 678-1 | pero que omne non coma nin comiença la mançana |
| S1545-1 | faze doler la cabeça al que lo mucho coma |

## COMADRE

| | |
|---|---|
| S 88-1 | El leon dixo comadre quien vos mostro ha fazer partiçion |
| S 323-1 | Enplazola por fuero el lobo a -la comadre |
| S 325-3 | yo el lobo me querello de -la comadre mia |
| S 338-4 | asoluel a -mi comadre vayase de -laz callejas |
| S 350-2 | la comadre contra el lobo çerca la conclusion |
| S 775-2 | dios vos de paz comadre que por vos vine yo aqui |
| S 957-2 | comadre quien mas non puede amidos moryr se dexa |
| S1411-1 | Sy dixo la comadre quando el çirugiano |
| S1706-3 | que non es mi comadre nin es mi parienta |

## COMADREJA

| | |
|---|---|
| S 929-3 | la liebre del couil sacala la comadreja |

## COMAMOS

| | |
|---|---|
| S 969-3 | dize luego hade duro comamos deste pan duro |

## COMAS

| | |
|---|---|
| S1165-2 | que comas los formigos e mucho non te fares |

## COME

| | |
|---|---|
| S 85-2 | comme la tu señor que -te sera buena e sana |
| S 204-2 | de dos en dos nos come nos abarca e nos astraga |
| S 303-4 | tu dizes que quien byen come byen faze garçonia |
| G 555-4 | do non les come se rrascan los tahurez amidoz |
| S1169-1 | Come el dya del sabado las fabas E non mas |
| S1378-4 | alegrate E come de -lo que as mas sabor |
| S1379-4 | a -ty solo es dulçe tu solo come del |
| S1544-3 | sy non de que es muerto quel come coguerço |

## COMEÇALLO

| | |
|---|---|
| S 808-3 | fago que me non acuerdo ella va começallo |

## COMED

| | |
|---|---|
| S 747-3 | comed aquesta semiente de aquestos eriales |

## COMEDES

| | |
|---|---|
| S1393-1 | Comedes en convento Sardinaz e camaronez |
| S1394-2 | con sayas de estameñas comedes vos mesquinas |

## COMEDI

| | |
|---|---|
| S1346-2 | dixele non Señora mas yo melo comedi |

## COMEDIENDO

| | |
|---|---|
| S 811-2 | oteame e sospira e esta comediendo |

## COMEDIO

| | |
|---|---|
| S 997-2 | encomedio de vallejo encontre vna serrana |

## COMEDIR

| | |
|---|---|
| S 45-3 | cada que las oyerdes non querades comedir |
| S 358-4 | nin deue el abogado tal petiçion comedyr |
| S 576-2 | desque vyno al alua començe de comedyr |

## COMEDIT

| | |
|---|---|
| S1496-2 | lo que cras le fablardes vos oy lo comedit |

## COMEN

| | |
|---|---|
| G 556-3 | mas alholiz rrematan pero non comen pan |
| S 906-3 | ya oystes que asno de muchos lobos lo comen |
| S1220-3 | ssabuesos e podencos quel comen muchoz panes |
| S1270-4 | trez comen a -ella vno a -otro assecha |
| S1404-2 | trayolos la farina que comen del açeña |

## COMENCE

| | |
|---|---|
| P 33 | del verso que yo començe en -lo que dize |
| P 201 | Por ende començe mi libro en -el nonbre de dioz |
| S 576-2 | desque vyno al alua començe de comedyr |
| S 659-4 | començel dezir mi quexura del amor que me afyncaua |
| S 993-1 | lunes antes del alua Començe mi camino |

## COMENÇADA

| | |
|---|---|
| G 669-4 | yo torne en -la mi fabla que tenia començada |

## COMENÇAR

| | |
|---|---|
| G 587-3 | zin voz yo non la puedo començar ni acabar |

## COMENÇARIEN

| | |
|---|---|
| G 447-4 | zy laz yo dexieze començarien a rreyr |

## COMENÇARON

| | |
|---|---|
| S1449-1 | acabada ya su fabla començaron de foyr |

## COMENÇO

| | |
|---|---|
| S 54-4 | E començo sus señas commo era tratado |
| S 98-1 | Ansy ffue que -la tierra commenço a -bramar |
| S 98-4 | commo duena en parto començose de coytar |
| S 134-3 | vn rrevatado nublo començo de agranizar |
| S 134-4 | e a -poca de ora començo de apedrear |
| S 174-3 | que fallo vn grand mastyn començole de ladrar |
| S 174-4 | el ladron por furtar algo començole a -falagar |
| S 178-1 | Començo de ladrar mucho el mastyn era mazillero |
| S 533-2 | seyendo arredrado començolo a -Retentar |
| G 756-1 | començo su escanto la vieja coytral |
| S 772-1 | Creo se los el neçio començo de Avllar |
| S 827-3 | començo la buhona a -dezir otra consseja |
| S 894-2 | commo estaua byen gordo començo a -Retoçar |
| S 916-1 | Començo a -encantalla dixole Señora fija |
| S1128-2 | començole a -predicar de dios a departyr |
| S1223-4 | començo el fidalgo a fazer caualleriaz |
| S1352-4 | començo de enponçoñar con venino la posada |
| S1376-2 | la puerta del palaçio començo a -ssonar |
| S1426-2 | el mur con -el grand miedo començo a -falgar |
| S1431-1 | Començo a -querellarse oyolo el murizillo |
| S1441-1 | Començo a -cantar la su boz a -erçer |
| S1467-3 | Cerca el pie de -la forca començo de llamar |
| S1693-1 | llorando de sus ojos començo esta rraçon |

## COMENDON

| | |
|---|---|
| S 380-4 | coxqueaz al dar ofrenda byen trotas el comendon |

## COMER

| | |
|---|---|
| S 85-4 | el leon fue sañudo que de comer avia gana |
| S 184-2 | fazes los perder el sueño el comer y el beuer |
| S 253-4 | el lobo finco sano para comer sin pereza |
| S 294-2 | por que comio del fruto que comer non deuia |
| S 295-4 | por comer e tragar sienpre estas boca abierto |
| S 303-1 | El comer syn mesura E la grand venternia |
| S 767-4 | non quise comer toçino agora soy escarnido |
| S 902-1 | quando el leon vyno por comer saborado |
| S1127-4 | E quel dyesen a -comer al dia majar vno |
| S1293-1 | Comiença a -comer laz chiquitaz perdiçez |
| S1381-2 | que comer mill manjares corrido e syn solaz |
| S1441-3 | la gulhara en punto selo fue a -comer |
| S1596-4 | comer tanto que podamos para pobres apartar |
| S1621-2 | quando non tenia que comer ayunaua el pecador |

## COMERAS

| | |
|---|---|
| S1165-3 | el terçio de tu pan comeras o -las dos partes |
| S1166-2 | por la tu grand loxuria comeras muy pocaz desaz |
| S1168-2 | el viernes pan E agua comeras E non cozina |
| S1169-2 | por tu envidia mucha pescado non comeras |

## COMES

| | |
|---|---|
| S1383-2 | comes muchas viandas aquesto te engaña |

## COMETER

| | |
|---|---|
| S1407-2 | nin dezir nin cometer lo que non le es dado |

## COMIA

| | |
|---|---|
| S 202-4 | de dos en dos las rranas comia bien lygera |
| S 252-1 | El lobo a -la cabra comiala por merienda |
| S 306-2 | comia yeruas montessinas commo buey paja E al |
| S 502-1 | Comia muchos manjarez de diuerssas naturas |
| S1272-1 | El primero comia laz primeraz chereuias |
| S1273-1 | Comia Nuezes primeras e apruaz laz castañas |
| S1274-1 | El Segundo comia carne salpresa |
| S1276-2 | gallynas con capirotada comia amenudo |

| | |
|---|---|

**COMIA** (cont.)

S1291-2 comia nueuos palales sudaua syn pereza
S1295-1 El primero comia vuas ya maduras
S1295-2 comia maduros figos de -las fygueras duraz
S1351-2 del pan E de -la leche e de quanto el comia
S1402-3 dauale cada vno de quanto que comia
S1412-4 comia laz gallinaz de posada en posada

**COMIAN**

S1271-1 Tres caualleros comian todos a -vn tablero
S1376-1 Do comian e folgauan en medio de su yantar

**COMIDA**

S1372-1 la su yantar comida el manjar acabado

**COMIDAS**

S 976-2 non te lleges a -mi ante telo comidas

**COMIDES**

S1005-1 yol dixe dar te he esas cosas e avn mas si mas comides

**COMIDO**

S 302-2 avia mucho comido de yeruas muy esquiuaz
S 571-2 diçen luego los mures han comido el queso
S1100-1 Commo avia buen omne Sobra mucho comido

**COMIE**

S1275-1 Comie el cavallero el toçino con verças
S1290-3 comie las bebraz nueuas e cogia el arroz

**COMIENCE**

S1483-2 que -la muger comiençe fablar de amor primero

**COMIENCO**

S 803-2 con -el comienço suyo nin se puede seguir
S1626-2 es comienço E fyn del bien tal es mi fe

**COMIENÇA**

P 149 que la ordenada caridad de -si mesmo comiença
P 197 que comiença fidey catholiçe fundamento
S 647-2 luego que tu la vieres comiençal de fablar
G 678-1 pero que omne non coma nin cominça la mançana
S1272-2 comiença a -dar çanahoria a -bestias de estabrias
S1282-4 desde entonçe comiença a -pujar el avena
S1293-1 Comiença a -comer laz chiquitaz perdiçez
S1296-3 comiença a -bendimiar vuas de -los parrales

**COMIENÇAN**

S 317-4 en pecado comiençan e en-tristezan acabada
S 505-3 quando oyen sus dineros que comiençan a Retenir
S 505-4 qual dellos lo leuaran comyençan luego a -Renir
S 785-1 ay que todos mis mienbros comiençan a -tremer

**COMIENÇAS**

S 375-1 Do tu Amiga mora comienças a -leuantar
S 377-1 El salyendo el sol comienças luego prima
S 381-3 comienças jn verbum tuum e dizes tu de aquesta
S 383-2 mirabilia comienças dizes de aquesta plana

**COMIENÇO**

P 23 el qual es comienço de toda sabidoria
P 195 es comienço E fundamento dioz e la fe catholica
S 19-1 E por que de todo bien es comienço e Rayz
G 583-4 Ca ella es comienço e fin deste viaje
S 632-2 al comienço del fecho synpre son rreferteras
S 721-1 Del comienço fasta el cabo pensat bien lo que digades
S 733-4 E de comienço chico viene granado fecho
S 805-3 por buen comienço espera omne la buena andança
S 912-4 que estass son comienço para el santo pasaje
S 915-1 luego en -el comienço fiz aquestos cantares
S1604-3 estos dichos son comienço e suma de todos males

**COMIENÇO** (H)

S1624-4 que sy lo comienço que -le dare buen cabo

**COMIENDO**

S1290-4 agraz nueuo comiendo enbargole la boz

**COMIESE**

S 84-2 el aparto lo menudo para el leon que comiese
S 176-3 ssy yo tu mal pan comiese con -ello me afogaria
S 335-4 ante que -las comiese yo gelas tome frias
S 413-2 buscando que comiese esta pelea vydo

S 982-3 sy ante non comiese non podria byen luchar
S1162-3 comiese cada dia vn manjar señalado
S1162-4 E non comiese mas e seria perdonado

**COMIGO**

S 7-4 Señor tu sey comigo guardame de trayd(ores)
S 704-1 Comigo Segura mente vuestro coraçon fablad
S 850-1 venga qual se quier comigo a -departir

**COMINADA**

S1335-1 Cominada alixandria con -el buen dia-gargante

**COMIO**

S 113-4 el comio la vianda e a -mi fazie Rumiar
S 118-4 El comio el pan mas duz
S 294-2 por que comio del fruto que comer non deuia
S 327-4 leuolo E comiolo a -mi pessar en tal ero
S 414-1 Comiolos a -entranbos non -le quitaron la fanbre
S 901-4 el coraçon el lobo comio e las orejas
S1417-1 vna vieja passaua quel comio su gallina

**COMISION**

S 371-2 que el avie poder del Rey en su comision

**COMO**

P 72 Como quier que a -laz vegadaz
P 184 como algunoz vsan por el loco amor
S 5-3 sacastelo tu sano asy commo de casa buena
S 18-3 como so mala capa yaze buen beuedor
S 41-6 commo a -madre
S 46-2 non me contesca con-tigo commo al doctor de greçia
S 53-2 commo si fuese doctor en -la filosofia
S 54-4 E començo sus señas commo era tratado
S 71-1 Commo dize aristotiles cosa es verdadera
S 75-2 commo quier que mas arde quanto mas se atiza
S 76-1 E yo como ssoy omne commo otro pecador
S 81-4 bien commo la rrapossa en agena mollera
S 87-1 la gulpeja con -el miedo e commo es artera
S 89-3 sy -non yo te mostrare commo el leon castiga

| | |
|---|---|

S 92-2 ffize cantar tan triste commo este triste amor
S 93-3 los que quieren partir nos como fecho lo han
S 94-1 Que me loaua della commo de buena caça
S 94-2 E que profaçaua della commo si fuse caraça
S 95-1 Commo dize la fabla quando a -otro sometem
S 96-1 Commo la buena dueña era mucho letrada
S 97-4 ffaze commo la tierra quando estaua finchada
S 98-2 commo duena en parto començose de coytar
S 105-1 Commo dize salamo e dize la verdat
S 112-1 E yo commo estaua solo syn conpañia
S 116-4 Commo andaluz
S 135-1 Acordose su Ayo de commo lo judgaron
S 136-2 mas commo ez verdat e non puede fallesçer
S 136-3 en -lo que dios ordena en commo ha de ser
S 145-1 E ansy commo por fuero avia de morir
S 154-1 Commo quier que he provado mi signo ser atal
S 157-3 ffaze blanco e fermoso del negro como pez
S 159-4 como vn amor pierde luego otro cobre
S 160-2 commo es este mio dize vna escriptura
S 166-1 Como dize el sabio cosa dura e fuerte
S 174-2 commo conteçio al ladron que entraua a -furtar
S 188-1 de commo enflaquezes las gentes e las dapñas
S 188-2 muchos libros ay desto de commo las engañaz
S 194-4 quiso prouar commo ante e vino ally vn dia
S 195-1 prouo tener la muela commo avia vsado
S 197-4 destruyes lo del todo commo el fuego a -la rrama
S 198-4 fueles commo a -laz Ranaz quando el Rey pidieron
S 201-3 pidieron Rey a -don jupiter como lo solyan pedir
S 202-3 andando pico abierta como era ventenera
S 211-1 ffazes lo Andar bolando como la golondrina
S 219-3 gula envidia açidia ques pegan commo lepra
S 236-4 conteseçl commo al asno con -el cavallo armado
S 238-3 que -las otras bestias espanta como trueno
S 242-4 ojos fondos bermejos commo piez de perdizes
S 251-4 fazes commo el lobo dolyente en -el vallejo
S 254-2 el lobo dixo como yo non te pudiera tragar
S 255-4 mas ansi te ssecaras como rroçio E feno
S 261-2 al sabidor virgillio commo dize en -el testo
S 264-3 ençendien ally todos commo en grand çentella
S 269-4 conteçeles commo al aguila con -los nesçios truhanez
S 271-1 fue commo avia vsado a -ferir los venados
S 279-4 contesçe te como acaesçe en -la rred a -los peçes
S 284-4 como con los paueznos contesçio a -la graja
S 287-1 graja enpavonada commo pauon vestida
S 300-4 saca melo e faz de my como de tuyo quito
S 306-2 comia yeruas montessas commo buey paja E al
S 306-3 de cabellos cobyerto como bestia atal
S 328-3 que sea enforcada e muerta como ladron
S 372-1 Tal eres como el lobo rretraes lo que fazes
S 391-4 como el fuego andas de vezina en vezina
S 393-1 fazes como folguym en tu mesma manera
S 395-1 Coydan se la cassar como las otras gentes
S 395-3 como mula camurzia aguza rrostros e dientes
S 400-2 almas cuerpos e algos commo huerco las tragas
S 402-2 fazes con tu grand fuego commo faze la loba
S 407-2 commo contesçio al topo que quiso ser amigo
S 416-2 tan byen al engañado como al enganador
S 416-3 commo el topo e la rrana peresçen o -peor
S 427-2 e non sabes la manera commo es de -aprender
S 431-4 que de amor non sabe es como bausana
S 478-1 Commo era la moça nueva mente casada
S 479-3 dixole que -le pyntase commo podiesse mejor
S 483-3 como es esto madona o como pode estar
S 484-1 Commo en este fecho es syenpre la muger
S 484-2 sotil e mal sabyda diz como mon sseñer
S 486-2 non la sygue nin la toma faze commo cazador vyl
S 493-4 todos a -el se omillan commo a -la magestat
S 505-1 Commo quier que -los frayles E clerigos dyzen que aman a dios seruir
S 507-3 commo los cuervos al asno quando le desuellan el cuero
S 531-2 penso commo podiese partyrle de aquesto
S 537-2 commo era fuerte puro sacol de entendimiento
S 538-2 qual es la ora çierta nin el mundo como se guia
S 539-2 el estando con vyno vydo commo se juntaua
S 542-1 Commo dize el proverbyo palabla es byen çierta
S 543-2 fue luego justiçiado commo era derecho
S 547-2 fazen rroydo los beodos commo puercos e grajas
G 563-1 sey commo la paloma linpio e mesurado
G 563-2 sey commo el pauon loçano zosegado
S 564-4 E es commo quien siebra en rrio o en laguna
S 568-1 Como tyene tu estomago en -sy mucha vyanda
S 575-3 nunca falle tal dueña como a -vos amor pynta
S 577-2 de commo en seruir dueñas todo tienpo non canse
G 585-4 todoz voz obedesçen commo a -su fazedor
G 586-2 vos temen e voz seruen commo a vuestra fechura
S 629-2 vn poquillo como a -miedo non dexes de jugar
S 630-4 lo poco e lo mucho façen lo como amidos
S 631-2 que dezir faz tu talente como desvergonçada
S 634-2 non fazer lo que quieren byen como tu lo quieres
S 699-3 non ay tales maestras commo estas viejas troyas
S 700-1 Como lo han vso estas tales buhonas
S 702-3 como ha bien e ayuda quien de vos hes ayudado
S 703-1 quiero fablar con-vusco bien en -como penitençia
S 728-2 en rriquezas e en costunbres tanto como el non creçieron
S 731-1 El fijo muchas vezes commo el padre prueua
S 735-3 fablar como en juego tales somouimientos
S 745-3 commo la abutarda quando la golondryna
S 745-4 le daua buen conssejo commo buena madrina
S 748-3 la semiente nasçida vyeron como rregaua
S 751-3 commo era grytadera E mucho gorjeador
S 752-2 fuese el paxarero commo solia a -caça
S 754-4 commo al abutarda vos pelaran el pellejo
G 757-2 zola e sin conpañero commo la tortolilla

COMO

(cont.)

| | |
|---|---|
| S 789-4 | ay cuerpo tan penado commo te vas a -moryr |
| S 799-2 | fazedes commo madre quando el moçuelo llora |
| S 801-2 | commo al aue que sale de manos del astor |
| S 825-1 | dixo le doña Rama commo venides amiga |
| S 825-2 | commo vengo señora non se como melo diga |
| S 826-1 | Anda me todo el dia como a -çierua corriendo |
| S 826-2 | commo el diablo al Rico omne ansy me anda seguiendo |
| S 828-3 | pues que fija Señora como esta nuestra cosa |
| S 837-2 | pero que avn vos callades tan bien commo el ardedes |
| S 859-1 | Tan byen a -vos commo a -el este coydado vos atierra |
| S 863-4 | en pellote vos yredes commo por vuestra morada |
| S 864-2 | commo a -vuestra casa a -tomar buena meryenda |
| S 868-2 | amigo diz como estades yd perdiendo coydado |
| S 872-1 | Commo la mi vejezuela me avya açerçebydo |
| S 873-2 | vedes vedes como otea el pecado carboniento |
| S 874-2 | catat catat commo assecha barrunta nos commo perro |
| S 874-4 | mas quebrantaria las puertas menealas commo çençerro |
| S 881-4 | que todos los omnes fazen commo don melon ortiz |
| S 892-3 | guardat vos non vos contesca commo con -el leon |
| S 894-2 | commo estaua byen gordo começo a -Retoçar |
| S 900-1 | Commo el leon tenia sus monteros armados |
| S 900-2 | prendieron a -don burro commo eran castigados |
| S 911-4 | nunca vy tal commo esta sy dios me de salud |
| S 912-2 | poco salya de casa era como saluase |
| S 919-1 | Commo dize la fabla que dixo la vieja se saca |
| S 920-1 | yo le dixe commo en juego picaça parladera |
| S 923-4 | que commo el verdadero non ay tan mal trebejo |
| S 924-2 | byen o -mal commo gorgee nunca le digas pycaça |
| S 928-1 | Commo dize vn derecho que coyta non ay ley |
| S 928-4 | que estaua coytado commo oveja syn grey |
| S 931-3 | asy como se desfaze entre los pies el lodo |
| S 936-3 | torme me a -mi vieja commo a -buena Rama |
| S 936-4 | quien tal vieja touiere guardela commo al alma |
| S 937-3 | non ay tales maestras commo estas viejas troyas |
| S 942-1 | Commo faze venir el senuelo al falcon |
| S 943-1 | Commo es natural cosa el nasçer e el moryr |
| S 953-4 | pagame synon veras commo trillan Rastrojo |
| S 954-1 | Detouo me el camino commo era estrecho |
| S 957-1 | Commo dize la vieja quando beue ssu madexa |
| S 967-2 | commo a -çuron lyuiano e leuon la cuesta ayusso |
| S 967-4 | commo es de -la sierra vso |
| S 970-2 | commo me yua calentando ansy me yua sonrriendo |
| S 974-4 | erre todo el camino commo quien lo non sabia |
| S 977-1 | Commo dize la fabla del -que el mal nos quita |
| S 988-5 | E andas commo Radio |
| S 990-1 | Ryome commo rrespuso la serrana tan sañuda |
| S 990-2 | desçendio la cuesta ayuso commo era atreuuda |
| S 990-3 | dixo non sabes el vso commo doma la rres muda |
| S 992-3 | commo fiz loca demanda en dexar por ty el vaquerizo |
| S 992-4 | yot mostrare sinon ablandas commo se pella el erizo |
| S 993-4 | coydos cassar con-migo commo con su vezino |
| S 998-1 | diz que buscas por esta tierra commo andas descaminado |
| S 999-3 | se el lobo commo se mata quando yo en pos el salgo |
| S1007-1 | Commo omne non siente tanto frio si corre |
| S1017-4 | tardia como Ronca desdonada e hueca |
| S1029-4 | commo es de constunbre |
| S1044-1 | fuy tener y vigilia commo es acostunblado |
| S1051-2 | los traydores gollynes commo si fuese rrapaz |
| S1060-2 | primero jeremias como ovo de venir |
| S1062-1 | Commo profetas dizen esto ya se conplio |
| S1080-4 | truxo muy grand mesnada commo era poderosso |
| S1094-1 | Commo es don carnal muy grand enperador |
| S1094-2 | E tiene por todo el mundo poder commo señor |
| S1095-3 | delante sus juglares commo omne onrrado |
| S1100-1 | Commo avia buen omne Sobra mucho comido |
| S1106-1 | Ay andaua el atun commo vn brauo leon |
| S1109-4 | ansi traua dellos Como si fuese gato |
| S1116-4 | como tiene muchas manos con muchoz puede lydiar |
| S1122-1 | Commo estaua ya con muy pocaz conpañas |
| S1126-3 | mandolos colgar altos byen como atalaya |
| S1169-3 | commo quier que algund poco en -esto lazraraz |
| S1177-1 | Bien commo en este dia para el cuerpo Repara |
| S1180-4 | penso como feziese commo fuese rreyendo |
| S1190-4 | non salud mas sangria commo a -mala flemosa |
| S1191-1 | byen sabes commo somos tu mortal enemigo |
| S1191-3 | que por nos te lo diga commo seremos contigo |
| S1192-1 | Commo ladron veniste de noche a -lo escuro |
| S1194-1 | Byen ssabedes amigos en commo mal pecado |
| S1247-4 | tan bien ellas commo ellos querrian la mejoria |
| S1254-2 | pyntados de jaldetas commo los tablajeroz |
| S1259-1 | Mas commo el grand Señor non deue ser vandero |
| S1297-2 | fynche todaz sus cubas commo buen bodeguero |
| S1297-3 | açerca se el jnvierno bien commo de primero |
| S1299-1 | El mi Señor don amor Commo omne letrado |
| S1303-1 | Desque lo vy de espaçio commo era su criado |
| S1303-3 | commo nunca me viera o -do avia morado |
| S1303-4 | rrespondio me con sospiro e commo con coydado |
| S1308-4 | rredrauan me de sy commo si fuese lobuno |
| S1316-3 | pense commo oviese de tales gasajados |
| S1323-3 | commo la marroquia que me corrio la vara |
| S1341-1 | Commo ymajenes pyntadaz de toda fermosura |
| S1343-2 | yo entrar commo puedo ado non se tal portillo |
| S1344-2 | commo te va mi vieja como pasaz tu vida |
| S1347-4 | como con -la culebra contesçio al ortolano |
| S1356-4 | commo me como al galgo viejo que non caça nada |
| S1369-2 | non querria que me fuese commo al mur del aldea |
| S1372-4 | e commo el fue suyo fuele el su conbidado |
| S1379-1 | Este manjar es dulçe sabe como la miel |
| S1382-3 | como estaua solo sy viniera el gato |
| S1386-3 | ansy commo el gallo vos ansy escogedes |
| S1387-4 | espantose el gallo dexol como sandio |

CON

| | |
|---|---|
| S1391-4 | contesçel commo al gallo que escarua en -el muladar |
| S1397-4 | verdat diz mi amo a -como yo entiendo |
| S1400-2 | non me contesca commo al asno contesçio con -el blanchete |
| S1404-4 | commo aquel blanchete que yaze so su peña |
| S1405-2 | commo garanon loco el nesçio tal venia |
| S1410-3 | yo non -lo consentria commo tu melo rrogueste |
| S1410-4 | que conssentyr non deuo tan mal juego como este |
| S1414-2 | fizose commo muerta la boca rregañada |
| S1424-4 | commo al leon vino del mur en su dormir |
| S1436-3 | commo fueron al cuervo los dichos los encargos |
| S1452-2 | sy mas ya non fablalde como a -chate pastor |
| S1453-1 | Tal eres diz la dueña vieja commo el diablo |
| S1463-1 | llamo su mal amigo asy commo solia |
| S1463-3 | faz ansi como sueles non temas en mi fia |
| S1467-4 | que yo te ayudare commo lo suelo far |
| S1486-1 | las çejas apartadaz prietas commo cabron |
| S1486-2 | el su andar enfiesto bien como de pauon |
| S1487-3 | mas gordos que delgadoz bermejos como coral |
| S1489-4 | tal omne como este non es en -todaz erias |
| S1492-3 | quiero yr a -dezir gelo yuy como me engraçio |
| S1509-3 | non es quien ver vos pueda y como sodes ansy |
| S1517-3 | commo quier que por fuerça dizenlo con vergoña |
| S1519-3 | non como lo diga que mucha buena puerta |
| S1525-4 | todos fuyen del luego como de -rred podrida |
| S1526-2 | aborresçen lo muerto como a -cosa estraña |
| S1526-4 | todos fuyen del luego como si fuese araña |
| S1563-3 | a -todos los saco como santos escogidos |
| S1577-4 | que byen como yo mori ansy todos morredes |
| S1582-1 | Pues si esto fariamos por omes como nos byuos |
| S1604-2 | destos nasçen commo Ryos de -las fuentes perhenales |
| S1608-4 | son friaz como la nieue e arden commo el fuego |
| S1612-1 | Commo en chica rrosa esta mucha color |
| S1612-3 | commo en poco blasmo yaze grand buen olor |
| S1613-1 | Como Roby pequeño tyene mucha bondat |
| S1629-4 | como pella a -las dueñas tomelo quien podiere |
| S1661-3 | commo erez piadosa |
| S1677-2 | como a -otros ya conpliste |
| S1700-2 | con -grand afyncamiento ansi como dios Sabe |
| F 7 | De mal en peor andan (co)mo el lobo a las hormigas |

COMUN

| | |
|---|---|
| S1147-3 | Segud comun derecho te son encomendados |
| S1156-1 | Segund comun derecho aquesta es la verdat |

COMUNAL

| | |
|---|---|
| S 154-4 | en estar a -la sonbra es plazer comunal |
| S 986-2 | non es mucho fermoso creo que nin comunal |
| S1344-4 | Señora dixo la vieja asy comunal vyda |
| S1487-2 | la boca non pequena labros al comunal |

COMUNALES

| | |
|---|---|
| S1234-3 | tan grandes alegrias nin atan comunales |
| S1513-3 | para en jnstrumentos de comunales maneras |

CON

| | |
|---|---|
| P 15 | E dan le onrra con pro e buena fam(a) |
| P 46 | E desque el Alma con -el buen entendimiento |
| P 47 | e buena voluntad con buena rremenbranca |
| P 64 | que con buen entendimiento |
| P 127 | escogiendo E amando con buena voluntad |
| P 137 | E podra dezir con -el salmista veni veritatis E cetera |
| S 7-2 | que con elloz serias ante Reys dezidorez |
| S 21-3 | que pueda con deuoçion |
| S 31-3 | sobiste con gloria tanta |
| S 32-1 | Reynas con tu fijo quisto |
| S 39-5 | e tu fincaste con amor |
| S 40-3 | con espanto |
| S 41-5 | con -el te fizo assentar |
| S 43-4 | antel con nusco parescas |
| S 46-3 | connel rriballdo Romano e con su poca sabiençia |
| S 48-2 | que ante les convenia con sus sabios disputar |
| S 51-3 | Segund le dios le demostrase fazer señas con la mano |
| S 52-2 | dixieron le nos avemos con griegos nuestra conbit |
| S 53-3 | subio en alta cathreda dixo con bauoquia |
| S 53-4 | doy mays vengan los griegos con toda su porfia |
| S 56-2 | el polgar con otroz dos que con -el son contenidos |
| S 57-2 | E assentose luego con su memoria sana |
| S 57-3 | leuantose el vellaco con fantasia vana |
| S 58-3 | leuantaron se todos con paz e con sosiego |
| S 61-2 | diz dixo me que con su dedo que me quebrantaria el ojo |
| S 61-4 | E Respondile con saña con yra e con cordojo |
| S 62-2 | dos dedoz los ojos con -el pulgar los dientes |
| S 66-3 | a -trobar con locura non creas que me muevo |
| S 66-4 | lo que buen amor dize con rrazon telo prueuo |
| S 67-2 | los cuerdos con buen sesso entendran la cordura |
| S 69-4 | las coplas con -los puntos load o denostat |
| S 71-4 | por aver juntamiento con fenbra plazentera |
| S 74-4 | todos a -tienpo çierto se juntan con natura |
| S 78-2 | non puede estar solo con -ella vna ora |
| S 80-2 | con -la mi mensajera que tenia enpuesta |
| S 82-3 | tomo plazer con ellas e sentiose mejor |
| S 86-3 | el cuero con la oreja del caxco le fue arrancar |
| S 87-1 | la gulpeja con -el miedo e commo es artera |
| S 88-2 | tan buena aguisada tan derecha con rrazon |
| S 91-4 | que cantase con tristeza pues la non podia aver |
| S 92-3 | cantavalo la dueña creo que con dolor |
| S 93-4 | mesclaron me con ella e dixieronle del plan |
| S 97-1 | Diz quando quier casar omne con dueña mucho onrrada |
| S 101-3 | çiegan muchos con -el viento van se perder con mal Ramo |
| S 105-3 | todas son pasaderas van se con -la hedat |
| S 113-1 | E por que yo non podia con -ella ansi fablar |
| S 114-1 | ffiz con el grand pessar esta troba caçura |
| S 126-3 | otros siruen Señorez con -las manos anbas |
| S 141-2 | e creer muy mas en dios con firme esperança |
| S 141-4 | prueuo telo breue mente con esta semejança |
| S 143-2 | ansi que por el fuero deue morir con rraçon |

**CON**

**(cont.)**

S 149-2 E por seruir a -dios con mucha contriçion
S 162-2 lo que en -si es torpe con amor bien semeja
S 167-3 por aver solaz bueno del amor con amada
S 168-2 todo saber de dueña sabe con sotileza
S 171-4 con ello estas cantigas que son de yuso escriptas
S 174-1 anssy contençio a -mi con -la dueña de prestar
S 176-3 ssy yo tu mal pan comiese con -ello me afogaria
S 178-4 con aquesta dueña cuerda e con la otra primero
S 180-4 por esto a -las vegadas con -el amor peleo
S 181-2 pensando en mi ventura sañudo e non con vino
S 182-1 Con saña que tenia fuylo a -denostar
S 183-1 Con engañoz E lyjonjas E sotiles mentiras
S 184-1 Traes enloquecidos a muchos con tu saber
S 185-2 a -las vegadas prendes con grand arrevatamiento
S 185-3 a -vezes poco a -poco con maestrias ciento
S 188-3 con tus muchos doñeos e con tus malas mañaz
S 189-2 non queria cassar se con vna sola mena
S 189-3 sy non con trez mugeres tal era su talente
S 189-4 porfiaron en -cabo con -el toda la gente
S 190-3 con dos que -se cassase primero con -la menor
S 190-4 E dende a -vn mes conplido casase con -la mayor
S 191-1 ffizo su cassamiento con aquesta condiçion
S 191-3 que al otro su hermano con vna e con mas non
S 192-4 de casarlo con otra non se entremetiesen
S 193-4 andando mucho la muela teniala con -el pie quedo
S 195-3 leuantose el neçio maldixole con mal fado
S 201-4 don jupiter con saña ovolas de oyr
S 206-1 quien tiene lo quel cunple con -ello sea pagado
S 210-2 das le a -quien non -le ama tormentas le con penas
S 212-3 dexaz le solo e triste con muchaz soberuientas
S 216-3 syenpre de ti me vino con tu sotil engaño
S 217-2 con mucha cobdiçia los omnes enganadoz
S 220-1 con palabras muy dulçes con gesto engañador
S 220-3 prometen e mandan mucho los omnes con ammor
S 221-2 por conplyr las promesas que con amor mandaron
S 226-3 con la sonbra del agua dos tantol semejaua
S 231-1 ffazes con tu soberuia acometer malas cosaz
S 233-2 primero muchos angeles con -ellos lucifer
S 236-4 contesçel commo al asno con -el cavallo armado
S 238-1 Con -los pies e con las manos e con -el noble freno
S 238-4 el asno con -el miedo quedo e nol fue bueno
S 239-1 Estava rrefusando el asno con -la grand carga
S 244-3 sienpre byvras mesquino e con mucha manzilla
S 245-2 los que son muy soberuios con su grand orgullya
S 245-4 non pueden durar syenpre vanse con mançebia
S 246-3 non te fartaria duero con -el su agua ducho
S 250-4 E que partirias con pobles e non farias fallencia
S 253-3 sacole con -el pico el veso con nobleza
S 254-3 el cuello con mis dientes sy quisiera apertar
S 257-3 luego quieres pecar con qual quier que tu veas
S 267-1 desque peco con ella sentiose escarnida
S 269-4 contesçeles commo al aguila con -los nesçios truhanez
S 271-2 con pendolas de aguila los ha enpendolados
S 276-2 con grand çelo que tienes omne de ti se espanta
S 277-3 por esto eres çeloso e triste con rrencura
S 279-1 Con çelo e ssospecha a -todos aborresçes
S 279-2 leuantas les baraja con çelo enfraquesçez
S 283-2 con envidia e çelo omnes e bestias lydian
S 284-2 con tu mucha envidia leuantas le baraja
S 284-4 como con los pauezuos contesçio a -la graja
S 285-2 dixo con grand envidia yo fare quanto pueda
S 287-4 con -los pauezuos anda la tan desconosçida
S 289-1 Anssy con tu envidia ffazes con -muchos sobrar
S 289-3 con la envidia quieren por los cuerpos quebrar
S 290-2 con algo de -lo ageno aora rresplandesçer
S 293-1 Con -la mucha vianda e vino creçe la frema
S 293-2 duermes con tu amiga afoga te postema
S 296-2 beuer tanto que yugo con sus fijas pues ves
S 298-2 veni el leon de caça pero con -el non pesa
S 300-3 enclauo me ven Señor con tu diente bendito
S 302-1 El cavallo connel miedo fuyo aguas byuaz
S 303-2 otrossy mucho vino con mucha beuerria
S 308-1 Con la grand yra sansson que -la su fuerça perdio
S 308-4 a -sy mesmo con yra a -otros muchos mato
S 309-1 Con grand yra e saña saul que fue Rey
S 309-3 el mesmo se mato con su espada pues vey
S 312-1 El leon orgullo con yra e valentya
S 315-2 el leon con grand yra trauo de su coraçon
S 315-3 con sus viñas mesmas murio E con al non
S 318-4 con tus malas maestrias almas e cuerpos matas
S 319-1 otrosy con açidia traes ypocresia
S 319-2 andas con grand synpleza penssando pletisia
S 319-4 do vees la fermosa oteas con rraposya
S 320-2 en-gañas todo el mundo con palabra fermosa
S 332-2 vyno dona marfusa con vn grand abogado
S 333-3 quanto demanda E pide todo -lo faz con arte
S 335-1 A -mi acaescio con -el muchas noches e dias
S 337-4 con su muger doña loba que mora en vil forado
S 339-2 otorgaron lo todo con miedo e amidos
S 341-1 don ximio fue a su cas con -el mucha conpaña
S 341-2 connel fueron las pares conçejo de cucaña
S 351-2 con omnes sabydores en fuero e en derecho
S 365-1 Non le preste lo que dixo que con miedo e quexura
S 372-4 fablas con grand synpleza por que muchos engañes
S 374-1 Rezas muy byen las oras con garçones folgaynez
S 374-3 diçes ecce quan bonum con sonajas e baçinez
S 376-2 con -la maytinada cantate en -las friurias laçias
S 376-4 con miserere mey mucho te le engraçias
S 379-3 os lynga mens la enuade seso con ardor pospone
S 383-1 vas a -Rezar la nona con -la duena loçana
S 384-2 todos los jnstrumentos toca con -la chica manga

S 384-4 con virgam virtutis tue fazes que de ay Retangan
S 388-1 Con açidya traes estos males atantos
S 392-1 Con tus muchas promesas a -muchos envelyñas
S 394-3 ençerrada e guardada e con vycios criada
S 402-2 fazes con tu grand fuego commo faze la loba
S 403-2 con quien se les antoja con aquel se apartan
S 404-3 plaze te con qual quier do el ojo as puesto
S 406-2 que canta dulçe con engaño al ave pone abeyte
S 411-1 byen cantava la rrana con fermosa rraçon
S 414-3 quantos tyenes atados con tu mala estanble
S 415-2 en tal guisa les travas con tus fuertes mordaçaz
S 421-3 tomas la grand vallena con -el tu poco çeuo
S 423-1 El amor con mesura dio me rrespuesta luego
G 437-4 ca mas fierbe la olla con la su cobertera
G 438-4 con lagrimaz de moyzen ezcantan las orejaz
G 440-3 con poluoz e afeytez e con alcoholeras
G 446-3 esto que te castigo con ouidio concuerda
S 454-3 verguença non te enbargue quando con ella estodieres
S 455-3 con muger non enpereçez nin te enbueluas en tabardo
S 459-2 con -el mas perezosso E aquel queria tomar
S 460-4 cay del escalera fynque con esta ligion
S 465-2 la gotera que vos digo con -su mucho Rezio dar
S 467-1 buscad con quien casedes que -la dueña non se paga
S 474-4 casose con muger moça pagavase de conpaña
S 478-2 auie con su marido fecha poca morada
S 480-1 Pyntole con -la grand priessa vn eguado carnero
S 480-2 conplido de cabeça con todo su apero
S 481-2 ffue de -la su muger con desden Resçebido
S 481-3 desque en -el palaçio con ella estudo
S 483-2 E vydo vn grand carnero con armas de prestar
S 485-3 con dezires fermosos a la muger conbydes
S 487-4 con aqueste e por este fare yo sy dios me preste
S 488-1 otrosi quando vyeres a -quien vsa con ella
S 493-3 grand onrra le fazian con grand solepnidat
S 496-2 con muchos abogados era su mantenençia
S 500-3 con -el dinero andan todos los omnes loçanos
S 504-3 con -el dinero cunplen sus menguas e sus Raças
S 517-1 con vna flaca cuerda non alçaras grand trança
S 517-4 con cuños E almadanas poco a -poco se arranca
S 520-4 non coyda ver la ora que con -el seya yda
S 528-3 que el vino fizo a loc con sus fijas boluer
S 529-3 rretentolo el diablo con su sotil engaño
S 531-1 Tomaua grand pesar el diablo con esto
S 531-3 vyno a -el vn dia con sotyleza presto
S 531-4 dyos te salue buen omne dixol con ssynple gesto
S 532-4 nunca vy aqui omne con -la cruz me defyendo
S 538-4 con -el alguna fenbra que con -ellas mejor cria
S 539-2 el estando con vyno vydo commo se juntaua
S 539-3 el gallo a -las fenbras con -ellas se deleytaua
S 539-4 cobdiçio fazer forniçio desque con vyno estaua
S 540-1 ffue con -el cobdyçia Rays de todos males
S 541-3 desque peco con -ella temio mesturado ser
S 543-1 descobrio con -el vyno quanto mal avya fecho
G 548-2 muchaz bondadez tiene sy ze toma con mesura
G 549-2 quando fablarez con dueñaz dile doñeoz apueztoz
G 551-3 El grant arrebatamiento con locura contiende
G 557-1 Non vzez con vellacoz ny seaz peleador
G 561-2 quando juegaz con -ella non seaz tu parlero
S 569-1 Tyrando con sus dientes descubre se la çarça
S 571-4 quien a -ssy E a -otros muchos estorua con mal sesso
S 578-3 con dueña falaguera e desta vez terne
S 599-1 Con arras e con dones rrueganle cassamientos
S 602-1 atrevy me con locura E con amor afyncado
S 605-3 conortad me esta llaga con juegos e folgura
S 606-3 afynco vos pidiendo con dolor e tristura
S 613-2 con arte o con seruiçio ella la dara apuesta
S 614-3 nunca en -la mar entrarie con su nave ferrada
S 616-1 syrue la con arte E mucho te achaca
S 618-1 Con Arte se quebrantan los coraçones duros
S 619-3 con arte E con seruiçio muchas cosas abondas
S 620-1 ome poble con arte pasa con chico ofiçio
S 621-3 con buen seruiçio vençen cavalleros de españa
S 624-1 con aquesto podras a -tu amiga Sobrar
S 625-2 palabras afeytadas con gestos amorosos
S 625-3 con palabras muy dulçes con dezires sabrosos
S 629-1 Ado fablares con ella sy vieres que ay lugar
S 631-3 con poquilla de fuerça fynca mal desculpada
S 635-4 encubre tu pobleza con mentyr colorado
S 636-1 El pobre con buen seso E con cara pagada
S 638-2 faz muchos plazeres fabla les bien con maña
S 641-3 asno coxo quando dubda corre con -el aguijon
S 650-2 vo a -fablar con -la dueña quiera dios que bien me Responda
S 650-4 dexo me solo e señero syn Remos con -la blaua onda
S 652-1 ya vo Razonar con ella quierol dezir mi quexura
S 653-4 con saetas de amor fyere quando los sus ojos alça
S 655-4 con mi voluntat mis dichos non se podian seguir
S 656-1 ffablar con muger en plaça es cosa muy descobierta
S 658-2 con vna donçella muy rrica fija de don pepion
G 662-1 Con la grant pena que pazo vengo a -uoz dezir mi quexa
G 663-2 fablar mucho con -el zordo es mal seso e mal Recabdo
G 665-4 buscat a -quien engañedez con vuestraz falsaz espinaz
G 672-1 fablo en aventura con la vuestra moçedat
G 672-4 querriedez jugar con la pella mas que estar en poridat
G 679-4 a qual quier que -laz fablare o con -ellaz rrazonar
G 681-1 estar zola con uoz zolo esto yo non lo faria
G 684-4 para uoz non pido mucho ca con -esto pazaremoz
G 686-3 non sospeche contra mi que ando con sezo vano
G 688-2 si mucho vso la dueña con palabraz de trebejo
G 689-3 El amor con vzo creçe desusando menguara
G 690-3 el amor e la bien querençia creçe con vzar juego
G 691-2 con pensamientoz contrarioz el mi coraçon se parte
S 692-1 muchas vezes la ventura con ssu fuerça e poder

CON    (cont.)

S 696-1 El cuerdo con buen seso pensar deue las cosas
S 700-3 non se rreguardan dellas estan con -las personas
S 700-4 ffazen con -el mucho viento andar las athonas
S 707-3 syenpre cada dia creçe con enbia e falsedat
S 710-3 despuez con -el poco fuego çient vezes sera doblada
S 713-2 otro quiere casar con ella pide lo que vos pedidez
S 718-3 yo fare con mi escanto que se vengan paso a -pasillo
S 720-4 pensat bien lo que fablaides con seso e con derecho
S 723-1 la buhona con farnero va taniendo cascaueles
S 725-3 Salyr andar en -la plaça con vuestra beldat loada
S 727-1 Muy byen me rresçiben todos con aquesta pobledat
S 728-3 con los locos faze se loco los cuerdos del byen dixeron
S 729-1 El sabio vençer al loco con consejo non es tan poco
S 729-2 con -los cuerdos estar cuerdo con -los locos fazer se loco
S 732-2 creo que casaria el con vusco de buen grado
S 737-1 Respondiole la dueña con mesura E byen
S 741-2 E cree a -los omnes con mentiras jurando
S 741-4 que mal se laua la cara con lagrimas llorando
G 759-4 casarse ca el luto con esta carga vien
G 762-2 andar en-vergonçada e con mucho sosaño
S 768-3 cabritos con las cabraz mucho cabron cornudo
S 772-4 con palos e con mastines vinieron los a -buscar
S 774-2 fallo vna puerca con mucho buen cochino
S 776-3 diz señor abbad conpadre con esas santas manos
S 779-3 bueno le fuera al lobo pagarse con torrezno
S 780-4 con lo quel dios diere paselo bien fermoso
S 781-1 algunos en -sus cassas passan con dos sardinas
S 783-1 ay de mi con que cobro tan malo me venistes
S 789-3 con dueña que te non quiere nin escuchar nin oyr
S 791-1 Pues que la mi Señora con otro fuer casada
S 792-3 tenprad con -el buen seso el pesar que ayades
S 798-2 non quiere ella casar se con otro ome nado
S 803-2 con -el comienço suyo nin se puede seguir
S 821-1 en-cubre se en -cabo con mucha arteria
S 827-2 dexola con -la fija e fuese a -la calleja
S 830-4 mi coraçon con dolor sus lagrimas derrama
S 832-3 con tantas de mesuras de aquel omne tan largo
S 834-1 El mesquino sienpre anda con aquesta tristeza
S 835-4 anda devaneando el pez con -la ballena
S 836-2 despues con vuestra fabla fue mucho enamorado
S 837-1 desque con -el fablastes mas muerto lo trahedes
S 842-2 con piedat e coyta yo lloro por quel farte
S 843-3 con el encendymiento morides E penades
S 845-4 ya la cruz la leuase conl agua bendita
S 852-2 en quantas guysas se buelue con miedo e con temor
S 854-3 con -el mi amor quexoso fasta aqui he porfiado
S 855-1 Con aquestos pesares trae me muy quebrantada
S 855-3 alegro me con mi tristeza lasa mas enamorada
S 858-4 acabad vuestros desseos matad vos con enemigo
S 865-1 los omnes muchas vegadas con -el grand afyncamiento
S 867-1 otorgole doña endrina de yr con ella fablar
S 868-1 vyno me trota conventos alegre con el mandado
S 870-2 quando te dan la cablilla acorre con la soguilla
S 871-3 vyno doña endrina con -la mi vieja sabiente
S 871-4 entro con ella en -su tyenda byen sosegada mente
S 876-2 E con byen e con sosiego dezid si algo queredes
S 878-2 por que fyncauades con -el sola entre estas paredes
S 884-3 la muger vee su daño quando ya fynca con duelo
S 891-2 alegran se las conpañas en -las bodas con rrazon
S 892-3 guardat vos non vos contesca commo con -el leon
S 895-1 con -las sus caçurias el leon fue saсado
S 901-1 Mando el leon al lobo con sus vñas parejas
S 908-2 muchos despues la enfaman con escarnios E rreyres
S 909-4 sola con ome non te fyes nin te llegues al espino
S 910-1 Seyendo yo despues desto syn amor e con coydado
S 915-2 leuogelos la vieja con otros adamares
S 917-2 que quien le diese esta villa con todo su aver
S 929-1 ove con -la grand coyta Rogar a -la mi vieja
S 930-1 a -la he diz açipreste viejo con coyta trota
S 938-3 non se guarda dellas estan con las personaz
S 938-4 fazen con -el su vyento andar las atahonas
S 940-2 con mi buhonera de mi non se guardam
S 944-1 Con -el triste quebranto E con -el grand pesar
S 946-1 Con su pesar la vieja dixo me muchas vezes
S 957-3 yo desque me vy con miedo con frio e con quexa
S 957-4 mandele pacha con broncha e con çorron de coneja
S 966-1 yo con miedo E aRezido prometi vna garnacha
S 968-1 Pusso me mucho ayna en vna venta con su enhoto
S 977-4 diome con -la cayada en -la oreja fyera
S 984-1 Rogome que fyncase con ella esa tarde
S 985-1 llegue con sol tenplano al aldea de ferreros
S 988-2 encontrome con gadea vacas guarda en -el prado
S 993-2 coydos cassar con-migo commo con su vezino
S1006-4 viento con grand elada Rozio con grand friura
S1008-2 de frio al pie del puerto falle me con vestiglo
S1009-1 Con -la coyta del frio e de aquella grand elada
S1010-3 quien con ella luchase non se podria bien fallar
S1022-4 falle me con aldara
S1035-5 con su collarada
S1038-1 Con aquestas joyas
S1045-4 ofresco con cantigas e con grand omildat
S1048-1 Por que en grand gloria estas e con plazer
S1052-1 Tu con -el estando a -ora de prima
S1065-1 Con clauos enclauaron las manos e pies del
S1065-2 la su set abebraron con vinagre E fiel
S1068-1 Estando a -la mesa con do jueuez lardero
S1069-3 a -todos loz açiprestes E clerigoz con amor
S1071-4 que lo des-afiedes luego con mi carta de creençia
S1072-3 yremos pelear con -el e con todas suz porfiaz
S1078-4 yo justare con ella que cada año me sopesa
S1083-3 escudauan se todoz con -el grand tajadero

S1088-3 que ya muchas vegadaz lydie con don aly
S1091-1 vino el cabron montes con corços e torcazaz
S1091-4 non te podra enpesçer con todas sus espinaçaz
S1092-4 mas fago te seruiçio con -la carne e cuero
S1093-1 Estaua don toçino con mucha otra çeçina
S1094-4 vinieron muy omildes pero con grand temor
S1096-3 tañia amenudo con -el el añafyl
S1097-3 para entrar en -la fazienda con -la dueña serena
S1098-1 Essa noche los gallos con grand miedo estouieron
S1098-2 velaron con espanto nin punto non dormieron
S1100-2 con -la mucha vianda mucho vino ha beuido
S1106-2 fallose con don toçino dixole mucho baldon
S1108-1 Alli con los lauancos lydian baruos E peçes
S1109-2 traya muy duro Cuero con mucho garauato
S1113-1 Andaua y la vtra con muchos conbatyentes
S1116-4 como tiene muchas manos con muchoz puede lydiar
S1117-1 ally lidian las ostyas con todos los conejos
S1117-2 con la liebre justauan las asperos cangrejos
S1120-4 abraçose con -el echolo en -la arena
S1121-4 deffendiose quanto pudo con manos enfraqueçidas
S1122-1 Commo estaua y con muy pocaz conpañas
S1122-4 los que con -el fyncaron non valyan dos castañas
S1123-1 Synon fuese la çeçina con el grueso toçino
S1125-4 E a -doña çeçina con -el toçino colgasen
S1128-4 demando penitençia con grand arrepentyr
S1129-2 con sello de poridat çerrados E sellados
S1131-4 deuedes creer firme mente con pura deuoçion
S1134-3 con -la çiençia poca he grand miedo de fallyr
S1136-4 menester de todo en todo con -la satysfaçion
S1140-4 con -la misericordia de dios que -lo quiere saluar
S1142-2 nego a -jhesu xpisto con miedo E quexura
S1142-3 se yo que lloro lagrimas triste con amargura
S1149-3 con pontifical non es destos apoderado
S1153-2 con ymagenes argumentos E con sotiles Razones
S1163-2 conbras garuanços cochoz con azeyte e non al
S1167-3 lentejaz con -la sal en Rezar te rremira
S1168-3 fostigaras tus carnes con santa disçiplina
S1171-2 estaua don carnal con muy grand deuoçion
S1177-3 a todoz loz xristianoz llama con buena cara
S1177-4 que vayan a -la iglesia con conçiençia clara
S1178-1 A -loz que alla van con el su buen talente
S1178-2 con çeniza los cruzan de Ramoz en -la fruente
S1179-4 ablanda Robre duro con -el su blando lino
S1183-4 plogo a -ellos con -el e el vido buen dia
S1187-4 el rroçin del rrabi con miedo byen andaua
S1188-4 aba aba pastorez acorred nos con -los perros
S1193-4 salud con muchas carnes sienpre de nos a -voz
S1195-4 enbiat gelo dezir con dona merienda farta
S1196-3 yremos lydiar con -ella faziendo grand Roydo
S1197-2 dalda a -don almuerzo que vaya con -el mandado
S1198-1 Escriptaz son laz cartas todas con sangre biua
S1198-2 todos con -el plazer cada vno do yua
S1203-3 por ende non avia por que lidiar con su vençido
S1205-2 grande sonblero Redondo con mucha concha maryna
S1212-2 E todoz loz rrabyz con todoz suz aperoz
S1214-4 carneroz E cabritoz con su chica pelleja
S1215-4 non lo conplaria dario con todos sus thesoros
S1217-2 a -toda quatro-pea con -ella da la muerte
S1217-4 con aquel laz deguella e a -desollar se mete
S1222-1 Rehalaz de castilla con pastorez de ssoria
S1223-3 dixo con grand orgullo muchaz blauaz grandiaz
S1227-1 rresçiben lo los arborez con rramos E con florez
S1227-3 rresçiben lo omnes E dueñas con amorez
S1227-4 con muchos jnstrumentos salen los atanborej2z
S1228-4 la guitarra latyna con esos se aprisca
S1229-1 El rrabe gritador con -la su alta nota
S1229-3 el salterio con ellos mas alto que -la mota
S1229-4 la vyuela de pendola con aquestos y ssota
S1230-1 Medio caño E harpa con -el rrabe morisco
S1230-3 la flauta dyz con ellos mas alta que vn Risco
S1230-4 con ella el tanborete syn el non vale vn prisco
S1232-1 Dulçe caño entero sal con -el panderete
S1232-2 con sonajas de azofar fazen dulçe sonete
S1233-3 el ffrançes odreçillo con estos se conpon
S1234-1 Tronpas e añafiles ssalen con atanbales
S1235-3 los legos segralez con muchoz clerizonez
S1236-1 ordenes de çisten Con -las de sant benito
S1236-2 la orden de cruz niego con su abat bendito
S1237-1 orden de santiago con -la del ospital
S1237-2 calatraua e alcantara con -la de buena val
S1239-1 los de -la trinidat con -los fraylez del carmen
S1243-2 de piedras de grand preçio con amor se -adona
S1245-1 Muchas vienen con -el grand enperante
S1247-1 Con quales possarie ovieron grand porfia
S1252-4 coloran su mucha agua con poco açafran
S1255-4 Señor vete con nusco prueua nuestro çeliçio
S1257-3 con gestos amorosos e engañosos jugetes
S1257-4 trahen a -muchos locos con sus falsos rrisetes
S1262-1 fue a -la mi posada con -esta procesion
S1262-3 todoz le aconpañan con grand conssolaçion
S1268-4 de -sseda non laz cuerdaz con que ella se tyraua
S1271-3 non se alcançarien con vn luengo madero
S1274-2 estaua enturbiada con -la niebra su mesa
S1274-3 faze nueuo azeyte con -la blaza nol pesa
S1274-4 con -el frio a -las de vezes en -las sus vnas besa
S1275-1 Comie el cavallero el toçino con verçaz
S1275-2 enclaresçe los vinos con anbas sus almuezaz
S1275-4 en pos deste estaua vno con dos cabeçaz
S1276-2 gallynas con capirotada comia amenudo
S1276-3 fazia çerrar sus cubas fenchir laz con enbudo
S1278-3 non se podrian alcançar con -las vigas de gaola
S1279-4 partese del jnvierno e con -el viene el verano

**CON**

**(cont.)**

| | |
|---|---|
| S1280-4 | con -la chica alhiara nol pueden abondar |
| S1283-3 | con -este conpañero que -les dan lybertades |
| S1286-2 | con -los vientoz que faze grana trigo E çeteno |
| S1287-4 | el segundo al terçero con cosa non le alcança |
| S1288-2 | figados de cabrones con rruy baruo armoçaua |
| S1291-1 | Enxeria los arborez con ajena corteza |
| S1295-4 | con -el viene otoño con dolençiaz e curaz |
| S1302-4 | los mas con don carnal fazian su morada |
| S1303-4 | rrespondio me con sospiro e commo con coydado |
| S1306-3 | con muchos pater nostres e con mucha oraçion agra |
| S1308-3 | con oraçion e lymosna e con mucho ayuno |
| S1310-3 | con sus aue mariaz fazian me estar mudo |
| S1313-2 | mouio con su mesnada amor e fue su via |
| S1313-3 | dexome con cuydado pero con allegria |
| S1314-2 | con -el muy grand plazer al su enamorado |
| S1318-2 | muy rrica e byen moça e con mucha vfana |
| S1319-1 | Con -la mi vejezuela enbiele ya que |
| S1319-2 | con ellas estas cantigas que vos aqui Robre |
| S1320-3 | torno a -mi muy triste e con coraçon agudo |
| S1323-1 | Ella fizo mi rruego pero con antipara |
| S1324-1 | ffue con -la pleytesia tomo por mi afan |
| S1329-4 | por ende casa la duena con cauallero apodaz |
| S1330-1 | E desque ffue la dueña con otro ya casada |
| S1335-1 | Cominada alixandria con -el buen dia-gargante |
| S1335-2 | el diaçitron abatys con -el fino gengibrante |
| S1336-1 | adraguea e alfenique con -el estomatricon |
| S1336-2 | e la garriofilota con dia margariton |
| S1336-3 | tria sandalix muy fyno con disanturion |
| S1341-4 | con medidaz conplidaz e con toda mesura |
| S1347-3 | diz asy me contesçeria con tu conssejo vano |
| S1347-4 | como con -la culebra contesçio al ortolano |
| S1348-2 | en -el mes de enero con fuerte tenporal |
| S1349-1 | Con -la nieue E con -cl viento e con -la elada fria |
| S1351-3 | creçio con -el grand vyçio e con -el grand bien que tenia |
| S1352-4 | començo de enponçoñar con venino la posada |
| S1355-3 | ayudete con algo fuy grand tyenpo tu ama |
| S1359-1 | Con -el mucho lazerio ffue muy ayna viejo |
| S1360-1 | El caçador al galgo firiolo con -el palo |
| S1369-3 | con -el mur de -la villa yendo a -fazer enplea |
| S1371-2 | con -la poca vianda buena voluntad para |
| S1373-1 | ffue con -el a -ssu casa E diol mucho de queso |
| S1373-4 | con esto el aldeano touos por byen apreso |
| S1374-4 | alegria buen Rostro con todo esto se llega |
| S1375-2 | solaz con yantar buena todos omes ablanda |
| S1376-4 | los murez con -el miedo fuxieron al andar |
| S1378-2 | estaua el aldeano con miedo e con tremor |
| S1380-1 | Al ome con -el miedo nol sabe dulçe cosa |
| S1380-3 | con miedo de -la muerte la miel non es sabrosa |
| S1381-3 | las viandaz preçiadaz con miedo son agraz |
| S1384-1 | Con paz E zegurança es buena la pobleza |
| S1384-3 | syenpre tiene rreçelo e con miedo tristeza |
| S1385-2 | E fazer a -dios seruiçio con -las dueñas onrradas |
| S1385-3 | que perder la mi alma con perdizez assadaz |
| S1385-4 | E fyncar escarnida con otraz des-erradaz |
| S1387-2 | estando escarbando mañana con -el frio |
| S1392-2 | queredes en couento mas agua con -la orça |
| S1392-3 | que con taçaz de plata e estar alaroça |
| S1392-4 | con -este mançebillo que vos tornaria moça |
| S1394-1 | Con -la mala vyanda con -las Saladas Sardinaz |
| S1394-2 | con sayas de estameñas comedes vos mesquinas |
| S1397-2 | o -las vnas con las otraz contendiendo Reñiendo |
| S1400-2 | non me contesca commo al asno contesçio con -el blanchete |
| S1400-3 | que el vio con su Señora jugar en -el tapete |
| S1401-1 | Vn perrillo blanchete con su Señora jugaua |
| S1401-2 | con su lengua e boca laz manoz le besaua |
| S1401-3 | ladrando e con la cola mucho la fallagaua |
| S1402-2 | tomauan con -el todos solaz E plazenteria |
| S1403-4 | mas con prouecho syruo que mill tales blanchetes |
| S1406-3 | dieron le muchos palos con piedraz e con maços |
| S1408-2 | E coyda fazer zeruiçio e plazer con su fecho |
| S1408-3 | dize mal con neçedad faze pesar E despecho |
| S1411-2 | el coraçon querria sacarle con su mano |
| S1421-1 | Deue catar el omne con -seso E con medida |
| S1425-4 | al leon despertaron con su burla tamaña |
| S1426-2 | el mur con -el grand miedo començol a -falgar |
| S1431-3 | con aquestos mis dientes Rodre poco a -poquillo |
| S1435-1 | ffue con -esto la dueña xy quanto mas pagada |
| S1436-4 | de -la falsa rraposa con -sus malos trasfagos |
| S1437-1 | la marfusa vn dia con -la fanbre andaua |
| S1437-4 | ella con su lijonga tan bien lo saludaua |
| S1440-1 | bien se coydo el cueruo que con -el gorgear |
| S1440-2 | prazie a -todo el mundo mas que con otro cantar |
| S1441-4 | el cueruo con -el dapño ouo de entristeçer |
| S1446-2 | dezien con -el grand miedo que se fuesen a -esconder |
| S1446-4 | las rranas con su miedo so el agua meter |
| S1455-2 | con -la forca que por furto ando desorejado |
| S1455-3 | si mas yo so con furto del merino tomado |
| S1455-4 | el me fara con -la forca ser del todo casado |
| S1459-2 | aparta al alcalde E con -el fablaras |
| S1459-4 | amigo con aquesto en saluo escaparas |
| S1463-4 | daras cras el presente saldras con arte mia |
| S1466-2 | con vna freyla suya que me dize trayle trayle |
| S1466-4 | entre tanto amigo vete con ese bayle |
| S1476-1 | El que con -el diablo faze la su criança |
| S1476-2 | quien con amigo malo pone su amistança |
| S1481-3 | dexar miaz con -el sola çerrariaz el postigo |
| S1503-3 | mucho de bien me fizo con dios en lynpio amors |
| S1504-1 | Con mucha oraçion a -dios por mi Rogaua |
| S1504-2 | con -la su abstinençia mucho me ayudaua |
| S1505-2 | para rrogar a -dioz con obras piadosaz |
| S1507-1 | Con -el mucho quebranto ffiz aquesta endecha |

| | |
|---|---|
| S1507-2 | con pesar e tristeza non fue tan sotil fecha |
| S1508-3 | fablo con vna mora non -la quiso escuchar |
| S1510-2 | enbia vos vna çodra con aqueste aluala |
| S1510-3 | el criador es con vusco que desto tal mucho ha |
| S1511-1 | fija si el criador vos de paz con Salud |
| S1516-4 | mas aman la tauerna e sotar con vellaco |
| S1517-3 | commo quier que por fuerça dizenlo con vergoña |
| S1518-3 | E yo con pessar grande non puedo dezir gota |
| S1522-2 | con todo el mundo tyenes continua en-amiztat |
| S1525-3 | en punto que tu vienes con tu mala venida |
| S1528-3 | el que byuo es bueno e con mucha nobleza |
| S1529-3 | en -el mundo non ha cosa que con byen de ti se parte |
| S1532-4 | vestid la con -la obra ante que muerte acuda |
| S1534-4 | viene la muerte luego e dexalo con lodo |
| S1542-3 | que casara con mas rrico o -con moço valiente |
| S1548-4 | lo dulçe fazes fiel con tu much amargura |
| S1550-1 | Non plazes a -ninguno a -ty con muchos plaze |
| S1550-2 | con quien mata e muere e con qual quier que mal faze |
| S1562-1 | A ssant johan el bautista con muchos patriarcas |
| S1564-1 | A -los suyos leuolos con -el a -parayso |
| S1569-4 | nunca torna con nueuas quien anda esta carrera |
| S1570-2 | con dos martyrez deues estar aconpañada |
| S1571-3 | fazer te he vn pitafio escripto con estoria |
| S1575-1 | ffizele vn pitafio pequeño con dolor |
| S1576-3 | con buena rrazon muchos case non quise locura |
| S1581-2 | con algun enemigo en -el canpo entrar |
| S1584-1 | lydyan otrosi con estos otros trez mas prinçipales |
| S1585-4 | con siete sacramentos estos enemigos sobrar |
| S1587-1 | vestir los probles desnudos con santa esperança |
| S1587-3 | con -tal loriga podremos con cobdiçia que nos trança |
| S1588-4 | con esta espada fuerte Segura mente golpad |
| S1589-1 | Con mucha misericordia dar a -los pobrez posada |
| S1589-4 | con esta confirmaçion la soberuia es arrancada |
| S1590-3 | virtud de natural justiçia judgando con omildal |
| S1590-4 | con tal maça al auarizia bien larga mente dad |
| S1591-2 | con fe santa escogida mas clara que cristal |
| S1591-3 | casando huerfanas pobres e nos con esto tal |
| S1591-4 | vençeremos a auariçia con la graçia spiritual |
| S1592-2 | con castidat E con conçiençia podernos emos escusar |
| S1592-4 | con estaz brafuneraz la podremos bien matar |
| S1594-2 | con don de entendimiento e con caridad dyna |
| S1594-4 | con paçiençia bien podremos lydiar con tal capelina |
| S1595-1 | Con vertud de esperança E con mucha paçiençia |
| S1595-4 | con esto vençeremos yra E avremos de dios querençia |
| S1596-3 | con spiritu de çiençia sabiendo mesura catar |
| S1597-1 | otrosi rrogar a -dios con santo Sacrifiçio |
| S1597-3 | con fe en -su memoria lidiando por su seruiçio |
| S1597-4 | con tal graçia podremos vençer gula que es viçio |
| S1598-2 | contra esta enemiga que nos fiere con saetas |
| S1598-3 | tomemos escudo fuerte pyntado con tabletas |
| S1599-2 | auiendo por dios conpasion con caridat non erremos |
| S1599-4 | con estas armas de dios a -enbidia desterraremos |
| S1601-4 | ansy que con santas obras a -dios baldios non fallen |
| S1602-3 | con fierro de buenas obraz los pecados amatar |
| S1602-4 | con estas armas lydiando podemos los amanssar |
| S1603-2 | al mundo con caridad a -la carne con ayuno |
| S1603-3 | con coraçon al diablo todos trez yran de yuso |
| S1603-4 | nin de padres nin de fijos con esto non fynca vno |
| S1609-1 | Son frias de fuera con -el amor ardientes |
| S1614-4 | con doñeo es mas dulçe que açucar nin flor |
| S1615-4 | bien atal es la -dueña pequena con amor |
| S1621-4 | quando non podia al fazer ayunaua con dolor |
| S1622-3 | que mas val con mal asno el omne contender |
| S1622-4 | pus lo por menssajero con -el grand menester |
| S1626-3 | fiz le quatro cantares E con -tanto fare |
| S1628-4 | dios con esto se sirue bien lo vedes varones |
| S1633-1 | Señorez he vos seruido con poca sabidoria |
| S1634-3 | que fazen muchos e muchas a -otras con sus engaños |
| S1638-4 | con su noble tesoro |
| S1644-6 | con presente estraño |
| S1645-2 | con xpristos estudo |
| S1660-3 | E con esto escaparedes |
| S1666-8 | con su obla engañosa |
| S1667-8 | con los santos muy graçiosa |
| S1669-1 | Ayudaz al ynoçente con amor muy verdadero |
| S1674-8 | con -el tu deffendimiento |
| S1675-1 | Con -el tu deffendimiento |
| S1680-2 | pena atanta con dolor atormentado |
| S1686-5 | con deseo beuir |
| S1691-2 | bien creo que -lo fizo mas con midos que de -grado |
| S1693-4 | maguer que vos digo con rrauia de mi coraçon |
| S1695-1 | Con aquestas rrazones que -la carta dezia |
| S1700-2 | con -grand afyncamiento ansi como dios Sabe |
| S1700-3 | E con llorosoz ojos E con dolor grande |
| S1703-2 | nin es agora tristan con todos sus amorez |
| S1704-1 | Por que suelen dezir que el can con grand angosto |
| S1704-2 | E con rrauia de -la muerte a -su dueño traua al rrostro |
| S1705-2 | diz aqueste arçobispo non se que se ha con noz |
| S1707-2 | otro si a -la vibdas esto es cosa con verdat |
| F 2 | a -las uezes con algo a -las uezes uazio |

**CONBATIDOS**

| | |
|---|---|
| S1583-2 | aquestos de cada dia nos trahen muy conbatidos |

**CONBATIENTES**

| | |
|---|---|
| S1113-1 | Andaua y la vtra con muchos conbatyentes |

**CONBID**

| | |
|---|---|
| S1079-1 | Dio me muy muchas graçiaz por el buen conbyd |
| S1258-2 | el conbid de -laz monjas aqueste rresçibiera |
| S1259-2 | non quiso rresçebir el conbid rrefertero |
| S1605-3 | por que el dia del juyzio sea fecho a -nos conbyd |

**CONBIDADO**

| | |
|---|---|
| S1372-4 | e como el fue suyo fuese el su conbidado |

**CONBIDAR**
S 770-1     quatro de nos queriamos yr vos a -conbydar
**CONBIDARON**
S 83-2     conbidaronle todas quel darian A -yantar
**CONBIDAS**
S 976-1     ssemejas me diz sandio que ansy te conbidas
**CONBIDES**
S 485-3     con dezires fermosos a -la muger conbydes
S1005-2     byen loçanas E fermosas a -tus parientes conbydes
**CONBIDO**
S1370-4     conbidol a -yantar e diole vna favaua
S1372-2     conbido el de -la villa al mur de monferrado
**CONBIT**
S 52-2     dixieron le nos avemos con griegos nuestra conbit
**CONBITES**
S 713-4     vayan ante vuestros rruegos que los ajenos conbites
**CONBRAS**
S1163-2     conbras garuanços cochoz con azeyte e non al
S1164-2     conbras de -las arvejas mas non salmon nin trucha
S1166-1     Espinacaz conbraz el miercoles non espesaz
**CONBREDES**
S 777-4     conbredes e folgaredes a -la sonbra al vyçio
**CONBRIAN**
S 781-4     dezian que non conbrian tozino sin gallynas
**CONBRIE**
S 99-4     que a -todo el mundo conbrie e estragaria
**CONCEBIDO**     (V)
G 36-5     fue luego conçebido
**CONCEBISTE**
S 24-3     luego virgen conçebiste
S 35-5     aue maria conçebiste
S1637-1     Conçebiste a tu padre
S1664-3     syendo virgen conçebiste
**CONCEJO**
S 341-2     connel fueron las pares conçejo de cucaña
G 688-3     puede seer tanta la fama que saliria a conçejo
S 754-3     juran que cada dia vos leuaran a -conçejo
S 923-2     que nunca mal rretrayas a -furto nin en conçejo
S1332-3     non se casara luego nin saldra a -conçejo
S1479-4     al que te mata so capa nol salues en conçejo
**CONCEPTUM**     (L)
P 81     quiz potest fazere mundum de jmudo conçeptum semine
**CONCIENCIA**
S 347-2     vso bien de su ofiçio E guardo su conçiençia
S 886-3     la mi vieja maestra ovo ya conçiençia
S1177-4     que vayan a -la iglesia con conçiençia clara
S1592-2     con castidat E con conçiençia podernos emos escusar
**CONCLUSION**
S 350-2     la comadre contra el lobo çerca la conclusion
S 370-2     que fecha la conclusyon en criminal acusaçion
S 370-4     menester la zentençia çerca la conclusion
**CONCLUYE**
P 59     E desto concluye la terçera rrazon del veso primero
**CONCOMEN**     (V)
G 906-4     non me mal digan algunaz que por esto se concomen
**CONCUERDA**
G 446-3     esto que te castigo con ouidio concuerda
**CONCHA**
S1074-2     vna concha muy grande de -la carta colgada
S1205-2     grande sonblero Redondo con mucha concha maryna
**CONDE**
S1118-1     ally lydia el conde de laredo muy fuerte
**CONDEDIJOS**     (V)
G 504-4     mas condedijoz tiene que tordoz nin picaçaz
**CONDENADO**
S 336-1     muchas vezes de furto es de juez condenado
S1143-1     El rrey don ezechiaz de muerte condenado
**CONDENADOS**
S 367-2     por que non pagaron costas nin fueron condenados
**CONDENEDES**
S 328-2     pido que -la condenedes por sentençia e por al non
**CONDEPNAR**
S 358-3     por exepçion non puedo yo condepnar nin punir
S 361-3     por exepçion non puedo yo condepnar nin matar
**CONDES**
S 500-2     condes e Ricos omnes de algunos vyllanoz
G 586-1     Reyz duquez e condez e toda criatura
**CONDESADO**
S 635-3     que non sabe tu vezino lo que tyenes condesado
**CONDESADOS**
S1206-3     gallofaz e bodigoz lyeua y condesados
**CONDESIGUOS**
S 504-4     mas condesyguos tyenen que tordos nin picaças
**CONDICION**
S 191-1     ffizo su cassamiento con aquesta condiçion
**CONEJA**
S 957-4     mandele pacha con broncha e con çorron de coneja
**CONEJERO**
S 120-3     non medre dios tal conejero
**CONEJO**
S 119-3     E presentol vn conejo
S 616-4     el conejo por maña doñea a -la vaca
S 991-3     dixo la endiablada asy apilan el conejo
S1359-3     fue su Señor a caça e Salio vn conejo
**CONEJOS**
G 666-4     la peña tiene blanco e prieto pero todoz zon conejoz
S1082-2     gallynas e perdizes conejos e capones
S1117-1     ally lidian las ostyas con todos los conejos
**CONFESAR**
S1158-3     E puedan aver su cura para se confesar
**CONFESION**
S 362-1     Por quanto yo fallo por la su conffesion

S 363-1     Pues por su confesion e su costunbre e vso
S 365-2     fizo la conffesion cogido en angostura
S1136-3     determina al cabo qual es la confesion
S1171-1     Dada la penitençia fizo la confesion
**CONFESOR**
S1127-3     si non fuese doliente o confesor alguno
S1130-4     menester es la palabla del conffesor bendito
S1154-2     de mi parrochiano non seades confesor
**CONFIESA**
S 364-1     Pues el lobo confiesa que fizo lo que acusa
**CONFIESO**
S1675-5     que conffieso en verdat
**CONFIRMACION**
S1589-4     con esta confirmaçion la soberuia es arrancada
**CONFITES**
S1337-3     açucar de confites e açucar violado
**CONFONDA**
S 120-1     Dios confonda menssajero
S 418-3     confonda dios al cuerpo do tal coraçon fuelga
S 963-1     la chata endiablada que santillan la confonda
**CONFRADE**
S 897-3     Señor dixo confrade vuestro solaz onrra
S1701-2     que era desta orden confrade derechero
**CONFUERTE**
S1118-4     esta mucho triste non falla quel confuerte
**CONFUERTO**
S 301-1     abaxose el leon por le dar algund confuerto
S 651-3     toda la mi esperança e todo el mi confuerto
**CONGRIO**
S1118-2     congrio çeçial e fresco mando mala suerte
**CONGRUECA**
S 527-4     ca vna congrueca de otra sienpre tyene dentera
**CONJURO**
S 389-4     que non la fe de dios vete yo te conjuro
**CONLUEÇA**     (V)
G 527-4     Ca vna conlueça de otra zienpre tiene dentera
**CONMIGO**
S 213-1     Varon que as con-migo qual fue aquel mal debdo
S 465-4     deuedes por mas pereza duena con-migo casar
S 736-4     syn miedo fablad con-migo quantas cosas son
S 795-2     non casaria con-migo ca seria adulterio
S 864-1     yd vos tan segura mente con-migo a -la mi tyenda
S 966-3     ella diz dam mas amigo anda aca trete con-migo
S 993-4     coydos cassar con-migo commo con su vezino
S1027-4     conmigo desposa
S1029-1     diz trota conmigo
S1076-2     que seades con migo en -el canpo alla batalla
S1091-3     Señor diz a -la duena sy con-migo la enlazas
S1481-4     seria mal escarnida fyncando el con-migo
S1568-2     que oviste con-migo mi leal vieja dola
**CONOCER**
G 674-4     do se vsan loz omnez pueden ze conoçer
**CONOCISTE**
S1559-1     quando te quebranto entonçe lo conoçiste
**CONORTA**
S 930-3     tal vieja para vos guardadla que conorta
S1611-2     pero mas que -la nuez conorta E calyenta
**CONORTAD**
S 605-3     conortad me esta llaga con juegos e folgura
S 797-3     conortad vos amigo e tened buena creençia
**CONORTAN**
S 649-1     ssy -le conortan non lo sanan al doliente los joglares
S 861-1     verdat es que -los plazeres conortan a -las de vezes
**CONORTAR**
S1681-3     ven me librar E conortar
**CONORTE**
G 592-4     la esperança non conorte zabez a -las vezez fallir
S 605-4     que non vayan syn conorte mi llaga e mi quexura
G 678-4     al omne conorte grande e plazenteria bien zana
S 800-3     por que tome conorte e por que aya folgura
S 815-1     Amigo Segund creo por mi avredes conorte
S1544-2     nunca das a -los omes conorte nin esfuerço
**CONOSCAN**
S1178-3     dizenlez que -se conoscan E lez venga miente
**CONOSCEMIENTO**
S 256-3     el buen conoscemiento mal omne lo dessecha
**CONOSCEN**
G 677-1     por la fabla se conosçen loz maz de loz coraçonez
G 677-4     por laz palabraz se conosçen e zon amigoz e conpañonez
**CONOSCER**
S 657-4     desea vos mucho ver E conosçer vos querria
S 806-1     Madre vos non podedes conosçer o asmar
**CONOSCES**
S1389-4     non conosçes tu nin sabes quanto yo meresçria
**CONOSCI**
S 153-2     sienpre pune en seruir dueñas que conosçi
S 292-1     desque te conosçi nunca te vy ayunar
**CONOSCIA**
S 655-3     apenas me conosçia nin sabia por do yr
S1318-1     Dixo me que conosçia vna byuda loçana
S1389-2     sy aver me podiese el que me conosçia
**CONOSCIDO**
S 36-5     ffue luego conosçido
**CONOSCIERE**
S 310-1     quien byen te conosçiere de ty non fyara
**CONOSCIESES**
S1388-4     que sy me conosçiesez tu andariaz loçano
**CONOSCO**
S 330-2     a -esta vuestra cibdat non conosco la gente
S 831-1     Por que veo e conosco en vos cada vegada
S 873-4     a -la fe aquel es don melon yo lo conosco yo lo viento

**CONOSZIENTA**
S 711-1  Dixo me que esta dueña era byen su conoszienta

**CONPADRE**
S 776-3  diz señor abbad conpadre con esas santas manos

**CONPANA**
S 638-1  quando vyeres algunos de -los de su conpana

**CONPANERO**
S 113-3  a -vn mi conpanero sopome el clauo echar
G 757-2  zola e sin conpanero commo la tortolilla

**CONPANIA**
S 30-4  En tu santa conpania
S 456-3  por la pereza pyerden muchos la mi conpania
S 913-3  nunca se omne byen falla de mala conpania
S1284-3  los diablos do se fallan llegan se a -conpania

**CONPANON**
S 460-2  yo soy mas perezosso que este mi conpanon

**CONPAÑA**
S 4-2  del falso testimonio de -la falsa conpaña
S 110-4  non cobdiçie conpaña sy solo se mantiem
S 209-1  Non quiero tu conpaña vete de aqui varon
S 304-4  enojo E mal querençia anda en -tu conpaña
S 341-1  don ximio fue a su cas con -el mucha conpaña
S 474-4  casose con muger moça pagavase de conpaña
S1101-3  la conpaña del mar las sus armas menea
S1317-4  Ca solo syn conpaña era penada vida
S1383-1  Tu tyenes grandes casaz mas ay mucha conpaña
S1425-3  ally juegan de mures vna presta conpaña
S1526-1  los quel aman E quieren e quien ha avido su conpaña

**CONPAÑAS**
S 655-2  el miedo de -las conpañaz me facian al departir
S 891-2  alegran se las conpañas en -las bodas con rrazon
S1072-2  la mi perzona mesma e las con-pañas mias
S1110-2  conpañas mucho estranas e de diuersos marcos
S1121-1  las mas de sus conpañas eran le ya fallesçidas
S1122-1  Commo estaua ya con muy pocaz conpañas
S1402-1  Ante ella E sus conpañas en -pino se tenia
S1493-2  ve dil que venga cras ante buenas conpañas

**CONPAÑERA**
S 109-3  al omne por conpañera nin del non -la feziera

**CONPAÑERAS**
S 841-3  doña endrina me mata e non sus conpañeras

**CONPAÑERO**
S 37-5  a -los rreyes conpañero
S 122-1  Del escolar goloso conpañero de cucaña
S 243-4  diz conpañero soberuio do son tus enpelladas
S 743-2  sola syn conpañero non sodes tan temida
S1283-3  con -este conpañero que -les dan lybertades

**CONPAÑIA**
S 73-3  quieren Segund natura conpañia sienpre Nueva
S 112-1  E yo commo estaua solo syn conpañia
G 681-2  non deue la muger estar zola en tal conpañia
S 726-4  nunca puede ome atan buena conpañia
S1646-3  en -su conpañia

**CONPAÑO**
S 121-3  el conpaño de çerca en -la cruz adoraua

**CONPAÑON**
S 970-3  oteo me la pastora diz ya conpañon agora

**CONPAÑONES**
G 677-4  por laz palabraz se conosçen e zon amigoz e conpañonez

**CONPARACION**
S1616-1  De -la muger pequeña non ay conparaçion
S1676-2  que non ha conparaçion

**CONPARTI**  (V)
G 567-2  do falle la poridat de grado conparti

**CONPASION**
S1599-2  auiendo por dios conpasion con caridat non erremos

**CONPLADAS**
S 501-4  todas al dinero syruen E suyas son conpladas

**CONPLADO**
S 206-4  lybertat e ssoltura non es por oro conplado
S1630-4  ca non ha grado nin graçiaz nin buen amor conplado

**CONPLADOR**
S 615-3  afyncando lo mucho el artero conplador

**CONPLARA**
S1243-4  non conplara la seña paris nin barçilona

**CONPLARAS**
S 230-3  las joyaz para tu Amiga de que las conplaras

**CONPLARIA**
S1215-4  non lo conplaria dario con todos sus thesoros

**CONPLETAS**
S 386-1  Nunca vy cura de almas que tan byen diga conpletas
S1241-4  magne nobiscum domine que tañe a -conpletaz

**CONPLID**
S 814-3  conplid vuestro trabajo e acabad la nobleza

**CONPLIDA**
P 192  que fiz conplida mente
S 79-2  conplida de muchos byenes anda manssa e leda
S 371-3  especial para todo esto E conplida jurysdiçion
S1647-1  la vida conplida
S1674-3  de graçia llena conplyda
S1676-5  conplida de bendiçion
S1682-1  Nunca fallençe la tu merçed conplida

**CONPLIDAS**
S1341-4  con medidaz conplidaz e con toda mesura
S1488-3  bien conplidaz laz piernaz del pie chico pedaço

**CONPLIDO**
S 36-1  El Segundo fue conplido
S 130-2  vinieron çinco dellos de mas conplido saber
S 139-1  desque vido el Rey conplido su pessar
S 143-4  si piden merçed al Rey dale conplido perdon
S 144-4  por que del yerro fecho conplido perdon le dio
S 190-4  E dende a -vn mes conplido casase con -la mayor

**CONPLIDO**
S 475-1  Ante del mes conplido dixo el nuestra dona
S 480-2  conplido de cabeça con todo su apero
S 767-3  yo ove buen aguero dios avia melo conplido
S 890-4  todo vuestro deseo es byen por mi conplido
S1043-1  Santiago apostol diz de todo bien conplido
S1138-1  quito quanto a -dios que es sabidor conplido
S1645-4  quarto goço fue conplido
S1681-2  de dolor conplido E de tristura

**CONPLIDOS**
S 630-2  mas desea tal omne que todos byenes conplidos
S1083-2  espetos muy conplidos de fierro e de madero

**CONPLIERON**
S 138-3  los çinco fados dichos todos bien se conplieron

**CONPLIMOS**
S 816-2  E quanto prometemos quiza non lo conplimos

**CONPLIO**
S1062-1  Commo profetas dizen esto ya se conplio

**CONPLIR**
S 92-1  Por conplir su mandado de aquesta mi Señor
S 220-4  por conplir lo que mandan cobdiçian lo peor
S 221-2  por conplyr las promesas que con amor mandaron
S 257-4  por conplyr la loxuria enguinando laz oteas
S 369-2  conplir lo que es derecho E de constituçion
S 389-2  por conplyr tus deseos fazes lo erege duro
S 818-4  es venguença e mengua sy conplyr lo podemos
S1060-1  Cuentan los profetas lo que se ouo a -conplir
S1134-4  Senores vuestro saber quiera mi mengua conplir
S1166-4  por conplir adulterio fazias grandes promesaz
S1676-8  de conplir mi petiçion
S1677-1  De conplir mi petiçion

**CONPLISION**
S1202-1  Por ende doña quaresma de flaca conplision

**CONPLISTE**
S1677-2  como a -otros ya conpliste

**CONPLIT**
G 586-3  conplit loz miz deseoz e dat me dicha e ventura

**CONPLO**
S1568-3  que me la matastes muerte ihesu xpisto conplola

**CONPON**
S1233-3  el ffrançes odreçillo con estos se conpon

**CONPONE**
S 379-1  E sy es dueña tu amiga que desto non se conpone

**CONPONER**
S 142-3  desto manda fazer libros e quadernos conponer

**CONPOSE**
P 189  E conposelo otrosi a -dar algunoz leçion

**CONPRAD**
S 723-3  dezia por fazalejas conprad aquestos manteles
S 915-3  Señora diz conprad me aquestos almajares
S1325-2  Señora diz conprad traueseros e aviesos

**CONPRAR**
S 972-2  non a -conprar las joyas para la chata novia

**CONPRARAS**
S 492-3  conpraras parayso ganaras saluaçion

**CONPRARIA**
S1244-3  non conpraria françia los paños que viste

**CONPUESTA**
S 80-3  dize verdat la fabla que la dueña conpuesta
S 96-4  esta fabla conpuesta de ysopete sacada

**CONPUESTO**
S1634-2  fue conpuesto el rromançe por muchos males e daños

**CONPUSE**
P 130  E conpuse este nuevo libro

**CONPUSICION**
S 370-3  non podia dar lyçençia para aver conpusiçion

**CONPUSO**
S 472-4  nunca quiere olvido provador lo conpusso

**CONQUISTA**
S 866-1  Muger liebre Seguida mucho corrida conquista
S1011-3  a grand hato daria lucha e grand con-quista

**CONQUISTO**
S 282-3  por enbydia fue preso E muerto e con-quisto

**CONSAGRADO**
S1149-1  Pues que el arçobispo bendicho e consssagrado

**CONSEJA**
S 162-1  Ca Segund vos he dicho en -la otra consseja
S 827-3  començo la buhona a -dezir otra consseja
S 847-3  pues mi voluntad vees conseja me que faga
S 929-2  que quisiese perder saña de -la mala consseja

**CONSEJA**  (H)
S 956-4  conssejate que te abengas antes que te despoje

**CONSEJADO**
S 608-1  ya fueste conssejado del amor mi marydo
S 609-2  de -lo que mi marido te ovo conssejado

**CONSEJADOR**
S 994-4  oluidose la fabla del buen conssejador

**CONSEJAR**
S 995-1  que dize a -su amigo queriendol conssejar

**CONSEJAS**
S 338-3  nin -le deuen dar rrespuesta a -sus malas conssejas
S 378-3  ssy cree la bauieca sus dichos e conssejas
S 604-2  sabedes nuestros pelygros sabedes nuestras conssejas
S1185-2  dauan grandes balidos dezien estas conssejas

**CONSEJAS**  (H)
S1355-4  conssejas me agora que pierda la mi alma

**CONSEJAVAN**
S1256-1  ally Responden todos que non gelo conssejauan

**CONSEJERO**
S 509-2  este es conssejero E sotil abogado

**CONSEJO**
S 51-4  que tales las feziese fueles conssejo sano
S 119-1  Prometiol por mi conssejo

**CONSEJO** (cont.)
S 251-1 oyo dios tus querellas E dio te buen consejo
S 351-2 avydo mi consejo que me fizo prouecho
S 396-1 Tu le rruyes a -la oreja E das le mal conssejo
S 536-4 veras que mi conssejo te sera por byen avydo
S 539-1 Ceyo su mal conssejo ya el vino vsaua
S 573-4 faz conssejo de Amigo fuye de loor de enemigo
G 584-3 todo por su consejo se fara ado apuerte
G 594-3 melezina e consejo por do pueda auer fulgura
S 609-4 mejor es el consejo de muchos acordado
G 691-3 E a -la mi mucha cuyta non ze consejo nin arte
S 716-4 por mi conssejo lo faze mas que non por su querer
S 729-1 El sabio vençer al loco con conssejo non es tan poco
S 745-4 le daua buen conssejo commo buena madrina
S 750-3 non quiero tu conssejo vete para villana
S 753-2 non quiso buen conssejo cayo en fuertes palas
S 754-1 que muchos se ayuntan e son de vn conssejo
G 762-4 nunca la golondrina mejor consejo ogaño
S 839-4 a -la mi quexa grande non le fallo conssejo
S 847-4 por me dar tu conssejo verguença en ty non aya
S 888-3 deue buscar conssejo melezinas e curas
S 923-1 prouelo en vrraca do te lo por conssejo
S1332-2 amad alguna monja creed me de conssejo
S1347-3 diz asy me conteçeria con tu conssejo vano
S1453-2 que dio a -su animal mal consejo e mal cabo
S1458-2 llamo a -su amigo quel conssejo aquesto
S1479-1 Non es dicho amigo el que da mal conssejo
S1598-4 spiritu de buen conssejo encordado destaz letraz
**CONSEJO** (H)
P 137 si algunoz lo que non loz conssejo
P 168 E rruego E conssejo a -quien lo oyere E lo oyere
S1480-1 mas yo non vos conssejo eso que voz creedes
**CONSEJO** (H)
S 649-3 consejo me dona venuz mas non me tyro pesares
**CONSENTID**
S 948-4 conssentyd entre los ssesos vna tal bauoquia
**CONSENTIR**
S 145-2 el fazedor del fuero non lo quiere conssentyr
S1410-4 que conssentyr non deuo tan mal juego como este
S1420-3 non -lo puede ninguno nin deue consentyr
**CONSENTRIA**
S1410-3 yo non -lo consentria commo tu melo rrogueste
**CONSIENTA**
S 711-4 que non ay mula de aluarda que la troxa non consienta
S1611-3 asi dueña pequena sy todo amor consyenta
**CONSIGO**
S 407-3 de -la rrana pyntada quando lo leuo con-sygos
S 626-1 quiere la mancebya mucho plazer con-sigo
S 858-3 el a -vos ansy vos trahe en -su coraçon consygo
S1029-2 leuo me consigo
S1564-3 el nos lieue consigo que por nos muerte priso
S1579-3 ca non vee la ora que vos lyeue consigo
**CONSINTIRA**
S 565-1 Pyenssa sy consyntyra tu cavallo tal freno
S 643-2 non la consyntira fablar contigo en -poridat
**CONSINTRE**
G 680-4 non uoz consintre engaño cada que -lo entendiere
**CONSISTORIO**
S1152-2 el jnocençio quarto vn sotil consistorio
**CONSOLACION**
P 13 que traen al Alma conssolaçion
S 9-3 Señora da me tu graçia E dame consolaçion
S 21-2 e de jhesu consolaçion
S 492-1 sy touyeres dyneros avras consolacion
S1058-2 a mis coytas fagas aver consolaçion
S1262-3 todoz le aconpañan con grand conssolaçion
S1616-2 terrenal parayso es e grand consso-laçion
**CONSTESCIO**
S1056-1 a -ora de nona morio e constesçio
**CONSTESTADO**
S 367-4 nin fue el pleito constestado por que fueron escusados
**CONSTITUCION**
S 369-2 conplir lo que es derecho E de constituçion
S1693-2 diz el papa nos enbia esta constituçion
**CONSTRIBADO**
S1172-3 doliente E mal ferido constribado e dolioso
**CONSTRUNBRES**
S 79-3 es de buenas construnbres sossegada e queda
**CONSTUBRE**
S1313-4 este mi Señor sienpre tal constubre avia
**CONSTUNBRE**
S 167-1 E por que es constunbre de macebos vsada
S1029-2 commo es de constunbre
**CONSTUNBRES**
P 101 e de castigoz E constunbrez E de otraz çiençiaz
P 180 e dar ensienpro de buenaz constunbrez
**CONSUNO**
S1603-1 Contra los trez prinçipales que non se ayunten de consuno
**CONTADO**
S1020-3 digo te que non vy mas nin te sera mas contado
**CONTADOS**
S 234-4 non se podrian escreuir en mill priegos contados
**CONTAR**
S1254-3 al contar laz soldadaz ellos vienen primeros
S1266-1 la obra de -la tyenda vos querria contar
**CONTE**
S1020-2 vnas trez vezes contelas estando arredrado
**CONTECE**
S1356-4 conteçe me como al galgo viejo que non caça nada
**CONTECIO**
S 174-2 commo conteçio al ladron que entraua a -furtar
S 178-3 asy conteçio a -mi E al mi buen mensajero

**CONTENCIO**
S 174-1 anssy contençio a -mi con -la dueña de prestar
**CONTENDER**
S 50-1 Pusieron dia sabido todoz por contender
S1523-2 nunca fue quien contigo podiese bien contender
S1622-2 que mas val con mal asno el omne contender
**CONTENDIENDO**
S1397-2 o -las vnas con las otraz contendiendo Reñiendo
**CONTENIDOS**
S 56-2 el polgar con otroz dos que con -el son contenidos
**CONTESCA**
S 46-2 non me contesca con-tigo commo al doctor de greçia
S 892-3 guardat vos non vos contesca commo con -el leon
S 931-1 Nunca jamas vos contesca e lo que dixe apodo
S1400-2 non me contesca commo al asno conteçio con -el blanchete
**CONTESCE**
S 228-1 Cada dia contessçe al cobdiçiosso atal
S 236-4 conteçel commo al asno con -el cavallo armado
S 269-4 conteçeles commo al aguila con -los nesçios truhanez
S 279-4 contesçe te como acaesçe en -la rred a -los peçes
S 407-1 Contesçe cada dia a -tus amigos con-tigo
S 486-4 tomala esto contesçe a caçadorez mill
S1367-3 serui vos byen e syruo en -lo que contesçe
S1391-4 conteçel commo al gallo que escarua en -el muladar
**CONTESCER**
S 745-2 sy non contesçer vos puede a -vos mucho ayna
**CONTESCERIA**
S1347-3 diz asy me conteçeria con tu conssejo vano
**CONTESCIO**
S 225-4 lo que contesçio al perro a -estos tal les viene
S 284-4 como con los pauezinos contesçio a -la graja
S 407-2 commo contesçio al topo que quiso ser amigo
S 628-4 a -ty mesmo contesçio E a -otros podra acaesçer
S1347-4 con con -la culebra contesçio al ortolano
S1400-2 non me contesca commo al asno conteçio con -el blanchete
S1412-1 Contesçio en vna aldea de muro byen çercada
**CONTIENDA**
S 252-2 atravesosele vn veso estaua en contienda
S 755-1 Mas ese vos defendera de toda esta contienda
S 864-3 nunca dios lo quiera fija que de ally nasca contyenda
S 980-3 lieua te dende cornejo non busques mas contienda
S1173-5 los vnos a -los otros non se paga de contyenda
S1246-4 acaesçio grand contyenda luego en ese llano
S1260-2 E vy que -la contyenda era ya sosegada
**CONTIENDAS**
S 235-2 jnjurias e varajas e contiendas muy feas
S 279-3 buscas malas contiendas fallas lo que meresçes
S 547-3 por ende vyenen muertes contyendas e barajas
**CONTIENDE**
G 551-3 El grant arrebatamiento con locura contiende
**CONTIGO**
S 46-2 non me contesca con-tigo commo al doctor de greçia
S 187-3 non se ffuerte nin rrecio que se contigo tope
S 217-1 Contigo syenpre trahes los mortales pecados
S 228-2 coyda ganar con-tigo E pierde su cabdal
S 385-4 la fiesta de seys capas contigo la pasqua tiene
S 403-1 ansy muchas fermosas contigo se enartan
S 407-1 Contesçe cada dia a -tus amigos con-tigo
S 608-3 por que le fuste sanudo contigo poco estudo
S 643-2 non la consyntira fablar contigo en -poridat
S1002-2 Casar me he de buen talento contigo si algo dieres
S1191-3 que por nos te lo diga commo seremos contigo
S1466-1 luego sere contigo desque ponga vn frayle
S1523-2 nunca fue quien contigo podiese bien contender
S1563-4 mas con-tigo dexo los tus malos perdidos
**CONTINUA**
S1522-2 con todo el mundo tyenes continua en-amiztat
**CONTRA**
S 56-1 Mostro luego trez dedos contra el griego tendidos
S 145-3 dyspensa contra el fuero e dexalo beuir
S 145-4 quien puede fazer leyes puede contra ellas yr
S 146-3 pero puede muy bien contra ellas dispenssar
S 150-4 mas non puedem contra dios yr nin son poderosos
S 272-1 Cato contra sus pechos el aguila ferida
S 272-3 dixo contra si mesma vna Razon temida
S 285-4 la negra por ser blanca contra sy se denueda
S 301-2 el cavallo ferrado contra sy fizo tuerto
S 313-3 contra la vynieron todas por vengar sus denteras
S 325-4 en juyzio propongo contra su mal-fetria
S 334-1 E por ende yo propongo contra el esençion
S 350-4 la comadre contra el lobo çerca la conclusion
S 357-2 quando se pon contra testigos en pleito criminal
S 357-3 contra juez publicado que su proçesso non val
S 359-1 Maguer contra la parte o contra el mal testigo
S 368-1 ally sus abogados dyxieron contra el juez
G 444-4 contra la fegura toda por que maz çierto andez
S 453-4 nin le seas porfioso contra lo que te dixiere
S 560-4 quien contra ezto faz tarde o non rrecabda
S 578-1 Contra mi coraçon yo mesmo me torne
G 670-4 E non ze que me faga contra vuestra porfia
G 686-3 non sospeche contra mi que ando con sezo vano
S 776-2 fablo contra el lobo dixo dechos non vanos
S 821-3 non ha al aventura contra el fado valya
S 849-4 Mas el que contra mi por acusar me venga
S 902-4 el leon contra el lobo fue sañudo e yrado
S 984-4 assañose contra mi Resçele e fuy couarde
S1078-3 dixo yo so el alfrez contra esta mala presa
S1119-2 ardiz E denodado fuese contra don salmon
S1120-3 mas vino contra el la gigante ballena
S1189-3 e contra la quaresma estaua muy sañudo
S1501-1 Pero que sea errança contra nuestro Señor
S1586-1 Contra la grand cobdiçia el bautismo porfia

| | |
|---|---|
| **CONTRA** | **(cont.)** |
| S1590-1 | ayamos contra avariçia spiritu de pyedat |
| S1593-4 | ansi contra luxuria avremos vençimiento |
| S1598-2 | contra esta enemiga que nos fiere con saetas |
| S1600-4 | armados estemos mucho contra açidia mala cosa |
| S1601-1 | Contra esta e sus fiios que ansy nos de-vallen |
| S1603-1 | Contra los trez prinçipales que non se ayunten de consuno |
| S1685-5 | contra mi tan dapñosa |
| **CONTRAIS** | |
| S 881-3 | castigad vos amiga de otra tal contra yz |
| **CONTRALLO** | |
| S 299-4 | mas yr a -ty non puedo que tengo vn grand contrallo |
| **CONTRALLOS** | |
| S 207-1 | byen anssy acaesçe a -todos tus contrallos |
| **CONTRARIA** | |
| S 693-2 | E a -muchos es contraria puede los mal estorvar |
| **CONTRARIOS** | |
| G 691-2 | con pensamientoz contrarioz el mi coraçon se parte |
| S1247-3 | fueron le muy contrarios quantos tyenen fleylya |
| **CONTRATRIZ** | **(V)** |
| G 881-3 | caztigat uoz ya amiga de otra tal contratriz |
| **CONTRECHO** | |
| S 458-2 | Ronco era el otro de -la pierna contrecho |
| **CONTRICION** | |
| S 149-2 | E por seruir a -dios con mucha contriçion |
| S1136-2 | si se faze penitençia por la sola contriçion |
| S1137-4 | por la contriçion sola pues al non puede far |
| S1141-1 | Que tal contriçion ssea penitençia byen llena |
| S1141-3 | por contriçion e lagrimas la santa madalena |
| **CONTRITO** | |
| S1130-2 | sinon por la boca misma del pecador contrito |
| S1143-2 | lloro mucho contrito a -la pared tornado |
| **CONTUERCE** | |
| S 741-3 | sus manos se contuerçe del coraçon travando |
| **CONVENIA** | |
| S 48-2 | que ante les convenia con sus sabios disputar |
| **CONVENTO** | |
| S1251-2 | estragarie vn frayle quanto el convento gana |
| S1345-4 | Señora del convento non lo fagades esquiuo |
| S1385-1 | Mas vale en convento laz sardinaz saladas |
| S1393-1 | Comedes en convento Sardinaz e camaronez |
| **CONVERTE** | **(L)** |
| S 386-3 | digan te conortamos de grado abres las puertas |
| **CONVERTIR** | |
| S1128-1 | vino luego vn frayle para lo convertyr |
| **CONVIEN** | |
| S 737-4 | yo penssare en ello si para mi con-vyen |
| G 759-2 | casar ante del año que a -bivda non conuien |
| **CONVIENE** | |
| S 225-2 | coyda aver mas mucho de quanto le conviene |
| S 419-3 | non -le conviene al bueno que sea lyjongero |
| S 428-1 | Para todas mugeres tu amor non conviene |
| S 885-4 | pues otro cobro yo non he asy fazer me convyene |
| S1250-3 | a -grand Señor conviene grand palaçio e grand vega |
| S1435-3 | non conviene a -dueña de ser tan denodada |
| S1443-3 | pecar en tal manera non conviene a -monja |
| S1447-1 | Dixo la vna liebre conviene que esperemos |
| S1448-1 | a -la buena esperança nos conviene atener |
| **CONVUSCO** | |
| S 703-1 | quiero fablar con-vusco bien en -como penitençia |
| S 811-4 | paresçe que con-vusco non se estaria dormiendo |
| S 828-2 | que por ella con-vusco fablar omne non osa |
| S 840-4 | de cassar se con-vusco a -ley e a -bendiçion |
| S 868-4 | cras verna fablar con-vusco yo lo dexo Recabdado |
| S 975-4 | o morar me he con-vusco o mostrad me la carrera |
| S1367-1 | E sseñora convusco a -mi atal acaesçe |
| **CONZEJAS** | |
| G 438-3 | grandez cuentaz al cuelo zaben muchaz conzejaz |
| **COPA** | |
| S 342-3 | qual copa qual taza en poridat aducha |
| S1460-4 | vna copa de oro muy noble de preçiar |
| **COPLAS** | |
| S 69-2 | en -las coplas pyntadas yaze la falssedat |
| S 69-4 | las coplas con -los puntos load o denostat |
| **COPRAS** | |
| S 958-4 | fyz de -lo que y passo las copras de yuso puestas |
| **CORACON** | |
| S 903-2 | que sy el coracon E orejas touiera |
| **CORAÇA** | |
| S 924-3 | señuelo cobertera al-madana coraça |
| **CORAÇON** | |
| S 44-2 | que omne a -sus coydadoz que tiene en coraçon |
| S 95-2 | qual palabra te dizen tal coraçon te meten |
| S 209-4 | quando omne esta Seguro furtas le el coraçon |
| S 210-3 | anda el coraçon syn cuerpo en tus cadenas |
| S 213-4 | das me en -el coraçon triste fazes del ledo |
| S 276-4 | tristeza e sospecha tu coraçon quebranta |
| S 278-4 | el coraçon te salta nunca estas de vagar |
| S 315-2 | el leon con grand yra trauo de su coraçon |
| S 345-2 | algo de -la sentençia por su culpa descobrir |
| S 376-1 | desque sientes a -ella tu coraçon espaçias |
| S 394-1 | Tyene omne su fija del coraçon amada |
| S 397-3 | El coraçon le tornas de mill guisas a -la ora |
| S 411-2 | mas al tiene pensado en -el su coraçon |
| S 418-2 | es el coraçon falso e mitirosa la lengua |
| S 418-3 | confonda dios al cuerpo do tal coraçon fuelga |
| S 467-3 | por ende mi amigo en -tu coraçon non yaga |
| S 519-2 | en el coraçon lo tyene maguer se le escusa |
| S 565-4 | E por tu coraçon judgaras ajeno |
| S 575-2 | pero que mi coraçon de trobar non se quita |
| S 578-4 | Contra mi coraçon yo mesmo me torne |
| S 579-1 | My coraçon me dixo faz lo e Recabdaras |

| | |
|---|---|
| G 588-2 | en -el coraçon lo trayo ençerrado e ascondido |
| G 595-4 | en vuestraz manoz pongo el mi coraçon abierto |
| S 597-2 | atrauiesa me el coraçon en -el la tengo fyncada |
| S 605-2 | tyra de mi coraçon tal saeta e tal ardura |
| S 623-3 | faziendo le zeruiçio tu coraçon se bañe |
| S 638-3 | quando esto la duena su coraçon se baña |
| S 640-2 | luego esta la dueña en -su coraçon penssando |
| S 658-4 | de aquella seria mi cuerpo que tiene mi coraçon |
| G 691-2 | con pensamientoz contrarioz el mi coraçon se parte |
| S 694-3 | por que el mi coraçon vea lo que dessea |
| S 695-2 | quando aquel fuego vinie todo coraçon muda |
| S 704-1 | Comigo Segura mente vuestro coraçon fablad |
| S 731-3 | el coraçon del ome por el coraçon se prueua |
| S 736-1 | agora señora fija dezit me vuestro coraçon |
| S 741-1 | sus manos se contuerçe del coraçon travando |
| S 786-1 | ay coraçon quexoso cosa des-aguisada |
| S 786-4 | coraçon por tu culpa byviras culpa penada |
| S 787-1 | Coraçon que quisiste Ser preso E tomado |
| S 787-4 | penaras ay coraçon tan oluidado penado |
| S 790-1 | Mugeres aleuosas de coraçon traydor |
| S 804-2 | desperar el omne es perder coraçon |
| S 810-3 | el coraçon el salta ansy amenudillo |
| S 823-3 | el su coraçon della non sabe al amar |
| S 830-4 | mi coraçon con dolor sus lagrimas derrama |
| S 840-3 | este es su deseo tal es su coraçon |
| S 847-2 | mi coraçon te he dicho mi desseo e mi llaga |
| S 852-1 | ay dios dixo la dueña el coraçon del amador |
| S 853-2 | lo que el amor desea mi coraçon lo querria |
| S 853-4 | qual coraçon tan seguido de tanto non cansaria |
| S 858-2 | en -el vuestro coraçon al omne vuestro amigo |
| S 858-4 | el a -vos ansy vos trahe en -su coraçon consygo |
| S 870-4 | que mas val verguença en faz que en coraçon manzilla |
| S 892-4 | al asno syn orejas e syn su coraçon |
| S 901-4 | el coraçon el lobo comio e las orejas |
| S 902-3 | syn coraçon E syn orejas troxolo des-figurado |
| S 904-3 | abrid vuestras orejas vuestro coraçon se lançe |
| S 905-3 | de coraçon E de orejas non quiera ser menguada |
| S 910-3 | mi coraçon en punto leuo me lo forçado |
| S 949-2 | de dicho E de fecho e de todo coraçon |
| S1106-4 | dierale a -don ladron por medio del coraçon |
| S1134-1 | E por aquesto que tengo en coraçon de escreuir |
| S1201-2 | mas que todaz las fenbraz son de coraçon fracaz |
| S1320-3 | torna a -mi muy triste e con coraçon agudo |
| S1411-2 | el coraçon querria sacarle con su mano |
| S1419-1 | Dixo este maestro del coraçon del rraposo |
| S1419-2 | para el tremor del coraçon es mucho prouechoso |
| S1420-2 | mas el coraçon sacar E muerte rresçebir |
| S1448-3 | somos de coraçon fraco ligeras en correr |
| S1482-1 | Diz la vieja Señora que coraçon tan duro |
| S1502-2 | yo sospire por ellos diz mi coraçon hela |
| S1544-1 | Muerte por mas dezir te a -mi coraçon fuerço |
| S1603-3 | con coraçon al diablo todos trez yran de yuso |
| S1606-4 | Ca poco E bien dicho afyncase el coraçon |
| S1693-4 | maguer que vos lo digo con rrauia de mi coraçon |
| F 3 | No auedes amiga de carne el coraçon |
| **CORAÇONES** | |
| S 618-1 | Con arte se quebrantan los coraçones duros |
| S 642-2 | poco trabajo puede sus coraçones vençer |
| G 664-3 | dezit me vuestro talante veremoz los Coraçonez |
| G 677-1 | por la fabla se conosçen loz maz de loz coraçonez |
| **CORAGES** | |
| S 278-2 | ssospiros e corages quieren te afogar |
| **CORAL** | |
| S1487-3 | mas gordos que delgadoz bermejos como coral |
| **CORCORDIA** | |
| S 889-3 | aved entre vos anbos corcordia e paz |
| **CORÇOS** | |
| S1091-1 | vino el cabron montes con corços e torcazaz |
| **CORDEL** | |
| S 925-1 | garavato nin tya cordel nin cobertor |
| S1124-4 | a -el e a -los suyos metieron en vn cordel |
| **CORDER** | |
| S 483-4 | que yo pynte corder E trobo este manjar |
| S 484-1 | en dos anos petid corder non se fazer carner |
| S 484-4 | vos veniesedes tenplano E trobariades corder |
| **CORDERO** | |
| S 477-1 | Pyntol so el onbligo vn pequeno cordero |
| S 478-4 | desfizo se el cordero que del non fynca nada |
| S 479-4 | en aquel logar mesmo vn cordero menor |
| S 728-4 | manso mas que vn cordero nunca pelear lo vyeron |
| S1061-2 | que el cordero vernia e saluaria la ley |
| S1214-2 | en medio vna fygura cordero me semeja |
| S1415-4 | cortola e estudo mas queda que vn cordero |
| **CORDEROS** | |
| G 556-4 | que corderoz la pascua nin anzaronez zan juan |
| S1184-4 | dixieron los corderos vedes aqui la fyn |
| **CORDOJO** | |
| S 61-4 | E Respondile con saña con yra e con cordojo |
| **CORDURA** | |
| S 67-2 | los cuerdos con buen sesso entendran la cordura |
| S 365-3 | Ca su miedo era vano e non dixo cordura |
| S 526-4 | muger mucho seguida olvida la cordura |
| G 548-3 | Al que demaj2z lo beue zacalo de cordura |
| S 800-4 | desides me joguetes o fablades me en cordura |
| S1484-4 | non Respondas en escarnio do te preguntan cordura |
| S1548-3 | en-flaquesçes la fuerça en-loquesçes cordura |
| **CORNEJA** | |
| S 285-1 | al pauon la corneja vydol fazer la Rueda |
| S 286-4 | algunas ffazen esto que fizo la corneja |
| S1012-2 | cabellos muy negros mas que corneja lysa |
| **CORNEJO** | |
| S 980-3 | lieua te dende cornejo non busques mas contyenda |

**CORNEJO** (cont.)
S 993-2 falle çerca el cornejo do tajaua vn pyno
S 997-1 do -la casa del cornejo primer dia de selmana
**CORNUDO**
S 768-3 cabritos con las cabraz mucho cabron cornudo
**CORO**
S1399-1 Alegre va la monja del coro al parlador
**CORONA**
S 382-2 ssusçipe me secundum que para la mi corona
S1243-1 Traya en -su cabeça vna noble corona
S1698-4 E avn para la mi corona anoche fue al baño
**CORPUDO**
S1228-3 el corpudo laud que tyene punto a -la trisca
**CORRA**
S 926-3 nunca le digas trotera avn que por ti corra
**CORRALES**
S1296-4 esconbra los Rastrojos e çerca los corrales
**CORRE**
S 486-3 otro pedro que -la sygue E la corre mas sotil
S 512-4 el que non tyene que dar su cavallo non corre
S 641-3 asno coxo quando dubda corre con -el aguijon
S1007-1 Commo omne non siente tanto frio si corre
**CORREA**
S1114-4 non le valia nada deçenir la correa
**CORREDERA**
S 937-1 ffizose corredera de -las que benden joyas
S1494-4 que -la buena corredera ansy faze carrera
**CORREDOR**
G 443-3 que mucha mala bestia vende buen corredor
S 615-4 lyeva la mercadorya por el buen corredor
S 697-4 açerte en -la tyenda del sabio corredor
S 925-3 pala aguzadera freno nin corredor
S1357-1 El buen galgo ligero corredor e valyente
**CORREDORES**
S 704-3 ofiçio de corredores es de mucha poridat
**CORRELLA**
S 521-2 por corrella e ferilla e por la denostar
S 522-2 que su madre non quedaua de ferir la e corrella
**CORREN**
S 619-2 E los pies enxutos corren por mares fondas
S1212-4 de muchos que corren monte llenoz van loz oteroz
**CORREO**
S 16-3 Ca segund buen dinero yaze en vil correo
**CORRER**
S 133-3 de yr a correr monte caçar algun venado
S 490-3 ffaze correr al coxo E al mudo fabrar
S1448-3 somos de coraçon fraco ligeras en correr
**CORRES**
S1025-3 diz tu que bien corres
S1465-3 rrespondio el diablo E tu por que non corres
**CORRI**
S1007-2 corri la cuesta ayuso ca diz quien da a -la torre
**CORRIA**
S 312-2 quando era mançebo todas bestias corria
S1359-2 perdio luego los dientes e corria poquiello
**CORRIDA**
S 520-1 quanto es mas sosañada quanto es mas corrida
S 524-2 la çierua montesyna mucho corrida canssa
S 743-3 es la vyda sola mas que vaca corrida
S 825-3 corrida e amarga que me diz toda enemiga
S 866-1 Muger liebre Seguida mucho corrida conquista
**CORRIDA** (H)
S1024-3 dy una corrida
S1358-2 nunca de -la corrida vazio le tornaua
**CORRIDO**
S1381-2 que comer mill manjares corrido e syn solaz
**CORRIENDA**
S 252-3 afogar se queria demandava corrienda
S 980-4 desque la vy pagada leuante me corrienda
**CORRIENDO**
S 766-2 los carneros valyentes vinieron bien corriendo
S 826-1 Anda me todo el dia como a -çierua corriendo
S1419-4 leuantose corriendo E fuxo por el coso
**CORRIENTE**
S1357-2 avia quando era jouen pies ligeros corriente
**CORRIO**
S 768-1 ssalio de aquel plado corrio lo mas que pudo
S1323-3 commo la marroquia que me corrio la vara
**CORTA**
S 930-4 que mano besa ome que -la querria ver corta
**CORTAR**
S1273-2 mandaua ssenbrar trigo e cortar laz montañas
**CORTE**
S 493-1 yo vy en -corte de Roma do es la santidad
**CORTES**
S 108-3 ca en muger loçana fermosa e cortes
S 169-3 cortes e mesurada falaguera donosa
G 581-3 Cortez e mesurada falagera donosa
S 949-4 el oydor cortes tenga presto El perdon
S1327-4 muy loçano E cortes Sobre todos esmerado
**CORTESIA**
G 670-1 escuche me zeñora la vuestra cortesia
S 948-1 a -vos dueñas Señoras por vuestra cortesia
S1549-3 mansillas la lynpieza cortesia envileçes
S1687-4 faz ya cortesia
**CORTEZA**
S1291-1 Enxeria los arborez con ajena corteza
**CORTILLA**
S1240-3 yuan los escuderos en -la saya cortilla
**CORTINA**
S 391-3 huesped eres de muchos non duras so cortina

**CORTO**
S 308-2 quando su muger dalyda los cabellos le corto
S1415-4 cortola e estudo mas queda que vn cordero
S1418-4 cortolas E estudo queda mas que vn oveja
**CORVILLO**
S1174-1 Luego el primero dia el miercolez coruillo
**COSA**
P 156 en pero por que ez vmanal cosa el pecar
S 71-1 Commo dize aristotiles cosa es verdadera
S 71-3 por aver mantenençia la otra cosa era
S 73-4 E quanto mas el omne que a -toda cosa se mueva
S 90-1 E segund diz jhesu xpisto non ay cossa escondida
S 102-2 pone muy grant espanto chica cosa ez doz nuezez
S 103-1 Tommo por chica cosa aborrençia e grand saña
S 108-2 sy de -la -muger noble dixiese cosa rrefez
S 109-2 que era mala cosa la muger non -la diera
S 152-4 E -los mas non rrecabdan la cosa mas querida
S 158-3 el vno E el otro non ha cosa que vea
S 162-3 tiene por noble cosa lo que non vale vna arveja
S 164-2 toda cosa que dize paresçe mucho buena
S 166-1 Como dize el sabio cosa dura e fuerte
S 169-4 graçiosa e donable amor en -toda cosa
S 199-2 cosa non les nuzia bien solteras andauan
S 256-1 En fazer bien al malo cosa nol aprouecha
S 320-4 de quanto bien pedricaz non fazez dello cosa
S 344-4 mas non podieron del cosa saber nin entender
S 362-2 del lobo ante mi dicha E por otra cosa non
S 365-4 que ado buen alcalde judga toda cosa ez segura
S 409-4 poner te he en -el otero cosa para ti sana
S 426-1 ssi tu fasta agora cosa non rrecabdaste
S 473-1 çierta cossa es esta quel molyno andando gana
S 489-1 Por poquilla cosa del tu aver quel dyerez
S 510-4 toda cosa del sygro se faze por su amor
S 514-1 Sy algo non -le dyeres cosa mucha o poca
S 516-1 Sy vna cosa sola a -la muger non muda
S 524-1 A toda cosa brava grand vso la amansa
S 532-2 dy me que cosa eres que yo non te entyendo
S 544-3 a do es el mucho vyno toda cosa es perdida
S 545-2 vele muy mal la boca non ay cosa quel vala
S 564-1 Por vna cossa te guarda quando amares vna
S 619-4 por arte non ha cosa a -que tu non rrespondas
S 621-4 pues vençerse la dueña non es cosa tan maña
S 628-1 Por vna pequeña cosa pierde amor la muger
S 631-4 en todas las animalyas esta es cosa prouada
S 646-2 non acometas cosa por que fynque espantada
S 656-1 ffablar con muger en plaça es cosa muy descobierta
S 656-4 ado es lugar seguro es bien fablar cosa çierta
G 685-1 esto dixo doña endrina es cosa muy prouada
S 694-1 Pues que syn dios non puede prestar cosa que sea
S 703-2 toda que vos diga oydla en paçiençia
S 706-4 toda cosa deste mundo temo mucho e temi
S 707-1 De pequena cosa nasçe fama en -la vezindat
S 707-4 poca cossa le enpeçe al mesquino en mesquindat
S 721-2 fablad tanto E tal cosa que non vos aRepintades
S 721-4 do bien acaba la cosa ally son todas bondades
S 722-1 Mejor cosa es al omne al cuerdo e al entendido
S 731-2 en semejar fijo al padre non es cosa tan nueua
S 733-3 a -vezes cosa chica faze muy grand despecho
S 739-4 que para esse buen donayre atal cosa vos guardaron
S 780-2 non deseche la cosa de que esta deseoso
S 782-2 es oluidar la cosa que aver non podedes
S 786-1 ay coraçon quexoso cosa des-aguisada
S 805-4 a vezes viene la cosa pero faga tardança
S 828-3 pues que fija Señora como esta nuestra cosa
S 836-4 de -lo que -le prometistes non es cosa guardado
S 927-3 dezir todos sus nonbles es a -mi fuerte cosa
S 943-1 Commo es natural cosa el nasçer e el moryr
S 964-3 dixel yo par dios fermosa dezir vos he vna cosa
S1034-3 la cosa çertera
S1042-5 cosa es prouada
S1132-1 Por que la peniençia es cosa preçiada
S1132-3 fablar en ella mucho es cosa muy loada
S1133-1 Es me cosa muy graue en tan grand fecho fablar
S1190-2 de nos don carnal fuerte madador de toda cosa
S1265-2 nunca pudo ver omne cossa tan acabada
S1265-3 byen creo que de angeles fue tal cosa obrada
S1287-4 el segundo al terçero con cosa non le alcança
S1300-3 los omes son los meses cosa es verdadera
S1380-1 mas val con -el miedo nol sabe dulçe cosa
S1421-3 ante que façer cosa quel sea rretrayda
S1434-1 Puede pequeña cossa E de poca valya
S1443-1 Non es cosa Segura creer dulçe lyjonja
S1471-2 e di melo que vieres toda cosa que sea
S1471-4 el ladron paro mientes diz veo cosa fea
S1526-2 aborresçen lo muerto como a -cosa estraña
S1529-3 en -el mundo non ha cosa que con byen de ti se parte
S1533-4 que desque viene la muerte a -toda cosa sonbra
S1550-3 toda cosa bien fecha tu maço laz desfaze
S1550-4 non ha cosa que nasca que tu rred non en-laze
S1569-3 ado te me han leuado non cosa çertera
S1589-2 tener fe que santa cosa es de dios gualardonada
S1600-1 armados estemos mucho contra açidia mala cosa
S1631-3 que sobre cada fabla se entyende otra cosa
S1707-2 otro sy a -las vibdas esto es cosa con verdat
S1707-4 por que si el arçobispo tiene que es cosa que es maldad
**COSAS**
P 8 en -el qual verso entiendo yo trez cosaz
P 106 ca tener todaz laz cosaz en -la memoria
P 169 que guarde bien laz trez cosaz del Alma
S 71-2 el mundo por dos cosas trabaja por la primera
S 76-3 prouar omne las cosas non es por ende peor
S 102-3 las cosas mucho caras alguna ora son rrafezes

## COSAS (cont.)

| | |
|---|---|
| S 105-2 | que las cosas del mundo todas son vanidat |
| S 210-4 | penssando e sospirando por las cosas ajenas |
| S 231-1 | ffazes con tu soberuia acometer malas cosaz |
| S 400-4 | prometes grandes cosas poco e tarde pagas |
| S 430-2 | muchas cosas avras primero de aprender |
| G 447-1 | trez cosaz non te oso agora descobryr |
| S 452-4 | que el grand trabajo todas las cosas vençe |
| S 488-4 | ca estas cosas pueden a -la muger traella |
| S 497-4 | por todo el mundo faze cosas maravillosaz |
| S 513-1 | las cosas que son graues fazelas de lygero |
| S 516-2 | muchas cosas juntadas facer te han ayuda |
| G 553-3 | Cummo en todaz cosaz poner mesura val |
| S 566-1 | Sobre todas las cosas fabla de su bondat |
| S 572-1 | de trez cossaz que le pidas a -la muger falaguera |
| S 611-4 | el grand trabajo todas las cosas vençe |
| S 619-3 | con arte E con seruiçio muchas cosas abondas |
| S 647-4 | el tyenpo todas cosas trae a -su lugar |
| G 663-4 | esto zobre todas cosaz me traye mas afincado |
| G 673-4 | a entender laz cosaz el grand tienpo laz guia |
| G 674-1 | a -todaz laz cosaz faze el grand vso entender |
| S 696-1 | El cuerdo con buen seso pensar deue las cosas |
| S 736-3 | syn miedo fablad con-migo quantas cosas son |
| S 812-1 | En otras cosas muchas entyendo esta trama |
| S 836-3 | por aquestas dos cosas fue mucho engañado |
| S 950-1 | prouar todas las cosas el apostol lo manda |
| S 994-1 | Preguntome muchas cosas coydos que era pastor |
| S1005-1 | yol dixe dar te he esas cosas e avn mas si mas comides |
| S1175-2 | cañadas e uarrilez todaz cosaz casseraz |
| S1206-4 | destaz cosaz Romeraz andan aparejados |
| S1301-1 | otraz cosaz estrañaz muy graues de creer |
| S1380-4 | todaz cosaz amargan en vida peligrosa |
| S1390-3 | tyenen algunaz cosaz preçiadaz e de querer |
| S1589-1 | non rrobar cosaz ajenaz non forçar muger nin nada |
| S1619-4 | sy non por quatorze cosaz nunca vy mejor que el |

## COSAZ

| | |
|---|---|
| S 644-3 | sospechan E barruntan todas aquestas cosaz |

## COSERAS

| | |
|---|---|
| S 313-1 | ffueron aquestas nuevas a -las bestias cosseras |

## COSINAS

| | |
|---|---|
| S1087-3 | por adaragas calderas sartenes e cosinas |

## COSO

| | |
|---|---|
| S1419-4 | leuantose corriendo E fuxo por el coso |

## COSTADO

| | |
|---|---|
| S1020-1 | Costillas mucho grandes en su negro costado |
| S1066-2 | despues fue abierto de azcona su costado |

## COSTADOS

| | |
|---|---|
| S 271-4 | al aguila cabdal diole por los costados |
| G 445-2 | e que ha chycaz piernaz e luengoz loz costadoz |
| S 900-3 | al leon lo troxieron abriol por los costados |
| S1084-2 | laz anssares çeçinas costados de carneroz |
| S1109-3 | E a -costados e a -piernas dauales negro Rato |
| S1206-2 | echo vn grand doblel entre loz sus costados |

## COSTANERA

| | |
|---|---|
| S1104-2 | los verdeles e xibias guardan la costanera |

## COSTAS

| | |
|---|---|
| S 367-2 | por que non pagaron costas nin fueron condenados |
| S1111-3 | ffazian a -don carnal pagar todas las costas |

## COSTASE

| | |
|---|---|
| S1323-2 | dixo non querria esta que me costase cara |

## COSTE

| | |
|---|---|
| S1033-5 | que nol coste nada |

## COSTELLACION

| | |
|---|---|
| S 124-2 | qual -es el asçendente e la costellaçion |
| S 149-3 | non ha poder mal signo nin su costellaçion |

## COSTILLA

| | |
|---|---|
| S 972-3 | fuy ver vna costilla de -la serpiente groya |

## COSTILLAS

| | |
|---|---|
| S1020-1 | Costillas mucho grandes en su negro costado |
| S1105-3 | dauan a -don carnal por medio de -las costillas |

## COSTITUCION

| | |
|---|---|
| S 337-2 | de mayor descomunion por costituçion de llegado |
| S 354-3 | que -la costituçion deuiera ser nonblada |

## COSTOSAS

| | |
|---|---|
| S 501-2 | altas e muy costosas fermosas e pyntadas |

## COSTUMERA

| | |
|---|---|
| G 437-2 | zea bien rrazonada zotil e coztumera |

## COSTUMERO

| | |
|---|---|
| G 552-2 | nin acaba quanto quiere si -le veyen coztumero |

## COSTUMEROS

| | |
|---|---|
| S1254-4 | para yr en frontera muchos ay costumeroz |

## COSTUNBRE

| | |
|---|---|
| S 166-2 | es dexar la costunbre el fado e la suerte |
| S 166-3 | la costunbre es otra que natura cierta mente |
| S 363-1 | Pues por su confesion e su costunbre e vso |
| S 735-1 | syenpre fue mi costunbre e los mis pensamientos |

## COSTUNBRES

| | |
|---|---|
| S 528-1 | buenas costunbres deues en -ty syenpre aver |
| S 726-3 | en todas buenas costunbres creçen de cada dia |
| S 728-2 | en rriquezas e en costunbres tanto como el non creçieron |

## COTA

| | |
|---|---|
| S1037-2 | lystada de cota |

## COTAS

| | |
|---|---|
| G 439-2 | andan por todo el mundo por plaçaz e cotaz |

## COTIANA (V)

| | |
|---|---|
| G1522-2 | en todo el mundo tienez cotiana enamiztat |

## COVARDE

| | |
|---|---|
| S 156-3 | al omne que es couarde fazelo muy atrevudo |
| S 984-4 | assañose contra mi Resçele e fuy couarde |

## COVARDES

| | |
|---|---|
| S1450-3 | los couardes fuyendo mueren deziendo foyd |

## COVARDIA

| | |
|---|---|
| S 456-1 | son en -la grand pereza miedo E covardia |

## COVARDO

| | |
|---|---|
| S 455-1 | quando la muger vee al perezoso covardo |

## COVENTO

| | |
|---|---|
| S 504-2 | guardando lo en -covento en vasos e en taças |
| S1392-2 | queredes en couento mas agua con -la orça |

## COVIL

| | |
|---|---|
| S 486-1 | Pedro leuanta la lyebre E la mueve del couil |
| S 929-3 | la liebre del couil sacala la comadreja |

## COXEADES

| | |
|---|---|
| S 466-3 | veo vos torpe coxo de qual pie coxeades |

## COXIXO

| | |
|---|---|
| S 947-1 | de toda lazeria E de todo este coxixo |

## COXO

| | |
|---|---|
| S 459-4 | ffabro luego el coxo coydo se adelantar |
| S 462-1 | Desque callo el coxo dixo el tuerto Señora |
| S 466-3 | veo vos torpe coxo de qual pie coxeades |
| S 490-3 | ffaze correr al coxo E al mudo fabrar |
| S 641-3 | asno coxo quando dubda corre con -el aguijon |

## COXQUEAS

| | |
|---|---|
| S 380-4 | coxqueaz al dar ofrenda byen trotas el comendon |

## COYUNDA

| | |
|---|---|
| S1623-4 | que a -las vezes mal perro rroye buena coyunda |

## COZA

| | |
|---|---|
| G 581-4 | graçioza e Risuena amor de toda coza |
| G 587-1 | Non uoz pidre grant coza para voz me la dar |
| G 661-1 | en -el mundo non es coza que yo ame a par de uoz |

## COZAS

| | |
|---|---|
| S 585-3 | de todaz cozaz zodez voz e el amor zeñor |
| G 591-1 | E por que muchaz de cozaz me enbargan e enpeçen |

## COZEJO

| | |
|---|---|
| G 688-1 | Cuydadoz muchoz me quexan a -que non fallo cozejo |

## COZEJOS

| | |
|---|---|
| G 666-3 | todoz los omnez non zomoz de vnoz fechoz nin cozejoz |

## ÇOZINA

| | |
|---|---|
| S1093-2 | çidierbedas e lomos fynchida la cozina |
| S1168-2 | el viernes pan E agua comeras E non cozina |

## COZINA (H)

| | |
|---|---|
| S1350-4 | entro en vn forado desa cozina rrasa |

## COZINAS

| | |
|---|---|
| S1252-3 | tyenen cozinaz grandes mas poca carne dam |

## COZINERAS

| | |
|---|---|
| S1340-3 | mas saben e mas valen sus moçaz cozineraz |

## CRAS

| | |
|---|---|
| S 186-2 | traes los de oy en cras en vida muy penada |
| S 397-2 | ssy oy cassar la quieren cras de otro se enamora |
| S 507-4 | cras cras nos lo avremos que nuestro es ya por fuero |
| G 552-3 | a -quien de oy en craz fabla non dan por verdadero |
| S 573-2 | cras te dara la puerta quien te oy çierra el postigo |
| S 573-3 | la que te oy te desama cras te querra Amigo |
| S 579-2 | sy oy non Recabdares torna y luego cras |
| S 794-3 | pues a -la mi señora cras le dan marido |
| S 867-3 | Señora dixo la vieja cras avremos buen vagar |
| S 868-4 | cras verna fablar con-vusco yo lo dexo Recabdado |
| S 869-3 | Sed cras omne non vos tengan por tenico |
| S1256-3 | son parientas del cueruo de cras en cras andauan |
| S1395-3 | ven cras por la rrepuesta e yo tela dare |
| S1459-1 | quando a -ty sacaren a -judgar oy o cras |
| S1463-4 | daras cras el presente saldras con arte mia |
| S1492-4 | yol fare cras que venga aqui a -este palaçio |
| S1493-2 | ve dil que venga cras ante buenas conpañas |
| S1495-2 | cras dize que vayades fabladla non señero |
| S1496-2 | lo que cras le fablardes vos oy lo comedit |
| S1530-4 | que non atender a -ty nin a -tu amigo cras cras |
| S1531-4 | tened que cras morredes ca -la vida es juego |
| S1532-3 | el byen que faras cras palabla es desnuda |
| S1581-1 | Sy qual quier de nos otros oviese craz de lydiar |

## CREADES

| | |
|---|---|
| S 16-2 | nin creadez que ez chufa algo que en -el leo |
| S 165-4 | E nunca vos creades loorez de enemigos |
| S 721-3 | en -la fyn esta la onrra e la desonrra bien creades |
| S 860-3 | esto vos non lo penssedes nin coydedes nin creades |

## CREAS

| | |
|---|---|
| S 66-3 | a -trobar con locura non creas que me muevo |
| S 128-1 | Por que creas el curso destos signos atales |
| S 141-3 | por que creas mis dichos e non tomes dubdança |
| S 235-3 | amor por tu soberuia se fazen bien lo creas |

## CREATURA

| | |
|---|---|
| S 74-1 | Digo muy mas del omne que de toda creatura |

## CRECE

| | |
|---|---|
| S 293-1 | Con -la mucha vianda e vino creçe la frema |
| S 452-1 | syrue la non te enojes syruiendo el amor creçe |
| S 611-1 | Syruela non -te enojes siruiendo el amor creçe |
| S 649-2 | el dolor creçe E non mengua oyendo dulçes cantares |
| G 689-3 | El amor con vzo creçe desusando menguara |
| G 690-1 | do añadierez la leña creçe syn dubda el fuego |
| G 690-3 | el amor e la bien querençia creçe con vzar juego |
| S 813-3 | por la vuestra ayuda creçe mi alegria |
| S 854-2 | Ruega e rrogando creçe la llaga del enamorado |

## CRECEM

| | |
|---|---|
| S 625-4 | creçem mucho amores e son desseosos |

## CRECEN

| | |
|---|---|
| G 691-1 | cuydados tan departidoz creçen me de cada parte |
| S 726-3 | en todas buenas costunbres creçen de cada dia |

## CRECIERON

| | |
|---|---|
| S 728-2 | en rriquezas e en costunbres tanto como el non creçieron |

## CRECIO

| | |
|---|---|
| S 408-2 | creçio tanto el rrio que maravilla era |
| S1351-3 | creçio con -el grand vyçio e con -el grand bien que tenia |

## CREE

| | |
|---|---|
| S 186-3 | fazes al que te cree lazar en tu mesnada |

**CREE** (cont.)

S 378-3   ssy cree la bauieca sus dichos e conssejas
S 389-3   mas cree tus lysonjas el neçio fadeduro
S 398-1   El que mas a -ty cree anda mas por mal cabo
S 741-1   la muger que vos cree las mentiras parlando
S 741-2   E cree a -los omnes con mentiras jurando
S 859-4   quien non cree los mis dichos mas lo falle e mas lo yerra
S1475-3   quien al diablo cree traual su garavato

**CREED**

S 711-3   ella diz pues fue casada creed que se non arrepienta
S 739-1   creed me fija señora que quantos vos demandaron
S 802-1   Creed que verdat digo e ansy lo fallaredes
S1010-2   ca byen creed que era vna grand yegua cavallar
S1332-2   amad alguna monja creed me de conssejo
S1697-4   creed se ha adolesçer de aquestos nuestros males

**CREEDES**

G 675-1   pues que oy non me creedez o non es mi ventura
S1480-2   mas yo non vos conssejo eso que voz creedes

**CREEMOS**

S1063-4   este dios en -que creemos fueron açotar
S1066-4   a -los que creemos el nos quiera ssaluar

**CREEN**

S 403-4   quanto mas a -ty creen tanto peor baratan
S 405-4   traes los omnes çiegos que creen en tus loorez

**CREENCIA**

G 675-3   yt e venid a -la fabla esa creençia atan dura
S 703-4   diz la vieja puez dezidlo e aved en mi creençia
S 797-3   conortad vos amigo e tened buena creençia
S1071-4   que lo des-afiedes luego con mi carta de creençia

**CREER**

S 81-2   yo veo otraz muchas creer a -ti parlera
S 141-1   En creer lo de natura non es mal estança
S 141-2   e creer muy mas en dios con firme esperança
S 419-1   Non es para buen omne creer de lygero
S1131-3   deuedes creer firme mente con pura deuoçion
S1301-1   otraz cossaz estrañaz muy grauez de creer
S1443-1   Non es cosa Segura creer dulçe lyjonja

**CREMENTINAS**

P 196   e dize lo la primera decretal de -laz crementinaz

**CREO**

S 22-3   nazarec creo que sea
S 77-4   Nunca al fizo por mi nin creo que fazer quiso
S 92-3   cantavalo la dueña creo que con dolor
S 127-3   por que puede ser esto creo ser verdaderos
S 140-1   Yo creo los estrologos uerdad natural mente
S 153-1   En este signo atal creo que yo nasçi
S 575-4   nin creo que -la falle en toda esta cohyta
S 730-3   creo byen que tal fijo al padre semejara
S 732-2   creo que casaria el con vusco de buen grado
G 757-3   deso creo que estadez amariella e magrilla
S 815-1   Amigo Segund creo por mi avredes conorte
S 860-1   Mas çierto fija Señora yo creo que vos cuydades
S 873-1   Es omne o es viento creo que es omne non miento
S 926-4   creo que si esto guardares que -la vieja te acorra
S 970-4   creo que vo entendiendo
S 971-4   creo que ffiz buen barato
S 986-2   non es mucho fermoso creo que nin comunal
S1015-3   creo que fallaras de -las chufetas daruas
S1072-4   creo que se me non detenga en -las carneçerias
S1208-3   diz vos que me guardades creo que me non tomedes
S1265-3   byen creo que de angeles fue tal cosa obrada
S1268-2   creo que era rroby al fuego ssemejaua
S1413-4   desta creo que sean pagados E escotados
S1631-2   non creo que es chica ante es byen grad prosa
S1691-2   bien creo que -lo fizo mas con midos que de -grado
S1699-4   creo que otros muchos syguiran por esta senda

**CREO** (H)

S 411-3   creo se lo el topo en vno atados son
S 772-1   Creo se los el neçio começo de Avllar
S 899-1   Creo falsos falagos el escapo peor

**CRESCE**

S 707-3   synpre cada dia cresçe con enbia e falsedat
S1367-3   por que vyn syn presente la vuestra Saña cresçe

**CRESCER**

S1689-3   de mis penas cresçer

**CRET**

G 663-3   cret que uoz amo tanto que non ey mayor cuydado

**CREY**

S 60-3   desque vi que entendien e crey en -la trinidad
S 179-3   rredreme de -la dueña E crey la fabrilla
S 928-3   dolyendo me de -la dueña mucho esto me crey

**CREY** (H)

S 214-2   E maguer te presiese crey que te non matarya
S 309-4   sy devo fyar en -ti a -la fe non ansy lo crey
S 612-4   que tarde o ayna crey que de ty se duela

**CREYAN**

S 935-3   de -lo que ante creyan fue cada vno rrepiso

**CREYE**

S1440-3   creye que -la su lengua e el su mucho gadnar

**CREYENTE**

S 140-4   segund la fe catholica yo desto creyente

**CREYERA**

S1258-1   Myo señor don amor si el a -mi creyera

**CREYERON**

S 199-3   creyeron al diablo que del mal se pagavan
S 224-3   fueron e son ayrados de dios los que te creyeron

**CREYESE**

S 935-2   quien nunca vieja loca creyese tal mal seso

**CREZIENDO**

S 597-4   la llaga va creziendo del dolor non mengua nada

**CRIA**

S 538-4   con -el alguna fenbra que con -ellas mejor cria

G 758-1   dioz bendixo la caza do el buen omne cria

**CRIADA**

S 394-3   ençerrada e guardada e con vycios criada

**CRIADO**

P 111   que ez spiritu de dioz criado E perfecto
S1261-1   Señor tu me oviste de pequeno criado

**CRIADO** (H)

S 429-1   sy leyeres ovydio el que fue mi criado
S1303-1   Desque lo vy de espaçio commo era su criado

**CRIADOR**

S1510-3   el criador es con vusco que desto tal mucho ha
S1511-1   fija si el criador vos de paz con Salud

**CRIADOS**

S 234-1   Maguer de su natura buenos fueron criados
S 307-1   Rencor E homeçida criados de ti -son
S 769-4   byen venido seades a -los vuestros criados

**CRIAN**

S 111-4   nin las verças non se crian tan bien sin la noria
S 283-3   a do-quier que tu seas los çelos ally cryan
S 283-4   la envydia los parte envidiosos los crian

**CRIANÇA**

S1476-1   El que con -el diablo faze la su criança

**CRIATURA**

S 263-1   Anssy que -los rromanos fasta la criatura
G 661-1   Reyz duquez e condez e toda criatura
S1142-1   Nuestro Señor sant pedro tan santa criatura

**CRIE**

S1706-1   huerfana la crie esto por que non mienta

**CRIESTE**

S 13-1   Tu señor dioz mio quel omne crieste

**CRIMINAL**

S 357-2   quando se pon contra testigos en pleito criminal
S 358-2   que de egual encriminal non puede Reconvenyr
S 370-2   que fecha la conclusyon en criminal acusaçion

**CRIMINALES**

S 360-4   en -los pleitos criminales su ofiçio ha grand lugar

**CRIMINE** (L)

P 79   Ca dize Caton Nemo sine crimine viuit

**CRIO**

S 140-2   pero dios que crio natura e açidente
S 148-1   bien ansy nuestro señor dios quando el çielo crio
S 177-1   Al señor que me crio non fare tal falsedat
S 306-4   vñas crio mayorez que aguila cabdal

**CRIO** (H)

S 461-3   perdia me de sed tal pereza yo crio

**CRISTAL**

S1591-2   con fe santa escogida mas clara que cristal

**CRUEL**

P 146   ca mucho ez cruel quien su fama menospreçia
S 311-2   que fue a -todas bestias cruel e muy dañoso
S1353-4   apretandolo mucho cruel mente syn vagar
S1558-2   la su muerte muy cruel a -el mucho espanto
S1665-9   cruel mala soberuiosa
S1685-2   cruel enojosa

**CRUELDAD**

S1522-4   sy non dolor tristeza pena e grand crueldad

**CRUELDAT**

S1064-2   espinas le pusieron de mucha crueldat

**CRUIZIAVA**

S 112-4   yo cruyziaua por ella otro la avie val-dia

**CRUZ**

S 115-2   Pues perdido he a cruz
S 116-1   Cruz cruzada panadera
S 118-2   e fizo se de -la cruz priuado
S 121-1   quando la cruz veya yo sienpre me omillava
S 121-3   el conpaño de çerca en -la cruz adoraua
S 532-4   nunca vy aqui omne con -la cruz me defyendo
S 845-4   ya la cruz la leuase conl agua bendita
S1055-1   a -ora de sesta fue puesto en -la cruz
S1057-1   a -la vesperada de cruz fue desçendido
S1064-3   en -la cruz lo sobieron syn toda piedat
S1066-1   En cruz fue puesto por nos muerto ferido e llagado
S1236-2   la orden de cruz niego con su abat bendito
S1559-4   saco nos de cabptiuo la cruz en -quel posiste
S1639-7   que viste morir en cruz

**CRUZADA**

S 116-1   Cruz cruzada panadera
S 121-4   del mal de -la cruzada yo non me rreguardaua

**CRUZAN**

S1178-2   con çeniza los cruzan de Ramoz en -la fruente

**CUADERNOS**

S 142-3   desto manda fazer libros e quadernos conponer

**CUADRADO** (V)

G1218-4   faz le fazer lo quadrado en boz dobla e quinta

**CUADRILES**

S 243-1   los quadriles salidos somidas las yjadas

**CUADRILLA**

S1240-1   ffrayles de sant anton van en esta quadrilla
S1696-3   diz amigoz yo querria que toda esta quadrilla

**CUADRILLOS**

S 271-1   Saetas e quadrillos que trae amolados

**CUAL**

P 8   en -el qual verso entiendo yo trez cosaz
P 23   el qual es comienço de toda sabidoria
S 61-2   Preguntaron al vellaco qual fuera su antojo
S 70-2   bien o -mal qual puntares tal te dira çierta mente
S 70-3   qual tu dezir quisieres y faz punto y tente
S 95-2   qual palabra te dizen tal coraçon te meten
S 124-3   qual -es el ascendente e la costellaçion
S 161-2   la qual a -vos dueñas yo descobrir non oso
S 163-2   de dentro qual de fuera dan vista e color
S 197-2   mas arde e mas se quema qual quier que te mas ama

**CUAL** (cont.)

S 213-1  Varon que as con-migo qual fue aquel mal debdo
S 257-3  luego quieres pecar con qual quier que tu veas
S 331-3  qual dineros qual prendas para al abogado dar
S 340-3  en -que diese sentençia qual el por bien tenia
S 342-2  presentan al alcalde qual salmon e qual trucha
S 342-3  qual copa qual taza en poridat aducha
S 344-3  que sentençia daria o qual podria ser
S 404-3  plaze te con qual quier do el ojo as puesto
S 412-4  qual de yuso qual suso andauan a -mal vso
S 430-1  sy quisyeres amar dueñas o otra qual quier muger
S 466-1  qual es la mayor dellas anbos pares estades
S 466-3  veo vos torpe coxo de qual pie coxeades
S 505-4  qual dellos lo leuaran comyençan luego a -Renir
S 507-1  Ally estan esperando qual avra mas Rico tuero
S 538-2  qual es la ora çierta nin el mundo como se guia
S 577-4  qual fue la Racon negra por que non Recabde
G 580-4  busque e falle dueña de qual zo dezeozo
G 590-1  qual carrera tomaste que me non vaya matar
G 592-1  si se descubre mi llaga qual es donde fue venir
S 600-2  escogera marido qual quisiere entre dos mill
S 606-1  qual es la dueña tan braua E tan dura
S 645-4  qual don amor te dixo tal sea la trotera
S 679-4  a qual quier que -laz fablare o con -ellaz rrazonare
G 680-1  quanto esto uoz otorgo a -uoz o a otro qual quier
G 683-2  que qual es el buen amigo por laz obraz parescera
S 697-1  busque trota conventos qual me mando el amor
S 698-1  falle vna vieja qual avia menester
S 732-3  ssy vos lo bien sopiesedes qual es e quan preçiado
S 737-2  buena muger dezid me qual es ese o quien
S 794-1  yo le dixe qual arte qual trabajo qual sentido
S 838-2  qual es vuestro talante dezid me la verdat
S 850-1  venga qual se quier comigo a -departir
S 852-4  E de -los muchos peligros non sabe qual es el peor
S 853-4  qual coraçon tan seguido de tanto non cansaria
S1001-1  sse faser el altybaxo E sotar a -qual quier muedo
S1002-1  Diz aqui avras casamiento qual tu demandudieres
S1011-4  non se de qual diablo es tal fantasma quista
S1053-4  del qual nunca saldra nin avra librador
S1054-3  qual dellos la aya pesar atan fuerte
S1054-4  quien lo dirie dueña qual fue destos mayor
S1136-3  determina al cabo qual es la confesion
S1327-3  fija qual vos yo daria que voz serie mandado
S1331-4  fe a -que buen amor qual buen amiga buscolo
S1344-2  dixo me quel preguntara qual fue la tu venida
S1390-4  que non les ponen onrra la qual deuian aver
S1411-4  despues dar te he rrespuesta qual deuo e bien de -llano
S1423-4  sy non dar te he gualardon qual tu mereçimiento
S1484-3  bien atal qual sea di me toda su fechura
S1490-4  amad dueñas amalde tal omne qual debuxo
S1530-2  el omne non es çierto quando E qual mataras
S1550-2  con quien mata e muere e con qual quier que mal faze
S1581-1  Sy qual quier de nos otros oviese craz de lydiar
S1581-3  cada qual buscaria armas para se armar
S1615-2  pero qual quier dellas es dulçe gritador
S1629-1  qual quier omne que -lo oya ssy byen trobar sopiere
S1637-5  qual nasçite
S1670-2  por lo qual a -ty bendigo que me guardes de quebranto
S1694-4  qual quier que -la touiese descomulgado era
F   6  ya muger tan dura qual fuerades para uaron

**CUALES**

P   9  laz qualez dizen algunoz doctorez philosophos
P  12  las quales digo si buenaz son
P  52  por laz qualez se salua el ome
P 134  laz qualez leyendolaz E oyendolaz
S  83-3  dixieron que mandase quales quisiese matar
S 955-2  sy quieres dime quales vsan en -esta tierra
S1033-2  quales yo pediere
S1148-2  son muchos en derecho dezir quantos e quales
S1247-1  Con quales possarie ovieron grand porfia
S1515-4  en quales quier jnstrumentos vienen mas assonados
S1563-1  yo dezir non ssabria quales eran tenidos
S1584-4  que vençamos nos a -ellos quiero vos dezir quales
S1690-3  en -las quales venia el mandado non vil

**CUALQUIER**

S 385-3  illyc enim asçenderunt a -qualquier que ally se atiene

**CUAM**

S 653-1  ay dios E quam fermosa vyene doña endrina por la plaça

**CUAN**

S 457-4  eran muy byen apuestos E veras quan fermosos
S 732-3  ssy vos lo bien sopiesedes qual es e quan preçiado
S 842-1  Desque veo sus lagrimas E quan byen lo de-parte
S1049-3  quan poco la preçia al tu fijo quisto

**CUANDO**

S  25-2  el Segundo quando nasçio
S  26-2  quando venieron los Reyes
S  28-2  fue quando la madalena
S  29-2  quando al tu fijo viste
S  30-2  quando en -los discipulos presto
S  35-2  el primero quando rresçebiste
S  35-4  del angel quando oyste
S  36-2  quando fue de ti nasçido
S  37-2  quando vino el luzero
S  38-2  quando te dixo ave maria
S  39-2  quando al tu fijo Señor
S  41-2  quando por ti quiso enbiar
S  46-4  quando demando Roma a -greçia la çiençia
S  75-3  el omne quando peca bien vee que desliza
S  95-1  Commo dize la fabla quando a -otro sometem
S  97-1  Diz quando quier casar omne con dueña mucho onrrada
S  97-4  ffaze commo la tierra quando estaua finchada
S 100-1  quando ella bramaua pensauan de foyr
S 109-1  ssy dios quando formo el omne entendiera
S 121-1  quando la cruz veya yo sienpre me omillava
S 123-2  quel omne quando nasçe luego en -su naçençia
S 132-1  quando oyo el Rey juyzios desacordados
S 148-1  bien ansy nuestro señor dios quando el çielo crio
S 183-3  al que mejor te syrue a -el fieres quando tiras
S 198-4  fueles commo a -laz Ranaz quando el Rey pidieron
S 209-4  quando omne esta Seguro furtas le el coraçon
S 212-2  anda todo el mundo quando tu lo rretientas
S 223-3  quando la dio a -venuz paris por le jnduzir
S 249-2  quando de tus averes E de tu mucha rrenta
S 250-1  quando tu eras poble que tenias grand dolençia
S 251-3  quando vees el poble caesete el çejo
S 258-2  que mato a -uriaz quando le mando en -la lyd
S 258-3  poner en -los primeros quando le dixo yd
S 261-3  engañola la duena quando lo colgo en -el çesto
S 275-4  el diablo lo lieua quando non se rrecabda
S 308-2  quando su muger dalyda los cabellos le corto
S 312-2  quando era mançebo todas bestias corria
S 332-4  el lobo quando lo vyo fue luego espantado
S 356-1  Quando la descomunion por dilatoria se pone
S 357-2  quando se pon contra testigos en pleito criminal
S 401-2  eres enano chico quando lo as de dar
S 406-1  a -bletador semejaz quando tañe su brete
S 406-3  fasta que -le echa el laço quando el pie dentro mete
S 407-3  de -la rrana pyntada quando lo leuo con-sygo
G 451-2  quando dar non quisierez o quando non touierez
S 454-3  verguença non te enbargue quando con ella estodieres
S 455-1  quando la muger vee al perezoso covardo
S 469-3  quando son encendidas E mal quieren fazer
S 479-1  quando ella oyo que venia el pyntor
S 481-1  quando fue el pyntor de frandes venido
S 488-1  otrosi quando vyeres a -quien vsa con ella
S 505-3  quando oyen sus dineros que comiençan a Retenir
S 507-3  commo los cuervos al asno quando le desuellan el cuero
S 522-1  deuia pensar su madre de quando era donzella
S 524-3  caçador que -la sigue tomala quando descanssa
G 549-2  quando fablarez con dueñaz dile doñeoz apueztoz
G 561-2  quando juegaz con -ella non seaz tu parlero
S 564-1  de vna cossa te guarda quando amares vna
S 579-4  quando non coydares a -otra ora lo avras
S 595-2  que non quando ze derrama esparzido e descobierto
S 603-2  tanto muy mas se quema que quando esta alongado
S 614-2  espantase al marynero quando vyene torbada
S 638-1  quando vyeres algunos de -los de su conpana
S 638-3  quando esto la duena su coraçon se baña
S 641-3  asno coxo quando dubda corre con -el aguijon
S 653-4  con saetas de amor fyere quando los sus ojos alça
G 684-2  que sy ouiere lugar e tienpo quando en vno estemoz
S 695-2  quando aquel fuego vinie todo coraçon muda
S 745-3  commo la abutarda quando la golondryna
G 756-2  quando el que buen siglo aya seya en -este portal
S 769-1  quando vyeron al lobo fueron mal espandados
S 799-2  fazedes commo madre quando el moçuelo llora
S 807-3  quando de vos le fablo e a -ella oteo
S 809-4  quando alguno vyene otra rrazon mudamos
S 833-4  Raviosa vos veades doled vos fasta quando
S 865-3  quando es fecho el daño viene el arrepentymiento
S 867-4  yo me verne para vos quando vyere que ay logar
S 869-4  fablad mas Recabdat quando y yo no fynco
S 870-2  quando te dan la cablilla acorre con la soguilla
S 871-2  a -ora de medio dia quando yanta la gente
S 878-1  quando yo saly de casa puez que veyades las rredes
S 883-3  quando el lazo veen ya las lyeuan a -vender
S 884-1  ssy los peçes de -las aguas quando veen al anzuelo
S 884-3  la muger vee su daño quando ya fynca con duelo
S 887-2  quando el quexamiento non le puede pro tornar
S 893-2  quando fue Sano della que -la traya enfiesta
S 902-1  quando el leon vyno por comer saborado
S 957-1  Commo dize la vieja quando beue ssu madexa
S 992-2  por que non fiz quando manda diz rroyn gaho envernizo
S 999-3  se el lobo commo se mata quando yo en pos el salgo
S1001-3  quando a -la lucha me abaxo al que vna vez trauar puedo
S1090-4  mas querria mi pelleja quando alguno le quiebre
S1159-2  que si dende non muere quando fuere valiente
S1167-4  quando mejor te sepan por dioz de ti -las tira
S1203-2  fasta quando lydiasen byen lo avedes oydo
S1356-2  quando trayo presente so mucho falagada
S1357-2  avia quando era jouen pies ligeros corriente
S1360-3  quando era mançebo dezian me halo alo
S1361-4  quando non le trayo nada non me falaga nin me sylua
S1365-3  quando yo daua mucho era mucho loado
S1382-2  del miedo que he avido quando bien melo cato
S1408-1  quando coyda el bauieca que diz bien e derecho
S1411-1  Sy dixo la comadre quando el çirujano
S1421-4  quando teme ser preso ante busque guarida
S1429-2  solto al morezillo el mur quando fue soltado
S1459-1  quando a -ty sacaren a -judgar oy o cras
S1530-2  el omne non es çierto quando E qual mataras
S1532-2  en vn punto se pierde quando omne non coyda
S1534-1  Muchos cuydan ganar quando dizen a -todo
S1536-3  quando al fisico por su dolençia preguntan
S1547-4  quando eres denostada do te vienes acostar
S1559-1  quando te quebranto entonçe lo conoçiste
S1621-2  quando non tenia que comer ayunaua el pecador
S1621-4  quando non podia al fazer ayunaua con dolor
S1637-3  quando lo pariste madre
S1639-2  quando ovyste mandado
S1640-1  quando a -los çielos sobio
S1640-3  el sesto quando enbio
S1640-7  quando tu fijo por ti veno
S1641-5  quando a judgar

**CUANDO** (cont.)
S1645-3 quando rresuçitado es
S1645-5 quinto quando jhesus es
S1646-2 ovo ella quando
S1652-3 quando deste mundo salierdes
S1653-1 quando a -dios dierdes cuenta

**CUANTA**
S 276-3 sy el tu amigo te dize fabla ya quanta
S1642-4 E su vida quanta

**CUANTAS**
S 107-1 Sabe dios que aquesta dueña e quantas yo vy
S 201-1 Suben ssobre la viga quantas podian sobyr
S 215-2 en quantas que ame nin de -la dueña bendicha
S 291-2 querries a -quantas vees gostar las tu primero
S 468-4 mas diabluras faze de quantas omne quier
G 582-1 la mas Noble figura de quantas yo auer pud
S 596-3 sobra e vençe a -todas quantas ha en -la çibdat
G 682-2 non se graçia que lo valan quantaz uoz mereçedez
S 705-1 Sy a -quantas desta villa nos vendemos las alfajas
S 706-1 yo le dixe amo vna dueña sobre quantas yo vy
S 911-4 de talla la mejor de quantas yo ver pud
S1573-4 que quantas siguia todas yuan por el suelo

**CUANTAS** (H)
S 205-1 el rrey tan demandado por quantas bozes distes
S 235-1 quantas fueron e son batallas e pelleas
S 350-3 visto todo el proçeso E quantas rrazones en -el son
S 736-4 syn miedo fablad con-migo quantas cosas son
S 852-2 en quantas guysas se buelue con miedo e con temor
S 856-3 quantas mas dulçes palablas la dueña de amor atyende
S1236-3 quantas ordenes son non -laz puze en escripto
S1357-4 quantas liebres veya prendialaz ligeramente

**CUANTIA**
S 125-2 deprende grandes tienpos espienden grant quantia
S1334-3 otros de mas quantia de çahanorias rrahezez

**CUANTO**
S 14-3 non vos dire mentira en quanto en el yaz
S 31-4 al çielo e quanto y avia
S 73-4 E quanto mas el omne que a -toda cosa se mueva
S 75-2 commo quier que mas arde quanto mas se atiza
S 95-4 diz la dueña los novios non dan quanto prometen
S 97-3 de quanto le prometio o -le da poco o -nada
S 164-3 non es todo cantar quanto rruydo suena
S 175-4 por el pan de vna noche non perdere quanto gano
S 185-4 de quanto yo te digo tu sabes que non miento
S 215-3 de quanto me prometie luego era des-dicha
S 216-1 quanto mas aqui estas tanto mas me assaño
S 225-2 coyda aver mas mucho de quanto le conviene
S 262-4 que quanto era en rroma en punto morio luego
S 285-2 dixo con grand envidia yo fare quanto pueda
S 310-2 quanto mas te vsare menos te preçiara
S 310-4 quanto mas te prouare menos te amara
S 333-2 alcalde Señor don ximio quanto el lobo departe
S 333-3 quanto demanda E pide todo -lo faz con arte
S 362-1 Por quanto yo fallo por la su conffesion
S 368-4 non gelo preçio don ximio quanto vale vna nuez
S 390-3 tanto mas me aquexas quanto yo mas aguijo
S 403-4 quanto mas a -ty creen tanto peor baratan
S 412-3 el topo quanto podia tiraua fazia suso
G 437-1 puña en quanto puedaz que la tu menzajera
G 449-3 si a sueraz friaz ssy demanda quanto barrunta
S 453-4 pongelo en mayor de quanto ello valyere
S 489-3 fara por los dineros todo quanto le pidieres
S 491-3 quanto mas algo tiene tanto es mas de valor
S 520-1 quanto es mas sosañada quanto es mas corrida
S 520-2 quanto por omne es magada e ferida
G 550-2 de quanto que pudiere non le seaz ezcazo
G 552-2 nin acaba quanto quiere si -le veyen coztumero
S 603-1 quanto mas esta omne al grand fuego llegado
S 640-1 En quanto estan ellos de tus bienes fablando
S 657-3 sy ovies lugar e tienpo por quanto de vos oya
G 662-4 tanto me da la muerte quanto mas se me abaxa
G 671-2 que quanto voz he dicho de -la verdat non yerra
G 680-1 quanto esto uoz otorgo a -uoz o a otro qual quier
G 680-2 fablat uoz zalua mi onrra quanto fablar uoz quixeredez
S 698-4 de quanto fizo aquesta por me fazer plazer
S 704-2 fare por vos quanto pueda guardar he vos lealtad
S 714-1 yo lo trayo estoruando por quanto non -lo afynco
S 716-3 yo se toda su fazienda E quanto ha de fazer
S 751-2 fizo ally su nido quanto pudo mejor
S 816-2 E quanto prometemos quiza non lo conplimos
S 839-2 pero quanto me fuerça apremia me sobejo
S 843-1 En -todo paro mientes mas de quanto coydades
S 849-3 faga quando podiere en ello se atenga
S 856-1 quanto mas malas palabras omne dize e las entyende
S 896-3 quanto el demandase tanto le otorgaria
S 901-3 quanto el leon traspuso vna o dos callejas
S 918-4 somouiola ya quanto e byen lo adeliño
S 922-3 ffue la dueña guardada quanto su madre pudo
S 940-3 quanto de vos dixieron yo fare que -lo padan
S 971-3 por la muñeca me priso oue de fazer quanto quiso
S 989-3 mas quanto esta mañana del camino non he cura
S 996-3 de quanto que paso fize vn cantar serrano
S1021-1 de quanto que me dixo E de su mala talla
S1042-4 omne quanto plaze
S1067-2 ffuy me para mi tierra por folgar algund quanto
S1121-4 deffendiose quanto pudo con manos enfraqueçidas
S1132-4 quanto mas la seguieremos mayor es la soldada
S1134-2 tengo del miedo tanto quanto non puedo desir
S1138-1 quito quanto a -dios que es sabidor conplido
S1138-2 mas quanto a -la iglesia que non judga de ascondido
S1161-4 absoluiole de todo quanto estaua ligado
S1180-1 En quanto ella anda estaz oblaz faziendo

S1201-3 para lydiar non firmes quanto en afrecho estacaz
S1224-4 cobra quanto ha perdido en -loz pasadoz mesez
S1245-3 luego el mundo todo e quanto vos dixe ante
S1250-1 Esquilman quanto puedem a -quien zeles allega
S1251-2 estragarie vn frayle quanto el convento gana
S1304-4 andando mucho viçioso quanto fue marauilla
S1320-1 assaz fizo mi vieja quanto ella fazer pudo
S1339-1 E avn vos dire mas de quanto aprendi
S1346-3 por el byen que me fezistes en quanto vos serui
S1351-2 del pan E de -la leche e de quanto el comia
S1365-1 byen quanto da el omne en -tanto es preçiado
S1389-4 non conosçes tu nin sabes quanto yo meresçria
S1402-3 dauale cada vno de quanto que comia
S1428-4 su loor es atanto quanto es el debatido
S1429-4 en quanto el podiese quel siruirie de grado
S1435-1 ffue con -esto la dueña ya quanto mas pagada
S1456-4 E furtase syn miedo quanto furtar podiese
S1503-4 en -quanto ella fue byua dioz fue mi guiador
S1509-2 ya amiga ya amiga quanto ha que non vos vy
S1512-2 diz quanto vos he dicho bien tanto me perdi
S1517-2 non se pagan de arauigo quanto dellos boloña
S1576-2 en quanto fuy al mundo oue vyçio e soltura
S1660-1 agora en quanto byuierdes

**CUANTO** (H)
S 216-2 mas fallo que te diga veyendo quanto dapño
S 320-1 de quanto bien pedricaz non fazez dello cosa
G 439-4 ay quanto mal zaben eztaz viejaz arlotaz
S 454-2 non ayas miedo della quanto tienpo tovyeres
S 543-1 descobrio con -el vyno quanto mal avya fecho
S 783-4 tanto byen non me faredes quanto mal me fezistes
S 947-2 fiz cantares caçurros de quanto mal me dixo
S1119-1 Tomo ya quanto esfuerço e tendio su pendon
S1640-2 quanto plazer tomaste

**CUANTOS**
S 98-3 a -quantos la oyen podie mal espantar
S 110-2 non ternia tantos presos el amor quantos tien
S 234-3 quantos por la soberuia fueron e son dañados
S 269-2 quantos en tu loxuria son grandes varraganes
S 275-1 Quien podrie dezir quantos tu loxuria mata
S 372-3 eres mal enemigo a -todos quantos plazes
S 414-3 quantos tyenes atados con tu mala estanble
S 500-4 quantos son en -el mundo le besan oy las manos
S 728-1 Todos quantos en -su tyenpo en -esta tierra nasçieron
S 739-1 creed me fija señora que quantos vos demandaron
G 765-2 de quantoz me Rogaron zabez tu mas de çiento
S 782-1 fijo el mejor cobro de quantos vos avedes
S1112-3 quantos son en la mar vinieron al torneo
S1148-2 son muchos en derecho dezir quantos e quales
S1211-2 a -rresçebyr los salen quantos que -los esperan
S1224-2 dando a -quantoz veniam castellanoz E jnglesez
S1247-3 fueron le muy contrarios quantos tyenen fleylya
S1256-2 que amauan falsa mente a -quantos laz amauan
S1563-2 quantos en -tu jnfierno estauan apremidos

**CUANTOS** (H)
P 124 entiendo quantoz bienez fazen perder el alma e al cuerpo
S 702-2 de quantos bienes fazedez al que a -vos viene coytado
S 737-3 que vos tanto loades e quantos bienes tyen
S 804-4 el grand trabajo cunple quantos deseos son
S 883-2 quantos laços les paran non las podrian prender

**CUARENTA**
S 530-1 Era vn hermitano quarenta Años avya

**CUARESMA**
S1067-3 dende a -siete dias era quaresma tanto
S1069-1 De mi santa quaresma syerua del ssaluador
S1075-1 De mi santa quaresma justiçia de -la mar
S1099-2 vino doña quaresma dios Señor tu me valas
S1102-4 tovo doña quaresma que era suyo el Real
S1179-2 por que en -la cuaresma biua linpio e digno
S1189-3 e contra la quaresma estaua muy sañudo
S1190-3 a -ty quaresma fraca magra E muy sarnosa
S1194-3 de -la falsa quaresma e de mar ayrado
S1198-3 desian a -la quaresma donde te asconderas catyua
S1202-1 Por ende doña quaresma de flaca conplision
S1305-1 Entrada la quaresma vine me para toledo
S1311-2 fuy tener la quaresma a -la villa de castro
S1312-2 la quaresma catolica do aquesta quiteria

**CUARTA**
S 28-1 Alegria quarta e buena
S 38-1 ffue tu quarta alegria
S1639-1 fue tu alegria quarta

**CUARTERO**
S 969-1 de buen vino vn quartero manteca de vacaz mucha

**CUARTO**
S 131-3 el quarto dixo el jnfante ha de ser colgado
S1152-3 el jnocençio quarto vn sotil consistorio
S1645-4 quarto goço fue conplido

**CUATORZE**
S1619-4 sy non por quatorze cosaz nunca vy mejor que el

**CUATRO**
G 554-3 El judio al año da tres por quatro pero
S 770-1 quatro de nos queriamos yr vos a -conbydar
S1191-4 de oy en quatro diaz que sera el domingo
S1300-2 son quatro tenporadaz del año del espera
S1454-4 al ladron enforcauan por quatro pepiones
S1626-3 fiz le quatro cantares E con -tanto fare
S1648-3 e quatro çierta mente

**CUATROPEA**
S1217-2 a -toda quatro-pea con -ella da la muerte

**CUBAS**
S 547-4 el mucho vyno es bueno en -cubas e en tinajas
S1276-3 fazia çerrar sus cubas fenchir laz con enbudo
S1297-2 fynche todaz sus cubas commo buen bodeguero

**CUBRE**
G 443-4 e mucha mala rropa cubre buen cobertor
**CUCAÑA**
S 122-1 Del escolar goloso conpañero de cucaña
S 341-2 connel fueron las pares conçejo de cucaña
**CUCHILLO**
S 303-3 mas mata que cuchillo ypocras lo dezia
S1217-3 cuchillo muy agudo a -las rreses acomete
**CUDA**
S 695-3 vno o -otro non guarda lealtad nin la cuda
**CUEDO**
S1001-2 non fallo alto nin baxo que me vença Segund cuedo
**CUELGA**
S1468-1 Suban te non temaz cuelgate a -osadaz
**CUELO**
G 438-3 grandez cuentaz al cuelo zaben muchaz conzejaz
**CUELLE**
S1102-2 fue el puerro cuelle aluo e ferio lo muy mal
**CUELLO**
S 254-3 el cuello con mis dientes sy quisiera apertar
S 433-4 sy ha el cuello alto atal quieren las gentes
S 569-3 alçando el cuello suyo descobre se la garça
S 653-2 que talle que donayre que alto cuello de garça
S 718-2 a -esta dueña e a -otras moçetas de cuello aluillo
S 809-1 En -el mi cuello echa los sus blaços entranbos
S1037-4 de cuello byen altas
S1485-4 el cuello non muy luengo caboz prieto orejudo
S1499-3 alto cuello de garça color fresco de grana
**CUENTA**
S 249-3 te demandara dios de -la despenssa cuenta
S1648-4 ovo ella por cuenta
S1653-1 quando a -dios dierdes cuenta
**CUENTA** (H)
S 26-1 El terçero cuenta las leyes
**CUENTAN**
S1060-1 Cuentan los profetas lo que sse ouo a -conplir
**CUENTAS**
S 171-3 non cuentas nin sartal nin sortijas nin mitas
G 438-3 grandez cuentaz al cuelo zaben muchaz conzejaz
G 439-3 a dioz alçan laz cuentaz querellando suz coytaz
S1205-4 esportilla e cuentas para Rezar ayna
**CUENTO**
S1269-1 En suma vos lo cuento por non vos detener
**CUENTO** (H)
S 15-2 fablar vos he por tobras e cuento rrimado
**CUENTOS**
S 150-2 que judgam Segund natura por sus cuentos fermosos
**CUERDA**
S 81-1 dixo la duena cuerda a -la mi mensajera
S 89-4 que el cuerdo E la cuerda en mal ageno castiga
S 96-2 sotil entendida cuerda bien messurada
S 168-3 cuerda E de buen seso non sabe de villeza
S 178-4 con aquesta dueña cuerda e con la otra primero
G 446-1 en la cama muy loca en casa muy cuerda
G 558-2 a -la muger que es cuerdá non le seaz çelozo
G 679-3 onrra es e non dezonrra en cuerda miente fablar
S 887-4 deuelo cuerda mente sofrir E endurar
**CUERDA** (H)
S 517-1 con vna flaca cuerda non alçaras grand trança
**CUERDAS**
S1268-4 de -sseda son laz cuerdaz con que ella se tyraua
S1609-3 en casa cuerdas donosaz sosegadas byen fazientes
**CUERDAS** (H)
S 746-3 para fazer sus cuerdas E sus lazos el rredero
**CUERDO**
P 161 al cuerdo E al non cuerdo
S 89-4 que el cuerdo E la cuerda en mal ageno castiga
G 563-3 sey cuerdo e non sanudo nin trizte nin yrado
S 696-1 El cuerdo con buen seso pensar deue las cosas
S 722-1 Mejor cosa es al omne al cuerdo e al entendido
S 729-2 con -los cuerdos estar cuerdo con -los locos fazer se loco
S 729-3 el cuerdo non enloqueçe por fablar al Roça poco
S 780-1 Omne cuerdo non quiera el ofiçio danoso
S 887-4 El cuerdo graue mente non se deue quexar
S1200-4 su enemigo matara a -el si cuerdo fuere
S1407-4 de -lo fazer el cuerdo non deue ser osado
**CUERDOS**
S 67-2 los cuerdos con buen sesso entendran la cordura
S 728-3 con los locos faze se loco los cuerdos del byen dixeron
S 729-2 con -los cuerdos estar cuerdo con -los locos fazer se loco
**CUERNOS**
S 314-3 ferianlo de -los cuernos el toro y el novillo
**CUERO**
S 86-3 el cuero con la oreja del caxco le fue arrancar
S 507-3 commo los cueruos al asno quando le desuellan el cuero
S1092-4 mas fago te seruiçio con -la carne e cuero
S1109-2 traya muy duro Cuero con mucho garauato
S1192-4 que de ty non ayamoz el cuero maduro
**CUEROS**
S1216-2 cobierto de pellejos e de cueros çercado
**CUERPO**
P 14 e aluengan la vida al cuerpo
P 36 que se ha de saluar en -el cuerpo linpio
P 51 e trae al cuerpo a fazer buenaz obraz
P 115 E non ez apropiada al cuerpo vmano
P 124 entiendo quantoz bienez fazen perder el alma e al cuerpo
S 184-4 en ti fasta que el cuerpo e el alma van perder
S 197-3 amor quien te mas sygue quemas le cuerpo e alma
S 209-2 das al cuerpo lazeria trabajo syn Razon
S 210-3 anda el coraçon syn cuerpo en tus cadenas
S 240-3 en -el cuerpo muy fuere de lança fue ferido
S 273-3 destruye a -su cuerpo e a -su alma mata

S 286-1 Pelo todo su cuerpo su cara E su çeja
S 297-2 al cuerpo muy goloso e al alma mesquina
S 399-2 das muchos enemigos al cuerpo que rrequieres
S 418-3 confonda dios al cuerpo do tal coraçon fuelga
S 435-4 que -la talla del cuerpo te dira esto a -guisa
S 469-4 alma e cuerpo e fama todo lo dexan perder
S 529-1 fizo cuerpo E alma perder a -vn hermitano
S 533-3 diz aquel cuerpo de dios que tu deseas gustar
S 543-3 perdio cuerpo e alma el cuytado mal trecho
S 658-4 de aquella seria mi cuerpo que tiene mi coraçon
S 786-2 por que matas el cuerpo do tyenes tu morada
S 789-4 ay cuerpo tan penado commo te vas a -moryr
S 885-3 pyerde el cuerpo e el alma -muchos esto aviene
S 889-2 pone sospechas malas en cuerpo do yaz
S 988-3 yol dixe en buena ora sea de vos cuerpo tan guisado
S1045-3 mi alma E mi cuerpo ante tu magestat
S1049-1 Myercoles a -terçia el cuerpo de xpisto
S1177-1 Bien commo en este dia para el cuerpo Repara
S1423-2 del alma e del cuerpo e muerte e enfamamiento
S1485-2 el cuerpo ha bien largo mienbros grades e trifudo
S1524-1 Dexas el cuerpo yermo a -gusanos en -fuesa
S1597-2 que es de cuerpo de dios sacramento e ofiçio
**CUERPOS**
P 155 E muchoz dañoz a -loz cuerpoz
S 13-4 que -los cuerpos alegre e a -las almas preste
S 207-4 en cuerpos e en almas asy todos tragalloz
S 221-4 por que penan sus almas e los cuerpos lazraron
S 224-2 los cuerpos enfamaron las animas perdieron
S 289-3 con la envidia quieren por los cuerpos quebrar
S 318-4 con tus malas maestrias almas e cuerpos matas
S 400-2 almas cuerpos e algos commo huerco las tragas
S1583-3 las almas quieren matar pues los cuerpos han feridos
**CUERVO**
S1256-3 son parientas del cueruo de cras en cras andauan
S1284-1 antes viene cueruo blanco que pierdan asneria
S1436-3 commo fueron al cueruo los dichos los encargos
S1437-2 vido al cueruo negro en vn arbol do estaua
S1438-1 o cueruo tan apuesto del çisne eres pariente
S1440-1 bien se coydo el cueruo que con -el gorgear
S1441-4 el cueruo con -el dapño ouo de entristeçer
S1529-4 saluo el cueruo negro que de ty muerte se farta
S1531-1 Señorez non querades ser amigoz del cueruo
**CUERVOS**
S 507-3 commo los cueruos al asno quando le desuellan el cuero
S 940-4 Ca do viejos non lydian los cueruos non gradan
**CUESTA**
S 967-2 commo a -çuron lyuiano e leuon la cuesta ayusso
S 978-1 Deribo me la cuesta ayuso E cay estordido
S 990-2 desçendio la cuesta ayuso commo era atreuuda
S1007-2 corri la cuesta ayuso ca diz quien da a -la torre
**CUESTA** (H)
S 932-4 el buen desir non cuesta mas que -la nesçedat
**CUESTALADA**
S 991-2 fizo me yr la cuesta-lada derribome en -el vallejo
**CUESTAN**
S1470-2 tan caros que me cuestan tus furtos e tus presaz
**CUESTAS**
S 958-3 escuso me de passar los arroyos E las cuestas
S1234-4 de juglares van llenaz cuestas e eriales
**CUESTAS** (H)
S 420-4 echas en flacas cuestas grand peso e grand ajobo
**CUEVA**
S 73-2 omnes aves animalias toda bestia de cueva
S 408-1 Tenia el mur topo cueva en -la rribera
S 408-3 çerco toda su cueva que non salya de fuera
S1425-2 en espesura tiene su cueua soterrana
**CUIDADES**
G 670-3 Cuydadez que voz fablo en engaño e en folia
G 672-2 cuydadez que -uoz fablo lizonga e vanidat
S 860-1 Mas çierto fija Señora yo creo que vos cuydades
**CUIDADO**
S 198-2 folgaron sin cuydado nunca entristeçieron
S 580-2 parti me de tristeza de cuydado dañozo
G 663-2 cret que uoz amo tanto que non ey mayor cuydado
S 720-1 Todo el vuestro cuydado sea en aqueste fecho
S 787-3 posiste te en presion e sospiros e cuydado
S1313-3 dexome con cuydado pero con allegria
**CUIDADOS**
G 688-1 Cuydadoz muchoz me quexan a -que non fallo cozejo
G 691-1 cuydados tan departidoz creçen me de cada parte
S1316-4 ca omne que es solo sienpre pienso cuydados
S1506-2 murio la buena duena oue menos cuydados
**CUIDAN**
S1442-3 muchos cuydan que guarda el viñadero e el paso
S1534-1 Muchos cuydan ganar quando dizen a -todo
**CUIDARA**
G 559-3 cuydara que a -la otra querriaz ante vençer
**CUIDEDES**
G 665-3 non cuydedez que zo loca por oyr vuestraz parlillaz
**CUITA**
G 593-4 morria de todo en todo nunca vy cuyta mayor
G 691-3 E a -la mi mucha cuyta non ze consejo nin arte
**CUITADO**
S 543-3 perdio cuerpo e alma el cuytado mal trecho
G 587-2 Pero a -mi cuytado es me graue de far
G 590-2 Cuytado yo que fare que non la puedo yo catar
**CUITAR**
G 590-3 derecha es mi querella rrazon me faze cuytar
**CULEBRA**
S 868-3 el encantador malo saca la culebra del forado
S1347-4 como con -la culebra contesçio al ortolano
S1348-4 vna culebra chica medio muerta atal

| | |
|---|---|
| **CULEBRA** | **(cont.)** |
| S1349-2 | estaua la culebra medio amodorrida |
| S1350-3 | abiuo la culebra ante que -la el asa |
| **CULPA** | |
| S 5-4 | mexiaz tu me salua syn culpa e sin pena |
| S 34-4 | que a -la grand culpa mia |
| S 260-3 | las dos non por su culpa mas por las veçindadez |
| S 426-3 | torna te a -tu culpa pues por ti lo erreste |
| S 498-3 | otros eran syn culpa E luego los matava |
| G 667-3 | faz mal culpa de malo a -buenoz e a mejorez |
| S 786-4 | coraçon por tu culpa byviras culpa penada |
| S1141-4 | fue quita E absuelta de culpa e de pena |
| S1362-2 | defienden la fraqueza culpa de -la vejez |
| **CULPA** | **(L)** |
| S1171-3 | deziendo mia culpa diole la absoluçion |
| **CULPADO** | |
| S 620-2 | E la arte al culpado salualo del malefiçio |
| S1143-4 | quinçe años de vida anadio al culpado |
| S1387-3 | fallo çafyr culpado mejor ome non vido |
| **CULPADOS** | |
| S1144-3 | quier a -sus parrochianos quier a -otros culpados |
| **CULPAR** | |
| S 72-1 | Sy -lo dixiese de mio seria de culpar |
| **CUM** | **(L)** |
| S 374-2 | cum hiz qui oderunt paçem fasta que el salterio afines |
| **CUMO** | |
| G 553-3 | Cummo en todaz cosaz poner mesura val |
| **CUMUNAL** | |
| G 553-2 | escoge la mesura e lo que es cumunal |
| **CUNDE** | **(V)** |
| G 499-3 | por todo el mundo cunde su zarna e zu tiña |
| **CUNPLAN** | |
| S1158-4 | que lo fagan e cunplan para mejor estar |
| **CUNPLE** | |
| S 206-1 | quien tiene lo quel cunple con -ello sea pagado |
| S 274-2 | desque cunple luxuria luego se arrepiente |
| S 722-3 | que fablar lo que non -le cunple por que sea arrepentido |
| S 742-4 | nin te cunple agora dezir me esos mandadoz |
| S 768-4 | a -la fe diz agora se cunple el estornudo |
| S 774-4 | que agora se cunple el mi buen adeuino |
| S 804-3 | el grand trabajo cunple quantos deseos son |
| S1483-3 | cunple otear firme que es çierto menssajero |
| S1496-1 | De -lo que cunple al fecho aquesto le dezit |
| **CUNPLEN** | |
| S 504-3 | con -el dinero cunplen sus menguas e sus Raças |
| S1256-4 | tarde cunplen o -nunca lo que afiuziauan |
| S1540-2 | nin dizen oraçiones nin cunplen los ofiçios |
| S1610-4 | pocas palabras cunplen al buen entendedor |
| **CUÑOS** | |
| S 517-4 | con cuños E almadanas poco a -poco se arranca |
| **CUPBRE** | |
| S1389-3 | al que el estiercol cupbre mucho rresplandesçeria |
| **CUPLETA** | |
| S1057-2 | cupleta llegada de vnguente vngido |
| **CUQUERO** | |
| S 222-3 | en -todo eres cuquero e de mala picaña |
| **CURA** | |
| S 277-4 | ssyenpre coydas en çelos de otro bien non as cura |
| S 606-4 | el grand amor me faze perder salud e cura |
| S 989-3 | mas quanto esta mañana diome la chata non he cura |
| S1364-4 | de amigo syn prouecho non ha el ome cura |
| **CURA** | **(H)** |
| S 386-1 | Nunca vy cura de almas que tan byen diga conpletas |
| S1155-2 | del su clerigo cura non le dedes penitençia |
| S1158-3 | E puedan aver su cura para se confesar |
| **CURAS** | |
| S 888-3 | deue buscar conssejo melezinas e curas |
| S1295-4 | con -el viene otoño con dolençiaz e curaz |
| **CURSO** | |
| S 127-4 | Segund natural curso los dichos estrelleros |
| S 128-1 | Por que creas el curso destos signos atales |
| S 136-4 | segund natural cursso non se puede estorçer |
| S 803-3 | el curso de -los fados non puede omne dezir |
| **CUSTODI** | **(L)** |
| S 386-4 | despues custodinos te rruegan las encubiertas |
| **CHANÇONES** | |
| S1232-3 | los organos y dizen chançones e motete |
| **CHANÇONETAS** | |
| S1021-3 | las dos son chançonetas la otra de trotalla |
| **CHANTRE** | |
| S1705-1 | ffablo en -post aqueste el chantre Sancho muñoz |
| **CHANZONETAS** | |
| S1241-3 | todaz salen cantando diziendo chanzonetaz |
| **CHARCOS** | |
| S1110-1 | Recudieron del mar de pielagos E charcos |
| **CHATA** | |
| S 952-3 | preguntele quien era Respondiome la chata |
| S 952-4 | yo so la chata Rezia que a -los omnes ata |
| S 956-1 | Respondiome la chata quien pide non escoge |
| S 963-1 | la chata endiablada que santillan la confonda |
| S 964-1 | ffazia nieue e granzaua diome la chata luego |
| S 972-2 | non a -conprar las joyas para la chata novia |
| S 977-3 | proue me de llegar a -la chata maldita |
| **CHATE** | |
| S1452-3 | sy mas ya non fablalde como a -chate pastor |
| **CHEREVIAS** | |
| S1272-1 | El primero comia laz primeraz chereuias |
| **CHICA** | |
| P 129 | fiz esta chica escriptura en memoria de bien |
| S 102-2 | pone muy grant espanto chica cosa ez doz nuezez |
| S 103-1 | Tommo por chica cosa aborrençia e grand saña |
| S 384-2 | todos los jnstrumentos toca con -la chica manga |

| | |
|---|---|
| G 448-3 | zy ha la mano chyca delgada boz aguda |
| S 462-2 | chica es la pereza que este dixo agora |
| S 652-4 | a -vezes de chica fabla vinie mucha folgura |
| G 672-3 | non me puedo entender en vuestra chica hedat |
| S 733-3 | a -vezes cosa chica faze muy grand despecho |
| S 734-3 | e de chica çentella nasçe grand llama de fuego |
| S 819-4 | por chica rrazon pierde el poble e el coytoso |
| S 823-4 | dar vos ha en chica ora lo que queredes far |
| S 907-1 | de fabla chica dañosa guardese muger falagoera |
| S 907-3 | de vna nuez chica nasçe grand arbor de grand noguera |
| S 921-1 | Non me acorde estonçe desta chica parlylla |
| S1214-4 | carneroz E cabritoz con su chica pelleja |
| S1249-3 | Señor chica morada a -grand Señor non presta |
| S1251-2 | tyenen muy grand galleta e chica la canpana |
| S1280-4 | con -la chica alhiara nol pueden abondar |
| S1348-4 | vna culebra chica medio muerta atal |
| S1485-3 | la cabeça non chica velloso pescoçudo |
| S1607-2 | es en -la dueña chica amor E non poco |
| S1612-2 | Commo en chica rrosa esta mucha color |
| S1612-4 | ansy en -dueña chica yaze muy grad sabor |
| S1614-1 | Chica es la calandria E chico el rruyseñor |
| S1614-3 | la muger que es chica por eso es mejor |
| S1617-1 | ssyenpre quis muger chica mas que grande nin mayor |
| S1631-2 | non creo que es chica ante es byen grad prosa |
| S1632-4 | Sea vos chica fabla solaz e letuario |
| **CHICAS** | |
| G 445-3 | e que ha chycaz piernaz e luengoz loz costadoz |
| S 753-2 | non -le dexaron dellas sinon chicas e rralas |
| S1607-3 | dueñas ay muy grandes que por chicas non troco |
| S1607-4 | mas las chicas e laz grandes se rrepienden del troco |
| S1608-1 | De -las chicas que byen diga el amor me fizo Ruego |
| S1608-3 | dezir vos he de dueñas chicaz que -lo avredes por juego |
| **CHICO** | |
| S 247-3 | non quieres ver nin amas poble grand nin chico |
| S 401-2 | eres enano chico quando lo as de dar |
| S 455-4 | del vestido mas chico sea tu ardit alardo |
| S 620-1 | ome poble con arte pasa con chico ofiçio |
| S 714-4 | dio melo tan bien parado que nin es grande nin chico |
| S 733-1 | a -veçes luenga fabla tiene chico prouecho |
| S 733-4 | E de comienço chico viene granado fecho |
| S 734-1 | E a -vezes pequeña fabla bien dicha e chico Ruego |
| S 734-4 | e vienen grandes peleas a -vezez de chico juego |
| G 763-3 | mas deuen lo traer poco e fazer chico rroydo |
| G 763-4 | grand plazer e chico duelo es de todo omne querido |
| S 869-1 | byen se que diz verdat vuestro prouerbyo chico |
| S1013-2 | el su pescueço negro ancho velloso chico |
| S1279-1 | El primero de aquestos era chico enano |
| S1475-4 | el le da mala çima E grand mal en chico Rato |
| S1488-3 | bien conplidaz laz piernaz del pie chico pedaço |
| S1614-1 | Chica es la calandria E chico el rruyseñor |
| S1632-2 | mas de juego E de burla es chico breuiario |
| **CHICOS** | |
| G 444-3 | zy ha loz pechoz chycoz si dize si demandez |
| G 445-3 | ancheta de caderaz piez chicoz socavadoz |
| **CHIQUILLA** | |
| S 796-1 | dixo la buena vieja en ora muy chiquilla |
| S1016-2 | los huesos mucho grandes la çanca non chiquilla |
| **CHIQUILLO** | |
| S1018-1 | El su dedo chiquillo mayor es que mi pulgar |
| **CHIQUILLOS** | |
| S1432-3 | por mis chiquillos dientes vos oy escaparedes |
| **CHIQUITAS** | |
| S1293-1 | Comiença a -comer laz chiquitaz perdiçez |
| **CHIRLANDO** | |
| S 750-2 | syenpre estas chirlando locura de mañana |
| **CHIRLAVA** | |
| S 748-2 | dixieron que se fuese que locura chirlaua |
| **CHOÇA** | |
| S 985-1 | ssacome de -la choça E llegome a -dos senderos |
| S1027-2 | pariente mi choça |
| **CHOTO** | |
| S 968-4 | de buena carne de choto |
| **CHOZA** | |
| S 981-3 | desque en -la choza fuymos non fallamos niguno |
| **CHUFA** | |
| S 16-2 | nin creadez que ez chufa algo que en -el leo |
| **CHUFADOS** | |
| S1413-1 | Tenian se los del pueblo della por mal chufados |
| **CHUFAS** | |
| S1495-3 | mas catad non -le digadez chufaz de pitofflero |
| **CHUFETAS** | |
| S1015-3 | creo que fallaras de -las chufetas daruas |
| **ÇAFIR** | |
| S1387-3 | fallo çafyr culpado mejor ome non vido |
| S1388-3 | el çafir diol Respuesta bien te digo villano |
| **ÇAHANORIAS** | |
| S1334-3 | otros de mas quantia de çahanorias rrahezez |
| **ÇAHORAR** | |
| S 292-4 | sy tienes que o -puedes a -la noche çahorar |
| **ÇALAGARDA** | |
| S1566-1 | Dios quiera defender nos de -la tu çalagarda |
| **ÇAMARON** | |
| S1003-3 | vn çamaron disantero e garnacho para entre el año |
| **ÇAMARRAS** | |
| S1275-3 | anbos visten çamarraz querrien calientes quezaz |
| **ÇANAHORIA** | |
| S1272-2 | comiença a -dar çanahoria a -bestias de estabrias |
| **ÇANCA** | |
| S1016-2 | los huesos mucho grandes la çanca non chiquilla |
| **ÇANCADILLA** | |
| S 342-4 | arman se çancadilla en -esta falsa lucha |

| | |
|---|---|
| **ÇANPOLLA** | |
| S1517-1 | albogues e mandurria caramillo e çanpolla |
| **ÇAPATAS** | |
| G 441-3 | zon mucho andariegaz e merescen las çapataz |
| S1004-3 | çapatas fasta rrodilla e dira toda la gente |
| S1037-3 | E dame çapatas |
| S1489-3 | doñeador alegre para las çapatas mias |
| **ÇAPATERO** | |
| S1415-1 | passaua de mañana por y vn çapatero |
| **ÇAPATOS** | |
| S1206-1 | los çapatos rredondos e bien sobre solados |
| S1472-1 | beo vn monte grande de muchos viejos çapatoz |
| **ÇAPOÑA** | |
| S1213-2 | taniendo su çapoña E loz albogues espera |
| **ÇARAÇAS** | |
| S 175-2 | dentro yuan las çaraças varrunto lo el alano |
| **ÇARAPICO** | |
| S1013-3 | las narizes muy gordas luengas de çarapico |
| **ÇARCILLOS** | |
| S1004-1 | Dan çarçillos de heuilla de laton byen Reluziente |
| **ÇARÇA** | |
| S 569-1 | Tyrando con sus dientes descubre se la çarça |
| **ÇATICO** | |
| S 247-2 | que al poble Sant lazaro non dio solo vn çatico |
| S 869-2 | que el romero fyto que sienpre saca çatico |
| **ÇOCOBRA** | |
| S1533-2 | coyda echar su ssuerte echa mala çocobra |
| **ÇODRA** | |
| S1510-2 | enbia vos vna çodra con aqueste aluala |
| **ÇORRON** | |
| S 957-4 | mandele pacha con broncha e con çorron de coneja |
| **ÇURON** | |
| S 967-2 | commo a -çuron lyuiano e leuon la cuesta ayusso |
| **DA** | |
| S 2-3 | Señor da me tu graçia e tu merçed Ayna |
| S 4-4 | dame tu misericordia tira de mi tu s(aña) |
| S 9-3 | Señora da me tu graçia E dame consolaçion |
| S 10-1 | Dame graçia señora de todoz los señorez |
| S 143-4 | si piden merçed al Rey dale conplido perdon |
| S 204-4 | danos la tu ayuda tira de nos tu plaga |
| S 488-3 | sy podieres dal ago non -le ayas querella |
| S 489-4 | que mucho o poco dal cada que podieres |
| S 916-3 | dam vos esta poco a -poco la aguija |
| S 955-4 | E por dios da me possada que el frio me atierra |
| S 966-3 | ella diz dam mas amigo anda aca trete con-migo |
| S1003-1 | diz dame vn prendero que sea de bermejo pano |
| S1003-2 | e dame vn bel pandero E seys anillos de estaño |
| S1004-1 | Dan çarçillos de heuilla de laton byen Reluziente |
| S1004-2 | E da me toca amarilla byen listada en -la fruente |
| S1035-1 | pues dan vna çinta |
| S1036-1 | E dan buenas sartas |
| S1036-3 | E dame halia |
| S1037-1 | E dan buena toca |
| S1037-3 | E dame çapatas |
| S1058-3 | tu que a -dios pagas da me tu bendiçion |
| S1179-1 | Al xristiano catholico dale el santo signo |
| S1459-3 | pon mano en -tu Seno E dalo que fallaras |
| S1492-1 | Dixol doña garoça verme he da my espaçio |
| S1635-5 | tu Señora da me agora |
| S1687-5 | e dame alegria |
| **DA** | **(H)** |
| S 80-4 | si non quiere el mandado non da buena rrepuesta |
| S 97-3 | de quanto le prometio o -le da poco o -nada |
| S 157-4 | lo que non vale vna nuez amor le da grand prez |
| S 164-1 | bien atal es el amor que da palabra llena |
| S 203-4 | danos muy malas tardes e peorez las mañanas |
| S 402-4 | aquel da de -la mano e de aquel se encoba |
| S 473-2 | huerta mejor labrada da la mejor mançana |
| G 552-4 | al que manda e da luego a -esto lo an primero |
| G 554-3 | El judio al año da tres por quatro pero |
| S 622-4 | todo esto da el trabajo el vso e la femençia |
| G 662-4 | tanto me da la muerte quanto mas se me abaxa |
| S 715-1 | El presente que se da luego sy es grande de valor |
| S1006-2 | sy nieua o -si yela nunca da calentura |
| S1007-2 | corri la cuesta ayuso ca diz quien da a -la torre |
| S1027-5 | e dan grand soldada |
| S1041-4 | del que non da algo |
| S1217-2 | a -toda quatro-pea con -ella da la muerte |
| S1272-3 | da primero faryna a -bueys de eryas |
| S1364-2 | sy el amor da frucnto dando mucho atura |
| S1365-1 | byen quanto da el omne en -tanto es preçiado |
| S1391-1 | A -quien da dios ventura e non la quiere tomar |
| S1475-4 | el le da mala çima E grand mal en chico Rato |
| S1479-1 | Non es dicho amigo el que da mal conssejo |
| **DA** | **(L)** |
| P 21 | Da michi intellectum e cetera |
| **DABO** | **(L)** |
| P 1 | Intellectum tibi dabo |
| P 34 | Intellectum tibi dabo |
| P 167 | jntellectum tibi dabo e cetera |
| **DAD** | |
| S1073-1 | Dad la al menssajero esta carta leyda |
| S1590-4 | con tal maça al avarizia bien larga mente dads |
| S1624-2 | dixo dad me vn cantar E veredes que Recabdo |
| S1658-3 | dad nos por el su amor |
| S1659-2 | dad por dios en -su memoria |
| S1659-4 | dad lymosna por dios |
| **DADA** | |
| G 685-4 | toda muger es vençida des que esta Ioya es dada |
| S1034-5 | e syn sera dada |
| S1074-4 | la nota es aquesta a -carnal fue dada |
| S1171-1 | Dada la penitençia fizo la confesion |

| | |
|---|---|
| S1171-4 | partiose del el frayel dada la bendiçion |
| S1197-4 | dada en torna vacaz nuestro lugar amado |
| S1560-2 | por la muerte de xpistos les fue la vida dada |
| **DADES** | |
| S 604-3 | non me dades rrespuesta nin me oen vuestras orejas |
| S1400-4 | dire voz la fablilla sy me dadez vn Risete |
| **DADO** | |
| S1053-3 | por aquesto morra en cabtiuo dado |
| S1057-4 | çenturio fue dado luego por guardador |
| S1407-2 | nin dezir nin cometer lo que non le es dado |
| **DADOS** | |
| G 554-1 | Non quieraz jugar dadoz nin seaz tablajero |
| G 555-2 | des-pojan ze por dadoz loz dineroz perdidoz |
| G 556-1 | los maloz de loz dadoz dize lo maeztre rroldan |
| S1253-3 | dar te han dados plomados perderaz tus dineroz |
| S1534-2 | viene vn mal azar trae dados en Rodo |
| **DADOS** | **(H)** |
| S 217-4 | passar los mandamientos que de dios fueron dados |
| **DALDA** | |
| S1197-2 | dalda a -don almuerzo que vaya con -el mandado |
| **DALDES** | |
| S1450-4 | biuen los esforçados deziendo daldes ferid |
| **DALIDA** | |
| S 308-2 | quando su muger dalyda los cabellos le corto |
| **DALLE** | |
| S1090-3 | dalle he la sarna e diuiesos que de lydiar nol mienbre |
| **DAM** | |
| S1252-3 | tyenen cozinaz grandes mas poca carne dam |
| **DAN** | |
| P 15 | E dan le onrra con pro e buena fam(a) |
| S 95-4 | diz la dueña los novios non dan quanto prometen |
| S 101-2 | prometen mucho trigo e dan poca paja tamo |
| S 126-4 | pero muchos de aquestos dan en tierra de palmas |
| S 163-2 | de dentro qual de fuera dan vista e color |
| S 163-4 | mas ante pudren que otra pero dan buen olor |
| S 506-2 | byen les dan de -la çeja do son sus parçioneros |
| G 552-3 | a -quien de oy en craz fabla non dan por verdadero |
| S 570-3 | rresçelan del las dueñas e dan le por fazañero |
| S 641-1 | ssy nol dan de -las espuelas al cauallo faron |
| S 699-4 | estas dan la maçada sy az orejas oyas |
| S 794-3 | pues a -la mi señora cras le dan marido |
| S 870-2 | quando se dan la cablilla acorre con la soguilla |
| S 937-4 | estas dan la maçada si az orejas oyas |
| S1085-4 | que dan de -las espuelas a -los vinos byen tyntos |
| S1117-3 | della e de -la parte dan se golpes sobejos |
| S1145-4 | en -la foya dan entranbos e dentro van caer |
| S1188-3 | dan grandes apellidos terneras E beçerros |
| S1224-3 | todoz le dan dineroz e delloz de dan tornesez |
| S1226-3 | dan cantos plazenteros e dulçes ssaborez |
| S1283-3 | con -este conpañero que -les dan lybertades |
| S1286-3 | faze poner estacaz que dan azeyte bueno |
| S1324-3 | entro en -la posada rrespuesta non -le dan |
| S1334-1 | Muchos de leutarios les dan muchas de vezes |
| S1442-2 | dan pessar e tristeza e dapno syn traspaso |
| S1477-4 | desque le veen en coyta non dan por el dotes motes |
| S1539-4 | de todos sus thesoros dan le poco axuar |
| S1540-1 | Non dan por dios a -pobrez nin cantan sacrifiçios |
| S1561-4 | a -ysac e a -ysayas tomolos non te dexo dan |
| **DANCA** | |
| S1287-1 | Andan tres Ricoz onbrez ally en vna danca |
| **DANÇA** | |
| S 471-2 | en -el telar e en -la dança syenpre bullen los dedoz |
| S1300-1 | El tablero la tabla la dança la carrera |
| S1513-1 | Despues fize muchas cantigas de dança e troteras |
| **DANDO** | |
| P 154 | apocando la vida E dando mala fama e deshonrra |
| S 526-1 | Muy blanda es el agua mas dando en piedra dura |
| S 526-2 | muchas vegadas dando faze grand cavadura |
| S 541-2 | ella dando muchas bozes non se pudo defender |
| S 918-3 | en dando le la sortyja del ojo le guiño |
| S1051-1 | a -ora de maytines dandole judas paz |
| S1056-3 | dandol del ascona la tierra estremeçio |
| S1085-4 | ally andan saltando e dando grandes gritos |
| S1224-2 | dando a -quantoz veniam castellanoz E jnglesez |
| S1312-4 | dende andare la tyerra dando a -muchos materia |
| S1364-2 | sy el amor da frucnto dando mucho atura |
| S1364-3 | non dando nin seruiendo el amor poco dura |
| S1406-2 | ella dando Sus bozes vinieron los collaços |
| S1590-2 | dando lymosna a -pobles dolyendo nos de su mal |
| **DANIEL** | |
| S 1-3 | a -daniel sacaste del poço de babilon |
| S1061-3 | daniel lo dezia por xpistos nuestro Rey |
| **DANOSO** | |
| S 780-1 | Omne cuerdo non quiera el ofiçio danoso |
| **DAÑADOS** | |
| S 234-2 | por la su grand soberuia fueron e son dañados |
| S 234-3 | quantos por la soberuia fueron e son dañados |
| **DAÑAR** | |
| S 848-2 | grand pecado e desonrra en -las ansy dañar |
| **DAÑE** | |
| S 623-2 | non canses de seguir la tu obra non se dañe |
| **DAÑO** | |
| S 529-2 | que nunca -lo beuiera prouolo por so daño |
| S 637-2 | la verdat a -las de vezes muchos en daño echa |
| S 795-4 | veo el daño grande E de mas el haçerio |
| S 865-3 | quando es fecho el daño viene el arrepentymiento |
| S 880-1 | E pues que vos dezides que es el daño fecho |
| S 880-3 | fija a -daño fecho aved rruego E pecho |
| S 884-3 | la muger vee su daño quando ya fynca con duelo |
| S 890-1 | Pues que por mi dezides que el daño es venido |
| **DAÑOS** | |
| P 155 | E muchoz dañoz a -loz cuerpoz |

**DAÑOS**    (cont.)
S1634-2    fue conpuesto el rromançe por muchos males e daños

**DAÑOSA**
S 907-1    de fabla chica dañosa guardese muger falagoera

**DAÑOSAS**
S 497-1    El dinero quebranta las cadenas dañosas
S 696-2    escoja laz mejores E dexe las dañosas

**DAÑOSO**
S 311-2    que fue a -todas bestias cruel e muy dañoso
S 398-3    de pecado dañoso de al non te alabo

**DAÑOZO**
G 580-3    parti me de tristeza de cuydado dañozo

**DAPNO**
S1146-4    faze jnjuria e dapno e meresçe grand pena
S1442-2    dan pessar e tristeza e dapno syn traspaso
S1594-3    entendiendo su grand dapno faziendo blanda farina

**DAPNOS**
G 589-3    Reçelo he que mayorez dapnoz me padran rrecreçer

**DAPÑAS**
S 188-1    de commo enflaquezes las gentes e las dapñas

**DAPÑO**
S 216-2    mas fallo que te diga veyendo quanto dapño
S1070-3    astragando mi tierra faziendo mucho dapño
S1353-2    non fagas aqui dapño ella fuese en-sañar
S1441-4    el cueruo con -el dapño ouo de entristeçer
S1698-2    en -dexar yo a -ella rresçibierya yo grand dapño

**DAPÑOSA**
S1685-5    contra mi tan dapñosa

**DAR**
P 177    por dar manera de pecar ni por mal dezir
P 180    e dar ensienpro de buenaz constunbrez
P 189    E conposelo otrosi a -dar algunoz leçion
S 27-2    melchior fue ençienso dar
S 52-4    E nos dar telo hemos escusa nos desta lid
S 86-4    el leon a -la rraposa mando la vianda dar
S 142-2    de dar fueros e leyes e derechos fazer
S 146-2    en -que a sus subditos manda çierta pena dar
S 172-3    los omnes en dar poco por tomar grand rriqueza
S 173-4    quien toma dar deue dizelo sabio enviso
S 246-2    al tomar te alegras el dar non -lo as ducho
S 247-4    nin de -los tus thesoros non le quieres dar vn pico
S 255-3    non quieres dar al poble vn poco de çenteno
S 301-1    abaxose el leon por le dar algund confuerto
S 331-3    qual dineros qual prendas para al abogado dar
S 338-3    nin -le deuen dar rrespuesta a -sus malas consssejas
S 343-1    venido es el dia para dar la sentençia
S 370-3    non podia dar lycençia para aver conpusion
S 380-4    coxqueaz al dar ofrenda byen trotas el comendon
S 401-2    eres enano chico quando lo as de dar
G 451-1    de tus joyaz fermozaz cada que dar podierez
G 451-2    quando dar non quisierez o quando non touierez
G 465-2    la gotera que dio con -su mucho Rezio dar
S 471-3    la muger syn verguença por darle diez toledos
S 511-4    el dar quebranta peñas fyende dura madera
S 512-2    a -coyta E a -grand priessa el mucho dar acorre
S 512-4    el que non tyene que dar su cavallo non corre
S 572-2    dar te ha la segunda sy te guardas la prymera
G 587-1    Non uoz pidre grant coza para voz me la dar
S 622-1    Non pueden dar los parientes al pariente por herençia
S 622-3    nin pueden dar a -la dueña el amor e la querencia
S 629-4    dar te ha lo que non coydas sy non te das vagar
G 679-3    laz dueñaz e mugerez deuen su rrepuesta dar
S 816-3    al mandar somos largos E al dar escasos primos
S 823-4    dar vos ha en chica ora lo que queredes far
S 847-4    por me dar tu consssejo verguença en ty non aya
S 859-3    dar vos ha muerte a -entranbos la tardança e la desira
S 861-4    jugaredes e folgaredes e dar vos he ay que nuezes
S 909-2    dixela por te dar ensienpro non por que a -mi vino
S 955-1    dexa me passar amiga dar te he joyas de sierra
S 965-2    fazer te he fuego e blasa darte he del pan e del vino
S1002-2    E dar te he lo que pidieres
S1005-1    yol dixe dar te he esas cosas e avn mas si mas comides
S1009-2    rroguel que me quisiese ese dia dar posada
S1019-3    ca estando senzillas dar -l -yen so -las yjadas
S1026-5    oy darme posada
S1028-5    darvos he amada
S1076-3    fasta el sabado santo dar vos he lyd syn falla
S1080-3    non quise dar Respuesta vino a -mi acuçioso
S1108-3    sy ante mi te paras dar te he lo que meresçes
S1253-3    dar te han dados plomados perderaz tus dineroz
S1257-1    Todo su mayor fecho es dar muchos sometes
S1272-2    comiença a -dar çanahoria a -bestias de estabrias
S1280-3    mandaua poner viñaz para buen vino dar
S1282-2    el vno enbiaua a -las dueñas dar pena
S1320-2    mas non pudo trabar atar nin dar nudo
S1349-4    doliose mucho della quisole dar la vida
S1354-1    alegrase el malo en dar por miel venino
S1354-2    E por fructo dar pena al amigo e al vezino
S1411-4    despues dar te he rrespuesta qual deuo e bien de -llano
S1423-4    sy non dar te he gualardon qual tu meresçimiento
S1426-4    en tu dar me la muerte non te puedes onrrar
S1434-2    fazer mucho prouecho E dar grand mejoria
S1540-4    es dar bozes al sordo mas non otros seruiçios
S1589-1    Con mucha misericordia dar a -los pobrez posada
S1593-3    cassar los pobres menguados dar a -beuer al sediento
S1628-2    desea dar a -pobrez bodigos E rrazonar
S1633-2    por vos dar solaz a -todos fable vos en -juglleria
S1641-6    juyzio dar
S1644-7    dar adorallo
S1651-4    quered por dios a -mi dar

**DARA**
S 573-2    cras te dara la puerta quien te oy çierra el postigo

S 613-2    con arte o con seruiçio ella la dara apuesta
S 615-2    que non dara la mercaduria sy non por grand valor
S 636-4    mas val que fazer se pobre a -quien nol dara nada
S1587-2    que dios por quien lo faremos nos dara buena andança

**DARAN**
S 535-4    te daran asaz dello ve por ello festino
G 594-2    Al monge e al buen amigo quel daran por auentura

**DARAS**
S1463-4    daras cras el presente saldras con arte mia

**DARDO**
S 455-2    dize luego entre sus dientes oyste tomare mi dardo
G 588-1    so ferido e llagado de vn dardo so perdido
S 963-3    en-avento me el dardo diz para el padre verdadero

**DARDOS**
P 186    loz dardoz que ante son vistoz

**DARE**
S 709-2    e le fare tal escanto e le dare tal atal-vina
S 931-4    yo dare a -todo çima e lo trahere a -rrodo
S 967-3    hadre duro non te espantes que byen te dare que yantes
S1395-3    ven cras por la rrepuesta e yo tela dare
S1572-1    Dare por ty lymosna e fare oraçion
S1572-2    fare cantar misaz e dare oblaçion
S1624-4    que sy lo comienço que -le dare buen cabo

**DAREMOS**
S1248-2    Señor noz te daremoz monesterios honrrados

**DARES**
S 179-1    ffueron dares valdios de -que ove manzilla

**DARIA**
S 63-1    yo le Respondi que -le daria vna tal puñada
S1327-3    fija qual vos yo daria que voz serie mandado
S1704-4    yo le daria tal buelta que nunca viese al agosto

**DARIA**    (H)
S 62-4    que me daria grand palmada en los oydos Retinientes
S 344-3    que sentençia daria o qual podria ser
S1011-3    a grand hato daria lucha e grand con-quista

**DARIAN**
S 83-2    conbidaronle todas quel darian A -yantar

**DARIO**
S1215-4    non lo conplaria dario con todos sus thesoros

**DARVAS**
S1015-3    creo que fallaras de -las chufetas daruas

**DAS**
S 186-1    Desque los omnes prendes non das por ellos nada
S 209-2    das al cuerpo lazeria trabajo syn Razon
S 210-2    das la a -quien non -le ama tormentas le con penas
S 213-4    das me en -el coraçon triste fazes del ledo
S 317-3    desque lo vees baldio dasle vida penada
S 376-3    laudes aurora lucis das les grandes graçias
S 388-4    a -los tuyos das oblas de males e quebrantos
S 396-1    Tu le rruyes a -la oreja E das le mal consssejo
S 398-2    a -ellos e a -ellas a -todos das mal rramo
S 399-1    das muerte perdurable a -las almas que fieres
S 399-2    das muchos enemigos al cuerpo que rrequieres
S 401-4    tarde daz e Amidos byen quieres demandar
S 421-2    eres de cada dia logrero E das a -Renuevo
S 629-4    dar te ha lo que non coydas sy non te das vagar
S 956-3    non temas syn das algo que -la nieue mucho moje
S1521-4    por papaz E por Reyes non das vn vil nuez
S1544-2    nunca das a -los omes conorte nin esfuerço
S1682-2    syenpre guaresçez de coytas E das vida

**DAT**
S 329-4    dat me vn abogado que fable por mi vida
G 586-3    conplit loz miz deseoz e dat me dicha e ventura
S1650-1    Señorez dat al escolar
S1651-1    dat lymosna o rraçio
G1656-1    zeñorez voz dat a -noz escularez pobrez dos

**DATA**
S1073-4    data en castro de ordiales en burgos Resçebida

**DAVA**
S 264-1    sy daua vno a -otro fuego o -la candela
S 314-2    el javalyn sañudo dauale del col-millo
S 464-3    daua me vna gotera del agua que fazia
S 494-3    a -muchos clerigos nesçios davales dinidades
S 495-3    el dinero los daua por byen examinados
S 496-1    daua muchos juyzios mucha mala sentençia
S 498-2    muchos meresçian muerte que -la vida les daua
S 745-4    le daua buen consssejo commo buena madrina
G 756-3    daua zonbra a -las casaz e rreluzie la cal
S1109-3    E a -costados e a -piernas dauales negro Rato
S1116-1    el pulpo a -los pauones non -les daua vagar
S1129-1    En carta por escripto le daua sus pecados
S1351-1    aqueste ome bueno dauale cada dia
S1402-3    dauale cada vno de quanto que comia

**DAVA**    (H)
S 171-2    davale de mis donas non paños e non çintas
S1361-2    a -mi Señor la daua quier muerta o -quier byua
S1365-3    quando yo daua mucho era mucho loado

**DAVAN**
S 48-4    esta rrespuesta fermosa dauan por se escusar
S1019-2    dauan le a -la çinta pues que estauan dobladas
S1105-3    dauan a -don carnal por medio de -las costillas
S1105-4    las truchas de aluerche dauanle en -las mexillas
S1185-2    dauan grandes balidos dezien estas consssejas

**DAVAS**
S 882-3    ayer mill cobros me dauaz mill artes mill salidas

**DAVID**
P 4    El profecta dauid por spiritu santo fablando
P 19    vna de -las petiçionez que demando dauid a -dios
P 27    E por ende sigue la Razon el dicho dauid
P 113    otrosi dize dauid Anima mea illius viuet
P 120    E dize sobre esto dauid
S 258-1    ffeciste por loxuria al profeta dauid

**DAVID** (cont.)

| | |
|---|---|
| S 259-2 | fue el Rey dauid omeçida e fizo a -dios falliaz |

**DAVIT**

| | |
|---|---|
| S1061-4 | en dauit lo leemos segud el mi coydar |

**DE**

| | |
|---|---|
| P 5 | a -cada vno de nos dize |
| P 6 | en -el psalmo triçesimo primo del verso dezeno |
| P 17 | entiende onbre el bien E sabe dello el mal |
| P 19 | vna de -las petiçionez que demando dauid a -dios |
| P 22 | Ca el ome entendiendo el bien avra de dios temor |
| P 23 | el qual es comienço de toda sabidoria |
| P 24 | de que dize el dicho profeta |
| P 30 | Otrosi dize salamon en el libro de -la sapiençia |
| P 33 | del verso que yo començe en -lo que dize |
| P 36 | que se ha de saluar en -el cuerpo linpio |
| P 37 | e pienssa e ama e desea omne el buen amor de dioz e sus mandamien-toz |
| P 41 | el pecado del amor loco deste mundo |
| P 42 | E desto dize el salmista |
| P 45 | del verso que dize E instruan te |
| P 48 | escoge E ama el buen Amor que ez el de dioz |
| P 49 | E ponelo en -la çela de -la memoria |
| P 50 | por que se acuerde dello |
| P 53 | E desto dize sant Ioan apostol en -el Apocalipsi |
| P 54 | de -loz buenos que mueren bien obrando |
| P 59 | E desto concluye la terçera rrazon del veso primero |
| P 66 | E ama el Amor de dioz por se saluar por ellaz |
| P 68 | en -la carrera de saluaçion en -que anda |
| P 70 | E esta ez la sentençia del verso |
| P 74 | este desacuerdo non viene del buen entendimiento |
| P 75 | nin tal querer non viene de -la buena voluntad |
| P 76 | nin de -la buena obra non viene tal obra |
| P 77 | Ante viene de -la frazueza de -la natura humana |
| P 78 | que ez en -el omne que se non puede escapar de pecado |
| P 83 | E viene otrosi de -la mengua del buen entendimiento |
| P 85 | por que ome piensa vanidadez de pecado |
| P 86 | E deste tal penssamiento dize el salmista |
| P 89 | a -loz tales mucho disolutoz E de mal entendimiento |
| P 92 | E avn digo que viene de -la pobledad de -la memoria |
| P 93 | que non esta jnstructa del buen entendimiento |
| P 95 | nin acordarse dello para lo obrar |
| P 99 | E estaz son algunaz de -laz rrazonez |
| P 100 | por que son fechoz loz libroz de -la ley E del derecho |
| P 101 | e de castigoz E constunbrez E de otraz çiençiaz |
| P 104 | por rrazon que la memoria del ome desleznadera ez |
| P 108 | maz ez de -la diuinidad que de -la vmanidad |
| P 110 | E por esto ez maz apropiada a -la memoria del alma |
| P 111 | que ez spiritu de dioz criado E perfecto |
| P 122 | onde de mi poquilla çiençia |
| P 123 | E de mucha E grand rrudeza |
| P 126 | el amor loco del pecado del mundo |
| P 128 | saluaçion E gloria del parayso para mi anima |
| P 129 | fiz esta chica escriptura en memoria de bien |
| P 132 | e sotilezaz engañosaz del loco Amor del mundo |
| P 135 | ome o muger de buen entendemiento |
| P 138 | Otrosi loz de poco entendimiento non se perderan |
| P 140 | o tienen en -la voluntad de fazer |
| P 141 | e loz porfiosoz de suz malaz maestriaz |
| P 143 | de suz muchaz engañosaz maneraz |
| P 149 | que la ordenada caridad de -si mesmo comiença |
| P 152 | E maestriaz malaz del loco Amor |
| P 153 | que faze perder laz almaz E caer en saña de dioz |
| P 158 | quisieren vsar del loco amor |
| P 169 | que guarde bien laz trez cosaz del Alma |
| P 172 | E la sentençia de -lo que y dize |
| P 173 | E non al son feo de -laz palabraz |
| P 176 | E dioz sabe que la mi jntençion non fue de -lo fazer |
| P 177 | por dar manera de pecar ni por mal dezir |
| P 179 | A -memoria buena de bien obrar |
| P 180 | e dar ensienpro de buenaz constunbrez |
| P 181 | e castigoz de saluaçion |
| P 183 | e se puedan mejor guardar de tantaz maestriaz |
| P 188 | de -lo que ante hemoz visto |
| P 190 | e muestra de metrificar E rrimar E de trobar |
| P 196 | e dize lo la primera decretal de -laz crementinaz |
| P 201 | Por ende començe mi libro en -el nonbre de dioz |
| P 202 | e tome el verso primero del salmo |
| P 203 | que ez de -la santa trinidad E de -la fe catholica |
| S 1-1 | Señor dios que a -loz jodioz pueblo de perdiçion |
| S 1-2 | sacaste de cabtiuo del poder de fa(ron) |
| S 1-3 | a -daniel sacaste del poço de babilon |
| S 1-4 | saca a -mi coytado desta mala presion |
| S 2-4 | sacame desta lazeria desta presion |
| S 3-1 | Señor tu que sacaste al profeta del lago |
| S 3-2 | de poder de gentilez sacaste a -mathrot |
| S 3-3 | a santa marina libreste del vientre del drago |
| S 3-4 | libra A -mi dioz mio desta presion do ya(go) |
| S 4-2 | del falso testimonio de -la falsa conpaña |
| S 4-3 | libra me mi dioz desta coyta tan maña |
| S 4-4 | dame tu misericordia tira mi mal tu s(aña) |
| S 5-1 | A jonaz el profeta del vientre de -la ballena |
| S 5-3 | sacastelo tu sano asy commo de casa buena |
| S 6-1 | Señor a -los trez niñoz de muerte loz libraste |
| S 6-2 | del forno del grand fuego syn lision |
| S 6-3 | de -las ondaz del mar a -sant pedro tomeste |
| S 6-4 | Señor de aquesta coyta saca al tu açipre(ste) |
| S 7-4 | Señor tu sey comigo guardame de trayd(ores) |
| S 8-2 | fijo de dioz muy alto saluador de ys(rael) |
| S 8-4 | te fizo çierta desto tu fueste çierta del |
| S 9-4 | ganame del tu fijo graçia E bendiçion |
| S 10-1 | Dame graçia señora de todoz los señorez |
| S 10-2 | tira de mi tu saña tira de mi Rencorez |
| S 10-4 | Ayuda me gloriosa madre de pecado(res) |
| S 11-2 | el que nasçio de -la virgen esfuerçe nos de tanto |
| S 11-4 | sea de nuestras almas cobertura E manto |
| S 12-3 | que pueda de cantarez vn librete Rimar |
| S 13-3 | que pueda fazer vn libro de buen amor aqueste |
| S 15-1 | E por que mejor de todos sea escuchado |
| S 16-1 | Non tengadez que ez libro neçio de devaneo |
| S 17-1 | El axenuz de fuera mas negro es que caldera |
| S 17-2 | es de dentro muy blanco mas que -la peña vera |
| S 18-2 | en fea letra esta saber de grand dotor |
| S 19-1 | E por que de todo bien es comienço e Rayz |
| S 19-3 | açipreste de fita della primero fiz |
| S 19-4 | cantar de -los sus gozos siete que ansi diz |
| S 20-2 | luz del dia |
| S 21-2 | e de jhesu consolaçion |
| S 21-4 | Cantar de tu alegria |
| S 22-2 | en çibdad de galilea |
| S 23-1 | Del angel que a -ty vino |
| S 25-4 | de ti virgen el mexia |
| S 31-1 | Del Septeno madre santa |
| S 32-3 | por ti sea de nos visto |
| S 33-1 | Tu virgen del çielo Reyna |
| S 33-2 | e del mundo melezina |
| S 33-4 | que de tus gozos ayna |
| S 34-1 | Dezir de tu alegria |
| S 35-4 | del angel quando oyste |
| S 36-2 | quando fue de ti nasçido |
| S 36-4 | de -los angeles seruido |
| S 39-1 | El quinto fue de grand dulçor |
| S 39-6 | de a -el yr |
| S 40-1 | Este sesto non es de dubdar |
| S 40-5 | del çielo viste y entrar |
| S 42-4 | del çielo en ti morador |
| S 43-3 | madre de dios |
| S 44-1 | Palabras son de sabio e dixo lo caton |
| S 45-1 | E por que buen seso non puede omne Reyr |
| S 45-4 | Saluo en -la manera del trobar E del dezir |
| S 46-2 | non me contesca con-tigo commo al doctor de greçia |
| S 49-1 | Respondieron rromanos que -les plazia de grado |
| S 49-4 | que disputasen por señas por señas de letrado |
| S 52-4 | E nos dar telo hemos escusa nos desta tal |
| S 53-1 | vistieron lo muy bien paños de grand valia |
| S 53-4 | doy mays vengan los griegos con toda su porfia |
| S 54-2 | escogido de griegos entre todos loado |
| S 55-1 | leuantose el griego sosegado de vagar |
| S 55-2 | E mostro solo vn dedo que esta çerca del pulgar |
| S 55-4 | leuantose el rribaldo brauo de mal pagar |
| S 56-3 | en manera de arpom los otros dos encogidos |
| S 57-4 | mostro puño çerrado de porfia avia gana |
| S 58-1 | A Todos los de greçia dixo el sabio griego |
| S 60-4 | entendien que meresçien de leyes çertenidad |
| S 61-3 | desto ove grand pesar e tome grand enojo |
| S 63-2 | que en tienpo de su vida nunca la vies vengada |
| S 63-4 | dexose de amenazar do non gelo preçian nada |
| S 64-1 | Por esto dize la pastraña de -la vieja ardida |
| S 65-2 | la manera del libro entiendela sotil |
| S 65-4 | tu non fallaras vno de trobadorez mill |
| S 67-3 | los mançebos liuianos guardense de locura |
| S 67-4 | escoja lo mejor el de buena ventura |
| S 68-1 | las del buen amor sson Razones encubiertas |
| S 68-4 | non diras mal del libro que agora rrefiertas |
| S 70-1 | de todos jnstrumentos yo libro so pariente |
| S 72-1 | Sy -lo dixiese de mio seria de culpar |
| S 72-2 | dizelo grand filosofo non so yo de Rebtar |
| S 72-3 | de -lo que dize el sabio non deuemos dubdar |
| S 73-2 | omnes aves animalias toda bestia de cueva |
| S 74-1 | Digo muy mas del omne de toda creatura |
| S 74-3 | el omne de mal sseso todo tienpo syn mesura |
| S 76-2 | ove de -las mugeres a -las vezes grand amor |
| S 77-2 | de su amor non fuy en -ese tienpo rrepiso |
| S 77-3 | ssienpre avia della buena fabla e buen rriso |
| S 78-1 | Era dueña en -todo e de dueñas señora |
| S 78-3 | mucho de omne se guardam ally do ella mora |
| S 79-1 | ssabe toda nobleza de oro e de seda |
| S 79-2 | conplida de muchos byenes anda manssa e leda |
| S 79-3 | es de buenas construnbres sossegada e queda |
| S 80-1 | Enbiele esta cantiga que es de yuso puesta |
| S 82-1 | Diz que yazie doliente el leon de dolor |
| S 85-4 | el leon fue sañudo que de comer avia gana |
| S 86-3 | el cuero con la oreja del caxco le fue arrancar |
| S 87-2 | toda la canal del toro al leon dio entera |
| S 87-4 | marauillose el leon de tan buena egualadera |
| S 88-3 | ella dixo en -la cabeça del lobo tome yo esta liçion |
| S 90-2 | que a -cabo de tienpo non sea bien sabida |
| S 90-4 | la dueña muy guardada ffue luego de la partida |
| S 92-1 | Por conplir su mandado de aquesta mi Señor |
| S 92-4 | mas que yo podria sser dello trobador |
| S 93-2 | achaque le leuanta por que non le de del pan |
| S 93-4 | mesclaron me con ella e dixieronle del plan |
| S 94-1 | Que me loaua della commo de buena caça |
| S 94-2 | E que profaçaua della commo si fuese caraça |
| S 95-3 | posieron le grand ssaña desto se entremeten |
| S 96-4 | esta fabla conpuesta de ysopete sacada |
| S 97-3 | de quanto le prometio o -le da poco o -nada |
| S 98-4 | commo duena en parto començose de coytar |
| S 100-1 | quando ella bramaua pensauan de foyr |
| S 100-2 | E desque vino el dia que ovo de parir |
| S 100-3 | pario vn mur topo escarnio fue de rreyr |
| S 102-4 | las viles e las rrefezes son caras a -las de vezes |
| S 103-2 | arredrose de mi fizo me el juego mañana |
| S 103-4 | desto fize troba de tristeza tam mañana |
| S 104-1 | ffiz luego estas cantigas de verdadera salua |
| S 104-2 | mande que gelas diesen de noche o al alua |

**DE**

| | (cont.) |
|---|---|
| S 105-2 | que las cosas del mundo todas son vanidat |
| S 105-4 | ssaluo amor de dios todas sson lyuiandat |
| S 106-4 | parti me de su pleito puez de mi ez rredrada |
| S 107-4 | de dueña mesurada sienpre bien escreui |
| S 108-2 | sy de -la -muger noble dixiese cosa rrefez |
| S 108-4 | todo bien del mundo e todo plazer es |
| S 109-3 | al omne por conpañera nin del non -la feziera |
| S 114-4 | sy de tan grand escarnio yo non trobase burla |
| S 118-1 | dixo me quel plazia de grado |
| S 118-2 | e fizo se de -la cruz priuado |
| S 121-3 | el conpaño de çerca en -la cruz adoraua |
| S 121-4 | del mal de -la cruzada yo non me rreguardaua |
| S 122-1 | Del escolar goloso conpañero de cucaña |
| S 122-3 | Ca de Ante nin despues non falle en españa |
| S 122-4 | quien ansy me feziese de escarnio magadaña |
| S 123-2 | de -la astrologia vna buena sabiençia |
| S 124-4 | del que naçe tal es su fado e su don |
| S 126-4 | pero muchos de aquestos dan en tierra de palmas |
| S 127-2 | nin han merçed de Senorez nin han de sus dineros |
| S 128-1 | Por que creas el curso destos signos atales |
| S 128-2 | dezir te vn juyzio de çinco naturales |
| S 128-4 | dieron juyzios fuertes de acabados males |
| S 129-1 | Era vn Rey de moros alcaraz nonbre avia |
| S 129-2 | nasçiole vn fijo bello mas de aquel non tenia |
| S 129-3 | enbio por sus sabios dellos saber querria |
| S 129-4 | el signo e la planeta del fijo quel nasçia |
| S 130-2 | vinieron çinco dellos de mas conplido saber |
| S 130-3 | desque vieron el punto en -que ovo de nasçer |
| S 130-4 | dixo el vn maestro apedreado ha de ser |
| S 131-1 | Judgo el otro e dixo este ha de ser quemado |
| S 131-2 | el terçero dize el niño ha de despeñado |
| S 131-3 | el quarto dixo el jnfante non fable colgado |
| S 133-3 | de yr a correr monte caçar algun venado |
| S 133-4 | rrespondiole el rrey que -le plazia de grado |
| S 134-3 | vn rrevatado nublo començo de agranizar |
| S 134-4 | e a -poca de ora começo de apedrear |
| S 135-1 | Acordose su Ayo de commo lo judgaron |
| S 136-1 | Penssaron mucho Ayna todos de se acojer |
| S 136-3 | en -lo que dios ordena en commo ha de ser |
| S 137-4 | en vn arbol del rrio de sus faldas se colgo |
| S 139-2 | mando los estrelleros de -la presion soltar |
| S 139-4 | de su astrologia en -que non avie que dubdar |
| S 140-4 | segund la fe catholica yo desto creyente |
| S 141-1 | En creer lo de natura non es mal estança |
| S 142-2 | de dar fueros e leyes e derechos fazer |
| S 142-3 | desto manda fazer libros e quadernos conponer |
| S 144-4 | por que del yerro fecho conplido perdon le dio |
| S 145-1 | E ansy commo por fuero avia de morir |
| S 145-2 | el fazedor del fuero non lo quiere conssentyr |
| S 147-1 | veemos cada dia pasar esto de fecho |
| S 147-4 | ante es çierta çiençia e de mucho prouecho |
| S 149-4 | el poderio de dios tuelle la tribulaçion |
| S 151-2 | nin se astralabio mas que buey de cabestro |
| S 152-1 | Muchos nasçen en venus que -lo mas de su vida |
| S 154-4 | pero avn que omne non goste la pera del peral |
| S 157-3 | ffaze blanco e fermoso del negro como pez |
| S 160-1 | Ca puesto que su signo sea de tal natura |
| S 163-2 | de dentro qual de fuera dan vista e color |
| S 163-3 | non avrie de -las plantas fructa de tal valors |
| S 165-4 | E nunca vos creades loorez de enemigos |
| S 167-1 | E por que es constunbre de macebos vsada |
| S 167-3 | por aver solaz bueno del amor con amada |
| S 168-1 | duena de buen lynaje e de mucha nobleza |
| S 168-2 | todo saber de dueña sabe con sotileza |
| S 168-3 | cuerda E de buen seso non sabe de villeza |
| S 168-4 | muchas dueñaz e otras de buen saber las veza |
| S 169-1 | De talla muy apuesta E de gesto amorosa |
| S 170-1 | Por amor desta dueña ffiz trobas e cantares |
| S 170-2 | ssenbre avena loca Ribera de henares |
| S 171-2 | davale de mis donas non paños e non çintas |
| S 171-4 | con ello estas cantigas que son de yuso escriptas |
| S 172-1 | Non quiso Reçeuirlo bien fuxo de avoleza |
| S 172-2 | ffizo de mi bauieca diz non muestra pereza |
| S 173-2 | por pecado del mundo que es sonbra de aliso |
| S 174-1 | anssy contençio a -mi con -la dueña de prestar |
| S 174-3 | que fallo vn grand mastyn començole de ladrar |
| S 175-4 | por el pan de vna noche non perdere quanto gano |
| S 176-2 | non perdere los manjares nin el pan de cada dia |
| S 177-4 | vete de aqui ladron non quiero tu poridad |
| S 178-1 | Començo de ladrar mucho el mastyn era mazillero |
| S 178-2 | tanto siguio al ladron que fuxo de aquel çillero |
| S 179-1 | ffueron dares valdios de -que ove manzilla |
| S 179-3 | rredreme de -la dueña E crey la fabrilla |
| S 180-1 | Ca segund vos he dicho del tal ventura seo |
| S 183-4 | partes lo del amiga al omne que ayras |
| S 185-4 | de quanto yo te digo tu sabes que non miento |
| S 186-2 | traes los de oy en cras en vida muy penada |
| S 187-1 | Eres tan enconado que do fieres de golpe |
| S 188-1 | de commo enflaquezes las gentes e las dapñas |
| S 188-2 | muchos libros ay desto de commo las engañas |
| S 192-3 | casamiento abondo e desto le dixiesen |
| S 192-4 | de casarlo con otra non se entremetiesen |
| S 193-1 | Aqueste omne bueno padre de aqueste neçio |
| S 193-2 | tenia vn molyno de grand muela de preçio |
| S 197-1 | Eres padre del fuego pariente de -la llama |
| S 197-4 | destruyes lo del todo commo el fuego a -la rrama |
| S 199-3 | creyeron al diablo que del mal se pagavan |
| S 200-1 | Enbioles don jupiter vna viga de lagar |
| S 200-3 | el grand golpe del fuste fizo las rranas callar |
| S 201-4 | don jupiter con saña ovolas de oyr |
| S 202-4 | de dos en dos las rranas comia bien lygera |
| S 204-2 | de dos en dos nos come nos abarca e nos astraga |
| S 204-4 | danos la tu ayuda tira de nos tu plaga |
| S 207-2 | do son de sy Señores tornan se tus vasallos |
| S 208-1 | Querellan se de ti mas non les vales nada |
| S 208-3 | que non pueden partir se de tu vida penada |
| S 208-4 | rresponde a -quien te llama vete de mi posada |
| S 209-1 | Non quiero tu conpaña vete de aqui varon |
| S 209-3 | de dia E de noche eres fino ladron |
| S 211-4 | de diuerssas maneras tu quexa lo espina |
| S 213-3 | nunca me aperçibes de tu ojo nin del dedo |
| S 213-4 | das me en -el coraçon triste fazes del ledo |
| S 214-4 | syn piedat me matas de noche e de dia |
| S 215-1 | en quantas que ame nin de -la dueña bendicha |
| S 215-3 | de quanto le prometie luego era des-dicha |
| S 216-3 | syenpre de ti me vino con tu sotil engaño |
| S 217-4 | passar los mandamientos que de dios fueron dados |
| S 218-1 | de todos los pecados es rrayz la cobdiçia |
| S 219-4 | de -la cobdiçia nasçen es della rrayz e çepa |
| S 222-1 | murieron por los furtos de muerte sopitaña |
| S 222-2 | arrastrados E enforcados de manera estraña |
| S 222-3 | en -todo eres cuquero e de mala picaña |
| S 224-1 | Por tu mala cobdiçia los de egipto morieron |
| S 224-3 | fueron e son ayrados de dios los que te creyeron |
| S 224-4 | de mucho que cobdiçiaron poca parte ovieron |
| S 225-2 | coyda aver mas mucho de quanto le conviene |
| S 226-2 | vna pieça de carne en -la boca passaua |
| S 226-3 | con la sonbra del agua dos tantol semejaua |
| S 228-3 | de aquesta rrayz mala nasçe todo el mal |
| S 230-2 | piensaz pues non as miedo tu de que pasaras |
| S 230-3 | las joyaz para tu Amiga de que las conplaras |
| S 232-2 | mueren de malas muertes non los puedes tu quitar |
| S 233-4 | de -las sillas del cielo ovieron de caer |
| S 234-1 | Maguer de su natura buenos fueron criados |
| S 235-4 | toda maldat del mundo es do quier que tu seas |
| S 236-2 | que non ha de dios miedo nin cata aguisado |
| S 239-3 | derribole el cavallo en medio de -la varga |
| S 240-3 | en -el cuerpo muy fuere de lança fue ferido |
| S 241-1 | desque saxo del canpo non valya vna çermeña |
| S 241-4 | escota el soberuio el amor de -la dueña |
| S 242-1 | Tenia del grand yugo dessolladaz las ceruiçes |
| S 242-2 | del jnogar a -vezes fynchadas las narizes |
| S 242-4 | ojos fondos bermejos commo piez de perdizes |
| S 245-1 | Aqui tomen ensyenpro e lyçion de cada dia |
| S 247-4 | nin de -los tus thesoros non le quieres dar vn pico |
| S 249-1 | Mesquino tu que faras el dia de -la afruenta |
| S 249-2 | quando de tus averes E de tu mucha rrenta |
| S 249-3 | te demandare dios de -la despensa cuenta |
| S 253-2 | vino la grulla de somo del alteza |
| S 255-2 | de pan e de dineros que forçaste de -lo ageno |
| S 255-3 | non quieres dar al poble vn poco de çenteno |
| S 259-1 | Por amor de berssabe la mujer de vrias |
| S 262-1 | Por que -le fizo desonrra E escarnio del rruego |
| S 262-3 | la lunbre de -la candela encanto E el fuego |
| S 263-4 | de -la muger mesquina otro non les atura |
| S 265-1 | despues desta desonrra E de tanta verguença |
| S 266-1 | Todo el suelo del Ryo de -la çibdad de Roma |
| S 266-3 | fizole suelo de cobre Reluze mas que goma |
| S 266-4 | a -dueñas tu loxuria desta guisa las doma |
| S 267-2 | mando fazer escalera de torno enxerida |
| S 267-3 | de navajas agudas por que a -la sobida |
| S 269-1 | de muchos ha que matas non se vno que sanes |
| S 270-2 | todas las otras aves de ally las atalaya |
| S 270-3 | non ay pendola della que en -tierra caya |
| S 271-2 | con pendolas de aguila los ha enpendolados |
| S 272-4 | de mi salvo quien me mato e me tiro la vida |
| S 273-4 | que de sy mesmo sale quien su vida desata |
| S 276-2 | con grand çelo que tienes omne de ti se espanta |
| S 277-1 | El çelo syenpre nasçe de tu enbydia pura |
| S 277-4 | ssyenpre coydas en çelos de otro bien non as cura |
| S 278-3 | de ti mesmo nin de otro non te puedes pagar |
| S 278-4 | el coraçon te salta nunca estas de vagar |
| S 280-1 | Entras en la pelea non puedes della salyr |
| S 281-3 | jacob a esau por la enbidia del |
| S 281-4 | ffurtole la bendiçion por que fue rrebtado del |
| S 282-2 | dios verdadero e omne fijo de dios muy quisto |
| S 286-2 | de pendolas de pauon vistio nueva pelleja |
| S 286-3 | fermosa e non de suyo fuese para la iglesia |
| S 288-1 | El pauon de tal fijo espantado se fizo |
| S 290-2 | con algo de -lo ageno aora rresplandesçer |
| S 292-2 | almuerças de mañana non pierdes la yantar |
| S 294-2 | por que comio del fruto que comer non deuia |
| S 294-3 | echole del parayso dios en aquesse dia |
| S 295-2 | de -los mas mejores que y eran por çierto |
| S 297-3 | desto ay muchas fablas e estoria paladina |
| S 298-2 | veni el don de caça pero con -el non pesa |
| S 300-4 | saca melo e faz de my como de tuyo quito |
| S 302-2 | avia mucho comido de yeruas muy esquiuaz |
| S 305-2 | donde era poderoso e de babylonia señor |
| S 305-3 | poco a -dios preçiaua nin avia del temor |
| S 306-1 | El ffue muy vil tornado E de -las bestias egual |
| S 306-3 | de cabellos cobyerto como bestia atal |
| S 307-1 | Rencor E homeçida criados de ti -son |
| S 307-2 | vos ved que yo soy fulano de -los garçones garçon |
| S 307-3 | dizes muchos baldones asy que de rrondon |
| S 310-1 | quien byen te conosçiere de ty non fyara |
| S 310-2 | el que tos obras viere de ty se arredrara |
| S 314-2 | el javalyn sañudo dauale del col-millo |
| S 314-3 | ferianlo de -los cuernos el toro y el novillo |
| S 315-1 | dyole grand par de coçes en -la fruente gelas pon |
| S 315-2 | el leon con grand yra trauo de su coraçon |
| S 316-4 | E lo quel fizo a otros dellos tal puede aver |
| S 317-1 | de -la açidia eres messonero E posada |

| | |
|---|---|
| | **(cont.)** |
| S 317-2 | nunca quieres que de bondat faga nada |
| S 320-1 | de quanto bien pedricaz non fazez dello cosa |
| S 320-3 | quieres lo que el lobo quiere de -la Rapossa |
| S 320-4 | abogado de fuero oy fabla prouechossa |
| S 323-3 | don ximio avia por nonble de buxia alcalde |
| S 323-4 | era sotil e sabio nunca seya de valde |
| S 324-4 | galgo que de -la rrapossa es grand abarredera |
| S 325-1 | Ante vos el mucho honrrado e de grand sabidoria |
| S 325-2 | don xymio ordinario alcalde de bugia |
| S 325-3 | yo el lobo me querello de -la comadre mia |
| S 326-1 | E digo que agora en -el mes que paso de febrero |
| S 326-2 | era de mill e trezientos en -el año primero |
| S 326-4 | que vino a nuestra çibdat por nonble de monedero |
| S 327-1 | En cassa de don cabron mi vassallo e mi quintero |
| S 327-2 | entro a -ffurtar de noche por çima del fumero |
| S 328-1 | de aquesto la acuso ante vos el buen varon |
| S 328-4 | esto me ofresco prouar so -pena del talyon |
| S 329-3 | Señor diz yo so syenpre de poco mal sabyda |
| S 330-3 | pero yo te do de plazo que fasta dias veynte |
| S 331-1 | leuantosse el alcalde esa ora de judgar |
| S 331-2 | las partes cada vna pensaron de buscar |
| S 331-4 | ya sabya la rraposa que le avia de ayudar |
| S 332-1 | El dia era venido del plaso asignado |
| S 332-3 | vn mastyn ovejero de carrancas çercado |
| S 335-2 | que leuaua furtadas de -las ovejas mias |
| S 336-1 | muchas vezes de furto es el juez condenado |
| S 336-3 | por ende non deue ser del ninguno acussado |
| S 337-2 | de mayor descomunion por constituçion de llegado |
| S 338-4 | asolued a -mi comadre vayase de -laz callejas |
| S 340-1 | Encerraron Racones de toda su pofia |
| S 340-4 | E asignoles plazo despues de -la epifania |
| S 341-2 | connel fueron las pares conçejo de cucaña |
| S 341-3 | ay van los abogados de -la maja picaña |
| S 344-2 | por saber del alcalde lo que quierre fazer |
| S 344-4 | mas non podieron del cosa saber nin entender |
| S 345-1 | De lexos le fablauan por le fazer dezir |
| S 345-2 | algo de -la sentençia por su coraçon descobrir |
| S 346-4 | pyden que por sentençia fuesen de ally lybrados |
| S 347-1 | El alcalde letrado e de buena çiençia |
| S 347-2 | vso bien de su ofiçio E guardo su conçiençia |
| S 348-1 | En el nonble de dios el judgador dezia |
| S 348-2 | yo don ximio ordinario alcalde de bugia |
| S 352-1 | fallo que -la demanda del lobo es byen çierta |
| S 353-3 | dire vn poco della que es grand estoria |
| S 353-4 | abogado de rromançe esto ten en memoria |
| S 355-2 | de publico notario deuiera syn fallymiente |
| S 356-2 | Nueve dias de plazo para el que se opone |
| S 357-4 | quien de otra guisa lo pone yerralo e faze mal |
| S 358-2 | que de egual encriminal non puede Reconvenyr |
| S 362-2 | del lobo ante mi dicha E por otra cosa non |
| S 363-4 | non le sea resçebida Segund dicho he de suso |
| S 366-2 | pero que non la asueluo del furto tan ayna |
| S 367-1 | Non apellaron las partes del juyzio son pagados |
| S 367-3 | esto fue por que non fueron de las partes demandados |
| S 369-2 | conplir lo que es derecho E de constituçion |
| S 369-3 | que el de fecho ageno non fazia menzion |
| S 369-4 | tomaron los abogados del ximio buena liçion |
| S 371-2 | que el avie poder del Rey en su comision |
| S 373-1 | a -obla de piedad nunca paras mientes |
| S 377-4 | va en achaque de agua a -verte la mala esquima |
| S 378-4 | Quod eva tristis trae de quicunque vult Redruejas |
| S 379-1 | E sy es dueña tu amiga que desto non se conpone |
| S 380-2 | mas que por oyr la missa nin ganar de dios perdon |
| S 380-3 | quieres la misa de -los novios syn gloria e syn son |
| S 381-1 | comienças jn verbum tuum e dizes tu de aquesta |
| S 381-2 | feo sant sant vter por la grand misa de fiesta |
| S 383-2 | mirabilia comienças dizes de aquesta plana |
| S 384-4 | con virgam virtutis tue fazes de ay Retangan |
| S 385-4 | la fiesta de seys capas contigo la pasqua tiene |
| S 386-1 | Nunca vy cura de almas que tan byen diga conpletas |
| S 386-3 | digan te conortamos de grado abres las puertas |
| S 387-4 | salue rregina dizes sy de ti se ha de quexar |
| S 388-3 | non te pagas de omes castos nin dignos santos |
| S 388-4 | a -los tuyos das oblas de males e quebrantos |
| S 389-4 | que non la fe de dios vete yo te conjuro |
| S 390-2 | fazes me andar de balde dizes me digo digo |
| S 390-4 | non me val tu vanagloria vn vil grano de mijo |
| S 391-1 | Non as miedo nin verguença de Rey nin Reyna |
| S 391-3 | huesped eres de muchos non duras so cortina |
| S 391-4 | como el fuego andas de vezina en vezina |
| S 393-2 | atalayas de lexos e caças la primera |
| S 393-3 | al que quieres matar ssacas los de carrera |
| S 393-4 | de logar encobyerto sacas çelada fiera |
| S 394-1 | Tyene omne su fija de coraçon amada |
| S 394-2 | loçana e fermosa de muchos deseada |
| S 395-2 | por que se onrren della su padre e sus parientes |
| S 396-4 | que aquel mingo oveja non es della parejo |
| S 397-1 | El coraçon le tornas de mill guisas a -la ora |
| S 397-2 | ssy oy cassar la quieren cras de otro se enamora |
| S 398-3 | de pecado dañoso de al non te alabo |
| S 398-4 | tristeza e flaqueza al de ty non Recabdo |
| S 400-3 | de todos tus vassallos fazes neçios fadragas |
| S 401-1 | Eres muy grand gigante al tienpo del mandar |
| S 401-2 | eres enano chico quando lo as de dar |
| S 401-3 | luego de grado mandas bien te sabes mudar |
| S 402-1 | de la loçana fazes muy loca E muy bova |
| S 402-4 | aquel da de -la mano e de aquel se encoba |
| S 404-2 | pierde se por omne torpe duena de grand Respuesto |
| S 405-1 | Natura as de diablo ado quier que tu mores |
| S 406-4 | assegurando matas quita te de mi vete |
| S 407-3 | de -la rrana pyntada quando lo leuo con-sygo |
| S 408-3 | çerco toda su cueva que non salya de fuera |
| S 412-4 | qual de yuso qual suso andauan a -mal vso |
| S 415-3 | que non han de dios miedo nin de sus amenazas |
| S 417-1 | Toda maldad del mundo E toda pestilençia |
| S 418-1 | Del bien que omne dize sy a -sabyendas mengua |
| S 418-4 | lengua tan enconada dios del mundo la tuelga |
| S 419-1 | Non es para buen omne creer de lygero |
| S 420-1 | So la piel ovejuna traes dientes de lobo |
| S 420-3 | matas al que mas quieres del byen eres encobo |
| S 421-2 | eres de cada dia logrero E das de -Renuevo |
| S 422-1 | Porque de muchas dueñas mal querido seria |
| S 422-2 | E mucho garçon loco de mi profaçaria |
| S 423-3 | non digas mal de amor en verdat nin en -juego |
| S 424-2 | de pequeña pellea nasçe muy grand rrencor |
| S 424-4 | la buena fabla sienpre faz de bueno mejor |
| S 426-2 | de dueñas e de otras que dizes que ameste |
| S 427-2 | e non sabes la manera commo es de -aprender |
| S 428-3 | es vn amor baldio de grand locura viene |
| S 430-2 | muchas cosas avras primero de aprender |
| S 431-4 | que de amor non sabe es como bausana |
| S 432-1 | busca muger de talla de cabeça pequeña |
| S 432-3 | cabellos amarillos non sean de alheña |
| S 432-4 | ancheta de caderaz esta es talla de dueña |
| S 433-2 | E de luengas pestañas byen claras e Reyentes |
| S 434-4 | los labros de -la boca bermejos angostillos |
| S 435-1 | la su boca pequena asy de buena guisa |
| S 435-3 | puna de aver muger que -la veas syn camisa |
| S 435-4 | que -la talla del cuerpo te dira esto a -guisa |
| G 436-1 | A -la muger que enbiarez de ti zea parienta |
| G 438-4 | con lagrimaz de moyzen ezcantan las orejaz |
| G 440-1 | toma de vnaz viejaz que ze fazen erveraz |
| G 440-2 | andan de caza en caza e llaman ze parteraz |
| G 440-4 | echan la moça en ojo e çiegan bien de ueraz |
| G 441-1 | E buzca menzajera de vnaz negraz pecaz |
| G 442-2 | pocaz mugerez pueden dellaz ze despagar |
| G 443-1 | de aquestaz viejaz todaz ezta ez la mejor |
| G 445-3 | ancheta de caderaz piez chicoz socavadoz |
| G 446-2 | non oluidez tal dueña maz della te enamora |
| G 447-2 | zon tachaz encobiertaz de mucho mal dezir |
| G 447-3 | Pocas zon laz mugerez que dellaz pueden salyr |
| G 448-4 | atal muger si puedez de buen seso la muda |
| G 449-1 | en fin de laz rrazonez faz le vna pregunta |
| G 449-2 | si es muger alegre de amor se rrepunta |
| G 450-1 | atal es de seruir e atal es de amar |
| G 451-1 | de tus joyaz fermozaz cada que dar podierez |
| S 453-2 | pongelo en mayor de quanto ello valyere |
| S 454-2 | non ayas miedo della quanto tienpo toyveres |
| S 455-4 | del vestido mas chico sea tu ardit alardo |
| S 456-4 | por pereza se pierde muger de grand valya |
| S 457-1 | Dezir te la ffazaña de -los dos perezosos |
| S 458-1 | El vno era tuerto del su ojo derecho |
| S 458-2 | Ronco era el otro de -la pierna contrecho |
| S 458-3 | el vno del otro avya muy grand despecho |
| S 460-3 | por pereza de tender el pie fasta el escalon |
| S 460-4 | cay del escalera fynque con esta ligion |
| S 461-3 | perdia me de sed tal pereza yo crio |
| S 461-4 | que por non abrir la boca de sed perdy el fablar mio |
| S 463-1 | yo era enamorado de vna duena en abryl |
| S 463-4 | por pereza de alympiar me perdy la duena gentil |
| S 464-3 | daua me vna gotera del agua que fazia |
| S 465-1 | yo ove grand pereza de la cabeça Redrar |
| S 465-3 | el ojo de que soy tuerto ovo melo de quebrar |
| S 466-1 | Non se dixo la duena destas perezas grandes |
| S 466-2 | qual es la mayor dellas anbos pares estades |
| S 466-3 | veo muy torpe coxo de qual pie coxeades |
| S 467-2 | de perezoso torpe nin que vileza faga |
| S 467-4 | nin tacha nin vyleza de que dueña se despaga |
| S 468-4 | mas diabluras faze de quantas omne quier |
| S 469-1 | Talente de mugeres quien le podria entender |
| S 471-4 | non dexaria de fazer sus antojos azedos |
| S 472-1 | Non olvides la dueña dicho te lo he de suso |
| S 472-3 | non se pagan de disanto en poridat nin a -escuso |
| S 474-1 | del que olvydo la muger te dire la fazaña |
| S 474-2 | era don pita pajas vn pyntor de bretaña |
| S 474-4 | casose con muger moça pagavase de conpaña |
| S 475-1 | Ante del mes conplido dixo el nuestra dona |
| S 476-1 | dyxo don pitas pajas dona de fermosura |
| S 476-3 | por que seades guardada de toda altra locura |
| S 478-4 | desfizo se el cordero que del non fynca nada |
| S 479-2 | mucho de priessa enbio por el entendedor |
| S 480-2 | conplido de cabeça con todo su apero |
| S 480-4 | que ya don pytas pajas desta venia çertero |
| S 481-1 | quando fue el pyntor de frandes venido |
| S 481-2 | ffue de -la su muger con desden Resçebido |
| S 483-2 | E vydo vn grand carnero con armas de prestar |
| S 486-1 | Pedro leuanta la lyebre E la mueve del couil |
| S 487-3 | el primero apost deste non vale mas que vn feste |
| S 488-2 | quier sea suyo o -non fablale por amor della |
| S 489-1 | Por poquilla cosa del tu aver quel dyerez |
| S 490-1 | Mucho faz el dinero E mucho es de amar |
| S 490-2 | al torpe faze bueno E omne de prestar |
| S 491-3 | quanto mas algo tiene tanto es mas de valor |
| S 491-4 | el que non ha dineros non es de sy Señor |
| S 492-3 | plazer e alegria del papa Racion |
| S 493-1 | yo vy en -corte de Roma do es la santidad |
| S 494-4 | fazie de verdat mentiras e de mitiras verdades |
| S 500-1 | El faze caualleros de neçios aldeanos |
| S 500-2 | condes e Ricos omnes de algunos villanoz |
| S 502-1 | Comia muchos manjarez de diuerssas naturas |
| S 505-4 | qual dellos lo leuaran comyençan luego a -Renir |
| S 506-2 | byen les dan de -la çeja do son sus parçioneros |
| S 508-1 | Toda muger del mundo E duena de alteza |

DE

S 508-2    **(cont.)**
S 508-2    pagase del dinero E de mucha Riqueza
S 509-4    de todos los ofiçios es muy apoderado
S 510-2    el dinero del mundo es grand rreboluedor
S 510-3    señor faze del syeruo de señor seruidor
S 510-4    toda cosa del sygro se faze por su amor
S 511-3    toda muger cobdyçiosa de algo es falaguera
S 511-3    por joyas E dineros Salyra de carrera
S 513-1    las cosas que son graues fazelas de lygero
S 513-4    non me pago de joguetes do non anda el dinero
S 514-2    sey franco de palabla non le digas Razon loca
S 518-4    non cansses de seguir la vençeras su porfia
S 522-1    deuia pensar su madre de quando era donzella
S 522-2    que su madre non quedaua de ferir la e corrella
S 523-1    Toda muger nasçida es fecha de tal massa
S 525-2    çient vegadas de noche de amor es rrequerida
S 527-4    ca vna congrueca de otra sienpre tyene dentera
S 528-4    en verguença del mundo en -ello ha de dios caer
S 530-3    en tienpo de su vyda nunca el vyno beuia
S 531-2    penso commo podiese partyrle de aquesto
S 533-3    diz aquel cuerpo de dios que tu deseas gustar
S 534-1    Non deves tener dubda que del vyno se faze
S 534-2    la sangre verdadera de dios en -ello yaze
S 535-4    te daran asaz dello ve por ello festino
S 536-2    dixo saca dello e beue pues lo as traydo
S 536-3    prueua vn poco dello E desque ayas beuido
S 537-2    commo era fuerte puro sacol de entendimiento
S 538-1    Amigo dyz non sabes de noche nin de dia
S 540-1    ffue con -el cobdyçia Rays de todos males
S 541-1    desçendyo de -la hermita forço a -vna muger
S 541-4    matola el mesquino e ovo se de perder
S 545-4    si amar quieres dueña del vyno byen te guarda
S 546-4    a -dios lo yerran mucho del mundo des-fallesçen
G 548-3    Al que demaz lo beue zacalo de cordura
G 548-4    toda maldat del mundo faze e toda locura
G 549-1    por ende fuy del vino e faz buenoz geztoz
G 550-3    de quanto que pudierez non le seaz ezcazo
G 550-4    de -lo que -le prometierez non la trayaz a traspazo
G 551-4    el mucho vagarozo de torpe non ze defiende
G 552-1    nunca omne ezcazo rrecabda de ligero
G 552-3    a -quien de oy en craz fabla non dan por verdadero
G 554-2    Ca es mala ganançia peor que de logrero
G 554-4    el tablax de vn dia dobla el su mal dinero
G 556-1    los maloz del loz dadoz dize lo maeztre rroldan
G 557-3    nyn seaz de ti mismo e de tus fechoz loador
G 557-4    Ca el que mucho ze alaba de si mismo es denoztador
G 558-4    Non seaz de su algo pedidor codiçiozo
G 559-1    ante ella non alabez otra de paresçer
G 560-1    de otra muger non le digaz mas a -ella alaba
G 560-3    rrazon de fermosura en -ella la alaba
G 561-1    do te fablare de amor sey tu plazentero
G 562-1    ante otroz de acerca tu muchoz Nom la catez
G 562-4    de lexoz algarea quedo non te arrebatez
S 564-1    de vna cossa te guarda quando amares vna
S 564-3    sy non todo tu afan es sonbra de luna
S 566-1    Sobre todas las cosas fabla de su bondat
S 566-2    non te alabes della que es grand torpedat
S 567-2    do falle poridat de grado departy
S 567-3    de omne mesturero nunca me entremety
S 567-4    a muchos de -las dueñas por estos los party
S 569-2    echanla de -la vyña de -la huerta e de -la haça
S 570-3    rresçelan del las dueñas e dan por fazañero
S 570-4    por mala dicha de vno pyerde todo el tablero
S 572-1    de trez cossaz que le pidas a -la muger falaguera
S 573-4    faz conssejo de Amigo fuye de loor de enemigo
S 574-2    mas tengo por el mundo otros muchos de pagar
S 574-3    pesa las por mi tardança a -mi pessa del vagar
S 575-1    Yo Johan Ruyz el sobre dicho açipreste de hita
S 575-2    pero que mi coraçon de trobar non se quita
S 576-1    Partyose amor de mi E dexo me dormir
S 576-2    desque vyno al alua començe de comedyr
S 577-2    de commo en seruir dueñas todo tienpo non canse
S 578-3    con dueña falaguera e desta vez terne
G 580-3    parti me de tristeza de cuydado dañozo
G 580-4    busque e falle dueña de qual zo dezeozo
G 581-1    de talle muy apuesta de gestos amoroza
G 581-4    graçioza e Risuena amor de toda coza
S 582-1    la mas Noble figura de quantaz yo auer pud
G 582-2    biuda rrica es mucho e moça de juuentud
G 582-3    E bien acostunbrada es de calatuut
G 582-4    de mi era vezina mi muerte e mi zalut
G 583-1    fiia de algo en todo e de alto linaje
G 583-2    poco salie de caza zegunt lo an de vzaje
G 583-4    Ca ella es comienço e fin deste viaje
G 585-1    zeñora doña venus muger de don amor
G 585-3    de todaz cozaz zodez voz e el amor zeñor
G 587-2    Pero a -mi cuytado es me graue de far
G 588-1    so ferido e llagado de vn dando zo perdido
G 588-4    e avn dezir non ozo el nonbre de quien me ferio
G 589-2    ende mayorez peligroz espera que an de zeer
G 591-1    E por que muchaz de cozaz me enbargan e enpeçen
G 591-2    he de buscar muchoz cobroz zegunt que me pertenezçen
G 592-3    que perdere melezina so esperança de guarir
G 593-1    E si encubre del todo su ferida e su dolor
G 593-4    morria de todo en todo nunca vy cuyta mayor
S 596-2    de fermosura e donayre e de talla e de beldat
S 597-1    esta dueña me ferio de saeta en-arbolada
S 597-3    toda mi fuerça pyerdo E del todo me es tirada
S 597-4    la llaga va crezjendo del dolor non mengua nada
S 598-1    A persona deste mundo yo non la oso fablar
S 598-2    por que es de grand lynaje E duena de grand solar
S 598-3    es de mejores paryentes que yo e de mejor lugar

S 600-1    Ryqua muger e fija de vn porquerizo vyl
S 603-4    asy señora doña venuz ssea de vos ayudado
S 605-2    tyra de mi coraçon tal saeta e tal ardura
S 608-1    ya fueste conssejado del amor mi marydo
S 608-2    del en muchas maneras fuste aperçebydo
S 608-4    de -lo quel non te dixo de mi te sera rrepetido
S 609-1    sy algo por ventura de mi te fuere mandado
S 609-2    de -lo que mi marido te ovo conssejado
S 609-3    seras dello mas çierto yras mas segurado
S 609-4    mejor es el conssejo de muchos acordado
S 610-3    apenaz de myll vna te lo niegue mas desdeña
S 612-4    que tarde o que ayna crey que de ty se duela
S 613-1    Non te espantes della por su mala Respuesta
S 614-1    si la primera onda del mar ayrada
S 616-3    maestria e arte de fuerte faze flaca
S 617-1    a -la muela pesada de -la peña mayor
S 620-2    E la arte al culpado salualo del malefiçio
S 620-4    faze andar de cauallo al peon el seruiçio
S 621-1    los Señores yrados de manera estraña
S 621-3    con buen seruiçio vençen cavalleros de españa
S 623-1    Maguer te diga de non E avn que se ensañe
S 623-2    non canses de seguir la tu obra non se dañe
S 629-2    vn poquillo como a -miedo non dexes de jugar
S 631-1    Por mejor tyene la dueña de ser vn poco forçada
S 631-3    con poquilla de fuerça fynca mal desculpada
S 632-2    al comienço del fecho syenpre son rreferteras
S 634-4    toma de la dueña lo que della quisieres
S 635-1    de tuyo o -de ageno vele byen apostado
S 637-1    las mentyras a -las de vezes a -muchos aprouechan
S 637-2    la verdat a -las de vezes muchos en daño echa
S 638-1    quando vyeres algunos de -los de su conpana
S 640-1    En quanto estan ellos de tus bienes fablando
S 641-1    ssy nol dan de -las espuelas al cauallo faron
S 642-1    Desque estan dubdando los omes que han de fazer
S 642-4    la muger que esta dubdando lygera es de aver
S 643-1    ssy tiene madre vieja tu amiga de beldat
S 643-3    es de -la mançebya celosa la vejedat
S 644-2    mucho son de -las moças guardaderas celosas
S 645-3    que eñadas de vos anbos byen la vuestra manera
S 647-2    luego que tu la vieres comiençal de fablar
S 651-1    Coytado sy escapare grand miedo he de ser muerto
S 652-3    deziendo de mis coytas entendera mi Rencura
S 652-4    a -vezes de chica fabla vinie mucha folgura
S 653-2    que talle que donayre que alto cuello de garça
S 653-4    con saetas de amor fyere quando los sus ojos alça
S 654-3    los mis pies e las mis manos non eran de si Senores
S 655-2    el miedo de -las conpañaz me facian al departir
S 657-3    sy ovies lugar e tienpo por quanto de vos oya
S 658-2    con vna donçella muy rrica fija de don pepion
S 658-4    de aquella seria mi cuerpo que tiene mi coraçon
S 659-2    por que toda aquella gente de -la plaça nos miraua
S 659-4    començel dezir mi quexura del amor que me afyncaua
G 660-3    otro non sepa la fabla desto jura fagamoz
G 661-1    en -el mundo non es coza que yo ame a par de uoz
G 661-2    tienpo es ya pazado de -loz añoz mas de dos
G 664-1    zeñora yo non a -me treuo d dezir uoz mas rrazonez
G 666-3    todoz los omnez non zomoz de vnoz fechoz nin cozejoz
G 667-3    faz mal culpa de malo a -buenoz e a mejorez
G 671-2    que quanto voz he dicho de -la verdat non yerra
G 671-3    estadez enfriada mas que -la nief de -la sierra
G 676-1    otorgat me ya zeñora aquesto de buena miente
G 677-1    por la fabla se conosçen loz maz de loz coraçonez
G 677-2    yo entendere de -uoz algo E oyredez loz miz rrazonez
G 678-3    es la fabla e la vista de -la dueña tan loçana
G 679-1    esto dixo doña endrina esta dueña de prestar
G 680-3    de palabraz en juego direlaz si laz oyere
G 682-3    a -la merçed agora de palabra me fazedez
G 683-1    pero fio de dioz que a -vn tienpo verna
G 684-1    zeñora que me prometadez de -lo que de amor queremoz
G 686-1    esto yo non uoz otorgo saluo la fabla de mano
G 686-2    mi madre verna de miza quiero me yr de aqui tenprano
G 687-1    fuese mi zeñora de -la fabla su via
G 688-2    si mucho vso la dueña con palabraz de trebejo
G 691-1    cuydados tan departidoz creçen me de cada parte
G 697-2    de todas las maestrias escogi la mejor
S 697-4    açerte en -la tyenda del sabio corredor
S 698-2    artera e maestra e de mucho saber
S 698-4    de quanto fizo aquesta por me fazer plazer
S 699-1    Era vieja buhona destas que venden joyas
S 700-2    andan de casa en casa vendiendo muchas donas
S 700-3    non se rreguardan dellas estan con -las personas
S 702-1    oy dezir sienpre de vos mucho bien e aguisado
S 702-2    de quantos bienes fazedez al que a -vos viene coytado
S 702-3    como ha bien e ayuda quien de vos hes ayudado
S 704-3    ofiçio de corredores es de mucha poridat
S 704-4    mas encubiertas encobrimos que meson de vezindat
S 705-1    Sy a -quantas desta villa nos vendemos las alfajas
S 705-2    ssopiesen vnos de otros muchas serian las barajas
S 706-4    toda cosa deste mundo temo mucho e temi
S 707-1    De pequena cosa nasçe fama en -la vezindat
S 709-1    dixo yo ire a -su casa de essa vuestra vezina
S 711-2    yo le dixe por dios amiga guardat vos de soberuienta
S 711-4    que non ay mula de aluarda que la troxa non consienta
S 712-1    Mienbre se vos buen amigo de -lo que dezir se suele
S 713-3    es omne de buen lynaje viene donde vos venides
S 715-1    El presente que se da luego sy es grande de valor
S 715-2    queblanta leyes e fueros e es del derecho Señor
S 716-2    synon por mi non la puede omne del mundo aver
S 716-3    yo se toda su fazienda E quanto ha de fazer
S 717-2    de aqueste ofiçio byuo non he de otro coydado
S 717-3    muchas vezes he tristeza del lazerio ya -pasado
S 718-1    ssy me dieredes ayuda de que passe algun poquillo

DE

(cont.)

| | |
|---|---|
| S 718-2 | a -esta dueña e a -otras moçetas de cuello aluillo |
| S 719-3 | de -mano tomad pellote e yd nol dedes vagar |
| S 720-3 | de todo vuestro trabajo auredez ayuda e pecho |
| S 721-1 | Del comienço fasta el cabo pensat bien lo que digades |
| S 723-2 | meneando de sus joyas sortijas E alfileres |
| S 726-2 | mançebillos apostados e de mucha loçania |
| S 726-3 | en todas buenas costunbres creçen de cada dia |
| S 727-2 | El mejor e el mas noble de lynaje e de beldat |
| S 727-3 | es don melon de -la verta mançebillo de verdat |
| S 728-3 | con los locos faze se loco los cuerdos del byen dixeron |
| S 731-3 | el coraçon del ome por el coraçon se prueua |
| S 732-1 | ome es de buena vyda E es byen acostunbrado |
| S 732-2 | creo que casaria el con vusco de buen grado |
| S 733-4 | E de comienço chico viene granado fecho |
| S 734-3 | e de chica çentella nasçe grand llama de fuego |
| S 734-4 | e vienen grandes peleas a -vezez de chico juego |
| S 735-2 | leunatar yo de mio e mouer cassamientos |
| S 738-4 | don melon de -la verta quered lo en buen ora |
| S 739-2 | a -par deste maçebillo ningunos non llegaron |
| S 740-4 | mas de mi el nin vos non vos podredes alabar |
| S 741-3 | sus manos se contuerçe del coraçon travando |
| S 742-1 | Dexa me de tus Roydos que yo tengo otros coydados |
| S 742-2 | de muchos que me tyenen los mis algos forçados |
| S 742-3 | non se viene en miente desos malos rrecabdos |
| S 744-1 | Este vos tiraria de todos esos pelmasos |
| S 744-2 | de pleitos e de afruentas de verguençaz e de plazos |
| S 745-1 | guardat vos mucho desto Señora doña endrina |
| S 747-3 | comed aquesta semiente de aquestos eriales |
| S 748-1 | fezieron grande escarnio de -lo que -les fablaua |
| S 750-2 | syenpre estas chirlando locura de mañana |
| S 751-1 | fuese la golondrina a -casa del caçador |
| S 753-2 | non -le dexaron dellas sinon chicas e rralas |
| S 753-4 | guardat vos doña endrina destas paraças malas |
| S 754-1 | que muchos se ayuntan e son de vn conssejo |
| S 755-1 | Mas este vos defenderan de toda esta contienda |
| S 755-2 | ssabe de muchos pleitos e sabe de leyenda |
| G 757-3 | deso creo que estadez amariella e magrilla |
| G 758-4 | ante de muchoz dias veriedez la mejoria |
| G 759-2 | casar ante del año que a -bivda non conuien |
| G 759-3 | fasta que pase el año de -loz lutus que tien |
| G 760-3 | del zegundo marido non seria tan onrrada |
| G 762-3 | zeñora dexar duelo e fazet el cabo de año |
| G 763-4 | grand plazer e chico duelo es de todo omne querido |
| G 764-3 | non me digaz agora mas desa ledania |
| G 765-2 | chica cosa me Rogaron zabez tu mas de çiento |
| G 765-3 | sy agora tu me sacaz de buen entendemiento |
| S 767-1 | a -cabo de grand pieça leuantose estordido |
| S 768-1 | ssalio de aquel plado corrio lo mas que pudo |
| S 770-1 | quatro de nos queriamos yr vos a -conbydar |
| S 771-1 | ffiestas de seys capas E de grandes clamorez |
| S 772-1 | Creo se los el neçio començo de Avllar |
| S 773-1 | salyo mas que de passo fizo ende rretorno |
| S 773-3 | de palos e de pedradas ouo vn mal sojorno |
| S 774-1 | fuese mas adelante çerca de vn molino |
| S 774-3 | ea diz ya desta tan buen dia me vino |
| S 778-3 | diole la puerca del rrosto echole en -el cabçe |
| S 778-4 | en -la canal del molino entro que mal le plaçe |
| S 780-2 | non deseche la cosa de que esta deseoso |
| S 780-3 | de -lo quel pertenesçe non sea des-deñoso |
| S 782-1 | fijo el mejor cobro de quantos vos avedes |
| S 783-1 | ay de mi con que cobro tan malo me venistes |
| S 787-2 | de dueña que te tyene por de mas oluidado |
| S 790-1 | Mugeres aleuosas de coraçon traydor |
| S 790-3 | de mudar do queredes el vuestro falso amor |
| S 790-4 | ay muertas vos veades de tal Rauia e dolor |
| S 791-2 | la vida deste mundo yo non -la preçio nada |
| S 794-2 | Sanara golpe tan grand de tal dolor venido |
| S 795-4 | veo el daño grande E de mas el haçerio |
| S 796-3 | despues de las muchas luuias viene buen orilla |
| S 796-4 | en pos de -los grandes nublos grand sol e sonbrilla |
| S 797-1 | vyene salud e vyda despues de grand dolençia |
| S 797-2 | vienen muchos plazeres despues de -la tristençia |
| S 797-4 | cerca son vuestros gozos de -la vuestra querençia |
| S 801-1 | commo al aue que sale de manos del astor |
| S 803-1 | la fyn muchas de vezes non puede rrecudyr |
| S 803-3 | el curso de -los fados non puede omne dezir |
| S 807-2 | que vos quiere e vos ama e tyene de vos desseo |
| S 807-3 | quando de vos le fablo e a -ella oteo |
| S 808-1 | yo a -las de vegadas mucho canssada callo |
| S 809-3 | sienpre de vos dezimos en al nunca fablamos |
| S 810-1 | los labrios de la boca tyenbranle vn poquillo |
| S 815-3 | mas yo de vos non tengo synon este pellote |
| S 818-3 | sy en algo menguamos de -lo que prometemos |
| S 819-3 | que sera soberuiado del Rico poderoso |
| S 820-1 | El derecho del poble pierde se muy ayna |
| S 823-3 | el su coraçon della non sabe al amar |
| S 824-1 | fuese a -casa de -la dueña dixo quien mora aqui |
| S 824-4 | que las mis fadas negras non se parten de mi |
| S 826-4 | esta lleno de doblas fascas que non lo entyendo |
| S 829-1 | Preguntol la dueña pues que nuevas de aquel |
| S 829-2 | diz la vieja que nueuas que se yo que es del |
| S 829-4 | que en pollo envernizo despues de sant migel |
| S 831-2 | que sodes de aquel omne loçana mente amada |
| S 832-1 | E vos del non avedes nin coyta nin enbargo |
| S 832-3 | con tantas de mesuras de aquel omne tan largo |
| S 834-3 | de noche e de dia trabaja syn pereza |
| S 835-1 | de tierra mucho dura fruta non sale buena |
| S 836-1 | Primero por la talla el fue de vos pagado |
| S 836-4 | de -lo que -le prometistes non es cosa guardado |
| S 838-1 | dezid me de todo en -todo bien vuestra voluntad |
| S 840-4 | de cassar se con-vusco a -ley e a -bendiçion |
| S 841-1 | Entyendo su grand coyta en mas de mill maneras |
| S 843-1 | En -todo paro mientes mas de quanto coydades |
| S 845-1 | que yo mucho faria por mi amor de fyta |
| S 845-2 | mas guarda me mi madre de mi nunca se quita |
| S 848-3 | verguença que fagades yo he de çelar |
| S 852-1 | ay dios dixo la dueña el coraçon del amador |
| S 852-4 | E de -los muchos peligros non sabe qual es el peor |
| S 853-4 | qual coraçon tan seguido de tanto non cansaria |
| S 854-2 | Ruega e rrogando creçe la llaga del enamorado |
| S 856-3 | quantas mas dulçes palablas la dueña de amor atyende |
| S 857-2 | façed byen su mandado del amor que vos ama |
| S 857-4 | los plazeres de -la vyda perdedes sinon se amata |
| S 858-1 | vos de noche e de dia lo vedes byen vos digo |
| S 859-2 | vuestras fazes E vuestros ojos andan en color de tierra |
| S 861-1 | verdat es que -los plazeres conortan a -las de vezes |
| S 864-3 | nunca dios lo quiera fija que de ally nasca contyenda |
| S 867-1 | otorgole doña endrina de yr con ella fablar |
| S 867-2 | a -tomar de -la su fruta e a -la pella jugar |
| S 868-3 | el encantador malo saca la culebra del forado |
| S 870-1 | Catad non enperezedes acordad vos de -la fablilla |
| S 871-1 | Despues fue de santiago otro dia seguiente |
| S 871-2 | a -ora de medio dia quando yanta la gente |
| S 874-1 | aquella es la su cara e su ojo de bezerro |
| S 875-3 | non queblantedes mi pueras que del abbad de sant paulo |
| S 876-3 | luego vos yd de mi puerta non nos alhaonedes |
| S 878-1 | quando yo saly de casa puez que veyades las rredes |
| S 879-1 | menos de mal sera que esto poco çeledes |
| S 880-4 | callad guardat la fama non salga de sotecho |
| S 881-2 | non la colgarian en -la plaça nin Reyrian de -lo que diz |
| S 881-3 | castigad vos amiga de otra tal contra yz |
| S 884-1 | ssy los peçes de -las aguas quando veen al anzuelo |
| S 888-2 | a -los acaesçimientos a -los yerros de locuras |
| S 891-3 | sy vyllania he dicho aya de vos perdon |
| S 891-4 | que lo felo de estoria diz panfilo e nason |
| S 892-2 | entendet bien las fablas guardat vos del varon |
| S 893-2 | quando fue Sano della que -la traya enfiesta |
| S 894-1 | Estaua y el burro fezieron del joglar |
| S 895-4 | Sentiose por escarnido del leon del orejudo |
| S 899-3 | non sabya la manera el burro de Señor |
| S 899-4 | escota juglar neçio el son del atanbor |
| S 900-4 | de -la su segurança son todos espantados |
| S 904-2 | guardat vos de amor loco non vos prenda nin alcançe |
| S 904-4 | en amor de dios lynpio vuestro loco nol trançe |
| S 905-3 | de coraçon E de orejas non quiera ser menguada |
| S 906-3 | ya oystes que asno de muchos lobos lo comen |
| S 907-1 | de fabla chica dañosa guardese muger falagoera |
| S 907-2 | que de vn grano de agraz se faze mucha dentera |
| S 907-3 | de vna nuez chica nasçe grand arbor de grand noguera |
| S 907-4 | e muchas espigas nasçen de vn grano de çiuera |
| S 908-1 | Andan por todo el pueblo della muchos dezires |
| S 909-1 | Entyendo byen mi estoria de -la fija del endrino |
| S 909-3 | guardate de falsa vieja de rriso de mal vezino |
| S 910-1 | Seyendo yo despues desto syn amor e con coydado |
| S 910-4 | de dueña que yo vyese nunca ffuy tan pagado |
| S 911-1 | de talla la mejor de quantas yo ver pud |
| S 911-2 | niña de pocos dias Ryca E de virtud |
| S 911-3 | fermosa fijadalgo e de mucha joventud |
| S 912-1 | apuesta E loçana e duena de lynaje |
| S 912-2 | poco salya de casa era como saluase |
| S 913-3 | nunca se omne byen falla de mala conpania |
| S 913-4 | de mensajero malo guarde me santa maria |
| S 914-4 | que çerca de -la villa puso el arraval |
| S 918-1 | encantola de guisa que -la enveleño |
| S 918-3 | en dando le la sortyja del ojo le guiño |
| S 919-1 | Commo dize la fabla que del sabyo se saca |
| S 921-1 | Non me acorde estonçe desta chica parlylla |
| S 928-3 | dolyendo me de -la dueña mucho esto me crey |
| S 929-2 | que quisiese perder saña de -la mala consseja |
| S 929-3 | la liebre del couil sacala la comadreja |
| S 929-4 | de prieto fazen blanco boluiendole la pelleja |
| S 931-2 | yo lo desdire muy byen e lo des-fare del todo |
| S 932-1 | Nunca digas nonbre nin de fealdat |
| S 932-3 | Ca de buena palabra paga se la vezindat |
| S 933-1 | Por amor de la vieja e por dezir Rason |
| S 934-3 | dixo luego la gente de dios mala ventura |
| S 934-4 | ha vieja de mal seso que faze tal locura |
| S 935-3 | de -lo que ante creyan fue cada vno rrepiso |
| S 935-4 | dixe yo en mano de vieja nunca dy mejor beso |
| S 936-1 | ffue a -pocos de dias amatada la fama |
| S 937-1 | ffizose corredera de -las que benden joyas |
| S 938-2 | andan de casa en casa vendiendo muchas donas |
| S 938-3 | non se guarda dellas estan con las personaz |
| S 940-2 | con mi buhonera de mi non se guardam |
| S 940-3 | quanto de vos dixieron yo fare que -lo padan |
| S 941-4 | mucho ayna la sopo de su seso sacar |
| S 945-1 | El mes era de março salido el verano |
| S 945-2 | vino me vna vieja dixo me luego de mano |
| S 945-4 | yo traue luego della e fablele en seso vano |
| S 946-4 | desque han beuido el vino dizen mal de las fezes |
| S 947-1 | de toda lazeria E de todo este coxixo |
| S 947-2 | fiz cantares caçurros de quanto mal me dixo |
| S 947-3 | non fuyan dello las dueñas nin los tengo por lixo |
| S 947-4 | Ca nunca los oyo dueña que dellos mucho non rrixo |
| S 948-3 | aver saña de vos Ca de pesar morria |
| S 949-2 | de dicho E de fecho e de todo coraçon |
| S 950-4 | quien mas de pan de trigo busca syn de seso anda |
| S 951-1 | El mes era de março dia de sant meder |
| S 951-2 | pasado el puerto de lacayo fuy camino prender |
| S 951-3 | de nieue e de granizo non ove do me asconder |
| S 952-1 | En çima deste puerto vyme en Rebata |
| S 952-2 | falle vna vaquerisa çerca de vna mata |
| S 953-2 | el que de grado me paga non le fago enojo |

(cont.)

| | |
|---|---|
| S 955-1 | dexa me passar amiga dar te he joyas de sierra |
| S 957-4 | mandele pacha con broncha e con çorron de coneja |
| S 958-3 | escuso me de passar los arroyos E las cuestas |
| S 958-4 | fyz de -lo que y passo las copras de yuso puestas |
| S 959-1 | Passando vna mañana por el puerto de mal angosto |
| S 959-2 | salteome vna serrana a -la asomada del rrostro |
| S 962-2 | tirate de -la carrera que non trax para ty nada |
| S 965-2 | fazer te he fuego e blasa darte he del pan e del vino |
| S 967-4 | commo es de -la sierra vso |
| S 968-2 | dio me foguera de enzina mucho gaçapo de ssoto |
| S 968-4 | de buena carne de choto |
| S 969-1 | de buen vino vn quartero manteca de vacaz mucha |
| S 969-3 | dize luego hade duro comamos deste pan duro |
| S 971-2 | lyeua te dende apriesa desbuelue te de -aquez hato |
| S 971-3 | por la muñeca me priso oue de fazer quanto quiso |
| S 972-1 | despues desta ventura fuy me para ssegouia |
| S 972-3 | fuy ver vna costilla de -la serpiente groya |
| S 974-3 | coyde tomar el puerto que es de -la fuent fria |
| S 977-1 | Commo dize la fabla del -que de mal nos quita |
| S 977-3 | proue me de llegar a -la chata maldita |
| S 978-2 | ally proue que era mal golpe el del oydo |
| S 978-4 | que de tal guisa coje çigoñinos en nido |
| S 979-1 | non te ensañes del juego que esto a -las vegadas |
| S 981-4 | dixo me que jugasemos el juego por mal de vno |
| S 982-4 | non se pago del dicho e quiso me amenazar |
| S 983-1 | Pensso de mi e della dixe yo agora se prueua |
| S 983-3 | escote la meryenda e party me dalgueua |
| S 984-2 | ca mala es de amatar el estopa de que arde |
| S 984-3 | dixe le yo esto de priessa sy dios de mal me guarde |
| S 985-1 | ssacome de -la choça E llegome a -dos senderos |
| S 985-4 | llegue con sol tenplano al aldea de ferreros |
| S 986-1 | desta burla passada ffiz vn cantar atal |
| S 986-3 | fasta que el libro entyendas del byen non digas nin mal |
| S 987-2 | desta sserrana valyente |
| S 987-3 | gadea de rrio frio |
| S 988-1 | a -la fuera desta aldea la que aqui he nonblado |
| S 988-3 | yol dixe en buena ora sea de vos cuerpo tan guisados |
| S 989-3 | mas quanto esta mañana del camino non he cura |
| S 989-5 | rribera de aqueste rrio |
| S 991-2 | sobarte diz el aluarda synon partes del trebejo |
| S 993-1 | lunes antes del alua Començe mi camino |
| S 994-2 | por oyr de mal rrecabdo dexos de su lavor |
| S 994-4 | oluidose la fabla del buen consejador |
| S 995-2 | non dexes lo ganado por lo que as de ganar |
| S 996-1 | de quanto que paso fize vn cantar serrano |
| S 996-2 | este de yuso escripto que tyenes so la mano |
| S 997-1 | do -la casa del cornejo primer dia de selmana |
| S 997-2 | encomedio de vallejo encontre vna serrana |
| S 997-4 | vestida de buen bermejo buena çinta de lana |
| S 998-2 | dixe ando por esta sierra do quirria cassar de grado |
| S 998-4 | busca e fallaras de grado |
| S 999-1 | Mas pariente tu te cata sy sabes de sierra algo |
| S1002-2 | Casar me ha de buen talento contigo si algo dieres |
| S1003-1 | diz dame vn prendero que sea de bermejo pano |
| S1003-2 | e dame vn bel pandero E seys anillos de estaño |
| S1004-1 | Dan çarçillos de heuilla de laton byen Reluziente |
| S1006-3 | byen ençima del puerto fazia orrilla dura |
| S1008-2 | de frio al pie del puerto falle me con vestiglo |
| S1008-4 | yeguariza trifuda talla de mal çeñiglo |
| S1009-1 | Con -la coyta del frio e de aquella grand elada |
| S1011-2 | no vido tal figura nin de tan mala vista |
| S1011-4 | non se de qual diablo es tal fantasma quista |
| S1012-4 | mayor es que de yegua la patada do pisa |
| S1013-1 | las orejas mayores que de añal burrico |
| S1013-3 | las narizes muy gordas luengas de çarapico |
| S1013-4 | beueria en pocos dias caudal de buhon Rico |
| S1014-1 | Su boca de alana E los rrostros muy gordos |
| S1015-3 | creo que fallaras de -las chufetas daruas |
| S1016-3 | de -las cabras de fuego vna grand mandalla |
| S1016-4 | sus touillos mayores que de vna añal novilla |
| S1018-2 | pienssa de -los mayores si te podrias pagar |
| S1018-4 | byen sentiria tu cabeça que son viga de lagar |
| S1019-4 | a -todo son de çitola andarian syn ser mostradas |
| S1021-1 | de quanto que me dixo E de 'su mala vista |
| S1021-3 | las dos son chançonetas la otra de trotalla |
| S1021-4 | de -la que te non pagares veyla e Rye e calla |
| S1023-1 | En çima del puerto |
| S1023-3 | de nieue e de frio |
| S1023-4 | e dese rroçio |
| S1023-5 | e de grand elada |
| S1028-1 | yol dixe de grado |
| S1028-4 | mas de mis dineros |
| S1029-4 | commo es de constunbre |
| S1029-5 | de sierra nevada |
| S1030-1 | diome pan de çenteno |
| S1031-1 | Dion queso de cabras |
| S1031-4 | vn canto de soma |
| S1032-4 | de mal nos te faga |
| S1033-3 | avra bien de çena |
| S1036-2 | de estaño e fartas |
| S1036-4 | de buena valya |
| S1037-2 | lystada de cota |
| S1037-4 | de cuello byen altas |
| S1037-5 | de pieça labrada |
| S1041-4 | del que non da algo |
| S1042-1 | Nunca de omenaje |
| S1043-1 | Santiago apostol diz de todo bien conplido |
| S1043-2 | e todo don muy bueno de dios bien escogido |
| S1043-3 | E yo desque saly de todo aqueste Roydo |
| S1044-1 | Cerca de aquesta ssierra ay vn logar onrrado |
| S1044-2 | muy santo E muy deuoto santa maria del vado |

| | |
|---|---|
| S1044-4 | a -onrra de -la virgen ofreçile este ditado |
| S1045-1 | ay noble Señora madre de piedat |
| S1045-2 | luz luziente al mundo del çielo claridat |
| S1046-1 | omillome Reyna madre del Saluador |
| S1047-2 | de ty non se muda la mi esperança |
| S1049-1 | Myercoles a -terçia el cuerpo de xpisto |
| S1050-2 | quel Caen Señores del noble vngento |
| S1050-3 | fueron plazenteros del pleyteamiento |
| S1051-1 | a -ora de maytines dandole judas paz |
| S1051-4 | trauaron del luego todos enderedor |
| S1052-1 | Tu con -el estando a -ora de prima |
| S1052-4 | de su faz tam clara del çielo rresplandor |
| S1053-4 | del qual nunca saldra nin avra librador |
| S1054-3 | qual dellos la aya pesar atan fuerte |
| S1054-4 | quien lo dirie dueña qual fue destos mayor |
| S1055-1 | a -ora de sesta fue preso en -la cruz |
| S1055-4 | claridat del çielo por syenpre durador |
| S1056-1 | a -ora de nona morio e constesçio |
| S1056-3 | dandol del ascona la tierra estremeçio |
| S1056-4 | ssangre E agua salio del mundo fue dulçor |
| S1057-1 | a -la vesperada de cruz fue desçendido |
| S1057-2 | cupleta llegada de vnguente vngido |
| S1057-3 | de piedra tajada en sepulcro metydo |
| S1058-1 | Por aquestas llagas desta santa pasion |
| S1059-1 | Los que -la ley de xpistus avemos de guardar |
| S1059-2 | de su muerte deuemos doler nos e acordar |
| S1060-2 | primero jeremias como ovo de venir |
| S1060-3 | diz luego ysayas que -lo avya de parir |
| S1061-1 | Dize otra proffeçia de aquella vieja ley |
| S1062-2 | vino en santa virgen E de virgen nasçio |
| S1063-2 | ffue de judas vendido por mi poco cabdal |
| S1063-3 | fue preso e ferido de -los jodios mal |
| S1064-1 | En -su faz escopieron del çielo claridat |
| S1064-2 | espinas le pusieron de mucha crueldad |
| S1064-4 | destas llagas tenemos dolor e grand pessar |
| S1065-1 | Con clauos enclauaron las manos e pies del |
| S1066-2 | despues fue abierto de azcona su costado |
| S1067-1 | acercando sse viene vn tienpo de dios ssanto |
| S1069-1 | De mi santa quaresma syerua del ssaluador |
| S1069-2 | enbiada de dios a -todo pecador |
| S1070-1 | ssabed que me dixieron que ha çerca de vn año |
| S1070-4 | vertyendo mucha ssangre de -lo que mas me asaño |
| S1071-2 | voz mando firme mente so -pena de setençia |
| S1071-4 | que lo des-afiedes luego con mi carta de creençia |
| S1072-1 | dezid le de todo en todo que de oy siete dias |
| S1073-4 | data en castro de ordiales en burgos Resçebida |
| S1074-2 | vna concha muy grande de -la carta colgada |
| S1074-3 | aquel era el sello de -la duena nonbrada |
| S1075-1 | De mi doña quaresma justiçia de -la mar |
| S1075-2 | alguaçil de -las almas que se han de saluar |
| S1076-4 | de muerto o de preso non podraz escapalla |
| S1078-2 | leuantose byen alegre de -lo que non me pesa |
| S1081-1 | desque vino el dia del plazo señalado |
| S1081-3 | de gentes muy guarnidas muy byen aconpañado |
| S1081-4 | serie don alexandre de tal rreal pagado |
| S1082-4 | fazian su alarde çerca de -los tyzones |
| S1083-1 | Estoz trayan lançaz de peon delantero |
| S1083-3 | espetos muy conplidos de fierro e de madero |
| S1084-2 | laz anssares çeçinas costados de carneroz |
| S1084-3 | piernas de puerco fresco los jamones enteros |
| S1084-4 | luego en pos de aquestos estan los caualleroz |
| S1085-1 | las puestas de -la vaca lechones E cabritoz |
| S1085-2 | que dan de -las espuelas a -los vinos byen tyntos |
| S1086-1 | Traya buena mesnada Rica de jnfançones |
| S1087-2 | ollas de puro cobre trayan por capellynas |
| S1087-4 | Real de tan grand preçio non tenian las sardinas |
| S1088-2 | Señor aun non me escusedes de aquesta lyd a -mi |
| S1088-4 | vsado so de lyd syenpre por ende valy |
| S1090-3 | dalle he la sarna e diuiesos que de lydiar nol mienbre |
| S1095-4 | desaz muchas vyandas era byen abastado |
| S1096-1 | Estaua delante del su alferez homil |
| S1096-4 | parlaua mucho el vino de todos alguaçil |
| S1097-1 | Desque vino la noche mucho despuez de çena |
| S1097-4 | adormieron se todos despues de -la ora buena |
| S1098-4 | por ende se alboroçaron del Roydo que oyeron |
| S1099-1 | faza la media noche en medio de -las salas |
| S1099-3 | dieron bozes los gallos batieron de -las alas |
| S1101-3 | la conpaña del mar las sus armas menea |
| S1102-1 | El primero de todos que ferio a -don carnal |
| S1104-3 | buelta es la pelea de muy mala manera |
| S1104-4 | caya de cada cabo mucha buena mollera |
| S1105-1 | De parte de valençia venien las anguillas |
| S1105-3 | dauan a -don carnal por medio de -las costillas |
| S1105-4 | las truchas de aluerche dauanle en -las mexillas |
| S1106-4 | dierale a -don ladron por medio del coraçon |
| S1107-1 | de parte bayona venien muchos caçones |
| S1107-3 | del Rio de henares venian los camarones |
| S1109-4 | ansi traua dellos Como si fuese gato |
| S1110-1 | Recudieron del mar de pielagos E charcos |
| S1110-2 | conpañas mucho estranas e de diuersos marcos |
| S1110-4 | mas negra fue aquesta que non la de larcos |
| S1111-1 | De sant ander vinieron las bermejas langostas |
| S1112-1 | ffecho era el pregon del año jubileo |
| S1112-4 | arenques E vesugos vinieron de bermeo |
| S1113-2 | feriendo e matando de -las carnosas gentes |
| S1114-2 | de seuilla E de alcantara venian a -leuar prea |
| S1115-2 | tenia en -la su mano grand maça de vn trechon |
| S1115-3 | dio en medio de -la fruente al puerco e al lechon |
| S1115-4 | mando que -los echasen en sal de vyllenchon |
| S1117-3 | della e de -la parte dan se golpes sobejos |
| S1117-4 | de escamas E de sangre van llenos los vallejos |
| S1118-1 | ally lydia el conde de laredo muy fuerte |

DE    (cont.)

S1119-3   de castro de vrdiales llegaua esa saçon
S1119-4   atendiole el fidalgo non -le dixo de non
S1121-1   las mas de sus conpañas eran le ya fallesçidas
S1121-2   muchas dellas murieron E muchas eran foydas
S1123-2   que estaua amarillo de dias mortezino
S1123-3   que non podia de gordo lydiar syn el buen vino
S1124-1   la mesnada del mar fizo se vn tropel
S1124-3   non -lo quisieron matar ovieron duelo del
S1126-3   luego los enforcaron de vna viga de faya
S1128-2   començole a -predicar de dios a departyr
S1129-2   con sello de poridat çerrados E sellados
S1129-4   çerca desto le dixo muchos buenos ditados
S1130-2   sinon por la boca misma del pecador contrito
S1130-4   menester es la palabla del conffesor bendito
S1131-1   Pues que de penitençia vos fago mençion
S1134-1   E por aquesto que tengo en coraçon de escreuir
S1134-2   tengo del miedo tanto quanto non puedo desir
S1134-3   con -la çiençia poca he grand miedo de fallyr
S1136-4   menester de todo en todo con -la satysfaçion
S1138-2   mas quanto a -la iglesia que non judga de ascondido
S1138-4   sinos de penitençia que es arrepentido
S1139-3   sygnos de penitençia de -los ojos llorando
S1140-1   Por aquesto es quito del jnfierno mal lugar
S1140-4   con -la misericordia de dios que -lo quiere saluar
S1141-4   fue quita E absuelta de culpa e de pena
S1142-4   de sastifaçion otra non fallo escriptura
S1143-1   El rrey don ezechiaz de muerte condenado
S1143-3   de dios tan piadoso luego fue perdonado
S1143-4   quinçe años de vida anadio al culpado
S1144-2   oyen de penitençia a -todos los erradoz
S1144-4   a -todos los absueluen de todos sus pecados
S1145-2   de -lo que fazer non pueden non se deuen entremeter
S1146-1   que poder ha en -Roma el juez de cartajena
S1146-2   o que juzgara en -frança el alcalde de rrequena
S1147-4   saluo los que del papa son en -si rreseruados
S1148-1   los que son rreseruados del papa espirituales
S1149-2   de palio e de blago e de mitra onrrado
S1149-3   con pontifical non es destos apoderado
S1149-4   por que el sinple clerigo es desto tan osado
S1150-1   otrozi del obispo E de -los sus mayores
S1150-2   son otros muchos de que son oydores
S1152-2   los libros de ostiense que son grand parlatorio
S1152-4   el rrosario de guido nouela e diratorio
S1153-1   Decretales mas de çiento en -libros E en -questionez
S1154-1   vos don clerigo synpre guardat vos de error
S1154-2   de mi parrochiano non seades confesor
S1154-3   de poder que non avedes non seades judgador
S1155-1   Syn poder del perlado o -syn aver liçençia
S1155-2   del su clerigo cura non le dedes penitençia
S1155-4   de -los casos que non son en -vuestra pertenençia
S1156-2   mas en ora de muerte' o de grand neçesidat
S1156-3   do el pecador non puede aver de otro sanidat
S1157-1   En tienpo de peligro do la muerte arapa
S1159-3   que de -los casos grandes que vos distes vngente
S1160-2   ca es de todo el mundo vicario general
S1161-2   era del papa e del mucho priuado
S1161-4   absoluiole de todo quanto estaua ligado
S1162-1   Desque del santo flayre ovo carnal cofesado
S1163-1   El dia del domingo por tu cobdiçia mortal
S1164-1   En -el dia del lunes por la tu soberuia mucha
S1164-2   conbras de las arvejas mas non salmon nin trucha
S1165-3   el terçio de tu pan comeras o -las dos partes
S1166-2   por la tu grand loxuria comeras muy pocaz desaz
S1167-4   quando mejor te sepan por dioz de ti -las tira
S1168-4   aver te ha dios merçed e saldras de aqui ayna
S1169-1   Come el dya del sabado las fabas E non mas
S1170-4   ayudar te ha dios e avraz pro del lazerio
S1171-4   partiose del el frayel dada la bendiçion
S1172-2   fizieron de -la lid muy fraco E lloroso
S1173-4   los vnos a -los otros non se paga de contyenda
S1176-2   dellaz faze de nueuo e dellaz enxaluega
S1178-2   con çeniza los cruzan de Ramoz en -la fruente
S1179-3   de mansa penitençia el pecador jndigno
S1180-3   yua se poco a -poco de -la cama yrguiendo
S1181-1   Dixo a -don ayuno el domingo de Ramos
S1182-1   Resspondiole don ayuno que desto le plazia
S1182-4   de -lo que dixo en -casa ally se desdezia
S1183-1   fuyo de -la iglesia fuese a -la joderia
S1183-3   pascua de pan çenzeño estos les venia
S1184-1   luego lunes de mañana don rraby açelyn
S1184-3   pusose muy priuado en -estremo de medellyn
S1185-3   sy nos lyeuas de aqui Carnal por las callejas
S1185-4   a -muchos de nos otros tirara las pellejas
S1186-1   Plados de medellyn de caçres de troxillo
S1186-2   la bera de plazençia fasta valdemorillo
S1187-1   El canpo de alcudia e toda la calatraua
S1187-2   el canpo de fazaluaro en vasayn entrava
S1187-4   el rroçin del rrabi con miedo byen andaua
S1189-4   pero de venir solo non era atre-vudo
S1190-2   de nos don carnal fuerte madador de toda cosa
S1191-4   de oy en quatro diaz que sera el domingo
S1192-1   Commo ladron veniste de noche a -lo escuro
S1192-4   que de ty non ayamoz el cuero maduro
S1193-1   la nota de -la carta venia a -todos nos
S1193-3   don carnal poderoso por la gracia de dioz
S1193-4   salud con muchas carnes sienpre de nos a -voz
S1194-3   de -la falsa quaresma e de mar ayrado
S1194-4   estando nos seguro fuemoz della arrancado
S1196-2   digale que el domingo antes del sol salido
S1197-1   nuestra carta leyda tomad della traslado
S1199-4   dixo dios me guarde destaz nueuaz oydaz

S1201-2   mas que todaz las fenbraz son de coraçon fracaz
S1202-1   Por ende doña quaresma de flaca conplision
S1202-2   rresçelo de -la lyd muerte o grand presion
S1202-3   de yr a -jerusalen avia fecho promisiom
S1204-1   lo al es ya verano e non venian del mar
S1205-1   El viernes de jndulgençias vistio nueua esclamina
S1205-3   bordon lleno de ymagenes en -el la palma fyna
S1206-4   destaz cosaz Romeraz andan aparejados
S1207-1   De yuso del sobaco va la mejor alfaja
S1207-2   calabaça bermeja mas que pyco de graja
S1208-1   Estaua demudada desta guisa que vedes
S1209-1   ssalyo mucho ayna de todaz aquestaz callez
S1210-1   vigilia era de pascua abril çerca pasado
S1210-4   de dos enperadorez que al mundo han llegado
S1212-4   de muchos que corren monte llenoz van loz oteroz
S1213-1   El pastor lo atyende fuera de -la carrera
S1213-3   su moço el caramillo fecho de caña vera
S1214-3   vienen derredor della balando mucha oveja
S1215-2   mas vienen çerca della que en -granada ay moroz
S1216-2   cobierto de pellejos e de cueros çercado
S1218-1   Enderedor traya çeñida de -la su çynta
S1218-2   vna blanca rrodilla esta de sangre tynta
S1219-3   en -el su carro otro a -par del non caualga
S1220-1   Enderredor de ssy trahe muchos alanes
S1220-2   vaqueros e de monte e otros muchos canes
S1222-1   Rehalaz de castilla con pastorez de ssoria
S1222-2   rreçiben lo en sus puebloz dizen del grand estoria
S1222-4   de talez alegriaz non ha en -el mundo memoria
S1224-3   todoz le dan dineroz e delloz de dan tornesez
S1225-1   Dia era muy ssanto de -la pascua mayor
S1225-2   el sol era salydo muy claro E de noble color
S1227-2   de diverssas maneraz de diverssaz collorez
S1228-2   de -laz bozez aguda e de -los puntos arisca
S1229-4   la vyuela de pendola con aquestos y ssota
S1231-1   la viuela de arco ffaz dulçez de vayladaz
S1232-2   con sonajas de azofar fazen dulçe sonete
S1234-4   de juglares van llenaz cuestas e eriales
S1235-1   laz carreraz van llenaz de grandes proçesiones
S1235-4   en -la proçesion yua el abad de borbones
S1236-1   ordenes de çisten Con -las de sant benito
S1236-2   la orden de cruz niego con su abat bendito
S1237-1   orden de santiago con -la del ospital
S1237-2   calatraua e alcantara con -la de buena val
S1238-1   ally van de ssant paulo los sus predicadores
S1239-1   los de -la trinidat con -los fraylez del carmen
S1239-2   e los de santa eulalya por que non se ensanen
S1240-1   ffrayles de sant anton van en esta quadrilla
S1241-1   Todaz dueñaz de orden laz blancaz e laz prietaz
S1241-2   de çistel predicaderaz e muchaz menoretaz
S1242-1   De -la parte del sol vy venir vna seña
S1242-3   en medio figurada vna ymagen de dueña
S1242-4   labrada es de oro non viste estameña
S1243-2   de piedras de grand preçio con amor se -adona
S1243-3   llenas trahe laz manos de mucha noble dona
S1244-1   a -cabo de grand pieça vy al que -la traye
S1244-4   el cauallo de españa muy grand preçio valie
S1245-4   de -los grandes rroydos es todo el val sonante
S1248-4   los grandes dormitorios de lechos byen poblados
S1249-1   Non quieras a -los clerigos por vesped de aquesta
S1249-4   de grado toma el clerigo e amidos enpresta
S1250-2   non han de que te fagan seruiçios que te plegan
S1254-2   pyntados de jaldetas commo los tablajeroz
S1255-1   Dexa todos aquestos toma de nos Seruiçio
S1255-3   son pobres bahareros de mucho mal bollyçio
S1256-3   son parientas del cueruo de cras en cras andauan
S1258-2   el conbid de -laz monjas aqueste rreçibiera
S1258-3   todo viçio del mundo E todo plazer oviera
S1261-1   Señor tu me oviste de pequeno criado
S1261-2   el byen si algo se de ti me fue mostrado
S1261-3   de te fuy aperçebido e de ty fuy castigado
S1261-4   en esta santa fiesta sey de mi ospedado
S1263-1   ffueron a -sus posadaz laz mas de aquestaz gentes
S1264-3   de noche e de dia ally sea el estrado
S1265-3   byen creo que de angeles fue tal cosa obrada
S1265-4   que omne terrenal desto non faria nada
S1266-1   la obra de -la tyenda vos querria contar
S1266-3   es vna grand estoria pero non es de dexar
S1267-1   El mastel en -que se arma es blanco de color
S1267-3   de piedraz muy preciosas çercado en -derredor
S1267-4   alunbrase la tyenda de su grand resplandor
S1268-1   en -la çima del mastel vna piedra estaua
S1268-3   non avia menester sol tanto de sy alunbraua
S1268-4   de -sseda son laz cuerdaz con que ella se tyraua
S1269-3   en -la obra de dentro ay tanto de fazer
S1270-3   delante ella grand fuego de -si grand calor echa
S1271-4   e non cabrie entrellos vn canto de dinero
S1272-2   comiença a -dar çanahoria a -bestias de estabrias
S1272-3   da primero faryna a -bueys de eryas
S1274-4   con -el frio a -las de vezes en -las sus vnas besa
S1275-4   en pos deste estaua vno con dos cabeçaz
S1276-4   echar de yuso yelos que guardan vino agudo
S1277-3   çerrar los silos del pan e seguir los pajarez
S1278-3   non se podrian alcançar con -las vigas de gaola
S1278-4   non cabria entre vno e otro vn cabello de paula
S1279-1   El primero de aquestos era chico enano
S1279-4   partese del jnvierno e con -el viene el verano
S1280-2   E enxerir de escoplo e gauillas amondar
S1285-3   fasta que pasa agosto non dexan de rrebuznar
S1286-1   El terçero fidalgo esta de florez lleno
S1287-2   entre vno e otro non cabe punta de lança
S1287-3   del primero al segundo ay vna grand labrança
S1288-2   figados de cabrones con rruy baruo armoçaua

| | |
|---|---|
| **DE** | **(cont.)** |
| S1288-3 | fuyan del los gallos a -todos los mataua |
| S1289-1 | buscaua cassa fria fuya de -la siesta |
| S1289-2 | la calor del estio doler faze la tyesta |
| S1290-2 | segando las çeuadas de todo el alfoz |
| S1291-3 | boluia las aguaz frias de su naturaleza |
| S1291-4 | traya las manos tyntas de -la mucha çereza |
| S1292-3 | estauan de -los arbores las frutas sacodiendo |
| S1293-2 | sacan varriles frios de -los pozos helyzes |
| S1295-2 | comia maduros figos de -las fygueras duraz |
| S1296-3 | comiença a -bendimiar vuas de -los parrales |
| S1297-4 | açerca se el jnvierno bien commo de primero |
| S1300-2 | son quatro tenporadaz del año del espera |
| S1301-1 | otraz cossaz estrañaz muy grauez de creer |
| S1301-4 | non quiero de -la tienda mas prologo fazer |
| S1303-1 | Desque lo vy de espaçio commo era su criado |
| S1304-3 | ally toda persona de grado se me omilla |
| S1305-4 | pocos me rresçebieron nin me fezieron del dedo |
| S1306-1 | Estaua en vn palaçio pyntado de almagra |
| S1306-2 | vino a -mi mucha duena de mucho ayuno magra |
| S1306-4 | echaron me de la çibdat por la puerta de visagra |
| S1308-4 | rredrauan me de sy commo si fuese lobuno |
| S1309-4 | rrefez es de coger se el omne do se falla bien |
| S1311-1 | Saly desta lazeria de coyta e de lastro |
| S1311-2 | fuy tener la quaresma a -la villa de castro |
| S1313-1 | Otro dia mañana antes que fues de dia |
| S1314-4 | de triste e de sanudo non quiere ser ospedado |
| S1315-1 | Dia de quasy-modo iglesias E altares |
| S1315-3 | vy llenos de alegriaz de bodas e cantares |
| S1315-4 | andan de boda en -boda clerigos e juglarez |
| S1316-2 | veya los de dueñaz estar aconpañados |
| S1316-3 | pense commo oviese de tales gasajados |
| S1317-2 | presta e plazentera de grado fue venida |
| S1321-1 | Dia era de sant marcos ffue fiesta señalada |
| S1321-3 | de -las mayores del año de xristianos loada |
| S1322-1 | vy estar vna dueña fermosa de veltad |
| S1322-4 | E que andudiese por mi passos de caridat |
| S1324-2 | fizose que vendie joyas Ca de vso lo han |
| S1326-2 | dixo la dueña vrraca por vy lo has de dexar |
| S1326-3 | Señora pues yo digo de casamiento far |
| S1328-2 | vyno me muy alegre dixo me de la primera |
| S1329-1 | ffablo la tortolilla en -el rregno de rrodaz |
| S1329-3 | de mudar vuestro amor por aver nueuaz bodaz |
| S1330-2 | escusose de mi e de mi fue escusada |
| S1330-4 | toda muger por esto non es de ome vsada |
| S1332-2 | amad alguna monja creed me de consejos |
| S1332-4 | andares en amor de grand dura sobejo |
| S1334-1 | Muchos de leutarios les dan muchas de vezes |
| S1334-2 | diaçitron codonate letuario de nuezes |
| S1334-3 | otros de mas quantia de çahanorias rrahezez |
| S1337-1 | ssabed que de todo açucar ally anda bolando |
| S1337-2 | poluo terron e candy e mucho del rrosado |
| S1337-3 | açucar de confites e açucar violado |
| S1337-4 | E de muchas otraz guysaz que yo he oluidado |
| S1338-2 | non tyenen de letuarios tantos nin tanta espeçia |
| S1338-4 | en noblezaz de amor ponen toda su femençia |
| S1339-1 | E avn vos dire mas de quanto aprendi |
| S1339-2 | do an vino de toro non enbian valadi |
| S1339-3 | desque me parti dellaz todo este viçio perdy |
| S1340-4 | para el amor todo que dueñas de sueraz |
| S1341-1 | Commo ymajenes pyntadaz de toda fermosura |
| S1341-2 | fijaz dalgo muy largas e francaz de natura |
| S1342-1 | Todo plazer del mundo e todo buen donear |
| S1342-2 | ssolaz de mucho Sabor e el falaguero jugar |
| S1345-1 | Desque me party de vos a -vn açipreste siruo |
| S1345-2 | mançebo byen andante de su ayuda biuo |
| S1345-4 | Señora del convento non lo fagades esquiuo |
| S1347-2 | era de buena vida non de fecho lyuiano |
| S1348-2 | en -el mes de enero con fuerte tenporal |
| S1349-4 | doliose mucho della quisole dar la vida |
| S1350-2 | pusola çerca del fuego çerca de buena blasa |
| S1350-4 | entro en vn forado desa cozina rrasa |
| S1351-2 | del pan E de -la leche e de quanto el comia |
| S1352-2 | que ya non avia miedo de viento nin de elada |
| S1352-3 | salyo de aquel forado sañuda E ayrada |
| S1352-4 | començo de enponçoñar con venino la posada |
| S1353-1 | dixole el ortolano vete de aqueste lugar |
| S1354-4 | ansi derecha mente a -mi de ty me vino |
| S1358-2 | nunca de -la corrida vazio le tornaua |
| S1358-4 | a -todos sus vezinos del galgo se loaua |
| S1362-1 | los byenes E los loores muchos de mançebos |
| S1362-2 | defienden la fraqueza culpa de -la vejez |
| S1362-4 | el seso del buen viejo non se mueue de rrefez |
| S1364-1 | El mundo cobdiçioso es de aquesta natura |
| S1364-4 | de amigo syn prouecho non ha el ome cura |
| S1365-2 | non ay mençion nin grado de seruiçio ya pasado |
| S1366-1 | Non sse nienbran algunoz del mucho byen antyguo |
| S1368-3 | de -lo que yo te dixe luego me arrepenty |
| S1369-2 | non querria que me fuese commo al mur del aldea |
| S1369-3 | con -el mur de -la villa yendo a -fazer enplea |
| S1370-1 | Mur de guadalajara vn lunes madrugara |
| S1370-3 | vn mur de franca barua rresçibiol en su caua |
| S1371-2 | pagos del mur de guadalajara |
| S1372-1 | conbido el de -la villa al mur de monferrado |
| S1373-1 | ffue con -el a -ssu casa E diol mucho de queso |
| S1374-1 | Manteles de buen lyenço vna branca talega |
| S1374-2 | byen llena de farina el mur ally se allega |
| S1375-3 | E de mas buen talente huespet esto demanda |
| S1376-1 | Do comian e folgauan en medio de su yantar |
| S1376-2 | la puerta del palaçio començo a -ssonar |
| S1377-1 | Mur de guadalajara entro en -su forado |
| S1378-4 | alegrate E come de -lo que as mas sabor |
| S1379-4 | a -ty solo es dulçe tu solo come del |
| S1380-3 | con miedo de -la muerte la miel non es sabrosa |
| S1382-2 | del miedo que he avido quando bien melo cato |
| S1388-1 | Mas querria de vuaz o -de trigo vn grano |
| S1390-3 | tyenen algunaz cosaz preçiadaz e de querer |
| S1392-3 | que con taçaz de plata e estar alaroça |
| S1393-3 | dexades del amigo perdizes E capones |
| S1394-2 | con sayas de estameñas comedes vos mesquinas |
| S1394-3 | dexades del amigo las truchas laz gallynas |
| S1394-4 | las camissaz fronçidaz los paños de mellynas |
| S1395-4 | lo que mejor yo viere de grado lo fare |
| S1399-1 | Alegre va la monja del coro al parlador |
| S1399-2 | alegre va el frayle de terçia al rrefitor |
| S1399-3 | quiere oyr la monja Nueuaz del entendedor |
| S1402-3 | dauale cada vno de quanto que comia |
| S1402-4 | veya lo el asno esto de cada dia |
| S1403-1 | El asno de mal Seso penso E touo mientes |
| S1404-2 | trayoles la farina que comen del açeña |
| S1405-1 | Salio bien rrebuznando de -la su establia |
| S1405-3 | rretoçando E faziendo mucha de caçorria |
| S1407-4 | de -lo fazer el cuerdo non deue ser osado |
| S1408-4 | callar a -las de vegadaz faze mucho prouecho |
| S1410-2 | a -dezir me pastraña de -lo que ayer me fableste |
| S1411-3 | dezir te he su enxienplo agora por de mano |
| S1411-4 | despues dar te he rrespuesta qual deuo e bien de -llano |
| S1412-1 | Contesçio en vna aldea de muro byen çercada |
| S1412-3 | que entraua de noche la puerta ya çerrada |
| S1412-4 | comia laz gallinaz de posada en posada |
| S1413-1 | Tenian sus los del pueblo della por mal chufados |
| S1413-4 | desta creo que sean pagados E escotados |
| S1414-1 | Tendiose a -la puerta del aldea nonbrada |
| S1415-1 | passaua de mañana por y vn çapatero |
| S1415-3 | fare traynel della para calçar lygero |
| S1416-1 | El alfajeme pasaua que venia de ssangrar |
| S1416-2 | diz el colmillo desta puede aprouechar |
| S1417-2 | diz el ojo de aquesta es para melezina |
| S1418-2 | diz que buenaz orejaz son laz de la gulpeja |
| S1419-1 | Dixo este maestro el coraçon del rraposo |
| S1419-2 | el tremor del coraçon es mucho prouechoso |
| S1421-2 | lo que fazer quisiere que aya del salyda |
| S1422-1 | Desque ya es la dueña de varon escarnida |
| S1422-2 | es del menos preçiada e en poco tenida |
| S1422-3 | es de dios ayrada e del mundo aborrida |
| S1423-1 | E pues tu a -mi dizez Razon de perdimiento |
| S1423-2 | del alma e del cuerpo e muerte e enfamamiento |
| S1424-1 | Mucho temio la vieja deste brauo dezir |
| S1424-3 | puede vos por ventura de mi grand pro venir |
| S1424-4 | commo al leon vino del mur en su dormir |
| S1425-3 | ally juegan de mures vna presta conpaña |
| S1428-3 | el vençedor ha onrra del preçio del vençido |
| S1429-1 | El leon destos dichos touose por pagado |
| S1429-4 | en quanto el podiese quel siruirie de grado |
| S1430-2 | andando en -el monte ouo de entropeçar |
| S1433-2 | al pobre al menguado non lo quieraz de ti echar |
| S1434-1 | Puede pequeña cossa E de poca valya |
| S1435-3 | non conviene a -dueña de ser tan denodada |
| S1435-4 | mas rresçelo me mucho de ser mal engañada |
| S1436-4 | de -la falsa rraposa con -sus malos trasfagos |
| S1437-3 | grand pedaço de queso en -el pico leuaua |
| S1438-1 | o cueruo tan apuesto del çisne eres pariente |
| S1441-2 | el queso de -la boca ouosele a -caer |
| S1441-4 | el cueruo con el dapño ouo de entristeçer |
| S1443-2 | de aqueste dulçor Suele venir amarga lonja |
| S1444-4 | el miedo de -las liebres las monjas lo auedes |
| S1445-3 | fue sueno de laguna ondas arrebatadas |
| S1446-3 | ellas esto fablando ovieron de ver |
| S1447-3 | las rranas se escondem de balde ya lo veemos |
| S1448-2 | faze tener grand miedo lo que non es de temer |
| S1448-3 | somos de coraçon fraco ligeras en correr |
| S1449-1 | acabada su fabla començaron de foyr |
| S1449-4 | que non pierda el es-fuerço por miedo de morir |
| S1455-1 | Dixo el vn ladron dellos ya yo so desposado |
| S1455-3 | si mas yo so con furto del merino tomado |
| S1455-4 | el me fara con -la forca ser del todo casado |
| S1456-3 | dixol que de su alma la carta le feciese |
| S1457-1 | prometiole el diablo que del nunca se parta |
| S1457-3 | desta guisa el malo sus amigos enarta |
| S1457-4 | fue el ladron a -vn canbio furto de oro grand sarta |
| S1460-2 | vna copa de oro muy noble de preçiar |
| S1461-3 | non fallo por que muera prendistez le de -balde |
| S1462-1 | salio el ladron suelto sin pena de presion |
| S1467-1 | Cerca el pie de -la forca començo de llamar |
| S1472-1 | beo vn monte grande de muchos viejos çapatoz |
| S1472-3 | e veo las tus manos llenas de garauatos |
| S1472-4 | dellos estan colgados muchas gatas e gatos |
| S1477-1 | El mundo es texido de malos arigotes |
| S1478-1 | De -los malos amigoz vienen malos escotes |
| S1478-2 | non viene dellos ayuda mas que de vnos alrrotes |
| S1478-4 | guarde vos dios amigoz de tales amigotes |
| S1482-2 | de eso que vos rresçelades ya vos yo asseguro |
| S1482-3 | E que de vos non me parta en vuestraz manos juro |
| S1482-4 | si de vos me partiere a -mi caya el perjuro |
| S1483-2 | que la muger comiençe fablar de amor primero |
| S1484-2 | que de ese arçipreste me digas su figura |
| S1486-2 | el su andar enfiesto bien como de pauon |
| S1486-3 | su asso ssosegado e de buena Razon |
| S1488-2 | bien conplidaz laz piernaz del pie chico pedaço |
| S1488-4 | Señora del non vy mas por su amor voz abraço |
| S1489-1 | Es ligero valiente byen mançebo de diaz |
| S1490-2 | sseñora diz la fabla del que de feria fuxo |
| S1490-3 | la merca de tu vço dios que -la aduxo |
| S1491-4 | a -pan de quinçe diaz fanbre de trez selmanas |

| | |
|---|---|
| | **(cont.)** |
| S1493-1 | la dueña dixo vieja guarde me dios de tus mañas |
| S1493-4 | e dil que non me diga de aquestas tus fazanaz |
| S1494-2 | ante del dioz voz salue dixo la mensajera |
| S1495-3 | mas catad non -le digades chufaz de pitoflero |
| S1495-4 | que -las monjaz non ze pagan del abbad fazañero |
| S1496-1 | De -lo que cunple al fecho aquesto le dezit |
| S1496-3 | a -la misa de mañana vos en -buena ora yd |
| S1497-4 | puede ser que de -la fabla otro fecho se ssyga |
| S1498-1 | leuol vna mi carta a -la missa de prima |
| S1498-2 | troxo me buena rrepuesta de -la fermosa Ryma |
| S1498-4 | pero de buena fabla vino la buena çima |
| S1499-1 | En -el nonbre de dios fuy a -misa de mañana |
| S1499-3 | alto cuello de garça color fresco de grana |
| S1501-2 | el pecado de monja a -omne doñeador |
| S1501-4 | que fesiese penitençia desto fecho error |
| S1502-1 | oteome de vnos ojos que paresçian candela |
| S1503-3 | mucho de bien me fizo con dios en lynpio amor |
| S1504-4 | en locura del mundo nunca se trabajaua |
| S1505-3 | que para amor del mundo mucho son peligrosaz |
| S1510-1 | fija mucho vos saluda vno que es de alcala |
| S1510-3 | el criador es con vusco que desto tal mucho ha |
| S1511-4 | non vaya de vos tan muda de la mora ascut |
| S1512-3 | pues que al non me dezides quiero me yr de aqui |
| S1513-1 | Despues fize muchas cantigas de dança e troteras |
| S1513-3 | para en jnstrumentos de comunales maneras |
| S1514-1 | Cantares fiz algunoz de -los que dizen los ziegos |
| S1514-4 | caçurros E de bulrras non cabrian en -dyez priegos |
| S1515-3 | de -los que he prouado aqui son Señalados |
| S1516-1 | arauigo non quiere la vuela de arco |
| S1516-2 | çinfonia guitarra non son de aqueste marco |
| S1517-2 | non se pagan de arauigo quanto dellos boloña |
| S1520-3 | enemiga del mundo que non as semejante |
| S1520-4 | de tu memoria amarga non es que non se espante |
| S1521-1 | Muerte al que tu fieres lieuas telo de belmez |
| S1523-1 | Non puede foyr omne de ty nin se asconder |
| S1524-2 | al alma que -lo puebra lieuas tela de priesa |
| S1524-3 | non es omne çierto de tu carrera aviesa |
| S1524-4 | de fablar en ti muerte espanto me atrauiesa |
| S1525-1 | Eres en -tal manera del mundo aborrida |
| S1525-4 | todos fuyen del luego como de rred podrida |
| S1526-4 | todos fuyen del luego como si fuese araña |
| S1527-1 | De padres E de madres los fijos tan queridos |
| S1527-3 | de mugeres leales tos sus buenos maridos |
| S1528-2 | non tyene vna meaja de toda su Riqueza |
| S1529-2 | ome sabio nin neçio que de ty byen de-parta |
| S1529-3 | en -el mundo non ha cosa que con byen de ti se parte |
| S1529-4 | saluo el cueruo negro que de ty muerte se farta |
| S1531-1 | Señorez non querades ser amigoz del cueruo |
| S1535-2 | de sus muchos thesoros e de su allegamiento |
| S1539-2 | temense que -las arcas les han de des-ferrar |
| S1539-4 | de todos sus thesoros dan le poco axuar |
| S1541-1 | Entieran lo de grado E desque a -graçiaz van |
| S1542-2 | ante de misa dicha otros la han en miente |
| S1542-4 | muda el trentanario del duelo poco se syente |
| S1544-3 | sy non de que es muerto quel come coguerço |
| S1547-3 | non ay omne que te sepa del todo denostar |
| S1551-1 | Enemiga del bien en -el mal amador |
| S1551-2 | Natura as de gota del mal e de dolor |
| S1553-3 | non aurien de ti miedo nin de tu mal hostal |
| S1555-3 | feçiste de -los angeles diablos e rrensillas |
| S1559-4 | saco nos de cabptiuo la cruz en -quel posiste |
| S1560-2 | por la muerte de xpistos les fue la vida dada |
| S1561-1 | Saco de -las tus penas a -nuestro padre adan |
| S1561-3 | a -jafet a -patriarcaz al bueno de abrahan |
| S1562-3 | al cabdillo de moysen que tenias en -tus baraças |
| S1564-4 | guarde nos de tu casa non fagas de nos rriso |
| S1565-4 | para sienpre jamas non los has de prender |
| S1566-1 | Dios quiera defender nos de -la tu çalagarda |
| S1566-2 | aquel nos guarde de ty que de ty non se guarda |
| S1567-2 | que dezir non se puede el diezmo de tu mal |
| S1567-4 | que defender me quiera de tu venida mortal |
| S1572-3 | la mi trota conventos dios te de rredepnçion |
| S1573-2 | que si a -vos syruiera vos avriades della duelo |
| S1575-4 | la oraçion fagades por la vieja de amor |
| S1576-4 | cay en vna ora so tierra del altura |
| S1578-2 | e sil de dios buen amor E plazer de amiga |
| S1579-1 | Señorez acordad vos de -bien si vos lo digo |
| S1579-2 | non fiedes en -tregua de vuestro enemigo |
| S1580-1 | Deuemos estar çiertos non Seguros de muerte |
| S1580-3 | por ende cada vno de nos sus armas puerte |
| S1580-4 | non podemos amigos della fuyr por suerte |
| S1581-1 | Sy qual quier de nos otros oviese craz de lydiar |
| S1583-2 | aquestos de cada dia nos trahen muy conbatidos |
| S1583-4 | por aquesto deuemos estar de armas byen guarnidos |
| S1584-2 | la carne el diablo el mundo destos nasçen los mortales |
| S1584-3 | destos trez vienen aquellos tomemos armas atales |
| S1585-1 | obras de misericordia E de mucho bien obrar |
| S1585-2 | dones de spiritu santo que nos quiera alunbrar |
| S1585-3 | las obras de piedat de virtudes nos menbrar |
| S1586-2 | dono de spiritu santo de buena Sabidoria |
| S1586-3 | saber nos guardar de -lo ajeno non dezir esto querria |
| S1586-4 | la virtud de -la justiçia judgando nuestra follia |
| S1587-4 | E dios guardar nos ha de cobdiçia mal andança |
| S1588-3 | vyrtud de tenperamiento de mesura e onestad |
| S1589-2 | tener la que santa cosa es de dios gualardonada |
| S1590-1 | ayamos contra avariçia spiritu de pyedat |
| S1590-2 | dando lymosna a -pobles dolyendo nos de su mal |
| S1590-3 | virtud de natural justiçia judgando con omildal |
| S1591-1 | El santo Sacramento de orden saçerdotal |
| S1592-3 | spiritu de fortaleza que nos quiera ayudar |
| S1593-1 | quixotes E canilleras de santo Sacramento |

| | |
|---|---|
| S1594-2 | con don de entendimiento e con caridad dyna |
| S1595-1 | Con vertud de esperança E con mucha paçiençia |
| S1595-4 | con esto vençeremos yra E avremos de dios querençia |
| S1596-2 | abstinençia E ayuno puede lo de nos quitar |
| S1596-3 | con spiritu de çiençia sabiendo mesura catar |
| S1597-2 | que es de cuerpo de dios sacramento e ofiçio |
| S1598-1 | la enbidia mato muchos de -los profectass |
| S1598-4 | spiritu de buen conssejo encordado destaz letraz |
| S1599-1 | Sacramento de vnçion meternos e soterremos |
| S1599-4 | con estas armas de dios a -enbidia desterraremos |
| S1600-2 | esta es de -los siete pecados mas sotil e engañosa |
| S1601-3 | E penssemos pensamientos que de buenas obras salen |
| S1602-1 | De todos buenos desseos e de todo bien obrar |
| S1602-2 | fagamos asta de lança e non queramos canssar |
| S1602-3 | con fierro de buenas obraz sus pecados amatar |
| S1603-1 | Contra los trez prinçipales que non se ayunten de consuno |
| S1603-3 | con coraçon al diablo todos trez yran de yuso |
| S1603-4 | nin de padres nin de fijos con esto non fynca vno |
| S1604-2 | destos nasçen commo Ryos de -las fuentes perhenales |
| S1604-3 | estos dichos son comienço e suma de todos males |
| S1604-4 | de padres fijos nietos dios nos guarde de sus males |
| S1605-3 | por que el dia del juyzio sea fecho a -nos conbyd |
| S1606-2 | que sienpre me pague de pequeno sermon |
| S1606-3 | e de dueña pequena E de breue Razon |
| S1607-1 | Del que mucho fabla Ryen quien mucho rrie es loco |
| S1607-4 | mas las chicas e laz grandes se rrepienden del troco |
| S1608-1 | De -las chicas que byen diga el amor me fizo Ruego |
| S1608-2 | que diga de sus noblezaz yo quiero laz dezir luego |
| S1608-3 | dezir vos he de dueñas chicaz que -lo avredes por juego |
| S1609-1 | Son frias de fuera con -el amor ardientes |
| S1611-1 | Es pequeño el grano de la buena pemienta |
| S1611-4 | non ha plazer del mundo que en -ella non sienta |
| S1615-2 | pero qual quier dellas es dulçe gritador |
| S1616-1 | De -la muger pequeña non ay conparaçion |
| S1617-2 | non es desaguisado del grand mal ser foydor |
| S1617-3 | del mal tomar lo menos dizelo el sabidor |
| S1617-4 | por ende de -las mugeres la mejor es la menor |
| S1618-1 | ssalida de febrero entrada de março |
| S1618-2 | el pecado que sienpre de todo mal es maço |
| S1618-4 | otrosi de mugeres fazie mucho rretaço |
| S1626-2 | es comienço E fyn del bien tal es mi fe |
| S1629-3 | ande de mano en mano a -quien quier quel pydiere |
| S1630-1 | Pues es de buen amor enprestadlo de grado |
| S1631-1 | ffiz vos pequeno libro de testo mas la glosa |
| S1632-1 | De -la santidat mucha es byen grand lyçionario |
| S1632-2 | mas de juego E de burla es chico breuiario |
| S1634-1 | Era de mill E trezientos E ochenta E vn años |
| S1635-1 | Madre de dios gloriosa |
| S1635-4 | del tu fijo mexia |
| S1636-7 | del spiritu santo |
| S1637-7 | virge del santo mundo |
| S1638-3 | venieron a -la luz della |
| S1639-3 | del hermano de marta |
| S1639-6 | del mundo luz |
| S1643-3 | angel de dios bueno |
| S1647-2 | del fijo mexia |
| S1647-3 | nueue años de vida |
| S1648-6 | de mal E de afruenta |
| S1649-5 | de la virgen maria |
| S1652-3 | quando deste mundo salierdes |
| S1652-4 | esto vos avra de ayudar |
| S1653-2 | de -los algos E de -la Renta |
| S1653-3 | escusar voz ha de afruenta |
| S1654-2 | vos çiento de dios tomedes |
| S1655-4 | nunca se ha de perder |
| S1655-4 | del jnfierno mal lugar |
| S1657-1 | El Señor de parayso |
| S1659-1 | Acordat vos de su estoria |
| S1659-3 | Sy el vos de la su gloria |
| S1660-4 | del jnfierno e de su tos |
| S1662-8 | de muerte vergoñosa |
| S1663-3 | melezina de coydadoz |
| S1663-6 | syn manzilla de pecados |
| S1663-10 | de ffollya |
| S1664-4 | de -los angeles loada |
| S1665-3 | de xpistianos anparança |
| S1665-4 | de -los santos bien seruida |
| S1665-8 | de gente maliçiosa |
| S1666-3 | del lynaje vmanal |
| S1667-4 | tu me guarda de errar |
| S1668-2 | aguardando los coytados de dolor E de tristura |
| S1668-4 | non catando su pecado saluas lo de amargura |
| S1669-2 | al que es tu seruidor bien lo libraz de lygero |
| S1669-4 | guardalo de mal andança el tu bien grande llenero |
| S1670-2 | por lo qual a -ty bendigo que me guardes de quebranto |
| S1670-3 | pues a -ty Señora canto tu me guarda de lisyon |
| S1670-4 | de muerte E de ocasion por tu fijo jhesu santo |
| S1673-2 | de dios madre muy amada |
| S1673-4 | del mundo salud E vida |
| S1674-1 | Del mundo salud E vida |
| S1674-2 | de muerte destruymiento |
| S1674-3 | de graçia llena conplyda |
| S1674-4 | de coytados saluamiento |
| S1674-5 | de aqueste dolor que siento |
| S1675-7 | de ty sea ayudado |
| S1676-5 | conplida de bendiçion |
| S1676-8 | de conplir mi petiçion |
| S1677-1 | De conplir mi petiçion |
| S1677-3 | de tan fuerte tentaçion |
| S1677-7 | bien acorres muy de llano |
| S1678-1 | quiero Seguir a -ty flor de -laz florez |
| S1678-2 | sienpre dezir cantar de tus loorez |

## DE

| | |
|---|---|
| | **(cont.)** |
| S1678-3 | non me partir de te seruir |
| S1678-4 | mejor de -laz mejores |
| S1679-3 | de tribulaçion syn tardança |
| S1681-1 | Estrella del mar puerto de folgura |
| S1681-2 | de dolor conplido E de tristura |
| S1681-4 | Señora del altura |
| S1682-2 | syenpre guaresçez de coytas E das vida |
| S1684-3 | .en señor de tal valia |
| S1684-4 | es rrazon de aver fiança |
| S1689-3 | de mis penas cresçer |
| S1690-1 | Alla en talavera en -las calendas de abril |
| S1690-2 | llegadas son laz cartaz del arçobispo don gil |
| S1691-2 | bien creo que -lo fizo mas con midos que de -grado |
| S1693-1 | llorando de sus ojos començo esta rraçon |
| S1693-4 | maguer que vos lo digo con rrauia de mi coraçon |
| S1694-2 | que clerigo nin cassado de toda talauera |
| S1695-3 | algunoz de -los legos tomaron azedia |
| S1696-4 | apellasemos del papa antel Rey de castilla |
| S1697-4 | creed se ha adolesçer de aquestos nuestros males |
| S1698-3 | dile luego de -mano doze varas de pano |
| S1701-1 | ffablo en -pos de aqueste luego el thesorero |
| S1701-2 | que era desta orden confrade derechero |
| S1701-3 | diz amigo si este Son a -de -ser verdadero |
| S1702-1 | E del mal de vos otros a -mi mucho me pesa |
| S1702-2 | otrosi de -lo mio E del mal de teresa |
| S1702-4 | ante que -la partyr de toda la mi mesa |
| S1703-4 | E sy de mi la parto nunca me dexaran dolorez |
| S1704-2 | E con rrauia de -la muerte a -su dueño traua al rrostro |
| S1706-2 | non ha el arçobispo desto por que se sienta |
| S1707-1 | En mantener omne huerfana obra es de piedad |
| S1708-2 | es este que va de sus alfajaz prendiendo |
| S1708-4 | que -la acoje de noche en casa avn que gelo defiendo |
| S1709-3 | ffezieron luego de mano buenas approllaçones |
| F 1 | De señor y de amada y de monte y de Rio |
| F 3 | No auedes amiga de carne el coraçon |
| F 4 | sino de hueso duro mas fuerte que de leon |
| F 7 | De mal en peor andan (co)mo el lobo a las hormigas |

## DE

| | |
|---|---|
| | **(H)** |
| S 93-2 | achaque le leuanta por que non le de del pan |
| S 343-4 | ante que yo pronunçie e vos de la sentençia |
| S 377-3 | que -la lieue por agua e que de a -toda çima |
| S 775-3 | dios vos de paz comadre que por vos vine yo aqui |
| S 911-4 | nunca vy tal commo esta sy dios me de salud |
| S1511-1 | fija si el criador vos de paz con Salud |
| S1571-1 | a -dios merçed le pido que te de la su gloria |
| S1572-4 | el que saluo el mundo el te de saluaçion |
| S1578-2 | e sil de dios buen amor E plazer de amiga |
| S1605-1 | denos dios atal esfuerço tal ayuda E tal ardid |
| S1625-1 | Dil aquestos cantarez al que de dios mal fado |
| S1651-3 | que dios voz de saluaçion |

## DE

| | |
|---|---|
| | **(L)** |
| P 81 | quiz potest fazere mundum de jmudo conçeptum semine |
| P 119 | homo natuz de muliere breuez diez hominiz sunt |

## DEAN

| | |
|---|---|
| S1696-2 | leuanto se el dean a -mostrar su manzilla |

## DEBATAS

| | |
|---|---|
| S 187-4 | que nol debatas luego por mucho que se enforce |

## DEBATIDA

| | |
|---|---|
| S1574-2 | non sele detenia do fazia debatida |

## DEBATIDO

| | |
|---|---|
| S1428-4 | su loor es atanto quanto es el debatido |

## DEBDO

| | |
|---|---|
| S 213-1 | Varon que as con-migo qual fue aquel mal debdo |
| S 695-4 | amigança debdo e sangre la muger lo muda |
| S1522-4 | Non catas señorio debdo nin amistad |
| S1588-2 | debdo es temer a -dios e a -la su magestad |

## DEBUXO

| | |
|---|---|
| S1490-4 | amad dueñas amalde tal omne qual debuxo |

## DECENIR

| | |
|---|---|
| S1114-4 | non le valia nada deçenir la correa |

## DECIDA

| | |
|---|---|
| S1024-1 | a -la deçida |

## DECOMUNALES

| | |
|---|---|
| S 540-4 | trae el mucho vino a los decomunales |

## DECRETAL

| | |
|---|---|
| P 196 | e dize lo la primera decretal de -laz crementinaz |

## DECRETALES

| | |
|---|---|
| S 146-1 | otrosy puede el papa sus decretales far |
| S1148-4 | quien saber los quisiere oya las decretales |
| S1153-1 | Decretales mas de çiento en -libros E en -questionez |

## DECRETO

| | |
|---|---|
| P 98 | e a pecado que a -bien esto dize el decreto |
| P 105 | esto dize el decreto |
| P 109 | esto dize el decreto |
| P 150 | el decreto lo dize |
| S1136-1 | En -el santo decreto ay grand disputaçion |

## DECRETORIO

| | |
|---|---|
| | **(V)** |
| G1152-4 | el rrozario de guido novela e decretorio |

## DECUERE

| | |
|---|---|
| S1200-1 | Por ende cada vno esta fabla decuere |

## DECHOS

| | |
|---|---|
| S 776-2 | fablo contra el lobo dixo dechos non vanos |

## DEDES

| | |
|---|---|
| S 719-3 | de -mano tomad pellote e yd nol dedes vagar |
| S1155-2 | del su clerigo cura non le dedes penitençia |
| S1155-3 | guardat non lo absoluades nin de-des la sentençia |
| S1630-2 | non des-mintades su nonbre nin dedes rrefertado |
| S1630-3 | non le dedes por dineros vendido nin alquilado |
| S1654-1 | Por vna Razon que dedes |
| S1660-2 | por su amor sienpre dedes |

## DEDO

| | |
|---|---|
| S 55-2 | E mostro solo vn dedo que esta çerca del pulgar |
| S 61-2 | diz dixo me que con su dedo que me quebrantaria el ojo |
| S 213-3 | nunca me aperçibes de tu ojo nin del dedo |
| S1018-1 | El su dedo chiquillo mayor es que mi pulgar |
| S1305-4 | pocos me rresçebieron nin me fezieron del dedo |

## DEDOS

| | |
|---|---|
| S 56-1 | Mostro luego trez dedos contra el griego tendidos |
| S 62-2 | con dos dedoz los ojos con -el pulgar los dientes |
| S 471-2 | en -el telar e en -la dança syenpre bullen los dedoz |
| G 666-2 | zon los dedoz en -laz manoz pero non zon todoz parejoz |
| S 810-4 | aprieta me mis dedos en -sus manos quedillo |

## DEFENDER

| | |
|---|---|
| S 541-2 | ella dando muchas bozes non se pudo defender |
| S 883-4 | mueren por el poco çeuo non se pueden defender |
| S1566-1 | Dios quiera defender nos de -la tu çalagarda |
| S1567-4 | que defender me quiera de tu venida mortal |

## DEFENDERA

| | |
|---|---|
| S 755-1 | Mas este vos defendera de toda esta contienda |

## DEFENDERAS

| | |
|---|---|
| S1192-3 | non te nos defenderaz en castillo nin en muro |

## DEFENDIDA

| | |
|---|---|
| S 743-4 | por ende aquel buen omne vos ternia defendida |

## DEFENDIDOS

| | |
|---|---|
| S1150-4 | son mucho defendidos a -clerigos menores |

## DEFENDIENDO

| | |
|---|---|
| S1671-2 | tu acorro E guarda fuerte a -mi libre defendiendo |

## DEFENDIMIENTO

| | |
|---|---|
| S1674-8 | con -el tu deffendimiento |
| S1675-1 | Con -el tu deffendimiento |

## DEFENDIO

| | |
|---|---|
| S1121-4 | deffendiose quanto pudo con manos enfraqueçidas |

## DEFENSIONES

| | |
|---|---|
| S 349-1 | E vistas las escusas e las defensiones |
| S 352-4 | en sus deffenssiones E escusa e rrefierta |
| S 364-4 | rresçibo sus defensiones e la buena escusa |

## DEFESA

| | |
|---|---|
| S 298-1 | vn cavallo muy gordo pasçia en -la defesa |

## DEFIENDA

| | |
|---|---|
| S 755-4 | si el non voz defiende non se quien vos defienda |
| S 880-2 | defyenda vos E ayude vos a -tuerto e a -derecho |

## DEFIENDE

| | |
|---|---|
| S 204-3 | sseñor tu nos deffiende Señor tu ya nos paga |
| G 551-4 | el mucho vagarozo de torpe non ze defiende |
| S 755-3 | ayuda e deffiende a -quien sele encomienda |
| S 755-4 | si el non voz defiende non se quien vos defienda |
| S 853-3 | grand temor gelo defiende que mesturada seria |
| S1648-5 | defiende nos sienpre |

## DEFIENDEN

| | |
|---|---|
| S 523-2 | lo que mas le defienden aquello ante passa |
| S 839-3 | el miedo E la verguença defienden me el trebejo |
| S1362-2 | defienden la fraqueza culpa de -la vejez |

## DEFIENDO

| | |
|---|---|
| S 532-4 | nunca vy aqui omne con -la cruz me defyendo |
| S1708-4 | que -la acoje de noche en casa avn que gelo defiendo |

## DEGOLLANDO

| | |
|---|---|
| S1224-1 | Matando e degollando E dessollando rressez |

## DEGUELLA

| | |
|---|---|
| S1217-4 | con aquel laz deguella e a -desollar se mete |

## DEIDAT

| | |
|---|---|
| S1557-4 | la deydat non te temio entonçe non la viste |

## DELANTE

| | |
|---|---|
| S 237-4 | mucho delantel yva el asno mal doliente |
| S 463-2 | estando delante ella sossegado e muy omyl |
| S1095-3 | delante sus juglares commo omne onrrado |
| S1096-1 | Estaua delante del su alferez homil |
| S1245-2 | açiprestes E dueñas estos vienen delante |
| S1270-3 | delante ella grand fuego de -si grand calor echa |
| S1335-3 | miel rrosado diaçiminio diantioso va delante |

## DELANTERA

| | |
|---|---|
| S1104-1 | vinien las grandes mielgas en esta delantera |
| S1294-2 | al Segundo atiende el que va en delantera |

## DELANTERAS

| | |
|---|---|
| S 313-4 | avn el asno nesçio venie en -las delanteras |
| S1082-1 | Pusso en -la delanteras muchos buenos peones |

## DELANTERO

| | |
|---|---|
| S1083-1 | Estoz trayan lançz de peon delantero |

## DELANTEROS

| | |
|---|---|
| S1488-2 | los pechos delanteros bien trifudo el braço |

## DELEITA

| | |
|---|---|
| S 318-3 | deleytase en pecados E en malas baratas |

## DELEITAVA

| | |
|---|---|
| S 539-3 | el gallo a -las fenbras con -ellas se deleytaua |
| S1504-3 | la su vida muy lynpia en dios se deleytaua |

## DELGADA

| | |
|---|---|
| G 448-3 | zy ha la mano chyca delgada boz aguda |
| S1036-5 | pelleja delgada |

## DELGADAS

| | |
|---|---|
| S 433-3 | las orejas pequeñas delgadas paral mientes |

## DELGADOS

| | |
|---|---|
| G 444-2 | nin loz braços delgadoz tu luego lo demandez |
| S1487-3 | mas gordos que delgadoz bermejos como coral |

## DELLOGAVA

| | |
|---|---|
| S 335-3 | vy que las dellogaua en aquellas erias |

## DEMANDA

| | |
|---|---|
| S 324-1 | ffizo el lobo demanda en muy buena manera |
| S 329-1 | Seyendo la demanda en -juyzio leyda |
| S 348-3 | vista la demanda que el lobo fazia |
| S 352-1 | fallo que -la demanda del lobo es byen çierta |
| S 359-3 | desecharan su demanda su dicho non val vn figo |
| S 361-1 | Por exepçion se puede la demanda desechar |
| S 363-3 | pronunçio que -la demanda quel fizo e propuso |

**DEMANDA (cont.)**
S 950-2   fuy a -prouar la syerra e fiz loca demanda
S 992-3   commo fiz loca demanda en dexar por ty el vaquerizo

**DEMANDA (H)**
S 333-3   quanto demanda E pide todo -lo faz con arte
G 449-3   si a sueraz friaz ssy demanda quanto barrunta
G 593-2   si ayuda non demanda por auer zalut mijor
S1375-3   E de mas buen talente huesped esto demanda

**DEMANDADERAS**
S1341-3   grandes demandaderaz amor sienpre les dura

**DEMANDADO**
S 205-2   el rrey tan demandado por quantas bozes distes

**DEMANDADOS**
S 367-3   esto fue por que non fueron de las partes demandados

**DEMANDAN**
S 781-2   en agenas posadas demandan gollorias

**DEMANDAR**
S 47-2   fueron las demandar a -griegos que las tienen
S 401-4   tarde daz e Amidos byen quieres demandar
G 676-4   al non oso demandar voz venid zegura miente
S1650-2   que vos vien demandar

**DEMANDARE**
S 249-3   te demandare dios de -la despenssa cuenta

**DEMANDARON**
S 739-1   creed me fija señora que quantos vos demandaron

**DEMANDAS**
S 844-1   lo que tu me demandas yo eso cobdicio
S 959-3   fade maja diz donde andas que buscas o -que demandas

**DEMANDASE**
S 896-3   quanto el demandase tanto le otorgaria

**DEMANDAVA**
S 252-3   afogar se queria demandava corriendo

**DEMANDE**
S 817-4   sy vos yo engañare el a -mi lo demande
S1260-4   demandele merçed aquesta señalada

**DEMANDES**
G 444-2   nin loz braços delgadoz tu luego lo demandez
G 444-3   zy ha loz pechoz chycoz si dize si demandez

**DEMANDO**
P 19   vna de -las petiçionez que demando dauid a -dios
S 46-4   quando demando Roma a -greçia la çiençia
S1128-4   demando penitençia con grand arrepentyr

**DEMANDO (H)**
S 948-4   de-mando vos perdon que sabed que non querria
S1700-1   Demando los apostolos E todo lo que mas vale

**DEMANDUDIERES**
S1002-1   Diz aqui avras casamiento qual tu demandudieres

**DEMAS**
S 543-4   en -el beuer demas yaz todo mal prouecho
G 548-3   Al que demaz lo beue zacalo de cordura
S1697-3   demas que sabe el rrey que todos somos carnales

**DEMONSTRAVA**
S1401-4   demonstraua en -todo grand Amor que -la Amaua

**DEMOSTRADOR**
S1135-2   aprendi e se poco para ser demostrador

**DEMOSTRAR**
S 37-3   a -demostrar

**DEMOSTRASE**
S 51-3   Segund le dios le demostrase fazer señas con la mano

**DEMUDA**
S 807-4   todo se le demuda el color e el desseo

**DEMUDADA**
S1208-1   Estaua demudada desta guisa que vedes

**DEMUDAR**
S 140-3   puede los demudar e fazer otra mente

**DEMUDESTE**
S1556-4   tu -le posiste miedo e tu lo demudeste

**DEMUESTRA**
S 793-1   grandes artes de-muestra el mucho menester

**DENDE**
S 190-4   E dende a -vn mes conplido casase con -la mayor
G 681-3   naçe dende mala fama mi dezonrra zeria
S 875-2   don melon tyrad vos dende troxo vos y el diablo
S 962-3   ella diz dende te torna por somo sierra trastorna
S 971-2   lyeua te dende apriesa desbuelue te de -aquez hato
S 980-3   lieua te dende cornejo non busques mas contyenda
S1055-3   mas al mundo presta que dende vino luz
S1067-3   dende a -siete dias era quaresma tanto
S1159-3   que si dende non muere quando fuere valiente
S1195-2   que -la des-afiedes antes que dende parta
S1310-4   desque vy que me mal yua fuy me dende sañudo
S1312-4   dende andare la tyerra dando a -muchos materia
S1457-1   otorgole su alma fizole dende carta
S1460-3   metio mano en -el seno E fue dende sacar
S1469-2   coydando que era muerto todoz dende derramaron
S1709-4   E dende en adelante çiertas procuraçones

**DENODADA**
S1435-3   non conviene a -dueña de ser tan denodada

**DENODADO**
S 236-1   El omne muy soberuio E muy denodado
S1119-2   ardiz E denodado fuese contra don salmon
S1407-1   Non deue ser el omne a -mal fazer denodado

**DENODADOS**
S 217-3   ffazes les cobdiçiar e mucho ser denodadoz

**DENOSTADA**
S1367-4   e so mal denostada zegud que ya paresçe
S1547-4   quando eres denostada do te vienes acostar

**DENOSTADO**
S 602-4   muchas vezes gelo dixe que fynque mal denostado

**DENOSTADOR**
G 557-4   Ca el que mucho ze alaba de si mismo es denoztador

**DENOSTAR**
S 182-1   Con saña que tenia fuylo a -denostar
S 503-2   denostar al dinero E a -sus tenptaçiones
S 521-2   por corrella e ferilla e por la denostar
S1547-3   non ay omne que te sepa del todo denostar

**DENOSTAT**
S 69-4   las coplas con -los puntos load o denostat

**DENOSTAVA**
S 322-3   lo que el mas amaua aquello denostaua

**DENOSTEMOS**
S1599-3   non faziendo mal a -los sinplex pobrez non denostemos

**DENTERA**
S 527-4   ca vna congrueca de otra sienpre tyene dentera
S 907-2   que de vn grano de agraz se faze mucha dentera

**DENTERAS**
S 313-3   contra el vynieron todas por vengar sus denteras

**DENTRO**
S 5-2   en -que moro trez diaz dentro en -la mar ll(ena)
S 17-2   es de dentro muy blanco mas que -la peña vera
S 163-2   de dentro qual de fuera dan vista e color
S 175-2   dentro yuan las çaraças varrunto lo el alano
S 263-3   synon lo ençendian dentro en -la natura
S 281-2   matolo por que yaze dentro en mongibel
S 406-3   fasta que le echa el laço quando el pie dentro mete
S1145-4   en -la foya dan entranbos e dentro van caer
S1269-3   en -la obra de dentro ay tanto de fazer
S1376-3   abriala su Señora dentro querria entrar

**DENUEDA**
S 285-4   la negra por ser blanca contra sy se denueda

**DENUEDO**
S1001-4   derribol si me denuedo

**DENUESTAN**
S 504-1   Pero que -le denuestan los monges por las plaças

**DENUESTAS**
S1548-2   des-donas la graçia denuestas la mesura

**DENUESTO**
S 404-4   byen te pueden dezir antojo por denuesto

**DENUESTOS**
S1595-3   aborresçer los denuestos e amar buena abenençia

**DEÑA**
S1674-7   tu me deña estorçer

**DEPARTA**
S1529-2   ome sabio nin neçio que de ty byen de-parta

**DEPARTE**
S 333-2   alcalde Señor don ximio quanto el lobo departe
G 691-4   el amor do esta firme todoz los miedoz departe
S 842-1   Desque veo sus lagrimas e quan byen lo de-parte

**DEPARTI**
S 567-2   do falle poridat de grado departy

**DEPARTIDOS**
G 691-1   cuydados tan departidoz creçen me de cada parte

**DEPARTIR**
S 655-2   el miedo de -las conpañaz me facian al departir
S 789-2   por que quieres fablar por que quieres departyr
S 850-1   venga qual se quier comigo a -departir
S1128-2   començole a -predicar de dios a departyr

**DEPRENDE**
S 125-2   deprende grandes tienpos espienden grant quantia

**DERECHA**
S 88-2   tan buena tan aguisada tan derecha con rrazon
S 256-4   el bien que omne le faze diz que es por su derecha
S 370-1   dixeron le otrosy vna derecha rracon
G 590-3   derecha es mi querella rrazon me faze cuytar
S 637-4   ante salen a -la peña que por carrera derecha
S1270-1   luego a -la entrada a -la mano derecha
S1354-4   ansi derecha mente a -mi de ty me vino

**DERECHERO**
S1701-2   que era desta orden confrade derechero

**DERECHO**
P 100   por que son fechoz loz libroz de -la ley E del derecho
P 147   el derecho lo dize
P 174   E segud derecho laz palabraz siruen al -la jntençion
S 147-2   pero por todo eso las leyes y el derecho
S 336-2   por sentençia E por derecho es mal enfamado
S 351-3   con omnes sabydores en fuero e en derecho
S 361-4   nin puede el alcalde mas que el derecho mandar
S 715-2   queblanta leyes e fueros e es del derecho Señor
S 720-4   pensat bien lo que fablaides con seso e con derecho
S 733-3   quien mucho fabla yerra dizelo el derecho
S 820-1   El derecho del poble pierde se muy ayna
S 928-1   Commo dize vn derecho que coyta non ay ley
S1147-3   Segud comun derecho le son encomendados
S1148-2   son muchos en derecho dezir quantos e quales
S1156-1   Segund comun derecho aquesta es la verdat

**DERECHO (H)**
S 369-2   conplir lo que es derecho E de constituçion
S 543-4   fue luego justiçiado commo era derecho
S 880-2   defyenda vos E ayude vos a -tuerto e a -derecho
S1408-1   quando coyda el bauieca que diz bien e derecho

**DERECHO (H)**
S 458-1   El vno era tuerto del su ojo derecho

**DERECHOS**
S 142-2   de dar fueros e leyes e derechos fazer

**DERIBO**
S 978-1   Deribo me la cuesta ayuso E cay estordido

**DERRAMA**
G 595-2   que non quando ze derrama esparzido e descobierto
S 830-4   mi coraçon con dolor sus lagrimas derrama
S 857-3   fija la vuestra porfia -a vos mata e derrama
S1535-4   los averes llegados derrama los mal viento

**DERRAMAR**
S1297-3   enbya derramar la sienpre al ero

DERRAMARON
S1469-2   coydando que era muerto todoz dende derramaron
DERREDOR
S 994-3   coydos que traya rrodando en derredor
S1214-3   vienen derredor della balando mucha oveja
S1267-3   de piedraz muy preciosas çercado en -derredor
DERRIBA
S 512-1   Derrueca fuerte muro E derriba grant torre
DERRIBAN
S 618-2   tomanse las çibdadez derribanse los muros
DERRIBO
S 239-3   derribole el cavallo en medio de -la varga
S 991-2   fizo me -yr la cuesta-lada derribome en -el vallejo
S1001-4   derribol si me denuedo
S1113-4   el dolfyn al buey viejo derribole los dientes
DERRUECA
S 512-1   Derrueca fuerte muro E derriba grant torre
DES
S 248-3   E des al poble posada tanto eres avariento
DESACORDADOS
S 132-1   quando oyo el Rey juyzios desacordados
DESACORDADS
S 853-1   dos penas desacordads canssam me noche e dia
DESACUERDO
P 74   este desacuerdo non viene del buen entendimiento
DESAFIADO
S1194-2   oy ha siete selmanas que fuemos desafiado
DESAFIAR
S1075-4   enbyo te el ayuno por mi des-afiar
DESAFIEDES
S1071-4   que lo des-afiedes luego con mi carta de creençia
S1195-2   que -la des-afiedes antes que dende parta
DESAGRADESÇER
S 233-3   que por su grand soberuia e su des-agradesçer
DESAGRADESÇI
S 153-3   el bien que me feçieron non lo desagradesçi
DESAGRADESÇIDA
S 287-3   a mejores que non ella era desagradesçida
DESAGRADESÇIDO
S 256-2   omne desagradesçido bien fecho nunca pecha
DESAGUISADA
S 786-1   ay coraçon quexoso cosa des-aguisada
DESAGUISADO
S1386-1   Señora diz la vieja desaguisado façedes
S1499-4   desaguisado fizo quien le mando vestir lana
S1617-2   non es desaguisado del grand mal ser foydor
DESALIÑA
S 499-2   sus muebles e Rayzes todo lo des-alyña
DESAMA
S 573-3   la que te oy te desama cras te querra Amigo
DESAMIGOS
S 165-2   E por las non dezir se fazen des-amigos
DESATA
S 273-4   que de sy mesmo sale quien su vida desata
DESATIRIZIENDO
S 970-1   desque fuy vn poco estando fuyme desatyriziendo
DESAVENTURA
S 263-2   non podien aver fuego por su desaventura
S 905-1   la que por des-aventura es o -fue engañada
DESAVENTURAS
S 888-1   a -las grandes dolençias a -las desaventuras
DESAYUDA
S 570-2   a -muchos des-ayuda e a -sy primero
DESBARATADO   (V)
T1194-2   oy ha siete zelmanaz fumoz desbaratado
DESBARATO
S1109-1   ally vino la lyxa en aquel desbarato
DESBUELVE
S 971-2   lyeua te dende apriesa desbuelue te de -aquez hato

DESCALABRADOS
S1471-4   tus pies descalabrados e al non se que vea
DESCAMINADO
S 854-1   Non sabe que se faga sienpre anda descaminado
S 998-1   diz que buscas por esta tierra commo andas descaminado
DESCANSA
S 524-3   caçador que -la sigue tomala quando descanssa
DESCANTO
S 265-3   descanto el fuego que ardiesse en -la leña
DESCENDIDO
S1057-1   a -la vesperada de cruz fue desçendido
DESCENDIMIENTO
S 463-3   vyno me desçendimiento a -las narizes muy vyl
DESCENDIO
S 541-1   desçendyo de -la hermita forço a -vna muger
S 990-2   desçendio la cuesta ayuso commo era atrevuda
DESCOBIERTA
S 542-3   ffue la su mala obra en punto descobyerta
S 656-1   ffablar con muger en plaça es cosa muy descobierta
DESCOBIERTO
G 595-2   que non quando ze derrama esparzido e descobierto
DESCOBRADES
S 879-2   que non que vos descobrades E ansy vos pregonedes
DESCOBRE
S 569-3   alçando el cuello suyo descobre se la garça
DESCOBRID
S 837-3   descobrid vuestra llaga synon ansy morredes
DESCOBRIERDES
S 724-3   si vos non me descobrierdes dezir vos he vna pastija
DESCOBRILLA
S 921-4   toda la poridat fue luego descobrilla
DESCOBRIMIENTO
P 142   e descobrimiento publicado

DESCOBRIO
S 543-1   descobrio con -el vyno quanto mal avya fecho
DESCOBRIR
S 161-2   la qual a -vos dueñas yo descobrir non oso
S 164-4   por vos descobrir esto dueña non aya pena
S 345-2   algo de -la sentençia por su coraçon descobrir
G 447-1   trez cosaz non te oso agora descobryr
G 592-2   si digo quien me ferio puedo tanto descobrir
DESCOGERA
P 136   que se quiera saluar descogera E obrar lo ha
DESCOLCADA   (V)
T1356-3   oy miz manoz vazyaz finco tan descolcada
DESCOLGALLOS
S1126-2   E que a -descolgallos ninguno y non vaya
DESCOMULGADA
S 979-2   dixo la descomulgada non pises las aradas
DESCOMULGADO
S 337-1   otrosy le opongo que es descomulgado
S1694-4   qual quier que -la touiese descomulgado era⁻
DESCOMUNION
S 337-2   de mayor descomunion por costituçion de llegado
S 353-2   mas la descomunion es aqui dilatoria
S 354-2   mas la descomunion fue vn poco errada
S 356-1   Quando la descomunion por dilatoria se pone
DESCONOSCIDA
S 287-4   con -los paueznoz anda la tan desconosçida
DESCONPON
S1486-4   la su nariz es luenga esto le desconpon
DESCONUERTA
S1519-2   murio a -mi seruiendo lo que me desconuerta
DESCUBRE
S 569-1   Tyrando con sus dientes descubre se la çarça
G 592-1   si se descubre mi llaga qual es donde fue venir
DESCULPADA
S 631-3   con poquilla de fuerça fynca mal desculpada
DESDE
S 91-1   Nunca desde esa ora yo mas la pude ver
S 863-1   desde aqui a -la mi tienda non ay synon vna pasada
S1076-1   Desde oy en syete dias tu e tu almohalla
S1282-4   desde entonçe comiença a -pujar el avena
S1285-4   desde ally pierden seso esto puedes prouar
DESDEN
S 481-2   ffue de -la su muger con desden Resçebido
DESDEÑA
S 610-3   apenaz de myll vna te lo niegue mas desdeña
DESDEÑADO   (V)
G 602-2   muchaz vezez gelo dixe que finque muy desdeñado
DESDEÑAMIENTOS
S 599-4   ado es el mucho algo son los desdeñamientos
DESDEÑEDES
S1511-2   que non gelo desdeñedes pues que mas traher non pud
DESDEÑOSA
S1671-3   pues a -ty me encomiendo non me seas desdeñosa
DESDEÑOSO
S 780-3   de -lo quel pertenesçe non sea des-deñoso
DESDEZIA
S1182-4   de -lo que dixo en -casa ally se desdezia
DESDEZIR
S 850-4   El sera en nuestra ayuda que -lo fara desdezir
DESDICHA
S 215-3   de quanto me prometie luego era des-dicha
DESDIRE
S 931-2   yo lo desdire muy byen e lo des-fare del todo
DESDONADA
S1017-4   tardia como Ronca desdonada e hueca
DESDONAS
S1548-2   des-donas la graçia denuestas la mesura
DESEA
P 37   e pienssa e ama e desea omne el buen amor de dioz e sus man-
       damientoz
S 158-4   que tan bien le paresca nin que tanto desea
S 630-2   mas desea tal omne que todos byenes conplidos
S 657-4   desea vos mucho ver E conosçer vos querria
S 694-3   por que el mi coraçon vea lo que dessea
S 853-2   lo que el amor desea mi coraçon lo querria
S1627-4   fazer a -dios seruiço En punto lo desea
S1628-1   Desea oyr misas E fazer oblaçones
S1628-2   desea dar a -pobrez bodigos E rrazionez
DESEADA
S 394-2   loçana e fermosa de muchos deseada
DESEAN
S1491-2   los clerigos cobdiçiosoz desean laz vfanaz
DESEAS
S 257-2   adulterio E forniçio toda via desseaz
S 533-3   diz aquel cuerpo de dios que tu deseas gustar
DESECHA
P 40   E otrosi desecha E aborresçe el alma
S 256-3   el buen conosçemiento mal omne lo dessecha
S1507-4   que yerro E mal fecho emienda non desecha
DESECHAN
S 781-3   des-echan el carnero piden las adefinas
DESECHAR
S 361-1   Por exepçion se puede la demanda desechar
S1363-2   E des-echar al viejo e fazer le peoria
S1433-1   Tu rrico poderoso non quieraz des-echar
DESECHARAN
P 151   E desecharan E aborrezçeran laz maneraz
S 359-3   desecharan su demanda su dicho non val vn figo
DESECHE
S 780-2   non deseche la cosa de que esta deseoso
DESEO
S 598-4   en -le dezir mi deseo non me oso aventurar
G 662-2   vuestro amor he deseo que me afinca e me aquexa

**DESEO** (cont.)
S 798-3  todo el su desseo en vos esta fyrmado
S 807-2  que vos quiere e vos ama e tyene de vos desseo
S 807-4  todo se le demuda el color e el desseo
S 840-3  este es su deseo tal es su coraçon
S 847-2  mi coraçon te he dicho mi desseo e mi llaga
S 890-4  todo vuestro deseo es byen por mi conplido
S1112-2  para saluar sus almas avian todos desseo
S1686-5  con deseo beuir

**DESEO** (H)
S 180-3  nunca puedo acabar lo medio que deseo
G 684-3  segund que -lo yo deseo voz e yo noz abraçemoz

**DESEOS**
S 389-2  por conplyr tus deseos fazes lo erege duro
G 586-3  conplit loz miz deseoz e dat me dicha e ventura
S 610-3  dyl syn miedo tus deseos non te enbargue vergueña
S 639-4  mayor sera tu quexa E sus desseos mayores
S 804-3  el grand trabajo cunple quantos deseos son
S 858-4  acabad vuestros desseos matad vos con enemigo
S1602-1  De todos buenos desseos e de todo bien obrar

**DESEOSAS**
S1491-1  ssodes laz monjaz guarrdadaz deseosaz loçanaz

**DESEOSO**
S 780-2  non deseche la cosa de que esta deseoso

**DESEOSOS**
S 625-4  creçem mucho amores e son desseosos

**DESERRADAS**
S1385-4  E fyncar escarnida con otraz des-erradaz

**DESERRADO**
S1377-2  el huesped aca e alla fuya des-errado

**DESERVI**
S 107-3  ssy seruir non las pude nunca las deserui

**DESFALLECEN**
S 607-1  El color he ya perdido mis sesos des-falleçen
S 607-3  sy vos non me valedes mi menbrios desfalleçen

**DESFALLESCEN**
S 546-4  a -dios lo yerran mucho del mundo des-fallesçen

**DESFALLIDO**
S1428-2  es maldad E pecado vençer al desfallydo

**DESFARE**
S 931-2  yo lo desdire muy byen e lo des-fare del todo

**DESFAZE**
S 931-3  asy como se desfaze entre los pies el lodo
S1550-3  toda cosa bien fecha tu maço laz desfaze

**DESFAZER**
S1273-3  matar los gordos puercos e desfazer laz cabañas

**DESFAZES**
S1549-2  desfazes la fechura alegria entristezes

**DESFEAS**
S1548-1  Tyras toda verguença desfeas fermosura

**DESFECHO**
S 147-3  E el fuero escripto non es por ende desfecho

**DESFERRAR**
S1539-2  temense que -las arcas les han de des-ferrar

**DESFIGURADA**
S1414-3  laz manos encogidaz yerta e des-figurada

**DESFIGURADO**
S 902-3  syn coraçon E syn orejas troxolo des-figurado

**DESFIZO**
S 478-4  desfizo se el cordero que del non fynca nada

**DESFRANBRIDO**
S 413-1  Andaua y vn milano volando desfranbrido

**DESHONRRA**
P 154  apocando la vida E dando mala fama e deshonrra

**DESI**
S1699-2  E desi la dignidad E toda la mi Renta

**DESIAN**
S1198-3  desian a -la quaresma donde te asconderas catyua

**DESIDES**
S 800-4  desides me joguetes o fablades me en cordura

**DESIERRA** (V)
G 859-3  dar uoz ha muerte a amoz la tardança e la desyerra

**DESIERTO**
S 295-1  mato la golosyna muchos en -el desierto

**DESIR**
S 932-4  el buen desir non cuesta mas que -la nesçedat
S 943-3  murio a -pocos dias non lo puedo desir
S1068-3  desir vos he laz notas ser vos tardinero
S1134-2  tengo del miedo tanto quanto non puedo desir

**DESIRA**
S 859-3  dar vos ha muerte a -entranbos la tardança e la desira

**DESLESNADERA**
P 104  por rrazon que la memoria del ome deslesnadera ez

**DESLIZA**
S 75-3  el omne quando peca bien vee que desliza

**DESMENTIR**
S 125-4  non pueden desmentir a -la astrologia

**DESMESURADA**
S1568-1  Muerte desmesurada matases a -ty sola

**DESMINTADES**
S1630-2  non des-mintades su nonbre nin dedes rrefertado

**DESMUELE**
S 712-3  mensaje que mucho tarda a -muchos omnes desmuele

**DESNUDA**
S1532-3  el byen que faras cras palabla es desnuda

**DESNUDO**
S 248-2  que vistas al desnudo E fartes al fanbriento

**DESNUDOS**
S1587-1  vestir los probles desnudos con santa esperança

**DESOLLADAS**
S 242-1  Tenia del grand yugo dessolladaz las ceruiçes
S 242-3  rrodillas desolladas faziendo muchaz prizez

**DESOLLANDO**
S1224-1  Matando e degollando E dessollando rressez

**DESOLLAR**
S1217-4  con aquel laz deguella e a -desollar se mete

**DESONRRA**
S 262-1  Por que -le fizo desonrra E escarnio del rruego
S 264-4  ansy vengo virgillio su desonrra e querella
S 265-1  despues desta desonrra E de tanta verguença
S 721-3  en -la fyn esta la onrra e la desonrra bien creades
S 848-2  grand pecado e desonrra en -las ansy dañar
S1427-3  es desonrra E mengua e non vençer fermoso

**DESONRRADA**
S 885-1  El que -la ha desonrrada dexala non -la mantyene

**DESOREJADO**
S1455-2  con -la forca que por furto ando desorejado

**DESPAGA**
S 467-4  nin tacha nin vyleza de que dueña se despaga

**DESPAGAR**
G 442-2  pocaz mugerez pueden dellaz ze despagar

**DESPECHADOS**
S 346-3  nin querian abenencia para ser despechados

**DESPECHO**
S 458-3  el vno del otro avya muy grand despecho
S 733-3  a -vezes cosa chica faze muy grand despecho
S1408-3  dize mal con neçedad faze pesar E despecho

**DESPECHOZO**
G 558-3  si algo nol prouarez nol zeaz despechozo

**DESPENCHO**
S1546-4  en -ty es todo mal rrencura E despencho

**DESPENSA**
S 249-3  te demandare dios de -la despenssa cuenta

**DESPENSEROS**
S 506-3  luego los toman prestos sus omes despenseros

**DESPEÑADO**
S 131-2  el terçero dize el niño ha de despeñado

**DESPEÑO**
S 137-3  fforado se la puente por alli se despeño

**DESPERAR**
S 804-2  desperar el omne es perder coraçon

**DESPERTAR**
S 375-4  nostras preçes ut audiat E fazes los despertar

**DESPERTARON**
S1425-4  al leon despertaron con su burla tamaña

**DESPIERTO**
S 464-2  en -la cama despierto e muy fuerte llouia

**DESPOBLADA**
S1560-3  ffue por su santa muerte tu casa despoblada

**DESPOBLASTE**
S1555-1  Tu despoblaste muerte al çielo e sus syllas

**DESPOJAN**
G 555-2  des-pojan ze por dadoz loz dineroz perdidoz

**DESPOJE**
S 956-4  conssejate que te abengas antes que te despoje

**DESPOJO**
S 953-3  el que non quiere pagar priado lo despojo

**DESPOSA**
S1027-4  conmigo desposa

**DESPOSADO**
S1455-1  Dixo el vn ladron dellos ya yo so desposado
S1456-1  Ante que el desposado penitençia presiese

**DESPRECIADO**
S1365-3  agora que non do algo so vil e despreçiado

**DESPRECIARAN**
P 145  acordaran la memoria E non despreçiaran su fama

**DESPRECIAS**
S1549-1  Despreçias loçania el oro escureçes

**DESPUEBLAS**
S1552-3  pueblaz mala morada e despueblaz el mundo

**DESPUES**
S 122-3  Ca de Ante nin despues non falle en españa
S 207-3  tu despues nunca pienssas synon por astragallos
S 265-1  despues desta desonrra E de tanta verguença
S 296-4  luego es la logxuria E todo mal despues
S 340-4  E asignoles plazo despuez de -la epifania
S 374-4  Jn notibus estolite despuez vas a -matynes
S 386-4  despues custodinos te rruegan las encubiertas
S 647-3  mill tienpos e maneras podras despues fallar
S 710-3  despuez con -el poco fuego çient vezes sera doblada
S 775-4  mandad vos E fare yo despues governad a mi
S 777-1  despues que vos ayas fecho este sacrifiçio
S 796-3  despues de -las muchas luuias viene buen orilla
S 797-1  vyene salud e vyda despues de grand dolençia
S 797-2  vienen muchos plazeres despues de -la tristençia
S 829-4  que en pollo envernizo despues de sant migel
S 836-2  despues con vuestra fabla fue mucho enamorado
S 871-4  Despues fue de santiago otro dia seguiente
S 908-2  muchos despues la enfaman con escarnios E reyres
S 910-1  Seyendo yo despues desto syn amor e con coydado
S 969-4  despues faremos la lucha
S 972-1  despues desta ventura fuy me para ssegouia
S1066-2  despues fue abierto de azcona su costado
S1097-1  Desque vino la noche mucho despuez de çena
S1097-4  adormieron se todos despues de -la ora buena
S1103-4  despues a -don carnal falsol la capellyna
S1411-4  despues dar te he rrespuesta qual deuo e bien de -llano
S1513-1  Despues fize muchas cantigas de dança e troteras
S1519-4  me fue despues çerrada que antes me era abiertaf

**DESQUE**
P 35  E desque esta jnformada E jnstruyda el Alma
P 46  E desque el Alma con -el buen entendimiento
S 24-1  Tu desque el mandado oyste
S 60-3  desque vi que entendien e crey en -la trinidad

## DESQUE

**DESQUE** (cont.)

| | |
|---|---|
| S 63-3 | desque vio -que -la pelea tenie mal aparejada |
| S 97-2 | promete E manda mucho desque -la ha cobrada |
| S 100-2 | E desque vino el dia que ovo de parir |
| S 106-1 | E yo desque vi la dueña partida E mudada |
| S 130-3 | desque vieron el punto en -que ovo de nasçer |
| S 133-1 | desque fue el infante a -buena hedat llegado |
| S 134-2 | desque fueron en -el monte ovose a -leuantar |
| S 139-1 | desque vido el Rey conplido su pessar |
| S 186-1 | Desque los omnes prendes non das por ellos nada |
| S 198-3 | desque A -ti fallaron todo su bien perdieron |
| S 229-2 | desque lo tiene omne çiero E ya ganado |
| S 241-1 | desque salyo del canpo non valya vna çermeña |
| S 267-1 | desque peco con ella sentiose escarnida |
| S 274-2 | desque cunple luxuria luego se arrepiente |
| S 278-1 | Desque uvia el çelo en ty arraygar |
| S 292-1 | desque te conosçi nunca te vy ayunar |
| S 294-3 | por ello en -el jnfierno desque morio yazia |
| S 307-4 | matanse los bauiecas desque tu estas follon |
| S 308-3 | en -que avia la fuerça E desque la byen cobro |
| S 317-3 | desque lo vees baldio dasle vida penada |
| S 376-1 | desque sientes a -ella tu coraçon espacias |
| S 462-1 | Desque callo el coxo dixo el tuerto Señora |
| S 468-3 | desque vna vez pierde verguença la muger |
| S 470-1 | Desque la verguença pierde el tafur al tablero |
| S 470-3 | desque la cantadera dize el cantar primero |
| S 481-3 | desque en -el palaçio con ella estudo |
| S 485-4 | desque telo prometa guarda non -lo olvidez |
| S 516-3 | desque lo oye la dueña mucho en ello coyda |
| S 536-1 | fizolo yr por el vyno E desque fue venido |
| S 536-3 | prueua vn poco dello E desque ayas beuido |
| S 537-3 | desque vydo el dyablo que ya echaua çemiento |
| S 539-4 | cobdiçio fazer fornjçio desque con vyno estaua |
| S 541-3 | desque peco con -ella temio mesturado ser |
| G 555-1 | des que loz omnez eztan en juegoz ençendidoz |
| S 576-2 | desque vyno al alua començe de comedyr |
| S 577-1 | Marauille me mucho desque en ello pensse |
| S 640-4 | desque vieres que dubda ve la tu afyncando |
| S 642-1 | Desque estan dubdando los omes que han de fazer |
| S 642-3 | torre alta desque tyenbla non ay synon caer |
| S 659-3 | desque vy que eran ydos que omne ay non fyncaua |
| G 685-4 | toda muger es vençida des que esta Ioya es dada |
| G 687-2 | des que yo fue naçido nunca vy mejor dia |
| S 701-1 | desque fuy en mi casa esta vieja sabida |
| S 707-2 | desque nasçe tarde muere maguer non sea verdat |
| S 710-2 | desque ya entre las manos vna vez esta maznada |
| S 743-1 | A -la fe dyxo la vieja desque vos veen bilda |
| S 827-1 | Desque oyo esto la Rysona vieja |
| S 837-1 | desque con -el fablastes mas muerto lo trahedes |
| S 842-1 | Desque veo sus lagrimas e quan byen lo de-parte |
| S 915-4 | la dueña dixo plaz me desque melos mostrares |
| S 923-3 | desque tu poridat yaze en tu pellejo |
| S 933-3 | desque bien la guarde ella me dio mucho don |
| S 946-4 | desque han beuido el vino dizen mal de las fezes |
| S 954-3 | desque me vy en coyta aRezido mal trecho |
| S 957-3 | yo desque me vy con miedo con frio e con quexa |
| S 970-1 | desque fuy vn poco estando fuyme desatyriziendo |
| S 973-1 | desque vy que -la mi bolsa que -se paraua mal |
| S 979-1 | desque ovo en mi puesto las sus manos yradas |
| S 980-4 | desque la vy pagada leuante me corrienda |
| S 981-3 | desque en -la choza fuymos non fallamos niguno |
| S1008-1 | Nunca desque nasçi pase tan grand peligro |
| S1043-3 | E yo desque saly de todo aqueste Roydo |
| S1081-1 | desque vino el dia del plazo señalado |
| S1097-1 | Desque vino la noche mucho despuez de çena |
| S1162-1 | Desque del santo flayre ovo carnal cofesado |
| S1173-1 | Desque ovo la dueña vençido la fazienda |
| S1188-1 | Desquel vieron los toros yrizaron los çerros |
| S1199-2 | mas desque gelas dieron E le fueron leydaz |
| S1246-1 | Desque fue y llegado don amor el loçano |
| S1260-1 | Desque vy a -mi señor que non tenia posada |
| S1265-1 | Desque ovo yantado fue la tyenda armada |
| S1298-1 | Yo fuy maruillado desque vy tal vision |
| S1302-1 | Myo señor desque fue su tyenda aparejada |
| S1302-3 | desque se leuanto non vino su mesnada |
| S1303-1 | Desque lo vy de espaçio commo era su criado |
| S1310-4 | desque vy que me mal yua fuy me dende sañudo |
| S1316-1 | los que ante son solos desque eran casados |
| S1330-1 | E desque ffue la dueña con otro ya casada |
| S1331-1 | Desque me vy señero e syn fulana solo |
| S1339-3 | desque me parti dellaz todo este viçio perdy |
| S1345-1 | Desque me party de vos a -vn açipreste siruo |
| S1413-3 | desque se vido ençerrada diz los gallos furtados |
| S1422-1 | Desque ya es la dueña de varon escarnida |
| S1466-1 | luego sere contigo desque ponga vn frayle |
| S1477-1 | desque le veen en coyta non dan por el dotes motes |
| S1480-4 | abenid voz entre anboz desque en vno estedes |
| S1512-1 | Desque vido la vieja que non Recabdaua y |
| S1523-1 | desque vienes non quieres a -ome atender |
| S1527-4 | desque tu vienes muerte luego son aborridos |
| S1533-4 | que desque viene la muerte a -toda cosa sonbra |
| S1536-1 | Desque los sus parientes la su muerte varruntan |
| S1538-1 | Desque sal el alma al rrico pecador |
| S1541-1 | Entieran lo de grado E desque a -graçiaz van |
| S1545-4 | non le valen mengias des-que tu rrauia le toma |

**DESTERRAREMOS**

| | |
|---|---|
| S1599-4 | con estas armas de dios a -enbidia desterraremos |

**DESTROIDOR**

| | |
|---|---|
| S 416-1 | Al vno e al otro eres destroydor |

**DESTROIR**

| | |
|---|---|
| S 223-1 | Por cobdiçia feciste a -troya destroyr |

## DEVEN

**DESTRUIDAS**

| | |
|---|---|
| S 260-2 | quemadaz e destruydas las trez por sus maldadez |

**DESTRUIMIENTO**

| | |
|---|---|
| S1674-2 | de muerte destruymiento |

**DESTRUYE**

| | |
|---|---|
| S 218-4 | esta destruye el mundo sostienta la justiçia |
| S 273-3 | destruye a -su cuerpo e a -su alma mata |

**DESTRUYES**

| | |
|---|---|
| S 197-4 | destruyes lo del todo commo el fuego a -la rrama |
| S1554-2 | rrefazes lo fosarios destruyes los jnperios |

**DESUELLAN**

| | |
|---|---|
| S 507-3 | commo los cuervos al asno quando le desuellan el cuero |

**DESUSANDO**

| | |
|---|---|
| G 689-3 | El amor con vzo creçe desusando menguara |

**DESVARIAR** (V)

| | |
|---|---|
| G 360-1 | si non fuere testigo falzo o lo viere desuariar |

**DESVERGONÇADA**

| | |
|---|---|
| S 631-2 | que dezir faz tu talente como desvergonçada |

**DESVIA**

| | |
|---|---|
| S1665-10 | me desuia |

**DESVIADA**

| | |
|---|---|
| S 637-3 | muchos caminos ataja desuiada estrecha |

**DESVIAS**

| | |
|---|---|
| S1689-1 | E non te desvias |

**DESVIO**

| | |
|---|---|
| S1106-3 | synon por doña çeçina quel desuio el pendon |

**DETARDANCA**

| | |
|---|---|
| S1047-3 | virgen tu me ayuda e sy detardanca |

**DETENER**

| | |
|---|---|
| S1269-1 | En suma vos lo cuento por non vos detener |
| S1301-2 | vy muchaz en la tienda mas por non vos detener |

**DETENGA**

| | |
|---|---|
| S1072-4 | creo que se me non detenga en -las carneçerias |
| S1197-3 | non se detenga y vaya luego priuado |

**DETENIA**

| | |
|---|---|
| S1574-2 | non sele detenia do fazia debatida |

**DETERMINA**

| | |
|---|---|
| S1136-3 | determina al cabo qual es la confesion |

**DETIEN**

| | |
|---|---|
| S 851-4 | marauillo me Señora esto por que se detyen |
| S1309-3 | mercado falla omne en -que gana sy se detyen |

**DETIENE**

| | |
|---|---|
| S 385-2 | cantas letatus sum sy ally se detiene |

**DETOVE**

| | |
|---|---|
| S 872-2 | non me detoue mucho para alla fuy luego ydo |

**DETOVO**

| | |
|---|---|
| S 954-1 | Detouo me el camino commo era estrecho |

**DEUS** (L)

| | |
|---|---|
| P 205 | ita deuz pater deus filius e cetera |
| S 377-2 | deus jn nomine tuo Ruegas a -tu saquima |

**DEVAILADAS**

| | |
|---|---|
| S1231-1 | la viuela de arco ffaz dulçez de vayladaz |

**DEVALLEN**

| | |
|---|---|
| S1601-1 | Contra esta e sus fiios que ansy nos de-vallen |

**DEVANEANDO**

| | |
|---|---|
| S 835-4 | anda devaneando el pez con -la ballena |

**DEVANEO**

| | |
|---|---|
| S 16-1 | Non tengadez que ez libro neçio de devaneo |
| S 196-4 | ansy tu deuaneo al garçon loco domo |

**DEVE**

| | |
|---|---|
| S 142-4 | para quien faze el yerro que pena deue aver |
| S 143-2 | ansi que por el fuero deue morir con rraçon |
| S 173-2 | quien toma dar deue dizelo sabio enviso |
| S 229-3 | nunca deue dexarlo por vn vano coydado |
| S 316-2 | lo que para sy non quiere non -lo deue a -otros fazer |
| S 334-2 | non deue ser oyda nin tal acusaçion |
| S 336-3 | por ende non deue ser del ninguno acussado |
| S 358-1 | fallo mas que -la gulpeja pide mas que non deue pedir |
| S 358-4 | nin deue el abogado tal petiçion comedyr |
| S 364-3 | non -le deue rresponder en -juyzio la marfusa |
| S 425-2 | non deue amenaçar el que atyende perdon |
| G 681-2 | non deue la muger estar zola en tal conpañia |
| S 696-1 | El cuerdo con buen seso pensar deue las cosas |
| S 887-1 | El cuerdo graue mente non se deue quexar |
| S 887-4 | deuelo cuerda mente sofrir E endurar |
| S 888-3 | deue buscar conssejo melezinas e curas |
| S 951-4 | quien busco lo que non pierde lo que tiene deue perder |
| S1146-3 | non deue poner omne su foz en miese ajena |
| S1259-1 | Mas commo el grand Señor non deue ser vandero |
| S1407-1 | Non deue ser el omne a -mal fazer denodado |
| S1407-4 | de su muerte deuemos doler nos e acordar |
| S1420-3 | non -lo puede ninguno nin deue consentyr |
| S1421-1 | Deue catar el omne con -seso E con medida |
| S1448-4 | non deue temor vano en -sy ome traer |
| S1517-4 | quien gelo dezir feziere pechar deue caloña |

**DEVEDES**

| | |
|---|---|
| S 465-4 | deuedes por mas pereza duena con-migo casar |
| S1131-3 | deuedes creer firme mente con pura deuoçion |
| S1132-2 | non deuedes amigos dexar la oluidada |
| S1158-1 | Pero que aquestos talez deuedes les mandar |

**DEVEMOS**

| | |
|---|---|
| P 62 | E por ende deuemoz tener sin dubda |
| S 72-3 | de -lo que dize el sabio non deuemos dubdar |
| S1059-2 | Deuemos estar çiertos non Seguros de muerte |
| S1580-1 | muy mas deuemos fazerlo por tantos e tan esquiuos |
| S1582-2 | por aquesto deuemos estar de armas byen guarnidos |
| S1583-4 | |

**DEVEN**

| | |
|---|---|
| S 338-2 | nin -le deuen dar rrespuesta a -sus malas conssejas |
| G 667-4 | deuen tener la pena a -loz suz fazedorez |
| G 679-3 | laz dueñaz e mugerez deuen su rrepuesta dar |
| G 763-3 | mas deuen lo traer poco e fazer chico rroydo |

## DEVEN (cont.)
| | |
|---|---|
| S 865-2 | otorgan lo que non deuen mudan su entendimiento |
| S1145-2 | de -lo que fazer non pueden non se deuen entremeter |

## DEVENIDAT (V)
| | |
|---|---|
| T1557-4 | la de-venidat non temio ca estonçe non la uiste |

## DEVER
| | |
|---|---|
| S 818-1 | En lo que nos fablamos fyuza deuer avemos |

## DEVES
| | |
|---|---|
| S 528-1 | buenas costunbres deues en -ty syenpre aver |
| S 534-1 | Non deves tener dubda que del vyno se faze |
| S 624-4 | aquellos deues tu mucho amenudo andar |
| S1570-2 | con dos martyrez deues estar aconpañada |

## DEVIA
| | |
|---|---|
| S 294-2 | por que comio del fruto que comer non deuia |
| S 321-3 | dezia que non deuia lo ageno furtarllo |
| S 522-1 | deuia pensar su madre de quando era donzella |
| S 522-3 | que mas la ençendia E pues devia por ella |

## DEVIA (H)
| | |
|---|---|
| S1389-1 | Sy a -mi oy fallase quien fallar me deuia |

## DEVIAN
| | |
|---|---|
| S1390-4 | que non les ponen onrra la qual deuian aver |

## DEVIERA
| | |
|---|---|
| S 223-2 | por la mançana escripta que -se non deuiera escreuir |
| S 354-3 | que -la costituçion deuiera ser nonblada |
| S 354-4 | E fasta nueve dias deuiera ser provada |
| S 355-2 | de publico notario deuiera syn fallymiente |
| S1335-4 | e la rroseta nouela que deuiera dezir ante |

## DEVISA
| | |
|---|---|
| S1012-3 | ojos fondos bermejos poco e mal deuisa |

## DEVO
| | |
|---|---|
| S 309-4 | sy devo fyar en -ti a -la fe non ansy lo crey |
| S 421-1 | Plaze me byen te digo que algo non te devo |
| S1410-4 | que conssentyr non deuo tan mal juego como este |
| S1411-4 | despues dar te he rrespuesta qual deuo e bien de -llano |

## DEVOCION
| | |
|---|---|
| S 21-3 | que pueda con deuoçion |
| S1131-3 | deuedes creer firme mente con pura deuoçion |
| S1171-2 | estaua don carnal con muy grand deuoçion |

## DEVOTA
| | |
|---|---|
| S1322-2 | rrogando muy deuota ante la majestad |

## DEVOTO
| | |
|---|---|
| S1044-2 | muy santo E muy deuoto santa maria del vado |
| S1170-3 | esta y muy deuoto al santo misterio |

## DEVRIEN
| | |
|---|---|
| S 114-3 | Ca devrien me dezir neçio e mas que bestia burra |

## DEXA
| | |
|---|---|
| S 145-3 | dyspensa contra el fuero e dexalo beuir |
| S 229-4 | quien dexa lo que tiene faze grand mal rrecabdo |
| G 589-1 | la llaga non ze me dexa a -mi catar nin ver |
| G 662-3 | Nos me tira noz me parte non me suelta non me dexa |
| S 692-2 | a -muchos omnes non dexa su proposito fazer |
| S 885-1 | El que -la ha desonrrada dexala non -la mantyene |
| S 957-2 | comadre quien mas non puede amidos moryr se dexa |
| S1174-1 | non dexa tajador bacin nin cantarillo |
| S1479-3 | al que te dexa en coyta nol quieras en -trebejo |
| S1534-4 | viene la muerte luego e dexalo con lodo |
| S1542-1 | Sy dexa muger moça Rica o -paresçiente |

## DEXA (H)
| | |
|---|---|
| S 742-1 | Dexa me de tus Roydos que yo tengo otros coydados |
| S 750-4 | dexa me esta vegada tan fermosa e tan llana |
| S 846-3 | dexa el miedo vano e sospechas non çiertas |
| S 955-1 | dexa me passar amiga dar te he joyas de sierra |
| S1255-1 | Dexa todos aquestos toma de nos Seruiçio |

## DEXAD
| | |
|---|---|
| S1452-1 | Tened buena esperança dexad vano temor |

## DEXADES
| | |
|---|---|
| S1393-3 | dexades del amigo perdizes E capones |
| S1394-3 | dexades del amigo las truchas laz gallynas |

## DEXALLO
| | |
|---|---|
| S 321-2 | veya lo el lobo mandava le dexallo |
| S 808-2 | ella me diz que fable e non quiera dexallo |

## DEXAN
| | |
|---|---|
| S 469-4 | alma e cuerpo e fama todo lo dexan perder |
| S1266-4 | muchos dexan la çena por fermoso cantar |
| S1285-3 | fasta que pasa agosto non dexan de rrebuznar |
| S1538-4 | dexan lo so -la tierra solo todos han pauor |

## DEXAR
| | |
|---|---|
| S 166-2 | es dexar la costunbre el fado e la suerte |
| S 229-3 | nunca deue dexarlo por vn vano coydado |
| S 387-1 | ffasta el quod parasti non la quieres dexar |
| G 762-3 | zeñora dexar duelo e fazet el cabo de año |
| S 992-3 | commo fiz loca demanda en dexar por ty el vaquerizo |
| S1132-2 | non deuedes amigos dexar la oluidada |
| S1266-3 | es vna grand estoria pero non es de dexar |
| S1326-2 | dixo la dueña vrraca por que lo has de dexar |
| S1386-2 | dexar plazer E viçio E lazeria queredes |
| S1481-3 | dexar miaz con -el sola çerrariaz el postigo |
| S1698-2 | en -dexar yo a -ella rresçibierya yo grand dapño |

## DEXARAN
| | |
|---|---|
| S1120-3 | si a -carnal dexaran dierale mal estrena |
| S1703-4 | E sy de mi la parto nunca me dexaran dolorez |

## DEXARE
| | |
|---|---|
| S1702-3 | pero dexare a -talauera E yr me a -oropesa |

## DEXARIA
| | |
|---|---|
| S 471-4 | non dexaria de fazer sus antojos azedos |

## DEXARON
| | |
|---|---|
| S 753-2 | non -le dexaron dellas sinon chicas e rralas |
| S1469-3 | a -loz maloz amigoz en mal lugar dexaron |

## DEXAS
| | |
|---|---|
| S 212-3 | dexaz le solo e triste con muchaz soberuientas |
| S 995-3 | sy dexas lo que tyenes por mintroso coydar |
| S1524-1 | Dexas el cuerpo yermo a -gusanos en -fuesa |

## DEXAT
| | |
|---|---|
| G 764-1 | Respondio doña endrina dexat non osaria |
| S 838-3 | o -byen lo fagamos o -byen lo dexat |
| S1398-3 | dexat eso Señora dire voz yn mandado |

## DEXAVA
| | |
|---|---|
| S1116-2 | nin a -los faysanes non dexaua bolar |

## DEXE
| | |
|---|---|
| S 696-2 | escoja laz mejores E dexe las dañosas |
| S1698-1 | que yo dexe a -ora-buena la que cobre antaño |

## DEXEMOS
| | |
|---|---|
| S1452-4 | dezilde dios vos salue dexemos el pauor |
| S1707-4 | dexemos a -las buenas E a -las malas vos tornad |

## DEXEN
| | |
|---|---|
| S 744-4 | fasta que non vos dexen en -las puertas llumazos |

## DEXES
| | |
|---|---|
| S 485-1 | Por ende te castiga non dexes lo que pides |
| S 515-4 | do la muger te oya non dexes prouar |
| S 629-2 | vn poquillo como a -miedo non dexes de jugar |
| S 920-1 | non tomes el sendero e dexes la carrera |
| S 995-2 | non dexes lo ganado por lo que as de ganar |
| S1668-3 | El que loa tu figura non lo dexes oluidado |

## DEXIERE
| | |
|---|---|
| G 444-1 | si dexiere que la dueña non tiene mienbroz muy grandez |

## DEXIEZE
| | |
|---|---|
| G 447-4 | zy laz yo dexieze començarien a rreyr |

## DEXO
| | |
|---|---|
| S 63-4 | dexose de amenazar do non gelo preçian nada |
| S 177-2 | que tu furtes su thesoro que dexo en mi fealdat |
| S 576-1 | Partyose amor de mi E dexo me dormir |
| S 648-4 | fuese doña venuz a -mi dexo en fadigna |
| S 650-4 | dexo me solo e señero syn Remos con -la blaua onda |
| S 827-2 | dexola con -la fija e fuese a -la calleja |
| S 994-2 | por oyr de mal rrecabdo dexos de su lavor |
| S1313-3 | dexome con cuydado pero con allegria |
| S1387-2 | espantose el gallo dexol como sandio |
| S1453-3 | puso lo en -la forca dexolo y en su cabo |
| S1475-2 | dexo a -su amigo en -la forca tan alto |
| S1561-4 | a -ysac e a -ysayas tomolos non te dexo dan |
| S1563-4 | mas con-tigo dexo los tus malos perdidos |
| S1565-1 | a -los perdidos malos que dexo en -tu poder |

## DEXO (H)
| | |
|---|---|
| S 868-4 | cras verna fablar con-vusco yo lo dexo Recabdado |

## DEXTRIS (L)
| | |
|---|---|
| S 385-1 | Sede a -destris meys dizes a -la que viene |

## DEZENO
| | |
|---|---|
| P 6 | en -el psalmo triçesimo primo del verso dezeno |

## DEZIA
| | |
|---|---|
| S 38-5 | e por señal te dezia |

## DEZID
| | |
|---|---|
| S 172-4 | leuadlo E dezilde que mal mercar non es franqueza |
| S 737-2 | buena muger dezid me qual es ese o quien |
| S 838-1 | dezid me de todo en -todo bien vuestra voluntad |

## DEZIDES
| | |
|---|---|
| G 764-2 | fazer lo que -me dezidez nin lo que el querria |

## DEZIDEZ
| | |
|---|---|
| F 5 | por mucho que uos digo sienpre dezidez non |

## DEZIDOR
| | |
|---|---|
| S 161-3 | mas por que non me tengades por dezidor medroso |

## DEZIDORES
| | |
|---|---|
| S 7-2 | que con elloz serias ante Reys dezidorez |

## DEZIR
| | |
|---|---|
| P 137 | E podra dezir con -el salmista veni veritatis E cetera |
| P 166 | puede cada vno bien dezir |
| P 177 | por dar manera de pecar ni por mal dezir |
| S 15-3 | es vn dezir fermoso e saber sin pecado |
| S 34-1 | Dezir de tu alegria |
| S 45-4 | Saluo en -la manera del trobar E del dezir |
| S 65-3 | que saber bien e mal dezir encobierto e doñeguil |
| S 70-3 | qual tu dezir quisieres y faz punto y tente |
| S 114-3 | Ca devrien me dezir neçio e mas que bestia burra |
| S 128-2 | dezir te vn juyzio de çinco naturales |
| S 165-2 | E por las non dezir se fazen des-amigos |
| S 275-1 | Quien podrie dezir quantos tu loxuria mata |
| S 311-4 | dezir te he el enxienpro sea te prouechoso |
| S 380-1 | Tu vas luego a -la iglesia por te dezir tu Razon |
| S 417-2 | dezir palablas dulzes que traen abenençia |
| S 457-1 | Dezir te la ffazaña de -los dos perezosos |
| S 598-4 | en -le dezir mi deseo non me oso aventurar |
| S 652-1 | ya vo Razonar con ella quierol dezir mi quexura |
| S 659-4 | començel dezir mi quexura del amor que me afyncaua |
| S 702-1 | oy dezir sienpre de vos mucho bien e aguisado |
| S1578-4 | Si dezir non -lo quisiere a -muerta non maldiga |
| S1608-2 | que diga de sus noblezaz yo quiero laz dezir luego |

## DEZIRES
| | |
|---|---|
| S 485-3 | con dezires fermosos a -la muger conbydes |

## DEZARREZIADO (V)
| | |
|---|---|
| G 970-1 | des que fue poco eztando fuy me maz dezarreziado |

## DEZEADOS
| | |
|---|---|
| S1527-2 | amigos e amigas dezeados E Seruidos |

## DEZEOZO
| | |
|---|---|
| G 580-4 | busque e falle dueña de qual zo dezeozo |

## DEZIA
| | |
|---|---|
| S 303-3 | mas mata que cuchillo ypocras lo dezia |
| S 321-3 | dezia que non deuia lo ageno furtarllo |
| S 348-1 | En -el nonble de dios el judgador dezia |
| S 723-3 | dezia por fazalejas conprad aquestos manteles |
| S1061-3 | daniel lo dezia por xpistos nuestro Rey |
| S1182-3 | fueron a -la iglesia non a -lo quel dezia |
| S1695-1 | Con aquestas rrazones que -la carta dezia |

## DEZIA (H)
| | |
|---|---|
| S1409-2 | por lo que yo dezia por byen vos ensanastez |

**DEZIAN**
S 495-4 a -los pobres dezian que non eran letrados
S 781-4 dezian que non conbrian tozino sin gallynas
S1360-3 quando era mançebo dezian me halo alo
S1414-4 dezian los que pasauan tente esa tras nochada
**DEZID**
S 703-4 diz la vieja puez dezidlo e aved en mi creençia
S 709-4 dezid me quien es la dueña yo le dixe doña endrina
S 838-2 qual es vuestro talante dezid me la verdat
S 876-2 E con byen e con sosiego dezid si algo queredes
S1072-1 dezid le de todo en todo que de oy siete dias
**DEZIDES**
S 713-1 Amigo non vos durmades que -la dueña que dezidez
S 716-1 Esta dueña que dezides mucho es en mi poder
S 799-1 Señora madre vieja que me dezides agora
S 799-4 por eso me dedixes que es mia mi señora
S 832-2 dezides me non maguer que sienpre vos encargo
S 880-1 E pues que vos dezides que es el daño fecho
S 890-1 Pues que por mi dezides que el daño es venido
S1034-1 vos que eso dezides
S1512-3 pues que al non me dezides quiero me yr de aqui
**DEZIE**
S 322-4 dezie que non feziesen lo quel mas vsaua
S 459-3 esto dezie la dueña queriendo su abeytar
**DEZIEN**
S1185-2 dauan grandes balidos dezien estas conssejas
S1309-2 yo veya las caras mas non lo que dezien
S1446-2 dezien con -el grand miedo que se fuesen a -esconder
**DEZIENDO**
S 652-3 deziendo de mis coytas entendera mi Rencura
S 784-3 mityendo aponiendo deziendo vanidades
S 811-3 Cada que vuestro nonbre yo le esto deziendo
S1091-2 deziendo sus bramuras e muchas amenazas
S1101-4 vinieron se a -fferyr deziendo todos ea
S1126-4 el sayon yua deziendo quien tal fizo tal aya
S1167-2 E por que te perjuraste deziendo la mentira
S1171-3 deziendo mia culpa diole la absoluçion
S1378-3 falagaual el otro deziendol amigo Señor
S1450-3 los couardes fuyendo mueren deziendo foyd
S1450-4 biuen los esforçados deziendo daldes ferid
S1625-2 yua se los deziendo por todo el mercado
S1708-3 E van se las vezinaz por el barrio deziendo
**DEZIENTE**
G 558-1 Non seaz mal deziente nin seaz enbidiozo
**DEZILDE**
S1452-4 dezilde dios vos salue dexemos el pauor
**DEZILDO**
G 683-4 ella dixo pues dezildo e vere que tal zera
**DEZIMOS**
S 809-3 sienpre de vos dezimos en al nunca fablamos
S 816-1 a -vezes non façemos todo lo que dezimos
**DEZIR**
S 297-4 dezir telo he mas breue por te enbiar ayna
S 345-1 De lexos le fablauan por le fazer dezir
S 404-4 byen te pueden dezir antojo por denuesto
S 419-4 en -el buen dezir sea omne firme e verdadero
S 424-1 Por poco mal dezir se pierde grand amor
G 447-2 zon tachaz encobiertaz de mucho mal dezir
G 450-4 faz mucho por seruir la en dezir e en obrar
S 462-3 dezir vos he la mia non vistes tal ningud ora
G 549-3 los fermozoz rretraherez tien para dezir apreztoz
S 566-3 muchos pierden la dueña por dezir neçedat
S 576-3 en -lo que me castigo E por verdat dezir
G 588-4 e avn dezir non ozo el nonbre de quien me ferio
S 631-2 que dezir faz tu talente como desvergonçada
S 655-1 Vnas palabras tenia pensadas por le dezir
G 662-1 Con la grant pena que pazo vengo a -uoz dezir mi quexa
G 664-1 zeñora yo non a me treuo d dezir uoz mas rrazonez
S 712-1 Mienbre se vos buen amigo de -lo que dezir se suele
S 724-3 si vos non me descobrierdes dezir vos he vna pastija
S 742-4 nin te cunple agora dezir me esos mandadoz
S 770-3 dezir nos buena missa e tomar buena yantar
S 789-1 Ay lengua syn ventura por que queredes dezir
S 803-3 el curso de -los fados non puede omne dezir
S 827-3 començo la buhona a dezir otra consseja
S 850-2 todo lo peor diga que podiere dezir
S 908-3 dueña por te dezir esto non te asanes nin te ayres
S 927-3 dezir todos sus nonbles es a -mi fuerte cosa
S 933-1 Por amor de la vieja e por dezir Rason
S 964-3 dixel yo par dios fermosa dezir vos he vna cosa
S1089-1 Non avia acabado dezir byen su verbo
S1148-2 son muchos en derecho dezir quantos e quales
S1153-4 Pues por non dezir tanto non me Rebtedes varones
S1195-4 enbiat gelo dezir con dona merienda farta
S1269-4 que si lo dezir puedo meresçia el beuer
S1335-4 e la rroseta nouela que dezirla quier ante
S1369-4 dezir te he la fazaña e fynque la pelea
S1386-4 dezir vos he la fabla e non vos enojedes
S1407-2 nin dezir nin cometer lo que non le es dado
S1410-2 a -dezir me pastrañaz de -lo que ayer me fableste
S1411-3 dezir te he su enxienplo agora por de mano
S1424-1 Mucho temio la vieja deste brauo dezir
S1492-3 quiero yr a -dezir gelo yuy como me engraçio
S1517-4 quien gelo dezir feziere pechar deue caloña
S1518-3 E yo con pessar grande non puedo dezir gota
S1544-4 Muerte por mas dezir te a -mi coraçon fuerço
S1563-1 yo dezir non ssabria quales eran tenidos
S1567-2 que dezir non se puede el diezmo de tu mal
S1584-4 que vençamos nos a -ellos quiero vos dezir quales
S1586-2 saber nos guardar de -lo ajeno non dezir esto querria
S1588-1 Sobrar a -la grand soberuia dezir mucha omildat
S1608-3 dezir vos he de dueñas chicas que -lo avredes por juego

S1628-3 fazer mucha lymonsna E dezir oraçiones
S1672-4 por la tu merçed que es tanta que dezir non la podria
S1678-2 sienpre dezir cantar de tus loorez
S1686-2 nin puedo dezir
S1693-3 he -vos lo a -dezir que quiera o -que non
S1704-1 Por que suelen dezir que el can con grand angosto
**DEZIRES**
S 625-3 con palabras muy dulçes con dezires sabrosos
S 908-1 Andan por todo el pueblo della muchos dezires
S1325-3 dixo la buena dueña tus dezirez trauiesos
**DEZIT**
G 664-3 dezit me vuestro talante veremoz los Coraçonez
S 736-1 agora señora fija dezit me vuestro coraçon
S1079-2 a -don carnal mañana e todo esto le dezit
S1496-1 De -lo que cunple al fecho aquesto le dezit
**DEZONRRA**
G 679-2 onrra es e non dezonrra en cuerda miente fablar
G 681-3 naçe dende mala fama mi dezonrra zeria
**DI**
S 101-4 vete dil que me non quiera que nol quiero nil amo
S 474-2 sy vieres que es burla dyme otra tan mañana
S 532-2 dy me que cosa eres que yo non te entyendo
G 549-2 quando fablarez con dueñaz dile doñeoz apueztoz
S 610-2 dyl syn miedo tus deseos non te enbargue vergueña
S 625-1 sy vieres que ay lugar dile jugetes fermosos
S 955-2 sy quieres dime quales vsan en -esta tierra
S1471-2 e di melo que vieres toda cosa que sea
S1484-3 bien atal qual sea di me toda su fechura
S1493-2 ve dil que venga cras ante buenas conpañas
S1493-4 e dil que non me diga de aquestas tus fazanaz
**DI**
**(H)**
S 658-4 a -todos dy por rrespuesta que -la non queria non
S 935-4 dixe yo en mano de vieja nunca dy mejor beso
S1024-2 dy una corrida
S1068-4 ca laz cartaz leydas dy las al menssajero
S1625-1 Dil aquestos cantarez al que de dios mal fado
S1698-3 dile luego de -mano doze varas de pano
**DIA**
S 20-2 luz del dia
S 50-1 Pusieron dia sabido todoz por contender
S 100-2 E desque vino el dia que ovo de parir
S 134-1 Cataron dia claro para yr a -caçar
S 147-1 veemos cada dia pasar esto de fecho
S 151-3 mas por que cada dia veo pasar esto
S 176-3 non perdere los manjares nin el pan de cada dia
S 194-4 quiso prouar commo ante e vino ally vn dia
S 198-1 los que te non prouaron en buen dya nasçieron
S 209-3 de dia E de noche eres fino ladron
S 214-4 syn piedat me matas de noche e de dia
S 228-1 Cada dia contessçe al cobdiçiosso atal
S 245-1 Aqui tomen ensyenpro e lyçion de cada dia
S 249-1 Mesquino tu que faras el dia de -la afruenta
S 283-1 Cada dia los omes por cobdiçia porfian
S 294-3 echole del parayso dios en aquesse dia
S 332-1 El dia era venido del plaso asignado
S 340-2 pidieron al alcalde que les asignase dia
S 343-1 venido es el dia para dar la sentençia
S 391-2 mudas te do te pagas cada dia Ayna
S 407-1 Contesçe cada dia a -tus amigos con-tigo
S 421-2 eres de cada dia logrero E das a -Renuevo
S 480-3 luego en ese dia vino el menssajero
S 518-2 quier lo vea o -non saber lo ha algud dia
S 525-1 Por vna vez al dia que omne gelo pida
S 531-3 vyno a -el vn dia con sotyleza presto
S 538-1 Amigo dyz non sabes de donde nin de dia
S 538-3 toma gallo que te muestre las oras cada dia
G 554-4 el tablax de vn dia dobla el su mal dinero
G 580-2 mas val rrato acuçiozo que dia perezozo
S 624-3 los logares ado suele cada dia vsar
G 675-1 yd e venit a -la fabla otro dia por mesura
G 676-2 que vengadez otro dia a -la fabla zola miente
G 681-4 ante testigoz que noz veyan fablar uoz he algund dia
S 707-3 syenpre cada dia cresçe con enbia e falsedat
S 726-2 en todas buenas costunbres creçen de cada dia
S 739-3 el dia que vos nasçites fadas aluas vos fadaron
S 754-3 juran que cada dia vos leuaran a -conçejo
G 764-4 non me afinquez tanto luego el primero dia
S 774-3 ea diz ya desta tan buen dia me vino
S 813-4 non canssades vos madre seguilda cada dia
S 826-1 Anda me todo el dia como a -çierua corriendo
S 834-2 par-dios mal dia el vydo la vuestra grand dureza
S 834-3 de noche e de dia trabaja syn pereza
S 838-4 que venir aca cada dia non seria poridat
S 853-1 dos penas desacordas canssam me noche e dia
S 858-1 vos de noche e de dia lo vedes byen vos digo
S 871-1 Despues fue de santiago otro dia seguiente
S 871-2 a -ora de medio dia quando yanta la gente
S 877-3 tan buen dia es oy este que falle atal çellada
S 914-1 Cada dia llegaua la fabla mas non al
S 917-1 diz yo se quien vos querria mas cada dia ver
S 951-1 El mes era de março dia de sant meder
S 974-1 Torne para mi casa luego al terçer dya
S 997-1 do -la casa del cornejo primer dia de selmana
S1009-2 rroguel que me quisiese ese dia dar posada
S1018-3 sy ella algund dia te quisiese espulgar
S1040-4 nin ay tan buen dia
S1081-1 desque vino el dia del plazo señalado
S1127-4 E quel dyesen a -comer al dia majar vno
S1162-3 comiese cada dia vn manjar señalado
S1163-1 El dia del domingo por tu cobdiçia mortal
S1164-1 En -el dia del lunes por la tu soberuia mucha
S1169-1 Come el dya del sabado las fabas E non mas

## DIA

| | |
|---|---|
| | (cont.) |
| S1174-1 | Luego el primero dia el miercolez coruillo |
| S1177-1 | Bien commo en este dia para el cuerpo Repara |
| S1177-2 | asi en este dia por el alma se para |
| S1183-4 | plogo a -ellos con -el e el vido buen dia |
| S1187-3 | en tres dia lo andudo semeja que bolaua |
| S1203-1 | la dueña en -su Rybto puso dia ssabido |
| S1225-1 | Dia era muy ssanto de -la pascua mayor |
| S1264-3 | de noche e de dia ally sea el estrado |
| S1313-1 | Otro dia mañana antes que fues de dia |
| S1315-1 | Dia de quasy-modo iglesias E altares |
| S1321-1 | Dia era de sant marcos ffue fiesta señalada |
| S1334-4 | enbyan e otraz cada dia arreuezes |
| S1336-2 | e la garriofilota con dia margariton |
| S1345-3 | para que a -vos sirua cada dia lo abyuo |
| S1351-1 | aqueste ome bueno dauale cada dia |
| S1396-1 | otro dia la vieja fuese a -la mongia |
| S1402-4 | veya lo el asno esto de cada dia |
| S1437-1 | la marfusa vn dia con -la fanbre andaua |
| S1460-1 | ssacaron otro dia los presos a -judgar |
| S1463-2 | vino el malo E dixo a -que me llamas cada dia |
| S1530-1 | Cada dia le dizes que tu le fartaras |
| S1583-2 | aquestos de cada dia nos trahen muy conbatidos |
| S1600-3 | esta cada dia pare do quier quel diablo posa |
| S1605-3 | por que dia del juyzio sea fecho a -nos conbyd |
| S1647-7 | este dia |
| S1649-3 | en aquel dia |
| S1662-10 | noche e dya |
| S1695-4 | para aver su acuerdo juntaron se otro dia |

## DIA

| | |
|---|---|
| | (H) |
| G 687-2 | des que yo fue naçido nunca vy mejor dia |

## DIABLO

| | |
|---|---|
| S 199-3 | creyeron al diablo que del mal se pagavan |
| S 232-3 | lyeua los el diablo por el tu grand abeytar |
| S 275-4 | el diablo lo lieua quando non se rrecabda |
| S 293-3 | lyeua te el dyablo en -el jnfierno te quema |
| S 405-1 | Natura as de diablo ado quier que tu mores |
| S 415-4 | el diablo los lyeva presos en -tus tenazas |
| S 529-3 | rretentolo el diablo con su sotil engaño |
| S 531-1 | Tomaua grand pesar el diablo con esto |
| S 533-1 | Non pudo el dyablo a su persona llegar |
| S 534-4 | el diablo al monge armado lo enlaze |
| S 535-2 | rrespondio diablo presto por lo que vino |
| S 537-3 | desque vydo el dyablo que ya echaua çemiento |
| S 767-2 | dixo diome el ageno Roydo |
| S 826-2 | commo el diablo al Rico omne ansy me anda seguiendo |
| S 875-2 | don melon tyrad vos dende troxo vos y el diablo |
| S 946-3 | dixel yo diome el diablo estas vieja Rahezes |
| S1011-4 | non se de qual diablo es tal fantasma quista |
| S1283-1 | El Segundo diablo entra en -los abades |
| S1285-1 | Enbia otro diablo en -los asnos entrar |
| S1419-3 | ella diz al diablo catedes vos el polso |
| S1453-1 | Tal eres diz la dueña vieja commo el diablo |
| S1456-2 | vino a -el vn diablo por que non -lo perrdiese |
| S1457-2 | prometiole el diablo que del nunca se parta |
| S1462-4 | enojose el diablo fue preso su ladron |
| S1465-3 | rrespondio el diablo E tu por que non corres |
| S1470-1 | El diablo quexose diz ay que mucho pesaz |
| S1471-1 | fablo luego el diablo diz amigo otea |
| S1473-1 | Respondio el diablo todo esto que dixiste |
| S1475-3 | quien al diablo cree traual su garavato |
| S1476-1 | El que con -el diablo faze la su criança |
| S1481-2 | que fizo el diablo ado quier que tu mores |
| S1584-2 | la carne el diablo el mundo destos nasçen los mortales |
| S1600-3 | esta cada dia pare do quier quel diablo posa |
| S1603-3 | con coraçon al diablo todos trez yran de yuso |
| S1666-7 | el diablo suzio tal |

## DIABLOS

| | |
|---|---|
| S1282-1 | Este tyene trez diablos presos en -su cadena |
| S1284-3 | los diablos do se fallan llegan se a -conpania |
| S1555-3 | feçiste de -los angeles diablos e rrensillas |

## DIABLURAS

| | |
|---|---|
| S 468-4 | mas diabluras faze de quantas omne quier |
| S1284-4 | fazen sus diabluraz e su trauesura |

## DIABRO

| | |
|---|---|
| S 773-4 | dixo diome el diabro cantar missa en forno |

## DIACIMINIO

| | |
|---|---|
| S1335-3 | miel rrosado diaçiminio diantioso va delante |

## DIACITRON

| | |
|---|---|
| S1334-2 | diaçitron codonate letuario de nuezes |
| S1335-2 | el diaçitron abatys con -el fino gengibrante |

## DIAGARGANTE

| | |
|---|---|
| S1335-1 | Cominada alixandria con -el buen dia-gargante |

## DIANTIOSO

| | |
|---|---|
| S1335-3 | miel rrosado diaçiminio diantioso va delante |

## DIAS

| | |
|---|---|
| S 5-2 | en -que moro trez diaz dentro en -la mar ll(ena) |
| S 259-3 | por ende non fizo el tenpro en todos los sus diaz |
| S 330-3 | pero yo te do de plazo que fasta dias veynte |
| S 335-1 | A -mi acaescio con -el muchas noches e dias |
| S 354-4 | E fasta nueve dias deuiera ser provada |
| S 356-2 | Nueve dias de plazo es el que se opone |
| S 579-3 | lo que en muchos dias acabado non as |
| G 758-4 | ante de muchoz diaz veriedez la mejoria |
| S 911-2 | niña de pocos dias Ryca E de virtud |
| S 919-2 | que çedaçuelo nueuo trez dias en astaca |
| S 936-1 | ffue a -pocos de dias amatada la fama |
| S 943-3 | murio a -pocos dias non lo puedo desir |
| S 944-3 | pasaron los dos dias que me non pud leuantar |
| S1013-4 | beueria en pocos dias cavdal de buhon Rico |
| S1067-3 | dende a -siete dias era quaresma tanto |
| S1072-1 | dezid le de todo en todo que de oy siete dias |

| | |
|---|---|
| S1076-1 | Desde oy en syete dias tu e tu almohalla |
| S1123-2 | que estaua amarillo de dias mortezino |
| S1191-1 | de oy en quatro diaz que sera el domingo |
| S1272-4 | ffaze diaz pequenos e mañanas friaz |
| S1474-4 | en -pos ellas andando las noches E los diaz |
| S1489-1 | Es ligero valiente byen mançebo de diaz |
| S1491-4 | a -pan de quinçe diaz fanbre de trez selmanas |
| S1621-1 | Dos dias en -la selmana era grand ayunador |
| S1621-3 | sienpre aquestos dos dias ayunaua mi andador |
| S1689-5 | en muy pocos diaz |

## DIASANTURION

| | |
|---|---|
| S1336-3 | tria sandalix muy fyno con diasanturion |

## DICAT

| | |
|---|---|
| | (L) |
| P 82 | quasi dicat ninguno saluo dioz |

## DICE

| | |
|---|---|
| P 88 | e dice otrosi |

## DICEN

| | |
|---|---|
| S 571-2 | diçen luego los mures han comido el queso |

## DICES

| | |
|---|---|
| S 374-3 | diçes ecce quan bonum con sonajas e baçinez |

## DICIA

| | |
|---|---|
| | (V) |
| G 89-1 | Por ende yo te digo diçia mas non mi amiga |

## DICIO

| | |
|---|---|
| S 42-3 | por nos diçio |

## DICIPULOS

| | |
|---|---|
| S1646-4 | los dicipulos estando |

## DICHA

| | |
|---|---|
| S 64-3 | veras que bien es dicha si bien fuese entendida |
| S 69-3 | dicha buena o mala por puntos la juzgat |
| S 362-2 | del lobo ante mi dicha E por otra cosa non |
| S 424-3 | por mala dicha pierde vassallo su Señor |
| S 570-4 | por mala dicha de vno pyerde todo el tablero |
| S 734-1 | E a -vezes pequeña fabla bien dicha e chico Ruego |
| S1398-4 | pues la misa es dicha vayamoz al estrado |
| S1542-2 | ante de misa dicha otros la han en miente |

## DICHA

| | |
|---|---|
| | (H) |
| S 215-1 | Responde que te fiz por que me non diste dicha |
| S 215-4 | en fuerte punto te vy la ora fue mal dicha |
| G 586-3 | conplit loz miz deseoz e dat me dicha e ventura |

## DICHO

| | |
|---|---|
| S 162-1 | Ca Segund vos he dicho en -la otra consseja |
| S 180-1 | Ca segund vos he dicho de tal ventura seo |
| S 363-4 | non le sea rrescebida Segund dicho he de suso |
| S 368-3 | por lo que avia dicho E suplido esta vez |
| S 472-1 | Non olvides la dueña dicho te lo he de suso |
| S 647-1 | asaz te he ya dicho non puedo mas aqui estar |
| G 671-2 | que quanto voz he dicho de -la verdat non yerra |
| S 847-2 | mi coraçon te he dicho mi desseo e mi llaga |
| S 891-3 | sy vyllania he dicho aya de vos perdon |
| S1252-1 | Non le faran Seruiçio en -lo que dicho han |
| S1479-1 | Non es dicho amigo el que da mal conssejo |
| S1512-2 | diz quanto vos he dicho bien tanto me perdi |
| S1606-4 | Ca poco E bien dicho afyncase el coraçon |
| S1626-1 | Por que santa maria Segund que dicho he |

## DICHO

| | |
|---|---|
| | (H) |
| P 24 | de que dize el dicho profecta |
| P 27 | E por ende sigue la Razon el dicho dauid |
| P 38 | E esto atal dize el dicho profecta |
| S 575-1 | Yo Johan Ruyz el sobre dicho açipreste de hita |
| S1161-1 | El frayle sobre dicho que ya voz he nonbrado |

## DICHO

| | |
|---|---|
| | (H) |
| S 64-4 | entiende bien my dicho e avras dueña garrida |
| S 359-3 | desecharan su dicho non val vn figo |
| S 949-3 | de dicho E de fecho e de todo coraçon |
| S 982-4 | non se pago del dicho e quiso me amenazar |
| S1299-4 | esta fue rrespuesta Su dicho ableuiado |

## DICHOS

| | |
|---|---|
| S 46-1 | Entiende bien mis dichos e piensa la sentençia |
| S 141-1 | por que creas mis dichos e non tomes dubdança |
| S 338-2 | por ende los sus dichos non valen dos arvejas |
| S 378-3 | ssy mis dichos fazes non te dira muger non |
| S 425-4 | con mi voluntat mis dichos non se podian seguir |
| S 655-4 | con mi voluntad mis dichos non se podian seguir |
| G 664-4 | ella dixo vuestroz dichoz non loz preçio dos piñonez |
| S 859-4 | quien non cree los mis dichos mas lo falle e mas lo yerra |
| S1429-1 | El leon destos dichos touose por pagado |
| S1436-3 | commo fueron al cuervo los dichos los encargos |
| S1604-3 | estos dichos son comienço e suma de todos males |

## DICHOS

| | |
|---|---|
| | (H) |
| S 127-4 | Segund natural curso los dichos estrelleros |
| S 138-3 | los çinco fados dichos todos bien se conplieron |

## DIENTE

| | |
|---|---|
| S 300-3 | enclauo me ven Señor con tu diente bendito |
| S1357-3 | avia buenos colmillos buena boca e diente |

## DIENTES

| | |
|---|---|
| S 62-2 | con dos dedoz los ojos con el pulgar los dientes |
| S 254-3 | el cuello con mis dientes sy quisiera apertar |
| S 345-3 | el mostraua los dientes mas non era rreyr |
| S 373-4 | ssy loçanas encuentras fablas les entre los dientes |
| S 395-3 | como mula camurzia aguza rrostros e dientes |
| S 420-1 | So la piel ovejuna traes dientes de lobo |
| S 434-1 | la naryz afylada los dientes menudiellos |
| S 434-3 | las enzivas bermejas los dientes agudillos |
| S 455-2 | dize luego entre sus dientes oyste tomare mi dardo |
| S 487-1 | dyz la muger entre dientes otro pedro es aqueste |
| S 569-1 | Tyrando con sus dientes descubre se la çarça |
| S1014-2 | dyentes anchos E luengos asnudos e moxmordos |
| S1113-4 | el dolfyn al buey viejo derribole los dientes |
| S1359-2 | perdio luego los dientes e corria poquillo |
| S1403-2 | dixo el burro nesçio ansy entre sus dientez |
| S1431-3 | con aquestos mis dientes Rodre poco a -poquillo |
| S1432-3 | por mis chiquillos dientes vos oy escaparedes |

**DIERA**

| | |
|---|---|
| S 109-2 | que era mala cosa la muger non -la diera |
| S1106-4 | dierale a -don ladron por medio del coraçon |
| S1120-2 | si a -carnal dexaran dierale mal estrena |
| S1382-4 | ally me alcançara e me diera mal rrato |

**DIERDES**

| | |
|---|---|
| S1652-2 | la lymosna que por el dierdes |
| S1653-1 | quando a -dios dierdes cuenta |

**DIERE**

| | |
|---|---|
| S 780-4 | con lo quel dios diere paselo bien fermoso |
| S1033-1 | quien dones me diere |

**DIEREDES**

| | |
|---|---|
| S 718-1 | ssy me dieredes ayuda de que passe algun poquillo |

**DIERES**

| | |
|---|---|
| S 399-3 | fazer perder la fama al que mas amor dieres |
| G 451-3 | promete e manda mucho maguer non gelo dierez |
| S 514-1 | Sy algo non -le dyeres cosa mucha o poca |
| S1002-2 | Casar me he de buen talento contigo si algo dieres |

**DIEREZ**

| | |
|---|---|
| S 489-1 | Por poquilla cosa del tu aver quel dyerez |

**DIERON**

| | |
|---|---|
| S 128-4 | dieron juyzios fuertes de acabados males |
| S 203-1 | Querellando a -don jupiter dieron boçes las rranas |
| S 315-4 | yra e vana gloria dieronle mal gualardon |
| S1050-4 | dieron le algo al falzo vendedor |
| S1099-3 | dieron bozes los gallos batieron de -las alas |
| S1124-2 | fyncaron las espuelas dieron todos en -el |
| S1125-2 | dieron los a -la dueña ante que se aforrasen |
| S1199-2 | mas desque gelas dieron E le fueron leydaz |
| S1406-3 | dieron le muchos palos con piedraz e con maços |

**DIERUM** (L)

| | |
|---|---|
| S 375-3 | primo dierum onium los estormentos tocar |

**DIES** (L)

| | |
|---|---|
| P 117 | et dize job breuez diez hominiz sunt |
| P 119 | homo natuz de muliere breuez diez hominiz sunt |

**DIESE**

| | |
|---|---|
| S 84-1 | ffizo partidor al lobo e mando que a -todoz diese |
| S 340-3 | en -que diese sentençia qual el por bien tenia |
| S 917-2 | que quien le diese esta villa con todo su aver |
| S1043-4 | torne Rogar a -dios que non diese a -oluido |
| S1298-3 | rrogue a -mi Señor que me diese rraçon |

**DIESEN**

| | |
|---|---|
| S 104-2 | mande que gelas diesen de noche o al alua |
| S 250-3 | pidias a -dios que te diesen Salud e mantenençia |
| S1127-4 | E quel dyesen a -comer al dia majar vno |

**DIESMO**

| | |
|---|---|
| S 422-3 | por tanto non te digo el diezmo que podria |
| S1567-2 | que dezir non se puede el diezmo de tu mal |

**DIEZ**

| | |
|---|---|
| S 471-3 | la muger syn verguença por darle diez toledos |
| S1333-1 | yo la serui vn tiempo more y byen diez años |
| S1398-2 | diez ansarez en laguna que çient bueyez en prado |
| S1514-4 | caçurros E de bulrras non cabrian en -dyez priegos |

**DIGA**

| | |
|---|---|
| S 216-2 | mas fallo que te diga veyendo quanto dapño |
| S 386-1 | Nunca vy cura de almas que tan byen diga conpletas |
| S 623-1 | Maguer te diga de non E avn que se ensañe |
| S 648-1 | Amigo en -este fecho que quieres mas que te diga |
| G 670-2 | vn poquillo que uoz diga la muerte mia |
| S 703-2 | toda cosa que vos diga oydla en paçiençia |
| S 825-2 | commo vengo señora non se como melo diga |
| S 850-2 | todo lo peor diga que podiere dezir |
| S1073-1 | que non diga su gente que non fue aperçebida |
| S1191-3 | que por nos te lo diga commo seremos contigo |
| S1196-2 | digale que el domingo antes del sol salido |
| S1493-4 | e dil que non me diga de aquestas tus fazanaz |
| S1497-2 | que lieues esta carta ante que gelo yo diga |
| S1519-3 | non se como lo diga que mucha buena puerta |
| S1578-3 | por mi pecador vn pater noster diga |
| S1605-4 | que nos diga jhesu xpisto benditos a -mi venid |
| S1608-1 | De -las chicas que byen diga el amor me fizo Ruego |
| S1608-2 | que diga de sus noblezaz yo quiero laz dezir luego |

**DIGADES**

| | |
|---|---|
| S 721-1 | Del comienço fasta el cabo pensat bien lo que digades |
| S1409-4 | rruego vos que me digades en -lo que acordastez |
| S1495-3 | mas catad non -le digades chufaz de pitoflero |
| S1573-1 | Dueñas non me rretebdes nin me digades moçuelo |
| S1633-4 | digades vn pater noster por mi E ave maria |

**DIGAM**

| | |
|---|---|
| S1239-3 | todos manda que digam que canten e que llamen |

**DIGAMOS**

| | |
|---|---|
| S1642-3 | sus gozos digamos |

**DIGAN**

| | |
|---|---|
| S 386-2 | digan te conortamos de grado abres las puertas |
| S 851-2 | el mormullo e el Roydo que -lo digan non ay quien |

**DIGAS**

| | |
|---|---|
| S 89-2 | que jamaz a -mi non vengas nin me digas tal enemiga |
| S 423-3 | non digas mal de amor en verdat nin en -juego |
| S 514-2 | sey franco de palabla non le digas Razon loca |
| G 560-1 | de otra muger non le digaz mas a -ella alaba |
| G 764-3 | non me digaz agora mas desa ledania |
| S 924-1 | a -la tal mensajera nunca le digas maça |
| S 924-2 | byen o -mal commo gorgee nunca le digas pycaça |
| S 926-3 | nunca le digas trotera avn que por ti corra |
| S 932-1 | Nunca digas nonbre nin de fealdat |
| S 986-3 | fasta que el libro entyendas del byen non digas nin mal |
| S1484-2 | que de ese arçipreste me digas su figura |

**DIGNA**

| | |
|---|---|
| S 2-2 | antel el rrey asuero ouo tu graçia digna |
| S 33-3 | quieras me oyr muy digna |
| S 33-5 | escriua yo prosa digna |

**DIGNIDAD**

| | |
|---|---|
| S1699-2 | E desi la dignidad E toda la mi Renta |

**DIGNO**

| | |
|---|---|
| S 23-2 | grabiel santo E digno |
| S1179-2 | por que en -la cuaresma biua linpio e digno |

**DIGNOS**

| | |
|---|---|
| S 388-3 | non te pagas de omes castos nin dignos santos |

**DIGO**

| | |
|---|---|
| P 12 | las quales digo si buenaz son |
| P 92 | E avn digo que viene de -la pobledad de -la memoria |
| S 74-1 | Digo muy mas del omne que de toda creatura |
| S 89-1 | Por ende yo te digo vieja e non mi amiga |
| S 111-1 | vna fabla lo dize que vos digo agora |
| S 151-4 | por aqueso lo digo otrossy veo aquesto |
| S 185-4 | de quanto yo te digo tu sabes que non miento |
| S 326-1 | E digo que agora en -el mes que paso de febrero |
| S 359-4 | la pena ordinaria non avra yo vos lo digo |
| S 390-2 | fazes me andar de balde dizes me digo digo |
| S 407-4 | entiende byen la fabla E por que te lo digo |
| S 421-1 | Plaze me byen te digo que algo non te devo |
| S 422-3 | por tanto non te digo el diezmo que podria |
| S 465-2 | la gotera que vos digo con -su mucho Rezio dar |
| S 510-1 | En suma telo digo tomalo tu mejor |
| G 592-2 | si digo quien me ferio puedo tanto descobrir |
| S 596-4 | sy el amor non me engaña yo vos digo la verdat |
| S 802-1 | Creed que verdat digo e ansy lo fallaredes |
| S 858-1 | vos de noche e de dia lo vedes byen vos digo |
| S1020-3 | digo te que non vy mas nin te sera mas contado |
| S1326-3 | Señora pues yo digo de casamiento far |
| S1388-3 | El çafir diol Respuesta bien te digo villano |
| S1481-1 | farias dixo la dueña Segund que ya te digo |
| S1579-1 | Señorez acordad vos de -bien si vos lo digo |
| S1693-4 | maguer que vos lo digo con rrauia de mi coraçon |
| F 5 | por mucho que uos digo sienpre dezidez non |

**DILATORIA**

| | |
|---|---|
| S 353-2 | mas la descomunion es aqui dilatoria |
| S 355-3 | esta tal dilatoria prouar es clara mente |
| S 356-1 | Quando la descomunion por dilatoria se pone |

**DILEXI** (L)

| | |
|---|---|
| P 39 | E meditabor in mandatis tuiz que dilexi |
| S 382-1 | dizes quomodo dilexi nuestra fabla varona |

**DILIGITIS** (L)

| | |
|---|---|
| P 43 | qui diligitis dominum odite malum e cetera |

**DIMITTERE** (L)

| | |
|---|---|
| S1700-4 | vobis enim dimitere quam suaue |

**DINA**

| | |
|---|---|
| S1046-2 | virgen Santa e dina oye a -mi pecador |
| S1594-2 | con don de entendimiento e con caridad dyna |

**DINERADAS**

| | |
|---|---|
| S 979-4 | cohieren se en vno las buenas dineradas |

**DINERO**

| | |
|---|---|
| S 16-3 | Ca segund buen dinero yaze en vil correo |
| S 490-1 | Mucho faz el dinero E mucho es de amar |
| S 493-2 | que todos al dinero fazen grand homildat |
| S 495-3 | el dinero los daua por byen examinados |
| S 497-1 | El dinero quebranta las cadenas dañosas |
| S 499-4 | do el dinero juega ally el ojo guiña |
| S 500-3 | con -el dinero andan todos los omnes loçanos |
| S 501-1 | vy tener al dinero las mejores moradas |
| S 501-4 | todas al dinero syruen E suyas son conpladas |
| S 503-2 | denostar al dinero E a -sus tentaçiones |
| S 503-3 | en cabo por dynero otorgan los perdones |
| S 504-3 | con -el dinero cunplen sus menguas e sus Raças |
| S 508-2 | pagase del dinero E de mucha Riqueza |
| S 508-4 | do son muchos dinero y es mucha nobleza |
| S 509-1 | El dinero es alcalde E juez mucho loado |
| S 510-2 | el dinero del mundo es grand rreboluedor |
| S 512-3 | non ha syeruo cabtivo que el dinero non le aforre |
| S 513-4 | non me pago de joguetes do non anda el dinero |
| G 554-4 | el tablax de vn dia dobla el su mal dinero |
| S1041-2 | bueno sin dinero |
| S1271-4 | e non cabrie entrellos vn canto de dinero |
| S1415-2 | o diz que buena cola mas vale que vn dinero |

**DINEROS**

| | |
|---|---|
| S 127-2 | nin han merçed de Senorez nin han de sus dineros |
| S 255-2 | de pan e de dineros que forçaste de -lo ageno |
| S 331-3 | qual dineros qual prendas para al abogado dar |
| S 489-3 | fara por los dineros todo quanto le pidieres |
| S 490-4 | El que non tiene manos dyneros quiere tomar |
| S 491-2 | los dyneros le fazen fidalgo e sabydor |
| S 491-4 | el que non ha dineros non es de sy Señor |
| S 492-1 | sy tovyeres dyneros avras consolaçion |
| S 492-4 | do son muchos dineros esta mucha bendiçion |
| S 496-4 | en cabo por dineros avya penitençia |
| S 497-3 | el que non tyene dineros echan le las posas |
| S 505-3 | quando oyen sus dineros que comiençan a Retenir |
| S 506-1 | Monges frayles clerigos non toman los dineros |
| S 511-1 | Por dineros se muda el mundo e su manera |
| S 511-3 | por joyas E dineros Salyra de carrera |
| G 555-2 | des-pojan ze por dadoz loz dineroz perdidoz |
| G 555-3 | Al tablagero fincan dineroz e vestidoz |
| S1028-4 | mas de mis dineros |
| S1042-3 | por dineros faze |
| S1050-1 | Por treynta dineros fue el vendimiento |
| S1224-3 | todoz le dan dineroz e delloz de dan tornesez |
| S1253-3 | dar te han dados plomados perderaz tus dineroz |
| S1630-3 | non le dedes por dineros vendido nin alquilado |

**DINIDADES**

| | |
|---|---|
| S 494-3 | a -muchos clerigos nesçios davales dinidades |

**DIO**

| | |
|---|---|
| S 86-2 | dio grand golpe en -la cabeça al lobo por lo castigar |
| S 87-2 | toda la canal del toro al leon dio entera |

| | |
|---|---|
| **DIO** | **(cont.)** |
| S 118-3 | a -mi dio rrumiar saluado |
| S 132-4 | dio todos sus juyzios por mitrosos prouados |
| S 137-2 | pasando por la puente vn grand rrayo le dio |
| S 144-4 | por que del yerro fecho conplido perdon le dio |
| S 148-4 | pero mayor poder rretuuo en sy que les non dio |
| S 223-3 | quando la dio a -venuz paris por le jnduzir |
| S 240-1 | Dio salto en -el canpo ligero aperçebido |
| S 247-2 | que al poble Sant lazaro non dio solo vn çatico |
| S 251-1 | oyo dios tus querellas E dio te buen consejo |
| S 271-4 | al aguila cabdal diole por los costados |
| S 301-4 | diole entre los ojos echole frio muerto |
| S 315-1 | dyole grand par de coçes en -la fruente gelas pon |
| S 412-2 | dio salto en -el agua somiese fazia yuso |
| | |
| S 423-1 | El amor con mesura dio me rrespuesta luego |
| S 714-4 | dio melo tan bien parado que nin es grande nin chico |
| S 767-3 | dixo diome el diablo el ageno Roydo |
| S 773-4 | dixo diome el diabro cantar missa en forno |
| S 778-3 | diole la puerca del rrosto echole en -el cabçe |
| S 886-4 | E dio en este pleito vna buena sentençia |
| S 918-2 | diole aquestas cantigas la çinta le çynio |
| S 933-3 | desque bien la guarde ella me dio mucho don |
| S 941-1 | ssy la ensychizo o sy -le dyo atyncar |
| S 941-2 | o sy le dyo Raynela o -sy le dyo mohalinar |
| S 941-3 | o sy le dio ponçoña o algud adamar |
| S 946-3 | dixel yo diome el diablo estas vieja Rahezes |
| S 964-1 | ffazia nieue e granzaua diome la chata luego |
| S 968-2 | diome con -la cayada en -la oreja fyera |
| S 977-4 | diome con -la cayada en -la oreja fyera |
| S 992-1 | hospedome E diome vyanda mas escotar mela fizo |
| S1029-3 | e dion buena lunbre |
| S1030-1 | diome pan de çenteno |
| S1030-3 | e dyon vino malo |
| S1031-1 | Dion queso de cabras |
| S1079-1 | Dio me muy muchas graçiaz por el buen conbyd |
| S1115-3 | dio en medio de -la fruente al puerco e al lechon |
| S1162-2 | diole esta penitençia que por tanto pecado |
| S1171-3 | deziendo mia culpa diole la absoluçion |
| S1259-3 | dioles muchas graçias estaua plazentero |
| S1325-1 | Dixol por que yva e diole aquestos verssos |
| S1370-4 | conbidol a -yantar e diole vna fauaua |
| S1373-1 | ffue con -el a -ssu casa E diol mucho de queso |
| S1388-3 | el çafir diol Respuesta bien te digo villano |
| S1429-3 | diole muy muchas graçia e quel seria mandado |
| S1453-2 | que dio a -su amigo mal consejo e mal cabo |
| S1461-1 | diogela en presente callando al alcalde |
| S1464-3 | saco vna grand soga diola al adelantado |
| S1475-1 | Su Razon acabada tirose dyo vn zalto |
| S1500-2 | quien dyo a -blanca rrosa abito velo prieto |
| S1559-3 | dionos vida moriendo al que tu muerte diste |
| **DIOS** | |
| P 19 | vna de -las petiçionez que demando dauid a -dios |
| P 22 | Ca el ome entendiendo el bien avra de dios temor |
| P 26 | Ca luego ez el buen entendimiento en los que temen A -dios |
| P 37 | e piensa e ama e desea omne el buen amor de dioz e sus mandamien- |
| | toz |
| P 48 | escoge E ama el buen Amor que ez el de dioz |
| P 66 | E ama el Amor de dioz por se saluar por ellaz |
| P 67 | Ca dioz por laz buenas obraz que faze omne |
| P 82 | quasi dicat ninguno saluo dioz |
| P 111 | que ez spiritu de dioz criado E perfecto |
| P 112 | E biue sienpre en dioz |
| P 153 | que faze perder laz almaz E caer en saña de dioz |
| P 163 | E obrare bien Amando a dioz |
| P 176 | E dioz sabe que la mi jntençion non fue de -lo fazer |
| P 195 | es comienço E fundamento dioz e la fe catholica |
| P 201 | Por ende començe mi libro en el nonbre de dioz |
| S 1-1 | Señor dios que a -loz jodioz pueblo de perdiçion |
| S 3-4 | libra A -mi dioz mio desta presion do ya(go) |
| S 4-3 | libra me mi dioz desta coyta tan maña |
| S 8-2 | fijo de dioz muy alto saluador de ys(rael) |
| S 11-1 | Dyos padre dios fijo dios spiritu santo |
| S 13-1 | Tu señor dioz mio quel omne crieste |
| S 24-4 | al fijo que dios en -ti enbia |
| S 27-4 | Al que dios e omne seya |
| S 29-4 | graçias a -dios o subia |
| S 35-6 | dios saluaçion |
| S 41-3 | dios tu padre |
| S 43-3 | madre de dios |
| S 51-3 | Segund le dios le demostrase fazer señas con la mano |
| S 59-3 | diz yo dixe que es vn dioz El rromano dixo que era |
| S 105-4 | ssaluo amor de dios todas sson lyuiandat |
| S 107-1 | Sabe dios que aquesta dueña e quantas yo vy |
| S 109-1 | ssy dios quando formo el omne entendiera |
| S 120-1 | Dios confonda mensagero |
| S 120-3 | non medre dios tal conejero |
| S 136-3 | en -lo que dios ordena en commo ha de ser |
| S 140-2 | pero dios que crio natura e açidente |
| S 141-2 | e creer muy mas en dios con firme esperança |
| S 148-1 | bien ansy nuestro señor dios quando el çielo crio |
| S 149-2 | E por seruir a -dios con mucha contriçion |
| S 149-4 | el poderio de dios tuelle la tribulaçion |
| S 150-4 | mas non puedem contra dios yr nin son poderosos |
| S 173-1 | Non perdere yo a -dios nin al su parayso |
| S 217-4 | passar los mandamientos que de dios fueron dados |
| S 224-3 | fueron e son ayrados de dios los que te creyeron |
| S 236-2 | que non ha de dios miedo nin cata aguisado |
| S 249-3 | te demandare dios de la despensa cuenta |
| S 250-3 | pidias a -dios que te diesen Salud e mantenençia |
| S 251-1 | oyo dios tus querellas E dio te buen consejo |
| S 259-2 | fue el Rey dauid omeçida e fizo a -dios falliaz |
| S 282-2 | dios verdadero e omne fijo de dios muy quisto |
| S 294-3 | echole del parayso dios en aquesse dia |

| | |
|---|---|
| S 305-3 | poco a -dios preçiaua nin avia del temor |
| S 305-4 | tyro le dios su poderio e todo su honor |
| S 348-1 | En -el nonble de dios el judgador dezia |
| S 351-4 | dyos Ante mis ojos nin Ruego nin pecho |
| S 380-2 | mas que por oyr la missa nin ganar de dios perdon |
| S 389-4 | que non la fe de dios vete yo te conjuro |
| S 399-4 | a -dios pierde e al mundo amor el que mas quieres |
| S 415-3 | que non han de dios miedo nin de sus amenazas |
| S 418-3 | confonda dios al cuerpo do tal coraçon fuelga |
| S 418-4 | lengua tan enconada dios del mundo la tuelga |
| G 439-3 | a dioz alçan laz cuentaz querellando suz coytaz |
| S 462-4 | nin ver tal a puede omne que en dios adora |
| S 487-4 | con aqueste e por este fare yo sy dios me preste |
| S 505-1 | Commo quier que -los rreligiosos E clerigos dyzen que aman a dios |
| | seruir |
| S 528-4 | en verguença del mundo en zaña de dios caer |
| S 530-2 | que en -todas sus oblas en yermo a -dios seruia |
| S 531-4 | dyos te salue buen omne dixol con ssynple gesto |
| S 532-1 | Marauillose dello diz a -dios me acomiendo |
| S 532-3 | grand tienpo ha que esto aqui a -dyos seruiendo |
| S 533-3 | diz aquel cuerpo de dios que tu deseas gustar |
| S 534-2 | la sangre verdadera de dios en -ello yaze |
| S 546-4 | a -dios lo yerran mucho del mundo des-fallesçen |
| S 650-2 | vo a -fablar con -la dueña quiera dios que bien me Responda |
| S 653-1 | ay dios E quam fermosa vyene doña endrina por la plaça |
| G 661-3 | que por vuestro amor me pena amo voz mas que a -dioz |
| G 671-1 | a -dioz juro señora para aquezta tierra |
| G 683-1 | pero fio de dioz que a -vn tienpo verna |
| G 687-4 | quiso me dioz bien giar e la ventura mia |
| S 692-4 | dios e el trabajo grande pueden los fados vençer |
| S 693-4 | pero syn dios todo esto non puede aprouechar |
| S 694-1 | Pues que syn dios non puede prestar cosa que sea |
| S 697-3 | dios e la mi ventura que me fue guiador |
| S 711-2 | yo le dixe por dios amiga guardat vos de soberuienta |
| S 738-2 | es aparado bueno que dios vos traxo agora |
| G 758-1 | dioz bendixo la caza do el buen omne cria |
| S 767-3 | yo ove buen aguero dios avia melo conplido |
| S 770-4 | pues que dios vos aduxo quered la oy cantar |
| S 775-2 | dios vos de paz comadre que por vos vine yo aqui |
| S 780-4 | con lo quel dios diere paselo bien fermoso |
| S 793-4 | dios e el vso grande fazen los fados boluer |
| S 803-4 | solo dios e non otro sabe que es por venir |
| S 817-3 | yo non vos engañaria nin dios nunca lo mande |
| S 852-1 | ay dios dixo la dueña el coraçon del amador |
| S 864-3 | nunca dios lo quiera fija que de ally nasca contyenda |
| S 877-4 | dios E mi buena ventura mela touieron guardada |
| S 904-4 | en amor de dios lynpio vuestro loco nol trançe |
| S 911-4 | quered salyr al mundo a -que vos dios fizo nasçer |
| S 917-4 | dixo luego la gente de dios mala ventura |
| S 934-3 | la mi leal vrraca que dios mela mantenga |
| S 939-1 | dios perdone su alma e quiera la rresçebyr |
| S 943-4 | E por dios da me possada que el frio me atierra |
| S 955-4 | Dixele yo por dios vaquera non me estorues mi jornada |
| S 962-1 | cofonda dios dixe yo çigueña en -el exido |
| S 978-3 | |
| S 984-3 | dixe le yo esto de priessa sy dios de mal me guarde |
| S 997-3 | dixele yo ansy dios te ssalue hermana |
| S1007-4 | yo dixe so perdido sy dios non me acorre |
| S1009-4 | touelo a -dios en merçed e leuome a -la tablada |
| S1043-2 | e todo don muy bueno de dios bien escogido |
| S1043-4 | torne Rogar a -dios que non diese a -oluido |
| S1047-4 | rruega por mi a -dios tu fijo mi Señor |
| S1058-3 | tu que a -dios pagas da me tu bendiçion |
| S1062-4 | dios e omne que veemos en el santo altar |
| S1063-3 | este dios en -que creemos fueron açotar |
| S1067-1 | acercando sse viene vn tienpo de dios ssanto |
| S1069-2 | enbiada de dios a -todo pecador |
| S1099-2 | vino doña quaresma dios Señor tu me valas |
| S1128-2 | començole a -predicar de dios a departyr |
| S1138-1 | quito quanto a -dios que es sabidor conplido |
| S1139-1 | En sus pechos feriendo a -dios manos alçando |
| S1140-4 | con -la misericordia de dios que -lo quiere saluar |
| S1143-3 | de dios tan piadoso luego fue perdonado |
| S1165-4 | para por dios lo otro todo te mando que apartes |
| S1167-4 | quando mejor te sepan por dioz de ti -las tira |
| S1168-4 | aver te ha dios merçed e saldras de aqui ayna |
| S1170-4 | ayudar te ha dios e avraz pro del lazerio |
| S1193-4 | don carnal poderoso por la graçia de dioz |
| S1199-4 | dixo dios me guarde destaz nuevaz oydaz |
| S1209-4 | vaya e dios la guie por montes e por valles |
| S1385-2 | E fazer a -dios seruiçio con -las dueñas onrradas |
| S1391-1 | A -quien da dios ventura e non la quiere tomar |
| S1407-3 | lo que dios e natura han vedado E negado |
| S1422-3 | es de dios ayrada e del mundo aborrida |
| S1452-4 | dezilde dios vos salue dexemos el pauor |
| S1478-4 | guarde vos dios amigoz de tales amigotes |
| S1490-3 | la merca de tu vço dios que -la aduxo |
| S1493-1 | la dueña dixo vieja guarde me dios de tus mañas |
| S1494-2 | ante del dioz voz salue dixo la mensajera |
| S1495-1 | Amigo dios vos salue folgad sed plazentero |
| S1499-1 | En -el nonbre de dios fuy a -misa de mañana |
| S1501-3 | ay dioz E yo -lo fuese aqueste pecador |
| S1503-3 | mucho de bien me fizo con dios en lynpio amor |
| S1503-4 | en -quanto ella fue byua dioz fue mi guiador |
| S1504-1 | Con mucha oraçion a -dios por mi Rogaua |
| S1504-3 | la su vida muy lynpia en dios se deleytaua |
| S1505-2 | para rrogar a -dioz con obras piadosaz |
| S1506-4 | dios perdone su alma e nos los nuestros pecados |
| S1540-1 | Non dan por dios a -pobrez nin cantan sacrifiçios |
| S1554-4 | sy non dios todos temen tus penas e tus lazerios |
| S1556-2 | jhesu xpisto dios E ome tu aqueste penaste |
| S1566-1 | Dios quiera defender nos de -la tu çalagarda |
| S1567-3 | a -dios me acomiendo que yo non fallo al |

## DIOS

**DIOS (cont.)**

| | |
|---|---|
| S1571-1 | a -dios merçed le pido que te de la su gloria |
| S1572-3 | la mi trota conventos dios te de rredepnçion |
| S1575-3 | todos los que -lo oyeren por dios nuestro Señor |
| S1577-3 | obrad bien en -la vida a -dios non -lo erredes |
| S1578-1 | El que aqui llegare si dios le bendiga |
| S1578-2 | e sil de dios buen amor E plazer de amiga |
| S1587-2 | que dios por quien lo faremos nos dara buena andança |
| S1587-4 | E dios guardar nos ha de cobdiçia mal andança |
| S1588-2 | debdo es temer a -dios e a -la su magestad |
| S1589-2 | tener fe que santa cosa es de dios gualardonada |
| S1593-2 | que dios fizo en parayso matrimonio E casamiento |
| S1595-4 | con esto vençeremos yra E avremos de dios querençia |
| S1597-1 | otrosi rrogar a -dios con santo Sacrifiçio |
| S1597-2 | que es de cuerpo de dios sacramento e ofiçio |
| S1599-2 | auiendo por dios conpasion con caridat non erremos |
| S1599-4 | con estas armas de dios a -enbidia desterraremos |
| S1601-4 | ansy que con santas obras a -dios baldios non fallen |
| S1604-4 | de padres fijos nietos dios nos guarde de sus males |
| S1605-1 | denos dios atal esfuerço tal ayuda E tal ardid |
| S1625-1 | Dil aquestos cantarez al que de dios mal fado |
| S1627-4 | fazer a -dios seruiçio En punto lo desea |
| S1628-4 | dios con esto se sirue bien lo vedes varones |
| S1633-3 | yo vn gualardon vos pido que por dios en -rromeria |
| S1635-1 | Madre de dios gloriosa |
| S1643-3 | angel de dios bueno |
| S1646-5 | dioz ally enbya |
| S1651-3 | que dios voz de saluaçion |
| S1651-4 | quered por dios a -mi dar |
| S1652-1 | El byen que por dios feçierdes |
| S1653-1 | quando a -dios dierdes cuenta |
| S1654-2 | vos çiento de dios tomedes |
| S1659-2 | dad por dios en -su memoria |
| S1659-4 | dad lymosna por dios |
| S1673-2 | de dios madre muy amada |
| S1700-2 | con -grand afyncamiento ansi como dios Sabe |
| S1705-3 | el quiere acalañar nos lo que perdono dios |

**DIRA**

| | |
|---|---|
| S 70-2 | bien o -mal qual puntares tal te dira çierta mente |
| S 425-4 | ssy mis dichos fazes non te dira muger non |
| S 435-4 | que -la talla del cuerpo te dira esto a -guisa |
| S1004-3 | çapatas fasta rrodilla e dira toda la gente |

**DIRAS**

| | |
|---|---|
| S 7-3 | E les diras palabras que fabrasen mejorez |
| S 68-4 | non diras mal del libro que agora rrefiertas |

**DIRATORIO**

| | |
|---|---|
| S1152-4 | el rrosario de guido nouela e diratorio |

**DIRE**

| | |
|---|---|
| S 14-3 | non vos dire mentira en quanto en el yaz |
| S 181-1 | Dyre vos vna pelea que vna noche me vino |
| S 353-3 | dire vn poco della que es grand estoria |
| S 464-1 | Mas vos dire Señora vna noche yazia |
| S 474-1 | del que olvydo la muger te dire la fazaña |
| G 680-3 | de palabraz en juego direlaz si laz oyere |
| S 717-1 | Non vos dire mas rrazones que asaz vos he fablado |
| S 916-4 | sy me non mesturardes dire vos vna pastija |
| S 993-3 | vna sserrana lerda dire vos que -me avino |
| S1339-1 | E avn vos dire mas de quanto aprendi |
| S1395-1 | Dixol doña garoça oy mas no te dire |
| S1398-3 | dexat eso Señora dire voz vn mandado |
| S1400-1 | sseñora diz la vieja dire voz vn juguete |
| S1400-4 | dire voz la fablilla sy me dadez vn Risete |
| S1438-4 | sy vn cantar dixieres dire yo por el veynte |

**DIRIA**

| | |
|---|---|
| S 421-4 | mucho mas te diria Saluo que non me atrevo |
| S 574-1 | Mucho mas te diria sy podiese aqui estar |

**DIRIE**

| | |
|---|---|
| S 275-2 | quien dirie tu forniçio e tu mala barata |
| S1054-4 | quien lo dirie dueña qual fue destos mayor |
| S1333-3 | quien dirie los manjarez los presentes tamaños |

**DIRIGE (L)**

| | |
|---|---|
| S 383-3 | gressus meos dirige rresponde doña fulana |

**DIS**

| | |
|---|---|
| G 445-1 | si diz que -loz zobacoz tiene vn poco mojadoz |
| S 881-2 | non la colgarian en -la plaça nin Reyrian de -lo que diz |
| S1007-2 | corri la cuesta ayuso ca diz quien da a -la torre |
| S1091-3 | Señor diz a -la duena sy con-migo la enlazas |
| S1397-4 | verdat diz mi amo a -como yo entiendo |
| S1400-1 | sseñora diz la vieja dire voz vn juguete |
| S1408-1 | quando coyda el bauieca que diz bien e derecho |
| S1444-1 | sseñora diz la vieja esse miedo non tomedes |
| S1458-3 | vino el mal amigo diz fe me aqui presto |
| S1696-3 | diz amigoz yo querria que toda esta quadrilla |

**DISANTERO**

| | |
|---|---|
| S1003-3 | vn çamaron disantero e garnacho para entre el año |

**DISANTO**

| | |
|---|---|
| S 472-3 | non se pagan de disanto en poridat nin a -escuso |

**DISCIPLINA**

| | |
|---|---|
| S1168-3 | fostigaras tus carnes con santa disçiplina |

**DISCIPULO**

| | |
|---|---|
| S 427-1 | quisyste ser maestro ante que discipulo ser |
| S1049-4 | judas el quel vendio su disçipulo traydor |

**DISCIPULOS**

| | |
|---|---|
| S 30-2 | quando en -los discipulos presto |
| S 40-2 | los discipulos vino alunbrar |

**DISCORDIA**

| | |
|---|---|
| S 889-1 | la yra la discordia a -los amigos mal faz |

**DISOLUTOS**

| | |
|---|---|
| P 89 | a -loz tales mucho disolutoz E de mal entendimiento |

**DISPENSA**

| | |
|---|---|
| S 145-3 | dyspensa contra el fuero e dexalo beuir |

**DISPENSADORES**

| | |
|---|---|
| S1150-3 | pueden bien asoluer los e ser dispenssadorez |

**DISPENSAR**

| | |
|---|---|
| S 146-3 | pero puede muy bien contra ellas dispenssar |

**DISPUTACION**

| | |
|---|---|
| S 49-2 | para la disputaçion pusieron pleito firmado |
| S 371-4 | aprendieron los abogados en -esta disputaçion |
| S1136-1 | En -el santo decreto ay grand disputaçion |

**DISPUTAR**

| | |
|---|---|
| S 48-2 | que ante les convenia con sus sabios disputar |
| S 52-3 | para disputar por señas lo que tu quisieres pit |
| S1133-4 | saluo vn poquillo que oy disputar |

**DISPUTASEN**

| | |
|---|---|
| S 49-4 | que disputasen por señas por señas de letrado |

**DISTE**

| | |
|---|---|
| S 2-1 | Señor tu diste graçia a -ester la Reyna |
| S 29-3 | Sobir al çielo E diste |
| S 203-3 | el rrey que tu nos diste por nuestraz bozes vanas |
| S 215-1 | Responde que te fiz por que me non diste dicha |
| S 248-4 | que nunca lo diste a -vno pidiendo telo çiento |
| S1559-3 | dionos vida moriendo al que tu muerte diste |

**DISTES**

| | |
|---|---|
| S 205-2 | el rrey tan demandado por quantas bozes distes |
| S1159-3 | que de -los casos grandes que vos distes vngente |

**DITADO**

| | |
|---|---|
| S 91-3 | algun triste ditado que podiese ella saber |
| S1044-4 | a -onrra de -la virgen ofreçile este ditado |
| S1077-1 | ley amas laz cartaz entendy el ditado |

**DITADOS**

| | |
|---|---|
| P 191 | Ca trobas E notaz e rrimaz e ditadoz e uersoz |
| S1129-4 | çerca desto le dixo muchos buenos ditados |

**DIVERSAS**

| | |
|---|---|
| S 211-4 | de diuerssas maneras tu quexa lo espina |
| S 502-1 | Comia muchos manjarez de diuerssas naturas |
| S1153-3 | tyenen sobre estos casos diuersas opiniones |
| S1227-2 | de diuerssas maneraz de diuerssaz collorez |

**DIVERSOS**

| | |
|---|---|
| S1110-2 | conpañas mucho estranas e de diuersos marcos |

**DIVIESOS**

| | |
|---|---|
| S1090-3 | dalle he la sarna e diuiesos que de lydiar nol mienbre |

**DIVINIDAT**

| | |
|---|---|
| P 108 | maz ez de -la diuinidat que de -la vmanidad |

**DIVINO**

| | |
|---|---|
| S 23-3 | troxo te mensaz diuino |

**DIXE**

| | |
|---|---|
| S 59-3 | diz yo dixe que es vn dioz El rromano dixo que era |
| S 60-1 | yo dixe que era todo a -la su voluntad |
| S 104-3 | non las quiso tomar dixe yo muy mal va |
| S 106-2 | dixe querer do non me quieren ffaria vna nada |
| S 182-2 | dixel si amor eres non puedes aqui estar |
| S 578-2 | porfiando le dixe agora yo te porne |
| S 602-2 | muchas vezes gelo dixe que fynque mal denostado |
| S 659-1 | abaxe mas la palabra dixel que en juego fablaua |
| G 666-1 | yo le dixe ya sañuda anden fermozoz trebejoz |
| S 701-2 | dixele madre zeñora tan bien seades venida |
| S 706-1 | yo le dixe amo vna dueña sobre quantas yo vy |
| S 709-4 | dezid me quien es la dueña yo le dixe doña endrina |
| S 711-2 | yo le dixe por dios amiga guardat vos de soberuienta |
| S 719-1 | yo le dixe madre señora yo vos quiero byen pagar |
| S 794-1 | yo le dixe qual arte qual trabajo qual sentido |
| S 909-2 | dixela por te dar ensienpro non por que a -mi vino |
| S 920-1 | yo le dixe commo en juego picaça parladera |
| S 931-1 | Nunca jamas vos contesca e lo que dixe apodo |
| S 933-2 | buen amor dixe al libro e a -ella todo saçon |
| S 935-4 | dixe yo en mano de vieja nunca dy mejor beso |
| S 937-2 | ya vos dixe que estas paran cauas e foyas |
| S 938-1 | otrosi vos dixe que estas tales buhonas |
| S 944-4 | dixe yo que buen manjar sy non por el escotar |
| S 946-3 | dixel yo diome el diablo estas vieja Rahezes |
| S 954-4 | amiga dixel amidos faze el can baruecho |
| S 960-1 | Dixele yo a -la pregunta vome fazia sotos aluos |
| S 962-1 | Dixele yo por dios vaquera non me estorues mi jornada |
| S 964-3 | dixel yo par dios fermosa dezir vos he vna cosa |
| S 973-4 | dixe mi casilla e mi fogar çient sueldos val |
| S 975-3 | omillome dixe yo sserrana fallaguera |
| S 978-3 | cofonda dios dixe yo çigueña en -el exido |
| S 982-1 | Pardios dixe yo amiga mas querria almozar |
| S 983-2 | Pensso de mi e della dixe yo agora se prueua |
| S 983-4 | dixe le que me mostrase la ssenda que es nueua |
| S 984-3 | dixe le yo esto de priessa sy dios de mal me guarde |
| S 988-3 | yol dixe en buena ora sea de vos cuerpo tan guisado |
| S 997-4 | dixele yo ansy dios te ssalue hermana |
| S 998-2 | dixe ando por esta sierra do quirria cassar de grado |
| S 999-2 | yol dixe bien se guardar vacas yegua en cerro caualgo |
| S1002-3 | faras buen entendimiento dixel yo pide lo que quisieres |
| S1005-1 | yol dixe dar te he esas cosas e avn mas si mas comides |
| S1007-4 | yo dixe so perdido sy dios non me acorre |
| S1025-1 | dixe yo a -ella |
| S1026-1 | yol dixe frio tengo |
| S1028-1 | yol dixe de grado |
| S1079-2 | fuese e yo fiz mis cartaz dixele al viernes yd |
| S1245-3 | luego el mundo todo e quanto vos dixe ante |
| S1343-1 | yo le dixe trota conventos escucha me vn poquillo |
| S1346-2 | dixele non Señora mas yo melo comedi |
| S1368-3 | de -lo que yo te dixe luego me arrepenty |
| S1497-1 | yol dixe trota conventos Ruego te mi amiga |
| S1623-2 | Dixele huron amigo buscame nueua funda |

**DIXERON**

| | |
|---|---|
| S 728-3 | con los locos faze se loco los cuerdos del byen dixeron |

**DIXIE**

| | |
|---|---|
| S 117-2 | dixielo a -fferrand garçia |

**DIXIERA**

| | |
|---|---|
| S 59-1 | Preguntaron al griego sabio que fue lo que dixiera |

**DIXIERE**

| | |
|---|---|
| S 453-4 | nin le seas porfioso contra lo que te dixiere |
| S1135-3 | aquesto que yo dixiere entendet lo voz mejor |

**DIXIERE**     **(H)**

| | |
|---|---|
| S 694-4 | el que amen dixiere lo que cobdiçia lo vea |
| S1497-3 | e si en -la rrespuesta non te dixiere enemiga |

**DIXIEREN**

| | |
|---|---|
| S 419-2 | todo lo quel dixieren piense lo bien primero |
| S 639-3 | ado muchos le dixieren tus bienes e tus loores |

**DIXIERES**

| | |
|---|---|
| S1438-4 | sy vn cantar dixieres dire yo por el veynte |

**DIXIERON**

| | |
|---|---|
| S 52-2 | dixieron le nos avemos con griegos nuestra conbit |
| S 83-3 | dixieron que mandase quales quisiese matar |
| S 93-4 | mesclaron me con ella e dixieronle del plan |
| S 191-2 | el primer mes ya pasado dixieron le tal Razon |
| S 201-2 | dixieron non es este rrey para lo nos seruir |
| S 346-1 | dixieron las partes a -los sus abogados |
| S 368-1 | ally los abogados dyxieron contra el juez |
| S 370-1 | dixieron le otrosy vna derecha rracon |
| S 748-2 | dixieron que se fuese que locura chirlaua |
| S 769-3 | ay Señor guardiano dixieron los barbados |
| S 940-3 | quanto de vos dixieron yo fare que -lo padan |
| S1070-1 | ssabed que me dixieron que ha çerca de vn año |
| S1184-4 | dixieron los corderos vedes aqui la fyn |
| S1248-1 | Dixieron ally luego todos los rreligiosoz e ordenados |
| S1255-2 | las monjas le dixieron Señor non avrias viçio |

**DIXIESE**

| | |
|---|---|
| S 72-1 | Sy -lo dixiese de mio seria de culpar |
| S 108-2 | sy de -la -muger noble dixiese cosa rrefez |

**DIXIESEN**

| | |
|---|---|
| S 192-3 | casamiento abondo e desto le dixiesen |

**DIXISTE**

| | |
|---|---|
| S 7-1 | Avn tu que dixiste a -loz tus seruidorez |
| S 425-1 | Escucha la mesura pues dixiste baldon |
| S1368-2 | por lo que me dixiste yo mucho me ssenti |
| S1473-1 | Respondio el diablo todo esto que dixiste |

**DIXISTES**

| | |
|---|---|
| S 783-3 | ay vieja mata amigos para que melo dixistes |
| S 802-2 | sy verdat le dixistes e amor le avedes |

**DIXO**

| | |
|---|---|
| S 23-4 | dixote ave maria |
| S 28-3 | te dixo goço sin pena |
| S 38-2 | quando te dixo ave maria |
| S 44-1 | Palabras son de sabio e dixo lo caton |
| S 51-1 | Estando en su coyta dixo vn cibdadano |
| S 53-3 | subio en alta cathreda dixo con bauoquia |
| S 58-1 | A Todos los de greçia dixo el sabio griego |
| S 59-3 | diz yo dixe que es vn dioz El rromano dixo que era |
| S 61-2 | diz dixo me que con su dedo que me quebrantaria el ojo |
| S 62-3 | dixo me luego apos esto que -le parase mientes |
| S 81-1 | dixo la duena cuerda a -la mi mensajera |
| S 84-4 | al leon dixo el lobo que -la mesa bendixiese |
| S 88-1 | El leon dixo comadre quien vos mostro ha fazer partiçion |
| S 88-3 | ella dixo en -la cabeça del lobo tome yo esta liçion |
| S 96-3 | dixo a -la mi vieja que -le avia enbiada |
| S 118-1 | dixo me quel plazia de grado |
| S 130-4 | dixo el vn maestro apedreado ha de ser |
| S 131-1 | Judgo el otro e dixo este ha de ser quemado |
| S 131-3 | el quarto dixo el jnfante ha de ser colgado |
| S 131-4 | dixo el quinto maestro morra en agua afogado |
| S 179-2 | dixo vno coyda el vayo e E otro el que -lo ensilla |
| S 181-4 | yo le pregunte quien era dixo amor tu vezino |
| S 254-1 | Dyxo la grulla al lobo quel quisiese pagar |
| S 254-2 | el lobo dixo como yo non te pudiera tragar |
| S 258-3 | poner en -los primeros quando le dixo yd |
| S 272-4 | dixo contra si mesma vna Razon temida |
| S 274-4 | acortase la vida quien lo dixo non miente |
| S 285-2 | dixo con grand envidia yo fare quanto pueda |
| S 298-2 | vassallo dixo mio la mano tu me besa |
| S 343-3 | dixo el buen alcalde aved buena abenençia |
| S 365-1 | Non le preste lo que el dixo con miedo e quexura |
| S 365-3 | Ca su miedo era vano e non dixo cordura |
| S 369-1 | dixo les que byen podia el en -su pronunçiaçion |
| S 371-1 | a -esto dixo el alcalde vna sola Responssion |
| S 409-1 | Señor enamorado dixo al mur la Rana |
| S 459-1 | dyxo les la dueña que ella queria casar |
| S 460-1 | Dyxo ssseñora oyd primero la mi Razon |
| S 462-1 | Desque callo el coxo dixo el tuerto Señora |
| S 462-2 | chica es la pereza que este dixo agora |
| S 466-1 | Non se dixo la duena destas perezas grandes |
| S 475-1 | Ante del mes conplido dixo el nuestra dona |
| S 476-1 | dyxo don pitas pajas dona de fermosura |
| S 479-3 | dixole que -le pyntase commo podiesse mejor |
| S 482-1 | dixo don pitas pajas madona sy vos plaz |
| S 531-4 | dyos te salue buen omne dixol con ssynple gesto |
| S 535-1 | dyxo el hermitano non se que es vyno |
| S 536-2 | dixo saca dello e beue pues lo as trcaydo |
| S 579-1 | My coraçon me dixo faz lo e Recabdaras |
| S 608-4 | de -lo quel non te dixo de mi te sera rrepetido |
| S 645-4 | qual don amor te dixo tal sea la trotera |
| G 664-4 | ella dixo vuestroz dichoz non loz preçio dos piñonez |
| G 679-1 | esto dixo doña endrina esta dueña de prestar |
| G 683-4 | ella dixo pues dezildo e vere que tal zera |
| G 685-1 | esto dixo doña endrina es cosa muy prouada |
| S 709-1 | dixo yo ire a -su casa de esa vuestra vezina |
| S 711-1 | Dixo me que esta dueña era byen su conosienta |
| S 723-4 | vydola doña endrina dixo entrad non Reçeledes |
| S 724-1 | Entro la vieja en casa dixole Señora fija |
| S 738-1 | Dixo trota conventos quien fija es fija Señora |

**DIZ**

| | |
|---|---|
| S 740-1 | Dixo doña endrina callad ese predicar |
| S 743-1 | A -la fe dyxo la vieja desque vos veen bilda |
| S 747-1 | Dixo la golondrina a -tortolas e a -pardales |
| S 749-1 | Torno la golondrina e dixo al abutarda |
| S 750-1 | dixo el abutarda loca sandia vana |
| S 752-4 | dixo la golondrina ya sodes en pelaça |
| G 761-1 | fiia dixo la vieja el año ya es pasado |
| S 767-2 | dixo diome el diablo el ageno Roydo |
| S 773-4 | dixo diome el diabro cantar missa en forno |
| S 775-1 | dyxo luego el lobo a -la puerca byen ansi |
| S 776-2 | fablo contra el lobo dixo dechos non vanos |
| S 796-1 | dixo la buena dueña en ora muy chiquilla |
| S 801-1 | Estonçe dixo la vieja ansy al amador |
| S 802-3 | ella verdat me dixo quiere lo que vos queredes |
| S 819-1 | Eso dixo la vieja byen se dize fermoso |
| S 824-1 | fuese a -casa de -la dueña dixo quien mora aqui |
| S 825-1 | dixo le doña Rama como venides amiga |
| S 845-3 | dixotrota conventos a -la vyeja pepita |
| S 847-1 | dixo doña endrina a -la mi vieja paga |
| S 852-1 | ay dios dixo la dueña el coraçon del amador |
| S 867-3 | Señora dixo la vieja cras avremos buen vagar |
| S 882-1 | doña endrina le dixo ay viejas tan perdidas |
| S 896-1 | El leon dixo luego que merçed le faria |
| S 896-4 | la gulhara juglara dixo quel llamaria |
| S 897-3 | Señor dixo confrade nuestro solaz onrra |
| S 903-1 | dixo al leon el lobo quel asno tal nasçiera |
| S 915-4 | la dueña dixo plaz me desque melos mostrares |
| S 916-1 | Començo a -encantalla dixole Señora fija |
| S 919-3 | dixo me esta vyeja por nonbre ha vrraca |
| S 934-3 | dixo luego la gente de dios mala ventura |
| S 945-2 | vino me ver vna vieja dixo me luego de mano |
| S 946-1 | Con su pesar la vieja dixo me muchas vezes |
| S 947-2 | fiz cantares caçurros de quanto mal me dixo |
| S 979-2 | dixo la descomulgada non pises las aradas |
| S 981-4 | dixo me que jugasemos el juego por mal de vno |
| S 990-3 | dixo non sabes el vso comos doma la rres muda |
| S 991-3 | dixo la endiablada asy apilan el conejo |
| S 998-3 | ella dixo non lo yerra el que aqui es cassado |
| S1009-3 | dixo me quel plazia sil fuese bien pagada |
| S1021-1 | de quanto que me dixo E de su mala talla |
| S1027-1 | dixo me la moça |
| S1040-1 | dixo me la heda |
| S1078-3 | dixo yo so el alfrez contra esta mala presa |
| S1106-2 | fallose con don tozino dixole mucho baldon |
| S1119-4 | atendiole el fidalgo non -le dixo de non |
| S1129-4 | çerca desto le dixo muchos buenos ditados |
| S1181-1 | Dixo a -don ayuno el domingo de Ramos |
| S1182-4 | de -lo que dixo en -casa ally se desdezia |
| S1199-4 | dixo dios me guarde destaz nuevaz oydaz |
| S1223-3 | dixo con grand orgullo muchaz blauaz grandiaz |
| S1304-1 | Dyxo en -la jnvernada visite a sseuilla |
| S1318-1 | Dixo me que conosçia vna byuda loçana |
| S1323-2 | dixo non querria esta que me costase cara |
| S1325-1 | Dixol por que yva e diole aquestos verssos |
| S1325-3 | dixo la buena dueña tus dezirez trauiesos |
| S1326-1 | fija dixo la vieja osar vos he fablar |
| S1326-2 | dixo la dueña vrraca por que lo has de dexar |
| S1328-2 | vyno me muy alegre dixo me de la primera |
| S1331-2 | enbie por mi vieja ella dixo adolo |
| S1332-1 | Ella dixo amigo oyd me vn poquiello |
| S1344-2 | dixo me quel preguntara qual fue la tu venida |
| S1344-4 | Señora dixo la vieja asy comunal vyda |
| S1346-1 | Dixol doña garoça enbio te el a -mi |
| S1353-1 | dixole el ortolano vete de aqueste lugar |
| S1356-1 | sseñora dixo la vieja por que so baldonada |
| S1360-2 | el galgo querellandose dixo que mundo malo |
| S1368-1 | vieja dixo la dueña çierto yo non menty |
| S1379-2 | dixo el aldeano al otro venino jaz en -el |
| S1395-1 | Dyxol doña garoça oy mas no te dire |
| S1396-3 | yuy yuy dixo Señora que negra ledania |
| S1403-2 | dixo el burro nesçio ansy entre sus dientez |
| S1410-1 | la dueña dixo vieja mañana madrugeste |
| S1411-1 | Sy dixo la comadre quando el çirugiano |
| S1419-1 | Dixo este maestro el coraçon del rraposo |
| S1420-1 | Dixo todaz laz coytas puede ome sofrir |
| S1431-2 | fue a -el dixo Señor yo trayo buen cochillo |
| S1435-2 | vieja dixo non temas esta byen Segurada |
| S1447-1 | Dixo la vna liebre conviene que esperemos |
| S1455-1 | Dixo el vn ladron dellos ya yo so desposado |
| S1456-3 | dixol que de su alma la carta le feciese |
| S1463-2 | vino el malo E dixo a -que me llamas cada dia |
| S1467-3 | vino el malo e dixo ya te viese colgar |
| S1470-3 | dixo el enforcado tus obras mal apresaz |
| S1481-1 | farias dixo la dueña Segund que ya te digo |
| S1483-1 | la dueña dixo vieja non lo manda el fuero |
| S1484-1 | dixo l doña garoça que ayas buena ventura |
| S1492-1 | Dixol doña garoça verme ha de my espaçio |
| S1492-2 | alahe dixo la vieja amor non sea laçio |
| S1493-1 | la dueña dixo vieja guarde me dios de tus mañas |
| S1494-2 | ante del dioz voz salue dixo la mensajera |
| S1509-1 | Dixo trota conventos a -la mora por mi |
| S1509-4 | saluda vos amor nueuo dixo la mora yznedri |
| S1510-4 | tomaldo fija Señora dixo la mora le ala |
| S1511-4 | non vaya de vos tan muda dixo la mora ascut |
| S1512-4 | cabeçeo la mora dixole amxy axmy |
| S1624-2 | dixo dad me vn cantar E veredes que Recabdo |
| S1625-1 | dixol doña fulana tyra te alla pecado |
| S1692-1 | ffablo este açipreste E dixo bien ansy |

**DIZ**

| | |
|---|---|
| S 19-4 | cantar de -los sus gozos siete que ansi diz |
| S 59-3 | diz yo dixe que es vn dioz El rromano dixo que era |
| S 60-2 | rrespondio que en su poder tenie el mundo E diz verdat |

## DIZ

| | (cont.) |
|---|---|
| S 61-2 | diz dixo me que con su dedo que me quebrantaria el ojo |
| S 73-1 | que diz verdat el sabio clara mente se prueua |
| S 82-1 | Diz que yazie doliente el leon de dolor |
| S 85-1 | Señor diz tu estas flaco esta vianda liuiana |
| S 90-1 | E segund diz jhesu xpisto non ay cossa escondida |
| S 93-1 | Diz el prouerbio viejo quien matar quisier su can |
| S 94-3 | diz la dueña sañuda non ay paño syn rraça |
| S 95-4 | diz la dueña los novios non dan quanto prometen |
| S 97-1 | Diz quando quier casar omne con dueña mucho onrrada |
| S 124-1 | Esto diz tholomeo e dizelo platon |
| S 135-3 | diz vayamos nos Señor que -los que a -vos fadaron |
| S 165-1 | diz por las verdadez sse pierden los Amigos |
| S 172-1 | ffizo de mi bauieca diz non muestra pereza |
| S 175-3 | diz non quiero mal bocado non serie para mi sano |
| S 179-4 | que diz por lo perdido non estes mano en mexilla |
| S 195-4 | diz ay molyno Rezio avn te vea casado |
| S 239-4 | diz don villano nesçio buscad carrera larga |
| S 243-4 | diz conpañero soberuio do sus enpelladas |
| S 256-4 | el bien que omne le faze diz que es por su derecha |
| S 299-2 | dyz tu eres mi Señor e yo tu vasallo |
| S 329-3 | Señor diz yo so syenpre de poco mal sabyda |
| S 339-3 | diz luego la marfusa Señor sean tenidos |
| S 366-4 | ella diz que non -lo tenie mas que le furtaria la gallyna |
| S 423-2 | dyz açipreste Sañudo non seyas yo te rruego |
| S 475-3 | ella diz mon señer andat en ora bona |
| S 476-4 | ella diz monssener fazet vuestra mesura |
| S 482-3 | diz la muger monseñer vos mesmo la catat |
| S 484-2 | sotil e mal sabyda diz como mon sseñer |
| S 487-1 | dyz la muger entre dientes otro pedro es aqueste |
| S 532-1 | Marauillose el monge diz a -dios me acomiendo |
| S 533-2 | diz aquel cuerpo de dios que tu deseas gustar |
| S 535-3 | dyz aquellos taverneros que van por el camino |
| S 538-1 | Amigo dyz non sabes de noche nin de dia |
| S 568-4 | diz que la buena poridat en buen amigo anda |
| S 703-4 | diz la vieja puez dezidlo e aved en mi creençia |
| S 711-3 | ella diz pues fue casada creed que se non arrepienta |
| G 759-1 | Renpondiole la dueña diz non me estaria bien |
| S 768-4 | a -la fe diz agora se cunple el estornudo |
| S 774-1 | ea diz ya desta tan buen dia me vino |
| S 776-3 | diz señor abbad conpadre con esas santas manos |
| S 792-1 | Diz loco que avedes que tanto vos quexades |
| S 807-1 | Amigo diz la vieja en la dueña lo veo |
| S 808-2 | ella me diz que fable e non quiera dexallo |
| S 812-2 | ella non me lo niega ante diz que vos ama |
| S 825-3 | corrida e amarga que me diz toda enemiga |
| S 828-1 | diz ya leuase el verco a -la vieja Risona |
| S 829-2 | diz la vieja que nueuas que se yo que es del |
| S 868-2 | amigo diz como estades yd perdiendo coydado |
| S 869-1 | byen se que diz verdat vuestro prouerbyo chico |
| S 872-4 | yuy diz que es aquello que faz aquel rroydo |
| S 891-4 | que lo felo de estoria diz panfilo e nason |
| S 915-4 | Señora diz conprad me aquestos almajares |
| S 917-1 | diz yo se quien vos querria mas cada dia ver |
| S 930-1 | a -la he diz açipreste vieja con coyta trota |
| S 939-3 | diz quiero me aventurar a -que quier que me venga |
| S 942-3 | ca diz vos amigo que -las fablas verdat son |
| S 959-3 | fade maja diz donde andas que buscas o -que demandas |
| S 960-2 | diz el pecado barruntas en -fablar verbos tan blauos |
| S 961-2 | a -la he diz escudero aqui estare yo queda |
| S 962-3 | ella diz dende te torna por somo sierra trastorna |
| S 963-3 | en-avento me el dardo diz para el padre verdadero |
| S 965-1 | Dyz yo leuare a -cassa e mostrar te he el camino |
| S 966-3 | ella diz dam mas amigo anda aca trete con-migo |
| S 970-3 | oteo me la pastora diz ya conpañon agora |
| S 971-1 | la vaquera trauiessa diz luchemos vn Rato |
| S 976-1 | ssemejas me diz sandio que ansy te conbidas |
| S 980-1 | Dyz entremos a -la cabaña fferruzo non lo entienda |
| S 991-4 | sobarte dia el aluarda synon partes del trebejo |
| S 992-2 | por que non fiz quando manda diz rroyn gaho envernizo |
| S 998-1 | diz que buscas por esta tierra commo andas descaminado |
| S1002-1 | Diz aqui avras casamiento qual tu demandudieres |
| S1003-1 | diz dame vn prendero que sea de bermejo pano |
| S1025-3 | diz tu que bien corres |
| S1029-1 | diz trota conmigo |
| S1031-2 | fidalgo diz abras |
| S1032-1 | diz huesped almuerça |
| S1034-4 | Ella diz maguera |
| S1043-2 | Santiago apostol diz de todo bien conplido |
| S1060-3 | diz luego ysayas que -lo avya de parir |
| S1088-2 | Señor diz non me escusedes de aquesta lyd a -mi |
| S1089-3 | omillo me diz Señor yo el tu leal syeruo |
| S1090-2 | Señor diz alla dueña yo le metre la fiebre |
| S1092-2 | Señor diz a -herren me echa oy el llugero |
| S1108-2 | diz la pixota al puerco do estas que non paresçes |
| S1208-3 | diz vos que me guardades creo que me non tomedes |
| S1209-2 | diz tu carnal soberuio meto que non me falles |
| S1230-3 | la flauta diz con ellos mas alta que vn Risco |
| S1264-1 | Dyz mando que mi tyenda fynque en -aquel plado |
| S1318-3 | diz açipreste amad esta yo ire alla mañana |
| S1320-1 | diz do non te quieren mucho non vayas amenudo |
| S1325-2 | Señora diz conprad traueseros e aviesos |
| S1329-2 | diz non avedes pauor vos las mugeres todaz |
| S1331-3 | vino a -mi rreyendo diz omillome don polo |
| S1343-3 | ella diz yo lo andare en pequeño rratillo |
| S1347-3 | diz asy me contesçeria con tu conssejo vano |
| S1386-1 | Señora diz la vieja desaguisado façedes |
| S1413-3 | desque se vido ençerrada diz los gallos furtados |
| S1415-2 | de la buena cola mas vale que vn dinero |
| S1416-2 | diz el colmillo desta puede aprouechar |
| S1417-2 | diz el ojo de aquesta es para melezina |
| S1418-2 | diz que buenaz orejaz son laz de la gulpeja |

| S1419-3 | ella diz al diablo catedes vos el polso |
| S1424-2 | Señora diz mesura non me querades ferir |
| S1426-3 | Señor diz non me mates que non te podre fartar |
| S1453-1 | Tal eres diz la dueña vieja commo el diablo |
| S1461-2 | diz luego el judgador amigos el Ribalde |
| S1464-4 | el alcalde diz mando que sea enforcado |
| S1465-2 | estar su mal amigo diz por que non me acorres |
| S1470-1 | El diablo quexose diz ay que mucho pesaz |
| S1471-1 | fablo luego el diablo diz amigo otea |
| S1471-3 | el ladron paro mientes diz veo cosa fea |
| S1480-1 | Señora diz la vieja muchas fablaz sabedes |
| S1482-1 | Diz la vieja Señora que coraçon tan duro |
| S1483-4 | Señora el aue muda diz non faze aguero |
| S1485-1 | Señora diz la vieja yol veo amenudo |
| S1490-2 | ssenora diz la fabla del que de feria fuxo |
| S1502-2 | yo sospire por ellos diz mi coraçon hela |
| S1512-2 | diz quanto vos he dicho bien tanto me perdi |
| S1622-1 | Pero sy diz la fabla que suelen Retraher |
| S1623-2 | a -la fe diz buscare avn que el mundo se funda |
| S1693-2 | diz el papa nos enbia esta constituçion |
| S1701-3 | diz amigoz si este Son a -de -ser verdadero |
| S1705-2 | diz aqueste arçobispo non se que se ha con noz |

## DIZE

| P 5 | a -cada vno de nos dize |
| P 24 | de que dize el dicho profecta |
| P 28 | en otro logar en -que dize |
| P 30 | Otrosi dize salamon en -el libro de -la sapiençia |
| P 33 | del verso que yo començe en -lo que dize |
| P 38 | E esto atal dize el dicho profecta |
| P 42 | E desto dize el salmista |
| P 45 | del verso que dize E instruan te |
| P 53 | E desto dize sant Ioan apostol en -el Apocalipsi |
| P 57 | E dize otrosi el profecta |
| P 60 | que dize Jn via hac qua gradieris |
| P 79 | Ca dize Caton Nemo sine crimine viuit |
| P 80 | E dize lo job |
| P 86 | E deste tal penssamiento dize el salmista |
| P 98 | e a pecado que a -bien esto dize el decreto |
| P 105 | esto dize el decreto |
| P 109 | esto dize el decreto |
| P 113 | otrosi dize dauid Anima mea illius viuet |
| P 117 | et dize job breuez diez hominiz sunt |
| P 118 | E otrosi dize |
| P 120 | E dize sobre esto dauid |
| P 147 | el derecho lo dize |
| P 150 | el derecho lo dize |
| P 172 | E la sentençia de -lo que y dize |
| P 185 | Ca dize sant gregorio que menoz firien al onbre |
| P 196 | e dize lo la primera decretal de -laz crementinaz |
| P 200 | Segud dize el apostol |
| P 204 | que ez qui cuque vul el vesso que dize |
| S 64-1 | Por esto dize la pastraña de -la vieja ardida |
| S 66-4 | lo que buen amor dize con rrazon telo prueuo |
| S 69-1 | Do coydares que miente dize mayor verdat |
| S 71-1 | Commo dize aristotiles cosa es verdadera |
| S 72-2 | dizelo grand filosofo non so yo de Rebtar |
| S 72-3 | de -lo que dize el sabio non deuemos dubdar |
| S 80-3 | dize verdat la fabla que la dueña conpuesta |
| S 95-1 | Commo dize la fabla quando a -otro sometem |
| S 105-1 | Commo dize salamo e dize la verdat |
| S 111-1 | vna fabla lo dize que vos digo agora |
| S 124-1 | Esto diz tholomeo e dizelo platon |
| S 131-2 | el terçero dize el niño ha de despeñado |
| S 160-2 | commo es antes mio dize vna escriptura |
| S 164-2 | toda cosa que dize paresçe mucho buena |
| S 166-1 | Como dize el sabio cosa dura e fuerte |
| S 173-4 | quien toma dar deue dizelo sabio enviso |
| S 261-2 | al sabidor virgillio commo dize en -el testo |
| S 276-3 | sy el tu amigo te dize fabla ya quanta |
| S 295-3 | el profeta lo dize esto que te rrefierto |
| S 418-1 | Del bien que omne dize sy a -sabyendas mengua |
| S 470-3 | desque la cantadera dize el cantar primero |
| S 542-1 | Commo dize el proverbyo palabla es byen çierta |
| S 819-1 | Eso dixo la vieja byen se dize fermoso |
| S 841-2 | dize a -mi llorando palablas muy manzelleras |
| S 921-2 | que juga jugando dize el omne grand manzilla |
| S 957-1 | Commo dize la vieja quando beue ssu madexa |
| S 995-1 | que dize a -su amigo queriendol consseiar |
| S1007-3 | antes de la piedra que sale el al-horre |
| S1061-1 | Dize otra proffeçia de aquella vieja ley |
| S1466-2 | con vna freyla suya que me dize trayle trayle |
| S1518-1 | Dize vn filosofo en su libro Se nota |

## DIZEN

| P 9 | laz qualez dizen algunoz doctorez philosophos |
| S 95-2 | qual palabra te dizen tal coraçon te meten |
| S 123-1 | los antiguos astrologos dizen en -la çiençia |
| S 170-3 | verdat ez lo que dizen los antiguos rretraheres |
| S 188-4 | sienpre tiras la fuerça dizenlo en fazañas |
| S 505-1 | Commo quier que -los frayles E clerigos dyzen que aman a dios seruir |
| S 506-4 | pues que se dizen pobles que quieren thessoreroz |
| S 507-2 | non es muerto ya dizen pater noster a -mal aguero |
| S 935-1 | dizen por cada canton que sea mal apreso |
| S1178-3 | dizenlez que -se conoscan E lez venga miente |

## DIZES

| S 293-4 | tu dizes al garçon que coma byen e non tema |
| S 303-4 | tu dizes que quien byen come byen faze garçonia |
| S 307-3 | dizes muchos baldones asy que de rrondon |
| S 381-3 | comienças jn verbum tuum e dizes tu de aquesta |
| S 382-1 | dizes quomodo dilexi nuestra fabla varona |
| S 383-2 | mirabilia comienças dizes de aquesta plana |
| S 385-1 | Sede a -destris meys dizes a -la que viene |
| S 426-2 | de dueñas e de otras que dizes que ameste |

**DIZE**

| | |
|---|---|
| S 382-4 | ella te dize quam dulçia que rrecubdas a -la nona |
| G 444-3 | zy ha loz pechoz chycoz si dize si demandez |
| S 455-2 | dize luego entre sus dientes oyste tomare mi dardo |
| G 556-1 | los maloz de loz dadoz dize lo maeztre rroldan |
| S 733-2 | quien mucho fabla yerra dizelo el derecho |
| S 799-3 | que -le dize falagos por que calle esa ora |
| S 856-1 | quanto mas malas palabras omne dize e las entyende |
| S 919-1 | Commo dize la fabla que del sabyo se saca |
| S 928-1 | Commo dize vn derecho que coyta non ay ley |
| S 969-3 | dize luego hade duro comamos deste pan duro |
| S 972-4 | que mato al viejo rrando segund dize en moya |
| S 977-1 | Commo dize la fabla del -que de mal nos quita |
| S 986-4 | Ca tu endenderas vne e el libro dize al |
| S1408-3 | dize mal con neçedad faze pesar E despecho |
| S1495-2 | cras dize que vayades fabladla non señero |
| S1617-3 | del mal tomar lo menos dizelo el sabidor |

**DIZEN**

| | |
|---|---|
| S 744-3 | muchos dizen que coydan parar vos talez lazos |
| S 946-4 | desque han beuido el vino dizen mal de las fezes |
| S1062-1 | Commo profetas dizen esto ya se conplio |
| S1201-1 | Dizen los naturales que non son solas laz vacaz |
| S1222-2 | rreciben lo en sus puebloz dizen del grand estoria |
| S1232-3 | los organos y dizen chançones e motete |
| S1238-3 | ally van agostynes e dizen sus cantorez |
| S1251-1 | Señor dizen los clerigos non quieras vestir lana |
| S1253-2 | non lo fagas Señor dizen los escuderos |
| S1273-4 | las viejaz tras el ffuego ya dizen laz pastrañas |
| S1360-4 | agora que so viejo dizen que poco valo |
| S1514-1 | Cantares fiz algunoz de -los que dizen los ziegos |
| S1517-3 | commo quier que por fuerça dizelo con vergoña |
| S1534-1 | Muchos cuydan ganar quando dizen a -todo |
| S1536-4 | si dizen que sanara todos gelo rrepuntan |
| S1540-2 | nin dizen oraçiones nin cunplen los ofiçios |
| S1582-4 | E para sienpre jamas dizen al jnfierno yd vos |
| S1694-1 | Cartas eran venidaz que dizen en esta manera |

**DIZES**

| | |
|---|---|
| S 387-4 | salue rregina dizes sy de ti se ha de quexar |
| S 390-2 | fazes me andar de balde dizes me digo digo |
| S1395-2 | en -lo que tu me dizes en ello penssare |
| S1423-4 | E pues tu a -mi diez Razon de perdimiento |
| S1530-1 | Cada dia le dizes que tu le fartaras |
| S1552-4 | diez a cada vno yo sola a -todos mudo |

**DIZIEN**

| | |
|---|---|
| S1253-1 | Señor sey nuestro huesped dizien los caualleros |

**DIZIENDO**

| | |
|---|---|
| S1054-1 | Dizyendo le vaya lieua lo a -muerte |
| S1222-3 | taniendo laz canpanaz en diziendo la gloria |
| S1241-3 | todaz salen cantando diziendo chanzonetaz |

**DO**

| | |
|---|---|
| P 198 | e do este non es cimiento |
| S 3-4 | libra A -mi dioz mio desta presion do ya(go) |
| S 26-4 | En tu braço do yazia |
| S 63-4 | dexose de amenazar do non gelo preçian nada |
| S 68-2 | trabaja do fallares las sus señales çiertas |
| S 69-1 | Do coydares que miente dize mayor verdat |
| S 78-3 | mucho de omne se guardam ally do ella mora |
| S 106-2 | dixe querer do non me quiere ffaria vna nada |
| S 106-3 | rresponder do non me llaman es vanidad prouada |
| S 121-2 | santiguava me a -ella do quier que -la fallaua |
| S 187-1 | Eres tan encondado que do fieres de golpe |
| S 207-2 | do son de sy Señores tornan se tus vasallos |
| S 219-1 | la sorberuia E ira que non falla do quepa |
| S 230-1 | Soberuia mucha traes ha -do miedo non as |
| S 232-4 | fuego jnfernal arde do vuiaz assentar |
| S 235-4 | toda maldat del mundo es do quier que tu seas |
| S 243-4 | diz conpañero soberuio do son tus enpelladas |
| S 244-1 | Do es tu noble freno e tu dorada silla |
| S 244-2 | do es tu soberuia do es la tu rrenzilla |
| S 296-3 | a -fazer tu forniçio Ca do mucho vino es |
| S 300-1 | ayer do me ferrava vn ferrero mal-dito |
| S 302-2 | anssy mueren los locos golosos do tu y vaz |
| S 319-4 | do vees la fermosa oteas con rraposya |
| S 375-1 | Do tu Amiga mora comienças a -leuantar |
| S 391-2 | mudas te do te pagas cada dia Ayna |
| S 394-4 | do coyda algo en ella tyene nada |
| S 404-3 | plaze te con qual quier do el ojo as puesto |
| S 418-3 | confonda dios al cuerpo do tal coraçon fuelga |
| S 425-3 | do byen eres oydo escucha mi Razon |
| G 442-1 | do eztaz mugerez vzan mucho ze alegran |
| S 473-4 | do estas tres guardares non es tu obra vana |
| S 492-4 | do son muchos dineros esta mucha bendiçion |
| S 493-1 | yo vy en -corte de Roma do es la santidad |
| S 498-1 | yo vy fer maravillas do el mucho vsaua |
| S 499-4 | do el dinero juega ally el ojo guiña |
| S 506-2 | byen les dan de -la çeja do son sus parçioneros |
| S 508-4 | do son muchos dinero y es mucha nobleza |
| S 513-4 | non me pago de joguetes do non anda el dinero |
| S 515-4 | do la muger te oya non dexes prouar |
| S 523-4 | do non es tan seguida anda mas floxa laxa |
| S 534-4 | el diablo al monge armado lo enlaze |
| S 544-4 | a do es el mucho vyno toda cosa es perdida |
| G 555-4 | do non les come se rrascan los tahurez amidoz |
| G 561-3 | do te fablare de amor sey tu plazentero |
| S 567-2 | do falle poridat de grado departy |
| G 594-3 | melezina e consejo por do pueda auer fulgura |
| G 655-3 | apenas me conosçia nin sabia por do yr |
| G 660-4 | do se çelan loz amigoz son mas fielez entramoz |
| G 674-4 | do se vsan loz omnez pueden ze conoçer |
| G 689-4 | do la muger oluidarez ella te oluidara |
| G 690-1 | do añadierez la leña creçe syn dubda el fuego |
| G 691-4 | el amor do esta firme todoz los miedoz departe |

**DOLER**

| | |
|---|---|
| S 721-4 | do bien acaba la cosa ally son todas bondades |
| S 722-2 | callar do non -le enpeçe E tyenen le por sesudo |
| G 756-4 | mas do non mora omne la caza poco val |
| G 757-4 | que do zon todaz mugerez nunca mengua rrenzilla |
| G 758-1 | dioz bendixo la caza do el buen omne cria |
| S 786-2 | por que matas el cuerpo do tyenes tu morada |
| S 790-3 | de mudar do queredes el vuestro falso amor |
| S 823-2 | Ruego vos que seades omne do fuer lugar |
| S 889-2 | pone sospechas malas en cuerpo do yaz |
| S 920-3 | syrue do avras pro pues sabes la manera |
| S 940-4 | Ca do viejos non lydian los cuervos non gradan |
| S 951-3 | de nieue e de granizo non ove do me asconder |
| S 993-2 | falle çerca el cornejo do tajaua vn pyno |
| S 997-1 | do -la casa del cornejo primer dia de selmana |
| S 998-2 | dixe ando por esta sierra do quirria cassar de grado |
| S1012-4 | mayor es que de yegua la patada do pisa |
| S1040-2 | do non ay moneda |
| S1078-1 | do tenia a -don jueues por huesped a -la messa |
| S1108-2 | diz la pixota al puerco do estas que non paresçes |
| S1137-1 | verdat es todo aquesto do puede omne fablar |
| S1137-2 | do ha tienpo E vida para lo emendar |
| S1137-3 | do aquesto fallesçe bien se puede saluar |
| S1139-4 | do mas fazer non puede la cabeça enclinando |
| S1151-2 | quien quisier saber los estudie do son puestos |
| S1156-3 | do el pecador non puede aver de otro sanidat |
| S1157-1 | En tienpo de peligro do la muerte arapa |
| S1174-2 | en -laz casaz do anda cesta nin canistillo |
| S1198-2 | todos con -el plazer cada vno do yua |
| S1249-2 | ca non tyenen moradas do touiesedes la fiesta |
| S1269-2 | do todo se escriue en toledo non ay papel |
| S1282-3 | pesal en -el lugar do la muger es buena |
| S1284-3 | los diablos do se fallan llegan se a -conpania |
| S1298-4 | por do yo entendiese que era o -que non |
| S1299-3 | por do el que lo oyere sera çertificado |
| S1303-3 | commo nunca me viera o -do avia morado |
| S1308-2 | do perdiese lazerio non pud fallar ninguno |
| S1309-4 | rrefez es de coger el omne do se falla bien |
| S1314-1 | Synenpre do quier que sea pone mucho coydado |
| S1320-4 | diz do non te quieren mucho non vayas amenudo |
| S1339-2 | do an vino de toro non enbian valadi |
| S1376-1 | Do comian e folgauan en medio de su yantar |
| S1377-3 | non tenia lugar çierto do fuese anparado |
| S1381-4 | todo es amargura do mortal miedo yaz |
| S1405-4 | fuese para el estrado do -la dueña seya |
| S1431-4 | do estan vuestraz manos fare vn grand portillo |
| S1437-2 | vido al cuervo negro en vn arbol do estaua |
| S1484-4 | non Respondas en escarnio do te preguntan cordura |
| S1547-4 | quando eres denostada do te vienes acostar |
| S1551-3 | al -lugar do mas siguez aquel va muy peor |
| S1551-4 | do tu tarde rrequierez aquel esta mejor |
| S1564-2 | do an vida veyendo mas gloria quien mas quiso |
| S1568-2 | que oviste con-migo mi leal vieja dola |
| S1574-2 | non sele detenia do fazia debatida |
| S1600-3 | esta cada dia pare do quier quel diablo posa |
| S1627-1 | buena propiedat ha do quier que sea |

**DO** (H)

| | |
|---|---|
| S 330-3 | pero yo te do de plazo que fasta dias veynte |
| S 366-1 | do lyçençia la Raposa vayase a -la saluagina |
| S 923-1 | prouelo en vrraca do te lo por conssejo |
| S1041-5 | nin le do la posada |
| S1312-2 | la quaresma catolica do aquesta quiteria |
| S1365-3 | agora que non do algo so vil e despreçiado |
| S1461-4 | yo le do por quito suelto vos merino soltalde |

**DOBLA**

| | |
|---|---|
| G 554-4 | el tablax de vn dia dobla el su mal dinero |

**DOBLADA**

| | |
|---|---|
| S 208-2 | que tan presos los tienes en tu cadena doblada |
| S 710-3 | despuez con -el poco fuego çient vezes sera doblada |

**DOBLADAS**

| | |
|---|---|
| S1019-2 | dauan le a -la çinta pues que estauan dobladas |

**DOBLAR**

| | |
|---|---|
| S 710-4 | doblar se ha toda dueña que sea bien escantada |

**DOBLAS**

| | |
|---|---|
| S 826-4 | esta lleno de doblas fascas que non lo entyendo |

**DOBLE**

| | |
|---|---|
| S1218-4 | faze fazer ve valando en -boz E doble quinta |

**DOBLEL**

| | |
|---|---|
| S1206-2 | echo vn grand doblel entre loz sus costados |

**DOCTOR**

| | |
|---|---|
| S 46-2 | non me contesca con-tigo commo al doctor de greçia |
| S 53-2 | commo si fuese doctor en -la filosofia |
| S 54-1 | vino ay vn griego doctor muy esmerado |
| S1135-1 | Escolar so mucho rrudo nin maestro nin doctor |

**DOCTORES**

| | |
|---|---|
| P 9 | laz qualez dizen algunoz doctorez philosophos |
| S 50-4 | a -los griegos doctores nin al su mucho saber |
| S 494-2 | arçobispos doctores patriarcas potestades |

**DOLED**

| | |
|---|---|
| S 833-4 | Raviosa vos veades doled vos fasta quando |

**DOLENCIA**

| | |
|---|---|
| S 250-1 | quando tu eras poble que tenias grand dolençia |
| G 594-1 | mijor es moztrar el omne su dolençia e su quexura |
| S 703-3 | sinon vos otro non sepa mi quexa e mi dolençia |
| S 797-1 | vyene salud e vyda despues de grand dolençia |
| S1536-3 | quando al fisico por su dolençia preguntan |

**DOLENCIAS**

| | |
|---|---|
| S 888-1 | a -las grandes dolençias a -las desaventuras |
| S1295-4 | con -el viene otoño con dolençiaz e curaz |

**DOLER**

| | |
|---|---|
| S1059-2 | de su muerte deuemos doler nos e acordar |
| S1289-2 | la calor del estio doler faze la tyesta |
| S1545-1 | faze doler la cabeça al que lo mucho coma |

**DOLFIN**
S1113-4    el dolfyn al buey viejo derribole los dientes
**DOLIA**
S  99-2    coydauan que era preñada atanto se dolia
S 893-1    El leon fue doliente doliale tiesta
**DOLIENDO**
S 928-3    dolyendo me de -la dueña mucho esto me crey
S1590-2    dando lymosna a -pobles dolyendo nos de su mal
**DOLIENTE**
S  82-1    Diz que yazie doliente el leon de dolor
S 237-4    mucho delantel yva el asno mal doliente
S 251-4    fazes commo el lobo dolyente en -el vallejo
S 649-1    ssy -le conortan non lo sanan al doliente los joglares
S 893-1    El leon fue doliente doliale tiesta
S1127-3    si non fuese doliente o confesor alguno
S1159-1    E otrosi mandatle a -este mal doliente
S1172-3    doliente E mal ferido constribado e dolioso
S1180-2    don carnal el doliente yua salud aviendo
**DOLIENTES**
S 373-2    nin visitas los presos nin quieres ver dolientes
S1595-2    visitando los dolientes e faziendo penitençia
**DOLIO**
S1349-4    doliose mucho della quisole dar la vida
**DOLIOSO**
S1172-3    doliente E mal ferido constribado e dolioso
**DOLOR**
S  25-3    e sin dolor apareçio
S  36-3    e syn dolor
S  82-1    Diz que yazie doliente el leon de dolor
S  92-3    cantavalo la dueña creo que con dolor
G 593-1    E si encubre del todo su ferida e su dolor
S 597-4    la llaga va creziendo del dolor non mengua nada
S 606-3    afynco vos pidiendo con dolor e tristura
S 649-2    el dolor creçe E non mengua oyendo dulçes cantares
S 790-4    ay muertas vos veades de tal Rauia e dolor
S 794-2    Sanara golpe tan grand de tal dolor venido
S 796-2    sana dolor muy grand e sale grand postilla
S 800-2    por que pierda tristeza dolor e amargura
S 830-4    mi coraçon con dolor sus lagrimas derrama
S1048-4    fizo en presiones en -penas e en dolor
S1064-4    destas llagas tenemos dolor e grand pessar
S1416-3    para quien dolor tiene en muela o en quexar
S1418-3    para quien tiene venino o dolor en -la oreja
S1522-4    sy non dolor tristeza pena e grand crueldad
S1551-2    Natura as de gota del mal e de dolor
S1575-1    ffizele vn pitaño pequeño con dolor
S1621-4    quando non podia al fazer ayunaua con dolor
S1637-4    syn dolor salio al mundo
S1668-2    aguardando los coytados de dolor E de tristura
S1674-5    de aqueste dolor que siento
S1680-2    pena atanta con dolor atormentado
S1681-2    de dolor conplido E de tristura
S1700-3    E con llorosoz ojos E con dolor grande
**DOLORES**
S 405-3    perder seso e fabla sentyr muchos dolores
S1703-4    E sy de mi la parto nunca me dexaran dolorez
**DOLOROSOS**
S1139-2    sospiros dolorosos muy triste sospirando
**DOMA**
S 266-4    a -dueñas tu loxuria desta guisa las doma
S 990-3    dixo non sabes el vso comos doma la rres muda
S1545-3    en -la cabeça fiere a -todo fuerte doma
**DOMAR**
S1000-1    sse muy bien tornear vacas E domar brauo nouillo
**DOMINE** (L)
S 375-2    domine labia mea en alta boz a -cantar
S 383-4    justus est domine tañe a -nona la canpana
S1241-4    magne nobiscum domine que tañe a -conpletaz
**DOMINGO**
S 893-3    todas las animalias vn domingo en -la syesta
S1163-1    El dia del domingo por tu cobdiçia mortal
S1181-1    Dixo a -don ayuno el domingo de Ramos
S1191-4    de oy en quatro dias que sera el domingo
S1196-2    digale que el domingo antes del sol salido
**DOMINI** (L)
P 25       yniçium sapiençie timor domini
**DOMINO** (L)
P 55       beati mortui qui in domino moriuntur
**DOMINUM** (L)
P 31       qui timet dominum façiet bona
P 43       qui diligitis dominum odite malum e cetera
P 114      querite dominum e viuet Anima vestra
**DOMINUS** (L)
S1663-1    Dominus tecum
**DOMO**
S 196-4    ansy tu deuaneo al garçon loco domo
**DON**
S 199-1    pidyeron Rey a -don jupiter mucho gelo Rogauan
S 200-1    Enbioles don jupiter vna viga de lagar
S 201-3    pidieron Rey a -don jupiter como lo solyan pedir
S 201-4    don jupiter con saña ovolas de oyr
S 203-1    Querellando a -don jupiter dieron boçes las rranas
S 205-1    Respondioles don jupiter tenedlo que pidistes
S 239-4    diz don villano nesçio buscad carrera larga
S 323-3    don ximio avia por nonble de buxia alcalde
S 325-2    don xymio ordinario alcalde de bugia
S 327-1    En cassa de don cabron mi vassallo e mi quintero
S 333-2    alcalde Señor don ximio quanto el lobo departe
S 341-1    don ximio fue a su cas con -el mucha conpaña
S 348-2    yo don ximio ordinario alcalde de bugia
S 368-4    non gelo preçio don ximio quanto vale vna nuez
S 474-3    era don pita pajas vn pyntor de bretaña

S 476-1    dyxo don pitas pajas dona de fermosura
S 477-2    fuese don pytas pajaz a ser novo mercadero
S 480-4    que ya don pytas pajas desta venia çertero
S 482-3    dixo don pitas pajas madona sy vos plaz
S 483-1    Cato don pitas pajas el sobredicho lugar
G 585-1    zeñora doña venus muger de don amor
S 645-4    qual don amor te dixo tal sea la trotera
S 658-2    con vna donçella muy rrica fija de don pepion
G 669-1    pazo o paso don endrina so el portal es entrada
S 727-3    es don melon de -la verta mançebillo de verdat
S 738-4    don melon de -la verta quered lo en buen ora
S 873-4    a -la fe aquel es don melon yo lo conosco yo lo viento
S 875-2    don melon tyrad vos dende troxo vos y el diablo
S 881-4    que todos los omnes fazen commo don melon ortiz
S 891-1    doña endrina e don melon en vno casados son
S 900-2    prendieron a -don burro commo eran castigados
S1068-1    Estando a -la mesa con do jueuez lardero
S1070-2    que anda don carnal sañudo muy estraño
S1078-1    do tenia a -don juuees por huesped a -la messa
S1079-3    a -don carnal mañana e todo esto le dezit
S1080-2    las cartaz Resçebidas don carnal argulloso
S1081-2    vino don carnal que ante estaua esforçado
S1081-4    serie don alexandre de tal rreal pagado
S1088-3    que ya muchas vegadaz lydie con don aly
S1093-1    Estaua don toçino con mucha otra çeçina
S1094-1    Commo es don carnal muy grand enperador
S1095-1    Estaua don carnal Rica mente assentado
S1099-4    llegaron a -don carnal aquestas nuevas malas
S1102-1    El primero de todos que ferio a -don carnal
S1103-4    despues a -don carnal falsol la capellyna
S1105-3    dauan a -don carnal por medio de -las costillas
S1106-2    fallose con don tozino dixole mucho baldon
S1106-4    dierale a -don ladron por medio del coraçon
S1111-3    ffazian a -don carnal pagar todas las costas
S1114-3    sus armas cada vno en don carnal enprea
S1118-3    a -don carnal Seguiendo llegandol a -la muerte
S1119-2    ardiz E denodado fuese contra don salmon
S1127-1    Mando a -don carnal que guardase el ayuno
S1128-3    ouose don carnal luego mucho a -sentyr
S1143-1    El rrey don ezechiaz de muerte condenado
S1154-1    vos don clerigo synpre guardat vos de error
S1171-2    estaua don carnal con muy grand deuoçion
S1172-1    ffynco ally ençerrado don carnal el coytoso
S1176-4    saluo a -don carnal non se a -quien non plega
S1180-2    don carnal el doliente yua salud aviendo
S1181-1    Dixo a -don ayuno el domingo de Ramos
S1182-1    Resspondiole don ayuno que desto le plazia
S1182-2    rrezio es don carnal mas faxo se fazia
S1184-1    luego lunes de mañana don rraby açelyn
S1190-2    de nos don carnal fuerte madador de toda cosa
S1193-2    don carnal poderoso por la graçia de dioz
S1197-2    dalda a -don almuerzo que vaya con -el mandado
S1212-1    a -don carnal rresçiben todos los carniçeroz
S1216-1    Venia don carnal en carro muy preciado
S1246-1    Desque fue y llegado don amor el loçano
S1258-1    Myo señor don amor si el a -mi creyera
S1263-3    mi Señor don amor en -todo paro mientes
S1299-1    El mi Señor don amor Commo omne letrado
S1302-4    los mas con don carnal fazian su morada
S1331-3    vino a -mi rreyendo diz omillome don polo
S1690-2    llegadas son laz cartaz del arçobispo don gil
S1708-1    Don gonçalo canonigo Segud que vo entendiendo
**DON** (H)
S 124-4    del que naçe tal es su fado e su don
S 933-3    desque bien la guarde ella me dio mucho don
S1043-2    e todo don muy bueno de dios bien escogido
S1336-4    que es para doñear preçiado e noble don
S1462-3    muchas vezes fue preso escapaua por don
S1594-2    con don de entendimiento e con caridad dyna
**DONA**
S 332-2    vyno dona marfusa con vn grand abogado
S 475-1    Ante del mes conplido dixo el nuestra dona
S 476-1    dyxo don pitas pajas dona de fermosura
S 477-4    fazia sele a -la dona vn mes año entero
S 596-1    Dona endryna que mora aqui en mi vezindat
S 649-3    consejo me dona venuz mas non me tyro pesares
S1195-4    enbiat gelo dezir con dona merienda farta
**DONA** (H)
S 475-2    yo volo yr a -frandes portare muyta dona
S1243-3    llenas trahe laz manos de mucha noble dona
**DONABLE**
S 169-4    graçiosa e donable amor en -toda cosa
**DONAIRE**
S 596-2    de fermosura e donayre e de talla e de beldat
S 653-2    que talle que donayre que alto cuello de garça
S 739-4    que para esse buen donayre atal cosa vos guardaron
S1613-4    fermosura donayre amor E lealtad
**DONAS**
S 171-2    davale de mis donas non paños e non çintas
S 700-2    andan de casa en casa vendiendo muchas donas
S 938-2    andan de casa en casa vendiendo muchas donas
**DONCEL**
S1619-3    huron avia por nonbre apostado donçel
**DONCELLA**
S 658-2    con vna donçella muy rrica fija de don pepion
**DONDE**
S 305-2    donde era poderoso e de babylonia señor
G 592-1    si se descubre mi llaga qual es donde fue venir
S 713-3    es omne de buen lynaje viene donde vos venides
S 897-1    ffuese la Raposilla donde el asno andava
S 959-3    fade maja diz donde andas que buscas o -que demandas
S1198-3    desian a -la quaresma donde te asconderas catyua

## DONDE
| | |
|---|---|
| | **(cont.)** |
| S1354-3 | por piedat engaño donde bien le avino |

## DONE
| | |
|---|---|
| S 12-2 | el me done su graçia e me quiera alunbrar |

## DONEAR
| | |
|---|---|
| S 527-2 | donear non la quieras ca es vna manera |
| S1342-1 | Todo plazer del mundo e todo buen donear |

## DONES
| | |
|---|---|
| S 599-1 | Con arras e con dones rrueganle cassamientos |
| S1033-1 | quien dones me diere |
| S1585-2 | dones de spiritu santo que nos quiera alunbrar |

## DONO
| | |
|---|---|
| S1438-2 | en blancura en do-no fermoso rreluziente |
| S1586-2 | dono de spiritu santo de buena Sabidoria |

## DONOSA
| | |
|---|---|
| S 169-3 | cortes e mesurada falaguera donosa |
| S 431-1 | Cata muger fermosa donosa e loçana |
| G 581-3 | Cortez e mesurada falagera donosa |

## DONOSAS
| | |
|---|---|
| S1340-2 | Son mucho encobiertas donosaz plazenteraz |
| S1609-3 | en casa cuerdas donosaz sosegadas byen fazientes |

## DONOSO
| | |
|---|---|
| S 627-2 | mas sotil e mas ardit mas franco e mas donoso |

## DONZELLA
| | |
|---|---|
| S 196-2 | que a -la otra donzella nunca mas la tomo |

## DONZELLA
| | |
|---|---|
| S 522-1 | deuia pensar su madre de quando era donzella |
| S1643-2 | a -esta donzella |

## DOÑA
| | |
|---|---|
| S 337-4 | con su muger doña loba que mora en vil forado |
| S 383-3 | gressus meos dirige rresponde doña fulana |
| S 525-3 | doña venuz gelo pide por el toda su vyda |
| G 583-3 | fuy m(e) a doña venus que le leuaze menzaje |
| G 585-1 | zeñora doña venus muger de don amor |
| S 601-4 | sy non vos doña venuz que -lo podedes fazer |
| S 603-4 | asy señora doña venuz ssea de vos ayudado |
| S 607-4 | Respondio doña venus seruidores vençen |
| S 648-4 | fuese doña venuz a -mi dexo en fadigna |
| S 653-1 | ay dios E quam fermosa vyene doña endrina por la plaça |
| G 679-3 | esto dixo doña endrina esta dueña de prestar |
| G 685-1 | esto dixo doña endrina es cosa muy prouada |
| S 698-3 | doña venuz por panfilo non pudo mas fazer |
| S 709-4 | dezid me quien es la dueña yo le dixe doña endrina |
| S 723-4 | vydola doña endrina dixo entrad non en Reçeledes |
| S 740-1 | Dixo doña endrina callad ese predicar |
| S 745-1 | guardat vos mucho desto Señora doña endrina |
| S 753-4 | guardat vos doña endrina destas paraças malas |
| G 764-1 | Respondio doña endrina dexat non osaria |
| S 798-1 | Doña endrina es vuestra e fara mi mandado |
| S 812-4 | E verna doña endrina sy la vieja la llama |
| S 824-3 | Señora doña Rama yo que por mi mal vos vy |
| S 825-1 | dixo le doña Rama como venides amiga |
| S 841-3 | doña endrina me mata e non sus conpañeras |
| S 847-3 | doña endrina a -la mi vieja paga |
| S 856-4 | atanto mas doña venus la fla e la ençiende |
| S 867-1 | otorgole doña endrina de yr con ella fablar |
| S 871-3 | vyno doña endrina con -la mi vieja sabiente |
| S 877-4 | Señora doña endrina vos la mi enamorada |
| S 882-1 | doña endrina le dixo ay viejas tan perdidas |
| S 891-2 | doña endrina e don melon en vno casados son |
| S1075-1 | De mi doña quaresma justiçia de -la mar |
| S1099-2 | vino doña quaresma dios Señor tu me valas |
| S1102-4 | tovo doña quaresma que era suyo el Real |
| S1106-3 | synon por doña çeçina quel desuio el pendon |
| S1125-4 | E a -doña çeçina con -el toçino colgasen |
| S1202-1 | Por ende doña quaresma de flaca conplision |
| S1346-1 | Dixol doña garoça enbio te el a -mi |
| S1392-1 | byen asy acaesçe a -vos doña garoza |
| S1395-1 | Dixol doña garoça oy mas no te dare |
| S1484-1 | dixo l doña garoça que ayas buena ventura |
| S1492-1 | Dixol doña garoça verme he da my espaçio |
| S1625-3 | dixol doña fulana tyra te alla pecado |

## DOÑEA
| | |
|---|---|
| S 616-4 | el conejo por maña doñea a -la vaca |
| S 633-1 | Maguer que faze bramuras la dueña que se doñea |

## DOÑEADOR
| | |
|---|---|
| S 633-2 | nunca el buen doñeador por esto enfaronea |
| S1489-3 | doñeador alegre para las çapatas mias |
| S1501-2 | el pecado de monja a -omne doñeador |

## DOÑEAR
| | |
|---|---|
| G 450-2 | es muy mas plazentera que otraz en doñear |
| S1336-4 | que es para doñear preçiado e noble don |

## DOÑEGIL
| | |
|---|---|
| G 581-2 | doñegil muy loçana plazentera e fermoza |

## DOÑEGUIL
| | |
|---|---|
| S 65-3 | que saber bien e mal dezir encobierto e doñeguil |
| S 169-2 | loçana doñeguil plazentera fermosa |

## DOÑEO
| | |
|---|---|
| S1614-4 | con doñeo es mas dulçe que açucar nin flor |

## DOÑEOS
| | |
|---|---|
| S 188-3 | con tus muchos doñeos e con tus malas mañaz |
| G 549-2 | quando fablarez con dueñaz dile doñeoz apueztoz |
| S 633-4 | los doñeos la vençen por muy braua que sea |

## DOQUIER
| | |
|---|---|
| S 257-1 | Syenpre esta loxuria a do-quier que tu estas |
| S 283-3 | a do-quier que tu seas los çelos ally cryan |

## DORADA
| | |
|---|---|
| S 244-1 | Do es tu noble freno e tu dorada silla |

## DORADAS
| | |
|---|---|
| S 502-2 | vistia los nobles paños doradas vestiduras |

## DORMIA
| | |
|---|---|
| S1425-1 | Dormia el leon pardo en -la frida montaña |

## DORMIENDO
| | |
|---|---|
| S 811-4 | paresçe que con-vusco non se estaria dormiendo |
| S1192-2 | estando nos dormiendo yaziendo nos sseguro |

## DORMIERON
| | |
|---|---|
| S1098-2 | velaron con espanto nin punto non dormieron |

## DORMIR
| | |
|---|---|
| S 576-1 | Partyose amor de mi E dexo me dormir |
| S1302-2 | vino dormir a -ella fue poca su estada |
| S1424-4 | commo al leon vino del mur en su dormir |

## DORMITORIO
| | |
|---|---|
| S1258-4 | sy en dormitorio entrara nunca se arrepentiera |

## DORMITORIOS
| | |
|---|---|
| S1248-4 | los grandes dormitorios de lechos byen poblados |

## DOS
| | |
|---|---|
| S 56-2 | el polgar con otroz dos que con -el son contenidos |
| S 56-3 | en manera de arpom los otros dos encogidos |
| S 62-2 | con dos dedoz los ojos con -el pulgar los dientes |
| S 71-2 | el mundo por dos cosas trabaja por la primera |
| S 102-2 | pone muy grant espanto chica cosa ez doz nuezez |
| S 190-3 | con dos que -se cassase primero con -la menor |
| S 192-2 | que el tenia muger en -que anbos a -dos oviesen |
| S 202-4 | de dos en dos las rranas comia bien lygera |
| S 204-2 | de dos en dos nos come nos abarca e nos astraga |
| S 226-3 | con la sonbra del agua dos tantol semejaua |
| S 260-3 | las dos non por su culpa mas por la veçindadez |
| S 338-2 | por ende los sus dichos non valen dos arvejas |
| S 457-1 | Dezir te la ffazaña de -los dos perezosos |
| S 477-3 | tardo alla dos anos mucho fue tardinero |
| S 484-3 | en dos anos petid corder non se fazer carner |
| S 547-1 | Ado mas puja el vyno quel seso dos meajas |
| S 572-1 | sy las dos byen guardares tuya es la terçera |
| S 599-2 | menos los preçia todos que a -dos viles sarmientos |
| S 600-2 | escogera marido qual quisiere entre dos mill |
| G 661-2 | tienpo es ya pazado de -loz añoz mas de dos |
| G 664-4 | ella dixo vuestroz dichoz non loz preçio dos piñonez |
| S 781-1 | algunos en -sus cassas passan con dos sardinas |
| S 836-3 | por aquestas dos cosas fue mucho engañado |
| S 853-1 | dos penas desacordads canssam me noche e dia |
| S 901-3 | quanto el leon traspuso vna o dos callejas |
| S 944-3 | pasaron byen dos dias que me non pud leuantar |
| S 985-1 | ssacome de -la choça E llegome a -dos senderos |
| S1021-3 | las dos son chançonetas la otra de trotalla |
| S1068-2 | truxo a -mi dos cartaz vn lygero trotero |
| S1122-4 | los que con -el fyncaron non valyan dos castañas |
| S1148-3 | serie mayor el romançe mas que dos manuales |
| S1165-3 | el terçio de tu pan comeras o -las dos partes |
| S1210-4 | de dos enperadorez que al mundo han llegado |
| S1211-1 | Estos dos enperadores amor E carnal eran |
| S1275-4 | en pos deste estaua vno con dos cabeçaz |
| S1276-1 | a dos partes otea aqueste cabeçudo |
| S1473-2 | E mucho mas dos tanto que ver non -lo podiste |
| S1506-1 | Atal fue mi ventura que dos messes pasados |
| S1570-2 | con dos martyrez deues estar aconpañada |
| S1570-3 | sienpre en este mundo fuste por dos maridada |
| S1621-1 | Dos dias en -la selmana era grand ayunador |
| S1621-3 | sienpre aquestos dos dias ayunaua mi andador |
| G1656-1 | zeñorez voz dat a -noz escularez pobrez dos |
| S1690-4 | tal que si plugo a -vno peso mas que a -dos mill |

## DOTES
| | |
|---|---|
| S1477-4 | desque le veen en coyta non dan por el dotes motes |

## DOTOR
| | |
|---|---|
| S 18-2 | en fea letra esta saber de grand dotor |

## DOZE
| | |
|---|---|
| S1698-3 | dile luego de -mano doze varas de pano |

## DOZENO
| | |
|---|---|
| S1643-1 | El año dozeno |

## DRAGO
| | |
|---|---|
| S 3-3 | a santa marina libreste del vientre del drago |

## DRIZE
| | |
|---|---|
| G 449-4 | al omne si drize si a -tal muger te ayunta |

## DUBDA
| | |
|---|---|
| P 62 | E por ende deuemoz tener sin dubda |
| S 534-1 | Non deves tener dubda que del vyno se faze |
| G 594-2 | que non el morir syn dubda e beuir en grant Rencura |
| S 616-2 | el can que mucho lame sin dubda sangre saca |
| G 690-1 | do añadierez la leña creçe syn dubda el fuego |
| S1160-1 | Es el papa syn dubda la fuente perenal |

## DUBDA
| | |
|---|---|
| | **(H)** |
| S 640-4 | desque vieres que dubda ve la tu afyncando |
| S 641-3 | asno coxo quando dubda corre con -el aguijon |

## DUBDANÇA
| | |
|---|---|
| S 141-3 | por que creas mis dichos e non tomes dubdança |
| S1665-6 | es tu fijo syn dubdança |

## DUBDANDO
| | |
|---|---|
| S 640-3 | sy lo fara o -non en -esto esta dubdando |
| S 641-4 | a -muger que esta dubdando afynquela el varon |
| S 642-1 | Desque estan dubdando los omes que han de fazer |
| S 642-4 | la muger que esta dubdando lygera es de aver |

## DUBDAR
| | |
|---|---|
| S 40-1 | Este sesto non es de dubdar |
| S 72-3 | de -lo que dize el sabio non deuemos dubdar |
| S 139-4 | de su astrologia non avie que dubdar |
| S 848-4 | mis fechos e la fama esto me faz dubdar |

## DUBDOSOS
| | |
|---|---|
| S 150-3 | ellos e la çiençia son çiertos e non dubdosos |

## DUCHA
| | |
|---|---|
| S1164-4 | nin bolueras pelea Segund que la as ducha |

## DUCHO
| | |
|---|---|
| S 246-2 | al tomar te alegras el dar non -lo as ducho |

## DUDANÇA
| | |
|---|---|
| S1669-3 | non le es falleçedero tu acorro syn dudança |

**DUELA**
| | |
|---|---|
| S 612-4 | que tarde o que ayna crey que de ty se duela |

**DUELE**
| | |
|---|---|
| S 712-4 | el omne aperçebido nunca tanto se duele |

**DUELO**
| | |
|---|---|
| G 762-3 | zeñora dexar duelo e fazet el cabo de año |
| G 763-4 | grand plazer e chico duelo es de todo omne querido |
| S 884-3 | la muger vee su daño quando ya fynca con duelo |
| S1124-3 | non -lo quisieron matar ovieron duelo del |
| S1542-4 | muda el trentanario del duelo poco se syente |
| S1573-2 | que si a -vos syruiera vos avriades della duelo |

**DUENA**
| | |
|---|---|
| S 81-1 | dixo la duena cuerda a -la mi mensajera |
| S 98-4 | commo duena en parto començose de coytar |
| S 168-1 | duena de buen lynaje e de mucha nobleza |
| S 261-3 | engañolo la duena quando lo colgo en -el çesto |
| S 383-1 | vas a -Rezar la nona con -la duena loçana |
| S 404-2 | pierde se por omne torpe duena de grand Respuesto |
| S 463-1 | yo era enamorado de vna duena en abryl |
| S 463-4 | por pereza de alympiar me perdy la duena gentil |
| S 465-4 | deuedes por mas pereza duena con-migo casar |
| S 466-1 | Non se dixo la duena destas perezas grandes |
| S 508-1 | Toda muger del mundo E duena de alteza |
| S 598-2 | por que es de grand lynaje E duena de grand solar |
| S 600-3 | pues ansy aver non puedo a -la duena gentil |
| S 633-1 | Maguer que faze bramuras la duena que se doñea |
| S 638-3 | quando esto la duena su coraçon se baña |
| S 912-1 | apuesta E loçana e duena de lynaje |
| S1074-3 | aquel era el sello de -la duena nonbrada |
| S1091-3 | Señor diz a -la duena sy con-migo la enlazas |
| S1306-2 | vino a -mi mucha duena de mucho ayuno magra |
| S1329-4 | por ende casa la duena con cauallero apodaz |
| S1506-2 | murio la buena duena oue menos cuydados |

**DUENAS**
| | |
|---|---|
| S 154-2 | en seruir a -las duenas punar e non en al |
| S 428-2 | non quieras amar duenas que a -ty non avyene |

**DUEÑA**
| | |
|---|---|
| S 64-4 | entiende bien my dicho e avras dueña garrida |
| S 77-1 | Assy fue que vn tienpo vna dueña me prisso |
| S 78-1 | Era dueña en -todo e de dueñas señora |
| S 80-3 | dize verdat la fabla que la dueña conpuesta |
| S 90-4 | la dueña muy guardada ffue luego de mi partida |
| S 92-3 | cantavalo la dueña creo que con dolor |
| S 94-3 | diz la dueña sañuda non ay paño syn rraça |
| S 95-4 | diz la dueña los novios non quanto prometen |
| S 96-1 | Commo la buena dueña era mucho letrada |
| S 97-1 | Diz quando quier casar omne con dueña mucho onrrada |
| S 106-1 | E yo desque vi la dueña partida E mudada |
| S 107-1 | Sabe dios que aquesta dueña e quantas yo vy |
| S 107-4 | de dueña mesurada sienpre bien escreui |
| S 114-2 | la dueña que -la oyere por ello non me aburra |
| S 164-4 | por vos descobrir esto dueña non aya pena |
| S 167-4 | tome amiga nueva vna dueña ençerrada |
| S 168-2 | todo saber de dueña sabe con sotileza |
| S 170-1 | Por amor desta dueña ffiz trobas e cantares |
| S 174-1 | anssy contençio a -mi con -la dueña de prestar |
| S 178-4 | con aquesta dueña cuerda e con la otra primero |
| S 179-3 | rredreme de -la dueña E crey la fabrilla |
| S 215-2 | en quantas que ame nin de -la dueña bendicha |
| S 237-2 | por que forço la dueña el su Señor valiente |
| S 241-4 | escota el soberuio el amor de -la dueña |
| S 265-2 | por fazer su loxuria vergilio en -la dueña |
| S 379-1 | E sy es dueña tu amiga que desto non se conpone |
| S 379-4 | va la dueña a -terçia caridat a -longe pone |
| S 427-4 | Recabdaras la dueña E sabras otras traer |
| S 432-4 | ancheta de caderaz esta es talla de dueña |
| G 436-3 | Non lo sepa la dueña por que la otra non mienta |
| G 444-1 | si dexiere que la dueña non tiene mienbroz muy grandez |
| G 446-2 | non oluidez tal dueña maz della te enamora |
| S 457-3 | amos por vna dueña estauan codyçiossos |
| S 459-1 | dyxo les la dueña que ella queria casar |
| S 459-3 | esto dezie la dueña queriendo los abeytar |
| S 467-1 | buscad con quien casedes que -la dueña non se paga |
| S 467-4 | nin tacha nin vyleza de que dueña se despaga |
| S 472-1 | Non olvides la dueña dicho te lo he de suso |
| S 516-3 | desque lo oye la dueña mucho en ello coyda |
| S 524-4 | la dueña mucho braua vsando se faz manssa |
| S 545-4 | si amar quieres dueña del vyno byen te guarda |
| G 560-2 | el trebejo dueña non lo quiere en otra aljaba |
| S 566-3 | muchos pierden la dueña por dezir neçedat |
| S 572-4 | non pierdas a -la dueña por tu lengua parlera |
| S 575-3 | nunca falle tal dueña como a -vos amor pynta |
| S 578-3 | con dueña falaguera e desta vez terne |
| S 580-4 | busque e falle dueña de qual so dezeozo |
| G 585-2 | Noble dueña omillome yo vuestro seruidor |
| S 597-1 | esta dueña me ferio de saeta en-arbolada |
| S 606-1 | qual es la dueña tan braua E tan dura |
| S 610-4 | amar te ha la dueña que en -ello pienssa e sueña |
| S 614-4 | non te espante la dueña la primera vegada |
| S 617-4 | mover se ha la dueña por artero seruidor |
| S 621-4 | pues vençerse la dueña non es cosa tan maña |
| S 622-3 | nin pueden dar a -la dueña el amor e la querencia |
| S 631-1 | Por mejor tyene la dueña de ser vn poco forçada |
| S 634-4 | toma de la dueña lo que della quisieres |
| S 640-2 | luego esta la dueña en -su coraçon penssando |
| S 650-2 | vo a -fablar con -la dueña quiera dios que bien me Responda |
| G 678-3 | es la fabla e la vista de -la dueña de prestar |
| G 679-1 | esto dixo doña endrina esta dueña de prestar |
| G 685-2 | que por suz bezoz la dueña finca muy engañada |
| G 688-2 | si mucho vso la dueña con palabraz de trebejo |
| G 688-4 | asi perderia la dueña que sera pesar sobejo |
| S 706-1 | yo le dixe amo vna dueña sobre quantas yo vy |

**DUEÑA**
| | |
|---|---|
| S 709-4 | dezid me quien es la dueña yo le dixe doña endrina |
| S 710-4 | doblar se ha toda dueña que sea bien escantada |
| S 711-1 | Dixo me que esta dueña era byen su conoszienta |
| S 713-1 | Amigo non vos durmades que -la dueña que dezidez |
| S 716-1 | Esta dueña que dezides mucho es en mi poder |
| S 718-2 | a -esta dueña e a -otras moçetas de cuello aluillo |
| S 737-1 | Respondiole la dueña con mesura E byen |
| G 759-1 | Renpondiole la dueña diz non me estaria bien |
| S 786-3 | por que amas la dueña que non te preçia nada |
| S 787-2 | de dueña que te tyene por de mas oluidado |
| S 788-2 | en dueña que non vos quiere nin catar nin ver |
| S 789-3 | con dueña que se non quiere nin escuchar nin oyr |
| S 806-2 | sy me ama la dueña o sy me querra amar |
| S 807-1 | Amigo diz la vieja en la dueña lo veo |
| S 815-2 | por mi verna la dueña andar al estricote |
| S 822-3 | quiero me yr a -la dueña rrogar le he por mesura |
| S 824-1 | fuese a -casa de -la dueña dixo quien mora aqui |
| S 829-1 | Preguntol la dueña pues que nuevas de aquel |
| S 852-1 | ay dios dixo la dueña el coraçon del amador |
| S 856-3 | quantas mas dulçes palablas la dueña de amor atyende |
| S 908-3 | dueña por te dezir esto non te asanes nin te ayres |
| S 910-2 | vy vna apuesta dueña ser en -su estrado |
| S 910-4 | de dueña que yo vyese nunca ffuy tan pagado |
| S 915-4 | la dueña dixo plaz me desque melos mostrares |
| S 922-1 | ffue la dueña guardada quanto su madre pudo |
| S 928-3 | dolyendo me de -la dueña mucho esto me crey |
| S 936-2 | a -la dueña non -la guardan su madre nin su ama |
| S 942-2 | asy fizo venir vrraca la dueña al Ryncon |
| S 943-2 | ouo por mal pecado la dueña a -ffallyr |
| S 947-4 | Ca nunca los oyo dueña que dellos mucho non rrixo |
| S1054-4 | quien lo dirie dueña qual fue destos mayor |
| S1090-2 | Señor diz alla dueña yo le metre la fiebre |
| S1093-4 | la dueña fue maestra non vino tan ayna |
| S1097-3 | para entrar en -la fazienda con -la dueña serena |
| S1125-2 | dieron los a -la dueña ante que se aforrasen |
| S1125-3 | mando luego la dueña que a -carnal guardasen |
| S1173-1 | Desque ovo la dueña vençido la fazienda |
| S1203-1 | la dueña en -su Rybto puso dia ssabido |
| S1204-3 | otrosi dueña flaca non es para lydiar |
| S1242-3 | en medio figurada vna ymagen de dueña |
| S1322-1 | vy estar vna dueña fermosa de veltad |
| S1325-3 | dixo la buena dueña tus dezirez trauiesos |
| S1326-2 | dixo la dueña vrraca por que lo has de dexar |
| S1330-1 | E desque ffue la dueña con otro ya casada |
| S1338-3 | los mas nobles presenta la dueña quez mas preçia |
| S1347-1 | aquesta buena dueña avie seso bien Sano |
| S1368-1 | vieja dixo la dueña çierto yo non menty |
| S1396-2 | E fallo a -la dueña que en la misa seya |
| S1404-3 | puez tan bien torne pino e falagare la dueña |
| S1405-4 | fuese para el estrado do -la dueña seya |
| S1410-1 | la dueña dixo vieja mañana madrugeste |
| S1422-1 | Desque ya es la dueña de varon escarnida |
| S1435-4 | ffue con -esto la dueña ya quanto mas pagada |
| S1435-3 | non conviene a -dueña de ser tan denodada |
| S1453-1 | Tal eres diz la dueña vieja commo el diablo |
| S1481-1 | farias dixo la dueña Segund que ya te digo |
| S1483-1 | la dueña dixo vieja non lo manda el fuero |
| S1490-1 | A -la dueña mi vieja tan byen que -la enduxo |
| S1493-1 | la dueña dixo vieja guarde me dios de tus mañas |
| S1502-3 | fuy me para la dueña fablome e fablela |
| S1503-1 | Resçibio me la dueña por su buen Seruidor |
| S1574-1 | non se omne nin dueña que tal oviese perdida |
| S1606-3 | e de dueña pequena E de breue Razon |
| S1607-2 | es en -la dueña chica amor E non poco |
| S1610-3 | en -la dueña pequeña yase muy grand amor |
| S1611-3 | asi dueña pequena con todo amor consyenta |
| S1612-4 | ansy en -dueña chica yaze muy grad sabor |
| S1613-3 | ansi dueña pequena tiene mucha beldat |
| S1615-4 | bien atal es la -dueña pequeña con amor |

**DUEÑAS**
| | |
|---|---|
| S 78-1 | Era dueña en -todo e de dueñas señora |
| S 153-2 | sienpre pune en seruir dueñas que conosçi |
| S 155-1 | muchas noblezas ha en -el que a -las dueñas sirue |
| S 155-3 | en seruir a -las dueñas el bueno non se esquiue |
| S 161-2 | la qual a -vos dueñas yo descobrir non oso |
| S 168-4 | muchas dueñaz e otras de buen saber las veza |
| S 266-4 | a -dueñas tu loxuria desta guisa las doma |
| S 426-2 | de dueñas e de otras que dizes que ameste |
| S 430-1 | sy quisyeres amar dueñas o otra qual quier muger |
| G 549-2 | quando fablarez con dueñaz dile doñeoz apueztoz |
| S 567-4 | a muchos de -las dueñas por estos los party |
| S 570-3 | rresçelan del las dueñas e dan le por fazañero |
| S 577-2 | de commo en seruir dueñas todo tienpo non canse |
| G 679-3 | laz dueñaz e mugerez deuen su rrepuesta dar |
| G 763-2 | a caualleroz e a dueñaz es prouecho vestido |
| S 892-1 | dueñas aved orejas oyd buena liçion |
| S 904-1 | assy Señoras dueñas entended el rromançe |
| S 947-3 | non fuyan dello las dueñas nin los tengo por lixo |
| S 948-1 | a -vos dueñas Señoras por vuestra cortesia |
| S1227-3 | rresçiben lo omnes E dueñas con amorez |
| S1241-1 | Todaz dueñaz de orden laz blancaz e laz prietaz |
| S1245-2 | açiprestes E dueñas estos vienen delante |
| S1282-3 | el vno enbiaua a -las dueñas dar pena |
| S1283-3 | açiprestes e dueñas fablan sus poridades |
| S1310-2 | dueñas e otraz fenbraz fallaua amenudo |
| S1316-2 | veya los de dueñas estar aconpañados |
| S1340-4 | para mur todo amor todo que dueñas de suerez |
| S1385-2 | E fazer a -dios seruiçio con -las dueñas onrradas |
| S1490-4 | amad dueñas amalde tal omne qual debuxo |
| S1573-1 | Dueñas non me rretebdes nin me digades moçuelo |
| S1607-3 | dueñas ay muy grandes que por chicas non troco |
| S1608-3 | dezir vos he de dueñas chicaz que -lo avredes por juego |

**DUEÑAS** (cont.)
S1629-4   como pella a -las dueñas tomelo quien podiere

**DUEÑAS** (H)
S 422-1   Porque de muchas dueñas mal querido seria

**DUEÑO**
S1704-2   E con rrauia de -la muerte a -su dueño traua al rrostro

**DUERMES**
S 293-2   duermes con tu amiga afoga te postema

**DUERO**
S 246-3   non te fartaria duero con -el su agua ducho

**DULCE**
S 406-2   que canta dulçe con engaño al ave pone abeyte
S 808-4   oye me dulçe mente muchas señales fallo
S 850-3   que aquel buen mançebo dulçe amor e syn fallyr
S 973-2   non falle poço dulçe nin fuente perhenal
S1232-1   Dulçe caño entero sal con -el panderete
S1232-2   con sonajas de azofar fazen dulçe sonete
S1379-1   Este manjar es dulçe sabe como la miel
S1379-4   a -ty solo es dulçe tu solo come del
S1380-1   Al ome con -el miedo nol sabe dulçe cosa
S1438-3   mas que todaz las aves cantas muy dulçe mente
S1443-1   Non es cosa Segura creer dulçe lyjonja
S1548-4   lo dulçe fazes fiel con tu much amargura
S1614-2   pero mas dulçe canta que otra ave mayor
S1614-4   con doñeo es mas dulçe que açucar nin flor
S1615-2   pero qual quier dellas es dulçe gritador

**DULCEMA**
S1233-1   Dulçema e axabeba el fynchado albogon

**DULCES**
S 220-2   con palabras muy dulçes con gesto engañador
S 625-3   con palabras muy dulçes con dezires sabrosos
S 649-2   el dolor creçe E non mengua oyendo dulçes cantares
S 856-3   quantas mas dulçes palablas la dueña de amor atyende
S1065-3   las llagas quel llagaron son mas dulçes que miel
S1226-3   dan cantos plazenteros e dulçes ssaborez
S1231-3   la viuela de arco ffaz dulçez de vayladaz
S1436-1   Estas buenaz palablaz estos dulçes falagos

**DULCIA** (L)
S 382-1   ella te dize quam dulçia que rrecubdas a -la nona

**DULÇOR**
S 39-1   El quinto fue de grand dulçor
S1056-4   ssangre E agua salio del mundo fue dulçor
S1443-2   de aqueste dulçor Suele venir amarga lonja
S1610-2   en açucar muy poco yaze mucho dulçor
S1667-9   en dulçor marauillosa

**DULZES**
S 417-3   dezir palablas dulzes que traen abenençia
S1231-3   bozes dulzes sabrosaz claraz e bien pyntadaz

**DUQUES**
G 586-1   Reyz duquez e condez e toda criatura

**DURA**
S 160-4   E a -toda pera dura grand tiempo la madura
S 166-1   Como dize el sabio cosa dura e fuerte
S 511-4   el dar quebranta peñas fyende dura madera
S 526-2   Muy blanda es el agua mas dando en piedra dura
G 586-4   Non me zeadez escaza nin esquiua nin dura
S 606-1   qual es la dueña tan braua E tan dura
G 675-3   yt e venid a -la fabla esa creençia atan dura
S 710-1   la çera que es mucho dura e mucho brozna e elada
S 835-4   de tierra mucho dura furta non sale buena
S1006-3   byen ençima del puerto fazia orrilla dura
S1332-4   andares en amor de grand dura sobejo
F 6   ya muger tan dura qual fuerades para uaron

**DURA** (H)
P 116   que dura poco tiempo
S1341-3   grandes demandaderaz amor sienpre les dura
S1364-3   non dando nin seruiendo el amor poco dura

**DURADOR**
S1055-4   claridat del çielo por syenpre durador

**DURAR**
S 245-4   non pueden durar syenpre vanse con mançebia

**DURAS**
S 391-3   huesped eres de muchos non duras so cortina
S1295-2   comia maduros figos de -las fygueras duraz

**DURAZNOS**
S 862-2   muchas peras e duraznos que çidras e que mancanas

**DUREZA**
S 834-2   par-dios mal dia el vydo la vuestra grand dureza

**DURMADES**
S 713-1   Amigo non vos durmades que -la dueña que dezidez

**DURO**
S 389-2   por conplyr tus deseos fazes lo erege duro
S 969-2   dize luego hade duro comamos deste pan duro
S1109-2   traya muy duro Cuero con mucho garauato
S1115-3   brauo andaua el tollo vn duro vyllanchon
S1179-4   ablanda Robre duro con -el su blando lino
S1482-1   Diz la vieja Señora que coraçon tan duro
F 4   sino de hueso duro mas fuerte que de leon

**DUROS**
S 618-1   Con arte se quebrantan los coraçones duros
S 618-3   caen las torres altas alçan pesos duros
S1393-2   verçuelas e lazeria e los duros caçones

**DUZ**
S 117-4   E fuese pleytes e duz
S 118-4   El comio el pan mas duz
S1055-2   grand coyta fue aquesta por el tu fijo duz
S1639-5   tu fijo duz

**E**
P 10   que son en -el alma E propia mente suyas
P 11   son estas entendimiento voluntad E memoria
P 14   e aluengan la vida al cuerpo
P 15   E dan le onrra con pro e buena fam(a)
P 17   entiende onbre el bien E sabe dello el mal
P 18   E por ende
P 27   E por ende sigue la Razon el dicho dauid
P 32   E esto se entiende en -la primera rrazon
P 35   E desque esta jnformada E jnstruyda el Alma
P 37   e pienssa e ama e desea omne el buen amor de dioz e sus mandamientoz
P 38   E esto atal dize el dicho profecta
P 40   E otrosi desecha E aborresçe el alma
P 42   E desto dize el salmista
P 44   E por ende se sigue luego la segu(n)da rrazon
P 46   E desque el Alma con -el buen entendimiento
P 47   e buena voluntad con buena rremenbrança
P 48   escoge E ama el buen Amor que ez el de dioz
P 49   E ponelo en -la çela de -la memoria
P 51   e trae al cuerpo a fazer buenaz obraz
P 53   E desto dize sant Ioan apostol en -el Apocalipsi
P 57   E dize otrosi el profecta
P 59   E desto concluye la terçera rrazon del veso primero
P 62   E por ende deuemoz tener sin dubda
P 65   e buena voluntad escoje el alma
P 66   E ama el Amor de dioz por se saluar por ellaz
P 70   E esta ez la sentençia del verso
P 73   se acuerde pecado e lo quiera e lo obre
P 80   E dize lo job
P 83   E viene otrosi de -la mengua del buen entendimiento
P 86   E deste tal penssamiento dize el salmista
P 88   e dice otrosi
P 89   a -loz tales mucho disolutoz E de mal entendimiento
P 92   E avn digo que viene de -la pobledad de -la memoria
P 96   E viene otrosi por rrazon que -la natura vmana
P 97   que mas aparejada E jnclinada ez al mal que al bien
P 98   e a pecado que a -bien esto dize el decreto
P 99   E estaz son algunaz de -laz rrazonez
P 100   por que son fechoz loz libroz de -la ley E del derecho
P 101   e de castigoz E constunbrez E de otraz çiençiaz
P 102   otrosi fueron la pintura E la escriptura
P 103   e laz ymagenez primera mente falladaz
P 107   E non olvidar loz
P 110   E por esto ez maz apropiada a -la memoria del alma
P 111   que ez spiritu de dioz criado E perfecto
P 112   E biue sienpre en dioz
P 115   E non ez apropiada al cuerpo vmano
P 118   E otrosi dize
P 120   E dize sobre esto dauid
P 123   E de mucha E grand rrudeza
P 124   entiendo quantoz bienez fazen perder el alma e al cuerpo
P 125   E loz malez muchoz que -lez aparejan e traen
P 127   escogiendo E amando con buena voluntad
P 128   saluaçion E gloria del parayso para mi anima
P 130   E conpuse este nuevo libro
P 131   en -que son escriptaz algunaz maneraz e maestriaz
P 132   e sotilezaz engañosaz del loco Amor del mundo
P 134   laz qualez leyendolaz E oyendolaz
P 136   que se quiera saluar descogera E obrar lo ha
P 137   E podra dezir con -el salmista veni veritatis E cetera
P 139   ca leyendo E coydando el mal que fazen
P 141   e loz porfiosoz de suz malaz maestriaz
P 142   e descobrimiento publicado
P 144   que vsan para pecar E engañar laz mugeres
P 145   acordaran la memoria E non despreçiaran su fama
P 148   E querran maz amar a -si mesmoz que al pecado
P 151   E desecharan E aborrezçeran laz maneraz
P 152   E maestriaz malaz del loco Amor
P 153   que faze perder laz almaz E caer en saña de dioz
P 154   apocando la vida E dando mala fama e deshonrra
P 155   E muchoz dañoz a -loz cuerpoz
P 160   E ansi este mi libro a -todo omne o -muger
P 161   al cuerdo E al non cuerdo
P 162   al que entendiere el bien e escogiere saluaçion
P 163   E obrare bien Amando a dioz
P 168   E rruego E conssejo a -quien lo oyere E lo oyere
P 171   E bien juzgar mi entençion por que lo fiz
P 172   E la sentençia de -lo que y dize
P 173   E non al son feo de -laz palabraz
P 174   E segud derecho laz palabraz siruen al -la jntençion
P 175   E non -la jntençion a -laz palabraz
P 176   E dioz sabe que -la mi jntençion non fue de -lo fazer
P 180   e dar ensienpro de buenaz constunbrez
P 181   e castigoz de saluaçion
P 182   E por que sean todoz aperçebidoz
P 183   e se puedan mejor guardar de tantaz maestriaz
P 187   E mejor noz podemoz guardar
P 189   E conposelo otrosi a -dar algunoz leçion
P 190   e muestra de metrificar E rrimar E de trobar
P 191   Ca trobaz E notaz e rrimaz e ditadoz e uersoz
P 194   E por que toda buena obra
P 195   es comienço E fundamento dioz e la fe catholica
P 196   e dize lo la primera decretal de -laz crementinaz
P 198   e do este non es cimiento
P 202   e tome el verso primero del salmo
P 203   que ez de -la santa trinidad E de -la fe catholica
S 2-3   Señor da me tu graçia e tu merçed Ayna
S 5-4   mexiaz tu me salua sin culpa e sin pena
S 7-3   E les diras palabras que fabrasen mejorez
S 9-1   Por esta profeçia e por la salutaçion
S 9-3   Señora da me tu graçia E dame consolaçion
S 9-4   ganame del tu fijo graçia E bendiçion
S 11-3   que sienpre lo loemos en prosa E en canto
S 11-4   sea de nuestras almas cobertura E manto
S 12-1   El que fizo el çielo la tierra E el mar
S 12-2   el me done su graçia e me quiera alunbrar
S 13-2   enforma e ayuda a -mi el tu açipreste

| | | |
|---|---|---|
| | **E** | **(cont.)** |
| S | 13-4 | que -los cuerpos alegre e a -las almas preste |
| S | 14-4 | Ca por todo el mundo se vsa E se faz |
| S | 15-1 | E por que mejor de todos sea escuchado |
| S | 15-2 | fablar vos he por tobras e cuento rrimado |
| S | 15-3 | es vn dezir fermoso e saber sin pecado |
| S | 17-4 | açucar negro e blanco esta en vil caña vera |
| S | 19-1 | E por que de todo bien es comienço e Rayz |
| S | 21-1 | gana me graçia E bendiçion |
| S | 21-2 | e de jhesu consolaçion |
| S | 23-2 | grabiel santo E digno |
| S | 25-3 | e sin dolor apaesçio |
| S | 26-3 | e adoraron al que veys |
| S | 27-4 | Al que dios e omne seya |
| S | 28-1 | Alegria quarta e buena |
| S | 29-3 | Sobir al çielo E diste |
| S | 31-4 | al çielo e quanto y avia |
| S | 33-2 | e del mundo melezina |
| S | 36-3 | e syn dolor |
| S | 38-5 | e por señal te dezia |
| S | 39-5 | e tu fincaste con amor |
| S | 42-6 | e por nos murio |
| S | 44-1 | Palabras son de sabio e dixo lo caton |
| S | 44-3 | entre-ponga plazeres e alegre la rrazon |
| S | 45-1 | E por que de buen seso non puede omne Reyr |
| S | 45-4 | Saluo en -la manera del trobar E del dezir |
| S | 46-1 | Entiende bien mis dichos e piensa la sentençia |
| S | 46-3 | connel rribaldo Romano e con su poca sabiençia |
| S | 48-3 | por ver si las entienden e meresçian leuar |
| S | 52-1 | ffueron a -vn vellaco muy grand E muy ardid |
| S | 52-4 | E nos dar telo hemos dueñaz nos desta lid |
| S | 54-4 | E començo sus señas commo era tratado |
| S | 55-2 | E mostro solo vn dedo que esta çerca del pulgar |
| S | 57-2 | E assentose luego con su memoria sana |
| S | 58-3 | leuantaron se todos con paz e con sosiego |
| S | 59-2 | por señas al rromano e que -le respondiera |
| S | 59-4 | vno e trez personaz e tal señal feziera |
| S | 60-2 | rrespondio que en su poder tenie el mundo E diz verdat |
| S | 60-3 | desque vi que entendien e crey en -la trinidad |
| S | 61-3 | desto ove grand pesar e tome grand enojo |
| S | 61-4 | E Respondile con saña con yra e con cordojo |
| S | 64-4 | entiende bien my dicho e avras dueña garrida |
| S | 65-3 | que saber bien e mal dezir encobierto e doñeguil |
| S | 72-4 | que por obra se prueua el sabio e su fablar |
| S | 73-4 | E quanto mas el omne que a -toda cosa se mueva |
| S | 74-4 | cada que puede e quiere fazer esta locura |
| S | 76-1 | E yo como ssoy omne commo otro pecador |
| S | 76-4 | e saber bien e mal e vsar lo mejor |
| S | 77-3 | ssienpre avia della la buena fabla e buen rriso |
| S | 78-1 | Era dueña en -todo e de dueñas señora |
| S | 79-1 | ssabe toda nobleza de oro e de seda |
| S | 79-2 | conplida de muchos byenes anda manssa e leda |
| S | 79-3 | es de buenas construnbres sossegada e queda |
| S | 81-3 | E fallanse ende mal castigo en -su manera |
| S | 82-3 | tomo plazer con ellas e sentiose mejor |
| S | 83-1 | Por le fazer plazer E mas le alegrar |
| S | 84-1 | ffizo partidor al lobo e mando que a -todoz diese |
| S | 84-3 | E para si la canal la mejor que omne viese |
| S | 85-2 | comme la tu señor que -te sera buena e sana |
| S | 85-3 | para mi E a -los otroz la canal que es vana |
| S | 87-1 | la gulpeja con -el miedo e commo es artera |
| S | 87-3 | para si e los otros todo lo menudo era |
| S | 89-1 | Por ende yo te digo vieja e non mi amiga |
| S | 89-4 | que el cuerdo E la cuerda en mal ageno castiga |
| S | 90-1 | E segund diz jhesu xpisto non ay cossa escondida |
| S | 93-4 | mesclaron me con ella e dixieronle del plan |
| S | 94-2 | E que profaçaua della commo si fuese caraça |
| S | 97-2 | promete E manda mucho desque -la ha cobrada |
| S | 99-4 | que a -todo el mundo conbrie e estragaria |
| S | 100-2 | E desque vino el dia que ovo de parir |
| S | 100-4 | ssus bramuras e espantos en burla fueron salir |
| S | 101-1 | E bien ansi acaesçio a -muchos e a -tu Amo |
| S | 101-2 | prometen mucho trigo e dan poca paja tamo |
| S | 102-4 | las viles e las rrefezes son caras a -las de vezes |
| S | 103-1 | Tommo por chica cosa aborrençia e grand saña |
| S | 105-1 | Commo dize salamo e dize la verdat |
| S | 106-1 | E yo desque vi la dueña partida E mudada |
| S | 107-1 | Sabe dios que aquesta dueña e quantas yo vy |
| S | 107-2 | sienpre quise guardalas e sienpre las serui |
| S | 108-1 | Mucho seria villano e torpe Pajez |
| S | 108-3 | ca en muger loçana fermosa e cortes |
| S | 108-4 | todo bien del mundo e todo plazer es |
| S | 112-1 | E yo commo estaua solo syn conpañia |
| S | 113-1 | E por que yo non podia con -ella ansi fablar |
| S | 113-4 | el comio la vianda e a -mi fazie Rumiar |
| S | 114-3 | Ca devrien me dezir neçio e mas que bestia burra |
| S | 117-4 | E fuese pleytes e duz |
| S | 118-2 | e fizo se de -la cruz priuado |
| S | 119-3 | E presentol vn conejo |
| S | 120-2 | tan presto e tan ligero |
| S | 124-1 | Esto diz tholomeo e dizelo platon |
| S | 124-3 | qual -es el asçendente e la costellaçion |
| S | 124-4 | fado que naçe tal es su fado e su don |
| S | 128-2 | dezir te vn juyzio de çinco naturales |
| S | 129-4 | el signo e la planeta del fijo quel nasçia |
| S | 131-4 | Judgo al otro e dixo este ha de ser quemado |
| S | 134-4 | e a -poca de ora començo de apedrear |
| S | 136-2 | mas commo ez verdat e non puede fallesçer |
| S | 139-3 | fizo les mucho bien e mucho les vsar |
| S | 140-2 | pero dios que crio natura e açidente |
| S | 140-3 | puede los demudar e fazer otra mente |
| S | 141-2 | e creer muy mas en dios con firme esperança |

| | | |
|---|---|---|
| S | 141-3 | por que creas mis dichos e non tomes dubdança |
| S | 142-2 | de dar fueros e leyes e derechos fazer |
| S | 142-3 | desto manda fazer libros e quadernos conponer |
| S | 144-3 | que piedat e seruiçio mucho al rrey mouio |
| S | 145-1 | E ansy commo por fuero avia de morir |
| S | 145-3 | dyspensa contra el fuero e dexalo beuir |
| S | 147-3 | E el fuero escripto non es por ende desfecho |
| S | 147-4 | ante es çierta çiençia e de mucho prouecho |
| S | 148-2 | puso en -el sus signos E planetas ordeno |
| S | 148-3 | sus poderios çiertos E juyzios otorgo |
| S | 149-1 | Anssy que por ayuno e lymosna e oracion |
| S | 149-2 | E por seruir a -dios con mucha contriçion |
| S | 150-3 | ellos e la çiençia son çiertos en non dubdosos |
| S | 152-3 | trabajan E afanan mucho syn medida |
| S | 152-4 | E -los mas non rrecabdan la cosa mas querida |
| S | 154-2 | en seruir a -las duenas punar e non en al |
| S | 156-4 | al perezoso fazelo ser presto e agudo |
| S | 157-2 | e al viejo faz perder mucho la vejez |
| S | 157-3 | ffaze blanco e fermoso del negro como pez |
| S | 158-3 | el vno E el otro non ha cosa que vea |
| S | 159-2 | a -su amiga bueno paresçe E rrico onbre |
| S | 160-4 | E a -toda pera dura grand tienpo la madura |
| S | 163-2 | de dentro qual de fuera dan vista e color |
| S | 165-2 | E por las non dezir se fazen des-amigos |
| S | 165-4 | E nunca vos creades loorez de enemigos |
| S | 166-1 | Como dize el sabio cosa dura e fuerte |
| S | 166-2 | es dexar la costunbre el fado e la suerte |
| S | 167-1 | E por que es constunbre de macebos vsada |
| S | 168-1 | duena de buen lynaje e de mucha nobleza |
| S | 168-3 | cuerda E de buen seso non sabe de villeza |
| S | 168-4 | muchas dueñaz e otras de buen saber las veza |
| S | 169-1 | De talla muy apuesta E de gesto amorosa |
| S | 169-3 | cortes e mesurada falaguera donosa |
| S | 169-4 | graçiosa e donable amor en -toda cosa |
| S | 170-1 | Por amor desta dueña ffiz trobas e cantares |
| S | 171-2 | davale de mis donas non paños e non çintas |
| S | 172-4 | leuadlo E dezidle que mal mercar non es franqueza |
| S | 176-4 | tu furtarias lo que guardo E yo grand trayçion faria |
| S | 178-3 | asy contesçio a -mi E al mi buen mensajero |
| S | 178-4 | con aquesta dueña cuerda e con la otra primero |
| S | 179-2 | dixo vno coyda el vayo e E otro el que -lo ensilla |
| S | 179-3 | rredreme de -la dueña E crey la fabrilla |
| S | 181-2 | pensando en mi ventura sañudo e non con vino |
| S | 183-1 | Con engañoz E lyjonjas E sotiles mentiras |
| S | 184-4 | en ti fasta que el cuerpo e el alma van perder |
| S | 186-4 | E por plazer poquillo andar luenga jornada |
| S | 188-1 | de commo enflaquezes las gentes e las dapñas |
| S | 188-3 | con tus muchos doñeos e con tus malas mañaz |
| S | 190-1 | Su padre su madre e su hermano mayor |
| S | 190-4 | E dende a -vn mes conplido casase con -la mayor |
| S | 191-3 | que al otro su hermano con vna e con mas non |
| S | 191-4 | quisiese que -le casasen a -ley e a -bendiçion |
| S | 192-3 | casamiento abondo e desto le dixiesen |
| S | 194-1 | aquesta fuerça grande e aquesta valentia |
| S | 194-4 | quiso prouar commo ante e vino ally vn dia |
| S | 197-2 | mas arde e mas se quema qual quier que te mas ama |
| S | 197-3 | amor quien te mas sygue quemas le cuerpo e alma |
| S | 199-1 | las rranas en vn lago cantauan E jugauan |
| S | 203-2 | señor señor acorre nos tu que matas E sanas |
| S | 203-4 | danos muy malas tardes e peorez las mañanas |
| S | 204-2 | de dos en dos nos come nos abarca e nos astraga |
| S | 205-4 | ser libres e syn premia rreñid pues lo quesistes |
| S | 206-4 | lybertat e ssoltura non es por oro conplado |
| S | 207-4 | en cuerpos e en almas asy todos tragalloz |
| S | 209-3 | de dia E de noche eres fino ladron |
| S | 210-4 | penssando e sospirando por las cosas ajenas |
| S | 212-3 | dexaz le solo e triste con muchaz soberuientas |
| S | 213-2 | que tanto me persygues vienes me manso e quedo |
| S | 214-2 | E maguer te presiese crey que te non matarya |
| S | 214-4 | syn piedat me matas de noche e de dia |
| S | 217-3 | ffazes les cobdiçiar e mucho ser denodadoz |
| S | 218-3 | esta ez tu alferez E tu casa offiçia |
| S | 219-1 | la sorberuia E ira que non falla de quepa |
| S | 219-2 | avarizia e loxuria que arden mas que estepa |
| S | 219-4 | de -la cobdiçia nasçen es della rrayz e çepa |
| S | 220-1 | prometen e mandan mucho los omnes con ammor |
| S | 221-4 | por que penan sus almas e los cuerpos lazraron |
| S | 222-2 | arrastrados E enforcados de manera estraña |
| S | 222-3 | en -todo eres cuquero e de mala picaña |
| S | 224-3 | fueron e son ayrados de dios los que te creyeron |
| S | 227-1 | Por la sonbra mentirosa E por su coydar vano |
| S | 227-4 | coydo ganar E perdio lo que tenia en su mano |
| S | 228-2 | coyda ganar con-tigo E pierde su cabdal |
| S | 229-1 | lo mas e lo mejor lo que es mas preçiado |
| S | 229-2 | desque lo tiene omne çiero E ya ganado |
| S | 230-4 | por esto rrobaz E furtas por que tu penaras |
| S | 231-3 | forçar muchas mugeres cassadas e esposas |
| S | 231-4 | virgenes E solteras vyudas E rreligiosas |
| S | 233-3 | que por su grand soberuia e su des-agradesçer |
| S | 234-2 | por la su grand soberuia fueron e son dañados |
| S | 234-3 | quantos por la soberuia fueron e son dañados |
| S | 235-1 | quantas fueron e son batallas e pelleas |
| S | 235-2 | jnjurias e varajas e contiendas muy feas |
| S | 236-1 | El omne muy soberuio E muy denodado |
| S | 236-3 | antre muere que otro mas fraco e mas lazrado |
| S | 238-1 | Con -los pies e con las manos e con -el noble freno |
| S | 238-4 | el asno con -el miedo quedo e nol fue bueno |
| S | 239-2 | andaua mal e poco al cauallo enbargava |
| S | 240-2 | coydo ser vencedor E fynco el vencido |
| S | 241-2 | a arar lo pusieron e a traer la leña |
| S | 244-1 | Do es tu noble freno e tu dorada silla |
| S | 244-3 | sienpre byvras mesquino e con mucha manzilla |

| | |
|---|---|
| E | |
| S 245-1 | **(cont.)** Aqui tomen ensyenpro e lyçion de cada dia |
| S 245-3 | que fuerça e hedat e onrra salud e valentia |
| S 248-2 | que vistas al desnudo E fartes al fanbriento |
| S 248-3 | E des al poble posada tanto eres avariento |
| S 249-2 | quando de tus averes E de tu mucha rrenta |
| S 250-2 | estonçes sospirauas E fazias penitençia |
| S 250-3 | pidias a -dios que te diesen Salud e mantenençia |
| S 250-4 | E que partirias con pobles e non farias fallencia |
| S 251-1 | oyo dios tus querellas E dio te buen consejo |
| S 251-2 | Salud e grand rriqueza e thesoro sobejo |
| S 252-4 | fisicos e maestros que queria fazer emienda |
| S 253-1 | Prometio al que -lo sacase thesoros e grand Riqueza |
| S 255-2 | de pan e de dineros que forçaste de -lo ageno |
| S 255-4 | mas ansi te ssecaras como rroçio E feno |
| S 257-2 | adulterio E forniçio toda via desseaz |
| S 258-4 | leuad esta mi carta a -jaab E venid |
| S 259-2 | fue el Rey dauid omeçida e fizo a -dios falliaz |
| S 260-2 | quemadaz e destruydas las trez por sus maldadez |
| S 262-1 | Por que -le fizo desonrra E escarnio del rruego |
| S 262-3 | la lunbre de -la candela encanto E el fuego |
| S 264-2 | amatauase luego e venien todos a -ella |
| S 264-4 | ansy vengo virgillio su desonrra e querella |
| S 265-1 | despues desta desonrra E de tanta verguença |
| S 268-4 | el mundo escarnido E muy triste la gente |
| S 271-1 | Saetas e quadrillos que trae amolados |
| S 272-2 | e vido que sus pendolas la avian escarnida |
| S 272-4 | de mi salyo quien me mato e me tiro la vida |
| S 273-2 | vsando tu locura e tu mala barata |
| S 273-3 | destruye a -su cuerpo e a -su alma mata |
| S 275-2 | quien dirie tu forniçio e tu mala barata |
| S 275-3 | al que tu ençendimiento e tu locura cata |
| S 276-4 | tristeza e sospecha tu coraçon separate |
| S 277-3 | por esto eres çeloso e triste con rrencura |
| S 278-2 | ssospiros e corages quieren te afogar |
| S 279-1 | Con çelo e ssospecha a -todos aborresçes |
| S 280-2 | estas fraco e syn fuerça non te puedes Refertyr |
| S 282-2 | dios verdadero e omne fijo de dios muy quisto |
| S 282-3 | por enbydia fue preso E muerto e con-quisto |
| S 282-2 | con envidia e çelo omnes e bestias lydian |
| S 286-1 | Pelo todo su cuerpo su cara E su çeja |
| S 286-3 | fermosa e non de suyo fuese para la iglesia |
| S 287-2 | vydo se byen pintada e fuese enloqueçida |
| S 288-2 | vydo el mal engaño E el color apostizo |
| S 288-3 | pelole toda la pluma E echola en -el carrizo |
| S 290-1 | quien quiere lo que non es suyo E quiere otro paresçer |
| S 290-3 | lo suyo E lo ageno todo se va a -perder |
| S 293-1 | Con -la mucha vianda e vino creçe la frema |
| S 293-4 | tu dizes al garçon que coma byen e non tema |
| S 294-1 | adan el nuestro padre por gula e tragonia |
| S 295-4 | por comer e tragar sienpre estas boca abierto |
| S 296-4 | luego es la logxuria E todo mal despues |
| S 297-2 | al cuerpo muy goloso e al alma mesquina |
| S 297-3 | desto ay muchas fablas e estoria paladina |
| S 299-2 | dyz tu eres mi Señor e yo tu vasallo |
| S 300-4 | saca melo e faz de my como de tuyo quito |
| S 303-1 | El comer syn mesura E la grand venternia |
| S 304-1 | yra e vana gloria traes en -el mundo non ay tanta |
| S 304-2 | mas orgullo e mas bryo tyenes que toda españa |
| S 304-3 | sy non se faze lo tuyo tomas yra E saña |
| S 304-4 | enojo E mal querençia anda en -tu conpaña |
| S 305-2 | donde era poderoso e de babylonia señor |
| S 305-4 | tyro le dios su poderio e todo su honor |
| S 306-1 | El ffue mas vil tornado E de -las bestias egual |
| S 306-2 | comia yeruas montessas commo buey paja E al |
| S 307-1 | Rencor E homeçida criados de ti -son |
| S 308-3 | en -que avia la fuerça E desque la byen cobro |
| S 308-4 | a -sy mesmo con yra e a -otros muchos mato |
| S 309-1 | Con grand yra e saña saul que fue Rey |
| S 311-1 | yra E vana gloria al leon orgulloso |
| S 311-2 | que fue a -todas bestias cruel e muy dañoso |
| S 312-1 | El leon orgullo con yra e valentya |
| S 312-3 | a -las vnas matava e a -las otras feria |
| S 312-4 | vino le grand vejedat flaqueza e peoria |
| S 314-1 | Todos en -el leon ferien E non poquyllo |
| S 315-3 | con sus vñas mesmas murio E con al non |
| S 315-4 | yra e vana gloria dieronle mal gualardon |
| S 316-1 | El omne que tiene estado onrra E grand poder |
| S 316-4 | E lo quel fizo a otros dellos tal puede aver |
| S 317-1 | de -la açidia eres messonero E posada |
| S 317-4 | en pecado comiençan e en-tristezan acabada |
| S 318-3 | deleytase en pecados E en malas baratas |
| S 318-4 | con tus malas maestrias almas e cuerpos matas |
| S 323-4 | era sotil e sabio nunca seya de valde |
| S 324-2 | acta e byen formada clara e byen çertera |
| S 324-3 | tenie buen abogado ligero e sotil era |
| S 325-1 | Ante vos el mucho honrrado e de grand sabidoria |
| S 326-1 | E digo que agora en -el mes que paso de feblero |
| S 326-2 | era de mill e trezientos en -el ano primero |
| S 327-1 | En cassa de don cabron mi vassallo e mi quintero |
| S 327-4 | leuolo E comiolo a -mi pessar en tal ero |
| S 328-2 | pido que -la condenedes por sentençia e por al non |
| S 328-3 | que sea enforcada e muerta como ladron |
| S 329-2 | ffue sabya la gulpeja e byen aperçebida |
| S 333-3 | quanto demanda E pide todo -lo faz con arte |
| S 333-4 | que el es fyno ladron e non falla quel farte |
| S 334-1 | E por ende yo propongo contra el esençion |
| S 334-2 | legitima e buena por que su petiçion |
| S 335-1 | A -mi acaescio con -el muchas noches e dias |
| S 336-2 | por sentençia E por derecho es mal enfamado |
| S 337-3 | por que tiene barragana publica e es casado |
| S 339-1 | El galgo e el lobo estauan encogidos |

| | |
|---|---|
| S 339-2 | otorgaron lo todo con miedo e amidos |
| S 339-4 | en Reconvençion pido que mueran e non sean oydos |
| S 340-4 | E asignoles plazo despuez de -la epifania |
| S 342-2 | presentan al alcalde qual salmon e qual trucha |
| S 343-4 | ante que yo pronunçie e vos de la sentençia |
| S 344-1 | Pugnan los avogados E fazen su poder |
| S 345-4 | coydauan que jugaua e todo era rrenir |
| S 347-1 | El alcalde letrado e de buena çiençia |
| S 347-2 | vso bien de su ofiçio E guardo su conçiençia |
| S 349-1 | E vistas las escusas e las defensiones |
| S 349-3 | e vista la rrespuesta e las rreplicaçiones |
| S 350-1 | E visto lo que pide en su rreconvençion |
| S 350-3 | visto todo el proçeso E quantas rrazones en -el son |
| S 350-4 | E las partes que pyden sentençia E al non |
| S 351-3 | con omnes sabydores en fuero e en derecho |
| S 352-2 | bien acta e byen formada bien clara e abyerta |
| S 352-4 | en sus deffensiones E escusa e rrefierta |
| S 354-4 | E fasta nueve dias deuiera ser provada |
| S 356-4 | que -a muchos abogados se olvida e se pospone |
| S 357-4 | quien de otra guisa lo pone yerralo e faze mal |
| S 361-2 | E pueden se los testigos tachar e Retachar |
| S 362-2 | del lobo ante mi dicha E por otra cosa non |
| S 363-1 | Pues por su confesion e su costunbre e vso |
| S 363-2 | es magnifiesto e çierto lo que la marfusa puso |
| S 363-3 | pronunçio que -la demanda quel fizo e propuso |
| S 364-2 | E es magnifiesto e çierto que el por ello vsa |
| S 364-4 | rresçibo sus defensiones e la buena escusa |
| S 365-1 | Non le preste lo que dixo que con miedo e quexura |
| S 365-3 | Ca su miedo era vano e non dixo cordura |
| S 368-2 | que avya mucho errado E perdido el buen prez |
| S 368-3 | por lo que avia dicho E suplido esta vez |
| S 369-2 | conplir lo que es derecho E de constituçion |
| S 371-3 | especial para todo esto E conplida jurysdiçion |
| S 372-2 | estrañas lo que ves E non el lodo en -que yazes |
| S 373-3 | synon solteros sanos mancebos e valyentes |
| S 374-3 | diçes ecce quan bonum con sonajas e baçinez |
| S 375-4 | nostras preçes ut audiat E fazes los despertar |
| S 377-3 | que -la lieue por agua e que de a -toda çima |
| S 378-1 | E sy es tal que non vsa andar por las callejas |
| S 378-3 | ssy cree la bauieca sus dichos e conssejas |
| S 379-1 | E sy es dueña tu amiga que desto non se conpone |
| S 380-3 | quieres la misa de -los novios syn gloria e syn son |
| S 381-3 | comienças jn verbum tuum e dizes tu de aquesta |
| S 388-2 | muchos otros pecados antojos e espantos |
| S 388-4 | a -los tuyos das oblas de males e quebrantos |
| S 393-2 | atalayas de lexos e caças la primera |
| S 394-2 | loçana e fermosa de muchos deseada |
| S 394-3 | ençerrada e guardada e con vyçios criada |
| S 395-2 | por que se onrren della su padre e sus parientes |
| S 395-3 | como mula camurzia aguza rrostros e dientes |
| S 396-1 | Tu le rruyes a -la oreja E das le mal conssejo |
| S 396-2 | que fago tu mandado E sigua tu trebejo |
| S 396-3 | los cabellos en rrueda al peyne E el espejo |
| S 398-2 | a -ellos e a -ellas a -todos das mal rramo |
| S 398-4 | tristeza e flaqueza al de ty non Recabdo |
| S 399-4 | a -dios pierde e al mundo amor el que mas quieres |
| S 400-2 | almas cuerpos e algos commo huerco las tragas |
| S 400-4 | prometes grandes cosas poco e tarde pagas |
| S 401-4 | tarde daz e Amidos byen quieres demandar |
| S 402-1 | de la loçana fazes muy loca E muy bova |
| S 402-4 | aquel da de -la mano e de aquel se encoba |
| S 405-2 | fazes tenblar los omnes e mudar sus colores |
| S 405-3 | perder seso e fabla sentyr muchos dolores |
| S 407-4 | entiende byen la fabla E por que te lo digo |
| S 409-2 | quiero ser tu amiga tu muger e tu çercana |
| S 413-4 | al topo e a -la rrana leuolos a -su nido |
| S 415-1 | a -los neçios e neçias que vna vez enlaças |
| S 416-1 | Al vno e al otro eres destroydor |
| S 416-3 | commo el topo e la rrana peresçen o -peor |
| S 417-1 | Toda maldad del mundo E toda pestilençia |
| S 417-4 | E fazer malaz oblas e tener mal querençia |
| S 418-2 | es el coraçon falso e mitirosa la lengua |
| S 419-4 | en -el buen dezir sea omne firme e verdadero |
| S 420-4 | echas en flacas cuestas grand peso e grand ajobo |
| S 421-2 | eres de cada dia logrero E das a -Renuevo |
| S 422-2 | E mucho garçon loco de mi profaçaria |
| S 422-4 | pues calla te e callemos amor vete tu vya |
| S 426-2 | de dueñas e de otras que dizes que ameste |
| S 427-2 | e non sabes la manera commo es de -aprender |
| S 427-3 | oy e leye mis castigos e sabe los byen fazer |
| S 427-4 | Recabdaras la dueña E sabras otras traer |
| S 429-4 | panfilo e nason yo los ove castigado |
| S 431-1 | Cata muger fermosa donosa e loçana |
| S 433-2 | E de luengas pestañas byen claras e Reyentes |
| S 434-2 | eguales e bien blancos vn poco apartadillos |
| S 435-2 | la su faz sea blanca syn pelos clara e lysa |
| G 437-2 | zea bien rrazonada zotil e coztumera |
| G 437-3 | zepa mentir fermozo e ziga la carrera |
| G 438-2 | que andan las iglesias e zaben las callejaz |
| G 439-2 | andan por todo el mundo por plaçaz e cotaz |
| G 440-2 | andan de caza en caza e llaman ze parteraz |
| G 440-3 | con poluoz e afeytez e con alcoholeras |
| G 440-4 | echan la moça en ojo e çiegan bien de ueraz |
| G 441-1 | E buzca menzajera de vnaz negraz pecaz |
| G 441-2 | que vzan mucho frayrez monjaz e beataz |
| G 441-3 | zon mucho andariegaz e meresçen las çapataz |
| G 443-4 | e mucha mala rropa cubre buen cobertor |
| G 445-4 | e que ha chycaz piernaz e luengoz loz costadoz |
| G 446-4 | e para aquesta cata la fyna avancuerda |
| G 450-1 | atal es de seruir e atal es de amar |
| G 450-3 | si tal zaber podierez e la quisierez cobrar |
| G 450-4 | faz mucho por seruir la en dezir e en obrar |

| | |
|---|---|
| E | **(cont.)** |
| G 451-3 | promete e manda mucho maguer non gelo dierez |
| S 456-1 | son en -la grand pereza miedo E covardia |
| S 456-2 | torpedat e vileza ssuziedat e astrossya |
| S 457-1 | Dezir te la ffazaña de -los dos perezosos |
| S 457-2 | que querian casamiento e andavan acuziossos |
| S 457-4 | eran muy byen apuestos E veras quan fermosos |
| S 459-2 | con -el mas perezosso E aquel queria tomar |
| S 463-2 | estando delante ella sossegado e muy omyl |
| S 464-2 | en -la cama despierto e muy fuerte llouia |
| S 469-2 | sus malas maestrias e su mucho mal saber |
| S 469-3 | quando son ençendidas E mal quieren fazer |
| S 469-4 | alma e cuerpo e fama todo lo dexan perder |
| S 470-4 | syenpre le bullen los pies e mal para el pandero |
| S 471-1 | Texedor E cantadera nunca tyenen los pies quedos |
| S 471-2 | en -el telar e en -la dança syenpre bullen los dedoz |
| S 472-2 | muger molyno E huerta syenpre querie grand vso |
| S 478-2 | tomo vn entendedor E poblo la posada |
| S 482-2 | mostrat me -la figura e ajan buen solaz |
| S 483-2 | E vydo vn grand carnero con armas de prestar |
| S 483-3 | que yo pynte corder E trobo este manjar |
| S 484-2 | sotil e mal sabyda diz como mon sseñer |
| S 484-4 | vos veniesedes tenplano E trobariades corder |
| S 486-1 | Pedro leuanta la lyebre E la mueve del couil |
| S 486-3 | otro pedro que -la sygue E la corre mas sotil |
| S 487-2 | mas garçon e mas ardit quel primero que ameste |
| S 487-4 | con aqueste e por este fare yo sy dios me preste |
| S 490-1 | Mucho faz el dinero E mucho es de amar |
| S 490-2 | al torpe faze bueno E omne de prestar |
| S 490-3 | ffaze correr al coxo E al mudo fabrar |
| S 491-1 | ssea vn ome nesçio E rudo labrador |
| S 491-2 | los dyneros lo fazen fidalgo e sabydor |
| S 492-2 | plazer e alegria del papa Racion |
| S 494-1 | fazie muchos priores obispos E abbades |
| S 494-4 | fazie de verdat mentiras e de mitiras verdades |
| S 495-1 | fazia muchos clerigos e muchos ordenados |
| S 495-2 | muchos monges e mongas Religiosos sagrados |
| S 496-3 | en tener pleitos malos E fazer abenençia |
| S 497-2 | tyra çepos e gruillos E cadenas peligrosas |
| S 498-3 | otros eran syn culpa E luego los matava |
| S 498-4 | muchas almas perdia E muchas salvaua |
| S 499-1 | fazer perder al pobre su casa e su vyña |
| S 499-2 | sus muebles e Rayzes todo lo des-alyña |
| S 499-3 | por todo el mundo anda su sarna e su -tyña |
| S 500-2 | condes e Ricos omnes de algunos vyllanoz |
| S 501-1 | altas e muy costosas fermosas e pyntadas |
| S 501-3 | castillos hereadadez E villas entorredaz |
| S 501-4 | todas al dinero syruen E suyas son conpladas |
| S 502-3 | traya joyas preçiosas en -vyçioz E folguras |
| S 503-2 | denostar al dinero E a -sus tenptaçiones |
| S 504-2 | guardando lo en -covento en vasos e en taças |
| S 504-3 | con -el dinero cunplen sus menguas e sus Raças |
| S 505-1 | Commo quier que -los frayles E clerigos dyzen que aman a dios seruir |
| S 508-1 | Toda muger del mundo E duena de alteza |
| S 508-2 | pagase del dinero E de mucha Riqueza |
| S 509-1 | El dinero es alcalde E juez mucho loado |
| S 509-2 | este es conssejero E sotil abogado |
| S 509-3 | alguaçil E meryno byen ardyt es-forçado |
| S 511-1 | Por dineros se muda el mundo e su manera |
| S 511-3 | por joyas E dineros Salyra de carrera |
| S 512-1 | Derrueca fuerte muro E derriba grant torre |
| S 512-3 | a -coyta E a -grand priessa el mucho dar acorre |
| S 513-2 | por ende a -tu vieja se franco e llenero |
| S 514-4 | mercador que esto faze byen vende e byen troca |
| S 517-3 | con cuños E almadanas poco a -poco se arranca |
| S 518-1 | Prueua fazer lygerezaz e fazer valentya |
| S 520-2 | quanto por omne es magada e ferida |
| S 520-3 | tanto mas por el anda loca muerta E perdida |
| S 521-2 | por corrella e ferilla e por la denostar |
| S 521-3 | que por ende sera casta e la fara estar |
| S 522-2 | que su madre non quedaua de ferir la e corrella |
| S 522-3 | que mas la ençendia E pues devia por ella |
| S 522-4 | judgar todas las otras e a -su fija bella |
| S 523-3 | aquello la ençiende E aquello la traspassa |
| S 529-1 | fizo cuerpo E alma perder a -vn hermitano |
| S 530-4 | en santidat e en ayuno e en oracion beuia |
| S 536-1 | fizolo yr por el vyno E desque fue venido |
| S 536-2 | dixo saca dello e beue pues lo as traydo |
| S 536-3 | prueua vn poco dello E desque ayas beuido |
| S 537-3 | armo sobrel su casa e su aparejamiento |
| S 540-2 | loxuria e soberuia tres pecados mortales |
| S 541-4 | matola el mesquino e ovo se de morir |
| S 542-4 | esa ora fue el monge preso E en rrefierta |
| S 543-3 | perdio cuerpo e alma el cuytado mal trecho |
| S 544-1 | faz perder la vysta E acortar la vyda |
| S 546-3 | en su color non andan secanse e en-magresçen |
| S 547-2 | fazen rroydo los beodos commo puercos e grajas |
| S 547-3 | por ende vyenen muertes contyendas e barajas |
| S 547-4 | el mucho vyno es bueno en -cubas e en tinajas |
| S 548-4 | toda maldat del mundo faze e toda locura |
| G 549-1 | por ende fuy del vino e faz buenoz geztoz |
| G 552-4 | al que manda e da luego a -esto lo an primero |
| G 553-1 | En todoz los tuz fechoz en fablar e en Al |
| G 553-2 | escoge la mesura e lo que es cumunal |
| G 555-3 | Al tablagero fincan dineroz e vestidoz |
| G 556-2 | todaz suz maeztriaz e las tachaz que an |
| G 557-3 | nyn seaz de ti mismo e de tus fechoz loador |
| S 561-4 | ca el que calla e aprende este es manzellero |
| S 563-1 | sey commo la paloma linpio e mesurado |
| S 563-3 | sey cuerdo e non sanudo nin trizte nin yrado |
| S 564-3 | E es como quien siebra en rrio o en laguna |
| S 565-3 | pues piensa por ty mesmo e cata byen tu seno |
| S 565-4 | E por tu coraçon judgaras ajeno |
| S 569-2 | echanla de -la vyña de -la huerta e de -la haça |
| S 570-2 | a -muchos des-ayuda e a -sy primero |
| S 570-3 | rresçelan del las dueñas e dan le por fazañero |
| S 571-4 | quien a -ssy E a -otros muchos estorua con mal sesso |
| S 574-4 | Castiga te castigando E sabras a -otros castigar |
| S 576-1 | Partyose amor de mi E dexo me dormir |
| S 576-3 | en -lo que me castigo E por verdat dezir |
| S 578-3 | con dueña falaguera e desta vez terne |
| S 579-1 | My coraçon me dixo faz lo e Recabdaras |
| G 580-4 | busque e falle dueña de qual zo dezeozo |
| G 581-2 | doñegil muy loçana plazentera e fermoza |
| G 581-3 | Cortez e mesurada falaguera donosa |
| G 581-4 | graçioza e Risuena amor de toda coza |
| G 582-2 | biuda rrica es mucho e moça de juuentud |
| G 582-3 | E bien acostunbrada es de calataut |
| G 582-4 | de mi era vezina mi muerte e mi zalut |
| G 583-2 | fiia de algo en todo e de alto linaje |
| G 583-4 | Ca ella es comienço e fin deste viaje |
| G 584-1 | ella es nuestra vida e ella es nuestra muerte |
| G 584-2 | enflaqueçe e mata al rrezio e al fuerte |
| G 584-3 | por todo el mundo tiene grant poder e suerte |
| G 585-3 | de todaz cozaz zodez voz e el amor zeñor |
| G 586-1 | Reyz duquez e condez e toda criatura |
| G 586-2 | vos temen e vos seruen commo a vuestra fechura |
| G 586-3 | conplit loz miz deseoz e dat me dicha e ventura |
| G 588-1 | so ferido e llagado de vn dardo so perdido |
| G 588-2 | en -el coraçon lo trayo ençerrado e ascondido |
| G 588-4 | e avn dezir non ozo el nonbre de quien me ferio |
| G 591-1 | E por que muchaz de cozaz me enbargan e enpeçen |
| G 593-1 | E si encubre del todo su ferida e su dolor |
| G 594-1 | mijor es moztrar el omne su dolençia e su quexura |
| G 594-2 | Al monge e al buen amigo quel daran por auentura |
| G 594-3 | melezina e consejo por do pueda auer fulgura |
| G 594-4 | que non el morir syn dubda e beuir en grant Rencura |
| G 595-2 | que non quando ze derrama esparzido e descobierto |
| G 595-3 | Pues este es camino mas seguro e mas çierto |
| G 596-2 | de fermosura e donayre e de talla e de beldat |
| G 596-3 | sobra e vençe a -todas quantas ha en -la çibdat |
| G 597-3 | toda mi fuerça pyerdo E del todo me es tirada |
| G 598-2 | por que es de grand lynaje E duena de grand solar |
| G 598-3 | es de mejores paryentes que yo e de mejor lugar |
| G 599-1 | Con arras e con dones rrueganle cassamientos |
| S 600-1 | Ryqua muger e fija de vn porquerizo vyl |
| S 600-4 | aver la he por trabajo E por arte sotil |
| S 602-1 | atrevy me con locura E con amor afyncado |
| S 603-3 | esto me trae muerto perdido e penado |
| S 604-1 | ya ssabedess nuestros males E nuestras penas parejas |
| S 605-2 | tyra de mi coraçon tal saeta e tal ardura |
| S 605-3 | conortat me esta llaga con juegos e folgura |
| S 605-4 | que non vayan syn conorte mi llaga e mi quexura |
| S 606-1 | qual es la dueña tan braua E tan dura |
| S 606-3 | afynco vos pidiendo con dolor e tristura |
| S 606-4 | el grand amor me faze perder salud e cura |
| S 610-4 | amar te ha la dueña que en -ello piensa e sueña |
| S 612-3 | que trabajo e seruiçio non -la traya al espuela |
| S 613-3 | que syguiendo e seruiendo en -este coydado es puesta |
| S 616-1 | syrue la con arte E mucho te achaca |
| S 616-3 | maestria e arte de fuerte faze flaca |
| S 617-2 | maestria e arte la arrancan mejor |
| S 618-4 | por arte juran muchos e por arte son perjuros |
| S 619-2 | E los pies enxutos corren por mares fondas |
| S 619-3 | con arte E con seruiçio muchas cosas abondas |
| S 620-2 | E la arte el culpado saluado del malefiçio |
| S 622-2 | el mester e el ofiçio el arte e la sabiençia |
| S 622-3 | nin pueden dar a -la dueña el amor e la querencia |
| S 622-4 | todo esto da el trabajo el vso e la femençia |
| S 623-1 | Maguer te diga de non E avn que se ensañe |
| S 624-4 | creçem mucho amores e son desseosos |
| S 626-3 | al sañudo e al torpe non lo preçian vn figo |
| S 626-4 | tristeza e Renzilla paren mal enemigo |
| S 627-1 | El alegria al omne fazelo apuesto e fermoso |
| S 627-2 | mas sotil e mas ardit mas franco e mas donoso |
| S 628-2 | E por pequeña tacha que en -ty podria aver |
| S 628-4 | a -ty mesmo contesçio E a -otros podra acaesçer |
| S 630-4 | lo poco e lo mucho façen lo como amidos |
| S 632-3 | muestran que tienen saña e son rregateras |
| S 633-3 | la muger byen sañuda e quel omne byen guerrea |
| S 634-1 | El miedo e la verguença faze a la mugeres |
| S 636-1 | El pobre con buen seso E con cara pagada |
| S 636-2 | encubre su pobreza e su vyda lazrada |
| S 639-2 | ado son muchos tyzones e muchos tyzonadores |
| S 639-3 | mayor sera el fuego e mayores los ardores |
| S 639-3 | ado muchos le dixieren tus bienes e tus loores |
| S 639-4 | mayor sera tu quexa E sus desseos mayores |
| S 643-4 | Sabe lo E entyendelo por la antiguedat |
| S 644-3 | sospechan E barruntan todas aquestas cosaz |
| S 647-3 | mill tienpos e maneras podras despues fallar |
| S 648-2 | sey sotil e acucioso e avras tu amiga |
| S 649-2 | el dolor creçe E non mengua oyendo dulçes cantares |
| S 649-3 | ayuda otra non me queda synon lengua e parlares |
| S 650-1 | Amigos vo a -grand pena E so puesto en -la fonda |
| S 650-4 | dexo me solo e señero syn Remos con -la blaua onda |
| S 651-2 | oteo a -todas partes e non puedo fallar puerto |
| S 651-3 | toda mi esperança e todo el mi confuerto |
| S 651-4 | esta en aquella sola que me trahe penado e muerto |
| S 653-1 | ay dios E quam fermosa vyene doña endrina por la plaça |
| S 654-3 | a -mi luego me venieron muchos miedos e tenblores |
| S 654-3 | los mis pies e las mis manos non eran de si Senores |
| S 657-3 | sy ovies lugar e tienpo por quanto de vos oya |
| S 657-4 | desea vos mucho ver E conosçer vos querria |
| G 662-2 | vuestro amor he deseo que me afinca e me aquexa |

| | |
|---|---|
| E | |
| G 663-2 | **(cont.)** |
| G 663-2 | fablar mucho con -el zordo es mal seso e mal Recabdo |
| G 666-4 | la peña tiene blanco e prieto pero todoz zon conejoz |
| G 667-3 | faz mal culpa de malo a -buenoz e a mejorez |
| G 669-2 | bien loçana e orgulloza bien manza e sosegada |
| G 670-3 | Cuydadez que voz fablo en engaño e en folia |
| G 670-4 | E non ze que me faga contra vuestra porfia |
| G 671-4 | e.zodez atan moça que esto me atierra |
| G 672-2 | cuydadez que -uoz fablo lizonga e vanidat |
| G 673-2 | E para estoz juegoz hedat e mançebia |
| G 674-2 | el arte e el vso muestra todo el zaber |
| G 674-3 | sin el vso e arte ya se va pereçer |
| G 675-1 | yd e venit a -la fabla otro dia por mesura |
| G 675-3 | yt e venid a -la fabla esa creençia atan dura |
| G 676-3 | yo pensare en -la fabla e zabre vuestro talente |
| G 677-2 | yo entendere de -uoz algo E oyredez loz miz rrazonez |
| G 677-3 | yr e venit a -la fabla que mugerez e varonez |
| G 677-4 | por laz palabraz se conosçen e zon amigoz e conpañonez |
| G 678-2 | es la color e la vista alegria palançiana |
| G 678-3 | es la fabla e la vista de -la dueña tan loçana |
| G 678-4 | al omne conorte grande e plazenteria bien zana |
| G 679-2 | onrra es e non dezonrra en cuerda miente fablar |
| G 679-3 | laz dueñaz e mugerez deuen su rrepuesta dar |
| G 683-4 | ella dixo pues dezildo e vere que tal zera |
| G 684-2 | que sy ouiere lugar e tienpo quando en vno estemoz |
| G 684-3 | segund que -lo yo deseo voz e yo noz abraçemoz |
| G 686-4 | tienpo verna que podremos fablar noz uoz e yo este verano |
| G 687-3 | zolaz tan plazentero e tan grande alegria |
| G 687-4 | quiso me dioz bien giar e la ventura mia |
| G 690-3 | el amor e la bien querençia creçe con vzar juego |
| G 691-3 | E a -la mi mucha cuyta non ze consejo nin arte |
| S 692-1 | muchas vezes la ventura con ssu fuerça e poder |
| S 692-3 | por esto anda el mundo en leuantar e en caer |
| S 692-3 | dios e el trabajo grande pueden los fados vençer |
| S 693-2 | E a -muchos es contraria puede los mal estoruar |
| S 693-3 | el trabajo e el fado suelen se aconpañar |
| S 695-4 | amigança debdo e sangre la muger lo muda |
| S 696-2 | escoja las mejores E dexe las dañosas |
| S 697-3 | dios e la mi ventura que me fue guiador |
| S 698-2 | artera e maestra e de mucho saber |
| S 701-3 | en -vuestras manos pongo mi salud e mi vida |
| S 702-1 | oy dezir sienpre de vos mucho bien e aguisado |
| S 702-3 | como ha bien e ayuda quien de vos hes-ayudado |
| S 702-4 | por la vuestra buena fama E por vos enbiado |
| S 703-3 | sinon vos otro non sepa mi quexa e mi dolençia |
| S 703-4 | diz la vieja puez dezidlo e aved en mi creençia |
| S 706-4 | toda cosa deste mundo temo mucho e temi |
| S 707-3 | syenpre cada dia creçe con enbia e falsedat |
| S 708-2 | E fablad entre nos anbos lo mejor que entendades |
| S 709-2 | e le fare tal escanto e le dare tal atal-vina |
| S 710-1 | la çera que es mucho dura e mucho brozna e elada |
| S 714-3 | mando me por vestuario vna piel e vn pellico |
| S 715-2 | queblanta leyes e fueros e es del derecho Señor |
| S 715-4 | tienpo ay que aprouecha E tienpo ay que faz peor |
| S 716-3 | yo se toda su fazienda E quanto ha de fazer |
| S 718-2 | a -esta dueña e a -otras moçetas de cuello aluillo |
| S 719-2 | el mi algo E mi casa a -todo vuestro mandar |
| S 719-3 | de -mano tomad pellote e yd nol dedes vagar |
| S 720-3 | todo vuestro trabajo auredez ayuda e pecho |
| S 720-4 | pensat bien lo que fablaides con seso e con derecho |
| S 721-2 | fablad tanto E tal cosa que non vos aRepintades |
| S 721-3 | en -la fyn esta la onrra e la desonrra bien creades |
| S 722-1 | Mejor cosa es al omne al cuerdo e al entendido |
| S 722-2 | callar do non -le enpeçe E tyenen le por sesudo |
| S 723-2 | meneando de sus joyas sortijas E alfileres |
| S 726-2 | mançebillos apostados e de mucha loçania |
| S 727-2 | El mejor e el mas noble de lynaje e de beldat |
| S 727-4 | a -todos los otros sobra en fermosura e bondat |
| S 728-2 | en riquezas amor en costunbres tanto como el non crecieron |
| S 731-4 | grand amor e grand ssaña non puede sser que non se mueva |
| S 732-1 | ome es de buena vyda E es byen acostunbrado |
| S 732-3 | ssy vos bien sopiesedes qual es e quan preçiado |
| S 733-4 | E de comienço chico viene granado fecho |
| S 734-1 | E a -vezes pequeña fabla bien dicha e chico Ruego |
| S 734-3 | e de chica çentella nasçe grand llama de fuego |
| S 734-4 | e vienen grandes peleas a -vezez de chico juego |
| S 735-1 | syenpre fue mi costunbre e los mis pensamientos |
| S 735-3 | leuantar yo de mio e mouer cassamientos |
| S 735-4 | fasta que yo entienda e vea los talentos |
| S 737-1 | Respondiole la dueña con mesura E byen |
| S 737-3 | que vos tanto loades e quantos bienes tyen |
| S 741-2 | E crea a -los omnes con mentiras jurando |
| S 744-2 | de pleitos e de afruentas de verguençaz e de plazos |
| S 746-3 | para fazer sus cuerdas E sus lazos el rredero |
| S 747-1 | Dixo la golondrina a -tortolas e a -pardales |
| S 747-2 | e mas al abutarda estas palabras tales |
| S 748-4 | el caçador el canamo en les espantaua |
| S 749-1 | Torno la golondrina E dixo al abutarda |
| S 749-3 | que quien tanto la rriega e tanto la escarda |
| S 750-4 | dexa me esta vegada tan fermosa e tan llana |
| S 751-2 | commo era grytadera E mucho gorjeador |
| S 752-1 | Cogido yal cañamo E fecha la parança |
| S 753-2 | non -le dexaron dellas sinon chicas e rralas |
| S 753-4 | que muchos se ayuntan e son de vn conssejo |
| S 754-2 | por astragar lo todos e fazer vos mal trebejo |
| S 755-2 | ssabe de muchos pleitos e sabe de leyenda |
| S 755-3 | ayuda e deffiende a -quien sele encomienda |
| G 756-3 | daua zonbra a -las casaz E rreluzie la cal |
| G 757-1 | asi estadez fiia biuda e mançebilla |
| G 757-2 | zola e sin conpanero commo la tortolilla |
| G 757-3 | deso creo que estadez amariella e magrilla |
| G 758-2 | sienpre an gasajado plazer e alegria |
| G 761-2 | tomad aqueste marido por omne e por velado |
| G 762-2 | andar en-vergonçada e con mucho sosaño |
| G 762-3 | zeñora dexar duelo e fazet el cabo de año |
| G 763-2 | a caualleroz e a dueñaz es prouecho vestido |
| G 763-3 | mas deuen lo traer poco e fazer chico rroydo |
| G 763-4 | grand plazer e chico duelo es de todo omne querido |
| S 770-3 | dezir nos buena missa e tomar buena yantar |
| S 771-1 | ffiestas de seys capas E de grandes clamorez |
| S 771-2 | fazemos byen grande syn perros e syn pastorez |
| S 771-4 | ofreçeremos cabritos los mas e los mejores |
| S 772-2 | los cabrones e las cabras en alta boz balar |
| S 772-4 | con palos e con mastines vinieron los a -buscar |
| S 773-2 | pastores e mastines troxieron lo en -torno |
| S 773-3 | de palos e de pedradas ouo vn mal sojorno |
| S 775-3 | vos e vuestros fijuelos que fazedes por ay |
| S 775-4 | mandad vos E fare yo despues governad a mi |
| S 777-2 | ofreçer vos los he yo en gracias e en seruiçio |
| S 777-3 | E vos faredes por ellos vn salto syn bolliçio |
| S 777-4 | conbredes e folgaredes a -la sonbra al vyçio |
| S 785-2 | mi fuerça e mi seso e todo mi saber |
| S 785-3 | mi salud e mi vyda e todo mi entender |
| S 787-1 | Coraçon que quisiste Ser preso E tomado |
| S 787-3 | posiste te en presion e sospiros e cuydado |
| S 788-4 | penaredes mis ojos penar e amortesçer |
| S 790-4 | ay muertas vos veades de tal Rauia e dolor |
| S 791-3 | mi vida e mi muerte esta es señalada |
| S 793-4 | dios e el vso grande fazen los fados boluer |
| S 794-4 | toda la mi esperança pereçe e yo so perdido |
| S 795-4 | veo el daño grande E de mas el haçerio |
| S 796-2 | sana dolor muy grand e sale grand postilla |
| S 796-4 | en pos de -los grandes nublos grand sol e sonbrilla |
| S 797-1 | vyene salud e vyda despues de grand dolençia |
| S 797-3 | conortad vos amigo e tened buena creençia |
| S 798-1 | Doña endrina es vuestra e fara mi mandado |
| S 800-2 | por que pierda tristeza dolor e amargura |
| S 800-3 | por que tome conorte e por que aya folgura |
| S 802-1 | Creed que verdat digo e ansy lo fallaredes |
| S 802-2 | sy verdat le dixistes e amor le avedes |
| S 803-4 | solo dios e non otro sabe que es por venir |
| S 805-1 | Todo nuestro trabajo E nuestra esperança |
| S 807-2 | que vos quiere e vos ama e tyene de vos desseo |
| S 807-3 | quando de vos le fablo e a -ella oteo |
| S 807-4 | todo se le demuda el color e el desseo |
| S 808-2 | ella me diz que fable e non quiera dexallo |
| S 810-2 | el color se le muda bermejo e amarillo |
| S 811-2 | oteame e sospira e esta comediendo |
| S 811-3 | avyua mas el ojo e esta toda bulliendo |
| S 812-4 | E verna doña endrina sy la vieja la llama |
| S 814-3 | conplid vuestro trabajo e acabad la noblesa |
| S 816-2 | E quanto prometemos quisa non lo conplimos |
| S 816-3 | al mandar somos largos E al dar escasos primos |
| S 816-4 | por vanas promisiones trabajamos e seruimos |
| S 818-4 | es venguença e mengua sy conplyr lo podemos |
| S 819-4 | por chica rrazon pierde el poble e el coytoso |
| S 820-2 | al poble e al menguado e a -la poble mesquina |
| S 821-1 | En toda parte anda poca fe e grand fallya |
| S 821-4 | a -las vezes espanta el mar e faze buen orilla |
| S 822-2 | lo que yo vos promety tomad E aved folgura |
| S 825-3 | corrida e amarga que me diz toda enemiga |
| S 827-2 | dexola con -la fija e fuese a -la calleja |
| S 828-4 | veo vos byen loçana byen gordilla e fermosa |
| S 829-3 | mesquino e magrillo non ay mas carne en -el |
| S 831-1 | Por que veo e conosco en vos cada vegada |
| S 832-1 | E vos del non avedes nin coyta nin enbargo |
| S 832-4 | que lo traedes muerto perdido e penado |
| S 834-3 | de noche e de dia trabaja syn pereza |
| S 835-3 | saca gualardon poco grand trabajo e grand pena |
| S 837-4 | el fuego encoberto vos mata E penaredes |
| S 839-3 | el miedo E la verguença defienden me el trebejo |
| S 840-4 | de cassar se con-vusco a -ley e a -bendiçion |
| S 841-3 | doña endrina me mata e non sus cantañeras |
| S 841-4 | ella sanar me puede e non las cantaderas |
| S 842-1 | Desque veo sus lagrimas e quan byen lo de-parte |
| S 842-2 | con piedat e coyta yo lloro por quel farte |
| S 842-4 | por que veo que vos ama e vos quiere syn arte |
| S 843-2 | E veo que entre amos por egual vos amades |
| S 843-3 | con el ençendymiento morides E penades |
| S 844-4 | tal lugar non avremos para plazer E vyçio |
| S 846-1 | El amor cobdiçioso quiebla caustras E puertas |
| S 846-2 | vençe a -todas guardas e tyene las por mueras |
| S 846-3 | dexa el miedo vano e sospechas non çiertas |
| S 847-2 | mi coraçon e he dicho mi desseo e mi llaga |
| S 848-1 | Es maldat E falsia las mugeres engañar |
| S 848-2 | grand pecado e desonrra en -las ansy dañar |
| S 848-4 | mis fechos e la fama esto me faz dubdar |
| S 850-3 | que aquel buen mançebo dulçe amor e syn fallyr |
| S 851-2 | el mormullo e el Roydo que -lo digan non ay quien |
| S 852-2 | en quantas guysas se buelue con miedo e con temor |
| S 852-3 | aca e alla lo trexna el su quexoso amor |
| S 852-4 | E de -los muchos peligros non sabe qual es el peor |
| S 853-1 | dos penas desacordadas canssam me noche e dia |
| S 854-2 | Ruega e rrogando creçe la llaga del enamorado |
| S 855-2 | su porfia e su grand quexa ya me trahe cansada |
| S 856-1 | quanto mas malas palabras omne dize e las entyende |
| S 856-2 | tanto maz en -la pelea se abyua e se ençiende |
| S 856-4 | atanto mas doña venus la fla e la ençiende |
| S 857-1 | E pues que vos non podedes amatar la vuestra llama |
| S 857-3 | fija la vuestra porfia -a vos mata e derrama |
| S 858-1 | vos de noche e de dia lo vedes byen vos digo |
| S 859-2 | vuestras fazes E vuestros ojos andan en color de tierra |
| S 859-3 | dar vos ha muerte a -entranbos la tardança e la desira |
| S 859-4 | quien non cree los mis dichos mas lo falle e mas lo yerra |

| E | (cont.) |
|---|---|
| S 861-3 | jugaremos a -la pella e a -otros juegos Raezes |
| S 861-4 | jugaredes e folgaredes e dar vos he ay que nuezes |
| S 862-2 | muchas peras e duraznos que çidras e que mancanas |
| S 862-3 | que castanas que piñones e que muchas avellanas |
| S 863-3 | todo es aqui vn barrio e vezindat poblada |
| S 866-2 | pierde el entendimiento çiega e pierde la vista |
| S 866-4 | andan por escarneçerla coyda que es amada e quista |
| S 867-2 | a -tomar de -la su fruta e a -la pella jugar |
| S 874-1 | aquella es la su cara e su ojo de bezerro |
| S 876-2 | E con byen e con sosiego dezid si algo queredes |
| S 877-4 | dios E mi buena ventura mela touieron guardada |
| S 879-2 | que non que vos descobrades E ansy vos pregonedes |
| S 880-1 | E pues que vos dezides que es el daño fecho |
| S 880-2 | defyenda vos E ayude vos a -tuerto e a -derecho |
| S 880-3 | fija a -daño fecho aved rruego E pecho |
| S 883-1 | Sy las aves lo podiesen byen saber E entender |
| S 884-2 | ya el pescador los tiene E los trahe por el suelo |
| S 885-3 | pyerde el cuerpo e el alma a -muchos esto aviene |
| S 886-1 | Esta en -los antiguos Seso e sabyençia |
| S 886-2 | es en -el mucho tienpo el saber e la çiençia |
| S 886-4 | E dio en este pleito vna buena sentençia |
| S 887-4 | duelo cuerda mente sofrir E endurar |
| S 888-3 | deue buscar conssejo melezinas e curas |
| S 888-4 | el sabydor se prueua en coytas e en presuras |
| S 889-3 | aved entre vos anbos corcordia e paz |
| S 889-4 | el pesar E la saña tornad lo en buen solaz |
| S 890-3 | vos sed muger suya e el vuestro marido |
| S 891-1 | doña endrina e don melon en vno casados son |
| S 891-4 | que lo felo de estoria diz panfilo e nason |
| S 892-4 | al asno syn orejas e syn su coraçon |
| S 894-4 | al leon e a -los otros querialos atronar |
| S 897-4 | a -todos e agora non vale vna faua |
| S 898-1 | Mas valya vuestra abbuelbola e vuestro buen solaz |
| S 898-4 | que tornedes al juego en saluo e en paz |
| S 901-4 | el coraçon el lobo comio e las orejas |
| S 902-3 | syn coraçon E syn orejas troxolo des-figurado |
| S 902-4 | el leon contra el lobo fue sañudo e yrado |
| S 903-2 | que sy el coracon E orejas touiera |
| S 903-3 | entendiera sus mañas e sus nuevas oyera |
| S 903-4 | mas que -lo non tenia e por end veniera |
| S 905-3 | de coraçon E de orejas non quiera ser menguada |
| S 906-1 | En muchas engañadas castigo e seso tome |
| S 907-4 | e muchas espigas nasçen de vn grano de çiuera |
| S 908-2 | muchos despues la enfaman con escarnios E rreyres |
| S 908-4 | mis fablas e mis fazañas Ruego te que byen las mires |
| S 910-1 | Seyendo yo despues desto syn amor e con coydado |
| S 911-2 | niña de pocos dias Ryca E de virtud |
| S 911-3 | fermosa fijadalgo e de mucha joventud |
| S 912-1 | apuesta E loçana e duena de lynaje |
| S 918-4 | somouiola ya quanto e byen lo adeliño |
| S 920-2 | non tomes el sendero e dexes la carrera |
| S 927-4 | nonbles e maestrias mas tyenen que Raposa |
| S 928-2 | coytando me amor mi señor E mi Rey |
| S 930-2 | E tal fazedes vos por que non tenedes otra |
| S 931-1 | Nunca jamas vos contesca e lo que dixe apodo |
| S 931-2 | yo lo desdire muy byen e lo des-fare del todo |
| S 931-4 | yo dare a -todo çima e lo trahere a -rrodo |
| S 932-2 | llamat me buen amor e fare yo lealtat |
| S 933-1 | Por amor de la vieja e por dezir Rason |
| S 933-2 | buen amor dixe al libro e a -ella todo saçon |
| S 934-1 | ffizo grand maestria E sotil trauesura |
| S 937-2 | ya vos dixe que estas paran cauas e foyas |
| S 939-4 | E fazer que -la pella en Rodar non se tenga |
| S 943-1 | Commo es natural cosa el nasçer e el moryr |
| S 943-4 | dios perdone su alma e quiera la rresçebyr |
| S 944-1 | Con -el triste quebranto E con -el grand pesar |
| S 944-2 | yo cay en -la cama e coyde peligrar |
| S 945-4 | yo traue luego della e fablele en seso vano |
| S 947-1 | de toda lazeria E de todo este coxixo |
| S 949-2 | de dicho E de fecho e de todo coraçon |
| S 950-2 | fuy a -prouar la syerra e fiz loca demanda |
| S 951-3 | de nieue e de granizo non ove do me asconder |
| S 953-1 | yo guardo el portadgo E el peaje cogo |
| S 955-4 | E por dios da me possada que el frio me atierra |
| S 957-3 | yo desque me vy con miedo con frio e con quexa |
| S 957-4 | mandele pacha con broncha e con çorron de coneja |
| S 958-2 | E a -mi non me peso por que me lleuo acuestas |
| S 958-3 | escuso me de passar los arroyos E las cuestas |
| S 963-2 | arrojome la cayada e Rodeome la fonda |
| S 964-1 | ffazia nieue e granzaua diome la chata luego |
| S 965-1 | Dyz yo leuare a -cassa e mostrar te he el camino |
| S 965-2 | fazer te he fuego e blasa darte he del pan e del vino |
| S 965-3 | alae promed algo e tener te he por fydalgo |
| S 966-1 | yo con miedo E aRezido prometil vna garnacha |
| S 966-2 | E mandel para el vestido vna bronca E vn pancha |
| S 967-2 | commo a -çuron lyuiano e leuon la cuesta ayusso |
| S 969-2 | mucho queso assadero leche natas e vna trucha |
| S 973-1 | Estude en esa çibdat e espendi mi cabdal |
| S 973-4 | dixe mi casilla e mi fogar çient sueldos val |
| S 977-2 | escarua la gallyna E falla su pepita |
| S 978-1 | Deribo me la cuesta ayuso E cay estordido |
| S 980-2 | meter te he por camino e avras buena merienda |
| S 981-1 | Tomo me por la mano e fuemos nos en vno |
| S 981-2 | era nona passada e yo estaua ayuno |
| S 982-2 | que ayuno E arreçido non ome podria solazar |
| S 982-4 | non se pago del dicho e quiso me amenazar |
| S 983-1 | Pensso de mi e della dixe yo agora se prueua |
| S 983-2 | que pan E vino juega que non camisa nueva |
| S 983-3 | escote la meryenda e party me dalgueua |
| S 984-4 | assañose contra mi Resçele e fuy couarde |
| S 985-1 | ssacome de -la choça E llegome a -dos senderos |
| S 985-2 | anbos son byen vsados e anbos son camineros |
| S 986-4 | Ca tu endenderas vno e el libro dize al |
| S 988-5 | E andas commo Radio |
| S 991-4 | sobarte diz el aluarda synon partes del trebejo |
| S 992-1 | hospedome E diome vyanda mas escotar mela fizo |
| S 992-5 | syn agua E syn rroçio |
| S 998-4 | busca e fallaras de grado |
| S1000-1 | sse muy bien tornear vacas E domar brauo nouillo |
| S1000-2 | Se maçar e fazer natas E fazer el odrezillo |
| S1000-3 | bien se guytar las abarcas e taner el caramillo |
| S1000-4 | E caualgar blauo potrillo |
| S1001-1 | sse faser el altybaxo E sotar a -qual quier muedo |
| S1002-4 | E dar te he lo que pidieres |
| S1003-2 | e dame vnos çapatos E seys anillos de estaño |
| S1003-3 | vn çamaron disantero e garnacho para entre el año |
| S1003-4 | E non fables en engaño |
| S1004-2 | E da me toca amarilla byen listada en -la fruente |
| S1004-3 | çapatas fasta rrodilla e dira toda la gente |
| S1005-1 | yol dixe dar te he esas cosas e avn mas si mas comides |
| S1005-2 | byen loçanas E fermosas a -tus parientes conbydes |
| S1005-3 | luego fagamos las bodas e esto non lo oluides |
| S1006-1 | Syenpre ha la mala manera la sierra E la altura |
| S1009-1 | Con -la coyta del frio e de aquella grand elada |
| S1009-4 | touelo a -dios en merçed e leuome a -la tablada |
| S1010-1 | ssus mienbros e su talla non son para callar |
| S1011-3 | a grand hato daria lucha e grand con-quista |
| S1012-3 | ojos fondos bermejos poco e mal deuisa |
| S1014-1 | Su boca de alana E los rrostros muy gordos |
| S1014-2 | dyentes anchos E luengos asnudos e moxmordos |
| S1014-3 | las sobreçejas anchas e mas negras que tordos |
| S1017-3 | boz gorda e gangosa a -todo omne enteca |
| S1017-4 | tardia como Ronca desdonada e hueca |
| S1021-1 | de quanto que me dixo E de su mala talla |
| S1021-4 | de -la que te non pagares veyla e Rye e calla |
| S1023-3 | de nieue e de frio |
| S1023-4 | e dese rroçio |
| S1023-5 | e de grand elada |
| S1024-5 | e byen colorada |
| S1026-2 | e por eso vengo |
| S1027-5 | e dan grand soldada |
| S1029-3 | e dion buena lunbre |
| S1030-3 | e dyon vino malo |
| S1030-4 | agrillo e Ralo |
| S1030-5 | e carne salada |
| S1031-3 | ese blaço E toma |
| S1032-2 | e beue e esfuerça |
| S1032-3 | calyenta te e paga |
| S1033-4 | E lechiga buena |
| S1034-5 | e syn sera dada |
| S1035-3 | E buena camisa |
| S1036-1 | E dan buenas sartas |
| S1036-2 | de estaño e fartas |
| S1036-3 | E dame halia |
| S1037-1 | E dan buena toca |
| S1037-3 | E dame çapatas |
| S1038-5 | e yo tu velada |
| S1041-3 | e yo non me pago |
| S1043-2 | e todo don muy bueno de dios bien escogido |
| S1043-3 | E yo desque saly de todo aqueste Roydo |
| S1044-2 | muy santo E muy deuoto santa maria del vado |
| S1045-3 | mi alma E mi cuerpo ante tu magestat |
| S1045-4 | ofresco con cantigas e con grand omildat |
| S1046-2 | virgen Santa e dina oye a -mi pecador |
| S1047-1 | My alma E mi coyta e en tu alabança |
| S1047-3 | virgen tu me ayuda e sy detardanca |
| S1048-1 | Por que en grand gloria estas e con plazer |
| S1048-4 | fizo en presiones en -penas e en dolor |
| S1056-1 | a -ora de nona morio e consteçio |
| S1056-4 | ssangre E agua salio del mundo fue dulçor |
| S1059-2 | de su muerte deuemos doler nos e acordar |
| S1061-2 | que el cordero vernia e saluaria la ley |
| S1062-2 | vino en santa virgen E de virgen nasçio |
| S1062-4 | dios e omne que veemos en -el santo altar |
| S1063-3 | fue preso e ferido de -los jodios mal |
| S1064-4 | destas llagas tenemos dolor e grand pessar |
| S1065-1 | Con clauos enclauaron las manos e pies del |
| S1065-2 | la su set abebraron con vinagre E fiel |
| S1066-1 | En cruz fue puesto por nos muerto ferido e llagado |
| S1067-4 | puso por todo el mundo miedo e grand espanto |
| S1069-3 | a -todos loz açiprestes E clerigoz con amor |
| S1071-1 | E por aquesta Razon en vertud obediencia |
| S1071-3 | que por mi e por mi ayuno e por mi penitençia |
| S1072-2 | la mi perzona mesma e las con-pañas mias |
| S1072-3 | yremos pelear con -el e con todas suz porfiaz |
| S1074-1 | otra carta traya abyerta e ssellada |
| S1076-1 | Desde oy en syete dias tu e tu almohalla |
| S1077-4 | a -mi e a -mi huesped puso nos en -coydado |
| S1079-2 | fuese e yo fiz mis cartaz dixele al viernes yd |
| S1079-3 | a -don carnal mañana e todo esto le dezit |
| S1082-2 | gallynas e perdizes conejos e capones |
| S1082-3 | anades e lauancos e gordos anssaronez |
| S1083-2 | espetos muy conplidos de fierro e de madero |
| S1085-1 | las puestas de -la vaca lechones E cabritoz |
| S1085-2 | ally andan saltando e dando grandes gritos |
| S1086-4 | trayan armas estrañas e fuertes guarniçiones |
| S1087-1 | Eran muy byen lalbadas tenpladas e byen fynas |
| S1087-3 | por adaragas calderas sartenes e cosinas |
| S1088-1 | vinieron muchos gamos e el fuerte jauxly |
| S1090-1 | vino presta e lygera al alarde la lyebre |
| S1090-3 | dalle he la sarna e diuiesos que de lydiar nol mienbre |
| S1091-1 | vino el cabron montes con corços e torcazaz |
| S1091-2 | deziendo sus bramuras e muchas amenazas |

| | |
|---|---|
| **E** | **(cont.)** |
| S1092-4 | mas fago te seruiçio con -la carne e cuero |
| S1093-2 | çidierbedas e lomos fynchida la cozina |
| S1094-2 | E tiene por todo el mundo poder commo señor |
| S1094-3 | aves E animalias por el su grand amor |
| S1100-3 | estaua apezgado e estaua adormido |
| S1102-2 | fue el puerro cuelle aluo e ferio lo muy mal |
| S1104-2 | los verdeles e xibias guardan la costanera |
| S1105-2 | salpresaz e trechadas a -grandes manadillas |
| S1108-1 | Alli con los lauancos lydian baruos E peçes |
| S1109-3 | E a -costados e a -piernas dauales negro Rato |
| S1110-1 | Recudieron del mar de pielagos E charcos |
| S1110-2 | conpañas mucho estranas e de diuersos marcos |
| S1110-3 | trayan armas muy fuertes e ballestas e arcos |
| S1112-4 | arenques E vesugos vinieron de bermeo |
| S1113-2 | feriendo e matando de -las carnosas gentes |
| S1114-1 | ssavalos E albures E la noble lanplea |
| S1114-2 | de seuilla E de alcantara venian a -leuar prea |
| S1115-3 | dio en medio de -la fruente al puerco e al lechon |
| S1116-3 | a cabritos E a -gamos queria los afogar |
| S1117-3 | della e de -la parte dan se golpes sobejos |
| S1117-4 | de escamas E de sangre van llenos los vallejos |
| S1118-2 | congrio çeçial e fresco mando mala suerte |
| S1119-1 | Tomo ya quanto esfuerço e tendio su pendon |
| S1119-2 | ardiz E denodado fuese contra don salmon |
| S1120-1 | Porfiaron grand pieça e pasaron grand pena |
| S1121-2 | muchas dellas murieron E muchas eran foydas |
| S1122-2 | el jaualyn E el çieruo fueron a -las montanas |
| S1123-4 | estaua muy señero çecado e mesquino |
| S1124-4 | a -el e a -los suyos metieron en vn cordel |
| S1125-4 | E a -doña çeçina con -el toçino colgasen |
| S1126-2 | E que a -descolgallos ninguno y non vaya |
| S1127-2 | E que lo touiesen ençerrado ado non -lo vea ninguno |
| S1127-4 | E quel dyesen a -comer al dia majar vno |
| S1129-2 | con sello de poridat çerrados E sellados |
| S1133-3 | so rrudo E syn çiençia non me oso aventurar |
| S1134-1 | E por aquesto que tengo en coraçon de escreuir |
| S1135-2 | aprendi e se poco para ser demostrador |
| S1137-2 | do ha tienpo E vida para lo emendar |
| S1138-3 | es menester que faga por gestos e gemido |
| S1141-2 | ay en -la santa iglesia mucha prueua e buena |
| S1141-3 | por contriçion e lagrimas la santa madalena |
| S1141-4 | fue quita E absuelta de culpa e pena |
| S1142-4 | nego a -jhesu xpisto con miedo E quexura |
| S1145-4 | en -la foya dan entranbos e dentro van caer |
| S1146-4 | faze jnjuria e dapno e meresçe grand pena |
| S1147-2 | a arçobispos e abispos e a mayores perlados |
| S1148-2 | son muchos en derecho dezir quantos e quales |
| S1149-1 | Pues que el arçobispo bendicho e conssagrado |
| S1149-2 | de palio e de blago e de mitra onrrado |
| S1150-1 | otrozi del obispo E de -los sus mayores |
| S1150-3 | pueden bien asoluer los e ser dispenssadorez |
| S1151-1 | Muchos son los primeros e muchos son aquestos |
| S1151-3 | trastorne byen los libros las glosaz e los testos |
| S1152-4 | el rrosario de guido nouela e diratorio |
| S1153-1 | Decretales mas de çiento en -libros E en -questionez |
| S1153-2 | con fueres argumentos E con sotiles Razones |
| S1156-4 | a -vuestros E ajenos oyd absoluel E quitad |
| S1157-2 | vos sodes para todo arçobispo E papa |
| S1158-3 | E puedan aver su cura para se confesar |
| S1158-4 | que lo fagan e cunplan para mejor estar |
| S1159-1 | E otrosi mandatle a -este tal dolyente |
| S1160-4 | arçobispos e obispos patriarca cardenal |
| S1161-2 | era del papa e del mucho priuado |
| S1162-4 | E non comiese mas e seria perdonado |
| S1163-2 | conbras garuanços cochoz con azeyte e non al |
| S1163-3 | yras a -la iglesia E non estaras en -la cal |
| S1165-2 | que comas los formigos e mucho non te fares |
| S1167-2 | que te perjuraste declarando la mentira |
| S1168-1 | Por la tu mucha gula E tu grand golosina |
| S1168-2 | el viernes pan E agua comeras E non cozina |
| S1168-4 | aver te ha dios merçed e saldras de aqui ayna |
| S1169-1 | Come el dya del sabado las fabas E non mas |
| S1170-4 | ayudar te ha dios e avraz pro del lazerio |
| S1172-2 | estaua de -la lid muy fraco E lloroso |
| S1172-3 | doliente E mal ferido constribado e dolioso |
| S1175-1 | Escudillaz sartenez tinajaz e calderaz |
| S1175-2 | cañadaz e uarrilez todaz cosaz casseraz |
| S1175-4 | espetoz e grialez ollaz e coberteraz |
| S1176-2 | dellaz faze de nueuo e dellaz enxaluega |
| S1178-3 | dizenlez que -se conoscan E lez venga miente |
| S1178-4 | que son çeniza e tal tornaran çierta mente |
| S1179-2 | por que en -la cuaresma biua linpio e digno |
| S1181-2 | vayamos oyr misa señor vos e yo anbos |
| S1183-4 | plogo a -ellos con -el e el vido buen dia |
| S1185-1 | Cabrones e cabritos carneros e oveias |
| S1186-3 | E toda la serena El presto mançebillo |
| S1187-1 | El canpo de alcudia e toda la calatraua |
| S1188-2 | los bueys E vacas Repican los çençerros |
| S1188-3 | dan grandes apellidos terneras E beçerros |
| S1189-3 | e contra la quaresma estaua muy sañudo |
| S1190-1 | Estas fueron laz cartaz el testo e la glosa |
| S1190-2 | a -ty quaresma fraca magra E muy sarnosa |
| S1193-3 | a -todos los xristianos e moros e jodioz |
| S1194-3 | de -la falsa quaresma e de mar ayrado |
| S1196-1 | E vaya el almuezo que es mas aperçebido |
| S1199-2 | mas desque gelas dieron le fueron leydaz |
| S1204-1 | lo al es ya verano e non venian del mar |
| S1205-4 | esportilla e cuentas para Rezar ayna |
| S1206-1 | los çapatos rredondos e bien sobre solados |
| S1206-3 | gallofaz e bodigoz lyeua y condesados |
| S1207-3 | bien cabe su azunbre e mas vna meaja |

| | |
|---|---|
| S1209-4 | vaya e dios la guie por montes e por valles |
| S1211-1 | Estos dos enperadores amor E carnal eran |
| S1211-3 | las aves e los arbores nobre tyenpo averan |
| S1212-2 | E todoz loz rrabyz con todoz suz aperoz |
| S1213-2 | taniendo su çapoña E loz albogues espera |
| S1214-4 | carneroz E cabritoz con su chica pelleja |
| S1215-1 | loz cabrones valyentes muchas vacas E toroz |
| S1215-3 | muchos bueyz castañoz otros hoscoz e loroz |
| S1216-2 | cobierto de pellejos e de cueros çercado |
| S1216-4 | en saya faldas en çinta e sobra byen armado |
| S1217-4 | con aquel laz deguella e a -desollar se mete |
| S1218-4 | faze fazer ve valando en -boz E doble quinta |
| S1219-2 | queça tenie vestida blanca e Raby galga |
| S1220-2 | vaqueros e de monte e otros muchos canes |
| S1220-3 | ssabuesos e podencos quel comen muchoz panes |
| S1220-4 | e muchos nocherniegos que saltan mata canes |
| S1221-1 | ssogaz para laz vacas muchos pessos e pessas |
| S1221-2 | tajones e garavatos grandes tablaz e mesaz |
| S1221-3 | para laz triperaz gamellaz e artesaz |
| S1223-2 | venian a -obedeçerle villaz E alcariaz |
| S1224-1 | Matando e degollando E dessollando rressez |
| S1224-2 | dando a -quantoz veniam castellanoz E jnglesez |
| S1224-3 | todoz le dan dineroz e delloz de dan tornesez |
| S1225-2 | el sol era salydo muy claro E de noble color |
| S1225-3 | los omnes e laz avez e toda noble flor |
| S1226-1 | Resçiben lo laz aves gayos E Ruy Señorez |
| S1226-2 | calandria papagayos mayorez e menorez |
| S1226-3 | dan cantos plazenteros e dulçes ssaborez |
| S1227-1 | rresçiben lo los arborez con rramos E con florez |
| S1227-3 | rresçiben lo omnes E dueñas con amorez |
| S1228-2 | de -laz bozez aguda e de -los puntos arisca |
| S1230-1 | Medio caño E harpa con -el rrabe morisco |
| S1231-3 | bozes dulçes sabrosaz claraz e bien pyntadaz |
| S1232-3 | los organos y dizen chançones e motete |
| S1233-1 | Dulçema e axabeba el fynchado albogon |
| S1233-2 | çinfonia e baldosa en -esta fiesta sson |
| S1234-1 | Tronpas e añafiles ssalen con atanbales |
| S1234-4 | de juglares van llenaz cuestas e eriales |
| S1237-2 | calatraua e alcantara con -la de buena val |
| S1237-4 | te amore laudemus le cantan E al |
| S1238-3 | ally van agostynes e dizen sus cantorez |
| S1238-4 | exultemus E letemur ministros E priorez |
| S1239-2 | e los de santa eulalya por que non se ensanen |
| S1239-3 | todos manda que digam que canten e que llamen |
| S1240-2 | muchos buenos cauallos e mucha mala silla |
| S1241-1 | Todaz dueñaz de orden laz blancaz e laz prietaz |
| S1241-2 | de çistel predicaderaz e muchaz menoretaz |
| S1245-2 | açiprestes E dueñas estos vienen delante |
| S1245-3 | luego el mundo todo e quanto vos dixe ante |
| S1248-1 | Dixieron ally luego todos los rreligiosoz e ordenados |
| S1248-3 | rrefitorios muy grandes e manteles parados |
| S1249-4 | de grado toma el clerigo e amidos enpresta |
| S1250-3 | a -grand Señor conviene grand palaçio e grand vega |
| S1251-4 | tyenen muy grand galleta e chica la canpana |
| S1252-2 | mandan lechoz syn rropa e manteles syn pan |
| S1257-3 | con gestos amorosos e engañosos jugetes |
| S1258-3 | todo viçio del mundo E todo plazer oviera |
| S1259-4 | a -todos prometio merçed E a mi primero |
| S1260-2 | E vy que -la contyenda era ya sosegada |
| S1260-3 | fynque los mis ynojos antel su mesnada |
| S1261-3 | de te fuy aperçebido e de ty fuy castigado |
| S1264-3 | de noche e de dia ally sea el estrado |
| S1270-2 | estaua vna messa muy noble e muy fecha |
| S1271-4 | e non cabrie entrellos vn canto de dinero |
| S1272-4 | ffaze diaz pequenos e mañanas friaz |
| S1273-1 | Comia Nuezes primeras e asaua laz castañas |
| S1273-2 | mandaua ssenbrar trigo e cortar laz montañas |
| S1273-3 | matar los gordos puercos e desfazer laz cabañas |
| S1277-3 | çerrar los silos del pan e seguir los pajarez |
| S1278-4 | non cabria entre vno e otro vn cabello de paula |
| S1279-4 | partese del jnvierno e con -el viene el verano |
| S1280-2 | E enxerir de escoplo e gauillas amondar |
| S1281-4 | a -omes aves e bestias mete los en amorez |
| S1283-2 | açiprestes e dueñas fablan sus poridades |
| S1283-4 | que pierden las obladas e fablen vanidades |
| S1284-2 | todos e ellas andan en modorria |
| S1284-4 | fazen sus diabluraz e su trauesura |
| S1286-2 | con -los vientoz que faze grana trigo E çeteno |
| S1287-2 | entre vno e otro non cabe punta de lança |
| S1288-1 | El primero los panes e las frutas grana |
| S1288-4 | los baruos e laz truchas amenudo çenaua |
| S1289-4 | busca yeruas e ayres en -la sierra enfiesta |
| S1290-3 | comie las bebraz nueuas e cogia el arroz |
| S1292-2 | trigos e todaz mieses en -las eraz tendiendo |
| S1293-4 | a -las bestias por tierra e abaxar laz çeruiçes |
| S1295-3 | trillando e ablentando aparta pajas puras |
| S1295-4 | con -el viene otoño con dolençiaz e curaz |
| S1296-1 | El Segundo adoba e rrepara carralez |
| S1296-2 | estercuela baruechos e sacude nogales |
| S1296-4 | esconbra los Rastrojos e çerca los corrales |
| S1300-4 | andan e non se alcançan atiendense en Ribera |
| S1301-3 | e por que enojo soso non vos querria ser |
| S1303-2 | atreui me e preguntel que el tyenpo pasado |
| S1303-4 | rrespondio me con sospiro e commo con coydado |
| S1305-2 | coyde estar viçioso plazentero e ledo |
| S1306-3 | con muchos pater nostres e con mucha oraçion agra |
| S1307-2 | falle por la caustra e por el çiminterio |
| S1308-3 | con oraçion e lymosna e con mucho ayuno |
| S1310-1 | Andando por la çibdat rradio E perdido |
| S1310-2 | dueñas e otraz fenbraz fallaua amenudo |
| S1311-1 | Saly desta lazeria de coyta e de lastro |
| S1311-3 | rresçebieron me muy byen a -mi e a -mi rrastro |

| | |
|---|---|
| **(cont.)** | |
| S1313-2 | mouio con su mesnada amor e fue su via |
| S1314-3 | syenpre quiere alegria plazer e ser pagado |
| S1314-4 | de triste e de sanudo non quiere ser ospedado |
| S1315-1 | Dia de quasy-modo iglesias E altares |
| S1315-2 | vy llenos de alegriaz de bodas e cantares |
| S1315-3 | andan de boda en -boda clerigos e juglarez |
| S1317-2 | presta e plazentera de grado fue venida |
| S1318-2 | muy rrica e byen moça e con mucha vfana |
| S1318-4 | E si esta rrecabdamos nuestra obra non es vana |
| S1319-3 | ella non la erro e yo non le peque |
| S1320-3 | torno a -mi muy triste e con coraçon agudo |
| S1322-4 | E que andudiese por mi passos de caridat |
| S1323-4 | mas el leal amigo al byen e al mal se para |
| S1325-1 | Dixol por que yva e diole aquestos verssos |
| S1325-2 | Señora diz conprad trauesseros e aviessos |
| S1327-4 | muy loçana E cortes Sobre todos esmerado |
| S1330-1 | E desque ffue la dueña con otro ya casada |
| S1330-2 | escusose de mi e de mi fue escusada |
| S1331-1 | Desque me vy señero e syn fulana solo |
| S1333-4 | los muchos letuarios nobles e tan estraños |
| S1334-4 | enbyan e otraz cada dia arreuezes |
| S1335-4 | e la rroseta nouela que deuiera dezir ante |
| S1336-1 | adraguea e alfenique con -el estomatricon |
| S1336-2 | e la garriofilota con dia margariton |
| S1336-4 | que es para doñear preçiado e noble don |
| S1337-2 | poluo terron e candy e mucho del rrosado |
| S1337-3 | açucar de confites e açucar violado |
| S1337-4 | E de muchas otraz guisaz que yo he oluidado |
| S1339-1 | E avn vos dire mas de quanto aprendi |
| S1340-3 | mas saben e mas valen sus moçaz cozineraz |
| S1341-2 | fijaz dalgo muy largas e francaz de natura |
| S1341-4 | con medidaz conplidaz e con toda mesura |
| S1342-1 | Todo plazer del mundo e todo buen donear |
| S1342-2 | ssolaz de mucho Sabor e el falaguero jugar |
| S1342-4 | prouad lo esta vegada e quered ya sossegar |
| S1348-1 | Era vn ortolano byen sinpre e syn mal |
| S1349-1 | Con -la nieue E con -el viento e con -la elada fria |
| S1350-1 | Tomola en -la falda e leuola a -su casa |
| S1351-2 | del pan E de -la leche e de quanto el comia |
| S1351-3 | creçio con -el grand vyçio e con -el grand bien que tenia |
| S1352-3 | salvo de aquel forado sañuda E ayrada |
| S1354-2 | E por fructo dar pena al amigo e al vezino |
| S1357-1 | El buen galgo ligero corredor e valyente |
| S1357-3 | avia buenos colmillos buena boca e diente |
| S1359-2 | perdio luego los dientes e corria poquiello |
| S1359-3 | fue su Señor a caça e Salio vn conejo |
| S1359-4 | prendiol e nol pudo tener fuesele por el vallejo |
| S1362-1 | los byenes E los loores muchos de mançebos |
| S1363-1 | En amar al mançebo e a -la su loçania |
| S1363-3 | E des-echar al viejo e fazer le peoria |
| S1365-3 | es torpedat e mengua e maldat e villania |
| S1365-3 | agora que non do algo so vil e despreçiado |
| S1367-1 | E sseñora convusco a -mi atal acaesçe |
| S1367-2 | serui vos byen e syruo en -lo que contesçe |
| S1367-4 | e so mal denostada zegud que ya paresçe |
| S1369-1 | Mas temome e Reçelo que mal engañada sea |
| S1369-4 | dezir te he la fazaña e fynque la pelea |
| S1370-4 | conbidol a -yantar e diole vna favaua |
| S1371-1 | Estaua en mesa pobre buen gesto e buena cara |
| S1372-4 | e como el fue suyo fuese el su conbidado |
| S1373-1 | ffue con -el a -ssu casa E diol mucho de queso |
| S1373-3 | enxundiaz e pan cocho syn razion e syn peso |
| S1374-3 | mucha onrra le fizo e seruiçio quel plega |
| S1375-3 | E de mas buen talente huesped esto demanda |
| S1376-1 | Do comian e folgauan en medio de su yantar |
| S1377-2 | el huesped aca e alla fuya des-errado |
| S1378-1 | Cerrada ya la puerta e pasado el temor |
| S1378-2 | estaua el aldeano con miedo e con tremor |
| S1378-4 | alegrate E come de -lo que as mas sabor |
| S1381-1 | Mas quiero rroer faua Seguro e en paz |
| S1381-2 | que comer mill manjares corrido e syn solaz |
| S1382-4 | ally me alcançara e me diera mal rrato |
| S1384-1 | Con paz E zegurança es buena la pobleza |
| S1384-3 | synpre tyene rreçelo e con miedo tristeza |
| S1385-2 | E fazer a -dios seruiçio con -las dueñas onrradas |
| S1385-4 | E fyncar escarnida con otraz des-erradas |
| S1386-2 | dexar plazer E viçio E lazeria queredes |
| S1386-4 | dezir vos he la fabla e non vos enojedes |
| S1390-3 | tyenen algunaz cosaz preçiadaz e de querer |
| S1391-1 | A -quien da dios ventura e non la quiere tomar |
| S1391-3 | aya mucha lazeria e coyta e trabajar |
| S1392-3 | que con taçaz de plata e estar alaroça |
| S1393-1 | Comedes en convento Sardinaz e camaronez |
| S1393-3 | verçuelas e lazeria e los duros caçones |
| S1393-3 | dexades del amigo perdizes E capones |
| S1395-3 | ven cras por la rrepuesta e yo tela dare |
| S1396-2 | E fallo a -la dueña que en la misa seya |
| S1401-1 | con su lengua e boca laz manoz le besaua |
| S1401-3 | ladrando e con la cola mucho la fallagaua |
| S1402-1 | Ante ella E sus conpañas en -pino se tenia |
| S1402-2 | tomauan con -el todos solaz E plazenteria |
| S1403-1 | El asno de mal Seso penso E touo mientes |
| S1403-3 | yo a -la mi Señora E a -todaz sus gentes |
| S1404-3 | puez tan bien torne pino e falagare la dueña |
| S1405-3 | rretoçando E faziendo mucha de caçorria |
| S1406-3 | dieron le muchos palos con piedraz e con maços |
| S1407-3 | lo que dios e natura han vedado E negado |
| S1408-1 | quando coyda el bauieca que diz bien e derecho |
| S1408-3 | E coyda fazer zeruiçio e plazer con su fecho |
| S1408-3 | dize mal con neçedad faze pesar E despecho |
| S1409-1 | E por que ayer Señora vos tanto arrufastez |

| | |
|---|---|
| S1411-4 | despues dar te he rrespuesta qual deuo e bien de -llano |
| S1413-2 | çerraron los portillos finiestraz E forados |
| S1413-4 | desta creo que sean pagados E escotados |
| S1414-3 | laz manos encogidaz yerta e des-figurada |
| S1415-4 | cortola e estudo mas queda que vn cordero |
| S1416-4 | Sacole e estudo queda syn se mas quexar |
| S1417-3 | a -moças aojadaz E que han la madrina |
| S1417-4 | Sacolo E estudo Sosegada la mesquina |
| S1418-4 | cortolas E estudo queda mas que vn oveja |
| S1419-4 | leuantose corriendo E fuxo por el coso |
| S1420-2 | mas el coraçon sacar E muerte rresçebir |
| S1421-1 | Deue catar el omne con -seso E con medida |
| S1422-2 | es del menos preçiada e en poco tenida |
| S1422-3 | es de dios ayrada e del mundo aborrida |
| S1422-4 | pierde toda su onrra la fama e la vida |
| S1423-1 | E pues tu a -mi dizez Razon de perdimiento |
| S1423-2 | del alma e del cuerpo e muerte e enfamamiento |
| S1426-1 | El leon tomo vno e querialo matar |
| S1427-3 | es desonrra E mengua e non vençer fermoso |
| S1428-2 | es maldad E pecado vençer al desfallydo |
| S1429-3 | diole muy muchas graçiaz e quel seria mandado |
| S1430-4 | enbuelto pies e manos non se podia alçar |
| S1432-2 | abriendo e tirando laz rredes rresgaredes |
| S1432-4 | perdonastez mi vida e vos por mi byuiredes |
| S1434-1 | Puede pequeña cossa E de poca valya |
| S1434-2 | fazer mucho prouecho E dar grand mejoria |
| S1434-4 | tenga manera E seso arte e Sabidoria |
| S1436-2 | non querria que fuesen a -mi fiel E amargos |
| S1440-3 | creye que -la su lengua e el su mucho gadnar |
| S1442-1 | falsa onrra E vana gloria y el Risete falso |
| S1442-2 | dan pessar e tristeza e dapno syn traspaso |
| S1442-3 | muchos cuydan que guarda el viñadero e el paso |
| S1442-4 | e es la magadaña que esta en -el cadahalso |
| S1445-2 | Sono vn poco la selua e fueron espantadas |
| S1447-4 | las liebrez E las rranas vano miedo tenemos |
| S1449-2 | esto les puso miedo e fizo a todos yr |
| S1450-2 | esperança e esfuerço vencen en toda lid |
| S1451-2 | E a -todas las monjaz vos tenedes freylia |
| S1453-2 | que dio a -su amigo mal consejo e mal cabo |
| S1454-2 | fueron al rrey las nuevas querellas e pregones |
| S1454-3 | enbio alla su alcalde merinos e Sayones |
| S1456-4 | E furtase syn miedo quanto furtar podiese |
| S1459-2 | aparta al alcalde E con -el fablaras |
| S1459-3 | pon mano en -tu Seno E dalo que fallaras |
| S1460-2 | el llamo al alcalde apartol e fue fablar |
| S1460-3 | metio mano en -el seno E fue dende sacar |
| S1462-2 | vso su mal ofiçio grand tienpo e grand sazon |
| S1463-2 | vino el malo E dixo a -que me llamas cada dia |
| S1464-2 | puso mano a -su Seno e fallo negro fallado |
| S1465-3 | rrespondio el diablo E tu por que non corres |
| S1465-4 | andando e fablando amigo non te engorres |
| S1467-3 | vino el malo e dixo ya te viese colgar |
| S1468-2 | E pon tuz piez entranboz sobre laz miz espaldaz |
| S1470-2 | tan caros que me cuestan tus furtos e tus presaz |
| S1471-2 | e di melo que vieres toda cosa que sea |
| S1471-4 | tus pies descalabrados e al non se que vea |
| S1472-2 | suelas rrotas e paños Rotos e viejos hatos |
| S1472-3 | e veo las tus manos llenas de garauatos |
| S1472-4 | dellos estan colgados muchas gatas e gatos |
| S1473-2 | E mucho mas dos tanto que ver non -lo podiste |
| S1474-2 | los gatos E las gatas son muchas almas mias |
| S1474-4 | en -pos ellas andando las noches E los diaz |
| S1475-4 | el le da mala çima E grand mal en chico Rato |
| S1479-2 | es enemigo E mal queriente sobejo |
| S1482-3 | E que de vos non me parta en vuestraz manos juro |
| S1485-2 | el cuerpo ha bien largo mienbros grades e trifudo |
| S1486-3 | su paso ssosegado e de buena Razon |
| S1487-1 | las ençias bermejas E la fabla tunbal |
| S1489-2 | sabe los jnstrumentoz e todaz juglerias |
| S1491-3 | todos nadar quieren los peçes e las rranas |
| S1493-4 | e dil que non me diga de aquestas tus fazanaz |
| S1496-4 | enamorad a -la monja e luego voz venid |
| S1497-3 | e si en -la rrespuesta non te dixiere enemiga |
| S1500-3 | mal valdrie a -la fermosa tener fijos e nieto |
| S1501-3 | ay dioz E yo -lo fuese aqueste pecador |
| S1502-3 | fuy me para la dueña fablome e fablela |
| S1502-4 | enamorome la monja e yo enamorela |
| S1503-2 | ssyenprel fuy mandado e leal amador |
| S1505-4 | E Son las escuseras perezosaz mentirosaz |
| S1506-4 | dios perdone su alma e los nuestros pecados |
| S1507-2 | con pesar e tristeza non fue tan sotil fecha |
| S1507-3 | emiende la todo omne e quien buen amor pecha |
| S1507-4 | que yerro E mal fecho emienda non desecha |
| S1508-1 | Por oluidar la coyta tristeza E pessar |
| S1513-1 | Despues fize muchas cantigas de dança e troteras |
| S1513-2 | para judias E moras e para entenderas |
| S1514-2 | E para escolarez que andan nocheriniegos |
| S1514-3 | e para muchos otros por puertas andariegos |
| S1514-4 | caçurros E de bulrras non cabrian en -dyez priegos |
| S1516-4 | mas aman la tauerna e sotar con vellaco |
| S1517-1 | albogues e mandurria caramillo e çanpolla |
| S1518-2 | que pesar e tristeza al engenio en-bota |
| S1518-3 | E yo con pessar grande non puedo dezir gota |
| S1520-1 | ay muerte muerta sseas muerta e mal andante |
| S1521-2 | al bueno e al malo al Rico E al rrefez |
| S1521-3 | a -todos los egualas e los lieuas por vn prez |
| S1521-4 | por papaz E por Reyes vno es tu vil nuez |
| S1522-4 | sy non dolor tristeza pena e grand crueldad |
| S1526-1 | los quel aman E quieren e quien ha avido su conpaña |
| S1526-3 | parientes E amigos todos le tyenen Saña |
| S1527-1 | De padres E de madres los fijos tan queridos |
| S1527-2 | amigos e amigas dezeados E Seruidos |

E

S1528-3 el que byuo es bueno e con mucha nobleza
S1530-2 el omne non es çierto quando E qual mataras
S1532-1 la Salud E la vida muy ayna se muda
S1533-3 amigos aperçebid vos e fazed buena obra
S1534-4 viene la muerte luego e dexalo con lodo
S1535-1 Pierde luego la fabla e el entendimiento
S1535-2 de sus muchos thesoros e de su allegamiento
S1537-1 los que son mas propyncos hermanos E hermanas
S1537-3 mas preçian la erençia çercanos e çercanas
S1541-1 Entieran lo de grado E desque a -graçiaz van
S1543-1 Allego el mesquino E non ssopo para quien
S1543-2 E maguer que cada esto ansi avien
S1546-4 en -ty es todo mal rrencura E despencho
S1547-1 El oyr E el olor el tañer el gustar
S1550-2 con quien mata e muere e con qual quier que mal faze
S1551-2 Natura as de gota del mal e de dolor
S1552-3 pueblaz mala morada e despueblaz el mundo
S1553-2 ca beuiendo omne sienpre e mundo terrenal
S1554-4 sy non dios todos temen tus penas e tus lazerios
S1555-1 Tu despoblaste muerte al çielo e sus syllas
S1555-3 feçiste de -los angeles diablos e rrensillas
S1555-4 escotan tu manjar adobladas e zenzillas
S1556-2 jhesu xpisto dios E ome tu aqueste penaste
S1556-3 al que tiene el çielo e la tierra a -este
S1556-4 tu -le posiste miedo e tu lo demudeste
S1557-1 El jnfierno lo teme e tu non lo temiste
S1558-3 al jnfierno E a -los suyos E a -ty mal quebranto
S1561-2 a -eua nuestra madre a -sus fijos sed e can
S1561-4 a -ysac e a -ysayas tomolos non te dexo dan
S1562-4 profectas E otros santos muchos que tu abarcas
S1567-1 Tanto eres muerte syn byen E atal
S1568-4 por su santa sangre e por ella perdonola
S1572-1 Dare por ty lymosna e fare oraçion
S1572-2 fare cantar misaz e dare oblaçion
S1574-4 que non tomase tristeza e pesar syn medida
S1576-2 en quanto fuy al mundo oue vyçio e soltura
S1577-2 parientes e Amigos qui non me acorredes
S1578-2 e sil de dios buen amor E plazer de amiga
S1580-2 ca nuestra enemiga es natural E fuerte
S1582-2 muy mas deuemos fazerlo por tantos e tan esquiuos
S1582-4 E para sienpre jamas dizen al jnfierno yd vos
S1585-1 obras de misseericordia E de mucho bien obrar
S1587-4 E dios guardar nos ha de cobdiçia mal andança
S1588-2 debdo es temer a -dios e a -la su magestad
S1588-3 vyrtud de tenperamiento de mesura e onestad
S1591-3 casando huerfanas pobres e nos con esto tal
S1592-2 con castidat E con conçiençia podernos emos escusar
S1593-1 quixotes E canilleras de santo Sacramento
S1593-2 que dios fizo en parayso matrimonio E casamiento
S1594-1 yra que es enemiga e mata muchos ayna
S1594-2 con don de entendimiento e con caridad dyna
S1595-1 Con vertud de esperança E con mucha paçiençia
S1595-2 visitando los dolientes e faziendo penitençia
S1595-3 aborresçer los denuestos e amar buena abenençia
S1595-4 con esto vençeremos yra E avremos de dios querençia
S1596-2 abstinençia E ayuno puede lo de nos quitar
S1597-2 que es de cuerpo de dios sacramento e ofiçio
S1599-1 Sacramento de vnçion meternos e soterremos
S1600-2 esta es de -los siete pecados mas sotil e engañosa
S1601-1 Contra esta e sus fiios que ansy nos de-vallen
S1601-2 nos andemos rromerias e las oras non se callen
S1601-3 E penssemos pensamientos que de buenas obras salen
S1602-1 De todos buenos desseos e de todo bien obrar
S1602-2 fagamos asta de lança e non queramos canssar
S1604-1 Todos los otros pecados mortales E veniales
S1604-3 estos dichos son comienço e suma de todos males
S1605-1 denos dios atal esfuerço tal ayuda E tal ardid
S1605-2 que vençamos los pecados e arranquemos la lid
S1606-3 e de dueña pequena E de breue Razon
S1606-4 Ca poco E bien dicho afyncase el coraçon
S1607-2 es en -la dueña chica amor E non poco
S1607-4 mas las chicas e laz grandes se rrepienden del troco
S1608-4 son friaz como la nieue e arden commo el fuego
S1611-2 pero mas que -la nuez conorta E calyenta
S1612-2 en oro muy poco grand preçio E grand valor
S1613-2 color virtud e preçio e noble claridad
S1613-4 fermosura donayre amor E lealtad
S1614-1 Chica es la calandria E chico el rruyseñor
S1615-1 sson aves pequenas papagayo e orior
S1616-2 terrenal parayso es e grand consso-laçion
S1616-3 solaz E alegria plazer E bendiçion
S1620-1 Era mintroso bebdo ladron e mesturero
S1620-3 rreñidor E adeuino suzio E agorero
S1622-3 que solo e cargado faz acuestas traer
S1623-3 e yo vos la trahere syn mucha varahunda
S1624-1 El ssabia leer tarde poco e por mal cabo
S1624-2 dixo dad me vn cantar E veredes que Recabdo
S1624-3 e Señor vos veredes maguer que non me alabo
S1626-2 es comienço E fyn del bien tal es mi fe
S1626-3 fiz el quatro cantares E -tanto fare
S1628-1 Desea oyr misas E fazer oblaçiones
S1628-2 desea dar a -pobrez bodigos E rrazionez
S1628-3 fazer mucha lymosnna E dezir oraçiones
S1629-2 mas ay añadir E emendar si quisiere
S1632-2 mas de juego E de burla es chico breuiario
S1632-3 por ende fago punto E çierro mi almarios
S1632-4 Sea vos chica fabla solaz e letuario
S1633-4 digades vn pater noster por mi E ave maria
S1634-1 Era de mill E trezientos E ochenta E vn años
S1634-2 fue conpuesto el rromançe por muchos males e daños
S1634-3 que fazen muchos e muchas a -otras con sus engaños

S1634-4 E por mostrar a -los synplex fablas e versos estraños
S1635-3 fija E leal esposa
S1638-5 e laudaron
S1638-6 E adoraron
S1641-4 alegre e pagada
S1641-8 E ser mi abogada
S1642-4 E su vida quanta
S1645-1 Años treynta e trez
S1645-7 E lo vido
S1648-3 e quatro çierta mente
S1648-6 de mal E de afruenta
S1653-2 de -los algos E de -la Renta
S1654-3 E en parayzo entredes
S1660-3 E con esto escaparedes
S1660-4 del jnfierno e de su tos
S1662-10 noche e dya
S1664-8 o -bendicha fror e Rosa
S1664-10 E me guia
S1665-5 E tu padre
S1666-2 folgura E saluaçion
S1666-5 e perdimiento
S1668-2 aguardando los coytados de dolor E de tristura
S1670-4 de muerte E de ocasion por tu fijo jhesu santo
S1671-2 tu acorro E guarda fuerte a -mi libre defendiendo
S1672-2 la mi coyta tu la parte tu me salua E me guia
S1672-3 E me guarda toda via piadoza virgen santa
S1673-4 del mundo salud E vida
S1674-1 Del mundo salud E vida
S1676-4 en obra e entençion
S1677-5 pues poder as E oviste
S1677-8 Al que quieres E quisiste
S1681-2 de dolor conplido E de tristura
S1681-3 ven me librar E conortar
S1682-2 syenpre guaresçez de coytas E das vida
S1685-6 E falsa vezina
S1687-5 e dame alegria
S1687-6 gasado E prazer
S1688-1 E si tu me tyrarez
S1688-2 coyta e pesarez
S1688-3 E mi grand tribulaçion
S1688-5 E bien ayudares
S1689-2 E non te desvias
S1692-1 ffablo este açipreste E dixo bien ansy
S1692-4 en ver lo que veo E en ver lo que vy
S1698-4 E avn para la mi corona anoche fue al baño
S1699-2 E desi la dignidad E toda la mi Renta
S1700-1 Demando los apostolos E todo lo que mas vale
S1700-3 E con llorosoz ojos E con dolor grande
S1702-1 E del mal de vos otros a -mi mucho me pesa
S1702-2 otrosi de -lo mio E del mal de teresa
S1702-3 pero dexare a -talauera E yr me a -oropesa
S1703-4 E sy de mi la parto nunca me dexaran dolorez
S1704-2 E con rrauia de -la muerte a -su dueño traua al rrostro
S1707-4 dexemos a -las buenas E a -las malas vos tornad
S1708-3 E van se las vezinaz por el barrio deziendo
S1709-4 E dende en adelante çiertas procuraçones

E (L)

P 45 del verso que dize E instruan te
S1666-1 E benedictus fructus

EA

S 774-3 ea diz ya desta tan buen dia me vino
S1101-4 vinieron se a -fferyr deziendo todos ea

ECCE (L)

S 374-1 diçes ecce quan bonum con sonajas e baçinez

ECHA

S 406-3 fasta que -le echa el laço quando el pie dentro mete
S 637-2 la verdat a -las de vezes muchos en daño echa
S 809-1 En -el mi cuello echa los sus blaços entranbos
S1219-4 a -la liebre que sale luego le echa la galga
S1270-3 delante ella grand fuego de -si grand calor echa
S1533-2 coyda echar su ssuerte echa mala çocobra

ECHA (H)

S 646-4 vna vez echale çeuo que venga segurada
S1092-2 Señor diz a -herren me echa oy el llugero

ECHAN

G 440-4 echan la moça en ojo e çiegan bien de ueraz
S 497-3 el que non tyene dineros echan le las posas
S 569-2 echanla de -la vyña de -la huerta e de -la haça
S 699-2 estas echan el laço estas cavan las foyas
S1281-2 echan muchos mugrones los amugronadores

ECHAN (V)

G 84-1 fizo echan al lobo e mando que todoz dieze

ECHAR

S 113-3 a -vn mi conpanero sopome el clauo echar
S 656-3 bueno es jugar fermoso echar alguna cobierta
S1276-4 echar de yuso yelos que guardan vino agudo
S1433-2 al pobre al menguado non lo quieraz de ti echar
S1533-2 coyda echar su ssuerte echa mala çocobra

ECHARON

S1054-2 ssobre la su saya echaron le suerte
S1306-4 echaron me de la çibdat por la puerta de visagra

ECHAS

S 420-4 echas en flacas cuestas grand peso e grand ajobo

ECHASEN

S1115-4 mando que -los echasen en sal de vyllenchon

ECHAVA

S 537-3 desque vydo el dyablo que ya echaua çemiento

ECHO

S 195-2 leuantole las piernas echolo por mal cabo
S 288-3 pelole toda la pluma E echola en -el carrizo
S 294-3 echole del parayso dios en aquesse dia
S 300-2 echo me en este pie vn clauo tan fito

| | | |
|---|---|---|
| ECHO | (cont.) | |
| S 301-4 | diole entre los ojos echole frio muerto |
| S 481-4 | la señal quel feziera non la echo en olvido |
| S 778-3 | diole la puerca del rrosto echole en -el cabçe |
| S 958-1 | Echome a -su pescueço por las buenas rrespuestas |
| S1120-4 | abraçose con -el echolo en -la arena |
| S1206-2 | echo vn grand doblel entre loz sus costados |
| EGIPTO | |
| S 224-1 | Por tu mala cobdiçia los de egipto morieron |
| EGUADO | |
| S 480-1 | Pyntole con -la grand priessa vn eguado carnero |
| EGUAL | |
| S 306-1 | El ffue muy vil tornado E de -las bestias egual |
| S 358-2 | que de egual encriminal non puede Reconvenyr |
| S 843-2 | E veo que entre amos por egual vos amades |
| EGUALADERA | |
| S 87-4 | marauillose el leon de tan buena egualadera |
| EGUALANÇA | |
| S1664-2 | onrrada syn egualança |
| EGUALAR | |
| G 682-4 | egualar non se podrian ningunaz otraz merçedez |
| EGUALAS | |
| S1521-3 | a -todos los egualas e los lieuas por vn prez |
| EGUALDAD | |
| S1667-7 | que meresca egualdad |
| EGUALES | |
| S 434-2 | eguales e bien blancos vn poco apartadillos |
| EGUALTAD | |
| S1676-3 | nin oviste egualtad |
| EL | |
| P 4 | El profecta dauid por spiritu santo fablando |
| P 6 | en -el psalmo triçesimo primo del verso dezeno |
| P 8 | en -el qual verso entiendo yo trez cosaz |
| P 16 | Ca por el buen entendimiento |
| P 17 | entiende onbre el bien E sabe dello el mal |
| P 22 | Ca el ome entendiendo el bien avra de dios temor |
| P 23 | el qual es comienço de toda sabidoria |
| P 24 | de que dize el dicho profecta |
| P 26 | Ca luego ez el buen entendimiento en los que temen A -dios |
| P 27 | E por ende sigue la Razon el dicho dauid |
| P 30 | Otrosi dize salamon en -el libro de -la sapiençia |
| P 33 | del verso que yo començe en -lo que dize |
| P 36 | que se ha de saluar en -el cuerpo linpio |
| P 37 | e piensa e ama e desea omne del buen amor de dioz e sus mandamien-toz |
| P 38 | E esto atal dize el dicho profecta |
| P 41 | el pecado del amor loco deste mundo |
| P 42 | E desto dize el salmista |
| P 45 | del verso que dize E instruan te |
| P 46 | E desque el Alma con -el buen entendimiento |
| P 48 | escoge E ama el buen Amor que ez el de dioz |
| P 52 | por laz qualez se salua el ome |
| P 53 | E desto dize sant Ioan apostol en -el Apocalipsi |
| P 57 | E dize otrosi el profecta |
| P 59 | E desto concluye la terçera rrazon del veso primero |
| P 66 | E ama el Amor de dioz por se saluar por ellaz |
| P 70 | E esta ez la sentençia del verso |
| P 74 | este desacuerdo non viene del buen entendimiento |
| P 78 | que ez en -el omne que se non puede escapar de pecado |
| P 83 | E viene otrosi de -la mengua del buen entendimiento |
| P 86 | E deste tal penssamiento dize el salmista |
| P 93 | que non esta jnstructa del buen entendimiento |
| P 94 | ansi que non puede amar el bien |
| P 98 | e a pecado que a -bien esto dize el decreto |
| P 100 | por que son fechoz loz libroz de -la ley E del derecho |
| P 104 | por rrazon que la memoria del ome desleznadera ez |
| P 105 | esto dize el decreto |
| P 109 | esto dize el decreto |
| P 126 | el amor loco del pecado del mundo |
| P 128 | saluaçion E gloria del parayso para mi anima |
| P 132 | e sotilezaz engañosaz del loco Amor del mundo |
| P 137 | E podra dezir con -el salmista veni veritatis E cetera |
| P 139 | ca leyendo E coydando el mal que fazen |
| P 147 | el derecho lo dize |
| P 150 | el decreto lo dize |
| P 152 | E maestriaz malaz del loco Amor |
| P 156 | en pero por que ez vmanal cosa el pecar |
| P 158 | quisieren vsar del loco amor |
| P 162 | al que entendiere el bien e escogiere saluaçion |
| P 164 | otrosi al que quisiere el ammor loco |
| P 184 | como algunoz vsan por el loco amor |
| P 200 | Segud dize el apostol |
| P 201 | Por ende començe mi libro en -el nonbre de dioz |
| P 202 | e tome el verso primero del salmo |
| P 204 | que ez qui cuque vul el vesso que dize |
| S 1-2 | sacaste de cabtiuo del poder de fa(ron) |
| S 1-3 | a -daniel sacaste del poder de babilon |
| S 2-2 | antel rrey asuero ouo tu graçia digna |
| S 3-1 | Señor tu que sacaste al profecta del lago |
| S 3-3 | a santa marina libreste del vientre del drago |
| S 4-2 | del falso testimonio de -la falsa conpaña |
| S 5-1 | A jonaz el profecta del vientre de -la ballena |
| S 6-2 | del forno del grand fuego syn lision |
| S 6-3 | de -las ondaz del mar a -sant pedro tomeste |
| S 8-1 | El nonbre profetizado fue grande hemanuel |
| S 8-3 | en -la salutaçio(n) el angel grabiel |
| S 9-2 | por el nonbre tan alto hemanuel saluaçion |
| S 9-4 | ganame del tu fijo graçia E bendiçion |
| S 12-1 | El que fizo el çielo la tierra E el mar |
| S 13-1 | Tu señor dioz mio quel omne criaste |
| S 13-2 | enforma e ayuda a -mi el tu açipreste |
| S 14-2 | escuchad el romanze sosegad vos en paz |
| S 14-4 | Ca por todo el mundo se vsa E se faz |
| S 17-1 | El axenuz de fuera mas negro es que caldera |
| S 18-4 | ansi so el mal tabardo esta buen amor |
| S 20-2 | luz del dia |
| S 22-1 | El primero gozo ques lea |
| S 23-1 | Del angel que a -ty vino |
| S 24-1 | Tu desque el mandado oyste |
| S 25-2 | el Segundo quando nasçio |
| S 25-4 | de ti virgen el mexia |
| S 26-1 | El terçero cuenta las leyes |
| S 28-4 | quel tu fijo veuia |
| S 29-1 | El quinto plazer oviste |
| S 30-1 | Madre el tu gozo sesto |
| S 31-1 | Del Septeno madre santa |
| S 33-1 | Tu virgen del çielo Reyna |
| S 33-2 | e del mundo melezina |
| S 35-2 | el primero quando rresçebiste |
| S 35-4 | del angel quando oyste |
| S 36-1 | El Segundo fue conplido |
| S 37-1 | ffue el tu gozo terçero |
| S 37-2 | quando vino el luzero |
| S 37-4 | el camino verdadero |
| S 38-3 | el grabiel |
| S 38-4 | que el tu fijo veuia |
| S 39-1 | El quinto fue de grand dulçor |
| S 40-5 | del çielo viste y entrar |
| S 41-1 | el septeno non ha par |
| S 42-2 | que tu fijo el saluador |
| S 42-4 | del çielo en ti morador |
| S 45-4 | Saluo en -la manera del trobar E del dezir |
| S 46-3 | connel rribaldo Romano e con su poca sabiençia |
| S 49-3 | mas por que non entedrien el lenguage non vsado |
| S 54-3 | sobio en otra cathreda todo el pueblo juntado |
| S 55-1 | leuantose el griego sosegado de vagar |
| S 55-2 | E mostro solo vn dedo que esta çerca del pulgar |
| S 55-4 | leuantose el rribaldo brauo de mal pagar |
| S 56-1 | Mostro luego trez dedos contra el griego tendidos |
| S 56-2 | el polgar con otroz dos que con -el son contenidos |
| S 56-4 | assentose el neçio Catando sus vestidos |
| S 57-1 | leuantose el griego tendio la palma llana |
| S 57-3 | leuantose el vellaco con fantasia vana |
| S 58-1 | A Todos los de greçia dixo el sabio griego |
| S 59-3 | diz yo dixe que es vn dioz El rromano dixo que era |
| S 60-2 | rrespondio que en su poder tenie el mundo E diz verdat |
| S 61-2 | diz dixo me que con su dedo que me quebrantaria el ojo |
| S 62-2 | con dos dedoz los ojos con -el pulgar los dientes |
| S 65-2 | la manera del libro entiendela sotil |
| S 68-1 | las del buen amor sson Razones encubiertas |
| S 68-3 | ssi la rrazon entiendes o en -el sesso açiertas |
| S 68-4 | non diras mal del libro que agora rrefiertas |
| S 71-2 | el mundo por dos cosas trabaja por la primera |
| S 72-3 | de -lo que dize el sabio non deuemos dubdar |
| S 72-4 | que por obra se prueva el sabio e su fablar |
| S 73-1 | que diz verdat el sabio clara mente se prueua |
| S 73-4 | E quanto mas el omne que a -toda cosa se mueva |
| S 74-1 | Digo muy mas del omne que de toda creatura |
| S 74-3 | el omne de mal sseso todo tienpo syn mesura |
| S 75-1 | El ffuego ssienpre quiere estar en -la çeniza |
| S 75-3 | el omne quando peca bien vee que desliza |
| S 80-4 | si non quiere el mandado non da buena rrepuesta |
| S 82-1 | Diz que yazie doliente el leon de dolor |
| S 84-2 | el aparto lo menudo para el leon que comiese |
| S 84-4 | al leon dixo el lobo que -la mesa bendixiese |
| S 85-4 | el leon fue sañudo que de comer avia gana |
| S 86-1 | alço el leon la mano por la mesa santiguar |
| S 86-3 | el cuero con la oreja del caxco le fue arrancar |
| S 86-4 | el leon a -la rraposa mando la vianda dar |
| S 87-1 | la gulpeja con -el miedo e commo es artera |
| S 87-2 | toda la canal del toro al leon dio entera |
| S 87-4 | marauillose el leon de tan buena egualadera |
| S 88-1 | El leon dixo comadre quien vos mostro ha fazer partiçion |
| S 88-3 | ella dixo en -la cabeça del lobo tome yo esta liçion |
| S 88-4 | en -el lobo castigue que feziese o -que non |
| S 89-3 | sy -non yo te mostrare commo el leon castiga |
| S 89-4 | que el cuerdo E la cuerda en mal ageno castiga |
| S 93-1 | Diz el prouerbio viejo quien matar quisier su can |
| S 93-2 | achaque le leuanta por que non le de del pan |
| S 93-4 | mesclaron me con ella e dixieronle del plan |
| S 94-4 | nin el leal amigo non es en toda plaça |
| S 99-4 | que a -todo el mundo conbrie e estragaria |
| S 100-2 | E desque vino el dia que ovo de parir |
| S 101-3 | çiegan muchos con -el viento van se perder con mal Ramo |
| S 103-2 | arredrose de mi fizo me el juego mañana |
| S 105-2 | que las cosas del mundo todas son vanidat |
| S 108-4 | todo bien del mundo e todo plazer es |
| S 109-1 | ssy dios quando formo el omne entendiera |
| S 110-2 | non ternia tantos presos el amor quantos tien |
| S 111-3 | el mastel syn la vela non puede estar toda ora |
| S 112-3 | puse el ojo en otra non santa mas sentia |
| S 113-3 | a -vn mi conpanero sopome el clauo echar |
| S 114-1 | ffiz con -el grand pessar esta troba caçura |
| S 118-4 | El comio el pan mas duz |
| S 119-4 | El traydor falso marfuz |
| S 121-3 | el conpaño de çerca en -la cruz adoraua |
| S 121-4 | del mal de -la cruzada yo non me rreguardaua |
| S 122-1 | Del escolar goloso conpañero de cucaña |
| S 123-3 | quel omne quando nasçe luego en -su naçençia |
| S 123-4 | el signo en -que nasçe le juzgan por sentençia |
| S 124-3 | qual -es el asçendente e la costellaçion |
| S 128-1 | Por que creas el curso destos signos atales |
| S 129-4 | el signo e la planeta del fijo quel nasçia |
| S 130-3 | desque vieron el punto en -que ovo de nasçer |
| S 130-4 | dixo el vn maestro apedreado ha de ser |

EL

(cont.)

S 131-1  Judgo el otro e dixo este ha de ser quemado
S 131-2  el terçero dize el niño ha de despeñado
S 131-3  el quarto dixo el jnfante ha de ser colgado
S 131-4  dixo el quinto maestro morra en agua afogado
S 132-1  quando oyo el Rey juyzios desacordados
S 133-1  desque fue el infante a -buena hedat llegado
S 133-4  rrespondiole el rrey que -le plazia de grado
S 134-2  desque fueron en -el monte ovose a -leuantar
S 137-1  ffaciendo la grand piedra el infante aguijo
S 137-4  en vn arbol del rio de sus faldas se colgo
S 139-1  desque vido el Rey conplido su pessar
S 142-1  Cyerto es que el rrey en su Regno ha poder
S 142-4  para quien faze el yerro que pena deue aver
S 143-2  ansi que por el fuero deue morir con rraçon
S 144-4  por que del yerro fecho conplido perdon le dio
S 145-2  el fazedor del fuero non lo quiere conssentyr
S 145-3  dyspensa contra el fuero e dexalo beuir
S 146-1  otrosy puede el papa sus decretales far
S 147-2  pero por todo eso las leyes y el derecho
S 147-3  E el fuero escripto non es por ende desfecho
S 148-1  bien ansy nuestro señor dios quando el çielo crio
S 149-4  el poderio de dios tuelle la tribulaçion
S 153-3  el bien que me feçieron non lo desagradesçi
S 154-3  pero avn que omne non goste la pera del peral
S 155-3  en seruir a -las dueñas el bueno non se esquiue
S 156-1  El amor faz sotil al omne que es rrudo
S 157-3  ffaze blanco el fermoso del negro como pez
S 158-3  el vno E el otro non ha cosa que vea
S 159-1  El bauieca el torpe el neçio El poble
S 161-4  es esta que el amor sienpre fabla mentiroso
S 164-1  bien atal es el amor de la palabra llena
S 166-1  Como dize el sabio cosa dura e fuerte
S 166-2  es dexar la costunbre el fado e la suerte
S 167-3  por su solaz bueno del amor con amada
S 170-4  quien en -el arenal sienbra non trilla pegujarez
S 173-2  por pecado del mundo que es sonbra de aliso
S 174-4  el ladron por furtar algo començole a -falagar
S 175-2  dentro yuan las çaraças varrunto lo el alano
S 175-4  por el pan de vna noche non perdere quanto gano
S 176-2  non perdere los manjares nin el pan de cada dia
S 177-3  tu leuarys el algo yo faria grand maldat
S 178-1  Começo de ladrar mucho el mastyn era mazillero
S 179-2  dixo vno coyda el vayo e E otro el que -lo ensilla
S 180-4  por esto a -las vegadas con -el amor peleo
S 184-2  fazes los perder el sueño el comer y el beuer
S 184-4  en ti fasta que el cuerpo e el alma van perder
S 191-2  el primer mes ya pasado dixeron le tal Razon
S 192-1  Respondio el cassado que esto non feçiesen
S 193-3  ante que fuese casado el garçon atan Reçio
S 193-4  andando mucho la muela teniala con -el pie quedo
S 194-3  el vn mes ya pasado que casado avia
S 195-3  leuantose el neçio maldixole con mal fado
S 197-1  Eres padre del fuego pariente de -la llama
S 197-4  destruyes lo del todo commo el fuego a -la rrama
S 198-4  fueles commo a -laz Ranaz quando el Rey pidieron
S 199-3  creyeron al diablo que del mal se pagavan
S 200-3  el grand golpe del fuste fizo las rranas callar
S 202-2  çercava todo el lago ansy faz la rribera
S 203-3  el rrey que tu nos diste por nuestraz bozes vanas
S 205-2  el Rey tan demandado por quantas bozes distes
S 209-4  quando omne esta Seguro furtas le el coraçon
S 210-3  anda el coraçon syn cuerpo en sus cadenas
S 212-2  anda todo el mundo quando tu lo rretientas
S 213-3  nunca me aperçibes de tu ojo nin del dedo
S 213-4  das me en -el coraçon triste por el ledo
S 218-4  esta destruye el mundo sostienta la justiçia
S 222-4  quien tu cobdiçia tiene el pecado lo engaña
S 225-1  Por la cobdiçia pierde el omne el bien que tiene
S 227-2  la carne que tenia perdiola el alano
S 228-3  de aquesta rrayz mala nasçe todo el mal
S 232-3  lyeua los el diablo por el tu grand abeytar
S 233-4  de -las sillas del cielo ovieron de caer
S 235-4  toda maldat del mundo es do quier que tu seas
S 236-1  El omne muy soberuio E muy denodado
S 236-4  contesçel commo al asno con -el cavallo armado
S 237-1  yva lydiar en -canpo el cavallo faziente
S 237-2  por que forço la dueña el su Señor valiente
S 237-4  mucho delantel yva el asno mal doliente
S 238-1  Con -los pies e con las manos e con -el noble freno
S 238-2  el cavallo soberuio fazia tan grand sueno
S 238-4  el asno con -el miedo quedo e nol fue bueno
S 239-1  Estava rrefusando el asno con -la grand carga
S 239-3  derribole el cavallo en medio de -la varga
S 240-1  Dio salto en -el canpo ligero aperçebido
S 240-2  coydo ser vencedor E fynco el vencido
S 240-3  en -el cuerpo muy fuere de lança fue ferido
S 241-1  desque salyo del canpo non valya vna çermeña
S 241-4  escota el soberuio el amor de la dueña
S 242-1  Tenia del grand yugo dessolladaz las ceruiçes
S 242-2  del jnogar a -vezes fynchadas las narizes
S 243-2  el espinazo agudo las orejas colgadas
S 243-3  vido lo el asno nesçio Rixo bien trez vegadas
S 246-2  al tomar te alegras el dar non -lo as ducho
S 246-3  non te fartaria duero con -el su agua ducho
S 247-1  Por la grand escaseza fue perdido el Rico
S 249-1  Mesquino tu que faras el dia de -la afruenta
S 251-3  quando vees el poble caesete el çejo
S 251-4  fazes commo el lobo dolyente en -el vallejo
S 252-1  El lobo a -la cabra comiala por merienda
S 253-3  sacole con -el pico con el veso con ssotileza
S 253-4  el lobo finco sano para comer sin pereza

S 254-2  el lobo dixo como yo non te pudiera tragar
S 254-3  el cuello con mis dientes sy quisiera apertar
S 256-3  el buen conoscemiento mal omne lo dessecha
S 256-4  el bien que omne le faze diz que es por su derecha
S 259-2  fue el Rey dauid omeçida e fizo a -dios falliaz
S 259-3  por ende non fizo el tenpro en todos los sus diaz
S 261-2  al sabidor virgillio commo dize en -el testo
S 261-3  engañolo la duena quando lo colgo en -el çesto
S 262-1  Por que -le fizo desonrra E escarnio del rruego
S 262-2  el grand encantador fizole muy mal juego
S 262-3  la lunbre de -la candela encanto E el fuego
S 265-3  descanto el fuego que ardiesse en -la leña
S 265-4  fizo otra maraujlla quel omne nunca ensueña
S 266-1  Todo el suelo del Ryo de -la çibdad de Roma
S 268-4  el mundo escarnido E muy triste la gente
S 273-1  El loco el mesquino que su alma non cata
S 274-4  el diablo lo lieua quando non se rrecabda
S 276-1  Eres pura enbidia en -el mundo non ha tanta
S 276-3  sy el tu amigo te dize fabla ya quanta
S 277-1  El çelo syenpre nasçe de tu enbydia pura
S 278-1  Desque uvia el çelo en ty arraygar
S 278-4  el coraçon se salta nunca estas de vagar
S 288-1  El pauon de tal fijo espantado se fizo
S 288-2  vydo el mal engaño E el color apostizo
S 288-3  pelole toda la pluma E echola en -el carrizo
S 288-4  mas negra paresçia la graja que el erizo
S 293-3  lyeua te el dyablo en -el jnfierno te quema
S 294-1  adan el nuestro padre por gula e tragonia
S 294-2  por que comio del fruto que comer non deuia
S 294-3  echole del parayso dios en aquesse dia
S 294-4  por ello en -el jnfierno desque morio yazia
S 295-1  mato la golosyna muchos en -el desierto
S 295-3  el profeta lo dize esto que te rrefierto
S 298-2  veni el leon de caça pero con -el non pesa
S 298-3  el leon tan goloso al cavallo sopessa
S 299-1  al leon gargantero rrespondio el cavallo
S 301-1  abaxose el leon por le dar algund confuerto
S 301-2  el cavallo ferrado contra sy fizo tuerto
S 301-3  las coçes el cavallo lanço fuerte en çierto
S 302-1  El cavallo connel miedo fuyo aguas byuaz
S 303-1  El comer syn mesura E la grand venternia
S 304-1  yra e vana gloria traes en -el mundo non ay tanta
S 309-2  el primero cayn como los jodios ovieron en -su ley
S 309-3  el mesmo se mato con su espada pues vey
S 311-4  dezir te he el enxienpro sea te prouechoso
S 312-1  El leon orgullo con yra e valentya
S 313-4  avn el asno nesçio venie en -las delanteras
S 314-1  Todos en -el leon ferien E non poquyllo
S 314-2  el javalyn sañudo dauale del col-millo
S 314-3  ferianlo de -los cuernos el toro y el novillo
S 314-4  el asno pereçoso en -el ponie su syllo
S 315-2  el leon con grand yra trauo de su coraçon
S 316-1  El omne que tiene estado onrra E grand poder
S 320-2  en-gañas todo el mundo con palabra fermosa
S 320-3  quieres lo que el lobo quiere de -la Rapossa
S 321-1  ffurtava la Raposa a -su vezina el gallo
S 321-2  veya lo el lobo mandava le dexallo
S 323-1  Enplazola por fuero el lobo a -la comadre
S 324-1  ffizo el lobo demanda en muy buena manera
S 325-1  Ante vos el mucho honrrado e de grand sabidoria
S 325-3  yo el lobo me querello de -la comadre mia
S 326-1  E digo que agora en -el mes que paso de feblero
S 326-2  era de mill e trezientos en -el ano primero
S 326-3  rregnante nuestro Señor el leon mazillero
S 327-2  entro a -ffurtar de noche por çima del fumero
S 327-3  saco furtando el gallo el nuestro pregonero
S 328-1  de aquesto lo acuso ante vos el buen varon
S 328-4  esto me ofresco prouar so -pena del talyon
S 330-1  Respondio el alcalde yo vengo nueva mente
S 331-1  leuantosse el alcalde esa ora de judgar
S 332-1  El dia era venido del plaso asignado
S 332-4  el lobo quando lo vyo fue luego espantado
S 333-2  alcalde Señor don ximio quanto el lobo departe
S 339-1  El galgo e el lobo estauan encogidos
S 343-1  venido es el dia para dar la sentençia
S 343-2  ante el juez las partes estauan en -presençia
S 343-3  dixo el buen alcalde aved buena abenençia
S 344-2  por saber del alcalde lo que quierre fazer
S 347-1  El alcalde letrado e de buena çiençia
S 348-1  En -el nonble de dios el judgador dezia
S 348-3  vista la demanda que el lobo fazia
S 349-4  que propusso el lobo en todas sus rrazones
S 350-2  la comadre contra el lobo çerca la conclusion
S 350-3  visto todo el proçeso E quantas rrazones en -el son
S 351-1  Por mi examinado todo el processo fecho
S 352-1  fallo que -la demanda del lobo es byen çierta
S 358-4  nin deue el abogado tal petiçion comedyr
S 359-1  Maguer contra la parte o contra el mal testigo
S 360-2  Ca entonçe el alcalde puede le atormentar
S 361-4  nin puede el alcalde mas que el derecho mandar
S 362-2  del lobo ante mi dicha E por otra cosa non
S 364-1  Pues el lobo confiesa que fizo lo que passa
S 366-2  pero que non la asueluo del furto tan ayna
S 366-3  pero mando que non furte el gallo a -su vezina
S 367-1  Non apellaron las partes del juyzio son pagados
S 367-4  nin fue el pleito constestado por que fueron escusados
S 368-1  ally los abogados dyxieron contra el juez
S 368-2  que avya mucho errado E perdido el su buen prez
S 369-4  tomaron los abogados del ximio buena liçion
S 371-1  a -esto dixo el alcalde vna nobla Responsion
S 371-2  que le avie poder del Rey en su comision
S 372-1  Tal eres como el lobo rretraes lo que fazes

EL

(cont.)

| | |
|---|---|
| S 372-2 | estrañas lo que ves E non el lodo en -que yazes |
| S 374-2 | cum hiz qui oderunt paçem fasta que el salterio afines |
| S 377-1 | El salyendo el sol comienças luego prima |
| S 380-4 | coxqueaz al dar ofrenda byen trotas el comendon |
| S 387-1 | ffasta el quod parasti non la quieres dexar |
| S 389-3 | mas cree tus lysonjas el neçio fadeduro |
| S 391-4 | como el fuego andas de vezina en vezina |
| S 396-3 | los cabellos en rrueda el peyne E el espejo |
| S 397-1 | El coraçon le tornas de mill guisas a -la ora |
| S 401-1 | Eres muy grand gigante al tienpo del mandar |
| S 402-3 | el mas astroso lobo al enodio ajoba |
| S 404-3 | plaze te con qual quier do el ojo as puesto |
| S 406-3 | fasta que -le echa el laço quando el pie dentro mete |
| S 408-1 | Tenia el mur topo cueva en -la rribera |
| S 408-2 | creçio tanto el rrio que maravilla era |
| S 409-4 | poner te he en -el otero cosa para ti sana |
| S 410-1 | yo se nadar muy byen ya lo ves por el ojo |
| S 410-4 | poner te he en -el otero o en aquel rrastrojo |
| S 411-2 | mas al tiene pensado en -el su coraçon |
| S 411-3 | creo se lo el topo en vno atados son |
| S 412-3 | el topo quanto podia tiraua fazia suso |
| S 415-4 | el diablo los lyeva presos en -tus tenazas |
| S 416-3 | commo el topo e la rrana peresçen o -peor |
| S 417-1 | Toda maldad del mundo E toda pestilençia |
| S 418-1 | Del bien que omne dize sy a -sabyendas mengua |
| S 418-2 | es el coraçon falso e mitirosa la lengua |
| S 418-4 | lengua tan enconada dios del mundo la tuelga |
| S 419-4 | en -el buen dezir sea omne firme e verdadero |
| S 420-3 | matas al que mas quieres del byen eres encobo |
| S 421-3 | tomas la grand vallena con -el tu poco çeuo |
| S 422-3 | parat non te digo el diezmo que podria |
| S 423-1 | El amor con mesura dio me rrespuesta luego |
| S 433-4 | sy ha el cuello alto atal quieren las gentes |
| S 435-4 | que -la talla del cuerpo te dira esto a -guisa |
| G 439-2 | andan por todo el mundo por plaçaz e cotaz |
| G 448-2 | atal media pecada el huerco la zaguda |
| S 452-1 | syrue la non te enojes syruiendo el amor creçe |
| S 452-2 | el seruiçio en -el bueno nunca muere nin peresçe |
| S 452-3 | sy se tarda non se pierde el amor nunca falleze |
| S 452-4 | que el grand trabajo todas las cosas vençe |
| S 455-4 | del vestido mas chico sea tu ardit alardo |
| S 458-1 | El vno era tuerto del su ojo derecho |
| S 458-2 | Ronco era el otro de -la pierna contrecho |
| S 458-3 | el vno del otro avya muy grand despecho |
| S 459-2 | con -el mas perezosso E aquel queria tomar |
| S 459-4 | ffabro luego el coxo coydo se adelantar |
| S 460-3 | por pereza de tender el pie fasta el escalon |
| S 461-1 | otrossy yo passava nadando por el Ryo |
| S 461-4 | que por non abrir la boca de sed perdy el fablar mio |
| S 462-1 | Desque callo el coxo dixo el tuerto Señora |
| S 464-4 | en -el mi ojo muy Rezia amenudo feria |
| S 465-3 | el ojo de que soy tuerto ovo melo de quebrar |
| S 470-1 | Desque la verguença pierde el tafur al tablero |
| S 470-2 | sy el pellote juga jugara el braguero |
| S 470-3 | desque la candatera dize el cantar primero |
| S 470-4 | synpre le bullen los pies e mal para el pandero |
| S 471-2 | en -el telar e en -la dança synpre bullen los dedoz |
| S 473-1 | çierta cossa es esta quel molyno andando gana |
| S 475-1 | Ante del mes conplido dixo el nuestra dona |
| S 477-1 | Pyntol so el onbligo vn pequeño cordero |
| S 478-4 | desfizo se el cordero que del non fynca nada |
| S 479-1 | quando ella oyo que venia el pyntor |
| S 479-2 | mucho de priessa enbio por el entendedor |
| S 480-3 | luego en ese dia vino el menssajero |
| S 481-1 | quando fue el pyntor de frandes venido |
| S 481-3 | desque en -el palaçio con ella estudo |
| S 483-1 | Cato don pitas pajas el sobredicho lugar |
| S 486-1 | Pedro leuanta la lyebre E la mueve del couil |
| S 487-2 | mas garçon e mas ardit quel primero que ameste |
| S 487-3 | el primero apost deste non vale mas que vn feste |
| S 489-1 | Por poquilla cosa del tu aver quel dyerez |
| S 490-1 | Mucho faz el dinero E mucho es de amar |
| S 492-2 | plazer e alegria del papa Racion |
| S 495-3 | el dinero los daua por byen examinados |
| S 497-1 | El dinero quebranta las cadenas dañosas |
| S 497-4 | por todo el mundo faze cosas maravillosaz |
| S 499-3 | por todo el mundo anda su sarna e su -tyña |
| S 499-4 | do el dinero juega ally el ojo guiña |
| S 500-1 | con -el dinero andan todos los omnes loçanos |
| S 500-4 | quantos son en -el mundo le besan oy las manos |
| S 503-4 | asueluen el ayuno ansy fazen oraçionez |
| S 504-1 | con el dinero cunplen sus menguas e sus Raças |
| S 505-2 | sy varruntan que el rrico esta ya para moryr |
| S 507-3 | commo los cuervos al asno quando le desuellan el cuero |
| S 508-1 | Toda muger del mundo E duena de alteza |
| S 508-2 | pagase del dinero E de mucha Riqueza |
| S 509-1 | El dinero es alcalde E juez mucho loado |
| S 510-2 | por todo el mundo es juez mucho rreboluedor |
| S 510-3 | señor faze del syeruo de señor seruidor |
| S 510-4 | toda cosa del sygro se faze por su amor |
| S 511-1 | Por dineros se muda el mundo e su manera |
| S 511-4 | el dar quebranta peñas fyende dura madera |
| S 512-2 | a -coyta E a -grand priessa el mucho dar acorre |
| S 512-3 | non ha syeruo cabtivo que el dinero non le aforre |
| S 513-1 | non me pago de joguetes do non anda el dinero |
| S 519-2 | en -el coraçon lo tyene maguer se le escusa |
| S 519-3 | pero que todo el mundo por esto se le acusa |
| S 526-3 | por grand vso el rrudo sabe grand letura |
| S 528-3 | que el vino fizo a loc con sus fijas dolue |
| S 528-4 | en verguença del mundo en zaña de dios caer |
| S 529-3 | rretentolo el diablo con su sotil engaño |

| | |
|---|---|
| S 529-4 | fizole beuer el vino oye en-sienpro estraño |
| S 530-3 | en tienpo de su vyda nunca el vyno beuia |
| S 531-1 | Tomaua grand pesar el diablo con esto |
| S 532-1 | Marauillose el monge diz a -dios me acomiendo |
| S 533-1 | Non pudo el dyablo a su persona llegar |
| S 534-1 | Non deves tener dubda que del vyno se faze |
| S 534-4 | el diablo al monge armado lo enlaze |
| S 535-1 | dyxo el hermitano non se que es vyno |
| S 535-2 | rrespondio el diablo presto por lo que vino |
| S 535-3 | dyz aquellos taverneros que van por el camino |
| S 536-1 | fizolo yr por el vyno E desque fue venido |
| S 537-1 | beuio el hermitano mucho vyno syn tyento |
| S 537-3 | desque vydo el dyablo que ya echaua çemiento |
| S 538-2 | qual es la ora çierta nin el mundo como se guia |
| S 539-1 | Çeyo su mal conssejo ya el vino vsaua |
| S 539-3 | el gallo a -las fenbras con -ellas se deleytaua |
| S 540-1 | luego el omeçida estos pecados tales |
| S 540-4 | trae el mucho vino a los decomunales |
| S 541-4 | matola el mesquino e ovo se de perder |
| S 542-1 | Commo dize el proverbyo palabla es byen çierta |
| S 542-4 | esa ora fue el monge preso E en rrefierta |
| S 543-1 | descobrio con -el vyno quanto mal avya fecho |
| S 543-3 | perdio cuerpo e alma el cuytado mal trecho |
| S 543-4 | en -el beuer demas yaz todo mal prouecho |
| S 544-4 | a do es el mucho vyno toda cosa es perdida |
| S 545-1 | ffaze oler el fuelgo que es tacha muy mala |
| S 545-3 | que-ma -las assaduras el fygado tras-cala |
| S 545-4 | si amar quieres dueña del vyno byen te guarda |
| S 546-4 | a -dios lo yerran mucho del mundo des-fallesçen |
| S 547-1 | Ado mas puja el vyno quel seso dos meajas |
| S 547-4 | el mucho vyno es bueno en -cubas e en tinajas |
| G 548-1 | Es el vino muy bueno en su mesma natura |
| G 548-4 | toda maldat del mundo faze e toda locura |
| G 549-1 | por ende fuy del vino e faz buenoz geztoz |
| G 551-3 | El grant arrebatamiento con locura contiende |
| G 551-4 | el mucho vagarozo de torpe non ze defiende |
| G 554-3 | El judio al año da tres por quatro pero |
| G 554-4 | el tablax de vn dia dobla el su mal dinero |
| G 560-2 | el trebejo dueña non lo quiere en otra aljaba |
| G 563-2 | sey commo el pauon loçano zosegado |
| S 569-3 | alçando el cuello suyo descobre se la garça |
| S 570-1 | a -muchos faze mal el omne mesturero |
| S 570-4 | por mala dicha de vno pyerde todo el tablero |
| S 571-2 | diçen luego los mures han comido el queso |
| S 573-2 | cras te dara la puerta quien te oy çierra el postigo |
| S 574-2 | mas tengo por el mundo otros muchos de pagar |
| S 574-3 | pesa les por mi tardança a -mi pessa del vagar |
| S 575-1 | Yo Johan Ruyz el sobre dicho açipreste de hita |
| G 584-3 | por todo el mundo tiene grant poder e suerte |
| G 585-3 | de todaz zodaz voz e el amor zeñor |
| G 588-2 | en -el coraçon lo trayo ençerrado e ascondido |
| G 588-4 | e avn dezir non ozo el nonbre de quien me ferio |
| G 593-1 | E si encubre del todo su ferida e su dolor |
| G 594-1 | mijor es moztrar el omne su dolençia e su quexura |
| G 594-4 | que non el morir syn dubda e beuir en grant Rencura |
| G 595-1 | El fuego mas fuerte quexa escondido encobierto |
| G 595-4 | en vuestraz manoz pongo el mi coraçon abierto |
| S 596-4 | sy el amor non me engaña yo vos digo la verdat |
| S 597-2 | atrauiesa me el coraçon en -el la tengo fyncada |
| S 597-3 | toda mi fuerça pyerdo E del todo me es tirada |
| S 597-4 | la llaga va crezïendo del dolor non mengua nada |
| S 599-3 | ado es el grand lynaje ay son los alçamientos |
| S 599-4 | ado es el mucho algo son los desdeñamientos |
| S 606-4 | el grand amor me faze perder salud e cura |
| S 607-1 | El color he ya perdido mis sesos des-fallesçen |
| S 608-1 | ya fueste conssejado del amor mi marydo |
| S 609-4 | mejor es el conssejo de muchos acordado |
| S 611-1 | Syruela non -te enojes siruiendo el amor creçe |
| S 611-2 | seruiçio en -el bueno nunca muere nin pereçe |
| S 611-3 | sy se tarda non se pierde el amor non falleçe |
| S 611-4 | el grand trabajo todas las cosas vençe |
| S 612-1 | El amor leo e ovydyo en -la escuela |
| S 612-2 | que non ha muger en -el mundo nin grande nin mocuela |
| S 613-4 | El omne mucho cauando la grand peña acuesta |
| S 614-1 | si la primera onda del mar ayrada |
| S 615-1 | jura muy muchas vezes el caro vendedor |
| S 615-3 | afyncando lo mucho el artero conplador |
| S 615-4 | lyeva la mercadorya por el buen corredor |
| S 616-1 | el can que mucho lame sin dubda sangre saca |
| S 616-4 | el conejo por maña doñea a -la vaca |
| S 620-2 | E la arte al culpado salualo del malefiçio |
| S 620-4 | faze andar de cauallo al peon el rrefaçio |
| S 621-2 | por el mucho seruiçio pierden la mucha saña |
| S 622-2 | el mester e el ofiçio el arte e la sabiençia |
| S 622-3 | nin pueden dar a -la dueña el amor e la querencia |
| S 622-4 | todo esto da el trabajo el vso e la femençia |
| S 632-2 | al comienço del fecho synpre son rreferteras |
| S 633-2 | nunca el buen doñeador por esto enfaronea |
| S 633-3 | la muger byen sañuda e quel omne byen guerrea |
| S 634-1 | El miedo e la verguença faze a las mugeres |
| S 636-1 | El pobre con buen seso E con cara pagada |
| S 639-2 | mayor sera el fuego e mayores los ardores |
| S 641-3 | asno coxo quando dubda corre con -el aguijon |
| S 641-4 | a -muger que esta dubdando afynquela el varon |
| S 647-4 | el tyenpo todas cosas trae a -su lugar |
| S 649-2 | el dolor creçe E non mengua oyendo dulçes cantares |
| S 650-3 | puso me el marinero ayna en -la mar fonda |
| S 651-3 | toda la mi esperança e todo el mi confuerto |
| S 655-2 | el miedo de -las conpañaz me facian al departir |
| S 659-4 | començel dezir dir mi quexura del amor que me afyncaua |
| G 661-1 | en -el mundo non es coza que yo ame a par de uoz |
| G 663-2 | fablar mucho con -el zordo es mal seso e mal Recabdo |

| | | | |
|---|---|---|---|
| **EL** | **(cont.)** | S 819-3 | que sera soberuiado del Rico poderoso |
| G 665-2 | el omne tan engañozo asi engaña a -suz vezinaz | S 819-4 | por chica rrazon pierde el poble e el coytoso |
| G 668-1 | el yerro que otro fizo a mi non faga mal | S 820-1 | El derecho del poble pierde se muy ayna |
| G 669-1 | pazo o paso don endrina so el portal es entrada | S 820-3 | el rrico los quebranta su soberuia los enclina |
| G 669-3 | loz ojoz baxo por tierra en -el poyo asentada | S 821-3 | non ha el aventura contra el fado valya |
| G 673-4 | a entender laz cosaz el grand tienpo laz guia | S 823-3 | el su coraçon della non sabe al amar |
| G 674-1 | a -todaz laz cosaz faze el grand vso entender | S 826-1 | Anda me todo el dia como a -çierua corriendo |
| G 674-2 | el arte e el vso muestra todo el zaber | S 826-2 | commo el diablo al Rico omne ansy me anda seguiendo |
| G 674-3 | sin el vso e arte ya se va pereçer | S 828-1 | diz ya leuase el verco a -la vieja Risona |
| G 683-2 | que qual es el buen amigo por laz obraz parescera | S 830-1 | El grand fuego non puede cobrir la su llama |
| G 685-3 | encçendimiento grande pone el abraçar el amada | S 830-2 | nin el grande amor non puede encobrir lo que ama |
| G 689-1 | si la non sigo non vzo el amor se perdera | S 834-1 | El mesquino sienpre anda con aquesta tristeza |
| G 689-3 | El amor en vzo creçe desusando menguara | S 835-2 | quien sy non el mesquino sienbra en -el arena |
| G 690-1 | do añadierez la leña creçe syn dubda el fuego | S 835-4 | anda devaneando del pez con -la ballena |
| G 690-2 | si la leña se tirare el fuego menguara luego | S 837-4 | el fuego encobyerto vos mata E penaredes |
| G 690-3 | el amor e la bien querençia creçe con vzar juego | S 839-1 | El grand amor me mata el su fuego parejo |
| G 691-2 | con pensamientoz contrarioz el mi coraçon se parte | S 839-3 | el miedo E la verguença defienden me el trebejo |
| G 691-4 | el amor do esta firme todoz los miedoz departe | S 840-1 | fija perdet el miedo que se toma syn Razon |
| S 692-3 | por esto anda el mundo en leuantar e en caer | S 843-3 | con el ençendymiento morides E penades |
| S 692-4 | dios e el trabajo grande pueden los fados vençer | S 843-4 | pues el amor lo quiere por que non vos juntades |
| S 693-1 | el trabajo e el fado suelen se aconpañar | S 844-2 | sy mi madre quiese otorgar el ofiçio |
| S 694-3 | por que el mi coraçon vea lo que dessea | S 846-1 | El amor cobdiçioso quiebla caustras E puertas |
| S 696-1 | El cuerdo con buen seso pensar deue las cosas | S 846-3 | dexa el miedo vano e sospechas non çiertas |
| S 697-1 | busque trota conventos qual me mando el amor | S 851-2 | el mormullo e el Roydo que -lo digan non ay quien |
| S 697-4 | açerte en -la tyenda del sabio corredor | S 851-3 | syn verguença el es el fecho pues tantas carreras tyen |
| S 699-2 | estas echan el laço estas cavan las foyas | S 852-1 | ay dios dixo la dueña el coraçon del amador |
| S 700-4 | ffazen con -el mucho viento andar las athonas | S 852-3 | aca e alla lo trexna el su quexoso amor |
| S 710-4 | despues con -el poco fuego çient vezes sera doblada | S 852-4 | E de -los muchos peligros non sabe qual es el peor |
| S 712-4 | el omne aperçebido nunca tanto se duele | S 853-2 | lo que el amor desea mi coraçon lo querria |
| S 715-1 | El presente que se da luego sy es grande de valor | S 854-2 | Ruega e rrogando creçe la llaga del enamorado |
| S 715-3 | quebranta leyes e fueros e es del derecho Señor | S 854-4 | con -el mi amor quexoso fasta aqui he porfiado |
| S 716-2 | synon por mi non la puede omne del mundo aver | S 857-2 | faced byen su mandado del amor que vos ama |
| S 717-1 | muchas vezes he tristeza del laserio ya -pasado | S 858-2 | en -el vuestro coraçon al omne vuestro amigo |
| S 719-2 | el mi algo E mi casa a -todo vuestro mandar | S 865-1 | los omnes muchas vegadas con -el grand afyncamiento |
| S 720-1 | Todo el vuestro cuydado sea en aqueste fecho | S 865-3 | quando es fecho el daño viene el arrepentymiento |
| S 721-1 | Del comienço fasta el cabo pensat bien lo que digades | S 866-2 | pierde el entendimiento çiega e pierde la vista |
| S 727-2 | El mejor e el mas noble de lynaje e de beldat | S 868-1 | vyno me trota conventos alegre con el mandado |
| S 728-3 | con los locos faze se loco los cuerdos del byen dixeron | S 868-3 | el encantador malo saca la culebra del forado |
| S 729-1 | El sabio vençer al loco con conssejo non es tan poco | S 869-2 | que el romero fyto que sienpre saca çatico |
| S 729-3 | el cuerdo non enloqueçe por fablar al Roça poco | S 873-2 | vedes vedes como otea el pecado carboniento |
| S 730-4 | en -el bezerillo vera omne el buey que fara | S 874-3 | ally rrauiaria agora que non puede tirar el fierro |
| S 731-1 | El fijo muchas vezes commo el padre prueua | S 875-1 | don melon tyrad vos dende troxo vos y el diablo |
| S 731-3 | el coraçon del ome por el coraçon se prueua | S 875-3 | non queblantedes mi pueras que del abbad de sant paulo |
| S 733-2 | quien mucho fabla yerra dizelo el derecho | S 878-4 | El mejor cobro que tenedes vuestro mal que -lo calledes |
| S 739-3 | el dia que vos nasçites fadas aluas vos fadaron | S 880-1 | E pues que vos dezides que es el daño fecho |
| S 741-4 | sus manos se contuerçe del coraçon travando | S 883-3 | quando el lazo veen ya las lyeuan a -vender |
| S 746-3 | para fazer sus cuerdas E sus lazos el rredero | S 883-4 | mueren por el poco çeuo non se pueden defender |
| S 746-4 | andaua el abutarda çerca en -el sendero | S 884-2 | ya el pescador los tiene E los trahe por el suelo |
| S 748-4 | el caçador el canamo e non las espantaua | S 885-2 | vase perder por el mundo pues otro cobro non tyene |
| S 751-1 | fuese la golondrina a -casa del caçador | S 885-3 | pyerde el cuerpo e el alma a -muchos esto aviene |
| S 752-1 | Cogido ya el cañamo E fecha la parança | S 886-2 | es en -el mucho tienpo el saber e la çiençia |
| S 752-2 | fuese el paxarero commo solia a -caça | S 887-1 | El cuerdo graue mente non se deue quexar |
| S 754-4 | commo al abutarda vos pelaran el pellejo | S 887-2 | quando el quexamiento non le puede pro tornar |
| S 758-1 | dioz bendixo la caza do el buen omne cria | S 888-4 | el sabydor se prueua en coytas e en presuras |
| G 759-2 | casar ante del año que a -bivda non conuien | S 889-4 | el pesar E la saña tornad lo en buen solaz |
| G 759-3 | fasta que pase el año de -loz lutus que tien | S 890-1 | Pues que por mi dezides que el daño es venido |
| G 759-4 | casarse ca el luto con esta carga vien | S 890-2 | por mi quiero que sea el vuestro byen avydo |
| G 760-3 | del zegundo marido non seria tan onrrada | S 890-3 | vos sed muger suya e el vuestro marido |
| G 761-1 | fiia dixo la vieja el año ya es pasado | S 892-2 | entendet bien las fablas guardat vos del varon |
| G 762-3 | zeñora dexar duelo e fazet el cabo de año | S 892-3 | guardat vos non vos contesca commo con -el leon |
| G 764-4 | non me afinquez tanto luego el primero dia | S 893-1 | El leon fue doliente doliale tiesta |
| S 766-1 | assentose el lobo estudo atendiendo | S 894-1 | Estaua y el burro fezieron del joglar |
| S 767-2 | dixo diome el diablo el ageno Roydo | S 895-1 | con -las sus caçurias el leon fue sanudo |
| S 768-4 | a -la fe diz agora se cunple el estornudo | S 895-4 | Sentiose por escarnido el leon del orejudo |
| S 772-1 | Creo se los el neçio començo de Avllar | S 896-1 | El leon dixo luego que merçed le faria |
| S 773-4 | dixo diome el diabro cantar missa en forno | S 896-3 | quanto le demandase tanto le otorgaria |
| S 774-4 | que agora se cunple el mi buen adeuino | S 897-1 | ffuese la Raposilla donde el asno andaua |
| S 775-1 | dyxo luego el lobo a -la puerca byen ansi | S 899-2 | tornose a -la fiesta baylando el cantador |
| S 776-2 | fablo contra el lobo dixo dechos non vanos | S 899-3 | non sabya la manera el burro de Señor |
| S 778-1 | abaxose el lobo ally so aquel zabe | S 899-4 | escota juglar neçio el son del atanbor |
| S 778-2 | por tomar el cochino que so -la puerca yaze | S 900-1 | Commo el leon tenia sus monteros armados |
| S 778-3 | diole la puerca del rrosto echole en -el cabçe | S 901-1 | Mando el leon al lobo con sus vñas parejas |
| S 778-4 | en -la canal del molino entro que mal le plaçe | S 901-3 | quanto el leon traspuso vna o dos callejas |
| S 779-1 | Toxo lo enderedor a mal andar el rrodezno | S 901-4 | el coraçon del lobo comio e las orejas |
| S 780-1 | Omne cuerdo non quiera el ofiçio danoso | S 902-1 | quando el leon vyno por comer saborado |
| S 781-3 | des-echan el carnero piden las adefinas | S 902-2 | pidio al lobo el asno que -le avya encomendado |
| S 782-1 | fijo el mejor cobro de quantos vos avedes | S 902-4 | el leon contra el lobo fue sañudo e yrado |
| S 784-4 | el mundo revoluiendo a -todos engañades | S 903-1 | dixo al leon el lobo quel asno tal nasçiera |
| S 786-2 | por que matas el cuerpo do tyenes tu morada | S 903-2 | que sy el coraçon E orejas touiera |
| S 790-3 | de mudar do queredes el vuestro falso amor | S 904-1 | assy Señoras dueñas entended el rromançe |
| S 792-3 | tenprad con -el buen seso el pesar que ayades | S 908-1 | Andan por todo el pueblo della muchos dezires |
| S 793-1 | grandes artes de-muestra el mucho menester | S 909-1 | Entyende byen mi estoria de -la fija del endrino |
| S 793-3 | quiça el grand trabajo puede vos acorrer | S 912-4 | que estass son comienço para el santo pasaje |
| S 793-4 | dios e el vso grande fazen los fados boluer | S 914-4 | que çerca de -la villa puso el arraval |
| S 795-1 | ffasta que su marido pueble el cementerio | S 915-1 | luego en -el comienço fiz aquestos cantares |
| S 795-3 | en nada es tornado todo el mi laçerio | S 918-3 | en dando le la sortyja del ojo le guiño |
| S 795-4 | veo el daño grande E de mas el haçerio | S 919-1 | Commo dize la fabla que del sabyo se saca |
| S 798-3 | todo el su desseo en vos esta fyrmado | S 920-1 | non tomes el sendero e dexes la carrera |
| S 799-2 | fazedes commo madre quando el moçuelo llora | S 921-2 | que juga jugando dize el omne grand manzilla |
| S 801-2 | commo al aue que sale de manos del astor | S 923-4 | que vconmro el verdadero non ay tan mal trebejo |
| S 801-3 | en todo logar tyene que esta el caçador | S 929-3 | la liebre del couil sacala la comadreja |
| S 803-2 | con -el comienco suyo nin se puede seguir | S 931-2 | yo lo desdire muy byen e lo des-fare del todo |
| S 803-3 | el curso de -los fados non puede omne dezir | S 931-3 | asy como se desfaze entre los pies el lodo |
| S 804-2 | desperar el omne es perder coraçon | S 932-4 | el buen desir non cuesta mas que -la nesçedat |
| S 804-3 | el grand trabajo cunple quantos deseos son | S 938-4 | fazen con -el su vyento andar las atahonas |
| S 807-4 | todo se le demuda el color e el desseo | S 940-1 | Agora es el tyenpo pues que ya non la guardan |
| S 809-1 | En -el mi cuello echa los sus blaços entranbos | S 942-1 | Commo faze venir el senuelo al falcon |
| S 810-2 | el color se le muda bermejo e amarillo | S 942-4 | se que el perro viejo non ladra a -tocon |
| S 810-3 | el coraçon le salta ansy amenudillo | S 943-1 | Commo es natural cosa el nasçer e el moryr |
| S 811-3 | avyua mas el ojo e esta toda bulliendo | S 944-1 | Con -el triste quebranto E con -el grand pesar |
| S 815-4 | sy buen manjar queredes pagad bien el escote | S 944-4 | dixe yo que buen manjar sy non por el escotar |
| S 819-2 | mas el poble coytado syenpre esta temeroso | S 945-1 | El mes era de março salido el verano |

| | |
|---|---|
| S 946-2 | (cont.) |
| | açipreste mas es el rroydo que -las nuezes |
| S 946-3 | dixel yo diome el diablo estas vieja Rahezes |
| S 946-4 | desque han beuido el vino dizen mal de las fezes |
| S 949-4 | el oydor cortes tenga presto El perdon |
| S 950-1 | prouar todas las cosas el apostol lo manda |
| S 951-1 | El mes era de março dia de sant meder |
| S 951-2 | pasado el puerto de lacayo fuy camino prender |
| S 953-1 | yo guardo el portadgo E el peaje cogo |
| S 954-1 | Detouo me el camino commo era estrecho |
| S 954-4 | amiga dixel amidos faze el can baruecho |
| S 955-4 | E por dios da me possada que el frio me atierra |
| S 959-1 | Passando vna mañana por el puerto de mal angosto |
| S 959-2 | salteome vna serrana a -la asomada del rrostro |
| S 960-2 | diz el pecado barruntas en -fablar verbos tan blauos |
| S 961-1 | Parose me en -el sendero la gaha rroyn heda |
| S 963-3 | en-avento me el dardo diz para el padre verdadero |
| S 965-1 | Dyz yo leuare a -cassa e mostrar te he el camino |
| S 965-2 | fazer te he fuego e blasa darte he del pan e del vino |
| S 966-2 | E mandel para el vestido vna bronca E vn pancha |
| S 974-1 | coyde tomar el puerto que es de -la fuent fria |
| S 974-4 | erre todo el camino commo quien lo non sabia |
| S 975-1 | Por el pynar ayuso falle vna vaquera |
| S 978-2 | ally proue que era mal golpe el del oydo |
| S 978-3 | cofonda dios dixe yo çiguueña en el exido |
| S 979-1 | non te ensañes del juego que esto a -las vegadas |
| S 981-4 | dixo me que jugasemos el juego por mal de vno |
| S 982-4 | non se pago del dicho e quiso me amenazar |
| S 986-3 | fasta que el libro entyendas del byen non digas nin mal |
| S 986-4 | Ca tu endenderas vno e el libro dize al |
| S 988-2 | encontrome con gadea vacas guarda en -el prado |
| S 989-3 | mas quanto esta mañana del camino non he cura |
| S 990-3 | dixo non sabes el vso comos doma la rres muda |
| S 990-4 | quiça el pecado puso esa lengua tan aguda |
| S 991-1 | Enbiome la cayada aqui tras el pastorejo |
| S 991-2 | fizo me yr la cuesta-lada derribome en -el vallejo |
| S 991-3 | dixo la endiablada asy apilan el conejo |
| S 991-4 | sobarte diz el aluarda synon partes del trebejo |
| S 992-3 | commo fiz loca demanda en dexar por ty el vaquerizo |
| S 992-4 | yot mostrare sinon ablandas commo se pella el erizo |
| S 993-1 | lunes antes del alua Començe mi camino |
| S 993-2 | falle çerca el cornejo do tajaua vn pyno |
| S 994-4 | oluidose la fabla del buen conssejador |
| S 996-4 | pase por la mañana el puerto por sosegar tenplano |
| S 997-1 | do -la casa del cornejo primer dia de selmana |
| S 999-3 | se el lobo commo se mata quando yo en pos el salgo |
| S 999-4 | antes lo alcanço quel galgo |
| S1000-2 | Se maçar e fazer natas E fazer el odrezillo |
| S1000-3 | bien se guytar las abarcas e taner el caramillo |
| S1001-1 | sse faser el altybaxo E sotar a -qual quier muedo |
| S1003-3 | vn çamaron disantero e garnacho pa entre el año |
| S1006-3 | byen ençima del puerto fazia orrilla dura |
| S1007-3 | antes dize la piedra que sale del al-horre |
| S1008-2 | de frio al pie del puerto falle me con vestiglo |
| S1009-1 | Con -la coyta del frio e de aquella grand elada |
| S1011-1 | Enl apocalipsi Sant Johan evangelista |
| S1013-1 | el su pescueço negro ancho velloso chico |
| S1018-1 | El su dedo chiquillo mayor es que mi pulgar |
| S1019-1 | Por el su garnacho tenia tetas colgadas |
| S1023-1 | En çima del puerto |
| S1044-2 | muy santa E muy deuoto santa maria del vado |
| S1045-2 | luz luziente al mundo del çielo claridat |
| S1046-1 | omillome Reyna madre del Saluador |
| S1049-1 | Myercoles a -terçia el cuerpo de xpisto |
| S1050-1 | Por treynta dineros fue el vendimiento |
| S1050-2 | quel Caen Señores del noble vngento |
| S1050-3 | fueron plazenteros del pleyteamiento |
| S1052-4 | de su faz tam clara del çielo rresplandor |
| S1053-4 | del qual nunca saldra nin avra librador |
| S1055-4 | grand coyta fue aquesta por el tu fijo duz |
| S1055-4 | claridat del çielo por syenpre durador |
| S1056-2 | que por su persona el sol escuresçio |
| S1056-4 | ssangre E agua salio del mundo fue dulçor |
| S1061-2 | que el cordero vernia e saluaria la ley |
| S1061-4 | en dauit lo leemos segud el mi coydar |
| S1062-4 | dios e omne que veemos en -el santo altar |
| S1063-1 | Por saluar fue venido el lynaje vmanal |
| S1064-1 | En -su faz escopieron del çielo claridat |
| S1066-3 | por estas llagas çierto es el mundo saluado |
| S1067-3 | puso por todo el mundo miedo e grand espanto |
| S1069-1 | De mi santa quaresma syerua del ssaluador |
| S1074-1 | aquel era el sello de -la duena nonbrada |
| S1075-4 | enbyo te el ayuno por mi des-afiar |
| S1076-2 | que seades con migo en -el canpo alla batalla |
| S1076-3 | fasta el sabado santo dar vos he lyd syn falla |
| S1077-1 | ley amas laz cartaz entendy el ditado |
| S1078-3 | dixo yo so el alfrez contra esta mala presa |
| S1079-1 | Dio me muy muchas graçiaz por el buen conbyd |
| S1079-4 | que venga aperçebido el martes a -la lyd |
| S1081-1 | desque vino el dia del plazo señalado |
| S1083-3 | escudauan se todoz con -el grand tajadero |
| S1088-1 | vinieron muchos gamos e el fuerte jauuali |
| S1089-2 | ahe vos ado viene muy lygero el çieruo |
| S1089-3 | omillo me diz Señor yo el tu leal syeruo |
| S1091-1 | vino el cabron montes con corços e torcazaz |
| S1092-1 | vino su paso a -paso el buey viejo lyndero |
| S1092-2 | Señor diz a -herren me echa oy el llugero |
| S1094-2 | E tiene por todo el mundo poder commo señor |
| S1094-3 | aves E animalias por el su grand amor |
| S1096-2 | el ynojo fyncado en -la mano el barril |
| S1096-3 | tañia amenudo con -el el añafyl |
| S1096-4 | parlaua mucho el vino de todos alguaçil |
| S1098-4 | por ende se alboroçaron del Roydo que oyeron |
| S1100-4 | por todo el su Real entro el apellido |
| S1101-3 | la conpaña del mar las sus armas menea |
| S1102-1 | El primero de todos que ferio a -don carnal |
| S1102-2 | fue el puerro cuelle aluo e ferio lo muy mal |
| S1102-4 | tovo doña quaresma que era suyo el Real |
| S1103-3 | atrauesosele en -el pyco afogala ayna |
| S1106-1 | Ay andaua el atun commo vn brauo leon |
| S1106-3 | synon por doña çeçina quel desuio el pendon |
| S1106-4 | dierale a -don ladron por medio del coraçon |
| S1107-3 | del Rio de henares venian los camarones |
| S1110-1 | Recudieron del mar de pielagos E charcos |
| S1112-1 | ffecho era el pregon del año jubileo |
| S1113-4 | el dolfyn al buey viejo derribole los dientes |
| S1115-1 | brauo andaua el tollo vn duro vyllanchon |
| S1116-1 | el pulpo a -los pauones non -les daua vagar |
| S1118-1 | ally lydia el conde de laredo muy fuerte |
| S1119-4 | atendiole el fidalgo non -le dixo de non |
| S1122-2 | el jaualyn E el çieruo fuyeron a -las montanas |
| S1123-1 | Synon fuese la çeçina con -el grueso toçino |
| S1123-3 | que non podia de gordo lydiar syn el buen vino |
| S1124-1 | la mesnada del mar fizo se vn tropel |
| S1125-4 | E a -doña çeçina con -el toçino colgasen |
| S1126-4 | el sayon yua deziendo quien tal fizo tal aya |
| S1127-1 | Mando a -don carnal que guardase el ayuno |
| S1129-3 | rrespondiole el flayre quel non serian perdonados |
| S1130-2 | sinon por la boca misma del pecador contrito |
| S1130-4 | menester es la palabla del conffesor bendito |
| S1133-2 | es pielago muy fondo mas que todo el mar |
| S1134-2 | tengo del miedo tanto quanto non puedo desir |
| S1135-4 | so -la vuestra emienda pongo el mi error |
| S1136-1 | En -el santo decreto ay grand disputaçion |
| S1140-1 | Por aquesto es quito del jnfierno mal lugar |
| S1140-3 | ally faz la emienda purgando el su errar |
| S1143-1 | El rrey don ezechiaz de muerte condenado |
| S1145-3 | si el çiego al çiego adiestra o lo quier traer |
| S1146-1 | que poder ha en -Roma el juez de cartajena |
| S1146-2 | o que juzgara en -frança el alcalde de requena |
| S1147-4 | saluo los que del papa son en -si rreseruados |
| S1148-1 | los que son rreseruados del papa espirituales |
| S1148-3 | serie mayor el rromançe mas que dos manuales |
| S1149-1 | Pues que el arçobispo bendicho e conssagrado |
| S1149-4 | por que el sinple clerigo es desto tan osado |
| S1150-1 | otrozi del obispo E de -los sus mayores |
| S1151-4 | el estudio a -los Rudos faz sabios maestros |
| S1152-1 | lea en -el especulo o en -el rreportorio |
| S1152-3 | el jnoçençio quarto vn sotil consistorio |
| S1152-4 | el rrosario de guido nouela e diratorio |
| S1155-1 | Syn poder del perlado o syn aver liçençia |
| S1155-2 | del su clerigo cura non le dedes penitençia |
| S1156-3 | do el pecador non puede aver de otro sanidat |
| S1157-4 | todo su poder esta so vuestra capa |
| S1160-1 | Es el papa syn dubda la fuente perenal |
| S1160-2 | ca es de todo el mundo vicario general |
| S1161-1 | El frayle sobre dicho que ya voz he nonbrado |
| S1161-2 | era del papa e del mucho priuado |
| S1162-1 | Desque del santo flayre ovo carnal cofesado |
| S1163-1 | El dia del domingo por tu cobdiçia mortal |
| S1163-4 | que non veas el mundo nin cobdicies el mal |
| S1164-1 | En -el dia del lunes por la tu soberuia mucha |
| S1165-1 | Por tu grand avariçia mando te que el martes |
| S1165-3 | el terço de tu pan comeras o -las dos partes |
| S1166-1 | Espinacaz conbraz el miercoles non espesaz |
| S1167-1 | El jueues çenaraz por la tu mortal yra |
| S1168-2 | el viernes pan E agua comeras E non cozina |
| S1169-1 | Come el dya del sabado las fabas E non mas |
| S1170-2 | visita las iglesiaz Rezando el salterio |
| S1170-4 | ayudar te ha dios e avraz pro del lazerio |
| S1171-4 | partiose del frayel dada la bendiçion |
| S1172-1 | ffynco ally ençerrado don carnal el coytoso |
| S1173-2 | mouio todo el Real mando coger su tyenda |
| S1173-3 | andando por el mundo mando fazer emienda |
| S1174-1 | Luego el primero dia el miercolez coruillo |
| S1177-1 | Bien commo en este dia para el cuerpo Repara |
| S1178-1 | A -loz que alla van con el su buen talente |
| S1179-1 | Al xristiano catholico dale el santo signo |
| S1179-3 | de mansa penitençia el pecador jndigno |
| S1179-4 | ablanda Robre duro con -el su blando lino |
| S1180-2 | don carnal el doliente yua salud aviendo |
| S1181-1 | Dixo a -don ayuno el domingo de Ramos |
| S1186-3 | E toda la serena El presto mançebillo |
| S1187-1 | El canpo de alcudia e toda la calatraua |
| S1187-3 | el canpo de fazaluaro en vasayn entrava |
| S1187-4 | el rroçin del rrabi con miedo byen andaua |
| S1190-1 | Estas fueron laz cartaz el testo e la glosa |
| S1191-3 | de oy en quatro diaz que sera el domingo |
| S1192-4 | que de ty non ayamoz el carne maduro |
| S1195-4 | guardat la que non fuya que todo el mundo en-arta |
| S1196-1 | E vaya el almuezo que es mas aperçebido |
| S1196-2 | digale oy el domingo antes del sol salido |
| S1197-2 | dalda a -don almuerzo que vaya con el mandado |
| S1198-2 | todos con -el plazer cada vno el yua |
| S1203-4 | syn verguença se pudo yr el plazo ya venido |
| S1204-1 | lo al es ya verano e non venian del mar |
| S1205-1 | El viernes de jndulgençias vistio nueva esclamina |
| S1207-1 | De yuso del sobaco va la mejor alfaja |
| S1208-2 | el sabado por noche salto por las paredes |
| S1210-2 | el sol era salido por el mundo Rayado |
| S1213-1 | El pastor lo atyende fuera de -la carrera |
| S1213-3 | su moço el caramillo fecho de caña vera |
| S1213-4 | taniendo el Rabadan la çitola trotera |
| S1214-1 | Por el puerto asoma vna seña bermeja |

| | |
|---|---|
| EL | (cont.) |
| S1216-3 | el buen enperador esta arremangado |
| S1219-1 | Tenia coffya en -la cabeça quel cabello nol ssalga |
| S1219-3 | en -el su carro otro a -par del non caualga |
| S1222-4 | de talez alegriaz non ha en -el mundo memoria |
| S1223-1 | Pesso el enperante en -suz carneçeriaz |
| S1223-4 | començo el fidalgo a fazer caualleriaz |
| S1225-2 | el sol era salydo muy claro E de noble color |
| S1228-3 | el corpudo laud que tyene punto a -la trisca |
| S1229-1 | El rrabe gritador con -la su alta nota |
| S1229-2 | cabel El orabyn taniendo la su rrota |
| S1229-3 | el salterio con ellos mas alto que -la mota |
| S1230-1 | Medio caño E harpa con -el rrabe morisco |
| S1230-2 | entrellos alegrança al galipe françisco |
| S1230-4 | con ella el tanborete syn el non vale vn prisco |
| S1232-1 | Dulçe caño entero sal con -el panderete |
| S1233-1 | Dulçema e axabeba el fynchado albogon |
| S1233-3 | el ffrançes odreçillo con estos se conpon |
| S1235-4 | en -la proçesion yua el abad de borbones |
| S1237-1 | orden de santiago con -la del ospital |
| S1239-1 | los de -la trinitat con -los fraylez del carmen |
| S1242-1 | De -la parte del sol vy venir vna seña |
| S1244-2 | estar rresplandeçiente a -todo el mundo rriye |
| S1244-4 | el cauallo de españa muy grand preçio valie |
| S1245-1 | Muchas vienen con -el grand enperante |
| S1245-3 | luego el mundo todo e quanto vos dixe ante |
| S1245-4 | de -los grandes rroydos es todo el val sonante |
| S1246-1 | Desque fue y llegado don amor el loçano |
| S1249-4 | de grado toma el clerigo e amidos enpresta |
| S1251-2 | estragarie vn frayle quanto el convento gana |
| S1256-3 | son parientas del cueruo de cras en cras andauan |
| S1258-2 | el conbid de -laz monjas aqueste rresçibiera |
| S1258-3 | todo viçio del mundo E todo plazer oviera |
| S1259-1 | Mas commo el grand Señor non deue ser vandero |
| S1259-2 | non quiso rresçebir el conbid rrefertero |
| S1261-2 | el byen si algo se de ti me fue mostrado |
| S1264-3 | de noche e de dia ally sea el estrado |
| S1267-1 | El mastel en -que se arma es blanco de color |
| S1268-1 | en -la çima del mastel vna piedra estaua |
| S1269-4 | que si lo dezir puedo meresçia el beuer |
| S1272-1 | El primero comia laz primeraz chereuias |
| S1273-4 | las viejaz tras el ffuego ya dizen laz pastrañas |
| S1274-1 | El Segundo comia carne salpresa |
| S1274-4 | con -el frio a -las de vezes en -las sus vnas besa |
| S1275-1 | Comie el cauallero el toçino con verçaz |
| S1277-3 | çerrar los silos del pan e seguir los pajarez |
| S1279-1 | El primero de aquestos era chico enano |
| S1279-3 | tenia laz yeruas nueuas en -el plado ançiano |
| S1279-4 | partese del jnvierno e con -el viene el verano |
| S1281-1 | El Segundo enbya a -viñas cauadorez |
| S1282-1 | El vno enbiaua a -las dueñas dar pena |
| S1282-3 | pesal en -el lugar do la muger es buena |
| S1283-1 | El Segundo diabla entra en -los abades |
| S1286-1 | El terçero fidalgo esta de florez lleno |
| S1286-4 | a -los moços medrosos ya los espanta el trueno |
| S1287-3 | del primero al segundo ay vna grand labrança |
| S1287-4 | el segundo al terçero con cosa non le alcança |
| S1288-1 | El primero los panes e las frutas grana |
| S1289-2 | la calor del estio doler faze la tyesta |
| S1290-1 | El Segundo tenia en -su mano la foz |
| S1290-2 | segando las çeuadas de todo el alfoz |
| S1290-3 | comie las bebraz nueuas e cogia el arroz |
| S1292-1 | El terçero andaua los çetenos trayendo |
| S1292-4 | el tauano al asno ya le yua mordiendo |
| S1294-3 | el terçero al Segundo atiendel en frontera |
| S1295-1 | El primero comia vuas ya maduras |
| S1296-1 | El Segundo adoba e rrepara carralez |
| S1297-1 | Pissa los buenos vinos el labrador terçero |
| S1297-4 | açerca se el jnvierno bien commo de primero |
| S1299-1 | El mi Señor don amor Commo omne letrado |
| S1299-2 | en sola vna palabra puso todo el tratado |
| S1300-1 | El tablero la tabla la dança la carrera |
| S1300-2 | son quatro tenporadaz del año del espera |
| S1303-2 | atreui me e preguntel que el tyenpo pasado |
| S1305-4 | pocos me rresçebieron nin me fezieron del dedo |
| S1307-2 | falle por la caustra e por el çiminterio |
| S1307-3 | muchas rreligiosas rrezando el salterio |
| S1309-4 | rrefez es de coger se el omne do se falla bien |
| S1314-2 | con -el muy grand plazer e enamorado |
| S1321-3 | de -las mayores del año de xristianos loada |
| S1323-4 | mas el leal amigo al byen e al mal se para |
| S1329-1 | ffablo la tortolilla en -el rregno de rrodaz |
| S1335-1 | Cominada alixandria con -el buen dia-gargante |
| S1335-2 | el diaçitron abatys con el fino gengibrante |
| S1336-1 | adraguea e alfenique con -el estomatricon |
| S1337-2 | poluo terron e candy e mucho del rrosado |
| S1340-4 | Todo plazer del mundo e todo buen donear |
| S1342-1 | ssolaz de mucho Sabor e el falaguero jugar |
| S1343-4 | quien faze la canasta fara el canestillo |
| S1345-4 | Señora del convento non lo fagades esquiuo |
| S1346-3 | por el byen que me fezistes en quanto vos serui |
| S1348-2 | en -el mes de enero con fuerte tenporal |
| S1349-1 | Con -la nieue E con -el viento e con -la elada fria |
| S1349-3 | el omne piadoso que la viuo aterida |
| S1350-2 | pusola çerca del fuego çerca de buena blasa |
| S1351-2 | del pan E de -la leche e de quanto el comia |
| S1351-3 | creçio con -el grand vyçio e con -el grand bien que tenia |
| S1352-1 | venido ez el estio la siesta affyncada |
| S1353-1 | dixole el ortolano vete de aqueste lugar |
| S1354-1 | alegrase el malo en dar por miel venino |
| S1357-1 | El buen galgo ligero corredor e valyente |
| S1358-3 | el Su señor por esto mucho le falagaua |
| S1358-4 | a -todos sus vezinos del galgo se loaua |
| S1359-1 | Con -el mucho lazerio ffue muy ayna viejo |
| S1359-4 | prendiol e nol pudo tener fuesele por el vallejo |
| S1360-1 | El caçador al galgo firiolo con vn palo |
| S1360-2 | el galgo querellandose dixo que mundo malo |
| S1362-3 | por ser el omne viejo non pierde por ende prez |
| S1362-4 | el seso del buen viejo non se meue de rrefez |
| S1363-4 | en -el viejo se loa su buena mançebia |
| S1364-1 | El mundo cobdiçioso es de aquesta natura |
| S1364-2 | sy el amor da fructo dando mucho atura |
| S1364-3 | non dando nin seruiendo el amor poco dura |
| S1364-4 | de amigo syn prouecho non ha el ome cura |
| S1365-1 | byen quanto da el omne en -tanto es preçiado |
| S1366-1 | Non sse nienbran algunoz del mucho byen antyguo |
| S1366-3 | el malo a -los suyos non les presta vn figo |
| S1366-4 | apenas quel pobre viejo falla ningud amigo |
| S1369-3 | con -el mur de -la villa yendo a -fazer enplea |
| S1371-3 | a -los pobrez manjarez el plazer los rrepara |
| S1371-4 | pagos del buen talente mur de guadalajara |
| S1372-1 | la su yantar comida el manjar acabado |
| S1372-3 | que el martes quisiese yr ver el su mercado |
| S1373-4 | con esto el aldeano touos por byen apreso |
| S1374-2 | byen llena de farina el mur ally se allega |
| S1376-2 | la puerta del palaçio començo a -ssonar |
| S1376-4 | los murez con -el miedo fuxieron al andar |
| S1377-2 | el huesped aca e alla fuya des-errado |
| S1378-1 | Cerrada ya la puerta e pasado el temor |
| S1378-2 | estaua el aldeano con miedo e con tremor |
| S1378-3 | falagaual el otro deziendol amigo Señor |
| S1379-2 | dixo el aldeano al otro venino jaz en -el |
| S1379-3 | el que teme la muerte el panal le sabe fiel |
| S1380-1 | Al ome con -el miedo nol sabe dulçe cosa |
| S1382-2 | del miedo que he avido quando bien melo cato |
| S1382-3 | como estaua solo sy viniera el gato |
| S1383-4 | que mal pisa el omne el gato mal Rascaña |
| S1386-3 | ansy commo el gallo vos ansy escogedes |
| S1387-1 | andaua en -el muladar el gallo ajenuo |
| S1387-2 | estando escarbando mañana con -el frio |
| S1387-4 | espantose el gallo dexol como sandio |
| S1388-3 | el çafir diol Respuesta bien te digo villano |
| S1389-3 | al que el estiercol cupbre mucho rresplandesçeria |
| S1390-1 | Muchos leem el libro touiendo lo en poder |
| S1391-4 | contesçel commo al gallo que escaruа en -el muladar |
| S1393-3 | dexades del amigo perdizes E capones |
| S1394-3 | dexades del amigo las truchas laz gallynas |
| S1399-1 | Alegre va la monja del coro al parlador |
| S1399-2 | alegre va el frayle de terçia al rrefitor |
| S1399-3 | quiere oyr la monja Nueuaz del entendedor |
| S1399-4 | quiere el frayle goloso entrar en -el tajador |
| S1400-2 | non me contesca commo al asno contesçio con -el blanchete |
| S1400-3 | que el vio con su Señora jugar en -el tapete |
| S1402-4 | veya lo el asno esto de cada dia |
| S1403-1 | El asno de mal Seso penso E touo mientes |
| S1403-2 | dixo el burro nesçio ansy entre sus dientez |
| S1405-2 | commo garanon loco el nesçio tal venia |
| S1405-4 | fuese para el estrado do -la dueña seya |
| S1407-1 | Non deue ser el omne a -mal fazer denodado |
| S1407-4 | de -lo fazer el cuerdo non deue ser osado |
| S1408-1 | quando coyda el bauieca que diz bien e derecho |
| S1411-1 | Sy dixo la comadre quando el çirugiano |
| S1411-2 | el coraçon querria sacarle con su mano |
| S1413-1 | Tenian sos del pueblo della por mal chufados |
| S1414-1 | Tendiose a -la puerta del aldea nonbrada |
| S1416-1 | El alfajeme pasaua que venia de ssangrar |
| S1416-2 | diz el colmillo desta puede aprouechar |
| S1417-2 | diz el ojo de aquesta es para melezina |
| S1418-1 | El fisico pasaua por aquella calleja |
| S1419-1 | Dixo este maestro el coraçon del rraposo |
| S1419-2 | para el tremor del coraçon es mucho prouechoso |
| S1419-3 | ella diz al diablo catedes vos el pulso |
| S1419-4 | leuantose corriendo E fuxo por el coso |
| S1420-2 | mas el coraçon sacar E muerte rresçebir |
| S1421-1 | Deue catar el omne con -seso E con medida |
| S1422-3 | es de dios ayrada e del mundo aborrida |
| S1423-2 | del alma e del cuerpo e muerte e enfamiamiento |
| S1424-4 | commo al leon vino del mur en su dormir |
| S1425-1 | Dormia el leon pardo en -la frida montaña |
| S1426-1 | El leon tomo vno e querialo matar |
| S1426-2 | el mur con -el grand miedo començo a -falgar |
| S1428-3 | el vençedor ha onrra del preçio del vençido |
| S1428-4 | su onrra es atanto quanto es el debatido |
| S1429-1 | El leon destos dichos touose por pagado |
| S1429-2 | solto al morezillo el mur quando fue soltado |
| S1430-1 | ffuese el mur al forado el leon fue a -caçar |
| S1430-2 | andando en -el monte ouo de entropeçar |
| S1431-1 | Començo a -querellarse oyolo el murizillo |
| S1437-3 | grand pedaço de queso en -el pico leuaua |
| S1438-1 | o cueruo tan apuesto del çisne eres pariente |
| S1439-1 | Mejor que -la calandria nin el papa gayo |
| S1439-3 | sy agora cantasses todo el pesar que trayo |
| S1440-1 | bien se coydo el cueruo que con -el gorgear |
| S1440-2 | prazie a -todo el mundo mas que con otro cantar |
| S1440-3 | creye que -la su lengua e el su mucho gadnar |
| S1441-2 | el queso de -la boca ouosele a -caer |
| S1441-4 | el cueruo con -el dapño ouo de entristeçer |
| S1442-1 | falsa onrra E vana gloria y el Risete falso |
| S1442-3 | muchos cuydan que guarda el viñadero e el paso |
| S1442-4 | e es la magadaña que esta en -el cadahalso |
| S1444-2 | el omne que vos ama nunca lo oluidades |
| S1444-4 | el miedo de -las liebres las monjas lo auedes |
| S1446-2 | dezien con -el grand miedo que se fuesen a -esconder |

**EL** (cont.)

S1449-4 que non pierda el es-fuerço por miedo de morir
S1450-1 El miedo es muy malo syn esfuerço ardid
S1452-4 dezilde dios vos salue dexemos el pauor
S1453-1 Tal eres diz la dueña vieja commo el diablo
S1455-1 Dixo de vn ladron dellos ya yo so desposado
S1455-3 si mas yo so con furto del merino tomado
S1455-4 el me fara con -la forca ser del todo casado
S1456-1 Ante que el desposado penitençia presiese
S1457-2 prometiole el diablo que del nunca se parta
S1457-3 desta guisa el malo sus amigos enarta
S1457-4 fue el ladron a -vn canbio furto de oro grand sarta
S1458-1 El ladron fue tomado en -la cadena puesto
S1458-3 vino el mal amigo diz fe me aqui presto
S1460-2 el llamo al alcalde apartol e fue fablar
S1460-3 metio mano en -el seno E fue dende sacar
S1461-1 diz luego el judgador amigos el Ribalde
S1462-1 salio el ladron suelto sin pena de presion
S1462-4 enojose el diablo fue preso su ladron
S1463-2 vino el malo E dixo a -que me llamas cada dia
S1463-6 daras cras el presente saldras con arte mia
S1464-1 Aparto al alcalde el ladron Segud lo avia vsado
S1464-4 el alcalde diz mando que sea enforcado
S1465-3 rrespondio el diablo E tu por que non corres
S1467-1 Cerca el pie de -la forca começo de llamar
S1467-3 vino el malo e dixo ya te viese colgar
S1470-1 El diablo quexose diz ay que mucho pesaz
S1470-3 dixo el enforcado tus obras mal apresaz
S1471-1 fablo luego el diablo diz amigo otea
S1471-3 el ladron paro mientes diz veo cosa fea
S1473-1 Respondio el diablo todo esto que dixiste
S1476-1 El que con -el diablo faze la su criança
S1477-1 El mundo es texido de malos arigotes
S1477-2 en buena andança el omne tyene muchos galeotes
S1481-2 que fizo el diablo al ladron su amigo
S1481-3 dexar miaz con -el sola çerrariaz el postigo
S1482-4 si de vos me partiere a -mi caya el perjuro
S1483-1 la dueña dixo vieja non lo manda el fuero
S1485-2 el cuerpo ha bien largo mienbros grades e trifudo
S1485-4 el cuello non muy luengo caboz prieto orejudo
S1486-2 el su andar enfiesto bien como de pauon
S1488-2 los pechos delanteros bien trifudo el braco
S1488-3 bien conplidaz laz piernaz del pie chico pedaço
S1494-2 ante del dioz voz salue dixo la mensajera
S1495-4 que -las monjaz non ze pagan del abbad fazañero
S1499-1 En -el nonbre de dios fuy a -misa de mañana
S1501-2 el pecado de monja a -omne doñeador
S1504-4 en locura del mundo nunca se trabajaua
S1505-3 que para amor del mundo mucho son peligrosaz
S1507-1 Con -el mucho quebranto ffiz aquesta endecha
S1510-3 el criador es con vusco que desto tal mucho ha
S1511-1 fija si el criador vos de paz con Salud
S1513-4 el cantar que non sabes oylo a -cantaderaz
S1518-2 que pesar e tristeza el engenio en-bota
S1520-3 enemiga del mundo que non as semejante
S1522-2 con todo el mundo tyenes continua en-amiztat
S1524-1 Dexas el cuerpo yermo a -gusanos en -fuesa
S1525-1 Eres en -tal manera del mundo aborrida
S1529-1 Non ha en -el mundo libro nin escrito nin carta
S1529-3 en -el mundo non ha cosa que con byen de ti se parte
S1529-4 saluo el cueruo negro que ty muerte se farta
S1530-2 el omne non es çierto quando E qual mataras
S1531-1 Señorez non querades ser amigoz del cueruo
S1531-3 el byen que fazer podierdes fazed lo oy luego
S1532-3 el byen que faras cras palabla es desnuda
S1534-3 llega el omne thesoros por lograr los apodo
S1535-1 Pierde luego la fabla e el entendimiento
S1537-4 que non el parentesco nin a -las baruas canas
S1538-3 rroban todos el algo primero lo mejor
S1541-4 ellos lieuan el algo el alma lyeua satan
S1542-4 muda el trentanario del duelo poco se syente
S1543-1 Allego el mesquino E non ssopo para quien
S1544-4 en -ty tienes la tacha que tiene el mesturço
S1546-1 los ojos tan fermosos pones los en -el techo
S1546-3 en-mudeçes la fabla fazes en-rroquezer el pecho
S1547-1 El oyr E el olor el tañer el gustar
S1547-3 non ay omne que te sepa del todo denostar
S1549-1 Despreçias loçania el oro escureçes
S1551-1 Enemiga del bien en -el mal amador
S1551-3 Natura as de gota del mal e de dolor
S1552-3 puebla mala morada e despuebla el mundo
S1553-1 Muerte por ti es fecho el lugar jn-fernal
S1556-3 El Señor que te fizo tu a -este matasta
S1556-3 al que tiene el çielo e la tierra a -este
S1557-1 El jnfierno lo teme e tu non lo temiste
S1562-1 A ssant johan el bautista con muchos patriarcas
S1566-4 a -venir es a -tu rrauia que a -todo el mundo escarda
S1567-3 que dezir non se puede el diezmo de tu mal
S1572-4 el que saluo el mundo el te de saluaçion
S1573-4 que quantas siguia todas yuan por el suelo
S1581-2 con algun enemigo en -el canpo entrar
S1584-2 la carne el diablo el mundo destos nasçen los mortales
S1586-1 Contra la grand cobdiçia el bautismo porfia
S1591-1 El santo Sacramento de orden saçerdotal
S1600-3 esta cada dia pare do quier quel diablo posa
S1605-2 por que el dia del juyzio sea fecho a -nos conbyd
S1606-4 Ca poco E bien dicho afyncase el coraçon
S1607-2 mas las chicas e laz grandes se rrepienden del troco
S1608-1 De -las chicas que byen diga el amor me fizo Ruego
S1608-4 son friaz como la nieue e arden commo el fuego
S1609-1 Son frias de fuera con -el amor ardientes
S1611-1 Es pequeño el grano de -la buena pemienta

S1611-4 non ha plazer del mundo que en -ella non sienta
S1614-1 Chica es la calandria E chico el rruyseñor
S1617-2 non es desaguisado del grand mal ser foydor
S1617-3 del mal tomar lo menos dizelo el sabidor
S1618-2 el pecado que sienpre de todo mal es maço
S1618-3 traya abbades lleno el su rregaço
S1621-2 quando non tenia que comer ayunaua el pecador
S1622-2 que mas val con mal asno el omne contender
S1622-4 pus lo por menssajero con -el grand menester
S1623-1 a -la fe diz buscare avn que el mundo se funda
S1625-2 yua se los deziendo por todo el mercado
S1626-2 es comienço E fyn del bien tal es mi fe
S1634-2 fue conpuesto el rromançe por muchos males e daños
S1635-4 del tu fijo mexia
S1636-5 el primero
S1636-7 del spiritu santo
S1637-7 virge del santo mundo
S1638-1 El terçero la estrella
S1639-3 del hermano de marta
S1639-6 del mundo luz
S1640-3 el sesto quando enbio
S1640-5 el septeno
S1640-8 el çielo pujaste
S1643-1 El año dozeno
S1644-4 el trezeno año
S1647-2 del fijo mexia
S1652-1 El byen que por dios feçierdes
S1655-1 Catad que el byen fazer
S1655-4 del jnfierno mal lugar
S1657-1 El Señor de parayso
S1658-3 dad nos por el su amor
S1660-4 del jnfierno e de su tos
S1664-6 por el fijo que pariste
S1666-3 del lynaje vmanal
S1666-7 el diablo suzio tal
S1669-4 guardalo de mal andança el tu bien grande llenero
S1673-4 del mundo salud E vida
S1674-1 Del mundo salud E vida
S1674-8 con -el tu deffendimiento
S1675-1 Con -el tu deffendimiento
S1675-3 nin el mi meresçemiento
S1681-1 Estrella del mar puerto de folgura
S1681-4 Señora del altura
S1690-2 llegadas son laz cartaz del arçobispo don gil
S1690-3 en -las quales venia el mandado non vil
S1691-1 aqueste açipreste que traya el mandado
S1693-2 diz el papa nos enbia esta constituçion
S1696-2 leuanto se el dean a -mostrar su manzilla
S1696-4 apellasemos del papa antel Rey de castilla
S1697-3 demas que sabe el rrey que todos somos carnales
S1701-1 ffablo en -pos de aqueste luego el thesorero
S1702-1 E del mal de vos otros a -mi mucho me pesa
S1702-2 otrosi de -lo mio E del mal de teresa
S1704-1 Por que suelen dezir que el can con grand angosto
S1705-1 ffablo en -post aqueste el chantre Sancho muñoz
S1706-2 non ha el arçobispo desto por que se sienta
S1707-1 por que si el arçobispo tiene que es cosa que es maldad
S1708-3 E van se las vezinaz por el barrio deziendo

F 3 No auedes amiga de carne el coraçon
F 7 De mal en peor andan (co)mo el lobo a las hormigas

**EL** (H)

P 7 que ez el que primero suso escreui
P 48 escoge E ama el buen Amor que ez el de dioz
P 69 firma suz ojoz sobre el
S 8-4 te fizo çierta desto tu fueste çierta del
S 11-2 que nasçio de -la virgen esfuerçe nos de tanto
S 12-1 El que fizo el çielo la tierra E el mar
S 12-2 el me done su graçia e me quiera alunbrar
S 14-3 non vos dire mentira en quanto en el yaz
S 16-2 nin creadez que ez chufa algo que en -el leo
S 38-6 que viera a -el
S 39-6 de a -el yr
S 41-5 con -el te fizo assentar
S 42-5 el pariste blanca flor
S 43-4 antel con nusco parescas
S 56-2 el polgar con otroz dos que con -el son contenidos
S 67-4 escoja lo mejor el de buena ventura
S 109-3 al omne por conpañera nin del non -la feziera
S 113-4 el comio la vianda e a -mi fazie Rumiar
S 124-2 del que naçe tal es su fado e su don
S 148-2 puso en -el sus signos E planetas ordeno
S 155-1 muchas noblezas ha en -el que a -las dueñas sirue
S 158-1 El que es enamorado por muy feo que sea
S 179-3 dixo vno coyda el vayo e E otro el que -lo ensilla
S 183-3 al que mejor te syrue a -el fieres quando tiras
S 189-4 porfiaron en -cabo con -el toda la gente
S 192-2 que el tenia muger en -que anbos a -dos oviesen
S 196-1 a -la muger primera el tanto la amo
S 200-2 la mayor quel pudo Cayo en -ese lugar
S 206-3 mucho delantel yva el asno mal doliente
S 237-4 El ssopo que era fecho por su escantamente
S 268-1 El ssopo que era fecho por su escantamente
S 281-2 jacob a esau por la enbidia del
S 281-4 ffurtole la bendiçion por que fue rrebtado del
S 298-2 veni el leon de caça pero con -el non pesa
S 305-2 poco a -dios preçiaua nin avia del temor
S 306-1 El ffue muy vil tornado E de -las bestias egual
S 310-2 el que nos obras viere de ty se arredrara
S 313-3 contra el vynieron todas por vengar sus denteras
S 314-4 el asno pereçoso en -el ponie su syllo
S 316-4 E lo quel fizo a otros dellos tal puede aver
S 321-4 el non veya -la ora que estouiese en -tragallo

| | |
|---|---|
| EL | **(cont.)** |
| S 322-1 | lo que el mas fazia a -otros lo acusava |
| S 322-2 | a -otros rretraya lo quel en -sy loaua |
| S 322-3 | lo que el mas amaua aquello denostaua |
| S 322-4 | dezie que non feziesen lo quel mas vsaua |
| S 333-4 | que el es fyno ladron e non falla quel farte |
| S 334-1 | E por ende yo propongo contra el esençion |
| S 334-4 | el fazer non -la puede ca es fyno ladron |
| S 335-1 | A -mi acaesçio con -el muchas noches e dias |
| S 336-3 | por ende non deue ser del ninguno acussado |
| S 340-3 | en -que diese sentençia qual el por bien tenia |
| S 341-1 | don ximio fue a su cas con -el mucha conpaña |
| S 341-2 | connel fueron las pares conçejo de cucaña |
| S 344-4 | mas non podieron del cosa saber nin entender |
| S 345-3 | el mostraua los dientes mas non era rreyr |
| S 347-4 | Rezo el por sy mesmo escripta tal sentençia |
| S 350-3 | visto todo el proçeso E quantas rrazones en -el son |
| S 356-2 | Nueue dias de plazo para el que se opone |
| S 363-3 | pronunçio que -la demanda quel fizo e propuso |
| S 364-2 | E es magnifiesto e çierto que el por ello vsa |
| S 369-1 | dixo les que byen podia el en -su pronunçiaçion |
| S 369-3 | que el de fecho ageno non fazia menzion |
| S 371-2 | que el avie poder del Rey en su comision |
| S 389-1 | El que tu obla trae es mitroso puro |
| S 398-1 | El que mas a -ty cree anda mas por mal cabo |
| S 399-4 | a -dios pierde e al mundo amor el que mas quieres |
| S 408-4 | vyno a -el cantando la rrana cantadera |
| S 425-2 | non deue amenaçar el que atyende perdon |
| S 429-1 | sy leyeres ovydio el que fue mi criado |
| S 429-2 | en -el fallaras fablas que -le ove yo mostrado |
| S 474-1 | del que olvydo la muger te dire la fazaña |
| S 475-1 | Ante del mes conplido dixo el nuestra dona |
| S 478-4 | desfizo se el cordero que del non fynca nada |
| S 490-4 | El que non tiene manos dyneros quiere tomar |
| S 491-4 | el que non ha dineros non es de sy Señor |
| S 493-4 | todos a -el se omillan commo a -la magestat |
| S 497-3 | el que non tyene dineros echan le las posas |
| S 498-1 | yo vy fer marauillas do el mucho vsaua |
| S 500-1 | El faze caualleros de neçios aldeanos |
| S 512-4 | el que non tyene que dar su cavallo non corre |
| S 519-1 | El que la mucho sygue El que la mucho vsa |
| S 520-1 | tanto mas por el anda loca muerta E perdida |
| S 520-4 | non coyda ver la ora que con -el seya yda |
| S 525-3 | doña venuz gelo pide por el toda su vyda |
| S 531-3 | vyno a -el vn dia con sotyleza presto |
| S 537-4 | armo sobrel su casa e su aparejamiento |
| S 538-4 | con -el alguna fenbra que con -ellas mejor cria |
| S 539-2 | el estando con vyno vydo commo se juntaua |
| S 540-1 | ffue con -el cobdyçia Rays de todos males |
| G 557-4 | Ca el que mucho ze alaba de si mismo es denoztador |
| G 561-4 | ca el que calla e aprende este es manzellero |
| G 563-3 | en -esto se esmera el que es enamorado |
| S 570-3 | rresçelan del las dueñas e dan le por fazañero |
| S 571-3 | sea el mal andante sea el mal apresso |
| S 597-3 | atrauiesa me el coraçon en -ella tengo fyncada |
| S 608-2 | del en muchas maneras fuste aperçebydo |
| S 608-4 | de -lo quel non te dixo de mi te sera rrepetido |
| S 620-3 | el que llorava poble canta Ryco en vyçio |
| S 694-1 | el guie la mi obra el mi trabajo prouea |
| S 694-4 | el que amen dixiere lo que cobdiçia lo vea |
| S 712-2 | que çiuera en molyno el que ante viene muele |
| S 728-2 | en riquezas e en costunbres tanto como el non creçieron |
| S 732-4 | creo que casaria el con vusco de buen grado |
| S 740-4 | mas de mi el non podredes alabar |
| S 755-4 | si el non voz defiende non se quien vos defienda |
| G 756-2 | quando el que buen siglo aya seya en -este portal |
| G 764-2 | fazer lo que -me dezidez nin lo que el querria |
| S 766-3 | cogieron le al lobo en medio en -el feriendo |
| S 766-4 | el cayo quebrantado ellos fueron fuyendo |
| S 817-4 | sy vos yo engañare el a -mi lo demande |
| S 829-2 | diz la vieja que nueuas que se yo que es del |
| S 829-3 | mesquino e magrillo non ay mas carne en -el |
| S 832-1 | E vos del non avedes nin coyta nin enbargo |
| S 834-4 | par-dios mal dia el vydo la vuestra grand dureza |
| S 836-1 | Primero por la talla el fue de vos pagado |
| S 837-1 | desque con -el fablastes mas muerto lo trahedes |
| S 837-2 | pero que avn vos callades tan bien commo el ardedes |
| S 842-4 | con piedat e coyta yo lloro por quel farte |
| S 849-1 | Mas el que contra mi por acusar me venga |
| S 850-4 | El sera en nuestra ayuda que -lo fara desdezir |
| S 854-4 | mi porfya el la vençe es mas fuerte apoderado |
| S 858-3 | el a -vos ansy vos trahe en su coraçon consygo |
| S 859-1 | Tan byen a -vos commo a -el este coydado vos atierra |
| S 873-3 | es aquel non es aquel el me semeja yo lo siento |
| S 878-2 | por que fyncauades con -el sola entre estas paredes |
| S 885-1 | El que -la ha desonrrada dexala non -la mantyene |
| S 893-4 | vynieron antel todos a -fazer buena fyesta |
| S 899-1 | Creo falsos falagos el escapo peor |
| S 953-2 | el que de grado me paga non le fago enojo |
| S 953-3 | el que non quiere pagar priso el despojo |
| S 977-1 | Commo dize la fabla el -que de mal nos quita |
| S 978-2 | ally proue que era mal golpe el del oydo |
| S 998-3 | ella dixo non lo yerra el que aqui es cassado |
| S 999-3 | se el lobo commo se mata quando yo en pos el salgo |
| S1027-4 | el -que en -ela posa |
| S1041-4 | del que non da algo |
| S1049-4 | judas el quel vendio su disçipulo traydor |
| S1051-4 | trauaron del luego todos enderedor |
| S1052-4 | Tu con -el estando a -ora de prima |
| S1065-4 | Con clauos enclauaron las manos e pies del |
| S1065-4 | a -los que en -el avemos esperança syn par |
| S1066-4 | a -los que creemos el nos quiera ssaluar |

| | |
|---|---|
| S1072-3 | yremos pelear con -el e con todas suz porfiaz |
| S1096-1 | Estaua delante del su alferez homil |
| S1120-3 | mas vino contra el la gigante ballena |
| S1120-4 | abraçose con -el echolo en -la arena |
| S1122-4 | los que con -el fyncaron non valyan dos castañas |
| S1124-2 | fyncaron las espuelas dieron todos en -el |
| S1124-3 | non -lo quisieron matar ovieron duelo del |
| S1124-4 | a -el e a -los suyos metieron en vn cordel |
| S1161-2 | era del papa e del mucho priuado |
| S1182-3 | fueron a -la iglesia non a -lo quel dezia |
| S1183-4 | plogo a -ellos con -el e el vid buen dia |
| S1189-2 | el por esas montañas en -la sierra estudo |
| S1200-3 | el que a -su enemigo non mata si podiere |
| S1200-4 | su enemigo matara a -el si cuerdo fuere |
| S1205-3 | bordon lleno de ymagenes en -el la palma fyna |
| S1212-3 | a -el salen triperaz taniendo suz panderoz |
| S1218-3 | al cablon que esta gordo el muy gelo pynta |
| S1219-3 | en -el su carro otro a -par del non caualga |
| S1222-2 | rreciben lo en sus puebloz dizen del grand estoria |
| S1229-2 | cabel El orabyn taniendo la su rrota |
| S1230-4 | con ella el tanborete syn el non vale vn prisco |
| S1258-1 | Myo señor don amor si el a -mi creyera |
| S1260-3 | fynque los mis ynojos antel e su mesnada |
| S1279-4 | partese del jnvierno e con -el viene el verano |
| S1288-3 | fuyan del los gallos a -todos tos mataua |
| S1294-2 | al Segundo atiende el que va en delantera |
| S1294-4 | el que viene non alcança al otro quel espera |
| S1295-4 | con -el viene otoño con dolençiaz e curaz |
| S1299-3 | por do el que lo oyere sera çertificado |
| S1328-3 | el que al lobo enbia a -la fe carne espera |
| S1346-1 | Dixol doña garoça enbio te el a -mi |
| S1350-3 | abiuo la culebra ante que -la el asa |
| S1351-2 | del pan E de -la leche e de quanto el comia |
| S1358-1 | al su Señor el sienpre algo le presentaua |
| S1366-2 | quien a -mal ome sirue sienprel sera mendigo |
| S1372-2 | conbido el de -la villa al mur de monferrado |
| S1372-4 | e como el fue suyo fuese el su conbidado |
| S1373-1 | ffue con -el a -ssu casa E diol mucho de queso |
| S1379-2 | dixo el aldeano al otro venino jaz en -el |
| S1379-3 | el que teme la muerte el panal le sabe fiel |
| S1379-4 | a -ty solo es dulçe tu solo come del |
| S1389-2 | sy aver me podiese el que me conosçia |
| S1400-3 | que el vio con su Señora jugar en -el tapete |
| S1402-2 | tomauan con -el todos solaz E plazenteria |
| S1421-2 | lo que fazer quisiere que aya del salyda |
| S1422-2 | es del menos preçiada e en poco tenida |
| S1427-2 | el que al amor vençe es loor vengoncoso |
| S1429-4 | en quanto el podiese quel siruirie de grado |
| S1431-2 | fue a -el dixo Señor yo trayo buen cochillo |
| S1433-4 | el que non puede mas puede aprouechar |
| S1434-2 | el que poder non tyene oro nin fidalguia |
| S1438-4 | sy vn cantar dixieres dire yo por el veynte |
| S1449-3 | en tal manera tema el que bien quiere beuir |
| S1455-4 | el me fara con -la forca ser del todo casado |
| S1456-2 | vino a -el vn diablo por que non -lo perrdiese |
| S1457-2 | prometiole al diablo que del nunca se parta |
| S1459-2 | aparta al alcalde E con -el fablaras |
| S1475-4 | el le da mala çima E grand mal en chico Rato |
| S1476-1 | El que con -el diablo faze la su criança |
| S1477-4 | desque le veen en coyta non dan por el dotes motes |
| S1479-1 | Non es dicho amigo el que da mal consejo |
| S1481-3 | dexar miaz con -el sola çerrariaz el postigo |
| S1481-4 | seria mal escarnida fyncando el con-migo |
| S1488-4 | Señora yol vy mas por su amor voz abraço |
| S1490-4 | sseñora diz la fabla del que de feria fuxo |
| S1494-3 | se -que el que al lobo enbia a -la fe carne espera |
| S1525-4 | todos fuyen del luego como de rred podrida |
| S1526-4 | todos fuyen del luego como si fuese araña |
| S1528-3 | el byuo es bueno e con mucha nobleza |
| S1530-3 | el que byen fazer podiese oy le valdria mas |
| S1538-4 | el que lieua lo menos tyene se por peor |
| S1541-2 | amidoz tarde o -nunca en misa por el estan |
| S1558-1 | Nol cataste nil viste vyo te el byen te cato |
| S1558-2 | la su muerte muy cruel a -el mucho espanto |
| S1558-4 | tul mataste vna ora el por sienpre te mato |
| S1564-1 | A -los suyos leuolos con -el a -parayso |
| S1564-2 | el nos lieue consigo que por nos muerte priso |
| S1572-4 | el que saluo el mundo el te de saluaçion |
| S1578-1 | El que aqui llegare si dios le bendiga |
| S1607-1 | Del que mucho fabla Ryen quien mucho rrie es loco |
| S1619-4 | sy non por quatorze cosaz nunca vy mejor que el |
| S1624-1 | El ssabia leer tarde poco e por mal cabo |
| S1652-3 | la lymosna que por el dierdes |
| S1653-4 | la lymosna por el far |
| S1654-4 | ansi lo quiera el mandar |
| S1658-4 | si el salue a -todoz noz |
| S1659-3 | Sy el vos de la su gloria |
| S1668-3 | El que loa tu figura non lo dexes oluidado |
| S1705-3 | el quiere acalañar nos lo que perdono dios |
| EL | **(H)** |
| P 10 | que son en -el alma E propia mente suyas |
| P 35 | E desque esta jnformada E jnstruyda el Alma |
| P 40 | E otrosi desecha el aborresçe el alma |
| P 46 | E desque el Alma con -el buen entendimiento |
| P 65 | e buena voluntad escoje el alma |
| P 110 | E por esto ez maz apropiada a -la memoria del alma |
| P 124 | entiendo quantoz bienez fazen perder el alma e al cuerpo |
| P 169 | que guarde bien laz trez cosaz del Alma |
| S 138-2 | afogose en -el agua acorrer non lo podieron |
| S 183-4 | partes lo del amiga al omne con ayras |
| S 184-4 | en ti fasta que el cuerpo e el alma van perder |
| S 226-3 | con la sonbra del agua dos tantol semejaua |

## EL

| | (cont.) |
|---|---|
| S 253-2 | vino la grulla de somo del alteza |
| S 270-1 | El aguila cabdal canta sobre la faya |
| S 272-1 | Cato contra sus pechos el aguila ferida |
| S 412-2 | dio salto en -el agua somiese fazia yuso |
| S 460-4 | cay del escalera fynque con esta ligion |
| S 464-3 | daua me vna gotera del agua que fazia |
| S 526-1 | Muy blanda es el agua mas dando en piedra dura |
| S 622-2 | el mester e el ofiçio el arte e la sabiençia |
| S 627-1 | El alegria el omne fazelo apuesto e fermoso |
| G 674-2 | el arte e el vso muestra todo el zaber |
| G 685-3 | encçendemiento grande pone el abraçar el amada |
| S 746-4 | andaua el abutarda çerca en -el sendero |
| S 750-1 | dixo el abutarda loca sandia vana |
| S 821-3 | non ha el aventura contra el fado valya |
| S 835-2 | quien sy non el mesquino sienbra en -el arena |
| S 845-4 | ya la cruz la leuase conl agua bendita |
| S 885-3 | pyerde el cuerpo e el alma a -muchos esto aviene |
| S 984-2 | ca mala es de amatar el estopa de que arde |
| S 991-4 | sobarte diz el aluarda synon partes del trebejo |
| S1053-2 | judgolo el atora pueblo porfiado |
| S1056-3 | dandol del ascona la tierra estremeçio |
| S1177-2 | asi en este dia por el alma se para |
| S1282-4 | desde entonçe comiença a -pujar el avena |
| S1300-2 | son quatro tenporadaz del año del espera |
| S1304-2 | toda el andaluzia que non fynco y villa |
| S1369-2 | non querria que me fuese commo al mur del aldea |
| S1404-2 | trayoles la farina que comen del açeña |
| S1423-2 | del alma e del cuerpo e muerte e enfamamiento |
| S1446-4 | las rranas con -su miedo so el agua meter |
| S1483-4 | Señora el aue muda diz non faze aguero |
| S1538-1 | Desque sal el alma al rrico pecador |
| S1541-4 | ellos lieuan el algo el alma lyeua satan |
| S1576-4 | cay en vna ora so tierra del altura |

## EL

| | (V) |
|---|---|
| G1161-2 | era del papo papa e mucho del priuado |
| G1229-2 | cabel el alborayn ba taniendo la su nota |
| T1229-2 | cabel el garaui taniendo la su nota |

## ELADA

| | |
|---|---|
| S1006-4 | viento con grand elada Rozio con grand friura |
| S1009-1 | Con -la coyta del frio e de aquella grand elada |
| S1023-5 | e de grand elada |
| S1349-1 | Con -la nieue E con -el viento e con -la elada fria |
| S1352-2 | que ya non avia miedo de viento nin de elada |

## ELADA

| | (H) |
|---|---|
| S 710-1 | la çera que es mucho dura e mucho brozna e elada |

## ELENA

| | |
|---|---|
| S 223-4 | que troxo a -elena que cobdiçiaua seruir |

## ELLA

| | |
|---|---|
| S 19-3 | açipreste de fita della primero fiz |
| S 77-3 | ssienpre avia della buena fabla e buen rriso |
| S 78-2 | non podia estar solo con -ella vna ora |
| S 78-3 | mucho de omne se guardam ally do ella mora |
| S 88-3 | ella dixo en -la cabeça del lobo tome yo esta liçion |
| S 91-3 | algun triste ditado que podiese ella saber |
| S 93-4 | mesclaron me con ella e dixieronle del plan |
| S 94-1 | Que me loaua della commo de buena caça |
| S 94-2 | E que profaçaua della commo si fuese caraça |
| S 100-1 | quando ella bramaua pensauan de foyr |
| S 112-4 | yo cruyziaua por ella otro ja avie val-dia |
| S 113-1 | E por que yo non podia con -ella ansi fablar |
| S 121-2 | santiguaua me a -ella do quier que -la fallaua |
| S 219-4 | de -la cobdiçia nasçen es della rrayz e çepa |
| S 264-2 | amatauase luego e venien todos a -ella |
| S 267-1 | desque peco con ella sentiose escarnida |
| S 268-2 | nunca mas fue a -ella nin la ovo talente |
| S 270-3 | Non ay pendola della que en -tierra caya |
| S 280-1 | Entras en -la pelea non puedes della salyr |
| S 287-3 | a mejores que non ella era desagradeçida |
| S 353-3 | dire vn poco della que es grand estoria |
| S 366-4 | ella diz que non -lo tenie mas que le furtaria la gallyna |
| S 376-1 | desque sientes a -ella tu coraçon espaçias |
| S 379-2 | tu catolica a -ella cata manera que -la trastorne |
| S 382-4 | ella te dize quam dulçia que rrecubdas a -la nona |
| S 394-4 | do coyda algo en ella tu tyene nada |
| S 395-2 | por que se onrren della su padre e sus parientes |
| S 396-4 | que aquel mingo oveja non es della parejo |
| S 430-3 | para que ella te quiera en su amor querer |
| G 446-2 | non oluidez tal dueña maz della te enamora |
| S 454-2 | non ayas miedo della quando tienpo tovyeres |
| S 454-3 | verguença non te enbargue quando con ella estodieres |
| S 459-1 | dyxo les la dueña que ella queria casar |
| S 463-2 | estando delante ella sossegado e muy omyl |
| S 475-3 | ella diz mon señer andat en ora bona |
| S 476-4 | ella diz monssener fazet vuestra mesura |
| S 479-1 | quando ella oyo que venia su pyntor |
| S 481-3 | desque en -el palaçio con ella estudo |
| S 488-1 | otrosi quando vyeres a -quien vsa con ella |
| S 488-2 | quier sea suyo o -non fable por amor della |
| S 522-3 | que mas la ençendia E pues devia ine della |
| S 541-2 | ella dando muchas bozes non se pudo defender |
| S 541-3 | desque peco con -ella temio mesturado ser |
| G 549-4 | zospirando le fabla ojoz en ella puestoz |
| G 559-1 | ante ella non alabez otra de paresçer |
| G 560-1 | de otra muger non le digaz mas a -ella alaba |
| G 560-3 | rrazon de fermosura en -ella la alaba |
| G 561-2 | quando juegaz con -ella non seaz tu parlero |
| S 566-2 | non te alabes della que es grand torpedat |
| G 583-4 | Ca ella es comienço e fin deste viaje |
| G 584-1 | ella es nuestra vida e ella es nuestra muerte |
| S 601-2 | por aquesto a -ella non me oso atrever |
| S 613-1 | Non te espantes della por su mala Respuesta |

## ELLAS

| | |
|---|---|
| S 613-2 | con arte o con seruiçio ella la dara apuesta |
| S 629-1 | Ado fablares con ella sy vieres que ay lugar |
| S 634-4 | toma de la dueña lo que della quisieres |
| S 652-1 | ya vo Razonar con ella quierol dezir mi quexura |
| G 664-4 | ella dixo vuestroz dichoz non loz preçio dos piñonez |
| G 683-4 | ella dixo pues dezildo e vere que tal zera |
| G 689-2 | sy veye que -la oluido ella otro amara |
| G 689-4 | do la muger oluidarez ella te oluidara |
| S 706-2 | ella si me non engaña paresçe que ama a -mi |
| S 711-3 | ella diz pues fue casada creed que se non arrepienta |
| S 713-2 | otro quiere casar con ella pide lo que vos pedidez |
| S 798-2 | non quiere ella casar se con otro ome nado |
| S 802-3 | ella verdat me dixo quiere lo que vos queredes |
| S 807-3 | quando de vos le fablo e a -ella oteo |
| S 808-2 | ella me diz que fable e non quiera dexallo |
| S 808-3 | fago que me non acuerdo ella va començallo |
| S 812-2 | ella non me lo niega ante diz que vos ama |
| S 823-2 | el su coraçon della non sabe al amar |
| S 828-2 | que por ella con-vusco fablar omne non osa |
| S 841-4 | ella sanar me puede e non las cantaderas |
| S 867-1 | otorgole doña endrina de yr con ella fablar |
| S 871-4 | entro con ella en -su tyenda byen sosegada mente |
| S 893-2 | quando fue Sano della que -la traya enfiesta |
| S 908-1 | Andan por todo el pueblo della muchos dezires |
| S 933-2 | buen amor dixo al libro e a -ella todo saçon |
| S 933-3 | desque bien la guarde ella me dio mucho don |
| S 945-4 | yo traue luego della e fablele en seso vano |
| S 962-3 | ella diz dende te torna por somo sierra trastorna |
| S 966-3 | ella diz dam mas amigo anda aca trete con-migo |
| S 983-1 | Pensso de mi e della dixe yo agora se prueua |
| S 984-1 | Rogome que fyncase con ella esa tarde |
| S 988-4 | ella me rrespuso ca la carrera as errado |
| S 998-3 | ella dixo non lo yerra el que aqui es cassado |
| S1010-3 | quien con ella luchase non se podria bien fallar |
| S1010-4 | sy ella non quisiese non -la podria aballar |
| S1015-2 | yo non vy en -ella al mas sy tu en -ella escaruas |
| S1018-3 | sy ella algund dia te quisiese espulgar |
| S1025-1 | dixe yo a -ella |
| S1027-3 | el -que en -ela posa |
| S1034-4 | Ella diz maguera |
| S1078-4 | yo justare con ella que cada año me sopesa |
| S1117-3 | della e de -la parte dan se golpes sobejos |
| S1132-3 | fablar en ella mucho es cosa muy loada |
| S1176-3 | ado ella ver lo puede suzedat non se -llega |
| S1180-1 | En quanto ella anda estaz oblaz faziendo |
| S1194-4 | estando nos seguro fuemoz della arrancado |
| S1196-3 | yremos lydiar con -ella faziendo grand Roydo |
| S1197-1 | nuestra carta leyda tomad della el traslado |
| S1198-4 | ella escarda Razon aviala por esquiva |
| S1199-1 | Pero que ella non avia laz cartas rrescebidaz |
| S1204-2 | los pescados a -ella para la ayudar |
| S1214-3 | vienen derredor della balando mucha oveja |
| S1215-2 | mas vienen çerca della que en -granada ay moroz |
| S1217-2 | a -toda quatro-pea con -ella da la muerte |
| S1230-4 | con ella el tanborete syn el non vale vn prisco |
| S1268-4 | de -sseda non laz cuerdaz con que ella se tyraua |
| S1270-3 | delante ella grand fuego de -si grand calor echa |
| S1270-4 | trez comen a -ella vno a -otro assecha |
| S1302-2 | vino dormir a -ella fue poca su estada |
| S1319-3 | ella non la erro e yo non le peque |
| S1320-1 | assaz fizo mi vieja quanto ella fazer pudo |
| S1323-1 | Ella fizo mi rruego pero con antipara |
| S1331-2 | enbie por mi vieja ella dixo adolo |
| S1332-1 | Ella amigo oyd me vn poquiello |
| S1343-3 | ella diz yo lo andare en pequeño rratillo |
| S1349-4 | doliose mucho della quisole dar la vida |
| S1353-2 | non fagas aqui dapño ella fuese en-sañar |
| S1402-1 | Ante ella E sus conpañas en -pino se tenia |
| S1406-2 | ella dando Sus bozes vinieron los collaçoz |
| S1413-1 | Tenian se los del pueblo della por mal chufados |
| S1415-3 | fare traynel della para calçar lygero |
| S1419-3 | ella diz al diablo catedes vos el polso |
| S1437-4 | ella con su lijonga tan bien lo saludaua |
| S1503-4 | en -quanto ella fue byua dioz fue mi guiador |
| S1508-4 | ella fizo buen seso su fiz mucho cantar |
| S1568-4 | por su santa sangre e por ella perdonola |
| S1573-2 | que si a -vos syruiera vos avriades della duelo |
| S1573-3 | llorariedes por ella por su Sotil anzuelo |
| S1580-4 | non podemos amigos della fuyr por suerte |
| S1611-4 | non ha plazer del mundo que en -ella non sienta |
| S1638-3 | venieron a -la luz della |
| S1643-4 | Saludo a -ella |
| S1646-2 | ovo ella quando |
| S1648-4 | ovo ella por cuenta |
| S1698-2 | en -dexar yo a -ella rresçibierya yo grand dapño |

## ELLA

| | (V) |
|---|---|
| G1194-4 | eztando noz zeguro fuemoz della rretentado |

## ELLAS

| | |
|---|---|
| P 66 | E ama el Amor de dioz por se saluar por ellaz |
| S 48-1 | pero si las querien para por ellas vsar |
| S 82-3 | tomo plazer con ellas e sentiose mejor |
| S 145-4 | quien puede fazer leyes puede contra ellas yr |
| S 146-3 | pero puede muy bien contra ellas dispenssar |
| S 398-2 | a -ellos e a -ellas a -todos das mal rramo |
| G 442-2 | pocaz mugerez pueden dellaz ze despagar |
| G 447-3 | Pocas zon laz mugeres que dellaz pueden salyr |
| S 466-2 | qual es la mayor dellas anbos pares estades |
| S 538-4 | con -el alguna fenbra que con -ellas mejor cria |
| S 539-3 | el gallo a -las fenbras con -ellas se deleytaua |
| G 679-4 | a qual quier que -laz fablare o con -ellaz rrazonare |
| S 700-3 | non se rreguardan dellas estan con -las personas |
| S 753-2 | non -le dexaron dellas sinon chicas e rralas |

| | | |
|---|---|---|
| **ELLAS** | (cont.) | |
| S 938-3 | non se guarda dellas estan con las personaz |
| S1121-2 | muchas dellas murieron E muchas eran foydas |
| S1176-2 | dellaz faze de nueuo e dellaz enxaluega |
| S1247-4 | tan bien ellas commo ellos querrian la mejoria |
| S1284-2 | todos e ellas andan en modorria |
| S1319-3 | con ellas estas cantigas que vos aqui Robre |
| S1339-3 | desque me parti dellaz todo este viçio perdy |
| S1446-3 | ellas esto fablando ovieron de ver |
| S1474-4 | en -pos ellas andando las noches E los diaz |
| S1615-2 | pero qual quier dellas es dulçe gritador |
| **ELLO** | |
| P 17 | entiende onbre el bien E sabe dello el mal |
| P 50 | por que se acuerde dello |
| P 95 | nin acordarse dello para lo obrar |
| P 159 | aqui fallaran algunaz maneraz para ello |
| S 92-4 | mas que yo podria sser dello trobador |
| S 114-2 | la dueña que -la oyere por ello non me aburra |
| S 171-4 | con ello estas cantigas que son de yuso escriptas |
| S 176-3 | ssy yo tu mal pan comiese con -ello me afogaria |
| S 206-1 | quien tiene lo quel cunple con -ello sea pagado |
| S 294-4 | por ello en -el jnfierno desque morio yazia |
| S 320-1 | de quanto bien pedricaz non fazes dello cosa |
| S 364-2 | E es magnifiesto e çierto que el por ello vsa |
| S 453-2 | pongelo en mayor de quanto ello valyere |
| S 516-3 | desque lo oye la dueña mucho en ello coyda |
| S 534-2 | la sangre verdadera de dios en -ello yaze |
| S 535-4 | te daran asaz dello ve por ello festino |
| S 536-2 | dixo saca dello e beue pues lo as traydo |
| S 536-3 | prueua vn poco dello E desque ayas beuido |
| S 577-1 | Marauille me mucho desque en ello pensse |
| S 609-3 | seras dello mas çierto yras mas segurado |
| S 610-4 | amar te ha la dueña que en -ello piensa e sueña |
| S 737-4 | yo penssare en ello si para mi con-vyen |
| S 782-4 | lo que fazer se puede por ello trabajedes |
| S 849-3 | faga quanto podiere en ello se atenga |
| S 947-3 | non fuyan dello las dueñas nin las tengo por lixo |
| S1395-2 | en -lo que tu me dizes en ello penssare |
| **ELLOS** | |
| S 7-2 | que con elloz serias ante Reys dezidorez |
| S 129-3 | enbio por sus sabios dellos saber querria |
| S 130-2 | vinieron çinco dellos de mas conplido saber |
| S 150-3 | ellos e la çiençia son çiertos e non dubdosos |
| S 186-1 | Desque los omnes prendes non das por ellos nada |
| S 221-1 | Cobdiçian los averes que ellos non ganaron |
| S 233-2 | primero muchos angeles con -ellos lucifer |
| S 316-4 | E lo quel fizo a otros dellos tal puede aver |
| S 398-2 | a -ellos e a -ellas a -todos das mal rramo |
| S 413-3 | abatiose por ellos subyo en apellydo |
| S 505-4 | qual dellos lo leuaran comyençen luego a -Renir |
| S 640-1 | En quanto estan ellos de tus bienes fablando |
| S 766-4 | el cayo quebrantado ellos fueron fuyendo |
| S 777-3 | E vos faredes por ellos vn salto syn bolliçio |
| S 947-4 | Ca nunca los oyo dueña que dellos mucho non rrixo |
| S1054-3 | qual dellos la aya pesar atan fuerte |
| S1109-4 | ansi traua dellos Como si fuese gato |
| S1183-4 | plogo a -ellos con -el e el vido buen dia |
| S1224-3 | todoz le dan dineroz e delloz de dan tornesez |
| S1229-3 | el salterio con ellos mas alto que -la mota |
| S1230-2 | entrellos alegrança el galipe françisco |
| S1230-3 | la flauta diz con ellos mas alta que vn Risco |
| S1232-4 | la hadedura aluardana entre ellos se entremete |
| S1247-4 | tan bien ellas commo ellos querrian la mejoria |
| S1254-3 | al contar laz soldadaz ellos vienen primeros |
| S1271-4 | e non cabrie entrellos vn canto de dinero |
| S1455-1 | Dixo el vn ladron dellos ya yo so desposado |
| S1472-4 | dellos estan colgados muchas gatas e gatos |
| S1478-2 | non viene dellos ayuda mas que de vnos alrrotes |
| S1502-2 | yo sospire por ellos diz mi coraçon hela |
| S1517-2 | non se pagan de arauigo quanto dellos boloña |
| S1541-3 | por lo que ellos andauan ya fallado lo han |
| S1541-4 | ellos lieuan el algo el alma lyeua satan |
| S1584-4 | que vençamos nos a -ellos quiero vos dezir quales |
| **EMENDACION** | (V) |
| G1135-4 | zo vuestra emendaçion pongo yo el mi herror |
| **EMENDAR** | |
| S 887-3 | lo que nunca se puede Reparar nin emendar |
| S1137-2 | do ha tienpo E vida para lo emendar |
| S1420-4 | lo que emendar non se puede non presta arrepentyr |
| S1629-2 | mas ay añadir E emendar si quisiere |
| **EMIENDA** | |
| S 252-4 | fisicos e maestros que queria fazer emienda |
| S1135-4 | so -la vuestra emienda pongo el mi error |
| S1140-4 | ally faz la emienda purgando el su errar |
| S1173-3 | andando por el mundo mando fazer emienda |
| S1507-4 | que yerro E mal fecho emienda non desecha |
| **EMIENDE** | |
| S1507-3 | emiende la todo omne e quien buen amor pecha |
| **EN** | |
| P 6 | en -el psalmo triçesimo primo del verso dezeno |
| P 8 | en -el qual verso entiendo yo trez cosaz |
| P 10 | que son en -el alma E propia mente suyas |
| P 26 | Ca luego ez el buen entendimiento en los que temen A -dios |
| P 28 | en otro logar en -que dize |
| P 30 | Otrosi dize salamon en -el libro de -la sapiençia |
| P 32 | E esto se entiende en -la primera rrazon |
| P 33 | del verso que yo començe en -lo que dize |
| P 36 | que se ha de saluar en -el cuerpo linpio |
| P 49 | E ponelo en -la çela de -la memoria |
| P 53 | E desto dize sant Ioan apostol en -el Apocalipsi |
| P 63 | que obraz sienpre estan en -la buena memoria |
| P 68 | en -la carrera de saluaçion en -que anda |

| | | |
|---|---|---|
| P 78 | que ez en -el omne que se non puede escapar de pecado |
| P 106 | ca tener todaz laz cosaz en -la memoria |
| P 112 | E biue sienpre en dioz |
| P 129 | fiz esta chica escriptura en memoria de bien |
| P 131 | en -que son escriptaz algunaz maneraz e maestriaz |
| P 140 | o tienen en -la voluntad de fazer |
| P 153 | que faze perder laz almaz E caer en saña de dioz |
| P 156 | en pero por que ez vmanal cosa el pecar |
| P 165 | en -la carrera que andudiere |
| P 201 | Por ende començe mi libro en -el nonbre de dioz |
| S 5-2 | en -que moro trez diaz dentro en -la mar ll(ena) |
| S 8-3 | en -la salutaçio(n) el angel grabiel |
| S 11-3 | que sienpre lo loemos en prosa E en canto |
| S 14-2 | escuchad el rromanze sosegad vos en paz |
| S 14-3 | non vos dire mentira en quanto en el yaz |
| S 16-2 | nin creadez que ez chufa algo que en -el leo |
| S 16-3 | Ca segund buen dinero yaze en vil correo |
| S 16-4 | ansi en feo libro esta saber non feo |
| S 17-4 | açucar negro e blanco esta en vil caña vera |
| S 18-2 | en fea letra esta saber de grand dotor |
| S 22-2 | en çibdad de galilea |
| S 24-4 | al fijo que dios en -ti enbia |
| S 25-1 | En belem acaesçio |
| S 26-4 | En tu braço do yazia |
| S 30-2 | quando en -los discipulos presto |
| S 30-4 | En tu santa conpania |
| S 32-4 | En -la gloria syn fallia |
| S 37-6 | ffue en -guiar |
| S 40-4 | tu estauas en ese lugar |
| S 42-4 | del çielo en ti morador |
| S 44-2 | que omne a -sus coydadoz que tiene en coraçon |
| S 45-4 | Saluo en la manera del trobar E del dezir |
| S 50-2 | ffueron rromanos en -coyta non sabian que se fazer |
| S 51-1 | Estando en su coyta dixo vn çibdadano |
| S 53-2 | commo si fuese doctor en -la filosofia |
| S 53-3 | subio en alta cathreda dixo con bauoquia |
| S 54-3 | sobio en otra cathreda todo el pueblo juntado |
| S 55-3 | luego se assento en -ese mismo lugar |
| S 56-3 | en manera de arpom los otros dos encogidos |
| S 60-2 | rrespondio que entendie asu poder tenie el mundo E diz verdat |
| S 60-3 | desque vi que entendien e crey en -la trinidad |
| S 62-4 | que me daria grand palmada en los oydos Retinientes |
| S 63-2 | que en tienpo de su vida nunca la vies vengada |
| S 65-1 | la bulrra que oyeres non la tengas en vil |
| S 67-1 | En general a -todos ffabla la escriptura |
| S 68-3 | ssi la rrazon entiendes o en -el sesso açiertas |
| S 69-2 | en -las coplas pyntadas yaze la falssedat |
| S 70-4 | ssy me puntar sopieres ssienpre me avras en miente |
| S 75-1 | El ffuego ssienpre quiere estar en -la çeniza |
| S 77-2 | de su amor non fuy en -esse tienpo rrepiso |
| S 78-1 | Era dueña en -todo e de dueñas señora |
| S 81-3 | E fallanse ende mal castigo en -su manera |
| S 81-4 | bien commo la rraposa en agena mollera |
| S 86-2 | dio grand golpe en -la cabeça al lobo por lo castigar |
| S 88-3 | ella dixo en -la cabeça del lobo tome yo esta liçion |
| S 88-4 | en -el lobo castigue que feziese o -que non |
| S 89-4 | que el cuerdo E la cuerda en mal ageno castiga |
| S 91-2 | enbio me mandar que punaran en fazer |
| S 94-4 | nin el leal amigo non es en toda plaça |
| S 98-4 | commo duena en parto començose de coytar |
| S 100-4 | ssus bramuras e espantos en burla fueron salir |
| S 108-3 | ca en muger loçana fermosa e cortes |
| S 112-3 | puse el ojo en otra non santa mas sentia |
| S 121-3 | el conpaño de çerca en -la cruz adoraua |
| S 122-3 | Ca de Ante nin despues non falle en españa |
| S 123-1 | los antiguos astrologos dizen en -la çiençia |
| S 123-3 | quel omne quando nasçe luego en -su naçençia |
| S 123-4 | el signo en -que nasçe le juzgan por sentençia |
| S 124-2 | otros muchos maestros en -este acuerdo son |
| S 125-3 | en -cabo saben poco que su fado les guia |
| S 126-1 | otros entran en ordem por saluar las sus almas |
| S 126-2 | otros toman esfuerço en -querer vsar armas |
| S 126-4 | pero muchos de aquestos dan en tierra de palmas |
| S 127-1 | Non acaban en orden nin son mas cavalleros |
| S 130-3 | desque vieron el punto en -que ovo de nasçer |
| S 131-4 | dixo el quinto maestro morra en agua afogado |
| S 132-3 | fizo los tener presos en logares apartadoz |
| S 134-2 | desque fueron en -el monte ovose a -leuantar |
| S 135-4 | non sean verdaderos en -lo que adevinaron |
| S 136-3 | en -lo que dios ordena en commo ha de ser |
| S 137-3 | en vn arbol del rrio de sus faldas se colgo |
| S 138-2 | afogose en -el agua acorrer non lo podieron |
| S 139-4 | de su astrologia en -que non avie que dubdar |
| S 141-1 | En creer lo de natura non es mal estança |
| S 141-2 | e creer muy mas en dios con firme esperança |
| S 142-1 | Cyerto es que el rrey en su Regno ha poder |
| S 143-3 | pero por los priuados que en -su ayuda son |
| S 144-2 | al rrey en algund tienpo a -tanto le seruio |
| S 146-2 | en -que a sus subditos manda çierta pena dar |
| S 148-2 | puso en -el sus signos E planetas ordeno |
| S 148-4 | pero mayor poder rretuuo en sy que les non dio |
| S 152-1 | Muchos nasçen en venus que los mas de su vida |
| S 153-1 | En este signo atal creo que yo nasçi |
| S 153-2 | sienpre pune en seruir dueñas que conosçi |
| S 154-2 | en seruir a -las duenas punar e non en al |
| S 154-4 | en estar a -la sonbra es plazer comunal |
| S 155-1 | muchas noblezas ha en el que a -las dueñas sirue |
| S 155-2 | loçano fablador En ser franco se abiue |
| S 155-3 | en seruir a -las dueñas el bueno non se esquiue |
| S 155-4 | que si mucho trabaja en mucho plazer byue |
| S 157-1 | Al mançebo mantiene mucho en mançebez |
| S 162-1 | Ca Segund vos he dicho en -la otra consseja |

| | |
|---|---|
| EN | (cont.) |
| S 162-2 | lo que en -si es torpe con amor bien semeja |
| S 169-4 | graçiosa e donable amor en -toda cosa |
| S 170-4 | quien en -el arenal sienbra non trilla pegujarez |
| S 172-3 | los omnes en dar poco por tomar grand rriqueza |
| S 175-1 | lanço medio pan al perro que traya en -la mano |
| S 177-2 | que tu furtes su thesoro que dexo en mi fealdat |
| S 179-4 | que diz por lo perdido non estes mano en mexilla |
| S 181-2 | pensando en mi ventura sañudo e non con vino |
| S 182-3 | eres mentiroso falso en muchos enartar |
| S 184-4 | en ti fasta que el cuerpo e el alma van perder |
| S 185-1 | Non tienes Regla çierta nin tienes en ti tiento |
| S 186-2 | traes los de oy en cras en vida muy penada |
| S 186-3 | fazes al que te cree lazar en tu mesnada |
| S 188-4 | sienpre tiras la fuerça dizenlo en fazañas |
| S 189-4 | porfiaron en -cabo con -el toda la gente |
| S 192-2 | el que tenia muger en -que anbos a -dos oviesen |
| S 198-1 | los que te non prouaron en buen dya nasçieron |
| S 199-1 | las rranas en vn lago cantauan E jugauan |
| S 200-2 | la mayor quel pudo Cayo en -ese lugar |
| S 202-4 | de dos en dos las rranas comia bien lygera |
| S 204-2 | de dos en dos nos come nos abarca e nos astraga |
| S 205-2 | vengue vuestra locura Ca en poco touistes |
| S 207-4 | en cuerpos e en almas asy todos tragalloz |
| S 208-2 | que tan presos los tienes en tu cadena doblada |
| S 210-1 | En -punto que -lo furtas luego lo en-ajenas |
| S 210-3 | anda el coraçon syn cuerpo en tus cadenas |
| S 211-3 | oras coyda en -su saña oras en merjelina |
| S 212-1 | En vn punto lo pones a jornadas trezientas |
| S 213-4 | das me en -el coraçon triste fazes del ledo |
| S 215-2 | en quantas que ame nin de -la dueña bendicha |
| S 215-4 | en fuerte punto te vy la ora fue mal dicha |
| S 220-1 | En -ti fazen morada aleuoso traydor |
| S 222-3 | en -todo eres cuquero e de mala picaña |
| S 226-1 | alano carniçero en vn Rio andaua |
| S 226-2 | vna pieça de carne en -la boca passaua |
| S 227-4 | coydo ganar E perdio lo que tenia en su mano |
| S 234-4 | non se podrian escreuir en mill priegos contados |
| S 237-1 | yva lydiar en -canpo el cavallo faziente |
| S 239-3 | derribole el cavallo en medio de -la varga |
| S 240-1 | Dio salto en -el canpo ligero aperçebido |
| S 240-3 | en -el cuerpo muy fuere de lança fue ferido |
| S 251-4 | fazes commo el lobo dolyente en -el vallejo |
| S 252-2 | atrauesosele vn veso estaua en contienda |
| S 256-1 | En fazer bien al malo cosa nol aprouecha |
| S 258-2 | que mato a -uriaz quando le mando en -la lyd |
| S 258-3 | poner en -los primeros quando le dixo yd |
| S 259-3 | por ende non fizo el tenpro en todos los sus diaz |
| S 261-2 | al sabidor virgillio commo dize en -el testo |
| S 261-3 | engañolo la duena quando lo colgo en -el çesto |
| S 262-4 | que quanto era en rroma en punto morio luego |
| S 263-3 | synon lo ençendian dentro en -la natura |
| S 264-3 | ençendien ally todos commo en grand çentella |
| S 265-2 | por fazer su loxuria vergilio en -la dueña |
| S 265-3 | descanto el fuego que ardiesse en -la leña |
| S 269-2 | quantos en tu loxuria syn grandes varraganes |
| S 270-3 | non ay pendola della que en -tierra caya |
| S 274-3 | entristeze en punto luego flaqueza siente |
| S 276-1 | Eres pura enbidia en -el mundo non ha tanta |
| S 277-2 | temiendo que a -tu amiga otro le fabla en locura |
| S 277-4 | ssyenpre coydas en çelos de otro bien non as cura |
| S 278-1 | Desque uvia el çelo en ty arraygar |
| S 279-4 | contesçe te como acaesçe en -la rred a -los peçes |
| S 280-1 | Entras en -la pelea non puedes della salyr |
| S 281-2 | matolo por que yaze dentro en mongibel |
| S 282-4 | en -ty non es vn byen nin fallado nin visto |
| S 288-3 | pelole toda la pluma E echola en -el carrizo |
| S 289-4 | non fallaran en -ti synon todo mal obrar |
| S 293-3 | lyeua te el dyablo en -el jnfierno te quema |
| S 294-3 | echole del parayso dios en aquesse dia |
| S 294-4 | por ello en -el jnfierno desque morio yazia |
| S 295-1 | mato la golosyna muchos en -el desierto |
| S 298-1 | vn cavallo muy gordo pasçia en -la defesa |
| S 299-3 | en te besar la mano yo en eso me fallo |
| S 300-2 | echo me en este pie vn clauo tan fito |
| S 301-3 | las coçes el cavallo lanço fuerte en çierto |
| S 304-1 | yra e vana gloria traes en -el mundo non ay tanta |
| S 304-4 | enojo E mal querençia anda en -tu conpaña |
| S 308-3 | en -que avia la fuerça E desque la byen cobro |
| S 309-2 | el primero que los jodios ovieron en -su ley |
| S 309-4 | sy devo fyar en -ti a -la fe non ansy lo crey |
| S 313-4 | avn el asno nesçio venie en -las delanteras |
| S 314-1 | Todos en -el leon ferien E non poquyllo |
| S 314-4 | el asno pereçoso en -el ponie su syllo |
| S 315-1 | dyole grand par de coçes en -la fruente gelas pon |
| S 317-4 | en pecado comiençan e en-tristezan acabada |
| S 318-3 | deleytase en pecados E en malas baratas |
| S 321-4 | el non veya -la ora que estouiese en -tragallo |
| S 322-2 | a -otros rretraya lo quel en -sy loaua |
| S 324-1 | ffizo el lobo demanda en muy buena manera |
| S 325-4 | en juyzio propongo contra su mal-fetria |
| S 326-1 | E digo que agora en -el mes que paso de feblero |
| S 326-2 | era de mill e trezientos en -el ano primero |
| S 327-1 | En cassa de don cabron mi vassallo e mi quintero |
| S 327-4 | leuolo E comiolo a -mi pessar en tal ero |
| S 329-1 | Seyendo la demanda en -juyzio leyda |
| S 335-3 | vy que las dellogaua en aquellas erias |
| S 336-4 | nin en vuestra abdiençia oydo nin escuchado |
| S 337-4 | con su muger doña loba que mora en vil forado |
| S 339-4 | en Reconvençion pido que mueran e non sean oydos |
| S 340-3 | en -que diese sentençia qual el por bien tenia |
| S 342-3 | qual copa qual taza en poridat aducha |
| S 342-4 | arman se çancadilla en -esta falsa lucha |
| S 343-2 | ante el juez las partes estauan en -presençia |
| S 346-2 | que non podrian ser en vno acordados |
| S 347-3 | estando assentado assentado en -la su abdiençia |
| S 348-1 | En -el nonble de dios el judgador dezia |
| S 348-4 | en -que a -la marfusa furto -le aponia |
| S 349-2 | que puso la gulharra en sus exenpçiones |
| S 349-4 | que propusso el lobo en todas sus rrazones |
| S 350-1 | E visto lo que pide en su rreconvención |
| S 350-3 | visto todo el proçeso E quantas rrazones en -el son |
| S 351-3 | con omnes sabydores en fuero e en derecho |
| S 352-3 | fallo que -la Raposa es en parte byen çierta |
| S 352-4 | en sus deffenssiones E escusa e rrefierta |
| S 353-1 | la exençion primera es en -sy perentoria |
| S 353-4 | abogado de rromançe esto ten en memoria |
| S 357-2 | quando se pon contra testigos en pleito criminal |
| S 358-2 | que de egual encriminal non puede Reconvenyr |
| S 360-4 | en -los pleitos criminales su ofiçio ha grand lugar |
| S 362-4 | por ende pongo sylençio al lobo en -esta saçon |
| S 364-3 | non -le deue rresponder en -juyzio la marfusa |
| S 365-2 | fizo la conffesion cogido en angostura |
| S 369-1 | dixo les que byen podia el en -su pronunçiaçion |
| S 370-2 | que fecha la conclusyon en criminal acusaçion |
| S 371-2 | que el avie poder del Rey en su comision |
| S 371-4 | aprendieron los abogados en -esta disputaçion |
| S 372-2 | estrañas lo que ves E non el lodo en -que yazes |
| S 375-2 | domine labia mea en alta boz a -cantar |
| S 376-2 | con -la maytinada cantate en -las friurias laçias |
| S 377-1 | El salyendo el sol comienças luego prima |
| S 377-4 | va en achaque de agua a -verte la mala esquima |
| S 391-4 | como el fuego andas de vezina en vezina |
| S 392-2 | en cabo son muy pocos a -quien byen adelyñas |
| S 392-3 | non te menguan lysonjas mas que fojas en vyñas |
| S 392-4 | mas traes neçios locos que ay pyñones en piñas |
| S 393-1 | fazes como folguym en tu mesma manera |
| S 394-4 | do coyda algo en ella tyene nada |
| S 396-3 | los cabellos en rrueda el peyne E el espejo |
| S 397-3 | a -las vezes en saya a -las vezes en alcandora |
| S 405-4 | traes los omnes çiegos que creen en tus loorez |
| S 408-1 | Tenia el mur topo cueva en -la rribera |
| S 409-4 | poner te he en -el otero cosa para ti sana |
| S 410-2 | ata tu pie al mio sube en mi ynojo |
| S 410-4 | poner te he en -el otero o en aquel rrastrojo |
| S 411-2 | mas al tiene pensado en -el su coraçon |
| S 411-3 | creo se lo el topo en vno atados son |
| S 411-4 | atan los pies en vno las voluntades non |
| S 412-2 | dio salto en -el agua somiese fazia yuso |
| S 413-3 | abatiose por ellos subyo en apellydo |
| S 415-2 | en tal guisa que travas con tus fuertes mordaçaz |
| S 415-4 | el diablo los lyeva presos en -tus tenazas |
| S 419-4 | en -el buen dezir sea omne firme e verdadero |
| S 420-2 | al que vna vez travas lievas telo en Robo |
| S 420-4 | echas en flacas cuestas grand peso e grand ajobo |
| S 423-3 | non digas mal de amor en verdat nin en -juego |
| S 429-2 | en -el fallaras fablas que -le ove yo mostrado |
| S 430-3 | para que ella te quiera en su amor querer |
| S 432-3 | las çejas apartadas luengas altas en peña |
| G 437-1 | puña en quanto puedaz que la tu menzajera |
| G 440-2 | andan de caza en caza e llaman ze parteraz |
| G 440-4 | echan la moça en ojo e çiegan bien de ueraz |
| G 445-4 | tal muger non -la fallan en todoz loz mercadoz |
| G 446-1 | en la cama muy loca en casa muy cuerda |
| G 449-1 | en fin de laz rrazonez faz le vna pregunta |
| G 450-2 | es muy mas plazentera que otraz en doñear |
| G 450-4 | faz mucho por seruir la en dezir e en obrar |
| S 452-2 | el seruiçio en -el bueno nunca muere nin peresçe |
| S 453-2 | pongelo en mayor de quanto ello valyere |
| S 453-3 | non le seas rrefertero en lo que te pediere |
| S 455-3 | con muger non enpereçe nin te enbueluas en tabardo |
| S 456-1 | son en -la grand pereza miedo E covardia |
| S 462-4 | nin ver tal la puede omne que en dios adora |
| S 463-1 | yo era enamorado de vna duena en abryl |
| S 464-2 | en -la cama despierto e muy fuerte llouia |
| S 464-4 | en -el mi ojo muy Rezia amenudo feria |
| S 467-3 | por ende mi amigo en -tu coraçon non yaga |
| S 471-4 | en -el telar e en -la dança syenpre bullen los dedoz |
| S 472-3 | non se pagan de disanto en poridat nin a -escuso |
| S 475-3 | ella diz mon señer andat en ora bona |
| S 476-2 | yolo fazer en vos vna bona fygura |
| S 479-4 | en aquel logar mesmo vn cordero menor |
| S 480-3 | luego en ese dia vino el menssajero |
| S 481-3 | desque en -el palaçio con ella estudo |
| S 481-4 | la señal quel feziera non la echo en olvido |
| S 484-1 | Commo en este fecho es syenpre la muger |
| S 484-3 | en dos anos petid corder non se fazer carner |
| S 493-1 | yo vy en -corte de Roma do es la santidad |
| S 496-3 | en tener pleitos malos E fazer abenençia |
| S 496-4 | en cabo por dineros avya penitençia |
| S 500-4 | quantos son en -el mundo le besan oy las manos |
| S 502-3 | traya joyas preçiosas en -vyçioz E folguras |
| S 503-1 | yo vy a -muchos monges en sus predycaçiones |
| S 503-3 | en cabo por dynero otorgan los perdones |
| S 504-2 | guardando lo en -covento en vasos e en taças |
| S 510-1 | En suma telo digo tomalo tu mejor |
| S 514-3 | quien non tiene miel en -la orça tengala en -la boca |
| S 515-2 | sy sabes o avienes en fermoso cantar |
| S 515-3 | a -las vegadas poco en onesto lugar |
| S 516-3 | desque lo oye la dueña mucho en ello coyda |
| S 519-2 | en -el coraçon lo tyene maguer se le escusa |
| S 519-4 | en este coyda syenpre por este faz la musa |
| S 525-4 | en -lo quel mucho piden anda muy ençendida |
| S 526-1 | Muy blanda es el agua mas dando en piedra dura |

EN     (cont.)

| | |
|---|---|
| S 528-1 | buenas costunbres deues en -ty syenpre aver |
| S 528-4 | en verguença del mundo en zaña de dios caer |
| S 530-2 | que en -todas sus oblas en yermo a -dios seruia |
| S 530-3 | en tienpo de su vyda nunca el vyno beuia |
| S 530-4 | en santidat e en ayuno e en oracion beuia |
| S 534-2 | la sangre verdadera de dios en -ello yaze |
| S 542-3 | ffue la su mala obra en punto descobyerta |
| S 542-4 | esa ora fue el monge preso E en rreferta |
| S 543-4 | en -el beuer demas yaz todo mal prouecho |
| S 546-3 | en su color non andan secanse e en-magresçen |
| S 547-4 | el mucho vyno es bueno en -cubas e en tinajas |
| G 548-1 | Es el vino muy bueno en su mesma natura |
| G 549-4 | zospirando le fabla ojoz en -ella puestoz |
| G 552-3 | a -quien de oy en craz fabla non dan por verdadero |
| G 553-1 | En todoz los tuz fechoz en fablar e en Al |
| G 553-3 | Cummo en todaz cosaz poner mesura val |
| G 555-1 | des que loz omnez eztan en juegoz ençendidoz |
| G 559-2 | ca en punto la faraz luego entristeçer |
| G 560-2 | el trebejo dueña non lo quiere en otra aljaba |
| G 560-3 | rrazon de fermosura en -ella la alaba |
| G 563-4 | en -esto se esmera el que es enamorado |
| S 564-4 | E es como quien siebra en rrio e en laguna |
| S 566-4 | que quier que por ti faga ten lo en poridat |
| S 568-1 | Como tyene tu estomago en -sy mucha vyanda |
| S 568-3 | caton sabyo Romano en su lybro lo manda |
| S 568-4 | diz que la buena poridat en buen amigo anda |
| S 569-4 | buen callar çient sueldos val en toda plaça |
| S 575-4 | nin creo que -la falle en toda esta cohyta |
| S 576-3 | en -lo que me castigo E por verdat dezir |
| S 576-4 | falle que en -sus castigos syenpre vse beuir |
| S 577-1 | Marauille me mucho desque en ello pensse |
| S 577-2 | de commo en seruir dueñas todo tienpo non canse |
| S 579-3 | lo que en muchos dias acabado non as |
| G 583-1 | fiia de algo en todo e de alto linaje |
| G 588-2 | en -el coraçon lo trayo ençerrado e ascondido |
| G 593-4 | morria de todo en todo nunca vy cuyta mayor |
| G 594-4 | que non al morir syn dubda e beuir en grant Rencura |
| G 595-4 | en vuestraz manoz pongo el mi coraçon abierto |
| S 596-1 | Dona endryna que mora aqui en mi vezindat |
| S 596-3 | sobra e vençe a -todas quantas ha en -la çibdat |
| S 597-3 | atrauiesa me el coraçon en -la tengo fyncada |
| S 598-4 | en -le dezir mi deseo non me oso aventurar |
| S 608-2 | del en muchas maneras fuste aperçebydo |
| S 610-4 | amar te ha la dueña que en -ello piensa e sueña |
| S 611-2 | seruiçio en -el bueno nunca muere nin pereçe |
| S 612-1 | El amor leo a ovydyo en -la escuela |
| S 612-2 | que non ha muger en -el mundo nin grande nin mocuela |
| S 613-3 | que syguiendo e seruiendo en -este coydado es puesta |
| S 614-3 | nunca en -la mar entrarie con su nave ferrada |
| S 620-3 | el que llorava poble canta Ryco en vyçio |
| S 627-4 | non olvides los sospiros en -esto sey engañoso |
| S 628-2 | E por pequeña tacha que en -ty podria aver |
| S 631-4 | en todas las animalyaz esta es cosa prouada |
| S 632-1 | Todas fenbras han en -sy estas maneras |
| S 632-4 | amenazan mas non fieren en çelo son arteras |
| S 636-3 | coge sus muchas lagrimas en -su boca çerrada |
| S 637-2 | la verdat a -las de vezes muchos en daño echa |
| S 640-1 | En quanto estan ellos de tus bienes fablando |
| S 640-2 | luego esta la dueña en -su coraçon penssando |
| S 640-3 | sy lo fara o -non en -esto esta dubdando |
| S 643-2 | non la consyntira fablar contigo en -poridat |
| S 648-1 | Amigo en -este fecho que quieres mas que te diga |
| S 648-4 | fuese doña venuz a -mi dexo en fadigna |
| S 650-1 | Amigos vo a -grand pena E so puesto en -la fonda |
| S 650-3 | puso me el marinero ayna en -la mar fonda |
| S 651-4 | esta en aquella sola que me trahe penado e muerto |
| S 654-4 | Pero tal lugar non era para fablar en amores |
| S 656-1 | ffablar con muger en plaça es cosa muy descobierta |
| S 657-1 | Señora la mi sobrina que en toledo seya |
| S 658-1 | querian alla mis parientes Cassar me en esta Saçon |
| S 659-1 | abaxe mas la palabra dixel que en juego fablaua |
| G 661-1 | en -el mundo non es coza que yo ame a par de uoz |
| G 666-2 | zon los dedoz en -laz manoz pero non zon todoz parejoz |
| G 669-3 | loz ojoz baxo por tierra en -el poyo asentada |
| G 669-4 | yo torne en -la mi fabla que tenia començada |
| G 670-3 | Cuydadez que voz fablo en engaño e en folia |
| G 672-1 | fablo en aventura con la vuestra moçedat |
| G 672-3 | non me puedo entender en vuestra chica hedat |
| G 672-4 | querriedez jugar con la pella mas que estar en poridat |
| G 673-3 | la vegedat en sezo lieua la mejoria |
| G 676-3 | yo pensare en -la fabla e zabre vuestro talente |
| G 679-4 | onrra es e non dezonrra en cuerda miente fablar |
| G 680-3 | de palabraz en juego direlaz si laz oyere |
| G 681-2 | deue la muger estar zola en tal conpañia |
| G 684-2 | que sy ouiere lugar e tienpo quando en vno estemoz |
| S 692-3 | por esto anda el mundo en leuantar e en caer |
| S 697-4 | açerte en -la tyenda del sabio corredor |
| S 700-2 | andan de casa en casa vendiendo muchas donas |
| S 701-1 | desque fuy en mi casa esta vieja sabida |
| S 701-3 | en -vuestras manos pongo mi salud e mi vida |
| S 703-1 | quiero fablar con-vusco bien en -como penitençia |
| S 703-2 | toda cosa que vos diga oydla en paçiençia |
| S 703-4 | diz la vieja puez dezidlo e aved en mi creençia |
| S 707-1 | De pequena cosa nasçe fama en -la vezindat |
| S 707-4 | poca cossa le enpeçe al mesquino en mesquindat |
| S 712-2 | que çiuera en molyno el que ante viene muele |
| S 716-1 | Esta dueña que dezides mucho es en mi poder |
| S 718-4 | en aqueste mi farnero las traere al sarçillo |
| S 720-1 | Todo el vuestro cuydado sea en aqueste fecho |
| S 720-2 | trabajat en tal manera por que ayades prouecho |
| S 721-3 | en -la fyn esta la onrra e la desonrra bien creades |

| | |
|---|---|
| S 724-1 | Entro la vieja en casa dixole Señora fija |
| S 725-1 | ffija sienpre estades en caza ençerrada |
| S 725-3 | Salyr andar en -la plaça con vuestra beldat loada |
| S 726-1 | En aquesta villa mora muy fermosa mançebia |
| S 726-3 | en todas buenas costunbres creçen de cada dia |
| S 727-4 | a -todos los otros sobra en fermosura e bondat |
| S 728-1 | Todos quantos en -su tyenpo en -esta tierra nasçieron |
| S 728-2 | en riqueziza e en costunbres tanto como el non creçieron |
| S 729-4 | yo lo piensso en mi pandero muchas veçes que lo toco |
| S 730-1 | Mançebillo en -la villa atal non se fallara |
| S 730-4 | en -el bezerillo vera omne el buey que fara |
| S 731-2 | en semejar fijo al padre non es cosa tan nueua |
| S 734-2 | obra mucho en -los fechos a -vezes rrecabda luego |
| S 735-3 | fablar como en juego tales somouimientos |
| S 737-4 | yo penssare en ello si para mi con-vyen |
| S 738-3 | mançebillo guisado en vuestro barrio mora |
| S 738-4 | don melon de -la verta quered lo en buen ora |
| S 742-3 | non se viene en miente desos malos rrecabdos |
| S 744-4 | fasta que non vos dexen en -las puertas llumazos |
| S 746-2 | ffue senbrar cañamones en vn viçioso ero |
| S 746-4 | andaua el abutarda çerca en -el sendero |
| S 752-4 | dixo la golondrina ya sodes en pelaça |
| S 753-3 | non quiso buen conssejo cayo en fuertes palas |
| G 756-2 | quando el que buen siglo aya seya en -este portal |
| S 766-3 | cogieron le al lobo en medio en -el feriendo |
| S 768-2 | vyo en vnos fornachos rretoçar amenudo |
| S 771-3 | vos cantad en -boz alta rresponderan los cantores |
| S 772-2 | los cabrones e las cabras en alta boz balar |
| S 773-2 | pastores e mastines troxieron lo en -torno |
| S 773-4 | dixo diome el diabro cantar missa en forno |
| S 777-2 | ofreçer vos les he yo en graçias e en seruiçio |
| S 778-3 | diole la puerca del rrosto echole en -el cabçe |
| S 778-4 | en -la canal del molino entro que mal le plaçe |
| S 781-1 | algunos en -sus cassas passan con dos sardinas |
| S 781-2 | en agenas posadas demandan gollorias |
| S 787-3 | posiste te en presion e sospiros e cuydado |
| S 788-2 | en dueña que non vos quiere nin catar nin ver |
| S 795-3 | en nada es tornado todo el mi laçerio |
| S 796-1 | dixo la buena vieja en ora muy chiquilla |
| S 796-4 | en pos de -los grandes nublos grand sol e sonbrilla |
| S 798-3 | todo el su desseo en vos esta fyrmado |
| S 800-4 | desides me joguetes o fablades me en cordura |
| S 801-3 | en todo logar tyene que esta el caçador |
| S 805-2 | esta en aventura esta en la balança |
| S 806-4 | en gestos o en sospiros o en color o en fablar |
| S 807-1 | Amigo diz la vieja en la dueña lo veo |
| S 809-1 | En -el mi cuello echa los sus blaços entranbos |
| S 809-2 | ansy vna grand pieça en vno nos estamos |
| S 809-3 | sienpre de vos dezimos en al nunca fablamos |
| S 810-4 | aprieta me mis dedos en -sus manos quedillo |
| S 812-1 | En otras cosas muchas entyendo esta trama |
| S 817-1 | Madre vos non temades que en mentyra vos ande |
| S 818-1 | En lo que nos fablamos fyuza deuer avemos |
| S 818-2 | en -la firme palabla es la fe que tenemos |
| S 818-3 | sy en algo menguamos de -lo que prometemos |
| S 821-1 | En toda parte anda poca fe e grand fallya |
| S 821-2 | en-cubre se en -cabo con mucha arteria |
| S 822-1 | lo que me prometistes pongo lo en aventura |
| S 823-4 | dar vos ha en chica ora lo que queredes far |
| S 829-3 | mesquino e magrillo non ay mas carne en -el |
| S 829-4 | que en pollo envernizo despues de sant migel |
| S 831-1 | Por que veo e conosco en vos cada vegada |
| S 831-4 | en todos los sus fechos vos trahe antojada |
| S 833-1 | sy anda o -sy queda en vos esta pensando |
| S 833-3 | apretando sus manos en su cabo fablando |
| S 835-2 | quien sy non el mesquino sienbra en -el arena |
| S 838-1 | dezid me de todo en -todo bien vuestra voluntad |
| S 840-4 | en casar vos en vno aqui non ay trayçion |
| S 841-1 | Entyendo su grand coyta en mas de mill maneras |
| S 842-3 | pero en mi talante alegro me en parte |
| S 843-1 | En -todo paro mientes mas de quanto coydades |
| S 847-4 | por me dar tu conssejo verguença en ty non aya |
| S 848-2 | grand pecado e desonrra en -las ansy dañar |
| S 849-3 | faga quanto podiere en ello se atenga |
| S 850-4 | El sera en nuestra ayuda que -lo fara desdezir |
| S 852-2 | en quantas guysas se buelue con miedo e con temor |
| S 856-2 | tanto maz en -la pelea se abyua e se ençiende |
| S 858-2 | en -el vuestro coraçon al omne vuestro amigo |
| S 858-3 | el a -vos ansy vos trahe en -su coraçon consygo |
| S 859-2 | vuestras fazes E vuestros ojos andan en color de tierra |
| S 863-2 | en pellote vos yredes commo por vuestra morada |
| S 866-3 | non vee rredes nin lazos en -los ojos tyene arista |
| S 870-4 | que mas val verguença en faz que en coraçon manzilla |
| S 871-4 | entro con ella en -su tyenda byen sosegada mente |
| S 876-4 | entrad mucho en buen ora yo vere lo que faredes |
| S 881-2 | non la colgarian en -la plaça nin Reyrian de -lo que diz |
| S 886-1 | Esta en -los antiguos Seso e sabyençia |
| S 886-2 | es en -el mucho tienpo el saber e la çiençia |
| S 886-4 | E dio en este pleito vna buena sentençia |
| S 888-4 | el sabydor se prueua en coytas e en presuras |
| S 889-2 | pone sospechas malas en cuerpo do yaz |
| S 889-4 | el pesar E la saña tornad lo en buen solaz |
| S 891-1 | doña endrina e don melon en vno casados son |
| S 891-2 | alegran se las conpañas en -las bodas con rrazon |
| S 893-3 | todas las animalias vn domingo en -la syesta |
| S 897-3 | paçiendo en vn prado tan byen lo saludaua |
| S 898-4 | que tornedes al juego en saluo e en paz |
| S 904-4 | en amor de dios lynpio vuestro loco nol trançe |
| S 905-4 | en ajena cabeça sea byen castigada |
| S 906-1 | En muchas engañadas castigo e seso tome |
| S 910-2 | vy vna apuesta dueña ser en -su estrado |
| S 910-3 | mi coraçon en punto leuo me lo forçado |

| | (cont.) |
|---|---|
| S 914-3 | en -esta pleytesia puso femençia tal |
| S 915-1 | luego en -el comienço fiz aquestos cantares |
| S 918-3 | en dando le la sortyja del ojo le guiño |
| S 919-2 | que çedaçuelo nueuo trez dias en astaca |
| S 920-1 | yo le dixe commo en juego picaça parladera |
| S 923-1 | prouelo en vrraca do te lo por conssejo |
| S 923-2 | que nunca mal rretrayas a -furto nin en conçejo |
| S 923-3 | desque tu poridat yaze en tu pellejo |
| S 935-4 | dixe yo en mano de vieja nunca dy mejor beso |
| S 938-2 | andan de casa en casa vendiendo muchas donas |
| S 939-2 | tovo en -lo que puso non -lo faz toda menga |
| S 939-4 | E fazer que -la pella en Rodar non se tenga |
| S 944-2 | yo cay en -la cama e coyde peligrar |
| S 945-4 | yo traue luego della e fablele en seso vano |
| S 949-3 | non puede ser que non yerre omne en grand Raçon |
| S 952-1 | En çima deste puerto vyme en Rebata |
| S 954-3 | desque me vy en coyta aRezido mal trecho |
| S 955-1 | sy quieres dime quales vsan en -esta tierra |
| S 960-2 | diz el pecado barruntas en -fablar verbos tan blauos |
| S 961-1 | Parose me en -el sendero la gaha rroyn heda |
| S 967-1 | Tomome Resio por la mano en -su pescueço puso |
| S 968-1 | Pusso me mucho ayna en vna venta con su enhoto |
| S 972-4 | que mato al viejo rrando segund dize en moya |
| S 973-1 | Estude en esa çibdat e espendi mi cabdal |
| S 975-2 | que guardaua sus vacaz en aquesa ribera |
| S 976-4 | sy en lleno te cojo byen tarde la oluidas |
| S 977-4 | diome con -la cayada en -la oreja fyera |
| S 978-3 | cofonda dios dixe yo çigueña en -el exido |
| S 978-4 | que de tal guisa coje çigoñinos en nido |
| S 979-1 | desque ovo en mi puestas las sus manos yradas |
| S 979-4 | cohieren se en vno las buenas dineradas |
| S 981-1 | Tomo me por la mano e fuemos nos en vno |
| S 981-3 | desque en -la choza fuymos non fallamos niguno |
| S 988-2 | encontrome con gadea vacas guarda en -el prado |
| S 988-3 | yol dixe en buena ora sea de vos cuerpo tan guisado |
| S 989-1 | Radio ando sseñora en esta grand espessura |
| S 989-4 | pues vos yo tengo hermana aqui en esta verdura |
| S 991-2 | fizo me yr la cuesta-lada derribome en -el vallejo |
| S 992-3 | commo fiz loca demanda en dexar por ty el vaquerizo |
| S 994-3 | coydos que traya rrodando en derredor |
| S 997-2 | encomedio de vallejo encontre vna serrana |
| S 999-2 | yol dixe bien se guardar vacas yegua en cerro caualgo |
| S 999-3 | se el lobo commo se mata quando yo en pos el salgo |
| S1003-4 | E non fables en engaño |
| S1004-2 | E da me toca amarilla byen listada en -la fruente |
| S1008-3 | la mas grande fantasma que vy en -este siglo |
| S1009-4 | touelo a -dios en merçed e leuome a -la tablada |
| S1011-1 | Enl apocalipsi Sant Johan evangelista |
| S1013-4 | beueria en pocos dias cavdal de buhon Rico |
| S1015-2 | yo non vy en -ella al mas sy tu en -ella escaruas |
| S1015-4 | valdria se te mas trillar en -las tus paruas |
| S1016-1 | Mas en verdat sy byen vy fasta la rrodilla |
| S1020-1 | Costillas mucho grandes en su negro costado |
| S1023-1 | En çima del puerto |
| S1027-3 | el -que en -ela posa |
| S1028-3 | aqui en -ferreros |
| S1047-1 | My alma E mi coyta e en tu alabança |
| S1048-1 | Por que en grand gloria estas e con plazer |
| S1048-2 | yo en tu memoria algo quiero fazer |
| S1048-4 | fizo en presiones en -penas e en dolor |
| S1052-3 | pilatos judgando escupenle en çima |
| S1053-3 | por aquesto morra en cabtiuo dado |
| S1055-1 | a -ora de sesta fue puesto en -la cruz |
| S1057-3 | de piedra tajada en sepulcro metydo |
| S1061-4 | en dauit lo leemos segud el mi coydar |
| S1062-1 | vino en santa virgen E de virgen nasçio |
| S1062-4 | dios e omne que veemos en -el santo altar |
| S1063-4 | este dios en -que creemos fueron açotar |
| S1064-1 | En -su faz escopieron del çielo claridat |
| S1064-3 | en -la cruz lo sobieron syn toda piedat |
| S1065-4 | a -los que en -el avemos esperança syn par |
| S1066-1 | En cruz fue puesto por nos muerto ferido e llagado |
| S1069-4 | salud en jhesu xpisto fasta la pasqua mayor |
| S1071-1 | E por aquesta Razon en vertud obediençia |
| S1072-1 | dezid le de todo en todo que de oy siete dias |
| S1072-4 | creo que se me non detenga en -las carneçerias |
| S1073-4 | data en castro de ordiales en burgos Resçebida |
| S1076-1 | Desde oy en syete dias tu e tu almohalla |
| S1076-2 | que seades con migo en -el canpo alla batalla |
| S1077-4 | a -mi e a -mi huesped puso nos en -coydado |
| S1080-2 | mostro en -sy esfuerço pero estaua medroso |
| S1082-1 | Pusso en -la delanteras muchos buenos peones |
| S1083-4 | en -la buena yantar estos venian primero |
| S1084-1 | En -pos loz escudados estan lo ballesteroz |
| S1084-4 | luego en pos de aquestos estan los caualleroz |
| S1092-3 | non so para afrae en carrera nin ero |
| S1095-2 | a messa mucho farta en vn Rico estrado |
| S1096-2 | el ynojo fyncado en -la mano el barril |
| S1097-3 | para entrar en -la fazienda con -la dueña serena |
| S1099-1 | faza la media noche en medio de -las salas |
| S1103-1 | vino luego en ayuda la salada sardina |
| S1103-3 | atrauesosele en el pyco afogala ayna |
| S1104-1 | vinien las grandes mielgas en esta delantera |
| S1105-4 | las truchas de aluerche dauanle en -las mexillas |
| S1107-4 | fasta en guadal-qui-vyl ponian su tendejones |
| S1108-4 | ençierra te en -la mesquita non vayas a -las prezes |
| S1109-1 | ally vino la lyxa en aquel desbarato |
| S1111-2 | trayan muchas saetas en sus aljauas postas |
| S1112-3 | quantos son en la mar vinieron al torneo |
| S1114-3 | sus armas cada vno en don carnal enprea |
| S1115-2 | tenia en -la su mano grand maça de vn trechon |
| S1115-3 | dio en medio de -la fruente al puerco e al lechon |
| S1115-4 | mando que -los echasen en sal de vyllenchon |
| S1120-4 | abraçose con -el echolo en -la arena |
| S1124-2 | fyncaron las espuelas dieron todos en -el |
| S1124-4 | a -el e a -los suyos metieron en vn cordel |
| S1129-1 | En carta por escripto le daua sus pecados |
| S1132-3 | fablar en ella mucho es cosa muy loada |
| S1133-1 | Es me cosa muy graue en tan grand fecho fablar |
| S1134-1 | E por aquesto que tengo en coraçon de escreuir |
| S1136-1 | En -el santo decreto ay grand disputaçion |
| S1136-4 | menester de todo en todo con -la satysfaçion |
| S1139-1 | En sus pechos feriendo a -dios manos alçando |
| S1141-2 | ay en -la santa iglesia mucha prueua e buena |
| S1145-1 | En esto yerran mucho que lo non pueden fazer |
| S1145-4 | en -la foya dan entranbos e dentro van caer |
| S1146-1 | que poder ha en -Roma el juez de cartajena |
| S1146-2 | o que juzgara en -françia el alcalde de rrequena |
| S1146-3 | non deue poner omne su foz en miese ajena |
| S1147-4 | saluo los que del papa son en -si rreseruados |
| S1148-2 | son muchos en derecho dezir quantos e quales |
| S1152-1 | lea en -el especulo o en -el rrepartorio |
| S1153-1 | Decretales mas de çiento en -libros E en -questionez |
| S1155-4 | de -los casos que non son en -vuestra pertenençia |
| S1156-2 | mas en ora de muerte o de grand necesidat |
| S1157-1 | En tienpo de peligro do la muerte arapa |
| S1161-3 | en -la grand nesçesidat al cardenal aprisionado |
| S1163-3 | yras a -la iglesia E non estaras en -la cal |
| S1164-1 | En -el dia del lunes por la tu soberuia mucha |
| S1167-3 | lentejaz con -la sal en Rezar te rremira |
| S1169-3 | commo quier que algund poco en -esto lazraras |
| S1170-1 | anda en -este tienpo por cada çiminteryo |
| S1174-2 | en -laz casaz do anda cesta nin canistillo |
| S1177-1 | Bien commo en este dia para el cuerpo Repara |
| S1177-2 | asi en este dia por el alma se para |
| S1178-2 | con çeniza los cruzan de Ramoz en -la fruente |
| S1179-2 | por que en -la cuaresma biua linpio e digno |
| S1180-1 | En quanto ella anda estaz oblaz faziendo |
| S1182-4 | de -lo que dixo en -casa ally se desdezia |
| S1183-2 | rresçebieron lo muy bien en -su carneçeria |
| S1184-3 | pusose muy priuado en -estremo de medellyn |
| S1187-2 | el canpo de fazaluaro en vasayn entraua |
| S1187-3 | en tres dia lo andudo semeja que bolaua |
| S1189-2 | el por esas montañas en -la sierra estudo |
| S1191-4 | de oy en quatro diaz que sera el domingo |
| S1192-3 | non te nos defenderaz en castillo nin en muro |
| S1194-1 | Byen ssabedes amigos en commo mal pecado |
| S1197-4 | dada en torna vacaz nuestro lugar amado |
| S1201-3 | para lydiar non firmes quanto en afrecho estacaz |
| S1203-1 | la dueña en -su Rybto puso dia ssabido |
| S1205-3 | bordon lleno de ymagenes en -el la palma fyna |
| S1208-4 | que a -todo pardal viejo nol toman en -todaz Redes |
| S1214-2 | en medio vna fygura cordero me semeja |
| S1215-2 | mas vienen çerca della que en -granada ay moroz |
| S1216-1 | Venia don carnal en carro muy preciado |
| S1216-4 | en saya faldas en çinta e sobra byen armado |
| S1217-1 | Traya en -la su mano vn assegur muy fuerte |
| S1218-4 | faze fazer ve valando en -boz E doble quinta |
| S1219-1 | Tenia coffya en -la cabeça quel cabello nol ssalga |
| S1219-3 | en -el su carro otro a -par del non caualga |
| S1221-4 | laz alanaz paridaz en -laz cadenaz presaz |
| S1222-2 | rreciben lo en sus puebloz dizen del grand estoria |
| S1222-3 | taniendo laz canpanaz en diziendo la gloria |
| S1222-4 | de talez alegriaz non ha en -el mundo memoria |
| S1223-1 | Pesso al enperante en -suz carneçeriaz |
| S1224-4 | cobra quanto ha perdido en -loz pasadoz mesez |
| S1233-2 | çinfonia e baldosa en -esta fiesta sson |
| S1235-4 | en -la proçesion yua el abad de borbones |
| S1236-3 | quantas ordenes son non -laz puze en escripto |
| S1236-4 | venite exultemus cantan en alto grito |
| S1237-3 | abbades beneditos en -esta fiesta tal |
| S1240-1 | ffrayles de sant anton van en esta quadrilla |
| S1240-3 | yuan los escuderos en -la saya cortilla |
| S1242-3 | en medio figurada vna ymagen de dueña |
| S1243-1 | Traya en -su cabeça vna noble corona |
| S1246-4 | acaesçio grand contyenda luego en ese llano |
| S1250-4 | para grand Señor non es posar en -la bodega |
| S1252-1 | Non te faran Seruiçio en -lo que dicho han |
| S1254-4 | para yr en frontera muchos ay costumeroz |
| S1256-3 | son parientas del cueruo de cras en cras andauan |
| S1258-4 | sy en dormitorio entrara nunca se arrepentiera |
| S1261-4 | en esta santa fiesta sey de mi ospedado |
| S1263-2 | pero que en mi casa fyncaron los jnstrumentes |
| S1263-3 | mi Señor don amor en -todo paro mientes |
| S1264-1 | Dyz mando que mi tyenda fynque en -aquel plado |
| S1267-1 | El mastel en -que se arma es blanco de color |
| S1267-3 | de piedraz muy preciosas çercado en -derredor |
| S1268-1 | en -la çima del mastel vna piedra estaua |
| S1269-1 | En suma vos lo cuento por non vos detener |
| S1269-2 | do todo se escriue en toledo non ay papel |
| S1269-3 | de ancho de dentro ay tanto de fazer |
| S1274-4 | con -el frio a -las de vezes en -las sus vnas besa |
| S1275-4 | en pos deste estaua vno con dos cabeçaz |
| S1279-3 | tenia laz yeruas nueuas en -el plado ançiano |
| S1281-4 | a -omes aves e bestias mete los en amorez |
| S1282-1 | Este tyene trez diablos presos en -su cadena |
| S1282-3 | pesal en -el lugar do la muger es buena |
| S1283-1 | El Segundo diablo entra en -los abades |
| S1284-2 | todos e ellas andan en modorria |
| S1285-1 | Enbia otro diablo en -los asnos entrar |
| S1285-2 | en -las cabeçaz entra non en -otro lugar |
| S1287-1 | Andan tres Ricoz onbrez ally en vna danca |
| S1289-3 | anda muy mas loçano que pauon en floresta |

| EN | (cont.) |
|---|---|
| S1289-4 | busca yeruas e ayres en -la sierra enfiesta |
| S1290-1 | El Segundo tenia en -su mano la foz |
| S1292-2 | trigos e todaz mieses en -las eraz tendiendo |
| S1294-2 | al Segundo atiende el que va en delantera |
| S1294-3 | el terçero al Segundo atiendel en frontera |
| S1299-2 | en sola vna palabra puso todo el tratado |
| S1300-4 | andan e non se alcançan atiendense en Ribera |
| S1301-2 | vy muchaz en la tienda mas por non vos detener |
| S1304-1 | Dyxo en -la jnvernada visite a seuilla |
| S1306-1 | Estaua en vn palaçio pyntado de almagra |
| S1308-1 | Coyde en otra orden fallar cobro alguno |
| S1309-1 | En caridat fablauan mas non mela fazien |
| S1309-3 | mercado falla omne en -que gana sy se detyen |
| S1315-4 | andan de boda en -boda clerigos e juglarez |
| S1324-3 | entro en -la posada rrespuesta non -le dan |
| S1329-1 | ffablo la tortolilla en -el rregno de rrodaz |
| S1332-2 | andares en amor de grand dura sobejo |
| S1338-4 | en noblezaz de amor ponen toda su femençia |
| S1342-3 | todo es en -las monjaz mas que en otro lugar |
| S1343-3 | ella diz yo lo andare en pequeño rratillo |
| S1346-3 | por el byen que me fezistes en quanto vos serui |
| S1348-2 | en -el mes de enero con fuerte tenporal |
| S1350-1 | Tomola en -la falda e leuola a -su casa |
| S1350-4 | entro en vn forado desa cozina rrasa |
| S1354-1 | alegrase el malo en dar por miel venino |
| S1361-1 | En mi joventud caça por piez non sse me yua |
| S1363-1 | En amar al mançebo e a -la su loçania |
| S1363-4 | en -el viejo se loa su buena mançebia |
| S1365-1 | byen quanto da el omne en -tanto es preçiado |
| S1367-2 | serui vos byen e syruo en -lo que contesçe |
| S1368-4 | por que talente bueno entiendo yo en -ty |
| S1370-3 | vn mur de franca barua rresçibiol en su caua |
| S1371-1 | Estaua en mesa pobre buen gesto e buena cara |
| S1375-1 | Esta en mesa rrica mucha buena vyanda |
| S1376-1 | Do comian e folgauan en medio de su yantar |
| S1377-1 | Mur de guadalajara entro en -su forado |
| S1379-2 | dixo el aldeano al otro venino jaz en -el |
| S1380-4 | todaz cosaz amargan en vida peligrosa |
| S1381-1 | Mas quiero rroer faua Seguro e en paz |
| S1383-3 | buena mi pobleza en -ssegura cabaña |
| S1385-1 | Mas vale en convento laz sardinaz saladas |
| S1387-1 | andaua en -el muladar el gallo ajenuio |
| S1388-2 | que a -ty nin a -çiento tales en -la mi mano |
| S1390-1 | Muchos leem el libro touiendo lo en poder |
| S1391-4 | contesçel commo al gallo que escarua en -el muladar |
| S1392-2 | queredes en couento mas agua con -la orça |
| S1393-1 | Comedes en convento Sardinaz e camaronez |
| S1395-2 | en -lo que tu me dizes en ello penssare |
| S1396-1 | E fallo a -la dueña que en la misa seya |
| S1396-4 | en aqueste rroydo vos fallo cada via |
| S1398-2 | diez ansarez en laguna que çient bueyez en prado |
| S1399-4 | quiere el frayle goloso entrar en -el tajador |
| S1400-3 | que el vio con su Señora jugar en -el tapete |
| S1401-4 | demonstraua en -todo grand Amor que -la Amaua |
| S1402-1 | Ante ella E sus conpañas en -pino se tenia |
| S1404-1 | yo en mi espinazo les tayo mucha leña |
| S1406-1 | Puso en sus onbros entranbos los sus braçoz |
| S1409-4 | rruego vos que me digades en -lo que acordastez |
| S1412-1 | Contesçio en vna aldea de muro byen çercada |
| S1412-4 | comia laz gallinaz de posada en posada |
| S1416-3 | para quien dolor tiene en muela o en quexar |
| S1418-3 | para quien tiene venino o dolor en -la oreja |
| S1422-2 | es del menos preçiada en -quanto es çona tenida |
| S1424-4 | commo al leon vino del mur en su dormir |
| S1425-1 | Dormia del leon pardo en -la frida montaña |
| S1425-2 | en espesura tiene su cueua soterrana |
| S1426-4 | en tu dar me la muerte non te puedes onrrar |
| S1429-4 | en quanto el podiese quel siruirie de grado |
| S1430-2 | andando en -el monte ouo de entropeçar |
| S1430-3 | cayo en -grandes rredes non las podia Retaçar |
| S1437-2 | vido al cuervo negro en vn arbol do estaua |
| S1437-3 | grand pedaço de queso en -el pico leuaua |
| S1438-2 | en blancura en do-no fermoso rreluziente |
| S1439-4 | me tiraries en punto mas que otro ensayo |
| S1441-3 | la gulhara en punto selo fue a -comer |
| S1442-4 | e es la magadaña que esta en -el cadahalso |
| S1443-3 | pecar en tal manera non conviene a -monja |
| S1445-4 | Andauan se las liebrez en -las seluas llegadas |
| S1445-4 | las liebrez temerosaz en vno son juntadas |
| S1448-3 | somos de coraçon fraco ligeras en correr |
| S1448-4 | non deue temor vano en -sy ome traer |
| S1449-3 | en tal manera tema el que bien quiere beuir |
| S1450-2 | esperança e esfuerço vencen en toda lid |
| S1453-3 | puso lo en -la forca dexolo y en su cabo |
| S1454-1 | En tierra syn justiçia eran muchos ladrones |
| S1458-1 | El ladron fue tomado en -la cadena puesto |
| S1459-3 | pon mano en -tu Seno E dalo que fallaras |
| S1459-4 | amigo con aquesto en saluo escaparas |
| S1460-3 | metio mano en -el seno E fue dende sacar |
| S1461-1 | diogela en presente callando al alcalde |
| S1463-3 | faz ansi como sueles non temas en mi fia |
| S1465-1 | leuando lo a -la forca vido en altas torres |
| S1468-4 | sotoue a -miz amigoz en -talez caualgadaz |
| S1469-3 | a -loz maloz amigoz en mal lugar dexaron |
| S1469-4 | los amigos entranbos en vno rrazonaron |
| S1473-3 | he Roto yo andando en pos ty Segund viste |
| S1474-1 | en -pos ellas andando las noches E los diaz |
| S1475-2 | dexo a -su amigo en -la forca tan alto |
| S1475-4 | el le da mala çima E grand mal en chico Rato |
| S1476-4 | es en amigo falso toda la mal andança |
| S1477-2 | en buena andança el omne tyene muchos galeotes |

| | |
|---|---|
| S1477-4 | desque le veen en coyta non dan por el dotes motes |
| S1479-3 | al que te dexa en coyta nol quieras en -trebejo |
| S1479-4 | al que te mata so capa nol salues en conçejo |
| S1480-4 | abenid voz entre anboz desque en vno estedes |
| S1482-3 | E que de vos non me parta en vuestraz manos juro |
| S1484-4 | non Respondas en escarnio do te preguntan cordura |
| S1489-4 | tal omne como este non es en -todaz erias |
| S1496-3 | a -la misa de mañana vos en -buena ora yd |
| S1497-3 | e si en -la rrespuesta non te dixiere enemiga |
| S1499-1 | En -el nonbre de dios fuy a -misa de mañana |
| S1499-2 | vy estar a -la monja en oraçion loçana |
| S1503-3 | mucho de bien me fizo con dios en lynpio amor |
| S1503-4 | en -quanto ella fue byua dioz fue mi guiador |
| S1504-3 | la su vida muy lynpia en dios se deleytaua |
| S1504-4 | en locura del mundo nunca se trabajaua |
| S1513-3 | para en jnstrumentos de comunales maneras |
| S1514-4 | caçurros E de bulrras non cabrian en -dyez priegos |
| S1515-4 | en quales quier jnstrumentos vienen mas assonados |
| S1518-1 | Dize vn filosofo en su libro Se nota |
| S1522-3 | non ay en -ty mesura amor nin piedad |
| S1524-1 | Dexas el cuerpo yermo a -gusanos en -fuesa |
| S1524-4 | de fablar en ti muerte espanto me atrauiesa |
| S1525-1 | Eres en -tal manera del mundo aborrida |
| S1525-2 | que por bien que -lo amen al omne en -la vida |
| S1525-3 | en punto que tu vienes con tu mala venida |
| S1528-1 | ffazes al mucho Rico yazer en grand poblejẑza |
| S1529-1 | Non ha en -el mundo libro nin escrito nin carta |
| S1529-3 | en -el mundo non ha cosa que con byen de ti se parte |
| S1532-2 | en vn punto se pierde quando omne non coyda |
| S1533-1 | quien en mal juego porfia mas pierde que non cobra |
| S1534-2 | viene vn mal azar trae dados en Rodo |
| S1541-2 | amidoz tarde o -nunca en misa por el estan |
| S1542-2 | ante de misa dicha otros la han en miente |
| S1544-4 | en -ty tienes la tacha que tiene el mestuerço |
| S1545-2 | otrosi tu mal moço en punto que assoma |
| S1545-3 | en -la cabeça fiere a -todo fuerte doma |
| S1546-1 | los ojos tan fermosos pones los en -el techo |
| S1546-2 | çiegas los en vn punto non han en -si prouecho |
| S1546-4 | en -ty es todo mal rrencura E despencho |
| S1551-1 | Enemiga del bien en -el mal amador |
| S1559-4 | saco nos de cabptiuo la cruz en -quel posiste |
| S1560-1 | A -santos que tenias en tu mala morada |
| S1562-2 | que los tenies en -las penas en -las tus malas arcas |
| S1562-3 | al cabdillo de moysen que tenias en -tus baraças |
| S1563-2 | quantos en -tu jnfierno estauan apremidos |
| S1565-1 | a -los perdidos malos que dexo en -tu poder |
| S1565-2 | en fuego jnfernal los fazes tu arder |
| S1565-3 | en penas jnfernales los fazes ençender |
| S1570-1 | Cyerto en parayso estas tu assentada |
| S1570-3 | sienpre en este mundo fuste por dos maridada |
| S1571-2 | que mas leal trotera nunca ffue en memoria |
| S1576-2 | en quanto fuy al mundo oue vyçio e soltura |
| S1576-4 | cay en vna ora so tierra del altura |
| S1577-1 | Prendiome syn sospecha la muerte en -sus Redes |
| S1577-3 | obrad bien en -la vida a -dios non -lo erredes |
| S1579-2 | non fiedes en -tregua de vuestro enemigo |
| S1581-2 | con algun enemigo en -el canpo entrar |
| S1581-4 | Syn armas non querria en tal peligro entrar |
| S1593-2 | que dios fizo en parayso matrimonio E casamiento |
| S1597-3 | con fe en -su memoria lidiando por su seruiçio |
| S1607-2 | es en -la dueña chica amor E non poco |
| S1609-2 | en -la cama solaz trebejo plazenteras Ryentes |
| S1609-3 | en casa cuerdas donosaz sosegadas byen fazientes |
| S1610-1 | En pequeña girgonça yaze grand rresplandor |
| S1610-2 | en açucar muy poco yaze mucho dulçor |
| S1610-3 | en -la dueña pequeña yase muy grand amor |
| S1611-4 | non ha plazer del mundo que en -ella non sienta |
| S1612-1 | Commo en chica rrosa esta mucha color |
| S1612-2 | en oro muy poco grand preçio E grand valor |
| S1612-3 | commo en poco blasmo yaze grand buen olor |
| S1612-4 | ansy en -dueña chica yaze muy grad sabor |
| S1616-4 | mejor es en -la prueua que en -la salutaçion |
| S1621-1 | Dos dias en -la selmana era grand ayunador |
| S1627-4 | fazer a -dios seruiçio En punto lo desea |
| S1629-3 | ande de mano en mano a -quien quier quel pydiere |
| S1631-4 | syn la que se a-lega en -la Razon fermosa |
| S1633-2 | por vos dar solaz a -todos fable vos en -juglaria |
| S1633-3 | yo vn gualardon vos pido que por dios en -rromeria |
| S1636-3 | te ofresco en seruiçio |
| S1639-7 | que viste morir en cruz |
| S1646-3 | en -su conpañia |
| S1649-3 | en aquel dia |
| S1649-6 | en nuestra valia |
| S1654-3 | E en parayzo entredes |
| S1659-3 | dad por dios en -su memoria |
| S1660-1 | agora en quanto byuierdes |
| S1664-5 | en alteza |
| S1666-9 | en carcel peligrosa |
| S1667-6 | en bondad |
| S1667-9 | en dulçor marauillosa |
| S1670-1 | Reyna virgen mi esfuerço yo so puesto en tal espanto |
| S1671-1 | Yo so mucho agrauiado en esta çibdad seyendo |
| S1673-3 | en -los çielos ensalçada |
| S1674-6 | en presion syn meresçer |
| S1675-5 | que confiesso en verdat |
| S1676-4 | en obra e entençion |
| S1676-7 | venga a -ti Señora en miente |
| S1677-1 | en -que so coytado triste |
| S1677-6 | tu me guarda en -tu mano |
| S1679-1 | grand fyança he yo en -ty Señora |
| S1679-2 | la mi esperança en -ty es toda ora |
| S1680-3 | en -tu esperança coyta atanta |

**EN**
(cont.)
S1684-1   En ty es mi sperança
S1684-3   en señor de tal valia
S1686-6   en tormenta tamaña
S1687-3   en me mal traher
S1688-4   en -goço tornares
S1689-5   en muy pocos diaz
S1690-1   Alla en talavera en -las calendas de abril
S1690-3   en -las quales venia el mandado non vil
S1692-3   ay viejo mezquino en -que envegeçi
S1692-4   en ver lo que veo E en ver lo que vy
S1694-1   Cartas eran venidaz que dizen en esta manera
S1696-1   Ado estauan juntados todos en -la capilla
S1698-2   en -dexar yo a -ella rresçibierya yo grand dapño
S1701-1   ffablo en -pos de aqueste luego el thesorero
S1704-3   Sy yo touiese al arçobispo en otro tal angosto
S1705-1   ffablo en -post aqueste el chantre Sancho muñoz
S1705-4   por ende yo apello en -este escripto abiuad voz
S1706-1   que sy yo tengo o -toue en casa vna seruienta
S1707-1   En mantener omne huerfana obra es de piedad
S1708-4   que -la acoje de noche en casa avn que gelo defiendo
S1709-4   E dende en adelante çiertas procuraçones
F   7   De mal en peor andan (co)mo el lobo a las hormigas

**ENAJENADO**
S 206-2   quien puede ser suyo non sea en-ajenado
**ENAJENAS**
S 210-1   En -punto que -lo furtas luego lo en-ajenas
**ENAMISTAT**
S1522-2   con todo el mundo tyenes continua en-amiztat
**ENAMORA**
S 397-2   ssy oy cassar la quieren cras de otro se enamora
G 446-2   non oluidez tal dueña maz della te enamora
**ENAMORAD**
S1496-4   enamorad a -la monja e luego voz venid
**ENAMORADA**
S 167-2   querer sienpre tener alguna enamorada
S 855-3   alegro me con mi tristeza lasa mas enamorada
S 877-1   Señora doña endrina vos la mi enamorada
**ENAMORADO**
S 158-1   El que es enamorado por muy feo que sea
S 409-1   Señor enamorado dixo al mur la Rana
S 429-3   muchas buenas maneras para enamorar
S 463-1   yo era enamorado de vna duena en abryl
G 563-4   en -esto se esmera el que es enamorado
S 836-2   despues con vuestra fabla fue mucho enamorado
S 854-2   Ruega e rrogando creçe la llaga del enamorado
S1077-3   ca non tenia amor nin era enamorado
S1264-2   ssy me viniere a -ver algud enamorado
S1314-2   con -el muy grand plazer al su enamorado
**ENAMORE**
S1502-4   enamorome la monja e yo enamorela
**ENAMORO**
S1502-4   enamorome la monja e yo enamorela
**ENANA**
S 431-2   que non sea mucho luenga otrosi nin enana
**ENANO**
S 401-2   eres enano chico quando lo as de dar
S1279-1   El primero de aquestos era chico enano
**ENARBOLADA**
S 597-1   esta dueña me ferio de saeta en-arbolada
**ENARTA**
S1195-3   guardat la que non fuya que todo el mundo en-arta
S1457-3   desta guisa el malo sus amigos enarta
**ENARTAN**
S 403-1   ansy muchas fermosas contigo se enartan
**ENARTAR**
S 182-3   eres mentiroso falso en muchos enartar
**ENATIO** (V)
G 402-3   al mas astrozo al enatio ajoba
**ENAVENTO**
S 963-3   en-avento me el dardo diz para el padre verdadero
**ENBAÇADO** (V)
G 332-4   el lobo quando lo uido luego fue enbaçado
**ENBARGAN**
G 591-1   E por que muchaz de cozaz me enbargan e enpeçen
**ENBARGAVA**
S 239-2   andaua mal e poco al cauallo enbargava
**ENBARGO**
S1290-4   agraz nueuo comiendo enbargole la boz
**ENBARGO** (H)
S 832-1   E vos del non avedes nin coyta nin enbargo
**ENBARGUE**
S 454-3   verguença non te enbargue quando con ella estodieres
S 610-2   dyl syn miedo tus deseos non te enbargue vergueña
**ENBIA**
S 24-4   al fijo que dios en -ti enbia
S 657-4   se vos encomienda mucho mill saludes vos enbya
S1281-1   El Segundo enbya a -viñas cauadorez
S1285-1   Enbia otro diablo en -los asnos entrar
S1297-3   enbya derramar la sienpre al ero
S1328-3   el que al lobo enbia a -la fe carne espera
S1494-3   se -que el que al lobo enbia a -la fe carne espera
S1510-2   enbia vos vna çodra con aqueste aluala
S1625-4   que a -mi non te enbia nin quiero tu mandado
S1646-5   dioz ally enbya
S1693-2   diz el papa nos enbia esta constituçion
**ENBIA** (H)
S 707-3   syenpre cada dia cresçe con enbia e falsedat
**ENBIADA**
S 96-3   dixo a -la mi vieja que -le avia enbiada
S1069-2   enbiada de dios a -todo pecador

**ENBIADO**
S 702-4   por la vuestra buena fama E por vos enbiado
**ENBIAMOS**
S1191-2   enbyamos nos a -ty al armuerzo nuestro amigo
**ENBIAN**
S1334-4   enbyan e otraz cada dia arreuezes
S1339-2   do an vino de toro non enbian valadi
**ENBIAR**
S 41-2   quando por ti quiso enbiar
S 297-4   dezir telo he mas breue por te enbiar ayna
**ENBIARES**
G 436-1   A -la muger que enbiarez de ti zea parienta
**ENBIAT**
S1195-4   enbiat gelo dezir con dona merienda farta
**ENBIAVA**
S1282-2   el vno enbiaua a -las dueñas dar pena
**ENBIDIA**
S 276-1   Eres pura enbidia en -el mundo non ha tanta
S 277-1   El çelo syenpre nasçe de tu enbydia pura
S 281-3   jacob a esau por la enbidia del
S 282-1   ffue por la enbydia mala traydo jhesu xpisto
S 282-3   por enbydia fue preso E muerto e con-quisto
S1598-1   la enbidia mato muchos de -los profectass
S1599-4   con estas armas de dios a -enbidia desterraremos
**ENBIDIOZO**
G 558-1   Non seaz mal deziente nin seaz enbidiozo
**ENBIE**
S 80-1   Enbiele esta cantiga que es de yuso puesta
S1319-1   Con -la mi vejezuela enbiele ya que
S1331-2   enbie por mi vieja ella dixo adolo
**ENBIO**
S 91-2   enbio me mandar que punase en fazer
S 129-3   enbio por sus sabios dellos saber querria
S 200-1   Enbioles don jupiter vna viga de lagar
S 202-1   Enbioles por su Rey çigueña manzillera
S 479-2   mucho de priessa enbio por el entendedor
S 991-1   Enbiome la cayada aqui tras el pastorejo
S1189-1   Enbio laz cartaz andar non pudo
S1346-1   Dixol doña garoça enbio te el a -mi
S1454-3   enbio alla su alcalde merinos e Sayones
S1640-3   el sesto quando enbio
**ENBIO** (H)
S 990-5   si la cayada se enbyo
S1075-4   enbyo te el ayuno por mi des-afiar
**ENBOTA**
S1518-2   que pesar e tristeza el engenio en-bota
**ENBRIAGOS**
S 546-1   los omnes enbriagos ayna envejeçen
**ENBUDO**
S1276-3   fazia çerrar sus cubas fenchir laz con enbudo
**ENBUELTO**
S1430-4   enbuelto pies e manos non se podia alçar
**ENBUELVAS**
S 455-3   con muger non enpereçez nin te enbueluas en tabardo
**ENCANTADOR**
S 262-2   el grand encantador fizole muy mal juego
S 868-3   el encantador malo saca la culebra del forado
**ENCANTALLA**
S 916-1   Començo a -encantalla dixole Señora fija
**ENCANTO**
S 262-3   la lunbre de -la candela encanto E el fuego
S 918-1   encantola de guisa que -la enveleño
**ENCARGO**
S 832-2   dezides me non maguer que sienpre vos encargo
**ENCARGOS**
S1436-3   commo fueron al cueruo los dichos los encargos
**ENCELADO**
S1327-1   Mas val tener algun cobro mucho ençelado
**ENCELARES**
S 567-1   ssy muchos le ençelares mucho fara por ty
**ENCENDEMIENTO**
G 685-3   ençendemiento grande pone el abraçar el amada
**ENCENDER**
S1565-3   en penas jnfernales los fazes ençender
**ENCENDIA**
S 522-3   que mas la ençendia E pues devia por ella
**ENCENDIAN**
S 263-3   synon lo ençendian dentro en -la natura
**ENCENDIDA**
S 525-4   en -lo quel mucho piden anda muy ençendida
**ENCENDIDAS**
S 469-3   quando son ençendidas E mal quieren fazer
**ENCENDIDOS**
G 555-1   des que loz omnez eztan en juegoz ençendidoz
**ENCENDIEN**
S 264-3   ençendien ally todos commo en grand çentella
**ENCENDIMIENTO**
S 275-3   al que tu ençendimiento e tu locura cata
S 843-3   con el ençendymiento morides E penades
**ENCERRADA**
S 167-4   tome amiga nueva vna dueña ençerrada
S 394-3   ençerrada e guardada con vycios criada
S 725-1   ffija sienpre estades en caza ençerrada
S1413-3   desque se vido ençerrada diz los gallos furtados
S1574-1   alta muger nin baxa ençerrada nin ascondida
**ENCERRADO**
G 588-2   en -el coraçon lo trayo ençerrado e ascondido
S1127-2   E que lo touiesen ençerrado ado non -lo vea ninguno
S1172-1   ffynco ally ençerrado don carnal el coytoso
**ENCERRARON**
S 340-1   Encerraron Racones de toda su pofia

## ENCIENDE

| | |
|---|---|
| S 523-3 | aquello la ençiende E aquello la traspassa |
| S 856-2 | tanto maz en -la pelea se abyua e se ençiende |
| S 856-4 | atanto mas doña venus la fla e la ençiende |

## ENCIENSO

| | |
|---|---|
| S 27-2 | melchior fue ençienso dar |
| S1638-8 | ençienso mirra oro |

## ENCIERRA

| | |
|---|---|
| S1108-4 | ençierra te en -la mesquita non vayas a -las prezes |

## ENCIMA

| | |
|---|---|
| S1006-3 | byen ençima del puerto fazia orrilla dura |

## ENCIVAS

| | |
|---|---|
| S1487-1 | las ençiuas bermejas E la fabla tunbal |

## ENCLARESCE

| | |
|---|---|
| S1275-2 | enclaresçe los vinos con anbas sus almuezaz |

## ENCLAVARON

| | |
|---|---|
| S1065-1 | Con clauos enclauaron las manos e pies del |

## ENCLAVO

| | |
|---|---|
| S 300-3 | enclauo me ven Señor con tu diente bendito |

## ENCLINA

| | |
|---|---|
| S 820-3 | el rrico los quebranta su soberuia los enclina |

## ENCLINANDO

| | |
|---|---|
| S1139-4 | do mas fazer non puede la cabeça enclinando |

## ENCOBA

| | |
|---|---|
| S 402-4 | aquel da de -la mano e de aquel se encoba |

## ENCOBIERTA

| | |
|---|---|
| S 542-2 | que non ay encobyerta que a -mal non rrevierta |

## ENCOBIERTAS

| | |
|---|---|
| G 447-2 | zon tachaz encobiertaz de mucho mal dezir |
| S1340-2 | Son mucho encobiertas donosaz plazenteraz |

## ENCOBIERTO

| | |
|---|---|
| S 65-3 | que saber bien e mal dezir encobierto e doñeguil |
| S 393-4 | de logar encobyerto sacas çelada fiera |
| G 595-1 | El fuego mas fuerte quexa escondido encobierto |
| S 837-4 | el fuego encobyerto vos mata E penaredes |

## ENCOBO

| | |
|---|---|
| S 420-3 | matas al que mas quieres del byen eres encobo |

## ENCOBRID

| | |
|---|---|
| S 708-3 | encobrid todo aquesto lo mas mucho que podades |

## ENCOBRIMOS

| | |
|---|---|
| S 704-4 | mas encubiertas encobrimos que meson de vezindat |

## ENCOBRIR

| | |
|---|---|
| S 830-2 | nin el grande amor non puede encobrir lo que ama |

## ENCOGIDAS

| | |
|---|---|
| S1414-3 | laz manos encogidaz yerta e des-figurada |

## ENCOGIDOS

| | |
|---|---|
| S 56-3 | en manera de arpom los otros dos encogidos |
| S 339-1 | El galgo e el lobo estauan encogidos |

## ENCOJE

| | |
|---|---|
| S 104-4 | al tienpo se encoje mejor la yerua malua |

## ENCOMENDADO

| | |
|---|---|
| S 902-2 | pidio al lobo el asno que -le avya encomendado |

## ENCOMENDADOS

| | |
|---|---|
| S1147-3 | Segud comun derecho le son encomendados |

## ENCOMIENDA

| | |
|---|---|
| S 657-2 | se vos encomienda mucho mill saludes vos enbya |
| S 755-3 | ayuda e deffiende a -quien sele encomienda |

## ENCOMIENDO

| | |
|---|---|
| S1671-3 | pues a -ty me encomiendo non me seas desdeñosa |
| S1672-1 | A -ty me encomiendo virgen ssanta maria |

## ENCONADA

| | |
|---|---|
| S 418-4 | lengua tan enconada dios del mundo la tuelga |

## ENCONADO

| | |
|---|---|
| S 187-1 | Eres tan enconado que do fieres de golpe |

## ENCONE

| | |
|---|---|
| S 356-3 | por perentoria esto guarda non te encone |
| S 906-4 | non me maldigan algunos que por esto se encone |

## ENCONTRADA

| | |
|---|---|
| S 960-3 | que por esta encontrada que yo tengo guardada |

## ENCONTRE

| | |
|---|---|
| S 997-2 | encomedio de vallejo encontre vna serrana |

## ENCONTRO

| | |
|---|---|
| S 988-2 | encontrome con gadea vacas guarda en -el prado |

## ENCORDADO

| | |
|---|---|
| S1598-4 | spiritu de buen conssejo encordado destaz letraz |

## ENCUBIERTAS

| | |
|---|---|
| S 68-1 | las del buen amor sson Razones encubiertas |
| S 386-4 | despues custodinos te rruegan las encubiertas |
| S 704-4 | mas encubiertas encobrimos que meson de vezindat |

## ENCUBRE

| | |
|---|---|
| G 593-1 | E si encubre del todo su ferida e su dolor |
| S 636-2 | encubre su pobreza e su vyda lazrada |
| S 821-2 | en-cubre se en -cabo con mucha arteria |

## ENCUBRE (H)

| | |
|---|---|
| S 635-4 | encubre tu pobleza con mentyr colorado |

## ENCUBRI

| | |
|---|---|
| S 706-3 | por escusar mill peligros fasta oy lo encubri |

## ENCUENTRAS

| | |
|---|---|
| S 373-4 | ssy loçanas encuentras fablas les entre los dientes |

## END

| | |
|---|---|
| S 903-4 | mas que -lo non tenia e por end veniera |

## ENDE

| | |
|---|---|
| P 18 | E por ende |
| P 27 | E por ende sigue la Razon el dicho dauid |
| P 44 | E por ende se sigue luego la segu(n)da rrazon |
| P 62 | E por ende deuemoz tener sin dubda |
| P 201 | Por ende començe mi libro en -el nonbre de dioz |
| S 19-2 | la virgen santa maria por ende yo joan rroyz |
| S 75-4 | mas non se parte ende Ca natura lo entiza |
| S 76-3 | prouar omne las cosas non es por ende peor |
| S 81-3 | E fallanse ende mal castigo en -su manera |
| S 89-1 | Por ende yo te digo vieja e non mi amiga |

## ENEMIGO

| | |
|---|---|
| S 147-3 | E el fuero escripto non es por ende desfecho |
| S 151-1 | Non sse astrologia nin so ende maestro |
| S 159-3 | mas noble que los otros por ende todo onbre |
| S 259-3 | por ende non fizo el tenpro en todos los sus diaz |
| S 280-3 | nin la puedes vençer nin puedes ende foyr |
| S 334-1 | E por ende yo propongo contra el esençion |
| S 336-3 | por ende non deue ser del ninguno acussado |
| S 338-2 | por ende sus dichos non valen dos arvejas |
| S 362-4 | por ende pongo sylençio al lobo en -esta saçon |
| S 467-3 | por ende mi amigo en -tu coraçon non yaga |
| S 485-1 | Por ende te castiga non dexes lo que pides |
| S 513-2 | por ende a -tu vieja se franco e llenero |
| S 521-3 | que por ende sera casta e la fara estar |
| S 547-3 | por ende vyenen muertes contyendas e barajas |
| G 549-1 | por ende fuy del vino e faz buenoz geztoz |
| G 589-2 | ende mayorez peligroz espera que an de zeer |
| S 645-1 | Por ende busca vna buena medianera |
| S 743-4 | por ende aquel buen omne vos ternia defendida |
| G 758-3 | por ende tal mançebillo para uoz lo querria |
| S 773-1 | salyo mas que de passo fizo ende rretorno |
| S 861-2 | por ende fija Señora yd a -mi casa a -vezes |
| S1088-4 | vsado so de lyd syenpre por ende valy |
| S1089-4 | por te fazer seruiçio non fuy por ende syeruo |
| S1098-4 | por ende se alboroçaron del Roydo que oyeron |
| S1195-1 | Por ende vos mandamos vista la nuestra carta |
| S1200-1 | Por ende cada vno esta fabla decuere |
| S1202-1 | Por ende doña quaresma de flaca conplision |
| S1203-3 | por ende non avia por que lidiar con su vençido |
| S1319-4 | si poco ende trabaje muy poco ende saque |
| S1329-4 | por ende casa la duena con cauallero apodaz |
| S1362-3 | por ser el omne viejo non pierde por ende prez |
| S1409-3 | por ende non me atreuo a -preguntar que pensastez |
| S1428-1 | Por ende vençer es onrra a -todo ome nasçido |
| S1580-3 | por ende cada vno de nos sus armas puerte |
| S1617-4 | por ende de -las mugeres la mejor es la menor |
| S1632-3 | por ende fago punto E çierro mi almario |
| S1705-4 | por ende yo apello en -este escripto abiuad voz |

## ENDECHA

| | |
|---|---|
| S1507-1 | Con -el mucho quebranto ffiz aquesta endecha |

## ENDENDERAS

| | |
|---|---|
| S 986-4 | Ca tu endenderas vno e el libro dize al |

## ENDEREDOR

| | |
|---|---|
| S 617-3 | anda por maestria lygera enderedor |
| S 779-1 | Toxo lo enderedor a mal andar el rrodezno |
| S1051-4 | trauaron del luego todos enderedor |
| S1218-1 | Enderedor traya çeñida de -la su çynta |

## ENDERREDOR

| | |
|---|---|
| S1220-1 | Enderredor de ssy trahe muchos alanes |

## ENDIABLADA

| | |
|---|---|
| S 963-1 | la chata endiablada que santillan la confonda |
| S 991-3 | dixo la endiablada asy apilan el conejo |

## ENDRINA

| | |
|---|---|
| S 596-1 | Dona endryna que mora aqui en mi vezindat |
| S 653-1 | ay dios E quam fermosa vyene doña endrina por la plaça |
| G 669-1 | pazo o paso don endrina so el portal es entrada |
| G 679-1 | esto dixo doña endrina esta dueña de prestar |
| G 685-1 | esto dixo doña endrina es cosa muy prouada |
| S 709-4 | dezid me quien es la dueña yo le dixe doña endrina |
| S 723-4 | vydola doña endrina dixo entrad non Reçeledes |
| S 740-1 | Dixo doña endrina callad ese predicar |
| S 745-1 | guardat vos mucho desto Señora doña endrina |
| S 753-4 | guardat vos doña endrina destas paraças malas |
| G 764-1 | Respondio doña endrina dexat non osaria |
| S 798-1 | Doña endrina es vuestra e fara mi mandado |
| S 812-4 | E verna doña endrina sy la vieja la llama |
| S 841-3 | doña endrina me mata e non sus conpañeras |
| S 847-1 | dixo doña endrina a -la mi vieja paga |
| S 867-1 | otorgole doña endrina de yr con ella fablar |
| S 871-3 | vyno doña endrina con -la mi vieja sabiente |
| S 877-1 | Señora doña endrina vos la mi enamorada |
| S 882-1 | doña endrina le dixo ay viejas tan perdidas |
| S 891-1 | doña endrina e don melon en vno casados son |

## ENDRINAS

| | |
|---|---|
| G 665-1 | bien asi enganan muchoz a otraz muchaz endrinaz |

## ENDRINO

| | |
|---|---|
| S 909-1 | Entyende byen mi estoria de -la fija del endrino |

## ENDURAR

| | |
|---|---|
| S 887-4 | duelo cuerda mente sofrir E endurar |

## ENDUXO

| | |
|---|---|
| S1490-1 | A -la dueña mi vieja tan byen que -la enduxo |

## ENEMIGA

| | |
|---|---|
| S 89-2 | que jamaz a -mi non vengas nin me digas tal enemiga |
| S 624-2 | la que te era enemiga mucho te querra amar |
| S 825-3 | corrida e amarga que me diz toda enemiga |
| S1497-3 | e si en -la rrespuesta non te dixiere enemiga |
| S1520-3 | enemiga del mundo que non as semejante |
| S1551-1 | Enemiga del bien en -el mal amador |
| S1580-2 | ca nuestra enemiga es natural E fuerte |
| S1594-1 | yra que es enemiga e mata muchos ayna |
| S1598-2 | contra esta enemiga que nos fiere con saetas |

## ENEMIGO

| | |
|---|---|
| S 372-3 | eres mal enemigo a -todos quantos plazes |
| S 416-4 | eres mal enemigo fazes te amador |
| S 573-4 | faz conssejo de Amigo fuye de loor de enemigo |
| S 626-4 | tristeza e Renzilla paren mal enemigo |
| S 858-4 | acabad vuestros desseos matad vos con enemigo |
| S1191-1 | byen sabes commo somos tu mortal enemigo |
| S1200-2 | quien a -su enemigo popa a -laz sus manos muere |
| S1200-3 | el que a -su enemigo non mata si podiere |
| S1200-4 | su enemigo matara a -el si cuerdo fuere |
| S1479-2 | ante es enemigo E mal queriente sobejo |
| S1579-2 | non fiedes en -tregua de vuestro enemigo |

**ENEMIGO** (cont.)
S1581-2 con algun enemigo en -el canpo entrar
**ENEMIGOS**
S 165-4 E nunca vos creades loorez de enemigos
S 399-2 das muchos enemigos al cuerpo que rrequieres
S1582-1 enemigos que nos quieren fazer sieruos captiuos
S1585-4 con siete sacramentos estos enemigos sobrar
**ENERO**
S1348-2 en -el mes de enero con fuerte tenporal
**ENERVOLAS**
S 183-2 enpoçonaz las lenguas en-eruolas tus viras
**ENFAMADA**
G 760-1 sy yo ante casaze seria enfamada
**ENFAMADO**
S 336-2 por sentençia E por derecho es mal enfamado
**ENFAMAMIENTO**
S1423-2 del alma e del cuerpo e muerte e enfamamiento
**ENFAMAN**
S 908-2 muchos despues la enfaman con escarnios E rreyres
**ENFAMARON**
S 224-2 los cuerpos enfamaron las animas perdieron
**ENFAMEDES**
S 879-4 mejor me paresçe esto que non que vos enfamedes
**ENFARONEA**
S 633-2 nunca el buen doñeador por esto enfaronea
**ENFERMO**
S 945-3 moço malo moço malo mas val enfermo que sano
**ENFIESTA**
S 893-2 quando fue Sano della que -la traya enfiesta
S1289-4 busca yeruas e ayres en -la sierra enfiesta
**ENFIESTO**
S1486-2 el su andar enfiesto bien como de pauon
**ENFIESTOS**
S1086-3 venian muy byen guarnidos enfiestos los pendones
**ENFLAQUECE**
G 584-2 enflaqueçe e mata al rrezio e al fuerte
**ENFLAQUESCES**
S1548-3 en-flaquesçes la fuerça en-loquesçes cordura
**ENFLAQUEZES**
S 188-1 de commo enflaquezes las gentes e las dapñas
**ENFLAQUIDAS** (V)
G1121-4 defendio ze quanto pudo con manoz enflaquidaz
**ENFORCADA**
S 328-3 que sea enforcada e muerta como ladron
**ENFORCADO**
S1464-4 el alcalde diz mando que sea enforcado
S1470-3 dixo el enforcado tus obras mal apresaz
**ENFORCADOS**
S 222-2 arrastrados E enforcados de manera estraña
**ENFORCAR**
S1467-2 Amigo valme valme que me quieren enforcar
**ENFORCARON**
S1126-3 luego los enforcaron de vna viga de faya
S1469-1 Entonçes loz sayonez al ladron enforcaron
**ENFORCAVAN**
S1454-4 al ladron enforcauan por quatro pepiones
**ENFORCE**
S 187-4 que nol debatas luego por mucho que se enforce
**ENFORMA**
S 13-2 enforma e ayuda a -mi el tu açipreste
**ENFRAQUECIDAS**
S1121-4 deffendiose quanto pudo con manos enfraqueçidas
**ENFRAQUESCES**
S 279-2 leuantaz les baraja con çelo enfraquesçez
S 291-3 enfraquesçes pecado eres grand venterrnero
**ENFRIADA**
G 671-3 estadez enfriada mas que -la nief de -la sierra
**ENGANADO**
S 103-3 aquel es enganado quien coyda que engaña
**ENGANADOR**
S 416-2 tan byen al engañado como al enganador
**ENGANADOS**
S 217-2 con mucha cobdiçia los omnes enganadoz
**ENGANAN**
G 665-1 bien asi enganan muchoz a otraz muchaz endrinaz
**ENGAÑA**
S 103-3 aquel es enganado quien coyda que engaña
S 222-2 quien tu cobdiçia tiene tal pecado lo engaña
S 341-4 por boluer al alcalde ninguno non -lo engaña
S 596-4 sy el amor non me engaña yo vos digo la verdat
S 638-4 Seruidor ligongero a -su señor engaña
G 665-2 el omne tan engañozo asi engaña a -suz vezinaz
S 706-2 ella si me non engaña paresçe que ama a -mi
S1383-2 comes muchas viandas aquesto te engaña
S1466-3 engaña a -quien te engaña a -quien te fay fayle
**ENGAÑA** (H)
S1466-3 engaña a -quien te engaña a -quien te fay fayle
**ENGAÑADA**
G 685-2 que por suz bezoz la dueña finca muy engañada
S 905-1 la que por des-aventura es o -fue engañada
S1369-1 Mas temome e Reçelo que mal engañada sea
S1435-4 mas rresçelo me mucho de ser mal engañada
**ENGAÑADAS**
S 882-2 a -las mugeres trahedes engañadas vendidas
S 906-1 En muchas engañadas castigo e seso tome
**ENGAÑADES**
S 784-2 el mundo rrevoluiendo a -todos engañades
**ENGAÑADO**
S 416-2 tan byen al engañado como al enganador
S 836-3 por aquestas dos cosas fue mucho engañado
**ENGAÑADOR**
S 220-2 con palabras muy dulçes con gesto engañador

**ENGAÑAR**
P 144 que vsan para pecar E engañar laz mugerez
S 740-2 que ya esse parlero me coydo engañar
S 817-2 ca engañar al poble es pecado muy grande
S 848-1 Es maldat E falsia las mugeres engañar
S 995-4 non avras lo que quieres poder te has engañar
**ENGAÑARE**
S 817-4 sy vos yo engañare el a -mi lo demande
**ENGAÑARIA**
S 817-3 yo non vos engañaria nin dios nunca lo mande
**ENGAÑAS**
S 188-2 muchos libros ay desto de commo las engañaz
S 320-2 en-gañas todo el mundo con palabra fermosa
**ENGAÑEDES**
G 665-4 buscat a -quien engañedez con vuestraz falsaz espinaz
**ENGAÑES**
S 372-4 fablas con grand synpleza por que muchos engañes
**ENGAÑO**
S 216-3 syenpre de ti me vino con tu sotil engaño
S 288-2 vydo el mal engaño E el color apostizo
S 406-2 que canta dulçe con engaño al ave pone abeyte
S 529-3 rretentolo el diablo con su sotil engaño
G 670-3 Cuydadez que voz fablo en engaño e en folia
G 680-4 non uoz consintre engaño cada que -lo entendiere
S1003-4 E non fables en engaño
S1354-3 por piedat engaño donde bien le avino
**ENGAÑO** (H)
S 261-3 engañolo la duena quando lo colgo en -el çesto
**ENGAÑOS**
S 183-1 Con engañoz E lyjonjas E sotiles mentiras
S 318-2 fazes le penssar engaños muchas malas baratas
S1634-3 que fazen muchos e muchas a -otras con sus engaños
**ENGAÑOSA**
S1600-2 esta es de -los siete pecados mas sotil e engañosa
S1666-8 con su obla engañosa
**ENGAÑOSAS**
P 132 e sotilezaz engañosaz del loco Amor del mundo
P 143 de suz muchaz engañosaz maneraz
**ENGAÑOSO**
S 627-3 non olvides los sospiros en -esto sey engañoso
**ENGAÑOSOS**
S1257-3 con gestos amorosos e engañosos jugetes
**ENGAÑOZO**
G 665-2 el omne tan engañozo asi engaña a -suz vezinaz
**ENGENIO**
S1518-2 que pesar e tristeza el engenio en-bota
**ENGORRES**
S1025-4 aqui non te engorres
S1465-4 andando E fablando amigo non te engorres
**ENGRACIAS**
S 376-4 con miserere mey mucho te le engraçias
**ENGRACIO**
S1492-3 quiero yr a -dezir gelo yuy como me engraçio
**ENGUINANDO**
S 257-4 por conplyr la loxuria enguinando laz oteas
**ENHOTO**
S 968-1 Pusso me mucho ayna en vna venta con su enhoto
**ENIM** (L)
P 56 opera enim illorum secuntur illos
S 385-3 illyc enim asçenderunt a -qualquier que ally se atiene
S1700-4 vobis enim dimitere quam suaue
**ENLAÇAS**
S 415-1 a -los neçios e neçias que vna vez enlaças
**ENLAZAS**
S1091-3 Señor diz a -la duena sy con-migo la enlazas
**ENLAZE**
S 534-4 el diablo al monge armado lo enlaze
S1550-4 non ha cosa que nasca que tu rred non en-laze
**ENLOQUECE**
S 729-3 el cuerdo non enloqueçe por fablar al Roça poco
**ENLOQUECIDA**
S 287-2 vydo se byen pintada e fuese enloqueçida
**ENLOQUECIDOS**
S 184-1 Traes enloquecidos a muchos con tu saber
**ENLOQUESCES**
S1548-3 en-flaquesçes la fuerça en-loquesçes cordura
**ENMAGRESCEN**
S 546-3 en su color non andan secanse e en-magresçen
**ENMUDECES**
S1546-3 en-mudeçes la fabla fazes en-rroquezer el pecho
**ENODIO**
S 402-3 el mas astroso lobo al enodio ajoba
**ENOJA**
G 551-2 quien fabla muy pazo enojaze quien le atiende
**ENOJE**
S 956-2 prometeme que quiera antes que me enoje
**ENOJEDES**
S1386-4 dezir vos he la fabla e non vos enojedes
**ENOJES**
S 452-1 syrue la non te enojes syruiendo el amor creçe
S 611-1 Syruela non -te enojes siruiendo el amor creçe
**ENOJO**
S 61-3 desto ove grand pesar e tome grand enojo
S 304-4 enojo E mal querençia anda en -tu conpaña
S 410-3 sacar te he bien a -saluo non te fare enojo
S 628-3 tomara tan grand enojo que te querra aborresçer
S 953-2 el que de grado me paga non le fago enojo
**ENOJO** (H)
S1462-4 enojose el diablo fue preso su ladron
**ENOJOSA**
S1685-2 cruel enojosa

**ENOJOSOSO**
S1301-3　　e por que enojo soso non vos querria ser
**ENPAVONADA**
S 287-1　　graja enpavonada como pauon vestida
**ENPECE**
S 707-4　　poca cossa le enpeçe al mesquino en mesquindat
S 722-2　　callar do non -le enpeçe E tyenen le por sesudo
**ENPECEN**
G 591-1　　E por que muchaz de cozaz me enbargan e enpeçen
**ENPEESCEN**
G 667-2　　a muchoz enpeesçen los ajenoz errorez
**ENPEESCER**
G 559-4　　poder te ya tal achaque tu pleyto enpeesçer
**ENPELLADAS**
S 243-4　　diz conpañero soberuio do son tus enpelladas
**ENPENDOLADOS**
S 271-2　　con pendolas de aguila los ha enpendolados
**ENPERADOR**
S1094-1　　Commo es don carnal muy grand enperador
S1216-3　　el buen enperador esta arremangado
**ENPERADORES**
S1210-4　　de dos enperadorez que al mundo han llegado
S1211-1　　Estos dos enperadores amor E carnal eran
**ENPERANTE**
S1223-1　　Pesso el enperante en -suz carneçeriaz
S1245-1　　Muchas vienen con -el grand enperante
**ENPERECES**
S 455-3　　con muger non enpereçe nin te enbueluas en tabardo
**ENPEREZEDES**
S 870-1　　Catad non enperezedes acordad vos de -la fablilla
**ENPESCER**
S1091-4　　non te podra enpesçer con todas sus espinaças
**ENPIEÇA**
P 71　　que enpieça primero breue
**ENPIUELAN**　　　　　　(V)
G 991-3　　dixo la endiablada asi enpiuelan conejo
**ENPLASTO**
S 187-2　　non lo sana mengia enplasto nin xarope
**ENPLAZO**
S 323-1　　Enplazola por fuero el lobo a -la comadre
**ENPLEA**
S1369-3　　con -el mur de -la villa yendo a -fazer enplea
**ENPOÇONAS**
S 183-2　　enpoçonaz las lenguas en-eruolas tus viras
**ENPONÇOÑAR**
S1352-4　　començo de enponçoñar con venino la posada
**ENPREA**
S1114-3　　sus armas cada vno en don carnal enprea
**ENPRESTA**
S1249-4　　de grado toma el clerigo e amidos enpresta
**ENPRESTAD**
S1630-1　　Pues es de buen amor enprestadlo de grado
**ENPRESTO**
S1184-2　　por le poner saluo enprestole su Rozin
**ENPUESTA**
S 80-2　　con -la mi mensajera que tenia enpuesta
**ENRROQUEZER**
S1546-3　　en-mudeçes la fabla fazes en-rroquezer el pecho
**ENSALÇADA**
S1673-3　　en -los çielos ensalçada
**ENSANASTES**
S1409-2　　por lo que yo dezia por byen vos ensanastez
**ENSANEN**
S1239-2　　e los de santa eulalya por que non se ensanen
**ENSAÑAR**
S1353-2　　non fagas aqui dapño ella fuese en-sañar
**ENSAÑE**
S 623-1　　Maguer te diga de non E avn que se ensañe
**ENSAÑES**
S 979-3　　non te ensañes del juego que esto a -las vegadas
**ENSAYO**
S1439-4　　me tiraries en punto mas que otro ensayo
**ENSICHIZO**
S 941-1　　ssy la ensychizo o sy -le dyo atyncar
**ENSIENPRO**
P 180　　e dar ensienpro de buenaz consunbrez
S 245-1　　Aqui tomen ensyenpro e lyçion de cada dia
S 529-4　　fizole beuer el vino oye en-sienpro estraño
S 909-2　　dixela por te dar ensienpro non por que a -mi vino
**ENSILLA**
S 179-2　　dixo vno coyda el vayo e E otro el que -lo ensilla
**ENSUEÑA**
S 265-4　　fizo otra marauilla quel omne nunca ensueña
**ENTECA**
S1017-3　　boz gorda e gangosa a -todo omne enteca
**ENTEDRIEN**
S 49-3　　mas por que non entedrien el lenguage non vsado
**ENTENCION**
P 171　　E bien juzgar la mi entençion por que lo fiz
S1676-4　　en obra e entençion
**ENTENDADES**
S 708-2　　E fablad entre nos anbos lo mejor que entendades
**ENTENDED**
S 904-1　　assy Señoras dueñas entended el rromançe
**ENTENDEDOR**
S 478-3　　tomo vn entendedor E poblo la posada
S 479-2　　mucho de priessa enbio por el entendedor
S1399-3　　quiere oyr la monja Nueuaz del entendedor
S1610-4　　pocas palabras cunplen al buen entendedor
**ENTENDEMIENTO**
P 135　　ome o muger de buen entendemiento
G 765-3　　sy agora tu me sacaz de buen entendemiento

**ENTENDER**
P 170　　lo primero que quiera bien entender
S 47-4　　nin las podrian en-tender pues que tan poco sabien
S 50-3　　por que non eran letrados nin podrian entender
S 344-4　　mas non podieron del cosa saber nin entender
S 469-1　　Talente de mugeres quien le podria entender
G 672-3　　non me puedo entender en vuestra chica hedat
G 673-4　　a entender laz cozaz el grand tienpo laz guia
G 674-1　　a -todaz laz cozaz faze el grand vso entender
S 785-3　　mi salud e mi vyda e todo mi entender
S 883-1　　Sy las aves lo podiesen byen saber E entender
S1390-2　　que non saben que leem nin lo pueden entender
S1523-3　　la tu venida triste non se puede entender
**ENTENDERA**
S 116-2　　tome por entendera
S 527-3　　por que te faria perder a -la entendera
S 565-2　　que tu entendera amase a frey moreno
S 652-3　　deziendo de mis coytas entendera mi Rencura
**ENTENDERAS**
S1513-2　　para judias E moras e para entenderas
**ENTENDERE**
G 677-2　　yo entendere de -uoz algo E oyredez loz miz rrazonez
**ENTENDEREDES**
G 675-4　　vsando oyr mi pena entenderedez mi quexura
**ENTENDET**
S 165-3　　anssy entendet sano los proverbios antiguos
S 892-2　　entendet bien las fablas guardat vos del varon
S1135-3　　aquesto que yo dixiere entendet lo voz mejor
**ENTENDI**
S1077-1　　ley amas laz cartaz entendy el ditado
**ENTENDIDA**
S 64-3　　veras que bien es dicha si bien fuese entendida
S 96-2　　sotil entendida cuerda bien messurada
**ENTENDIDO**
S 722-1　　Mejor cosa es al omne al cuerdo e al entendido
**ENTENDIEN**
S 60-3　　desque vi que entendien e crey en -la trinidad
S 60-4　　entendien que meresçien de leyes çertenidad
**ENTENDIENDO**
P 22　　Ca el ome entendiendo el bien avra de dios temor
S 970-4　　creo que vo entendiendo
S1594-3　　entendiendo su grand dapno faziendo blanda farina
S1708-1　　Don gonçalo canonigo Segud que vo entendiendo
**ENTENDIERA**
S 109-1　　ssy dios quando formo el omne entendiera
S 903-3　　entendiera sus mañas e sus nuevas oyera
**ENTENDIERE**
P 162　　al que entendiere el bien e escogiere saluaçion
G 680-4　　non uoz consintre engaño cada que -lo entendiere
**ENTENDIESE**
S1298-4　　por do yo entendiese que era o -que non
**ENTENDIMIENTO**
P 11　　son estas entendimiento voluntad E memoria
P 16　　Ca por el buen entendimiento
P 26　　Ca luego ez el buen entendimiento en los que temen A -dios
P 46　　E desque el Alma con -el buen entendimiento
P 64　　que con buen entendimiento
P 74　　este desacuerdo non viene del buen entendimiento
P 83　　E viene otrosi de -la mengua del buen entendimiento
P 89　　a -loz tales mucho disolutoz E de mal entendimiento
P 93　　que non esta jnstructa del buen entendimiento
P 138　　Otrosi loz de poco entendimiento non se perderan
S 537-2　　commo era fuerte puro sacol de entendimiento
S 865-2　　otorgan jnfançones afruentan el pesar
S 866-2　　pierde el entendimiento çiega e pierde la vista
S1002-3　　faras mucho jnstruca dixel yo pide lo que quisieres
S1535-1　　Pierde luego la fabla e el entendimiento
S1594-2　　con don de entendimiento e con caridad dyna
**ENTENDRAN**
S 67-2　　los cuerdos con buen sesso entendran la cordura
**ENTERA**
S 87-2　　toda la canal del toro al leon dio entera
**ENTERO**
S 477-4　　fazia sele a -la dona vn mes año entero
S1232-1　　Dulçe caño entero sal con -el panderete
**ENTEROS**
S1084-3　　piernas de puerco fresco los jamones enteros
**ENTIEDE**
G 551-1　　quien muy ayna fabla ninguno non lo entiede
**ENTIEDEN**
G 562-3　　Ca muchoz lo entieden que lo prouaron antez
**ENTIENDA**
S 635-2　　guarda non -lo entyenda que -lo lyeuas prestado
S 645-3　　que entienda de vos anbos byen la vuestra manera
S 735-2　　fasta que yo entienda e vea los talentos
S 864-4　　yremos calla callando que otre non nos lo entyenda
S 980-1　　Dyz entremos a -la cabaña fferruzo non lo entienda
**ENTIENDAS**
S 986-3　　fasta que el libro entyendas del byen non digas nin mal
**ENTIENDE**
P 17　　entiende onbre el bien E sabe dello el mal
P 32　　E esto se entiende en -la primera rrazon
S 46-1　　Entiende bien mis dichos e piensa la sentençia
S 64-4　　entiende bien my dicho e avras dueña garrida
S 65-2　　la manera del libro entiendela sotil
S 407-4　　entiende byen la fabla E por que te lo digo
S 643-4　　Sabe lo E entyendelo por la antiguedat
S 830-3　　ya la vuestra manera entyende la ya mi alma
S 856-1　　quanto mas malas palabras omne dize e las entyende
S 909-1　　Entyende byen mi estoria de -la fija del endrino
S1325-4　　entyende los vrraca todos esos y esos
S1631-3　　que sobre cada fabla se entyende otra cosa

**ENTIENDEN**
S 48-3   por ver si las entienden e meresçian leuar
**ENTIENDES**
S 68-3   ssi la rrazon entiendes o en -el sesso açiertas
**ENTIENDO**
P 8   en -el qual verso entiendo yo trez cosaz
P 124   entiendo quantoz bienez fazen perder el alma e al cuerpo
S 532-2   dy me que cosa eres que yo non te entyendo
S 812-1   En otras cosas muchas entyendo esta trama
S 826-4   esta lleno de doblas fascas que non lo entyendo
S 841-1   Entyendo su grand coyta en mas de mill maneras
S1368-4   por que talente bueno entiendo yo en -ty
S1397-4   verdat diz mi amo a -como yo entiendo
**ENTIERAN**
S1541-1   Entieran lo de grado E desque a -graçiaz van
**ENTIZA**
S 75-4   mas non se parte ende Ca natura lo entiza
**ENTONCE**
S 360-2   Ca entonçe el alcalde puede le atormentar
S1282-4   desde entonçe comiença a -pujar el avena
S1557-4   la deydat non te temio entonçe non la viste
S1559-1   quando te quebranto entonçe lo conoçiste
**ENTONCES**
S1469-1   Entonçes loz sayonez al ladron enforcaron
**ENTORREDAS**
S 501-3   castillos hereadadez E villas entorredaz
**ENTRA**
S1283-1   El Segundo diablo entra en -los abades
S1285-2   en -las cabeçaz entra non en -otro lugar
**ENTRAD**
S 723-4   vydola doña endrina dixo entrad non Reçeledes
S 876-4   entrad mucho en buen ora yo vere lo que faredes
**ENTRADA**
G 669-1   pazo o paso don endrina so el portal es entrada
S1305-1   Entrada la quaresma vine me para toledo
**ENTRADA**     (H)
S1270-1   luego a -la entrada a -la mano derecha
S1618-1   ssalida de febrero entrada de março
**ENTRAMOS**
G 660-4   do se çelan loz amigoz son mas fielez entramoz
**ENTRAN**
S 126-1   otros entran en ordem por saluar las sus almas
**ENTRANBOS**
S 414-1   Comiolos a -entranbos non -le quitaron la fanbre
S 809-1   En -el mi cuello echa los sus blaços entranbos
S 859-3   dar vos ha muerte a -entranbos la tardança e la desira
S1145-4   en -la foya dan entranbos e dentro van caer
S1406-1   Puso en -los sus onbros entranbos los sus braçoz
S1468-2   E pon tuz piez entranboz sobre laz miz espaldaz
S1469-4   los amigos entranbos en vno rrazonaron
**ENTRAÑAS**
S 240-4   las entrañas le salem estaua muy perdido
**ENTRAR**
S 40-5   del çielo viste y entrar
S 875-1   Cyerto aqui quiere entrar mas por que yo non -le fablo
S1097-3   para entrar en -la fazienda con -la dueña serena
S1285-1   Enbia otro diablo en -los asnos entrar
S1343-2   yo entrar como puedo ado non se tal portillo
S1376-3   abriala su Señora dentro querria entrar
S1399-4   quiere el frayle goloso entrar en -el tajador
S1581-1   con algun enemigo en -el canpo entrar
S1581-4   Syn armas non querria en tal peligro entrar
**ENTRARA**
S1258-4   sy en dormitorio entrara nunca se arrepentiera
**ENTRARIE**
S 614-3   nunca en -la mar entrarie con su nave ferrada
**ENTRAS**
S 280-1   Entras en -la pelea non puedes della salyr
**ENTRAVA**
S 174-2   commo conteçio al ladron que entraua a -furtar
S1187-2   el canpo de fazaluaro en vasayn entrava
S1412-3   que entraua de noche la puerta ya çerrada
**ENTRE**
S 54-2   escogido de griegos entre todos loado
S 130-1   Entre los estrelleros quel vinieron a -ver
S 171-1   Coydando la yo aver entre las benditas
S 301-4   diole entre los ojos echole frio muerto
S 373-4   ssy loçanas encuentras fablas les entre los dientes
S 455-2   dize luego entre sus dientes oyste tomare mi dardo
S 487-1   dyz la muger entre dientes otro pedro es aqueste
S 600-2   escogera marido qual quisiere entre dos mill
G 661-4   Non ozo poner prezona que -lo fable entre noz
S 708-2   E fablad entre nos anbos lo mejor que entendades
S 710-2   desque ya entre las manos vna vez esta maznada
S 725-4   entre aquestas paredes non vos prestara nada
S 843-2   E veo que entre amos por egual vos amades
S 878-2   por que fyncauades con -el sola entre estas paredes
S 889-3   aved entre vos anbos corcordia e paz
S 931-3   asy como se desfaze entre los pies el lodo
S 948-4   conssentyd entre los ssesos vna tal bauoquia
S1003-3   vn çamaron disantero e garnacho para entre el año
S1206-2   echo vn grand doblel entre loz sus costados
S1230-2   entrellos alegrança el galipe françisco
S1232-4   la hadedura aluardana entre ellos se entremete
S1271-4   e non cabrie entrellos vn canto de dinero
S1278-4   non cabria entre vno e otro vn cabello de paula
S1287-2   entre vno e otro non cabe punta de lança
S1403-2   dixo el burro nesçio ansy entre sus dientez
S1466-4   entre tanto amigo vete con ese bayle
S1480-4   abenid voz entre anboz desque en vno estedes
**ENTREDES**
S1654-3   E en parayzo entredes

**ENTREMETE**
S1232-4   la hadedura aluardana entre ellos se entremete
**ENTREMETEN**
S 95-3   posieron le grand ssaña desto se entremeten
**ENTREMETER**
S1145-2   de -lo que fazer non pueden non se deuen entremeter
**ENTREMETI**
S 567-3   de omne mesturero nunca me entremety
**ENTREMETIESEN**
S 192-4   de casarlo con otra non se entremetiesen
**ENTREMOS**
S 980-1   Dyz entremos a -la cabaña fferruzo non lo entienda
**ENTREPONGA**
S 44-3   entre-ponga plazeres e alegre la rrazon
**ENTRISTECE**
S1682-3   nunca peresçe nin entristeçe
**ENTRISTECER**
G 559-2   ca en punto la faraz luego entristeçer
S1441-4   el cueruo con -el dapño ouo de entristeçer
**ENTRISTECIERON**
S 198-2   folgaron sin cuydado nunca entristeçieron
**ENTRISTEZE**
S 274-3   entristeze en punto luego flaqueza siente
**ENTRISTEZAN**
S 317-4   en pecado comiençan e en-tristezan acabada
**ENTRISTEZES**
S1549-2   desfazes la fechura alegria entristezes
**ENTRO**
S 327-2   entro a -ffurtar de noche por çima del fumero
S 724-1   Entro la vieja en casa dixole Señora fija
S 778-4   en -la canal del molino entro que mal le plaçe
S 871-4   entro con ella en -su tyenda byen sosegada mente
S1100-4   por todo el su Real entro el apellido
S1324-3   entro en -la posada rrespuesta non -le dan
S1350-4   entro en vn forado desa cozina rrasa
S1377-1   Mur de guadalajara entro en -su forado
**ENTROPEÇAR**
S1430-2   andando en -el monte ouo de entropeçar
**ENTURBIADA**
S1274-2   estaua enturbiada con -la niebra su mesa
**ENVADE**
S 379-3   os lynga mens la enuade seso con ardor pospone
**ENVEGECI**
S1692-3   ay viejo mezquino en -que envegeçi
**ENVEJECEDES**
S 725-2   sola envejeçedes quered alguna vegada
**ENVEJECEN**
S 546-1   los omnes enbriagos ayna envejeçen
**ENVELEÑO**
S 918-1   encantola de guisa que -la enveleño
**ENVELIÑAS**
S 392-1   Con tus muchas promesas a -muchos envelyñas
**ENVERGONÇADA**
G 762-2   andar en-vergonçada e con mucho sosaño
**ENVERNIZO**
S 829-4   que en pollo envernizo despues de sant migel
S 992-2   por que non fiz quando manda diz rroyn gaho envernizo
**ENVIDIA**
S 219-3   gula envidia açidia ques pegan commo lepra
S 281-1   Por la envidia cayn a -su hermano abel
S 283-2   con envidia e çelo omnes e bestias lydian
S 283-4   la envydia los parte envidiosos los crian
S 284-2   con tu mucha envidia leuantas le baraja
S 285-2   dixo con grand envidia yo fare quanto pueda
S 289-1   Anssy con tu envidia ffazes a -muchos sobrar
S 289-3   con la envidia quieren por los cuerpos quebrar
S1169-2   por tu envidia mucha pescado non comeras
**ENVIDIOSOS**
S 283-4   la envydia los parte envidiosos los crian
**ENVILECES**
S1549-3   mansillas la lynpieza cortesia envileçes
**ENVISO**
S 173-4   quien toma dar deue dizelo sabio enviso
**ENXALVEGA**
S1176-2   dellaz faze de nueuo e dellaz enxaluega
**ENXANBRE**
S 414-4   todos por ti peresçem por tu mala enxanbre
**ENXERIA**
S1291-1   Enxeria los arborez con ajena corteza
**ENXERIDA**
S 267-2   mando fazer escalera de torno enxerida
**ENXERIDORES**
S1281-3   vid blanca fazen prieta loz buenoz enxeridorez
**ENXERIR**
S 45-2   abre algunas bulrras aqui a -enxerir
S1280-2   E enxerir de escoplo e gauillas amondar
**ENXIENPLO**
S1411-3   dezir te he su enxienplo agora por de mano
**ENXIENPRO**
S 311-4   dezir te he el enxienpro sea te prouechoso
**ENXUNDIAS**
S1373-2   enxundiaz e pan cocho syn rraçion e syn peso
**ENXUTOS**
S 619-2   E los pies enxutos corren por mares fondas
**ENZINA**
S 968-2   dio me foguera de enzina mucho gaçapo de ssoto
**ENZIVAS**
S 434-3   las enzivas bermejas los dientes agudillos
**EPIFANIA**
S 340-4   E asignoles plazo despuez de -la epifania
**EQUUS**     (L)
P 90   Nolite fieri sicut equz E muluz

## ERA

| | |
|---|---|
| S 54-4 | E começo sus señas commo era tratado |
| S 59-3 | diz yo dixe que es vn dioz El rromano dixo que era |
| S 60-1 | yo dixe que era todo a -la su voluntad |
| S 71-3 | por aver mantenençia la otra cosa era |
| S 78-1 | Era dueña en -todo e de dueñas señora |
| S 87-3 | para si e los otros todo lo menudo era |
| S 96-1 | Commo la buena dueña era mucho letrada |
| S 99-2 | coydauan que era preñada atanto se dolia |
| S 109-1 | que era mala cosa la muger non -la diera |
| S 129-1 | Era vn Rey de moros alcaraz nonbre avia |
| S 178-1 | Começo de ladrar mucho el mastyn era mazillero |
| S 181-4 | yo le pregunte quien era dixo amor tu vezino |
| S 189-1 | Era vn garçon loco mançebo bien valiente |
| S 189-3 | sy non con trez mugeres tal era su talente |
| S 200-4 | mas vieron que non era Rey para las castigar |
| S 202-3 | andando pico abierta como era ventenera |
| S 215-3 | de quanto me prometie luego era des-dicha |
| S 262-4 | que quanto era en rroma en punto morio luego |
| S 268-1 | El ssopo que era fecho por su escantamente |
| S 287-3 | a mejores que non ella era desagradesçida |
| S 305-2 | donde era poderoso e de babylonia señor |
| S 312-2 | quando era mançebo todas bestias corria |
| S 323-4 | era sotil e sabio nunca seya de valde |
| S 324-1 | tenie buen abogado ligero e sotil era |
| S 332-1 | El dia era venido del plaso asignado |
| S 345-3 | el mostraua los dientes mas non era rreyr |
| S 345-4 | coydauan que jugaua e todo era rrenir |
| S 365-3 | Ca su miedo era vano e non dixo cordura |
| S 408-2 | creçio tanto el rrio que era maravilla era |
| S 458-1 | El vno era tuerto del su ojo derecho |
| S 458-2 | Ronco era el otro de -la pierna contrecho |
| S 463-1 | yo era enamorado de vna duena en abryl |
| S 474-3 | era don pita pajas vn pyntor de bretaña |
| S 478-1 | Commo era la moça nueva mente casada |
| S 496-2 | con muchos abogados era su mantenençia |
| S 522-1 | deuia pensar su madre de quando era donzella |
| S 530-1 | Era vn hermitano quarenta Años avya |
| S 537-2 | commo era fuerte puro sacol de entendimiento |
| S 543-2 | fue luego justiçiado commo era derecho |
| G 582-4 | de mi era vezina mi muerte e mi zalut |
| S 624-2 | la que te era enemiga mucho te querra amar |
| S 654-1 | Pero tal lugar non era para fablar en amores |
| S 699-1 | Era vieja buhona destas que venden joyas |
| S 711-1 | Dixo me que esta dueña era byen su conozienta |
| S 746-1 | Era se vn caçador muy sotil paxarero |
| S 749-2 | que arrancase la yerua que era ya pujada |
| S 751-3 | commo era grytadera E mucho gorjeador |
| S 751-4 | plogo al paxarero que era madrugador |
| S 912-2 | poco salya de casa era como saluase |
| S 945-1 | El mes era de março salido el verano |
| S 951-1 | El mes era de março dia de sant meder |
| S 952-3 | preguntele quien era Respondiome la chata |
| S 954-1 | Detouo me el camino commo era estrecho |
| S 978-2 | ally proue que era mal golpe el del oydo |
| S 981-2 | era nona passada e yo estaua ayuno |
| S 990-2 | desçendio la cuesta ayuso commo era atrevuda |
| S 994-1 | Preguntome muchas cosas coydos que era pastor |
| S 996-3 | fazia tyenpo muy fuerte pero era verano |
| S1010-2 | ca byen creed que era vna grand yegua cavallar |
| S1067-3 | dende a -siete dias era quaresma tanto |
| S1074-3 | aquel era el sello de -la duena nonbrada |
| S1077-3 | ca non tenia amor nin era enamorado |
| S1080-4 | truxo muy grand mesnada commo era poderosso |
| S1095-4 | desaz muchas vyandas era byen abastado |
| S1102-4 | tovo doña quaresma que era suyo el Real |
| S1112-1 | ffecho era el pregon del año jubileo |
| S1161-2 | era del papa e del mucho priuado |
| S1189-4 | pero de venir solo non era afre-vudo |
| S1210-1 | vigilia era de pascua abril çerca pasado |
| S1210-2 | el sol era salido por el mundo Rayado |
| S1225-1 | Dia era muy ssanto de -la pascua mayor |
| S1225-2 | el sol era salydo muy claro E de noble color |
| S1260-2 | E vy que -la contyenda era ya sosegada |
| S1268-2 | creo que era rroby al fuego ssemejaua |
| S1279-1 | El primero de aquestos era chico enano |
| S1280-1 | lo mas que este andaua era viñaz podar |
| S1298-4 | por do yo entendiese que era o -que non |
| S1303-1 | Desque lo vy de espaçio entonçe era su criado |
| S1317-4 | Ca solo syn conpaña era penada vida |
| S1321-1 | Dia era de sant marcos ffue fiesta señalada |
| S1347-2 | era de buena vida non de fecho lyuiano |
| S1348-1 | Era vn ortolano byen sinpre e syn mal |
| S1357-2 | avia quando era jouen pies ligeros corriente |
| S1360-3 | quando era mançebo dezian me halo alo |
| S1365-2 | quando yo daua mucho era mucho loado |
| S1373-2 | mucho tozino lardo que non era salpreso |
| S1412-2 | que -la presta gulhara ansi era vezada |
| S1469-2 | coydando que era muerto todoz dende derramaron |
| S1519-4 | me fue despues çerrada que antes me era abierta |
| S1620-1 | Era mintroso bebdo ladron e mesturero |
| S1621-1 | Dos dias en -la selmana era grand ayunador |
| S1639-4 | que era rresuçitado |
| S1639-8 | que era leuantado |
| S1694-4 | qual quier que -la touiese descomulgado era |
| S1701-2 | que era desta orden confrade derechero |

## ERA (H)

| | |
|---|---|
| S 326-2 | era de mill e trezientos en -el ano primero |
| S1634-1 | Era de mill E trezientos E ochenta E vn años |

## ERAN

| | |
|---|---|
| S 50-3 | por que non eran letrados nin podrian entender |
| S 295-2 | de -los mas mejores que y eran por çierto |
| S 457-4 | eran muy byen apuestos E veras quan fermosos |
| S 495-4 | a -los pobres dezian que non eran letrados |
| S 498-3 | otros eran syn culpa E luego los matava |
| S 654-3 | los mis pies e las mis manos non eran de si Senores |
| S 659-3 | desque vy que eran ydos que omne ay non fyncaua |
| S 900-2 | prendieron a -don burro como eran castigados |
| S1087-1 | Eran muy byen labladas tenpladas e byen fynas |
| S1111-4 | las plazas que eran anchas fazian se le angostas |
| S1121-1 | las mas de sus conpañas eran le ya fallesçidas |
| S1121-2 | muchas dellas murieron E muchas eran foydas |
| S1211-1 | Estos dos enperadores amor E carnal eran |
| S1316-1 | los que ante son solos desque eran casados |
| S1454-1 | En tierra syn justiçia eran muchos ladrones |
| S1555-2 | los que eran lynpieça feziste los manzillas |
| S1563-1 | yo dezir non ssabria quales eran tenidos |
| S1694-1 | Cartas eran venidaz que dizen en esta manera |

## ERAS

| | |
|---|---|
| S 250-1 | quando tu eras poble que tenias grand dolençia |
| S1292-2 | trigos e todaz mieses en -las eraz tendiendo |

## ERCER

| | |
|---|---|
| S1441-1 | Començo a -cantar la su boz a -erçer |

## EREDADES

| | |
|---|---|
| S 260-4 | por malas vezindadez se pierden eredades |

## EREGE

| | |
|---|---|
| S 389-2 | por conplyr tus deseos fazes lo erege duro |

## ERENCIA

| | |
|---|---|
| S1537-3 | mas preçian la erençia çercanos e çercanas |

## ERES

| | |
|---|---|
| S 182-2 | dixel si amor eres non puedes aqui estar |
| S 182-3 | eres mentiroso falso en muchos enartar |
| S 187-1 | Eres tan enconado que do fieres de golpe |
| S 197-1 | Eres padre del fuego pariente de -la llama |
| S 209-3 | de dia E de noche eres fino ladron |
| S 222-3 | en -todo eres cuquero e de mala picaña |
| S 246-1 | Tu eres avarizia eres escaso mucho |
| S 248-3 | E des al poble posada tanto eres avariento |
| S 276-1 | Eres pura enbidia en -el mundo non ha tanta |
| S 277-3 | por esto eres çeloso e triste con rrencura |
| S 291-3 | enfraquesçes pecado eres grand venternero |
| S 291-4 | por cobrar la tu fuerça eres lobo carniçero |
| S 299-2 | dyz tu eres mi Señor e yo tu vasallo |
| S 317-1 | de -la açidia eres messonero E posada |
| S 372-1 | Tal eres como el lobo rretraes lo que fazes |
| S 372-3 | eres mal enemigo a -todos quantos plazes |
| S 391-3 | huespad eres de muchos non duras so cortina |
| S 401-1 | Eres muy grand gigante al tienpo del mandar |
| S 401-2 | eres enano chico quando lo as de dar |
| S 416-1 | Al vno e al otro eres destroydor |
| S 416-4 | eres mal enemigo fazes te amador |
| S 420-3 | matas al que mas quieres del byen eres encobo |
| S 421-2 | eres de cada dia logrero E das a -Renuevo |
| S 425-3 | do byen eres oydo escucha mi Razon |
| S 532-2 | dy me que cosa eres que yo non te entyendo |
| S1438-1 | o cuervo tan apuesto del çisne eres pariente |
| S1453-1 | Tal eres diz la dueña vieja commo el diablo |
| S1525-1 | Eres en -tal manera del mundo aborrida |
| S1547-4 | quando eres denostada do te vienes acostar |
| S1552-1 | tu erez mal primero tu erez mal Segundo |
| S1567-1 | Tanto eres muerte syn byen E atal |
| S1661-3 | commo erez piadosa |
| S1685-4 | por que eres sañosa |

## ERIALES

| | |
|---|---|
| S 747-3 | comed aquesta semiente de aquestos eriales |
| S1234-4 | de juglares van llenaz cuestas e eriales |

## ERIAS

| | |
|---|---|
| S 335-3 | vy que las dellogaua en aquellas erias |
| S1272-3 | da primero faryna a -bueys de eryas |
| S1489-4 | tal omne como este non es en -todaz erias |

## ERIZO

| | |
|---|---|
| S 288-4 | mas negra paresçia la graja que el erizo |

## ERIZO

| | |
|---|---|
| S 992-4 | yot mostrare sinon ablandas commo se pella el erizo |

## ERO

| | |
|---|---|
| S 327-4 | leuolo E comiolo a -mi pessar en tal ero |
| S 746-2 | ffue senbrar cañamones en vn viçioso ero |
| S1092-3 | non so para afrae en carrera nin ero |
| S1297-3 | enbya derramar la sienpre al ero |

## ERRADA

| | |
|---|---|
| S 354-2 | mas la descomunion fue vn poco errada |

## ERRADO

| | |
|---|---|
| S 368-2 | que avya mucho errado E perdido el su buen prez |
| S 988-4 | ella me rrespuso ca la carrera as errado |
| S1675-6 | que so pecador errado |

## ERRADOS

| | |
|---|---|
| S1144-2 | oyen de penitençia a -todos los erradoz |

## ERRANÇA

| | |
|---|---|
| S1501-1 | Pero que sea errança contra nuestro Señor |

## ERRAR

| | |
|---|---|
| S1140-3 | ally faz la emienda purgando el su errar |
| S1539-3 | por oyr luenga misa non -lo quieren errar |
| S1667-4 | tu me guarda de errar |

## ERRE

| | |
|---|---|
| S 974-4 | erre todo el camino commo quien lo non sabia |

## ERREDES

| | |
|---|---|
| S1577-3 | obrad bien en -la vida a -dios non -lo erredes |

## ERREMOS

| | |
|---|---|
| S1599-2 | auiendo por dios conpasion con caridat non erremos |

## ERRESTE

| | |
|---|---|
| S 426-3 | torna te a -tu culpa pues por ti lo erreste |

## ERRIDES

| | |
|---|---|
| S 485-2 | non seas pitas para otro non errides |

**ERRO**

| | |
|---|---|
| S 144-1 | O -sy por aventura aqueste que -lo erro |
| S1319-3 | ella non la erro e yo non le peque |

**ERROR**

| | |
|---|---|
| S1135-4 | so -la vuestra emienda pongo el mi error |
| S1154-1 | vos don clerigo synpre guardat vos de error |
| S1501-4 | que fesiese penitençia desto fecho error |

**ERRORES**

| | |
|---|---|
| G 667-2 | a muchoz enpeesçen los ajenoz errorez |

**ERVERAS**

| | |
|---|---|
| G 440-1 | toma de vnaz viejaz que ze fazen erveraz |

**ERZIA**

| | |
|---|---|
| S 319-3 | pensando estas triste tu ojo non se erzia |

**ES**

| | |
|---|---|
| P 7 | que ez el que primero suso escreui |
| P 23 | el qual es comienço de toda sabidoria |
| P 26 | Ca luego ez el buen entendimiento en los que temen A -dios |
| P 48 | escoge E ama el buen Amor que ez el de dioz |
| P 70 | E esta e la sentençia del verso |
| P 78 | que ez en -el omne que se non puede escapar de pecado |
| P 97 | que mas aparejada E jnclinada ez al mal que al bien |
| P 104 | por rrazon que la memoria del ome deslznadera ez |
| P 108 | maz ez de -la diuinidat que de -la vmanidad |
| P 110 | E por esto ez maz apropiada a -la memoria del alma |
| P 111 | que ez spiritu de dioz criado E perfecto |
| P 115 | E non ez apropiada al cuerpo vmano |
| P 146 | ca mucho ez cruel quien su fama menospreçia |
| P 156 | en pero por que ez vmanal cosa el pecar |
| P 195 | es comienço E fundamento dioz e la fe catholica |
| P 198 | e do este non es cimiento |
| P 203 | que ez de -la santa trinidad E de -la fe catholica |
| P 204 | que ez qui quique vul el vesso que dize |
| S 15-3 | es vn dezir fermoso e saber sin pecado |
| S 16-1 | Non tengadez que ez libro neçio de devaneo |
| S 16-2 | nin creadez que ez chufa algo que en -el leo |
| S 17-1 | El axenuz de fuera mas negro es que caldera |
| S 17-2 | es de dentro muy blanco mas que -la peña vera |
| S 19-1 | E por que de todo bien es comienço e Rayz |
| S 40-1 | Este sesto non es de dubdar |
| S 59-3 | diz yo dixe que vn dioz El rromano dixo que era |
| S 64-2 | non ha mala palabra si -non es a -mal tenida |
| S 64-3 | veras que bien es dicha si bien fuese entendida |
| S 71-1 | Commo dize aristotiles cosa es verdadera |
| S 76-3 | prouar omne las cosas non es por ende peor |
| S 79-3 | es de buenas construnbres sossegada e queda |
| S 80-1 | Enbiele esta cantiga que es de yuso puesta |
| S 85-3 | para mi E a -los otrz la canal que es vana |
| S 87-1 | la gulpeja con -el miedo e commo es artera |
| S 94-4 | nin el leal amigo non es en toda plaça |
| S 102-2 | pone muy grant espanto chica cosa e doz nuezez |
| S 103-3 | aquel es enganado quien coyda que engaña |
| S 106-3 | rresponder do non me llaman es vanidad prouada |
| S 106-4 | parti me de su pleito puez de mi ez rredrada |
| S 108-4 | todo bien del mundo e todo plazer es |
| S 124-3 | qual -es el asçendente e la costellaçion |
| S 124-4 | del que naçe tal es su fado e su don |
| S 136-2 | mas commo ez verdat e non puede fallesçer |
| S 141-1 | En creer lo de natura non es mal estança |
| S 142-1 | Cyerto es que el rrey en su Regno ha poder |
| S 147-3 | E el fuero escripto non es por ende desfecho |
| S 147-4 | ante es çierta çiençia e de mucho prouecho |
| S 152-2 | es amar las mugeres nunca seles olvida |
| S 154-4 | en estar a -la sonbra es plazer comunal |
| S 156-1 | El amor faz sotil al omne que es rrudo |
| S 156-2 | ffazele fabrar fermoso al que antes es mudo |
| S 156-3 | al omne que es couarde fazelo muy atrevudo |
| S 158-1 | El que es enamorado por muy feo que sea |
| S 160-2 | commo es este mio dize vna escriptura |
| S 161-4 | es esta que el amor sienpre fabla mentiroso |
| S 162-2 | lo que en -si es torpe con amor bien semeja |
| S 162-4 | lo que semeja non es oya bien tu -oreja |
| S 164-1 | bien atal es el amor que da palabra llena |
| S 164-3 | non es todo cantar quanto rruydo suena |
| S 166-2 | es dexar la costunbre el fado e la suerte |
| S 166-3 | la costunbre es otra que natura cierta mente |
| S 167-1 | E por que es constunbre de maçebos vsada |
| S 170-3 | verdat ez lo que dizen los antiguos rretraheres |
| S 172-4 | leuadlo E dezidle que mal mercar non es franqueza |
| S 173-2 | por pecado del mundo que es sonbra de aliso |
| S 201-3 | dixieron non es este rrey para lo nos seruir |
| S 206-4 | lybertat e soltura non es por oro conplado |
| S 214-1 | Non te puedo prender tanta es tu maestria |
| S 214-3 | tu cada que a mi prendez tanta es tu orgullya |
| S 218-1 | de todos los pecados es rrayz la cobdiçia |
| S 218-2 | esta es tu fija mayor tu mayordoma anbicia |
| S 218-3 | esta ez tu alferez E tu casa offiçia |
| S 219-4 | de -la cobdiçia nasçen es della rrayz e çepa |
| S 228-4 | es la mala cobdiçia pecado mortal |
| S 229-1 | lo mas e lo mejor lo que es mas preçiado |
| S 235-4 | toda maldat del mundo es do quier que tu seas |
| S 244-1 | Do es tu noble freno e tu dorada silla |
| S 244-2 | do es tu soberuia do es la tu vergoña |
| S 248-1 | Maguer que te es mandado por santo mandamiento |
| S 256-4 | el bien que omne le faze diz que es por su derecha |
| S 268-2 | ansy por la loxuria es verdadera mente |
| S 282-4 | en -ty non es vn byen nin fallado nin visto |
| S 290-1 | quien quiere lo que non es suyo E quiere otro paresçer |
| S 290-4 | quien se tiene por lo que non es loco es va a -perder |
| S 296-3 | a -fazer tu forniçio Ca do mucho vino es |
| S 296-4 | luego es la logxuria E todo mal despues |
| S 324-4 | galgo que de -la rrapossa es grand abarredera |
| S 333-4 | que el es fyno ladron e non falla quel farte |
| S 334-4 | el fazer non -la puede ca es fyno ladron |
| S 336-1 | muchas vezes de furto es de juez condenado |
| S 336-2 | por sentençia E por derecho es mal enfamado |
| S 337-1 | otrosy le opongo que es descomulgado |
| S 337-3 | por que tiene barragana publica e es casado |
| S 338-1 | ssu mançeba es la mastina que guarda las ovejas |
| S 343-1 | venido es el dia para dar la sentençia |
| S 352-1 | fallo que -la demanda del lobo es byen çierta |
| S 352-3 | fallo que -la Raposa es en parte byen çierta |
| S 353-1 | la exençion primera es en -sy perentoria |
| S 353-2 | mas la descomunion es aqui dilatoria |
| S 353-3 | dire vn poco della que es grand estoria |
| S 357-1 | Es toda perentoria la escomunion atal |
| S 362-3 | fallo que ez prouado lo que la marfusa pon |
| S 363-2 | es magnifiesto e cierto lo que la marfusa puso |
| S 364-2 | E es magnifiesto e çierto que el por ello vsa |
| S 365-4 | que ado buen alcalde judga toda cosa ez segura |
| S 369-2 | conplir lo que es derecho E de constituçion |
| S 378-1 | E sy es tal que non vsa andar por las callejas |
| S 379-1 | E sy es dueña tu amiga que desto non se conpone |
| S 382-3 | luçerna pedibus meys es la vuestra persona |
| S 389-1 | El que tu obla trae es mitroso puro |
| S 396-4 | que aquel mingo oveja non es della parejo |
| S 418-2 | es el coraçon falso e mitirosa la lengua |
| S 419-1 | Non es para buen omne creer de lygero |
| S 427-2 | e non sabes la manera commo es de -aprender |
| S 428-3 | es vn amor baldio de grand locura viene |
| S 431-4 | que de amor non sabe es como bausana |
| S 432-4 | ancheta de caderaz esta es talla de dueña |
| G 443-1 | de aquestaz viejaz todaz esta ez la mejor |
| G 449-2 | si es muger alegre de amor se rrepunta |
| G 450-1 | atal es de seruir e atal es de amar |
| G 450-2 | es muy mas plazentera que otraz en doñear |
| G 462-2 | chica es la pereza que este dixo agora |
| G 466-2 | qual es la mayor dellas anbos pares estades |
| G 473-1 | çierta cossa es esta quel molyno andando gana |
| G 473-4 | do estas tres guardares non es tu obra vana |
| G 474-2 | sy vieres que es burla dyme otra tan mañana |
| S 483-3 | como es esto madona o como pode estar |
| S 484-1 | Commo en este fecho es syenpre la muger |
| S 487-1 | dyz la muger entre dientes otro pedro es aqueste |
| S 490-1 | Mucho faz el dinero E mucho es de amar |
| S 491-3 | quanto mas algo tiene tanto es mas de valor |
| S 491-4 | el que non ha dineros non es de sy Señor |
| S 493-1 | yo vy en -corte de Roma do es la santidad |
| S 507-2 | non es muerto ya dizen pater noster a -mal aguero |
| S 507-4 | cras cras nos lo avremos que nuestro es ya por fuero |
| S 508-4 | do son muchos dinero y es mucha nobleza |
| S 509-1 | El dinero es alcalde E juez mucho loado |
| S 509-2 | este es conssejero E sotil abogado |
| S 509-4 | de todos los ofiçios es muy apoderado |
| S 510-2 | el dinero del mundo es grand rreboluedor |
| S 511-2 | toda muger cobdyçiosa de algo es falaguera |
| S 520-1 | quanto es mas sosañada quanto es mas corrida |
| S 520-2 | quanto por omne es magada e ferida |
| S 523-1 | Toda muger nasçida es fecha de tal massa |
| S 523-4 | do non es tan seguida anda mas floxa laxa |
| S 525-2 | çient vegadas de noche de amor es rrequerida |
| S 526-1 | Muy blanda es el agua mas dando en piedra dura |
| S 527-2 | donear non la quieras ca es vna manera |
| S 535-1 | dyxo El hermitano non se que es vyno |
| S 538-2 | qual es la ora çierta nin el mundo como se guia |
| S 542-1 | Commo dize el proverbyo palabla es byen çierta |
| S 544-4 | a do es el mucho vyno toda cosa es perdida |
| S 545-1 | ffaze oler el fuelgo que es tacha muy mala |
| S 547-4 | el mucho vyno es bueno en -cubas e en tinajas |
| G 548-1 | Es el vino muy bueno en su mesma natura |
| G 553-2 | escoge la mesura e lo que es cumunal |
| G 554-2 | Ca es mala ganançia peor que de logrero |
| G 557-4 | Ca el que mucho ze alaba de si mismo es denoztador |
| G 558-2 | a -la muger que es cuerda non le seaz çeloxo |
| G 561-4 | ca el que calla e aprende este es manzellero |
| G 563-4 | en -esto se esmera el que es enamorado |
| G 564-3 | sy non todo tu afan es sonbra de luna |
| G 564-4 | E es como quien siebra en rrio o en laguna |
| S 566-2 | non te alabes della que es grand torpedat |
| S 568-2 | tenga la porydat que es mucho mas blanda |
| S 572-3 | sy las dos byen guardares tuya es la terçera |
| G 580-1 | fazaña es vzada prouerbio non mintrozo |
| G 582-2 | biuda rrica es mucho e moça de juuentud |
| G 582-3 | E bien acostunbrada es de calatuet |
| G 583-2 | Ca ella es comienço e fin deste viaje |
| G 584-1 | ella es nuestra vida e ella es nuestra muerte |
| G 587-2 | Pero a -mi cuytado es me graue de far |
| G 590-3 | derecha es mi querella rrazon me faze cuytar |
| G 592-1 | si se descubre mi llaga qual es donde fue venir |
| G 594-1 | mijor es moztrar el omne su dolençia e su quexura |
| G 595-3 | Pues este es camino mas seguro e mas çierto |
| G 597-3 | toda mi fuerça pyerdo E del todo me es tirada |
| S 598-3 | por que es de grand lynaje E duena de grand solar |
| S 599-1 | es de mejores paryentes que yo e de mejor lugar |
| S 599-3 | ado es el grand lynaje ay son los alçamientos |
| S 599-3 | ado es el mucho algo son los desdeñamientos |
| S 606-1 | qual es la dueña tan braua E tan dura |
| S 609-4 | mejor es el conssejo de muchos acordado |
| S 610-1 | Toda muger que mucho otea o -es rrysueña |
| S 613-3 | que syguiendo e seruiendo en -este coydado es puesta |
| S 621-4 | pues vençerse la dueña non es cosa tan mañ+ |
| S 631-4 | en todas las animalyas esta es cosa prouada |
| S 642-4 | la muger que esta dubdando lygera es de aver |
| S 643-3 | es de -la mançebya celosa la vejedat |
| S 656-1 | ffablar con muger en plaça es cosa muy descobierta |

| | |
|---|---|
| **(cont.)** | |
| S 656-3 | bueno es jugar fermoso echar alguna cobierta |
| S 656-4 | ado es lugar seguro es bien fablar cosa çierta |
| G 661-1 | en -el mundo non es coza que yo ame a par de uoz |
| G 661-2 | tienpo es ya pazado de -loz añoz mas de dos |
| G 663-2 | fablar mucho con -el zordo es mal seso e mal Recabdo |
| G 669-1 | pazo o paso don endrina so el portal es entrada |
| G 675-2 | pues que oy non me creedez o non es mi ventura |
| G 678-2 | es la color e la vista alegria palançiana |
| G 678-3 | es la fabla e la vista de -la dueña tan loçana |
| G 679-2 | onrra es e non dezonrra en cuerda miente fablar |
| G 683-2 | que qual es el buen amigo por laz obraz parescera |
| G 685-1 | esto dixo doña endrina es cosa muy prouada |
| G 685-4 | toda muger vençida des que esta Ioya es dada |
| S 693-4 | E a -muchos es contraria puede los mal estoruar |
| S 701-4 | sy vos non me acorredes mi vida es perdida |
| S 704-3 | ofiçio de corredores es de mucha poridat |
| S 708-1 | aqui es bien mi vezina Ruego vos que alla vayades |
| S 709-4 | dezid me quien es la charada yo le dixe doña endrina |
| S 710-1 | la çera que es mucho dura e mucho brozna e elada |
| S 713-3 | es omne de buen lynaje viene donde vos venides |
| S 714-2 | ca es omne muy escaso pero que es muy Rico |
| S 714-4 | dio melo tan bien parado que nin es grande nin chico |
| S 715-1 | El presente que se da luego sy es grande de valor |
| S 715-2 | quebranta leyes e fueros e es del derecho Señor |
| S 716-1 | Esta dueña que dezides mucho es en mi poder |
| S 717-4 | por que me non es agradesçido nin es gualardonado |
| S 722-1 | Mejor cosa es al omne al cuerdo e al entendido |
| S 727-3 | es don melon de -la verta mançebillo de verdat |
| S 729-1 | El sabio vençer al loco con consejo non es tan poco |
| S 731-2 | en semejar fijo al padre non es cosa tan nueua |
| S 732-1 | ome es de buena vyda E es byen acostunbrado |
| S 732-3 | ssy vos lo bien sopiesedes qual es e quan preçiado |
| S 737-2 | buena muger dezid me qual es ese o quien |
| S 738-1 | Dixo trota conventos quien fija es fija Señora |
| S 738-2 | es aparado bueno que dios vos traxo agora |
| S 743-3 | es la vyda sola mas que vaca corrida |
| S 747-4 | que es aqui senbrado por nuestros males grandes |
| G 760-2 | perderia la manda que a -mi es mandada |
| G 761-1 | fija dixo la vieja el año ya es pasado |
| G 763-2 | a caualleroz e a dueñaz es prouecho vestido |
| G 763-4 | grand plazer e chico duelo es de todo omne querido |
| S 782-2 | es oluidar la cosa que aver non podedes |
| S 791-3 | mi vida e mi muerte esta es señalada |
| S 791-4 | pues que aver non la puedo mi muerte es llegada |
| S 795-4 | en nada es tornado todo mi laçerio |
| S 798-1 | Doña endrina es vuestra e fara mi mandado |
| S 799-4 | por eso me dezides que es mia mi señora |
| S 803-2 | solo dios e non otro sabe que es por venir |
| S 804-2 | desperar el omne es perder coraçon |
| S 817-2 | ca engañar al poble es pecado muy grande |
| S 818-2 | en -la firme palabla es la fe que tenemos |
| S 818-4 | es venguença e mengua sy conplyr lo podemos |
| S 824-2 | Respondiole la madre quien es que llama y |
| S 825-4 | vno non se quien es mayor que aquella vyga |
| S 829-2 | diz la vieja que nueuas que se yo que es del |
| S 836-4 | de -lo que -le prometistes non es cosa guardado |
| S 838-2 | qual es vuestro talante dezid me la verdat |
| S 840-2 | este es su deseo tal es su coraçon |
| S 848-1 | Es maldat E falsia las mugeres engañar |
| S 851-2 | syn verguença es el fecho pues tantas carreras tyen |
| S 852-1 | E de -los muchos peligros non sabe qual es el peor |
| S 854-4 | mi porfya el la vençe es mas fuerte apoderado |
| S 861-2 | verdat es que -los plazeres conortan a -las de vezes |
| S 863-3 | todo es aqui vn barrio e vezindat poblada |
| S 865-3 | quando es fecho el daño viene el arrepentymiento |
| S 865-4 | çiega es la muger seguida non tyene seso nin tyento |
| S 866-4 | andan por escarneçerla coyda que es amada e quista |
| S 872-4 | yuy diz que es aquello que faz aquel rroydo |
| S 873-1 | Es omne o es viento creo que es omne non miento |
| S 873-3 | es aquel non es aquel el me semeja yo lo siento |
| S 873-4 | a -la fe aquel es don melon yo lo conosco yo lo viento |
| S 874-1 | aquella es la su cara e su ojo de bezerro |
| S 877-3 | tan buen dia es oy este que falla atal çellada |
| S 880-1 | E pues que vos dezides que es el daño fecho |
| S 886-2 | es en -el mucho tienpo el saber e la çiençia |
| S 890-1 | Pues que por mi dezides que el daño es venido |
| S 890-4 | todo vuestro deseo es byen por mi conplido |
| S 905-1 | la que por des-aventura es o -fue engañada |
| S 922-1 | ayna yerra omne que non es aperçebydo |
| S 927-3 | dezir todos sus nonbles es a -mi fuerte cosa |
| S 940-1 | Agora es el tyenpo pues que ya non la guardan |
| S 943-1 | Commo es natural cosa el nasçer e el moryr |
| S 946-2 | açipreste mas es el rroydo que -las nuezes |
| S 955-4 | Ca segund es la fabla quien pregunta non yerra |
| S 967-4 | commo es de -la sierra vso |
| S 974-3 | coyde tomar el puerto que es de -la fuent fria |
| S 983-4 | dixe le que me mostrase la ssenda que es nueua |
| S 984-2 | ca mala es de amatar el estopa de que arde |
| S 986-2 | non es mucho fermoso creo que nin comunal |
| S 998-3 | ella dixo non lo yerra el que aqui es cassado |
| S 1011-4 | mayor es que de yegua la patada do pisa |
| S 1012-4 | El su dedo chiquillo mayor es que mi pulgar |
| S 1018-4 | ca moço mesturero non es bueno para mandado |
| S 1020-4 | commo es de constunbre |
| S 1029-4 | cosa es prouada |
| S 1042-5 | fuy tener y vigilia commo es acostunblado |
| S 1044-3 | por estas llagas çierto vos digo en nonble saluado |
| S 1066-3 | la nota es aquesta a -carnal fue dada |
| S 1074-4 | Commo es don carnal muy grand enperador |
| S 1094-1 | buelta es la pelea de muy mala manera |
| S 1104-3 | |

| | |
|---|---|
| S 1130-4 | menester es la palabla del conffesor bendito |
| S 1132-1 | Por que la penitençia es cosa preçiada |
| S 1132-3 | fablar en ella mucho es cosa muy loada |
| S 1132-4 | quanto mas la seguieremos mayor es la soldada |
| S 1133-1 | Es me cosa muy graue en tan grand fecho fablar |
| S 1133-2 | es pielago muy fondo mas que todo el mar |
| S 1136-4 | determina al cabo qual es la confesion |
| S 1137-1 | verdat es todo aquesto do puede omne fablar |
| S 1138-1 | quito quanto a -dios que es sabidor conplido |
| S 1138-3 | es menester que faga por gestos e gemido |
| S 1138-4 | sinos de penitençia que es arrepentido |
| S 1140-1 | Por aquesto es quito del jnfierno mal lugar |
| S 1149-3 | con pontifical non es destos apoderado |
| S 1149-4 | por que el sinple clerigo es desto tan osado |
| S 1156-1 | Segund comun derecho aquesta es la verdat |
| S 1160-1 | Es el papa syn dubda la fuente perenal |
| S 1160-2 | ca es de todo el mundo vicario general |
| S 1182-2 | rrezio es don carnal mas flaco se fazia |
| S 1196-1 | E vaya el almuezo que es mas aperçebido |
| S 1204-1 | lo al es ya verano e non venian del mar |
| S 1204-3 | otrosi dueña flaca non es para lydiar |
| S 1242-4 | labrada de oro non viste estameña |
| S 1245-4 | de -los grandes rroydos es todo el val sonante |
| S 1250-4 | para grand Señor non se posar en -la bodega |
| S 1251-3 | su possaderia non es para ty sana |
| S 1257-1 | Todo su mayor fecho es dar muchos sometes |
| S 1266-3 | es vna grand estoria pero non es de dexar |
| S 1267-1 | El mastel en -que se arma es blanco de color |
| S 1282-3 | pesal en -el lugar do la muger es buena |
| S 1300-3 | los omes son los meses estas es verdadera |
| S 1309-4 | rrefez es de coger se el omne do se falla bien |
| S 1312-1 | Pues carnal es venido quiero perder lazeria |
| S 1316-4 | ca omne que es solo sienpre pienso cuydados |
| S 1318-4 | E si esta rrecabdamos nuestra obra non es vana |
| S 1330-4 | toda muger por todo es non es de ome vsada |
| S 1336-4 | que es para doñear preçiado e noble don |
| S 1342-4 | todo es en -las monjaz mas que en otro lugar |
| S 1352-1 | venido ez el estio la siesta affyncada |
| S 1363-3 | es torpedat e mengua e maldat e villania |
| S 1364-1 | El mundo cobdiçioso es de aquesta natura |
| S 1365-1 | byen quanto da el omne en -tanto es preçiado |
| S 1379-1 | Este manjar es dulçe sabe como la miel |
| S 1379-4 | a -ty solo es dulçe tu solo come del |
| S 1380-3 | con miedo de -la muerte la miel non es sabrosa |
| S 1381-1 | todo es amargura do mortal miedo yaz |
| S 1384-1 | Con paz E zegurança es buena la poblez |
| S 1384-2 | al rrico temeroso es poble la rriqueza |
| S 1384-4 | la pobredat alegre es Segura nobleza |
| S 1398-4 | pues la misa es dicha vayamoz al estrado |
| S 1407-2 | nin dezir nin cometer lo que non le es dado |
| S 1417-2 | diz el ojo de aquesta es para melezina |
| S 1419-2 | para el tremor del coraçon es mucho prouechoso |
| S 1422-1 | Desque ya es la dueña de varon escarnida |
| S 1422-2 | es del menos preçiada e en poco tenida |
| S 1422-3 | es de dios ayrada e del mundo aborrida |
| S 1427-1 | Que onrra es al leon al fuerte al poderoso |
| S 1427-3 | es desonrra E mengua e non vençer fermoso |
| S 1427-4 | el que al amor vençe es loor vengonçoso |
| S 1428-1 | Por ende vençer es onrra a -todo ome nasçido |
| S 1428-2 | es maldad E pecado vençer al desfallydo |
| S 1428-4 | su loor es atanto quanto es el debatido |
| S 1442-4 | e es la magadaña que esta en -el cadahalso |
| S 1443-1 | Non es cosa Segura creer dulçe lyjonja |
| S 1443-4 | rreligiosa non casta es perdida toronja |
| S 1448-2 | faze tener grand miedo lo que non es de temer |
| S 1450-1 | El miedo es muy malo syn esfuerço ardid |
| S 1476-4 | es en amigo falso toda la mal andança |
| S 1477-1 | El mundo es texido de malos arigotes |
| S 1479-1 | Non es dicho amigo el que da mal consejo |
| S 1479-2 | ante es enemigo E mal queriente sobejo |
| S 1483-3 | cunple otear firme que es çierto menssajero |
| S 1486-4 | la su nariz es luenga esto le desconpon |
| S 1488-1 | los ojos ha pequeños es -vn poquillo baço |
| S 1489-1 | Es ligero valiente byen mançebo de diaz |
| S 1489-4 | tal omne como este non es en -todaz erias |
| S 1509-4 | non es quien ver vos pueda y como sodes ansy |
| S 1510-1 | fija mucho vos saluda vno que es de alcala |
| S 1510-3 | el criador es con vusco que desto tal mucho ha |
| S 1519-1 | assy fue mal pecado que mi vieja es muerta |
| S 1520-4 | de tu memoria amarga non es que non se espante |
| S 1524-3 | el que byuo es bueno e con mucha nobleza |
| S 1528-3 | el que byuo es bueno e con mucha nobleza |
| S 1528-4 | vyl fediondo es muerto aborrida villeza |
| S 1530-2 | el omne non es çierto quando E qual mataras |
| S 1531-4 | tened que cras morredes ca -la vida es juego |
| S 1532-3 | el byen que faras cras palabla es desnuda |
| S 1540-4 | es dar bozes al sordo mas non otros seruiçios |
| S 1544-3 | sy non de que es muerto quel come coguerço |
| S 1546-4 | en -ty es todo mal rrencura E despencho |
| S 1552-4 | Tu morada por sienpre es jnfierrno profundo |
| S 1553-1 | Muerte por ti es fecho el lugar jn-fernal |
| S 1564-4 | a -venir es a -tu rrauia que a -todo el mundo escarda |
| S 1580-2 | ca nuestra enemiga es natural E fuerte |
| S 1588-2 | debdo es temer a -dios e a -la su magestad |
| S 1589-2 | tener fe que santa cosa es de dios gualardonada |
| S 1589-4 | con esta confirmaçion la soberuia es arrancada |
| S 1594-1 | yra vara es enemiga e mata muchos ayna |
| S 1596-1 | grand pecado es gula puede a -muchos matar |
| S 1597-2 | que es de cuerpo de dios sacramento e ofiçio |
| S 1597-4 | con tal graçia podremos vençer gula que es viçio |
| S 1600-2 | esta es de -los siete pecados mas sotil e engañosa |
| S 1607-1 | Del que mucho fabla Ryen quien mucho rrie es loco |

**ES**     (cont.)
S1607-2 es en -la dueña chica amor E non poco
S1611-1 Es pequeño el grano de -la buena pimienta
S1614-1 Chica es la calandria E chico el rruyseñor
S1614-3 la muger que es chica por eso es mejor
S1614-4 con doñeo es mas dulçe que açucar nin flor
S1615-2 pero qual quier dellas es dulçe gritador
S1615-4 bien atal es la -dueña pequena con amor
S1616-2 terrenal parayso es e grand consso-laçion
S1616-4 mejor es en -la prueua que en -la salutaçion
S1617-2 non es desaguisado del grand mal ser foydor
S1617-4 por ende de -las mugeres la mejor es la menor
S1618-2 el pecado que sienpre de todo mal es maço
S1620-4 nesçio pereçoso tal es mi escudero
S1626-2 es comienço E fyn del bien tal es mi fe
S1630-1 Pues es de buen amor enprestadlo de grado
S1631-2 non creo que es chica ante lo byen grad prosa
S1632-1 De -la santidat mucha es byen grand lyçionario
S1632-2 mas de juego E de burla es chico breuiario
S1645-3 quando rresuçitado es
S1645-5 quinto quando jhesus es
S1665-6 es tu fijo syn dubdança
S1669-2 al que es tu seruidor bien lo libraz de lygero
S1669-3 non le es falleçedero tu acorro syn dudança
S1672-4 por la tu merçed que es tanta que dezir non la podria
S1679-2 la mi esperança en -ty es toda ora
S1684-1 En ty es mi sperança
S1684-4 es rrazon de aver fiança
S1703-2 nin es agora tristan con todos sus amorez
S1706-3 que non es mi comadre nin es mi parienta
S1707-1 En mantener omne huerfana obra es de piedad
S1707-2 otro si a -las vibdas esto es cosa con verdat
S1707-3 por que si el arçobispo tiene que es cosa que es maldad
S1708-2 es este que va de sus alfajaz prendiendo

**ESA**
S 91-1 Nunca desde esa ora yo mas la pude ver
S 331-1 leuantosse el alcalde esa ora de judgar
S 542-4 esa ora fue el monge preso E en rrefierta
G 675-3 yt e venid a -la fabla esa creençia atan dura
S 709-1 dixo yo ire a -su casa de esa vuestra vezina
S 709-3 por que esa vuestra llaga sane por mi melezina
S 724-2 para esa mano bendicha quered esta sortija
G 764-3 non me digaz agora mas desa ledania
S 799-3 que -le dize falagos por que calle esa ora
S 802-4 perdet esa tristeza que vos lo prouaredes
S 973-1 Estude en esa çibdat e espendi mi cabdal
S 984-1 Rogome que fyncase con ella esa tarde
S 990-4 quiça el pecado puso esa lengua tan aguda
S1049-2 judea lo apreçia esa ora fue visto
S1098-1 Essa noche los gallos con grand miedo estouieron
S1119-3 de castro de vrdiales llegaua esa saçon
S1350-4 entro en vn forado desa cozina rrasa
S1414-4 dezian los que pasauan tente esa tras nochada
S1451-4 temedes vos que todaz yres por esa via

**ESAS**
S 776-3 diz señor abbad conpadre con esas santas manos
S1005-1 yol dixe dar te he esas cosas e avn mas si mas comides
S1095-4 desaz muchas vyandas era byen abastado
S1166-2 por la tu grand loxuria comeras muy pocaz desaz
S1189-2 el por esas montañas en -la sierra estudo

**ESAU**
S 281-3 jacob a esau por la enbidia del

**ESCACHA**
S 966-4 non ayas miedo al escacha

**ESCALERA**
S 267-2 mando fazer escalera de torno enxerida
S 460-4 cay del escalera fynque con esta ligion
S 927-1 Aguijon escalera nin abejon nin losa

**ESCALON**
S 460-3 por pereza de tender el pie fasta el escalon

**ESCAMAS**
S1117-4 de escamas E de sangre van llenos los vallejos

**ESCANTADA**
S 710-4 doblar se ha toda dueña que sea bien escantada

**ESCANTADERAS**     (V)
G 841-4 ella zanar me puede que non las ezcantaderaz

**ESCANTAMENTE**
S 268-1 El ssopo que era fecho por su escantamente

**ESCANTAN**
G 438-4 con lagrimaz de moyzen ezcantan las orejaz

**ESCANTO**
G 442-4 ca tal escanto vsan que saben bien çegar
S 709-2 e le fare tal escanto e le dare tal atal-vina
S 718-3 yo fare con mi escanto que se vengan paso a -pasillo
G 756-1 començo su escanto la vieja coytral

**ESCAPALLA**
S1076-4 de muerto o de preso non podraz escapalla

**ESCAPAR**
P 78 que ez en -el omne que se non puede escapar de pecado

**ESCAPARAS**
S1459-4 amigo con aquesto en saluo escaparas

**ESCAPARE**
S 651-1 Coytado sy escapare grand miedo he de ser muerto

**ESCAPAREDES**
S1432-3 por mis chiquillos dientes vos oy escaparedes
S1660-3 E con esto escaparedes

**ESCAPASEN**
S1125-1 Troxieron los atados por que non escapasen

**ESCAPAVA**
S1462-3 muchas vezes fue preso escapaua por don

**ESCAPO**
S 899-1 Creo falsos falagos el escapo peor

**ESCARBANDO**
S1387-2 estando escarbando mañana con -el frio

**ESCARDA**
S 749-3 que quien tanto la rriega e tanto la escarda
S1566-4 a -venir es a -tu rrauia que a -todo el mundo escarda

**ESCARNECER**
S 866-4 andan por escarneçerla coyda que es amada e quista

**ESCARNIDA**
S 267-1 desque peco con ella sentiose escarnida
S 272-2 e vido que sus pendolas la avian escarnida
S 882-4 oy que so escarnida todas me son fallydas
S1385-4 E fyncar escarnida con otraz des-erradaz
S1422-1 Desque ya es la dueña de varon escarnida
S1481-4 seria mal escarnida fyncando el con-migo

**ESCARNIDO**
S 268-4 el mundo escarnido E muy triste la gente
S 767-4 non quise comer tozino agora soy escarnido
S 895-4 Sentiose por escarnido el leon del orejudo

**ESCARNIDOR**
G 557-2 Non quieras zer caçurro nin zeaz escarnidor

**ESCARNIO**
S 100-3 pario vn mur topo escarnio fue de rreyr
S 114-4 sy de tan grand escarnio yo non trobase burla
S 122-4 quien ansy me feziese de escarnio magadaña
S 262-1 Por que -le fizo desonrra E escarnio del rruego
S 748-1 fezieron grande escarnio de -lo que -les fablaua
S1484-4 non Respondas en escarnio do te preguntan cordura

**ESCARNIOS**
S 908-2 muchos despues la enfaman con escarnios E rreyres

**ESCARVA**
S 977-2 escarua la gallyna E falla su pepita
S1391-4 conteseçl commo al gallo que escarua en -el muladar

**ESCARVAS**
S1015-2 yo non vy en -ella al mas sy tu en -ella escaruas

**ESCASEZA**
S 247-1 Por la grand escaseza fue perdido el Rico

**ESCASO**
S 246-1 Tu eres avarizia eres escaso mucho
S 714-2 ca es omne muy escaso pero que es muy Rico

**ESCASOS**
S 816-3 al mandar somos largos E al dar escasos primos

**ESCATIMA**
S1699-3 que la mi ora-buena tal escatima prenda

**ESCAZA**
G 586-4 Non me zeadez escaza nin esquiua nin dura

**ESCAZO**
G 550-3 de quanto que pudierej2z non le seaz ezcazo
G 552-1 nunca omne ezcazo rrecabda de ligero

**ESCLAMINA**
S1205-1 El viernes de jndulgençias vistio nueva esclamina

**ESCOFINA**
S 925-2 esco-fyna avancuerda nin Rascador

**ESCOGE**
P 48 escoge E ama el buen Amor que ez el de dioz
G 553-2 escoge la mesura e lo que es cumunal
S 956-1 Respondiome la chata quien pide non escoge

**ESCOGEDES**
S1386-3 ansy commo el gallo vos ansy escogedes

**ESCOGER**
S 430-4 sabe primera mente la muger escoger

**ESCOGERA**
S 600-2 escogera marido qual quisiere entre dos mill

**ESCOGI**
S 697-2 de todas las maestrias escogi la mejor

**ESCOGIDA**
S1591-2 con fe santa escogida mas clara que cristal
S1665-2 escogida santa madre
S1673-1 santa virgen escogida

**ESCOGIDO**
S 54-2 escogido de griegos entre todos loado
S1043-2 e todo don muy bueno de dios bien escogido

**ESCOGIDOS**
S1563-3 a -todos los saco como santos escogidos

**ESCOGIENDOS**
P 127 escogiendo E amando con buena voluntad

**ESCOGIERE**
P 162 al que entendiere el bien e escogiere saluaçion

**ESCOJA**
S 67-4 escoja lo mejor el de buena ventura
S 696-2 escoja laz mejores E dexe las dañosas

**ESCOJE**
P 65 e buena voluntad escoje el alma

**ESCOLAR**
S 122-1 Del escolar goloso conpañero de cucaña
S1135-1 Escolar so mucho rrudo nin maestro nin doctor
S1650-1 Señorez dat al escolar

**ESCOLARES**
S1514-2 E para escolarez que andan nocheriniegos

**ESCOMUNION**
S 357-1 Es toda perentoria la escomunion atal

**ESCONBRA**
S1296-4 esconbra los Rastrojos e çerca los corrales

**ESCONDEM**
S1447-3 las rranas se escondem de balde ya lo veemos

**ESCONDER**
S1446-2 dezien con -el grand miedo que se fuesen a -esconder

**ESCONDIDA**
S 90-1 E segund diz jhesu xpisto non ay cossa escondida
S1073-2 lyeuela por la tierra non -la traya escondida

**ESCONDIDO**
G 595-1 El fuego mas fuerte quexa escondido encobierto

ESCOPIERON
S1064-1 En -su faz escopieron del çielo claridat
ESCOPIR
S1102-3 fizole escopir flema esta fue grand Señal
ESCOPLO
S1280-2 E enxerir de escoplo e gauillas amondar
ESCOTA
S 241-4 escota el soberuio el amor de -la dueña
S 899-4 escota juglar neçio el son del atanbor
ESCOTADOS
S1413-4 desta creo que sean pagados E escotados
ESCOTAN
S1555-4 escotan tu manjar adobladas e zenzillas
ESCOTAR
S 944-4 dixe yo que buen manjar sy non por el escotar
S 992-1 hospedome E diome vyanda mas escotar mela fizo
ESCOTE
S 983-3 escote la meryenda e party me dalgueua
ESCOTE (H)
S 815-4 sy buen manjar queredes pagad bien el escote
ESCOTES
S1478-1 De -los malos amigoz vienen malos escotes
ESCREVI
P 7 que ez el que primero suso escreui
S 107-4 de dueña mesurada sienpre bien escreui
ESCREVIR
S 223-2 por la mançana escripta que -se non deuiera escreuir
S 234-4 non se podrian escreuir en mill priegos contados
S 949-1 Por melo otorgar Señoras escreuir vos he grand saçon
S1134-1 E por aquesto que tengo en coraçon de escreuir
S1686-1 Non se escreuir
ESCRIPTA
S 223-2 por la mançana escripta que -se non deuiera escreuir
S 347-4 Rezo el por sy mesmo escripta tal sentençia
ESCRIPTAS
P 131 en -que son escriptaz algunaz maneraz e maestriaz
S 171-4 con ello estas cantigas que son de yuso escriptas
S1198-1 Escriptaz son laz cartas todas con sangre biua
ESCRIPTO
S 147-3 E el fuero escripto non es por ende desfecho
S 996-2 este de yuso escripto que tyenes so la mano
S1129-1 En carta por escripto le daua sus pecados
S1130-1 Non se faze penitençia por carta nin por escripto
S1130-3 non puede por escripto ser asuelto nin quito
S1236-3 quantas ordenes son non -laz puze en escripto
S1571-3 fazer te he vn pitafio escripto con estoria
S1705-4 por ende yo apello en -este escripto abiuad voz
ESCRIPTURA
P 102 otrosi fueron la pintura E la escriptura
P 129 fiz esta chica escriptura en memoria de bien
S 67-1 En general a -todos ffabla la escriptura
S 160-2 commo es este mio dize vna escriptura
S1142-4 de sastifaçion otra non fallo escriptura
ESCRITO
S1529-1 Non ha en -el mundo libro nin escrito nin carta
ESCRIVA
S 33-5 escriua yo prosa digna
ESCRIVE
S1269-2 do todo se escriue en toledo non ay papel
ESCUCHA
S 425-1 Escucha la mesura pues dixiste baldon
S 425-3 do byen eres oydo escucha mi Razon
S1343-1 yo te dixe trota conventos escucha me vn poquillo
ESCUCHA (H)
S 342-1 las partes cada vna a -su abogado escucha
ESCUCHAD
S 14-2 escuchad el rromanze sosegad vos en paz
ESCUCHADO
S 15-1 E por que mejor de todos sea escuchado
S 336-4 nin en vuestra abdiençia oydo nin escuchado
ESCUCHAR
S 789-3 con dueña que te non quiere nin escuchar nin oyr
S1508-3 fablo con vna mora non -la quiso escuchar
ESCUCHE
G 670-1 escuche me zeñora la vuestra cortesia
ESCUCHO
S 246-4 ssyenpre me ffallo mal cada que te escucho
ESCUDADOS
S1084-1 En -pos loz escudados estan lo ballesteroz
ESCUDAVAN
S1083-3 escudauan se todoz con -el grand tajadero
ESCUDERO
S 961-2 a -la he diz escudero aqui estare yo queda
S1620-4 nesçio pereçoso tal es mi escudero
ESCUDEROS
S1085-3 luego los escuderos muchos quesuelos friscos
S1240-3 yuan los escuderos en -la saya cortilla
S1253-2 non lo fagas Señor dizen los escuderos
ESCUDILLAS
S1175-1 Escudillaz sartenez tinajaz e calderaz
ESCUDO
S1598-3 tomemos escudo fuerte pyntado con tabletas
ESCUELA
S 612-1 El amor leo a ovydyo en -la escuela
ESCUERZO (V)
G1544-3 synon des-que es muerto que -lo coma el escuerzo
ESCULARES
G1656-1 zeñorez voz dat a -noz escularez pobrez dos
ESCULTADA
S1356-3 vine manos vazias finco mal escultada
ESCUPEN
S1052-3 pilatos judgando escupenle en çima

ESCURECES
S1549-1 Despreçias loçania el oro escureçes
ESCURESCIO
S1056-2 que por su persona el sol escuresçio
ESCURO
S1192-1 Commo ladron veniste de noche a -lo escuro
S1377-4 estouo a -lo escuro a -la pared arrimado
ESCUSA
S 52-4 E nos dar telo hemos escusa nos desta lid
S 519-2 en -el coraçon lo tyene maguer se le escusa
ESCUSA (H)
S 352-4 en sus deffenssiones E escusa e rrefierta
S 364-4 rresçibo sus defensiones e la buena escusa
ESCUSADA
S1330-2 escusose de mi e de mi fue escusada
ESCUSADOS
S 367-4 nin fue el pleito constestado por que fueron escusados
ESCUSAR
S 48-4 esta rrespuesta fermosa dauan por se escusar
S 706-3 por escusar mill peligros fasta oy lo encubri
S 860-2 oluidar o escusar aquello que mas amades
S1592-2 con castidat E con conçiençia podernos emos escusar
S1653-3 escusar voz ha de afruenta
ESCUSAS
S 349-1 E vistas las escusas e las defensiones
S1478-3 sinon falssaz escusaz lysonjaz amargotes
ESCUSEDES
S1088-2 Señor diz non me escusedes de aquesta lyd a -mi
ESCUSERAS
S1505-4 E Son las escuseras perezosaz mentirosaz
ESCUSO
S 958-3 escuso me de passar los arroyos E las cuestas
S1330-2 escusose de mi e de mi fue escusada
ESCUSO (H)
S 472-3 non se pagan de disanto en poridat nin a -escuso
ESE
S 40-4 tu estauas en ese lugar
S 55-3 luego se assento en -ese mismo lugar
S 77-2 de su amor non fuy en -ese tienpo rrepiso
S 200-2 la mayor quel pudo Cayo en -ese lugar
S 480-3 luego en ese dia vino el menssajero
S 737-4 buena muger dezid me qual es ese o quien
S 739-4 que para esse buen donayre atal cosa vos guardaron
S 740-1 Dixo doña endrina callad ese predicar
S 740-2 que ya esse parlero me coydo engañar
G 762-1 que prouecho uoz tien vestir ese negro paño
S 792-2 por ese quexo vano nada non ganades
S1009-2 rroguel que me quisiese ese dia dar posada
S1023-4 e dese rroçio
S1031-3 ese blaço E toma
S1246-4 acaesçio grand contyenda luego en ese llano
S1444-1 sseñora diz la vieja esse miedo non tomedes
S1466-4 entre tanto amigo vete con ese bayle
S1484-2 que de ese arçipreste me digas su figura
ESENCION
S 334-1 E por ende yo propongo contra el esençion
ESFORÇADO
S 509-3 alguaçil E meryno byen ardyt es-forçado
S1081-2 vino don carnal que ante estaua esforçado
ESFORÇADOS
S1450-4 biuen los esforçados deziendo daldes ferid
ESFUERCE
S 11-2 el que nasçio de -la virgen esfuerçe nos de tanto
ESFUERÇA
S1032-2 e beue e esfuerça
ESFUERÇO
S 126-2 otros toman esfuerço en -querer vsar armas
S 160-3 que buen es-fuerço vençe a -la mala ventura
S1080-2 mostro en -sy esfuerço pero estaua medroso
S1119-1 Tomo ya quanto esfuerço e tendio su pendon
S1449-4 que non pierda el es-fuerço por miedo de morir
S1450-1 El miedo es muy malo syn esfuerço ardid
S1450-2 esperança e esfuerço vencen en toda lid
S1458-4 non temas ten es-fuerço que non moras por esto
S1544-2 nunca das a -los omes conorte nin esfuerço
S1605-1 denos dios esfuerço tal ayuda E tal ardid
S1670-1 Reyna virgen mi esfuerço yo so puesto en tal espanto
ESGRIMA
S1498-3 guardaz tenie la monja mas que -la mi esgrima
ESMERA
G 563-4 en -esto se esmera el que es enamorado
ESMERADO
S 54-1 vino ay vn griego doctor muy esmerado
S1327-4 muy loçano E cortes Sobre todos esmerado
ESMERAN
S1211-4 los que amor atyenden sobre todos se esmeran
ESO
S 147-2 pero por todo eso las leyes y el derecho
S 299-3 en te besar la mano yo en eso me fallo
G 757-3 deso creo que estadez amariella e magrilla
S 799-4 por eso me dezides que es mia mi señora
S 819-1 Eso dixo la vieja byen se dize fermoso
S 844-1 lo que tu me demandas yo eso cobdicio
S1026-2 e por eso vengo
S1034-1 vos que eso dezides
S1398-3 dexat eso Señora dire voz yn mandado
S1444-3 todas las otras temen eso que vos temedes
S1480-2 mas yo non vos consejo eso que voz creedes
S1482-2 de eso que vos rresçelades ya vos yo asseguro
S1614-3 la muger que es chica por eso es mejor
ESOS
S 742-3 non se viene en miente desos malos rrecabdos

| | |
|---|---|
| **ESOS** | **(cont.)** |
| S 742-4 | nin te cunple agora dezir me esos mandadoz |
| S 744-1 | Este vos tiraria de todos esos pelmasos |
| S1228-4 | la guitarra latyna con esos se aprisca |
| S1325-4 | entyende los vrraca todos esos y esos |
| **ESPACIAS** | |
| S 376-1 | desque sientes a -ella tu coraçon espacias |
| **ESPACIO** | |
| S1303-1 | Desque lo vy de espaçio commo era su criado |
| S1492-1 | Dixol doña garoça verme he da my espaçio |
| **ESPADA** | |
| S 309-3 | el mesmo se mato con su espada pues vey |
| S1588-4 | con esta espada fuerte Segura mente golpad |
| **ESPALDAS** | |
| S1468-2 | E pon tuz piez entranboz sobre laz miz espaldaz |
| S1487-4 | laz espaldaz byen grandes laz muñecas atal |
| **ESPANDADOS** | |
| S 769-1 | quando vyeron al lobo fueron mal espandados |
| **ESPANTA** | |
| S 238-3 | que a -las otras bestias espanta como trueno |
| S 276-2 | con grand çelo que tienes omne de ti se espanta |
| S 821-4 | a -las vezes espanta la mar e faze buen orilla |
| S1286-4 | a -los moços medrosos ya los espanta el trueno |
| **ESPANTABLE** | **(V)** |
| G1011-2 | non vido tal figura nin tan espantable vizta |
| **ESPANTADA** | |
| S 646-2 | non acometas cosa por que fynque espantada |
| **ESPANTADAS** | |
| S1445-2 | Sono vn poco la selua e fueron espantadas |
| **ESPANTADO** | |
| S 288-1 | El pauon de tal fijo espantado se fizo |
| S 332-4 | el lobo quando lo vyo fue luego espantado |
| **ESPANTADOS** | |
| S 900-4 | de -la su segurança son todos espantados |
| **ESPANTAR** | |
| S 98-3 | a -quantos la oyen podie mal espantar |
| **ESPANTASE** | |
| S 614-2 | espantase al marynero quando vyene torbada |
| **ESPANTASTE** | |
| S1559-2 | sy ante lo espantaste mill tanto pena oviste |
| **ESPANTAVA** | |
| S 748-4 | el caçador el canamo e non las espantaua |
| **ESPANTE** | |
| S 614-4 | non te espante la dueña la primera vegada |
| S1520-4 | de tu memoria amarga non es que non se espante |
| **ESPANTES** | |
| S 613-1 | Non te espantes della por su mala Respuesta |
| **ESPANTES** | **(H)** |
| S 967-3 | hadre duro non te espantes que byen te dare que yantes |
| **ESPANTO** | |
| S 40-3 | con espanto |
| S 102-2 | pone muy grant espanto chica cosa ez doz nuezez |
| S1067-2 | puso por todo el mundo miedo e grand espanto |
| S1098-2 | velaron con espanto nin punto non dormieron |
| S1524-4 | de fablar en ti muerte espanto me atrauiesa |
| S1558-2 | la su muerte muy cruel a -el mucho espanto |
| S1670-1 | Reyna virgen mi esfuerço yo so puesto en tal espanto |
| **ESPANTO** | **(H)** |
| S1387-4 | espantose el gallo dexol como sandio |
| **ESPANTOS** | |
| S 100-4 | ssus bramuras e espantos en burla fueron salir |
| S 388-2 | muchos otros pecados antojos e espantos |
| **ESPAÑA** | |
| S 122-3 | Ca de Ante nin despues non falle en españa |
| S 304-2 | mas orgullo e mas bryo tyenes que toda españa |
| S 621-3 | con buen seruiçio vençen cavalleros de españa |
| S1244-4 | el cauallo de españa muy grand preçio valie |
| **ESPARRAGOS** | **(V)** |
| G1165-2 | comaz de -loz esparragoz e mucho non te fartez |
| **ESPARZIDO** | |
| G 595-2 | que non quando ze derrama esparzido e descobierto |
| **ESPECIA** | |
| S1338-2 | non tyenen de letuarios tantos nin tanta espeçia |
| **ESPECIAL** | |
| S 371-3 | espeçial para todo esto E conplida jurysdiçion |
| **ESPECULO** | |
| S1152-1 | lea en -el especulo o en -el rreportorio |
| **ESPEJO** | |
| S 396-3 | los cabellos en rrueda el peyne E el espejo |
| **ESPENDI** | |
| S 973-1 | Estude en esa çibdat e espendi mi cabdal |
| **ESPERA** | |
| G 589-2 | ende mayorez peligroz espera que an de zeer |
| S 805-3 | por buen comienço espera omne la buena andança |
| S1213-2 | taniendo su çapoña E loz albogues espera |
| S1294-4 | el que viene non alcança al otro quel espera |
| S1328-3 | el que al lobo enbia a -la fe carne espera |
| S1494-3 | se -que el que al lobo enbia a -la fe carne espera |
| **ESPERA** | **(H)** |
| S1300-2 | son quatro tenporadaz del año del espera |
| **ESPERADES** | |
| S1701-4 | si malo lo esperades yo peor lo espero |
| **ESPERAN** | |
| S1211-2 | a -rresçebyr los salen quantos que -los esperan |
| **ESPERANCA** | |
| S 794-4 | toda mi esperanca pereçe e yo so perdido |
| **ESPERANÇA** | |
| S 141-2 | e creer muy mas en dios con firme esperança |
| G 592-3 | que perdere melezina su esperança de guarir |
| G 592-4 | la esperança non conorte zabez a -las vezez fallir |
| S 651-3 | toda la mi esperança e todo el mi confuerto |
| S 785-4 | por esperança vana todo se va a -perder |

| | |
|---|---|
| S 805-1 | Todo nuestro trabajo E nuestra esperança |
| S 813-2 | por vos mi esperança syente ya mejoria |
| S1047-2 | de ty non se muda la mi esperança |
| S1065-4 | a -los que en -el avemos esperança syn par |
| S1448-1 | a -la buena esperança nos conviene atener |
| S1450-2 | esperança e esfuerço vencen en toda lid |
| S1452-1 | Tened buena esperança dexad vano temor |
| S1587-1 | vestir los probles desnudos con santa esperança |
| S1595-1 | Con vertud de esperança E con mucha paçiençia |
| S1679-2 | la mi esperança en -ty es toda ora |
| S1680-3 | en -tu esperança coyta atanta |
| **ESPERANDO** | |
| S 507-1 | Ally estan esperando qual avra mas Rico tuero |
| **ESPERAR** | |
| S1204-4 | por todas estaz Razones non quiso esperar |
| **ESPERAT** | |
| S 876-1 | yo vos abrire la puerta esperat non -la quebredes |
| **ESPEREMOS** | |
| S1447-1 | Dixo la vna liebre conviene que esperemos |
| **ESPERO** | |
| S1701-4 | si malo lo esperades yo peor lo espero |
| **ESPESAS** | |
| S1166-1 | Espinacaz conbraz el miercoles non espesaz |
| **ESPESURA** | |
| S 989-1 | Radio ando sseñora en esta grand espessura |
| S1425-2 | en espesura tiene su cueua soterrana |
| **ESPETOS** | |
| S1083-2 | espetos muy conplidos de fierro e de madero |
| S1175-4 | espetoz e grialez ollaz e coberteraz |
| **ESPIENDEN** | |
| S 125-2 | deprende grandes tienpos espienden grant quantia |
| **ESPIGAS** | |
| S 907-4 | e muchas espigas nasçen de vn grano de çiuera |
| **ESPINA** | |
| S 18-1 | Sobre la espina esta la noble Rosa flor |
| **ESPINA** | **(H)** |
| S 211-4 | de diuerssas maneras tu quexa lo espina |
| **ESPINACAS** | |
| S1166-1 | Espinacaz conbraz el miercoles non espesaz |
| **ESPINAÇAS** | |
| S1091-4 | non te podra enpesçer con todas sus espinaças |
| **ESPINAS** | |
| G 665-4 | buscat a -quien engañedez con vuestraz falsaz espinaz |
| S1064-2 | espinas le pusieron de mucha crueldat |
| **ESPINAZO** | |
| S 243-2 | el espinazo agudo las orejas colgadas |
| S1404-1 | yo en mi espinazo les tayo mucha leña |
| **ESPINO** | |
| S 909-4 | sola con ome non te fyes nin te llegues al espino |
| **ESPIRITU** | |
| S1640-4 | espiritu santo gozeste |
| **ESPIRITUALES** | |
| S1148-1 | los que son rreseruados del papa espirituales |
| **ESPORTILLA** | |
| S1205-4 | esportilla e cuentas para Rezar ayna |
| **ESPOSA** | |
| S1635-3 | fija E leal esposa |
| **ESPOSAS** | |
| S 231-3 | forçar muchas mugeres cassadas e esposas |
| **ESPUELA** | |
| S 612-3 | que trabajo e seruiçio non -la traya al espuela |
| **ESPUELAS** | |
| S 641-1 | ssy nol dan de -las espuelas al cauallo faron |
| S1085-4 | que dan de -las espuelas a -los vinos byen tyntos |
| S1124-2 | fyncaron las espuelas dieron todos en -el |
| **ESPULGAR** | |
| S1018-3 | sy ella algund dia te quisiese espulgar |
| **ESQUILMAN** | |
| S1250-1 | Esquilman quanto puedem a -quien zeles allega |
| **ESQUIMA** | |
| S 377-4 | va en achaque de agua a -verte la mala esquima |
| **ESQUIVA** | |
| S 518-3 | non sera tan esquiua que non ayas mejoria |
| G 586-4 | Non me zeadez escaza nin esquiua nin dura |
| S1198-4 | ella esta Razon aviala por esquiva |
| **ESQUIVA** | **(H)** |
| S1361-3 | estonçes me loaua agora que so viejo me esquiua |
| **ESQUIVAS** | |
| S 302-2 | avia mucho comido de yeruas muy esquiuaz |
| **ESQUIVE** | |
| S 155-3 | en seruir a -las dueñas el bueno non se esquiue |
| **ESQUIVEDES** | |
| S1444-2 | el omne que vos ama nunca lo esquiuedes |
| **ESQUIVO** | |
| S1345-4 | Señora del convento non lo fagades esquiuo |
| S1666-6 | que por nuestro esquiuo mal |
| **ESQUIVO** | **(H)** |
| S1683-2 | esquiuo tal por que pienso ser muerto |
| **ESQUIVOS** | |
| S1582-2 | muy mas deuemos fazerlo por tantos e tan esquiuos |
| **EST** | **(L)** |
| P 91 | jn quibuz non est jntellectus |
| S 383-4 | justus est domine tañe a -nona la canpana |
| **ESTA** | |
| P 20 | po(r) que sopiese la su ley fue esta |
| P 70 | E esta ez la sentençia del verso |
| P 129 | fiz esta chica escriptura en memoria de bien |
| P 193 | Segund que esta çiençia Requiere |
| S 1-4 | saca a -mi coytado desta mala presion |
| S 2-4 | sacame desta lazeria desta presion |
| S 3-4 | libra A -mi dioz mio desta presion do ya(go) |
| S 4-3 | libra me mi dioz desta coyta tan maña |

| | | |
|---|---|---|
| **ESTA** | | **(cont.)** |
| S | 9-1 | Por esta profeçia e por la salutaçion |
| S | 48-4 | esta rrespuesta fermosa dauan por se escusar |
| S | 52-4 | E nos dar telo hemos escusa nos desta lid |
| S | 74-4 | cada que puede e quiere fazer esta locura |
| S | 80-1 | Enbiele esta cantiga que es de yuso puesta |
| S | 85-1 | Señor diz tu estas flaco esta vianda liuiana |
| S | 88-3 | ella dixo en -la cabeça del lobo tome yo esta liçion |
| S | 96-4 | esta fabla conpuesta de ysopete sacada |
| S | 114-1 | ffiz con -el grand pessar esta troba caçura |
| S | 122-2 | fize esta otra troba non vos sea estraña |
| S | 141-4 | prueuo telo breue mente con esta semejança |
| S | 161-4 | es esta que el amor sienpre fabla mentiroso |
| S | 170-1 | Por amor desta dueña ffiz trobas e cantares |
| S | 176-1 | Por poca vianda que esta noche çenaria |
| S | 218-2 | esta es tu fija mayor tu mayordoma anbiçia |
| S | 218-3 | esta eʒ tu alferez E tu casa officia |
| S | 218-4 | esta destruye el mundo sostienta la justiçia |
| S | 258-4 | leuad esta mi carta a -jaab E venid |
| S | 265-1 | despues desta desonrra E de tanta verguença |
| S | 266-4 | a -dueñas tu loxuria desta guisa las doma |
| S | 285-3 | por ser atan fermosa esta locura coeda |
| S | 330-2 | a -esta vuestra cibdat non conosco la gente |
| S | 342-4 | arman se çancadilla en -esta falsa lucha |
| S | 355-3 | esta dilatoria prouar se clara mente |
| S | 362-4 | por ende pongo sylençio al lobo en -esta saçon |
| S | 368-3 | por lo que avia dicho E suplido esta veʒ |
| S | 371-4 | aprendieron los abogados en -esta disputaçion |
| S | 413-2 | buscando que comiese esta pelea vydo |
| S | 432-4 | ancheta de caderaʒ esta es talla de dueña |
| G | 443-1 | de aquesta: viejaʒ toda: ezta eʒ la mejor |
| S | 460-4 | cay del escalera fynque con esta ligion |
| S | 473-1 | çierta cossa es esta quel molyno andando gana |
| S | 480-4 | que ya don pytas pajas desta venia çertero |
| S | 575-4 | nin creo que -la falle en toda esta cohyta |
| S | 578-3 | con dueña falaguera e desta vez terne |
| S | 597-1 | esta dueña me ferio de saeta en-arbolada |
| S | 605-4 | conortad me esta llaga con juegos e folgura |
| S | 631-4 | en todas las animalyas esta es cosa prouada |
| S | 645-2 | que sepa sabia mente andar esta carrera |
| S | 658-1 | querian alla mis parientes Cassar me en esta Saçon |
| G | 679-1 | esto dixo doña endrina esta dueña de prestar |
| S | 701-1 | desque fuy en mi casa esta vieja sabida |
| S | 705-1 | Sy a -quantas desta villa nos vendemos las alfajas |
| S | 710-2 | desque ya entre las manos vna veʒ esta maʒnada |
| S | 711-1 | Dixo me que esta dueña era byen su conoszienta |
| S | 716-1 | Esta dueña que deʒides mucho es en mi poder |
| S | 718-2 | a -esta dueña e a -otras moçetas de cuello aluillo |
| S | 724-2 | para esa mano bendicha quered esta sortija |
| S | 728-1 | Todos quantos en -su tienpo en -esta tierra nasçieron |
| S | 750-4 | dexa me esta vegada tan fermosa e tan linda |
| S | 755-1 | Mas este vos defendera de toda esta contienda |
| G | 759-4 | casarse ca el luto con esta carga vien |
| S | 774-3 | ea diz ya desta tan buen dia me vino |
| S | 791-3 | mi vida e mi muerte esta es señalada |
| S | 812-1 | En otras cosas muchas entendio esta trama |
| S | 911-4 | nunca vy tal commo esta sy dios me de salud |
| S | 914-3 | en -esta pleytesia puso femençia tal |
| S | 916-2 | catad aqui que vos trayo esta preçiosa sortija |
| S | 916-3 | dam vos esta poco a -poco la aguija |
| S | 917-2 | que quien le diese esta villa con todo su aver |
| S | 919-3 | dixo me esta vyeja por nonbre ha vrraca |
| S | 921-1 | Non me acorde estonçe desta chica parlylla |
| S | 955-2 | sy quieres dime quales vsan en -esta tierra |
| S | 960-3 | que por esta encontrada que yo tengo guardada |
| S | 972-1 | despues desta ventura fuy me para ssegouia |
| S | 986-1 | desta burla passada ffiz vn cantar atal |
| S | 987-2 | desta sserrana valyente |
| S | 988-1 | a -la fuera desta aldea la que aqui he nonblado |
| S | 989-1 | Radio ando sseñora en esta grand espessura |
| S | 989-3 | mas quanto esta mañana del camino non he cura |
| S | 989-4 | pues vos yo tengo hermana aqui en esta verdura |
| S | 998-1 | diz que buscas por esta tierra commo andas descaminado |
| S | 998-2 | dixe ando por esta sierra do quirria cassar de grado |
| S1058-1 | Por aquestas llagas desta santa pasion |
| S1073-1 | Dad la al menssajero esta carta leyda |
| S1078-1 | dixo yo so el alfrez contra esta mala presa |
| S1102-3 | fizole escopir flema esta fue grand Señal |
| S1104-1 | vinien las grandes mielgas en esta delantera |
| S1162-2 | diole esta penitençia que por tanto pecado |
| S1198-4 | ella esta Raʒon aviala por esquiva |
| S1200-1 | Por ende cada vno esta fabla decuere |
| S1208-1 | Estaua demudada desta guisa que vedes |
| S1233-2 | çinfonia e baldosa en -esta fiesta sson |
| S1237-3 | abbades beneditos en -esta fiesta tal |
| S1240-1 | ffrayles de sant anton van en esta quadrilla |
| S1261-4 | en esta santa fiesta sey de mi ospedado |
| S1262-2 | fue a -la mi posada con -esta procesion |
| S1299-4 | esta fue rrespuesta Su dicho ableuiado |
| S1311-1 | Saly desta laʒeria de coyta e de lastro |
| S1318-3 | diz açipreste amad esta yo ire alla mañana |
| S1318-4 | E si esta rrecabdamos nuestra obra non es vana |
| S1323-2 | dixo non querria esta que me costase cara |
| S1342-4 | prouad lo esta vegada e quered ya sossegar |
| S1413-4 | desta creo que sean pagados E escotados |
| S1416-2 | diz el colmillo desta puede aprouechar |
| S1457-3 | desta guisa el malo sus amigos enarta |
| S1497-2 | que lieues esta carta ante que gelo yo diga |
| S1569-4 | nunca torna con nuevas quien anda esta carrera |
| S1576-1 | vrraca so que yago so esta Sepultura |
| S1588-4 | con esta espada fuerte Segura mente golpad |
| S1589-4 | con esta confirmaçion la soberuia es arrancada |

| | | |
|---|---|---|
| S1598-2 | | contra esta enemiga que nos fiere con saetas |
| S1600-2 | | esta es de -los siete pecados mas sotil e engañosa |
| S1600-3 | | esta cada dia pare do quier quel diablo posa |
| S1601-1 | | Contra esta e sus fiios que ansy nos de-vallen |
| S1643-2 | | a -esta donzella |
| S1662-4 | | faz esta marauilla |
| S1671-1 | | Yo so mucho agrauiado en esta çibdad seyendo |
| S1693-1 | | llorando de sus ojos començo esta rraçon |
| S1693-2 | | diz el papa nos enbia esta constituçion |
| S1694-1 | | Cartas eran venidaʒ que diʒen en esta manera |
| S1696-3 | | diʒ amigoʒ yo querria que toda esta quadrilla |
| S1699-4 | | creo que otros muchos syguiran por esta senda |
| S1701-2 | | que era desta orden confrade derechero |
| **ESTA** | | **(H)** |
| P | 35 | E desque esta jnformada E jnstruyda el Alma |
| P | 93 | que non esta jnstructa del buen entendimiento |
| S | 16-4 | ansi en feo libro esta saber non feo |
| S | 17-3 | blanca farina esta so negra cobertera |
| S | 17-4 | açucar negro e blanco esta en vil caña vera |
| S | 18-1 | Sobre la espina esta la noble Rosa flor |
| S | 18-2 | en fea letra esta saber de grand dotor |
| S | 18-4 | ansi so el mal tabardo esta buen amor |
| S | 55-2 | E mostro solo vn dedo que esta çerca del pulgar |
| S | 209-4 | quando omne esta Seguro furtas le el coraçon |
| S | 257-1 | Syenpre esta loxuria a do-quier que tu estas |
| S | 492-4 | do son muchos dineros esta mucha bendiçion |
| S | 505-2 | sy varruntan que el rrico esta ya para moryr |
| S | 603-1 | quanto mas esta omne al grand fuego llegado |
| S | 603-2 | tanto muy mas se quema que quando esta alongado |
| S | 640-2 | luego esta la dueña en -su coraçon penssando |
| S | 640-3 | sy lo fara o -non en -esto esta dudbando |
| S | 641-4 | a -muger que esta dudbando afynquela el varon |
| S | 642-4 | la muger que esta dudbando lygera es de aver |
| S | 651-4 | esta en aquella sola que me trahe penado e muerto |
| G | 685-4 | toda muger es vençida des que esta Ioya es dada |
| G | 691-4 | el amor do esta firme todoʒ los miedoʒ departe |
| S | 721-3 | en -la fyn esta la onrra e la desonrra bien creades |
| S | 780-2 | non deseche la cosa de que esta deseoso |
| S | 798-3 | todo el su desseo en vos esta fyrmado |
| S | 801-3 | en todo logar tyene que esta el caçador |
| S | 805-2 | esta en aventura esta en la balança |
| S | 811-2 | oteame e sospira e esta comediendo |
| S | 811-3 | avyua mas el ojo e esta toda bulliendo |
| S | 819-2 | mas el poble coytado syenpre esta temeroso |
| S | 826-4 | esta lleno de doblas fascas que non lo entyendo |
| S | 828-3 | pues que fija Señora como esta nuestra cosa |
| S | 833-1 | sy anda o -sy queda en vos esta pensando |
| S | 862-1 | Nunca esta mi tyenda syn fruta a -las loçanas |
| S | 886-1 | Esta en -los antiguos Seso e sabyençia |
| S1118-4 | esta mucho triste non falla quel confuerte |
| S1157-3 | todo el su poder esta so vuestra capa |
| S1170-3 | esta y muy deuoto al santo misterio |
| S1216-3 | el buen enperador esta arremangado |
| S1218-2 | vna blanca rrodilla esta de sangre tynta |
| S1218-3 | al cablon que esta gordo el muy gelo pynta |
| S1286-1 | El terçero fidalgo esta de florez lleno |
| S1375-1 | Esta en mesa rrica mucha buena vyanda |
| S1435-2 | vieja dixo non temas esta byen Segurada |
| S1442-4 | e es la magadaña que esta en -el cadahalso |
| S1551-4 | do tu tarde rrequierez aquel esta mejor |
| S1612-1 | Commo en chica rrosa esta mucha color |
| **ESTABLIA** | | |
| S1405-1 | | Salio bien rrebuznando de -la su establia |
| **ESTABRIAS** | | |
| S1272-2 | | comiença a -dar çanahoria a -bestias de estabrias |
| **ESTACAS** | | |
| S1201-3 | | para lydiar non firmes quanto en afrecho estacaʒ |
| S1286-3 | | faʒe poner estacaʒ que dan aʒeyte bueno |
| **ESTACION** | | |
| S1262-4 | | tyenpo ha que non andude tan buena estaçion |
| **ESTADA** | | |
| S1302-2 | | vino dormir a -ella fue poca su estada |
| **ESTADES** | | |
| S | 466-2 | qual es la mayor dellas anbos pares estades |
| G | 671-3 | estadeʒ enfriada mas que -la nief de -la sierra |
| S | 725-1 | ffija sienpre estades en caʒa ençerrada |
| G | 757-1 | asi estadeʒ fiia biuda e mançebilla |
| G | 757-3 | deso creo que estadeʒ amariella e magrilla |
| S | 868-2 | amigo diz como estades yd perdiendo coydado |
| **ESTADO** | | |
| S | 316-1 | El omne que tiene estado onrra E grand poder |
| **ESTAMEÑA** | | |
| S1242-4 | | labrada es de oro non viste estameña |
| **ESTAMEÑAS** | | |
| S1394-2 | | con sayas de estameñas comedes vos mesquinas |
| **ESTAMOS** | | |
| S | 809-2 | ansy vna grand pieça en vno nos estamos |
| S1181-4 | | oyremos pasion pues que baldios estamos |
| **ESTAN** | | |
| P | 63 | que obraʒ sienpre estan en -la buena memoria |
| S | 507-1 | Ally estan esperando qual avra mas Rico tuero |
| G | 555-1 | des que loʒ omneʒ eʒtan en juegoʒ ençendidoʒ |
| S | 640-1 | En quanto estan ellos de tus bienes fablando |
| S | 642-1 | Desque estan dubdando los omes que han de fazer |
| S | 700-3 | non se rreguardan dellas estan con -las personas |
| S | 938-3 | non se guarda dellas estan con las personaʒ |
| S1084-1 | En -pos loʒ escudados estan lo ballesteroʒ |
| S1084-4 | luego en pos de aquestos estan los caualleroʒ |
| S1431-4 | do estan vuestraʒ manos fare vn grand portillo |
| S1472-4 | dellos estan colgados muchas gatas e gatos |
| S1541-2 | amidoʒ tarde o -nunca en misa por el estan |

| | |
|---|---|
| **ESTANBLE** | |
| S 414-3 | quantos tyenes atados con tu mala estable |
| **ESTANBREÑA** | **(V)** |
| T1242-4 | labrada eʒ de oro non visten estanbreña |
| **ESTANÇA** | |
| S 141-1 | En creer lo de natura non es mal estança |
| S1688-6 | faras buena estança |
| **ESTANDO** | |
| S 51-1 | Estando en su coyta dixo vn cibdadano |
| S 138-1 | Estando ansy colgado ado todos lo vieron |
| S 347-3 | estando asentado assentado en -la su abdiençia |
| S 463-1 | estando delante ella sossegado e muy omyl |
| S 539-2 | el estando con vyno vydo commo se juntaua |
| S 970-1 | desque fuy vn poco estando fuyme desatyriziendo |
| S1019-3 | ca estando senzillas dar -l -yen so -las yjadas |
| S1020-2 | vnas trez vezes contelas estando arredrado |
| S1052-1 | Tu con -el estando a -ora de prima |
| S1068-1 | Estando a -la mesa con do jueuez lardero |
| S1192-3 | estando nos dormiendo yaziendo nos sseguro |
| S1194-4 | estando nos seguro fuemoz della arrancado |
| S1387-2 | estando escarbando mañana con -el frio |
| S1646-4 | los dicipulos estando |
| **ESTAÑO** | |
| S1003-2 | e dame vn bel pandero E seys anillos de estaño |
| S1036-2 | de estaño e fartas |
| **ESTAR** | |
| S 75-1 | El ffuego ssienpre quiere estar en -la çeniza |
| S 78-2 | non podia estar solo con -ella vna ora |
| S 111-3 | el mastel syn la vela non puede estar toda ora |
| S 154-4 | en estar a -la sonbra es plazer comunal |
| S 182-2 | dixel si amor eres non puedes aqui estar |
| S 483-3 | como es esto madona o commo pode estar |
| S 521-3 | que por ende sera casta e la fara estar |
| S 574-1 | Mucho mas te diria sy podiese aqui estar |
| S 647-1 | asaz te he ya dicho non puedo mas aqui estar |
| G 672-4 | querriedez jugar con la pella mas que estar en poridat |
| G 681-1 | estar zola con uoz zolo esto yo non lo faria |
| G 681-2 | non deue la muger estar zola en tal conpaña |
| S 729-2 | con -los cuerdos estar cuerdo con -los locos fazer se loco |
| S 964-4 | mas querria estar al fuegos |
| S1060-4 | la virgen que sabemos ssanta maria estar |
| S1158-4 | que lo fagan e cunplan para mejor estar |
| S1244-2 | estar rresplandeçiente a -todo el mundo rriye |
| S1305-2 | coyde estar viçioso plazentero e ledo |
| S1305-3 | falle grand santidat fizo me estar quedo |
| S1310-3 | con sus aue mariaz fazian me estar mudo |
| S1316-2 | veya los de dueñaz estar aconpañados |
| S1322-1 | vy estar vna dueña fermosa de veltad |
| S1326-4 | ca mas val suelta estar la viuda que mal casar |
| S1392-3 | que con taçaz de plata e estar alaroça |
| S1465-2 | estar su mal amigo diz por que non me acorres |
| S1499-2 | vy estar a -la monja en oraçion loçana |
| S1515-1 | Para los jnstrumentos estar byen acordados |
| S1570-2 | con dos martyrez dexar estar aconpañada |
| S1580-1 | Deuemos estar çiertos non Seguros de muerte |
| S1583-4 | por aquesto deuemos estar de armas byen guarnidos |
| **ESTARA** | |
| G 451-4 | luego eztara afuziada far(a) lo que quisierez |
| **ESTARAS** | |
| S1163-3 | yras a -la iglesia E non estaras en -la cal |
| **ESTARE** | |
| S 961-2 | a -la he diz escudero aqui estare yo queda |
| **ESTARIA** | |
| G 759-1 | Renpondiole la dueña diz non me estaria bien |
| S 811-4 | paresçe que con-vusco non se estaria dormiendo |
| **ESTAS** | |
| P 11 | son estas entendimiento voluntad E memoria |
| P 99 | E estaz son algunaz de -laz rrazonez |
| S 104-1 | ffiz luego estas cantigas de verdadera salua |
| S 171-4 | con ello estas cantigas que son de yuso escriptas |
| G 439-4 | ay quanto mal zaben eztaz viejaz arlotaz |
| G 441-4 | eztas trota conventoz fazen muchaz barataz |
| G 442-1 | do eztaz mugerez vzan mucho ze alegran |
| S 466-1 | Non se dixo la duena destas perezas grandes |
| S 473-4 | do estas tres guardares non es tu obra vana |
| S 488-4 | ca estas cosas pueden a -la muger traella |
| S 632-1 | Todas fenbras han en -sy estas maneras |
| S 644-4 | mucho non mal sabydas estas viejas Risoñas |
| S 699-1 | Era vieja buhona destas que venden joyas |
| S 699-2 | estas echan el laço estas cavan las foyas |
| S 699-3 | non ay tales maestras commo estas viejas troyas |
| S 699-4 | estas dan la maçada sy as orejas oyas |
| S 700-1 | Como lo han vso estas tales buhonas |
| S 747-2 | e mas al abutarda estas palabras tales |
| S 753-4 | guardat vos doña endrina destas paraças malas |
| S 862-4 | las que vos queredes mucho estas vos seran mas sanas |
| S 878-2 | por que fyncuades con -el sola entre estas paredes |
| S 912-4 | que estass son comienço para el santo pasaje |
| S 937-1 | ya vos dixe que estas paran cauas e foyas |
| S 937-3 | non ay tales maestras commo estas viejas troyas |
| S 937-4 | estas dan la maçada sy az orejas oyas |
| S 938-1 | otrosi vos dixe que estas tales buhonas |
| S 946-3 | dixel yo diome el diablo estas vieja Rahezes |
| S1064-2 | destas llagas tenemos dolor e grand pessar |
| S1066-3 | por estas llagas çierto es el mundo saluado |
| S1180-1 | En quanto ella anda estaz oblaz faziendo |
| S1185-2 | dauan grandes balidos dezien estas conssejas |
| S1190-1 | Estas fueron las cartaz el testo e la glosa |
| S1199-4 | dixo dios me guarde destaz nueuaz oydaz |
| S1201-4 | saluo si son vellosaz ca estaz son barracaz |
| S1204-4 | por todas estaz Razones non quiso esperar |
| S1206-4 | destaz cosaz Romeraz andan aparejados |
| S1319-2 | con ellas estas cantigas que vos aqui Robre |
| S1340-1 | ssyn todaz estaz noblezaz han muy buenas maneras |
| S1436-1 | Estas buenaz palablaz estos dulçes falagos |
| S1592-4 | con estaz brafuneraz la podremos bien matar |
| S1598-4 | spiritu de buen conssejo encordado destaz letraz |
| S1599-4 | con estas armas de dios a -enbidia desterraremos |
| S1602-4 | con estas armas lydiando podemos los amanssar |
| **ESTAS** | **(H)** |
| S 85-1 | Señor diz tu estas flaco esta vianda liuiana |
| S 216-1 | quanto mas aqui estas tanto mas me assaño |
| S 255-1 | byen ansy tu lo fazes agora que estas lleno |
| S 257-1 | Syenpre esta loxuria a do-quier que tu estas |
| S 278-4 | el coraçon te salta nunca estas de vagar |
| S 280-2 | estas fraco e syn fuerça non te puedes Refertyr |
| S 295-4 | por comer e tragar sienpre estas boca abierto |
| S 307-4 | matanse los bauiecas desque tu estas follon |
| S 318-1 | Nunca estas baldio aquel que vna vez atas |
| S 319-3 | pensando estas triste tu ojo non se erzia |
| S 750-2 | syenpre estas chirlando locura de mañana |
| S1048-1 | Por que en grand gloria estas e con plazer |
| S1108-2 | diz la pixota al puerco do estas que non paresçes |
| S1570-1 | Cyerto en parayso estas tu assentada |
| **ESTAVA** | |
| S 97-4 | ffaze commo la tierra quando estaua finchada |
| S 98-2 | estaua tan fynchada que queria quebrar |
| S 112-1 | E yo commo estaua solo syn conpañia |
| S 239-1 | Estava rrefusando el asno con -la grand carga |
| S 240-4 | las entrañas le salem estaua muy perdido |
| S 252-2 | atravesosele vn veso estaua en contienda |
| S 539-4 | cobdiçio fazer forniçio desque con vyno estaua |
| S 776-1 | la puerca que se estaua so -los sauzes loçanos |
| S 894-1 | Estaua y el burro fezieron del joglar |
| S 894-2 | commo estaua byen gordo començo a -Retoçar |
| S 928-4 | que estaua coytado commo oveja syn grey |
| S 981-2 | era nona passada e yo estaua ayuno |
| S1080-2 | mostro en -sy esfuerço pero estaua medroso |
| S1081-2 | vino don carnal que ante estaua esforçado |
| S1093-1 | Estaua don toçino con mucha otra çeçina |
| S1095-1 | Estaua don carnal Rica mente assentado |
| S1096-1 | Estaua delante del su alferez homil |
| S1100-3 | estaua apezgado e estaua adormido |
| S1122-1 | Commo estaua ya con muy pocaz conpañas |
| S1123-2 | que estaua amarillo de dias mortezino |
| S1123-4 | estaua muy señero çecado e mesquino |
| S1161-4 | absoluiole de todo quanto estaua ligado |
| S1171-2 | estaua don carnal con muy grand deuoçion |
| S1172-2 | estaua de -la lid muy fraco E lloroso |
| S1189-3 | e contra la quaresma estaua muy sañudo |
| S1208-1 | Estaua demudada desta guisa que vedes |
| S1259-3 | dioles muchas graçias estaua plazentero |
| S1268-1 | en -la çima del mastel vna piedra estaua |
| S1270-2 | estaua vna messa muy noble e muy fecha |
| S1274-2 | estaua enturbiada con -la niebra su mesa |
| S1275-4 | en pos deste estaua vno con dos cabeçaz |
| S1306-1 | Estaua en vn palaçio pyntado de almagra |
| S1349-2 | estaua la culebra medio amodorrida |
| S1371-1 | Estaua en mesa pobre buen gesto e buena cara |
| S1378-2 | estaua el aldeano con miedo e con tremor |
| S1382-3 | como estaua solo sy viniera el gato |
| S1437-2 | vido al cueruo negro en vn arbol do estaua |
| **ESTAVAN** | |
| S 339-1 | El galgo e el lobo estauan encogidos |
| S 343-2 | ante el juez las partes estauan en -presençia |
| S 457-3 | amos por vna dueña estauan codyçiossos |
| S1019-2 | dauan le a -la çinta pues que estauan dobladas |
| S1278-1 | Estauan trez fijos dalgo a otra noble tabla |
| S1278-2 | mucho estauan llegados vno a -otro non fabla |
| S1292-3 | estauan de -los arbores las frutas sacodiendo |
| S1563-2 | quantos en -tu jnfierno estauan apremidos |
| S1696-4 | Ado estauan juntados todos en -la capilla |
| **ESTAVAS** | |
| S 40-4 | tu estauas en ese lugar |
| S1355-2 | tu estauas coytada poble ssyn buena fama |
| **ESTE** | |
| P 41 | el pecado del amor loco deste mundo |
| P 74 | este desacuerdo non viene del buen entendimiento |
| P 86 | E deste tal penssamiento dize el salmista |
| P 130 | E conpuse este nuevo libro |
| P 160 | E ansi este mi libro a -todo omne o -muger |
| P 198 | e deste non es cimiento |
| S 40-1 | Este sesto non es de dubdar |
| S 92-2 | ffize cantar tan triste commo este triste amor |
| S 124-2 | otros muchos maestros en -este acuerdo son |
| S 153-1 | En este signo atal creo que yo nasçi |
| S 201-2 | dixieron non es este rrey para lo nos seruir |
| S 300-2 | echo me en este pie vn clauo tan fito |
| S 333-1 | Este grand abogado propuso pa su parte |
| S 460-2 | yo soy mas perezosso que este mi conpanon |
| S 483-4 | que yo pynte corder E trobo este manjar |
| S 484-1 | Commo en este fecho es syenpre la muger |
| G 583-2 | Ca ella es comienço e fin deste viaje |
| S 598-1 | A persona deste mundo yo non la oso fablar |
| S 613-3 | que syguiendo e seruiendo en -este coydado es puesta |
| S 648-1 | Amigo en -este fecho que quieres mas que te diga |
| G 686-4 | tienpo verna que podremos fablar noz uoz e yo este verano |
| S 706-4 | toda cosa deste mundo temo mucho e temi |
| S 739-2 | a -par deste maçebillo ningunos non llegaron |
| G 756-2 | quando el que buen siglo aya seya en -este portal |
| S 777-1 | despues que vos ayas fecho este sacrifiçio |
| S 791-2 | la vida deste mundo yo non -la preçio nada |
| S 815-3 | mas yo de vos non tengo synon este pellote |

| | |
|---|---|
| **ESTE** | **(cont.)** |
| S 859-1 | Tan byen a -vos commo a -el este coydado vos atierra |
| S 886-4 | E dio en este pleito vna buena sentençia |
| S 912-3 | busque trota conventos que siguiese este viaje |
| S 947-1 | de toda lazeria E de todo este coxixo |
| S 952-1 | En çima deste puerto vyme en Rebata |
| S 969-3 | dize luego hade duro comamos deste pan duro |
| S1008-1 | la mas grande fantasma que vy en -este siglo |
| S1044-4 | a -onrra de -la virgen ofreçile este ditado |
| S1063-4 | este dios en -que creemos fueron açotar |
| S1159-1 | E otrosi mandatle a -este tal dolyente |
| S1170-1 | anda en -este tienpo por cada çiminteryo |
| S1177-1 | Bien commo en este dia para el cuerpo Repara |
| S1177-2 | asi en este dia por el alma se para |
| S1283-3 | este conpañero que -les dan lybertades |
| S1313-4 | este mi Señor sienpre tal constubre avia |
| S1339-3 | desque me parti dellaz todo este viçio perdy |
| S1379-1 | Este manjar es dulçe sabe commo la miel |
| S1392-4 | con -este mançebillo que vos tornaria moça |
| S1419-1 | Dixo este maestro el coraçon del rraposo |
| S1424-1 | Mucho temio la vieja deste brauo dezir |
| S1492-4 | yol fare cras que venga aqui a -este palaçio |
| S1570-3 | sienpre en este mundo fuste por dos maridada |
| S1644-3 | a -este moçuelo |
| S1647-7 | este dia |
| S1652-1 | quando deste mundo salierdes |
| S1692-1 | ffablo este açipreste E dixo bien ansy |
| S1701-3 | diz amigoz si este Son a -de -ser verdadero |
| S1705-2 | por ende yo apello en -este escripto abiuad voz |
| **ESTE** | **(H)** |
| S 131-1 | Judgo el otro e dixo este ha de ser quemado |
| S 160-2 | commo es este mio dize vna escriptura |
| S 462-2 | chica es la pereza que este dixo agora |
| S 487-3 | el primero apost deste non vale mas que vn feste |
| S 487-4 | con aqueste e por este fare yo sy dios me preste |
| S 509-2 | en este conssejero E sotil abogado |
| S 519-4 | en este coyda syenpre por este faz la musa |
| G 561-4 | ca el que calla e aprende este es manzellero |
| G 595-3 | Pues este es camino mas seguro e mas çierto |
| S 744-1 | Este vos tiraria de todos esos pelmasos |
| S 755-1 | Mas este vos defendera de toda esta contienda |
| S 840-4 | este es su deseo tal es su coraçon |
| S 877-3 | tan buen dia es oy este que falle atal çellada |
| S 996-2 | de yuso escripto que tyenes so la mano |
| S1275-4 | en pos deste estaua vno con dos cabeçaz |
| S1280-1 | lo mas que andaua era viñaz podar |
| S1282-1 | Este tyene trez diablos presos en -su cadena |
| S1410-4 | que conssentyr non deuo tan mal juego como este |
| S1489-4 | tal omne como este non es en -todaz erias |
| S1556-1 | El Señor que te fizo tu a -este mataste |
| S1556-3 | al que tiene el çielo e la tierra a -este |
| S1708-2 | es este que va de sus alfajaz prendiendo |
| **ESTEDES** | |
| S1480-4 | abenid voz entre anboz desque en vno estedes |
| **ESTEMOS** | |
| G 684-2 | que sy ouiere lugar e tienpo quando en vno estemoz |
| S1600-1 | armados estemos mucho contra açidia mala cosa |
| **ESTEPA** | |
| S 219-4 | avarizia e loxuria que arden mas que estepa |
| **ESTER** | |
| S 2-1 | Señor tu diste graçia a -ester la Reyna |
| **ESTERCUELA** | |
| S1296-2 | estercuela baruechos e sacude nogales |
| **ESTES** | |
| S 179-4 | que diz por lo perdido non estes mano en mexilla |
| **ESTIERCOL** | |
| S1389-3 | al que el estiercol cupbre mucho rresplandesçeria |
| **ESTIO** | |
| S1289-2 | la calor del estio doler faze la tyesta |
| S1352-1 | venido ez el estio la siesta affyncada |
| **ESTO** | |
| P 32 | E esto se entiende en -la primera rrazon |
| P 38 | E esto atal dize el dicho profecta |
| P 42 | E desto dize el salmista |
| P 53 | E desto dize sant Ioan apostol en -el Apocalipsi |
| P 59 | E desto concluye la terçera rrazon del veso primero |
| P 96 | E viene otrosi esto por rrazon que -la natura vmana |
| P 98 | e a pecado que a -bien esto dize el decreto |
| P 105 | esto dize el decreto |
| P 109 | esto dize el decreto |
| P 110 | E por esto ez maz apropiada a -la memoria del alma |
| P 120 | E dize sobre esto dauid |
| S 8-4 | te fizo çierta desto tu fueste çierta del |
| S 61-3 | desto ove grand pesar e tome grand enojo |
| S 62-3 | dixo me luego apos esto que -le parase mientes |
| S 64-1 | Por esto dize la pastraña de -la vieja ardida |
| S 95-3 | posieron le grand ssaña desto se entremeten |
| S 103-4 | desde fize troba de tristeza tam mañana |
| S 124-1 | Esto diz tholomeo e dizelo platon |
| S 127-3 | por que puede ser esto creo ser verdaderos |
| S 140-3 | segund la fe catholica yo desto creyente |
| S 142-3 | desto manda fazer libros e quadernos conponer |
| S 147-1 | veemos cada dia pasar esto de fecho |
| S 151-3 | mas por que cada dia veo pasar esto |
| S 164-4 | por vos descobrir esto mundo non aya pena |
| S 180-4 | por esto a -las vegadas con -el amor peleo |
| S 188-2 | muchos libros ay desto de commo las engañaz |
| S 192-1 | Respondio el cassado que esto non feçiesen |
| S 192-3 | casamiento abondo e desto le dixiesen |
| S 230-4 | por esto rrobaz E furtas por que tu penaras |
| S 261-4 | coydando que -lo sobia a -su torre por esto |
| S 277-3 | por esto eres çeloso e triste con rrencura |

| | |
|---|---|
| S 286-4 | algunas ffazen esto que fizo la corneja |
| S 295-3 | el profeta lo dize esto que te rrefierto |
| S 297-3 | desto ay muchas fablas e estoria paladina |
| S 328-4 | esto me ofresco prouar so -pena del talyon |
| S 353-4 | abogado de rromançe esto ten en memoria |
| S 355-4 | sy pon perentoria esto otra mente |
| S 356-3 | por perentoria esto non te encone |
| S 367-3 | esto fue por que non fueron de las partes demandados |
| S 371-1 | a -esto dixo el alcalde vna sola Responssion |
| S 371-3 | espeçial para todo esto E conplida jurysdiçion |
| S 379-1 | E sy es dueña tu amiga que desto non se conpone |
| S 435-4 | que -la talla del cuerpo te dira esto a -guisa |
| G 446-3 | esto que te castigo con ouidio concuerda |
| S 459-3 | esto dezie la dueña queriendo los abeytar |
| S 483-3 | como es esto madona o como pode estar |
| S 486-4 | tomala esto contesçe a caçadorez mill |
| S 514-4 | mercador que esto faze byen vende e byen troca |
| S 519-3 | pero que todo el mundo por esto le acusa |
| S 531-1 | Tomaua grand pesar el diablo con esto |
| S 532-3 | grand tienpo ha que esto aqui a -dyos seruiendo |
| G 552-4 | al que manda e da luego a -esto lo an primero |
| G 560-4 | quien contra esto faz tarde o non rrecabda |
| S 563-4 | en -esto se esmera el que es enamorado |
| S 573-1 | ssy tu guardar sopieres esto que te castigo |
| S 603-3 | esto me trae muerto perdido E penado |
| S 622-3 | todo esto da el trabajo el vso e la femençia |
| S 627-3 | non olvides los sospiros en -esto sey engañoso |
| S 633-2 | nunca al buen doñeador por esto enfarcena |
| S 638-3 | quando esto la duena su coraçon se baña |
| S 640-3 | sy lo fara o -non en -esto esta dubdando |
| G 660-3 | otro non sepa la fabla desto jura fagamoz |
| G 663-1 | rreçelo he que non oydez esto que uoz he fablado |
| G 663-4 | esto zobre todas cosaz me traye mas afincado |
| G 671-4 | e zodez atan moça que esto me atierra |
| G 679-1 | esto dixo doña endrina esta dueña de prestar |
| G 680-1 | quanto otro uoz otorgo a -uoz o a otro qual quier |
| G 681-1 | estar zola con uoz zolo esto yo non lo faria |
| G 684-1 | para uoz non pido mucho ca con -esto pazaremoz |
| G 685-1 | esto dixo doña endrina es cosa muy prouada |
| G 686-1 | esto yo non uoz otorgo saluo la fabla de mano |
| S 692-3 | por esto anda el mundo en leuantar e en caer |
| S 693-3 | pero syn dios todo esto non puede aprouechar |
| S 736-2 | esto que vos he fablado sy vos plaze o si non |
| S 745-1 | guardat vos mucho desto Señora doña endrina |
| S 827-1 | Desque oyo esto la Rysona vieja |
| S 848-4 | mis fechos e la fama esto me faz dubdar |
| S 851-4 | marauillo me Señora esto por que se detyen |
| S 860-3 | esto vos non lo pennsedes nin coydedes nin creades |
| S 877-2 | vieja por esto teniades a -mi la puerta çerrada |
| S 879-2 | menos de mal sera que esto poco çeledes |
| S 879-3 | casamiento que vos venga por esto non lo perderedes |
| S 879-4 | mejor me paresçe esto que non que vos enfamedes |
| S 885-3 | pyerde el cuerpo e el alma a -muchos esto aviene |
| S 906-4 | non me maldigan algunos que por esto se encone |
| S 908-3 | dueña por te dezir esto non te asanes nin te ayres |
| S 910-1 | Seyendo yo despues desto syn amor e con coydado |
| S 926-3 | creo que si esto guardares que -la vieja la acorra |
| S 928-3 | dolyendo me de -la dueña mucho esto me crey |
| S 979-3 | non te ensañes del juego que esto a -las vegadas |
| S1005-3 | luego fagamos las bodas e esto non lo oluides |
| S1062-1 | Commo profetas dizen esto ya se conplio |
| S1079-3 | a -don carnal mañana e esto non le dezit |
| S1129-4 | çerca desto le dixo muchos buenos ditados |
| S1145-1 | En esto yerran mucho que lo non pueden fazer |
| S1149-4 | por que el sinple clerigo es desto tan osado |
| S1169-3 | commo quier que algund poco en -esto lazraraz |
| S1182-1 | Resspondiole don ayuno que desto le plazia |
| S1265-4 | que omne terrenal desto non faria nada |
| S1285-4 | desde ally pierden seso esto puedes prouar |
| S1330-4 | toda muger por esto non es de ome vsada |
| S1358-3 | el Su señor por esto mucho le falagaua |
| S1373-4 | con esto el aldeano touos por byen apreso |
| S1374-1 | alegria buen Rostro con todo esto se llega |
| S1375-3 | E de mas buen talente huesped esto demanda |
| S1402-4 | veya lo el asno esto de cada dia |
| S1435-1 | ffue con -esto la dueña ya quanto mas pagada |
| S1446-3 | ellas esto fablando ovieron de ver |
| S1449-2 | esto les puso miedo e fizo a todos yr |
| S1458-4 | non temas ten es-fuerço que non moras por esto |
| S1470-4 | me troxieron a -esto por que tu me sopesaz |
| S1473-1 | Respondio el diablo todo esto que dixiste |
| S1486-4 | la su nariz es luenga esto le desconpon |
| S1501-4 | que fesiese penitençia desto fecho error |
| S1510-3 | el criador es con vusco que desto tal mucho ha |
| S1543-2 | E maguer que cada esto ansi avien |
| S1582-1 | Pues si esto fariamos por omes como nos byuos |
| S1586-3 | saber nos guardar de -lo ajeno non dezir esto querria |
| S1591-4 | casando huerfanas pobres e nos con esto tal |
| S1595-4 | con esto vençeremos yra E avremos de dios querençia |
| S1603-4 | nin de padres nin de fijos con esto non fynca vno |
| S1628-3 | dios con esto se sirue bien lo vedes varones |
| S1652-4 | esto vos avra de ayudar |
| S1660-3 | E con esto escaparedes |
| S1706-2 | non ha el arçobispo desto por que se sienta |
| S1706-4 | huerfana la crie esto por que non mienta |
| S1707-2 | otro si a -las vibdas esto es cosa con verdat |
| **ESTO** | **(H)** |
| S 811-1 | Cada que vuestro nonbre yo le esto deziendo |
| S 984-3 | dixe le yo esto de priessa sy dios de mal me guarde |
| **ESTODIERES** | |
| S 454-3 | verguença non te enbargue quando con ella estodieres |

**ESTOMAGO**
S 568-1 Como tyene tu estomago en -sy mucha vyanda
**ESTOMATRICON**
S1336-1 adraguea e alfenique con -el estomatricon
**ESTONCE**
P 84 que -lo non ha estonçe
S 801-1 Estonçe dixo la vieja ansy al amador
S 921-1 Non me acorde estonçe desta chica parlylla
S1277-4 mas querrien estonçe peña que non loriga nin yjarez
**ESTONCES**
S 250-2 estonçes sospirauas E fazias penitençia
S1361-3 estonçes me loaua agora que so viejo me esquiua
**ESTOPA**
S 984-2 ca mala es de amatar el estopa de que arde
**ESTORCER**
S 136-4 segund natural cursso non se puede estorçer
S 793-2 pensando los peligros podedes estorçer
S1655-3 poder vos ha estorçer
S1674-7 tu me deña estorçer
**ESTORDIDO**
S 767-1 a -cabo de grand pieça leuantose estordido
S 978-1 Deribo me la cuesta ayuso E cay estordido
**ESTORIA**
S 297-3 desto ay muchas fablas e estoria paladina
S 353-3 dire vn poco della que es grand estoria
S 891-4 que lo felo de estoria diz panfilo e nason
S 909-1 Entyende byen mi estoria de -la fija del endrino
S1048-3 la triste estoria que a -jhesu yazer
S1222-2 rreciben lo en sus pueblos dizen del grand estoria
S1266-3 es vna grand estoria pero non es de dexar
S1571-3 fazer te he vn pitafio escripto con estoria
S1571-4 pues que a -ty non viere vere tu triste estoria
S1642-6 que -la estoria canta
S1659-1 Acordat vos de su estoria
**ESTORMENTOS**
S 375-3 primo dierum onium los estormentos tocar
**ESTORNUDO**
S 768-4 a -la fe diz agora se cunple el estornudo
**ESTORVA**
S 280-4 estorua te tu pecado façe te ally moryr
S 571-4 quien a -ssy E a -otros muchos estorua con mal sesso
S 804-1 Estorua grandes fechos pequeña ocasyon
**ESTORVADOR**
S 715-3 a -muchos hes grand ayuda a -muchos estoruador
**ESTORVANDO**
S 714-1 yo lo trayo estoruando por quanto non -lo afynco
**ESTORVAR**
S 693-2 E a -muchos es contraria puede los mal estoruar
**ESTORVES**
S 962-1 Dixele yo por dios vaquera non me estorues mi jornada
**ESTOS**
S 128-1 Por que creas el curso destos signos atales
S 388-1 Con açidya traes estos males atantos
S 540-3 luego el omeçida estos pecados tales
G 664-2 fasta que me rrespondadez a -estoz pocoz sermonez
G 673-2 E para estoz juegoz hedat e mançebia
S1083-1 Estoz trayan lançaz de peon delantero
S1153-3 tyenen sobre estos casos diuersas opiniones
S1211-1 Estos dos enperadores amor E carnal eran
S1429-1 El leon destos dichos touose por pagado
S1436-1 Estas buenaz palablaz estos dulçes falagos
S1585-4 con siete sacramentos estos enemigos sobrar
S1604-3 estos dichos son comienço e suma de todos males
**ESTOS (H)**
S 225-4 lo que contescio al perro a -estos tal les viene
S 521-4 estos son aguijonez que la fazen saltar
S 567-4 a muchos de -las dueñas por estos los party
S1054-4 quien lo dirie dueña qual fue destos mayor
S1083-4 en -la buena yantar estos venian primero
S1149-3 con pontifical non es destos apoderado
S1183-3 pascua de pan çenzeño estos les venia
S1233-3 el ffrançes odreçillo con estos se conpon
S1245-2 açiprestes E dueñas estos vienen delante
S1328-4 estos fueron los versos que leuo mi trotera
S1584-1 lydyan otrosi con estos otros trez mas prinçipales
S1584-2 la carne el diablo el mundo destos nasçen los mortales
S1584-4 destos trez vienen aquellos tomemos armas atales
S1604-2 destos nasçen commo Ryos de -las fuentes perhenales
**ESTOVIERON**
S1098-1 Essa noche los gallos con grand miedo estouieron
**ESTOVIESE**
S 321-4 el non veya -la ora que estouiese en -tragallo
**ESTOVO**
S1377-4 estouo a -lo escuro a -la pared arrimado
**ESTRADO**
S 910-2 vy vna apuesta dueña ser en -su estrado
S1095-2 a messa mucho farta en vn Rico estrado
S1264-3 de noche e de dia ally sea el estrado
S1398-4 pues la misa es dicha vayamoz al estrado
S1405-4 fuese para el estrado do -la dueña seya
**ESTRAGA**
S 204-1 Su vientre nos ssotierra su pico nos estraga
S 730-2 non estraga lo que gana antes lo guardara
**ESTRAGARIA**
S 99-4 que a -todo el mundo conbrie e estragaria
**ESTRAGARIE**
S1251-2 estragarie vn frayle quanto el convento gana
**ESTRAGAS**
S 400-1 Estruyes las personas los averes estragas
**ESTRANAS**
S1110-2 conpañas mucho estranas e de diuersos marcos

**ESTRAÑA**
S 122-2 fize esta otra troba non vos sea estraña
S 222-2 arrastrados E enforcados de manera estraña
S 621-1 los Señores yrados de manera estraña
S1526-2 aborresçen lo muerto como a -cosa estraña
S1686-3 la coyta estraña
**ESTRAÑAS**
S1086-4 trayan armas estrañas e fuertes guarniçiones
S1122-3 todas las otras rreses fueron le muy estrañas
S1301-1 otraz cossaz estrañaz muy grauez de creer
**ESTRAÑAS (H)**
S 372-2 estrañas lo que ves E non el lodo en -que yazes
**ESTRAÑO**
S 529-4 fizole beuer el vino oye en-sienpro estraño
S1070-2 que anda don carnal sañudo muy estraño
S1644-6 con presente estraño
**ESTRAÑOS**
S 502-4 guarnimientos estraños nobles caualgaduras
S1333-4 los muchos letuarios nobles e tan estraños
S1634-4 E por mostrar a -los synplex fablas e versos estraños
**ESTRECHA**
S 637-3 muchos caminos ataja desuiada estrecha
S 954-2 vna vereda estrecha vaqueros la avian fecho
**ESTRECHO**
S 954-1 Detouo me el camino commo era estrecho
**ESTRELLA**
S1638-1 El terçero la estrella
S1663-2 estrella Resplandeçiente
S1681-1 Estrella del mar puerto de folgura
**ESTRELLEROS**
S 127-4 Segund natural curso los dichos estrelleros
S 130-1 Entre los estrelleros quel vinieron a -ver
S 139-2 mando los estrelleros de -la presion soltar
S 150-1 Non son por todo aquesto los estrelleros mintrosos
**ESTREMECIO**
S1056-3 dandol del ascona la tierra estremeçio
**ESTREMO**
S1184-3 pusose muy priuado en -estremo de medellyn
**ESTRENA**
S1120-2 si a -carnal dexaran dierale mal estrena
**ESTRICOTE**
S 815-2 por mi verna la dueña andar al estricote
**ESTROLOGOS**
S 140-1 Yo creo los estrologos uerdad natural mente
**ESTROMENTOS**
S 515-1 sy sabes estromentos byen tañer o tenplar
**ESTRUYES**
S 400-1 Estruyes las personas los averes estragas
**ESTUDE**
S 973-1 Estude en esa çibdat e espendi mi cabdal
**ESTUDIE**
S1151-2 quien quisier saber los estudie do son puestos
**ESTUDIO**
S1151-4 el estudio a -los Rudos faz sabios maestros
**ESTUDO**
S 481-3 desque en -el palaçio con ella estudo
S 608-3 por que le fuste sanudo contigo poco estudo
S 766-1 assentose el lobo estudo atendiendo
S 895-3 su atanbor taniendo fuese mas y non estudo
S1189-2 el por esas montañas en -la sierra estudo
S1415-4 cortola e estudo mas queda que vn cordero
S1416-4 Sacole e estudo queda syn se mas quexar
S1417-4 Sacolo E estudo Sosegada la mesquina
S1418-4 cortolas e estudo queda mas que vn oveja
S1645-2 con xpristos estudo
**ET**
P 117 et dize job breuez diez hominiz sunt
S 311-3 mato a -sy mesmo yrado et muy sañoso
**ET (L)**
P 2 et Instruam te In via hac qua gradieris
P 21 Da michi intellectum e cetera
P 29 jntellectuz bonus omibus façientibus eum e cetera
P 39 E meditabor in mandatis tuiz que dilexi
P 43 qui diligitis dominum odite malum e cetera
P 90 Nolite fieri sicut equz E muluz
P 114 querite dominum e viuet Anima vestra
P 121 Anni nostri sicut aranea meditabuntur e cetera
P 137 E podra dezir con -el salmista veni veritatis E cetera
P 167 jntellectum tibi dabo e cetera
P 205 ita deuz pater deus filius e cetera
S1238-4 exultemus E letemur ministros E priorez
**EULALIA**
S1239-2 e los de santa eulalya por que non se ensanen
**EUM (L)**
P 29 jntellectuz bonus omibus façientibus eum e cetera
**EVA**
S1561-2 a -eua nuestra madre a -sus fijos sed e can
**EVA (L)**
S 378-4 Quod eua tristis trae de quicunque vult Redruejas
**EVANGELISTA**
S1011-1 Enl apocalipsi Sant Johan evangelista
**EVENINAS (V)**
G 392-1 con tuz muchaz promezaz a -muchoz eueninaz
**EXAMINADO**
S 351-1 Por mi examinado todo el processo fecho
**EXAMINADOS**
S 495-3 el dinero los daua por byen examinados
**EXENCION**
S 353-1 la exençion primera es en -sy perentoria
**EXENPCIONES**
S 349-2 que puso la gulhara en sus exenpçiones

**EXEPCION**
S 354-1  la exepçion primera muy byen fue llegada
S 358-3  por exepçion non puedo yo condepnar nin punir
S 359-2  sea exepçion prouada nol faran otro castigo
S 360-3  non por la exepçion mas por que -lo puede far
S 361-1  Por exepçion se puede la demanda desechar
S 361-3  por exepçion non puedo yo condepnar nin matar

**EXIDO**
S 978-3  cofonda dios dixe yo çigueña en -el exido

**EXTOLLITE**    (L)
S 374-4  Jn notibus estolite despuez vas a -matynes

**EXULTEMUS**    (L)
S1236-4  venite exultemus cantan en alto grito
S1238-4  exultemus E letemur ministros E priorez

**EY**
G 663-3  cret que uoz amo tanto que non ey mayor cuydado

**EZECHIAS**
S1143-1  El rrey don ezechiaz de muerte condenado

**FABAS**
S1169-1  Come el dya del sabado las fabas E non mas

**FABLA**
S 80-3  dize verdat la fabla que la dueña conpuesta
S 95-1  Commo dize la fabla quando a -otro sometem
S 96-4  esta fabla conpuesta de ysopete sacada
S 111-1  vna fabla lo dize que vos digo agora
G 687-1  fuese mi zeñora de -la fabla su via
S 919-1  Commo dize la fabla que del sabyo se saca
S 955-3  Ca segund es la fabla quien pregunta non yerra
S 977-1  Commo dize la fabla del -que de mal nos quita
S 994-4  oluidose la fabla del buen conssejador
S1200-1  Por ende cada vno esta fabla decuere
S1386-4  dezir vna fabla que suelen Retraher
S1453-4  oye buena fabla non quieras mi menoscabo
S1490-2  sseñora diz la fabla del que de feria fuxo
S1622-1  Pero sy diz la fabla que suelen Retraher
S1631-3  que sobre cada fabla se entyende otra cosa
S1632-4  Sea vos chica fabla solaz e letuario

**FABLA**    (H)
S 67-1  En general a -todos ffabla la escriptura
S 102-1  omne que mucho fabla faze menos a -vezes
S 161-4  es esta que el amor sienpre fabla mentiroso
S 277-2  temiendo que a -tu amiga otro le fabla en locura
S 488-2  quier sea suyo o -non fablale por amor della
G 549-4  zospirando le fabla ojoz en -ella puestoz
G 551-1  quien muy ayna fabla ninguno non lo entiede
G 551-2  quien fabla muy pazo enojaze quien le atiende
G 552-3  a -quien de oy en craz fabla non dan por verdadero
S 566-1  Sobre todas las cosas fabla de su bondat
S 638-2  faz les muchos plazeres fabla les bien con maña
S 733-2  quien mucho fabla yerra dizelo el derecho
S1278-2  mucho estauan llegados vno a -otro non fabla
S1607-1  Del que mucho fabla Ryen quien mucho rrie es loco

**FABLA**    (H)
S 77-3  ssienpre avia della buena fabla e buen rriso
S 276-3  sy el tu amigo te dize fabla ya quanta
S 320-4  abogado de fuero oy fabla prouechossa
S 382-1  dizes quomodo dilexi nuestra fabla varona
S 405-3  perder seso e fabla sentyr muchos dolores
S 407-4  entiende byen la fabla E por que te lo digo
S 424-4  la buena fabla sienpre faz de bueno mejor
S 652-2  por que por la mi fabla venga a -fazer mesura
S 652-4  a -vezes de chica fabla vinie mucha folgura
G 660-3  otro non sepa la fabla desto jura fagamoz
G 669-4  yo torne en -la mi fabla que tenia començada
G 675-1  yd e venit a -la fabla otro dia por mesura
G 675-3  yt e venid a -la fabla esa creençia atan dura
G 676-2  que vengadez otro dia a -la fabla zola miente
G 676-3  yo pensare en -la fabla e zabre vuestro talente
G 677-1  por la fabla se conosçen loz maz de loz coraçonez
G 677-3  yr e venit a -la fabla que mugerez e varonez
G 678-3  es la fabla e la vista de -la dueña tan loçana
G 686-1  esto yo non uoz otorgo saluo la fabla de mano
S 793-1  a -veçes luenga fabla tiene chico prouecho
S 734-1  E a -vezes pequeña fabla bien dicha e chico Ruego
S 836-2  despues con vuestra fabla fue mucho enamorado
S 907-1  de fabla chica dañosa guardese muger falagoera
S 914-2  Cada dia llegaua la fabla mas non al
S1449-1  acabada ya su fabla començaron de foyr
S1487-1  las ençiuas bermejas E la fabla tunbal
S1493-3  fablar me ha buena fabla non burla nin picañas
S1497-4  puede ser que de -la fabla otro fecho se ssyga
S1498-4  pero de buena fabla vino la buena çima
S1535-1  Pierde luego la fabla e el entendimiento
S1546-3  en-mudeçes la fabla fazes en-rroquezer el pecho

**FABLAD**
S 704-1  Comigo Segura mente vuestro coraçon fablad
S 708-2  E fablad entre nos anbos lo mejor que entendades
S 721-2  fablad tanto E tal cosa que non vos aRepintades
S 736-4  syn miedo fablad con-migo quantas cosas son
S 869-4  fablad mas Recabdat quando y yo no fynco
S1495-2  cras dize que vayades fabladla non señero
S1511-4  aducho bueno vos adugo fablad me alaud

**FABLADES**
S 800-4  desides me joguetes o fablades me en cordura

**FABLADO**
G 663-1  rreçelo he que non oydez esto que uoz he fablado
S 717-1  Non vos dire mas rrazones que asaz vos he fablado
S 732-4  vos queriades aquesto que yo vos he fablado
S 736-2  esto que vos he fablado sy vos plaze o si non

**FABLADOR**
S 155-2  loçano fablador En ser franco se abiue

**FABLAIDES**
S 720-4  pensat bien lo que fablaides con seso e con derecho

**FABLALDE**
S1452-3  sy mas ya non fablalde como a -chate pastor

**FABLAMOS**
S 809-4  sienpre de vos dezimos en al nunca fablamos
S 818-1  En lo que nos fablamos fyuza deuer avemos

**FABLAN**
S1283-2  açiprestes e dueñas fablan sus poridades

**FABLANDO**
P 4  El profecta dauid por spiritu santo fablando
S 640-1  En quanto estan ellos de tus bienes fablando
S 833-3  apretando sus manos en su cabo fablando
S1446-3  ellas esto fablando ovieron de ver
S1465-4  andando E fablando amigo non te engorres

**FABLAR**
S 15-2  fablar vos he por tobras e cuento rrimado
S 15-4  rrazon mas plazentera ffablar mas apostado
S 72-4  que por obra se prueva el sabio e su fablar
S 113-1  E por que yo non podia con -ella ansi fablar
S 461-4  que por non abrir la boca de sed perdy el fablar mio
G 553-1  En todoz los tuz fechoz en fablar e en Al
S 598-1  A persona deste mundo yo non la oso fablar
S 643-2  non la consyntira fablar contigo en -poridat
S 647-1  luego que tu la vieres comiençal de fablar
S 650-2  vo a -fablar con -la dueña quiera dios que bien me Responda
S 654-1  Pero tal lugar non era para fablar en amores
S 656-1  ffablar con muger en plaça es cosa muy descobierta
S 656-4  ado es lugar seguro es bien fablar cosa çierta
G 663-4  fablar mucho con -el zordo es mal seso e mal Recabdo
G 679-2  onrra es e non dezonrra en cuerda miente fablar
G 680-2  fablat uoz zalua mi onrra quanto fablar uoz quixeredez
G 681-4  ante testigoz que noz veyan fablar uoz he algund dia
G 683-3  querria fablar non ozo tengo que uoz pezara
G 686-4  tienpo verna que podremos fablar noz uoz e yo este verano
S 703-1  quiero fablar con-vusco bien en -como penitençia
S 722-3  que fablar que non -le cunple por que sea arrepentido
S 729-3  el cuerdo non enloqueçe por fablar al Roça poco
S 735-3  fablar como en juego tales somouimientos
S 789-2  por que quieres fablar por que quieres departyr
S 806-4  en gestos o en sospiros o en color o en fablar
S 822-4  que venga a mi fabla a -vos fablar segura
S 828-2  que por ella con-vusco fablar omne non osa
S 867-1  otorgole doña endrina de yr con ella fablar
S 868-4  cras verna fablar con-vusco yo lo dexo Recabdado
S 960-2  diz el pecado barruntas en -fablar verbos tan blauos
S1132-3  fablar en ella mucho es cosa muy loada
S1133-1  Es me cosa muy graue en tan grand fecho fablar
S1137-1  verdat es todo aquesto do puede omne fablar
S1326-1  fija dixo la vieja osar vos he fablar
S1460-2  el llamo al alcalde apartol e fue fablar
S1483-2  que -la muger comiençe fablar de amor primero
S1493-3  fablar me ha buena fabla non burla nin picañas
S1524-4  de fablar en ti muerte espanto me atrauiesa

**FABLARAS**
S1459-2  aparta al alcalde E con -el fablaras

**FABLARDES**
S1496-2  lo que cras le fablardes vos oy lo comedit

**FABLARE**
G 561-3  do te fablare de amor sey tu plazentero
G 679-4  a qual quier que -laz fablare o con -ellaz rrazonare

**FABLARE**    (H)
G 668-4  aqui voz fable vno ally voz fablare al

**FABLARES**
G 549-2  quando fablarez con dueñaz dile doñeoz apueztoz
S 629-1  Ado fablares con ella sy vieres que ay lugar

**FABLAS**
S 297-3  desto ay muchas fablas e estoria paladina
S 429-2  en -el fallaras fablas que -le ove yo mostrado
S 892-2  entendet bien las fablas guardat vos del varon
S 908-4  mis fablas e mis fazañas Ruego te que byen las mires
S 942-3  ca diz vos amigo que -las fablas verdat son
S1480-1  Señora diz la vieja muchas fablaz sabedes
S1634-4  E por mostrar a -los synplex fablas y versos estraños

**FABLAS**    (H)
S 372-4  fablas con grand synpleza por que muchos engañes
S 373-1  ssy loçanas encuentras fablas les entre los dientes
S 722-4  o piensa bien lo que fablas o calla faz te mudo

**FABLASTES**
S 837-1  desque con -el fablastes mas muerto lo trahedes

**FABLAT**
G 680-2  fablat uoz zalua mi onrra quanto fablar uoz quixeredez

**FABLAVA**
S 659-1  abaxe mas la palabra dixel que en juego fablaua
S 748-1  fezieron grande escarnio de -lo que -les fablaua

**FABLAVAN**
S 345-1  De lexos le fablauan por le fazer dezir
S1309-1  En caridat fablauan mas non mela fazien

**FABLE**
S 329-4  dat me vn abogado que fable por mi vida
G 661-4  Non ozo poner prezona que -lo fable entre noz
G 668-2  Auet por bien que uoz fable ally zo aquel portal
S 808-2  ella me diz que fable e non quiera dexallo

**FABLE**    (H)
G 668-4  aqui voz fable vno ally voz fablare al
S 945-4  yo traue luego della e fablele en seso vano
S1502-3  fuy me para la dueña fablome e fablela
S1633-2  por vos dar solaz a -todos fable vos en -juglaria

**FABLEDES**
S1480-3  si non tan sola mente ya voz que -lo fabledes

**FABLEMOS**
G 761-3  andemoz lo fablemoz lo teng(a)moz lo çelado

**FABLEN**

S1283-4　que pierden las obladas e fablen vanidades

**FABLES**

G 550-1　Non fables muy aprieça nin otrosi muy paço
S 922-4　o -piensa byen que fables o calla faz te mudo
S1003-4　E non fables en engaño

**FABLESTE**

S1410-2　a -deçir me pastraña: de -lo que ayer me fableste

**FABLILLA**

S 870-1　Catad non enpereçedes acordad vos de -la fablilla
S1400-4　dire voz la fablilla sy me dadez vn Risete

**FABLO**

S 776-2　fablo contra el lobo dixo dechos non vanos
S1329-1　ffablo la tortolilla en -el rregno de rroda:
S1471-1　fablo luego el diablo diz amigo otea
S1502-3　fuy me para la dueña fablome e fablela
S1508-3　fablo con vna mora non -la quiso escuchar
S1692-1　ffablo este açipreste E dixo bien ansy
S1701-1　ffablo en -pos de aqueste luego el thesorero
S1705-1　ffablo en -post aqueste el chantre Sancho muñoz

**FABLO** **(H)**

G 670-3　Cuydade: que voz fablo en engaño e en folia
G 672-1　fablo en aventura con la vuestra moçedat
G 672-2　cuydade: que -uoz fablo liçonga e vanidat
S 807-3　quando de vos le fablo e a -ella oteo
S 875-1　Çyerto aqui quiere entrar mas por que yo non -le fablo

**FABRAR**

S 156-2　ffazele fabrar fermoso al que antes es mudo
S 490-3　ffaze correr al coxo E al mudo fabrar

**FABRASEN**

S 7-3　E les diras palabras que fabrasen mejore:

**FABRILLA**

S 179-3　rredreme de -la dueña E crey la fabrilla

**FABRO**

S 459-4　ffabro luego el coxo coydo se adelantar

**FACE**

S 280-4　estorua te tu pecado façe te ally moryr

**FACED**

S 857-2　façed byen su mandado del amor que vos ama

**FACEDES**

S1386-1　Señora diz la vieja desaguisado façedes

**FACEMOS**

S 816-1　a -vezes non façemos todo lo que dezimos

**FACEN**

S 630-4　lo poco e lo mucho façen lo como amidos

**FACER**

S 516-2　muchas cosas juntadas facer te han ayuda
S1421-3　ante que façer cosa quel sea rretrayda

**FACERE** **(L)**

P 81　quiz potest fazere mundum de jmudo conçeptum semine

**FACIA**

S 833-2　los ojos façia tierra non queda sospirando

**FACIAN**

S 655-2　el miedo de -las conpaña: me facian al departir

**FACIEM** **(L)**

S 387-2　ante facien onium sabes las alexar

**FACIENDO**

S 137-1　ffaciendo la grand piedra el infante aguijo

**FACIENTIBUS** **(L)**

P 29　jntellectu: bonus omibus façientibus eum e cetera

**FACIET** **(L)**

P 31　qui timet dominum façiet bona

**FACTUS** **(L)**

S 381-4　feo sant sant vter por la grand misa de fiesta

**FADADO**

G 761-4　hado bueno que voz tienen vuestra: fada: fadado

**FADARON**

S 135-3　diz vayamos nos Señor que -los que a -vos fadaron
S 739-3　el dia que vos nasçites fadas aluas vos fadaron

**FADAS**

S 739-3　el dia que vos nasçites fadas aluas vos fadaron
G 761-4　hado bueno que voz tienen vuestra: fada: fadado
S 824-4　que las mis fadas negras non se parten de mi

**FADE**

S 959-3　fade maja diz donde andas que buscas o -que demandas

**FADEDURO**

S 389-3　mas cree tus lysonjas el neçio fadeduro

**FADIGNA**

S 648-4　fuese doña venuz a -mi dexo en fadigna

**FADO**

S 124-4　del que naçe tal es su fado e su don
S 125-3　en -cabo saben poco que su fado les guia
S 166-2　es dexar la costunbre el fado e la suerte
S 195-3　leuantose el neçio maldixole con mal fado
S 693-3　el trabajo e el fado suelen se aconpañar
S 821-3　non ha el aventura contra el fado valya
S1625-1　Dil aquestos cantare: al que de dios mal fado

**FADOS**

S 138-3　los çinco fados dichos todos bien se conplieron
S 692-4　dios e el trabajo grande pueden los fados vençer
S 793-4　dios e el vso grande fazen los fados boluer
S 803-3　el curso de -los fados non puede omne deçir

**FADRAGAS**

S 400-3　de todos tus vassallos fazes neçios fadragas

**FAGA**

S 317-2　nunca quieres que de bondat faga nada
S 467-2　de perezoso torpe nin que vileza faga
S 566-4　que quier que por ti faga ten lo en poridat
S 606-2　que al su seruidor non le faga mesura
G 668-1　el yerro que otro fizo a mi non faga mal
G 670-4　E non ze que me faga contra vuestra porfia
S 805-4　a -vezes viene la cosa pero faga tardança

S 847-3　pues mi voluntad vees conseja me que faga
S 849-3　faga quanto podiere en ello se atenga
S 854-1　Non sabe que se faga sienpre anda descaminado
S1032-4　de mal nos te faga
S1138-3　es menester que faga por gestos e gemido
S1543-3　non ha omne que faga su testamento byen

**FAGADES**

S 792-4　alynpiat vuestras lagrimas pensad que fagades
S 848-3　verguença que fagades yo he de çelar
S1345-4　Señora del convento non lo fagades esquiuo
S1531-2　temed sus amenazas non fagades su Ruego
S1575-4　la oraçion fagades por la vieja de amor

**FAGAMOS**

G 660-3　otro non sepa la fabla desto jura fagamo:
S 838-3　o -byen lo fagamos o -byen lo dexat
S1005-3　luego fagamos las bodas e esto non lo oluides
S1602-2　fagamos asta de lança e non queramos canssar

**FAGAN**

S1158-4　que lo fagan e cunplan para mejor estar
S1250-2　non han de que te fagan seruiçios que te plegan

**FAGAS**

G 562-2　Non le faga: zenale: a ti mismo non mate:
S1058-2　a mis coytas fagas aver consolaçion
S1253-2　non lo fagas Señor dizen los escuderos
S1353-2　non fagas aqui dapño ella fuese en-sañar
S1564-4　guarde nos de tu casa non fagas de nos rriso

**FAGO**

S 396-2　que fago tu mandado E sigua tu trebejo
S 808-3　fago que me non acuerdo ella va començallo
S 953-2　el que de grado me paga non le fago enojo
S1092-4　mas fago te seruiçio con -la carne e cuero
S1131-1　Pues que de penitençia vos fago mençion
S1632-3　por ende fago punto E çierro mi almario

**FAISANES**

S1086-2　muchos buenos faysanes los locanos pauones
S1116-2　nin a -los faysanes non dexaua bolar

**FALAGA**

S1361-4　quando non le trayo nada non me falaga nin me sylua

**FALAGADA**

S1356-2　quando trayo presente so mucho falagada

**FALAGAR**

S 174-4　el ladron por furtar algo començole a -falagar
G 442-3　por que a -ty non mienta sabe la: falagar

**FALAGARE**

S1404-3　pue: tan bien torne pino e falagare la dueña

**FALAGAVA**

S1358-3　el Su señor por esto mucho le falagaua
S1378-3　falagaual el otro deziendol amigo Señor
S1401-3　ladrando e con la cola mucho la fallagaua

**FALAGERA**

G 581-3　Corte: e mesurada falagera donosa

**FALAGOERA**

S 907-1　de fabla chica dañosa guardese muger falagoera

**FALAGOS**

S 799-3　que -le dize falagos por que calle esa ora
S 899-1　Creo falsos falagos el escapo peor
S1436-1　Estas buena: palabla: estos dulçes falagos

**FALAGUERA**

S 169-3　cortes e mesurada falaguera donosa
S 511-2　toda muger cobdyçiosa de algo es falaguera
S 572-1　de tre: cossa: que le pidas a -la muger falaguera
S 578-3　con dueña falaguera e desta vez terne
S 975-3　omillome dixe yo sserrana fallaguera

**FALAGUERO**

S1342-2　ssolà: de mucho Sabor e el falaguero jugar

**FALCON**

S 942-1　Commo faze venir el senuelo al falcon

**FALDA**

S1350-1　Tomola en -la falda e leuola a -su casa

**FALDAS**

S 137-4　en vn arbol del rrio de sus faldas se colgo
S1216-4　en saya faldas en çinta e sobra byen armado

**FALGAR**

S1426-2　el mur con -el grand miedo començol a -falgar

**FALSA**

S 4-2　del falso testimonio de -la falsa conpaña
S 342-4　arman se çancadilla en -esta falsa lucha
S 414-2　asy faze a -los locos tu falsa vedegabre
S 417-2　sobre la falsa lengua mitirosa aparesçençia
S 909-3　guardate de falsa vieja de rriso de mal vezino
S1194-3　de -la falsa quaresma e de mar ayrado
S1256-2　que amauan falsa mente a -quantos la: amauan
S1436-4　de -la falsa rraposa con -sus malos trasfagos
S1442-1　falsa onrra E vana gloria y el Risete falso
S1685-6　E falsa vezina

**FALSAS**

G 665-4　buscat a -quien engañede: con vuestra: falsa: espina:
S1478-3　sinon falssa: escusa: lysonja: amargotes

**FALSEDAT**

S 69-2　en -las coplas pyntadas yaze la falssedat
S 177-1　Al señor que me crio non fare tal falsedat
S 707-3　syenpre cada dia cresçe con enbia e falsedat

**FALSIA**

S 848-1　Es maldat E falsia las mugeres engañar

**FALSO**

S 4-2　del falso testimonio de -la falsa conpaña
S 119-4　El traydor falso marfuz
S 182-3　eres mentiroso falso en muchos enartar
S 360-1　sy non fuere testigo falso o sy lo vieren variar
S 418-2　es el coraçon falso e mitirosa la lengua
S 790-3　de mudar do queredes el vuestro falso amor
S 906-2　non quieran amor falso loco rriso non asome

**FALSO**

| | |
|---|---|
| | (cont.) |
| S1050-4 | dieron le algo al falꞩo vendedor |
| S1442-1 | falsa onrra E vana gloria y el Risete falso |
| S1476-4 | es en amigo falso toda la mal andança |

**FALSO** (H)
| | |
|---|---|
| S1103-4 | despues a -don carnal falsol la capellyna |

**FALSOS**
| | |
|---|---|
| S 899-1 | Creo falsos falagos el escapo peor |
| S1257-4 | trahen a -muchos locos con sus falsos rrisetes |

**FALLA**
| | |
|---|---|
| S 219-1 | la sorberuia E ira que non falla do quepa |
| S 270-4 | sy vallestero la falla preçiala mas que saya |
| S 333-4 | que el es fyno ladron e non falla quel farte |
| S 913-3 | nunca se omne byen falla de mala conpania |
| S 977-2 | escarua la gallyna E falla su pepita |
| S1118-4 | esta mucho triste non falla quel confuerte |
| S1309-3 | mercado falla omne en -que gana sy se detyen |
| S1309-4 | rrefez es de coger se el omne do se falla bien |
| S1366-4 | apenas quel pobre viejo falla ningud amigo |

**FALLA** (H)
| | |
|---|---|
| S1076-3 | fasta el sabado santo dar vos he lyd syn falla |

**FALLADAS**
| | |
|---|---|
| P 103 | e laꞩ ymageneꞩ primera mente falladaꞩ |

**FALLADO**
| | |
|---|---|
| S 282-4 | en -ty non es vn byen nin fallado nin visto |
| S1397-3 | nunca vos he fallado jugando nin Reyendo |
| S1464-2 | puso mano a -su Seno e fallo negro fallado |
| S1541-3 | por lo que ellos andauan ya fallado lo han |

**FALLAMOS**
| | |
|---|---|
| S 981-3 | desque en -la choza fuymos non fallamos niguno |
| S1642-5 | fue Segund fallamos |

**FALLAN**
| | |
|---|---|
| S 81-3 | E fallanse ende mal castigo en -su manera |
| G 445-4 | tal muger non -la fallan en todoꞩ loꞩ mercadoꞩ |
| S1284-3 | los diablos do se fallan llegan se a -conpania |

**FALLAR**
| | |
|---|---|
| S 647-3 | mill tienpos e maneras podras despues fallar |
| S 651-2 | oteo a -todas partes e non puedo fallar puerto |
| S1010-3 | quien con ella luchase non se podria bien fallar |
| S1158-2 | que si antes que muera si podieren fallar |
| S1308-1 | Coyde en otra orden fallar cobro alguno |
| S1308-2 | do perdiese laꞩerio non pud fallar ninguno |
| S1389-1 | Sy a -mi oy fallase quien fallar me deuia |

**FALLARA**
| | |
|---|---|
| S 730-1 | Mançebillo en -la villa atal non se fallara |

**FALLARAN**
| | |
|---|---|
| P 159 | aqui fallaran algunaꞩ maneraꞩ para ello |
| S 289-4 | non fallaran en -ti synon todo mal obrar |

**FALLARAS**
| | |
|---|---|
| S 65-4 | tu non fallaras vno de trobadoreꞩ mill |
| S 66-1 | ffallaras muchas garças non fallaras vn veuo |
| S 429-2 | en -el fallaras fablas que -le ove yo mostrado |
| S 998-4 | busca e fallaras de grado |
| S1015-3 | creo que fallaras de -las chufetas daruas |
| S1459-3 | pon mano en -tu Seno E dalo que fallaras |

**FALLAREDES**
| | |
|---|---|
| S 802-1 | Creed que verdat digo e ansy lo fallaredes |
| S1609-4 | mucho al y fallaredes ado byen pararedes mientes |

**FALLARES**
| | |
|---|---|
| S 68-2 | trabaja do fallares las sus señales çiertas |

**FALLARON**
| | |
|---|---|
| S 198-3 | desque A -ti fallaron todo su bien perdieron |

**FALLAS**
| | |
|---|---|
| S 279-3 | buscas malas contiendas fallas lo que meresçes |

**FALLASE**
| | |
|---|---|
| S1389-1 | Sy a -mi oy fallase quien fallar me deuia |

**FALLAVA**
| | |
|---|---|
| S 121-2 | santiguava me a -ella do quier que -la fallaua |
| S 950-3 | luego perdi la mula non fallaua vyanda |
| S1310-2 | dueñas e otraꞩ fenbraꞩ fallaua amenudo |

**FALLE**
| | |
|---|---|
| S 122-3 | Ca de Ante nin despues non falle en españa |
| S 567-2 | do falle poridat de grado departy |
| S 575-3 | nunca falle tal dueña como a -vos amor pynta |
| S 576-4 | falle que en -sus castigos syenpre vse beuir |
| G 580-4 | busque e falle dueña de qual ꞩo deꞩeoꞩo |
| S 698-1 | falle vna vieja qual avia menester |
| S 872-3 | falle la puerta çerrada mas la vieja byen me vydo |
| S 877-3 | tan buen dia es oy este que falle atal çellada |
| S 952-2 | falle vna vaquerisa çerca de vna mata |
| S 973-2 | non falle poço dulçe nin fuente perhenal |
| S 975-1 | Por el pynar ayuso falle vna vaquera |
| S 993-2 | falle çerca el cornejo do tajaua vn pyno |
| S1008-2 | de frio al pie del puerto falle me con vestiglo |
| S1022-3 | falle me con aldara |
| S1024-3 | falle vna sserrana |
| S1305-3 | falle grand santidat fizo me estar quedo |
| S1307-2 | falle por la caustra e por el çiminterio |
| S1311-4 | pocos ally falle que me non llamasen padrasto |

**FALLE** (H)
| | |
|---|---|
| S 575-4 | nin creo que -la falle en toda esta cohyta |
| S 859-4 | quien non cree los mis dichos mas lo falle e mas lo yerra |

**FALLECE**
| | |
|---|---|
| S 611-3 | sy se tarda non se pierde el amor non falleçe |
| S1682-3 | Nunca falleçe la tu merçed conplida |

**FALLECEDERO**
| | |
|---|---|
| S1669-3 | non le es falleçedero tu acorro syn dudança |

**FALLEN**
| | |
|---|---|
| S1601-4 | ansy que con santas obras a -dios baldios non fallen |

**FALLENCIA**
| | |
|---|---|
| S 250-4 | E que partiries con pobles e non farias fallencia |

**FARA**

**FALLES**
| | |
|---|---|
| S1209-2 | diz tu carnal soberuio meto que non me falles |

**FALLESCE**
| | |
|---|---|
| S1137-3 | do aquesto fallesçe bien se puede saluar |

**FALLESCEN**
| | |
|---|---|
| G 591-3 | las arteꞩ muchaꞩ vegadaꞩ ayudan oras fallesçen |

**FALLESCER**
| | |
|---|---|
| S 136-2 | mas commo eꞩ verdat e non puede fallesçer |

**FALLESCIDAS**
| | |
|---|---|
| S1121-1 | las mas de sus conpañas eran le ya fallesçidas |

**FALLEZE**
| | |
|---|---|
| S 452-3 | sy se tarda non se pierde el amor nunca falleze |

**FALLIA**
| | |
|---|---|
| S 32-4 | En -la gloria syn fallia |
| S 821-1 | En toda parte anda poca fe e grand fallya |

**FALLIAZ**
| | |
|---|---|
| S 259-4 | fue el Rey dauid omeçida e fizo a -dios falliaz |

**FALLIDAS**
| | |
|---|---|
| S 882-4 | oy que so escarnida todas me son fallydas |

**FALLIMIENTE**
| | |
|---|---|
| S 355-2 | de publico notario deuiera syn fallymiente |

**FALLIR**
| | |
|---|---|
| G 592-4 | la esperança non conorte ꞩabeꞩ a -las vezeꞩ fallir |
| S 850-3 | que aquel buen mançebo dulçe amor e syn fallyr |
| S 943-2 | ouo por mal pecado la dueña a -ffallyr |
| S1134-3 | con -la çiençia poca he grand miedo de fallyr |

**FALLO**
| | |
|---|---|
| S 161-1 | vna tacha le fallo al amor poderoso |
| S 216-2 | mas fallo que te diga veyendo quanto dapño |
| S 246-2 | ssyenpre me ffallo mal cada que te escucho |
| S 299-3 | en te besar la mano yo en eso me fallo |
| S 352-1 | fallo que -la demanda del lobo es byen çierta |
| S 352-3 | fallo que -la Raposa es en parte byen çierta |
| S 358-1 | fallo mas que -la gulpeja pide mas que non deue pedir |
| S 362-1 | Por quanto yo fallo por la su conffesion |
| S 362-3 | fallo que eꞩ prouado lo que la marfusa pon |
| G 590-4 | pues que non fallo nin que me pueda prestar |
| S 601-3 | otro cobro non fallo que me pueda acorrer |
| G 688-1 | Cuydadoꞩ muchoꞩ me quexan a -que non fallo coꞩejo |
| S 808-4 | oye me dulçe mente muchas señales fallo |
| S 839-4 | a -la mi quexa grande non le fallo consejo |
| S1001-2 | non fallo alto nin baxo que me vença Segund cuedo |
| S1142-4 | de sastifaçion otra non fallo escriptura |
| S1396-2 | E fallo a -la dueña que en la misa seya |
| S1396-4 | en aqueste rroydo vos fallo cada via |
| S1397-1 | o vos fallo cantando o -vos fallo leyendo |
| S1461-3 | non fallo por que muera prendisteꞩ le de -balde |
| S1567-3 | a -dios me acomiendo que yo non fallo al |

**FALLO** (H)
| | |
|---|---|
| S 174-3 | que fallo vn grand mastyn començole de ladrar |
| S 774-2 | fallo vna puerca con mucho buen cochino |
| S1106-2 | fallose con don toꞩino dixole mucho baldon |
| S1387-3 | fallo çafyr culpado mejor ome non vido |
| S1464-2 | puso mano a -su Seno e fallo negro fallado |

**FAMA**
| | |
|---|---|
| P 15 | E dan le onrra con pro e buena fam(a) |
| P 145 | acordaran la memoria E non despreçiaran su fama |
| P 146 | ca mucho eꞩ cruel quien su fama menospreçia |
| P 154 | apocando la vida E dando mala fama e deshonrra |
| S 399-3 | fazer perder la fama al que mas amor dieres |
| S 469-4 | alma e cuerpo e fama todo lo dexan perder |
| G 681-3 | naçe dende mala fama mi deꞩonrra ꞩeria |
| G 688-3 | puede seer tanta la fama que saliria a -conçejo |
| S 702-4 | por la vuestra buena fama E por vos enbiado |
| S 707-1 | De pequena cosa naçe fama en -la veꞩindat |
| S 848-4 | mis fechos e la fama esto me faz dubdar |
| S 851-1 | la fama non sonara que yo la guardare byen |
| S 880-4 | callad guardat la fama non salga de sotecho |
| S 936-1 | ffue a -pocos de dias amatada la fama |
| S1355-1 | tu estauas coytada poble ssyn buena fama |
| S1422-4 | pierde toda su onrra la fama e la vida |

**FANBRE**
| | |
|---|---|
| S 414-1 | Comiolos a -entranbos non -le quitaron la fanbre |
| S1437-1 | la marfusa vn dia con -la fanbre andaua |
| S1491-4 | a -pan de quinçe diaꞩ fanbre de treꞩ selmanas |

**FANBRIENTO**
| | |
|---|---|
| S 248-2 | que vistas al desnudo E fartes al fanbriento |

**FANTASIA**
| | |
|---|---|
| S 57-3 | leuantose el vellaco con fantasia vana |

**FANTASMA**
| | |
|---|---|
| S1008-3 | la mas grande fantasma que vy en -este siglo |
| S1011-4 | non se de qual diablo es tal fantasma quista |

**FAR**
| | |
|---|---|
| S 146-1 | otrosy puede el papa sus decretales far |
| S 360-3 | non por la exepçion mas por que -lo puede far |
| G 587-2 | Pero a -mi cuytado es me graue de far |
| S 823-4 | dar vos ha en chica ora lo que queredes far |
| S1137-4 | por la contriçion sola pues al non puede far |
| S1326-3 | Señora pues yo digo de casamiento far |
| S1467-4 | que yo te ayudare commo lo suelo far |
| S1653-4 | la lymosna por el far |

**FARA**
| | |
|---|---|
| G 451-4 | luego eꞩtara afuꞩiada far(a) lo que quisiereꞩ |
| S 489-2 | seruir te ha leal mente fara lo que quisieres |
| S 489-3 | fara por los dineros todo quanto le pidieres |
| S 521-2 | que por ende sera casta e la fara estar |
| S 567-4 | ssy muchos le ençelares mucho fara por ty |
| G 584-4 | todo por su consejo se fara ado apuerte |
| S 640-3 | sy lo fara o -non en -esto esta dubdando |
| S 730-4 | en -el beꞩerillo vera omne el buey que fara |
| S 798-1 | Doña endrina es vuestra e fara mi mandado |
| S 850-4 | El sera en nuestra ayuda que -lo fara desdeꞩir |

**FARA** (cont.)
S1343-4 quien faze la canasta fara el canestillo
S1455-4 el me fara con -la forca ser del todo casado

**FARAN**
S 359-2 sea exepçion prouada nol faran otro castigo
S1252-1 Non te faran Seruiçio en -lo que dicho han

**FARAS**
S 249-1 Mesquino tu que faras el dia de -la afruenta
G 559-2 ca en punto la faraz luego entristeçer
S1002-3 faras buen entendimiento dixel yo pide lo que quisieres
S1532-3 el byen que faras cras palabla es desnuda
S1688-6 faras buena estança

**FARE**
S 177-1 Al señor que me crio non fare tal falsedat
S 285-2 dixo con grand envidia yo fare quanto pueda
S 410-3 sacar te he bien a -saluo non te fare enojo
S 487-4 con aqueste e por este fare yo sy dios me preste
G 590-2 Cuytado yo que fare que non la puedo yo catar
S 704-2 fare por vos quanto pueda guardar he vos lealtad
S 709-2 e le fare tal escanto e le dare tal atal-vina
S 718-3 yo fare con mi escanto que se vengan paso a -pasillo
S 775-4 mandad vos E fare yo despues governad a mi
S 932-2 llamat me buen amor e fare yo lealtat
S 940-3 quanto de vos dixeron yo fare que -lo padan
S 976-3 sy non yo te fare que mi cayada midas
S1039-4 mas fare fiadura
S1395-4 lo que mejor yo viere de grado lo fare
S1415-3 fare traynel della para calçar lygero
S1431-4 do estan vuestraz manos fare vn grand portillo
S1492-4 yol fare cras que venga aqui a -este palaçio
S1572-1 Dare por ty lymosna e fare oraçion
S1572-2 fare cantar misaz e dare oblaçion
S1626-3 fiz le quatro cantares E con -tanto fare
S1651-2 fare por voz oraçion

**FAREDES**
S 777-3 E vos faredes por ellos vn salto syn bolliçio
S 783-4 tanto byen non me faredes quanto mal me fezistes
S 876-4 entrad mucho en buen ora yo vere lo que faredes

**FAREMOS**
S 969-4 despues faremos la lucha
S1587-2 que dios por quien lo faremos nos dara buena andança

**FARES**
S1165-2 que comas los formigos e mucho non te fares

**FARIA**
S 106-2 dixe querer do non me quieren ffaria vna nada
S 176-4 tu furtarias lo que guardo E yo grand trayçion faria
S 177-3 tu leuarys el algo yo faria grand maldat
G 681-1 estar zola con uoz zolo esto yo non lo faria
S 845-4 que yo mucho faria por mi amor de fyta

**FARIA** (H)
S 527-2 por que te faria perder a -la entendera
S 896-1 El leon dixo luego que merçed le faria
S1265-4 que omne terrenal desto non faria nada

**FARIAMOS**
S1582-1 Pues si esto fariamos por omes como nos byuos

**FARIAS**
S 250-4 E que partirias con pobles e non farias fallencia
S1481-1 farias dixo la dueña Segund que ya te digo

**FARINA**
S 17-3 blanca farina esta so negra cobertera
S1272-3 da primero faryna a -bueys de eryas
S1374-4 byen llena de farina el mur ally se allega
S1404-2 trayoles la farina que comen del açeña
S1594-3 entendiendo su grand dapno faziendo blanda farina

**FARNERO**
S 718-4 en aqueste mi farnero las traere al sarçillo
S 723-1 la buhona con farnero va taniendo cascaueles

**FARON**
S 1-2 sacaste de cabtiuo del poder de fa(ron)
S 641-1 ssy nol dan de -las espuelas al cauallo faron

**FARONIA**
S 641-2 nunca pierde faronia nin vale vn pepion

**FARRE**
S 517-2 nin por vn solo farre non anda bestia manca

**FARTA**
S1095-2 a messa mucho farta en vn Rico estrado
S1195-4 enbiat gelo dezir con dona merienda farta

**FARTA** (H)
S1529-4 saluo el cueruo negro que de ty muerte se farta

**FARTAR**
S1075-3 a -ty carnal goloso que te non coydas fartar
S1426-3 Señor diz non me mates que non te podre fartar

**FARTARAS**
S1530-1 Cada dia le dizes que tu le fartaras

**FARTARIA**
S 246-3 non te fartaria duero con -el su agua ducho

**FARTAS**
S1036-2 de estaño e fartas

**FARTE**
S 333-4 que el es fyno ladron e non falla quel farte
S 842-2 con piedat e coyta yo lloro por quel farte

**FARTES**
S 248-2 que vistas al desnudo E fartes al fanbriento

**FASCAS**
S 826-4 esta lleno de doblas fascas que non lo entyendo
S 964-2 fascas que me amenazaua pagan sinon veras juego

**FASER**
S1001-1 sse faser el altybaxo E sotar a -qual quier muedo

**FASTA**
S 166-4 apenas non se pierde fasta que viene la muerte
S 184-4 en ti fasta que el cuerpo e el alma van perder
S 263-1 Anssy que -los rromanos fasta la criatura

S 330-3 pero yo te do de plazo que fasta dias veynte
S 354-4 E fasta nueve dias deuiera ser prouada
S 374-2 cum hiz qui oderunt paçem fasta que el salterio afines
S 387-1 ffasta el quod parasti non la quieres dexar
S 406-3 fasta que -le echa el laço quando el pie dentro mete
S 426-1 ssi tu fasta agora cosa non rrecabdaste
S 460-3 por pereza de tender el pie fasta el escalon
G 664-2 fasta que me rrespondadez a -estoz pocoz sermonez
S 706-3 por escusar mill peligros fasta oy lo encubri
S 721-2 Del comienço fasta el cabo pensat bien lo que digades
S 735-4 fasta que yo entienda e vea los talentos
S 744-4 fasta que non vos dexen en -las puertas llumazos
G 759-3 fasta que pase el año de -loz lutus que tien
G 765-1 yo non quize fasta agora mucho buen casamiento
S 795-4 ffasta que su marido pueble el çementerio
S 833-4 Raviosa vos veades doled vos fasta quando
S 854-3 con -el mi amor quexoso fasta aqui he porfiado
S 961-3 fasta que algo me prometas por mucho que te arremetas
S 986-3 fasta que el libro entyendas del byen non digas nin mal
S1004-3 çapatas fasta rrodilla e dira toda la gente
S1016-1 Mas en verdat sy byen vy fasta la rrodilla
S1032-5 fasta la tornada
S1069-4 salud en jhesu xpisto fasta la pasqua mayor
S1076-3 fasta el sabado santo dar vos he lyd syn falla
S1107-4 fasta en guadal-qui-vyl ponian su tendejones
S1186-2 la bera de plazençia fasta valdemorillo
S1203-2 fasta quando lydiasen byen lo avedes oydo
S1285-3 fasta que pasa agosto non dexan de rrebuznar
S1406-4 fasta que ya los palos se fazian pedaçoz
S1543-4 fasta que ya por ojo la muerte vee que vien
S1687-1 ffasta oy toda via

**FAVA**
S 897-4 a -todos e agora non vale vna faua
S1381-1 Mas quiero rroer faua Seguro e en paz

**FAVAVA**
S1370-4 conbidol a -yantar e diole vna favaua

**FAY**
S1466-3 engaña a -quien te engaña a -quien te fay fayle

**FAYA**
S 270-1 El aguila cabdal canta sobre la faya
S1126-3 luego los enforcaron de vna viga de faya

**FAZ**
S 10-3 ffaz que todo se torne sobre los mescladorez
S 14-4 Ca por todo el mundo se vsa E se faz
S 70-3 qual tu dezir quisieres y faz punto y tente
S 156-1 El amor faz sotil al omne que es rrudo
S 157-2 e al viejo faz perder mucho la vejez
S 180-2 que si lo faz mi signo o -ssy mi mal asseo
S 202-4 çercava todo el lago ansy faz la rribera
S 300-4 saca melo e faz de my como de tuyo quito
S 333-3 quanto demanda E pide todo -lo faz con arte
S 424-4 la buena fabla sienpre faz de bueno mejor
G 449-2 en fin de laz rrazonez faz le vna pregunta
G 450-2 faz mucho por seruir la en dezir e en obrar
S 468-1 ffaz le vna vegada la verguença perder
S 468-2 por aquessto faz mucho sy -la podieres aver
S 490-1 Mucho faz el dinero E mucho es de amar
S 519-4 en este coyda syenpre por este faz la musa
S 524-1 la dueña mucho braua vsando se faz manssa
G 549-1 por ende fuy del vino e faz buenoz geztoz
G 560-1 quien contra ezto faz tarde o non rrecabda
S 573-4 faz conssejo de Amigo fuye de loor de enemigo
S 579-1 My coraçon me dixo faz lo e Recabdaras
S 631-2 que dezir faz tu talente como desvergonçada
S 638-2 faz les muchos plazeres fabla les bien con maña
G 667-4 faz mal culpa de malo a -buenoz e a mejorez
S 715-4 tienpo ay que aprouecha E tienpo ay que faz peor
S 722-4 o piensa bien lo que fablas o calla faz te mudo
S 848-4 mis fechos e la fama esto me faz dubdar
S 872-4 yuy diz que es aquello que faz aquel rroydo
S 889-2 la yra la discordia a -los amigos mal faz
S 898-2 vuestro atanbor sonante los sonetes que faz
S 922-4 o -piensa byen que fables o calla faz te mudo
S 939-2 tovo en -lo que puso non -lo faz toda menga
S1140-3 ally faz la emienda purgando el su errar
S1151-4 el estudio a -los Rudos faz sabios maestros
S1231-1 la viuela de arco ffaz dulçez de vayladaz
S1293-3 la mosca mordedor faz traher las narizes
S1321-2 toda la santa iglesia faz proçesion onrrada
S1463-3 faz ansi como sueles non temas en mi fia
S1622-3 que solo e cargado faz acuestas traer
S1662-3 faz esta marauilla
S1687-4 faz ya cortesia

**FAZ** (H)
S 435-2 la su faz sea blanca syn pelos clara e lysa
S 831-3 su color amarillo la su faz mudada
S 870-4 que mas val verguença en faz que en coraçon manzilla
S1051-4 aquestos mastines asy ante su faz
S1052-4 de su faz tam clara del çielo rresplandor
S1064-1 En -su faz escopieron del çielo claridat

**FAZALVARO**
S1187-2 el canpo de fazaluaro en vasayn entrava

**FAZAÑA**
S 474-1 del que olvydo la muger te dire la fazaña

**FAZAÑAS**
S 188-4 sienpre tiras la fuerça dizenlo en fazañas

**FAZE**
P 67 Ca dioz por laz buenas obraz que faze omne
P 153 que faze perder laz almaz E caer en saña de dioz
S 97-4 ffaze commo la tierra quando estaua finchada
S 102-1 omne que mucho fabla faze menos a -vezes

| | |
|---|---|
| **FAZE** | **(cont.)** |
| S 142-4 | para quien faze el yerro que pena deue aver |
| S 143-1 | Acaesçe que alguno ffaze grand trayçion |
| S 156-2 | ffazele fabrar fermoso al que antes es mudo |
| S 156-3 | al omne que es couarde fazelo muy atrevudo |
| S 156-4 | al perezoso fazelo ser presto e agudo |
| S 157-3 | ffaze blanco e fermoso del negro como pez |
| S 229-4 | quien dexa lo que tiene faze grand mal rrecabdo |
| S 256-4 | el bien que omne le faze diz que es por su derecha |
| S 303-4 | tu dizes que quien byen come byen faze garçonia |
| S 304-3 | sy non se faze lo tuyo tomas yra E saña |
| S 357-4 | quien de otra guisa lo pone yerralo e faze mal |
| S 402-2 | fazes con tu grand fuego commo faze la loba |
| S 414-2 | asy faze a -los locos tu falsa vedegabre |
| S 423-4 | que a -las vezes poca agua faze abaxar grand fuego |
| S 468-4 | mas diabluras faze de quantas omne quier |
| S 486-2 | non la sygue nin la toma faze commo caçador vyl |
| S 490-4 | al torpe faze bueno E omne de prestar |
| S 490-3 | ffaze correr al coxo E al mudo fabrar |
| S 497-4 | por todo el mundo faze cosas maravillosaz |
| S 500-1 | El faze caualleros de neçios aldeanos |
| S 510-3 | señor faze del syeruo de señor seruidor |
| S 510-4 | toda cosa del sygro se faze por su amor |
| S 513-1 | las cosas que son graues fazelas de lygero |
| S 514-4 | mercador que esto faze byen vende e byen troca |
| S 526-2 | muchas vegadas dando faze grand cavadura |
| S 534-1 | Non deves tener dubda que del vyno se faze |
| S 544-3 | faze tenbrar los mienbros todo seso olvida |
| S 545-1 | ffaze oler el fuelgo que es tacha muy mala |
| S 570-1 | a -muchos faze mal el omne mesturero |
| S 606-4 | el grand amor me faze perder salud e cura |
| S 616-3 | maestria e arte de fuerte faze flaca |
| S 620-4 | faze andar de cauallo al peon fel seruiçio |
| S 627-1 | El alegria al omne fazelo apuesto e fermoso |
| S 633-1 | Maguer que faze bramuras la duena que se doñea |
| S 634-1 | El miedo e la verguença faze a las mugeres |
| S 716-4 | por mi conssejo lo faze mas que non por su querer |
| S 728-3 | con los locos faze se loco los cuerdos del byen dixeron |
| S 733-4 | a -vezes cosa chica faze muy grand despecho |
| S 821-4 | a -las vezes espanta la mar e faze buen orilla |
| S 907-2 | que de vn grano de agraz se faze mucha dentera |
| S 942-1 | Commo faze venir el senuelo al falcon |
| S 954-4 | amiga dixel amidos faze el can baruecho |
| S1042-3 | por dineros faze |
| S1176-2 | dellaz faze de nueuo e dellaz enxaluega |
| S1545-1 | faze doler la cabeça al que lo mucho coma |
| **FAZEDES** | |
| S 702-2 | de quantos bienes fazedez al que a -vos viene coytado |
| S 775-3 | vos e vuestros fijuelos que fazedes por ay |
| S 784-4 | a -los nesçios fazedes las mentyras verdades |
| S 800-1 | ansy fazedes madre vos a -mi por ventura |
| **FAZEDOR** | |
| S 145-2 | el fazedor del fuero non lo quiere conssentyr |
| **FAZEMOS** | |
| S 771-2 | fazemos byen grande syn perros e syn pastorez |
| **FAZEN** | |
| P 124 | entiendo quantoz bienez fazen perder el alma e al cuerpo |
| P 139 | ca leyendo E coydando el mal que fazen |
| S 165-2 | E por las non dezir se fazen des-amigos |
| S 220-1 | En -ti fazen morada aleuoso traydor |
| S 235-3 | amor por tu soberuia se fazen bien lo creas |
| S 286-4 | algunas ffazen esto que fizo la corneja |
| S 344-1 | Pugnan los avogados E fazen su poder |
| S 491-2 | los dyneros se fazen fidalgo e sabydor |
| S 493-4 | que todos al dinero fazen grand homildat |
| S 503-4 | asueluen el ayuno ansy fazen oraçionez |
| S 521-4 | estos son aguijonez que la fazen saltar |
| S 546-2 | fazen muchas vylezas todos los aborrescen |
| S 547-2 | fazen rroydo los beodos commo puercos e grajas |
| S 700-4 | ffazen con -el mucho viento andar las athonas |
| S 793-4 | dios e el vso grande fazen los fados boluer |
| S 881-4 | todos los omnes fazen commo don melon ortiz |
| S 938-4 | fazen con -el su vyento andar las atahonas |
| **FAZER** | |
| P 51 | e trae al cuerpo a fazer buenaz obraz |
| P 140 | o tienen en -la voluntad de fazer |
| P 176 | E dioz sabe que la mi jntençion non fue de -lo fazer |
| P 199 | non se puede fazer obra firme nin firme hedifiçio |
| S 13-3 | que pueda fazer vn libro de buen amor aqueste |
| S 50-2 | ffueron rromanos en -coyta non sabian que se fazer |
| S 51-3 | Segund le dios le demostrase fazer señas con la mano |
| S 74-4 | cada que puede e quiere fazer esta locura |
| S 77-4 | Nunca al fizo por mi nin creo que fazer quiso |
| S 83-1 | Por le fazer plazer E mas le alegrar |
| S 88-1 | El leon dixo comadre quien vos mostro ha fazer partiçion |
| S 91-2 | enbio me mandar que punase en fazer |
| S 140-3 | puede los demudar e fazer otra mente |
| S 142-1 | de dar fueros e leyes e derechos fazer |
| S 142-3 | desto manda fazer libros e quadernos conponer |
| S 145-4 | quien puede fazer leyes puede contra ellas yr |
| S 252-2 | fisicos e maestros que queria fazer emienda |
| S 256-1 | En fazer bien al malo cosa nol aprouecha |
| S 265-2 | por fazer su loxuria vergilio en -la dueña |
| S 267-2 | mando fazer escalera de torno enxerida |
| S 285-1 | al pauon la corneja vydol fazer la Rueda |
| S 296-4 | a -fazer tu forniçio Ca do mucho vino es |
| S 316-2 | lo que para sy non quiere non -lo deue a -otros fazer |
| S 334-4 | fazer non -la puede ca es fyno ladron |
| S 344-2 | por saber del alcalde lo que quierre fazer |
| S 345-1 | De lexos le fablauan por le fazer dezir |
| S 399-2 | fazer perder la fama al que mas amor dieres |
| S 417-4 | E fazer malaz oblas e tener mal querençia |

| | |
|---|---|
| S 427-3 | oy e leye mis castigos e sabe los byen fazer |
| S 469-3 | quando son ençendidas E mal quieren fazer |
| S 471-4 | non dexaria de fazer sus antojos æedos |
| S 476-2 | yo volo fazer en vos vna bona fygura |
| S 484-3 | en dos anos petid corder non se fazer carner |
| S 496-3 | en tener pleitos malos E fazer abenençia |
| S 499-1 | fazer perder al pobre su casa e su vyña |
| S 518-1 | Prueua fazer lygerezaz e fazer valentya |
| S 539-4 | cobdiçio fazer forniçio desque con vyno estaua |
| S 601-4 | sy non vos doña venuz que -lo podedes fazer |
| S 634-2 | non fazer lo que quieren byen como tu lo quieres |
| S 636-4 | mas val que fazer se pobre a -quien nol dara nada |
| S 642-1 | Desque estan dubdando los omes que han de fazer |
| S 652-2 | por que por la mi fabla venga a -fazer mesura |
| S 692-2 | a -muchos omnes non dexa su proposito fazer |
| S 698-3 | doña venuz por panfilo non pudo mas fazer |
| S 698-4 | de quanto fizo aquesta por me fazer plazer |
| S 716-3 | yo se toda su fæienda E quanto ha de fazer |
| S 729-2 | con -los cuerdos estar cuerdo con -los locos fazer se loco |
| S 746-3 | para fazer sus cuerdas E sus lazos el rredero |
| S 754-2 | por astragar lo vuestro e fazer vos mal trebejo |
| S 782-4 | lo que fazer se puede por ello trabajedes |
| S 844-3 | mas que nos al queramos por vos fazer seruiçio |
| S 885-4 | pues otro cobro yo non he asy fazer me convyene |
| S 893-4 | vynieron antel todos a -fazer buena fyesta |
| S 939-4 | E fazer que -la pella en Rodar non se tenga |
| S 965-2 | fazer te he fuego e blasa darte he del pan e del vino |
| S1048-2 | yo en tu memoria algo quiero fazer |
| S1139-4 | do mas fazer non puede la cabeça enclinando |
| S1423-3 | yo non quiero fazer lo vete syn tardamiento |
| **FAZES** | |
| S 184-2 | fazes los perder el sueño el comer y el beuer |
| S 184-3 | ffazes a -muchos omes tanto se atreuer |
| S 186-3 | fazes al que te cree lazar en tu mesnada |
| S 211-1 | ffazes lo Andar bolando como la golondrina |
| S 213-4 | das me en -el coraçon triste fazes del ledo |
| S 217-3 | ffazes les cobdiçiar e mucho ser denodadoz |
| S 231-1 | ffazes con tu soberuia acometer malas cosaz |
| S 251-4 | fazes commo el lobo dolyente en -el vallejo |
| S 255-1 | byen ansy tu lo fazes agora que estas lleno |
| S 289-1 | Anssy con tu envidia ffazes a -muchos sobrar |
| S 318-2 | fazes le penssar engaños muchas malas baratas |
| S 372-1 | Tal eres como el lobo rretraes lo que fazes |
| S 375-4 | nostras preçes ut audiat E fazes los despertar |
| S 384-4 | con virgam virtutis tue fazes que de ay Retangan |
| S 387-3 | in -gloria plebys tue fazes las aveytar |
| S 389-2 | por conplyr tus deseos fazes lo erege duro |
| S 390-2 | fazes me andar de balde dizes me digo digo |
| S 393-1 | fazes como folguym en tu mesma manera |
| S 400-3 | de todos tus vassallos fazes neçios fadragas |
| S 402-1 | de la loçana fazes muy loca E muy bova |
| S 402-2 | fazes con tu grand fuego commo faze la loba |
| S 404-1 | fazes por muger fea perder omne apuesto |
| S 405-2 | fazes tenblar los omnes e mudar sus colores |
| S 416-4 | eres mal enemigo fazes te amador |
| S 425-4 | ssy mis dichos fazes non te dira muger non |
| **FAZES** | **(H)** |
| S 859-2 | vuestras fazes E vuestros ojos andan en color de tierra |
| **FAZET** | |
| S 476-4 | ella diz monssener fazet vuestra mesura |
| **FAZIA** | |
| S 194-2 | ante que fuese casado lygero la fazia |
| S 238-2 | el cavallo soberuio fazia tan grand sueno |
| S 322-1 | lo que el mas fazia a -otros lo acusava |
| S 369-3 | que el de fecho ageno non fazia menzion |
| S 495-1 | fazia muchos clerigos e muchos ordenados |
| **FAZIAN** | |
| S 493-3 | grand onrra le fazian con grand solepnidat |
| **FAZIAS** | |
| S 250-2 | estonçes sospirauas E fazias penitençia |
| **FAZIE** | |
| S 113-4 | el comio la vianda e a -mi fazie Rumiar |
| S 494-1 | fazie muchos priores obispos E abbades |
| S 494-4 | fazie de verdat mentiras e de mitiras verdades |
| **FAZIENDO** | |
| S 242-3 | rrodillas desolladas faziendo muchaz prizez |
| S1180-1 | En quanto ella anda estaz oblaz faziendo |
| **FAZIENTE** | |
| S 237-1 | yva lydiar en -canpo el cavallo faziente |
| **FAZA** | |
| S1099-1 | faza la media noche en medio de -las salas |
| **FAZALEJAS** | |
| S 723-3 | dezia por fazalejas conprad aquestos manteles |
| **FAZANAS** | |
| S1493-4 | e dil que non me diga de aquestas tus fazanaz |
| **FAZAÑA** | |
| S 457-1 | Dezir te la ffazaña de -los dos perezosos |
| G 580-1 | fazaña es vzada prouerbio non mintrozo |
| S1369-4 | dezir te he la fazaña e fynque la pelea |
| **FAZAÑAS** | |
| S 908-4 | mis fablas e mis fazañas Ruego te que byen las mires |
| **FAZAÑERO** | |
| S 570-3 | rresçelan del las dueñas e dan le por fazañero |
| S1495-4 | que -las monjaz non ze pagan del abbad fazañero |
| **FAZE** | |
| G 548-4 | toda maldat del mundo fæe e toda locura |
| G 590-3 | derecha es mi querella rrazon me fæe cuytar |
| G 674-1 | a -todaz laz cosaz fæe el grand vso entender |
| S 934-4 | ha vieja de mal seso que fæe tal locura |
| S1130-1 | Non se fæe penitençia por carta nin por escripto |
| S1136-2 | si se fæe penitençia por la sola contriçion |
| S1146-4 | fæe jnjuria e dapno e meresçe grand pena |

**FAZE**

| | |
|---|---|
| | **(cont.)** |
| S1218-4 | faze fazer ve valando en -boz E doble quinta |
| S1233-4 | la neçiacha manduria ally faze su son |
| S1272-4 | ffaze diaz pequenos e mañanas friaz |
| S1274-3 | faze nueuo azeyte con -la blaza nol pesa |
| S1277-1 | ffaze a -sus collaçoz fazer loz valladarez |
| S1286-2 | con -los vientoz que faze grana trigo E çeteno |
| S1286-3 | faze poner estacaz que dan azeyte bueno |
| S1289-2 | la calor del estio doler faze la tyesta |
| S1343-4 | quien faze la canasta fara el canestillo |
| S1408-3 | dize mal con neçedad faze pesar E despecho |
| S1408-4 | callar a -las de vegadaz faze mucho prouecho |
| S1448-1 | faze tener grand miedo lo que non es de temer |
| S1476-1 | El que con -el diablo faze la su criança |
| S1483-4 | Señora el aue muda diz non faze aguero |
| S1494-4 | que -la buena corredera ansy faze carrera |
| S1550-2 | con quien mata e muere e con qual quier que mal faze |
| S1668-1 | Miraglos muchos faze virgen sienpre pura |
| S1703-3 | que faze muchas vezes rrematar los ardorez |

**FAZED**

| | |
|---|---|
| S1531-3 | el byen que fazer podierdes fazed lo oy luego |
| S1533-3 | amigos aperçebid vos e fazed buena obra |

**FAZEDES**

| | |
|---|---|
| G 682-3 | a -la merçed que agora de palabra me fazedez |
| S 799-2 | fazedes commo madre quando el moçuelo llora |
| S 930-2 | E tal fazedes vos por que non tenedes otra |

**FAZEDOR**

| | |
|---|---|
| G 585-4 | todoz voz obedesçen commo a -su fazedor |

**FAZEDORES**

| | |
|---|---|
| G 667-4 | deuen tener la pena a -loz suz fazedorez |

**FAZEN**

| | |
|---|---|
| G 440-1 | toma de vnaz viejaz que ze fazen erveraz |
| G 441-4 | eztas trota conventoz fazen muchaz barataz |
| S 601-1 | Todas aquestas noblezas me fazen querer |
| S 929-4 | de prieto fazen blanco boluiendole la pelleja |
| S1226-4 | mas alegria fazen los que son maz mejores |
| S1232-2 | con sonajas de azofar fazen dulçe sonete |
| S1281-3 | vid blanca fazen prieta loz buenoz enxeridorez |
| S1284-4 | fazen sus diabluraz e su trauesura |
| S1398-1 | Mayor Roydo fazen mas bozes syn rrecabdo |
| S1539-1 | Mucho fazen que luego lo vayan a -soterrar |
| S1540-3 | lo mas que sienpre fazen los herederos nouiçioz |
| S1634-3 | que fazen muchos e muchas a -otras con sus engaños |

**FAZER**

| | |
|---|---|
| G 763-3 | mas deuen lo traer poco e fazer chico rroydo |
| G 764-2 | fazer lo que -me dezidez nin lo que el querria |
| S 971-3 | por la muñeca me priso oue de fazer quanto quiso |
| S1000-2 | Se maçar e fazer natas E fazer el odrezillo |
| S1089-4 | por te fazer seruiçio non fuy por ende syeruo |
| S1145-1 | En esto yerran mucho que lo non pueden fazer |
| S1145-2 | de -lo que fazer non pueden non se deuen entremeter |
| S1173-3 | andando por el mundo mando fazer emienda |
| S1218-4 | faze fazer ve valando en -boz E doble quinta |
| S1223-4 | començo el fidalgo a fazer caualleriaz |
| S1269-3 | en -la obra de dentro ay tanto de fazer |
| S1277-1 | ffaze a -sus collaçoz fazer loz valladarez |
| S1301-4 | non quiero de -la tienda mas prologo fazer |
| S1320-1 | assaz fizo mi vieja quanto ella fazer pudo |
| S1330-3 | por non fazer pecado o -por non ser osada |
| S1363-2 | E des-echar al viejo e fazer le peoria |
| S1369-3 | con -el mur de -la villa yendo a -fazer enplea |
| S1385-2 | E fazer a -dios seruiçio con -las dueñas onrradas |
| S1407-1 | Non deue ser el omne a -mal fazer denodado |
| S1407-4 | de -lo fazer el cuerdo non deue ser osado |
| S1408-2 | E coyda fazer zeruiçio e plazer con su fecho |
| S1421-2 | lo que fazer quisiere que aya del salyda |
| S1433-3 | puede fazer seruiçio quien non tyene que pechar |
| S1434-2 | fazer mucho prouecho E dar grand mejoria |
| S1530-3 | el que byen fazer podiese oy le valdria mas |
| S1531-3 | el byen que fazer podierdes fazed lo oy luego |
| S1535-3 | non puede leuar nada nin fazer testamento |
| S1571-3 | fazer te he vn pitafio escripto con estoria |
| S1582-2 | muy mas deuemos fazerlo por tantos e tan esquiuos |
| S1582-3 | enemigos que nos quieren fazer sieruos captiuos |
| S1621-4 | quando non podia al fazer ayunaua con dolor |
| S1627-4 | fazer a -dios seruiçio En punto lo desea |
| S1628-1 | Desea oyr misas E fazer oblaçones |
| S1628-2 | fazer mucha lymonsna E dezir oraçiones |
| S1655-1 | Catad que el byen fazer |

**FAZES**

| | |
|---|---|
| S 320-1 | de quanto bien pedricaz non fazez dello cosa |
| S1528-1 | ffazes al mucho Rico yazer en grand poblexa |
| S1546-1 | en-mudeçes la fabla fazes en-rroquezer el pecho |
| S1548-4 | lo dulçe fazes fiel con tu much amargura |
| S1565-1 | en fuego jnfernal los fazes tu arder |
| S1565-3 | en penas jnfernales los fazes ençender |
| S1686-4 | que me fazes sofrir |

**FAZES**

| | |
|---|---|
| | **(H)** |
| S1101-2 | pusieron las sus fazes ninguno non pletea |

**FAZET**

| | |
|---|---|
| G 762-3 | zeñora dexar duelo e fazet el cabo de año |

**FAZIA**

| | |
|---|---|
| S 348-3 | vista la demanda que el lobo fazia |
| S 461-2 | fazia la syesta grande mayor que ome non vydo |
| S 464-3 | daua me vna gotera del agua que fazia |
| S 477-4 | fazia sele a -la dona vn mes ant entero |
| S 749-4 | por su mal lo fazia maguera que se tarda |
| S 964-1 | ffazia nieue e granzaua dixela chata luego |
| S 996-3 | fazia tyenpo muy fuerte pero era verano |
| S1006-3 | byen ençima del puerto fazia orrilla dura |
| S1121-3 | pero ansi apeado fazia grandes acometidas |
| S1182-2 | rrezio es don carnal mas flaco se fazia |

**FECHO**

| | |
|---|---|
| S1276-3 | fazia çerrar sus cubas fenchir laz con enbudo |
| S1574-2 | non sele detenia do fazia debatida |

**FAZIA**

| | |
|---|---|
| | **(H)** |
| S 412-2 | dio salto en -el agua somiese fazia yuso |
| S 412-3 | el topo quanto podia tiraua fazia suso |
| S 960-1 | Dixele yo a -la pregunta vome fazia sotos aluos |

**FAZIAN**

| | |
|---|---|
| S1082-4 | fazian su alarde çerca de -los tyzones |
| S1111-3 | ffazian a -don carnal pagar todas las costas |
| S1111-4 | las plazas que eran anchas fazian se le angostas |
| S1302-4 | los mas con don carnal fazian su morada |
| S1310-3 | con sus aue mariaz fazian me estar mudo |
| S1406-4 | fasta que ya los palos se fazian pedaçoz |

**FAZIAS**

| | |
|---|---|
| S1166-4 | por conplir adulterio fazias grandes promesaz |

**FAZIE**

| | |
|---|---|
| S1618-4 | otrosi de mugeres fazie mucho rretaço |

**FAZIEN**

| | |
|---|---|
| S1309-1 | En caridat fablauan mas non mela fazien |
| S1315-3 | todos avien grand fiesta fazien grandez yantares |

**FAZIENDA**

| | |
|---|---|
| S 716-3 | yo se toda su fazienda E quanto ha de fazer |
| S1097-3 | para entrar en -la fazienda con -la dueña serena |
| S1173-1 | Desque ovo la dueña vençido la fazienda |

**FAZIENDO**

| | |
|---|---|
| S 623-3 | faziendo le zeruiçio tu coraçon se bañe |
| S1070-3 | astragando mi tierra faziendo mucho dapño |
| S1196-3 | yremos lydiar con -ella faziendo grand Roydo |
| S1405-3 | rretoçando E faziendo mucha de caçorria |
| S1594-3 | entendiendo su grand dapno faziendo blanda farina |
| S1595-2 | visitando los dolientes e faziendo penitençia |
| S1599-3 | non faziendo mal a -los sinplex pobrez non denostemos |

**FAZIENTES**

| | |
|---|---|
| S1609-3 | en casa cuerdas donosaz sosegadas byen fazientes |

**FE**

| | |
|---|---|
| P 195 | es comienço E fundamento dioz e la fe catholica |
| P 203 | que ez de -la santa trinidad E de -la fe catholica |
| S 140-4 | segund la fe catholica yo desto creyente |
| S 309-4 | sy devo fyar en -ti a -la fe non ansy lo crey |
| S 389-4 | que non la fe de dios vete yo te conjuro |
| S 743-1 | A -la fe dyxo la vieja desque vos veen bilda |
| S 768-4 | a -la fe diz agora se cunple el estornudo |
| S 818-2 | en -la firme palabla es la fe que tenemos |
| S 821-1 | En toda parte anda poca fe e grand fallya |
| S 873-4 | a -la fe aquel es don melon yo lo conosco yo lo viento |
| S1328-3 | el que al lobo enbia a -la fe carne espera |
| S1494-3 | se -que el que al lobo enbia a -la fe carne espera |
| S1589-2 | tener fe que santa cosa es de dios gualardonada |
| S1591-2 | con fe santa escogida mas clara que cristal |
| S1597-3 | con fe en -su memoria lidiando por su seruiçio |
| S1623-2 | a -la fe diz buscare avn que el mundo se funda |
| S1626-2 | es comienço E fyn del bien tal es mi fe |

**FE**

| | |
|---|---|
| | **(H)** |
| S1331-4 | fe a -que buen amor qual buen amiga buscolo |
| S1458-3 | vino el mal amigo diz fe me aqui presto |

**FEA**

| | |
|---|---|
| S 18-2 | en fea letra esta saber de grand dotor |
| S 158-2 | otrosi su amiga maguer que sea muy fea |
| S 404-1 | fazes por muger fea perder omne apuesto |
| S1471-3 | el ladron paro mientes diz veo cosa fea |
| S1627-2 | que si lo oye alguno que tenga muger fea |

**FEALDAT**

| | |
|---|---|
| S 177-2 | que tu furtes su thesoro que dexo en mi fealdat |
| S 932-1 | Nunca digas nonbre nin de fealdat |

**FEAS**

| | |
|---|---|
| S 235-2 | jnjurias e varajas e contiendas muy feas |
| S 386-2 | vengan fermosas o feas quier blancas quier prietas |

**FEBLERO**

| | |
|---|---|
| S 326-1 | E digo que agora en -el mes que paso de feblero |

**FEBRERO**

| | |
|---|---|
| S1618-1 | ssalida de febrero entrada de março |

**FECIERDES**

| | |
|---|---|
| S1652-1 | El byen que por dios feçierdes |

**FECIERON**

| | |
|---|---|
| S 153-3 | el bien que me feçieron non lo desagradesçi |

**FECIESE**

| | |
|---|---|
| S1456-3 | dixol que de su alma la carta le feciese |

**FECIESEN**

| | |
|---|---|
| S 192-1 | Respondio el cassado que esto non feçiesen |

**FECISTE**

| | |
|---|---|
| S 223-1 | Por cobdiçia feciste a -troya destroyr |
| S 258-1 | ffeciste por loxuria al profeta dauid |
| S 296-1 | ffeciste por la gula a -lot noble burges |
| S1555-3 | feçiste de -los angeles diablos e rrensillas |

**FECHA**

| | |
|---|---|
| S 370-2 | que fecha la conclusyon en criminal acusaçion |
| S 478-2 | auie con su marido fecha poca morada |
| S 523-1 | Toda muger nasçida es fecha de tal massa |
| S 752-1 | Cogido ya el cañamo E fecha la parança |
| S1035-4 | fecha a -mi guisa |
| S1270-2 | estaua vna messa muy noble e muy fecha |
| S1507-2 | con pesar e tristeza non fue tan sotil fecha |
| S1550-3 | toda cosa bien fecha tu maço laz desfaze |

**FECHO**

| | |
|---|---|
| S 93-3 | los que quieren partir nos como fecho lo han |
| S 144-4 | por que del yerro fecho conplido perdon le dio |
| S 268-1 | El ssopo que era fecho por su escantamente |
| S 351-1 | Por mi examinado todo el proçesso fecho |
| S 458-4 | coydando que tenian su cassamiento fecho |
| S 543-1 | descobrio con -el vyno quanto mal avya fecho |
| S 777-1 | despues que vos ayas fecho este sacrifiçio |
| S 865-3 | quando es fecho el daño viene el arrepentymiento |

**FECHO** (cont.)

| | |
|---|---|
| S 880-1 | E pues que vos dezides que es el daño fecho |
| S 880-3 | fija a -daño fecho aved rruego E pecho |
| S 954-2 | vna vereda estrecha vaqueros la avian fecho |
| S1112-1 | ffecho era el pregon del año jubileo |
| S1202-3 | de yr a -jerusalen avia fecho promisiom |
| S1213-3 | su moço el caramillo fecho de caña vera |
| S1501-4 | que fesiese penitençia desto fecho error |
| S1553-1 | Muerte por ti es fecho el lugar jn-fernal |
| S1605-3 | por que el dia del juyzio sea fecho a -nos conbyd |

**FECHO** (H)

| | |
|---|---|
| S 147-1 | veemos cada dia pasar esto de fecho |
| S 256-2 | omne desagradescido bien fecho nunca pecha |
| S 369-3 | que el de fecho ageno non fazia menzion |
| S 484-1 | Commo en este fecho es syenpre la muger |
| S 632-2 | al comienço del fecho syenpre son rreferteras |
| S 648-1 | Amigo en -este fecho que quieres mas que te diga |
| S 708-4 | açertad aqueste fecho pues que vierdes las voluntades |
| S 720-1 | Todo el vuestro cuydado sea en aqueste fecho |
| S 733-4 | E de comienço chico viene granado fecho |
| S 851-4 | syn verguença es el fecho pues tantas carreras tyen |
| S 949-2 | de dicho E de fecho e de todo coraçon |
| S1133-1 | Es me cosa muy graue en tan grand fecho fablar |
| S1257-1 | Todo su mayor fecho es dar muchos sometes |
| S1347-2 | era de buena vida non de fecho lyuiano |
| S1408-2 | E coyda fazer zeruiçio e plazer con su fecho |
| S1496-1 | De -lo que cunple al fecho aquesto le dezit |
| S1497-4 | puede ser que de -la fabla otro fecho se ssyga |
| S1507-4 | que yerro E mal fecho emienda non desecha |

**FECHOS**

| | |
|---|---|
| P 100 | por que son fechoz loz libroz de -la ley E del derecho |
| G 553-1 | En todoz los tuz fechoz en fablar e en Al |
| G 557-3 | nyn seaz de ti mismo e de tus fechoz loador |
| G 666-3 | todoz los omnez non zomoz de vnoz fechoz nin cozejoz |
| S 734-2 | obra mucho en -los fechos a -vezes rrecabda luego |
| S 804-1 | Estorua grandes fechos pequeña ocasyon |
| S 831-4 | en todos los sus fechos vos trahe antojada |
| S 848-4 | mis fechos e la fama esto me faz dubdar |

**FECHURA**

| | |
|---|---|
| G 586-2 | vos temen e voz seruen commo a vuestra fechura |
| S1484-3 | bien atal qual sea di me toda su fechura |
| S1549-2 | desfazes la fechura alegria entristezes |

**FEDIONDO**

| | |
|---|---|
| S1528-4 | vyl fediondo es muerto aborrida villeza |

**FEGURA**

| | |
|---|---|
| G 444-4 | contra la fegura toda por que maz çierto andez |

**FELO**

| | |
|---|---|
| S 891-4 | que lo felo de estoria diz panfilo e nason |

**FEMENCIA**

| | |
|---|---|
| S 622-4 | todo esto da el trabajo el vso e la femençia |
| S 914-3 | en -esta pleytesia puso femençia tal |
| S1338-4 | en noblezaz de amor ponen toda su femençia |

**FENBRA**

| | |
|---|---|
| S 71-4 | por aver juntamiento con fenbra plazentera |
| S 538-4 | con -la alguna fenbra que con -ellas mejor cria |

**FENBRAS**

| | |
|---|---|
| S 539-3 | el gallo a -las fenbras con -ellas se deleytaua |
| S 632-1 | Todas fenbras han en -sy estas maneras |
| S1201-2 | mas que todaz las fenbraz son de coraçon fracaz |
| S1310-2 | dueñas e otraz fenbraz fallaua amenudo |

**FENCHIR**

| | |
|---|---|
| S1276-1 | fazia çerrar sus cubas fenchir laz con enbudo |

**FENESCER**

| | |
|---|---|
| S1689-6 | podran feneçer |

**FENO**

| | |
|---|---|
| S 255-4 | mas ansi se ssecaras como rroçio E feno |

**FEO**

| | |
|---|---|
| P 173 | E non al son feo de -laz palabraz |
| S 16-4 | ansi en feo libro esta saber non feo |
| S 158-1 | El que es enamorado por muy feo que sea |
| S 403-3 | quier feo quier natyo aguisado non catam |

**FER**

| | |
|---|---|
| S 498-1 | yo vy fer maravillas do el mucho vsaua |

**FERIA**

| | |
|---|---|
| S 312-3 | a -las vnas matava e a -las otras feria |
| S 464-4 | en -el mi ojo muy Rezia amenudo feria |

**FERIA** (H)

| | |
|---|---|
| S1312-3 | quiero yr ver alcala morare ay la feria |
| S1490-2 | sseñora diz la fabla del que de feria fuxo |

**FERIAN**

| | |
|---|---|
| S 314-3 | ferialo de -los cuernos el toro y el novillo |

**FERID**

| | |
|---|---|
| S1450-4 | biuen los esforçados deziendo daldes ferid |

**FERIDA**

| | |
|---|---|
| S 272-1 | Cato contra sus pechos el aguila ferida |
| S 520-2 | quanto por omne es magada e ferida |

**FERIDA** (H)

| | |
|---|---|
| G 593-1 | E si encubre del todo su ferida e su dolor |

**FERIDO**

| | |
|---|---|
| S 240-3 | en -el cuerpo muy fuere de lança fue ferido |
| G 588-1 | so ferido e llagado de vn dardo so perdido |
| S1063-1 | fue preso e ferido de -los jodios mal |
| S1066-1 | En cruz fue puesto por nos muerto ferido e llagado |
| S1172-3 | doliente E mal ferido constribado e dolioso |

**FERIDOS**

| | |
|---|---|
| S1583-3 | las almas quieren matar pues los cuerpos han feridos |

**FERIEN**

| | |
|---|---|
| S 314-1 | Todos en -el leon ferien E non poquyllo |

**FERIENDO**

| | |
|---|---|
| S 766-3 | cogieron le al lobo en medio en -el feriendo |
| S1052-2 | viste lo leuando feriendo que lastima |
| S1113-2 | feriendo e matando de -las carnosas gentes |

| | |
|---|---|
| S1139-1 | En sus pechos feriendo a -dios manos alçando |

**FERILLA**

| | |
|---|---|
| S 521-2 | por corrella e ferilla e por la denostar |

**FERIO**

| | |
|---|---|
| G 588-4 | e avn dezir non ozo el nonbre de quien me ferio |
| G 592-2 | si digo quien me ferio puedo tanto descobrir |
| S 597-1 | esta dueña me ferio de saeta en-arbolada |
| S1102-1 | El primero de todos que ferio a -don carnal |
| S1102-2 | fue el puerro cuelle aluo e ferio lo muy mal |

**FERIR**

| | |
|---|---|
| S 271-3 | fue commo avia vsado a -ferir los venados |
| S 522-2 | que su madre non quedaua de ferir la e corrella |
| S1101-4 | vinieron se a -fferyr deziendo todos ea |
| S1424-2 | Señora diz mesura non me querades ferir |

**FERMOSA**

| | |
|---|---|
| S 48-4 | esta rrespuesta fermosa dauan por se escusar |
| S 108-3 | ca en muger loçana fermosa e cortes |
| S 169-2 | loçana doñeguil plazentera fermosa |
| S 285-3 | por ser atan fermosa esta locura coeda |
| S 286-3 | fermosa e non de suyo fuese para la iglesia |
| S 319-4 | do vees la fermosa oteas con rraposya |
| S 320-2 | en-gañas todo el mundo con palabra fermosa |
| S 394-2 | loçana e fermosa de muchos deseada |
| S 411-1 | byen cantava la rrana con fermosa rraçon |
| S 431-1 | Cata muger fermosa donosa e loçana |
| S 508-3 | yo nunca vy fermo-sa que quisyese pobleza |
| S 653-1 | ay dios E quam fermosa vyene doña endrina por la plaça |
| S 726-1 | En aquesta villa mora muy fermosa mançeia |
| S 750-4 | dexa me esta vegada tan fermosa e tan llana |
| S 828-4 | veo vos byen loçana byen gordilla e fermosa |
| S 911-3 | fermosa fijadalgo e de mucha joventud |
| S 964-3 | dixel yo par dios fermosa dezir vos he vna cosa |
| S1024-4 | fermosa loçana |
| S1322-1 | vy estar vna dueña fermosa de veltad |
| S1498-2 | troxo me buena rrepuesta de -la fermosa Ryma |
| S1500-3 | mal valdrie a -la fermosa tener fijos e nieto |
| S1615-3 | ado-nada fermosa preçiada cantador |
| S1631-4 | syn la que se a-lega en -la Razon fermosa |
| S1662-9 | por que loe a -ty fermosa |

**FERMOSAS**

| | |
|---|---|
| S 386-2 | vengan fermosas o feas quier blancas quier prietas |
| S 403-1 | ansy muchas fermosas contigo se enartan |
| S 501-2 | altas e muy costosas fermosas e pyntadas |
| S1005-2 | byen loçanas E fermosas a -tus parientes conbydes |

**FERMOSILLOS**

| | |
|---|---|
| S1257-2 | palabrillaz pyntadaz fermosillos afeytes |

**FERMOSO**

| | |
|---|---|
| S 15-3 | es vn dezir fermoso e saber sin pecado |
| S 156-2 | ffazele fabrar fermoso al que antes es mudo |
| S 157-3 | ffaze blanco e fermoso del negro como pez |
| S 181-3 | vn omne grande fermoso mesurado a -mi vino |
| S 515-2 | sy sabes o avienes en fermoso cantar |
| S 627-1 | El alegria al omne fazelo apuesto e fermoso |
| S 656-3 | bueno es jugar fermoso echar alguna cobierta |
| S 780-4 | con lo quel dios diere paselo bien fermoso |
| S 819-1 | Eso dixo la vieja byen se dize fermoso |
| S 986-2 | en es mucho fermoso creo que nin comunal |
| S1266-4 | muchos dexan la çena por fermoso cantar |
| S1427-3 | es desonrra E mengua e non vençer fermoso |
| S1438-2 | en blancura en do-no fermoso rreluziente |

**FERMOSOS**

| | |
|---|---|
| S 150-2 | que judgam Segund natura por sus cuentos fermosos |
| S 433-1 | ojos grandes fermosos pyntados Reluzientes |
| S 457-4 | eran muy byen apuestos E veras quan fermosos |
| S 485-3 | con dezires fermosos a -la muger conbydes |
| S 625-1 | sy vieres que ay lugar dile jugetes fermosos |
| S1546-1 | los ojos tan fermosos pones los en -el techo |

**FERMOSURA**

| | |
|---|---|
| S 476-1 | dyxo don pitas pajas dona de fermosura |
| G 560-3 | rrazon de fermosura en -ella la alaba |
| S 596-2 | de fermosura e donayre e de talla e de beldat |
| S 727-4 | a -todos los otros sobra en fermosura e bondat |
| S1026-3 | a vos fermosura |
| S1341-1 | Commo ymajenes pyntadaz de toda fermosura |
| S1548-1 | Tyras toda verguença desfeas fermosura |
| S1613-4 | fermosura donayre amor E lealtad |

**FERMOZA**

| | |
|---|---|
| G 581-2 | doñegil muy loçana plazentera e fermoza |

**FERMOZAS**

| | |
|---|---|
| G 451-1 | de tus joyaz fermozaz cada que dar podierez |

**FERMOZO**

| | |
|---|---|
| G 437-3 | zepa mentir fermozo e ziga la carrera |

**FERMOZOS**

| | |
|---|---|
| G 549-3 | los fermozoz rretraherez tien para dezir apreztoz |
| G 666-1 | yo le dixe ya sañuda anden fermozoz trebejoz |

**FERRADA**

| | |
|---|---|
| S 614-3 | nunca en -la mar entrarie con su nave ferrada |

**FERRADO**

| | |
|---|---|
| S 301-2 | el cavallo ferrado contra sy fizo tuerto |

**FERRAND**

| | |
|---|---|
| S 117-2 | dixielo a fferrand garçia |
| S 913-1 | Sabed que non busque otro ferrand garçia |

**FERRAVA**

| | |
|---|---|
| S 300-1 | ayer do me ferrava vn ferrero mal-dito |

**FERRERO**

| | |
|---|---|
| S 300-1 | ayer do me ferrava vn ferrero mal-dito |

**FERREROS**

| | |
|---|---|
| S 985-4 | llegue con sol tenplano al aldea de ferreros |
| S1028-3 | aqui en -ferreros |

**FERRUZO**

| | |
|---|---|
| S 980-1 | Dyz entremos a -la cabaña fferruzo non lo entienda |

## FESIESE

S1501-4 que fesiese penitençia desto fecho error

## FESTE

S 487-3 el primero apost deste non vale mas que vn feste

## FESTINO

S 535-4 te daran asaz dello ve por ello festino

## FEY

S 482-4 fey y ardida mente todo lo que vollaz

## FEZIERA

S 59-4 vno e trez personaz e tal señal feziera
S 109-3 al omne por conpañera nin del non -la feziera
S 481-4 la señal quel feziera non la echo en olvido

## FEZIERE

S 453-1 gradesçe gelo mucho lo que por ti feziere

## FEZIERON

S 748-1 fezieron grande escarnio de -lo que -les fablaua

## FEZIESE

S 51-4 que tales las feziese fueles conssejo sano
S 88-4 en -el lobo castigue que feziese o -que non
S 122-4 quien ansy me feziese de escarnio magadaña

## FEZIESEN

S 322-4 dezie que non feziesen lo quel mas vsaua

## FEZISTE

S 233-1 Por tu mucha soberuia feziste muchos perder

## FEZES

S 946-4 desque han beuido el vino dizen mal de las fezes

## FEZIERE

S1517-4 quien gelo dezir feziere pechar deue caloña

## FEZIERON

S 894-1 Estaua y el burro fezieron del joglar
S1305-4 pocos me resçebieron nin me fezieron del dedo
S1709-3 ffezieron luego de mano buenas approllaçones

## FEZIESE

S1180-4 penso como feziese commo fuese rreyendo

## FEZISTE

S1555-2 los que eran lynpieça feziste los manzillas

## FEZISTES

S 783-4 tanto byen non me faredes quanto mal me fezistes
S1346-3 por el byen que me fezistes en quanto vos serui

## FIA

S1463-3 faz ansi como sueles non temas en mi fia

## FIADURA

S1039-4 mas fare fiadura

## FIANÇA

S1665-7 o virgen mi fiança
S1679-1 grand fyança he yo en -ty Señora
S1684-4 es rrazon de aver fiança

## FIAR

S 309-4 sy devo fyar en -ti a -la fe non ansy lo crey

## FIARA

S 310-1 quien byen te conosçiere de ty non fyara

## FIDALGO

S 491-2 los dyneros le fazen fidalgo e sabydor
S 965-3 alae promed algo e ţener te he por fydalgo
S1031-2 fidalgo diz abras
S1119-4 atendiole el fidalgo non -le dixo de non
S1223-4 començo el fidalgo a fazer caualleriaz
S1286-1 El terçero fidalgo esta de florez lleno

## FIDALGUIA

S1434-3 el que poder non tyene oro nin fidalguia

## FIDEI

P 197 (L)
que comiença fidey catholiçe fundamento

## FIEBRE

S1090-2 Señor diz alla dueña yo le metre la fiebre

## FIEDES

S1579-2 non fiedes en -tregua de vuestro enemigo

## FIEL

S1065-2 la su set abebraron con vinagre E fiel
S1379-3 el que teme la muerte el panal le sabe fiel
S1436-2 non querria que fuesen a -mi fiel E amargos
S1548-4 lo dulçe fazes fiel con tu much amargura

## FIEL

S1619-1 (H)
Pues que ya non tenia menssajera fiel

## FIELES

G 660-4 do se çelan loz amigoz son mas fielez entramoz

## FIENDE

S 511-4 el dar quebranta peñas fyende dura madera

## FIERA

S 393-4 de logar encobyerto sacas çelada fiera
S 977-4 diome con -la cayada en -la oreja fyera

## FIERBE

G 437-4 ca mas fierbe la olla con la su cobertera

## FIERE

S 653-4 con saetas de amor fyere quando los sus ojos alça
S1545-3 en -la cabeça fiere a -todo fuerte doma
S1598-2 contra esta enemiga que nos fiere con saetas

## FIEREN

S 632-4 amenazan mas non fieren en çelo son arteras

## FIERES

S 183-3 al que mejor te syrue a -el fieres quando tiras
S 187-1 Eres tan enconado que do fieres de golpe
S 399-1 das muerte perdurable a -las almas que fieres
S1521-1 Muerte al que tu fieres lieuas telo de belmez

## FIERI

P 90 (L)
Nolite fieri sicut equz E muluz

## FIERRO

S 874-3 ally rrauiaria agora que non puede tirar el fierro
S1083-2 espetos muy conplidos de fierro e de madero
S1602-3 con fierro de buenas obraz los pecados amatar

## FIES

S 909-4 sola con ome non te fyes nin te llegues al espino

## FIESTA

S 381-4 feo sant sant vter por la grand misa de fiesta
S 385-4 la fiesta de seys capas contigo la pasqua tiene
S 770-2 que nuestra santa fiesta venieseds a -onrrar
S 893-4 vynieron antel todos a -fazer buena fyesta
S 896-2 mando que -lo llamasen que -la fiesta onrraria
S 898-3 que toda nuestra fiesta al leon mucho plaz
S 899-2 tornose a -la fiesta baylando el cantador
S1233-2 çinfonia e baldosa en -esta fiesta sson
S1237-3 abbades beneditos en -esta fiesta tal
S1249-2 ca non tyenen moradas do touiesedes la fiesta
S1261-4 en esta santa fiesta sey de mi ospedado
S1315-3 todos avien grand fiesta fazien grandez yantares
S1321-1 Dia era de sant marcos ffue fiesta señalada
S1321-4 acaeçiome vna ventura la fiesta non pasada

## FIESTAS

S 771-1 ffiestas de seys capas E de grandes clamorez

## FIGADO

S 545-3 que-ma -las assaduras el fygado tras-cala

## FIGADOS

S1288-2 figados de cabrones con rruy baruo armoçaua

## FIGO

S 359-3 desecharan su demanda su dicho non val vn figo
S 626-3 al sañudo e al torpe non lo preçian vn figo
S1366-3 el malo a -los suyos non les presta vn figo
S1579-4 Si vedes que vos miento non me preçiedes vn figo

## FIGOS

S1295-2 comia maduros figos de -las fygueras duraz

## FIGUERAS

S1295-2 comia maduros figos de -las fygueras duraz

## FIGURA

S 476-2 yo volo fazer en vos vna bona fygura
S 482-2 mostrat me -la figura e ajan buen solaz
G 582-1 la mas Noble figura de quantaz yo auer pud
S1011-2 no vido tal figura nin de tan mala vista
S1214-2 en medio vna fygura cordero me semeja
S1484-2 que de ese arçipreste me digas su figura
S1668-3 Él que loa tu figura non lo dexes oluidado

## FIGURADA

S1242-3 en medio figurada vna ymagen de dueña

## FIJA

S 218-2 esta es tu fija mayor tu mayordoma anbicia
S 394-1 Tyene omne su fija de coraçon amada
S 522-4 judgar todas las otras e a -su fija bella
G 583-1 fiia de algo en todo e de alto linaje
S 600-1 Ryqua muger e fija de vn porquerizo vyl
S 658-2 con vna donçella muy rrica fija de don pepion
S 724-1 Entro la vieja en casa dixole Señora fija
S 725-1 ffija sienpre estades en caza ençerrada
S 736-1 agora señora fija dezit me vuestro coraçon
S 738-1 Dixo trota conventos quien fija es fija Señora
S 739-1 creed me fija señora que quantos vos demandaron
G 757-1 asi estadez fiia biuda e mançebilla
G 761-1 fiia dixo la vieja el año ya es pasado
S 827-2 dexola con -la fija e fuese a -la calleja
S 828-3 pues que fija Señora como esta nuestra cosa
S 840-1 fija perdet el miedo que se toma syn Razon
S 857-3 fija la vuestra porfia -a vos mata e derrama
S 860-1 Mas çierto fija Señora yo creo que vos cuydades
S 861-2 por ende fija Señora yd a -mi casa a -vezes
S 864-3 nunca dios lo quiera fija que de ally nasca contyenda
S 878-3 a -mi non Retebdes fija que vos lo meresçedes
S 880-3 fija a -daño fecho aved rruego E pecho
S 909-1 Entyende byen mi estoria de -la fija del endrino
S 916-1 Començo a -encantalla dixole Señora fija
S1326-1 fija dixo la vieja osar vos he fablar
S1327-3 fija qual vos yo daria que voz serie mandado
S1510-1 fija mucho vos saluda vno que es de alcala
S1510-4 tomaldo fija Señora dixo la mora le ala
S1511-1 fija si el criador vos de paz con Salud
S1635-3 fija E leal esposa

## FIJADALGO

S 911-3 fermosa fijadalgo e de mucha joventud

## FIJAS

S 296-2 beuer tanto que yugo con sus fijas pues ves
S 528-3 que el vino fizo a loc con sus fijas boluer

## FIJASDALGO

S1341-2 fijaz dalgo muy largas e francaz de natura

## FIJO

S 8-2 fijo de dioz muy alto saluador de ys(rael)
S 9-4 ganame del tu fijo graçia E bendiçion
S 11-1 Dyos padre dios fijo dios spiritu santo
S 24-4 al fijo que dios en -ti enbia
S 28-4 quel tu fijo veuia
S 29-2 quando al tu fijo viste
S 32-1 Reynas con tu fijo quisto
S 38-4 que el tu fijo veuia
S 39-2 quando al tu fijo Señor
S 42-2 que tu fijo el saluador
S 129-2 nasçiole vn fijo bello mas de aquel non tenia
S 129-4 en el signo de la planeta del fijo quel nasçia
S 282-2 dios verdadero e omne fijo de dios muy quisto
S 288-1 El pauon de tal fijo espantado se fizo
S 390-1 Non te quiero amor nin cobdiçio tu fijo
S 730-3 creo byen que tal fijo al padre semejara
S 731-1 El fijo muchas vezes commo el padre prueua
S 731-2 en semejar fijo al padre non es cosa tan nueua
S 782-1 fijo el mejor cobro de quantos vos avedes
S1047-2 rruega por mi a -dios tu fijo mi Señor
S1049-3 quan poco la preçia al tu fijo quisto
S1055-2 grand coyta fue aquesta por el tu fijo duz
S1635-4 del tu fijo mexia

**FIJO**

| | |
|---|---|
| | (cont.) |
| S1638-7 | al tu fijo presentaron |
| S1639-5 | tu fijo duz |
| S1640-7 | quando tu fijo por ti veno |
| S1647-2 | del fijo mexia |
| S1664-6 | por el fijo que pariste |
| S1665-6 | es tu fijo syn dubdança |
| S1670-4 | de muerte E de ocasion por tu fijo jhesu santo |

**FIJOS**

| | |
|---|---|
| S1500-3 | mal valdrie a -la fermosa tener fijos e nieto |
| S1527-1 | De padres E de madres los fijos tan queridos |
| S1561-2 | a -eua nuestra madre a -sus fijos sed e can |
| S1600-4 | mas fijos malos tyene que -la alana rrauiosa |
| S1601-1 | Contra esta e sus fiios que ansy nos de-vallen |
| S1603-4 | nin de padres nin de fijos con esto non fynca vno |
| S1604-4 | de padres fijos nietos dios nos guarde de sus males |

**FIJOSDALGO**

| | |
|---|---|
| S1278-1 | Estauan trez fijos dalgo a otra noble tabla |

**FIJUELO**

| | |
|---|---|
| S1644-1 | pario ssu fijuelo |

**FIJUELOS**

| | |
|---|---|
| S 775-3 | vos e vuestros fijuelos que fazedes por ay |
| S 776-4 | bautizat a -mis fijuelos por que mueran xristianos |

**FILIUS**

| | |
|---|---|
| P 205 | (L) |
| | ita deuz pater deus filius e cetera |

**FILOSOFIA**

| | |
|---|---|
| S 53-2 | commo si fuese doctor en -la filosofia |

**FILOSOFO**

| | |
|---|---|
| S 72-2 | dizelo grand filosofo non so yo de Rebtar |
| S1518-1 | Dize vn filosofo en su libro Se nota |

**FIN**

| | |
|---|---|
| G 449-1 | en fin de laz rrazonez faz le vna pregunta |
| G 583-4 | Ca ella es comienço e fin de todo viaje |
| S 721-3 | en -la fyn esta la onrra e la desonrra bien creades |
| S 803-1 | la fyn muchas de vezes non puede rrecudyr |
| S1184-4 | dixieron los corderos vedes aqui la fyn |
| S1626-2 | es comienço E fyn del bien tal es mi fe |

**FINA**

| | |
|---|---|
| G 446-4 | e para aquesta cata la fyna avancuerda |
| S1205-3 | bordon lleno de ymagenes en -el la palma fyna |

**FINAS**

| | |
|---|---|
| S1087-1 | Eran muy byen labladas tenpladas e byen fynas |

**FINCA**

| | |
|---|---|
| S 478-4 | desfizo se el cordero que del non fynca nada |
| S 631-3 | con poquilla de fuerça fynca mal desculpada |
| S 634-3 | non fynca por non querer cada que podieres |
| G 685-2 | que por suz bezoz la dueña finca muy engañada |
| S 884-3 | la muger vee su daño quando ya fynca con duelo |
| S1603-4 | nin de padres nin de fijos con esto non fynca vno |

**FINCADA**

| | |
|---|---|
| S 597-2 | atrauiesa me el coraçon en -el la tengo fyncada |

**FINCADA**

| | |
|---|---|
| G1265-1 | (V) |
| | desque ouo yantado fue la tienda fincada |

**FINCADO**

| | |
|---|---|
| S1096-2 | el ynojo fyncado en -la mano el barril |

**FINCADOS**

| | |
|---|---|
| S1246-2 | todos finojos fyncados besaron le la mano |

**FINCAN**

| | |
|---|---|
| G 555-3 | Al tablagero fincan dineroz e vestidoz· |

**FINCANDO**

| | |
|---|---|
| S1481-4 | seria mal escarnida fyncando el con-migo |

**FINCAR**

| | |
|---|---|
| S1385-4 | E fyncar escarnida con otraz des-erradaz |

**FINCARON**

| | |
|---|---|
| S1122-4 | los que con -el fyncaron non valyan dos castañas |
| S1124-2 | fyncaron las espuelas dieron todos en -el |
| S1263-2 | pero que en mi casa fyncaron los jnstrumentes |

**FINCASE**

| | |
|---|---|
| S 984-1 | Rogome que fyncase con ella esa tarde |

**FINCASTE**

| | |
|---|---|
| S 39-5 | e tu fincaste con amor |

**FINCAVA**

| | |
|---|---|
| S 659-3 | desque vy que eran ydos que omne ay non fyncaua |

**FINCAVADES**

| | |
|---|---|
| S 878-2 | por que fyncauades con -el sola entre estas paredes |

**FINCO**

| | |
|---|---|
| S 240-2 | coydo ser vencedor E fynco el vencido |
| S 253-4 | el lobo finco sano para comer sin pereza |
| S1172-1 | ffynco ally ençerrado don carnal el coytoso |
| S1304-2 | toda el andaluzia que non fynco por villa |
| S1695-2 | fynco muy queblantada toda la clerizia |

**FINCO**

| | |
|---|---|
| S 869-4 | (H) |
| S1356-3 | fablad mas Recabdat quando y yo no fynco |
| | vine manos vazias finco mal escultada |

**FINCHADA**

| | |
|---|---|
| S 97-4 | ffaze commo la tierra quando estaua finchada |
| S 98-2 | estaua tan fynchada que queria quebrar |

**FINCHADAS**

| | |
|---|---|
| S 242-2 | del jnogar a -vezes fynchadas las narizes |

**FINCHADO**

| | |
|---|---|
| S1233-1 | Dulçema e axabeba el fynchado albogon |

**FINCHE**

| | |
|---|---|
| S1297-2 | fynche todaz sus cubas commo buen bodeguero |

**FINCHIDA**

| | |
|---|---|
| S1093-2 | çidierbedas e lomos fynchida la cozina |

**FINIESTRAS**

| | |
|---|---|
| S1413-2 | çerraron los portillos finiestraz E forados |

**FINO**

| | |
|---|---|
| S 209-3 | de dia E de noche eres fino ladron |
| S 333-4 | que el es fyno ladron e non falla quel farte |
| S 334-4 | el fazer non la puede ca es fyno ladron |
| S1335-2 | el diaçitron abatys con -el fino gengibrante |

**FINO**

| | |
|---|---|
| S1336-3 | tria sandalix muy fyno con diasanturion |

**FINOJOS**

| | |
|---|---|
| S1246-2 | todos finojos fyncados besaron le la mano |

**FINQUE**

| | |
|---|---|
| S 460-4 | cay del escalera fynque con esta ligion |
| S 602-2 | muchas vezes gelo dixe que fynque mal denostado |
| S1260-3 | fynque los mis ynojos antel e su mesnada |

**FINQUE**

| | |
|---|---|
| S 646-2 | (H) |
| S1264-1 | non acometas cosa por que fynque espantada |
| S1369-2 | Dyz mando que mi tyenda fynque en -aquel plado |
| | dezir te he la fazaña e fynque la pelea |

**FIO**

| | |
|---|---|
| G 683-1 | pero fio de dioz que a -vn tienpo verna |

**FIRIEN**

| | |
|---|---|
| P 185 | Ca dize sant gregorio que menoz firien al onbre |

**FIRIO**

| | |
|---|---|
| S1103-2 | firio muy Rezia mente a -la gruesa gallyna |
| S1360-1 | El caçador al galgo firiolo con vn palo |

**FIRMA**

| | |
|---|---|
| P 69 | firma suz ojoz sobre el |

**FIRMABO**

| | |
|---|---|
| P 3 | (L) |
| P 61 | firmabo super te occulos meos |
| | firmabo super te occulos meos |

**FIRMADO**

| | |
|---|---|
| S 49-2 | para la disputaçion pusieron pleito firmado |
| S 798-3 | todo el su desseo en vos esta fyrmado |

**FIRME**

| | |
|---|---|
| P 199 | non se puede fazer obra firme nin firme hedifiçio |
| S 141-2 | e creer muy mas en dios con firme esperança |
| S 419-4 | en -el buen dezir sea omne firme e verdadero |
| G 691-4 | el amor do esta firme todoz los miedoz departe |
| S 818-2 | en -la firme palabla es la fe que tenemos |
| S1071-2 | voz mando firme mente so -pena de setençia |
| S1131-3 | deuedes creer firme mente con pura deuoçion |
| S1483-3 | cunple otear firme que es çierto menssajero |

**FIRMES**

| | |
|---|---|
| S1201-3 | para lydiar non firmes quanto en afrecho estacaz |

**FISICA**

| | |
|---|---|
| G 589-4 | fisica nin melezina non me puede pro tener |

**FISICO**

| | |
|---|---|
| S1418-1 | El fisico pasaua por aquella calleja |
| S1536-3 | quando al fisico por su dolençia preguntan |

**FISICOS**

| | |
|---|---|
| S 252-4 | fisicos e maestros que queria fazer emienda |

**FITA**

| | |
|---|---|
| S 19-3 | açipreste de fita della primero fiz |
| S 845-1 | que yo mucho faria por mi amor de fyta |

**FITO**

| | |
|---|---|
| S 300-2 | echo me en este pie vn clauo tan fito |
| S 869-2 | que el romero fyto que sienpre saca çatico |

**FIUZA**

| | |
|---|---|
| S 818-1 | En lo que nos fablamos fyuza deuer avemos |

**FIZ**

| | |
|---|---|
| P 129 | fiz esta chica escriptura en memoria de bien |
| P 171 | E bien juzgar la mi entençion por que lo fiz |
| P 192 | que fiz conplida mente |
| S 19-3 | açipreste de fita della primero fiz |
| S 104-1 | ffiz luego estas cantigas de verdadera salua |
| S 114-1 | ffiz con -el grand pessar esta troba caçura |
| S 170-1 | Por amor desta dueña ffiz trobas e cantares |
| S 215-1 | Responde que te fiz por que me non diste dicha |
| S 915-1 | luego en -el comienço fiz aquestos cantares |
| S 947-2 | fiz cantares caçurros de quanto mal me dixo |
| S 950-2 | fuy a -prouar la syerra e fiz loca demanda |
| S 958-4 | fyz de -lo que y passo las copras de yuso puestas |
| S 971-4 | creo que ffiz buen barato |
| S 986-1 | desta burla passada ffiz vn cantar atal |
| S 992-2 | por que non fiz quando manda diz rroyn gaho envernizo |
| S 992-3 | commo por loca demanda en dexar por ty el vaquerizo |
| S1079-2 | fuese e yo fiz mis cartaz dixele al viernes yd |
| S1317-1 | ffyz llamar trota conventos la mi vieja sabida |
| S1507-1 | Con -el mucho quebranto ffiz aquesta endecha |
| S1508-4 | ella fizo buen seso yo fiz mucho cantar |
| S1514-2 | Cantares fiz algunoz de -los que dizen los ziegos |
| S1626-3 | fiz le quatro cantares E con -tanto fare |
| S1631-1 | ffiz vos pequeno libro de testo mas la glosa |

**FIZE**

| | |
|---|---|
| S 92-2 | ffize cantar tan triste commo este triste amor |
| S 103-4 | desto fize troba de tristeza tam mañana |
| S 122-2 | fize esta otra troba non vos sea estraña |
| S 996-1 | de quanto que paso fize vn cantar serrano |
| S1021-2 | fize bien trez cantigaz mas non pud bien pyntalla |
| S1575-1 | ffizele vn pitafio pequeño con dolor |

**FIZO**

| | |
|---|---|
| S 8-4 | te fizo çierta desto tu fueste çierta del |
| S 12-1 | El que fizo el çielo la tierra E el mar |
| S 41-4 | al çielo te fizo pujar |
| S 41-5 | con -el te fizo assentar |
| S 77-4 | Nunca al fizo por mi nin creo que fazer quiso |
| S 84-1 | ffizo partidor al lobo e mando que a -todoz diese |
| S 103-1 | arredrose de mi fizo me el juego mañana |
| S 118-2 | e fizo se de -la cruz priuado |
| S 132-1 | fizo los tener presos en logares apartadoz |
| S 139-3 | fizo les mucho bien e mando les vsar |
| S 172-2 | ffizo de mi bauieca diz non muestra pereza |
| S 191-2 | ffizo su cassamiento con aquesta condiçion |
| S 200-3 | el grand golpe del fuste fizo las rranas callar |
| S 259-2 | fue la Rey dauid omeçida e fizo a -dios falliaz |
| S 259-3 | por ende non fizo el tenpro en todos los sus diaz |
| S 259-4 | fizo grand penitençia por las tus maestrias |
| S 262-1 | Por que -le fizo desonrra E escarnio del rruego |
| S 262-2 | el grand encantador fizole muy mal juego |

## FIZO

| | |
|---|---|
| | (cont.) |
| S 265-4 | fizo otra marauilla quel omne nunca ensueña |
| S 266-3 | fizole suelo de cobre Reluze mas que goma |
| S 286-4 | algunas ffazen esto que fizo la corneja |
| S 288-1 | El pauon de tal fijo espantado se fizo |
| S 301-2 | el cavallo ferrado contra sy fizo tuerto |
| S 316-4 | E lo quel fizo a otros dellos tal puede aver |
| S 324-1 | ffizo el lobo demanda en muy buena manera |
| S 351-2 | ayudo mi consejo que me fizo prouecho |
| S 363-3 | pronuncio que -la demanda quel fizo e propuso |
| S 364-1 | Pues el lobo confiesa que fizo lo que acusa |
| S 365-2 | fizo la conffesion cogido en angostura |
| S 528-3 | que el vino fizo a loc con sus fijas boluer |
| S 529-1 | fizo cuerpo E alma perder a -vn hermitano |
| S 529-4 | fizole beuer el vino oye en-sienpro estraño |
| S 536-1 | fizolo yr por el vyno E desque fue venido |
| S 698-4 | de quanto fizo aquesta por me fazer plazer |
| S 751-2 | fizo ally su nido quanto pudo mejor |
| S 773-1 | salvo mas que de passo fizo ende rretorno |
| S 917-4 | quered salyr al mundo a -que vos dios fizo nasçer |
| S 934-1 | ffizo grand maestria E sotil trauesura |
| S 934-2 | fizo se loca publica andando syn vestidura |
| S 937-1 | ffizose corredera de -las que benden joyas |
| S 942-2 | asy fizo venir vrraca la dueña al Ryncon |
| S 991-2 | fizo me yr la cuesta-lada derribome en -el vallejo |
| S 992-1 | hospedeme E diome vyanda mas escotar mela fizo |
| S1102-3 | fizole escopir flema esta fue grand Señal |
| S1126-4 | el sayon yua deziendo quien tal fizo tal aya |
| S1175-3 | todo lo fyzo lauar a -laz suz lauanderaz |
| S1186-4 | alboroço ayna fizo muy grand portillo |
| S1320-1 | assaz fizo mi vieja quanto ella fazer pudo |
| S1503-3 | mucho de bien me fizo con dios en lynpio amor |

## FIZE

| | |
|---|---|
| S1513-1 | Despues fize muchas cantigas de dança e troteras |

## FIZIERON

| | |
|---|---|
| S1554-3 | por tu miedo los santos fizieron los salterrios |

## FIZO

| | |
|---|---|
| G 668-1 | el yerro que otro fizo a mi non faga mal |
| S1048-4 | fizo en presiones en -penas e en dolor |
| S1124-1 | la mesnada del mar fizo se vn tropel |
| S1171-1 | Dada la penitençia fizo la confesion |
| S1305-3 | falle grand santidat fizo me estar quedo |
| S1323-1 | Ella fizo mi rruego pero con antipara |
| S1324-1 | fizose que vendie joyas Ca de vso lo han |
| S1374-3 | mucha onrra le fizo e seruiço quel plega |
| S1414-4 | fizose commo muerta la boca rregañada |
| S1449-2 | esto lɛs puso miedo e fizo a todos yr |
| S1457-1 | otorgole su alma fizole dende carta |
| S1481-2 | que fizo el diablo al ladron su amigo |
| S1499-4 | desaguisado fizo quien le mando vestir lana |
| S1508-4 | ella fizo buen seso yo fiz mucho cantar |
| S1556-1 | El Señor que te fizo tu a -este mataste |
| S1575-2 | la tristeza me fizo ser rrudo trobador |
| S1593-2 | que dios fizo en parayso matrimonio E casamiento |
| S1608-1 | De -las chicas que byen diga el amor me fizo Ruego |
| S1691-2 | bien creo que -lo fizo mas con midos que de -grado |

## FIZO

| | |
|---|---|
| | (H) |
| G 84-1 | fizo echan al lobo e mando que todoz dieze |

## FLA

| | |
|---|---|
| S 856-4 | atanto mas doña venus la fla e la ençiende |

## FLACA

| | |
|---|---|
| S 517-1 | con vna flaca cuerda non alçaras grand trança |
| S 616-3 | maestria e arte de fuerte faze flaca |
| S1199-3 | rrespondio mucho flaca laz mexillaz caydaz |
| S1202-1 | Por ende doña quaresma de flaca conplision |
| S1204-3 | otrosi dueña flaca non es para lydiar |

## FLACAS

| | |
|---|---|
| S 420-4 | echas en flacas cuestas grand peso e grand ajobo |
| S 630-3 | han muy flacas las manos los calcañares podridos |

## FLACO

| | |
|---|---|
| S 85-1 | Señor diz tu estas flaco esta vianda liuiana |
| S1182-2 | rrezio es don carnal mas flaco se fazia |

## FLAIRE

| | |
|---|---|
| S1129-3 | rrespondiole el flayre quel non serian perdonados |
| S1162-1 | Desque del santo flayre ovo carnal cofesado |

## FLAIRES

| | |
|---|---|
| S1238-2 | non va y sant françisco mas van flayres menorez |

## FLAQUEZA

| | |
|---|---|
| S 312-4 | vino le grand vejedat flaqueza e peoria |
| S 398-4 | tristeza e flaqueza al de ty non Recabdo |

## FLAQUEZA

| | |
|---|---|
| S 274-3 | entristeze en punto luego flaqueza siente |

## FLAUTA

| | |
|---|---|
| S1230-3 | la flauta diz con ellos mas alta que vn Risco |

## FLEILIA

| | |
|---|---|
| S1247-3 | fueron le muy contrarios quantos tyenen fleylya |

## FLEMA

| | |
|---|---|
| S1102-3 | fizole escopir flema esta fue grand Señal |

## FLEMOSA

| | |
|---|---|
| S1190-4 | non salud mas sangria commo a -mala flemosa |

## FLOR

| | |
|---|---|
| S 18-1 | Sobre la espina esta la noble Rosa flor |
| S 42-5 | el que pariste blanca flor |
| S1225-3 | los omnes e laz avez e toda noble flor |
| S1614-4 | con doñeo es mas dulçe que açucar nin flor |
| S1667-2 | ssanta flor non tanida |
| S1678-1 | quiero Seguir a -ty flor de -laz florez |
| S1703-1 | Ca nunca fue tan leal blanca flor a -frorez |

## FLORES

| | |
|---|---|
| S1227-1 | rresçiben lo los arborez con rramos E con florez |
| S1286-1 | El terçero fidalgo esta de florez lleno |
| S1678-1 | quiero Seguir a -ty flor de -laz florez |

## FLORESTA

| | |
|---|---|
| S1289-3 | anda muy mas loçano que pauon en floresta |

## FLOXA

| | |
|---|---|
| S 523-4 | do non es tan seguida anda mas floxa laxa |

## FOGAÇAS

| | |
|---|---|
| S 968-3 | buenas perdizes asadas fogaças mal amassadas |

## FOGAR

| | |
|---|---|
| S 973-4 | dixe mi casilla e mi fogar çient sueldos val |

## FOGUERA

| | |
|---|---|
| S 968-2 | dio me foguera de enzina mucho gaçapo de ssoto |

## FOID

| | |
|---|---|
| S1450-3 | los couardes fuyendo mueren deziendo foyd |

## FOIDAS

| | |
|---|---|
| S1121-2 | muchas dellas murieron E muchas eran foydas |

## FOIDOR

| | |
|---|---|
| S1617-2 | non es desaguisado del grand mal ser foydor |

## FOIR

| | |
|---|---|
| S 100-1 | quando ella bramaua pensauan de foyr |
| S 280-3 | nin la puedes vençer nin puedes ende foyr |
| S1449-1 | acabada ya su fabla começaron de foyr |
| S1523-1 | Non puede foyr omne de ty nin se asconder |

## FOJAS

| | |
|---|---|
| S 392-3 | non te menguan lysonjas mas que fojas en vyñas |

## FOLGAD

| | |
|---|---|
| S1495-1 | Amigo dios vos salue folgad sed plazentero |

## FOLGAINEZ

| | |
|---|---|
| S 374-1 | Rezas muy byen las oras con garçones folgaynez |

## FOLGAR

| | |
|---|---|
| S1067-2 | ffuy me para mi tierra por folgar algund quanto |

## FOLGAREDES

| | |
|---|---|
| S 777-4 | conbredes e folgaredes a -la sonbra al vyçio |
| S 861-4 | jugaredes e folgaredes e dar vos he ay que nuezes |

## FOLGARON

| | |
|---|---|
| S 198-2 | folgaron sin cuydado nunca entristeçieron |

## FOLGAVAN

| | |
|---|---|
| S1376-1 | Do comian e folgauan en medio de su yantar |

## FOLGUIM

| | |
|---|---|
| S 393-1 | fazes como folguym en tu mesma manera |

## FOLGURA

| | |
|---|---|
| S 605-3 | conortad me esta llaga con juegos e folgura |
| S 652-4 | a -vezes de chica fabla vinie mucha folgura |
| S 800-3 | por que tome conorte e por que aya folgura |
| S 822-2 | lo que yo vos promety tomad E aved folgura |
| S1666-2 | folgura E saluaçion |
| S1681-1 | Estrella del mar puerto de folgura |

## FOLGURAS

| | |
|---|---|
| S 502-3 | traya joyas preçiosas en -vyçioz E folguras |

## FOLIA

| | |
|---|---|
| G 670-3 | Cuydadez que voz fablo en engaño e en folia |

## FOLLIA

| | |
|---|---|
| S1586-4 | la virtud de -la justiçia judgando nuestra follia |
| S1663-10 | de ffollya |

## FOLLON

| | |
|---|---|
| S 307-4 | matanse los bauiecas desque tu estas follon |

## FONDA

| | |
|---|---|
| S 650-1 | Amigos vo a -grand pena E so puesto en -la fonda |
| S 963-2 | arrojome la cayada e Rodeome la fonda |

## FONDA

| | |
|---|---|
| | (H) |
| S 650-3 | puso me el marinero ayna en -la mar fonda |

## FONDAS

| | |
|---|---|
| S 619-2 | E los pies enxutos corren por mares fondas |

## FONDO

| | |
|---|---|
| S1133-2 | es pielago muy fondo mas que todo el mar |

## FONDOS

| | |
|---|---|
| S 242-4 | ojos fondos bermejos commo piez de perdizes |
| S1012-3 | ojos fondos bermejos poco e mal deuisa |

## FORADO

| | |
|---|---|
| S 337-4 | con su muger doña loba que mora en vil forado |
| S 868-3 | el encantador malo saca la culebra del forado |
| S1350-4 | entro en vn forado desa cozina rrasa |
| S1352-3 | salvo de aquel forado sañuda E ayrada |
| S1377-1 | Mur de guadalajara entro en -su forado |
| S1430-1 | ffuese el mur al forado el leon fue a -caçar |

## FORADO

| | |
|---|---|
| | (H) |
| S 137-3 | fforado se la puente por alli se despeño |

## FORADOS

| | |
|---|---|
| S1413-2 | çerraron los portillos finiestraz E forados |

## FORCA

| | |
|---|---|
| S1453-3 | puso lo en -la forca dexolo y en su cabo |
| S1455-2 | la forca que por furto ando desorejado |
| S1455-4 | el me fara con -la forca ser del todo casado |
| S1465-2 | leuando lo a -la forca vido en altas torres |
| S1467-1 | Cerca el pie de -la forca começo de llamar |
| S1475-2 | dexo a -su amigo en -la forca tan alto |

## FORÇADA

| | |
|---|---|
| S 631-1 | Por mejor tyene la dueña de ser vn poco forçada |

## FORÇADO

| | |
|---|---|
| S 910-3 | mi coraçon en punto leuo me lo forçado |

## FORÇADOS

| | |
|---|---|
| S 742-2 | de muchos que me tyenen los mis algos forçados |

## FORÇAR

| | |
|---|---|
| S 231-3 | forçar muchas mugeres cassadas e esposas |
| S1589-3 | non rrobar cosaz ajenaz non forçar muger nin nada |

## FORÇASTE

| | |
|---|---|
| S 255-2 | de pan e de dineros que forçaste de -lo ageno |

## FORÇO

| | |
|---|---|
| S 237-2 | por que forço la dueña el su Señor valiente |
| S 541-1 | desçendyo de -la hermita forço a -vna muger |

## FORMADA

| | |
|---|---|
| S 324-2 | acta e byen formada clara e byen çertera |
| S 352-2 | bien acta e byen formada bien clara e abyerta |

## FORMESTE (V)
G 13-1    tu zeñor e dioz mio que al omne formeste
## FORMIGOS
S1165-2    que comas los formigos e mucho non te fares
## FORMO
S 109-1    ssy dios quando formo el omne entendiera
## FORNACHOS
S 768-2    vyo en vnos fornachos rretoçar amenudo
## FORNICIO
S 257-2    adulterio E forniçio toda via desseaz
S 275-2    quien dirie tu forniçio e tu mala barata
S 296-3    a -fazer tu forniçio Ca do mucho vino es
S 539-4    cobdiçio fazer forniçio desque con vyno estaua
## FORNO
S 6-2    del forno del grand fuego syn lision
S 773-4    dixo diome el diabro cantar missa en forno
## FORTALEZA
S1592-3    spiritu de fortaleza que nos quiera ayudar
## FOSARIOS
S1554-2    rrefazes lo fosarios destruyes los jnperios
## FOSTIGARAS
S1168-3    fostigaras tus carnes con santa disçiplina
## FOYA
S1145-4    en -la foya dan entranbos e dentro van caer
## FOYAS
S 699-2    estas echan el laço estas cavan las foyas
S 937-2    ya vos dixe que estas paran cauas e foyas
## FOZ
S1146-3    non deue poner omne su foz en miese ajena
S1290-1    El Segundo tenia en -su mano la foz
## FRACA
S1190-3    a -ty quaresma fraca magra E muy sarnosa
## FRACAS
S1201-2    mas que todaz las fenbraz son de coraçon fracaz
## FRACO
S 236-3    antre muere que otro mas fraco e mas lazrado
S 280-2    estas fraco e syn fuerça non te puedes Refertyr
S1172-2    estaua de -la lid muy fraco E lloroso
S1448-3    somos de coraçon fraco ligeras en correr
## FRAILE
S1128-1    vino luego vn frayle para lo convertyr
S1161-1    El frayle sobre dicho que ya voz he nonbrado
S1251-2    estragarie vn frayle quanto el convento gana
S1399-2    alegre va el frayle de terçia al rrefitor
S1399-4    quiere el frayle goloso entrar en -el tajador
S1466-1    luego sere contigo desque ponga vn frayle
## FRAILES
S 505-1    Commo quier que -los frayles E clerigos dyzen que aman a dios seruir
S 506-1    Monges frayles clerigos non toman los dineros
S1239-1    los de -la trinidat con -los fraylez del carmen
S1240-1    ffrayles de sant anton van en esta quadrilla
## FRAIRES
G 441-2    que vzan mucho frayrez monjaz e beataz
## FRANCA
S1370-3    vn mur de franca barua rresçibiol en su caua
## FRANCAS
S1341-2    fijaz dalgo muy largas e francaz de natura
## FRANCES
S1233-3    el ffrançes odreçillo con estos se conpon
## FRANCIA
S1146-2    o que juzgara en -françia el alcalde de rrequena
S1244-3    non conpraria françia los paños que viste
## FRANCISCO
S1238-2    non va y sant françisco mas van flayres menorez
## FRANCISCO (H)
S1230-2    entrellos alegrança el galipe françisco
## FRANCO
S 155-2    loçano fablador En ser franco se abiue
S 513-2    por ende a -tu vieja se franco e llenero
S 514-2    sey franco de palabla non le digas Razon loca
S 627-2    mas sotil e mas ardit mas franco e mas donoso
## FRANDES
S 475-2    yo volo yr a -frandes portare muyta dona
S 481-1    quando fue el pyntor de frandes venido
## FRANQUEZA
S 172-4    leuadlo E dezidle que mal mercar non es franqueza
## FRAQUEZA
P 77    Ante viene de -la fraqueza de -la natura humana
## FRAQUEZA
S1362-2    defienden la fraqueza culpa de -la vejez
## FRAYEL
S1171-4    partiose del el frayel dada la bendiçion
## FREILA
S1466-2    con vna freyla suya que me dize trayle trayle
## FREILIA
S1451-2    E a -todas las monjaz que tenedes freylia
## FREMA
S 293-1    Con -la mucha vianda e vino creçe la frema
## FRENO
S 238-1    Con -los pies e con las manos e con -el noble freno
S 244-1    Do es tu noble freno e tu dorada silla
S 565-1    Pyenssa sy consyntyra tu cavallo tal freno
S 925-3    pala aguzadera freno nin corredor
## FRESCO
S1084-3    piernas de puerco fresco los jamones enteros
S1118-2    congrio çeçial e fresco mando mala suerte
S1499-3    alto cuello de garça color fresco de grana
## FREY
S 565-2    que tu entendera amase a frey moreno
## FRIA
S1289-1    buscaua cassa fria fuya de -la siesta
S1349-1    Con -la nieue E con -el viento e con -la elada fria

## FRIAS
S 335-4    ante que -las comiese yo gelas tome frias
G 449-3    si a sueraz friaz ssy demanda quanto barrunta
S1272-4    ffaze diaz pequenos e mañanas friaz
S1291-3    boluia las aguaz frias de su naturaleza
S1608-4    son friaz como la nieue e arden commo el fuego
S1609-1    Son frias de fuera con -el amor ardientes
## FRIDA
S1425-1    Dormia el leon pardo en -la frida montaña
## FRIO
S 301-4    diole entre los ojos echole frio muerto
S 955-4    E por dios da me possada que el frio me atierra
S 957-3    yo desque me vy con miedo con frio e con quexa
S 987-4    gadea de rrio frio
S1007-1    Commo omne non siente tanto frio si corre
S1008-2    de frio al pie del puerto falle me con vestiglo
S1009-1    Con -la coyta del frio e de aquella grand elada
S1023-3    de nieue e de frio
S1026-1    yol dixe frio tengo
S1274-4    con -el frio a -las de vezes en -las sus vnas besa
S1387-2    estando escarbando mañana con -el frio
## FRIOS
S1293-2    sacan varriles frios de -los pozos helyzes
## FRISCOS
S1085-3    luego los escuderos muchos quesuelos friscos
## FRIURA
S1006-4    viento con grand elada Rozio con grand friura
## FRIURIAS
S 376-2    con -la maytinada cantate en -las friurias laçias
## FRONCIDAS
S1394-4    las camissaz fronçidaz los paños de mellynas
## FRONTERA
S1254-4    para yr en frontera muchos ay costumeroz
S1294-3    el terçero al Segundo atiendel en frontera
## FROR
S1664-8    o -bendicha fror e Rosa
## FRORES
S1703-1    Ca nunca fue tan leal blanca flor a -frorez
## FRRANQUEZA (V)
F 206-4    que lybertad e frranqueza non es por oro conprado
## FRUCTA
S 163-3    non avrie de -las plantas fructa de tal valor
## FRUCTO
S1354-2    E por fructo dar pena al amigo e al vezino
S1364-2    sy el amor da fructo dando mucho atura
## FRUCTUS (L)
S1666-1    E benedictus fructus
## FRUENTE
S 315-1    dyole grand par de coçes en -la fruente gelas pon
S1004-2    E da me toca amarilla byen listada en -la fruente
S1115-3    dio en medio de -la fruente al puerco e al lechon
S1178-2    con çeniza los cruzan de Ramoz en -la fruente
## FRUTA
S 862-1    Nunca esta mi tyenda syn fruta a -las loçanas
S 867-2    a -tomar de -la su fruta e a -la pella jugar
## FRUTAS
S1288-1    El primero los panes e las frutas grana
S1292-3    estauan de -los arbores las frutas sacodiendo
## FRUTO
S 294-2    por que comio del fruto que comer non deuia
## FUE
P 20    po(r) que sopiese la su ley fue esta
P 176    E dioz sabe que la mi jntençion non fue de -lo fazer
P 178    maz fue por Reduçir a -toda persona
S 8-1    El nonbre profetizado fue grande hemanuel
S 27-2    melchior fue ençienso dar
S 28-2    fue quando la madalena
S 30-3    fue spiritu santo puesto
S 36-1    El Segundo fue conplido
S 36-2    quando fue de ti nasçido
S 36-5    ffue luego conosçido
S 37-1    ffue el tu gozo terçero
S 37-6    ffue en -guiar
S 38-1    ffue tu quarta alegria
S 39-1    El quinto fue de grand dulçor
S 47-1    ansy fue que rromanos las leyes non avien
S 51-4    que tales las feziese fueles conssejo sano
S 59-1    Preguntaron al griego sabio que fue lo que dixiera
S 77-1    Assy fue que vn tienpo vna dueña me prisso
S 85-4    el leon fue sañudo que de comer avia gana
S 90-3    ffue la mi poridat luego a -la plaça salida
S 90-4    la dueña muy guardada ffue luego de mi partida
S 98-1    Ansy ffue que -la tierra commenço a -bramar
S 100-3    pario vn mur topo escarnio fue de rreyr
S 133-1    desque fue el infante a -buena hedat llegado
S 198-4    fueles commo a -laz Ranaz quando el Rey pidieron
S 213-1    Varon que as con-migo qual fue aquel mal debdo
S 215-4    en fuerte punto te vy la ora fue mal dicha
S 227-4    non ovo lo que quiso nol fue cobdiçiar sano
S 238-4    el asno con -el miedo quedo e nol fue bueno
S 240-3    en -el cuerpo muy fuere de lança fue ferido
S 247-1    Por la grand escaseza fue perdido el Rico
S 259-2    fue el Rey dauid omeçida e fizo a -dios falliaz
S 281-4    ffurtole la bendiçion por que fue rrebtado del
S 282-1    ffue por la enbydia mala traydo jhesu xpisto
S 282-3    por enbydia fue preso E muerto e con-quisto
S 306-1    El ffue muy vil tornado E de -las bestias egual
S 309-1    Con grand yra e saña saul que fue Rey
S 311-2    que fue a -todas bestias cruel e muy dañoso
S 329-2    ffue sabya la gulpeja e byen aperçebida
S 332-4    el lobo quando lo vyo fue luego espantado
S 354-1    la exepçion primera muy byen fue llegada

| | | |
|---|---|---|
| **FUE** | **(cont.)** | |
| S 354-2 | mas la descomunion fue vn poco errada |
| S 367-3 | esto fue por que non fueron de las partes demandados |
| S 367-4 | nin fue el pleito constestado por que fueron escusados |
| S 429-1 | sy leyeres ovydio el que fue mi criado |
| S 477-3 | tardo alla dos anos mucho fue tardinero |
| S 481-1 | quando fue el pyntor de frandes venido |
| S 481-2 | ffue de -la su muger con desden Resçebido |
| S 536-1 | fizolo yr por el vyno E desque fue venido |
| S 540-1 | ffue con -el cobdyçia Rays de todos males |
| S 542-3 | ffue la su mala obra en punto descobyerta |
| S 542-4 | esa ora fue el monge preso E en rrefierta |
| S 543-2 | fue luego justiçiado commo era derecho |
| S 577-4 | qual fue la Racon negra por que non Recabde |
| G 687-1 | fuese mi zeñora de -la fabla su via |
| G 687-2 | des que yo fue naçido nunca vy mejor dia |
| S 697-3 | dios e la mi ventura que me fue guiador |
| S 711-3 | ella diz pues fue casada creed que se non arrepienta |
| S 735-1 | syenpre fue mi costunbre e los mis pensamientos |
| S 836-1 | Primero por la talla el fue de vos pagado |
| S 836-2 | despues con vuestra fabla fue mucho enamorado |
| S 836-3 | por aquestas dos cosas fue mucho engañado |
| S 871-2 | Despues fue de santiago otro dia seguiente |
| S 893-1 | El leon fue doliente doliale tiesta |
| S 893-2 | quando fue Sano della que -la traya enfiesta |
| S 895-1 | con -las sus caçurias el leon fue sanudo |
| S 902-4 | el leon contra el lobo fue sañudo e yrado |
| S 905-1 | la que por des-aventura es o -fue engañada |
| S 914-1 | aquesta mensajera fue vieja byen leal |
| S 921-3 | fue sañuda la vieja tanto que a -maravilla |
| S 921-4 | toda la poridat fue luego descobrilla |
| S 922-1 | ffue la dueña guardada quanto su madre pudo |
| S 935-3 | de -lo que ante creyan fue cada vno rrepiso |
| S 936-1 | ffue a -pocos de dias amatada la fama |
| S1049-2 | judea lo apreçia esa ora fue visto |
| S1050-1 | Por treynta dineros fue el vendimiento |
| S1053-1 | a -la terçera ora xpistus fue judgado |
| S1054-4 | quien lo dirie dueña qual fue destos mayor |
| S1055-1 | a -ora de sesta fue puesto en -la cruz |
| S1055-2 | grand coyta fue aquesta por el tu fijo duz |
| S1056-4 | ssangre E agua salio del mundo fue dulçor |
| S1057-1 | a -la vesperada de cruz fue desçendido |
| S1057-4 | çenturio fue dado luego por guardador |
| S1063-1 | Por saluar fue venido el lynaje vmanal |
| S1063-2 | ffue de judas vendido por mi poco cabdal |
| S1063-3 | fue preso e ferido de -los jodios mal |
| S1066-1 | En cruz fue puesto por nos muerto ferido e llagado |
| S1066-2 | despues fue abierto de azcona su costado |
| S1073-1 | que non diga su gente que non fue aperçebida |
| S1074-4 | la nota es aquesta a -carnal fue dada |
| S1093-4 | la dueña fue maestra non vino tan ayna |
| S1102-3 | fizole escopir flema esta fue grand Señal |
| S1110-4 | mas negra fue aquesta que non la de larcos |
| S1141-4 | fue quita E absuelta de culpa e de pena |
| S1143-3 | de dios tan piadoso luego fue perdonado |
| S1210-4 | fue por toda la tierra grand Roydo sonado |
| S1246-1 | Desque fue y llegado don amor el loçano |
| S1261-2 | el byen si algo se de ti me fue mostrado |
| S1262-1 | Su mesura fue tanta que oyo mi petiçion |
| S1265-1 | Desque ovo yantado fue la tyenda armada |
| S1265-3 | byen creo que de angeles fue tal cosa obrada |
| S1299-4 | esta fue rrespuesta Su dicho ableuiado |
| S1302-1 | Myo señor desque fue su tyenda aparejada |
| S1302-2 | vino dormir a -ella fue poca su estada |
| S1304-4 | andando mucho vyçioso quanto fue marauilla |
| S1317-2 | presta e plazentera de grado fue venida |
| S1321-1 | Dia era de sant marcos ffue fiesta señalada |
| S1330-1 | E desque ffue la dueña con otro ya casada |
| S1330-2 | escusose de mi e de mi fue escusada |
| S1344-2 | dixo me quel preguntara qual fue la tu venida |
| S1359-1 | Con -el mucho lazerio ffue muy ayna viejo |
| S1372-4 | e como el fue suyo fuese el su conbidado |
| S1429-2 | solto al morezillo el mur quando fue soltado |
| S1435-1 | ffue con -esto la dueña ya quanto mas pagada |
| S1445-2 | fue sueno de laguna ondas arrebatadas |
| S1458-1 | El ladron fue tomado en -la cadena puesto |
| S1462-3 | muchas vezes fue preso escapaua por don |
| S1462-4 | enojose el diablo fue preso su ladron |
| S1503-4 | en -quanto ella fue byua dioz fue mi guiador |
| S1506-1 | Atal fue mi ventura que dos messes pasados |
| S1507-2 | con pesar e tristeza non fue tan sotil fecha |
| S1519-1 | assy fue mal pecado que mi vieja es muerta |
| S1519-4 | me fue despues çerrada que antes me era abierta |
| S1523-2 | nunca fue quien contigo podiese bien contender |
| S1557-3 | la su humanidat por tu miedo fue triste |
| S1560-2 | por la muerte de xpistos les fue la vida dada |
| S1560-3 | ffue por su santa muerte tu casa despoblada |
| S1560-4 | quieres la poblar matandol por su muerte fue yermada |
| S1571-2 | que mas leal trotera nunca ffue en memoria |
| S1634-2 | fue conpuesto el rromançe por muchos males e daños |
| S1636-6 | fue terçero angel a -ty menssajero |
| S1637-2 | fue tu goço segundo |
| S1639-1 | fue tu alegria quarta |
| S1640-6 | fue mas bueno |
| S1642-5 | fue Segund fallamos |
| S1645-4 | quarto goço fue conplido |
| S1647-5 | al çielo fue subida |
| S1691-3 | mando juntar cabildo aprisa fue juntado |
| S1703-1 | Ca nunca fue tan leal blanca flor a -frorez |
| **FUE** | **(H)** | |
| S 86-3 | el cuero con la oreja del caxco le fue arrancar |
| S 268-2 | nunca mas fue a -ella nin la ovo talente |

| | | |
|---|---|---|
| S 271-3 | fue commo avia vsado a -ferir los venados |
| S 286-3 | fermosa e non de suyo fuese para la iglesia |
| S 287-2 | vydo se byen pintada e fuese enloqueçida |
| S 341-1 | don ximio fue a su cas con -el mucha conpaña |
| S 477-2 | fuese don pytas pajaz a ser novo mercadero |
| G 592-1 | si se descubre mi llaga qual es donde fue venir |
| S 648-4 | fuese doña venuz a -mi dexo en fadigna |
| S 746-2 | ffue senbrar cañamones en la viçioso ero |
| S 751-1 | fuese la golondrina a -casa del caçador |
| S 752-2 | fuese el paxarero commo solia a -caça |
| S 774-1 | fuese mas adelante çerca de vn molino |
| S 824-1 | fuese a -casa de -la dueña dixo quien mora aqui |
| S 827-2 | dexola con -la fija e fuese a -la calleja |
| S 895-3 | su atanbor taniendo fuese mas y non estudo |
| S 897-1 | ffuese la Raposilla donde el asno andava |
| S1079-2 | fuese e yo fiz mis cartaz dixele al viernes yd |
| S1102-2 | fue el puerro cuelle aluo e ferio lo muy mal |
| S1119-2 | ardiz E denodado fuese contra don salmon |
| S1183-1 | fuyo de -la iglesia fuese a -la joderia |
| S1262-2 | fua a -la mi posada con -esta procesion |
| S1313-2 | mouio con su mesnada amor e fue su via |
| S1324-1 | ffue con -la pleytesia tomo por mi afan |
| S1344-1 | ffuese a -vna monja que avia Seruida |
| S1353-2 | non fagas aqui dapño ella fuese en-sañar |
| S1359-3 | fue su Señor a çaça e Salio vn conejo |
| S1359-4 | prendiol e nol pudo tener fuesele por el vallejo |
| S1370-2 | fuese a -monferrado a -mercado andaua |
| S1373-1 | ffue con -el a -ssu casa E diol mucho de queso |
| S1396-1 | otro dia la vieja fuese a -la mongia |
| S1405-4 | fuese para el estrado do -la dueña seya |
| S1430-1 | ffuese el mur al forado el leon fue a -caçar |
| S1431-2 | fue a -el dixo Señor yo trayo buen cochillo |
| S1441-3 | la gulhara en punto selo fue a -comer |
| S1457-4 | fue el ladron a -vn canbio furto de oro grand sarta |
| S1460-2 | el llamo al alcalde apartol e fue fablar |
| S1460-3 | metio mano en -el seno E fue dende sacar |
| S1698-4 | E avn para la mi corona anoche fue al baño |
| **FUEGO** | | |
| S 6-2 | del forno del grand fuego syn lision |
| S 75-1 | El ffuego ssienpre quiere estar en -la çeniza |
| S 197-1 | Eres padre del fuego pariente de -la llama |
| S 197-4 | destruyes lo del todo commo el fuego a -la rrama |
| S 232-4 | fuego jnfernal arde do vuiaz assentar |
| S 262-3 | la lunbre de -la candela encanto E el fuego |
| S 263-2 | non podien aver fuego por su desaventura |
| S 264-1 | sy daua vno a -otro fuego o -la candela |
| S 265-3 | descanto el fuego que ardiese en -la leña |
| S 391-4 | como el fuego andas de vezina en vezina |
| S 402-2 | fazes con tu grand fuego commo faze la loba |
| S 423-4 | que a -las vezes poca agua faze abaxar grand fuego |
| G 595-1 | El fuego mas fuerte quexa escondido encobierto |
| S 603-1 | quanto mas esta omne al grand fuego llegado |
| S 639-2 | mayor sera el fuego e mayores los ardores |
| G 690-1 | do añadierez la leña creçe syn dubda el fuego |
| G 690-2 | si la leña se tirare el fuego menguara luego |
| S 695-2 | quando aquel fuego vinie todo coraçon muda |
| S 710-3 | despues con -el poco fuego çient vezes sera doblada |
| S 734-3 | e de chica çentella nasçe grand llama de fuego |
| S 830-1 | El grand fuego non puede cobrir la su llama |
| S 837-4 | el fuego encobyerto vos mata E penaredes |
| S 839-1 | El grand amor me mata el su fuego parejo |
| S 964-4 | mas querria estar al fuego |
| S 965-2 | fazer te he fuego e blasa darte he del pan e del vino |
| S1016-3 | de -las cabras de fuego vna grand manadilla |
| S1268-2 | creo que era rroby al fuego ssemejaua |
| S1270-3 | delante ella grand fuego de -si grand calor echa |
| S1271-2 | asentados al fuego cada vno Señero |
| S1273-1 | las viejaz tras el ffuego ya dizen laz pastrañas |
| S1350-2 | pusola çerca del fuego çerca de buena blasa |
| S1565-2 | en fuego jnfernal los fazes tu arder |
| S1608-4 | son friaz como la nieue e arden commo el fuego |
| **FUELGA** | | |
| S 418-3 | confonda dios al cuerpo do tal coraçon fuelga |
| **FUELGO** | | |
| S 545-1 | ffaze oler el fuelgo que es tacha muy mala |
| **FUEMOS** | | |
| S 981-1 | Tomo me por la mano e fuemos nos en vno |
| S1194-2 | oy ha siete selmanas que fuemos desafiado |
| S1194-4 | estando nos seguro fuemoz della arrancado |
| S1697-2 | seruimos le muy byen fuemos le sienpre leales |
| **FUENTE** | | |
| S 973-2 | non falle poço dulçe nin fuente perhenal |
| S1159-4 | vaya a -lauarse al Rio o -a la fuente |
| S1160-1 | Es el papa syn dubda la fuente perenal |
| **FUENTES** | | |
| S1604-2 | destos nasçen commo Ryos de -las fuentes perhenales |
| **FUENTFRIA** | | |
| S 974-3 | coyde tomar el puerto que es de -la fuent fria |
| **FUER** | | |
| S 791-1 | Pues que la mi Señora con otro fuer casada |
| S 823-2 | Ruego vos que seades omne do fuer lugar |
| **FUERA** | | |
| S 17-1 | El axenuz de fuera mas negro es que caldera |
| S 163-2 | de dentro qual de fuera dan vista e color |
| S 408-3 | çerco toda su cueva que non salya de fuera |
| S 988-1 | a -la fuera desta aldea la que aqui he nonblado |
| S1213-1 | El pastor lo atyende fuera de -la carrera |
| S1609-1 | Son frias de fuera con -el amor ardientes |
| **FUERA** | **(H)** | |
| S 61-1 | Preguntaron al vellaco qual fuera su antojo |
| S 109-4 | ssy para bien non fuera tan noble non saliera |
| S 779-3 | bueno le fuera al lobo pagarse con torrezno |

**FUERADES**

F    6      ya muger tan dura qual fuerades para uaron

**FUERÇA**

S  188-4    sienpre tiras la fuerça dizenlo en fazañas
S  194-1    aquesta fuerça grande e aquesta valentia
S  245-3    que fuerça e hedat e onrra salud e valentia
S  280-2    estas fraco e syn fuerça non te puedes Refertyr
S  291-4    por cobrar la tu fuerça eres lobo carniçero
S  308-1    Con la grand yra sansson que -la su fuerça perdio
S  308-3    en -que avia la fuerça E desque la byen cobro
S  544-2    tyra la fuerça toda sys toma syn medida
S  597-3    toda mi fuerça pyerdo E del todo me es tirada
S  607-2    la fuerça non la tengo mis ojos non paresçen
S  631-3    con poquilla de fuerça fynca mal desculpada
S  654-4    perdi seso perdi fuerça mudaron se mis colores
S  692-1    muchas vezes la ventura con ssu fuerça e poder
S  785-2    mi fuerça e mi seso e todo mi saber
S1517-3    commo quier que por fuerça dizenlo con vergoña
S1548-3    en-flaquesçes la fuerça en-loquesçes cordura

**FUERÇA**        **(H)**

S  839-2    pero quanto me fuerça apremia me sobejo

**FUERÇO**

S1544-1    Muerte por mas dezir te a -mi coraçon fuerço

**FUERE**

S  360-1    sy non fuere testigo falso o sy lo vieren variar
S  609-1    sy algo por ventura de mi te fuere mandado
S1159-2    que si dende non muere quando fuere valiente
S1196-4    sy muy sorda non fuere oyra nuestro apellido
S1200-4    su enemigo matara a -el si cuerdo fuere

**FUERE**        **(H)**

S  240-3    en -el cuerpo muy fuere de lança fue ferido

**FUERES**

S1153-2    con fueres argumentos E con sotiles Razones

**FUERO**

S  143-2    ansi que por el fuero deue morir con rraçon
S  145-1    E ansy commo por fuero avia de morir
S  145-2    el fazedor del fuero non lo quiere conssentyr
S  145-3    dyspensa contra el fuero e dexalo beuir
S  147-3    E el fuero escripto non es por ende desfecho
S  320-4    abogado de fuero oy fabla prouechossa
S  323-1    Enplazola por fuero el lobo a -la comadre
S  351-3    con omnes sabydores en fuero e en derecho
S  507-4    cras cras nos lo avremos que nuestro es ya por fuero
S1483-1    la dueña dixo vieja non lo manda el fuero

**FUERON**

P  102      otrosi fueron la pintura E la escriptura
S   50-2    ffueron rromanos en -coyta non sabian que se fazer
S  134-2    desque fueron en -el monte ovose a -leuantar
S  179-4    ffueron dares valdios de -que ove manzilla
S  217-4    passar los mandamientos que de dios fueron dados
S  224-3    fueron e son ayrados de dios los que te creyeron
S  234-1    Maguer de su natura buenos fueron criados
S  234-2    por la su grand soberuia fueron son dañados
S  234-3    quantos por la soberuia fueron e son dañados
S  235-1    quantas fueron e son batallas e pelleas
S  260-1    ffueron por la loxuria çinco nobles çibdadez
S  313-2    fueron muy alegres por que andauan solteras
S  367-2    por que non pagaron costas nin fueron condenados
S  367-3    esto fue por que non fueron de las partes demandados
S  367-4    nin fue el pleito constestado por que fueron escusados
S  769-1    quando vyeron al lobo fueron mal espandados
S1050-3    fueron plazenteros del pleyteamiento
S1122-3    todas las otras rreses fueron le muy estrañas
S1190-4    Estas fueron laz cartaz el testo e la glosa
S1199-2    mas desque gelas dieron E le fueron leydaz
S1234-2    non fueron tyenpo ha plazenteriaz tales
S1247-2    fueron le muy contrarios quantos tyenen fleylya
S1328-4    estos fueron los versos que leuo mi trotera
S1436-2    commo fueron al cueruo los dichos los encargos
S1445-2    Sono vn poco la selua e fueron espantadas
S1648-1    gozos fueron siete

**FUERON**        **(H)**

S   47-2    fueron las demandar a -griegos que las tienen
S   52-1    ffueron a -vn vellaco muy grand E muy ardid
S  100-4    ssus bramuras e espantos en burla fueron salir
S  313-1    ffueron aquestas nueuas a -las bestias cosseras
S  323-2    fueron ver su juyzio ante vn sabydor grande
S  341-2    connel fueron las pares conçejo de cucaña
S  766-4    el cayo quebrantado ellos fueron fuyendo
S1063-4    este dios en -que creemos fueron açotar
S1101-1    Todos amodoridos fueron a -la pelea
S1182-3    fueron a -la iglesia non a -lo quel dezia
S1263-1    ffueron se a -sus posadaz laz mas de aquestaz gentes
S1454-2    fueron al rrey las nueuas querellas e pregones

**FUEROS**

S  142-2    de dar fueros e leyes e derechos fazer
S  715-2    quebranta leyes e fueros e es del derecho Señor

**FUERTE**

S  166-1    Como dize el sabio cosa dura e fuerte
S  187-3    non se ffuerte nin rrecio que se contigo tope
S  215-4    en fuerte punto te vy la ora fue mal dicha
S  301-3    las coçes el cavallo lanço fuerte en çierto
S  464-2    en -la cama despierto e muy fuerte llouia
S  512-1    Derrueca fuerte muro E derriba grant torre
S  537-2    commo era fuerte puro sacol de entendimiento
G  584-2    enflaqueçe e mata al rrezio e al fuerte
G  595-1    El fuego mas fuerte quexa escondido encobierto
S  854-4    maestria e arte de fuerte faze flaca
S  854-4    mi porfya el la vençe es mas fuerte apoderado
S  927-3    dezir todos sus nonbles es a -mi fuerte cosa
S  996-3    fazia tyenpo muy fuerte pero era verano
S1054-3    qual dellos la aya pesar atan fuerte

S1077-2    vy que venia a -mi vn fuerte mandado
S1088-1    vinieron muchos gamos e el fuerte jauali
S1118-1    ally lydia el conde de laredo muy fuerte
S1190-2    de nos don carnal fuerte madador de toda cosa
S1217-1    Traya en -la su mano vn assegur muy fuerte
S1348-2    en -el mes de enero con fuerte tenporal
S1353-3    ablaçolo tan fuerte que lo querria afogar
S1427-1    Que onrra es al leon al fuerte al poderoso
S1545-3    en -la cabeça fiere a -todo fuerte doma
S1580-2    ca nuestra enemiga es natural E fuerte
S1588-4    con esta espada fuerte Segura mente golpad
S1598-3    tomemos escudo fuerte pyntado con tabletas
S1671-2    tu acorro E guarda fuerte a -mi libre defendiendo
S1677-3    de tan fuerte tentaçion

**FUERTE**        **(H)**

F    4      sino de hueso duro mas fuerte que de leon

**FUERTES**

S  128-4    dieron juyzios fuertes de acabados males
S  415-2    en tal guisa les travas con tus fuertes mordaçaz
S  753-3    non quiso buen conssejo cayo en fuertes palas
S  846-4    las fuertes çerraduras le paresçen abyertas
S1086-4    trayan armas estrañas e fuertes guarniçiones
S1110-3    trayan armas muy fuertes e ballestas e arcos
S1147-1    Todos los casos grandes fuertes agrauiados
S1432-1    los vuestros blazos fuertes por ally los sacaredes

**FUES**

S1313-1    Otro dia mañana antes que fues de dia

**FUESA**

S1524-1    Dexas el cuerpo yermo a -gusanos en -fuesa

**FUESE**

S   53-2    commo si fuese doctor en -la filosofia
S   64-3    veras que bien es dicha si bien fuese entendida
S   94-2    E que profaçaua della commo si fuese caraça
S  117-4    E fuese pleytes e duz
S  133-2    pidio al rrey su padre que -le fuese otorgado
S  193-3    ante que fuese casado el garçon atan Reçio
S  194-2    ante que fuese casado lygero la fazia
S  602-4    sy non fuese tan mi vezina non seria tan penado
S  748-2    dixieron que se fuese que locura chirlaua
S1009-3    dixo me quel plazia sil fuese bien pagada
S1051-2    los traydores gollynes commo si fuese rrapaz
S1109-4    ansi traua dellos Como si fuese gato
S1123-1    Synon fuese la çeçina con -el grueso toçino
S1127-3    si non fuese doliente o confesor alguno
S1180-4    penso como feziese commo fuese rreyendo
S1308-4    rredrauan me de sy commo si fuese lobuno
S1369-2    non querria que me fuese commo al mur del aldea
S1372-4    e como el fue suyo fuese el su conbidado
S1377-3    non tenia lugar çierto do fuese anparado
S1501-3    ay dioz E yo -lo fuese aqueste pecador
S1526-4    todos fuyen del luego como si fuese araña

**FUESEN**

S  132-2    mando que -los maestros fuesen muy bien guardados
S  346-4    pyden que por sentençia fuesen de ally lybrados
S1436-2    non querria que fuesen a -mi fiel E amargos
S1446-2    dezien con -el grand miedo que se fuesen a -esconder

**FUESTE**

S    8-4    te fizo çierta desto tu fueste çierta del
S  608-1    ya fueste conssejado del amor mi marydo

**FUIMOS**

S  981-3    desque en -la choza fuymos non fallamos niguno

**FUIR**

S1580-4    non podemos amigos della fuyr por suerte

**FULANA**

S  383-3    gressus meos dirige rresponde doña fulana
S1331-1    Desque me vy señero e syn fulana solo
S1625-3    dixol doña fulana tyra te alla pecado

**FULANO**

S  307-2    vos ved que yo soy fulano de -los garçones garçon

**FULGURA**

G  594-3    melezina e consejo por do pueda auer fulgura

**FUMERO**

S  327-2    entro a -ffurtar de noche por çima del fumero

**FUNDA**

S1623-2    a -la fe diz buscare avn que el mundo se funda

**FUNDA**        **(H)**

S1623-1    Dixele huron amigo buscame nueua funda

**FUNDAMENTO**

P  195      es comienço E fundamento dioz e la fe catholica

**FUNDAMENTO**        **(L)**

P  197      que comiença fidey catholiçe fundamento

**FURTA**

S  835-1    de tierra mucho dura furta non sale buena

**FURTADAS**

S  335-2    que leuaua furtadas de -las ovejas mias

**FURTADOS**

S1413-3    desque se vido ençerrada diz los gallos furtados

**FURTANDO**

S  327-3    saco furtando el gallo el nuestro pregonero

**FURTAR**

S  174-2    commo conteçio al ladron que entraua a -furtar
S  174-4    el ladron por furtar algo començole a -falagar
S  321-3    dezia que non deuia lo ageno furtarllo
S  327-2    entro a -ffurtar de noche por çima del fumero
S1456-4    E furtase syn miedo quanto furtar podiese

**FURTARIA**

S  366-4    ella diz que non -lo tenie mas que le furtaria la gallyna

**FURTARIAS**

S  176-4    tu furtarias lo que guardo E yo grand trayçion faria

**FURTARON**

S  221-3    muchos por tal cobdiçia lo ageno furtaron

**FURTAS**
S 209-4    quando omne esta Seguro furtas le el coraçon
S 210-1    En -punto que -lo furtas luego lo en-ajenas
S 230-4    por esto rrobaz E furtas por que tu penaras
**FURTASE**
S1456-4    E furtase syn miedo quanto furtar podiese
**FURTAVA**
S 321-1    ffurtava la Raposa a -su vezina el gallo
**FURTE**
S 366-3    pero mando que non furte el gallo a -su vezina
**FURTES**
S 177-2    que tu furtes su thesoro que dexo en mi fealdat
**FURTO**
S 336-1    muchas vezes de furto es de juez condenado
S 348-4    en -que a -la marfusa furto -le aponia
S 366-2    pero que non la asueluo del furto tan ayna
S 923-2    que nunca mal rretrayas a -furto nin en conçejo
S1455-2    con -la forca que por furto ando desorejado
S1455-3    si mas yo so con furto del merino tomado
**FURTO**    (H)
S 281-4    ffurtole la bendiçion por que fue rrebtado del
S1457-4    fue el ladron a -vn canbio furto de oro grand sarta
**FURTOS**
S 222-1    murieron por los furtos de muerte sopitaña
S1470-2    tan caros que me cuestan tus furtos e tus presaz
**FUSTE**
S 608-2    del en muchas maneras fuste aperçebydo
S 608-3    por que le fuste sanudo contigo poco estudo
S1570-3    sienpre en este mundo fuste por dos maridada
**FUSTE**    (H)
S 200-3    el grand golpe del fuste fizo las rranas callar
**FUSTES**
S 788-1    ay ojos los mis ojos por que vos fustes poner
**FUXIERON**
S1376-4    los murez con -el miedo fuxieron al andar
**FUXO**
S 172-1    Non quiso Reçeuirlo bien fuxo de avoleza
S1419-4    leuantose corriendo E fuxo por el coso
S1490-2    sseñora diz la fabla del que de feria fuxo
**FUY**
S 182-1    Con saña que tenia fuylo a -denostar
G 583-3    fuy m(e) a doña venus que le leuaze menzaje
S 950-2    fuy a -prouar la syerra e fiz loca demanda
S 951-2    pasado el puerto de lacayo fuy camino prender
S 970-1    desque fuy vn poco estando fuyme desatyriziendo
S 972-1    despues desta ventura fuy me para ssegouia
S 972-3    fuy ver vna costilla de -la serpiente groya
S1044-3    fuy tener y vigilia commo es acostunblado
S1067-2    ffuy me para mi tierra por folgar algund quanto
S1307-1    Avn quise porfiar fuy me para vn monasterio
S1310-3    desque vy que me mal yua fuy me dende sañudo
S1311-2    fuy tener la quaresma a -la villa de castro
S1499-1    En -el nonbre de dios fuy a -misa de mañana
S1502-3    fuy me para la dueña fablome e fabla
**FUY**    (H)
S 77-2    de su amor non fuy en -ese tienpo rrepiso
S 701-1    desque fuy en mi casa esta vieja sabida
S 872-2    non me detoue mucho para alla fuy luego ydo
S 910-4    de dueña que yo vyese nunca ffuy tan pagado
S 970-1    desque fuy vn poco estando fuyme desatyriziendo
S 984-4    assañose contra mi Resçele e fuy couarde
S1089-4    por te fazer seruiçio non fuy por ende syeruo
S1261-3    de te fuy aperçebido e de ty fuy castigado
S1298-1    Yo fuy maruillado desque vy tal vision
S1355-3    ayudete con algo fuy grand tyenpo tu ama
S1503-2    ssyenprel fuy mandado e leal amador
S1576-2    en quanto fuy al mundo oue vyçio e soltura
**FUY**    (H)
G 549-1    por ende fuy del vino e faz buenoz geztoz
**FUYA**
S1195-3    guardat la que non fuya que todo el mundo en-arta
S1289-1    buscaua cassa fria fuya de -la siesta
S1377-2    el huesped aca el alla fuya des-errado
**FUYAN**
S 947-3    non fuyan dello las dueñas nin los tengo por lixo
S1288-3    fuyan del los gallos a -todos los mataua
**FUYE**
S 573-4    faz conssejo de Amigo fuye de loor de enemigo
**FUYEN**
S1525-4    todos fuyen del luego como de rred podrida
S1526-4    todos fuyen del luego como si fuese araña
**FUYENDO**
S 766-4    el cayo quebrantado ellos fueron fuyendo
S1450-3    los couardes fuyendo mueren deziendo foyd
**FUYERON**
S1122-2    el jaualyn E el çieruo fuyeron a -las montanas
**FUYO**
S 178-2    tanto siguio al ladron que fuyo de aquel çillero
S 302-1    El cavallo connel miedo fuyo aguas byuaz
S1183-1    fuyo de -la iglesia fuese a -la joderia
**GAÇAPO**
S 968-2    dio me foguera de enzina mucho gaçapo de ssoto
**GADEA**
S 987-3    gadea de rrio frio
S 988-2    encontrome con gadea vacas guarda en -el prado
**GADNAR**
S1440-3    creye que -la su lengua e el su mucho gadnar
**GAHA**
S 961-1    Parose me en -el sendero la gaha rroyn heda
**GAHO**
S 992-2    por que non fiz quando manda diz rroyn gaho envernizo

**GAITA**    (V)
G1233-1    gayta e axabeba e el jnchado albogon
**GALARDON**
S1476-3    por mucho que se tarde mal galardon alcança
**GALEOTES**
S1477-2    en buena andança el omne tyene muchos galeotes
**GALGA**
S1219-4    a -la liebre que sale luego le echa la galga
**GALGO**
S 324-4    galgo que de -la rrapossa es grand abarredera
S 339-1    El galgo e el lobo estauan encogidos
S 999-4    antes lo alcanço quel galgo
S1356-4    conteçe me como al galgo viejo que non caça nada
S1357-1    El buen galgo ligero corredor e valyente
S1358-4    a -todos sus vezinos del galgo se loaua
S1360-1    El caçador al galgo firiolo con vn palo
S1360-2    el galgo querellandose dixo que mundo malo
**GALILEA**
S 22-2    en çibdad de galilea
**GALIPE**
S1230-2    entrellos alegrança el galipe françisco
**GALLETA**
S1251-4    tyenen muy grand galleta e chica la canpana
**GALLINA**
S 366-4    ella diz que non -lo tenie mas que le furtaria la gallyna
S 977-2    escarua la gallyna E falla su pepita
S1103-2    firio muy Rezia mente a -la gruesa gallyna
S1417-1    vna vieja passaua quel comio su gallina
**GALLINAS**
S 781-4    dezian que non conbrian tozino sin gallynas
S1082-2    gallynas e perdizes conejos e capones
S1276-2    gallynas con capirotada comia amenudo
S1394-3    dexades del amigo las truchas laz gallynas
S1412-4    comia laz gallinaz de posada en posada
**GALLO**
S 321-1    ffurtava la Raposa a -su vezina el gallo
S 327-3    saco furtando el gallo el nuestro pregonero
S 366-3    pero mando que non furte el gallo a -su vezina
S 538-3    toma gallo que te muestre las oras cada dia
S 539-3    el gallo a -las fenbras con -ellas se deleytaua
S1386-3    ansy commo el gallo vos ansy escogedes
S1387-1    andaua en -el muladar el gallo ajeuio
S1387-4    espantose el gallo dexol como sandio
S1391-4    conteçel commo al gallo que escarua en -el muladar
**GALLOFAS**
S1206-3    gallofaz e bodigoz lyeua y condesados
**GALLOS**
S1098-1    Essa noche los gallos con grand miedo estouieron
S1099-3    dieron bozes los gallos batieron de -las alas
S1288-3    fuyan del los gallos a -todos los mataua
S1413-3    desque se vido ençerrada diz los gallos furtados
**GAMELLAS**
S1221-3    para laz triperaz gamellaz e artesaz
**GAMOS**
S1088-1    vinieron muchos gamos e el fuerte jaualy
S1116-3    a cabritos E a -gamos queria los afogar
**GANA**
S 9-4    ganame del tu fijo graçia E bendiçion
S 21-1    gana me graçia E bendiçion
S 473-1    çierta cossa es esta quel molyno andando gana
S 730-2    non estraga lo que gana antes lo guardara
S 989-2    a -las vezes omne gana o -pierde por aventura
S1251-2    estragarie vn frayle quanto el convento gana
S1309-3    mercado falla omne en -que gana sy se detyen
**GANA**    (H)
S 57-4    mostro puño çerrado de porfia avia gana
S 85-4    el leon fue sañudo que de comer avia gana
**GANADES**
S 792-2    por ese quexo vano nada non ganades
**GANADO**
S 229-2    desque lo tiene omne çiero E ya ganado
S 875-4    las ove ganado non posistes ay vn clauo
S 995-2    non dexes lo ganado por lo que as de ganar
**GANANCIA**
G 554-2    Ca es mala ganançia peor que de logrero
**GANAR**
S 227-4    coydo ganar E perdio lo que tenia en su mano
S 228-2    coyda ganar con-tigo E pierde su cabdal
S 380-2    mas por oyr la missa nin ganar de dios perdon
S 995-2    non dexes lo ganado por lo que as de ganar
S1534-1    Muchos cuydan ganar quando dizen a -todo
**GANARAS**
S 492-3    conpraras parayso ganaras saluaçion
**GANARON**
S 221-1    Cobdiçian los averes que ellos non ganaron
S 289-2    pierden lo que ganaron por lo ageno coblar
**GANGOSA**
S1017-3    boz gorda e gangosa a -todo omne enteca
**GANO**
S 175-4    por el pan de vna noche non perdere quanto gano
**GAOLA**
S1278-3    non se podrian alcançar con -las vigas de gaola
**GARANON**
S1405-2    commo garanon loco el nesçio tal venia
**GARAVATO**
S 925-1    garavato nin tya cordel nin cobertor
S1109-2    traya muy duro Cuero con mucho garauato
S1475-3    quien al diablo cree traual su garavato
**GARAVATOS**
S1221-2    tajones e garavatos grandes tablaz e mesaz
S1472-3    e veo las tus manos llenas de garauatos
S1474-1    Aquellos garauatos son las mis arterias

**GARCIA**
S 117-2   dixelo a fferrand garçia
S 913-1   Sabed que non busque otro ferrand garçia
**GARÇA**
S 569-3   alçando el cuello suyo descobre se la garça
S 653-2   que talle que donayre que alto cuello de garça
S1499-3   alto cuello de garça color fresco de grana
**GARÇAS**
S 66-1   ffallaras muchas garças non fallaras vn veuo
**GARÇON**
S 189-1   Era vn garçon loco mançebo bien valiente
S 193-3   ante que fuese casado el garçon atan Reçio
S 196-4   ansy tu deuaneo al garçon loco domo
S 293-4   tu dizes al garçon que coma byen e non tema
S 307-2   vos ved que yo soy fulano de -los garçones garçon
S 422-2   E mucho garçon loco de mi profaçaria
S 487-2   mas garçon e mas ardit quel primero que ameste
**GARÇONES**
S 307-2   vos ved que yo soy fulano de -los garçones garçon
S 374-1   Rezas muy byen las oras con garçones folgaynez
**GARÇONIA**
S 303-4   tu dizes que quien byen come byen faze garçonia
**GARÇOTAS**   (V)
G 66-1   fallaraz muchaz garçotaz non fallaraz vn hueuo
**GARGANTERO**
S 299-1   al leon gargantero rrespondio el cavallo
**GARNACHA**
S 966-1   yo con miedo E aRezido premetil vna garnacha
**GARNACHO**
S1003-3   vn çamaron disantero e garnacho para entre el año
S1019-1   Por el su garnacho tenia tetas colgadas
**GAROÇA**
S1346-1   Dixol doña garoça enbio te el a -mi
S1395-1   Dixol doña garoça oy mas no te dire
S1484-1   dixo l doña garoça que ayas buena ventura
S1492-1   Dixol doña garoça verme he da my espaçio
**GAROZA**
S1392-1   byen asy acaesçe a -vos doña garoza
**GARRIDA**
S 64-4   entiende bien my dicho e avras dueña garrida
S1317-3   rroguel que me catase alguna tal garrida
**GARRIOFILOTA**
S1336-2   e la garriofilota con dia margariton
**GARVANÇOS**
S1163-2   conbras garuanços cochoz con azeyte e non al
**GASADO**
S1687-6   gasado E prazer
**GASAJADO**
G 758-2   sienpre an gasajado plazer e alegria
**GASAJADOS**
S1316-3   pense commo oviese de tales gasajados
**GASPAR**
S 27-1   ofreçiol mira gaspar
**GATAS**
S1472-4   dellos estan colgados muchas gatas e gatos
S1474-2   los gatos E las gatas son muchas almas mias
**GATO**
S1109-4   ansi traua dellos Como si fuese gato
S1324-4   non vido a -la mi vieja ome gato nin can
S1382-3   como estaua solo sy viniera el gato
S1383-4   que mal pisa el omne al gato mal Rascaña
**GATOS**
S1472-4   dellos estan colgados muchas gatas e gatos
S1474-2   los gatos E las gatas son muchas almas mias
**GAVILLAS**
S1280-2   E enxerir de escoplo e gauillas amondar
**GAYO**
S1439-2   mejor gritas que tordo nin Ruy Señor nin gayo
**GAYOS**
S1226-1   Resçiben lo laz aves gayos E Ruy Señorez
**GELA**
S 212-4   a -quien nol quiere nil ama ssyenpre gela mientass
S1246-3   al que gela non besa tenian lo por villano
S1461-1   diogela en presente callando al alcalde
**GELAS**
S 58-2   merescen los rromanoz las leyes yo non gelas niego
S 104-2   mande que gelas diesen de noche o al alua
S 315-1   dyole grand par de coçes en -la fruente gelas pon
S 335-4   ante que -las comiese yo gelas tome frias
S1199-2   mas desque gelas dieron E le fueron leydaz
**GELO**
S 63-4   dexose de amenazar do non gelo preçian nada
S 199-4   pidyeron Rey a -don jupiter mucho gelo Rogauan
S 368-2   non gelo preçio don ximio quanto vale vna nuez
G 451-3   promete e manda mucho maguer non gelo dierez
S 453-1   gradesçe gelo mucho lo que por ti feziere
S 453-2   pongelo en mayor de quanto ello valyere
S 525-1   Por vna vez al dia que omne gelo pida
S 525-3   doña venuz gelo pide por el toda su vyda
S 602-2   muchas vezes gelo dixe que fynque mal denostado
S 853-3   grand temor gelo defiende que mesturada seria
S1195-4   enbiat gelo dezir con dona merienda farta
S1218-3   al cablon que esta gordo el muy gelo pynta
S1256-1   ally Responden todos que non gelo conssejauan
S1492-3   quiero yr a -dezir gelo yuy como me engraçio
S1497-2   que lieues esta carta ante que gelo yo diga
S1511-2   que non gelo desdeñedes pues que mas traher non pud
S1517-4   quien gelo dezir feziere pechar deue caloña
S1536-4   si dizen que sanara todos gelo rrepuntan
S1708-4   que -la acoje de noche en casa avn que gelo defiendo
**GELOS**
S 915-2   leuogelos la vieja con otros adamares

**GEMIDO**
S1138-3   es menester que faga por gestos e gemido
**GENERAL**
S 67-1   En general a -todos ffabla la escriptura
S1160-2   ca es de todo el mundo vicario general
**GENGIBRANTE**
S1335-2   el diaçitron abatys con -el fino gengibrante
**GENTA**
S1648-7   virgen genta
**GENTE**
S 99-1   la gente que tan grandes bramidos oya
S 189-4   porfiaron en -cabo con -el toda la gente
S 268-4   el mundo escarnido E muy triste la gente
S 330-2   a -esta vuestra cibdat non conosco la gente
S 659-2   por que toda aquella gente de -la plaça nos miraua
S 871-4   a -ora de medio dia quando yanta la gente
S 934-3   çapatas fasta rrodilla e dira toda la gente
S1004-3   çapatas fasta rrodilla e dira toda la gente
S1073-3   non diga su gente que non fue aperçebida
S1665-8   de gente maliçiosa
**GENTES**
S 62-1   que yo le quebrantaria ante todas las gentes
S 188-1   de commo enflaquezes las gentes e las dapñas
S 395-1   Coydan se la cassar conos las otras gentes
S 433-4   sy ha el cuello alto atal quieren las gentes
S1081-3   de gentes muy guarnidas muy byen aconpañado
S1113-2   feriendo e matando de -las carnosas gentes
S1231-4   a -laz gentes alegra todaz laz tyene pagadaz
S1263-1   ffueron se a -sus posadaz laz mas de aquestaz gentes
S1403-3   yo a -la mi Señora E a -todaz sus gentes
S1440-4   alegraua laz gentes mas que otro juglar
**GENTIL**
S 463-4   por pereza de alynpiar me perdy la duena gentil
S 600-3   pues ansy aver non puedo a -la duena gentil
**GENTILES**
S 3-2   de poder de gentilez sacaste a -santiago
**GESTO**
S 169-1   De talla muy apuesta E de gesto amorosa
S 220-2   con palabras muy dulçes con gesto engañador
S 531-4   dyos te salue buen omne dixol con ssynple gesto
S1371-1   Estaua en mesa pobre buen gesto e buena cara
**GESTOS**
G 549-1   por ende fuy del vino e faz buenoz geztoz
G 581-1   de talle muy apuesta de gestos amoroza
S 625-2   palabras afeytadas con gestos amorosos
S 806-4   en gestos o en sospiros o en color o en fablar
S1138-3   es menester que faga por gestos e gemido
S1257-3   con gestos amorosos e engañosos jugetes
**GIAR**
G 687-4   quiso me dioz bien giar e la ventura mia
**GIGANTE**
S 401-1   Eres muy grand gigante al tienpo del mandar
S1120-3   mas vino contra el la gigante ballena
**GIL**
S1690-2   llegadas son laz cartaz del arçobispo don gil
**GIRGONÇA**
S1610-1   En pequena girgonça yaze grand rresplandor
**GLORIA**
P 128   saluaçion E gloria del parayso para mi anima
S 31-3   sobiste con gloria tanta
S 32-4   En -la gloria syn fallia
S 304-1   yra e vana gloria traes en -el mundo non ay tanta
S 305-1   Por la grand vana gloria nabuco-donossor
S 311-1   yra E vana gloria al leon orgulloso
S 315-4   yra e vana gloria dieronle mal gualardon
S1048-1   Por que en grand gloria estas e con plazer
S1222-3   taniendo laz canpanaz en diziendo la gloria
S1442-1   falsa onrra E vana gloria y el Risete falso
S1564-2   do an vida veyendo mas gloria quien mas quiso
S1571-1   a -dios merçed le pido que te de la su gloria
S1659-3   Sy el vos de la su gloria
**GLORIA**   (L)
S 380-3   quieres la misa de -los novios syn gloria e syn son
S 387-3   in -gloria plebys tue fazes las aveytar
**GLORIOSA**
S 10-4   Ayuda me gloriosa madre de pecado(res)
S1635-1   Madre de dios gloriosa
S1641-1   Pydo te merçed gloriosa
S1661-1   Aue maria gloriosa
**GLOSA**
S 927-2   traylla nin trechon nin rregistro nin glosa
S1190-1   Estas fueron laz cartaz el testo e la glosa
S1631-1   ffiz vos pequeno libro de testo mas la glosa
**GLOSAS**
S1151-3   trastorne byen los libros las glosaz e los testos
**GOÇO**
S 28-3   te dixo goço sin pena
S1637-2   fue tu goço segundo
S1645-4   quarto goço fue conplido
S1688-4   en -goço tornares
**GOLONDRINA**
S 211-1   ffazes lo Andar bolando como la golondrina
S 745-3   commo la abutarda quando la golondryna
S 747-1   Dixo la golondrina a -tortolas e a -pardales
S 749-1   Torno la golondrina e dixo al abutarda
S 751-1   fuese la golondrina a -casa del caçador
S 752-4   dixo la golondrina ya sodes en pelaça
G 762-4   nunca la golondrina mejor consejo ogaño
**GOLOSINA**
S 291-1   la golossyna traes goloso Laminero
S 295-1   mato la golossyna muchos en -el desierto
S 297-1   Muerte muy Rebatada trae la golossyna

## GOLOSINA (cont.)
S1168-1 Por la tu mucha gula E tu grand golosina

## GOLOSO
S 122-1 Del escolar goloso conpañero de cucaña
S 291-1 la golossyna traes goloso Laminero
S 297-2 al cuerpo muy goloso e al alma mesquina
S 298-3 el leon tan goloso al cavallo sopessa
S1075-3 a -ty carnal goloso que te non coydas fartar
S1399-4 quiere el frayle goloso entrar en -el tajador
S1620-2 thafur peleador goloso Refertero

## GOLOSOS
S 302-4 anssy mueren los locos golosos do tu y vaz

## GOLPAD
S1588-4 con esta espada fuerte Segura mente golpad

## GOLPE
S 86-2 dio grand golpe en -la cabeça al lobo por lo castigar
S 187-1 Eres tan enconado que do fieres de golpe
S 200-3 el grand golpe del fuste fizo las rranas callar
S 794-2 Sanara golpe tan grand de tal dolor venido
S 978-2 ally proue que era mal golpe el del oydo

## GOLPES
S1117-3 della e de -la parte dan se golpes sobejos

## GOLLINES
S1051-2 los traydores gollynes commo si fuese rrapaz

## GOLLORIAS
S 781-2 en agenas posadas demandan gollorias

## GOMA
S 266-3 fizole suelo de cobre Reluze mas que goma

## GONÇALO
S1708-1 Don gonçalo canonigo Segud que vo entendiendo

## GORDA
S1017-3 boz gorda e gangosa a -todo omne enteca

## GORDAS
S1013-3 las narizes muy gordas luengas de çarapico

## GORDILLA
S 828-4 veo vos byen loçana byen gordilla e fermosa

## GORDO
S 298-1 vn cavallo muy gordo pasçia en -la defesa
S 894-2 commo estaua byen gordo començo a -Retoçar
S1123-3 que non podia de gordo lydiar syn el buen vino
S1218-3 al cablon que esta gordo el muy gelo pynta

## GORDOS
S1014-1 Su boca de alana E los rrostros muy gordos
S1082-3 anades e lauancos e gordos anssaronez
S1273-3 matar los gordos puercos e desfazer laz cabañas
S1487-3 mas gordos que delgadoz bermejos como coral

## GORGEAR
S1440-4 bien se coydo el cueruo que con -el gorgear

## GORGEE
S 924-2 byen o -mal commo gorgee nunca le digas pycaça

## GORJEADOR
S 751-3 commo era grytadera E mucho gorjeador

## GOSTAR
S 291-2 querries a -quantas vees gostar las tu primero

## GOSTE
S 154-3 pero avn que omne non goste la pera del peral

## GOTA
S1551-2 Natura as de gota del mal e de dolor

## GOTA (H)
S1518-3 E yo con pessar grande non puedo dezir gota

## GOTERA
S 464-3 daua me vna gotera del agua que fazia
S 465-2 la gotera que vos digo con -su mucho Rezio dar

## GOVERNAD
S 775-4 mandad vos E fare yo despues governad a mi

## GOZO
S 22-1 El primero gozo ques lea
S 30-1 Madre el tu gozo sesto
S 37-1 ffue el tu gozo terçero

## GOZOS
S 19-4 cantar de -los sus gozos siete que ansi diz
S 33-4 que de tus gozos ayna
S 35-1 Tu siete gozos oviste
S 797-4 cerca son vuestros gozos de -la vuestra querençia
S1642-3 sus gozos digamos

## GOZESTE
S1640-4 espiritu santo gozeste

## GOZO
S1644-2 que gozo tan maño

## GOZOS
S1636-4 los tus gozos que canto
S1648-1 gozos fueron siete
S1663-7 por los tus gozos preciados

## GRABIEL
S 8-3 en -la salutaçio(n) el angel grabiel
S 23-2 grabiel santo E digno
S 38-3 el grabiel

## GRACIA
S 2-1 Señor tu diste graçia a -ester la Reyna
S 2-2 antel el rrey asuero ouo tu graçia digna
S 2-3 Señor da me tu graçia e tu merçed Ayna
S 9-3 Señora da me tu graçia E dame consolaçion
S 9-4 ganame del tu fijo graçia E bendiçion
S 10-1 Dame graçia señora de todoz los señorez
S 12-2 el me done su graçia e me quiera alunbrar
S 21-1 gana me graçia E bendiçion
S 146-4 por graçia o por seruiçio toda tu pena soltar
S1193-2 don carnal poderoso por la graçia de dioz
S1548-2 des-donas la graçia denuestas la mesura
S1591-4 vençeremos a avariçia con la graçia spiritual
S1597-4 con tal graçia podremos vençer gula que es viçio
S1635-6 la tu graçia toda ora

S1664-7 por la graçia que oviste
S1674-3 de graçia llena conplyda

## GRACIAS
S 29-4 graçias a -dios o subia
S 376-3 laudes aurora lucis das les grandes graçias
G 682-2 non se graçiaz que lo valan quantaz uoz mereçedez
S 777-2 ofreçer vos los he yo en graçias e en seruiçio
S1079-1 Dio me muy muchas graçiaz por el buen conbyd
S1259-3 dioles muchas graçias estaua plazentero
S1429-3 diole muy muchas graçias e quel seria mandado
S1541-1 Entieran lo de grado E desque a -graçiaz van
S1630-4 ca non ha grado nin graçiaz nin buen amor conplado

## GRACIOSA
S 169-4 graçiosa e donable amor en -toda cosa
S1667-8 con los santos muy graçiosa

## GRACIOZA
G 581-4 graçioza e Risuena amor de toda coza

## GRAD
S1612-4 ansy en -dueña chica yaze muy grad sabor
S1631-2 non creo que es chica ante es byen grad prosa

## GRADAN
S 940-4 Ca do viejos non lydian los cuervos non gradan

## GRADES
S1485-2 el cuerpo ha bien largo mienbros grades e trifudo

## GRADESCE
S 453-1 gradesçe gelo mucho lo que por ti feziere

## GRADIERIS (L)
P 2 et Instruam te In via hac qua gradieris
P 60 que dize Jn via hac qua gradieris

## GRADO
S 49-1 Respondieron rromanos que -les plazia de grado
S 118-1 dixo me quel plazia de grado
S 133-4 rrespondiole el rrey que -le plazia de grado
S 386-3 digan te conortamos de grado abres las puertas
S 401-3 luego de grado mandas bien te sabes mudar
S 567-2 do falle poridat de grado departy
S 732-2 creo que casaria el con vusco de buen grado
S 953-2 el que de grado me paga non le fago enojo
S 998-2 dixe ando por esta sierra do quirria cassar de grado
S 998-4 busca e fallaras de grado
S1028-1 yol dixe de grado
S1249-4 de grado toma el clerigo e amidos enpresta
S1304-3 ally toda persona de grado se me omilla
S1317-2 presta e plazentera de grado fue venida
S1365-4 non ay mençion nin grado de seruiçio ya pasado
S1395-4 lo que mejor yo viere de grado lo fare
S1429-4 en quanto el podiese quel siruirie de grado
S1541-1 Entieran lo de grado E desque a -graçiaz van
S1630-1 Pues es de buen amor enprestadlo de grado
S1630-4 ca non ha grado nin graçiaz nin buen amor conplado
S1691-2 bien creo que -lo fizo mas con midos que de -grado

## GRAJA
S 284-2 como con los paueznos contesçio a -la graja
S 287-1 graja enpavonada como pauon vestida
S 288-4 mas negra paresçia la graja que el erizo
S1207-2 calabaça bermeja mas que pyco de graja

## GRAJAS
S 547-2 fazen rroydo los beodos commo puercos e grajas

## GRANA
S1286-2 con -los vientoz que faze grana trigo E çeteno
S1288-1 El primero los panes e las frutas grana

## GRANA (H)
S1499-3 alto cuello de garça color fresco de grana

## GRANADA
S1215-2 mas vienen çerca della que en -granada ay moroz

## GRANADO
S 733-4 E de comienço chico viene granado fecho

## GRAND
P 123 E de mucha E grand rrudeza
S 6-2 del forno del grand fuego syn lision
S 18-2 en fea letra esta saber de grand dotor
S 34-4 que a -la grand culpa mia
S 39-1 El quinto fue de grand dulçor
S 52-1 ffueron en -dar vellaco muy grand E muy ardid
S 53-1 vistieron lo muy bien paños de grand valia
S 58-4 grand onrra ovo rroma por vn vil andariego
S 61-3 desto ove grand pesar e tome grand enojo
S 62-4 que me daria grand palmada en los oydos Retinientes
S 72-2 dizelo grand filosofo non so yo de Rebtar
S 76-2 ove de -las mugeres a -las vezes grand amor
S 86-2 dio grand golpe en -la cabeça al lobo por lo castigar
S 95-3 posieron le grand ssaña desto se entremeten
S 99-3 penssauan que grand sierpe o -grand bestia pariria
S 103-1 Tommo por chica cosa aborrençia e grand saña
S 114-1 ffiz con -el grand pessar esta troba caçura
S 114-4 sy de tan grand escarnio yo non trobase burla
S 137-1 ffaciendo la grand piedra el infante aguijo
S 137-2 pasando por la puente vn grand rrayo le dio
S 143-2 Acaesçe que alguno ffaze grand mal rrecabdo
S 157-4 lo que non vale vna nuez amor le da grand prez
S 160-4 E a -toda pera dura grand tienpo la madura
S 172-3 los omnes en dar poco por tomar grand rriqueza
S 174-3 que fallo vn grand mastyn començole de ladrar
S 176-4 tu furtarias lo que guardo E yo grand trayçion faria
S 177-3 tu leuarys el algo yo faria grand maldat
S 185-2 a -las vegadas prendes con grand arrevatamiento
S 193-2 tenia vn molyno de grand muela de preçio
S 200-3 el grand golpe del fuste fizo las rranas callar
S 229-4 quien dexa lo que tiene faze grand mal rrecabdo
S 232-3 lyeua los el diablo por el tu grand abeytar
S 233-3 que por su grand soberuia e su des-agradesçer
S 234-2 por la su grand soberuia fueron e son dañados

| | |
|---|---|
| **GRAND** | **(cont.)** |
| S 238-2 | el cavallo soberuio fazia tan grand sueno |
| S 239-1 | Estava rrefusando el asno con -la grand carga |
| S 242-1 | Tenia del grand yugo dessolladaz las ceruiçes |
| S 245-2 | los que son muy soberuios con su grand orgullya |
| S 247-1 | Por la grand escaseza fue perdido el Rico |
| S 247-3 | non quieres ver nin amas poble grand nin chico |
| S 250-1 | quando tu eras poble que tenias grand dolençia |
| S' 251-2 | Salud e grand rriqueza e thesoro sobejo |
| S 253-1 | Prometio al que -lo sacase thesoros e grand Riqueza |
| S 259-4 | fizo grand penitençia por las tus maestrias |
| S 262-2 | el grand encantador fizole muy mal juego |
| S 264-3 | ençendien ally todos commo en grand çentella |
| S 276-4 | con grand çelo que tienes omne de ti se espanta |
| S 285-2 | dixo con grand envidia yo fare quanto pueda |
| S 291-3 | enfraquesçes pecado eres grand venternero |
| S 299-4 | mas yr a -ty non puedo que tengo vn grand contrallo |
| S 303-1 | El comer syn mesura E la grand venternia |
| S 305-1 | Por la grand vana gloria nabuco-donossor |
| S 308-1 | Con grand yra sansson que -la su fuerça perdio |
| S 309-1 | Con grand yra e saña saul que fue Rey |
| S 312-4 | vino le grand vejedat flaqueza e peoria |
| S 315-1 | dyole grand par de coçes en -la fruente gelas pon |
| S 315-2 | el leon con grand yra trauo de su coraçon |
| S 316-1 | El omne que tiene estado onrra E grand poder |
| S 319-2 | andas con grand synpleza penssando pletisia |
| S 324-4 | galgo que de -la rrapossa es grand abarredera |
| S 325-1 | Ante vos el mucho honrrado e de grand sabidoria |
| S 332-2 | vyno dona marfusa con vn grand abogado |
| S 333-1 | Este grand abogado propuso pa su parte |
| S 353-3 | dire vn poco della que es grand estoria |
| S 360-4 | en -los pleitos criminales su ofiçio ha grand lugar |
| S 372-4 | fablas con grand synpleza por que muchos engañes |
| S 381-4 | feo sant sant vter por la grand misa de fiesta |
| S 401-1 | Eres muy grand gigante al tienpo del mandar |
| S 402-4 | fazes con tu grand fuego commo faze la loba |
| S 404-2 | pierde se por omne torpe duena de grand Respuesto |
| S 420-4 | echas en flacas cuestas grand peso e grand ajobo |
| S 421-3 | tomas la grand vallena con -el tu poco çeuo |
| S 423-4 | que a -las vezes poca agua faze abaxar grand fuego |
| S 424-1 | Por poco mal dezir se pierde grand amor |
| S 424-2 | de pequeña pellea nasçe muy grand rrencor |
| S 428-3 | es vn amor baldio de grand locura viene |
| S 452-4 | que el grand trabajo todas las cosas vençe |
| S 456-1 | son en -la grand pereza miedo E covardia |
| S 456-4 | por pereza se pierde muger de grand valya |
| S 458-3 | el vno del otro avya muy grand despecho |
| S 465-1 | yo ove grand pereza de la cabeça Redrar |
| S 472-4 | muger molyno E huerta syenpre querie grand vso |
| S 480-1 | Pyntole con -la grand priessa vn eguado carnero |
| S 483-2 | E vydo vn grand carnero con armas de prestar |
| S 493-2 | que todos al dinero fazen grand homildat |
| S 493-3 | grand onrra le fazian con grand solepnidat |
| S 510-2 | el dinero del mundo es grand rreboluedor |
| S 512-2 | a -coyta E a -grand priessa el mucho dar acorre |
| S 517-1 | con vna flaca cuerda non alçaras grand trança |
| S 524-1 | A toda cosa brava grand vso la amansa |
| S 526-2 | muchas vegadas dando faze grand cavadura |
| S 526-3 | por grand vso el rrudo sabe grand letura |
| S 531-1 | Tomaua grand pesar el diablo con esto |
| S 532-3 | grand tienpo ha que este aqui a -dyos seruiendo |
| S 566-2 | non te alabes della que es grand torpedat |
| S 598-2 | por que es de grand lynaje E duena de grand solar |
| S 599-3 | ado es grand lynaje ay non son los alçamientos |
| S 603-1 | quanto mas esta omne al grand fuego llegado |
| S 606-4 | el grand amor me faze perder salud e cura |
| S 611-4 | el grand trabajo todas las cosas vençe |
| S 613-4 | El omne mucho cauando la grand peña acuesta |
| S 615-2 | que non dara la mercaduria sy non por grand valor |
| S 628-3 | tomara tan grand enojo que te querra aborresçer |
| S 650-1 | Amigos vo a -grand pena E so puesto en -la fonda |
| S 651-1 | Coytado sy escapare grand miedo he de ser muerto |
| G 673-4 | a entender laz cosaz el grand tienpo laz guia |
| G 674-1 | a -todaz laz cosaz faze el grand vso maestro |
| S 715-3 | a -muchos hes grand ayuda a -muchos estoruador |
| S 731-4 | grand amor e grand ssaña non puede sser que non se mueva |
| S 733-3 | a -vezes cosa chica faze muy grand despecho |
| S 734-3 | e de chica çentella nasçe grand llama de fuego |
| G 760-4 | ternie que non podria sofrir grand porfia |
| G 763-4 | grand plazer e chico duelo es de todo omne querido |
| S 767-1 | a -cabo de grand pieça leuantose estordido |
| S 772-3 | oyeron lo los pastores aquel grand apellidar |
| S 793-3 | quiça el grand trabajo puede vos acorrer |
| S 794-2 | Sanara golpe tan grand de tal dolor venido |
| S 796-3 | sana dolor muy grand e sale grand postilla |
| S 796-4 | en pos de -los grandes nublos grand sol e sonbrilla |
| S 797-1 | vyene salud e vyda despues de grand dolençia |
| S 804-3 | el grand trabajo cunple quantos deseos son |
| S 809-2 | ansy vna grand pieça en vno nos estamos |
| S 814-4 | perder la por tardança seria grand avoleza |
| S 821-1 | En toda parte anda poca fe e grand fallya |
| S 830-1 | El grand fuego non puede cobrir la su llama |
| S 834-2 | par-dios mal dia le vydo la vuestra grand dureza |
| S 835-3 | saca gualardon poco grand trabajo e grand pena |
| S 839-1 | El grand amor me mata el tu fuego parejo |
| S 841-1 | Entyendo su grand coyta en mas de mill maneras |
| S 848-2 | grand pecado e desonrra en -las ansy dañar |
| S 853-3 | grand temor gelo defiende que mesturada seria |
| S 855-2 | su porfia e su grand quexa ya me trahe cansada |
| S 865-1 | los omnes muchas vegadas con -el grand afyncamiento |
| S 907-3 | de vna nuez chica nasçe grand arbor de grand noguera |
| S 921-2 | que juga jugando dize el omne grand manzilla |

| | |
|---|---|
| S 929-1 | ove con -la grand coyta Rogar a -la mi vieja |
| S 934-1 | ffizo grand maestria E sotil trauesura |
| S 944-1 | Con -el triste quebranto E con -el grand pesar |
| S 949-1 | Por melo otorgar Señoras escreuir vos he grand saçon |
| S 949-3 | non puede ser que non yerre omne en grand Raçon |
| S 989-1 | Radio ando sseñora en esta grand espessura |
| S1006-4 | viento con grand elada Rozio con grand friura |
| S1008-1 | Nunca desque nasçi pase tan grand peligro |
| S1009-1 | Con -la coyta del frio e de aquella grand elada |
| S1010-2 | ca byen creed que era vna grand yegua cavallar |
| S1011-3 | a grand hato daria lucha e grand con-quista |
| S1012-1 | Avia la cabeça mucho grand syn guisa |
| S1016-3 | de -las cabras de fuego vna grand manadilla |
| S1023-5 | e de grand elada |
| S1027-5 | e dan grand soldada |
| S1045-4 | ofresco con cantigas e con grand omildat |
| S1048-1 | Por que en grand gloria estas e con plazer |
| S1055-2 | grand coyta fue aquesta por el tu fijo duz |
| S1064-4 | destas llagas tenemos dolor e grand pessar |
| S1067-4 | puso por todo el mundo miedo e grand espanto |
| S1080-4 | truxo muy grand mesnada commo era poderosso |
| S1083-3 | escudauan se todoz con -el grand tajadero |
| S1087-4 | Real de tan grand preçio non tenian las sardinas |
| S1094-1 | Commo es don carnal muy grand enperador |
| S1094-3 | aves E animalias por el su grand amor |
| S1094-4 | vinieron muy omildes pero con grand temor |
| S1098-1 | Essa noche los gallos con grand miedo estouieron |
| S1102-3 | fizole escopir flema esta fue grand Señal |
| S1115-2 | tenia en -la su mano grand maça de vn trechon |
| S1120-1 | Porfiaron grand pieça e pasaron grand pena |
| S1128-4 | demando penitençia con grand arrepentyr |
| S1133-1 | Es me cosa muy graue en tan grand fecho fablar |
| S1134-3 | con -la çiençia poca he grand miedo de fallyr |
| S1136-1 | En -el santo decreto ay grand disputaçion |
| S1146-4 | faze jnjuria e dapno e meresçe grand pena |
| S1152-2 | los libros de ostiense que son grand parlatorio |
| S1156-2 | mas en ora de muerte o de grand nesçesidat |
| S1157-4 | la grand neçesidat todos los casos atapa |
| S1161-3 | en -la grand nesçesidat al cardenal aprisionado |
| S1165-1 | Por tu grand avariçia mando te que el martes |
| S1166-2 | por la tu grand loxuria comeras muy pocaz desaz |
| S1168-1 | Por la tu mucha gula E tu grand golosina |
| S1171-2 | estaua don carnal con muy grand deuoçion |
| S1186-4 | alboroço ayna fizo muy grand portillo |
| S1196-3 | yremos lydiar con -ella faziendo grand Roydo |
| S1202-2 | rresçelo de -la lyd muerte o grand presion |
| S1202-4 | para pasar la mar puso muy grand mision |
| S1206-2 | echo vn grand doblel entre loz sus costados |
| S1210-3 | fue por toda la tierra grand Roydo sonado |
| S1222-2 | rreçiben lo en sus puebloz dizen del grand estoria |
| S1223-3 | dixo con grand orgullo muchaz blauaz grandiaz |
| S1243-2 | de piedras de grand preçio con amor se -adona |
| S1244-1 | a -cabo de grand pieça vy al que -la traye |
| S1244-4 | el cauallo de españa muy grand preçio valie |
| S1245-1 | Muchas vienen con -el grand enperante |
| S1246-4 | acaesçio grand contyenda luego en ese llano |
| S1247-1 | Con quales possarie ovieron grand porfia |
| S1249-3 | Señor chica morada a -grand Señor non presta |
| S1250-3 | a -grand Señor conviene grand palaçio e grand vega |
| S1250-4 | para grand Señor non es posar en -la bodega |
| S1251-4 | tyenen muy grand galleta e chica la canpana |
| S1259-1 | Mas commo el grand Señor non deue ser vandero |
| S1262-3 | todoz le aconpañan con grand conssolaçion |
| S1266-3 | es vna grand estoria pero non es de dexar |
| S1267-4 | alunbrase la tyenda de su grand rresplandor |
| S1270-3 | delante ella grand fuego de -si grand calor echa |
| S1287-3 | del primero al segundo ay vna grand labrança |
| S1305-3 | falle grand santidat fizo me estar quedo |
| S1314-2 | con -el muy grand plazer al su enamorado |
| S1315-3 | todos avien grand fiesta fazien grandez yantares |
| S1332-4 | andares en amor de grand dura sobejo |
| S1351-3 | creçio con -el grand vyçio e con -el grand bien que tenia |
| S1355-3 | ayudete con algo fuy grand tyenpo tu ama |
| S1401-4 | demonstraua en -todo grand Amor de la Amaua |
| S1424-3 | puede vos por ventura de mi grand pro venir |
| S1426-2 | el mur con -el grand miedo començo a -falgar |
| S1431-4 | do estan vuestraz manos fare vn grand portillo |
| S1434-2 | fazer mucho prouecho E dar grand mejoria |
| S1437-3 | grand pedaço de queso en -el pico leuaua |
| S1446-2 | dezien con -el grand miedo que se fuesen a -esconder |
| S1448-2 | faze tener grand miedo lo que non es de temer |
| S1457-4 | fue el ladron a -vn canbio furto de oro grand sarta |
| S1462-2 | vso su mal ofiçio grand tienpo e grand sazon |
| S1464-3 | saco vna grand soga diola al adelantado |
| S1475-4 | el le da mala çima E grand mal en chico Rato |
| S1522-4 | sy non dolor tristeza pena e grand crueldad |
| S1528-1 | ffazes al mucho Rico yazer en grand pobleza |
| S1557-2 | temio te la su carne grand miedo le posiste |
| S1586-1 | Contra la grand cobdiçia el bautismo porfia |
| S1588-1 | Sobrar a -la grand soberuia dezir mucha omildat |
| S1594-3 | entendiendo su grand dapno faziendo blanda farina |
| S1596-1 | grand pecado es gula puede a -muchos matar |
| S1610-1 | En pequena girgonça yaze grand rresplandor |
| S1610-3 | en -la dueña pequeña yase muy grand amor |
| S1612-2 | en oro muy poco grand preçio E grand valor |
| S1612-3 | commo en poco blasmo yaze grand buen olor |
| S1616-2 | terrenal parayso es e grand consso-laçion |
| S1617-2 | non es desaguisado del grand mal ser foydor |
| S1621-1 | Dos dias en -la selmana era grand ayunador |
| S1622-4 | pus lo por menssajero con -el grand menester |
| S1632-1 | De -la santidat mucha es byen grand lyçionario |
| S1647-6 | que grand alegria |

## GRAND

| | (cont.) |
|---|---|
| S1667-3 | por la tu grand santidad |
| S1679-1 | grand fyança he yo en -ty Señora |
| S1683-1 | sufro grand mal syn meresçer a -tuerto |
| S1688-3 | E mi grand tribulaçion |
| S1698-2 | en -dexar yo a -ella rresçibierya yo grand dapño |
| S1700-2 | con -grand afyncamiento ansi como dios Sabe |
| S1704-1 | Por que suelen dezir que el can con grand angosto |

## GRANDE

| S 8-1 | El nonbre profetizado fue grande hemanuel |
|---|---|
| S 181-3 | vn omne grande fermoso mesurado a -mi vino |
| S 194-1 | aquesta fuerça grande e aquesta valentia |
| S 323-2 | fueron ver su juyzio ante vn sabydor grande |
| S 461-2 | fazia la syesta grande mayor que ome non vydo |
| S 612-2 | que non ha muger en -el mundo nin grande nin mocuela |
| G 678-4 | al omne conorte grande e plazenteria bien zana |
| G 685-3 | ençendemiento grande pone el abraçar el amada |
| G 687-3 | zolaz tan plazentero e tan grande alegria |
| S 692-4 | dios e el trabajo grande pueden los fados vençer |
| S 714-4 | dio melo tan bien parado que nin es grande nin chico |
| S 715-1 | El presente que se da luego sy es grande de valor |
| S 748-1 | fezieron grande escarnio de -lo que -les fablaua |
| S 771-2 | fazemos byen grande syn perros e syn pastorez |
| S 793-4 | dios e el vso grande fazen los fados boluer |
| S 795-4 | veo el daño grande E de mas el haçerio |
| S 817-2 | ca engañar es poble es pecado muy grande |
| S 830-2 | nin el grande amor non puede encobrir lo que ama |
| S 839-4 | a -la mi quexa grande non le fallo conssejo |
| S1008-3 | la mas grande fantasma que vy en -este siglo |
| S1074-2 | vna concha muy grande de -la carta colgada |
| S1205-2 | grande sonblero Redondo con mucha concha maryna |
| S1351-4 | tanto que sierpe grande a -todoz paresçia |
| S1472-1 | beo vn monte grande de muchos viejos çapatoz |
| S1518-3 | E yo con pessar grande non puedo dezir gota |
| S1669-4 | guardalo de mal andança el tu bien grande llenero |
| S1700-3 | E con llorosoz ojos E con dolor grande |

## GRANDES

| S 99-1 | la gente que tan grandes bramidos oya |
|---|---|
| S 125-2 | deprende grandes tienpos espienden grant quantia |
| S 269-2 | quantos en tu loxuria son grandes varraganes |
| S 376-3 | laudes aurora lucis das les grandes graçias |
| S 400-4 | prometes grandes cosas poco e tarde pagas |
| S 433-4 | ojos grandes fermosos pyntados Reluzientes |
| G 438-3 | grandez cuentaz al cuelo zaben muchaz conzejaz |
| G 439-1 | zon grandez maeztraz aqueztaz pauiotaz |
| G 444-1 | si dixere que la dueña non tiene mienbroz muy grandez |
| S 466-1 | Non se dixo la duena destas perezas grandes |
| S 734-4 | e vienen grandes peleas a -vezez de chico juego |
| S 747-4 | que es aqui senbrado por nuestros males grandes |
| S 771-1 | ffiestas de seys capas E de grandes clamorez |
| S 793-4 | grandes artes de-muestra el mucho menester |
| S 796-4 | en pos de -los grandes nublos grand sol e sonbrilla |
| S 804-1 | Estorua grandes fechoz pequeña ocasyon |
| S 888-1 | a -las grandes dolençias a -las desaventuras |
| S1016-2 | los huesos mucho grandes la çanca non chiquilla |
| S1017-2 | vellosa pelos grandes pero non mucho seca |
| S1020-1 | Costillas mucho grandes en su negro costado |
| S1085-2 | ally andan saltando e dando grandes gritos |
| S1104-1 | vinien las grandes mielgas en esta delantera |
| S1105-2 | salpresaz e trechadas a -grandes manadillas |
| S1121-3 | pero ansi apeado fazia grandes acometidas |
| S1147-1 | Todos los casos grandes fuertes agrauiados |
| S1159-3 | que de -los casos grandes que vos distes vngente |
| S1166-2 | por conplir adulterio fazias grandes promessas |
| S1185-2 | dauan grandes balidos dezien estas conssejas |
| S1188-3 | dan grandes apellidos terneras E beçerros |
| S1221-3 | tajones e garauatos grandes tablaz e mesaz |
| S1234-3 | tan grandes alegrias nin atan comunales |
| S1235-1 | laz carreraz van llenaz de grandes proçesiones |
| S1245-4 | de -los grandes rroydos es todo el val sonante |
| S1248-3 | rrefitorios muy grandes e manteles parados |
| S1248-4 | los grandes dormitorios de lechos byen poblados |
| S1252-3 | tyenen cozinaz grandes mas poca carne dam |
| S1254-1 | Tyenden grandes alfamarez ponen luego tableroz |
| S1315-2 | todos avien grand fiesta fazien grandez yantares |
| S1341-3 | grandes demandaderaz amor sienpre les dura |
| S1383-1 | Tu tyenes grandes casaz mas ay mucha conpaña |
| S1430-1 | cayo en -grandes rredes non las podia Retaçar |
| S1487-4 | laz espaldaz byen grandes laz muñecas atal |
| S1607-2 | dueñas ay muy grandes que por chicas non troco |
| S1607-4 | mas las chicas e laz grandes se rrepienden del troco |

## GRANDIAS

| S1223-3 | dixo con grand orgullo muchaz blauaz grandiaz |
|---|---|

## GRANIZO

| S 951-3 | de nieue e de granizo non ove do me asconder |
|---|---|

## GRANO

| S 390-4 | non me val tu vanagloria vn vil grano de mijo |
|---|---|
| S 907-2 | que de vn grano de agraz se faze mucha dentera |
| S 907-4 | e muchas espigas nasçen de vn grano de çiuera |
| S1388-1 | Mas querria de vuaz o -de trigo vn grano |
| S1611-1 | Es pequeño el grano de -la buena pemienta |

## GRANT

| S 102-2 | pone muy grant espanto chica cosa ez doz nuezez |
|---|---|
| S 125-2 | deprende grandes tienpos espienden grant quantia |
| S 512-1 | Derrueca fuerte muro E derriba grant torre |
| G 551-3 | El grant arrebatamiento con locura contiende |
| G 584-3 | por todo el mundo tiene grant poder e suerte |
| G 587-1 | Non uoz pidre grant coza para voz me la dar |
| G 594-4 | que non el morir syn dubda e beuir en grant Rencura |
| G 662-1 | Con la grant pena que pazo vengo a -uoz dezir mi quexa |

## GRANZAVA

| S 964-1 | ffazia nieue e granzaua diome la chata luego |
|---|---|

## GRATIA (L)

| S1662-1 | graçia plena syn manzilla |
|---|---|

## GRAVE

| G 587-2 | Pero a -mi cuytado es me graue de far |
|---|---|
| S 887-1 | El cuerdo graue mente non se deue quexar |
| S1133-1 | Es me cosa muy graue en tan grand fecho fablar |

## GRAVES

| S 513-1 | las cosas que son graues fazelas de lygero |
|---|---|
| S1301-1 | otraz cossaz estrañaz muy grauez de creer |

## GRECIA

| S 46-2 | non me contesca con-tigo commo al doctor de greçia |
|---|---|
| S 46-4 | quando demando Roma a -greçia la çiençia |
| S 58-1 | A Todos los de greçia dixo el sabio griego |

## GREGORIO

| P 185 | Ca dize sant gregorio que menoz firien al onbre |
|---|---|

## GRESUS (L)

| S 383-3 | gressus meos dirige rresponde doña fulana |
|---|---|

## GREY

| S 928-4 | que estaua coytado commo oveja syn grey |
|---|---|

## GRIALES

| S1175-4 | espetoz e grialez ollaz e coberteraz |
|---|---|

## GRIEGO

| S 54-1 | vino ay vn griego doctor muy esmerado |
|---|---|
| S 55-1 | leuantose el griego sosegado de vagar |
| S 56-1 | Mostro luego trez dedos contra el griego tendidos |
| S 57-1 | leuantose el griego tendio la palma llana |
| S 58-1 | A Todos los de greçia dixo el sabio griego |
| S 59-1 | Preguntaron al griego sabio que fue lo que dixiera |

## GRIEGOS

| S 47-2 | fueron las demandar a -griegos que las tienen |
|---|---|
| S 47-3 | rrespondieron los griegos que non las merescien |
| S 50-4 | a -los griegos doctores nin al su mucho saber |
| S 52-2 | dixieron le nos avemos con griegos nuestra conbit |
| S 53-4 | doy mays vengan los griegos con toda su porfia |
| S 54-2 | escogido de griegos entre todos loado |

## GRITADERA

| S 751-3 | commo era grytadera E mucho gorjeador |
|---|---|

## GRITADOR

| S1229-1 | El rrabe gritador con -la su alta nota |
|---|---|
| S1615-2 | pero qual quier dellaś es dulçe gritador |

## GRITANDO

| S1228-1 | ally sale gritando la guitara morisca |
|---|---|

## GRITAS

| S1439-2 | mejor gritas que tordo nin Ruy Señor nin gayo |
|---|---|

## GRITO

| S1236-4 | venite exultemus cantan en alto grito |
|---|---|

## GRITOS

| S1085-2 | ally andan saltando e dando grandes gritos |
|---|---|

## GROYA

| S 972-3 | fuy ver vna costilla de -la serpiente groya |
|---|---|

## GRUESA

| S1103-2 | firio muy Rezia mente a -la gruesa gallyna |
|---|---|

## GRUESO

| S1123-1 | Synon fuese la çeçina con -el grueso toçino |
|---|---|

## GRUILLOS

| S 497-2 | tyra çepos e gruillos E cadenas peligrosas |
|---|---|

## GRULLA

| S 253-2 | vino la grulla de somo del alteza |
|---|---|
| S 254-1 | Dyxo la grulla al lobo quel quisiese pagar |

## GUADALAJARA

| S1370-1 | Mur de guadalajara vn lunes madrugara |
|---|---|
| S1371-4 | pagos del buen talente mur de guadalajara |
| S1377-1 | Mur de guadalajara entro en -su forado |

## GUADALQUIVIL

| S1107-4 | fasta en guadal-qui-vyl ponian su tendejones |
|---|---|

## GUALARDON

| S 315-4 | yra e vana gloria dieronle mal gualardon |
|---|---|
| S 835-4 | saca gualardon poco grand trabajo e grand pena |
| S 933-4 | non ay pecado syn pena nin bien syn gualardon |
| S1423-4 | sy non dar te he gualardon qual tu meresçimiento |
| S1633-3 | yo vn gualardon vos pido que por dios en -rromeria |

## GUALARDONADA

| S1589-2 | tener fe que santa cosa es de dios gualardonada |
|---|---|

## GUALARDONADO

| S 717-4 | por que me non es agradesçido nin me es gualardonado |
|---|---|

## GUAR

| G 448-1 | guarte que non zea belloza nin barbuda |
|---|---|

## GUARDA

| S 7-4 | Señor tu sey comigo guardame de trayd(ores) |
|---|---|
| S 356-3 | por perentoria esto guarda non te encone |
| P 185 | desque telo prometa guarda non -lo olvidez |
| S 485-4 | desque telo prometa guarda non -lo olvidez |
| S 527-1 | guarda te non te abuelvas a -la casamentera |
| S 528-2 | guardate sobre todo mucho vino beuer |
| S 545-4 | si amar quieres dueña del vyno byen te guarda |
| S 564-1 | de vna cossa te guarda quando amares vna |
| S 635-2 | guarda non -lo entyenda que -lo lyeuas prestado |
| S 646-1 | guardate non la tengas la primera vegada |
| S 909-3 | guarda de falsa vieja de rriso de mal vezino |
| S1662-7 | guardame toda ora |
| S1664-9 | tu me guarda piadosa |
| S1667-4 | tu me guarda de errar |
| S1669-4 | guardalo de mal andança el tu bien grande llenero |
| S1670-3 | pues a -ty Señora canto tu me guarda de lisyon |
| S1672-3 | E me guarda toda via piadoza virgen santa |
| S1677-6 | tu me guarda en -tu mano |

## GUARDA (H)

| S 338-1 | ssu mançeba es la mastina que guarda las ovejas |
|---|---|
| S 695-3 | vno o -otro non guarda lealtad nin la cuda |
| S 845-2 | mas guarda me mi madre de mi nunca se quita |
| S 938-3 | non se guarda dellas estan con las personaz |

## GUARDA

| | (cont.) |
|---|---|
| S 988-2 | encontrome con gadea vacas guarda en -el prado |
| S1442-3 | muchos cuydan que guarda el viñadero e el paso |
| S1566-2 | aquel nos guarde de ty que de ty non se guarda |

## GUARDA (H)
| | |
|---|---|
| S1671-2 | tu acorro E guarda fuerte a -mi libre defendiendo |

## GUARDAD
| | |
|---|---|
| S 930-3 | tal vieja para vos guardadla que conorta |

## GUARDADA
| | |
|---|---|
| S 90-4 | la dueña muy guardada ffue luego de mi partida |
| S 394-3 | ençerrada e guardada e con vycios criada |
| S 476-3 | por que seades guardada de toda altra locura |
| S 877-4 | dios E mi buena ventura mela touieron guardada |
| S 922-1 | ffue la dueña guardada quanto su madre pudo |
| S 960-3 | que por esta encontrada que yo tengo guardada |
| S1031-5 | que tengo guardada |

## GUARDADERAS
| | |
|---|---|
| S 644-2 | mucho son de -las moças guardaderas celosas |

## GUARDADES
| | |
|---|---|
| S1208-3 | diz vos que me guardades creo que me non tomedes |

## GUARDADO
| | |
|---|---|
| S 836-4 | de -lo que -le prometistes non es cosa guardado |

## GUARDADOR
| | |
|---|---|
| S1057-4 | çenturio fue dado luego por guardador |

## GUARDADOS
| | |
|---|---|
| S 132-2 | mando que -los maestros fuesen muy bien guardados |

## GUARDALAS
| | |
|---|---|
| S 107-2 | sienpre quise guardalas e sienpre las serui |

## GUARDAM
| | |
|---|---|
| S 78-3 | mucho de omne se guardam ally do ella mora |
| S 940-2 | con mi buhonera de mi non se guardam |

## GUARDAN
| | |
|---|---|
| S 78-4 | mas mucho que non guardan los jodios la tora |
| S 936-2 | a -la dueña non -la guardan su madre nin su ama |
| S 940-1 | a -la dueña non -la guardan su madre nin su ama |
| S1104-2 | los verdeles e xibias guardan la costanera |
| S1276-4 | echar de yuso yelos que guardan vino agudo |

## GUARDANDO
| | |
|---|---|
| S 412-1 | Non guardando la Rana la postura que puso |
| S 504-2 | guardando lo en -covento en vasos e en taças |

## GUARDAR
| | |
|---|---|
| P 183 | e se puedan mejor guardar de tantaz maestriaz |
| P 187 | E mejor noz podemoz guardar |
| S 573-1 | ssy tu guardar sopieres esto que te castigo |
| S 704-2 | fare por vos quanto pueda guardar he vos lealtad |
| S 736-3 | guardar vos he poridat çelare vuestra rraçon |
| S 999-2 | yol dixe bien se guardar vacas yegua en cerro caualgo |
| S1059-1 | Los que -la ley de xpistus avemos de guardar |
| S1586-3 | saber nos guardar de -lo ajeno non dezir esto querria |
| S1587-4 | E dios guardar nos ha de cobdiçia mal andança |

## GUARDARA
| | |
|---|---|
| S 730-2 | non estraga lo que gana antes lo guardara |

## GUARDARE
| | |
|---|---|
| S 851-1 | la fama non sonara que yo la guardare byen |

## GUARDARES
| | |
|---|---|
| S 473-4 | do estas tres guardares non es tu obra vana |
| S 572-3 | sy las dos byen guardares tuya es la terçera |
| S 926-4 | creo que si esto guardares que -la vieja te acorra |

## GUARDARON
| | |
|---|---|
| S 739-4 | que para esse buen donayre atal cosa vos guardaron |

## GUARDAS
| | |
|---|---|
| S 572-2 | dar te ha la segunda sy le guardas la prymera |
| S1498-3 | guardaz tenie la monja mas que -la mi esgrima |

## GUARDAS (H)
| | |
|---|---|
| S 846-2 | vençe a -todas guardas e tyene las por mueras |

## GUARDASE
| | |
|---|---|
| S 901-2 | que -lo guardase todo mejor que -las ovejas |
| S1127-1 | Mando a -don carnal que guardase el ayuno |

## GUARDASEN
| | |
|---|---|
| S1125-3 | mando luego la dueña que a -carnal guardasen |

## GUARDASTE
| | |
|---|---|
| S1166-3 | non guardaste casadas nin mongas profesaz |

## GUARDAT
| | |
|---|---|
| S 711-2 | yo le dixe por dios amiga guardat vos de soberuienta |
| S 745-1 | guardat vos mucho desto Señora doña endrina |
| S 753-4 | guardat vos doña endrina destas paraças malas |
| S 880-4 | callad guardat la fama non salga de sotecho |
| S 892-2 | entendet bien las fablas guardat vos del varon |
| S 892-3 | guardat vos non vos contesca commo con -el leon |
| S 904-2 | guardat vos de amor loco non vos prenda nin alcançe |
| S1154-1 | vos don clerigo synpre guardat vos de error |
| S1155-3 | guardat non lo absoluades nin de-des la sentençia |
| S1195-3 | guardat la que non fuya que todo el mundo en-arta |

## GUARDAVA
| | |
|---|---|
| S 975-2 | que guardaua sus vacaz en aquesa rribera |

## GUARDE
| | |
|---|---|
| P 169 | que guarde bien laz trez cosaz del Alma |
| S 905-2 | guarde se que non torne al mal otra vegada |
| S 907-1 | de fabla chica dañosa guardese muger falagoera |
| S 913-4 | de mensajero malo guarde me santa maria |
| S 936-4 | quien tal vieja touiere guardela commo al alma |
| S 984-3 | dixe le yo esto de priessa sy dios de mal me guarde |
| S1199-4 | dixo dios me guarde destaz nuevaz oydaz |
| S1478-4 | guarde vos dios amigoz de tales amigotes |
| S1493-1 | la dueña dixo vieja guarde me dios de tus mañas |
| S1564-4 | guarde nos de tu casa non fagas de nos rriso |
| S1566-2 | aquel nos guarde de ty que de ty non se guarda |
| S1604-4 | de padres fijos nietos dios nos guarde de sus males |

## GUARDE (H)
| | |
|---|---|
| S 577-3 | mucho las guarde syenpre nunca me alabe |
| S 933-3 | desque bien la guarde ella me dio mucho don |

## GUARDEN
| | |
|---|---|
| S 67-3 | los mançebos liuianos guardense de locura |

## GUARDES
| | |
|---|---|
| S1663-9 | que me guardes lynpia rrosa |
| S1670-2 | por lo qual a -ty bendigo que me guardes de quebranto |

## GUARDIANO
| | |
|---|---|
| S 769-3 | ay Señor guardiano dixeron los barbados |

## GUARDO
| | |
|---|---|
| S 176-4 | tu furtarias lo que guardo E yo grand trayçion faria |
| S 953-1 | yo guardo el portadgo E el peaje cogo |

## GUARDO (H)
| | |
|---|---|
| S 347-2 | vso bien de su ofiçio E guardo su conçiençia |

## GUARESCES
| | |
|---|---|
| S1682-2 | syenpre guaresçez de coytaz E das vida |

## GUARIDA
| | |
|---|---|
| S1421-4 | quando teme ser preso ante busque guarida |

## GUARIR
| | |
|---|---|
| G 592-3 | que perdere melezina so esperança de guarir |

## GUARNICIONES
| | |
|---|---|
| S1086-4 | trayan armas estrañas e fuertes guarniçiones |

## GUARNIDAS
| | |
|---|---|
| S1081-3 | de gentes muy guarnidas muy byen aconpañado |

## GUARNIDOS
| | |
|---|---|
| S1086-3 | venian muy byen guarnidos enfiestos los pendones |
| S1583-4 | por aquesto deuemos estar de armas byen guarnidos |

## GUARNIMIENTOS
| | |
|---|---|
| S 502-4 | guarnimientos estraños nobles caualgaduras |

## GUARRDADAS
| | |
|---|---|
| S1491-1 | ssodes laz monjaz guarrdadaz deseosaz loçanaz |

## GUERREA
| | |
|---|---|
| S 633-3 | la muger byen sañuda e quel omne byen guerrea |

## GUIA
| | |
|---|---|
| S 20-3 | tu me guia |
| S 125-3 | en -cabo saben poco que su fado les guia |
| S 538-2 | qual es la ora çierta nin el mundo como se guia |
| G 673-4 | a entender laz cosaz el grand tienpo laz guia |
| S1664-10 | E me guia |
| S1672-2 | la mi coyta tu la parte tu me salua E me guia |

## GUIADOR
| | |
|---|---|
| S 697-3 | dios e la mi ventura que me fue guiador |
| S1503-4 | en -quanto ella fue byua dioz fue mi guiador |

## GUIAR
| | |
|---|---|
| S 37-6 | ffue en -guiar |
| S 693-1 | ayuda la ventura al que bien quiere guiar |

## GUIDO
| | |
|---|---|
| S1152-4 | el rrosario de guido nouela e diratorio |

## GUIE
| | |
|---|---|
| S 694-2 | el guie la mi obra el mi trabajo prouea |
| S1209-4 | vaya e dios la guie por montes e por valles |

## GUIÑA
| | |
|---|---|
| S 499-4 | do el dinero juega ally el ojo guiña |

## GUIÑO
| | |
|---|---|
| S 918-3 | en dando le la sortyja del ojo le guiño |

## GUIO
| | |
|---|---|
| S1638-2 | guio los Reyes poro |

## GUISA
| | |
|---|---|
| S 266-4 | a -dueñas tu loxuria desta guisa las doma |
| S 357-4 | quien de otra guisa lo pone yerralo e faze mal |
| S 415-2 | en tal guisa les travas con tus fuertes mordaçaz |
| S 435-1 | la su boca pequena asy de buena guisa |
| S 435-4 | que -la talla del cuerpo te dira esto a -guisa |
| S 918-1 | encantola de guisa que -la enveleño |
| S 978-4 | que de tal guisa coje çigoñinos en nido |
| S1012-4 | Avia la cabeça mucho grand syn guisa |
| S1035-4 | fecha a -mi guisa |
| S1208-1 | Estaua demudada desta guisa que vedes |
| S1457-3 | desta guisa el malo sus amigos enarta |

## GUISADO
| | |
|---|---|
| S 738-3 | mançebillo guisado en vuestro barrio mora |
| S 988-3 | yol dixe en buena ora sea de vos cuerpo tan guisado |

## GUISAS
| | |
|---|---|
| S 397-1 | El coraçon le tornas de mill guisas a -la ora |
| S 852-2 | en quantas guysas se buelue con miedo e con temor |
| S1337-4 | E de muchas otraz guisaz que yo he oluidado |

## GUITAR
| | |
|---|---|
| S1000-3 | bien se guytar las abarcas e taner el caramillo |

## GUITARA
| | |
|---|---|
| S1228-1 | ally sale gritando la guitara morisca |

## GUITARRA
| | |
|---|---|
| S1228-4 | la guitarra latyna con esos se aprisca |
| S1516-2 | çinfonia guitarra non son de aqueste marco |

## GULA
| | |
|---|---|
| S 219-3 | gula envidia açidia ques pegan commo lepra |
| S 294-1 | adan el nuestro padre por gula e tragonia |
| S 296-1 | ffeciste por la gula a -lot noble burges |
| S1168-1 | Por la tu mucha gula E tu grand golosina |
| S1596-1 | grand pecado es gula puede a -muchos matar |
| S1597-4 | con tal graçia podremos vençer gula que es viçio |

## GULHARA
| | |
|---|---|
| S 349-2 | que puso la gulharra en sus exenpçiones |
| S 896-4 | la gulhara juglara dixo quel llamaria |
| S1412-2 | que -la presta gulhara ansi era vezada |
| S1441-3 | la gulhara en punto selo fue a -comer |

## GULPEJA
| | |
|---|---|
| S 87-1 | la gulpeja con -el miedo e commo es artera |
| S 329-2 | ffue sabya la gulpeja e byen aperçebida |
| S 358-1 | fallo mas que -la gulpeja pide mas que non deue pedir |
| S1418-2 | diz que buenaz orejaz son laz de la gulpeja |

## GUSANOS
| | |
|---|---|
| S1524-1 | Dexas el cuerpo yermo a -gusanos en -fuesa |

## GUSTAR
| | |
|---|---|
| S 533-3 | diz aquel cuerpo de dios que tu deseas gustar |

| | | | | |
|---|---|---|---|---|

**GUSTAR** (cont.)
S1547-1  El oyr E el olor el tañer el gustar

**GUYA**
S 926-2  xaquima adalid nin guya nin handora

**HA**
P  36  que se ha de saluar en -el cuerpo linpio
P  84  que -lo non ha estonçe
P 136  que se quiera saluar descogera E obrar lo ha
S  41-1  el septeno non ha par
S  64-2  non ha mala palabra si -non es a -mal tenida
S  88-1  El leon dixo comadre quien vos mostro ha fazer partiçion
S  97-2  promete E manda mucho desque -la ha cobrada
S 130-1  dixo el vn maestro apedreado ha de ser
S 131-1  Judgo el otro e dixo este ha de ser quemado
S 131-2  el terçero dize el niño ha de despeñado
S 131-3  el quarto dixo el jnfante ha de ser colgado
S 136-3  en -lo que dios ordena en commo ha de ser
S 142-1  Cyerto es que el rrey en su Regno ha poder
S 149-3  non ha poder mal signo nin su costellaçion
S 155-1  muchas noblezas ha en -el que a -las dueñas sirue
S 158-3  el vno E el otro non ha cosa que vea
S 230-1  Soberuia mucha traes ha -do miedo non as
S 236-2  que non ha de dios miedo nin cata aguisado
S 269-1  de muchos ha que matas non se vno que sanes
S 271-2  con pendolas de aguila los ha enpendolados
S 276-1  Eres pura enbidia en -el mundo non ha tanta
S 360-4  en -los pleitos criminales su ofiçio ha grand lugar
S 387-4  salue rregina dizes sy de ti se ha de quexar
S 433-1  sy ha el cuello alto atal quieren las gentes
G 444-3  zy ha loz pechoz zincoz sy dize zi demandez
G 445-2  e que ha chycaz piernaz e luengoz loz costadoz
G 448-3  zy ha la mano chyca delgada boz aguda
S 489-2  seruir te ha leal mente fara lo que quisieres
S 491-4  el que non ha dineros non es de sy Señor
S 512-1  non ha syeruo cabtiuo que el dinero non le aforre
S 518-2  quier lo vea o -non saber lo ha algud dia
S 532-3  grand tienpo ha que esto aqui a -dyos seruiendo
S 572-2  dar te ha la segunda sy le guardas la prymera
S 596-3  sobra e vençe a -todas quantas ha en -la çibdat
S 610-4  amar te ha la dueña que en -ello piensa e sueña
S 612-2  que non ha muger en -el mundo nin grande nin mocuela
S 617-2  mover se ha la dueña por artero seruidor
S 619-4  por arte non ha cosa a -que tu non respondas
S 629-4  dar te ha lo que non coydas sy non te das vagar
S 702-3  como ha bien e ayuda quien de vos hes ayudado
S 710-4  doblar se ha toda dueña que sea bien escantada
S 716-3  yo se toda su fazienda E quanto ha de fazer
S 812-3  sy por vos non menguare abaxar se ha la rrama
S 821-3  non ha el aventura contra al fado valva
S 823-4  dar vos ha en chica ora lo que queredes far
S 859-3  dar vos ha muerte a -entranbos la tardança e la desira
S 885-1  El que -la ha desonrrada dexala non -la mantyene
S 919-3  dixo me esta vyeja por nonbre ha vrraca
S1006-1  Syenpre la mala manera la sierra E la altura
S1070-1  ssabed que me dixieron que ha çerca de vn año
S1100-1  con -la mucha vianda mucho vino ha beuido
S1137-2  do ha tienpo E vida para lo emendar
S1146-1  que poder ha en -Roma el juez de cartajena
S1168-4  aver te ha dios merçed E saldras de aqui ayna
S1170-4  ayudar te ha dios e avraz pro del lazerio
S1194-2  oy ha siete selmanas que fuemos desafiado
S1222-4  de talez alegriaz non ha en -el mundo memoria
S1224-4  cobra quanto ha perdido en -loz pasadoz mesez
S1234-2  non fueron tyenpo ha plazenteriaz tales
S1262-4  tyenpo ha que non andude tan buena estaçion
S1266-2  aver se vos ha vn poco atardar la yantar
S1364-2  de amigo syn prouecho non ha el ome cura
S1428-3  el vençedor ha onrra del preçio del vençido
S1485-2  el cuerpo bien largo mienbros grades e trifudo
S1488-1  los ojos ha pequeños es -vn poquillo baço
S1493-3  fablar me ha buena fabla non burla nin picañas
S1509-2  ya amiga ya amiga quanto ha que non vos vy
S1510-3  el criador es con vusco que desto tal mucho ha
S1526-1  los quel aman E quieren e quien ha avido su conpaña
S1529-1  Non ha en -el mundo libro nin escrito nin carta
S1529-3  en -el mundo non ha cosa que con byen de ti se parte
S1543-3  non ha omne que faga su testamento bien
S1550-4  non ha cosa que nasca que tu rred non en-laze
S1587-4  E dios guardar nos ha de cobdiçia mal andança
S1611-4  non ha plazer del mundo que en -ella non sienta
S1627-1  buena propiedat ha do quier que sea
S1630-4  ca non ha grado nin graçiaz nin buen amor conplado
S1653-3  escusar voz ha de afruenta
S1655-2  nunca se ha de perder
S1655-3  poder vos ha estorçer
S1676-2  que non ha conparaçion
S1697-2  creed se han adolesçer de aquestos nuestros males
S1705-2  diz aqueste arçobispo non se que se ha con noz
S1706-2  non ha el arçobispo desto por que se sienta

**HA** (H)
S 934-4  ha vieja de mal seso que faze tal locura

**HAC** (L)
P   2  et Instruam te In via hac qua gradieris
P  60  que dize Jn via hac qua gradieris

**HACERIO**
S 795-4  veo el daño grande E de mas el haçerio

**HAÇA**
S 569-2  echanla de -la vyña de -la huerta e de -la haça

**HADEDURA**
S1232-4  la hadedura aluardana entre ellos se entremete

**HADEDURO**
S 969-3  dize luego hade duro comamos deste pan duro

**HADO**
G 761-4  hado bueno que voz tienen vuestraz fadaz fadado

**HADREDURO**
S 967-3  hadre duro non te espantes que byen te dare que yantes

**HADURA** (V)
G1232-4  la hadura al-bardana entre elloz ze entremete

**HALIA**
S1036-3  E dame halia

**HALO**
S1360-3  quando era mançebo dezian me halo alo

**HALLAÇO**
S1516-3  çitola odreçillo non amar caguyl hallaço

**HAN**
S  93-3  los que quieren partir nos como fecho lo han
S 127-2  nin han merçed de Senorez nin han de sus dineros
S 225-3  non han lo que cobdiçian lo suyo non mantienen
S 415-3  que non han de dios miedo nin de sus amenazas
S 516-2  muchas cosas juntadas facer te han ayuda
S 571-2  diçen luego los mures han comido el queso
S 630-3  muy flacas las manos los calcañares podridos
S 632-1  Todas fenbras han en -sy estas maneras
S 642-1  Desque estan dubdando los omes que han de fazer
S 700-1  Como lo han vso estas tales buhonas
S 946-4  desque han beuido el vino dizen mal de las fezes
S1075-2  alguaçil de -las almas que se han de saluar
S1160-3  los Rios son los otros que han pontifical
S1210-4  de dos enperadorez que al mundo han llegado
S1250-2  non han de que te fagan seruiçios que te plegan
S1252-1  Non te faran Seruiçio en -lo que dicho han
S1253-3  dar te han dados plomados perderaz tus dineroz
S1324-2  fizose que vendie joyas Ca de vso lo han
S1340-1  ssyn todaz estaz noblezaz han muy buenas maneras
S1407-3  lo que dios e natura han vedado E negado
S1417-3  a -moças aojadaz E que han la madrina
S1506-3  a -morir han los onbrez que son o -seran nados
S1538-2  dexan lo so -la tierra solo todos han pauor
S1539-2  temense que -las arcas les han de des-ferrar
S1541-3  por lo que ellos andauan ya fallado lo han
S1542-1  ante de misa dicha otros la han en miente
S1546-2  çiegas los en vn punto non han en -si prouecho
S1569-3  ado te me han leuado non cosa çertera
S1583-3  las almas quieren matar pues los cuerpos han feridos

**HANDORA**
S 926-2  xaquima adalid nin guya nin handora

**HARPA**
S1230-1  Medio caño E harpa con -el rrabe morisco

**HARRUQUEROS** (V)
G 954-2  vna vereda angozta harruquroz la auian fecho

**HAS**
S 995-4  non avras lo que quieres poder te has engañar
S1326-2  dixo la dueña vrraca por que lo has de dexar
S1565-4  para sienpre jamas non los has de prender

**HATO**
S 971-2  lyeua te dende apriesa desbuelue te de -aquez hato
S1011-3  a grand hato daria lucha e grand con-quista

**HATOS**
S1472-2  suelas rrotas e paños Rotos e viejos hatos

**HE**
S  15-2  fablar vos he por tobras e cuento rrimado
S 115-2  Pues perdido he a cruz
S 154-1  Commo quier que he prouado mi signo ser atal
S 162-1  Ca Segund vos he dicho en -la otra consseja
S 173-3  non soy yo tan ssyn sesso sy algo he priso
S 180-1  Ca segund yo he dicho de tal ventura seo
S 297-4  dezir telo he mas breue por te enbiar ayna
S 311-4  dezir te he el enxienpro sea te prouechoso
S 363-4  non le sea rresçebida Segund dicho he de suso
S 409-4  poner te he en -el otero cosa para ti sana
S 410-3  sacar te he bien a -saluo non te fare enojo
S 410-4  poner te he en -el otero o en aquel rrastrojo
S 462-3  dezir vos he la mia non vistes tal ningud ora
S 472-1  Non olvides la dueña dicho te lo he de suso
G 589-3  Reçelo he que mayorez dapnoz me padran rrecreçer
G 591-2  he de buscar muchoz cobroz zegunt que me pertenezçen
S 600-4  aver le he por trabajo E por arte sotil
S 607-1  El color he ya perdido mis sesos des-falleçen
S 647-1  asaz he ya dicho non puedo mas aqui estar
G 663-1  rreçelo he que non oydez esto que uoz he fablado
G 671-2  que quanto voz he dicho de -la verdat non yerra
G 681-4  ante testigoz que noz veyan fablar uoz he algund dia
S 704-2  fare por vos quanto pueda guardar he vos lealtad
S 717-1  Non vos dire mas rrazones que asaz vos he fablado
S 717-2  de aqueste ofiçio byuo non he de otro coydado
S 717-3  muchas vezes he tristeza del lazerio ya -pasado
S 724-3  si vos non me descobrierdes dezir vos he vna pastija
S 732-4  vos queriades aquesto que yo vos he fablado
S 736-2  esto que vos he fablado sy vos plaze o si non
S 736-3  guardar vos he poridat çelare vuestra rraçon
S 777-2  ofreçer vos los he yo en graçias e en seruiçio
S 822-3  quiero me yr a -la dueña rrogar le he por mesura
S 847-2  mi coraçon te he dicho mi desseo e mi llaga
S 848-3  verguença que fagadez yo he de çelar
S 854-3  con -el mi amor quexoso fasta aqui he porfiado
S 861-4  jugaredes e folgaredes e dar vos he ay que nuezes
S 885-4  pues otro cobro yo non he asy fazer me convyene
S 891-3  sy vyllania he dicho aya de vos perdon
S 949-1  Por melo otorgar Señoras escreuir vos he grand saçon
S 955-1  dexa me passar amiga dar te he joyas de sierra
S 964-3  dixel yo par Dios fermosa dezir vos he vna cosa
S 965-1  Dyz yo leuare a -cassa e mostrar te he el camino
S 965-2  fazer te he fuego e blasa darte he del pan e del vino

## HE

| | |
|---|---|
| | **(cont.)** |
| S 965-3 | alae promed algo e tener te he por fydalgo |
| S 975-4 | o morar me he con-vusco o mostrad me la carrera |
| S 980-2 | meter te he por camino e avras buena merienda |
| S 988-1 | a -la fuera desta aldea la que aqui he nonblado |
| S 989-3 | mas quanto esta mañana del camino non he cura |
| S1002-2 | Casar me he de buen talento contigo si algo dieres |
| S1002-4 | E dar te he lo que pidieres |
| S1005-1 | yol dixe dar te he esas cosas e avn mas si mas comides |
| S1028-5 | darvos he amada |
| S1068-3 | desir vos he laz notas ser vos tardinero |
| S1076-3 | fasta el sabado santo dar vos he lyd syn falla |
| S1090-3 | dalle he la sarna e diuiesos que de lydiar nol mienbre |
| S1108-3 | sy ante mi te paras dar te he lo que meresçes |
| S1134-3 | con -la çiençia poca he grand miedo de fallyr |
| S1161-1 | El frayle sobre dicho que ya voz he nonbrado |
| S1326-1 | fija dixo la vieja osar vos he fablar |
| S1337-4 | E de muchas otraz guisaz que yo he oluidado |
| S1369-4 | dezir te he la fazaña e fynque la pelea |
| S1382-2 | del miedo que he avido quando bien melo cato |
| S1386-4 | dezir vos he la fabla e non vos enojedes |
| S1397-3 | nunca vos he fallado jugando nin Reyendo |
| S1411-3 | dezir te he su enxienplo agora por de mano |
| S1411-4 | despues dar te he rrespuesta qual deuo e bien de -llano |
| S1423-4 | sy non dar te he gualardon qual tu meresçimiento |
| S1473-3 | he Roto yo andando en pos ty Segund viste |
| S1492-1 | Dixol doña garoça verme he da my espaçio |
| S1512-2 | diz quanto vos he dicho bien tanto me perdi |
| S1515-3 | de -los que he prouado aqui son Señalados |
| S1571-3 | fazer te he vn pitafio escripto con estoria |
| S1608-3 | dezir vos de de dueñas chicaz que -lo avredes por juego |
| S1626-1 | Por que santa maria Segund que dicho he |
| S1633-1 | Señorez he vos seruido con poca sabidoria |
| S1679-1 | grand fyança he yo en -ty Señora |
| S1693-3 | he -vos lo a -dezir que quiera o -que non |

## HE

| | **(H)** |
|---|---|
| G 662-2 | vuestro amor he deseo que me afinca e me aquexa |

## HE

| | **(H)** |
|---|---|
| S 930-1 | a -la he diz açipreste vieja con coyta trota |
| S 961-2 | a -la he diz escudero aqui estare yo queda |
| S1502-2 | yo sospire por ellos diz mi coraçon hela |

## HEDA

| | |
|---|---|
| S 961-1 | Parose me en -el sendero la gaha rroyn heda |
| S1040-1 | dixo me la heda |

## HEDAT

| | |
|---|---|
| S 105-3 | todas son pasaderas van se con -la hedat |
| S 133-1 | desque fue el infante a -buena hedat llegado |
| S 245-3 | que fuerça e hedat e onrra salud e valentia |
| G 672-3 | non me puedo entender en vuestra chica hedat |
| G 673-2 | E para estoz juegoz hedat e mançebia |

## HEDIFICIO

| | |
|---|---|
| P 199 | non se puede fazer obra firme nin firme hedifiçio |

## HELIZES

| | |
|---|---|
| S1293-2 | sacan varriles frios de -los pozos helyzes |

## HEMANUEL

| | |
|---|---|
| S 8-1 | El nonbre profetizado fue grande hemanuel |
| S 9-2 | por el nonbre tan alto hemanuel saluaçion |

## HEMOS

| | |
|---|---|
| P 188 | de -lo que ante hemoz visto |
| S 52-4 | E nos dar telo hemos escusa nos desta lid |
| S1592-2 | con castidat E con conçiençia podernos emos escusar |

## HENARES

| | |
|---|---|
| S 170-2 | ssenbre avena loca Ribera de henares |
| S1107-3 | del Rio de henares venian los camarones |

## HEREADADES

| | |
|---|---|
| S 501-3 | castillos hereadadez E villas entorredaz |

## HEREDAR

| | |
|---|---|
| S1536-2 | por lo heredar todo amenudo se ayuntan |

## HEREDEROS

| | |
|---|---|
| S1540-3 | lo mas que sienpre fazen los herederos nouiçioz |

## HERENCIA

| | |
|---|---|
| S 622-1 | Non pueden dar los parientes al pariente por herençia |

## HERMANA

| | |
|---|---|
| S 989-4 | pues vos yo tengo hermana aqui en esta verdura |
| S 997-4 | dixele yo ansy dios te ssalue hermana |

## HERMANAS

| | |
|---|---|
| S1537-1 | los que son mas propyncos hermanos E hermanas |

## HERMANO

| | |
|---|---|
| S 190-1 | Su padre su madre e su hermano mayor |
| S 191-3 | que al otro su hermano con vna e con mas non |
| S 281-1 | Por la envidia cayn a -su hermano abel |
| S 695-1 | hermano nin Sobrino non quiero por ayuda |
| S1639-3 | del hermano de marta |

## HERMANOS

| | |
|---|---|
| S1537-1 | los que son mas propyncos hermanos E hermanas |

## HERMITA

| | |
|---|---|
| S 541-1 | desçendyo de -la hermita forço a -vna muger |

## HERMITANO

| | |
|---|---|
| S 529-1 | fizo cuerpo E alma perder a -vn hermitano |
| S 530-1 | Era vn hermitano quarenta Años avya |
| S 535-1 | dyxo el hermitano non se que es vyno |
| S 537-1 | beuio el hermitano mucho vyno syn tyento |

## HERREN

| | |
|---|---|
| S1092-2 | Señor diz a -herren me echa oy el llugero |

## HES

| | |
|---|---|
| S 702-3 | como ha bien e ayuda quien de vos hes ayudado |
| S 715-3 | a -muchos hes grand ayuda a -muchos estoruador |

## HEVILLA

| | |
|---|---|
| S1004-2 | Dan çarçillos de heuilla de laton byen Reluziente |

## HIS

| | **(L)** |
|---|---|
| S 374-2 | cum hiz qui oderunt paçem fasta que el salterio afines |

## HITA

| | |
|---|---|
| S 575-1 | Yo Johan Ruyz el sobre dicho açipreste de hita |

## HOMECIDA

| | |
|---|---|
| S 307-1 | Rencor E homeçida criados de ti -son |

## HOMIL

| | |
|---|---|
| S1096-1 | Estaua delante del su alferez homil |

## HOMILDAT

| | |
|---|---|
| S 493-2 | que todos al dinero fazen grand homildat |

## HOMINIS

| | **(L)** |
|---|---|
| P 117 | et dize job breuez diez hominiz sunt |
| P 119 | homo natuz de muliere breuez diez hominiz sunt |

## HOMINUM

| | **(L)** |
|---|---|
| P 87 | Cogitaçiones hominum vane sunt |

## HOMO

| | **(L)** |
|---|---|
| P 119 | homo natuz de muliere breuez diez hominiz sunt |

## HONOR

| | |
|---|---|
| S 305-4 | tyro le dios su poderio e todo su honor |

## HONRRADO

| | |
|---|---|
| S 325-1 | Ante vos el mucho honrrado e de grand sabidoria |

## HONRRADOS

| | |
|---|---|
| S1248-2 | Señor noz te daremoz monesterios honrrados |

## HORAÑA

| | |
|---|---|
| S 917-3 | Señora non querades tan horaña ser |

## HORMIGAS

| | |
|---|---|
| F 7 | De mal en peor andan (co)mo el lobo a las hormigas |

## HOSCOS

| | |
|---|---|
| S1215-3 | muchos bueyz castañoz otros hoscoz e loroz |

## HOSPEDO

| | |
|---|---|
| S 992-1 | hospedome E diome vyanda mas escotar mela fizo |

## HOSTAL

| | |
|---|---|
| S1553-3 | non aurien de ti miedo nin de tu mal hostal |

## HUECA

| | |
|---|---|
| S1017-4 | tardia como Ronca desdonada e hueca |

## HUERCO

| | |
|---|---|
| S 400-2 | almas cuerpos e algos commo huerco las tragas |
| G 448-2 | atal media pecada el huerco la zaguda |

## HUERFANA

| | |
|---|---|
| S1706-4 | huerfana la crie esto por que non mienta |
| S1707-1 | En mantener omne huerfana obra es de piedad |

## HUERFANAS

| | |
|---|---|
| S1591-3 | casando huerfanas pobres e nos con esto tal |

## HUERTA

| | |
|---|---|
| S 472-2 | muger molyno E huerta syenpre querie grand vso |
| S 473-2 | huerta mejor labrada da la mejor mançana |
| S 569-2 | echanla de -la vyña de -la huerta e de -la haça |
| S1348-3 | andando por su huerta vido so vn peral |

## HUESO

| | |
|---|---|
| F 4 | sino de hueso duro mas fuerte que de leon |

## HUESOS

| | |
|---|---|
| S1016-2 | los huesos mucho grandes la çanca non chiquilla |

## HUESPED

| | |
|---|---|
| S 391-3 | huesped eres de muchos non duras so cortina |
| S1032-1 | diz huesped almuerça |
| S1077-4 | a -mi e a -mi huespeq puso nos en -coydado |
| S1078-1 | do tenia a -don jueues por huesped a -la messa |
| S1247-2 | querria leuar tal huesped luego la clerizia |
| S1253-1 | Señor sey nuestro huesped dizen los caualleros |
| S1375-3 | E de mas buen talente huesped esto demanda |
| S1377-2 | el huesped aca e alla fuya des-errado |

## HUMANA

| | |
|---|---|
| P 77 | Ante viene de -la fraqueza de -la natura humana |

## HUMANIDAT

| | |
|---|---|
| S1557-3 | la su humanidat por tu miedo fue triste |

## HUNDO

| | **(V)** |
|---|---|
| T1552-4 | dizez a cada vno yo sola a todoz hundo |

## HURON

| | |
|---|---|
| S1619-3 | huron avia por nonbre apostado donçel |
| S1623-1 | Dixele huron amigo buscame nueua funda |

## IAS

| | |
|---|---|
| S1481-3 | dexar miaz con -el sola çerrariaz el postigo |

## ID

| | |
|---|---|
| S 258-3 | poner en -los primeros quando le dixo yd |
| G 675-1 | yd e venit a -la fabla otro dia por mesura |
| S 719-3 | de -mano tomad pellote e yd nol dedes vagar |
| S 861-2 | por ende fija Señora yd a -mi casa a -vezes |
| S 864-1 | yd vos tan segura mente con-migo a -la mi tyenda |
| S 868-2 | amigo diz como estades yd perdiendo coydado |
| S 876-3 | luego vos yd de mi puerta non nos alhaonedes |
| S1079-2 | fuese e yo fiz mis cartaz dixele al viernes yd |
| S1496-3 | a -la misa de mañana vos en -buena ora yd |
| S1582-4 | E para sienpre jamas dizen al jnfierno yd vos |

## IDA

| | |
|---|---|
| S 520-4 | non coyda ver la ora que con -el seya yda |

## IDO

| | |
|---|---|
| S 872-2 | non me detoue mucho para alla fuy luego ydo |

## IDOS

| | |
|---|---|
| S 659-3 | desque vy que eran ydos que omne ay non fyncaua |

## IGLESIA

| | |
|---|---|
| S 31-2 | la iglesia toda canta |
| S 286-3 | fermosa e non de suyo fuese para la iglesia |
| S 380-1 | Tu vas luego a -la iglesia por le dezir tu Razon |
| S1138-2 | mas quanto a -la iglesia que non judga de ascondido |
| S1141-2 | ay en -la santa iglesia mucha prueua e buena |
| S1163-3 | yras a -la iglesia E non estaras en -la cal |
| S1177-4 | que vayan a -la iglesia con conçiençia clara |
| S1182-3 | fueron a -la iglesia non a -lo quel dezia |
| S1183-1 | fuyo de -la iglesia fuese a -la joderia |
| S1321-2 | toda la santa iglesia faz proçesion onrrada |

## IGLESIAS

| | |
|---|---|
| G 438-2 | que andan las iglesias e zaben las callejaz |
| S1170-2 | visita las iglesiaz Rezando el salterio |
| S1315-1 | Dia de quasy-modo iglesias E altares |

## IJADAS

| | |
|---|---|
| S 243-1 | los quadriles salidos somidas las yjadas |
| S1019-3 | ca estando senzillas dar -l -yen so -las yjadas |

## IJARES

| | |
|---|---|
| S1277-4 | mas querrien estonçe peña que non loriga nin yjarez |

## ILLI (L)

| | |
|---|---|
| P 113 | otrosi dize dauid Anima mea illius viuet |

## ILLORUM (L)

| | |
|---|---|
| P 56 | opera enim illorum secuntur illos |

## ILLOS (L)

| | |
|---|---|
| P 56 | opera enim illorum secuntur illos |

## ILLUC (L)

| | |
|---|---|
| S 385-3 | illyc enim asçenderunt a -qualquier que ally se atiene |

## IMAGEN

| | |
|---|---|
| S1242-3 | en medio figurada vna ymagen de dueña |

## IMAGENES

| | |
|---|---|
| P 103 | e laz ymagenez primera mente falladaz |
| S1205-3 | bordon lleno de ymagenes en -el la palma fyna |

## IMAJENES

| | |
|---|---|
| S1341-1 | Commo ymajenes pyntadaz de toda fermosura |

## IMMUNDO (L)

| | |
|---|---|
| P 81 | quiz potest fazere mundum de jmudo conçeptum semine |

## IN

| | |
|---|---|
| S1398-3 | dexat eso Señora dire voz yn mandado |

## IN (L)

| | |
|---|---|
| P 2 | et Instruam te In via hac qua gradieris |
| P 39 | E meditabor in mandatis tuiz que dilexi |
| P 55 | beati mortui qui in domino moriuntur |
| P 60 | que dize Jn via hac qua gradieris |
| P 91 | jn quibuz non est jntellectus |
| S 374-4 | Jn notibus estolite despuez vas a -matynes |
| S 377-2 | deus jn nomine tuo Ruegas a -tu saquima |
| S 381-3 | comienças jn verbum tuum e dizes tu de aquesta |
| S 387-3 | in -gloria plebys tue fazes las aveytar |
| S1665-1 | jn mulyeribus |

## INCALA (V)

| | |
|---|---|
| G 545-4 | si amar quisierez duenaz el vino non te jncala |

## INCLINADA

| | |
|---|---|
| P 97 | que mas aparejada E jnclinada ez al mal que al bien |

## INDIGNO

| | |
|---|---|
| S1179-3 | de mansa penitençia el pecador jndigno |

## INDULGENCIAS

| | |
|---|---|
| S1205-1 | El viernes de jndulgençias vistio nueva esclamina |

## INDUZIR

| | |
|---|---|
| S 223-3 | quando la dio a -venuz paris por le jnduzir |

## INFANÇONES

| | |
|---|---|
| S1086-1 | Traya buena mesnada Rica de jnfançones |

## INFANTE

| | |
|---|---|
| S 131-3 | el quarto dixo el jnfante ha de ser colgado |
| S 133-1 | desque fue el infante a -buena hedat llegado |
| S 137-1 | ffaciendo la grand piedra el infante aguijo |

## INFERNAL

| | |
|---|---|
| S 232-4 | fuego jnfernal arde do vaiaz assentar |
| S1553-1 | Muerte por ti es fecho el lugar jn-fernal |
| S1565-2 | en fuego jnfernal los fazes tu arder |

## INFERNALES

| | |
|---|---|
| S1565-3 | en penas jnfernales los fazes ençender |

## INFIERNO

| | |
|---|---|
| S 293-3 | lyeua te el dyablo en -el jnfierno te quema |
| S 294-4 | por ello en -el jnfierno desque morio yazia |
| S1140-1 | Por aquesto es quito del jnfierno mal lugar |
| S1557-1 | El jnfierno lo teme e tu non lo temiste |
| S1558-3 | al jnfierno E a -los suyos E a -ty mal quebranto |
| S1563-2 | quantos en -tu jnfierno estauan apremidos |
| S1582-4 | E para sienpre jamas dizen al jnfierno yd vos |
| S1655-4 | del jnfierno mal lugar |
| S1660-4 | del jnfierno e de su tos |

## INFIERRNO

| | |
|---|---|
| S1552-1 | Tu morada por sienpre es jnfierrno profundo |

## INFORMADA

| | |
|---|---|
| P 35 | E desque esta jnformada E jnstruyda el Alma |

## INGLESES

| | |
|---|---|
| S1224-2 | dando a -quantoz veniam castellanoz E jnglesez |

## INITIUM (L)

| | |
|---|---|
| P 25 | yniçium sapiençie timor domini |

## INJURIA

| | |
|---|---|
| S1146-4 | faze jnjuria e dapno e meresçe grand pena |

## INJURIAS

| | |
|---|---|
| S 235-2 | jnjurias e varajas e contiendas muy feas |

## INOCENCIO

| | |
|---|---|
| S1152-3 | el jnocençio quarto vn sotil consistorio |

## INOCENTE

| | |
|---|---|
| S1669-1 | Ayudaz al ynoçente con amor muy verdadero |

## INOGAR

| | |
|---|---|
| S 242-2 | del jnogar a -vezes fynchadas las narizes |

## INOJO

| | |
|---|---|
| S 410-2 | ata tu pie al mio sube en mi ynojo |
| S1096-2 | el ynojo fyncado en -la mano el barril |

## INOJOS

| | |
|---|---|
| S1260-3 | fynque los mis ynojos antel e su mesnada |

## INPERIOS

| | |
|---|---|
| S1554-2 | rrefazez lo fosarios destruyes los jnperios |

## INSTRUAM (L)

| | |
|---|---|
| P 2 | et Instruam te In via hac qua gradieris |
| P 45 | del verso que dize E instruan te |

## INSTRUCTA (L)

| | |
|---|---|
| P 93 | que non esta jnstructa del buen entendimiento |

## INSTRUIDA

| | |
|---|---|
| P 35 | E desque esta jnformada E jnstruyda el Alma |

## INSTRUMENTE

| | |
|---|---|
| S 355-1 | Por cartas o por testigos o por buen jnstrumente |

## INSTRUMENTES

| | |
|---|---|
| S1263-2 | pero que en mi casa fyncaron los jnstrumentes |

## INSTRUMENTOS

| | |
|---|---|
| S 70-1 | de todos jnstrumentos yo libro so pariente |
| S 384-2 | todos los jnstrumentos toca con -la chica manga |
| S1227-4 | con muchos jnstrumentos salen los atanborez |
| S1489-2 | sabe los jnstrumentoz e todaz jugleriaz |
| S1513-3 | para en jnstrumentos de comunales maneras |
| S1515-1 | Para los jnstrumentos estar byen acordados |
| S1515-4 | en quales quier jnstrumentos vienen mas assonados |

## INTELLECTUM (L)

| | |
|---|---|
| P 1 | Intellectum tibi dabo |
| P 21 | Da michi intellectum e cetera |
| P 34 | Intellectum tibi dabo |
| P 167 | jntellectum tibi dabo e cetera |

## INTELLECTUS (L)

| | |
|---|---|
| P 29 | jntellectuz bonus omibus façientibus eum e cetera |
| P 91 | jn quibuz non est jntellectus |

## INTENCION

| | |
|---|---|
| P 174 | E segud derecho laz palabraz siruen al -la jntençion |
| P 175 | E non -la jntençion a -laz palabraz |
| P 176 | E dioz sabe que la mi jntençion non fue de -lo fazer |

## INVERNADA

| | |
|---|---|
| S1304-1 | Dyxo en -la jnvernada visite a sseuilla |

## INVIERNO

| | |
|---|---|
| S1279-4 | partese del jnvierno e con -el viene el verano |
| S1297-4 | açerca se el jnvierno bien commo de primero |

## IPOCRESIA

| | |
|---|---|
| S 319-1 | otrosy con açidia traes ypocresia |

## IR

| | |
|---|---|
| S 39-6 | de a -el yr |
| S 133-3 | de yr a correr monte caçar algun venado |
| S 134-1 | Cataron dia claro para yr a -caçar |
| S 145-4 | quien puede fazer leyes puede contra ellas yr |
| S 150-4 | mas non puedem contra dios yr nin son poderosos |
| S 299-4 | mas yr a -ty non puedo que tengo vn grand contrallo |
| S 475-2 | yo volo yr a -frandes portare muyta dona |
| S 536-1 | fizolo yr por el vyno E desque fue venido |
| S 648-3 | non quiero aqui estar quiero me yr mi vya |
| S 655-3 | apenas me conosçia nin sabia por do yr |
| G 677-3 | yr e venit a -la fabla que mugerez e varonez |
| G 686-2 | mi madre verna de miza quiero me yr de aqui tenprano |
| S 770-1 | quatro de nos querriamos yr vos a -conbydar |
| S 822-3 | quiero me yr a -la dueña rrogar le he por mesura |
| S 867-1 | otorgole dona endrina de yr con ella fablar |
| S 991-2 | fizo me yr la cuesta-lada derribome en -el vallejo |
| S1202-3 | de yr a -jerusalen avia fecho promisiom |
| S1203-4 | syn verguença se pudo yr el plazo ya venido |
| S1254-4 | para yr en frontera muchos ay costumeroz |
| S1312-3 | quiero yr ver alcala morare ay la feria |
| S1372-3 | que el martes quisiese yr ver el su mercado |
| S1449-2 | esto les puso miedo e fizo a todos yr |
| S1492-3 | quiero yr a -dezir gelo yuy como me engraçio |
| S1512-3 | pues que al non me dezides quiero me yr de aqui |
| S1702-3 | pero dexare a -talauera E yr me a -oropesa |

## IRA

| | |
|---|---|
| S 61-4 | E Respondile con saña con yra e con cordojo |
| S 219-1 | la sorberuia E ira que non falla do quepa |
| S 304-1 | yra e vana gloria traes en -el mundo non ay tanta |
| S 304-3 | sy non se faze lo tuyo tomas yra E saña |
| S 308-1 | Con la grand yra sansson que -la su fuerça perdio |
| S 308-4 | a -sy mesmo con yra e a -otros muchos mato |
| S 309-1 | Con grand yra e saña saul que fue Rey |
| S 311-1 | yra E vana gloria al leon orgulloso |
| S 312-1 | El leon orgullo con yra e valentya |
| S 315-2 | el leon con grand yra trauo de su coraçon |
| S 315-4 | yra e vana gloria dieronle mal gualardon |
| S 889-1 | la yra la discordia a -los amigos mal faz |
| S1167-1 | El jueues çenaraz por la tu mortal yra |
| S1594-1 | yra que es enemiga e mata muchos ayna |
| S1595-4 | con esto vençeremos yra E avremos de dios querençia |

## IRADAS

| | |
|---|---|
| S 979-1 | desque ovo en mi puesto las sus manos yradas |

## IRADO

| | |
|---|---|
| S 311-3 | mato a -sy mesmo yrado et muy sañoso |
| G 563-3 | sey cuerdo e non sanudo nin trizte nin yrado |
| S 902-4 | el leon contra el lobo fue sañudo e yrado |

## IRADOS

| | |
|---|---|
| S 621-1 | los Señores yrados de manera estraña |

## IRAN

| | |
|---|---|
| S1603-3 | con coraçon al diablo todos trez yran de yuso |

## IRAS

| | |
|---|---|
| S 609-3 | seras dello mas çierto yras mas segurado |
| S1163-3 | yras a -la iglesia E non estaras en -la cal |
| S1164-3 | yras oyr las oras non prouaras la lucha |

## IRE

| | |
|---|---|
| S 709-1 | dixo yo ire a -su casa de esa vuestra vezina |
| S1318-3 | diz açipreste amad esta yo ire alla mañana |

## IREDES

| | |
|---|---|
| S 863-2 | en pellote vos yredes commo por vuestra morada |

## IREMOS

| | |
|---|---|
| S 863-4 | poco a -poco nos yremos jugando syn rreguarda |
| S 864-4 | yremos calla callando que otre non nos lo entyenda |
| S1072-3 | yremos pelear con -el e con todas suz porfiaz |
| S1196-3 | yremos lydiar con -ella faziendo grand Roydo |

## IRES

| | |
|---|---|
| S1451-4 | temedes vos que todaz yres por esa via |

## IRGUIENDO

| | |
|---|---|
| S1180-3 | yua se poco a -poco de -la cama yrguiendo |

## IRIZARON

| | |
|---|---|
| S1188-1 | Desquel vieron los toros yrizaron los çerros |

**ISAC**
S1561-4   a -ysac e a -ysayas tomolos non te dexo dan
**ISAYAS**
S1060-3   diz luego ysayas que -lo avya de parir
S1561-4   a -ysac e a -ysayas tomolos non te dexo dan
**ISNEDRI**
S1509-4   saluda vos amor nueuo dixo la mora yznedri
**ISOPETE**
S 96-4   esta fabla conpuesta de ysopete sacada
**ISRAEL**
S 8-2   fijo de dioz muy alto saluador de ys(rael)
**IT**
G 675-3   yt e venid a -la fabla esa creençia atan dura
**ITA**      (L)
P 205   ita deuz pater deus filius e cetera
**IVA**
S 237-1   yva lydiar en -canpo el cavallo faziente
S 237-4   mucho delantel yva el asno mal doliente
S 302-3   yua mucho cansado tomaron lo adyuaz
S 970-2   commo me yua calentando ansy me yua sonrriendo
S1126-4   el sayon yua deziendo quien tal fizo tal aya
S1180-2   don carnal el doliente yua salud aviendo
S1180-3   yua se poco a -poco de -la cama yrguiendo
S1198-2   todos con -el plazer cada vno do yua
S1235-4   en -la proçesion yua el abad de borbones
S1292-4   el tauano al asno ya le yua mordiendo
S1310-4   desque vy que me mal yua fuy me dende sañudo
S1325-1   Dixol por que yva e diole aquestos verssos
S1361-1   En mi joventud caça por piez non sse me yua
S1625-2   yua se los deziendo por todo el mercado
**IVAN**
S 175-2   dentro yuan las çaraças varrunto lo el alano
S1240-3   yuan los escuderos en -la saya cortilla
S1573-4   que quantas siguia todas yuan por el suelo
**JAAB**
S 258-4   leuad esta mi carta a -jaab E venid
**JACOB**
S 281-3   jacob a esau por la enbidia del
**JAFET**
S1561-4   a -jafet a -patriarcaz al bueno de abrahan
**JALDETAS**
S1254-2   pyntados de jaldetas commo los tablajeroz
**JAMAS**
S 89-2   que jamaz a -mi non vengas nin me digas tal enemiga
S 931-1   Nunca jamas vos contesca e lo que dixe apodo
S1565-4   para sienpre jamas non los has de prender
S1582-4   E para sienpre jamas dizen al jnfierno yd vos
**JAMONES**
S1084-3   piernas de puerco fresco los jamones enteros
**JAVALI**
S1088-1   vinieron muchos gamos e el fuerte jauali
**JAVALIN**
S 314-2   el javalyn sañudo dauale del col-millo
S1122-2   el jaualyn E el çieruo fuyeron a -las montanas
**JAZ**
S1379-2   dixo el aldeano al otro venino jaz en -el
**JEREMIAS**
S1060-2   primero jeremias como ovo de venir
**JERUSALEN**
S1202-3   de yr a -jerusalen avia fecho promisiom
**JHESU**
S 21-2   e de jhesu consolaçion
S 32-2   nuestro señor jhesu xpisto
S 90-1   E segund diz jhesu xpisto non ay cossa escondida
S 282-1   ffue por la enbydia mala traydo jhesu xpisto
S1048-3   la triste estoria que a -jhesu yazer
S1069-4   salud en jhesu xpisto fasta la pasqua mayor
S1142-2   nego a -jhesu xpisto con miedo E quexura
S1556-2   jhesu xpisto dios E ome tu aqueste penaste
S1568-3   que me la mataste muerte ihesu xpisto conplola
S1605-4   que nos diga jhesu xpisto benditos a -mi venid
S1641-7   jhesu vinier quiere me ayudar
S1670-4   de muerte E de ocasion por tu fijo jhesu santo
**JHESUS**
S1645-5   quinto quando jhesus es
**JOAN**
P 53   E desto dize sant Ioan apostol en -el Apocalipsi
S 19-2   la virgen santa maria por ende yo joan rroyz
**JOB**
P 80   E dize lo job
P 117   et dize job breuez diez hominiz sunt
**JODERIA**
S1183-1   fuyo de -la iglesia fuese a -la joderia
**JODIOS**
S 1-1   Señor dios que a -loz jodioz pueblo de perdiçion
S 78-4   mas mucho que non guardan los jodios la tora
S 309-2   el primero de los jodios ovieron en -su ley
S1063-3   fue preso e ferido de -los jodios mal
S1193-3   a -todos los xristianos e moros e jodioz
S1657-4   mataron los jodios
**JOGLAR**
S 894-1   Estaua y el burro fezieron del joglar
**JOGLARES**
S 649-1   ssy -le conortan non lo sanan al doliente los joglares
**JOGUETES**
S 513-4   non me pago de joguetes do non anda el dinero
S 800-4   desides me joguetes o fablades me en cordura
**JOHAN**
S 575-1   Yo Johan Ruyz el sobre dicho açipreste de hita
S1011-1   Enl apocalipsi Sant Johan evangelista
S1562-1   A ssant johan el bautista con muchos patriarcas

**JONAS**
S 5-1   A jonaz el profeta del vientre de -la ballena
**JORNADA**
S 186-4   E por plazer poquillo andar luenga jornada
S 962-1   Dixele yo por dios vaquera non me estorues mi jornada
S1025-5   anda tu jornada
**JORNADAS**
S 212-1   En vn punto lo pones a jornadas trej2zientas
**JOVEN**
S1357-2   avia quando era jouen pies ligeros corriente
**JOVENTUD**
S 911-3   fermosa fijadalgo e de mucha joventud
S1361-1   En mi joventud caça por piez non sse me yua
**JOYA**
G 685-4   toda muger es vençida des que esta Ioya es dada
**JOYAS**
S 230-3   las joyaz para tu Amiga de que las conplaras
S 231-2   rrobar a -camineros los a jugas preçiosas
G 451-1   de tus joyaz fermozaz cada que dar podierez
S 502-3   traya joyas preçiosas en -vyçioz E folguras
S 511-3   por joyas E dineros Salyra de carrera
S 699-1   Era vieja buhona destas que venden joyas
S 723-2   meneando de sus joyas sortijas E alfileres
S 937-1   ffizose corredera de -las que benden joyas
S 955-1   dexa me passar amiga dar te he joyas de sierra
S 972-2   non a -conprar las joyas para la chata novia
S 974-2   mas non vine por locoya que joyas non traya
S1038-1   Con aquestas joyas
S1324-2   fizose que vendie joyas Ca de vso lo han
**JUAN**
G 556-4   que corderoz la pascua nin anzaronez zan juan
**JUBILEO**
S1112-1   ffecho era el pregon del año jubileo
**JUDAS**
S1049-4   judas el quel vendio su disçipulo traydor
S1051-1   a -ora de maytines dandole judas paz
S1063-2   ffue de judas vendido por mi poco cabdal
**JUDEA**
S1049-2   judea lo apreçia esa ora fue visto
**JUDGA**
S 365-4   que ado buen alcalde judga toda cosa ez segura
S1138-2   mas quanto a -la iglesia que non judga de ascondido
**JUDGADO**
S1053-1   a -la terçera ora xpistus fue judgado
**JUDGADOR**
S 348-1   En -el nonble de dios el judgador dezia
S1154-3   de poder que non avedes non seades judgador
S1461-2   diz luego el judgador amigos el Ribalde
**JUDGAM**
S 150-2   que judgam Segund natura por sus cuentos fermosos
**JUDGANDO**
S1052-3   pilatos judgando escupenle en çima
S1586-4   la virtud de -la justiçia judgando nuestra follia
S1590-3   virtud de natural justiçia judgando con omildal
**JUDGAR**
S 331-1   leuantosse el alcalde esa ora de judgar
S 522-4   judgar todas las otras e a -su fija bella
S1459-1   quando a -ty sacaren a -judgar oy o cras
S1460-1   ssacaron otro dia los presos a -judgar
S1641-5   quando a judgar
**JUDGARAS**
S 565-4   E por tu coraçon judgaras ajeno
**JUDGARON**
S 128-3   que judgaron vn niño por sus çiertas senales
S 135-1   Acordose su Ayo de commo lo judgaron
**JUDGO**
S 131-1   Judgo el otro e dixo este ha de ser quemado
S1053-2   judgolo el atora pueblo porfiado
**JUDIAS**
S1513-2   para judias E moras e para entenderas
**JUDIO**
G 554-3   El judio al año da tres por quatro pero
**JUEGA**
S 499-4   do el dinero juega ally el ojo guiña
S 983-2   que pan E vino juega que non camisa nueva
**JUEGAN**
S1425-3   ally juegan de mures vna presta conpaña
**JUEGAS**
G 561-2   quando juegaz con -ella non seaz tu parlero
**JUEGO**
S 103-2   arredrose de mi fizo me el juego manana
S 262-2   el grand encantador fizole muy mal juego
S 423-2   non digas mal de amor en verdat nin en -juego
S 659-1   abaxe mas la palabra dixel que en juego fablaua
G 680-3   de palabraz en juego diralaz si laz oyere
G 690-3   el amor e la bien querençia creçe con vzar juego
S 734-4   e vienen grandes peleas a -vezez de chico juego
S 735-3   fablar como en juego tales somouimientos
S 898-4   que tornedes al juego en saluo e en paz
S 920-1   yo le dixe commo en juego picaça parladera
S 964-2   fascas que me amenazaua pagan sinon veras juego
S 979-3   non te ensañes del juego que esto a -las vegadas
S 981-4   dixo me que jugasemos el juego por mal de vno
S1410-4   que conssentyr non deuo tan mal juego como este
S1531-4   tened que cras morredes ca -la vida es juego
S1533-1   quien en mal juego porfia mas pierde que non cobra
S1608-3   dezir vos he de dueñas chicaz que -lo avredes por juego
S1632-2   mas de juego E de burla es chico breuiario
**JUEGOS**
G 555-1   des que loz omnez eztan en juegoz ençendidoz
S 605-3   conortad me esta llaga con juegos e folgura
G 673-2   E para eztoz juegoz hedat e mançebia

**JUEGOS**
    (cont.)
S 861-3    jugaremos a -la pella e a -otros juegos Raezes

**JUEVES**
S1068-1    Estando a -la mesa con do jueuez lardero
S1078-1    do tenia a -don jueues por huesped a -la messa
S1167-1    El jueues çenaraz por la tu mortal yra

**JUEZ**
S 336-1    muchas vezes de furto es de juez condenado
S 343-2    ante el juez las partes estauan en -presençia
S 357-3    contra juez publicado que su proçesso non val
S 368-1    ally los abogados dyxieron contra el juez
S 509-1    El dinero es alcalde E juez mucho loado
S1146-1    que poder ha en -Roma el juez de cartajena

**JUGA**
S 470-2    sy el pellote juga jugara el braguero
S 921-2    que juga jugando dize el omne grand manzilla

**JUGANDO**
S 863-4    poco a -poco nos yremos jugando syn rreguarda
S 921-2    que juga jugando dize el omne grand manzilla
S1397-3    nunca vos he fallado jugando nin Reyendo

**JUGAR**
G 554-1    Non quieraz jugar dadoz nin seaz tablajero
S 629-2    vn poquillo como a -miedo non dexes de jugar
S 656-3    bueno es jugar fermoso echar alguna cobierta
G 672-4    querriedez jugar con la pella mas que estar en poridat
S 867-2    a -tomar de -la su fruta e a -la pella jugar
S1342-4    ssolaz de mucho Sabor e el falaguero jugar
S1400-3    que el vio con su Señora jugar en -el tapete

**JUGARA**
S 470-2    sy el pellote juga jugara el braguero

**JUGAREDES**
S 861-4    jugaredes e folgaredes e dar vos he ay que nuezes

**JUGAREMOS**
S 861-3    jugaremos a -la pella e a -otros juegos Raezes

**JUGASEMOS**
S 981-4    dixo me que jugasemos el juego por mal de vno

**JUGAVA**
S 345-4    coydauan que jugaua e todo era rrenir
S1401-1    Vn perrillo blanchete con su Señora jugaua

**JUGAVAN**
S 199-1    las rranas en vn lago cantauan E jugauan

**JUGETES**
S 625-1    sy vieres que ay lugar dile jugetes fermosos
S1257-3    con gestos amorosos e engañosos jugetes

**JUGLAR**
S 899-4    escota juglar neçio el son del atanbor
S1440-4    alegraua laz gentes mas que otro juglar

**JUGLARA**
S 896-4    la gulhara juglara dixo quel llamaria

**JUGLARES**
S1095-4    delante sus juglares commo omne onrrado
S1234-4    de juglares van llenaz cuestas e eriales
S1315-4    andan de boda en -boda clerigos e juglarez

**JUGLERIA**
S1633-2    por vos dar solaz a -todos fable vos en -jugleria

**JUGLERIAS**
S1489-2    sabe los jnstrumentoz e todaz jugleriaz

**JUGUETE**
S1400-1    sseñora diz la vieja dire voz vn juguete

**JUIZIO**
S 128-2    dezir te vn juyzio de çinco naturales
S 323-2    fueron ver su juyzio ante vn sabydor grande
S 329-1    Seyendo la demanda en -juyzio leyda

**JUIZIOS**
S 128-4    dieron juyzios fuertes de acabados males
S 132-1    quando oyo el Rey juyzios desacordados
S 132-4    dio todos sus juyzios por mitrosos prouados
S 148-3    sus poderios çiertos E juyzios otorgo

**JUIZIO**
S 325-4    en juyzio propongo contra su mal-fetria
S 364-3    non -le deue rresponder en -juyzio la marfusa
S 367-1    Non apellaron las partes del juyzio son pagados
S1605-3    por que el dia del juyzio sea fecho a -nos conbyd
S1641-6    juyzio dar

**JUIZIOS**
S 496-1    daua muchos juyzios mucha mala sentençia

**JUNTADAS**
S 516-2    muchas cosas juntadas facer te han ayuda
S1445-4    las liebrez temerosaz en vno son juntadas

**JUNTADES**
S 843-4    pues el amor lo quiere por que non vos juntades

**JUNTADO**
S 54-3    sobio en otra cathreda todo el pueblo juntado
S1691-3    mando juntar cabildo aprisa fue juntado

**JUNTADOS**
S1696-1    Ado estauan juntados todos en -la capilla

**JUNTAMIENTO**
S 71-4    por aver juntamiento con fenbra plazentera

**JUNTAN**
S 74-2    todos a -tienpo çierto se juntan con natura

**JUNTAR**
S 823-1    sy por aventura yo solos vos podies juntar
S1691-3    mando juntar cabildo aprisa fue juntado

**JUNTARON**
S1695-1    para aver su acuerdo juntaron se otro dia

**JUNTAVA**
S 539-2    el estando con vyno vydo commo se juntaua

**JUPITER**
S 199-4    pidyeron Rey a -don jupiter mucho gelo Rogauan
S 200-1    Enbioles don jupiter vna viga de lagar
S 201-3    pidieron Rey a -don jupiter como lo solyan pedir
S 201-4    don jupiter con saña ovolas de oyr

S 203-1    Querellando a -don jupiter dieron boçes las rranas
S 205-1    Respondioles don jupiter tenedlo que pidistes

**JURA**
G 660-3    otro non sepa la fabla desto jura fagamoz

**JURA**    **(H)**
S 615-1    jura muy muchas vezes el caro vendedor

**JURAN**
S 618-4    por arte juran muchos e por arte son perjuros
S 754-3    juran que cada dia vos leuaran a -conçejo

**JURANDO**
S 741-2    E cree a -los omnes con mentiras jurando

**JURISDICION**
S 371-3    espeçial para todo esto E conplida jurysdiçion

**JURO**
G 671-1    a -dioz juro zeñora para aquezta tierra
S1482-3    E que de vos non me parta en vuestraz manos juro

**JUSGAN**
S 123-4    el signo en -que nasçe le juzgan por sentençia

**JUSGAR**
P 171    E bien juzgar la mi entençion por que lo fiz

**JUSGARA**
S1146-2    o que juzgara en -françia el alcalde de rrequena

**JUSGAT**
S 69-3    dicha buena o mala por puntos la juzgat

**JUSTARE**
S1078-4    yo justare con ella que cada año me sopesa

**JUSTAVAN**
S1117-2    con la liebre justauan los asperos cangrejos

**JUSTICIA**
S 218-4    esta destruye el mundo sostienta la justiçia
S1075-1    De mi doña quaresma justiçia de -la mar
S1454-1    En tierra syn justiçia eran muchos ladrones
S1586-4    la virtud de -la justiçia judgando nuestra follia
S1590-3    virtud de natural justiçia judgando con omildal

**JUSTICIADO**
S 543-2    fue luego justiçiado commo era derecho

**JUSTOS**
G 667-1    a -las vegadas lastan justoz por pecadorez

**JUSTUS**    **(L)**
S 383-4    justus est domine tañe a -nona la canpana

**JUVENTUD**
G 582-2    biuda rrica es mucho e moça de juuentud

**JUXTA**    **(L)**
P 58    tu rediz vnicuique justa opera sua

**LA**
P 14    e aluengan la vida al cuerpo
P 20    po(r) que sopiese la su ley fue esta
P 27    E por ende sigue la Razon el dicho dauid
P 30    Otrosi dize salamon en -el libro de -la sapiençia
P 32    E esto se entiende en -la primera rrazon
P 44    E por ende se sigue luego la segu(n)da rrazon
P 49    E ponelo en -la çela de -la memoria
P 59    E desto concluye la terçera rrazon del veso primero
P 63    que obraz sienpre estan en -la buena memoria
P 68    en -la carrera de saluaçion en -que anda
P 70    E esta ez la sentençia del verso
P 75    nin tal querer non viene de -la buena voluntad
P 76    nin de -la buena obra non viene tal obra
P 77    Ante viene de -la fraqueza de -la natura humana
P 83    E viene otrosi de -la mengua del buen entendimiento
P 92    E avn digo que viene de -la pobledad de -la memoria
P 96    E viene otrosi esto por rrazon que -la natura vmana
P 100    por que son fechoz loz libroz de -la ley E del derecho
P 102    otrosi fueron la pintura E la escriptura
P 104    por rrazon que la memoria del ome desleznadera ez
P 106    ca tiene todaz laz cosaz en -la memoria
P 108    maz ez de -la diuinidat que de -la vmanidad
P 110    E por esto ez maz apropiada a -la memoria del alma
P 140    o tienen en -la voluntad de fazer
P 145    acordaran la memoria E non despreçiaran su fama
P 149    que la ordenada caridad de -si mesmo comiença
P 154    apocando la vida E dando mala fama e deshonrra
P 165    en -la carrera que andudiere
P 171    E bien juzgar la mi entençion por que lo fiz
P 172    E la sentençia de -lo que y dize
P 174    E segud derecho laz palabraz siruen al -la jntençion
P 175    E non -la jntençion a -laz palabraz
P 176    E dioz sabe que la mi jntençion non fue de -lo fazer
P 195    es comiença E fundamento dioz e la fe catholica
P 196    e dize lo la primera decretal de -laz crementinaz
P 203    que ez de -la santa trinidad E de -la fe catholica
S 2-1    Señor tu diste graçia a -ester la Reyna
S 4-2    del falso testimonio de -la falsa conpaña
S 5-1    A jonaz el profecta del vientre de -la ballena
S 5-2    en -que moro trez diaz dentro en -la mar ll(ena)
S 8-3    en -la salutaçio(n) el angel grabiel
S 9-1    Por esta profeçia e por la salutaçion
S 11-2    el que nasçio de -la virgen esfuerçe nos de tanto
S 12-1    El que fizo el çielo la tierra E el mar
S 17-2    es de dentro muy blanco mas que -la peña vera
S 18-1    Sobre la espina esta la noble Rosa flor
S 19-2    la virgen santa maria por ende yo joan rroyz
S 28-2    fue quando la madalena
S 31-2    la iglesia toda canta
S 32-4    En -la gloria syn fallia
S 34-4    que a -la grand culpa mia
S 44-3    entre-ponga plazeres e alegre la rrazon
S 44-4    que la mucha tristeza mucho coydado pon
S 45-4    Saluo en -la manera del trobar E del dezir
S 46-1    Entiende bien mis dichos e piensa la sentençia
S 46-4    quando demando Roma a -greçia la çiençia
S 49-2    para la disputaçion pusieron pleito firmado

| | | |
|---|---|---|
| **LA** | | **(cont.)** |
| S | 51-3 | Segund le dios le demostrase fazer señas con la mano |
| S | 53-2 | commo si fuese doctor en -la filosofia |
| S | 57-1 | leuantose el griego tendio la palma llana |
| S | 60-1 | yo dixe que era todo a -la su voluntad |
| S | 60-3 | desque vi que entendien e crey en -la trinidad |
| S | 63-3 | desque vio -que -la pelea tenie mal aparejada |
| S | 64-1 | Por esto dize la pastraña de -la vieja ardida |
| S | 65-1 | la bulrra que oyeres non la tengas en vil |
| S | 65-2 | la manera del libro entiendela sotil |
| S | 67-1 | En general a -todos ffabla la escriptura |
| S | 67-2 | los cuerdos con buen sesso entendran la cordura |
| S | 68-3 | ssi la rrazon entiendes o en -el sesso açiertas |
| S | 69-2 | en -las coplas pyntadas yaze la falssedat |
| S | 71-2 | el mundo por dos cosas trabaja por la primera |
| S | 71-3 | por aver mantenençia la otra cosa era |
| S | 75-1 | El ffuego ssienpre quiere estar en -la çeniza |
| S | 78-4 | mas mucho que non guardan los jodios la tora |
| S | 80-2 | con -la mi mensajera que tenia enpuesta |
| S | 80-3 | dize verdat la fabla que la dueña conpuesta |
| S | 81-1 | dixo la duena cuerda a -la mi mensajera |
| S | 81-4 | bien commo la rraposa en agena mollera |
| S | 84-3 | E para si la canal la mejor que omne viese |
| S | 84-4 | al leon dixo el lobo que -la mesa bendixiese |
| S | 85-3 | para mi E a -los otroz la canal que es vana |
| S | 86-1 | alço el leon la mano por la mesa santiguar |
| S | 86-2 | dio grand golpe en -la cabeça al lobo por lo castigar |
| S | 86-3 | el cuero con la oreja del caxco le fue arrancar |
| S | 86-4 | el leon a -la rraposa mando la vianda dar |
| S | 87-1 | la gulpeja con -el miedo e commo es artera |
| S | 87-2 | toda la canal del toro al leon dio entera |
| S | 88-3 | ella dixo en -la cabeça del lobo tome yo esta liçion |
| S | 89-4 | que el cuerdo E la cuerda en mal ageno castiga |
| S | 90-3 | ffue la mi poridat luego a -la plaça salida |
| S | 90-4 | la dueña muy guardada ffue luego de mi partida |
| S | 92-3 | cantavalo la dueña creo que con dolor |
| S | 93-4 | diz la dueña sañuda non ay paño syn rraça |
| S | 94-3 | Commo dize la fabla quando a -otro sometem |
| S | 95-4 | diz la dueña los novios non dan quanto prometen |
| S | 96-1 | Commo la buena dueña era mucho letrada |
| S | 96-3 | dixo a -la mi vieja que -le avia enbiada |
| S | 97-4 | ffaze commo la tierra quando estaua finchada |
| S | 98-1 | Ansy ffue que -la tierra commençô a -bramar |
| S | 99-1 | la gente que tan grandes bramidos oya |
| S | 104-4 | al tienpo se encoje mejor la yerua malua |
| S | 105-1 | Commo dize salamo e dize la verdat |
| S | 105-3 | todas son pasaderas van se con -la hedat |
| S | 106-1 | E yo desque vi -la dueña partida E mudada |
| S | 108-2 | sy de -la -muger noble dixiese cosa rrefez |
| S | 109-2 | que era mala cosa la muger non -la diera |
| S | 110-1 | ssy omne a -la muger non -la quisiesse bien |
| S | 111-3 | el mastel syn la vela non puede estar toda ora |
| S | 111-4 | nin las verças non se crian tan bien sin la noria |
| S | 113-4 | el comio la vianda e a -mi fazie Rumiar |
| S | 114-2 | la dueña que -la oyere por ello non me aburra |
| S | 117-3 | que troxiese la pletesia |
| S | 118-2 | e fizo se de -la cruz priuado |
| S | 120-4 | que la caça ansy aduz |
| S | 121-1 | quando la cruz veya yo sienpre me omillava |
| S | 121-3 | el conpaño de çerca en -la cruz adoraua |
| S | 121-4 | del mal de -la cruzada yo non me rreguardaua |
| S | 123-1 | los antiguos astrologos dizen en -la çiençia |
| S | 123-2 | de -la astrologia vna buena sabiençia |
| S | 124-3 | qual -es el asçendente a -la costellaçion |
| S | 125-4 | non pueden desmentir a -la astrologia |
| S | 129-4 | el signo e la planeta del fijo quel nasçia |
| S | 137-1 | ffaciendo la grand piedra el infante aguijo |
| S | 137-2 | pasando por la puente vn grand rrayo le dio |
| S | 137-3 | fforado se la puente por alli se despeño |
| S | 139-2 | mando los estrelleros de -la presion soltar |
| S | 140-4 | segund la fe catholica yo desto creyente |
| S | 146-4 | por graçia o por seruiçio toda la pena soltar |
| S | 149-4 | el poderio de dios tuelle la tribulaçion |
| S | 150-3 | ellos e la çiençia son çiertos e non dubdosos |
| S | 152-4 | E -los mas non rrecabdan la cosa mas querida |
| S | 154-3 | pero avn que omne non goste la pera del peral |
| S | 154-4 | en estar a -la sonbra es plazer comunal |
| S | 157-2 | e al viejo faz perder mucho la vejez |
| S | 160-3 | que buen es-fuerço vençe a -la mala ventura |
| S | 160-4 | E a -toda pera dura grand tienpo la madura |
| S | 161-2 | la qual a -vos dueñas yo descobrir non oso |
| S | 162-1 | Ca Segund vos he dicho en -la otra consseja |
| S | 166-2 | es dexar la costunbre el fado e la suerte |
| S | 166-3 | la costunbre es otra que natura cierta mente |
| S | 166-4 | apenas non se pierde fasta que viene la muerte |
| S | 174-1 | anssy contençio a -mi con -la dueña de prestar |
| S | 175-1 | lanço medio pan al perro que traya en mano |
| S | 178-4 | con aquesta dueña cuerda e con la otra primero |
| S | 179-3 | rredreme de -la dueña E crey la fabrilla |
| S | 188-4 | sienpre tiras la fuerça dizenlo en fazañas |
| S | 189-4 | porfiaron en -cabo con -el toda la gente |
| S | 190-3 | con dos que -se cassase primero con -la menor |
| S | 190-4 | E dende a -vn mes conplido casase con -la mayor |
| S | 193-4 | andando mucho la muela tenialа con -el pie quedo |
| S | 195-1 | prouo tener la muela commo avia vsado |
| S | 196-1 | a -la muger primera el tanto la amo |
| S | 196-2 | que a -la otra donzella nunca mas la tomo |
| S | 196-3 | non prouo mas tener la muela sol non -lo asomo |
| S | 197-1 | Eres padre del fuego pariente de -la llama |
| S | 197-4 | destruyes lo del todo commo el fuego a -la rrama |
| S | 200-2 | la mayor quel pudo Cayo en -ese lugar |
| S | 201-1 | Suben ssobre la viga quantas podian sobyr |

| | | |
|---|---|---|
| S | 202-2 | çercava todo el lago ansy faz la rribera |
| S | 204-4 | danos la tu ayuda tira de nos tu plaga |
| S | 211-1 | ffazes lo Andar bolando como la golondrina |
| S | 215-2 | en quantas que ame nin de -la dueña bendicha |
| S | 215-4 | en fuerte punto te vy la ora fue mal dicha |
| S | 218-1 | de todos los pecados es rrayz la cobdiçia |
| S | 218-4 | esta destruye el mundo sostienta la justiçia |
| S | 219-1 | la sorberuia E ira que non falla do quepa |
| S | 219-4 | de -la cobdiçia nasçen la della rrayz e çepa |
| S | 223-2 | por la mançana escripta que -se non deuiera escreuir |
| S | 225-1 | Por la cobdiçia pierde el omne el bien que tiene |
| S | 226-2 | vna pieça de carne en -la boca passaua |
| S | 226-3 | con la sonbra del agua dos tantol semejaua |
| S | 226-4 | cobdiçiola abarcar cayosele la que leuaua |
| S | 227-1 | Por la sonbra mentirosa E por su coydar vano |
| S | 227-2 | la carne que tenia perdiola el alano |
| S | 228-4 | es la mala cobdiçia pecado mortal |
| S | 232-1 | Por tales malefiçios manda los la ley matar |
| S | 234-2 | por la su grand soberuia fueron e son dañados |
| S | 234-3 | quantos por la soberuia fueron e son dañados |
| S | 237-2 | por que forço la dueña el su Señor valiente |
| S | 239-1 | Estava rrefusando el asno con -la grand carga |
| S | 239-3 | derribole el cavallo en medio de -la varga |
| S | 241-2 | a arar lo pusieron e a traer la leña |
| S | 241-3 | a -vezes a -la noria a -vezes a -la açenia |
| S | 244-1 | escota el soberuio el amor de -la dueña |
| S | 244-2 | do es tu soberuia do es la tu rrenzilla |
| S | 244-4 | vengue la tu soberuia tanta mala postilla |
| S | 247-1 | Por la grand escaseza fue perdido el Rico |
| S | 249-1 | Mesquino tu que faras el dia de -la afruenta |
| S | 249-3 | te demandare dios de -la despenssa cuenta |
| S | 252-1 | El lobo a -la cabra comiala por merienda |
| S | 253-2 | vino la grulla de somo del alteza |
| S | 254-1 | Dyxo la grulla al lobo quel quisiese pagar |
| S | 257-4 | por conplyr la loxuria enguinando laz oteas |
| S | 258-2 | que mato a -uriaz quando le mando en -la lyd |
| S | 259-1 | Por amor de berssabe la mujer de vrias |
| S | 260-1 | ffueron por la loxuria çinco nobles çibdadez |
| S | 261-3 | engañolo la duena quando lo colgo en -el çesto |
| S | 262-3 | la lunbre de -la candela encanta E el fuego |
| S | 263-1 | Anssy que -los romanos fasta la criatura |
| S | 263-3 | synon lo ençendian dentro en -la natura |
| S | 263-4 | de -la muger mesquina otro non les atura |
| S | 264-1 | sy daua vno a -otro fuego o -la candela |
| S | 265-2 | por fazer su loxuria vergilio en -la dueña |
| S | 265-3 | descanto el fuego que ardiese en -la leña |
| S | 266-1 | Todo el suelo del Ryo de -la çibdad de Roma |
| S | 267-3 | de navajas agudas por que a -la sobida |
| S | 268-3 | ansy por la loxuria es verdadera mente |
| S | 268-4 | el mundo escarnido E muy triste la gente |
| S | 270-1 | El aguila cabdal canta sobre la faya |
| S | 272-4 | de mi salvo quien me mato e me tiro la vida |
| S | 274-4 | acortase la vida quien lo dixo non miente |
| S | 279-3 | contesçe te como acaesçe en -la rred a -los peçes |
| S | 280-1 | Entras en -la pelea non puedes della salyr |
| S | 281-1 | Por la envidia cayn a -su hermano abel |
| S | 281-3 | jacob a esau por la enbidia del |
| S | 281-4 | ffurtole la bendiçion por que fue rrebtado del |
| S | 282-1 | ffue por la enbydia mala traydo jhesu xpisto |
| S | 283-4 | la envydia los parte envidiosos los crian |
| S | 284-4 | como con los paueznos contesçio a -la graja |
| S | 285-1 | al pauon la corneja vydol fazer la Rueda |
| S | 285-4 | la negra por ser blanca contra sy se denueda |
| S | 286-3 | fermosa e non de suyo fuese para la iglesia |
| S | 286-4 | algunas ffazen esto que fizo la corneja |
| S | 287-4 | con -los pauexnoz anda la tan desconosçida |
| S | 288-4 | pelole toda la pluma E echola en -el carrizo |
| S | 288-4 | mas negra paresçia la graja que el erizo |
| S | 289-3 | con la envidia quieren por los cuerpos quebrar |
| S | 291-1 | la golossyna traes goloso Laminero |
| S | 291-4 | por cobrar la tu fuerça eres lobo carniçero |
| S | 292-2 | almuerças de mañana non pierdes la yantar |
| S | 292-4 | sy tienes que o -puedes a -la noche çahorar |
| S | 293-1 | Con -la mucha vianda e vino creçe la frema |
| S | 295-1 | mato la golosyna muchos en -el desierto |
| S | 296-1 | ffeciste por la gula a -lot noble burges |
| S | 296-4 | luego es la logxuria E todo mal despues |
| S | 297-1 | Muerte muy Rebatada trae la golossyna |
| S | 298-1 | vn cavallo muy gordo pasçia en -la defesa |
| S | 298-4 | vassallo dixo mio la mano tu me besa |
| S | 299-3 | en te besar la mano yo en eso me fallo |
| S | 303-1 | El comer syn mesura E la grand venternia |
| S | 305-1 | Por la grand vana gloria nabuco-donossor |
| S | 308-1 | Con la grand yra sansson que -la su fuerça perdio |
| S | 308-3 | en -que avia la fuerça E desque la byen cobro |
| S | 309-4 | sy devo fyar en -ti a -la fe non ansy lo crey |
| S | 315-1 | dyole grand par de coçes en -la fruente gelas pon |
| S | 317-1 | de -la açidia eres messonero E posada |
| S | 319-4 | do vees la fermosa oteas con rraposya |
| S | 320-3 | quieres vno que el lobo quiere de -la Rapossa |
| S | 321-1 | ffurtava la Raposa a -su vezina el gallo |
| S | 321-4 | el non veya -la ora que estouiese en -tragallo |
| S | 323-1 | Enplazola por fuero el lobo a -la comadre |
| S | 324-4 | galgo que de -la rrapossa es grand abarredera |
| S | 325-3 | yo el lobo me querello de -la comadre mia |
| S | 329-1 | Seyendo la demanda en -juyzio leyda |
| S | 329-2 | ffue sabya la gulpeja e byen aperçebida |
| S | 330-1 | a -esta vuestra cibdat non conosco la gente |
| S | 331-4 | ya sabya la rraposa quien le avia de ayudar |
| S | 334-4 | el fazer non -la puede ca es fyno ladron |
| S | 338-1 | ssu mançeba es la mastina que guarda las ovejas |
| S | 339-3 | diz luego la marfusa Señor sean tenidos |

**LA**     (cont.)

S 340-4 E asignoles plazo despuez de -la epifania
S 341-3 ay van los abogados de -la mala picaña
S 343-1 venido es el dia para dar la sentençia
S 343-4 ante que yo pronunçie e vos de la sentençia
S 345-2 algo de -la sentençia por su coraçon descobrir
S 347-3 estando assentado assentado en -la su abdiençia
S 348-3 vista la demanda que el lobo fazia
S 348-4 en -que a -la marfusa furto -le aponia
S 349-2 que puso la gulharra en sus exenpçiones
S 349-3 e vista la rrespuesta e las rreplicaçiones
S 350-2 la comadre contra el lobo çerca la conclusion
S 352-1 fallo que -la demanda del lobo es byen çierta
S 352-3 fallo que -la Raposa es en -parte byen çierta
S 353-1 la exençion primera es en -sy perentoria
S 353-2 mas la descomunion es aqui dilatoria
S 354-1 la exepçion primera muy byen fue llegada
S 354-2 mas la descomunion fue vn poco errada
S 354-3 que -la costituçion deuiera ser nonblada
S 356-1 Quando la descomunion por dilatoria se pone
S 357-1 Es toda perentoria la escomunion atal
S 358-1 fallo mas que -la gulpeja pide mas que non deue pedir
S 359-1 Maguer contra la parte o contra el mal testigo
S 359-4 la pena ordinaria non avra yo vos lo digo
S 360-3 non por la exepçion mas por que -lo puede far
S 361-1 Por exepçion se puede la demanda desechar
S 362-1 Por quanto yo fallo por la su confesion
S 362-3 fallo que ez prouado lo que la marfusa pon
S 363-2 es magnifiesto e çierto lo que la marfusa puso
S 363-3 pronunçio que -la demanda quel fizo e propuso
S 364-3 non -le deue rresponder en -juyzio la marfusa
S 364-4 rresçibo sus defensiones e la buena escusa
S 365-2 fizo la confesion cogido en angostura
S 366-1 do lyçençia a -la Raposa vayase a -la saluagina
S 366-2 pero que non la asueluo del furto tan ayna
S 366-4 ella diz que non -lo tenie mas que le furtaria la gallyna
S 370-2 que fecha la conclusyon en criminal acusaçion
S 370-4 menester la zentençia çerca la conclusion
S 376-2 con -la maytinada cantate en -las friurias laçias
S 377-4 va en achaque de agua a -verte la mala esquima
S 378-3 ssy cree la bauieca sus dichos e conssejas
S 379-4 va la dueña a -terçia caridat a -longe pone
S 380-1 Tu vas luego a -la iglesia por le dezir tu Razon
S 380-2 mas que por oyr la missa nin ganar de dios perdon
S 380-3 quieres la misa de -los novios syn gloria e syn son
S 381-1 acabada ya la missa Rezas tan byen la sesta
S 381-2 que -la vieja que tiene a -tu amiga presta
S 381-4 feo sant vter por la grand misa de fiesta
S 382-2 ssusçipe me secundum que para la mi corona
S 382-3 luçerna pedibus meys es la vuestra persona
S 382-4 ella te dize quam dulçia que rrecubdas a -la nona
S 383-1 vas a -Rezar la nona con -la duena loçana
S 383-4 justus est domine tañe a -nona la canpana
S 384-2 todos los jnstrumentos toca con -la chica manga
S 385-4 la fiesta de seys capas contigo la pasqua tiene
S 389-4 que non la fe de dios vete yo te conjuro
S 393-2 atalayas de lexos e caças la primera
S 395-4 Remeçe la cabeça a -mal seso tiene mientes
S 396-1 Tu le rruyes a -la oreja E das le mal conssejo
S 397-1 El coraçon le tornas de mill guisas a -la ora
S 397-2 ssy oy cassar la quieren cras de otro se enamora
S 397-4 rremira se la loca ado tu lo-cura mora
S 399-3 fazer perder la fama al que mas amor dieres
S 402-1 de la loçana fazes muy loca E muy bova
S 402-2 fazes con tu grand fuego commo faze la loba
S 402-4 aquel da de -la mano e de aquel se encoba
S 407-3 de -la rrana pyntada quando el leuo con-sygo
S 407-4 entiende byen la fabla E por que te lo digo
S 408-1 Tenia el mur topo cueva en -la rribera
S 408-4 vyno a -el cantando la rrana cantadera
S 409-1 Señor enamorado dixo al mur la Rana
S 409-3 yo te sacare a -saluo agora por la mañana
S 411-1 byen cantava la rrana con fermosa rraçon
S 412-1 Non guardando la Rana la postura que puso
S 413-4 al topo e a -la rrana leuolos a -su nido
S 414-1 Comiolos a -entranbos non le quitaron la fanbre
S 416-3 commo el topo e la rrana pereçen o -peor
S 417-2 sobre la falsa lengua mitirosa apareçençia
S 418-2 es el coraçon falso e mitirosa la lengua
S 420-1 So la piel ovejuna traes dientes de lobo
S 421-3 tomas la grand vallena con -tu poco çeuo
S 424-4 la buena fabla sienpre faz de bueno mejor
S 425-1 Escucha la mesura pues dixiste baldon
S 427-2 e non sabes la manera commo es de -aprender
S 427-4 Recabdaras la dueña E sabras otras traer
S 430-4 sabe primera mente la muger escoger
S 434-1 la naryz afylada los dientes menudiellos
S 434-4 los labros de -la boca bermejos angostillos
S 435-1 la su boca pequena asy de buena guisa
S 435-2 la su faz sea blanca syn pelos clara e lysa
S 435-4 que -la talla del cuerpo te dira esto a -guisa
S 436-1 A -la muger que enbiarez de ti zea parienta
G 436-3 Non lo sepa la dueña por que la otra non mienta
G 437-1 puña en quanto puedaz que la tu menzajera
G 437-3 zepa mentir fermozo e ziga la carrera
G 437-4 ca mas fierbe la olla con la su cobertera
G 440-4 echan la moça en ojo e çiegan bien de ueraz
G 443-1 de aquestaz viejaz todaz ezta ez la mejor
G 444-1 si dexiere que la dueña non tiene mienbroz muy grandez
G 444-4 contra la fegura toda por que maz çierto andez
G 445-4 tal muger non -la fallan en todoz loz mercadoz
G 446-1 en la cama muy loca en casa muy cuerda

G 446-4 e para aquesta cata la fyna avancuerda
G 448-3 zy ha la mano chyca delgada boz aguda
G 455-1 quando la muger vee al perezoso covardo
G 456-1 son en -la grand pereza miedo E covardia
G 456-3 por la pereza pyerden muchos la mi conpania
G 457-1 Dezir te ffazaña de -los dos perezosos
G 458-2 Ronco era el otro de -la pierna contrecho
S 459-1 dyxo les la dueña que ella queria casar
S 459-3 esto dezie la dueña queriendo los abeytar
S 460-1 Dyxo sseñora oyd primero la mi Razon
S 461-2 fazia la syesta grande mayor que ome non vydo
S 461-4 que por non abrir la boca de sed perdy el fablar mio
S 462-2 chica es la pereza que este dixo agora
S 462-3 dezir vos he la mia non vistes tal ningud ora
S 463-4 por pereza de alynpiar me perdy la duena gentil
S 464-2 en -la cama despierto e muy fuerte llouia
S 465-1 yo ove grand pereza de la cabeça Redrar
S 465-2 la gotera que vos digo con -su mucho Rezio dar
S 466-1 Non se dixo la duena destas perezas grandes
S 466-2 qual es la mayor dellas anbos pares estades
S 467-1 buscad con quien casedes que -la dueña non se paga
S 468-1 ffaz le vna vegada la verguença perder
S 468-3 desque vna vez pierde verguença la muger
S 470-1 Desque la verguença pierde el tafur al tablero
S 470-3 desque la cantadera dize el cantar primero
S 471-2 en -el telar e en -la dança syenpre bullen los dedoz
S 471-3 la muger syn verguença por darle diez toledos
S 472-1 Non olvides la dueña dicho te lo he de suso
S 473-2 huerta mejor labrada da la mejor mançana
S 474-1 del que olvydo la muger te dire la fazaña
S 475-4 non olvidedez vuestra caza nin la mi persona
S 477-4 fazia sele a -la dona vn mes año entero
S 478-1 Commo era la moça nueva mente casada
S 478-3 tomo vn entendedor E poblo la posada
S 480-1 Pyntole con -la grand priessa vn eguado carnero
S 481-2 ffue de -la su muger con desden Resçebido
S 481-4 la señal quel feziera non la echo en olvido
S 482-2 mostrat me -la figura e ajan buen solaz
S 482-3 diz la muger monseñer vos mesmo la catat
S 484-1 Commo en este fecho es syenpre la muger
S 485-3 con dezires fermosos a -la muger conbydes
S 486-1 Pedro leuanta la lyebre E la mueve del couil
S 487-1 dyz la muger entre dientes otro pedro es aqueste
S 488-4 ca estas cosas pueden a -la muger traella
S 493-1 yo vy en -corte de Roma do es la santidad
S 493-4 todos a -el se omillan commo a -la magestat
S 498-2 muchos mereçian muerte que -la vida les daua
S 506-2 byen les dan de -la çeja do son sus parçioneros
S 514-3 quien non tiene miel en -la orça tengala en -la boca
S 515-4 do la muger te oya non dexes prouar
S 516-1 Sy vna cosa sola a -la muger non muda
S 516-3 desque lo oye la dueña mucho en ello coyda
S 517-3 a -la peña pesada non la mueve vna palanca
S 519-4 en este coyda syenpre por este faz la musa
S 520-4 non coyda ver la ora que con -el seya yda
S 524-2 la çierua montesyna mucho corrida canssa
S 524-4 la dueña mucho braua vsando se faz manssa
S 526-4 muger mucho seguida olvida la cordura
S 527-1 guarda te non te abuelvas a -la casamentera
S 527-3 por que te faria perder a -la entendera
S 532-4 nunca vy aqui omne con -la cruz me defyendo
S 534-2 la sangre verdadera de dios en -ello yaze
S 538-2 qual es la ora çierta nin el mundo como se guia
S 541-1 desçendyo de -la hermita forço a -vna muger
S 542-3 ffue la su mala obra en punto descobyerta
S 544-1 faz perder la vysta E acortar la vyda
S 544-2 tyra la fuerça toda sys toma syn medida
S 545-2 vele muy mal la boca non ay cosa quel vala
S 553-2 escoge la mesura e lo que es cumunal
G 553-4 asi syn la mesura todo paresçe mal
G 556-4 que corderoz la pascua nin anzaronez zan juan
G 558-2 a -la muger que es cuerda non le seaz çelozo
G 559-3 cuydara que a -la otra querriaz ante vençer
S 563-1 sey commo la paloma linpio e mesurado
S 566-3 muchos pierden la dueña por dezir neçedat
S 568-2 tenga la porydat que es mucho mas blanda
S 568-4 diz que la buena poridat en buen amigo anda
S 569-1 Tyrando con sus dientes descubre se la çarça
S 569-2 echanla de -la vyña de -la huerta e de -la haça
S 569-3 alçando el cuello suyo descobre se la garça
S 572-1 de trez cossaz que le pidas a -la muger falaguera
S 572-2 dar te ha la segunda sy le guardas la prymera
S 572-3 sy las dos byen guardares tuya es la terçera
S 572-4 non pierdas a -la dueña por tu lengua parlera
S 573-2 cras te dara la puerta quien te oy çierra el postigo
S 577-4 qual fue la Racon negra por que non Recabde
G 582-1 la mas Noble figura de quantaz yo auer pud
G 588-3 Non ozo moztrar la laga matar me a si la oluido
G 589-1 la llaga non ze me dexa a -mi catar nin ver
G 592-4 la esperança non conorte zabez a -las vezez fallir
S 596-3 sobra e vençe a -todas quantas ha en -la çibdat
S 596-4 sy el amor non me engaña yo vos digo la verdat
S 597-4 la llaga va creziendo del dolor non mengua nada
S 600-3 pues aver non puedo a -la duena gentil
S 605-1 Non veen los vuestros ojos la mi triste catadura
S 606-1 qual es la dueña tan braua E tan dura
S 607-2 la pena tan le tengo mis ojos non paresçen
S 610-4 amar te ha la dueña que en -ello pienssa e sueña
S 612-1 El amor leo a ovydyo en -la escuela
S 613-4 El omne mucho cauando la grand peña acuesta
S 614-1 si la primera onda del mar ayrada
S 614-3 nunca en -la mar entrarie con su nave ferrada

| | | |
|---|---|---|
| LA | **(cont.)** | |
| S 614-4 | non te espante la dueña la primera vegada |
| S 615-2 | que non dara la mercaduria sy non por grand valor |
| S 615-4 | lyeva la mercadorya por el buen corredor |
| S 616-4 | el conejo por maña doñea a -la vaca |
| S 617-1 | a -la muela pesada de -la peña mayor |
| S 617-4 | mover se ha la dueña por artero seruidor |
| S 620-2 | E la arte al culpado saluo del malefiçio |
| S 621-2 | por el mucho seruiçio pierden la mucha saña |
| S 621-4 | pues vençerse la dueña non es cosa tan maña |
| S 622-2 | el mester e el ofiçio el arte e la sabiençia |
| S 622-3 | nin pueden dar a -la dueña el amor e la querencia |
| S 622-4 | todo esto da el trabajo el vso e la femençia |
| S 623-2 | non canses de seguir la tu obra non se dañe |
| S 626-1 | quiere la mancebya mucho plazer con-sigo |
| S 626-2 | quiere -la muger al ome alegre por Amigo |
| S 628-1 | Por vna pequeña cosa pierde amor la muger |
| S 631-1 | Por mejor tyene la dueña de ser vn poco forçada |
| S 633-1 | Maguer que faze bramuras la duena que se doñea |
| S 633-3 | la muger byen sañuda e quel omne byen guerrea |
| S 634-1 | El miedo e la verguença faze a las mugeres |
| S 634-4 | toma de la dueña lo que della quisieres |
| S 637-1 | la verdat a -las de vezes muchos en daño echa |
| S 637-4 | ante salen a -la peña que por carrera derecha |
| S 638-3 | quando esto la duena su coraçon se baña |
| S 640-2 | luego esta la dueña en -su coraçon penssando |
| S 642-4 | la muger que esta dubdando lygera es de aver |
| S 643-1 | es de -la mançebya celosa la vejedat |
| S 643-4 | Sabe lo E entyendelo por la antiguedat |
| S 645-3 | que entienda de -los anbos byen la vuestra manera |
| S 645-4 | qual don amor te dixo tal sea la trotera |
| S 646-1 | guardate non la tengas la primera vegada |
| S 650-1 | Amigos vo a -grand pena E so puesto en -la fonda |
| S 650-2 | vo a -fablar con -la dueña quiera dios que bien me Responda |
| S 650-3 | puso me el marinero ayna en -la mar fonda |
| S 650-4 | dexo me solo e señero syn Remos con -la blaua onda |
| S 651-3 | toda la mi esperança e todo el mi confuerto |
| S 652-2 | por que por la mi fabla venga a -fazer mesura |
| S 653-1 | ay dios E quam fermosa vyene doña endrina por la plaça |
| S 657-1 | Señora la mi sobrina que en toledo seya |
| S 659-1 | abaxe mas la palabra dixel que en juego fablaua |
| S 659-2 | por que toda aquella gente de -la plaça nos miraua |
| G 660-3 | otro non sepa la fabla desto jura fagamoz |
| G 662-1 | Con la grant pena que pazo vengo a -uoz dezir mi quexa |
| G 662-4 | tanto me da la muerte quanto mas se me abaxa |
| G 666-4 | la peña tiene blanco e prieto pero todoz zon conejoz |
| G 667-4 | deuen tener la pena a -loz suz fazedorez |
| G 668-3 | Non uoz vean aqui todoz lo que andan por la calle |
| G 669-1 | yo torne en -la mi fabla que tenia començada |
| G 670-1 | escuche me zeñora la vuestra cortesia |
| G 670-2 | vn poquillo que uoz diga la muerte mia |
| G 671-2 | que quanto voz he dicho de -la verdat non yerra |
| G 671-3 | estadez enfriada mas que -la nief de -la sierra |
| G 672-1 | fablo en aventura con la vuestra moçedat |
| G 672-4 | querriedez jugar con la pella mas que estar en poridat |
| G 673-3 | la vegedat en sezo lieua la mejoria |
| G 675-1 | yd e venit a -la fabla otro dia por mesura |
| G 675-3 | yt e venid a -la fabla esa creençia atan dura |
| G 676-2 | que vengadez otro dia a -la fabla zola miente |
| G 676-3 | yo pensare en -la fabla e zabre vuestro talente |
| G 677-1 | por la fabla se conosçen loz maz de loz coraçonez |
| G 677-3 | yr e venit a -la fabla que mugerez e varonez |
| G 678-1 | pero que omne non coma nin comiença la mançana |
| G 678-2 | es la color e la vista alegria palançiana |
| G 678-3 | es la fabla e la vista de -la dueña tan loçana |
| G 681-2 | non deue la muger estar zola en tal conpañia |
| G 682-1 | señora por la mesura que agora prometedez |
| G 682-3 | a -la merçed que agora de palabra me fazedez |
| G 685-2 | que por suz bezoz la dueña finca muy engañada |
| G 686-1 | esto yo non uoz otorgo saluo la fabla de mano |
| G 687-1 | fuese mi zeñora de -la fabla su via |
| G 687-4 | quiso me dioz bien giar e la ventura mia |
| G 688-2 | si mucho vso la dueña con palabraz de trebejo |
| G 688-3 | puede seer tanta la fama que saliria a conçejo |
| G 688-4 | asi perderia la dueña que sera pesar sobejo |
| G 689-4 | do la muger oluidarez ella te oluidara |
| G 690-1 | do añadierez la leña creçe syn dubda el fuego |
| G 690-2 | si la leña se tirare el fuego menguara luego |
| G 690-3 | el amor e la bien querençia creçe con vzar juego |
| G 690-4 | si la muger oluidarez poco preçiara tu Ruego |
| G 691-3 | E a -la mi mucha cuyta non ze consejo nin arte |
| G 692-1 | muchas vezes la ventura con ssu fuerça e poder |
| G 693-1 | ayuda la ventura al que bien quiere guiar |
| G 694-2 | el guie la mi obra el mi trabajo prouea |
| G 695-4 | amigança debdo e sangre la muger lo muda |
| G 697-2 | de todas las maestrias escogi la mejor |
| G 697-3 | dios e la mi ventura que me fue guiador |
| G 697-4 | açerte en -la tyenda del sabio corredor |
| G 699-4 | estas dan la maçada sy as orejas oyas |
| S 702-4 | por la vuestra buena fama E por vos enbiado |
| S 703-4 | diz la vieja puez dezidlo e aved en mi creençia |
| S 707-1 | De pequena cosa nasçe fama en -la vezindat |
| S 709-4 | dezid me quien es la dueña yo le dixe doña endrina |
| S 710-1 | la çera que es mucho dura e mucho brozna e elada |
| S 711-4 | que non ay mula de aluarda que la troxa non consienta |
| S 713-1 | Amigo non vos durmades que -la dueña que dezidez |
| S 721-3 | en -la fyn esta la onrra e la desonrra bien creades |
| S 721-4 | do bien acaba la cosa ally son todas bondades |
| S 723-1 | la buhona con farnero va taniendo cascaueles |
| S 724-1 | Entro la vieja en casa dixole Señora fija |
| S 725-1 | Salyr andar en -la plaça con vuestra beldat loada |
| S 727-3 | es don melon de -la verta mançebillo de verdat |
| S 730-1 | Mançebillo en -la villa atal non se fallara |
| S 737-1 | Respondiole la dueña con mesura E byen |
| S 738-4 | don melon de -la verta quered lo en buen ora |
| S 741-1 | la muger que vos cree las mentiras parlando |
| S 741-4 | que mal se laua la cara con lagrimas llorando |
| S 743-1 | A -la fe dyxo la vieja desque vos veen bilda |
| S 743-3 | es la vyda sola mas que vaca corrida |
| S 745-3 | commo la abutarda quando la golondryna |
| S 747-1 | Dixo la golondrina a -tortolas e a -pardales |
| S 748-3 | la semiente nasçida vyeron como rregaua |
| S 749-1 | Torno la golondrina e dixo al abutarda |
| S 749-2 | que arrancase la yerua que era ya pujada |
| S 751-1 | fuese la golondrina a -casa del caçador |
| S 752-1 | Cogido ya el cañamo E fecha la parança |
| S 752-2 | prendio al abutarda leuola a -la plaça |
| S 752-4 | dixo la golondrina ya sodes en pelaça |
| S 756-1 | començo su escanto la vieja coytral |
| G 756-3 | daua zonbra a -las casaz e rreluzie la cal |
| G 756-4 | mas do non mora omne la caza poco val |
| G 757-2 | zola e sin conpanero commo la tortolilla |
| S 758-1 | dioz bendixo la caza do el buen omne cria |
| S 758-4 | ante de muchoz diaz veriedez la mejoria |
| S 759-1 | Renpondiole la dueña diz non me estaria bien |
| G 760-2 | perderia la manda que a -mi es mandada |
| G 761-1 | fiia dixo la vieja el año ya es pasado |
| G 762-4 | nunca la golondrina mejor consejo ogaño |
| S 768-4 | a -la fe diz agora se cunple el estornudo |
| S 775-1 | dyxo luego el lobo a -la puerca byen ansi |
| S 776-1 | la puerca que se estaua so -los sauzes loçanos |
| S 777-4 | conbredes e folgaredes a -la sonbra al vyçio |
| S 778-2 | por tomar el cochino que so -la puerca yaze |
| S 778-3 | diole la puerca del rrosto echole en -el cabçe |
| S 778-4 | en -la canal del molino entro que mal le plaçe |
| S 780-2 | non deseche la cosa de que esta deseoso |
| S 782-2 | es oluidar la cosa que aver non podedes |
| S 786-4 | por que amas la dueña que non te preçia nada |
| S 791-1 | Pues que la mi Señora con otro fuer casada |
| S 791-2 | la vida deste mundo yo non -la preçio nada |
| S 794-3 | pues a -la mi señora cras le dan marido |
| S 794-4 | toda la mi esperança pereçe e yo so perdido |
| S 796-1 | dixo la buena vieja en ora muy chiquilla |
| S 797-2 | vienen muchos plazeres despues de -la tristençia |
| S 797-4 | cerca son vuestros gozos de -la vuestra querençia |
| S 801-1 | Estonçe dixo la vieja ansy al amador |
| S 803-1 | la fyn muchas de vezes non puede rrecudyr |
| S 805-2 | esta en aventura esta en la balança |
| S 805-3 | por buen comienço espera omne la buena andança |
| S 805-4 | a -vezes viene la cosa pero faga tardança |
| S 806-2 | sy me ama la dueña o sy me querra amar |
| S 807-1 | Amigo diz la vieja en la dueña lo veo |
| S 810-1 | los labrios de la boca tyenbranle vn poquillo |
| S 812-3 | sy por vos non menguare abaxar se ha la rrama |
| S 812-4 | E verna doña endrina sy la vieja la llama |
| S 813-1 | Señora madre vieja la mi plazenteria |
| S 813-3 | por la vuestra ayuda creçe mi alegria |
| S 814-1 | tyra muchos prouechos a -vezes la pereza |
| S 814-3 | conplid vuestro trabajo e acabad la nobleza |
| S 815-2 | por mi verna la dueña andar al estricote |
| S 818-2 | en -la firme palabla es la fe que tenemos |
| S 819-1 | Eso dixo la vieja byen se dize fermoso |
| S 820-2 | al poble e al menguado e a -la poble mesquina |
| S 820-4 | non son mas preçiados que -la seca sardina |
| S 821-4 | a -las vezes espanta la mar e faze buen orilla |
| S 822-3 | quiero me yr a -la dueña rrogar le he por mesura |
| S 824-1 | fuese a -casa de -la dueña dixo quien mora aqui |
| S 824-2 | Respondiole la madre quien es que llama y |
| S 826-3 | quel lyeue la sortija que traya vendiendo |
| S 827-1 | Desque oyo esto la Rysona vieja |
| S 827-2 | dexola con -la fija e fuese a -la calleja |
| S 827-3 | començo la buhona a -dezir otra consseja |
| S 827-4 | a -la rraçon primera tornole la pelleja |
| S 828-1 | diz ya leuase el verco a -la vieja Risona |
| S 829-1 | Preguntol la dueña pues que nuevas de aquel |
| S 829-2 | diz la vieja que nueuas que se yo que es del |
| S 830-1 | El grand fuego non puede cobrir la su llama |
| S 830-3 | ya la vuestra manera entyende la ya mi alma |
| S 831-3 | su color amarillo la su faz mudada |
| S 834-2 | par-dios mal dia el vydo la vuestra grand dureza |
| S 835-4 | anda devaneando el pez con -la ballena |
| S 836-1 | Primero por la talla el fue de vos pagado |
| S 838-2 | qual es vuestro talante dezid me la verdat |
| S 839-3 | el miedo E la verguença defienden me el trebejo |
| S 839-4 | a -la mi quexa grande non le fallo conssejo |
| S 845-3 | dixo trota conventos a -la vyeja pepita |
| S 845-4 | ya la cruz la leuase conl agua bendita |
| S 847-1 | dixo doña endrina a -la mi vieja paga |
| S 848-4 | mis fechos es la fama esto me faz dudbar |
| S 849-2 | tome me por palabla a -la peor se tenga |
| S 851-1 | la fama non sonara que yo la guardare byen |
| S 852-1 | ay dios dixo la dueña el coraçon del amador |
| S 854-2 | Ruega e rrogando creçe la llaga del enamorado |
| S 856-2 | tanto maz en la pelea se abyua e se ençiende |
| S 856-3 | quantas mas dulçes palablas la dueña de amor atyende |
| S 857-1 | E pues que vos non podedes amatar la vuestra llama |
| S 857-3 | fija la vuestra porfia a -vos mata e derrama |
| S 857-3 | los plazeres de -la vyda perdedes sinon se amata |
| S 859-3 | dar vos ha muerte a -entranbos la tardança e la desira |
| S 860-4 | que si non la muerte sola non parte las voluntades |
| S 861-3 | jugaremos a -la pella e a -otros juegos Raezes |
| S 863-1 | desde aqui a -la mi tienda non ay synon vna pasada |
| S 864-1 | yd vos tan segura mente con-migo a -la mi tyenda |
| S 865-4 | çiega es la muger seguida non tyene seso nin tyento |

**LA**

(cont.)

| | |
|---|---|
| S 866-2 | pierde el entendimiento çiega e pierde la vista |
| S 867-2 | a -tomar de -la su fruta e a -la pella jugar |
| S 867-3 | Señora dixo la vieja cras avremos buen vagar |
| S 868-3 | el encantador malo saca la culebra del forado |
| S 870-1 | Catad non enperezedes acordad vos de -la fablilla |
| S 870-2 | quando te dan la cablilla acorre con la soguilla |
| S 871-2 | a -ora de medio dia quando yanta la gente |
| S 871-3 | vyno doña endrina con -la mi vieja sabiente |
| S 872-1 | Commo la mi vejezuela me avya aperçebydo |
| S 872-3 | falle la puerta çerrada mas la vieja byen me vydo |
| S 873-4 | a -la fe aquel es don melon yo lo conosco yo lo viento |
| S 874-1 | aquella es la su cara e su ojo de bezerro |
| S 876-1 | yo vos abrire la puerta esperat non -la quebredes |
| S 877-1 | Señora doña endrina vos la mi enamorada |
| S 877-2 | vieja por esto teniades a -mi la puerta çerrada |
| S 880-4 | callad guardat la fama non salga de sotecho |
| S 881-1 | Synon parlase la pycaça mas que -la codorniz |
| S 881-2 | non la colgarian en -la plaça nin Reyrian de -lo que diz |
| S 884-3 | la muger vee su daño quando ya fynca con duelo |
| S 886-2 | es en -el mucho tienpo el saber e la çiençia |
| S 886-3 | la mi vieja maestra ovo ya conçiençia |
| S 889-1 | la yra la discordia a -los amigos mal faz |
| S 889-4 | el pesar E la saña tornad lo en buen solaz |
| S 893-3 | todas las animalias vn domingo en -la syesta |
| S 896-2 | mando que -lo llamasen que -la fiesta onrraria |
| S 896-4 | la gulhara juglara dixo que llamaria |
| S 897-1 | ffuese la Raposilla donde el asno andava |
| S 899-2 | tornose a -la fiesta baylando el cantador |
| S 899-3 | non sabya la manera el burro de Señor |
| S 900-4 | de -la su segurança son todos espantados |
| S 909-1 | Entyende byen mi estoria de -la fija del endrino |
| S 911-1 | de talla la mejor de quantas yo ver pud |
| S 914-2 | Cada dia llegaua la fabla mas non al |
| S 914-4 | que çerca de -la villa puso el arraval |
| S 915-2 | leuogelos la vieja con otros adamares |
| S 915-4 | la dueña dixo plaz me desque melos mostrares |
| S 918-2 | diole aquestas cantigas la çinta le çynio |
| S 918-3 | en dando le la sortyja del ojo le guiño |
| S 919-1 | Commo dize la fabla que del sabyo se saca |
| S 920-2 | non tomes el sendero e dexes la carrera |
| S 920-3 | syrue do avras pro pues sabes la manera |
| S 921-3 | fue sañuda la vieja tanto que a -marauilla |
| S 921-4 | toda la poridat fue luego descobrilla |
| S 922-1 | ffue la dueña guardada quanto su madre pudo |
| S 924-1 | a -la tal mensajera nunca le digas maça |
| S 926-4 | creo que si esto guardares que -la vieja te acorra |
| S 928-3 | dolyendo me de -la dueña mucho esto me crey |
| S 929-1 | ove con -la grand coyta Rogar a -la mi vieja |
| S 929-2 | que quisiese perder saña de -la mala consseja |
| S 929-3 | la liebre del couil sacala la comadreja |
| S 929-4 | de prieto fazen blanco boluiendole la pelleja |
| S 930-1 | a -la he diz açipreste vieja con coyta trota |
| S 932-3 | Ca de buena palabra paga se la vezindat |
| S 932-4 | el buen desir non cuesta mas que -la nesçedat |
| S 933-1 | Por amor de la vieja e por dezir Rason |
| S 934-3 | dixo luego la gente de dios mala ventura |
| S 936-1 | ffue a -pocos de dias amatada la fama |
| S 936-2 | a -la dueña non -la guardan su madre nin su ama |
| S 937-4 | estas dan la maçada si az orejas oyas |
| S 939-1 | la mi leal vrraca que dios mela mantenga |
| S 939-4 | E fazer que -la pella en Rodar non se tenga |
| S 942-2 | asy fizo venir vrraca la dueña al Ryncon |
| S 943-2 | ouo por mal pecado la dueña a -ffallyr |
| S 944-2 | yo cay en -la cama e coyde peligrar |
| S 946-1 | Con su pesar la vieja dixo me muchas vezes |
| S 950-2 | fuy a -prouar la syerra e fiz loca demanda |
| S 950-3 | luego perdi la mula non fallaua vyanda |
| S 952-3 | preguntele quien era Respondiome la chata |
| S 952-4 | yo so la chata Rezia que a -los omnes ata |
| S 955-3 | Ca segund es la fabla quien pregunta non yerra |
| S 956-1 | Respondiome la chata quien pide non escoge |
| S 956-3 | non temas syn das algo que -la nieue mucho moje |
| S 957-1 | Commo dize la vieja quando beue ssu madexa |
| S 959-2 | salteome vna serrana a -la asomada del rrostro |
| S 960-1 | Dixele yo a -la pregunta vome fazia sotos aluos |
| S 961-1 | Parose me en -el sendero la gaha rroyn heda |
| S 961-2 | a -la he diz escudero aqui estare yo queda |
| S 961-4 | non pasaras la vereda |
| S 962-2 | tirate de -la carrera que non trax para ty nada |
| S 963-1 | la chata endiablada que santillan la confonda |
| S 963-2 | arrojome la cayada e Rodeome la fonda |
| S 963-4 | tu me pagaras oy la rroda |
| S 964-1 | ffazia nieue e granzaua diome la chata luego |
| S 967-1 | Tomome Resio por la mano en -su pescueço puso |
| S 967-2 | commo a -çuron lyuiano e leuon la cuesta ayusso |
| S 967-4 | commo es de -la sierra vso |
| S 969-4 | despues faremos la lucha |
| S 970-3 | oteo me la pastora diz ya conpañon agora |
| S 971-1 | la vaquera trauiessa diz luchemos vn Rato |
| S 971-3 | por la muñeca me priso oue de fazer quanto quiso |
| S 972-2 | non a -conprar las joyas para la chata novia |
| S 972-3 | fuy ver vna costilla de -la serpiente groya |
| S 973-3 | desque vy que -la mi bolsa que -se paraua mal |
| S 974-3 | coyde tomar el puerto que es de -la fuent fria |
| S 975-4 | o morar me he con-vusco o mostrad me la carrera |
| S 977-1 | Commo dize la fabla del -que de mal nos quita |
| S 977-2 | escarua la gallyna E falla su pepita |
| S 977-3 | proue me de llegar a -la chata maldita |
| S 977-4 | diome con -la cayada en la oreja fyera |
| S 978-1 | Deribo me la cuesta ayuso E cay estordido |
| S 979-2 | dixo la descomulgada non pises las aradas |

| | |
|---|---|
| S 980-1 | Dyz entremos a -la cabaña fferruzo non lo entienda |
| S 981-1 | Tomo me por la mano e fuemos nos en vno |
| S 981-3 | desque en -la choza fuymos non fallamos niguno |
| S 983-3 | escote la meryenda e party me dalgueua |
| S 983-4 | dixe le que me mostrase la ssenda que es nueua |
| S 985-1 | ssacome de -la choça E llegome a -dos senderos |
| S 988-1 | a -la fuera desta aldea la que aqui he nonblado |
| S 988-4 | ella me rrespuso ca la carrera as errado |
| S 990-1 | Ryome commo rrespuso la serrana tan sañuda |
| S 990-2 | desçendio la cuesta ayuso commo era atreuuda |
| S 990-3 | dixo non sabes el vso comos doma la rres muda |
| S 990-5 | si la cayada te enbyo |
| S 991-1 | Enbiome la cayada aqui tras el pastorejo |
| S 991-2 | fizo me yr la cuesta-lada derribome en -el vallejo |
| S 991-3 | dixo la endiablada asy apilan el conejo |
| S 994-4 | oluidose la fabla del buen conssejador |
| S 996-2 | este de yuso escripto que tyenes so la mano |
| S 996-4 | pase por la mañana el puerto por sosegar tenplano |
| S 997-1 | do -la casa del cornejo primer dia de selmana |
| S1001-3 | quando a -la lucha me abaxo al que vna vez trauar puedo |
| S1004-2 | E da me toca amarilla byen listada en -la fruente |
| S1004-3 | çapatas fasta rrodilla e dira toda la gente |
| S1006-1 | Syenpre ha la mala manera la sierra E la altura |
| S1007-2 | corri la cuesta ayuso ca diz quien da a -la torre |
| S1007-3 | antes dize la piedra que sale del al-horre |
| S1008-3 | la mas grande fantasma que vy en -este siglo |
| S1009-1 | Con -la coyta del frio e de aquella grand llana |
| S1009-4 | touelo a -dios en merçed e leuome a -la tablada |
| S1012-1 | Avia la cabeça mucho grand syn guisa |
| S1012-4 | mayor es que de yegua la patada de pisa |
| S1016-1 | Mas en verdat sy byen vy fasta la rrodilla |
| S1016-2 | los huesos mucho grandes la çanca non chiquilla |
| S1017-1 | mas ancha que mi mano tyene la su muñeca |
| S1019-2 | dauan le a -la çinta pues que estauan dobladas |
| S1021-3 | las dos son chançonetas la otra de trotalla |
| S1022-1 | Cerca la tablada |
| S1022-2 | la sierra passada |
| S1022-4 | a -la madrugada |
| S1024-1 | a -la deçida |
| S1027-1 | dixo me la moça |
| S1032-5 | fasta la tornada |
| S1034-3 | la cosa çertera |
| S1039-5 | para la tornada |
| S1040-1 | dixo me la heda |
| S1041-5 | nin le do la posada |
| S1044-4 | a -onrra de -la virgen ofreçile este ditado |
| S1047-2 | de ty non se muda la mi esperança |
| S1048-3 | la triste estoria que a -jhesu yazer |
| S1053-1 | a -la terçera ora xpistus fue judgado |
| S1054-2 | ssobre la su saya echaron le suerte |
| S1055-1 | a -ora de sesta fue puesto en -la cruz |
| S1056-3 | dandol del ascona la tierra estremeçio |
| S1057-1 | a -la vesperada de cruz fue descendido |
| S1059-1 | Los que -la ley de xpistus avemos de guardar |
| S1060-4 | la virgen que sabemos ssanta maria estar |
| S1061-2 | que el cordero vernia e saluaria la ley |
| S1064-3 | en -la cruz lo sobieron syn toda piedat |
| S1065-2 | la su set abebraron con vinagre E fiel |
| S1068-1 | Estando a -la mesa con do jueuez lardero |
| S1069-4 | salud en jhesu xpisto fasta la pascua mayor |
| S1072-2 | la mi perzona mesma e las con-pañas mias |
| S1073-2 | lyeuela por la tierra non -la traya escondida |
| S1074-2 | vna concha muy grande de -la carta colgada |
| S1074-3 | aquel era el sello de -la duena nonbrada |
| S1074-4 | la nota es aquesta a -carnal fue dada |
| S1075-1 | De mi doña quaresma justiçia de -la mar |
| S1076-2 | que seades con migo en -el canpo alla batalla |
| S1078-1 | do tenia a -don jueues por huesped a -la messa |
| S1079-4 | que venga aperçebido el martes a -la lyd |
| S1082-1 | Pusso en -la delanteras muchos buenos peones |
| S1083-4 | en -la buena yantar estos venian primero |
| S1085-1 | las puestas de -la vaca lechones E cabritoz |
| S1090-1 | vino presta e lygera al alarde la lyebre |
| S1090-2 | Señor diz alla dueña yo le metre la fiebre |
| S1090-3 | dalle he la sarna e diuiesos que de lydiar nol mienbre |
| S1091-3 | Señor diz a -la duena sy con-migo la enlazas |
| S1092-4 | mas fago te seruiçio con -la carne e cuero |
| S1093-2 | çidierbedas e lomos fynchida la cozina |
| S1093-3 | todos aperçebidos para la lyd malyna |
| S1093-4 | la dueña fue maestra non vino tan ayna |
| S1096-2 | el ynojo fyncado en -la mano el barril |
| S1097-1 | Desque vino la noche mucho despuez de çena |
| S1097-2 | que tenia cada vno ya la talega llena |
| S1097-3 | para entrar en -la fazienda con -la dueña serena |
| S1097-4 | adormieron se todos despues de -la ora buena |
| S1099-1 | faza la media noche en medio de -las salas |
| S1100-2 | con -la mucha vianda mucho vino ha beuido |
| S1101-1 | Todos amodoridos fueron a -la pelea |
| S1101-3 | la conpaña del mar las sus armas menea |
| S1103-1 | vino luego en ayuda la salada sardina |
| S1103-2 | firio muy Rezia mente a -la gruesa gallyna |
| S1103-4 | despues a -don carnal falsol la capellyna |
| S1104-2 | los verdeles e xibias guardan la costanera |
| S1104-3 | buelta es la pelea de muy mala manera |
| S1108-2 | diz la pixota al puerco do estas que non paresçes |
| S1108-4 | ençierra te en -la mesquita non vayas a -las prezes |
| S1109-1 | ally vino la lyxa en aquel desbarato |
| S1112-3 | quantos son en la mar vinieron al torneo |
| S1113-1 | Andava y la vtra con muchos conbatyentes |
| S1114-1 | ssaualos E albures E la noble lanplea |
| S1114-4 | non le valia nada deçenir la correa |
| S1115-2 | tenia en -la su mano grand maça de vn trechon |

LA

(cont.)

| | |
|---|---|
| S1115-3 | dio en medio de -la fruente al puerco e al lechon |
| S1117-2 | con la liebre justauan los asperos cangrejos |
| S1117-3 | della e de -la parte dan se golpes sobejos |
| S1118-3 | a -don carnal Seguiendo llegandol a -la muerte |
| S1120-3 | mas vino contra el la gigante ballena |
| S1120-4 | abraçose con -el echolo en -la arena |
| S1123-1 | Synon fuese la çeçina con -el grueso toçino |
| S1124-1 | la mesnada del mar fizo se vn tropel |
| S1125-2 | dieron los a -la dueña ante que se aforrasen |
| S1125-3 | mando luego la dueña que a -carnal guardasen |
| S1130-3 | sinon por la boca misma del pecador contrito |
| S1130-4 | menester es la palabla del conffesor bendito |
| S1131-4 | que por la penitençia avredes saluaçion |
| S1132-1 | Por que la penitençia es cosa preçiada |
| S1132-4 | quanto mas la seguieremos mayor es la soldada |
| S1134-3 | con -la çiençia poca he grand miedo de fallyr |
| S1135-4 | so -la vuestra emienda pongo el mi error |
| S1136-2 | si se faze penitençia por la sola contriçion |
| S1136-3 | determina al cabo qual es la confesion |
| S1136-4 | menester de todo en todo con -la satysfaçion |
| S1137-4 | por la contriçion sola pues al non puede far |
| S1138-2 | mas quanto a -la iglesia que non judga de ascondido |
| S1139-4 | do mas fazer non puede la cabeça enclinando |
| S1140-3 | ally faz la emienda purgando el su errar |
| S1140-4 | con -la misericordia de dios que -lo quiere saluar |
| S1141-2 | ay en -la santa iglesia mucha prueua e buena |
| S1141-3 | por contriçion e lagrimas la santa madalena |
| S1143-2 | lloro mucho contrito a -la pared tornado |
| S1145-4 | en -la foya dan entranbos e dentro van caer |
| S1155-3 | guardat non lo absoluades nin de-des la sentençia |
| S1156-1 | Segund comun derecho aquesta es la verdat |
| S1157-1 | En tienpo de peligro do la muerte arapa |
| S1157-4 | la grand neçesidat todos los casos atapa |
| S1159-4 | vaya a -lauarse al Rio o a -la fuente |
| S1160-1 | Es el papa syn dubda la fuente perenal |
| S1161-3 | en -la grand nesçesidat al cardenal aprisionado |
| S1163-4 | yras a -la iglesia E non estaras en -la cal |
| S1164-1 | En -el dia del lunes por la tu soberuia mucha |
| S1164-3 | yras oyr las oras non prouaras la lucha |
| S1166-2 | por la tu grand loxuria comeras muy pocaz desaz |
| S1167-1 | El jueues çenaraz por la tu mortal yra |
| S1167-2 | E por que te perjuraste deziendo la mentira |
| S1167-3 | lentejaz con -la sal en Rezar te rremira |
| S1168-1 | Por la tu mucha gula E tu grand golosina |
| S1171-1 | Dada la penitençia fizo la confesion |
| S1171-3 | deziendo mia culpa diole la absoluçion |
| S1171-4 | partiose del el frayel dada la bendiçion |
| S1172-2 | estaua de -la lid muy fraco E lloroso |
| S1173-1 | Desque ovo la dueña vençido la fazienda |
| S1177-4 | que vayan a -la iglesia con conçiençia clara |
| S1178-2 | con çeniza los cruzan de Ramoz en -la fruente |
| S1179-2 | por que en -la cuaresma biua linpio e digno |
| S1180-3 | yua se poco a -poco de -la cama yrguiendo |
| S1182-3 | fueron a -la iglesia non a -lo quel dezia |
| S1183-3 | fuyo de -la iglesia fuese a -la joderia |
| S1184-4 | dixieron los corderos vedes aqui la fyn |
| S1186-2 | la bera de plazençia fasta valdemorillo |
| S1186-3 | E toda la serena El presto mançebillo |
| S1187-1 | El canpo de alcudia e toda la calatraua |
| S1189-2 | el por essas montañas en -la sierra estudo |
| S1189-3 | e contra la quaresma estaua muy sañudo |
| S1190-1 | Estas fueron laz cartaz el testo e la glosa |
| S1193-1 | la nota de -la carta venia a -todos nos |
| S1193-2 | don carnal poderoso por la graçia de dioz |
| S1194-3 | de -la falsa quaresma e de mar ayrado |
| S1195-1 | Por ende vos mandamos vista la nuestra carta |
| S1198-3 | desian a -la quaresma donde te asconderas catyua |
| S1202-2 | rresçelo de -la lyd muerte o grand presion |
| S1202-4 | para pasar la mar puso muy grand mision |
| S1203-1 | la dueña en -su Rybto puso dia ssabido |
| S1205-3 | bordon lleno de ymagenes en -el la palma fyna |
| S1207-1 | De yuso del sobaco va la mejor alfaja |
| S1210-3 | fue por toda la tierra grand Roydo sonado |
| S1213-1 | El pastor lo atyende fuera de -la carrera |
| S1213-4 | taniendo el Rabadan la çitola trotera |
| S1217-1 | Traya en -la su mano vn assegur muy fuerte |
| S1217-2 | a -toda quatro-pea con -ella da la muerte |
| S1218-1 | Endereredor traya çeñida de -la su çynta |
| S1219-1 | Tenia coffya en -la cabeça quel cabello nol ssalga |
| S1219-4 | a -la liebre que sale luego le echa la galga |
| S1222-3 | taniendo laz canpanaz en diziendo la gloria |
| S1225-1 | Dia era muy ssanto de -la pascua mayor |
| S1228-1 | ally sale gritando la guitara morisca |
| S1228-3 | el corpudo laud que tyene punto a -la trisca |
| S1228-4 | la guitarra latyna con esos se aprisca |
| S1229-1 | El rrabe gritador con -la su alta nota |
| S1229-2 | cabel El orabyn taniendo la su rrota |
| S1229-3 | el salterio con ellos mas alto que -la mota |
| S1229-4 | la vyuela con pendola con aquestos y ssota |
| S1230-3 | la flauta diz con ellos mas alta que vn Risco |
| S1231-1 | la viuela de arco ffaz dulçez de vayladaz |
| S1232-4 | la hadedura aluardana entre ellos se entremete |
| S1233-4 | la neçiacha manduria ally faze su son |
| S1235-4 | en -la proçesion yua el abad de borbones |
| S1236-2 | la orden de cruz niego con su abat bendito |
| S1239-1 | los de -la trinidat con -los fraylez del carmen |
| S1240-3 | yuan los escuderos en -la saya cortilla |
| S1240-4 | comiendo andeluya anda toda la villa |
| S1242-1 | De -la parte del sol vy venir vna seña |
| S1242-2 | blanca rresplandeçiente mas alta que -la peña |
| S1243-4 | non conplara la seña paris nin barçilona |

| | |
|---|---|
| S1246-2 | todos finojos fyncados besaron le la mano |
| S1247-2 | querria leuar tal huesped luego la clerizia |
| S1247-4 | tan bien ellas commo ellos querrian la mejoria |
| S1249-2 | ca non tyenen moradas do touiesedes la fiesta |
| S1250-4 | para grand Señor non es posar en -la bodega |
| S1251-3 | la su possaderia non es para ty sana |
| S1251-4 | tyenen muy grand galleta e chica la canpana |
| S1253-4 | al tomar vienen prestos a -la lid tardineroz |
| S1260-2 | E vy que -la contyenda era ya sosegada |
| S1262-2 | fue a -la mi posada con -esta procesion |
| S1265-1 | Desque ovo yantado fue la tyenda armada |
| S1266-1 | la obra de -la tyenda vos querria contar |
| S1266-2 | aver se vos ha vn poco atardar la yantar |
| S1266-4 | muchos dexan la çena por fermoso cantar |
| S1267-4 | alunbrase la tyenda de su grand rresplandor |
| S1268-1 | en -la çima del mastel vna piedra estaua |
| S1269-3 | en -la obra de dentro ay tanto de fazer |
| S1270-1 | luego a -la entrada a -la mano derecha |
| S1274-2 | estaua enturbiada con -la niebra su mesa |
| S1274-4 | faze nueuo azeyte con -la blaza nol pesa |
| S1280-4 | con -la chica alhiara nol pueden abondar |
| S1282-3 | pesal en -el lugar do la muger es buena |
| S1289-1 | buscaua cassa fria fuya de -la siesta |
| S1289-2 | la calor del estio doler faze la tyesta |
| S1289-3 | busca yeruas e ayres en -la sierra enfiesta |
| S1290-1 | El Segundo tenia en -su mano la foz |
| S1290-4 | agraz nueuo comiendo enbargole la boz |
| S1291-3 | traya las manos tyntas de -la mucha çereza |
| S1293-3 | la mosca mordedor faz traher las narizes |
| S1297-3 | enbya derramar la sienpre al ero |
| S1300-1 | El tablero la tabla la dança la carrera |
| S1301-2 | vy muchaz en la tienda mas por non vos detener |
| S1301-4 | non quiero de -la tienda mas prologo fazer |
| S1304-1 | Dyxo en -la jnvernada visite a sseuilla |
| S1305-1 | Entrada la quaresma vine me para toledo |
| S1306-4 | echaron me de la çibdat por la puerta de visagra |
| S1307-2 | falle por la caustra e por el çiminterio |
| S1310-3 | Andando por la çibdat rradio E perdido |
| S1311-2 | fuy tener la quaresma a -la villa de castro |
| S1312-2 | la quaresma catolica do aquesta quiteria |
| S1312-3 | quiero yr ver alcala morare ay la feria |
| S1312-4 | dende andare la tyerra dando a -muchos materia |
| S1317-1 | ffyz llamar trota conventos la mi vieja sabida |
| S1319-1 | Con -la mi vejezuela enbiele ya que |
| S1321-2 | toda la santa iglesia faz proçesion onrrada |
| S1321-4 | acaeçiome vna ventura la fiesta non pasada |
| S1322-2 | rrogando muy deuota ante la majestad |
| S1322-3 | rrogue a -la mi vieja que me ovies piadat |
| S1323-3 | commo la marroquia que me corrio la vara |
| S1324-1 | ffue con -la pleytesia tomo por mi afan |
| S1324-3 | entro en -la posada rrespuesta non -le dan |
| S1324-4 | non vido a -la mi vieja ome gato nin can |
| S1325-3 | dixo la buena dueña tus dezirez trauiesos |
| S1326-1 | fija dixo la vieja osar vos he fablar |
| S1326-2 | dixo la dueña vrraca por que lo has de dexar |
| S1326-4 | ca mas val suelta estar la viuda que mal casar |
| S1328-1 | Sy Recabdo o non la buena menssajera |
| S1328-2 | vyno me muy alegre dixo me de la primera |
| S1328-3 | el que al lobo enbia a -la fe carne espera |
| S1329-1 | ffablo la tortolilla en -el rregno de rrodaz |
| S1329-4 | por ende casa la duena con cauallero apodaz |
| S1330-1 | E desque ffue la dueña con otro ya casada |
| S1335-4 | e la rroseta nouela que deuiera dezir ante |
| S1336-2 | e la garriofilota con dia margariton |
| S1338-1 | Monpesler alexandria la nonbrada valençia |
| S1338-3 | los mas nobles presenta la dueña quez mas preçia |
| S1343-4 | quien faze la canasta fara el canestillo |
| S1344-2 | dixo me quel preguntaua qual fue la tu venida |
| S1344-4 | Señora dixo la vieja asy comunal vyda |
| S1347-4 | como con -la culebra conteçio al ortolano |
| S1349-1 | Con -la nieue E con -el viento e con -la elada fria |
| S1349-2 | estaua la culebra medio amodorrida |
| S1349-4 | doliose mucho della quisole dar la vida |
| S1350-1 | Tomola en -la falda e leuola a -su casa |
| S1350-3 | abiuo la culebra ante que -la el asa |
| S1351-2 | del pan E de -la leche e de quanto el comia |
| S1352-1 | venido ez el estio la siesta affyncada |
| S1352-4 | començo de enponçoñar con venino la posada |
| S1355-4 | consejas me agora que pierda la mi alma |
| S1356-1 | sseñora dixo la vieja por que so baldonada |
| S1358-2 | nunca de -la corrida vazio te tornaua |
| S1362-2 | defienden la fraqueza culpa de -la vejez |
| S1363-1 | En amar al mançebo e a -la su loçania |
| S1367-3 | por que vyn syn presente la vuestra Saña cresçe |
| S1368-1 | vieja dixo la dueña çierto yo non menty |
| S1369-3 | con -el mur de -la villa yendo a -fazer enplea |
| S1369-4 | dezir te he la fazaña e fynque la pelea |
| S1371-2 | con -la poca vianda buena voluntad para |
| S1372-1 | la su yantar comida el manjar acabado |
| S1372-2 | conbido el de -la villa al mur de monferrado |
| S1376-2 | la puerta del palaçio començo a -ssonar |
| S1377-4 | estouo a -lo escuro a -la pared arrimado |
| S1378-1 | Cerrada ya la puerta e pasado el temor |
| S1379-1 | Este manjar es dulçe sabe como la miel |
| S1379-3 | el que teme la muerte el panal le sabe fiel |
| S1380-2 | non tiene voluntad clara la vista temerosa |
| S1380-3 | con miedo de -la muerte la miel non es sabrosa |
| S1384-1 | Con paz E zegurança es buena la pobleza |
| S1384-2 | al rico temeroso es poble la rriqueza |
| S1384-4 | la pobredat alegre es Segura nobleza |
| S1385-3 | que perder la mi alma con perdizez assadaz |
| S1386-1 | Señora diz la vieja desaguisado façedes |

**(cont.)**

| | |
|---|---|
| S1386-4 | dezir vos he la fabla e non vos enojedes |
| S1388-2 | que a -ty nin a -çiento tales en -la mi mano |
| S1390-4 | que non les ponen onrra la qual deuian aver |
| S1392-2 | queredes en couento mas agua con -la orça |
| S1394-1 | Con -la mala vyanda con -las Saladas Sardinaz |
| S1395-3 | ven cras por la rrepuesta e yo tela dare |
| S1396-1 | otro dia la vieja fuese a -la mongia |
| S1396-2 | E fallo a -la dueña que en la misa seya |
| S1398-4 | pues la misa es dicha vayamoz al estrado |
| S1399-1 | Alegre va la monja del coro al parlador |
| S1399-3 | quiere oyr la monja Nueuaz del entendedor |
| S1400-1 | sseñora diz la vieja dire voz vn juguete |
| S1400-4 | dire voz la fablilla sy me dadez vn Risete |
| S1401-3 | ladrando e con la cola mucho la fallagaua |
| S1403-3 | yo a -la mi Señora E a -todaz sus gentes |
| S1404-2 | trayoles la farina que comen del açeña |
| S1404-3 | puez tan bien torne pino e falagare la dueña |
| S1405-1 | Salio bien rrebuznando de -la su estabila |
| S1405-4 | fuese para el estrado do -la dueña seya |
| S1410-1 | la dueña dixo vieja mañana madrugeste |
| S1411-1 | Sy dixo la comadre quando el çirugiano |
| S1412-2 | que -la presta gulhara ansi era vezada |
| S1412-3 | que entraua de noche la puerta ya çerrada |
| S1414-1 | Tendiose a -la puerta del aldea nonbrada |
| S1414-2 | fizose commo muerta la boca rregañada |
| S1417-3 | a -moças aojadaz E que han la madrina |
| S1417-4 | Sacolo E estudo Sosegada la mesquina |
| S1418-2 | diz que buenaz orejaz son laz de la gulpeja |
| S1418-3 | para quien tiene venino o dolor en -la oreja |
| S1422-1 | Desque ya es la dueña de varon escarnida |
| S1422-4 | pierde toda su onrra la fama e la vida |
| S1424-1 | Mucho temio la vieja deste brauo dezir |
| S1425-1 | Dormia el leon pardo en -la frida montaña |
| S1426-4 | en tu dar me la muerte non te puedes onrrar |
| S1435-4 | ffue con -esto la dueña ya quanto mas pagada |
| S1436-4 | de -la falsa rraposa con -sus malos trasfagos |
| S1437-1 | la marfusa vn dia con -la fanbre andaua |
| S1439-1 | Mejor que -la calandria nin el papa gayo |
| S1440-3 | creye que -la su lengua e el su mucho gadnar |
| S1441-1 | Començo a -cantar la su boz a -erçer |
| S1441-2 | el queso de -la boca ouosele a -caer |
| S1441-3 | la gulhara en punto selo fue a -comer |
| S1442-4 | e es la magadaña que esta en -el cadahalso |
| S1444-1 | sseñora diz la vieja esse miedo non tomedes |
| S1445-2 | Sono vn poco la selua e fueron espantadas |
| S1447-1 | Dixo la vna liebre conviene que esperemos |
| S1448-1 | a -la buena esperança nos conviene atener |
| S1453-1 | Tal eres diz la dueña vieja commo el diablo |
| S1453-3 | puso lo en -la forca dexolo y en su cabo |
| S1455-2 | con -la forca que por furto ando desorejado |
| S1455-4 | el me fara con -la forca ser del todo casado |
| S1456-3 | dixol que de su alma la carta le feciese |
| S1458-1 | El ladron fue tomado en -la cadena puesto |
| S1465-1 | leuando lo a -la forca vido en altas torres |
| S1467-1 | Cerca el pie de -la forca començo de llamar |
| S1475-2 | dexo a -su amigo en -la forca tan alto |
| S1476-1 | El que con -el diablo faze la su criança |
| S1476-4 | es en amigo falso toda la mal andança |
| S1480-1 | Señora diz la vieja muchas fablaz sabedes |
| S1481-1 | farias dixo la dueña Segund que ya te digo |
| S1482-1 | Diz la vieja Señora que coraçon tan duro |
| S1483-1 | la dueña dixo vieja non lo manda el fuero |
| S1483-2 | que -la muger comiençe fablar de amor primero |
| S1485-1 | Señora diz la vieja yol veo amenudo |
| S1485-3 | la cabeça non chica velloso pescoçudo |
| S1486-4 | la su nariz es luenga esto le desconpon |
| S1487-1 | las ençiuas bermejas E la fabla tunbal |
| S1487-2 | la boca non pequena labros al comunal |
| S1490-1 | A -la dueña mi vieja tan byen que -la enduxo |
| S1490-2 | sseñora diz la fabla del que de feria fuxo |
| S1490-3 | la merca de tu vço dios que -la aduxo |
| S1492-2 | alahe dixo la vieja amor non sea laçio |
| S1493-1 | la dueña dixo vieja guarde me dios de tus mañas |
| S1494-1 | vino la mi leal vieja alegre plazentera |
| S1494-2 | ante del dioz voz salue dixo la mensajera |
| S1494-3 | se -que el que al lobo enbia a -la fe carne espera |
| S1494-4 | que -la buena corredera ansy faze carrera |
| S1496-3 | a -la misa de mañana vos en -buena ora yd |
| S1496-4 | enamorad a -la monja e luego voz venid |
| S1497-3 | e si en -la rrespuesta non te dixiere enemiga |
| S1497-4 | puede ser que de -la fabla otro fecho se ssyga |
| S1498-1 | leuol vna mi carta a -la missa de prima |
| S1498-2 | troxo me buena rrepuesta de -la fermosa Ryma |
| S1498-3 | guardaz tenie la monja mas que -la mi esgrima |
| S1498-4 | pero de buena fabla vino la buena çima |
| S1499-1 | vy estar a -la monja en oración loçana |
| S1500-3 | mal valdrie a -la fermosa tener fijos e nieto |
| S1502-3 | fuy me para la dueña fablome e fablela |
| S1502-4 | enamorome la monja e yo enamorela |
| S1503-1 | Resçibio me la dueña por su buen Seruidors |
| S1504-2 | con -la su abstinençia mucho me ayudaua |
| S1504-3 | la su vida muy lynpia en dios se deleytaua |
| S1506-2 | murio la buena dueña oue menos cuydados |
| S1508-1 | Por oluidar la coyta tristeza E pessar |
| S1508-2 | rrogue a -la mi vieja que me quisiese casar |
| S1509-1 | Dixo trota conventos a -la mora por mi |
| S1509-4 | saluda vos amor nueuo dixo la mora yznedri |
| S1511-4 | non vaya de vos tan muda dixo la mora ascut |
| S1512-1 | Desque vido la vieja que non Recabdaua y |
| S1512-4 | cabeçeo la mora dixole amxy axmy |
| S1516-1 | arauigo non quiere la viuela de arco |

| | |
|---|---|
| S1516-4 | mas aman la tauerna e sotar con vellaco |
| S1523-3 | la tu venida triste non se puede entender |
| S1525-2 | que por bien que -lo amen al omne en -la vida |
| S1531-4 | tened que cras morredes ca -la vida es juego |
| S1532-1 | la Salud E la vida muy ayna se muda |
| S1532-4 | vestid la con -la obra ante que muerte acuda |
| S1533-4 | que desque viene la muerte a -toda cosa sonbra |
| S1534-4 | viene la muerte luego e dexalo con lodo |
| S1535-1 | Pierde luego la fabla e el entendimiento |
| S1536-1 | Desque los sus parientes la su muerte varruntan |
| S1537-2 | non coydan ver la ora que tangan las canpanas |
| S1537-3 | mas preçian la erençia çercanos e çercanas |
| S1538-2 | dexan lo so -la tierra solo todos han pauor |
| S1543-4 | fasta que ya por ojo la muerte vee que vien |
| S1544-4 | en -ty tienes la tacha que tiene el mestuerço |
| S1545-1 | faze doler la cabeça al que lo mucho coma |
| S1545-3 | en -la cabeça fiere a -todo fuerte doma |
| S1546-3 | en-mudeçes la fabla fazes en-rroquezer el pecho |
| S1548-2 | des-donas la graçia denuestas la mesura |
| S1548-3 | en-flaquesçes la fuerça en-loquesçes cordura |
| S1549-2 | desfazes la fechura alegria entristezes |
| S1549-3 | mansillas la lynpieza cortesia envileçes |
| S1549-4 | muerte matas la vida al mundo aborresçes |
| S1553-4 | non temerie tu venida la carne vmagnal |
| S1556-3 | al que tiene el çielo e la tierra a -este |
| S1557-2 | temio te la su carne grand miedo le posiste |
| S1557-3 | la su humanidat por tu miedo fue triste |
| S1557-4 | la deydat non te temio entonçe non la viste |
| S1558-2 | la su muerte muy cruel a -el mucho espanto |
| S1559-2 | saco nos de cabptiuo la cruz en -qual posiste |
| S1560-2 | por la muerte de xpistos les fue la vida dada |
| S1566-1 | Dios quiera defender nos de -la tu çalagarda |
| S1571-1 | a -dios merçed le pido que te de la su gloria |
| S1572-3 | la mi trota conventos dios te de rredepnçion |
| S1575-2 | la tristeza me fizo ser rrudo trobador |
| S1575-4 | la oraçion fagades por la vieja de amor |
| S1577-1 | Prendiome syn sospecha la muerte en -sus Redes |
| S1577-3 | obrad bien en -la vida a -dios non -lo erredes |
| S1579-3 | ca non vee la ora que vos lyeue consigo |
| S1584-2 | la carne el diablo el mundo destos nasçen los mortales |
| S1586-1 | Contra la grand cobdiçia el bautismo porfia |
| S1586-4 | la virtud de -la justiçia judgando nuestra follia |
| S1588-1 | Sobrar a -la grand soberuia dezir mucha omildat |
| S1588-2 | debdo es temer a -dios e a -la su magestad |
| S1589-4 | con esta confirmaçion la soberuia es arrancada |
| S1591-4 | vençeremos a avariçia con la graçia spiritual |
| S1592-1 | ligera mente podremos a -la loxuria Refrenar |
| S1598-1 | la enbidia mato muchos de -los profectasus |
| S1600-4 | mas fijos malos tyene que -la alana rrauiosa |
| S1603-2 | al mundo con caridad a -la carne con ayuno |
| S1605-2 | que vençamos los pecados e arranquemos la lid |
| S1606-1 | quiero vos abreuiar la predicaçion |
| S1607-2 | es en -la dueña chica amor E non poco |
| S1608-4 | son friaz como la nieue e arden commo el fuego |
| S1609-2 | en -la cama solaz trebejo plazentera Ryentes |
| S1610-3 | en -la dueña pequeña yase muy grand amor |
| S1611-1 | Es pequeño el grano de -la buena pemienta |
| S1611-2 | pero mas que -la nuez conorta E calyenta |
| S1614-1 | Chica es la calandria E chico el rruyseñor |
| S1614-3 | la muger que es chica por eso es mejor |
| S1615-4 | bien atal es la -dueña pequena con amor |
| S1616-1 | De -la muger pequeña non ay conparaçion |
| S1616-4 | mejor es en -la prueua que en -la salutaçion |
| S1617-4 | por ende de -las mugeres la mejor es la menor |
| S1621-1 | Dos dias en -la selmana era grand ayunador |
| S1622-1 | Pero sy diz la fabla que suelen Retraher |
| S1623-2 | a -la fe diz buscare avn que el mundo se funda |
| S1631-1 | ffiz vos pequeño libro de testo mas la glosa |
| S1631-4 | syn la que se a-lega en -la Razon fermosa |
| S1632-1 | De -la santidat mucha es byen grand lyçionario |
| S1635-6 | la tu graçia toda ora |
| S1638-1 | El terçero la estrella |
| S1638-3 | venieron a -la luz della |
| S1642-2 | a -la virgen santa |
| S1642-6 | que -la estoria canta |
| S1647-1 | la vida conplida |
| S1649-5 | de la virgen maria |
| S1652-2 | la lymosna que por el dierdes |
| S1653-2 | de -los algos E de -la Renta |
| S1653-4 | la lymosna por el far |
| S1659-3 | Sy el vos de la su gloria |
| S1662-3 | por la tu merçed Señora |
| S1662-6 | por la tu bondad agora |
| S1664-7 | por la graçia que oviste |
| S1666-4 | que tiraste la tristura |
| S1667-3 | por la tu grand santidad |
| S1672-2 | la mi coyta tu la parte tu me salua E me guia |
| S1672-4 | por la tu merçed que es tanta que dezir non la podria |
| S1675-4 | mas la tu propia bondad |
| S1675-8 | por la tu virginidad |
| S1676-1 | Por la tu virginidad |
| S1679-3 | la mi esperança en -ty es toda ora |
| S1682-1 | Nunca falleçe la tu merçed conplida |
| S1686-3 | la coyta estraña |
| S1695-1 | Con aquestas rrazones que -la carta dezia |
| S1695-2 | fynco muy queblantada toda la clerizia |
| S1696-1 | Ado estauan juntados todos en -la capilla |
| S1698-4 | E avn para la mi corona anoche fue al baño |
| S1699-1 | Ante Renunçiaria toda la mi prebenda |
| S1699-2 | E desi la dignidad E toda la mi Renta |
| S1699-3 | que la mi ora-buena tal escatima prenda |
| S1702-4 | ante que -la partyr de toda la mi mesa |

LA

| | |
|---|---|
| LA | (cont.) |
| S1704-2 | E con rrauia de -la muerte a -su dueño traua al rrostro |
| LA | (H) |
| S 63-2 | que en tienpo de su vida nunca la vies vengada |
| S 65-1 | la bulrra que oyeres non la tengas en vil |
| S 69-3 | dicha buena o mala por puntos la juzgat |
| S 85-2 | comme la tu señor que -te sera buena e sana |
| S 91-1 | Nunca desde esa ora yo mas la pude ver |
| S 91-4 | que cantase con tristeza pues la non podia aver |
| S 97-2 | promete E manda mucho desque -la ha cobrada |
| S 98-3 | a -quantos la oyen podie mal espantar |
| S 109-2 | que era mala cosa la muger non -la diera |
| S 109-3 | al omne por conpañera nin del non -la feziera |
| S 110-1 | ssy omne a -la muger non -la quisiesse bien |
| S 112-4 | yo cruyziaua por ella otro la avie vel-dia |
| S 114-2 | la dueña que -la oyere por ello non me aburra |
| S 117-1 | Coydando que -la avria |
| S 121-3 | santiguava me a -ella do quier que -la fallaua |
| S 171-1 | Coydando la yo aver entre las benditas |
| S 193-4 | andando mucho la muela teniala con -el pie quedo |
| S 194-2 | ante que fuese casado lygero la fazia |
| S 196-1 | a -la muger primera el tanto la amo |
| S 196-2 | que a -la otra donzella nunca mas la tomo |
| S 223-3 | quando la dio a -venuz paris por le jnduzir |
| S 252-1 | El lobo a -la cabra comiala por merienda |
| S 268-2 | nunca mas fue a -ella nin la ovo talente |
| S 270-4 | sy vallestero la falla preçiala mas que saya |
| S 272-2 | e vido que sus pendolas la avian escarnida |
| S 280-3 | nin la puedes vençer nin puedes ende foyr |
| S 308-3 | en -que avia la fuerça E desque la byen cobro |
| S 323-2 | Enplazola por fuero el lobo a -la comadre |
| S 328-1 | de aquesto la acuso ante vos el buen varon |
| S 328-2 | pido que -la condenedes por sentençia e por al non |
| S 377-1 | que -la lieue por agua e que de a -toda çima |
| S 378-2 | que la lyeue a -las vertas por las rrosaz bermejas |
| S 379-2 | tu catolica a -ella cata manera que -la trastorne |
| S 379-3 | os lynga mens la enuade seso con ardor pospone |
| S 384-3 | la que viene a -tus visperas por byen que se rremanga |
| S 385-1 | Sede a -destris meys dizes a -la que viene |
| S 387-1 | ffasta el quod parasti non la quieres dexar |
| S 395-1 | Coydan se la cassar como las otras gentes |
| S 418-4 | lengua tan enconada dios del mundo la tuelga |
| S 435-3 | puna de aver muger qual la veas sys syn camisa |
| G 448-4 | atal media pecada el huerco la zaguda |
| G 448-4 | atal muger si puedez de buen seso la muda |
| G 450-3 | si tal zaber podierez e la quisierez cobrar |
| G 450-4 | faz mucho por seruir la en dezir e en obrar |
| S 452-1 | syrue la non te enojes syruiendo el amor creçe |
| S 454-1 | Requiere a -menudo a -la que bien quisieres |
| S 462-1 | nin ver tal la puede omne que en dios adora |
| S 468-2 | por aquessto faz mucho sy -la podieres aver |
| S 481-4 | la señal quel feziera non la echo en olvido |
| S 482-3 | diz la muger monseñer vos mesmo la catat |
| S 486-1 | Pedro leuanta la lyebre E la mueve del couil |
| S 486-2 | non la sygue nin la toma faze commo cazador vyl |
| S 486-3 | otro pedro que -la sygue E la corre mas sotil |
| S 486-4 | tomala tras contesçe a çaçadorez mill |
| S 514-3 | quien non tiene miel en -la orça tengala en -la boca |
| S 517-3 | a -la peña pesada non la mueve vna palanca |
| S 518-4 | non cansses de seguir la vençeras su porfia |
| S 519-1 | El que la mucho El que la mucho vsa |
| S 521-1 | Coyda su madre cara que por la sosañar |
| S 521-2 | por corrella e ferilla e por la denostar |
| S 521-3 | que por ende sera casta e la fara estar |
| S 521-4 | estos son aguijonez que la fazen saltar |
| S 522-2 | que su madre non quedaua de ferir la e corrella |
| S 522-3 | que mas la ençendia E pues devia por ella |
| S 523-3 | aquello la ençiende E aquello la traspassa |
| S 524-1 | A toda cosa brava grand vso la amansa |
| S 524-3 | caçador que -la sigue tomala quando descanssa |
| S 527-2 | donear non la quieras ca es vna manera |
| S 541-4 | matola el mesquino e ovo se de perder |
| G 550-4 | de -lo que -le prometierez non la trayaz a traspazo |
| S 559-2 | ca en punto la faraz luego entristeçer |
| G 560-3 | rrazon de fermosura en -ella la alaba |
| G 562-1 | ante otroz de acerca tu muchoz Nom la catez |
| S 569-2 | echanla de -la vyña de -la huerta e de -la haça |
| S 573-4 | la que te oy te desama cras te querra Amigo |
| S 575-4 | nin creo que -la falle en toda esta cohyta |
| G 587-1 | Non uoz pidre grant coza para voz me la dar |
| G 587-3 | zin voz yo non la puedo començar ni acabar |
| G 588-3 | Non ozo moztrar la laga matar me a la oluido |
| G 590-2 | Cuytado yo que fare que non la puedo yo catar |
| S 597-2 | atrauiesa me el coraçon en -el la tengo fyncada |
| S 598-1 | A persona deste mundo yo non la oso fablar |
| S 600-4 | aver la he por trabajo E por arte sotil |
| S 607-2 | la fuerça non la tengo mis ojos non paresçen |
| S 611-1 | Syruela non -te enojes siruiendo el amor creçe |
| S 612-3 | que trabajo e seruiçio non -la traya al espuela |
| S 613-2 | con arte o con seruiçio ella la dara apuesta |
| S 616-1 | syrue la con arte E mucho te achaca |
| S 617-2 | maestria e arte la arrancan mejor |
| S 624-2 | la que te era enemiga mucho te querra amar |
| S 633-4 | los doñeos la vençen por muy braua que sea |
| S 640-4 | desque vieres que dubda ve la tu afyncando |
| S 641-4 | a -muger que esta dubdando afynquela el varon |
| S 643-2 | non la consyntira fablar contigo en -poridat |
| S 646-1 | guardate non la tengas la primera vegada |
| S 647-2 | luego que tu la vieres comiençal de fablar |
| S 658-3 | a -todos dy por rrespuesta qual non queria non |
| G 689-1 | si la non sigo non vzo el amor se perdera |
| G 689-2 | sy veye que la oluido ella otro amara |

| | |
|---|---|
| S 695-3 | vno o -otro non guarda lealtad nin la cuda |
| S 703-2 | toda cosa que vos diga oydla en paçiençia |
| S 716-2 | synon por mi non la puede omne del mundo aver |
| S 723-4 | vydola doña endrina dixo entrad non Reçeledes |
| S 724-4 | que pensse aquesta noche poco a poco la aguja |
| S 749-3 | que quien tanto la rriega e tanto la escarda |
| S 752-3 | prendio al abutarda leuola a -la plaça |
| S 770-4 | pues que dios vos aduxo quered la oy cantar |
| S 791-2 | la vida deste mundo yo non -la preçio nada |
| S 791-4 | pues que aver non la puedo mi muerte es llegada |
| S 798-4 | sy mucho la amades mas vos tyene amado |
| S 801-4 | que -la quiere leuar syenpre tyene temor |
| S 812-4 | E verna doña endrina sy la vieja la llama |
| S 814-4 | perder la por tardança seria grand avoleza |
| S 827-2 | dexola con -la fija e fuese a -la calleja |
| S 830-3 | ya la vuestra manera entyende la ya mi alma |
| S 845-4 | ya la cruz la leuase conl agua bendita |
| S 851-1 | la fama non sonara que yo la guardare byen |
| S 854-4 | mi porfya el la vençe es mas fuerte apoderado |
| S 856-4 | atanto mas doña venus la fla e la ençiende |
| S 866-4 | andan por escarneçerla coyda que es amada e quista |
| S 876-1 | yo vos abrire la puerta esperat non -la quebredes |
| S 877-4 | dios E mi buena ventura mela touieron guardada |
| S 881-2 | non la colgarian en -la plaça nin Reyrian de -lo que diz |
| S 884-4 | non la quieren los parientes padre madre nin avuelo |
| S 885-1 | El que -la ha desonrrada dexala non -la mantyene |
| S 893-2 | quando fue Sano della que -la traya enfiesta |
| S 905-1 | la que por des-aventura es o -fue engañada |
| S 908-2 | muchos despues la enfaman con escarnios E rreyres |
| S 909-2 | dixela por te dar ensienpro non por que a -mi vino |
| S 916-3 | dam vos esta poco a -poco la aguija |
| S 918-1 | encantola de guisa que -la enveleño |
| S 918-4 | somouiola ya quanto e byen lo adeliño |
| S 922-2 | non la podia aver ansi tan amenudo |
| S 929-3 | la liebre del couil sacala la comadreja |
| S 930-3 | tal vieja para vos guardadla que conorta |
| S 930-4 | que mano besa ome que -la querria ver corta |
| S 933-3 | desque bien la guarde ella me dio mucho don |
| S 936-2 | a -la dueña non -la guardan su madre nin su ama |
| S 936-4 | quien tal vieja touiere guardela commo al alma |
| S 939-1 | la mi leal vrraca que dios mela mantenga |
| S 940-1 | Agora es el tyenpo pues que ya non la guardan |
| S 941-1 | ssy la ensychizo o sy -le dyo atyncar |
| S 941-4 | mucho ayna la sopo de su seso sacar |
| S 943-4 | dios perdone su alma e quiera la rresçebyr |
| S 954-2 | vna vereda estrecha vaqueros la avian fecho |
| S 976-4 | sy en lleno te cojo byen tarde la oluidas |
| S 980-4 | desque la vy pagada leuante me corriendo |
| S 988-1 | a -la fuera desta aldea la que aqui he nonblado |
| S 992-1 | hospedome E diome vyanda mas escotar mela fizo |
| S1010-4 | sy ella non quisiese non -la podria aballar |
| S1021-4 | de -la que te non pagares veyla e Rye e calla |
| S1049-3 | quan poco la preçia al tu fijo quisto |
| S1054-3 | qual dellos la aya pesar atan fuerte |
| S1073-1 | Dad la al menssajero esta carta leyda |
| S1073-2 | lyeuela por la tierra non -la traya escondida |
| S1091-3 | Señor diz a -la duena sy con-migo la enlazas |
| S1103-3 | atrauesosele en -el pyco afogala ayna |
| S1110-4 | mas negra fue aquesta que non la de larcos |
| S1132-2 | non deuedes amigos dexar la oluidada |
| S1132-4 | quanto mas la seguieremos mayor es la soldada |
| G1157-4 | la neçesidat todaz las cozaz papa |
| S1164-4 | nin bolueras pelea Segund que la as ducha |
| S1169-4 | tu alma pecador ansi la saluaraz |
| S1195-2 | que -la des-afiedes antes que dende parta |
| S1195-3 | guardat la que non fuya que todo el mundo en-arta |
| S1198-4 | ella esta Razon aviala por esquiva |
| S1204-2 | los pescados a -ella para la ayudar |
| S1209-4 | vaya e dios la guie por montes e por valles |
| S1237-1 | orden de santiago con -la del ospital |
| S1237-2 | calatraua e alcantara con -la de buena val |
| S1244-1 | a -cabo de grand pieça vy al que -la traye |
| S1309-1 | En caridat fablauan mas non mela fazien |
| S1319-3 | ella non la erro e yo non le peque |
| S1333-1 | yo la serui vn tienpo more y byen diez años |
| S1349-3 | el omne piadoso que la vido aterida |
| S1350-1 | Tomola en -la falda e leuola a -su casa |
| S1350-2 | pusola çerca del fuego çerca de buena blasa |
| S1350-3 | abiuo la culebra ante que -la fal asa |
| S1361-2 | a -mi Señor la daua quier muerta o -quier byua |
| S1376-3 | abriala su Señora dentro querria entrar |
| S1391-4 | A -quien da dios ventura e non la quiere tomar |
| S1395-3 | ven cras por la rrepuesta e yo tela dare |
| S1401-3 | ladrando e con la cola mucho la fallagaua |
| S1401-4 | demonstraua en -todo grand Amor que -la Amaua |
| S1415-4 | cortola e estudo mas queda que vn cordero |
| S1464-3 | saco vna grand soga diola al adelantado |
| S1490-1 | A -la dueña mi vieja tan byen que -la enduxo |
| S1490-3 | la merca de tu vço dios que -la aduxo |
| S1495-2 | cras que vayades fabladla non señero |
| S1502-2 | yo sospire por ellos diz mi coraçon hela |
| S1502-3 | fuy me para la dueña fablome e fabela |
| S1502-4 | enamorome la monja e yo enamorela |
| S1507-3 | emiende la todo omne e quien buen amor pecha |
| S1508-3 | fablo con vna mora non -la quiso escuchar |
| S1510-4 | tomaldo fija Señora dixo la mora le ala |
| S1524-2 | al alma que -lo puebra lieuas tela de priesa |
| S1532-4 | vestid la con -la obra ante que muerte acuda |
| S1542-2 | ante de misa dicha otros la han en miente |
| S1557-4 | la deydat non te temio entonçe non la viste |
| S1560-4 | quieres la poblar matandol por su muerte fue yermada |
| S1568-2 | que oviste con-migo mi leal vieja dola |

**LA** (cont.)

S1568-3 que me la mataste muerte ihesu xpisto conplola
S1568-4 por su santa sangre e por ella perdonola
S1592-4 con estaz brafuneraz la podremos bien matar
S1623-3 e yo vos la trahere syn mucha varahunda
S1631-4 syn la que se a-lega en -la Razon fermosa
S1672-2 la mi coyta tu la parte tu me salua E me guia
S1672-4 por la tu merçed que es tanta que dezir non la podria
S1694-4 qual quier que -la touiese descomulgado era
S1698-1 que yo dexe a -ora-buena la que cobre antaño
S1702-4 ante que -la partyr de toda la mi mesa
S1703-4 E sy de mi la parto nunca me dexaran dolorez
S1706-4 huerfana la crie esto por que non mienta
S1708-4 que -la acoje de noche en casa avn que gelo defiendo

**LABIA** (L)
S 375-2 domine labia mea en alta boz a -cantar

**LABLADAS**
S1087-1 Eran muy byen labladas tenpladas e byen fynas

**LABRADA**
S 473-2 huerta mejor labrada da la mejor mançana
S1037-5 de pieça labrada
S1242-4 labrada es de oro non viste estameña

**LABRADOR**
S 491-1 ssea vn ome nesçio E rudo labrador
S1297-1 Pissa los buenos vinos el labrador terçero

**LABRADORES**
S1294-1 trez labradorez vinien todos vna carrera

**LABRANÇA**
S1287-3 del primero al segundo ay vna grand labrança

**LABRIOS**
S 810-1 los labrios de la boca tyenbranle vn poquillo

**LABROS**
S 434-4 los labros de -la boca bermejos angostillos
S1487-2 la boca non pequena labros al comunal

**LACAYO**
S 951-2 pasado el puerto de lacayo fuy camino prender

**LACERIO**
S 795-3 en nada es tornado todo el mi laçerio

**LACIAS**
S 376-2 con -la maytinada cantate en -las friurias laçias

**LACIO**
S1492-2 alahe dixo la vieja amor non sea laçio

**LAÇO**
S 406-3 fasta que -le echa el laço quando el pie dentro mete
S 699-2 estas echan el laço estas cavan las foyas

**LAÇOS**
S 883-2 quantos laços les paran non las podrian prender

**LADRA**
S 942-4 se que el perro viejo non ladra a -tocon

**LADRANDO**
S1401-3 ladrando e con la cola mucho la fallagaua

**LADRAR**
S 174-3 que fallo vn grand mastyn començole de ladrar
S 178-1 Començo de ladrar mucho el mastyn era mazillero

**LADRILLO** (V)
G1174-4 que todo non lo li muda zobre linpio ladrillo

**LADRON**
S 174-2 commo conteçio al ladron que entraua a -furtar
S 174-4 el ladron por furtar algo començole a -falagar
S 177-4 vete de aqui ladron non quiero tu poridad
S 178-2 tanto siguio al ladron que fuyo de aquel çillero
S 209-3 de dia E de noche eres fino ladron
S 328-1 que sea enforcada e muerta como ladron
S 333-4 que el es fyno ladron e non falla quel farte
S 334-4 el fazer non -la puede ca es fyno ladron
S1106-4 dierale a -don ladron por medio del coraçon
S1192-1 Commo ladron veniste de noche a -lo escuro
S1454-4 al ladron enforcauan por quatro pepiones
S1455-1 Dixo el vn ladron dellos ya yo so desposado
S1457-4 fue el ladron a -vn canbio furto de oro grand sarta
S1458-1 El ladron fue tomado en -la cadena puesto
S1462-1 salio el ladron suelto sin pena de presion
S1462-4 enojose el diablo fue preso su ladron
S1464-1 Aparto al alcalde el ladron Segud lo avia vsado
S1469-1 Entonçes loz sayonez al ladron enforcaron
S1471-3 el ladron paro mientes diz veo cosa fea
S1481-2 que fizo el diablo al ladron su amigo
S1620-1 Era mintroso bebdo ladron e mesturero

**LADRONES**
S1454-1 En tierra syn justiçia eran muchos ladrones

**LAETATUS** (L)
S 385-2 cantas letatus sum sy ally se detiene

**LAETEMUR** (L)
S1238-4 exultemus E letemur ministros E priorez

**LAGAR**
S 200-1 Enbioles don jupiter vna viga de lagar
S1018-4 byen sentiria tu cabeça que son viga de lagar

**LAGO**
S 3-1 Señor tu que sacaste al profecta del lago
S 199-1 las rranas en vn lago cantauan E jugauan
S 202-2 çercaua todo el lago ansy faz la rribera

**LAGRIMAS**
G 438-4 con lagrimaz de moyzen ezcantan las orejaz
S 636-3 coge sus muchas lagrimas en -su boca çerrada
S 741-4 que mal se laua la cara con lagrimas llorando
S 792-4 alynpiat vuestras lagrimas pensad que fagades
S 830-4 mi coraçon con dolor sus lagrimas derrama
S 842-1 Desque veo sus lagrimas e quan byen lo de-parte
S1141-3 por contriçion e lagrimas la santa madalena
S1142-3 se yo que lloro lagrimas triste con amargura

**LAGUNA**
S 564-4 E es como quien siebra en rrio o en laguna

S1398-2 diez ansarez en laguna que çient bueyez en prado
S1445-3 fue sueno de laguna ondas arrebatadas

**LAME**
S 616-2 el can que mucho lame sin dubda sangre saca

**LAMINERO**
S 291-1 la golossyna traes goloso Laminero

**LANA**
S 997-3 vestida de buen bermejo buena çinta de lana
S1251-1 Señor dizen los clerigos non quieras vestir lana
S1499-4 desaguisado fizo quien le mando vestir lana

**LANCE**
S 904-3 abrid vuestras orejas vuestro coraçon se lançe

**LANÇA**
S 240-3 en -el cuerpo muy fuere de lança fue ferido
S1287-2 entre vno e otro non cabe punta de lança
S1602-2 fagamos asta de lança e non queramos canssar

**LANÇAS**
S1083-1 Estoz trayan lançaz de peon delantero

**LANÇO**
S 175-1 lanço medio pan al perro que traya en -la mano
S 301-3 las coçes el cavallo lanço fuerte en çierto

**LANGOSTAS**
S1111-1 De sant ander vinieron las bermejas langostas

**LANPLEA**
S1114-1 ssavalos E albures E la noble lanplea

**LARCOS**
S1110-4 mas negra fue aquesta que non la de larcos

**LARDERO**
S1068-1 Estando a -la mesa con do jueuez lardero

**LARDO**
S1373-2 mucho tozino lardo que non era salpreso

**LAREDO**
S1118-1 ally lydia el conde de laredo muy fuerte

**LARGA**
S 239-4 diz don villano nesçio buscad carrera larga
S1590-4 con tal maça al avarizia bien larga mente dad

**LARGAS**
S1341-2 fijaz dalgo muy largas e francaz de natura

**LARGO**
S 832-3 con tantas de mesuras de aquel omne tan largo
S1485-2 el cuerpo ha bien largo mienbros grades e trifudo

**LARGOS**
S 816-3 al mandar somos largos E al dar escasos primos

**LAS**
P 9 laz qualez dizen algunoz doctorez philosophos
P 12 las quales digo si buenaz son
P 19 vna de -las petiçionez que demando dauid a -dios
P 52 por laz qualez se salua el ome
P 67 Ca dioz por laz buenas obraz que faze omne
P 72 Como quier que a -laz vegadaz
P 99 E estaz son algunaz de -laz rrazonez
P 103 e laz ymagenez primera mente falladaz
P 106 ca tener todaz laz cosaz en -la memoria
P 134 laz qualez leyendolaz E oyendolaz
P 144 que vsan para pecar E engañar laz mugerez
P 151 E desecharan E aborreçeran laz maneraz
P 153 que faze perder laz almaz E caer en saña de dioz
P 169 que guarde bien laz trez cosaz del Alma
P 173 E non al son feo de -laz palabraz
P 174 E segud derecho laz palabraz siruen al -la jntençion
P 175 E non -la jntençion a -laz palabraz
P 196 e dize lo la primera decretal de -laz crementinaz
S 6-3 de -las ondaz del mar a -sant pedro tomeste
S 13-4 que -los cuerpos alegre e a -las almas preste
S 26-1 El terçero cuenta las leyes
S 47-1 ansy fue que rromanos las leyes non avien
S 58-2 meresçen los rromanoz las leyes yo non gelas niego
S 62-1 que yo le quebrantaria ante todas las gentes
S 68-2 trabaja do fallares las sus señales çiertas
S 69-2 en -las coplas pyntadas yaze la falssedat
S 69-4 las coplas con -los puntos load o denostat
S 76-2 ove de -las mugeres a -las vezes grand amor
S 76-3 prouar omne las cosas non es por ende peor
S 82-2 todas las animalias vinieron ver su Señor
S 102-3 las cosas mucho caras alguna ora son rrafezes
S 102-4 las viles e las rrefezes son caras a -las de vezes
S 105-2 que las cosas del mundo todas son vanidat
S 111-4 nin las verças non se crian tan bien sin la noria
S 126-1 otros entran en ordem por saluar las sus almas
S 126-3 otros siruen Señorez con -las manos anbas
S 147-2 pero por todo eso las leyes y el derecho
S 152-2 es amar las mugeres nunca seles olvida
S 154-2 en seruir a -las duenas punar e non en al
S 155-1 muchas noblezas ha en -el que a -las dueñas sirue
S 155-3 en seruir a -las dueñas el bueno non se esquiue
S 163-1 Sy las mançanas sienpre oviesen tal sabor
S 163-3 non avrie de -las plantas fructa de tal valor
S 165-1 diz por las verdadez sse pierden los Amigos
S 171-1 Coydando la yo aver entre las bendidas
S 175-2 dentro yuan las çaraças varrunto lo el alano
S 180-4 por esto a -las vegadas con -el amor peleo
S 183-2 enpoçonaz las lenguas en-eruolas tus viras
S 185-2 a -las vegadas prendes con grand arrevatamiento
S 188-1 de commo enflaquezes las gentes e las dapñas
S 195-2 leuantole las piernas echolo por mal cabo
S 198-4 fueles commo a -laz Ranaz quando el Rey pidieron
S 199-1 las rranas en vn lago cantauan E jugauan
S 200-3 el grand golpe del fuste fizo las rranas callar
S 202-4 de dos en dos las rranas comia bien lygera
S 203-1 Querellando a -don jupiter dieron boçes las rranas
S 203-4 danos muy malas tardes e peorez las mañanas
S 210-4 penssando e sospirando por las cosas ajenas

**LAS** **(cont.)**
S 221-2 por conplyr las promesas que con amor mandaron
S 224-2 los cuerpos enfamaron las animas perdieron
S 230-3 las joyaz para tu Amiga de que las conplaras
S 231-2 rrobar a -camineros las joyas preçiosas
S 233-4 de -las sillas del cielo ovieron de caer
S 238-1 Con -los pies e con las manos e con -el noble freno
S 238-3 que a -las otras bestias espanta como trueno
S 240-4 las entrañas le salem estaua muy perdido
S 242-1 Tenia del grand yugo dessolladaz las ceruiçes
S 242-2 del jnogar a -vezes fynchadas las narizes
S 243-1 los quadriles salidos somidas las yjadas
S 243-2 el espinazo agudo las orejas colgadas
S 259-4 fizo grand penitençia por las tus maestrias
S 260-2 quemadaz e destruydas las trez por sus maldadez
S 260-3 las dos non por su culpa mas por las veçindadez
S 270-2 todas las otras aves de ally las atalaya
S 301-3 las coçes el cavallo lanço fuerte en çierto
S 306-1 El ffue muy vil tornado E de -las bestias egual
S 312-3 a -las vnas matava e a -las otras feria
S 313-1 ffueron aquestas nuevas a -las bestias cosseras
S 313-4 avn el asno nesçio venie en -las delanteras
S 331-2 las partes cada vna pensaron de buscar
S 335-2 que leuava furtadas de -las ovejas mias
S 338-1 ssu mançeba es la mastina que guarda las ovejas
S 338-4 asolued a -mi comadre vayase de -laz callejas
S 341-2 connel fueron las pares conçejo de cucaña
S 342-1 las partes cada vna a -su abogado escucha
S 343-2 ante el juez las partes estauan en -presençia
S 346-1 dixieron las partes a -los sus abogados
S 349-1 E vistas las escusas e las defensiones
S 349-3 e vista la rrespuesta e las rreplicaçiones
S 350-4 E las partes que pyden sentençia E al non
S 367-1 Non apellaron las partes del juyzio son pagados
S 367-3 esto fue por que non fueron de las partes demandados
S 374-1 Rezas muy byen las oras con garçones folgaynez
S 376-2 con -la maytinada cantate en -las friurias laçias
S 378-1 E sy es tal que non vsa andar por las callejas
S 378-2 que la lyeue a -las vertas por las rrosaz bermejas
S 386-3 digan te conortamos de grado abres las puertas
S 386-4 despues custodinos te rruegan las encubiertas
S 395-1 Coydan se la cassar como las otras gentes
S 397-3 a -las vezes en saya a -las vezes en alcandora
S 399-1 das muerte perdurable a -las almas que fieres
S 400-1 Estruyes las personas los averes estragas
S 411-4 atan los pies en vno las voluntades non
S 423-4 que a -las vezes poca agua faze abaxar grand fuego
S 432-3 las çejas apartadas luengas altas en peña
S 433-3 las orejas pequeñas delgadas paral mientes
S 433-4 sy ha el cuello alto atal quieren las gentes
S 434-3 las enzivas bermejas los dientes agudillos
G 438-2 que andan las iglesias e zaben las callejaz
G 438-4 con lagrimaz de moyzen ezcantan las orejaz
G 439-3 a dioz alçan laz cuentaz querellando suz coytaz
G 441-3 zon mucho andariegaz e merescen las çapataz
G 447-3 Pocas zon laz mugerez que dellaz pueden salyr
G 449-1 en fin de laz rrazonez faz le vna pregunta
S 452-4 que el grand trabajo todas las cosas vençe
S 463-3 vyno me desçendimiento a -las narizes muy vyl
S 497-1 El dinero quebranta las cadenas dañosas
S 497-3 el que non tyene dineros echan le las posas
S 500-4 quantos son en -el mundo le besan oy las manos
S 501-1 vy tener al dinero las mejores moradas
S 504-1 Pero que -le denuestan los monges por las plaças
S 513-1 las cosas que son graues fazelas de lygero
S 515-3 a las vegadas poco en onesto lugar
S 522-4 judgar todas las otras e a -su fija bella
S 538-3 toma gallo que te muestre las oras cada dia
S 539-3 el gallo a -las fenbras con -ellas se deleytaua
S 545-3 que-ma -las assaduras el fygado tras-cala
G 556-2 todaz suz maeztriaz e las tachaz que an
S 566-1 Sobre todas las cosas fabla de su bondat
S 567-4 a muchos de -las dueñas por estos los party
S 570-3 rresçelan del las dueñas e dan le por fazañero
S 572-3 sy las dos byen guardares tuya es la terçera
G 591-3 las artez muchaz vegadaz ayudan oras fallesçen
G 591-4 por las artez biuen muchoz por las artez peresçen
G 592-4 la esperança non conorte zabez a -las vezez fallir
S 604-4 oyt me vos mansa mente las mis coytas sobejas
S 611-4 el grand trabajo todas las cosas vençe
S 618-2 tomanse las çibdadez derribanse los muros
S 618-3 caen las torres altas alçan pesos duros
S 619-1 Por arte los pescados se toman so -las ondas
S 630-3 han muy flacas las manos los calcañares podridos
S 631-4 en todas las animalyas esta es cosa prouada
S 634-1 El miedo e la verguença faze a las mugeres
S 637-1 las mentyras a -las de vezes a -muchos aprouechan
S 641-1 ssy nol dan de -las espuelas al cauallo faron
S 644-2 mucho son de -las moças guardaderas celosas
S 644-4 byen sabe las paranças quien paso por las losas
S 654-3 los mis pies e las mis manos non eran de si Senores
S 655-2 el miedo de -las conpañas me facian al departir
G 666-2 zon los dedoz en -laz manoz pero non zon todoz parejoz
G 667-1 a -las vegadas lastan justoz por pecadorez
G 673-4 a entender laz cosaz el grand tienpo laz guia
G 674-1 a -todaz laz cosaz faze el grand vso entender
G 677-4 por laz palabraz se conosçen e zon amigoz e conpañonez
G 679-3 laz dueñaz e mugerez deuen su rrepuesta dar
G 683-2 que qual es el buen amigo por laz obraz parescera
S 696-1 El cuerdo con buen seso pensar deue las cosas
S 696-2 escoja laz mejores E dexe las dañosas
S 697-2 de todas las maestrias escogi la mejor
S 699-2 estas echan el laço estas cavan las foyas
S 700-3 non se rreguardan dellas estan con -las personas
S 700-4 ffazen con -el mucho viento andar las athonas
S 705-1 Sy a -quantas desta villa nos vendemos las alfajas
S 705-2 ssopiesen vnos de otros muchas serian las barajas
S 705-4 muchos panderos vendemos que non suenan las sonajas
S 708-4 açertad aqueste fecho pues que vierdes las voluntades
S 710-2 desque ya entre las manos vna vez esta maznada
S 741-1 la muger que vos cree las mentiras parlando
S 744-4 fasta que non vos dexen en -las puertas llumazos
S 753-1 luego los ballesteros pelaron le las alas
G 756-3 daua zonbra a -las casaz e rreluzie la cal
S 768-3 cabritos con las cabraz mucho cabron cornudo
S 772-2 los cabrones e las cabras en alta boz balar
S 781-3 des-echan el carnero piden las adefinas
S 784-4 a -los nesçios fazedes las mentyras verdades
S 796-3 despues de -las muchas luuias viene buen orilla
S 821-4 a -las vezes espanta la mar e faze buen orilla
S 824-4 que las mis fadas negras non se parten de mi
S 841-4 ella sanar me puede e non las cantaderas
S 846-4 las fuertes çerraduras le paresçen abyertas
S 848-1 Es maldat E falsia las mugeres engañar
S 860-4 que si non la muerte sola non parte las voluntades
S 862-1 Nunca esta mi tyenda syn fruta a -las loçanas
S 874-4 mas quebrantaria las puertas menealas commo çencerro
S 878-1 quando yo saly de casa puez que veyades las rredes
S 882-2 a -las mugeres trahedes engañadas vendidas
S 883-1 Sy las aves lo podiesen byen saber E entender
S 884-1 ssy los peçes de -las aguas quando veen al anzuelo
S 888-1 a -las grandes dolençias a -las desaventuras
S 891-2 alegran se las conpañas en -las bodas con rrazon
S 892-2 entendet bien las fablas guardat vos del varon
S 893-3 todas las animalias vn domingo en -la syesta
S 895-1 con -las sus caçurias el leon fue sanudo
S 901-2 que -lo guardase todo mejor que -las ovejas
S 901-4 el coraçon el lobo comio e las orejas
S 938-3 non se guarda dellas estan con las personaz
S 938-4 fazen con -el su vyento andar las atahonas
S 942-3 ca diz vos amigo que -las fablas verdat son
S 946-2 açipreste mas es el rroydo que -las nuezes
S 946-4 desque han beuido el vino dizen mal de las fezes
S 947-3 non fuyan dello las dueñas nin los tengo por lixo
S 950-1 prouar todas las cosas el apostol lo manda
S 958-1 Echome a -su pescueço por las buenas rrespuestas
S 958-3 escuso me de passar los arroyos E las cuestas
S 958-4 fyz de -lo que y passo las copras de yuso puestas
S 972-2 non a -conprar las joyas para la chata novia
S 979-1 desque ovo en mi puesto las sus manos yradas
S 979-2 dixo la descomulgada non pises las aradas
S 979-3 non te ensañes del juego que esto a -las vegadas
S 979-4 cohieren se en vno las buenas dineradas
S 989-2 a -las vezes omne gana o -pierde por aventura
S1000-3 bien se guytar las abarcas e taner el caramillo
S1005-3 luego fagamos las bodas e esto non lo oluides
S1013-1 las orejas mayores que de añal burrico
S1013-3 las narizes muy gordas luengas de çarapico
S1014-3 las sobreçejas anchas e mas negras que tordos
S1015-1 Mayores que -las mias tyene sus prietas baruas
S1015-3 creo que fallaras de -las chufetas daruas
S1015-4 valdria se te mas trillar en -las tus paruas
S1016-3 de -las cabras de fuego vna grand manadilla
S1019-3 ca estando senzillas dar -l -yen so -las yjadas
S1021-3 las dos son chançonetas la otra de trotalla
S1065-1 Con clauos enclauaron las manos e pies del
S1065-3 las llagas quel llagaron son mas dulçes que miel
S1068-3 desir vos he laz notas ser vos tardinero
S1068-4 ca laz cartaz leydas dy las al menssajero
S1072-2 la mi perzona mesma e las con-pañas mias
S1072-4 creo que se me non detenga en -las carneçerias
S1075-2 alguaçil de -las almas que se han de saluar
S1077-1 ley amas laz cartaz entendy el ditado
S1080-1 las cartaz Resçebidas don carnal argulloso
S1084-2 laz anssares çeçinas costados de carneroz
S1085-1 las puestas de -la vaca lechones E cabritoz
S1085-4 que dan de -las espuelas a -los vinos byen tyntos
S1087-4 Real de tan grand preçio non tenian las sardinas
S1099-1 faza la media noche en medio de -las salas
S1099-3 dieron bozes los gallos batieron de -las alas
S1101-2 pusieron las sus fazes ninguno non pletea
S1101-3 la conpaña del mar las sus armas menea
S1104-1 vinien las grandes mielgas en esta delantera
S1105-1 De parte de valençia venien las anguillas
S1105-3 dauan a -don carnal por medio de -las costillas
S1105-4 las truchas de aluerche dauanle en -las mexillas
S1107-2 mataron las perdizes Castraron loz capones
S1108-4 ençierra te en -la mesquita non vayas a -las prezes
S1111-1 De sant ander vinieron las bermejas langostas
S1111-3 ffazian a -don carnal pagar todas las costas
S1111-4 las plazas que eran anchas fazian se le angostas
S1113-2 feriendo e matando de -las carnosas gentes
S1113-3 a -las torcazas matan las sabogas valyentes
S1117-1 ally lidian las ostyas con todos los conejos
S1122-2 el jaualyn E el çieruo fuyeron a -las montanas
S1122-3 todas las otras rreses fueron le muy estrañas
S1124-2 fyncaron las espuelas dieron todos en -el
S1148-4 quien saber los quisiere oya las decretales
S1151-3 trastorne byen los libros las glosaz e los testos
S1164-2 conbras de -las arvejas mas non salmon nin trucha
S1164-3 yras oyr las oras non prouaras la lucha
S1165-3 el terçio de tu pan comeras o -las dos partes
S1169-1 Come el dya del sabado las fabas E non mas
S1170-2 visita las iglesiaz Rezando el salterio

| | |
|---|---|
| **LAS** | **(cont.)** |
| S1174-2 | en -laz casaz do anda cesta nin canistillo |
| S1175-3 | todo lo fyzo lauar a -laz suz lauanderaz |
| S1176-1 | Repara laz moradaz laz paredez Repega |
| S1185-3 | sy nos lyeuas de aqui Carnal por las callejas |
| S1185-4 | a -muchos de nos otros tirara las pellejas |
| S1189-1 | Enbio laz cartaz andar non pudo |
| S1190-1 | Estas fueron laz cartaz el testo e la glosa |
| S1198-1 | Escriptaz son laz cartas todas con sangre biua |
| S1199-1 | Pero que ella non avia laz cartas rrescebidaz |
| S1199-3 | rrespondio mucho flaca laz mexillaz caydaz |
| S1200-1 | quien a -su enemigo popa a -laz sus manos muere |
| S1201-1 | Dizen los naturales que non son solas laz vacaz |
| S1201-2 | mas que todaz las fenbraz son de coraçon fracaz |
| S1208-2 | el sabado por noche salto por las paredes |
| S1211-3 | las aves e los arbores nobre tyenpo averan |
| S1217-3 | cuchillo muy agudo a -las rreses acomete |
| S1221-1 | ssogaz para laz vacas muchos pessos e pessas |
| S1221-3 | para laz triperaz gamellaz e artesaz |
| S1221-4 | laz alanaz paridaz en -laz cadenaz presaz |
| S1222-3 | taniendo laz canpanaz en diziendo la gloria |
| S1225-3 | los omnes e laz avez e toda noble flor |
| S1226-1 | Resçiben lo laz aves gayos E Ruy Señorez |
| S1228-2 | de -laz bozez aguda e de -los puntos arisca |
| S1231-3 | adormiendo a -vezes muy alto a -las vegadaz |
| S1231-4 | a -laz gentes alegra todaz laz tyene pagadaz |
| S1235-1 | laz carreraz van llenaz de grandes proçesiones |
| S1241-1 | Todaz dueñaz de orden laz blancaz e laz prietaz |
| S1243-3 | llenas trahe laz manos de mucha noble dona |
| S1254-1 | al contar laz soldadaz ellos vienen primeros |
| S1255-2 | las monjas le dixeron Señor non avrias viçio |
| S1258-2 | el conbid de -laz monjaz aqueste rresçibiera |
| S1268-4 | de -sseda son laz cuerdaz con que ella se tyraua |
| S1272-1 | El primero comia laz primeraz chereuias |
| S1273-1 | Comia Nuezes primeras e asaua laz castañas |
| S1273-2 | mandaua ssenbrar trigo e cortar laz montañas |
| S1273-3 | matar los gordos puercos e desfazer laz cabañas |
| S1273-4 | las viejaz tras el fuego ya dizen laz pastrañas |
| S1278-3 | non se podrian alcançar con -las vigas de gaola |
| S1279-3 | tenia laz yeruas nueuas en -laz eraz ançiano |
| S1282-3 | el vno enbiaua a -las dueñas dar pena |
| S1283-4 | que pierden las obladas e fablen vanidades |
| S1285-3 | en -las cabeçaz entra non en -otro lugar |
| S1288-1 | El primero los panes e las frutas grana |
| S1288-4 | los baruos e laz truchas amenudo çenaua |
| S1290-2 | segando laz çeuadas de todo el alfoz |
| S1290-3 | comie las bebraz nueuas e cogia el arroz |
| S1291-3 | boluia las aguaz frias de su naturaleza |
| S1291-4 | traya las manos tyntas de -la mucha çereza |
| S1292-3 | trigos e todaz mieses en -laz eraz tendiendo |
| S1292-4 | estauan de -los arbores las frutas sacodiendo |
| S1293-1 | Comiença a -comer laz chiquitaz perdiçez |
| S1293-3 | la mosca mordedor faz traher las narizes |
| S1293-4 | a -las bestias por tierra e abaxar laz çeruiçes |
| S1295-2 | comia maduros figos de -las fygueras duraz |
| S1309-1 | yo veya las caras mas non lo que dezien |
| S1321-3 | de -las mayores del año de xristianos loada |
| S1329-2 | diz non avedes pauor vos las mugeres çiçir |
| S1342-3 | todo es en -las monjaz mas que en otro lugar |
| S1381-2 | las viandaz preçiadaz con miedo son agraz |
| S1385-1 | Mas vale en convento laz sardinaz saladas |
| S1385-2 | E fazer a -dios seruiçio con -las dueñas onrradas |
| S1394-1 | Con -la mala vyanda con -las Saladas Sardinaz |
| S1394-3 | dexades del amigo las truchas laz gallynas |
| S1394-4 | las camissaz fronçidaz los paños de mellynas |
| S1397-2 | o -las vnas con las otraz contendiendo Reñiendo |
| S1401-2 | con su lengua e boca laz manoz le besaua |
| S1412-4 | comia laz gallinaz de posada en posada |
| S1414-3 | laz manos encogidaz yerta e des-figurada |
| S1420-1 | Dixo todaz laz coytaz puede ome sofrir |
| S1432-2 | abriendo e tirando laz rredes rresgaredes |
| S1438-3 | mas que todaz las aves cantas muy dulçe mente |
| S1440-4 | alegraua laz gentes mas que otro juglar |
| S1444-4 | todas laz otras temen eso que vos temedes |
| S1444-4 | el miedo de -las liebres las monjas lo auedes |
| S1445-1 | Andauan se las liebrez en -laz seluas llegadas |
| S1445-4 | las liebrez temerosaz en vno son juntadas |
| S1446-4 | las rranas con -su miedo so el agua meter |
| S1447-3 | las rranas se escondem de balde ya lo veemos |
| S1447-4 | las liebrez E las rranas vano miedo tenemos |
| S1451-2 | E a -todas las monjaz que tenedes freylia |
| S1454-2 | fueron al rrey las nueuas querellas e pregones |
| S1468-2 | E pon tuz piez entranboz sobre laz miz espaldaz |
| S1472-3 | e veo laz tus manos llenas de garauatos |
| S1474-1 | Aquellos garauatos son las mis arterias |
| S1474-2 | los gatos E las gatas son muchas almas mias |
| S1474-4 | en -pos ellas andando las noches E los diaz |
| S1486-1 | las çejas apartadaz prietas como cabron |
| S1487-1 | las ençiuas bermejas E la fabla tunbal |
| S1487-2 | laz espaldaz byen grandes laz muñecas atal |
| S1488-3 | bien conplidaz laz piernaz del pie chico pedaço |
| S1489-3 | doñeador alegre para laz çapatas mias |
| S1491-1 | ssodes laz monjaz guarrdadaz deseosaz loçanaz |
| S1491-2 | los clerigos cobdiçiosoz desean laz vfanaz |
| S1491-4 | todos nadar quieren los peçes e las rranas |
| S1495-4 | que -las monjaz non ze pagan del abbad fazañero |
| S1505-1 | Para tales amores zon las rreligiosaz |
| S1505-4 | E Son las escuseras perezosaz mentirosaz |
| S1537-2 | non copnad ver la ora que tangan laz canpanas |
| S1537-3 | que non el parentesco nin a -las baruas canas |
| S1539-2 | temense que -las arcas les han de des-ferrar |
| S1550-3 | toda cosa bien fecha tu maço laz desfaze |

| | |
|---|---|
| S1561-1 | Saco de -las tus penas a -nuestro padre adan |
| S1562-2 | que los tenies en -las penas en -las tus malas arcas |
| S1583-3 | las almas quieren matar pues los cuerpos han feridos |
| S1585-3 | las obras de piedat de virtudes nos menbrar |
| S1601-2 | nos andemos rromerias e las oras non se callen |
| S1604-2 | destos nasçen commo Ryos de -las fuentes perhenales |
| S1607-4 | mas las chicas e laz grandes se rrepienden del troco |
| S1608-1 | De -las chicas que byen diga el amor me fizo Ruego |
| S1617-4 | por ende de -las mugeres la mejor es la menor |
| S1623-4 | que a -las vezes mal perro rroye buena coyunda |
| S1629-4 | como pella a -las dueñas tomelo quien podiere |
| S1678-1 | quiero Seguir a -ty flor de -laz florez |
| S1678-4 | mejor de -laz mejores |
| S1689-4 | ya las coytas mias |
| S1690-1 | Alla en talavera en -las calendas de abril |
| S1690-2 | llegadas son laz cartaz del arçobispo don gil |
| S1690-3 | en -las quales venia el mandado non vil |
| S1707-2 | otro si a -las vibdas esto es cosa con verdat |
| S1707-4 | dexemos a -las buenas E a -las malas vos tornad |
| S1708-3 | E van se las vezinaz por el barrio deziendo |
| S1709-1 | Pero non alonguemos atanto las rrazones |
| F 2 | a -las uezes con algo a -las uezes uazio |
| F 7 | De mal en peor andan (co)mo el lobo a las hormigas |
| **LAS** | **(H)** |
| P 134 | laz qualez leyendolaz E oyendolaz |
| S 45-3 | cada que las oyerdes non queredes comedir |
| S 47-2 | fueron las demandar a -griegos que las tienen |
| S 47-3 | rrespondieron los griegos que non las meresçien |
| S 47-4 | nin las podrian en-tender pues que tan poco sabien |
| S 48-1 | pero si las querien para por ellas vsar |
| S 48-3 | por ver si las entienden e meresçian leuar |
| S 51-4 | que tales las feziese fueles conssejo sano |
| S 68-1 | las del buen amor sson Razones encubiertas |
| S 102-4 | las viles e las rrefezes son caras a -las de vezes |
| S 104-3 | non las quiso tomar dixe yo muy mal va |
| S 107-2 | sienpre quise guardalas e sienpre las serui |
| S 107-3 | ssy seruir non las pude nunca las deserui |
| S 165-2 | E por las non dezir se fazen des-amigos |
| S 168-4 | muchas dueñaz e otras de buen saber las veza |
| S 188-1 | de commo enflaquezes las gentes e las dapñas |
| S 188-2 | muchos libros ay desto de commo las engañaz |
| S 200-4 | mas vieron que non era Rey para las castigar |
| S 201-4 | don jupiter con saña ovolas de oyr |
| S 230-3 | las joyaz para tu Amiga de que las conplaras |
| S 257-4 | por conplyr la loxuria enguinando laz oteas |
| S 266-2 | a -dueñas tu loxuria desta guisa las doma |
| S 270-2 | todas las otras aves de ally las atalaya |
| S 291-2 | querries a -quantas vees gostar las tu primero |
| S 335-3 | vy que las dellogaua en aquellas erias |
| S 335-4 | ante que -las comiese yo gelas tome frias |
| S 387-2 | ante facien onium sabes las alexar |
| S 387-3 | in -gloria plebys tue fazes las aveytar |
| S 400-2 | almas cuerpos e algos commo huerco las tragas |
| G 442-3 | por que a -ty non mienta sabe laz falagar |
| G 447-4 | zy la zy dexieze començarien a rreyr |
| S 513-1 | las cosas que son graues fazelas de lygero |
| S 577-3 | mucho las guarde syenpre nunca me alabe |
| S 637-1 | las mentyras a -las de vezes a -muchos aprouechan |
| S 637-4 | la verdat a -las de vezes muchos en daño echa |
| G 679-4 | a qual quier que -laz fablare o con -ellaz rrazonare |
| G 680-3 | de palabraz en juego direlaz si las oyere |
| S 718-4 | en aqueste mi farnero las traere al sarçillo |
| S 748-4 | el caçador del canamo e non las espantaua |
| S 808-1 | yo a -las de vegadas mucho canssada callo |
| S 846-2 | vençe a -todas guardas e tyene las por mueras |
| S 848-2 | grand pecado e desonrra en -las ansy dañar |
| S 856-1 | quanto mas malas palabras omne dize e las entyende |
| S 861-1 | verdat es que -los plazeres conortan a -las de vezes |
| S 862-1 | las que vos queredes mucho estas vos seran mas sanas |
| S 874-4 | mas quebrantaria las puertas menealas commo çencerro |
| S 875-1 | las ove ganado non posistes ay vn clauo |
| S 883-2 | quantos laços les paran non las podrian prender |
| S 883-3 | quando el lazo veen ya las lyeuan a -vender |
| S 908-4 | mis fablas e mis fazañas Ruego te que byen las mires |
| S 937-1 | ffizose corredera de -las que benden joyas |
| S1020-1 | vnas trez vezes contelas estando arredrado |
| S1121-1 | las mas de sus conpañas eran le ya fallesçidas |
| S1167-4 | quando mejor te sepan por dioz de ti -las tira |
| S1217-4 | con aquel laz deguella e a -desollar se mete |
| S1231-4 | a -laz gentes alegra todaz laz tyene pagadaz |
| S1236-1 | ordenes de çisten Con -las de sant benito |
| S1236-3 | quantas ordenes son non -laz puze en escripto |
| S1256-2 | que amauan falsa mente a -quantos laz amauan |
| S1263-1 | ffueron se a -sus posadaz laz mas de aquestaz gentes |
| S1274-4 | con -el frio a -las de vezes en -las sus vnas besa |
| S1276-3 | fazia çerrar sus cubas fenchir laz en enbudo |
| S1357-4 | quantas liebres veya prendialaz ligeramente |
| S1408-4 | callar a -las de vegadaz faze mucho prouecho |
| S1418-2 | diz que buenaz orejaz son laz de la gulpeja |
| S1418-4 | cortolas E estudo queda mas que vn oveja |
| S1430-3 | cayo en -grandes rredes non las podia Retaçar |
| S1608-2 | que diga de sus noblezaz yo quiero laz dezir luego |
| **LASA** | |
| S 855-3 | alegro me con mi tristeza lasa mas enamorada |
| **LASTAN** | |
| G 667-1 | a -las vegadas lastan justoz por pecadorez |
| **LASTIMA** | |
| S1052-2 | viste lo leuando feriendo que lastima |
| **LASTRO** | |
| S1311-1 | Saly desta lazeria de coyta e de lastro |
| **LATINA** | |
| S1228-4 | la guitarra latyna con esos se aprisca |

**LATON**
S1004-1   Dan çarçillos de heuilla de laton byen Reluziente
**LAUD**
S1228-3   el corpudo laud que tyene punto a -la trisca
**LAUDAMUS**   (L)
S1237-4   te amore laudemus le cantan E al
**LAUDARON**
S1638-5   e laudaron
**LAUDES**   (L)
S 376-3   laudes aurora lucis das les grandes graçias
**LAVA**
S 741-4   que mal se laua la cara con lagrimas llorando
**LAVANCOS**
S1082-3   anades e lauancos e gordos anssaronez
S1108-1   Alli con los lauancos lydian baruos E peçes
**LAVANDERAS**
S1175-3   todo lo fyzo lauar a -laz suz lauanderaz
**LAVAR**
S1159-4   vaya a -lauarse al Rio o -a la fuente
S1175-3   todo lo fyzo lauar a -laz suz lauanderaz
**LAVOR**
S 994-2   por oyr de mal rrecabdo dexos de su lavor
**LAXA**
S 523-4   do non es tan seguida anda mas floxa laxa
**LAZAR**
S 186-3   fazes al que te cree lazar en tu mesnada
**LAZARO**
S 247-2   que al poble Sant lazaro non dio solo vn çatico
**LAZERIA**
S   2-4   sacame desta lazeria desta presion
S 209-2   das al cuerpo lazeria trabajo syn Razon
**LAZOS**
S 746-3   para fazer sus cuerdas E sus lazos el rredero
**LAZRADA**
S 636-2   encubre su pobreza e su vyda lazrada
**LAZRADO**
S 236-3   antre muere que otro mas fraco e mas lazrado
**LAZERIA**
S 947-1   de toda lazeria E de todo este coxixo
S1311-1   Saly desta lazeria de coyta e de lastro
S1312-1   Pues carnal es venido quiero perder lazeria
S1386-2   dexar plazer E viçio E lazeria queredes
S1391-3   aya mucha lazeria e coyta e trabajar
S1393-2   verçuelas e lazeria e los duros caçones
**LAZERIO**
S 717-3   muchas vezes he tristeza del lazerio ya -pasado
S1170-4   ayudar te ha dios e avraz pro del lazerio
S1307-4   vy que non podia sofrir aquel lazerio
S1308-2   do perdiese lazerio non pud fallar ninguno
S1359-1   Con -el mucho lazerio ffue muy ayna viejo
**LAZERIOS**
S1554-4   sy non dios todos temen tus penas e tus lazerios
**LAZO**
G 550-2   Non seaz rrebatado nin vagarozo lazo
S 883-3   quando el lazo veen ya las lyeuan a -vender
**LAZOS**
S 744-3   muchos dizen que coydan parar vos talez lazos
S 866-3   non vee rredes nin lazos en -los ojos tyene arista
**LAZRADA**
S1570-4   quien te me rrebato vieja por mi sienpre lazrada
**LAZRARAS**
S1169-3   commo quier que algund poco en -esto lazraraz
**LAZRARON**
S 221-4   por que penan sus almas e los cuerpos lazraron
**LE**
P   15   E dan le onrra con pro e buena fam(a)
S   43-5   nuestras almas le ofrescaz
S   43-6   Ruegal por nos
S   51-3   Segund le dios le demostrase fazer señas con la mano
S   52-2   dixieron nos avemos con griegos nuestra conbit
S   59-2   por señas al rromano e que -le rrespondiera
S   61-4   E Respondile con saña con yra e con cordojo
S   62-1   que yo le quebrantaria ante todas las gentes
S   62-3   dixo me luego apos esto que -le parase mientes
S   63-1   yo le Respondi que -le daria vna tal puñada
S   80-1   Enbiele esta cantiga que es de yuso puesta
S   83-1   Por le fazer plazer E mas le alegrar
S   83-2   conbidaronle todas quel darian A -yantar
S   86-3   el cuero con la oreja del caxco le fue arrancar
S   93-3   achaque le leuanta por que non le de del pan
S   93-4   mesclaron me con ella e dixieronle del plan
S   95-3   posieron le grand ssaña desto se entremeten
S   96-3   dixo a -la mi vieja que -le avia enbiada
S   97-3   de quanto le prometio o -le da poco o -nada
S 101-4   vete dil que me non quiera que nol quiero nil amo
S 123-4   el signo en -que nasçe le juzgan por sentençia
S 129-2   nasçiole vn fijo bello mas de aquel non tenia
S 130-1   Entre los estrelleros quel vinieron a -ver
S 133-2   pidio al rrey su padre que le fuese otorgado
S 133-4   rrespondiole el rrey que -le plazia de grado
S 137-2   pasando por la puente vn grand rrayo le dio
S 143-4   si piden merçed al Rey dale conplido perdon
S 144-2   al rrey en algund tienpo a -tanto le seruio
S 144-4   por que del yerro fecho conplido perdon le dio
S 156-2   ffazele fabrar fermoso al que antes es mudo
S 157-4   lo que non vale vna nuez amor le da grand prez
S 158-4   que tan bien le paresca nin que tanto desea
S 161-1   vna tacha le fallo al amor poderoso
S 171-2   davale de mis donas non paños e non çintas
S 172-4   leuadlo E dezidle que mal mercar non les franqueza
S 174-3   que fallo vn grand mastyn començole de ladrar
S 174-4   el ladron por furtar algo començole a -falagar

S 181-4   yo le pregunte quien era dixo amor tu vezino
S 187-4   que nol debatas luego por mucho que se enforce
S 190-2   afyncaron le mucho que ya por su amor
S 191-2   el primer mes ya pasado dixieron le tal Razon
S 191-4   quisiese que -le casasen a -ley e a -bendiçion
S 192-3   casamiento abondo e desto le dixiesen
S 195-2   leuantole las piernas echolo por mal cabo
S 195-3   leuantose el neçio maldixole con mal fado
S 197-3   amor quien te mas sygue quemas le cuerpo e alma
S 209-4   quando omne esta Seguro furtas le el coraçon
S 210-2   das le a -quien non -le ama tormentas le con penas
S 212-3   dexaz le solo e triste con muchaz soberuientas
S 212-4   a -quien nol quiere nil ama ssyenpre gela mientass
S 223-3   quando la dio a -venuz paris por le jnduzir
S 225-2   coyda aver mas mucho de quanto le conviene
S 226-4   cobdiçiola abarcar cayosele la que leuaua
S 239-3   derribole el cavallo en medio de -la varga
S 240-4   las entrañas le salem estaua muy perdido
S 247-4   nin de -los tus thesoros non le quieres dar vn pico
S 252-2   atravesosele vn veso estaua en contienda
S 253-3   sacole con -el pico el veso con ssotileza
S 256-4   el bien que omne le faze diz que es por su derecha
S 258-2   que mato a -uriaz quando le mando en -la lyd
S 258-3   poner en -los primeros quando le dixo yd
S 262-1   Por que -le fizo desonrra E escarnio del rruego
S 262-2   el grand encantador fizole muy mal juego
S 266-3   fizole suelo de cobre Reluze mas que goma
S 271-4   al aguila cabdal diole por los costados
S 277-2   temiendo que a -tu amiga otro le fabla en locura
S 281-4   ffurtole la bendiçion por que fue rrebtado del
S 284-2   con tu mucha envidia leuantas le baraja
S 284-3   anssy se acaesçe por le leuar ventaja
S 285-1   al pauon la corneja vydol fazer la Rueda
S 288-3   pelole toda la pluma E echola en -el carrizo
S 294-3   echole del parayso dios en aquesse dia
S 301-1   abaxose el leon por le dar algund confuerto
S 301-4   diole entre los ojos echole frio muerto
S 305-4   tyro le dios su poderio e todo su honor
S 308-2   quando su muger dalyda los cabellos le corto
S 312-4   vino le grand vejedat flaqueza e peoria
S 314-2   el javalyn sañudo dauale del col-millo
S 315-1   dyole grand par de coçes en -la fruente gelas pon
S 315-4   yra e vana gloria dieronle mal gualardon
S 317-3   desque lo vees baldio dasle vida penada
S 318-2   fazes le penssar engaños muchas malas baratas
S 321-2   veya lo el lobo mandava le dexallo
S 331-4   ya sabya la rraposa quien le avia de ayudar
S 333-4   que el es fyno ladron e non falla quel farte
S 337-1   otrosy le opongo que es descomulgado
S 338-3   nin -le deuen dar rrespuesta a -sus malas conssejas
S 345-1   De lexos le fablauan por le fazer dezir
S 348-4   en -que a -la marfusa furto -le aponia
S 360-2   Ca entonçe el alcalde puede le atormentar
S 363-4   non sea rresçebida Segund dicho he de suso
S 364-3   non -le deue rresponder en -juyzio la marfusa
S 365-1   Non le preste lo que dixo que con miedo e quexura
S 366-4   ella diz que non -lo tenie mas que le furtaria la gallyna
S 370-1   dixieron le otrosy vna derecha rracon
S 376-4   con miserere mey mucho te le engraçias
S 380-1   Tu vas luego a -la iglesia por le dezir tu Razon
S 396-1   Tu le rruyes a -la oreja E das le mal conssejo
S 397-1   El coraçon le tornas de mill guisas a -la ora
S 406-3   fasta que -le echa el laço quando el pie dentro mete
S 414-1   Comiolos a -entranbos non -le quitaron la fanbre
S 419-3   non -le conviene al bueno que sea lyjongero
S 429-2   en -el fallaras fablas que -le ove yo mostrado
G 449-1   en fin de laz rrazonez faz le vna pregunta
S 453-3   non le seas rrefertero en lo que te pediere
S 453-4   nin le seas porfioso contra lo que te dixiere
S 468-1   ffaz le vna vegada la verguença perder
S 469-1   Talente de mugeres quien le podria entender
S 470-4   syenpre le bullen los pies e mal para el pandero
S 471-3   la muger syn verguença por darle diez toledos
S 477-4   fazia sele a -la dona vn mes año entero
S 479-3   dixole que -le pyntase commo podiesse mejor
S 480-1   Pyntole con -la grand priessa vn eguado carnero
S 488-2   quier sea suyo o -non fablale por amor della
S 488-3   sy podieres dal ago non -le ayas querella
S 489-3   fara por tus dineros todo quanto le pidieres
S 491-2   los dyneros le fazen fidalgo e sabydor
S 493-3   grand onrra le fazian con grand solepnidat
S 497-3   el que non tyene dineros echan le las posas
S 500-4   quantos son en -el mundo le besan oy las manos
S 504-1   Pero que -le denuestan los monges por las plaças
S 507-3   commo los cuervos al asno quando le desuellan el cuero
S 512-3   non ha syeruo cabtivo que el dinero non le aforre
S 514-1   Sy algo non -le dyeres cosa mucha o poca
S 514-2   sey franco de palabla non le digas Razon loca
S 519-2   en -el coraçon lo tyene maguer se le escusa
S 519-3   pero que todo el mundo por esto le acusa
S 523-2   lo que mas le defienden aquello ante passa
S 529-4   fizole beuer el vino oye en-sienpro estraño
S 531-2   penso commo podiese partyrle de aquesto
S 537-2   commo era fuerte puro sacol de entendimiento
G 549-2   quando fablarez con dueñaz dile doñeoz apueztoz
G 549-4   zospirando le fabla ojoz en -ella pueztoz
G 550-3   de quanto que pudierez non le seaz ezcazo
G 550-4   de -lo que -le prometierez non la trayaz a -traspazo
G 551-2   quien fabla muy pazo enojaze quien le atiende
G 552-2   nin acaba quanto quiere si -le veyen coztumero
G 558-2   a -la muger que es cuerda non le seaz çelozo
G 560-1   de otra muger non le digaz mas a -ella alaba

LE | (cont.)

G 561-1 Non le seaz mintrozo sey le muy verdadero
G 562-2 Non le fagaz zenalera a ti mismo non matez
S 567-1 ssy muchos le ençelares mucho fara por ty
S 570-3 rresçelra del las dueñas e dan le por fazañero
S 572-1 de trez cossaz que le pidas a -la muger falaguera
S 572-3 dar te ha la segunda sy le guardas la prymera
S 578-2 porfiando le dixe agora yo te porne
S 583-3 fuy m(e) a doña venus que le leuaze menzaje
S 598-4 en -le dezir mi deseo non me oso aventurar
S 599-1 Con arras e con dones rruegania cassamientos
S 606-2 que al su seruidor non le faga mesura
S 608-3 por que le fuste sanudo contigo poco estudo
S 623-3 faziendo le zeruiçio tu coraçon se bañe
S 625-1 sy vieres que ay lugar dile jugetes fermosos
S 635-4 de tuyo o -de ageno vele byen apostado
S 639-3 ado muchos le dixieren tus bienes e tus loores
S 646-4 vna vez echale çeuo que venga segurada
S 649-1 ssy -le conortan non lo sanan al doliente los joglares
S 655-1 Vnas palabras tenia pensadas por le dezir
G 666-1 yo le dixe ya sañuda anden fermozoz trebejoz
S 701-2 dixele madre zeñora tan bien seades venida
S 706-1 yo le dixe amo vna dueña sobre quantas yo vy
S 707-4 poca cossa le enpeçe al mesquino en mesquindat
S 709-2 e le fare tal escanto e le dare tal atal-vina
S 709-4 dezid me quien es la dueña yo le dixe doña endrina
S 711-2 yo le dixe por dios amiga guardat vos de soberuienta
S 719-4 yo le dixe madre señora yo vos quiero byen pagar
S 722-1 callar do non -le enpeçe E tyenen le por sesudo
S 722-3 que fablar lo que non -le cunple por que sea arrepentido
S 724-1 Entro la vieja en casa dixole Señora fija
S 737-1 Respondiole la dueña con mesura E byen
S 745-4 le daua buen conssejo commo buena madrina
S 753-1 luego los ballesteros pelaron le las alas
S 753-2 non -le dexaron della sinon chicas e rralas
S 755-3 ayuda e deffiende a -quien sele encomienda
G 759-1 Renpondiole la dueña diz non me estaria bien
S 766-3 cogieron le al lobo en medio en -el feriendo
S 769-2 Salieron a -rresçebir le los mas adelantados
S 778-3 diole la puerca del rrosto echole en -el cabçe
S 778-4 en -la canal del molino entro que mal le plaçe
S 779-3 bueno le fuera al lobo pagarse con torrezno
S 780-1 de -lo quel pertenesçe non sea des-deñoso
S 794-1 yo le dixe qual arte qual trabajo qual sentido
S 794-3 pues a -la mi señora cras le dan marido
S 799-3 que -le dize falagos por que calle esa ora
S 802-4 sy verdat le dixistes e amor le avedes
S 807-3 demuede de vos le fablo e a -ella oteo
S 807-4 todo se le demuda el color e el desseo
S 810-1 los labrios de la boca tyenbranle vn poquillo
S 810-2 el color se le muda bermejo e amarillo
S 810-3 el coraçon le salta ansy amenudillo
S 811-1 Cada que vuestro nonbre yo le esto deziendo
S 822-3 quiero me yr a -la dueña rrogar le he por mesura
S 824-2 Respondiole la madre quien es que llama y
S 825-1 dixo le doña Rama como venides amiga
S 827-4 a -la rraçon primera tornole la pelleja
S 834-4 mas non -le aprouecha arte nin sotileza
S 836-4 de -lo que -le prometistes non es cosa guardado
S 839-4 a -la mi quexa grande non le fallo conssejo
S 846-4 las fuertes çerraduras le paresçen abyertas
S 867-1 otorgole doña endrina de yr con ella fablar
S 875-1 Cyerto aqui quiere entrar mas por que yo non -le fablo
S 882-1 doña endrina le dixo ay viejas tan perdidas
S 887-2 quando el quexamiento non le puede pro tornar
S 893-1 El leon fue doliente doliale tiesta
S 896-1 El leon dixo luego que merçed le faria
S 896-3 quanto el demandase tanto le otorgaria
S 896-4 la gulhara juglara dixo quel llamaria
S 900-3 al leon lo troxieron abriol por los costados
S 902-2 pidio al lobo el asno que le avya encomendado
S 916-1 Començo a -encantalla dixole Señora fija
S 917-2 que quien le diese esta villa con todo su aver
S 918-2 diole aquestas cantigas la çinta le çynio
S 918-3 en dando le la sortyja del ojo le guiño
S 920-1 yo le dixe commo en juego picaça parladera
S 924-1 a -la tal mensajera nunca le digas maça
S 924-2 byen o -mal commo gorgee nunca le digas pycaça
S 926-3 nunca le digas trotera avn que por ti corra
S 929-3 de prieto fazen blanco boluiendole la pelleja
S 941-1 ssy la ensychizo o sy -le doyo atyncar
S 941-2 o sy le dyo Raynela o -sy le dyo mohalinar
S 941-3 o sy le dio ponçoña o algud adamar
S 945-4 yo traue luego della e fablele en seso vano
S 952-1 preguntele quien era Respondiome la chata
S 953-2 el que de grado me paga non le fago enojo
S 957-4 mandele pacha con broncha e con çorron de coneja
S 960-1 Dixele yo a -la pregunta vome fazia sotos aluos
S 962-1 Dixele yo por dios vaquera non me estorues mi jornada
S 983-4 dixe le que me mostrase la ssenda que es nueva
S 984-3 dixe le yo esto de priessa sy dios de mal me guarde
S 995-1 que dize a -su amigo querydol conssejar
S 997-3 dixele yo ansy dios te ssalue hermana
S 1001-4 derribol si me denuedo
S 1019-2 dauan le a -la çinta pues que estauan dobladas
S 1041-5 nin le do la posada
S 1044-4 a -onrra de -la virgen ofreçile este ditado
S 1049-4 judas el quel vendio su disçipulo traydor
S 1050-4 dieron le algo al falzo vendedor
S 1051-1 a -ora de maytines dandole judas paz
S 1052-3 pilatos judgando escuelpne en çima
S 1054-1 Dizyendo le vaya lieua lo a -muerte

S 1054-2 ssobre la su saya echaron le suerte
S 1064-2 espinas le pusieron de mucha crueldat
S 1072-1 dezid le de todo en todo que de oy siete dias
S 1079-2 fuese e yo fiz mis cartaz dixele al viernes yd
S 1079-3 a -don carnal mañana e todo esto le dezit
S 1090-2 Señor diz alla dueña yo le metre la fiebre
S 1090-4 mas querria mi pelleja quando alguno le quiebre
S 1102-3 fizole escopir flema esta fue grand Señal
S 1103-3 atrauesosele en -el pyco afogala ayna
S 1105-4 las truchas de aluerche dauanle en -las mexillas
S 1106-2 fallose con don tozino dixole mucho baldon
S 1106-4 dierale a -don ladron por medio del coraçon
S 1111-4 las plazas que eran anchas fazian se le angostas
S 1113-4 el dolfyn al buey viejo derribole los dientes
S 1114-4 non le valia nada deçenir la correa
S 1118-3 a -don carnal Seguiendo llegandol a -la muerte
S 1118-4 esta mucho triste non falla quel confuerte
S 1119-4 atendiole el fidalgo non -le dixo de non
S 1120-2 si a -carnal dexaran dierale mal estrena
S 1121-1 las mas de sus conpañas eran le ya fallesçidas
S 1122-3 todas las otras rreses fueron le muy estrañas
S 1128-2 començo a -predicar de dios a departyr
S 1129-1 En carta por escripto le daua sus pecados
S 1129-3 rrespondiole el flayre quel non serian perdonados
S 1129-4 çerca desto le dixo muchos buenos ditados
S 1147-3 Segud comun derecho le son encomendados
S 1155-2 del su clerigo cura non le dedes penitençia
S 1159-1 E otrosi mandatle a -este tal dolyente
S 1161-4 absoluiole de todo quanto estaua ligado
S 1162-2 diole esta penitençia que por tanto pecado
S 1171-3 deziendo mia culpa diole la absoluçion
S 1179-1 Al xristiano catholico dale el santo signo
S 1182-1 Resspondiole don ayuno que desto le plazia
S 1184-2 por le poner saluo enprestole su Rozin
S 1188-1 Desquel vieron los toros yrizaron los çerros
S 1196-2 digale que el domingo antes del sol salido
S 1199-2 mas desque gelas dieron E le fueron leydaz
S 1208-2 que a -todo pardal viejo nol toman en -todaz Redes
S 1219-4 a -la liebre que sale luego le echa la galga
S 1223-2 venian a -obedeçerle villaz E alcariaz
S 1224-3 todoz le dan dineroz e delloz de dan tornesez
S 1237-4 te amore laudemus le cantan E al
S 1246-2 todos finojos fyncados besaron le la mano
S 1247-3 fueron le muy contrarios quantos tyenen fleylya
S 1255-2 las monjas le dixieron Señor non avrias viçio
S 1260-4 demandele merçed aquesta señalada
S 1262-3 todoz le aconpañan con grand conssolaçion
S 1267-2 vn marfyl ochauado nuncal vistes mejor
S 1287-4 el segundo al terçero con cosa non le alcança
S 1290-4 agraz nueuo comiendo enbargole la boz
S 1292-4 el tauano al asno ya le yua mordiendo
S 1294-3 el terçero al Segundo atiendel en frontera
S 1294-4 el que viene non alcança al otro quel espera
S 1319-1 Con -la mi vejezuela enbiele ya que
S 1319-3 ella non la erro e yo non le peque
S 1324-3 entro en -la posada rrespuesta non -le dan
S 1325-1 Dixol por que yva e diole aquestos verssos
S 1343-1 yo le dixe trota conventos escucha me vn poquillo
S 1346-2 dixele non Señora mas yo melo comedi
S 1349-4 doliose mucho della quisole dar la vida
S 1351-1 aqueste ome bueno dauale cada dia
S 1353-1 dixole el ortolano vete de aqueste lugar
S 1354-3 por piedat engaño donde bien le anida
S 1358-1 al su Señor el sienpre algo le presentaua
S 1358-2 nunca de -la corrida vazio le tornaua
S 1358-3 el Su señor por esto mucho le falagaua
S 1359-4 prendiol e nol pudo tener fuesele por el vallejo
S 1361-4 quando non le trayo nada non me falaga nin me sylua
S 1363-2 E des-echar al viejo e fazer le peoria
S 1370-3 vn mur de franca barua rresçibiol en su caua
S 1370-4 conbidol a -yantar e diole vna favaua
S 1374-3 mucha onrra le fizo e seruiçio quel plega
S 1378-3 falagaual el otro deziendol amigo Señor
S 1379-3 el que teme la muerte el panal le sabe fiel
S 1387-4 espantose el gallo dexol como sandio
S 1401-2 con su lengua e boca laz manoz le besaua
S 1402-3 dauale cada vno de quanto que comia
S 1406-3 dieron le muchos palos con piedraz e con maços
S 1407-2 nin dezir nin cometer lo que non le es dado
S 1411-2 el coraçon querria sacarle con su mano
S 1416-4 Sacole e estudo queda syn se mas quexar
S 1426-2 el mur con -el grand miedo començo a -falgar
S 1429-3 diole muy muchas graçiaz e quel seria mandado
S 1429-4 en quanto nol podiese quel siruirie de grado
S 1441-2 el queso de -la boca ouosele a -caer
S 1456-3 dixol que de su alma la carta le feciese
S 1457-1 otorgole su alma fizole dende carta
S 1457-2 prometiole el diablo que del nunca se parta
S 1460-2 el llamo al alcalde apartol e fue fablar
S 1461-4 non fallo por que muera prendistez le de -balde
S 1461-4 yo le do por quito suelto vos merino soltalde
S 1466-2 con vna freyla suya que me dize trayle trayle
S 1466-3 engaña a -quien te engaña a -quien te fay fayle
S 1475-4 el te da mala çima E grand mal en chico Rato
S 1477-4 desque le veen en coyta non dan por el dotes motes
S 1479-3 al que te dexa en coyta nol quieras en -trebejo
S 1479-4 al que te mata so capa nol salues en conçejo
S 1485-1 Señora diz la vieja yol veo amenudo
S 1486-4 la su nariz es luenga esto le desconpon
S 1492-4 yol fare cras que venga aqui a -este palaçio
S 1495-3 mas catad non -le digades chufaz de pitoflero
S 1496-1 De -lo que cunple al fecho aquesto le dezit

| | |
|---|---|
| **LE** | **(cont.)** |
| S1496-2 | lo que cras le fablardes vos oy lo comedit |
| S1499-4 | desaguisado fizo quien le mando vestir lana |
| S1510-4 | tomaldo fija Señora dixo la mora le ala |
| S1512-4 | cabeçeo la mora dixole amxy axmy |
| S1526-1 | los quel aman E quieren e quien ha avido su conpaña |
| S1526-3 | parientes E amigos todos le tyenen Saña |
| S1530-1 | Cada dia le dizes que tu le fartaras |
| S1530-3 | el que byen fazer podiese oy le valdria mas |
| S1539-4 | de todos sus thesoros dan le poco axuar |
| S1544-3 | sy non de que es muerto quel come coguerço |
| S1545-4 | non le valen mengias des-que tu rrauia le toma |
| S1556-4 | tu -le posiste miedo e tu lo demudeste |
| S1557-2 | temio te la su carne grand miedo le posiste |
| S1558-1 | Nol cataste nil viste vyo te el byen te cato |
| S1558-4 | tul mataste vna ora el por sienpre te mato |
| S1559-4 | saco nos de cabptivo la cruz en -quel posiste |
| S1560-4 | quieres la poblar matandol por su muerte fue yermada |
| S1571-1 | a -dios merçed le pido que te de la su gloria |
| S1574-2 | non sele detenia do fazia debatida |
| S1575-1 | ffizele vn pitafio pequeño con dolor |
| S1578-1 | El que aqui llegare si dios le bendiga |
| S1623-1 | Dixele huron amigo buscame nueua funda |
| S1624-4 | que sy lo comienço que -le dare buen cabo |
| S1626-3 | fiz le quatro cantares E con -tanto fare |
| S1629-3 | ande de mano en mano a -quien quier quel pydiere |
| S1630-3 | non le dedes por dineros vendido nin alquilado |
| S1669-3 | non le es falleçedero tu acorro syn dudança |
| S1697-2 | seruimos le muy byen fuemos le sienpre leales |
| S1698-3 | dile luego de -mano doze varas de pano |
| S1704-4 | yo le daria tal buelta que nunca viese al agosto |
| **LE** | **(H)** |
| S 27-1 | ofreçiol mira gaspar |
| S 101-4 | vete dil que me non quiera que nol quiero nil amo |
| S 118-1 | dixo me quel plazia de grado |
| S 119-1 | Prometiol por mi conssejo |
| S 119-3 | E presentol vn conejo |
| S 129-4 | el signo e la planeta del fijo quel nasçia |
| S 182-2 | dixel si amor eres non puedes aqui estar |
| S 206-1 | quien tiene lo quel cunple con -ello sea pagado |
| S 226-3 | con la sonbra del agua dos tantol semejaua |
| S 227-3 | non ovo lo que quiso nol fue cobdiçiar sano |
| S 236-4 | contesçel commo al asno con -el cauallo armado |
| S 238-4 | el asno con -el miedo quedo e nol fue bueno |
| S 254-1 | Dyxo la grulla al lobo quel quisiese pagar |
| S 256-1 | En fazer bien al malo cosa nol aprouecha |
| S 359-2 | sea exepçion prouada nol faran otro castigo |
| S 419-2 | todo lo quel dixieren piense lo bien primero |
| S 433-3 | las orejas pequeñas delgadas paral mientes |
| G 443-2 | rruegal que te non mienta muestral buen amor |
| S 477-1 | Pyntol so el onbligo vn pequeño cordero |
| S 481-4 | la señal quel feziera non la echo en olvido |
| S 488-3 | sy podieres dal ago non -le ayas querella |
| S 489-1 | Por poquilla cosa del tu aver quel dyerez |
| S 489-4 | que mucho o poco dal cada que podieres |
| S 525-4 | en -lo quel mucho piden anda muy ençendida |
| S 531-4 | dyos te salue buen omne dixol con ssynple gesto |
| S 545-2 | vele muy mal la boca non ay cosa quel vala |
| G 558-3 | si algo nol prouarez nol zeaz despechozo |
| G 594-2 | Al monge e al buen amigo quel daran por auentura |
| S 610-2 | dyl syn miedo tus deseos non te enbargue verguẽa |
| S 636-4 | mas val que fazer se pobre a -quien nol dara nada |
| S 641-1 | ssy nol dan de -las espuelas al cauallo faron |
| S 647-2 | luego que tu la vieres comiençal de fablar |
| S 652-1 | ya vo Razonar con ella quierol dezir mi quexura |
| S 659-1 | abaxe mas la palabra dixel que en juego fablaua |
| S 659-4 | començel dezir mi quexura del amor que me afyncaua |
| S 719-3 | de -mano tomad pellote e yd nol dedes vagar |
| S 780-4 | con lo quel dios diere paselo bien fermoso |
| S 826-3 | quel lyeue la sortija que traya vendiendo |
| S 829-1 | Preguntol la dueña pues que nueuas de aquel |
| S 904-4 | en amor de dios lynpio vuestro loco nol trançe |
| S 946-3 | dixel yo diome el diablo estas vieja Rahezes |
| S 954-4 | amiga dixel amidos faze el can baruecho |
| S 964-3 | dixel yo par dios fermosa dezir vos he vna cosa |
| S 966-1 | yo con miedo E aRezido prometil vna garnacha |
| S 966-2 | E mandel para el vestido vna bronca E vn pancha |
| S 988-3 | yol dixe en buena ora sea de vos cuerpo tan guisado |
| S 999-2 | yol dixe bien se guardar vacas yegua en cerro caualgo |
| S1002-3 | faras buen entendimiento dixel yo pide lo que quisieres |
| S1005-1 | yol dixe dar te he esas cosas e avn mas si mas comides |
| S1009-2 | rroguel que me quisiese ese dia dar posada |
| S1009-3 | dixo me quel plazia sil fuese bien pagada |
| S1019-3 | ca estando senzillas dar -l -yen so -las yjadas |
| S1026-1 | yol dixe frio tengo |
| S1028-1 | yol dixe de grado |
| S1033-5 | que nol coste nada |
| S1050-2 | quel Caen Señores del noble vngento |
| S1056-3 | dandol del ascona la tierra estremeçio |
| S1065-3 | las llagas quel llagaron son mas dulçes que miel |
| S1090-3 | dalle he la sarna e diuiesos que de lydiar nol mienbre |
| S1103-4 | despues a -don carnal falsol la capellyna |
| S1106-3 | synon por doña çeçina quel desuio el pendon |
| S1127-4 | E quel dyesen a -comer al dia majar vno |
| S1129-3 | rrespondiole el flayre quel non serian perdonados |
| S1219-1 | Tenia coffya en -la cabeça quel cabello nol ssalga |
| S1220-3 | ssabuesos e podencos quel comen muchoz panes |
| S1274-3 | faze nueuo azeyte con -la blaza nol pesa |
| S1280-4 | con -la chica alhiara nol pueden abondar |
| S1282-3 | pesal en -el lugar do la muger es buena |
| S1303-2 | atreui me e preguntel que el tyenpo pasado |
| S1317-3 | rroguel que me catase alguna tal garrida |

| | |
|---|---|
| S1325-1 | Dixol por que yva e diole aquestos verssos |
| S1344-2 | dixo me quel preguntara qual fue la tu venida |
| S1346-1 | Dixol doña garoça enbio te a -mi |
| S1373-1 | ffue con -el a -ssu casa E diol mucho de queso |
| S1374-3 | mucha onrra le fizo e seruiçio quel plega |
| S1378-3 | falagaual el otro deziendol amigo Señor |
| S1380-1 | Al ome con -el miedo nol sabe dulçe cosa |
| S1388-3 | el çafir diol Respuesta bien te digo villano |
| S1391-4 | contesçel commo al gallo que escarua en -el muladar |
| S1395-1 | Dixol doña garoça oy mas no te dire |
| S1417-1 | vna vieja passaua quel comio su gallina |
| S1421-3 | ante que façer cosa quel sea rretrayda |
| S1429-3 | diole muy muchas graçiaz e quel seria mandado |
| S1456-1 | dixol que de su alma la carta le feciese |
| S1458-2 | llamo a -su amigo quel consejo aquesto |
| S1475-3 | quien al diablo cree traual su garavato |
| S1484-1 | dixo l doña garoça que ayas buena ventura |
| S1492-1 | Dixol doña garoça verme he da my espaçio |
| S1493-2 | ve dil que venga cras ante buenas conpañas |
| S1493-4 | e dil que non me diga de aquestas tus fazanaz |
| S1497-1 | yol dixe trota conventos Ruego te mi amiga |
| S1498-1 | leuol vna mi carta a -la missa de prima |
| S1503-2 | ssyenprel fuy mandado e leal amador |
| S1578-2 | e sil de dios buen amor E plazer de amiga |
| S1625-1 | Dil aquestos cantarez al que de dios mal fado |
| S1625-3 | dixol doña fulana tyra te alla pecado |
| **LEA** | |
| S 22-1 | El primero gozo ques lea |
| S1152-1 | lea en -el especulo o en -el rreportorio |
| **LEAL** | |
| S 94-4 | nin el leal amigo non es en toda plaça |
| G 436-2 | que bien leal te zea non sea su seruienta |
| S 489-2 | seruir te ha leal mente fara lo que quisieres |
| S 914-1 | aquesta mensajera fue vieja byen leal |
| S 939-1 | la mi leal vrraca que dios mela mantenga |
| S1089-3 | omillo me diz Señor yo el tu leal syeruo |
| S1323-4 | mas el leal amigo al byen e al mal se para |
| S1494-1 | vino la mi leal vieja alegre plazentera |
| S1503-2 | ssyenprel fuy mandado e leal amador |
| S1568-2 | que oviste con-migo mi leal vieja dola |
| S1569-1 | ay mi trota conventos mi leal verdadera |
| S1571-2 | que mas leal trotera nunca ffue en memoria |
| S1635-3 | fija E leal esposa |
| S1703-1 | Ca nunca fue tan leal blanca flor a -frorez |
| **LEALES** | |
| S1527-3 | de mugeres leales los sus buenos maridos |
| S1697-2 | seruimos le muy byen fuemos le sienpre leales |
| **LEALTAD** | |
| S 695-3 | vno o -otro non guarda lealtad nin la cuda |
| S 704-2 | fare por vos quanto pueda guardar he vos lealtad |
| S1613-4 | fermosura donayre amor E lealtad |
| **LEALTAT** | |
| S 932-2 | llamat me buen amor e fare yo lealtat |
| **LEBRERO** | **(V)** |
| G1357-1 | el buen galgo lebrero corredor e valiente |
| **LECHE** | |
| S 969-2 | mucho queso assadero leche natas e vna trucha |
| S1351-2 | del pan E de -la leche e de quanto el comia |
| **LECHIGA** | |
| S1033-4 | E lechiga buena |
| **LECHON** | |
| S1115-3 | dio en medio de -la fruente al puerco e al lechon |
| **LECHONES** | |
| S1085-1 | las puestas de -la vaca lechones E cabritoz |
| **LECHOS** | |
| S1248-4 | los grandes dormitorios de lechos byen poblados |
| S1252-2 | mandan lechoz syn rropa e manteles syn pan |
| **LEÇION** | |
| P 189 | E conposelo otrosi a -dar algunoz leçion |
| **LEDA** | |
| S 79-2 | conplida de muchos byenes anda manssa e leda |
| **LEDANIA** | |
| G 764-3 | non me digaz agora mas desa ledania |
| S1396-3 | yuy yuy dixo Señora que negra ledania |
| **LEDO** | |
| S 213-4 | das me en -el coraçon triste fazes del ledo |
| S1305-2 | coyde estar viçioso plazentero e ledo |
| **LEEM** | |
| S1390-1 | Muchos leem el libro touiendo lo en poder |
| S1390-2 | que non saben que leem nin lo pueden entender |
| **LEEMOS** | |
| S1061-4 | en dauit lo leemos segud el mi coydar |
| **LEER** | |
| S1624-1 | El ssabia leer tarde poco e por mal cabo |
| **LEGITIMA** | |
| S 334-2 | legitima e buena por que su petiçion |
| **LEGOS** | |
| S1235-3 | los legos segralez con muchoz clerizonez |
| S1695-3 | algunoz de -los legos tomaron azedia |
| **LEIDA** | |
| S 329-1 | Seyendo la demanda en -juyzio leyda |
| S1073-1 | Dad la al menssajero esta carta leyda |
| S1197-1 | nuestra carta leyda tomad della traslado |
| **LEIDAS** | |
| S1068-4 | ca laz cartaz leydas dy las al menssajero |
| S1199-2 | mas desque gelas dieron E le fueron leydaz |
| **LENGUA** | |
| S 417-2 | sobre la falsa lengua mitirosa apareçençia |
| S 418-2 | es el coraçon falso e mitirosa la lengua |
| S 418-4 | lengua tan enconada dios del mundo la tuelga |
| S 572-4 | non pierdas a -la dueña por tu lengua parlera |
| S 649-4 | ayuda otra non me queda synon lengua e parlares |

## LENGUA (cont.)

| | |
|---|---|
| S 789-1 | Ay lengua syn ventura por que queredes dezir |
| S 990-4 | quiça el pecado puso esa lengua tan aguda |
| S1401-2 | con su lengua e boca laz manoz le besaua |
| S1440-3 | creye que -la su lengua e el su mucho gadnar |

## LENGUAGE

| | |
|---|---|
| S 49-3 | mas por que non entedrien el lenguage non vsado |

## LENGUAS

| | |
|---|---|
| S 183-2 | enpoçonaz las lenguas en-eruolas tus viras |

## LENTEJAS

| | |
|---|---|
| S1167-3 | lentejaz con -la sal en Rezar te rremira |

## LEÑA

| | |
|---|---|
| S 241-2 | a arar lo pusieron e a traer la leña |
| S 265-3 | descanto el fuego que ardiesse en -la leña |
| G 690-1 | do añadierez la leña creçe syn dubda el fuego |
| G 690-2 | si la leña se tirare el fuego menguara luego |
| S1404-1 | yo en mi espinazo les tayo mucha leña |

## LEO

| | |
|---|---|
| S 16-2 | nin creadez que ez chufa algo que en -el leo |
| S 612-1 | El amor leo a ovydyo en -la escuela |

## LEON

| | |
|---|---|
| S 82-1 | Diz que yazie doliente el leon de dolor |
| S 84-2 | el aparto lo menudo para el leon que comiese |
| S 84-4 | al leon dixo el lobo que -la mesa bendixiese |
| S 85-4 | el leon fue sañudo que de comer avia gana |
| S 86-1 | alço el leon la mano por la mesa santiguar |
| S 86-4 | el leon a -la rraposa mando la vianda dar |
| S 87-2 | toda la canal del toro al leon dio entera |
| S 87-4 | marauillose el leon de tan buena egualadera |
| S 88-1 | El leon dixo comadre quien vos mostro ha fazer partiçion |
| S 89-3 | sy -non yo te mostrare commo el leon castiga |
| S 298-2 | veni el leon de caça pero con -el non pesa |
| S 298-3 | el leon tan goloso al cavallo sopessa |
| S 299-1 | al leon gargantero respondio el cavallo |
| S 301-1 | abaxose el leon por le dar algund confuerto |
| S 311-1 | yra E vana gloria al leon orgulloso |
| S 312-1 | El leon orgullo con yra e valentya |
| S 314-1 | Todos en -el leon ferien E non poquyllo |
| S 315-2 | el leon con grand yra trauo de su coraçon |
| S 326-3 | rregnante nuestro Señor el leon mazillero |
| S 892-3 | guardat vos non vos contesca commo con -el leon |
| S 893-1 | El leon fue doliente doliale tiesta |
| S 894-4 | al leon e a -los otros querialos atronar |
| S 895-1 | con -las sus caçurias el leon fue sanudo |
| S 895-4 | Sentiose por escarnido el leon del orejudo |
| S 896-1 | El leon dixo luego que merçed le faria |
| S 898-3 | que toda nuestra fiesta al leon mucho plaz |
| S 900-1 | Commo el leon tenia sus monteros armados |
| S 900-3 | al leon lo troxieron abriol por los costados |
| S 901-1 | Mando el leon al lobo con sus vñas parejas |
| S 901-3 | quanto el leon traspuso vna o dos callejas |
| S 902-1 | quando el leon vyno por comer saborado |
| S 902-4 | el leon contra el lobo fue sañudo e yrado |
| S 903-1 | dixo al leon el lobo quel asno tal nasçiera |
| S1106-1 | Ay andaua el atun eommo vn brauo leon |
| S1424-4 | commo al leon vino del mur en su dormir |
| S1425-1 | Dormia el leon pardo en -la frida montaña |
| S1425-4 | al leon despertaron con su burla tamaña |
| S1426-1 | El leon tomo vno e querialo matar |
| S1427-1 | Que onrra es al leon al fuerte al poderoso |
| S1429-1 | El leon destos dichos touose por pagado |
| S1430-1 | ffuese el mur al forado el leon fue a -caçar |
| F 4 | sino de hueso duro mas fuerte que de leon |

## LEPRA

| | |
|---|---|
| S 219-3 | gula envidia açidia ques pegan commo lepra |

## LERDA

| | |
|---|---|
| S 993-3 | vna sserrana lerda dire vos que -me avino |

## LES

| | |
|---|---|
| P 125 | E loz malez muchoz que -lez aparejan e traen |
| S 7-3 | E les diras palabras que fabrasen mejorez |
| S 48-2 | que ante les convenia con sus sabios disputar |
| S 49-1 | Respondieron rromanos que -les plazia de grado |
| S 51-4 | que tales las feziese fueles conssejo sano |
| S 125-3 | en -cabo saben poco que su fado les guia |
| S 139-3 | fizo les mucho bien e mando les vsar |
| S 148-4 | pero mayor poder rretuvo en sy que les non dio |
| S 152-2 | es amar las mugeres nunca seles olvida |
| S 198-4 | fueles commo a -laz Ranaz quando el Rey pidieron |
| S 199-2 | cosa non les nuzia bien solteras andauan |
| S 200-1 | Enbioles don jupiter vna viga de lagar |
| S 202-1 | Enbioles por su Rey çigueña manzillera |
| S 205-4 | Respondioles don jupiter tenedlo que pidistes |
| S 208-1 | Querellan se de ti mas non les vales nada |
| S 217-1 | ffazes les cobdiçiar e mucho ser denodadoz |
| S 225-4 | lo que contescio al perro a -estos tal les viene |
| S 263-4 | de -la muger mesquina otro non les atura |
| S 269-4 | contesçeles commo al aguila con -los nesçios truhanez |
| S 279-2 | leuantaz les baraja con çelo enfraquesçez |
| S 340-2 | pidieron al alcalde que les asignase dia |
| S 340-4 | E asignoles plazo despuez de -la epifania |
| S 369-1 | dixo les que byen podia el en -su pronunçiaçion |
| S 373-4 | ssy loçanas encuentras fablas les entre los dientes |
| S 376-3 | laudes aurora lucis das les grandes graçias |
| S 403-2 | con quien se les antoja con aquel se apartan |
| S 415-2 | en tal guisa les travas con tus fuertes mordaçaz |
| S 459-1 | dyxo les la dueña que ella queria casar |
| S 494-3 | a -muchos clerigos nesçios davales dinidades |
| S 498-2 | muchos meresçian muerte que -la vida les daua |
| S 506-2 | byen les dan de -la çeja do son sus parçioneros |
| G 555-4 | do non les come se rrascan los tahurez amidoz |
| S 574-3 | pesa por mi tardança a -mi pessa del vagar |
| S 638-2 | faz les muchos plazeres fabla les bien con maña |

## LES (right column)

| | |
|---|---|
| S 748-1 | fezieron grande escarnio de -lo que -les fablaua |
| S 883-2 | quantos laços les paran non las podrian prender |
| S1109-3 | E a -costados e a -piernas dauales negro Rato |
| S1116-1 | el pulpo a -los pauones non -les daua vagar |
| S1158-1 | Pero que aquestos talez deuedes les mandar |
| S1178-3 | dizenlez que -se conoscan E lez venga miente |
| S1183-3 | pascua de pan çenzeño estos les venia |
| S1250-1 | Esquilman quanto puedem a -quien zeles allega |
| S1259-3 | dioles muchas graçias estaua plazentero |
| S1283-3 | con -este conpañero que -les dan lybertades |
| S1334-1 | Muchos de leutarios les dan muchas de vezes |
| S1341-3 | grandes demandaderaz amor sienpre les dura |
| S1366-3 | el malo a -los suyos non les presta vn figo |
| S1390-4 | que non les ponen onrra la qual deuian aver |
| S1404-1 | yo en mi espinazo les tayo mucha leña |
| S1404-2 | trayoles la farina que comen del açeña |
| S1449-2 | esto les puso miedo e fizo a todos yr |
| S1539-2 | temense que -las arcas les han de des-ferrar |
| S1560-2 | por la muerte de xpistos les fue la vida dada |

## LETRA

| | |
|---|---|
| S 18-2 | en fea letra esta saber de grand dotor |

## LETRADA

| | |
|---|---|
| S 96-1 | Commo la buena dueña era mucho letrada |

## LETRADO

| | |
|---|---|
| S 49-4 | que disputasen por señas por señas de letrado |
| S 347-1 | El alcalde letrado e de buena çiençia |
| S1299-1 | El mi Señor don amor Commo omne letrado |

## LETRADOS

| | |
|---|---|
| S 50-3 | por que non eran letrados nin podrian entender |
| S 495-4 | a -los pobres dezian que non eran letrados |
| S1144-1 | Muchos clerigos synples que non son tan letrados |

## LETRAS

| | |
|---|---|
| S1598-4 | spiritu de buen conssejo encordado destaz letraz |

## LETUARIO

| | |
|---|---|
| S1334-2 | diaçitron codonate letuario de nuezes |
| S1632-4 | Sea vos chica fabla solaz e letuario |

## LETUARIOS

| | |
|---|---|
| S1333-4 | los muchos letuarios nobles e tan estraños |
| S1338-2 | non tyenen de letuarios tantos nin tanta espeçia |

## LETURA

| | |
|---|---|
| S 526-3 | por grand vso el rrudo sabe grand letura |

## LEUTARIOS

| | |
|---|---|
| S1334-1 | Muchos de leutarios les dan muchas de vezes |

## LEVA

| | |
|---|---|
| S 828-1 | diz ya leuase el verco a -la vieja Risona |

## LEVAD

| | |
|---|---|
| S 172-4 | leuadlo E dezidle que mal mercar non es franqueza |
| S 258-4 | leuad esta mi carta a -jaab E venid |

## LEVADAS

| | |
|---|---|
| S 237-3 | lorigas bien levadas muy valiente se siente |

## LEVADO

| | |
|---|---|
| S1569-3 | ado te me han leuado non cosa çertera |

## LEVANDO

| | |
|---|---|
| S1052-2 | viste lo leuando feriendo que lastima |
| S1465-1 | leuando lo a -la forca vido en altas torres |

## LEVANTA

| | |
|---|---|
| S 93-2 | achaque le leuanta por que non le de del pan |
| S 486-1 | Pedro leuanta la lyebre E la mueve del couil |

## LEVANTADO

| | |
|---|---|
| S1639-8 | que era leuantado |

## LEVANTAR

| | |
|---|---|
| S 134-2 | desque fueron en -el monte ovose a -leuantar |
| S 375-1 | Do tu Amiga mora comiença a -leuantar |
| S 692-3 | por esto anda el mundo en leuantar e en caer |
| S 735-2 | leuantar yo de mio e mouer cassamientos |
| S 944-3 | pasaron byen dos dias que me non pud leuantar |

## LEVANTARON

| | |
|---|---|
| S 58-3 | leuantaron se todos con paz e con sosiego |

## LEVANTAS

| | |
|---|---|
| S 279-2 | leuantaz les baraja con çelo enfraquesçez |
| S 284-2 | con tu mucha envidia leuantas le baraja |

## LEVANTE

| | |
|---|---|
| S 980-4 | desque la vy pagada leuante me corrienda |

## LEVANTO

| | |
|---|---|
| S 55-1 | leuantose el griego sosegado de vagar |
| S 55-4 | leuantose el rribaldo brauo de mal pagar |
| S 57-1 | leuantose el griego tendio la palma llana |
| S 57-3 | leuantose el vellaco con fantasia vana |
| S 195-2 | leuantole las piernas echolo por mal cabo |
| S 195-3 | leuantose el neçio maldixole con mal fado |
| S 331-1 | leuantose el alcalde esa ora de judgar |
| S 767-1 | a -cabo de grand pieça leuantose estordido |
| S1078-2 | leuantose byen alegre de -lo que non me pesa |
| S1302-3 | desque se leuanto non vino su mesnada |
| S1419-4 | leuantose corriendo E fuxo por el coso |
| S1696-2 | leuanto se el dean a -mostrar su manzilla |

## LEVAR

| | |
|---|---|
| S 48-3 | por ver si las entienden e meresçian leuar |
| S 284-3 | anssy te acaesçe por le leuar ventaja |
| S 801-4 | que -la quiere leuar syenpre tyene temor |
| S1114-2 | de seuilla E de alcantara venian a -leuar prea |
| S1247-2 | querria leuar tal huesped luego la clerizia |
| S1535-3 | non puede leuar nada nin fazer testamento |

## LEVARAN

| | |
|---|---|
| S 505-4 | qual dellos lo leuaran comyençan luego a -Renir |
| S 754-3 | juran que cada dia vos leuaran a -conçejo |

## LEVARE

| | |
|---|---|
| S 965-1 | Dyz yo leuare a -cassa e mostrar te he el camino |

## LEVARIS

| | |
|---|---|
| S 177-3 | tu leuarys el algo yo faria grand maldat |

## LEVASE

| | |
|---|---|
| S 845-4 | ya la cruz la leuase conl agua bendita |

**LEVAVA**

| | |
|---|---|
| S 226-4 | cobdiçiola abarcar cayosele la que leuaua |
| S 335-2 | que leuaua furtadas de -las ovejas mias |
| S1437-3 | grand pedaço de queso en -el pico leuaua |

**LEVAZE**

| | |
|---|---|
| G 583-3 | fuy m(e) a doña venus que le leuaze menzaje |

**LEVO**

| | |
|---|---|
| S 327-4 | leuolo E comiolo a -mi pessar en tal ero |
| S 407-3 | de -la rrana pyntada quando lo leuo con-sygo |
| S 413-4 | al topo e a -la rrana leuolos a -su nido |
| S 752-3 | prendio al abutarda leuola a -la plaça |
| S 910-3 | mi coraçon en punto leuo me lo forçado |
| S 915-2 | leuogelos la vieja con otros adamares |
| S 967-2 | commo a -çuron lyuiano e leuon la cuesta ayusso |
| S1009-4 | touelo a -dios en merçed e leuome a -la tablada |
| S1029-2 | leuo me consigo |
| S1328-4 | estos fueron los versos que leuo mi trotera |
| S1350-1 | Tomola en -la falda e leuola a -su casa |
| S1498-1 | leuol vna mi carta a -la missa de prima |
| S1564-1 | A -los suyos leuolos con -el a -parayso |

**LEXOS**

| | |
|---|---|
| S 345-1 | De lexos le fablauan por le fazer dezir |
| S 393-2 | atalayas de lexos e caças la primera |
| G 562-4 | de lexoz algarea quedo non te arrebatez |

**LEY**

| | |
|---|---|
| P 20 | po(r) que sopiese la su ley fue esta |
| P 100 | por que son fechoz loz libroz de -la ley E del derecho |
| S 191-4 | quisiese que -le casasen a -ley e a -bendiçion |
| S 232-1 | Por tales malefiçios manda los la ley matar |
| S 309-2 | el primero que los jodios ovieron en -su ley |
| S 840-4 | de cassar se con-vusco a -ley e a -bendiçion |
| S 928-1 | Commo dize vn derecho que coyta non ay ley |
| S1059-1 | Los que -la ley de xpistus avemos de guardar |
| S1061-1 | Dize otra proffeçia de aquella vieja ley |
| S1061-2 | que el cordero vernia e saluaria la ley |

**LEY** (H)

| | |
|---|---|
| S1077-1 | ley amas laz cartaz entendy el ditado |

**LEYE**

| | |
|---|---|
| S 427-3 | oy e leye mis castigos e sabe los byen fazer |

**LEYENDA**

| | |
|---|---|
| S 755-2 | ssabe de muchos pleitos e sabe de leyenda |

**LEYENDO**

| | |
|---|---|
| P 134 | laz qualez leyendolaz E oyendolaz |
| P 139 | ca leyendo E coydando el mal que fazen |
| S1397-1 | o vos fallo cantando o -vos fallo leyendo |

**LEYERES**

| | |
|---|---|
| S 429-1 | sy leyeres ovydio el que fue mi criado |

**LEYES**

| | |
|---|---|
| S 26-1 | El terçero cuenta las leyes |
| S 47-1 | ansy fue que rromanos las leyes non avien |
| S 58-2 | merescen los rromanoz las leyes yo non gelas niego |
| S 60-4 | entendien que meresçien de leyes çertenidad |
| S 142-2 | de dar fueros e leyes e derechos fazer |
| S 145-4 | quien puede fazer leyes puede contra ellas yr |
| S 147-2 | pero por todo eso las leyes y el derecho |
| S 715-2 | quebranta leyes e fueros e es del derecho Señor |

**LIBERTADES**

| | |
|---|---|
| S1283-3 | con -este conpañero que -les dan lybertades |

**LIBERTAT**

| | |
|---|---|
| S 206-4 | lybertat e ssoltura non es por oro conplado |

**LIBRA**

| | |
|---|---|
| S 3-4 | libra A -mi dioz mio desta presion do ya(go) |
| S 4-3 | libra me mi dioz desta coyta tan maña |

**LIBRADOR**

| | |
|---|---|
| S1053-4 | del qual nunca saldra nin avra librador |

**LIBRADOS**

| | |
|---|---|
| S 346-4 | pyden que por sentençia fuesen de ally lybrados |

**LIBRAR**

| | |
|---|---|
| S1679-4 | ven me librar agora |
| S1681-3 | ven me librar E conortar |

**LIBRAS**

| | |
|---|---|
| S1669-2 | al que es tu seruidor bien lo libraz de lygero |

**LIBRASTE**

| | |
|---|---|
| S 6-1 | Señor a -los trez niñoz de muerte loz libraste |

**LIBRE**

| | |
|---|---|
| S1671-2 | tu acorro E guarda fuerte a -mi libre defendiendo |

**LIBRES**

| | |
|---|---|
| S 205-4 | ser libres e syn premia rreñid pues lo quesistes |

**LIBRESTE**

| | |
|---|---|
| S 3-3 | a santa marina libreste del vientre del drago |
| S 4-1 | Señor tu que libreste A -santa susaña |

**LIBRETE**

| | |
|---|---|
| S 12-3 | que pueda de cantares vn librete Rimar |
| S1626-4 | punto a -mi librete mas non -lo çerrare |

**LIBRILLO**

| | |
|---|---|
| S1174-4 | que todo non lo muda sobre linpio librillo |

**LIBRO**

| | |
|---|---|
| P 30 | Otrosi dize salamon en -el libro de -la sapiençia |
| P 130 | E conpuse este nuevo libro |
| P 160 | E ansi este mi libro a -todo omne o -muger |
| P 201 | Por ende començe mi libro en -el nonbre de dioz |
| S 13-3 | que pueda fazer vn libro de buen amor aqueste |
| S 16-1 | Non tengadez que ez libro neçio de devaneo |
| S 16-4 | ansi en feo dicho esta saber non feo |
| S 65-2 | la manera del libro entiendela sotil |
| S 68-4 | non diras mal del libro que agora rrefiertas |
| S 70-1 | de todos jnstrumentos yo libro so pariente |
| S 568-3 | caton sabyo Romano en su lybro lo manda |
| S 933-2 | buen amor dixe al libro e a -ella todo saçon |
| S 986-3 | fasta que el libro entyendas de el byen non digas nin mal |
| S 986-4 | Ca tu endenderas vno e el libro dize al |
| S1390-1 | Muchos leem el libro touiendo lo en poder |

**LIEVAS** (column 2)

| | |
|---|---|
| S1518-1 | Dize vn filosofo en su libro Se nota |
| S1529-1 | Non ha en -el mundo libro nin escrito nin carta |
| S1631-1 | ffiz vos pequeno libro de testo mas la glosa |

**LIBROS**

| | |
|---|---|
| P 100 | por que son fechoz loz libroz de -la ley E del derecho |
| S 142-3 | desto manda fazer libros e quadernos conponer |
| S 188-2 | muchos libros ay desto de commo las engañaz |
| S1151-3 | trastorne byen los libros las glosaz e los testos |
| S1152-2 | los libros de ostiense que son grand parlatorio |
| S1153-1 | Decretales mas de çiento en -libros E en -questionez |

**LICENÇIA**

| | |
|---|---|
| S 366-1 | do lyçençia a -la Raposa vayase a -la saluagina |
| S 370-3 | non podia dar lyçençia para aver conpusiçion |
| S1155-1 | Syn poder del perlado o -syn aver liçençia |

**LICHIGADA** (V)

| | |
|---|---|
| G1033-4 | E lichigada buena |

**LIÇION**

| | |
|---|---|
| S 88-3 | ella dixo en -la cabeça del lobo tome yo esta liçion |
| S 245-1 | Aqui tomen ensyenpro e lyçion de cada dia |
| S 369-4 | tomaron los abogados del ximio buena liçion |
| S 892-1 | dueñas aved orejas oyd buena liçion |
| S1131-2 | rrepetir vos querria vna buena lyçion |

**LIÇIONARIO**

| | |
|---|---|
| S1632-1 | De -la santidat mucha es byen grand lyçionario |

**LID**

| | |
|---|---|
| S 52-4 | E nos dar telo hemos escusa nos desta lid |
| S 258-2 | que mato a -uriaz quando le mando en -la lyd |
| S1076-3 | fasta el sabado santo dar vos he lyd syn falla |
| S1079-4 | que venga aperçebido el martes a -la lyd |
| S1088-2 | Señor diz non me escusedes de aquesta lyd a -mi |
| S1088-4 | vsado so de lyd syenpre por ende valy |
| S1093-3 | todos aperçebidos para la lyd malyna |
| S1172-2 | estaua de -la lid muy fraco E lloroso |
| S1202-2 | rresçelo de -la lyd muerte o grand presion |
| S1253-4 | al tomar vienen prestos a -la lid tardineroz |
| S1450-2 | esperança e esfuerço vencen en toda lid |
| S1605-2 | que vençamos los pecados e arranquemos la lid |

**LIDIA**

| | |
|---|---|
| S1118-1 | ally lydia el conde de laredo muy fuerte |

**LIDIAN**

| | |
|---|---|
| S 283-2 | con envidia e çelo omnes e bestias lydian |
| S 940-4 | Ca do viejos non lydian los cuervos non gradan |
| S1108-1 | Alli con los lauancos lydian baruos E peçes |
| S1117-1 | ally lidian las ostyas con todos los conejos |
| S1584-1 | lydyan otrosi con estos otros trez mas prinçipales |

**LIDIANDO**

| | |
|---|---|
| S1597-3 | con fe en -su memoria lidiando por su seruiçio |
| S1602-4 | con estas armas lydiando podemos los amanssar |

**LIDIAR**

| | |
|---|---|
| S 237-1 | yva lydiar en -canpo el cavallo faziente |
| S1090-3 | dalle he la sarna e diuiesos que de lydiar nol mienbre |
| S1116-4 | como tiene muchas manos con muchoz puede lydiar |
| S1123-3 | que non podia de gordo lydiar syn el buen vino |
| S1196-3 | yremos lydiar con -ella faziendo grand Roydo |
| S1201-3 | para lydiar non firmes quanto en afrecho estacaz |
| S1203-3 | por ende non avia por que lidiar con su vençido |
| S1204-3 | otrosi dueña flaca non es para lydiar |
| S1581-1 | Sy qual quier de nos otros oviese craz de lydiar |
| S1594-4 | con paçiençia bien podremos lydiar con tal capelina |

**LIDIASEN**

| | |
|---|---|
| S1203-2 | fasta quando lydiasen byen lo avedes oydo |

**LIDIE**

| | |
|---|---|
| S1088-3 | que ya muchas vegadaz lydie con don aly |

**LIEBRE**

| | |
|---|---|
| S 486-1 | Pedro leuanta la lyebre E la mueve del couil |
| S 866-1 | Muger liebre Seguida mucho corrida conquista |
| S 929-3 | la liebre del couil sacala la comadreja |
| S1090-1 | vino presta e lygera al alarde la lyebre |
| S1117-2 | con la liebre justauan los asperos cangrejos |
| S1219-4 | a -la liebre que sale luego le echa la galga |
| S1447-1 | Dixo la vna liebre conviene que esperemos |

**LIEBRES**

| | |
|---|---|
| S1357-4 | quantas liebres veya prendialaz ligeramente |
| S1444-4 | el miedo de -las liebres las monjas lo auedes |
| S1445-1 | Andauan se las liebrez en -las seluas llegadas |
| S1445-4 | las liebrez temerosaz en vno son juntadas |
| S1447-4 | las liebrez E las rranas vano miedo tenemos |

**LIENÇO**

| | |
|---|---|
| S1374-1 | Manteles de buen lyenço vna branca talega |

**LIENDA** (V)

| | |
|---|---|
| G 755-2 | zabe de muchoz pleytoz e zabe de lienda |

**LIEVA**

| | |
|---|---|
| S 232-3 | lyeua los el diablo por el tu grand abeytar |
| S 275-4 | lyeua lo dio lieua quando non se rrecabda |
| S 293-3 | lyeua te el dyablo en -el jnfierno te quema |
| S 415-4 | el diablo los lyeva presos en -tus tenazas |
| S 615-4 | lyeva la mercadorya por el buen corredor |
| G 673-3 | la vegedat en sezo lieua la mejoria |
| S 971-2 | lyeua te dende apriesa desbuelue te de -aquez hato |
| S 980-3 | lieua te dende cornejo non busques mas contyenda |
| S 991-5 | lyeuate vete sandio |
| S1054-1 | Dizyendo le vaya lieua lo a -muerte |
| S1206-3 | gallofaz e bodigoz lyeua y condesados |
| S1538-4 | el que lieua lo menos tyene se por peor |
| S1541-4 | ellos lieuan el algo el alma lyeua satan |

**LIEVAN**

| | |
|---|---|
| S 883-3 | quando el lazo veen ya las lyeuan a -vender |
| S1541-4 | ellos lieuan el algo el alma lyeua satan |

**LIEVAS**

| | |
|---|---|
| S 420-2 | al que vna vez travas lievas telo en Robo |
| S 635-2 | guarda non -lo entyenda que -lo lyeuas prestado |
| S1185-3 | sy nos lyeuas de aqui Carnal por las callejas |

| | | |
|---|---|---|
| **LIEVAS** | | **(cont.)** |
| | S1521-1 | Muerte al que tu fieres lieuas telo de belmez |
| | S1521-3 | a -todos los egualas e los lieuas por vn prez |
| | S1524-2 | al alma que -lo puebra lieuas tela de priesa |
| **LIEVE** | | |
| | S 377-3 | que -la lieue por agua e que de a -toda çima |
| | S 378-3 | que la lyeue a -las vertas por las rrosaz bermejas |
| | S 826-3 | quel lyeue la sortija que traya vendiendo |
| | S1073-2 | lyeuela por la tierra non -la traya escondida |
| | S1564-3 | el nos lieue consigo que por nos muerte priso |
| | S1579-3 | ca non vee la ora que vos lyeue consigo |
| **LIEVES** | | |
| | S1497-2 | que lieues esta carta ante que gelo yo diga |
| **LIGADO** | | |
| | S1161-4 | absoluiole de todo quanto estaua ligado |
| **LIGERA** | | |
| | S 202-4 | de dos en dos las rranas comia bien lygera |
| | S 617-3 | anda por maestria lygera enderedor |
| | S 642-4 | la muger que esta dubdando lygera es de aver |
| | S1090-1 | vino presta e lygera al alarde la lyebre |
| | S1592-1 | ligera mente podremos a -la loxuria Refrenar |
| **LIGERAMENTE** | | |
| | S1357-4 | quantas liebres veya prendiala: ligeramente |
| **LIGERAS** | | |
| | S1448-3 | somos de coraçon fraco ligeras en correr |
| **LIGEREZAS** | | |
| | S 518-1 | Prueua fazer lygerezaz e fazer valentya |
| **LIGERO** | | |
| | S 120-2 | tan presto e tan ligero |
| | S 194-2 | ante que fuese casado lygero la fazia |
| | S 240-1 | Dio salto en -el canpo ligero aperçebido |
| | S 324-3 | tenie buen abogado ligero e sotil era |
| | S 419-1 | Non es para buen omne creer de lygero |
| | S 513-1 | las cosas que son graues fazelas de lygero |
| | G 552-1 | nunca omne escazo rrecabda de ligero |
| | S1068-2 | truxo a -mi dos cartaz vn lygero trotero |
| | S1089-2 | ahe vos ado viene muy lygero el çieruo |
| | S1357-1 | El buen galgo ligero corredor e valyente |
| | S1415-3 | fare traynel della para calçar lygero |
| | S1489-1 | Es ligero valiente byen mançebo de diaz |
| | S1669-2 | al que es tu seruidor bien lo libraz de lygero |
| **LIGEROS** | | |
| | S1357-2 | avia quando era jouen pies ligeros corriente |
| **LIGION** | | |
| | S 460-4 | cay del escalera fynque con esta ligion |
| **LIGONGERO** | | |
| | S 638-4 | Seruidor ligongero a -su señor engaña |
| **LIJONGA** | | |
| | S1437-4 | ella con su lijonga tan bien lo saludaua |
| **LIJONGERO** | | |
| | S 419-3 | non -le conviene al bueno que sea lyjongero |
| **LIJONJA** | | |
| | S1443-1 | Non es cosa Segura creer dulçe lyjonja |
| **LIJONJAS** | | |
| | S 183-1 | Con engañoz E lyjonjas E sotiles mentiras |
| **LIMONSNA** | | |
| | S1628-3 | fazer mucha lymonsna E dezir oraçiones |
| **LIMOSNA** | | |
| | S 149-1 | Anssy que por ayuno e lymosna e oracion |
| | S1308-3 | con oraçion e lymosna e con mucho ayuno |
| | S1572-1 | Dare por ty lymosna e fare oraçion |
| | S1590-2 | dando lymosna a -pobles dolyendo nos de su mal |
| | S1651-1 | dat lymosna o rraçio |
| | S1652-2 | la lymosna que por el dierdes |
| | S1653-4 | la lymosna por el far |
| | S1659-4 | dad lymosna por dios |
| **LINAJE** | | |
| | S 168-1 | duena de buen lynaje e de mucha nobleza |
| | G 583-1 | fiia de algo en todo e de alto linaje |
| | S 598-2 | por que es de grand lynaje E duena de grand solar |
| | S 599-3 | ado es el grand lynaje ay son los alçamientos |
| | S 713-1 | es omne de buen lynaje viene donde vos venides |
| | S 727-2 | El mejor e el mas noble de lynaje e de beldat |
| | S 912-1 | apuesta E loçana e duena de buen lynaje |
| | S1063-1 | Por saluar fue venido el lynaje vmanal |
| | S1666-3 | del lynaje vmanal |
| **LINDERO** | | |
| | S1092-1 | vino su paso a -paso el buey viejo lyndero |
| **LINGUA** | | **(L)** |
| | S 379-3 | os lynga mens la enuade seso con ardor pospone |
| **LINO** | | |
| | S1179-4 | ablanda Robre duro con -el su blando lino |
| **LINPIA** | | |
| | S1504-3 | la su vida muy lynpia en dios se deleytaua |
| | S1663-9 | que me guardes lynpia rrosa |
| **LINPIAR** | | |
| | S1277-2 | rrefazer los pesebres lynpiar los aluañarez |
| **LINPIEÇA** | | |
| | S1555-2 | los que eran lynpieça feziste los manzillas |
| **LINPIEZA** | | |
| | S1549-3 | mansillas la lynpieza cortesia envileçes |
| **LINPIO** | | |
| | P 36 | que se ha de saluar en -el cuerpo linpio |
| | G 563-1 | sey commo la paloma linpio e mesurado |
| | S 904-4 | en amor de dios lynpio vuestro loco nol trançe |
| | S1174-4 | que todo non lo muda sobre linpio librillo |
| | S1179-2 | por que en -la cuaresma biua lynpio e digno |
| | S1503-3 | mucho de bien me fizo con dios en lynpio amor |
| **LISA** | | |
| | S 435-2 | la su faz sea blanca syn pelos clara e lysa |
| | S1012-2 | cabellos muy negros mas que corneja lysa |

| | | |
|---|---|---|
| **LISION** | | |
| | S 6-2 | del forno del grand fuego syn lision |
| | S1670-3 | pues a -ty Señora canto tu me guarda de lisyon |
| **LISONJAS** | | |
| | S 389-3 | mas cree tus lysonjas el neçio fadeduro |
| | S 392-3 | non te menguan lysonjas mas que fojas en vyñas |
| | S1478-3 | sinon falssaz escusaz lysonjaz amargotes |
| **LISTADA** | | |
| | S1004-2 | E da me toca amarilla byen listada en -la fruente |
| | S1037-2 | lystada de cota |
| **LITIGARON** | | **(V)** |
| | T 367-2 | por que non lytygaron costaz nin fueron con(denadaz) |
| **LIVIANA** | | |
| | S 85-1 | Señor diz tu estas flaco esta vianda liuiana |
| **LIVIANDAT** | | |
| | S 105-4 | ssaluo amor de dios todas sson lyuiandat |
| **LIVIANO** | | |
| | S 967-2 | commo a -çuron lyuiano e leuon la cuesta ayusso |
| | S1347-2 | era de buena vida non de fecho lyuiano |
| **LIVIANOS** | | |
| | S 67-3 | los mançebos liuianos guardense de locura |
| **LIXA** | | |
| | S1109-1 | ally vino la lyxa en aquel desbarato |
| **LIXO** | | |
| | S 947-3 | non fuyan dello las dueñas nin los tengo por lixo |
| **LIZONGA** | | |
| | G 672-2 | cuydadez que -uoz fablo lizonga e vanidat |
| **LO** | | |
| | P 33 | del verso que yo començe en -lo que dize |
| | P 49 | E ponelo en -la çela de -la memoria |
| | P 73 | se acuerde pecado e lo quiera e lo obre |
| | P 80 | E dize lo job |
| | P 84 | que -lo non ha estonçe |
| | P 95 | nin acordarse dello para lo obrar |
| | P 136 | que se quiera saluar descogera E obrar lo ha |
| | P 147 | el derecho lo dize |
| | P 150 | el decreto lo dize |
| | P 157 | si algunoz lo que non loz conssejo |
| | P 168 | E rruego E conssejo a -quien lo oyere E lo oyere |
| | P 170 | lo primero que quiera bien entender |
| | P 171 | E bien juzgar la mi entençion por que lo fiz |
| | P 172 | E la sentençia de -lo que y dize |
| | P 176 | E dioz sabe que la mi jntençion non fue de -lo fazer |
| | P 188 | de -lo que ante hemoz visto |
| | P 189 | E conposelo otrosi a -dar algunoz leçion |
| | P 196 | e dize lo la primera decretal de -laz crementinaz |
| | S 5-3 | sacastelo tu sano asy commo de casa buena |
| | S 11-3 | que sienpre lo loemos en prosa E en canto |
| | S 12-4 | que los que lo oyeren puedan solaz tomar |
| | S 44-1 | Palabras son de sabio e dixo lo caton |
| | S 52-3 | para disputar por señas lo que tu quisieres pit |
| | S 52-4 | E nos dar telo hemos escusa nos desta lid |
| | S 53-1 | vistieron lo muy bien paños de grand valia |
| | S 59-1 | Preguntaron al griego sabio que fue lo que dixiera |
| | S 66-4 | lo que buen amor dize con rrazon telo prueuo |
| | S 67-4 | escoja lo mejor el de buena ventura |
| | S 72-1 | Sy -lo dixiese de mio seria de culpar |
| | S 72-2 | dizelo grand filosofo non so yo de Rebtar |
| | S 72-3 | de -lo que dize el sabio non deuemos dubdar |
| | S 75-4 | mas non se parte ende Ca natura lo entiza |
| | S 76-4 | e saber bien e mal e vsar lo mejor |
| | S 84-2 | el aparto lo menudo para el leon que comiese |
| | S 86-2 | dio grand golpe en -la cabeça al lobo por lo castigar |
| | S 87-3 | e los otros todo lo menudo era |
| | S 92-3 | cantavalo la dueña creo que con dolor |
| | S 93-3 | los que quieren partir nos como fecho lo han |
| | S 111-1 | vna fabla lo dize que vos digo agora |
| | S 112-2 | codiciava tener lo que otro para sy tenia |
| | S 117-2 | dixielo a fferrand garçia |
| | S 124-1 | Esto diz tholomeo e dizelo platon |
| | S 135-1 | Acordose su Ayo de commo lo judgaron |
| | S 135-4 | non sean verdaderos en -lo que adevinaron |
| | S 136-3 | en -lo que dios ordena en commo ha de ser |
| | S 138-1 | Estando ansy colgado ado todos lo vieron |
| | S 138-2 | afogose en -el agua acorrer non lo podieron |
| | S 141-1 | En creer lo de natura non es mal estança |
| | S 141-4 | prueuo telo breue mente con esta semejança |
| | S 144-1 | O -sy por aventura aqueste que -lo erro |
| | S 145-2 | el fazedor del fuero non lo quiere conssentyr |
| | S 145-3 | dyspensa contra el fuero e dexalo beuir |
| | S 151-4 | por aqueso lo digo otrossy veo aquesto |
| | S 152-1 | Muchos nasçen en venus que -lo mas de su vida |
| | S 153-3 | el bien que me feçieron non lo desagradesçi |
| | S 156-3 | al omne que es couarde fazelo muy atreuido |
| | S 156-4 | al perezoso fazelo ser presto e agudo |
| | S 157-4 | lo que non vale vna nuez amor le da grand prez |
| | S 162-2 | lo que en -si es torpe con amor bien semeja |
| | S 162-3 | tiene por noble cosa lo que non vale vna arveja |
| | S 162-4 | lo que semeja non es oya bien tu -oreja |
| | S 170-3 | verdat ez lo que dizen los antiguos rretraheres |
| | S 172-1 | Non quiso Reçeuirlo bien fuxo de avoleza |
| | S 172-4 | leuado E dezidle que mal mercar non es franqueza |
| | S 173-4 | quien toma dar deue dizelo sabio enviso |
| | S 175-2 | dentro yuan las çaraças varrunto lo el alano |
| | S 176-4 | tu furtarias lo que guardo E yo grand trayçion faria |
| | S 179-2 | dixo vno coyda el vayo e E otro el que -lo ensilla |
| | S 179-4 | que diz por lo perdido non estes mano en mexilla |
| | S 180-2 | que si lo faz mi signo o -ssy mi mal asseo |
| | S 180-3 | nunca puedo acabar lo medio que deseo |
| | S 182-1 | Con saña que tenia fuylo a -denostar |
| | S 183-4 | partes lo del amiga al omne que ayras |
| | S 187-2 | non lo sana mengia enplasto nin xarope |

| | | |
|---|---|---|
| **LO** | (cont.) | |
| S 188-4 | sienpre tiras la fuerça dizenlo en fazañas |
| S 192-4 | de casarlo con otra non se entremetiesen |
| S 195-2 | leuantole las piernas echolo por mal cabo |
| S 196-3 | non prouo mas tener la muela sol non -lo asomo |
| S 197-4 | destruyes la del todo commo el fuego a -la rrama |
| S 201-2 | dixieron non es este rrey para lo nos seruir |
| S 201-3 | pidieron Rey a -don jupiter como lo solyan pedir |
| S 205-1 | Respondioles don jupiter tenedlo que pidistes |
| S 205-4 | ser libres e syn premia rreñid pues lo quesistes |
| S 206-1 | quien tiene lo quel cunple con -ello sea pagado |
| S 210-1 | En -punto que -lo furtas luego lo en-ajenas |
| S 211-1 | ffazes lo Andar bolando como la golondrina |
| S 211-2 | rrebuelves lo amenudo tu mal non adeuina |
| S 211-4 | de diuerssas maneras tu quexa es espina |
| S 212-1 | En vn punto lo pones a jornadas trezientas |
| S 212-2 | anda todo el mundo quando tu lo rretientas |
| S 220-4 | por conplir lo que mandan cobdiçian lo peor |
| S 221-3 | muchos por tal cobdiçia lo ajeno furtaron |
| S 222-4 | quien tu cobdiçia tiene el pecado lo engaña |
| S 225-3 | non han lo que cobdiçian lo suyo non mantienen |
| S 225-4 | lo que contescio al perro a -estos les viene |
| S 226-3 | el buen conoscemiento mal omne lo dessecha |
| S 227-3 | non ovo lo que quiso nol fue cobdiçiar sano |
| S 227-4 | coydo ganar E perdio lo que tenia en su mano |
| S 229-1 | lo mas e lo mejor lo que es mas preçiado |
| S 229-2 | desque lo tiene omne çiero E ya ganado |
| S 229-3 | nunca deue dexarlo por vn vano coydado |
| S 229-4 | quien dexa lo que tiene faze grand mal rrecabdo |
| S 235-3 | amor por tu soberuia se fazen bien lo creas |
| S 241-2 | a arar lo pusieron e a traer la leña |
| S 243-3 | vido lo el asno nesçio Rixo bien trez vegadas |
| S 246-2 | al tomar te alegras el dar non -lo as ducho |
| S 248-4 | que nunca le diste a -vno pidiendo telo çiento |
| S 253-1 | Prometio al que -lo sacase thesoros e grand Riqueza |
| S 255-1 | byen ansy tu lo fazes agora que estas lleno |
| S 255-2 | de pan e de dineros que forçaste de -lo ageno |
| S 256-3 | engañolo la duena quando lo colgo en -el çesto |
| S 261-3 | engañolo la duena quando lo colgo en -el çesto |
| S 261-4 | coydando que -lo sobia a -su torre por esto |
| S 263-3 | synon lo ençendian dentro en -la natura |
| S 274-4 | acortase la vida quien lo dixo non miente |
| S 275-4 | el diablo lo lieua quando non se rrecabda |
| S 279-3 | buscas malas contiendas fallas lo que meresçes |
| S 281-2 | matolo por que yaze dentro en mongibel |
| S 289-2 | pierden lo que ganaron por lo ageno coblar |
| S 290-1 | quien quiere lo que non es suyo E quiere otro paresçer |
| S 290-2 | con algo de -lo ageno aora rresplandesçer |
| S 290-3 | lo suyo E lo ageno todo se va a -perder |
| S 290-4 | quien se tiene por lo que non es loco se va a -perder |
| S 295-4 | el profeta lo dize esto que te rrefierto |
| S 297-4 | dezir telo he mas breue por te enbiar ayna |
| S 300-4 | saca melo e faz de my como de tuyo quito |
| S 302-3 | yua mucho cansado tomaron lo adyuaz |
| S 303-3 | mas mata que cuchillo ypocras lo dezia |
| S 304-3 | sy non se faze lo tuyo tomas yra E saña |
| S 309-4 | sy devo fyar en -ti a -la fe non ansy lo crey |
| S 314-3 | feriando de -los cuernos el toro y el novillo |
| S 316-2 | lo que para sy non quiere non -lo deue a -otros fazer |
| S 316-4 | E lo quel fizo a otros dellos tal puede aver |
| S 317-3 | desque lo vees baldio dasle vida penada |
| S 320-3 | quieres lo que pide en su reconvençion |
| S 321-2 | veya lo el lobo mandava le dexallo |
| S 321-3 | dezia que non deuia lo ageno furtarllo |
| S 322-1 | lo que el mas fazia a -otros lo acusava |
| S 322-2 | a -otros rretraya lo quel en -sy loaua |
| S 322-3 | lo que el mas amaua aquello denostaua |
| S 322-4 | dezie que non feziesen lo quel mas vsaua |
| S 327-4 | leuolo E comiolo a -mi pessar en tal ero |
| S 332-4 | el lobo quando lo vyo fue luego espantado |
| S 333-3 | quanto demanda E pide todo -lo faz con arte |
| S 339-2 | otorgaron lo con miedo e amidos |
| S 341-4 | por boluer al alcalde ninguno non -lo engaña |
| S 344-2 | por saber del alcalde lo que quierre fazer |
| S 350-1 | E visto lo que pide en su reconvençion |
| S 357-4 | quien de otra guisa lo pone yerralo e faze mal |
| S 359-4 | la pena ordinaria non avra yo vos lo digo |
| S 360-1 | sy non fuere testigo falso o sy lo vieren variar |
| S 360-3 | non por la exepçion mas por que -lo puede far |
| S 362-3 | fallo que el prouado lo que la marfusa pon |
| S 363-2 | es magnifiesto e cierto lo que la marfusa puso |
| S 364-1 | Pues el lobo confiesa que fizo lo que acusa |
| S 365-1 | Non le preste lo que dixo que con miedo e quexura |
| S 366-4 | ella diz que non -lo tenie mas que le furtaria la gallyna |
| S 368-3 | por lo que avia dicho E suplido esta razon |
| S 369-2 | conplir lo que es derecho E de constituçion |
| S 372-1 | Tal eres como el lobo rretraes lo que fazes |
| S 372-2 | estrañas lo que ves E non el culo en -que yazes |
| S 389-2 | por conplyr tus deseos fazes el erege duro |
| S 401-2 | eres enano chico quando lo as de dar |
| S 407-3 | de -la rrana pyntada quando el leuo con-sygo |
| S 407-4 | entiende byen la fabla E por que te lo digo |
| S 410-3 | yo se nadar muy byen ya lo ves por el ojo |
| S 411-3 | creo se lo el topo en vno atados son |
| S 419-2 | todo lo quel dixieren piense lo bien primero |
| S 420-2 | al que vna vez travas lievas telo en Robo |
| S 426-3 | torna te a -tu culpa pues por ti lo erreste |
| G 436-3 | Non lo sepa la dueña por que la otra non mienta |
| G 444-2 | nin loz braços delgadoz tu luego lo demandez |
| G 451-4 | luego eztara afuziada far(a) lo que quisierez |
| S 453-1 | gradesçe gelo mucho lo que por ti feziere |
| S 453-3 | non le seas rrefertero en lo que te pediere |
| S 453-4 | nin le seas porfioso contra lo que te dixiere |
| S 465-3 | el ojo de que soy tuerto ovo melo de quebrar |
| S 469-4 | alma e cuerpo e fama todo lo dexan perder |
| S 472-1 | Non olvides la dueña dicho te lo he de suso |
| S 472-4 | nunca quiere olvido provador lo conpusso |
| S 482-4 | fey y ardida mente todo lo que vollaz |
| S 485-1 | Por ende te castiga non dexes lo que pides |
| S 485-4 | desque telo prometa guarda non -lo olvidez |
| S 489-2 | seruir te ha leal mente fara lo que quisieres |
| S 499-2 | sus muebles e Rayzes todo lo des-alyña |
| S 504-2 | guardando lo en -covento en vasos e en taças |
| S 505-4 | qual dellos lo leuaran comyençan luego a -Renir |
| S 507-4 | cras cras nos lo avremos que nuestro es ya por fuero |
| S 510-1 | En suma telo digo tomalo tu mejor |
| S 516-3 | desque lo oye la dueña mucho en ello coyda |
| S 518-2 | quier lo vea o -non saber lo ha algud dia |
| S 519-2 | en -el coraçon lo tyene maguer se le escusa |
| S 523-2 | lo que mas le defienden aquello ante passa |
| S 525-4 | en -lo quel mucho piden anda muy ençendida |
| S 529-2 | que nunca -lo beuiera prouolo por so daño |
| S 529-3 | rretentolo el diablo con su sotil engaño |
| S 533-2 | seyendo arredrado començolo a -Retentar |
| S 533-4 | yo te mostrare manera por que -lo puedas tomar |
| S 534-4 | el diablo al monge armado lo enlaze |
| S 535-2 | rrespondio el diablo presto por lo que vino |
| S 536-1 | fizolo yr por el vyno E desque fue venido |
| S 536-2 | dixo saca dello e beue pues lo as traydo |
| S 546-4 | a -dios lo yerran mucho del mundo des-fallesçen |
| G 548-3 | Al que demaz lo beue zacalo de cordura |
| G 550-4 | de -lo que -le prometierez non la trayaz a traspazo |
| G 551-1 | quien muy ayna fabla ninguno non lo entiede |
| G 552-4 | al que manda e da luego a -esto lo an primero |
| G 553-2 | escoge la mesura e lo que es cumunal |
| G 556-1 | los maloz de loz dadoz dize lo maeztre rroldan |
| G 560-2 | el trebejo dueña non lo quiere en otra aljaba |
| G 562-3 | Ca muchoz lo entieden que lo prouaron antez |
| S 566-4 | que quier que por ti faga ten lo en poridat |
| S 568-3 | caton sabyo Romano en su lybro lo manda |
| S 576-3 | en -lo que me castigo E por verdat dezir |
| S 579-1 | My coraçon me dixo faz lo e Recabdaras |
| S 579-3 | lo que en muchos dias acabado non as |
| S 579-4 | quando non coydares a -otra ora lo avras |
| G 583-2 | poco salie de caza zegunt lo an de vzaje |
| G 587-4 | yo sere bien andante por lo uoz otorgar |
| G 588-2 | en -el coraçon lo trayo ençerrado e ascondido |
| S 601-4 | sy non vos doña venuz que -lo podedes fazer |
| S 608-4 | de -lo quel non te dixo de mi te sera rrepetido |
| S 609-2 | de -lo que mi marido te ovo consssejado |
| S 610-3 | apenaz de myll vna te lo niegue mas desdeña |
| S 615-3 | afyncando lo mucho el artero conplador |
| S 620-2 | E la arte al culpado salualo del malefiçio |
| S 626-3 | al sañudo e al torpe non lo preçian vn figo |
| S 627-1 | El alegria al omne fazelo apuesto e fermoso |
| S 629-3 | muchas vezes cobdiçia lo que te va negar |
| S 629-4 | dar te ha lo que non coydas sy non te das vagar |
| S 630-4 | lo poco e lo mucho façen lo como amidos |
| S 634-2 | non fazer lo que quieren byen como tu lo quieres |
| S 634-4 | toma de la dueña lo que della quisieres |
| S 635-2 | guarda non -lo entyenda que -lo lyeuas prestado |
| S 635-3 | que non sabe tu vezino lo que tyenes condesado |
| S 640-3 | sy lo fara o -non en -esto esta dubdando |
| S 643-4 | Sabe lo E entyendelo por la antiguedat |
| S 649-1 | ssy -le conortan non lo sanan al doliente los joglares |
| G 661-4 | Non ozo poner prezona que -lo fable entre noz |
| G 668-3 | Non uoz vean aqui todoz lo que andan por la calle |
| G 680-4 | non uoz consintre engaño cada que -lo entendiere |
| G 681-1 | estar zola con uoz zolo esto yo non lo faria |
| G 682-2 | non se graçiaz que lo valan quantaz uoz mereçedez |
| G 684-1 | zeñora que me prometadez de -lo que de amor queremoz |
| G 684-3 | segund que -lo yo deseo voz e yo noz abraçemoz |
| S 694-3 | por que el mi coraçon vea lo que dessea |
| S 694-4 | el que amen dixiere lo que cobdiçia lo vea |
| S 695-4 | amigança debdo e sangre la muger lo muda |
| S 700-4 | Como lo han vso estas tales buhonas |
| S 703-4 | diz la vieja puez dezidlo e aved en mi creençia |
| S 706-3 | por escusar mill peligros fasta oy lo encubri |
| S 708-2 | E fablad entre nos anbos lo mejor que entendades |
| S 708-3 | encobrid todo aquesto lo mas mucho que podades |
| S 712-1 | Mienbre se vos buen amigo de -lo que dezir se suele |
| S 713-2 | otro quiere casar con ella pide lo que vos pedidez |
| S 714-1 | yo lo trayo estoruando por quanto non -lo afynco |
| S 714-4 | dio melo tan bien parado que nin es grande nin chico |
| S 716-4 | por mi consejo lo faze mas que non por su querer |
| S 720-4 | pensat bien lo que fablaides con seso e con derecho |
| S 721-1 | Del comienço fasta el cabo pensat bien lo que digades |
| S 722-3 | que fablar lo que non -le cunple por que sea arrepentido |
| S 722-4 | o piensa lan que fablas o calla faz te mudo |
| S 728-4 | manso mas que vn cordero nunca pelear lo vyeron |
| S 729-4 | yo lo piensso en mi pandero muchas veçes que lo toco |
| S 730-2 | non estraga lo que gana antes lo guardara |
| S 732-3 | ssy vos lo bien sopiesedes qual es e quan preçiado |
| S 733-2 | quien mucho fabla yerra dizelo el derecho |
| S 738-4 | don melon de -la verta quered lo en buen ora |
| S 748-1 | fezieron grande escarnio de -lo que -les fablaua |
| S 749-4 | por su mal lo fazia maguera que se tarda |
| S 754-2 | por astragar lo vuestro e fazer vos mal trebejo |
| G 758-3 | por ende tal mançebillo para uoz lo querria |
| G 761-3 | andemoz lo fablemoz lo teng(a)moz lo çelado |
| G 763-3 | mas deuen lo traer poco e fazer chico rroydo |
| G 764-2 | fazer lo que -me dezidez nin lo que el querria |
| G 767-3 | yo ove buen aguero dios avia melo conplido |
| S 768-1 | ssalio de aquel plado corrio lo mas que pudo |
| S 772-3 | oyeron lo los pastores aquel grand apellidar |

LO

| | (cont.) |
|---|---|
| S 773-2 | pastores e mastines troxieron lo en -torno |
| S 779-1 | Toxo lo enderedor a mal andar el rrodezno |
| S 780-3 | de -lo quel pertenesçe non sea des-deñoso |
| S 780-4 | con lo quel dios diere paselo bien fermoso |
| S 782-3 | lo que non puede ser nunca lo porfiedes |
| S 782-4 | lo que fazer se puede por ello trabajedes |
| S 783-3 | ay vieja mata amigos para que melo dixistes |
| S 802-1 | Creed que verdat digo e ansy lo fallaredes |
| S 802-3 | ella verdat me dixo quiere lo que vos queredes |
| S 802-4 | perdet esa tristeza que vos lo prouaredes |
| S 807-1 | Amigo diz la vieja en la dueña lo veo |
| S 812-2 | ella non me lo niega ante diz que vos ama |
| S 816-1 | a -vezes non façemos todo lo que dezimos |
| S 816-2 | E quanto prometemos quiza non lo conplimos |
| S 817-3 | yo non vos engañaria nin dios nunca lo mande |
| S 817-4 | sy vos yo engañare el a -mi lo demande |
| S 818-1 | En lo que nos fablamos fyuza deuer avemos |
| S 818-3 | sy en algo menguamos de -lo que prometemos |
| S 818-4 | es venguença e mengua sy conplyr lo podemos |
| S 822-1 | lo que me prometistes pongo lo en aventura |
| S 822-2 | lo que yo vos promety tomad E aved folgura |
| S 823-3 | dar vos ha en chica ora lo que queredes far |
| S 825-2 | commo vengo señora non se commo melo diga |
| S 826-4 | esta lleno de doblas fascas que non lo entyendo |
| S 830-2 | nin el grande amor non puede encobrir lo que ama |
| S 832-4 | que lo traedes muerto perdido e penado |
| S 836-4 | de -lo que -le prometistes non es cosa guardado |
| S 837-1 | desque con -el fablastes mas muerto lo trahedes |
| S 838-3 | o -byen lo fagamos o -byen lo dexat |
| S 842-1 | Desque veo sus lagrimas e quan byen lo de-parte |
| S 843-4 | pues el amor lo quiere por que non vos juntades |
| S 844-1 | lo que tu me demandas yo eso cobdicio |
| S 850-2 | todo lo peor diga que podiere dezir |
| S 850-4 | El sera en nuestra ayuda que la fara desdezir |
| S 851-1 | el mormullo e el Roydo que -lo digan non ay quien |
| S 852-3 | aca e alla lo trexna el su quexoso amor |
| S 853-2 | lo que el amor desea mi coraçon lo querria |
| S 858-1 | vos de noche e de dia lo vedes byen vos digo |
| S 859-4 | quien non cree los mis dichos mas lo falle e mas lo yerra |
| S 860-3 | esto vos non lo penssedes nin coydedes nin creades |
| S 864-3 | nunca dios lo quiera fija que de ally nasca contyenda |
| S 864-4 | yremos calla callando que otre non nos lo entyenda |
| S 865-3 | otorgan lo que non deuen mudan su entendimiento |
| S 868-4 | cras verna fablar con-vusco yo lo dexo Recabdado |
| S 870-3 | rrecabdat lo que queredes non vos tenga por çestilla |
| S 873-3 | es aquel non es aquel el me semeja yo lo siento |
| S 873-4 | a -la fe aquel es don melon yo lo conosco yo lo viento |
| S 876-3 | entrad mucho en buen ora yo vere lo que faredes |
| S 878-3 | a -mi non Retebdes fija que vos lo meresçedes |
| S 878-4 | El mejor cobro que tenedes vuestro mal que -lo calledes |
| S 879-3 | casamiento que vos venga por esto non lo perderedes |
| S 881-2 | non la colgarian en -la plaça nin Reyrian de -lo que diz |
| S 883-1 | Sy las aves lo podiesen byen saber E entender |
| S 887-3 | lo que nunca se puede Reparar nin emendar |
| S 887-4 | duelo cuerda mente sofrir E endurar |
| S 889-4 | el pesar E la saña tornad lo en buen solaz |
| S 891-4 | que lo felo de estoria diz panfilo e nason |
| S 895-4 | quiso abrillo todo alcançar non lo pudo |
| S 896-2 | mando que -lo llamasen que -la fiesta onrraria |
| S 897-2 | paçiendo en vn prado tan byen lo saludaua |
| S 900-4 | al leon lo troxieron abriol por los costados |
| S 901-2 | lo que guardase todo mejor que -las ovejas |
| S 902-3 | syn coraçon E syn orejas troxolo des-figurado |
| S 903-4 | mas que -lo non tenia e por end veniera |
| S 906-3 | ya oystes que asno de muchos lobos lo comen |
| S 910-3 | mi coraçon en punto leuo me lo forçado |
| S 913-2 | nin lo coydo buscar para mensajeria |
| S 918-4 | somouiola ya quanto e byen lo adeliño |
| S 923-1 | prouelo en vrraca do te lo por conssejo |
| S 931-1 | Nunca jamas vos contesca e lo que dixe apodo |
| S 931-3 | yo lo desdire muy byen e lo des-fare del todo |
| S 931-4 | yo dare a -todo çima e lo trahere a -rrodo |
| S 935-3 | de -lo que ante creyan fue cada vno rrepiso |
| S 939-2 | tovo en -lo que puso non -lo faz toda menga |
| S 940-3 | quanto de vos dixieron yo fare que -lo padan |
| S 943-3 | murio a -pocos dias non lo puedo desir |
| S 949-1 | Por melo otorgar Señoras escreuir vos he grand saçon |
| S 950-1 | prouar todas las cosas el apostol lo manda |
| S 951-3 | quien busco lo que non pierde lo que tiene deue perder |
| S 953-3 | el que non quiere pagar priado lo despojo |
| S 958-4 | fyz de -lo que y passo las copras de yuso puestas |
| S 974-4 | erre todo el camino commo quien lo non sabia |
| S 976-2 | non te lleges a -mi ante telo comidas |
| S 980-1 | Dyz entremos a -la cabaña fferruzo non lo entienda |
| S 985-3 | ande lo mas que pud ayna los oteros |
| S 995-3 | non dexes lo ganado por lo que as de ganar |
| S 995-3 | sy dexas lo que tyenes por mintroso coydar |
| S 995-4 | non avras lo que quieres poder te has engañar |
| S 998-3 | ella dixo non lo yerra el que aqui es cassado |
| S 999-4 | antes lo alcanço quel galgo |
| S1002-3 | faras buen entendimiento dixel yo pide lo que quisieres |
| S1002-4 | E dar te he lo que pidieres |
| S1005-3 | luego fagamos las bodas e esto non lo oluides |
| S1005-4 | que ya vo por lo que pides |
| S1009-4 | touelo a -dios en merçed e leuome a -la tablada |
| S1038-2 | quiero que -lo oyas |
| S1049-2 | judea lo apreçia esa ora fue visto |
| S1052-2 | viste lo leuando feriendo que lastima |
| S1053-2 | judgolo el atora pueblo porfiado |
| S1054-1 | Diziendo le vaya lieua lo a -muerte |
| S1054-4 | quien lo dirie dueña qual fue destos mayor |
| S1060-1 | Cuentan los profetas lo que sse ouo a -conplir |
| S1060-3 | diz luego ysayas que -lo avya de parir |
| S1061-3 | daniel lo dezia por xpistos nuestro Rey |
| S1061-4 | en dauit lo leemos segud el mi coydar |
| S1064-3 | en -la cruz lo sobieron syn toda piedat |
| S1070-4 | vertyendo mucha ssangre de -lo que mas me asaño |
| S1071-4 | que lo des-afiedes luego con mi carta de creençia |
| S1078-2 | leuantose byen alegre de -lo que non me pesa |
| S1084-1 | En -pos loz escudados comian la ballesteroz |
| S1102-2 | fue el puerro cuelle aluo e ferio lo muy mal |
| S1108-3 | sy ante mi te paras dar te he lo que meresçes |
| S1120-4 | abraçose con -el echolo en -la arena |
| S1124-3 | non -lo quisieron matar ovieron duelo del |
| S1127-2 | E que lo touiesen encerrado ado non -lo vea ninguno |
| S1128-1 | vino luego vn frayle para lo convertyr |
| S1135-3 | aquesto que yo dixiere entendet lo voz mejor |
| S1137-2 | do ha tienpo E vida para lo emendar |
| S1140-2 | pero que a -purgatorio lo va todo a -purgar |
| S1140-4 | con -la misericordia de dios que -lo quiere saluar |
| S1145-1 | En esto yerran mucho que lo non pueden fazer |
| S1145-2 | de -lo que fazer non pueden non se deuen entremeter |
| S1145-3 | si el çiego al çiego adiestra o lo quier traer |
| S1155-3 | guardat non lo absoluades nin de-des la sentençia |
| S1158-4 | que lo fagan e cunplan para mejor estar |
| S1165-4 | para por dios lo otro todo te mando que apartes |
| S1172-4 | non lo vee ninguno xristiano rreligioso |
| S1174-4 | que todo non lo muda sobre linpio librillo |
| S1175-3 | todo lo fyzo lauar a -laz suz lauanderaz |
| S1176-3 | ado ella ver lo puede suzedat non se -llega |
| S1182-3 | fueron a -la iglesia non a -lo quel dezia |
| S1182-4 | de -lo que dixo en -casa ally se desdezia |
| S1183-2 | rresçebieron lo muy bien en -su carneçeria |
| S1187-4 | en tres dia lo andudo semeja que bolaua |
| S1191-3 | que por nos te lo diga commo seremos contigo |
| S1192-1 | Commo ladron veniste de noche a -lo escuro |
| S1203-2 | fasta quando lydiasen byen lo avedes oydo |
| S1204-1 | lo al es ya verano e non venian del mar |
| S1213-1 | El pastor lo atyende fuera de -la carrera |
| S1215-4 | non lo conplaria dario con todos sus thesoros |
| S1222-4 | rreçiben lo en sus pueblos dian del grand estoria |
| S1226-1 | Resçiben lo laz aves gayos E Ruy Señorez |
| S1227-1 | rresçiben lo los arborez con rramos E con florez |
| S1227-4 | resçiben lo omnes E dueñas con amorez |
| S1246-3 | al que gela non besa tenian lo por villano |
| S1252-1 | Non te faran Seruiçio en -lo que dicho han |
| S1253-2 | non lo fagas Señor dizen los escuderos |
| S1256-4 | tarde cunplen o -nunca lo que afiuziauan |
| S1269-1 | En suma vos lo cuento por non vos detener |
| S1269-4 | que si lo dezir puedo meresçia el beuer |
| S1280-1 | lo mas que este andaua era viñaz podar |
| S1299-3 | por do el que lo oyere sera çertificado |
| S1303-1 | Desque lo vy de espaçio commo era su criado |
| S1309-2 | yo veya las caras mas non lo que dezian |
| S1324-2 | fizose que vendie joyas Ca de vso lo han |
| S1326-2 | dixo la dueña vrraca por que lo has de dexar |
| S1331-2 | enbie por mi vieja ella dixo adolo |
| S1331-4 | fe a -que buen amor qual buen amiga buscolo |
| S1342-4 | prouad lo esta vegada e quered ya sossegar |
| S1343-3 | ella diz yo lo andare en pequeño rratillo |
| S1345-3 | para que a -vos sirua cada dia lo abyuo |
| S1345-4 | Señora del convento non lo fagades esquiuo |
| S1346-2 | dixele non Señora mas yo melo comedi |
| S1346-4 | para vos lo querria tal que mejor non vy |
| S1353-2 | ablaçolo tan fuerte que lo querria afogar |
| S1353-4 | apretandolo mucho cruel mente syn vagar |
| S1360-1 | El caçador al galgo firiolo con vn palo |
| S1367-2 | serui vos byen e syruo en -lo que contesçe |
| S1368-2 | por lo que me dixiste yo mucho me ssenti |
| S1368-3 | de -lo que yo te dixe luego me arrepenty |
| S1377-4 | estouo a -lo escuro a -la pared arrimado |
| S1378-4 | alegrate E come de -lo que as mas sabor |
| S1382-2 | del miedo que he avido quando bien melo cato |
| S1390-1 | Muchos leem el libro touiendo lo en poder |
| S1390-2 | que non saben que leem nin lo pueden entender |
| S1395-3 | en -lo que tu me dizes en ello penssare |
| S1395-4 | lo que mejor yo viere de grado lo fare |
| S1402-4 | veya lo el asno esto de cada dia |
| S1407-2 | nin dezir nin cometer lo que non le es dado |
| S1407-3 | lo que dios e natura han vedado E negado |
| S1407-4 | de -lo fazer el cuerdo non deue ser osado |
| S1409-2 | por lo que yo dezia por byen vos ensanastez |
| S1409-4 | rruego vos que me digades en -lo que acordastez |
| S1410-2 | a -dezir me pastrañaz de -lo que ayer me fableste |
| S1410-3 | yo non -lo consentria commo tu melo rrogueste |
| S1417-3 | Sacolo E estudo Sosegada la mesquina |
| S1420-3 | non -lo puede ninguno nin deue consentyr |
| S1420-4 | lo que emendar non se puede non presta arrepentyr |
| S1421-2 | lo que fazer quisiere que aya del salyda |
| S1423-3 | yo non quiero fazer lo vete syn tardamiento |
| S1426-1 | El leon tomo vno e querialo matar |
| S1431-1 | Començo a -querellarse oyolo el murizillo |
| S1433-2 | al pobre al menguado non lo quieraz de ti echar |
| S1437-4 | ella con su lijonga tan bien lo saludaua |
| S1441-3 | la gulhara en punto selo fue a -comer |
| S1444-2 | el omne que vos ama nunca lo esquiuedes |
| S1444-4 | el miedo de -las liebres las monjas lo auedes |
| S1447-3 | las rranas se escondem de balde ya lo veemos |
| S1448-2 | faze tener grand miedo lo que non es de temer |
| S1453-3 | puso lo en -la forca dexolo y en su cabo |
| S1456-2 | vino a -el vn diablo por que non -lo perrdiese |
| S1459-3 | pon mano en -tu Seno E dalo que fallaras |
| S1464-1 | Aparto al alcalde el ladron Segud lo avia vsado |

## LO

**(cont.)**

| | |
|---|---|
| S1465-1 | leuando lo a -la forca vido en altas torres |
| S1467-4 | que yo te ayudare commo lo suelo far |
| S1471-2 | e di melo que vieres toda cosa que sea |
| S1473-2 | E mucho mas dos tanto que ver non -lo podiste |
| S1473-4 | non pudo mas sofrirte tanto que mereçiste |
| S1480-3 | si non tan sola mente ya voz que -lo fabledes |
| S1483-1 | la dueña dixo vieja non lo manda el fuero |
| S1496-1 | De -lo que cunple al fecho aquesto le dezit |
| S1496-2 | lo que cras le fablardes vos oy lo comedit |
| S1501-3 | ay dioz E yo -lo fuese aqueste pecador |
| S1513-4 | el cantar que non sabes oylo a -cantaderaz |
| S1517-3 | commo quier que por fuerça dizenlo con vergoña |
| S1519-2 | murio a -mi seruiendo lo que me desconuerta |
| S1519-3 | non se como lo diga que mucha buena puerta |
| S1521-1 | Muerte al que tu fieres lieuas telo de belmez |
| S1524-2 | el alma que -lo puebra lieuas tela de priesa |
| S1525-2 | que por bien que -lo amen al omne en -la vida |
| S1526-2 | aborresçen lo muerto commo a -cosa estraña |
| S1531-3 | el byen que fazer podieres fazed lo oy luego |
| S1534-4 | viene la muerte luego e dexalo con lodo |
| S1536-2 | por lo heredar todo amenudo se ayuntan |
| S1538-2 | dexan lo so -la tierra solo todos han pauor |
| S1538-3 | rroban todos el algo primero lo mejor |
| S1538-4 | el que lieua lo menos tyene se por peor |
| S1539-1 | Mucho fazen que luego lo vayan a -soterrar |
| S1539-3 | por oyr luenga misa non -lo quieren errar |
| S1540-3 | lo mas que sienpre fazen los herederos nouiçioz |
| S1541-1 | Entieran lo de grado E desque a -graçiaz van |
| S1541-3 | por lo que ellos andauan ya fallado lo han |
| S1545-1 | faze doler la cabeça al que lo mucho coma |
| S1548-4 | lo dulçe fazes fiel con tu much amargura |
| S1556-1 | tu -le posiste miedo e tu lo demudeste |
| S1557-1 | El jnfierno lo teme e tu non lo temiste |
| S1559-1 | quando te quebranto entonçe lo conoçiste |
| S1559-2 | sy ante lo espantaste mill tanto pena oviste |
| S1575-3 | todos los que -lo oyeren por dios nuestro Señor |
| S1577-3 | obrad bien en -la vida a -dios non -lo erredes |
| S1578-4 | Si dezir non -lo quisiere a -muerta non maldiga |
| S1579-1 | Señorez acordad vos de -bien si vos lo digo |
| S1582-2 | muy mas deuemos fazerlo por tantos e tan esquiuos |
| S1586-3 | saber nos guardar de -lo ajeno non dezir esto querria |
| S1587-2 | que dios por quien lo faremos nos dara buena andança |
| S1596-2 | abstinençia E ayuno puede lo de nos quitar |
| S1608-3 | dezir vos he de dueñas chicaz que -lo avredes por juego |
| S1617-3 | del mal tomar lo menos dizelo el sabidor |
| S1622-4 | pus lo por mensssajero con -el grand menester |
| S1624-4 | que sy lo comienço que -le dare buen cabo |
| S1626-3 | punto a -mi librete mas non -lo çerrare |
| S1627-2 | que sy lo oye alguno que tenga muger fea |
| S1627-3 | o sy muger lo oye que su marido vil sea |
| S1627-4 | fazer a -dios seruiço En punto lo desea |
| S1628-4 | dios con esto se sirue,bien lo vedes varones |
| S1629-1 | qual quier omne que -lo oya sy byen trobar sopiere |
| S1629-4 | como pella a -las dueñas tomelo quien podiere |
| S1630-1 | Pues es de buen amor enprestadlo de grado |
| S1637-3 | quando lo pariste madre |
| S1645-7 | E lo vido |
| S1654-4 | ansi lo quiera el mandar |
| S1657-4 | mataron lo jodios |
| S1668-1 | El que loa tu figura non lo dexes oluidado |
| S1668-4 | non catando su pecado saluas lo de amargura |
| S1669-2 | al que es tu seruidor bien lo libraz de lygero |
| S1669-3 | guardalo de mal andança el tu bien grande llenero |
| S1670-2 | por lo qual a -ty bendigo que me guardes de quebranto |
| S1691-2 | bien creo que -lo fizo mas con midos que de -grado |
| S1692-4 | en ver lo que veo E en ver lo que vy |
| S1693-3 | he -vos lo a -dezir que quiera o -que non |
| S1693-4 | maguer que vos lo digo con rrauia de mi coraçon |
| S1700-1 | Demando los apostolos E todo lo que mas vale |
| S1701-4 | si malo lo esperades yo peor lo espero |
| S1702-2 | otrosi de -lo mio E del mal de teresa |
| S1705-3 | el quiere acalañar nos lo que perdono dios |

## LOA

| | |
|---|---|
| S1363-4 | en -el viejo se loa su buena mançebia |
| S1668-3 | El que loa tu figura non lo dexes oluidado |

## LOAD

| | |
|---|---|
| S 69-4 | las coplas con -los puntos load o denostat |

## LOADA

| | |
|---|---|
| S 725-3 | Salyr andar en -la plaça con vuestra beldat loada |
| S1132-3 | fablar en ella mucho es cosa muy loada |
| S1321-3 | de -las mayores del año de xristianos loada |
| S1664-4 | de -los angeles loada |

## LOADES

| | |
|---|---|
| S 737-3 | que vos tanto loades e quantos bienes tyen |

## LOADO

| | |
|---|---|
| S 54-2 | escogido de griegos entre todos loado |
| S 509-1 | El dinero es alcalde E juez mucho loado |
| S1365-2 | quando yo daua mucho era mucho loado |

## LOADOR

| | |
|---|---|
| G 557-3 | nyn seaz de ti mismo e de tus fechoz loador |

## LOARE

| | |
|---|---|
| S1671-4 | tu bondad marauillosa loare sienpre seruiendo |

## LOAVA

| | |
|---|---|
| S 94-1 | Que me loaua della commo de buena caça |
| S 322-2 | a -otros rretraya lo quel en -sy loaua |
| S1358-4 | a -todos sus vezinos del galgo se loaua |
| S1361-3 | estonçes me loaua agora que so viejo me esquiua |

## LOBA

| | |
|---|---|
| S 337-4 | con su muger doña loba que mora en vil forado |
| S 402-2 | fazes con tu grand fuego commo faze la loba |

## LOBO

| | |
|---|---|
| S 84-1 | ffizo partidor al lobo e mando que a -todoz diese |
| S 84-4 | al leon dixo el lobo que -la mesa bendixiese |
| S 86-2 | dio grand golpe en -la cabeça al lobo por lo castigar |
| S 88-3 | ella dixo en -la cabeça del lobo tome yo esta liçion |
| S 88-4 | en -el lobo castigue que feziese o -que non |
| S 251-4 | fazes commo el lobo dolyente en -el vallejo |
| S 252-1 | El lobo a -la cabra comiala por merienda |
| S 253-4 | el lobo finco sano para comer sin pereza |
| S 254-1 | Dyxo la grulla al lobo quel quisiese pagar |
| S 254-2 | el lobo dixo como yo non te pudiera tragar |
| S 291-4 | por cobrar la tu fuerça eres lobo carniçero |
| S 320-3 | quieres lo que el lobo quiere de -la Rapossa |
| S 321-2 | veya lo el lobo mandaua le dexallo |
| S 323-1 | Enplazola por fuero el lobo a -la comadre |
| S 324-1 | ffizo el lobo demanda en muy buena manera |
| S 325-3 | yo el lobo me querello de -la comadre mia |
| S 332-4 | el lobo quando lo vyo fue luego espantado |
| S 333-2 | alcalde Señor don ximio quanto el lobo departe |
| S 339-1 | El galgo e el lobo estauan encogidos |
| S 348-3 | vista la demanda que el lobo fazia |
| S 349-1 | que propuso el lobo en todas sus rrazones |
| S 350-2 | la comadre contra el lobo çerca la conclusion |
| S 352-1 | fallo que -la demanda del lobo es byen çierta |
| S 362-2 | del lobo ante mi dicha E por otra cosa non |
| S 362-4 | por ende pongo sylençio al lobo en -esta saçon |
| S 364-1 | Pues el lobo confiessa que fizo lo que acusa |
| S 372-1 | Tal eres como el lobo rretraes lo que fazes |
| S 402-3 | el mas astroso lobo al enodio ajoba |
| S 420-1 | So la piel ovejuna traes dientes de lobo |
| S 766-1 | assentose el lobo estudo atendiendo |
| S 766-3 | cogieron le al lobo en medio en -el feriendo |
| S 769-1 | quando vyeron al lobo fueron mal espandados |
| S 775-1 | dyxo luego el lobo a -la puerca byen ansi |
| S 776-2 | fablo contra el lobo dixo dechos non vanos |
| S 778-1 | abaxose el lobo ally so aquel sabze |
| S 779-3 | bueno le fuera al lobo pagarse con torrezno |
| S 901-1 | Mando el leon al lobo con sus vñas parejas |
| S 901-4 | el coraçon el lobo comio e las orejas |
| S 902-2 | pidio al leon el asno que -le avya encomendado |
| S 902-4 | el leon contra el lobo fue sañudo e yrado |
| S 903-1 | dixo al leon el lobo quel asno tal nasçiera |
| S 999-3 | se el lobo commo se mata quando yo en pos el salgo |
| S1328-3 | el que al lobo enbia a -la fe carne espera |
| S1494-3 | se -que el que al lobo enbia a -la fe carne espera |
| F 7 | De mal en peor andan (co)mo el lobo a las hormigas |

## LOBOS

| | |
|---|---|
| S 906-3 | ya oystes que asno de muchos lobos lo comen |

## LOBUNO

| | |
|---|---|
| S1308-4 | rredrauan me de sy commo si fuese lobuno |

## LOC

| | |
|---|---|
| S 528-3 | que el vino fizo a loc con sus fijas boluer |

## LOCA

| | |
|---|---|
| S 170-2 | ssenbre avena loca Ribera de henares |
| S 397-4 | rremira se la loca ado tu lo-cura mora |
| S 402-1 | de la loçana fazes muy loca E muy bova |
| G 446-1 | en la cama muy loca en casa muy cuerda |
| S 514-2 | sey franco de palabla non le digas Razon loca |
| S 520-3 | tanto mas por el anda loca muerta E perdida |
| G 665-3 | non cuydedez yo loca por oyr vuestraz parlillaz |
| S 750-1 | dixo el abutarda loca sandia vana |
| S 934-2 | fizo se loca publica andando syn vestidura |
| S 935-2 | quien nunca vieja loca creyese tal mal seso |
| S 950-2 | fuy a -prouar la syerra e fiz loca demanda |
| S 992-3 | commo fiz loca demanda en dexar por ty el vaquerizo |

## LOCO

| | |
|---|---|
| P 41 | el pecado del amor loco deste mundo |
| P 126 | el amor loco del pecado del mundo |
| P 132 | e sotilezaz engañosaz del loco Amor del mundo |
| P 152 | E maestriaz malaz del loco Amor |
| P 158 | quisieren vsar del loco amor |
| P 164 | otrosi al que quisiere el ammor loco |
| P 184 | como algunoz vsan por el loco amor |
| S 189-1 | Era vn garçon loco mançebo bien valiente |
| S 196-4 | ansy tu deuaneo al garçon loco domo |
| S 273-1 | El loco el mesquino que su alma non cata |
| S 290-4 | quien se tiene por lo que non es loco es va a -perder |
| S 422-2 | E mucho garçon loco de mi profaçaria |
| S 728-3 | con los locos faze se loco los cuerdos del byen dixeron |
| S 729-1 | El sabio vençer al loco con conssejo non es tan poco |
| S 729-2 | con los cuerdos estar cuerdo con -los locos fazer se loco |
| S 792-1 | Diz loco que avedes que tanto vos quexades |
| S 904-2 | guardat vos de amor loco non vos prenda nin alcançe |
| S 904-4 | en amor de dios lynpio vuestro loco nol trançe |
| S 906-2 | non quieran amor falso loco rriso non asome |
| S1405-2 | commo garanon loco el nesçio tal venia |
| S1607-1 | Del que mucho fabla Ryen quien mucho rrie es loco |

## LOCOS

| | |
|---|---|
| S 269-3 | matanse a -sy mesmos los locos alvardanes |
| S 302-4 | anssy mueren los locos golosos do tu y vaz |
| S 392-4 | mas traes neçios locos que ay pyñones en piñas |
| S 414-2 | asy faze a -los locos tu falsa vedegabre |
| S 728-3 | con los locos faze se loco los cuerdos del byen dixeron |
| S 729-2 | con -los cuerdos estar cuerdo con -los locos fazer se loco |
| S1257-4 | trahen a -muchos locos con sus falsos rrisetes |

## LOCURA

| | |
|---|---|
| S 66-3 | a -trobar con locura non creas que me muevo |
| S 67-3 | los mançebos liuianos guardense de locura |
| S 74-4 | cada que puede e quiere fazer esta locura |
| S 205-3 | vengue vuestra locura Ca en poco touistes |
| S 273-2 | vsando tu locura e tu mala barata |
| S 275-3 | al que tu ençendimiento e tu locura cata |

**LOCURA**      (cont.)
S 277-2  temiendo que a -tu amiga otro le fabla en locura
S 285-3  por ser atan fermosa esta locura coeda
S 397-4  rremira se la loca ado tu lo-cura mora
S 428-3  es vn amor baldio de grand locura viene
S 476-3  por que seades guardada de toda altra locura
G 548-4  toda maldat del mundo faʒe e toda locura
G 551-3  El grant arrebatamiento con locura contiende
S 602-1  atrevy me con locura E con amor afyncado
S 748-2  dixieron que se fuese que locura chirlaua
S 750-2  syenpre estas chirlando locura de mañana
S 934-4  ha vieja de mal seso que faʒe tal locura
S1504-4  en locura del mundo nunca se trabajaua
S1576-3  con buena rrazon muchos case non quise locura

**LOCURAS**
S 888-2  a -los acaesçimientos a -los yerros de locuras

**LOÇANA**
S 108-3  ca en muger loçana fermosa e cortes
S 169-2  loçana doñeguil plazentera fermosa
S 383-1  vas a -Rezar la nona con -la duena loçana
S 394-2  loçana e fermosa de muchos deseada
S 402-4  de la loçana fazes muy loca E muy bova
S 431-1  Cata muger fermosa donosa e loçana
S 473-3  muger mucho seguida fermosa anda loçana
G 581-2  doñegil muy loçana plazentera e fermoza
G 669-2  bien loçana e orgulloza bien manza e sosegada
G 678-3  es la fabla e la vista de -la dueña tan loçana
S 828-4  veo vos byen loçana byen gordilla e fermosa
S 831-2  que sodes de aquel omne loçana mente amada
S 912-1  apuesta E loçana e duena de lynaje
S1024-4  fermosa loçana
S1318-1  Dixo me que conosçia vna byuda loçana
S1499-2  vy estar a -la monja en oraçion loçana

**LOÇANAS**
S 373-4  ssy loçanas encuentras fablas les entre los dientes
S 862-1  Nunca esta mi tyenda syn fruta a -las loçanas
S1005-2  byen loçanas E fermosas a -tus parientes conbydes
S1491-1  ssodes laz monjaz guarrdadaz deseosaz loçanaz

**LOÇANIA**
S 726-2  mançebillos apostados e de mucha loçania
S1363-1  En amar al mançebo e a -la su loçania
S1549-1  Despreçias loçania el oro escureçes

**LOÇANO**
S 155-2  loçano fablador En ser franco se abiue
G 563-2  sey commo el pauon loçano zosegado
S1246-1  Desque fue y llegado don amor el loçano
S1279-2  oras triste Sanudo oras seye loçano
S1289-3  anda muy mas loçano que pauon en floresta
S1327-4  muy loçano E cortes Sobre todos esmerado
S1388-4  que sy me conosçiesez tu andariaz loçano

**LOÇANOS**
S 500-3  con -el dinero andan todos los omnes loçanos
S 776-1  la puerca que se estaua so -los sauzes loçanos
S1086-2  muchos buenos faysanes los locanos pauones

**LOÇOYA**
S 974-2  mas non vine por locoya que joyas non traya

**LODO**
S 372-2  estrañas lo que ves E non el lodo en -que yazes
S 931-3  asy como se desfaʒe entre los pies el lodo
S1534-4  viene la muerte luego e dexalo con lodo

**LOE**
S1662-9  por que loe a -ty fermosa

**LOEMOS**
S 11-3  que sienpre lo loemos en prosa E en canto

**LOGAR**
P 28  en otro logar en -que dize
S 393-4  de logar encoberto sacas çelada fiera
S 479-4  en aquel logar mesmo vn cordero menor
S 801-3  en todo logar tyene que esta el caçador
S 867-4  yo me verne para vos quando vyere que ay logar
S1044-1  Cerca de aquesta ssierra ay vn logar onrrado

**LOGARES**
S 132-3  fizo los tener presos en logares apartadoʒ
S 624-3  los logares ado suele cada dia vsar

**LOGERO**      (V)
G 513-3  que poco o que mucho non vaya sin logero

**LOGRAR**
S1534-3  llega el omne thesoros por lograr los apodo

**LOGRERO**
S 421-2  eres de cada dia logrero E das a -Renuevo
S 513-3  poco o que mucho non vaya syn logrero
G 554-2  Ca es mala ganançia peor que de logrero

**LOGXURIA**
S 296-4  luego es la logxuria E todo mal despues

**LOMOS**
S1093-2  çidierbedas e lomos fynchida la cozina

**LONGE**      (L)
S 379-4  va la dueña a -terçia carid a -longe pone

**LONJA**
S1443-2  de aqueste dulçor Suele venir amarga lonja

**LOOR**
S 34-6  mas al loor
S 573-4  faz conssejo de Amigo fuye de loor de enemigo
S1427-4  que al amor vençe es loor vengonçoso
S1428-4  su loor es atanto quanto es el debatido

**LOORES**
S 165-4  E nunca vos creades loorez de enemigos
S 405-4  traes los omnes çiegos que creen en tus loorez
S 639-3  ado muchos le dixieren tus bienes a tus loores
S1362-1  los byenes E los loores muchos de mançebos
S1678-2  sienpre dezir cantar de tus loorez

**LORIGA**
S1277-4  mas querrien estonçe peña que non loriga nin yjarez
S1587-3  con -tal loriga podremos con cobdiçia que nos trança

**LORIGAS**
S 237-3  lorigas bien levadas muy valiente se siente

**LOROS**
S1215-3  muchos bueyʒ castañoʒ otros hoscoʒ e loroʒ

**LOS**
P 54  de -loz buenos que mueren bien obrando
P 89  a -loz tales mucho disolutoz E de mal entendimiento
P 100  por que son fechoz loz libroz de -la ley E del derecho
P 125  E loz malez muchoz que -lez aparejan e traen
P 141  e loz porfiosoz de suz malaz maestriaz
P 155  E muchoz dañoz a -loz cuerpoz
P 186  loz dardoz que ante son vistoz
S 1-1  Señor dios a -loz jodioz pueblo de perdiçion
S 6-1  Señor a -los trez niñoz de muerte loz libraste
S 7-1  Avn tu que dixiste a -loz tus seruidorez
S 10-1  Dame graçia señora de todoz loz señorez
S 10-3  ffaz que todo se torne sobre los mescladorez
S 13-4  que -los cuerpos alegre e a -las almas preste
S 19-4  cantar de -la sus gozos siete que ansi diz
S 26-2  quando venieron los Reyes
S 30-2  a -los sus diçipulos presto
S 36-4  de -los angeles seruido
S 37-5  a -los rreyes conpañero
S 40-2  los diçipulos vino alunbrar
S 47-3  rrespondieron los griegos que non las merescien
S 50-4  a -los griegos doctores nin al su mucho saber
S 53-4  doy mays vengan los griegos con toda su porfia
S 56-3  en manera de arpom los otros dos encogidos
S 58-2  meresçen los rromanoz las leyes yo non gelas niego
S 62-2  con dos dedoz los ojos con -el pulgar los dientes
S 62-4  que me daria grand palmada en los oydos Retinientes
S 67-2  los cuerdos con buen sesso entendran la cordura
S 67-3  los mançebos liuianos guardese de locura
S 69-4  las coplas con -los puntos load o denostat
S 78-4  mas mucho que non guardan los jodios la tora
S 85-3  para mi E a -los otroz la canal que es vana
S 87-3  para si e los otros todo lo menudo era
S 95-4  diz la dueña los novios non dan quanto prometen
S 123-4  los antiguos astrologos dizen en -la çiençia
S 127-4  Segund natural curso los dichos estrelleros
S 130-1  Entre los estrelleros quel vinieron a -ver
S 132-2  mando que -los maestros fuesen muy bien guardados
S 135-2  los sabios naturales que su signo cataron
S 138-3  los çinco fados dichos todos bien se conplieron
S 138-4  los sabios naturales verdaderoz salieron
S 139-2  mando los estrelleros de -la presion soltar
S 140-1  Yo creo los estrologos uerdad natural mente
S 143-3  pero por los priuados que en -su ayuda son
S 150-1  Non son por todo aquesto los estrelleros mintrosos
S 159-3  mas noble que los otros por ende todo onbre
S 165-1  diz por las verdadez sse pierden los Amigos
S 165-3  anssy entendet sano los proverbios antiguos
S 170-3  verdat ez lo que dizen los antiguos rretraheres
S 172-3  los omnes en dar poco por tomar grand rriqueza
S 176-2  non perdere los manjares nin el pan de cada dia
S 186-1  Desque los omnes prendes non das por ellos nada
S 217-1  Contigo syenpre trahes los mortales pecados
S 217-2  con mucha cobdiçia los omnes enganadoz
S 217-4  passar los mandamientos que de dios fueron dados
S 218-1  de todos los pecados es rrayz la cobdiçia
S 220-3  prometen e mandan mucho los omnes con ammor
S 221-1  Cobdiçian los averes que ellos non ganaron
S 221-4  por que penan sus almas e los cuerpos lazraron
S 222-1  murieron por los furtos de muerte sopitaña
S 224-2  los cuerpos enfamaron las animas perdieron
S 238-1  Con -los pies e con las manos e con -el noble freno
S 243-1  los quadriles salidos somidas las yjadas
S 247-4  nin de -los tus thesoros non le quieres dar vn pico
S 258-1  poner en -los primeros quando le dixo yd
S 259-3  por ende non fizo el tenpro en todos los sus diaz
S 263-1  Anssy que -los romanos fasta la criatura
S 269-3  matanse a -sy mesmos los locos alvardanes
S 269-4  contesçeles commo al aguila con -los nesçios truhanez
S 271-3  fue commo avia vsado a -ferir los venados
S 271-4  al aguila cabdal diole por los costados
S 279-4  contesçe te como acaesçe en -la rred a -los peçes
S 283-1  Cada dia los omes por cobdiçia porfian
S 283-3  a do-quier que tu seas los çelos ally cryan
S 284-4  como con los pauezuos contesçio a -la graja
S 287-4  con -los pauezuoz anda la tan desconosçida
S 289-3  en la envidia quieren por los cuerpos quebrar
S 295-2  de -los mas mejores que y eran por çierto
S 301-4  diole entre los ojos echole frio muerto
S 302-2  anssy mueren los locos golosos do tu y vaz
S 307-2  vos ved que yo soy fulano de -los garçones garçon
S 307-4  matanse los bauiecas desque tu estas follon
S 308-4  quando su muger dalyda los cabellos le corto
S 309-2  el primero que los jodios ovieron en -su ley
S 314-3  ferianlo de -los cuernos el toro y el novillo
S 338-2  por ende los sus dichos non valen dos arvejas
S 341-3  ay van los abogados de -la mala picaña
S 344-1  Pugnan los avogados E fazen su poder
S 345-3  el mostraua los dientes mas non era rreyr
S 346-1  dixieron las partes a -los sus abogados
S 360-4  en -los pleitos criminales su ofiçio ha grand lugar
S 361-2  E pueden se los testigos tachar e Retachar
S 368-4  ally los abogados dyxieron contra el juez
S 369-4  tomaron los abogados del ximio buena liçion
S 371-4  aprendieron los abogados en -esta disputaçion

LOS (cont.)

S 373-2 nin visitas los presos nin quieres ver dolientes
S 373-4 ssy loçanas encuentras fablas les entre los dientes
S 375-3 primo dierum onium los estormentos tocar
S 380-3 quieres la misa de -los novios syn gloria e syn son
S 384-2 todos los jnstrumentos toca con -la chica manga
S 388-4 a -los tuyos das oblas de males e quebrantos
S 396-3 los cabellos en rrueda el peyne E el espejo
S 400-1 Estruyes las personas los averes estragas
S 405-2 fazes tenblar los omnes e mudar sus colores
S 405-4 traes los omnes çiegos que creen en tus loorez
S 411-4 atan los pies en vno las voluntades non
S 414-2 asy faze a -los locos tu falsa vedegabre
S 415-1 a -los neçios e neçias que vna vez enlaças
S 434-1 la naryz afylada los dientes menudiellos
S 434-3 las enzivas bermejas los dientes agudillos
S 434-4 los labros de -la boca bermejos angostillos
G 444-2 nin loz braços delgadoz tu luego lo demandez
G 444-3 zy ha loz pechoz chycoz si dize si demandez
G 445-1 si diz que -loz zobacoz tiene vn poco mojadoz
G 445-2 e que ha chycaz piernaz e luengoz loz costadoz
G 445-4 tal muger non -la fallan en todoz loz mercadoz
S 457-1 Dezir te la ffazaña de -los dos perezosos
S 470-4 syenpre le bullen los pies e mal para el pandero
S 471-1 Texedor E cantadera nunca tyenen los pies quedos
S 471-2 en -el telar e en -la dança syenpre bullen los dedoz
S 489-3 fara por los dineros todo quanto le pidieres
S 491-2 los dyneros le fazen fidalgo e sabydor
S 495-4 a -los pobres dezian que non eran letrados
S 500-3 con -el dinero andan todos los omnes loçanos
S 502-2 vistia los nobles paños doradas vestiduras
S 503-3 en cabo por dynero otorgan los perdones
S 504-1 Pero que -le denuestan los monges por las plaças
S 505-1 Commo quier que -los frayles E clerigos dyzen que aman a dios seruir
S 506-1 Monges frayles clerigos non toman los dineros
S 507-3 commo los cuervos al asno quando le desuellan el cuero
S 509-4 de todos los ofiçios es muy apoderado
S 540-4 trae el mucho vino a los decomunales
S 544-3 faze tenbrar los mienbros todo seso olvida
S 546-1 los omnes enbriagos ayna envejeçen
S 546-2 fazen muchas vylezas todos los aborrescen
S 547-2 fazen rroydo los beodos commo puercos e grajas
G 549-3 los fermozoz rretraherez tien para dezir apreztoz
G 553-1 En todoz los tuz fechoz en fablar e en Al
G 555-2 des-pojan ze por dadoz loz dineroz perdidoz
G 555-4 do non les come se rrascan los tahurez amidoz
G 556-1 los maloz de loz dadoz dize lo maeztre rroldan
S 567-4 a muchos de -las dueñas por estos los party
S 571-2 diçen luego los mures han comido el queso
G 586-3 conplit loz miz deseoz e dat me dicha e ventura
S 599-3 ado es el grand lynaje ay son los alçamientos
S 599-4 ado es el mucho algo son los desdeñamientos
S 605-1 Non veen los vuestros ojos la mi triste catadura
S 618-1 Con arte se quebrantan los coraçones duros
S 618-2 tomanse las çibdadez derribanse los muros
S 619-1 Por arte los pescados se toman so -las ondas
S 619-2 E los pies enxutos corren por mares fondas
S 621-1 los Señores yrados de manera estraña
S 622-1 Non pueden dar los parientes al pariente por herençia
S 624-3 los logares ado suele cada dia vsar
S 627-3 non olvides los sospiros en -esto sey engañoso
S 630-3 han muy flacas las manos los calcañares podridos
S 633-4 los doñeos la vençen por muy braua que sea
S 639-2 mayor sera el fuego e mayores los ardores
S 642-1 Desque estan dubdando los omes que han de fazer
S 649-1 ssy -le conortan non lo sanan al doliente los joglares
S 653-4 con saetas de amor fyere quando los sus ojos alça
S 654-3 los mis pies e las mis manos non eran de si Senores
G 660-4 do se çelan loz amigoz son mas fielez entramoz
G 661-2 tienpo es ya pazado de -loz añoz mas de dos
G 664-3 dezit me vuestro talante veremoz los Coraçonez
G 666-2 zon los dedoz en -laz manoz pero non zon todoz parejoz
G 666-3 todoz los omnez non zomoz de vnoz fechoz nin cozejoz
G 667-2 a muchoz enpeesçen los ajenoz errorez
G 667-4 deuen tener la pena a -loz suz fazedorez
G 669-3 loz ojoz baxo por tierra en -el poyo asentada
G 674-4 do se vsan loz omnez pueden ze conoçer
G 677-1 por la fabla se conosçen loz maz de loz coraçonez
G 677-2 yo entendere de -uoz algo E oyredez loz miz rrazonez
G 691-4 el amor do esta firme todoz los miedoz departe
S 692-4 dios e el trabajo grande pueden los fados vençer
S 696-4 nunca son a -los omnes buenas nin prouechosas
S 713-4 vayan ante vuestros rruegos que los ajenos conbites
S 727-4 a -todos los otros sobra en fermosura e bondat
S 728-3 con los locos faze se loco los cuerdos del byen dixeron
S 729-2 con -los cuerdos estar cuerdo con -los locos fazer se loco
S 734-2 obra mucho en -los fechos a -vezes rrecabda luego
S 735-1 syenpre fue mi costunbre e los mis pensamientos
S 735-4 fasta que yo entienda e vea los talentos
S 741-2 E cree a -los omnes con mentiras jurando
S 742-2 de muchos que me tyenen los mis algos forçados
S 753-1 luego los ballesteros pelaron le las alas
G 759-3 fasta que pase el año de -loz lutus que tien
S 766-2 los carneros valyentes vinieron bien corriendo
S 769-2 Salieron a -rresçebir le los mas adelantados
S 769-3 ay Señor guardiano dixieron los barbados
S 769-4 byen venido seades a -los vuestros criados
S 771-3 vos cantad en -boz alta rresponderan los cantores
S 771-4 ofreçeremos cabritos los mas e los mejores
S 772-2 los cabrones e las cabras en alta boz balar
S 772-3 oyeron lo los pastores aquel grand apellidar
S 776-1 la puerca que se estaua so -los sauzes loçanos
S 784-4 a -los nesçios fazedes las mentyras verdades
S 788-1 ay ojos los mis ojos por que vos fustes poner
S 793-2 pensando los peligros podedes estorçer
S 793-4 dios e el vso grande fazen los fados boluer
S 796-4 en pos de -los grandes nublos grand sol e sonbrilla
S 803-3 el curso de -los fados non puede omne dezir
S 809-1 En -el mi cuello echa los sus blaços entranbos
S 810-1 los labrios de la boca tyenbranle vn poquillo
S 831-4 en todos los sus fechos vos trahe antojada
S 833-2 los ojos façia tierra non queda sospirando
S 852-4 E de -los muchos peligros non sabe qual es el peor
S 857-4 los plazeres de -la vyda perdedes sinon se amata
S 859-4 quien non cree los mis dichos mas lo falle e mas lo yerra
S 861-1 verdat es que -los plazeres conortan a -las de vezes
S 865-1 los omnes muchas vegadas con -el grand afyncamiento
S 866-3 non vee rredes nin lazos en -los ojos tyene arista
S 881-4 que todos los omnes fazen commo don melon ortiz
S 884-1 ssy los peçes de -las aguas quando veen al anzuelo
S 884-4 non la quieren los parientes padre madre nin avuelo
S 886-1 Esta en -los antiguos Seso e sabyençia
S 888-2 a -los acaesçimientos a -los yerros de locuras
S 889-1 la yra la discordia a -los amigos mal faz
S 894-4 al leon e a -los otros querialos atronar
S 898-2 vuestro atanbor sonante los sonetes que faz
S 900-3 al leon lo troxieron abriol por los costados
S 931-3 asy como se desfaze entre los pies el lodo
S 940-4 Ca do viejos non lydian los cuervos non gradan
S 948-4 conssentyd entre los ssesos vna tal bauoquia
S 952-4 yo so la chata Rezia que a -los omnes ata
S 958-3 escuso me de passar los arroyos E las cuestas
S 960-4 non pasan los omnes sanos
S 985-3 ande lo mas que pud ayna los oteros
S1014-1 Su boca de alana E los rrostros muy gordos
S1016-2 los huesos mucho grandes la çanca non chiquilla
S1018-2 pienssa de -los mayores si te podrias pagar
S1051-2 los traydores gollynes commo si fuese rrapaz
S1060-1 Cuentan los profetas lo que sse ouo a -conplir
S1063-3 fue preso e ferido de -los jodios mal
S1069-3 a -todos loz açiprestes E clerigoz con amor
S1082-4 fazian su alarde çerca de -los tyzones
S1084-1 En -pos loz escudados estan lo ballesteroz
S1084-3 piernas de puerco fresco los jamones enteros
S1084-4 luego en pos de aquestos estan los caualleroz
S1085-3 luego los escuderos muchos quesuelos friscos
S1085-4 que dan de -las espuelas a -los vinos byen tyntos
S1086-2 muchos buenos faysanes los locanos pauones
S1086-3 venian muy byen guarnidos enfiestos los pendones
S1098-1 Essa noche los gallos con grand miedo estouieron
S1099-3 dieron bozes los gallos batieron de -las alas
S1104-2 los verdeles e xibias guardan la costanera
S1107-2 mataron las perdizes Castraron loz capones
S1107-3 del Rio de henares venian los camarones
S1108-1 Alli con los lauancos lydian baruos E peçes
S1113-4 el dolfyn al buey viejo derribole los dientes
S1116-1 el pulpo a -los pauones non -les daua vagar
S1116-2 nin a -los faysanes non dexaua bolar
S1117-1 ally lidian las ostyas con todos los conejos
S1117-2 con la liebre justauan los asperos cangrejos
S1117-4 de escamas E de sangre van llenos los vallejos
S1124-4 a -el e a -los suyos metieron en vn cordel
S1125-1 Troxieron los atados por que non escapasen
S1139-3 sygnos de penitençia de -los ojos llorando
S1144-2 oyen de penitençia a -todos los erradoz
S1147-1 Todos los casos grandes fuertes agrauiados
S1150-1 otrozi del obispo E de -los sus mayores
S1151-1 Muchos son los primeros e muchos son aquestos
S1151-3 trastorne byen los libros las glosaz e los testos
S1151-4 el estudio a -los Rudos faz sabios maestros
S1152-2 los libros de ostiense que son grand parlatorio
S1155-4 de -los casos que non son en -vuestra pertenençia
S1157-4 la grand neçesidat todos los casos atapa
S1159-3 que de -los casos grandes que vos distes vngente
S1160-3 los Rios son los otros que han pontifical
S1165-2 que comas los formigos e mucho non te fares
S1173-4 los vnos a -los otros non se paga de contyenda
S1177-3 a todoz loz xristianoz llama con buena cara
S1184-4 dixieron los corderos vedes aqui la fyn
S1188-1 Desquel vieron los toros yrizaron los çerros
S1188-2 los bueys E vacas Repican los çençerros
S1188-4 aba aba pastorez acorred nos con -los perros
S1193-3 a -todos los xristianos e moros e jodioz
S1201-1 Dizen los naturales que non son solas laz vacaz
S1204-2 los pescados a -ella para la ayudar
S1206-1 los çapatos rredondos e bien sobre solados
S1206-2 echo vn grand doblel entre loz sus costados
S1207-4 non andan los rromeroz syn aquesta sofraja
S1211-3 las aves e los arbores nobre tyenpo averan
S1212-1 a -don carnal rresçiben todos los carniçeroz
S1212-2 E todoz loz rrabyz con todoz suz aperoz
S1212-4 de muchos que corren monte llenoz van loz oteroz
S1213-2 taniendo su çapoña E loz albogues espera
S1215-1 loz cabrones valyentes muchas vacas E toroz
S1224-4 cobra quanto ha perdido en -loz pasadoz mesez
S1225-3 los omnes e laz avez e toda noble flor
S1227-1 rresçiben lo los arborez con rramos E con florez
S1227-4 con muchos jnstrumentos salen los atanborez
S1228-2 de -laz bozez aguda e de -los puntos arisca
S1232-3 los organos y dizen chançones e motete
S1235-3 los legos segralez con muchoz clerizonez
S1238-1 ally van de ssant paulo los sus predicadorez
S1239-1 los de -la trinidat con -los fraylez del carmen
S1240-3 yuan los escuderos en -la saya cortilla

| LOS | (cont.) |
|---|---|
| S1244-3 | non conpraria françia los paños que viste |
| S1245-4 | de -los grandes rroydos es todo el val sonante |
| S1248-1 | Dixieron ally luego todos los rreligiosoz e ordenados |
| S1248-4 | los grandes dormitorios de lechos byen poblados |
| S1249-1 | Non quieras a -los clerigos por vesped de aquesta |
| S1251-1 | Señor dizen los clerigos non quieras vestir lana |
| S1253-1 | Señor sey nuestro huesped dizien los caualleros |
| S1253-2 | non lo fagas Señor dizen los escuderos |
| S1254-2 | pyntados de jaldetas commo los tablajeroz |
| S1260-3 | fynque los mis ynojos antel e su mesnada |
| S1263-2 | pero que en mi casa fyncaron los jnstrumentes |
| S1273-3 | matar los gordos puercos e desfazer laz cabañas |
| S1275-2 | enclaresçe los vinos con anbas sus almuezaz |
| S1277-1 | ffaze a -sus collaçoz fazer loz valladarez |
| S1277-2 | rrefazer los pesebres lynpiar los aluañarez |
| S1277-3 | çerrar los silos del pan e seguir los pajarez |
| S1281-2 | echan muchos mugrones los amugronadores |
| S1281-3 | vid blanca fazen prieta loz buenoz enxeridorez |
| S1283-1 | El Segundo diablo entra en -los abades |
| S1284-3 | los diablos do se fallan llegan se a -conpania |
| S1285-1 | Enbia otro diablo en -los asnos entrar |
| S1286-2 | con -los vientoz que faze grana trigo E çeteno |
| S1286-4 | a -los moços medrosos ya los espanta el trueno |
| S1288-1 | El primero de los panes e las frutas grana |
| S1288-3 | fuyan del los gallos a -todos los mataua |
| S1288-4 | los baruos e laz truchas amenudo çenaua |
| S1291-1 | Enxeria los arborez con ajena corteza |
| S1292-1 | El terçero andaua los çetenos trayendo |
| S1292-3 | estauan de -los arbores las frutas sacodiendo |
| S1293-2 | sacan varriles frios de -los pozos helyzes |
| S1296-3 | comiença a -bendimiar vuas de -los parrales |
| S1296-4 | esconbra los Rastrojos e çerca los corrales |
| S1297-1 | Pissa los buenos vinos el labrador terçero |
| S1300-3 | los omes son los meses cosa es verdadera |
| S1328-4 | estos fueron los versos que leuo mi trotera |
| S1333-3 | quien dirie los manjarez los presentes tamaños |
| S1333-4 | los muchos letuarios nobles e tan estraños |
| S1338-3 | los mas nobles presenta la dueña quez mas preçia |
| S1359-2 | perdio luego los dientes e corria poquiello |
| S1362-1 | los byenes E los loores muchos de mançebos |
| S1366-3 | el malo a -loz suyos non les presta vn figo |
| S1371-3 | a -los pobrez manjarez el plazer los rrepara |
| S1376-4 | los murez con -el miedo fuxieron al andar |
| S1393-2 | verçuelas e lazeria de -los duros caçones |
| S1394-4 | las camissaz fronçidaz los paños de mellynas |
| S1406-1 | Puso en -los sus onbros entranbos los sus braçoz |
| S1406-2 | ella dando Sus bozes vinieron los collaçoz |
| S1406-4 | fasta que ya los palos se fazian pedaçoz |
| S1413-2 | çerraron los portillos finiestraz E forados |
| S1413-3 | desque se vido ençerrada diz los gallos furtados |
| S1432-1 | los vuestros blazos fuertes por ally los sacaredes |
| S1436-3 | commo fueron al cueruo los dichos los encargos |
| S1450-3 | los couardes fuyendo mueren deziendo foyd |
| S1450-4 | biuen los esforçados deziendo daldes ferid |
| S1460-1 | ssacaron otro dia los presos a -judgar |
| S1469-1 | Entonçes loz sayonez al ladron enforcaron |
| S1469-3 | a -loz maloz amigoz en mal lugar dexaron |
| S1469-4 | los amigos entranbos en vno rrazonaron |
| S1474-2 | los gatos E las gatas son muchas almas mias |
| S1474-4 | en -pos ellas andando las noches E los diaz |
| S1478-1 | De -los malos amigoz vienen malos escotes |
| S1488-1 | los ojos ha pequeños es -vn poquillo baço |
| S1488-2 | los pechos delanteros bien trifudo el braço |
| S1489-2 | sabe los jnstrumentoz e todaz jugleriaz |
| S1491-2 | los clerigos cobdiçiosoz desean laz vfanaz |
| S1491-3 | todos nadar quieren los peçes e las rranas |
| S1506-1 | a -morir han los onbrez que non -seran nados |
| S1506-4 | dios perdone su alma e los nuestros pecados |
| S1514-1 | Cantares fiz algunoz de -los que dizen los ziegos |
| S1515-1 | Para los jnstrumentos estar byen acordados |
| S1527-1 | De padres E de madres los fijos tan queridos |
| S1527-3 | de mugeres leales los sus buenos maridos |
| S1535-4 | los averes llegados derrama los mal viento |
| S1536-1 | Desque los sus parientes la su muerte varruntan |
| S1540-2 | nin dizen oraçiones nin cunplen los ofiçios |
| S1540-3 | lo mas que sienpre fazen los herederos nouiçioz |
| S1544-2 | nunca das a -los omes conorte nin esfuerço |
| S1546-1 | los ojos tan fermosos pones los en -el techo |
| S1547-2 | todos los çinco sesos tu los vienes tomar |
| S1554-1 | Tu yermas los pobrados puebras los çiminterios |
| S1554-2 | rrefazes lo fosarios destruyes los jnperios |
| S1554-3 | por tu miedo los santos fizieron los salterrios |
| S1555-3 | feçiste de -los angeles diablos e rrensillas |
| S1558-3 | al jnfierno E a -los suyos E a -ty mal quebranto |
| S1563-4 | mas con-tigo dexo los tus malos perdidos |
| S1564-1 | A -los suyos leuolos con -el a -parayso |
| S1565-1 | a -los perdidos malos que dexo en -tu poder |
| S1583-1 | los mortales pecados ya los avedes oydos |
| S1583-3 | las almas quieren matar pues los cuerpos han feridos |
| S1584-2 | la carne el diablo el mundo destos males los mortales |
| S1587-1 | vestir los probles desnudos con santa esperança |
| S1589-1 | Con mucha misericordia dar a -los pobrez posada |
| S1593-3 | cassar los pobres menguados dar a -beuer al sediento |
| S1595-2 | visitando los dolientes e faziendo penitençia |
| S1595-3 | aborresçer los denuestos e amar buena abenençia |
| S1598-3 | la enbidia mato muchos de -los profectass |
| S1599-3 | non faziendo mal a -los sinplex pobrez non denostemos |
| S1600-2 | esta es de -los siete pecados mas sotil e engañosa |
| S1602-3 | con fierro de buenas obraz los pecados amatar |
| S1603-1 | Contra los trez prinçipales que non se ayunten de consuno |
| S1604-1 | Todos los otros pecados mortales E veniales |

| S1605-2 | que vençamos los pecados e arranquemos la lid |
|---|---|
| S1634-4 | É por mostrar a -los synplex fablas e versos estraños |
| S1636-4 | los tus gozos que canto |
| S1638-2 | guio los Reyes poro |
| S1640-1 | quando a -çielos sobio |
| S1646-4 | los dicipulos estando |
| S1649-1 | Todos los xpristianos |
| S1653-2 | de -los algos E de -la Renta |
| S1663-7 | por los tus gozos preçiados |
| S1664-4 | de -los angeles loada |
| S1665-4 | de -los santos bien seruida |
| S1667-8 | con los santos muy graçiosa |
| S1668-2 | aguardando los coytados de dolor E de tristura |
| S1673-3 | en -los çielos ensalçada |
| S1695-3 | algunoz de -los legos tomaron azedia |
| S1700-1 | Demando los apostolos E todo lo que mas vale |
| S1703-3 | que faze muchas vezes rrematar los ardorez |
| S1709-2 | appellaron los clerigos otrosy los clerizones |

| LOS | (H) |
|---|---|
| P 26 | Ca luego ez el buen entendimiento en los que temen A -dios |
| P 138 | Otrosi loz de poco entendimiento non se perderan |
| P 157 | si algunoz lo que non loz conssejo |
| S 6-1 | Señor a -los trez niñoz de muerte loz libraste |
| S 12-4 | que los que lo oyeren puedan solaz tomar |
| S 58-1 | A Todos los de greçia dixo el sabio griego |
| S 93-3 | los que quieren partir nos como fecho lo han |
| S 132-3 | fizo los tener presos en logares apartado |
| S 135-3 | diz vayamos nos Señor que -los que a -vos fadaron |
| S 140-3 | puede los demudar e fazer otra mente |
| S 152-4 | E -los mas non rrecabdan la cosa mas querida |
| S 184-2 | fazes los perder el sueño el comer y el beuer |
| S 186-2 | traes los de oy en cras en vida muy penada |
| S 198-1 | los que te non prouaron en buen dya nasçieron |
| S 208-2 | que tan presos los tienes en tu cadena doblada |
| S 224-1 | Por tu mala cobdiçia los de egipto morieron |
| S 224-3 | fueron e son ayrados de dios los que te creyeron |
| S 232-1 | Por tales malefiçios manda los la ley matar |
| S 232-2 | mueren de malas muertes non los puedes tu quitar |
| S 232-3 | lyeua los el diablo por el tu grand abeytar |
| S 245-2 | los que son muy soberuios con su grand orgullya |
| S 271-2 | con pendolas de aguila los ha enpendolados |
| S 283-4 | la envydia los parte envidiosos los crian |
| S 375-4 | nostras preçes ut audiat E fazes los despertar |
| S 393-3 | al que quieres matar ssacas los de carrera |
| S 413-4 | al topo e a -la rrana leuolos a -su nido |
| S 414-1 | Comiolos a -entranbos non -le quitaron la fanbre |
| S 415-4 | el diablo los lyeva presos en -tus tenazas |
| S 427-3 | oy e leye mis castigos e sabe los byen fazer |
| S 429-4 | panfilo e nason yo los ove castigado |
| S 459-3 | esto dezia la dueña queriendo los abeytar |
| S 495-3 | el dinero los daua por byen examinados |
| S 498-3 | otros eran syn culpa E luego los mataua |
| S 506-3 | luego los toman prestos sus omes despenseros |
| G 555-1 | des que loz omnez eztan en juegoz ençendidoz |
| S 599-2 | menos los preçia todos que a -dos viles sarmientos |
| S 630-1 | Toda muger los ama omnes aperçebydos |
| S 638-1 | quando vyeres algunos de -los de su conpana |
| G 664-4 | ella dixo vuestroz dichoz non loz preçio dos piñones |
| G 677-1 | por la fabla se conosçen loz maz de loz coraçonez |
| S 693-2 | E a -muchos es contraria puede los mal estoruar |
| S 771-4 | ofreçeremos cabritos los mas e los mejores |
| S 772-1 | Creo se los el neçio començo de Avllar |
| S 772-4 | con palos e con mastines vinieron los a -buscar |
| S 777-2 | ofreçer vos los he yo en graçias e en seruiçio |
| S 806-3 | que quien amores tyene non los puede çelar |
| S 820-3 | el rrico tros quebranta su soberuia los enclina |
| S 884-2 | ya el pescador los tiene E los trahe por el suelo |
| S 894-4 | al leon e a -los otros querialos atronar |
| S 915-4 | la dueña dixo plaz me desque melos mostrares |
| S 947-3 | non fuyan dello las dueñas nin los tengo por lixo |
| S 947-4 | Ca nunca los oyo dueña que dellos mucho non rrixo |
| S1014-4 | los que quieren casar se aqui non sean sordos |
| S1059-1 | Los que la ley de xpistus avemos de guardar |
| S1065-4 | a -los que en -el avemos esperança syn par |
| S1066-4 | a -los que creemos el nos quiera ssaluar |
| S1115-4 | mando que -los echasen en sal de vyllenchon |
| S1116-3 | a cabritos E a -gamos queria los afogar |
| S1122-4 | los que con -el fyncaron non valyan dos castañas |
| S1125-2 | dieron los a -la dueña ante que se aforrasen |
| S1126-1 | mandolos colgar altos byen como atalaya |
| S1126-3 | luego los enforcaron de vna viga de faya |
| S1144-2 | a -todos los absueluen de todos sus pecados |
| S1147-4 | saluo los que del papa son en -si rreseruados |
| S1148-1 | los que son rreseruados del papa espirituales |
| S1148-4 | quien saber los quisiere oya las decretales |
| S1150-3 | pueden bien asoluer los e ser dispensadorez |
| S1151-2 | quien quisier saber los estudie do son puestos |
| S1178-1 | A -loz que alla van con el su buen talente |
| S1178-2 | con çeniza los cruzan de Ramoz en -la fruente |
| S1211-2 | a -rresçebyr los salen quantos que -los esperan |
| S1211-4 | los que amor atyenden sobre todos se esmeran |
| S1226-4 | mas alegria fazen los que son maz mejores |
| S1239-1 | los de -la trinidat con -los fraylez del carmen |
| S1239-2 | e los de santa eulalia por que non se ensanen |
| S1281-2 | a -omes aves e bestias mete los en amorez |
| S1286-4 | a -los moços medrosos ya los espanta el trueno |
| S1288-3 | fuyan del los gallos a -todos los mataua |
| S1302-4 | los mas con don carnal fazian su morada |
| S1316-1 | los que ante son solos desque eran casados |
| S1316-2 | veya los de dueñaz estar aconpañados |
| S1325-4 | entyende los vrraca todos esos y esos |
| S1371-3 | a -los pobrez manjarez el plazer los rrepara |

| | |
|---|---|
| **LOS** | **(cont.)** |
| S1413-1 | Tenian se los del pueblo della por mal chufados |
| S1414-4 | dezian los que pasauan tente esa tras nochada |
| S1432-1 | los vuestros blazos fuertes por ally los sacaredes |
| S1514-1 | Cantares fiz algunoz de -los que dizen los ziegos |
| S1515-3 | de -los que he prouado aqui son Señalados |
| S1521-3 | a -todos los egualas e los lieuas por vn prez |
| S1526-1 | los quel aman E quieren e quien ha avido su conpaña |
| S1534-3 | llega el omne thesoros por lograr los apodo |
| S1535-4 | los averes llegados derrama los mal viento |
| S1537-1 | los que son mas propyncos hermanos E hermanas |
| S1546-1 | los ojos tan fermosos pones los en -el techo |
| S1546-2 | çiegas los en vn punto non han en -si prouecho |
| S1547-2 | todos los çinco sesos tu los vienes tomar |
| S1555-2 | los que eran lynpieça feziste los manzillas |
| S1561-4 | a -ysac e a -ysayas tomolos non te dexo dan |
| S1562-2 | que los tenies en -las penas en -la tus malas arcas |
| S1563-3 | a -todos los saco como santos escogidos |
| S1564-1 | A -los vnos leuolos con -el a -parayso |
| S1565-1 | en fuego jnfernal los fazes tu arder |
| S1565-3 | en penas jnfernales los fazes ençender |
| S1565-4 | para sienpre jamas non los has de prender |
| S1575-3 | todos los que -lo oyeren por dios nuestro Señor |
| S1583-1 | los mortales pecados ya los avedes oydos |
| S1602-4 | con estas armas lydiando podemos los amanssar |
| S1625-2 | yua se los deziendo por todo el mercado |
| **LOS** | **(V)** |
| G1277-3 | çerrar loz siloz del pan e segir loz panarez |
| **LOSA** | |
| S 927-1 | Aguijon escalera nin abejon nin losa |
| **LOSAS** | |
| S 644-4 | byen sabe las paranças quien paso por las losas |
| **LOT** | |
| S 296-1 | ffeçiste por la gula a -lot noble burges |
| **LOXURIA** | |
| S 219-2 | avarizia e loxuria que arden mas que estepa |
| S 257-1 | Syenpre esta loxuria a do-quier que tu estas |
| S 257-4 | por conplyr la loxuria enguinando laz oteas |
| S 258-1 | ffeçiste por loxuria al profeta dauid |
| S 260-1 | ffueron por la loxuria çinco nobles çibdadez |
| S 265-2 | por fazer su loxuria vergilio en -la dueña |
| S 266-4 | a -dueñas tu loxuria desta guisa las doma |
| S 268-3 | ansy por la loxuria es verdadera mente |
| S 269-2 | quantos en tu loxuria son grandes varraganes |
| S 275-1 | Quien podrie dezir quantos tu loxuria mata |
| S 540-2 | loxuria e soberuia tres pecados mortales |
| S1166-2 | por la tu grand loxuria comeras muy pocaz desaz |
| S1592-1 | ligera mente podremos a -la loxuria Refrenar |
| **LUCERNA** | **(L)** |
| S 382-3 | luçerna pedibus meys es la vuestra persona |
| **LUCIFER** | |
| S 233-2 | primero muchos angeles con -ellos lucifer |
| **LUCIS** | **(L)** |
| S 376-3 | laudes aurora lucis das les grandes graçias |
| **LUCHA** | |
| S 342-4 | arman se çancadilla en -esta falsa lucha |
| S 969-4 | despues faremos la lucha |
| S1001-3 | quando a -la lucha me abaxo al que vna vez trauar puedo |
| S1011-3 | a grand hato daria lucha e grand con-quista |
| S1164-3 | yras oyr las oras non prouaras la lucha |
| **LUCHAR** | |
| S 982-3 | sy ante non comiese non podria byen luchar |
| **LUCHASE** | |
| S1010-3 | quien con ella luchase non se podria bien fallar |
| **LUCHEMOS** | |
| S 971-1 | la vaquera trauiessa diz luchemos vn Rato |
| **LUEGO** | |
| P 26 | Ca luego ez el buen entendimiento en los que temen A -dios |
| P 44 | E por ende se sigue luego la segu(n)da rrazon |
| S 24-3 | luego virgen conçebiste |
| S 36-5 | ffue luego conosçido |
| S 55-3 | luego se assento en -ese mismo lugar |
| S 56-1 | Mostro luego trez dedos contra el griego tendidos |
| S 57-2 | E assentose luego con su memoria sana |
| S 62-3 | dixo me luego apos esto que -le parase mientes |
| S 90-3 | ffue la mi perdat luego a -la plaça salida |
| S 90-4 | la dueña muy guardada ffue luego de mi partida |
| S 104-1 | ffiz luego estas cantigas de verdadera salua |
| S 123-3 | quel omne quando nasçe luego en -su naçençia |
| S 159-4 | como vn amor pierde luego otro cobre |
| S 187-4 | non el debatas luego por mucho que se enforce |
| S 210-1 | En -punto que -lo furtas luego lo en-ajenas |
| S 215-3 | de quanto me prometie luego era des-dicha |
| S 257-3 | luego quieres pecar con qual quier que tu veas |
| S 262-4 | que quanto era en rroma en punto morio luego |
| S 264-2 | amatauase luengo e venien todos a -el |
| S 274-2 | desque cunple luxuria luego se arrepiente |
| S 274-3 | entristeze en punto luego flaqueza siente |
| S 296-4 | luego es la logxuria E todo mal despues |
| S 330-4 | ayas tu abogado luego al plazo vente |
| S 332-4 | el lobo quando lo vyo fue luego espantado |
| S 339-3 | diz luego la marfusa Señor sean tenidos |
| S 377-1 | El salyendo el sol comienças luego prima |
| S 380-1 | Tu vas luego a -la iglesia por le dezir tu Razon |
| S 401-3 | luego de grado mandas bien te sabes mudar |
| S 423-1 | El amor con mesura dio me rrespuesta luego |
| G 444-2 | nin loz braços delgadoz tu luego lo demandez |
| G 451-4 | luego eztara afuziada far(a) lo que quisierez |
| S 455-2 | dize luego entre sus dientes oyste tomare mi dardo |
| S 459-4 | ffabro luego el coxo coydo se adelantar |
| S 480-3 | luego en ese dia vino el menssajero |
| S 498-3 | otros eran syn culpa E luego los mataua |

| | |
|---|---|
| S 505-4 | qual dellos lo leuaran comyençan luego a -Renir |
| S 506-3 | luego los toman prestos sus omes despenseros |
| S 540-3 | luego el omeçida estos pecados tales |
| S 543-2 | fue luego justiçiado commo era derecho |
| G 552-4 | al que manda e da luego a -esto lo an primero |
| G 559-2 | ca en punto la faraz luego entristeçer |
| S 571-2 | diçen luego los mures han comido el queso |
| S 579-2 | sy oy non Recabdares torna y luego cras |
| S 640-2 | luego esta la dueña en -su coraçon penssando |
| S 647-2 | luego que tu la vieres comiençal de fablar |
| S 654-2 | a -mi luego me venieron muchos miedos e tenblores |
| G 690-2 | si la leña se tirare el fuego menguara luego |
| S 715-1 | El presente que se da luego sy es grande de valor |
| S 734-2 | obra mucho en -los fechos a -vezes rrecabda luego |
| S 753-1 | luego los ballesteros pelaron le las alas |
| G 764-4 | non me afinquez tanto luego el primero dia |
| S 775-1 | dyxo luego el lobo a -la puerca byen ansi |
| S 872-2 | non me detoue mucho para alla fuy luego ydo |
| S 876-3 | luego vos yd de mi puerta non nos alhaonedes |
| S 896-1 | El leon dixo luego que merçed le faria |
| S 915-1 | luego en -el comienço fiz aquestos cantares |
| S 921-4 | toda la poridat fue luego descobrilla |
| S 934-3 | dixo luego la gente de dios mala ventura |
| S 945-1 | vino me ver vna vieja dixo me luego de mano |
| S 945-4 | yo traue luego della e fablele en seso vano |
| S 950-3 | luego perdi la mula non fallaua vyanda |
| S 964-1 | ffazia nieue e granzaua diome la chata luego |
| S 969-3 | dize luego hade duro comamos deste pan duro |
| S 974-1 | Torne para mi casa luego al terçer dya |
| S1005-3 | luego fagamos las bodas e esto non lo oluides |
| S1051-4 | trauaron del luego todos enderedor |
| S1057-4 | çenturio fue dado luego por guardador |
| S1060-3 | diz luego ysayas que -lo avya de parir |
| S1071-4 | que lo des-afiedes luego con mi carta de creençia |
| S1084-4 | luego en pos de aquestos estan los caualleroz |
| S1085-3 | luego los escuderos muchos quesuelos friscos |
| S1103-1 | vino luego en ayuda la salada sardina |
| S1125-3 | mando luego la dueña que a -carnal guardasen |
| S1126-3 | luego los enforcaron de vna viga de faya |
| S1128-1 | vino luego vn frayle para lo convertyr |
| S1128-3 | ouose don carnal luego mucho a -sentyr |
| S1143-3 | de dios tan piadoso luego fue perdonado |
| S1174-1 | Luego el primero dia el miercolez coruillo |
| S1184-1 | luego lunes de mañana don rraby açelyn |
| S1197-3 | non se detenga y vaya luego priuado |
| S1209-3 | luego aquesta noche llego a -rronçaz valles |
| S1219-4 | a -la liebre que sale luego le echa la galga |
| S1245-3 | luego el mundo todo e quanto vos dixe ante |
| S1246-3 | acaesçio grand contyenda luego en ese llano |
| S1247-2 | querria leuar tal huesped luego la clerizia |
| S1248-1 | Dixieron ally luego todos los rreligiosoz e ordenados |
| S1254-1 | Tyenden grandes alfamarez ponen luego tableroz |
| S1270-1 | luego a -la entrada a -la mano derecha |
| S1332-3 | non se casara luego nin saldra a -conçejo |
| S1359-2 | perdio luego los dientes e corria poquiello |
| S1368-3 | de -lo que yo te dixe luego me arrepenty |
| S1461-2 | diz luego el judgador amigos el Ribalde |
| S1466-1 | luego sere contigo desque ponga vn frayle |
| S1471-1 | fablo luego el diablo diz amigo otea |
| S1496-4 | enamorad a -la monja e luego voz venid |
| S1525-4 | todos fuyen del luego como de rred podrida |
| S1526-4 | todos fuyen del luego como si fuese araña |
| S1527-4 | desque tu vienes muerte luego son aborridos |
| S1531-3 | el byen que fazer podierdes fazed lo oy luego |
| S1534-4 | viene la muerte luego e dexalo con lodo |
| S1535-4 | Pierde luego la fabla e el entendimiento |
| S1539-1 | Mucho fazen que luego lo vayan a -soterrar |
| S1608-2 | que diga de sus noblezaz yo quiero laz dezir luego |
| S1644-5 | rreyes venieron lluego |
| S1698-3 | dile luego de -mano doze varas de pano |
| S1701-1 | ffablo en -pos de aqueste luego el thesorero |
| S1709-3 | ffezieron luego de mano buenas approllaçones |
| **LUENGA** | |
| S 186-4 | E por plazer poquillo andar luenga jornada |
| S 431-2 | que non sea mucho luenga otrosi nin enana |
| S 733-1 | a -veçes luenga fabla tiene chico prouecho |
| S1486-4 | la su nariz es luenga esto le desconpon |
| S1539-3 | por oyr luenga misa non -lo quieren errar |
| **LUENGAS** | |
| S 432-3 | las çejas apartadas luengas altas en peña |
| S 433-2 | E de luengas pestañas byen claras e Reyentes |
| S1013-3 | las narizes muy gordas luengas de çarapico |
| **LUENGO** | |
| S1271-3 | non se alcançarien con vn luengo madero |
| S1485-4 | el cuello non muy luengo caboz prieto orejudo |
| **LUENGOS** | |
| G 445-2 | e que ha chycaz piernaz e luengoz loz costadoz |
| S1014-2 | dyentes anchos E luengos asnudos e moxmordos |
| **LUGAR** | |
| S 40-4 | tu estauas en ese lugar |
| S 55-3 | luego se assento en -ese mismo lugar |
| S 200-2 | la mayor quel pudo Cayo en -ese lugar |
| S 360-4 | en -los pleitos criminales su ofiçio ha grand lugar |
| S 483-1 | Cato don pitas pajas el sobredicho lugar |
| S 515-3 | a las vegadas poco en onesto lugar |
| S 598-3 | es de mejores paryentes que yo e de mejor lugar |
| S 625-1 | sy vieres que ay lugar dile jugetes fermosos |
| S 629-1 | Ado fablares con ella sy vieres que ay lugar |
| S 647-4 | el tyenpo todas cosas trae a -su lugar |
| S 654-1 | Pero tal lugar non era para fablar en amores |
| S 656-4 | ado es lugar seguro es bien fablar cosa çierta |
| S 657-3 | sy ovies lugar e tiempo por quanto de vos oya |

## LUGAR (cont.)

G 684-2 que sy ouiere lugar e tienpo quando en vno estemoz
S 823-2 Ruego vos que seades omne do fuer lugar
S 844-4 tal lugar non avremos para plazer E vyçio
S1140-1 Por aquesto es quito del jnfierno mal lugar
S1197-4 dada en torna vacaz nuestro lugar amado
S1282-3 pesal en -el lugar do la muger es buena
S1285-2 en -las cabeçaz entra non en -otro lugar
S1342-3 todo es en -las monjaz mas que en otro lugar
S1353-1 dixole el ortolano vete de aqueste lugar
S1377-3 non tenia lugar çierto do fuese anparado
S1469-3 a -loz maloz amigoz en mal lugar dexaron
S1551-3 al -lugar do mas siguez aquel va muy peor
S1553-1 Muerte por ti es fecho el lugar jn-fernal
S1655-4 del jnfierno mal lugar

## LUNA

S 564-3 sy non todo tu afan es sonbra de luna

## LUNBRE

S 262-3 la lunbre de -la candela encanto E el fuego
S1029-3 e dion buena lunbre

## LUNES

S 993-1 lunes antes del alua Començe mi camino
S1164-1 En -el dia del lunes por la tu soberuia mucha
S1184-1 luego lunes de mañana don rraby açelyn
S1370-1 Mur de guadalajara vn lunes madrugara

## LUTO

G 759-4 casarse ca el luto con esta carga vien

## LUTUS

G 759-3 fasta que pase el año de -loz lutus que tien

## LUXURIA

S 274-2 desque cunple luxuria luego se arrepiente
S1593-4 ansi contra luxuria avremos vençimiento

## LUZ

S 20-2 luz del dia
S 115-1 Mys ojos non veran luz
S1045-2 luz luziente al mundo del çielo claridat
S1055-3 mas al mundo presta que dende vino luz
S1638-3 venieron a -la luz della
S1639-6 del mundo luz

## LUZERO

S 37-2 quando vino el luzero

## LUZIENTE

S1045-2 luz luziente al mundo del çielo claridat

## LLAGA

G 588-3 Non ozo moztrar la laga matar me a si la oluido
G 589-1 la llaga non ze me dexa a -mi catar nin ver
G 592-1 si se descubre mi llaga qual es donde fue venir
S 597-4 la llaga va creziendo del dolor non mengua nada
S 605-3 conortad me esta llaga con juegos e folgura
S 605-4 que non vayan syn conorte mi llaga e mi quexura
S 709-3 por que esa vuestra llaga sane por mi melezina
S 837-3 descobrid vuestra llaga synon ansy morredes
S 847-2 mi coraçon te he dicho mi desseo e mi llaga
S 854-2 Ruega e rrogando creçe la llaga del enamorado

## LLAGADO

G 588-1 so ferido e llagado de vn dardo so perdido
S1066-1 En cruz fue puesto por nos muerto ferido e llagado

## LLAGARON

S1065-3 las llagas quel llagaron son mas dulçes que miel

## LLAGAS

S1058-1 Por aquestas llagas desta santa pasion
S1064-4 destas llagas tenemos dolor e grand pessar
S1065-3 las llagas quel llagaron son mas dulçes que miel
S1066-3 por estas llagas çierto es el mundo saluado

## LLAMA

S 197-1 Eres padre del fuego pariente de -la llama
S 734-3 e de chica çentella nasçe grand llama de fuego
S 830-1 El grand fuego non puede cobrir la su llama
S 857-1 E pues que vos non podedes amatar la vuestra llama

## LLAMA (H)

S 208-4 rresponde a -quien te llama vete de mi posada
S 812-4 E verna doña endrina sy la vieja la llama
S 824-2 Respondiole la madre quien es que llama y
S1177-3 a todoz loz xristianoz llama con buena cara

## LLAMAN

S 106-3 rresponder do non me llaman es vanidad prouada
G 440-2 andan de caza en caza e llaman ze parteraz

## LLAMAR

S1317-1 ffyz llamar trota conventos la mi vieja sabida
S1467-1 Cerca el pie de -la forca començo de llamar

## LLAMARIA

S 896-4 la gulhara juglara dixo quel llamaria

## LLAMAS

S1463-2 vino el malo E dixo a -que me llamas cada dia

## LLAMASEN

S 896-2 mando que -lo llamasen que -la fiesta onrraria
S1311-4 pocos ally falle que me non llamasen padrasto

## LLAMAT

S 932-2 llamat me buen amor e fare yo lealtat

## LLAMEN

S1239-3 todos manda que digam que canten e que llamen

## LLAMO

S1458-2 llamo a -su amigo quel conssejo aquesto
S1460-2 el llamo al alcalde apartol e fue fablar
S1463-1 llamo su mal amigo asy commo solia

## LLANA

S 57-1 leuantose el griego tendio la palma llana
S 750-4 dexa me esta vegada tan fermosa e tan llana

## LLANO

S1246-4 acaesçio grand contyenda luego en ese llano
S1411-4 despues dar te he rrespuesta qual deuo e bien de -llano
S1677-7 bien acorres muy de llano

## LLEGA

S1176-3 ado ella ver lo puede suzedat non se -llega
S1374-4 alegria buen Rostro con todo esto se llega
S1534-3 llega el omne thesoros por lograr los apodo

## LLEGADA

S 354-1 la exepçion primera muy byen fue llegada
S 791-4 pues que aver non la puedo mi muerte es llegada
S1057-2 cupleta llegada de vnguente vngido

## LLEGADAS

S1445-1 Andauan se las liebrez en -las seluas llegadas
S1690-2 llegadas son laz cartaz del arçobispo don gil

## LLEGADO

S 133-1 desque fue el infante a -buena hedat llegado
S 337-2 de mayor descomunion por costituçion de llegado
S 603-1 quanto mas esta omne al grand fuego llegado
S1210-4 de dos enperadorez que al mundo han llegado
S1246-1 Desque fue y llegado don amor el loçano

## LLEGADOS

S1278-2 mucho estauan llegados vno a -otro non fabla
S1535-4 los averes llegados derrama los mal viento

## LLEGAN

S1284-3 los diablos do se fallan llegan se a -conpania

## LLEGANDO

S1118-3 a -don carnal Seguiendo llegandol a -la muerte

## LLEGAR

S 533-1 Non pudo el dyablo a su persona llegar
S 977-3 proue me de llegar a -la chata maldita

## LLEGARE

S1578-1 El que aqui llegare si dios le bendiga

## LLEGARON

S 739-2 a -par deste maçebillo ningunos non llegaron
S1099-4 llegaron a -don carnal aquestas nuevas malas

## LLEGAVA

S 914-2 Cada dia llegaua la fabla mas non al
S1119-3 de castro de vrdiales llegaua esa saçon

## LLEGES

S 976-2 non te lleges a -mi ante telo comidas

## LLEGO

S 985-1 ssacome de -la choça E llegome a -dos senderos
S1209-3 luego aquesta noche llego a -rronçaz valles

## LLEGUE

S 985-4 llegue con sol tenplano al aldea de ferreros

## LLEGUES

S 909-4 sola con ome non te fyes nin te llegues al espino

## LLENA

S 5-2 en -que moro trez dñaz dentro en -la mar ll(ena)
S 164-1 bien atal es el amor que da palabra llena
S1097-2 que tenia cada vno ya la talega llena
S1141-1 Que tal contriçion ssea penitençia byen llena
S1374-2 byen llena de farina el mur ally se allega
S1674-3 de graçia llena conplyda

## LLENAS

S1234-4 de juglares van llenaz cuestas e eriales
S1235-1 laz carrerraz van llenaz de grandes proçesiones
S1243-3 llenas trahe laz manos de mucha noble dona
S1472-3 e veo las tus manos llenas de garauatos

## LLENERO

S 513-2 por ende a -tu vieja se franco e llenero
S1669-4 guardalo de mal andança el tu bien grande llenero

## LLENO

S 255-1 byen ansy tu lo fazes agorz que estas lleno
S 826-4 esta lleno de doblas fascas que non lo entyendo
S 976-4 sy en lleno te cojo byen tarde la oluidas
S1205-2 bordon lleno de ymagenes en -el la palma fyna
S1286-1 El terçero fidalgo esta de florez lleno
S1618-3 traya abbades lleno el su rregaço

## LLENOS

S1117-4 de escamas E de sangre van llenos los vallejos
S1212-4 de muchos que corren monte llenoz van loz oteroz
S1315-2 vy llenos de alegriaz de bodas e cantares

## LLEVO

S 958-2 E a -mi non me peso por que me lleuo acuestas

## LLORA

S 111-2 que vna ave sola nin bien canta nin bien llora
S 799-2 fazedes commo madre quando el moçuelo llora

## LLORANDO

S 741-4 que mal se laua la cara con lagrimas llorando
S 841-2 dize a -mi llorando palablas muy manzelleras
S1139-3 sygnos de penitençia de -los ojos llorando
S1693-1 llorando de sus ojos começo esta rraçon

## LLORARIEDES

S1573-3 llorariedes por ella por su Sotil anzuelo

## LLORAVA

S 620-3 el que llorava poble canta Ryco en vyçio

## LLORIENTE

S1004-4 bien caso menga lloriente

## LLORO

S1142-3 se yo que lloro lagrimas triste con amargura
S1143-2 lloro mucho contrito a -la pared tornado

## LLORO (H)

S 842-2 con piedat e coyta yo lloro por quel farte

## LLOROSO

S1172-2 estaua de -la lid muy fraco E lloroso

## LLOROSOS

S1700-3 E con llorosoz ojos E con dolor grande

## LLOVIA

S 464-2 en -la cama despierto e muy fuerte llouia

## LLUGERO

S1092-2 Señor diz a -herren me echa oy el llugero

## LLUMAZOS

S 744-4 fasta que non vos dexen en -las puertas llumazos

**LLUVIAS**
S 796-3    despues de -las muchas luuias viene buen orilla
**MACEBILLO**
S 739-2    a -par deste maçebillo ningunos non llegaron
**MACEBOS**
S 167-1    E por que es constunbre de macebos vsada
**MAÇA**
S 924-1    a -la tal mensajera nunca le digas maça
S1115-2    tenia en -la su mano grand maça de vn trechon
S1590-4    con tal maça al avarizia bien larga mente dad
**MAÇADA**
S 699-4    estas dan la maçada sy as orejas oyas
S 937-4    estas dan la maçada si az orejas oyas
**MAÇAR**
S1000-2    Se maçar e fazer natas E fazer el odrezillo
**MAÇO**
S1550-3    toda cosa bien fecha tu maço laz desfaze
S1618-2    el pecado que sienpre de todo mal es maço
**MAÇOS**
S1406-3    dieron le muchos palos con piedraz e con maços
**MADADOR**
S1190-2    de nos don carnal fuerte madador de toda cosa
**MADALENA**
S 28-2    fue quando la madalena
S1141-3    por contriçion e lagrimas la santa madalena
**MADERA**
S 511-4    el dar quebranta peñas fyende dura madera
**MADERO**
S1083-2    espetos muy conplidos de fierro e de madero
S1271-3    non se alcançarien con vn luengo madero
**MADEXA**
S 957-1    Commo dize la vieja quando beue ssu madexa
**MADONA**
S 482-1    dixo don pitas pajas madona sy vos plaz
S 483-3    como es esto madona o como pode estar
**MADRE**
S 10-4    Ayuda me gloriosa madre de pecado(res)
S 30-1    Madre el tu gozo sesto
S 31-1    Del Septeno madre santa
S 41-6    commo a -madre
S 43-3    madre de dios
S 190-1    Su padre su madre e su hermano mayor
S 521-1    Coyda su madre cara que por la sosañar
S 522-1    deuia pensar su madre de quando era donzella
S 522-2    que su madre non quedaua de ferir la e corrella
S 643-1    ssy tyene madre vieja tu amiga de beldat
G 686-2    mi madre verna de miza quiero me yr de aqui tenprano
S 701-2    dixele madre zeñora tan bien seades venida
S 719-1    yo le dixe madre señora yo vos quiero byen pagar
S 799-1    Señora madre vieja que me dezides agora
S 799-2    fazedes commo madre quando el moçuelo llora
S 800-1    ansy fazedes madre vos a -mi por ventura
S 806-1    Madre vos non podedes conosçer o asmar
S 813-1    Señora madre vieja la mi plazenteria
S 813-4    non canssades vos madre seguilda cada dia
S 817-1    Madre vos non temades que en mentyra vos ande
S 824-2    Respondiole la madre quien es que llama y
S 844-2    sy mi madre quiese otorgar el ofiçio
S 845-2    mas guarda me mi madre de mi nunca se quita
S 884-4    non la quieren los parientes padre madre nin avuelo
S 922-1    ffue la dueña guardada quanto su madre pudo
S 936-2    a -la dueña non -la guardan su madre nin su ama
S1045-1    ay noble Señora madre de piedat
S1046-1    omillome Reyna madre del Saluador
S1561-2    a -eua nuestra madre a -sus fijos sed e can
S1635-1    Madre de dios gloriosa
S1637-3    quando lo pariste madre
S1665-2    escogida santa madre
S1673-2    de dios madre muy amada
**MADRES**
S1527-1    De padres E de madres los fijos tan queridos
**MADRINA**
S 745-4    le daua buen conssejo commo buena madrina
S1417-3    a -moças aojadaz E que han la madrina
**MADRUGADA**
S1022-1    a -la madrugada
**MADRUGADOR**
S 751-4    plogo al paxarero que era madrugador
**MADRUGARA**
S1370-1    Mur de guadalajara vn lunes madrugara
**MADRUGESTE**
S1410-1    la dueña dixo vieja mañana madrugeste
**MADURA**
S 160-4    E a -toda pera dura grand tienpo la madura
**MADURAS**
S1295-1    El primero comia vuas ya maduras
**MADURO**
S1192-4    que de ty non ayamoz el cuero maduro
**MADUROS**
S1295-2    comia maduros figos de -las fygueras duraz
**MAESTRA**
S 698-2    artera e maestra e de mucho saber
S 886-3    la mi vieja maestra ovo ya conçiençia
S1093-4    la dueña fue maestra non vino tan ayna
**MAESTRAS**
G 439-1    zon grandez maeztraz aqueztaz pauiotaz
S 699-3    non ay tales maestras commo estas viejas troyas
S 937-3    non ay tales maestras commo estas viejas troyas
**MAESTRE**
G 556-1    los maloz de loz dadoz dize lo maeztre rroldan
**MAESTRIA**
S 214-1    Non te puedo prender tanta es tu maestria

S 616-3    maestria e arte de fuerte faze flaca
S 617-2    maestria e arte la arrancan mejor
S 617-3    anda por maestria lygera enderedor
S 934-1    ffizo grand maestria E sotil trauesura
**MAESTRIAS**
P 131    en -que son escriptaz algunaz maneraz e maestriaz
P 141    e loz porfiosoz de suz malaz maestriaz
P 152    E maestriaz malaz del loco Amor
P 183    e se puedan mejor guardar de tantaz maestriaz
S 185-3    a -vezes poco a -poco con maestrias ciento
S 259-4    fizo grand penitençia por las tus maestrias
S 318-4    con tus malas maestrias almas e cuerpos matas
S 469-2    sus malas maestrias e su mucho mal saber
G 556-2    todaz suz maeztriaz e las tachaz que an
S 697-2    de todas las maestrias escogi la mejor
S 927-4    nonbles e maestrias mas tyenen que Raposa
**MAESTRO**
S 130-4    dixo el vn maestro apedreado ha de ser
S 131-4    dixo el quinto maestro morra en agua afogado
S 151-1    Non sse astrologia nin so ende maestro
S 427-1    quisyste ser maestro ante que discipulo ser
S1135-1    Escolar fuy rrudo nin maestro nin doctor
S1419-2    Dixo este maestro el coraçon del rraposo
**MAESTROS**
S 124-2    otros muchos maestros en -este acuerdo son
S 132-2    mando que -los maestros fuesen muy bien guardados
S 252-4    fisicos e maestros que queria fazer emienda
S1151-4    el estudio a -los Rudos faz sabios maestros
**MAGADA**
S 520-2    quanto por omne es magada e ferida
**MAGADAÑA**
S 122-4    quien ansy me feziese de escarnio magadaña
S1442-4    e es la magadaña que esta en -el cadahalso
**MAGESTAD**
S1588-2    debdo es temer a -dios e a -la su magestad
**MAGESTAT**
S 493-4    todos a -el se omillan commo a -la magestat
S1045-3    mi alma E mi cuerpo ante tu magestat
**MAGNIFIESTO**
S 363-2    es magnifiesto e cierto lo que la marfusa puso
S 364-2    E es magnifiesto e çierto que el por ello vsa
**MAGRA**
S1190-3    a -ty quaresma fraca magra E muy sarnosa
S1306-2    vino a -mi mucha duena de mucho ayuno magra
**MAGRILLA**
G 757-3    deso creo que estadez amariella e magrilla
**MAGRILLO**
S 829-3    mesquino e magrillo non ay mas carne en -el
**MAGUER**
S 158-2    otrosi su amiga maguer que sea muy fea
S 214-2    E maguer te presiese crey que te non matarya
S 234-1    Maguer de su natura buenos fueron criados
S 248-1    Maguer que te es mandado por santo mandamiento
S 359-1    Maguer contra la parte o contra el mal testigo
G 451-3    promete e manda mucho maguer non gelo dierez
S 519-2    en -el coraçon lo tyene maguer se le escusa
S 623-1    Maguer te diga de non E avn que se ensañe
S 633-1    Maguer que faze bramuras la duena que se doñea
S 707-2    desque nasçe tarde muere maguer non sea verdat
S 832-2    dezides me non maguer que sienpre vos encargo
S1543-2    E maguer que cada esto ansi avien
S1624-3    e Señor vos veredes maguer que non me alabo
S1693-4    maguer que vos lo digo con rrauia de mi coraçon
S1697-1    que maguer que somos clerigos Somos sus naturales
**MAGUERA**
S 749-4    por su mal lo fazia maguera que se tarda
S1034-4    Ella diz maguera
**MAIS**
S 53-4    doy mays vengan los griegos con toda su porfia
**MAITINADA**
S 376-2    con -la maytinada cantate en -las friurias laçias
**MAITINES**
S1051-1    a -ora de maytines dandole judas paz
**MAJA**
S 959-3    fade maja diz donde andas que buscas o -que demandas
**MAJESTAD**
S1322-2    rrogando muy deuota ante la majestad
**MAL**
P 89    a -loz tales mucho disolutoz E de mal entendimiento
S 18-4    ansi so el mal tabardo esta buen amor
S 55-4    leuantose el rribaldo brauo de mal pagar
S 74-3    el omne de mal sseso todo tienpo syn mesura
S 81-3    E fallanse ende mal castigo en -su manera
S 101-3    çiegan muchos con -el viento van se perder con mal Ramo
S 141-1    En creer lo de natura non es mal estança
S 149-3    non ha poder mal signo nin su costellaçion
S 175-3    diz non quiero mal bocado non serie para mi sano
S 176-3    ssy yo tu mal pan comiese con -ello me afogaria
S 195-2    leuantole las piernas echolo por mal cabo
S 195-4    leuantose el neçio maldixole con mal fado
S 213-1    Varon que as con-migo qual fue aquel mal debdo
S 216-4    andas vrdiendo sienpre cobierto so mal paño
S 229-4    quien dexa lo que tiene faze grand mal rrecabdo
S 256-3    el buen conoscemiento mal omne lo desecha
S 262-2    el grand encantador fizole muy mal juego
S 288-2    vydo el mal engaño E el color apostizo
S 289-4    non fallaran en -ti synon todo mal obrar
S 304-2    enojo E mal querençia anda en -tu conpaña
S 315-4    yra e vana gloria dieronle mal gualardon
S 359-1    Maguer contra la parte o contra el mal testigo
S 372-3    eres mal enemigo a -todos quantos plazes
S 395-4    Remeçe la cabeça a -mal seso tiene mientes

**MAL**    (cont.)

| | |
|---|---|
| S 396-1 | Tu le rruyes a -la oreja E das le mal conssejo |
| S 398-1 | El que mas a -ty cree anda mas por mal cabo |
| S 398-2 | a -ellos e a -ellas a -todos das mal rramo |
| S 412-4 | qual de yuso qual suso andauan a -mal vso |
| S 416-4 | eres mal enemigo fazes te amador |
| S 417-4 | E fazer malaz oblas e tener mal querençia |
| S 422-1 | Porque de muchas dueñas mal querido seria |
| S 424-1 | Por poco mal dezir se pierde grand amor |
| G 447-2 | zon tachaz encobiertaz de mucho mal dezir |
| S 469-2 | sus malas maestrias e su mucho mal saber |
| S 507-2 | non es muerto ya dizen pater noster a -mal aguero |
| S 539-1 | Ceyo su mal conssejo ya el vino vsaua |
| S 543-4 | en -el beuer demas yaz todo mal prouecho |
| G 554-4 | el tablax de vn dia dobla el su mal dinero |
| S 571-4 | quien a -ssy E a -otros muchos estorua con mal sesso |
| S 626-4 | tristeza e Renzilla paren mal enemigo |
| S 656-2 | a -bezes mal perro atado tras mala puerta abierta |
| G 663-2 | fablar mucho con -el zordo es mal seso e mal Recabdo |
| G 667-3 | faz mal culpa de malo a -buenoz e a mejorez |
| S 754-2 | por astragar lo vuestro e fazer vos mal trebejo |
| G 763-1 | xergaz por mal zeñor burel por mal marido |
| S 773-3 | de palos e de pedradas ouo vn mal sojorno |
| S 779-1 | Toxo lo enderedor a mal andar el rrodezno |
| S 834-2 | par-dios mal dia el vydo la vuestra grand dureza |
| S 909-3 | guardate de falsa vieja de rriso de mal vezino |
| S 923-4 | que commo el verdadero non ay tan mal trebejo |
| S 934-4 | ha vieja de mal seso que faze tal locura |
| S 935-2 | quien nunca vieja loca creyese tal mal seso |
| S 943-2 | ouo por mal pecado la dueña a -ffallyr |
| S 959-1 | Passando vna mañana por el puerto de mal angosto |
| S 978-2 | ally proue que era mal golpe el del oydo |
| S 994-2 | por oyr de mal rrecabdo dexos de su lavor |
| S1008-4 | yeguariza trifuda talla de mal çeniglo |
| S1120-2 | si a -carnal dexaran dierale mal estrena |
| S1140-1 | Por aquesto es quito del jnfierno mal lugar |
| S1194-1 | Byen ssabedes amigos en commo mal pecado |
| S1255-3 | son pobres bahareros de mucho mal bollyçio |
| S1327-2 | ca mas val buen amigo que mal marido velado |
| S1366-2 | quien a -mal ome sirue sienprel sera mendigo |
| S1382-4 | ally me alcançara e me diera mal rrato |
| S1403-1 | El asno de mal Seso penso E touo mientes |
| S1410-4 | que conssentyr non deuo tan mal juego como este |
| S1453-2 | que dio a -su amigo mal consejo e mal cabo |
| S1458-3 | vino el mal amigo diz fe me aqui presto |
| S1462-2 | vso su mal ofiçio grand tienpo e grand sazon |
| S1463-1 | llamo su mal amigo asy commo solia |
| S1465-2 | estar su mal amigo diz por que non me acorres |
| S1469-3 | a -loz maloz amigoz en mal lugar dexaron |
| S1476-3 | por mucho que se tarde mal galardon alcança |
| S1476-4 | es vn amigo falso toda Ina mal andança |
| S1479-1 | Non es dicho amigo el que da mal conssejo |
| S1507-4 | que yerro E mal fecho emienda non desecha |
| S1519-1 | assy fue mal pecado que mi vieja es muerta |
| S1533-1 | quien en mal juego porfia mas pierde que non cobra |
| S1534-2 | viene vn mal azar traze dados en Rodo |
| S1535-4 | los averes llegados derrama los mal viento |
| S1545-2 | otrosi tu mal moço en punto que assoma |
| S1551-1 | Enemiga del bien en -el mal amador |
| S1552-2 | tu erez mal primero tu erez mal Segundo |
| S1553-3 | non aurien de ti miedo nin de tu mal hostal |
| S1558-3 | al jnfierno E a -los suyos E a -ty mal quebranto |
| S1587-4 | E dios guardar nos ha de cobdiçia mal andança |
| S1622-2 | que mas val con mal asno el omne contender |
| S1623-4 | que a -las vezes mal perro rroye buena coyunda |
| S1624-1 | El ssabia leer tarde poco e por mal cabo |
| S1625-1 | Dil aquestos cantarez al que de dios mal fado |
| S1655-4 | del jnfierno mal lugar |
| S1669-4 | guardalo de mal andança el tu bien grande llenero |
| S1680-4 | que veo mal pecado |

**MAL**    (H)

| | |
|---|---|
| P 17 | entiende onbre el bien E sabe dello el mal |
| P 97 | que mas aparejada E jnclinada ez al mal que al bien |
| P 139 | ca leyendo E coydando el mal que fazen |
| S 76-4 | e saber bien e mal e vsar lo mejor |
| S 89-4 | que el cuerdo E la cuerda en mal ageno castiga |
| S 121-4 | del mal de -la cruzada yo non me rreguardaua |
| S 180-2 | que si lo faz mi signo o -ssy mi mal asseo |
| S 199-3 | creyeron al diablo que del mal se pagavan |
| S 211-2 | rrebuelves lo amenudo tu non adeuina |
| S 228-3 | de aquesta rrayz mala nasçe todo el mal |
| S 296-4 | luego en la logxuria E todo mal despues |
| S 423-3 | non digas mal de amor en verdat nin en -juego |
| G 439-4 | ay quanto mal zaben eztaz viejaz arlotaz |
| S 469-3 | quando son ençendidas E mal quieren fazer |
| S 542-2 | que non ay encobyerta que a -mal non rrevierta |
| S 543-1 | descobrio con -el vyno quanto mal avya fecho |
| G 668-1 | el yerro que otro fizo a mi non faga mal |
| S 749-4 | por su mal lo fazia maguera que se tarda |
| S 783-4 | tanto byen non me faredes quanto mal me fezistes |
| S 824-3 | Señora doña Rama yo que por mi mal vos vy |
| S 878-4 | El mejor cobro que tenedes vuestro mal que -lo calledes |
| S 879-1 | menos de mal sera que esto poco çeledes |
| S 889-1 | la yra la discordia a -los amigos mal faz |
| S 905-2 | guarde se que non torne al mal otra vegada |
| S 946-4 | desque han beuido el vino dizen mal de las fezes |
| S 947-2 | fiz cantares caçurros de quanto mal me diz |
| S 977-1 | Commo dize la fabla del -que de mal nos quita |
| S 981-4 | dixo me que jugasemos el juego por mal de vno |
| S 984-3 | dixe le yo esto de priessa sy dios de mal me guarde |
| S 986-4 | fasta que el libro entyendas del byen non digas nin mal |
| S1032-4 | de mal nos te faga |

| | |
|---|---|
| S1163-4 | que non veas el mundo nin cobdicies el mal |
| S1323-4 | mas el leal amigo al byen e al mal se para |
| S1348-1 | Era vn ortolano byen sinpre e syn mal |
| S1407-1 | Non deue ser el omne a mal fazer denodado |
| S1408-3 | dize mal con neçedad faze pesar E despecho |
| S1475-4 | el le da mala çima E grand mal en chico Rato |
| S1546-4 | en -ty es todo mal rrencura E despenço |
| S1550-2 | con quien mata e muere e con qual quier que mal faze |
| S1551-2 | Natura as de gota del mal e de dolor |
| S1567-2 | que dezir non se puede el diezmo de tu mal |
| S1590-2 | dando lymosna a -pobles dolyendo nos de su mal |
| S1599-3 | non faziendo mal a -los sinplex pobrez non denostemos |
| S1617-2 | non es desaguisado del grand mal ser foydor |
| S1617-3 | del mal tomar lo menos dizelo el sabidor |
| S1618-2 | el pecado que sienpre de todo mal es maço |
| S1648-6 | de mal E de afruenta |
| S1666-6 | que por nuestro esquiuo mal |
| S1683-1 | sufro grand mal syn meresçer a -tuerto |
| S1702-1 | E del mal de vos otros a -mi mucho me pesa |
| S1702-2 | otrosi de -lo mio E del mal de teresa |
| F 7 | De mal en peor andan (co)mo el lobo a las hormigas |

**MAL**    (H)

| | |
|---|---|
| P 177 | por dar manera de pecar ni por mal dezir |
| S 63-3 | desque vio -que -la pelea tenie mal aparejada |
| S 64-2 | non ha mala palabra si -non es a -mal tenida |
| S 65-3 | que saber bien e mal dezir encobierto e doñeguil |
| S 68-4 | non diras mal del libro que agora rrefiertas |
| S 70-2 | bien o -mal qual puntares tal te dira çierta mente |
| S 98-3 | a -quantos la oyen podie mal espantar |
| S 104-3 | non las quiso tomar dixe yo muy mal va |
| S 172-4 | leuadlo E dezidle que mal mercar non es franqueza |
| S 215-4 | en fuerte punto te vy la ora fue mal dicha |
| S 237-4 | mucho delantel yva el asno mal doliente |
| S 239-2 | andaua mal e poco al cauallo enbargava |
| S 246-4 | ssyenpre me ffallo mal cada que te escucho |
| S 329-3 | Señor diz yo so syenpre de poco mal sabyda |
| S 336-2 | por sentençia E por derecho es mal enfamado |
| S 357-4 | quien de otra guisa lo pone yerralo e faze mal |
| G 436-4 | Non puede zer quien mal caza que non ze arrepienta |
| S 466-4 | veo tuerto suzio que sienpre mal catades |
| S 470-4 | syenpre le bullen los pies e mal para el pandero |
| S 484-2 | sotil e mal sabyda diz como mon sseñer |
| S 543-3 | perdio cuerpo e alma el cuytado mal trecho |
| S 545-2 | vele muy mal la boca non ay cosa quel vala |
| G 553-4 | asi syn la mesura todo paresçe mal |
| G 558-1 | Non seaz mal deziente nin seaz enbidiozo |
| S 570-1 | a -muchos faze mal el omne mesturero |
| S 571-3 | sea el mal andante sea el mal apresso |
| S 602-2 | muchas vezes gelo dixe que fynque mal denostado |
| S 631-3 | con poquilla de fuerça fynca mal desculpada |
| S 644-1 | mucho son mal sabydas estas viejas Risoñas |
| S 693-2 | E a -muchos es contraria puede los mal estoruar |
| S 741-4 | que mal se laua la cara con lagrimas llorando |
| S 769-1 | quando vyeron al lobo fueron mal espandados |
| S 778-4 | en -la canal del molino entro que mal le plaçe |
| S 779-2 | salvo mal quebrantado paresçia pecadezno |
| S 784-1 | ay viejas pytofleras mal apresas seades |
| S 923-2 | que nunca mal rretrayas a -furto nin en conçejo |
| S 924-2 | byen o -mal commo gorgee nunca le digas pycaça |
| S 935-1 | dizen por cada canton que sea mal apreso |
| S 954-3 | desque me vy en coyta aRezido mal trecho |
| S 968-3 | buenas perdizes asadas fogaças mal amassadas |
| S 973-3 | desque vy que -la mi bolsa que -se paraua mal |
| S1012-3 | ojos fondos bermejos poco e mal deuisa |
| S1063-3 | fue preso e ferido de -los jodios mal |
| S1102-2 | fue el puerro cuelle aluo e ferio lo muy mal |
| S1172-3 | doliente E mal ferido constribado e dolioso |
| S1310-4 | desque vy que me mal yua fuy me dende sañudo |
| S1326-4 | ca mas val suelta estar la viuda que mal casar |
| S1356-3 | vine manos vazias finco mal escultada |
| S1367-4 | e so mal denostada zegud que ya paresçe |
| S1369-1 | Mas temome e Reçelo que mal engañada sea |
| S1383-4 | que mal pisa el omne el gato mal Rascaña |
| S1413-1 | Tenian se los del pueblo della por mal chufados |
| S1435-4 | mas rresçelo me mucho de ser mal engañada |
| S1470-3 | dixo el enforcado tus obras mal apresaz |
| S1479-2 | ante es enemigo E mal queriente sobejo |
| S1481-4 | seria mal escarnida fyncando el con-migo |
| S1500-3 | mal valdrie a -la fermosa tener fijos e nieto |
| S1520-1 | ay muerte muerta sseas muerta e mal andante |
| S1687-3 | en me mal traher |

**MALA**

| | |
|---|---|
| P 154 | apocando la vida E dando mala fama e deshonrra |
| S 1-4 | saca a -mi coytado desta mala presion |
| S 18-3 | como so mala capa yaze buen beuedor |
| S 64-2 | non ha mala palabra si -non es a -mal tenida |
| S 69-3 | dicha buena o mala por puntos la juzgat |
| S 109-2 | que era mala cosa la muger non -la diera |
| S 160-3 | que buen es-fuerço vençe a -la mala ventura |
| S 222-3 | en -todo eres cuquero e de mala picaña |
| S 224-1 | Por tu mala cobdiçia los de egipto morieron |
| S 228-3 | de aquesta rrayz mala nasçe todo el mal |
| S 228-4 | es la mala cobdiçia pecado mortal |
| S 244-4 | vengue la tu soberuia tanta mala postilla |
| S 273-2 | vsando tu locura e tu mala barata |
| S 275-2 | quien dirie tu forniçio e tu mala barata |
| S 282-1 | ffue por la enbydia mala traydo jhesu xpisto |
| S 341-3 | ay van los abogados de -la mala picaña |
| S 377-4 | va en achaque de agua a -verte la mala esquima |
| S 414-3 | quantos tyenes atados con tu mala estanble |
| S 414-4 | todos por ti peresçem por tu mala enxanbre |
| S 424-3 | por mala dicha pierde vassallo su Señor |

## MALA

| | (cont.) |
|---|---|
| G 443-3 | que mucha mala bestia vende buen corredor |
| G 443-4 | e mucha mala rropa cubre buen cobertor |
| S 496-1 | daua muchos juyzios mucha mala sentençia |
| S 542-3 | ffue la su mala obra en punto descobyerta |
| S 545-1 | ffaze oler el fuelgo que es tacha muy mala |
| G 554-2 | Ca es mala ganançia peor que de logrero |
| S 570-4 | por mala dicha de vno pyerde todo el tablero |
| S 613-1 | Non te espantes della por su mala Respuesta |
| S 656-2 | a -bezes mal perro atado tras mala puerta abierta |
| G 681-3 | naçe dende mala fama mi dezonrra zeria |
| S 913-3 | nunca se omne byen falla de mala conpania |
| S 929-2 | que quisiese perder saña de -la mala consseja |
| S 934-3 | dixo luego la gente de dios mala ventura |
| S 984-2 | ca mala es de amatar el estopa de que arde |
| S1006-1 | Syenpre ha la mala manera la sierra E la altura |
| S1011-1 | no vido tal figura nin de tan mala vista |
| S1021-1 | de quanto que me dixo E de su mala talla |
| S1078-3 | dixo yo so el alfrez contra esta mala presa |
| S1104-3 | buelta es la pelea de muy mala manera |
| S1118-2 | congrio çeçial e fresco mando mala suerte |
| S1190-4 | non salud mas sangria commo a -mala flemosa |
| S1240-2 | muchos buenos cauallos e mucha mala silla |
| S1394-1 | Con -la mala vyanda con -las Saladas Sardinaz |
| S1475-4 | el le da mala çima E grand mal en chico Rato |
| S1525-2 | en punto que tu vienes con tu mala venida |
| S1533-2 | coyda echar su ssuerte echa mala çocobra |
| S1552-3 | pueblaz mala morada e despueblaz el mundo |
| S1560-1 | A -santos que tenias en tu mala morada |
| S1600-1 | armados estemos mucho contra açidia mala cosa |
| S1665-9 | cruel mala soberuiosa |

## MALAS

| P 141 | e loz porfiosoz de suz malaz maestriaz |
|---|---|
| P 152 | E maestriaz malaz del loco Amor |
| S 188-3 | con tus muchos doñeos e con tus malas mañaz |
| S 203-4 | danos muy malas tardes e peorez las mañanas |
| S 231-1 | ffazes con tu soberuia acometer malas cosaz |
| S 232-2 | mueren de malas muertes non los puedes tu quitar |
| S 260-4 | por malas vezindadez se pierden eredades |
| S 279-3 | buscas malas contiendas fallas lo que meresçes |
| S 318-2 | fazes le penssar engaños muchas mala baratas |
| S 318-3 | deleytase en pecados E en malas baratas |
| S 318-4 | con tus malas maestrias almas e cuerpos matas |
| S 338-3 | nin -le deuen dar rrespuesta a -sus malas conssejas |
| S 417-4 | E fazer malaz oblas e tener mal querençia |
| S 469-2 | sus malas maestrias e su mucho mal saber |
| S 753-2 | guardat vos doña endrina destas paraças malas |
| S 783-2 | que nueuas atan malas tan tristes me troxistes |
| S 856-1 | quanto mas malas palabras omne dize e las entyende |
| S 889-2 | pone sospechas malas en cuerpo do yaz |
| S1099-4 | llegaron a -don carnal aquestas nueuas malas |
| S1562-2 | que los tenies en -las penas en -las tus malas arcas |
| S1707-4 | dexemos a -las buenas E a -las malas vos tornad |

## MALDAD

| S 417-1 | Toda maldad del mundo E toda pestilençia |
|---|---|
| S1428-2 | es maldad E pecado vençer al desfallydo |
| S1675-2 | non catando mi maldad |
| S1707-3 | por que si el arçobispo tiene que es cosa que es maldad |

## MALDADES

| S 260-2 | quemadaz e destruydas las trez por sus maldadez |
|---|---|

## MALDAT

| S 177-3 | tu leuarys el algo yo faria grand maldat |
|---|---|
| S 235-4 | toda maldat del mundo es do quier que tu seas |
| G 548-4 | toda maldat del mundo faze e toda locura |
| S 848-1 | Es maldat E falsia las mugeres engañar |
| S1363-3 | es torpedat e mengua e maldat e villania |

## MALDIGA

| S1578-4 | Si dezir non -lo quisiere a -muerta non maldiga |
|---|---|

## MALDIGAN

| S 906-4 | non me maldigan algunos que por esto se encone |
|---|---|

## MALDITA

| S 977-3 | proue me de llegar a -la chata maldita |
|---|---|

## MALDITO

| S 300-1 | ayer do me ferraua vn ferrero mal-dito |
|---|---|

## MALDIXO

| S 195-3 | leuantose el neçio maldixole con mal fado |
|---|---|

## MALEFICIO

| S 620-2 | E la arte al culpado saluelo del malefiçio |
|---|---|

## MALEFICIOS

| S 232-1 | Por tales malefiçios manda los la ley matar |
|---|---|

## MALES

| P 125 | E loz malez muchoz que -lez aparejan e traen |
|---|---|
| S 128-4 | dieron juyzios fuertes de acabados males |
| S 388-1 | Con açidya traes estos males atantos |
| S 388-4 | a -los tuyos das oblas de males e quebrantos |
| S 540-1 | ffue con -el cobdyçia Rays de todos males |
| S 604-1 | ya ssabedess nuestros males E nuestras penas parejas |
| S 747-4 | que es aqui senbrado por nuestros males grandes |
| S 779-4 | non oviera tantos males nin perdiera su prezno |
| S1604-3 | estos dichos son comienço e suma de todos males |
| S1604-4 | de padres fijos nietos dios nos guarde de sus males |
| S1634-2 | fue conpuesto el rromançe por muchos males e daños |
| S1697-4 | creed se ha adolesçer de aquestos nuestros males |

## MALFETRIA

| S 325-4 | en juyzio propongo contra su mal-fetria |
|---|---|

## MALICIOSA

| S1665-8 | de gente maliçiosa |
|---|---|

## MALINA

| S1093-3 | todos aperçebidos para la lyd malyna |
|---|---|

## MALO

| S 256-1 | En fazer bien al malo cosa nol aprouecha |
|---|---|
| G 667-3 | faz mal culpa de malo a -buenoz e a mejorez |

---

| S 783-1 | ay de mi con que cobro tan malo me venistes |
|---|---|
| S 868-3 | el encantador malo saca la culebra del forado |
| S 913-4 | de mensajero malo guarde me santa maria |
| S 945-3 | moço malo moço malo mas val enfermo que sano |
| S1030-3 | e dyon vino malo |
| S1354-1 | alegrase el malo en dar por miel venino |
| S1360-2 | el galgo querellandose dixo que mundo malo |
| S1366-3 | el malo a -los suyos non les presta vn figo |
| S1450-1 | El miedo es muy malo syn esfuerço ardid |
| S1457-3 | desta guisa el malo sus amigos enarta |
| S1463-2 | vino el malo E dixo a -que me llamas cada dia |
| S1467-3 | vino el malo e dixo ya te viese colgar |
| S1476-2 | quien con amigo malo pone su amistança |
| S1521-2 | al bueno e al malo al Rico E al rrefez |
| S1701-4 | si malo lo esperades yo peor lo espero |

## MALOS

| S 496-3 | en tener pleitos malos E fazer abenençia |
|---|---|
| G 556-1 | los maloz de loz dadoz dize lo maeztre rroldan |
| S 742-3 | non se viene en miente desos malos rrecabdos |
| S1436-4 | de -la falsa rraposa con -sus malos trasfagos |
| S1469-3 | a -loz maloz amigos en mal lugar dexaron |
| S1477-1 | El mundo es texido de malos arigotes |
| S1478-1 | De -los malos amigoz vienen malos escotes |
| S1563-4 | mas con-tigo dexo los tus malos perdidos |
| S1565-1 | a -los perdidos malos que dexo en -tu poder |
| S1600-4 | mas fijos malos tyene que -la alana rrauiosa |

## MALUM (L)

| P 43 | qui diligitis dominum odite malum e cetera |
|---|---|

## MALVA

| S 104-4 | al tienpo se encoje mejor la yerua malua |
|---|---|

## MANADILLA

| S1016-3 | de -las cabras de fuego vna grand manadilla |
|---|---|

## MANADILLAS

| S1105-2 | salpresaz e trechadas a -grandes manadillas |
|---|---|

## MANCA

| S 517-2 | nin por vn solo farre non anda bestia manca |
|---|---|

## MANCEBA

| S 338-1 | ssu mançeba es la mastina que guarda las ovejas |
|---|---|
| S1694-3 | que non touiese mançeba cassada nin soltera |

## MANCEBEZ

| S 157-1 | Al mançebo mantiene mucho en mançebez |
|---|---|

## MANCEBIA

| S 245-4 | non pueden durar syenpre vanse con mançebia |
|---|---|
| S 626-1 | quiere la mancebya mucho plazer con-sigo |
| S 643-3 | es de -la mançebya celosa la vejedat |
| G 673-2 | E para estoz juegoz hedat e mançebia |
| S 726-1 | En aquesta villa mora muy fermosa mançebia |
| S1363-4 | en -el viejo se loa su buena mançebia |

## MANCEBILLA

| G 757-1 | asi estadez fiia biuda e mançebilla |
|---|---|

## MANCEBILLO

| S 727-3 | es don melon de -la verta mançebillo de verdat |
|---|---|
| S 730-1 | Mançebillo en -la villa atal non se fallara |
| S 738-3 | mançebillo guisado en vuestro barrio mora |
| G 758-3 | por ende tal mançebillo para uoz lo querria |
| S1186-3 | E toda la serena El presto mançebillo |
| S1392-4 | con -este mançebillo que vos tornaria moça |

## MANCEBILLOS

| S 726-2 | mançebillos apostados e de mucha loçania |
|---|---|

## MANCEBO

| S 157-1 | Al mançebo mantiene mucho en mançebez |
|---|---|
| S 189-1 | Era vn garçon loco mançebo bien valiente |
| S 312-2 | quando era mançebo todas bestias corria |
| S 850-3 | que aquel buen mançebo dulçe amor e syn fallyr |
| S1345-2 | mançebo byen andante de su ayuda biuo |
| S1360-3 | quando era mançebo dezian me halo alo |
| S1363-2 | En amar al mançebo e a -la su loçania |
| S1489-1 | Es ligero valiente byen mançebo de diaz |

## MANCEBOS

| S 67-3 | los mançebos liuianos guardense de locura |
|---|---|
| S 373-3 | synon solteros sanos mancebos e valyentes |
| S1362-3 | los byenes E los loores muchos de mançebos |

## MANÇANA

| S 223-2 | por la mançana escripta que -se non deuiera escreuir |
|---|---|
| S 473-2 | huerta mejor labrada da la mejor mançana |
| G 678-1 | pero que omne non coma nin comiença la mançana |

## MANÇANAS

| S 163-1 | Sy las mançanas sienpre oviesen tal sabor |
|---|---|
| S 862-2 | muchas peras e duraznos que çidras e que mancanas |

## MANDA

| S 97-2 | promete E manda mucho desque -la ha cobrada |
|---|---|
| S 142-3 | desto manda fazer libros e quadernos conponer |
| S 146-2 | en -que a sus subditos manda çierta pena dar |
| S 232-1 | Por tales malefiçios manda los la ley matar |
| G 451-3 | promete e manda mucho maguer non gelo dierez |
| G 552-4 | al que manda e da luego a -esto lo an primero |
| S 568-3 | caton sabyo Romano en su lybro lo manda |
| S 950-1 | prouar todas las cosas el apostol lo manda |
| S 992-2 | por que non fiz quando manda diz rroyn gaho envernizo |
| S1239-3 | todos manda que digam que canten e que llamen |
| S1483-1 | la dueña dixo vieja non lo manda el fuero |

## MANDA (H)

| G 760-2 | perderia la manda que a -mi es mandada |
|---|---|

## MANDAD

| S 775-4 | mandad vos E fare yo despues governad a mi |
|---|---|

## MANDADA

| G 760-2 | perderia la manda que a -mi es mandada |
|---|---|

## MANDADERO

| S1619-2 | tome por mandadero vn Rapas traynel |
|---|---|

## MANDADO

| S 24-1 | Tu desque el mandado oyste |
|---|---|
| S 80-4 | si non quiere el mandado non da buena rrepuesta |

| MANDADO | (cont.) | | S 222-2 | arrastrados E enforcados de manera estraña |
|---|---|---|---|---|

**MANDADO** (cont.)

S  92-1  Por conplir su mandado de aquesta mi Señor
S 396-2  que fago tu mandado E sigua tu trebejo
S 798-1  Doña endrina es vuestra e fara mi mandado
S 857-2  façed byen su mandado del amor que vos ama
S 868-1  vyno me trota conventos alegre con el mandado
S1020-4  ca moço mesturero non es bueno para mandado
S1077-2  vy que venia a -mi vn fuerte mandado
S1197-2  dalda a -don almuerzo que vaya con -el mandado
S1398-3  dexat eso Señora dire voz yn mandado
S1625-4  que a -mi non te enbia nin quiero tu mandado
S1639-2  quando ovyste mandado
S1690-3  en -las quales venia el mandado non vil
S1691-1  aqueste açipreste que traya el mandado
S1691-4  coydando que traya otro mejor mandado

**MANDADO** (H)

S 248-1  Maguer que te es mandado por santo mandamiento
S 609-1  sy algo por ventura de mi te fuere mandado
S1327-3  fija qual vos yo daria que voz serie mandado
S1429-3  diole muy muchas graçiaz e quel seria mandado
S1503-2  ssyenprel fuy mandado e leal amador

**MANDADOS**

S 742-4  nin te cunple agora dezir me esos mandadoz

**MANDAMIENTO**

S 248-1  Maguer que te es mandado por santo mandamiento

**MANDAMIENTOS**

P  37  e pienssa e ama e desea omne el buen amor de dioz e sus mandamientoz
S 217-4  passar los mandamientos que de dios fueron dados

**MANDAMOS**

S1195-1  Por ende vos mandamos vista la nuestra carta

**MANDAN**

S 220-3  prometen e mandan mucho los omnes con ammor
S 220-4  por conplir lo que mandan cobdiçian lo peor
S1252-2  mandan lechoz syn rropa e manteles syn pan

**MANDAR**

S  91-2  enbio me mandar que punase en fazer
S 361-4  nin puede el alcalde mas que el derecho mandar
S 401-1  Eres muy grand gigante al tiempo del mandar
S 719-2  el mi algo E mi casa a -todo vuestro mandar
S 816-3  al mandar somos largos E al dar escasos primos
S1158-1  Pero que aquestos talez deuedes les mandar
S1654-4  ansi lo quiera el mandar

**MANDARON**

S 221-2  por conplyr las promesas que con amor mandaron

**MANDAS**

S 401-3  luego de grado mandas bien te sabes mudar

**MANDASE**

S  83-3  dixieron que mandase quales quisiese matar

**MANDAT**

S1159-1  E otrosi mandatle a -este tal dolyente

**MANDATIS** (L)

P  39  E meditabor in mandatis tuiz que dilexi

**MANDAVA**

S 321-2  veya lo el lobo mandava le dexallo
S1273-2  mandaua ssenbrar trigo e cortar laz montañas
S1280-3  mandaua poner viña para buen vino dar

**MANDE**

S 104-2  mande que gelas diesen de noche o al alua
S 817-3  yo non vos engañaria nin dios nunca lo mande
S 957-4  mandele pacha con broncha e con çorron de coneja
S 966-2  E mandel para el vestido vna bronca E vn pancha

**MANDO**

S  83-4  mando matar al toro que podria abastar
S  84-1  ffizo partidor al lobo e mando que a -todoz diese
S  86-4  el leon a -la rraposa manda la vianda dar
S 132-2  mando que -los maestros fuesen muy bien guardados
S 139-2  mando los estrelleros de -la presion soltar
S 139-3  fizo les mucho bien e mando les vsar
S 258-2  que mato a -uriaz quando le mando en -la lyd
S 267-2  mando fazer escalera de torno enxerida
S 714-3  mando me por vestuario vna piel e vn pellico
S 896-2  mando que -lo llamasen que -la fiesta onrraria
S 901-1  Mando el leon al lobo con sus viñas parejas
S1115-4  mando que -los echasen en sal de vyllenchon
S1118-2  congrio çeçial e fresco mando mala suerte
S1125-3  mando luego la dueña que a -carnal guardasen
S1126-1  mandolos colgar altos byen como atalaya
S1127-1  Mando a -don carnal que guardase el ayuno
S1173-2  mouio todo el Real mando coger su tyenda
S1173-3  andando por el mundo mando fazer emienda
S1499-4  desaguisado fizo quien le mando vestir lana
S1691-3  mando juntar cabildo aprisa fue juntado

**MANDO** (H)

S 366-3  pero mando que non furte el gallo a -su vezina
S 697-1  busque trota conventos qual me mando el amor
S1071-2  voz mando firme mente so -pena de setençia
S1165-1  Por tu grand avariçia mando te que el martes
S1165-5  para por dios lo otro todo te mando que apartes
S1264-1  Dyz mando que mi tyenda fynque en -aquel plado
S1464-4  el alcalde diz mando que sea enforcado

**MANDURIA**

S1233-4  la neçiacha manduria ally faze su son

**MANDURRIA**

S1517-1  albogues e mandurria caramillo e çanpolla

**MANE** (L)

S1241-4  magne nobiscum domine que tañe a -conpletaz

**MANERA**

P 177  por dar manera de pecar ni por mal dezir
S  45-4  Saluo en -la manera del trobar E del dezir
S  56-3  en manera de arpom los otros dos encogidos
S  65-2  la manera del libro entiendela sotil
S  81-3  E fallanse ende mal castigo en -su manera

S 222-2  arrastrados E enforcados de manera estraña
S 324-1  ffizo el lobo demanda en muy buena manera
S 379-2  tu catolica a -ella cata manera que -la trastorne
S 393-1  fazes como folguym en tu mesma manera
S 427-2  e non sabes la manera commo es de -aprender
S 511-1  Por dineros se muda el mundo e su manera
S 527-2  donear non la quieras ca es vna manera
S 533-4  yo te mostrare manera por que -lo puedas tomar
S 621-1  los Señores yrados de manera estraña
S 645-3  que entienda de vos anbos byen la vuestra manera
S 720-2  trabajat en tal manera por que ayades prouecho
S 830-3  ya la vuestra manera entyende la ya mi alma
S 899-3  non sabya la manera el burro de Señor
S 920-3  syrue do avras pro pues sabes la manera
S1006-1  Syenpre ha la mala manera la sierra E la altura
S1104-3  buelta es la pelea de muy mala manera
S1434-4  tenga manera E seso arte e Sabidoria
S1443-3  pecar en tal manera non conviene a -monja
S1449-3  en tal manera tema el que bien quiere beuir
S1525-1  Eres en -tal manera del mundo aborrida
S1694-1  Cartas eran venidaz que dizen en esta manera

**MANERAS**

P 131  en -que son escriptaz algunaz maneraz e maestriaz
P 143  de suz muchaz engañosaz maneraz
P 151  E desecharan E aborrezçeran laz maneraz
P 159  aqui fallaran algunaz maneraz para ello

S 211-4  de diuerssas maneras tu quexa lo espina
S 429-3  muchas buenas maneras para enamorado
S 608-2  del en muchas maneras fuste aperçebydo
S 632-1  Todas fenbras han en -sy estas maneras
S 647-3  mill tienpos e maneras podras despues fallar
S 841-1  Entyendo su grand coyta en mas de mill maneras
S1227-2  de diuerssas maneraz de diuerssaz collorez
S1340-1  ssyn todaz estaz noblezaz han muy buenas maneras
S1513-3  para en jnstrumentos de comunales maneras

**MANGA**

S 384-2  todoz los jnstrumentos toca con -la chica manga

**MANJAR**

S 483-4  que yo pynte corder E trobo este manjar
S 815-4  sy buen manjar queredes pagad bien el escote
S 944-4  dixe yo que buen manjar sy non por el escotar
S1127-4  E quel dyesen a -comer al dia majar vno
S1162-3  comiese cada dia vn manjar señalado
S1372-1  la su yantar comida el manjar acabado
S1375-2  vn manjar mejor que otro amenudo y anda
S1379-1  Este manjar es dulçe sabe como la miel
S1555-4  escotan tu manjar adobladas e zenzillas

**MANJARES**

S 176-2  non perdere los manjares nin el pan de cada dia
S 502-1  Comia muchos manjarez de diuerssas naturas
S1333-3  quien dirie los manjarez los presentes tamaños
S1371-3  a -los pobrez manjarez del plazer los rrepara
S1381-2  que comer mill manjares corrido e syn solaz

**MANO**

S  51-3  Segund le dios le demostrase fazer señas con la mano
S  86-1  alço el leon la mano por la mesa santiguar
S 175-1  lanço medio pan al perro que traya en -la mano
S 179-4  que diz por lo perdido non estes mano en mexilla
S 227-4  coydo ganar E perdio lo que tenia en su mano
S 298-4  vassallo dixo mio la mano tu me besa
S 299-3  en te besar la mano yo en eso me fallo
S 402-4  aquel da de -la mano e de aquel se encoba
G 448-3  zy ha la mano chyca delgada boz aguda
G 686-1  esto yo non uoz otorgo saluo la fabla de mano
S 719-3  de -mano tomad pellote e yd nol dedes vagar
S 724-2  para esa mano bendicha quered esta sortija
S 930-4  que mano besa ome que -la querria ver corta
S 935-4  dixe yo en mano de vieja nunca dy mejor beso
S 945-2  vino me ver vna vieja dixo me luego de mano
S 967-1  Tomome Resio por la mano en -su pescueço puso
S 981-1  Tomo me por la mano e fuemos nos en vno
S 996-2  este de yuso escripto que tyenes so la mano
S1017-1  mas ancha que mi mano tyene la su muñeca
S1096-2  el ynojo fyncado en -la mano el barril
S1115-2  tenia en -la su mano grand maça de vn trechon
S1217-1  Traya en -la su mano vn assegur muy fuerte
S1246-2  todos finojos fyncados besaron le la mano
S1270-1  luego a -la entrada a -la mano derecha
S1290-1  El Segundo tenia en -su mano la foz
S1388-2  que a -ty nin a -çiento tales en -la mi mano
S1411-2  el coraçon querria sacarle con su mano
S1411-3  dezir te he su enxienplo agora por de mano
S1459-3  pon mano en -tu Seno E dalo que fallaras
S1460-3  metio mano en -el seno E fue dende sacar
S1464-2  puso mano a -su Seno e fallo negro fallado
S1629-3  ande de mano en mano a -quien quier quel pydiere
S1677-6  tu me guarda en -tu mano
S1698-3  dile luego de -mano doze varas de pano
S1709-3  ffezieron luego de mano buenas aprollaçones

**MANOS**

S 126-3  otros siruen Señorez con -las manos anbas
S 238-1  Con -los pies e con las manos e con -el noble freno
S 490-4  El que non tiene manos dyneros quiere tomar
S 500-4  quantos son en -el mundo le besan oy las manos
G 595-4  en vuestraz manoz pongo el mi coraçon abierto
S 630-3  han muy flacas las manos los calcañares podridos
S 654-3  los mis pies e las mis manos non eran de si Senores
G 666-2  zon los dedoz en -laz manoz pero non zon todoz parejoz
S 701-3  en -vuestraz manos pongo mi salud e mi vida
S 710-2  desque ya entre las manos vna vez esta maznada
S 741-3  sus manos se contuerçe del coraçon travando
S 776-3  diz señor abbad conpadre con esas santas manos

| MANOS | (cont.) |
|---|---|
| S 801-2 | commo al aue que sale de manos del astor |
| S 810-4 | aprieta me mis dedos en -sus manos quedillo |
| S 833-3 | apretando sus manos en su cabo fablando |
| S 979-1 | desque ovo en mi puesto las sus manos yradas |
| S1065-1 | Con clauos enclauaron las manos e pies del |
| S1116-4 | como tiene muchas manos con muchoz puede lydiar |
| S1121-4 | deffendiose quanto pudo con manos enfraqueçidas |
| S1139-1 | En sus pechos feriendo a -dios manos alçando |
| S1200-2 | quien a -su enemigo popa a -laz sus manos muere |
| S1243-3 | llenas trahe laz manos de mucha noble dona |
| S1291-4 | traya las manos tyntas de -la mucha çereza |
| S1356-3 | vine manos vazias finco mal escultada |
| S1401-2 | con su lengua e boca laz manoz le besaua |
| S1414-3 | laz manos encogidaz yerta e des-figurada |
| S1430-4 | enbuelto pies e manos non se podia alçar |
| S1431-4 | do estan vuestraz manos fare vn grand portillo |
| S1472-3 | e veo las tus manos llenas de garauatos |
| S1482-3 | E que de vos non me parta en vuestraz manos juro |
| S1500-1 | val me santa maria mis manos aprieto |
| **MANPARADO** | **(V)** |
| G1377-3 | Non tenia lugar çierto do fuese manparado |
| **MANSA** | |
| S 79-2 | conplida de muchos byenes anda manssa e leda |
| S 524-4 | la dueña mucho braua vsando se faz manssa |
| S 604-4 | oyt me vos mansa mente las mis coytas sobejas |
| G 669-2 | bien loçana e orgulloza bien manza e sosegada |
| S1179-3 | de mansa penitençia el pecador jndigno |
| **MANSILLAS** | |
| S1549-3 | mansilla la lynpieza cortesia envileçes |
| **MANSO** | |
| S 213-2 | que tanto me persygues vienes me manso e quedo |
| S 728-4 | manso mas que vn cordero nunca pelear lo vyeron |
| **MANTECA** | |
| S 969-1 | de buen vino vn quartero manteca de vacaz mucha |
| **MANTELES** | |
| S 723-3 | dezia por fazalejas conprad aquestos manteles |
| S1248-3 | rrefitorios muy grandes e manteles parados |
| S1252-2 | mandan lechoz syn rropa e manteles syn pan |
| S1374-1 | Manteles de buen lyenço vna branca talega |
| **MANTENENCIA** | |
| S 71-3 | por aver mantenençia la otra cosa era |
| S 250-3 | pidias a -dios que te diesen Salud e mantenençia |
| S 496-2 | con muchos abogados era su mantenençia |
| **MANTENER** | |
| S1707-1 | En mantener omne huerfana obra es de piedad |
| **MANTENGA** | |
| S 939-1 | la mi leal vrraca que dios mela mantenga |
| **MANTIEM** | |
| S 110-4 | non cobdiçie conpaña sy solo se mantiem |
| **MANTIENE** | |
| S 157-1 | Al mançebo mantiene mucho en mançebez |
| S 885-1 | El que -la ha desonrrada dexala non -la mantyene |
| **MANTIENEN** | |
| S 225-3 | non han lo que cobdiçian lo suyo non mantienen |
| **MANTO** | |
| S 11-4 | sea de nuestras almas cobertura E manto |
| **MANTOVISTE** | |
| S1687-2 | mantouiste porfia |
| **MANUALES** | |
| S1148-3 | serie mayor el rromançe mas que dos manuales |
| **MANZELLERAS** | |
| S 841-2 | dize a -mi llorando palablas muy manzelleras |
| **MANZELLERO** | |
| G 561-4 | ca el que calla e aprende este es manzellero |
| **MANZILLA** | |
| S 179-1 | ffueron dares valdios de -que ove manzilla |
| S 244-3 | sienpre byvras mesquino e con mucha manzilla |
| S 870-4 | que mas val verguença en faz que en coraçon manzilla |
| S 921-2 | que juga jugando dize el omne grand manzilla |
| S1662-1 | graçia plena syn manzilla |
| S1663-6 | syn manzilla de pecados |
| S1696-2 | leuanto se el dean a -mostrar su manzilla |
| **MANZILLAS** | |
| S1555-2 | los que eran lynpieça feziste los manzillas |
| **MANZILLERA** | |
| S 202-1 | Enbioles por su Rey çigueña manzillera |
| **MAÑA** | |
| S 616-4 | el conejo por maña doñea a -la vaca |
| S 638-2 | faz les muchos plazeres fabla les bien con maña |
| **MAÑA** | **(H)** |
| S 4-3 | libra me mi dioz desta coyta tan maña |
| S 621-4 | pues vençerse la dueña non es cosa tan maña |
| **MAÑANA** | |
| S 103-2 | arredrose de mi fizo me el juego mañana |
| S 103-4 | desto fize troba de tristeza tam mañana |
| S 292-2 | almuerças de mañana non pierdes la yantar |
| S 409-3 | yo te sacare a -saluo agora por la mañana |
| S 474-2 | sy vieres que es burla dyme otra tan mañana |
| S 750-2 | syenpre estas chirlando locura de mañana |
| S 959-1 | Passando vna mañana por el puerto de mal angosto |
| S 965-4 | buena mañana te vino |
| S 989-3 | mas quanto esta mañana del camino non he cura |
| S 996-4 | pase por la mañana el puerto por sosegar tenplano |
| S1079-3 | a -don carnal mañana e todo esto le dezit |
| S1184-1 | luego lunes de mañana don rraby açelyn |
| S1313-1 | Otro dia mañana antes que fues de dia |
| S1318-3 | diz açipreste amad esta yo ire alla mañana |
| S1387-2 | estando escarbando mañana con -el frio |
| S1410-1 | la dueña dixo vieja mañana madrugeste |
| S1415-1 | passaua de mañana por y vn çapatero |
| S1496-3 | a -la misa de mañana vos en -buena ora yd |

| S1499-1 | En -el nonbre de dios fuy a -misa de mañana |
|---|---|
| **MAÑANAS** | |
| S 203-4 | danos muy malas tardes e peorez las mañanas |
| S1272-4 | ffaze diaz pequenos e mañanas friaz |
| **MAÑAS** | |
| S 903-3 | entendiera sus mañas e sus nueuas oyera |
| S1493-1 | la dueña dixo vieja guarde me dios de tus mañas |
| **MAÑAZ** | |
| S 188-3 | con tus muchos doñeos e con tus malas mañaz |
| **MAÑO** | |
| S1644-2 | que gozo tan maño |
| **MAR** | |
| S 5-2 | en -que moro trez diaz dentro en -la mar ll(ena) |
| S 6-3 | de -las ondaz del mar a -sant pedro tomeste |
| S 12-1 | El que fizo el çielo la tierra E el mar |
| S 614-1 | si la primera onda del mar ayrada |
| S 614-3 | nunca en -la mar entrarie con su nave ferrada |
| S 650-2 | puso me el marinero ayna en -la mar fonda |
| S 821-4 | a -las vezes espanta la mar e faze buen orilla |
| S1075-1 | De mi doña quaresma justiçia de -la mar |
| S1101-3 | la conpaña del mar las sus armas menea |
| S1110-1 | Recudieron del mar de pielagos E charcos |
| S1112-3 | quantos son en la mar vinieron al torneo |
| S1124-1 | la mesnada del mar fizo se vn tropel |
| S1133-2 | es pielago muy fondo mas que todo el mar |
| S1194-3 | de -la falsa quaresma e de mar ayrado |
| S1202-4 | para pasar la mar puso muy grand mision |
| S1204-1 | lo al es ya verano e non venian del mar |
| S1681-1 | Estrella del mar puerto de folgura |
| **MARAVEDI** | |
| S1339-4 | quien a -monjas non ama non vale vn marauedy |
| **MARAVILLA** | |
| S 265-4 | fizo otra marauilla quel omne nunca ensueña |
| S 408-2 | creçio tanto el rrio que marauilla era |
| S 921-3 | fue sañuda la vieja tanto que a -marauilla |
| S1098-3 | non avia marauilla que sus mugeres perdioron |
| S1304-4 | andando mucho viçioso quanto fue marauilla |
| S1662-4 | faz esta marauilla |
| **MARAVILLAS** | |
| S 498-1 | yo vy fer marauillas do el mucho vsaua |
| **MARAVILLE** | |
| S 577-1 | Marauille me mucho desque en ello pensse |
| **MARAVILLO** | |
| S 87-4 | marauillose el leon de tan buena egualadera |
| S 532-1 | Marauillose el monge diz a -dios me acomiendo |
| **MARAVILLO** | **(H)** |
| S 851-4 | marauillo me Señora esto por que se detyen |
| **MARAVILLOSA** | |
| S1667-9 | en dulçor marauillosa |
| S1671-4 | tu bondad marauillosa loare sienpre seruiendo |
| **MARAVILLOSAS** | |
| S 497-4 | por todo el mundo faze cosas marauillosaz |
| **MARCO** | |
| S1516-2 | çinfonia guitarra non son de aqueste marco |
| **MARCOS** | |
| S1110-2 | conpañas mucho estranas e de diuersos marcos |
| S1321-1 | Dia era de sant marcos ffue fiesta señalada |
| **MARÇO** | |
| S 945-1 | El mes era de março salido el verano |
| S 951-1 | Eł mes era de março dia de sant meder |
| S1618-1 | ssalida de febrero entrada de março |
| **MARES** | |
| S 619-2 | E los pies enxutos corren por mares fondas |
| **MARFIL** | |
| S1267-2 | vn marfyl ochauado nuncal vistes mejor |
| **MARFUSA** | |
| S 332-2 | vyno dona marfusa con vn grand abogado |
| S 339-3 | diz luego la marfusa Señor sean tenidos |
| S 348-3 | en -que a -la marfusa furto -le aponia |
| S 362-3 | fallo que ez prouado lo que la marfusa pon |
| S 363-2 | es magnifiesto e çierto lo que la marfusa puso |
| S 364-3 | non -le deue rresponder en -juyzio la marfusa |
| S1437-1 | la marfusa vn dia con -la fanbre andaua |
| **MARFUZ** | |
| S 119-4 | El traydor falso marfuz |
| **MARGARITON** | |
| S1336-2 | e la garriofilota con dia margariton |
| **MARIA** | |
| S 19-2 | la virgen santa maria por ende yo joan rroyz |
| S 20-1 | Santa maria |
| S 34-5 | non pares mientes maria |
| S 913-4 | de mensajero malo guarde me santa maria |
| S1044-2 | muy santo E muy deuoto santa maria del vado |
| S1060-4 | la virgen que sabemos ssanta maria estar |
| S1500-1 | val me santa maria mis manos aprieto |
| S1626-1 | Por que santa maria Segund que dicho he |
| S1635-2 | virgen santa marya |
| S1647-4 | byuio santa maria |
| S1649-5 | de la virgen maria |
| S1667-10 | o maria |
| S1672-1 | A -ty me encomiendo virgen ssanta maria |
| S1684-2 | virgen santa maria |
| **MARIA** | **(L)** |
| S 23-4 | dixote ave maria |
| S 35-5 | aue maria conçebiste |
| S 38-2 | quando te dixo ave maria |
| S1633-4 | digades vn pater noster por mi E ave maria |
| S1661-1 | Aue maria gloriosa |
| **MARIAS** | **(L)** |
| S1310-3 | con sus aue mariaz fazian me estar mudo |
| **MARIDADA** | |
| S1570-3 | sienpre en este mundo fuste por dos maridada |

| | | | | |
|---|---|---|---|---|

**MARIDO**

| | |
|---|---|
| S 478-2 | auie con su marido fecha poca morada |
| S 600-2 | escogera marido qual quisiere entre dos mill |
| S 608-1 | ya fueste conssejado del amor mi marydo |
| S 609-2 | de -lo que mi marido te ovo conssejado |
| G 760-3 | del zegundo marido non seria tan onrrada |
| G 761-2 | tomad aqueste marido por omne e por velado |
| G 763-1 | xergaz por mal zeñor burel por mal marido |
| S 794-3 | pues a -la mi señora cras le dan marido |
| S 795-1 | ffasta que su marido pueble el çementerio |
| S 890-3 | vos sed muger suya e el vuestro marido |
| S1038-4 | seras mi marido |
| S1327-2 | ca mas val buen amigo que mal marido velado |
| S1627-3 | o sy muger lo oye que su marido vil sea |

**MARIDOS**

| | |
|---|---|
| S1527-3 | de mugeres leales los sus buenos maridos |

**MARINA**

| | |
|---|---|
| S 3-3 | a santa marina libreste del vientre del drago |
| S1205-2 | grande sonblero Redondo con mucha concha maryna |

**MARINERO**

| | |
|---|---|
| S 614-2 | espantase al marynero quando vyene torbada |
| S 650-3 | puso me el marinero ayna en -la mar fonda |

**MARROQUIA**

| | |
|---|---|
| S1323-3 | commo la marroquia que me corrio la vara |

**MARTA**

| | |
|---|---|
| S1639-3 | del hermano de marta |

**MARTES**

| | |
|---|---|
| S1079-4 | que venga apercebido el martes a -la lyd |
| S1165-1 | Por tu grand avariçia mando te que el martes |
| S1372-3 | que el martes quisiese yr ver el su mercado |

**MARTIRES**

| | |
|---|---|
| S1570-2 | con dos martyrez deues estar aconpañada |

**MARVILLADO**

| | |
|---|---|
| S1298-1 | Yo fuy maruillado desque vy tal vision |

**MAS**

| | |
|---|---|
| P 97 | que mas aparejada E jnclinada ez al mal que al bien |
| P 108 | maz ez de -la diuinidat que de -la vmanidad |
| P 110 | E por esto ez maz apropiada a -la memoria del alma |
| P 148 | E querran maz amar a -si mesmoz que al pecado |
| P 178 | maz fue por Reduçir a -toda persona |
| S 15-4 | rrazon mas plazentera ffablar mas apostado |
| S 17-1 | El axenuz de fuera mas negro es que caldera |
| S 17-2 | es de dentro muy blanco mas que -la peña vera |
| S 73-4 | E quanto mas el omne que a -toda cosa se mueva |
| S 74-1 | Digo muy mas del omne que de toda creatura |
| S 75-2 | commo quier que mas arde quanto mas se atiza |
| S 78-4 | mas mucho que non guardan los jodios la tora |
| S 83-1 | Por le fazer plazer E mas le alegrar |
| S 91-1 | Nunca desde esa ora yo mas la pude ver |
| S 92-4 | mas que yo podria sser dello trobador |
| S 112-3 | puse el ojo en otra non santa mas sentia |
| S 114-3 | Ca devrien me dezir neçio e mas que bestia burra |
| S 118-4 | El comio el pan mas duz |
| S 127-1 | Non acaban en orden nin son mas cavalleros |
| S 129-2 | nasçiole vn fijo bello mas de aquel non tenia |
| S 130-2 | vinieron çinco dellos de mas conplido saber |
| S 141-2 | e creer muy mas en dios con firme esperança |
| S 151-2 | nin se astralabio mas que buey de cabestro |
| S 152-1 | Muchos nasçen en venus que -lo mas de su vida |
| S 152-4 | E -los mas non rrecabdan la cosa mas querida |
| S 159-3 | mas noble que los otros por ende todo onbre |
| S 163-4 | mas ante pudren que otra pero dan buen olor |
| S 191-3 | que al otro su hermano con vna e con mas non |
| S 196-2 | que a -la otra donzella nunca mas la tomo |
| S 196-3 | non prouo mas tener la muela sol non -lo asomo |
| S 197-2 | mas arde e mas se quema qual quier que te mas ama |
| S 197-3 | amor quien te mas sygue quemas le cuerpo e alma |
| S 216-1 | quanto mas aqui estas tanto mas me assaño |
| S 216-2 | mas fallo que te diga veyendo quanto dapño |
| S 219-2 | avarizia e loxuria que arden mas que estepa |
| S 225-2 | coyda aver mas mucho de quanto le conviene |
| S 229-1 | lo mas e lo mejor lo que es mas preçiado |
| S 296-3 | antre muere que otro mas fraco e mas lazrado |
| S 266-3 | fizole suelo de cobre Reluze mas que goma |
| S 268-2 | nunca mas fue a -ella nin la ovo talente |
| S 270-4 | sy vallestero la falla preçiala mas que saya |
| S 284-1 | Por que tiene tu vezino mas trigo que tu paja |
| S 288-4 | mas negra paresçia la graja que el erizo |
| S 295-2 | de -los mas mejores que el eran por çierto |
| S 297-4 | dezir telo he mas breue por te enbiar ayna |
| S 303-3 | mas mata que cuchillo mas yo lo dezia |
| S 304-2 | mas orgullo e mas bryo tyenes que toda españa |
| S 310-3 | quanto mas te vsare menos te preçiara |
| S 310-4 | quanto mas te prouare menos te amara |
| S 322-1 | lo que el mas fazia a -otros lo acusava |
| S 322-3 | lo que el mas amaua aquello denostaua |
| S 322-4 | dezie que non feziesen lo quel mas vsaua |
| S 358-1 | fallo mas que -la gulpeja pide mas que non deue pedir |
| S 361-4 | nin puede el alcalde mas que el derecho mandar |
| S 380-2 | mas que por oyr la missa nin ganar de dios perdon |
| S 389-3 | mas cree tus lysonjas el neçio fadeduro |
| S 390-3 | tanto mas me aquexas quanto yo mas aguijo |
| S 392-3 | non te menguan lysonjas mas que fojas en vyñas |
| S 392-4 | mas traes neçios locos que ay pyñones en piñas |
| S 398-1 | El que mas a -ty cree anda mas por mal cabo |
| S 399-3 | fazer perder la fama al que mas amor dieres |
| S 399-4 | a -dios pierde e al mundo amor el que mas quieres |
| S 402-3 | el mas astroso lobo al enodio ajoba |
| S 403-4 | quanto mas a -ty creen tanto peor baratan |
| S 420-3 | matas al que mas quieres del byen eres encobo |
| S 421-4 | mucho mas te diria Saluo que non me atrevo |
| G 437-4 | ca mas fierbe la olla con la su cobertera |

| | |
|---|---|
| G 444-4 | contra la fegura toda por que maz çierto andez |
| G 446-2 | non oluidez tal dueña maz della te enamora |
| G 450-2 | es muy mas plazentera que otraz en doñear |
| S 455-4 | del vestido mas chico sea tu ardit alardo |
| S 459-2 | con -el mas perezosso E aquel queria tomar |
| S 460-2 | yo soy mas perezosso que este mi conpanon |
| S 464-1 | Mas vos dire Señora vna noche yazia |
| S 465-4 | deuedes por mas pereza duena con-migo casar |
| S 468-4 | mas diabluras faze de quantas omne quier |
| S 486-3 | otro pedro que -la sygue E la corre mas sotil |
| S 487-2 | mas garçon e mas ardit quel primero que ameste |
| S 487-3 | el primero apost deste non vale mas que vn feste |
| S 491-3 | quanto mas algo tiene tanto es mas de valor |
| S 504-4 | mas condesyguos tyenen que tordos nin picaças |
| S 507-1 | Ally estan esperando qual avra mas Rico tuero |
| S 520-1 | quanto es mas sosañada quanto es mas corrida |
| S 520-3 | tanto mas por el anda loca muerta E perdida |
| S 522-3 | que mas la ençendia E pues devia por ella |
| S 523-2 | lo que mas le defienden aquello ante passa |
| S 523-4 | do non es tan seguida anda mas floxa laxa |
| S 547-1 | Ado mas puja el vyno quel seso dos meajas |
| G 556-3 | mas alholiz rrematan pero non comen pan |
| S 568-2 | tenga la porydat que es mucho mas blanda |
| S 574-1 | Mucho mas te diria sy podiese aqui estar |
| S 578-4 | que sy byen non abengo nunca mas aberne |
| G 580-2 | mas val rrato acuçiozo que dia perezozo |
| G 582-1 | la mas Noble figura de quantaz yo auer pud |
| S 595-1 | El fuego mas fuerte quexa escondido encobierto |
| S 595-3 | Pues este es camino mas seguro e mas çierto |
| S 603-1 | quanto mas esta omne al grand fuego llegado |
| S 603-2 | tanto muy mas se quema que quando esta alongado |
| S 609-3 | seras dello mas çierto yras mas segurado |
| S 627-4 | mas sotil e mas ardit mas franco e mas donoso |
| S 630-2 | mas desea tal omne que todos byenes conplidos |
| S 636-4 | mas val que fazer se pobre a -quien nol dara nada |
| S 647-1 | asaz te he ya dicho non puedo mas aqui estar |
| S 648-1 | Amigo en -este fecho que quieres mas que te diga |
| S 659-1 | abaxe mas la palabra dixel que en juego fablaua |
| G 660-4 | do se çelan loz amigoz son mas fielez entramoz |
| G 661-2 | tienpo es ya pazado de -loz añoz mas de dos |
| G 661-3 | que por vuestro amor me pena amo voz mas que a -dioz |
| G 662-4 | tanto me da la muerte quanto mas se me abaxa |
| G 663-4 | esto zobre todas cosaz me traye mas afincada |
| G 664-1 | zeñora yo non a me treuo d dezir uoz mas rrazonez |
| G 671-3 | estadez enfriada mas -la nief de -la sierra |
| G 672-4 | querriedez jugar con la pella mas que estar en poridat |
| G 673-1 | pero zea mas noble para plazenteria |
| G 677-1 | por la fabla se conoscen loz maz de loz coraçonez |
| S 698-3 | doña venuz por panfilo non pudo mas fazer |
| S 704-4 | mas encubiertas encobrimos que meson de vezindat |
| S 708-3 | encobrid todo aquesto lo mas mucho que podades |
| S 716-4 | por mi conssejo lo faze mas que non por su querer |
| S 717-1 | Non vos dire mas rrazones que asaz vos he fablado |
| S 727-2 | El mejor e el mas noble de lynaje e de beldat |
| S 728-4 | manso mas que vn cordero nunca pelear lo vyeron |
| S 743-3 | es la vyda sola mas que vaca corrida |
| S 747-2 | e mas al abutarda estas palabras tales |
| S 764-3 | non me digaz agora mas desa ledania |
| G 765-2 | de quantoz me Rogaron zabez tu mas de çiento |
| S 768-1 | ssalio de aquel plado corrio lo mas que pudo |
| S 769-2 | Salieron a -rresçebir le los mas adelantados |
| S 771-4 | ofreçeremos cabritos los mas e los mejores |
| S 773-1 | salvo mas que de passo fizo ende rretorno |
| S 774-1 | fuese mas adelante çerca de vn molino |
| S 787-2 | de dueña que te tyene por de mas oluidado |
| S 795-4 | veo el daño grande E de mas el haçerio |
| S 798-4 | sy mucho la amades mas vos tyene amado |
| S 811-3 | avyua mas el ojo e esta toda bulliendo |
| S 820-4 | non son mas preçiados que -la seca sardina |
| S 829-3 | mesquino e magrillo non ay mas carne en -el |
| S 837-1 | desque con -el fablastes mas muerto lo trahedes |
| S 841-1 | Entyendo su grand coyta en mas de mill maneras |
| S 843-1 | En -todo paro mientes mas de quanto coydades |
| S 844-3 | mas que nos al queramos por vos fazer seruicio |
| S 854-4 | mi porfya el la vençe es mas fuerte apoderado |
| S 855-3 | alegro me con mi tristeza lasa mas enamorada |
| S 855-4 | mas quiero moryr su muerte que beuir penada |
| S 856-1 | quanto mas malas palabras omne dize e las entyende |
| S 856-2 | tanto maz en la pelea se abyua e se ençiende |
| S 856-3 | quantas mas dulçes palablas la dueña de amor atyende |
| S 856-4 | atanto mas doña venus la fla e la ençiende |
| S 859-4 | quien non cree los mis dichos mas lo falle e mas lo yerra |
| S 860-2 | oluidar o escusar aquello que mas amades |
| S 862-4 | las que vos queredes mucho estas vos seran mas sanas |
| S 870-4 | que mas val verguença en faz que en coraçon manzilla |
| S 881-1 | Synon parlase la pycaça mas que -la codorniz |
| S 895-3 | su atanbor taniendo fuese mas y non estudo |
| S 898-1 | Mas valya vuestra abbuelbola e vuestro buen solaz |
| S 917-1 | diz yo se quien vos querria mas cada dia ver |
| S 919-4 | que non querria ser mas Rapaça nin vellaca |
| S 927-4 | nonbles e maestrias mas tyenen que Raposa |
| S 932-4 | el buen desir non cuesta mas que -la nesçedat |
| S 945-3 | moço malo moço malo mas val enfermo que sano |
| S 946-2 | açipreste mas es el rroydo que -las nuezes |
| S 950-4 | quien mas de pan de trigo busca syn de seso anda |
| S 957-2 | comadre quien mas non puede amidos moryr se dexa |
| S 964-4 | mas querria estar al fuego |
| S 966-3 | ella diz dam mas amigo anda aca trete con-migo |
| S 980-3 | lieua te dende cornejo non busques mas contyenda |
| S 982-1 | Pardios dixe yo amiga mas querria almozar |
| S 985-3 | ande lo mas que pud ayna los oteros |
| S1005-1 | yol dixe dar te he esas cosas e avn mas si mas comides |

**MAS** **(cont.)**

| | |
|---|---|
| S1008-3 | la mas grande fantasma que vy en -este siglo |
| S1012-2 | cabellos muy negros mas que corneja lysa |
| S1014-3 | las sobreçejas anchas e mas negras que tordos |
| S1015-4 | valdria se te mas trillar en -las tus paruas |
| S1017-1 | mas ancha que mi mano tyene la su muñeca |
| S1020-3 | digo te que non vy mas nin te sera mas contado |
| S1065-3 | las llagas quel llagaron son mas dulçes que miel |
| S1070-4 | vertyendo mucha ssangre de -lo que mas me asaño |
| S1090-4 | mas querria mi pelleja quando alguno le quiebre |
| S1092-4 | mas fago te seruiçio con -la carne e cuero |
| S1110-4 | mas negra fue aquesta que non la de larcos |
| S1121-1 | las mas de sus conpañas eran le ya fallesçidas |
| S1132-4 | quanto mas la seguieremos mayor es la soldada |
| S1133-2 | es pielago muy fondo mas que todo el mar |
| S1139-4 | do mas fazer non puede la cabeça enclinando |
| S1148-3 | serie mayor el romançe mas que dos manuales |
| S1153-1 | Decretales mas de çiento en -libros E en -questionez |
| S1162-4 | E non comiese mas e seria perdonado |
| S1169-1 | Come la dya del sabado las fabas E non mas |
| S1196-1 | E vaya el almuezo que es mas aperçebido |
| S1201-2 | mas que todaz las fenbraz non de coraçon fracaz |
| S1207-2 | calabaça bermeja mas que pyco de graja |
| S1207-3 | bien cabe su açunbre e mas vna meaja |
| S1215-2 | mas vienen çerca della que en -granada ay moroz |
| S1226-4 | mas alegria fazen los que son maz mejores |
| S1229-3 | el salterio con ellos mas alto que -la mota |
| S1230-3 | la flauta diz con ellos mas alta que vn Risco |
| S1242-2 | blanca resplandeçiente mas alta que -la peña |
| S1263-1 | ffueron se a -sus posadaz laz mas de aquestaz gentes |
| S1277-4 | mas querrien estonçe peña que non loriga nin yjarez |
| S1280-1 | lo mas que este andaua era viñaz podar |
| S1289-3 | anda muy mas loçano que pauon en floresta |
| S1301-4 | non quiero de -la tienda mas prologo fazer |
| S1302-4 | los mas con don carnal fazian su morada |
| S1326-2 | ca mas val suelta estar la viuda que mal casar |
| S1327-1 | Mas val tener algun cobro mucho ençelado |
| S1327-2 | ca mas val buen amigo que mal marido velado |
| S1334-3 | otros de mas quantia de çahanorias rrahezez |
| S1338-3 | los mas nobles presenta la dueña quez mas preçia |
| S1339-1 | E avn vos dire mas de quanto aprendi |
| S1340-3 | mas saben e mas valen sus moçaz cozineraz |
| S1342-3 | todo es en -las monjaz mas que en otro lugar |
| S1375-3 | E de mas buen talente huesped esto demanda |
| S1378-4 | alegrate E come de -lo que as mas sabor |
| S1381-1 | Mas vale en convento laz sardinaz saladas |
| S1385-1 | Mas vale en convento laz sardinaz saladas |
| S1388-1 | Mas querria de vuaz o -de trigo vn grano |
| S1392-2 | queredes en couento mas agua con -la orça |
| S1395-1 | Dixol doña garoça oy mas no te dire |
| S1398-1 | Mayor Roydo fazen mas bozes syn rrecabdo |
| S1403-2 | mas con prouecho syruo que mill tales blanchetes |
| S1415-2 | o diz que buena cola mas vale que vn dinero |
| S1415-4 | cortola e estudo mas queda que vn cordero |
| S1416-4 | Sacole e estudo queda syn se mas quexar |
| S1418-4 | cortolas E estudo queda mas que vn oveja |
| S1433-1 | el que non puede mas puede aprouechar |
| S1435-1 | ffue con -esto la dueña ya quanto mas pagada |
| S1438-3 | mas que todaz las aves cantas muy dulçe mente |
| S1439-4 | me tiraries en punto mas que otro ensayo |
| S1440-2 | prazie a -todo el mundo mas con otro cantar |
| S1440-4 | alegraua laz gentes mas que otro juglar |
| S1452-3 | sy mas ya non fablalde como a -chate pastor |
| S1455-3 | si mas yo so con furto del merino tomado |
| S1473-2 | E mucho mas dos tanto que ver non -lo podiste |
| S1473-4 | non pudo mas sofrirte tenlo que mereçiste |
| S1478-4 | non viene dellos ayuda mas que de vnos alrrotes |
| S1487-3 | mas gordos que delgadoz bermejos como coral |
| S1488-4 | Señora del non vy mas por su amor voz abraço |
| S1498-3 | guardaz tenie la monja mas que -la mi esgrima |
| S1511-2 | que non gelo desdeñedes pues que mas traher non pud |
| S1515-2 | a -cantigas algunas son mas apropiados |
| S1515-4 | en quales quier jnstrumentos vienen mas assonados |
| S1516-4 | mas aman la tauerna e sotar con vellaco |
| S1530-2 | el que byen fazer podiese oy le valdria mas |
| S1533-1 | quien en mal juego porfia mas pierde que non cobra |
| S1537-1 | que son mas propyncos hermanos E hermanas |
| S1537-3 | mas preçian la erençia çercanos e çercanas |
| S1540-3 | lo mas que sienpre fazen los herederos nouiçioz |
| S1542-4 | que casara con mas rrico o -con moço valiente |
| S1544-1 | Muerte por mas dezir te a -mi coraçon fuerço |
| S1551-3 | al -lugar do mas siguez aquel va muy peor |
| S1564-2 | do an vida veyendo mas gloria quien mas quiso |
| S1571-2 | que mas leal trotera nunca ffue en memoria |
| S1582-2 | muy mas deuemos fazerlo por tantos e tan esquiuos |
| S1584-1 | lydyan otrosi con estos otros trez mas prinçipales |
| S1591-2 | con fe santa escogida mas clara que cristal |
| S1600-2 | esta es de -los siete pecados mas sotil e engañosa |
| S1600-4 | mas fijos malos tyene que -la alana rrauiosa |
| S1611-2 | pero mas que -la nuez conorta E calyenta |
| S1614-2 | pero mas dulçe canta que otra ave mayor |
| S1614-4 | con doñeo es mas dulçe que açucar nin flor |
| S1617-1 | ssenpre quis muger chica mas que grande nin mayor |
| S1622-2 | que mas val con mal asno el omne contender |
| S1629-2 | mas ay añadir E emendar si quisiere |
| S1640-6 | fue mas bueno |
| S1690-4 | tal que sy plugo a -vno mas peso mas que a -dos mill |
| S1691-4 | bien creo que -lo fizo mas con midos que de -grado |
| S1700-1 | Demando los apostolos E todo lo que mas vale |
| F 4 | sino de hueso duro mas fuerte que de leon |

**MAS** **(H)**

| | |
|---|---|
| S 34-6 | mas al loor |

| | |
|---|---|
| S 49-3 | mas por que non entedrien el lenguage non vsado |
| S 75-4 | mas non se parte ende Ca natura lo entiza |
| S 136-2 | mas commo ez verdat e non puede fallesçer |
| S 150-4 | mas non puedem contra dios yr nin son poderosos |
| S 151-3 | mas por que cada dia veo pasar esto |
| S 161-3 | mas por que non me tengades por dezidor medroso |
| S 200-4 | mas vieron que non era Rey para las castigar |
| S 208-1 | Querellan se de ti mas non les vales nada |
| S 255-4 | mas ansi te ssecaras como rroçio E feno |
| S 260-1 | las dos non por su culpa mas por las veçindadez |
| S 299-4 | mas yr a -ty non puedo que tengo vn grand contrallo |
| S 344-4 | mas non podieron del cosa saber nin entender |
| S 345-2 | el mostraua los dientes mas non era rreyr |
| S 353-2 | mas la descomunion es aqui dilatoria |
| S 354-2 | mas la descomunion fue vn poco errada |
| S 360-3 | non por la exepçion mas por que -lo puede far |
| S 366-4 | ella diz que non -lo tenie mas que le furtaria la gallyna |
| S 411-2 | mas al tiene pensado en -el su coraçon |
| S 526-1 | Muy blanda es el agua mas dando en piedra dura |
| G 560-1 | de otra muger non le digaz mas a -ella alaba |
| S 574-2 | mas tengo por el mundo otros muchos de pagar |
| S 610-3 | apenaz de myll vna te lo niegue mas desdeña |
| S 632-2 | amenazan mas non fieren en çelo son arteras |
| S 649-3 | consejo me dona venuz mas non me tyro pesares |
| S 740-4 | mas de mi el nin vos non vos podredes alabar |
| S 755-1 | Mas este vos defendera de toda esta contienda |
| G 756-4 | mas do non mora omne la caza poco val |
| G 763-3 | mas deuen lo traer poco e fazer chico rroydo |
| S 815-3 | mas yo de vos non tengo synon este pellote |
| S 819-2 | el poble coytado syenpre esta temeroso |
| S 834-4 | mas non -le aprouecha arte nin sotileza |
| S 845-2 | mas guarda me mi madre de mi nunca se quita |
| S 849-1 | Mas el que contra mi por acusar me venga |
| S 860-1 | Mas çierto fija Señora yo creo que vos cuydades |
| S 869-4 | fablad mas Recabdat quando y yo no fynco |
| S 872-4 | falle la puerta çerrada mas la vieja byen me vydo |
| S 874-4 | mas quebrantaria las puertas menealas commo çençerro |
| S 875-1 | Cyerto aqui quiere entrar mas por que yo non -le fablo |
| S 903-4 | mas que -lo non tenia e por end veniera |
| S 914-2 | Cada dia llegaua la fabla mas non al |
| S 974-2 | mas non vine por locoya que joyas non traya |
| S 989-3 | mas quanto esta mañana del camino non he cura |
| S 992-1 | hospedome E diome vyanda mas escotar mela fizo |
| S 999-1 | Mas pariente tu te cata sy sabes de sierra algo |
| S1015-2 | yo non vy en -ella al mas sy tu en -ella escaruas |
| S1016-1 | Mas en verdat sy byen vy fasta la rrodilla |
| S1021-2 | fize bien trez cantigaz mas non pud bien pyntalla |
| S1028-2 | mas soy cassado |
| S1028-4 | mas de mis dineros |
| S1039-4 | mas fare fiadura |
| S1055-2 | mas al mundo presta que dende vino luz |
| S1120-3 | mas vino contra el la gigante ballena |
| S1138-2 | mas quanto a -la iglesia que non judga de ascondido |
| S1156-4 | mas en ora de muerte o de grand neçesidat |
| S1164-2 | conbras de -las arvejas mas non salmon nin trucha |
| S1182-2 | rrezio es don carnal mas flaco se fazia |
| S1190-4 | non salud mas sangria commo a -mala flemosa |
| S1199-2 | mas desque gelas dieron E le fueron leydaz |
| S1238-2 | non va y sant françisco mas van flayres menorez |
| S1252-3 | tyenen cozinaz grandes mas poca carne dam |
| S1259-1 | Mas commo el grand Señor non deue ser vandero |
| S1301-2 | vy muchaz en la tienda mas por non vos detener |
| S1309-1 | En caridad fablauan mas non mela fazien |
| S1309-2 | yo veya las caras mas non lo que dezien |
| S1320-2 | mas non pudo trabar atar nin dar nudo |
| S1323-4 | mas el leal amigo al byen e al mal se para |
| S1346-2 | dixele non Señora mas yo melo comedi |
| S1369-1 | Mas temome e Reçelo que mal engañada sea |
| S1383-1 | Tu tyenes grandes casaz mas ay mucha conpaña |
| S1420-2 | mas el coraçon sacar E muerte rresçebir |
| S1435-4 | mas rresçelo me mucho de ser mal engañada |
| S1480-2 | mas yo non vos conssejo eso que voz creedes |
| S1495-3 | mas catad non -le digades chufaz de pitoflero |
| S1540-4 | es dar bozes al sordo mas non otros seruiçios |
| S1563-4 | mas con-tigo dexo los tus malos perdidos |
| S1607-4 | mas las chicas e laz grandes se rrepienden del troco |
| S1626-4 | punto a -mi librete mas non -lo çerrare |
| S1631-1 | ffiz vos pequeno libro de testo mas la glosa |
| S1632-2 | mas de juego E de burla es chico breuiario |
| S1675-4 | mas la tu propia bondad |
| S1683-3 | mas tu me val que non veo al |
| S1689-1 | Mas si tu porfias |

**MASA**

| | |
|---|---|
| S 523-1 | Toda muger nasçida es fecha de tal massa |

**MASNADA**

| | |
|---|---|
| S 710-2 | desque ya entre las manos vna vez esta maznada |

**MASTEL**

| | |
|---|---|
| S 111-3 | el mastel syn la vela non puede estar toda ora |
| S1267-1 | El mastel en -que se arma es blanco de color |
| S1268-1 | en -la çima del mastel vna piedra estaua |

**MASTIN**

| | |
|---|---|
| S 174-3 | que fallo vn grand mastyn començole de ladrar |
| S 178-1 | Començo de ladrar mucho el mastyn era mazillero |
| S 332-3 | vn mastyn ovejero de carrancas çercado |

**MASTINA**

| | |
|---|---|
| S 338-1 | ssu mançeba es la mastina que guarda las ovejas |

**MASTINES**

| | |
|---|---|
| S 772-4 | con palos e con mastines vinieron los a -buscar |
| S 773-2 | pastores e mastines troxieron lo en -torno |
| S1051-3 | aquestos mastines asy ante su faz |

**MATA**

| | |
|---|---|
| S 273-3 | destruye a -su cuerpo e a -su alma mata |

**MATA** (cont.)

S 275-1    Quien podrie dezir quantos tu loxuria mata
S 303-3    mas mata que cuchillo ypocras lo dezia
G 584-2    enflaqueçe e mata al rrezio e al fuerte
S 783-3    ay vieja mata amigos para que melo dixistes
S 837-4    el fuego encobyerto vos mata E penaredes
S 839-1    El grand amor me mata el su fuego parejo
S 841-3    doña endrina me mata e non sus conpañeras
S 857-3    fija la vuestra porfia -a vos mata e derrama
S 999-3    se el lobo commo se mata quando yo en pos el salgo
S1200-3    el que a -su enemigo non mata si podiere
S1220-4    e muchos nocherniegos que saltan mata canes
S1479-4    al que te mata so capa nol salues en conçejo
S1550-2    con quien mata e muere e con qual quier que mal faze
S1594-1    yra que es enemiga e mata muchos ayna

**MATA** (H)

S 952-2    falle vna vaquerisa çerca de vna mata

**MATAD**

S 858-4    acabad vuestros desseos matad vos con enemigo

**MATAN**

S 269-1    matanse a -sy mesmos los locos alvardanes
S 307-4    matanse los bauiecas desque tu estas follon
S1113-3    a -las torcazas matan las sabogas valyentes

**MATANDO**

S1113-2    feriendo e matando de -las carnosas gentes
S1224-1    Matando e degollando E dessollando rressez
S1560-4    quieres la poblar matandol por su muerte fue yermada

**MATAR**

S 83-3    dixieron que mandase quales quisiese matar
S 83-4    mando matar al toro que podria abastar
S 93-1    Diz el prouerbio viejo quien matar quisier su can
S 182-4    saluar non puedes vno puedes çient mill matar
S 232-1    Por tales malefiçios manda los la ley matar
S 254-4    pues Sea te soldada pues non te quise matar
S 361-3    por exepçion non puedo yo condepnar nin matar
S 393-3    al que quieres matar ssacas los de carrera
G 588-3    Non ozo moztrar la laga matar me a si la oluido
G 590-1    qual carrera tomare que me non vaya matar
S1124-3    non -lo quisieron matar ovieron duelo del
S1273-3    matar los gordos puercos e desfazer laz cabañas
S1426-1    El leon tomo vno e querialo matar
S1427-2    matar vn pequeno al pobre al coytoso
S1583-3    las almas quieren matar pues los cuerpos han feridos
S1592-4    con estaz brafunerdz la podremos bien matar
S1596-1    grand pecado es gula puede a -muchos matar

**MATARA**

S1200-4    su enemigo matara a -el si cuerdo fuere

**MATARAS**

S1530-2    el omne non es çierto quando E qual mataras

**MATARIA**

S 214-2    E maguer te presiese crey que te non matarya

**MATARON**

S1107-2    mataron las perdizes Castraron loz capones
S1657-4    mataron lo jodios

**MATAS**

S 203-2    señor señor acorre nos tu que matas E sanas
S 214-4    syn piedat me matas de noche e de dia
S 269-1    de muchos ha que matas non se vno que sanes
S 318-4    con tus malas maestrias almas e cuerpos matas
S 406-4    assegurando matas quita te de mi vete
S 420-3    matas al que mas quieres del byen eres encobo
S 786-2    por que matas el cuerpo do tyenes tu morada
S1549-4    muerte matas la vida al mundo aborresçes

**MATASES**

S1520-2    mataste a -mi vieja matasses a -mi ante
S1568-1    Muerte desmesurada matases a -ty sola

**MATASTE**

S1520-2    mataste a -mi vieja matasses a -mi ante
S1556-1    El Señor que te fizo tu a -este mataste
S1558-4    tul mataste vna ora el por sienpre te mato
S1558-3    que me la mataste muerte ihesu xpisto conplola

**MATAVA**

S 312-3    a -las vnas matava e a -las otras feria
S 498-3    otros eran syn culpa E luego los matava
S1288-3    fuyan del los gallos a -todos los mataua

**MATERIA**

S1312-4    dende andare la tyerra dando a -muchos materia

**MATES**

G 562-2    Non le fagaz zenalez a ti mismo non matez
S1426-3    Señor diz non me mates que non te podre fartar

**MATINES**

S 374-4    Jn notibus estolite despuez vas a -matynes

**MATO**

S 258-2    que mato a -uriaz quando le mando en -la lyd
S 272-4    de mi salvo quien me mato e me tiro la vida
S 281-2    matolo por que yaze dentro en mongibel
S 295-1    mato la golosyna muchos en -el desierto
S 308-4    a -sy mesmo con yra e a -otros muchos mato
S 309-3    el mesmo se mato con su espada puez vey
S 311-3    mato a -sy mesmo yrado et muy sañoso
S 541-4    matola el mesquino e ovo se de perder
S 972-4    que mato al viejo rrando segund dize en moya
S1558-4    tul mataste vna ora el por sienpre te mato
S1598-1    la enbidia mato muchos de -los profetass

**MATO** (H)

S1382-1    Por -que tanto me tardo aqui todo me mato

**MATRIMONIO**

S1593-2    que dios fizo en parayso matrimonio E casamiento

**MAYOR**

S 39-4    al çielo a -su padre mayor
S 69-1    Do coydares que miente dize mayor verdat
S 148-4    pero mayor poder rretuvo en sy que les non dio

S 190-1    Su padre su madre e su hermano mayor
S 190-4    E dende a -vn mes conplido casase con -la mayor
S 200-2    la mayor quel pudo Cayo en -ese lugar
S 218-2    esta es tu fija mayor tu mayordoma anbicia
S 337-2    de mayor descomunion por costituçion de llegado
S 453-2    pongelo en mayor de quanto ello valyere
S 461-2    fazia la syesta grande mayor que ome non vydo
S 466-2    qual es la mayor dellas anbos pares estades
G 593-4    morria de todo en todo nunca vy cuyta mayor
S 617-1    a -la muela pesada de -la peña mayor
S 639-2    mayor sera el fuego e mayores los ardores
S 639-4    mayor sera tu quexa E sus desseos mayores
G 663-3    cret que uoz amo tanto que non ey mayor cuydado
S 825-4    vno non se quien es mayor que aquella vyga
S1012-4    mayor es que de yegua la patada do pisa
S1018-1    El su dedo chiquillo mayor es que mi pulgar
S1054-4    quien lo dirie dueña qual fue destos mayor
S1069-4    salud en jhesu xpisto fasta la pasqua mayor
S1132-4    quanto mas la seguieremos mayor es la soldada
S1148-3    serie mayor el rromançe mas que dos manuales
S1225-1    Dia era muy ssanto de -la pascua mayor
S1257-1    Todo su mayor fecho es dar muchos sometes
S1398-1    Mayor Roydo fazen mas bozes syn rrecabdo
S1614-2    pero mas dulçe canta que otra ave mayor
S1617-1    ssyenpre quis muger chica mas que grande nin mayor

**MAYOR** (H)

G1012-4    mayor es que de osa la su pisada do piza

**MAYORDOMA**

S 218-2    esta es tu fija mayor tu mayordoma anbicia

**MAYORES**

S 306-4    vñas crio mayorez que aguila cabdal
G 589-2    ende mayorez peligroz espera que an de zeer
G 589-3    Reçelo he que mayorez dapnoz me padran rrecreçer
S 639-2    mayor sera el fuego e mayores los ardores
S 639-4    mayor sera tu quexa E sus desseos mayores
S1013-1    las orejas mayores que de añal burrico
S1015-1    Mayores que -las mias tyene sus prietas baruas
S1016-4    sus touillos mayores que de vna añal novilla
S1018-2    pienssa de -los mayores si te podrias pagar
S1147-2    a arçobispos e abispos e a mayores perlados
S1150-1    otrozi del obispo E de -los sus mayores
S1226-2    calandriaz papagayos mayorez e menorez
S1321-3    de -las mayores del año de xristianos loada

**MAZILLERO**

S 178-1    Començo de ladrar mucho el mastyn era mazillero
S 326-3    rregnante nuestro Señor el leon mazillero

**ME**

S 2-4    sacame desta lazeria desta presion
S 4-3    libra me mi dioz desta coyta tan maña
S 5-4    mexiaz tu me salua sin culpa e sin pena
S 7-4    Señor tu sey comigo guardame de trayd(ores)
S 10-4    Ayuda me gloriosa madre de pecado(res)
S 12-2    el me done su graçia e me quiera alunbrar
S 20-3    tu me guia
S 33-3    quieras me oyr muy digna
S 66-3    a -trobar con locura non creas que me muevo
S 70-4    ssy me puntar sopieres ssienpre me avras en miente
S 77-1    Assy fue que vn tienpo vna dueña me prisso
S 93-4    mesclaron me con ella e dixieronle del plan
S 94-1    Que me loaua della commo de buena caça
S 101-4    vete dil que me non quiera que nol quiero nil amo
S 106-2    dixe querer do non me quieren ffaria vna nada
S 106-3    rresponder que non me llaman es vanidad prouada
S 106-4    parti me de su pleito puez de mi ez rredrada
S 114-2    la dueña que -la oyere por ello non me aburra
S 114-3    Ca devrien me dezir neçio e mas que bestia burra
S 121-1    quando la cruz veya yo sienpre me omillava
S 121-2    santiguava me a -ella do quier que -la fallaua
S 121-4    del mal de la cruzada yo non me rreguardaua
S 161-3    mas por que non me tengades por dezidor medroso
S 176-3    ssy yo tu mal pan comiese con -ello me afogaria
S 177-1    Al señor que me crio non fare tal falsedat
S 179-3    rredreme de -la dueña E crey la fabrilla
S 213-2    que tanto me persygues vienes me manso e quedo
S 213-3    nunca me aperçibes de tu ojo nin del dedo
S 214-4    syn piedat me matas de noche e de dia
S 216-1    quanto mas aqui estas tanto mas me assaño
S 246-4    ssyenpre me ffallo mal cada que te escucho
S 272-4    de mi salvo quien me mato e me tiro la vida
S 299-3    en te besar la mano yo en eso me fallo
S 300-1    ayer do me ferrava vn ferrero mal-dito
S 300-3    enclauo me ven Señor con tu diente bendito
S 325-3    yo el lobo me querello de -la comadre mia
S 328-4    esto me ofresco prouar so -pena del talyon
S 390-2    fazes me andar de balde dizes me digo digo
S 390-3    tanto mas me aquexas quanto yo mas aguijo
S 421-4    mucho mas te diria Saluo que non me atrevo
S 461-3    perdia me de sed tal pereza yo crio
S 513-4    non me pago de joguetes do non anda el dinero
S 532-1    Marauillose el monge diz a -dios me acomiendo
S 532-4    nunca vy aqui omne con -la cruz me defyendo
S 567-3    de omne mesturero nunca me entremety
S 576-1    Partyose amor de mi E dexo me dormir
S 577-1    Marauille me mucho desque en ello pensse
S 577-3    mucho las guarde syenpre nunca me alabe
S 578-1    Contra mi coraçon yo mesmo me torne
G 580-2    parti me de tristeza de cuydado dañozo
G 583-3    fuy m(e) a doña venus que le leuaze menzaje
G 585-2    Noble dueña omillome yo vuestro seruidor
G 588-3    Non ozo moztrar la laga matar me a si la oluido
G 588-4    e avn dezir non ozo el nonbre de quien me ferio
G 590-1    qual carrera tomare que me non vaya matar

| | |
|---|---|
| **ME** | **(cont.)** |
| G 590-3 | derecha es mi querella rrazon me faze cuytar |
| G 591-1 | E por que muchaz de cozaz me enbargan e enpeçen |
| G 592-2 | si digo quien me ferio puedo tanto descobrir |
| S 596-4 | sy el amor non me engaña yo vos digo la verdat |
| S 597-1 | esta dueña me ferio de saeta en-arbolada |
| S 598-4 | en -le dezir mi deseo non me oso aventurar |
| S 601-2 | por aquesto a -ella non me oso atrever |
| S 601-3 | otro cobro non fallo que me pueda acorrer |
| S 602-1 | atrevy me con locura E con amor afyncado |
| S 602-3 | non preçia nada muerto me trae coytado |
| S 603-3 | esto me trae muerto perdido E penado |
| S 604-4 | oyt me vos mansa mente las mis coytas sobejas |
| S 606-4 | el grand amor me faze perder salud e cura |
| S 648-3 | non quiero aqui estar quiero me yr mi vya |
| S 649-3 | consejo me dona venuz mas non me tyro pesares |
| S 650-3 | puso me el marinero ayna en -la mar fonda |
| S 650-4 | dexo me solo e señero syn Remos con -la blaua onda |
| S 651-4 | esta en aquella sola que me trahe penado e muerto |
| S 655-2 | el miedo de -las conpañaz me facian al departir |
| S 655-3 | apenas me conosçia nin sabia por do yr |
| S 658-1 | querian alla mis parientes Cassar me en esta Saçon |
| S 659-4 | començé dezir mi quexura del amor que me afyncaua |
| G 661-3 | que por vuestro amor me pena amo voz mas que a -dioz |
| G 662-3 | vuestro amor me deseo que me afinca e me aquexa |
| G 662-3 | Nos me tira noz me parte non me suelta non me dexa |
| G 663-4 | esto sobre todas cosaz me traye mas afincado |
| G 664-1 | zeñora yo non a me treuo d dezir uoz mas rrazonez |
| G 670-1 | escuche me zeñora la vuestra cortesia |
| G 670-4 | E non ze que me faga contra vuestra porfia |
| G 671-4 | e zodez atan moça que esto me atierra |
| G 672-3 | non me puedo entender en vuestra chica hedat |
| G 686-4 | mi madre verna de miza quiero me yr de aqui tenprano |
| G 687-4 | quiso me dioz bien giar e la ventura mia |
| G 688-1 | Cuydadoz muchoz me quexan a -que non fallo cozejo |
| S 697-1 | busque trota conventos qual me mando el amor |
| S 701-4 | sy vos non me acorredes mi vida es perdida |
| S 706-2 | ella si me non engaña paresçe que ama a -mi |
| S 724-3 | si vos non me descobrierdes dezir vos he vna pastija |
| S 727-1 | Muy byen me rresçiben todos con aquesta pobledat |
| S 740-2 | que ya esse parlero me coydo engañar |
| S 742-1 | Dexa me de tus Roydos que yo tengo otros coydados |
| S 742-3 | de muchos que me tyenen los mis algos forçados |
| S 750-4 | dexa me esta vegada tan fermosa e tan llana |
| S 764-4 | non me afinquez tanto luego el primero dia |
| G 765-3 | de quantoz me Rogaron zabez tu mas de çiento |
| G 765-3 | sy agora tu me sacaz de buen entendemiento |
| S 806-2 | sy me ama la dueña o sy me querra amar |
| S 808-3 | fago que me non acuerdo ella va começallo |
| S 808-4 | oye me dulçe mente muchas señales fallo |
| S 811-2 | oteame e sospira e esta comediendo |
| S 822-3 | quiero me yr a -la dueña rrogar le he por mesura |
| S 826-1 | Anda me todo el dia como a -çierua corriendo |
| S 826-2 | commo el diablo al Rico omne ansy me anda seguiendo |
| S 839-1 | El grand amor me mata el su fuego parejo |
| S 839-2 | pero quanto me fuerça apremia me sobejo |
| S 841-3 | doña endrina me mata e non sus conpañeras |
| S 841-4 | ella sanar me puede e non las candateras |
| S 842-3 | pero en mi talante alegro me en parte |
| S 845-2 | mas guardat me mi madre de mi nunca se quita |
| S 848-4 | mis fechos e la fama esto me faz dubdar |
| S 849-2 | tome me por palabla a -la peor se tenga |
| S 851-4 | marauillo me Señora esto por que se detyen |
| S 853-1 | dos penas desacordadas canssam me noche e dia |
| S 855-1 | Con aquestos pesares trae me muy quebrantada |
| S 855-2 | su porfia e su grand quexa ya me trahe cansada |
| S 855-3 | alegro me con mi tristeza lasa mas enamorada |
| S 867-4 | yo me verne para vos quando vyere que ay logar |
| S 872-1 | Commo la mi vejezuela me avya aperçebydo |
| S 872-2 | non me detoue mucho para alla fuy luego ydo |
| S 872-3 | falle la puerta çerrada mas la vieja byen me vydo |
| S 906-4 | non me maldigan algunos que por esto se encone |
| S 910-3 | mi coraçon en punto luego me lo forçado |
| S 913-4 | de mensajero malo guarde me santa maria |
| S 916-3 | dam vos esta poco a -poco la aguija |
| S 916-4 | yo non me mesturardes dire vos vna pastija |
| S 921-1 | Non me acorde estonçe desta chica parlylla |
| S 928-2 | coytando me mi señor E mi Rey |
| S 928-3 | dolyendo me de -la dueña mucho esto me crey |
| S 932-2 | llamat me buen amor e fare yo lealtat |
| S 936-3 | torme me a -mi vieja commo a -buena Rama |
| S 939-3 | diz quiero me aventurar a -que quier que me venga |
| S 944-3 | pasaron byen dos dias que me non pud leuantar |
| S 945-2 | vino me ver vna vieja dixo me luego de mano |
| S 951-3 | de nieue e de granizo non ove do me asconder |
| S 952-1 | En çima deste puerto vyme en Rebata |
| S 953-2 | el que de grado me paga non le fago enojo |
| S 953-4 | pagame synon veras commo trillan Rastrojo |
| S 954-2 | Detoue me el camino commo era estrecho |
| S 954-3 | desque me vy en coyta aRezido mal trecho |
| S 955-1 | dexa me passar amiga dar te he joyas de sierra |
| S 955-4 | E por dios da me possada que el frio me atierra |
| S 956-2 | prometeme que quiera antes que me enoje |
| S 956-3 | non temas syn das algo que -la nieue mucho moje |
| S 957-3 | yo desque me vy con miedo con frio e con quexa |
| S 958-1 | Echome a -su pescueço por las buenas rrespuestas |
| S 958-2 | E a -mi non me peso por que me lleuo acuestas |
| S 958-3 | escuso me de passar los arroyos E las cuestas |
| S 959-2 | salteome vna serrana a -la asomada del rrostro |
| S 960-1 | Dixele yo a -la pregunta vome fazia sotos aluos |
| S 964-2 | fascas que me amenazaua pagan sinon veras juego |
| S 966-3 | ella diz dam mas amigo anda aca trete con-migo |

| | |
|---|---|
| S 967-1 | Tomome Resio por la mano en -su pescueço puso |
| S 967-2 | commo a -çuron luyiano e leuon la cuesta ayusso |
| S 968-1 | Pusso me mucho ayna en vna venta con su enhoto |
| S 970-1 | desque fuy vn poco estando fuyme desatyriziendo |
| S 970-2 | commo me yua calentando ansy me yua sonrriendo |
| S 970-3 | oteo me la pastora diz ya conpañon agora |
| S 971-3 | por la muñeca me priso oue de fazer quanto quiso |
| S 972-1 | despues desta ventura fuy me para ssegouia |
| S 975-3 | omillome dixe yo sserrana fallaguera |
| S 975-4 | o morar me he con-vusco o mostrad me la carrera |
| S 977-3 | proue me de llegar a -la chata maldita |
| S 978-1 | Deribo me la cuesta ayuso E cay estordido |
| S 980-4 | desque la vy pagada leuante me corrienda |
| S 981-1 | Tomo me por la mano e fuemos nos en vno |
| S 982-4 | non se pago del dicho e quiso me amenazar |
| S 983-3 | escote la meryenda e party me dalgueua |
| S 984-1 | Rogome que fyncase con ella esa tarde |
| S 984-3 | dixe le yo esto de priessa sy dios de mal me guarde |
| S 985-1 | ssacome de -la choça E llegome a -dos senderos |
| S 988-2 | encontrome con gadea vacas guarda en -el prado |
| S 990-1 | Ryome commo rrespuso la serrana tan sañuda |
| S 991-2 | fizo me yr la cuesta-lada derribome en el vallejo |
| S 991-3 | hospedome E diome vyanda mas escotar mela fizo |
| S1001-2 | non fallo alto nin baxo que me vença Segund cuedo |
| S1001-3 | quando a -la lucha me abaxo al que vna vez trauar puedo |
| S1001-4 | derribol si me denuedo |
| S1002-2 | Casar me de buen talento contigo si algo dieres |
| S1004-1 | Dan çarçillos de heuilla de laton byen Reluziente |
| S1007-4 | yo dixe so perdido sy dios non me acorre |
| S1008-2 | de frio al pie del puerto falle me con vestiglo |
| S1009-4 | touelo a -dios en merçed e leuome a -la tablada |
| S1022-3 | falle me con aldara |
| S1025-2 | omillome bella |
| S1027-5 | e dan grand soldada |
| S1029-2 | leuo me consigo |
| S1040-1 | dixo me la heda |
| S1041-3 | e yo non me pago |
| S1046-1 | omillome Reyna madre del Saluador |
| S1047-3 | virgen tu me ayuda e sy detardanca |
| S1067-2 | ffuy me para mi tierra por folgar algund quanto |
| S1070-4 | vertyendo mucha ssangre de -lo que mas me asaño |
| S1078-4 | yo justare con ella que cada año me sopesa |
| S1088-2 | Señor diz non me escusedes de aquesta lyd a -mi |
| S1089-3 | omillo me diz Señor yo el tu leal syeruo |
| S1092-2 | Señor diz a -herren me echa oy el llugero |
| S1133-3 | so rrudo E syn çiençia non me oso aventurar |
| S1153-4 | Pues por non dezir tanto non me Rebtedes varones |
| S1199-3 | dixo dios me guarde destaz nuevaz oydaz |
| S1208-3 | diz vos que me guardades creo que me non tomedes |
| S1209-2 | diz tu carnal soberuio meto que non me falles |
| S1261-1 | Señor tu me oviste de pequeno criado |
| S1264-2 | ssy me viniere a -ver algud enamorado |
| S1303-2 | atreui me E preguntel al tyenpo pasado |
| S1303-3 | commo nunca me viera o -do avia morado |
| S1305-1 | Entrada la quaresma vine me para toledo |
| S1305-3 | falle grand santidat fizo me estar quedo |
| S1305-4 | pocos me rresçebieron nin me fezieron del dedo |
| S1306-4 | echaron me de la çibdat por la puerta de visagra |
| S1307-1 | Avn quise porfiar fuy me para vn monasterio |
| S1308-4 | rredrauan me de sy commo si fuese lobuno |
| S1310-3 | con sus aue mariaz fazian me estar mudo |
| S1310-4 | desque vy que me mal yua fuy me dende sañudo |
| S1311-3 | rresçebieron me muy byen a -mi e a -mi rrastro |
| S1311-4 | pocos ally falle que me non llamasen padrasto |
| S1313-3 | dexome con cuydado pero con allegria |
| S1331-3 | Desque me vy señero e syn fulana solo |
| S1331-3 | vino a -mi rreyendo diz omillome don polo |
| S1332-1 | Ella dixo amigo oyd me vn poquiello |
| S1339-3 | desque me parti dellaz todo este viçio perdy |
| S1343-1 | yo le dixe trota conventos escucha me vn poquillo |
| S1345-1 | Desque me party de vos a -vn açipreste siruo |
| S1346-2 | dixele non Señora mas yo melo comedi |
| S1361-3 | estonçes me loaua agora que so viejo me esquiua |
| S1361-4 | quando non le trayo nada non me falaga nin me sylua |
| S1368-2 | por lo que me dixiste yo mucho me ssenti |
| S1368-3 | de -lo que yo te dixe luego me arrepenty |
| S1369-1 | Mas temome e Reçelo que mal engañada sea |
| S1382-1 | Por -que tanto me tardo aqui todo me mato |
| S1382-4 | ally me alcançara e me diera mal rrato |
| S1388-4 | que sy me conosçiesez tu andariaz loçano |
| S1389-1 | Sy a -mi fallase quien fallar me deuia |
| S1389-2 | sy aver me podiese el que me conosçia |
| S1409-3 | por ende non me atreuo a -preguntar que pensastez |
| S1424-2 | Señora diz mesura non me quedades ferir |
| S1426-3 | Señor diz non me mates que non te podre fartar |
| S1435-4 | mas rresçele mucho de ser mal engañada |
| S1439-4 | me tirariez en punto mas que otro ensayo |
| S1455-4 | el me fara con -la forca ser del todo casado |
| S1458-3 | vino el mal amigo diz fe me aqui presto |
| S1463-2 | vino el malo E dixo a -que me llamas cada dia |
| S1465-2 | estar su mal amigo diz por que non me acorres |
| S1467-1 | Amigo valme valme que me quieren enforcar |
| S1470-4 | me troxieron a -esto por que tu me sopesaz |
| S1481-1 | dexar miaz con -el sola çerrariaz el postigo |
| S1482-3 | E que de vos non me parta en vuestraz manos juro |
| S1482-4 | si de vos me partiere a -mi caya el perjuro |
| S1492-1 | Dixol doña garoça verme he da my espaçio |
| S1492-3 | quiero yr a -dezir gelo yuy como me engraçio |
| S1493-1 | la dueña dixo vieja guarde me dios de tus mañas |
| S1502-2 | oteome de vnos ojos que paresçian candela |
| S1502-3 | fuy me para la dueña fablome e fablela |
| S1502-4 | enamorome la monja e yo enamorela |

**ME**     **(cont.)**

| | |
|---|---|
| S1503-1 | Resçibio me la dueña por su buen Seruidor |
| S1504-2 | con -la su abstinençia mucho me ayudaua |
| S1508-2 | rrogue a -la mi vieja que me quisiese casar |
| S1512-3 | pues que al non me dezides quiero me yr de aqui |
| S1519-2 | murio a -mi seruiendo lo que me desconuerta |
| S1524-4 | de fablar en ti muerte espanto me atrauiesa |
| S1567-3 | a -dios me acomiendo que yo non fallo al |
| S1567-4 | que defender me quiera de tu venida mortal |
| S1573-1 | Dueñas non me rretebdes nin me digades moçuelo |
| S1575-2 | la tristeza me fizo ser rrudo trobador |
| S1577-1 | Prendiome syn sospecha la muerte en -sus Redes |
| S1577-2 | parientes e Amigos qui non me acorredes |
| S1579-4 | Si vedes que vos miento non me preçiedes vn figo |
| S1606-2 | que sienpre me pague de pequeno sermon |
| S1624-3 | e Señor vos veredes maguer que non me alabo |
| S1641-7 | jhesu vinier quiere me ayudar |
| S1662-7 | guardame toda ora |
| S1663-9 | que me guardes lynpia rrosa |
| S1664-9 | tu me guarda piadosa |
| S1664-10 | E me guia |
| S1665-10 | me desuia |
| S1667-4 | tu me guarda de errar |
| S1670-2 | por lo qual a -ty bendigo que me guardes de quebranto |
| S1670-3 | pues a -ty Señora canto tu me guarda de lisyon |
| S1671-3 | pues a -ty me encomiendo non me seas desdeñosa |
| S1672-1 | A -ty me encomiendo virgen ssanta maria |
| S1672-2 | la mi coyta tu la parte tu me salua E me guia |
| S1672-3 | E me guarda toda via piadoza virgen santa |
| S1674-7 | tu me deña estorçer |
| S1677-6 | tu me guarda en -tu mano |
| S1678-3 | non me partir de te seruir |
| S1679-4 | ven me librar agora |
| S1681-3 | ven me librar E conortar |
| S1683-4 | que me saque a -puerto |
| S1686-4 | que me fazes sofrir |
| S1687-3 | en me mal traher |
| S1688-1 | E si tu me tyrarez |
| S1702-3 | pero dexare a -talauera E yr me a -oropesa |
| S1703-4 | E sy de mi la parto nunca me dexaran dolorez |

**ME**     **(H)**

| | |
|---|---|
| S 2-3 | Señor da me tu graçia e tu merçed Ayna |
| S 4-4 | dame tu misericordia tira de mi tu s(aña) |
| S 9-3 | Señora da me tu graçia E dame consolaçion |
| S 9-4 | ganame del tu fijo graçia E bendiçion |
| S 10-1 | Dame graçia señora de todoz los señorez |
| S 12-2 | el me done su graçia e me quiera alunbrar |
| S 21-1 | gana me graçia E bendiçion |
| S 46-2 | non me contesca con-tigo commo al doctor de greçia |
| S 61-2 | diz dixo me que con su dedo que me quebrantaria el ojo |
| S 62-3 | dixo me luego apos esto que -le parase mientes |
| S 62-4 | que me daria grand palmada en los oydos Retinientes |
| S 89-2 | que jamaz a -mi non vengas nin me digas tal enemiga |
| S 91-2 | enbio me mandar què punase en fazer |
| S 103-2 | arredrose de mi fizo me el juego mañana |
| S 113-3 | a -vn mi conpanero sopome el clauo echar |
| S 118-1 | dixo me quel plazia de grado |
| S 122-4 | quien ansy me feziese de escarnio magadaña |
| S 153-3 | el bien que me feçieron non lo desagradesçi |
| S 181-1 | Dyre vos vna pelea que vna noche me vino |
| S 213-2 | que tanto me persygues vienes me manso e quedo |
| S 213-4 | das me en -el coraçon triste fazes del ledo |
| S 215-1 | Responde que te fiz por que me non diste dicha |
| S 215-3 | de quanto me prometie luego era des-dicha |
| S 216-3 | syenpre de ti me vino con tu sotil engaño |
| S 261-1 | Non te quiero por vezino nin me vengas tan presto |
| S 272-4 | de mi salvo quien me mato e me tiro la vida |
| S 298-4 | vassallo dixo mio la mano tu me besa |
| S 300-2 | echo me en este pie vn clauo tan fito |
| S 300-4 | saca melo e faz de my como de tuyo quito |
| S 329-4 | dat me vn abogado que fable por mi vida |
| S 351-2 | avydo mi conssejo que me fizo prouecho |
| S 390-2 | fazes me andar de balde dizes me digo digo |
| S 390-4 | non me val tu vanagloria vn vil grano de mijo |
| S 421-1 | Plaze me byen te digo que algo non te devo |
| S 423-1 | El amor con mesura dio me rrespuesta luego |
| S 463-3 | vyno me desçendimiento a -las narizes muy vyl |
| S 463-4 | por pereza de alympiar me perdy la duena gentil |
| S 464-3 | daua me vna gotera del agua que fazia |
| S 465-3 | el ojo de que soy tuerto ovo melo de quebrar |
| S 474-2 | sy vieres que es burla dyme otra tan mañana |
| S 482-2 | mostrat me -la figura e ajan buen solaz |
| S 487-4 | con aqueste e por este fare yo sy dios me preste |
| S 532-2 | dy me que cosa eres que yo non te entyendo |
| S 576-3 | en -lo que me castigo E por verdat dezir |
| S 579-1 | My coraçon me dixo faz lo e Recabdaras |
| G 586-3 | conplit loz miz deseoz e dat me dicha e ventura |
| G 586-4 | Non me zeadez escaza nin esquiua nin dura |
| G 587-1 | Non uoz pidre grant coza para voz me la dar |
| G 587-2 | Pero a -mi cuytado es me graue de far |
| G 589-1 | la llaga non ze me dexa a -mi catar nin ver |
| G 589-3 | Reçelo he que mayorez dapnoz me padran rrecreçer |
| G 589-4 | fisica nin melezina non me puede por tener |
| G 590-4 | pues que non fallo nin que me pueda prestar |
| G 591-2 | he de buscar muchoz cobroz zegunt que me pertenezçen |
| G 593-3 | por ventura me vernia otro peligro peor |
| S 597-3 | atrauiesa me el coraçon en -ella tengo fyncada |
| S 597-3 | toda mi fuerça pyerdo E del todo me es tirada |
| S 601-1 | Todas aquestas noblezas me fazen querer |
| S 604-3 | non me dades rrespuesta nin me oen vuestras orejas |
| S 605-3 | conortad me esta llaga con juegos e folgura |
| S 607-3 | sy vos non me valedes mi menbrios desfalleçen |

| | |
|---|---|
| S 649-4 | ayuda otra non me queda synon lengua e parlares |
| S 650-2 | vo a -fablar con -la dueña quiera dios que bien me Responda |
| S 654-2 | a -mi luego me venieron muchos miedos e tenblores |
| G 662-4 | tanto me da la muerte quanto mas se me abaxa |
| G 664-2 | fasta que me rrespondadez a -estoz pocoz sermonez |
| G 664-3 | dezit me vuestro talante veremoz los Coraçonez |
| G 675-2 | pues que oy non me creedez o non es mi ventura |
| G 676-1 | otorgat me ya zeñora aquesto de buena miente |
| G 682-3 | a -la merçed que agora de palabra me fazedez |
| G 684-1 | zeñora que me prometadez de -lo que de amor queremoz |
| G 691-1 | cuydados tan departidoz creçen me de cada parte |
| S 697-3 | dios e la mi ventura que me fue guiador |
| S 698-4 | de quanto fizo aquesta por me fazer plazer |
| S 709-4 | dezid me quien es la dueña yo le dixe doña endrina |
| S 711-1 | Dixo me que esta dueña era byen su conoszienta |
| S 714-3 | mando me por vestuario vna piel e vn pellico |
| S 714-4 | dio melo tan bien parado que nin es grande nin chico |
| S 717-4 | por que me non es agradesçido nin me es gualardonado |
| S 718-1 | ssy me dieredes ayuda de que passe algun poquillo |
| S 736-1 | agora señora fija dezit me vuestro coraçon |
| S 737-2 | buena muger dezid me qual es ese o quien |
| S 739-1 | creed me fija señora que quantos vos demandaron |
| S 740-3 | muchas otras vegadas me vyno a -Retentar |
| S 742-4 | nin te cunple agora dezir me esos mandadoz |
| G 759-1 | Renpondiole la dueña diz non me estaria bien |
| G 764-2 | fazer lo que -me dezidez nin lo que el querria |
| S 764-3 | non me digaz agora mas desa ledania |
| S 767-2 | dixo diome el diablo el ageno Roydo |
| S 767-3 | yo ovo buen aguero dios avia melo conplido |
| S 773-4 | dixo diome el diabro cantar missa en forno |
| S 774-3 | ea diz ya desta tan buen dia me vino |
| S 783-1 | ay de mi con que cobro tan malo me venistes |
| S 783-2 | que nuevas atan malas tan tristes me troxistes |
| S 783-3 | ay vieja mata amigos para que melo dixistes |
| S 783-4 | tanto byen non me faredes quanto mal me fezistes |
| S 799-1 | Señora madre vieja que me dezides agora |
| S 799-4 | por eso me dezides que es mia mi señora |
| S 800-4 | desides me joguetes o fablades me en cordura |
| S 802-3 | ella verdat me dixo quiere lo que vos queredes |
| S 808-2 | aprieta me mis dedos en -sus manos quedillo |
| S 810-4 | ella me diz que fable e non quiera dexallo |
| S 812-2 | ella non me lo niega ante diz que vos ama |
| S 822-1 | lo que me prometistes pongo lo en aventura |
| S 825-2 | commo vengo señora non se como melo diga |
| S 825-3 | corrida e amarga que me diz toda enemiga |
| S 832-2 | dezides me non maguer que sienpre vos encargo |
| S 838-1 | dezid me de todo en -todo bien vuestra voluntad |
| S 838-2 | qual es vuestro talante dezid me la verdat |
| S 839-3 | el miedo E la verguença defienden me el trebejo |
| S 844-1 | lo que tu me demandas yo eso cobdicio |
| S 847-3 | pues mi voluntad vees conseja me que faga |
| S 847-4 | por me dar tu consejo verguença en ty non aya |
| S 849-4 | Mas el que contra mi por acusar me venga |
| S 868-1 | vyno me trota conventos alegre con el mandado |
| S 873-3 | es aquel non es aquel el me semeja yo lo siento |
| S 877-4 | dios E mi buena ventura mela touieron guardada |
| S 879-4 | mejor me paresçe esto que non que vos enfamedes |
| S 882-3 | ayer mill cobros me dauaz mill artes mill salidas |
| S 882-4 | oy que so escarnida todas me son fallydas |
| S 885-4 | pues otro cobro yo non he az fazer me convyene |
| S 911-4 | nunca vy tal commo esta sy dios me de salud |
| S 915-3 | Señora diz conprad me aquestos almajares |
| S 915-4 | la dueña dixo plaz me desque melos mostrares |
| S 919-3 | dixo me esta vyeja por nonbre ha vrraca |
| S 928-3 | dolyendo me de -la dueña mucho esto me crey |
| S 933-3 | desque bien la guarde ella me dio mucho don |
| S 939-1 | la mi leal vrraca que dios mela mantenga |
| S 939-3 | diz quiero me aventurar a -que quier que me venga |
| S 945-2 | vino me ver vna vieja dixo me luego de mano |
| S 946-1 | Con su pesar la vieja dixo me muchas vezes |
| S 946-3 | dixel yo diome el diablo estas vieja Rahezes |
| S 947-2 | fiz cantares caçurros de quanto mal me dixo |
| S 949-1 | Por melo otorgar Señoras escreuir vos he grand saçon |
| S 952-3 | preguntele quien era Respondiome la chata |
| S 955-2 | sy quieres dime quales vsan en -esta tierra |
| S 955-4 | É por dios da me possada que el frio me atierra |
| S 956-1 | Respondiome la chata quien pide non escoge |
| S 956-2 | prometeme que quiera antes que me moje |
| S 958-2 | E a -mi non me peso por me lleuo acuestas |
| S 961-1 | Parose me en -el sendero la gaha rroyn heda |
| S 961-3 | fasta que algo me prometas por mucho que te arremetas |
| S 962-1 | Dixele yo por dios vaquera non me estorues mi jornada |
| S 962-3 | arrojome la cayada e Rodeome la fonda |
| S 963-3 | en-avento me el dardo diz para el padre verdadero |
| S 963-4 | tu me pagaras oy la rroda |
| S 964-1 | ffazia nieue e granzaua diome la chata luego |
| S 968-2 | dio me foguera de enzina mucho gaçapo de ssoto |
| S 975-4 | o morar me he con-vusco o mostrad me la carrera |
| S 976-1 | ssemejas me diz sandio que ansy te conbidas |
| S 977-4 | diome con -la cayada en -la oreja fyera |
| S 981-4 | dixo me que jugasemos el juego por mal de vno |
| S 983-4 | dixe le que me mostrase la ssenda que es nueva |
| S 987-1 | ssyenpre se me verna miente |
| S 988-4 | ella me rrespuso ca la carrera as errado |
| S 991-1 | Enbiome la cayada aqui tras el pastorejo |
| S 992-1 | hospedeme E diome vyanda mas escotar mela fizo |
| S 993-3 | vna sserrana lerda dire vos que -me avino |
| S 994-1 | Preguntome muchas cosas coydos que era pastor |
| S1003-1 | diz dame vn prendero que sea de bermejo pano |
| S1003-2 | e dame vn bel pandero E seys anillos de estaño |
| S1004-2 | E da me toca amarilla byen listada en -la fruente |
| S1009-2 | rroguel que me quisiese ese dia dar posada |

**ME**      **(cont.)**

| | |
|---|---|
| S1009-3 | dixo me quel plazia sil fuese bien pagada |
| S1021-1 | de quanto que me dixo E de su mala talla |
| S1026-5 | oy darme posada |
| S1027-1 | dixo me la moça |
| S1029-3 | e dion buena lunbre |
| S1030-1 | diome pan de çenteno |
| S1030-3 | e dyon vino malo |
| S1031-1 | Dion queso de cabras |
| S1033-1 | quien dones me diere |
| S1034-5 | e syn sera dada |
| S1035-1 | pues dan vna çinta |
| S1036-1 | E dan buenas sartas |
| S1036-3 | E dame halia |
| S1037-1 | E dan buena toca |
| S1037-3 | E dame çapatas |
| S1058-3 | tu que a -dios pagas da me tu bendiçion |
| S1070-1 | ssabed que me dixieron que ha çerca de vn año |
| S1072-4 | creo que se me non detenga en -las carneçerias |
| S1078-2 | leuantose byen alegre de -lo que non me pesa |
| S1079-1 | Dio me muy muchas graçiaz por el buen conbyd |
| S1099-2 | vino doña quaresma dios Señor tu me valas |
| S1133-1 | Es me cosa muy graue en tan grand fecho fablar |
| S1214-2 | en medio vna fygura cordero me semeja |
| S1261-2 | el byen si algo se de ti me fue mostrado |
| S1298-3 | rrogue a -mi Señor que me diese rraçon |
| S1303-4 | rrespondio me con sospiro e commo con coydado |
| S1304-3 | ally toda persona de grado se me omilla |
| S1305-4 | pocos me rresçebieron nin me fezieron del dedo |
| S1309-1 | En caridat fablauan mas non mela fazien |
| S1310-4 | desque vy que me mal yua fuy me dende sañudo |
| S1317-3 | rroguel que me catase alguna tal garrida |
| S1318-1 | Dixo me que conosçia vna byuda loçana |
| S1321-4 | acaeçiome vna ventura la fiesta non pasada |
| S1322-3 | rrogue a -la mi vieja que me ovies piadat |
| S1323-2 | dixo non querria esta que me costase cara |
| S1323-3 | commo la marroquia que me corrio la vara |
| S1328-2 | vyno me muy alegre dixo me de la primera |
| S1332-2 | amad alguna monja creed me de conssejo |
| S1344-2 | dixo me quel preguntara qual fue la tu venida |
| S1346-3 | por el byen que me fezistes en quanto vos serui |
| S1347-3 | diz asy me contesçeria con tu conssejo vano |
| S1354-4 | ansi derecha mente a -mi de ty me vino |
| S1355-4 | conssejas me agora que pierda la mi alma |
| S1356-4 | conteçe me commo al galgo viejo que non caça nada |
| S1360-3 | quando era mançebo dezian me halo alo |
| S1361-1 | En mi joventud caça por piez non sse me yua |
| S1361-4 | quando non le trayo nada non me falaga nin me sylua |
| S1368-2 | por lo que me dixiste yo mucho me ssenti |
| S1369-2 | non querria que me fuese commo al mur del aldea |
| S1382-2 | del miedo que he avido quando bien melo cato |
| S1382-4 | ally me alcançara e me diera mal rrato |
| S1395-2 | en -lo que tu me dizes en ello penssare |
| S1400-2 | non me contesca commo al asno contesçio con -el blanchete |
| S1400-4 | dire voz la fablilla sy me dadez vn Risete |
| S1409-4 | rruego vos que me digades en -lo que acordastez |
| S1410-2 | a -dezir me pastrañaz de -lo que ayer me fableste |
| S1410-3 | yo non -lo consentria commo tu melo rrogueste |
| S1426-4 | en tu dar me la muerte non te puedes onrrar |
| S1466-2 | con vna freyla suya que me dize trayle trayle |
| S1467-1 | Amigo valme valme que me quieren enforcar |
| S1470-2 | tan caros que me cuestan tus furtos e tus presaz |
| S1471-2 | e di melo que vieres toda cosa que sea |
| S1484-2 | que de ese arçipreste me digas su figura |
| S1484-3 | bien atal qual sea di me toda su fechura |
| S1493-1 | fablar me ha buena fabla non burla nin picañas |
| S1493-4 | e dil que non me diga de aquestas tus fazanaz |
| S1498-2 | troxo me buena rrepuesta de -la fermosa Ryma |
| S1500-1 | val me santa maria mis manos aprieto |
| S1502-3 | fuy me para la dueña fablome e fablela |
| S1503-3 | mucho de bien me fizo con dios en lynpio amor |
| S1511-3 | aducho bueno vos adugo fablad me alaud |
| S1512-2 | diz quanto vos he dicho bien tanto me perdi |
| S1512-3 | pues que al non me dezides quiero me yr de aqui |
| S1519-4 | me fue despues çerrada que antes me era abierta |
| S1568-3 | que me la mataste muerte ihesu xpisto conplola |
| S1569-2 | ado te me han leuado non cosa çertera |
| S1570-4 | quien te me rrebato vieja por mi sienpre lazrada |
| S1573-1 | Dueñas non me rretebdes nin me digades moçuelo |
| S1608-1 | De -las chicas que byen diga el amor me fizo Ruego |
| S1623-1 | Dixele huron amigo buscame nueua funda |
| S1624-2 | dixo dad me vn cantar E veredes que Recabdo |
| S1635-5 | tu Señora da me agora |
| S1641-6 | que me seades piadosa |
| S1671-3 | pues a -ty me encomiendo non me seas desdeñosa |
| S1683-3 | mas tu me val que non veo al |
| S1687-5 | e dame alegria |
| S1702-1 | E del mal de vos otros a -mi mucho me pesa |

**ME**      **(L)**

| | |
|---|---|
| S 382-2 | ssusçipe me secundum que para la mi corona |

**MEA**      **(L)**

| | |
|---|---|
| P 113 | otrosi dize dauid Anima mea illius viuet |
| S 375-2 | domine labia mea en alta boz a -cantar |
| S1171-3 | deziendo mia culpa diole la absoluçion |

**MEAJA**

| | |
|---|---|
| S1207-3 | bien cabe su azunbre e mas vna meaja |
| S1528-2 | non tyene vna meaja de toda su Riqueza |

**MEAJAS**

| | |
|---|---|
| S 547-1 | Ado mas puja el vyno quel seso dos meajas |

**MEDELLIN**

| | |
|---|---|
| S1184-3 | pusose muy priuado en -estremo de medellyn |
| S1186-1 | Plados de medellyn de caçres de troxillo |

**MEDER**

| | |
|---|---|
| S 951-1 | El mes era de março dia de sant meder |

**MEDIA**

| | |
|---|---|
| G 448-2 | atal media pecada el huerco la zaguda |
| S1099-1 | faza la media noche en medio de -las salas |

**MEDIANERA**

| | |
|---|---|
| S 645-1 | Por ende busca vna buena medianera |

**MEDIDA**

| | |
|---|---|
| S 152-3 | trabajan E afanan mucho syn medida |
| S 544-2 | tyra la fuerça toda sys toma syn medida |
| S1421-1 | Deue catar el omne con -seso E con medida |
| S1574-4 | que non tomase tristeza e pesar syn medida |

**MEDIDAS**

| | |
|---|---|
| S1341-4 | con medidaz conplidaz e con toda mesura |

**MEDIO**

| | |
|---|---|
| S 180-3 | nunca puedo acabar lo medio que deseo |
| S 239-3 | derribole el cavallo en medio de -la varga |
| S 766-3 | cogieron le al lobo en medio en -el feriendo |
| S1099-1 | faza la media noche en medio de -las salas |
| S1105-3 | dauan a -don carnal por medio de -las costillas |
| S1106-4 | dierale a -don ladron por medio del coraçon |
| S1115-3 | dio en medio de -la fruente al puerco e al lechon |
| S1214-2 | en medio vna fygura cordero me semeja |
| S1242-3 | en medio figurada vna ymagen de dueña |
| S1348-4 | vna culebra chica medio muerta atal |
| S1349-2 | estaua la culebra medio amodorrida |
| S1376-2 | Do comian e folgauan en medio de su yantar |

**MEDIO**      **(H)**

| | |
|---|---|
| S 175-1 | lanço medio pan al perro que traya en -la mano |
| S 871-2 | a -ora de medio dia quando yanta la gente |
| S1230-1 | Medio caño E harpa con -el rrabe morisco |

**MEDITABOR**      **(L)**

| | |
|---|---|
| P 39 | E meditabor in mandatis tuiz que dilexi |

**MEDITABUNTUR**      **(L)**

| | |
|---|---|
| P 121 | Anni nostri sicut aranea meditabuntur e cetera |

**MEDRE**

| | |
|---|---|
| S 120-3 | non medre dios tal conejero |

**MEDROSO**

| | |
|---|---|
| S 161-3 | mas por que non me tengades por dezidor medroso |
| S1080-2 | mostro en -sy esfuerço pero estaua medroso |

**MEDROSOS**

| | |
|---|---|
| S1286-4 | a -los moços medrosos ya los espanta el trueno |

**MEI**      **(L)**

| | |
|---|---|
| S 376-4 | con miserere mey mucho te le engraçias |

**MEIS**      **(L)**

| | |
|---|---|
| S 382-3 | luçerna pedibus meys es la vuestra persona |
| S 385-1 | Sede a -destris meys dizes a -la que viene |

**MEJOR**

| | |
|---|---|
| P 183 | e se puedan mejor guardar de tantaz maestriaz |
| P 187 | E mejor noz podemoz guardar |
| S 15-1 | E por que mejor de todos sea escuchado |
| S 82-3 | tomo plazer con ellas e sentiose mejor |
| S 104-4 | al tienpo se encoje mejor la yerua malua |
| S 183-3 | al que mejor te syrue a -el fieres quando tiras |
| S 292-3 | syn mesura meriendas mejor quieres çenar |
| S 384-1 | Nunca vy sancristan que a -visperas mejor tanga |
| S 473-2 | huerta mejor labrada da la mejor mançana |
| S 479-3 | dixole que -le pyntase commo podiesse mejor |
| S 510-1 | En suma telo digo tomalo tu mejor |
| S 538-4 | con -el alguna fenbra que con -ellas mejor cria |
| S 617-2 | maestria e arte la arrancan mejor |
| S 631-1 | Por mejor tyene la dueña de ser vn poco forçada |
| G 687-2 | des que yo fue naçido nunca vy mejor dia |
| S 751-2 | fizo ally su nido quanto pudo mejor |
| S 878-4 | El mejor cobro que tenedes vuestro mal que -lo calledes |
| S 901-2 | que -lo guardase todo mejor que -las ovejas |
| S1135-3 | aquesto que yo dixiere entendet lo voz mejor |
| S1158-4 | que lo fagan e cunplan para mejor estar |
| S1167-4 | quando mejor te sepan por dioz de ti -las tira |
| S1439-1 | Mejor que -la calandria nin el papa gayo |
| S1439-2 | mejor gritas que tordo nin Ruy Señor nin gayo |
| S1551-2 | do tu tarde rrequierez aquel esta mejor |
| S1616-4 | mejor es en -la prueua que en -la salutaçion |

**MEJOR**      **(H)**

| | |
|---|---|
| S 67-4 | escoja lo mejor el de buena ventura |
| S 76-4 | e saber bien e vsar lo mejor |
| S 84-3 | E para si la canal la mejor que omne viese |
| S 229-1 | lo mas e lo mejor lo que es mas preçiado |
| S 424-4 | la buena fabla sienpre faz de bueno mejor |
| G 443-1 | de aquestaz viejaz todaz esta ez la mejor |
| S 473-2 | huerta mejor labrada da la mejor mançana |
| S 598-3 | es de mejores paryentes que yo e de mejor lugar |
| S 609-4 | mejor es el conssejo de muchos acordado |
| S 697-2 | de todas las maestrias escogi la mejor |
| S 708-2 | E fablad entre nos anbos lo mejor que entendades |
| S 722-4 | Mejor cosa es al omne al cuerdo e al entendido |
| S 727-2 | El mejor e el mas noble de lynaje e de beldat |
| G 762-4 | nunca la golondrina mejor consejo ogaño |
| S 782-1 | fijo el mejor cobro de quantos vos avedes |
| S 879-4 | mejor me paresçe esto que non que vos enfamedes |
| S 911-1 | de talla la mejor de quantas yo ver pud |
| S 935-4 | dixe yo en mano de vieja nunca dy mejor beso |
| S1207-1 | De yuso del sobaco va la mejor alfaja |
| S1267-2 | vn marfyl ochauado nuncal vistes mejor |
| S1346-4 | para vos lo querria tal que mejor non vy |
| S1375-2 | vn manjar mejor que otro amenudo y anda |
| S1387-3 | fallo çafyr culpado mejor ome non vido |
| S1395-4 | lo que mejor yo viere de grado lo fare |
| S1538-4 | rroban todos el algo primero lo mejor |
| S1614-3 | la muger que es chica por eso es mejor |
| S1617-4 | por ende de -las mugeres la mejor es la menor |
| S1619-4 | sy non por quatorze cosaz nunca vy mejor que el |

**MEJOR** (cont.)
| | |
|---|---|
| S1678-4 | mejor de -laz mejores |
| S1691-4 | coydando que traya otro mejor mandado |

**MEJORES**
| | |
|---|---|
| S 7-3 | E les diras palabras que fabrasen mejorez |
| S 287-3 | a mejores que non ella era desagradesçida |
| S 295-2 | de -los mas mejores que y eran por çierto |
| S 501-1 | vy tener al dinero las mejores moradas |
| S 598-3 | es de mejores paryentes que yo e de mejor lugar |
| G 667-3 | faz mal culpa de malo a -buenoz e a mejorez |
| S 696-2 | escoja laz mejores E dexe las dañosas |
| S 771-4 | ofreçeremos cabritos los mas e los mejores |
| S1226-4 | mas alegria fazen los que son maz mejores |
| S1678-4 | mejor de -laz mejores |

**MEJORIA**
| | |
|---|---|
| S 518-3 | non sera tan esquiua que non ayas mejoria |
| G 673-3 | la vegedat en sezo lieua la mejoria |
| G 758-4 | ante de muchoz diaz veriedez la mejoria |
| S 813-2 | por vos mi esperança syente ya mejoria |
| S1247-4 | tan bien ellas commo ellos querrian la mejoria |
| S1434-2 | fazer mucho prouecho E dar grand mejoria |

**MELCHIOR**
| | |
|---|---|
| S 27-2 | melchior fue ençienso dar |

**MELEZINA**
| | |
|---|---|
| S 33-2 | e del mundo melezina |

**MELEZINA**
| | |
|---|---|
| G 589-4 | fisica nin melezina non me puede pro tener |
| G 592-3 | que perdere melezina so esperança de guarir |
| G 594-3 | melezina e consejo por do pueda auer fulgura |
| S 709-3 | por que esa vuestra llaga sane por mi melezina |
| S1417-2 | diz el ojo de aquesta es para melezina |
| S1663-3 | melezina de coydadoz |

**MELEZINAS**
| | |
|---|---|
| S 888-3 | deue buscar conssejo melezinas e curas |

**MELON**
| | |
|---|---|
| S 727-3 | es don melon de -la verta mançebillo de verdat |
| S 738-4 | don melon de -la verta qued lo en buen ora |
| S 873-4 | a -la fe aquel es don melon yo lo conosco yo lo viento |
| S 875-2 | don melon tyrad vos dende troxo vos y el diablo |
| S 881-4 | que todos los omnes fazen commo don melon ortiz |
| S 891-1 | doña endrina e don melon en vno casados son |

**MELLINAS**
| | |
|---|---|
| S1394-4 | las camissaz fronçidaz los paños de mellynas |

**MEMORIA**
| | |
|---|---|
| P 11 | son estas entendimiento voluntad E memoria |
| P 49 | E ponelo en -la çela de -la memoria |
| P 63 | que obraz sienpre estan en -la buena memoria |
| P 92 | E avn digo que viene de -la pobledad de -la memoria |
| P 104 | por rrazon que la memoria del ome deslaznadera ez |
| P 106 | ca tener todaz laz cosaz en -la memoria |
| P 110 | E por esto ez maz apropiada a -la memoria del alma |
| P 129 | fiz esta chica escriptura en memoria de bien |
| P 145 | acordaran la memoria E non despreçiaran su fama |
| P 179 | A -memoria buena de bien obrar |
| S 57-2 | E assentose luego con su memoria sana |
| S 353-4 | abogado de rromançe esto ten en memoria |
| S1048-2 | yo en tu memoria algo quiero fazer |
| S1222-4 | de talez alegriaz non ha en -el mundo memoria |
| S1520-4 | de tu memoria amarga non es que non se espante |
| S1571-2 | que mas leal trotera nunca ffue en memoria |
| S1597-3 | con fe en -su memoria lidiando por su seruiçio |
| S1659-2 | dad por dios en -su memoria |

**MENBRAR**
| | |
|---|---|
| S1585-3 | las obras de piedat de virtudes nos menbrar |

**MENBRIOS**
| | |
|---|---|
| S 607-3 | sy vos non me valedes mi menbrios desfalleçen |

**MENCION**
| | |
|---|---|
| S1131-1 | Pues que de penitençia vos fago mençion |
| S1365-4 | non ay mençion nin grado de seruiçio ya pasado |

**MENDIGO**
| | |
|---|---|
| S1366-2 | quien a -mal ome sirue sienprel sera mendigo |

**MENEA**
| | |
|---|---|
| S 874-4 | mas quebrantaria las puertas menealas commo çencerro |
| S1101-3 | la conpaña del mar las sus armas menea |

**MENEANDO**
| | |
|---|---|
| S 723-2 | meneando de sus joyas sortijas E alfileres |

**MENESTER**
| | |
|---|---|
| S 370-4 | menester la zentençia çerca la conclusion |
| S 698-1 | falle vna vieja qual avia menester |
| S 793-1 | grandes artes de-muestra el mucho menester |
| S1130-4 | menester es la palabla del conffesor bendito |
| S1136-4 | menester de todo en todo con -la satysfaçion |
| S1138-3 | es menester que faga por gestos e gemido |
| S1268-3 | non avia menester sol tanto de sy alunbraua |
| S1622-4 | pus lo por menssajero con -el grand menester |

**MENGA**
| | |
|---|---|
| S 849-4 | o callara vençido o vaya se por menga |
| S 939-2 | tovo en -lo que puso non -lo faz toda menga |
| S1004-4 | bien caso menga lloriente |

**MENGIA**
| | |
|---|---|
| S 187-2 | non lo sana mengia enplasto nin xarope |

**MENGIAS**
| | |
|---|---|
| S1545-4 | non le valen mengias des-que tu rrauia le toma |

**MENGUA**
| | |
|---|---|
| S 418-1 | Del bien que omne dize sy a -sabyendas mengua |
| S 597-3 | la llaga va creziendo del dolor non mengua nada |
| S 649-2 | el dolor creçe E non mengua oyendo dulçes cantares |
| G 757-4 | que do zon todaz mugeres nunca mengua rrenzilla |
| S 920-4 | que non mengua cabestro a -quien tyene çiuera |

**MENGUA** (H)
| | |
|---|---|
| P 83 | E viene otrosi de -la mengua del buen entendimiento |
| S 818-4 | es venguença e mengua sy conplyr lo podemos |

| | |
|---|---|
| S1134-4 | Senores vuestro saber quiera mi mengua conplir |
| S1363-3 | es torpedat e mengua e maldat e villania |
| S1427-3 | es desonrra E mengua e non vençer fermoso |

**MENGUADA**
| | |
|---|---|
| S 905-3 | de coraçon E de orejas non quiera ser menguada |

**MENGUADO**
| | |
|---|---|
| S 820-2 | al poble e al menguado e a -la poble mesquina |
| S1433-2 | al pobre al menguado non lo quieraz de ti echar |

**MENGUADOS**
| | |
|---|---|
| S1593-3 | cassar los pobres menguados dar a -beuer al sediento |

**MENGUAMOS**
| | |
|---|---|
| S 818-3 | sy en algo menguamos de -lo que prometemos |

**MENGUAN**
| | |
|---|---|
| S 392-3 | non te menguan lysonjas mas que fojas en vyñas |

**MENGUARA**
| | |
|---|---|
| G 689-3 | El amor con vzo creçe desusando menguara |
| G 690-2 | si la leña se tirare el fuego menguara luego |

**MENGUARE**
| | |
|---|---|
| S 812-3 | sy por vos non menguare abaxar se ha la rrama |

**MENGUAS**
| | |
|---|---|
| S 504-3 | con -el dinero cunplen sus menguas e sus Raças |

**MENOR**
| | |
|---|---|
| S 190-3 | con dos que -se cassase primero con -la menor |
| S 479-4 | en aquel logar mesmo vn cordero menor |
| S1617-4 | por ende de -las mugeres la mejor es la menor |

**MENORES**
| | |
|---|---|
| S1150-4 | son mucho defendidos a -clerigos menores |
| S1226-2 | calandriaz papagayos mayorez e menorez |
| S1238-2 | non va y sant françisco mas van flayres menorez |

**MENORETAS**
| | |
|---|---|
| S1241-2 | de çistel predicaderaz e muchaz menoretaz |

**MENOS**
| | |
|---|---|
| P 185 | Ca dize sant gregorio que menoz firien al onbre |
| S 102-1 | omne que mucho fabla faze menos a -vezes |
| S 310-3 | quanto mas te vsare menos te preçiara |
| S 310-4 | quanto mas te prouare menos te amara |
| S 599-2 | menos los preçia todos que a -dos viles sarmientos |
| S 879-1 | menos de mal sera que esto poco çeledes |
| S1422-2 | es del menos preçiada e en poco tenida |
| S1506-2 | murio la buena duena por menos cuydados |
| S1538-4 | el que lieua lo menos tyene se por peor |
| S1617-3 | del mal tomar lo menos dizelo el sabidor |

**MENOSCABO**
| | |
|---|---|
| S1453-4 | oye buena fabla non quieras mi menoscabo |

**MENOSPRECIA**
| | |
|---|---|
| P 146 | ca mucho ez cruel quien su fama menospreçia |

**MENS** (L)
| | |
|---|---|
| S 379-3 | os lynga mens la enuade seso con ardor pospone |

**MENSAJE**
| | |
|---|---|
| S 712-3 | mensaje que mucho tarda a -muchos omnes desmuele |

**MENSAJERA**
| | |
|---|---|
| S 80-2 | con -la mi mensajera que tenia enpuesta |
| S 81-1 | dixo la duena cuerda a -la mi mensajera |
| S 914-1 | aquesta mensajera fue vieja byen leal |
| S 924-1 | a -la tal mensajera nunca le digas maça |
| S1328-1 | Sy Recabdo o non la buena menssajera |
| S1494-2 | ante del dioz voz salue dixo la mensajera |
| S1619-1 | Pues que ya non tenia menssajera fiel |

**MENSAJERIA**
| | |
|---|---|
| S 22-4 | oviste mensajerya |
| S 696-3 | para mensajeria personas sospechosas |
| S 913-2 | nin lo coydo buscar para mensajeria |

**MENSAJERO**
| | |
|---|---|
| S 113-2 | puse por mi menssajero coydando Recabdar |
| S 120-1 | Dios confonda menssajero |
| S 178-3 | asy conteçio a -mi E al mi buen mensajero |
| S 480-3 | luego en ese dia vino el menssajero |
| S 913-4 | de mensajero malo guarde me santa maria |
| S1068-4 | ca laz cartaz leydas dy las al menssajero |
| S1073-1 | Dad la al menssajero esta carta leyda |
| S1483-3 | cunple otear firme que es çierto menssajero |
| S1622-4 | pus lo por menssajero con -el grand menester |
| S1636-6 | fue terçero angel a -ty menssajero |

**MENSAZ**
| | |
|---|---|
| S 23-3 | troxo te mensaz diuino |

**MENTE**
| | |
|---|---|
| P 10 | que son en -el alma E propia mente suyas |
| P 103 | e laz ymagenez primera mente falladaz |
| P 192 | que fiz conplida mente |
| S 24-2 | omil mente rresçebiste |
| S 70-2 | bien o -mal qual puntares tal te dira çierta mente |
| S 73-1 | que diz verdat el sabio clara mente se prueua |
| S 140-1 | Yo creo los estrologos uerdad natural mente |
| S 140-3 | puede los demudar e fazer otra mente |
| S 141-4 | prueuo telo breue mente con esta semejança |
| S 166-3 | la costunbre es otra que natura çierta mente |
| S 189-2 | non queria cassar se con vna sola mente |
| S 268-3 | ansy por la loxuria es verdadera mente |
| S 330-1 | Respondio el alcalde yo vengo nueua mente |
| S 355-3 | esta tal dilatoria prouar se clara mente |
| S 355-4 | sy pon perentoria esto otra mente |
| S 430-4 | sabe primera mente la muger escoger |
| S 478-1 | Commo era la moça nueua mente casada |
| S 482-4 | fey y ardida mente todo lo que vollaz |
| S 489-2 | seruir te ha leal mente fara lo que quisieres |
| S 604-4 | oyt me vos mansa mente las mis coytas sobejas |
| S 645-2 | que sepa sabia mente andar esta carrera |
| S 704-1 | Comigo Segura mente vuestro coraçon fablad |
| S 808-4 | oye me dulçe mente muchas señales fallo |
| S 831-2 | que sodes de aquel omne loçana mente amada |
| S 864-1 | yd vos tan segura mente con-migo a -la mi tyenda |
| S 871-4 | entro con ella en -su tyenda byen sosegada mente |

| | |
|---|---|
| **MENTE** | **(cont.)** |
| S 887-1 | El cuerdo graue mente non se deue quexar |
| S 887-4 | deuelo cuerda mente sofrir E endurar |
| S1071-2 | voz mando firme mente so -pena de setençia |
| S1095-1 | Estaua don carnal Rica mente assentado |
| S1103-2 | firio muy Rezia mente a -la gruesa gallyna |
| S1131-3 | deuedes creer firme mente con pura deuoçion |
| S1178-4 | que son çeniza e tal tornaran çierta mente |
| S1256-2 | que amauan falsa mente a -quantos laz amauan |
| S1353-4 | apretandolo mucho cruel mente syn vagar |
| S1354-4 | ansi derecha mente a -mi de ty me vino |
| S1438-3 | mas que todaz las aves cantas muy dulçe mente |
| S1480-3 | si non tan sola mente ya voz que -lo fabledes |
| S1588-4 | con esta espada fuerte Segura mente golpad |
| S1590-4 | con tal maça al avarizia bien larga mente dad |
| S1592-1 | ligera mente podremos a -la loxuria Refrenar |
| S1648-3 | e quatro çierta mente |
| **MENTI** | |
| S1368-1 | vieja dixo la dueña çierto yo non menty |
| **MENTIR** | |
| G 437-3 | zepa mentir fermozo e ziga la carrera |
| S 635-4 | encubre tu pobleza con mentyr colorado |
| **MENTIRA** | |
| S 14-3 | non vos dire mentira en quanto en el yaz |
| S 817-1 | Madre vos non temades que en mentyra vos ande |
| S1167-2 | E por que te perjuraste deziendo la mentira |
| **MENTIRAS** | |
| S 183-1 | Con engañoz E lyjonjas E sotiles mentiras |
| S 494-4 | fazie de verdat mentiras e de mitiras verdades |
| S 637-1 | las mentyras a -las de vezes a -muchos aprouechan |
| S 741-1 | la muger que vos cree las mentiras parlando |
| S 741-2 | E cree a -los omnes con mentiras jurando |
| S 784-4 | a -los nesçios fazedes las mentyras verdades |
| **MENTIROSA** | |
| S 227-1 | Por la sonbra mentirosa E por su coydar vano |
| **MENTIROSAS** | |
| S1505-4 | E Son las escuseras perezozaz mentirosaz |
| **MENTIROSO** | |
| S 161-4 | es esta que el amor sienpre fabla mentiroso |
| S 182-3 | eres mentiroso falso en muchos enartar |
| **MENUDIELLOS** | |
| S 434-1 | la naryz afylada los dientes menudiellos |
| **MENUDO** | |
| S 84-2 | el aparto lo menudo para el leon que comiese |
| S 87-3 | para si e los otros todo lo menudo era |
| S 454-1 | Requiere a -menudo a -la que bien quisieres |
| **MENZAJE** | |
| G 583-3 | fuy m(e) a doña venus que le leuaze menzaje |
| **MENZAJERA** | |
| G 437-1 | puña en quanto puedaz que la tu menzajera |
| G 441-1 | E buzca menzajera de vnaz negraz pecaz |
| **MENZION** | |
| S 369-3 | que el de fecho ageno non fazia menzion |
| **MEOS** | **(L)** |
| P 3 | firmabo super te occulos meos |
| P 61 | firmabo super te occulos meos |
| S 383-3 | gressus meos dirige rresponde doña fulana |
| **MERCA** | |
| S1490-3 | la merca de tu vço dios que -la aduxo |
| **MERCADERO** | |
| S 477-2 | fuese don pytas pajaz a ser novo mercadero |
| S1041-1 | Non ay mercadero |
| **MERCADO** | |
| S1309-3 | mercado falla omne en -que gana sy se detyen |
| S1370-2 | fuese a -monferrado a -mercado andaua |
| S1372-3 | que el martes quisiese yr ver el su mercado |
| S1625-2 | yua se los deziendo por todo el mercado |
| **MERCADOR** | |
| S 514-4 | mercador que esto faze byen vende e byen troca |
| **MERCADORIA** | |
| S 615-4 | lyeva la mercadorya por el buen corredor |
| **MERCADOS** | |
| G. 445-4 | tal muger non -la fallan en todoz loz mercadoz |
| **MERCADURIA** | |
| S 615-2 | que non dara la mercaduria sy non por grand valor |
| **MERCAR** | |
| S 172-4 | leuadlo E dezidle que mal mercar non es franqueza |
| **MERCED** | |
| S 2-3 | Señor da me tu graçia e tu merçed Ayna |
| S 127-2 | nin han merçed de Senorez nin han de sus dineros |
| S 143-4 | si piden merçed al Rey dale conplido perdon |
| G 682-3 | a -la merçed que agora de palabra me fazedez |
| S 896-1 | El leon dixo luego que merçed le faria |
| S1009-4 | touelo a -dios en merçed e leuome a -la tablada |
| S1168-4 | aver te ha dios merçed e saldras de aqui ayna |
| S1259-4 | a -todos prometio merçed E a mi primero |
| S1260-4 | demandele merçed aquesta señalada |
| S1571-1 | a -dios merçed le pido que te de la su gloria |
| S1641-1 | Pydo te merçed gloriosa |
| S1662-3 | por la tu merçed Señora |
| S1672-4 | por la tu merçed que es tanta que dezir non la podria |
| S1682-1 | Nunca falleçe la tu merçed conplida |
| **MERCEDES** | |
| G 682-4 | egualar non se podrian ningunaz otraz merçedez |
| **MERCHANDIA** | |
| S1040-3 | non ay merchandia |
| **MERECEDES** | |
| G 682-2 | non se graçiaz que lo valan quantaz uoz mereçedez |
| **MERECISTE** | |
| S1473-4 | non pudo mas sofrirte tenlo que mereçiste |
| **MERESCA** | |
| S1667-7 | que meresca egualdad |

| | |
|---|---|
| **MERESCAS** | |
| S 43-2 | pues por nos ser merescas |
| **MERESCE** | |
| S1146-4 | faze jnjuria e dapno e meresçe grand pena |
| **MERESCEDES** | |
| S 878-3 | a -mi non Retebdes fija que vos lo meresçedes |
| **MERESCEMIENTO** | |
| S1675-3 | nin el mi meresçemiento |
| **MERESCEN** | |
| S 58-2 | merescen los rromanoz las leyes yo non gelas niego |
| G 441-3 | zon mucho andariegaz e merescen las çapataz |
| **MERESCER** | |
| S1674-6 | en presion syn meresçer |
| S1683-1 | sufro grand mal syn meresçer a -tuerto |
| **MERESCES** | |
| S 279-3 | buscas malas contiendas fallas lo que meresçes |
| S1108-3 | sy ante mi te paras dar te he lo que meresçes |
| **MERESCIA** | |
| S1269-4 | que si lo dezir puedo meresçia el beuer |
| **MERESCIAN** | |
| S 48-3 | por ver si las entienden e meresçian leuar |
| S 498-2 | muchos meresçian muerte que -la vida les daua |
| **MERESCIEN** | |
| S 47-3 | rrespondieron los griegos que non las merescien |
| S 60-4 | entendien que meresçien de leyes çertenidad |
| **MERESCIENTE** | |
| S1676-6 | pero non so meresçiente |
| **MERESCIMIENTO** | |
| S1423-4 | sy non dar te he gualardon qual tu meresçimiento |
| **MERESÇRIA** | |
| S1389-4 | non conosçes tu nin sabes quanto yo meresçria |
| **MERIENDA** | |
| S 252-1 | El lobo a -la cabra comiala por merienda |
| S 864-2 | commo a -vuestra casa a -tomar buena meryenda |
| S 980-2 | meter te he por camino e avras buena merienda |
| S 983-3 | escote la meryenda e party me dalgueua |
| S1195-4 | enbiat gelo dezir con dona merienda farta |
| **MERIENDAS** | |
| S 292-3 | syn mesura meriendas mejor quieres çenar |
| **MERINO** | |
| S 509-3 | alguaçil E meryno byen ardyt es-forçado |
| S1455-3 | si mas yo so con furto del merino tomado |
| S1461-4 | yo le do por quito suelto vos merino soltalde |
| **MERINOS** | |
| S1454-3 | enbio alla su alcalde merinos e Sayones |
| **MERJELINA** | |
| S 211-3 | oras coyda en -su saña oras en merjelina |
| **MES** | |
| S 190-4 | E dende a -vn mes conplido casase con -la mayor |
| S 191-2 | el primer mes ya pasado dixieron le tal Razon |
| S 194-3 | el vn mes ya pasado que casado avia |
| S 326-1 | E digo que agora en -el mes que paso de feblero |
| S 475-1 | Ante del mes conplido dixo el nuestra dona |
| S 477-4 | fazia sele a -la dona vn mes año entero |
| S 945-1 | El mes era de março salido el verano |
| S 951-1 | El mes era de março dia de sant meder |
| S1348-2 | en -el mes de enero con fuerte tenporal |
| **MESA** | |
| S 84-4 | al leon dixo el lobo que -la mesa bendixiese |
| S 86-1 | alço el leon la mano por la mesa santiguar |
| S1068-1 | Estando a -la mesa con do jueuez lardero |
| S1078-1 | do tenia a -don jueues por huesped a -la messa |
| S1095-2 | a messa mucho farta en vn Rico estrado |
| S1270-2 | estaua vna messa muy noble e muy fecha |
| S1274-2 | estaua enturbiada con -la niebra su mesa |
| S1371-1 | Estaua en mesa pobre buen gesto e buena cara |
| S1375-1 | Esta en mesa rrica mucha buena vyanda |
| S1702-4 | ante que -la partyr de toda la mi mesa |
| **MESAS** | |
| S1221-2 | tajones e garavatos grandes tablaz e mesaz |
| **MESCLADORES** | |
| S 10-3 | ffaz que todo se torne sobre los mescladorez |
| **MESCLARON** | |
| S 93-4 | mesclaron me con ella e dixieronle del plan |
| **MESES** | |
| S1224-4 | cobra quanto ha perdido en -loz pasadoz mesez |
| S1300-3 | los omes son los meses cosa es verdadera |
| S1506-1 | Atal fue mi ventura que dos messes pasados |
| **MESMA** | |
| S 272-3 | dixo contra si mesma vna Razon temida |
| S 393-1 | fazes como folguym en tu mesma manera |
| G 548-1 | Es el vino muy bueno en su mesma natura |
| S1072-2 | la mi perzona mesma e las con-pañas mias |
| **MESMAS** | |
| S 315-3 | con sus vñas mesmas murio E con al non |
| **MESMO** | |
| P 149 | que la ordenada caridad de -si mesmo comiença |
| S 273-4 | que de sy mesmo sale quien su vida desata |
| S 278-3 | de ti mesmo nin de otro non te puedes pagar |
| S 308-4 | a -sy mesmo con yra e a -otros muchos mato |
| S 309-3 | el mesmo se mato con su espada pues vey |
| S 311-3 | mato a -sy mesmo yrado et muy sañoso |
| S 347-4 | Rezo el por sy mesmo escripta tal sentençia |
| S 479-4 | en aquel logar mesmo vn cordero menor |
| S 482-3 | diz la muger monseñer vos mesmo la catat |
| S 565-3 | pues piensa por ty mesmo e cata byen tu seno |
| S 578-1 | Contra mi coraçon yo mesmo me torne |
| S 628-4 | a -ty mesmo contesçio E a -otros podra acaesçer |
| **MESMOS** | |
| P 148 | E querran maz amar a -si mesmoz que al pecado |
| S 269-3 | matanse a -sy mesmos los locos alvardanes |

## MESNADA

| | |
|---|---|
| S 186-3 | fazes al que te cree lazar en tu mesnada |
| S1080-4 | truxo muy grand mesnada commo era poderosso |
| S1086-1 | Traya buena mesnada Rica de jnfançones |
| S1124-1 | la mesnada del mar fizo se vn tropel |
| S1260-3 | fynque los mis ynojos antel e su mesnada |
| S1302-3 | desque se leuanto non vino su mesnada |
| S1313-2 | mouio con su mesnada amor e fue su via |

## MESON

| | |
|---|---|
| S 704-4 | mas encubiertas encobrimos que meson de vezindat |

## MESONERO

| | |
|---|---|
| S 317-1 | de -la açidia eres messonero E posada |

## MESQUINA

| | |
|---|---|
| S 263-4 | de -la muger mesquina otro non les atura |
| S 297-2 | al cuerpo muy goloso e al alma mesquina |
| S 820-2 | al poble e al menguado e a -la poble mesquina |
| S1417-4 | Sacolo E estudo Sosegada la mesquina |
| S1685-3 | captiua mesquina |

## MESQUINAS

| | |
|---|---|
| S1394-2 | con sayas de estameñas comedes vos mesquinas |

## MESQUINDAT

| | |
|---|---|
| S 707-4 | poca cossa le enpeçe al mesquino en mesquindat |

## MESQUINO

| | |
|---|---|
| S 244-3 | sienpre byvras mesquino e con mucha manzilla |
| S 249-1 | Mesquino tu que faras el dia de -la afruenta |
| S 273-1 | El loco el mesquino que su alma non cata |
| S 428-4 | syenpre sera mesquino quien Amor vano tyene |
| S 541-4 | matola el mesquino e ovo se de perder |
| S 707-4 | poca cossa le enpeçe al mesquino en mesquindat |
| S 829-3 | mesquino e magrillo non ay mas carne en -el |
| S 834-1 | El mesquino sienpre anda con aquesta tristeza |
| S 835-2 | quien sy non el mesquino sienbra en -el arena |
| S1123-4 | estaua muy señero çecado e mesquino |
| S1543-1 | Allego el mesquino E non ssopo para quien |
| S1692-3 | ay viejo mezquino en -que envegeçi |

## MESQUITA

| | |
|---|---|
| S1108-4 | ençierra te en -la mesquita non vayas a -las prezes |

## MESTER

| | |
|---|---|
| S 622-2 | el mester e el ofiçio el arte e la sabiençia |

## MESTUERÇO

| | |
|---|---|
| S1544-4 | en -ty tienes la tacha que tiene el mestuerço |

## MESTURADA

| | |
|---|---|
| S 853-3 | grand temor gelo defiende que mesturada seria |

## MESTURADO

| | |
|---|---|
| S 541-3 | desque peco con -ella temio mesturado ser |

## MESTURARDES

| | |
|---|---|
| S 916-4 | sy me non mesturardes dire vos vna pastija |

## MESTURERO

| | |
|---|---|
| S 567-3 | de omne mesturero nunca me entremety |
| S 570-1 | a -muchos faze mal el omne mesturero |
| S1020-4 | ca moço mesturero non es bueno para mandado |
| S1620-1 | Era mintroso bebdo ladron e mesturero |

## MESURA

| | |
|---|---|
| S 74-3 | el omne de mal sseso todo tienpo syn mesura |
| S 292-3 | syn mesura meriendas mejor quieres çenar |
| S 303-1 | El comer syn mesura E la grand venternia |
| S 423-1 | El amor con mesura dio me rrespuesta luego |
| S 425-1 | Escucha la mesura pues dixiste baldon |
| S 476-4 | ella diz monssener fazet vuestra mesura |
| G 548-2 | muchaz bondadez tiene yz ze toma con mesura |
| G 553-2 | escoge la mesura e lo que es cumunal |
| G 553-3 | Cummo en todaz cosaz poner mesura val |
| G 553-4 | asi syn la mesura todo paresçe mal |
| S 606-2 | que al su seruidor non le faga mesura |
| S 652-2 | por que por la mi fabla venga a -fazer mesura |
| G 675-1 | yd e venit a -la fabla otro dia por mesura |
| G 682-1 | señora por la mesura que agora prometedez |
| S 737-1 | Respondiole la dueña con mesura E byen |
| S 790-2 | que non avedes miedo mesura nin pauor |
| S 822-3 | quiero me yr a -la dueña rrogar le he por mesura |
| S1026-4 | quered por mesura |
| S1262-1 | Su mesura fue tanta que oyo mi petiçion |
| S1341-4 | con medidaz conplidaz e con toda mesura |
| S1424-2 | Señora diz mesura non me querades ferir |
| S1522-3 | non ay en -ty mesura amor nin piedad |
| S1548-2 | des-donas la graçia denuestas la mesura |
| S1588-3 | vyrtud de tenperamiento de mesura e onestad |
| S1596-3 | con spiritu de çiençia sabiendo mesura catar |

## MESURADA

| | |
|---|---|
| S 96-2 | sotil entendida cuerda bien messurada |
| S 107-4 | de dueña mesurada sienpre bien escreui |
| S 169-3 | cortes e mesurada falaguera donosa |
| G 581-3 | Cortez e mesurada falagera donosa |

## MESURADO

| | |
|---|---|
| S 181-3 | vn omne grande fermoso mesurado a -mi vino |
| G 563-1 | sey commo la paloma linpio e mesurado |

## MESURAS

| | |
|---|---|
| S 832-3 | con tantas de mesuras de aquel omne tan largo |

## METE

| | |
|---|---|
| S 406-3 | fasta que -le echa el laço quando el pie dentro mete |
| S1217-4 | con aquel laz deguella e a -desollar se mete |
| S1281-4 | a -omes aves e bestias mete los en amorez |

## METEN

| | |
|---|---|
| S 95-2 | qual palabra te dizen tal coraçon te meten |

## METER

| | |
|---|---|
| S 980-2 | meter te he por camino e avras buena merienda |
| S1446-4 | las rranas con -su miedo so el agua meter |
| S1599-1 | Sacramento de vnçion meternos e soterremos |

## METIDO

| | |
|---|---|
| S1057-3 | de piedra tajada en sepulcro metydo |

## METIERON

| | |
|---|---|
| S1124-4 | a -el e a -los suyos metieron en vn cordel |

## METIO

| | |
|---|---|
| S1460-3 | metio mano en -el seno E fue dende sacar |

## METO

| | |
|---|---|
| S1209-2 | diz tu carnal soberuio meto que non me falles |

## METRE

| | |
|---|---|
| S1090-2 | Señor diz alla dueña yo le metre la fiebre |

## METRIFICAR

| | |
|---|---|
| P 190 | e muestra de metrificar E rrimar E de trobar |

## MEXIA

| | |
|---|---|
| S 25-4 | de ti virgen el mexia |
| S1635-4 | del tu fijo mexia |
| S1647-2 | del fijo mexia |

## MEXIAS

| | |
|---|---|
| S 5-4 | mexiaz tu me salua sin culpa e sin pena |

## MEXILLA

| | |
|---|---|
| S 179-4 | que diz por lo perdido non estes mano en mexilla |

## MEXILLAS

| | |
|---|---|
| S1105-4 | las truchas de aluerche dauanle en -las mexillas |
| S1199-3 | rrespondio mucho flaca laz mexillaz caydaz |

## MI

| | |
|---|---|
| P 122 | onde yo de mi poquilla çiençia |
| P 128 | saluaçion E gloria del parayso para mi anima |
| P 160 | E ansi este mi libro a -todo omne o -muger |
| P 171 | E bien juzgar la mi entençion por que lo fiz |
| P 176 | E dioz sabe que la mi jntençion non fue de -lo fazer |
| P 201 | Por ende començe mi libro en -el nonbre de dioz |
| S 1-4 | saca a -mi coytado desta mala presion |
| S 4-3 | libra me mi dioz desta coyta tan maña |
| S 64-4 | entiende bien my dicho e avras dueña garrida |
| S 80-2 | con -la mi mensajera que tenia enpuesta |
| S 81-1 | dixo la duena cuerda a -la mi mensajera |
| S 89-1 | Por ende yo te digo vieja e non mi amiga |
| S 90-3 | ffue la mi poridat luego a -la plaça salida |
| S 90-4 | la dueña muy guardada ffue luego de mi partida |
| S 92-1 | Por conplir su mandado de aquesta mi Señor |
| S 96-3 | dixo a -la mi vieja que -le avia enbiada |
| S 113-2 | puse por mi menssajero coydando Recabdar |
| S 113-3 | a -vn mi conpanero sopome el clauo echar |
| S 119-1 | Prometiol por mi consejo |
| S 154-1 | Commo quier que he provado mi signo ser atal |
| S 178-3 | asy conteçio a -mi E al mi buen mensajero |
| S 180-2 | que si lo faz mi signo o -ssy mi mal asseo |
| S 181-2 | pensando en mi ventura sañudo e non con vino |
| S 208-4 | rresponde a -quien te llama vete de mi posada |
| S 258-4 | leuad esta mi carta a -jaab E venid |
| S 299-2 | dyz tu eres mi Señor e yo tu vasallo |
| S 327-1 | En cassa de don cabron mi vassallo e mi quintero |
| S 327-4 | leuolo E comiolo a -mi pessar en tal ero |
| S 329-4 | dat me vn abogado que fable por mi vida |
| S 338-4 | asolued a -mi comadre vayase de -laz callejas |
| S 351-2 | avydo mi conssejo que me fizo prouecho |
| S 382-2 | ssusçipe me secundum que para la mi corona |
| S 410-2 | ata tu pie al mio sube en mi ynojo |
| S 425-3 | do byen eres oydo escucha mi Razon |
| S 429-1 | sy leyeres ovydio el que fue mi criado |
| S 455-2 | dize luego entre sus dientes oyste tomare mi dardo |
| S 456-3 | por la pereza pyerden muchos la mi conpania |
| S 460-1 | Dyxo señora oyd primero la mi Razon |
| S 460-2 | yo soy mas perezosso que este mi conpanon |
| S 464-4 | en -el mi ojo muy Rezia amenudo feria |
| S 467-2 | por ende mi amigo en -tu coraçon non yaga |
| S 475-4 | non olvidedez vuestra caza nin la mi persona |
| S 536-4 | veras que mi conssejo te sera por byen avydo |
| S 574-3 | pesa les por mi tardança a -mi pessa del vagar |
| S 575-2 | pero que mi coraçon de trobar non se quita |
| S 578-1 | Contra mi coraçon yo mesmo me torne |
| S 579-1 | My coraçon me dixo faz lo e Recabdaras |
| S 582-4 | de mi era vezina mi muerte e mi zalut |
| G 590-3 | derecha es mi querella rrazon me faze cuytar |
| G 592-1 | si se descubre mi llaga qual es donde fue venir |
| G 595-4 | en vuestraz manoz pongo el mi coraçon abierto |
| S 596-3 | Dona endryna que mora aqui en mi vezindat |
| S 597-3 | toda mi fuerça pyerdo E del todo me es tirada |
| S 598-4 | en -le dezir mi deseo non me oso aventurar |
| S 602-4 | sy non fuese tan mi vezina non seria tan penado |
| S 605-1 | Non veen los vuestros ojos la mi triste catadura |
| S 605-2 | tyra de mi coraçon tal saeta e tal ardura |
| S 605-4 | que non vayan syn conorte mi llaga e mi quexura |
| S 607-3 | sy vos non me valedes mi menbrios desfalleçen |
| S 608-1 | ya fueste conssejado del amor mi marydo |
| S 609-2 | de -lo que mi marido te ovo conssejado |
| S 648-3 | non quiero aqui estar quiero me yr mi vya |
| S 651-3 | toda la mi esperança e todo el mi confuerto |
| S 652-1 | ya vo Razonar con ella quierol dezir mi quexura |
| S 652-2 | por que por la mi fabla venga a -fazer mesura |
| S 652-3 | deziendo de mis coytas entendera mi Rencura |
| S 655-4 | con mi voluntat mis dichos non se podian seguir |
| S 657-1 | Señora la mi sobrina que en toledo seya |
| S 658-4 | de aquella seria mi cuerpo que tiene mi coraçon |
| S 659-4 | començel dezir mi quexura del amor que me afyncaua |
| G 662-1 | Con la grant pena que pazo vengo a -uoz dezir mi quexa |
| G 669-4 | yo torne en -la mi fabla que tenia començada |
| G 675-2 | pues que oy non me creedez o non es mi ventura |
| G 675-4 | vsando oyr mi pena entenderedez mi quexura |
| G 680-2 | fablat uoz zalua mi onrra quanto fablar uoz quixeredez |
| G 681-3 | naçe dende mala fama mi dezonrra zeria |
| G 686-2 | mi madre verna de miza quiero me yr de aqui tenprano |
| G 687-1 | fuese mi zeñora de -la fabla su via |
| G 691-2 | con pensamientoz contrarioz el mi coraçon se parte |
| G 691-3 | E a -la mi mucha cuyta non ze consejo nin arte |
| S 694-2 | el guie la mi obra el mi trabajo prouea |
| S 694-3 | por que el mi coraçon vea lo que dessea |

| | |
|---|---|
| **MI** | **(cont.)** |
| S 697-3 | dios e la mi ventura que me fue guiador |
| S 701-1 | desque fuy en mi casa esta vieja sabida |
| S 701-3 | en -vuestras manos pongo mi salud e mi vida |
| S 701-4 | sy vos non me acorredes mi vida es perdida |
| S 703-3 | sinon vos otro non sepa mi quexa e mi dolençia |
| S 703-4 | diz la vieja puez dezidlo e aved en mi creençia |
| S 708-1 | aqui es bien mi vezina Ruego vos que alla vayades |
| S 709-3 | por que esa vuestra llaga sane por mi melezina |
| S 716-1 | Esta dueña que dezides mucho es en mi poder |
| S 716-4 | por mi consejo lo faze mas que non por su querer |
| S 718-3 | yo fare con mi escanto que se vengan paso a -pasillo |
| S 718-4 | en aqueste mi farnero las traere al sarçillo |
| S 719-2 | el mi algo E mi casa a -todo vuestro mandar |
| S 729-4 | yo lo piensso en mi pandero muchas veçes que lo toco |
| S 735-1 | syenpre fue mi costunbre e los mis pensamientos |
| S 774-4 | que agora se cunple el mi buen adeuino |
| S 785-2 | mi fuerça e mi seso e todo mi saber |
| S 785-3 | mi salud e mi vyda e todo mi entender |
| S 791-1 | Pues que la mi Señora con otro fuer casada |
| S 791-3 | mi vida e mi muerte esta es señalada |
| S 791-4 | pues que aver non la puedo mi muerte es llegada |
| S 794-3 | pues a -la mi señora cras le dan marido |
| S 794-4 | toda la mi esperanca pereçe e yo so perdido |
| S 795-3 | en nada es tornado todo el mi laçerio |
| S 798-1 | Doña endrina es vuestra e fara mi mandado |
| S 799-4 | por eso me dezides que es mia mi señora |
| S 809-1 | En -el mi cuello echa los sus blaços entranbos |
| S 813-1 | Señora madre vieja la mi plazenteria |
| S 813-2 | por vos mi esperança syente ya mejoria |
| S 813-3 | por la vuestra ayuda creçe mi alegria |
| S 822-4 | que venga a mi posada a -vos fablar segura |
| S 830-3 | ya la vuestra manera entyende la ya mi alma |
| S 830-4 | mi coraçon con dolor sus lagrimas derrama |
| S 839-4 | a -la mi quexa grande non le fallo conssejo |
| S 842-4 | pero en mi talante alegro me en parte |
| S 844-2 | sy mi madre quiese otorgar el ofiçio |
| S 845-1 | que yo mucho faria por mi amor de fyta |
| S 845-2 | mas guarda me mi madre de mi nunca se quita |
| S 847-1 | dixo doña endrina a -la mi vieja paga |
| S 847-2 | mi coraçon te he dicho mi desseo e mi llaga |
| S 847-3 | pues mi voluntad vees conseja me que faga |
| S 853-2 | lo que el amor desea mi coraçon lo querria |
| S 854-3 | con -el mi amor quexoso fasta aqui he porfiado |
| S 854-4 | mi porfya el la vençe es mas fuerte apoderado |
| S 855-3 | alegro me con mi tristeza lasa mas enamorada |
| S 861-2 | por ende fija Señora yd a -mi casa a -vezes |
| S 862-1 | Nunca esta mi tyenda syn fruta a -las loçanas |
| S 863-3 | desde aqui a -la mi tienda non ay synon vna pasada |
| S 864-1 | yd vos tan segura mente con-migo a -la mi tyenda |
| S 871-3 | vyno doña endrina con -la mi vieja sabiente |
| S 872-1 | Commo la mi vejezuela me avya aperçebydo |
| S 875-3 | non queblantedes mi pueras que del abbad de sant paulo |
| S 876-3 | luego vos yd de mi puerta non nos alhaonedes |
| S 877-1 | Señora doña endrina vos la mi enamorada |
| S 877-4 | dios E mi buena ventura mela touieron guardada |
| S 886-3 | la mi vieja maestra ovo ya conçiençia |
| S 909-1 | Entyende byen mi estoria de -la fija del endrino |
| S 910-3 | mi coraçon en punto leuo me lo forçado |
| S 928-2 | coytando me amor mi señor E mi Rey |
| S 929-1 | ove con -la grand coyta Rogar a -la mi vieja |
| S 936-3 | torme me a -mi vieja commo a -buena Rama |
| S 939-1 | la mi leal vrraca que dios mela mantenga |
| S 940-2 | con mi buhonera de mi non se guardam |
| S 962-1 | Dixele yo por dios vaquera non me estorues mi jornada |
| S 973-1 | Estude en esa çibdat e espendi mi cabdal |
| S 973-3 | desque vy que la mi bolsa que -se paraua mal |
| S 973-4 | dixe mi casilla e mi fogar çient sueldos val |
| S 974-1 | Torne para mi casa luego al terçer dya |
| S 976-3 | sy non yo te fare que mi cayada midas |
| S 993-1 | lunes antes del alua Començe mi camino |
| S1017-1 | mas ancha que mi mano tyene la su muñeca |
| S1018-1 | El su dedo chiquillo mayor es que mi pulgar |
| S1027-2 | pariente mi choça |
| S1035-4 | fecha a -mi guisa |
| S1038-4 | seras mi marido |
| S1045-3 | mi alma E mi cuerpo ante tu magestat |
| S1047-1 | My alma E mi coyta e en tu alabança |
| S1047-3 | de ty non se muda la mi esperança |
| S1047-4 | rruega por mi a -dios tu fijo mi Señor |
| S1061-4 | en dauit lo leemos segud el mi coydar |
| S1067-2 | ffuy me para mi tierra por folgar algund quanto |
| S1070-3 | astragando mi tierra faziendo mucho dapño |
| S1071-3 | que por mi e por mi ayuno e por mi penitençia |
| S1071-4 | que lo des-afiedes luego con mi carta de creençia |
| S1072-2 | la mi perzona mesma e las con-pañas mias |
| S1077-4 | a -mi e a -mi huesped puso nos en -coydado |
| S1090-4 | mas querria mi pelleja quando alguno le quiebre |
| S1134-4 | Senores vuestro saber quiera mi mengua conplir |
| S1135-4 | so -la vuestra emienda pongo el mi error |
| S1154-2 | de mi parrochiano non seades confesor |
| S1260-1 | Desque vy a -mi señor que non tenia posada |
| S1262-1 | Su mesura fue tanta que oyo mi petiçion |
| S1262-2 | fue a -la mi posada con -esta procesion |
| S1263-2 | pero que en mi casa fyncaron los jnstrumentes |
| S1263-3 | mi Señor don amor en -todo paro mientes |
| S1264-2 | Dyz mando que en mi tienda fynque en -aquel plado |
| S1298-3 | rrogue a -mi Señor que me diese rraçon |
| S1299-1 | El mi Señor don amor Commo omne letrado |
| S1311-3 | rresçebieron me muy byen a -mi e -mi rrastro |
| S1313-4 | este mi Señor sienpre tal constube avia |
| S1317-1 | ffyz llamar trota conventos la mi vieja sabida |
| S1319-1 | Con -la mi vejezuela enbiele ya que |
| S1320-1 | assaz fizo mi vieja quanto ella fazer pudo |
| S1322-3 | rrogue a -la mi vieja que me ovies piadat |
| S1323-1 | Ella fizo mi rruego pero con antipara |
| S1324-1 | ffue con -la pleytesia tomo por mi afan |
| S1324-4 | non vido a -la mi vieja ome gato nin can |
| S1328-4 | estos fueron los versos que leuo mi trotera |
| S1331-2 | enbie por mi vieja ella dixo adolo |
| S1344-3 | commo te va mi vieja como pasaz tu vida |
| S1355-4 | consejas me agora que pierda la mi alma |
| S1361-1 | En mi joventud caça por piez non sse me yua |
| S1361-2 | a -mi Señor la daua quier muerta o -quier byua |
| S1383-3 | buena mi pobleza en -ssegura cabaña |
| S1385-3 | que perder la mi alma con perdizez assadaz |
| S1388-2 | que a -ty nin a -çiento tales en -la mi mano |
| S1397-4 | verdat diz mi amo a -como yo entiendo |
| S1403-3 | yo a -la mi Señora E a -todaz sus gentes |
| S1404-1 | yo en mi espinazo les tayo mucha leña |
| S1432-4 | perdonastez mi vida e vos por mi byuiredes |
| S1453-4 | oye buena fabla non quieras mi menoscabo |
| S1490-1 | A -la dueña mi vieja tan byen que -la enduxo |
| S1494-1 | vino la mi leal vieja alegre plazentera |
| S1498-1 | leuol vna mi carta a -la missa de prima |
| S1498-3 | guardaz tenie la monja mas que -la mi esgrima |
| S1502-2 | yo sospire por ellos diz mi coraçon hela |
| S1503-4 | en -quanto ella fue byua dioz fue mi guiador |
| S1506-1 | Atal fue mi ventura que dos messes pasados |
| S1508-2 | rrogue a -la mi vieja que me quisiese casar |
| S1519-1 | assy fue mal pecado que mi vieja es muerta |
| S1520-2 | mataste a -mi vieja matasses a -mi ante |
| S1544-1 | Muerte por mas dezir te a -mi coraçon fuerço |
| S1568-2 | que oviste con-migo mi leal vieja dola |
| S1569-1 | ay mi trota conventos mi leal verdadera |
| S1572-3 | la mi trota conventos dios te de rredepnçion |
| S1620-4 | nesçio pereçoso tal es mi escudero |
| S1621-3 | sienpre aquestos dos dias ayunaua mi andador |
| S1626-2 | es comienco E fyn del bien tal es mi fe |
| S1626-4 | punto a -mi librete mas non -lo çerrare |
| S1632-3 | por ende fago punto E çierro mi almario |
| S1641-8 | E ser mi abogada |
| S1665-7 | o virgen mi fiança |
| S1667-5 | que my vida sienpre sigua |
| S1670-1 | Reyna virgen mi esfuerço yo so puesto en tal espanto |
| S1672-2 | la mi coyta tu la parte tu me salua E me guia |
| S1675-2 | non catando mi maldad |
| S1675-3 | nin el mi mereçemiento |
| S1676-8 | de conplir mi petiçion |
| S1677-1 | De conplir mi petiçion |
| S1679-2 | la mi esperança en -ty es toda ora |
| S1684-1 | En ty es mi speranza |
| S1688-3 | E mi grand tribulaçion |
| S1693-4 | maguer que vos lo digo con rrauia de mi coraçon |
| S1698-4 | E avn para la mi corona anoche fue al baño |
| S1699-1 | Ante Renunçiaria toda la mi prebenda |
| S1699-2 | E desi la dignidad E toda la mi Renta |
| S1699-3 | que la mi ora-buena tal escatima prenda |
| S1702-4 | ante que -la partyr de toda la mi mesa |
| S1706-3 | que non es mi comadre nin es mi parienta |

| | |
|---|---|
| **MI** | **(H)** |
| S   3-4 | libra A -mi dioz mio desta presion do ya(go) |
| S   4-4 | dame tu misericordia tira de mi tu s(aña) |
| S  10-2 | tira de mi tu saña tira mi Rencorez |
| S  13-2 | enforma e ayuda a -mi el tu açipreste |
| S  77-4 | Nunca al fizo por mi nin creo que fazer quiso |
| S  85-3 | para mi E a -los otroz la canal que es vana |
| S  89-2 | que jamaz a -mi non vengas nin me digas tal enemiga |
| S 103-2 | arredrose de mi fizo me el juego mañana |
| S 106-4 | parti me de su pleito puez de mi ez rredrada |
| S 113-4 | el comio la vianda e a -mi fazie Rumiar |
| S 118-3 | a -mi dio rrumiar saluado |
| S 172-2 | ffizo de mi bauieca diz non muestra pereza |
| S 174-1 | anssy contençio a -mi con -la dueña de prestar |
| S 175-3 | diz non quiero mal bocado non serie para mi sano |
| S 177-2 | que tu furtes su thesoro que dexo en mi fealdat |
| S 178-3 | asy conteçio a -mi E al mi buen mensajero |
| S 181-3 | vn omne grande fermoso mesurado a -mi vino |
| S 214-3 | tu cada que a mi prendez tanta es tu orgullya |
| S 272-4 | de mi salvo quien me mato e me tiro la vida |
| S 300-4 | saca melo e faz de my como de tuyo quito |
| S 335-1 | A -mi acaescio con -el muchas noches e dias |
| S 351-1 | Por mi examinado todo el processo fecho |
| S 362-2 | del lobo ante mi dicha E por otra cosa non |
| S 406-4 | asegurando matas quita te de mi vete |
| S 422-2 | E mucho garçon loco de mi profaçaria |
| S 426-4 | por que a -mi non veniste nin viste nin prometiste |
| S 574-3 | pesa les por mi tardança a -mi pessa del vagar |
| S 576-1 | Partyose amor de mi E dexo me dormir |
| G 582-4 | de mi era vezina mi muerte e mi zalut |
| G 587-2 | Pero a -mi cuytado es me graue de far |
| G 589-1 | la llaga non ze me dexa a -mi catar nin ver |
| S 608-4 | de -lo quel non te dixo de mi te sera rrepetido |
| S 609-1 | sy algo por ventura de mi te fuere mandado |
| S 648-4 | fuese doña venuz a -mi dexo en fadigna |
| S 654-2 | a -mi luego me venieron muchos miedos e tenblores |
| G 668-1 | el yerro que otro fizo a mi non faga mal |
| G 686-3 | non sospeche contra mi que ando con sezo vano |
| S 706-2 | ella si me non engaña paresçe que ama a -mi |
| S 716-2 | synon por mi non la puede omne del mundo aver |
| S 737-4 | yo penssare en ello si para mi con-vyen |
| S 740-4 | mas de mi el nin vos non vos podredes alabar |
| G 760-2 | perderia la manda que a -mi es mandada |
| S 775-4 | mandad vos E fare yo despues governad a mi |

**MI**    (cont.)

S 783-1   ay de mi con que cobro tan malo me venistes
S 800-1   ansy fazedes madre vos a -mi por ventura
S 815-1   Amigo Segund creo por mi avredes conorte
S 815-3   por mi verna la dueña andar al estricote
S 817-4   sy vos yo engañare el a -mi lo demande
S 824-3   Señora doña Rama yo que por mi mal vos vy
S 824-4   que las mis fadas negras non se parten de mi
S 841-2   dize a -mi llorando palablas muy manzelleras
S 845-2   mas guarda me mi madre de mi nunca se quita
S 849-1   Mas el que contra mi por acusar me venga
S 877-2   vieja por esto teniades a -mi la puerta çerrada
S 878-3   a -mi non Retebdes fija que vos lo meresçedes
S 890-1   Pues que por mi pecador del daño es venido
S 890-2   por mi quiero que sea el vuestro byen avydo
S 890-4   todo vuestro deseo es byen por mi conplido
S 909-2   dixela por te dar ensienpro non por que a -mi vino
S 927-3   dezir todos sus nonbles es a -mi fuerte cosa
S 940-2   con mi buhonera de mi non se guardam
S 958-1   E a -mi non me peso por que me lleuo acuestas
S 976-2   non te lleges a -mi ante telo comidas
S 979-1   desque ovo en mi puesto las sus manos yradas
S 983-1   Pensso de mi e della dixe yo agora se prueua
S 984-4   assañose contra mi Resçele e fuy couarde
S1046-2   virgen Santa e dina oye a -mi pecador
S1047-4   rruega por mi a -dios tu fijo mi Señor
S1068-2   truxo a -mi dos cartaz yn lygero trotero
S1069-1   De mi santa quaresma syerua del ssaluador
S1071-3   que por mi e por mi ayuno e por mi penitençia
S1075-1   De mi doña quaresma justiçia de -la mar
S1075-4   enbyo te el ayuno por mi des-afiar
S1077-2   vy que venia a -mi yn fuerte mandado
S1077-4   a -mi e a -mi huesped puso nos en -coydado
S1080-3   non quise dar Respuesta vino a -mi acuçioso
S1088-2   Señor diz non me escusedes de aquesta lyd a -mi
S1108-3   sy ante mi te paras dar te he lo que meresçes
S1258-1   Myo señor don amor si a -mi creyera
S1259-4   a -todos prometio merçed E a mi primero
S1261-4   en esta santa fiesta sey de mi ospedado
S1306-2   vino a -mi mucha duena de mucho ayuno magra
S1311-3   rresçebieron me muy byen a -mi e a -mi rrastro
S1320-3   torno a -mi muy triste e con coraçon agudo
S1322-4   E que andudiese por mi passos de caridat
S1330-2   escusose de mi e de mi fue escusada
S1331-3   vino a -mi rreyendo diz omillome don polo
S1346-1   Dixol doña garoça enbio te el a -mi
S1354-4   ansi derecha mente a -mi de ty me vino
S1367-1   E sseñora convusco a -mi atal acaesçe
S1389-1   Sy a -mi oy fallase quien fallar me deuia
S1423-1   E pues tu a -mi dizez Razon de perdimiento
S1424-3   puede vos por ventura de mi grand pro venir
S1432-4   perdonastez mi vida e vos por mi byuiredes
S1436-2   non querria que fuesen a -mi fiel E amargos
S1463-4   faz ansi como sueles non temas en mi fia
S1482-4   si de vos me partiere a -mi caya el perjuro
S1492-1   Dixol doña garoça enbia me la my espaçio
S1497-3   yol dixe trota conventos Ruego te mi amiga
S1504-1   Con mucha oraçion a -dios por mi Rogaua
S1509-1   Dixo trota conventos a -la mora por mi
S1519-2   murio a -mi seruiendo lo que me desconuerta
S1520-2   mataste a -mi vieja matasses a -mi mala
S1570-4   quien te me rrebato vieja por mi sienpre lazrada
S1578-3   que por mi pecador vn pater noster diga
S1605-4   que nos diga jhesu xpisto benditos a -mi venid
S1625-4   que a -mi non te enbia nin quiero tu mandado
S1633-4   digades vn pater noster por mi E ave maria
S1651-4   quered por dios a -mi dar
S1671-2   tu acorro E guarda fuerte a -mi libre defendiendo
S1685-5   contra mi tan dapñosa
S1692-2   Sy pesa a -vos otros bien tanto pesa a -mi
S1702-1   E del mal de vos otros a -mi mucho me pesa
S1703-4   E sy de mi la parto nunca me dexaran dolorez

**MIA**

S 34-4   que a -la grand culpa mia
S 325-3   yo el lobo me querello de -la comadre mia
S 462-3   dezir vos he la mia non vistes tal ningud ora
G 670-2   vn poquillo que uoz diga la muerte mia
G 687-4   quiso me dioz bien giar e la ventura mia
S 799-4   por eso me dezides que es mia mi señora
S1451-1   Aquesto acaesçe a -vos Señora mia
S1463-4   daras cras el presente saldras con arte mia

**MIAS**

S 335-2   que leuaua furtadas de -las ovejas mias
S1015-4   Mayores que -las mias tyene sus prietas baruas
S1072-2   la mi perzona mesma e las con-pañas mias
S1474-4   los gatos E las gatas son muchas almas mias
S1489-4   doñeador alegre para las çapatas mias
S1689-4   ya las coytas mias

**MIDAS**

S 976-3   sy non yo te fare que mi cayada midas

**MIDOS**

S1691-2   bien creo que -lo fizo mas con midos que de -grado

**MIEDO**

S 87-1   la gulpeja con -el miedo e commo es artera
S 230-1   Soberuia mucha traes ha -do miedo non as
S 230-2   piensaz pues non as miedo tu de que pasaras
S 236-2   que non ha de dios miedo nin cata aguisado
S 238-4   el asno con -el miedo quedo e nol fue bueno
S 302-1   El cavallo connel miedo fuyo aguas byuaz
S 339-2   otorgaron lo todo con miedo e amidos
S 365-1   Non le preste lo que dixo que con miedo e quexura
S 365-3   Ca su miedo era vano e non dixo cordura

S 391-1   Non as miedo nin verguença de Rey nin Reyna
S 415-3   que non han de dios miedo nin de sus amenazas
S 454-2   non ayas miedo della quanto tienpo tovyeres
S 456-1   son en -la grand pereza miedo E covardia
S 610-2   dyl syn miedo tus deseos non te enbargue vergueña
S 629-2   vn poquillo como a -miedo non dexes de jugar
S 634-1   El miedo e la verguença faze a las mugeres
S 651-1   Coytado sy escapare grand miedo he de ser muerto
S 655-2   el miedo de -las conpañaz me facian al departir
S 736-4   syn miedo fablad con-migo quantas cosas son
S 790-2   que non avedes miedo mesura nin pauor
S 839-3   el miedo E la verguença defienden mel el trebejo
S 840-1   fija perdet el miedo que se toma syn Razon
S 846-3   dexa el miedo vano e sospechas non çiertas
S 852-2   en quantas guysas se buelue con miedo e con temor
S 957-3   yo desque me vy con miedo con frio e con quexa
S 966-1   yo con miedo E aRezido prometil vna garnacha
S 966-4   non ayas miedo al escacha
S1067-4   puso por todo el mundo miedo e grand espanto
S1098-1   Essa noche los gallos con grand miedo estouieron
S1134-2   tengo del miedo tanto quanto non puedo desir
S1134-3   con -la çiençia poca he grand miedo de fallyr
S1142-4   nego a -jhesu xpisto con miedo E quexura
S1187-4   el rroçin del rrabi con miedo byen andaua
S1352-2   que ya non avia miedo de vient ne de elada
S1376-4   los murez con -el miedo fuxieron al andar
S1378-2   estaua el aldeano con miedo e con tremor
S1380-1   Al ome con -el miedo nol sabe dulçe cosa
S1380-3   con miedo de -la muerte la miel non es sabrosa
S1381-3   las viandaz preçiadaz con miedo son agraz
S1381-4   todo es amargura do mortal miedo yaz
S1382-2   del miedo que he avido quando bien melo cato
S1384-3   syenpre tyene rreçelo e con miedo tristeza
S1426-2   el mur con -el grand miedo començo a -falgar
S1444-1   sseñora diz la vieja esse miedo non tomedes
S1444-4   el miedo de -las liebres las monjas lo auedes
S1446-2   dezien con -el grand miedo que se fuesen a -esconder
S1446-4   las rranas con -su miedo so el agua meter
S1447-2   non somos nos señeras que miedo vano tenemos
S1447-4   las liebrez E las rranas vano miedo tenemos
S1448-2   faze tener grand miedo lo que non es de temer
S1449-2   esto les puso miedo e fizo a todos yr
S1449-4   que non pierda el es-fuerço por miedo de morir
S1450-1   El miedo es muy malo syn esfuerço ardid
S1456-4   E furtase syn miedo quanto furtar podiese
S1553-3   non aurien de ti miedo nin de tu mal hostal
S1554-3   por tu miedo los santos fizieron los salterrios
S1556-4   tu -le posiste miedo e tu lo demudeste
S1557-2   temio te la su carne grand miedo le posiste
S1557-3   la su humanidat por tu miedo fue triste

**MIEDOS**

S 654-2   a -mi luego me venieron muchos miedos e tenblores
G 691-4   el amor do esta firme todoz los miedoz departe

**MIEL**

S 514-3   quien non tiene miel en -la orça tengala en -la boca
S1065-3   las llagas quel llagaron son mas dulçes que miel
S1335-3   miel rrosado diaçiminio diantioso va delante
S1354-1   alegrase el malo en dar por miel venino
S1379-1   Este manjar es dulçe sabe como la miel
S1380-3   con miedo de -la muerte la miel non es sabrosa

**MIELGAS**

S1104-1   vinien las grandes mielgas en esta delantera

**MIENBRE**

S 712-1   Mienbre se vos buen amigo de -lo que dezir se suele
S1090-3   dalle he la sarna e diuiesos que de lydiar nol mienbre

**MIENBROS**

G 444-1   si dexiere que la dueña non tiene mienbroz muy grande
S 544-3   faze tenbrar los mienbros todo seso olvida
S 785-1   ay que todos mis mienbros comiençan a -tremer
S1010-1   ssus mienbros e su talla non son para callar
S1485-2   el cuerpo ha bien largo mienbros grades e trifudo

**MIENTA**

G 436-3   Non lo sepa la dueña por que la otra non mienta
G 442-3   por que a -ty non mienta sabe laz falagar
G 443-2   rruegal que te non mienta muestral buen amor
S1706-4   huerfana la crie esto por que non mienta

**MIENTAS**

S 212-4   a -quien nol quiere nil ama ssyenpre gela mientass

**MIENTE**

S 70-4   ssy me puntar sopieres ssienpre me avras en miente
G 676-1   otorgat me ya zeñora aquesto de buena miente
G 676-2   que vengadez otro dia a -la fabla zola miente
G 676-4   al non oso demandar voz venid zegura miente
G 679-2   onrra es e non dezonrra en cuerda miente fablar
S 742-3   non se viene en miente desos malos rrecabdos
S 987-1   ssyenpre se me verna miente
S1178-3   dizenlez que -se conoscan E lez venga miente
S1542-2   ante de misa dicha otros la han en miente
S1676-7   venga a -ti Señora en miente

**MIENTE**    (H)

S 69-1   Do coydares que miente dize mayor verdat
S 274-4   acortase la vida quien lo dixo non miente

**MIENTES**

S 34-5   non pares mientes maria
S 62-3   dixo me luego apos esto que -le parase mientes
S 373-1   a -obla de piedad nunca paras mientes
S 395-4   Remeçe la cabeça a -mal seso tiene mientes
S 433-2   las orejas pequeñas delgadas paral mientes
S 843-1   En -todo paro mientes mas de quanto coydades
S1263-3   mi Señor don amor en -todo paro mientes
S1403-1   El asno de mal Seso penso E touo mientes
S1471-3   el ladron paro mientes diz veo cosa fea

**MIENTES** (cont.)
S1609-4   mucho al y fallaredes ado byen pararedes mientes

**MIENTO**
S 185-4   de quanto yo te digo tu sabes que non miento
S 873-1   Es omne o es viento creo que es omne non miento
S1579-4   Si vedes que vos miento non me preçiedes vn figo

**MIERCOLES**
S1049-1   Myercoles a -terçia el cuerpo de xpisto
S1166-1   Espinacaz conbraz el miercoles non espesaz
S1174-1   Luego el primero dia el miercolez coruillo

**MIESE**
S1146-3   non deue poner omne su foz en miese ajena

**MIESES**
S1292-2   trigos e todaz mieses en -las eraz tendiendo

**MIGEL**
S 829-4   que en pollo envernizo despues de sant migel

**MIGUEL** (V)
G 951-1   (E)n -el mes era de março dia de zan miguel

**MIHI** (L)
P 21   Da michi intellectum e cetera

**MIJO**
S 390-4   non me val tu vanagloria vn vil grano de mijo

**MIJOR**
G 593-2   si ayuda non demanda por auer zalut mijor
G 594-1   mijor es moztrar el omne su dolençia e su quexura

**MILANO**
S 413-1   Andaua y vn milano volando desfranbrido

**MILL**
S 65-4   tu non fallaras vno de trobadorez mill
S 182-4   saluar non puedes vno puedes çient mill matar
S 234-4   non se podrian escreuir en mill priegos contados
S 326-2   era de mill e trezientos en -el ano primero
S 397-1   El coraçon le tornas de mill guisas a -la ora
S 486-4   tomala esto contesçe a caçadorez mill
S 600-4   escogera marido qual quisiere entre dos mill
S 610-3   apenaz de myll vna te lo niegue mas desdeña
S 647-3   mill tienpos e maneras podras despues fallar
S 657-2   se vos encomienda mucho mill saludes vos enbya
S 706-3   por escusar mill peligros fasta oy lo encubri
S 841-4   Entyendo su grand coyta en mas de mill maneras
S 882-3   ayer mill cobros me dauaz mill artes mill salidas
S1381-2   que comer mill manjares corrido e syn solaz
S1403-4   mas con prouecho syruo que mill tales blanchetes
S1559-2   sy ante lo espantaste mill tanto pena oviste
S1634-1   Era de mill E trezientos E ochenta E vn años
S1690-4   tal que si plugo a -vno peso mas que a -dos mill

**MINGO**
S 396-4   que aquel mingo oveja non es della parejo

**MINISTROS**
S1238-4   exultemus E letemur ministros E priorez

**MINTROSO**
S 627-4   non seas mucho parlero non te tenga por mintroso
S 995-3   sy dexas lo que tyenes por mintroso coydar
S1620-1   Era mintroso bebdo ladron e mesturero

**MINTROSOS**
S 150-1   Non son por todo aquesto los estrelleros mintrosos

**MINTROZO**
G 561-1   Non le seaz mintrozo sey le muy verdadero
G 580-1   fazaña es vzada prouerbio non mintrozo

**MIO**
S 3-4   libra A -mi dioz mio desta presion do ya(go)
S 13-1   Tu señor dioz mio quel omne crieste
S 72-1   Sy -lo dixiese de mio seria de culpar
S 160-2   commo es este mio dize vna escriptura
S 298-4   vassallo dixo mio la mano tu me besa
S 410-2   ata tu pie al mio sube en mi ynojo
S 461-4   que por non abrir la boca de sed perdy el fablar mio
S 735-2   leuantar yo de mio e mouer cassamientos
S1258-1   Myo señor don amor si el a -mi creyera
S1302-1   Myo señor desque fue su tyenda aparejada
S1702-2   otrosi de -lo mio E del mal de teresa

**MIRA**
S 27-1   ofreçiol mira gaspar

**MIRABILIA** (L)
S 383-2   mirabilia comienças dizes de aquesta plana

**MIRAGLOS**
S1668-1   Miraglos muchos faze virgen sienpre pura

**MIRAVA**
S 659-2   por que toda aquella gente de -la plaça nos miraua

**MIRES**
S 908-4   mis fablas e mis fazañas Ruego te que byen las mires

**MIRRA**
S1638-8   ençienso mirra oro

**MIS**
S 46-1   Entiende bien mis dichos e piensa la sentençia
S 115-1   Mys ojos non veran luz
S 141-3   por que creas mis dichos e non tomes dubdança
S 171-2   davale de mis donas non paños e non çintas
S 254-2   el cuello con mis dientes sy quisiera apertar
S 351-4   dyos Ante mis ojos nin Ruego nin pecho
S 425-4   ssy mis dichos fazes non te dira muger non
S 427-3   oy e leye mis castigos e sabe los byen fazer
G 586-3   conplit loz miz deseoz e dat me dicha e ventura
S 604-4   oyt me vos mansa mente las mis coytas sobejas
S 607-1   El color he ya perdido mis sesos des-falleçen
S 607-2   la fuerça non la tengo mis ojos non paresçen
S 652-3   deziendo de mis coytas entendera mi Rencura
S 654-3   los mis pies e las mis manos non eran de si Senores
S 654-4   perdi seso perdi fuerça mudaron se mis colores
S 655-4   con mi voluntad mis dichos non se podian seguir
S 658-1   querian alla mis parientes Cassar me en esta Saçon
G 677-2   yo entendere de -uoz algo E oyredez loz miz rrazonez

**MISA**
S 380-2   mas que por oyr la missa nin ganar de dios perdon
S 380-3   quieres la misa de -los novios syn gloria e syn son
S 381-1   acabada ya la missa Rezas tan byen la sesta
S 381-4   feo sant sant vter por la grand misa de fiesta
G 686-2   mi madre verna de miza quiero me yr de aqui tenprano
S 770-3   dezir nos buena missa e tomar buena yantar
S 773-4   dixo diome el diabro cantar missa en forno
S1181-2   vayamos oyr misa señor vos e yo anbos
S1181-3   vos oyredes misa yo rrezare miz salmos
S1396-2   E fallo a -la dueña que en la misa seya
S1398-4   pues la misa es dicha vayamoz al estrado
S1496-3   a -la misa de mañana vos en -buena ora yd
S1498-1   leuol vna mi carta a -la missa de prima
S1499-1   En -el nonbre de dios fuy a -misa de mañana
S1539-3   por oyr luenga misa non -lo quieren errar
S1541-2   amidoz tarde o -nunca en misa por el estan
S1542-2   ante de misa dicha otros la han en miente

**MISAS**
S1572-2   fare cantar misaz e dare oblaçion
S1628-1   Desea oyr misas E fazer oblaçones

**MISERERE** (L)
S 376-4   con miserere mey mucho te le engraçias

**MISERICORDIA**
S 4-4   dame tu misericordia tira de mi tu s(aña)
S1140-4   con -la misericordia de dios que -lo quiere saluar
S1585-1   obras de missericordia E de mucho bien obrar
S1589-1   Con mucha misericordia dar a -los pobrez posada

**MISION**
S1202-4   para pasar la mar puso muy grand mision

**MISMA**
S1130-4   sinon por la boca misma del pecador contrito

**MISMO**
S 55-3   luego se assento en -ese mismo lugar
G 557-3   nyn seaz de ti mismo e de tus fechoz loador
G 557-4   Ca el que mucho ze alaba de si mismo es denoztador
G 562-2   Non le fagaz zenalez a ti mismo non matez

**MISTERIO**
S1170-3   esta y muy deuoto al santo misterio

**MITAS**
S 171-3   non cuentas nin sartal nin sortijas nin mitas

**MITIENDO**
S 784-3   mityendo aponiendo deziendo vanidades

**MITIRAS**
S 494-4   fazie de verdat mentiras e de mitiras verdades

**MITIROSA**
S 417-2   sobre la falsa lengua mitirosa aparesçençia
S 418-2   es el coraçon falso e mitirosa la lengua

**MITRA**
S1149-2   de palio e de blago e de mitra onrrado

**MITROSO**
S 389-1   El que tu obla trae es mitroso puro

**MITROSOS**
S 132-4   dio todos sus juyzios por mitrosos prouados

**MOCEDAT**
G 672-1   fablo en aventura con la vuestra moçedat

**MOCETAS**
S 718-2   a -esta dueña e a -otras moçetas de cuello aluillo

**MOÇA**
G 440-4   echan la moça en ojo e çiegan bien de ueraz
S 474-4   casose con muger moça pagavase de conpaña
S 478-1   Commo era la moça nueva mente casada
G 582-2   biuda rrica es mucho e moça de juuentud
G 671-4   e zodez atan moça que esto me atierra
S1027-1   dixo me la moça
S1318-2   muy rrica e byen moça e con mucha vfana
S1392-4   con -este mançebillo que vos tornaria moça
S1542-1   Sy dexa muger moça Rica o -paresçiente

**MOÇAS**
S 644-2   mucho son de -las moças guardaderas celosas
S1340-3   mas saben e mas valen sus moçaz cozineraz
S1417-3   a -moças aojadaz E que han la madrina

**MOÇO**
S 945-3   moço malo moço malo mas val enfermo que sano
S1020-4   ca moço mesturero non es bueno para mandado
S1213-3   su moço el caramillo fecho de caña vera
S1542-3   que casara con mas rrico o -con moço valiente
S1545-2   otrosi tu mal moço en punto que assoma

**MOÇOS**
S1286-4   a -los moços medrosos ya los espanta el trueno
**MOÇUELA**
S 612-2   que non ha muger en -el mundo nin grande nin mocuela
**MOÇUELO**
S 799-2   fazedes commo madre quando el moçuelo llora
S1573-1   Dueñas non me rretebdes nin me digades moçuelo
S1644-3   a -este moçuelo
**MODORRIA**
S1284-2   todos e ellas andan en modorria
**MOHALINAR**
S 941-2   o sy le dyo Raynela o -sy le dyo mohalinar
**MOISEN**
S1562-3   al cabdillo de moysen que tenias en -tus baraças
**MOIZEN**
G 438-4   con lagrimaz de moyzen ezcantan las orejaz
**MOJADOS**
G 445-1   si diz que -loz zobacoz tiene vn poco mojadoz
**MOJE**
S 956-3   non temas syn das algo que -la nieue mucho moje
**MOLINO**
S 193-2   tenia vn molyno de grand muela de preçio
S 195-4   diz ay molyno Rezio avn te vea casado
S 472-2   muger molyno E huerta syenpre querie grand vso
S 473-1   çierta cossa es esta quel molyno andando gana
S 712-2   que çiuera en molyno el que ante viene muele
S 774-1   fuese mas adelante çerca de vn molino
S 778-4   en -la canal del molino entro que mal le plaçe
**MOLLERA**
S 81-4   bien commo la rrapossa en agena mollera
S1104-2   caya de cada cabo mucha buena mollera
**MON**
S 475-3   ella diz mon señer andat en ora bona
S 484-2   sotil e mal sabyda diz como mon sseñer
**MONASTERIO**
S1307-1   Avn quise porfiar fuy me para vn monasterio
**MONEDA**
S 79-4   non se podria vençer por pintada moneda
S1040-2   do non ay moneda
**MONEDERO**
S 326-4   que vino a nuestra çibdat por nonble de monedero
**MONESTERIOS**
S1248-2   Señor noz te daremoz monesterios honrrados
**MONFERRADO**
S1370-2   fuese a -monferrado a -mercado andaua
S1372-2   conbido el de -la villa al mur de monferrado
**MONGAS**
S 495-2   muchos monges e mongas Religiosos sagrados
S1166-3   non guardaste casadas nin mongas profesaz
**MONGE**
S 532-1   Marauillose el monge diz a -dios me acomiendo
S 534-4   el diablo al monge armado lo enlaze
S 542-1   esa ora fue el monge preso E en rrefierta
G 594-2   Al monge e al buen amigo quel daran por auentura
**MONGES**
S 495-2   muchos monges e mongas Religiosos sagrados
S 503-1   yo vy a -muchos monges en sus predycaçiones
S 504-1   Pero que -le denuestan los monges por las plaças
S 506-1   Monges frayles clerigos non toman los dineros
**MONGIA**
S1396-1   otro dia la vieja fuese a -la mongia
**MONGIBEL**
S 281-2   matolo por que yaze dentro en mongibel
**MONJA**
S1332-2   amad alguna monja creed me de conssejo
S1344-1   ffuese a -vna monja que avia Seruida
S1399-1   Alegre va la monja del coro al parlador
S1399-3   quiere oyr la Nuevaz del entendedor
S1443-3   pecar en tal manera non conviene a -monja
S1496-4   enamorada a -la monja e luego voz venid
S1498-3   guardaz tenie la monja mas que -la mi esgrima
S1499-2   vy estar a -la monja en oraçion loçana
S1501-2   el pecado de monja a -omne doneador
S1502-4   enamorome la monja e yo enamorela
**MONJAS**
G 441-2   que vzan mucho frayrez monjaz e beataz
S1255-2   las monjas le dixieron Señor non avrias viçio
S1258-2   el conbid de -laz monjas aqueste rresçibiera
S1339-4   quien a -monjas non ama non vale vn marauedy
S1342-3   todo es en -las monjaz mas que en otro lugar
S1444-1   el miedo de -las liebres las monjas lo auedes
S1451-2   E a -todas las monjaz que tenedes freylia
S1491-4   ssodes laz monjaz guarrdadaz deseosaz loçanaz
S1495-4   que -las monjaz non ze pagan del abbad fazañero
**MONPESLER**
S1338-1   Monpesler alexandria la nonbrada valençia
**MONSENER**
S 476-4   ella diz monssener fazet vuestra mesura
**MONSEÑER**
S 482-3   diz la muger monseñer vos mesmo la catat
**MONTANAS**
S1122-3   el jaualyn E el çieruo fuyeron a -las montanas
**MONTAÑA**
S1425-1   Dormia el leon pardo en -la frida montaña
**MONTAÑAS**
S1189-2   el por esas montañas en -la sierra estudo
S1273-2   mandaua ssenbrar trigo e cortar laz montañas
**MONTE**
S 133-3   de yr a correr monte caçar algun venado
S 134-2   desque fueron en -el monte ovose a -leuantar
S1212-4   de muchos que corren monte llenoz van los oteroz
S1220-2   vaqueros e de monte e otros muchos canes

S1430-2   andando en -el monte ouo de entropeçar
S1472-1   beo vn monte grande de muchos viejos çapatoz
F 1   De señor y de amada y de monte y de Rio
**MONTEROS**
S 900-1   Commo el leon tenia sus monteros armados
**MONTES**
S1091-1   vino el cabron montes con corços e torcazaz
S1209-4   vaya e dios la guie por montes e por valles
**MONTESAS**
S 306-2   comia yeruas montessas commo buey paja E al
**MONTESINA**
S 524-2   la çierua montesyna mucho corrida canssa
**MONTON**
S 804-4   muchas vezes allega rriquezas a monton
**MORA**
S 78-3   mucho de omne se guardam ally do ella mora
S 337-4   con su muger doña loba que mora en vil forado
S 375-1   Do tu Amiga mora comienças a -leuantar
S 397-4   rremira se la loca ado tu lo-cura mora
S 596-1   Dona endryna que mora aqui en mi vezindat
S 726-1   En aquesta villa mora muy fermosa mançebia
S 738-3   mançebillo guisado en vuestro barrio mora
G 756-4   mas do non mora omne la caza poco val
S 824-1   fuese a -casa de -la dueña dixo quien mora aqui
S1509-1   Dixo trota conventos a -la mora por mi
S1510-4   tomaldo fija Señora dixo la mora le ala
**MORA**   (H)
S1508-3   fablo con vna mora non -la quiso escuchar
S1509-4   saluda vos amor nueuo dixo la mora yznedri
S1511-4   non vaya de vos tan muda dixo la mora ascut
S1512-4   cabeçeo la mora dixole amxy axmy
**MORADA**
S 220-1   En -ti fazen morada aleuoso traydor
S 478-2   auie con su marido fecha poca morada
S 786-2   por que matas el cuerpo do tyenes tu morada
S 863-2   en pellote vos yredes commo por vuestra morada
S1249-3   Señor chica morada a -grand Señor non presta
S1302-4   los mas con don carnal fazian su morada
S1552-1   Tu morada por sienpre es jnfierrno profundo
S1552-3   pueblaz mala morada e despueblaz el mundo
S1560-1   A -santos que tenias en tu mala morada
**MORADAS**
S 501-1   vy tener al dinero las mejores moradas
S1176-1   Repara laz moradaz laz paredez Repega
S1249-2   ca non tyenen moradas do touiesedes la fiesta
**MORADO**
S1303-3   commo nunca me viera o -do avia morado
**MORADOR**
S 42-4   del çielo en ti morador
**MORAR**
S 975-4   o morar me he con-vusco o mostrad me la carrera
**MORARE**
S1312-3   quiero yr ver alcala morare ay la feria
**MORAS**
S1458-4   non temas ten es-fuerço que non moras por esto
**MORAS**   (H)
S1513-2   para judias E moras e para entenderas
**MORDAÇAS**
S 415-2   en tal guisa les travas con tus fuertes mordaçaz
**MORDEDOR**
S1293-3   la mosca mordedor faz traher las narizes
**MORDIENDO**
S1292-4   el tauano al asno ya le yua mordiendo
**MORE**
S1333-1   yo la serui vn tienpo more y byen diez años
**MORENO**
S 565-2   que tu entendera amase a frey moreno
S1030-2   tyznado moreno
**MORES**
S 405-1   Natura as de diablo ado quier que tu mores
**MOREZILLO**
S1429-2   solto al morezillo el mur quando fue soltado
**MORI**
S1577-4   que byen como yo mori asy todos morredes
**MORIDES**
S 843-3   con el ençendymiento morides E penades
**MORIENDO**
S1559-3   dionos vida moriendo al que tu muerte diste
**MORIERON**
S 224-1   Por tu mala cobdiçia los de egipto morieron
**MORIO**
S 262-4   que quanto era en rroma en punto morio luego
S 294-4   por ello en -el jnfierno desque morio yazia
S1056-4   a -ora de nona morio e constesçio
S1062-3   al que todos bendiçen por nos todos morio
**MORIR**
S 143-2   ansi que por el fuero deue morir con rraçon
S 145-1   E ansy commo por fuero avia de morir
S 280-4   estorua te tu pecado faze te ally moryr
S 505-2   sy varruntan que el rrico esta ya para moryr
G 594-4   que non el morir syn dubda e beuir en grant Rencura
S 789-4   ay cuerpo tan penado commo te vas a -moryr
S 855-4   mas quiero moryr su muerte que beuir penada
S 943-1   Commo es natural cosa el nasçer e el moryr
S 957-2   comadre quien mas non puede amidos moryr se dexa
S1449-4   que non pierda el es-fuerço por miedo de morir
S1506-3   a -morir han los onbrez que son o -seran nados
S1639-7   que viste morir en cruz
**MORISCA**
S1228-1   ally sale gritando la guitara morisca
**MORISCO**
S1230-1   Medio caño E harpa con -el rrabe morisco

**MORIUNTUR** (L)
P 55   beati mortui qui in domino moriuntur
**MORMULLO**
S 851-2   el mormullo e el Roydo que -lo digan non ay quien
**MORO**
S 5-2   en -que moro treʒ diaʒ dentro en -la mar ll(ena)
**MOROS**
S 129-1   Era vn Rey de moros alcaraz nonbre avia
S1193-3   a -todos los xristianos e moros e jodioʒ
S1215-2   mas vienen çerca della que en -granada ay moroʒ
**MORRA**
S 131-4   dixo el quinto maestro morra en agua afogado
S1053-3   por aquesto morra en cabtiuo dado
**MORREDES**
S 837-3   descobrid vuestra llaga synon ansy morredes
S1531-4   tened que cras morredes ca -la vida es juego
S1577-4   que byen como yo mori asy todos morredes
**MORRIA**
G 593-4   morria de todo en todo nunca vy cuyta mayor
S 948-3   aver saña de vos Ca de pesar morria
**MORTAL**
S 228-4   es la mala cobdiçia pecado mortal
S1163-1   El dia del domingo por tu cobdiçia mortal
S1167-1   El jueues çenaraʒ por la tu mortal yra
S1191-1   byen sabes commo somos tu mortal enemigo
S1381-4   todo es amargura do mortal miedo yaʒ
S1567-4   que defender me quiera de tu venida mortal
**MORTALES**
S 217-1   Contigo syenpre trahes los mortales pecados
S 540-2   loxuria e soberuia tres pecados mortales
S1583-1   los mortales pecados ya los avedes oydos
S1584-2   la carne el diablo el mundo destos nasçen los mortales
S1604-1   Todos los otros pecados mortales E veniales
**MORTEZINO**
S1123-2   que estaua amarillo de dias morteʒino
**MORTUI** (L)
P 55   beati mortui qui in domino moriuntur
**MOSCA**
S1293-3   la mosca mordedor faʒ traher las nariʒes
**MOSTRAD**
S 975-4   o morar me he con-vusco o mostrad me la carrera
**MOSTRADAS**
S1019-1   a -todo son de çitola andarian syn ser mostradas
**MOSTRADO**
S 429-2   en -el fallaras fablas que -le ove yo mostrado
S1261-2   el byen si algo se de ti me fue mostrado
**MOSTRAR**
G 588-3   Non oʒo moʒtrar la laga matar me a si la oluido
G 594-1   mijor es moʒtrar el omne su dolençia e su quexura
S 965-1   Dyz yo leuare a -cassa e mostrar te he el camino
S1634-1   E por mostrar a -los synplex fablas e versos estraños
S1696-2   leuanto se el dean a -mostrar su manʒilla
**MOSTRARE**
S 89-3   sy -non yo te mostrare commo el leon castiga
S 533-4   yo te mostrare manera por que -lo puedas tomar
S 992-4   yot mostrare sinon ablandas commo se pella el eriʒo
**MOSTRARES**
S 915-4   la dueña dixo plaz me desque melos mostrares
**MOSTRASE**
S 983-4   dixe le que me mostrase la ssenda que es nueva
**MOSTRAT**
S 482-2   mostrat me -la figura e ajan buen solaʒ
**MOSTRAVA**
S 345-3   el mostraua los dientes mas non era rreyr
**MOSTRO**
S 55-2   E mostro solo vn dedo que esta çerca del pulgar
S 56-1   Mostro luego treʒ dedos contra el griego tendidos
S 57-4   mostro puño çerrado de porfia avia gana
S 88-1   El leon dixo comadre quien vos mostro ha fazer partiçion
S1080-2   mostro en -sy esfuerço pero estaua medroso
**MOTA**
S1229-3   el salterio con ellos mas alto que -la mota
**MOTES**
S1477-4   desque le veen en coyta non dan por el dotes motes
**MOTETE**
S1232-3   los organos y diʒen chançones e motete
**MOVER**
S 617-4   mover se ha la dueña por artero seruidor
S 735-2   leuantar yo de mio e mouer cassamientos
**MOVIO**
S 144-3   que piedat e seruiçio mucho al rrey mouio
S1173-2   mouio todo el Real mando coger su tyenda
S1313-2   mouio con su mesnada amor e fue su via
**MOXMORDOS**
S1014-2   dyentes anchos E luengos asnudos e moxmordos
**MOYA**
S 972-4   que mato al viejo rrando segund diʒe en moya
**MUCH**
S1548-4   lo dulçe faʒes fiel con tu much amargura
**MUCHA**
P 123   E de mucha E grand rrudeza
S 44-4   que la mucha tristeza mucho coydado pon
S 149-2   E por seruir a -dios con mucha contriçion
S 168-1   duena de buen lynaje e de mucha nobleza
S 217-2   con mucha cobdiçia los omnes enganadoʒ
S 230-1   Soberuia mucha traes ha -do miedo non as
S 233-1   Por tu mucha soberuia feziste muchos perder
S 244-3   sienpre byvras mesquino e con mucha manʒilla
S 249-2   quando de tus averes E de tu mucha rrenta
S 284-2   con tu mucha envidia leuantas le baraja
S 293-1   Con -la mucha vianda e vino creçe la frema
S 303-2   otrossy mucho vino con mucha beuerria

---

S 341-1   don ximio fue a su cas con -el mucha conpaña
G 443-3   que mucha mala bestia vende buen corredor
G 443-4   e mucha mala rropa cubre buen cobertor
S 492-4   do son muchos dineros esta mucha bendiçion
S 496-1   daua muchos juyʒios mucha mala sentençia
S 508-2   pagase del dinero E de mucha Riqueza
S 508-4   do son muchos dinero y es mucha nobleza
S 514-1   Sy algo non -le dyeres cosa mucha o poca
S 568-1   Como tyene tu estomago en -sy mucha vyanda
S 621-2   por el mucho seruiçio pierden la mucha saña
S 652-4   a -vezes de chica fabla vinie mucha folgura
G 691-3   E a -mi mucha cuyta non ze consejo nin arte
S 704-3   ofiçio de corredores es de mucha poridat
S 726-2   mançebillos apostados e de mucha loçania
S 821-2   en-cubre se en -cabo con mucha arteria
S 907-2   que de vn grano de agraz se faze mucha dentera
S 911-3   fermosa fijadalgo e de mucha joventud
S 969-1   de buen vino vn quartero manteca de vacaʒ mucha
S1064-2   espinas le pusieron de mucha crueldat
S1070-4   vertyendo mucha ssangre de -lo que mas me asaño
S1093-1   Estaua don toçino con mucha otra çeçina
S1100-2   con -la mucha vianda mucho vino ha beuido
S1104-4   caya de cada cabo mucha buena mollera
S1141-2   ay en -la santa iglesia mucha prueua e buena
S1164-1   En -el dia del lunes por la tu soberuia mucha
S1168-1   Por la tu mucha gula E tu grand golosina
S1169-2   por tu envidia mucha pescado non comeras
S1205-2   grande sonblero Redondo con mucha concha maryna
S1214-3   vienen derredor della balando mucha oveja
S1240-2   muchos buenos cauallos e mucha mala silla
S1243-3   llenas trahe laʒ manos de mucha noble dona
S1252-4   coloran su mucha agua con poco açafran
S1291-4   traya las manos tyntas de -la mucha çereza
S1306-2   vino a -mi mucha duena de mucho ayuno magra
S1306-3   con muchos pater nostres e con mucha oraçion agra
S1318-2   muy rrica e byen moça e con mucha vfana
S1374-3   mucha onrra le fizo e seruiçio quel plega
S1375-1   Esta en mesa rrica mucha buena vyanda
S1383-1   Tu tyenes grandes casaʒ mas ay mucha conpaña
S1391-3   aya mucha laʒeria e coyta e trabajar
S1404-1   yo en mi espinazo les tayo mucha leña
S1405-3   rretoçando E faʒiendo mucha de caçorria
S1504-1   Con mucha oraçion a -dios por mi Rogaua
S1519-3   non se como lo diga que mucha buena puerta
S1528-3   el que byuo es bueno e con mucha nobleza
S1588-1   Sobrar a -la grand soberuia deʒir mucha omildat
S1589-1   Con mucha misericordia dar a -los pobreʒ posada
S1595-1   Con vertud de esperança E con mucha paçiençia
S1612-1   Commo en chica rrosa esta mucha color
S1613-1   Como Roby pequeño tyene mucha bondat
S1613-3   ansi dueña pequena tiene mucha beldat
S1623-3   e yo vos la trahere syn mucha varahunda
S1628-3   faʒer mucha lymonsna E deʒir oraçiones
S1632-1   De -la santidat mucha es byen grand lyçionario
**MUCHAS**
P 143   de suʒ muchaʒ engañosaʒ maneraʒ
S 66-1   ffallaras muchas garças non fallaras vn veuo
S 81-2   yo veo otraʒ muchas creer a -ti parlera
S 153-4   a -muchas serui mucho que nada non acabesçi
S 155-1   muchas noblezas ha en -el que a -las dueñas sirue
S 168-4   muchas dueñaʒ e otras de buen saber las veza
S 212-3   dexaʒ le solo e triste con muchaʒ soberuientas
S 231-3   forçar muchas mugeres cassadas e esposas
S 242-3   rrodillas desolladas faziendo muchaʒ prizeʒ
S 266-2   tiberio agua cabdal que muchas aguas toma
S 297-3   desto ay muchas fablas e estoria paladina
S 318-2   fazes le penssar engaños muchas malas baratas
S 335-1   A -mi acaescio con -el muchas noches e dias
S 336-1   muchas veʒes de furto es de juez condenado
S 392-1   Con tus muchas promesas a -muchos envelyñas
S 403-1   ansy muchas fermosas contigo se enartan
S 422-1   Porque de muchas dueñas mal querido seria
S 429-3   muchas buenas maneras para enamorado
S 430-2   muchas cosas avras primero de aprender
G 438-3   grandeʒ cuentaʒ al cuelo zaben muchaʒ conʒejaʒ
G 441-4   eʒtas trota conventoʒ faʒen muchaʒ barataʒ
S 498-4   muchas almas perdia E muchas salvaua
S 516-2   muchas cosas juntadas facer te han ayuda
S 526-2   muchas vegadas dando faze grand cavadura
S 541-2   ella dando muchas bozes non se pudo defender
S 546-2   fazen muchas vylezas todos los aborrescen
G 548-2   muchaʒ bondadeʒ tiene sy ze toma con mesura
G 591-1   E por que muchaʒ de cozaʒ me enbargan e enpeçen
G 591-3   las arteʒ muchaʒ vegadaʒ ayudan oras fallesçen
S 602-2   muchas vezes gelo dixe que fynque mal denostado
S 608-2   del en muchas maneras fuste aperçebydo
S 615-1   jura muy muchas vezes el caro vendedor
S 619-3   con arte E con seruiçio muchas cosas abondas
S 629-3   muchas vezes cobdiçia lo que te va negar
S 636-3   coge sus muchas lagrimas en -su boca çerrada
G 665-1   bien asi enganan muchoʒ a otraʒ muchaʒ endrinaʒ
S 692-1   muchas vezes la ventura con ssu fuerça e poder
S 700-2   andan de casa en casa vendiendo muchas donas
S 705-2   ssopiesen vnos de otros muchas serian las barajas
S 705-3   muchas bodas ayuntamos que viene arrepantajas
S 717-3   muchas vezes he tristeza del laʒerio ya -pasado
S 729-4   yo lo piensso en mi pandero muchas veçes que lo toco
S 731-1   El fijo muchas vezes commo el padre prueua
S 740-3   muchas otras vegadas me vyno a -Retentar
S 796-3   despues de -las muchas luuias viene buen orilla
S 803-1   la fyn muchas de vezes non puede rrecudyr
S 804-4   muchas vezes allega rriquezas a monton

| | |
|---|---|
| **MUCHAS** | **(cont.)** |
| S 808-4 | oye me dulçe mente muchas señales fallo |
| S 812-1 | En otras cosas muchas entyendo esta trama |
| S 862-2 | muchas peras e duraznos que çidras e que mancanas |
| S 862-3 | que castanas que piñones e que muchas avellanas |
| S 865-1 | los omnes muchas vegadas con -el grand afyncamiento |
| S 906-1 | En muchas engañadas castigo e seso tome |
| S 907-4 | e muchas espigas nasçen de vn grano de çiuera |
| S 938-2 | andan de casa en casa vendiendo muchas donas |
| S 946-1 | Con su pesar la vieja dixo me muchas vezes |
| S 994-1 | Preguntome muchas cosas coydos que era pastor |
| S1079-1 | Dio me muy muchas graçiaz por el buen conbyd |
| S1088-3 | que ya muchas vegadaz lydie con don aly |
| S1091-2 | deziendo sus bramuras e muchas amenazas |
| S1095-4 | desaz muchas vyandas era byen abastado |
| S1111-2 | trayan muchas saetas en sus aljauas postas |
| S1116-4 | como tiene muchas manos con muchoz puede lydiar |
| S1121-2 | muchas dellas murieron E muchas eran foydas |
| S1193-4 | salud con muchas carnes sienpre de nos a -voz |
| S1215-1 | loz cabrones valyentes muchas vacas E toroz |
| S1223-3 | dixo con grand orgullo muchaz blauaz grandiaz |
| S1241-2 | de çistel predicaderaz e muchaz menoretaz |
| S1245-1 | Muchas vienen con -el grand enperante |
| S1259-3 | dioles muchas graçias estaua plazentero |
| S1301-4 | vy muchaz en la tienda mas por non vos detener |
| S1307-3 | muchas rreligiosas rrezando el salterio |
| S1334-1 | Muchos de leutarios les dan muchas de vezes |
| S1337-4 | E de muchas otraz guisaz que yo he oluidado |
| S1383-2 | comes muchas viandas aquesto te engaña |
| S1429-3 | diole muy muchas graçiaz e quel seria mandado |
| S1462-2 | muchas vezes fue preso escapaua por don |
| S1472-4 | dellos estan colgados muchas gatas e gatos |
| S1474-2 | los gatos E las gatas son muchas almas mias |
| S1480-1 | Señora diz la vieja muchas fablaz sabedes |
| S1513-1 | Despues fize muchas cantigas de dança e troteras |
| S1634-3 | que fazen muchos e muchas a -otras con sus engaños |
| S1703-3 | que faze muchas vezes rrematar los ardorez |
| **MUCHO** | |
| P 89 | a -loz tales mucho disolutoz E de mal entendimiento |
| P 146 | ca mucho ez cruel quien su fama menospreçia |
| S 78-3 | mucho de omne se guardam ally do ella mora |
| S 78-4 | mas mucho que non guardan los jodios la tora |
| S 82-4 | alegraron se todas mucho por su amor |
| S 96-1 | Commo la buena dueña era mucho letrada |
| S 97-1 | Diz quando quier casar omne con dueña mucho onrrada |
| S 97-2 | promete E manda mucho desque -la ha cobrada |
| S 102-1 | omne que mucho fabla faze menos a -vezes |
| S 102-3 | las cosas mucho caras alguna ora son rrafezes |
| S 108-1 | Mucho seria villano e torpe Pajez |
| S 136-1 | Penssaron mucho Ayna todos de se acojer |
| S 144-3 | que piedat e seruiçio mucho al rrey mouio |
| S 152-3 | trabajan E afanan mucho syn medida |
| S 153-4 | a -muchas serui mucho que nada non acabesçi |
| S 155-4 | que si mucho trabaja en mucho plazer byue |
| S 157-1 | Al mançebo mantiene mucho en mançebez |
| S 157-2 | e al viejo faz perder mucho la vejez |
| S 164-2 | toda cosa que dize paresçe mucho buena |
| S 178-1 | Començo de ladrar mucho el mastyn era mazillero |
| S 187-4 | que nol debatas luego por mucho que se enforce |
| S 190-2 | afyncaron le mucho que ya por su amor |
| S 193-4 | andando mucho la muela teniala con -el pie quedo |
| S 199-4 | pidyeron Rey a -don jupiter mucho gelo Rogauan |
| S 217-4 | ffazes que las cobdiçiar e mucho ser cobdiçiadoz |
| S 220-3 | prometen e mandan mucho los omnes con ammor |
| S 224-4 | de mucho que cobdiçiaron poca parte ovieron |
| S 225-2 | coyda aver mas mucho de quanto le conviene |
| S 237-4 | mucho delantel yva el asno mal doliente |
| S 246-1 | Tu eres avarizia eres escaso mucho |
| S 302-2 | avia mucho comido de yeruas muy esquiuaz |
| S 302-3 | yua mucho cansado tomaron lo adyuaz |
| S 316-3 | que mucho ayna se puede todo su poder perder |
| S 325-1 | Ante vos el mucho honrrado e de grand sabidoria |
| S 368-2 | que avya mucho errado E perdido el su buen prez |
| S 376-4 | con miserere mey mucho te le engraçias |
| S 421-4 | mucho mas te diria Saluo que non me atrevo |
| S 431-2 | que non sea mucho luenga otrosi nin enana |
| G 441-2 | que vzan mucho frayrez monjaz e beataz |
| G 441-3 | zon mucho andariegaz e merescen las çapataz |
| G 442-1 | do eztaz mugerez vzan mucho ze alegran |
| G 450-4 | faz mucho por seruir la en dezir e en obrar |
| G 451-3 | promete e manda mucho maguer non gelo dierez |
| S 453-2 | gradesçe gelo mucho lo que por ti feziere |
| S 468-2 | por aquessto faz mucho sy -la podieres aver |
| S 473-3 | muger mucho seguida syenpre anda loçana |
| S 477-2 | tardo alla dos anos mucho fue tardinero |
| S 479-2 | mucho de priessa enbio por el entendedor |
| S 489-4 | que mucho o poco dal cada que podieres |
| S 490-1 | Mucho faz el dinero E mucho es de amar |
| S 498-1 | yo vy fer maravillas do el mucho vsaua |
| S 509-1 | El dinero es alcalde E juez mucho loado |
| S 513-3 | que poco o que mucho non vaya syn logrero |
| S 516-3 | desque lo oye la dueña mucho en ello coyda |
| S 519-1 | El que la mucho sygue El que la mucho vsa |
| S 524-2 | la çierua montesyna mucho corrida canssa |
| S 524-4 | la dueña mucho braua vsando se faz manssa |
| S 525-4 | en -lo quel mucho piden anda muy ençendida |
| S 526-4 | muger mucho seguida olvida la cordura |
| S 546-4 | a -dios lo yerran mucho del mundo des-fallesçen |
| G 551-4 | que mucho vagarozo de torpe non ze defiende |
| S 557-4 | Ca el que mucho ze alaba de si mismo es denoztador |
| S 567-1 | ssy muchos le ençelares mucho fara por ty |
| S 568-2 | tenga la porydat que es mucho mas blanda |

| | |
|---|---|
| S 574-1 | Mucho mas te diria sy podiese aqui estar |
| S 577-1 | Marauille me mucho desque en ello pensse |
| S 577-3 | mucho las guarde syenpre nunca me alabe |
| G 582-2 | biuda rrica es mucho e moça de juuentud |
| S 610-1 | Toda muger que mucho otea o -es rrysueña |
| S 613-4 | El omne mucho cauando la grand peña acuesta |
| S 615-3 | afyncando lo mucho el artero conplador |
| S 616-1 | syrue la con arte E mucho te achaca |
| S 616-2 | el can que mucho lame sin dubda sangre saca |
| S 624-2 | la que te era enemiga mucho te querra amar |
| S 624-4 | aquellos deues tu mucho amenudo andar |
| S 625-4 | creçem mucho amores e son desseosos |
| S 627-4 | non seas mucho parlero non te tenga por mintroso |
| S 630-4 | lo poco e lo mucho façen lo como amidos |
| S 644-1 | mucho son mal sabydas estas viejas Risoñas |
| S 644-2 | mucho son de -las moças guardaderas celosas |
| S 657-2 | se vos encomienda mucho mill saludes vos enbya |
| S 657-4 | desea vos mucho ver E conosçer vos querria |
| G 663-2 | fablar mucho con -el zordo es mal seso e mal Recabdo |
| G 684-2 | para uoz non pido mucho ca con -esto pazaremoz |
| G 688-2 | si mucho vso la dueña con palabraz de trebejo |
| S 706-4 | toda cosa deste mundo temo mucho e temi |
| S 708-3 | encobrid todo aquesto lo mas mucho que podades |
| S 710-1 | la çera que es mucho dura e mucho brozna e elada |
| S 712-3 | mensaje que mucho tarda a -muchos omnes desmuele |
| S 716-1 | Esta dueña que dezides mucho es en mi poder |
| S 733-2 | quien mucho fabla yerra dizie el derecho |
| S 734-2 | obra mucho en -los fechos a -vezes rrecabda luego |
| S 745-1 | guardat vos mucho desto Señora doña endrina |
| S 745-2 | sy non contesçer vos puede a -vos mucho ayna |
| S 751-3 | commo era grytadera E mucho gorjeador |
| G 765-1 | yo non quize fasta agora mucho buen casamiento |
| S 798-4 | sy mucho la amades mas vos tyene amado |
| S 808-1 | yo a -las de vegadas mucho canssada callo |
| S 835-1 | de tierra mucho dura furta non sale buena |
| S 836-2 | despues con vuestra fabla fue mucho enamorado |
| S 836-3 | por aquestas dos cosas fue mucho engañado |
| S 845-1 | que yo mucho faria por mi amor de fyta |
| S 862-4 | las que vos queredes mucho estas vos seran mas sanas |
| S 866-1 | Muger liebre Seguida mucho corrida conquista |
| S 872-4 | non me detoue mucho para alla fuy luego ydo |
| S 876-4 | entrad mucho en buen ora yo vere lo que faredes |
| S 898-3 | que toda nuestra fiesta al leon mucho plaz |
| S 928-3 | dolyendo me de -la dueña mucho esto me crey |
| S 941-4 | mucho ayna la sopo de su seso sacar |
| S 947-4 | Ca nunca los oyo dueña que dellos mucho non rrixo |
| S 956-3 | non temas syn das algo que -la nieue mucho moje |
| S 961-3 | fasta que algo me prometas por mucho que te arremetas |
| S 968-1 | Pusso me mucho ayna en vna venta con su enhoto |
| S 986-2 | non es mucho fermoso creo que nin comunal |
| S1012-1 | Avia la cabeça mucho grand syn guisa |
| S1016-2 | los huesos mucho grandes la çanca non chiquilla |
| S1017-2 | vellosa pelos grandes pero non mucho seca |
| S1020-1 | Costillas mucho grandes en su negro costado |
| S1095-2 | a messa mucho farta en vn Rico estrado |
| S1096-4 | parlaua mucho el vino de todos alguaçil |
| S1097-1 | Desque vino la noche mucho despuez de çena |
| S1100-1 | Commo avia buen omne Sobra mucho comido |
| S1110-2 | conpañas mucho estranas e diuersos marcos |
| S1118-4 | ,esta mucho triste non falla quel confuerte |
| S1128-3 | ouose don carnal luego mucho a -sentyr |
| S1132-3 | fablar en ella mucho es cosa muy loada |
| S1135-1 | Escolar so mucho rrudo nin maestro nin doctor |
| S1143-2 | lloro mucho contrito a -la pared tornado |
| S1145-1 | En esto yerran mucho que lo non pueden fazer |
| S1150-4 | son mucho defendidos a -clerigos menores |
| S1161-2 | era del papa e del mucho priuado |
| S1165-2 | que comas los formigos e mucho non te fares |
| S1199-3 | rrespondio mucho flaca laz mexillaz caydaz |
| S1209-1 | ssalyo mucho ayna de todaz aquestaz callez |
| S1278-2 | mucho estauan llegados vno a -otro non fabla |
| S1304-4 | andando mucho viçioso quanto fue marauilla |
| S1320-4 | diz du non te quieren mucho non vayas amenudo |
| S1327-1 | Mas val tener algun cobro mucho ençelado |
| S1337-2 | poluo terron e candy e mucho del rrosado |
| S1340-2 | Son mucho encobiertas donosaz plazenteraz |
| S1349-4 | doliose mucho della quisole dar la vida |
| S1353-4 | apretandolo mucho cruel mente syn vagar |
| S1356-2 | quando trayo presente so mucho falagada |
| S1358-3 | el Su señor por esto mucho le falagaua |
| S1364-2 | sy el amor da fructo dando mucho atura |
| S1365-2 | quando yo daua mucho era mucho loado |
| S1368-2 | por lo que me dixiste yo mucho me ssenti |
| S1373-1 | ffue con -el a -ssu casa E diol mucho de queso |
| S1389-1 | al que el estiercol cupbre mucho rresplandesçeria |
| S1401-3 | ladrando e con la cola mucho la fallagaua |
| S1419-2 | para el tremor del coraçon es mucho prouechoso |
| S1424-1 | Mucho temio la vieja deste brauo dezir |
| S1435-4 | mas rresçelo me mucho de ser mal engañada |
| S1470-1 | El diablo quexose diz ay que mucho pesaz |
| S1473-2 | E mucho mas dos tanto que ver non -lo podiste |
| S1476-3 | por mucho que se tarde mal galardon alcança |
| S1503-2 | mucho de bien me fizo con dios en lynpio amor |
| S1504-2 | con -la su abstinençia mucho me ayudaua |
| S1505-3 | que para amor del mundo mucho son peligrosaz |
| S1510-1 | fija mucho vos saluda vno que es de alcala |
| S1510-3 | el criador es con vusco que desto tal mucho ha |
| S1528-1 | ffazes al mucho Rico yazer en grand pobleza |
| S1539-1 | Mucho fazen que luego lo vayan a -soterrar |
| S1545-1 | faze doler la cabeça al que lo mucho coma |
| S1566-3 | ca por mucho que vyuamos por mucho que se tarda |
| S1600-1 | armados estemos mucho contra açidia mala cosa |

## MUCHO (cont.)

| | |
|---|---|
| S1607-1 | Del que mucho fabla Ryen quien mucho rrie es loco |
| S1671-1 | Yo so mucho agrauiado en esta çibdad seyendo |
| S1702-1 | E del mal de vos otros a -mi mucho me pesa |
| F 5 | por mucho que uos digo sienpre dezidez non |

## MUCHO (H)

| | |
|---|---|
| S 44-4 | que la mucha tristeza mucho coydado pon |
| S 50-4 | a -los griegos doctores nin al su mucho saber |
| S 101-2 | prometen mucho trigo e dan poca paja tamo |
| S 139-3 | fizo les mucho bien e mando les vsar |
| S 147-4 | ante es çierta çiençia e de mucho prouecho |
| S 155-4 | que si mucho trabaja en mucho plazer byue |
| S 296-3 | a -fazer tu forniçio Ca do mucho vino es |
| S 303-2 | otrossy mucho vino con mucha beuerria |
| S 422-2 | E mucho garçon loco de mi profaçaria |
| G 447-2 | zon tachaz encobiertaz de mucho mal dezir |
| S 465-2 | la gotera que vos digo con -su mucho Rezio dar |
| S 469-2 | sus malas maestrias e su mucho mal saber |
| S 512-2 | a -coyta E a -grand priessa el mucho dar acorre |
| S 528-2 | guardate sobre todo mucho vino beuer |
| S 537-1 | beuio el hermitano mucho vyno syn tyento |
| S 540-4 | trae el mucho vino a los decomunales |
| S 544-4 | a do es el mucho vyno toda cosa es perdida |
| S 547-4 | el mucho vyno es bueno en -cubas e en tinajas |
| S 599-4 | ado es el mucho algo son los desdeñamientos |
| S 621-2 | por el mucho seruiçio pierden la mucha saña |
| S 626-1 | quiere la mancebya mucho plazer con-sigo |
| S 698-2 | artera e maestra e de mucho saber |
| S 700-4 | ffazen con -el mucho viento andar las athonas |
| S 702-1 | oy dezir sienpre de vos mucho bien e aguisado |
| G 762-2 | andar en-vergonçada e con mucho sosaño |
| S 768-3 | cabritos con las cabraz mucho cabron cornudo |
| S 774-2 | fallo vna puerca con mucho buen cochino |
| S 793-1 | grandes artes de-muestra el mucho menester |
| S 886-2 | es en -el mucho tienpo el saber e la çiençia |
| S 933-3 | desque bien la guarde ella me dio mucho don |
| S 968-2 | dio me foguera de enzina mucho gaçapo de ssoto |
| S 969-2 | mucho queso assadero leche natas e vna trucha |
| S1070-3 | astragando mi tierra faziendo mucho dapño |
| S1100-2 | con -la mucha vianda mucho vino ha beuido |
| S1106-2 | fallose con don tozino dixole mucho baldon |
| S1109-2 | traya muy duro Cuero con mucho garauato |
| S1255-3 | son pobres bahareros de mucho mal bollyçio |
| S1306-2 | vino a -mi mucha duena de mucho ayuno magra |
| S1308-3 | con oraçion e lymosna e con mucho ayuno |
| S1314-1 | Syenpre do quier que sea pone mucho coydado |
| S1342-2 | ssolaz de mucho Sabor e el falaguero jugar |
| S1359-1 | Con -el mucho lazerio ffue muy ayna viejo |
| S1366-1 | Non sse nienbran algunoz del mucho byen antyguo |
| S1373-2 | mucho tozino lardo que non era salpreso |
| S1408-4 | callar a -las de vegadaz faze mucho prouecho |
| S1434-2 | fazer mucho prouecho E dar grand mejoria |
| S1440-3 | creye que -la su lengua e el su mucho gadnar |
| S1507-1 | Con -el mucho quebranto ffiz aquesta endecha |
| S1508-4 | ella fizo buen seso yo fiz mucho cantar |
| S1558-2 | la su muerte muy cruel a -mi mucho espanto |
| S1585-1 | obras de misericordia E de mucho bien obrar |
| S1609-4 | mucho al y fallaredes ado byen pararedes mientes |
| S1610-2 | en açucar muy poco yaze mucho dulçor |
| S1618-4 | otrosi de mugeres fazie mucho rretaço |

## MUCHOS

| | |
|---|---|
| P 125 | E loz malez muchoz que -lez aparejan e traen |
| P 155 | E muchoz dize a -loz cuerpoz |
| S 79-2 | conplida de muchos byenes anda manssa e leda |
| S 101-1 | E bien ansi acaesçio a -muchos e a -tu Amo |
| S 101-3 | çiegan muchos con -el viento van se perder con mal Ramo |
| S 124-2 | otros muchos maestros en -este acuerdo son |
| S 125-1 | Muchos ay que trabajan sienpre por clerezia |
| S 126-4 | pero muchos de aquestos dan en tierra de palmas |
| S 152-1 | Muchos nasçen en venus que -lo mas de su vida |
| S 182-3 | eres mentiroso falso en muchos enartar |
| S 184-1 | Traes enloquecidos a muchos con tu saber |
| S 184-3 | ffazes a -muchos omes tanto se atreuer |
| S 188-2 | muchos libros ay desto de commo las engañaz |
| S 188-3 | con tus muchos doñeos e con tus malas mañaz |
| S 221-3 | muchos por tal cobdiçia lo ajeno furtaron |
| S 233-1 | Por tu mucha soberuia fezizte muchos perder |
| S 233-2 | primero muchos angeles con -ellos lucifer |
| S 269-1 | muchos por su envidia ha que matas non se vno que sanes |
| S 289-1 | Anssy con tu envidia ffazes a -muchos sobrar |
| S 295-1 | mato la golosyna muchos en -el desierto |
| S 307-3 | dizes muchos baldones asy que de rrondon |
| S 308-4 | a -sy mesmo con yra e a -otros muchos mato |
| S 356-4 | que -a muchos abogados se olvida e se pospone |
| S 372-4 | fablas con grand synpleza por que muchos engañes |
| S 388-2 | muchos otros pecados antojos e espantos |
| S 391-4 | huesped eres de muchos non dura so cortina |
| S 392-1 | Con tus muchas promesas a -muchos envelyñas |
| S 394-2 | loçana e fermosa de muchos deseada |
| S 399-2 | das muchos enemigos al cuerpo que rrequieres |
| S 405-3 | perder seso e fabla sentyr muchos dolores |
| S 456-2 | por la pereza pyerden muchos la mi conpania |
| S 492-4 | do son muchos dineros esta mucha bendiçion |
| S 494-1 | fazie muchos priores obispos E abbades |
| S 494-3 | a -muchos clerigos nesçios davales dinidades |
| S 495-1 | fazia muchos clerigos e muchos ordenados |
| S 495-2 | muchos monges e mongas Religiosos sagrados |
| S 496-1 | daua muchos juyzios mucha mala sentençia |
| S 496-2 | con muchos abogados era su mantenençia |
| S 498-2 | muchos meresçian muerte que -la vida les daua |
| S 502-1 | Comia muchos manjarez de diuerssas naturas |
| S 503-1 | yo vy a -muchos monges en sus predycaciones |

## MUDA

| | |
|---|---|
| S 508-4 | do son muchos dinero y es mucha nobleza |
| G 562-1 | ante otroz de acerca tu muchoz Nom la catez |
| G 562-3 | Ca muchoz lo entieden que lo prouaron antez |
| S 566-3 | muchos pierden la dueña por dezir neçedat |
| S 567-1 | ssy muchos le ençelarez mucho fara por ty |
| S 567-4 | a -muchos de -las dueñas por estos los party |
| S 570-1 | a -muchos faze mal el omne mesturero |
| S 570-2 | a -muchos des-ayuda e a -sy primero |
| S 571-4 | quien a -ssy E a -otros muchos estorua con mal sesso |
| S 574-2 | mas tengo por el mundo otros muchos de pagar |
| S 579-3 | lo que en muchos dias acabado non as |
| S 591-2 | he de buscar muchoz cobroz zegunt que me pertenezçen |
| G 591-4 | por las artez biuen muchoz por las artez peresçen |
| S 609-4 | mejor es el consejo de muchos acordado |
| S 618-4 | por arte juran muchos e por arte son perjuros |
| S 637-1 | las mentyras a -las de vezes a -muchos aprouechan |
| S 637-2 | la verdat a -las de vezes muchos en daño echa |
| S 637-3 | muchos caminos ataja desuiada estrecha |
| S 638-2 | faz les muchos plazerez fabla les bien con maña |
| S 639-1 | ado son muchos tyzones e muchos tyzonadores |
| S 639-3 | ado muchos le dixeron tus bienes e tus loores |
| S 654-2 | a -mi luego me venieron muchos miedos e tenblores |
| G 665-1 | bien asi enganan muchoz a otraz muchaz endrinaz |
| G 667-2 | a muchoz enpeesçen los ajenoz errorez |
| G 688-1 | Cuydadoz muchoz me quexan a -que non fallo cozejo |
| S 692-2 | a -muchos omnes non dexa su proposito fazer |
| S 693-2 | E a -muchos es contraria puede los mal estoruar |
| S 705-4 | muchos panderos vendemos que non suenan las sonajas |
| S 712-3 | mensaje que mucho tarda a -muchos omnes desmuele |
| S 715-3 | a -muchos hes grand ayuda a -muchos estoruador |
| S 742-2 | de muchos que me tyenen los mis algos forçados |
| S 744-3 | muchos dizen que coydan parar vos talez lazos |
| S 754-1 | que muchos se ayuntan e son de vn conssejo |
| S 755-2 | ssabe de muchos pleitos e sabe de leyenda |
| G 758-4 | ante de muchoz diaz veriedez la mejoria |
| S 797-2 | vienen muchos plazeres despues de -la tristençia |
| S 814-1 | tyra muchos prouechos a -vezes la pereza |
| S 814-2 | a -muchos aprouecha vn ardit sotileza |
| S 852-4 | E de -los muchos peligros non sabe qual es el peor |
| S 885-3 | pyerde el cuerpo e el alma a -muchos esto aviene |
| S 906-3 | ya oystes que asno de muchos lobos lo comen |
| S 908-1 | Andan por todo el pueblo della muchos dezires |
| S 908-2 | muchos despues la enfaman con escarnios E rreyres |
| S1082-1 | Pusso en -la delanteras muchos buenos peones |
| S1085-3 | luego los escuderos muchos quesuelos friscos |
| S1086-2 | muchos buenos faysanes los locanos pauones |
| S1088-1 | vinieron muchos gamos e el fuerte jauali |
| S1107-1 | de parte bayona venien muchos capones |
| S1113-1 | Andaua y la vtra con muchos conbatyentes |
| S1116-2 | como tiene muchas manos con muchoz puede lydiar |
| S1129-4 | çerca desto le dixo muchos buenos ditados |
| S1144-1 | Muchos clerigos synples que non son tan letrados |
| S1148-2 | son muchos en derecho dezir quantos e quales |
| S1150-2 | son otros casos muchos de que son oydores |
| S1151-1 | Muchos son los primeros e muchos son aquestos |
| S1185-4 | a -muchos de nos otros tirara las pellejas |
| S1212-4 | de muchos que corren monte llenoz van loz oteroz |
| S1215-3 | muchos bueyz castañoz otros hoscoz e loroz |
| S1220-1 | Enderredor de ssy trahe muchos alanes |
| S1220-2 | vaqueros e de monte e otros muchos canes |
| S1220-3 | ssabuesos e podencos quel comen muchoz panes |
| S1220-4 | e muchos nocherniegos que saltan mata canes |
| S1221-1 | ssogaz para laz vacas muchos pessos e pessas |
| S1227-4 | con muchos jnstrumentos salen los atanborez |
| S1235-2 | muchos omnes ordenados que otorgan perdones |
| S1235-3 | los legos segralez con muchoz clerizonez |
| S1240-2 | muchos buenos cauallos e mucha mala silla |
| S1254-4 | para yr en frontera muchos ay costumeroz |
| S1257-1 | Todo su mayor fecho es dar muchos sometes |
| S1257-4 | trahen a -muchos locos con sus falsos rrisetes |
| S1266-4 | muchos dexan la çena por fermoso cantar |
| S1281-2 | echan muchos mugrones los amugronadores |
| S1306-3 | con muchos pater nostres e con mucha oraçion agra |
| S1312-4 | dende andare la tyerra dando a -muchos materia |
| S1333-4 | los muchos letuarios nobles e tan estraños |
| S1334-1 | Muchos de leutarios les dan muchas de vezes |
| S1362-1 | los byenes E los loores muchos de mançebos |
| S1390-1 | Muchos leem el libro touiendo lo en poder |
| S1406-3 | dieron le muchos palos con piedraz e con maços |
| S1442-3 | muchos cuydan que guarda el viñadero e el paso |
| S1454-1 | En tierra syn justiçia eran muchos ladrones |
| S1472-1 | beo vn monte grande de muchos viejos çapatoz |
| S1477-2 | en buena andança el omne tyene muchos galeotes |
| S1514-3 | e para muchos otros por puertas andariegos |
| S1534-1 | Muchos cuydan ganar quando dizen a -todo |
| S1535-2 | de sus muchos thesoros e de su allegamiento |
| S1550-1 | Non plazes a -ninguno a -ty con muchos plaze |
| S1562-1 | A ssant johan el bautista con muchos patriarcas |
| S1562-4 | profectas E otros santos muchos que tu abarcas |
| S1569-2 | muchos te siguian biua muerta yazes Señera |
| S1576-3 | con buena rrazon muchos case non quise locura |
| S1594-1 | yra que es enemiga e mata muchos ayna |
| S1596-1 | grand pecado es gula puede a -muchos matar |
| S1598-1 | la enbidia mato muchos de -los profectass |
| S1634-2 | fue conpuesto el romançe por muchos males e daños |
| S1634-3 | que fazen muchos e muchas a -otras con sus engaños |
| S1668-1 | Miraglos faze virgen sienpre por ty |
| S1699-4 | creo que otros muchos syguiran por esta senda |

## MUDA

| | |
|---|---|
| G 448-4 | atal muger si puedez de buen seso la muda |
| S 511-1 | Por dineros se muda el mundo e su manera |
| S 516-1 | Sy vna cosa sola a -la muger non muda |

**MUDA**     (cont.)
| | |
|---|---|
| S 695-2 | quando aquel fuego vinie todo coraçon muda |
| S 695-4 | amigança debdo e sangre la muger lo muda |
| S 810-2 | el color se le muda bermejo e amarillo |
| S1047-2 | de ty non se muda la mi esperança |
| S1174-4 | que todo non lo muda sobre linpio librillo |
| S1532-1 | la Salud E la vida muy ayna se muda |
| S1542-4 | muda el trentanario del duelo poco se syente |

**MUDA**     (H)
| | |
|---|---|
| S 990-3 | dixo non sabes el vso comos doma la rres muda |
| S1483-4 | Señora el aue muda diz non faze aguero |
| S1511-4 | non vaya de vos tan muda dixo la mora ascut |

**MUDADA**
| | |
|---|---|
| S 106-1 | E yo desque vi la dueña partida E mudada |
| S 831-3 | su color amarillo la su faz mudada |

**MUDAMOS**
| | |
|---|---|
| S 809-4 | quando alguno vyene otra rrazon mudamos |

**MUDAN**
| | |
|---|---|
| S 865-2 | otorgan lo que non deuen mudan su entendimiento |

**MUDAR**
| | |
|---|---|
| S 401-3 | luego de grado mandas bien te sabes mudar |
| S 405-2 | fazes tenblar los omnes e mudar sus colores |
| S 790-3 | de mudar do queredes el vuestro falso amor |
| S1329-3 | de mudar vuestro amor por aver nueuaz bodaz |

**MUDARON**
| | |
|---|---|
| S 654-4 | perdi seso perdi fuerça mudaron se mis colores |

**MUDAS**
| | |
|---|---|
| S 391-2 | mudas te do te pagas cada dia Ayna |

**MUDO**
| | |
|---|---|
| S 156-2 | ffazele fabrar fermoso al que antes es mudo |
| S 490-3 | ffaze correr al coxo E al mudo fabrar |
| S 722-4 | o piensa bien lo que fablas o calla faz te mudo |
| S 922-4 | o -piensa byen que fables o calla faz te mudo |
| S1310-3 | con sus aue mariaz fazian me estar mudo |

**MUDO**     (H)
| | |
|---|---|
| S1552-4 | dizez a cada vno yo sola a -todos mudo |

**MUEBLES**
| | |
|---|---|
| S 499-2 | sus muebles e Rayzes todo lo des-alyña |

**MUEDO**
| | |
|---|---|
| S1001-1 | sse faser el altybaxo E sotar a -qual quier muedo |

**MUELA**
| | |
|---|---|
| S 193-2 | tenia vn molyno de grand muela de preçio |
| S 193-4 | andando mucho la muela teniala con -el pie quedo |
| S 195-1 | prouo tener la muela commo avia vsado |
| S 196-3 | non prouo mas tener la muela sol non -lo asomo |
| S 617-1 | a -la muela pesada de -la peña mayor |
| S1416-2 | para quien dolor tiene en muela o en quexar |

**MUELE**
| | |
|---|---|
| S 712-2 | que çiera en molyno el que ante viene muele |

**MUERA**
| | |
|---|---|
| S1158-2 | que si antes que muera si podieren fallar |
| S1461-3 | non fallo por que muera prendistez le de -balde |

**MUERAN**
| | |
|---|---|
| S 339-4 | en Reconvençion pido que mueran e non sean oydos |
| S 776-4 | bautizat a -mis fijuelos por que mueran xristianos |

**MUERAS**
| | |
|---|---|
| S 846-2 | vençe a -todas guardas e tyene las por mueras |

**MUERE**
| | |
|---|---|
| S 236-3 | antre muere que otro mas fraco e mas lazrado |
| S 452-2 | el seruiço en -el bueno nunca muere nin pereçe |
| S 611-2 | seruiço en -el bueno nunca muere nin pereçe |
| S 707-2 | desque nasçe tarde muere maguer non sea verdat |
| S1159-2 | que si dende non muere quando fuere valiente |
| S1200-2 | quien a -su enemigo popa a -laz sus manos muere |
| S1550-2 | con quien mata e muere e con qual quier que mal faze |

**MUEREN**
| | |
|---|---|
| P 54 | de -loz buenos que mueren bien obrando |
| S 232-2 | mueren de malas muertes non los puedes tu quitar |
| S 302-4 | anssy mueren los locos golosos do tu y vaz |
| S 883-4 | mueren por el poco çeuo non se pueden defender |
| S1450-3 | los couardes fuyendo mueren deziendo foyd |

**MUERTA**
| | |
|---|---|
| S 328-3 | que sea enforcada e muerta como ladron |
| S 520-3 | tanto mas por el anda loca muerta E perdida |
| S1348-4 | vna culebra chica medio muerta atal |
| S1361-2 | a -mi Señor la daua quier muerta o -quier byua |
| S1414-2 | fizose commo muerta la boca rregañada |
| S1519-4 | assy fue mal pecado que mi vieja es muerta |
| S1520-1 | ay muerte muerta sseas muerta e mal andante |
| S1569-2 | muchos te siguian biua muerta yazes Señera |
| S1578-4 | Si dezir non -lo quisiere a -muerta non maldiga |

**MUERTAS**
| | |
|---|---|
| S 790-4 | ay muertas vos veades de tal Rauia e dolor |

**MUERTE**
| | |
|---|---|
| S 6-1 | Señor a -los trez niñoz de muerte loz libraste |
| S 166-4 | apenas non se pierde fasta que viene la muerte |
| S 222-1 | murieron por los furtos de muerte sopitaña |
| S 297-2 | Muerte muy Rebatada trae la golossyna |
| S 399-1 | das muerte perdurable a -las almas que fieres |
| S 498-2 | muchos meresçian muerte que -la vida les daua |
| G 582-2 | de mi era vezina mi muerte e mi zalut |
| G 584-1 | ella es nuestra vida e ella es nuestra muerte |
| G 662-4 | tanto me da la muerte quanto mas se me abaxa |
| G 670-2 | vn poquillo que uoz diga la muerte mia |
| S 791-3 | mi vida e mi muerte esta es señalada |
| S 791-4 | pues que aver non la puedo mi muerte es llegada |
| S 855-4 | mas quiero moryr su muerte que beuir penada |
| S 859-3 | dar -vos ha muerte a -entranbos la tardança e la desira |
| S 860-4 | que si non la muerte sola non parte las voluntades |
| S1054-1 | Dizyendo le vaya lieua lo a -muerte |
| S1059-2 | de su muerte deuemos doler nos e acordar |
| S1118-3 | a -don carnal Seguiendo llegandol a -la muerte |

| | |
|---|---|
| S1143-1 | El rrey don ezechiaz de muerte condenado |
| S1156-2 | mas en ora de muerte o de grand necesidat |
| S1157-1 | En tienpo de peligro do la muerte arapa |
| S1202-2 | rresçele de -la lyd muerte o grand presion |
| S1217-2 | a -toda quatro-pea con -ella da la muerte |
| S1379-3 | el que teme la muerte el panal le sabe fiel |
| S1380-3 | con miedo de -la muerte la miel non es sabrosa |
| S1420-2 | mas el coraçon sacar E muerte rresçebir |
| S1423-2 | del alma e del cuerpo e muerte e enfamamiento |
| S1426-4 | en tu dar me la muerte non te puedes onrrar |
| S1520-1 | ay muerte muerta sseas muerta e mal andante |
| S1521-1 | Muerte al que tu fieres lieuas telo de belmez |
| S1524-4 | de fablar en ti muerte espanto me atrauiesa |
| S1527-4 | desque tu vienes muerte luego son aborridos |
| S1529-4 | saluo el cueruo negro que de ty muerte se farta |
| S1532-4 | vestid la con -la obra ante que muerte acuda |
| S1533-4 | que desque viene la muerte a -toda cosa sonbra |
| S1534-4 | viene la muerte luego e dexalo con lodo |
| S1536-1 | Desque los sus parientes la su muerte varruntan |
| S1543-4 | fasta que ya por ojo la muerte vee que vien |
| S1544-1 | Muerte por mas dezir te a -mi coraçon fuerço |
| S1549-4 | muerte matas la vida al mundo aborresçes |
| S1553-1 | Muerte por ti es fecho el lugar jn-fernal |
| S1555-1 | Tu despoblaste muerte al çielo e sus syllas |
| S1558-2 | la su muerte muy cruel a -el mucho espanto |
| S1559-3 | dionos vida moriendo al que tu muerte diste |
| S1560-2 | por la muerte de xpistos les fue la vida dada |
| S1560-3 | ffue por su santa muerte tu casa despoblada |
| S1560-4 | quieres la poblar matandol por su muerte fue yermada |
| S1564-3 | el nos lieue consigo que por nos muerte priso |
| S1567-1 | Tanto eres muerte syn byen E atal |
| S1568-1 | Muerte desmesurada matases a -ty sola |
| S1568-3 | que me la mataste muerte ihesu xpisto conplola |
| S1577-1 | Prendiome syn sospecha la muerte en -sus Redes |
| S1580-1 | Deuemos estar çiertos non Seguros de muerte |
| S1657-3 | que por nos muerte priso |
| S1662-8 | de muerte vergoñosa |
| S1670-4 | de muerte E de ocasion por tu fijo jhesu santo |
| S1674-2 | de muerte destruymiento |
| S1704-2 | E con rrauia de -la muerte a -su dueño traua al rrostro |

**MUERTES**
| | |
|---|---|
| S 232-2 | mueren de malas muertes non los puedes tu quitar |
| S 547-3 | por ende vyenen muertes contyendas e barajas |

**MUERTO**
| | |
|---|---|
| S 282-3 | por enbydia fue preso E muerto e con-quisto |
| S 301-4 | diole entre los ojos echole frio muerto |
| S 507-2 | non es muerto ya dizen pater noster a -mal aguero |
| S 602-3 | non preçia nada muerto me trae coytado |
| S 603-3 | esto me trae muerto perdido E penado |
| S 651-1 | Coytado sy escapare grand miedo he de ser muerto |
| S 651-4 | esta en aquella sola que me trahe penado e muerto |
| S 832-4 | que lo traedes muerto perdido e penado |
| S 837-1 | desque con -el fablastes mas muerto lo trahedes |
| S1023-2 | coyde ser muerto |
| S1066-1 | En cruz fue puesto por nos muerto ferido e llagado |
| S1076-4 | de muerto o de preso non podraz escapalla |
| S1469-4 | coydando que era muerto todoz dende derramaron |
| S1526-2 | aborresçen lo muerto como a -cosa estraña |
| S1528-4 | vyl fediondo es muerto aborrida villeza |
| S1544-3 | sy non de que es muerto quel come coguerço |
| S1683-2 | esquiuo tal por que pienso ser muerto |

**MUESTRA**
| | |
|---|---|
| P 190 | e muestra de metrificar E rrimar E de trobar |
| S 172-2 | ffizo de mi bauieca diz non muestra pereza |
| G 443-2 | rruegal que te non mienta muestral buen amor |
| G 674-2 | el arte e el vso muestra todo el zaber |

**MUESTRAN**
| | |
|---|---|
| S 632-3 | muestran que tienen saña e son rregateras |

**MUESTRE**
| | |
|---|---|
| S 538-3 | toma gallo que te muestre las oras cada dia |

**MUEVA**
| | |
|---|---|
| S 73-4 | E quanto mas el omne que a -toda cosa se mueva |
| S 623-4 | non puede ser que non se mueva canpana que se tañe |
| S 731-4 | grand amor e grand ssaña non puede sser que non se mueva |

**MUEVE**
| | |
|---|---|
| S 486-1 | Pedro leuanta la lyebre E la mueve del couil |
| S 517-3 | a -la peña pesada non la mueve vna palanca |
| S1362-4 | el seso del buen viejo non se mueue de rrefez |

**MUEVO**
| | |
|---|---|
| S 66-3 | a -trobar con locura non creas que me meuvo |

**MUGER**
| | |
|---|---|
| P 135 | ome o muger de buen entendemiento |
| P 160 | E ansi este mi libro a -todo omne o -muger |
| S 108-2 | sy de -la -muger noble dixiese cosa rrefez |
| S 108-3 | ca en muger loçana fermosa e cortes |
| S 109-2 | que era mala cosa la muger non -la diera |
| S 110-1 | ssy omne a -la muger non -la quisiesse bien |
| S 192-3 | que el tenia muger en -que anbos a -dos oviesen |
| S 196-1 | a -la muger primera el tanto la amo |
| S 263-4 | de -la muger mesquina otro non les atura |
| S 308-2 | quando su muger dalyda los cabellos le corto |
| S 337-4 | con su muger doña loba que mora en vil forado |
| S 404-1 | fazes por muger fea perder omne apuesto |
| S 409-2 | quiero ser tu amiga tu muger e tu çercana |
| S 425-4 | ssy mis dichos fazes non te dira muger non |
| S 430-1 | sy quisyeres amar dueñas o otra qual quier muger |
| S 430-4 | sabe primera mente la muger escoger |
| S 431-1 | Cata muger fermosa donosa e loçana |
| S 431-3 | sy podieres non quieras amar muger villana |
| S 432-1 | busca muger de talla de cabeça pequeña |
| S 435-3 | puna de aver muger que -la veas syn camisa |
| G 436-1 | A -la muger que enbiarez de ti zea parienta |

**MUGER**     (cont.)

| | |
|---|---|
| G 445-4 | tal muger non -la fallan en todoz loz mercadoz |
| G 448-4 | atal muger si puedez de buen seso la muda |
| G 449-2 | si es muger alegre de amor se rrepunta |
| G 449-4 | al omne si drize si a -tal muger te ayunta |
| S 455-1 | quando la muger vee al perezoso covardo |
| S 455-3 | con muger non enpereçez nin te enbueluas en tabardo |
| S 456-4 | por pereza se pierde muger de grand valya |
| S 468-3 | desque vna vez pierde verguença la muger |
| S 471-3 | la muger syn verguença por darle diez toledos |
| S 472-2 | muger molyno E huerta syenpre querie grand vso |
| S 473-3 | muger mucho seguida syenpre anda loçana |
| S 474-1 | del que olvydo la muger te dire la fazaña |
| S 474-4 | casose con muger moça pagavase de conpaña |
| S 481-2 | ffue de -la su muger con desden Resçebido |
| S 482-3 | diz la muger monseñer vos mesmo la catat |
| S 484-1 | Commo en este fecho es syenpre la muger |
| S 485-3 | con dezires fermosos a -la muger conbydes |
| S 487-1 | dyz la muger entre dientes otro pedro es aqueste |
| S 488-4 | ca estas cosas pueden a -la muger traella |
| S 508-1 | Toda muger del mundo E duena de alteza |
| S 511-2 | toda muger cobdyçiosa de algo es falaguera |
| S 515-4 | do la muger te oya non dexes prouar |
| S 516-1 | Sy vna cosa sola a -la muger non muda |
| S 523-1 | Toda muger nasçida es fecha de tal massa |
| S 526-4 | muger mucho seguida olvida la cordura |
| S 541-1 | desçendyo de -la hermita forço a -vna muger |
| G 558-2 | a -la muger que es cuerda non le seaz çelozo |
| G 560-1 | de otra muger non le digaz mas a -ella alaba |
| S 564-2 | non te sepa que amas otra muger alguna |
| S 572-1 | de trez cossaz que le pidas a -la muger falaguera |
| G 585-1 | zeñora doña venus muger de don amor |
| S 600-1 | Ryqua muger e fija de vn porquerizo vyl |
| S 610-1 | Toda muger que mucho otea o -es rrysueña |
| S 612-2 | que non ha muger en -el mundo nin grande nin mocuela |
| S 626-2 | quiere -la muger al ome alegre por Amigo |
| S 628-1 | Por vna pequeña cosa pierde amor la muger |
| S 630-1 | Toda muger los ama omnes aperçebydos |
| S 633-3 | la muger byen sañuda e quel omne byen guerrea |
| S 641-4 | a -muger que esta dubdando afynquela el varon |
| S 642-4 | la muger que esta dubdando lygera es de aver |
| S 656-1 | ffablar con muger en plaça es cosa muy descobierta |
| G 681-2 | non deue la muger estar zola en tal conpañia |
| G 685-4 | toda muger es vençida des que esta Ioya es dada |
| G 689-4 | do la muger oluidarez ella te oluidara |
| G 690-4 | si la muger oluidarez poco preçiara tu Ruego |
| S 695-4 | amigança debdo e sangre la muger lo muda |
| S 737-2 | buena muger dezid me qual es ese o quien |
| S 741-1 | la muger que vos cree las mentiras parlando |
| S 865-4 | çiega es la muger seguida non tyene seso nin tyento |
| S 866-1 | Muger liebre Seguida mucho corrida conquista |
| S 884-3 | la muger vee su daño quando ya fynca con duelo |
| S 890-3 | vos sed muger suya e el vuestro marido |
| S 907-1 | de fabla chica dañosa guardese muger falagoera |
| S1282-1 | pesal en -el lugar do la muger es buena |
| S1330-4 | toda muger por esto non es de ome vsada |
| S1451-3 | por vna syn ventura muger que ande rradia |
| S1483-2 | que -la muger comiençe fablar de amor primero |
| S1542-1 | Sy dexa muger moça Rica o -paresçiente |
| S1574-1 | alta muger nin baxa ençerrada nin ascondida |
| S1589-3 | non rrobar cosaz ajenaz non forçar muger nin nada |
| S1614-3 | la muger que es chica por eso es mejor |
| S1616-1 | De -la muger pequeña non ay conparaçion |
| S1617-1 | ssyenpre quis muger chica mas que grande nin mayor |
| S1627-2 | que si lo oye alguno que tenga muger fea |
| S1627-3 | o sy muger lo oye que su marido vil sea |
| F 6 | ya muger tan dura qual fuerades para uaron |

**MUGERES**

| | |
|---|---|
| P 144 | que vsan para pecar E engañar laz mugerez |
| S 76-2 | ove de -las mugeres a -las vezes grand amor |
| S 152-2 | es amar las mugeres nunca seles olvida |
| S 189-3 | sy non con trez mugeres tal era su talente |
| S 231-3 | forçar muchas mugeres cassadas e esposas |
| S 428-1 | Para todas mugeres tu amor non conviene |
| G 442-1 | do eztaz mugerez vzan mucho ze alegran |
| G 442-2 | pocaz mugerez pueden dellaz ze despagar |
| G 447-3 | Pocas zon laz mugerez que dellaz pueden salyr |
| S 469-1 | Talente de mugeres quien le podria entender |
| S 634-1 | El miedo e la verguença faze a las mugeres |
| G 677-3 | yr e venit a -la fabla que mugerez e varonez |
| G 679-3 | laz dueñaz e mugerez deuen su rrepuesta dar |
| G 757-4 | que do zon todaz mugerez nunca mengua rrenzilla |
| S 790-1 | Mugeres aleuosas de coraçon traydor |
| S 848-1 | Es maldat E falsia las mugeres engañar |
| S 882-2 | a -las mugeres trahedes engañadas vendidas |
| S1098-4 | non avia marauilla que sus mugeres perdieron |
| S1329-2 | diz non avedes pauor vos las mugeres todaz |
| S1393-4 | perdedes vos coytadaz mugeres syn varones |
| S1527-3 | de mugeres leales los sus buenos maridos |
| S1617-4 | por ende de -las mugeres la mejor es la menor |
| S1618-4 | otrosi de mugeres fazie mucho rretaço |

**MUGRONES**

| | |
|---|---|
| S1281-2 | echan muchos mugrones los amugronadores |

**MUITA**

| | |
|---|---|
| S 475-2 | yo volo yr a -frandes portare muyta dona |

**MUJER**

| | |
|---|---|
| S 259-1 | Por amor de berssabe la mujer de vrias |

**MULA**

| | |
|---|---|
| S 395-3 | como mula camurzia aguza rrostros e dientes |
| S 711-4 | que non ay mula de aluarda que la troxa non consienta |
| S 950-3 | luego perdi la mula non fallaua vyanda |

**MULADAR**

| | |
|---|---|
| S1387-1 | andaua en -el muladar el gallo ajeuio |
| S1391-4 | contesçel commo al gallo que escarua en -el muladar |

**MULIERE**    **(L)**

| | |
|---|---|
| P 119 | homo natuz de muliere breuez diez hominiz sunt |

**MULIERIBUS**    **(L)**

| | |
|---|---|
| S1665-1 | jn mulyeribus |

**MULUS**    **(L)**

| | |
|---|---|
| P 90 | Nolite fieri sicut equz E muluz |

**MUNDO**

| | |
|---|---|
| P 41 | el pecado del amor loco deste mundo |
| P 126 | el amor loco del pecado del mundo |
| P 132 | e sotilezaz engañosaz del loco Amor del mundo |
| S 14-4 | Ca por todo el mundo se vsa E se faz |
| S 33-2 | e del mundo melezina |
| S 60-2 | rrespondio que en su poder tenie el mundo E diz verdat |
| S 71-2 | el mundo por dos cosas trabaja por la primera |
| S 99-4 | que a -todo el mundo conbrie e estragaria |
| S 105-2 | que las cosas del mundo todas son vanidat |
| S 108-4 | todo bien del mundo e todo plazer es |
| S 173-2 | por pecado del mundo que es sonbra de aliso |
| S 212-2 | anda todo el mundo quando tu lo rretientas |
| S 218-4 | esta destruye el mundo sostienta la justiçia |
| S 235-4 | toda maldat del mundo es do quier que tu seas |
| S 268-4 | el mundo escarnido E muy triste la gente |
| S 276-1 | Eres pura enbidia en -el mundo non ha tanta |
| S 304-1 | yra e vana gloria traes en -el mundo non ay tanta |
| S 320-2 | en-gañas todo el mundo con palabra fermosa |
| S 399-4 | a -dios pierde e al mundo amor el que mas quieres |
| S 417-1 | Toda maldad del mundo E toda pestilençia |
| S 418-4 | lengua tan enconada dios del mundo la tuelga |
| G 439-2 | andan por todo el mundo por plaça e cotaz |
| S 497-4 | por todo el mundo faze cosas maravillosaz |
| S 499-3 | por todo el mundo anda su sarna e su -tyña |
| S 500-4 | quantos son en -el mundo le besan oy las manos |
| S 508-1 | Toda muger del mundo E duena de alteza |
| S 510-2 | el dinero del mundo es grand rreboluedor |
| S 511-1 | Por dineros se muda el mundo e su manera |
| S 519-3 | pero que todo el mundo por esto le acusa |
| S 528-4 | en verguença del mundo en zaña de dios caer |
| S 538-2 | qual es la ora çierta nin el mundo como se guia |
| S 546-4 | a -dios lo yerran mucho del mundo des-fallesçen |
| G 548-4 | toda maldat del mundo faze e toda locura |
| S 574-2 | mas tengo por el mundo otros muchos de pagar |
| G 584-3 | por todo el mundo tiene grant poder e suerte |
| S 598-1 | A persona deste mundo yo non la oso fablar |
| S 612-2 | que non ha muger en -el mundo nin grande nin mocuela |
| G 661-1 | en -el mundo non es coza que yo ame a par de uoz |
| S 692-3 | por esto anda el mundo en leuantar e en caer |
| S 706-4 | toda cosa deste mundo temo mucho e temi |
| S 716-2 | synon por mi non la puede omne del mundo aver |
| S 784-2 | el mundo rrevoluiendo a -todos engañades |
| S 791-2 | la vida deste mundo yo non -la preçio nada |
| S 885-2 | vase perder por el mundo pues otro cobro non tyene |
| S 917-4 | quered salyr al mundo a -que vos dios fizo nasçer |
| S1045-2 | luz luziente al mundo del çielo claridat |
| S1055-3 | mas al mundo presta que dende vino luz |
| S1056-4 | ssangre E agua salio del mundo fue dulçor |
| S1066-3 | por estas llagas çierto es el mundo saluado |
| S1067-4 | puso por todo el mundo miedo e grand espanto |
| S1094-2 | E tiene por todo el mundo poder commo señor |
| S1160-2 | ca es de todo el mundo vicario general |
| S1163-4 | que non venia el mundo nin cobdicies el mal |
| S1173-3 | andando por el mundo mando fazer emienda |
| S1195-3 | guardat la non fuya que todo el mundo en-arta |
| S1210-2 | el sol era salido por el mundo Rayado |
| S1210-4 | de dos enperadorez que al mundo han llegado |
| S1222-4 | de talez alegriaz non ha en -el mundo memoria |
| S1244-2 | estar rresplandeçiente a -todo el mundo rriye |
| S1245-3 | luego el mundo todo e quanto vos dixe ante |
| S1258-3 | todo viçio del mundo E todo plazer oviera |
| S1342-1 | Todo plazer del mundo e todo buen donear |
| S1360-2 | el galgo querellandose dixo que mundo malo |
| S1364-1 | El mundo cobdiçioso es de aquesta natura |
| S1422-3 | es de dios ayrada e del mundo aborrida |
| S1440-2 | prazie a -todo el mundo mas que con otro cantar |
| S1477-1 | El mundo es texido de malos arigotes |
| S1504-4 | en locura del mundo nunca se trabajaua |
| S1505-3 | que para amor del mundo mucho son peligrosaz |
| S1520-3 | enemiga del mundo que non as semejante |
| S1522-2 | con todo su poder tyenes continua en-amiztat |
| S1525-1 | Eres en -tal manera del mundo aborrida |
| S1529-1 | Non ha en -el mundo libro nin escrito nin carta |
| S1529-3 | en -el mundo non ha cosa que con byen de ti se parte |
| S1549-4 | muerte matas la vida al mundo aborresçes |
| S1552-3 | pueblaz morada e despueblaz el mundo |
| S1553-2 | ca beuiendo omne sienpre e mundo terrenal |
| S1566-4 | a -venir a -tu rrauia que a -todo el mundo escarda |
| S1570-3 | sienpre en este mundo fuste por dos maridada |
| S1572-4 | el que saluo el mundo el te de saluaçion |
| S1576-2 | en quanto fuy al mundo oue vyçio e soltura |
| S1584-2 | la carne el diablo el mundo destos nasçen los mortales |
| S1603-2 | al mundo con caridad a -la carne con ayuno |
| S1611-4 | non ha plazer del mundo que en -ella non sienta |
| S1623-2 | a -la fe diz buscare avn que el mundo se funda |
| S1637-4 | syn dolor salio al mundo |
| S1637-7 | virge del santo mundo |
| S1639-6 | del mundo luz |
| S1652-3 | quando deste mundo salierdes |
| S1673-4 | del mundo salud E vida |
| S1674-1 | Del mundo salud E vida |

**MUNDUM** (L)
P 81 quiz potest fazere mundum de jmudo conçeptum semine

**MUÑECA**
S 971-3 por la muñeca me priso oue de fazer quanto quiso
S1017-1 mas ancha que mi mano tyene la su muñeca

**MUÑECAS**
S1487-4 laz espaldaz byen grandes laz muñecas atal

**MUÑOZ**
S1705-1 ffablo en -post aqueste el chantre Sancho muñoz

**MUR**
S 100-3 pario vn mur topo escarnio fue de rreyr
S 408-1 Tenia el mur topo cueva en -la rribera
S 409-1 Señor enamorado dixo al mur la Rana
S 571-1 Por vn mur muy pequeno que poco queso priso
S1369-2 non querria que me fuese commo al mur del aldea
S1369-3 con -el mur de -la villa yendo a -fazer enplea
S1370-1 Mur de guadalajara vn lunes madrugara
S1370-3 vn mur de franca barua rresçibiol en su caua
S1371-1 pagos del buen talente mur de guadalajara
S1372-2 conbido el de -la villa al mur de monferrado
S1374-2 byen llena de farina el mur ally se allega
S1377-1 Mur de guadalajara entro en -su forado
S1424-4 commo al leon vino del mur en -su dormir
S1426-2 el mur con -el grand miedo començol a -falgar
S1429-2 solto al morezillo el mur quando fue soltado
S1430-1 ffuese el mur al forado el leon fue a -caçar

**MURES**
S 571-2 diçen luego los mures han comido el queso
S1376-4 los murez con -el miedo fuxieron al andar
S1425-3 ally juegan de mures vna presta conpaña

**MURIERON**
S 222-1 murieron por los furtos de muerte sopitaña
S1121-2 muchas dellas murieron E muchas eran foydas

**MURIO**
S 42-6 e por nos murio
S 315-3 con sus vñas mesmas murio E con al non
S 943-3 murio a -pocos dias non lo puedo desir
S1506-2 murio la buena duena oue menos cuydados
S1519-2 murio a -mi seruiendo lo que me desconuerta
S1658-1 Murio nuestro Señor

**MURIZILLO**
S1431-1 Començo a -querellarse oyolo el murizillo

**MURO**
S 512-1 Derrueca fuerte muro E derriba grant torre
S1192-1 non te nos defenderaz en castillo nin en muro
S1412-1 Contesçio en vna aldea de muro byen çercada

**MUROS**
S 618-2 tomanse las çibdadez derribanse los muros

**MUSA**
S 519-4 en este coyda syenpre por este faz la musa

**MUY**
S 8-2 fijo de dioz muy alto saluador de ys(rael)
S 17-2 es de dentro muy blanco mas que -la peña vera
S 33-3 quieras me oyr muy digna
S 52-1 ffueron a -vn vellaco muy grand E muy ardit
S 53-1 vistieron lo muy bien paños de grand valia
S 54-1 vino ay vn griego doctor muy esmerado
S 74-1 Digo muy mas del omne que de toda creatura
S 90-4 la dueña muy guardada ffue luego de mi partida
S 102-2 pone muy grant espanto chica cosa ez doz nuezez
S 104-3 non las quiso tomar dixe yo muy mal va
S 132-2 mando que -los maestros fuesen muy bien guardados
S 141-2 e creer muy mas en dios con firme esperança
S 146-3 pero puede muy bien contra ellas dispenssar
S 156-3 al omne que es couarde fazelo muy atreuido
S 158-1 El que es enamorado por muy feo que sea
S 158-2 otrosi su amiga maguer que sea muy fea
S 169-1 De talla muy apuesta E de gesto amorosa
S 186-2 traes los de oy en cras en vida muy penada
S 203-4 danos muy malas tardes e peorez las mañanas
S 220-2 con palabras muy dulçes con gesto engañador
S 235-2 jnjurias e varajas e contiendas muy feas
S 236-1 El omne muy soberuio E muy denodado
S 237-1 lorigas bien leuadas muy valiente se siente
S 240-3 en -el cuerpo muy fuere de lança fue ferido
S 240-4 las entrañas le salem estaua muy perdido
S 245-2 los que son muy soberuios con su grand orgullya
S 262-2 el grand encantador fizole muy mal juego
S 268-4 el mundo escarnido E muy triste la gente
S 282-2 dios verdadero e omne fijo de dios muy quisto
S 297-1 Muerte muy Rebatada trae la golossyna
S 297-2 al cuerpo muy goloso e al alma mesquina
S 298-1 vn cauallo muy gordo pasçia en -la defesa
S 302-2 avia mucho comido de yeruas muy esquiuaz
S 306-1 El ffue muy vil tornado E de -las bestias egual
S 311-2 que fue a -todas bestias cruel e muy dañoso
S 311-3 mato a -sy mesmo yrado et muy sañoso
S 313-2 fueron muy alegres por que andauan solteras
S 324-1 ffizo el lobo demanda en muy buena manera
S 354-1 la exepion primera muy byen fue llegada
S 374-1 Rezas muy byen las oras con garçones folgaynez
S 392-2 en cabo son muy pocos a -quien byen adelyñas
S 401-1 Eres muy grand gigante al tienpo del mandar
S 402-1 de la loçana fazes muy loca E muy bova
S 410-1 yo se nadar muy byen ya lo ves por el ojo
S 424-2 de pequeña pellea nasçe muy grand rrencor
G 444-1 si dexiere que la dueña non tiene mienbroz muy grandez
G 446-1 en la cama muy loca en casa muy cuerda
G 450-2 mas plazentera que otraz en doñear
S 457-4 eran muy byen apuestos E veras quan fermosos
S 458-3 el vno del otro avya muy grand despecho
S 463-2 estando delante ella sossegado e muy omyl
S 463-3 vyno me desçendimiento a -las narizes muy vyl
S 464-2 en -la cama despierto e muy fuerte llouia
S 464-4 en -el mi ojo muy Rezia amenudo feria
S 501-2 altas e muy costosas fermosas e pyntadas
S 509-4 de todos los ofiçios es muy apoderado
S 525-4 en -lo quel mucho piden anda muy ençendida
S 526-1 Muy blanda es el agua mas dando en piedra dura
S 534-3 sacramento muy sano prueva si te plaze
S 545-1 ffaze oler el fuelgo que es tacha muy mala
S 545-2 vele muy mal la boca non ay cosa quel vala
G 548-1 Es el vino muy bueno en su mesma natura
G 550-1 Non fables muy aprieza nin otrosi muy pazo
G 551-1 quien muy ayna fabla ninguno non lo entiede
G 551-2 quien fabla muy pazo enojaze quien le atiende
G 561-1 Non le seaz mintrozo sey le muy verdadero
S 571-1 Por vn mur muy pequeno que poco queso priso
G 581-1 de talle muy apuesta de gestos amoroza
G 581-2 doñegil muy loçana plazentera e fermoza
S 603-2 tanto muy mas se quema que quando esta alongado
S 615-1 jura muy muchas vezes el caro vendedor
S 625-3 con palabras muy dulçes con dezires sabrosos
S 630-3 han muy flacas las manos los calcañares podridos
S 633-4 los doñeos la vençen por muy braua que sea
S 656-1 ffablar con muger en plaça es cosa muy descobierta
S 658-2 con vna donçella muy rrica fija de don pepion
G 685-1 esto dixo doña endrina es cosa muy prouada
G 685-2 que por suz bezoz la dueña finca muy engañada
S 714-2 ca es omne muy escaso pero que es muy Rico
S 726-1 En aquesta villa mora muy fermosa mançebia
S 727-1 Muy byen me rresçiben todos con aquesta pobledat
S 733-3 a -vezes cosa chica faze muy grand despecho
S 746-1 Era se vn caçador muy sotil paxarero
S 796-1 dixo la buena vieja en ora muy chiquilla
S 796-2 sana dolor muy grand e sale grand postilla
S 817-2 ca engañar al poble es pecado muy grande
S 820-1 El derecho del poble pierde se muy ayna
S 841-2 dize yo llorando palablas muy manzelleras
S 855-1 Con aquestos pesares trae me muy quebrantada
S 931-2 yo lo desdire muy byen e lo des-fare del todo
S 996-3 fazia tyenpo muy fuerte pero era verano
S1000-1 sse muy bien tornear vacas E domar brauo nouillo
S1012-2 cabellos muy negros mas que corneja lysa
S1013-3 las narizes muy gordas luengas de çarapico
S1014-1 Su boca de alana E los rrostros muy gordos
S1043-2 e todo don muy bueno de dios bien escogido
S1044-2 muy santo E muy deuoto santa maria del vado
S1063-2 ffue de judas vendido por mi poco cabdal
S1070-2 que anda don carnal sañudo muy estraño
S1074-2 vna concha muy grande de -la carta colgada
S1079-1 Dio me muy muchas graçiaz por el buen conbyd
S1080-4 truxo muy grand mesnada commo era poderosso
S1081-3 de gentes muy guarnidas muy byen aconpañado
S1083-2 espetos muy conplidos de fierro e de madero
S1086-3 venian muy byen guarnidos enfiestos los pendones
S1087-1 Eran muy byen labladas tenpladas e byen fynas
S1089-2 ahe vos ado viene muy lygero el çieruo
S1094-1 Commo es don carnal muy grand enperador
S1094-4 vinieron muy omildes pero con grand temor
S1102-2 fue el puerro cuelle aluo e ferio lo muy mal
S1103-2 firio muy Rezia mente a -la gruesa gallyna
S1104-3 buelta es la pelea don muy mala manera
S1109-2 traya muy duro Cuero con mucho garauato
S1110-3 trayan armas muy fuertes e ballestas e arcos
S1118-1 ally lydia el conde de laredo muy fuerte
S1122-1 Commo estaua ya con muy pocaz conpañas
S1122-3 todas las otras rreses fueron le muy estrañas
S1123-4 estaua muy señero çecado e mesquino
S1132-3 fablar en ella mucho es cosa muy loada
S1133-1 Es me cosa muy graue en tan grand fecho fablar
S1133-2 es pielago muy fondo mas que todo el mar
S1139-2 sospiros dolorosos muy triste sospirando
S1166-2 por la tu grand loxuria comeras muy pocaz desaz
S1170-3 esta y muy deuoto al santo misterio
S1171-2 estaua don carnal con muy grand deuoçion
S1172-2 estaua de -la lid muy fraco E lloroso
S1183-2 rresçebieron lo muy bien en -su carneçeria
S1184-1 pusose muy priuado en -estremo de medellyn
S1186-4 alboroço ayna fizo muy grand portillo
S1189-3 e contra la quaresma estaua muy sañudo
S1190-3 a -ty quaresma fraca magra E muy sarnosa
S1196-4 sy muy sorda non fuere oyra nuestro apellido
S1202-4 para pasar la mar puso muy grand mision
S1216-1 Venia don carnal en carro muy preciado
S1217-1 Traya en -la su mano vn assegur muy fuerte
S1217-3 cuchillo muy agudo a -las rreses acomete
S1218-3 al cablon que esta gordo el muy gelo pynta
S1225-1 Dia era muy ssanto de -la pascua mayor
S1225-2 el sol era salydo muy claro E de noble color
S1231-2 adormienda a -vezes muy alto a -las vegadaz
S1244-4 el cauallo de españa muy grand preçio valie
S1247-3 fueron le muy contrarios quantos tyenen fleylya
S1248-5 rrefitorios muy grandes e manteles parados
S1251-4 tyenen muy grand galleta e chica la canpana
S1267-3 de piedraz muy preciosas çercado en -derredor
S1270-3 estaua vna messa muy noble e muy fecha
S1289-3 anda muy mas loçano que pauon en floresta
S1301-1 otraz cosaz estrañaz muy grauez de creer
S1311-3 rresçebieron me muy byen a -mi e a -mi rrastro
S1314-2 con -el muy grand plazer al su enamorado
S1318-2 muy rrica e byen moça e con mucha vfana
S1319-4 si poco ende trabaje muy poco ende saque
S1320-3 torno a -mi muy triste e con coraçon agudo

## MUY (cont.)

| | |
|---|---|
| S1322-2 | rrogando muy deuota ante la majestad |
| S1327-4 | muy loçano E cortes Sobre todos esmerado |
| S1328-2 | vyno me muy alegre dixo me de la primera |
| S1336-3 | tria sandalix muy fyno con diasanturion |
| S1340-1 | ssyn todaz estaz noblezaz han muy buenas maneras |
| S1341-2 | fijaz dalgo muy largas e francaz de natura |
| S1359-1 | Con -el mucho lazerio ffue muy ayna viejo |
| S1429-3 | diole muy muchas graçiaz e quel seria mandado |
| S1438-3 | mas que todaz las aves cantas muy dulçe mente |
| S1450-1 | El miedo es muy malo syn esfuerço ardid |
| S1460-4 | vna copa de oro muy noble de preçiar |
| S1485-4 | el cuello non muy luengo caboz prieto orejudo |
| S1504-3 | la su vida muy lynpia en dios se deleytaua |
| S1532-1 | la Salud E la vida muy ayna se muda |
| S1551-3 | al -lugar do mas siguez aquel va muy peor |
| S1558-2 | la su muerte muy cruel a -el mucho espanto |
| S1582-2 | muy mas deuemos fazerlo por tantos e tan esquiuos |
| S1583-2 | aquestos de cada dia nos trahen muy conbatidos |
| S1607-3 | dueñas ay muy grandes que por chicas non troco |
| S1610-2 | en açucar muy poco yaze mucho dulçor |
| S1610-3 | en la dueña pequeña yase muy grand amor |
| S1612-2 | en oro muy poco grand preçio E grand valor |
| S1612-4 | ansy en -dueña chica yaze muy grad sabor |
| S1663-4 | catadura muy bella |
| S1667-8 | con los santos muy graçiosa |
| S1669-1 | Ayudaz al ynoçente con amor muy verdadero |
| S1673-2 | de dios madre muy amada |
| S1677-7 | bien acorres muy de llano |
| S1680-1 | virgen muy santa yo paso atribulado |
| S1689-5 | en muy pocos diaz |
| S1695-2 | fynco muy queblantada toda la clerizia |
| S1697-2 | seruimos le muy byen fuemos le sienpre leales |

## NABUCODONOSOR

| | |
|---|---|
| S 305-1 | Por la grand vana gloria nabuco-donossor |

## NACE

| | |
|---|---|
| S 124-4 | del que naçe tal es su fado e su don |
| G 681-3 | naçe dende mala fama mi dezonrra zeria |

## NACENCIA

| | |
|---|---|
| S 123-3 | quel omne quando nasçe luego en -su naçençia |

## NACIDO

| | |
|---|---|
| G 687-2 | des que yo fue naçido nunca vy mejor dia |

## NADA

| | |
|---|---|
| S 63-4 | dexose de amenazar do non gelo preçian nada |
| S 97-3 | de quanto le prometio o -le da poco o -nada |
| S 106-2 | dixe querer do non me quieren ffaria vna nada |
| S 153-4 | a -muchas serui mucho que nada non acabesçi |
| S 186-1 | Desque los omnes prendes non das por ellos nada |
| S 208-1 | Querellan se de ti mas non les vales nada |
| S 317-2 | nunca quieres que de bondat faga nada |
| S 394-4 | do coyda algo en ella tyene nada |
| S 478-4 | desfizo se el cordero que del non fynca nada |
| S 597-4 | la llaga va creziendo del non mengua nada |
| S 602-3 | non preçia nada muerto me trae coytado |
| S 636-4 | mas val que fazer se pobre a -quien nol dara nada |
| S 725-4 | entre aquestas paredes non vos prestara nada |
| S 786-3 | por que amas la dueña que non te preçia nada |
| S 791-2 | la vida deste mundo yo non -la preçio nada |
| S 792-3 | por ese quexo vano nada non ganades |
| S 795-3 | en nada es tornado todo el mi laçerio |
| S 962-2 | tirate de -la carrera que non trax para ty nada |
| S1033-5 | que nol coste nada |
| S1114-4 | non le valia nada deçenir la correa |
| S1265-4 | que omne terrenal desto non faria nada |
| S1356-4 | conteçe me commo al galgo viejo que non caça nada |
| S1361-4 | quando non le trayo nada non me falaga nin me sylua |
| S1535-4 | non puede leuar nada nin fazer testamento |
| S1589-3 | non rrobar cosaz ajenaz non forçar muger nin nada |

## NADANDO

| | |
|---|---|
| S 461-1 | otrossy yo passava nadando por el Ryo |

## NADAR

| | |
|---|---|
| S 410-1 | yo se nadar muy byen ya lo ves por el ojo |
| S1491-3 | todos nadar quieren los peçes e las rranas |

## NADO

| | |
|---|---|
| S 798-2 | non quiere ella casar se con otro ome nado |

## NADOS

| | |
|---|---|
| S1506-3 | a -morir han los onbrez que son o -seran nados |

## NARANJAS (V)

| | |
|---|---|
| G 862-2 | muchaz peraz e mançanaz que çidriaz e que Naranjas |

## NARIZ

| | |
|---|---|
| S 434-1 | la naryz afylada los dientes menudiellos |
| S1486-4 | la su nariz es luenga esto le desconpon |

## NARIZES

| | |
|---|---|
| S 242-2 | del jnogar a -vezes fynchadas las narizes |
| S 463-3 | vyno me desçendimiento a -las narizes muy vyl |
| S1013-3 | las narizes muy gordas luengas de çarapico |

## NARIZES

| | |
|---|---|
| S1293-3 | la mosca mordedor faz traher las narizes |

## NASCA

| | |
|---|---|
| S 864-3 | nunca dios lo quiera fija que de ally nasca contyenda |
| S1550-4 | non ha cosa que nasca que tu rred non en-laze |

## NASCE

| | |
|---|---|
| S 123-3 | quel omne quando nasçe luego en -su naçençia |
| S 123-4 | el signo en -que nasçe le juzgan por sentençia |
| S 228-3 | de aquesta rrayz mala nasçe todo el mals |
| S 277-1 | El çelo syenpre nasçe de tu enbydia pura |
| S 424-2 | de pequeña pellea nasçe muy grand rrencor |
| S 707-1 | De pequena cosa nasçe fama en -la vezindat |
| S 707-2 | desque nasçe tarde muere maguer non sea verdat |
| S 734-3 | e de chica çentella nasçe grand llama de fuego |
| S 907-3 | de vna nuez chica nasçe grand arbor de grand noguera |

## NASCEN

| | |
|---|---|
| S 152-1 | Muchos nasçen en venus que -lo mas de su vida |
| S 219-4 | de -la cobdiçia nasçen es della rrayz e çepa |
| S 907-4 | e muchas espigas nasçen de vn grano de çiuera |
| S1584-2 | la carne el diablo el mundo destos nasçen los mortales |
| S1604-2 | destos nasçen commo Ryos de -las fuentes perhenales |

## NASCER

| | |
|---|---|
| S 130-3 | desque vieron el punto en -que ovo de nasçer |
| S 917-4 | quered salyr al mundo a -que vos dios fizo nasçer |
| S 943-1 | Commo es natural cosa el nasçer e el moryr |

## NASCI

| | |
|---|---|
| S 153-1 | En este signo atal creo que yo nasçi |
| S1008-1 | Nunca desque nasçi pase tan grand peligro |

## NASCIA

| | |
|---|---|
| S 129-4 | el signo e la planeta del fijo quel nasçia |

## NASCIDA

| | |
|---|---|
| S 523-1 | Toda muger nasçida es fecha de tal massa |
| S 748-3 | la semiente nasçida vyeron como rregaua |

## NASCIDO

| | |
|---|---|
| S 36-2 | quando fue de ti nasçido |
| S1428-1 | Por ende vençer es onrra a -todo ome nasçido |

## NASCIERA

| | |
|---|---|
| S 903-1 | dixo al leon el lobo quel asno tal nasçiera |

## NASCIERON

| | |
|---|---|
| S 198-1 | los que te non prouaron en buen dya nasçieron |
| S 728-1 | Todos quantos en -su tyenpo en -esta tierra nasçieron |

## NASCIO

| | |
|---|---|
| S 11-2 | el que nasçio de -la virgen esfuerçe nos de tanto |
| S 25-2 | el Segundo quando nasçio |
| S 129-2 | nasçiole vn fijo bello mas de aquel non tenia |
| S1062-2 | vino en santa virgen E de virgen nasçio |
| S1649-4 | que nasçio por saluar noz |

## NASCITE

| | |
|---|---|
| S1637-5 | qual nasçite |

## NASCITES

| | |
|---|---|
| S 739-3 | el dia que vos nasçites fadas aluas vos fadaron |

## NASON

| | |
|---|---|
| S 429-4 | panfilo e nason yo los ove castigado |
| S 891-4 | que lo felo de estoria diz panfilo e nason |

## NATAS

| | |
|---|---|
| S 969-2 | mucho queso assadero leche natas e vna trucha |
| S1000-2 | Se maçar e fazer natas E fazer el odrezillo |

## NATIO

| | |
|---|---|
| S 403-3 | quier feo quier natyo aguisado non catam |

## NATURA

| | |
|---|---|
| P 77 | Ante viene de -la fraqueza de -la natura humana |
| P 96 | E viene otrosi esto por rrazon que -la natura vmana |
| S 73-3 | quieren Segund natura conpañia sienpre Nueva |
| S 74-2 | todos a -tienpo çierto se juntan con natura |
| S 75-4 | mas non se parte ende Ca natura lo entiza |
| S 140-2 | pero dios que crio natura e açidente |
| S 141-1 | En creer lo de natura non es mal estança |
| S 150-2 | que judgam Segund Natura por sus cuentos fermosos |
| S 160-1 | Ca puesto que su signo sea de tal natura |
| S 166-3 | la costunbre es otra que natura çierta mente |
| S 234-1 | Maguer de su natura buenos fueron criados |
| S 263-3 | synon lo ençiendian dentro en -la natura |
| S 405-1 | Natura as de diablo ado quier que tu mores |
| G 548-1 | Es el vino muy bueno en su mesma natura |
| S1341-2 | fijaz dalgo muy largas e francaz de natura |
| S1364-1 | El mundo cobdiçioso es de aquesta natura |
| S1407-3 | lo que dios e natura han vedado E negado |
| S1551-2 | Natura as de gota del mal e de dolor |

## NATURAL

| | |
|---|---|
| S 127-4 | Segund natural curso los dichos estrelleros |
| S 136-4 | segund natural cursso non se puede estorçer |
| S 140-1 | Yo creo los estrologos uerdad natural mente |
| S 943-1 | Commo es natural cosa el nasçer e el moryr |
| S1580-2 | ca nuestra enemiga es natural E fuerte |
| S1590-3 | virtud de natural justiçia judgando con omildal |

## NATURALES

| | |
|---|---|
| S 128-2 | dezir te vn juyzio de çinco naturales |
| S 135-2 | los sabios naturales que su signo cataron |
| S 138-4 | los sabios naturales verdaderoz salieron |
| S1201-1 | Dizen los naturales que non son solas laz vacaz |
| S1697-1 | que maguer que somos clerigos Somos sus naturales |

## NATURALEZA

| | |
|---|---|
| S1291-3 | boluia las aguaz frias de su naturaleza |

## NATURAS

| | |
|---|---|
| S 502-1 | Comia muchos manjarez de diuerssas naturas |

## NATUS (L)

| | |
|---|---|
| P 119 | homo natuz de muliere breuez diez hominiz sunt |

## NAVAJAS

| | |
|---|---|
| S 267-3 | de navajas agudas por que a -la sobida |

## NAVE

| | |
|---|---|
| S 614-3 | nunca en -la mar entrarie con su nave ferrada |

## NAZAREC

| | |
|---|---|
| S 22-3 | nazarec creo que sea |

## NECEDAD

| | |
|---|---|
| S1408-3 | dize mal con neçedad faze pesar E despecho |

## NECEDAT

| | |
|---|---|
| S 566-3 | muchos pierden la dueña por dezir neçedat |

## NECESIDAT

| | |
|---|---|
| S1156-2 | mas en ora de muerte o de grand necesidat |
| S1157-4 | la grand neçesidat todos los casos atapa |

## NECIACHA

| | |
|---|---|
| S1233-4 | la neçiacha manduria ally faze su son |

## NECIAS

| | |
|---|---|
| S 415-1 | a -los neçios e neçias que vna vez enlaças |

## NECIO

| | |
|---|---|
| S 16-1 | Non tengadez que ez libro neçio de devaneo |
| S 56-4 | assentose el neçio Catando sus vestidos |

| | |
|---|---|
| **NECIO** | **(cont.)** |
| S 114-3 | Ca devrien me dezir neçio e mas que bestia burra |
| S 159-1 | El bauieca el torpe el neçio El poble |
| S 193-1 | Aqueste omne bueno padre de aqueste neçio |
| S 195-3 | leuantose el neçio maldixole con mal fado |
| S 389-3 | mas cree tus lysonjas el neçio fadeduro |
| S 772-1 | Creo se los el neçio começo de Avllar |
| S 899-4 | escota juglar neçio el son del atanbor |
| S1529-2 | ome sabio nin neçio que de ty byen de-parta |
| **NECIOS** | |
| S 392-4 | mas traes neçios locos que ay pyñones en piñas |
| S 400-3 | de todos tus vassallos fazes neçios fadragas |
| S 415-1 | a -los neçios e neçias que vna vez enlaças |
| S 500-1 | El faze caualleros de neçios aldeanos |
| **NEÇUELO** | **(V)** |
| T1573-1 | dueñaz non me rretenedez nin me llamedez neçuelo |
| **NEGADO** | |
| S1407-3 | lo que dios e natura han vedado E negado |
| **NEGAR** | |
| S 629-3 | muchas vezes cobdiçia lo que te va negar |
| **NEGO** | |
| S1142-2 | nego a -jhesu xpisto con miedo E quexura |
| **NEGRA** | |
| S 17-3 | blanca farina esta so negra cobertera |
| S 285-4 | la negra por ser blanca contra sy se denueda |
| S 288-4 | mas negra paresçia la graja que el erizo |
| S 577-4 | qual fue la Racon negra por que non Recabde |
| S1110-4 | mas negra fue aquesta que non la de larcos |
| S1396-3 | yuy yuy dixo Señora que negra ledania |
| **NEGRAS** | |
| G 441-1 | E buzca menzajera de vnaz negraz pecaz |
| S 824-4 | que las mis fadas negras non se parten de mi |
| S1014-3 | las sobreçejas anchas e mas negras que tordos |
| **NEGRO** | |
| S 17-1 | El axenuz de fuera mas negro es que caldera |
| S 17-4 | açucar negro e blanco esta en vil caña vera |
| S 157-3 | ffaze blanco e fermoso del negro como pez |
| G 762-1 | que prouecho uoz tien vestir ese negro paño |
| S1013-2 | el su pescueço negro ancho velloso chico |
| S1020-1 | Costillas mucho grandes en su negro costado |
| S1109-4 | E a -costados e a -piernas dauales negro Rato |
| S1437-2 | vido al cueruo negro en vn arbol do estaua |
| S1464-2 | puso mano a -su Seno e fallo negro fallado |
| S1529-4 | saluo el cueruo negro que de ty muerte se farta |
| **NEGROS** | |
| S1012-2 | cabellos muy negros mas que corneja lysa |
| **NEMO** | **(L)** |
| P 79 | Ca dize Caton Nemo sine crimine viuit |
| **NESCEDAT** | |
| S 932-4 | el buen desir non cuesta mas que -la nesçedat |
| **NESCESIDAT** | |
| S1161-3 | en -la grand nesçesidad al cardenal aprisionado |
| **NESCIO** | |
| S 239-4 | diz don villano nesçio buscad carrera larga |
| S 243-3 | vido lo el asno nesçio Rixo bien trez vegadas |
| S 313-4 | avn el asno nesçio venie en -las delanteras |
| S 491-1 | ssea vn ome nesçio E rudo labrador |
| S1403-2 | dixo el burro nesçio ansy entre sus dientez |
| S1405-2 | commo garanon loco el nesçio tal venia |
| S1620-4 | nesçio pereçoso tal es mi escudero |
| **NESCIOS** | |
| S 269-4 | contesçeles commo al aguila con -los nesçios truhanez |
| S 494-3 | a -muchos clerigos nesçios davales dinidades |
| S 784-4 | a -los nesçios fazedes las mentyras verdades |
| **NEVADA** | |
| S1029-5 | de sierra nevada |
| **NI** | |
| P 177 | por dar manera de pecar ni por mal dezir |
| S 101-4 | vete dil que me non quiera que nol quiero nil amo |
| S 212-4 | a -quien nol quiere nil ama ssyenpre gela mientass |
| G 557-1 | Non vzez con vellacoz ny seaz peleador |
| G 587-3 | zin voz yo non la puedo començar ni acabar |
| S1558-1 | Nol cataste nil viste vyo te el byen te cato |
| **NIDO** | |
| S 413-4 | al topo e a -la rrana leuolos a -su nido |
| S 751-2 | fizo ally su nido quanto pudo mejor |
| S 978-4 | que de tal guisa coje çigoñinos en nido |
| **NIEBRA** | |
| S1274-2 | estaua enturbiada con -la niebra su mesa |
| **NIEF** | |
| G 671-3 | estadez enfriada mas que -la nief de -la sierra |
| **NIEGA** | |
| S 812-2 | ella non me lo niega ante diz que vos ama |
| **NIEGO** | |
| S 58-2 | merescen los rromanoz las leyes yo non gelas niego |
| S1236-2 | la orden de cruz niego con su abat bendito |
| **NIEGUE** | |
| S 610-3 | apenaz de myll vna te lo niegue mas desdeña |
| **NIENBRAN** | |
| S1366-1 | Non sse nienbran algunoz del mucho byen antyguo |
| **NIETO** | |
| S1500-3 | mal valdrie a -la fermosa tener fijos e nieto |
| **NIETOS** | |
| S1604-4 | de padres fijos nietos dios nos guarde de sus males |
| **NIEVA** | |
| S1006-2 | sy nieua o -si yela nunca da calentura |
| **NIEVE** | |
| S 951-3 | de nieue e de granizo non ove do me asconder |
| S 956-3 | non temas syn das algo que -la nieue mucho moje |
| S 964-1 | ffazia nieue e granzaua diome la chata luego |
| S1023-3 | de nieue e de frio |
| S1349-1 | Con -la nieue E con -el viento e con -la elada fria |

| | |
|---|---|
| S1608-4 | son friaz como la nieue e arden commo el fuego |
| **NIGUNO** | |
| S 981-3 | desque en -la choza fuymos non fallamos niguno |
| **NIN** | |
| P 75 | nin tal querer non viene de -la buena voluntad |
| P 76 | nin de -la buena obra non viene tal obra |
| P 95 | nin acordarse dello para lo obrar |
| P 199 | non se puede fazer obra firme nin firme hedifiçio |
| S 16-2 | nin creadez que ez chufa algo que en -el leo |
| S 47-4 | nin las podrian en-tender pues que tan poco sabien |
| S 50-3 | por que non eran letrados nin podrian entender |
| S 50-4 | a -los griegos doctores nin al su mucho saber |
| S 77-4 | Nunca al fizo por mi nin creo que fazer quiso |
| S 89-2 | que jamaz a -mi non vengas nin me digas tal enemiga |
| S 94-4 | nin el leal amigo non es en toda plaça |
| S 109-3 | al omne por conpañera nin del non -la feziera |
| S 110-3 | por santo nin santa que seya non se quien |
| S 111-2 | que vna ave sola nin bien canta nin bien llora |
| S 111-4 | nin las verças non se crian tan bien sin la noria |
| S 122-3 | Ca de Ante nin despues non falle en españa |
| S 127-1 | Non acaban en orden nin son mas cavalleros |
| S 127-2 | nin han merçed de Senorez nin han de sus dineros |
| S 149-3 | non ha poder mal signo nin su costellaçion |
| S 150-4 | mas non puedem contra dios yr nin son poderosos |
| S 151-1 | Non sse astrologia nin so ende maestro |
| S 151-2 | nin se astralabio mas que buey de cabestro |
| S 158-4 | que tan bien le paresca nin que tanto desea |
| S 171-3 | non cuentas nin sartal nin sortijas nin mitas |
| S 173-1 | Non perdere yo a -dios nin al su parayso |
| S 176-2 | non perdere los manjares nin el pan de cada dia |
| S 185-1 | Non tienes Regla çierta nin tienes en ti tiento |
| S 187-2 | non lo sana mengia enplasto nin xarope |
| S 187-3 | non se ffuerte nin rrecio que se contigo tope |
| S 213-3 | nunca me aperçibes de tu ojo nin del dedo |
| S 215-2 | en quantas que ame nin de -la dueña bendicha |
| S 236-2 | que non ha de dios miedo nin cata aguisado |
| S 247-3 | non quieres ver nin amas poble grand nin chico |
| S 247-4 | nin de -los tus thesoros non le quieres dar vn pico |
| S 249-4 | non te valdran thesoros nin Reynos çinquaenta |
| S 261-1 | Non te quiero por vezino nin me vengas tan presto |
| S 268-2 | nunca mas fue a -ella nin la ovo talente |
| S 278-3 | de ti mesmo nin de otro non te puedes pagar |
| S 280-3 | en la puedes vençer nin puedes ende foyr |
| S 282-4 | en -ty non es vn byen nin fallado nin visto |
| S 305-3 | poco a -dios preçiaua nin avia del temor |
| S 334-3 | non deue ser oyda nin tal acusaçion |
| S 336-4 | nin en vuestra abdiençia oydo nin escuchado |
| S 338-3 | nin -le deuen dar rrespuesta a -sus malas consssejas |
| S 344-4 | mas non podieron del cosa saber nin entender |
| S 346-3 | nin querian abenençia para ser despechados |
| S 351-4 | dyos Ante mis ojos nin Ruego nin pecho |
| S 358-3 | por exepçion non puedo yo condepnar nin punir |
| S 358-4 | nin deue el abogado tal petiçion comedyr |
| S 361-3 | por exepçion non puedo yo condepnar nin matar |
| S 361-4 | nin puede el alcalde mas que el derecho mandar |
| S 367-2 | por que non pagaron costas nin fueron condenados |
| S 367-4 | nin fue el pleito constestado por que fueron escusados |
| S 373-2 | nin visitas los presos nin quieres ver dolientes |
| S 380-2 | mas que por oyr la missa non ganar de dios perdon |
| S 388-3 | non te pagas de omes castos nin dignos santos |
| S 390-1 | Non te quiero amor nin cobdiçio tu fijo |
| S 391-1 | Non as miedo nin verguença de Rey nin Reyna |
| S 415-3 | que non han de dios miedo nin de sus amenazas |
| S 423-3 | non digas mal de amor en verdat nin en -juego |
| S 426-4 | por que a -mi non veniste nin viste nin prometiste |
| S 431-2 | que non sea mucho luenga otrosi nin enana |
| G 444-2 | nin loz braços delgadoz tu luego lo demandez |
| G 448-1 | guarte que non zea belloza nin barbuda |
| S 452-2 | el seruiçio en -el bueno nunca muere nin peresçe |
| S 453-4 | nin le seas porfioso contra lo que te dixiere |
| S 455-3 | con muger non enpereçez nin te enbueluas en tabardo |
| S 462-4 | nin ver tal la puede omne que en dios adora |
| S 467-2 | de perezoso torpe nin que vileza faga |
| S 467-4 | nin tacha nin vyleza de que dueña se despaga |
| S 472-3 | non se pagan de disanto en poridat nin a -escuso |
| S 475-4 | non olvidedez vuestra caza nin la mi persona |
| S 486-2 | non la sygue nin la toma faze commo cazador vyl |
| S 504-4 | mas condesyguos tyenen que tordos nin picaças |
| S 517-2 | nin por vn solo farre non anda bestia manca |
| S 538-1 | Amigo dyz non sabes de noche nin de dia |
| S 538-2 | qual es la ora çierta nin el mundo como se guia |
| G 550-1 | Non fables muy aprieza nin otrosi muy pazo |
| G 550-2 | Non seaz rrebatado nin vagarozo lazo |
| G 552-2 | nin acaba quanto quiere si -le veyen coztumero |
| G 554-1 | Non quieraz jugar dadoz nin seaz tablajero |
| G 556-4 | que corderoz la pascua nin anzaronez zan juan |
| G 557-2 | Non quieraz zer caçurro nin zeaz escarnidor |
| G 557-3 | nyn zeaz de ti mismo e de tus fechoz loador |
| G 558-1 | Non seaz mal deziente nin seaz enbidiozo |
| S 563-3 | sey cuerdo e non sanudo nin trizte nin yrado |
| S 575-4 | nin creo que -la falle en toda esta cohyta |
| G 586-4 | Non me zeadez escaza nin esquiua nin dura |
| G 589-1 | la llaga non ze me dexa a mi catar nin ver |
| G 589-4 | fisica nin melezina non me puede pro tener |
| G 590-4 | pues que non fallo nin que me pueda prestar |
| S 604-3 | non me dades rrespuesta nin me oen vuestras orejas |
| S 611-2 | seruiçio en -el bueno nunca muere nin pereçe |
| S 612-4 | que non ha muger en -el mundo nin grande nin mocuela |
| S 622-3 | nin pueden dar a -la dueña el amor e la querençia |
| S 641-2 | nunca pierde faronia nin vale vn pepion |
| S 646-3 | syn su plazer non sea tanida nin trexnada |
| S 655-3 | apenas me conosçia nin sabia por do yr |

**NIN** (cont.)

| | |
|---|---|
| G 666-3 | todoz los omnez non zomoz de vnoz fechoz nin cozejoz |
| G 678-1 | pero que omne non coma nin comiença la mançana |
| G 691-3 | E a -la mi mucha cuyta non ze consejo nin arte |
| S 695-1 | hermano nin Sobrino non quiero por ayuda |
| S 695-3 | vno o -otro non guarda lealtad nin la cuda |
| S 696-4 | nunca son a -los omnes buenas nin prouechosas |
| S 714-4 | dio melo tan bien parado que nin es grande nin chico |
| S 717-4 | por que me non es agradesçido nin me es gualardonado |
| S 740-4 | mas de mi el nin vos non vos podredes alabar |
| S 742-4 | nin te cunple agora dezir me esos mandadoz |
| G 764-2 | fazer lo que -me dezidez nin lo que el querria |
| S 779-4 | non oviera tantos males nin perdiera su prezno |
| S 788-2 | en dueña que non vos quiere nin catar nin ver |
| S 789-3 | con dueña que te non quiere nin escuchar nin oyr |
| S 790-2 | que non avedes miedo mesura nin pauor |
| S 803-2 | con -el comienço suyo nin se puede seguir |
| S 817-3 | yo non vos engañaria nin dios nunca lo mande |
| S 830-2 | nin el grande amor non puede encobrir lo que ama |
| S 832-1 | E vos del non avedes nin coyta nin enbargo |
| S 834-4 | mas non -le aprouecha arte nin sotileza |
| S 860-3 | esto vos non lo penssedes nin coydedes nin creades |
| S 865-4 | çiega es la muger seguida non tyene seso nin tyento |
| S 866-3 | nin vee rredes nin lazos en -los ojos tyene arista |
| S 881-2 | non la colgarian en -la plaça nin Reyrian de -lo que diz |
| S 884-4 | non la quieren los parientes padre madre nin avuelo |
| S 887-3 | lo que nunca se puede Reparar nin emendar |
| S 904-2 | guardat vos de amor loco non vos prenda nin alcançe |
| S 908-3 | dueña por te dezir esto non te asanes nin te ayres |
| S 909-4 | sola con ome non te fyes nin te llegues al espino |
| S 913-2 | nin lo coydo buscar para mensajeria |
| S 919-4 | que non querria ser mas Rapaça nin vellaca |
| S 923-2 | que nunca mal rretrayas a -furto nin en conçejo |
| S 924-4 | altaba traynel cabestro nin almohaça |
| S 925-1 | garavato nin tya cordel nin cobertor |
| S 925-2 | esco-fyna avancuerda nin Rascador |
| S 925-3 | pala aguzadera freno nin corredor |
| S 925-4 | nin badil nin tenazas nin anzuelo pescador |
| S 926-1 | Canpana tarauilla alcahueta nin porra |
| S 926-2 | xaquima adalid nin guya nin handora |
| S 927-1 | Aguijon escalera nin abejon nin losa |
| S 927-2 | traylla nin trechon nin rregistro nin glosa |
| S 932-1 | Nunca digas nonbre nin de fealdat |
| S 933-4 | non ay pecado syn pena nin bien syn gualardon |
| S 936-2 | a -la dueña non -la guardan su madre nin su ama |
| S 947-3 | non fuyan dello las dueñas nin los tengo por lixo |
| S 973-2 | non falle poço dulçe nin fuente perhenal |
| S 986-2 | nin es mucho fermoso creo que nin comunal |
| S 986-3 | fasta que el libro entyendas del byen non digas nin mal |
| S1001-2 | non fallo alto nin baxo que en vença Segund cuedo |
| S1011-2 | no vido tal figura nin de tan mala vista |
| S1020-3 | digo te que non vy mas nin te sera mas contado |
| S1040-4 | nin ay tan buen dia |
| S1040-5 | nin cara pagada |
| S1041-5 | nin le fo la posada |
| S1053-4 | del qual nunca saldra nin avra librador |
| S1077-3 | ca non tenia amor nin era enamorado |
| S1092-3 | no so para afrae en carrera nin ero |
| S1098-2 | velaron con espanto nin punto non dormieron |
| S1116-2 | nin a -los faysanes non dexaua bolar |
| S1130-1 | Non se faze penitençia por carta nin por escripto |
| S1130-3 | non puede por escripto ser asuelto nin quito |
| S1135-1 | Escolar so mucho rrudo nin maestro nin doctor |
| S1155-3 | guardat non lo absoluades nin de-des la sentençia |
| S1163-4 | que non veas el mundo nin cobdicies el mal |
| S1164-2 | conbras de -las arvejas mas non salmon nin trucha |
| S1164-4 | nin bolueras pelea Segund que la as ducha |
| S1166-3 | non guardaste casadas nin mongas profesaz |
| S1174-2 | en -laz casaz do anda cesta nin canistillo |
| S1174-3 | non dexa tajador bacin nin cantarillo |
| S1192-3 | que te nos defenderaz en castillo nin en muro |
| S1234-3 | tan grandes alegrias nin atan comunales |
| S1243-4 | non conplara la seña paris nin barçilona |
| S1277-4 | mas querrien estonçe peña que non loriga nin yjarez |
| S1305-4 | pocos me rresçebieron nin me fezieron del dedo |
| S1320-2 | mas non pudo trabar atar nin dar nudo |
| S1324-4 | non vido a -la mi vieja ome gato nin can |
| S1332-3 | non se casara luego nin saldra a -conçejo |
| S1338-2 | non tyenen de letuarios tantos nin tanta espeçia |
| S1352-2 | que ya non avia miedo de viento nin de elada |
| S1361-4 | quando non le trayo nada non me falaga nin me sylua |
| S1364-3 | non dando nin seruiendo el amor poco dura |
| S1365-4 | non ay mençion nin grado de seruiçio ya pasado |
| S1388-2 | que a -ty nin a -çiento tales en -la mi mano |
| S1389-4 | non conosçes tu nin sabes quanto yo meresçria |
| S1390-2 | que non saben que leem nin lo pueden entender |
| S1391-2 | non quiere valer algo nin saber nin pujar |
| S1397-3 | nunca vos he fallado jugando nin Reyendo |
| S1407-1 | nin dezir nin cometer lo que non le es dado |
| S1420-3 | non -lo puede ninguno nin deue consentyr |
| S1434-3 | el que poder non tyene oro nin fidalguia |
| S1439-1 | Mejor que -la calandria nin el papa gayo |
| S1439-2 | mejor gritas que tordo nin Ruy Señor nin gayo |
| S1493-3 | fablar me ha buena fabla non burla nin picañas |
| S1500-4 | que atal velo prieto nin que abitos çiento |
| S1518-4 | por que trota conventos ya non anda nin trota |
| S1522-1 | Non catas señorio debdo nin amistad |
| S1522-3 | non ay en -ty mesura amor nin piedad |
| S1523-1 | Non puede foyr omne de ty nin se asconder |
| S1529-1 | Non ha en -el mundo libro nin escrito nin carta |
| S1529-2 | ome sabio nin neçio que de ty byen de-parta |
| S1530-4 | que non atender a -ty nin a -tu amigo cras cras |

| | |
|---|---|
| S1535-3 | non puede leuar nada nin fazer testamento |
| S1537-4 | que non el parentesco nin a -las baruas canas |
| S1540-1 | Non dan por dios a -pobrez nin cantan sacrifiçios |
| S1540-2 | nin dizen oraçiones nin cunplen los ofiçios |
| S1544-2 | nunca das a -los omes conorte nin esfuerço |
| S1553-3 | non aurien de ti miedo nin de tu mal hostal |
| S1573-1 | Dueñas non me rretebdes nin me digades moçuelo |
| S1574-1 | alta muger nin baxa ençerrada nin ascondida |
| S1574-3 | non se omne nin dueña que tal oviese perdida |
| S1589-3 | non rrobar cosaz ajenaz non forçar muger nin nada |
| S1603-4 | nin de padres nin de fijos con esto non fynca vno |
| S1614-4 | con doñeo es mas dulçe que açucar nin flor |
| S1617-1 | ssyenpre quis muger chica mas que grande nin mayor |
| S1625-4 | que a -mi non te enbia nin quiero tu mandado |
| S1630-2 | non des-mintades su nonbre nin dedes rrefertado |
| S1630-3 | non le dedes por dineros vendido nin alquilado |
| S1630-4 | ca non ha grado nin graçia nin buen amor conplado |
| S1675-3 | nin el mi meresçemiento |
| S1676-3 | nin oviste egualtad |
| S1682-3 | nunca peresçe nin entristeçe |
| S1686-2 | nin puedo dezir |
| S1694-2 | que clerigo nin cassado de toda talauera |
| S1694-3 | que non touiese mançeba cassada nin soltera |
| S1703-2 | nin es agora tristan con todos sus amorez |
| S1706-3 | que non es mi comadre nin es mi parienta |

**NINGUD**

| | |
|---|---|
| S 462-1 | dezir vos he la mia non vistes tal ningud ora |
| S1366-4 | apenas quel pobre viejo falla ningud amigo |

**NINGUNAS**

| | |
|---|---|
| G 682-4 | egualar non se podrian ningunaz otraz merçedez |

**NINGUNO**

| | |
|---|---|
| P 82 | quasi dicat ninguno saluo dioz |
| S 336-3 | por ende non deue ser del ninguno acussado |
| S 341-4 | por boluer al alcalde ninguno non -lo engaña |
| G 551-1 | quien muy ayna fabla ninguno non lo entiede |
| S1101-2 | pusieron las sus fazes ninguno non pletea |
| S1126-2 | E que a -descolgallos ninguno y non vaya |
| S1127-2 | E que lo touiesen ençerrado ado non -lo vea ninguno |
| S1172-4 | non lo vee ninguno xristiano rreligioso |
| S1308-2 | do perdiese lazerio non pud fallar ninguno |
| S1420-3 | non -lo puede ninguno nin deue consentyr |
| S1550-1 | Non plazes a -ninguno a -ty con muchos plaze |

**NINGUNOS**

| | |
|---|---|
| S 739-2 | a -par deste maçebillo ningunos non llegaron |

**NIÑA**

| | |
|---|---|
| S 911-2 | niña de pocos dias Ryca E de virtud |

**NIÑO**

| | |
|---|---|
| S 128-3 | que judgaron vn niño por sus çiertas senales |
| S 131-2 | el terçero dize el niño ha de despeñado |

**NIÑOS**

| | |
|---|---|
| S 6-1 | Señor a -los trez niñoz de muerte loz libraste |

**NO**

| | |
|---|---|
| S 101-4 | vete dil que me non quiera que nol quiero nil amo |
| S 187-4 | que nol debatas luego por mucho que se enforce |
| S 212-4 | a -quien nol quiere nil ama ssyenpre gela mientass |
| S 227-3 | non ovo lo que quiso nol fue cobdiçiar sano |
| S 238-4 | el asno con -el miedo quedo e nol fue bueno |
| S 256-1 | En fazer bien al malo cosa nol aprouecha |
| S 359-2 | sea exepçion prouada nol faran otro castigo |
| G 558-3 | si algo nol prouarez nol zeaz despechozo |
| S 636-4 | mas val que fazer se pobre a -quien nol dara nada |
| S 641-1 | ssy nol dan de -las espuelas al cauallo faron |
| G 662-3 | Nos me tira nin vee me parte non me suelta non me dexa |
| S 719-3 | de -mano tomad pellote e yd nol dedes vagar |
| S 869-4 | fablad mas Recabdat quando y yo no fynco |
| S 904-4 | en amor de dios lynpio vuestro loco nol trançe |
| S 977-1 | Commo dize la fabla del -que de mal nos quita |
| S1011-2 | no vido tal figura nin de tan mala vista |
| S1032-4 | de mal nos te faga |
| S1033-5 | que nol coste nada |
| S1090-3 | dalle he la sarna e diuiesos que de lydiar nol mienbre |
| S1208-4 | que a -todo pardal viejo nol toman en -todaz Redes |
| S1219-1 | Tenia coffya en -la cabeça quel cabello nol ssalga |
| S1274-3 | faze nueuo azeyte con -la blaza nol pesa |
| S1280-4 | con -la chica alhiara nol pueden abondar |
| S1359-4 | prendiol e nol pudo tener fuesele por el vallejo |
| S1380-1 | Al ome con -el miedo nol sabe dulçe cosa |
| S1395-1 | Dixol doña garoça oy mas no te dire |
| S1479-3 | al que te dexa en coyta nol quieras en -trebejo |
| S1479-4 | al que te mata so capa nol salues en conçejo |
| S1558-1 | Nol cataste nil viste vyo te el byen te cato |
| F 3 | No auedes amiga de carne el coraçon |
| F 4 | sino de hueso duro mas fuerte que de leon |

**NOBIS** (L)

| | |
|---|---|
| S1700-4 | vobis enim dimitere quam suaue |

**NOBISCUM** (L)

| | |
|---|---|
| S1241-4 | magne nobiscum domine que tañe a -conpletaz |

**NOBLE**

| | |
|---|---|
| S 18-1 | Sobre la espina esta la noble Rosa flor |
| S 108-2 | sy de -la -muger noble dixiese cosa rrefez |
| S 109-4 | ssy para bien non fuera tan noble non saliera |
| S 159-3 | mas noble que los otros por ende todo onbre |
| S 162-3 | tiene por noble cosa lo que non vale vna arveja |
| S 238-1 | Con -los pies e con las manos e con -el noble freno |
| S 244-1 | Do es tu noble freno e tu dorada silla |
| S 296-1 | ffeciste por la gula a -lot noble burges |
| G 582-1 | la mas Noble figura de quantaz yo auer pud |
| G 585-2 | Noble dueña omillome yo vuestro seruidor |
| G 673-1 | pero zea mas noble para plazenteria |
| S 727-2 | El mejor e el mas noble de lynaje e de beldat |
| S1045-1 | ay noble Señora madre de piedat |
| S1050-2 | quel Caen Señores del noble vngento |

**NOBLE**     (cont.)

| | |
|---|---|
| S1114-1 | ssavalos E albures E la noble lanplea |
| S1225-2 | el sol era salydo muy claro E de noble color |
| S1225-3 | los omnes e laz avez e toda noble flor |
| S1243-1 | Traya en -su cabeça vna noble corona |
| S1243-3 | llenas trahe laz manos de mucha noble dona |
| S1270-2 | estaua vna messa muy noble e muy fecha |
| S1278-1 | Estauan trez fijos dalgo a otra noble tabla |
| S1336-4 | que es para doñear preçiado e noble don |
| S1460-4 | vna copa de oro muy noble de preçiar |
| S1613-2 | color virtud e preçio e noble claridad |
| S1638-4 | con su noble thesoro |

**NOBLES**

| | |
|---|---|
| S 260-1 | ffueron por la loxuria çinco nobles çibdadez |
| S 502-2 | vistia los nobles paños doradas vestiduras |
| S 502-4 | guarnimientos estraños nobles caualgaduras |
| S1333-4 | los muchos letuarios nobles e tan estraños |
| S1338-3 | los mas nobles presenta la dueña quez mas preçia |

**NOBLEZA**

| | |
|---|---|
| S 79-1 | ssabe toda nobleza de oro e de seda |
| S 168-1 | duena de buen lynaje e de mucha nobleza |

**NOBLEZAS**

| | |
|---|---|
| S 155-1 | muchas noblezas ha en -el que a -las dueñas sirue |

**NOBLEZA**

| | |
|---|---|
| S 508-4 | do son muchos dinero y es mucha nobleza |
| S 814-3 | conplid vuestro trabajo e acabad la nobleza |
| S1384-4 | la pobredat alegre es Segura nobleza |
| S1528-3 | el que byuo es bueno e con mucha nobleza |

**NOBLEZAS**

| | |
|---|---|
| S 601-1 | Todas aquestas noblezas me fazen querer |
| S1338-4 | en noblezaz de amor ponen toda su femençia |
| S1340-1 | ssyn todaz estaz nobleza han muy buenas maneras |
| S1608-2 | que diga de sus noblezaz yo quiero laz dezir luego |

**NOBRE**

| | |
|---|---|
| S1211-3 | las aves e los arbores nobre tyenpo averan |

**NOCTIBUS**     (L)

| | |
|---|---|
| S 374-4 | Jn notibus estolite despuez vas a -matynes |

**NOCHADA**

| | |
|---|---|
| S1414-4 | dezian los que pasauan tente esa tras nochada |

**NOCHE**

| | |
|---|---|
| S 104-2 | mande que gelas diesen de noche o al alua |
| S 175-4 | por el pan de vna noche non perdere quanto gano |
| S 176-1 | Por poca vianda que esta noche çenaria |
| S 181-1 | Dyre vos vna pelea que vna noche me vino |
| S 209-3 | de dia E de noche eres fino ladron |
| S 214-4 | syn piedat me matas de noche e de dia |
| S 292-4 | sy tienes que o -puedes a -la noche çahorar |
| S 327-2 | entro a -ffurtar de noche por çima del fumero |
| S 464-1 | Mas vos dire Señora vna noche yazia |
| S 525-2 | çient vegadas de noche de amor es rrequerida |
| S 538-1 | Amigo dyz non sabes de noche nin de dia |
| S 724-4 | que pensse aquesta noche poco a poco la aguja |
| S 834-3 | de noche e de dia trabaja syn pereza |
| S 853-1 | dos penas desacordads canssam me noche e dia |
| S 858-1 | vos de noche e de dia lo vedes byen vos digo |
| S1097-1 | Desque vino la noche mucho despuez de çena |
| S1098-1 | Essa noche los gallos con grand miedo estouieron |
| S1099-1 | faza la media noche en medio de -las salas |
| S1192-1 | Commo ladron veniste de noche a -lo escuro |
| S1208-2 | el sabado por noche salto por las paredes |
| S1209-3 | luego aquesta noche llego a -rronçaz valles |
| S1264-3 | de noche e de dia ally sea el estrado |
| S1412-3 | que entraua de noche la puerta ya çerrada |
| S1662-10 | noche e dya |
| S1708-4 | que -la acoje de noche en casa avn que gelo defiendo |

**NOCHERINIEGOS**

| | |
|---|---|
| S1514-2 | E para escolarez que andan nocheriniegos |

**NOCHERNIEGOS**

| | |
|---|---|
| S1220-4 | e muchos nocherniegos que saltan mata canes |

**NOCHES**

| | |
|---|---|
| S 335-1 | A -mi acaesçio con -el muchas noches e dias |
| S1474-4 | en -pos ellas andando las noches E los diaz |

**NOGALES**

| | |
|---|---|
| S1296-2 | estercuela baruechos e sacude nogales |

**NOGUERA**

| | |
|---|---|
| S 907-3 | de vna nuez chica nasçe grand arbor de grand noguera |

**NOLITE**     (L)

| | |
|---|---|
| P 90 | Nolite fieri sicut equz E muluz |

**NOM**

| | |
|---|---|
| G 562-1 | ante otroz de acerca tu muchoz Nom la catez |

**NOMINE**     (L)

| | |
|---|---|
| S 377-2 | deus jn nomine tuo Ruegas a -tu saquima |

**NON**

| | |
|---|---|
| P 74 | este desacuerdo non viene del buen entendimiento |
| P 75 | nin tal querer non viene de -la buena voluntad |
| P 76 | nin de -la buena obra non viene tal obra |
| P 78 | que ez en -el omne que se non puede escapar de pecado |
| P 84 | que -lo non ha estonçe |
| P 93 | que non esta jnstructa del buen entendimiento |
| P 94 | ansi que non puede amar el bien |
| P 107 | E non olvidar algo |
| P 115 | E non ez apropiada al cuerpo vmano |
| P 138 | Otrosi loz de poco entendimiento non se perderan |
| P 145 | acordaran la memoria E non despreçiaran su fama |
| P 157 | si algunoz lo que non loz conssejo |
| P 161 | al cuerdo E al non cuerdo |
| P 173 | E non al son feo de -laz palabraz |
| P 175 | E non -la jntençion a -laz palabraz |
| P 176 | E dioz sabe que la mi jntençion non fue de -lo fazer |
| P 198 | e do este non es cimiento |
| P 199 | non se puede fazer obra firme nin firme hedifiçio |
| S 14-3 | non vos dire mentira en quanto en el yaz |

| | |
|---|---|
| S 16-1 | Non tengadez que ez libro neçio de devaneo |
| S 16-4 | ansi en feo libro esta saber non feo |
| S 34-5 | non pares mientes maria |
| S 40-1 | Este sesto non es de dubdar |
| S 41-1 | el septeno non ha par |
| S 43-1 | Por nos otros pecadores non aborescas |
| S 45-1 | E por que de buen seso non puede omne Reyr |
| S 45-3 | cada que las oyerdes non querades comedir |
| S 46-2 | non me contesca con-tigo commo al doctor de greçia |
| S 47-1 | ansy fue que rromanos las leyes non avien |
| S 47-3 | rrespondieron los griegos que non las meresçien |
| S 49-3 | mas por que non entedrien el lenguage non vsado |
| S 50-2 | ffueron rromanos en -coyta non sabian que se fazer |
| S 50-3 | por que non eran letrados nin podrian entender |
| S 58-2 | meresçen las rromanoz las leyes yo non gelas niego |
| S 63-4 | dexose de amenazar do non gelo preçian nada |
| S 64-2 | non ha mala palabra si -non es a -mal tenida |
| S 65-1 | la bulrra que oyeres non la tengas en vil |
| S 65-4 | tu non fallaras vno de trobadorez mill |
| S 66-1 | ffallaras muchas garças non fallaras vn veuo |
| S 66-2 | rre-mendar bien non sabe todo alfayate nuevo |
| S 66-3 | a -trobar con locura non creas que me muevo |
| S 68-4 | non diras mal del libro que agora rrefiertas |
| S 72-2 | dizelo grand filosofo non so yo de Rebtar |
| S 72-3 | de -lo que dize el sabio non deuemos dubdar |
| S 75-4 | mas non se parte ende Ca natura lo entiza |
| S 76-3 | prouar omne las cosas non es por ende peor |
| S 77-2 | de su amor non fuy en -ese tienpo rrepiso |
| S 78-2 | non podia estar solo con -ella vna ora |
| S 78-4 | mas mucho que non guardan los jodios la tora |
| S 79-4 | non se podria vençer por pintada moneda |
| S 80-4 | si non quiere el mandado non da buena rrepuesta |
| S 88-4 | en -el lobo castigue que feziese o -que non |
| S 89-1 | Por ende yo te digo vieja e non mi amiga |
| S 89-2 | que jamaz a -mi non vengas nin me digas tal enemiga |
| S 89-3 | sy -non yo te mostrare commo el leon castiga |
| S 90-1 | E segund diz jhesu xpisto non ay cossa escondida |
| S 90-2 | que a -cabo de tienpo non sea bien sabida |
| S 91-4 | que cantase con tristeza pues la non podia aver |
| S 92-3 | que le leuanta por que non le de del pan |
| S 94-3 | diz la dueña sañuda non ay paño syn rraça |
| S 94-4 | nin el leal amigo non es en toda plaça |
| S 95-4 | diz la dueña los novios non dan quanto prometen |
| S 101-4 | vete dil que me non quiera que nol quiero nil amo |
| S 104-3 | non las quiso tomar dixe yo muy mal va |
| S 106-2 | dixe querer do non me quieren ffaria vna nada |
| S 106-3 | rresponder do non me llaman es vanidad prouada |
| S 107-3 | ssy seruir non las pude nunca las deserui |
| S 109-2 | que era mala cosa la muger non -la diera |
| S 109-3 | al omne por conpañera nin del non -la feziera |
| S 109-4 | ssy para bien non fuera tan noble non saliera |
| S 110-1 | ssy omne a -la muger non -la quisiesse bien |
| S 110-2 | non ternia tantos presos el amor quantos tien |
| S 110-3 | por santo nin santa que seya non se quien |
| S 110-4 | non cobdiçie conpaña sy solo se mantiem |
| S 111-1 | el mastel syn la vela non puede estar toda ora |
| S 111-4 | nin las verças non se crian tan bien sin la noria |
| S 112-3 | puse el ojo en otra non santa mas sentia |
| S 113-1 | E por que yo non podia con -ella ansi fablar |
| S 114-2 | la dueña que -la oyere por ello non me aburra |
| S 114-4 | sy de tan grand escarnio yo non trobase burla |
| S 115-1 | Mys ojos non veran luz |
| S 120-3 | non medre dios tal conejero |
| S 121-4 | del mal de -la cruzada yo non me rreguardaua |
| S 122-2 | fize esta otra troba non vos sea estraña |
| S 122-3 | Ca de Ante nin despues non falle en españa |
| S 125-4 | non pueden desmentir a -la astrologia |
| S 127-1 | Non acaban en orden nin son mas cavalleros |
| S 129-2 | nasçiole vn fijo bello mas de aquel non tenia |
| S 135-4 | non sean verdaderos en -lo que adevinaron |
| S 136-2 | mas commo ez verdat e non puede fallesçer |
| S 136-4 | segund natural cursso non se puede estorçer |
| S 138-2 | afogose en -el agua acorrer non lo podieron |
| S 139-4 | de su astrologia en -que non avie que dubdar |
| S 141-1 | En creer lo de natura non es mal estança |
| S 141-3 | por que creas mis dichos e non tomes dubdança |
| S 145-2 | el fazedor del fuero non lo quiere conssentyr |
| S 147-3 | E el fuero escripto non es por ende desfecho |
| S 148-4 | pero mayor poder rretuvo en sy que les non dio |
| S 149-3 | non ha poder mal signo nin su costellaçion |
| S 150-1 | Non son por todo aquesto los estrelleros mintrosos |
| S 150-3 | ellos e la çiençia son çiertos e non dubdosos |
| S 150-4 | mas non puedem contra dios yr nin son poderosos |
| S 151-1 | Non sse astrologia nin so ende maestro |
| S 152-4 | E -los mas non rrecabdan la cosa mas querida |
| S 153-3 | el bien que me feçieron non lo desagradesçi |
| S 153-4 | a -muchas serui mucho que nada non acabesçi |
| S 154-2 | en seruir a -las duenas punar e non en al |
| S 154-3 | pero avn que omne non goste la pera del peral |
| S 155-4 | en seruir a -las dueñas el bueno non se esquiue |
| S 157-4 | lo que non vale vna nuez amor le da grand prez |
| S 158-3 | el vno E el otro non ha cosa que vea |
| S 161-2 | la qual a -vos dueñas yo descobrir non oso |
| S 161-3 | mas por que non me tengades por dezidor medroso |
| S 162-3 | tiene por noble cosa lo que non vale vna arveja |
| S 162-4 | lo que semeja non es oya bien tu -oreja |
| S 163-3 | non avrie de -las plantas fructa de tal valor |
| S 164-3 | non es todo cantar quanto rruydo suena |
| S 164-4 | por vos descobrir esto dueña non aya pena |
| S 165-2 | E por las non dezir vse fazen des-amigos |
| S 166-4 | apenas non se pierde fasta que viene la muerte |
| S 168-3 | cuerda E de buen seso non sabe de villeza |

**NON**     (cont.)

| | |
|---|---|
| S 170-4 | quien en -el arenal sienbra non trilla pegujarez |
| S 171-2 | davale de mis donas non paños e non çintas |
| S 171-3 | non cuentas nin sartal nin sortijas nin mitas |
| S 172-1 | Non quiso Reçeuirlo bien fuxo de avoleza |
| S 172-2 | ffizo de mi bauieca diz non muestra pereza |
| S 172-4 | leuadlo E dezidle que mal mercar non es franqueza |
| S 173-1 | Non perdere yo a -dios nin al su parayso |
| S 173-3 | non soy yo tan ssyn sesso sy algo he priso |
| S 175-3 | diz non quiero mal bocado non serie para mi sano |
| S 175-4 | por el pan de vna noche non perdere quanto gano |
| S 176-2 | non perdere los manjares nin el pan de cada dia |
| S 177-1 | Al señor que me crio non fare tal falsedat |
| S 177-4 | vete de aqui ladron non quiero tu poridad |
| S 179-4 | que diz por lo perdido non estes mano en mexilla |
| S 181-2 | pensando en mi ventura sañudo e non con vino |
| S 182-1 | dixel si amor eres non puedes aqui estar |
| S 182-4 | saluar non puedes vno puedes çient mill matar |
| S 185-1 | Non tienes Regla çierta nin tienes en ti tiento |
| S 185-4 | de quanto yo te digo tu sabes que non miento |
| S 186-1 | Desque los omnes prendes non das por ellos nada |
| S 187-2 | non la sana mengia enplasto nin xarope |
| S 187-3 | non se ffuerte nin rrecio que se contigo tope |
| S 189-2 | non queria cassar se con vna sola mente |
| S 189-3 | sy non con trez mugeres tal era su talente |
| S 191-3 | que al otro su hermano con vna e con mas non |
| S 192-1 | Respondio el cassado que esto non feçiesen |
| S 192-4 | de casarlo con otra non se entremetiesen |
| S 196-3 | non prouo mas tener la muela sol non -lo asomo |
| S 198-1 | los que te non prouaron en buen dya nasçieron |
| S 199-2 | cosa non les nuzia bien solteras andauan |
| S 200-4 | mas vieron que non era Rey para las castigar |
| S 201-2 | dixieron non es este rrey para lo nos seruir |
| S 206-2 | quien puede ser suyo non sea en-ajenado |
| S 206-3 | el que non touiere premia non quiera ser apremiado |
| S 206-4 | lybertad e ssoltura non es por oro conplado |
| S 207-3 | tu despues nunca pienssas synon por astragallos |
| S 208-1 | Querellan se de ti mas non les vales nada |
| S 208-3 | que non pueden partir se de tu vida penada |
| S 209-1 | Non quiero tu conpaña vete de aqui varon |
| S 210-2 | das le a -quien non -le ama tormentas le con penas |
| S 211-2 | rrebuelues lo amenudo tu mal non adeuina |
| S 214-1 | Non te puedo prender tanta es tu maestria |
| S 214-2 | E maguer te presiese crey que te non matarya |
| S 215-1 | Responde que te fiz por que me non diste dicha |
| S 219-1 | la sorberuia E ira que non falla do quepa |
| S 221-1 | Cobdiçian los averes que ellos non ganaron |
| S 223-2 | por la mançana escripta que -se non deuiera escreuir |
| S 225-3 | non han lo que cobdiçian lo suyo non mantienen |
| S 227-4 | non oyo lo que quiso nol fue cobdiçiar sano |
| S 230-1 | Soberuia mucha traes ha -do miedo non as |
| S 230-2 | piensaz pues non as miedo tu de que pasaras |
| S 232-2 | mueren de malas muertes non los puedes tu quitar |
| S 234-4 | non se podrian escreuir en mill priegos contados |
| S 236-2 | que non ha de dios miedo nin cata aguisado |
| S 241-1 | desque salyo del canpo non valya vna çermeña |
| S 245-4 | non pueden durar synpre vanse con mançebia |
| S 246-2 | al tomar te alegras el dar non -lo as ducho |
| S 246-3 | non te fartaria duero con -el su agua ducho |
| S 247-2 | que al poble Sant lazaro non dio solo vn çatico |
| S 247-3 | non quieres ver nin amas poble grand nin chico |
| S 249-4 | nin de -los tus thesoros non le quieres dar vn pico |
| S 249-4 | non te valdran thesoros nin Reynos çinquaenta |
| S 250-4 | E que partirias con pobles e non farias fallencia |
| S 254-2 | el lobo dixo como yo non te pudiera tragar |
| S 254-4 | pues Sea te soldada pues non te quise matar |
| S 255-3 | non quieres dar al poble vn poco de çenteno |
| S 259-3 | por ende non fizo el tenpro en todos los sus diaz |
| S 260-3 | las dos non por su culpa mas por las veçindadez |
| S 261-1 | Non te quiero por vezino nin me vengas tan presto |
| S 263-2 | non podien aver fuego por su desaventura |
| S 263-3 | synon lo ençendian dentro en -la natura |
| S 263-4 | de -la muger mesquina otro non les atura |
| S 269-1 | de muchos ha que matas non se vno que sanes |
| S 270-3 | non ay pendola della que en -tierra caya |
| S 273-1 | El loco el mesquino que su alma non cata |
| S 274-1 | acortase la vida quien lo dixo non miente |
| S 275-4 | el diablo lo lieua quando non se rrecabda |
| S 276-1 | Eres pura enbidia en -el mundo non ha tanta |
| S 277-4 | ssyenpre coydas en çelos de otro bien non as cura |
| S 278-3 | de ti mesmo nin de otro -non te puedes pagar |
| S 280-1 | Entras en -la pelea non puedes della salyr |
| S 280-2 | estas fraco e syn fuerça non te puedes Refertyr |
| S 282-4 | en -ty non es vn byen nin fallado nin visto |
| S 286-3 | fermosa e non de suyo fuese para la iglesia |
| S 287-3 | a mejores que non ella era desagradesçida |
| S 289-4 | non fallaran en -ti synon todo mal obrar |
| S 290-1 | quien quiere lo que non es suyo E quiere otro paresçer |
| S 290-4 | quien se tiene por lo que non es loco es va a -perder |
| S 292-3 | almuerças de mañana non pierdes la yantar |
| S 293-4 | tu dizes al garçon que coma byen e non tema |
| S 294-2 | por que comio del fruto que comer non deuia |
| S 298-2 | veni el leon de caça pero con -el non pesa |
| S 299-4 | mas yr a -ty non puedo que tengo vn grand contrallo |
| S 304-1 | yra e vana gloria traes en -el mundo non ay tanta |
| S 304-3 | sy non se faze lo tuyo tomas yra E saña |
| S 309-4 | sy devo fyar en -ti a -la fe non ansy lo crey |
| S 310-1 | quien byen te conosçiere de ty non fyara |
| S 314-1 | Todos con el leon ferien E non poquyllo |
| S 315-3 | con sus vñas mesmas murio E con al non |
| S 316-2 | lo que para sy non quiere non -lo deue a -otros fazer |
| S 319-3 | pensando estas triste tu ojo non se erzia |
| S 320-1 | de quanto bien pedricaz non fazes dello cosa |
| S 321-3 | dezia que non deuia lo ageno furtarllo |
| S 321-4 | el non veya -la ora que estouiese en -tragallo |
| S 322-4 | dezie que non feziesen lo quel mas vsaua |
| S 328-2 | pido que -la condenedes por sentençia e por al non |
| S 330-2 | a -esta vuestra cibdat non conosco la gente |
| S 333-4 | que el es fyno ladron e non falla quel farte |
| S 334-3 | non deue ser oyda nin tal acusaçion |
| S 334-4 | el fazer non -la puede ca es fyno ladron |
| S 336-3 | por ende non deue ser del ninguno acussado |
| S 338-2 | por ende los sus dichos non valen dos arvejas |
| S 339-4 | en Reconvençion pido que mueran e non sean oydos |
| S 341-4 | por boluer al alcalde ninguno non -lo engaña |
| S 344-4 | mas non podieron del cosa saber nin entender |
| S 345-3 | el mostraua los dientes mas non era rreyr |
| S 346-2 | que non podrian ser en vno acordados |
| S 350-4 | E las partes que pyden sentençia E al non |
| S 356-3 | por perentoria esto guarda non te encone |
| S 357-3 | contra juez publicado que su proçesso non val |
| S 358-1 | fallo mas que -la gulpeja pide mas que non deue pedir |
| S 358-2 | que de egual encriminal non puede Reconvenyr |
| S 358-3 | por exepçion non puedo yo condepnar nin punir |
| S 359-3 | desecharan su demanda su dicho non val vn figo |
| S 359-4 | la pena ordinaria non avra yo vos lo digo |
| S 360-1 | sy non fuere testigo falso o sy lo vieren variar |
| S 360-3 | non por la exepçion mas por que -lo puede far |
| S 361-3 | por exepçion non puedo yo condepnar nin matar |
| S 362-2 | del lobo ante mi dicha E por otra cosa non |
| S 363-4 | non le sea rresçebida Segund dicho he de suso |
| S 364-3 | non -le deue rresponder en -juyzio la marfusa |
| S 365-1 | Non le preste lo que dixo que con miedo e quexura |
| S 365-3 | Ca su miedo era vano e non dixo cordura |
| S 366-2 | pero saco la asueluo del furto tan ayna |
| S 366-3 | pero mando que non furte el gallo a -su vezina |
| S 366-4 | ella diz que non -lo tenie mas que le furtaria la gallyna |
| S 367-1 | Non apellaron las partes del juyzio son pagados |
| S 367-2 | por que non pagaron costas nin fueron condenados |
| S 367-3 | esto fue por que non fueron de las partes demandados |
| S 368-4 | non gelo preçio don ximio quanto vale vna nuez |
| S 369-3 | que el de fecho ageno non fazia menzion |
| S 370-3 | non podia dar lyçençia para aver conpusiçion |
| S 372-2 | estrañas lo que ves E non el lodo en -que yazes |
| S 373-3 | synon solteros sanos mancebos e valyentes |
| S 378-1 | E sy es tal que non vsa andar por las callejas |
| S 379-1 | E sy es dueña tu amiga que desto non se conpone |
| S 387-1 | ffasta el quod parasti non la quieres dexar |
| S 388-3 | non te pagas de omes castos nin dignos santos |
| S 389-4 | que non la fe de dios vete yo te conjuro |
| S 390-1 | Non te quiero amor nin cobdiçio tu fijo |
| S 390-4 | non me val tu vanagloria vn vil grano de mijo |
| S 391-1 | Non as miedo nin verguença de Rey nin Reyna |
| S 391-3 | huesped eres de muchos non duras so cortina |
| S 392-3 | non te menguan lysonjas mas que fojas en vyñas |
| S 396-4 | que aquel mingo oveja non es della parejo |
| S 398-3 | de pecado dañoso de al non te alabo |
| S 398-4 | tristeza e flaqueza al de ty non Recabdo |
| S 403-3 | quier feo quier natyo aguisado non catam |
| S 408-3 | çerco toda su cueva que non salya de fuera |
| S 410-3 | sacar te he bien a -saluo non te fare enojo |
| S 411-4 | atan los pies en vno las voluntades non |
| S 412-1 | Non guardando la Rana la postura que puso |
| S 414-1 | Comiolos a -entranbos non -le quitaron la fanbre |
| S 415-3 | que non han de dios miedo nin de sus amenazas |
| S 419-1 | Non es para buen omne creer de lygero |
| S 419-3 | non -le conviene al bueno que sea lyjongero |
| S 421-1 | Plaze me byen te digo que algo non te devo |
| S 421-4 | mucho mas te diria Saluo que non me atrevo |
| S 422-3 | por tanto non te digo el diezmo que podria |
| S 423-2 | dyz açipreste Sañudo non seyas yo te rruego |
| S 423-3 | non digas mal de amor en verdat nin en -juego |
| S 425-2 | non deue amenaçar el que atyende perdon |
| S 425-4 | ssy mis dichos fazes non te dira muger non |
| S 426-1 | ssi tu fasta agora cosa non rrecabdaste |
| S 426-4 | por que a -mi non veniste nin viste nin prometiste |
| S 427-2 | e non sabes la manera commo es de -aprender |
| S 428-1 | Para todas mugeres tu amor non conviene |
| S 428-2 | non quieras amar duenas que a -ty non avyene |
| S 431-2 | que non sea mucho luenga otrosi nin enana |
| S 431-3 | sy podieres non quieras amar muger villana |
| S 431-4 | que de amor non sabe es como bausana |
| S 432-2 | cabellos amarillos non sean de alheña |
| G 436-2 | que bien leal te zea non sea su seruienta |
| G 436-3 | Non lo sepa la dueña por que la otra non mienta |
| G 436-4 | Non puede zer quien mal caza que non ze arrepienta |
| G 438-1 | si parienta non tienez atal toma viejaz |
| G 442-3 | por que a -ty non mienta sabe laz falagar |
| G 443-2 | rruegal que te non mienta muestral buen amor |
| G 444-1 | si dexiere que la dueña non tiene mienbroz muy grandez |
| G 445-4 | tal muger non -la fallan en todoz loz mercadoz |
| G 446-2 | non oluidez tal dueña maz della te enamora |
| G 447-1 | trez cosaz non te oso agora descobryr |
| G 448-1 | guarte que non zea belloza nin barbuda |
| G 451-2 | quando dar non quisierez o quando non touierez |
| G 451-3 | promete e manda mucho maguer non gelo dierez |
| S 452-1 | syrue la que non te enojes syruiendo el amor creçe |
| S 452-3 | sy se tarda non se pierde el amor nunca falleze |
| S 453-3 | non le seas rrefertero en lo que te pediere |
| S 454-2 | non ayas miedo della quanto tienpo tovyeres |
| S 454-3 | verguença non te enbargue quando con ella estodieres |
| S 454-4 | perezoso non seas ado buena azina vyeres |
| S 455-3 | con muger non enpereçez nin te enbueluas en tabardo |
| S 461-2 | fazia la syesta grande mayor que ome non vydo |

**NON** **(cont.)**
S 461-4 que por non abrir la boca de sed perdy el fablar mio
S 462-3 dezir vos he la mia non vistes tal ningud ora
S 466-1 Non se dixo la duena destas perezas grandes
S 467-1 buscad con quien casedes que -la dueña non se paga
S 467-3 por ende mi amigo en -tu coraçon non yaga
S 471-4 non dexaria de fazer sus antojos azedos
S 472-1 Non olvides la dueña dicho te lo he de suso
S 472-3 non se pagan de disanto en poridat nin a -escuso
S 473-4 do estas tres guardares non es tu obra vana
S 475-4 non olvidedez vuestra caza nin la mi persona
S 478-4 desfizo se el cordero que del non fynca nada
S 481-4 la señal quel feziera non la echo en olvido
S 484-3 en dos anos petid corder non se fazer carner
S 485-1 Por ende te castiga non dexes lo que pides
S 485-2 non seas pitas para otro non errides
S 485-4 desque telo prometa guarda non -lo olvidez
S 486-2 non la sygue nin la toma faze commo cazador vyl
S 487-3 el primero apost deste non vale mas que vn feste
S 488-2 quier sea suyo o -non fablale por amor della
S 488-3 sy podieres dal ago non -le ayas querella
S 490-4 El que non tiene manos dyneros quiere tomar
S 491-4 el que non ha dineros non es de sy Señor
S 495-4 a -los pobres dezian que non eran letrados
S 497-3 el que non tyene dineros echan le las posas
S 506-1 Monges frayles clerigos non toman los dineros
S 507-2 non es muerto ya dizen pater noster a -mal aguero
S 512-3 non ha syeruo cabtivo que el dinero non le aforre
S 512-4 el que non tyene que dar su cavallo non corre
S 513-3 que poco o que mucho non vaya syn logrero
S 513-4 non me pago de joguetes do non anda el dinero
S 514-1 Sy algo non -le dyeres cosa mucha o poca
S 514-2 sey franco de palabla non le digas Razon loca
S 514-3 quien non tiene miel en -la orça tengala en -la boca
S 515-4 do la muger te oya non dexes prouar
S 516-1 Sy vna cosa sola a -la muger non muda
S 516-4 non puede ser que a -tienpo a -byen non te rrecubda
S 517-1 con vna flaca cuerda non alçaras grand trança
S 517-2 nin por vn solo farre non anda bestia manca
S 517-3 a -la peña pesada non la mueve vna palanca
S 518-2 quier lo vea o -non saber lo ha algud dia
S 518-3 non sera tan esquiua que non ayas mejoria
S 518-4 non cansses de seguir la vençeras su porfia
S 520-4 non coyda ver la ora que con -el seya yda
S 522-2 que su madre non quedaua de ferir la e corrella
S 523-4 do non es tan seguida anda mas floxa laxa
S 527-1 guarda te non te abuelvas a -la casamentera
S 527-2 donear non la quieras ca es vna manera
S 532-2 dy me que cosa eres que yo non te entyendo
S 533-1 Non pudo el dyablo a su persona llegar
S 534-1 Non deves tener dubda que del vyno se faze
S 535-1 dyxo el hermitano non se que es vyno
S 538-1 Amigo dyz non sabes de noche nin de dia
S 541-2 ella dando muchas bozes non se pudo defender
S 542-2 que non ay encobyerta que a -mal non rrevierta
S 545-2 vele muy mal la boca non ay cosa quel vala
S 546-3 en su color non andan secanse e en-magresçen
G 550-1 Non fables muy aprieza nin otrosi muy pazo
G 550-2 Non seaz rrebatado nin vagarozo lazo
G 550-3 de quanto que pudierez non le seaz ezcazo
G 550-4 de -lo que -le prometierez non la trayaz a traspazo
G 551-1 quien muy ayna fabla ninguno non lo entiede
G 551-4 el mucho vagarozo de torpe non ze defiende
G 552-3 a -quien de oy en craz fabla non dan por verdadero
G 554-1 Non quieraz jugar dadoz nin seaz tablajero
G 555-4 do non les come se rrascan los tahurez amidoz
G 556-3 mas alholiz rrematan pero non comen pan
G 557-1 Non vzez con vellacoz ny seaz peleador
G 557-2 Non quieras zer caçurro nin zeaz escarnidor
G 558-1 Non seaz mal deziente nin seaz enbidiozo
G 558-2 a -la muger que es cuerda non le seaz çelozo
G 558-4 Non seaz de su algo pedidor codiçiozo
G 559-1 ante ella non alabez otra de paresçer
G 560-1 de otra muger non le digaz mas a -ella alaba
G 560-2 el trebejo dueña non lo quiere en otra aljaba
G 560-4 quien contra ezto faz tarde o non rrecabda
G 561-1 Non le seaz mintrozo sey le muy verdadero
G 561-2 quando juegaz con -ella non seaz tu parlero
G 562-2 Non le fagaz zenalez a ti mismo non matez
G 562-4 de lexoz algarea quedo non te arrebatez
G 563-3 sey cuerdo e non sanudo nin trizte nin yrado
S 564-2 non te sepa que amas otra muger alguna
S 564-3 sy non todo tu afan es sonbra de luna
S 566-2 non te alabes della que es grand torpedat
S 572-4 non pierdas a -la dueña por tu lengua parlera
S 575-2 pero que mi coraçon de trobar non se quita
S 577-2 de commo en seruir dueñas todo tienpo non canse
S 577-4 qual fue la Racon negra por que non Recabde
S 578-4 que sy byen non abengo nunca mas aberne
S 579-2 sy oy non Recabdares torna y luego cras
S 579-3 lo que en muchos dias acabado non as
S 579-4 quando non coydares a -otra ora lo avras
G 580-1 fazaña es vzada prouerbio non mintrozo
G 586-4 Non me zeadez escaza nin esquiua nin dura
G 587-1 Non uoz pidre grant coza para voz me la dar
G 587-3 zin voz yo non la puedo començar ni acabar
G 588-3 Non ozo moztrar la laga matar me a si la oluido
G 588-4 e avn dezir non ozo el nonbre de quien me ferio
G 589-1 la llaga non ze me dexa a -mi catar nin ver
G 589-4 fisica nin melezina non me puede pro tener
G 590-1 qual carrera tomare que me non vaya matar
G 590-2 Cuytado yo que fare que non la puedo yo catar
G 590-4 pues que non fallo nin que me pueda prestar
G 592-4 la esperança non conorte zabez a -las vezez fallir
G 593-2 si ayuda non demanda por auer zalut mijor
G 594-4 que non el morir syn dubda e beuir en grant Rencura
G 595-2 que non quando ze derrama esparzido e descobierto
S 596-4 sy el amor non me engaña yo vos digo la verdat
S 597-4 la llaga va creziendo del dolor non mengua nada
S 598-1 A persona deste mundo yo non la oso fablar
S 598-4 en -le dezir mi deseo non me oso aventurar
S 600-3 pues ansy aver non puedo a -la duena gentil
S 601-2 por aquesto a -ella non me oso atrever
S 601-3 otro cobro non fallo que me pueda acorrer
S 601-4 sy non vos doña venuz que -lo podedes fazer
S 602-3 non preçia nada muerto me trae coytado
S 602-4 sy non fuese tan mi vezina non seria tan penado
S 604-3 non me dades rrespuesta nin me oen vuestras orejas
S 605-1 Non veen los vuestros ojos la mi triste catadura
S 605-4 que non vayan syn conorte mi llaga e mi quexura
S 606-2 que al su seruidor non le faga mesura
S 607-2 la fuerça non la tengo mis ojos non paresçen
S 607-3 sy vos non me valedes mi menbrios desfalleçen
S 608-4 de -lo quel non te dixo de mi te sera rrepetido
S 610-2 dyl syn miedo tus deseos non te enbargue vergueña
S 611-1 Syruela non -te enojes siruiendo el amor creçe
S 611-3 sy se tarda non se pierde el amor non falleçe
S 612-2 que non ha muger en -el mundo nin grande nin mocuela
S 612-3 que trabajo e seruiçio non -la traya al espuela
S 613-1 Non te espantes della por su mala Respuesta
S 614-4 non te espante la dueña la primera vegada
S 615-2 que non dara la mercaduria sy non por grand valor
S 619-4 por arte non ha cosa a -que tu non rrespondas
S 621-4 pues vençerse la dueña non es cosa tan maña
S 622-1 Non pueden dar los parientes al pariente por herençia
S 623-1 Maguer te diga de non E avn que se ensañe
S 623-2 non canses de seguir la tu obra non se dañe
S 623-4 non puede ser que non se mueva canpana que se tañe
S 626-3 al sañudo e al torpe non lo preçian vn figo
S 627-3 non olvides los sospiros en -esto sey engañoso
S 627-4 non seas mucho parlero non te tenga por mintroso
S 629-2 vn poquillo como a -miedo non dexes de jugar
S 629-4 dar te ha lo que non coydas sy non te das vagar
S 632-4 amenazan mas non fieren en çelo son arteras
S 634-2 non fazer lo que quieren byen como tu lo quieres
S 634-3 non fynca por non querer cada que podieres
S 635-2 guarda non -lo entyenda que -lo lyeuas prestado
S 635-3 que non sabe tu vezino lo que tyenes condesado
S 640-3 sy lo fara o -non en -esto esta dubdando
S 642-3 torre alta desque tyenbla non ay synon caer
S 643-2 non la consyntira fablar contigo en -poridat
S 646-1 guardate non la tengas la primera vegada
S 646-2 non acometas cosa por que fynque espantada
S 646-3 syn su plazer non sea tanida nin trexnada
S 647-1 asaz te he ya dicho non puedo mas aqui estar
S 648-3 non quiero aqui estar quiero me yr mi vya
S 649-1 ssy -le conortan non lo sanan al doliente los joglares
S 649-2 el dolor creçe E non mengua oyendo dulçes cantares
S 649-3 consejo me dona venuz mas non me tyro pesares
S 649-4 ayuda otra non me queda synon lengua e parlares
S 651-2 oteo a -todas partes e non puedo fallar puerto
S 654-1 Pero tal lugar non era para fablar en amores
S 654-3 los mis pies e las mis manos non eran de si Senores
S 655-4 con mi voluntat mis dichos non se podian seguir
S 658-3 a -todos dy por rrespuesta que -la non queria non
S 659-3 desque vy que eran ydos que omne ay non fyncaua
G 660-3 otro non sepa la fabla desto jura fagamoz
G 661-1 en -el mundo non es coza que yo ame a par de uoz
G 661-4 Non ozo poner prezona que -lo fable entre noz
G 662-3 Nos me tira noz me parte non me suelta non me dexa
G 663-1 rreçelo he que non oydez esto que uoz he fablado
G 663-3 cret que uoz amo tanto que non ey mayor cuydado
G 664-1 zeñora yo non a me treuo d dezir uoz mas rrazonez
G 664-4 ella dixo vuestroz dichoz non loz preçio dos piñonez
G 665-3 non cuydedez que zo loca por oyr vuestraz parlillaz
G 666-2 zon los dedoz en -laz manoz pero non zon todoz parejoz
G 666-3 todoz los omnez non zomoz de vnoz fechoz nin cozejoz
G 668-1 el yerro que otro fizo a mi non faga mal
G 668-3 Non uoz vean aqui todoz lo que andan por la calle
G 670-4 E non ze que me faga contra vuestra porfia
G 671-2 que quanto voz he dicho de -la verdat non yerra
G 672-3 non me puedo entender en vuestra chica hedat
G 675-2 pues que oy non me creedez o non es mi ventura
G 676-4 al non oso demandar voz venid zegura miente
G 678-1 pero que omne non coma nin comiença la mançana
G 679-2 onrra es e non dezonrra en cuerda miente fablar
G 680-4 non uoz consintre engaño cada que -lo entendiere
G 681-1 estar zola con uoz zolo esto yo non lo faria
G 681-2 non deue la muger estar zola en tal conpañia
G 682-2 non se graçiaz que lo valan quantaz uoz mereçedez
G 682-4 egualar non se podrian ningunaz otraz merçedez
G 683-3 querria fablar non ozo tengo que uoz pezara
G 684-4 para uoz non pido mucho ca con -esto pazaremoz
G 686-1 esto yo non uoz otorgo saluo la fabla de mano
G 686-3 non sospeche contra mi que ando con sezo vano
G 688-1 Cuydadoz muchoz me quexan a -que non fallo cozejo
G 689-1 si la non sigo non vzo el amor se perdera
G 691-3 E a -la mi mucha cuyta non ze consejo nin arte
S 692-2 a -muchos omnes non dexa su proposito fazer
S 693-4 pero syn dios todo esto non puede aprouechar
S 694-1 Pues que syn dios non puede prestar cosa que sea
S 695-1 hermano nin Sobrino non quiero por ayuda
S 695-3 vno o -otro non guarda lealtad nin la cuda
S 698-3 doña venuz por panfilo non pudo mas fazer

**NON** (cont.)

S 699-3 non ay tales maestras commo estas viejas troyas
S 700-3 non se rreguardan dellas estan con -las personas
S 701-4 sy vos non me acorredes mi vida ės perdida
S 703-3 sinon vos otro non sepa mi quexa e mi dolençia
S 705-4 muchos panderos vendemos que non suenan las sonajas
S 706-2 ella si me non engaña paresçe que ama a -mi
S 707-2 desque nasçe tarde muere maguer non sea verdat
S 711-3 ella diz pues fue casada creed que se non arrepienta
S 711-4 que non ay mula de aluarda que la troxa non consienta
S 713-1 Amigo non vos durmades que -la dueña que dezidez
S 714-1 yo lo trayo estoruando por quanto non -lo afynco
S 716-2 synon por mi non la puede omne del mundo aver
S 716-4 por mi conssejo lo faze mas que non por su querer
S 717-1 Non vos dire mas rrazones que asaz vos he fablado
S 717-2 de aqueste ofiçio byuo non he de otro coydado
S 717-4 por que me non es agradesçido nin me es gualardonado
S 721-2 fablad tanto E tal cosa que non vos aRepintades
S 722-2 callar do non -le enpeçe E tyenen le por sesudo
S 722-3 que fablar lo que non -le cunple por que sea arrepentido
S 723-4 vydola doña endrina dixo entrad non Reçeledes
S 724-3 si vos non me descobrierdes dezir vos he vna pastija
S 725-4 entre aquestas paredes non vos prestara nada
S 728-2 en rriquezas e en costunbres tanto como el non crecieron
S 729-1 El sabio vençer al loco con conssejo non es tan poco
S 729-3 el cuerdo non enloqueçe por fablar al Roça poco
S 730-1 Mançebillo en -la villa atal non se fallara
S 730-2 non estraga lo que gana antes lo guardara
S 731-2 en semejar fijo al padre non es cosa tan nueua
S 731-4 grand amor e grand ssaña non puede sser que non se mueva
S 736-2 esto que vos he fablado sy vos plaze o si non
S 739-2 a -par deste maçebillo ningunos non llegaron
S 740-4 mas de mi el nin vos non vos podredes alabar
S 742-3 non se viene en miente desos malos rrecabdos
S 743-2 sola syn conpañero non sodes tan temida
S 744-4 fasta que non vos dexen en -las puertas llumazos
S 745-2 sy non contesçer vos puede a -vos mucho ayna
S 748-4 el caçador el canamo e non las espantaua
S 750-3 non quiero tu conssejo vete para villana
S 753-2 non -le dexaron dellas sinon chicas e rralas
S 753-3 non quiso buen conssejo cayo en fuertes palas
S 755-4 si el non voz defiende non se quien vos defienda
G 756-4 mas do non mora omne la caza poco val
G 759-1 Renpondiole la dueña diz non me estaria bien
G 759-2 casar ante del año que a -bivda non conuien
G 760-3 del zegundo marido non seria tan onrrada
G 760-4 ternie que non podria zofrir grand tenporada
G 764-1 Respondio doña endrina dexat non osaria
G 764-3 non me digaz agora mas desa ledania
G 764-4 non me afinquez tanto luego el primero dia
G 765-1 yo non quize fasta agora mucho buen casamiento
S 767-4 non quise comer tozino agora soy escarnido
S 776-2 fablo contra el lobo dixo dechos non vanos
S 779-4 non oviera tantos males nin perdiera su prezno
S 780-1 Omne cuerdo non quiera el ofiçio danoso
S 780-2 non deseche la cosa de que esta deseoso
S 780-3 de -lo quel pertenesçe non sea des-deñoso
S 781-4 dezian que non conbrian tozino sin gallynas
S 782-2 es oluidar la cosa que aver non podedes
S 782-3 lo que non puede ser nunca lo porfiedes
S 783-4 tanto byen non me faredes quanto mal me fezistes
S 786-3 por que amas la dueña que non te preçia nada
S 788-2 en dueña que non vos quiere nin catar nin ver
S 789-3 con dueña que te non quiere nin escuchar nin oyr
S 790-2 que non avedes miedo mesura nin pauor
S 791-2 la vida deste mundo yo non -la preçio nada
S 791-4 pues que aver non la puedo mi muerte es llegada
S 792-2 por ese quexo vano nada non ganades
S 795-2 non casaria con-migo ca seria adulterio
S 798-2 non quiere ella casar se con otro ome nado
S 803-1 la fyn muchas de vezes non puede rrecudyr
S 803-3 el curso de -los fados non puede omne dezir
S 803-4 solo dios e non otro sabe que es por venir
S 806-1 Madre vos non podedes conosçer o asmar
S 806-3 que quien amores tyene non los puede çelar
S 808-2 ella me diz que fable e non quiera dexallo
S 808-3 fago que me non acuerdo ella va começallo
S 811-4 paresçe que con-vusco non se estaria dormiendo
S 812-2 ella non me lo niega ante diz que vos ama
S 812-3 sy por vos non menguare abaxar se ha la rrama
S 813-4 non canssades vos madre seguilda cada dia
S 815-3 mas yo de vos non tengo synon este pellote
S 816-1 a -vezes non façemos todo lo que dezimos
S 816-2 E quanto prometemos quiza non lo conplimos
S 817-1 Madre vos non temades que en mentyra vos ande
S 817-3 yo non vos engañaria nin dios nunca lo mande
S 820-4 non son mas preçiados que -la seca sardina
S 821-3 non ha el aventura contra el fado valya
S 823-3 el su coraçon della non sabe al amar
S 824-4 que las mis fadas negras non se parten de mi
S 825-2 commo vengo señora non se como melo diga
S 825-4 vno non se quien es mayor que aquella vyga
S 826-4 esta lleno de doblas fascas que non lo entyendo
S 828-2 que por ella con-vusco fablar omne non osa
S 829-3 mesquino e magrillo non ay mas carne en -el
S 830-1 El grand fuego non puede cobrir la su llama
S 830-2 nin el grande amor non puede encobrir lo que ama
S 832-1 E vos del non avedes nin coyta nin enbargo
S 832-2 dezides me non maguer que sienpre vos encargo
S 833-2 los ojos façia tierra non queda sospirando
S 834-4 mas non -le aprouecha arte nin sotileza
S 835-1 de tierra mucho dura furta non sale buena
S 835-2 quien sy non el mesquino sienbra en -el arena
S 836-4 de -lo que -le prometistes non es cosa guardado
S 837-3 descobrid vuestra llaga synon ansy morredes
S 838-4 que venir aca cada dia non seria poridat
S 839-4 a -la mi quexa grande non le fallo conssejo
S 840-2 en casar vos en vno aqui non ay trayçion
S 841-3 doña endrina me mata e non sus conpañeras
S 841-4 ella sanar me puede e non las cantaderas
S 843-4 pues el amor lo quiere por que non vos juntades
S 844-4 tal lugar non avremos para plazer E vyçio
S 846-3 dexa el miedo vano e sospechas non çiertas
S 847-4 por me dar tu conssejo verguença en ty non aya
S 851-1 la fama non sonara que yo la guardare byen
S 851-2 el mormullo e el Roydo que -lo digan non ay quien
S 852-4 E de -los muchos peligros non sabe qual es el peor
S 853-4 qual coraçon tan seguido de tanto non cansaria
S 854-1 Non sabe que se faga sienpre anda descaminado
S 857-1 E pues que vos non podedes amatar la vuestra llama
S 857-4 los plazeres de -la vyda perdedes sinon se amata
S 859-4 quien non cree los mis dichos mas lo falle e mas lo yerra
S 860-3 esto vos non lo penssedes nin coydedes nin creades
S 860-4 que si non la muerte sola non parte las voluntades
S 863-1 desde aqui a -la mi tienda non ay synon vna pasada
S 864-4 yremos calla callando que otre non nos lo entyenda
S 865-2 otorgan lo que non deuen mudan su entendimiento
S 865-4 çiega es la muger seguida non tyene seso nin tyento
S 866-3 non vee rredes nin lazos en -los ojos tyene arista
S 869-3 Sed cras omne non vos tengan por tenico
S 870-1 Catad non enperezedes acordad vos de -la fablilla
S 870-3 rrecabdat lo que queredes non vos tenga por çestilla
S 872-2 non me detoue mucho para alla fuy luego ydo
S 873-1 Es omne o es viento creo que es omne non miento
S 873-3 es aquel non es aquel el me semeja yo lo siento
S 874-3 ally rraviaria agora que non puede tirar el fierro
S 875-1 Cyerto aqui quiere entrar mas por que yo non -le fablo
S 875-3 non queblantedes mi pueras que del abbad de sant paulo
S 875-4 las ove ganado non posistes ay vn clauo
S 876-1 yo vos abrire la puerta esperat non -la quebredes
S 876-3 luego vos yd de mi puerta non nos alhaonedes
S 878-3 a -mi non Retebdes fija que vos lo meresçedes
S 879-2 que non que vos descobrades E ansy vos pregonedes
S 879-3 casamiento que vos venga por esto non lo perderedes
S 879-4 mejor me paresçe esto que non que vos enfamedes
S 880-4 callad guardat la fama non salga de sotecho
S 881-1 Synon parlase la pycaça mas que -la codorniz
S 881-2 non la colgarian en -la plaça nin Reyrian de -lo que diz
S 883-2 quantos laços les paran non las podrian prender
S 883-4 mueren por el poco çeuo non se pueden defender
S 884-4 non la quieren los parientes padre madre nin avuelo
S 885-1 El que -la ha desonrrada dexala non -la mantyene
S 885-2 vase perder por el mundo pues otro cobro non tyene
S 885-4 pues otro cobro yo non he asy fazer me convyene
S 887-1 El cuerdo graue mente non se deue quexar
S 887-2 quando el quexamiento non le puede pro tornar
S 892-3 guardat vos non vos contesca commo con -el leon
S 895-2 quiso abrillo todo alcançar non lo pudo
S 895-3 su atanbor taniendo fuese mas y non estudo
S 897-4 a -todos e agora non vale vna faua
S 899-3 non sabya la manera el burro de Señor
S 903-4 mas que -lo non tenia e por end veniera
S 904-2 guardat vos de amor loco non vos prenda nin alcançe
S 905-2 guarde se que non torne al mal otra vegada
S 905-3 de coraçon E de orejas non quiera ser menguada
S 906-2 non quieran amor falso loco rriso non asome
S 906-4 non me maldigan algunos que por esto se encone
S 908-3 dueña por te dezir esto non te asanes nin te ayres
S 909-2 dixela por te dar ensienpro non por que a -mi vino
S 909-4 sola con ome non te fyes nin te llegues al espino
S 913-1 Sabed que non busque otro ferrand garçia
S 914-2 Cada dia llegaua la fabla mas non al
S 916-4 sy me non mesturardes dire vos vna pastija
S 917-3 Señora non querades tan horaña ser
S 919-4 que non querria ser mas Rapaça nin vellaca
S 920-2 non tomes el sendero e dexes la carrera
S 920-4 que non mengua cabestro a -quien tyene çiuera
S 921-1 Non me acorde estonçe desta chica parlylla
S 922-2 non la podia aver ansi tan amenudo
S 922-3 ayna yerra omne que non es aperçebydo
S 923-4 que commo el verdadero non ay tan mal trebejo
S 928-1 Commo dize vn derecho que coyta non ay ley
S 930-2 E tal fazedes vos por que non tenedes otra
S 932-4 el buen desir non cuesta mas que -la nesçedat
S 933-4 non ay pecado syn pena nin bien syn gualardon
S 936-2 a -la dueña non -la guardan su madre nin su ama
S 937-3 non ay tales maestras commo estas viejas troyas
S 938-3 non se guarda dellas estan con las personaz
S 939-2 tovo en -lo que puso non -lo faz toda menga
S 939-4 E fazer que -la pella en Rodar non se tenga
S 940-1 Agora es el tyenpo pues que ya non la guardan
S 940-2 con mi buhonera de mi non se guardam
S 940-4 Ca do viejos non lydian los cuervos non gradan
S 942-4 se que el perro viejo non ladra a -tocon
S 943-3 murio a -pocos dias non lo puedo desir
S 944-3 pasaron byen dos dias que me non pud leuantar
S 944-4 dixe yo que buen manjar sy non por el escotar
S 947-3 non fuyan dello las dueñas nin los tengo por lixo
S 947-4 Ca nunca los oyo dueña que dellos mucho non rrixo
S 948-2 de-mando vos perdon que sabed que non querria
S 949-3 non puede ser que non yerre omne en grand Raçon
S 950-3 luego perdi la mula non fallaua vyanda
S 951-3 de nieue e de granizo non ove do me asconder
S 951-4 quien busco lo que non pierde lo que tiene deue perder

**NON**     (cont.)

| | |
|---|---|
| S 953-2 | el que de grado me paga non le fago enojo |
| S 953-3 | el que non quiere pagar priado lo despojo |
| S 953-4 | pagame synon veras commo trillan Rastrojo |
| S 955-3 | Ca segund es la fabla quien pregunta non yerra |
| S 956-1 | Respondiome la chata quien pide non escoge |
| S 956-3 | non temas syn das algo que -la nieue mucho moje |
| S 957-2 | comadre quien mas non puede amidos moryr se dexa |
| S 958-2 | E a -mi non me peso por que me lleuo acuestas |
| S 960-4 | non pasan los omnes sanos |
| S 961-4 | non pasaras la vereda |
| S 962-1 | Dixele yo por dios vaquera non me estorues mi jornada |
| S 962-2 | tirate de -la carrera que non trax para ty nada |
| S 962-4 | que non avras aqui passada |
| S 964-2 | fascas que me amenazaua pagan sinon veras juego |
| S 966-4 | non ayas miedo al escacha |
| S 967-3 | hadre duro non te espantes que byen te dare que yantes |
| S 972-4 | non a -conprar las joyas para la chata novia |
| S 973-2 | non falle poço dulçe nin fuente perhenal |
| S 974-2 | mas non vine por locoya que joyas non traya |
| S 974-4 | erre todo el camino commo quien lo non sabia |
| S 976-2 | non te lleges a -mi ante telo comidas |
| S 976-3 | sy non yo te fare que mi cayada midas |
| S 979-2 | dixo la descomulgada non pises las aradas |
| S 979-3 | non te ensañes del juego que esto a -las vegadas |
| S 980-1 | Dyz entremos a -la cabaña fferruzo non lo entienda |
| S 980-3 | lieua te dende cornejo non busques mas contyenda |
| S 981-2 | desque en -la choza fuymos non fallamos niguno |
| S 982-2 | que ayuno E arreçido non ome podria solazar |
| S 982-3 | sy ante non comiese non podria byen luchar |
| S 982-4 | non se pago del dicho e quiso me amenazar |
| S 983-2 | que pan E vino juega que non camisa nueva |
| S 986-2 | non es mucho fermoso creo que nin comunal |
| S 986-3 | fasta que el libro entyendas del byen non digas nin mal |
| S 989-3 | mas quanto esta mañana del camino non he cura |
| S 990-4 | dixo non sabes el vso comos doma la rres muda |
| S 991-4 | sobarte diz el aluarda synon partes del trebejo |
| S 992-2 | por que non fiz quando manda diz rroyn gaho envernizo |
| S 992-4 | yot mostrare sinon ablandas commo se pella el erizo |
| S 995-2 | non dexes lo ganado por lo que as de ganar |
| S 995-4 | non avras lo que quieres poder te has engañar |
| S 998-3 | ella dixo non lo yerra el que aqui es cassado |
| S1001-2 | non fallo alto nin baxo que me vença Segund cuedo |
| S1003-4 | E non fables en engaño |
| S1005-3 | luego fagamos las bodas e esto non lo oluides |
| S1007-1 | Commo omne non siente tanto frio si corre |
| S1007-4 | yo dixe so perdido sy dios non me acorre |
| S1010-1 | ssus mienbros e su talla non son para callar |
| S1010-3 | quien con ella luchase non se podria bien fallar |
| S1010-4 | sy ella non quisiese non -la podria aballar |
| S1011-4 | non se de qual diablo es tal fantasma quista |
| S1014-4 | los que quieren casar se aqui non sean sordos |
| S1015-2 | yo non vy en -ella al mas sy lo en -ella escaruas |
| S1016-2 | los huesos mucho grandes la çanca non chiquilla |
| S1017-2 | vellosa pelos grandes pero non mucho seca |
| S1020-3 | digo te que non vy mas nin te sera mas contado |
| S1020-4 | ca moço mesturero non es bueno para mandado |
| S1021-2 | fize bien trez cantigaz mas non pud bien pyntalla |
| S1021-4 | de -la que te non pagares veyla e Rye e calla |
| S1025-4 | aqui non te engorres |
| S1034-2 | por que non pedides |
| S1039-3 | non trax por ventura |
| S1040-2 | do non ay moneda |
| S1040-3 | non ay merchandia |
| S1041-1 | Non ay mercadero |
| S1041-3 | e yo non me pago |
| S1041-4 | del que non da algo |
| S1043-4 | torne Rogar a -dios que non diese a -oluido |
| S1047-2 | de ty non se muda la mi esperança |
| S1072-4 | creo que se me non detenga en -las carneçerias |
| S1073-2 | lyeuela por la tierra non -la traya escondida |
| S1073-3 | que non diga su gente que non fue aperçebida |
| S1075-3 | a -ty carnal goloso que te non coydas fartar |
| S1076-4 | de muerto o de preso non podraz escapalla |
| S1077-3 | ca non tenia amor nin era enamorado |
| S1078-2 | leuantose byen alegre de -lo que non me pesa |
| S1080-3 | non quise dar Respuesta vino a -mi acuçioso |
| S1087-4 | Real de tan grand preçio non tenian las sardinas |
| S1088-2 | Señor diz non me escusedes de aquesta lyd a -mi |
| S1089-1 | Non avia acabado dezir byen su verbo |
| S1089-4 | por te fazer seruiçio non fuy por ende syeruo |
| S1091-4 | te podria enpesçer con todas sus espinaçaz |
| S1092-3 | non so para afrae en carrera nin ero |
| S1093-4 | la dueña fue maestra non vino tan ayna |
| S1098-3 | velaron con espanto nin punto non dormieron |
| S1098-3 | non avia marauilla que sus mugeres perdieron |
| S1101-4 | pusieron las sus fazes ninguno non pleteа |
| S1106-3 | synon por doña çeçina quel desuio el pendon |
| S1108-2 | diz la pixota al puerco do estas que non paresçes |
| S1108-4 | ençierra te en -la mesquita non vayas a -las prezes |
| S1110-4 | mas negra fue aquesta que non la de larcos |
| S1114-4 | non le valia nada deçenir la correa |
| S1116-1 | el pulpo a -los pauones non -les daua vagar |
| S1116-2 | nin a -los faysanes non dexaua bolar |
| S1118-4 | esta mucho triste non falla quel confuerte |
| S1119-4 | atendiole el fidalgo non -le dixo de non |
| S1122-4 | los que con -el fyncaron non valyan dos castañas |
| S1123-1 | Synon fuese la çeçina con -el grueso toçino |
| S1123-3 | que non podia de gordo lydiar syn el buen vino |
| S1124-1 | non -lo quisieron matar ovieron duelo del |
| S1125-1 | Troxieron los atados por que non escapasen |
| S1126-2 | E que a -descolgallos ninguno y non vaya |

| | |
|---|---|
| S1127-2 | E que lo touiesen ençerrado ado non -lo vea ninguno |
| S1127-3 | si non fuese doliente o confesor alguno |
| S1129-3 | rrespondiole el flayre quel non serian perdonados |
| S1130-1 | Non se faze penitençia por carta nin por escripto |
| S1130-2 | sinon por la boca misma del pecador contrito |
| S1130-3 | non puede por escripto ser asuelto nin quito |
| S1132-2 | non deuedes amigos dexar la oluidada |
| S1133-3 | so rrudo E syn çiençia non me oso aventurar |
| S1134-2 | tengo del miedo tanto quanto non puedo desir |
| S1137-4 | por la contriçion sola pues al non puede far |
| S1138-2 | mas quanto a -la iglesia que non judga de ascondido |
| S1139-4 | do mas fazer non puede la cabeça enclinando |
| S1142-4 | de sastifaçion otra non fallo escriptura |
| S1144-1 | Muchos clerigos synples que non son tan letrados |
| S1145-1 | En esto yerran mucho que lo non pueden fazer |
| S1145-2 | de -lo que fazer non pueden non se deuen entremeter |
| S1146-3 | non deue poner omne su foz en miese ajena |
| S1149-3 | con pontifical non es destos apoderado |
| S1153-4 | Pues por non dezir tanto non me Rebtedes varones |
| S1154-2 | de mi parrochiano non seades confesor |
| S1154-3 | de poder que non avedes non seades judgador |
| S1154-4 | non querades vos penar por ajeno pecador |
| S1155-2 | del su clerigo cura non le dedes penitençia |
| S1155-3 | guardat non lo absoluades nin de-des la sentençia |
| S1155-4 | de -los casos que non son en -vuestra pertenençia |
| S1156-3 | do el pecador non puede aver de otro sanidat |
| S1159-2 | que si dende non muere quando fuere valiente |
| S1162-4 | E non comiese mas e seria perdonado |
| S1163-2 | conbras garuanços cochoz con azeyte e non al |
| S1163-3 | yras a -la iglesia E non estaras en -la cal |
| S1163-4 | que non veas el mundo nin cobdicies el mal |
| S1164-2 | conbras de -las arvejas mas non salmon nin trucha |
| S1164-3 | yras oyr las oras non prouaras la lucha |
| S1165-2 | que comas los formigos e mucho non te fares |
| S1166-1 | Espinacaz conbraz el miercoles non espesaz |
| S1166-3 | non guardaste casadas nin mongas profesaz |
| S1168-2 | el viernes pan E agua comeras E non cozina |
| S1169-1 | Come el dya del sabado las fabas E non mas |
| S1169-2 | por tu envidia mucha pescado non comeras |
| S1172-4 | non quiera ninguno xristiano rreligioso |
| S1173-4 | los vnos a -los otros non se paga de contyenda |
| S1174-3 | non dexa tajador bacin nin cantarillo |
| S1174-4 | que todo non lo muda sobre linpio librillo |
| S1176-3 | ado ella ver lo puede suzedat non se -llega |
| S1176-4 | saluo a -don carnal non se a -quien non plega |
| S1182-3 | fueron a -la iglesia non a -lo quel dezia |
| S1189-1 | Enbio laz cartaz andar non pudo |
| S1189-4 | pero de venir solo non era atre-vudo |
| S1190-4 | non salud mas sangria commo a -mala flemosa |
| S1192-3 | non te nos defenderaz en castillo nin en muro |
| S1192-4 | que de ty non ayamoz el cuero maduro |
| S1195-3 | guardat la que non fuya que todo el mundo en-arta |
| S1196-4 | sy muy sorda non fuere oyra nuestro apellido |
| S1197-3 | non se detenga y vaya luego priuado |
| S1199-1 | Pero que ella non avia laz cartas rrescebidaz |
| S1200-3 | el que a -su enemigo non mata si podiere |
| S1201-1 | Dizen los naturales que non son solas laz vacaz |
| S1201-3 | para lydiar non firmes quanto en afrecho estacaz |
| S1203-3 | por ende non avia por que lidiar con su vençido |
| S1204-1 | lo al es ya verano e non venian del mar |
| S1204-3 | otrosi dueña flaca non es para lydiar |
| S1204-4 | por todas estaz Razones non quiso esperar |
| S1207-4 | non andan los rromeroz syn aquesta sofraja |
| S1208-3 | diz vos que me guardades creo que me non tomedes |
| S1209-2 | diz tu carnal soberuio meto que non me falles |
| S1215-4 | non conplaria dario con todos sus thesoros |
| S1219-3 | en -el su carro otro a -par del non caualga |
| S1222-4 | de talez alegriaz non ha en -el mundo memoria |
| S1230-4 | con ella el tanborete syn el non vale vn prisco |
| S1234-2 | non fueron tyenpo ha plazenteriaz tales |
| S1236-3 | quantas ordenes son non -laz puze en escripto |
| S1238-2 | non va y a sant françisco mas van flayres menorez |
| S1239-2 | e los de santa eulalya por que non se ensanen |
| S1242-4 | labrada es de oro non viste estameña |
| S1243-4 | non conplara la seña paris nin barçilona |
| S1244-3 | non conpraria françia los paños que viste |
| S1246-3 | al que gela non besa tenian lo por villano |
| S1249-1 | Non quieras a -los clerigos por vesped de aquesta |
| S1249-2 | ca non tyenen moradas do touiesedes la fiesta |
| S1249-3 | Señor chica morada a -grand Señor non presta |
| S1250-2 | non fagan seruiçios que te plegan |
| S1250-4 | para grand Señor non es posar en -la bodega |
| S1251-1 | Señor dizen los clerigos non quieras vestir lana |
| S1251-3 | la su possaderia non es para ty sana |
| S1252-1 | Non te faran Seruiçio en -lo que dicho han |
| S1253-2 | non lo fagas Señor dizen los escuderos |
| S1255-2 | las monjas le dixieron Señor non avrias viçio |
| S1256-1 | ally Responden todos que non gelo conssejauan |
| S1259-1 | Mas commo el grand Señor non deue ser vandero |
| S1259-2 | non quiso rresçebir el conbid rrefertero |
| S1260-1 | Desque vy a -mi señor que non tenia posada |
| S1262-4 | tyenpo ha que non andude tan buena estaçion |
| S1265-4 | que omne terrenal desto non faria nada |
| S1266-3 | es vna grand estoria pero non es de dexar |
| S1268-4 | non avia menester sol tanto de sy alunbraua |
| S1269-1 | En suma vos lo cuento por non vos detener |
| S1269-2 | de quanto que se escriue en toledo non ay papel |
| S1271-3 | non se alcançarien con vn luengo madero |
| S1271-4 | e non cabrie entrellos vn canto de dinero |
| S1277-4 | mas querrien estonçe peña que non loriga nin yjarez |
| S1278-2 | mucho estauan llegados vno a -otro non fabla |
| S1278-3 | non se podrian alcançar con -las vigas de gaola |

| | |
|---|---|
| **NON** | **(cont.)** |
| S1278-4 | non cabria entre vno e otro vn cabello de paula |
| S1285-2 | en -las cabeças entra non en -otro lugar |
| S1285-3 | fasta que pasa agosto non dexan de rrebuznar |
| S1287-2 | entre vno e otro non cabe punta de lança |
| S1287-4 | el segundo al terçero con cosa non le alcança |
| S1294-4 | el que viene non alcança al otro quel espera |
| S1298-4 | por do yo entendiese que era o -que non |
| S1300-4 | andan e non se alcançan atiendense en Ribera |
| S1301-2 | vy muchaz en la tienda mas por non vos detener |
| S1301-3 | e por que enojo soso non vos querria ser |
| S1301-4 | non quiero de -la tienda mas prologo fazer |
| S1302-3 | desque se leuanto non vino su mesnada |
| S1304-2 | toda el andaluzia que non fynco y villa |
| S1307-4 | vy que non podia sofrir aquel lazerio |
| S1308-2 | do perdiese lazerio non pud fallar ninguno |
| S1309-1 | En caridat fablauan mas non mela fazien |
| S1309-2 | yo veya las caras mas non lo que dezien |
| S1311-4 | pocos ally falle que me non llamasen padrasto |
| S1314-4 | de triste e de sanudo non quiere ser ospedado |
| S1318-4 | E si esta rrecabdamos nuestra obra non es vana |
| S1319-3 | ella non la erro e yo non le peque |
| S1320-1 | mas non pudo trabar atar nin dar nudo |
| S1320-4 | diz do non te quieren mucho non vayas amenudo |
| S1321-4 | acaeçiome vna ventura la fiesta non pasada |
| S1323-4 | dixo non querria esta que me costase cara |
| S1324-3 | entro en -la posada rrespuesta non -le dan |
| S1324-4 | non vido a -la mi vieja ome gato nin can |
| S1328-1 | Sy Recabdo o non la buena menssajera |
| S1329-2 | diz mas auedes pauor vos las mugeres todaz |
| S1330-3 | por non fazer pecado o -por non ser osada |
| S1330-4 | toda muger por esto non es de ome vsada |
| S1332-3 | non se casara luego nin saldra a -conçejo |
| S1338-2 | non tyenen de letuarios tantos nin tanta espeçia |
| S1339-2 | do an vino de toro non enbian valadi |
| S1339-4 | quien a -monjas non ama non vale vn marauedy |
| S1343-2 | yo entrar como puedo ado non se tal portillo |
| S1345-4 | Señora del convento non lo fagades esquiuo |
| S1346-2 | dixele non Señora mas yo melo comedi |
| S1346-4 | para vos lo querria tal que mejor non vy |
| S1347-2 | era de buena vida non de fecho lyuiano |
| S1352-2 | que ya non avia miedo de viento nin de elada |
| S1353-2 | non fagas aqui dapño ella fuese en-sañar |
| S1355-2 | onde ovieses cobro non tenias adama |
| S1356-4 | conteçe me como al galgo viejo que non caça nada |
| S1361-1 | En mi joventud caça por piez non sse me yua |
| S1361-4 | quando non le trayo nada non me falaga nin me sylua |
| S1362-3 | por ser el omne viejo non pierde por ende prez |
| S1362-4 | el seso del buen viejo non se mueue de rrefez |
| S1364-3 | non dando nin seruiendo el amor poco dura |
| S1364-4 | de amigo syn prouecho non ha el ome cura |
| S1365-3 | agora que non do algo so vil e despreçiado |
| S1365-4 | non ay mençion nin grado de seruiçio ya pasado |
| S1366-1 | Non sse nienbran algunoz del buen byen antyguo |
| S1366-3 | el malo a -los suyos non les presta vn figo |
| S1368-1 | vieja dixo la dueña çierto yo non menty |
| S1369-2 | non querria que me fuese commo al mur del aldea |
| S1373-2 | mucho tozino lardo que non era salpreso |
| S1377-3 | non tenia lugar çierto donde fuese anparado |
| S1380-3 | con miedo de -la muerte la miel non es sabrosa |
| S1380-4 | dezir vos he la fabla e non vos enojedes |
| S1386-4 | fallo çafyr culpado mejor ome non vido |
| S1387-3 | non conosçes tu nin sabes quanto yo meresçria |
| S1389-4 | que non saben que leem nin lo pueden entender |
| S1390-4 | que non los ponen onrra la qual deuian aver |
| S1391-1 | A -quien da dios ventura e non la quiere tomar |
| S1391-2 | non quiere valer algo nin saber nin pujar |
| S1400-2 | non me contesca commo al asno contesçio con -el blanchete |
| S1407-1 | Non deue ser el omne a -mal fazer denodado |
| S1407-2 | nin dezir nin cometer lo que non le es dado |
| S1407-4 | de -lo fazer el cuerdo non deue ser osado |
| S1409-4 | por ende non me atreuo a -preguntar que pensastez |
| S1410-3 | yo non -lo consentria commo tu melo rrogueste |
| S1410-4 | que consentyr non deuo tan mal juego como este |
| S1420-3 | non -lo puede ninguno nin deue consentyr |
| S1420-4 | lo que emendar non se puede non presta arrepentyr |
| S1423-3 | yo non quiero fazer lo vete syn tardamiento |
| S1423-4 | sy non dar te he gualardon qual tu meresçimiento |
| S1424-3 | Señora diz mesura non me querades ferir |
| S1426-3 | Señor diz non me mates que non te podre fartar |
| S1426-4 | en tu dar me la muerte non te puedes onrrar |
| S1427-3 | es desonrra E mengua e non vençer fermoso |
| S1430-3 | cayo en -grandes rredes non las podia Retaçar |
| S1430-4 | enbuelto pies e manos non se podia alçar |
| S1433-1 | Tu rrico poderoso non quieraz des-echar |
| S1433-2 | al pobre al menguado non lo quieraz de ti echar |
| S1433-3 | puede fazer seruiçio quien non tyene que pechar |
| S1433-4 | el que non puede mas puede aprouechar |
| S1434-3 | el que poder non tyene oro nin fidalguia |
| S1435-2 | vieja dixo non temas esta byen Segurada |
| S1435-3 | non conviene a -dueña de ser tan denodada |
| S1436-2 | non querria que fuesen a -mi fiel E amargos |
| S1443-1 | Non es cosa Segura creer dulçe lyjonja |
| S1443-3 | pecar en tal manera non conviene a -monja |
| S1443-4 | rreligiosa non casta es perdida toronja |
| S1444-1 | sseñora diz la vieja esse miedo non tomedes |
| S1446-1 | Andauan a -todas partes non podian quedas ser |
| S1447-2 | non somos nos señeras que miedo vano tenemos |
| S1448-2 | faze tener grand miedo lo que non es de temer |
| S1448-4 | non deue temor vano en -sy ome traer |
| S1449-4 | que non pierda el es-fuerço por miedo de morir |
| S1452-3 | sy mas ya non fablalde como a -chate pastor |
| S1453-4 | oye buena fabla non quieras mi menoscabo |
| S1456-2 | vino a -el vn diablo por que non -lo perrdiese |
| S1458-4 | non temas ten es-fuerço que non moras por esto |
| S1461-2 | non fallo por que muera prendistez le de -balde |
| S1463-3 | faz ansi como sueles non temas en mi fia |
| S1465-2 | estar su mal amigo diz por que non me acorres |
| S1465-3 | rrespondio el diablo E tu por que non corres |
| S1465-4 | andando E fablando amigo non te engorres |
| S1468-1 | Suban te non temaz cuelgate a -osadaz |
| S1471-4 | tus pies descalabrados e al non se que vea |
| S1473-2 | E mucho mas dos tanto que ver non -lo podiste |
| S1473-4 | non pudo mas sofrirte tenlo que mereçiste |
| S1477-4 | desque le veen en coyta non dan por el dotes motes |
| S1478-2 | non viene dellos ayuda mas que de vnos alrrotes |
| S1478-3 | sinon falssaz escusaz lysonjaz amargotes |
| S1479-1 | Non es dicho amigo el que da mal conssejo |
| S1480-2 | mas yo non vos conssejo eso que voz creedes |
| S1480-3 | si non tan sola mente ya voz que -lo fabledes |
| S1482-3 | E que de vos non me parta en vuestraz manos juro |
| S1483-1 | la dueña dixo vieja non lo manda el fuero |
| S1483-4 | Señora el aue muda diz non faze aguero |
| S1484-4 | non Respondas en escarnio do te preguntan cordura |
| S1485-3 | la cabeça non chica velloso pescoçudo |
| S1485-4 | el cuello non muy luengo caboz prieto orejudo |
| S1487-2 | la boca non pequena labros al comunal |
| S1488-4 | Señora del non vy mas por su amor voz abraço |
| S1489-4 | tal omne como este non es en -todaz erias |
| S1492-2 | alahe dixo la vieja amor non sea laçio |
| S1493-3 | fablar me ha buena fabla non burla nin picañas |
| S1493-4 | e dil que non me diga de aquestas tus fazanaz |
| S1495-2 | cras dize que vayades fabladla non señero |
| S1495-3 | mas catad non -le digades chufaz de pitoflero |
| S1495-4 | que -las monjaz non ze pagan del abbad fazañero |
| S1497-3 | e si en -la rrespuesta non te dixiere enemiga |
| S1507-2 | con pesar e tristeza non fue tan sotil fecha |
| S1507-4 | que yerro E mal fecho emienda non desecha |
| S1508-3 | fablo con vna mora non -la quiso escuchar |
| S1509-2 | ya amiga ya amiga quanto ha que non vos vy |
| S1509-3 | non es quien ver vos pueda y como sodes ansy |
| S1511-2 | que non gelo desdeñedes pues que mas traher non pud |
| S1511-4 | non vaya de vos tan muda dixo la mora ascut |
| S1512-1 | Desque vido la vieja que non Recabdaua y |
| S1512-3 | pues que al non me dezides quiero me yr de aqui |
| S1513-4 | el cantar que non sabes oylo a -cantaderaz |
| S1514-4 | caçurros E de bulrras non cabrian en -dyez priegos |
| S1516-1 | arauigo non quiere la vuela di arco |
| S1516-2 | çinfonia guitarra non son de aqueste marco |
| S1516-3 | çitola odreçillo non amar caguyl hallaço |
| S1517-2 | non se pagan de arauigo quanto dellos boloña |
| S1518-3 | E yo con pessar grande non puedo dezir gota |
| S1518-4 | por que trota conventos ya non anda nin trota |
| S1519-3 | non se como lo diga que mucha buena puerta |
| S1520-3 | enemiga del mundo que non as semejante |
| S1520-4 | de tu memoria amarga non es que non se espante |
| S1521-4 | por papaz E por Reyes non das vn vil nuez |
| S1522-1 | Non catas señorio debdo nin amistad |
| S1522-3 | non ay en -ty mesura amor nin piedad |
| S1522-4 | sy non dolor tristeza pena e grand crueldad |
| S1523-1 | Non puede foyr omne de ty nin se asconder |
| S1523-3 | la tu venida triste non se puede entender |
| S1523-4 | desque vienes non quieres a -ome atender |
| S1524-3 | non es omne çierto de tu carrera aviesa |
| S1528-2 | non tyene vna meaja de toda su Riqueza |
| S1529-1 | Non ha en -el mundo libro nin escrito nin carta |
| S1529-3 | en -el mundo non ha cosa que con byen de ti se parte |
| S1530-3 | el omne non es çierto quando E qual mataras |
| S1530-4 | que non atender a -ty nin a -tu amigo cras cras |
| S1531-1 | Señorez non querades ser amigoz del cueruo |
| S1531-2 | temed sus amenazas non fagades su Ruego |
| S1532-2 | en vn punto se pierde quando omne non coyda |
| S1533-1 | quien en mal juego porfia mas pierde que non cobra |
| S1535-3 | non puede leuar nada nin fazer testamento |
| S1537-2 | non coydan ver la ora que tangan las canpanas |
| S1537-4 | que non el parentesco nin a -las baruas canas |
| S1539-3 | por oyr luenga misa non -lo quieren errar |
| S1540-1 | Non dan por dios a -pobrez nin cantan sacrifiçios |
| S1540-4 | es dar bozes al sordo mas non otros seruiçios |
| S1543-1 | Allego el mesquino E non ssopo para quien |
| S1543-3 | non ha omne que faga su testamento byen |
| S1544-3 | sy non de que es muerto quel come coguerço |
| S1545-4 | non le valen mengias des-que tu rrauia le toma |
| S1546-2 | çiegas los en vn punto non han en -si prouecho |
| S1547-3 | non ay omne que te sepa del todo denostar |
| S1550-1 | Non plazes a -ninguno a -ty con muchos plaze |
| S1550-4 | non ha cosa que nasca que tu rred non en-laze |
| S1553-3 | non aurien de ti miedo nin de tu mal hostal |
| S1553-4 | non temerie tu venida la carne vmagnal |
| S1554-4 | sy non dios todos temen tus penas e tus lazerios |
| S1557-1 | El jnfierno lo teme e tu non lo temiste |
| S1557-4 | la deydat non te temio entonçe non la viste |
| S1561-4 | a -ysac e a -ysayas tomolos non te dexo dan |
| S1563-1 | yo dezir non ssabria quales eran tenidos |
| S1564-4 | guarde nos de tu casa non fagas de nos rriso |
| S1565-4 | para sienpre jamas non los has de prender |
| S1566-2 | aquel nos guarde de ty que de ty non se guarda |
| S1567-2 | que dezir non se puede el diezmo de tu mal |
| S1567-3 | a -dios me acomiendo que yo non fallo al |
| S1569-3 | ado te me han leuado non cosa çertera |
| S1571-4 | pues que a -ty non viere vere tu triste estoria |
| S1573-1 | Dueñas non me rretebdes nin me digades moçuelo |
| S1574-2 | non sele detenia do fazia debatida |

| NON | | (cont.) | |
|---|---|---|

| | | | |
|---|---|---|---|
| | S1574-3 | non se omne nin dueña que tal oviese perdida |
| | S1574-4 | que non tomase tristeza e pesar syn medida |
| | S1576-3 | con buena rrazon muchos case non quise locura |
| | S1577-2 | parientes e Amigos qui non me acorredes |
| | S1577-3 | obrad bien en -la vida a -dios non -lo erredes |
| | S1578-4 | Si dezir non -lo quisiere a -muerta non maldiga |
| | S1579-2 | non fiedes en -tregua de vuestro enemigo |
| | S1579-3 | ca non vee la ora que vos lyeue consigo |
| | S1579-4 | Si vedes que vos miento non me preçiedes vn figo |
| | S1580-1 | Deuemos estar çiertos non Seguros de muerte |
| | S1580-4 | non podemos amigos della fuyr por suerte |
| | S1581-4 | Syn armas non querria en tal peligro entrar |
| | S1586-3 | saber nos guardar de -lo ajeno non dezir esto querria |
| | S1589-3 | non rrobar cosaz ajenaz non forçar muger nin nada |
| | S1599-2 | auiendo por dios conpasion con caridat non erremos |
| | S1599-3 | non faziendo mal a -los sinplex pobrez non denostemos |
| | S1601-2 | nos andemos rromerias e las oras non se callen |
| | S1601-4 | ansy que con santas obras a -dios baldios non fallen |
| | S1602-2 | fagamos asta de lança e non queramos canssar |
| | S1603-1 | Contra los trez prinçipales que non se ayunten de consuno |
| | S1603-4 | nin de padres nin de fijos con esto non fynca vno |
| | S1607-2 | es en -la dueña chica amor E non poco |
| | S1607-3 | dueñas ay muy grandes que por chicas non troco |
| | S1611-4 | non ha plazer del mundo que en -ella non sienta |
| | S1616-1 | De -la muger pequeña non ay conparaçion |
| | S1617-2 | non es desaguisado del grand mal ser foydor |
| | S1619-1 | Pues que ya non tenia menssajera fiel |
| | S1619-4 | sy non por quatorze cosaz nunca vy mejor que el |
| | S1621-2 | quando non tenia que comer ayunaua el pecador |
| | S1621-4 | quando non podia al fazer ayunaua con dolor |
| | S1624-3 | e Señor vos veredes maguer que non me alabo |
| | S1625-4 | que a -mi non te enbia nin quiero tu mandado |
| | S1626-4 | punto a -mi librete mas non -lo çerrare |
| | S1630-2 | non des-mintades su nonbre nin dedes rrefertad |
| | S1630-3 | non le dedes por dineros vendido nin alquilado |
| | S1630-4 | ca non ha grado nin graçiaz nin buen amor conplado |
| | S1631-2 | non creo que es chica ante es byen grad prosa |
| | S1667-2 | ssanta flor non tanida |
| | S1668-3 | El que loa tu figura non lo dexes oluidado |
| | S1668-4 | non catando su pecado saluas los de amargura |
| | S1669-3 | non le es falleçedero tu acorro syn dudança |
| | S1671-3 | pues a -ty me encomiendo non me seas desdeñosa |
| | S1672-4 | por la tu merçed que es tanta que dezir non la podria |
| | S1675-2 | non catando mi maldad |
| | S1676-2 | que non ha conparaçion |
| | S1676-6 | pero non so meresçiente |
| | S1678-3 | non me partir de te seruir |
| | S1682-4 | quien a -ty non oluida |
| | S1683-3 | mas tu me val que non veo al |
| | S1686-1 | Non se escreuir |
| | S1689-3 | E non te desvias |
| | S1690-3 | en -las quales venia el mandado non vil |
| | S1693-3 | he -vos lo a -dezir que quiera o -que non |
| | S1694-3 | que non touiese mançeba cassada nin soltera |
| | S1705-2 | diz aqueste arçobispo non se que se ha con noz |
| | S1706-2 | non ha al arçobispo desto por que se sienta |
| | S1706-3 | que non es mi comadre nin es mi parienta |
| | S1706-4 | huerfana la crie sesto por que non mienta |
| | S1709-1 | Pero non alonguemos atanto las rrazones |
| | F 5 | por mucho que uos digo sienpre dezidez non |

| NON | | (L) | |
|---|---|---|
| | P 91 | jn quibuz non est jntellectus |

| NONA | | | |
|---|---|---|
| | S 382-4 | ella te dize quam dulçia que rrecubdas a -la nona |
| | S 383-1 | vas a -Rezar la nona con -la duena loçana |
| | S 383-4 | justus est domine tañe a -nona la canpana |
| | S 981-2 | era nona passada e yo estaua ayuno |
| | S1056-1 | a -ora de nona morio e constesçio |

| NONBLADA | | | |
|---|---|---|
| | S 354-3 | que -la costituçion deuiera ser nonblada |

| NONBLADO | | | |
|---|---|---|
| | S 988-1 | a -la fuera desta aldea la que aqui he nonblado |

| NONBLE | | | |
|---|---|---|
| | S 323-3 | don ximio avia por nonble de buxia alcalde |
| | S 326-4 | que vino a nuestra çibdat por nonble de monedero |
| | S 348-1 | En -el nonble de dios el judgador dezia |

| NONBLES | | | |
|---|---|---|
| | S 927-3 | dezir todos sus nonbles es a -mi fuerte cosa |
| | S 927-4 | nonbles e maestrias mas tyenen que Raposa |

| NONBRADA | | | |
|---|---|---|
| | S1074-3 | aquel era el sello de -la duena nonbrada |
| | S1338-1 | Monpesler alexandria la nonbrada valençia |
| | S1414-1 | Tendiose a -la puerta del aldea nonbrada |

| NONBRADO | | | |
|---|---|---|
| | S1161 1 | El frayle sobre dicho que ya voz he nonbrado |

| NONBRE | | | |
|---|---|---|
| | P 201 | Por ende començe mi libro en -el nonbre de dioz |
| | S 8-1 | El nonbre profetizado fue grande hemanuel |
| | S 9-2 | por el nonbre tan alto hemanuel saluaçion |
| | S 129-1 | Era vn Rey de moros alcaraz nonbre avia |
| | G 588-4 | e avn dezir non ozo el nonbre de quien me ferio |
| | S 811-4 | Cada que vuestro nonbre yo le esto deziendo |
| | S 919-3 | dixo me esta vyeja por nonbre ha vrraca |
| | S 932-1 | Nunca digas nonbre nin de fealdat |
| | S1499-1 | En -el nonbre de dios fuy a -misa de mañana |
| | S1619-3 | huron avia por nonbre apostado donçel |
| | S1630-2 | non des-mintades su nonbre nin dedes rrefertad |

| NORIA | | | |
|---|---|---|
| | S 111-4 | nin las verças non se crian tan bien sin la noria |
| | S 241-3 | a -vezes a -la noria a -vezes a -la açenia |

| NOS | | | |
|---|---|---|
| | P 5 | a -cada vno de nos dize |
| | P 187 | E mejor noz podemoz guardar |
| | S 11-2 | el que nasçio de -la virgen esfuerçe nos de tanto |
| | S 32-3 | por ti sea de nos visto |
| | S 42-3 | por nos diçio |
| | S 42-6 | e por nos murio |
| | S 43-1 | Por nos otros pecadores non aborescas |
| | S 43-2 | pues por nos ser merescas |
| | S 43-6 | Ruegal por nos |
| | S 52-2 | dixieron le nos avemos con griegos nuestra conbit |
| | S 52-4 | E nos dar telo hemos escusa nos desta lid |
| | S 93-3 | los que quieren partir nos como fecho lo han |
| | S 135-3 | diz vayamos nos Señor que -los que a -vos fadaron |
| | S 201-2 | dixieron non es este rrey para lo nos seruir |
| | S 203-2 | señor señor acorre nos tu que matas E sanas |
| | S 203-3 | el rrey que tu nos diste por nuestraz bozes vanas |
| | S 203-4 | danos muy malas tardes e peorez las mañanas |
| | S 204-1 | Su vientre nos ssotierra su pico nos estraga |
| | S 204-2 | de dos en dos nos come nos abarca e nos astraga |
| | S 204-3 | sseñor tu nos deffiende Señor tu ya nos paga |
| | S 204-4 | danos la tu ayuda tira de nos tu plaga |
| | S 507-4 | cras cras nos lo avremos que nuestro es ya por fuero |
| | S 659-2 | por que toda aquella gente de -la plaça nos miraua |
| | G 661-4 | Non ozo poner prezona que -lo fable entre noz |
| | G 681-4 | ante testigoz que noz veyan fablar uoz he algund dia |
| | G 684-3 | segund que -lo yo deseo voz e yo noz abraçemos |
| | G 686-4 | tienpo verna que podremos fablar noz uoz e yo este verano |
| | S 705-1 | Sy a -quantas desta villa nos vendemos las alfajas |
| | S 708-2 | E fablad entre nos anbos lo mejor que entendades |
| | S 770-1 | quatro de nos queriamos yr vos a -conbydar |
| | S 770-3 | dezir nos buena missa e tomar buena yantar |
| | S 809-2 | ansy vna grand pieça en vno nos estamos |
| | S 818-1 | En lo que nos fablamos fyuza deuer avemos |
| | S 844-3 | mas que nos al queramos por vos fazer seruiçio |
| | S 863-4 | poco a -poco nos yremos jugando syn rreguarda |
| | S 864-4 | yremos calla callando que otre non nos lo entyenda |
| | S 874-2 | catat catat commo assecha barrunta nos commo perro |
| | S 876-3 | luego vos yd de mi puerta non nos alhaonedes |
| | S 981-1 | Tomo me por la mano e fuemos nos en vno |
| | S1059-2 | de su muerte deuemos doler nos e acordar |
| | S1062-3 | al que todos bendiçen por nos todos morio |
| | S1066-1 | En cruz fue puesto por nos muerto ferido e llagado |
| | S1066-4 | a -los que creemos el nos quiera ssaluar |
| | S1077-4 | a -mi e a -mi huesped puso nos en -coydado |
| | S1185-3 | sy nos lyeuas de aqui Carnal por las callejas |
| | S1185-4 | a -muchos de nos otros tirara las pellejas |
| | S1188-4 | aba aba pastorez acorred nos con -los perros |
| | S1190-2 | de nos don carnal fuerte madador de toda cosa |
| | S1191-2 | enbyamos nos a -ty al armuerzo nuestro amigo |
| | S1191-3 | que por nos te lo diga commo seremos contigo |
| | S1192-2 | estando nos dormiendo yaziendo nos sseguro |
| | S1192-3 | non te nos defenderaz en castillo nin en muro |
| | S1193-1 | la nota de -la carta venia a -todos nos |
| | S1193-4 | salud con muchas carnes sienpre de nos a -voz |
| | S1194-4 | estando nos seguro fuemoz della arrancado |
| | S1248-2 | Señor noz te daremoz monesterios honrrados |
| | S1255-1 | Dexa todos aquestos toma de nos Seruiçio |
| | S1447-2 | non somos nos señeras que miedo vano tenemos |
| | S1448-1 | a -la buena esperança nos conviene atener |
| | S1559-3 | dionos vida moriendo al que tu muerte diste |
| | S1559-4 | saco nos de cabptiuo la cruz en -quel posiste |
| | S1564-3 | el nos lieue consigo que por nos muerte priso |
| | S1564-4 | guarde nos de tu casa non fagas de nos rriso |
| | S1566-1 | Dios quiera defender nos de -la tu çalagarda |
| | S1566-2 | aquel nos guarde de ty que de ty non se guarda |
| | S1580-3 | por ende cada vno de nos sus armas puerte |
| | S1581-1 | Sy qual quier de nos otros oviese craz de lydiar |
| | S1582-1 | Pues si esto fariamos por omes como nos byuos |
| | S1582-3 | enemigos que nos quieren fazer sieruos captiuos |
| | S1583-2 | aquestos de cada dia nos trahen muy conbatidos |
| | S1584-4 | que vençamos nos a -ellos quiero vos dezir quales |
| | S1585-2 | dones de spiritu santo que nos quiera alunbrar |
| | S1585-3 | las obras de piedat de virtudes nos menbrar |
| | S1586-3 | saber nos guardar de -lo ajeno non dezir esto querria |
| | S1587-2 | que dios por quien lo faremos nos dara buena andança |
| | S1587-3 | podremos con cobdiçia que nos trança |
| | S1587-4 | E dios guardar nos ha de cobdiçia mal andança |
| | S1590-2 | dando lymosna a -pobles dolyendo nos de su mal |
| | S1591-3 | casando huerfanas pobres e nos con esto tal |
| | S1592-2 | con castidat E con conçiençia podernos emos escusar |
| | S1592-3 | spiritu de fortaleza que nos quiera ayudar |
| | S1596-2 | abstinençia E ayuno puede lo de nos quitar |
| | S1598-2 | contra esta enemiga que nos fiere con saetas |
| | S1599-1 | Sacramento de vnçion meternos e soterremos |
| | S1601-1 | Contra esta e sus fiios que ansy nos de-vallen |
| | S1601-2 | nos andemos rromerias e las oras non se callen |
| | S1604-4 | de padres fijos nietos dios nos guarde de sus males |
| | S1605-1 | denos dios atal esfuerço tal ayuda E tal ardid |
| | S1605-3 | por que el dia del juyzio sea fecho a -nos conbyd |
| | S1605-4 | que nos diga jhesu xpisto benditos a -mi venid |
| | S1648-5 | defiende nos sienpre |
| | S1649-4 | que nasçio por saluar noz |
| | G1656-1 | zeñorez voz dat a -noz escularez pobrez dos |
| | S1657-2 | xpristos tanto que non quiso |
| | S1657-3 | que por nos muerte priso |
| | S1658-3 | dad nos por el su amor |
| | S1658-4 | si el salue a -todoz noz |
| | S1693-2 | diz el papa nos enbia esta constituçion |
| | S1705-2 | diz aqueste arçobispo non se que se ha con noz |
| | S1705-3 | el quiere acalañar nos lo que perdono dios |

| NOS | **(L)** |
|---|---|
| S 386-3 | digan te conortamos de grado abres las puertas |
| S 386-4 | despues custodinos te rruegan las encubiertas |
| **NOSTER** | |
| S 507-2 | non es muerto ya dizen pater noster a -mal aguero |
| S1578-3 | que por mi pecador vn pater noster diga |
| S1633-4 | digades vn pater noster por mi E ave maria |
| **NOSTRAS** | **(L)** |
| S 375-4 | nostras preçes ut audiat E fazes los despertar |
| **NOSTRES** | |
| S1306-3 | con muchos pater nostres e con mucha oraçion agra |
| **NOSTRI** | **(L)** |
| P 121 | Anni nostri sicut aranea meditabuntur e cetera |
| **NOTA** | |
| S1074-4 | la nota es aquesta a -carnal fue dada |
| S1193-1 | la nota de -la carta venia a -todos nos |
| **NOTA** | **(H)** |
| S1229-1 | El rrabe gritador con -la su alta nota |
| **NOTA** | **(H)** |
| S1518-1 | Dize vn filosofo en su libro Se nota |
| **NOTARIO** | |
| S 355-2 | de publico notario deuiera syn fallymiente |
| **NOTAS** | |
| P 191 | Ca trobas E notaz e rrimaz e ditadoz e uersoz |
| S1068-3 | desir vos he laz notas ser vos tardinero |
| **NOVELA** | |
| S1152-4 | el rrosario de guido nouela e diratorio |
| S1335-4 | e la rroseta nouela que deuiera dezir ante |
| **NOVIA** | |
| S 972-2 | non a -conprar las joyas para la chata novia |
| **NOVICIOS** | |
| S1540-3 | lo mas que sienpre fazen los herederos nouiçioz |
| **NOVILLA** | |
| S1016-4 | sus touillos mayores que de vna añal novilla |
| **NOVILLO** | |
| S 314-3 | ferianlo de -los cuernos el toro y el novillo |
| S1000-1 | sse muy bien tornear vacas E domar brauo nouillo |
| **NOVIOS** | |
| S 95-4 | diz la dueña los novios non dan quanto prometen |
| S 380-3 | quieres la misa de -los novios syn gloria e syn son |
| **NOVO** | |
| S 477-2 | fuese don pytas pajaz a ser novo mercadero |
| **NUBLO** | |
| S 134-3 | vn rrevatado nublo començo de agranizar |
| **NUBLOS** | |
| S 796-4 | en pos de -los grandes nublos grand sol e sonbrilla |
| **NUDO** | |
| S1320-2 | mas non pudo trabar atar nin dar nudo |
| **NUESTRA** | |
| S 52-2 | dixieron le nos avemos con griegos nuestra conbit |
| S 326-4 | que vino a nuestra çibdat por nonble de monedero |
| S 382-1 | dizes quomodo dilexi nuestra fabla varona |
| S 475-1 | Ante del mes conplido dixo el nuestra dona |
| G 584-1 | ella es nuestra vida e ella es nuestra muerte |
| S 770-2 | que nuestra santa fiesta venieseds a -onrrar |
| S 805-1 | Todo nuestro trabajo E nuestra esperança |
| S 828-3 | pues que fija Señora como esta nuestra cosa |
| S 850-4 | El sera en nuestra ayuda que -lo fara desdezir |
| S 898-3 | que toda nuestra fiesta al leon mucho plaz |
| S1195-1 | Por ende vos mandamos vista la nuestra carta |
| S1197-1 | nuestra carta leyda tomad della traslado |
| S1318-4 | E si esta rrecabdamos nuestra obra non es vana |
| S1561-1 | a -eua nuestra madre a -sus fijos sed e can |
| S1580-2 | ca nuestra enemiga es natural E fuerte |
| S1586-4 | la virtud de -la justiçia judgando nuestra follia |
| S1649-6 | en nuestra valia |
| **NUESTRAS** | |
| S 11-4 | sea de nuestras almas cobertura E manto |
| S 43-5 | nuestras almas le ofrescaz |
| S 203-3 | el rrey que tu nos diste por nuestraz bozes vanas |
| S 604-1 | ya ssabedess nuestros males E nuestras penas parejas |
| S 604-2 | sabedes nuestros pelygros sabedes nuestras conssejas |
| **NUESTRO** | |
| S 32-2 | nuestro señor jhesu xpisto |
| S 148-1 | bien ansy nuestro señor dios quando el çielo crio |
| S 294-1 | adan el nuestro padre por gula e tragonia |
| S 326-2 | rregnante nuestro Señor el leon mazillero |
| S 327-3 | saco furtando el gallo el nuestro pregonero |
| S 507-4 | cras cras nos lo avremos que nuestro es ya por fuero |
| S 805-1 | Todo nuestro trabajo E nuestra esperança |
| S1061-3 | daniel lo dezia por xpistos nuestro Rey |
| S1142-1 | Nuestro Señor sant pedro tan santa criatura |
| S1191-2 | enbyamos nos a -ty al armuerzo nuestro amigo |
| S1196-1 | sy muy sorda non fuere oyra nuestro apellido |
| S1197-2 | dada en torna vacaz nuestro lugar amado |
| S1253-1 | Señor sey nuestro huesped dizien los caualleros |
| S1255-1 | Señor vete con nusco prueua nuestro çeliçio |
| S1501-1 | Pero que sea errança contra nuestro Señor |
| S1561-1 | Saco de -las tus penas a -nuestro padre adan |
| S1575-3 | todos los que -lo oyeren por dios nuestro Señor |
| S1658-1 | Murio nuestro Señor |
| S1658-2 | ser nuestro saluador |
| S1666-6 | que por nuestro esquiuo mal |
| **NUESTROS** | |
| S 604-1 | ya ssabedess nuestros males E nuestras penas parejas |
| S 604-2 | sabedes nuestros pelygros sabedes nuestras conssejas |
| S 747-4 | que es aqui senbrado por nuestros males grandes |
| S1506-4 | dios perdone su alma e los nuestros pecados |
| S1697-4 | creed se ha adolesçer de aquestos nuestros males |
| **NUEVA** | |
| S 73-3 | quieren Segund natura conpaña sienpre Nueva |
| S 167-4 | tome amiga nueva vna dueña ençerrada |

| S 286-2 | de pendolas de pauon vistio nueva pelleja |
|---|---|
| S 330-1 | Respondio el alcalde yo vengo nueva mente |
| S 478-1 | Commo era la moça nueva mente casada |
| S 731-2 | en semejar fijo al padre non es cosa tan nueua |
| S 983-2 | que pan E vino juega que non camisa nueva |
| S 983-4 | dixe le que me mostrase la ssenda que es nueva |
| S1205-1 | El viernes de jndulgençias vistio nueva esclamina |
| S1623-1 | Dixele huron amigo buscame nueua funda |
| **NUEVAS** | |
| S 313-1 | ffueron aquestas nuevas a -las bestias cosseras |
| S 783-2 | que nuevas atan malas tan tristes me troxistes |
| S 829-1 | Preguntol la dueña pues que nuevas de aquel |
| S 829-2 | diz la vieja que nueuas que se yo que es del |
| S 903-3 | entendieras sus mañas e sus nuevas oyera |
| S1099-4 | llegaron a -don carnal aquestas nuevas malas |
| S1199-4 | dixo dios me guarde destaz nueuaz oydaz |
| S1279-3 | tenia laz yeruas nueuas en -el plado ançiano |
| S1290-3 | comie las bebraz nueuas e cogia el arroz |
| S1329-3 | de mudar vuestro amor por aver nueuaz bodaz |
| S1399-3 | quiere oyr la monja Nueuaz del entendedor |
| S1454-2 | fueron al rrey las nuevas querellas e pregones |
| S1569-4 | nunca torna con nuevas quien anda esta carrera |
| **NUEVE** | |
| S 354-4 | E fasta nueve dias deuiera ser provada |
| S 356-2 | Nueve dias de plazo para el que se opone |
| S1647-3 | nueue años de vida |
| **NUEVO** | |
| P 130 | E conpuse este nuevo libro |
| S 66-2 | rre-mendar bien non sabe todo alfayate nuevo |
| S 919-2 | que çedaçuelo nueuo trez dias en astaca |
| S1176-2 | dellaz faze de nueuo e dellaz enxaluega |
| S1274-3 | faze nueuo azeyte con -la blaza nol pesa |
| S1290-3 | agraz nueuo comiendo enbargole la boz |
| S1509-4 | saluda vos amor nueuo dixo la mora yznedri |
| **NUEVOS** | |
| S1291-2 | comia nueuos palales sudaua syn pereza |
| **NUEZ** | |
| S 157-4 | lo que non vale vna nuez amor le da grand prez |
| S 368-4 | non gelo preçio don ximio quanto vale vna nuez |
| S 907-3 | de vna nuez chica nasçe grand arbor de grand noguera |
| S1521-4 | por papaz E por Reyes non das vn vil nuez |
| S1611-2 | pero mas que -la nuez conorta E calyenta |
| **NUEZES** | |
| S 102-2 | pone muy grant espanto chica cosa ez doz nuezez |
| **NUEZES** | |
| S 861-4 | jugaredes e folgaredes e dar vos he ay que nuezes |
| S 946-2 | açipreste mas es el rroydo que -las nuezes |
| S1273-1 | Comia Nuezes primeras e asaua laz castañas |
| S1334-2 | diaçitron codonate letuario de nuezes |
| **NUNCA** | |
| S 63-2 | que en tienpo de su vida nunca la vies vengada |
| S 77-4 | Nunca al fizo por mi nin creo que fazer quiso |
| S 91-1 | Nunca desde esa ora yo mas la pude ver |
| S 107-3 | ssy seruir non las pude nunca las deserui |
| S 152-2 | es amar las mugeres nunca seles olvida |
| S 165-4 | E nunca vos creades loorez de enemigos |
| S 180-3 | nunca puedo acabar lo medio que deseo |
| S 196-2 | que a -la otra donzella nunca mas la tomo |
| S 198-2 | folgaron sin cuydado nunca entristeçieron |
| S 207-3 | tu despues nunca pienssas synon por astragallos |
| S 213-3 | nunca me aperçibes de tu ojo nin del dedo |
| S 229-3 | nunca deue dexarlo por vn vano coydado |
| S 248-4 | que nunca lo diste a -vno pidiendo telo çiento |
| S 256-2 | omne desagradesçido bien fecho nunca pecha |
| S 265-4 | fizo otra marauilla quel omne nunca ensueña |
| S 268-2 | nunca mas fue a -ella nin la ovo talente |
| S 278-4 | el coraçon te salta nunca estas de vagar |
| S 292-1 | desque te conosçi nunca te vy ayunar |
| S 317-2 | nunca quieres que de bondat faga nada |
| S 318-1 | Nunca estas baldio aquel que vna vez atas |
| S 323-4 | era sotil e sabio nunca seya de valde |
| S 373-1 | a -obla de piedad nunca paras mientes |
| S 384-1 | Nunca vy sancristan que a -visperas mejor tanga |
| S 386-1 | Nunca vy cura de almas que tan byen diga conpletas |
| S 452-2 | el seruiçio en -el bueno nunca muere nin peresçe |
| S 452-3 | sy se tarda non se pierde el amor nunca falleze |
| S 471-4 | Texedor E cantadera nunca tyenen los pies quedos |
| S 472-4 | nunca quiere olvido provador lo conpusso |
| S 508-3 | yo nunca vy fermo-sa que quisyese pobleza |
| S 529-2 | que nunca -lo beuiera prouolo por so daño |
| S 530-3 | en tienpo de su vyda nunca el vyno beuia |
| S 532-4 | nunca vy aqui omne con -la cruz me defyendo |
| G 552-1 | nunca omne ezcazo rrecabda de ligero |
| S 567-3 | de omne mesturero nunca me entremety |
| S 575-3 | nunca falle tal dueña como a -vos amor pynta |
| S 577-3 | mucho las guarde syenpre nunca me alabe |
| S 578-4 | que sy byen non abengo nunca mas aberne |
| G 593-4 | morria de todo en todo nunca vy cuyta mayor |
| S 611-2 | seruiçio en -el bueno nunca muere nin pereçe |
| S 614-3 | nunca en -la mar entrarie con su nave ferrada |
| S 633-2 | nunca el buen doñeador por esto enfaronea |
| S 641-2 | nunca pierde faronia nin vale vn pepion |
| G 687-2 | des que yo fue naçido nunca vy mejor dia |
| S 696-4 | nunca son a -los omnes buenas nin prouechosas |
| S 712-4 | el omne aperçebido nunca tanto se duele |
| S 726-4 | nunca puede ome atan buena conpaña |
| S 728-4 | manso mas que vn cordero nunca pelear lo vyeron |
| G 757-4 | que do zon todaz mugerez nunca mengua rrenzilla |
| G 762-4 | nunca la golondrina mejor consejo ogaño |
| S 782-3 | lo que non puede ser nunca lo porfiedes |
| S 809-3 | sienpre de vos dezimos en al nunca fablamos |
| S 817-3 | yo non vos engañaria nin dios nunca lo mande |

**NUNCA** (cont.)

| | |
|---|---|
| S 845-2 | mas guarda me mi madre de mi nunca se quita |
| S 862-1 | Nunca esta mi .tyenda syn fruta a -las loçanas |
| S 864-3 | nunca dios lo quiera fija que de ally nascạ contyenda |
| S 887-3 | lo que nunca se puede Reparar nin emendar |
| S 910-4 | de dueña que yo vyese nunca ffuy tan pagado |
| S 911-4 | nunca vy tal commo esta sy dios me de salud |
| S 913-3 | nunca se omne byen falla de mala conpania |
| S 923-2 | que nunca mal rretrayas a -furto nin en conçejo |
| S 924-1 | a -la tal mensajera nunca le digas maça |
| S 924-2 | byen o -mal commo gorgee nunca le digas pycaça |
| S 926-3 | nunca le digas trotera avn que por ti corra |
| S 931-1 | Nunca jamas vos contesca e lo que dixe apodo |
| S 932-1 | Nunca digas nonbre nin de fealdat |
| S 935-2 | quien nunca vieja loca creyese tal mal seso |
| S 935-4 | dixe yo en mano de vieja nunca dy mejor beso |
| S 947-4 | Ca nunca los oyo dueña que dellos mucho non rrixo |
| S1006-2 | sy nieua o -si yela nunca da calentura |
| S1008-1 | Nunca desque nasçi pase tan grand peligro |
| S1042-1 | Nunca de omenaje |
| S1053-4 | del qual nunca saldra nin avra librador |
| S1256-1 | tarde cunplen o -nunca lo que afiuziauan |
| S1258-4 | sy en dormitorio entrara nunca se arrepentiera |
| S1265-2 | nunca pudo ver omne cossa tan acabada |
| S1267-2 | vn marfyl ochauado nuncal vistes mejor |
| S1303-3 | commo nunca me viera o -do avia morado |
| S1358-2 | nunca de -la corrida vazio le tornaua |
| S1397-3 | nunca vos he fallado jugando nin Reyendo |
| S1444-2 | el omne que vos ama nunca lo esquiuedes |
| S1457-2 | prometiole el diablo que del nunca se parta |
| S1504-4 | en locura del mundo nunca se trabajaua |
| S1523-2 | nunca fue quien contigo podiese bien contender |
| S1541-2 | amidoz tarde o -nunca en misa por el estan |
| S1544-2 | nunca das a -los omes conorte nin esfuerço |
| S1569-4 | nunca torna con nueuas quien anda esta carrera |
| S1571-2 | que mas leal trotera nunca ffue en memoria |
| S1619-4 | sy non por quatorze cosạ nunca vy mejor que el |
| S1655-2 | nunca se ha de perder |
| S1682-1 | Nunca falleçe la tu merçed conplida |
| S1682-3 | nunca peresçe nin entristeçe |
| S1703-1 | Ca nunca fue tan leal blanca flor a -frorez |
| S1703-4 | E sy de mi la parto nunca me dexaran dolorez |
| S1704-4 | yo le daria tal buelta que nunca viese al agosto |

**NUSCO**

| | |
|---|---|
| S 43-4 | antel con nusco parescas |
| S1255-4 | Señor vete con nusco prueua nuestro çeliçio |

**NUZIA**

| | |
|---|---|
| S 199-2 | cosa non les nuzia bien solteras andauan |

**O**

| | |
|---|---|
| P 135 | ome o muger de buen entendemiento |
| P 140 | o tienen en -la voluntad de fazer |
| P 160 | E ansi este mi libro a -todo omne o -muger |
| S 68-3 | ssi a -razon entiendes o en -el sesso açiertas |
| S 69-3 | dicha buena o mala por puntos la juzgat |
| S 69-4 | las coplas con -los puntos load o denostat |
| S 70-2 | bien o -mal qual puntares tal te dira çierta mente |
| S 88-4 | en -el lobo castigue que feziese o -que non |
| S 97-3 | de quanto le prometio o -le da poco o -nada |
| S 99-3 | penssauan que grand sierpe o -grand bestia pariria |
| S 104-2 | mande que gelas diesen de noche o al alua |
| S 144-1 | O -sy por aventura aqueste que -lo erro |
| S 146-4 | por graçia o por seruiçio toda la pena soltar |
| S 180-2 | que si lo faz mi signo o -ssy mi mal asseo |
| S 264-1 | sy daua vno a -otro fuego o -la candela |
| S 274-1 | omne ave o -bestia a -que ammor Retiente |
| S 292-4 | sy tienes que o -puedes a -la noche çahorar |
| S 344-3 | que sentençia daria o qual podria ser |
| S 355-1 | Por cartas o por testigos o por buen jnstrumente |
| S 359-1 | Maguer contra la parte o contra el mal testigo |
| S 360-1 | sy non fuere testigo falso o sy lo vieren variar |
| S 386-2 | vengan fermosas o feas quier blancas quier prietas |
| S 410-4 | poner te he en -el otero o en aquel rrastrojo |
| S 416-3 | commo el topo e la rrana peresçen o -peor |
| S 430-1 | sy quisyeres amar dueñas o otra qual quier muger |
| G 451-2 | quando dar non quisierez o quando non touierez |
| S 483-3 | como es esto madona o como pode estar |
| S 488-2 | quier sea suyo o -non fablare por amor della |
| S 489-4 | que mucho o poco dal cada que podieres |
| S 513-3 | que poco o que mucho non vaya syn logrero |
| S 514-1 | Sy algo non -le dyeres cosa mucha o poca |
| S 515-1 | sy sabes estromentos byen tañer o tenplar |
| S 515-2 | sy sabes o avienes en fermoso cantar |
| S 518-2 | quier lo vea o -non saber lo ha algud dia |
| G 560-4 | quien contra razon faz tarde o non rrecabda |
| S 564-4 | E es como quien siebra en rrio o en laguna |
| S 610-1 | Toda muger que mucho otea o -es rrysueña |
| S 612-4 | que tarde o que ayna crey que de ty se duela |
| S 613-2 | con arte o con seruiçio ella la dara apuesta |
| S 635-1 | de tuyo o -de ageno vele byen apostado |
| S 640-3 | sy lo fara o -non en -esto esta dubdando |
| G 675-2 | pues que oy non me creedez o non es mi ventura |
| G 679-4 | a qual quier que -lo fablare o con -ellaz rrazonare |
| G 680-1 | quanto esto uoz otorgo a -uoz o a otro qual quier |
| S 695-3 | vno o -otro non guarda lealtad nin la cuda |
| S 722-4 | o piensa bien lo que fablas o calla faz te mudo |
| S 736-2 | esto que vos he fablado sy vos plaze o si non |
| S 737-2 | buena muger dezid me qual es ese o quien |
| S 800-4 | desides me joguetes o fablades me en cordura |
| S 806-1 | Madre vos non podedes conosçer o asmar |
| S 806-2 | sy me ama la dueña o sy me querra amar |
| S 806-4 | en gestos o en sospiros o en color o en fablar |
| S 833-1 | sy anda o -sy queda en vos esta pensando |

| | |
|---|---|
| S 838-3 | o -byen lo fagamos o -byen lo dexat |
| S 849-4 | o callara vençido o vaya se por menga |
| S 860-2 | oluidar o escusar aquello que mas amades |
| S 873-1 | Es omne o es viento creo que es omne non miento |
| S 901-3 | quanto el leon traspuso vna o dos callejas |
| S 905-1 | la que por des-aventura es o -fue engañada |
| S 922-4 | o -piensa byen que fables o calla faz te mudo |
| S 924-2 | byen o -mal commo gorgee nunca le digas pycaça |
| S 941-1 | ssy ensychizo o sy -le dyo atyncar |
| S 941-2 | o sy le dyo Raynela o -sy le dyo mohalinar |
| S 941-3 | o sy le dio ponçoña o algud adamar |
| S 959-3 | fade maja diz donde andas que buscas o -que demandas |
| S 975-4 | o morar me he con-vusco o mostrad me la carrera |
| S 989-2 | o -las vezes omne gana o -pierde por aventura |
| S1006-2 | sy nieua o -si yela nunca da calentura |
| S1076-4 | de muerto o de preso non podraz escapalla |
| S1127-3 | si non fuese doliente o confesor alguno |
| S1145-3 | si el çiego al çiego adiestra o lo quier traer |
| S1146-2 | o que juzgara en -françia el alcalde de rrequena |
| S1152-1 | lea en -el especulo o en -el rreportorio |
| S1155-1 | Syn poder del perlado o -syn aver liçençia |
| S1156-2 | mas en ora de muerte o de grand neçesidat |
| S1159-4 | vaya a -lauarse al Rio o -a la fuente |
| S1165-3 | el terçio de tu pan comeras o -las dos partes |
| S1202-2 | rresçelo de -la lyd muerte o grand presion |
| S1256-4 | tarde cunplen o -nunca lo que afiuziauan |
| S1298-4 | por do yo entendiese que era o -que non |
| S1303-3 | commo nunca me viera o -do avia morado |
| S1328-1 | Sy Recabdo o non la buena menssajera |
| S1330-3 | por non fazer pecado o -por non ser osada |
| S1361-2 | a -mi Señor la daua quier muerta o -quier byua |
| S1388-1 | Mas querria de vuaz o -de trigo vn grano |
| S1397-1 | o vos fallo cantando o -vos fallo leyendo |
| S1397-2 | o -las vnas con las otraz contendiendo Reñiendo |
| S1416-3 | para quien dolor tiene en muela o en quexar |
| S1418-3 | para quien tiene venino o dolor en -la oreja |
| S1459-1 | quando a -ty sacaren a -judgar oy o cras |
| S1506-3 | a -morir han los onbrez que son o -seran nados |
| S1541-2 | amidoz tarde o -nunca en misa por el estan |
| S1542-1 | Sy dexa muger moça Rica o -paresçiente |
| S1542-3 | que casara con mas rrico o -con moço valiente |
| S1627-3 | o sy muger lo oye que su marido vil sea |
| S1638-2 | guio los Reyes poro |
| S1651-1 | dat lymosna o rraçio |
| S1693-3 | he -vos lo a -dezir que quiera o -que non |
| S1706-1 | que sy yo tengo o -toue en casa vna seruienta |

**O** (H)

| | |
|---|---|
| S 29-4 | graçias a -dios o subia |

**O** (H)

| | |
|---|---|
| S1415-2 | o diz que buena cola mas vale que vn dinero |
| S1438-1 | o cueruo tan apuesto del çisne eres pariente |
| S1664-8 | o -bendicha fror e Rosa |
| S1665-7 | o virgen mi fiança |
| S1667-10 | o maria |

**OBEDECER**

| | |
|---|---|
| S1223-2 | venian a -obedeçerle villaz E alcariaz |

**OBEDESCEN**

| | |
|---|---|
| G 585-4 | todoz voz obedesçen commo a -su fazedor |

**OBEDIENCIA**

| | |
|---|---|
| S1071-1 | E por aquesta Razon en vertud obediençia |

**OBISPO**

| | |
|---|---|
| S1150-1 | otrozi del obispo E de -los sus mayores |

**OBISPOS**

| | |
|---|---|
| S 494-1 | fazie muchos priores obispos E abbades |
| S1160-4 | arçobispos e obispos patriarca cardenal |

**OBLA**

| | |
|---|---|
| S 373-1 | a -obla de piedad nunca paras mientes |
| S 389-1 | El que tu obla trae es mitroso puro |
| S1666-8 | con su obla engañosa |

**OBLACION**

| | |
|---|---|
| S1572-2 | fare cantar misaz e dare oblaçion |

**OBLAÇONES**

| | |
|---|---|
| S1628-1 | Desea oyr misas E fazer oblaçones |

**OBLADAS**

| | |
|---|---|
| S1283-4 | que pierden las obladas e fablen vanidades |

**OBLAS**

| | |
|---|---|
| S 388-4 | a -los tuyos das oblas de males e quebrantos |
| S 417-4 | E fazer malaz oblas e tener mal querençia |
| S 530-2 | que en -todas sus oblas en yermo a -dios seruia |
| S1180-1 | En quanto ella anda estaz oblaz faziendo |

**OBRA**

| | |
|---|---|
| P 76 | nin de -la buena obra non viene tal obra |
| P 194 | E por que toda buena obra |
| P 199 | non se puede fazer obra firme nin firme hedifiçio |
| S 72-4 | que por obra se prueva el sabio e su fablar |
| S 473-4 | do estas tres guardares non es tu obra vana |
| S 542-3 | ffue la su mala obra en punto descobyerta |
| S 623-2 | non canses de seguir la tu obra non se dañe |
| S 694-2 | el guie la mi obra el mi trabajo prouea |
| S1266-1 | la obra de -la tyenda vos querria contar |
| S1269-3 | en -la obra de dentro ay tanto de fazer |
| S1318-4 | E si esta rrecabdamos nuestra obra non es vana |
| S1532-4 | vestid la con -la obra ante que muerte acuda |
| S1533-3 | amigos aperçebid vos e fazed buena obra |
| S1676-4 | en obra e entençion |
| S1707-1 | En mantener omne huerfana obra es de piedad |

**OBRA** (H)

| | |
|---|---|
| S 734-2 | obra mucho en -los fechos a -vezes rrecabda luego |

**OBRAD**

| | |
|---|---|
| S1577-3 | obrad bien en -la vida a -dios non -lo erredes |

**OBRADA**

| | |
|---|---|
| S1265-3 | byen creo que de angeles fue tal cosa obrada |

| | OBRANDO | | | |
|---|---|---|---|---|
| **OBRANDO** | | **OIDOR** | el oydor cortes tenga presto El perdon | |
| P 54 | de -loz buenos que mueren bien obrando | S 949-4 | son otros casos muchos de que son oydores | |
| **OBRAR** | | **OIDORES** | | |
| P 95 | nin acordarse dello para lo obrar | S1150-2 | en Reconvençion pido que mueran e non sean oydos | |
| P 136 | que se quiera saluar descogera E obrar lo ha | **OIDOS** | los mortales pecados ya los aredes oydos | |
| P 179 | A -memoria buena de bien obrar | S 339-4 | **(H)** | |
| S 289-4 | non fallaran en -ti synon todo mal obrar | S1583-1 | que me daria grand palmada en los oydos Retinientes | |
| G 450-4 | faz mucho por seruir la en dezir e en obrar | **OIDOS** | | |
| S1585-1 | obras de misericordia E de mucho bien obrar | S 62-4 | **Sy** queredes senores oyr vn buen solaz | |
| **OBRARE** | De todos buenos desseos e de todo bien obrar | **OIR** | | |
| P 163 | E obrare bien Amando a dioz | S 14-1 | quieras me oyr muy digna | |
| **OBRAS** | | S 33-3 | don jupiter con saña ovolas de oyr | |
| P 51 | e trae al cuerpo a fazer buenaz obraz | S 201-4 | mas que por oyr la missa nin ganar de dios perdon | |
| P 63 | que obraz sienpre estan en -la buena memoria | S 380-2 | non cuydedez que zo loca por oyr vuestraz parlillaz | |
| P 67 | Ca dioz por laz buenas obraz que faze el omne | G 665-3 | vsando oyr mi pena entendredez mi quexura | |
| S 310-2 | el que tos obras viere de ty se arredrara | G 675-4 | con dueña que te non quiere nin escuchar nin oyr | |
| G 683-2 | que qual es el buen amigo por laz obraz parescera | S 789-3 | por oyr de mal rrecabdo dexos de su lavor | |
| S1470-3 | dixo el enforcado tus obras mal apresaz | S 994-2 | yras oyr las oras non prouaras la lucha | |
| S1505-2 | para rrogar a -dioz con obraz piadosaz | S1164-3 | vayamos oyr misa señor vos e yo anbos | |
| S1585-3 | obras de misericordia E de mucho bien obrar | S1181-2 | quiere oyr la moña Nueuaz del entendedor | |
| S1601-4 | las obraz de piedat de virtudes nos menbrar | S1399-3 | por oyr luenga misa non -lo quieren errar | |
| S1602-3 | E penssemos pensamientos que de buenas obras salen | S1539-3 | El oyr E el olor el tañer el gustar | |
| | ansy que con santas obras a -dioz baldios non fallen | S1547-1 | Desea oyr misas E fazer oblaçiones | |
| **OBRE** | con fierro de buenas obraz los pecados amatar | S1628-1 | | |
| S 73 | se acuerde pecado e lo quiera e lo obre | **OIRA** | | |
| **OCASION** | | S1196-4 | sy muy sorda non fuere oyra nuestro apellido | |
| S 804-1 | Estorua grandes fechos pequeña ocasyon | **OIREDES** | | |
| S1670-4 | de muerte E de ocasion por tu fijo jhesu santo | G 677-2 | yo entendere de -uoz algo E oyredez loz miz razonez | |
| **OCULOS** | | S1181-3 | vos oyredes misa yo rrezare miz salmos | |
| P 3 | firmabo super te occulos meos | **OIREMOS** | | |
| P 61 | firmabo super te occulos meos | S1181-4 | oyremos pasion pues que baldios estamos | |
| **OCHAVADO** | | **OISTE** | | |
| S1267-2 | vn marfyl ochauado nuncal vistes mejor | S 24-1 | Tu desque el mandado oyste | |
| **OCHENTA** | | S 35-4 | del angel quando oyste | |
| S1634-1 | Era de mill E trezientos E ochenta E vn años | S 455-2 | dize luego entre sus dientes oyste tomare mi dardo | |
| **ODERUNT** | **(L)** | **OISTES** | | |
| S 374-2 | cum hiz qui oderunt paçem fasta que el salterio afines | S 906-3 | ya oystes que asno de muchos lobos lo comen | |
| **ODITE** | **(L)** | **OIT** | | |
| S 43 | qui diligitis dominum odite malum e cetera | S 604-4 | oyt me vos mansa mente las mis coytas sobejas | |
| **ODRECILLO** | | **OJO** | | |
| S1233-3 | el ffrançes odreçillo con estos se conpon | S 61-2 | diz dixo me que con su dedo que me quebrantaria el ojo | |
| S1516-3 | çitola odreçillo non amar caguyl hallaço | S 112-3 | puse el ojo en otra non santa mas sentia | |
| **ODREZILLO** | | S 213-3 | nunca me aperçibes de tu ojo nin del dedo | |
| S1000-2 | Se maçar e fazer natas E fazer el odrezillo | S 319-3 | pensando estas triste tu ojo non se erzia | |
| **OEN** | | S 404-3 | plaze te con qual quier do el ojo as puesto | |
| S 604-3 | non me dades rrespuesta nin me oen vuestras orejas | S 410-1 | yo se nadar muy byen ya lo ves por el ojo | |
| **OFICIA** | **(L)** | G 440-4 | echan la moça en ojo e çiegan bien de ueraz | |
| S 218-3 | esta ez tu alferez E tu casa offiçia | S 458-1 | El vno era tuerto del su ojo derecho | |
| **OFICIO** | | S 464-4 | en -el mi ojo muy Rezia amenudo feria | |
| S 347-2 | vso bien de su ofiçio E guardo su conçiençia | S 465-3 | el ojo de que soy tuerto ovo melo de quebrar | |
| S 360-4 | en -los pleitos criminales su ofiçio ha grand lugar | S 499-4 | do el dinero juega ally el ojo guiña | |
| S 620-1 | ome poble con arte pasa con chico ofiçio | S 811-3 | ayuua mas el ojo e esta toda bulliendo | |
| S 622-2 | el mester e el ofiçio el arte e la sabiençia | S 874-1 | aquella es la su cara e su ojo de bezerro | |
| S 704-3 | ofiçio de corredores es de mucha poridat | S 918-3 | en dando le la sortyja del ojo le guiño | |
| S 717-2 | de aqueste ofiçio byuo non he de otro coydado | S1417-2 | diz el ojo de aquesta es para melezina | |
| S 780-1 | Omne cuerdo non quiera el ofiçio danoso | S1543-4 | fasta que ya por ojo la muerte vee que vien | |
| S 844-2 | sy mi madre quise otorgar el ofiçio | **OJOS** | | |
| S1462-2 | vso su mal ofiçio grand tienpo e grand sazon | P 69 | firma suz ojoz sobre el | |
| S1597-2 | que es de cuerpo de dios sacramento e ofiçio | S 62-2 | con dos dedoz los ojos con -el pulgar los dientes | |
| **OFICIOS** | | S 115-1 | Mys ojos non veran luz | |
| S 509-4 | de todos los ofiçios es muy apoderado | S 242-4 | ojos fondos bermejos commo piez de perdizes | |
| S1540-2 | nin dizen oraçiones nin cunplen los ofiçios | S 301-4 | diole entre los ojos echole frio muerto | |
| **OFRECER** | | S 351-4 | dyos Ante mis ojos nin Ruego nin pecho | |
| S 777-2 | ofreçer vos los he yo en graçias e en seruiçio | S 433-1 | ojos grandes fermosos pyntados Reluzientes | |
| **OFRECEREMOS** | | S 549-4 | zospirando le fabla ojoz en -ella puestoz | |
| S 771-4 | ofreçeremos cabritos los mas e los mejores | S 605-1 | Non veen los vuestros ojos la mi triste catadura | |
| **OFRECI** | | S 607-2 | la fuerça non la tengo mis ojos non paresçen | |
| S1044-4 | a -onrra de -la virgen ofreçle este ditado | G 653-4 | con saetas de amor fyere quando los sus ojos alça | |
| **OFRECIO** | | G 669-3 | loz ojoz baxo por tierra en -el poyo asentada | |
| S 27-1 | ofreçiol mira gaspar | S 788-1 | ay ojos los mis ojos por que vos fustes poner | |
| S 27-3 | oro ofreçio baltasar | S 788-3 | ojos por vuestra vista vos quesistes perder | |
| **OFRENDA** | | S 788-4 | penaredes mis ojos penar e amorteçer | |
| S 380-4 | coxqueaz al dar ofrenda byen trotas el comendon | S 833-2 | los ojos façia tierra non queda sospirando | |
| **OFRESCAS** | | S 859-2 | vuestras fazes E vuestros ojos andan en color de tierra | |
| S 43-5 | nuestras almas le ofrescaz | S 866-3 | non vee rredes nin lazos en -los ojos tyene arista | |
| **OFRESCO** | | S1012-3 | ojos fondos bermejos poco e mal deuisa | |
| S 328-4 | esto me ofresco prouar so -pena del talyon | S1139-3 | sygnos de penitençia de -los ojos llorando | |
| S1045-4 | ofresco con cantigas e con grand omildat | S1488-1 | los ojos ha pequeños es -vn poquillo baço | |
| S1636-3 | te ofresco en seruiçio | S1502-1 | oteome de vnos ojos que paresçian candela | |
| **OGANO** | | S1546-1 | los ojos tan fermosos pones los en -el techo | |
| S 762-4 | nunca la golondrina mejor consejo ogaño | S1693-1 | llorando de sus ojos començo esta rraçon | |
| **OID** | | S1700-3 | E con llorosoz ojos E con dolor grande | |
| S 460-1 | Dyxo señora oyd primero la mi Razon | **OLER** | | |
| S 703-2 | toda cosa que vos diga oydla en paçiençia | S 545-1 | ffaze oler el fuelgo que es tacha muy mala | |
| S 892-1 | dueñas aved orejas oyd buena liçion | **OLOR** | | |
| S1156-3 | a -vuestros E ajenos oyd absolued E quitad | S 163-4 | mas ante pudren aver otra pero dan buen olor | |
| S1332-1 | Ella dixo amigo oyd me vn poquiello | S1547-1 | El oyr E el olor el tañer el gustar | |
| **OIDA** | | S1612-3 | commo en poco blasmo yaze grand buen olor | |
| S 334-3 | non deue ser oyda nin tal acusaçion | **OLVIDA** | | |
| **OIDAS** | | S 152-2 | es amar las mugeres nunca seles olvida | |
| S1199-4 | dixo dios me guarde destaz nuevaz oydaz | S 356-4 | que -a muchos abogados se olvida e se pospone | |
| **OIDES** | | S 526-4 | muger mucho seguida olvida la cordura | |
| G 663-1 | rreçelo he que non oydez esto que uoz he fablado | S 544-3 | faze tenbrar los mienbros todo seso olvida | |
| **OIDO** | | S1682-4 | quien a -ty non olvida | |
| S 336-4 | nin en vuestra abdiençia oydo nin escuchado | **OLVIDADA** | | |
| S 425-3 | do byen eres oydo escucha mi Razon | S1132-2 | non deuedes amigos dexar la oluidada | |
| S1203-2 | fasta quando lydiasen byen lo avedes oydo | **OLVIDADO** | | |
| | **(H)** | S 787-2 | de dueña que te tyene por de mas oluidado | |
| S 978-2 | ally proue que era mal golpe del del oydo | S1337-4 | penaras ay coraçon tan oluidado penado | |
| | | S1668-3 | E de muchas otraz guisaz que yo he oluidado | |
| | | | El que loa tu figura non lo dexes oluidado | |

**OLVIDAR**

| | |
|---|---|
| P 107 | E non olvidar algo |
| S 782-2 | es oluidar la cosa que aver non podedes |
| S 860-2 | oluidar o escusar aquello que mas amades |
| S1508-1 | Por oluidar la coyta tristeza E pessar |

**OLVIDARA**

| | |
|---|---|
| G 689-4 | do la muger oluidarez ella te oluidara |

**OLVIDARES**

| | |
|---|---|
| G 689-4 | do la muger oluidarez ella te oluidara |
| G 690-4 | si la muger oluidarez poco preçiara tu Ruego |

**OLVIDAS**

| | |
|---|---|
| S 976-4 | sy en lleno te cojo byen tarde la oluidas |

**OLVIDEDES**

| | |
|---|---|
| S 475-4 | non olvidedez vuestra caza nin la mi persona |

**OLVIDES**

| | |
|---|---|
| G 446-2 | non oluidez tal dueña maz della te enamora |
| S 472-1 | Non olvides la dueña dicho te lo he de suso |
| S 627-3 | non olvides los sospiros en -esto sey engañoso |
| S1005-3 | luego fagamos las bodas e esto non lo oluides |

**OLVIDEZ**

| | |
|---|---|
| S 485-4 | desque telo prometa guarda non -lo olvidez |

**OLVIDO**

| | |
|---|---|
| S 472-4 | nunca quiere olvido provador lo conpusso |
| S 481-4 | la señal quel feziera non la echo en olvido |
| G 588-3 | Non ozo moztrar la laga matar me a si la oluido |
| G 689-2 | sy veye que -la oluido ella otro amara |

**OLVIDO**	**(H)**

| | |
|---|---|
| S 474-1 | del que olvydo la muger te dire la fazaña |
| S 994-4 | oluidose la fabla del buen consssejador |

**OLVIDO**	**(H)**

| | |
|---|---|
| S1043-4 | torne Rogar a -dios que non diese a -oluido |

**OLLA**

| | |
|---|---|
| G 437-4 | ca mas fierbe la olla con la su cobertera |

**OLLAS**

| | |
|---|---|
| S1087-2 | ollas de puro cobre trayan por capellynas |
| S1175-4 | espetoz e grialez ollaz e coberteraz |

**OME**

| | |
|---|---|
| P 22 | Ca el ome entendiendo el bien avra de dios temor |
| P 52 | por laz qualez se salua el ome |
| P 85 | por que ome piensa vanidat de pecado |
| P 104 | por rrazon que la memoria del ome desleznadera ez |
| P 135 | ome o muger de buen entendemiento |
| S 461-2 | fazia la syesta grande mayor que ome non vydo |
| S 491-1 | ssea vn ome nesçio E rudo labrador |
| S 620-1 | ome poble con arte pasa con chico ofiçio |
| S 626-2 | quiere -la muger al ome alegre por Amigo |
| S 726-4 | nunca puede ome atan buena conpañia |
| S 731-3 | el coraçon del ome por el coraçon se prueua |
| S 732-1 | ome es de buena vyda E es byen acostunbrado |
| S 798-2 | non quiere ella casar se con otro ome nado |
| S 909-4 | sola con ome non te fyes nin te llegues al espino |
| S 930-4 | que mano besa ome que -la querria ver corta |
| S 982-2 | que ayuno E arreçido non ome podria solazar |
| S1324-4 | non vido a -la mi vieja ome gato nin can |
| S1330-4 | toda muger por esto non es de ome vsada |
| S1351-1 | aqueste ome bueno dauale cada dia |
| S1364-4 | de amigo syn prouecho non ha el ome cura |
| S1366-2 | quien a -mal ome sirue sienprel sera mendigo |
| S1380-1 | Al ome con -el miedo nol sabe dulçe cosa |
| S1387-3 | fallo çafyr culpado mejor ome non vido |
| S1420-1 | Dixo todaz laz coytas puede ome sofrir |
| S1428-1 | Por ende vençer es onrra a -todo ome nasçido |
| S1448-4 | non deue temor vano en -sy ome traer |
| S1523-4 | desque vienes non quieres a -ome atender |
| S1529-2 | ome sabio nin neçio que de ty byen de-parta |
| S1556-6 | jhesu xpisto dios E ome tu aqueste penaste |

**OMECIDA**

| | |
|---|---|
| S 259-2 | fue el Rey dauid omeçida e fizo a -dios falliaz |
| S 540-3 | luego el omeçida estos pecados tales |

**OMENAJE**

| | |
|---|---|
| S1042-1 | Nunca de omenaje |

**OMES**

| | |
|---|---|
| S 184-3 | ffazes a -muchos omes tanto se atreuer |
| S 283-1 | Cada dia los omes por cobdiçia porfian |
| S 388-3 | non te pagas de omes castos nin dignos santos |
| S 506-3 | luego los toman prestos sus omes despenseros |
| S 642-1 | Desque estan dubdando los omes que han de fazer |
| S1281-4 | a -omes aves e bestias mete los en amorez |
| S1300-3 | los omes son las meses cosa es verdadera |
| S1375-4 | solaz con yantar buena todos omes ablanda |
| S1544-2 | nunca das a -los omes conorte nin esfuerço |
| S1582-1 | Pues si esto fariamos por omes como nos byuos |

**OMIL**

| | |
|---|---|
| S 24-2 | omil mente rresçebiste |
| S 463-2 | estando delante ella sossegado e muy omyl |

**OMILDAL**

| | |
|---|---|
| S1590-3 | virtud de natural justiçia judgando con omildal |

**OMILDAT**

| | |
|---|---|
| S1045-4 | ofresco con cantigas e con grand omildat |
| S1588-1 | Sobrar a -la grand soberuia dezir mucha omildat |

**OMILDES**

| | |
|---|---|
| S1094-4 | vinieron muy omildes pero con grand temor |

**OMILLA**

| | |
|---|---|
| S1304-3 | ally toda persona de grado se me omilla |

**OMILLAN**

| | |
|---|---|
| S 493-1 | todos a -el se omillan commo a -la magestat |

**OMILLAVA**

| | |
|---|---|
| S 121-1 | quando la cruz veya yo sienpre me omillava |

**OMILLO**

| | |
|---|---|
| G 585-2 | Noble dueña omillome yo vuestro seruidor |
| S 975-3 | omillome dixe yo sserrana fallaguera |
| S1025-2 | omillome bella |

| | |
|---|---|
| S1046-1 | omillome Reyna madre del Saluador |
| S1089-3 | omillo me diz Señor yo el tu leal syeruo |
| S1331-3 | vino a -mi rreyendo diz omillome don polo |

**OMNE**

| | |
|---|---|
| P 37 | e pienssa e ama e desea omne el buen amor de dioz e sus man-damientoz |
| P 67 | Ca dioz por laz buenas obraz que faze omne |
| P 78 | que ez en -el omne que se non puede escapar de pecado |
| P 160 | E ansi este mi libro a -todo omne o -muger |
| S 13-1 | Tu señor dioz mio quel omne crieste |
| S 27-4 | Al que dios e omne seya |
| S 44-2 | que omne a -sus coydadoz que tiene en coraçon |
| S 45-1 | E por que de buen seso non puede omne Reyr |
| S 73-4 | E quanto mas el omne que a -toda cosa se mueva |
| S 74-1 | Digo muy mas del omne que de toda creatura |
| S 74-3 | el omne de mal sseso todo tienpo syn mesura |
| S 75-3 | el omne quando peca bien vee que desliza |
| S 76-1 | E yo como ssoy omne commo otro pecador |
| S 76-3 | prouar omne las cosas non es por ende peor |
| S 78-3 | mucho de omne se guardam ally do ella mora |
| S 84-3 | E para si la canal la mejor que omne viese |
| S 97-1 | Diz quando quier casar omne con dueña mucho onrrada |
| S 102-1 | omne que mucho fabla faze menos a -vezes |
| S 109-1 | ssy dios quando formo el omne entendiera |
| S 109-3 | al omne por conpañera nin la feziera |
| S 110-1 | ssy omne a -la muger non -la quisiesse bien |
| S 123-3 | quel omne quando nasçe luego en -su naçençia |
| S 154-3 | pero avn que omne non goste la pera del peral |
| S 156-1 | El amor faz sotil al omne que es rrudo |
| S 156-3 | al omne que es couarde fazelo muy atreuido |
| S 181-3 | vn omne grande fermoso mesurado a -mi vino |
| S 183-4 | partes lo del amiga al omne que ayras |
| S 193-1 | Aqueste omne bueno padre de aqueste neçio |
| S 209-4 | quando omne esta Seguro furtas le el coraçon |
| S 225-1 | Por la cobdiçia pierde el omne el bien que tiene |
| S 229-2 | desque lo tiene omne çiero E ya ganado |
| S 236-1 | El omne muy soberuio E muy denodado |
| S 256-2 | omne desagradescido bien fecho nunca pecha |
| S 256-3 | el buen conosçimiento mal omne lo dessecha |
| S 256-4 | el bien que omne le faze diz que es por su derecha |
| S 265-4 | fizo otra marauilla quel omne nunca ensueña |
| S 274-1 | omne ave o -bestia a -que ammor Retiente |
| S 276-2 | con grand çelo que tienes omne de ti se espanta |
| S 282-2 | dios verdadero e omne fijo de dios muy quisto |
| S 316-1 | El omne que tiene estado onrra E grand poder |
| S 394-1 | Tyene omne su fija de coraçon amada |
| S 404-1 | fazes por muger fea perder omne apuesto |
| S 404-2 | pierde se por omne torpe duena de grand Respuesto |
| S 418-1 | Del bien que omne dize sy a -sabiendas mengua |
| S 419-1 | Non es para buen omne creer de lygero |
| S 419-4 | en -el buen dezir sea omne firme e verdadero |
| G 449-4 | al omne si drize si a -tal muger te ayunta |
| S 462-4 | nin ver tal la puede omne que en dios adora |
| S 468-4 | mas diabluras faze de quantas omne quier |
| S 490-2 | al torpe faze bueno E omne de prestar |
| S 520-2 | quanto por omne es magada e ferida |
| S 525-1 | Por vna vez al dia que omne gelo pida |
| S 531-4 | dyos te salue buen omne dixol con ssynple gesto |
| S 532-4 | nunca vy aqui omne con -la cruz me defyendo |
| G 552-1 | nunca omne ezcazo rrecabda de ligero |
| S 567-3 | non deue mesturero nunca me entremety |
| S 570-1 | a -muchos faze mal el omne mesturero |
| G 594-1 | mijor es moztrar el omne su dolençia e su quexura |
| S 603-1 | quanto mas esta omne al grand fuego llegado |
| S 613-4 | El omne mucho cauando la grand peña acuesta |
| S 627-1 | El alegria al omne fazelo apuesto e fermoso |
| S 630-2 | mas desea tal omne que todos byenes conplidos |
| S 633-3 | la muger byen sañuda e quel omne byen guerrea |
| S 659-3 | desque vy que eran ydos que omne ay non fyncaua |
| G 665-2 | el omne tan engañozo asi engaña a -suz vezinaz |
| G 678-1 | pero que omne non coma nin comiença la mançana |
| G 678-4 | al omne conorte grande e plazenteria bien zana |
| S 712-4 | el omne aperçebido nunca tanto se duele |
| S 713-3 | es omne de buen lynaje viene donde vos venides |
| S 714-2 | ca es omne muy escaso pero que es muy Rico |
| S 716-2 | synon por mi non la puede omne del mundo aver |
| S 722-1 | Mejor cosa es al omne al cuerdo e al entendido |
| S 730-4 | en -el bezerillo vera omne el buey que fara |
| S 743-4 | por ende aquel buen omne vos ternia defendida |
| G 756-4 | mas do non mora omne la caza poco val |
| G 758-1 | dioz bendixo la caza do el buen omne cria |
| G 761-2 | tomad aqueste marido por omne e por velado |
| G 763-4 | grand plazer e chico duelo es de todo omne querido |
| S 780-1 | Omne cuerdo non quiera el ofiçio danoso |
| S 803-3 | el curso de -los fados non puede omne dezir |
| S 804-2 | desperar el omne es perder coraçon |
| S 805-3 | por buen comienço espera omne la buena andança |
| S 823-2 | Ruego vos que seades omne do fuer lugar |
| S 826-2 | commo el diablo al Rico omne ansy me anda seguiendo |
| S 828-2 | que por ella con-vusco fablar omne non osa |
| S 831-2 | que sodes de aquel omne loçana mente amada |
| S 832-3 | con tantas de mesuras de aquel omne tan largo |
| S 856-1 | quanto mas malas palabras omne dize e las entyende |
| S 858-2 | en -el vuestro coraçon al omne vuestro amigo |
| S 869-3 | Sed cras omne non vos tengan por tenico |
| S 873-1 | Es omne o es viento creo que es omne non miento |
| S 913-3 | nunca se omne byen falla de mala conpania |
| S 921-3 | que juga jugando dize el omne grand manzilla |
| S 922-3 | ayna yerra omne que non es aperçebydo |
| S 949-3 | non puede ser que non yerre omne en grand Raçon |
| S 989-2 | a -las vezes omne gana o -pierde por aventura |
| S1007-1 | Commo omne non siente tanto frio si corre |
| S1017-3 | boz gorda e gangosa a -todo omne enteca |

## OMNE

**(cont.)**

| | |
|---|---|
| S1042-4 | omne quanto plaze |
| S1062-4 | dios e omne que veemos en -el santo altar |
| S1095-3 | delante sus juglares commo omne onrrado |
| S1100-1 | Commo avia buen omne Sobra mucho comido |
| S1137-1 | verdat es todo aquesto do puede omne fablar |
| S1146-1 | non deue poner omne su foz en miese ajena |
| S1265-2 | nunca pudo ver omne cossa tan acabada |
| S1265-4 | que omne terrenal desto non faria nada |
| S1299-1 | Él mi Señor don amor Commo omne letrado |
| S1309-3 | mercado falla omne en -que gana sy se detyen |
| S1309-4 | rrefez es de coger se el omne do se falla bien |
| S1316-4 | ca omne que es solo sienpre pienso cuydados |
| S1349-3 | el omne piadoso que la vido aterida |
| S1362-3 | por ser el omne viejo non pierde por ende prez |
| S1365-1 | byen quanto da el omne en -tanto es preçiado |
| S1383-4 | que mal pisa el omne el gato mal Rascaña |
| S1407-1 | Non deue ser el omne a -mal fazer denodado |
| S1421-1 | Deue catar el omne con -seso E con medida |
| S1444-2 | el omne que vos ama nunca lo esquiuedes |
| S1477-1 | en buena andança el omne tyene muchos galeotes |
| S1489-4 | tal omne como este non es en -todaz erias |
| S1490-4 | amad dueñas amalde tal omne qual debuxo |
| S1501-2 | el pecado de monja a -omne doñeador |
| S1507-3 | emiende la todo omne e quien buen amor pecha |
| S1523-1 | Non puede foyr omne de ty nin se asconder |
| S1524-3 | non es omne çierto de tu carrera aviesa |
| S1525-2 | que por bien que -lo amen al omne en -la vida |
| S1530-2 | el omne non es çierto quando E qual mataras |
| S1532-2 | en vn punto se pierde quando omne non coyda |
| S1534-3 | llega el omne thesoros por lograr los apodo |
| S1543-3 | non ha omne que faga su testamento byen |
| S1547-3 | non ay omne que te sepa del todo denostar |
| S1553-2 | ca beuiendo omne sienpre e mundo terrenal |
| S1574-3 | non se omne nin dueña que tal oviese perdida |
| S1622-3 | que mas val con mal asno el omne contender |
| S1629-1 | qual quier omne que -lo oya sy byen trobar sopiere |
| S1707-1 | En mantener omne huerfana obra es de piedad |

## OMNES

| | |
|---|---|
| S 73-2 | omnes aves animalias toda bestia de cueva |
| S 172-3 | los omnes en dar poco por tomar grand rriqueza |
| S 186-1 | Desque los omnes prendes non das por ellos nada |
| S 217-2 | con mucha cobdiçia los omnes enganadoz |
| S 220-3 | prometen e mandan mucho los omnes con ammor |
| S 283-2 | con envidia e çelo omnes e bestias lydian |
| S 351-3 | con omnes sabydores en fuero e en derecho |
| S 405-2 | fazes tenblar los omnes e mudar sus colores |
| S 405-4 | traes los omnes çiegos que creen en sus loorez |
| S 500-2 | condes e Ricos omnes de algunos vyllanoz |
| S 500-3 | con -el dinero andan todos los omnes loçanos |
| S 546-1 | los omnes enbriagos ayna envejeçen |
| G 555-1 | des que loz omnez eztan en juegoz ençendidoz |
| S 630-1 | Toda muger los ama omnes aperçebydos |
| G 666-3 | todoz los omnez non zomoz de vnoz fechoz nin cozejoz |
| G 674-4 | do se vsan loz omnez pueden ze conoçer |
| S 692-2 | a -muchos omnes non dexa su proposito fazer |
| S 696-4 | nunca son a -los omnes buenas nin prouechosas |
| S 712-3 | mensaje que mucho tarda a -muchos omnes desmuele |
| S 741-2 | E cree a -los omnes con mentiras jurando |
| S 865-1 | los omnes muchas vegadas con -el grand afyncamiento |
| S 881-4 | que todos los omnes fazen commo don melon ortiz |
| S 952-4 | yo so la chata Rezia que a -los omnes ata |
| S 960-4 | non pasan los omnes sanos |
| S1225-3 | los omnes e laz avez e toda noble flor |
| S1227-3 | rresçiben lo omnes E dueñas con amorez |
| S1235-2 | muchos omnes ordenados que otorgan perdones |

## OMNIBUS

**(L)**

| | |
|---|---|
| P 29 | jntellectuz bonus omibus façientibus eum e cetera |

## OMNIUM

**(L)**

| | |
|---|---|
| S 375-3 | primo dierum onium los estormentos tocar |
| S 387-2 | ante facien onium sabes las alexar |

## ONBLIGO

| | |
|---|---|
| S 477-1 | Pyntol so el onbligo vn pequeno cordero |

## ONBRE

| | |
|---|---|
| P 17 | entiende onbre el bien E sabe dello el mal |
| P 185 | Ca dize sant gregorio que menoz firien al onbre |
| S 159-2 | a -su amiga bueno paresçe E rrico onbre |
| S 159-3 | mas noble que los otros por ende todo onbre |

## ONBRES

| | |
|---|---|
| S1287-1 | Andan tres Ricoz onbrez ally en vna danca |
| S1506-3 | a -morir han los onbrez que son o -seran nados |

## ONBROS

| | |
|---|---|
| S1406-1 | Puso en -los sus onbros entranbos los sus braçoz |

## ONDA

| | |
|---|---|
| S 614-3 | si la primera onda del mar ayrada |
| S 650-4 | dexo me solo e señero syn Remos con -la blaua onda |

## ONDAS

| | |
|---|---|
| S 6-3 | de -las ondaz del mar a -sant pedro tomeste |
| S 619-1 | Por arte los pescados se toman so -las ondas |
| S1445-3 | fue sueno de laguna onda arrebatadas |

## ONDE

| | |
|---|---|
| P 122 | onde yo de mi poquilla çiençia |
| S1355-2 | onde ovieses cobro non tenias adama |

## ONESTAD

| | |
|---|---|
| S1588-3 | vyrtud de tenperamiento de mesura e onestad |

## ONESTO

| | |
|---|---|
| S 515-3 | a las vegadas poco en onesto lugar |

## ONRRA

| | |
|---|---|
| P 15 | E dan le onrra con pro e buena fam(a) |
| S 58-4 | grand onrra ovo rroma por vn vil andariego |
| S 245-3 | que fuerça e hedat e onrra salud e valentia |
| S 316-1 | Él omne que tiene estado onrra E grand poder |

---

| | |
|---|---|
| S 493-3 | grand onrra le fazian con grand solepnidat |
| G 679-2 | onrra es e non dezonrra en cuerda miente fablar |
| G 680-2 | fablat uoz zalua mi onrra quanto fablar uoz quixeredez |
| S 721-3 | en -la fyn esta la onrra e la desonrra bien creades |
| S1044-4 | a -onrra de -la virgen ofreçile este ditado |
| S1374-3 | mucha onrra le fizo e seruiçio quel plega |
| S1390-4 | que non les ponen onrra la qual deuian aver |
| S1422-4 | pierde toda su onrra la fama e la vida |
| S1427-1 | Que onrra es al leon el fuerte al poderoso |
| S1428-1 | Por ende vençer es onrra a -todo ome nasçido |
| S1428-3 | el vençedor ha onrra del preçio del vençido |
| S1442-1 | falsa onrra E vana gloria y el Risete falso |

## ONRRA

**(H)**

| | |
|---|---|
| S 897-3 | Señor dixo confrade vuestro solaz onrra |

## ONRRADA

| | |
|---|---|
| S 97-1 | Diz quando quier casar omne con dueña mucho onrrada |
| G 760-3 | del zegundo marido non seria tan onrrada |
| S1321-2 | toda la santa iglesia faz proçesion onrrada |
| S1664-2 | onrrada syn egualança |

## ONRRADAS

| | |
|---|---|
| S1385-2 | E fazer a -dios seruiçio con -las dueñas onrradas |

## ONRRADO

| | |
|---|---|
| S1044-1 | Cerca de aquesta ssierra ay vn logar onrrado |
| S1095-3 | delante sus juglares commo omne onrrado |
| S1149-2 | de palio e de blago e de mitra onrrado |

## ONRRAR

| | |
|---|---|
| S 770-2 | que nuestra santa fiesta veniesedes a -onrrar |
| S1426-4 | en tu dar me la muerte non te puedes onrrar |

## ONRRARIA

| | |
|---|---|
| S 896-2 | mando que -lo llamasen que -la fiesta onrraria |

## ONRREN

| | |
|---|---|
| S 395-2 | por que se onrren della su padre e sus parientes |

## OPERA

**(L)**

| | |
|---|---|
| P 56 | opera enim illorum secuntur illos |
| P 58 | tu rediz vnicuique justa opera sua |

## OPINIONES

| | |
|---|---|
| S1153-3 | tyenen sobre estos casos diuersas opiniones |

## OPONE

| | |
|---|---|
| S 356-2 | Nueve dias de plazo para el que se opone |

## OPONGO

| | |
|---|---|
| S 337-1 | otrosy le opongo que es descomulgado |

## ORA

| | |
|---|---|
| S 78-2 | non podia estar solo con -ella vna ora |
| S 91-1 | Nunca desde esa ora yo mas la pude ver |
| S 102-3 | las cosas mucho caras alguna ora son rrafezes |
| S 111-3 | el mastel syn la vela non puede estar toda ora |
| S 134-4 | e a -poca de ora començo de apedrear |
| S 215-4 | en fuerte punto te vy la ora fue mal dicha |
| S 321-4 | el non veya -la ora que estouiese en -tragallo |
| S 331-1 | leuantosse el alcalde esa ora de judgar |
| S 397-1 | El coraçon le tornas de mill guisas a -la ora |
| S 462-3 | dezir vos he la mia non vistes tal ningud ora |
| S 475-3 | ella diz mon señer andat en ora bona |
| S 520-4 | non coyda ver la ora que con -el seya yda |
| S 538-2 | qual es la ora çierta nin el mundo como se guia |
| S 542-4 | esa ora fue el monge preso E en rrefierta |
| S 579-4 | quando non coydares a -otra ora lo avras |
| S 738-4 | don melon de -la verta quered lo en buen ora |
| S 796-1 | dixo la buena vieja en ora muy chiquilla |
| S 799-3 | que -le dize falagos por que calle esa ora |
| S 823-4 | dar vos ha en chica ora lo que queredes far |
| S 871-2 | a -ora de medio dia quando yanta la gente |
| S 876-4 | entrad mucho en buen ora yo vere lo que faredes |
| S 988-3 | yol dixe en buen ora sea de vos cuerpo tan guisado |
| S1049-2 | judea lo apreçia esa ora fue visto |
| S1051-1 | a -ora de maytines dandole judas paz |
| S1052-1 | Tu con -el estando a -ora de prima |
| S1053-1 | a -la terçera ora xpistus fue judgado |
| S1055-1 | a -ora de sesta fue preso en -la cruz |
| S1056-1 | a -ora de nona morio e constesçio |
| S1097-4 | adormieron se todos despues de -la ora buena |
| S1156-2 | mas en ora de muerte o de grand nesçesidat |
| S1496-3 | a -la misa de mañana vos en -buena ora yd |
| S1537-2 | non coydan ver la ora que tangan las canpanas |
| S1558-3 | tul mataste vna ora el por sienpre te mato |
| S1576-4 | cay en vna ora so tierra del altura |
| S1579-3 | ca non vee la ora que vos lyeue consigo |
| S1635-6 | la tu graçia toda ora |
| S1662-7 | guardame toda ora |
| S1679-2 | la mi esperança en -ty es toda ora |

## ORABIN

| | |
|---|---|
| S1229-2 | cabel El orabyn taniendo la su rrota |

## ORABUENA

| | |
|---|---|
| S1698-1 | que yo dexe a -ora-buena la que cobre antaño |
| S1699-3 | que la mi ora-buena tal escatima prenda |

## ORACION

| | |
|---|---|
| S 149-1 | Anssy que por ayuno e lymosna e oracion |
| S 530-4 | en santidat e en ayuno e en oracion beuia |
| S1306-3 | con muchos pater nostres e con mucha oraçion agra |
| S1308-3 | con oraçion e lymosna e con mucho ayuno |
| S1499-2 | vy estar a -la monja en oraçion loçana |
| S1504-1 | Con mucha oraçion a -dios por mi Rogaua |
| S1572-1 | Dare por ty lymosna e fare oraçion |
| S1575-4 | la oraçion fagades por la vieja de amor |
| S1651-2 | fare por voz oraçion |

## ORACIONES

| | |
|---|---|
| S 503-4 | asueluen el ayuno ansy fazen oraçionez |
| S1540-2 | nin dizen oraçiones nin cunplen los ofiçios |
| S1628-3 | fazer mucha lymosna E dezir oraçiones |

## ORAS

| | |
|---|---|
| S 211-3 | oras coyda en -su saña oras en merjelina |
| G 591-3 | las artez muchaz vegadaz ayudan oras fallesçen |

## ORAS (cont.)
S1279-2    oras triste Sanudo oras seye loçano
## ORAS (H)
S 374-1    Rezas muy byen las oras con garçones folgaynez
S 538-3    toma gallo que te muestre las oras cada dia
S1164-3    yras oyr las oras non prouaras la lucha
S1601-2    nos andemos rromerias e las oras non se callen
## ORÇA
S 514-3    quien non tiene miel en -la orça tengala en -la boca
S1392-2    queredes en couento mas agua con -la orça
## ORDEM
S 126-1    otros entran en ordem por saluar las sus almas
## ORDEN
S 127-1    Non acaban en orden nin son mas cavalleros
S1236-2    la orden de cruz niego con su abat bendito
S1237-1    orden de santiago con -la del ospital
S1241-1    Todaz dueñaz de orden laz blancaz e laz prietaz
S1308-1    Coyde en otra orden fallar cobro alguno
S1591-1    El santo Sacramento de orden saçerdotal
S1701-2    que era desta orden confrade derechero
## ORDENA
S 136-3    en -lo que dios ordena en commo ha de ser
## ORDENADA
P 149    que la ordenada caridad de -si mesmo comiença
## ORDENADOS
S 495-1    fazia muchos clerigos e muchos ordenados
S1235-2    muchos omnes ordenados que otorgan perdones
S1248-1    Dixieron ally luego todos los rreligiosoz e ordenados
## ORDENES
S1236-1    ordenes de çisten Con -las de sant benito
S1236-3    quantas ordenes son non -laz puze en escripto
## ORDENO
S 148-2    puso en -el sus signos E planetas ordeno
## ORDIALES
S1073-4    data en castro de ordiales en burgos Resçebida
## ORDINARIA
S 359-4    la pena ordinaria non avra yo vos lo digo
## ORDINARIO
S 325-2    don xymio ordinario alcalde de bugia
S 348-2    yo don ximio ordinario alcalde de bugia
## OREJA
S 86-3    el cuero con la oreja del caxco le fue arrancar
S 162-4    lo que semeja non es oya bien tu -oreja
S 396-1    Tu le rruyes a -la oreja E das le mal consejo
S 977-4    diome con -la cayada con -la oreja fyera
S1418-3    para quien tiene venino o dolor en -la oreja
## OREJAS
S 243-4    el espinazo agudo las orejas colgadas
S 433-3    las orejas pequeñas delgadas paral mientes
G 438-4    con lagrimaz de moyzen ezcantan las orejaz
S 604-3    non me dades rrespuesta nin me oen vuestras orejas
S 699-4    estas dan la maçada sy as orejas oyas
S 892-3    dueñas aved orejas oyd buena liçion
S 892-4    al asno syn orejas e syn su coraçon
S 901-4    el coraçon el lobo comio e las orejas
S 902-3    syn coraçon E syn orejas troxolo des-figurado
S 903-2    que sy el coracon E orejas touiera
S 904-3    abrid vuestras orejas vuestro coraçon se lançe
S 905-3    de coraçon E de orejas non quiera ser menguada
S 937-4    estas dan la maçada si az orejas oyas
S1013-4    las orejas mayores que de añal burrico
S1418-2    diz que buenaz orejaz son laz de la gulpeja
## OREJUDO
S 895-4    Sentiose por escarnido el leon del orejudo
S1485-4    el cuello non muy luengo caboz prieto orejudo
## ORGANOS
S1232-3    los organos y dizen chançones e motete
## ORGULLIA
S 214-3    tu cada que a mi prendez, tanta es tu orgullya
S 245-2    los que son muy soberuios con su grand orgullya
## ORGULLO
S 304-2    mas orgullo e mas bryo tyenes que toda españa
S 312-1    El leon orgullo con yra e valentya
S1223-3    dixo con grand orgullo muchaz blauaz grandiaz
## ORGULLOSO
S 311-1    yra E vana gloria al leon orgulloso
## ORGULLOZA
G 669-2    bien loçana e orgulloza bien manza e sosegada
## ORILLA
S 796-3    despues de -las muchas luuias viene buen orilla
S 821-4    a -las vezes espanta la mar e faze buen orilla
S1006-3    byen ençima del puerto fazia orrilla dura
## ORIOR
S1615-1    sson aves pequenas papagayo e orior
## ORO
S 27-3    oro ofrecio baltasar
S 79-1    ssabe toda nobleza de oro e de seda
S 206-4    lybertat e ssoltura non es por oro conplado
S1242-4    labrada es de oro non viste estameña
S1434-3    el que poder non tyene oro nin fidalguia
S1457-4    fue el ladron a -vn canbio furto de oro grand sarta
S1460-4    vna copa de oro muy noble de preçiar
S1549-1    Despreçias loçania el oro escureçes
S1612-2    en oro muy poco grand preçio E grand valor
S1638-8    ençienso mirra oro
## OROPESA
S1702-3    pero dexare a -talauera E yr me a -oropesa
## ORTIZ
S 881-4    que todos los omnes fazen commo don melon ortiz
## ORTOLANO
S1347-4    como con -la culebra conteçio al ortolano
S1348-1    Era vn ortolano byen sinpre e syn mal

## OS (L)
S1353-1    dixole el ortolano vete de aqueste lugar
S 379-3    os lynga mens la enuade seso con ardor pospone
## OSA
S 828-2    que por ella con-vusco fablar omne non osa
## OSA (V)
G1012-4    mayor es que de osa la su pisada do piza
## OSADA
S1330-3    por non fazer pecado o -por non ser osada
## OSADAS
S1468-1    Suban te non temaz cuelgate a -osadaz
## OSADO
S1149-4    por que el sinple clerigo es desto tan osado
S1407-4    de -lo fazer el cuerdo non deue ser osado
## OSAR
S1326-1    fija dixo la vieja osar vos he fablar
## OSARIA
G 764-1    Respondio doña endrina dexat non osaria
## OSO
S 161-2    la qual a -vos dueñas yo descobrir non oso
G 447-1    trez cozaz non te oso agora descobryr
S 598-1    A persona deste mundo yo non la oso fablar
S 598-4    en -le dezir mi deseo non me oso aventurar
S 601-2    por aquesto a -ella non me oso atrever
G 676-4    al non oso demandar voz venid zegura miente
S1133-3    so rrudo E syn çiençia non me oso aventurar
## OSPEDADO
S1261-4    en esta santa fiesta sey de mi ospedado
S1314-4    de triste e de sanudo non quiere ser ospedado
## OSPITAL
S1237-1    orden de santiago con -la del ospital
## OSTALAJE
S1042-2    pagan ostalaje
## OSTIAS
S1117-1    ally lidian las ostyas con todos los conejos
## OSTIENSE
S1152-2    los libros de ostiense que son grand parlatorio
## OTEA
S 610-1    Toda muger que mucho otea o -es rrysueña
S 811-2    oteame e sospira e esta comediendo
S 873-2    vedes vedes como otea el pecado carboniento
S1276-1    a dos partes otea aqueste cabeçudo
S1471-1    fablo luego el diablo diz amigo otea
## OTEAR
S1483-3    cunple otear firme que es çierto menssajero
## OTEAS
S 257-4    por conplyr la loxuria enguinando laz oteas
S 319-4    do vees la fermosa oteas con rraposya
## OTEO
S 651-2    oteo a -todas partes non puedo fallar puerto
S 807-3    quando de vos le fablo e a -ella oteo
S 970-3    oteo me la pastora diz ya conpañon agora
S1502-1    oteome de vnos ojos que paresçian candela
## OTERO
S 409-4    poner te he en -el otero cosa para ti sana
S 410-4    poner te he en -el otero o en aquel rrastrojo
## OTEROS
S 985-3    ande lo mas que pud ayna los oteros
S1212-4    de muchos que corren monte llenoz van loz oteroz
## OTOÑO
S1295-4    con -el viene otoño con dolençiaz e curaz
## OTORGADO
S 133-2    pidio al rrey su padre que -le fuese otorgado
## OTORGAN
S 503-3    en cabo por dynero otorgan los perdones
S 865-2    otorgan lo que non deuen mudan su entendimiento
S1235-2    muchos omnes ordenados que otorgan perdones
## OTORGAR
G 587-4    yo sere bien andante por lo uoz otorgar
S 844-2    sy mi madre quiese otorgar el ofiçio
S 949-1    Por melo otorgar Señoras escreuir vos he grand saçon
## OTORGARIA
S 896-3    quanto el demandase tanto le otorgaria
## OTORGARON
S 339-2    otorgaron lo todo con miedo e amidos
## OTORGAT
G 676-1    otorgat me ya zeñora aquesto de buena miente
## OTORGO
S 148-3    sus poderios çiertos E juyzios otorgo
G 680-1    quanto esto uoz otorgo a -uoz o a otro qual quier
G 686-1    esto yo non uoz otorgo saluo la fabla de mano
S 867-1    otorgole doña endrina de yr con ella fablar
S1457-1    otorgole su alma fizole dende carta
## OTRA
S 54-3    sobio en otra cathreda todo el pueblo juntado
S 71-3    por aver mantenençia la otra cosa era
S 112-3    puse el ojo en otra non santa mas sentia
S 122-2    fize esta otra troba non vos sea estraña
S 140-3    puede los demudar e fazer otra mente
S 162-1    Ca Segund vos he dicho en -la otra consseja
S 163-4    mas ante pudren que otra pero dan buen olor
S 166-3    la costunbre es otra que natura cierta mente
S 178-4    con aquesta dueña cuerda e con la otra primero
S 192-4    de casarlo con otra non se entremetiesen
S 196-2    que a -la otra donzella nunca mas la tomo
S 265-4    fizo otra marauilla quel omne nunca ensueña
S 355-4    sy pon perentoria esto otra mente
S 357-4    quien de otra guisa lo pone yerralo e faze mal
S 362-2    del lobo ante mi dicha E por otra cosa non
S 430-1    sy quisyeres amar dueñas o otra qual quier muger
G 436-3    Non lo sepa la dueña por que la otra non mienta
S 474-2    sy vieres que es burla dyme otra tan mañana

**OTRA** (cont.)

| | |
|---|---|
| S 527-4 | ca vna congrueca de otra sienpre tyene dentera |
| G 559-1 | ante ella non alabez otra de paresçer |
| G 559-3 | cuydara que a -la otra querriaz ante vençer |
| G 560-1 | de otra muger non le digaz mas a -ella alaba |
| G 560-2 | el trebejo dueña non lo quiere en otra aljaba |
| S 564-2 | non te sepa que amas otra muger alguna |
| S 579-4 | quando non coydares a -otra ora lo avras |
| S 649-4 | ayuda otra non me queda synon lengua e parlares |
| S 809-4 | quando alguno vyene otra rrazon mudamos |
| S 827-3 | començo la buhona a -dezir otra consseja |
| S 881-3 | castigad vos amiga de otra tal contra yz |
| S 905-2 | guarde se que non torne al mal otra vegada |
| S 930-2 | E tal fazedes vos por que non tenedes otra |
| S1021-3 | las dos son chançonetas la otra de trotalla |
| S1061-1 | Dize otra proffeçia de aquella vieja ley |
| S1074-1 | otra carta traya abyerta e ssellada |
| S1093-1 | Estaua don toçino con mucha otra çeçina |
| S1142-4 | de sastifaçion otra non fallo escriptura |
| S1278-1 | Estauan trez fijos dalgo a otra noble tabla |
| S1308-1 | Coyde en otra orden fallar cobro alguno |
| S1614-2 | pero mas dulçe canta que otra ave mayor |
| S1631-3 | que sobre cada fabla se entyende otra cosa |

**OTRAS**

| | |
|---|---|
| P 101 | e de castigoz E constunbrez E de otraz çiençiaz |
| S 81-2 | yo veo otraz muchas creer a -ti parlera |
| S 168-4 | muchas dueñaz e otras de buen saber las veza |
| S 238-3 | que a -las otras bestias espanta como trueno |
| S 270-2 | todas las otras aves de ally las atalaya |
| S 312-3 | a -las vnas matava e a -las otras feria |
| S 395-1 | Coydan se la cassar como las otras gentes |
| S 426-2 | de dueñas e de otras que dizes que ameste |
| S 427-4 | Recabdaras la dueña E sabras otras traer |
| G 450-2 | es muy mas plazentera que otraz en doñear |
| S 522-4 | judgar todas las otras e a -su fija bella |
| G 665-1 | bien asi enganan muchoz a otraz muchaz endrinaz |
| G 682-4 | egualar non se podrian ningunaz otraz merçedez |
| S 718-2 | a -esta dueña e a -otras moçetas de cuello aluillo |
| S 740-3 | muchas otras vegadas me vyno a -Retentar |
| S 812-1 | En otras cosas muchas entyendo esta trama |
| S1122-3 | todas las otras rreses fueron le muy estrañas |
| S1301-1 | otraz cossaz estrañaz muy grauez de creer |
| S1310-2 | dueñas e otraz fenbraz fallaua amenudo |
| S1334-4 | enbyan e otraz cada dia arreuezes |
| S1337-4 | E de muchas otraz guisaz que yo he oluidado |
| S1385-4 | E fyncar escarnida con otraz des-erradaz |
| S1397-2 | o -las vnas con las otraz contendiendo Reñiendo |
| S1444-3 | todas laz otras temen eso que vos temedes |
| S1468-3 | que yo te soterne Segund que otraz vegadaz |
| S1634-3 | que fazen muchos e muchas a -otras con sus engaños |

**OTRE**

| | |
|---|---|
| S 864-4 | yremos calla callando que otre non nos lo entyenda |

**OTRO**

| | |
|---|---|
| S 76-1 | E yo como ssoy omne commo otro pecador |
| S 95-1 | Commo dize la fabla quando a -otro sometem |
| S 112-2 | codiciava tener lo que otro para sy tenia |
| S 112-4 | yo cruyziaua por ella otro la avie val-dia |
| S 131-1 | Judgo el otro e dixo este ha de ser quemado |
| S 158-3 | el vno E el otro non ha cosa que vea |
| S 159-4 | como vn amor pierde luego otro cobre |
| S 179-2 | dixo vno coyda el vayo e E otro el que -lo ensilla |
| S 191-3 | que al otro su hermano con vna e con mas non |
| S 236-3 | antre muere que otro mas fraco e mas lazrado |
| S 263-4 | de -la muger mesquina otro non les atura |
| S 264-1 | sy daua vno a -otro fuego o -la candela |
| S 277-2 | temiendo que a -tu amiga otro le fabla en locura |
| S 278-3 | de ti mesmo nin de otro non te puedes pagar |
| S 290-1 | quien quiere lo que non es suyo E quiere otro paresçer |
| S 397-2 | ssy oy cassar la quieren cras de otro se enamora |
| S 416-1 | Al vno e al otro eres destroydor |
| S 458-2 | Ronco era el otro de -la pierna contrecho |
| S 458-3 | el vno del otro avya muy grand despecho |
| S 485-2 | non seas pitas para otro non errides |
| G 660-3 | otro non sepa la fabla desto jura fagamoz |
| G 668-1 | el yerro que otro fizo a mi non faga mal |
| G 676-2 | que vengadez otro dia a -la fabla zola miente |
| G 680-1 | quanto esto uoz otorgo a -uoz o a otro qual quier |
| G 689-2 | sy veye que -la oluido ella otro amara |
| S 695-3 | vno o -otro non guarda lealtad nin la cuda |
| S 703-3 | sinon vos otro non sepa mi quexa e mi dolençia |
| S 713-2 | otro quiere casar con ella pide lo que vos pedidez |
| S 717-2 | de aqueste ofiçio byuo non he de otro coydado |
| S 791-1 | Pues que la mi Señora con otro fuer casada |
| S 803-4 | solo dios e non otro sabe que es por venir |
| S1156-3 | do el pecador non puede aver de otro sanidat |
| S1165-4 | para por dios lo otro todo te mando que apartes |
| S1219-3 | en -el su carro otro a -par del non caualga |
| S1270-4 | trez comen a -ella vno a -otro assecha |
| S1278-2 | mucho estauan llegados vno a -otro non fabla |
| S1278-4 | non cabria entre vno e otro vn cabello de paula |
| S1285-2 | en -las cabeçaz entra non en -otro lugar |
| S1287-2 | entre vno e otro non cabe punta de lança |
| S1294-4 | el que viene non alcança al otro quel espera |
| S1330-1 | E desque ffue la dueña con otro ya casada |
| S1375-2 | vn manjar mejor que otro amenudo y anda |
| S1378-3 | falagaual el otro deziendol amigo Señor |
| S1379-2 | dixo el aldeano al otro venino jaz en -el |
| S1707-2 | otro si a -las vibdas esto es cosa con verdat |

**OTRO** (H)

| | |
|---|---|
| P 28 | en otro logar en -que dize |
| S 277-4 | ssyenpre coydas en çelos de otro bien non as cura |
| S 359-2 | sea exepçion prouada nol faran otro castigo |
| S 486-3 | otro pedro que -la sygue E la corre mas sotil |
| S 487-1 | dyz la muger entre dientes otro pedro es aqueste |
| G 593-3 | por ventura me vernia otro peligro peor |
| S 601-3 | otro cobro non fallo que me pueda acorrer |
| G 675-1 | yd e venit a -la fabla otro dia por mesura |
| S 798-2 | non quiere ella casar se con otro ome nado |
| S 871-1 | Despues fue de santiago otro dia seguiente |
| S 885-2 | vase perder por el mundo pues otro cobro non tyene |
| S 885-4 | pues otro cobro yo non he asy fazer me convyene |
| S 913-1 | Sabed que non busque otro ferrand garçia |
| S1285-1 | Enbia otro diablo en -los asnos entrar |
| S1313-1 | Otro dia mañana antes que fues de dia |
| S1342-3 | todo es en -las monjaz mas que en otro lugar |
| S1396-1 | otro dia la vieja fuese a -la mongia |
| S1439-4 | me tiraries en punto mas que otro ensayo |
| S1440-2 | prazie a -todo el mundo mas que con otro cantar |
| S1440-4 | alegraua laz gentes mas que otro juglar |
| S1460-1 | ssacaron otro dia los presos a -judgar |
| S1497-4 | puede ser que de -la fabla otro fecho se ssyga |
| S1691-4 | coydando que traya otro mejor mandado |
| S1695-4 | para aver su acuerdo juntaron se otro dia |
| S1704-3 | Sy yo touiese al arçobispo en otro tal angosto |

**OTROS**

| | |
|---|---|
| S 43-1 | Por nos otros pecadores non aborescas |
| S 56-2 | el polgar con otroz dos que con -el son contenidos |
| S 56-3 | en manera de arpom los otros dos encogidos |
| S 85-3 | para mi E a -los otroz la canal que es vana |
| S 87-3 | para si e los otros todo lo menudo era |
| S 126-1 | otros entran en ordem por saluar las sus almas |
| S 126-2 | otros toman esfuerço en -querer vsar armas |
| S 126-3 | otros siruen Señorez con -las manos anbas |
| S 159-3 | mas noble que los otros por ende todo onbre |
| S 308-4 | a -sy mesmo con yra e a -otros muchos mato |
| S 316-2 | lo que para sy non quiere non -lo deue a -otros fazer |
| S 316-4 | E lo quel fizo a otros dellos tal puede aver |
| S 322-1 | lo que el mas fazia a -otros lo acusava |
| S 322-2 | a -otros rretraya lo quel en -sy loaua |
| S 498-3 | otros eran syn culpa E luego los matava |
| G 562-1 | ante otroz de acerca tu muchoz Nom la catez |
| S 571-4 | quien a -ssy E a -otros muchos estorua con mal sesso |
| S 574-2 | mas tengo por el mundo otros muchos de pagar |
| S 574-4 | Castiga te castigando E sabras a -otros castigar |
| S 628-4 | a -ty mesmo contesçio E a -otros podra acaesçer |
| S 705-2 | ssopiesen vnos de otros muchas serian las barajas |
| S 727-4 | a -todos los otros sobra en fermosura e bondat |
| S 894-4 | al leon e a -los otros querialos atronar |
| S1160-3 | los Rios son los otros que han pontifical |
| S1173-4 | los vnos a -los otros non se paga de contyenda |
| S1185-4 | a -muchos de nos otros tirara las pellejas |
| S1215-3 | muchos bueyz castañoz otros hoscoz e loroz |
| S1334-3 | otros de mas quantia de çahanorias rrahezez |
| S1514-3 | e para muchos otros por puertas andariegos |
| S1542-2 | ante de misa dicha otros la han en miente |
| S1581-1 | Sy qual quier de nos otros oviese craz de lydiar |
| S1584-1 | lydyan otrosi con estos otros trez mas prinçipales |
| S1677-2 | como a -otros ya conpliste |
| S1692-2 | Sy pesa a -vos otros bien tanto pesa a -mi |
| S1699-4 | creo que otros muchos syguiran por esta senda |
| S1702-1 | E del mal de vos otros a -mi mucho me pesa |

**OTROS** (H)

| | |
|---|---|
| S 124-2 | otros muchos maestros en -este acuerdo son |
| S 388-2 | muchos otros pecados antojos e espantos |
| S 742-1 | Dexa me de tus Roydos que yo tengo otros coydados |
| S 861-3 | jugaremos a -la pella e a -otros juegos Raezes |
| S 915-2 | leuogelos la vieja con otros adamares |
| S1144-3 | quier a -sus parrochianos quier a -otros culpados |
| S1150-2 | son otros casos muchos de que son oydores |
| S1220-2 | vaqueros e de monte e otros muchos canes |
| S1540-4 | es dar bozes al sordo mas non otros seruiçios |
| S1562-4 | profectas E otros santos muchos que tu abarcas |
| S1604-1 | Todos los otros pecados mortales E veniales |

**OTROSI**

| | |
|---|---|
| P 30 | Otrosi dize salamon en -el libro de -la sapiençia |
| P 40 | E otrosi desecha E aborresçe el alma |
| P 57 | E dize otrosi el profecta |
| P 83 | E viene otrosi de -la mengua del buen entendimiento |
| P 88 | e dice otrosi |
| P 96 | E viene otrosi esto por rrazon que -la natura vmana |
| P 102 | otrosi fueron la pintura E la escriptura |
| P 113 | otrosi dize dauid Anima mea illius viuet |
| P 118 | E otrosi dize |
| P 138 | Otrosi loz de poco entendimiento non se perderan |
| P 164 | otrosi al que quisiere el ammor loco |
| P 189 | E conposelo otrosi a -dar algunoz leçion |
| S 146-1 | otrosy puede el papa sus decretales far |
| S 151-4 | por aqueso lo digo otrossy veo aquesto |
| S 158-2 | otrosi su amiga maguer que sea muy fea |
| S 303-2 | otrossy mucho vino con mucha beuerria |
| S 319-1 | otrosy con açidia traes ypocresia |
| S 337-1 | otrosy le opongo que es descomulgado |
| S 370-1 | dixieron le otrosy vna derecha rracon |
| S 431-2 | que non sea mucho luenga otrosi nin enana |
| S 461-1 | otrossy yo passava nadando por el Ryo |
| S 488-1 | otrosi quando vyeres a -quien vsa con ella |
| G 550-1 | Non fables muy aprieza nin otrosi muy pazo |
| S 938-1 | otrosi vos dixe que estas tales buhonas |
| S1159-1 | E otrosi mandatle a -este tal dolyente |
| S1204-3 | otrosi dueña flaca non es para lydiar |
| S1545-2 | otrosi tu mal moço en punto que assoma |
| S1584-1 | lydyan otrosi con estos otros trez mas prinçipales |
| S1597-1 | otrosi rrogar a -dios con santo Sacrifiçio |
| S1618-4 | otrosi de mugeres fazie mucho rretaço |

OTROSI (cont.)
S1702-2 otrosi de -lo mio E del mal de teresa
S1709-2 appellaron los clerigos otrosy los clerizones
OTROZI
S1150-1 otrozi del obispo E de -los sus mayores
OVE
S 61-3 desto ove grand pesar e tome grand enojo
S 76-2 ove de -las mugeres a -las vezes grand amor
S 179-1 ffueron dares valdios de -que ove manzilla
S 429-2 en -el fallaras fablas que -le ove yo mostrado
S 429-4 panfilo e nason yo los ove castigado
S 465-1 yo ove grand pereza de la cabeça Redrar
S 767-3 yo ove buen aguero dios avia melo conplido
S 875-4 las ove ganado non posistes ay vn clauo
S 929-1 ove con -la grand coyta Rogar a -la mi vieja
S 951-3 de nieue e de granizo non ove do me asconder
S 971-3 por la muñeca me priso oue de fazer quanto quiso
S1506-2 murio la buena duena oue menos cuydados
S1576-2 en quanto fuy al mundo oue vyçio e soltura
OVEJA
S 396-4 que aquel mingo oveja non es della parejo
S 928-4 que estaua coytado commo oveja syn grey
S1214-3 vienen derredor della balando mucha oveja
S1418-4 cortolas E estudo queda mas que vn oveja
OVEJAS
S 335-2 que leuava furtadas de -las ovejas mias
S 338-1 ssu mançeba es la mastina que guarda las ovejas
S 901-2 que -lo guardase todo mejor que -las oveias
S1185-1 Cabrones e cabritos carneros e ovejas
OVEJERO
S 332-3 vn mastyn ovejero de carrancas çercado
OVEJUNA
S 420-1 So la piel ovejuna traes dientes de lobo
OVIDIO
S 429-1 sy leyeres ovydio el que fue mi criado
G 446-3 esto que te castigo con ouidio concuerda
S 612-1 El amor leo a ovydyo en -la escuela
OVIERA
S 779-4 non oviera tantos males nin perdiera su prezno
S1258-3 todo viçio del mundo E todo plazer oviera
OVIERE
G 684-2 que sy ouiere lugar e tiempo quando en vno estemoz
OVIERES (V)
G 65-1 la burla que ouierez non la tengaz por uil
OVIERON
S 224-4 de mucho que cobdiçiaron poca parte ovieron
S 233-4 de -las sillas del cielo ovieron de caer
S 309-2 el primero que los jodios ovieron en -su ley
S1124-3 non -lo quisieron matar ovieron duelo del
S1247-1 Con quales possarie ovieron grand porfia
S1446-3 ellas esto fablando ovieron de ver
OVIES
S 657-3 sy ovies lugar e tienpo por quanto de vos oya
S1322-3 rrogue a -la mi vieja que me ovies piadat
OVIESE
S1316-3 pense commo oviese de tales gasajados
S1574-3 non se omne nin dueña que tal oviese perdida
S1581-1 Sy qual quier de nos otros oviese craz de lydiar
OVIESEN
S 163-1 Sy las mançanas sienpre oviesen tal sabor
S 192-2 que el tenia muger en -que anbos a -dos oviesen
OVIESES
S1355-2 onde ovieses cobro non tenias adama
OVISTE
S 22-4 oviste mensajerya
S 29-1 El quinto plazer oviste
S 35-1 Tu siete gozos oviste
S1261-1 Señor tu me oviste de pequeno criado
S1559-2 sy ante lo espantaste mill tanto pena oviste
S1568-2 que oviste con-migo mi leal vieja dola
S1639-2 quando ovyste mandado
S1664-7 por la graçia que oviste
S1676-3 nin oviste egualtad
S1677-5 pues poder as E oviste
OVO
S 2-2 antel el rrey asuero ouo tu graçia digna
S 58-4 grand onrra ovo rroma por vn vil andariego
S 100-2 E desque vino el dia que ovo de parir
S 130-3 desque vieron el punto en -que ovo de nasçer
S 134-2 desque fueron en -el monte ovose a -leuantar
S 201-4 don jupiter con saña ovolas de oyr
S 227-3 non ovo lo que quiso nol fue cobdiçiar sano
S 268-2 nunca mas fue a -ella nin la ovo talente
S 465-1 el ojo de que soy tuerto ovo melo de quebrar
S 541-4 matola el mesquino e ovo se de perder
S 609-2 de -lo que mi marido te ovo conssejado
S 773-3 de palos e de pedradas ouo vn mal sojorno
S 886-3 la mi vieja maestra ovo ya conçiençia
S 943-2 ouo por mal pecado la dueña a -ffallyr
S 979-1 desque ovo en mi puesto las sus manos yradas
S1060-1 Cuentan los profetas lo que sse ouo a -conplir
S1060-2 primero jeremias como ovo de venir
S1128-3 ouose don carnal luego mucho a -sentyr
S1162-1 Desque del santo ffayre ovo carnal cofesado
S1173-1 Desque ovo la dueña vençido la fazienda
S1265-1 Desque ovo yantado fue la tyenda armada
S1430-2 andando en -el monte ouo de entropeçar
S1441-2 el queso de -la boca ouosele a -caer
S1441-4 el cuervo con -el dapño ouo de entristeçer
S1646-2 ovo ella quando
S1648-4 ovo ella por cuenta

OXTE (V)
G 455-2 dize luego entre dientez oxte tomare mi dardo
OY
S 53-4 doy mays vengan los griegos con toda su porfia
S 186-2 traes los de oy en cras en vida muy penada
S 397-2 ssy oy cassar la quieren cras de otro se enamora
S 500-4 quantos son en -el mundo le besan oy las manos
G 552-3 a -quien de oy en craz fabla non dan por verdadero
S 573-2 cras te dara la puerta quien te oy çierra el postigo
S 573-3 la que te oy te desama cras te querra Amigo
S 579-2 sy oy non Recabdares torna y luego cras
G 675-2 pues que oy non me creedez o non es mi ventura
S 706-3 por escusar mill peligros fasta oy lo encubri
S 770-4 pues que dios vos aduxo quered la oy cantar
S 877-3 tan buen dia es oy este que falle atal çellada
S 882-4 oy que so escarnida todas me son fallydas
S 963-4 tu me pagaras oy la rroda
S1026-5 oy darme posada
S1072-1 dezid le de todo en todo que de oy siete dias
S1076-1 Desde oy en syete dias tu e tu almohalla
S1092-2 Señor diz a -herren me echa oy el llugero
S1191-4 de oy en quatro diaz que sera el domingo
S1194-2 oy ha siete selmanas que fuemos desafiado
S1389-1 Sy a -mi oy fallase quien fallar me deuia
S1395-1 Dixol doña garoça oy mas no te dire
S1432-3 por mis chiquillos dientes vos oy escaparedes
S1459-1 quando a -ty sacaren a jugar oy o cras
S1496-2 lo que cras le fablardes vos oy lo comedit
S1530-3 el que byen fazer podiese oy le valdria mas
S1531-3 el byen que fazer podierdes fazed lo oy luego
S1687-1 ffasta oy toda via
OY (H)
S 42-1 Señora oy al pecador
S 320-4 abogado de fuero oy fabla prouechossa
S 427-3 oy e leye mis castigos e sabe los byen fazer
S1513-4 el cantar que non sabes oylo a -cantaderaz
OY (H)
S 702-1 oy dezir sienpre de vos mucho bien e aguisado
S1133-4 saluo vn poquillo que oy disputar
OYA
S 162-4 lo que semeja non es oya bien tu -oreja
S 515-4 do la muger te oya non dexes prouar
S 657-3 sy ovies lugar e tienpo por quanto de vos oya
S1148-4 quien saber los quisiere oya las decretales
S1629-1 qual quier omne que -lo oya sy byen trobar sopiere
OYA (H)
S 99-1 la gente que tan grandes bramidos oya
OYAS
S 699-4 estas dan la maçada sy as orejas oyas
S 937-4 estas dan la maçada si az orejas oyas
S1038-2 quiero que -lo oyas
OYE
S 516-3 desque lo oye la dueña mucho en ello coyda
S 529-4 fizole beuer el vino oye en-sienpro estraño
S 808-4 oye me dulçe mente muchas señales fallo
S1046-2 virgen Santa e dina oye a -mi pecador
S1453-4 oye buena fabla non quieras mi menoscabo
S1627-2 que si lo oye alguno que tenga muger fea
S1627-3 o sy muger lo oye que su marido vil sea
OYEN
S 505-3 quando oyen sus dineros que comiençan a Retenir
S1144-2 oyen de penitençia a -todos los erradoz
OYEN (H)
S 98-3 a -quantos la oyen podie mal espantar
OYENDO
P 134 laz qualez leyendolaz E oyendolaz
S 649-2 el dolor creçe E non mengua oyendo dulçes cantares
OYERA
S 903-3 entendiera sus mañas e sus nuevas oyera
OYERDES
S 45-3 cada que las oyerdes non querades comedir
OYERE
P 168 E rruego E conssejo a -quien lo oyere E lo oyere
S 114-2 la dueña la oyere por ello non me aburra
G 680-3 de palabraz en juego direlaz si laz oyere
S1299-3 por do el que lo oyere sera çertificado
OYEREN
S 12-4 que los que lo oyeren puedan solaz tomar
S1575-3 todos los que -lo oyeren por dios nuestro Señor
OYERES
S 65-1 la bulrra que oyeres non la tengas en vil
OYERON
S 772-3 oyeron lo los pastores aquel grand apellidar
S1098-4 por ende se alboroçaron del Roydo que oyeron
OYO
S 132-1 quando oyo el Rey juyzios desacordados
S 251-1 oyo dios sus querellas E dio te buen consejo
S 479-1 quando ella oyo que venia el pyntor
S 827-1 Desque oyo esto la Rysona vieja
S 947-3 Ca nunca los oyo doña de dellos mucho non rrixo
S1262-1 Su mesura fue tanta que oyo mi petiçion
S1431-1 Començo a -querellarse oyolo el murizillo
OZO
G 588-3 Non ozo moztrar la laga matar me a si la oluido
G 588-4 e avn dezir non ozo el nonbre de quien me ferio
G 661-4 Non ozo poner prezona que -lo fable entre noz
G 683-3 querria fablar non ozo tengo que uoz pezara
PA
S 333-1 Este grand abogado propuso pa su parte
PACEM (L)
S 374-2 cum hiz qui oderunt paçem fasta que el salterio afines

**PACIENCIA**
S 703-2 toda cosa que vos diga oydla en paçiençia
S1594-4 con paçiençia bien podremos lydiar con tal capelina
S1595-1 Con vertud de esperança E con mucha paçiençia
**PACIENDO**
S 897-2 paçiendo en vn prado tan byen lo saludaua
**PACHA**
S 957-4 mandele pacha con broncha e con çorron de coneja
**PADAN**
S 940-3 quanto de vos dixieron yo fare que -lo padan
**PADRASTO**
S1311-4 pocos ally falle que me non llamasen padrasto
**PADRE**
S 11-1 Dyos padre dios fijo dios spiritu santo
S 39-4 al çielo a -su padre mayor
S 41-3 dios tu padre
S 133-2 pidio al rrey su padre que -le fuese otorgado
S 190-1 Su padre su madre e su hermano mayor
S 193-1 Aqueste omne bueno padre de aqueste neçio
S 197-1 Eres padre del fuego pariente de -la llama
S 294-1 adan el nuestro padre por gula e tragonia
S 395-2 por que se onrren della su padre e sus parientes
S 730-3 creo byen que tal fijo al padre semejara
S 731-1 El fijo muchas vezes commo el padre prueua
S 731-2 en semejar fijo al padre non es cosa tan nueua
S 884-4 non la quieren los parientes padre madre nin avuelo
S 963-3 en-avento el dardo diz para el padre verdadero
S1561-1 Saco de -las tus penas a -nuestro padre adan
S1637-1 Conçebiste a tu padre
S1665-5 E tu padre
**PADRES**
S1527-1 De padres E de madres los fijos tan queridos
S1603-4 nin de padres nin de fijos con esto non fynca vno
S1604-4 de padres fijos nietos dios nos guarde de sus males
**PAGA**
S 467-1 buscad con quien casedes que -la dueña non se paga
S 508-2 pagase del dinero E de mucha Riqueza
S 932-3 Ca de buena palabra paga se la vezindat
S 953-2 el que de grado me paga non le fago enojo
S1173-4 los vnos a -los otros non se paga de contyenda
**PAGA** (H)
S 204-3 sseñor tu nos deffiende Señor tu ya nos paga
S 953-4 pagame synon veras commo trillan Rastrojo
S 964-2 fascas que me amenazaua pagan sinon veras juego
S1032-3 calyenta te e paga
**PAGA** (H)
S 847-1 dixo doña endrina a -la mi vieja paga
**PAGAD**
S 815-4 sy buen manjar queredes pagad bien el escote
**PAGADA**
S 636-1 El pobre con buen seso E con cara pagada
S 980-4 desque la vy pagada leuante me corrienda
S1040-5 nin cara pagada
S1435-4 ffue con -esto la dueña ya quanto mas pagada
S1641-4 alegre e pagada
**PAGADA** (H)
S1009-3 dixo me quel plazia sil fuese bien pagada
**PAGADAS**
S1231-4 a -laz gentes alegra todaz laz tyene pagadaz
**PAGADO**
S 206-1 quien tiene lo quel cunple con -ello sea pagado
S 836-1 Primero por la talla el fue de vos pagado
S 910-4 de dueña que yo vyese nunca ffuy tan pagado
S1081-4 serie don alexandre de tal rreal pagado
S1264-4 Ca todo tyenpo quiere a todos ser pagado
S1314-4 syenpre quiere alegria plazer e ser pagado
S1429-1 El leon destos dichos touose por pagado
**PAGADOS**
S 367-1 Non apellaron las partes del juyzio son pagados
S1413-4 desta creo que sean pagados E escotados
**PAGAN**
S 472-3 non se pagan de disanto en poridat nin a -escuso
S1042-2 pagan ostalaje
S1495-4 que -las monjaz non ze pagan del abbad fazañero
S1517-2 non se pagan de arauigo quanto dellos boloña
**PAGAR**
S 55-4 leuantose el rribaldo brauo de mal pagar
S 278-3 de ti mesmo nin de otro non te puedes pagar
S 574-2 mas tengo por el mundo otros muchos de pagar
S 779-3 bueno le fuera al lobo pagarse con torrezno
S1018-2 piensa de -los mayores si te podrias pagar
**PAGAR** (H)
S 254-1 Dyxo la grulla al lobo quel quisiese pagar
S 719-4 yo le dixe madre señora yo vos quiero byen pagar
S 953-3 el que non quiere pagar priado lo despojo
S1111-3 ffazian a -don carnal pagar todas las costas
**PAGARAS**
S 963-4 tu me pagaras oy la rroda
**PAGARES**
S1021-4 de -la que te non pagares veyla e Rye e calla
**PAGARON**
S 367-2 por que non pagaron costas nin fueron condenados
**PAGAS**
S 388-3 non te pagas de omes castos nin dignos santos
S 391-2 mudas te do te pagas cada dia Ayna
S1058-3 tu que a -dios pagas da me tu bendiçion
**PAGAS** (H)
S 400-4 prometes grandes cosas poco e tarde pagas
**PAGAVA**
S 474-4 casose con muger moça pagavase de conpaña
**PAGAVAN**
S 199-3 creyeron al diablo que del mal se pagavan

**PAGO**
S 513-4 non me pago de joguetes do non anda el dinero
S 982-4 non se pago del dicho e quiso me amenazar
S1041-3 e yo non me pago
S1371-4 pagos del buen talente mur de guadalajara
**PAGUE**
S1606-2 que sienpre me pague de pequeno sermon
**PAJA**
S 284-1 Por que tiene tu vezino mas trigo que tu paja
S 306-2 comia yeruas montessas commo buey paja E al
**PAJARES**
S1277-3 çerrar los silos del pan e seguir los pajarez
**PAJAS**
S 474-3 era don pita pajas vn pyntor de bretaña
S 476-1 dyxo don pitas pajas dona de fermosura
S 477-2 fuese don pytas pajaz a ser novo mercadero
S 480-4 que ya don pytas pajas desta venia çertero
S 482-1 dixo don pitas pajas madona sy vos plaz
S 483-1 Cato don pitas pajas el sobredicho lugar
**PAJAS** (H)
S1295-3 trillando e ablentando aparta pajas puras
**PAJATAMO**
S 101-2 prometen mucho trigo e dan poca paja tamo
**PAJEZ**
S 108-1 Mucho seria villano e torpe Pajez
**PALA**
S 925-3 pala aguzadera freno nin corredor
**PALABLA**
S 514-2 sey franco de palabla non le digas Razon loca
S 542-1 Commo dize el proverbyo palabla es byen çierta
S 818-2 en -la firme palabla es la fe que tenemos
S 849-2 tome me por palabla a -la peor se tenga
S1130-4 menester es la palabla del conffesor bendito
S1532-3 el byen que faras cras palabla es desnuda
**PALABLAS**
S 417-3 dezir palablas dulzes que traen abenençia
S 841-2 dize a -mi llorando palablas muy manzelleras
S 856-3 quantas mas dulçes palablas la dueña de amor atyende
S1436-1 Estas buenaz palablaz estos dulçes falagos
**PALABRA**
S 64-2 non ha mala palabra si -non es a -mal tenida
S 95-2 qual palabra te dizen tal coraçon te meten
S 164-1 bien atal es el amor que da palabra llena
S 320-2 en-gañas todo el mundo con palabra fermosa
S 659-1 abaxe mas la palabra dixel que en juego fablaua
G 682-3 a -la merçed que agora de palabra me fazedez
S 932-3 Ca de buena palabra paga se la vezindat
S1299-2 en sola vna palabra puso todo el tratado
**PALABRAS**
P 173 E non al son feo de -laz palabraz
P 174 E segud derecho laz palabraz siruen al -la jntençion
P 175 E non -la jntençion a -laz palabraz
S 7-3 E les diras palabras que fabrasen mejorez
S 44-1 Palabras son de sabio e dixo lo caton
S 220-2 con palabras muy dulçes con gesto engañador
S 625-2 palabras afeytadas con gestos amorosos
S 625-3 con palabras muy dulçes con dezires sabrosos
S 655-1 Vnas palabras tenia pensadas por le dezir
G 677-4 por laz palabraz se conosçen e zon amigoz e conpañonez
G 680-3 de palabraz en juego direlaz si laz oyere
G 688-2 si mucho vso la dueña con palabraz de trebejo
S 747-2 e mas al abutarda estas palabras tales
S 856-1 quanto mas malas palabras omne dize e las entyende
S1610-4 pocas palabras cunplen al buen entendedor
**PALABRILLAS**
S1257-2 palabrillaz pyntadaz fermosillos afeytes
**PALACIO**
S 481-3 desque en -el palaçio con ella estudo
S1250-3 a -grand Señor conviene grand palaçio e grand vega
S1306-1 Estaua en vn palaçio pyntado de almagra
S1376-2 la puerta del palaçio començo a -ssonar
S1492-4 yol fare cras que venga aqui a -este palaçio
**PALADINA**
S 297-3 desto ay muchas fablas e estoria paladina
**PALALES**
S1291-2 comia nueuos palales sudaua syn pereza
**PALANCA**
S 517-3 a -la peña pesada non la mueve vna palanca
**PALANCIANA**
G 678-2 es la color e la vista alegria palançiana
**PALAS**
S 753-3 non quiso buen conssejo cayo en fuertes palas
**PALIO**
S1149-2 de palio e de blago e de mitra onrrado
**PALMA**
S 57-1 leuantose el griego tendio la palma llana
**PALMA** (H)
S1205-3 bordon lleno de ymagenes en -el la palma fyna
**PALMADA**
S 62-4 que me daria grand palmada en los oydos Retinientes
**PALMAS**
S 126-4 pero muchos de aquestos dan en tierra de palmas
**PALO**
S1360-1 El caçador al galgo firiolo con vn palo
**PALOMA**
G 563-1 sey commo la paloma linpio e mesurado
**PALOS**
S 772-4 con palos e con mastines vinieron los a -buscar
S 773-3 de palos e de pedradas ouo vn mal sojorno
S1406-3 dieron le muchos palos con piedraz e con maços
S1406-4 fasta que ya los palos se fazian pedaçoz

## PAN

| | |
|---|---|
| S  93-2 | achaque le leuanta por que non le de del pan |
| S 118-4 | El comio el pan mas duz |
| S 175-1 | lanço medio pan al perro que traya en -la mano |
| S 175-4 | por el pan de vna noche non perdere quanto gano |
| S 176-2 | non perdere los manjares nin el pan de cada dia |
| S 176-3 | ssy yo tu mal pan comiese con -ello me afogaria |
| S 255-2 | de pan e de dineros que forçaste de -lo ageno |
| G 556-3 | mas alholiz rrematan pero non comen pan |
| S 950-4 | quien mas de pan de trigo busca syn de seso anda |
| S 965-2 | fazer te he fuego e blasa darte he del pan e del vino |
| S 969-3 | dize luego hade duro comamos deste pan duro |
| S 983-2 | que pan E vino juega que non camisa nueua |
| S1030-1 | diome pan de çenteno |
| S1165-3 | el terçio de tu pan comeras o -las dos partes |
| S1168-2 | el viernes pan E agua comeras E non cozina |
| S1183-3 | pascua de pan çenzeño estos les venia |
| S1252-2 | mandan lechoz syn rropa e manteles syn pan |
| S1277-3 | çerrar los silos del pan e seguir los pajarez |
| S1351-2 | del pan E de -la leche e de quanto el comia |
| S1373-3 | enxundiaz e pan cocho syn rraçion e syn peso |
| S1491-4 | a -pan de quinçe diaz fanbre de trez selmanas |

## PANADERA

| | |
|---|---|
| S 116-1 | Cruz cruzada panadera |

## PANAL

| | |
|---|---|
| S1379-3 | el que teme la muerte el panal le sabe fiel |

## PANCHA

| | |
|---|---|
| S 966-2 | E mandel para el vestido vna bronca E vn pancha |

## PANDERETE

| | |
|---|---|
| S1232-1 | Dulçe caño entero sal con -el panderete |

## PANDERO

| | |
|---|---|
| S 470-4 | syenpre le bullen los pies e mal para el pandero |
| S 729-4 | yo lo piensso en mi pandero muchas veçes que lo toco |
| S1003-2 | e dame vn bel pandero E seys anillos de estaño |

## PANDEROS

| | |
|---|---|
| S 705-4 | muchos panderos vendemos que non suenan las sonajas |
| S1212-3 | a -el salen triperaz taniendo suz panderoz |

## PANES

| | |
|---|---|
| S1220-3 | ssabuesos e podencos quel comen muchoz panes |
| S1288-1 | El primero los panes e las frutas grana |

## PANFILO

| | |
|---|---|
| S 429-4 | panfilo e nason yo los ove castigado |
| S 698-3 | doña venuz por panfilo non pudo mas fazer |
| S 891-4 | que lo felo de estoria diz panfilo e nason |

## PANO

| | |
|---|---|
| S1003-1 | diz dame vn prendero que sea de bermejo pano |
| S1698-3 | dile luego de -mano doze varas de pano |

## PAÑO

| | |
|---|---|
| S  94-3 | diz la dueña sañuda non ay paño syn rraça |
| S 216-4 | andas vrdiendo sienpre cobierto so mal paño |
| G 762-1 | que prouecho uoz tien vestir ese negro paño |

## PAÑOS

| | |
|---|---|
| S  53-1 | vistieron lo muy bien paños de grand valia |
| S 171-2 | dauale de mis donas non paños e non çintas |
| S 502-2 | vistia los nobles paños doradas vestiduras |
| S1244-3 | non conpraria françia los paños que viste |
| S1394-4 | las camissaz fronçidaz los paños de mellynas |
| S1472-2 | suelas rrotas e paños Rotos e viejos hatos |

## PAPA

| | |
|---|---|
| S 146-1 | otrosy puede el papa sus decretales far |
| S 492-2 | plazer e alegria del papa Racion |
| S1147-4 | saluo los que del papa son en -si rreseruados |
| S1148-1 | los que son rreseruados del papa espirituales |
| S1157-2 | vos sodes para todo arçobispo E papa |
| S1160-1 | Es el papa syn dubda la fuente perenal |
| S1161-2 | era del papa e del mucho priuado |
| S1693-2 | diz el papa nos enbia esta constituçion |
| S1696-4 | apellasemos del papa antel Rey de castilla |

## PAPA (V)

| | |
|---|---|
| G1157-4 | la neçesidat todaz las cozaz papa |

## PAPAGAYO

| | |
|---|---|
| S1439-1 | Mejor que -la calandria nin el papa gayo |
| S1615-1 | sson aves pequenas papagayo e orior |

## PAPAGAYOS

| | |
|---|---|
| S1226-2 | calandriaz papagayos mayorez e menorez |

## PAPAS

| | |
|---|---|
| S1521-4 | por papaz E por Reyes non das vn vil nuez |

## PAPEL

| | |
|---|---|
| S1269-2 | do todo se escriue en toledo non ay papel |

## PAR

| | |
|---|---|
| S  41-1 | el septeno non ha par |
| G 661-1 | en -el mundo non es coza que yo ame a par de uoz |
| S 739-2 | a -par deste maçebillo ningunos non llegaron |
| S1065-4 | a -los que en -el avemos esperança syn par |
| S1219-3 | en -el su carro otro a -par del non caualga |

## PAR (H)

| | |
|---|---|
| S 315-1 | dyole grand par de coçes en -la fruente gelas pon |

## PARA

| | |
|---|---|
| P  95 | nin acordarse dello para lo obrar |
| P 128 | saluaçion E gloria del parayso para mi anima |
| P 133 | que vsan algunoz para pecar |
| P 144 | que vsan para pecar E engañar laz mugerez |
| P 159 | aqui fallaran algunaz maneraz para ello |
| S  48-1 | pero si las querien para por ellas vsar |
| S  49-2 | para la disputaçion pusieron pleito firmado |
| S  52-3 | para disputar por señas lo que tu quisieres pit |
| S  84-2 | el aparto lo menudo para el leon que comiese |
| S  84-3 | E para si la canal la mejor que omne yiese |
| S  85-3 | para mi E a -los otroz la canal que es vana |
| S  87-3 | e los otros todo lo menudo era |
| S 109-4 | ssy para bien non fuera tan noble non saliera |
| S 112-2 | codiciava tener lo que otro para sy tenia |

## PARA (continued — right column)

| | |
|---|---|
| S 134-1 | Cataron dia claro para yr a -caçar |
| S 142-1 | para quien faze el yerro que pena deue aver |
| S 175-3 | diz non quiero mal bocado non serie para mi sano |
| S 200-4 | mas vieron que non era Rey para las castigar |
| S 201-2 | dixieron non es este rrey para lo nos seruir |
| S 230-3 | las joyaz para tu Amiga de que las conplaras |
| S 253-4 | el lobo finco sano para comer sin pereza |
| S 286-3 | fermosa e non de suyo fuese para la iglesia |
| S 316-2 | lo que para sy non quiere non -lo deue a -otros fazer |
| S 331-3 | qual dineros qual prendas para al abogado dar |
| S 343-1 | venido es el dia para dar la sentençia |
| S 346-3 | nin querian abenencia para ser despechados |
| S 356-2 | Nueve dias de plazo para el que se opone |
| S 370-3 | non podia dar lyçençia para aver conpusicion |
| S 371-3 | especial para todo esto E conplida jurysdiçion |
| S 382-2 | ssusçipe me secundum que para la mi corona |
| S 409-4 | poner te he en -el otero cosa para ti sana |
| S 419-1 | Non es para buen omne creer de lygero |
| S 428-1 | Para todas mugeres tu amor non conviene |
| S 429-3 | muchas buenas maneras para enamorado |
| S 430-3 | para que ella te quiera en su amor querer |
| G 446-4 | e para aquesta cata la fyna avancuerda |
| S 470-4 | syenpre le bullen los pies e mal para el pandero |
| S 485-2 | non seas pitas para otro non errides |
| S 505-2 | sy varruntan que el rrico esta ya para moryr |
| G 549-3 | los fermozoz rretraherez tien para dezir apreztoz |
| S 587-1 | Non uoz pidre grant coza para voz me la dar |
| S 654-1 | Pero tal lugar non era para fablar en amores |
| G 671-1 | a -dioz juro zeñora para aquezta tierra |
| G 673-1 | pero zea mas noble para plazenteria |
| G 673-2 | E para estoz juegoz hedat e mançebia |
| G 684-4 | para uoz non pido mucho ca con -esto pazaremoz |
| S 696-3 | para mensajeria personas sospechosas |
| S 724-2 | para esa mano bendicha quered esta sortija |
| S 737-4 | yo penssare en ello sy para mi con-vyen |
| S 739-4 | que para esse buen donayre atal cosa vos guardaron |
| S 746-3 | para fazer sus cuerdas E sus lazos el rredero |
| S 750-3 | non quiero tu conssejo vete para villana |
| G 758-3 | por ende tal mançebillo para uoz lo querria |
| S 783-3 | ay vieja mata amigos que melo dixistes |
| S 844-4 | tal lugar non avremos para plazer E vyçio |
| S 867-4 | yo me verne para vos quando vyere que ay logar |
| S 872-2 | non me detoue mucho para alla fuy luego ydo |
| S 912-4 | que estass son comienço para el santo pasaje |
| S 913-2 | nin lo coydo buscar para mensajeria |
| S 930-3 | tal vieja para vos guardadla que conorta |
| S 962-2 | tirate de -la carrera que non trax para ty nada |
| S 963-3 | en-avento me el dardo diz para el padre verdadero |
| S 966-2 | E mandel para el vestido vna bronca E vn pancha |
| S 972-1 | despues desta ventura fuy me para ssegouia |
| S 972-2 | non a -conprar las joyas para la chata novia |
| S 974-1 | Torne para mi casa luego al terçer dya |
| S1003-3 | vn çamaron disantero e garnacho para entre el año |
| S1010-1 | ssus mienbros e su talla non son para callar |
| S1020-4 | ca moço mesturero non es bueno para mandado |
| S1039-5 | para la tornada |
| S1067-2 | ffuy me para mi tierra por folgar algund quanto |
| S1092-3 | non so para afrae en carrera nin ero |
| S1093-3 | todos aperçebidos para la lyd malyna |
| S1097-3 | para entrar en -la fazienda con -la dueña serena |
| S1112-2 | para saluar sus almas avian todos desseo |
| S1128-1 | vino luego vn frayle para lo convertyr |
| S1135-2 | aprendi e se poco para ser demostrador |
| S1137-2 | do ha tienpo E vida para lo emendar |
| S1157-2 | vos sodes para todo arçobispo E papa |
| S1158-3 | E puedan aver su cura para se confesar |
| S1158-4 | que lo fagan e cunplan para mejor estar |
| S1165-4 | para por dios lo otro todo te mando que apartes |
| S1177-1 | Bien commo en este dia para el cuerpo Repara |
| S1201-3 | para lydiar non firmes quanto en afrecho estacaz |
| S1202-4 | para pasar la mar puso muy grand mision |
| S1204-2 | los pescados a -ella para la ayudar |
| S1204-3 | otrosi dueña flaca non es para lydiar |
| S1205-4 | esportilla e cuentas para Rezar ayna |
| S1221-1 | ssogaz para laz vacas muchos pessos e pessas |
| S1221-3 | para laz triperaz gamellaz e artesaz |
| S1250-4 | para grand Señor non es posar en -la bodega |
| S1251-3 | la su possaderia non es para ty sana |
| S1254-4 | para yr en frontera muchos ay costumeroz |
| S1263-4 | Ca vido pequeñas cassas para tantos seruientes |
| S1280-3 | mandaua poner viñaz para buen vino dar |
| S1305-1 | Entrada la quaresma vine me para toledo |
| S1307-1 | Avn quise porfiar fuy me para vn monasterio |
| S1336-4 | que es para doñear preçiado e noble don |
| S1340-4 | para el amor todo que dueñas de sueraz |
| S1345-3 | para que a -vos sirua cada dia lo abyuo |
| S1346-4 | para vos lo querria tal que mejor non vy |
| S1405-4 | fuese para el estrado do -la dueña seya |
| S1415-3 | fare traynel della para calçar lygero |
| S1416-3 | para quien dolor tiene en muela o en quexar |
| S1417-2 | diz el ojo de aquesta es para melezina |
| S1418-3 | para quien tiene venino o dolor en -la oreja |
| S1419-2 | para el tremor del coraçon es mucho prouechoso |
| S1489-3 | doñeador alegre para las çapatas mias |
| S1502-3 | fuy me para la dueña fablome e fablela |
| S1505-1 | Para tales amores zon las rreligiosaz |
| S1505-2 | para rrogar a -dioz con obras piadosaz |
| S1505-3 | que para amor del mundo mucho son peligrosaz |
| S1513-2 | para judias E moras e para entenderas |
| S1513-3 | para en jnstrumentos de comunales maneras |
| S1514-2 | E para escolarez que andan nocheriniegos |
| S1514-3 | e para muchos otros por puertas andariegos |

| | |
|---|---|
| **PARA** | **(cont.)** |
| S1515-1 | Para los jnstrumentos estar byen acordados |
| S1543-1 | Allego el mesquino E non ssopo para quien |
| S1565-4 | para sienpre jamas non los has de prender |
| S1581-3 | cada qual buscaria armas para se armar |
| S1582-4 | E para sienpre jamas dizen al jnfierno yd vos |
| S1596-2 | comer tanto que podamos para pobres apartar |
| S1695-4 | para aver su acuerdo juntaron se otro dia |
| S1698-4 | E avn para la mi corona anoche fue al baño |
| F    6 | ya muger tan dura qual fuerades para uaron |
| **PARA** | **(H)** |
| S 433-3 | las orejas pequeñas delgadas paral mientes |
| S1177-2 | asi en este dia por el alma se para |
| S1323-4 | mas el leal amigo al byen e al mal se para |
| S1371-2 | con -la poca vianda buena voluntad para |
| **PARAÇAS** | |
| S 753-4 | guardat vos doña endrina destas paraças malas |
| **PARADO** | |
| S 714-4 | dio melo tan bien parado que nin es grande nin chico |
| **PARADOS** | |
| S1248-3 | rrefitorios muy grandes e manteles parados |
| **PARAISO** | |
| P 128 | saluaçion E gloria del parayso para mi anima |
| S 173-1 | Non perdere yo a -dios nin al su parayso |
| S 294-3 | echole del parayso dios en aquesse dia |
| S 492-3 | conpraras parayso ganaras saluaçion |
| S1564-1 | A -los suyos leuolos con -el a -parayso |
| S1570-1 | Cyerto en parayso estas tu assentada |
| S1593-2 | que dios fizo en parayso matrimonio E casamiento |
| S1616-2 | terrenal parayso es e grand conssolaçion |
| S1657-1 | El Señor de parayso |
| **PARAIZO** | |
| S1654-3 | E en parayzo entredes |
| **PARAN** | |
| S 883-2 | quantos laços les paran non las podrian prender |
| S 937-2 | ya vos dixe que estas paran cauas e foyas |
| **PARANÇA** | |
| S 752-1 | Cogido ya el cañamo E fecha la parança |
| **PARANÇAS** | |
| S 644-4 | byen sabe las paranças quien paso por las losas |
| **PARAR** | |
| S 744-1 | muchos dizen que coydan parar vos talez lazos |
| **PARAREDES** | |
| S1609-4 | mucho al y fallaredes ado byen pararedes mientes |
| **PARAS** | |
| S 373-1 | a -obla de piedad nunca paras mientes |
| S1108-3 | sy ante mi te paras dar te he lo que meresçes |
| **PARASE** | |
| S  62-3 | dixo me luego apos esto que -le parase mientes |
| **PARASTI** | **(L)** |
| S 387-1 | ffasta el quod parasti non la quieres dexar |
| **PARAVA** | |
| S 973-3 | desque vy que -la mi bolsa que -se paraua mal |
| **PARCIONEROS** | |
| S 506-2 | byen les dan de -la çeja do son sus parçioneros |
| **PARDAL** | |
| S1208-4 | que a -todo pardal viejo nol toman en -todaz Redes |
| **PARDALES** | |
| S 747-1 | Dixo la golondrina a -tortolas e a -pardales |
| **PARDIOS** | |
| S 834-2 | par-dios mal dia el vydo la vuestra grand dureza |
| S 982-1 | Pardios dixe yo amiga mas querria almozar |
| **PARDIOS** | **(H)** |
| S 964-3 | dixel yo par dios fermosa dezir vos he vna cosa |
| **PARDO** | |
| S1425-1 | Dormia el leon pardo en -la frida montaña |
| **PARE** | |
| S1600-3 | esta cada dia pare do quier quel diablo posa |
| **PARED** | |
| S1143-2 | lloro mucho contrito a -la pared tornado |
| S1377-4 | estouo a -lo escuro a -la pared arrimado |
| **PAREDES** | |
| S 725-4 | entre aquestas paredes non vos prestara nada |
| S 878-2 | por que fyncauades con -el sola entre estas paredes |
| S1176-1 | Repara laz moradaz laz paredez Repega |
| S1208-2 | el sabado por noche salto por las paredes |
| **PAREJAS** | |
| S 604-1 | ya ssabedess nuestros males E nuestras penas parejas |
| S 901-1 | Mando el leon al lobo con sus vñas parejas |
| **PAREJO** | |
| S 396-4 | que aquel mingo oveja non es della parejo |
| S 839-1 | El grand amor me mata el su fuego parejo |
| **PAREJOS** | |
| G 666-2 | zon los dedoz en -laz manoz pero non zon todoz parejoz |
| **PAREN** | |
| S 626-4 | tristeza e Renzilla paren mal enemigo |
| **PARENTESCO** | |
| S1537-4 | que non el parentesco nin a -las baruas canas |
| **PARES** | |
| S  34-5 | non pares mientes maria |
| **PARES** | |
| S 341-2 | connel fueron las pares conçejo de cucaña |
| **PARES** | **(H)** |
| S 466-2 | qual es la mayor dellas anbos pares estades |
| **PARESCA** | |
| S 158-4 | que tan bien le paresca nin que tanto desea |
| **PARESCAS** | |
| S  43-4 | antel con nusco parescas |
| **PARESCE** | |
| S 159-2 | a -su amiga bueno paresçe E rrico onbre |
| S 164-2 | toda cosa que dize paresçe mucho buena |
| G 553-4 | asi syn la mesura todo paresçe mal |

| | |
|---|---|
| S 706-2 | ella si me non engaña paresçe que ama a -mi |
| S 811-4 | paresçe que con-vusco non se estaria dormiendo |
| S 879-4 | mejor me paresçe esto que non que vos enfamedes |
| S1367-4 | e so mal denostada zegud que ya paresçe |
| **PARESCEN** | |
| S 607-2 | la fuerça non la tengo mis ojos non paresçen |
| S 846-4 | las fuertes çerraduras le paresçen abyertas |
| **PARESCER** | |
| S 290-1 | quien quiere lo que non es suyo E quiere otro paresçer |
| G 559-1 | ante ella non alabez otra de paresçer |
| **PARESCERA** | |
| G 683-2 | que qual es el buen amigo por laz obraz paresçera |
| **PARESCES** | |
| S1108-2 | diz la pixota al puerco do estas que non paresçes |
| **PARESCIA** | |
| S 288-4 | mas negra paresçia la graja que el erizo |
| S 779-2 | salvo mal quebrantado paresçia pecadezno |
| S1351-4 | tanto que sierpe grande a -todoz paresçia |
| **PARESCIAN** | |
| S1502-1 | oteome de vnos ojos que paresçian candela |
| **PARESCIENTE** | |
| S1542-1 | Sy dexa muger moça Rica o -paresçiente |
| **PARIDAS** | |
| S1221-4 | laz alanaz paridaz en -laz cadenaz presaz |
| **PARIENTA** | |
| G 436-1 | A -la muger que enbiarez de ti zea parienta |
| G 438-1 | si parienta non tienez atal toma viejaz |
| S1706-3 | que non es mi comadre nin es mi parienta |
| **PARIENTAS** | |
| S1256-3 | son parientas del cueruo de cras en cras andauan |
| **PARIENTE** | |
| S  70-1 | de todos jnstrumentos yo libro so pariente |
| S 197-1 | Eres padre del fuego pariente de -la llama |
| S 622-1 | Non pueden dar los parientes al pariente por herençia |
| S 999-1 | Mas pariente tu te cata sy sabes de sierra algo |
| S1027-2 | pariente mi choça |
| S1438-1 | o cueruo tan apuesto del çisne eres pariente |
| **PARIENTES** | |
| S 395-2 | por que se onrren della su padre e sus parientes |
| S 598-3 | es de mejores paryentes que yo e de mejor lugar |
| S 622-1 | Non pueden dar los parientes al pariente por herençia |
| S 658-1 | querian alla mis parientes Cassar me en esta Saçon |
| S 884-4 | non la quieren los parientes padre madre nin avuelo |
| S1005-2 | byen loçanas E fermosa a -tus parientes conbydes |
| S1477-5 | parientes apostizos amigos pauiotes |
| S1526-3 | parientes E amigos todos le tyenen Saña |
| S1536-1 | Desque los sus parientes la su muerte varruntan |
| S1577-2 | parientes e Amigos qui non me acorredes |
| **PARIO** | |
| S 100-1 | pario vn mur topo escarnio fue de rreyr |
| S1644-1 | pario ssu fijuelo |
| **PARIR** | |
| S 100-2 | E desque vino el dia que ovo de parir |
| S1060-3 | diz luego ysayas que -lo avya de parir |
| **PARIRIA** | |
| S  99-3 | penssauan que grand sierpe o -grand bestia pariria |
| **PARIS** | |
| S 223-3 | quando la dio a -venuz paris por le jnduzir |
| **PARIS** | **(H)** |
| S1243-4 | non conplara la seña paris nin barçilona |
| **PARISTE** | |
| S  42-5 | el que pariste blanca flor |
| S1637-3 | quando lo pariste madre |
| S1664-6 | por el fijo que pariste |
| **PARLADERA** | |
| S 920-1 | yo le dixe commo en juego picaça parladera |
| **PARLADOR** | |
| S1399-1 | Alegre va la monja del coro al parlador |
| **PARLANDO** | |
| S 741-1 | la muger que vos cree las mentiras parlando |
| **PARLARES** | |
| S 649-4 | ayuda otra non me queda synon lengua e parlares |
| **PARLASE** | |
| S 881-1 | Synon parlase la pycaça mas que -la codorniz |
| **PARLATORIO** | |
| S1152-2 | los libros de ostiense que son grand parlatorio |
| **PARLAVA** | |
| S1096-4 | parlaua mucho el vino de todos alguaçil |
| **PARLERA** | |
| S  81-2 | yo veo otraz muchas creer a -ti parlera |
| S 572-4 | non pierdas a -la dueña por tu lengua parlera |
| **PARLERO** | |
| G 561-2 | quando juegaz con -ella non seaz tu parlero |
| S 627-4 | non seas mucho parlero non te tenga por mintroso |
| S 740-2 | que ya esse parlero me coydo engañar |
| **PARLILLA** | |
| S 921-1 | Non me acorde estonçe desta chica parlylla |
| **PARLILLAS** | |
| G 665-3 | non cuydedez que zo loca por oyr vuestraz parlillaz |
| **PARO** | |
| S 843-1 | En -todo paro mientes mas de quanto coydades |
| S 961-1 | Parose me en -el sendero la gaha rroyn heda |
| S1263-3 | mi Señor don amor en -todo paro mientes |
| S1471-3 | el ladron paro mientes diz veo cosa fea |
| **PARRALES** | |
| S1296-3 | comiença a -bendimiar vuas de -los parrales |
| **PARROCHIANO** | |
| S1154-2 | de mi parrochiano non seades confesor |
| **PARROCHIANOS** | |
| S1144-3 | quier a -sus parrochianos quier a -otros culpados |
| **PARTA** | |
| S1195-2 | que -la des-añedes antes que dende parta |

**PARTA**           (cont.)
S1457-2   prometiole el diablo que del nunca se parta
S1482-3   E que de vos non me parta en vuestraz manos juro
**PARTE**
S 224-4   de mucho que cobdiçiaron poca parte ovieron
S 333-1   Este grand abogado propuso pa su parte
S 352-3   fallo que -la Raposa es en parte byen çierta
S 359-1   Maguer contra la parte o contra el mal testigo
G 691-1   cuydados tan departidoz creçen me de cada parte
S 821-1   En toda parte anda poca fe e grand fallya
S 842-3   pero en mi talante alegro me en parte
S1105-1   De parte de valençia venien las anguillas
S1107-1   de parte bayona venien muchos caçones
S1117-3   della e de -la parte dan se golpes sobejos
S1242-1   De -la parte del sol vy venir vna seña
**PARTE**           (H)
S  75-4   mas non se parte ende Ca natura lo entiza
S 283-4   la envydia los parte envidiosos los crian
G 662-3   Nos me tira noz me parte non me suelta non me dexa
G 691-2   con pensamientoz contrarioz el mi coraçon se parte
S 860-4   que si non la muerte sola non parte las voluntades
S1279-4   partese del jnvierno e con -el viene el verano
S1529-3   en -el mundo non ha cosa que con byen de ti se parte
S1672-2   la mi coyta tu la parte tu me salua E me guia
**PARTEN**
S 824-4   que las mis fadas negras non se parten de mi
**PARTERAS**
G 440-2   andan de caza en caza e llaman ze parteraz
**PARTES**
S 331-2   las partes cada vna pensaron de buscar
S 342-1   las partes cada vna a -su abogado escucha
S 343-2   ante el juez las partes estauan en -presençia
S 346-1   dixieron las partes a -los sus abogados
S 350-4   E las partes que pyden sentençia E al non
S 367-1   Non apellaron las partes del juyzio son pagados
S 367-3   esto fue por que non fueron de las partes demandados
S 651-2   oteo a -todas partes e non puedo fallar puerto
S1165-3   el terçio de tu pan comeras o -las dos partes
S1276-1   a dos partes otea aqueste cabeçudo
S1446-1   Andauan a -todas partes non podian quedas ser
**PARTES**          (H)
S 183-4   partes lo del amiga al omne que ayras
S 991-4   sobarte diz el aluarda synon partes del trebejo
**PARTI**
S 106-4   parti me de su pleito puez de mi ez rredrada
S 567-4   a muchos de -las dueñas por estos los party
G 580-3   parti me de tristeza de cuydado dañozo
S 983-3   escote la meryenda e party me dalgueua
S1339-4   desque me parti dellaz todo este viçio perdy
S1345-1   Desque me party de vos a -vn açipreste siruo
**PARTICION**
S  88-1   El leon dixo comadre quien vos mostro ha fazer partiçion
**PARTIDA**
S  90-4   la dueña muy guardada ffue luego de mi partida
S 106-1   E yo desque vi la dueña partida E mudada
**PARTIDOR**
S  84-1   ffizo partidor al lobo e mando que a -todoz diese
**PARTIERE**
S1482-4   si de vos me partiere a -mi caya el perjuro
**PARTIO**
S 576-1   Partyose amor de mi E dexo me dormir
S1171-4   partiose del el frayel dada la bendiçion
**PARTIR**
S  93-3   los que quieren partir nos como fecho lo han
S 208-3   que non pueden partir se de tu vida penada
S 531-2   penso commo podiese partyrle de aquesto
S1678-3   non me partir de te seruir
S1702-4   ante que -la partyr de toda la mi mesa
**PARTIRIAS**
S 250-4   E que partirias con pobles e non farias fallencia
**PARTO**
S  98-4   commo duena en parto começose de coytar
**PARTO**           (H)
S1703-4   E sy de mi la parto nunca me dexaran dolorez
**PARVAS**
S1015-4   valdria se te mas trillar en -las tus paruas
**PASA**
S 523-2   lo que mas le defienden aquello ante passa
S 620-1   ome poble con arte pasa con chico ofiçio
S1285-3   fasta que pasa agosto non dexan de rrebuznar
**PASADA**
S 863-1   desde aqui a -la mi tienda non ay synon vna pasada
S 962-4   que non avras aqui passada
S 981-4   era nona passada e yo estaua ayuno
S 986-1   desta burla passada ffiz vn cantar atal
S1022-2   la sierra passada
**PASADA**          (H)
S1321-4   acaeçiome vna ventura la fiesta non pasada
**PASADERAS**
S 105-3   todas son pasaderas van se con -la hedat
**PASADO**
S 191-2   el primer mes ya pasado dixieron le tal Razon
S 194-3   el vn mes ya pasado que casado avia
S 717-3   muchas vezes he tristeza del lazerio ya -pasado
G 761-1   fiia dixo la vieja el año ya es pasado
S 951-2   pasado el puerto de lacayo fuy camino prender
S1210-1   vigilia era de pascua abril çerca pasado
S1303-2   atreui me e preguntel que el tyenpo pasado
S1365-4   non ay mençion nin grado de seruiçio ya pasado
S1378-1   Cerrada ya la puerta e pasado el temor
**PASADOS**
S1224-4   cobra quanto ha perdido en -loz pasadoz mesez

S1506-1   Atal fue mi ventura que dos messes pasados
**PASAJE**
S 912-4   que estass son comienço para el santo pasaje
**PASAN**
S 781-1   algunos en -sus cassas passan con dos sardinas
S 960-4   non pasan los omnes sanos
**PASANDO**
S 137-2   pasando por la puente vn grand rrayo le dio
S 959-1   Passando vna mañana por el puerto de mal angosto
**PASAR**
S 147-1   veemos cada dia pasar esto de fecho
S 151-3   mas por que cada dia veo pasar esto
S 217-4   passar los mandamientos que de dios fueron dados
S 955-1   dexa me passar amiga dar te he joyas de sierra
S 958-3   escuso me de passar los arroyos E las cuestas
S1202-4   para pasar la mar puso muy grand mision
**PASARAS**
S 230-2   piensaz pues non as miedo tu de que pasaras
S 961-4   non pasaras la vereda
**PASARON**
S 944-3   pasaron byen dos dias que me non pud leuantar
S1120-1   Porfiaron grand pieça e pasaron grand pena
**PASAS**
S1344-3   commo te va mi vieja como pasaz tu vida
**PASAVA**
S 226-2   vna pieça de carne en -la boca passaua
S 461-1   otrossy yo passaua nadando por el Ryo
S1415-1   passaua de mañana por y vn çapatero
S1416-1   El alfajeme pasaua que venia de ssangrar
S1417-1   vna vieja passaua quel comio su gallina
S1418-1   El fisico pasaua por aquella calleja
**PASAVAN**
S1414-4   dezian los que pasauan tente esa tras nochada
**PASCIA**
S 298-1   vn cavallo muy gordo pasçia en -la defesa
**PASCUA**
G 556-4   que corderoz la pascua nin anzaronez zan juan
S1183-3   pascua de pan çenzeño estos les venia
S1210-1   vigilia era de pascua abril çerca pasado
S1225-1   Dia era muy ssanto de -la pascua mayor
**PASE**
S 718-1   ssy me dieredes ayuda de que passe algun poquillo
S 780-4   con lo quel dios diere paselo bien fermoso
S 996-4   pase por la mañana el puerto por sosegar tenplano
S1008-1   Nunca desque nasçi pase tan grand peligro
**PASE**           (H)
G 759-3   fasta que pase el año de -loz lutus que tien
**PASILLO**
S 718-3   yo fare con mi escanto que se vengan paso a -pasillo
**PASION**
S1058-1   Por aquestas llagas desta santa pasion
S1181-4   oyremos pasion pues que baldios estamos
**PASO**
S 326-1   E digo que agora en -el mes que paso de feblero
S 644-4   byen sabe las pardanças quien paso por las losas
S 958-4   fyz de -lo que y passo las coplas de yuso puestas
S 996-1   de quanto que paso fize vn cantar serrano
**PASO**           (H)
G 669-1   pazo o paso don endrina so el portal es entrada
S 718-3   yo fare con mi escanto que se vengan paso a -pasillo
S 773-1   salyo mas que de passo fizo ende rretorno
S1092-1   vino su paso a -paso el buey viejo lyndero
S1442-3   muchos cuydan que guarda el viñadero e el paso
S1486-4   su paso ssosegado e de buena Razon
**PASO**           (H)
S1680-1   virgen muy santa yo paso atribulado
**PASOS**
S1322-4   E que andudiese por mi passos de caridat
**PASQUA**
S 385-4   la fiesta de seys capas contigo la pasqua tiene
S1069-4   salud en jhesu xpisto fasta la pasqua mayor
**PASTIJA**
S 724-3   si vos non me descobrierdes dezir vos he vna pastija
S 916-4   sy me non mesturardes dire vos vna pastija
**PASTOR**
S 994-1   Preguntome muchas cosas coydos que era pastor
S1213-1   El pastor lo atyende fuera de -la carrera
S1452-3   sy mas ya non fablalde como a -chate pastor
**PASTORA**
S 970-3   oteo me la pastora diz ya conpañon agora
**PASTOREJO**
S 991-1   Enbiome la cayada aqui tras el pastorejo
**PASTORES**
S 771-2   fazemos byen grande syn perros e syn pastorez
S 772-3   oyeron lo los pastores aquel grand apellidar
S 773-2   pastores e mastines troxieron lo en -torno
S1188-4   aba aba pastorez acorred nos con -los perros
S1222-1   Rehalaz de castilla con pastorez de ssoria
**PASTRAÑA**
S  64-1   Por esto dize la pastraña de -la vieja ardida
**PASTRAÑAS**
S1273-4   las viejaz tras el ffuego ya dizen laz pastrañas
S1410-2   a -dezir me pastrañaz de -lo que ayer me fableste
**PATADA**
S1012-4   mayor es que de yegua la patada do pisa
**PATER**
S1306-3   con muchos pater nostres e con mucha oraçion agra
**PATER**          (L)
P 205     ita deuz pater deus filius e cetera
S 507-2   non es muerto ya dizen pater noster a -mal aguero
S1578-2   que por mi pecador vn pater noster diga
S1633-4   digades vn pater noster por mi E ave maria

| | | | | |
|---|---|---|---|---|

**PATRIARCA**
S1160-4 arçobispos e obispos patriarca cardenal
**PATRIARCAS**
S 494-2 arçobispos doctores patriarcas potestades
S1561-3 a -jafet a -patriarcaz al bueno de abrahan
S1562-1 A ssant johan el bautista con muchos patriarcas
**PAULA**
S1278-4 non cabria entre vno e otro vn cabello de paula
**PAULO**
S 875-3 non queblantedes mi pueras que del abbad de sant paulo
S1238-1 ally van de ssant paulo los sus predicadorez
**PAVESNOS**
S 284-4 como con los pauieznos contesçio a -la graja
S 287-4 con -los pauieznoz anda la tan desconosçida
**PAVIOTAS**
G 439-1 zon grandez maeztraz aqueztaz pauiotaz
**PAVIOTES**
S1477-3 parientes apostizos amigos pauiotes
**PAVON**
S 285-1 al pauon la corneja vydol fazer la Rueda
S 286-2 de pendolas de pauon vistio nueva pelleja
S 287-1 graja enpauonada como pauon vestida
S 288-1 El pauon de tal fijo espantado se fizo
G 563-2 sey commo el pauon loçano zosegado
S1289-3 anda muy mas loçano que pauon en floresta
S1486-2 el su andar enfiesto bien como de pauon
**PAVONES**
S1086-2 muchos buenos faysanes los locanos pauones
S1116-1 el pulpo a -los pauones non -les daua vagar
**PAVOR**
S 790-2 que non avedes miedo mesura nin pauor
S1329-2 diz non avedes pauor vos las mugeres todaz
S1452-4 dezilde dios vos salue dexemos el pauor
S1538-2 dexan lo so -la tierra solo todos han pauor
**PAXARERO**
S 746-1 Era se vn caçador muy sotil paxarero
S 751-4 plogo al paxarero que era madrugador
S 752-2 fuese el paxarero commo solia a -caça
**PAZ**
S 14-2 escuchad el rromance sosegad vos en paz
S 58-3 leuantaron se todos con paz e con sosiego
S 775-2 dios vos de paz comadre que por vos vine yo aqui
S 889-3 aved entre vos anbos corcordia e paz
S 898-4 que tornedes al juego en saluo e en paz
S1051-4 a -ora de maytines dandole judas paz
S1381-3 Mas quiero rroer faua Seguro e en paz
S1384-1 Con paz E zegurança es buena la pobleza
S1511-1 fija si el criador vos de paz con Salud
**PAZADO**
G 661-2 tienpo es ya pazado de -loz añoz mas de dos
**PAZAREMOS**
G 684-4 para uoz non pido mucho ca con -esto pazaremoz
**PAZO**
G 662-1 Con la grant pena que pazo vengo a -uoz dezir mi quexa
**PAZO** (H)
G 669-1 pazo o paso don endrina so el portal es entrada
**PAZO** (H)
G 550-1 Non fables muy aprieza nin otrosi muy pazo
G 551-2 quien fabla muy pazo enojaze quien le atiende
**PEAJE**
S 953-1 yo guardo el portadgo E el peaje cogo
**PECA**
S 75-3 el omne quando peca bien vee que desliza
**PECADA**
G 448-2 atal media pecada el huerco la zaguda
**PECADESNO**
S 779-2 salyo mal quebrantado paresçia pecadezno
**PECADO**
P 41 el pecado del amor loco deste mundo
P 73 se acuerde pecado e lo quiera e lo obre
P 78 que ez en -el omne que se non puede escapar de pecado
P 85 por que ome piensa vanidades de pecado
P 98 e a pecado que a -bien esto dize el decreto
P 126 el amor loco del pecado del mundo
P 148 E querran maz amar a -si mesmoz que al pecado
S 15-3 es vn dezir fermoso e saber sin pecado
S 173-2 por pecado del mundo que es sonbra de aliso
S 222-4 quien tu cobdiçia tiene el pecado lo engaña
S 228-4 a mala cobdiçia pecado mortal
S 280-4 estorua te tu pecado façe te ally moryr
S 291-3 enfraquesçes pecado eres grand venternero
S 317-4 en pecado comiençan e en-tristezan acabada
S 398-3 de pecado dañoso de al non te alabo
S 817-2 ca engañar al poble es pecado muy grande
S 848-2 grand pecado e desonrra en -las ansy dañar
S 873-2 vedes vedes como otea el pecado carboniento
S 933-4 non ay pecado syn pena nin bien syn gualardon
S 943-2 ouo por mal pecado la dueña a -ffallyr
S 960-2 diz el pecado barruntas en -fablar verbos tan blauos
S 990-4 quiça el pecado puso esa lengua tan aguda
S1162-2 diole esta penitençia que por tanto pecado
S1194-1 Byen ssabedes amigos en commo mal pecado
S1330-3 por non fazer pecado o -por non ser osada
S1428-2 es maldad E pecado vençer.al desfallydo
S1501-2 el pecado de monja a -omne doñeador
S1519-1 assy fue mal pecado que mi vieja es muerta
S1596-3 grand pecado es gula puede a -muchos matar
S1618-2 el pecado que sienpre de todo mal es maço
S1625-3 dixol doña fulana tyra te alla pecado
S1668-4 non catando su pecado saluas lo de amargura
S1680-4 que veo mal pecado

**PECADOR**
S 34-3 yo pecador
S 42-1 Señora oy al pecador
S 76-1 E yo como ssoy omne commo otro pecador
S1046-2 virgen Santa e dina oye a -mi pecador
S1069-2 enbiada de dios a -todo pecador
S1130-2 sinon por la boca misma del pecador contrito
S1154-4 non querades vos penar por ajeno pecador
S1156-3 do el pecador non puede aver de otro sanidat
S1169-4 tu alma pecador ansi la saluaraz
S1179-3 de mansa penitençia el pecador jndigno
S1501-3 ay dioz E yo -lo fuese aqueste pecador
S1538-1 Desque sal el alma al rrico pecador
S1578-3 que por mi pecador vn pater noster diga
S1621-2 quando non tenia que comer ayunaua el pecador
S1636-2 yo percador por tanto
S1675-6 que so pecador errado
**PECADORES**
S 10-4 Ayuda me gloriosa madre de pecado(res)
S 43-1 Por nos otros pecadores non aborescas
G 667-1 a -las vegadas lastan justoz por pecadorez
**PECADOS**
S 217-1 Contigo syenpre trahes los mortales pecados
S 218-1 de todos los pecados es rrayz la cobdiçia
S 318-3 deleytase en pecados E en malas baratas
S 388-2 muchos otros pecados antojos e espantos
S 540-2 loxuria e soberuia tres pecados mortales
S 540-3 luego el omeçida estos pecados tales
S1129-1 En carta por escripto le daua sus pecados
S1144-4 a -todos los absueluen de todos sus pecados
S1506-4 dios perdone su alma e los nuestros pecados
S1583-1 los mortales pecados ya los avedes oydos
S1600-2 esta es de -los siete pecados mas sotil e engañosa
S1602-3 con fierro de buenas obraz los pecados amatar
S1604-1 Todos los otros pecados mortales E veniales
S1605-2 que vençamos los pecados e arranquemos la lid
S1663-6 syn manzilla de pecados
**PECAR**
P 133 que vsan algunoz para pecar
P 144 que vsan para pecar E engañar laz mugerez
P 156 en pero por que ez vmanal cosa el pecar
P 177 por dar manera de pecar ni por mal dezir
S 257-3 luego quieres pecar con qual quier que tu veas
S1443-3 pecar en tal manera non conviene a -monja
**PECAS**
G 441-1 E buzca menzajera de vnaz negraz pecaz
**PECATRIZ** (V)
T1578-3 que por mi pecatriz vn pater noster diga
**PECES**
S 279-4 contesçe te como acaesçe en -la rred a -los peçes
S 884-1 ssy los peçes de -las aguas quando veen al anzuelo
S1108-1 Alli con los lauancos lydian baruos E peçes
S1491-3 todos nadar quieren los peçes e las rranas
**PECO**
S 267-1 desque peco con ella sentiose escarnida
S 541-3 desque peco con -ella temio mesturado ser
**PECHA**
S 256-2 omne desagradesçido bien fecho nunca pecha
S1507-3 emiende la todo omne e quien buen amor pecha
**PECHAR**
S1433-3 puede fazer seruiçio quien non tyene que pechar
S1517-4 quien gelo dezir feziere pechar deue caloña
**PECHO**
S 351-4 dyos Ante mis ojos nin Ruego nin pecho
S 720-3 de todo vuestro trabajo auredez ayuda e pecho
S 880-3 fija a -daño fecho aved rruego E pecho
**PECHO** (H)
S1546-3 en-mudeçes la fabla fazes en-rroquezer el pecho
**PECHOS**
S 272-1 Cato contra sus pechos el aguila ferida
G 444-3 zy ha loz pechoz chycoz si dize si demandez
S1139-1 En sus pechos feriendo a -dios manos alçando
S1488-2 los pechos delanteros bien trifudo el braco
**PEDAÇO**
S1437-3 grand pedaço de queso en -el pico leuaua
S1488-3 bien conplidaz laz piernaz del pie chico pedaço
**PEDAÇOS**
S1406-4 fasta que ya los palos se fazian pedaçoz
**PEDIBUS** (L)
S 382-3 luçerna pedibus meys es la vuestra persona
**PEDIDES**
S 713-2 otro quiere casar con ella pide lo que vos pedidez
S1034-2 por que non pedides
**PEDIDOR**
G 558-4 Non seaz de su algo pedidor codiçiozo
**PEDIERE**
S 453-3 non le seas rrefertero en lo que te pediere
S1033-2 quales yo pediere
**PEDIR**
S 201-3 pidieron Rey a -don jupiter como lo solyan pedir
S 358-1 fallo mas que -la gulpeja pide mas que non deue pedir
**PEDRADAS**
S 773-3 de palos e de pedradas ouo vn mal sojorno
**PEDRERO** (V)
G 963-3 abento el pedrero dize por el padre verdadero
**PEDRICAS**
S 320-1 de quanto bien pedricaz non fazes dello cosa
**PEDRO**
S 6-3 de -las ondaz del mar a -sant pedro tomeste
S 486-1 Pedro leuanta la lyebre E la mueve del couil
S 486-3 otro pedro que -la sygue E la corre mas sotil
S 487-1 dyz la muger entre dientes otro pedro es aqueste

| | |
|---|---|
| **PEDRO** | **(cont.)** |
| S1142-1 | Nuestro Señor sant pedro tan santa criatura |
| **PEGAN** | |
| S 219-3 | gula envidia açidia ques pegan commo lepra |
| **PEGUJARES** | |
| S 170-4 | quien en -el arenal sienbra non trilla pegujarez |
| **PEINE** | |
| S 396-3 | los cabellos en rrueda el peyne E el espejo |
| **PELAÇA** | |
| S 752-4 | dixo la golondrina ya sodes en pelaça |
| **PELARAN** | |
| S 754-4 | commo al abutarda vos pelaran el pellejo |
| **PELARON** | |
| S 753-1 | luego los ballesteros pelaron le las alas |
| **PELEA** | |
| S 63-3 | desque vio -que -la pelea tenie mal aparejada |
| S 181-1 | Dyre vos vna pelea que vna noche me vino |
| S 280-1 | Entras en -la pelea non puedes della salyr |
| S 413-2 | buscando que comiese esta pelea vydo |
| S 424-2 | de pequeña pellea nasçe muy grand rrencor |
| S 856-2 | tanto maz en -la pelea se abyua e se ençiende |
| S1101-1 | Todos amodoridos fueron a -la pelea |
| S1104-3 | buelta es la pelea de muy mala manera |
| S1164-4 | nin bolueras pelea Segund que la as ducha |
| S1369-4 | dezir te he la fazaña e fynque la pelea |
| **PELEADOR** | |
| G 557-1 | Non vez con vellacoz ny seaz peleador |
| S1620-2 | thafur peleador goloso Refertero |
| **PELEAR** | |
| S 728-4 | manso mas que vn cordero nunca pelear lo vyeron |
| S1072-3 | yremos pelear con -el e con todas suz porfiaz |
| **PELEAS** | |
| S 235-1 | quantas fueron e son batallas e pelleas |
| S 734-4 | e vienen grandes peleas a -vezez de chico juego |
| **PELEO** | |
| S 180-4 | por esto a -las vegadas con -el amor peleo |
| **PELIGRAR** | |
| S 944-2 | yo cay en -la cama e coyde peligrar |
| **PELIGRO** | |
| G 593-3 | por ventura me vernia otro peligro peor |
| S1008-1 | Nunca desque nasçi pase tan grand peligro |
| S1157-1 | En tienpo de peligro do la muerte arapa |
| S1581-4 | Syn armas non querria en tal peligro entrar |
| **PELIGROS** | |
| G 589-2 | ende mayorez peligroz espera que an de zeer |
| S 604-2 | sabedes nuestros pelygros sabedes nuestras consejas |
| S 706-3 | por escusar mill peligros fasta oy lo encubri |
| S 793-2 | pensando los peligros podedes estorçer |
| S 852-4 | E de -los muchos peligros non sabe qual es el peor |
| **PELIGROSA** | |
| S1380-4 | todaz cosaz amargan en vida peligrosa |
| S1666-9 | en carcel peligrosa |
| **PELIGROSAS** | |
| S 497-2 | tyra çepos e gruillos E cadenas peligrosas |
| S1505-3 | que para amor del mundo mucho son peligrosaz |
| **PELMASOS** | |
| S 744-1 | Este vos tiraria de todos esos pelmasos |
| **PELO** | |
| S 286-1 | Pelo todo su cuerpo su cara E su çeja |
| S 288-3 | pelole toda la pluma E echola en -el carrizo |
| **PELOS** | |
| S 435-2 | la su faz sea blanca syn pelos clara e lysa |
| S1017-2 | vellosa pelos grandes pero non mucho seca |
| **PELLA** | |
| G 672-4 | querriedez jugar con la pella mas que estar en poridat |
| S 861-3 | jugaremos a -la pella e a -otros juegos Raezes |
| S 867-2 | a -tomar de -la su fruta e a -la pella jugar |
| S 939-4 | E fazer que -la pella en Rodar non se tenga |
| S1629-4 | como pella a -las dueñas tomelo quien podiere |
| **PELLA** | **(H)** |
| S 992-4 | yot mostrare sinon ablandas commo se pella el erizo |
| **PELLEJA** | |
| S 286-2 | de pendolas de pauon vistio nueva pelleja |
| S 827-4 | a -la rraçon primera tornole la pelleja |
| S 929-4 | de prieto fazen blanco boluiendole la pelleja |
| S1036-5 | pelleja delgada |
| S1090-4 | mas querria mi pelleja quando alguno le quiebre |
| S1214-4 | carneroz E cabritoz con su chica pelleja |
| **PELLEJAS** | |
| S1185-4 | a -muchos de nos otros tirara las pellejas |
| **PELLEJO** | |
| S 754-4 | commo al abutarda vos pelaran el pellejo |
| S 923-3 | desque tu poridat yaze en tu pellejo |
| **PELLEJOS** | |
| S1216-2 | cobierto de pellejos e de cueros çercado |
| **PELLICO** | |
| S 714-3 | mando me por vestuario vna piel e vn pellico |
| **PELLOTE** | |
| S 470-2 | sy el pellote juga jugara el braguero |
| S 719-3 | de -mano tomad pellote e yd nol dedes vagar |
| S 815-3 | mas yo de vos non tengo synon este pellote |
| S 863-2 | en pellote vos yredes commo por vuestra morada |
| **PEMIENTA** | |
| S1611-1 | Es pequeño el grano de -la buena pemienta |
| **PENA** | |
| S 5-4 | mexiaz tu me salua sin culpa e sin pena |
| S 28-3 | te dixo goço sin pena |
| S 142-4 | para quien faze el yerro que pena deue aver |
| S 146-2 | en -que a sus subditos manda çierta pena dar |
| S 146-4 | por graçia o por seruiçio toda la pena soltar |
| S 164-4 | por vos descobrir esto dueña non aya pena |
| S 328-4 | esto me ofresco prouar so -pena del talyon |

| | |
|---|---|
| S 359-4 | la pena ordinaria non avra yo vos lo digo |
| S 650-1 | Amigos vo a -grand pena E so puesto en -la fonda |
| G 661-3 | que por vuestro amor me pena amo voz mas que a -dioz |
| G 662-1 | Con la grant pena que pazo vengo a -uoz dezir mi quexa |
| G 667-4 | deuen tener la pena a -loz suz fazedorez |
| G 675-4 | vsando oyr mi pena entenderedez mi quexura |
| S 835-3 | saca gualardon poco grand trabajo e grand pena |
| S 933-4 | non ay pecado syn pena nin bien syn gualardon |
| S1071-2 | voz mando firme mente so -pena de setençia |
| S1120-1 | Porfiaron grand pieça e pasaron grand pena |
| S1141-4 | fue quita E absuelta de culpa e de pena |
| S1146-4 | faze jnjuria e dapno e meresçe grand pena |
| S1282-2 | el vno enbiaua a -las dueñas dar pena |
| S1354-2 | E por fructo dar pena al amigo e al vezino |
| S1462-1 | salio el ladron suelto sin pena de presion |
| S1522-4 | sy non dolor tristeza pena e grand crueldad |
| S1559-2 | sy ante lo espantaste mill tanto pena oviste |
| S1680-2 | pena atanta con dolor atormentado |
| **PENADA** | |
| S 186-2 | traes los de oy en cras en vida muy penada |
| S 208-3 | que non pueden partir se de tu vida penada |
| S 317-3 | desque lo vees baldio dasle vida penada |
| S 786-4 | coraçon por tu culpa byviras culpa penada |
| S 855-4 | mas quiero moryr su muerte que beuir penada |
| S1317-4 | Ca solo syn conpaña era penada vida |
| **PENADES** | |
| S 843-3 | con el ençendymiento morides E penades |
| **PENADO** | |
| S 602-4 | sy non fuese tan mi vezina non seria tan penado |
| S 603-3 | esto me trae muerto perdido E penado |
| S 651-4 | esta en aquella sola que me trahe penado e muerto |
| S 787-4 | penaras ay coraçon tan oluidado penado |
| S 789-4 | ay cuerpo tan penado commo te vas a -moryr |
| S 832-4 | que lo traedes muerto perdido e penado |
| **PENAN** | |
| S 221-4 | por que penan sus almas e los cuerpos lazraron |
| **PENAR** | |
| S 788-4 | penaredes mis ojos penar e amortesçer |
| S1154-4 | non querades vos penar por ajeno pecador |
| **PENARAS** | |
| S 230-4 | por esto rrobaz E furtas por que tu penaras |
| S 787-4 | penaras ay coraçon tan oluidado penado |
| **PENAREDES** | |
| S 788-4 | penaredes mis ojos penar e amortesçer |
| S 837-4 | el fuego encobyerto vos mata E penaredes |
| **PENAS** | |
| S 210-2 | das le a -quien non -le ama tormentas le con penas |
| S 604-1 | ya ssabedess nuestros males E nuestras penas parejas |
| S 853-2 | dos penas desacordads canssam me noche e dia |
| S1048-4 | fizo en presiones en -penas e en dolor |
| S1554-4 | sy non dios todos temen tus penas e tus lazerios |
| S1561-1 | Saco de -las tus penas a -nuestro padre adan |
| S1562-2 | que los tenies en -las penas en -las tus malas arcas |
| S1565-3 | en penas jnfernales los fazes ençender |
| S1689-3 | de mis penas cresçer |
| **PENASTE** | |
| S1556-2 | jhesu xpisto dios E ome tu aqueste penaste |
| **PENDOLA** | |
| S 270-3 | non ay pendola della que en -tierra caya |
| S1229-4 | la vyuela de pendola con aquestos y ssota |
| **PENDOLAS** | |
| S 271-2 | con pendolas de aguila los ha enpendolados |
| S 272-2 | e vido que sus pendolas la avian escarnida |
| S 286-2 | de pendolas de pauon vistio nueva pelleja |
| **PENDON** | |
| S1106-3 | synon por doña çeçina quel desuio el pendon |
| S1119-1 | Tomo ya quanto esfuerço e tendio su pendon |
| **PENDONES** | |
| S1086-3 | venian muy byen guarnidos enfiestos los pendones |
| **PENITENCIA** | |
| S 250-2 | estonçes sospirauas E fazias penitençia |
| S 259-4 | fizo grand penitençia por tus tus maestrias |
| S 496-4 | en cabo por dineros avya penitençia |
| S 703-1 | quiero fablar con-vusco bien en -como penitençia |
| S1071-4 | que por mi e por mi ayuno e por mi penitençia |
| S1128-4 | demando penitençia con grand arrepentyr |
| S1130-1 | Non se faze penitençia por carta nin por escripto |
| S1131-1 | Pues que de penitençia vos fago mençion |
| S1131-4 | que por la penitençia avredes saluaçion |
| S1132-2 | Por que la penitençia es cosa preçiada |
| S1136-2 | si se faze penitençia por la sola contriçion |
| S1138-4 | sinos de penitençia que es arrepentido |
| S1139-3 | sygnos de penitençia de -los ojos llorando |
| S1141-1 | Que tal contriçion ssea penitençia byen llena |
| S1144-2 | oyen de penitençia a -todos los erradoz |
| S1155-2 | del su clerigo cura non le dedes penitençia |
| S1162-2 | diole esta penitençia que por tanto pecado |
| S1171-1 | Dada la penitençia fizo la confesion |
| S1179-3 | de mansa penitençia el pecador jndigno |
| S1456-1 | Ante que el desposado penitençia presiese |
| S1501-4 | que fesiese penitençia desto fecho error |
| S1595-2 | visitando los dolientes e faziendo penitençia |
| **PENSAD** | |
| S 792-4 | alynpiat vuestras lagrimas pensad que fagades |
| **PENSADAS** | |
| S 655-1 | Vnas palabras tenia pensadas por le dezir |
| **PENSADO** | |
| S 411-2 | mas al tiene pensado en -el su coraçon |
| **PENSAMIENTO** | |
| P 86 | E deste tal penssamiento dize el salmista |
| **PENSAMIENTOS** | |
| G 691-2 | con pensamientoz contrarioz el mi coraçon se parte |

| | |
|---|---|
| **PENSAMIENTOS** (cont.) | |
| S 735-1 | synpre fue mi costunbre e los mis pensamientos |
| S1601-3 | E penssemos pensamientos que de buenas obras salen |
| **PENSANDO** | |
| S 181-2 | pensando en mi ventura sañudo e non con vino |
| S 210-4 | penssando e sospirando por las cosas ajenas |
| S 319-2 | andas con grand synpleza penssando pletisia |
| S 319-3 | pensando estas triste tu ojo non se erzia |
| S 640-2 | luego esta la dueña en -su coraçon penssando |
| S 793-2 | pensando los peligros podedes estorçer |
| S 833-1 | sy anda o -sy queda en vos esta pensando |
| **PENSAR** | |
| S 318-2 | fazes le penssar engaños muchas malas baratas |
| S 522-1 | deuia pensar su madre de quando era donzella |
| S 696-1 | El cuerdo con buen seso pensar deue las cosas |
| **PENSARE** | |
| G 676-3 | yo pensare en -la fabla e zabre vuestro talente |
| S 737-4 | yo penssare en ello si para mi con-vyen |
| S1395-2 | en -lo que tu me dizes en ello penssare |
| **PENSARON** | |
| S 136-1 | Penssaron mucho Ayna todos de se acojer |
| S 331-2 | las partes cada vna pensaron de buscar |
| **PENSASTES** | |
| S1409-3 | por ende non me atreuo a -preguntar que pensastez |
| **PENSAT** | |
| S 720-4 | pensat bien lo que fablaides con seso e con derecho |
| S 721-1 | Del comienço fasta el cabo pensat bien lo que digades |
| **PENSAVAN** | |
| S 99-3 | penssauan que grand sierpe o -grand bestia pariria |
| S 100-1 | quando ella bramaua penssauan de foyr |
| **PENSE** | |
| S 577-1 | Maraville me mucho desque en ello pensse |
| S 724-4 | que pensse aquesta noche poco a poco la aguja |
| S1316-3 | pense commo oviese de tales gasajados |
| **PENSEDES** | |
| S 860-3 | esto vos non lo penssedes nin coydedes nin creades |
| **PENSEMOS** | |
| S1601-3 | E penssemos pensamientos que de buenas obras salen |
| **PENSO** | |
| S 531-2 | penso commo podiese partyrle de aquesto |
| S 983-1 | Pensso de mi e della dixe yo agora se prueua |
| S1180-4 | penso como feziese commo fuese rreyendo |
| S1403-2 | El asno de mal Seso penso E touo mientes |
| **PEÑA** | |
| S 17-2 | es de dentro muy blanco mas que -la peña vera |
| S 432-3 | las çejas apartadas luengas altas en peña |
| S 517-3 | a -la peña pesada non la mueve vna palanca |
| S 613-4 | El omne mucho cauando la grand peña acuesta |
| S 617-1 | a -la muela pesada de -la peña mayor |
| S 637-4 | ante salen a -la peña que por carrera derecha |
| G 666-4 | la peña tiene blanco e prieto pero todoz zon conejoz |
| S1242-2 | blanca rresplandeçiente mas alta que -la peña |
| S1277-4 | mas querrien estonçe peña que non loriga nin yjarez |
| S1404-4 | commo aquel blanchete que yaze so su peña |
| **PEÑAS** | |
| S 511-4 | el dar quebranta peñas fyende dura madera |
| **PEÑOLAS** (V) | |
| G 753-2 | Non le dexaron peñolaz saluo chicaz e rralaz |
| **PEON** | |
| S 620-4 | faze andar de cauallo al peon el seruiçio |
| S1083-1 | Estoz trayan lançaz de peon delantero |
| **PEONES** | |
| S1082-1 | Pusso en -la delanteras muchos buenos peones |
| **PEOR** | |
| S 76-3 | prouar omne las cosas non es por ende peor |
| S 220-4 | por conplir lo que mandan cobdiçian lo peor |
| S 403-4 | quanto mas a -ty creen tanto peor baratan |
| S 416-3 | commo el topo e la rrana pereçen o -peor |
| G 554-2 | Ca es mala ganançia peor que de logrero |
| G 593-3 | por ventura me vernia otro peligro peor |
| S 715-4 | tienpo ay que aprouecha E tienpo ay que faz peor |
| S 849-2 | tome me por palabla a -la peor se tenga |
| S 850-2 | todo lo peor diga que podiere dezir |
| S 852-4 | E de -los muchos peligros non sabe qual es el peor |
| S 899-1 | Creo falsos falagos el escapo peor |
| S1538-4 | el que lieua lo menos tyene se por peor |
| S1551-3 | al -lugar do mas siguez aquel va muy peor |
| S1701-4 | si malo lo esperades yo peor lo espero |
| F 7 | De mal en peor andan (co)mo el lobo a las hormigas |
| **PEORES** | |
| S 203-4 | danos muy malas tardes e peorez las mañanas |
| **PEORIA** | |
| S 312-4 | vino le grand vejedat flaqueza e peoria |
| S1363-2 | E des-echar al viejo e fazer le peoria |
| **PEPION** | |
| S 641-4 | nunca pierde faronia nin vale vn pepion |
| S 658-2 | con vna donçella muy rrica fija de don pepion |
| **PEPIONES** | |
| S1454-4 | al ladron enforcauan por quatro pepiones |
| **PEPITA** | |
| S 845-3 | dixo trota conventos a -la vyeja pepita |
| S 977-2 | escarua la gallyna E falla su pepita |
| **PEQUE** | |
| S1319-3 | ella non la erro e yo non le peque |
| **PEQUENA** | |
| S 435-1 | la su boca pequena asy de buena guisa |
| S 707-1 | De pequena cosa nasçe fama en -la vezindat |
| S1487-2 | la boca non pequena labros al comunal |
| S1606-3 | e de dueña pequena E de breue Razon |
| S1610-1 | En pequena girgonça yaze grand rresplandor |
| S1611-3 | asi dueña pequena sy todo amor consenta |
| S1613-3 | ansi dueña pequena tiene mucha beldat |
| S1615-4 | bien atal es la -dueña pequena con amor |
| **PEQUENAS** | |
| S1615-1 | sson aves pequenas papagayo e orior |
| **PEQUENO** | |
| S 477-1 | Pyntol so el onbligo vn pequeno cordero |
| S 571-1 | Por vn mur muy pequeno que poco queso priso |
| S1261-1 | Señor tu me oviste de pequeno criado |
| S1427-2 | matar vn pequeno al pobre al coytoso |
| S1606-2 | que sienpre me pague de pequeno sermon |
| S1631-1 | ffiz vos pequeno libro de testo mas la glosa |
| **PEQUENOS** | |
| S1272-4 | ffaze diaz pequenos e mañanas friaz |
| **PEQUEÑA** | |
| S 424-2 | de pequeña pellea nasçe muy grand rrencor |
| S 432-1 | busca muger de talla de cabeça pequeña |
| S 628-1 | Por vna pequeña cosa pierde amor la muger |
| S 628-2 | E por pequeña tacha que en -ty podria aver |
| S 734-1 | E a -vezes pequeña fabla bien dicha e chico Ruego |
| S 804-1 | Estorua grandes fechos pequeña ocasyon |
| S1434-1 | Puede pequeña cossa E de poca valya |
| S1610-3 | en -la dueña pequeña yase muy grand amor |
| S1616-1 | De -la muger pequeña non ay conparaçion |
| **PEQUEÑAS** | |
| S 433-3 | las orejas pequeñas delgadas paral mientes |
| S1263-4 | Ca vido pequeñas cassas para tantos seruientes |
| **PEQUEÑO** | |
| S1343-3 | ella diz yo lo andare en pequeño rratillo |
| S1575-1 | ffizele vn pitafio pequeño con dolor |
| S1611-1 | Es pequeño el grano de -la buena pemienta |
| S1613-1 | Como Roby pequeño tyene mucha bondat |
| **PEQUEÑOS** | |
| S1488-1 | los ojos ha pequeños es -vn poquillo baço |
| **PERA** | |
| S 154-3 | pero avn que omne non goste la pera del peral |
| S 160-4 | E a -toda pera dura grand tienpo la madura |
| **PERAL** | |
| S 154-3 | pero avn que omne non goste la pera del peral |
| S1348-3 | andando por su huerta vido so vn peral |
| **PERAS** | |
| S 862-2 | muchas peras e duraznos que çidras e que mancanas |
| **PERDEDES** | |
| S 857-4 | los plazeres de -la vyda perdedes sinon se amata |
| S1393-4 | perdedes vos coytadaz mugeres syn varones |
| **PERDER** | |
| P 124 | entiendo quantoz bienez fazen perder el alma e al cuerpo |
| P 153 | que faze perder laz almaz E caer en saña de dioz |
| S 101-3 | çiegan muchos con -el viento van se perder con mal Ramo |
| S 157-2 | e al viejo faz perder mucho la vejez |
| S 184-2 | fazes los perder el sueño el comer y el beuer |
| S 184-4 | en ti fasta que el cuerpo e el alma van perder |
| S 233-1 | Por tu mucha soberuia feziste muchos perder |
| S 290-3 | lo suyo E lo ageno todo se va a -perder |
| S 290-4 | quien se tiene por lo que non es loco es va a -perder |
| S 316-3 | que mucho ayna se puede todo su poder perder |
| S 399-3 | fazer perder la fama al que mas amor dieres |
| S 404-1 | fazes por muger fea perder omne apuesto |
| S 405-3 | perder seso e fabla sentyr muchos dolores |
| S 468-1 | ffaz le vna vegada la verguença perder |
| S 469-4 | alma e cuerpo e fama todo lo dexan perder |
| S 499-1 | fazer perder al pobre su casa e su vyña |
| S 527-3 | por que se faria perder a -la entendera |
| S 529-1 | fizo cuerpo E alma perder a -vn hermitano |
| S 541-4 | matola el mesquino e ovo se de perder |
| S 544-1 | faz perder la vysta E acortar la vyda |
| S 606-4 | el grand amor me faze perder salud e cura |
| S 785-4 | por esperança vana todo se va a -perder |
| S 788-3 | ojos por vuestra vista vos quesistes perder |
| S 804-2 | desperar el omne es perder coraçon |
| S 814-4 | perder la por tardança seria grand avoleza |
| S 885-2 | vase perder por el mundo pues otro cobro non tyene |
| S 929-2 | que quisiese perder saña de -la mala consseja |
| S 951-4 | quien busco lo que non pierde lo que tiene deue perder |
| S1312-1 | Pues carnal es venido quiero perder lazeria |
| S1385-3 | que perder la mi alma con perdizez assadaz |
| S1655-2 | nunca se ha de perder |
| **PERDERA** | |
| G 689-1 | si la non sigo non vzo el amor se perdera |
| **PERDERAN** | |
| P 138 | Otrosi loz de poco entendimiento non se perderan |
| **PERDERAS** | |
| S1253-3 | dar te han dados plomados perderaz tus dineroz |
| **PERDERE** | |
| S 173-1 | Non perdere yo a -dios nin al su parayso |
| S 175-4 | por el pan de vna noche non perdere quanto gano |
| S 176-2 | non perdere los manjares nin el pan de cada dia |
| G 592-3 | que perdere melezina so esperança de guarir |
| **PERDEREDES** | |
| S 879-3 | casamiento que vos venga por esto non lo perderedes |
| **PERDERIA** | |
| G 688-4 | asi perderia la dueña que sera pesar sobejo |
| G 760-2 | perderia la manda que a -mi es mandada |
| **PERDET** | |
| S 802-4 | perdet esa tristeza que vos lo prouaredes |
| S 840-1 | fija perdet el miedo que se toma syn Razon |
| **PERDI** | |
| S 461-4 | que por non abrir la boca de sed perdy el fablar mio |
| S 463-4 | por pereza de alympiar me perdy la duena gentil |
| S 654-4 | perdi seso perdi fuerça mudaron se mis colores |
| S 950-3 | luego perdi la mula non fallaua vyanda |
| S1339-3 | desque me parti dellaz todo este viçio perdy |
| S1512-2 | diz quanto vos he dicho bien tanto me perdi |

**PERDIA**

| | |
|---|---|
| S 461-3 | perdia me de sed tal pereza yo crio |
| S 498-4 | muchas almas perdia E muchas salvaua |

**PERDICES**

| | |
|---|---|
| S1293-1 | Comiença a -comer laz chiquitaz perdiçez |

**PERDICION**

| | |
|---|---|
| S 1-1 | Señor dios que a -loz jodioz pueblo de perdiçion |

**PERDIDA**

| | |
|---|---|
| S 520-3 | tanto mas por el anda loca muerta E perdida |
| S 544-4 | a do es el mucho vyno toda cosa es perdida |
| S 701-4 | sy vos non me acorredes mi vida es perdida |
| S1443-4 | rreligiosa non casta es perdida toronja |
| S1574-3 | non se omne nin dueña que tal oviese perdida |

**PERDIDAS**

| | |
|---|---|
| S 882-1 | doña endrina le dixo ay viejas tan perdidas |

**PERDIDO**

| | |
|---|---|
| S 115-2 | Pues perdido he a cruz |
| S 179-4 | que diz por lo perdido non estes mano en mexilla |
| S 240-4 | las entrañas le salem estaua muy perdido |
| S 247-1 | Por la grand escaseza fue perdido el Rico |
| S 368-2 | que avya mucho errado E perdido el su buen prez |
| G 588-1 | so ferido e llagado de vn dardo so perdido |
| S 603-3 | esto me trae muerto perdido E penado |
| S 607-1 | El color he ya perdido mis sesos des-falleçen |
| S 794-4 | toda la mi esperanza pereçe e yo so perdido |
| S 832-4 | que lo traedes muerto perdido e penado |
| S1007-4 | yo dixe so perdido sy dios non me acorre |
| S1224-4 | cobra quanto ha perdido en -loz pasadoz mesez |
| S1310-1 | Andando por el çibdat rradio E perdido |

**PERDIDOS**

| | |
|---|---|
| G 555-2 | des-pojan ze por dadoz loz dineroz perdidoz |
| S1563-4 | mas con-tigo dexo los tus malos perdidos |
| S1565-1 | a -los perdidos malos que dexo en -tu poder |

**PERDIENDO**

| | |
|---|---|
| S 868-2 | amigo diz como estades yd perdiendo coydado |

**PERDIERA**

| | |
|---|---|
| S 779-4 | non oviera tantos males nin perdiera su prezno |

**PERDIERON**

| | |
|---|---|
| S 198-3 | desque A -ti fallaron todo su bien perdieron |
| S 224-2 | los cuerpos enfamaron las animas perdieron |
| S1098-3 | non avia marauilla que sus mugeres perdieron |

**PERDIESE**

| | |
|---|---|
| S1308-2 | do perdiese lazerio non pud fallar ninguno |

**PERDIMIENTO**

| | |
|---|---|
| S1423-1 | E pues tu a -mi dizez Razon de perdimiento |
| S1666-5 | e perdimiento |

**PERDIO**

| | |
|---|---|
| S 227-2 | la carne que tenia perdiola el alano |
| S 227-4 | coydo ganar E perdio lo que tenia en su mano |
| S 308-1 | Con la grand yra sansson que -la su fuerça perdio |
| S 543-3 | perdio cuerpo e alma el cuytado mal trecho |
| S1359-2 | perdio luego los dientes e corria poquiello |

**PERDIZES**

| | |
|---|---|
| S 242-4 | ojos fondos bermejos commo piez de perdizes |
| S1107-2 | mataron las perdizes Castraron loz capones |
| S1393-3 | dexades del amigo perdizes E capones |

**PERDIZES**

| | |
|---|---|
| S 968-3 | buenas perdizes asadas fogaças mal amassadas |
| S1082-2 | gallynas e perdizes conejos e capones |
| S1385-3 | que perder la mi alma con perdizez assadaz |

**PERDON**

| | |
|---|---|
| S 143-4 | si piden merçed al Rey dale conplido perdon |
| S 144-4 | por que del yerro fecho conplido perdon le dio |
| S 380-2 | mas que por oyr la missa nin ganar de dios perdon |
| S 425-2 | non deue amenaçar nin ayuda de atyende perdon |
| S 891-3 | sy vyllania he dicho aya de vos perdon |
| S 948-2 | de-mando vos perdon que sabed que non querria |
| S 949-4 | el oydor cortes tenga presto El perdon |

**PERDONADO**

| | |
|---|---|
| S1143-3 | de dios tan piadoso luego fue perdonado |
| S1162-4 | E non comiese mas e seria perdonado |

**PERDONADOS**

| | |
|---|---|
| S1129-3 | rrespondiole el flayre quel non serian perdonados |

**PERDONASTES**

| | |
|---|---|
| S1432-4 | perdonastes mi vida e vos por mi byuiredes |

**PERDONE**

| | |
|---|---|
| S 943-4 | dios perdone su alma e quiera la rresçebyr |
| S1506-4 | dios perdone su alma e los nuestros pecados |

**PERDONES**

| | |
|---|---|
| S 503-3 | en cabo por dynero otorgan los perdones |
| S1235-2 | muchos omnes ordenados que otorgan perdones |

**PERDONO**

| | |
|---|---|
| S1568-4 | por su santa sangre e por ella perdonola |
| S1705-3 | el quiere acalañar nos lo que perdono dios |

**PERDURABLE**

| | |
|---|---|
| S 399-1 | das muerte perdurable a -las almas que fieres |

**PERECE**

| | |
|---|---|
| S 611-2 | seruiçio en -el bueno nunca muere nin pereçe |
| S 794-4 | toda la mi esperanca pereçe e yo so perdido |

**PERECER**

| | |
|---|---|
| G 674-3 | sin el vso e arte ya se va pereçer |

**PEREÇOSO**

| | |
|---|---|
| S 314-4 | el asno pereçoso en -el ponie su syllo |
| S1620-4 | nesçio pereçoso tal es mi escudero |

**PERENAL**

| | |
|---|---|
| S1160-1 | Es el papa syn dubda la fuente perenal |

**PERENTORIA**

| | |
|---|---|
| S 353-1 | la exençion primera es en -sy perentoria |
| S 355-4 | sy pon perentoria esto otra mente |
| S 356-3 | por perentoria esto guarda non te encone |
| S 357-1 | Es toda perentoria la escomunion atal |

**PERESCE**

| | |
|---|---|
| S 452-2 | el seruiçio en -el bueno nunca muere nin peresçe |
| S1682-3 | nunca peresçe nin entristeçe |

**PERESCEM**

| | |
|---|---|
| S 414-4 | todos por ti peresçem por tu mala enxanbre |

**PERESCEN**

| | |
|---|---|
| S 416-3 | commo el topo e la rrana peresçen o -peor |
| G 591-4 | por las artez biuen muchoz por las artez peresçen |

**PEREZA**

| | |
|---|---|
| S 172-2 | ffizo de mi bauieca diz non muestra pereza |
| S 253-4 | el lobo finco sano para comer sin pereza |
| S 456-3 | por la pereza pyerden muchos la mi conpania |
| S 814-1 | tyra muchos prouechos a -vezes la pereza |

**PEREZOSO**

| | |
|---|---|
| S 156-4 | al perezoso fazelo ser presto e agudo |

**PEREZA**

| | |
|---|---|
| S 456-1 | son en -la grand pereza miedo E covardia |
| S 456-4 | por pereza se pierde muger de grand valya |
| S 460-3 | por pereza de tender el pie fasta el escalon |
| S 461-3 | perdia me de sed tal pereza yo crio |
| S 462-2 | chica es la pereza que este dixo agora |
| S 463-4 | por pereza de alympiar me perdy la duena gentil |
| S 465-1 | yo ove grand pereza de la cabeça Redrar |
| S 465-4 | deuedes por mas pereza duena con-migo casar |
| S 834-3 | de noche e de dia trabaja syn pereza |
| S1291-2 | comia nueuos palales sudaua syn pereza |

**PEREZAS**

| | |
|---|---|
| S 466-1 | Non se dixo la duena destas perezas grandes |

**PEREZOSAS**

| | |
|---|---|
| S1505-4 | E Son las escuseras perezosaz mentirosaz |

**PEREZOSO**

| | |
|---|---|
| S 454-4 | perezoso non seas ado buena azina vyeres |
| S 455-1 | quando la muger vee al perezoso covardo |
| S 459-2 | con -el mas perezoso E aquel queria tomar |
| S 460-2 | yo soy mas perezosso que este mi conpanon |
| S 467-2 | de perezoso torpe nin que vileza faga |

**PEREZOSOS**

| | |
|---|---|
| S 457-1 | Dezir te la ffazaña de -los dos perezosos |

**PEREZOZO**

| | |
|---|---|
| G 580-2 | mas val rrato acuçiozo que dia perezozo |

**PERFECTO**

| | |
|---|---|
| P 111 | que ez spiritu de dioz criado E perfecto |

**PERHENAL**

| | |
|---|---|
| S 973-2 | non falle poço dulçe nin fuente perhenal |

**PERHENALES**

| | |
|---|---|
| S1604-2 | destos nasçen commo Ryos de -las fuentes perhenales |

**PERJURASTE**

| | |
|---|---|
| S1167-2 | E por que te perjuraste deziendo la mentira |

**PERJURO**

| | |
|---|---|
| S1482-4 | si de vos me partiere a -mi caya el perjuro |

**PERJUROS**

| | |
|---|---|
| S 618-4 | por arte juran muchos e por arte son perjuros |

**PERLADO**

| | |
|---|---|
| S1155-1 | Syn poder del perlado o -syn aver liçençia |

**PERLADOS**

| | |
|---|---|
| S1147-2 | a arçobispos e abispos e a mayores perlados |

**PERO**

| | |
|---|---|
| P 156 | en pero por que ez vmanal cosa el pecar |
| S 48-1 | pero si las querien para por ellas vsar |
| S 126-4 | pero muchos de aquestos dan en tierra de palmas |
| S 140-2 | pero dios que crio natura e açidente |
| S 143-3 | pero por los priuados que en -su ayuda son |
| S 146-3 | pero puede muy bien contra ellas dispenssar |
| S 147-2 | pero por todo eso las leyes y el derecho |
| S 148-4 | pero mayor poder rrétuvo en sy que les non dio |
| S 154-3 | pero avn que omne non goste la pera del peral |
| S 163-4 | mas ante pudren que otra pero dan buen olor |
| S 298-2 | veni el leon de caça pero con -el non pesa |
| S 330-3 | pero yo te do de plazo que fasta dias veynte |
| S 366-2 | pero que non la asueluo del furto tan ayna |
| S 366-3 | pero mando que non furte el gallo a -su vezina |
| S 504-1 | Pero que -le denuestan los monges por las plaças |
| S 519-3 | pero que todo el mundo por esto le acusa |
| G 554-3 | El judio al año da tres por quatro pero |
| G 556-3 | mas alholiz rrematan pero non comen pan |
| S 575-2 | pero que mi coraçon de trobar non se quita |
| G 587-2 | Pero a -mi cuytado es me graue de far |
| G 654-1 | Pero tal lugar non era para fablar en amores |
| G 666-2 | zon los dedoz en -laz manoz pero non zon todoz parejoz |
| G 666-4 | la peña tiene blanco e prieto pero todoz zon conejoz |
| G 673-1 | pero zea mas noble para plazenteria |
| G 678-1 | pero que omne non coma nin comiença la mançana |
| G 683-1 | pero fio de dioz que a -vn tienpo verna |
| S 693-4 | pero syn dios todo esto non puede aprouechar |
| S 714-2 | ca es omne muy escaso pero que es muy Rico |
| S 719-4 | pero ante que vayades quiero voz yo castigar |
| S 805-4 | a -vezes viene la cosa pero faga tardança |
| S 837-2 | pero que avn vos callades tan bien commo el ardedes |
| S 839-2 | pero quanto me fuerça apremia me sobejo |
| S 842-3 | pero en mi talante alegro me en parte |
| S 996-3 | fazia tyenpo muy fuerte pero era verano |
| S1017-2 | vellosa pelos grandes pero non mucho seca |
| S1080-2 | mostro en -sy esfuerço pero estaua medroso |
| S1094-4 | vinieron muy omildes pero con grand temor |
| S1121-3 | pero ansi apeado fazia grandes acometidas |
| S1140-2 | pero que a -purgatorio lo va todo a -purgar |
| S1158-1 | Pero que aquestos talez deuedes les mandar |
| S1189-4 | pero de venir solo non era atre-vudo |
| S1199-1 | Pero que ella non avia laz cartas rrescebidaz |
| S1263-2 | pero que en mi casa fyncaron los jnstrumentes |
| S1266-3 | es vna grand estoria pero non es de dexar |
| S1298-2 | coyde que soñaua pero que verdat son |

**PERO**          (cont.)
S1313-3  dexome con cuydado pero con allegria
S1323-1  Ella fizo mi rruego pero con antipara
S1498-4  pero de buena fabla vino la buena çima
S1501-1  Pero que sea errança contra nuestro Señor
S1611-2  pero mas que -la nuez conorta E calyenta
S1614-2  pero mas dulçe canta que otra ave mayor
S1615-2  pero qual quier dellas es dulçe gritador
S1622-1  Pero sy diz la fabla que suelen Retraher
S1676-6  pero non so meresçiente
S1702-3  pero dexare a -talauera E yr me a -oropesa
S1709-1  Pero non alonguemos atanto las rrazones

**PERRDIESE**
S1456-2  vino a -el vn diablo por que non -lo perrdiese

**PERRILLO**
S1401-1  Vn perrillo blanchete con su Señora jugaua

**PERRO**
S 175-1  lanço medio pan al perro que traya en -la mano
S 225-4  lo que contescio al perro a -estos tal les viene
S 656-2  a -bezes mal perro atado tras mala puerta abierta
S 874-2  catat catat commo assecha barrunta nos commo perro
S 942-4  se que el perro viejo non ladra a -tocon
S1623-4  que a -las vezes mal perro rroye buena coyunda

**PERROCHANO**          (V)
G1154-2  de mi perrochano non zeadez confesor

**PERROCHANTES**          (V)
G1144-3  quier a -suz perrochantez quier a -otroz culpadoz

**PERROS**
S 771-2  fazemos byen grande syn perros e syn pastorez
S1188-4  aba aba pastorez acorred nos con -los perros

**PERSIGUES**
S 213-2  que tanto me persygues vienes me manso e quedo

**PERSONA**
P 178    maz fue por Reduçir a -toda persona
S 382-3  luçerna pedibus meys es la vuestra persona
S 475-4  non olvidedez vuestra caza nin la mi persona
S 533-1  Non pudo el dyablo a su persona llegar
S 598-1  A persona deste mundo yo non la oso fablar
S1056-2  que por su persona el sol escuresçio
S1304-3  ally toda persona de grado se me omilla

**PERSONAS**
S 59-4   vno e trez personaz e tal señal feziera
S 400-1  Estruyes las personas los averes estragas
S 696-3  para mensajeria personas sospechosas
S 700-3  non se rreguardan dellas estan con -las personas
S 938-3  non se guarda dellas estan con las personaz

**PERTENENCIA**
S1155-4  de -los casos que non son en -vuestra pertenençia

**PERTENESCE**
S 780-3  de -lo quel pertenesçe non sea des-deñoso

**PERTENESCEN**
G 591-2  he de buscar muchoz cobroz zegunt que me pertenezçen

**PERZONA**
S1072-2  la mi perzona mesma e las con-pañas mias

**PESA**
S 298-2  veni el leon de caça pero con -el non pesa
S 574-3  pesa les por mi tardança a -mi pessa del vagar
S1078-2  leuantose byen alegre de -la que non me pesa
S1274-3  faze nueuo azeyte con -la blaza nol pesa
S1282-3  pesal en -el lugar do la muger es buena
S1692-2  Sy pesa a -vos otros bien tanto pesa a -mi
S1702-1  E del mal de vos otros a -mi mucho me pesa

**PESADA**
S 517-3  a -la peña pesada non la mueve vna palanca
S 617-1  a -la muela pesada de -la peña mayor

**PESAR**
S 61-3   desto ove grand pesar e tome grand enojo
S 114-1  ffiz con -el grand pessar esta troba caçura
S 139-1  desque vido el Rey conplido su pessar
S 327-4  leuolo E comiolo a -mi pessar en tal ero
S 531-1  Tomaua grand pesar el diablo con esto
G 688-4  asi perderia la dueña que sera pesar sobejo
S 792-3  tenprad con -el buen seso el pesar que ayades
S 889-4  el pesar E la saña tornad lo en buen solaz
S 944-1  Con -el triste quebranto E con -el grand pesar
S 946-1  Con su pesar la vieja dixo me muchas vezes
S 948-3  aver saña de vos Ca de pesar morria
S1054-3  qual dellos la aya pesar atan fuerte
S1064-4  destas llagas tenemos dolor e grand pessar
S1408-3  dize mal con neçedad faze pesar E despecho
S1439-3  sy agora cantasses todo el pesar que trayo
S1442-1  dan pessar e tristeza e dapno syn traspaso
S1507-2  con pesar e tristeza non fue tan sotil fecha
S1508-1  Por oluidar la coyta tristeza E pessar
S1518-2  que pesar e tristeza el engenio en-bota
S1518-3  E yo con pessar grande non puedo dezir gota
S1574-4  que non tomase tristeza e pesar syn medida

**PESARES**
S 649-3  consejo me dona venuz mas non me tyro pesares
S 855-1  Con aquestos pesares trae me muy quebrantada
S1688-2  coyta e pesarez

**PESAS**
S1221-1  ssogaz para laz vacas muchos pessos e pessas
S1470-1  El diablo quexose diz ay que mucho pesaz

**PESCADO**
S1169-2  por tu envidia mucha pescado non comeras

**PESCADOR**
S 884-2  ya el pescador los tiene E los trahe por el suelo
S 925-4  nin badil nin tenazas nin anzuelo pescador

**PESCADOS**
S 619-1  Por arte los pescados se toman so -las ondas
S1204-2  los pescados a -ella para la ayudar

**PESCOÇUDO**
S1485-3  la cabeça non chica velloso pescoçudo

**PESCUEÇO**
S 958-1  Echome a -su pescueço por las buenas rrespuestas
S 967-1  Tomome Resio por la mano en -su pescueço puso
S1013-2  el su pescueço negro ancho velloso chico

**PESEBRES**
S1277-2  rrefazer los pesebres lynpiar los aluañarez

**PESO**
S 958-2  E a -mi non me peso por que me lleuo acuestas
S1223-1  Pesso el enperante en -suz carneçeriaz
S1690-4  tal que si plugo a -vno peso mas que a -dos mill

**PESO**          (H)
S 420-4  echas en flacas cuestas grand peso e grand ajobo
S1373-3  enxundiaz e pan cocho syn rraçion e syn peso

**PESOS**
S 618-3  caen las torres altas alçan pesos duros
S1221-1  ssogaz para laz vacas muchos pessos e pessas

**PESTAÑAS**
S 433-2  E de luengas pestañas byen claras e Reyentes

**PESTILENCIA**
S 417-1  Toda maldad del mundo E toda pestilençia

**PETICION**
S 334-2  legitima e buena por que su petiçion
S 358-4  nin deue el abogado tal petiçion comedyr
S1262-1  Su mesura fue tanta que oyo mi petiçion
S1676-8  de conplir mi petiçion
S1677-1  De conplir mi petiçion

**PETICIONEZ**
P 19     vna de -las petiçionez que demando dauid a -dios

**PETID**
S 484-3  en dos anos petid corder non se fazer carner

**PEZ**
S 157-3  ffaze blanco e fermoso del negro como pez
S 835-4  anda devaneando el pez con -la ballena

**PEZARA**
G 683-3  querria fablar non ozo tengo que uoz pezara

**PHILOSOPHOS**
P 9      laz qualez dizen algunoz doctorez philosophos

**PIADAT**
S1322-3  rrogue a -la mi vieja que me ovies piadat

**PIADOSA**
S1641-3  que me seades piadosa
S1661-3  commo erez piadosa
S1664-9  tu me guarda piadosa

**PIADOSAS**
S1505-2  para rrogar a -dioz con obras piadosaz

**PIADOSO**
S1143-3  de dios tan piadoso luego fue perdonado
S1349-3  el omne piadoso que la vido aterida

**PIADOZA**
S1672-3  E me guarda toda via piadoza virgen santa

**PICAÇA**
S 881-1  Synon parlase la pycaça mas que -la codorniz
S 920-1  yo le dixe commo en juego picaça parladera
S 924-2  byen o -mal commo gorgee nunca le digas pycaça

**PICAÇAS**
S 504-4  mas condesyguos tyenen que tordos nin picaças

**PICAÑA**
S 222-3  en -todo eres cuquero e de mala picaña
S 341-3  ay van los abogados de -la mala picaña

**PICAÑAS**
S1493-3  fablar me ha buena fabla non burla nin picañas

**PICO**
S 202-3  andando pico abierta como era ventenera
S 204-3  Su vientre nos ssotierra su pico nos estraga
S 253-3  sacole con -el pico el veso con ssotileza
S1103-3  atrauesosele en -el pyco afogala ayna
S1207-2  calabaça bermeja mas que pyco de graja
S1437-3  grand pedaço de queso en -el pico leuaua

**PICO**          (H)
S 247-4  nin de -los tus thesoros non le quieres dar vn pico

**PIDA**
S 525-1  Por vna vez al dia que omne gelo pida

**PIDAS**
S 572-1  de trez cossaz que le pidas a -la muger falaguera

**PIDE**
S 333-3  quanto demanda E pide todo -lo faz con arte
S 350-1  E visto lo que pide en su rreconvençion
S 358-1  fallo mas que -la gulpeja pide mas que non deue pedir
S 525-3  doña venuz gelo pide por el toda su vyda
S 713-2  otro quiere casar con ella pide lo que vos pedidez
S 956-1  Respondiome la chata quien pide non escoge
S1002-3  faras buen entendimiento dixel yo pide lo que quisieres

**PIDEN**
S 143-4  si piden merçed al Rey dale conplido perdon
S 346-2  pyden que por sentençia fuesen de ally lybrados
S 350-4  E las partes que pyden sentençia E al non
S 525-4  en -lo quel mucho piden anda muy ençendida
S 781-3  des-echan el carnero piden las adefinas

**PIDES**
S 485-1  Por ende te castiga non dexes lo que pides
S1005-4  que ya vo por lo que pides

**PIDIAS**
S 250-3  pidias a -dios que te diesen Salud e mantenençia

**PIDIENDO**
S 248-4  que nunca lo diste a -vno pidiendo telo çiento
S 606-3  afynco vos pidiendo con dolor e tristura

**PIDIERE**
S1629-3  ande de mano en mano a -quien quier quel pydiere

**PIDIERES**
S 489-3  fara por los dineros todo quanto le pidieres

| | |
|---|---|
| **PIDIERES** | **(cont.)** |
| S1002-4 | E dar te he lo que pidieres |
| **PIDIERON** | |
| S 198-4 | fueles commo a -laz Ranaz quando el Rey pidieron |
| S 199-4 | pidyeron Rey a -don jupiter mucho gelo Rogauan |
| S 201-3 | pidieron Rey a -don jupiter como lo solyan pedir |
| S 340-2 | pidieron al alcalde que les asignase dia |
| **PIDIO** | |
| S 133-2 | pidio al rrey su padre que -le fuese otorgado |
| S 902-2 | pidio al lobo el asno que -le avya encomendado |
| **PIDISTES** | |
| S 205-1 | Respondioles don jupiter tenedlo que pidistes |
| **PIDO** | |
| S 328-2 | pido que -la condenedes por sentençia e por al non |
| S 339-4 | en Reconvençion pido que mueran e non sean oydos |
| G 684-4 | para uoz non pido mucho ca con -esto pazaremoz |
| S1571-1 | a -dios merçed le pido que te de la su gloria |
| S1633-2 | yo vn gualardon vos pido que por dios en -rromeria |
| S1641-1 | Pydo te merçed gloriosa |
| S1663-8 | te pido virtuosa |
| **PIDRE** | |
| G 587-1 | Non uoz pidre grant coza para voz me la dar |
| **PIE** | |
| S 193-4 | andando mucho la muela teniala con -el pie quedo |
| S 300-2 | echo me en este pie vn clauo tan fito |
| S 406-3 | fasta que -le echa el laço quando el pie dentro mete |
| S 410-2 | ata tu pie al mio sube en mi ynojo |
| S 460-3 | por pereza de tender el pie fasta el escalon |
| S 466-3 | veo vos torpe coxo de qual pie coxeades |
| S1008-2 | de frio al pie del puerto falle me con vestiglo |
| S1467-4 | Cerca el pie de -la forca començo de llamar |
| S1488-3 | bien conplidaz laz piernaz del pie chico pedaço |
| **PIEÇA** | |
| S 226-2 | vna pieça de carne en -la boca passaua |
| S 767-1 | a -cabo de grand pieça leuantose estordido |
| S 809-4 | ansy vna grand pieça en vno nos estamos |
| S1037-5 | de pieça labrada |
| S1120-1 | Porfiaron grand pieça e pasaron grand pena |
| S1244-1 | a -cabo de grand pieça vy al que -la traye |
| **PIEDAD** | |
| S 373-1 | a -obla de piedad nunca paras mientes |
| S1522-3 | non ay en -ty mesura amor nin piedad |
| S1707-1 | En mantener omne huerfana obra es de piedad |
| **PIEDAT** | |
| S 144-3 | que piedat e seruiçio mucho al rrey mouio |
| S 214-4 | syn piedat me matas de noche e de dia |
| S 842-2 | con piedat e coyta yo lloro por quel farte |
| S1045-1 | ay noble Señora madre de piedat |
| S1064-2 | en -la cruz lo sobieron syn toda piedat |
| S1354-3 | por piedat engaño donde bien le avino |
| S1585-2 | las obras de piedat de virtudes nos menbrar |
| S1590-1 | ayamos contra avariçia spiritu de pyedat |
| **PIEDRA** | |
| S 137-1 | ffaciendo la grand piedra el infante aguijo |
| S 526-1 | Muy blanda es el agua mas dando en piedra dura |
| S1007-3 | antes dize la piedra que sale el al-horre |
| S1057-3 | de piedra tajada en sepulcro metydo |
| S1058-1 | en -la çima del mastel vna piedra estaua |
| **PIEDRAS** | |
| S1243-2 | de piedras de grand preçio con amor se -adona |
| S1267-3 | de piedraz muy preciosas çercado en -derredor |
| S1406-3 | dieron le muchos palos con piedraz e con maços |
| **PIEL** | |
| S 420-1 | So la piel ovejuna traes dientes de lobo |
| S 714-3 | mando me por vestuario vna piel e vn pellico |
| **PIELAGO** | |
| S1133-2 | es pielago muy fondo mas que todo el mar |
| **PIELAGOS** | |
| S1110-1 | Recudieron del mar de pielagos E charcos |
| **PIENSA** | |
| P 37 | e pienssa e ama e desea omne el buen amor de dioz e sus manda-mientoz |
| P 85 | por que ome piensa vanidadez de pecado |
| S 46-1 | Entiende bien mis dichos e piensa la sentençia |
| S 565-1 | Pyenssa sy consyntyra tu cavallo tal freno |
| S 565-3 | pues piensa por ty mesmo e cata byen tu seno |
| S 610-4 | amar te ha la dueña que en -ello piensa e sueña |
| S 722-4 | o piensa bien lo que fablas o calla faz te mudo |
| S 922-4 | o -piensa byen que fables o calla faz te mudo |
| S1018-2 | piensa de -los mayores si te podrias pagar |
| **PIENSAS** | |
| S 207-3 | tu despues nunca pienssas synon por astragallos |
| S 230-2 | piensaz pues non as miedo tu de que pasaras |
| **PIENSE** | |
| S 419-2 | todo lo quel dixieren piense lo bien primero |
| **PIENSO** | |
| S 729-4 | yo lo piensso en mi pandero muchas veçes que lo toco |
| S1316-4 | ca omne que es solo sienpre pienso cuydados |
| S1683-2 | esquiuo tal por que pienso ser muerto |
| **PIENZO** | **(V)** |
| G 411-2 | mas al tenia en pienzo en su mal coraçon |
| **PIERDA** | |
| S 800-2 | por que pierda tristeza dolor e amargura |
| S1355-4 | conssejas me agora que pierda la mi alma |
| S1449-4 | que non pierda el es-fuerço por miedo de morir |
| **PIERDAN** | |
| S1284-1 | antes viene cueruo blanco que pierdan asneria |
| **PIERDAS** | |
| S 572-4 | non pierdas a -la dueña por tu lengua parlera |
| **PIERDE** | |
| S 159-4 | como vn amor pierde luego otro cobre |
| S 166-4 | apenas non se pierde fasta que viene la muerte |
| S 225-1 | Por la cobdiçia pierde el omne el bien que tiene |

| | |
|---|---|
| S 228-2 | coyda ganar con-tigo E pierde su cabdal |
| S 399-4 | a -dios pierde e al mundo amor el que mas quieres |
| S 404-2 | pierde se por omne torpe duena de grand Respuesto |
| S 424-1 | Por poco mal dezir se pierde grand amor |
| S 424-3 | por mala dicha pierde vassallo su Señor |
| S 452-3 | sy se tarda non se pierde el amor nunca falleze |
| S 456-4 | por pereza se pierde muger de grand valya |
| S 468-3 | desque vna vez pierde verguença la muger |
| S 470-1 | Desque la verguença pierde el tafur al tablero |
| S 570-4 | por mala dicha de vno pyerde todo el tablero |
| S 611-3 | sy se tarda non se pierde el amor non falleçe |
| S 628-1 | Por vna pequeña cosa pierde amor la muger |
| S 641-2 | nunca pierde faronia nin vale vn pepion |
| S 819-4 | por chica rrazon pierde el poble e el coytoso |
| S 820-1 | El derecho del poble pierde se muy ayna |
| S 866-2 | pierde el entendimiento çiega e pierde la vista |
| S 885-3 | pyerde el cuerpo e el alma a -muchos esto aviene |
| S 951-4 | quien busco lo que non pierde lo que tiene deue perder |
| S 989-2 | a -las vezes omne gana o -pierde por aventura |
| S1362-3 | por ser el omne viejo non pierde por ende prez |
| S1422-4 | pierde toda su onrra la fama e la vida |
| S1532-2 | en vn punto se pierde quando omne non coyda |
| S1533-1 | quien en mal juego porfia mas pierde que non cobra |
| S1535-1 | Pierde luego la fabla e el entendimiento |
| **PIERDEN** | |
| S 165-1 | diz por las verdadez sse pierden los Amigos |
| S 260-4 | por malas vezindadez se pierden eredades |
| S 289-2 | pierden lo que ganaron por lo ageno coblar |
| S 456-3 | por la pereza pyerden muchos la mi conpania |
| S 566-3 | muchos pierden la dueña por dezir neçedat |
| S 621-2 | por el mucho seruiçio pierden la mucha saña |
| S1283-4 | que pierden las obladas e fablen vanidades |
| S1285-4 | desde ally pierden seso esto puedes prouar |
| **PIERDES** | |
| S 292-2 | almuerças de mañana non pierdes la yantar |
| **PIERDO** | |
| S 597-3 | toda mi fuerça pyerdo E del todo me es tirada |
| **PIERNA** | |
| S 458-2 | Ronco era el otro de -la pierna contrecho |
| **PIERNAS** | |
| S 195-2 | leuantole las piernas echolo por mal cabo |
| G 445-2 | e que ha chycaz piernaz e luengoz loz costadoz |
| S1084-3 | piernas de puerco fresco los jamones enteros |
| S1109-3 | E a -costados e a -piernas dauales negro Rato |
| S1488-3 | bien conplidaz laz piernaz del pie chico pedaço |
| **PIES** | |
| S 238-1 | Con -los pies e con las manos e con -el noble freno |
| S 242-4 | ojos fondos bermejos commo piez de perdizes |
| S 411-4 | atan los pies en vno las voluntades non |
| G 445-3 | ancheta de caderaz piez chicoz socavadoz |
| S 470-4 | synpre le bullen los pies e mal para el pandero |
| S 471-1 | Texedor E cantadera nunca tyenen los pies quedos |
| S 619-2 | E los pies enxutos corren por mares fondas |
| S 654-3 | los mis pies e las mis manos non eran de si Senores |
| S 931-3 | asy como se desfaze entre los pies el lodo |
| S1065-1 | Con clauos enclauaron las manos e pies del |
| S1357-2 | avia quando era jouen pies ligeros corriente |
| S1361-3 | En mi joventud caça por piez non sse me yua |
| S1430-4 | enbuelto pies e manos non se podia alçar |
| S1468-2 | E pon tuz piez entranboz sobre laz miz espaldaz |
| S1471-4 | tus pies descalabrados e al non se que vea |
| S1474-3 | que yo tengo travadaz mis pies tienen sangrias |
| **PILATOS** | |
| S1052-3 | pilatos judgando escupenle en çima |
| **PINAR** | |
| S 975-1 | Por el pynar ayuso falle vna vaquera |
| **PINO** | |
| S 993-2 | falle çerca el cornejo do tajaua vn pyno |
| S1402-1 | Ante ella E sus conpañas en -pino se tenia |
| S1404-3 | puez tan bien torne pino e falagare la dueña |
| **PINTA** | |
| S 575-3 | nunca falle tal dueña como a -vos amor pynta |
| S1218-3 | al cablon que esta gordo el muy gelo pynta |
| **PINTADA** | |
| S 79-4 | non se podria vençer por pintada moneda |
| S 287-2 | vydo se byen pintada e fuese enloqueçida |
| S 407-3 | de -la rrana pyntada quando lo leuo con-sygo |
| **PINTADAS** | |
| S 69-2 | en -las coplas pyntadas yaze la falssedat |
| S 501-2 | altas e muy costosas fermosas e pyntadas |
| S1231-2 | bozes dulzes sabrosaz claraz e bien pyntadaz |
| S1257-2 | palabrillaz pyntadaz fermosillos afeytes |
| S1341-1 | Commo ymajenes pyntadaz de toda fermosura |
| **PINTADO** | |
| S1306-1 | Estaua en vn palaçio pyntado de almagra |
| S1598-3 | tomemos escudo fuerte pyntado con tabletas |
| **PINTADOS** | |
| S 433-2 | ojos grandes fermosos pyntados Reluzientes |
| S1254-2 | pyntados de jaldetas commo los tablajeroz |
| **PINTALLA** | |
| S1021-2 | fize bien trez cantigaz mas non pud bien pyntalla |
| **PINTASE** | |
| S 479-3 | dixole que -le pyntase commo podiesse mejor |
| **PINTE** | |
| S 483-4 | que yo pynte corder E trobo este manjar |
| **PINTO** | |
| S 477-1 | Pyntol so el onbligo vn pequeno cordero |
| S 480-1 | Pyntole con -la grand priessa vn eguado carnero |
| **PINTOR** | |
| S 474-3 | era don pita pajas vn pyntor de bretaña |
| S 479-1 | quando ella oyo que venia el pyntor |
| S 481-1 | quando fue el pyntor de frandes venido |

**PINTURA**
P 102   otrosi fueron la pintura E la escriptura
**PIÑAS**
S 392-4   mas traes neçios locos que ay pyñones en piñas
**PIÑONES**
S 392-4   mas traes neçios locos que ay pyñones en piñas
G 664-4   ella dixo vuestroz dichoz non loz preçio dos piñonez
S 862-3   que castanas que piñones e que muchas avellanas
**PISA**
S1012-4   mayor es que de yegua la patada do pisa
S1297-1   Pissa los buenos vinos el labrador terçero
S1383-4   que mal pisa el omne el gato mal Rascaña
**PISADA**   (V)
G1012-4   mayor es que de osa la su pisada do piza
**PISES**
S 979-2   dixo la descomulgada non pises las aradas
**PIT**
S 52-3   para disputar por señas lo que tu quisieres pit
**PITA**
S 474-3   era don pita pajas vn pyntor de bretaña
**PITAFIO**
S1571-3   fazer te he vn pitafio escripto con estoria
S1575-1   ffizele vn pitafio pequeño con dolor
**PITAS**
S 476-1   dyxo don pitas pajas dona de fermosura
S 477-2   fuese don pytas pajaz a ser novo mercadero
S 480-4   que ya don pytas pajas desta venia çertero
S 482-1   dixo don pitas pajas madona sy vos plaz
S 483-1   Cato don pitas pajas el sobredicho lugar
S 485-2   non seas pitas para otro non errides
**PITOFLERAS**
S 784-1   ay viejas pytofleras mal apresas seades
**PITOFLERO**
S1495-3   mas catad non -le digades chufaz de pitoflero
**PIXOTA**
S1108-2   diz la pixota al puerco do estas que non paresçes
**PLACE**
S 778-4   en -la canal del molino entro que mal le plaçe
**PLAÇA**
S 90-3   ffue la mi poridat luego a -la plaça salida
S 94-4   nin el leal amigo non es en toda plaça
S 569-4   buen callar çient sueldos val en toda plaça
S 653-1   ay dios E quam fermosa vyene doña endrina por la plaça
S 656-1   ffablar con muger en plaça es cosa muy descobierta
S 659-2   por que toda aquella gente de -la plaça nos miraua
S 725-3   Salyr andar en -la plaça con vuestra beldat loada
S 752-3   prendio al abutarda leuola a -la plaça
S 881-2   non la colgarian en -la plaça nin Reyrian de -lo que diz
**PLAÇAS**
G 439-2   andan por todo el mundo por plaçaz e cotaz
S 504-1   Pero que -le denuestan las monges por las plaças
**PLADO**
S 768-1   ssalio de aquel plado corrio lo mas que pudo
S1264-1   Dyz mando que mi tyenda fynque en -aquel plado
S1279-3   tenia laz yeruas nueuas en -el plado ançiano
**PLADOS**
S1186-1   Plados de medellyn de caçres de troxillo
**PLAGA**
S 204-4   danos la tu ayuda tira de nos tu plaga
**PLAN**
S 93-4   mesclaron me con ella e dixieronle del plan
**PLANA**
S 383-2   mirabilia comienças dizes de aquesta plana
**PLANETA**
S 129-4   el signo e la planeta del fijo quel nasçia
**PLANETAS**
S 148-2   puso en -el sus signos E planetas ordeno
**PLANTAS**
S 163-3   non avrie de -las plantas fructa de tal valor
**PLASO**
S 332-1   El dia era venido del plaso asignado
**PLATA**
S1392-3   que con taçaz de plata e estar alaroça
**PLATON**
S 124-1   Esto diz tholomeo e dizelo platon
**PLAZ**
S 482-1   dixo don pitas pajas madona sy vos plaz
S 898-3   que toda nuestra fiesta al leon mucho plaz
S 915-4   la dueña dixo plaz me desque melos mostrares
**PLAZE**
S 421-1   Plaze me byen te digo que algo non te devo
**PLAZENTERA**
S 15-4   rrazon mas plazentera ffablar mas apostado
S 71-4   por aver juntamiento con fenbra plazentera
S 169-2   loçana doñeguil plazentera fermosa
**PLAZENTERAS**
S1609-2   en -la cama solaz trebejo plazenteras Ryentes
**PLAZER**
S 29-1   El quinto plazer oviste
S 82-3   tomo plazer con ellas e sentiose mejor
S 83-1   Por le fazer plazer E mas le alegrar
S 108-4   todo bien del mundo e todo plazer es
S 154-4   en estar a -la sonbra es plazer comunal
S 155-4   que si mucho trabaja en mucho plazer byue
S 186-4   E por plazer poquillo andar luenga jornada
S 492-2   plazer e alegria del papa Racion
S 698-4   de quanto fizo aquesta por me fazer plazer
S 844-4   tal lugar non avremos para plazer E vyçio
**PLAZERES**
S 44-3   entre-ponga plazeres e alegre la rrazon
S 638-2   faz les muchos plazeres fabla les bien con maña

**PLAZIA**
S 49-1   Respondieron rromanos que -les plazia de grado
S 118-1   dixo me quel plazia de grado
S 133-4   rrespondiole el rrey que -le plazia de grado
**PLAZO**
S 330-3   pero yo te do de plazo fasta dias veynte
S 340-4   E asignoles plazo despuez de -la epifania
**PLAZAS**
S1111-4   las plazas que eran anchas fazian se le angostas
**PLAZE**
S 404-3   plaze te con qual quier do el ojo as puesto
S 534-3   sacramento muy sano prueva si te plaze
S 736-2   esto que vos he fablado sy vos plaze o si non
S1042-4   omne quanto plaze
S1550-1   Non plazes a -ninguno a -ty con muchos plaze
**PLAZENCIA**
S1186-2   la bera de plazençia fasta valdemorillo
**PLAZENTERA**
G 450-2   es muy mas plazentera que otraz en doñear
G 581-2   doñegil muy loçana plazentera e fermoza
S1317-2   presta e plazentera de grado fue venida
S1494-1   vino a mi leal vieja alegre plazentera
**PLAZENTERAS**
S1340-2   Son mucho encobiertas donosaz plazenteraz
**PLAZENTERIA**
G 673-1   pero zea mas noble para plazenteria
G 678-4   al omne conorte grande e plazenteria bien zana
S 813-1   Señora madre vieja la mi plazenteria
S1402-2   tomauan con -el todos solaz E plazenteria
**PLAZENTERIAS**
S1234-2   non fueron tyenpo ha plazenteriaz tales
**PLAZENTERO**
G 561-3   do te fablare de amor sey tu plazentero
G 687-3   zolaz tan plazentero e tan grande alegria
S1259-3   dioles muchas graçias estaua plazentero
S1305-2   coyde estar viçioso plazentero e ledo
S1495-1   Amigo dios vos salue folgad sed plazentero
**PLAZENTEROS**
S1050-3   fueron plazenteros del pleyteamiento
S1226-3   dan cantos plazenteros e dulçes ssaborez
**PLAZER**
S 626-1   quiere la mancebya mucho plazer con-sigo
S 646-3   syn su plazer non sea tanida nin trexnada
G 758-2   sienpre an gasajado plazer e alegria
G 763-4   grand plazer e chico duelo es de todo omne querido
S1048-1   Por que en grand gloria estas e con plazer
S1198-2   todos con -el plazer cada vno do yua
S1258-3   todo viçio del mundo E todo plazer oviera
S1314-2   con -el muy grand plazer al su enamorado
S1314-3   syenpre quiere alegria plazer e ser pagado
S1342-1   Todo plazer del mundo e todo buen donear
S1371-3   a -los pobrez manjarez el plazer los rrepara
S1386-2   dexar plazer E viçio E lazeria queredes
S1408-2   E coyda fazer zeruiçio e plazer con su fecho
S1578-2   e sil de dios buen amor E plazer de amiga
S1611-4   non ha plazer del mundo que en -ella non sienta
S1616-3   solaz E alegria plazer E bendiçion
S1640-2   quanto plazer tomaste
**PLAZERES**
S 797-2   vienen muchos plazeres despues de -la tristençia
S 857-4   los plazeres de la vyda perdedes sinon se amata
S 861-1   verdat es que -los plazeres conortan a -las de vezes
**PLAZES**
S 372-3   eres mal enemigo a -todos quantos plazes
S1550-1   Non plazes a -ninguno a -ty con muchos plaze
**PLAZIA**
S1009-3   dixo me quel plazia sil fuese bien pagada
S1182-1   Resspondiole don ayuno que desto le plazia
**PLAZO**
S 330-4   ayas tu abogado luego al plazo vente
S 356-2   Nueve dias de plazo para el que se opone
S1081-1   desque vino el dia del plazo señalado
S1203-4   syn verguença se pudo yr el plazo ya venido
**PLAZOS**
S 744-2   de pleitos e de afruentas de verguençaz e de plazos
**PLEBIS**   (L)
S 387-3   in -gloria plebys tue fazes las aveytar
**PLEGA**
S1176-4   saluo a -don carnal non se a -quien non plega
S1374-3   mucha onrra le fizo e seruiçio quel plega
**PLEGAN**
S1250-2   non han de que te fagan seruiçios que te plegan
**PLEITEAMIENTO**
S1050-3   fueron plazenteros del pleyteamiento
**PLEITES**
S 117-4   E fuese pleytes e duz
**PLEITESIA**
S 914-3   en -esta pleytesia puso femençia tal
S1324-1   ffue con -la pleytesia tomo por mi afan
**PLEITO**
S 49-2   para la disputaçion pusieron pleito firmado
S 106-4   parti me de su pleito puez de mi ez rredrada
S 357-2   quando se pon contra testigos en pleito criminal
S 367-4   nin fue el pleito contestado por que fueron escusados
G 559-4   poder te ya tal achaque tu pleyto enpesçer
S 886-4   E dio en este pleito vna buena sentençia
**PLEITOS**
S 360-4   en -los pleitos criminales su ofiçio ha grand lugar
S 496-3   en tener pleitos malos E fazer abenençia
S 744-2   de pleitos e de afruentas de verguençaz e de plazos
S 755-2   ssabe de muchos pleitos e sabe de leyenda

| | |
|---|---|
| **PLENA** | **(L)** |
| S1662-1 | graçia plena syn manzilla |
| **PLETEA** | |
| S1101-2 | pusieron las sus fazes ninguno non pletea |
| **PLETESIA** | |
| S 117-3 | que troxiese la pletesia |
| **PLETISIA** | |
| S 319-2 | andas con grand synpleza penssando pletisia |
| **PLOGO** | |
| S 751-4 | plogo al paxarero que era madrugador |
| S1183-4 | plogo a -ellos con -el e el vido buen dia |
| **PLOMADOS** | |
| S1253-3 | dar te han dados plomados perderaz tus dineroz |
| **PLUGO** | |
| S1690-4 | tal que si plugo a -vno peso mas que a -dos mill |
| **PLUMA** | |
| S 288-3 | pelole toda la pluma E echola en -el carrizo |
| **POBLADA** | |
| S 863-3 | todo es aqui vn barrio e vezindat poblada |
| **POBLADOS** | |
| S1248-4 | los grandes dormitorios de lechos byen poblados |
| **POBLAR** | |
| S1560-4 | quieres la poblar matandol por su muerte fue yermada |
| **POBLE** | |
| S 159-1 | El bauieca el torpe el neçio El poble |
| S 247-2 | que al poble Sant lazaro non dio solo vn çatico |
| S 247-3 | non quieres ver nin amas poble grand nin chico |
| S 248-1 | E des al poble posada tanto eres avariento |
| S 250-1 | quando tu eras poble que tenias grand dolençia |
| S 251-3 | quando vees el poble caesete el çejo |
| S 255-3 | non quieres dar al poble vn poco de çenteno |
| S 620-1 | ome poble con arte pasa con mijor ofiçio |
| S 620-3 | el que llorava poble canta Ryco en vyçio |
| S 817-2 | ca engañar al poble es pecado muy grande |
| S 819-2 | mas el poble coytado syenpre esta temeroso |
| S 819-4 | por chica rrazon pierde el poble e el coytoso |
| S 820-1 | El derecho del poble pierde se muy ayna |
| S 820-2 | al poble e al menguado e a -la poble mesquina |
| S1355-1 | tu estauas coytada poble ssyn buena fama |
| S1384-2 | al rrico temeroso es poble la rriqueza |
| **POBLEDAD** | |
| P 92 | E avn digo que viene de -la pobledad de -la memoria |
| **POBLEDAT** | |
| S 727-1 | Muy byen me rresçiben todos con aquesta pobledat |
| **POBLES** | |
| S 250-4 | E que partirias con pobles e non farias fallencia |
| S 506-4 | pues que se dizen pobles que quieren thessoreroz |
| S1590-2 | dando lymosna a -pobles dolyendo nos de su mal |
| **POBLEZA** | |
| S 508-3 | yo nunca vy fermo-sa que quisyese pobleza |
| S 635-4 | encubre tu pobleza con mentyr colorado |
| S1383-3 | buena mi pobleza en -ssegura cabaña |
| S1384-1 | Con paz E zegurança es buena la pobleza |
| S1528-1 | ffazes al mucho Rico yazer en grand pobleza |
| **POBLO** | |
| S 478-3 | tomo vn entendedor E poblo la posada |
| **POBRADOS** | |
| S1554-1 | Tu yermas los pobrados puebras los çiminterios |
| **POBRE** | |
| S 499-1 | fazer perder al pobre su casa e su vyña |
| S 636-1 | El pobre con buen seso E con cara pagada |
| S 636-4 | mas val que fazer se pobre a -quien nol dara nada |
| S1366-4 | apenas quel pobre viejo falla ningud amigo |
| S1371-1 | Estaua en mesa pobre buen gesto e buena cara |
| S1427-2 | matar vn pequeno al pobre al coytoso |
| S1433-2 | al pobre al menguado non lo quieraz de ti echar |
| **POBREDAT** | |
| S1384-2 | la pobredat alegre es Segura nobleza |
| **POBRES** | |
| S 495-4 | a -los pobres dezian que non eran letrados |
| S1255-3 | son pobres bahareros de mucho maldo mal bollyçio |
| S1371-3 | a -los pobrez manjarez el plazer los rrepara |
| S1540-1 | Non dan por dios a -pobrez nin cantan sacrifiçios |
| S1589-1 | Con mucha misericordia dar a -los pobrez posada |
| S1591-3 | casando huerfanas pobres e nos con esto tal |
| S1593-3 | cassar los pobres menguados dar a -beuer al sediento |
| S1596-4 | comer tanto que podamos para pobres apartar |
| S1599-3 | non faziendo mal a -los sinplex pobrez non denostemos |
| S1628-2 | desea dar a -pobrez bodigos E rrazionez |
| G1656-1 | zeñorez voz dat a -noz escularez pobrez dos |
| **POBREZA** | |
| S 636-2 | encubre su pobreza e su vyda lazrada |
| **POCA** | |
| S 46-3 | connel rribaldo Romano e con su poca sabiençia |
| S 101-2 | prometen mucho trigo e dan poca paja tamo |
| S 134-4 | e a -poca de ora començo de apedrear |
| S 176-1 | Por poca vianda que esta noche çenaria |
| S 224-4 | de mucho que cobdiçiaron poca parte ovieron |
| S 423-4 | que a -las vezes poca agua faze abaxar grand fuego |
| S 478-2 | auie con su marido fecha poca morada |
| S 514-1 | Sy algo non -le dyeres cosa mucha o poca |
| S 707-4 | poca cossa le enpeçe al mesquino en mesquindat |
| S 821-1 | En toda parte anda poca fe e grand fallya |
| S1134-3 | con -la çiençia poca he grand miedo de fallyr |
| S1252-3 | tyenen cozinaz grandes mas poca carne dam |
| S1302-2 | vino dormir a -ella fue poca su estada |
| S1371-2 | con -la poca vianda buena voluntad para |
| S1434-1 | Puede pequeña cossa E de poca valya |
| S1633-1 | Señorez he vos seruido con poca sabidoria |
| **POCAS** | |
| G 442-2 | pocaz mugerez pueden dellaz ze despagar |
| G 447-3 | Pocas zon laz mugerez que dellaz pueden salyr |

| | |
|---|---|
| S1122-1 | Commo estaua ya con muy pocaz conpañas |
| S1166-2 | por la tu grand loxuria comeras muy pocaz desaz |
| S1610-4 | pocas palabras cunplen al buen entendedor |
| **POCO** | |
| S 47-4 | nin las podrian en-tender pues que tan poco sabien |
| S 97-3 | de quanto le prometio o -le da poco o -nada |
| S 125-3 | en -cabo saben poco que su fado les guia |
| S 172-3 | los omnes en dar poco por tomar grand rriqueza |
| S 185-3 | a -vezes poco a -poco con maestrias çiento |
| S 205-3 | vengue vuestra locura Ca en poco touistes |
| S 239-2 | andaua mal e poco al cauallo enbargava |
| S 255-3 | non quieres dar al poble vn poco de çenteno |
| S 305-3 | poco a -dios preçiaua nin avia del temor |
| S 353-3 | dire vn poco della que es grand estoria |
| S 354-2 | mas la descomunion fue vn poco errada |
| S 400-4 | prometes grandes cosas poco e tarde pagas |
| S 424-1 | Por poco mal dezir se pierde grand amor |
| S 434-2 | eguales e bien blancos vn poco apartadillos |
| G 445-1 | si diz que -loz zobacoz tiene vn poco mojadoz |
| S 489-4 | que mucho o poco dal cada que podieres |
| S 513-3 | que poco o que mucho non vaya syn logrero |
| S 515-3 | a las vegadas poco en onesto lugar |
| S 517-4 | con cuños E almadanas poco a -poco se arranca |
| S 536-3 | prueva vn poco dello E desque ayas beuido |
| G 583-2 | poco salie de caza zegunt lo an de vzaje |
| S 608-3 | por que le fuste sanudo contigo poco estudo |
| S 630-4 | lo poco e lo mucho façen lo como amidos |
| S 631-1 | Por mejor tyene la dueña de ser vn poco forçada |
| G 690-4 | si la muger oluidarez poco preçiara tu Ruego |
| S 724-4 | que pensse aquesta noche poco a -poco la aguja |
| S 729-1 | El sabio vençer al loco con conssejo non es tan poco |
| G 756-4 | mas do non mora omne la caza poco val |
| G 763-3 | mas deuen lo traer poco e fazer chico rroydo |
| S 863-4 | poco a -poco nos yremos jugando syn rreguarda |
| S 879-1 | menos de mal sera que esto poco çeledes |
| S 912-2 | poco salva de casa era como saluase |
| S 916-3 | dam vos esta poco a -poco la aguja |
| S 970-1 | desque fuy vn poco estando fuyme desatyriziendo |
| S1012-3 | ojos fondos bermejos poco e mal deuisa |
| S1049-3 | quan poco la preçia al tu fijo quisto |
| S1135-2 | aprendi e se poco para ser demostrador |
| S1169-3 | commo quier que algund poco en -esto lazraraz |
| S1180-3 | yua se poco a -poco de -la cama yrguiendo |
| S1266-2 | aver se vos ha vn poco atardar la yantar |
| S1319-4 | si poco ende trabaje muy poco ende saque |
| S1360-4 | agora que so viejo dizen que poco valo |
| S1364-3 | non dando nin seruiendo el amor poco dura |
| S1422-4 | es del menos preçiada e en poco tenida |
| S1431-3 | con aquestos mis dientes Rodre poco a -poquillo |
| S1445-2 | Sono vn poco la selua e fueron espantadas |
| S1542-4 | muda el trentanario del duelo poco se syente |
| S1606-4 | Ca poco E bien dicho afynçase el coraçon |
| S1607-2 | es en -la dueña chica amor E non poco |
| S1624-1 | El ssabia leer tarde poco e por mal cabo |
| **POÇO** | **(H)** |
| P 116 | que dura poco tienpo |
| P 138 | Otrosi loz de poco entendimiento non se perderan |
| S 329-3 | Señor diz yo so synpre de poco mal sabyda |
| S 421-3 | tomas la grand vallena con -el tu poco çeuo |
| S 571-1 | Por vn mur muy pequeno que poco queso priso |
| S 642-2 | poco trabajo puede sus coraçones vençer |
| S 710-3 | despuez con -el poco fuego çient vezes sera doblada |
| S 835-3 | saca gualardon poco grand trabajo e grand pena |
| S 883-4 | mueren por el poco çeuo non se pueden defender |
| S1063-2 | ffue de judas vendido por mi poco cabdal |
| S1252-4 | coloran su mucha agua con poco açafran |
| S1539-4 | de todos sus thesoros dan le poco axuar |
| S1610-2 | en açucar muy poco yaze mucho dulçor |
| S1612-2 | en oro muy poco grand preçio E grand valor |
| S1612-3 | commo en poco blasmo yaze grand buen olor |
| **POCOS** | |
| S 392-2 | en cabo son muy pocos a -quien byen adelyñas |
| G 664-2 | fasta que me rrespondadez a -estoz pocoz sermonez |
| S 911-2 | niña de pocos dias Ryca E de virtud |
| S 936-1 | ffue a -pocos de dias amatada la fama |
| S 943-3 | murio a -pocos dias non lo puedo derui |
| S1013-3 | beueria en pocos dias cavdal de buhon Rico |
| S1305-4 | pocos me rresçebieron nin me fezieron del dedo |
| S1311-4 | pocos ally falle que me non llamasen padrasto |
| S1689-5 | en muy pocos diaz |
| **POÇO** | |
| S 1-3 | a -daniel sacaste del poço de babilon |
| S 973-2 | non falle poço dulçe nin fuente perhenal |
| **PODADES** | |
| S 708-3 | encobrid todo aquesto lo mas mucho que podades |
| **PODAMOS** | |
| S1596-4 | comer tanto que podamos para pobres apartar |
| **PODAR** | |
| S1280-1 | lo mas que este andaua era viñaz podar |
| **PODE** | |
| S 483-3 | como es esto madona o como pode estar |
| **PODEDES** | |
| S 601-4 | sy non vos doña venuz que -lo podedes fazer |
| S 782-2 | es oluidar la cosa que aver non podedes |
| S 793-2 | pensando los peligros podedes estorçer |
| S 806-1 | Madre vos non podedes conosçer o asmar |
| S 857-1 | E pues que vos non podedes amatar la vuestra llama |
| **PODEMOS** | |
| P 187 | E mejor noz podemoz guardar |
| S 818-4 | es venguença e mengua sy conplyr lo podemos |
| S1580-4 | non podemos amigos della fuyr por suerte |
| S1602-4 | con estas armas lydiando podemos los amanssar |

**PODENCOS**
S1220-3  ssabuesos e podencos quel comen muchoz panes
**PODER**
S   1-2  sacaste de cabtiuo del poder de fa(ron)
S   3-2  de poder de gentilez sacaste a -santiago
S  60-2  rrespondio que en su poder tenie el mundo E diz verdat
S 142-1  Cyerto es que el rrey en su Regno ha poder
S 148-4  pero mayor poder rretuvo en sy que les non dio
S 149-3  non ha poder mal signo nin su costellaçion
S 316-1  El omne que tiene estado onrra E grand poder
S 316-3  que mucho ayna se puede todo su poder perder
S 344-1  Pugnan los avogados E fazen su poder
S 371-2  que el avie poder del Rey en su comision
G 559-4  poder te ya tal achaque tu pleyto enpeesçer
G 584-3  por todo el mundo tiene grant poder e suerte
S 692-1  muchas vezes la ventura con ssu fuerça e poder
S 716-1  Esta dueña que dezides mucho es en mi poder
S 995-4  non avras lo que quieres poder te has engañar
S1094-2  E tiene por todo el mundo poder comun señor
S1146-1  que poder ha en -Roma el juez de cartajena
S1154-3  de poder que non avedes non seades judgador
S1155-1  poder del perlado o -syn aver liçençia
S1157-3  todo el su poder esta so vuestra capa
S1390-1  Muchos leem el libro touiendo lo en poder
S1434-3  el que poder non tyene oro nin fidalguia
S1565-1  a -los perdidos malos que dexo en -tu poder
S1592-2  con castidat E con conçiençia podernos emos escusar
S1655-3  poder vos ha estorçer
S1677-5  pues poder as E oviste
**PODERIO**
S 149-4  el poderio de dios tuelle la tribulaçion
S 305-4  tyro le dios su poderio e todo su honor
**PODERIOS**
S 148-3  sus poderios çiertos E juyzios otorgo
**PODEROSO**
S 161-1  vna tacha le fallo al amor poderoso
S 305-2  donde era poderoso e de babylonia señor
S 819-3  que sera soberuiado del Rico poderoso
S1080-4  truxo muy grand mesnada commo era poderosso
S1193-2  don carnal poderoso por la graçia de dioz
S1427-1  Que onrra es al leon al fuerte al poderoso
S1433-1  Tu rrico poderoso non quieraz des-echar
**PODEROSOS**
S 150-4  mas non puedem contra dios yr nin son poderosos
**PODIA**
S  78-2  non podia estar solo con -ella vna ora
S  91-4  que cantase con tristeza pues la non podia aver
S 113-1  E por que yo non podia con -ella ansi fablar
S 369-1  dixo les que byen podia el en -su pronunçiaçion
S 370-3  non podia dar lyçençia para aver conpusiçion
S 412-3  el topo quanto podia tiraua fazia suso
S 922-2  non la podia aver ansi tan amenudo
S1123-3  que non podia de gordo lydiar syn el buen vino
S1307-4  vy que non podia sofrir aquel lazerio
S1430-3  cayo en -grandes rredes non las podia Retaçar
S1430-4  enbuelto pies e manos non se podia alçar
S1621-4  quando non podia al fazer ayunaua con dolor
**PODIAN**
S 201-1  Suben ssobre la viga quantas podian sobyr
S 655-4  con mi voluntat mis dichos non se podian seguir
S1446-1  Andauan a -todas partes non podian quedas ser
**PODIE**
S  98-3  a -quantos la oyen podie mal espantar
**PODIEN**
S 263-2  non podien aver fuego por su desaventura
**PODIERDES**
S1531-3  el byen que fazer podierdes fazed lo oy luego
**PODIERE**
S 849-3  faga quanto podiere en ello se atenga
S 850-2  todo lo peor diga que podiere dezir
S1200-3  el que a -su enemigo non mata si podiere
S1629-4  como pella a -las dueñas tomelo quien podiere
**PODIEREN**
S1158-2  que si antes que muera si podieren fallar
**PODIERES**
S 431-3  sy podieres non quieras amar muger villana
G 450-3  si tal zaber podierez e la quisierez cobrar
G 451-1  de tus joyaz fermozaz cada que dar podierez
S 468-2  por aquessto faz mucho sy -la podieres aver
S 488-3  sy podieres dal ago non -le ayas querella
S 489-4  que mucho o poco dal cada que podieres
S 634-3  non fynca por non querer cada que podieres
**PODIERON**
S 138-2  afogose en -el agua acorrer non lo podieron
S 344-4  mas non podieron del cosa saber nin entender
**PODIES**
S 823-1  sy por aventura yo solos vos podies juntar
**PODIESE**
S  91-3  algun triste ditado que podiese ella saber
S 479-3  dixole que -le pyntase commo podiesse mejor
S 531-2  penso commo podiese partyrle de aquesto
S 574-1  Mucho mas te diria sy podiese aqui estar
S1389-2  sy aver me podiese el que me conosçia
S1429-4  en quanto el podiese qual siruirie de grado
S1456-4  E furtase syn miedo quanto furtar podiese
S1523-2  nunca fue quien contigo podiese bien contender
S1530-3  el que byen fazer podiese oy le valdria mas
**PODIESEN**
S 883-1  Sy las aves lo podiesen byen saber E entender
**PODISTE**
S1473-2  E mucho mas dos tanto que ver non -lo podiste

**PODRA**
P 137  E podra dezir con -el salmista veni veritatis E cetera
S 628-4  a -ty mesmo contesçio E a -otros podra acaesçer
S1091-4  non te podra enpesçer con todas sus espinaçaz
**PODRAN**
G 589-3  Reçelo he que mayorez dapnoz me padran rrecreçer
S1689-6  podran fenesçer
**PODRAS**
S 624-1  con aquesto podras a -tu amiga Sobrar
S 647-3  mill tienpos e maneras podras despues fallar
S1076-4  de muerto o de preso non podraz escapalla
**PODRE**
S1426-3  Señor diz non me mates que non te podre fartar
**PODREDES**
S 740-4  mas de mi nin vos non vos podredes alabar
**PODREMOS**
G 686-4  tienpo verna que podremos fablar noz uoz e yo este verano
S1587-3  con -tal loriga podremos con cobdiçia que nos trança
S1592-1  ligera mente podremos a -la loxuria Refrenar
S1592-4  con estaz brafuneraz la podremos bien matar
S1594-4  con paçiençia bien podremos lydiar con tal capelina
S1597-4  con tal graçia podremos vençer gula que es viçio
**PODRIA**
S  79-4  non se podria vençer por pintada moneda
S  83-4  mando matar al toro que podria abastar
S  92-4  mas que yo podria sser dello trobador
S 344-3  que sentençia daria o qual podria ser
S 422-3  por tanto non te digo el diezmo que podria
S 469-1  Talente de mugeres quien le podria entender
S 628-2  E por pequeña tacha que en -ty podria aver
G 760-4  ternie que non podria zofrir grand tenporada
S 982-2  que ayuno E arreçido non ome podria solazar
S 982-3  sy ante non comiese non podria byen luchar
S1010-3  quien con ella luchase non se podria bien fallar
S1010-4  sy ella non quisiese non -la podria aballar
S1672-4  por la tu merçed que es tanta que dezir non la podria
**PODRIAN**
S  47-4  nin las podrian en-tender pues que tan poco sabien
S  50-3  por que non eran letrados nin podrian entender
S 234-4  non se podran escreuir en mill priegos contados
S 346-2  que non podrian ser en vno acordados
G 682-4  egualar non se podrian ningunaz otraz merçedez
S 883-2  quantos laços les paran non las podrian prender
S1278-3  non se podrian alcançar con -las vigas de gaola
**PODRIAS**
S1018-2  pienssa de -los mayores si te podrias pagar
**PODRIDA**
S1525-4  todos fuyen del luego como de rred podrida
**PODRIDOS**
S 630-3  han muy flacas las manos los calcañares podridos
**PODRIE**
S 275-1  Quien podrie dezir quantos tu loxuria mata
**POLGAR**
S  56-2  el polgar con otroz dos que con -el son contenidos
**POLO**
S1331-3  vino a -mi rreyendo diz omillome don polo
**POLSO**
S1419-3  ella diz al diablo catedes vos el polso
**POLVO**
S1337-2  poluo terron e candy e mucho del rrosado
**POLVOS**
G 440-3  con poluoz e afeytez e con alcoholeras
**POLLO**
S 829-4  que en pollo envernizo despues de sant migel
**PON**
S  44-4  que la mucha tristeza mucho coydado pon
S 315-1  dyole grand par de coçes en -la fruente gelas pon
S 355-4  sy pon perentoria esto otra mente
S 357-2  quando se pon contra testigos en pleito criminal
S 362-3  fallo que ez prouado lo que la marfusa pon
S 453-2  pongelo en mayor de quanto ello valyere
S1459-3  pon mano en -tu Seno E dalo que fallaras
S1468-2  E pon tuz piez entranboz sobre laz miz espaldaz
**PONÇOÑA**
S 941-3  o sy le dio ponçoña o algud adamar
**PONE**
P  49  E ponelo en -la çela de -la memoria
S 102-2  pone muy grant espanto chica cosa ez doz nuezez
S 356-1  Quando la descomunion por dilatoria se pone
S 357-4  quien de otra guisa lo pone yerralo e faze mal
S 406-2  que canta dulçe con engaño al ave pone abeyte
G 685-3  ençendemiento grande pone el abraçar el amada
S 889-2  pone sospechas malas en cuerpo do yaz
S1314-1  Syenpre de quier que sea pone mucho coydado
S1476-2  quien con amigo malo pone su amistança
**PONE** (L)
S 379-4  va la dueña a -terçia caridat a -longe pone
**PONEN**
S1254-1  Tyenden grandes alfamarez ponen luego tableroz
S1338-4  en noblezaz de amor ponen toda su femençia
S1390-4  que non les ponen onrra la qual deuian aver
**PONER**
S 258-3  poner en -los primeros quando le dixo yd
S 409-4  poner te he en -el otero cosa para ti sana
S 410-4  poner te he en -el otero o en aquel rrastrojo
G 553-3  Cummo en todaz cosaz poner mesura val
G 661-4  Non ozo poner prezona que -lo fable entre noz
S 788-1  ay ojos los mis ojos por que vos fustes poner
S1146-3  non deue poner omne su foz en miese ajena
S1184-2  por le poner saluo enprestole su Rozin
S1280-3  mandaua poner viñaz para buen vino dar
S1286-3  faze poner estacaz que dan azeyte bueno

| | |
|---|---|
| **PONES** | |
| S 212-1 | En vn punto lo pones a jornadas trezientas |
| S1546-1 | los ojos tan fermosos pones los en -el techo |
| **PONGA** | |
| S1466-1 | luego sere contigo desque ponga vn frayle |
| **PONGO** | |
| S 362-4 | por ende pongo sylencio al lobo en -esta saçon |
| G 595-4 | en vuestraz manoz pongo el mi coraçon abierto |
| S 701-3 | en -vuestras manos pongo mi salud e mi vida |
| S 822-1 | lo que me prometistes pongo lo en aventura |
| S1135-4 | so -la vuestra emienda pongo el mi error |
| **PONIA** | |
| S1666-10 | ya ponia |
| **PONIAN** | |
| S1107-4 | fasta en guadal-qui-vyl ponian su tendejones |
| **PONIE** | |
| S 314-4 | el asno pereçoso en -el ponie su syllo |
| **PONTIFICAL** | |
| S1149-3 | con pontifical non es destos apoderado |
| S1160-3 | los Rios son los otros que han pontifical |
| **POPA** | |
| S1200-2 | quien a -su enemigo popa a -laz sus manos muere |
| **POQUIELLO** | |
| S1332-1 | Ella dixo amigo oyd ve vn poquiello |
| S1359-2 | perdio luego los dientes e corria poquiello |
| **POQUILLA** | |
| P 122 | onde yo de mi poquilla çiençia |
| S 489-1 | Por poquilla cosa del tu aver quel dyerez |
| S 631-3 | con poquilla de fuerça fynca mal desculpada |
| **POQUILLO** | |
| S 186-4 | E por plazer poquillo andar luenga jornada |
| S 314-1 | Todos en -el leon ferien E non poquyllo |
| S 629-2 | vn poquillo como a -miedo non dexes de jugar |
| G 670-2 | vn poquillo que uoz diga la muerte mia |
| S 718-1 | ssy me dieredes ayuda de que passe algun poquillo |
| S 810-1 | los labrios de la boca tyenbranle vn poquillo |
| S1133-4 | saluo vn poquillo que oy disputar |
| S1343-1 | yo le dixe trota conventos escucha me vn poquillo |
| S1431-3 | con aquestos mis dientes Rodre poco a -poquillo |
| S1488-1 | los ojos ha pequeños es -vn poquillo baço |
| **POR** | |
| P 4 | El profecta dauid por spiritu santo fablando |
| P 16 | Ca por el buen entendimiento |
| P 52 | por laz qualez se salua el ome |
| P 66 | E ama el Amor de dioz por se saluar por ellaz |
| P 67 | Ca dioz por laz buenas obraz que faze omne |
| P 96 | E viene otrosi esto por rrazon que -la natura vmana |
| P 104 | por rrazon que la memoria del ome desleznadera ez |
| P 110 | E por esto ez maz apropiada a -la memoria del alma |
| P 177 | por dar manera de pecar ni por mal dezir |
| P 178 | maz fue por Reduçir a -toda persona |
| P 184 | como algunoz vsan por el loco amor |
| S 9-1 | Por esta profeçia e por la salutaçion |
| S 9-2 | por el nonbre tan alto hemanuel saluaçion |
| S 14-4 | Ca por todo el mundo se vsa E se faz |
| S 15-2 | fablar vos he por tobras e cuento rrimado |
| S 32-3 | por ti sea de nos visto |
| S 33-6 | por te seruir |
| S 36-6 | por saluador |
| S 38-5 | e por señal te dezia |
| S 41-2 | quando por ti quiso enbiar |
| S 42-3 | por nos diçio |
| S 42-6 | e por nos murio |
| S 43-1 | Por nos otros pecadores non aborescas |
| S 43-2 | pues por nos ser merescas |
| S 43-6 | Ruegal por nos |
| S 48-1 | pero si las querien para por ellas vsar |
| S 48-3 | por ver si las entienden e meresçian leuar |
| S 48-4 | esta rrespuesta fermosa dauan por se escusar |
| S 49-4 | que disputasen por señas por señas de letrado |
| S 50-1 | Pusieron dia sabido todoz por contender |
| S 52-3 | para disputar por señas lo que tu quisieres pit |
| S 58-4 | grand onrra ovo rroma por vn vil andariego |
| S 59-2 | por señas al rromano e que -le rrespondiera |
| S 64-1 | Por esto dize la pastraña de -la vieja ardida |
| S 69-3 | dicha buena o mala por puntos la juzgat |
| S 71-2 | el mundo por dos cosas trabaja por la primera |
| S 71-3 | por aver mantenençia la otra cosa era |
| S 71-4 | por aver juntamiento con fenbra plazentera |
| S 72-4 | que por obra se prueua el sabio e su fablar |
| S 77-4 | Nunca al fizo por mi nin creo que fazer quiso |
| S 79-4 | non se podria vençer por pintada moneda |
| S 82-4 | alegraron se todas mucho por su amor |
| S 83-1 | Por le fazer plazer E mas le alegrar |
| S 86-1 | alço el leon la mano por la mesa santiguar |
| S 86-2 | dio grand golpe en -la cabeça al lobo por lo castigar |
| S 92-4 | Por conplir su mandado de aquesta mi Señor |
| S 103-1 | Tommo por chica cosa aborrençia e grand saña |
| S 109-3 | al omne por conpañera nin del non -la feziera |
| S 110-3 | por santo nin santa que seya non se quien |
| S 112-4 | yo cruyziaua por ella otro la avie val-dia |
| S 113-2 | puse por mi menssajero coydando Recabdar |
| S 114-2 | la dueña que -la oyere por ello non me aburra |
| S 116-2 | tome por entendera |
| S 116-3 | tome senda por carrera |
| S 119-1 | Prometiol por mi conssejo |
| S 123-4 | el signo en -que nasçe le juzgan por sentençia |
| S 125-1 | Muchos ay que trabajan sienpre por clerezia |
| S 126-1 | otros entran en ordem por saluar las sus almas |
| S 128-3 | que judgaron vn niño por sus çiertas senales |
| S 129-3 | enbio por sus sabios dellos saber querria |
| S 132-4 | dio todos sus juyzios por mitrosos prouados |

| | |
|---|---|
| S 137-2 | pasando por la puente vn grand rrayo le dio |
| S 137-3 | fforado se la puente por alli se despeño |
| S 143-2 | ansi que por el fuero deue morir con rraçon |
| S 143-3 | pero por los priuados que en -su ayuda son |
| S 144-1 | O -sy por aventura aqueste que -lo erro |
| S 145-1 | E ansy commo por fuero avia de morir |
| S 146-4 | por graçia o por seruiçio toda la pena soltar |
| S 147-2 | pero por todo eso las leyes y el derecho |
| S 149-1 | Anssy que por ayuno e lymosna e oracion |
| S 149-2 | E por seruir a -dios con mucha contriçion |
| S 150-1 | Non son por todo aquesto los estrelleros mintrosos |
| S 150-2 | que judgam Segund natura por sus cuentos fermosos |
| S 151-4 | por aqueso lo digo otrossy veo aquesto |
| S 158-1 | El que es enamorado por muy feo que sea |
| S 161-3 | mas por que non me tengades por dezidor medroso |
| S 162-3 | tiene por noble cosa lo que non vale vna arveja |
| S 164-4 | por vos descobrir esto dueña non aya pena |
| S 165-1 | diz por las verdadez sse pierden los Amigos |
| S 165-2 | E por las non dezir se fazen des-amigos |
| S 167-3 | por aver solaz bueno del amor con amada |
| S 170-1 | Por amor desta dueña ffiz trobas e cantares |
| S 172-3 | los omnes en dar poco por tomar grand rriqueza |
| S 173-2 | por pecado del mundo que es sonbra de aliso |
| S 174-4 | el ladron por furtar algo començole a -falagar |
| S 175-4 | por el pan de vna noche non perdere quanto gano |
| S 176-1 | Por poca vianda que esta noche çenaria |
| S 179-4 | que diz por lo perdido non estes mano en mexilla |
| S 180-4 | por esto a -las vegadas con -el amor peleo |
| S 186-1 | Desque los omnes prendes non das por ellos nada |
| S 186-4 | E por plazer poquillo andar luenga jornada |
| S 187-4 | que nol debatas luego por mucho que se enforce |
| S 190-2 | afyncaron le mucho que ya por su amor |
| S 195-2 | leuantole las piernas echolo por mal cabo |
| S 202-1 | Enbioles por su Rey çigueña manzillera |
| S 203-3 | el rrey que tu nos diste por nuestraz bozes vanas |
| S 205-2 | el rrey tan demandado por quantas bozes distes |
| S 206-4 | lybertat e ssoltura non es por oro conplado |
| S 207-3 | tu despues nunca pienssas synon por astragallos |
| S 210-4 | penssando e sospirando por las cosas ajenas |
| S 220-4 | por conplir lo que mandan cobdiçian lo peor |
| S 221-2 | por conplyr las promesas que con amor mandaron |
| S 221-3 | muchos por tal cobdiçia lo ajeno furtaron |
| S 222-1 | murieron por los furtos de muerte sopitaña |
| S 223-1 | Por cobdiçia feciste a -troya destroyr |
| S 223-2 | por la mançana escripta que -se non deuiera escreuir |
| S 223-3 | quando la dio a -venuz paris por le jnduzir |
| S 224-1 | Por tu mala cobdiçia los de egipto morieron |
| S 225-1 | Por la cobdiçia pierde el omne el bien que tiene |
| S 227-1 | Por la sonbra mentirosa E por su coydar vano |
| S 229-3 | nunca deue dexarlo por vn vano coydado |
| S 230-4 | por esto rrobaz E furtas por que tu penaras |
| S 232-1 | Por tales malefiçios manda los la ley matar |
| S 232-3 | lyeua los el diablo por el tu grand abeytar |
| S 233-1 | Por tu mucha soberuia feziste muchos perder |
| S 233-3 | que por su grand soberuia e su des-agradesçer |
| S 234-2 | por la su grand soberuia fueron e son dañados |
| S 234-3 | quantos por la soberuia fueron e son dañados |
| S 235-3 | amor por tu soberuia se fazen bien lo creas |
| S 247-1 | Por la grand escaseza fue perdido el Rico |
| S 248-1 | Maguer que te es mandado por santo mandamiento |
| S 252-1 | El lobo a -la cabra comiala por merienda |
| S 256-4 | el bien que omne le faze diz que es por su derecha |
| S 257-4 | por conplyr la loxuria enguinando laz oteas |
| S 258-1 | ffeciste por loxuria al profeta dauid |
| S 259-1 | Por amor de berssabe la mujer de vrias |
| S 259-4 | fizo grand penitençia por las tus maestrias |
| S 260-1 | ffueron por la loxuria çinco nobles çibdadez |
| S 260-2 | quemadaz e destruydas las trez por sus maldadez |
| S 260-3 | las dos non por su culpa mas por las veçindadez |
| S 260-4 | por malas vezindadez se pierden eredades |
| S 261-1 | Non te quiero por vezino nin me vengas tan presto |
| S 261-4 | coydando que -lo sobia a -su torre por esto |
| S 263-2 | non podien aver fuego por su desaventura |
| S 265-2 | por fazer su loxuria vergilio en -la dueña |
| S 268-1 | El ssopo que era fecho por su escantamente |
| S 268-3 | ansy que la loxuria es verdadera mente |
| S 271-4 | al aguila cabdal diole por los costados |
| S 277-3 | por esto eres çeloso e triste con rrencura |
| S 281-1 | Por la envidia cayn a -su hermano abel |
| S 281-3 | jacob a esau por la enbidia del |
| S 282-1 | ffue por la enbydia mala traydo jhesu xpisto |
| S 282-3 | por enbydia fue preso E muerto e con-quisto |
| S 283-1 | Cada dia los omes por cobdiçia porfian |
| S 284-3 | anssy te acaesçe por le leuar ventaja |
| S 285-3 | por ser atan fermosa esta locura coeda |
| S 285-4 | la negra por ser blanca contra sy se denueda |
| S 289-2 | pierden lo que ganaron por lo ageno coblar |
| S 289-3 | con la envidia quieren por los cuerpos quebrar |
| S 290-4 | quien se tiene por lo que non es loco es va a -perder |
| S 291-1 | por cobrar la tu fuerça eres lobo carniçero |
| S 294-1 | adan el nuestro padre por gula e tragonia |
| S 294-4 | por ello en -el jnfierno desque morio yazia |
| S 295-2 | de -los mas mejores que y eran por çierto |
| S 295-4 | por comer e tragar sienpre estas boca abierto |
| S 296-1 | ffeciste por la gula a -lot noble burges |
| S 297-4 | dezir telo he mas breue por te enbiar ayna |
| S 301-1 | abaxose el leon por le dar algund confuerto |
| S 305-1 | Por la grand vana gloria nabuco-donossor |
| S 313-3 | contra el vynieron todas por vengar sus denteras |
| S 323-1 | Enplazola por fuero el lobo a -la comadre |
| S 323-3 | don ximio avia por nonble de buxia alcalde |
| S 326-4 | que vino a nuestra çibdat por nonble de monedero |

| POR | (cont.) |
|---|---|
| S 327-2 | entro a -ffurtar de noche por çima del fumero |
| S 328-2 | pido que -la condenedes por sentençia e por al non |
| S 329-4 | dat me vn abogado que fable por mi vida |
| S 336-2 | por sentençia E por derecho es mal enfamado |
| S 337-2 | de mayor descomunion por costituçion de llegado |
| S 340-3 | en -que diese sentençia qual el por bien tenia |
| S 341-4 | por boluer al alcalde ninguno non -lo engaña |
| S 344-2 | por saber del alcalde lo que quierre fazer |
| S 345-1 | De lexos le fablauan por le fazer dezir |
| S 345-2 | algo de -la sentençia por su coraçon descobrir |
| S 346-4 | pyden que por sentençia fuesen de ally lybrados |
| S 347-4 | Rezo el por sy mesmo escripta tal sentençia |
| S 351-1 | Por mi examinado todo el processo fecho |
| S 355-1 | Por cartas o por testigos o por buen jnstrumente |
| S 356-1 | Quando la descomunion por dilatoria se pone |
| S 356-3 | por perentoria esto guarda non te encone |
| S 358-3 | por exepçion non puedo yo condepnar nin punir |
| S 360-3 | non por la exepçion mas por que -lo puede far |
| S 361-1 | Por exepçion se puede la demanda desechar |
| S 361-3 | por exepçion non puedo yo condepnar nin matar |
| S 362-1 | Por quanto yo fallo por la su conffesion |
| S 362-2 | del lobo ante mi dicha E por otra cosa non |
| S 363-1 | Pues por su confesion e su costunbre e vso |
| S 364-2 | E es magnifiesto e çierto que el por ello vsa |
| S 368-3 | por lo que avia dicho E suplido esta vez |
| S 377-3 | que -la lieue por agua e que de a -toda çima |
| S 378-1 | E sy es tal que non vsa andar por las callejas |
| S 378-2 | que la lyeue a -las vertas por las rrosaz bermejas |
| S 380-1 | Tu vas luego a -la iglesia por le dezir tu Razon |
| S 380-2 | mas que por oyr la missa nin ganar de dios perdon |
| S 381-4 | feo sant sant vter por la grand missa de fiesta |
| S 384-3 | la que viene a -tus visperas por byen que se rremanga |
| S 389-2 | por conplyr tus deseos fazes lo erege duro |
| S 398-1 | El que mas a -ty cree anda mas por mal cabo |
| S 404-2 | fazes por muger fea perder omne apuesto |
| S 404-2 | pierde se por omne torpe duena de grand Respuesto |
| S 404-4 | byen te pueden dezir antojo por denuesto |
| S 409-3 | yo te sacare a -saluo agora por la mañana |
| S 410-1 | yo se nadar muy byen ya lo ves por el ojo |
| S 413-3 | abatiose por ellos subyo en apellydo |
| S 414-4 | todos por ti peresçem por tu mala enxanbre |
| S 422-1 | Porque de muchas dueñas mal querido seria |
| S 422-3 | por tanto non te digo el diezmo que podria |
| S 424-1 | Por poco mal dezir se pierde grand amor |
| S 424-2 | por mala dicha pierde vassallo su Señor |
| S 426-3 | torna te a -tu culpa pues por ti lo erreste |
| G 439-2 | andan por todo el mundo por plaças e cotaz |
| G 450-4 | faz mucho por seruir la en dezir e en obrar |
| S 453-1 | gradesçe gelo mucho lo que por ti feziere |
| S 456-3 | por la pereza pyerden muchos la mi conpania |
| S 456-4 | por pereza se pierde muger de grand valya |
| S 457-3 | amos por vna dueña estauan codyçiossos |
| S 460-3 | por pereza de tender el pie fasta el escalon |
| S 461-1 | otrossy yo passava nadando por el Ryo |
| S 461-4 | que por non abrir la boca de sed perdy el fablar mio |
| S 463-4 | por pereza de alympiar me perdy la duena gentil |
| S 465-4 | deuedes por mas pereza duena con-migo casar |
| S 468-4 | por aquessto faz mucho sy -la podieres aver |
| S 471-3 | la muger syn verguença por darle diez toledos |
| S 479-2 | mucho de priessa enbio por el entendedor |
| S 487-4 | con aqueste e por este fare yo sy dios me preste |
| S 488-2 | quier seas suyo o -non fablale por amor della |
| S 489-1 | Por poquilla cosa del tu aver quel dyerez |
| S 489-3 | fara por los dineros todo quanto le pidieres |
| S 495-3 | el dinero los daua por byen examinados |
| S 496-4 | en cabo por dineros avya penitençia |
| S 497-4 | por todo el mundo faze cosas maravillosaz |
| S 499-3 | por todo el mundo anda su sarna e su -tyña |
| S 503-3 | en cabo por dynero otorgan los perdones |
| S 504-1 | Pero que -le denuestan los monges por las plaças |
| S 507-4 | cras cras nos lo avremos que nuestro es ya por fuero |
| S 510-4 | toda cosa del sygro se faze por su amor |
| S 511-1 | Por dineros se muda el mundo e su manera |
| S 511-3 | por joyas E dineros Salyra de carrera |
| S 517-2 | non por vn solo farre non anda bestia manca |
| S 519-3 | pero que todo el mundo por esto le acusa |
| S 519-4 | en este coyda syenpre por este faz la musa |
| S 520-2 | quanto por omne es magada e ferida |
| S 520-3 | tanto mas por el anda loca muerta E perdida |
| S 521-1 | Coyda su madre cara que por la sosañar |
| S 521-3 | por corrella e ferilla e por la denostar |
| S 522-3 | que mas la ençendia E pues devia por ella |
| S 525-1 | Por vna vez al dia que omne gelo pida |
| S 525-3 | doña venuz gelo pide por el toda su vyda |
| S 526-3 | por grand vso el rrudo sabe grand letura |
| S 529-3 | que nunca -lo beuiera prouolo por so daño |
| S 535-2 | rrespondio el diablo presto por lo que vino |
| S 535-3 | dyz aquellos taverneros que van por el camino |
| S 535-4 | te daran asaz dello ve por ello festino |
| S 536-1 | fizolo yr por el vyno E desque fue venido |
| S 536-4 | veras que mi consejo te sera por byen avydo |
| G 552-3 | a -quien de oy en craz fabla non dan por verdadero |
| G 554-3 | El judio al año da tres por quatro pero |
| G 555-3 | des-pojan ze por dadoz loz dineroz perdidoz |
| S 565-3 | pues piensa por ty mesmo e cata byen tu seno |
| S 565-4 | E por tu coraçon judgaras ajeno |
| S 566-3 | muchos pierden la dueña por dezir neçedat |
| S 566-4 | que por vn plazer poquillo que por ty faga ten lo en poridat |
| S 567-1 | ssy muchos le ençelares mucho fara por ty |
| S 567-4 | a muchos de -las dueñas por estos los party |
| S 570-3 | rresçelan del las dueñas e dan le por fazañero |

| | |
|---|---|
| S 570-4 | por mala dicha de vno pyerde todo el tablero |
| S 571-1 | Por vn mur muy pequeno que poco queso priso |
| S 572-4 | non pierdas a -la dueña por tu lengua parlera |
| S 574-2 | mas tengo por el mundo otros muchos de pagar |
| S 574-3 | pesa les por mi tardança a -mi pessa del vagar |
| S 576-3 | en -lo que me castigo E por verdat dezir |
| G 584-3 | por todo el mundo tiene grant poder e suerte |
| G 584-4 | todo por su consejo se fara ado apuerte |
| G 587-4 | yo sere bien andante por lo uoz otorgar |
| G 591-4 | por las artez biuen muchoz por las artez peresçen |
| G 593-2 | si ayuda non demanda por auer zalut mijor |
| G 593-3 | por ventura me vernia otro peligro peor |
| S 594-2 | Al monge e al buen amigo quel daran por auentura |
| G 594-3 | melezina e consejo por do pueda auer fulgura |
| S 600-4 | aver la he por trabajo E por arte sotil |
| S 601-2 | por aquesto a -ella non me oso atrever |
| S 609-1 | sy algo por ventura de mi te fuere mandado |
| S 613-1 | Non te espantes della por su mala Respuesta |
| S 615-2 | que non dara la mercaduria sy non por grand valor |
| S 615-4 | lyeva la mercadorya por el buen corredor |
| S 616-4 | el conejo por maña doñea a -la vaca |
| S 617-3 | anda por maestria lygera enderedor |
| S 617-4 | mover se ha la dueña por artero seruidor |
| S 618-4 | por arte juran muchos e por arte son perjuros |
| S 619-1 | Por arte los pescados se toman so -las ondas |
| S 619-2 | E los pies enxutos corren por mares fondas |
| S 619-4 | por arte non ha cosa a -que tu non respondas |
| S 621-2 | por el mucho seruiçio pierden la mucha saña |
| S 622-1 | Non pueden dar los parientes al pariente por herençia |
| S 626-2 | quiere -la muger al ome alegre por Amigo |
| S 627-4 | non seas mucho parlero non te tenga por mintroso |
| S 628-1 | Por vna pequeña cosa pierde amor la muger |
| S 628-2 | E por pequeña tacha que en -ty podria aver |
| S 631-1 | Por mejor tyene la dueña de ser vn poco forçada |
| S 633-2 | nunca el buen doñeador por esto enfaronea |
| S 633-4 | los doñeos la vençen por muy braua que sea |
| S 634-3 | non fynca por non querer cada que podieres |
| S 637-4 | ante salen a -la peña que por carrera derecha |
| S 643-4 | Sabe lo E entyendelo por la antiguedat |
| S 644-4 | byen sabe las paranças quien paso por las losas |
| S 652-2 | por que por la mi fabla venga a -fazer mesura |
| S 653-1 | ay dios E quam fermosa vyene doña endrina por la plaça |
| S 655-1 | Vnas palabras tenia pensadas por le dezir |
| S 655-3 | apenas me conosçia nin sabia por do yr |
| S 657-3 | sy ovies lugar e tienpo por quanto de vos oya |
| S 658-3 | a -todos dy por rrespuesta que -la non queria non |
| G 661-3 | que por vuestro amor me pena amo voz mas que a -dioz |
| G 665-3 | non cuydedez que zo loca por oyr vuestraz parlillaz |
| G 667-1 | a -las vegadas lastan justoz por pecadorez |
| G 668-2 | Auet por bien que uoz fable ally zo aquel portal |
| G 668-3 | Non uoz vean aqui todoz lo que andan por la calle |
| G 669-3 | loz ojoz baxo por tierra en -el poyo asentada |
| G 675-1 | yd e venit a -la fabla otro dia por mesura |
| G 677-1 | por la fabla se conosçen loz maz de loz coraçonez |
| G 677-4 | por laz palabraz se conosçen e zon amigoz e conpañonez |
| G 682-1 | señora por la mesura que agora prometedez |
| G 683-2 | que qual es el buen amigo por laz obraz parescera |
| G 685-2 | que por suz bezoz la dueña finca muy engañada |
| S 692-3 | por esto anda el mundo en leuantar e en caer |
| S 695-1 | hermano nin Sobrino non quiero por ayuda |
| S 698-3 | doña venuz por panfilo non pudo mas fazer |
| S 698-4 | de quanto fizo aquesta por me fazer plazer |
| S 702-4 | por la vuestra buena fama E por vos enbiado |
| S 704-2 | fare por vos quanto pueda guardar he vos lealtad |
| S 706-3 | por escusar mill peligros fasta oy lo encubri |
| S 709-3 | por que esa vuestra llaga sane por mi melezina |
| S 711-2 | yo le dixe por dios amiga guardat vos de soberuienta |
| S 714-2 | yo lo trayo estoruando por quanto non -lo afynco |
| S 714-3 | mando me por vestuario vna piel e vn pellico |
| S 716-2 | synon por mi non la puede omne del mundo aver |
| S 716-4 | por mi conssejo lo faze mas que non por su querer |
| S 722-2 | callar do non -le enpeçe E tyenen le por sesudo |
| S 723-3 | dezia por fazalejas conprad aquestos manteles |
| S 729-4 | el cuerdo non enloquece por fablar al Roça poco |
| S 731-3 | el coraçon del ome por el coraçon se prueua |
| S 747-4 | que es aqui senbrado por nuestros males grandes |
| S 749-4 | por su mal fazia maguera que se tarda |
| S 754-2 | por astragar lo vuestro e fazer vos mal trebejo |
| G 761-2 | tomad aqueste marido por omne e por velado |
| G 763-1 | xergaz por mal zeñor burel por mal marido |
| S 775-2 | dios vos de paz comadre que por vos vine yo aqui |
| S 775-3 | vos e vuestros fijuelos que fazedes por ay |
| S 777-3 | E vos faredes por ellos vn salto syn bolliçio |
| S 778-2 | por tomar el cochino que so -la puerca yaze |
| S 782-4 | lo que fazer se puede por ello trabajedes |
| S 785-4 | por esperança vana todo se va a -perder |
| S 786-4 | coraçon por tu culpa byviras culpa penada |
| S 787-2 | de dueña que te tyene por de mas oluidado |
| S 788-3 | ojos por vuestra vista vos quesistes perder |
| S 789-2 | por que quieres fablar por que quieres departyr |
| S 792-2 | por ese quexo vano nada non ganades |
| S 799-4 | por eso me dezides que es mia mi señora |
| S 800-1 | ansy fazedes madre vos a -mi por ventura |
| S 803-4 | solo dios e non otro sabe que es por venir |
| S 805-3 | por buen comienço espera omne la buena andança |
| S 812-3 | sy por vos non menguare abaxar se ha la rrama |
| S 813-2 | por vos mi esperança syente ya mejoria |
| S 813-3 | por la vuestra ayuda creçe mi alegria |
| S 814-4 | perder la por tardanza seria grand avoleza |
| S 815-1 | Amigo Segund creo por mi avredes conorte |
| S 815-2 | por mi verna la dueña andar al estricote |
| S 816-4 | por vanas promisiones trabajamos e seruimos |

| | |
|---|---|
| S 819-4 | por chica rrazon pierde el poble e el coytoso |
| S 822-3 | quiero me yr a -la dueña rrogar le he por mesura |
| S 823-1 | sy por aventura yo solos vos podies juntar |
| S 824-3 | Señora doña Rama yo que por mi mal vos vy |
| S 828-2 | que por ella con-vusco fablar omne non osa |
| S 836-1 | Primero por la talla el fue de vos pagado |
| S 836-3 | por aquestas dos cosas fue mucho engañado |
| S 843-2 | E veo que entre amos por egual vos amades |
| S 844-3 | mas que nos al queramos por vos fazer seruiçio |
| S 845-1 | que yo mucho faria por mi amor de fyta |
| S 846-2 | vençe a -todas guardas e tyene las por mueras |
| S 847-4 | por me dar tu conssejo verguença en ty non aya |
| S 849-1 | Mas el que contra mi por acusar me venga |
| S 849-2 | tome me por palabla a -la peor se tenga |
| S 849-4 | o callara vençido o vaya se por menga |
| S 863-2 | en pellote vos yredes commo por vuestra morada |
| S 866-4 | andan por escarneçerla coyda que es amada e quista |
| S 869-3 | Sed cras omne non vos tengan por tenico |
| S 870-3 | rrecabdat lo que queredes non vos tenga por çestilla |
| S 877-2 | vieja por esto teniades a -mi la puerta çerrada |
| S 879-3 | casamiento que vos venga por esto non lo perderedes |
| S 883-4 | mueren por el poco çeuo non se pueden defender |
| S 884-2 | ya el pescador los tiene E los trahe por el suelo |
| S 885-2 | vase perder por el mundo pues otro cobro non tyene |
| S 890-1 | Pues que por mi dezides que el daño es venido |
| S 890-2 | por mi quiero que sea el vuestro byen avydo |
| S 890-4 | todo vuestro deseo es byen por mi conplido |
| S 895-4 | Sentiose por escarnido el leon del orejudo |
| S 900-3 | al leon lo troxieron abriol por los costados |
| S 902-1 | quando el leon vyno por comer saborado |
| S 905-1 | la que por des-aventura es o -fue engañada |
| S 906-4 | non me maldigan algunos que por esto se encone |
| S 908-1 | Andan por todo el pueblo della muchos dezires |
| S 908-3 | dueña que te dezir esto non te asanes nin te ayres |
| S 909-2 | dixela por te dar ensienpro non por que a -mi vino |
| S 919-3 | dixo me esta vyeja por nonbre ha vrraca |
| S 923-1 | prouelo en vrraca do te lo por conssejo |
| S 926-3 | nunca le digas trotera avn que por ti corra |
| S 933-1 | Por amor de la vieja e por dezir Rason |
| S 935-1 | dizen por cada canton que sea mal apreso |
| S 943-2 | ouo por mal pecado la dueña a -ffallyr |
| S 944-4 | dixe yo que buen manjar sy non por el escotar |
| S 947-3 | non fuyan dello las dueñas nin los tengo por lixo |
| S 948-1 | a -vos dueñas Señoras por vuestra cortesia |
| S 949-1 | Por melo otorgar Señoras escreuir vos he grand saçon |
| S 955-4 | E por dios da me possada que el frio me atierra |
| S 958-1 | Echome a -su pescueço por las buenas rrespuestas |
| S 959-1 | Passando vna mañana por el puerto de mal angosto |
| S 959-4 | por aqueste puerto angosto |
| S 960-3 | que por esta encontrada que yo tengo guardada |
| S 961-3 | fasta que algo me prometas por mucho que te arremetas |
| S 962-1 | Dixele yo por dios vaquera non me estorues mi jornada |
| S 962-3 | ella diz dende te torna por somo sierra trastorna |
| S 965-3 | alae promed algo e tener te he por fydalgo |
| S 967-1 | Tomome Resio por la mano en -su pescueço puso |
| S 971-3 | por la muñeca me priso oue de fazer quanto quiso |
| S 974-2 | mas non vine por locoya que joyas non traya |
| S 975-1 | Por el pynar ayuso falle vna vaquera |
| S 980-2 | meter te he por camino e avras buena merienda |
| S 981-1 | Tomo me por la mano e fuemos nos en vno |
| S 981-4 | dixo me que jugasemos el juego por mal de vno |
| S 989-2 | a -las vezes omne gana o -pierde por aventura |
| S 992-3 | commo fiz loca demanda en dexar por ty el vaquerizo |
| S 994-2 | por oyr de mal rrecabdo dexos de su lavor |
| S 995-2 | non dexes lo ganado por lo que as de ganar |
| S 995-3 | sy dexas lo que tyenes por mintroso coydar |
| S 996-4 | pase por la mañana el puerto por sosegar tenplano |
| S 998-1 | diz que buscas por esta tierra commo andas descaminado |
| S 998-2 | dixe ando por esta sierra do quirria cassar de grado |
| S1005-4 | que ya vo por lo que pides |
| S1019-4 | Por el su garnacho tenia tetas colgadas |
| S1026-2 | e por eso vengo |
| S1026-4 | quered por mesura |
| S1039-1 | non trax por ventura |
| S1042-3 | por dineros faze |
| S1047-4 | rruega por mi a -dios tu fijo mi Señor |
| S1050-1 | Por treynta dineros fue el vendimiento |
| S1053-3 | por aquesto morra en cabtiuo dado |
| S1055-1 | grand coyta fue aquesta por el tu fijo duz |
| S1055-4 | claridat del çielo por syenpre durador |
| S1056-2 | que por su persona el sol escureçio |
| S1057-4 | çenturio fue dado luego por guardador |
| S1058-1 | Por aquestas llagas desta santa pasion |
| S1058-4 | que sea yo tuyo por sienpre seruidor· |
| S1061-3 | daniel lo dezia por xpistos nuestro Rey |
| S1062-3 | al que todos bendiçen por nos todos morio |
| S1063-1 | Por saluar fue venido el lynaje vmanal |
| S1063-2 | ffue de judas vendido por mi poco cabdal |
| S1066-1 | En cruz fue puesto por nos muerto ferido e llagado |
| S1066-3 | por estas llagas çierto es el mundo saluado |
| S1067-2 | ffuy me para mi tierra por folgar algund quanto |
| S1067-4 | puso por todo el mundo miedo e grand espanto |
| S1071-1 | E por aquesta Razon en vertud obediençia |
| S1071-3 | que por mi e por mi ayuno e por mi penitençia |
| S1073-2 | lyeuela por la tierra non -la traya escondida |
| S1075-4 | enbyo te el ayuno por mi des-afiar |
| S1078-1 | do tenia a -don jueues por huesped a -la messa |
| S1079-1 | Dio me muy muchas graçiaz por el buen conbyd |
| S1087-2 | ollas de puro cobre trayan por capellynas |
| S1087-4 | por adaragas calderas sartenes e cosinas |
| S1089-4 | por te fazer seruiçio non fuy por ende syeruo |

| | |
|---|---|
| S1094-2 | E tiene por todo el mundo poder commo señor |
| S1094-3 | aves E animalias por el su grand amor |
| S1100-4 | por todo el su Real entro el apellido |
| S1105-3 | dauan a -don carnal por medio de -las costillas |
| S1106-3 | synon por doña çeçina quel desuio el pendon |
| S1106-4 | dierale a -don ladron por medio del coraçon |
| S1129-1 | En carta por escripto le daua sus pecados |
| S1130-1 | Non se faze penitençia por carta nin por escripto |
| S1130-2 | sinon por la boca misma del pecador contrito |
| S1130-3 | non puede por escripto ser asuelto nin quito |
| S1131-4 | que por la penitençia avredes saluaçion |
| S1134-1 | E por aquesto tengo en coraçon de escreuir |
| S1136-2 | si se faze penitençia por la sola contriçion |
| S1137-4 | por la contriçion sola pues al non puede far |
| S1138-3 | es menester que faga por gestos e gemido |
| S1140-1 | Por aquesto es quito del jnfierno mal lugar |
| S1141-3 | por contriçion e lagrimas la santa madalena |
| S1153-4 | Pues por non dezir tanto non me Rebtedes varones |
| S1154-4 | non querades vos penar por ajeno pecador |
| S1162-2 | diole esta penitençia que por tanto pecado |
| S1163-1 | El dia del domingo por tu cobdiçia mortal |
| S1164-1 | En -el dia del lunes por la tu soberuia mucha |
| S1165-1 | Por tu grand avariçia mando te que el martes |
| S1165-4 | para por dios lo otro todo te mando que apartes |
| S1166-2 | por la tu grand loxuria comeras muy pocaz desaz |
| S1166-4 | por conplir adulterio fazias grandes promesaz |
| S1167-1 | El jueues çenaraz por la tu mortal yra |
| S1167-4 | quando mejor te sepan por dioz de ti -las tira |
| S1168-1 | Por la tu mucha gula E tu grand golosina |
| S1169-2 | por tu envidia mucha pescado non comeras |
| S1170-1 | anda en -este tienpo por cada çiminteryo |
| S1173-3 | andando por el mundo mando fazer emienda |
| S1177-2 | asi en este dia por el alma se para |
| S1184-2 | por le poner saluo enprestole su Rozin |
| S1185-3 | sy nos lyeuas de aqui Carnal por las callejas |
| S1189-2 | el por esas montañas en -la sierra estudo |
| S1191-3 | que por nos te lo diga commo seremos contigo |
| S1193-2 | don carnal poderoso por la graçia de dioz |
| S1198-4 | ella esta Razon aviala por esquiva |
| S1204-4 | por todas estaz Razones non quiso esperar |
| S1208-2 | el sabado por noche salto por las paredes |
| S1209-4 | vaya e dios la guie por montes e por valles |
| S1210-2 | el sol era salido por el mundo Rayado |
| S1210-3 | fue por toda la tierra grand Roydo sonado |
| S1214-1 | Por el puerto asoma vna seña bermeja |
| S1246-4 | al que gela non besa tenian lo por villano |
| S1249-1 | Non quieras a -los clerigos por vesped de aquesta |
| S1266-4 | muchos dexan la çena por fermoso cantar |
| S1269-1 | En suma vos lo cuento por non vos detener |
| S1293-4 | a -las bestias por tierra e abaxar laz çeruiçes |
| S1298-4 | por do yo entendiese que era o -que non |
| S1299-3 | por do el que lo oyere sera çertificado |
| S1301-4 | vy muchaz en la tienda mas por non vos detener |
| S1306-4 | echaron me de la çibdat por la puerta de visagra |
| S1307-2 | falle por la caustra e por el çiminterio |
| S1310-1 | Andando por la çibdat rradio E perdido |
| S1322-4 | E que andudiese por mi passos de caridat |
| S1329-3 | de mudar vuestro amor por aver nueuaz bodaz |
| S1330-1 | por non fazer pecado o -por non ser osada |
| S1330-4 | toda muger por esto non es de ome vsada |
| S1331-2 | enbie por mi vieja ella dixo adolo |
| S1346-4 | por el byen que me fezistes en quanto vos serui |
| S1348-3 | andando por su huerta vido so vn peral |
| S1354-1 | alegrase el malo en dar por miel venino |
| S1354-2 | E por fructo dar pena al amigo e al vezino |
| S1354-3 | por piedat engaño donde bien le avino |
| S1358-3 | el Su señor por esto mucho le falagaua |
| S1359-4 | prendiol e nol pudo tener fuesele por el vallejo |
| S1361-1 | En mi joventud caça por piez non sse me yua |
| S1362-3 | por ser el omne viejo non pierde por ende prez |
| S1368-2 | por lo que me dixiste sy mucho me ssenti |
| S1373-4 | con esto el aldeano touos por byen apreso |
| S1395-3 | ven cras por la rrepuesta e yo tela dare |
| S1409-2 | por lo que yo dezia por byen vos penasastez |
| S1411-3 | dezir te he su enxienplo agora por de mano |
| S1413-1 | Tenian se los del pueblo della por mal chufados |
| S1415-1 | passaua de mañana por y vn çapatero |
| S1418-1 | El fisico pasaua por aquella calleja |
| S1419-4 | leuantose corriendo E fuxo por el coso |
| S1424-3 | puede vos por ventura de mi grand pro venir |
| S1429-1 | El leon destos dichos touose por pagado |
| S1432-1 | los vuestros blazos fuertes por ally los sacaredes |
| S1432-3 | por mis chiquillos dientes vos oy escaparedes |
| S1432-4 | perdonastez mi vida e vos por mi byuiredes |
| S1438-4 | sy vn cantar dixieres dire yo por el veynte |
| S1449-4 | que non pierda el es-fuerço por miedo de morir |
| S1451-3 | vna syn ventura muger que ande rradia |
| S1451-4 | temedes vos que todaz yres por esa via |
| S1454-4 | al ladron enforcauan por quatro pepiones |
| S1455-3 | con -la forca que por furto ando desorejado |
| S1458-4 | non temas ten es-fuerço que non moras por esto |
| S1461-4 | yo le do por quito suelto vos merino soltalde |
| S1462-3 | muchas vezes fue preso escapaua por don |
| S1476-3 | por mucho que se tarde mal galardon alcança |
| S1477-4 | desque le veen en coyta non dan por el dotes motes |
| S1488-4 | Señora del non vy mas por su amor voz abraço |
| S1502-2 | yo sospire por ellos diz mi coraçon hela |
| S1503-1 | Resçibio me la dueña por su buen Seruidor |
| S1504-1 | Con mucha oraçion a -dios por mi Rogaua |
| S1508-1 | Por oluidar la coyta tristeza E pessar |
| S1514-4 | e para muchos otros por puertas andariegos |
| S1517-3 | commo quier que por fuerça dizenlo con vergoña |

**POR**    **(cont.)**

| | |
|---|---|
| S1521-3 | a -todos los egualas e los lieuas por vn prez |
| S1521-4 | por papaz E por Reyes non das vn vil nuez |
| S1525-2 | que por bien que -lo amen al omne en -la vida |
| S1534-3 | llega el omne thesoros por lograr los apodo |
| S1536-2 | por lo heredar todo amenudo se ayuntan |
| S1536-3 | quando al fisico por su dolençia preguntan |
| S1538-4 | el que lieua lo menos tyene se por peor |
| S1539-3 | por oyr luenga misa non -lo quieren errar |
| S1540-1 | Non dan por dios a -pobrez nin cantan sacrifiçios |
| S1541-2 | amidoz tarde o -nunca en misa por el estan |
| S1541-3 | por lo que ellos andauan ya fallado lo han |
| S1543-4 | fasta que ya por ojo la muerte vee que vien |
| S1544-1 | Muerte por mas dezir te a -mi coraçon fuerço |
| S1552-1 | Tu morada por sienpre es jnfierrno profundo |
| S1553-1 | Muerte por ti es fecho el lugar jn-fernal |
| S1554-3 | por tu miedo los santos fizieron los salterrios |
| S1557-3 | la su humanidat por tu miedo fue triste |
| S1558-4 | tul mataste vna ora el por sienpre te mato |
| S1560-2 | por la muerte de xpistos les fue la vida dada |
| S1560-3 | ffue por su santa muerte tu casa despoblada |
| S1560-4 | quieres la poblar matandol por su muerte fue yermada |
| S1564-3 | el nos lieue consigo que por nos muerte priso |
| S1566-3 | ca por mucho que vyuamos por mucho que se tarda |
| S1568-4 | por su santa sangre e por ella perdonola |
| S1570-3 | sienpre en este mundo fuste por dos maridada |
| S1570-4 | quien te me rrebato vieja por mi sienpre lazrada |
| S1572-1 | Dare por ty lymosna e fare oraçion |
| S1573-3 | llorariedes por ella por su Sotil anzuelo |
| S1573-4 | que quantas siguia todas yuan por el suelo |
| S1575-3 | todos los que -lo oyeren por dios nuestro Señor |
| S1575-4 | la oraçion fagades por la vieja de amor |
| S1578-4 | que por mi pecador vn pater noster diga |
| S1580-4 | non podemos amigos della fuyr por suerte |
| S1582-1 | Pues si esto fariamos por omes como nos byuos |
| S1582-2 | muy mas deuemos fazerlo por tantos e tan esquiuos |
| S1583-4 | por aquesto deuemos estar de armas byen guarnidos |
| S1587-4 | que dios por quien lo faremos nos dara buena andança |
| S1597-3 | con fe en -su memoria lidiando por su seruiçio |
| S1599-2 | auiendo por dios conpasion con caridat non erremos |
| S1607-3 | dueñas ay muy grandes que por chicas non troco |
| S1608-3 | dezir vos he de dueñas chicaz que -lo avredes por juego |
| S1614-3 | la muger que es chica por eso es mejor |
| S1619-2 | tome por mandadero vn Rapas traynel |
| S1619-3 | huron avia por nonbre apostado donçel |
| S1619-4 | sy non por quatorze cosaz nunca vy mejor que el |
| S1622-4 | pus lo por menssajero con -el grand menester |
| S1624-1 | El ssabia leer tarde poco e por mal cabo |
| S1625-2 | yua se los deziendo por todo el mercado |
| S1630-3 | non le dedes por dineros vendido nin alquilado |
| S1633-3 | por vos dar solaz a -todos fable vos en -juglaria |
| S1633-3 | yo vn gualardon vos pido que por dios en -rromeria |
| S1633-4 | digades vn pater noster por mi E ave maria |
| S1634-2 | fue conpuesto el rromançe por muchos males e daños |
| S1634-4 | E por mostrar a -los synplex fablas e versos estraños |
| S1636-4 | yo percador por tanto |
| S1638-2 | guio los Reyes poro |
| S1640-7 | quando tu fijo por ti veno |
| S1648-4 | ovo ella por cuenta |
| S1649-4 | saluar por saluar noz |
| S1651-2 | fare por voz oraçion |
| S1651-4 | quered por dios a -mi dar |
| S1652-1 | El byen que por dios feçierdes |
| S1652-2 | la lymosna que por el dierdes |
| S1653-4 | la lymosna por el far |
| S1654-1 | Por vna Razion que dedes |
| S1657-3 | que por nos muerte priso |
| S1658-2 | por ser nuestro saluador |
| S1658-3 | dad nos por el su amor |
| S1659-2 | dad por dios en -su memoria |
| S1659-4 | dad lymosna por dios |
| S1660-2 | por su amor sienpre dedes |
| S1662-3 | por la tu merçed Señora |
| S1662-6 | por la tu bondad agora |
| S1662-9 | por que loe a -ty fermosa |
| S1663-7 | por los tus gozos preciados |
| S1664-6 | por el fijo que pariste |
| S1664-7 | por la graçia que oviste |
| S1666-6 | que por nuestro esquiuo mal |
| S1667-3 | por la tu grand santidad |
| S1670-2 | por lo qual a -ty bendigo que me guardes de quebranto |
| S1670-4 | de muerte E de ocasion por tu fijo jhesu santo |
| S1672-4 | por la tu merçed que es tanta que dezir non la podria |
| S1675-8 | por la tu virginidad |
| S1676-1 | Por la tu virginidad |
| S1683-2 | esquiuo tal por que pienso ser muerto |
| S1699-4 | creo que otros muchos syguiran por esta senda |
| S1708-3 | E van se las vezinaz por el barrio deziendo |
| F 5 | por mucho que uos digo sienpre dezidez non |

**POR**    **(H)**

| | |
|---|---|
| P 18 | E por ende |
| P 27 | E por ende sigue la Razon el dicho dauid |
| P 44 | E por ende se sigue luego la segu(n)da rrazon |
| P 62 | E por ende deuemoz tener sin dubda |
| P 201 | Por ende començe mi libro en -el nonbre de dioz |
| S 19-2 | la virgen santa maria por ende yo joan rroyz |
| S 76-3 | prouar omne las cosas non es por ende peor |
| S 89-1 | Por ende yo te digo vieja e non mi amiga |
| S 147-3 | E el fuero escripto non es por ende desfecho |
| S 159-3 | mas noble que los otros por ende todo onbre |
| S 259-3 | por ende non fizo el tenpro en todos los sus diaz |
| S 334-1 | E por ende yo propongo contra el esençion |

| | |
|---|---|
| S 336-3 | por ende non deue ser del ninguno acussado |
| S 338-2 | por ende los sus dichos non valen dos arvejas |
| S 362-4 | por ende pongo sylençio al lobo en -esta saçon |
| S 467-3 | por ende mi amigo en -tu coraçon non yaga |
| S 485-1 | Por ende te castiga non dexes lo que pides |
| S 513-2 | por ende a -ti vieja se franco e llenero |
| S 521-3 | que por ende sera casta e la fara estar |
| S 547-3 | por ende vyenen muertes contyendas e barajas |
| G 549-1 | por ende fuy del vino e faz buenoz geztoz |
| S 645-1 | Por ende busca vna buena medianera |
| S 743-4 | por ende aquel buen omne vos ternia defendida |
| G 758-3 | por ende tal mançebillo para uoz lo querria |
| S 861-2 | por ende fija Señora yd a -mi casa a -vezes |
| S 903-4 | mas que -lo non tenia e por end veniera |
| S1088-4 | vsado so de lyd syenpre por ende valy |
| S1089-4 | por te fazer seruiçio non fuy por ende syeruo |
| S1098-4 | por ende se alboroçaron del Roydo que oyeron |
| S1195-1 | Por ende vos mandamos vista la nuestra carta |
| S1200-1 | Por ende cada vno esta fabla decuere |
| S1202-1 | Por ende doña quaresma de flaca conplision |
| S1203-3 | por ende non avia por que lidiar con su vençido |
| S1324-1 | ffue con -la pleytesia tomo por mi afan |
| S1329-4 | por ende casa la duena con cauallero apodaz |
| S1362-3 | por ser el omne viejo non pierde por ende prez |
| S1409-3 | por ende non me atreuo a -preguntar que pensastez |
| S1428-1 | Por ende vençer es onrra a -todo ome nasçido |
| S1509-1 | Dixo trota conventos a -la mora por mi |
| S1580-3 | por ende cada vno de nos sus armas puerte |
| S1617-4 | por ende de -las mugeres la mejor es la menor |
| S1632-3 | por ende fago punto E çierro mi almario |
| S1705-4 | por ende yo apello en -este escripto abiuad voz |

**POR**    **(H)**

| | |
|---|---|
| P 20 | po(r) que sopiese la su ley fue esta |
| P 50 | por que se acuerde dello |
| P 85 | por que ome piensa vanidadez de pecado |
| P 100 | por que son fechoz loz librez de -la ley E del derecho |
| P 156 | en pero por que ez vmanal cosa el pecar |
| P 171 | E bien juzgar la mi entençion por que lo fiz |
| P 182 | E por que sean todoz aperçebidoz |
| P 194 | E por que toda obra |
| S 15-1 | E por que mejor de todos sea escuchado |
| S 19-1 | E por que de todo bien es comienço e Rayz |
| S 45-1 | E por que de buen seso non puede omne Reyr |
| S 49-3 | mas por que non entedrien el lenguage non vsado |
| S 50-3 | por que non eran letrados nin podrian entender |
| S 93-2 | achaque le leuanta por que non le de del pan |
| S 113-1 | E por que yo non podia con -ella ansi fablar |
| S 127-3 | por que puede ser esto creo ser verdaderos |
| S 128-1 | Por que creas el curso destos signos atales |
| S 141-3 | por que creas mis dichos e non tomes dubdança |
| S 144-4 | por que del yerro fecho conplido perdon le dio |
| S 151-3 | mas por que cada dia veo pasar esto |
| S 161-3 | mas por que non me tengades por dezidor medroso |
| S 167-1 | E por que es constunbre de macebos vsada |
| S 215-1 | Responde que te fiz por que me non diste dicha |
| S 221-4 | por que penan sus almas e los cuerpos lazraron |
| S 237-2 | por que forço la dueña el su Señor valiente |
| S 262-1 | Por que -le fizo desonrra E escarnio del rruego |
| S 267-3 | de navajas agudas por que a -la sobida |
| S 281-2 | matolo por que yaze dentro en mongibel |
| S 281-4 | ffurtole la bendiçion por que fue rrebtado del |
| S 284-1 | Por que tiene tu vezino mas trigo que tu paja |
| S 294-2 | por que comio del fruto que comer non deuia |
| S 313-2 | fueron muy alegres por que andauan solteras |
| S 334-2 | legitima e buena por que su petiçion |
| S 337-3 | por que tiene barragana publica e es casado |
| S 367-2 | por que non pagaron costas nin fueron condenados |
| S 367-3 | esto fue por que non fueron de las partes demandados |
| S 367-4 | nin fue el pleito constestado por que fueron escusados |
| S 372-4 | fablas con grand synpleza por que muchos engañes |
| S 395-2 | por que se onrren della su padre e sus parientes |
| S 407-4 | entiende byen la fabla E por que te lo digo |
| S 426-4 | por que a -mi non veniste nin viste nin prometiste |
| G 436-3 | Non lo sepa la dueña por que la otra non mienta |
| G 442-3 | por que a -ty non mienta sabe laz falagar |
| G 444-4 | contra la fegura toda por que maz çierto andez |
| S 476-3 | por que seades guardada de toda altra locura |
| S 527-3 | por que te faria perder a -la entendera |
| S 533-4 | yo te mostrare manera por que -lo puedas tomar |
| S 577-4 | qual fue la Racon negra por que non Recabde |
| G 591-1 | E por que muchaz de cozaz me enbargan e enpeçen |
| S 598-2 | por que es de grand lynaje E duena de grand solar |
| S 608-3 | por que le fuste sanudo contigo poco estudo |
| S 646-2 | non acometas cosa por que fynque espantada |
| S 652-2 | por que por la mi fabla venga a -fazer mesura |
| S 659-2 | por que aquella gente de -la plaça nos miraua |
| S 694-3 | por que el mi coraçon vea lo que dessea |
| S 709-3 | por que esa vuestra llaga sane por mi melezina |
| S 717-4 | por que me non es agradesçido nin me es gualardonado |
| S 720-2 | trabajat en tal manera por que ayades prouecho |
| S 722-3 | que fablar lo que non -le cunple por que sea arrepentido |
| S 776-4 | bautizat a -mis fijuelos por que mueran xristianos |
| S 786-2 | por que matas el cuerpo do tyenes tu morada |
| S 786-3 | por que amas la dueña que non te preçia nada |
| S 788-1 | ay ojos los mis ojos por que vos fustes poner |
| S 789-1 | Ay lengua syn ventura por que queredes dezir |
| S 789-2 | por que quieres fablar por que quieres departyr |
| S 799-3 | que -le dize falagos por que calle esa ora |
| S 800-2 | por que pierda tristeza dolor e amargura |
| S 800-3 | por que tome conorte e por que aya folgura |
| S 831-1 | Por que veo e conosco en vos cada vegada |
| S 842-2 | con piedat e coyta yo lloro por quel farte |

| | |
|---|---|
| **POR** | **(cont.)** |
| S 842-4 | por que veo que vos ama e vos quiere syn arte |
| S 843-4 | pues el amor lo quiere por que non vos juntades |
| S 851-4 | marauillo me Señora esto por que se detyen |
| S 875-1 | Cyerto aqui quiere entrar mas por que·yo non -le fablo |
| S 878-2 | por que fyncauades con -el sola entre estas paredes |
| S 930-2 | E tal fazedes vos por que non tenedes otra |
| S 958-2 | E a -mi non me peso por que me lleuo acuestas |
| S 992-2 | por que non fiz quando manda diz rroyn gaho envernizo |
| S1034-2 | por que non pedides |
| S1048-1 | Por que en grand gloria estas e con plazer |
| S1125-1 | Troxieron los atados por que non escapasen |
| S1132-1 | Por que la penitençia es cosa preçiada |
| S1149-4 | por que el sinple clerigo es desto tan osado |
| S1167-2 | E por que te perjuraste deziendo la mentira |
| S1179-2 | por que en -la cuaresma biua linpio e digno |
| S1203-3 | por ende non avia por que lidiar con su vençido |
| S1239-2 | e los de santa eulalya por que non se ensanen |
| S1301-3 | e por que enojo soso non vos querria ser |
| S1325-2 | Dixol por que yva e diole aquestos verssos |
| S1326-2 | dixo la dueña vrraca por que lo has de dexar |
| S1356-1 | sseñora dixo la vieja por que so baldonada |
| S1367-3 | por que vyn syn presente la vuestra Saña cresçe |
| S1368-4 | por que talente bueno entiendo yo en -ty |
| S1382-1 | Por -que tanto me tardo aqui todo me mato |
| S1409-1 | E por que ayer Señora vos tanto arrufastez |
| S1456-2 | vino a -el vn diablo por que non -lo perrdiese |
| S1461-3 | non fallo por que muera prendistez le de -balde |
| S1465-2 | estar su mal amigo diz por que non me acorres |
| S1465-4 | rrespondio el diablo E tu por que non corres |
| S1470-4 | me troxieron a -esto por que tu me sopesaz |
| S1518-4 | por que trota conventos ya non anda nin trota |
| S1605-3 | por que el dia del juyzio sea fecho a -nos conbyd |
| S1626-1 | Por que santa maria Segund que dicho he |
| S1636-1 | por que seruir te cobdiçio |
| S1685-4 | por que eres sañosa |
| S1704-1 | Por que suelen dezir que el can con grand angosto |
| S1706-2 | non ha el arçobispo desto por que se sienta |
| S1706-4 | huerfana la crie esto por que non mienta |
| S1707-3 | por que si el arçobispo tiene que es cosa que es maldad |
| **PORFIA** | |
| S 53-4 | doy mays vengan los griegos con toda su porfia |
| S 57-4 | mostro puño çerrado de porfia avia gana |
| S 340-1 | Encerraron Racones de toda su pofia |
| S 518-4 | non cansses de seguir la vençeras su porfia |
| G 670-2 | E non ze que me faga contra vuestra porfia |
| S 854-4 | mi porfya el la vençe es mas fuerte apoderado |
| S 855-1 | su porfia e su grand quexa ya me trahe cansada |
| S 857-3 | fija la vuestra porfia -a vos mata e derrama |
| S1247-1 | Con quales possarie ovieron grand porfia |
| S1687-2 | mantouiste porfia |
| **PORFIA** | **(H)** |
| S1533-1 | quien en mal juego porfia mas pierde que non cobra |
| S1586-1 | Contra la grand cobdiçia el bautismo porfia |
| **PORFIADO** | |
| S 854-3 | con -el mi amor quexoso fasta aqui he porfiado |
| S1053-2 | judgolo el atora pueblo porfiado |
| **PORFIAN** | |
| S 283-1 | Cada dia los omes por cobdiçia porfian |
| **PORFIANDO** | |
| S 578-2 | porfiando le dixe agora yo te porne |
| **PORFIAR** | |
| S1307-1 | Avn quise porfiar fuy me para vn monasterio |
| **PORFIARON** | |
| S 189-4 | porfiaron en -cabo con -el toda la gente |
| S1120-1 | Porfiaron grand pieça e pasaron grand pena |
| **PORFIAS** | |
| S1072-3 | yremos pelear con -el e con todas suz porfiaz |
| S1689-1 | Mas si tu porfias |
| **PORFIEDES** | |
| S 782-3 | lo que non puede ser nunca lo porfiedes |
| **PORFIOSO** | |
| S 453-4 | nin le seas porfioso contra lo que te dixiere |
| **PORFIOSOS** | |
| P 141 | e loz porfiosoz de suz malaz maestriaz |
| **PORIDAD** | |
| S 177-4 | vete de aqui ladron non quiero tu poridad |
| **PORIDADES** | |
| S1283-2 | açiprestes e dueñas fablan sus poridades |
| **PORIDAT** | |
| S 90-3 | ffue la mi poridat luego a -la plaça salida |
| S 342-3 | qual copa qual taza en poridat aducha |
| S 472-3 | non se pagan de disanto en poridat nin a -escuso |
| S 566-4 | que quier que por ti faga ten lo en poridat |
| S 567-2 | do falle poridat de grado departy |
| S 568-2 | tenga la porydat que es mucho mas blanda |
| S 568-4 | diz que la buena poridat en buen amigo anda |
| S 643-2 | non la consyntira fablar contigo en -poridat |
| G 672-4 | querriedez jugar con la pella mas que estar en poridat |
| S 704-3 | ofiçio de corredores es de mucha poridat |
| S 736-3 | guardar vos he poridat çelare vuestra rraçon |
| S 838-4 | que venir aca cada dia non seria poridat |
| S 921-4 | toda la poridat fue luego descobrilla |
| S 923-3 | desque tu poridat yaze en tu pellejo |
| S1129-2 | con sello de poridat çerrados E sellados |
| **PORNE** | |
| S 578-2 | porfiando le dixe agora yo te porne |
| **PORQUERIZO** | |
| S 600-1 | Ryqua muger e fija de vn porquerizo vyl |
| **PORRA** | |
| S 926-1 | Canpana tarauilla alcahueta nin porra |
| **PORTADGO** | |
| S 953-1 | yo guardo el portadgo E el peaje cogo |
| **PORTAL** | |
| G 668-2 | Auet por bien que uoz fable ally zo aquel portal |
| G 669-1 | pazo o paso don endrina so el portal es entrada |
| G 756-2 | quando el que buen siglo aya seya en -este portal |
| **PORTARE** | |
| S 475-2 | yo volo yr a -frandes portare muyta dona |
| **PORTILLO** | |
| S1186-4 | alboroço ayna fizo muy grand portillo |
| S1343-2 | yo entrar como puedo ado non se tal portillo |
| S1431-4 | do estan vuestraz manos fare vn grand portillo |
| **PORTILLOS** | |
| S1413-2 | çerraron los portillos finiestraz E forados |
| **POS** | |
| S 796-4 | en pos de -los grandes nublos grand sol e sonbrilla |
| S 999-3 | se el lobo commo se mata quando yo en pos el salgo |
| S1084-1 | En -pos loz escudados estan lo ballesteroz |
| S1084-4 | luego en pos de aquestos estan los caualleroz |
| S1275-4 | en pos deste estaua vno con dos cabeçaz |
| S1473-3 | he Roto yo andando en pos ty Segund viste |
| S1474-4 | en -pos ellas andando las noches E los diaz |
| S1701-1 | ffablo en -pos de aqueste luego el thesorero |
| **POSA** | |
| S1027-3 | el -que en -ela posa |
| S1600-3 | esta cada dia pare do quier quel diablo posa |
| **POSADA** | |
| S 208-4 | rresponde a -quien te llama vete de mi posada |
| S 248-3 | E des al poble posada tanto eres avariento |
| S 317-1 | de -la açidia eres messonero E posada |
| S 478-3 | tomo vn entendedor E poblo la posada |
| S 822-4 | que venga a mi posada a -vos fablar segura |
| S 955-4 | E por dios da me possada que el frio me atierra |
| S1009-2 | rroguel que me quisiese ese dia dar posada |
| S1026-5 | oy darme posada |
| S1041-5 | nin le do la posada |
| S1260-1 | Desque vy a -mi señor que non tenia posada |
| S1262-2 | fue a -la mi posada con -esta procesion |
| S1324-3 | entro en -la posada rrespuesta non -le dan |
| S1352-4 | començo de enponçoñar con venino la posada |
| S1412-4 | comia laz gallinaz de posada en posada |
| S1589-1 | Con mucha misericordia dar a -los pobrez posada |
| **POSADAS** | |
| S 781-2 | en agenas posadas demandan gollorias |
| S1263-1 | ffueron se a -sus posadaz laz mas de aquestaz gentes |
| **POSADERIA** | |
| S1251-3 | la su possaderia non es para ty sana |
| **POSAR** | |
| S1250-4 | para grand Señor non es posar en -la bodega |
| **POSARIE** | |
| S1247-1 | Con quales possarie ovieron grand porfia |
| **POSAS** | |
| S 497-3 | el que non tyene dineros echan le las posas |
| **POSIERON** | |
| S 95-3 | posieron le grand ssaña desto se entremeten |
| **POSISTE** | |
| S 787-3 | posiste te en presion e sospiros e cuydado |
| S1556-1 | tu -le posiste miedo e tu lo demudeste |
| S1557-2 | temio te la su carne grand miedo le posiste |
| S1559-4 | saco nos de cabptiuo la cruz en -quel posiste |
| **POSISTES** | |
| S 875-4 | las ove ganado non posistes ay vn clauo |
| **POSPONE** | |
| S 356-4 | que -a muchos abogados se olvida e se pospone |
| S 379-3 | os lynga mens la enuade seso con ardor pospone |
| **POST** | |
| S1705-1 | ffablo en -post aqueste el chantre Sancho muñoz |
| **POSTAS** | |
| S1111-2 | trayan muchas saetas en sus aljauas postas |
| **POSTEMA** | |
| S 293-2 | duermes con tu amiga afoga te postema |
| **POSTIGO** | |
| S 573-2 | cras te dara la puerta quien te oy çierra el postigo |
| S1481-3 | dexar miaz con -el sola çerrariaz el postigo |
| **POSTILLA** | |
| S 244-4 | vengue la tu soberuia tanta mala postilla |
| S 796-2 | sana dolor muy grand e sale grand postilla |
| **POSTURA** | |
| S 412-1 | Non guardando la Rana la postura que puso |
| **POTEST** | **(L)** |
| P 81 | quiz potest fazere mundum de jmudo conçeptum semine |
| **POTESTADES** | |
| S 494-2 | arçobispos doctores patriarcas potestades |
| **POTRILLO** | |
| S1000-4 | E caualgar blauo potrillo |
| **POYO** | |
| G 669-3 | loz ojoz baxo por tierra en -el poyo asentada |
| **POZOS** | |
| S1293-2 | sacan varriles frios de -los pozos helyzes |
| **PRADO** | |
| S 897-2 | paçiendo en vn prado tan byen lo saludaua |
| S 988-2 | encontrome con gadea vacas guarda en -el prado |
| S1398-2 | diez ansarez en laguna que çient bueyez en prado |
| **PRAZER** | |
| S1687-6 | gasado E prazer |
| **PRAZIE** | |
| S1440-2 | prazie a -todo el mundo mas que con otro cantar |
| **PREA** | |
| S1114-2 | de seuilla E de alcantara venian a -leuar prea |
| **PREBENDA** | |
| S1699-1 | Ante Renunçiaria toda la mi prebenda |

**PRECES**      (L)
S 375-4    nostras preçes ut audiat E fazes los despertar

**PRECIA**
S 270-4    sy vallestero la falla preçiala mas que saya
S 599-2    menos los preçia todos que a -dos viles sarmientos
S 602-3    non preçia nada muerto me trae coytado
S 786-3    por que amas la dueña que non te preçia nada
S1049-3    quan poco la preçia al tu fijo quisto
S1338-3    los mas nobles presenta la dueña quez mas preçia

**PRECIADA**
S1132-1    Por que la penitençia es cosa preçiada
S1422-2    es del menos preçiada e en poco tenida
S1615-3    ado-nada fermosa preçiada cantador

**PRECIADAS**
S1381-3    las viandaz preçiadaz con miedo son agraz
S1390-3    tyenen algunaz cosaz preçiadaz e de querer

**PRECIADO**
S 229-1    lo mas e lo mejor lo que es mas preçiado
S 732-3    ssy vos lo bien sopiesedes qual es e quan preçiado
S1216-1    Venia don carnal en carro muy preçiado
S1336-4    que es para doñear preçiado e noble don
S1365-4    byen quanto da el omne en -tanto es preçiado

**PRECIADOS**
S 820-4    non son mas preçiados que -la seca sardina
S1663-7    por los tus gozos preciados

**PRECIAN**
S 63-4    dexose de amenazar do non gelo preçian nada
S 626-3    al sañudo e al torpe non lo preçian vn figo
S1537-3    mas preçian la erençia çercanos e çercanas

**PRECIAR**
S1460-4    vna copa de oro muy noble de preçiar

**PRECIARA**
S 310-3    quanto mas te vsare menos te preçiara
G 690-4    si la muger oluidarez poco preçiara tu Ruego

**PRECIAVA**
S 305-3    poco a -dios preçiaua nin avia del temor

**PRECIEDES**
S1579-4    Si vedes que vos miento non me preçiedes vn figo

**PRECIO**
S 193-2    tenia vn molyno de grand muela de preçio
S1087-4    Real de tan grand preçio non tenian las sardinas
S1243-2    de piedras de grand preçio con amor se -adona
S1244-4    el cauallo de españa muy grand preçio valie
S1428-3    el vençedor ha onrra del preçio del vençido
S1612-2    en oro muy poco grand preçio E grand valor
S1613-2    color virtud e preçio e noble claridad

**PRECIO**      (H)
S 368-4    non gelo preçio don ximio quanto vale vna nuez

**PRECIO**      (H)
G 664-4    ella dixo vuestroz dichoz non loz preçio dos piñonez
S 791-2    la vida deste mundo yo non -la preçio nada

**PRECIOSA**
S 916-2    catad aqui que vos trayo esta preçiosa sortija
S1661-2    virgen santa preçiosa

**PRECIOSAS**
S 231-2    rrobar a -camineros las joyas preçiosas
S 502-3    traya joyas preçiosas en -vyçioz E folguras
S1267-3    de piedras muy preciosas çercado en -derredor

**PREDICACION**
S1606-1    quiero vos abreuiar la predicaçion

**PREDICACIONES**
S 503-1    yo vy a -muchos monges en sus predycaçiones

**PREDICADERAS**
S1241-2    de çistel predicaderaz e muchaz menoretaz

**PREDICADORES**
S1238-1    ally van de ssant paulo los sus predicadorez

**PREDICAR**
S 740-1    Dixo doña endrina callad ese predicar
S1128-2    començole a -predicar de dios a departyr

**PREGON**
S1112-1    ffecho era el pregon del año jubileo

**PREGONEDES**
S 879-2    que non que vos descobrades E ansy vos pregonedes

**PREGONERO**
S 327-3    saco furtando el gallo el nuestro pregonero

**PREGONES**
S1454-2    fueron al rrey las nuevas querellas e pregones

**PREGUNTA**
G 449-1    en fin de laz rrazonez faz le vna pregunta
S 960-1    Dixele yo a -la pregunta vome fazia sotos aluos

**PREGUNTA**      (H)
S 955-3    Ca segund es la fabla quien pregunta non yerra

**PREGUNTAN**
S1484-4    non Respondas en escarnio do te preguntan cordura
S1536-3    quando al fisico por su dolençia preguntan

**PREGUNTAR**
S1409-1    por ende non me atreuo a -preguntar que pensastez

**PREGUNTARA**
S1344-2    dixo me quel preguntara qual fue la tu venida

**PREGUNTARON**
S 59-1    Preguntaron al griego sabio que fue lo que dixiera
S 61-1    Preguntaron al vellaco qual fuera su antojo

**PREGUNTE**
S 181-4    yo le pregunte quien era dixo amor tu vezino
S 952-3    preguntele quien era Respondiome la chata
S1303-2    atreui me e preguntel que el tyenpo pasado

**PREGUNTO**
S 829-1    Preguntol la dueña pues que nuevas de aquel
S 994-1    Preguntome muchas cosas coydos que era pastor

**PREJURO**      (V)
G 389-1    el omne por tuz obraz el mitrozo e el prejuro

**PREMIA**
S 205-4    ser libres e syn premia rreñid pues lo quesistes
S 206-3    el que non toviere premia non quiera ser apremiado

**PRENADA**      (V)
G 97-4    faze commo la tierra quando ezta prenada

**PRENDA**
S 904-2    guardat vos de amor loco non vos prenda nin alcançe
S1699-3    que la mi ora-buena tal escatima prenda

**PRENDAS**
S 331-3    qual dineros qual prendas para al abogado dar

**PRENDER**
S 214-1    Non te puedo prender tanta es tu maestria
S 883-2    quantos laços les paran non las podrian prender
S 951-2    pasado el puerto de lacayo fuy camino prender
S1565-4    para sienpre jamas non los has de prender

**PRENDERO**
S1003-1    diz dame vn prendero que sea de bermejo pano

**PRENDES**
S 185-2    a -las vegadas prendes con grand arrevatamiento
S 186-1    Desque los omnes prendes non das por ellos nada
S 214-3    tu cada que a mi prendez tanta es tu orgullya

**PRENDIA**
S1357-4    quantas liebres veya prendialaz ligeramente

**PRENDIENDO**
S1708-2    es este que va de sus alfajaz prendiendo

**PRENDIERON**
S 900-2    prendieron a -don burro como eran castigados

**PRENDIO**
S 752-3    prendio al abutarda leuola a -la plaça
S1359-4    prendiol e nol pudo tener fuesele por el vallejo
S1577-1    Prendiome syn sospecha la muerte en -sus Redes

**PRENDISTES**
S1461-3    non fallo por que muera prendistez le de -balde

**PREÑADA**
S 99-2    coydauan que era preñada atanto se dolia

**PRESA**
S1078-3    dixo yo so el alfrez contra esta mala presa

**PRESAS**
S1221-4    laz alanaz paridaz en -laz cadenaz presaz
S1470-2    tan caros que me cuestan tus furtos e tus presaz

**PRESENCIA**
S 343-2    ante el juez las partes estauan en -presençia

**PRESENTA**
S1338-3    los mas nobles presenta la dueña quez mas preçia

**PRESENTAN**
S 342-2    presentan al alcalde qual salmon e qual trucha

**PRESENTARON**
S1638-7    al tu fijo presentaron

**PRESENTAVA**
S1358-1    al su Señor el sienpre algo le presentaua

**PRESENTE**
S 715-1    El presente que se da luego sy es grande de valor
S1356-2    quando trayo presente so mucho falagada
S1367-3    por que vyn syn presente la vuestra Saña cresçe
S1461-1    diogela en presente callando al alcalde
S1463-4    daras cras el presente saldras con arte mia
S1644-6    con presente estraño

**PRESENTES**
S1333-3    quien dirie los manjarez los presentes tamaños

**PRESENTO**
S 119-3    E presentol vn conejo

**PRESIESE**
S 214-2    E maguer te presiese crey que te non mataria
S1456-1    Ante que el desposado penitençia presiese

**PRESION**
S 1-4    saca a -mi coytado desta mala presion
S 2-4    sacame desta lazeria desta presion
S 3-4    libra A -mi dioz mio desta presion do ya(go)
S 139-2    mando los estrelleros de -la presion soltar
S 787-3    posiste te en presion e sospiros e cuydado
S1202-2    rresçelo de -la lyd muerte o grand presion
S1462-1    salio el ladron suelto sin pena de presion
S1674-6    en presion syn meresçer

**PRESIONES**
S1048-4    fizo en presiones en -penas e en dolor

**PRESO**
S 282-3    por enbydia fue preso E muerto e con-quisto
S 542-4    esa ora fue el monge preso E en rrefierta
S 787-1    Coraçon que quisiste Ser preso E tomado
S1063-3    fue preso e ferido de -los jodios mal
S1076-4    de muerto o de preso non podraz escapalla
S1421-4    quando teme ser preso ante busque guarida
S1462-3    muchas vezes fue preso escapaua por don
S1462-4    enojose el diablo fue preso su ladron

**PRESOS**
S 110-3    non ternia tantos presos el amor quantos tien
S 132-3    fizo los tener presos en logares apartadoz
S 208-2    que tan presos los tienes en tu cadena doblada
S 373-2    nin visitas los presos nin quieres ver dolientes
S 415-4    el diablo los lyeva presos en -tus tenazas
S1282-1    Este tyene trez diablos presos en -su cadena
S1460-1    ssacaron otro dia los presos a -judgar

**PRESTA**
S 381-2    que -la vieja que tiene a -tu amiga presta
S1090-1    vino presta e lygera al alarde la lyebre
S1317-2    presta e plazentera de grado fue venida
S1412-2    que -la presta gulhara ansi era vezada
S1420-4    lo que emendar non se puede non presta arrepentyr
S1425-3    ally juegan de mures vna presta conpaña

**PRESTA**      (H)
S1055-3    mas al mundo presta que dende vino luz
S1249-3    Señor chica morada a -grand Señor non presta

**PRESTA** (cont.)
S1366-3    el malo a -los suyos non les presta vn figo
**PRESTADO**
S 635-2    guarda non -lo entyenda que -lo lyeuas prestado
**PRESTAR**
S 174-1    anssy contençio a -mi con -la dueña de prestar
S 483-2    E vydo vn grand carnero con armas de prestar
S 490-2    al torpe faze bueno E omne de prestar
G 590-4    pues que non fallo nin que me pueda prestar
G 679-1    esto dixo doña endrina esta dueña de prestar
S 694-1    Pues que syn dios non puede prestar cosa que sea
**PRESTARA**
S 725-4    entre aquestas paredes non vos prestara nada
**PRESTE**
S  13-4    que -los cuerpos alegre e a -las almas preste
S 365-1    Non le preste lo que dixo que con miedo e quexura
S 487-4    con aqueste e por este fare yo sy dios me preste
**PRESTO**
S  30-2    quando en -los discipulos presto
S 120-2    tan presto e tan ligero
S 156-4    al perezoso fazelo ser presto e agudo
S 261-1    Non te quiero por vezino nin me vengas tan presto
S 531-3    vyno a -el vn dia con sotyleza presto
S 535-2    rrespondio el diablo presto por lo que vino
S 949-4    el oydor cortes tenga presto El perdon
S1186-4    E toda la serena El presto mançebillo
S1458-3    vino el mal amigo diz fe me aqui presto
**PRESTOS**
S 506-4    luego los toman prestos sus omes despenseros
S1253-4    al tomar vienen prestos a -la lid tardineroz
**PRESURAS**
S 888-4    el sabydor se prueua en coytas e en presuras
**PREZ**
S 157-4    lo que non vale vna nuez amor le da grand prez
S 368-2    que avya mucho errado E perdido el su buen prez
S1362-3    por ser el omne viejo non pierde por ende prez
S1521-3    a -todos los egualas e los lieuas por vn prez
**PREZNO**
S 779-4    non oviera tantos males nin perdiera su prezno
**PREZES**
S1108-4    ençierra te en -la mesquita non vayas a -las prezes
**PREZONA**
G 661-4    Non ozo poner prezona que -lo fable entre noz
**PRIADO**
S 953-3    el que non quiere pagar priado lo despojo
**PRIEGOS**
S 234-1    non se podrian escreuir en mill priegos contados
S1514-4    caçurros E de bulrras non cabrian en -dyez priegos
**PRIESA**
S 479-2    mucho de priessa enbio por el entendedor
S 480-1    Pyntole con -la grand priessa vn eguado carnero
S 512-2    a -coyta E a -grand priessa el mucho dar acorre
S 984-3    dixe le yo esto de priessa sy dios de mal me guarde
S1524-2    al alma que -lo puebra lieuas tela de priesa
**PRIETA**
S1281-3    vid blanca fazen prieta loz buenoz enxeridorez
**PRIETAS**
S 386-2    vengan fermosas o feas quier blancas quier prietas
S1015-1    Mayores que -las mias tyene sus prietas baruas
S1241-1    Todaz dueñaz de orden laz blancaz e laz prietaz
S1486-1    las çejas apartadaz prietas como cabron
**PRIETO**
G 666-4    la peña tiene blanco e prieto pero todoz zon conejoz
S 929-4    de prieto fazen blanco boluiendole la pelleja
S1485-4    el cuello non muy luengo caboz prieto orejudo
S1500-2    quien dyo a -blanca rrosa abito velo prieto
S1500-4    que atal velo prieto nin que abitos çiento
**PRIMA**
S 377-1    El salyendo el sol comienças luego prima
S1052-1    Tu con -el estando a -ora de prima
S1498-1    leuol via mi carta a -la missa de prima
**PRIMER**
S 191-2    el primer mes ya pasado dixeron le tal Razon
S 997-1    do -la casa del cornejo primer dia de selmana
**PRIMERA**
P  32      E esto se entiende en -la primera rrazon
P 103      e laz ymagenes primera mente falladaz
P 196      e dize lo la primera decretal de -laz crementinaz
S  71-2    el mundo por dos cosas trabaja por la primera
S 196-1    a -la muger primera el tanto la amo
S 353-1    la exepçion primera es en -sy perentoria
S 354-1    la exepçion primera muy byen fue llegada
S 393-2    atalayas de lexos e caças la primera
S 430-4    sabe primera mente la muger escoger
S 572-2    dar te ha la segunda sy le guardas la prymera
S 614-1    si la primera onda del mar ayrada
S 614-4    non te espante la dueña la primera vegada
S 646-1    guardate non la tengas la primera vegada
S 827-4    a -la rraçon primera tornole la pelleja
S1328-2    vyno me muy alegre dixo me de la primera
**PRIMERAS**
S1272-1    El primero comia laz primeraz chereuias
S1273-1    Comia Nuezes primeras e asaua laz castañas
**PRIMERO**
P   7      que ez el que primero suso escreui
P  71      que enpieça primero breue
S  19-3    açipreste de fita dela primero fiz
S 178-4    con aquesta dueña cuerda e con la otra primero
S 190-3    con dos que -se cassase primero con la menor
S 233-2    primero muchos angeles con -ellos lucifer
S 291-2    querries a -quantas vees gostar las tu primero
S 419-2    todo lo quel dixieren piense lo bien primero

S 430-2    muchas cosas avras primero de aprender
S 460-1    Dyxo sseñora oyd primero la mi Razon
G 552-4    al que manda e da luego a -esto lo an primero
S 570-2    a -muchos des-ayuda e a -sy primero
S 836-1    Primero por la talla el fue de vos pagado
S1060-2    primero jeremias como ovo de venir
S1083-4    en -la buena yantar estos venian primero
S1259-4    a -todos prometio merçed E a mi primero
S1272-3    da primero faryna a -bueys de eryas
S1297-4    açerca se el jnvierno bien commo de primero
S1483-2    que -la muger comiençe fablar de amor primero
S1538-3    rroban todos el algo primero lo mejor
**PRIMERO** (H)
P  59      E desto concluye la terçera rrazon del veso primero
P 170      lo primero que quiera bien entender
P 202      e tome el verso primero del salmo
S  22-1    El primero gozo ques lea
S  35-2    el primero quando rresçebiste
S 309-2    el primero que los jodios ovieron en -su ley
S 326-2    era de mill e trezientos en -el ano primero
S 470-3    desque la cantadera dize el cantar primero
S 487-2    mas garçon e mas ardit quel primero que ameste
S 487-3    el primero apost deste non vale mas que vn feste
G 764-4    non me afinquez tanto luego el primero dia
S1102-1    El primero de todos que ferio a -don carnal
S1174-1    Luego el primero dia el miercolez coruillo
S1272-1    El primero comia laz primeraz chereuias
S1279-1    El primero de aquestos era chico enano
S1287-3    del primero al segundo ay vna grand labrança
S1288-1    El primero los panes e las frutas grana
S1295-1    El primero comia vuas ya maduras
S1552-2    tu erez mal primero tu erez mal Segundo
S1636-5    el primero
**PRIMEROS**
S 258-3    poner en -los primeros quando le dixo yd
S1151-1    Muchos son los primeros e muchos son aquestos
S1254-3    al contar laz soldadaz ellos vienen primeros
**PRIMO**
P   6      en -el psalmo triçesimo primo del verso dezeno
**PRIMOS**
S 816-3    al mandar somos largos E al dar escasos primos
**PRIMUM** (L)
S 375-3    primo dierum onium los estormentos tocar
**PRINCIPALES**
S1584-1    lydyan otrosi con estos otros trez mas prinçipales
S1603-1    Contra los trez prinçipales que non se ayunten de consuno
**PRIORES**
S 494-1    fazie muchos priores obispos E abbades
S1238-4    exultemus E letemur ministros E priorez
**PRISCO**
S1230-4    con ella el tanborete syn el non vale vn prisco
**PRISO**
S  77-1    Assy fue que vn tienpo vna dueña me prisso
S 173-3    non soy yo tan ssyn sesso sy algo he priso
S 571-1    Por vn mur muy pequeno que poco queso priso
S 971-3    por la muñeca me priso oue de fazer quanto quiso
S1564-3    el nos lieue consigo que por nos muerte priso
S1657-3    que por nos muerte priso
**PRIVADO**
S 118-2    e fizo se de -la cruz priuado
S1161-2    era del papa e del mucho priuado
S1184-3    pusose muy priuado en -estremo de medellyn
S1197-3    non se detenga y vaya luego priuado
**PRIVADOS**
S 143-3    pero por los priuados que en -su ayuda son
**PRIZES**
S 242-3    rrodillas desolladas faziendo muchaz prizez
**PRIZIONADO** (V)
G1161-3    en -la grant Nesçesidad a carnal prizionado
**PRO**
P  15      E dan le onrra con pro e buena fam(a)
G 589-4    fisica nin melezina non me puede pro tener
S 887-2    quando el quexamiento non le puede pro tornar
S 920-3    syrue do avras pro pues sabes la manera
S1170-4    ayudar te ha dios e avraz pro del lazerio
S1424-3    puede vos por ventura de mi grand pro venir
**PROBLES**
S1587-1    vestir los probles desnudos con santa esperança
**PROCESION**
S1235-4    en -la proçesion yua el abad de borbones
S1262-2    fue a -la mi posada con -esta procesion
S1321-2    toda la santa iglesia faz proçesion onrrada
**PROCESIONES**
S1235-1    laz carrerax van llenaz de grandes proçesiones
**PROCESO**
S 350-3    visto todo el proçeso E quantas rrazones en -el son
S 351-1    Por mi examinado todo el processo fecho
S 357-3    contra juez publicado que su proçesso non val
**PROCURAÇONES**
S1709-4    E dende en adelante çiertas procuraçones
**PROFAÇARIA**
S 422-2    E mucho garçon loco de mi profaçaria
**PROFAÇAVA**
S  94-2    E que profaçaua della commo si fuese caraça
**PROFECIA**
S   9-1    Por esta profeçia e por la salutaçion
S1061-1    Dize otra proffeçia de aquella vieja ley
**PROFECTA**
P   4      El profecta dauid por spiritu santo fablando
P  24      de que dize el dicho profecta
P  38      E esto atal dize el dicho profecta
P  57      E dize otrosi el profecta

**PROFECTA** (cont.)
S 3-1 Señor tu que sacaste al profecta del lago
S 5-1 A jonaz el profecta del vientre de -la ballena
**PROFECTAS**
S1562-4 profectas E otros santos muchos que tu abarcas
S1598-1 la enbidia mato muchos de -los profectass
**PROFESAS**
S1166-3 non guardaste casadas nin mongas profesaz
**PROFETA**
S 258-1 ffeciste por loxuria al profeta dauid
S 295-3 el profeta lo dize esto que te rrefierto
**PROFETAS**
S1060-1 Cuentan los profetas lo que sse ouo a -conplir
S1062-1 Commo profetas dizen esto ya se conplio
**PROFETIZADO**
S 8-1 El nonbre profetizado fue grande hemanuel
**PROFUNDO**
S1552-1 Tu morada por sienpre es jnfierrno profundo
**PROLOGO**
S1301-4 non quiero de -la tienda mas prologo fazer
**PROMED**
S 965-3 alae promed algo e tener te he por fydalgo
**PROMESAS**
S 221-2 por conplyr las promesas que con amor mandaron
S 392-1 Con tus muchas promesas a -muchos enveylñas
S1166-4 por conplir adulterio fazias grandes promesaz
**PROMETA**
S 485-4 desque telo prometa guarda non -lo olvidez
**PROMETADES**
G 684-1 zeñora que me prometadez de -lo que de amor queremoz
**PROMETAS**
S 961-3 fasta que algo me prometas por mucho que te arremetas
**PROMETE**
S 97-2 promete E manda mucho desque -la ha cobrada
G 451-3 promete e manda mucho maguer non gelo dierez
S 956-2 prometeme que quiera antes que me enoje
**PROMETEDES**
G 682-1 señora por la mesura que agora prometedez
**PROMETEMOS**
S 816-2 E quanto prometemos quiza non lo conplimos
S 818-3 sy en algo menguamos de -lo que prometemos
**PROMETEN**
S 95-4 diz la dueña los novios non dan quanto prometen
S 101-2 prometen mucho trigo e dan poca paja tamo
S 220-3 prometen e mandan mucho los omnes con ammor
**PROMETES**
S 400-4 prometes grandes cosas poco e tarde pagas
**PROMETI**
S 822-2 lo que yo vos promety tomad E aved folgura
S 966-1 yo con miedo E aRezido prometil vna garnacha
**PROMETIE**
S 215-3 de quanto me prometie luego era des-dicha
**PROMETIERES**
G 550-4 de -lo que -le prometierez non la trayaz a traspazo
**PROMETIO**
S 97-3 de quanto le prometio o -le da poco o -nada
S 119-1 Prometiol por mi conssejo
S 253-1 Prometio al que -lo sacase thesoros e grand Riqueza
S1259-4 a -todos prometio merçed E a mi primero
S1457-2 prometiole el diablo que del nunca se parta
**PROMETISTE**
S 426-4 por que a -mi non veniste nin viste nin prometiste
**PROMETISTES**
S 822-1 lo que me prometistes pongo lo en aventura
S 836-4 de -lo que -le prometistes non es cosa guardado
**PROMISIOM**
S1202-3 de yr a -jerusalen avia fecho promisiom
**PROMISIONES**
S 816-4 por vanas promisiones trabajamos e seruimos
**PRONUNCIACION**
S 369-1 dixo les que byen podia el en -su pronunçiaçion
**PRONUNCIE**
S 343-4 ante que yo pronuncie e vos de la sentençia
**PRONUNCIO**
S 363-3 pronuncio que -la demanda quel fizo e propuso
**PROPIA**
P 10 que son en -el alma E propia mente suyas
S1675-4 mas la tu propia bondad
**PROPIEDAT**
S1627-1 buena propiedat ha do quier que sea
**PROPINCOS**
S1537-1 los que son mas propyncos hermanos E hermanas
**PROPONGO**
S 325-4 en juyzio propongo contra su mal-fetria
S 334-1 E por ende yo propongo contra el esençion
**PROPOSITO**
S 692-2 a -muchos omnes non dexa su proposito fazer
**PROPUSO**
S 333-1 Este grand abogado propuso pa su parte
S 349-4 que propusso el lobo en todas sus rrazones
S 363-3 pronuncio que -la demanda quel fizo e propuso
**PROSA**
S 11-3 que sienpre lo loemos en prosa E en canto
S 33-5 escriua yo prosa digna
S1631-2 non creo que es chica ante es byen grad prosa
**PROVAD**
S1342-4 prouad lo esta vegada e quered ya sossegar
**PROVADA**
S 106-3 rresponder do non me llaman es vanidad prouada
S 354-4 E fasta nueve dias deuiera ser provada
S 359-2 sea exepçion prouada nol faran otro castigo
S 631-4 en todas las animalyas esta es cosa prouada

G 685-1 esto dixo doña endrina es cosa muy prouada
S1042-5 cosa es prouada
**PROVADO**
S 154-1 Commo quier que he prouado mi signo ser atal
S 362-3 fallo que ez prouado lo que la marfusa pon
S1515-3 de -los que he prouado aqui son Señalados
**PROVADOR**
S 472-4 nunca quiere olvido provador lo conpusso
**PROVADOS**
S 132-4 dio todos sus juyzios por mitrosos prouados
**PROVAR**
S 76-3 prouar omne las cosas non es por ende peor
S 194-4 quiso prouar commo ante e vino ally vn dia
S 328-4 esto me ofresco prouar so -pena del talyon
S 355-3 esta tal dilatoria prouar se clara mente
S 515-4 do la muger te oya non dexes prouar
S 950-1 prouar todas las cosas el apostol lo manda
S 950-2 fuy a -prouar la syerra e fiz loca demanda
S1285-4 desde ally pierden seso esto puedes prouar
**PROVARAS**
S1164-3 yras oyr las oras non prouaras la lucha
**PROVARE**
S 310-4 quanto mas te prouare menos te amara
**PROVAREDES**
S 802-4 perdet esa tristeza que vos lo prouaredes
**PROVARES**
G 558-3 si algo nol prouarez nol zeaz despechozo
**PROVARON**
S 198-1 los que te non prouaron en buen dya nasçieron
G 562-3 Ca nunca lo entieden que ya prouaron antez
**PROVE**
S 923-1 prouelo en vrraca do te lo por conssejo
S 977-3 proue me de llegar a -la chata maldita
S 978-2 ally proue que era mal golpe el del oydo
**PROVEA**
S 694-2 el guie la mi obra el mi trabajo prouea
**PROVECHO**
S 147-4 ante es çierta çiençia e de mucho prouecho
S 351-2 avydo mi conssejo que me fizo prouecho
S 543-4 en -el beuer demas yaz todo mal prouecho
S 720-2 trabajat en tal manera por que ayades prouecho
S 733-1 a -veçes luenga fabla tiene chico prouecho
G 762-1 que prouecho uoz tien vestir ese negro paño
G 763-2 a -caualleroz e a -dueñaz es proueucho vestido
S1364-4 de amigo syn proueucho non ha el ome cura
S1403-4 mas con proueucho syruo que mill tales blanchetes
S1408-4 callar a -las de vegadaz faze mucho proueucho
S1434-2 fazer mucho proueucho E dar grand mejoria
S1546-2 çiegas los en vn punto non han en -si proueucho
**PROVECHOS**
S 814-1 tyra muchos proueuchos a -vezes la pereza
**PROVECHOSA**
S 320-4 abogado de fuero oy fabla proueuchossa
**PROVECHOSAS**
S 696-4 nunca son a -los omnes buenas nin proueuchosas
**PROVECHOSO**
S 311-4 dezir te he el enxienpro sea te proueuchoso
S1419-2 para el tremor del coraçon es mucho proueuchoso
**PROVERBIO**
S 93-1 Diz el prouerbio viejo quien matar quisier su can
S 542-1 Commo dize el proverbyo palabla es byen çierta
G 580-1 fazaña es vzada prouerbio non mintrozo
S 869-1 byen se que diz verdat vuestro prouerbyo chico
**PROVERBIOS**
S 165-3 anssy entendet sano los proverbios antiguos
**PROVO**
S 195-1 prouo tener la muela commo avia vsado
S 196-1 non prouo mas tener la muela sol non -lo asomo
S 529-2 que nunca -lo beuiera prouolo por so daño
**PRUEVA**
S 72-4 que por obra se prueva el sabio e su fablar
S 73-1 que diz verdat el sabio clara mente se prueua
S 518-1 Prueua fazer lygerezaz e fazer valentya
S 534-3 sacramento muy sano prueua si te plaze
S 536-3 prueua vn poco dello E desque ayas beuido
S 731-1 El fijo muchas vezes commo el padre prueua
S 731-3 el coraçon del ome por el coraçon se prueua
S 888-4 el sabydor se prueua en coytas e en presuras
S 983-1 Pensso de mi e della dixe yo que prueua
S1255-4 Señor vete con nusco prueua nuestro çeliçio
**PRUEVA** (H)
S1141-2 ay en -la santa iglesia mucha prueua e buena
S1616-4 mejor es en -la prueua que en -la salutaçion
**PRUEVO**
S 66-4 lo que buen amor dize con rrazon telo prueuo
S 141-4 prueuo telo breue mente con esta semejança
**PSALMO**
P 6 en -el psalmo triçesimo primo del verso dezeno
**PUBLICA**
S 337-3 por que tiene barragana publica e es casado
S 934-2 fizo se loca publica andando syn vestidura
**PUBLICADO**
P 142 e descobrimiento publicado
S 357-3 contra juez publicado que su proçesso non val
**PUBLICO**
S 355-2 de publico notario deuiera syn fallymiente
**PUD**
G 582-1 la mas Noble figura de quantaz yo auer pud
S 911-1 de talla la mejor de quantas yo ver pud
S 944-3 pasaron byen dos dias que me non pud leuantar
S 985-3 ande lo mas que pud ayna los oteros
S1021-2 fize bien trez cantigas mas non pud bien pyntalla

| | |
|---|---|
| **PUD** (cont.) | |
| S1308-2 | do perdiese lazerio non pud fallar ninguno |
| S1511-2 | que non gelo desdeñedes pues que mas traher non pud |
| **PUDE** | |
| S  91-1 | Nunca desde esa ora yo mas la pude ver |
| S 107-3 | ssy seruir non las pude nunca las deserui |
| **PUDIERA** | |
| S 254-2 | el lobo dixo como yo non te pudiera tragar |
| **PUDIERES** | |
| G 550-3 | de quanto que pudierez non le seaz ezcazo |
| **PUDO** | |
| S 200-2 | la mayor quel pudo Cayo en -ese lugar |
| S 533-1 | Non pudo el dyablo a su persona llegar |
| S 541-2 | ella dando muchas bozes non se pudo defender |
| S 698-1 | doña venuz por panfilo non pudo mas fazer |
| S 751-2 | fizo ally su nido quanto pudo mejor |
| S 768-1 | ssalio de aquel plado corrio la mas que pudo |
| S 895-2 | quiso abrillo todo alcançar non lo pudo |
| S 922-1 | ffue la dueña guardada quanto su madre pudo |
| S1121-4 | deffendiose quanto pudo con manos enfraqueçidas |
| S1189-1 | Enbio laz cartaz andar non pudo |
| S1203-4 | syn verguença se pudo yr el plazo ya venido |
| S1265-4 | nunca pudo ver omne cossa tan acabada |
| S1320-1 | assaz fizo mi vieja quanto ella fazer pudo |
| S1320-2 | mas non pudo trabar atar nin dar nudo |
| S1359-4 | prendiol e nol pudo tener fuesele por el vallejo |
| S1473-4 | non pudo mas sofrirte tenlo que mereçiste |
| **PUDREN** | |
| S 163-4 | mas ante pudren que otra pero dan buen olor |
| **PUEBLAS** | |
| S1552-3 | pueblaz mala morada e despueblaz el mundo |
| **PUEBLAVA** (V) | |
| G 973-3 | dix des que ui mi bolza que se pueblaua mal |
| **PUEBLE** | |
| S 795-1 | ffasta que su marido pueble el çementerio |
| **PUEBLO** | |
| S   1-1 | Señor dios que a -loz jodioz pueblo de perdiçion |
| S  54-3 | sobio en otra cathreda todo el pueblo juntado |
| S 908-1 | Andan por todo el pueblo della muchos dezires |
| S1053-2 | judgolo el atora pueblo porfiado |
| S1413-4 | Tenian se los del pueblo della por mal chufados |
| **PUEBLOS** | |
| S1222-2 | rreciben lo en sus puebloz dizen del grand estoria |
| **PUEBRA** | |
| S1524-2 | al alma que -lo puebra lieuas tela de priesa |
| **PUEBRAS** | |
| S1554-1 | Tu yermas los pobrados puebras los çiminterios |
| **PUEDA** | |
| S  12-3 | que pueda de cantares vn librete Rimar |
| S  13-3 | que pueda fazer vn libro de buen amor aqueste |
| S  21-3 | que pueda con deuoçion |
| S 285-2 | dixo con grand envidia yo fare quanto pueda |
| G 590-4 | pues que non fallo nin que me pueda prestar |
| G 594-3 | melezina e consejo por do pueda auer fulgura |
| S 601-3 | otro cobro non fallo que me pueda acorrer |
| S 704-2 | fare por vos quanto pueda guardar he vos lealtad |
| S1509-3 | non es quien ver vos pueda y como sodes ansy |
| **PUEDAN** | |
| P 183 | e se puedan mejor guardar de tantaz maestriaz |
| S  12-4 | que los que lo oyeren puedan solaz tomar |
| S1158-3 | E puedan aver su cura para se confesar |
| **PUEDAS** | |
| G 437-1 | puña en quanto puedaz que la tu menzajera |
| S 533-4 | yo te mostrare manera por que -lo puedas tomar |
| **PUEDE** | |
| P  78 | que ez en -el omne que se non puede escapar de pecado |
| P  94 | ansi que non puede amar el bien |
| P 166 | puede cada vno bien dezir |
| P 199 | non se puede fazer obra firme nin firme hedifiçio |
| S  45-1 | E por que de buen seso non puede omne Reyr |
| S  74-4 | cada que puede e quiere fazer esta locura |
| S 111-3 | el mastel syn la vela non puede estar toda ora |
| S 127-3 | por que puede ser esto creo ser verdaderos |
| S 136-3 | mas commo ez verdat e non puede fallesçer |
| S 136-4 | segund natural cursso non se puede estorçer |
| S 140-3 | puede los demudar e fazer otra mente |
| S 145-3 | quien puede fazer leyes puede contra ellas yr |
| S 146-1 | otrosy puede el papa sus decretales far |
| S 146-3 | pero puede muy bien contra ellas dispenssar |
| S 206-2 | quien puede ser suyo non sea en-ajenado |
| S 316-3 | que mucho ayna se puede todo su poder perder |
| S 316-4 | E lo quel fizo a otros dellos tal puede aver |
| S 334-4 | el fazer non -la puede ca es fyno ladron |
| S 358-2 | que de egual encriminal non puede Reconvenyr |
| S 360-2 | Ca entonçe el alcalde puede le atormentar |
| S 360-3 | non por la exepçion mas por que -lo puede far |
| S 361-1 | Por exepçion se puede la demanda desechar |
| S 361-4 | nin puede el alcalde mas que el derecho mandar |
| G 436-4 | puede zer quien mal caza que non ze arrepienta |
| S 462-4 | nin ver tal la puede omne que en dios adora |
| S 516-4 | non puede ser que a -tienpo a -byen non te rrecubda |
| G 589-4 | fisica nin melezina non me puede pro tener |
| S 623-4 | non puede ser que non se mueva canpana que se tañe |
| S 642-2 | poco trabajo puede sus coraçones vençer |
| G 688-3 | puede seer tanta la fama que saliria a conçejo |
| S 693-2 | E a -muchos es contraria puede los mal estoruar |
| S 693-4 | pero syn dios todo esto non puede aprouechar |
| S 694-1 | Pues que syn dios non puede prestar cosa que sea |
| S 716-2 | synon por mi non la puede del mundo aver |
| S 726-4 | nunca puede ome atan buena conpania |
| S 731-4 | grand amor e grand ssaña non puede sser que non se mueva |
| S 745-2 | sy non contesçer vos puede a -vos mucho ayna |

| | |
|---|---|
| S 782-3 | lo que non puede ser nunca lo porfiedes |
| S 782-4 | lo que fazer se puede por ello trabajedes |
| S 793-3 | quiça el grand trabajo puede vos acorrer |
| S 803-1 | la fyn muchas de vezes non puede rrecudyr |
| S 803-2 | con -el comienço suyo nin se puede seguir |
| S 803-3 | el curso de -los fados non puede omne dezir |
| S 806-3 | que quien amores tyene non los puede çelar |
| S 830-1 | El grand fuego non puede cobrir la su llama |
| S 830-2 | nin el grande amor non puede encobrir lo que ama |
| S 841-4 | ella sanar me puede e non las cantaderas |
| S 874-3 | ally rraviaria agora que non puede tirar el fierro |
| S 887-2 | quando el quexamiento non le puede pro tornar |
| S 887-3 | lo que nunca se puede Reparar nin emendar |
| S 949-3 | non puede ser que non yerre omne en grand Raçon |
| S 957-2 | comadre quien mas non puede amidos moryr se dexa |
| S1116-4 | como tiene muchas manos con muchoz puede lydiar |
| S1130-3 | non puede por escripto ser asuelto nin quito |
| S1137-1 | verdat es todo aquesto do puede omne fablar |
| S1137-3 | do aquesto fallesçe bien se puede saluar |
| S1139-4 | por la contriçion sola pues al non puede far |
| S1139-4 | do mas fazer non puede la cabeça enclinando |
| S1156-3 | do el pecador non puede aver de otro sanidat |
| S1176-3 | ado ella ver lo puede suzedat non se -llega |
| S1416-2 | diz el colmillo desta puede aprouechar |
| S1420-1 | Dixo todaz laz coytas puede ome sofrir |
| S1420-3 | non -lo puede ninguno nin deue consentyr |
| S1420-4 | lo que emendar non se puede non presta arrepentyr |
| S1424-3 | puede vos por ventura de mi grand pro venir |
| S1433-3 | puede fazer seruiçio quien non tyene que pechar |
| S1433-4 | el que non puede mas puede aprouechar |
| S1434-1 | Puede pequeña cossa E de poca valya |
| S1497-4 | puede ser que de -la fabla otro fecho se ssyga |
| S1523-1 | Non puede foyr omne de ty nin se asconder |
| S1523-3 | la tu venida triste non se puede entender |
| S1535-3 | non puede leuar nada nin fazer testamento |
| S1567-2 | que dezir non se puede el diezmo de tu mal |
| S1596-1 | grand pecado es gula puede a -muchos matar |
| S1596-2 | abstinençia E ayuno puede lo de nos quitar |
| **PUEDEM** | |
| S 150-4 | mas non pueden contra dios yr nin son poderosos |
| S1250-1 | Esquilman quanto puedem a -quien zeles allega |
| **PUEDEN** | |
| S 125-4 | non pueden desmentir a -la astrologia |
| S 208-3 | que non pueden partir se de tu vida penada |
| S 245-4 | non pueden durar syenpre vanse con mançebia |
| S 361-2 | E pueden se los testigos tachar e Retachar |
| S 404-4 | byen te pueden dezir antojo por denuesto |
| G 442-2 | pocaz mugerez pueden dellaz ze despagar |
| G 447-3 | Pocas zon laz mugerez que dellaz pueden salyr |
| S 488-4 | ca estas cosas pueden a -la muger traella |
| S 622-1 | Non pueden dar los parientes al pariente por herençia |
| S 622-3 | nin pueden dar a -la dueña el amor e la querencia |
| G 674-4 | do se vsan loz omnez pueden ze conoçer |
| S 692-4 | dios e el trabajo grande pueden los fados vençer |
| S 883-4 | mueren por el poco çeuo non se pueden defender |
| S1145-1 | En esto yerran mucho que lo non pueden fazer |
| S1145-2 | de -lo que fazer non pueden non se deuen entremeter |
| S1150-3 | pueden bien asoluer los e ser dispenssadorez |
| S1280-4 | con -la chica alhiara nol pueden abondar |
| S1390-2 | que non saben que leem nin lo pueden entender |
| **PUEDES** | |
| S 182-2 | dixel si amor eres non puedes aqui estar |
| S 182-4 | saluar non puedes vno quanto çient mill matar |
| S 232-2 | mueren de malas muertes non los puedes tu quitar |
| S 278-3 | de ti mesmo nin de otro non te puedes pagar |
| S 280-1 | Entras en -la pelea non puedes della salyr |
| S 280-2 | estas fraco e syn fuerça non te puedes Refertyr |
| S 280-3 | nin la puedes vençer nin puedes ende foyr |
| S 292-4 | sy tienes que o -puedes a -la noche çahorar |
| G 448-4 | atal muger si puedez de buen seso la muda |
| S1285-4 | desde ally pierden seso esto puedes prouar |
| S1426-4 | en tu dar me la muerte non te puedes onrrar |
| **PUEDO** | |
| S 180-3 | nunca puedo acabar lo medio que deseo |
| S 214-1 | Non te puedo prender tanta es tu maestria |
| S 299-4 | mas yr a -ty non puedo que tengo vn grand contrallo |
| S 358-3 | por exepçion non puedo yo condepnar nin punir |
| S 361-3 | por exepçion non puedo yo condepnar nin matar |
| G 587-3 | zin voz yo non la puedo començar ni acabar |
| G 592-2 | si digo quien me ferio puedo tanto descobrir |
| S 600-3 | pues ansy aver non puedo a -la duena gentil |
| S 647-1 | asaz te he ya dicho non puedo mas aqui estar |
| S 651-2 | oteo a -todas partes e non puedo fallar puerto |
| G 672-3 | non me puedo entender en vuestra chica hedat |
| S 791-4 | pues que aver non la puedo mi muerte es llegada |
| S 943-3 | murio a -pocos dias non lo puedo desir |
| S1001-3 | quando a -la lucha me abaxo al que vna vez trauar puedo |
| S1134-2 | tengo del miedo tanto quanto non puedo desir |
| S1269-4 | que si lo dezir puedo meresçia el beuer |
| S1343-2 | yo entrar como puedo ado non se tal portillo |
| S1518-3 | E yo con pessar grande non puedo dezir gota |
| S1686-2 | nin puedo dezir |
| **PUENTE** | |
| S 137-2 | pasando por la puente vn grand rrayo le dio |
| S 137-3 | fforado se la puente por alli se despeño |
| **PUERAS** | |
| S 875-3 | non queblantedes mi pueras que del abbad de sant paulo |
| **PUERCA** | |
| S 774-2 | fallo vna puerca con mucho buen cochino |
| S 775-1 | dyxo luego el lobo a -la puerca byen ansi |
| S 776-1 | la puerca que se estaua so -los sauzes loçanos |

**PUERCA** (cont.)
S 778-2    por tomar el cochino que so -la puerca yaze
S 778-3    diole la puerca del rrosto echole en -el cabçe

**PUERCO**
S1084-3    piernas de puerco fresco los jamones enteros
S1108-2    diz la pixota al puerco do estas que non paresçes
S1115-3    dio en medio de -la fruente al puerco e al lechon

**PUERCOS**
S 547-2    fazen rroydo los beodos commo puercos e grajas
S1273-3    matar los gordos puercos e desfazer laz cabañas

**PUERRO**
S1102-2    fue el puerro cuelle aluo e ferio lo muy mal

**PUERTA**
S 573-2    cras te dara la puerta quien te oy çierra el postigo
S 656-2    a -bezes mal perro atado tras mala puerta abierta
S 872-3    falle la puerta çerrada mas la vieja byen me vydo
S 876-1    yo vos abrire la puerta esperat non -la quebredes
S 876-3    luego vos yd de mi puerta non nos alhaonedes
S 877-2    vieja por esto teniades a -mi la puerta çerrada
S1306-4    echaron me de la çibdat por la puerta de visagra
S1376-2    la puerta del palaçio començo a -ssonar
S1378-1    Cerrada ya la puerta e pasado el temor
S1412-3    que entraua de noche la puerta ya çerrada
S1414-1    Tendiose a -la puerta del aldea nonbrada
S1519-3    non se como lo diga que mucha buena puerta

**PUERTAS**
S 386-2    digan te conortamos de grado abres las puertas
S 744-4    fasta que non vos dexen en -las puertas llumazos
S 846-1    El amor cobdiçioso quiebla caustras E puertas
S 874-4    mas quebrantaria las puertas menealas commo çencerro
S1514-3    e para muchos otros por puertas andariegos

**PUERTE**
S1580-3    por ende cada vno de nos sus armas puerte

**PUERTO**
S 651-2    oteo a -todas partes e non puedo fallar puerto
S 951-2    pasado el puerto de lacayo fuy camino prender
S 952-1    En çima deste puerto vyme en Rebata
S 959-1    Passando vna mañana por el puerto de mal angosto
S 959-4    por aqueste puerto angosto
S 974-3    coyde tomar el puerto que es de -la fuent fria
S 996-4    pase por la mañana el puerto por sosegar tenplano
S1006-3    byen ençima del puerto fazia orrilla dura
S1008-2    de frio al pie del puerto falle me con vestiglo
S1023-1    En çima del puerto
S1214-1    Por el puerto asoma vna seña bermeja
S1681-1    Estrella del mar puerto de folgura
S1683-4    que me saque a -puerto

**PUES**
S 43-2    pues por nos ser merescas
S 47-4    nin las podrian en-tender pues que tan poco sabien
S 91-4    que cantase con tristeza pues la non podia aver
S 106-4    parti me de su pleito puez de mi ez rredrada
S 115-2    Pues perdido he a cruz
S 205-4    ser libres e syn premia rreñid pues lo quesistes
S 230-2    piensaz pues non as miedo tu de que pasaras
S 254-4    pues Sea te soldada pues non te quise matar
S 296-2    beuer tanto que yugo con sus fijas pues ves
S 309-3    el mesmo se mato con su espada pues vey
S 363-1    Pues por su confesion e su costunbre e vso
S 364-1    Pues el lobo confiesa que fizo lo que acusa
S 422-4    pues calla te e callemos amor vete tu vya
S 425-1    Escucha la mesura pues dixiste baldon
S 426-3    torna te a -tu culpa pues por ti lo erreste
S 506-4    pues que se dizen pobles que quieren thessoreroz
S 522-3    que mas la ençendia E pues devia por ella
S 536-2    dixo saca dello e beue pues lo as traydo
S 565-4    pues piensa por ty mesmo e cata byen tu seno
G 590-4    pues que non fallo nin que me pueda prestar
G 595-3    Pues este es camino mas seguro e mas çierto
S 600-3    pues ansy aver non puedo a -la duena gentil
S 621-4    pues vençerse la dueña non es cosa tan maña
G 675-4    pues que oy non me creedez o non es mi ventura
G 683-4    ella dixo pues dezildo e vere que tal zera
S 694-1    Pues que syn dios non puede prestar cosa que sea
S 703-4    diz la vieja puez dezildo e aved en mi creençia
S 708-4    açertad aqueste fecho pues que vierdes las voluntades
S 711-4    ella diz pues fue casada creed que se non arrepienta
S 770-4    pues que dios vos aduxo quered la oy cantar
S 791-1    Pues que la mi Señora con otro fuer casada
S 791-4    pues que aver non la puedo mi muerte es llegada
S 794-3    pues a -la mi señora cras le dan marido
S 828-3    pues que fija Señora como esta nuestra cosa
S 829-1    Preguntol la dueña pues que nuevas de aquel
S 843-4    pues el amor lo quiere por que non vos juntades
S 847-3    pues mi voluntad vees conseja me que faga
S 851-3    syn verguença es el fecho pues tantas carreras tyen
S 857-1    E pues que vos non podedes amatar la vuestra llama
S 878-1    quando yo saly de casa puez que veyades las rredes
S 880-1    E pues que vos dezides que es el daño fecho
S 885-3    vase perder por el mundo pues otro cobro non tyene
S 885-4    pues otro cobro yo non he asy fazer me convyene
S 890-1    Pues que por mi dezides que el daño es de venido
S 920-3    syrue do avras pro pues sabes la manera
S 940-1    Agora es el tyenpo pues que ya non la guardan
S 989-4    pues vos yo tengo hermana aqui en esta verdura
S1019-2    dauan le a -la çinta pues que estauan dobladas
S1035-1    pues dan vna çinta
S1131-1    Pues que de penitençia vos fago mençion
S1137-4    por la contriçion sola pues al non puede far
S1149-1    Pues que el arçobispo bendicho e conssagrado
S1153-4    Pues por non dezir tanto non me Rebtedes varones
S1181-4    oyremos pasion pues que baldios estamos

S1312-1    Pues carnal es venido quiero perder lazeria
S1326-3    Señora pues yo digo de casamiento far
S1398-4    pues la misa es dicha vayamoz al estrado
S1404-3    puez tan bien torne pino e falagare la dueña
S1423-1    E pues tu a -mi diez Razon de perdimiento
S1511-2    que non gelo desdeñedes pues que mas traher non pud
S1512-3    pues que al non me dezides quiero me yr de aqui
S1571-4    pues que a -ty non viere vere tu triste estoria
S1582-1    Pues si esto fariamos por omes como nos byuos
S1583-3    las almas quieren matar pues los cuerpos han feridos
S1619-1    Pues que ya non tenia menssajera fiel
S1630-1    Pues es de buen amor enprestadlo de grado
S1670-3    pues a -ty Señora canto tu me guarda de lisyon
S1671-3    pues a -ty me encomiendo non me seas desdeñosa
S1677-5    pues poder as E oviste

**PUESTA**
S 80-1    Enbiele esta cantiga que es de yuso puesta
S 613-3    que syguiendo e seruiendo en -este coydado es puesta

**PUESTAS**
S 958-4    fyz de -lo que y passo las copras de yuso puestas
S1085-1    las puestas de -la vaca lechones E cabritoz

**PUESTO**
S 30-3    fue spiritu santo puesto
S 404-3    plaze te con qual quier do el ojo as puesto
S 650-1    Amigos vo a -grand pena E so puesto en -la fonda
S 979-1    desque ovo en mi puesto las sus manos yradas
S1055-1    a -ora de sesta fue puesto en -la cruz
S1066-1    En cruz fue puesto por nos muerto ferido e llagado
S1458-1    El ladron fue tomado en -la cadena puesto
S1670-1    Reyna virgen mi esfuerço yo so puesto en tal espanto

**PUESTO** (H)
S 160-1    Ca puesto que su signo sea de tal natura

**PUESTOS**
G 549-4    zospirando le fabla ojoz en -ella puestoz
S1151-2    quien quisier saber los estudie do son puestos

**PUGNAN**
S 344-1    Pugnan los avogados E fazen su poder

**PUJA**
S 547-1    Ado mas puja el vyno quel seso dos meajas

**PUJADA**
S 749-2    que arrancase la yerua que era ya pujada

**PUJAR**
S 41-4    al çielo te fizo pujar
S1282-4    desde entonçe comiença a -pujar el avena
S1391-2    non quiere valer algo nin saber nin pujar

**PUJASTE**
S1640-8    el çielo pujaste

**PULGAR**
S 55-2    E mostro solo vn dedo que esta çerca del pulgar
S 62-2    con dos dedoz los ojos con -el pulgar los dientes
S1018-1    El su dedo chiquillo mayor es que mi pulgar

**PULPO**
S1116-1    el pulpo a -los pauones non -les daua vagar

**PUNA**
S 435-3    puna de aver muger que -la veas syn camisa

**PUNAR**
S 154-2    en seruir a -las duenas punar e non en al

**PUNASE**
S 91-2    enbio me mandar que punase en fazer

**PUNE**
S 153-2    sienpre pune en seruir dueñas que conosçi

**PUNIR**
S 358-3    por exepçion non puedo yo condepnar nin punir

**PUNTA**
S1287-2    entre vno e otro non cabe punta de lança

**PUNTAR**
S 70-4    ssy me puntar sopieres ssienpre me avras en miente

**PUNTARES**
S 70-2    bien o -mal qual puntares tal te dira çierta mente

**PUNTO**
S 210-1    En -punto que -lo furtas luego lo en-ajenas
S 212-1    En vn punto lo pones a jornadas trezientas
S 262-4    que quanto era en rroma en punto morio luego
S 274-3    enristeze en punto luego flaqueza siente
S 542-3    ffue la su mala obra en punto descobyerta
G 559-2    ca en punto la faraz luego entristeçer
S 910-3    mi coraçon en punto leuo me lo forçado
S1098-2    velaron con espanto nin punto non dormieron
S1439-4    me tiraries en punto mas que otro ensayo
S1441-3    la gulhara en punto selo fue a -comer
S1525-3    en punto que tu vienes con tu mala venida
S1532-3    en vn punto se pierde quando omne non coyda
S1545-2    otrosi tu mal moço en punto que assoma
S1546-2    çiegas los en vn punto non han en -si prouecho
S1627-4    fazer a -dios seruiçio En punto lo desea

**PUNTO** (H)
S 70-3    qual tu dezir quisieres y faz punto y tente
S 130-3    desque vieron el punto en -que ovo de nasçer
S 215-4    en fuerte punto te vy la ora fue mal dicha
S1228-3    el corpudo laud que tyene punto a -la trisca
S1626-4    punto a -mi librete mas non -lo çerrare
S1632-3    por ende fago punto E çierro mi almario

**PUNTOS**
S 69-3    dicha buena o mala por puntos la juzgat
S 69-4    las coplas con -los puntos load o denostat
S1228-2    de -laz bozez aguda e de -los puntos arisca

**PUÑA**
G 437-1    puña en quanto puedaz que la tu menzajera

**PUÑADA**
S 63-1    yo le Respondi que -le daria vna tal puñada

**PUÑO**
S 57-4    mostro puño çerrado de porfia avia gana

## PURA

| | |
|---|---|
| S 276-1 | Eres pura enbidia en -el mundo non ha tanta |
| S 277-1 | El çelo syenpre nasçe de tu enbydia pura |
| S1131-3 | deuedes creer firme mente con pura deuoçion |
| S1668-1 | Miraglos muchos faze virgen sienpre pura |

## PURAS

| | |
|---|---|
| S1295-3 | trillando e ablentando aparta pajas puras |

## PURGANDO

| | |
|---|---|
| S1140-3 | ally faz la emienda purgando el su errar |

## PURGAR

| | |
|---|---|
| S1140-2 | pero que a -purgatorio lo va todo a -purgar |

## PURGATORIO

| | |
|---|---|
| S1140-2 | pero que a -purgatorio lo va todo a -purgar |

## PURO

| | |
|---|---|
| S 389-1 | El que tu obla trae es mitroso puro |
| S 537-2 | commo era fuerte puro sacol de entendimiento |
| S1087-2 | ollas de puro cobre trayan por capellynas |

## PUS

| | |
|---|---|
| S1622-4 | pus lo por menssajero con -el grand menester |

## PUSE

| | |
|---|---|
| S 112-3 | puse el ojo en otra non santa mas sentia |
| S 113-2 | puse por mi menssajero coydando Recabdar |

## PUSIERON

| | |
|---|---|
| S 49-2 | para la disputaçion pusieron pleito firmado |
| S 50-1 | Pusieron dia sabido todoz por contender |
| S 241-2 | a arar lo pusieron e a traer la leña |
| S1064-2 | espinas le pusieron de mucha crueldat |
| S1101-2 | pusieron las sus fazes ninguno non pletea |

## PUSO

| | |
|---|---|
| S 148-2 | puso en -el sus signos E planetas ordeno |
| S 349-2 | que puso la gulharra en sus exenpçiones |
| S 363-2 | es magnifiesto e cierto lo que la marfusa puso |
| S 412-1 | Non guardando la Rana la postura que puso |
| S 650-3 | puso me el marinero ayna en -la mar fonda |
| S 914-3 | en -esta pleytesia puso femençia tal |
| S 914-4 | que çerca de -la villa puso el arraval |
| S 939-2 | tovo en -lo que puso non -lo faz toda menga |
| S 967-1 | Tomome Resio por la mano en -su pescueço puso |
| S 968-1 | Pusso me mucho ayna en vna venta con su enhoto |
| S 990-4 | quiça el pecado puso esa lengua tan aguda |
| S1067-2 | puso por todo el mundo miedo e grand espanto |
| S1077-4 | a -mi e a -mi huesped puso nos en -coydado |
| S1082-1 | Pusso en -la delanteras muchos buenos peones |
| S1184-3 | pusose muy priuado en -estremo de medellyn |
| S1202-4 | para pasar la mar puso muy grand mision |
| S1203-3 | la dueña en -su Rybto puso dia ssabido |
| S1299-2 | en sola vna palabra puso todo el tratado |
| S1350-2 | pusola çerca del fuego çerca de buena blasa |
| S1406-1 | Puso en -los sus onbros entranbos los sus braços |
| S1449-2 | esto les puso miedo e fizo a todos yr |
| S1453-3 | puso lo en -la forca dexolo y en su cabo |
| S1464-2 | puso mano a -su Seno e fallo negro fallado |

## PUZE

| | |
|---|---|
| S1236-3 | quantas ordenes son non -laz puze en escripto |

## QUA

| | |
|---|---|
|  | (L) |
| P 2 | et Instruam te In via hac qua gradieris |
| P 60 | que dize Jn via hac qua gradieris |

## QUAE

| | |
|---|---|
|  | (L) |
| P 39 | E meditabor in mandatis tuiz que dilexi |

## QUAERITE

| | |
|---|---|
|  | (L) |
| P 114 | querite dominum e viuet Anima vestra |

## QUAM

| | |
|---|---|
|  | (L) |
| S 374-3 | diçes ecce quan bonum con sonajas e baçinez |
| S 382-4 | ella te dize quam dulçia que rrecubdas a -la nona |

## QUASI

| | |
|---|---|
|  | (L) |
| P 82 | quasi dicat ninguno saluo dioz |

## QUASIMODO

| | |
|---|---|
| S1315-1 | Dia de quasy-modo iglesias E altares |

## QUE

| | |
|---|---|
| P 7 | que ez el que primero suso escreui |
| P 13 | que son en -el alma E propia mente suyas |
| P 13 | que traen al Alma conssolaçion |
| P 19 | vna de -las petiçionez que demando dauid a -dios |
| P 20 | po(r) que sopiese la su ley fue esta |
| P 24 | de que dize el dicho profecta |
| P 26 | Ca luego ez el buen entendimiento en los que temen A -dios |
| P 28 | en otro logar en -que dize |
| P 33 | del verso que yo començe en -lo que dize |
| P 36 | que se ha de saluar en -el cuerpo linpio |
| P 45 | del verso que dize E instruan te |
| P 48 | escoge E ama el buen Amor que ez el de dioz |
| P 50 | por que se acuerde dello |
| P 54 | de -loz buenos que mueren bien obrando |
| P 60 | que dize Jn via hac qua gradieris |
| P 67 | Ca dioz por laz buenas obraz que faze omne |
| P 68 | en -la carrera de saluaçion en -que anda |
| P 71 | que enpieça primero breue |
| P 78 | que ez en -el omne que se non puede escapar de pecado |
| P 84 | que -lo non ha estonçe |
| P 85 | por que ome piensa vanidadez de pecado |
| P 93 | que non esta jnstructa del buen entendimiento |
| P 97 | que mas aparejada E jnclinada ez al mal que al bien |
| P 98 | e a pecado que a -bien esto dize el decreto |
| P 100 | por que son fechoz loz libroz de la ley E del derecho |
| P 111 | que ez spiritu de dioz criado E perfecto |
| P 116 | que dura poco tienpo |
| P 125 | E loz malez muchoz que -lez aparejan e traen |
| P 131 | en -que son escriptaz algunaz maneraz e maestriaz |
| P 133 | que vsan algunoz para pecar |
| P 136 | que se quiera saluar descogera E obrar lo ha |
| P 139 | ca leyendo E coydando el mal que fazen |
| P 144 | que vsan para pecar E engañar laz mugeres |
| P 153 | que faze perder laz almaz E caer en saña de dioz |
| P 156 | en pero por que ez vmanal cosa el pecar |
| P 157 | si algunoz lo que non loz conssejo |
| P 162 | al que entendiere el bien e escogiere saluaçion |
| P 164 | otrosi al que quisiere el ammor loco |
| P 165 | en -la carrera que andudiere |
| P 171 | E bien juzgar la mi entençion por que lo fiz |
| P 172 | E la sentençia de -lo que y dize |
| P 182 | E por que sean todoz aperçebidoz |
| P 186 | loz dardoz que ante son vistoz |
| P 188 | de -lo que ante hemoz visto |
| P 192 | que fiz conplida mente |
| P 194 | E por que toda buena obra |
| P 197 | que comiença fidey catholiçe fundamento |
| P 203 | que ez de -la santa trinidad E de -la fe catholica |
| P 204 | que ez qui cuque vul el vesso que dize |
| S 1-1 | Señor dios que a -loz jodioz pueblo de perdiçion |
| S 3-1 | Señor tu que sacaste al profecta del lago |
| S 4-1 | Señor tu que libreste A -santa susaña |
| S 5-2 | en -que moro trez diaz dentro en -la mar ll(ena) |
| S 7-1 | Avn tu que dixiste a -loz tus seruidorez |
| S 7-3 | E les diras palabras que fabrasen mejorez |
| S 11-2 | el que nasçio de -la virgen esfuerçe nos de tanto |
| S 11-3 | que sienpre lo loemos en prosa E en canto |
| S 12-1 | El que fizo el çielo la tierra E el mar |
| S 12-4 | que los que lo oyeren puedan solaz tomar |
| S 13-1 | Tu señor dioz mio quel omne crieste |
| S 13-4 | que -los cuerpos alegre e a -las almas preste |
| S 15-1 | E por que mejor de todos sea escuchado |
| S 16-2 | nin creadez que ez chufa algo que en -el leo |
| S 19-1 | E por que de todo bien es comienço e Rayz |
| S 19-4 | cantar de -los sus gozos siete que ansi diz |
| S 22-1 | El primero gozo ques lea |
| S 23-1 | Del angel que a -ty vino |
| S 24-4 | al fijo que dios en -ti enbia |
| S 26-3 | e adoraron al que veys |
| S 27-4 | Al que dios e omne seya |
| S 28-4 | quel tu fijo veuia |
| S 42-5 | el que pariste blanca flor |
| S 44-2 | que omne a -sus coydadoz que tiene en coraçon |
| S 45-1 | E por que de buen seso non puede omne Reyr |
| S 47-2 | fueron las demandar a -griegos que las tienen |
| S 49-3 | mas por que non entedrian el lenguage non vsado |
| S 50-2 | ffueron rromanos en -coyta non sabian que se fazer |
| S 50-3 | por que non eran letradoz nin podrian entender |
| S 51-4 | que tales las feziese fueles conssejo sano |
| S 52-3 | para disputar por señas lo que tu quisieres pit |
| S 55-2 | E mostro solo vn dedo que esta çerca del pulgar |
| S 56-2 | el polgar con otroz dos que con -el son contenidos |
| S 59-1 | Preguntaron al griego sabio que fue lo que dixiera |
| S 65-1 | la bulrra que oyeres non la tengas en vil |
| S 66-4 | lo que buen amor dize con rrazon telo prueuo |
| S 68-4 | non diras mal del libro que agora rrefiertas |
| S 72-3 | de -lo que dize el sabio non deuemos dubdar |
| S 80-1 | Enbiele esta cantiga que es de yuso puesta |
| S 80-2 | con -la mi mensajera que tenia enpuesta |
| S 83-4 | mando matar al toro que podria abastar |
| S 84-3 | E para si la canal la mejor que omne viese |
| S 85-3 | para mi E a -los otroz la canal que es vana |
| S 88-4 | en -el lobo castigue que feziese o -que non |
| S 91-4 | que cantase con tristeza pues la non podia aver |
| S 93-3 | los que quieren partir nos como fecho lo han |
| S 96-3 | dixo a -la mi vieja que -le avia enbiada |
| S 99-1 | la gente que tan grandes bramidos oya |
| S 99-4 | que a -todo el mundo conbrie e estragaria |
| S 102-1 | omne que mucho fabla faze menos a -vezes |
| S 110-3 | por santo nin santa que seya non se quien |
| S 111-1 | vna fabla lo dize que vos digo agora |
| S 112-3 | codiciava tener lo que otro para sy tenia |
| S 114-2 | la dueña que -la oyere por ello non me aburra |
| S 119-2 | trigo que tenia Anejo |
| S 120-4 | que la caça ansy aduz |
| S 123-3 | quel omne quando nasçe luego en -su naçençia |
| S 123-4 | el signo en -que nasçe le juzgan por sentençia |
| S 124-2 | del que naçe tal es su fado e su don |
| S 125-1 | Muchos ay que trabajan sienpre por clerezia |
| S 128-3 | que judgaron vn niño por sus çiertas senales |
| S 129-4 | el signo e la planeta del fijo quel nasçia |
| S 130-1 | Entre los estrelleros quel vinieron a -ver |
| S 130-3 | desque vieron el punto en -que ovo de nasçer |
| S 135-2 | los sabios naturales que su signo cataron |
| S 135-3 | diz vayamos nos Señor que -los que a -vos fadaron |
| S 135-4 | non sean verdaderos en -lo que adevinaron |
| S 136-3 | en -lo que dios ordena en commo ha de ser |
| S 139-4 | de su astrologia en -que non avie que dubdar |
| S 140-2 | pero dios que crio natura e açidente |
| S 143-3 | pero por los priuadoz que en -su ayuda son |
| S 144-1 | O -sy por aventura aqueste que -lo erro |
| S 146-2 | en -que a sus subditos manda çierta pena dar |
| S 152-1 | Muchos nasçen en venus que -lo mas de su vida |
| S 153-2 | sienpre pune en seruir dueñas que conosçi |
| S 153-3 | el bien que me feçieron non lo desagradesçi |
| S 155-1 | muchas noblezas ha en -el que a -las dueñas sirue |
| S 156-1 | El amor faz sotil al omne que es rrudo |
| S 156-2 | ffazele fablar fermoso al que antes es mudo |
| S 156-3 | al omne que es couarde fazelo muy atrevudo |
| S 157-4 | lo que non vale vna nuez amor le da grand prez |
| S 158-1 | El que es enamorado por muy feo que sea |
| S 158-3 | el vno E el otro non ha cosa que vea |
| S 158-4 | que tan bien le paresca nin que tanto desea |
| S 162-2 | lo que en -si es torpe con amor bien semeja |
| S 162-3 | tiene por noble cosa lo que non vale vna arveja |

| | |
|---|---|
| QUE | (cont.) |
| S 162-4 | lo que semeja non es oya bien tu -oreja |
| S 164-1 | bien atal es el amor que da palabra llena |
| S 164-2 | toda cosa que dize paresçe mucho buena |
| S 170-3 | verdat ez lo que dizen los antiguos rretraheres |
| S 171-4 | con ello estas cantigas que son de yuso escriptas |
| S 173-2 | por pecado del mundo que es sonbra de aliso |
| S 174-2 | commo conteçio al ladron que entraua a -furtar |
| S 175-1 | lanço medio pan al perro que traya en -la mano |
| S 176-4 | tu furtarias lo que guardo E yo grand trayçion faria |
| S 177-1 | Al señor que me crio non fare tal falsedat |
| S 177-2 | que tu furtes su thesoro que dexo en mi fealdat |
| S 179-1 | ffueron dares valdios de -que ove manzilla |
| S 179-2 | dixo vno coyda el vayo e É otro el que -lo ensilla |
| S 179-3 | que diz por lo perdido non estes mano en mexilla |
| S 180-3 | nunca puedo acabar lo medio que deseo |
| S 181-1 | Dyre vos vna pelea que vna noche me vino |
| S 182-1 | Con saña que tenia fuylo a -denostar |
| S 183-3 | al que mejor te syrue a -el fieres quando tiras |
| S 183-4 | partes lo del amiga al omne que ayras |
| S 186-3 | fazes al que te cree lazar en tu mesnada |
| S 187-3 | non se ffuerte nin rrecio que se contigo tope |
| S 187-4 | que nol debatas luego por mucho que se enforce |
| S 192-2 | que el tenia muger en -que anbos a -dos oviesen |
| S 194-3 | el vn mes ya pasado que casado avia |
| S 197-2 | mas arde e mas se quema qual quier que te mas ama |
| S 198-1 | los que te non prouaron en buen dya nasçieron |
| S 200-1 | la mayor quel pudo Cayo en -ese lugar |
| S 203-2 | señor señor acorre nos tu que matas E sanas |
| S 203-3 | el rrey que tu nos diste por nuestraz bozes vanas |
| S 205-1 | Respondioles don jupiter tenedlo que pidistes |
| S 206-1 | quien tiene lo quel cunple con -ello sea pagado |
| S 206-3 | el que non toviere premia non quiera ser apremiado |
| S 208-3 | que non pueden partir se de tu vida penada |
| S 210-1 | En -punto que -lo furtas luego lo en-ajenas |
| S 213-1 | Varon que as con-migo qual fue aquel mal debdo |
| S 215-2 | en quantas que ame nin de -la dueña bendicha |
| S 216-2 | mas fallo que te diga veyendo quanto dapño |
| S 217-4 | passar los mandamientos que de dios fueron dados |
| S 219-1 | la sorberuia E ira con non falla do quepa |
| S 219-2 | avarizia e loxuria que arden mas que estepa |
| S 219-3 | gula envidia açidia ques pegan commo lepra |
| S 220-4 | por conplir lo que mandan cobdiçian lo peor |
| S 221-1 | Cobdiçian los averes que ellos non ganaron |
| S 221-2 | por conplyr las promesas que con amor mandaron |
| S 223-2 | por la mançana escripta que -se non deuiera escreuir |
| S 223-4 | que troxo a -elena que cobdiçiaua seruir |
| S 224-3 | fueron en ayrados de dios los que te creyeron |
| S 224-4 | de mucho que cobdiçiaron poca parte ovieron |
| S 225-1 | Por la cobdiçia pierde el omne el bien que tiene |
| S 225-3 | non han lo que cobdiçian lo suyo non mantienen |
| S 225-4 | lo que contescio al perro a -estos tal les viene |
| S 226-4 | cobdiçiola abarcar cayosele la que leuaua |
| S 227-2 | la carne que tenia perdiola el alano |
| S 227-3 | non ovo lo que quiso nol fue cobdiçiar sano |
| S 227-4 | coydo ganar E perdio lo que tenia en su mano |
| S 229-1 | lo mas e lo mejor lo que es mas preçiado |
| S 229-4 | quien dexa lo que tiene faze grand mal rrecabdo |
| S 230-2 | piensaz pues non as miedo tu de que pasaras |
| S 230-3 | las joyaz para tu Amiga de que las conplaras |
| S 230-4 | por pco rrobaz E furtas por que tu penaras |
| S 236-2 | que non ha de dios miedo nin cata aguisado |
| S 237-2 | por que forço la dueña el su Señor valiente |
| S 245-2 | los que son muy soberuios con su grand orgullya |
| S 247-2 | que al poble Sant lazaro non dio solo vn çatico |
| S 253-1 | Prometio al que -lo sacase thesoros e grand Riqueza |
| S 255-2 | de pan e de dineros que forçaste de -lo ageno |
| S 256-4 | el bien que omne le faze diz que es por su derecha |
| S 257-3 | luego quieres pecar con qual quier que tu veas |
| S 258-2 | que mato a -uriaz quando le mando en -la lyd |
| S 262-1 | Por que -le fizo desonrra E escarnio del rruego |
| S 265-4 | fizo otra marauilla quel omne nunca ensueña |
| S 266-2 | tiberio agua cabdal que muchas aguas toma |
| S 267-3 | de navajas agudas por que a -la sobida |
| S 269-1 | de muchos ha que matas non se vno que sanes |
| S 270-3 | non ay pendola della que en -tierra caya |
| S 271-1 | Saetas e quadrillos que trae amolados |
| S 273-1 | El loco el mesquino que su alma non cata |
| S 274-1 | omne ave o -bestia a -que ammor Retiente |
| S 275-3 | al que tu ençendimiento e tu locura cata |
| S 276-2 | con grand çelo que tienes omne de ti se espanta |
| S 279-3 | buscas malas contiendas fallas lo que meresçes |
| S 281-2 | matolo por que yaze dentro en mongibel |
| S 281-4 | ffurtole la bendiçion por que fue rrebtado del |
| S 283-3 | a do-quier que tu seas los çelos ally cryan |
| S 286-4 | algunas ffazen esto que fizo la corneja |
| S 289-2 | pierden lo que ganaron por lo ageno coblar |
| S 290-1 | quien quiere lo que non es suyo E quiere otro paresçer |
| S 290-4 | quien se tiene por lo que non es loco es va a -perder |
| S 294-2 | por que comio del fruto que comer non deuia |
| S 295-2 | de -los mas mejores que y eran por çierto |
| S 295-3 | el profeta lo dize esto que te fferdo |
| S 308-3 | en -que avia la fuerça É desque la byen cobro |
| S 309-1 | Con grand yra e saña saul que fue Rey |
| S 309-2 | el primero que los jodios nonbraron en -su ley |
| S 310-2 | el que tos obras viere de ty se arredrara |
| S 311-2 | que fue a -todas bestias cruel e muy dañoso |
| S 313-2 | fueron muy alegres por que andauan solteras |
| S 316-1 | El omne que tiene estado onrra E grand poder |
| S 316-2 | lo que para sy non quiere non -le deue a -otros fazer |
| S 316-4 | E lo quel fizo a otros dellos tal puede aver |
| S 318-1 | Nunca estas baldio aquel que vna vez atas |

| | |
|---|---|
| S 320-3 | quieres lo que el lobo quiere de -la Rapossa |
| S 321-4 | el non veya -la ora que estouiese en -tragallo |
| S 322-1 | lo que el mas fazia a -otros lo acusava |
| S 322-2 | a -otros rretraya lo quel en -sy loaua |
| S 322-3 | lo que el mas amaua aquello denostaua |
| S 322-4 | dezie que non feziesen lo quel mas vsaua |
| S 324-4 | galgo que de -la rrapossa es grand abarredera |
| S 326-1 | É digo que agora en -el mes que paso de febrero |
| S 326-4 | que vino a nuestra çibdat por nonble de monedero |
| S 329-4 | dat me vn abogado que fable por mi vida |
| S 333-4 | que el es fyno ladron e non falla quel farte |
| S 334-2 | legitima e buena por que su petiçion |
| S 335-2 | que leuaua furtadas de -las ovejas mias |
| S 337-3 | por que tiene barragana publica e es casado |
| S 337-4 | con su muger doña loba que mora en vil forado |
| S 338-1 | ssu mançeba es la mastina que guarda las ovejas |
| S 340-3 | en -que diese sentençia qual el por bien tenia |
| S 344-2 | por saber del alcalde lo que quierre fazer |
| S 348-3 | vista la demanda que el lobo fazia |
| S 348-4 | en -que a -la marfusa furto -le aponia |
| S 349-2 | que puso la gulharra en sus exenpçiones |
| S 349-4 | que propuso el lobo en todas sus rrazones |
| S 350-1 | É visto lo que pide en su rreconvençion |
| S 350-4 | É las partes que pyden sentençia E al non |
| S 351-2 | avydo mi conssejo que me fizo prouecho |
| S 353-3 | dire vn poco della que es grand estoria |
| S 356-2 | Nueve dias de plazo para el que se opone |
| S 356-4 | que -a muchos abogados se olvida e se pospone |
| S 360-3 | non por la exepçion mas por que -lo puede far |
| S 362-3 | fallo que ez prouado lo que la marfusa pon |
| S 363-2 | es magnifiesto e çierto lo que la marfusa puso |
| S 363-3 | pronunçio que -la demanda quel fizo e propuso |
| S 364-1 | Pues el lobo confiesa que fizo lo que acusa |
| S 365-1 | Non le preste lo que dixo que con miedo e quexura |
| S 367-2 | por que non pagaron costas nin fueron condenados |
| S 367-3 | esto fue por que non fueron de las partes demandados |
| S 368-3 | por lo que avia dicho E suplido esta vez |
| S 369-3 | conplir lo que es derecho É de constituçion |
| S 372-1 | Tal eres como el lobo rretraes lo que fazes |
| S 372-2 | estrañas lo que ves E non el lodo en -que yazes |
| S 372-4 | fablas con grand synpleza por que muchos engañes |
| S 378-1 | E sy es tal que non vsa andar por las callejas |
| S 379-1 | E sy es dueña tu amiga que desto non se conpone |
| S 379-2 | tu catolica a -ella cata manera que -la trastorne |
| S 381-2 | que -la vieja que tiene a -tu amiga presta |
| S 384-1 | Nunca vy sancristan que a -visperas mejor tanga |
| S 384-3 | la que viene a -tus visperas por byen que se rremanga |
| S 385-1 | Sede a -destris meys dizes a -la que viene |
| S 385-3 | illyc enim asçenderunt a -qualquier que ally se atiene |
| S 386-1 | Nunca vy cura de almas que tan byen diga conpletas |
| S 389-1 | El que tu obla trae es mitroso puro |
| S 393-3 | al que quieres matar ssacas los de carrera |
| S 395-2 | por que se onrren della su padre e sus parientes |
| S 398-1 | El que mas a -ty cree anda mas por mal cabo |
| S 399-1 | das muerte perdurable a -las almas que fieres |
| S 399-2 | das muchos enemigos al cuerpo que rrequieres |
| S 399-3 | fazer perder la fama al que mas amor dieres |
| S 399-4 | a -dios pierde e al mundo amor el que mas quieres |
| S 405-4 | traes los omnes çiegos que creen en tus loorez |
| S 406-2 | que canta dulçe con engaño al ave pone abeyte |
| S 407-2 | commo conteçio al topo que quiso ser amigo |
| S 407-4 | entiende byen la fabla E por que te lo digo |
| S 412-1 | Non guardando la Rana la postura que puso |
| S 413-2 | buscando que comiese esta pelea vydo |
| S 415-1 | a -los neçios e neçias que vna vez enlaças |
| S 415-3 | que non han dios miedo nin de sus amenazas |
| S 417-3 | dezir palablas dulzes que traen abenençia |
| S 418-1 | Del bien que omne dize sy a -sabyendas mengua |
| S 419-2 | todo lo quel dixieren piense lo bien primero |
| S 420-2 | al que vna vez travas lievas telo en Robo |
| S 420-3 | matas al que mas quieres del byen eres encobo |
| S 422-1 | Porque de muchas dueñas mal querido seria |
| S 425-2 | non deue amenaçar el que atyende perdon |
| S 426-2 | de dueñas e de otras que dizes que ameste |
| S 426-4 | por que a -mi non veniste nin viste nin prometiste |
| S 429-1 | sy leyeres ovydio el que fue mi criado |
| S 429-2 | en -el fallaras fablas que -le ove yo mostrado |
| S 435-3 | puna de aver muger que -la veas syn camisa |
| G 436-1 | A -la muger que enbiarez de ti zea parienta |
| G 436-3 | Non lo sepa la dueña por que la otra non mienta |
| G 438-2 | que andan las iglesias e zaben las callejaz |
| G 440-1 | toma de vnaz viejaz que ze fazen erveraz |
| G 441-2 | que vzan mucho frayrez monjaz e beataz |
| G 442-3 | por que a -ty non mienta sabe laz falagar |
| G 444-4 | contra la fegura toda por maz çierto andez |
| G 445-2 | e que ha chycaz piernaz e luengoz loz costadoz |
| G 446-3 | esto que te castigo con ouidio concurda |
| G 447-3 | Pocas zon laz mugerez que dellaz pueden salyr |
| S 451-4 | luego eztara afuziada far(a) lo que quisierez |
| S 453-1 | gradesçe gelo mucho lo que por ti feziere |
| S 453-3 | non le seas rrefertero en lo que te pediere |
| S 453-4 | nin le seas porfioso contra lo que te dixiere |
| S 454-1 | Requiere a -menudo a -la que bien quisieres |
| S 462-2 | chica es la pereza que este dixo agora |
| S 462-4 | nin ver tal la puede omne que en dios adora |
| S 464-3 | daua me vna gotera del agua que fazia |
| S 465-2 | la gotera que vos digo con -su mucho Rezio dar |
| S 465-3 | el ojo de que soy tuerto ovo melo de quebrar |
| S 467-2 | de perezoso torpe nin que vileza faga |
| S 467-4 | nin tacha nin vyleza de que dueña se despaga |
| S 473-1 | çierta cossa es esta quel molyno andando gana |
| S 474-1 | del que olvydo la muger te dire la fazaña |

**QUE** **(cont.)**

| | |
|---|---|
| S 476-3 | por que seades guardada de toda altra locura |
| S 481-4 | la señal quel feziera non la echo en olvido |
| S 482-4 | fey y ardida mente todo lo que vollaz |
| S 485-1 | Por ende te castiga non dexes lo que pides |
| S 486-3 | otro pedro que -la sygue E la corre mas sotil |
| S 487-2 | mas garçon e mas ardit quel primero que ameste |
| S 489-1 | Por poquilla cosa del tu aver quel dyerez |
| S 489-2 | seruir te ha leal mente fara lo que quisieres |
| S 490-4 | El que non tiene manos dyneros quiere tomar |
| S 491-4 | el que non ha dineros non es de sy Señor |
| S 497-3 | el que non tyene dineros echan le las posas |
| S 498-2 | muchos merescian muerte que -la vida les daua |
| S 505-3 | quando oyen sus dineros que comiençan a Retenir |
| S 508-3 | yo nunca vy fermo-sa que quisyese pobleza |
| S 512-3 | non ha syeruo cabtivo que el dinero non le aforre |
| S 512-4 | el que non tyene que dar su cavallo non corre |
| S 513-1 | las cosas que son graues fazelas de lygero |
| S 514-4 | mercador que esto faze byen vende e byen troca |
| S 519-1 | El que la mucho sygue El que la mucho vsa |
| S 521-4 | estos son aguijonez que la fazen saltar |
| S 523-2 | lo que mas le defienden aquello ante passa |
| S 524-3 | caçador que -la sigue tomala quando descanssa |
| S 525-1 | Por vna vez al dia que omne gelo pida |
| S 525-4 | en -lo quel mucho piden anda muy ençendida |
| S 527-3 | por que te faria perder a -la entendera |
| S 529-2 | que nunca -lo beuiera prouolo por so daño |
| S 530-2 | que en -todas sus oblas en yermo a -dios seruia |
| S 532-2 | dy me que cosa eres que yo non te entyendo |
| S 533-3 | diz aquel cuerpo de dios que tu deseas gustar |
| S 533-4 | yo te mostrare manera por que -lo puedas tomar |
| S 535-1 | dyxo el hermitano non se que es vyno |
| S 535-2 | rrespondio el diablo presto por lo que vino |
| S 535-3 | dyz aquellos taverneros que van por el camino |
| S 538-3 | toma gallo que te muestre las oras cada dia |
| S 538-4 | con -el alguna fenbra que con -ellas mejor cria |
| S 542-2 | que non ay encobyerta que a -mal non rrevierta |
| S 545-1 | ffaze oler el fuelgo que es tacha muy mala |
| S 545-2 | vele muy mal la boca non ay cosa quel vala |
| S 547-1 | Ado mas puja el vyno quel seso dos meajas |
| G 548-3 | Al que demaz lo beue zacalo de cordura |
| G 550-3 | de quanto que pudierez non le seaz ezcazo |
| G 550-4 | de -lo que -le prometierez non la trayaz a traspazo |
| G 552-4 | al que manda e da luego a -esto lo an primero |
| G 553-2 | escoge la mesura e lo que es cumunal |
| G 556-2 | todaz suz maeztriaz e las tachaz que an |
| G 557-4 | Ca el que mucho ze alaba de si mismo es denoztador |
| G 558-2 | a -la muger que es cuerda non le seaz çelozo |
| G 561-4 | ca el que calla e aprende este es manzellero |
| G 562-3 | Ca muchoz lo entieden que lo prouaron antez |
| G 563-4 | en -esto se esmera el que es enamorado |
| S 566-2 | non te alabes della que es grand torpedat |
| S 566-4 | que quier que por ti faga ten lo en poridat |
| S 568-2 | tenga la porydat que es mucho mas blanda |
| S 571-1 | Por vn mur muy pequeno que poco queso priso |
| S 572-1 | de trez cossaz que le pidas a -la muger falaguera |
| S 573-1 | ssy tu guardar sopieres esto que te castigo |
| S 573-3 | la que te oy te desama cras te querra Amigo |
| S 575-4 | nin creo que -la falle en toda esta cohyta |
| S 576-3 | en -lo que me castigo E por verdat dezir |
| S 577-4 | qual fue la Racon negra por que non Recabde |
| S 579-3 | lo que en muchos dias acabado non as |
| G 590-2 | Cuytado yo que fare que non la puedo yo catar |
| G 590-4 | pues que non fallo nin que me pueda prestar |
| G 591-1 | E por que muchaz de cozaz me enbargan e enpeçen |
| G 595-2 | que non quando ze derrama esparzido e descobierto |
| S 596-1 | Dona endryna que mora aqui en mi vezindat |
| S 598-2 | por que es de grand lynaje E duena de grand solar |
| S 601-3 | otro cobro non fallo que me pueda acorrer |
| S 601-4 | sy non vos doña venuz que -lo podedes fazer |
| S 606-2 | que al su seruidor non le faga mesura |
| S 608-3 | por que le fuste sanudo contigo poco estudo |
| S 608-4 | de -lo quel non te dixo de mi te sera rrepetido |
| S 609-2 | de -lo que mi marido te ovo conssejado |
| S 610-1 | Toda muger que mucho otea o -es rrysueña |
| S 610-4 | amar te ha la dueña que en -ello pienssa e sueña |
| S 612-3 | que trabajo e seruiçio non -la traya al espuela |
| S 612-4 | que tarde o que ayna crey que de ty se duela |
| S 613-3 | que syguiendo e seruiendo en -este coydado es puesta |
| S 615-2 | que non dara la mercaduria sy non por grand valor |
| S 616-2 | el can que mucho lame sin dubda sangre saca |
| S 619-4 | por arte non ha cosa a -que tu non rrespondas |
| S 620-3 | el que llorava poble canta Ryco en vyçio |
| S 623-4 | non puede ser que non se mueva canpana que se tañe |
| S 624-2 | la que te era enemiga mucho te querra amar |
| S 628-2 | E por pequeña tacha que en -ty podria aver |
| S 629-3 | muchas vezes cobdiçia lo que te va negar |
| S 629-4 | dar te ha lo que non coydas sy non te das vagar |
| S 631-2 | que dezir faz tu talente como desvergonçada |
| S 633-1 | Maguer que faze bramuras la duena que se doñea |
| S 633-3 | la muger byen sañuda e quel omne byen guerrea |
| S 634-2 | non fazer lo que quieren byen como tu lo quieres |
| S 634-4 | toma de la dueña lo que della quisieres |
| S 635-3 | que non sabe tu vezino lo que tyenes condesado |
| S 641-4 | a -muger que esta dubdando afynquela el varon |
| S 642-1 | Desque estan dubdando los omes que han de fazer |
| S 642-4 | la muger que esta dubdando lygera es de aver |
| S 645-2 | que sepa sabia mente andar esta carrera |
| S 645-3 | que entienda de vos anbos byen la vuestra manera |
| S 646-2 | non acometas cosa por que fynque espantada |
| S 648-1 | Amigo en -este fecho que quieres mas que te diga |
| S 651-4 | esta en aquella sola que me trahe penado e muerto |
| S 652-2 | por que por la mi fabla venga a -fazer mesura |
| S 657-1 | Señora la mi sobrina que en toledo seya |
| S 658-4 | de aquella seria mi cuerpo que tiene mi coraçon |
| S 659-2 | por que toda aquella gente de -la plaça nos miraua |
| S 659-4 | començel dezir mi quexura del amor que me afyncaua |
| G 661-1 | en -el mundo non es coza que yo ame a par de uoz |
| G 661-4 | Non ozo poner prezona que -lo fable entre noz |
| G 662-1 | Con la grant pena que pazo vengo a -uoz dezir mi quexa |
| G 662-2 | vuestro amor he deseo que me afinca e me aquexa |
| G 663-1 | rreçelo he que non oydez esto que uoz he fablado |
| G 668-1 | el yerro que otro fizo a mi non faga mal |
| G 668-3 | Non uoz vean aqui todoz lo que andan por la calle |
| G 669-4 | yo torne en -la mi fabla que tenia començada |
| G 679-4 | a qual quier que -laz fablare o con -ellaz rrazonare |
| G 681-4 | ante testigoz que noz veyan fablar uoz he algund dia |
| G 682-1 | señora por la mesura que agora prometedez |
| G 682-2 | non se graçiaz que lo valan quantaz uoz mereçedez |
| G 682-3 | a -la merçed que agora de palabra me fazedez |
| G 683-4 | ella dixo pues dezildo e vere que tal zera |
| G 684-1 | zeñora que me prometadez de -lo que de amor queremoz |
| G 684-3 | segund que -lo yo deseo voz e yo noz abraçemoz |
| G 688-1 | Cuydadoz muchoz me quexan a -que non fallo cozejo |
| G 688-3 | puede seer tanta la fama que saliria a conçejo |
| G 688-4 | asi perderia la dueña que sera pesar sobejo |
| S 693-1 | ayuda la ventura al que bien quiere guiar |
| S 694-1 | Pues que syn dios non puede prestar cosa que sea |
| S 694-3 | por que el mi coraçon vea lo que dessea |
| S 694-4 | el que amen dixiere lo que cobdiçia lo vea |
| S 697-3 | dios e la mi ventura que me fue guiador |
| S 699-1 | Era vieja buhona destas que venden joyas |
| S 702-2 | de quantos bienes fazedez al que a -vos viene coytado |
| S 703-2 | toda cosa que vos diga oydla en paçiençia |
| S 705-3 | muchas bodas ayuntamos que viene arrepantajas |
| S 705-4 | muchos panderos vendemos que non suenan las sonajas |
| S 709-3 | por que esa vuestra llaga sane por mi melezina |
| S 710-1 | la çera que es mucho dura e mucho brozna e elada |
| S 710-4 | doblar se ha toda dueña que sea bien escantada |
| S 711-4 | que non ay mula de aluarda que la troxa non consienta |
| S 712-1 | Mienbre se vos buen amigo de -lo que dezir se suele |
| S 712-2 | que çiuera en molyno el que ante viene muele |
| S 712-3 | mensaje que mucho tarda a -muchos omnes desmuele |
| S 713-1 | Amigo non vos durmades que -la dueña que dezidez |
| S 713-2 | otro quiere casar con ella pide lo que vos pedidez |
| S 715-1 | El presente que se da luego sy es grande de valor |
| S 715-4 | tienpo ay que aprouecha E tienpo ay que faz peor |
| S 716-1 | Esta dueña que dezides mucho es en mi poder |
| S 717-4 | por que me non es agradesçido nin me es gualardonado |
| S 718-1 | ssy me dieredes ayuda de que passe algun poquillo |
| S 720-2 | trabajat en tal manera por que ayades prouecho |
| S 720-4 | pensat bien lo que fablaides con seso e con derecho |
| S 721-1 | Del comienço fasta el cabo pensat bien lo que digades |
| S 722-3 | que fablar lo que non -le cunple por que sea arrepentido |
| S 722-4 | o piensa bien lo que fablas o calla faz te mudo |
| S 724-4 | que pensse aquesta noche poco a poco la aguja |
| S 729-4 | yo lo piensso en mi pandero muchas veçes que lo toco |
| S 730-2 | non estraga lo que gana antes lo guardara |
| S 730-4 | en -el bezerillo vera omne el buey que fara |
| S 732-4 | vos queriades aquesto que yo vos he fablado |
| S 736-2 | esto que vos he fablado sy vos plaze o si non |
| S 737-3 | que vos tanto loades e quantos bienes tyen |
| S 738-2 | es aparado bueno que dios vos traxo agora |
| S 739-3 | el dia que vos nasçites fadas aluas vos fadaron |
| S 739-4 | que para esse buen donayre atal cosa vos guardaron |
| S 741-1 | la muger que vos cree las mentiras parlando |
| S 742-2 | de muchos que me tyenen los mis algos forçados |
| S 747-4 | que es aqui senbrado por nuestros males grandes |
| S 748-1 | fezieron grande escarnio de -lo que -les fablaua |
| S 749-2 | que arrancase la yerua que era ya pujada |
| S 751-4 | plogo al paxarero que era madrugador |
| G 756-2 | quando el que buen siglo aya seya en -este portal |
| G 759-2 | casar ante del año que a -bivda non conuien |
| G 759-3 | fasta que pase el año de -loz lutus que tien |
| G 760-2 | perderia la manda que a -mi es mandada |
| G 761-4 | hado bueno que voz tienen vuestraz fadaz fadado |
| G 762-1 | que prouecho uoz tien vestir ese negro paño |
| G 764-2 | fazer lo que -me dezidez nin lo que el querria |
| S 770-2 | que nuestra santa fiesta veniesedes a -onrrar |
| S 775-3 | vos e vuestros fijuelos que fazedes por ay |
| S 776-1 | la puerca que se estaua so -los sauzes loçanos |
| S 776-4 | bautizat a -mis fijuelos por que mueran xristianos |
| S 778-2 | por tomar el cochino que so -la puerca yaze |
| S 778-4 | en -la canal del molino entro que mal le plaçe |
| S 780-2 | non deseche la cosa de que esta deseoso |
| S 780-4 | con lo quel dios diere paselo bien fermoso |
| S 782-2 | es oluidar la cosa que aver non podedes |
| S 782-3 | lo que non puede ser nunca lo porfiedes |
| S 782-4 | lo que fazer se puede por ello trabajedes |
| S 783-1 | ay de mi con que cobro tan malo me venistes |
| S 783-2 | que nuevas atan malas tan tristes me troxistes |
| S 783-3 | ay vieja mata amigos para que melo dixistes |
| S 786-2 | por que matas el cuerpo do tyenes tu morada |
| S 786-3 | por que amas la dueña que non te preçia nada |
| S 787-1 | Coraçon que quisiste Ser preso E tomado |
| S 787-2 | de dueña que te tyene por de mas oluidado |
| S 788-1 | ay ojos los mis ojos por que vos fustes poner |
| S 788-2 | en dueña que non vos quiere nin catar nin ver |
| S 789-1 | Ay lengua syn ventura por que queredes dezir |
| S 789-2 | por que quieres fablar por que quieres departyr |
| S 789-3 | con dueña que te non quiere nin escuchar nin oyr |
| S 790-2 | que non avedes miedo mesura nin pauor |
| S 792-1 | Diz loco que avedes que tanto vos quexades |
| S 792-3 | tenprad con -el buen seso el pesar que ayades |

**QUE**      (cont.)

| | |
|---|---|
| S 792-4 | alynpiat vuestras lagrimas pensad que fagades |
| S 799-1 | Señora madre vieja que me dezides agora |
| S 799-3 | que -le dize falagos por que calle esa ora |
| S 800-2 | por que pierda tristeza dolor e amargura |
| S 800-3 | por que tome conorte e por que aya folgura |
| S 801-2 | commo al aue que sale de manos del astor |
| S 801-3 | en todo logar tyene que esta el caçador |
| S 801-4 | que -la quiere leuar syenpre tyene temor |
| S 802-3 | ella verdat me dixo quiere lo que vos queredes |
| S 803-4 | solo dios e non otro sabe que es por venir |
| S 807-2 | vos quiere e vos ama e tyene de vos desseo |
| S 816-1 | a -vezes non façemos todo lo que dezimos |
| S 818-1 | En lo que nos fablamos fyuza deuer avemos |
| S 818-2 | en -la firme palabla es la fe que tenemos |
| S 818-3 | sy en algo menguamos de -lo que prometemos |
| S 822-1 | lo que me prometistes pongo lo en aventura |
| S 822-2 | lo que yo vos promety tomad E aved folgura |
| S 823-4 | dar vos ha en chica ora lo que queredes far |
| S 824-2 | Respondiole la madre quien es que llama y |
| S 824-3 | Señora doña Rama yo que por mi mal vos vy |
| S 825-3 | corrida e amarga que me diz toda enemiga |
| S 826-3 | quel lyeue la sortija que traya vendiendo |
| S 828-3 | pues que fija Señora como esta nuestra cosa |
| S 829-1 | Preguntol la dueña pues que nueuas de aquel |
| S 829-2 | diz la vieja que nueuas que se yo que es del |
| S 830-2 | nin el grand amor me puede encobrir lo que ama |
| S 831-1 | Por que veo e conosco en vos cada vegada |
| S 836-4 | de -lo que -le prometistes non es cosa guardado |
| S 840-1 | fija perdet el miedo que se toma syn Razon |
| S 842-2 | con piedat e coyta yo lloro por quel farte |
| S 842-4 | por que veo que vos ama e vos quiere syn arte |
| S 843-4 | pues el amor lo quiere por que non vos juntades |
| S 844-1 | lo que tu me demandas yo eso cobdicio |
| S 847-3 | pues mi voluntad vees consejo me que faga |
| S 848-3 | verguença que fagades yo he de çelar |
| S 849-1 | Mas el que contra mi por acusar me venga |
| S 850-4 | El sera en nuestra ayuda vo -la fara desdezir |
| S 851-2 | el mormullo e el Roydo que -lo digan non ay quien |
| S 851-4 | marauillo me Señora esto por que detyen |
| S 853-2 | lo que el amor desea mi coraçon lo querria |
| S 854-1 | Non sabe que se faga sienpre anda descaminado |
| S 857-2 | façed byen su mandado del amor que vos ama |
| S 860-2 | oluidar o escusar aquello que mas amades |
| S 861-4 | jugaredes e folgaredes e dar vos he ay que nuezes |
| S 862-2 | muchas peras e duraznos que çidras e que mancanas |
| S 862-3 | que castanas que piñones e que muchas avellanas |
| S 862-4 | las que vos queredes mucho estas que seran sanas sanas |
| S 865-2 | otorgan lo que non deuen mudan su entendimiento |
| S 869-2 | que el romero fyto que sienpre saca çatico |
| S 870-3 | rrecabdat lo que queredes non vos tenga por çestilla |
| S 872-4 | yuy diz que es aquello que faz aquel rroydo |
| S 875-1 | Cyerto aqui quiere entrar mas por que yo non -le fablo |
| S 875-3 | non queblantedes mi pueras que del abbad de sant paulo |
| S 876-4 | entrad mucho en buen ora yo vere lo que faredes |
| S 877-3 | tan buen dia es oy este que falle atal çellada |
| S 878-2 | por que fyncauades con -el sola entre estas paredes |
| S 878-4 | El mejor cobro que tenedes vuestro mal que -lo calledes |
| S 879-3 | casamiento que vos venga por esto non -lo perderedes |
| S 881-2 | non la colgarian en -la plaça nin Reyrian de -lo que diz |
| S 882-4 | oy que as escarnida todas me son fallydas |
| S 885-1 | El que -la ha desonrrada dexala non -la mantyene |
| S 887-3 | lo que nunca se puede Reparar nin emendar |
| S 893-2 | quando fue Sano della que -la traya enfiesta |
| S 898-2 | vuestro atanbor sonante los sonetes que faz |
| S 901-2 | que -lo guardase todo mejor que -las ovejas |
| S 902-2 | pidio al lobo el asno que -le avya encomendado |
| S 903-1 | dixo al leon el lobo quel asno tal nasçiera |
| S 905-1 | la que por des-aventura e o -fue engañada |
| S 909-2 | dixela por te dar ensienpro non por que a -mi vino |
| S 910-4 | de dueña que yo vyese nunca fluy tan pagado |
| S 912-3 | busque trota conventos que siguiese este viaje |
| S 914-4 | que çerca de -la villa puso el arraual |
| S 917-4 | quered salyr al mundo a -que vos dios fizo nasçer |
| S 919-1 | Commo dize la fabla que del sabyo se saca |
| S 922-1 | ayna yerra omne que non es aperçebydo |
| S 922-4 | o -piensa byen que fables o calla faz te mudo |
| S 930-2 | E tal fazedes vos por que non tenedes otra |
| S 930-3 | tal vieja para vos guardadla que conorta |
| S 930-4 | que mano besa ome que -la querria ver corta |
| S 931-1 | Nunca jamas vos contesca e lo que dixe apodo |
| S 934-4 | ha vieja de mal seso que faze tal locura |
| S 935-3 | de -lo que ante creyan fue cada vno rrepiso |
| S 937-1 | ffizose corredera de -las que benden joyas |
| S 939-1 | la mi leal vrraca que dios mela mantenga |
| S 939-2 | tovo en -lo que puso non -lo faz toda menga |
| S 939-3 | diz quiero me aventurar a -que quier que me venga |
| S 944-1 | pasaron byen dos dias que me non pud leuantar |
| S 944-4 | dixe yo que buen manjar sy non por el escotar |
| S 947-4 | Ca nunca los oyo dueña que dellos mucho non rrixo |
| S 951-4 | quien busco lo que non pierde lo que tiene deue perder |
| S 952-4 | yo so la chata Rezia que a -los omnes ata |
| S 953-3 | el que de grado me paga non le fago enojo |
| S 953-2 | el que non quiere pagar priado lo despojo |
| S 956-2 | prometeme quier algo antes que me enoje |
| S 956-4 | conssejate que te abengas antes que te despoje |
| S 958-2 | E a -mi non me peso por que me lleuo acuestas |
| S 958-4 | fyz de -lo que y passo las copras de yuso puestas |
| S 959-3 | fade maja diz donde andas que buscas o -que demandas |
| S 960-3 | que por esta encontrada que yo tengo guardada |
| S 961-4 | fasta que algo me prometas por mucho que te arremetas |
| S 963-1 | la chata endiablada que santillan la confonda |

| | |
|---|---|
| S 967-3 | hadre duro non te espantes que byen te dare que yantes |
| S 972-4 | que mato al viejo rrando segund dize en moya |
| S 974-3 | coyde tomar el puerto que es de -la fuent fria |
| S 975-2 | que guardaua sus vacaz en aquesa rribera |
| S 977-1 | Commo dize la fabla del -que de mal nos quita |
| S 978-4 | que de tal guisa coje çigoñinos en nido |
| S 983-4 | dixe le que me mostrase la ssenda que es nueua |
| S 988-1 | a -la fuera desta aldea la que aqui he nonblado |
| S 992-2 | por que non fiz quando manda diz rroyn gaho envernizo |
| S 993-3 | vna sserrana lerda dire vos que -me avino |
| S 995-1 | que dize a -su amigo queriendol conssejar |
| S 995-2 | non dexes lo ganado por lo que as de ganar |
| S 995-3 | sy dexas lo que tyenes por mintroso coydar |
| S 995-4 | non avras lo que quieres poder te has engañar |
| S 996-1 | de quanto que paso fize vn cantar serrano |
| S 996-2 | este de yuso escripto que tyenes so la mano |
| S 998-1 | diz que buscas por esta tierra commo andas descaminado |
| S 998-3 | ella dixo non lo yerra el que aqui es cassado |
| S 999-4 | antes lo alcanço quel galgo |
| S1001-2 | non fallo alto nin baxo que me vença Segund cuedo |
| S1001-3 | quando a -la lucha me abaxo al que vna vez trauar puedo |
| S1002-3 | faras buen entendimiento dixel yo pide lo que quisieres |
| S1002-4 | E dar te he lo que pidieres |
| S1003-3 | diz dame vn prendero que sea de bermejo pano |
| S1005-4 | que ya vo por lo que pides |
| S1008-3 | la mas grande fantasma que vy en -este siglo |
| S1014-4 | los que quieren casar se aqui non sean sordos |
| S1021-2 | de quanto que me dixo E de su mala talla |
| S1021-4 | de -la que te non pagares veyla e Rye e calla |
| S1025-3 | diz tu que bien corres |
| S1027-3 | el -que en -ela posa |
| S1031-5 | que tengo guardada |
| S1033-5 | que nol coste nada |
| S1034-1 | vos que eso dezides |
| S1034-2 | por que non pedides |
| S1041-4 | del que non da algo |
| S1048-1 | Por que en grand gloria estas e con plazer |
| S1048-3 | la triste estoria que a -jhesu yazer |
| S1049-4 | judas el quel vendio su disçipulo traydor |
| S1050-2 | quel Caen Señores del noble vngento |
| S1052-2 | viste lo leuando feriendo que lastima |
| S1058-3 | tu que a -dios pagas da me tu bendiçion |
| S1059-1 | Los que -la ley de xpistus avemos de guardar |
| S1060-2 | Cuentan los profetas lo que sse ouo a -conplir |
| S1060-4 | la virgen que sabemos ssanta maria estar |
| S1062-3 | al que todos bendiçen por nos todos morio |
| S1062-4 | dios e omne que veemos en -el santo altar |
| S1063-4 | este dios en -que creemos fueron açotar |
| S1065-3 | las llagas quel llagaron son mas dulçes que miel |
| S1065-4 | a -los que en -el avemos esperança syn par |
| S1066-1 | a -los que creemos el nos quiera ssaluar |
| S1070-4 | vertyendo mucha ssangre de -lo que mas me asaño |
| S1075-2 | alguaçil de -las almas que se han de saluar |
| S1075-3 | a -ty carnal goloso que te non coydas fartar |
| S1078-2 | leuantose byen alegre de -lo que non me pesa |
| S1078-4 | yo justare con ella que cada año me sopesa |
| S1081-2 | vino don carnal que ante estaua esforçado |
| S1085-4 | que dan de -las espuelas a -los vinos byen tyntos |
| S1098-1 | por ende se alboroçaron del Roydo que oyeron |
| S1102-1 | El primero de todos que ferio a -don carnal |
| S1106-3 | synon por doña çeçina quel desuio el pendon |
| S1108-2 | diz la pixota al puerco do estas que non paresçes |
| S1108-3 | sy ante mi te paras que te he lo que mereçes |
| S1111-4 | las plazas que eran anchas fazian se le angostas |
| S1118-4 | esta mucho triste non falla quel confuerte |
| S1122-4 | los que con -el fyncaron non valyan dos castañas |
| S1125-1 | Troxieron los atados por que non escapasen |
| S1132-1 | Por que la penitençia es cosa preçiada |
| S1133-4 | saluo vn poquillo que oy disputado |
| S1134-1 | E por aquesto que tengo en coraçon de escreuir |
| S1135-3 | aquesto que yo dixiere entendet lo voz mejor |
| S1138-1 | quito quanto a -dios que es sabidor conplido |
| S1138-2 | mas quanto a -la iglesia que non judga de ascondido |
| S1140-4 | con -la misericordia de dios que -lo quiere saluar |
| S1144-1 | Muchos clerigos synples que non son tan letrados |
| S1145-2 | de -lo que fazer non pueden non se deuen entremeter |
| S1146-1 | que poder ha en -Roma el juez de cartajena |
| S1146-2 | o que juzgara en -françia el alcalde de rrequena |
| S1147-4 | saluo los del papa son en -si rreseruados |
| S1148-1 | los que son rreseruados del papa espirituales |
| S1149-4 | por que el sinple clerigo es desto tan osado |
| S1150-4 | son otros casos muchos de que son oydores |
| S1152-2 | los libros de ostiense que son grand parlatorio |
| S1154-2 | de poder que non avedes non seades judgador |
| S1155-4 | de -los casos que non son en -vuestra pertenençia |
| S1159-3 | que de -los casos grandes que vos distes vngente |
| S1160-3 | los Rios son los otros que han pontifical |
| S1161-1 | El frayle sobre dicho que ya voz he nonbrado |
| S1162-2 | diole esta penitençia que por tanto pecado |
| S1167-2 | E por que te perjuraste deziendo la mentira |
| S1178-1 | A -loz que alla van con el su buen talente |
| S1179-2 | por que en -la cuaresma biua linpio e digno |
| S1182-2 | fueron a -la iglesia non a -lo quel dezia |
| S1182-4 | de -lo que dixo en -casa ally se desdezia |
| S1191-3 | que por nos te lo diga commo seremos contigo |
| S1191-4 | de oy en quatro diaz que sera el domingo |
| S1194-2 | oy ha siete selmanas que fuemos desafiado |
| S1195-4 | guardat la que non fuya que todo el mundo en-arta |
| S1196-1 | E vaya el almuezo que es mas aperçebido |
| S1197-2 | dalda a -don almuerzo que vaya con -el mandado |
| S1200-1 | el que a -su enemigo non mata si podiere |
| S1203-3 | por ende non avia por que lidiar con su vençido |

**QUE** (cont.)

| | |
|---|---|
| S1208-1 | Estaua demudada desta guisa que vedes |
| S1210-4 | de dos enperadorez que al mundo han llegado |
| S1211-2 | a -rresçebyr los salen quantos que -los esperan |
| S1211-4 | los que amor atyenden sobre todos se esmeran |
| S1212-4 | de muchos que corren monte llenoz van loz oteroz |
| S1218-3 | al cablon que esta gordo el muy gelo pynta |
| S1219-1 | Tenia coffya en -la cabeça quel cabello nol ssalga |
| S1219-4 | a -la liebre que sale luego le echa la galga |
| S1220-3 | ssabuesos e podencos quel comen muchoz panes |
| S1220-4 | e muchos nocherniegos que saltan mata canes |
| S1226-4 | mas alegria fazen los que son maz mejores |
| S1228-3 | el corpudo laud que tyene punto a -la trisca |
| S1235-2 | muchos omnes ordenados que otorgan perdones |
| S1239-2 | e los de santa eulalya por que non se ensanen |
| S1244-1 | a -cabo de grand pieça vy al que -la traye |
| S1244-3 | non conpraria françia los paños que viste |
| S1246-3 | al que gela non besa tenian lo por villano |
| S1250-2 | non han de que te fagan seruiçios que te plegan |
| S1252-1 | Non te faran Seruiçio en -lo que dicho han |
| S1256-2 | que amauan falsa mente a -quantos laz amauan |
| S1256-4 | tarde cunplen o -nunca lo que afiuziauan |
| S1260-1 | Desque vy a -mi señor que non tenia posada |
| S1262-4 | tyenpo ha que non andude tan buena estaçion |
| S1267-1 | El mastel en -que se arma es blanco de color |
| S1268-4 | de -sseda son laz cuerdaz con que ella se tyraua |
| S1276-4 | echar de yuso yelos que guardan vino agudo |
| S1280-1 | lo mas que este andaua era viñaz podar |
| S1283-3 | con -este conpañero que -les dan lybertades |
| S1286-2 | con -los vientoz que faze grana trigo E çeteno |
| S1286-3 | faze poner estacaz que dan azeyte bueno |
| S1294-2 | al Segundo atiende el que va en delantera |
| S1294-4 | el que viene non alcança al otro quel espera |
| S1298-4 | por do yo entendiese que era o -que non |
| S1299-3 | por do el que lo oyere sera çertificado |
| S1301-3 | e por que enojo soso non vos querria ser |
| S1309-2 | yo veya las caras mas non lo que dezien |
| S1309-3 | mercado falla omne en -que gana sy se detyen |
| S1311-4 | pocos ally falle que me non llamasen padrasto |
| S1316-1 | los que ante son solos desque eran casados |
| S1316-4 | ca omne que es solo sienpre pienso cuydados |
| S1319-2 | con ellas estas cantigas que vos aqui Robre |
| S1323-3 | commo la marroquia que me corrio la vara |
| S1324-2 | fizose que vendie joyas Ca de vso lo han |
| S1325-1 | Dixol por que yva e dixole aquestos verssos |
| S1326-2 | dixo la dueña vrraca por que lo has de dexar |
| S1327-3 | fija qual vos yo daria que voz serie mandado |
| S1328-3 | el que al lobo enbia a -la fe carne espera |
| S1328-4 | estos fueron los versos que leuo mi trotera |
| S1331-4 | fe a -que buen amor qual buen amiga buscolo |
| S1335-4 | e la rroseta nouela que deuiera dezir ante |
| S1336-4 | que es para doñear preçiado e noble don |
| S1337-4 | E de muchas otraz guisaz que yo he oluidado |
| S1338-3 | los mas nobles presenta la dueña quez mas preçia |
| S1344-1 | ffuese a -vna monja que avia Seruida |
| S1346-3 | por el byen que me fezistes en quanto vos serui |
| S1349-3 | el omne piadoso que la vido aterida |
| S1351-3 | creçio con -el grand vyçio e con -el grand bien que tenia |
| S1356-1 | sseñora dixo la vieja por que so baldonada |
| S1356-4 | conteçe me como al galgo viejo que non caça nada |
| S1360-2 | el galgo querellandose dixo que mundo malo |
| S1366-4 | apenas quel pobre viejo falla ningud amigo |
| S1367-2 | serui vos que vyn e syruo en -lo que contesçe |
| S1367-3 | por que vyn syn presente la vuestra Saña cresçe |
| S1367-4 | e so mal denostada zegud que ya paresçe |
| S1368-2 | por lo que me dixiste yo mucho me ssenti |
| S1368-3 | de -lo que yo te dixe luego me arrepenty |
| S1368-4 | por que talente bueno entiendo yo en -ty |
| S1373-2 | mucho tozino lardo que non era salpreso |
| S1374-3 | mucha onrra le fizo e seruiçio quel plega |
| S1378-4 | alegrate E come de -lo que mas sabor |
| S1379-3 | el que teme la muerte el panal le sabe fiel |
| S1382-1 | Por -que tanto me tardo aqui todo me mato |
| S1382-2 | del miedo que he avido quando bien melo cato |
| S1389-2 | sy aver me podiese el que me conosçia |
| S1389-3 | al que el estiercol cubpre mucho rresplandesçeria |
| S1390-2 | que non saben que leem nin lo pueden entender |
| S1390-4 | que non les ponen onrra la qual deuian aver |
| S1391-4 | contesçel commo al gallo que escaria en -el muladar |
| S1392-4 | con -este mançebillo que vos tornaria moça |
| S1395-2 | en -lo que tu me dizes en ello penssare |
| S1395-4 | lo que mejor yo viere de grado lo fare |
| S1396-2 | E fallo a -la dueña que en la misa seya |
| S1396-3 | yuy yuy dixo Señora que nueva ledania |
| S1400-3 | que el vio con su Señora jugar en -el tapete |
| S1401-4 | demonstraua en -todo grand Amor que -la Amaua |
| S1402-3 | dauale cada vno de quanto que comia |
| S1404-2 | trayoles la farina que comen del açeña |
| S1404-4 | commo aquel blanchete que yaze so su peña |
| S1407-2 | nin dezir nin cometer lo que non le es dado |
| S1407-3 | lo que dios e natura han vedado E negado |
| S1409-1 | E por que ayer Señora vos tanto arrufaste |
| S1409-2 | por lo que yo dezia por byen vos ensanastez |
| S1409-3 | por ende non me atreuo a -preguntar que pensastez |
| S1409-4 | rruego vos que me digades en -lo que acordastez |
| S1410-2 | a -dezir me pastrañaz de -lo que ayer me fableste |
| S1412-3 | que entraua de noche la puerta ya çerrada |
| S1414-4 | dezian los que pasauan tente esa tras nochada |
| S1415-2 | o diz que buena cola mas vale que vn dinero |
| S1416-1 | El alfajeme pasaua que venia de ssangrar |
| S1417-1 | vna vieja passaua quel comio su gallina |
| S1417-3 | a -moças aojadaz E que han la madrina |

| | |
|---|---|
| S1418-2 | diz que buenaz orejaz son laz de la gulpeja |
| S1420-4 | lo que emendar non se puede non presta arrepentyr |
| S1421-2 | lo que fazer quisiere que aya del salyda |
| S1421-3 | ante que fazer cosa quel sea rretrayda |
| S1427-1 | Que onrra es al leon al fuerte al poderoso |
| S1427-4 | el que al amor vençe es loor vengoncoso |
| S1433-3 | puede fazer seruiçio quien non tyene que pechar |
| S1433-4 | el que non puede mas puede aprouechar |
| S1434-3 | el que poder non tyene oro nin fidalguia |
| S1439-3 | sy agora cantasses todo el pesar que trayo |
| S1442-4 | e es la magadaña que esta en -el cadahalso |
| S1444-2 | el omne que vos ama nunca lo esquiuedes |
| S1444-3 | todas laz otras temen eso que vos temedes |
| S1447-2 | non somos nos señeras que miedo vano tenemos |
| S1448-2 | faze tener grand miedo lo que non es de temer |
| S1449-3 | en tal manera tema el que bien quiere beuir |
| S1451-2 | E a -todas las monjaz que tenedes freylia |
| S1451-3 | por vna syn ventura muger que ande rradia |
| S1453-2 | que dio a -su amigo mal consejo e mal cabo |
| S1455-2 | con -la forca que por furto ando desorejado |
| S1456-2 | vino a -el vn diablo por que non -lo perrdiese |
| S1458-2 | llamo a -su amigo quel conssejo aquesto |
| S1459-3 | pon mano en -tu Seno E dalo que fallaras |
| S1461-3 | non fallo por que muera prendistez le de -balde |
| S1463-2 | vino el malo E dixo a -que me llamas cada dia |
| S1465-2 | estar su mal amigo diz por que non me acorres |
| S1465-3 | rresspondio el diablo E tu por que non corres |
| S1466-2 | con vna freyla suya que me dize trayle trayle |
| S1470-1 | El diablo quexose diz ay que mucho pesaz |
| S1470-4 | me troxieron a -esto por que tu me sopesaz |
| S1471-2 | e di melo que vieres toda cosa que sea |
| S1471-4 | tus pies descalabrados e al non se que vea |
| S1473-1 | Respondio el diablo todo esto que dixiste |
| S1473-2 | E mucho mas dos tanto que ver non -lo podiste |
| S1473-4 | non pudo mas sofrirte tenlo que mereçiste |
| S1474-3 | que yo tengo travadaz mis pies tienen sangrias |
| S1476-1 | El que con -el diablo faze la su criança |
| S1479-1 | Non es dicho amigo el que da mal conssejo |
| S1479-3 | al que te dexa en coyta nol quieras en -trebejo |
| S1479-4 | al que te mata so capa nol salues en conçejo |
| S1480-2 | mas yo non vos conssejo eso que voz creedes |
| S1480-3 | si non tan sola mente ya voz que -lo fabledes |
| S1481-1 | farias dixo la dueña Segund que ya te digo |
| S1481-2 | que fizo el diablo al ladron su amigo |
| S1482-1 | Diz la vieja Señora que coraçon tan duro |
| S1482-2 | de eso que vos rresçelades ya vos yo asseguro |
| S1483-3 | cunple otear firme que es çierto menssajero |
| S1490-2 | sseñora diz la fabla del que de feria fuxo |
| S1490-3 | la merca de tu vço dios que -la aduxo |
| S1494-3 | se -que el que al lobo enbia a -la fe carne espera |
| S1496-1 | De -lo que cunple al fecho aquesto le dezit |
| S1496-2 | lo que cras le fablardes vos oy lo comedit |
| S1502-1 | oteome de vnos ojos que paresçian candela |
| S1506-3 | a -morir han los onbrez que son o -seran nados |
| S1510-1 | fija mucho vos saluda vno que es de alcala |
| S1510-3 | el criador es con vusco que desto tal mucho ha |
| S1513-4 | el cantar que non sabes oylo a -cantaderaz |
| S1514-1 | Cantares fiz algunoz de çiega dellos ziegos |
| S1514-2 | E para escolarez que andan nocheriniegos |
| S1515-3 | de -los que he prouado aqui son Señalados |
| S1518-4 | por que trota conventos ya non anda nin trota |
| S1519-2 | murio a -mi seruiendo lo que me desconuerta |
| S1519-4 | me fue despues çerrada que antes me era abierta |
| S1520-3 | enemiga del mundo que non as semejante |
| S1520-4 | de tu memoria amarga non es que non se espante |
| S1521-1 | Muerte al que tu fieres lieuas telo de belmez |
| S1524-2 | al alma que -lo puebra lieuas tela de priesa |
| S1525-3 | en punto que tu vienes con tu mala venida |
| S1526-1 | los que aman E quieren e quien ha avido su conpaña |
| S1528-3 | el que byuo es bueno e con mucha nobleza |
| S1529-2 | ome sabio nin neçio que de ty byen de-parta |
| S1529-3 | en -el mundo nin ha cosa que con byen de ti se parte |
| S1529-4 | saluo el cueruo negro que de ty muerte se farta |
| S1530-3 | el que byen fazer podiese oy le valdria mas |
| S1531-3 | el byen que fazer podierdes fazed lo oy luego |
| S1532-3 | el byen que faras cras palabla es desnuda |
| S1537-1 | los que son mas propyncos hermanas E hermanas |
| S1537-2 | non coydan ver la ora que tangan las canpanas |
| S1538-4 | el que lieua lo menos tyene se por peor |
| S1540-3 | lo mas que sienpre fazen los herederos nouiçioz |
| S1541-3 | por lo que ellos andauan ya fallado lo han |
| S1543-3 | non ha omne que faga su testamento byen |
| S1544-3 | sy non de que es muerto quel come coguerço |
| S1544-4 | en -ty tienes la tacha que tiene el mestuerço |
| S1545-1 | faze doler la cabeça al que lo mucho coma |
| S1545-2 | otrosi tu mal moço en punto que assoma |
| S1547-3 | non ay omne que te sepa del todo denostar |
| S1550-2 | con quien mata e muere e con qual quier que mal faze |
| S1550-4 | non ha cosa que nasca que tu rred non en-laze |
| S1555-2 | los que eran lynpieça feziste los manzillas |
| S1556-1 | El Señor que te fizo tu a -este mataste |
| S1556-3 | al que tiene el çielo e la tierra a -este |
| S1559-3 | dionos vida moriendo al que tu muerte diste |
| S1559-4 | saco nos de cabptiuo la cruz en -quel posiste |
| S1560-1 | A -santos que tenias en tu mala morada |
| S1562-2 | que los tenies en -las penas en -las tus malas arcas |
| S1562-3 | al cabdillo de moysen que tenias en -tus baraças |
| S1562-4 | profectas E otros santos muchos que tu abarcas |
| S1564-3 | el nos lieue consigo que por nos muerte priso |
| S1565-1 | a -los perdidos malos que dexo en -tu poder |
| S1566-2 | aquel nos guarde de ty que de ty non se guarda |
| S1566-4 | a -venir es a -tu rrauia que a -todo el mundo escarda |

**QUE**

| | (cont.) |
|---|---|
| S1567-4 | que defender me quiera de tu venida mortal |
| S1568-2 | que oviste con-migo mi leal vieja dola |
| S1571-1 | a -dios merçed le pido que te de la su gloria |
| S1572-4 | el que saluo el mundo el te de saluaçion |
| S1574-3 | non se omne nin dueña que tal oviese perdida |
| S1574-4 | que non tomase tristeza e pesar syn medida |
| S1575-3 | todos los que -lo oyeren por dios nuestro Señor |
| S1576-1 | vrraca muer se yago so esta Sepultura |
| S1578-1 | El que aqui llegare si dios le bendiga |
| S1579-3 | ca non vee la ora que vos lyeue consigo |
| S1582-3 | enemigos que nos quieren fazer sieruos captiuos |
| S1584-4 | que vençamos nos a -ellos quiero vos dezir quales |
| S1585-2 | dones de spiritu santo que nos quiera alunbrar |
| S1587-3 | con -tal loriga podremos con cobdiçia que nos trança |
| S1592-3 | spiritu de fortaleza que nos quiera ayudar |
| S1594-1 | yra nos es enemiga e mata muchos ayna |
| S1597-2 | que es de cuerpo de dios sacramento e ofiçio |
| S1597-4 | con tal graçia podremos vençer gula que es viçio |
| S1598-2 | contra esta enemiga que nos fiere con saetas |
| S1600-3 | esta cada dia pare do quier quel diablo posa |
| S1601-1 | Contra esta a sus fiios que ansy nos de-vallen |
| S1601-3 | E penssemos pensamientos que de buenas obras salen |
| S1603-1 | Contra los trez prinçipales que non se ayunten de consuno |
| S1605-3 | por que el dia del juyzio sea fecho a -nos conbyd |
| S1605-4 | que nos diga jhesu xpisto benditos a -mi venid |
| S1607-1 | Del que mucho fabla Ryen quien mucho rrie es loco |
| S1607-3 | dueñas ay muy grandes que por chicas non troco |
| S1608-3 | dezir vos he de dueñas chicaz que -lo avredes por juego |
| S1611-4 | non ha plazer del mundo que en -ella non sienta |
| S1614-3 | la muger que es chica por eso es mejor |
| S1618-2 | el pecado que sienpre de todo mal es maço |
| S1621-2 | quando non tenia que comer ayunaua el pecador |
| S1622-1 | Pero sy diz la fabla que suelen Retraher |
| S1624-2 | dixo dad me vn cantar E veredes que Recabdo |
| S1625-1 | Dil aquestos cantarez al que de dios mal fado |
| S1625-4 | que a -mi non te enbia nin quiero tu mandado |
| S1626-1 | Por que santa maria Segund que dicho he |
| S1627-2 | que si lo oye alguno que tenga muger fea |
| S1627-3 | o sy muger lo oye que su marido vil sea |
| S1629-1 | qual quier omne que -lo oya sy byen trobar sopiere |
| S1629-3 | ande de mano en mano a quien quier quel pydiere |
| S1631-4 | syn la que se a-lega en -la Razon fermosa |
| S1634-3 | que fazen muchos e muchas a -otras con sus engaños |
| S1635-2 | que te sirua toda via |
| S1636-1 | por que seruir te cobdiçio |
| S1636-4 | los tus gozos que canto |
| S1639-7 | que viste morir en cruz |
| S1642-6 | que -la estoria canta |
| S1644-2 | que gozo tan maño |
| S1647-6 | que grand alegria |
| S1649-4 | que nasçio por saluar noz |
| S1650-2 | que vos vien demandar |
| S1652-1 | El byen que por dios feçierdes |
| S1652-2 | la lymosna que por el dierdes |
| S1654-1 | Por vna Razion que dedes |
| S1657-2 | xpristos tanto que noz quiso |
| S1657-3 | que por noz muerte priso |
| S1662-9 | por que loe a -ty fermosa |
| S1664-6 | por el fijo que pariste |
| S1664-7 | por la graçia que oviste |
| S1666-6 | que por nuestro esquiuo mal |
| S1667-7 | que meresca egualdad |
| S1668-3 | El que loa tu figura non lo dexes oluidado |
| S1669-2 | al que es tu seruidor bien lo libraz de lygero |
| S1670-2 | por lo qual a -ty bendigo que me guardes de quebranto |
| S1672-4 | por la tu merçed que es tanta que dezir non la podria |
| S1674-5 | de aqueste dolor que siento |
| S1676-2 | que non ha conparaçion |
| S1677-4 | en -que so coytado triste |
| S1677-8 | Al que quieres E quisiste |
| S1680-2 | que veo mal pecado |
| S1683-2 | esquiuo tal por que pienso ser muerto |
| S1683-4 | que me saque a -puerto |
| S1685-4 | por que eres sañosa |
| S1686-4 | que me fazes sofrir |
| S1691-1 | aqueste açipreste que traya el mandado |
| S1692-3 | ay viejo mezquino en -que envegeçi |
| S1692-4 | en ver lo que veo E en ver lo que vy |
| S1694-1 | Cartas eran venidaz que dizen en esta manera |
| S1694-4 | qual quier que -la touiese descomulgado era |
| S1695-1 | Con aquestas rrazones que -la carta dezia |
| S1698-1 | que yo dexe a -ora-buena la que cobre antaño |
| S1700-1 | Demando los apostolos E todo lo que mas vale |
| S1701-2 | que era desta orden confrade derechero |
| S1703-3 | que faze muchas vezes rrematar los ardorez |
| S1704-1 | Por que suelen dezir que el can con grand angosto |
| S1705-2 | diz aqueste arçobispo non se que se ha con noz |
| S1705-3 | el quiere acalañar nos lo que perdono dios |
| S1706-2 | non ha el arçobispo desto por que se sienta |
| S1706-4 | huerfana la crie esto por que non mienta |
| S1707-3 | por que si el arçobispo tiene que es cosa que es maldad |
| S1708-1 | Don gonçalo canonigo Segud que vo entendiendo |
| S1708-2 | es este que va de sus alfajaz prendiendo |
| S1708-2 | que -la acoje de noche en casa avn que gelo defiendo |
| F 4 | sino de hueso duro mas fuerte que de leon |

**QUE** **(H)**

| P 63 | que obraz sienpre estan en -la buena memoria |
|---|---|
| P 64 | que con buen entendimiento |
| P 72 | Como quier que a -laz vegadaz |
| P 92 | E avn digo que viene de -la pobledad de -la memoria |
| P 94 | ansi que non puede amar el bien |
| P 96 | E viene otrosi esto por rrazon que -la natura vmana |
| P 97 | que mas aparejada E jnclinada ez al mal que al bien |
| P 104 | por rrazon que la memoria del ome desleznadera ez |
| P 108 | maz ez de -la diuinidat que de -la vmanidad |
| P 148 | E querran maz amar a -si mesmoz que al pecado |
| P 149 | que la ordenada caridad de -si mesmo comiença |
| P 169 | que guarde bien laz trez cosaz del Alma |
| P 170 | lo primero que quiera bien entender |
| P 176 | E dioz sabe que la mi jntençion non fue de -lo fazer |
| P 185 | Ca dize sant gregorio que menoz firien al onbre |
| P 193 | Segund que esta çiençia Requiere |
| S 7-2 | que con elloz serias ante Reys dezidorez |
| S 10-3 | ffaz que todo se torne sobre los mescladorez |
| S 12-3 | que pueda de cantares vn librete Rimar |
| S 12-4 | que los que lo oyeren puedan solaz tomar |
| S 13-3 | que pueda fazer vn libro de buen amor aqueste |
| S 16-1 | Non tengadez que ez libro neçio de devaneo |
| S 16-2 | nin creadez que ez chufa algo que en -el leo |
| S 17-1 | El axenuz de fuera mas negro es que caldera |
| S 17-2 | es de dentro muy blanco mas que -la peña vera |
| S 21-3 | que pueda con deuoçion |
| S 22-3 | nazarec creo que sea |
| S 33-4 | que de tus gozos ayna |
| S 34-4 | que a -la grand culpa mia |
| S 38-4 | que el tu fijo veuia |
| S 38-6 | que viera a -el |
| S 42-2 | que tu fijo el saluador |
| S 44-2 | que omne a -sus coydadoz que tiene en coraçon |
| S 44-4 | que la mucha tristeza mucho coydado pon |
| S 45-3 | cada que las oyerdes non querades comedir |
| S 47-1 | ansy fue que rromanos las leyes non avien |
| S 47-3 | rrespondieron los griegos que non las merescien |
| S 47-4 | nin las podrian en-tender pues que tan poco sabien |
| S 48-2 | que ante les convenia con sus sabios disputar |
| S 49-1 | Respondieron rromanos que -les plazia de grado |
| S 49-4 | que disputasen por señas por señas de letrado |
| S 51-2 | que tomasen vn rribaldo vn vellaco Romano |
| S 59-2 | por señas al rromano e que -le rrespondiera |
| S 59-3 | diz yo dixe que es vn dioz El rromano dixo que era |
| S 60-1 | yo dixe que era todo a -la su voluntad |
| S 60-2 | rrespondio que en su poder tenie el mundo E diz verdat |
| S 60-3 | desque vi que entendien e crey en -la trinidad |
| S 60-4 | entendien que meresçien de leyes çertenidad |
| S 61-2 | diz dixo me que con su dedo que me quebrantaria el ojo |
| S 62-1 | que yo le quebrantaria ante todas las gentes |
| S 62-3 | dixo me luego apos esto que -le parase mientes |
| S 62-4 | que me daria grand palmada en los oydos Retinientes |
| S 63-1 | yo le Respondi que -le daria vna tal puñada |
| S 63-2 | que en tienpo de su vida nunca la vies vengada |
| S 63-3 | desque vio -que -la pelea tenie mal aparejada |
| S 64-3 | veras que bien es dicha si bien fuese entendida |
| S 65-3 | que saber bien e mal dezir encobierto e doñeguil |
| S 66-3 | a -trobar con locura non creas que me muevo |
| S 69-1 | Do coydares que miente dize mayor verdat |
| S 72-4 | que por obra se prueua el sabio e su fablar |
| S 73-1 | que diz verdat el sabio clara mente se prueua |
| S 73-4 | E quanto mas el omne que a -toda cosa se mueva |
| S 74-1 | Digo muy mas del omne que de toda creatura |
| S 74-4 | cada que puede e quiere fazer esta locura |
| S 75-2 | commo quier que mas arde quanto mas se atiza |
| S 75-3 | el omne quando peca bien vee que desliza |
| S 77-1 | Assy fue que vn tienpo vna dueña me prisso |
| S 77-4 | Nunca al fizo por mi nin creo que fazer quiso |
| S 78-4 | mas mucho que non guardan los jodios la tora |
| S 80-3 | dize verdat la fabla que la dueña conpuesta |
| S 82-1 | Diz que yazie doliente el leon de dolor |
| S 83-2 | conbidaronle todas quel darian A -yantar |
| S 83-3 | dixieron que mandase quales quisiese matar |
| S 84-1 | ffizo partidor al lobo e mando que a -todoz diese |
| S 84-2 | el aparto lo menudo para el leon que comiese |
| S 84-4 | al leon dixo el lobo que -la mesa bendixiese |
| S 85-2 | comme la tu señor que -te sera buena e sana |
| S 85-4 | el leon fue sañudo que de comer avia gana |
| S 89-2 | que jamaz a -mi non vengas nin me digas tal enemiga |
| S 89-4 | que el cuerdo E la cuerda en mal ageno castiga |
| S 90-2 | que a -cabo de tienpo non sea bien sabida |
| S 91-2 | enbio me mandar que punase en fazer |
| S 91-3 | algun triste ditado que podiese ella saber |
| S 92-2 | cantavalo la dueña creo que con dolor |
| S 92-4 | mas que yo podria sser dello trobador |
| S 93-2 | achaque le leuanta por que non le de del pan |
| S 94-1 | Que me loaua della commo de buena caça |
| S 94-2 | E que profaçaua della commo si fuese caraça |
| S 98-1 | Ansy ffue que -la tierra commenço a -bramar |
| S 98-2 | estaua tan fynchada que queria quebrar |
| S 99-2 | coydauan que era preñada atanto se dolia |
| S 99-3 | penssauan que grand sierpe o -grand bestia pariria |
| S 100-2 | E desque vino el dia que ovo de parir |
| S 101-4 | vete dil que me non quiera que nol quiero nil amo |
| S 103-3 | aquel es enganado quien coyda que engaña |
| S 104-2 | mande que gelas diesen de noche o al alua |
| S 105-2 | que las cosas del mundo todas son vanidat |
| S 107-1 | Sabe dios que aquesta dueña e quantas yo vy |
| S 109-2 | que era mala cosa la muger non -la diera |
| S 111-2 | que vna ave sola nin bien canta nin bien llora |
| S 113-1 | E por que yo non podia con -ella ansi fablar |
| S 114-3 | Ca devrien me dezir neçio e mas que bestia burra |
| S 117-1 | Coydando que -la avria |
| S 117-3 | que troxiese la pletesia |
| S 118-1 | dixo me quel plazia de grado |
| S 121-2 | santiguava me a -ella do quier que -la fallaua |
| S 125-3 | en -cabo saben poco que su fado les guia |

**QUE**      (cont.)

| | |
|---|---|
| S 127-3 | por que puede ser esto creo ser verdaderos |
| S 128-1 | Por que creas el curso destos signos atales |
| S 132-2 | mando que -los maestros fuesen muy bien guardados |
| S 133-2 | pidio al rrey su padre que -le fuese otorgado |
| S 133-4 | rrespondiole el rrey que -le plazia de grado |
| S 135-3 | diz vayamos nos Señor que -los que a -vos fadaron |
| S 139-4 | de su astrologia en -que non avie que dubdar |
| S 141-3 | por que creas mis dichos e non tomes dubdança |
| S 142-1 | Cyerto es que el rrey en su Regno ha poder |
| S 142-4 | para quien faze el yerro que pena deue aver |
| S 143-1 | Acaesçe que alguno ffaze grand trayçion |
| S 143-2 | ansi que por el fuero deue morir con rraçon |
| S 144-3 | que piedat e seruiçio meruio al rrey mouio |
| S 144-4 | por que del yerro fecho conplido perdon le dio |
| S 148-4 | pero mayor poder rretuuo en sy que les non dio |
| S 149-1 | Anssy que por ayuno e lymosna e oracion |
| S 150-2 | que judgam Segund natura por sus cuentos fermosos |
| S 151-2 | nin se astralabio mas que buey de cabestro |
| S 151-3 | mas por que cada dia veo pasar esto |
| S 153-1 | En este signo atal creo que yo nasçi |
| S 153-4 | a -muchas serui mucho que nada non acabesçi |
| S 154-1 | Commo quier que he provado mi signo ser atal |
| S 154-3 | pero avn que omne non goste la pera del peral |
| S 155-4 | que si mucho trabaja en mucho plazer byue |
| S 158-2 | otrosi su amiga maguer que sea muy fea |
| S 159-3 | mas noble que los otros por ende todo onbre |
| S 160-1 | Ca puesto que su signo sea de tal natura |
| S 160-3 | que buen es-fuerço vençe a -la mala ventura |
| S 161-3 | mas por que non me tengades por dezidor medroso |
| S 161-4 | es esta que el amor sienpre fabla mentiroso |
| S 163-4 | mas ante pudren que otra pero dan buen olor |
| S 166-3 | la costunbre es otra que natura cierta mente |
| S 166-4 | apenas non se pierde fasta que viene la muerte |
| S 167-1 | E por que es constunbre de macebos vsada |
| S 172-4 | leuadlo E dezidle que mal mercar non es franqueza |
| S 174-3 | que fallo vn grand mastyn començole de ladrar |
| S 176-1 | Por poca vianda que esta noche çenaria |
| S 177-2 | que tu furtes su thesoro que dexo en mi fealdat |
| S 178-2 | tanto siguio al ladron que fuyo de aquel çillero |
| S 180-2 | que si lo faz mi signo o -ssy mi mal asseo |
| S 184-4 | en ti fasta que el cuerpo e el alma van perder |
| S 185-4 | de quanto yo te digo tu sabes que non miento |
| S 187-1 | Eres tan enconado que do fieres de golpe |
| S 187-4 | que nol debatas luego por mucho que se enforce |
| S 190-2 | afynçaron le mucho que ya por su amor |
| S 190-3 | con dos que -se cassase primero con -la menor |
| S 191-3 | que al otro su hermano con vna e con mas non |
| S 191-4 | quisiese que -le casasen a -ley e a -bendiçion |
| S 192-1 | Respondio el cassado que esto non feçiesen |
| S 192-2 | que el tenia muger en -que anbos a -dos oviesen |
| S 193-3 | ante que fuese casado el garçon atan Reçio |
| S 194-2 | ante que fuese casado lygero la fazia |
| S 196-2 | que a -la otra donzella nunca mas la tomo |
| S 199-3 | creyeron al diablo que del mal se pagavan |
| S 200-4 | mas vieron que non era Rey para las castigar |
| S 208-2 | que tan presos los tienes en tu cadena doblada |
| S 213-2 | que tanto me persygues vienes me manso e quedo |
| S 214-2 | E maguer te presiese crey que te non matarya |
| S 214-3 | tu cada que a mi prendez tanta es tu orgullya |
| S 215-1 | Responde que te fiz por que me non diste dicha |
| S 219-2 | avarizia e loxuria que arden mas que estepa |
| S 221-4 | por que penan sus almas e los cuerpos lazraron |
| S 233-3 | que por su grand soberuia e su des-agradesçer |
| S 235-4 | toda maldat del mundo es do quier que tu seas |
| S 236-3 | antre muere que otro mas fraco e mas lazrado |
| S 238-3 | que a -las otras bestias espanta como trueno |
| S 245-3 | que fuerça e hedat e onrra salud e valentia |
| S 246-4 | ssyenpre me ffallo mal cada que te escucho |
| S 248-1 | Maguer que te es mandado por santo mandamiento |
| S 248-2 | que vistas al desnudo E fartes al fanbriento |
| S 248-4 | que nunca lo diste a -vno pidiendo telo çiento |
| S 249-1 | Mesquino tu que faras el dia de -la afruenta |
| S 250-1 | quando tu eras poble que tenias grand dolençia |
| S 250-3 | pidias a -dios que te diesen Salud e mantenençia |
| S 250-4 | E que partirias con pobles e non farias fallencia |
| S 252-4 | fisicos e maestros que queria fazer emienda |
| S 254-1 | Dyxo la grulla al lobo quel quisiese pagar |
| S 255-1 | byen ansy tu lo fazes agora que estas lleno |
| S 256-4 | el bien que omne le faze diz que es por su derecha |
| S 257-1 | Syenpre esta loxuria a do-quier que tu estas |
| S 261-4 | coydando que -lo sobia a -su torre por esto |
| S 262-4 | que quanto era en rroma en punto morio luego |
| S 263-1 | Anssy que -los rromanos fasta la criatura |
| S 265-3 | descanto el fuego que ardiese en -la leña |
| S 266-3 | fizole suelo de cobre Reluze mas que goma |
| S 267-4 | que sobiese vergilio acabase su vida |
| S 268-1 | El ssopo que era fecho por su escantamente |
| S 270-4 | sy vallestero la falla preçiala mas que saya |
| S 272-2 | e vido que sus pendolas la avian escarnida |
| S 273-4 | que de sy mesmo sale quien su vida desata |
| S 277-2 | temiendo que a -tu amiga otro le fabla en locura |
| S 284-1 | Por que tiene tu vezino mas trigo que tu paja |
| S 287-3 | a mejores que non ella era desagradesçida |
| S 288-4 | mas negra paresçia la graja que el erizo |
| S 292-4 | sy tienes que o -puedes a -la noche çahorar |
| S 293-4 | tu dizes al garçon que coma byen e non tema |
| S 296-2 | beuer tanto que yugo con sus fijas pues ves |
| S 299-4 | mas yr a -ty non puedo que tengo vn grand contrallo |
| S 303-3 | mas mata que cuchillo ypocras lo dezia |
| S 303-4 | tu dizes que quien byen come byen faze garçonia |
| S 304-2 | mas orgullo e mas bryo tyenes que toda españa |
| S 306-4 | vñas crio mayorez que aguila cabdal |
| S 307-2 | vos ved que yo soy fulano de -los garçones garçon |
| S 307-3 | dizes muchos baldones asy que de rrondon |
| S 308-1 | Con la grand yra sansson que -la su fuerça perdio |
| S 316-3 | que mucho ayna se puede todo su poder perder |
| S 317-2 | nunca quieres que de bondat faga nada |
| S 321-3 | dezia que non deuia lo ageno furtarllo |
| S 322-4 | dezie que non feziesen lo quel mas vsaua |
| S 326-1 | E digo que agora en -el mes que paso de feblero |
| S 328-2 | pido que -la condenedes por sentençia e por al non |
| S 328-3 | que sea enforcada e muerta como ladron |
| S 330-3 | pero yo te do de plazo que fasta dias veynte |
| S 333-4 | que el es fyno ladron e non falla quel farte |
| S 335-3 | vy que las dellogaua en aquellas erias |
| S 335-4 | ante que -las comiese yo gelas tome frias |
| S 337-1 | otrosy le opongo que es descomulgado |
| S 339-4 | en Reconvençion pido que mueran e non sean oydos |
| S 340-2 | pidieron al alcalde que les asignase dia |
| S 343-4 | ante que yo pronuncie e vos de la sentençia |
| S 344-3 | que sentençia daria o qual podria ser |
| S 345-4 | coydauan que jugaua e todo era rrenir |
| S 346-2 | que non podrian ser en vno acordados |
| S 346-4 | pyden que por sentençia fuesen de ally lybrados |
| S 352-1 | fallo que -la demanda del lobo es byen çierta |
| S 352-3 | fallo que -la Raposa es en parte byen çierta |
| S 354-3 | que -la costituçion deuiera ser nonblada |
| S 357-3 | contra juez publicado que su proçesso non val |
| S 358-1 | fallo mas que -la gulpeja pide mas que non deue pedir |
| S 358-2 | que de egual encriminal non puede Reconvenyr |
| S 361-4 | nin puede el alcalde mas que el derecho mandar |
| S 362-3 | fallo que ez prouado lo que la marfusa pon |
| S 363-3 | pronuncio que -la demanda quel fizo e propuso |
| S 364-1 | Pues el lobo confiesa que fizo lo que acusa |
| S 364-2 | E es magnifiesto e çierto que el por ello vsa |
| S 365-1 | Non le preste lo que dixo que con miedo e quexura |
| S 365-4 | que ado buen alcalde judga toda cosa ez segura |
| S 366-2 | pero que non la asueluo del furto tan ayna |
| S 366-3 | pero mando que non furte el gallo a -su vezina |
| S 366-4 | ella diz que non -lo tenie mas que le furtaria la gallyna |
| S 367-4 | nin fue el pleito contestado por que fueron escusados |
| S 368-2 | que avya mucho errado E perdido el su buen prez |
| S 369-1 | dixo les que byen podia el en -su pronunçiaçion |
| S 369-3 | que el de fecho ageno non fazia menzion |
| S 370-2 | que fecha la conclusyon en criminal acusaçion |
| S 371-2 | que el avie poder del Rey en su comision |
| S 374-2 | cum hiz qui oderunt paçem fasta que el salterio afines |
| S 377-3 | que -la lieue por agua e que de a -toda çima |
| S 378-2 | que la lyeue a -las vertas de la rrosaz bermejas |
| S 380-2 | mas que por oyr la missa nin ganar de dios perdon |
| S 381-2 | que -la vieja que tiene a -tu amiga presta |
| S 382-2 | ssusçipe me secundum que para la mi corona |
| S 382-4 | ella te dize quam dulçia que rrecubdas a -la nona |
| S 384-3 | la que viene a -tus visperas por byen que se rremanga |
| S 384-4 | con virgam virtutis tue fazes que de ay Retangan |
| S 389-4 | que non la fe de dios vete yo te conjuro |
| S 392-3 | non te menguan lysonjas mas que fojas en vyñas |
| S 392-4 | mas traes neçios locos que ay pyñones en piñas |
| S 396-2 | que fago tu mandado E sigua tu trebejo |
| S 396-4 | que aquel mingo oveja non es della parejo |
| S 405-1 | Natura as de diablo ado quier que tu mores |
| S 406-3 | fasta que -le echa el laço quando el pie dentro mete |
| S 408-2 | creçio tanto el rrio que maravilla era |
| S 408-3 | çerco toda su cueva que non salya de fuera |
| S 419-3 | non -le conviene al bueno que sea lyjongero |
| S 421-1 | Plaze me byen te digo que algo non te devo |
| S 421-4 | mucho mas te diria Saluo que non me atrevo |
| S 422-3 | por tanto non te digo el diezmo que podria |
| S 423-4 | que a -las vezes poca agua faze abaxar grand fuego |
| S 426-2 | de dueñas e de otras que dizes que ameste |
| S 427-1 | quisyste ser maestro ante que discipulo ser |
| S 428-2 | non quieras amar duenas que a -ty non avyene |
| S 430-3 | para que ella te quiera en su amor querer |
| S 431-2 | que non sea mucho luenga otrosi nin enana |
| S 431-4 | que de amor non sabe es como bausana |
| S 435-4 | que -la talla del cuerpo te dira esto a -guisa |
| G 436-2 | que bien leal te zea non sea su seruienta |
| G 436-4 | Non puede zer quien mal caza que non ze arrepienta |
| G 437-1 | puña en quanto puedaz que la tu menzajera |
| G 442-4 | ca tal coze vsan que saben bien çegar |
| G 443-2 | rruegal que te non mienta muestral buen amor |
| G 443-3 | que mucha mala bestia vende buen corredor |
| G 444-1 | si dexiere que la dueña non tiene mienbroz muy grandez |
| G 445-1 | si diz que -loz zobacoz tiene vn poco mojadoz |
| G 448-1 | guarte que non zea belloza nin barbuda |
| G 450-2 | es muy mas plazentera que otraz en doñear |
| G 451-1 | de tus joyaz fermozaz cada que dar podierez |
| S 452-4 | que el grand trabajo todas las cosas vençe |
| S 457-2 | que querian casamiento e andavan acuziossos |
| S 458-4 | coydando que tenian su cassamiento fecho |
| S 459-1 | dyxo les la dueña que ella queria casar |
| S 460-2 | yo soy mas perezosso que este mi conpanon |
| S 461-2 | fazia la syesta grande mayor que ome non vydo |
| S 461-4 | que por non abrir la boca de sed perdy el fablar mio |
| S 466-4 | veo tuerto suzio que sienpre mal catades |
| S 467-1 | buscad con quien casedes que -la dueña non se paga |
| S 474-2 | sy vieres que es burla dyme otra tan mañana |
| S 478-4 | desfizo se el cordero que del non fynca nada |
| S 479-1 | quando ella oyo que venia el pyntor |
| S 479-3 | dixole que -le pyntase commo podiesse mejor |
| S 480-4 | que ya don pytas pajas desta venia çertero |
| S 483-4 | que yo pynte corder E trobo este manjar |
| S 487-2 | mas garçon e mas ardit quel primero que ameste |

**QUE** (cont.)
S 487-3 el primero apost deste non vale mas que vn feste
S 489-4 que mucho o poco dal cada que podieres
S 493-2 que todos al dinero fazen grand homildat
S 495-4 a -los pobres dezian que non eran letrados
S 504-1 Pero que -le denuestan los monges por las plaças
S 504-4 mas condesyguos tyenen que tordos nin picaças
S 505-1 Commo quier que -los frayles E clerigos dyzen que aman a dios seruir
S 505-2 sy varruntan que el rrico esta ya para moryr
S 506-4 pues que se dizen pobles que quieren thessoreroz
S 507-4 cras cras nos lo avremos que nuestro es ya por fuero
S 513-3 que poco o que mucho non vaya syn logrero
S 516-4 non puede ser que a -tienpo a -byen non te rrecubda
S 518-3 non sera tan esquiua que non ayas mejoria
S 519-3 pero que todo el mundo por esto le acusa
S 520-4 non coyda ver la ora que con -el seya yda
S 521-1 Coyda su madre cara que por la sosañar
S 521-3 que por ende sera casta e la fara estar
S 522-2 que su madre non quedaua de ferir la e correlia
S 522-3 que mas la ençendia E pues devia por ella
S 528-3 que el vino fizo a loc con sus fijas boluer
S 532-3 grand tienpo ha que esto aqui a -dyos seruiendo
S 534-1 Non deves tener dubda que del vyno se faze
S 536-4 veras que mi conssejo te sera por byen avydo
S 537-3 desque vydo el dyablo que ya echaua çemiento
S 542-2 que non ay encobyerta que a -mal non rrevierta
G 554-2 Ca es mala ganançia peor que de logrero
G 556-4 que corderoz la pascua nin anzaronez zan juan
G 559-3 cuydara que a -la otra querriaz ante vençer
S 564-2 non te sepa que amas otra muger alguna
S 565-2 que tu entendera amase a frey moreno
S 566-4 que quier que por ti faga ten lo en poridat
S 568-4 diz que la buena poridat en buen amigo anda
S 575-2 pero que mi coraçon de trobar non se quita
S 576-4 falle que en -sus castigos syenpre vse beuir
S 578-4 que sy byen non abengo nunca mas aberne
G 580-2 mas val rrato acuçiozo que dia perezozo
G 583-3 fuy m(e) a doña venus que le leuaze menzaje
G 589-2 ende mayorez peligroz espera que an de zeer
G 589-3 Reçelo he que mayorez dapnoz me padran rrecreçer
G 590-1 qual carrera tomare que me non vaya matar
G 590-2 Cuytado yo que fare que non la puedo yo catar
G 590-4 pues que non fallo nin que me pueda prestar
G 591-2 he de buscar muchoz cobroz zegunt que me pertenezçen
G 592-3 que perdere melezina so esperança de guarir
G 594-2 Al monge e al buen amigo quel daran por auentura
G 594-4 que non el morir syn dubda e beuir en grant Rencura
S 598-3 es de mejores paryentes que yo e de mejor lugar
S 599-2 menos los preçia todos que a -dos viles sarmientos
S 602-2 muchas vezes gelo dixe que fynque mal denostado
S 603-2 tanto muy mas se quema que quando esta alongado
S 605-4 que non vayan syn conorte mi llaga e mi quexura
S 612-2 que non ha muger en -el mundo nin grande nin mocuela
S 612-4 que tarde o que ayna crey que de ty se duela
S 623-1 Maguer te diga de non E avn que se ensañe
S 623-4 non puede ser que non se mueva canpana que se tañe
S 625-1 sy vieres que ay lugar dile jugetes fermosos
S 628-3 tomara tan grand enojo que te querra aborresçer
S 629-1 Ado fablares con ella sy vieres que ay lugar
S 630-2 mas desea tal omne que todos byenes conplidos
S 632-3 muestran que tienen saña e son rregateras
S 633-1 Maguer que faze bramuras la duena que se doñea
S 633-4 los doñeos la vençen por muy braua que sea
S 634-3 non fynca por non querer cada que podieres
S 635-2 guarda non -lo entyenda que -lo lyeuas prestado
S 635-3 que non sabe tu vezino lo que tyenes condesado
S 636-4 mas val que fazer se pobre a -quien nol dara nada
S 637-4 ante salen a -la peña que por carrera derecha
S 640-4 desque vieres que dubda ve la tu afyncando
S 646-4 vna vez echale çeuo que venga segurada
S 647-2 luego que tu la vieres comiençal de fablar
S 650-2 vo a -fablar con -la dueña quiera dios que bien me Responda
S 653-2 que talle que donayre que alto cuello de garça
S 653-3 que cabellos que boquilla que color que buen andança
S 658-3 a -todos dy por rrespuesta que -la non queria non
S 659-1 abaxe mas la palabra dixel que en juego fablaua
S 659-3 desque vy que eran ydos que omne ay non fyncaua
G 661-3 que por vuestro amor me pena amo voz mas que a -dioz
G 663-1 rreçelo he que non oydez esto que uoz he fablado
G 663-3 cret que uoz amo tanto que non ey mayor cuydado
G 664-2 fasta que me rrespondadez a -estoz pocoz sermonez
G 665-3 non cuydedez que zo loca por oyr vuestraz parlillaz
G 668-2 Auet por bien que uoz fable ally zo aquel portal
G 670-2 vn poquillo que uoz diga la muerte mia
G 670-3 Cuydadez que voz fablo en engaño e en folia
G 670-4 E non ze que me faga contra vuestra porfia
G 671-2 que quanto voz he dicho de -la verdat non yerra
G 671-3 estadez enfriada mas que -la nief de -la sierra
G 671-4 e zodez atan moça que esto me atierra
G 672-2 cuydadez que -uoz fablo lizonga e vanidat
G 672-4 querriedez jugar con la pella mas que estar en poridat
G 675-2 pues que oy non me creedez o non es mi ventura
G 676-2 que vengadez otro dia a -la fabla zola miente
G 677-3 yr e venit a -la fabla que mugerez e varonez
G 678-1 pero que omne non coma nin comiença la mançana
G 680-4 non uoz consintre engaño cada que -lo entendiere
G 683-1 pero fio de dioz que a -vn tienpo verna
G 683-2 que qual es el buen amigo por laz obraz parescera
G 683-3 querria fablar non ozo tengo que uoz pezara
G 684-1 zeñora que me prometadez de -lo que de amor queremoz
G 684-2 que sy ouiere lugar e tienpo quando en vno estemoz
G 685-2 que por suz bezoz la dueña finca muy engañada
G 686-3 non sospeche contra mi que ando con sezo vano
G 686-4 tienpo verna que podremos fablar noz uoz e yo este verano
G 689-2 sy veye que -la oluido ella otro amara
S 694-1 Pues que syn dios non puede prestar cosa que sea
S 704-4 mas encubiertas encobrimos que meson de vezindat
S 706-2 ella si me non engaña paresçe que ama a -mi
S 708-1 aqui es bien mi vezina Ruego vos que alla vayades
S 708-2 E fablad entre nos anbos lo mejor que entendades
S 708-3 encobrid todo aquesto lo mas mucho que podades
S 708-4 açertad aqueste fecho pues que vierdes las voluntades
S 711-1 Dixo me que esta dueña era byen su conoszienta
S 711-3 ella diz pues fue casada creed que se non arrepienta
S 711-4 que non ay mula de aluarda que la troxa non consienta
S 712-2 que çiuera en molyno el que ante viene muele
S 713-1 Amigo non vos durmades que -la dueña que dezidez
S 713-4 vayan ante vuestros rruegos que los ajenos conbites
S 714-2 ca es omne muy escaso pero que es muy Rico
S 714-4 dio melo tan bien parado que nin es grande nin chico
S 716-4 por mi conssejo lo faze mas que non por su querer
S 717-1 Non vos dire mas rrazones que asaz vos he fablado
S 718-3 yo fare con mi escanto que se vengan paso a -pasillo
S 719-4 pero ante que vayades quiero voz yo castigar
S 721-2 fablad tanto E tal cosa que non vos aRepintades
S 722-3 que fablar lo que non -le cunple por que sea arrepentido
S 728-4 manso mas que vn cordero nunca pelear lo vyeron
S 730-3 creo byen que tal fijo al padre semejara
S 731-4 grand amor e grand ssaña non puede sser que non se mueva
S 732-2 creo que casaria el con vusco de buen grado
S 735-4 fasta que yo entienda e vea los talentos
S 739-1 creed me fija señora que quantos vos demandaron
S 740-2 que ya esse parlero me coydo engañar
S 741-4 que mal se laua la cara con lagrimas llorando
S 742-1 Dexa me de tus Roydos que yo tengo otros coydados
S 743-3 es la vyda sola mas que vaca corrida
S 744-3 muchos dizen que coydan parar vos talez lazos
S 744-4 fasta que non vos dexen en -las puertas llumazos
S 748-2 dixieron que se fuese que locura chirlaua
S 749-2 que arrancase la yerua que era ya pujada
S 749-3 que quien tanto la rriega e tanto la escarda
S 749-4 por su mal lo fazia maguera que se tarda
S 754-1 que muchos se ayuntan e son de vn conssejo
S 754-3 juran que cada dia vos leuaran a -conçejo
G 757-3 deso creo que estadez amariella e magrilla
G 757-4 que do zon todaz mugerez nunca mengua rrenzilla
G 759-3 fasta que pase el año de -loz lutus que tien
G 760-4 ternie que non podria zofrir grand tenporada
S 768-1 ssalio de aquel plado corrio lo mas que pudo
S 770-4 pues que dios vos aduxo quered la oy cantar
S 773-1 salyo mas que de passo fizo ende rretorno
S 774-4 que agora se cunple el mi buen adeuino
S 775-2 dios vos de paz comadre que por vos vine yo aqui
S 777-1 despues que vos ayas fecho este sacrifiçio
S 780-3 de -lo quel pertenesçe non sea des-deñoso
S 781-4 dezian que non conbrian tozino sin gallynas
S 785-1 ay que todos mis mienbros comiençan a -tremer
S 791-1 Pues que la mi Señora con otro fuer casada
S 791-4 pues que aver non la puedo mi muerte es llegada
S 792-1 Diz loco que avedes que tanto vos quexades
S 795-1 ffasta que su marido pueble el çementerio
S 799-4 por eso me dezides que es mia mi señora
S 802-1 Creed que verdat digo e ansy lo fallaredes
S 802-4 perdet esa tristeza que vos lo prouaredes
S 806-3 que quien amores tyene non los puede çelar
S 808-2 ella me diz que fable e non quiera dexallo
S 808-3 fago que me non acuerdo ella va començallo
S 811-1 Cada que vuestro nonbre yo le esto deziendo
S 811-4 paresçe que con-vusco non se estaria dormiendo
S 812-2 ella non me lo niega ante diz que vos ama
S 817-1 Madre vos non temades que en mentyra vos ande
S 819-3 que sera soberuiado del Rico poderoso
S 820-4 non son mas preçiados que -la seca sardina
S 822-4 que venga a mi posada a -vos fablar segura
S 823-2 Ruego vos que seades omne do fuer lugar
S 824-4 que las mis fadas negras non se parten de mi
S 825-4 vno non se quien es mayor que aquella vyga
S 826-4 esta lleno de doblas fascas que non lo entyendo
S 828-2 que por ella con-vusco fablar omne non osa
S 829-4 que en pollo envernizo despues de sant migel
S 831-2 que sodes de aquel omne loçana mente amada
S 832-2 dezides me non maguer que sienpre vos encargo
S 832-4 que lo traedes muerto perdido e penado
S 837-2 pero que avn vos callades tan bien commo el ardedes
S 838-4 que venir aca cada dia non seria poridat
S 842-4 por que veo que vos ama e vos quiere syn arte
S 843-2 E veo que entre amos por egual vos amades
S 844-3 mas que nos al queramos por vos fazer seruicio
S 845-1 que yo mucho faria por mi amor de fyta
S 850-2 todo lo peor diga que podiere dezir
S 850-3 que aquel buen mançebo dulçe amor e syn fallyr
S 851-1 la fama non sonara que yo la guardare byen
S 853-3 grand temor gelo defiende que mesturada seria
S 855-4 mas quiero moryr su muerte que beuir penada
S 857-1 E pues que vos non podedes amatar la vuestra llama
S 860-1 Mas çierto fija Señora yo creo que vos cuydades
S 860-4 que si non la muerte sola non parte las voluntades
S 861-1 verdat es que -los plazeres conortan a -las de vezes
S 864-3 nunca dios lo quiera fija que de ally nasca contyenda
S 864-4 yremos calla callando que otre non nos lo entyenda
S 866-4 andan por escarneçerla coyda que es amada e quista
S 867-4 yo me verne para vos quando vyere que ay logar
S 869-1 byen se que diz verdat vuestro prouerbyo chico
S 869-2 que el romero fyto que sienpre saca çatico

| | |
|---|---|
| S 870-4 | que mas val verguença en faz que en coraçon manzilla |
| S 873-1 | Es omne o es viento creo que es omne non miento |
| S 874-3 | ally rraviaria agora que non puede tirar el fierro |
| S 878-1 | quando yo saly de casa puez que veyades las rredes |
| S 878-3 | a -mi non Retebdes fija que vos lo meresçedes |
| S 878-4 | El mejor cobro que tenedes vuestro mal que -lo calledes |
| S 879-1 | menos de mal sera que esto poco çeledes |
| S 879-2 | que non que vos descobrades E ansy vos pregonedes |
| S 879-4 | mejor me paresçe esto que non que vos enfamedes |
| S 880-1 | E pues que vos dezides que es el daño fecho |
| S 881-1 | Synon parlase la pycaça mas que -la codorniz |
| S 881-4 | que todos los omnes fazen commo don melon ortiz |
| S 890-1 | Pues que por mi dezides que el daño es venido |
| S 890-2 | por mi quiero que sea el vuestro byen avydo |
| S 891-4 | que lo felo de estoria diz panfilo e nason |
| S 896-1 | El leon dixo que merçed le faria |
| S 896-2 | mando que -lo llamasen que -la fiesta onrraria |
| S 896-4 | la gulhara juglara dixo quel llamaria |
| S 898-3 | que toda nuestra fiesta al leon mucho plaz |
| S 898-4 | que tornedes al juego en saluo e en paz |
| S 901-2 | que -lo guardase todo mejor que -las ovejas |
| S 903-2 | que sy el coracon E orejas touiera |
| S 903-4 | mas que -lo non tenia e por end veniera |
| S 905-2 | guarde se que non torne al mal otra vegada |
| S 906-3 | ya oystes que asno de muchos lobos lo comen |
| S 906-4 | non me maldigan algunos que por esto se encone |
| S 907-2 | que de vn grano de agraz se faze mucha dentera |
| S 908-4 | mis fablas e mis fazañas Ruego te que byen las mires |
| S 912-4 | que estass son comienço para el santo pasaje |
| S 913-1 | Sabed que non busque otro ferrand garçia |
| S 916-2 | catad qual vos trayo esta preçiosa sortija |
| S 917-2 | que quien le diese esta villa con todo su aver |
| S 918-1 | encantola de guisa que -la enveleño |
| S 919-2 | que çedaçuelo nueuo trez dias en astaca |
| S 919-4 | que non querria ser mas Rapaça nin vellaca |
| S 920-1 | que non mengua cabestro a -quien tyene çiuera |
| S 921-2 | que juga jugando dize el omne grand manzilla |
| S 921-3 | fue sañuda la vieja tanto que a -marauilla |
| S 923-2 | que nunca mal rretrayas a -furto nin en conçejo |
| S 923-4 | que commo el verdadero non ay tan mal trebejo |
| S 926-2 | nunca le digas trotera avn que por ti corra |
| S 926-4 | creo que si esto guardares que -la vieja te acorra |
| S 927-4 | nonbles e maestrias mas tyenen que Raposa |
| S 928-1 | Commo dize vn derecho que coyta non ay ley |
| S 928-4 | que estaua coytado commo oveja syn grey |
| S 929-2 | que quisiese perder saña de -la mala consseja |
| S 930-4 | que mano besa ome que -la querria ver corta |
| S 932-4 | el buen desir non cuesta mas que -la nesçedat |
| S 935-4 | dizen por cada canton que sea mal apreso |
| S 937-2 | ya vos dixe que estas paran causas e foyas |
| S 938-1 | otrosi vos dixe que estas tales buhonas |
| S 939-4 | E fazer que -la pella en Rodar non se tenga |
| S 940-1 | Agora es el tyenpo pues que ya non la guardan |
| S 940-3 | quanto de vos dixeron yo fare que -lo padan |
| S 942-3 | ca diz vos amigo que -las fablas verdat son |
| S 942-4 | se que el perro viejo non ladra a -tocon |
| S 945-3 | moço malo moço malo mas val enfermo que sano |
| S 946-2 | açipreste mas es el rroydo que -las nuezes |
| S 948-2 | de-mando vos perdon que sabed que non querria |
| S 949-1 | non puede ser que non yerre omne en grand Raçon |
| S 955-4 | E por dios da me possada que el frio me atierra |
| S 956-2 | prometeme que quiera antes que me enoje |
| S 956-3 | non temas syn das algo que -la nieue mucho moje |
| S 956-4 | consejate que te abengas antes que te despoje |
| S 960-3 | que por esta encontrada que yo tengo guardada |
| S 961-3 | fasta que algo me prometas por mucho que te arremetas |
| S 962-3 | tirate de -la carrera que non trax para ty nada |
| S 962-4 | que non avras aqui passada |
| S 964-2 | fascas que me amenazaua pagan sinon veras juego |
| S 970-4 | creo que vo entendiendo |
| S 971-4 | creo que ffiz buen barato |
| S 973-4 | desque vy que -la mi bolsa que -se paraua mal |
| S 974-2 | mas non vine por locoya que joyas non traya |
| S 976-1 | ssemejas me diz sandio que ansy te conbidas |
| S 976-3 | sy non yo te fare que mi cayada midas |
| S 978-2 | ally proue que era mal golpe el del oydo |
| S 979-3 | non te ensañes del juego que esto a -las vegadas |
| S 981-4 | dixo me que jugasemos el juego por mal de vno |
| S 982-2 | que ayuno E arreçido non ome podria solazar |
| S 983-2 | que pan E vino juega que non camisa nueva |
| S 983-4 | dixe le que me mostrase la ssenda que es nueva |
| S 984-1 | Rogome que fyncase con ella esa tarde |
| S 984-2 | ca mala es de amatar el estopa de que arde |
| S 985-4 | ande lo mas que pud ayna los oteros |
| S 986-2 | non es mucho fermoso creo que non comunal |
| S 986-3 | fasta que el libro entyendas del byen non digas nin mal |
| S 994-1 | Preguntome muchas cosas coydos que era pastor |
| S 994-3 | coydos que traya rodando en derredor |
| S1005-4 | que ya vo por lo que pides |
| S1007-4 | antes dize la piedra que sale el al-horre |
| S1009-2 | rroguel que me quisiese ese dia dar posada |
| S1009-3 | dixo me quel plazia sil fuese bien pagada |
| S1010-2 | ca byen creed que era vna grand yegua cavallar |
| S1012-2 | cabellos muy negros mas que corneja lysa |
| S1012-4 | mayor es que de yegua la patada do pisa |
| S1013-1 | las orejas mayores que de añal burrico |
| S1014-3 | las sobreçejas anchas e mas negras que tordos |
| S1015-1 | Mayores que -las mias tyene sus prietas baruas |
| S1015-3 | creo que fallaras de -las chufetas daruas |
| S1016-4 | sus touillos mayores que de vna añal novilla |
| S1017-1 | mas ancha que mi mano tyene la su muñeca |
| S1018-1 | El su dedo chiquillo mayor es que mi pulgar |
| S1018-4 | byen sentiria tu cabeça que son viga de lagar |
| S1019-2 | dauan le a -la çinta pues que estauan dobladas |
| S1020-3 | digo te que non vy mas nin te sera mas contado |
| S1038-2 | quiero que -lo oyas |
| S1043-4 | torne Rogar a -dios que non diese a -oluido |
| S1055-3 | mas al mundo presta que dende vino luz |
| S1056-2 | que por su persona el sol escuresçio |
| S1058-4 | que sea yo tuyo por sienpre seruidor |
| S1060-3 | diz luego ysayas que -lo avya de parir |
| S1061-2 | que el cordero vernia e saluaria la ley |
| S1065-3 | las llagas quel llagaron son mas dulçes que miel |
| S1070-1 | ssabed que me dixeron que ha çerca de vn año |
| S1070-2 | que anda don carnal sañudo muy estraño |
| S1071-3 | que por mi e por mi ayuno e por mi penitençia |
| S1071-4 | que lo des-afiedes luego con mi carta de creençia |
| S1072-1 | dezid le de todo en todo que de oy siete dias |
| S1072-4 | creo que se me non detenga en -las carneçerias |
| S1073-3 | que non diga su gente que non fue aperçebida |
| S1076-2 | que seades con migo en -el canpo alla batalla |
| S1077-2 | vy que venia a -mi vn fuerte mandado |
| S1079-4 | que venga aperçebido el martes a -la lyd |
| S1088-3 | que ya muchas vegadaz lydie con don aly |
| S1090-3 | dalle he la sarna e diuiesos que de lydiar nol mienbre |
| S1097-2 | que tenia cada vno ya la talega llena |
| S1098-3 | non avia marauilla que sus mugeres perdieron |
| S1102-4 | tovo doña quaresma que era suyo el Real |
| S1110-4 | mas negra fue aquesta que non la de larcos |
| S1115-4 | mando que -los echasen en sal de vyllenchon |
| S1123-2 | que estaua amarillo de dias mortezino |
| S1123-3 | que non podia de gordo lydiar syn el buen vino |
| S1125-2 | dieron los a -la dueña ante que se aforrasen |
| S1125-3 | mando luego la dueña que a -carnal guardasen |
| S1126-2 | E que a -descolgallos ninguno y non vaya |
| S1127-1 | Mando a -don carnal que guardase el ayuno |
| S1127-2 | E que lo touiesen ençerrado ado non -lo vea ninguno |
| S1127-4 | E quel dyesen a -comer al dia majar vno |
| S1129-3 | rrespondiole el flayre quel non serian perdonados |
| S1131-1 | Pues que de penitençia vos fago mençion |
| S1131-4 | que por la penitençia avredes saluaçion |
| S1133-2 | es pielago muy fondo mas que todo el mar |
| S1138-3 | es menester que faga por gestos e gemido |
| S1138-4 | sinos de penitençia puez es arrepentido |
| S1140-2 | pero que a -purgatorio lo va todo a -purgar |
| S1141-1 | Que tal contriçion ssea penitençia byen llena |
| S1142-3 | se yo que lloro lagrimas triste con amargura |
| S1145-1 | En esto yerran mucho que lo non pueden fazer |
| S1148-3 | serie mayor el rromançe que dos manuales |
| S1149-1 | Pues que el arçobispo bendicho e conssagrado |
| S1158-1 | Pero por aquestos talez deuedes les mandar |
| S1158-2 | que si antes que muera si podieren fallar |
| S1158-4 | que lo fagan e cunplan para mejor estar |
| S1159-2 | que si dende non muere quando fuere valiente |
| S1159-3 | que de -los casos grandes que vos distes vngente |
| S1163-4 | que non veas el mundo nin cobdicies el mal |
| S1164-4 | nin bolueras pelea Segund que la as ducha |
| S1165-1 | Por tu grand avariçia mando te que el martes |
| S1165-2 | que comas los formigos e mucho non te fares |
| S1165-4 | para por dios lo otro todo te mando que apartes |
| S1169-3 | commo quier que algund poco en -esto lazraraz |
| S1174-4 | que todo non lo muda sobre linpio librillo |
| S1177-4 | que vayan a -la iglesia con conçiençia clara |
| S1178-3 | dizenlez que -se conoscan E lez venga miente |
| S1178-4 | que son çeniza e tal tornaran çierta mente |
| S1181-4 | oyremos pasion pues que baldios estamos |
| S1182-1 | Resspondiole don ayuno que desto le plazia |
| S1187-3 | en tres dia lo andudo semeja que bolaua |
| S1192-4 | que de ty non ayamoz el cuero maduro |
| S1195-1 | A la des-afiedes antes que dende parta |
| S1195-3 | guardat la que non fuya que todo el mundo en-arta |
| S1196-2 | digale que el domingo antes del sol salido |
| S1199-1 | Pero que ella non avia laz cartas rrescebidaz |
| S1201-1 | Dizen los naturales que non son solas laz vacaz |
| S1201-2 | mas que todaz las fenbraz son de coraçon fracaz |
| S1207-2 | calabaça bermeja mas que pyco de graja |
| S1208-3 | diz vos que me guardades creo que me non tomedes |
| S1208-4 | que a -todo pardal viejo nol toman en -todaz Redes |
| S1209-2 | diz tu carnal soberuio meto que non me falles |
| S1215-3 | mas vienen çerca della que en -granada ay moroz |
| S1229-3 | el salterio con ellos mas alto que -la mota |
| S1230-3 | la flauta diz con ellos mas alta que vn Risco |
| S1239-3 | todos manda que digam que canten e que llamen |
| S1241-4 | magne nobiscum domine que tañe a -conpletaz |
| S1242-2 | blanca rresplandeçiente mas alta que -la peña |
| S1256-1 | ally Responden todos que non gelo conssejauan |
| S1260-2 | E vy que -la contyenda era ya sosegada |
| S1262-1 | Su mesura fue tanta que oyo mi petiçion |
| S1263-2 | pero que en mi casa fyncaron los jnstrumentes |
| S1264-1 | Dyz mando que mi tyenda fynque en -aquel plado |
| S1265-3 | byen creo que de angeles fue tal cosa obrada |
| S1265-4 | que omne terrenal desto non faria nada |
| S1268-2 | creo que era rroby al fuego ssemejaua |
| S1269-4 | que si lo dezir puedo meresçia el beuer |
| S1277-4 | mas querrien estonçe peña que non loriga nin yjarez |
| S1283-2 | que pierden las obladas e fablen vanidades |
| S1284-1 | antes viene cueruo blanco que pierdan asneria |
| S1285-3 | fasta que pasa agosto non dexan de rrebuznar |
| S1289-3 | anda muy mas loçano que pauon en floresta |
| S1298-2 | coyde que soñaua pero que verdat son |
| S1298-3 | rrogue a -mi Señor que me diese rraçon |
| S1303-2 | atreui me e preguntel que el tyenpo pasado |
| S1304-2 | toda el andaluzia que non fynco y villa |

## QUE

**(cont.)**

| | |
|---|---|
| S1307-4 | vy que non podia sofrir aquel lazerio |
| S1310-4 | desque vy que me mal yua fuy me dende sañudo |
| S1313-1 | Otro dia mañana antes que fues de dia |
| S1314-1 | Syenpre do quier que sea pone mucho coydado |
| S1317-3 | rroguel que catase alguna tal garrida |
| S1318-1 | Dixo me que conosçia vna byuda loçana |
| S1319-1 | Con -la mi vejezuela enbiele ya que |
| S1322-3 | rrogue a -la mi vieja que me ovies piadat |
| S1322-4 | E que andudiese por mi passos de caridat |
| S1323-2 | dixo non querria esta que me costase cara |
| S1326-4 | ca mas val suelta estar la viuda que mal casar |
| S1327-2 | ca mas val buen amigo que mal marido velado |
| S1337-1 | ssabed que de todo açucar ally anda bolando |
| S1340-4 | para el amor todo que dueñas de sueraz |
| S1342-3 | todo es en -las monjaz mas que en otro lugar |
| S1344-2 | dixo me quel preguntara qual fue la tu venida |
| S1345-3 | para que a -vos sirua cada dia lo abyuo |
| S1346-4 | para vos lo querria tal que mejor non vy |
| S1350-3 | abiuo la culebra ante que la el asa |
| S1351-4 | tanto que sierpe grande a -todoz paresçia |
| S1352-2 | que ya non avia miedo de viento nin de elada |
| S1353-3 | ablaçolo tan fuerte que lo querria afogar |
| S1355-4 | conssejas me agora que pierda la mi alma |
| S1360-4 | agora que so viejo dizen que poco valo |
| S1361-3 | estonçes me loaua agora que so viejo me esquiua |
| S1365-3 | agora que non do algo so vil e despreçiado |
| S1369-1 | Mas temome e Reçelo que mal engañada sea |
| S1369-2 | non querria que me fuese comina al mur del aldea |
| S1372-3 | que el martes quisiese yr ver el su mercado |
| S1375-2 | vn manjar mejor que otro amenudo y anda |
| S1381-2 | que comer mill manjares corrido e syn solaz |
| S1383-4 | que mal pisa el omne el gato mal Rascaña |
| S1385-3 | que perder la mi alma con perdizez assadaz |
| S1388-2 | que a -ty nin a -çiento tales en -la mi mano |
| S1388-4 | que sy me conosçiesez tu andariaz loçano |
| S1392-3 | que con taça de plata e estar aloroça |
| S1398-2 | diez ansarez en laguna que çient bueyez en prado |
| S1403-4 | mas con prouecho syruo que mill tales blanchetes |
| S1406-4 | fasta que ya los palos se fazian pedaços |
| S1408-1 | quando coyda el bauieca que diz bien e derecho |
| S1409-4 | rruego vos que me digades en -lo que acordastez |
| S1410-4 | que conssentyr non deuo tan mal juego como este |
| S1412-2 | que -la presta gulhara ansi era vezada |
| S1413-4 | desta creo que sean pagados E escotados |
| S1415-2 | o diz que buena cola mas vale que vn dinero |
| S1415-4 | cortola e estudo mas queda que vn cordero |
| S1418-4 | cortolas E estudo queda mas que vn oveja |
| S1421-3 | ante que façer cosa quel sea rretrayda |
| S1426-3 | Señor diz non me mates que non te podre fartar |
| S1429-3 | diole muy muchas graçiaz e quel seria mandado |
| S1429-4 | en quanto el podiese quel siruirie de grado |
| S1436-2 | non querria que fuesen a -mi fiel E amargos |
| S1438-3 | mas que todaz las aves cantas muy dulçe mente |
| S1439-1 | Mejor que -la calandria nin que -la calandria gayo |
| S1439-2 | mejor gritas que tordo nin Ruy Señor nin gayo |
| S1439-4 | me tiraries en punto mas que otro ensayo |
| S1440-1 | bien se coydo el cueruo que con -el gorgear |
| S1440-2 | prazie a -todo el mundo mas que con otro cantar |
| S1440-3 | creye que a su lengua e el su mucho gadnar |
| S1440-4 | alegraua laz gentes mas que otro juglar |
| S1442-3 | muchos cuydan que guarda el viñadero e el paso |
| S1446-2 | dezien con -el grand miedo que se fuesen a -esconder |
| S1447-3 | Dixo la vna liebre conviene que esperemos |
| S1449-4 | que non pierda el es-fuerço por miedo de morir |
| S1451-4 | temedes vos que todaz yres por esa via |
| S1456-1 | Ante que el desposado penitençia presiese |
| S1456-3 | dixol que de su alma la carta le feciese |
| S1457-3 | prometiole el diablo que del nunca se parta |
| S1458-4 | non temas ten es-fuerço que non moras por esto |
| S1464-4 | el alcalde diz mando que sea enforcado |
| S1467-2 | Amigo valme valme que me quieren enforcar |
| S1467-4 | que yo te ayudare commo lo suelo far |
| S1468-3 | que yo te soterne Segund que otraz vegadaz |
| S1469-2 | coydando que era muerto todoz dende derramaron |
| S1470-2 | tan caros que me cuestan tus furtos e tus presaz |
| S1476-3 | por mucho que se tarde mal galardon alcança |
| S1478-2 | non viene dellos ayuda mas que de vnos alrrotes |
| S1482-3 | E que de vos non me parta en vuestraz manos juro |
| S1483-2 | que -la muger comiençe fablar de amor primero |
| S1484-1 | yo doña garoça que ayas buena ventura |
| S1484-4 | que de ese arçipreste me digas su figura |
| S1487-3 | mas gordos que delgadoz bermejos como coral |
| S1490-1 | A -la dueña mi vieja tan byen que -la enduxo |
| S1492-4 | yol fare cras que venga aqui a -este palaçio |
| S1493-2 | ve dil que venga cras ante buenas conpañas |
| S1493-3 | e dil que non me diga de aquestas tus fazanaz |
| S1494-3 | se -que el que al lobo enbia a -la fe carne espera |
| S1494-4 | la buena corredera ansy faze carrera |
| S1495-2 | cras dize que vayades fabladla non señero |
| S1495-4 | que -las monjaz non ze pagan del abbad fazañero |
| S1497-2 | que lieues esta carta ante que gelo yo diga |
| S1497-4 | puede ser que de -la fabla otro fecho se ssyga |
| S1498-3 | guardaz tenie la monja mas que -la mi esgrima |
| S1500-4 | que atal velo prieto nin que abitos çiento |
| S1501-1 | Pero que sea erranca contra nuestro Señor |
| S1501-4 | que fesiese penitençia desto fecho error |
| S1505-3 | que para amor del mundo mucho son peligrosaz |
| S1506-1 | Atal fue mi ventura que dos messes pasados |
| S1507-4 | que yerro E mal fecho emienda non desecha |
| S1508-2 | rrogue a -la mi vieja que me quisiese casar |
| S1509-2 | ya amiga ya amiga quanto ha que non vos vy |

| | |
|---|---|
| S1511-2 | que non gelo desdeñedes pues que mas traher non pud |
| S1512-1 | Desque vido la vieja que non Recabdaua y |
| S1512-3 | pues que al non me dezides quiero me yr de aqui |
| S1517-3 | commo quier que por fuerça dizenlo con vergoña |
| S1518-2 | que pesar e tristeza el engenio en-bota |
| S1519-1 | assy fue mal pecado que mi vieja es muerta |
| S1519-3 | non se como lo diga que mucha buena puerta |
| S1525-2 | que por bien que lo amen al omne en -la vida |
| S1530-1 | Cada dia le dizes que tu le fartaras |
| S1530-4 | que non atender a -ty nin a -tu amigo cras cras |
| S1531-4 | tened que cras morredes ca -la vida es juego |
| S1532-4 | vestid la con -la obra ante que muerte acuda |
| S1533-1 | quien en mal juego porfia mas pierde que non cobra |
| S1533-4 | que desque viene la muerte a -toda cosa sonbra |
| S1536-4 | si dizen que sanara todos gelo rrepuntan |
| S1537-4 | que non el parentesco nin a -las baruas canas |
| S1539-1 | Mucho fazen que luego lo vayan a -soterrar |
| S1539-2 | temense que -las arcas les han de des-ferrar |
| S1542-3 | que casara con mas rrico o -con moço valiente |
| S1543-2 | E maguer que cada esto ansi avien |
| S1543-4 | fasta que ya por ojo la muerte vee que vien |
| S1544-3 | sy non de que es muerto quel come coguerço |
| S1566-3 | ca por mucho que vyuamos por mucho que se tarda |
| S1567-2 | que dezir non se puede el diezmo de tu mal |
| S1567-3 | a -dios me acomiendo que yo non fallo al |
| S1568-3 | que me la matatste muerte iħesu xpisto conplola |
| S1571-2 | que mas leal trotera nunca ffue en memoria |
| S1571-4 | pues que a -ty non viere vere tu triste estoria |
| S1573-2 | que si a -vos syruiera vos avriades della duelo |
| S1573-4 | que quantas siguia todas yuan por el suelo |
| S1577-4 | que byen como yo mori asy todos morredes |
| S1578-3 | que por mi pecador vn pater noster diga |
| S1579-4 | Si vedes que vos miento non me preçiedes vn figo |
| S1587-2 | que dios por quien lo faremos nos dara buena andança |
| S1589-2 | tener fe que santa cosa es de dios gualardonada |
| S1591-2 | con fe santa escogida mas clara que cristal |
| S1593-2 | que dios fizo en parayso matrimonio E casamiento |
| S1596-2 | comer tanto que podamos para pobres apartar |
| S1600-4 | mas fijos malos tyene que -la alana rrauiosa |
| S1601-4 | ansy que con santas obras a -dios baldios non fallen |
| S1605-2 | que vençamos los pecados e arranquemos la lid |
| S1606-2 | que sienpre me pague de pequeno sermon |
| S1608-1 | De -las chicas que byen diga el amor me fizo Ruego |
| S1608-2 | que diga de sus noblezaz yo quiero laz dezir luego |
| S1611-2 | pero mas que -la nuez conorta E calyenta |
| S1614-2 | pero mas dulçe canta que otra ave mayor |
| S1614-4 | con doñeo es mas dulçe que açucar nin flor |
| S1616-4 | mejor es en -la prueua que en -la salutaçion |
| S1617-1 | ssyenpre quis muger chica mas que grande nin mayor |
| S1619-1 | Pues que ya non tenia menssajera fiel |
| S1619-4 | sy non por quatorze cosaz nunca vy mejor que el |
| S1622-2 | que mas val con mal asno el omne contender |
| S1622-3 | que solo e cargado faz acuestas traer |
| S1623-2 | a -la fe diz buscare avn que el mundo se funda |
| S1623-4 | que a -las vezes mal perro rroye buena coyunda |
| S1624-3 | e Señor vos veredes maguer que non me alabo |
| S1624-4 | que sy lo comienço que el dare buen cabo |
| S1627-1 | buena propiedat ha do quier que sea |
| S1627-2 | que si lo oye alguno que tenga muger fea |
| S1631-2 | non creo que es chica ante es byen grad prosa |
| S1631-3 | que sobre cada fabla se entyende otra cosa |
| S1633-3 | yo vn gualardon vos pido que por dios en -rromeria |
| S1639-4 | que era rresuçitado |
| S1639-8 | que era leuantado |
| S1641-3 | que me seades piadosa |
| S1651-3 | que dios voz de saluaçion |
| S1655-1 | Catad que el byen fazer |
| S1663-9 | que me guardes lynpia rrosa |
| S1666-4 | que tiraste la tristura |
| S1667-5 | que my vida sienpre sigua |
| S1672-4 | por la tu merçed que es tanta que dezir non la podria |
| S1675-5 | que conffieso en verdat |
| S1675-6 | que so pecador errado |
| S1683-3 | mas tu me val que non veo al |
| S1690-4 | tal que si plugo a -vno peso mas que a -dos mill |
| S1691-2 | bien creo que -lo fizo mas con midos que de -grado |
| S1691-4 | coydando que traya otro mejor mandado |
| S1693-3 | he -vos lo a -dezir que quiera o -que non |
| S1693-4 | maguer que vos lo digo con rrauia de mi coraçon |
| S1694-2 | que clerigo nin cassado de toda talauera |
| S1694-3 | que non touiese mançeba cassada nin soltera |
| S1696-3 | diz amigoz yo querria que toda esta quadrilla |
| S1697-1 | que maguer que somos clerigos Somos sus naturales |
| S1697-3 | demas que sabe el rrey que todos somos carnales |
| S1698-1 | que yo dexe a -ora-buena la que cobre antaño |
| S1699-3 | que la mi ora-buena tal escatima prenda |
| S1699-4 | creo que otros muchos syguiran por esta senda |
| S1702-4 | ante que -la partyr de toda la mi mesa |
| S1704-1 | Por que suelen dezir que el can con grand angosto |
| S1704-4 | yo le daria tal buelta que nunca viese al agosto |
| S1706-2 | que sy yo tengo o -toue en casa vna seruienta |
| S1706-3 | que non es mi comadre nin es mi parienta |
| S1707-3 | por que si el arçobispo tiene que es cosa que es maldad |
| S1708-4 | que -la acoje de noche en casa avn que gelo defiendo |
| F 5 | por mucho que uos digo sienpre dezidez non |

**QUEBLANTA**

| | |
|---|---|
| S 715-2 | queblanta leyes e fueros e es del derecho Señor |

**QUEBLANTADA**

| | |
|---|---|
| S1695-2 | fynco muy queblantada toda la clerizia |

**QUEBLANTEDES**

| | |
|---|---|
| S 875-3 | non queblantedes mi pueras que del abbad de sant paulo |

**QUEBRANTA**
S 276-4    tristeza e sospecha tu coraçon quebranta
S 497-1    El dinero quebranta las cadenas dañosas
S 511-4    el dar quebranta peñas fyende dura madera
S 820-3    el rrico los quebranta su soberuia los enclina

**QUEBRANTADA**
S 855-1    Con aquestos pesares trae me muy quebrantada

**QUEBRANTADO**
S 766-4    el cayo quebrantado ellos fueron fuyendo
S 779-2    salyo mal quebrantado paresçia pecadezno

**QUEBRANTAN**
S 618-1    Con arte se quebrantan los coraçones duros

**QUEBRANTARIA**
S 61-2    diz dixo me que con su dedo que me quebrantaria el ojo
S 62-1    que yo le quebrantaria ante todas las gentes
S 874-4    mas quebrantaria las puertas menealas commo çencerro

**QUEBRANTO**
S 944-1    Con -el triste quebranto E con -el grand pesar
S1507-1    Con -el mucho quebranto ffiz aquesta endecha
S1670-2    por lo qual a -ty bendigo que me guardes de quebranto

**QUEBRANTO**    **(H)**
S1558-3    al jnfierno E a -los suyos E a -ty mal quebranto
S1559-1    quando te quebranto entonçe lo conoçiste

**QUEBRANTOS**
S 388-4    a -los tuyos das oblas de males e quebrantos

**QUEBRAR**
S 98-2    estaua tan fynchada que queria quebrar
S 289-3    con la envidia quieren por los cuerpos quebrar
S 465-3    el ojo de que soy tuerto ovo melo de quebrar

**QUEBREDES**
S 876-1    yo vos abrire la puerta esperat non -la quebredes

**QUEÇA**
S1219-2    queça tenie vestida blanca e Raby galga

**QUEDA**
S 649-4    ayuda otra non me queda synon lengua e parlares
S 833-1    sy anda o -sy queda en vos esta pensando
S 833-2    los ojos façia tierra non queda sospirando

**QUEDA**    **(H)**
S 79-3    es de buenas construnbres sossegada e queda
S 961-2    a -la he diz escudero aqui estare yo queda
S1415-4    cortola e estudo mas queda que vn cordero
S1416-4    Sacole e estudo queda syn se mas quexar
S1418-4    cortolas E estudo queda mas que vn oveja

**QUEDAS**
S1446-1    Andauan a -todas partes non podian quedas ser

**QUEDAVA**
S 522-2    que su madre non quedaua de ferir la e corrella

**QUEDILLO**
S 810-4    aprieta me mis dedos en -sus manos quedillo

**QUEDO**
S 193-4    andando mucho la muela teniala con -el pie quedo
S 213-2    que tanto me persygues vienes me manso e quedo
G 562-4    de lexoz algarea quedo non te arrebatez
S1305-3    falle grand santidat fizo me estar quedo

**QUEDO**    **(H)**
S 238-4    el asno con -el miedo quedo e nol fue bueno

**QUEDOS**
S 471-1    Texedor E cantadera nunca tyenen los pies quedos

**QUEMA**
S 197-2    mas arde e mas se quema qual quier que te mas ama
S 293-3    lyeua te el dyablo en -el jnfierno te quema
S 545-3    que-ma -las assaduras el fygado tras-cala
S 603-2    tanto muy mas se quema que quando esta alongado

**QUEMADAS**
S 260-2    quemadaz e destruydas las trez por sus maldadez

**QUEMADO**
S 131-1    Judgo el otro e dixo este ha de ser quemado

**QUEMAS**
S 197-3    amor quien te mas sygue quemas le cuerpo e alma

**QUEPA**
S 219-1    la sorberuia E ira que non falla do quepa

**QUERADES**
S 45-3    cada que las oyerdes non querades comedir
S 917-3    Señora non querades tan horaña ser
S1154-4    non querades vos penar por ajeno pecador
S1424-2    Señora diz mesura non me querades ferir
S1531-1    Señorez non querades ser amigoz del cueruo

**QUERAMOS**
S 844-3    mas que nos al queramos por vos fazer seruiçio
S1602-2    fagamos asta de lança e non queramos canssar

**QUERED**
S 724-2    para esa mano bendicha quered esta sortija
S 725-2    sola envejeçedes quered algua vegada
S 738-4    don melon de -la verta quered lo en buen ora
S 770-4    pues que dios vos aduxo quered la oy cantar
S 917-4    quered salyr al mundo a -que vos dios fizo nasçer
S1026-4    quered por mesura
S1342-4    prouad lo esta vegada e quered ya sossegar
S1452-2    amad al buen amigo quered su buen amor
S1651-4    quered por dios a -mi dar

**QUEREDES**
S 14-1    Sy queredes senores oyr vn buen solaz
S 789-1    Ay lengua syn ventura por que queredes dezir
S 790-3    de mudar do queredes el vuestro falso amor
S 802-3    ella verdat me dixo quiere lo que vos queredes
S 815-4    sy buen manjar queredes pagad bien el escote
S 823-4    dar vos ha en chica ora lo que queredes far
S 862-4    las que vos queredes mucho estas vos seran mas sanas
S 870-3    rrecabdat lo que queredes non vos tenga por çestilla
S 876-2    E con byen e con sosiego dezid si algo queredes
S1386-2    dexar plazer E viçio E lazeria queredes
S1392-2    queredes en couento mas agua con -la orça

**QUERELLA**
S 264-4    ansy vengo virgillio su desonrra e querella
S 488-3    sy podieres dal ago non -le ayas querella
G 590-3    derecha es mi querella rrazon me faze cuytar

**QUERELLAN**
S 208-1    Querellan se de ti mas non les vales nada

**QUERELLANDO**
S 203-1    Querellando a -don jupiter dieron boçes las rranas
G 439-3    a dioz alçan laz cuentaz querellando suz coytaz
S1360-2    el galgo querellandose dixo que mundo malo

**QUERELLAR**
S1431-1    Començo a -querellarse oyolo el murizillo

**QUERELLAS**
S 251-1    oyo dios tus querellas E dio te buen consejo
S1454-2    fueron al rrey las nuevas querellas e pregones

**QUERELLO**
S 325-3    yo el lobo me querello de -la comadre mia

**QUEREMOS**
G 684-1    zeñora que me prometedez de -lo que de amor queremoz

**QUERENCIA**
S 304-4    enojo E mal querençia anda en -tu conpaña
S 417-4    E fazer malaz oblas e tener mal querençia
S 622-3    nin pueden dar a -la dueña el amor e la querençia
G 690-3    el amor e la bien querençia creçe con vzar juego
S 797-4    cerca son vuestros gozos de -la vuestra querençia
S1595-4    con esto vençeremos yra E avremos de dios querençia

**QUERER**
P 75    nin tal querer non viene de -la buena voluntad
S 106-2    dixe querer do non me quieren ffaria vna nada
S 126-2    otros toman esfuerço en -querer vsar armas
S 167-2    querer sienpre tener alguna enamorada
S 430-3    para que ella te quiera en su amor querer
S 601-1    Todas aquestas noblezas me fazen querer
S 634-3    non fynca por non querer cada que podieres
S 716-4    por mi conssejo lo faze mas que non por su querer
S1390-3    tyenen algunaz cosaz preçiadaz e de querer

**QUERIA**
S 98-2    estaua tan fynchada que queria quebrar
S 189-2    non queria cassar se con vna sola mente
S 252-3    afogar se queria demandava corriendo
S 252-4    fisicos e maestros que queria fazer emienda
S 459-1    dyxo les la dueña que ella queria casar
S 459-2    con -el mas perezosso E aquel queria tomar
S 658-3    a -todos dy por rrespuesta que -la non queria non
S 894-4    al leon e a -los otros querialos atronar
S1116-3    a cabritos E a -gamos queria los afogar
S1426-1    El leon tomo vno e querialo matar

**QUERIADES**
S 732-4    vos queriades aquesto que yo vos he fablado

**QUERIAMOS**
S 770-1    quatro de nos queriamos yr vos a -conbydar

**QUERIAN**
S 346-3    nin querian abenencia para ser despechados
S 457-2    que querian casamiento e andavan acuziossos
S 658-1    querian alla mis parientes Cassar me en esta Saçon

**QUERIDA**
S 152-4    E -los mas non rrecabdan la cosa mas querida

**QUERIDO**
S 422-1    Porque de muchas dueñas mal querido seria
G 763-4    grand plazer e chico duelo es de todo omne querido

**QUERIDOS**
S1527-1    De padres E de madres los fijos tan queridos

**QUERIE**
S 472-2    muger molyno E huerta syenpre querie grand vso

**QUERIEN**
S 48-1    pero si las querien para por ellas vsar

**QUERIENDO**
S 459-3    esto dezie la dueña queriendo los abeytar
S 995-1    que dize a -su amigo queriendol conssejar

**QUERIENTE**
S1479-2    ante es enemigo E mal queriente sobejo

**QUERRA**
S 573-3    la que te oy te desama cras te querra Amigo
S 624-2    la que te era enemiga mucho te querra amar
S 628-3    tomara tan grand enojo que te querra aborresçer
S 806-2    sy me ama la dueña o sy me querra amar

**QUERRAN**
P 148    E querran maz amar a -si mesmoz que al pecado

**QUERRIA**
S 129-3    enbio por sus sabios dellos saber querria
S 657-4    desea vos mucho ver E conosçer vos querria
G 683-3    querria fablar non ozo tengo que uoz pezara
G 758-3    por ende tal mançebillo para uoz lo querria
G 764-2    fazer lo que -me dezidez nin lo que el querria
S 853-2    lo que el amor desea mi coraçon lo querria
S 917-1    diz yo se quien vos queria mas cada dia ver
S 919-4    que non querria ser mas Rapaça nin vellaca
S 930-4    que mano besa ome que -la querria ver corta
S 948-2    de-mando vos perdon que sabed que non querria
S 964-4    mas querria estar al fuego
S 982-1    Pardios dixe yo amiga mas querria almozar
S1090-4    mas querria mi pelleja quando alguno le quiebre
S1131-2    rrepetir vos querria vna buena lyçion
S1247-2    querria leuar tal huesp ed luego la clerizia
S1266-1    la obra de -la tyenda vos querria contar
S1301-3    e por que enojo soso non vos querria ser
S1323-2    dixo non querria esta que me costase cara
S1346-4    para vos lo querria tal que mejor non vy
S1353-3    ablaçolo tan fuerte que la querria afogar
S1369-2    non querria que me fuese commo al mur del aldea
S1376-3    abriala su Señora dentro querria entrar
S1388-1    Mas querria de vuaz o -de trigo vn grano

**QUERRIA** (cont.)
S1411-2 el coraçon querria sacarle con su mano
S1436-2 non querria que fuesen a -mi fiel E amargos
S1581-4 Syn armas non querria en tal peligro entrar
S1586-3 saber nos guardar de -lo ajeno non dezir esto querria
S1696-3 diz amigoz yo querria que toda esta quadrilla

**QUERRIAN**
S1247-4 tan bien ellas commo ellos querrian la mejoria

**QUERRIAS**
G 559-3 cuydara que a -la otra querriaz ante vençer

**QUERRIEDES**
G 672-4 querriedez jugar con la pella mas que estar en poridat

**QUERRIEN**
S1275-3 anbos visten çamarraz querrien calientes quezaz
S1277-4 mas querrien estonçe peña que non loriga nin yjarez

**QUERRIES**
S 291-2 querries a -quantas vees gostar las tu primero

**QUESISTES**
S 205-4 ser libres e syn premia reñid pues lo quesistes
S 788-3 ojos por vuestra vista vos quesistes perder

**QUESO**
S 571-1 Por vn mur muy pequeno que poco queso priso
S 571-2 diçen luego los mures han comido el queso
S 969-2 mucho queso assadero leche natas e vna trucha
S1031-1 Dion queso de cabras
S1373-1 ffue con -el a -ssu casa E diol mucho de queso
S1437-3 grand pedaço de queso en -el pico leuaua
S1441-2 el queso de -la boca ouosele a -caer

**QUESTIONES**
S1153-1 Decretales mas de çiento en -libros E en -questionez

**QUESUELOS**
S1085-3 luego los escuderos muchos quesuelos friscos

**QUEXA**
S 211-4 de diuerssas maneras tu quexa lo espina
G 595-1 El fuego mas fuerte quexa escondido encobierto
S 639-4 mayor sera tu quexa E sus desseos mayores
G 662-1 Con la grant pena que pazo vengo a -uoz dezir mi quexa
S 703-3 sinon vos otro non sepa mi quexa e mi dolençia
S 839-4 a -la mi quexa grande non le fallo conssejo
S 855-2 su porfia es moztrar el omne su dolençia e su quexura
S 957-3 yo desque me vy con miedo con frio e con quexa

**QUEXADES**
S 792-1 Diz loco que avedes que tanto vos quexades

**QUEXAMIENTO**
S 887-2 quando el quexamiento non le puede pro tornar

**QUEXAN**
G 688-1 Cuydadoz muchoz me quexan a -que non fallo cozejo

**QUEXAR**
S 387-4 salue rregina dizes sy de ti se ha de quexar
S 887-1 El cuerdo graue mente non se deue quexar
S1416-3 para quien dolor tiene en muela o en quexar
S1416-4 Sacole e estudo queda syn se mas quexar

**QUEXO**
S 792-2 por ese quexo vano nada non ganades

**QUEXO** (H)
S1470-1 El diablo quexose diz ay que mucho pesaz

**QUEXOSO**
S 786-1 ay coraçon quexoso cosa des-aguisada
S 852-3 aca e alla lo trexna el su quexoso amor
S 854-3 con -el mi amor quexoso fasta aqui he porfiado

**QUEXURA**
S 365-1 Non le preste lo que dixo que con miedo e quexura
G 594-1 mijor es moztrar el omne su dolençia e su quexura
S 605-4 que non vayan syn conorte mi llaga e mi quexura
S 652-1 ya vo Razonar con ella quierol dezir mi quexura
S 659-4 començel dezir mi quexura del amor que me afyncaua
G 675-4 vsando oyr mi pena entenderedez mi quexura
S1142-2 nego a -jhesu xpisto con miedo E quexura

**QUEZAS**
S1275-3 anbos visten çamarraz querrien calientes quezaz

**QUI**
S1577-2 parientes e Amigos qui non me acorredes

**QUI** (L)
P 31 qui timet dominum façiet bona
P 43 qui diligitis dominum odite malum e cetera
P 55 beati mortui qui in domino moriuntur
S 374-2 cum hiz qui oderunt paçem fasta que el salterio afines
S1239-4 benedictus qui venit Responden todos amen

**QUIBUS** (L)
P 91 jn quibuz non est jntellectus

**QUICUMQUE** (L)
P 204 que ez qui cuque vul el vesso que dize
S 378-4 Quod eva tristis trae de quicunque vult Redruejas

**QUIÇA**
S 793-3 quiça el grand trabajo puede vos acorrer
S 990-4 quiça el pecado puso esa lengua tan aguda

**QUIEBLA**
S 846-1 El amor cobdiçioso quiebla caustras E puertas

**QUIEBRE**
S1090-4 mas querria mi pelleja quando alguno le quiebre

**QUIEN**
P 146 ca mucho ez cruel quien su fama menospreçia
P 168 E rruego E conssejo a -quien lo oyere E lo oyere
S 93-1 Diz el prouerbio viejo quien matar quisier su can
S 103-3 aquel es enganado quien coyda que engaña
S 110-3 por santo nin santa que seya non se quien
S 122-4 quien ansy me feziese de escarnio magadaña
S 142-4 para quien faze el yerro que pena deue aver
S 145-4 quien puede fazer leyes puede contra ellas yr
S 170-4 quien en -el arenal sienbra non trilla peguiarez
S 173-4 quien toma dar deue dizelo sabio enviso
S 197-3 amor quien te mas sygue quemas le cuerpo e alma

S 206-1 quien tiene lo quel cunple con -ello sea pagado
S 206-2 quien puede ser suyo non sea en-ajenado
S 208-4 rresponde a -quien te llama vete de mi posada
S 210-2 das le a -quien non -le ama tormentas le con penas
S 212-4 a -quien nol quiere nil ama ssyenpre gela mientass
S 222-4 quien tu cobdiçia tiene el pecado lo engaña
S 229-4 quien dexa lo que tiene faze grand mal rrecabdo
S 272-4 de mi salyo quien me mato e me tiro la vida
S 273-4 que de sy mesmo sale quien su vida desata
S 274-4 acortase la vida quien lo dixo non miente
S 290-1 quien quiere lo que non es suyo E quiere otro paresçer
S 290-4 quien se tiene por lo que non es loco es va a -perder
S 303-4 tu dizes que quien byen come byen faze garçonia
S 310-1 quien byen te conosçiere de ty non fyara
S 331-4 ya sabya la rraposa quien le avia de ayudar
S 357-4 quien de otra guisa lo pone yerralo e faze mal
S 392-2 en cabo son muy pocos a -quien byen adelyñas
S 403-2 con quien se les antoja con aquel se apartan
S 428-4 ssyenpre sera mesquino quien Amor vano tyene
G 436-4 Non puede zer quien mal caza que non ze arrepienta
S 467-1 buscad con quien casedes que -la dueña non se paga
S 488-1 otrosi quando vyeres a -quien vsa con ella
S 514-3 quien non tiene miel en -la orça tengala en -la boca
G 551-1 quien muy ayna fabla ninguno non lo entiede
G 551-2 quien fabla muy pazo enojaze quien le atiende
G 552-3 a -quien de oy en craz fabla non dan por verdadero
G 560-4 quien contra esto faz tarde o non rrecabda
S 564-4 E es como quien siebra en rrio o en laguna
S 571-4 quien a -ssy E a -otros muchos estorua con mal sesso
S 573-2 cras te dara la puerta quien te oy çierra el postigo
G 588-4 e avn dezir non ozo el nonbre de quien me ferio
S 592-2 si digo quien me ferio puedo tanto descobrir
S 636-4 mas val que fazer se pobre a -quien nol dara nada
S 644-4 byen sabe las paranças quien paso por las losas
G 665-4 buscat a -quien engañedes con vuestraz falsaz espinaz
S 702-3 como ha bien e ayuda quien de vos hes ayudado
S 733-2 quien mucho fabla yerra dizelo el derecho
S 749-3 que quien tanto la rriega e tanto la escarda
S 755-3 ayuda e deffiende a -quien sele encomienda
S 755-4 si el non voz defiende non se quien vos defienda
S 806-3 que quien amores tyene non los puede çelar
S 825-4 vno non se quien es mayor que aquella vyga
S 835-2 quien sy non el mesquino sienbra en -el arena
S 851-2 el mormullo e el Roydo que -lo digan non ay quien
S 859-4 quien non cree los mis dichos mas lo falle e mas lo yerra
S 917-1 diz yo se quien vos querria mas cada dia ver
S 917-2 que quien le diese esta villa con todo su aver
S 920-4 que non mengua cabestro a -quien tyene çiuera
S 935-2 quien nunca vieja loca creyese tal mal seso
S 936-4 quien tal vieja touiere guardela commo al alma
S 950-4 quien mas de pan de trigo busca syn de seso anda
S 951-4 quien busco lo que non pierde lo que tiene deue perder
S 955-3 Ca segund la fabla quien pregunta non yerra
S 956-1 Respondiome la chata quien pide non escoge
S 957-2 comadre quien mas non puede amidos moryr se dexa
S 974-4 erre todo el camino commo quien lo non sabia
S1007-2 corri la cuesta ayuso ca diz quien da a -la torre
S1010-3 quien con ella luchase non se podria bien fallar
S1033-1 quien dones me diere
S1126-4 el sayon yua deziendo quien tal fizo tal aya
S1148-4 quien saber los quisiere oya las decretales
S1151-2 quien quisier saber los estudie do son puestos
S1176-4 saluo a -don carnal non se a -quien non plega
S1200-2 quien a -su enemigo popa a -laz sus manos muere
S1250-1 Esquilman quanto puedem a -quien zeles allega
S1339-4 quien a -monjas non ama non vale vn marauedy
S1343-4 quien faze la canasta fara el canestillo
S1366-2 quien a -mal ome sirue sienprel sera mendigo
S1389-1 Sy a -mi syllase quien fallar me deuia
S1391-1 A -quien da dios ventura e non la quiere tomar
S1416-3 para quien dolor tiene en muela o en quexar
S1418-3 para quien tiene venino o dolor en -la oreja
S1433-3 puede fazer seruiçio quien non tyene que pechar
S1466-3 engaña a -quien te engaña a -quien te fay fayle
S1475-3 quien al diablo cree traual su garavato
S1476-2 quien con amigo malo pone su amistança
S1499-4 desaguisado fizo quien le mando vestir lana
S1507-3 emiende la todo omne e quien buen amor pecha
S1509-3 non es quien ver vos pueda y como sodes ansy
S1517-4 quien gelo dezir feziere pechar deue caloña
S1523-2 nunca fue quien contigo podiese bien contender
S1526-1 los quel aman E quieren e quien ha avido su conpaña
S1533-1 quien en mal juego porfia mas pierde que non cobra
S1543-1 Allego el mesquino E non ssopo para quien
S1550-2 con quien mata e muere e con qual quier que mal faze
S1564-2 do an vida veyendo mas gloria quien mas quiso
S1569-4 nunca torna con nuevas quien anda esta carrera
S1587-2 que dios por quien lo faremos nos dara buena andança
S1607-1 Del que mucho fabla Ryen quien mucho rrie es loco
S1629-3 ande de mano en mano a -quien quier quel pydiere
S1629-4 como pella a -las dueñas tomelo quien podiere
S1682-4 quien a -ty non oluida

**QUIEN** (H)
S 88-1 El leon dixo comadre quien vos mostro ha fazer partiçion
S 181-4 yo le pregunte quien era dixo amor tu vezino
S 275-1 Quien podrie dezir quantos tu loxuria mata
S 275-2 quien dirie tu forniçio e tu mala barata
S 469-1 Talente de mugeres quien le podria entender
S 709-4 dezid me quien es la dueña yo le dixe doña endrina
S 737-2 buena muger dezid me qual es ese o quien
S 738-1 Dixo trota conventos quien fija es fija Señora
S 824-1 fuese a -casa de -la dueña dixo quien mora aqui

**QUIEN**   (cont.)

| | |
|---|---|
| S 824-2 | Respondiole la madre quien es que llama y |
| S 952-3 | preguntele quien era Respondiome la chata |
| S1054-4 | quien lo dirie dueña qual fue destos mayor |
| S1333-3 | quien dirie los manjares los presentes tamaños |
| S1500-2 | quien dyo a -blanca rrosa abito velo prieto |
| S1570-4 | quien te me rrebato vieja por mi sienpre lazrada |

**QUIER**

| | |
|---|---|
| P   72 | Como quier que a -laz vegadaz |
| S   75-2 | commo quier que mas arde quanto mas se atiza |
| S   97-1 | Diz quando quier casar omne con dueña mucho onrrada |
| S  121-2 | santiguava me a -ella do quier que -la fallaua |
| S  154-1 | Commo quier que he provado mi signo ser atal |
| S  197-2 | mas arde e mas se quema qual quier que te mas ama |
| S  235-4 | toda maldat del mundo es do quier que tu seas |
| S  257-3 | luego quieres pecar con qual quier que tu veas |
| S  386-2 | vengan fermosas o feas quier blancas quier prietas |
| S  403-3 | quier feo quier natyo aguisado non catam |
| S  404-3 | plaze te con qual quier do el ojo as puesto |
| S  405-1 | Natura as de diablo ado quier que tu mores |
| S  430-1 | sy quisyeres amar dueñas o otra qual quier muger |
| S  468-1 | mas diabluras faze de quantas omne quier |
| S  488-2 | quier sea suyo o -non fablale por amor della |
| S  505-1 | Commo quier que -los frayles E clerigos dyzen que aman a dios seruir |
| S  518-2 | quier lo vea o -non saber lo ha algud dia |
| S  566-4 | que quier que por ti faga ten lo en poridat |
| G  679-4 | a qual quier que -laz plazeria non -ellaz rrazonare |
| G  680-1 | quanto esto uoz otorgo a -uoz o a otro qual quier |
| S  850-1 | venga qual se quier comigo a -departir |
| S  939-3 | diz quiero me aventurar a -que quier que me venga |
| S1001-1 | sse faser el altybaxo E sotar a -qual quier muedo |
| S1144-3 | quier a -sus parrochianos quier a -otros culpados |
| S1145-1 | si el çiego al çiego adiestra o lo quier traer |
| S1169-3 | commo quier que algund poco en -esto lazraraz |
| S1314-1 | Syenpre do quier que sea pone mucho coydado |
| S1361-2 | a -mi Señor la daua quier muerta o -quier byua |
| S1515-4 | en quales quier jnstrumentos vienen mas assonados |
| S1517-3 | commo quier que por fuerça dizenlo con vergoña |
| S1550-2 | con quien mata e muere e con qual quier que mal faze |
| S1581-1 | Sy qual quier de los otros oviese craz de lydiar |
| S1600-3 | esta cada dia pare do quier quel diablo posa |
| S1615-2 | pero qual quier dellas es dulçe gritador |
| S1627-1 | buena propiedat ha do quier que sea |
| S1629-1 | qual quier omne que -lo oya sy byen trobar sopiere |
| S1629-3 | ande de mano en mano a -quien quier quel pydiere |
| S1694-4 | qual quier que -la touiese descomulgado era |

**QUIERA**

| | |
|---|---|
| P   73 | se acuerde pecado e lo quiera e lo obre |
| P  136 | que se quiera saluar descogera E obrar lo ha |
| P  170 | lo primero que quiera bien entender |
| S   12-2 | el me done su graçia e me quiera alunbrar |
| S  101-4 | vete dil que me non quiera que nol quiero nil amo |
| S  206-3 | el que non toviere premia non quiera ser apremiado |
| S  430-1 | para que ella te quiera en su amor querer |
| S  650-2 | vo a -fablar con -la dueña quiera dios que bien me Responda |
| S  780-1 | Omne cuerdo non quiera el ofiçio danoso |
| S  808-2 | ella me diz que fable e non quiera dexallo |
| S  864-3 | nunca dios lo quiera fija que de ally nasca contyenda |
| S  905-3 | de coraçon E de orejas non quiera ser menguada |
| S  943-4 | dios perdone su alma e quiera la rresçebyr |
| S  956-2 | prometeme que quiera antes que me enoje |
| S1066-4 | a -los que creemos el nos quiera ssaluar |
| S1134-4 | Senores vuestro saber quiera mi mengua conplir |
| S1566-1 | Dios quiera defender nos de -la tu çalagarda |
| S1567-4 | que defender me quiera de tu venida mortal |
| S1585-2 | dones de spiritu santo que nos quiera alunbrar |
| S1592-3 | spiritu de fortaleza que nos quiera ayudar |
| S1654-4 | ansi lo quiera el mandar |
| S1693-3 | he -vos lo a -dezir que quiera o -que non |

**QUIERAN**

| | |
|---|---|
| S  906-2 | non quieran amor falso loco rriso non asome |

**QUIERAS**

| | |
|---|---|
| S   33-3 | quieras me oyr muy digna |
| S  428-2 | non quieras amar duenas que a -ty non avyene |
| S  431-3 | sy podieres non quieras amar muger villana |
| S  527-2 | donear non quieraz ca es vna manera |
| G  554-1 | Non quieraz jugar dadoz nin seaz tablajero |
| G  557-2 | Non quieras zer caçurro nin zeaz escarnidor |
| S1249-1 | Non quieras a -los clerigos por vesped de aquesta |
| S1251-1 | Señor dizen los clerigos non quieras vestir lana |
| S1433-1 | Tu rrico poderoso non quieraz des-echar |
| S1433-2 | al pobre al menguado non lo quieraz de ti echar |
| S1453-4 | oye buena fabla non quieras mi menoscabo |
| S1479-3 | al que te dexa en coyta nol quieras en -trebejo |

**QUIERE**

| | |
|---|---|
| S   74-4 | cada que puede e quiere fazer esta locura |
| S   75-1 | El ffuego ssienpre quiere estar en -la çeniza |
| S   80-4 | si non quiere el mandado non da buena rrepuesta |
| S  145-2 | el fazedor del fuero non lo quiere conssentyr |
| S  212-4 | a -quien nol quiere nil ama ssyenpre gela mientass |
| S  290-1 | quien quiere lo que non es suyo E quiere otro paresçer |
| S  316-2 | lo que para sy non quiere non -lo deue a -otros fazer |
| S  320-3 | quieres lo que el lobo quiere de -la Rapossa |
| S  472-4 | nunca quiere olvido provador lo conpusso |
| S  490-4 | El que non tiene manos dyneros quiere tomar |
| G  552-2 | nin acaba quanto quiere si -le veyen coztumero |
| G  560-2 | el trebejo dueña non lo quiere en otra aljaba |
| S  626-1 | quiere la mancebya mucho plazer con-sigo |
| S  626-2 | quiere -la muger al ome alegre por Amigo |
| S  693-1 | ayuda la ventura al que bien quiere guiar |
| S  713-2 | otro quiere casar con ella pide lo que vos pedidez |
| S  788-2 | en dueña que non vos quiere nin catar nin ver |

| | |
|---|---|
| S  789-3 | con dueña que te non quiere nin escuchar nin oyr |
| S  798-2 | non quiere ella casar se con otro ome nado |
| S  801-4 | que -la quiere leuar syenpre tyene temor |
| S  802-3 | ella verdat me dixo quiere lo que vos queredes |
| S  807-2 | que vos quiere e vos ama e tyene de vos desseo |
| S  842-4 | por que veo que vos ama e vos quiere syn arte |
| S  843-4 | pues el amor lo quiere por que non vos juntades |
| S  875-1 | Cyerto aqui quiere entrar mas por que yo non -le fablo |
| S  953-3 | el que non quiere pagar priado lo despojo |
| S1140-3 | con -la misericordia de dios que -lo quiere saluar |
| S1264-4 | Ca todo tyenpo quiere a todos ser pagado |
| S1314-3 | syenpre quiere alegria plazer e ser pagado |
| S1314-4 | de triste e de sanudo non quiere ser ospedado |
| S1391-1 | A -quien da dios ventura e non la quiere tomar |
| S1391-2 | non quiere valer algo nin saber nin pujar |
| S1399-3 | quiere oyr la monja Nueuaz del entendedor |
| S1399-4 | quiere el frayle goloso entrar en -el tajador |
| S1449-3 | en tal manera tema el que bien quiere beuir |
| S1516-1 | arauigo non quiere la viuela de arco |
| S1641-7 | jhesu vinier quiere me ayudar |
| S1705-3 | el quiere acalañar nos lo que perdono dios |

**QUIEREN**

| | |
|---|---|
| S   73-3 | quieren Segund natura conpaña sienpre Nueva |
| S   93-3 | los que quieren partir nos como fecho lo han |
| S  106-2 | dixe querer do non me quiere ffaria vna nada |
| S  278-2 | ssospiros e corages quieren te afogar |
| S  289-3 | con la envidia quieren por los cuerpos quebrar |
| S  397-3 | ssy oy cassar la quieren cras de otro se enamora |
| S  433-4 | sy ha el cuello alto atal quieren las gentes |
| S  469-3 | quando son ençendidas E mal quieren fazer |
| S  506-4 | pues que se dizen pobles que quieren thessoreroz |
| S  634-2 | non fazer lo que quieren byen como tu lo quieres |
| S  884-4 | non la quieren los parientes padre madre nin avuelo |
| S1014-4 | los que quieren casar se aqui non sean sordos |
| S1320-4 | diz do non te quieren mucho non vayas amenudo |
| S1467-2 | Amigo valme valme que me quieren enforcar |
| S1491-3 | todos nadar quieren los peçes e las rranas |
| S1526-1 | los quel aman E quieren e quien ha avido su conpaña |
| S1539-3 | por oyr luenga misa non -lo quieren errar |
| S1582-3 | enemigos que nos quieren fazer sieruos captiuos |
| S1583-3 | las almas quieren matar pues los cuerpos han feridos |

**QUIERES**

| | |
|---|---|
| S  247-3 | non quieres ver nin amas poble grand nin chico |
| S  247-4 | nin de -los tus thesoros non le quieres dar vn pico |
| S  255-3 | non quieres dar al poble vn poco de çenteno |
| S  257-3 | luego quieres pecar con qual quier que tu veas |
| S  292-3 | syn mesura meriendas mejor quieres çenar |
| S  317-2 | nunca quieres que de bondat faga nada |
| S  320-3 | quieres lo que el lobo quiere de -la Rapossa |
| S  373-2 | nin visitas los presos nin quieres ver dolientes |
| S  380-3 | quieres la misa de -los novios syn gloria e syn son |
| S  387-1 | ffasta el quod parasti non la quieres dexar |
| S  393-3 | al que quieres matar ssacas los de carrera |
| S  399-3 | a -dios pierde e al mundo amor el que mas quieres |
| S  401-4 | tarde daz e Amidos byen quieres demandar |
| S  420-3 | matas al que mas quieres del byen eres encobo |
| S  545-4 | si amar quieres dueña del vyno byen te guarda |
| S  634-2 | non fazer lo que quieren byen como tu lo quieres |
| S  648-1 | Amigo en -este fecho que quieres mas que te diga |
| S  789-2 | por que quieres fablar por que quieres departyr |
| S  955-2 | sy quieres dime quales vsan en -esta tierra |
| S  995-4 | non avras lo que quieres poder te has engañar |
| S1523-4 | desque vienes non quieres a -ome atender |
| S1560-4 | quieres la poblar matandol por su muerte fue yermada |
| S1677-8 | Al que quieres E quisiste |

**QUIERO**

| | |
|---|---|
| S  101-4 | vete dil que me non quiera que nol quiero nil amo |
| S  175-3 | diz non quiero mal bocado non serie para mi sano |
| S  177-4 | vete de aqui ladron non quiero tu poridad |
| S  209-1 | Non quiero tu conpaña vete de aqui varon |
| S  261-1 | Non te quiero por vezino nin me vengas tan presto |
| S  390-1 | Non te quiero amor nin cobdiçio tu fijo |
| S  409-2 | quiero ser tu amiga tu muger e tu çercana |
| S  648-3 | non quiero aqui estar quiero me yr mi vya |
| S  652-1 | ya vo Razonar con ella quierol dezir mi quexura |
| G  686-2 | mi madre verna de miza quiero me yr de aqui tenprano |
| S  695-1 | hermano nin Sobrino non quiero por ayuda |
| S  703-1 | quiero fablar con-vusco bien en -como penitençia |
| S  719-1 | yo le dixe madre señora yo vos quiero byen pagar |
| S  719-4 | pero ante que vayades quiero voz yo castigar |
| S  750-3 | non quiero tu conssejo vete para villana |
| S  822-3 | quiero me yr a -la dueña rrogar le he por mesura |
| S  855-4 | mas quiero moryr su muerte que beuir penada |
| S  890-2 | por mi quiero que sea el vuestro byen avydo |
| S  939-3 | diz quiero me aventurar a -que quier que me venga |
| S1038-2 | quiero que -lo oyas |
| S1048-2 | yo en tu memoria algo quiero fazer |
| S1301-4 | non quiero de -la tienda mas prologo fazer |
| S1312-1 | Pues carnal es venido quiero perder lazeria |
| S1312-3 | quiero yr ver alcala morare ay la feria |
| S1381-1 | Mas quiero rroer faua Seguro e en paz |
| S1423-3 | yo non quiero fazer lo vete syn tardamiento |
| S1492-3 | quiero yr a -dezir gelo yuy como me engraçio |
| S1512-3 | pues que al non me dezides quiero me yr de aqui |
| S1584-4 | que vençamos nos a -ellos quiero vos dezir quales |
| S1606-1 | quiero vos abreuiar la predicaçion |
| S1608-2 | que diga de sus noblezaz yo quiero laz dezir luego |
| S1625-4 | que a -mi non te enbia nin quiero tu mandado |
| S1678-1 | quiero Seguir a -ty flor de -laz florez |

**QUIERRE**

| | |
|---|---|
| S  344-2 | por saber del alcalde lo que quierre fazer |

**QUIESE**
S 844-2   sy mi madre quiese otorgar el ofiçio
**QUINCE**
S1143-4   quinçe años de vida anadio al culpado
S1491-4   a -pan de quinçe diaz fanbre de trez selmanas
**QUINTA**
S1218-4   faze fazer ve valando en -boz E doble quinta
**QUINTERO**
S 327-1   En cassa de don cabron mi vassallo e mi quintero
**QUINTO**
S 29-1   El quinto plazer oviste
S 39-1   El quinto fue de grand dulçor
S 131-4   dixo el quinto maestro morra en agua afogado
S1645-5   quinto quando jhesus es
**QUIRRIA**
S 998-2   dixe ando por esta sierra do quirria cassar de grado
**QUIS**
S1617-1   ssyenpre quis muger chica mas que grande nin mayor
**QUIS**    (L)
P 81   quiz potest fazere mundum de jmudo conçeptum semine
**QUISE**
S 107-2   sienpre quise guardalas e sienpre las serui
S 254-4   pues Sea te soldada pues non te quise matar
S 767-4   non quise comer tozino agora soy escarnido
S1080-3   non quise dar Respuesta vino a -mi acuçioso
S1307-1   Avn quise porfiar fuy me para vn monasterio
S1576-3   con buena rrazon muchos case non quise locura
**QUISIER**
S 93-1   Diz el prouerbio viejo quien matar quisier su can
S1151-2   quien quisier saber los estudie do son puestos
**QUISIERA**
S 254-3   el cuello con mis dientes sy quisiera apertar
**QUISIERE**
P 164   otrosi al que quisiere el ammor loco
S 600-2   escogera marido qual quisiere entre dos mill
S1148-4   quien saber los quisiere oya las decretales
S1421-2   lo que fazer quisiere que aya del salyda
S1578-4   Si dezir non -lo quisiere a -muerta non maldiga
S1629-2   mas ay añadir E emendar si quisiere
**QUISIEREN**
P 158   quisieren vsar del loco amor
**QUISIERES**
S 52-3   para disputar por señas lo que tu quisieres pit
S 70-3   qual tu dezir quisieres y faz punto y tente
S 430-1   sy quisyeres amar dueñas o otra qual quier muger
G 450-3   si tal zaber podierez e la quisierez cobrar
G 451-2   quando quier non quisierez o quando non touierez
G 451-4   luego eztara afuziada far(a) lo que quisierez
S 454-1   Requiere a -menudo a -la que bien quisieres
S 489-2   seruir te ha leal mente fara lo que quisieres
S 634-4   toma de la dueña lo que della quisieres
S1002-3   faras buen entendimiento dixel yo pide lo que quisieres
**QUISIERON**
S1124-3   non -lo quisieron matar ovieron duelo del
**QUISIESE**
S 83-3   dixeron que mandase quales quisiese matar
S 110-1   ssy omne a -la muger non -la quisiesse bien
S 191-4   quisiese que -le casasen a -ley e a -bendiçion
S 254-1   Dyxo la grulla al lobo quel quisiese pagar
S 508-3   yo nunca vy fermo-sa que quisyese pobleza
S 929-2   que quisiese perder saña de -la mala consseja
S1009-2   rroguel que me quisiese ese dia dar posada
S1010-4   sy ella non quisiese non -la podria aballar
S1018-3   sy ella algund dia te quisiese espulgar
S1372-3   que el martes quisiese yr ver el su mercado
S1508-2   rrogue a -la mi vieja que me quisiese casar
**QUISISTE**
S 427-1   quisyste ser maestro ante que discipulo ser
S 787-1   Coraçon que quisiste Ser preso E tomado
S1677-8   Al que quieres E quisiste
**QUISO**
S 41-2   quando por ti quiso enbiar
S 77-4   Nunca al fizo por mi nin creo que fazer quiso
S 104-3   non las quiso tomar dixe yo muy mal va
S 172-1   Non quiso Reçeuirlo bien fuxo de avoleza
S 194-4   quiso prouar commo ante e vino ally vn dia
S 227-3   non ovo lo que quiso nol fue cobdiçiar sano
S 407-2   commo contesçio al topo que quiso ser amigo
G 687-4   quiso me dioz bien giar e la ventura mia
S 753-3   non quiso buen consejo cayo en fuertes palas
S 895-4   quiso abrillo todo alcançar non lo pudo
S 971-3   por la muñeca me priso oue de fazer quanto quiso
S 982-4   non se pago del dicho e quiso me amenazar
S1204-4   por todas estaz Razones non quiso esperar
S1259-2   non quiso rresçebir el conbid rrefertero
S1349-4   doliose mucho della quisole dar la vida
S1508-3   fablo con vna mora non -la quiso escuchar
S1564-2   do an vida veyendo mas gloria quien mas quiso
S1657-2   xpristos tanto que noz quiso
**QUISTA**
S 866-4   andan por escarneçerla coyda que es amada e quista
S1011-4   non se de qual diablo es tal fantasma quista
**QUISTO**
S 32-1   Reynas con tu fijo quisto
S 282-2   dios verdadero e omne fijo de dios muy quisto
S1049-3   quan poco la preçia al tu fijo quisto
**QUITA**
S 575-2   pero que mi coraçon de trobar non se quita
S 845-2   mas guarda me mi madre de mi nunca se quita
S 977-1   Commo dize la fabla del -que de mal nos quita
**QUITA**    (H)
S 406-4   assegurando matas quita te de mi vete

**QUITA**    (H)
S1141-4   fue quita E absuelta de culpa e de pena
**QUITAD**
S1156-4   a -vuestros E ajenos oyd absolued E quitad
**QUITAR**
S 232-2   mueren de malas muertes non los puedes tu quitar
S1596-2   abstinençia E ayuno puede lo de nos quitar
**QUITARON**
S 414-1   Comiolos a -entranbos non -le quitaron la fanbre
**QUITERIA**
S1312-2   la quaresma catolica do aquesta quiteria
**QUITO**
S 300-4   saca melo e faz de my como de tuyo quito
S1130-3   non puede por escripto ser asuelto nin quito
S1138-1   quito quanto a -dios que es sabidor conplido
S1140-1   Por aquesto es quito del jnfierno mal lugar
S1461-4   yo le do por quito suelto vos merino soltalde
**QUIXEREDES**
G 680-2   fablat uoz zalua mi onrra quanto fablar uoz quixeredez
**QUIXOTES**
S1593-1   quixotes E canilleras de santo Sacramento
**QUIZA**
S 816-2   E quanto prometemos quiza non lo conplimos
**QUIZE**
G 765-1   yo non quize fasta agora mucho buen casamiento
**QUOD**    (L)
S 378-4   Quod eva tristis trae de quicunque vult Redruejas
S 387-1   ffasta el quod parasti non la quieres dexar
**QUOMODO**    (L)
S 382-1   dizes quomodo dilexi nuestra fabla varona
**QUONIAM**    (L)
S1700-4   vobis enim dimitere quam suaue
**RABADAN**
S1213-4   taniendo el Rabadan la çitola trotera
**RABE**
S1229-1   El rrabe gritador con -la su alta nota
S1230-1   Medio caño E harpa con -el rrabe morisco
**RABI**
S1184-1   luego lunes de mañana don rraby açelyn
S1187-4   el rroçin del rrabi con miedo byen andaua
**RABIGALGA**
S1219-2   queça tenie vestida blanca e Raby galga
**RABIS**
S1212-2   E todoz loz rrabyz con todoz suz aperoz
**RACIO**
S1651-1   dat lymosna o rraçio
**RACION**
S 492-2   plazer e alegria del papa Racion
S1373-3   enxundiaz e pan cocho syn rraçión e syn peso
S1654-1   Por vna Razion que dedes
**RACIONES**
S1628-2   desea dar a -pobrez bodigos E rrazionez
**RACON**
S 370-1   dixieron le otrosy vna derecha rracon
**RAÇA**
S 94-3   diz la dueña sañuda non ay paño syn rraça
**RAÇAS**
S 504-3   con -el dinero cunplen sus menguas e sus Raças
**RAÇON**
S 143-2   ansi que por el fuero deue morir con rraçon
S 411-1   byen cantava la rrana con fermosa rraçon
S 577-4   qual fue la Racon negra por que non Recabde
S 736-3   guardar vos he poridat çelare vuestra rraçon
S 827-4   a -la rraçon primera tornole la pelleja
S 933-1   Por amor de la vieja e por dezir Rason
S 949-3   non puede ser que non yerre omne en grand Raçon
S1298-3   rrogue a -mi Señor que me diese rraçon
S1693-1   llorando de sus ojos començo esta rraçon
**RAÇONES**
S 340-1   Encerraron Racones de toda su pofia
**RADIA**
S1451-3   por vna syn ventura muger que ande rradia
**RADIO**
S 988-5   E andas commo Radio
S 989-1   Radio ando sseñora en esta grand espessura
S1310-1   Andando por la çibdat rradio E perdido
**RAEZES**
S 861-3   jugaremos a -la pella e a -otros juegos Raezes
**RAFEZES**
S 102-3   las cosas mucho caras alguna ora son rrafezes
**RAHEZES**
S 946-3   dixel yo diome el diablo estas vieja Rahezes
S1334-3   otros de mas quantia de çahanorias rrahezez
**RAINELA**
S 941-2   o sy le dyo Raynela o -sy le dyo mohalinar
**RAIZ**
S 19-1   E por que de todo bien es comienço e Rayz
S 218-1   de todos los pecados es rrayz la cobdiçia
S 219-3   de -la cobdiçia nasçen es della rrayz e çepa
S 228-3   de aquesta rrayz mala nasçe todo el mal
S 540-1   ffue con -el cobdyçia Rays de todos males
**RAIZES**
S 499-2   sus muebles e Rayzes todo lo des-alyña
**RALAS**
S 753-2   non -le dexaron dellas sinon chicas e rralas
**RALO**
S1030-4   agrillo e Ralo
**RAMA**
S 197-4   destruyes lo del todo commo el fuego a -la rrama
S 812-3   sy por vos non menguare abaxar se ha la rrama
S 824-3   Señora doña Rama yo que por mi mal vos vy
S 825-1   dixo le doña Rama como venides amiga

**RAMA** (cont.)
S 936-3   torme me a -mi vieja commo a -buena Rama

**RAMO**
S 101-3   çiegan muchos con -el viento van se perder con mal Ramo
S 398-2   a -ellos e a -ellas a -todos das mal rramo

**RAMOS**
S1178-2   con çeniza los cruzan de Ramoz en -la fruente
S1181-1   Dixo a -don ayuno el domingo de Ramos
S1227-1   rresçiben los arborez con rramos E con florez

**RANA**
S 407-3   de -la rrana pyntada quando lo leuo con-sygo
S 408-4   vyno a -el cantando la rrana cantadera
S 409-1   Señor enamorado dixo al mur la Rana
S 411-1   byen cantava la rrana con fermosa rraçon
S 412-1   Non guardando la Rana la postura que puso
S 413-4   al topo e a -la rrana leuolos a -su nido
S 416-3   commo el topo e la rrana peresçen o -peor

**RANAS**
S 198-4   fueles commo a -laz Ranaz quando el Rey pidieron
S 199-1   las rranas en vn lago cantauan E jugauan
S 200-3   el grand golpe del fuste fizo las rranas callar
S 202-4   de dos en dos las rranas comia bien lygera
S 203-1   Querellando a -don jupiter dieron boçes las rranas
S1446-4   las rranas con -su miedo so el agua meter
S1447-3   las rranas se escondem de balde ya lo veemos
S1447-4   las liebrez E las rranas vano miedo tenemos
S1491-3   todos nadar quieren los peçes e las rranas

**RANDO**
S 972-3   que mato al viejo rrando segund dize en moya

**RAPAÇA**
S 919-4   que non querria ser mas Rapaça nin vellaca

**RAPAZ**
S1051-2   los traydores gollynes commo si fuese rrapaz
S1619-2   tome por mandadero vn Rapas traynel

**RAPOSA**
S 81-4   bien commo la rrapossa en agena mollera
S 86-4   el leon a -la rraposa mando la vianda dar
S 320-3   quieres lo que el lobo quiere de -la Rapossa
S 321-1   ffurtava la Raposa a -su vezina el gallo
S 324-4   galgo que de -la rrapossa es grand abarredera
S 331-4   ya sabya la rraposa quien le avia de ayudar
S 352-3   fallo que -la Raposa es en parte byen çierta
S 366-1   do lyçençia a -la Raposa vayase a -la saluagina
S 927-4   nonbles e maestrias mas tyenen que Raposa
S1436-4   de -la falsa rraposa con -sus malos trasfagos

**RAPOSIA**
S 319-4   do vees la fermosa oteas con rraposya

**RAPOSILLA**
S 897-1   ffuese la Raposilla donde el asno andava

**RAPOSO**
S1419-1   Dixo este maestro el coraçon del rraposo

**RASA**
S1350-4   entro en vn forado desa cozina rrasa

**RASCADOR**
S 925-2   esco-fyna avancuerda nin Rascador

**RASCAN**
G 555-4   do non les come se rrascan los tahurez amidoz

**RASCAÑA**
S1383-4   que mal pisa el omne el gato mal Rascaña

**RASTRO**
S1311-3   rresçebieron me muy byen a -mi e a -mi rrastro

**RASTROJO**
S 410-4   poner te he en -el otero o en aquel rrastrojo
S 953-4   pagame synon veras commo trillan Rastrojo

**RASTROJOS**
S1296-4   esconbra los Rastrojos e çerca los corrales

**RATILLO**
S1343-3   ella diz yo lo andare en pequeño rratillo

**RATO**
G 580-2   mas val rrato acuçiozo que dia perezozo
S 971-1   la vaquera trauiessa diz luchemos vn Rato
S1109-3   E a -costados e a -piernas dauales negro Rato
S1382-4   ally me alcançara e me diera mal rrato
S1475-4   el le da mala çima E grand mal en chico Rato

**RAVEDI** (V)
T1339-4   quien a -monjaz non syerue non vale vn rauedy

**RAVIA**
S 790-4   ay muertas vos veades de tal Rauia e dolor
S1545-4   non le valen mengias des-que tu rrauia le toma
S1566-4   a -venir es a -tu rrauia que a -todo el mundo escarda
S1693-4   maguer que vos lo digo con rrauia de mi coraçon
S1704-2   E con rrauia de -la muerte a -su dueño traua al rrostro

**RAVIARIA**
S 874-3   ally rrauiaria agora que non puede tirar el fierro

**RAVIOSA**
S 833-4   Raviosa vos veades doled vos fasta quando
S1600-4   mas fijos malos tyene que -la alana rrauiosa

**RAYADO**
S1210-2   el sol era salido por el mundo Rayado

**RAYO**
S 137-2   pasando por la puente vn grand rrayo le dio

**RAZON**
P 27   E por ende sigue la Razon el dicho dauid
P 44   E por ende se sigue luego la segu(n)da rrazon
P 59   E desto concluye la terçera rrazon del veso primero
P 96   E viene otrosi esto por rrazon que -la natura vmana
P 104   por rrazon que la memoria del omne desleznadera ez
S 15-4   rrazon mas plazentera ffablar mas apostado
S 44-3   entre-ponga plazeres e alegre la rrazon
S 66-4   lo que buen amor dize con rrazon telo prueuo
S 68-3   ssi la rrazon entiendes o en -el sesso açiertas
S 88-2   tan buena tan aguisada tan derecha con rrazon

**RAZON**
S 191-2   el primer mes ya pasado dixieron le tal Razon
S 209-2   das al cuerpo lazeria trabajo syn Razon
S 272-3   dixo contra si mesma vna Razon temida
S 380-1   Tu vas luego a -la iglesia por le dezir tu Razon
S 425-3   do byen eres oydo escucha mi Razon
S 460-1   Dyxo sseñora oyd primero la mi Razon
S 514-2   sey franco de palabla non le digas Razon loca
S 809-4   quando alguno vyene otra rrazon mudamos
S 891-2   alegran se las conpañas en -las bodas con rrazon
S1576-3   con buena rrazon muchos case non quise locura

**RAZONES**
P 99   E estaz son algunaz de -laz rrazonez
S 68-1   las del buen amor sson Razones encubiertas
S1709-1   Pero non alonguemos atanto las rrazones

**RAZON**
P 32   E esto se entiende en -la primera rrazon
G 560-3   rrazon de fermosura en -ella la alaba
G 590-3   derecha es mi querella rrazon me faze cuytar
S 819-4   por chica rrazon pierde el poble e el coytoso
S 840-4   fija perdet el miedo que se toma syn Razon
S1071-1   E por aquesta Razon en vertud obediençia
S1198-4   ella esta Razon aviala por esquiva
S1423-1   E pues tu a -mi dizez Razon de perdimiento
S1475-1   Su Razon acabada tirose dyo vn zalto
S1486-5   su paso ssosegado e de buena Razon
S1606-3   e de dueña pequena E de breue Razon
S1631-4   syn la que se a-lega en -la Razon fermosa
S1684-4   es rrazon de aver fiança

**RAZONADA**
G 437-2   zea bien rrazonada zotil e coztumera

**RAZONADA** (V)
G 96-2   zotil e bien entendida cuerda e bien rrazonada

**RAZONAR**
S 652-1   ya vo Razonar con ella quierol dezir mi quexura

**RAZONARE**
G 679-4   a qual quier que -laz fablare o con -ellaz rrazonare

**RAZONARON**
S1469-4   los amigos entranbos en vno rrazonaron

**RAZONES**
S 349-4   que propusso el lobo en todas sus rrazones
S 350-3   visto todo el proçeso E quantas rrazones en -el son
G 449-1   en fin de laz rrazonez faz le vna pregunta
G 664-1   zeñora yo non a me treuo d dezir uoz mas rrazonez
G 677-2   yo entendere de -uoz algo E oyredez loz miz rrazonez
S 717-1   Non vos dire mas rrazones que asaz vos he fablado
S1153-2   con fueres argumentos E con sotiles Razones
S1204-4   por todas estaz Razones non quiso esperar
S1695-1   Con aquestas rrazones que -la carta dezia

**REAL**
S1081-4   serie don alexandre de tal rreal pagado
S1087-4   Real de tan grand preçio non tenian las sardinas
S1100-4   por todo el su Real entro el apellido
S1102-4   tovo doña quaresma que era suyo el Real
S1173-2   mouio todo el Real mando coger su tyenda

**REALES** (V)
T1224-3   todoz le dan dineroz rrealez e tornezez

**REBATA**
S 952-1   En çima deste puerto vyme en Rebata

**REBATADA**
S 297-1   Muerte muy Rebatada trae la golossyna

**REBATADO**
G 550-2   Non seaz rrebatado nin vagarozo lazo

**REBATO**
S1570-4   quien te me rrebato vieja por mi sienpre lazrada

**REBATO** (V)
G 398-4   trizteza e flaqueza al de ti non rrebato

**REBEVIO** (V)
T1350-3   rrebeuio la culebra ante que la el azga

**REBOLVEDOR**
S 510-2   el dinero del mundo es grand rreboluedor

**REBOLVIO** (V)
G1350-3   rreboluio la cueluebra ante que -la el asa

**REBTADO**
S 281-4   ffurtole la bendiçion por que fue rrebtado del

**REBTAR**
S 72-2   dizelo grand filosofo non so yo de Rebtar

**REBTEDES**
S1153-4   Pues por non dezir tanto non me Rebtedes varones

**REBUELVES**
S 211-2   rrebuelves lo amenudo tu mal non adeuina

**REBUSNANDO**
S1405-1   Salio bien rrebuznando de -la su establia

**REBUSNAR**
S 894-3   su atanbor taniendo bien alto a -Rebuznar
S1285-3   fasta que pasa agosto non dexan de rrebuznar

**RECABDA**
S 275-4   el diablo lo lieua quando non se rrecabda
G 552-1   nunca omne ezcazo rrecabda de ligero
G 560-4   quien contra ezto tarde o non rrecabda
S 734-2   obra mucho en -los fechos a -vezes rrecabda luego

**RECABDADO**
S 868-4   cras verna fablar con-vusco yo lo dexo Recabdado

**RECABDAMOS**
S1318-4   E si esta rrecabdamos nuestra obra non es vana

**RECABDAN**
S 152-4   E -los mas non rrecabdan la cosa mas querida

**RECABDAR**
S 113-2   puse por mi menssajero coydando Recabdar

**RECABDARAS**
S 427-4   Recabdaras la dueña E sabras otras traer
S 579-1   My coraçon me dixo faz lo e Recabdaras

**RECABDARES**
S 579-2   sy oy non Recabdares torna y luego cras

**RECABDASTE**
S 426-1   ssi tu fasta agora cosa non rrecabdaste

**RECABDAT**
S 869-4   fablad mas Recabdat quando y yo no fynco
S 870-3   rrecabdat lo que queredes non vos tenga por çestilla

**RECABDAVA**
S1512-1   Desque vido la vieja que non Recabdaua y

**RECABDE**
S 577-4   qual fue la Racon negra por que non Recabde

**RECABDO**
S 229-4   quien dexa lo que tiene faze grand mal rrecabdo
S 398-4   tristeza e flaqueza al de ty non Recabdo
G 663-2   fablar mucho con -el zordo es mal seso e mal Recabdo
S 994-2   por oyr de mal rrecabdo dexos de su lavor
S1328-1   Sy Recabdo o non la buena menssajera
S1398-1   Mayor Roydo fazen mas bozes syn rrecabdo
S1624-2   dixo dad me vn cantar E veredes que Recabdo

**RECABDOS**
S 742-3   non se viene en miente desos malos rrecabdos

**RECELEDES**
S 723-4   vydola doña endrina dixo entrad non Reçeledes

**RECELO**
G 589-3   Reçelo he que mayorez dapnoz me padran rrecreçer
G 663-1   rreçelo he que non oydez esto que uoz he fablado
S1369-1   Mas temome e Reçelo que mal engañada sea
S1384-3   syenpre tyene rreçelo e con miedo tristeza

**RECEVIR**
S 172-1   Non quiso Reçeuirlo bien fuxo de avoleza

**RECIBEN**
S1222-2   rreciben lo en sus puebloz dizen del grand estoria

**RECIO**
S 187-3   non se ffuerte nin rrecio que se contigo tope
S 193-3   ante que fuese casado el garçon atan Reçio

**RECONVENCION**
S 339-4   en Reconvençion pido que mueran e non sean oydos
S 350-1   E visto lo que pide en su rreconvençion

**RECONVENIR**
S 358-2   que de egüal encriminal non puede Reconvenyr

**RECREÇER**
G 589-3   Reçelo he que mayorez dapnoz me padran rrecreçer

**RECUBDA**
S 516-4   non puede ser que a -tienpo a -byen non te rrecubda

**RECUBDAS**
S 382-4   ella te dize quam dulçia que rrecubdas a -la nona

**RECUDIERON**
S1110-1   Recudieron del mar de pielagos E charcos

**RECUDIR**
S 803-1   la fyn muchas de vezes non puede rrecudyr

**RED**
S 279-4   contesçe te como acaesçe en -la rred a -los peçes
S1525-4   todos fuyen del luego como de rred podrida
S1550-4   non ha cosa que nasca que tu rred non en-laze

**REDDES**     (L)
P 58   tu rrediz vnicuique justa opera sua

**REDEPNCION**     (H)
S1572-3   la mi trota conventos dios te de rredepnçion

**REDERO**
S 746-3   para fazer sus cuerdas E sus lazos el rredero

**REDES**
S 866-3   non vee rredes nin lazos en -los ojos tyene arista
S 878-1   quando yo saly de casa puez que veyades las rredes
S1208-4   que a -todo pardal viejo nol toman en -todaz Redes
S1430-3   cayo en -grandes rredes non las podia Retaçar
S1432-2   abriendo e tirando laz rredes rresgaredes
S1577-1   Prendiome syn sospecha la muerte en -sus Redes

**REDONDO**
S1205-2   grande sonblero Redondo con mucha concha maryna

**REDONDOS**
S1206-1   los çapatos rredondos e bien sobre solados

**REDRADA**
S 106-4   parti me de su pleito puez de mi ez rredrada

**REDRAR**
S 465-1   yo ove grand pereza de la cabeça Redrar

**REDRAVAN**
S1308-4   rredrauan me de sy commo si fuese lobuno

**REDRE**
S 179-3   rredreme de -la dueña E crey la fabrilla

**REDRUEJAS**
S 378-4   Quod eva tristis trae de quicunque vult Redruejas

**REDUCIR**
P 178   maz fue por Reduçir a -toda persona

**REFAZER**
S1277-2   rrefazer los pesebres lynpiar los aluañarez

**REFAZES**
S1554-2   rrefazes lo fosarios destruyes los jnperios

**REFERTADO**
S1630-2   non des-mintades su nonbre nin dedes rrefertado

**REFERTERAS**
S 632-2   al comienço del fecho syenpre son rreferteras

**REFERTERO**
S 453-3   non le seas rrefertero en lo que te pediere
S1259-2   non quiso resçebir el conbid rrefertero
S1620-2   thafur peleador goloso Refertero

**REFERTIR**
S 280-2   estas fraco e syn fuerça non te puedes Refertyr

**REFEZ**
S 108-2   sy de -la -muger noble dixiese cosa rrefez
S1309-4   rrefez es de coger se el omne do se falla bien
S1362-4   el seso del buen viejo non se mueue de rrefez
S1521-2   al bueno e al malo al Rico E al rrefez

**REFEZES**
S 102-4   las viles e las rrefezes son caras a -las de vezes

**REFIERTA**
S 352-4   en sus deffenssiones E escusa e rrefierta
S 542-4   esa ora fue el monge preso E en rrefierta

**REFIERTAS**
S 68-4   non diras mal del libro que agora rrefiertas

**REFIERTO**
S 295-3   el profeta lo dize esto que te rrefierto

**REFITOR**
S1399-2   alegre va el frayle de terçia al rrefitor

**REFITORIOS**
S1248-3   rrefitorios muy grandes e manteles parados

**REFRENAR**
S1592-1   ligera mente podremos a -la loxuria Refrenar

**REFUSANDO**
S 239-1   Estava rrefusando el asno con -la grand carga

**REGAÇO**
S1618-3   traya abbades lleno el su rregaço

**REGAÑADA**
S1414-2   fizose commo muerta la boca rregañada

**REGATERAS**
S 632-3   muestran que tienen saña e son rregateras

**REGAVA**
S 748-3   la semiente nasçida vyeron como rregaua

**REGINA**     (L)
S 387-4   salue rregina dizes sy de ti se ha de quexar

**REGISTRO**
S 927-2   traylla nin trechon nin rregistro nin glosa

**REGLA**
S 185-1   Non tienes Regla çierta nin tienes en ti tiento

**REGNANTE**
S 326-3   rregnante nuestro Señor el leon mazillero

**REGNO**
S 142-1   Cyerto es que el rrey en su Regno ha poder
S1329-1   ffablo la tortolilla en -el rregno de rrodaz

**REGUARDA**
S 863-4   poco a -poco nos yremos jugando syn rreguarda

**REGUARDAN**
S 700-3   non se rreguardan dellas estan con -las personas

**REGUARDAVA**
S 121-4   del mal de -la cruzada yo non me rreguardaua

**REHALAS**
S1222-1   Rehalaz de castilla con pastorez de ssoria

**REINA**
S 2-1   Señor tu diste graçia a -ester la Reyna
S 33-1   Tu virgen del çielo Reyna
S 391-1   Non as miedo nin verguença de Rey nin Reyna
S1046-1   omillome Reyna madre del Saluador
S1670-1   Reyna virgen mi esfuerço yo so puesto en tal espanto

**REINAS**
S 32-1   Reynas con tu fijo quisto

**REINOS**
S 249-4   non te valdran thesoros nin Reynos çinquaenta

**REIR**
S 45-1   E por que de buen seso non puede omne Reyr
S 100-3   pario vn mur topo escarnio fue de rreyr
S 345-3   el mostraua los dientes mas non era rreyr
G 447-4   zy laz yo dexieze començarien a rreyr

**REIRES**
S 908-2   muchos despues la enfaman con escarnios E rreyres

**REIRIAN**
S 881-2   non la colgarian en -la plaça nin Reyrian de -lo que diz

**REIS**
S 7-2   que con elloz serias ante Reys dezidorez
G 586-1   Reyz duquez e condez e toda criatura

**RELIGIOSA**
S1443-4   rreligiosa non casta es perdida toronja

**RELIGIOSAS**
S 231-4   virgenes E solteras vyudas E rreligiosas
S1307-3   muchas rreligiosas rrezando el salterio
S1505-1   Para tales amores zon las rreligiosaz

**RELIGIOSO**
S1172-4   non lo vee ninguno xristiano rreligioso

**RELIGIOSOS**
S 495-2   muchos monges e mongas Religiosos sagrados
S1248-1   Dixieron ally luego todos los rreligiosoz e ordenados

**RELUZE**
S 266-3   fizole suelo de cobre Reluze mas que goma

**RELUZIE**
G 756-3   daua zonbra a -las casaz e rreluzie la cal

**RELUZIENTE**
S1004-1   Dan çarçillos de heuilla de laton byen Reluziente
S1438-2   en blancura en do-no fermoso rreluziente
S1663-5   rreluziente

**RELUZIENTES**
S 433-1   ojos grandes fermosos pyntados Reluzientes

**REMANECISTE**
S1637-6   bien atal rremaneciste

**REMANGA**
S 384-3   la que viene a -tus visperas por byen que se rremanga

**REMATAN**
G 556-3   mas alholiz rrematan pero non comen pan

**REMATAR**
S1703-3   que faze muchas vezes rrematar los ardorez

**REMECE**
S 395-4   Remeçe la cabeça a -mal seso tiene mientes

**REMENBRANÇA**
P 47   e buena voluntad con buena rremenbranca

**REMENDAR**
S 66-2   rre-mendar bien non sabe todo alfayate nuevo

**REMESCE** (V)
G1283-1   el segundo diablo rremesçe loz abadez

**REMIRA**
S 397-4   rremira se la loca ado tu lo-cura mora
S1167-3   lentejaz con -la sal en Rezar te rremira

**REMOS**
S 650-4   dexo me solo e señero syn Remos con -la blaua onda

**RENCOR**
S 307-1   Rencor E homeçida criados de ti -son
S 424-2   de pequeña pellea nasçe muy grand rrencor

**RENCORES**
S 10-2   tira de mi tu saña tira de mi Rencorez

**RENCURA**
S 277-3   por esto eres çeloso e triste con rrencura
G 594-4   que non el morir syn dubda e beuir en grant Rencura
S 652-3   deziendo de mis coytas entendera mi Rencura
S1546-4   en -ty es todo mal rrencura E despencho

**RENIR**
S 345-4   coydauan que jugaua e todo era rrenir
S 505-4   qual dellos lo leuaran comyençan luego a -Renir

**RENPONDIO**
G 759-1   Renpondiole la dueña diz non me estaria bien

**RENSILLAS**
S1555-3   feçiste de -los angeles diablos e rrensillas

**RENTA**
S 249-2   quando de tus averes E de tu mucha rrenta
S1653-2   de -los algos E de -la Renta
S1699-2   E desi la dignidad E toda la mi Renta

**RENUEVO**
S 421-2   eres de cada dia logrero E das a -Renuevo

**RENUNCIARIA**
S1699-1   Ante Renunçiaria toda la mi prebenda

**RENZELLOZA** (V)
G 827-1   dez que oyo aquezto la rrenzelloza vieja

**RENZILLA**
S 244-2   do es tu soberuia do es la tu rrenzilla
S 626-4   tristeza e Renzilla paren mal enemigo
G 757-4   que do zon todaz mugerez nunca mengua rrenzilla

**REÑID**
S 205-4   ser libres e syn premia rreñid pues lo quesistes

**REÑIDOR**
S1620-3   rreñidor E adeuino suzio E agorero

**REÑIENDO**
S1397-2   o -las vnas con las otraz contendiendo Reñiendo

**REPARA**
S1176-1   Repara laz moradaz laz paredez Repega
S1177-1   Bien commo en este dia para el cuerpo Repara
S1296-1   El Segundo adoba e rrepara carralez
S1371-3   a -los pobrez manjarez el plazer los rrepara

**REPARAR**
S 887-3   lo que nunca se puede Reparar nin emendar

**REPEGA**
S1176-1   Repara laz moradaz laz paredez Repega

**REPETIDO**
S 608-4   de -lo quel non te dixo de mi te sera rrepetido

**REPETIR**
S1131-2   rrepetir vos querria vna buena lyçion

**REPICAN**
S1188-2   los bueys E vacas Repican los çençerros

**REPIENDEN**
S1607-4   mas las chicas e laz grandes se rrepienden del troco

**REPISO**
S 77-2   de su amor non fuy en -ese tienpo rrepiso
S 935-3   de -lo que ante creyan fue cada vno rrepiso

**REPLICACIONES**
S 349-3   e vista la rrespuesta e las rreplicaçiones

**REPORTORIO**
S1152-1   lea en -el especulo o en -el rreportorio

**REPUESTA**
S 80-4   si non quiere el mandado non da buena rrepuesta
G 679-3   laz dueñaz e mugerez deuen su rrepuesta dar
S1395-3   ven cras por la rrepuesta e yo tela dare
S1498-2   troxo me buena rrepuesta de -la fermosa Ryma

**REPUNTA**
G 449-2   si es muger alegre de amor se rrepunta

**REPUNTAN**
S1536-4   si dizen que sanara todos gelo rrepuntan

**REQUENA**
S1146-2   o que juzgara en -françia el alcalde de rrequena

**REQUERIDA**
S 525-2   çient vegadas de noche de amor es rrequerida

**REQUIERE**
P 193   Segund que esta çiençia Requiere
S 454-1   Requiere a -menudo a -la que bien quisieres

**REQUIERES**
S 399-2   das muchos enemigos al cuerpo que rrequieres
S1551-4   do tu tarde rrequierez aquel esta mejor

**RES**
S 990-3   dixo non sabes el vso comos doma la rres muda

**RESCEBIDA**
S 363-4   non le sea rresçebida Segund dicho he de suso
S1073-4   data en castro de ordiales en burgos Resçebida

**RESCEBIDAS**
S1080-1   las cartaz Resçebidas don carnal argulloso
S1199-3   Pero que ella non avia laz cartas rresçebidaz

**RESCEBIDO**
S 481-2   ffue de -la su muger con desden Resçebido

**RESCEBIERON**
S1183-2   rresçebieron lo muy bien en -su carneçeria
S1305-4   pocos me rresçebieron nin me fezieron del dedo
S1311-3   rresçebieron me muy byen a -mi e a -mi rrastro

**RESCEBIR**
S 769-2   Salieron a -rresçebir le los mas adelantados
S 943-4   dios perdone su alma e quiera la rresçebyr
S1211-2   a -rresçebyr los salen quantos que -los esperan
S1225-4   todoz van rresçebir cantando al amor
S1259-2   non quiso rresçebir el conbid rrefertero
S1420-2   mas el coraçon sacar E muerte rresçebir

**RESCEBISTE**
S 24-2   omil mente rresçebiste
S 35-2   el primero quando rresçebiste

**RESCELADES**
S1482-2   de eso que vos rresçelades ya vos yo asseguro

**RESCELAN**
S 570-3   rresçelan del las dueñas e dan le por fazañero

**RESCELE**
S 984-4   assañose contra mi Resçele e fuy couarde

**RESCELO**
S1202-2   rresçelo de -la lyd muerte o grand presion
S1435-4   mas rresçelo me mucho de ser mal engañada

**RESCIBEN**
S 727-1   Muy byen me rresçiben todos con aquesta pobledat
S1212-1   a -don carnal rresçiben todos los carniçeroz
S1226-1   Resçiben lo laz aves gayos E Ruy Señorez
S1227-1   rresçiben lo los arborez con rramos E con florez
S1227-3   rresçiben lo omnes E dueñas con amorez

**RESCIBIERA**
S1258-2   el conbid de -laz monjas aqueste rresçibiera

**RESCIBIERIA**
S1698-2   en -dexar yo a -ella rresçibierya yo grand dapño

**RESCIBIO**
S1370-3   vn mur de franca barua rresçibiol en su caua
S1503-1   Resçibio me la dueña por su buen Seruidor

**RESCIBO**
S 364-4   rresçibo sus defensiones e la buena escusa

**RESERVADOS**
S1147-4   saluo los que del papa son en -si rreseruados
S1148-1   los que son rreseruados del papa espirituales

**RESES**
S1122-3   todas las otras rreses fueron le muy estrañas
S1217-3   cuchillo muy agudo a -las rreses acomete
S1224-1   Matando e degollando E dessollando rressez

**RESGAREDES**
S1432-2   abriendo e tirando laz rredes rresgaredes

**RESPLANDECIENTE**
S1242-2   blanca rresplandeçiente mas alta que -la peña
S1244-2   estar rresplandeçiente a -todo el mundo rriye
S1663-2   estrella Resplandeçiente

**RESPLANDESCER**
S 290-2   con algo de -lo ageno aora rresplandesçer

**RESPLANDESCERIA**
S1389-3   al que el estiercol cubpre mucho rresplandesçeria

**RESPLANDOR**
S1052-4   de su faz tam clara del çielo rresplandor
S1267-4   alunbrase la tyenda de su grand rresplandor
S1610-1   En pequena girgonça yaze grand rresplandor

**RESPONDA**
S 650-2   vo a -fablar con -la dueña quiera dios que bien me Responda

**RESPONDADES**
G 664-2   fasta que me rrespondadez a -estoz pocoz sermonez

**RESPONDAS**
S 619-4   por arte non ha cosa a -que tu non rrespondas
S1484-4   non Respondas en escarnio do te preguntan cordura

**RESPONDE**
S 208-4   rresponde a -quien te llama vete de mi posada
S 215-1   Responde que te fiz por que me non diste dicha
S 383-3   gressus meos dirige rresponde doña fulana

**RESPONDEN**
S1239-4   benedictus qui venit Responden todos amen
S1256-1   ally Responden todos que non gelo conssejauan

**RESPONDER**
S 106-3   rresponder do non me llaman es vanidad prouada
S 364-3   non -le deue rresponder en -juyzio la marfusa

**RESPONDERAN**
S 771-3   vos cantad en -boz alta rresponderan los cantores

**RESPONDI**
S 61-4   E Respondile con saña con yra e con cordojo
S 63-1   yo le Respondi que -le daria vna tal puñada

**RESPONDIERA**
S 59-2   por señas al rromano e que -le respondiera

**RESPONDIERON**
S 47-3   rrespondieron los griegos que non las merescien
S 49-1   Respondieron rromanos que -les plazia de grado

**RESPONDIO**
S 60-2   rrespondio en su poder tenie el mundo E diz verdat
S 133-4   rrespondiole el rrey que -le plazia de grado
S 192-1   Respondio el cassado que esto non feçiesen
S 205-1   Respondioles don jupiter tenedlo que pidistes
S 299-2   al leon gargantero rrespondio el cavallo
S 330-1   Respondio el alcalde yo vengo nueva mente
S 535-2   rrespondiole el diablo presto por lo que vino
S 607-4   Respondio doña venus seruidores vençen
S 737-1   Respondiole la dueña con mesura E byen
G 764-1   Respondio doña endrina dexat non osaria
S 824-2   Respondiole la madre quien es que llama y
S 952-3   preguntele quien era Respondiome la chata
S 956-1   Respondiome la chata quien pide non escoge
S1129-3   rrespondiole el flayre quel non serian perdonados
S1182-1   Resspondiole don ayuno que desto le plazia
S1199-3   rrespondio mucho flaca laz mexillaz caydaz
S1303-4   rrespondio me con sospiro e commo con coydado
S1465-3   rrespondio el diablo E tu por que non corres
S1473-1   Respondio el diablo todo esto que dixiste

## RESPONSION
S 371-1    a -esto dixo el alcalde vna sola Responssion
## RESPUESTA
S 48-4    esta rrespuesta fermosa dauan por se escusar
S 338-3    nin -le deuen dar rrespuesta a -sus malas consseias
S 349-3    e vista la rrespuesta e las rreplicaçiones
S 423-1    El amor con mesura dio me rrespuesta luego
S 604-3    non me dades rrespuesta nin me oen vuestras orejas
S 613-1    Non te espantes della por su mala Respuesta
S 658-3    a -todos dy por rrespuesta que -la non queria non
S1080-3    non quise dar Respuesta vino a -mi acuçioso
S1299-4    esta fue rrespuesta Su dicho ableuiado
S1324-3    entro en -la posada rrespuesta non -le dan
S1388-3    el çafir diol Respuesta bien te digo villano
S1411-4    despues dar te he rrespuesta qual deuo e bien de -llano
S1497-3    e si en -la rrespuesta non te dixiere enemiga
## RESPUESTAS
S 958-1    Echome a -su pescueço por las buenas rrespuestas
## RESPUESTO
S 404-2    pierde se por omne torpe duena de grand Respuesto
## RESPUSO
S 988-4    ella me rrespuso ca la carrera as errado
S 990-1    Ryome commo rrespuso la serrana tan sañuda
## RESUCITADO
S1639-4    que era rresuçitado
S1645-3    quando rresuçitado es
## RETACHAR
S 361-2    E pueden se los testigos tachar e Retachar
## RETAÇAR
S1430-3    cayo en -grandes rredes non las podia Retaçar
## RETAÇO
S1618-4    otrosi de mugeres fazie mucho rretaço
## RETANGAN
S 384-4    con virgam virtutis tue fazes que de ay Retangan
## RETEBDES
S 878-3    a -mi non Retebdes fija que vos lo meresçedes
S1573-1    Dueñas non me rretebdes nin me digades moçuelo
## RETENIR
S 505-3    quando oyen sus dineros que comiençan a Retenir
## RETENTAR
S 533-2    seyendo arredrado començolo a -Retentar
S 740-3    muchas otras vegadas me vyno a -Retentar
## RETENTO
S 529-3    rretentolo el diablo con su sotil engaño
## RETIENTAS
S 212-2    anda todo el mundo quando tu lo rretientas
## RETIENTE
S 274-1    omne ave o -bestia a -que ammor Retiente
## RETINIENTES
S 62-4    que me daria grand palmada en los oydos Retinientes
## RETOÇANDO
S1405-3    rretoçando E faziendo mucha de caçorria
## RETOÇAR
S 768-2    vyo en vnos fornachos rretoçar amenudo
S 894-2    commo estaua byen gordo començo a -Retoçar
## RETORNO
S 773-1    salyo mas que de passo fizo ende rretorno
## RETRAES
S 372-1    Tal eres como el lobo rretraes lo que fazes
## RETRAHER
S1622-1    Pero sy diz la fabla que suelen Retraher
## RETRAHERES
S 170-3    verdat ez lo que dizen los antiguos rretraheres
G 549-3    los fermozoz rretraherez tien para dezir apreztoz
## RETRAIDA
S1421-3    ante que façer cosa quel sea rretrayda
## RETRAYA
S 322-2    a -otros rretraya lo quel en -sy loaua
## RETRAYAS
S 923-2    que nunca mal rretrayas a -furto nin en conçejo
## RETUVO
S 148-4    pero mayor poder rretuvo en sy que les non dio
## REVATADO
S 134-3    vn rrevatado nublo començo de agranizar
## REVENIR    (V)
G 803-1    la fin muchaz de vezez non puede rreuenir
## REVIERTA
S 542-2    que non ay encobyerta que a -mal non rrevierta
## REVOLVIENDO
S 784-2    el mundo rrevoluiendo a -todos engañades
## REY
S 2-2    antel el rrey asuero ouo tu graçia digna
S 129-1    Era vn Rey de moros alcaraz nonbre avia
S 132-1    quando oyo el Rey juyzios desacordados
S 133-2    pidio al rrey su padre que -le fuese otorgado
S 133-4    rrespondiole el rrey que -le plazia de grado
S 139-1    desque vido el Rey conplido su pessar
S 142-1    Cyerto es que el rrey en su Regno ha poder
S 143-4    si piden merçed al Rey dale conplido perdon
S 144-2    al rrey en algund tienpo a -tanto le seruio
S 144-3    que piedat e seruiçio mucho al rrey mouio
S 198-4    fueles commo a -laz Ranaz quando el Rey pidieron
S 199-4    pidyeron Rey a -don jupiter mucho gelo Rogauan
S 200-4    mas vieron que non era Rey para las castigar
S 201-2    dixieron non es este rrey para lo nos seruir
S 201-3    pidieron Rey a -don jupiter como lo solyan pedir
S 202-1    Enbioles por su Rey çigueña manzillera
S 203-3    el rrey que tu nos diste por nuestraz bozes vanas
S 205-2    el rrey tan demandado por quantas bozes distes
S 259-2    fue el Rey dauid omeçida e fizo a -dios falliaz
S 309-1    Con grand yra e saña saul que fue Rey
S 371-2    que el avie poder del Rey en su comision

S 391-1    Non as miedo nin verguença de Rey nin Reyna
S 928-2    coytando me amor mi señor E mi Rey
S1061-3    daniel lo dezia por xpistos nuestro Rey
S1143-1    El rrey don ezechiaz de muerte condenado
S1454-2    fueron al rrey las nueuas querellas e pregones
S1696-4    apellasemos del papa antel Rey de castilla
S1697-3    demas que sabe el rrey que todos somos carnales
## REYENDO
S1180-4    penso como feziese commo fuese rreyendo
S1331-3    vino a -mi rreyendo diz omillome don polo
S1397-3    nunca vos he fallado jugando nin Reyendo
## REYENTES
S 433-2    E de luengas pestañas byen claras e Reyentes
## REYES
S 26-2    quando venieron los Reyes
S 37-5    a -los rreyes conpañero
S1521-4    por papaz E por Reyes non das vn vil nuez
S1638-2    guio los Reyes poro
S1644-5    rreyes venieron lluego
## REZAR
S 383-1    vas a -Rezar la nona con -la duena loçana
## REZAS
S 374-1    Rezas muy byen las oras con garçones folgaynez
S 381-1    acabada ya la missa Rezas tan byen la sesta
## REZIO
S 195-4    diz ay molyno Rezio avn te vea casado
S 465-2    la gotera que vos digo con -su mucho Rezio dar
S 967-1    Tomome Resio por la mano en -su pescueço puso
## REZO
S 347-4    Rezo el por sy mesmo escripta tal sentençia
## REZANDO
S1170-2    visita las iglesias Rezando el salterio
S1307-3    muchas rreligiosas rrezando el salterio
## REZAR
S1167-3    lentejar con -la sal en Rezar te rremira
S1205-4    esportilla e cuentas para Rezar ayna
## REZARE
S1181-3    vos oyredes misa yo rrezare miz salmos
## REZELLOZA    (V)
G 828-1    diz ya leuaze el diablo a la vieja rrezelloza
## REZIA
S 464-4    en -el mi ojo muy Rezia amenudo feria
S 952-4    yo so la chata Rezia que a -los omnes ata
S1103-2    firio muy Rezia mente a -la gruesa gallyna
## REZIO
G 584-2    enflaqueçe e mata al rrezio e al fuerte
S1182-2    rrezio es don carnal mas flaco se fazia
## RIBALDE
S1461-2    diz luego el judgador amigos el Ribalde
## RIBALDO
S 46-3    connel rribaldo Romano e con su poca sabiençia
S 51-2    que tomasen vn rribaldo vn vellaco Romano
S 55-4    leuantose el rribaldo brauo de mal pagar
## RIBERA
S 170-2    ssenbre avena loca Ribera de henares
S 202-2    çercaua todo el lago ansy faz la ribera
S 408-1    Tenia el mur topo cueua en -la rribera
S 975-2    que guardaua sus vacaz en aquesa rribera
S 989-5    rribera de aqueste rrio
S1300-4    andan e non se alcançan atiendense en Ribera
## RIBTO
S1203-1    la dueña en -su Rybto puso dia ssabido
## RICA
G 582-2    biuda rrica es mucho e moça de juuentud
S 658-2    con vna donçella muy rrica fija de don pepion
S 911-2    niña de pocos dias Ryca E de virtud
S1086-1    Traya buena mesnada Rica de jnfançones
S1095-1    Estaua don carnal Rica mente assentado
S1318-2    muy rrica e byen moça e con mucha vfana
S1375-1    Esta en mesa rrica mucha buena vyanda
S1542-1    Sy dexa muger moça Rica o -paresçiente
## RICO
S 159-2    a -su amiga bueno paresçe E rrico onbre
S 247-1    Por la grand escaseza fue perdido el Rico
S 505-2    sy varruntan que el rrico esta ya para moryr
S 507-1    Ally estan esperando qual avra mas Rico tuero
S 620-3    el que llorava poble canta Ryco en vyçio
S 714-2    ca es omne muy escaso pero que es muy Rico
S 819-3    que sera soberuiado del Rico poderoso
S 820-3    el rrico los quebranta su soberuia los enclina
S 826-2    commo el diablo al Rico omne ansy me anda seguiendo
S1013-4    beueria en pocos dias cavdal de buhon Rico
S1095-2    a messa mucho farta en vn Rico estrado
S1384-2    al rrico temeroso es poble la riqueza
S1433-1    Tu rrico poderoso non quieraz des-echar
S1521-2    al bueno e al malo al Rico E al rrefez
S1528-1    ffazes al mucho Rico yazer en grand pobleza
S1538-1    Desque sal el alma al rrico pecador
S1542-3    que casara con mas rrico o -con moço valiente
## RICOS
S 500-1    condes e Ricos omnes de algunos vyllanoz
S1287-1    Andan tres Ricoz onbrez ally en vna danca
## RIE
S1021-4    de -la que te non pagares veyla e Rye e calla
S1607-3    Del que mucho fabla Ryen quien mucho rrie es loco
## RIEGA
S 749-3    que quien tanto la rriega e tanto la escarda
## RIEN
S1607-1    Del que mucho fabla Ryen quien mucho rrie es loco
## RIENTES
S1609-2    en -la cama solaz trebejo plazenteras Ryentes

| | |
|---|---|
| **RIMA** | |
| S1498-2 | troxo me buena rrepuesta de -la fermosa Ryma |
| **RIMADO** | |
| S 15-2 | fablar vos he por tobras e cuento rrimado |
| **RIMAR** | |
| P 190 | e muestra de metrificar E rrimar E de trobar |
| S 12-3 | que pueda de cantares vn librete Rimar |
| **RIMAS** | |
| P 191 | Ca trobas E notaz e rrimaz e ditadoz e uersoz |
| **RINCON** | |
| S 942-2 | asy fizo venir vrraca la dueña al Ryncon |
| **RIO** | |
| S 137-4 | en vn arbol del rrio de sus faldas se colgo |
| S 226-1 | alano carniçero en vn Rio andava |
| S 266-1 | Todo el suelo del Ryo de -la çibdad de Roma |
| S 408-2 | creçio tanto el rrio que maravilla era |
| S 461-1 | otrossy yo passava nadando por el Ryo |
| S 564-4 | E es como quien siebra en rrio o en laguna |
| S 987-3 | gadea de rrio frio |
| S 989-5 | rribera de aqueste rrio |
| S1107-3 | del Rio de henares venian los camarones |
| S1159-4 | vaya a -lauarse al Rio o -a la fuente |
| F 1 | De señor y de amada y de monte y de Rio |
| **RIO** | **(H)** |
| S 990-1 | Ryome commo rrespuso la serrana tan sañuda |
| **RIOS** | |
| S1160-3 | los Rios son los otros que han pontifical |
| S1604-2 | destos nasçen commo Ryos de -las fuentes perhenales |
| **RIQUA** | |
| S 600-1 | Ryqua muger e fija de vn porquerizo vyl |
| **RIQUEZA** | |
| S 172-3 | los omnes en dar poco por tomar grand rriqueza |
| S 251-2 | Salud e grand rriqueza e thesoro sobejo |
| S 253-1 | Prometio al que -lo sacase thesoros e grand Riqueza |
| S 508-2 | pagase del dinero E de mucha Riqueza |
| **RIQUEZA** | |
| S1384-2 | al rrico temeroso es poble la rriqueza |
| S1528-2 | non tyene vna meaja de toda su Riqueza |
| **RIQUEZAS** | |
| S 728-2 | en rriquezas e en costunbres tanto como el non creçieron |
| S 804-4 | muchas vezes allega rriquezas a monton |
| **RISCO** | |
| S1230-3 | la flauta diz con ellos mas alta que vn Risco |
| **RISETE** | |
| S1400-4 | dire voz la fablilla sy me dadez vn Risete |
| S1442-1 | falsa onrra E vana gloria y el Risete falso |
| **RISETES** | |
| S1257-4 | trahen a -muchos locos con sus falsos rrisetes |
| **RISO** | |
| S 77-3 | ssienpre avia della buena fabla e buen rriso |
| S 906-2 | non quieran amor falso loco rriso non asome |
| S 909-3 | guardate de falsa vieja de rriso de mal vezino |
| S1564-4 | guarde nos de tu casa non fagas de nos rriso |
| **RISONA** | |
| S 827-1 | Desque oyo esto la Rysona vieja |
| S 828-1 | diz ya leuase el verco a -la vieja Risona |
| **RISOÑAS** | |
| S 644-1 | mucho son mal sabydas estas viejas Risoñas |
| **RISUENA** | |
| G 581-4 | graçioza e Risuena amor de toda coza |
| **RISUEÑA** | |
| S 610-1 | Toda muger que mucho otea o -es rrysueña |
| **RIXO** | |
| S 243-3 | vido lo el asno nesçio Rixo bien trez vegadas |
| S 947-4 | Ca nunca los oyo dueña que dellos mucho non rrixo |
| **RIYE** | |
| S1244-2 | estar rresplandeçiente a -todo el mundo rriye |
| **RIZA** | **(V)** |
| G 906-2 | non quiera amor falso loca rriza non asome |
| **ROBAN** | |
| S1538-3 | rroban todos el algo primero lo mejor |
| **ROBAR** | |
| S 231-2 | rrobar a -camineros las joyas preçiosas |
| S1589-3 | non rrobar cosaz ajenaz non forçar muger nin nada |
| **ROBAS** | |
| S 230-4 | por esto rrobaz E furtas por que tu penaras |
| **ROBI** | |
| S1268-2 | creo que era rroby al fuego ssemejaua |
| S1613-1 | Como Roby pequeño tyene mucha bondat |
| **ROBO** | |
| S 420-2 | al que vna vez travas lievas telo en Robo |
| **ROBRE** | |
| S1179-4 | ablanda Robre duro con -el su blando lino |
| S1319-2 | con ellas estas cantigas que vos aqui Robre |
| **ROCIN** | |
| S1187-2 | el rroçin del rrabi con miedo byen andaua |
| **ROCIO** | |
| S 255-4 | mas ansi te ssecaras como rroçio E feno |
| S 992-5 | syn agua E syn rroçio |
| S1023-4 | e dese rroçio |
| **ROÇAPOCO** | |
| S 729-3 | el cuerdo non enloqueçe por fablar al Roça poco |
| **RODA** | |
| S 963-4 | tu me pagaras oy la rroda |
| **RODANDO** | |
| S 994-3 | coydos que traya rrodando en derredor |
| **RODAR** | |
| S 939-4 | E fazer que -la pella en Rodar non se tenga |
| **RODAS** | |
| S1329-1 | ffablo la tortolilla en -el rregno de rrodaz |
| **RODEO** | |
| S 963-2 | arrojome la cayada e Rodeome la fonda |

| | |
|---|---|
| **RODEZNO** | |
| S 779-1 | Toxo lo enderedor a mal andar el rrodezno |
| **RODILLA** | |
| S1004-3 | çapatas fasta rrodilla e dira toda la gente |
| S1016-1 | Mas en verdat sy byen vy fasta la rrodilla |
| S1218-2 | vna blanca rrodilla esta de sangre tynta |
| **RODILLAS** | |
| S 242-3 | rrodillas desolladas faziendo muchaz prizez |
| **RODO** | |
| S 931-4 | yo dare a -todo çima e lo trahere a -rrodo |
| S1534-2 | viene vn mal azar trae dados en Rodo |
| **RODRE** | |
| S1431-3 | con aquestos mis dientes Rodre poco a -poquillo |
| **ROER** | |
| S1381-1 | Mas quiero rroer faua Seguro e en paz |
| **ROGANDO** | |
| S 34-2 | rrogando te toda via |
| S 854-2 | Ruega e rrogando creçe la llaga del enamorado |
| S1322-2 | rrogando muy deuota ante la majestad |
| **ROGAR** | |
| S 822-3 | quiero me yr a -la dueña rrogar le he por mesura |
| S 929-1 | ove con -la grand coyta Rogar a -mi vieja |
| S1043-4 | torne Rogar a -dios que non diese a -oluido |
| S1505-2 | para rrogar a -dioz con obras piadosaz |
| S1597-1 | otrosi rrogar a -dios con santo Sacrifiçio |
| **ROGARON** | |
| G 765-2 | de quantoz me Rogaron zabez tu mas de çiento |
| **ROGAVA** | |
| S1504-1 | Con mucha oraçion a -dios por mi Rogaua |
| **ROGAVAN** | |
| S 199-4 | pidyeron Rey a -don jupiter mucho gelo Rogauan |
| **ROGO** | |
| S 984-1 | Rogome que fyncase con ella esa tarde |
| **ROGUE** | |
| S1009-2 | rroguel que me quisiese ese dia dar posada |
| S1298-3 | rrogue a -mi Señor que me diese rraçon |
| S1317-3 | rroguel que me catase alguna tal garrida |
| S1322-3 | rrogue a -la mi vieja que me ovies piadat |
| S1508-2 | rrogue a -la mi vieja que me quisiese casar |
| **ROGUESTE** | |
| S1410-3 | yo non -lo consentria commo tu melo rrogueste |
| **ROIDO** | |
| S 547-2 | fazen rroydo los beodos commo puercos e grajas |
| G 763-3 | mas deuen lo traer poco e fazer chico rroydo |
| S 767-2 | dixo diome el diablo el ageno Roydo |
| S 851-2 | el mormullo e el Roydo que -lo digan non ay quien |
| S 872-4 | yuy diz que es aquello que faz aquel rroydo |
| S 946-2 | açipreste mas es el rroydo que -las nuezes |
| S1043-3 | E yo desque saly de todo aqueste Roydo |
| S1098-4 | por ende se alboroçaron del Roydo que oyeron |
| S1196-3 | yremos lydiar con -ella faziendo grand Roydo |
| S1210-3 | fue por toda la tierra grand Roydo sonado |
| S1396-4 | en aqueste rroydo vos fallo cada via |
| S1398-1 | Mayor Roydo fazen mas bozes syn rrecabdo |
| **ROIDOS** | |
| S 742-1 | Dexa me de tus Roydos que yo tengo otros coydados |
| S1245-4 | de -los grandes rroydos es todo el val sonante |
| **ROIN** | |
| S 961-1 | Parose me en -el sendero la gaha rroyn heda |
| S 992-2 | por que non fiz quando manda diz rroyn gaho envernizo |
| **ROIZ** | |
| S 19-2 | la virgen santa maria por ende yo joan rroyz |
| **ROLDAN** | |
| G 556-1 | los maloz de loz dadoz dize lo maeztre rroldan |
| **ROMA** | |
| S 46-4 | quando demando Roma a -greçia la çiençia |
| S 58-4 | grand onrra ovo rroma por vn vil andariego |
| S 262-4 | que quanto era en rroma en punto morio luego |
| S 266-1 | Todo el suelo del Ryo de -la çibdad de Roma |
| S 493-1 | yo vy en -corte de Roma do es la santidad |
| S1146-1 | que poder ha en -Roma el juez de cartajena |
| **ROMANCE** | |
| S 353-4 | abogado de rromançe esto ten en memoria |
| S 904-1 | assy Señoras dueñas entended el rromançe |
| S1148-3 | serie mayor el rromançe mas que dos manuales |
| S1634-2 | fue conpuesto el rromançe por muchos males e daños |
| **ROMANO** | |
| S 46-3 | connel rribaldo Romano e con su poca sabiençia |
| S 51-2 | que tomasen vn rribaldo vn vellaco Romano |
| S 59-2 | por señas al romano e que -le rrespondiera |
| S 59-3 | diz yo dixe que es vn dioz El rromano dixo que era |
| S 568-3 | caton sabyo Romano en su lybro lo manda |
| **ROMANOS** | |
| S 47-1 | ansy fue que rromanos las leyes non avien |
| S 49-1 | Respondieron rromanos que -les plazia de grado |
| S 50-2 | ffueron rromanos en -coyta non sabian que se fazer |
| S 58-2 | meresçen los rromanoz las leyes yo non gelas niego |
| S 263-1 | Anssy que -los rromanos fasta la criatura |
| **ROMANZE** | |
| S 14-2 | escuchad el rromanze sosegad vos en paz |
| **ROMERAS** | |
| S1206-4 | destaz cosaz Romeraz andan aparejados |
| **ROMERIA** | |
| S1633-3 | yo vn gualardon vos pido que por dios en -rromeria |
| **ROMERIAS** | |
| S1601-2 | nos andemos rromerias e las oras non se callen |
| **ROMERO** | |
| S 869-2 | que el romero fyto que sienpre saca çatico |
| **ROMEROS** | |
| S1207-4 | non andan los rromeroz syn aquesta sofraja |
| **RONCA** | |
| S1017-4 | tardia como Ronca desdonada e hueca |

**RONCO**
S 458-2   Ronco era el otro de -la pierna contrecho
**RONÇAS**
S1209-3   luego aquesta noche llego a -rronçaz valles
**RONDON**
S 307-3   dizes muchos baldones asy que de rrondon
**ROPA**
G 443-4   e mucha mala rropa cubre buen cobertor
S1252-2   mandan lechoz syn rropa e manteles syn pan
**ROSA**
S 18-1   Sobre la espina esta la noble Rosa flor
S1500-2   quien dyo a -blanca rrosa abito velo prieto
S1612-1   Commo en chica rrosa esta mucha color
S1663-9   que me guardes lynpia rrosa
S1664-8   o -bendicha fror e Rosa
**ROSADO**
S1335-3   miel rrosado diaçiminio diantioso va delante
S1337-2   poluo terron e candy e mucho del rrosado
**ROSARIO**
S1152-4   el rrosario de guido nouela e diratorio
**ROSAS**
S 378-2   que la lyeue a -las vertas por las rrosaz bermejas
**ROSETA**
S1335-4   e la rroseta nouela que deuiera dezir ante
**ROSTO**
S 778-3   diole la puerca del rrosto echole en -el cabçe
**ROSTRO**
S 959-2   salteome vna serrana a -la asomada del rrostro
S1374-4   alegria buen Rostro con todo esto se llega
S1704-2   E con rrauia de -la muerte a -su dueño traua al rrostro
**ROSTROS**
S 395-3   como mula camurzia aguza rrostros e dientes
S1014-1   Su boca de alana E los rrostros muy gordos
**ROTA**
S1229-2   cabel El orabyn taniendo la su rrota
**ROTAS**
S1472-2   suelas rrotas e paños Rotos e viejos hatos
**ROTO**
S1473-3   he Roto yo andando en pos ty Segund viste
**ROTOS**
S1472-2   suelas rrotas e paños Rotos e viejos hatos
**ROYE**
S1623-4   que a -las vezes mal perro rroye buena coyunda
**ROZIN**
S1184-2   por le poner saluo enprestole su Rozin
**ROZIO**
S1006-4   viento con grand elada Rozio con grand friura
**RUDEZA**
P 123   E de mucha E grand rrudeza
**RUDO**
S 156-1   El amor faz sotil al omne que es rrudo
S 491-1   ssea vn ome nesçio E rudo labrador
S 526-3   por grand vso el rrudo sabe grand letura
S1133-3   so rrudo E syn çiençia non me oso aventurar
S1135-1   Escolar so mucho rrudo nin maestro nin doctor
S1575-2   la tristeza me fizo ser rrudo trobador
**RUDOS**
S1151-4   el estudio a -los Rudos faz sabios maestros
**RUEDA**
S 285-1   al pauon la corneja vydol fazer la Rueda
S 396-3   los cabellos en rrueda el peyne E el espejo
**RUEGA**
S 43-6   Ruegal por nos
G 443-2   rruegal que te non mienta muestral buen amor
S 854-2   Ruega e rrogando creçe la llaga del enamorado
S1047-4   rruega por mi a -dios tu fijo mi Señor
**RUEGAN**
S 386-4   despues custodinos te rruegan las encubiertas
S 599-1   Con arras e con dones rrueganle cassamientos
**RUEGAS**
S 377-2   deus jn nomine tuo Ruegas a -tu saquima
**RUEGO**
P 168   E rruego E conssejo a -quien lo oyere E lo oyere
S 423-2   dyz açipreste Sañudo non seyas yo te rruego
S 708-1   aqui es bien mi vezina Ruego vos que alla vayades
S 823-2   Ruego vos que seades omne do fuer lugar
S 908-4   mis fablas e mis fazañas Ruego te que byen las mires
S1409-4   rruego vos que me digades en -lo que acordastez
S1497-1   yol dixe trota conventos Ruego te mi amiga
**RUEGO**   **(H)**
S 262-1   Por que -le fizo desonrra E escarnio del rruego
S 351-4   dyos Ante mis ojos nin Ruego nin pecho
G 690-4   si la muger oluidarez poco preçiara tu Ruego
S 734-1   E a -vezes pequeña fabla bien dicha e chico Ruego
S 880-3   fija a -daño fecho aved rruego E pecho
S1323-1   Ella fizo mi rruego pero con antipara
S1531-4   temed sus amenazas non fagades su Ruego
S1608-1   De -las chicas que byen diga el amor me fizo Ruego
**RUEGOS**
S 713-4   vayan ante vuestros rruegos que los ajenos conbites
**RUIBARVO**
S1288-2   figados de cabrones con rruy baruo armoçaua
**RUIDO**
S 164-3   non es todo cantar quanto rruydo suena
**RUISEÑOR**
S1614-1   Chica es la calandria E chico el rruyseñor
**RUIZ**
S 575-1   Yo Johan Ruyz el sobre dicho aciprestre de hita
**RUMIAR**
S 113-4   el comio la vianda e a -mi fazie Rumiar
S 118-3   a -mi dio rrumiar saluado

**RUYSEÑOR**
  mejor gritas que tordo nin Ruy Señor nin gayo
**RUYSEÑORES**   Resçiben lo laz aves gayos E Ruy Señorez
**RUYES**
S 396-1   Tu le rruyes a -la oreja E das le mal conssejo
**SABADO**
S1076-3   fasta el sabado santo dar vos he lyd syn falla
S1169-1   Come el dya del sabado las fabas E non mas
S1208-2   el sabado por noche salto por las paredes
**SABE**
P 17   entiende onbre el bien E sabe dello el mal
P 176   E dioz sabe que la mi jntençion non fue de -lo fazer
S 66-2   rre-mendar bien non sabe todo alfayate nuevo
S 79-1   ssabe toda nobleza de oro e de seda
S 107-1   Sabe dios que aquesta dueña e quantas yo vy
S 168-2   todo saber de dueña sabe con sotileza
S 168-3   cuerda E de buen seso non sabe de villeza
S 427-3   oy e leye mis castigos e sabe los byen fazer
S 430-4   sabe primera mente la muger escoger
S 431-4   que de amor non sabe es como bausana
G 442-3   por que a -ty non mienta sabe laz falagar
S 526-3   por grand vso el rrudo sabe grand letura
S 635-3   que non sabe tu vezino lo que tyenes condesado
S 643-4   Sabe lo E entyendelo por la antiguedat
S 644-4   byen sabe las paranças quien paso por las losas
S 755-2   ssabe de muchos pleitos e sabe de leyenda
S 803-4   solo dios e non otro sabe que es por venir
S 823-3   su coraçon della non sabe al amar
S 852-4   E de -los muchos peligros non sabe qual es el peor
S 854-1   Non sabe que se faga sienpre anda descaminado
S1489-2   sabe los jnstrumentoz e todaz jugleriaz
S1697-3   demas que sabe el rrey que todos somos carnales
S1700-2   con -grand afyncamiento ansi como dios Sabe
**SABE**   **(H)**
S1379-1   Este manjar es dulçe sabe como la miel
S1379-3   el que teme la muerte el panal le sabe fiel
S1380-1   Al ome con -el miedo nol sabe dulçe cosa
**SABED**
S 913-1   Sabed que non busque otro ferrand garçia
S 948-2   de-mando vos perdon que sabed que non querria
S1070-1   ssabed que me dixieron que ha çerca de vn año
S1337-1   ssabed que de todo açucar ally anda bolando
**SABEDES**
S 604-1   ya ssabedess nuestros males E nuestras penas parejas
S 604-2   sabedes nuestros pelygros sabedes nuestras conssejas
S1194-1   Byen ssabedes amigos en commo mal pecado
S1480-1   Señora diz la vieja muchas fablaz sabedes
**SABEMOS**
S1060-4   la virgen que sabemos ssanta maria estar
**SABEN**
S 125-3   en -cabo saben poco que su fado les guia
G 438-2   que andan las iglesias e zaben las callejaz
G 438-3   grandez cuentaz al cuelo zaben muchaz conzejaz
G 439-4   ay quanto mal zaben eztaz viejaz arlotaz
G 442-4   ca tal escanto vsan que saben bien çegar
S1340-3   mas saben e mas valen sus moçaz cozineraz
S1390-2   que non saben que leem nin lo pueden entender
**SABER**
S 15-3   es vn dezir fermoso e saber sin pecado
S 16-4   ansi en feo libro esta saber non feo
S 18-2   en fea letra esta saber de grand dotor
S 50-4   a -los griegos doctores nin al su mucho saber
S 65-3   que saber bien e mal dezir encobierto e doñeguil
S 76-4   e saber bien e mal e vsar lo mejor
S 91-3   algun triste ditado que podiese ella saber
S 129-3   enbio por sus sabios dellos saber querria
S 130-2   vinieron çinco dellos de mas conplido saber
S 168-2   todo saber de dueña sabe con sotileza
S 168-4   muchas dueñaz e otras de buen saber las veza
S 184-1   Traes enloquecidos a muchos con tu saber
S 344-2   por saber del alcalde lo que quierre fazer
S 344-4   mas non podieron del cosa saber nin entender
G 450-3   si tal zaber podierez e la quisierez cobrar
S 469-2   sus malas maestrias e su mucho mal saber
S 518-2   quier lo vea o -non saber lo ha algud dia
G 674-2   el arte e el vso muestra todo el zaber
S 698-2   artera e maestra de mucho saber
S 785-2   mi fuerça e mi seso e todo mi saber
S 883-1   Sy las aves lo podiesen byen saber E entender
S 886-2   es en -el mucho tienpo el saber e la çiençia
S1134-4   Senores vuestro saber quiera mi mengua conplir
S1148-4   quien saber los quisiere oya las decretales
S1151-2   quien quisier saber los estudie do son puestos
S1391-2   non quiere valer algo nin saber nin pujar
S1586-3   saber nos guardar de -lo ajeno non dezir esto querria
**SABES**
S 185-4   de quanto yo te digo tu sabes que non miento
S 387-2   ante facien onium sabes las alexar
S 401-3   luego de grado mandas bien te sabes mudar
S 427-2   e non sabes la manera commo es de -aprender
S 515-1   sy sabes estromentos byen tañer o tenplar
S 515-2   sy sabes o avienes en fermoso cantar
S 538-1   Amigo dyz non sabes de noche nin de dia
G 592-4   la esperança non conorte zabez a -las vezz fallir
G 765-2   de quantoz me Rogaron zabez tu mas de çiento
S 920-3   syrue do avras pro pues sabes la manera
S 990-3   dixo non sabes el vso comos doma la rres muda
S 999-1   Mas pariente tu te cata sy sabes de sierra algo
S1191-1   byen sabes commo somos tu mortal enemigo
S1389-1   non conosçes tu nin sabes quanto yo meresçria
S1513-4   el cantar que non sabes oylo a -cantaderaz

**SABIA**
| | |
|---|---|
| S 331-4 | ya sabya la rraposa quien le avia de ayudar |
| S 655-3 | apenas me conosçia nin sabia por do yr |
| S 899-3 | non sabya la manera el burro de Señor |
| S 974-4 | erre todo el camino commo quien lo non sabia |
| S1624-1 | El ssabia leer tarde poco e por mal cabo |

**SABIA**   **(H)**
| | |
|---|---|
| S 329-2 | ffue sabya la gulpeja e byen aperçebida |
| S 645-2 | que sepa sabia mente andar esta carrera |

**SABIAN**
| | |
|---|---|
| S 50-2 | ffueron rromanos en -coyta non sabian que se fazer |

**SABIDA**
| | |
|---|---|
| S 90-2 | que a -cabo de tienpo non sea bien sabida |
| S 329-3 | Señor diz yo so syenpre de poco mal sabyda |
| S 484-2 | sotil e mal sabyda diz como mon sseñer |
| S 701-1 | desque fuy en mi casa esta vieja sabida |
| S1317-1 | ffyz llamar trota conventos la mi vieja sabida |

**SABIDAS**
| | |
|---|---|
| S 644-1 | mucho son mal sabydas estas viejas Risoñas |

**SABIDO**
| | |
|---|---|
| S 50-1 | Pusieron dia sabido todoz por contender |
| S1203-1 | la dueña en -su Rybto puso dia ssabido |

**SABIDOR**
| | |
|---|---|
| S 261-2 | al sabidor virgillio commo dize en -el testo |
| S 323-2 | fueron ver su juyzio ante vn sabydor grande |
| S 491-2 | los dyneros le fazen fidalgo e sabydor |
| S 888-4 | el sabydor se prueua en coytas e en presuras |
| S1138-1 | quito quanto a -dios que es sabidor conplido |
| S1617-3 | del mal tomar lo menos dizelo el sabidor |

**SABIDORES**
| | |
|---|---|
| S 351-3 | con omnes sabydores en fuero e en derecho |

**SABIDORIA**
| | |
|---|---|
| P 23 | el qual es comienço de toda sabidoria |
| S 325-1 | Ante vos el mucho honrrado e de grand sabidoria |
| S1434-1 | tenga manera E seso arte e Sabidoria |
| S1586-2 | dono de spiritu santo de buena Sabidoria |
| S1633-1 | Señorez he vos seruido con poca sabidoria |

**SABIEN**
| | |
|---|---|
| S 47-4 | nin las podrian en-tender pues que tan poco sabien |

**SABIENCIA**
| | |
|---|---|
| S 46-3 | connel rribaldo Romano e con su poca sabiençia |
| S 123-2 | de -la astrologia vna buena sabiençia |
| S 622-2 | el mester e el ofiçio el arte e la sabiençia |
| S 886-3 | Esta en -los antiguos Seso e sabyençia |

**SABIENDAS**
| | |
|---|---|
| S 418-1 | Del bien que omne dize sy a -sabyendas mengua |

**SABIENDO**
| | |
|---|---|
| S1596-3 | con spiritu de çiençia sabiendo mesura catar |

**SABIENTE**
| | |
|---|---|
| S 871-3 | vyno doña endrina con -la mi vieja sabiente |

**SABIO**
| | |
|---|---|
| S 44-1 | Palabras son de sabio e dixo lo caton |
| S 58-1 | A Todos los de greçia dixo el sabio griego |
| S 59-1 | Preguntaron al griego sabio que fue lo que dixera |
| S 72-3 | de -lo que dize el sabio non deuemos dubdar |
| S 72-4 | que por obra se prueua el sabio e su fablar |
| S 73-1 | que diz verdat el sabio clara mente se prueua |
| S 166-1 | Como dize el sabio cosa dura e fuerte |
| S 173-4 | quien toma dar deue dizelo sabio enviso |
| S 323-4 | era sotil e sabio nunca seya de valde |
| S 568-3 | caton sabyo Romano en su lybro lo manda |
| S 697-4 | açerte en -la tyenda del sabio corredor |
| S 729-1 | El sabio vençer al loco con consejo non es tan poco |
| S 919-1 | Commo dize la fabla que del sabyo se saca |
| S1529-2 | ome sabio nin neçio que de ty byen de-parta |

**SABIOS**
| | |
|---|---|
| S 48-2 | que ante les convenia con sus sabios disputar |
| S 129-3 | enbio por sus sabios dellos saber querria |
| S 135-2 | los sabios naturales que su signo cataron |
| S 138-4 | los sabios naturales verdaderoz salieron |
| S1151-4 | el estudio a -los Rudos faz sabios maestros |

**SABOGAS**
| | |
|---|---|
| S1113-3 | a -las torcazas matan las sabogas valyentes |

**SABOR**
| | |
|---|---|
| S 163-1 | Sy las mançanas sienpre oviesen tal sabor |
| S1342-2 | ssolaz de mucho Sabor e el falaguero jugar |
| S1378-4 | alegrate E come de -lo que as mas sabor |
| S1612-4 | ansy en -dueña chica yaze muy grad sabor |

**SABORADO**
| | |
|---|---|
| S 902-1 | quando el leon vyno por comer saborado |

**SABORES**
| | |
|---|---|
| S1226-3 | dan cantos plazenteros e dulçes ssaborez |

**SABRAS**
| | |
|---|---|
| S 427-4 | Recabdaras la dueña E sabras otras traer |
| S 574-4 | Castiga te castigando E sabras a -otros castigar |

**SABRE**
| | |
|---|---|
| G 676-3 | yo pensare en -la fabla e zabre vuestro talente |

**SABRIA**
| | |
|---|---|
| S1563-1 | yo dezir non ssabria quales eran tenidos |

**SABROSA**
| | |
|---|---|
| S1380-3 | con miedo de -la muerte la miel non es sabrosa |

**SABROSAS**
| | |
|---|---|
| S1231-3 | bozes dulzes sabrosaz claraz e bien pyntadaz |

**SABROSOS**
| | |
|---|---|
| S 625-3 | con palabras muy dulçes con dezires sabrosos |

**SABUESOS**
| | |
|---|---|
| S1220-3 | ssabuesos e podencos quel comen muchoz panes |

**SABZE**
| | |
|---|---|
| S 778-1 | abaxose el lobo ally so aquel sabze |

**SACA**
| | |
|---|---|
| S 1-4 | saca a -mi coytado desta mala presion |
| S 2-4 | sacame desta lazeria desta presion |

**SACA** (right column continues)
| | |
|---|---|
| S 6-4 | Señor de aquesta coyta saca al tu açipre(ste) |
| S 300-4 | saca melo e faz de my como de tuyo quito |
| S 536-2 | dixo saca dello e beue pues lo as traydo |
| G 548-3 | Al que demaz lo beue zacalo de cordura |

**SACA**   **(H)**
| | |
|---|---|
| S 616-2 | el can que mucho lame sin dubda sangre saca |
| S 835-3 | saca gualardon poco grand trabajo e grand pena |
| S 868-3 | el encantador malo saca la culebra del forado |
| S 869-2 | que el romero fyto que sienpre saca çatico |
| S 919-1 | Commo dize la fabla que del sabyo se saca |
| S 929-3 | la liebre del couil sacala la comadreja |

**SACADA**
| | |
|---|---|
| S 96-4 | esta fabla conpuesta de ysopete sacada |

**SACAN**
| | |
|---|---|
| S1293-2 | sacan varriles frios de -los pozos helyzes |

**SACAR**
| | |
|---|---|
| S 410-3 | sacar te he bien a -saluo non te fare enojo |
| S 941-4 | mucho ayna la sopo de su seso sacar |
| S1411-2 | el coraçon querria sacarle con su mano |
| S1420-2 | mas el coraçon sacar E muerte rresçebir |
| S1460-3 | metio mano en -el seno E fue dende sacar |

**SACARE**
| | |
|---|---|
| S 409-3 | yo te sacare a -saluo agora por la mañana |

**SACAREDES**
| | |
|---|---|
| S1432-1 | los vuestros blazos fuertes por ally los sacaredes |

**SACAREN**
| | |
|---|---|
| S1459-1 | quando a -ty sacaren a -judgar oy o cras |

**SACARON**
| | |
|---|---|
| S1460-1 | ssacaron otro dia los presos a -judgar |

**SACAS**
| | |
|---|---|
| S 393-3 | al que quieres matar ssacas los de carrera |
| S 393-4 | de logar encobyerto sacas çelada fiera |
| G 765-3 | sy agora tu me sacaz de buen entendemiento |

**SACASE**
| | |
|---|---|
| S 253-1 | Prometio al que -lo sacase thesoros e grand Riqueza |

**SACASTE**
| | |
|---|---|
| S 1-2 | sacaste de cabtiuo del poder de fa(ron) |
| S 1-3 | a -daniel sacaste del poço de babilon |
| S 3-1 | Señor tu que sacaste al profecta del lago |
| S 3-2 | de poder de gentilez sacaste a -santiago |
| S 5-3 | sacastelo tu sano asy commo de casa buena |

**SACERDOTAL**
| | |
|---|---|
| S1591-1 | El santo Sacramento de orden saçerdotal |

**SACO**
| | |
|---|---|
| S 253-3 | sacole con -el pico el veso con ssotileza |
| S 327-3 | saco furtando el gallo el nuestro pregonero |
| S 537-2 | commo era fuerte puro sacol de entendimiento |
| S 985-1 | ssacome de -la choça E llegome a -dos senderos |
| S1416-4 | Sacole e estudo queda syn se mas quexar |
| S1417-4 | Sacolo E estudo Sosegada la mesquina |
| S1464-3 | saco vna grand soga diola al adelantado |
| S1559-4 | saco nos de cabptiuo la cruz en -quel posiste |
| S1561-1 | Saco de -las tus penas a -nuestro padre adan |
| S1563-3 | a -todos los saco como santos escogidos |

**SACODIENDO**
| | |
|---|---|
| S1292-3 | estauan de -los arbores las frutas sacodiendo |

**SACRAMENTO**
| | |
|---|---|
| S 534-3 | sacramento muy sano prueua si te plaze |
| S1591-1 | El santo Sacramento de orden saçerdotal |
| S1593-1 | quixotes E canilleras de santo Sacramento |
| S1597-2 | que es de cuerpo de dios sacramento e ofiçio |
| S1599-1 | Sacramento de vnçion meternos e soterremos |

**SACRAMENTOS**
| | |
|---|---|
| S1585-4 | con siete sacramentos estos enemigos sobrar |

**SACRIFICIO**
| | |
|---|---|
| S 777-1 | despues que vos ayas fecho este sacrifiçio |
| S1597-1 | otrosi rrogar a -dios con santo Sacrifiçio |

**SACRIFICIOS**
| | |
|---|---|
| S1540-1 | Non dan por dios a -pobrez nin cantan sacrifiçios |

**SACUDE**
| | |
|---|---|
| S1296-2 | estercuela baruechos e sacude nogales |

**SAÇON**
| | |
|---|---|
| S 362-4 | por ende pongo sylençio al lobo en -esta saçon |
| S 658-1 | querian alla mis parientes Cassar me en esta Saçon |
| S 933-2 | buen amor dixe al libro e a -ella todo saçon |
| S 949-1 | Por melo otorgar Señoras escreuir vos he grand saçon |
| S1119-3 | de castro de vrdiales llegaua esa saçon |

**SAETA**
| | |
|---|---|
| S 597-1 | esta dueña me ferio de saeta en-arbolada |
| S 605-2 | tyra de mi coraçon tal saeta e tal ardura |

**SAETAS**
| | |
|---|---|
| S 271-1 | Saetas e quadrillos que trae amolados |
| S 653-4 | con saetas de amor fyere quando los sus ojos alça |
| S1111-2 | trayan muchas saetas en sus aljauas postas |
| S1598-2 | contra esta enemiga que nos fiere con saetas |

**SAGRADOS**
| | |
|---|---|
| S 495-2 | muchos monges e mongas Religiosos sagrados |

**SAGUDA**
| | |
|---|---|
| G 448-2 | atal media pecada el huerco la zaguda |

**SAL**
| | |
|---|---|
| S1115-4 | mando que -los echasen en sal de vyllenchon |
| S1167-3 | lentejar con -la sal en Rezar te rremira |

**SAL**   **(H)**
| | |
|---|---|
| S1232-1 | Dulçe caño entero sal con -el panderete |
| S1538-1 | Desque sal el alma al rrico pecador |

**SALADA**
| | |
|---|---|
| S1030-5 | e carne salada |
| S1103-1 | vino luego en ayuda la salada sardina |

**SALADAS**
| | |
|---|---|
| S1385-1 | Mas vale en convento laz sardinaz saladas |
| S1394-1 | Con -la mala vyanda con -las Saladas Sardinaz |

**SALAMO**
S 105-1     Commo dize salamo e dize la verdat

**SALAMON**
P 30     Otrosi dize salamon en -el libro de -la sapiençia

**SALAS**
S1099-1     faza la media noche en medio de -las salas

**SALDRA**
S1053-4     del qual nunca saldra nin avra librador
S1332-3     non se casara luego nin saldra a -conçejo

**SALDRAS**
S1168-4     aver te ha dios merçed e saldras de aqui ayna
S1463-4     daras cras el presente saldras con arte mia

**SALE**
S 273-4     que de sy mesmo sale quien su vida desata
S 796-2     sana dolor muy grand e sale grand postilla
S 801-2     commo al aue que sale de manos del astor
S 835-1     de tierra mucho dura furta non sale buena
S1007-3     antes dize la piedra que sale el al-horre
S1219-4     a -la liebre que sale luego le echa la galga
S1228-1     ally sale gritando la guitara morisca

**SALEM**
S 240-4     las entrañas le salem estaua muy perdido

**SALEN**
S 637-4     ante salen a -la peña que por carrera derecha
S1211-1     a -rresçebyr los salen quantos que -los esperan
S1212-3     a -el salen triperaz taniendo suz panderoz
S1227-4     con muchos jnstrumentos salen los atanborez
S1234-1     Tronpas e añafiles ssalen con atanbales
S1241-3     todaz salen cantando diziendo chanzonetaz
S1601-3     E penssemos pensamientos que de buenas obras salen

**SALGA**
S 880-4     callad guardat la fama non salga de sotecho
S1219-1     Tenia coffya en -la cabeça quel cabello nol ssalga

**SALGO**
S 999-3     se el lobo commo se mata quando yo en pos el salgo

**SALI**
S 878-1     quando yo saly de casa puez que veyades las rredes
S1043-3     E yo desque saly de todo aqueste Roydo
S1311-1     Saly desta lazeria de coyta e de lastro

**SALIA**
S 408-3     çerco toda su cueva que non salya de fuera
S 912-2     poco salya de casa era como saluase

**SALIDA**
S 90-3     ffue la mi poridat luego a -la plaça salida
S1421-2     lo que fazer quisiere que aya del salyda
S1618-1     ssalida de febrero entrada de março

**SALIDAS**
S 882-3     ayer mill cobros me dauaz mill artes mill salidas

**SALIDO**
S 945-1     El mes era de março salido el verano
S1196-2     digale que el domingo antes del sol salido
S1210-2     el sol era salido por el mundo Rayado
S1225-2     el sol era salydo muy claro E de noble color

**SALIDOS**
S 243-1     los quadriles salidos somidas las yjadas

**SALIE**
G 583-2     poco salie de caza zegunt lo an de vzaje

**SALIENDO**
S 377-1     El salyendo el sol comienças luego prima

**SALIERA**
S 109-4     ssy para bien non fuera tan noble non saliera

**SALIERDES**
S1652-3     quando deste mundo salierdes

**SALIERON**
S 138-4     los sabios naturales verdaderoz salieron
S 769-2     Salieron a -rresçebir le los mas adelantados

**SALIO**
S 241-1     desque salyo del canpo non valya vna çermeña
S 272-4     de mi salyo quien me mato e me tiro la vida
S 768-1     ssalio de aquel plado corrio lo mas que pudo
S 773-1     salyo mas que de passo fizo ende rretorno
S 779-2     salyo mal quebrantado paresçia pecadezno
S1056-4     ssangre E agua salio del mundo fue dulçor
S1209-1     ssalyo mucho ayna de todaz aquestaz callez
S1352-3     salyo de aquel forado sañuda E ayrada
S1359-3     fue su Señor a caça e Salio vn coneio
S1405-1     Salio bien rrebuznando de -la su establia
S1462-1     salio el ladron suelto sin pena de presion
S1637-4     syn dolor salio al mundo

**SALIR**
S 100-4     ssus bramuras e espantos en burla fueron salir
S 280-1     Entras en -la pelea non puedes della salyr
G 447-3     Pocas zon laz mugerez que dellaz pueden salyr
S 725-3     Salyr andar en -la plaça con vuestra beldat loada
S 917-4     quered salyr al mundo a -que vos dios fizo nasçer

**SALIRA**
S 511-3     por joyas E dineros Salyra de carrera

**SALIRIA**
G 688-3     puede seer tanta la fama que saliria a conçejo

**SALMISTA**
P 42     E desto dize el salmista
P 86     E deste tal penssamiento dize el salmista
P 137     E podra dezir con -el salmista veni veritatis E cetera

**SALMO**
P 202     e tome el verso primero del salmo

**SALMON**
S 342-2     presentan al alcalde qual salmon e qual trucha
S1119-2     ardiz E denodado fuese contra don salmon
S1164-2     conbras de -las arvejas mas non salmon nin trucha

**SALMOS**
S1181-3     vos oyredes misa yo rrezare miz salmos

**SALPRESA**
S1274-1     El Segundo comia carne salpresa

**SALPRESAS**
S1105-2     salpresaz e trechadas a -grandes manadillas

**SALPRESO**
S1373-2     mucho tozino lardo que non era salpreso

**SALTA**
S 278-4     el coraçon te salta nunca estas de vagar
S 810-3     el coraçon le salta ansy amenudillo

**SALTAN**
S1220-4     e muchos nocherniegos que saltan mata canes

**SALTANDO**
S1085-2     ally andan saltando e dando grandes gritos

**SALTAR**
S 521-4     estos son aguijonez que la fazen saltar

**SALTEO**
S 959-2     salteome vna serrana a -la asomada del rrostro

**SALTERIO**
S 374-2     cum hiz qui oderunt paçem fasta que el salterio afines
S1170-2     visita las iglesiaz Rezando el salterio
S1229-3     el salterio con ellos mas alto que -la mota
S1307-3     muchas rreligiosas rrezando el salterio

**SALTERIOS**
S1554-3     por tu miedo los santos fizieron los salterrios

**SALTO**
S 240-1     Dio salto en -el canpo ligero aperçebido
S 412-2     dio salto en -el agua somiese fazia yuso
S 777-3     E vos faredes por ellos vn salto syn bolliçio
S1475-1     Su Razon acabada tirose dyo vn zalto

**SALTO** (H)
S1208-2     el sabado por noche salto por las paredes

**SALUD**
S 245-3     que fuerça e hedat e onrra salud e valentia
S 250-3     pidias a -dios que te diesen Salud e mantenençia
S 251-2     Salud e grand rriqueza e thesoro sobejo
S 606-4     el grand amor me faze perder salud e cura
S 701-3     en -vuestras manos pongo mi salud e mi vida
S 785-3     mi salud e mi vyda e todo mi entender
S 797-1     vyene salud e vyda despues de grand dolençia
S 911-4     nunca vy tal commo esta sy dios me de salud
S1069-4     salud en jhesu xpisto fasta la pasqua mayor
S1180-2     don carnal el doliente yua salud aviendo
S1190-4     non salud mas sangria commo a -mala flemosa
S1193-4     salud con muchas carnes sienpre de nos a -voz
S1511-1     fija si el criador vos de paz con Salud
S1532-1     la Salud E la vida muy ayna se muda
S1673-4     del mundo salud E vida
S1674-1     Del mundo salud E vida

**SALUDA**
S1509-4     saluda vos amor nueuo dixo la mora yznedri
S1510-1     fija mucho vos saluda vno que es de alcala

**SALUDAVA**
S 897-2     paçiendo en vn prado tan byen lo saludaua
S1437-4     ella con su lijonga tan bien lo saludaua

**SALUDES**
S 657-2     se vos encomienda mucho mill saludes vos enbya

**SALUDO**
S1643-4     Saludo a -ella

**SALUT**
G 582-4     de mi era vezina mi muerte e mi zalut
G 593-2     si ayuda non demanda por auer zalut mijor

**SALUTACION**
S 8-3     en -la salutaçio(n) el angel grabiel
S 9-1     Por esta profeçia e por la salutaçion
S 35-3     salutaçion
S1616-4     mejor es en -la prueua que en -la salutaçion

**SALVA**
P 52     por laz qualez se salua el ome
S 620-2     E la arte al culpado saludo del malefiçio

**SALVA** (H)
S 5-4     mexiaz tu me salua sin culpa e sin pena
S1672-4     la mi coyta tu la parte tu me salua E me guia

**SALVA** (H)
S 104-1     ffiz luego estas cantigas de verdadera salua
G 680-2     fablat uoz zalua mi onrra quanto fablar uoz quixeredez

**SALVACION**
P 68     en -la carrera de saluaçion en -que anda
P 128     saluaçion E gloria del parayso para mi anima
P 162     al que entendiere el bien e escogiere saluaçion
P 181     e castigoz de saluaçion
S 9-2     por el nonbre tan alto hemanuel saluaçion
S 35-6     dios saluaçion
S 492-3     conpraras parayso ganaras saluaçion
S1131-4     que por la penitençia avredes saluaçion
S1572-4     el que saluo el mundo el te de saluaçion
S1651-3     que dios voz de saluaçion
S1666-2     folgura E saluaçion

**SALVADO**
S 118-3     a -mi dio rrumiar saluado
S1066-2     por estas llagas çierto es el mundo saluado

**SALVADOR**
S 8-2     fijo de dioz muy alto saluador de ys(rael)
S 36-6     por saluador
S 42-2     que tu fijo el saluador
S1046-1     omillome Reyna madre del Saluador
S1069-1     De mi santa quaresma syerua del ssaluador
S1658-2     por ser nuestro saluador

**SALVAGINA**
S 366-1     do lyçençia a -la Raposa vayase a -la saluagina

**SALVAMIENTO**
S1674-4     de coytados saluamiento

**SALVAR**
| | |
|---|---|
| P 36 | que se ha de saluar en -el cuerpo linpio |
| P 66 | E ama el Amor de dioz por se saluar por ellaz |
| P 136 | que se quiera saluar descogera E obrar lo ha |
| S 126-1 | otros entran en ordem por saluar las sus almas |
| S 182-4 | saluar non puedes vno puedes çient mill matar |
| S1063-1 | Por saluar fue venido el lynaje vmanal |
| S1066-4 | a -los que creemos el nos quiera ssaluar |
| S1075-2 | alguaçil de -las almas que se han de saluar |
| S1112-2 | para saluar sus almas avian todos desseo |
| S1137-3 | do aquesto falleçe bien se puede saluar |
| S1140-4 | con -la misericordia de dios que -lo quiere saluar |
| S1649-4 | que nasçio por saluar noz |

**SALVARAS**
| | |
|---|---|
| S1169-4 | tu alma pecador ansi la saluaraz |

**SALVARIA**
| | |
|---|---|
| S1061-2 | que el cordero vernia e saluaria la ley |

**SALVAS**
| | |
|---|---|
| S1668-4 | non catando su pecado saluas lo de amargura |

**SALVASE**
| | |
|---|---|
| S 912-2 | poco salya de casa era como saluase |

**SALVAVA**
| | |
|---|---|
| S 498-4 | muchas almas perdia E muchas salvaua |

**SALVE**
| | |
|---|---|
| S 531-4 | dyos te salue buen omne dixol con ssynple gesto |
| S 997-4 | dixele yo ansy dios te ssalue hermana |
| S1452-4 | dezilde dios vos salue dexemos el pauor |
| S1494-2 | ante del dioz voz salue dixo la mensajera |
| S1495-1 | Amigo dios vos salue folgad sed plazentero |
| S1658-4 | si el salue a -todoz noz |

**SALVE**   (L)
| | |
|---|---|
| S 387-4 | salue rregina dizes sy de ti se ha de quexar |

**SALVES**
| | |
|---|---|
| S1479-4 | al que te mata so capa nol salues en conçejo |

**SALVO**
| | |
|---|---|
| P 82 | quasi dicat ninguno saluo dioz |
| S 45-4 | Saluo en -la manera del trobar E del dezir |
| S 105-4 | ssaluo amor de dios todas sson lyuiandat |
| S 421-4 | mucho mas te diria Saluo que non me atreuo |
| G 686-1 | esto yo non uoz otorgo saluo la fabla de mano |
| S1133-4 | saluo vn poquillo que oy disputar |
| S1147-4 | saluo los que del papa son en -si rreseruados |
| S1176-4 | saluo a -don carnal non se a -quien non plega |
| S1201-4 | saluo si son vellosaz ca estaz son barracaz |
| S1529-4 | saluo el cueruo negro que de ty muerte se farta |

**SALVO**   (H)
| | |
|---|---|
| S 409-3 | yo te sacare a -saluo agora por la mañana |
| S 410-3 | sacar te he bien a -saluo non te fare enojo |
| S 898-4 | que tornedes al juego en saluo e en paz |
| S1184-2 | por le poner saluo enprestole su Rozin |
| S1459-4 | amigo con aquesto en saluo escaparas |

**SALVO**   (H)
| | |
|---|---|
| S1572-4 | el que saluo el mundo el te de saluaçion |

**SAN**
| | |
|---|---|
| G 556-4 | que corderoz la pascua nin anzaronez zan juan |

**SANA**
| | |
|---|---|
| S 57-2 | E assentose luego con su memoria sana |
| S 85-2 | comme la tu señor que -te sera buena e sana |
| S 409-4 | poner te he en -el otero cosa para ti sana |
| G 678-4 | al omne conorte grande e plazenteria bien zana |
| S1251-3 | la su possaderia non es para ty sana |

**SANA**   (H)
| | |
|---|---|
| S 187-2 | non lo sana mengia enplasto nin xarope |
| S 796-2 | sana dolor muy grand e sale grand postilla |

**SANAN**
| | |
|---|---|
| S 649-1 | ssy -le conortan non lo sanan al doliente los joglares |

**SANAR**
| | |
|---|---|
| S 841-4 | ella sanar me puede e non las cantaderas |

**SANARA**
| | |
|---|---|
| S 794-2 | Sanara golpe tan grand de tal dolor venido |
| S1536-4 | si dizen que sanara todos gelo rrepuntan |

**SANAS**
| | |
|---|---|
| S 203-2 | señor señor acorre nos tu que matas E sanas |
| S 862-4 | las que vos queredes mucho estas vos seran mas sanas |

**SANCRISTAN**
| | |
|---|---|
| S 384-1 | Nunca vy sancristan que a -visperas mejor tanga |

**SANCHO**
| | |
|---|---|
| S1705-1 | ffablo en -post aqueste el chantre Sancho muñoz |

**SANDALIX**
| | |
|---|---|
| S1336-3 | tria sandalix muy fyno con diasanturion |

**SANDIA**
| | |
|---|---|
| S 750-1 | dixo el abutarda loca sandia vana |

**SANDIO**
| | |
|---|---|
| S 976-1 | ssemejas me diz sandio que ansy te conbidas |
| S 991-5 | lyeuate vete sandio |
| S1387-4 | espantose el gallo dexol como sandio |

**SANE**
| | |
|---|---|
| S 709-3 | por que esa vuestra llaga sane por mi melezina |

**SANES**
| | |
|---|---|
| S 269-1 | de muchos ha que matas non se vno que sanes |

**SANGRAR**
| | |
|---|---|
| S1416-1 | El alfajeme pasaua que venia de ssangrar |

**SANGRE**
| | |
|---|---|
| S 534-2 | la sangre verdadera dios en -ello yaze |
| S 616-2 | el can que mucho lame sin dubda sangre saca |
| S 695-4 | amigança debdo e sangre la muger lo muda |
| S1056-4 | ssangre E agua salio del mundo fue dulçor |
| S1070-4 | vertyendo mucha ssangre de -lo que mas me asaño |
| S1117-4 | de escamas E de sangre van llenos los vallejos |
| S1198-1 | Escriptaz son laz cartas todas con sangre biua |
| S1218-2 | vna blanca rrodilla esta de sangre tynta |
| S1568-4 | por su santa sangre e por ella perdonola |

**SANGRIA**
| | |
|---|---|
| S1190-4 | non salud mas sangria commo a -mala flemosa |

**SANGRIAS**
| | |
|---|---|
| S1474-3 | que yo tengo travadaz mis pies tienen sangrias |

**SANIDAT**
| | |
|---|---|
| S1156-3 | do el pecador non puede aver de otro sanidat |

**SANO**
| | |
|---|---|
| S 5-3 | sacastelo tu sano asy commo de casa buena |
| S 51-4 | que tales las feziese fueles consejo sano |
| S 165-3 | anssy entendet sano los proverbios antiguos |
| S 175-3 | diz non quiero mal bocado non serie para mi sano |
| S 227-3 | non ovo lo que quiso nol fue cobdiçiar sano |
| S 253-4 | el lobo finco sano para comer sin pereza |
| S 534-3 | sacramento muy sano prueva si te plaze |
| S 893-2 | quando fue Sano della que -la traya enfiesta |
| S 945-3 | moço malo moço malo mas val enfermo que sano |
| S1347-1 | aquesta buena dueña avie seso bien Sano |

**SANOS**
| | |
|---|---|
| S 373-3 | synon solteros sanos mancebos e valyentes |
| S 960-4 | non pasan los omnes sanos |

**SANSON**
| | |
|---|---|
| S 308-1 | Con la grand yra sansson que -la su fuerça perdio |

**SANT**
| | |
|---|---|
| P 53 | E desto dize sant Ioan apostol en -el Apocalipsi |
| P 185 | Ca dize sant gregorio que menoz firien al onbre |
| S 6-3 | de -las ondaz del mar a -sant pedro tomeste |
| S 247-2 | que al poble Sant lazaro non dio solo vn çatico |
| S 829-4 | que en pollo envernizo despues de sant migel |
| S 875-3 | non queblantedes mi pueras que del abbad de sant paulo |
| S 951-1 | El mes era de março dia de sant meder |
| S1011-1 | Enl apocalipsi Sant Johan evangelista |
| S1142-1 | Nuestro Señor sant pedro tan santa criatura |
| S1236-1 | ordenes de çisten Con -las de sant benito |
| S1238-1 | ally van de ssant paulo los sus predicadorez |
| S1238-2 | non va y sant françisco mas van flayres menorez |
| S1240-1 | ffrayles de sant anton van en esta quadrilla |
| S1321-1 | Dia era de sant marcos ffue fiesta señalada |
| S1562-1 | A ssant johan el bautista con muchos patriarcas |

**SANTA**
| | |
|---|---|
| P 203 | que ez de -la santa trinidad E de -la fe catholica |
| S 3-3 | a santa marina libreste del vientre del drago |
| S 4-1 | Señor tu que libreste A -santa susaña |
| S 19-2 | la virgen santa maria por ende yo joan rroyz |
| S 20-1 | Santa maria |
| S 30-4 | En tu santa conpania |
| S 31-1 | Del Septeno madre santa |
| S 110-3 | por santo nin santa que seya non se quien |
| S 112-3 | puse el ojo en otra non santa mas sentia |
| S 770-2 | que nuestra santa fiesta venieseds a -onrrar |
| S 913-4 | de mensajero malo guarde me santa maria |
| S1044-2 | muy santo E muy deuoto santa maria del vado |
| S1046-2 | virgen Santa e dina oye a -mi pecador |
| S1058-1 | Por aquestas llagas desta santa pasion |
| S1060-4 | la virgen que sabemos ssanta maria estar |
| S1062-2 | vino en santa virgen E de virgen nasçio |
| S1069-1 | De mi santa quaresma syerua del ssaluador |
| S1141-2 | ay en -la santa iglesia mucha prueua e buena |
| S1141-3 | por contriçion e lagrimas la santa madalena |
| S1142-1 | Nuestro Señor sant pedro tan santa criatura |
| S1168-3 | fostigaras tus carnes con santa disçiplina |
| S1239-2 | e los de santa eulalya por que non se ensanen |
| S1261-4 | en esta santa fiesta sey de mi ospedado |
| S1321-2 | toda la santa iglesia faz proçesion onrrada |
| S1500-1 | val me santa maria mis manos aprieto |
| S1560-3 | ffue por su santa muerte tu casa despoblada |
| S1568-4 | por su santa sangre e por ella perdonola |
| S1587-1 | vestir los probles desnudos con santa esperança |
| S1589-2 | tener fe que santa cosa es de dios gualardonada |
| S1591-2 | con fe santa escogida mas clara que cristal |
| S1626-1 | Por que santa maria Segund que dicho he |
| S1635-2 | virgen santa marya |
| S1642-2 | a -la virgen santa |
| S1647-4 | byuio santa maria |
| S1661-2 | virgen santa preçiosa |
| S1665-2 | escogida santa madre |
| S1667-2 | ssanta flor non tanida |
| S1672-1 | A -ty me encomiendo virgen ssanta maria |
| S1672-3 | E me guarda toda via piadoza virgen santa |
| S1673-1 | santa virgen escogida |
| S1680-1 | virgen muy santa yo paso atribulado |
| S1684-2 | virgen santa maria |

**SANTANDER**
| | |
|---|---|
| S1111-1 | De sant ander vinieron las bermejas langostas |

**SANTAS**
| | |
|---|---|
| S 776-3 | diz señor abbad conpadre con esas santas manos |
| S1601-4 | ansy que con santas obras a -dios baldios non fallen |

**SANTIAGO**
| | |
|---|---|
| S 3-2 | de poder de gentilez sacaste a -santiago |
| S 871-1 | Despues fue de santiago otro dia seguiente |
| S1043-1 | Santiago apostol diz de todo bien conplido |
| S1237-1 | orden de santiago con -la del ospital |

**SANTIDAD**
| | |
|---|---|
| S 493-1 | yo vy en -corte de Roma do es la santidad |
| S1667-3 | por la tu grand santidad |

**SANTIDAT**
| | |
|---|---|
| S 530-4 | en santidat e en ayuno e en oracion beuia |
| S1305-3 | falle grand santidat fizo me estar quedo |
| S1632-1 | De -la santidat mucha es byen grand lyçionario |

**SANTIGUAR**
| | |
|---|---|
| S 86-1 | alço el leon la mano por la mesa santiguar |

**SANTIGUAVA**
| | |
|---|---|
| S 121-2 | santiguava me a -ella do quier que -la fallaua |

## SANTILLAN
S 963-1   la chata endiablada que santillan la confonda

## SANTO
P   4   El profecta dauid por spiritu santo fablando
S  11-1   Dyos padre dios fijo dios spiritu santo
S  23-2   grabiel santo E digno
S  30-3   fue spiritu santo puesto
S  40-6   spiritu santo
S 110-3   por santo nin santa que seya non se quien
S 248-1   Maguer que te es mandado por santo mandamiento
S 912-1   que estass son comienço para el santo pasaje
S1044-2   muy santo E muy deuoto santa maria del vado
S1062-4   dios e omne que veemos en -el santo altar
S1067-1   acercando sse viene vn tienpo de dios ssanto
S1076-3   fasta el sabado santo dar vos he lyd syn falla
S1136-1   En -el santo decreto ay grand disputaçion
S1162-1   Desque del santo flayre ovo carnal cofesado
S1170-3   esta y muy deuoto al santo misterio
S1179-1   Al xristiano catholico dale el santo signo
S1225-1   Dia era muy ssanto de -la pascua mayor
S1585-2   dones de spiritu santo que nos quiera alunbrar
S1586-2   dono de spiritu santo de buena Sabidoria
S1591-1   El santo Sacramento de orden saçerdotal
S1593-1   quixotes E canilleras de santo Sacramento
S1597-1   otrosi rrogar a -dios con santo Sacrifiçio
S1636-7   del spiritu santo
S1637-7   virge del santo mundo
S1640-4   espiritu santo gozeste
S1646-6   spiritu santo
S1670-4   de muerte E de ocasion por tu fijo jhesu santo

## SANTOS
S 388-3   non te pagas de omes castos nin dignos santos
S1554-3   por tu miedo los santos fizieron los salterrios
S1560-1   A -santos que tenias en tu mala morada
S1562-4   profectas E otros santos muchos que tu abarcas
S1563-3   a -todos los saco como santos escogidos
S1665-4   de -los santos bien seruida
S1667-8   con los santos muy graçiosa

## SANUDO
G 563-3   sey cuerdo e non sanudo nin trizte nin yrado
S 608-3   por que le fuste sanudo contigo poco estudo
S 895-1   con -las sus caçurias el leon fue sanudo
S1279-2   oras triste Sanudo oras seye loçano
S1314-4   de triste e de sanudo non quiere ser ospedado

## SAÑA
P 153   que faze perder laz almaz E caer en saña de dioz
S   4-4   dame tu misericordia tira de mi tu s(aña)
S  10-2   tira de mi tu saña tira de mi Rencorez
S  61-4   E Respondile con saña con yra e con cordojo
S  95-3   posieron le grand ssaña desto se entremeten
S 103-1   Tommo por chica cosa aborrençia e grand saña
S 182-1   Con saña que tenia fuylo a -denostar
S 201-4   dio jupiter con saña ovolas de oyr
S 211-3   oras coyda en -su saña oras en merjelina
S 304-3   sy non se faze tu tuyo tomas yra E saña
S 309-1   Con grand yra e saña saul que fue Rey
S 528-4   en verguença del mundo en zaña de dios caer
S 621-2   por el mucho seruiçio pierden la mucha saña
S 632-3   muestran que tienen saña e son rregateras
S 731-4   grand amor e grand ssaña non puede sser que non se mueva
S 889-4   el pesar E la saña tornad lo en buen solaz
S 929-2   que quisiese perder saña de -la mala consseja
S 948-3   aver saña de vos Ca de pesar morria
S1367-3   por que vyn syn presente la vuestra Saña cresçe
S1526-3   parientes E amigos todos le tyenen Saña

## SAÑOSA
S1685-4   por que eres sañosa

## SAÑOSO
S 311-3   mato a -sy mesmo yrado et muy sañoso

## SAÑUDA
S  94-3   diz la dueña sañuda non ay paño syn rraça
S 633-3   la muger byen sañuda e quel omne byen guerrea
G 666-1   yo le dixe ya sañuda anden fermozoz trebejoz
S 921-3   fue sañuda la vieja tanto que a -marauilla
S 990-1   Ryome commo rrespuso la serrana tan sañuda
S1352-3   salvo de aquel forado sañuda E ayrada

## SAÑUDO
S  85-4   el leon fue sañudo que de comer avia gana
S 181-2   pensando en mi ventura sañudo e non con vino
S 314-2   el javalyn sañudo dauale del col-millo
S 423-2   dyz açipreste Sañudo non tomas yo te rruego
S 626-3   al sañudo e al torpe non lo preçian vn figo
S 902-4   el leon contra el lobo fue sañudo e yrado
S1070-2   que anda don carnal sañudo muy estraño
S1189-3   e contra la quaresma estaua muy sañudo
S1310-4   desque vy que me mal yua fuy me dende sañudo

## SAPIENCIA
P  30   Otrosi dize salamon en -el libro de -la sapiençia

## SAPIENTIAE (L)
P  25   yniçium sapiençie timor domini

## SAQUE
S1319-4   si poco ende trabaje muy poco ende saque
S1683-4   que me saque a -puerto

## SAQUIMA
S 377-2   deus jn nomine tuo Ruegas a -tu saquima

## SARCILLO
S 718-4   en aqueste mi farnero las traere al sarçillo

## SARDINA
S 820-4   non son mas preçiados que -la seca sardina
S1103-1   vino luego en ayuda la salada sardina

## SARDINAS
S 781-1   algunos en -sus cassas passan con dos sardinas

S1087-4   Real de tan grand preçio non tenian las sardinas
S1385-1   Mas vale en convento laz sardinaz saladas
S1393-1   Comedes en convento Sardinaz e camaronez
S1394-1   Con -la mala vyanda con -las Saladas Sardinaz

## SARMIENTOS
S 599-2   menos los preçia todos que a -dos viles sarmientos

## SARNA
S 499-3   por todo el mundo anda su sarna e su -tyña
S1090-3   dalle he la sarna e diuiesos que de lydiar nol mienbre

## SARNOSA
S1190-3   a -ty quaresma fraca magra E muy sarnosa

## SARTA
S1457-4   fue el ladron a -vn canbio furto de oro grand sarta

## SARTAL
S 171-3   non cuentas nin sartal nin sortijas nin mitas

## SARTAS
S1036-1   E dan buenas sartas

## SARTENES
S1087-3   por adaragas calderas sartenes e cosinas
S1175-1   Escudillaz sartenez tinajaz e calderaz

## SASTIFACION
S1142-4   de sastifaçion otra non fallo escriptura

## SATAN
S1541-4   ellos lieuan el algo el alma lyeua satan

## SATISFACION
S1136-4   menester de todo en todo con -la satysfaçion

## SAUL
S 309-1   Con grand yra e saña saul que fue Rey

## SAUZES
S 776-1   la puerca que se estaua so -los sauzes loçanos

## SAVALOS
S1114-1   ssavalos E albures E la noble lanplea

## SAYA
S 270-4   sy vallestero la falla preçiala mas que saya
S 397-3   a -las vezes en saya a -las vezes en alcandora
S1054-2   ssobre la su saya echaron le suerte
S1216-4   en saya faldas en çinta e sobra byen armado
S1240-3   yuan los escuderos en -la saya cortilla

## SAYAS
S1394-2   con sayas de estameñas comedes vos mesquinas

## SAYON
S1126-4   el sayon yua deziendo quien tal fizo tal aya

## SAYONES
S1454-3   enbio alla su alcalde merinos e Sayones
S1469-1   Entonçes loz sayonez al ladron enforcaron

## SAZON
S1462-2   vso su mal ofiçio grand tienpo e grand sazon

## SE
P  32   E esto se entiende en -la primera rrazon
P  36   que se ha de saluar en -el cuerpo linpio
P  44   E por ende se sigue luego la segu(n)da rrazon
P  50   por que se acuerde dello
P  52   por laz qualez se salua el ome
P  66   E ama el Amor de dioz por se saluar por ellaz
P  73   se acuerde pecado e lo quiera e lo obre
P  78   que ez en -el omne que se non puede escapar de pecado
P 136   que se quiera saluar descogera E obrar lo ha
P 138   Otrosi loz de poco entendimiento non se perderan
P 183   e se puedan mejor guardar de tantaz maestriaz
P 199   non se puede fazer obra firme nin firme hedifiçio
S  10-3   ffaz que todo se torne sobre los mescladorez
S  14-4   Ca por todo el mundo se vsa E se faz
S  22-1   El primero gozo ques lea
S  48-4   esta rrespuesta fermosa dauan por se escusar
S  50-2   ffueron rromanos en -coyta non sabian que se fazer
S  55-1   leuantose el griego sosegado de vagar
S  55-3   luego se assento en -ese mismo lugar
S  55-4   leuantose el rribaldo brauo de mal pagar
S  56-4   assentose el neçio Catando sus vestidos
S  57-1   leuantose el griego tendio la palma llana
S  57-2   E assentose luego con su memoria sana
S  57-3   leuantose el vellaco con fantasia vana
S  58-3   leuantaron se todos con paz e con sosiego
S  63-4   dexose de amenazar do non gelo preçian nada
S  67-3   los mançebos liuianos guardense de locura
S  72-4   que por obra se prueva el sabio e su fablar
S  73-1   que diz verdat el sabio clara mente se prueua
S  73-4   E quanto mas el omne que a -toda cosa se mueva
S  74-2   todos a -tienpo çierto se juntan con natura
S  75-2   commo quier que mas arde quanto mas se atiza
S  75-4   mas non se parte ende Ca natura lo entiza
S  78-3   mucho de omne se guardam ally do ella mora
S  79-4   non se podria vençer por pintada moneda
S  81-3   E fallanse ende mal castigo en -su manera
S  82-3   tomo plazer con ellas e sentiose mejor
S  82-4   alegraron se todas mucho por su amor
S  87-4   marauillose el leon de tan buena egualadera
S  95-3   posieron le grand ssaña desto se entremeten
S  98-4   commo duena en parto començose de coytar
S  99-2   coydauan que era preñada atanto se dolia
S 101-3   çiegan muchos con -el viento van se perder con mal Ramo
S 103-2   arredrose de mi fizo me el juego mañana
S 104-4   al tienpo se encoje mejor la yerua malua
S 105-3   todas son pasaderas van con -la hedat
S 110-3   por santo nin santa que seya non se quien
S 110-4   non cobdiçie conpaña sy solo se mantiem
S 111-3   nin las verças non se crian tan bien sin la noria
S 118-2   e fizo se de -la cruz priuado
S 134-2   desque fueron en -el monte ovose a -leuantar
S 136-1   Penssaron mucho Ayna todos de se acojer
S 136-4   segund natural cursso non se puede estorçer
S 137-3   fforado se la puente por alli se despeño

| | (cont.) |
|---|---|
| S 137-4 | en vn arbol del rrio de sus faldas se colgo |
| S 138-2 | afogose en -el agua acorrer non lo podieron |
| S 138-3 | los çinco fados dichos todos bien se conplieron |
| S 151-1 | Non sse astrologia nin so ende maestro |
| S 151-2 | nin se astralabio mas que buey de cabestro |
| S 152-2 | es amar las mugeres nunca seles olvida |
| S 155-2 | loçano fablador En ser franco se abiue |
| S 155-3 | en seruir a -las dueñas el bueno non se esquiue |
| S 165-1 | diz por las verdadez sse pierden los Amigos |
| S 165-2 | E por las non dezir se fazen des-amigos |
| S 166-4 | apenas non se pierde fasta que viene la muerte |
| S 184-3 | ffazes a -muchos omes tanto se atreuer |
| S 187-3 | non se ffuerte nin rrecio que se contigo tope |
| S 187-4 | que nol debatas luego por mucho que se enforce |
| S 189-2 | non queria cassar se con vna sola mente |
| S 190-3 | con dos que -se cassase primero con -la menor |
| S 192-4 | de casarlo con otra non se entremetiesen |
| S 195-4 | leuantose el neçio maldixole con mal fado |
| S 197-2 | mas arde e mas se quema qual quier que te mas ama |
| S 199-3 | creyeron al diablo que del mal se pagavan |
| S 207-4 | do son de sy Señores tornan se tus vasallos |
| S 208-1 | Querellan se de ti mas non les vales nada |
| S 208-3 | que non pueden partir se de tu vida penada |
| S 219-3 | gula envidia açidia ques pegan commo lepra |
| S 223-2 | por la mançana escripta que -se non deuiera escreuir |
| S 226-4 | cobdiçiola abarcar cayosele la que leuaua |
| S 234-4 | non se podrian escreuir en mill priegos contados |
| S 235-3 | amor por tu soberuia se fazen bien lo creas |
| S 237-3 | lorigas bien levadas muy valiente se siente |
| S 245-4 | non pueden durar syenpre vanse con mançebia |
| S 251-3 | quando vees el poble casede el çejo |
| S 252-2 | atravesosele vn veso estaua en contienda |
| S 252-3 | afogar se queria demandava corriendo |
| S 260-4 | por malas vezindadez se pierden eredades |
| S 264-2 | amatauase luego e venien todos a -ella |
| S 267-1 | desque peco con ella sentiose escarnida |
| S 269-1 | de muchos ha que matas non se vno que sanes |
| S 269-3 | matanse a -sy mesmos los locos alvardanes |
| S 274-2 | desque cunple luxuria luego se arrepiente |
| S 274-4 | acortase la vida quien lo dixo non miente |
| S 275-4 | el diablo lo lieua quando non se rrecabda |
| S 276-2 | con grand çelo que tienes omne de ti se espanta |
| S 285-4 | la negra por ser blanca contra sy se denueda |
| S 286-3 | fermosa e non de suyo fuese para la iglesia |
| S 287-2 | vydo se byen pintada e fuese enloqueçida |
| S 288-1 | El pauon de tal fijo espantado se fizo |
| S 290-3 | lo suyo E lo ageno todo se va a -perder |
| S 290-4 | quien se tiene por lo que non es loco es va a -perder |
| S 301-4 | abaxose el leon por le dar algund confuerto |
| S 304-3 | sy non se faze lo tuyo tomas yra E saña |
| S 307-4 | matanse los bauiecas desque tu estas follon |
| S 309-3 | el mesmo se mato con su espada pues vey |
| S 310-2 | el que tos obras viere de ty se arredrara |
| S 316-3 | que mucho ayna se puede todo su poder perder |
| S 318-3 | deleytase en pecados E en malas baratas |
| S 319-3 | pensando estas triste tu ojo non se erzia |
| S 331-1 | leuantosse el alcalde esa ora de judgar |
| S 338-4 | asolued a -mi comadre vayase de -laz callejas |
| S 342-4 | arman se çancadilla en -esta falsa lucha |
| S 355-3 | esta tal dilatoria prouar se clara mente |
| S 356-1 | Quando la descomunion por dilatoria se pone |
| S 356-2 | Nueve dias de plazo para el que se opone |
| S 356-4 | que -a muchos abogados se olvida e se pospone |
| S 357-2 | quando se pon contra testigos en pleito criminal |
| S 361-1 | Por exepçion se puede la demanda desechar |
| S 361-2 | E pueden se los testigos tachar e Retachar |
| S 366-1 | do lyçençia a -la Raposa vayase a -la saluagina |
| S 379-1 | E sy es dueña tu amiga que desto non se conpone |
| S 384-3 | la que viene a -tus visperas por byen que se rremanga |
| S 385-2 | cantas letatus sum sy ally se atiene |
| S 385-3 | illyc enim asçenderunt a -qualquier que ally se atiene |
| S 387-4 | salue rregina dizes sy te fie de quexar |
| S 395-1 | Coydan se la cassar como las otras gentes |
| S 395-2 | por que se onrren della su padre e sus parientes |
| S 397-2 | ssy oy cassar la quieren cras de otro se enamora |
| S 397-4 | rremira se la loca ado tu lo-cura mora |
| S 402-4 | aquel da de -la mano e de aquel se encoba |
| S 403-1 | ansy muchas fermosas contigo se enartan |
| S 403-2 | con quien se les antoja con aquel se apartan |
| S 404-2 | pierde se por omne torpe duena de grand Respuesto |
| S 410-1 | yo se nadar muy byen ya lo ves por el ojo |
| S 411-3 | creo se lo el topo en vno atados son |
| S 412-2 | dio salto en -el agua somiese fazia yuso |
| S 413-3 | abatiose por ellos subyo en apellydo |
| S 424-1 | Por poco mal dezir se pierde grand amor |
| G 436-4 | Non puede zer quien mal caza que non ze arrepienta |
| G 440-1 | toma de vnaz viejaz que ze fazen erveraz |
| G 440-2 | andan de caza en caza e llaman ze parteraz |
| G 442-1 | do eztaz mugerez vzan mucho ze alegran |
| G 442-2 | pocaz mugerez pueden dellaz ze despagar |
| G 449-2 | si es muger alegre de amor se rrepunta |
| S 452-3 | sy se tarda non se pierde el amor nunca falleze |
| S 456-4 | por pereza que se pierde muger de grand valya |
| S 459-4 | ffabro luego el coxo coydo se adelantar |
| S 466-1 | Non se dixo la duena destas perezas grandes |
| S 467-1 | buscad con quien casedes que -la dueña non se paga |
| S 467-4 | nin tacha nin vyleza de que dueña se despaga |
| S 472-3 | non se pagan de disanto en poridat nin a -escuso |
| S 474-4 | casose con muger moça pagavase de conpaña |
| S 477-2 | fuese don pytas pajaz a ser novo mercadero |
| S 477-4 | fazia sele a -la dona vn mes año entero |

| S 478-4 | desfizo se el cordero que del non fynca nada |
|---|---|
| S 484-3 | en dos anos petid corder non se fazer carner |
| S 493-4 | todos a -el se omillan commo a -la magestat |
| S 506-4 | pues que se dizen pobles que quieren thessoreroz |
| S 508-2 | pagase del dinero E de mucha Riqueza |
| S 510-4 | toda cosa del sygro se faze pör su amor |
| S 511-1 | Por dineros se muda el mundo e su manera |
| S 513-2 | por ende a -tu vieja se franco e llenero |
| S 517-4 | con cuños E almadanas poco a -poco se arranca |
| S 519-2 | en -el coraçon lo tyene maguer se le escusa |
| S 524-4 | la dueña mucho braua maguer se faz manssa |
| S 532-1 | Marauillose el monge diz a -dios me acomiendo |
| S 534-1 | Non deves tener dubda que del vyno se faze |
| S 535-1 | dyxo el hermitano non se que es vyno |
| S 538-2 | qual es la ora çierta nin el mundo como se guia |
| S 539-2 | el estando con vyno vydo commo se juntaua |
| S 539-3 | el gallo a -las fenbras con -ellas se deleytaua |
| S 541-2 | ella dando muchas bozes non se pudo defender |
| S 541-4 | matola el mesquino e ovo se de perder |
| S 544-2 | tyra la fuerça toda sys toma syn medida |
| S 546-3 | en su color non andan secanse e en-magresçen |
| G 548-2 | muchaz bondadez tiene sy ze toma con mesura |
| G 551-2 | quien fabla muy pazo enojaze quien le atiende |
| G 551-4 | el mucho vagarozo de torpe non ze defiende |
| G 555-2 | des-pojan ze por dadoz loz dineroz perdidoz |
| G 555-4 | do non les come se rrascan los tahurez amidoz |
| G 557-4 | Ca el que mucho ze alaba de si mismo es denoztador |
| G 563-4 | en -esto se esmera el que es enamorado |
| S 569-2 | Tyrando con sus dientes descubre se la çarça |
| S 569-3 | alçando el cuello suyo descobre se la garça |
| S 575-2 | pero que mi coraçon de trobar non se quita |
| S 576-1 | Partyose amor de mi E dexo me dormir |
| G 584-4 | todo por su consejo se fara ado apuerte |
| G 589-1 | la llaga non ze me dexa a -mi catar nin ver |
| G 592-1 | si se descubre mi llaga qual es donde fue venir |
| G 595-2 | que non quando ze derrama esparzido e descobierto |
| S 603-2 | tanto muy mas se quema que quando esta alongado |
| S 611-3 | sy se tarda non se pierde el amor non falleçe |
| S 612-4 | que tarde o que ayna crey que de ty se duela |
| S 617-4 | mover se ha la dueña por artero seruidor |
| S 618-1 | Con arte se quebrantan los coraçones duros |
| S 618-2 | tomanse las çibdadez derribanse los muros |
| S 619-1 | Por arte los pescados se toman so -las ondas |
| S 621-4 | pues vençerse la dueña non es cosa tan maña |
| S 623-1 | Maguer te diga de non E avn que se ensañe |
| S 623-2 | non canses de seguir la tu obra non se dañe |
| S 623-3 | faziendo le zeruiçio tu coraçon se bañe |
| S 623-4 | non puede ser que non se mueua canpana que se tañe |
| S 633-1 | Maguer que faze bramuras la duena que se doñea |
| S 636-4 | mas val que fazer se pobre a -quien nol dara nada |
| S 638-3 | quando esto la duena su coraçon se baña |
| S 648-4 | fuese doña venuz a -mi dexo en fadigna |
| S 654-4 | perdi seso perdi fuerça mudaron se mis colores |
| S 655-4 | con mi voluntat mis dichos non se podian seguir |
| S 657-2 | se vos encomienda mucho mill saludes vos enbya |
| G 660-4 | do se çelan loz amigoz son mas fielez entramoz |
| G 662-3 | Nos me tira noz me parte non me suelta non me dexa |
| G 662-4 | tanto me da la muerte quanto mas se me abaxa |
| G 670-4 | E non ze que me faga contra vuestra porfia |
| G 674-3 | sin el vso e arte ya se va pereçer |
| G 674-4 | do se vsan loz omnez pueden ze conoçer |
| G 677-1 | por la fabla se conosçen loz maz de loz coraçonez |
| G 677-4 | por laz palabraz se conosçen e zon amigoz e conpañonez |
| G 682-2 | non se graçiaz que lo valan quantaz uoz mereçedez |
| G 682-4 | egualar non se podrian ningunaz otraz merçedez |
| G 687-1 | fuese mi zeñora de -la fabla su via |
| G 689-1 | si la non sigo non vzo el amor se perdera |
| G 690-2 | si la leña se tirare el fuego menguara luego |
| G 691-2 | con pensamiento contrarioz el mi coraçon se parte |
| G 691-3 | E a -la mi mucha cuyta non ze consejo nin arte |
| G 693-3 | el trabajo e el fado suelen se aconpañar |
| S 700-3 | non se rreguardan dellas estan con -las personas |
| S 710-4 | doblar se ha toda dueña que sea bien escantada |
| S 711-3 | ella diz pues fue casada creed que se non arrepienta |
| S 712-1 | Mienbre se vos buen amigo de -lo que dezir se suele |
| S 712-4 | el omne aperçebido nunca tanto se duele |
| S 715-1 | El presente que se da luego sy es grande de valor |
| S 716-3 | yo se toda su fazienda E quanto ha de fazer |
| S 718-3 | yo fare con mi escanto que se vengan paso a -pasillo |
| S 728-2 | con los locos faze se loco los cuerdos del byen dixeron |
| S 729-2 | con -los cuerdos estar cuerdo con -los locos fazer se loco |
| S 730-1 | Mançebillo en -la villa atal non se fallara |
| S 731-3 | el coraçon del ome por el coraçon se prueua |
| S 731-4 | grand amor e grand ssaña non puede sser que non se mueua |
| S 741-4 | sus manos se contuerçe del coraçon travando |
| S 741-4 | que mal se laua la cara con lagrimas llorando |
| S 742-3 | non se viene en miente desos malos rrecabdos |
| S 746-1 | Era se vn caçador muy sotil paxarero |
| S 748-2 | dixieron que se fuese que locura chirlava |
| S 749-4 | por su mal lo fazia maguera que se tarda |
| S 751-1 | fuese la golondrina a -casa del caçador |
| S 752-2 | fuese el paxarero commo solia a -caça |
| S 754-1 | que muchos se ayuntan e son de vn conssejo |
| S 755-3 | ayuda e deffiende a -quien sele encomienda |
| S 755-4 | si el non voz defiende non se quien vos defienda |
| G 759-4 | casarse ca el luto con esta carga vien |
| S 766-1 | assentose el lobo estudo atendiendo |
| S 767-1 | a -cabo de grand pieça leuantose estordido |
| S 768-4 | a -la fe diz agora se cunple el estornudo |
| S 772-1 | Creo se los el neçio començo de Avllar |
| S 774-1 | fuese mas adelante çerca de vn molino |
| S 774-4 | que agora se cunple el mi buen adeuino |

| | | | |
|---|---|---|---|
| SE | | | |
| | **(cont.)** | | |
| S 776-1 | la puerca que se estaua so -los sauzes loçanos | S1111-4 | las plazas que eran anchas fazian se le angostas |
| S 778-1 | abaxose el lobo ally so aquel sabze | S1117-3 | della e de -la parte dan se golpes sobejos |
| S 779-3 | bueno le fuera al lobo pagarse con torrezno | S1119-2 | ardiz E denodado fuese contra don salmon |
| S 782-4 | lo que fazer se puede por ello trabajedes | S1120-4 | abraçose con -el echolo en -la arena |
| S 785-4 | por esperança vana todo se va a -perder | S1121-4 | deffendiose quanto pudo con manos enfraqueçidas |
| S 798-2 | non quiere ella casar se con otro ome nado | S1124-1 | la mesnada del mar fizo se vn tropel |
| S 803-2 | con -el comienco suyo nin se puede seguir | S1125-2 | dieron los a -la dueña ante que se aforrasen |
| S 807-4 | todo se le demuda el color e el desseo | S1128-3 | ouose don carnal luego mucho a -sentyr |
| S 810-2 | el color se le muda bermejo e amarillo | S1130-1 | Non se faze penitençia por carta nin por escripto |
| S 811-4 | paresçe que con-vusco non se estaria dormiendo | S1135-2 | aprendi e se poco para ser demostrador |
| S 812-3 | sy por vos non menguare abaxar se ha la rrama | S1136-2 | si se faze penitençia por la sola contriçion |
| S 819-1 | Eso dixo la vieja byen se dize fermoso | S1137-3 | do aquesto fallesçe bien se puede saluar |
| S 820-1 | El derecho del poble pierde se muy ayna | S1142-3 | se yo que lloro lagrimas triste con amargura |
| S 821-2 | en-cubre se en -cabo con mucha arteria | S1145-2 | de -lo que fazer non pueden non se deuen entremeter |
| S 824-1 | fuese a -casa de -la dueña dixo quien mora aqui | S1158-3 | E puedan aver su cura para se confesar |
| S 824-4 | que las mis fadas negras non se parten de mi | S1159-4 | vaya a -lauarse al Rio o -a la fuente |
| S 825-1 | commo vengo señora non se como melo diga | S1171-4 | partiose del el frayel dada la bendiçion |
| S 825-4 | vno non se quien es mayor que aquella vyga | S1173-4 | los vnos a -los otros non se paga de contyenda |
| S 827-2 | dexola con -la fija e fuese a -la calleja | S1176-3 | ado ella ver lo puede suzedat non se -llega |
| S 828-1 | diz ya leuase el verco a -la vieja Risona | S1176-4 | saluo a -don carnal non se a -quien non plega |
| S 829-2 | diz la vieja que nueuas que se yo que es del | S1177-2 | asi en este dia por el alma se para |
| S 840-1 | fija perdet el miedo que se toma syn Razon | S1178-3 | dizenlez que -se conoscan E lez venga miente |
| S 840-4 | de cassar se con-vusco a -ley e a -bendiçion | S1180-3 | yua se poco a -poco de -la cama yrguiendo |
| S 845-2 | mas guarda me mi madre de mi nunca se quita | S1182-2 | rrezio es don carnal mas flaco se fazia |
| S 849-2 | tome me por palabla a -la peor se tenga | S1182-4 | de -lo que dixo en -casa ally se desdezia |
| S 849-3 | faga quanto podiere en ello se atenga | S1183-1 | fuyo de -la iglesia fuese a -la joderia |
| S 849-4 | o callara vençido o vaya se por menga | S1184-3 | pusose muy priuado en -estremo de medellyn |
| S 850-1 | venga qual se quier comigo a -departir | S1197-3 | non se detenga y vaya luego priuado |
| S 851-1 | marauillo me Señora esto por que se detyen | S1203-4 | syn verguença se pudo yr el plazo ya venido |
| S 852-1 | en quantas guysas se buelue con miedo e con temor | S1211-4 | los que amor atyenden sobre todos se esmeran |
| S 854-1 | Non sabe que se faga sienpre anda descaminado | S1217-4 | con aquel laz deguella e a -desollar se mete |
| S 856-2 | tanto maz en -la pelea se abyua e se ençiende | S1228-4 | la guitarra latyna con esos se aprisca |
| S 857-4 | los plazeres de -la vyda perdedes sinon se amata | S1232-4 | la hadedura aluardana entre ellos se entremete |
| S 869-1 | byen se que diz verdat vuestro prouerbyo chico | S1233-3 | el ffrançes odreçillo con estos se conpon |
| S 883-2 | mueren por el poco çeuo non se pueden defender | S1239-2 | e los de santa eulalya por que non se ensanen |
| S 885-2 | vase perder por el mundo pues otro cobro non tyene | S1243-2 | de piedras de grand preçio con amor se -adona |
| S 887-1 | El cuerdo graue mente vino se deue quexar | S1250-1 | Esquilman quanto puedem a -quien zeles allega |
| S 887-3 | lo que nunca se puede Reparar nin emendar | S1258-4 | sy en dormitorio entrara nunca se arrepentiera |
| S 888-4 | el sabydor se prueua en coytas e en presuras | S1261-2 | el byen si algo se de ti me fue mostrado |
| S 891-4 | alegran se las conpañas en -las bodas con rrazon | S1263-1 | ffueron se a -sus posadaz laz mas de aquestaz gentes |
| S 895-3 | su atanbor taniendo fuese mas y non estudo | S1266-2 | aver se vos ha vn poco atardar la yantar |
| S 895-4 | Sentiose por escarnido el leon del orejudo | S1267-1 | El mastel en -que se arma es blanco de color |
| S 897-1 | ffuese la Raposilla donde el asno andava | S1267-4 | alunbrase la tyenda de su grand rresplandor |
| S 899-2 | tornose a -la fiesta baylando el cantador | S1268-4 | de -sseda son laz cuerdaz con que ella se tyraua |
| S 904-3 | abrid vuestras orejas vuestro coraçon se lançe | S1269-2 | do todo se escriue en toledo non ay papel |
| S 905-2 | guarde se que non torne al mal otra vegada | S1271-4 | non se alcançarien con vn luengo madero |
| S 906-4 | non me maldigan algunos que por esto se encone | S1278-3 | non se podrian alcançar con -las vigas de gaola |
| S 907-1 | de fabla chica dañosa guardese muger falagoera | S1279-4 | partese del jnvierno e con -el viene el verano |
| S 907-2 | que de vn grano de agraz se faze mucha dentera | S1284-3 | los diablos do se fallan llegan se a -conpania |
| S 913-4 | nunca se omne byen falla de mala conpania | S1297-4 | açerca se el jnvierno bien commo de primero |
| S 917-1 | diz yo se quien vos querria mas cada dia ver | S1300-4 | andan e non se alcançan atiendense en Ribera |
| S 919-1 | Commo dize la fabla que del sabyo se saca | S1302-3 | desque se leuanto non vino su mesnada |
| S 931-3 | asy como se desfaze entre los pies el lodo | S1304-3 | ally toda persona de grado se me omilla |
| S 932-3 | Ca de buena palabra paga se la vezindat | S1309-3 | mercado falla omne en -que gana sy se detyen |
| S 934-2 | fizo se loca publica andando syn vestidura | S1309-4 | rrefez es de coger se el omne do se falla bien |
| S 937-1 | ffizose corredera de -las que benden joyas | S1323-4 | mas el leal amigo al byen e al mal se para |
| S 938-3 | non se guarda dellas estan con las personaz | S1324-2 | fizose que vendie joyas Ca de vso lo han |
| S 939-4 | E fazer que -la pella en Rodar non se tenga | S1330-2 | escusose de mi e de mi fue escusada |
| S 940-2 | con mi buhonera de mi non se guardam | S1332-3 | non se casara luego nin saldra a -conçejo |
| S 942-4 | se que el perro viejo non ladra a -tocon | S1338-3 | los mas nobles presenta la dueña quez mas preçia |
| S 957-4 | comadre quien mas non puede amidos moryr se dexa | S1343-2 | yo entrar como puedo ado non se tal portillo |
| S 961-1 | Parose me en -el sendero la gaha rroyn heda | S1344-1 | ffuese a -vna monja que avia Seruida |
| S 973-3 | desque vy que -la mi bolsa que -se paraua mal | S1349-4 | doliose mucho della quisole dar la vida |
| S 977-1 | Commo dize la fabla del -que de mal nos quita | S1353-2 | non fagas asy dapño ella fuese en-sañar |
| S 979-4 | cohieren se en vno las buenas dineradas | S1354-1 | alegrase el malo en dar por miel venino |
| S 982-4 | non se pago del dicho e quiso me amenazar | S1358-4 | a -todos sus vezinos del galgo se loaua |
| S 983-1 | Pensso de mi e della dixe yo agora se prueua | S1359-4 | prendiol e nol pudo tener fuesele por el vallejo |
| S 984-4 | assañose contra mi Resçele e fuy couarde | S1360-2 | el galgo querellandose dixo que mundo malo |
| S 987-1 | ssyenpre se me verna miente | S1361-1 | En mi joventud caça por piez non sse me yua |
| S 990-3 | dixo non sabes el vso comos doma la rres muda | S1362-4 | el seso del buen viejo non se mueue de rrefez |
| S 992-3 | yot mostrare sinon ablandas commo se pella el erizo | S1363-4 | en -el viejo se loa su buena mançebia |
| S 993-4 | coydos cassar con-migo commo con su vezino | S1366-1 | Non sse nienbran algunoz del mucho byen antyguo |
| S 994-1 | Preguntome muchas cosas coydos que era pastor | S1370-2 | fuese a -monferrado a -mercado andaua |
| S 994-2 | por oyr de mal rrecabdo dexos de su lavor | S1371-4 | pagos del buen talente mur de guadalajara |
| S 994-3 | coydos que traya rrodando en derredor | S1373-4 | con esto el aldeano touos por byen apreso |
| S 994-4 | oluidose la fabla del buen conssejador | S1374-2 | byen llena de farina el mur ally se allega |
| S 999-2 | yol dixe bien se guardar vacas yegua en cerro caualgo | S1374-4 | alegria buen Rostro con todo esto se llega |
| S 999-3 | se el lobo commo se mata quando yố en pos el salgo | S1387-4 | espantose el gallo dexol como sandio |
| S1000-1 | sse muy bien tornear vacas E domar brauo nouillo | S1396-1 | otro dia la vieja fuese a -la mongia |
| S1000-2 | Se maçar e fazer natas E fazer el odrezillo | S1402-1 | Ante ella E sus conpañas en -pino se tenia |
| S1000-3 | bien se guytar las abarcas e taner el caramillo | S1405-4 | fuese para el estrado do -la dueña seya |
| S1001-1 | sse faser el altybaxo E sotar a -qual quier muedo | S1406-4 | fasta que ya los palos se fazian pedaçoz |
| S1010-3 | quien con ella luchase non se podria bien fallar | S1413-1 | Tenian se los del pueblo della por mal chufados |
| S1011-4 | non se de qual diablo es tal fantasma quista | S1413-3 | desque se vido ençerrada diz los gallos furtados |
| S1014-4 | los que quieren casar se aqui non sean sordos | S1414-1 | Tendiose a -la puerta del aldea nonbrada |
| S1015-4 | valdria se te mas trillar en -las tus paruas | S1414-2 | fizose commo muerta la boca rregañada |
| S1032-4 | de mal nos te faga | S1416-4 | Sacole e estudo queda syn se mas quexar |
| S1047-2 | de ty non se muda la mi esperança | S1419-4 | leuantose corriendo E fuxo por el coso |
| S1060-1 | Cuentan los profetas lo que sse ouo a -conplir | S1420-4 | lo que emendar non se puede non presta arrepentyr |
| S1062-1 | Commo profetas dizen esto ya se conplio | S1429-1 | El leon destos dichos touose por pagado |
| S1067-1 | acercando sse viene vn tienpo de dios ssanto | S1430-1 | ffuese el mur al forado el leon fue a -caçar |
| S1072-4 | creo que se me non detenga en -las carneçerias | S1430-4 | enbuelto pies e manos non se podia alçar |
| S1075-2 | alguaçil de -las almas que se han de saluar | S1431-1 | Começo a -querellarse oyolo el murizillo |
| S1078-2 | leuantose byen alegre de -lo que non me pesa | S1440-1 | bien se coydo el cueruo que con -el gorgear |
| S1079-2 | fuese e yo fiz mis cartaz dixele al viernes yd | S1441-2 | el queso de -la boca ouosele a -caer |
| S1083-3 | escudauan se todoz con -el grand tajadero | S1441-3 | la gulhara en punto selo fue a -comer |
| S1097-4 | adormieron se todos despues de la ora buena | S1445-1 | Andauan se las liebrez en las seluas llegadas |
| S1098-4 | por ende se alboroçaron del Roydo que oyeron | S1446-2 | dezien con -el grand miedo que se fuesen a -esconder |
| S1101-4 | vinieron se a -fferyr deziendo todos ea | S1447-3 | las rranas se escondem de balde ya lo veemos |
| S1103-3 | atrauesosele en -el pyco afogala ayna | S1457-2 | prometiole el diablo que del nunca se parta |
| S1106-2 | fallose con don tozino dixole mucho baldon | S1462-4 | enojose el diablo fue preso su ladron |
| | | S1470-1 | El diablo quexose diz ay que mucho pesaz |

**SE**

**(cont.)**

| | |
|---|---|
| S1471-4 | tus pies descalabrados e al non se que vea |
| S1475-1 | Su Razon acabada tirose dyo vn zalto |
| S1476-3 | por mucho que se tarde mal galardon alcança |
| S1494-3 | se -que el que al lobo enbia a -la fe carne espera |
| S1495-4 | que -las monjaz non ze pagan del abbad fazañero |
| S1497-4 | puede ser que de -la fabla otro fecho se ssyga |
| S1504-3 | la su vida muy lynpia en dios se deleytaua |
| S1504-4 | en locura del mundo nunca se trabajaua |
| S1517-2 | non se pagan de arauigo quanto dellos boloña |
| S1518-1 | Dize vn filosofo en su libro Se nota |
| S1519-3 | non se como lo diga que mucha buena puerta |
| S1520-4 | de tu memoria amarga non es que non se espante |
| S1523-1 | Non puede foyr omne de ty nin se asconder |
| S1523-3 | la tu venida triste non se puede entender |
| S1529-3 | en -el mundo non ha cosa que con byen de ti se parte |
| S1529-4 | saluo el cueruo negro que de ty muerte se farta |
| S1532-1 | la Salud E la vida muy ayna se muda |
| S1532-2 | en vn punto se pierde quando omne non coyda |
| S1536-2 | por lo heredar todo amenudo se ayuntan |
| S1538-4 | el que lieua lo menos tyene se por peor |
| S1539-2 | temense que -las arcas las ha de des-ferrar |
| S1542-4 | muda el trentanario del duelo poco se syente |
| S1566-2 | aquel nos guarde de ty que de ty non se guarda |
| S1566-3 | ca por mucho que vyuamos por mucho que se tarda |
| S1567-2 | que dezir non se puede el diezmo de tu mal |
| S1574-2 | non sele detenia do fazia debatida |
| S1574-3 | non se omne nin dueña que tal oviese perdida |
| S1581-3 | cada qual buscaria armas para se armar |
| S1601-2 | nos andemos rromerias e las oras non se callen |
| S1603-1 | Contra los trez prinçipales que non se ayunten de consuno |
| S1606-4 | Ca poco E bien dicho afyncase el coraçon |
| S1607-4 | mas las chicas e laz grandes se rrepienden del troco |
| S1623-2 | a -la fe diz buscare avn que el mundo se funda |
| S1625-2 | yua se los deziendo por todo el mercado |
| S1628-4 | dios con esto se sirue bien lo vedes varones |
| S1631-3 | que sobre cada fabla se entyende otra cosa |
| S1631-4 | syn la que se a-lega en -la Razon fermosa |
| S1655-2 | nunca se ha de perder |
| S1686-1 | Non se escreuir |
| S1695-4 | para aver su acuerdo juntaron se otro dia |
| S1696-2 | leuanto se el dean a -mostrar su manzilla |
| S1697-4 | creed se ha adolesçer de aquestos nuestros males |
| S1705-2 | diz aqueste arçobispo non se que se ha con noz |
| S1706-2 | non ha el arçobispo desto por que se sienta |
| S1708-3 | E van se las vezinaz por el barrio deziendo |

**SEA**

| | | |
|---|---|---|
| S | 11-4 | sea de nuestras almas cobertura E manto |
| S | 15-1 | E por que mejor de todos sea escuchado |
| S | 22-3 | nazarec creo que sea |
| S | 32-3 | por ti sea de nos visto |
| S | 90-2 | que a -cabo de tienpo non sea bien sabida |
| S | 122-4 | fize esta otra troba non vos sea estraña |
| S | 158-1 | El que es enamorado por muy feo que sea |
| S | 158-2 | otrosi su amiga maguer que sea muy fea |
| S | 160-1 | Ca puesto que su signo sea de tal natura |
| S | 206-1 | quien tiene lo quel cunple con -ello sea pagado |
| S | 206-2 | quien puede ser suyo non sea en-ajenado |
| S | 254-4 | pues Sea te soldada pues non te quise matar |
| S | 311-4 | dezir te he el enxienpro sea te prouechoso |
| S | 328-3 | que sea enforcada e muerta como ladron |
| S | 359-2 | sea exepçion prouada nol faran otro castigo |
| S | 363-4 | non le sea rresçebida Segund dicho he de suso |
| S | 419-3 | non -le conviene al bueno que sea lyjongero |
| S | 419-4 | en -el buen dezir sea omne firme e verdadero |
| S | 431-2 | que non sea mucho luenga otrosi nin enana |
| S | 435-2 | la su faz sea blanca syn pelos clara e lysa |
| G | 436-1 | A -la muger que enbiarez de ti zea parienta |
| G | 436-2 | que bien leal te zea non sea su seruienta |
| G | 437-2 | zea bien rrazonada zotil e coztumera |
| G | 448-1 | guarte que non zea belloza nin barbuda |
| S | 455-4 | del vestido mas chico sea tu ardit alardo |
| S | 488-2 | quier sea suyo o -non fablale por amor della |
| S | 491-4 | ssea vn ome nesçio E rudo labrador |
| S | 571-3 | sea el mal andante sea el mal apresso |
| S | 603-4 | asy señora doña venuz ssea de vos ayudado |
| S | 633-4 | los doñeos la vençen por muy braua que sea |
| S | 645-4 | qual don amor te dixo tal sea la trotera |
| S | 646-3 | syn su plazer non sea tanida nin trexnada |
| G | 673-1 | pero zea mas noble para plazenteria |
| S | 694-1 | Pues que syn dios non puede prestar cosa que sea |
| S | 707-2 | desque nasçe tarde muere maguer non sea verdat |
| S | 710-4 | doblar se ha toda dueña que sea bien escantada |
| S | 720-1 | Todo el vuestro cuydado sea en aqueste fecho |
| S | 722-3 | que fablar lo que non -le cunple por que sea arrepentido |
| S | 780-3 | de -lo quel pertenesçe non sea des-deñoso |
| S | 890-4 | por mi quiero que sea el vuestro byen avydo |
| S | 905-4 | en ajena cabeça sea byen castigada |
| S | 935-1 | dizen que cada canton que sea mal apreso |
| S | 988-3 | yol dixe en buena ora sea de vos cuerpo tan guisado |
| S1003-1 | diz dame vn prendero que sea de bermejo pano |
| S1058-4 | que sea yo tuyo por sienpre seruidor |
| S1141-1 | Que tal contriçion ssea penitençia byen llena |
| S1264-3 | de noche e de dia ally sea el estrado |
| S1314-1 | Syenpre do quier que sea pone mucho coydado |
| S1369-1 | Mas temome e Reçelo que mal engañada sea |
| S1421-3 | ante que façer cosa quel sea rretrayda |
| S1464-4 | el alcalde diz mando que sea enforcado |
| S1471-2 | e di melo que vieres toda cosa que sea |
| S1484-3 | bien atal qual sea di me toda su fechura |
| S1492-2 | alahe dixo la vieja amor non sea laçio |
| S1501-1 | Pero que sea errança contra nuestro Señor |
| S1605-3 | por que el dia del juyzio sea fecho a -nos conbyd |
| S1627-1 | buena propiedat ha do quier que sea |
| S1627-3 | o sy muger lo oye que su marido vil sea |
| S1632-4 | Sea vos chica fabla solaz e letuario |
| S1675-7 | de ty sea ayudado |

**SEADES**

| | | |
|---|---|---|
| S | 476-3 | por que seades guardada de toda altra locura |
| G | 586-4 | Non me zeadez escaza nin esquiua nin dura |
| S | 701-2 | dixele madre zeñora tan bien seades venida |
| S | 769-4 | byen venido seades a -los vuestros criados |
| S | 784-1 | ay viejas pytofleras mal apresas seades |
| S | 823-4 | Ruego vos que seades omne do fuer lugar |
| S1076-2 | que seades con migo en -el canpo alla batalla |
| S1154-2 | de mi parrochiano non seades confesor |
| S1154-3 | de poder que non avedes non seades judgador |
| S1641-3 | que me seades piadosa |

**SEAN**

| | | |
|---|---|---|
| P | 182 | E por que sean todoz aperçebidoz |
| S | 135-4 | non sean verdaderos en -lo que adevinaron |
| S | 339-3 | diz luego la marfusa Señor sean tenidos |
| S | 339-4 | en Reconvençion pido que mueran e non sean oydos |
| S | 432-2 | cabellos amarillos non sean de alheña |
| S1014-4 | los que quieren casar se aqui non sean sordos |
| S1413-4 | desta creo que sean pagados E escotados |

**SEAS**

| | | |
|---|---|---|
| S | 235-4 | toda maldat del mundo es do quier que tu seas |
| S | 283-3 | a do-quier que tu seas los çelos ally cryan |
| S | 453-3 | non le seas rrefertero en lo que te pediere |
| S | 453-4 | nin le seas porfioso contra lo que te dixiere |
| S | 454-4 | perezoso non seas ado buena azina vyeres |
| S | 485-2 | non seas pitas para otro non errides |
| G | 550-2 | Non seaz rrebatado nin vagarozo lazo |
| G | 550-3 | de quanto que pudierez non le seaz ezcazo |
| G | 554-1 | Non quieraz jugar dadoz nin seaz tablajero |
| G | 557-1 | Non yaz con vellacoz ny seaz peleador |
| G | 557-2 | Non quieras zer caçurro nin zeaz escarnidor |
| G | 557-3 | nyn seaz de ti mismo e de tus fechoz loador |
| G | 558-1 | Non seaz mal deziente nin seaz enbidiozo |
| G | 558-2 | a -la muger que es cuerda non le seaz çelozo |
| G | 558-3 | si algo nol prouarez nol zeaz despechozo |
| G | 558-4 | Non seaz de su algo pedidor codiçiozo |
| G | 561-1 | Non le seaz mintrozo sey le muy verdadero |
| G | 561-2 | quando juegaz con -ella non seaz tu parlero |
| S | 627-4 | non seas mucho parlero non te tenga por mintroso |
| S1520-1 | ay muerte muerta sseas muerta e mal andante |
| S1671-3 | pues a -ty me encomiendo non me seas desdeñosa |

**SECA**

| | | |
|---|---|---|
| S | 820-4 | non son mas preçiados que -la seca sardina |
| S1017-2 | vellosa pelos grandes pero non mucho seca |

**SECAN**

| | | |
|---|---|---|
| S | 546-3 | en su color non andan secanse e en-magresçen |

**SECARAS**

| | | |
|---|---|---|
| S | 255-4 | mas ansi te ssecaras como rroçio E feno |

**SECUNDUM**    **(L)**

| | | |
|---|---|---|
| S | 382-2 | ssusçipe me secundum que para la mi corona |

**SECUNTUR**    **(L)**

| | | |
|---|---|---|
| P | 56 | opera enim illorum secuntur illos |

**SED**

| | | |
|---|---|---|
| S | 869-3 | Sed cras omne non vos tengan por tenico |
| S | 890-3 | vos sed muger suya e el vuestro marido |
| S1495-1 | Amigo dios vos salue folgad sed plazentero |

**SED**    **(H)**

| | | |
|---|---|---|
| S | 461-3 | perdia me de sed tal pereza yo crio |
| S | 461-4 | que por non abrir la boca de sed perdy el fablar mio |

**SED**    **(H)**

| | | |
|---|---|---|
| S1561-2 | a -eua nuestra madre a -sus fijos sed e can |

**SEDA**

| | | |
|---|---|---|
| S | 79-1 | ssabe toda nobleza de oro e de seda |
| S1268-4 | de -sseda son laz cuerdaz con que ella se tyraua |

**SEDE**    **(L)**

| | | |
|---|---|---|
| S | 385-1 | Sede a -destris meys dizes a -la que viene |

**SEDIENTO**

| | | |
|---|---|---|
| S1593-3 | cassar los pobres menguados dar a -beuer al sediento |

**SEER**

| | | |
|---|---|---|
| G | 589-2 | ende mayorez peligroz espera que an de zeer |
| G | 688-3 | puede seer tanta la fama que saliria a -conçejo |

**SEGANDO**

| | | |
|---|---|---|
| S1290-2 | segando las çeuadas de todo el alfoz |

**SEGOVIA**

| | | |
|---|---|---|
| S | 972-1 | despues desta ventura fuy me para ssegouia |

**SEGRALES**

| | | |
|---|---|---|
| S1235-3 | los legos segralez con muchoz clerizonez |

**SEGUD**

| | | |
|---|---|---|
| P | 174 | E segud derecho laz palabraz siruen al -la jntençion |
| P | 200 | Segud dize el apostol |
| S1061-4 | en dauit lo leemos segud el mi coydar |
| S1147-3 | Segud comun derecho le son encomendados |
| S1367-4 | e so mal denostada zegud que ya paresçe |
| S1464-1 | Aparto al alcalde el ladron Segud lo avia vsado |
| S1708-1 | Don gonçalo canonigo Segud que vo entendiendo |

**SEGUIDA**

| | | |
|---|---|---|
| S | 473-3 | muger mucho seguida syenpre anda loçana |
| S | 523-4 | do non es tan seguida anda mas floxa laxa |
| S | 526-4 | muger mucho seguida olvida la cordura |
| S | 865-4 | çiega es la muger seguida non tyene seso nin tyento |
| S | 866-1 | Muger liebre Seguida mucho corrida conquista |

**SEGUIDO**

| | | |
|---|---|---|
| S | 853-4 | qual coraçon tan seguido de tanto non cansaria |

**SEGUIENDO**

| | | |
|---|---|---|
| S | 826-2 | commo el diablo al Rico omne ansy me anda seguiendo |
| S1118-3 | a -don carnal Seguiendo llegandol a -la muerte |

| | |
|---|---|
| **SEGUIENTE** | |
| S 871-1 | Despues fue de santiago otro dia seguiente |
| **SEGUIEREMOS** | |
| S1132-4 | quanto mas la seguieremos mayor es la soldada |
| **SEGUILDA** | |
| S 813-4 | non canssades vos madre seguilda cada dia |
| **SEGUIR** | |
| S 518-4 | non cansses de seguir la vençeras su porfia |
| S 623-2 | non canses de seguir la tu obra non se dañe |
| S 655-4 | con mi voluntat mis dichos non se podian seguir |
| S 803-2 | con -el comienço suyo nin se puede seguir |
| S1277-3 | çerrar los silos del pan e seguir los pajarez |
| S1678-1 | quiero Seguir a -ty flor de -laz florez |
| **SEGUND** | |
| P 193 | Segund que esta çiençia Requiere |
| S 16-3 | Ca segund buen dinero yaze en vil correo |
| S 51-3 | Segund le dios le demostrase fazer señas con la mano |
| S 73-3 | quieren Segund natura conpaña sienpre Nueva |
| S 90-1 | E segund diz jhesu xpisto non ay cossa escondida |
| S 127-4 | Segund natural curso los dichos estrelleros |
| S 136-4 | segund natural cursso non se puede estorçer |
| S 140-4 | segund la fe catholica yo desto creyente |
| S 150-2 | que judgam Segund natura por sus cuentos fermosos |
| S 162-1 | Ca Segund vos he dicho en -la otra consseja |
| S 180-1 | Ca segund vos he dicho de tal ventura seo |
| S 363-4 | non le sea rresçebida Segund dicho he de suso |
| G 684-3 | segund que -lo yo deseo voz e yo noz abraçemoz |
| S 815-1 | Amigo Segund creo por mi avredes conorte |
| S 955-3 | Ca segund es la fabla quien pregunta non yerra |
| S 972-4 | que mato al viejo rrando segund dize en moya |
| S1001-2 | non fallo alto nin baxo que me vença Segund cuedo |
| S1156-1 | Segund comun derecho aquesta es la verdat |
| S1164-4 | nin bolueras pelea Segund que la as ducha |
| S1468-3 | que yo te soterne Segund que otraz vegadaz |
| S1473-3 | he Roto yo andando en pos ty Segund viste |
| S1481-1 | farias dixo la dueña Segund que ya te digo |
| S1626-1 | Por que santa maria Segund que dicho he |
| S1642-5 | fue Segund fallamos |
| **SEGUNDA** | |
| P 44 | E por ende se sigue luego la segu(n)da rrazon |
| S 572-2 | dar te ha la segunda sy le guardas la prymera |
| **SEGUNDO** | |
| S 25-2 | el Segundo quando nasçio |
| S 36-1 | El Segundo fue conplido |
| G 760-3 | del zegundo marido non seria tan onrrada |
| S1274-1 | El Segundo comia carne salpresa |
| S1281-1 | El Segundo enbya a -viñas cauadorez |
| S1283-1 | El Segundo diablo entra en -los abades |
| S1287-3 | del primero al segundo ay vna grand labrança |
| S1287-4 | el segundo al terçero con cosa non le alcança |
| S1290-1 | El Segundo tenia en -su mano la foz |
| S1294-2 | al Segundo atiende el que va en delantera |
| S1294-3 | el terçero al Segundo atiendel en frontera |
| S1296-1 | El Segundo adoba e rrepara carralez |
| S1552-2 | tu erez mal primero tu erez mal Segundo |
| S1637-2 | fue tu goço segundo |
| **SEGUNT** | |
| G 583-2 | poco salie de caza zegunt lo an de vzaje |
| G 591-2 | he de buscar muchoz cobroz zegunt que me pertenezçen |
| **SEGURA** | |
| S 365-4 | que ado buen alcalde judga toda cosa ez segura |
| G 676-4 | al non oso demandar voz venid zegura miente |
| S 704-1 | Comigo Segura mente vuestro coraçon fablad |
| S 822-4 | que venga a mi posada a -vos fablar segura |
| S 864-1 | yd vos tan segura mente con-migo a -la mi tyenda |
| S1383-3 | buena mi pobleza en -ssegura cabaña |
| S1384-4 | la pobredat alegre es Segura nobleza |
| S1443-1 | Non es cosa Segura creer dulçe lyjonja |
| S1588-4 | con esta espada fuerte Segura mente golpad |
| **SEGURADA** | |
| S 646-4 | vna vez echale çeuo que venga asegurada |
| S1435-2 | vieja dixo non temas esta byen Segurada |
| **SEGURADO** | |
| S 609-3 | seras dello mas çierto yras mas segurado |
| **SEGURANÇA** | |
| S 900-4 | de -la su segurança son todos espantados |
| S1384-1 | Con paz E zegurança es buena la pobleza |
| **SEGURO** | |
| S 209-4 | quando omne esta Seguro furtas le el coraçon |
| G 595-3 | Pues este es camino mas seguro e mas çierto |
| S 656-4 | ado es lugar seguro es bien fablar cosa çierta |
| S1192-2 | estando nos dormiendo yaziendo nos sseguro |
| S1194-4 | estando nos seguro fuemoz della arrancado |
| S1381-1 | Mas quiero rroer faua Seguro e en paz |
| **SEGUROS** | |
| S1580-1 | Deuemos estar çiertos non Seguros de muerte |
| **SEIS** | |
| S 385-4 | la fiesta de seys capas contigo la pasqua tiene |
| S 771-1 | ffiestas de seys capas E de grandes clamorez |
| S1003-2 | e dame vn bel pandero E seys anillos de estaño |
| **SELMANA** | |
| S 997-1 | do -la casa del cornejo primer dia de selmana |
| S1621-1 | Dos dias en -la selmana era grand ayunador |
| **SELMANAS** | |
| S1194-2 | oy ha siete selmanas que fuemos desafiado |
| S1491-4 | a -pan de quinçe diaz fanbre de trez selmanas |
| **SELVA** | |
| S1445-2 | Sono vn poco la selua e fueron espantadas |
| **SELVAS** | |
| S1445-1 | Andauan se las liebrez en -las seluas llegadas |
| **SELLADA** | |
| S1074-1 | otra carta traya abyerta e ssellada |

| | |
|---|---|
| **SELLADOS** | |
| S1129-2 | con sello de poridat çerrados E sellados |
| **SELLO** | |
| S1074-3 | aquel era el sello de -la duena nonbrada |
| S1129-2 | con sello de poridat çerrados E sellados |
| **SEMEJA** | |
| S 162-2 | lo que en -si es torpe con amor bien semeja |
| S 162-4 | lo que semeja non es oya bien tu -oreja |
| S 873-3 | es aquel non es aquel el me semeja yo lo siento |
| S1187-3 | en tres dia lo andudo semeja que bolaua |
| S1214-2 | en medio vna fygura cordero me semeja |
| **SEMEJANÇA** | |
| S 141-4 | prueuo telo breue mente con esta semejança |
| **SEMEJANTE** | |
| S1520-3 | enemiga del mundo que non as semejante |
| **SEMEJAR** | |
| S 731-2 | en semejar fijo al padre non es cosa tan nueua |
| **SEMEJARA** | |
| S 730-3 | creo byen que tal fijo al padre semejara |
| **SEMEJAS** | |
| S 406-1 | a -bletador semejaz quando tañe su brete |
| S 976-1 | ssemejas me diz sandio que ansy te conbidas |
| **SEMEJAVA** | |
| S 226-3 | con la sonbra del agua dos tantol semejaua |
| S1268-1 | creo que era rroby al fuego ssemejaua |
| **SEMIENTE** | |
| S 747-3 | comed aquesta semiente de aquestos eriales |
| S 748-3 | la semiente nasçida vyeron como rregaua |
| **SEMINE** | **(L)** |
| P 81 | quiz potest fazere mundum de jmudo conçeptum semine |
| **SENALES** | |
| S 128-3 | que judgaron vn niño por sus çiertas senales |
| G 562-2 | Non le fagaz zenalez a ti mismo non matez |
| **SENBRADO** | |
| S 747-4 | que es aqui senbrado por nuestros males grandes |
| **SENBRAR** | |
| S 746-2 | ffue senbrar cañamones en vn viçioso ero |
| S1273-2 | mandaua ssenbrar trigo e cortar laz montañas |
| **SENBRE** | |
| S 170-2 | ssenbre avena loca Ribera de henares |
| **SENDA** | |
| S 116-3 | tome senda por carrera |
| S 983-4 | dixe le que me mostrase la ssenda que es nueua |
| S1699-4 | creo que otros muchos syguiran por esta senda |
| **SENDERO** | |
| S 746-4 | andaua el abutarda çerca en -el sendero |
| S 920-2 | non tomes el sendero e dexes la carrera |
| S 961-1 | Parose me en -el sendero la gaha rroyn heda |
| **SENDEROS** | |
| S 985-1 | ssacome de -la choça E llegome a -dos senderos |
| **SENO** | |
| S 565-3 | pues piensa por ty mesmo e cata byen tu seno |
| S1459-3 | pon mano en -tu Seno E dalo que fallaras |
| S1460-3 | metio mano en -el seno E fue dende sacar |
| S1464-2 | puso mano a -su Seno e fallo negro fallado |
| **SENORES** | |
| S 14-1 | Sy queredes senores oyr vn buen solaz |
| S 127-2 | nin han merçed de Senorez nin han de sus dineros |
| S 654-3 | los mis pies e las mis manos non eran de si Senores |
| S1134-4 | Senores vuestro saber quiera mi mengua conplir |
| **SENTENCIA** | |
| P 70 | E esta ez la sentençia del verso |
| P 172 | E la sentençia de -lo que y dize |
| S 46-1 | Entiende bien mis dichos e piensa la sentençia |
| S 123-4 | el signo en -que nasçe le juzgan por sentençia |
| S 328-2 | pido que el condenedes por sentençia e por al non |
| S 336-2 | por sentençia E por derecho es mal enfamado |
| S 340-3 | en -que diese sentençia qual el por bien tenia |
| S 343-1 | venido es el dia para dar la sentençia |
| S 343-4 | ante que yo pronunçie e vos de la sentençia |
| S 344-3 | que sentençia daria o qual podria ser |
| S 345-2 | algo de -la sentençia por su coraçon descobrir |
| S 346-4 | pyden que por sentençia fuesen de ally lybrados |
| S 347-4 | Rezo el por sy mesmo escripta tal sentençia |
| S 350-4 | E las partes que pyden sentençia E al non |
| S 370-4 | menester la zentençia çerca la conclusion |
| S 496-1 | daua muchos juyzios mucha mala sentençia |
| S 886-4 | E dio en este pleito vna buena sentençia |
| S1155-3 | guardat non lo absoluades nin de-des la sentençia |
| **SENTI** | |
| S1368-2 | por lo que me dixiste yo mucho me ssenti |
| **SENTIA** | |
| S 112-3 | puse el ojo en otra non santa mas sentia |
| **SENTIDO** | |
| S 794-1 | yo le dixe qual arte qual trabajo qual sentido |
| **SENTIO** | |
| S 82-2 | tomo plazer con ellas e sentiose mejor |
| S 267-1 | desque peco con ella sentiose escarnida |
| S 895-4 | Sentiose por escarnido el leon del orejudo |
| **SENTIR** | |
| S 405-3 | perder seso e fabla sentyr muchos dolores |
| S1128-3 | ouose don carnal luego mucho a -sentyr |
| **SENTIRIA** | |
| S1018-4 | byen sentiria tu cabeça que son viga de lagar |
| **SENUELO** | |
| S 942-1 | Commo faze venir el senuelo al falcon |
| **SENZILLAS** | |
| S1019-3 | ca estando senzillas dar -l -yen so -las yjadas |
| S1555-4 | escotan tu manjar adobladas e zenzillas |
| **SEÑA** | |
| S1214-1 | Por el puerto asoma vna seña bermeja |
| S1242-1 | De -la parte del sol vy venir vna seña |

**SEÑA** (cont.)
S1243-4   non conplara la seña paris nin barçilona

**SEÑAL**
S   38-5   e por señal te dezia
S   59-4   vno e trez personaz e tal señal feziera
S  481-4   la señal quel feziera non la echo en olvido
S1102-3   fizole escopir flema esta fue grand Señal

**SEÑALADA**
S  791-4   mi vida e mi muerte esta es señalada
S1260-4   demandele merçed aquesta señalada
S1321-1   Dia era de sant marcos ffue fiesta señalada
S1662-5   Señalada

**SEÑALADO**
S1081-1   desque vino el dia del plazo señalado
S1162-3   comiese cada dia vn manjar señalado

**SEÑALADOS**
S1515-3   de -los que he prouado aqui son Señalados

**SEÑALES**
S   68-2   trabaja do fallares las sus señales çiertas
S  808-4   oye me dulçe mente muchas señales fallo

**SEÑAS**
S   49-4   que disputasen por señas por señas de letrado
S   51-3   Segund le dios le demostrase fazer señas con la mano
S   52-3   para disputar por señas lo que tu quisieres pit
S   54-4   E començo sus señas commo era tratado
S   59-2   por señas al rromano e que -le rrespondiera

**SEÑER**
S  475-3   ella diz mon señer andat en ora bona
S  484-2   sotil e mal sabyda diz como mon sseñer

**SEÑERA**
S1569-2   muchos te siguian biua muerta yazes Señera

**SEÑERAS**
S1447-2   non somos nos señeras que miedo vano tenemos

**SEÑERO**
S  650-4   dexo me solo e señero syn Remos con -la blaua onda
S1123-4   estaua muy señero çecado e mesquino
S1271-2   asentados al fuego cada vno Señero
S1331-1   Desque me vy señero e syn fulana solo
S1495-2   cras dize que vayades fabladla non señero

**SEÑOR**
S    1-1   Señor dios que a -loz jodioz pueblo de perdiçion
S    2-1   Señor tu diste graçia a -ester la Reyna
S    2-3   Señor da me tu graçia e tu merçed Ayna
S    3-1   Señor tu que sacaste al profecta del lago
S    4-1   Señor tu que libreste A -santa susaña
S    6-1   Señor a -los trez niñoz de muerte loz libraste
S    6-4   Señor de aquesta coyta saca al tu açipre(ste)
S    7-4   Señor tu sey comigo guardame de trayd(ores)
S   13-1   Tu señor dioz mio quel omne crieste
S   32-2   nuestro señor jhesu xpisto
S   39-2   quando al tu fijo Señor
S   82-2   todas las animalias vinieron ver su Señor
S   85-1   Señor diz tu estas flaco esta vianda liuiana
S   85-3   comme la tu señor que -te sera buena e sana
S   92-1   Por conplir su mandado de aquesta mi Señor
S  135-2   diz vayamos nos Señor que -los que a -vos fadaron
S  148-1   bien ansy nuestro señor dios quando el çielo crio
S  177-1   Al señor que me crio non fare tal falsedat
S  203-2   señor señor acorre nos tu que matas E sanas
S  204-3   sseñor tu nos deffiende Señor tu ya nos paga
S  237-2   por que forço la dueña el su Señor valiente
S  299-2   dyz tu eres mi Señor e yo tu vasallo
S  300-3   enclauo me ven Señor con tu diente bendito
S  305-2   donde era poderoso e de babylonia señor
S  326-3   rregnante nuestro Señor el leon mazillero
S  329-3   Señor diz yo so syenpre de poco mal sabyda
S  333-2   alcalde Señor don ximio quanto el lobo departe
S  339-3   diz luego la marfusa Señor sean tenidos
S  409-1   Señor enamorado dixo al mur la Rana
S  424-3   por mala dicha pierde vassallo su Señor
S  491-4   el que non ha dineros non es de sy Señor
S  510-3   señor faze del syeruo de señor seruidor
G  585-3   de todaz cozaz zodez voz e el amor zeñor
S  638-4   Seruidor ligongero a -su señor engaña
S  715-3   queblanta leyes e fueros e es del derecho Señor
G  763-1   xergaz por mal zeñor burel por mal marido
S  769-3   ay Señor guardiano dixieron los barbados
S  776-3   diz señor abbad conpadre con esas santas manos
S  897-3   Señor dixo confrade vuestro solaz onrra
S  899-3   non sabya la manera el burro de Señor
S  928-2   coytando me amor mi señor E mi Rey
S1047-4   rruega por mi a -dios tu fijo mi Señor
S1088-2   Señor diz non me escusedes de aquesta lyd a -mi
S1089-3   omillo me diz Señor yo el tu leal syeruo
S1090-3   Señor diz alla dueña yo le metre la fiebre
S1091-3   Señor diz a -la duena sy con-migo la enlazas
S1092-2   Señor diz a -herren me echa oy el llugero
S1094-2   E tiene por todo el mundo poder commo señor
S1099-2   vino doña quaresma dios Señor tu me valas
S1142-1   Nuestro Señor sant pedro tan santa criatura
S1181-2   vayamos oyr misa señor vos e yo anbos
S1248-2   Señor noz te daremoz monesterios honrrados
S1249-3   Señor chica morada a -grand Señor non presta
S1250-3   a -grand Señor conviene grand palaçio e grand vega
S1250-4   para grand Señor non es posar en -la bodega
S1251-1   Señor dizen los clerigos non quieras vestir lana
S1253-1   Señor sey nuestro huesped dizien los caualleros
S1253-2   non lo fagas Señor dizen los escuderos
S1255-2   las monjas le dixieron Señor non avrias viçio
S1255-4   Señor vete con nusco prueua nuestro çeliçio
S1258-1   Myo señor don amor si el a -mi creyera
S1259-1   Mas commo el grand Señor non deue ser vandero

S1260-1   Desque vy a -mi señor que non tenia posada
S1261-1   Señor tu me oviste de pequeno criado
S1263-3   mi Señor don amor en -todo paro mientes
S1298-3   rrogue a -mi Señor que me diese rraçon
S1299-1   El mi Señor don amor Commo omne letrado
S1302-1   Myo señor desque fue su tyenda aparejada
S1313-4   este mi Señor sienpre tal constubre avia
S1358-1   al su Señor el sienpre algo le presentaua
S1358-3   el Su señor por esto mucho le falaguaua
S1359-1   fue su Señor a caça e Salio vn conejo
S1361-2   a -mi Señor la daua quier muerta o -quier byua
S1378-3   falagaual el otro deziendol amigo Señor
S1426-3   Señor diz non me mates que non te podre fartar
S1431-1   fue a -el dixo Señor yo trayo buen cochillo
S1501-1   Pero que sea errança contra nuestro Señor
S1556-1   El Señor que te fizo tu a -este mataste
S1575-3   todos los que -lo oyeren por dios nuestro Señor
S1624-3   e Señor vos veredes maguer que non me alabo
S1657-1   El Señor de parayso
S1658-1   Murio nuestro Señor
S1684-3   en señor de tal valia
F    1     De señor y de amada y de monte y de Rio

**SEÑORA**
S    9-3   Señora da me tu graçia E dame consolaçion
S   10-1   Dame graçia señora de todoz los señorez
S   42-1   Señora oy al pecador
S   78-1   Era dueña en -todo e de dueñas señora
S  460-1   Dyxo sseñora oyd primero la mi Razon
S  462-1   Desque callo el coxo dixo el tuerto Señora
S  464-1   Mas vos dire Señora vna noche yazia
G  585-1   zeñora doña venus muger de don amor
S  603-4   asy señora doña venuz ssea de vos ayudado
S  657-1   Señora la mi sobrina que en toledo seya
G  664-1   zeñora yo non a me treuo d dezir uoz mas rrazonez
G  670-1   escuche me zeñora la vuestra cortesia
G  671-1   a -dioz juro zeñora para aquesta tierra
G  676-1   otorgat me ya zeñora aquesto de buena miente
G  682-1   señora por tu mesura que agora prometedez
S  684-1   zeñora que me prometedez de -lo que de amor queremoz
G  687-1   fuese mi zeñora de -la fabla su via
S  701-2   dixele madre zeñora tan bien seades venida
S  719-1   yo le dixe madre señora yo vos quiero byen pagar
S  724-1   Entro la vieja en casa dixole Señora fija
S  736-1   agora señora fija dezit me vuestro coraçon
S  738-1   Dixo trota conventos quien fija es fija Señora
S  739-1   creed me fija señora que quantos vos demandaron
S  745-1   guardat vos mucho desto Señora doña endrina
G  762-3   zeñora dexar duelo e fazet el cabo de año
S  791-1   Pues que la mi Señora con otro fuer casada
S  794-3   pues a -la mi señora cras le dan marido
S  799-1   Señora madre vieja que me dezides agora
S  799-4   por eso me dezides que es mia mi señora
S  813-1   Señora madre vieja la mi plazenteria
S  824-3   Señora doña Rama yo que por mi mal vos vy
S  825-2   commo vengo señora non se como melo diga
S  828-3   pues que fija Señora como esta nuestra cosa
S  851-1   marauillo me Señora esto por que se detyen
S  860-1   Mas çierto fija Señora yo creo que vos cuydades
S  861-2   por ende fija Señora yd a -mi casa a -vezes
S  867-3   Señora dixo la vieja cras avremos buen vagar
S  877-1   Señora doña endrina vos la mi enamorada
S  915-3   Señora diz conprad me aquestos almajares
S  916-1   Començo a -encantalla dixole Señora fija
S  917-3   Señora non querades tan horaña ser
S  989-1   Radio ando sseñora en esta grand espessura
S1039-1   Serrana Señora
S1045-1   ay noble Señora madre de piedat
S1325-2   Señora diz conprad traueseros e aviesos
S1326-3   Señora pues yo digo de casamiento far
S1344-1   Señora dixo la vieja asy comunal vyda
S1345-4   Señora del convento non lo fagades esquiuo
S1346-2   dixele non Señora mas yo melo comedi
S1356-1   sseñora dixo la vieja por que so baldonada
S1367-1   E sseñora convusco a -mi atal acaesçe
S1376-3   abriala su Señora dentro querria entrar
S1386-1   Señora diz la vieja desaguisado façedes
S1396-3   yuy yuy dixo Señora que negra ledania
S1398-3   dexat eso Señora dire voz yn mandado
S1400-1   sseñora diz la vieja dire voz vn juguete
S1400-3   que el vio con su Señora jugar en -el tapete
S1401-1   Vn perrillo blanchete con su Señora jugaua
S1403-3   yo a -mi Señora E a -todaz sus gentes
S1409-1   E por que ayer Señora vos tanto arrufastez
S1424-2   Señora mesura non me querades ferir
S1444-1   sseñora diz la vieja esse miedo non tomedes
S1451-1   Aquesto acaesçe a -vos Señora mia
S1480-1   Señora diz la vieja muchas fablaz sabedes
S1482-1   Diz la vieja Señora que coraçon tan duro
S1483-4   Señora el aue muda diz non faze aguero
S1485-1   Señora diz la vieja yol veo amenudo
S1488-4   Señora del non vy mas por su amor voz abraço
S1490-2   sseñora diz la fabla del que de feria fuxo
S1510-4   tomaldo fija Señora dixo la mora le ala
S1635-5   tu Señora da me agora
S1662-3   por la tu merçed Señora
S1670-3   pues a -ty Señora canto tu me guarda de lisyon
S1676-7   venga a -ti Señora en miente
S1679-3   grand fyança he yo en -ty Señora
S1681-4   Señora del altura

**SEÑORAS**
S  904-1   assy Señoras dueñas entended el rromançe
S  948-1   a -vos dueñas Señoras por vuestra cortesia

**SEÑORAS** (cont.)
S 949-1 Por melo otorgar Señoras escreuir vos he grand saçon

**SEÑORES**
S 10-1 Dame graçia señora de todoz los señorez
S 126-3 otros siruen Señorez con -las manos anbas
S 207-2 do son de sy Señores tornan se tus vasallos
S 621-1 los Señores yrados de manera estraña
S1050-2 quel Caen Señores del noble vngento
S1531-1 Señorez non querades ser amigoz del cueruo
S1579-1 Señorez acordad vos de -bien si vos lo digo
S1633-1 Señorez he vos seruido con poca sabidoria
S1650-1 Señorez dat al escolar
G1656-1 zeñorez voz dat a -noz escularez pobrez dos

**SEÑORIO**
S1522-1 Non catas señorio debdo nin amistad

**SEÑUELO**
S 924-3 señuelo cobertera al-madana coraça

**SEO**
S 180-1 Ca segund vos he dicho de tal ventura seo

**SEPA**
G 436-3 Non lo sepa la dueña por que la otra non mienta
G 437-3 zepa mentir fermozo e ziga la carrera
S 564-2 non te sepa que amas otra muger alguna
S 645-2 que sepa sabia mente andar esta carrera
G 660-3 otro non sepa la fabla desto jura fagamoz
S 703-3 sinon vos otro non sepa mi quexa e mi dolençia
S1547-3 non ay omne que te sepa del todo denostar

**SEPAN**
S1167-4 quando mejor te sepan por dioz de ti -las tira

**SEPTENO**
S 31-1 Del Septeno madre santa
S 41-1 el septeno non ha par
S1640-5 el septeno

**SEPULCRO**
S1057-3 de piedra tajada en sepulcro metydo

**SEPULTURA**
S1576-1 vrraca so que yago so esta Sepultura

**SER**
S 43-2 pues por nos ser merescas
S 92-4 mas que yo podria sser dello trobador
S 127-3 por que puede ser esto creo ser verdaderos
S 130-4 dixo el vn maestro apedreado ha de ser
S 131-1 Judgo el otro e dixo este ha de ser quemado
S 131-3 el quarto dixo el jnfante ha de ser colgado
S 136-3 en -lo que dios ordena en commo ha de ser
S 154-1 Commo quier que he prouado mi signo ser atal
S 155-2 loçano fablador En ser franco se abiue
S 156-4 al perezoso fazelo ser presto e agudo
S 205-4 ser libres e syn premia rreñid pues lo quesistes
S 206-2 quien puede ser suyo non sea en-ajenado
S 206-3 el que non touiere premia non quiera ser apremiado
S 217-3 ffazes les cobdiçiar e mucho ser denodadoz
S 240-2 coydo ser vencedor E fynco el vencido
S 285-3 por ser atan fermosa esta locura coeda
S 285-4 la negra por ser blanca contra sy se denueda
S 334-3 non deue ser oyda nin tal acusaçion
S 336-3 por ende non deue ser del ninguno acussado
S 344-3 que sentençia daria o qual podria ser
S 346-2 que non podrian ser en vno acordados
S 346-3 nin querian abenençia para ser despechados
S 354-3 que -la costituçion deuiera ser nonblada
S 354-4 E fasta nueue dias deuiera ser prouada
S 407-2 commo contesçio al topo que quiso ser amigo
S 409-2 quiero ser tu amiga tu muger e tu çercana
S 427-1 quisyste ser maestro ante que discipulo ser
G 436-4 Non puede zer quien mal caza que non ze arrepienta
S 477-2 fuese don pytas pajaz a ser novo mercadero
S 516-4 non puede ser que a -tienpo a -byen non te rrecubda
S 541-3 desque peco con -ella temio mesturado ser
G 557-2 Non quieras zer caçurro nin zeaz escarnidor
S 623-4 non puede ser que non se mueua canpana que se tañe
S 631-1 Por mejor tyene la dueña de ser vn poco forçada
S 651-1 Coytado sy escapare grand miedo he de ser muerto
S 731-4 grand amor e grand ssaña non puede sser que non se mueua
S 782-3 lo que non puede ser nunca lo porfiedes
S 787-1 Coraçon que quisiste Ser preso E tomado
S 905-3 de coraçon E de orejas non quiera ser menguada
S 910-2 vy vna apuesta dueña ser en -su estrado
S 917-3 Señora non querades tan horaña ser
S 919-4 que non querria ser mas Rapaça nin vellaca
S 949-3 non puede ser que non yerre omne en grand Raçon
S1019-4 a -todo son de çitola andarian syn ser mostradas
S1023-2 coyde ser muerto
S1068-3 desir vos he laz notas ser vos tardinero
S1130-3 non puede por escripto ser asuelto nin quito
S1135-2 aprendi e se poco para ser demostrador
S1150-3 pueden bien asoluer-los e ser dispenssadorez
S1259-1 Mas commo el grand Señor non deue ser vandero
S1264-4 Ca todo tyenpo quiere a todos ser pagado
S1301-2 e por enojo soso non vos querria ser
S1314-3 syenpre quiere alegria plazer e ser pagado
S1314-4 de triste e de sanudo non quiere ser ospedado
S1330-3 por non fazer pecado o -por non ser osada
S1362-3 por ser el omne viejo non pierde por ende prez
S1407-1 Non deue ser el omne a -mal fazer denodado
S1407-4 de -lo fazer el cuerdo non deue ser osado
S1421-4 quando teme ser preso ante busque guarida
S1435-3 non conviene a -dueña de ser tan denodada
S1435-4 mas rresçelo me mucho de ser mal engañada
S1446-1 Andauan a -todas partes non podian quedas ser
S1455-4 el me fara con -la forca ser del todo casado
S1497-4 puede ser que de -la fabla otro fecho se ssyga

S1531-1 Señorez non querades ser amigoz del cueruo
S1575-2 la tristeza me fizo ser rrudo trobador
S1617-2 non es desaguisado del grand mal ser foydor
S1641-8 E ser mi abogada
S1658-2 por ser nuestro saluador
S1683-2 esquiuo tal por que pienso ser muerto
S1701-3 diz amigoz si este Son a -de -ser verdadero

**SERA**
S 85-2 comme la tu señor que -te sera buena e sana
S 428-4 syenpre sera mesquino quien Amor vano tyene
S 518-3 non sera tan esquiua que non ayas mejoria
S 521-3 que por ende sera casta e la fara estar
S 536-4 veras que mi conssejo te sera por byen avydo
S 608-4 de -lo quel non te dixo de mi te sera rrepetido
S 639-2 mayor sera el fuego e mayores los ardores
S 639-4 mayor sera tu quexa E sus desseos mayores
G 683-4 ella dixo pues dezildo e vere que tal zera
G 688-4 asi perderia la dueña que sera pesar sobejo
S 710-3 despuez con -el poco fuego çient vezes sera doblada
S 819-3 que sera soberuiado del Rico poderoso
S 850-4 El sera en nuestra ayuda que -lo fara desdezir
S 879-1 menos de mal sera que esto poco çeledes
S1020-3 digo te que non vy mas nin te sera mas contado
S1034-5 e syn sera dada
S1191-4 de oy en quatro diaz que sera el domingo
S1299-3 por do el que lo oyere sera çertificado
S1366-2 quien a -mal ome sirue sienprel sera mendigo

**SERAN**
S 862-4 las que vos queredes mucho estas vos seran mas sanas
S1506-3 a -morir han los onbrez que son o -seran nados

**SERAS**
S 609-3 seras dello mas çierto yras mas segurado
S1038-3 seras byen venido
S1038-4 seras mi marido

**SERE**
G 587-4 yo sere bien andante por lo uoz otorgar
S1466-1 luego sere contigo desque ponga vn frayle

**SEREMOS**
S1191-3 que por nos te lo diga commo seremos contigo

**SERENA**
S1097-3 para entrar en -la fazienda con -la dueña serena
S1186-3 E toda la serena El presto mançebillo

**SERIA**
S 72-1 Sy -lo dixiese de mio seria de culpar
S 108-1 Mucho seria villano e torpe Pajez
S 422-1 Porque de muchas dueñas mal querido seria
S 602-4 sy non fuese tan mi vezina non seria tan penado
S 658-4 de aquella seria mi cuerpo que tiene mi coraçon
G 681-3 naçe dende mala fama mi dezonrra zeria
G 760-1 sy yo ante casaze seria enfamada
G 760-3 del zegundo marido non seria tan onrrada
S 795-2 non casaria con-migo ca seria adulterio
S 814-4 perder la por tardanca seria grand avoleza
S 838-4 que venir aca cada dia non seria poridat
S 853-3 grand temor gelo defiende que mesturada seria
S1162-4 E non comiese mas e seria perdonado
S1429-3 diole muy muchas graçiaz e quel seria mandado
S1481-4 seria mal escarnida fyncando el con-migo

**SERIAN**
S 705-2 ssopiesen vnos de otros muchas serian las barajas
S1129-3 rrespondiole el flayre quel non serian perdonados

**SERIAS**
S 7-2 que con elloz serias ante Reys dezidorez

**SERIE**
S 175-3 diz non quiero mal bocado non serie para mi sano
S1081-4 serie don alexandre de tal rreal pagado
S1148-3 serie mayor el rromançe mas que dos manuales
S1327-3 fija qual vos yo daria que voz serie mandado

**SERMON**
S1606-2 que sienpre me pague de pequeno sermon

**SERMONES**
G 664-2 fasta que me rrespondadez a -estoz pocoz sermonez

**SERPIENTE**
S 972-3 fuy ver vna costilla de -la serpiente groya

**SERRANA**
S 959-2 salteome vna serrana a -la asomada del rrostro
S 975-3 omillome dixe yo sserrana fallaguera
S 987-2 desta sserrana valyente
S 990-1 Ryome commo rrespuso la serrana tan sañuda
S 993-3 vna sserrana lerda dire vos que -me avino
S 997-2 encomedio de vallejo encontre vna serrana
S1024-3 falle vna sserrana
S1039-1 Serrana Señora

**SERRANIA** (V)
T1186-3 toda la zerrania el presto mançebyllo

**SERRANO**
S 996-1 de quanto que paso fize vn cantar serrano

**SERVEN**
G 586-2 vos temen e voz seruen commo a vuestra fechura

**SERVI**
S 107-2 sienpre quise guardalas e sienpre las serui
S 153-4 a -muchas serui mucho que nada non acabesçi
S1333-1 yo la serui vn tiempo more y byen diez años
S1346-3 por el byen que me fezistes en quanto vos serui
S1367-2 serui vos byen e syruo en -lo que contesçe

**SERVIA**
S 530-2 que en -todas sus oblas en yermo a -dios seruia

**SERVICIO**
S 144-3 que piedat e seruiçio mucho al rrey mouio
S 146-4 por graçia o por seruiçio toda la pena soltar
S 452-2 el seruiçio en -el bueno nunca muere nin peresçe
S 611-2 seruiçio en -el bueno nunca muere nin peresçe

## SERVICIO (cont.)

| | |
|---|---|
| S 612-3 | que trabajo e seruiçio non -la traya al espuela |
| S 613-2 | con arte o con seruiçio ella la dara apuesta |
| S 619-3 | con arte E con seruiçio muchas cosas abondas |
| S 620-4 | faze andar de cauallo al peon el seruiçio |
| S 621-2 | por el mucho seruiçio pierden la mucha saña |
| S 621-3 | con buen seruiçio vençen cavalleros de españa |
| S 623-3 | faziendo le zeruiçio tu coraçon se bañe |
| S 777-2 | ofreçer vos los he yo en graçias e en seruiçio |
| S 844-3 | mas que nos al queramos por vos fazer seruiçio |
| S1089-4 | por te fazer seruiçio non fuy por ende syeruo |
| S1092-4 | mas fago te seruiçio con -la carne e cuero |
| S1252-1 | Non te faran Seruiçio en -lo que dicho han |
| S1255-1 | Dexa todos aquestos toma de nos Seruiçio |
| S1365-4 | non ay mençion nin grado de seruiçio ya pasado |
| S1374-1 | mucha onrra le fizo e seruiçio quel plega |
| S1385-2 | E fazer a -dios seruiçio con -las dueñas onrradas |
| S1408-2 | E coyda fazer zeruiçio e plazer con su fecho |
| S1433-2 | puede fazer seruiçio quien non tyene que pechar |
| S1597-3 | con fe en -su memoria lidiando por su seruiçio |
| S1627-4 | fazer a -dios seruiçio En punto lo desea |
| S1636-3 | te ofresco en seruiçio |

## SERVICIOS

| | |
|---|---|
| S1250-2 | non han de que te fagan seruiçios que te plegan |
| S1540-4 | es dar bozes al sordo mas non otros seruiçios |

## SERVIDA

| | |
|---|---|
| S1344-1 | ffuese a -vna monja que avia Seruida |
| S1665-4 | de -los santos bien seruida |

## SERVIDO

| | |
|---|---|
| S 36-4 | de -los angeles seruido |
| S1633-1 | Señorez he vos seruido con poca sabidoria |

## SERVIDOR

| | |
|---|---|
| S 510-3 | señor faze del syeruo de señor seruidor |
| G 585-2 | Noble dueña omillome yo vuestro seruidor |
| S 606-2 | que al su seruidor non le faga mesura |
| S 617-4 | mover se ha la dueña por artero seruidor |
| S 638-4 | Seruidor ligongero a -su señor engaña |
| S1058-4 | que sea yo tuyo por sienpre seruidor |
| S1503-1 | Resçibio me la dueña por su buen Seruidor |
| S1669-2 | al que es tu seruidor bien lo libraz de lygero |

## SERVIDORES

| | |
|---|---|
| S 7-1 | Avn tu que dixiste a -loz tus seruidorez |
| S 607-4 | Respondio doña venus seruidores vençen |

## SERVIDOS

| | |
|---|---|
| S1527-2 | amigos e amigas dezeados E Seruidos |

## SERVIENDO

| | |
|---|---|
| S 532-3 | grand tienpo ha que esto aqui a -dyos seruiendo |
| S 613-3 | que syguiendo e seruiendo en -este coydado es puesta |
| S1364-3 | non dando nin seruiendo el amor poco dura |
| S1519-2 | murio a -mi seruiendo lo que me desconuerta |
| S1671-4 | tu bondad marauillosa loare sienpre seruiendo |

## SERVIENTA

| | |
|---|---|
| G 436-2 | que bien leal te zea non sea su seruienta |
| S1706-1 | que sy yo tengo o -toue en casa vna seruienta |

## SERVIENTES

| | |
|---|---|
| S1263-4 | Ca vido pequeñas cassas para tantos seruientes |

## SERVIMOS

| | |
|---|---|
| S 816-4 | por vanas promisiones trabajamos e seruimos |
| S1697-2 | seruimos le muy byen fuemos le sienpre leales |

## SERVIO

| | |
|---|---|
| S 144-2 | al rrey en algund tienpo a -tanto le seruio |

## SERVIR

| | |
|---|---|
| S 33-6 | por te seruir |
| S 107-3 | ssy seruir non las pude nunca las deserui |
| S 149-2 | E por seruir a -dios con mucha contriçion |
| S 153-2 | sienpre pune en seruir dueñas que conosçi |
| S 154-2 | en seruir a -las duenas punar e non en al |
| S 155-3 | en seruir a -las dueñas el bueno non se esquiue |
| S 201-2 | dixieron non es este rrey para lo nos seruir |
| S 223-4 | que troxo a -elena por cobdiçiaua seruir |
| G 450-1 | atal es de seruir e atal es de amar |
| G 450-4 | faz mucho por seruir la en dezir e en obrar |
| S 489-2 | seruir te ha leal mente fara lo que quisieres |
| S 505-1 | Commo quier que -los frayles E clerigos dyzen que aman a dios seruir |
| S 577-2 | de commo en seruir dueñas todo tienpo non canse |
| S1636-1 | por que seruir te cobdiçio |
| S1678-3 | non me partir de te seruir |

## SESO

| | |
|---|---|
| S 45-1 | E por que de buen seso non puede omne Reyr |
| S 67-2 | los cuerdos con buen sesso entendran la cordura |
| S 68-3 | ssi la rrazon entiendes o en -el sesso açiertas |
| S 74-3 | el omne de mal sseso todo tienpo syn mesura |
| S 168-3 | cuerda E de buen seso non sabe de villeza |
| S 173-3 | non soy yo tan ssyn sesso sy algo he priso |
| S 379-3 | os lynga mens la enuade seso con ardor pospone |
| S 395-4 | Remeçe la cabeça a -mal seso tiene mientes |
| S 405-3 | perder seso e fabla sentyr muchos dolores |
| G 448-4 | atal muger si puedez de buen seso la muda |
| S 544-3 | faze tenbrar los mienbros todo seso olvida |
| S 547-1 | Ado mas puja el vyno quel seso dos meajas |
| S 571-4 | quien a -ssy E a -otros muchos estorua con mal sesso |
| S 636-1 | El pobre con buen seso E con cara pagada |
| S 654-4 | perdi seso perdi fuerça mudaron se mis colores |
| G 663-2 | fablar mucho con -el zordo es mal seso e mal Recabdo |
| S 696-1 | El cuerdo con buen seso pensar deue las cosas |
| S 720-4 | pensat bien lo que fablaides con seso e con derecho |
| S 785-2 | mi fuerça e mi seso e todo mi saber |
| S 792-3 | tenprad con -el buen seso el pesar que ayades |
| S 865-4 | çiega es la muger seguida non tyene seso nin tyento |
| S 886-1 | Esta en -los antiguos Seso e sabyençia |
| S 906-1 | En muchas engañadas castigo e seso tome |
| S 934-4 | ha vieja de mal seso que faze tal locura |

| | |
|---|---|
| S 935-2 | quien nunca vieja loca creyese tal mal seso |
| S 941-4 | mucho ayna la sopo de su seso sacar |
| S 945-4 | yo traue luego della e fablele en seso vano |
| S 950-4 | quien mas de pan de trigo busca syn de seso anda |
| S1285-4 | desde ally pierden seso esto puedes prouar |
| S1347-1 | aquesta buena dueña avie seso bien Sano |
| S1362-4 | el seso del buen viejo non se mueue de rrefez |
| S1403-1 | El asno de mal Seso penso E touo mientes |
| S1421-1 | Deue catar el omne con -seso E con medida |
| S1434-4 | tenga manera E seso arte e Sabidoria |
| S1508-4 | ella fizo buen seso yo fiz mucho cantar |

## SESOS

| | |
|---|---|
| S 607-1 | El color he ya perdido mis sesos des-falleçen |
| S 948-4 | conssentyd entre los ssesos vna tal bauoquia |
| S1547-2 | todos los çinco sesos tu los vienes tomar |

## SESTA

| | |
|---|---|
| S 381-4 | acabada ya la missa Rezas tan byen la sesta |
| S1055-1 | a -ora de sesta fue puesto en -la cruz |
| S1646-1 | Sesta alegria |

## SESTO

| | |
|---|---|
| S 30-1 | Madre el tu gozo sesto |
| S 40-1 | Este sesto non es de dubdar |
| S1640-3 | el sesto quando enbio |

## SESUDO

| | |
|---|---|
| S 722-2 | callar do non -le enpeçe E tyenen le por sesudo |

## SET

| | |
|---|---|
| S1065-2 | la su set abebraron con vinagre E fiel |

## SETENCIA

| | |
|---|---|
| S1071-2 | voz mando firme mente so -pena de setençia |

## SEVILLA

| | |
|---|---|
| S1114-2 | de seuilla E de alcantara venian a -leuar prea |
| S1304-1 | Dyxo en -la jnvernada visite a sseuilla |

## SEY

| | |
|---|---|
| S 7-4 | Señor tu sey comigo guardame de trayd(ores) |
| S 514-2 | sey franco de palabla non le digas Razon loca |
| G 561-1 | Non le seaz mintrozo sey le muy verdadero |
| G 561-3 | do te fablare de amor sey tu plazentero |
| G 563-1 | sey commo la paloma linpio e mesurado |
| G 563-2 | sey commo el pauon loçano zosegado |
| G 563-3 | sey cuerdo e non sanudo nin trizte nin yrado |
| S 627-3 | non olvides los sospiros en -esto sey engañoso |
| S 648-4 | sey sotil e acuçioso e avras tu amiga |
| S1253-1 | Señor sey nuestro huesped dizien los caualleros |
| S1261-4 | en esta santa fiesta sey de mi ospedado |

## SEYA

| | |
|---|---|
| S 27-4 | Al que dios e omne seya |
| S 110-3 | por santo nin santa que seya non se quien |
| S 323-4 | era sotil e sabio nunca seya de valde |
| S 520-4 | non coyda ver la ora que con -el seya yda |
| S 657-1 | Señora la mi sobrina que en toledo seya |
| G 756-2 | quando el que buen siglo aya seya en -este portal |
| S1396-2 | É fallo a -la dueña que en la misa seya |
| S1405-4 | fuese para el estrado do -la dueña seya |

## SEYAS

| | |
|---|---|
| S 423-2 | dyz açipreste Sañudo non seyas yo te rruego |

## SEYE

| | |
|---|---|
| S1279-2 | oras triste Sanudo oras seye loçano |

## SEYENDO

| | |
|---|---|
| S 329-1 | Seyendo la demanda en -juyzio leyda |
| S 533-2 | seyendo arredrado començolo a -Retentar |
| S 910-1 | Seyendo yo despues desto syn amor e con coydado |
| S1671-1 | Yo so mucho agrauiado en esta çibdad seyendo |

## SEZO

| | |
|---|---|
| G 673-3 | la vegedat en sezo lieua la mejoria |
| G 686-3 | non sospeche contra mi que ando con sezo vano |

## SI

| | |
|---|---|
| P 12 | las quales digo si buenaz son |
| P 157 | si algunoz lo que non loz consssejo |
| S 14-1 | Sy queredes senores oyr vn buen solaz |
| S 48-1 | pero si las querien para por ellas vsar |
| S 48-3 | por ver si las entienden e meresçian leuar |
| S 53-2 | commo si fuese doctor en -la filosofia |
| S 64-2 | non ha mala palabra si -non es a -mal tenida |
| S 64-3 | veras que bien es dicha si bien fuese entendida |
| S 68-3 | ssi la rrazon entiendes o en -el sesso açiertas |
| S 70-4 | ssy me puntar sopieres ssienpre me avras en miente |
| S 72-1 | Sy -lo dixiese de mio seria de culpar |
| S 80-4 | si non quiere el mandado non da buena rrepuesta |
| S 84-3 | E para la canal la mejor que omne viese |
| S 89-3 | sy -non yo te mostrare commo el leon castiga |
| S 94-2 | E que profaçaua della commo si fuese caraça |
| S 107-3 | ssy seruir non las pude nunca las deserui |
| S 108-2 | sy de -la -muger noble dixiese cosa rrefez |
| S 109-1 | ssy dios quando formo el omne entendiera |
| S 109-4 | ssy para bien non fuera tan noble non saliera |
| S 110-1 | ssy omne a -la muger non -la quisiesse bien |
| S 110-4 | non cobdiçie conpaña sy solo se mantiem |
| S 114-4 | sy de tan grand escarnio yo non trobase burla |
| S 143-4 | si piden merçed al Rey dale conplido perdon |
| S 144-1 | O -sy por aventura aqueste que -lo erro |
| S 155-4 | que si mucho trabaja en mucho plazer byue |
| S 163-1 | Sy las mançanas sienpre oviesen tal sabor |
| S 173-3 | non soy yo tan ssyn sesso sy algo he priso |
| S 176-3 | ssy yo tu mal pan comiese con -ello me afogaria |
| S 180-2 | que si lo faz mi signo o -ssy mi mal asseo |
| S 182-1 | dixel si amor eres non puedes aqui estar |
| S 189-3 | sy non con trez mugeres tal era su talente |
| S 207-3 | tu despues nunca pienssas synon por astragallos |
| S 254-3 | el cuello con mis dientes sy quisiera apertar |
| S 263-3 | synon lo ençendian dentro en -la natura |
| S 264-1 | sy daua vno a -otro fuego o -la candela |
| S 270-4 | sy vallestero la falla preçiala mas que saya |

**SI**

**(cont.)**

| | |
|---|---|
| S 276-3 | sy el tu amigo te dize fabla ya quanta |
| S 289-4 | non fallaran en -ti synon todo mal obrar |
| S 292-4 | sy tienes que o -puedes a -la noche çahorar |
| S 304-3 | sy non se faze lo tuyo tomas yra E saña |
| S 309-4 | sy devo fyar en -ti a -la fe non ansy lo crey |
| S 355-4 | sy pon perentoria esto otra mente |
| S 360-1 | sy non fuere testigo falso o sy lo vieren variar |
| S 373-3 | synon solteros sanos mancebos e valyentes |
| S 373-4 | ssy loçanas encuentras fablas les entre los dientes |
| S 378-1 | E sy es tal que non vsa andar por las callejas |
| S 378-3 | ssy cree la bauieca sus dichos e consejas |
| S 379-1 | E sy es dueña tu amiga que desto non se conpone |
| S 385-2 | cantas letatus sum sy ally se detiene |
| S 387-4 | salue rregina dizes sy de ti se ha de quexar |
| S 397-2 | ssy oy cassar la quieren cras de otro se enamora |
| S 418-1 | Del bien que omne dize sy a -sabyendas mengua |
| S 425-4 | ssy mis dichos fazes non te dira muger non |
| S 426-1 | ssi tu fasta agora cosa non rrecabdaste |
| S 429-1 | sy leyeres ovydio el que fue mi criado |
| S 430-1 | sy quisyeres amar dueñas o otra qual quier muger |
| S 431-3 | sy podieres non quieras amar muger villana |
| S 433-4 | sy ha el cuello alto atal quieren las gentes |
| G 438-1 | si parienta non tienez atal toma viejaz |
| G 444-1 | si dexiere que la dueña non tiene mienbroz muy grandez |
| G 444-3 | zy ha loz pechoz chycoz si dize si demandez |
| G 445-1 | si diz que -loz zobacoz tiene vn poco mojadoz |
| G 447-4 | zy laz yo dexieze començarien a rreyr |
| G 448-3 | zy ha la mano chyca delgada boz aguda |
| G 448-4 | atal muger si puedez de buen seso la muda |
| G 449-1 | si es muger alegre de amor se rrepunta |
| G 449-3 | si a sueraz friaz ssy demanda quanto barrunta |
| G 449-4 | al omne si drize si a -tal muger te ayunta |
| G 450-3 | si tal zaber podierez e la quisierez cobrar |
| S 452-3 | sy se tarda non se pierde el amor nunca fallece |
| S 468-2 | por aquessto faz mucho sy -la podieres aver |
| S 470-2 | sy el pellote juga jugara el braguero |
| S 474-2 | sy vieres que es burla dyme otra tan mañana |
| S 482-1 | dixo don pitas pajas madona sy vos plaz |
| S 487-4 | con aqueste e por este fare yo sy diz me preste |
| S 488-3 | sy podieres dal ago non -le ayas querella |
| S 492-1 | sy tovyeres dyneros avras consolacion |
| S 505-2 | sy varruntan que el rrico esta ya para moryr |
| S 514-1 | Sy algo non -le dyeres cosa mucha o poca |
| S 515-1 | sy sabes estromentos byen tañer o tenplar |
| S 515-2 | sy sabes o avienes en fermoso cantar |
| S 516-1 | Sy vna cosa sola a -la muger non muda |
| S 534-3 | sacramento muy sano prueva si te plaze |
| S 544-2 | tyra la fuerça toda sys toma syn medida |
| S 545-4 | si amar quieres dueña del vyno byen te guarda |
| G 548-2 | muchaz bondadez tiene sy ze toma con mesura |
| G 552-2 | nin acaba quanto quiere si -le veyen coztumero |
| G 558-3 | si algo nol prouarez nol zeaz despechozo |
| S 564-3 | sy non todo tu afan es sonbra de luna |
| S 565-1 | Pyenssa sy consyntyra tu cavallo tal freno |
| S 567-1 | ssy muchos le ençelares mucho fara por ty |
| S 572-2 | dar te ha la segunda sy le guardas la prymera |
| S 572-3 | sy las dos byen guardares tuya es la terçera |
| S 573-1 | ssy tu guardar sopieres esto que te castigo |
| S 574-1 | Mucho mas te diria sy podiese aqui estar |
| S 578-4 | que sy byen non abengo nunca mas aberne |
| S 579-4 | sy oy non Recabdares torna y luego cras |
| G 588-3 | Non ozo moztrar la laga matar me a si la oluido |
| G 592-1 | si se descubre mi llaga qual es donde fue venir |
| G 592-2 | si digo quien me ferio puedo tanto descobrir |
| G 593-1 | E si encubre del todo su ferida e su dolor |
| G 593-2 | si ayuda non demanda por auer zalut mijor |
| S 596-4 | sy el amor non me engaña yo vos digo la verdat |
| S 601-4 | sy non vos doña venuz que -lo podedes fazer |
| S 602-4 | sy non fuese tan mi vezina non seria tan penado |
| S 607-3 | sy vos non me valedes mi menbrios desfalleçen |
| S 609-1 | sy algo por ventura de mi te fuere mandado |
| S 611-3 | sy se tarda non se pierde el amor non falleçe |
| S 614-1 | si la primera onda del mar ayrada |
| S 615-2 | que non dara la mercaduria sy non por grand valor |
| S 625-1 | sy vieres que ay lugar dile jugetes fermosos |
| S 629-1 | Ado fablares con ella sy vieres que ay lugar |
| S 629-4 | dar te ha lo que non coydas sy non te das vagar |
| S 640-3 | sy lo fara o -non en -esto esta dubdando |
| S 641-1 | ssy nol dan de -las espuelas al cauallo faron |
| S 642-3 | torre alta desque tyenbla non ay synon caer |
| S 643-1 | ssy tyene madre vieja tu amiga de beldat |
| S 649-1 | ssy -le conortan non lo sanan al doliente los joglares |
| S 649-4 | ayuda otra non me queda synon lengua e parlares |
| S 651-1 | Coytado sy escapare grand miedo he de ser muerto |
| S 657-3 | sy ovies lugar e tienpo por quanto de vos oya |
| G 680-3 | de palabra en juego direlaz si laz oyere |
| G 684-2 | que sy ouiere lugar e tienpo quando en vno estemoz |
| G 688-2 | si mucho vso la dueña con palabraz de trebejo |
| G 689-1 | si la non sigo non vzo el amor se perdera |
| G 689-2 | si veye que -la oluido ella otro amara |
| G 690-2 | si la leña se tirare el fuego menguara luego |
| G 690-4 | si la muger oluidarez poco preçiara tu Ruego |
| S 699-4 | estas dan la maçada sy as orejas oyas |
| S 701-4 | sy vos non me acorredes mi vida es perdida |
| S 703-3 | sinon vos otro non sepa mi quexa e mi dolençia |
| S 705-1 | Sy a -quantas desta villa nos vendemos las alfajas |
| S 706-2 | ella si me non engaña paresçe que ama a -mi |
| S 715-2 | El presente que se da luego sy es grande de valor |
| S 716-2 | synon por mi non la puede omne del mundo aver |
| S 718-1 | ssy me dieredes ayuda de que passe algun poquillo |
| S 724-3 | si vos non me descobrierdes dezir vos he vna pastija |
| S 732-3 | ssy vos lo bien sopiesedes qual es e quan preçiado |
| S 736-3 | esto que vos he fablado sy vos plaze o si non |
| S 737-4 | yo penssare en ello si para mi con-vyen |
| S 745-2 | sy non contesçer vos puede a -vos mucho ayna |
| S 753-2 | non -le dexaron dellas sinon chicas e rralas |
| S 755-4 | si el non voz defiende non se quien vos defienda |
| G 760-1 | sy yo ante casaze seria enfamada |
| G 765-3 | sy agora tu me sacaz de buen entendemiento |
| S 798-4 | sy mucho la amades mas vos tyene amado |
| S 802-2 | sy verdat le dixistes e amor le avedes |
| S 806-2 | sy me ama la dueña o sy me querra amar |
| S 812-3 | sy por vos non menguare abaxar se ha la rrama |
| S 812-4 | E verna doña endrina sy la vieja la llama |
| S 815-3 | mas yo de vos non tengo synon este pellote |
| S 815-4 | sy buen manjar queredes pagad bien el escote |
| S 817-4 | sy vos yo engañare el a -mi lo demande |
| S 818-3 | sy en algo menguamos de -lo que prometemos |
| S 818-4 | es venguença e mengua sy conplyr lo podemos |
| S 823-1 | sy por aventura yo solos vos podies juntar |
| S 833-1 | sy anda o -sy queda en vos esta pensando |
| S 835-2 | quien sy non el mesquino sienbra en -el arena |
| S 837-3 | descobrid vuestra llaga synon ansy morredes |
| S 844-2 | sy mi madre quiese otorgar el ofiçio |
| S 857-4 | los plazeres de -la vyda perdedes sinon se amata |
| S 860-4 | que si non la muerte sola non parte las voluntades |
| S 863-1 | desde aqui a -la mi tienda non ay synon vna pasada |
| S 876-2 | E con byen e con sosiego dezid si algo queredes |
| S 881-1 | Synon parlase la pycaça mas que -la codorniz |
| S 883-1 | Sy las aves lo podiesen byen saber E entender |
| S 884-1 | ssy los peçes de -las aguas quando veen al anzuelo |
| S 891-3 | sy vyllania he dicho aya de vos perdon |
| S 903-2 | que sy el coracon E orejas touiera |
| S 911-4 | nunca vy tal commo sy dios me de salud |
| S 916-4 | sy me non mesturardes dire vos vna pastija |
| S 926-4 | creo que sy lo guardares que -la vieja te acorra |
| S 937-4 | estas dan la maçada si az orejas oyas |
| S 941-1 | ssy la ensychizo o sy -le dyo atyncar |
| S 941-2 | o sy le dyo Raynela o -sy le dyo mohalinar |
| S 941-3 | o sy le dio ponçoña o algud adamar |
| S 944-4 | dixe yo que buen manjar sy non por el escotar |
| S 953-4 | pagame synon veras commo trillan Rastrojo |
| S 955-2 | sy quieres dime quales vsan en -esta tierra |
| S 956-3 | non temas syn das algo que -la nieue mucho moje |
| S 964-2 | fascas que me amenazaua pagan sinon veras juego |
| S 976-3 | sy non yo te fare que mi cayada midas |
| S 976-4 | sy en lleno te cojo byen tarde la oluidas |
| S 982-3 | sy ante non comiese non podria byen luchar |
| S 984-3 | dixe le yo esto de priessa sy dios de mal me guarde |
| S 990-5 | si la cayada te enbyo |
| S 991-4 | sobarte diz el aluarda synon partes del trebejo |
| S 992-4 | yot mostrare sinon ablandas commo se pella el erizo |
| S 995-3 | sy dexas lo que tyenes por mintroso coydar |
| S 999-1 | Mas pariente tu te cata sy sabes de sierra algo |
| S1001-4 | derribol si me denuedo |
| S1002-2 | Casar me he de buen talento contigo si algo dieres |
| S1005-1 | yol dixe dar te he esas cosas e avn mas si mas comides |
| S1006-2 | sy nieua o -si yela nunca da calentura |
| S1007-1 | Commo omne non siente tanto frio si corre |
| S1007-4 | yo dixe so perdido sy dios non me acorre |
| S1009-3 | dixo me quel plazia sil fuese bien pagada |
| S1010-4 | sy ella non quisiese non -la podria aballar |
| S1015-2 | yo non vy en -ella al mas sy tu en -ella escaruas |
| S1016-1 | Mas en verdat sy byen vy fasta la rrodilla |
| S1018-2 | piensa de -los mayores si te podrias pagar |
| S1018-3 | sy ella algund dia te quisiese espulgar |
| S1034-5 | e syn sera dada |
| S1051-2 | los traydores gollynes commo si fuese rrapaz |
| S1091-3 | Señor diz a -la duena sy con-migo la enlazas |
| S1106-3 | synon por doña çeçina quel desuio el pendon |
| S1108-3 | sy ante mi te paras dar te he lo que meresçes |
| S1109-4 | ansi traua dellos Como si fuese gato |
| S1120-2 | si a -carnal dexaran dierale mal estrena |
| S1123-1 | Synon fuese la çeçina con -el grueso toçino |
| S1127-3 | sinon fuese doliente o confesor alguno |
| S1130-2 | sinon por la boca misma del pecador contrito |
| S1136-2 | si se faze penitençia por la sola contriçion |
| S1145-3 | si el çiego al çiego adiestra o lo quier traer |
| S1158-2 | que si antes que muera si podieren fallar |
| S1159-2 | que si dende non muere quando fuere valiente |
| S1185-3 | sy nos lyeuas de aqui Carnal por las callejas |
| S1196-4 | sy muy sorda non fuere oyra nuestro apellido |
| S1200-3 | el que a -su enemigo non mata si podiere |
| S1200-4 | su enemigo matara a -el si cuerdo fuere |
| S1201-4 | saluo si son vellosaz ca estan son barracaz |
| S1220-1 | Enderredor de ssy trahe muchos alanes |
| S1258-1 | Myo señor don amor si el a -mi creyera |
| S1258-4 | sy en dormitorio entrara nunca se arrepentiera |
| S1261-2 | el byen si algo se de ti me fue mostrado |
| S1264-2 | ssy me viniere a -ver algud enamorado |
| S1269-4 | que si lo dezir puedo meresçia el beuer |
| S1270-3 | delante ella grand fuego de -si grand calor echa |
| S1308-4 | rredrauan me de sy commo si fuese lobuno |
| S1309-3 | mercado falla omne en -que gana sy se detyen |
| S1318-4 | E si esta rrecabdamos nuestra obra non es vana |
| S1319-4 | si poco ende trabaje muy poco ende saque |
| S1328-1 | Sy Recabdo o non la buena menssajera |
| S1364-2 | sy el amor da fructo dando mucho atura |
| S1382-3 | como estaua solo sy viniera el gato |
| S1388-4 | que sy me conosçiesez tu andariaz loçano |
| S1389-1 | Sy a -mi oy fallase quien fallar me deuia |
| S1389-2 | sy aver me podiese el que me conosçia |
| S1400-4 | dire voz la fablilla sy me dadez vn Risete |

**SI**

| | (cont.) |
|---|---|
| S1411-1 | Sy dixo la comadre quando el çirugiano |
| S1423-4 | sy non dar te he gualardon qual tu meresçimiento |
| S1438-4 | sy vn cantar dixieres dire yo por el veynte |
| S1439-3 | sy agora cantasses todo el pesar que trayo |
| S1452-3 | sy mas ya non fablalde como a -chate pastor |
| S1455-3 | si mas yo so con furto del merino tomado |
| S1478-3 | sinon falssaz escusaz lysonjaz amargotes |
| S1480-3 | si non tan sola mente ya voz que -lo fabledes |
| S1482-4 | si de vos me partiere a -mi caya el perjuro |
| S1497-3 | e si en -la rrespuesta non te dixiere enemiga |
| S1511-1 | fija si el criador vos de paz con Salud |
| S1522-4 | sy non dolor tristeza pena e grand crueldad |
| S1526-4 | todos fuyen del luego como si fuese araña |
| S1536-4 | si dizen que sanara todos gelo rrepuntan |
| S1542-1 | Sy dexa muger moça Rica o -paresçiente |
| S1544-3 | sy non de que es muerto quel come coguerço |
| S1554-4 | sy non dios todos temen tus penas e tus lazerios |
| S1559-2 | sy ante lo espantaste mill tanto pena oviste |
| S1573-2 | que si a -vos syruiera vos avriades della duelo |
| S1578-1 | El que aqui llegare si dios le bendiga |
| S1578-2 | e sil de dios buen amor E plazer de amiga |
| S1578-4 | Si dezir non -lo quisiere a -muerta non maldiga |
| S1579-1 | Señorez acordad vos de -bien si vos lo digo |
| S1579-4 | Si vedes que vos miento non me preçiedes vn figo |
| S1581-1 | Sy qual quier de nos otros oviese craz de lydiar |
| S1582-1 | Pues si esto fariamos por omes como nos byuos |
| S1611-3 | asi dueña pequena sy todo amor consyenta |
| S1619-4 | sy non por quatorze cosaz nunca vy mejor que el |
| S1622-1 | Pero sy diz la fabla que suelen Retraher |
| S1624-4 | que sy lo comienço que -le dare buen cabo |
| S1627-2 | que si lo oye alguno que tenga muger fea |
| S1627-3 | o sy muger lo oye que su marido vil sea |
| S1629-1 | qual quier omne que -lo oya sy byen trobar sopiere |
| S1629-2 | mas si añadir E emendar si quisiere |
| S1658-4 | si el salue a -todoz noz |
| S1659-1 | Sy el vos de la su gloria |
| S1688-1 | E si tu me tyrarez |
| S1689-1 | Mas si tu porfias |
| S1690-4 | tal que si plugo a -vno peso mas que a -dos mill |
| S1692-4 | Sy pesa a -vos otros bien tanto pesa a -mi |
| S1701-3 | diz amigoz si este Son a -de -ser verdadero |
| S1701-4 | si malo lo esperades yo peor lo espero |
| S1703-4 | E. sy de mi la parto nunca me dexaran dolorez |
| S1704-3 | Sy yo touiese al arçobispo en tal angosto |
| S1706-1 | que sy yo tengo o -toue en casa vna seruienta |
| S1707-2 | otro si a -las vibdas esto es cosa con verdat |
| S1707-3 | por que si el arçobispo tiene que es cosa que es maldad |
| F 4 | sino de hueso duro mas fuerte que de leon |

**SI**       **(H)**

| | |
|---|---|
| P 148 | E querran maz amar a -si mesmoz que al pecado |
| P 149 | que la ordenada caridad de -si mesmo comiença |
| S 87-3 | para si e los otros todo lo menudo era |
| S 112-1 | codiciava tener lo que otro para sy tenia |
| S 148-4 | pero mayor poder rretuuo en sy que les non dio |
| S 162-2 | lo que en -si es torpe con amor bien semeja |
| S 207-1 | do son de sy Señores tornan se tus vasallos |
| S 269-3 | matanse a -sy mesmos los locos alvardanes |
| S 272-4 | dixo contra si mesma vna Razon temida |
| S 273-4 | que de sy mesmo sale quien su vida desata |
| S 285-4 | la negra por ser blanca contra sy se denueda |
| S 301-4 | el cavallo ferrado contra sy fizo tuerto |
| S 308-4 | a -sy mesmo con yra e a -otros muchos mato |
| S 311-3 | mato a -sy mesmo yrado et muy sañoso |
| S 316-2 | lo que para sy non quiere non -lo deue a -otros fazer |
| S 322-2 | a -otros rretraya lo quel en -sy loaua |
| S 347-1 | Rezo el por sy mesmo escripta tal sentençia |
| S 353-1 | la exençion primera es en -sy perentoria |
| S 491-4 | el que non ha dineros non es de sy Señor |
| G 557-1 | Ca el que mucho ze alaba de si mismo es denoztador |
| S 568-1 | Como tyene tu estomago en -sy mucha vyanda |
| S 570-2 | a -muchos des-ayuda e a -sy primero |
| S 571-4 | quien a -ssy E a -otros muchos estorua con mal sesso |
| S 632-1 | Todas fenbras han en -sy estas maneras |
| S 654-4 | los mis pies e las mis manos non eran de si Senores |
| S1080-2 | mostro en sy esfuerço pero estaua medroso |
| S1147-3 | saluo los que del papa son en -si rreseruados |
| S1268-3 | non avia menester sol tanto de sy alunbraua |
| S1308-4 | rredrauan me de sy commo si fuese lobuno |
| S1448-4 | non deue temor vano en -sy ome traer |
| S1546-2 | çiegas los en vn punto non han en -si prouecho |

**SI**       **(H)**

| | |
|---|---|
| G 444-3 | zy ha loz pechoz chycoz si dize si demandez |
| G 449-4 | al omne si drize si a -tal muger te ayunta |

**SICUT**       **(L)**

| | |
|---|---|
| P 90 | Nolite fieri sicut equz E muluz |
| P 121 | Anni nostri sicut aranea meditabuntur e cetera |
| S 381-4 | feo sant sant vter por la grand misa de fiesta |

**SIEBRA**

| | |
|---|---|
| S 564-4 | E es como quien siebra en rrio o'en laguna |

**SIENBRA**

| | |
|---|---|
| S 170-4 | quien en -el arenal sienbra non trilla pegujarez |
| S 835-2 | quien sy non el mesquino sienbra en -el arena |

**SIENDO**

| | |
|---|---|
| S1664-3 | syendo virgen conçebiste |

**SIENPRE**

| | |
|---|---|
| P 63 | que obraz sienpre estan en -la buena memoria |
| P 112 | E biue sienpre en dioz |
| S 11-3 | que sienpre lo loemos en prosa E en canto |
| S 70-4 | ssy me puntar sopieres ssienpre me avras en miente |
| S 73-3 | quieren Segund natura conpañia sienpre Nueva |
| S 75-1 | El ffuego ssienpre quiere estar en -la çeniza |

| | |
|---|---|
| S 77-3 | ssienpre avia della buena fabla e buen rriso |
| S 107-2 | sienpre quise guardalas e sienpre las serui |
| S 107-4 | de dueña mesurada sienpre bien escreui |
| S 121-1 | quando la cruz veya yo sienpre me omillava |
| S 125-1 | Muchos ay que trabajan sienpre por clerezia |
| S 153-2 | sienpre pune en seruir dueñas que conosçi |
| S 161-4 | es esta que el amor sienpre fabla mentiroso |
| S 163-1 | Sy las mançanas sienpre oviesen tal sabor |
| S 167-2 | querer sienpre tener alguna enamorada |
| S 188-4 | sienpre tiras la fuerça dizenlo en fazañas |
| S 212-4 | a -quien nol quiere nil ama ssyenpre gela mientass |
| S 216-3 | syenpre de ti me vino con tu sotil engaño |
| S 216-4 | andas vrdiendo sienpre cobierto so mal paño |
| S 217-1 | Contigo syenpre trahes los mortales pecados |
| S 244-3 | sienpre byvras mesquino e con mucha manzilla |
| S 245-4 | non pueden durar syenpre vanse con mançebia |
| S 246-4 | ssyenpre me ffallo mal cada que te escucho |
| S 257-1 | Syenpre esta loxuria a do-quier que tu estas |
| S 277-1 | El çelo syenpre nasçe de tu enbydia pura |
| S 277-4 | ssyenpre coydas en çelos de otro bien non as cura |
| S 295-4 | por comer e tragar sienpre estas boca abierto |
| S 329-3 | Señor diz yo so syenpre de poco mal sabyda |
| S 424-4 | la buena fabla sienpre faz de bueno mejor |
| S 428-4 | syenpre sera mesquino quien Amor vano tyene |
| S 466-4 | veo tuerto suzio que sienpre mal catades |
| S 470-4 | syenpre le bullen los pies e mal para el pandero |
| S 471-2 | en -el telar e en -la dança syenpre bullen los dedoz |
| S 472-4 | muger molyno E huerta syenpre querie grand vso |
| S 473-3 | muger mucho seguida syenpre anda loçana |
| S 484-1 | Commo en este fecho es syenpre la muger |
| S 519-4 | en este coyda syenpre por este faz la musa |
| S 527-4 | ca vna congrueca de otra sienpre tyene dentera |
| S 528-1 | buenas costunbres deues en -ty syenpre aver |
| S 576-4 | falle que en -sus castigos syenpre vse beuir |
| S 577-3 | mucho las guarde syenpre nunca me alabe |
| S 632-2 | al comienço del fecho syenpre son rreferteras |
| S 702-1 | oy dezir sienpre de vos mucho bien e aguisado |
| S 707-3 | syenpre cada dia cresçe con enbia e falsedat |
| S 725-1 | ffija sienpre estades en caza ençerrada |
| S 735-1 | syenpre fue mi costunbre e los mis pensamientos |
| S 750-2 | syenpre estas chirlando locura de mañana |
| G 758-2 | sienpre an gasajado plazer e alegria |
| S 801-4 | que -la quiere leuar syenpre tyene temor |
| S 809-1 | sienpre de vos dezimos en al nunca fablamos |
| S 819-2 | mas el poble coytado syenpre esta temeroso |
| S 832-4 | dezides me non maguer que sienpre vos encargo |
| S 834-1 | El mesquino sienpre anda con aquesta tristeza |
| S 854-1 | Non sabe que se faga sienpre anda descaminado |
| S 869-4 | que el romero fyto que sienpre saca çatico |
| S 987-1 | ssyenpre se me verna miente |
| S1006-1 | Syenpre ha la mala manera la sierra E la altura |
| S1055-4 | claridat del çielo por syenpre durador |
| S1058-4 | que sea yo tuyo por sienpre seruidor |
| S1088-4 | vsado so de lyd syenpre por ende valy |
| S1193-4 | salud con muchas carnes sienpre de nos a -voz |
| S1297-3 | enbya derramar la sienpre al ero |
| S1313-4 | este mi Señor sienpre tal constubre avia |
| S1314-1 | Syenpre do quier que sea pone mucho coydado |
| S1314-4 | syenpre quiere alegria plazer e ser pagado |
| S1316-4 | ca omne que es solo sienpre pienso cuydados |
| S1341-3 | grandes demandaderaz amor sienpre les dura |
| S1358-4 | al su Señor el sienpre algo le presentaua |
| S1366-2 | quien a -mal ome sirue sienprel sera mendigo |
| S1384-4 | syenpre tyene rreçelo e con miedo tristeza |
| S1503-2 | ssyenprel fuy mandado e leal amador |
| S1540-3 | lo mas que sienpre fazen los herederos nouiçioz |
| S1552-1 | Tu morada por sienpre es jnfierrno profundo |
| S1553-2 | ca beuiendo omne sienpre e mundo terrenal |
| S1558-4 | tul mataste vna ora el por sienpre te mato |
| S1565-4 | para sienpre jamas non los has de prender |
| S1570-3 | sienpre en este mundo fuste por dos maridada |
| S1570-4 | quien te me rrebato vieja por mi sienpre lazrada |
| S1582-4 | E para sienpre jamas dizen al jnfierno yd vos |
| S1606-2 | que sienpre me pague de pequeno sermon |
| S1617-1 | ssyenpre quis muger chica mas que grande nin mayor |
| S1618-2 | el pecado que sienpre de todo mal es maço |
| S1621-3 | sienpre aquestos dos dias ayunaua mi andador |
| S1641-2 | sienpre toda vegada |
| S1648-5 | defiende nos sienpre |
| S1660-2 | por su amor sienpre dedes |
| S1667-5 | que my vida sienpre sigua |
| S1668-1 | Miraglos muchos faze virgen sienpre pura |
| S1671-4 | tu bondad marauillosa loare sienpre seruiendo |
| S1678-2 | sienpre dezir cantar de tus loorez |
| S1682-2 | syenpre guaresçes de coytas E das vida |
| S1697-2 | seruimos le muy byen fuemos le sienpre leales |
| F 5 | por mucho que uos digo sienpre dezidez non |

**SIENTA**

| | |
|---|---|
| S1611-4 | non ha plazer del mundo que en -ella non sienta |
| S1706-2 | non ha el arçobispo desto por que se sienta |

**SIENTE**

| | |
|---|---|
| S 237-3 | lorigas bien levadas muy valiente se siente |
| S 274-3 | entristeze en punto luego flaqueza siente |
| S 813-2 | por vos mi esperança syente ya mejoria |
| S1007-1 | Commo omne non siente tanto frio si corre |
| S1542-4 | muda el trentanario del duelo poco se syente |

**SIENTES**

| | |
|---|---|
| S 376-1 | desque sientes a -ella tu coraçon espacias |

**SIENTO**

| | |
|---|---|
| S 873-3 | es aquel non es aquel el me semeja yo lo siento |
| S1674-5 | de aqueste dolor que siento |

## SIERPE
| | |
|---|---|
| S 99-3 | penssauan que grand sierpe o -grand bestia pariria |
| S1351-4 | tanto que sierpe grande a -todoz paresçia |

## SIERRA
| | |
|---|---|
| G 671-3 | estadez enfriada mas que -la nief de -la sierra |
| S 950-2 | fuy a -prouar la syerra e fiz loca demanda |
| S 955-1 | dexa me passar amiga dar te he joyas de sierra |
| S 962-3 | ella diz dende te torna por somo sierra trastorna |
| S 967-4 | commo es de -la sierra vso |
| S 998-2 | dixe ando por esta sierra do quirria cassar de grado |
| S 999-1 | Mas pariente tu te cata sy sabes de sierra algo |
| S1006-1 | Syenpre ha la mala manera la sierra E la altura |
| S1022-2 | la sierra passada |
| S1029-5 | de sierra nevada |
| S1044-1 | Cerca de aquesta ssierra ay vn logar onrrado |
| S1189-2 | el por esas montañas en -la sierra estudo |
| S1289-4 | busca yeruas e ayres en -la sierra enfiesta |

## SIERVA
| | |
|---|---|
| S1069-1 | De mi santa quaresma syerua del ssaluador |

## SIERVO
| | |
|---|---|
| S 510-3 | señor faze del syeruo de señor seruidor |
| S 512-3 | non ha syeruo cabtiuo que el dinero non le aforre |
| S1089-3 | omillo me diz Señor yo el tu leal syeruo |
| S1089-4 | por te fazer seruiçio non fuy por ende syeruo |

## SIERVOS
| | |
|---|---|
| S1582-3 | enemigos que nos quieren fazer sieruos captiuos |

## SIESTA
| | |
|---|---|
| S 461-2 | fazia la syesta grande mayor que ome non vydo |
| S 893-3 | todas las animalias vn domingo en -la syesta |
| S1289-1 | buscaua cassa fria fuya de -la siesta |
| S1352-1 | venido ez el estio la siesta affyncada |

## SIETE
| | |
|---|---|
| S 19-4 | cantar de -los sus gozos siete que ansi diz |
| S 35-1 | Tu siete gozos oviste |
| S1067-3 | dende a -siete dias era quaresma tanto |
| S1072-1 | dezid le de todo en todo que de oy siete dias |
| S1076-1 | Desde oy en syete dias tu e tu almohalla |
| S1194-2 | oy ha siete selmanas que fuemos desafiado |
| S1585-1 | con siete sacramentos estos enemigos sobrar |
| S1600-2 | esta es de -los siete pecados mas sotil e engañosa |
| S1648-1 | gozos fueron siete |

## SIGA
| | |
|---|---|
| G 437-3 | zepa mentir fermozo e ziga la carrera |
| S1497-4 | puede ser que de -la fabla otro fecho se ssyga |

## SIGLO
| | |
|---|---|
| G 756-2 | quando el que buen siglo aya seya en -este portal |
| S1008-3 | la mas grande fantasma que vy en -este siglo |

## SIGNO
| | |
|---|---|
| S 123-4 | el signo en -que nasçe le juzgan por sentençia |
| S 129-4 | el signo e la planeta del fijo quel nasçia |
| S 135-2 | los sabios naturales que su signo cataron |
| S 149-3 | non ha poder mal signo nin su costellaçion |
| S 153-1 | En este signo atal creo que yo nasçi |
| S 154-1 | Commo quier que he provado mi signo ser atal |
| S 160-1 | Ca puesto que su signo sea de tal natura |
| S 180-2 | que si lo faz mi signo o -ssy mi mal asseo |
| S1179-1 | Al xristiano catholico dale el santo signo |

## SIGNOS
| | |
|---|---|
| S 128-1 | Por que creas el curso destos signos atales |
| S 148-2 | puso en -el sus signos E planetas ordeno |
| S1139-3 | sygnos de penitençia de -los ojos llorando |

## SIGO
| | |
|---|---|
| G 689-1 | si la non sigo non vzo el amor se perdera |

## SIGRO
| | |
|---|---|
| S 510-4 | toda cosa del sygro se faze por su amor |

## SIGUA
| | |
|---|---|
| S 396-2 | que fago tu mandado E sigua tu trebejo |
| S1667-5 | que my vida sienpre sigua |

## SIGUE
| | |
|---|---|
| P 27 | E por ende sigue la Razon el dicho dauid |
| P 44 | E por ende se sigue luego la segu(n)da rrazon |
| S 197-3 | amor quien te mas sygue quemas le cuerpo e alma |
| S 486-2 | non la sygue nin la toma faze commo cazador vyl |
| S 486-3 | otro pedro que la sygue E la corre mas sotil |
| S 519-1 | El que la mucho sygue El que la mucho vsa |
| S 524-3 | caçador que -la sigue tomala quando descanssa |

## SIGUES
| | |
|---|---|
| S1551-3 | al -lugar do mas siguez aquel va muy peor |

## SIGUIA
| | |
|---|---|
| S1573-4 | que quantas siguia todas yuan por el suelo |

## SIGUIAN
| | |
|---|---|
| S1569-2 | muchos te siguian biua muerta yazes Señera |

## SIGUIENDO
| | |
|---|---|
| S 613-3 | que syguiendo e seruiendo en -este coydado es puesta |

## SIGUIESE
| | |
|---|---|
| S 912-3 | busque trota conventos que siguiese este viaje |

## SIGUIO
| | |
|---|---|
| S 178-2 | tanto siguio al ladron que fuyo de aquel çillero |

## SIGUIRAN
| | |
|---|---|
| S1699-4 | creo que otros muchos syguiran por esta senda |

## SILENCIO
| | |
|---|---|
| S 362-4 | por ende pongo sylençio al lobo en -esta saçon |

## SILOS
| | |
|---|---|
| S1277-3 | çerrar los silos del pan e seguir los pajarez |

## SILVA
| | |
|---|---|
| S1361-4 | quando non le trayo nada non me falaga nin me sylua |

## SILLA
| | |
|---|---|
| S 244-1 | Do es tu noble freno e tu dorada silla |
| S1240-2 | muchos buenos cauallos e mucha mala silla |

## SILLAS
| | |
|---|---|
| S 233-4 | de -las sillas del cielo ovieron de caer |
| S1555-1 | Tu despoblaste muerte al çielo e sus syllas |

## SILLO
| | |
|---|---|
| S 314-4 | el asno pereçoso en -el ponie su syllo |

## SIN
| | |
|---|---|
| P 62 | E por ende deuemoz tener sin dubda |
| S 5-4 | mexiaz tu me salua sin culpa e sin pena |
| S 6-2 | del forno del grand fuego syn lision |
| S 15-3 | es vn dezir fermoso e saber sin pecado |
| S 25-3 | e sin dolor aparesçio |
| S 28-3 | te dixo goço sin pena |
| S 32-4 | En -la gloria syn fallia |
| S 36-3 | e syn dolor |
| S 74-3 | el omne de mal sseso todo tienpo syn mesura |
| S 94-3 | diz la dueña sañuda non ay paño syn rraça |
| S 111-3 | el mastel syn la vela non puede estar toda ora |
| S 111-4 | nin las verças non se crian tan bien sin la noria |
| S 112-1 | E yo commo estaua solo syn conpañia |
| S 152-3 | trabajan E afanan mucho syn medida |
| S 173-3 | non soy yo tan ssyn sesso sy algo he priso |
| S 198-2 | folgaron sin cuydado nunca entristeçieron |
| S 205-4 | ser libres e syn premia rreñid pues lo quesistes |
| S 209-2 | das al cuerpo lazeria trabajo syn Razon |
| S 210-3 | anda el coraçon syn cuerpo en tus cadenas |
| S 214-4 | syn piedat me matas de noche e de dia |
| S 253-4 | el lobo finco sano para comer sin pereza |
| S 280-2 | estas fraco syn fuerça non te puedes Refertyr |
| S 292-3 | syn mesura meriendas mejor quieres çenar |
| S 303-1 | El comer syn mesura E la grand venternia |
| S 355-2 | de publico notario deuiera syn fallymiente |
| S 380-3 | quieres la misa de -los novios syn gloria e syn son |
| S 435-2 | la su faz sea blanca syn pelos clara e lysa |
| S 435-3 | puna de aver muger que -la veas syn camisa |
| S 471-3 | la muger syn verguença por darle diez toledos |
| S 498-3 | otros eran syn culpa E luego los matava |
| S 513-3 | que poco o que mucho non vaya syn logrero |
| S 537-1 | beuio el hermitano mucho vyno syn tyento |
| S 544-2 | tyra la fuerça toda sys toma syn medida |
| G 553-4 | asi syn la mesura todo paresçe mal |
| G 587-3 | zin voz yo non la puedo començar ni acabar |
| G 594-4 | que non el morir syn dubda e beuir en grant Rencura |
| S 605-4 | que non vayan syn conorte mi llaga e mi quexura |
| S 610-2 | dyl syn miedo tus deseos non te enbargue vergueña |
| S 616-2 | el can que mucho lame sin dubda sangre saca |
| S 646-3 | syn su plazer non sea tanida nin trexnada |
| S 650-4 | dexo me solo e señero syn Remos con -la blaua onda |
| G 674-3 | sin el vso e arte ya se va pereçer |
| G 690-1 | do añadieren la leña creçe syn dubda el fuego |
| S 693-4 | pero syn dios todo esto non puede aprouechar |
| S 694-1 | Pues que syn dios non puede prestar cosa que sea |
| S 736-4 | syn miedo fablad con-migo quantas cosas son |
| S 743-2 | sola syn conpañero non sodes tan temida |
| G 757-2 | zola e sin conpanero commo la tortolilla |
| S 771-2 | fazemos byen grande syn perros e syn pastorez |
| S 777-3 | E vos faredes por ellos vn salto syn bolliçio |
| S 781-4 | dezian que non conbrian tozino sin gallynas |
| S 789-1 | Ay lengua syn ventura por que queredes dezir |
| S 834-3 | de noche e de dia trabaja syn pereza |
| S 840-1 | fija perdet el miedo que se toma syn Razon |
| S 842-4 | por que veo que vos ama e vos quiere syn arte |
| S 850-3 | que aquel buen mançebo dulçe amor e syn fallyr |
| S 851-3 | syn verguença es el fecho pues tantas carreras tyen |
| S 862-1 | Nunca esta mi tyenda syn fruta a -las loçanas |
| S 863-4 | poco a -poco nos yremos jugando syn rreguarda |
| S 892-4 | al asno syn orejas e syn su coraçon |
| S 902-4 | syn coraçon E syn orejas troxolo des-figurado |
| S 910-1 | Seyendo yo despues desto syn amor e con coydado |
| S 928-4 | que estaua coytado commo oveja syn grey |
| S 933-4 | non ay pecado syn pena nin bien syn gualardon |
| S 934-2 | fizo se loca publica andando syn vestidura |
| S 950-4 | quien mas de pan de trigo busca syn de seso anda |
| S 992-5 | syn agua E syn rroçio |
| S1012-1 | Avia la cabeça mucho grand syn guisa |
| S1019-4 | a -todo son de çitola andarian syn ser mostradas |
| S1041-2 | bueno sin dinero |
| S1047-3 | virgen tu me ayuda e sy detardanca |
| S1064-3 | en -la cruz lo sobieron syn toda piedat |
| S1065-4 | a -los que en -el avemos esperança syn par |
| S1076-3 | fasta el sabado santo dar vos he lyd syn falla |
| S1123-3 | que non podia de gordo lydiar syn el buen vino |
| S1133-3 | so rrudo E syn çiençia non me oso aventurar |
| S1155-1 | Syn poder del perlado o -syn aver liçençia |
| S1160-1 | Es el papa syn dubda la fuente perenal |
| S1203-3 | syn verguença se pudo yr el plazo ya venido |
| S1207-4 | non andan los rromeros syn aquesta sofraja |
| S1230-4 | con ella el tanborete syn el non vale vn prisco |
| S1252-2 | mandan lechoz syn rropa e manteles syn pan |
| S1291-2 | comia nueuos palales sudaua syn pereza |
| S1317-4 | Ca solo syn conpaña era penada vida |
| S1331-1 | Desque me vy señero e syn fulana solo |
| S1333-2 | tienen a -sus amigos viçiosos syn sosaños |
| S1340-1 | ssyn todaz estaz noblezaz han muy buenas maneras |
| S1348-1 | Era vn ortolano byen sinpre e syn mal |
| S1353-4 | apretandolo mucho cruel mente syn vagar |
| S1355-1 | tu estauas coytada poble ssyn buena fama |
| S1364-4 | de amigo syn prouecho non ha el ome cura |
| S1367-3 | por que vyn syn presente la vuestra Saña creçe |
| S1373-3 | enxundiaz e pan cocho syn rraçion e syn peso |
| S1381-2 | que comer mill manjares corrido e syn solaz |
| S1393-4 | perdedes vos coytadaz mugeres syn varones |
| S1398-1 | Mayor Roydo fazen mas bozes syn rrecabdo |
| S1416-4 | Sacole e estudo queda syn se mas quexar |
| S1423-3 | yo non quiero fazer lo vete syn tardamiento |
| S1442-2 | dan pessar e tristeza e dapno syn traspaso |

| | |
|---|---|
| **SIN** | **(cont.)** |
| S1450-1 | El miedo es muy malo syn esfuerço ardid |
| S1451-3 | por vna syn ventura muger que ande rradia |
| S1454-1 | En tierra syn justiçia eran muchos ladrones |
| S1456-4 | E furtase syn miedo quanto furtar podiese |
| S1462-1 | salio el ladron suelto sin pena de presion |
| S1567-1 | Tanto eres muerte syn byen E atal |
| S1574-4 | que non tomase tristeza e pesar syn medida |
| S1577-1 | Prendiome syn sospecha la muerte en -sus Redes |
| S1581-4 | Syn armas non querria en tal peligro entrar |
| S1623-3 | e yo vos la trahere syn mucha varahunda |
| S1631-4 | syn la que se a-lega en -la Razon fermosa |
| S1637-1 | syn dolor salio al mundo |
| S1662-1 | graçia plena syn manzilla |
| S1663-6 | syn manzilla de pecados |
| S1664-2 | onrrada syn egualança |
| S1665-6 | es tu fijo syn dubdança |
| S1669-3 | non le es falleçedero tu acorro syn dudança |
| S1674-6 | en presion syn meresçer |
| S1679-3 | de tribulaçion syn tardança |
| S1683-1 | sufro grand mal syn meresçer a -tuerto |
| **SINE** | **(L)** |
| P 79 | Ca dize Caton Nemo sine crimine viuit |
| **SINOS** | |
| S1138-4 | sinos de penitençia que es arrepentido |
| **SINPLE** | |
| S 531-4 | dyos te salue buen omne dixol con ssynple gesto |
| S1149-4 | por que el sinple clerigo es desto tan osado |
| **SINPLES** | |
| S1144-1 | Muchos clerigos synples que non son tan letrados |
| **SINPLEX** | |
| S1599-3 | non faziendo mal a -los sinplex pobrez non denostemos |
| S1634-4 | E por mostrar a -los synplex fablas e versos estraños |
| **SINPLEZA** | |
| S 372-4 | fablas con grand synpleza por que muchos engañes |
| **SINPLEZA** | |
| S 319-2 | andas con grand synpleza pensando pletisia |
| **SINPRE** | |
| S1154-1 | vos don clerigo synpre guardat vos de error |
| S1348-1 | Era vn ortolano byen sinpre e syn mal |
| **SIRVA** | |
| S1345-3 | para que a -vos sirua cada dia lo abyuo |
| S1635-7 | que te sirua toda via |
| **SIRVE** | |
| S 155-1 | muchas noblezas ha en -el que a -las dueñas sirue |
| S 183-3 | al que mejor te syrue a -el fieres quando tiras |
| S 452-1 | syrue la non te enojes syruiendo el amor creçe |
| S 611-1 | Syruela non -te enojes siruiendo el amor creçe |
| S 616-1 | syrue la con arte E mucho te achaca |
| S 920-3 | syrue do avras pro pues sabes la manera |
| S1366-2 | quien a -mal ome sirue sienprel sera mendigo |
| S1628-4 | dios con esto se sirue bien lo vedes varones |
| **SIRVEN** | |
| P 174 | E segud derecho laz palabraz siruen al -la jntençion |
| S 126-3 | otros siruen Señorez con -las manos anbas |
| S 501-4 | todas al dinero syruen E suyas son conpladas |
| **SIRVIENDO** | |
| S 452-1 | syrue la non te enojes syruiendo el amor creçe |
| S 611-1 | Syruela non -te enojes siruiendo el amor creçe |
| **SIRVIERA** | |
| S1573-2 | que si a -vos syruiera vos avriades della duelo |
| **SIRVIRIE** | |
| S1429-4 | en quanto el podiese quel siruirie de grado |
| **SIRVO** | |
| S1345-1 | Desque me party de vos a -vn açipreste siruo |
| S1367-2 | serui vos byen e syruo en -lo que contesçe |
| S1403-4 | mas con prouecho syruo que mill tales blanchetes |
| **SO** | |
| S 70-1 | de todos jnstrumentos yo libro so pariente |
| S 72-2 | dizelo grand filosofo non so yo de Rebtar |
| S 151-1 | Non sse astrologia nin so ende maestro |
| S 329-3 | Señor diz yo so syenpre de poco mal sabyda |
| G 580-4 | busque e falle dueña de qual zo dezeozo |
| G 588-1 | so ferido e llagado de vn dardo so perdido |
| S 650-1 | Amigos vo a -grand pena E so puesto en -la fonda |
| G 665-3 | non cuydedez que zo loca por oyr vuestraz parlillaz |
| S 794-4 | toda la mi esperanca peresçe e yo so perdido |
| S 882-4 | oy que so escarnida todas me son fallydas |
| S 952-4 | yo so la chata Rezia que a -los omnes ata |
| S1007-4 | yo dixe so perdido sy dios non me acorre |
| S1078-3 | dixo yo so el alfrez contra esta mala presa |
| S1088-4 | vsado so de lyd syenpre por ende valy |
| S1092-3 | non so para afrae en carrera nin ero |
| S1133-3 | so rrudo E syn çiençia non me oso aventurar |
| S1135-4 | Escolar so mucho rrudo nin maestro nin doctor |
| S1356-1 | sseñora dixo la vieja por que so baldonada |
| S1356-2 | quando trayo presente so mucho falagada |
| S1360-4 | agora que so viejo dizen que poco valo |
| S1361-3 | estonçes me loaua agora que so viejo me esquiua |
| S1365-3 | agora que non do algo so vil e despreçiado |
| S1367-4 | e so mal denostada zegud que ya paresçe |
| S1455-1 | Dixo el vn ladron dellos ya yo so desposado |
| S1455-3 | si mas yo so con furto del merino tomado |
| S1576-1 | vrraca so que yago so esta Sepultura |
| S1670-1 | Reyna virgen mi esfuerço yo so puesto en tal espanto |
| S1671-1 | Yo so mucho agrauiado en esta çibdad seyendo |
| S1675-6 | que so pecador errado |
| S1676-6 | pero non so meresçiente |
| S1677-4 | en -que so coytado triste |
| **SO** | **(H)** |
| S 17-3 | blanca farina esta so negra cobertera |
| S 18-3 | como so mala capa yaze buen beuedor |

| | |
|---|---|
| S 18-4 | ansi so el mal tabardo esta buen amor |
| S 216-4 | andas vrdiendo sienpre cobierto so mal paño |
| S 328-4 | esto me ofresco prouar so -pena del talyon |
| S 391-4 | huesped eres de muchos non duras so cortina |
| S 420-1 | So la piel ovejuna traes dientes de lobo |
| S 477-1 | Pyntol so el onbligo vn pequeno cordero |
| G 592-3 | que perdere melezina so esperança de guarir |
| S 619-1 | Por arte los pescados se toman so -las ondas |
| G 668-2 | Auet por bien que uoz fable ally zo aquel portal |
| G 669-1 | pazo o paso don endrina so el portal es entrada |
| S 776-1 | la puerca que se estaua so -los sauzes loçanos |
| S 778-1 | abaxose el lobo ally so aquel sabze |
| S 778-2 | por tomar el cochino que so -la puerca yaze |
| S 996-2 | este de yuso escripto que tyenes so la mano |
| S1019-3 | ca estando senzillas dar -l -yen so -las yjadas |
| S1071-2 | voz mando firme mente so -pena de setençia |
| S1135-4 | so -la vuestra emienda pongo el mi error |
| S1157-3 | todo el su poder esta so vuestra capa |
| S1348-3 | andando por su huerta vido so vn peral |
| S1404-2 | commo aquel blanchete que yaze so su peña |
| S1446-4 | las rranas con -su miedo so el agua meter |
| S1479-4 | al que te mata so capa nol salues en conçejo |
| S1538-2 | dexan lo so -la tierra solo todos han pauor |
| S1576-1 | vrraca so que yago so esta Sepultura |
| S1576-4 | cay en vna ora so tierra del altura |
| **SO** | **(H)** |
| S 529-2 | que nunca -lo beuiera prouolo so por daño |
| **SOBACO** | |
| S1207-1 | De yuso del sobaco va la mejor alfaja |
| **SOBACOS** | |
| G 445-1 | si diz que -loz zobacoz tiene vn poco mojadoz |
| **SOBAR** | |
| S 991-4 | sobarte diz el aluarda synon partes del trebejo |
| **SOBEJAS** | |
| S 604-4 | oyt me vos mansa mente las mis coytas sobejas |
| **SOBEJO** | |
| S 251-2 | Salud e grand rriqueza e thesoro sobejo |
| G 688-4 | asi perderia la dueña que sera pesar sobejo |
| S 839-2 | pero quanto me fuerça apremia me sobejo |
| S1332-4 | andares en amor de grand dura sobejo |
| S1479-2 | ante es enemigo E mal queriente sobejo |
| **SOBEJOS** | |
| S1117-3 | della e de -la parte dan se golpes sobejos |
| **SOBERVIA** | |
| S 230-1 | Soberuia mucha traes ha -do miedo non as |
| S 231-1 | ffazes con tu soberuia acometer malas cosaz |
| S 233-1 | Por tu mucha soberuia feziste muchos perder |
| S 233-3 | que por su grand soberuia e su des-agradesçer |
| S 234-2 | por la su grand soberuia fueron e son dañados |
| S 234-3 | quantos por la soberuia fueron e son dañados |
| S 235-3 | amor por tu soberuia se fazen bien lo creas |
| S 244-2 | do es tu soberuia do es la tu rrenzilla |
| S 244-4 | vengue la tu soberuia tanta mala postilla |
| S 540-2 | loxuria e soberuia tres pecados mortales |
| S 820-3 | el rrico los quebranta su soberuia los enclina |
| S1164-1 | En -el dia del lunes por la tu soberuia mucha |
| S1588-1 | Sobrar a -la grand soberuia dezir mucha omildat |
| S1589-4 | con esta confirmaçion la soberuia es arrancada |
| **SOBERVIADO** | |
| S 819-3 | que sera soberuiado del Rico poderoso |
| **SOBERVIENTA** | |
| S 711-2 | yo le dixe por dios amiga guardat vos de soberuienta |
| **SOBERVIENTAS** | |
| S 212-3 | dexaz le solo e triste con muchaz soberuientas |
| **SOBERVIO** | |
| S 236-1 | El omne muy soberuio E muy denodado |
| S 238-2 | el cavallo soberuio fazia tan grand sueno |
| S 241-4 | escota el soberuio el amor de -la dueña |
| S 243-4 | diz conpañero soberuio do son tus enpelladas |
| S1209-2 | diz tu carnal soberuio meto que non me falles |
| **SOBERVIOS** | |
| S 245-2 | los que son muy soberuios con su grand orgullya |
| **SOBERVIOSA** | |
| S1665-9 | cruel mala soberuiosa |
| **SOBIA** | |
| S 261-4 | coydando que -lo sobia a -su torre por esto |
| **SOBIDA** | |
| S 267-3 | de navajas agudas por que a -la sobida |
| **SOBIDO** | |
| S1645-6 | al çielo sobido |
| **SOBIERON** | |
| S1064-3 | en -la cruz lo sobieron syn toda piedat |
| **SOBIESE** | |
| S 267-4 | que sobiese vergilio acabase su vida |
| **SOBIO** | |
| S 54-3 | sobio en otra cathreda todo el pueblo juntado |
| S1640-1 | quando a -los çielos sobio |
| **SOBIR** | |
| S 29-3 | Sobir al çielo E diste |
| S 39-3 | viste sobir |
| S 201-1 | Suben ssobre la viga quantas podian sobyr |
| **SOBISTE** | |
| S 31-3 | sobiste con gloria tanta |
| **SOBR** | |
| S 537-4 | armo sobrel su casa e su aparejamiento |
| **SOBRA** | |
| S 596-3 | sobra e vençe a -todas quantas ha en -la çibdat |
| S 727-4 | a -todos los otros sobra en fermosura e bondat |
| **SOBRA** | **(H)** |
| S1100-1 | Commo avia buen omne Sobra mucho comido |
| S1216-4 | en saya faldas en çinta e sobra byen armado |

## SOBRAR

| | |
|---|---|
| S 289-1 | Anssy con tu envidia ffazes a -muchos sobrar |
| S 624-1 | con aquesto podras a -tu amiga Sobrar |
| S1585-4 | con siete sacramentos estos enemigos sobrar |
| S1588-1 | Sobrar a -la grand soberuia dezir mucha omildat |

## SOBRE

| | |
|---|---|
| P 69 | firma suz ojoz sobre el |
| P 120 | E dize sobre esto dauid |
| S 10-3 | ffaz que todo se torne sobre los mescladorez |
| S 18-1 | Sobre la espina esta la noble Rosa flor |
| S 201-1 | Suben ssobre la viga quantas podian sobyr |
| S 270-1 | El aguila cabdal canta sobre la faya |
| S 417-2 | sobre la falsa lengua mitirosa apareçençia |
| S 528-2 | guardate sobre todo mucho vino beuer |
| S 566-1 | Sobre todas las cosas fabla de su bondat |
| S 575-1 | Yo Johan Ruyz el sobre dicho acipreste de hita |
| G 663-4 | esto zobre todas cosaz me traye mas afincado |
| S 706-1 | yo le dixe amo vna dueña sobre quantas yo vy |
| S1054-2 | ssobre la su saya echaron le suerte |
| S1153-3 | tyenen sobre estos casos diuersas opiniones |
| S1161-1 | El frayle sobre dicho que ya voz he nonbrado |
| S1174-4 | que todo non lo muda sobre linpio librillo |
| S1206-1 | los çapatos rredondos e bien sobre solados |
| S1211-4 | los que amor atyenden sobre todos se esmeran |
| S1327-4 | muy loçano E cortes Sobre todos esmerado |
| S1468-2 | E pon tuz piez entranboz sobre laz miz espaldaz |
| S1631-3 | que sobre cada fabla se entyende otra cosa |

## SOBRECEJAS

| | |
|---|---|
| S1014-3 | las sobreçejas anchas e mas negras que tordos |

## SOBREDICHO

| | |
|---|---|
| S 483-1 | Cato don pitas pajas el sobredicho lugar |

## SOBRINA

| | |
|---|---|
| S 657-1 | Señora la mi sobrina que en toledo seya |

## SOBRINO

| | |
|---|---|
| S 695-1 | hermano nin Sobrino non quiero por ayuda |

## SOCAVADOS

| | |
|---|---|
| G 445-3 | ancheta de caderaz piez chicoz socavadoz |

## SODES

| | |
|---|---|
| G 585-3 | de todaz cozaz zodez voz e el amor zeñor |
| G 671-3 | e zodez atan moça que esto me atierra |
| S 743-3 | sola syn conpañero non sodes tan temida |
| S 752-4 | dixo la golondrina ya sodes en pelaça |
| S 831-2 | que sodes de aquel omne loçana mente amada |
| S1157-2 | vos sodes para todo arçobispo E papa |
| S1491-1 | ssodes laz monjaz guarrdadaz deseosaz loçanaz |
| S1509-3 | non es quien ver vos pueda y como sodes ansy |

## SOFRAJA

| | |
|---|---|
| S1207-4 | non andan los rromeroz syn aquesta sofraja |

## SOFRIR

| | |
|---|---|
| G 760-4 | ternie que non podria zofrir grand tenporada |
| S 887-4 | deuelo cuerda mente sofrir E endurar |
| S1307-4 | vy que non podia sofrir aquel lazerio |
| S1420-4 | Dixo todaz laz coytas puede ome sofrir |
| S1473-4 | non pudo mas sofrirte tenlo que mereçiste |
| S1686-4 | que me fazes sofrir |

## SOGA

| | |
|---|---|
| S1464-3 | saco vna grand soga diola al adelantado |

## SOGAS

| | |
|---|---|
| S1221-1 | ssogaz para laz vacas muchos pessos e pessas |

## SOGUILLA

| | |
|---|---|
| S 870-2 | quando te dan la cablilla acorre con la soguilla |

## SOJORNO

| | |
|---|---|
| S 773-3 | de palos e de pedradas ouo vn mal sojorno |

## SOL

| | |
|---|---|
| S 377-1 | El salyendo el sol comiença luego prima |
| S 796-4 | en pos de -los grandes nublos grand sol e sonbrilla |
| S 985-4 | llegue con sol tenplano al aldea de ferreros |
| S1056-2 | que por su persona el sol escuresçio |
| S1196-2 | digale que el domingo antes del sol salido |
| S1210-2 | el sol era salido por el mundo Rayado |
| S1225-2 | el sol era salydo muy claro E de noble color |
| S1242-1 | De -la parte del sol vy venir vna seña |
| S1268-2 | non avia menester sol tanto de sy alunbraua |

## SOL (H)

| | |
|---|---|
| S 196-3 | non prouo mas tener la muela sol non -lo asomo |

## SOLA

| | |
|---|---|
| S 111-2 | que vna ave sola nin bien canta nin bien llora |
| S 189-2 | non queria cassar se con vna sola mente |
| S 371-1 | a -esto dixo el alcalde vna sola Responssion |
| S 516-1 | Sy vna cosa sola a -la muger non muda |
| S 651-4 | esta en aquella sola que me trahe penado e muerto |
| G 676-3 | que vengadez otro dia a -la fabla zola miente |
| G 681-1 | estar zola con uoz zolo esto yo non lo faria |
| G 681-2 | non deue la muger estar zola en tal conpaña |
| S 725-2 | sola envejeçedes quered alguna vegada |
| S 743-2 | sola syn conpañero non sodes tan temida |
| S 743-3 | es la vyda sola mas que vaca corrida |
| G 757-2 | zola e sin conpanero commo la tortolilla |
| S 860-4 | que si non la muerte sola non parte las voluntades |
| S 878-4 | por que fyncauades con -el sola entre estas paredes |
| S 909-4 | sola con ome non te fyes nin te llegues al espino |
| S1136-4 | si se faze penitençia por la sola contriçion |
| S1137-4 | por la contriçion sola pues al non puede far |
| S1299-2 | en sola vna palabra puso todo el rredeo |
| S1480-4 | si non tan sola mente ya voz que -lo fabledes |
| S1481-3 | dexar miaz con -el sola çerrariaz el postigo |
| S1552-4 | dizez a cada vno yo sola a -todos mudo |
| S1568-1 | Muerte desmesurada matasez a -ty sola |

## SOLADOS

| | |
|---|---|
| S1206-1 | los çapatos rredondos e bien sobre solados |

## SOLAR

| | |
|---|---|
| S 598-2 | por que es de grand lynaje E duena de grand solar |

## SOLAZ

| | |
|---|---|
| S 12-4 | que los que lo oyeren puedan solaz tomar |
| S 14-1 | Sy queredes senores oyr vn buen solaz |
| S 167-3 | por aver solaz bueno del amor con amada |
| S 482-2 | mostrat me -la figura e ajan buen solaz |
| G 687-3 | zolaz tan plazentero e tan grande alegria |
| S 889-4 | el pesar E la saña tornad lo en buen solaz |
| S 897-3 | Señor dixo confrade vuestro solaz onrra |
| S 898-1 | Mas valya vuestra abbuelbola e vuestro buen solaz |
| S1201-1 | Dizen los naturales que non son solas laz vacaz |
| S1342-2 | ssolaz de mucho Sabor e el falaguero jugar |
| S1375-4 | solaz con yantar buena todos omes ablanda |
| S1381-2 | que comer mill manjares corrido e syn solaz |
| S1402-2 | tomauan con -el todos solaz E plazentera |
| S1609-2 | en -la cama solaz trebejo plazenteras Ryentes |
| S1616-3 | solaz E alegria plazer E bendiçion |
| S1632-4 | Sea vos chica fabla solaz e letuario |
| S1633-2 | por vos dar solaz a -todos fable vos en -jugleria |

## SOLAZAR

| | |
|---|---|
| S 982-2 | que ayuno E arreçido non ome podria solazar |

## SOLDADA

| | |
|---|---|
| S 254-4 | pues Sea te soldada pues non te quise matar |
| S1027-5 | e dan grand soldada |
| S1132-4 | quanto mas la seguieremos mayor es la soldada |

## SOLDADAS

| | |
|---|---|
| S1254-3 | al contar laz soldadaz ellos vienen primeros |

## SOLEPNIDAT

| | |
|---|---|
| S 493-3 | grand onrra le fazian con grand solepnidat |

## SOLIA

| | |
|---|---|
| S 752-2 | fuese el paxarero commo solia a -caça |
| S1463-1 | llamo su mal amigo asy commo solia |

## SOLIAN

| | |
|---|---|
| S 201-3 | pidieron Rey a -don jupiter como lo solyan pedir |

## SOLO

| | |
|---|---|
| S 78-2 | non podia estar solo con -ella vna ora |
| S 110-4 | non cobdiçie conpaña sy solo se mantiem |
| S 112-1 | E yo commo estaua solo syn conpañia |
| S 212-3 | dexar le solo e triste con muchaz soberuientas |
| S 517-2 | nin por vn solo farre non anda bestia manca |
| S 650-4 | dexo me solo e señero syn Remos con -la blaua onda |
| G 681-1 | estar zola con uoz zolo esto yo non lo faria |
| S1189-4 | pero de venir solo non era atre-vudo |
| S1316-4 | ca omne que es solo sienpre pienso cuydados |
| S1317-4 | Ca solo syn conpaña era penada vida |
| S1331-1 | Desque me vy señero e syn fulana solo |
| S1379-4 | a -ty solo es dulçe tu solo come del |
| S1382-3 | como estaua solo sy viniera el gato |
| S1538-2 | dexan lo so -la tierra solo todos han pauor |
| S1622-3 | que solo e cargado faz acuestas traer |

## SOLO (H)

| | |
|---|---|
| S 55-2 | E mostro solo vn dedo que esta çerca del pulgar |
| S 247-2 | que al poble Sant lazaro non dio solo vn çatico |
| S 803-4 | solo dios e non otro sabe que es por venir |

## SOLOS

| | |
|---|---|
| S 823-1 | sy por aventura yo solos vos podies juntar |
| S1316-1 | los que ante son solos desque eran casados |

## SOLTADO

| | |
|---|---|
| S1429-2 | solto al morezillo el mur quando fue soltado |

## SOLTALDE

| | |
|---|---|
| S1461-4 | yo le do por quito suelto vos merino soltalde |

## SOLTAR

| | |
|---|---|
| S 139-2 | mando los estrelleros de -la presion soltar |
| S 146-4 | por graçia o por seruiçio toda la pena soltar |

## SOLTERA

| | |
|---|---|
| S1694-3 | que non touiese mançeba cassada nin soltera |

## SOLTERAS

| | |
|---|---|
| S 199-2 | cosa non les nuzia bien solteras andauan |
| S 231-4 | virgenes E solteras vyudas E rreligiosas |
| S 313-2 | fueron muy alegres por que andauan solteras |

## SOLTEROS

| | |
|---|---|
| S 373-3 | synon solteros sanos mancebos e valyentes |

## SOLTO

| | |
|---|---|
| S1429-2 | solto al morezillo el mur quando fue soltado |

## SOLTURA

| | |
|---|---|
| S 206-4 | lybertat e ssoltura non es por oro conplado |
| S1576-2 | en quanto fuy al mundo oue vyçio e soltura |

## SOMA

| | |
|---|---|
| S1031-4 | vn canto de soma |

## SOMEROS (V)

| | |
|---|---|
| G 433-1 | ojoz grandez someroz pintadoz rreluzientez |

## SOMETEM

| | |
|---|---|
| S 95-1 | Commo dize la fabla quando a -otro sometem |

## SOMETES

| | |
|---|---|
| S1257-1 | Todo su mayor fecho es dar muchos sometes |

## SOMIDAS

| | |
|---|---|
| S 243-1 | los quadriles salidos somidas las yjadas |

## SOMIE

| | |
|---|---|
| S 412-2 | dio salto en -el agua somiese fazia yuso |

## SOMO

| | |
|---|---|
| S 253-2 | vino la grulla de somo del alteza |
| S 962-3 | ella diz dende te torna por somo sierra trastorna |

## SOMOS

| | |
|---|---|
| G 666-3 | todoz los omnez non zomoz de vnoz fechoz nin cozejoz |
| S 816-3 | al mandar somos largos E al dar escasos primos |
| S1191-1 | byen sabes commo somos tu mortal enemigo |
| S1447-2 | non somos nos señeras que miedo vano tenemos |
| S1448-3 | somos de coraçon fraco ligeras en correr |
| S1697-1 | que maguer que somos clerigos Somos sus naturales |
| S1697-3 | demas que sabe el rrey que todos somos carnales |

## SOMOVIMIENTOS

| | |
|---|---|
| S 735-3 | fablar como en juego tales somouimientos |

**SOMOVIO**

S 918-4    somouiola ya quanto e byen lo adeliño

**SON**

P 10    que son en -el alma E propia mente suyas
P 11    son estas entendimiento voluntad E memoria
P 12    las quales digo si buenaz sson
P 99    E estaz son algunaz de -laz rrazonez
P 100    por que son fechoz loz libroz de -la ley E del derecho
P 131    en -que son escriptaz algunaz maneraz e maestriaz
P 186    loz dardoz que ante son vistoz
S 44-1    Palabras son de sabio e dixo lo caton
S 56-2    el polgar con otroz dos que con -el son contenidos
S 68-1    las del buen amor sson Razones encubiertas
S 102-3    las cosas mucho caras alguna ora son rrafezes
S 102-4    las viles e las rrefezes son caras a -las de vezes
S 105-2    que las cosas del mundo todas son vanidat
S 105-3    todas son pasaderas van se con -la hedat
S 105-4    ssaluo amor de dios todas son lyuiandat
S 124-2    otros muchos maestros en -este acuerdo son
S 127-1    Non acaban en orden nin son mas cavalleros
S 143-3    pero por los priuados que en -su ayuda son
S 150-1    Non son por todo aquesto los estrelleros mintrosos
S 150-3    ellos e la çiençia son çiertos e non dubdosos
S 150-4    mas non puedem contra dios yr nin son poderosos
S 171-4    con ello estas cantigas que son de yuso escriptas
S 207-2    do son de sy Señores tornan se tus vasallos
S 224-3    fueron e son ayrados de dios los que te creyeron
S 234-2    por la su grand soberuia fueron e son dañados
S 234-3    quantos por la soberuia fueron e son dañados
S 235-1    quantas fueron e son batallas e pelleas
S 243-4    diz conpañero soberuio do son tus enpelladas
S 245-2    los que son muy soberuios con su grand orgullya
S 269-2    quantos en tu loxuria son grandes varraganes
S 307-1    Rencor E homeçida enbidia son deseosos
S 350-3    visto todo el proçeso E quantas rrazones en -el son
S 367-1    Non apellaron las partes del juyzio son pagados
S 392-4    en cabo son muy pocos a -quien byen adelyñas
S 411-3    creo se lo el topo en vno atados son
G 439-1    zon grandez maeztraz aqueztaz pauiotaz
G 441-3    zon mucho andariegaz e merescen las çapataz
G 447-2    zon tachaz encobiertaz de mucho mal dezir
G 447-3    Pocas zon laz mugerez que dellaz pueden salyr
S 456-1    son en -la grand pereza miedo E covardia
S 469-3    quando vn ençendidas E mal quieren fazer
S 492-4    do son muchos dineros esta mucha bendiçion
S 500-4    quantos son en -el mundo le besan oy las manos
S 501-4    todas al dinero syruen E suyas son conpladas
S 506-2    byen les dan de -la çeja do son sus parçioneros
S 508-4    do son muchos dinero y es mucha nobleza
S 513-1    las cosas que son graues fazelas de lygero
S 521-4    estos son aguijonez que la fazen saltar
S 599-3    ado es el grand lynaje ay son los alçamientos
S 599-4    ado es el mucho algo son los desdeñamientos
S 618-4    por arte juran muchos e por arte son perjuros
S 625-4    creçem mucho amores e son desseosos
S 632-2    al comienço del fecho syenpre son rreferteras
S 632-3    muestran que tienen saña e son rregateras
S 632-4    amenazan mas non fieren en çelo son arteras
S 639-1    ado son muchos tyzones e muchos tyzonadores
S 644-1    mucho son mal sabydas estas viejas Risoñas
S 644-2    mucho son de -las moças guardaderas celosas
S 660-4    do se çelan loz amigoz son mas fielez entramoz
G 666-2    zon los dedoz en -laz manoz pero non zon todoz parejoz
G 666-4    la peña tiene blanco e prieto pero todoz zon conejoz
G 677-2    por laz palabraz se conoscen e zon amigoz e conpañeroz
S 696-4    nunca son a -los omnes buenas nin prouechosas
S 721-4    do bien acaba la cosa ally son todas bondades
S 736-4    syn miedo fablad con-migo quantas cosas son
S 754-1    que muchos se ayuntan e son de vn conssejo
G 757-4    que do zon todaz mugerez nunca mengua rrenzilla
S 797-4    cerca son vuestros gozos de -la vuestra querençia
S 804-3    el grand trabajo cunple quantos deseos son
S 820-4    non son mas preçiados que -la seca sardina
S 882-4    oy que so escarnida todas me son fallydas
S 891-1    doña endrina e don melon en vno casados son
S 900-4    de -la su segurança son todos espantados
S 912-4    que estass son comienço para el santo pasaje
S 942-3    ca diz vos amigo que -las fablas verdat son
S 985-2    anbos son byen vsados e anbos son camineros
S1010-1    ssus mienbros e su talla non son para callar
S1018-4    byen sentiria tu cabeça que son viga de lagar
S1021-3    las dos son chançonetas la otra de trotalla
S1065-4    las llagas quel llagaron son mas dulçes que miel
S1112-3    quantos son en la mar vinieron al torneo
S1144-1    Muchos clerigos synples que non son tan letrados
S1147-3    Segud comun derecho le son encomendados
S1147-4    saluo los que del papa son en -si rreseruados
S1148-1    los que son rreseruados del papa espirituales
S1148-2    son muchos en derecho dezir quantos e quales
S1150-2    son otros casos muchos de que son oydores
S1150-4    son mucho defendidos a -clerigos menores
S1151-1    Muchos son los primeros e muchos son aquestos
S1151-2    quien quisier saber los estudie do son puestos
S1152-2    los libros de ostiense que son grand parlatorio
S1155-4    de -los casos que non son en -vuestra pertenençia
S1160-3    los Rios son los otros que han pontifical
S1178-4    que son ceniza e tal tornaran çierta mente
S1198-1    Escriptaz son laz cartas todas con sangre biua
S1201-1    Dizen los naturales que non son solaz laz vacaz
S1201-2    mas que todaz laz fenbraz son de coraçon fracaz
S1201-4    saluo si son vellozaz ca estaz son barracaz
S1226-4    mas alegria fazen los que son maz mejores

S1233-2    çinfonia e baldosa en -esta fiesta sson
S1236-3    quantas ordenes son non -laz puze en escripto
S1255-3    son pobres bahareros de mucho mal bollyço
S1256-3    son parientas del cueruo de cras en cras andauan
S1268-4    de -sseda son laz cuerdaz con que ella se tyraua
S1298-2    coyde que soñaua pero que verdat son
S1300-2    son quatro tenporadaz del año del espera
S1300-3    los omes son los meses cosa es verdadera
S1316-1    los que ante son solos desque eran casados
S1340-2    Son mucho encobiertas donosaz plazenteraz
S1381-3    las viandaz preçiadaz con miedo son agraz
S1418-2    diz que buenaz orejaz son laz de la gulpeja
S1445-4    las liebrez temerosaz en vno son juntadas
S1474-1    Aquellos garauatos son las mis arterias
S1474-2    los gatos E las gatas son muchas almas mias
S1505-1    Para tales amores zon las rreligiosaz
S1505-3    que para amor del mundo mucho son peligrosaz
S1505-4    E Son las escuseras perezosaz mentirosaz
S1506-3    a -morir han los onbrez que son o -seran nados
S1515-2    a -cantigas algunas son mas apropiados
S1515-3    de -los que he prouado aqui son Señalados
S1516-2    çinfonia guitarra non son de aqueste marco
S1527-4    desque tu vienes muerte luego son aborridos
S1537-1    los que son mas propyncos hermanos E hermanas
S1604-3    estos dichos son comienço e suma de todos males
S1608-4    son friaz como la nieue e arden commo el fuego
S1609-1    Son frias de fuera con -el amor ardientes
S1615-1    sson aves pequenas papagayo e orior
S1690-2    llegadas son laz cartaz del arçobispo don gil

**SON**    **(H)**

P 173    E non vn feo de -laz palabraz
S 380-3    quieres la misa de -los novios syn gloria e syn son
S 899-4    escota juglar neçio el son del atanbor
S1019-4    a -todo son de çitola andarian syn ser mostradas
S1233-4    la neçiacha manduria ally faze su son
S1701-3    diz amigoz si este Son a -de -ser verdadero

**SONADO**

S1210-3    fue por toda la tierra grand Roydo sonado

**SONAJAS**

S 374-3    diçes ecce quan bonum con sonajas e baçinez
S 705-4    muchos panderos vendemos que non suenan las sonajas
S1232-2    con sonajas de azofar fazen dulçe sonete

**SONANTE**

S 898-2    vuestro atanbor sonante los sonetes que faz
S1245-4    de -los grandes rroydos es todo el val sonante

**SONAR**

S1376-2    la puerta del palaçio començo a -ssonar

**SONARA**

S 851-1    la fama non sonara que yo la guardare byen

**SONBLERO**

S1205-2    grande sonblero Redondo con mucha concha maryña

**SONBRA**

S 154-4    en estar a -la sonbra es plazer comunal
S 173-2    por pecado del mundo que es sonbra de aliso
S 226-3    con la sonbra del agua dos tantol semejaua
S 227-1    Por la sonbra mentirosa E por su coydar vano
S 564-3    sy non todo tu afan es sonbra de luna
G 756-3    daua zonbra a -las casaz e rreluzie la cal
S 777-4    conbredes e folgaredes a -la sonbra al vyçio
S1533-4    que desque viene la muerte a -toda cosa sonbra

**SONBRILLA**

S 796-4    en pos de -los grandes nublos grand sol e sonbrilla

**SONETE**

S1232-2    con sonajas de azofar fazen dulçe sonete

**SONETES**

S 898-2    vuestro atanbor sonante los sonetes que faz

**SONO**

S1445-2    Sono vn poco la selua e fueron espantadas

**SONRIENDO**

S 970-2    commo me yua calentando ansy me yua sonrriendo

**SOÑAVA**

S1298-2    coyde que soñaua pero que verdat son

**SOPESA**

S 298-3    el leon tan goloso al cavallo sopessa
S1078-4    yo justare con ella que cada año me sopesa

**SOPESAS**

S1470-4    me troxieron a -esto por que tu me sopesaz

**SOPIERE**

S1629-1    qual quier omne que -lo oya sy byen trobar sopiere

**SOPIERES**

S 70-4    ssy me puntar sopieres ssienpre me avras en miente
S 573-1    ssy tu guardar sopieres esto que te castigo

**SOPIESE**

P 20    po(r) que sopiese la su ley fue esta

**SOPIESEDES**

S 732-3    ssy vos lo bien sopiesedes qual es e quan preçiado

**SOPIESEN**

S 705-2    ssopiesen vnos de otros muchas serian las barajas

**SOPITAÑA**

S 222-1    murieron por los furtos de muerte sopitaña

**SOPO**

S 113-3    a -vn mi conpanero sopome el clauo echar
S 268-1    El ssopo que era fecho por su escantamente
S 941-4    mucho ayna la sopo de su seso sacar
S1543-1    Allego el mesquino E non ssopo para quien

**SORBERVIA**

S 219-1    la sorberuia E ira que non falla do quepa

**SORDA**

S1196-4    sy muy sorda non fuere oyra nuestro apellido

**SORDO**

G 663-2    fablar mucho con -el zordo es mal seso e mal Recabdo
S1540-4    es dar bozes al sordo mas non otros seruiçios

**SORDOS**
S1014-4    los que quieren casar se aqui non sean sordos
**SORIA**
S1222-1    Rehalaz de castilla con pastorez de ssoria
**SORTIJA**
S 724-2    para esa mano bendicha quered esta sortija
S 826-3    quel lyeue la sortija que traya vendiendo
S 916-2    catad aqui que vos trayo esta preçiosa sortija
S 918-3    en dando le la sortyja del ojo le guiño
**SORTIJAS**
S 171-3    non cuentas nin sartal nin sortijas nin mitas
S 723-2    meneando de sus joyas sortijas E alfileres
**SOSAÑADA**
S 520-1    quanto es mas sosañada quanto es mas corrida
**SOSAÑAR**
S 521-1    Coyda su madre cara que por la sosañar
**SOSAÑO**
G 762-2    andar en-vergonçada e con mucho sosaño
**SOSAÑOS**
S1333-2    tienen a -sus amigos viçiosos syn sosaños
**SOSEGAD**
S 14-2    escuchad el rromanze sosegad vos en paz
**SOSEGADA**
S 79-3    es de buenas construnbres sossegada e queda
G 669-2    bien loçana e orgulloza bien manza e sosegada
S 871-4    entro con ella en -su tyenda byen sosegada mente
S1260-2    E vy que -la contyenda era ya sosegada
S1417-4    Sacolo E estudo Sosegada la mesquina
**SOSEGADAS**
S1609-3    en casa cuerdas donosaz sosegadas byen fazientes
**SOSEGADO**
S 55-1    leuantose el griego sosegado de vagar
S 463-2    estando delante ella sossegado e muy omyl
G 563-2    sey commo el pauon loçano zosegado
S1486-3    su paso ssosegado e de buena Razon
**SOSEGAR**
S 996-4    pase por la mañana el puerto por sosegar tenplano
S1342-4    prouad lo esta vegada e quered ya sossegar
**SOSIEGO**
S 58-3    leuantaron se todos con paz e con sosiego
S 876-2    E con byen e con sosiego dezid si algo queredes
**SOSPECHA**
S 276-4    tristeza e sospecha tu coraçon quebranta
S 279-1    Con çelo e ssospecha a -todos aborresçes
S1577-1    Prendiome syn sospecha la muerte en -sus Redes
**SOSPECHAN**
S 644-3    sospechan E barruntan todas aquestas cosaz
**SOSPECHAS**
S 846-3    dexa el miedo vano e sospechas non çiertas
S 889-2    pone sospechas malas en cuerpo do yaz
**SOSPECHE**
G 686-3    non sospeche contra mi que ando con sezo vano
**SOSPECHOSAS**
S 696-3    para mensajeria personas sospechosas
**SOSPIRA**
S 811-2    oteame e sospira e esta comediendo
**SOSPIRANDO**
S 210-4    penssando e sospirando por las cosas ajenas
G 549-4    zospirando te fabla ojoz en -ella puestoz
S 833-2    los ojos façia tierra non queda sospirando
S1139-2    sospiros dolorosos muy triste sospirando
**SOSPIRAVAS**
S 250-2    estonçes sospirauas E fazias penitençia
**SOSPIRE**
S1502-2    yo sospire por ellos diz mi coraçon hela
**SOSPIRO**
S1303-4    rrespondio me con sospiro e commo con coydado
**SOSPIROS**
S 278-2    ssospiros e corages quieren te afogar
S 627-3    non olvides los sospiros en -esto sey engañoso
S 787-3    posiste te en presion e sospiros e cuydado
S 806-4    en gestos o en sospiros o en color o en fablar
S1139-2    sospiros dolorosos muy triste sospirando
**SOSTIENTA**
S 218-4    esta destruye el mundo sostienta la justiçia
**SOTA**
S1229-4    la vyuela de pendola con aquestos y ssota
**SOTAR**
S1001-1    sse faser el altybaxo E sotar a -qual quier muedo
S1516-4    mas aman la tauerna e sotar con vellaco
**SOTECHO**
S 880-4    callad guardat la fama non salga de sotecho
**SOTERNE**
S1468-3    que yo te soterne Segund que otraz vegadaz
**SOTERRANA**
S1425-2    en espesura tiene su cueua soterrana
**SOTERRAR**
S1539-1    Mucho fazen que luego lo vayan a -soterrar
**SOTERREMOS**
S1599-1    Sacramento de vnçion meternos e soterremos
**SOTIERRA**
S 204-1    Su vientre nos ssotierra su pico nos estraga
**SOTIL**
S 65-2    la manera del libro entiendela sotil
S 96-2    sotil entendida cuerda bien messurada
S 156-1    El amor faz sotil al omne que es rrudo
S 216-3    syenpre de ti me vino con tu sotil engaño
S 323-4    era sotil e sabio nunca seya de valde
S 324-3    tenie buen abogado ligero e sotil era
G 437-2    zea bien rrazonada zotil e coztumera
S 484-2    sotil e mal sabyda diz como mon sseñer
S 486-3    otro pedro que -la sygue E la corre mas sotil

**SU**

S 509-2    este es conssejero E sotil abogado
S 529-3    rretentolo el diablo con su sotil engaño
S 600-4    aver la he por trabajo E por arte sotil
S 627-2    mas sotil e mas ardit mas franco e mas donoso
S 648-2    sey sotil e acucioso e avras tu amiga
S 746-1    Era se vn caçador muy sotil paxarero
S 934-1    ffizo grand maestria E sotil trauesura
S1152-3    el jnoçençio quarto vn sotil consistorio
S1507-2    con pesar e tristeza non fue tan sotil fecha
S1573-3    llorariedes por ella por su Sotil anzuelo
S1600-2    esta es de -los siete pecados mas sotil e engañosa
**SOTILES**
S 183-1    Con engañoz E lyjonjas E sotiles mentiras
S1153-2    con fueres argumentos E con sotiles Razones
**SOTILEZA**
S 168-2    todo saber de dueña sabe con sotileza
S 253-3    sacole con -el pico el veso con ssotileza
**SOTILEZAS**
P 132    e sotilezaz engañosaz del loco Amor del mundo
**SOTILEZA**
S 531-3    vyno a -el vn dia con sotyleza presto
S 814-2    a -muchos aprouecha vn ardit sotileza
S 834-4    mas non -le aprouecha arte nin sotileza
**SOTO**
S 968-2    dio me foguera de enzina mucho gaçapo de ssoto
**SOTOS**
S 960-1    Dixele yo a -la pregunta vome fazia sotos aluos
**SOTOVE**
S1468-4    sotoue a -miz amigoz en -talez caualgadaz
**SOY**
S 76-1    E yo como ssoy omne commo otro pecador
S 173-3    non soy yo tan ssyn sesso sy algo he priso
S 307-2    vos ved que yo soy fulano de -los garçones garçon
S 460-2    yo soy mas perezosso que este mi conpanon
S 465-3    el ojo de que soy tuerto ovo melo de quebrar
S 767-4    non quise comer tozino agora soy escarnido
S1028-2    mas soy cassado
**SPERANÇA**
S1684-1    En ty es mi sperança
**SPIRITU**
P 4    El profecta dauid por spiritu santo fablando
P 111    que ez spiritu de dioz criado E perfecto
S 11-1    Dyos padre dios fijo dios spiritu santo
S 30-3    fue spiritu santo puesto
S 40-6    spiritu santo
S1585-2    dones de spiritu santo que nos quiera alunbrar
S1586-2    dono de spiritu santo de buena Sabidoria
S1590-1    ayamos contra avariçia spiritu de pyedat
S1592-3    spiritu de fortaleza que nos quiera ayudar
S1596-3    con spiritu de çiençia sabiendo mesura catar
S1598-4    spiritu de buen conssejo encordado destaz letraz
S1636-7    del spiritu santo
S1646-6    spiritu santo
**SPIRITUAL**
S1591-4    vençeremos a avariçia con la graçia spiritual
**SU**
P 20    po(r) que sopiese la su ley fue esta
P 145    acordaran la memoria E non despreçiaran su fama
P 146    ca mucho ez cruel quien su fama menospreçia
S 12-2    el me done su graçia e me quiera alunbrar
S 39-4    al çielo a -su padre mayor
S 46-3    connel rribaldo Romano e con su poca sabiençia
S 50-4    a -los griegos doctores nin al su mucho saber
S 51-1    Estando en su coyta dixo vn cibdadano
S 53-4    doy mays vengan los griegos con toda su porfia
S 57-2    E assentose luego con su memoria sana
S 60-1    yo dixe que era todo a -la su voluntad
S 60-2    rrespondio que en su poder tenie el mundo E diz verdat
S 61-1    Preguntaron al vellaco qual fuera su antojo
S 61-2    diz dixo me que con su dedo que me quebrantaria el ojo
S 63-2    que en tienpo de su vida nunca la vies vengada
S 72-4    que por obra se prueva el sabio e su fablar
S 77-2    de su amor non fuy en -ese tienpo rrepiso
S 81-3    E fallanse ende mal castigo en -su manera
S 82-2    todas las animalias vinieron ver su Señor
S 82-4    alegraron se todas mucho por su amor
S 92-1    Por conplir su mandado de aquesta mi Señor
S 93-1    Diz el prouerbio viejo quien matar quisier su can
S 106-4    parti me de su pleito puez de mi ez rredrada
S 123-3    quel omne quando nasçe luego en -su naçençia
S 124-4    del que naçe tal es su fado e su don
S 125-3    en -cabo saben poco que su fado les guia
S 133-2    pidio al rrey su padre que -le fuese otorgado
S 135-1    Acordose su Ayo de commo lo judgaron
S 135-2    los sabios naturales que su signo cataron
S 139-1    desque vido el Rey conplido su pessar
S 139-4    de su astrologia en -que non avie que dubdar
S 142-1    Cyerto es que el rrey en su Regno ha poder
S 143-3    pero por los priuados que en -su ayuda son
S 149-3    non ha poder mal signo nin su costellaçion
S 152-1    Muchos nasçen en venus que -lo mas de su vida
S 158-2    otrosi su amiga maguer que sea muy fea
S 159-2    a -su amiga bueno paresçe E rrico onbre
S 160-1    Ca puesto que su signo sea de tal natura
S 173-1    Non perdere yo a -dios nin al su parayso
S 177-2    que tu furtes su thesoro que dexo en mi fealdat
S 189-3    sy non con trez mugeres tal era su talente
S 190-1    Su padre su madre e su hermano mayor
S 190-2    afyncaron le mucho que ya por su amor
S 191-1    ffizo su cassamiento con aquesta condiçion
S 191-3    que al otro su hermano con vna e con mas non
S 198-3    desque A -ti fallaron todo su bien perdieron

(cont.)

S 202-1 Enbioles por su Rey çigueña manzillera
S 204-1 Su vientre nos ssotierra su pico nos estraga
S 211-3 oras coyda en -su saña oras en merjelina
S 227-1 Por la sonbra mentirosa E por su coydar vano
S 227-4 coydo ganar E perdio lo que tenia en su mano
S 228-2 coyda ganar con-tigo E pierde su cabdal
S 233-3 que por su grand soberuia e su des-agradesçer
S 234-1 Maguer de su natura buenos fueron criados
S 234-2 por la su grand soberuia fueron e son dañados
S 237-2 por que forço la dueña el su Señor valiente
S 245-2 los que son muy soberuios con su grand orgullya
S 246-3 non te fartaria duero con -el su agua ducho
S 256-4 el bien que omne le faze diz que es por su derecha
S 260-3 las dos non por su culpa mas por las veçindadez
S 261-4 coydando que -lo sobia a -su torre por esto
S 263-2 non podien aver fuego por su desaventura
S 264-4 ansy vengo virgillio su desonrra e querella
S 265-2 por fazer su loxuria vergilio en -la dueña
S 267-4 que sobiese vergilio acabase su vida
S 268-1 El ssopo que era fecho por su escantamente
S 273-1 El loco el mesquino que su alma non cata
S 273-3 destruye a -su cuerpo e a -su alma mata
S 273-4 que de sy omne sale quien su vida desata
S 281-1 Por la envidia cayn a -su hermano abel
S 286-1 Pelo todo su cuerpo su cara E su çeja
S 305-4 tyro le dios su poderio e todo su honor
S 308-1 Con la grand yra sansson que -la su fuerça perdio
S 308-2 quando su muger dalyda los cabellos le corto
S 309-2 el primero por los jodios ovieron en -su ley
S 309-3 el mesmo se mato con su espada pues vey
S 314-4 el asno pereçoso en -el ponie su syllo
S 315-2 el leon con grand yra trauo de su coraçon
S 316-3 que mucho ayna se puede todo su poder perder
S 321-1 ffurtava la Raposa a -su vezina el gallo
S 323-2 fueron ver su juyzio ante vn sabydor grande
S 325-4 en juyzio propongo contra su mal-fetria
S 333-1 Este grand abogado propuso pa su parte
S 334-2 legitima e buena por que su petiçion
S 337-4 con su muger doña loba que mora en vil forado
S 338-1 ssu mançeba es la mastina que guarda las ovejas
S 340-1 Encerraron Racones de toda su pofia
S 341-1 don ximio fue a su cas con -el mucha conpaña
S 342-1 las partes cada vna a -su abogado escucha
S 344-1 Pugnan los avogados E fazen su poder
S 345-2 algo de -la sentençia por su coraçon descobrir
S 347-2 vso bien de su ofiçio E guardo su conçiençia
S 347-3 estando assentado assentado en -la su abdiençia
S 350-1 E visto lo que pide en su rreconvençion
S 357-3 contra juez publicado que su proçesso non val
S 359-3 desecharan su demanda su dicho non val vn figo
S 360-4 en -los pleitos criminales su ofiçio ha grand lugar
S 362-1 Por quanto yo fallo por la su conffesion
S 363-1 Pues por su confesion e su costunbre e vso
S 365-3 Ca su miedo era vano e non dixo cordura
S 366-3 pero mando que non furte el gallo a -su vezina
S 368-2 que avya mucho errado E perdido el su buen prez
S 369-1 dixo los que byen podia el en -su pronunçiaçion
S 371-2 que el avie poder del Rey en su comision
S 394-1 Tyene omne su fija de coraçon amada
S 395-2 por que se onrren della su padre e sus parientes
S 406-1 a -bletador semejaz quando tañe su brete
S 408-3 çerco toda su cueva que non salya de fuera
S 411-2 mas al tiene pensado en -el su coraçon
S 413-4 al topo e a -la rrana leuolos a -su nido
S 424-3 por mala dicha pierde vassallo su Señor
S 430-3 para que ella te quiera en su amor querer
S 435-1 la su boca pequena asy de buena guisa
S 435-2 la su faz sea blanca syn pelos clara e lysa
G 436-2 que bien leal te zea non sea su seruienta
G 437-4 ca mas fierbe la olla con la su cobertera
S 458-1 El vno era tuerto del su ojo derecho
S 458-4 coydando que tenian su cassamiento fecho
S 465-2 la gotera que vos digo con -su mucho Rezio dar
S 469-2 sus malas maestrias e su mucho mal saber
S 478-2 auie con su marido fecha poca morada
S 480-2 conplido de cabeça con todo su apero
S 481-2 ffue de -la su muger con desden Resçebido
S 496-2 con muchos abogados era su mantenençia
S 499-1 fazer perder al pobre su casa e su vyña
S 499-3 por todo el mundo anda su sarna e su -tyña
S 510-4 toda cosa del sygro se faze por su amor
S 511-1 Por dineros se muda el mundo e su manera
S 512-4 el que non tyene que dar su cavallo non corre
S 518-4 non cansses de seguir la vençeras su porfia
S 521-1 Coyda su madre cara que por la sosañar
S 522-1 deuia pensar su madre de quando era donzella
S 522-2 que su madre non quedaua de ferir la e corrella
S 522-4 judgar todas las otras e a -su fija bella
S 525-3 doña venuz gelo pide por el toda su vyda
S 529-3 rretentolo el diablo con su sotil engaño
S 530-3 en tiempo de su vyda nunca el vyno beuia
S 533-1 Non pudo el dyablo a su persona llegar
S 537-4 armo sobrel su casa e su aparejamiento
S 539-1 Ceyo su mal conssejo ya el vino vsaua
S 542-3 ffue la su mala obra en punto descobyerta
S 546-3 en su color non andan secanse e -magresçen
G 548-1 Es el vino muy bueno en su mesma natura
G 554-4 el tablax de vn dia dobla el su mal dinero
G 558-4 Non seaz de su algo pedidor codiçiozo
S 566-1 Sobre todas las cosas fabla de su bondat
S 568-3 caton sabyo Romano en su lybro lo manda

G 584-4 todo por su consejo se fara ado apuerte
G 585-4 todoz voz obedesçen commo a -su fazedor
G 593-1 E si encubre del todo su ferida e su dolor
G 594-1 mijor es moztrar el omne su dolençia e su quexura
S 606-2 que al su seruidor non le faga mesura
S 613-1 Non te espantes della por su mala Respuesta
S 614-3 nunca eŋ -la mar entrarie con su nave ferrada
S 636-2 encubre su pobreza e su vyda lazrada
S 636-3 coge sus muchas lagrimas en -su boca çerrada
S 638-1 quando vyeres algunos de -los de su conpana
S 638-3 quando esto sola la duena su coraçon se baña
S 638-4 Seruidor ligongero a -su señor engaña
S 640-2 luego esta la dueña en -su coraçon penssando
S 646-3 syn su plazer non sea tanida nin trexnada
S 647-4 el tyenpo todas cosas trae a -su lugar
G 679-3 laz dueñaz e mugerez deuen su rrepuesta dar
G 687-1 fuese mi zeñora de -la fabla su vida
S 692-1 muchas vezes la ventura con ssu fuerça e poder
S 692-2 a -muchos omnes non dexa su proposito fazer
S 709-1 dixo yo ire a -su casa de esa vuestra vezina
S 711-1 Dixo me que esta dueña era byen su conozienta
S 716-3 yo se toda su fazienda E quanto ha de fazer
S 716-4 por mi conssejo lo faze mas que non por su querer
S 728-1 Todos quantos en -su tyenpo en -esta tierra nasçieron
S 749-4 por su mal lo fazia maguera que se tarda
S 751-2 fizo ally su nido quanto pudo mejor
G 756-1 començo su escanto la vieja coytral
S 779-4 non oviera tantos males nin perdiera su prezno
S 795-1 ffasta que su marido pueble el çementerio
S 798-3 todo el su desseo en vos esta fyrmado
S 820-3 el rico los quebranta su soberuia los enclina
S 823-3 el su coraçon della non sabe al amar
S 830-1 El grand fuego non puede cobrir la su llama
S 831-3 su color amarillo la su faz mudada
S 833-3 apretando sus manos en su cabo fablando
S 839-1 El grand amor me mata el su fuego parejo
S 840-3 este es su deseo tal es su coraçon
S 841-1 Entyendo su grand coyta en mas de mill maneras
S 852-3 aca e alla lo trexna el su quexoso amor
S 855-2 su porfia es su grand quexca ya me trahe cansada
S 855-4 mas quiero moryr su muerte que beuir penada
S 857-2 façed byen su mandado del amor que vos ama
S 858-3 el a -vos ansy vos trahe en -su coraçon consygo
S 865-2 otorgan lo que non deuen mudan su entendimiento
S 867-2 a -tomar de -la su fruta e a -la pella jugar
S 871-4 entro con ella en -su tyenda byen sosegada mente
S 874-1 aquella es la su cara e su ojo de bezerro
S 884-3 la muger vee su daño quando ya fynca con duelo
S 892-4 al asno syn orejas e syn su coraçon
S 894-3 su atanbor taniendo bien alto a -Rebuznar
S 895-3 su atanbor taniendo fuese mas y non estudo
S 900-4 de -la su segurança son todos espantados
S 910-2 vy vna apuesta dueña ser en -su estrado
S 917-2 que quien le diese esta villa con todo su aver
S 922-1 ffue la dueña guardada quanto su madre pudo
S 936-2 a -la dueña non -la guardan su madre nin su ama
S 938-4 fazen con -el su vyento andar las atahonas
S 941-4 mucho ayna la sopo de su seso sacar
S 943-4 dios perdone su alma e quiera la rresçebyr
S 946-1 Con su pesar la vieja dixo me muchas vezes
S 957-1 Commo dize la vieja quando beue ssu madexa
S 958-1 Echome a -su pescueço por las buenas rrespuestas
S 967-1 Tomome Resio por la mano en su pescueço puso
S 968-1 Pusso me mucho ayna en vna venta con su enhoto
S 977-2 escarua la gallyna E falla su pepita
S 993-4 coydos cassar con-migo commo con su vezino
S 994-2 por oyr de mal rrecabdo dexos de su lavor
S 995-1 que dize a -su amigo queriendol conssejar
S1010-1 ssus mienbros e su talla non son para callar
S1013-2 el su pescueço negro ancho velloso chico
S1014-1 Su boca de alana E los rrostros muy gordos
S1017-1 mas ancha que mi mano tyene la su muñeca
S1018-1 El su dedo chiquillo mayor es que mi pulgar
S1019-1 Por el su garnacho tenia tetas colgadas
S1020-1 Costillas mucho grandes en su negro costado
S1021-1 de quanto que me dixo E de su mala talla
S1035-5 con su collarada
S1049-4 judas el quel vendio su disçipulo traydor
S1051-3 aquestos mastines asy ante su faz
S1052-4 de su faz tam clara del çielo rresplandor
S1054-2 ssobre la su saya echaron le suerte
S1056-2 que por su persona el sol escuresçio
S1059-2 de su muerte deuemos doler nos e acordar
S1064-1 En -su faz escopieron del çielo claridat
S1065-2 la su set abebraron con vinagre E fiel
S1066-2 despues fue abierto de azcona su costado
S1073-3 que non diga su gente con non fue aperçebida
S1082-4 fazian su alarde çerca de -los tyzones
S1089-1 Non avia acabado dezir byen su verbo
S1092-1 vino su paso a -paso el buey viejo lyndero
S1094-3 aves E animalias por el su grand amor
S1096-1 Estaua delante del su alferez homil
S1100-4 por todo el su Real entro el apellido
S1107-4 fasta en guadal-qui-vyl ponian su tendejones
S1115-2 tenia en -la su mano grand maça de vn trechon
S1119-1 Tomo ya quanto esfuerço e tendio su pendon
S1140-4 ally faz la emienda purgando al su errar
S1146-3 non deue poner omne su foz en miese ajena
S1155-2 del su clerigo cura con le dedes penitençia
S1157-3 todo el su poder esta so vuestra capa
S1158-3 E puedan aver su cura para se confesar
S1173-2 mouio todo el Real mando coger su tyenda

| SU | | SUEÑA | |
|---|---|---|---|
| | **(cont.)** | S1504-2 | con -la su abstinençia mucho me ayudaua |
| S1178-1 | A -loz que alla van con el su buen talente | S1504-3 | la su vida muy lynpia en dios se deleytaua |
| S1179-1 | ablanda Robre duro con -el su blando lino | S1506-4 | dios perdone su alma e los nuestros pecados |
| S1183-2 | rresçebieron lo muy bien en -su carneçeria | S1518-1 | Dize vn filosofo en su libro Se nota |
| S1184-2 | por le poner saluo enprestole su Rozin | S1526-1 | los quel aman E quieren e quien ha avido su conpaña |
| S1200-2 | quien a -su enemigo popa a -laz sus manos muere | S1528-2 | non tyene vna meaja de toda su Riqueza |
| S1200-3 | el que a -su enemigo non mata si podiere | S1531-2 | temed sus amenazas non fagades su Ruego |
| S1200-4 | su enemigo matara a -el si cuerdo fuere | S1533-2 | coyda echar su ssuerte echa mala çocobra |
| S1203-1 | la dueña en -su Rybto puso da ssabido | S1535-2 | de sus muchos thesoros e de su allegamiento |
| S1203-3 | por ende non avia por que lidiar con su vençido | S1536-1 | Desque los sus parientes la su muerte varruntan |
| S1207-3 | bien cabe su azunbre e mas vna meaja | S1536-3 | quando al fisico por su dolençia preguntan |
| S1213-2 | taniendo su çapoña E loz albogues espera | S1543-3 | non ha omne que faga su testamiento byen |
| S1213-3 | su moço el caramillo fecho de caña vera | S1557-2 | temio te la su carne grand miedo le posiste |
| S1214-4 | carneroz E cabritoz con su chica pelleja | S1557-3 | la su humanidat por tu miedo fue triste |
| S1217-1 | Traya en -la su mano vn assegur muy fuerte | S1558-2 | la su muerte muy cruel a -el mucho espanto |
| S1218-1 | Enderedor traya çeñida de la su çynta | S1560-3 | ffue por sus santa muerte tu casa despoblada |
| S1219-3 | en -el su carro otro a -par del non caualga | S1560-4 | quieres la poblar matandol por su muerte fue yermada |
| S1229-1 | El rrabe gritador con -la su alta nota | S1568-4 | por su santa sangre e por ella perdonola |
| S1229-2 | cabel El orabyn taniendo la su rrota | S1571-1 | a -dios merçed le pido que te de la su gloria |
| S1233-2 | la neçiacha manduria ally faze su son | S1573-3 | llorariedes por ella por su Sotil anzuelo |
| S1236-2 | la orden de cruz niego con su abat bendito | S1588-2 | debdo es temer a -dios e a -la su magestad |
| S1243-1 | Traya en -su cabeça vna noble corona | S1590-2 | dando lymosna a -pobles dolyendo nos de su mal |
| S1251-3 | la su possaderia non es para ty sana | S1594-3 | entendiendo su grand dapno faziendo blanda farina |
| S1252-4 | coloran su mucha agua con poco açafran | S1597-3 | con fe en -su memoria lidiando por su seruiçio |
| S1257-2 | Todo su mayor fecho es dar muchos sometes | S1618-3 | traya abbades lleno el su rregaço |
| S1260-3 | fynque los mis ynojos antel e su mesnada | S1627-3 | o sy muger lo oye que su marido vil sea |
| S1262-1 | su mesura fue tanta que oyo mi petiçion | S1630-2 | non des-mintades su nonbre nin dedes rrefertado |
| S1267-4 | alunbrase la tyenda de su grand rresplandor | S1638-4 | con su noble thesoro |
| S1274-2 | estaua enturbiada con -la niebra su mesa | S1642-4 | E su vida quanta |
| S1282-4 | Este tyene trez diablos presos en -su cadena | S1644-1 | pario ssu fijuelo |
| S1284-4 | fazen sus diabluraz e su trauesura | S1646-3 | en -su conpañia |
| S1290-1 | El Segundo tenia en -su mano la foz | S1658-3 | dad nos por el su amor |
| S1291-3 | boluia las aguaz frias de su naturaleza | S1659-1 | Acordat vos de su estoria |
| S1299-4 | esta fue rrespuesta Su dicho ableuiado | S1659-2 | dad por dios en -su memoria |
| S1302-1 | Myo señor desque fue su tyenda aparejada | S1659-3 | Sy el vos de la su gloria |
| S1302-2 | vino dormir a -ella fue poca su estada | S1660-2 | por su amor sienpre dedes |
| S1302-3 | desque se leuanto non vino su mesnada | S1660-4 | del jnfierno e de su tos |
| S1302-4 | los mas con don carnal fazian su morada | S1666-8 | con su obla engañosa |
| S1303-1 | Desque lo vy de espaçio commo era su criado | S1668-4 | non catar,do su pecado saluas lo de amargura |
| S1313-2 | mouio con su mesnada amor e fue su via | S1695-4 | para aver su acuerdo juntaron se otro dia |
| S1314-1 | con -el muy grand plazer al su enamorado | S1696-2 | leuanto se el dean a -mostrar su manzilla |
| S1338-4 | en noblezaz de amor ponen toda su femençia | S1704-2 | E con rrauia de -la muerte a -su dueño traua al rrostro |
| S1345-2 | mançebo byen andante de su ayuda biuo | **SUA** | **(L)** |
| S1348-3 | andando por su huerta vido so vn peral | P 58 | tu rrediz vnicinque justa opera sua |
| S1350-1 | Tomola en -la falda e leuola a -su casa | **SUAVE** | **(L)** |
| S1358-1 | al su Señor el sienpre algo le presentaua | S1700-4 | vobis enim dimitere quam suaue |
| S1358-3 | el Su señor por esto mucho le falagaua | **SUBAN** | |
| S1359-1 | fue su Señor a caça e Salio vn conejo | S1468-1 | Suban te non temaz cuelgate a -osadaz |
| S1363-1 | En amar al mançebo e a -la su loçania | **SUBDITOS** | |
| S1363-4 | el viejo se loa su buena mandada | S 146-2 | en -que a sus subditos manda çierta pena dar |
| S1370-3 | vn mur de franca barua rresçibiol en su caua | **SUBE** | |
| S1372-1 | la su yantar comida el manjar acabado | S 410-2 | ata tu pie al mio sube en mi ynojo |
| S1372-3 | que el martes quisiese yr ver el su mercado | **SUBEN** | |
| S1372-4 | e como el fue suyo fuese el su conbidado | S 201-1 | Suben ssobre la viga quantas podian sobyr |
| S1373-1 | ffue con -el a -ssu casa E diol mucho de queso | **SUBIA** | |
| S1376-2 | Do comian e folgauan en medio de su yantar | S 29-4 | graçias a -dios o subia |
| S1376-3 | abriala su Señora dentro querria entrar | **SUBIDA** | |
| S1377-1 | Mur de guadalajara entro en -su forado | S1647-5 | al çielo fue subida |
| S1400-3 | que el vio con su Señora jugar en -el tapete | **SUBIO** | |
| S1401-1 | Vn perrillo blanchete con su Señora jugaua | S 53-3 | subio en alta cathreda dixo con bauoquia |
| S1401-2 | con su lengua e boca laz manoz le besaua | S 413-3 | abatiose por ellos subyo en apellydo |
| S1404-4 | commo aquel blanchete que yaze so su peña | **SUDAVA** | |
| S1405-1 | Salio bien rrebuznando de -la su establia | S1291-2 | comia nueuos palales sudaua syn pereza |
| S1408-2 | E coyda fazer zeruiçio e plazer con su fecho | **SUELAS** | |
| S1411-2 | el coraçon querria sacarle con su mano | S1472-2 | suelas rrotas e paños Rotos e viejos hatos |
| S1411-3 | dezir te he su enxienplo agora por de mano | **SUELDOS** | |
| S1417-1 | vna vieja passaua quel comio su gallina | S 569-4 | buen callar çient sueldos val en toda plaça |
| S1422-4 | pierde toda su onrra la fama e la vida | S 973-4 | dixe mi casilla e mi fogar çient sueldos val |
| S1424-1 | commo al leon vino del mur en su dormir | **SUELE** | |
| S1425-2 | en espesura tiene su cueua soterrana | S 624-3 | los logares ado suele cada dia vsar |
| S1425-4 | al leon despertaron con su burla tamaña | S 712-1 | Mienbre se vos buen amigo de -lo que dezir se suele |
| S1428-2 | su loor es atanto quanto es el debatido | S1443-2 | de aqueste dulçor Suele venir amarga lonja |
| S1437-4 | ella con su lijonga tan bien lo saludaua | **SUELEN** | |
| S1440-3 | creye que -la su lengua e el su mucho gadnar | S 693-3 | el trabajo e el fado suelen se aconpañar |
| S1441-1 | Començo a -cantar la su boz a -erçer | S1622-1 | Pero sy diz la fabla que suelen Retraher |
| S1446-4 | las rranas con -su miedo so el agua meter | S1704-1 | Por que suelen dezir que el can con grand angosto |
| S1449-1 | acabada ya su fabla començaron de foyr | **SUELES** | |
| S1452-2 | amad al buen amigo quered su buen amor | S1463-3 | faz ansi como sueles non temas en mi fia |
| S1453-2 | que dio a -su amigo mal consejo e mal cabo | **SUELO** | |
| S1453-3 | puso lo en -la forca dexolo y en su cabo | S 266-1 | Todo el suelo del Ryo de -la çibdad de Roma |
| S1454-3 | enbio alla su alcalde merinos e Sayones | S 266-3 | fizole suelo de cobre Reluze mas que goma |
| S1456-3 | dixol que de su alma la carta le feciese | S 884-2 | ya el pescador los tiene E los trahe por el suelo |
| S1457-1 | otorgole su alma fizole dende carta | S1573-4 | que quantas siguia todas yuan por el suelo |
| S1458-2 | llamo a -su amigo quel conssejo aquesto | **SUELO** | **(H)** |
| S1462-2 | vso su mal ofiçio grand tienpo e grand sazon | S1467-4 | que yo te ayudare commo lo suelo far |
| S1462-4 | enojose el diablo fue preso su ladron | **SUELTA** | |
| S1463-2 | llamo su mal amigo asy commo solia | G 662-3 | Nos me tira noz me parte non me suelta non me dexa |
| S1464-2 | puso mano a -su Seno e fallo negro fallado | **SUELTA** | **(H)** |
| S1465-2 | estar su mal amigo diz por que non me acorres | S1326-4 | ca mas val suelta estar la viuda que mal casar |
| S1475-1 | Su Razon acabada tirose dyo vn zalto | **SUELTO** | |
| S1475-2 | dexo a -su amigo en -la forca tan alto | S1461-4 | yo le do por quito suelto vos merino soltalde |
| S1475-3 | quien al diablo cree traual su garauato | S1462-1 | salio el ladron suelto sin pena de presion |
| S1476-1 | El que con -el diablo faze la su criança | **SUENA** | |
| S1476-2 | quien con amigo malo pone su amistança | S 164-3 | non es todo cantar quanto rruydo suena |
| S1481-2 | que fizo el diablo al ladron su amigo | **SUENAN** | |
| S1484-2 | que de ese arçipreste me digas su figura | S 705-4 | muchos panderos vendemos que non suenan las sonajas |
| S1484-3 | bien atal qual sea di me toda su fechura | **SUENO** | |
| S1486-2 | el su andar enfiesto bien como de pauon | S 238-2 | el cavallo soberuio fazia tan grand sueno |
| S1486-3 | su paso ssosegado e de buena Razon | S1445-3 | fue sueno de laguna ondas arrebatadas |
| S1486-4 | la su nariz es luenga esto le desconpon | **SUEÑA** | |
| S1488-4 | Señora del non vy mas por su amor voz abraço | S 610-4 | amar te ha la dueña que en -ello pienssa e sueña |
| S1503-1 | Resçibio me la dueña por su buen Seruidor | | |

**SUEÑO**
S 184-2    fazes los perder el sueño el comer y el beuer
**SUERAS**
G 449-3    si a sueraz friaz ssy demanda quanto barrunta
S1340-4    para el amor todo que dueñas de sueraz
**SUERTE**
S 166-2    es dexar la costunbre el fado e la suerte
G 584-3    por todo el mundo tiene grant poder e suerte
S1054-2    ssobre la su saya echaron le suerte
S1118-2    congrio çeçial e fresco mando mala suerte
S1533-2    coyda echar su ssuerte echa mala çocobra
S1580-4    non podemos amigos della fuyr por suerte
**SUFRO**
S1683-1    sufro grand mal syn mereçer a -tuerto
**SUM**    (L)
S 381-4    feo sant sant vter por la grand misa de fiesta
S 385-2    cantas letatus sum sy ally se detiene
**SUMA**
S 510-1    En suma telo digo tomalo tu mejor
S1269-1    En suma vos lo cuento por non vos detener
S1604-3    estos dichos son comienço e suma de todos males
**SUNT**    (L)
P 87    Cogitaciones hominum vane sunt
P 117    et dize job breuez diez hominiz sunt
P 119    homo natuz de muliere breuez diez hominiz sunt
**SUPER**    (L)
P 3    firmabo super te occulos meos
P 61    firmabo super te occulos meos
**SUPLIDO**
S 368-3    por lo que avia dicho E suplido esta vez
**SUS**
P 37    e piensa e ama e desea omne el buen amor de dioz e sus mandamien-toz
P 69    firma suz ojoz sobre el
P 141    e loz porfiosoz de suz malaz maestriaz
P 143    de suz muchaz engañosaz maneraz
S 19-4    cantar de -los sus gozos siete que ansi diz
S 44-2    que omne a -sus coydadoz que tiene en coraçon
S 48-2    que ante las convenia con sus sabios disputar
S 54-4    É començo sus señas commo era tratado
S 56-4    assentose el neçio Catando sus vestidos
S 68-2    trabaja do fallares las sus señales çiertas
S 100-4    ssus bramuras e espantos en burla fueron salir
S 126-1    otros entran en ordem por saluar las sus almas
S 127-2    nin han merçed de Senorez nin han de sus dineros
S 128-3    que judgaron vn niño por sus çiertas senales
S 129-3    enbio por sus sabios dellos saber querria
S 132-4    dio todos sus juyzios por mitrosos prouados
S 137-4    en vn arbol del rrio de sus faldas se colgo
S 146-1    otrosy puede el papa sus decretales far
S 146-2    en -que a sus subditos manda çierta pena dar
S 148-2    puso en -el sus signos E planetas ordeno
S 148-3    sus poderios çiertos E juyzios otorgo
S 150-2    que judgam Segund natura por sus cuentos fermosos
S 221-4    por que penan sus almas e los cuerpos lazraron
S 259-3    por ende non fizo el tenpro en todos los sus diaz
S 260-2    quemadaz e destruydas las fizo por sus maldadez
S 272-1    Cato contra sus pechos el aguila ferida
S 272-2    e vido que sus pendolas la avian escarnida
S 296-2    beuer tanto que yugo con sus fijas pues ves
S 313-3    contra el vynieron todas por vengar sus denteras
S 315-3    con sus vñas mesmas murio E con al non
S 338-2    por ende los sus dichos non valen dos arvejas
S 338-3    nin -le deuen dar rrespuesta a -sus malas consejas
S 346-1    dixieron las partes a -los sus abogados
S 349-2    que puso la gulharra en sus exenpçiones
S 349-4    que propusso el lobo en todas sus rrazones
S 352-4    en sus deffenssiones E escusa e rrefierta
S 364-4    rresçibo sus defensiones e la buena escusa
S 378-3    ssy creen la bauieca sus dichos e consejas
S 395-2    por que se onrren della su padre e sus parientes
S 405-2    fazes tenblar los omnes e mudar sus colores
S 415-3    que non han de dios miedo nin de sus amenazas
G 439-3    a dioz alçan laz cuentaz querellando suz coytaz
S 455-2    Dize luego entre sus dientes oyste tomare mi dardo
S 469-2    sus malas maestrias e su mucho mal saber
S 471-4    non dexaria de fazer sus antojos azedos
S 499-2    sus muebles e Rayzes todo lo des-alyña
S 503-1    yo vy a -muchos monges en sus predycaciones
S 503-2    denostar al dinero E a -sus tenptaçiones
S 504-3    con -el dinero cunplen sus menguas e sus Raças
S 505-3    quando oyen sus dineros que comiençan a Retenir
S 506-2    byen les dan de -la çeja do non sus parçioneros
S 506-3    luego los toman prestos sus omes despenseros
S 528-3    que el vino fizo a loc con sus fijas boluer
S 530-2    en -todas sus oblas en yermo a -dios seruia
G 556-2    todaz suz maeztriaz e las tachaz que an
S 569-2    Tyrando con sus dientes descubre se la çarça
S 576-4    falle que en -sus castigos syenpre vse beuir
S 636-3    coge sus muchas lagrimas en -su boca çerrada
S 639-4    mayor sera tu quexa E sus desseos mayores
S 642-2    poco trabajo puede sus coraçones vençer
S 653-4    con saetas de amor fyere quando los sus ojos alça
G 665-2    el omne tan engañozo asi engaña a -suz vezinaz
G 667-4    deuen tener la pena a -loz suz fazedorez
G 685-2    que por suz bezoz la dueña finca muy engañada
S 723-2    meneando de sus joyas sortijas E alfileres
S 741-3    sus manos se contuerçe de sus dedos travando
S 746-2    para fazer sus cuerdas E sus lazos el rredero
S 781-1    algunos en -sus cassas passan con dos sardinas
S 809-1    En -el mi cuello echa los sus blaços entranbos
S 810-4    aprieta me mis dedos en -sus manos quedillo
S 830-4    mi coraçon con dolor sus lagrimas derrama

S 831-4    en todos los sus fechos vos trahe antojada
S 833-3    apretando sus manos en su cabo fablando
S 841-3    doña endrina me mata e non sus conpañeras
S 842-1    Desque veo sus lagrimas e quan byen lo de-parte
S 895-1    con -sus caçurias el leon fue sanudo
S 900-1    Commo el leon tenia sus monteros armados
S 901-1    Mando el leon al lobo con sus vñas parejas
S 903-3    entendiera sus mañas e sus nueuas oyera
S 927-3    dezir todos sus nonbles es a -mi fuerte cosa
S 975-2    que guardaua sus vacaz en aquesa rribera
S 979-1    desque ovo en mi puesto las sus manos yradas
S1010-1    ssus mienbros e su talla non son para callar
S1015-1    Mayores que -las mias tyene sus prietas baruas
S1016-4    sus touillos mayores que de vna añal novilla
S1072-3    yremos pelear con -el e con todas suz porfiaz
S1091-2    deziendo sus bramuras e muchas amenazas
S1091-4    non te podra enpesçer con todas sus espinaçaz
S1095-3    delante sus juglares commo omne onrrado
S1098-3    non avia marauilla que sus mugeres perdieron
S1101-2    pusieron las sus fazes ninguno non pletea
S1101-3    la conpaña del mar las sus armas menea
S1111-2    trayan muchas saetas en sus aljauas postas
S1112-2    para saluar sus almas avian todos desseo
S1114-3    sus armas cada vno en don carnal enprea
S1121-1    las mas de sus conpañas eran le ya fallesçidas
S1129-1    En carta por escripto le daua sus pecados
S1139-1    En sus pechos feriendo a -dios manos alçando
S1144-3    quier a -sus parrochianos quier a -otros culpados
S1144-4    a -todos los absueluen de todos sus pecados
S1150-1    otrozi del obispo E de -los sus mayores
S1175-3    todo lo fyzo lauar a -laz suz lauanderaz
S1200-2    quien a -su enemigo popa a -laz sus manos muere
S1206-2    echo vn grand doblel entre loz sus costados
S1212-2    E todoz loz rrabyz con todoz suz aperoz
S1212-3    a -el salen triperaz taniendo suz panderoz
S1215-4    non lo conplaria dario con todos sus thesoros
S1222-2    rreciben lo en sus puebloz dizen del grand estoria
S1223-1    Pesso el enperante en -suz carneçeriaz
S1238-1    ally van de ssant paulo los sus predicadorez
S1238-3    ally van agostynes e dizen sus cantorez
S1257-4    trahen a -muchos locos con sus falsos rrisetes
S1263-1    ffueron se a -sus posadaz laz mas de aquestaz gentes
S1274-4    con -el frio a -las de vezes en -las sus vnas besa
S1275-2    enclaresçe los vinos con anbas sus almuezaz
S1276-3    fazia çerrar sus cubas fenchir laz con enbudo
S1277-1    ffaze a -sus collaçoz fazer loz valladarez
S1283-2    açiprestes e dueñas fablan sus poridades
S1284-2    fazen sus diabluraz e su trauesura
S1297-2    fynche todaz sus cubas commo buen bodeguero
S1310-3    con sus aue mariaz fazian me estar mudo
S1333-2    tienen a -sus amigos viçiosos syn sosaños
S1340-3    mas saben e mas valen sus moçaz cozineraz
S1358-4    a -todos sus vezinos del galgo se loaua
S1402-1    Ante ella E sus conpañas en -pino se tenia
S1403-2    dixo el burro nesçio ansy entre sus dientez
S1403-3    yo a -la mi Señora E a -todaz sus gentes
S1406-1    Puso en -los sus onbros entranbos los sus braçoz
S1406-2    ella dando Sus bozes vinieron los collaçoz
S1436-4    de -la falsa rraposa con -sus malos trasfagos
S1457-3    desta guisa el malo sus amigos enarta
S1527-3    de mugeres leales los sus buenos maridos
S1531-2    temed sus amenazas non fagades su Ruego
S1535-2    de sus muchos thesoros e de su allegamiento
S1536-1    Desque los sus parientes la su muerte varruntan
S1539-4    de todos sus thesoros dan le poco axuar
S1555-1    Tu despoblaste muerte al çielo e sus syllas
S1561-2    a -eua nuestra madre a -sus fijos sed e can
S1577-1    Prendiome syn sospecha la muerte en -sus Redes
S1580-3    por ende cada vno de nos sus armas puerte
S1601-1    Contra esta a sus fiios que ansy nos de-vallen
S1604-4    de padres fijos nietos dios nos guarde de sus males
S1608-2    que diga de sus noblezaz yo quiero laz dezir luego
S1634-3    que fazen muchos e muchas a -otras con sus engaños
S1642-3    sus gozos digamos
S1693-1    llorando de sus ojos començo esta rraçon
S1697-1    que maguer que somos clerigos Somos sus naturales
S1703-2    nin es agora tristan con todos sus amorez
S1708-2    es este que va de sus alfajaz prendiendo
**SUSAÑA**
S 4-1    Señor tu que libreste A -santa susaña
**SUSCIPE**    (L)
S 382-2    ssusçipe me secundum que para la mi corona
**SUSO**
P 7    que ez el que primero suso escreui
S 363-4    non le sea rresçebida Segund dicho he de suso
S 412-3    el topo quanto podia tiraua fazia suso
S 412-4    qual de yuso qual suso andauan a -mal vso
S 472-1    Non olvides la dueña dicho te lo he de suso
**SUYA**
S 890-3    vos sed muger suya e el vuestro marido
S1466-2    con vna freyla suya que me dize trayle trayle
**SUYAS**
P 10    que son en -el alma E propia mente suyas
S 501-4    todas al dinero syruen E suyas son conpladas
**SUYO**
S 206-2    quien puede ser suyo non sea en-ajenado
S 225-3    non han lo que cobdiçian lo suyo non mantienen
S 286-2    fermosa e non de suyo fuese para la iglesia
S 290-1    quien quiere lo que non es suyo E quiere otro paresçer
S 290-3    lo suyo E lo ageno todo se va a -perder
S 488-2    quier sea suyo o -non fablale por amor della
S 569-3    alçando el cuello suyo descobre se la garça

**SUYO** (cont.)
S 803-2   con -el comienco suyo nin se puede seguir
S1102-4   tovo doña quaresma que era suyo el Real
S1372-4   e como el fue suyo fuese el su conbidado

**SUYOS**
S1124-4   a -el e a -los suyos metieron en vn cordel
S1366-3   el malo a -los suyos non les presta vn figo
S1558-3   al jnfierno E a -los suyos E a -ty mal quebranto
S1564-1   A -los suyos leuolos con -el a -parayso

**SUZEDAT**
S1176-3   ado ella ver lo puede suzedat non se -llega

**SUZIEDAT**
S 456-2   torpedat e vileza ssuziedat e astrossya

**SUZIO**
S 466-4   veo tuerto suzio que sienpre mal catades
S1620-4   rreñidor E adeuino suzio E agorero
S1666-7   el diablo suzio tal

**TABARDO**
S 18-4   ansi so el mal tabardo esta buen amor
S 455-3   con muger non enpereçez nin te enbueluas en tabardo

**TABLA**
S1278-1   Estauan trez fijos dalgo a otra noble tabla
S1300-1   El tablero la tabla la dança la carrera

**TABLADA**
S1009-4   touelo a -dios en merçed e leuome a -la tablada
S1022-1   Cerca la tablada

**TABLAGERO**
G 555-3   Al tablagero fincan dineroz e vestidoz

**TABLAJERO**
G 554-1   Non quieraz jugar dadoz nin seaz tablajero

**TABLAJEROS**
S1254-2   pyntados de jaldetas commo los tablajeroz

**TABLAS**
S1221-2   tajones e garavatos grandes tablaz e mesaz

**TABLAX**
G 554-2   el tablax de vn dia dobla el su mal dinero

**TABLERO**
S 470-1   Desque la verguença pierde el tafur al tablero
S 570-4   por mala dicha de vno pyerde todo el tablero
S1271-1   Tres caualleros comian todos a -vn tablero
S1300-1   El tablero la tabla la dança la carrera

**TABLEROS**
S1254-1   Tyenden grandes alfamarez ponen luego tableroz

**TABLETAS**
S1598-3   tomemos escudo fuerte pyntado con tabletas

**TACHA**
S 161-1   vna tacha le fallo al amor poderoso
S 467-4   nin tacha nin vyleza de que dueña se despaga
S 545-1   ffaze oler el fuelgo que es tacha muy mala
S 628-2   E por pequeña tacha que en -ty podria aver
S1544-4   en -ty tienes la tacha que tiene el mestuerço

**TACHAR**
S 361-2   E pueden se los testigos tachar e Retachar

**TACHAS**
G 447-2   zon tachaz encobiertaz de mucho mal dezir
G 556-2   todaz suz maeztriaz e las tachaz que an

**TAÇAS**
S 504-2   guardando lo en -convento en vasos e en taças
S1392-3   que con taçaz de plata e estar alaroça

**TAFUR**
S 470-1   Desque la verguença pierde el tafur al tablero

**TAHURES**
G 555-4   do non les come se rrascan los tahurez amidoz

**TAJADA**
S1057-3   de piedra tajada en sepulcro metydo

**TAJADERO**
S1083-3   escudauan se todoz con -el grand tajadero

**TAJADOR**
S1174-3   non dexa tajador bacin nin cantarillo
S1399-4   quiere el frayle goloso entrar en -el tajador

**TAJAVA**
S 993-2   falle çerca el cornejo do tajaua vn pyno

**TAJONES**
S1221-2   tajones e garavatos grandes tablaz e mesaz

**TAL**
P 75   nin tal querer non viene de -la buena voluntad
P 76   nin de -la buena obra non viene tal obra
P 86   E deste tal penssamiento dize el salmista
S 59-4   vno e trez personaz e tal señal feziera
S 63-1   yo le Respondi que -le daria vna tal puñada
S 70-2   bien o -mal qual puntares tal te dira çierta mente
S 89-2   que jamaz a -mi non vengas nin me digas tal enemiga
S 95-2   qual palabra te dizen tal coraçon te meten
S 120-3   non medre dios tal conejero
S 124-4   del que naçe tal es su fado e su don
S 160-1   Ca puesto que su signo sea de tal natura
S 163-1   Sy las mançanas sienpre oviesen tal sabor
S 163-3   non avrie de -las plantas fructa de tal valor
S 177-1   Al señor que me crio non fare tal falsedat
S 180-1   Ca segund vos he dicho de tal ventura seo
S 189-3   sy non con trez mugeres tal era su talente
S 191-2   el primer mes ya pasado dixieron le tal Razon
S 221-3   muchos por tal cobdiçia lo dexan furtaron
S 225-4   lo que contesçio al perro a -estos tal les viene
S 288-1   El pauon de tal fijo espantado se fizo
S 316-4   E lo quel fizo a otros dellos tal puede aver
S 327-4   leuolo E comiolo a -mi pessar en tal ero
S 334-3   non deue ser oyda nin tal acusacion
S 347-4   Rezo el por sy mesmo escripta tal sentençia
S 355-3   esta tal dilatoria prouar se clara mente
S 358-4   nin deue el abogado tal petiçion comedyr
S 372-1   Tal eres como el lobo rretraes lo que fazes

S 378-1   E sy es tal que non vsa andar por las callejas
S 415-2   en tal guisa les travas con tus fuertes mordaçaz
S 418-3   confonda dios al cuerpo do tal coraçon fuelga
G 442-4   ca tal escanto vsan que saben bien çegar
G 445-4   tal muger non -la fallan en todoz loz mercadoz
G 446-2   non oluidez tal dueña maz della te enamora
G 449-4   al omne si drize si a -tal muger te ayunta
G 450-3   si tal zaber podierez e la quisierez cobrar
S 461-3   perdia me de sed tal pereza yo crio
S 462-3   dezir vos he la mia non vistes tal ningud ora
S 462-4   nin ver tal la puede omne que en dios adora
S 523-1   Toda muger naşçida es fecha de tal massa
G 559-4   poder te ya tal achaque tu pleyto enpeesçer
S 565-1   Pyenssa sy consyntyra tu cavallo tal freno
S 575-3   nunca falle tal dueña como a -vos amor pynta
S 605-2   tyra de mi coraçon tal saeta e tal ardura
S 630-2   mas desea tal omne que todos byenes conplidos
S 645-4   qual don amor se dixo tal sea la trotera
S 654-1   Pero tal lugar non era para fablar en amores
G 681-2   non deue la muger estar zola en tal conpaña
G 683-4   ella dixo pues dezildo e vere que tal zera
S 709-2   e le fare tal escanto e le dare tal atal-vina
S 720-2   trabajat en tal manera por que ayades prouecho
S 721-2   fablad tanto E tal cosa que non vos aRepintades
S 730-3   creo byen que tal fijo al padre semejara
G 758-3   por ende tal mançebillo para uoz lo querria
S 790-4   ay muertas vos veades de tal Rauia e dolor
S 794-2   Sanara golpe tan grand de tal dolor venido
S 840-3   este es su deseo tal es su coraçon
S 844-4   tal lugar non avremos para plazer E vyçio
S 881-3   castigad vos amiga de otra tal contra yz
S 903-1   dixo al leon el lobo quel asno tal nasçiera
S 911-4   nunca vy tal commo esta sy dios me de salud
S 914-3   en -esta pleytesia puso femençia tal
S 924-1   a -la tal mensajera nunca le digas maça
S 930-2   E tal fazedes vos por que non tenedes otra
S 930-3   tal vieja para vos guardadla que conorta
S 934-4   ha vieja de mal seso que faze tal locura
S 935-2   quien nunca vieja loca creyese tal mal seso
S 936-4   quien tal vieja touiere guardela commo al alma
S 948-4   conssentyd entre los ssesos vna tal bauoquia
S 978-4   que de tal guisa coje çigoñinos en nido
S1011-2   no vido tal figura nin de tan mala vista
S1011-4   non se de qual diablo es tal fantasma quista
S1081-4   serie don alexandre de tal rreal pagado
S1126-4   el sayon yua deziendo quien tal fizo tal aya
S1141-1   Que tal contriçion ssea penitençia byen llena
S1159-1   E otrosi mandatle a -este tal dolyente
S1178-4   que son çeniza e tal tornaran çierta mente
S1237-2   abbades beneditos en -esta fiesta tal
S1247-2   querria leuar tal huesped luego la clerizia
S1265-3   byen creo que de angeles fue tal cosa obrada
S1298-1   Yo fuy maruillado desque vy tal vision
S1313-4   este mi Señor sienpre tal constubre avia
S1317-3   rroguel que me catase alguna tal garrida
S1343-2   yo entrar como puedo ado non se tal portillo
S1346-4   para vos lo querria tal que mejor non vy
S1405-2   commo garanon loco el nesçio tal venia
S1443-3   pecar en tal manera non conviene a -monja
S1449-3   en tal manera tema el que bien quiere beuir
S1453-1   Tal eres diz la dueña vieja commo el diablo
S1489-4   tal omne como este non es en -todaz erias
S1490-4   amad dueñas amalde tal omne qual debuxo
S1510-3   el criador es con vusco que desto tal mucho ha
S1525-1   Eres en tal manera del mundo aborrida
S1574-3   non se omne nin dueña que tal oviese perdida
S1581-4   Syn armas non querria en tal peligro entrar
S1587-3   con -tal loriga podremos con cobdiçia que nos trança
S1590-4   con tal maça al avarizia bien larga mente dad
S1591-3   casando huerfanas pobres e nos con esto tal
S1594-3   con paçiençia bien podremos lydiar con tal capelina
S1597-4   con tal graçia podremos vençer gula que es viçio
S1605-1   denos dios atal esfuerço tal ayuda E tal ardid
S1620-4   nesçio pereçoso tal es mi escudero
S1626-2   es comienco E fyn del bien tal es mi fe
S1666-7   el diablo suzio tal
S1670-1   Reyna virgen mi esfuerço yo so puesto en tal espanto
S1683-2   esquiuo tal por que pienso ser muerto
S1684-3   en señor de tal valia
S1690-4   tal que sy plugo a -vno peso mas que a -dos mill
S1699-3   que la mi ora-buena tal escatima prenda
S1704-3   Sy yo touiese al arçobispo en otro tal angosto
S1704-4   yo le daria tal buelta que nunca viese el agosto

**TALANTE**
G 664-3   dezit me vuestro talante veremoz los Coraçonez
S 838-2   qual es vuestro talante dezid me la verdat
S 842-3   pero en mi talante alegro me en parte

**TALAVERA**
S1690-1   Alla en talavera en -las calendas de abril
S1694-2   que clerigo nin cassado de toda talauera
S1702-3   pero dexare a -talauera E yr me a -oropesa

**TALEGA**
S1097-2   que tenia cada vno ya la talega llena
S1374-1   Manteles de buen lyenço vna branca talega

**TALENTE**
S 189-3   sy non con trez mugeres tal era su talente
S 268-2   nunca mas fue a -ella nin la ovo talente
S 469-1   Talente de mugeres quien le podria entender
S 631-2   que dezir faz tu talente como desvergonçada
G 676-3   yo pensare en -la fabla e zabre vuestro talente
S1178-1   A -loz que alla van con el su buen talente
S1368-4   por que talente bueno entiendo yo en -ty

## TALENTE (cont.)

S1371-4 pagos del buen talente mur de guadalajara
S1375-3 E de mas buen talente huesped esto demanda

## TALENTO

S1002-2 Casar me he de buen talento contigo si algo dieres

## TALENTOS

S 735-4 fasta que yo entienda e vea los talentos

## TALES

P 89 a -loz tales mucho disolutoz E de mal entendimiento
S 51-4 que tales las feziese fueles conssejo sano
S 232-1 Por tales malefiçios manda los la ley matar
S 540-3 luego el omeçida estos pecados tales
S 699-3 non ay tales maestras commo estas viejas troyas
S 700-1 Como lo han vso estas tales buhonas
S 735-3 fablar como en juego tales somouimientos
S 744-3 muchos dizen que coydan parar vos talez lazos
S 747-2 e mas al abutarda estas palabras tales
S 937-3 non ay tales maestras commo estas viejas troyas
S 938-1 otrosi vos dixe que estas tales buhonas
S1158-1 Pero que aquestos talez deuedes les mandar
S1222-4 de talez alegriaz non ha en -el mundo memoria
S1234-2 non fueron tyenpo ha plazenteriaz tales
S1316-3 pense commo oviese de tales gasajados
S1388-2 que a -ty nin a -çiento tales en -la mi mano
S1403-4 mas con prouecho syruo que mill tales blanchetes
S1468-4 sotoue a -miz amigoz en -talez caualgadaz
S1478-4 guarde vos dios amigoz de tales amigotes
S1505-1 Para tales amores zon las rreligiosaz

## TALION

S 328-4 esto me ofresco prouar so -pena del talyon

## TALLA

S 169-1 De talla muy apuesta E de gesto amorosa
S 432-1 busca muger de talla de cabeça pequeña
S 432-4 ancheta de caderaz esta es talla de dueña
S 435-4 que -la talla del cuerpo te dira esto a -guisa
S 596-2 de fermosura e donayre e de talla e de beldat
S 836-1 Primero por la talla el fue de vos pagado
S 911-1 de talla la mejor de quantas yo ver pud
S1008-4 yeguariza trifuda talla de mal çeñiglo
S1010-1 ssus mienbros e su talla non son para callar
S1021-1 de quanto que me dixo E de su mala talla

## TALLE

G 581-1 de talle muy apuesta de gestos amoroza
S 653-2 que talle que donayre que alto cuello de garça

## TAM

S 103-4 desto fize troba de tristeza tam mañana
S1052-4 de su faz tam clara del çielo rresplandor

## TAMAÑA

S1425-4 al leon despertaron con su burla tamaña
S1686-6 en tormenta tamaña

## TAMAÑOS

S1333-3 quien dirie los manjarez los presentes tamaños

## TAN

S 4-3 libra me mi dioz desta coyta tan maña
S 9-2 por el nonbre tan alto hemanuel saluaçion
S 47-4 nin las podrian en-tender pues que son poco sabien
S 87-4 marauillose el leon de tan buena egualadera
S 88-2 tan buena tan aguisada tan derecha con rrazon
S 92-2 ffize cantar tan triste commo este triste amor
S 98-2 estaua tan fynchada que queria quebrar
S 99-1 la gente que tan grandes bramidos oya
S 109-4 ssy para bien non fuera tan noble non saliera
S 111-4 nin las verças non se crian tan bien sin la noria
S 114-4 sy de tan grand escarnio yo non trobase burla
S 120-2 tan presto e tan ligero
S 158-4 que tan bien le paresca nin que tanto desea
S 173-4 non soy yo tan syn sesso sy algo he priso
S 187-1 Eres tan enconado que do fieres de golpe
S 205-2 el rrey tan demandado por quantas bozes distes
S 208-2 que tan presos los tienes en tu cadena doblada
S 238-2 el cavallo soberuio fazia tan grand sueno
S 261-2 Non te quiero por vezino nin me vengas tan presto
S 287-4 con -los paueznoz anda se tan desconosçida
S 298-3 el leon tan goloso al cavallo sopessa
S 300-4 echo me en este pie vn clauo tan fito
S 366-2 pero que non la asueluo del furto tan ayna
S 381-1 acabada ya la missa Rezas tan byen la sesta
S 386-1 Nunca vy cura de almas que tan byen diga conpletas
S 416-2 tan byen al engañado como al enganador
S 418-4 lengua tan enconada dios del mundo la tuelga
S 474-4 sy vieres que es burla dyme otra tan mañana
S 518-4 non sera tan esquiua que non ayas mejoria
S 523-4 do non es tan seguida anda mas floxa laxa
S 602-4 sy non fuese tan mi vezina non seria tan penado
S 606-1 qual es la dueña tan braua E tan dura
S 621-4 pues vençerse la dueña non es cosa tan maña
S 628-3 tomara tan grand enojo que te querra aborresçer
G 665-4 el omne tan engañozo asi engaña a -suz vezinaz
G 678-3 es la fabla e la vista de -la dueña tan loçana
G 687-3 zolaz tan plazentero e tan grande alegria
G 691-1 cuydados tan departidoz creçen me de cada parte
S 701-2 dixele madre zeñora tan bien seades venida
S 714-4 dio melo tan bien parado que nin es grande nin chico
S 729-1 El sabio vençer al loco con conssejo non es tan poco
S 731-2 en semejar fijo al padre non es cosa tan nueua
S 743-2 sola syn conpañero non sodes tan temida
S 750-4 dexa me esta vegada tan fermosa e tan llana
G 774-3 del zegundo marido non seria tan onrrada
S 774-4 ea diz ya desta tan buen dia me vino
S 783-1 ay de mi con que cobro tan malo me venistes
S 783-2 que nuevas atan malas tan tristes me troxistes
S 787-4 penaras ay coraçon tan oluidado penado

---

S 789-4 ay cuerpo tan penado commo te vas a -moryr
S 794-2 Sanara golpe tan grand de tal dolor venido
S 832-3 con tantas de mesuras de aquel omne tan largo
S 837-2 pero que avn vos callades tan bien commo el ardedes
S 853-4 qual coraçon tan seguido de tanto non cansaria
S 859-1 Tan byen a -vos commo a -el este coydado vos atierra
S 864-1 yd vos tan segura mente con-migo a -la mi tyenda
S 877-3 tan buen dia es oy este que falle atal çellada
S 882-1 doña endrina le dixo ay viejas tan perdidas
S 897-2 paçiendo en vn prado tan byen lo saludaua
S 910-4 de dueña que yo vyese nunca ffuy tan pagado
S 917-3 Señora non querades tan horaña ser
S 922-2 non la podia aver ansi tan amenudo
S 923-4 que commo el verdadero non ay tan mal trebejo
S 960-2 diz el pecado barruntas en -fablar verbos tan blauos
S 988-3 yol dixe en buena ora sea de vos cuerpo tan guisado
S 990-1 Ryome commo rrespuso la serrana tan sañuda
S 990-4 quiça el pecado puso esa lengua tan aguda
S1008-1 Nunca desque nasçi pase tan grand peligro
S1011-2 no vido tal figura nin de tan mala vista
S1040-4 nin ay tan buen dia
S1087-4 Real de tan grand preçio non tenian las sardinas
S1093-4 la dueña fue maestra non vino tan ayna
S1133-1 Es me cosa muy graue en tan grand fecho fablar
S1142-1 Nuestro Señor sant pedro tan santa criatura
S1143-3 de dios tan piadoso luego fue perdonado
S1144-1 Muchos clerigos synples que non son tan letrados
S1149-4 por el sinple clerigo es desto tan osado
S1234-2 tan grandes alegrias nin atan comunales
S1247-4 tan bien ellas commo ellos querrian la mejoria
S1262-4 tyenpo ha que non andude tan buena estaçion
S1265-2 nunca pudo ver omne cossa tan acabada
S1333-4 los muchos letuarios nobles e tan estraños
S1353-2 ablaçio tan fuerte que lo querria afogar
S1404-3 puez tan bien torne pino e falagare la dueña
S1410-4 que conssentyr non deuo tan mal juego como este
S1435-3 non conviene a -dueña de ser tan denodada
S1437-4 ella con su lijonga tan bien lo saludaua
S1438-1 o cuervo tan apuesto del çisne eres pariente
S1470-2 tan caros que me cuestan tus furtos e tus presaz
S1475-2 dexo a -su amigo en -la forca tan alto
S1480-1 si non tan sola mente ya voz que -lo fabledes
S1482-1 Diz la vieja Señora que coraçon tan duro
S1490-1 A -la dueña mi vieja tan byen que -la enduxo
S1507-2 con pesar e tristeza non fue tan sotil fecha
S1511-4 non vaya de vos tan muda dixo la mora ascut
S1527-1 De padres E de madres los fijos tan queridos
S1546-1 los ojos tan fermosos pones los en -el techo
S1582-2 muy mas deuemos fazerlo por tantos e tan esquiuos
S1644-2 que gozo tan maño
S1677-3 de tan fuerte tentaçion
S1685-5 contra mi tan dapñosa
S1703-1 Ca nunca fue tan leal blanca flor a -frorez
F 6 ya muger tan dura qual fuerades para uaron

## TANBORETE

S1230-4 con ella el tanborete syn el non vale vn prisco

## TANER

S1000-3 bien se guytar las abarcas e taner el caramillo

## TANGA

S 384-1 Nunca vy sancristan que a -visperas mejor tanga

## TANGAN

S1537-2 non coydan ver la ora que tangan las canpanas

## TANIDA

S 646-3 syn su plazer non sea tanida nin trexnada
S1667-2 ssanta flor non tanida

## TANIENDO

S 723-1 la buhona con farnero va taniendo cascaueles
S 894-3 su atanbor taniendo bien alto a -Rebuznar
S 895-3 su atanbor taniendo fuese mas y non estudo
S1212-2 a -el salen triperaz taniendo suz panderoz
S1213-2 taniendo su çapoña E loz albogues espera
S1213-4 taniendo el Rabadan la çitola trotera
S1222-4 taniendo laz canpanaz en diziendo la gloria
S1229-2 cabel El orabyn taniendo la su rrota

## TANTA

S 31-3 sobiste con gloria tanta
S 214-3 Non te puedo prender tanta es tu maestria
S 214-3 tu cada que a mi prendez tanta es tu orgullya
S 244-4 vengue la tu soberuia tanta mala postilla
S 265-1 despues desta desonrra E de tanta verguença
S 276-1 Eres pura enbidia en -el mundo non ha tanta
S 304-1 yra e vana gloria traes en -el mundo non ay tanta
G 688-2 puede seer tanta la fama que saliria a -conçejo
S1262-1 Su mesura fue tanta que oyo mi petiçion
S1338-2 non tyenen de letuarios tantos nin tanta espeçia
S1642-7 vida tanta
S1672-4 por la tu merçed que es tanta que dezir non la podria

## TANTAS

P 183 e se puedan mejor guardar de tantaz maestriaz
S 832-2 con tantas de mesuras de aquel omne tan largo
S 851-3 syn verguença es el fecho pues tantas carreras tyen

## TANTO

S 11-2 el que nasçio de -la virgen esfuerçe nos de tanto
S 144-2 al rrey en algund tienpo a -tanto le seruio
S 158-4 que tan bien le paresca nin que tanto desea
S 178-2 tanto siguio al ladron que fuyo de aquel çillero
S 184-3 ffazes a -muchos omes tanto se atreuer
S 196-1 a -la muger primera el tanto la amo
S 213-2 que tanto me persygues vienes me manso e quedo
S 216-1 quanto mas aqui estas tanto mas me assaño
S 226-3 con la sonbra del agua dos tantol semejaua
S 248-3 E des al poble posada tanto eres avariento

**TANTO** (cont.)

| | |
|---|---|
| S 296-2 | beuer tanto que yugo con sus fijas pues ves |
| S 390-3 | tanto mas me aquexas quanto yo mas aguijo |
| S 403-4 | quanto mas a -ty creen tanto peor baratan |
| S 408-2 | creçio tanto el rio que maravilla era |
| S 422-3 | por tanto non te digo el diezmo que podria |
| S 491-3 | quanto mas algo tiene tanto es mas de valor |
| S 520-3 | tanto mas por el anda loca muerta E perdida |
| G 592-2 | si digo quien me ferio puedo tanto descobrir |
| G 662-4 | tanto me da la muerte quanto mas se abaxa |
| G 663-3 | cret que uoz amo tanto que non ey mayor cuydado |
| S 712-4 | el omne aperçebido nunca tanto se duele |
| S 721-2 | fablad tanto E tal cosa que non vos aRepintades |
| S 728-2 | en riquezas e en costunbres tanto como el non crecieron |
| S 737-3 | que vos tanto loades e quantos bienes tyen |
| S 749-3 | que quien tanto la rriega e tanto la escarda |
| G 764-4 | non me afinquez tanto luego el primero dia |
| S 783-4 | tanto byen non me faredes quanto mal me fezistes |
| S 792-1 | Diz loco que avedes que tanto vos quexades |
| S 853-4 | qual coraçon tan seguido de tanto non cansaria |
| S 856-2 | tanto maz en -la pelea se abyua e se ençiende |
| S 896-3 | quanto el demandase tanto le otorgaria |
| S 921-3 | fue sañuda la vieja tanto que a -marauilla |
| S1007-1 | Commo omne non siente tanto frio si corre |
| S1039-2 | tanto algo agora |
| S1067-3 | dende a -siete dias era quaresma tanto |
| S1134-2 | tengo del miedo tanto quanto non puedo desir |
| S1153-4 | Pues por non dezir tanto non me Rebtedes varones |
| S1162-2 | diole esta penitençia que por tanto pecado |
| S1268-3 | non avia menester sol tanto de sy alunbraua |
| S1269-3 | en -la obra de dentro ay tanto de fazer |
| S1351-4 | tanto que sierpe grande a -todoz paresçia |
| S1365-1 | byen quanto da el omne en -tanto es preçiado |
| S1382-1 | Por -que tanto me tardo aqui todo me mato |
| S1409-1 | E por que ayer Señora vos tanto arrufastes |
| S1466-4 | entra tanto amigo vete con ese bayle |
| S1473-2 | E mucho mas dos tanto que ver non -lo podiste |
| S1512-2 | diz quanto vos he dicho bien tanto me perdi |
| S1559-2 | sy ante lo espantaste mill tanto pena oviste |
| S1567-1 | Tanto eres muerte syn byen E atal |
| S1596-2 | que podamos para pobres apartar |
| S1626-3 | fiz le quatro cantares E con -tanto fare |
| S1636-2 | yo percador por tanto |
| S1657-2 | xpristos tanto que noz quiso |
| S1692-2 | Sy pesa a -vos otros bien tanto pesa a -mi |

**TANTOS**

| | |
|---|---|
| S 110-2 | non ternia tantos presos el amor quantos tien |
| S 779-4 | non oviera tantos males nin perdiera su prezno |
| S1263-4 | Ca vido pequeñas cassas para tantos seruientes |
| S1338-2 | non tyenen de letuarios tantos nin tanta espeçia |
| S1582-2 | muy mas deuemos fazerlo por tantos e tan esquiuos |

**TAÑE**

| | |
|---|---|
| S 383-4 | justus est domine tañe a -nona la canpana |
| S 406-1 | a -bletador semejaz quando tañe su brete |
| S 623-4 | non puede ser que non se meua canpana que se tañe |
| S1241-4 | magne nobiscum domine que tañe a -conpletaz |

**TAÑER**

| | |
|---|---|
| S 515-1 | sy sabes estromentos byen tañer o tenplar |
| S1547-1 | El oyr E el olor el tañer el gustar |

**TAÑIA**

| | |
|---|---|
| S1096-3 | tañia amenudo con -el el añafyl |

**TAPETE**

| | |
|---|---|
| S1400-3 | que el vio con su Señora jugar en -el tapete |

**TARAVILLA**

| | |
|---|---|
| S 926-1 | Canpana tarauilla alcahueta nin porra |

**TARDA**

| | |
|---|---|
| S 452-3 | sy se tarda non se pierde el amor nunca falleze |
| S 611-3 | sy se tarda non se pierde el amor non falleçe |
| S 712-3 | mensaje que mucho tarda a -muchos omnes desmuele |
| S 749-4 | por su mal lo fazia maguera que se tarda |
| S1566-3 | ca por mucho que vyuamos por mucho que se tarda |

**TARDAMIENTO**

| | |
|---|---|
| S1423-3 | yo non quiero fazer lo vete syn tardamiento |

**TARDANCA**

| | |
|---|---|
| S 814-4 | perder la por tardanca seria grand avoleza |

**TARDANÇA**

| | |
|---|---|
| S 574-3 | pesa les por mi tardança a -mi pessa del vagar |
| S 805-4 | a -vezes viene la cosa pero faga tardança |
| S 859-3 | dar vos ha muerte a -entranbos la tardança e la desira |
| S1679-3 | de tribulacion syn tardança |

**TARDE**

| | |
|---|---|
| S 400-4 | prometes grandes cosas poco e tarde pagas |
| S 401-4 | tarde daz e Amidos byen quieres demandar |
| G 560-4 | quien contra ezto faz tarde o non rrecabda |
| S 612-4 | que tarde o que ayna crey que de ty se duela |
| S 707-2 | desque nasçe tarde muere maguer non sea verdat |
| S 976-4 | sy en lleno te cojo byen tarde la oluidas |
| S1256-4 | tarde cunplen o -nunca lo que afiuziauan |
| S1541-2 | amidoz tarde o -nunca en misa por el estan |
| S1551-4 | do tu tarde rrequierez aquel esta mejor |
| S1624-1 | El ssabia leer tarde poco e por mal cabo |

**TARDE** (H)

| | |
|---|---|
| S 984-1 | Rogome que fyncase con ella esa tarde |

**TARDE** (H)

| | |
|---|---|
| S1476-3 | por mucho que se tarde mal galardon alcança |

**TARDES**

| | |
|---|---|
| S 203-4 | danos muy malas tardes e peorez las mañanas |

**TARDIA**

| | |
|---|---|
| S1017-4 | tardia como Ronca desdonada e hueca |

**TARDINERO**

| | |
|---|---|
| S 477-3 | tardo alla dos anos mucho fue tardinero |

| | |
|---|---|
| S1068-3 | desir vos he laz notas ser vos tardinero |

**TARDINEROS**

| | |
|---|---|
| S1253-4 | al tomar vienen prestos a -la lid tardineroz |

**TARDO**

| | |
|---|---|
| S 477-3 | tardo alla dos anos mucho fue tardinero |
| S1382-1 | Por -que tanto me tardo aqui todo me mato |

**TAVANO**

| | |
|---|---|
| S1292-4 | el tauano al asno ya le yua mordiendo |

**TAVERNA**

| | |
|---|---|
| S1516-4 | mas aman la tauerna e sotar con vellaco |

**TAVERNEROS**

| | |
|---|---|
| S 535-3 | dyz aquellos taverneros que van por el camino |

**TAYO**

| | |
|---|---|
| S1404-1 | yo en mi espinazo les tayo mucha leña |

**TAZA**

| | |
|---|---|
| S 342-3 | qual copa qual taza en poridat aducha |

**TE**

| | |
|---|---|
| S 23-3 | troxo te mensaz diuino |
| S 23-4 | dixote ave maria |
| S 28-3 | te dixo goço sin pena |
| S 38-2 | quando te dixo ave maria |
| S 38-5 | e por señal te dezia |
| S 41-5 | con -el te fizo assentar |
| S 52-4 | E nos dar telo hemos escusa nos desta lid |
| S 66-4 | lo que buen amor dize con rrazon telo prueuo |
| S 70-2 | bien o -mal qual puntares tal te dira çierta mente |
| S 85-2 | comme la tu señor que -te sera buena e sana |
| S 89-1 | Por ende yo te digo vieja e non mi amiga |
| S 89-3 | sy -non yo te mostrare commo el leon castiga |
| S 95-2 | qual palabra te dizen tal coraçon te meten |
| S 128-2 | dezir te vn juyzio de çinco naturales |
| S 141-4 | prueuo telo breue mente con esta semejança |
| S 185-4 | de quanto yo te digo tu sabes que non miento |
| S 215-1 | Responde que te fiz por que me non diste dicha |
| S 216-2 | mas fallo que te diga veyendo quanto dapño |
| S 248-1 | Maguer que te es mandado por santo mandamiento |
| S 248-4 | que nunca lo diste a -vno pidiendo telo çiento |
| S 249-3 | te demandare dios de -la despenssa cuenta |
| S 250-3 | pidias a -dios que te diesen Salud e mantenençia |
| S 251-1 | oyo dios tus querellas E dio te buen consejo |
| S 251-3 | quando vees el poble caesete el çejo |
| S 254-4 | pues Sea de soldada pues non te quise matar |
| S 276-3 | sy el tu amigo te dize fabla ya quanta |
| S 278-4 | el coraçon te salta nunca estas de vagar |
| S 279-4 | contesçe te como acaesçe en -la rred a -los peçes |
| S 284-3 | anssy te acaesçe por le leuar ventaja |
| S 295-4 | el profeta lo dize esto que se rrefierto |
| S 297-4 | dezir telo he mas breue por te enbiar ayna |
| S 299-3 | en te besar la mano yo en eso me fallo |
| S 311-4 | dezir te he el enxienpro sea te prouechoso |
| S 330-3 | pero yo te do de plazo que fasta dias veynte |
| S 376-4 | con miserere mey mucho te le engraçias |
| S 382-4 | ella te dize quam dulçia que rrecubdas a -la nona |
| S 386-3 | digan te conortamos de grado abres las puertas |
| S 392-3 | non te menguan lysonjas mas que fojas en vyñas |
| S 404-4 | byen te pueden dezir antojo e denuesto |
| S 407-4 | entiende byen la fabla E por que te lo digo |
| S 410-3 | sacar te he bien a -saluo non te fare enojo |
| S 421-1 | Plaze me byen te digo que algo non te devo |
| S 421-4 | mucho mas te diria Saluo que non me atrevo |
| S 422-3 | por tanto non te digo el diezmo que podria |
| S 425-4 | ssy mis dichos fazes non te dira muger non |
| S 435-4 | que -la talla del cuerpo te dira esto a -guisa |
| G 436-2 | que bien leal te zea non sea su seruienta |
| G 443-2 | rruegal que te non mienta muestral buen amor |
| G 446-3 | esto que te castigo con ouidio concuerda |
| G 447-1 | trez cosaz non te oso agora descobryr |
| S 453-3 | non le seas rrefertero en lo que te pediere |
| S 453-4 | nin le seas porfioso contra lo que te dixiere |
| S 457-1 | Dezir te la ffazaña de -los dos perezosos |
| S 472-1 | Non olvides la dueña dicho te lo he de suso |
| S 474-1 | del que olvydo la muger te dire la fazaña |
| S 485-4 | desque telo prometa guarda non -lo olvidez |
| S 510-1 | En suma telo digo tomalo tu mejor |
| S 516-2 | muchas cosas juntadas facer te han ayuda |
| S 516-4 | non puede ser que a -tienpo a -byen non te rrecubda |
| S 527-3 | por que te faria perder a -la entendera |
| S 533-4 | yo te mostrare manera por que -lo puedas tomar |
| S 535-4 | te daran asaz dello ve por ello festino |
| S 536-4 | veras que mi conssejo te sera por byen avydo |
| S 538-3 | toma gallo que te muestre las oras cada dia |
| G 559-4 | poder te ya tal achaque tu pleyto enpeesçer |
| G 561-3 | do te fablare de amor sey tu plazentero |
| S 572-2 | dar te ha la segunda sy le guardas la prymera |
| S 573-1 | ssy tu guardar sopieres esto que te castigo |
| S 573-2 | cras te dara la puerta quien te oy çierra el postigo |
| S 574-1 | Mucho mas te diria sy podiese aqui estar |
| S 608-4 | de -lo quel non te dixo de mi te sera rrepetido |
| S 609-1 | sy algo por ventura de mi te fuere mandado |
| S 609-2 | de -lo que mi marido te ovo conssejado |
| S 610-3 | apenaz de myll vna te lo niegue mas desdeña |
| S 623-1 | Maguer te diga de non E avn que se ensañe |
| S 624-2 | la que te era enemiga mucho te querra amar |
| S 629-3 | muchas vezes cobdiçia lo que te va negar |
| S 629-4 | dar te ha lo que non coydas sy non te das vagar |
| S 645-4 | qual don amor te dixo tal sea la trotera |
| S 647-1 | asaz te he ya dicho non puedo mas aqui estar |
| S 648-1 | Amigo en -este fecho que quieres mas que te diga |
| S 742-4 | nte cunple agora dezir me esos mandadoz |
| S 789-4 | ay cuerpo tan penado commo te vas a -moryr |
| S 847-2 | mi coraçon te he dicho mi desseo e mi llaga |
| S 870-2 | quando te dan la cablilla acorre con la soguilla |

| | | | | |
|---|---|---|---|---|
| S 908-3 | dueña por te dezir esto non te asanes nin te ayres | | S 389-4 | que non la fe de dios vete yo te conjuro |
| S 909-2 | dixela por te dar ensienpro non por que a -mi vino | | S 390-1 | Non te quiero amor nin cobdiçio tu fijo |
| S 923-1 | prouelo en vrraca do te lo por consejo | | S 391-2 | mudas te do te pagas cada dia Ayna |
| S 926-4 | creo que si esto guardares que -la vieja te acorra | | S 398-3 | de pecado dañoso de al non te alabo |
| S 955-1 | dexa me passar amiga dar te he joyas de sierra | | S 401-3 | luego de grado mandas bien te sabes mudar |
| S 965-1 | Dyz yo leuare a -cassa e mostrar te he el camino | | S 404-4 | plaze te con qual quier do el ojo as puesto |
| S 965-2 | fazer te he fuego e blasa darte he del pan e del vino | | S 406-4 | assegurando matas quita te de mi vete |
| S 965-4 | buena mañana te vino | | S 409-3 | yo te sacare a -saluo agora por la mañana |
| S 967-3 | hadre duro non te espantes que byen te dare que yantes | | S 409-4 | poner te he en -el otero cosa para ti sana |
| S 976-3 | non te lleges a -mi ante telo comidas | | S 410-3 | sacar te he bien a -saluo non te fare enojo |
| S 976-3 | sy non yo te fare que mi cayada midas | | S 410-4 | poner te he en -el otero o en aquel rrastrojo |
| S 990-5 | si la cayada te enbyo | | S 416-4 | eres mal enemigo fazes te amador |
| S 991-3 | sobarte diz el aluarda synon partes del trebejo | | S 420-2 | al que vna vez travas lievas telo en Robo |
| S 992-4 | yot mostrare sinon ablandas commo se pella el erizo | | S 422-4 | pues calla te e callemos amor vete tu vya |
| S 999-1 | Mas pariente tu te cata sy sabes de sierra algo | | S 423-2 | dyz açipreste Sañudo non seyas yo te rruego |
| S1002-4 | E dar te he lo que pidieres | | S 426-3 | torna te a -tu culpa pues por ti lo erreste |
| S1005-1 | yol dixe dar te he esas cosas e avn mas si mas comides | | S 430-3 | para que ella te quiera en su amor querer |
| S1015-4 | valdria se te mas trillar en -las tus paruas | | G 446-2 | non oluidez tal dueña maz della te enamora |
| S1020-3 | digo te que non vy mas nin te sera mas contado | | G 448-1 | guarte que non zea belloza nin barbuda |
| S1032-4 | de mal nos te faga | | G 449-4 | al omne si drize si a -tal muger te ayunta |
| S1075-4 | enbyo te el ayuno por mi des-afiar | | S 452-1 | syrue la non te enojes syruiendo el amor creçe |
| S1089-4 | por te fazer seruiçio non fuy por ende syeruo | | S 454-3 | verguença non te enbargue quando con ella estodieres |
| S1092-4 | mas fago te seruiçio con -la carne e cuero | | S 455-3 | con muger non enpereçez nin te enbueluas en tabardo |
| S1108-3 | sy ante mi te paras dar te he lo que meresçes | | S 485-1 | Por ende te castiga non dexes lo que pides |
| S1165-1 | Por tu grand avariçia mando te que el martes | | S 489-2 | seruir te ha leal mente fara lo que quisieres |
| S1165-4 | para por dios lo otro todo te mando que apartes | | S 515-4 | do la muger te oya non dexes prouar |
| S1167-4 | quando mejor te sepan por dioz de ti -las tira | | S 527-1 | guarda te non te abuelvas a -la casamentera |
| S1168-4 | aver te ha dios merçed e saldras de aqui ayna | | S 528-2 | guardate sobre todo mucho vino beuer |
| S1191-3 | que por nos te lo diga commo seremos contigo | | S 531-4 | dyos te salue buen omne dixol con ssynple gesto |
| S1248-2 | Señor noz te daremoz monesterios honrrados | | S 532-2 | dy me que cosa eres que yo non te entyendo |
| S1250-3 | non han de que te fagan seruiçios que te plegan | | S 534-3 | sacramento muy sano prueva si te plaze |
| S1252-1 | Non te faran Seruiçio en -lo que dicho han | | S 545-4 | si amar quieres dueña del vyno byen te guarda |
| S1253-3 | dar te han dados plomados perderaz tus dineroz | | G 562-4 | de lexoz algarea quedo non te arrebatez |
| S1261-3 | de te fuy aperçebido e de ty fuy castigado | | S 564-1 | de vna cossa te guarda quando amares vna |
| S1344-3 | commo se va mi vieja como pasaz tu vida | | S 564-2 | non te sepa que amas otra muger alguna |
| S1368-3 | de -lo que yo te dixe luego me arrepenty | | S 566-2 | non te alabes della que es grand torpedat |
| S1369-4 | dezir te he la fazaña e fynque la pelea | | S 573-4 | la que te oy desama cras te querra Amigo |
| S1388-3 | el çafir diol Respuesta bien te digo villano | | S 574-4 | Castiga te castigando E sabras a -otros castigar |
| S1395-1 | Dixol doña garoça oy mas no te dire | | S 578-2 | porfiando le dixe agora yo te porne |
| S1395-3 | ven cras por la rrepuesta e yo tela dare | | S 610-2 | dyl syn miedo tus deseos non te enbargue vergueña |
| S1411-3 | dezir te he su enxienplo agora por de mano | | S 610-4 | amar te ha la dueña que en -ello pienssa e sueña |
| S1411-4 | despues dar te he rrespuesta qual deuo e bien de -llano | | S 611-1 | Syruela non -te enojes siruiendo el amor creçe |
| S1423-4 | sy non dar te he qualqual qual tu meresçimiento | | S 613-1 | Non te espantes della por su mala Respuesta |
| S1466-3 | engaña a -quien te engaña a -quien te fay fayle | | S 614-4 | non te espante la dueña la primera vegada |
| S1481-1 | farias dixo la dueña Segund que ya te digo | | S 616-1 | syrue la con arte E mucho te achaca |
| S1497-1 | yol dixe trota conventos Ruego te mi amiga | | S 624-2 | la que te era enemiga mucho te querra amar |
| S1524-2 | al alma que -lo puebra lieuas tela de priesa | | S 627-4 | non seas mucho parlero non te tenga por mintroso |
| S1544-2 | Muerte por mas dezir te a -mi coraçon fuerço | | S 628-3 | tomara tan grand enojo que te querra aborresçer |
| S1561-4 | a -ysac e a -ysayas tomolos non te dexo dan | | S 646-1 | guardate non la tengas la primera vegada |
| S1571-1 | a -dios merçed le pido que te de la su gloria | | G 689-4 | do la muger oluidarez ella te oluidara |
| S1571-3 | fazer te he vn pitafio escripto con estoria | | S 722-4 | o piensa bien lo que fablas o calla faz te mudo |
| S1572-3 | la mi trota conventos dios te de rredepnçion | | S 750-3 | non quiero tu conssejo vete para villana |
| S1572-4 | el que saluo el mundo el te de saluaçion | | S 786-3 | por que amas la dueña que non te preçia nada |
| S1625-4 | que a -mi non te enbia nin quiero tu mandado | | S 787-2 | de dueña que te tyene por de mas oluidado |
| S1636-3 | te ofresco en seruiçio | | S 787-3 | posiste te en presion e sospiros e cuydado |
| S1641-1 | Pydo te merçed gloriosa | | S 789-3 | con dueña que te non quiere nin escuchar nin oyr |
| S1663-6 | te pido virtuosa | | S 908-3 | dueña por te dezir esto non te asanes nin te ayres |
| TE | (H) | | S 908-4 | mis fablas e mis fazañas Ruego te que byen las mires |
| S 8-4 | te fizo çierta desto tu fueste çierta del | | S 909-3 | guardate de falsa vieja de rriso de mal vezino |
| S 33-6 | por te seruir | | S 909-4 | sola con ome non te fyes nin le llegues al espino |
| S 34-2 | rrogando te toda via | | S 922-4 | o -piensa byen que fables o calla faz te mudo |
| S 41-4 | al çielo te fizo pujar | | S 956-4 | conssejate que te abengas antes que se despoje |
| S 70-3 | qual tu dezir quisieres y faz punto y tente | | S 961-3 | fasta que algo me prometas por mucho que te arremetas |
| S 101-4 | vete dil que me non quiera que nol quiero nil amo | | S 962-2 | tirate de -la carrera que non trax para ty nada |
| S 177-4 | vete de aqui ladron non quiero tu poridad | | S 962-3 | ella diz desde te torna por somo sierra trastorna |
| S 183-3 | al que mejor te syrue a -el fieres quando tiras | | S 965-3 | alae promed algo e tener te he por fydalgo |
| S 186-3 | fazes al que te cree lazar en tu mesnada | | S 966-3 | ella diz dam mas amigo anda aca trete con-migo |
| S 195-4 | diz ay molyno Rezio avn te vea casado | | S 971-4 | lyeua te dende apriesa desbuelue te de -aquez hato |
| S 197-2 | mas arde e mas se quema qual quier que te mas ama | | S 976-1 | ssemejas me diz sandio que ansy te conbidas |
| S 197-3 | amor quien te mas sygue quemas le cuerpo e alma | | S 976-2 | non te lleges a -mi ante telo comidas |
| S 198-1 | los que te non prouaron en buen dya nasçieron | | S 976-2 | sy en lleno te cojo byen tarde la oluidas |
| S 208-4 | rresponde a -quien te llama vete de mi posada | | S 979-3 | non te ensañes del juego que esto a -las vegadas |
| S 209-1 | Non quiero tu conpaña vete de aqui varon | | S 980-2 | meter te he por camino e avras buena merienda |
| S 214-1 | Non te puedo prender tanta es tu maestria | | S 980-3 | lieua te dende cornejo non busques mas contyenda |
| S 214-2 | E maguer te presiese crey que te non matarya | | S 991-5 | lyeuate vete sandio |
| S 215-4 | en fuerte punto te vy la ora fue mal dicha | | S 995-4 | non avras lo que quieres poder te has engañar |
| S 224-3 | fueron e son ayrados de dios los que te creyeron | | S 997-4 | dixele yo ansy dios te ssalue hermana |
| S 246-2 | al tomar te alegras el dar non -lo as ducho | | S1018-2 | pienssa de -los mayores si te podrias pagar |
| S 246-3 | non te fartaria duero con -el su agua ducho | | S1018-3 | sy ella algund dia te quisiese espulgar |
| S 246-4 | ssyenpre me ffallo mal cada que te escucho | | S1021-4 | de -la non pagares veyla e Rye e calla |
| S 249-4 | non te valdran thesoros nin Reynos çinquaenta | | S1025-4 | aqui non te engorres |
| S 254-2 | el lobo dixo como yo non te pudiera tragar | | S1032-3 | calyenta te e paga |
| S 254-4 | pues Sea te soldada pues non te quise matar | | S1075-3 | a -ty carnal goloso que te non coydas fartar |
| S 255-4 | mas ansi te ssecaras como vrozio E feno | | S1091-4 | non te podra enpeçer con todas sus espinaçaz |
| S 261-1 | Non te quiero por vezino nin me vengas tan presto | | S1108-3 | sy ante mi te paras dar te he lo que meresçes |
| S 278-2 | ssospiros e corages quieren te afogar | | S1108-4 | ençierra te en -la mesquita non vayas a -las prezes |
| S 278-3 | de ti mesmo nin de otro non te puedes pagar | | S1165-2 | que comas los formigos e mucho non te fares |
| S 280-2 | estas fraco e syn fuerça non te puedes Refertyr | | S1167-2 | E por que te perjuraste deziendo la mentira |
| S 280-4 | estorua tu pecado façe te ally moryr | | S1167-3 | lentejaz con -la sal en Rezar te rremira |
| S 292-4 | desque te conosçi nunca te vy ayunar | | S1170-4 | ayudar te ha dios e avraz pro del lazerio |
| S 293-2 | duermes con tu amiga afoga te postema | | S1192-3 | non te nos defenderas en castillo nin en muro |
| S 293-3 | lyeua te el dyablo en -el jnfierno te quema | | S1198-3 | desian a -la quaresma donde te asconderas catyua |
| S 297-3 | dezir telo he mas breue por te enbiar ayna | | S1250-2 | non han de que te fagan seruiçios que te plegan |
| S 310-1 | quien byen te conosçiere de ty non fyara | | S1255-4 | Señor vete con nusco prueua nuestro çeliçio |
| S 310-3 | quanto mas te vsare menos te preçiara | | S1320-4 | diz do non te quieren mucho non vayas amenudo |
| S 310-4 | quanto mas te prouare menos te amara | | S1346-1 | Dixol doña garoça enbio te el a -mi |
| S 330-4 | ayas tu abogado luego al plazo vente | | S1353-1 | dixole el ortolano vete de aqueste lugar |
| S 356-3 | por perentoria esto guarda non te encone | | S1355-3 | ayudete con algo fuy grand tyenpo tu ama |
| S 377-4 | va en achaque de agua a -verte la mala esquima | | S1378-4 | alegrate E come de -lo que as mas sabor |
| S 386-4 | despues custodinos te rruegan las encubiertas | | S1383-2 | comes muchas viandas aquesto te engaña |
| S 388-3 | non te pagas de omes castos nin dignos santos | | S1414-2 | dezian los que pasauan tente esa tras nochada |
| | | | S1423-3 | yo non quiero fazer lo vete syn tardamiento |

| | | |
|---|---|---|
| **TE** | **(cont.)** | |
| S1426-3 | Señor diz non me mates que non te podre fartar |
| S1426-4 | en tu dar me la muerte non te puedes onrrar |
| S1465-4 | andando E fablando amigo non te engorres |
| S1466-3 | engaña a -quien te engaña a -quien te fay fayle |
| S1466-4 | entre tanto amigo vete con ese bayle |
| S1467-3 | vino el malo e dixo ya te viese colgar |
| S1467-4 | que yo te ayudare commo lo suelo far |
| S1468-1 | Suban te non temaz cuelgate a -osadaz |
| S1468-3 | que yo te soterne Segund que otraz vegadaz |
| S1473-4 | non pudo mas sofrirte tenlo que mereçiste |
| S1479-3 | al que te dexa en coyta nol quieras en -trebejo |
| S1479-4 | al que te mata so capa nol salues en conçejo |
| S1484-4 | non Respondas en escarnio do te preguntan cordura |
| S1497-3 | e si en -la rrespuesta non te dixiere enemiga |
| S1521-1 | Muerte al que tu fieres lieuas telo de belmez |
| S1547-3 | non ay omne que te sepa del todo denostar |
| S1547-4 | quando eres denostada do te vienes acostar |
| S1556-1 | El Señor que te fizo tu a -este mataste |
| S1557-2 | temio te la su carne grand miedo le posiste |
| S1557-4 | la deydat non te temio entonçe non la viste |
| S1558-1 | Nol cataste nil viste vyo te el byen te cato |
| S1558-4 | tul mataste vna ora el por sienpre te mato |
| S1559-1 | quando te quebranto entonçe lo conoçiste |
| S1569-2 | muchos te siguian biua muerta yazes Señera |
| S1569-3 | ado te me han leuado non cosa çertera |
| S1570-4 | quien te me rrebato vieja por mi sienpre lazrada |
| S1625-3 | dixol doña fulana tyra te alla pecado |
| S1635-7 | que te sirua toda via |
| S1636-1 | por que seruir te cobdiçio |
| S1678-3 | non me partir de te seruir |
| S1689-2 | E non te desvias |
| **TE** | **(L)** | |
| P   2 | et Instruam te In via hac qua gradieris |
| P   3 | firmabo super te occulos meos |
| P  45 | del verso que dize E instruan te |
| P  61 | firmabo super te occulos meos |
| S1237-4 | te amore laudemus le cantan E al |
| **TECUM** | **(L)** | |
| S1663-1 | Dominus tecum |
| **TECHO** | | |
| S1546-1 | los ojos tan fermosos pones los en -el techo |
| **TELAR** | | |
| S 471-2 | en -el telar e en -la dança syenpre bullen los dedoz |
| **TEMA** | | |
| S 293-4 | tu dizes al garçon que coma byen e non tema |
| S1449-3 | en tal manera tema el que bien quiere beuir |
| **TEMADES** | | |
| S 817-1 | Madre vos non temades que en mentyra vos ande |
| **TEMAS** | | |
| S 956-3 | non temas syn das algo que -la nieue mucho moje |
| S1435-2 | vieja dixo non temas esta byen Segurada |
| S1458-4 | non temas ten es-fuerço que non moras por esto |
| S1463-3 | faz ansi como sueles non temas en mi fia |
| S1468-1 | Suban te non temaz cuelgate a -osadaz |
| **TEME** | | |
| S1379-3 | el que teme la muerte el panal le sabe fiel |
| S1421-4 | quando teme ser preso ante busque guarida |
| S1557-1 | El jnfierno lo teme e tu non lo temiste |
| **TEMED** | | |
| S1531-2 | temed sus amenazas non fagades su Ruego |
| **TEMEDES** | | |
| S1444-3 | todas laz otras temen eso que vos temedes |
| S1451-4 | temedes vos que todaz yres por esa via |
| **TEMEN** | | |
| P  26 | Ca luego ez el buen entendimiento en los que temen A -dios |
| G 586-1 | vos temen e voz seruen commo a vuestra fechura |
| S1444-3 | todas laz otras temen eso que vos temedes |
| S1539-2 | temense que -las arcas les han de des-ferrar |
| S1554-4 | sy non dios todos temen tus penas e tus lazerios |
| **TEMER** | | |
| S1448-2 | faze tener grand miedo lo que non es de temer |
| S1588-2 | debdo es temer a -dios e a -la su magestad |
| **TEMERIE** | | |
| S1553-1 | non temerie tu venida la carne vmagnal |
| **TEMEROSA** | | |
| S1380-2 | non tiene voluntad clara la vista temerosa |
| **TEMEROSAS** | | |
| S1445-4 | las liebrez temerosaz en vno son juntadas |
| **TEMEROSO** | | |
| S 819-2 | mas el poble coytado syenpre esta temeroso |
| S1384-2 | al rrico temeroso es poble la rriqueza |
| **TEMI** | | |
| S 706-4 | toda cosa deste mundo temo mucho e temi |
| **TEMIDA** | | |
| S 272-3 | dixo contra si mesma vna Razon temida |
| S 743-2 | sola syn conpañero non sodes tan temida |
| **TEMIENDO** | | |
| S 277-2 | temiendo que a -tu amiga otro le fabla en locura |
| **TEMIO** | | |
| S 541-3 | desque peco con -ella temio mesturado ser |
| S1424-1 | Mucho temio la vieja deste brauo dezir |
| S1557-2 | temio te la su carne grand miedo le posiste |
| S1557-4 | la deydat non te temio entonçe non la viste |
| **TEMISTE** | | |
| S1557-1 | El jnfierno lo teme e tu non lo temiste |
| **TEMO** | | |
| S 706-4 | toda cosa deste mundo temo mucho e temi |
| S1369-1 | Mas temome e Reçelo que mal engañada sea |
| **TEMOR** | | |
| P  22 | Ca el ome entendiendo el bien avra de dios temor |
| P 305-3 | poco a -dios preçiaua nin avia del temor |

| | | |
|---|---|---|
| S 801-4 | que -la quiere leuar syenpre tyene temor |
| S 852-2 | en quantas guysas se buelue con miedo e con temor |
| S 853-3 | grand temor gelo defiende que mesturada seria |
| S1094-4 | vinieron muy omildes pero con grand temor |
| S1378-1 | Cerrada ya la puerta e pasado el temor |
| S1448-4 | non deue temor vano en -sy ome traer |
| S1452-1 | Tened buena esperança dexad vano temor |
| **TEN** | | |
| S  70-3 | qual tu dezir quisieres y faz punto y tente |
| S 353-4 | abogado de rromançe esto ten en memoria |
| S 566-4 | que quier que por ti faga ten lo en poridat |
| S1414-4 | dezian los que pasauan tente esa tras nochada |
| S1458-4 | non temas ten es-fuerço que non moras por esto |
| S1473-4 | non pudo mas sofrirte tenlo que mereçiste |
| **TENAZAS** | | |
| S 415-4 | el diablo los lyeva presos en -tus tenazas |
| S 925-4 | nin badil nin tenazas nin anzuelo pescador |
| **TENBLAR** | | |
| S 405-2 | fazes tenblar los omnes e mudar sus colores |
| **TENBLORES** | | |
| S 654-2 | a -mi luego me venieron muchos miedos e tenblores |
| **TENBRAR** | | |
| S 544-3 | faze tenbrar los mienbros todo seso olvida |
| **TENDEJONES** | | |
| S1107-4 | fasta en guadal-qui-vyl ponian su tendejones |
| **TENDER** | | |
| S 460-3 | por pereza de tender el pie fasta el escalon |
| **TENDIDOS** | | |
| S  56-1 | Mostro luego trez dedos contra el griego tendidos |
| **TENDIENDO** | | |
| S1292-2 | trigos e todaz mieses en -las eraz tendiendo |
| **TENDIO** | | |
| S  57-1 | leuantose el griego tendio la palma llana |
| S1119-1 | Tomo ya quanto esfuerço e tendio su pendon |
| S1414-1 | Tendiose a -la puerta del aldea nonbrada |
| **TENED** | | |
| S 205-1 | Respondioles don jupiter tenedlo que pidistes |
| S 797-3 | conortad vos amigo e tened buena creençia |
| S1452-1 | Tened buena esperança dexad vano temor |
| S1531-4 | tened que cras morredes ca -la vida es juego |
| **TENEDES** | | |
| S 878-4 | El mejor cobro que tenedes vuestro mal que -lo calledes |
| S 930-2 | E tal fazedes vos por que non tenedes otra |
| S1451-4 | E a -todas las monjaz que tenedes freylia |
| **TENEMOS** | | |
| S 818-2 | en -la firme palabla es la fe que tenemos |
| S1064-4 | destas llagas tenemos dolor e grand pessar |
| S1447-2 | non somos nos señeras que miedo vano tenemos |
| S1447-4 | las liebrez E las rranas vano miedo tenemos |
| **TENER** | | |
| P  62 | E por ende deuemoz tener sin dubda |
| P 106 | ca tener todaz laz cosaz en -la memoria |
| S 112-2 | codiciava tener lo que otro para sy tenia |
| S 132-3 | fizo los tener presos en logares apartadoz |
| S 167-2 | querer sienpre tener alguna enamorada |
| S 195-1 | prouo tener la muela commo avia vsado |
| S 196-3 | non prouo mas tener la muela sol non -lo asomo |
| S 417-4 | E fazer malaz oblas e tener mal querençia |
| S 496-3 | en tener pleitos malos E fazer abenençia |
| S 501-1 | vy tener al dinero las mejores moradas |
| S 534-1 | Non deues tener dubda que del vyno se faze |
| G 589-4 | fisica nin melezina non me puede pro tener |
| G 667-4 | deuen tener la pena a -loz suz fazedorez |
| S 965-3 | alae promed algo e tener te he por fydalgo |
| S1043-3 | fuy tener y vigilia commo es acostunblado |
| S1311-2 | fuy tener la quaresma a -la villa de castro |
| S1327-1 | Mas val tener algun cobro mucho ençelado |
| S1359-4 | prendiol e nol pudo tener fuesele por el vallejo |
| S1448-2 | faze tener grand miedo lo que non es de temer |
| S1500-3 | mal valdrie a -la fermosa tener fijos e nieto |
| S1589-2 | tener fe que santa cosa es de dios gualardonada |
| **TENGA** | | |
| S 514-3 | quien non tiene miel en -la orça tengala en -la boca |
| S 568-2 | tenga la porydat que es mucho mas blanda |
| S 627-4 | non seas mucho parlero non te tenga por mintroso |
| S 849-2 | tome me por palabla a -la peor se tenga |
| S 870-3 | rrecabdat lo que queredes non vos tenga por çestilla |
| S 939-4 | E fazer que -la pella en Rodar non se tenga |
| S 949-4 | el oydor cortes tenga presto El perdon |
| S1434-4 | tenga manera E seso arte e Sabidoria |
| S1627-2 | que si lo oye alguno que tenga muger fea |
| **TENGADES** | | |
| S  16-1 | Non tengadez que ez libro neçio de devaneo |
| S 161-3 | mas por que non me tengades por dezidor medroso |
| **TENGAMOS** | | |
| G 761-3 | andemoz lo fablemoz lo teng(a)moz lo çelado |
| **TENGAN** | | |
| S 869-3 | Sed cras omne non vos tengan por tenico |
| **TENGAS** | | |
| S  65-1 | la bulrra que oyeres non la tengas en vil |
| S 646-1 | guardate non la tengas la primera vegada |
| **TENGO** | | |
| S 299-4 | mas yr a -ty non puedo que tengo vn grand contrallo |
| S 574-2 | mas tengo por el mundo otros muchos de pagar |
| S 597-2 | atrauiesa me el coraçon en -el la tengo fyncada |
| S 607-2 | la fuerça non la tengo mis ojos non paresçen |
| G 683-3 | querria fablar non ozo tengo que uoz pezara |
| S 742-1 | Dexa me de tus Roydos que yo tengo otros coydados |
| S 815-3 | mas yo de vos non tengo synon este pellote |
| S 947-5 | non fuyan dello las dueñas nin los tengo por lixo |
| S 960-3 | que por esta encontrada que yo tengo guardada |
| S 989-4 | pues vos yo tengo hermana aqui en esta verdura |

## TENGO (cont.)

| | |
|---|---|
| S1026-1 | yol dixe frio tengo |
| S1031-5 | que tengo guardada |
| S1134-1 | E por aquesto que tengo en coraçon de escreuir |
| S1134-4 | tengo del miedo tanto quanto non puedo desir |
| S1474-3 | que yo tengo travadaz mis pies tienen sangrias |
| S1706-1 | que sy yo tengo o -toue en casa vna seruienta |

## TENIA

| | |
|---|---|
| S 80-2 | con -la mi mensajera que tenia enpuesta |
| S 112-2 | codiciava tener lo que otro para sy tenia |
| S 119-2 | trigo que tenia Anejo |
| S 129-2 | nasçiole vn fijo bello mas de aquel non tenia |
| S 182-1 | Con saña que tenia fuylo a -denostar |
| S 192-2 | que el tenia muger en -que anbos a -dos oviesen |
| S 193-2 | tenia vn molyno de grand muela de preçio |
| S 193-4 | andando mucho la muela teniala con -el pie quedo |
| S 227-2 | la carne que tenia perdiola el alano |
| S 227-4 | coydo ganar E perdio lo que tenia en su mano |
| S 242-1 | Tenia del grand yugo dessolladaz las ceruiçes |
| S 340-3 | en -que diese sentençia qual el por bien tenia |
| S 408-1 | Tenia el mur topo cueva en -la rribera |
| S 655-1 | Vnas palabras tenia pensadas por le dezir |
| G 669-4 | yo torne en -la mi fabla que tenia començada |
| S 900-1 | Commo el leon tenia sus monteros armados |
| S 903-4 | mas que -lo non tenia e por end veniera |
| S1019-1 | Por el su garnacho tenia tetas colgadas |
| S1077-3 | ca non tenia amor nin era enamorado |
| S1078-1 | do tenia a -don jueues por huesped a -la messa |
| S1097-2 | que tenia cada vno ya la talega llena |
| S1115-3 | tenia en -la su mano grand maça de vn trechon |
| S1219-1 | Tenia coffya en -la cabeça quel cabello nol ssalga |
| S1260-1 | Desque vy a -mi señor que non tenia posada |
| S1279-3 | tenia laz yeruas nuevas en -el plado ançiano |
| S1290-1 | El Segundo tenia en -su mano la foz |
| S1351-3 | creçio con -el grand vyçio e con -el grand bien que tenia |
| S1377-3 | non tenia lugar çierto do fuese anparado |
| S1402-1 | Ante ella E sus conpañas en -pino se tenia |
| S1619-1 | Pues que ya non tenia menssajera fiel |
| S1621-2 | quando non tenia que comer ayunaua el pecador |

## TENIADES

| | |
|---|---|
| S 877-2 | vieja por esto teniades a -mi la puerta çerrada |

## TENIAN

| | |
|---|---|
| S 458-4 | coydando que tenian su cassamiento fecho |
| S1087-4 | Real de tan grand preçio non tenian las sardinas |
| S1246-3 | al que gela non besa tenian lo por villano |
| S1413-1 | Tenian se los del pueblo della por mal chufados |

## TENIAS

| | |
|---|---|
| S 250-1 | quando tu eras poble que tenias grand dolençia |
| S1355-2 | onde ovieses cobro non tenias adama |
| S1560-1 | A -santos que tenias en tu mala morada |
| S1562-3 | al cabdillo de moysen que tenias en -tus baraças |

## TENICO

| | |
|---|---|
| S 869-3 | Sed cras omne non vos tengan por tenico |

## TENIDA

| | |
|---|---|
| S 64-2 | non ha mala palabra si -non es a -mal tenida |
| S1422-2 | es del menos preçiada e en poco tenida |

## TENIDOS

| | |
|---|---|
| S 339-3 | diz luego la marfusa Señor sean tenidos |
| S1563-1 | yo dezir non ssabria quales eran tenidos |

## TENIE

| | |
|---|---|
| S 60-2 | rrespondio que en su poder tenie el mundo E diz verdat |
| S 63-3 | desque vio -que -la pelea tenie mal aparejada |
| S 324-1 | tenie buen abogado ligero e sotil era |
| S 366-4 | ella diz que non -lo tenie mas que le furtaria la gallyna |
| S1219-2 | queça tenie vestida blanca e Raby galga |
| S1498-3 | guardaz tenie la monja mas que -la mi esgrima |

## TENIES

| | |
|---|---|
| S1562-2 | que los tenies en -las penas en -las tus malas arcas |

## TENPERAMIENTO

| | |
|---|---|
| S1588-3 | vyrtud de tenperamiento de mesura e onestad |

## TENPLADAS

| | |
|---|---|
| S1087-1 | Eran muy byen labladas tenpladas e byen fynas |

## TENPLANO

| | |
|---|---|
| S 484-4 | vos veniesedes tenplano E trobariades corder |
| S 985-4 | llegue con sol tenplano al aldea de ferreros |
| S 996-4 | pase por la mañana el puerto por sosegar tenplano |

## TENPLAR

| | |
|---|---|
| S 515-1 | sy sabes estromentos byen tañer o tenplar |

## TENPORADA

| | |
|---|---|
| G 760-4 | ternie que non podria zofrir grand tenporada |

## TENPORADAS

| | |
|---|---|
| S1300-2 | son quatro tenporadaz del año del espera |

## TENPORAL

| | |
|---|---|
| S1348-2 | en -el mes de enero con fuerte tenporal |

## TENPRAD

| | |
|---|---|
| S 792-2 | tenprad con -el buen seso el pesar que ayades |

## TENPRANO

| | |
|---|---|
| G 686-2 | mi madre verna de miza quiero me yr de aqui tenprano |

## TENPRO

| | |
|---|---|
| S 259-3 | por ende non fizo el tenpro en todos los sus diaz |

## TENPTAÇIONES

| | |
|---|---|
| S 503-2 | denostar al dinero E a -sus tenptaçiones |

## TENTAÇION

| | |
|---|---|
| S1677-3 | de tan fuerte tentaçion |

## TERCER

| | |
|---|---|
| S 974-1 | Torne para mi casa luego al terçer dya |

## TERCERA

| | |
|---|---|
| P 59 | E desto concluye la terçera rrazon del veso primero |
| S 572-3 | sy las dos byen guardares tuya es la terçera |
| S1053-1 | a -la terçera ora xpistus fue judgado |

## TERCERO

| | |
|---|---|
| S 26-1 | El terçero cuenta las leyes |
| S 37-1 | ffue el tu gozo terçero |
| S 131-2 | el terçero dize el niño ha de despeñado |
| S1286-1 | El terçero fidalgo esta de florez lleno |
| S1287-4 | el segundo al terçero con cosa non le alcança |
| S1292-1 | El terçero andaua los çetenos trayendo |
| S1294-3 | el terçero al Segundo atiendel en frontera |
| S1297-1 | Pissa los buenos vinos el labrador terçero |
| S1636-6 | fue terçero angel a -ty menssajero |
| S1638-1 | El terçero la estrella |

## TERCIA

| | |
|---|---|
| S 379-4 | va la dueña a -terçia caridat a -longe pone |
| S1049-1 | Myercoles a -terçia el cuerpo de xpisto |
| S1399-2 | alegre va el frayle de terçia al rrefitor |

## TERCIO

| | |
|---|---|
| S1165-3 | el terçio de tu pan comeras o -las dos partes |

## TERESA

| | |
|---|---|
| S1702-2 | otrosi de -lo mio E del mal de teresa |

## TERNE

| | |
|---|---|
| S 578-3 | con dueña falaguera e desta vez terne |

## TERNERAS

| | |
|---|---|
| S1188-3 | dan grandes apellidos terneras E beçerros |

## TERNIA

| | |
|---|---|
| S 110-2 | non ternia tantos presos el amor quantos tien |
| S 743-4 | por ende aquel buen omne vos ternia defendida |

## TERNIE

| | |
|---|---|
| G 760-4 | ternie que non podria zofrir grand tenporada |

## TERRENAL

| | |
|---|---|
| S1265-4 | que omne terrenal desto non faria nada |
| S1553-2 | ca beuiendo omne sienpre e mundo terrenal |
| S1616-2 | terrenal parayso es e grand conssolaçion |

## TERRON

| | |
|---|---|
| S1337-2 | poluo terron e candy e mucho del rrosado |

## TESTAMENTO

| | |
|---|---|
| S1535-3 | non puede leuar nada nin fazer testamento |
| S1543-3 | non ha omne que faga su testamento byen |

## TESTIGO

| | |
|---|---|
| S 359-1 | Maguer contra la parte o contra el mal testigo |
| S 360-1 | sy non fuere testigo falso o sy lo vieren variar |

## TESTIGOS

| | |
|---|---|
| S 355-1 | Por cartas o por testigos o por buen jnstrumente |
| S 357-2 | quando se pon contra testigos en pleito criminal |
| S 361-2 | E pueden se los testigos tachar e Retachar |
| G 681-4 | ante testigoz que noz veyan fablar uoz he algund dia |

## TESTIMONIO

| | |
|---|---|
| S 4-2 | del falso testimonio de -la falsa conpaña |

## TESTO

| | |
|---|---|
| S 261-2 | al sabidor virgillio commo dize en -el testo |
| S1190-1 | Estas fueron laz cartaz el testo e la glosa |
| S1631-3 | ffiz vos pequeno libro de testo mas la glosa |

## TESTOS

| | |
|---|---|
| S1151-3 | trastorne byen los libros las glosaz e los testos |

## TETAS

| | |
|---|---|
| S1019-1 | Por el su garnacho tenia tetas colgadas |

## TEXEDOR

| | |
|---|---|
| S 471-1 | Texedor E cantadera nunca tyenen los pies quedos |

## TEXIDO

| | |
|---|---|
| S1477-1 | El mundo es texido de malos arigotes |

## THAFUR

| | |
|---|---|
| S1620-2 | thafur peleador goloso Refertero |

## THESORERO

| | |
|---|---|
| S1701-1 | ffablo en -pos de aqueste luego el thesorero |

## THESOREROZ

| | |
|---|---|
| S 506-4 | pues que se dizen pobles que quieren thessoreroz |

## THESORO

| | |
|---|---|
| S 177-2 | que tu furtes su thesoro que dexo en mi fealdat |
| S 251-2 | Salud e grand rriqueza e thesoro sobejo |
| S1638-4 | con su noble thesoro |

## THESOROS

| | |
|---|---|
| S 247-4 | nin de -los tus thesoros non le quieres dar vn pico |
| S 249-4 | non te valdran thesoros nin Reynos çinquaenta |
| S 253-1 | Prometio al que -lo sacase thesoros e grand Riqueza |
| S1215-2 | non lo conplaria dario con todos sus thesoros |
| S1534-3 | llega el omne thesoros por lograr los apodo |
| S1535-2 | de sus muchos thesoros e de su allegamiento |
| S1539-4 | de todos sus thesoros dan le poco axuar |

## THOLOMEO

| | |
|---|---|
| S 124-1 | Esto diz tholomeo e dizelo platon |

## TI

| | |
|---|---|
| S 23-1 | Del angel que a -ty vino |
| S 24-4 | al fijo que dios en -ti enbia |
| S 25-4 | de ti virgen el mexia |
| S 32-3 | por ti sea de nos visto |
| S 36-2 | quando fue de ti nasçido |
| S 41-2 | quando por ti quiso enbiar |
| S 42-4 | del çielo en ti morador |
| S 81-2 | yo veo otraz muchas creer a -ti parlera |
| S 184-4 | en ti fasta que el cuerpo e el alma van perder |
| S 185-1 | Non tienes Regla çierta nin tienes en ti tiento |
| S 198-3 | desque A -ti fallaron todo su bien perdieron |
| S 208-1 | Querellan se de ti mas non les vales nada |
| S 216-3 | syenpre de ti me vino con tu sotil engaño |
| S 220-1 | En -ti fazen morada aleuoso traydor |
| S 276-2 | con grand çelo que tienes omne de ti se espanta |
| S 278-1 | Desque uvia el çelo en ty arraygar |
| S 278-3 | de ti mesmo nin de otro non te puedes pagar |
| S 282-4 | en -ty non es vn byen nin fallado nin visto |
| S 289-4 | non fallaran en -ti synon todo mal obrar |
| S 299-4 | mas yr a -ty non puedo que tengo vn grand contrallo |
| S 307-1 | Rencor E homeçida criados de ti -son |
| S 309-4 | sy devo fyar en -ti a -la fe non ansy lo crey |
| S 310-1 | quien byen te conosçiere de ty non fyara |
| S 310-2 | el que tos obras viere de ty se arredrara |

| | |
|---|---|
| **TI** | **(cont.)** |
| S 387-4 | salue rregina dizes sy de ti se ha de quexar |
| S 398-1 | El que mas a -ty cree anda mas por mal cabo |
| S 398-4 | tristeza e flaqueza al de ty non Recabdo |
| S 403-4 | quanto mas a -ty creen tanto peor baratan |
| S 409-4 | poner te he en -el otero cosa para ti sana |
| S 414-4 | todos por ti peresçem por tu mala enxanbre |
| S 426-3 | torna te a -tu culpa pues por ti lo erreste |
| S 428-2 | non quieras amar duenas que a -ty non avyene |
| G 436-1 | A -la muger que enbiarez de ti zea parienta |
| G 442-3 | por que a -ty non mienta sabe laz falagar |
| S 453-1 | gradesçe gelo mucho lo que por ti feziere |
| S 528-1 | buenas costunbres deues en -ty syenpre aver |
| G 557-3 | nyn seaz de ti mismo e de tus fechoz loador |
| G 562-2 | Non le fagaz zenalez a ti mismo non matez |
| S 565-3 | pues piensa por ty mesmo e cata byen tu seno |
| S 566-4 | que aquel que por ti faga ten lo en poridat |
| S 567-1 | ssy muchos le ençelares mucho fara por ty |
| S 612-4 | que tarde o que ayna crey que de ty se duela |
| S 628-2 | E por pequeña tacha que en -ty podria aver |
| S 628-4 | a -ty mesmo contesçio E a -otros podra acaesçer |
| S 847-4 | por me dar tu conssejo verguença en ty non aya |
| S 926-3 | nunca le digas trotera avn que por ti corra |
| S 962-2 | tirate de -la carrera que non trax para ty nada |
| S 992-3 | commo fiz loca demanda en dexar por ty el vaquerizo |
| S1047-2 | de ty non se muda la mi esperança |
| S1075-3 | a -ty carnal goloso que te non coydas fartar |
| S1167-4 | quando mejor te sepan por dioz de ti -las tira |
| S1190-3 | a -ty quaresma fraca magra E muy sarnosa |
| S1191-2 | enbyamos nos a -ty al armuerzo nuestro amigo |
| S1192-4 | que de ty non ayamoz el cuero maduro |
| S1251-3 | la su possaderia non es para ty sana |
| S1261-2 | el byen si algo se de ti me fue mostrado |
| S1261-4 | de te fuy aperçebido e de ty fuy castigado |
| S1354-1 | ansi derecha mente a -mi de ty me vino |
| S1368-4 | por que talente bueno entiendo yo en -ty |
| S1379-4 | a -ty solo es dulçe tu solo come del |
| S1388-2 | que a -ty nin a -çiento tales en -la mi mano |
| S1433-2 | al pobre al menguado non lo quieraz de ti echar |
| S1459-1 | quando a -ty sacaren a -judgar oy o cras |
| S1473-4 | he Roto yo andando en pos ty Segund viste |
| S1522-3 | non ay en -ty mesura amor nin piedad |
| S1523-1 | Non puede foyr omne de ty nin se asconder |
| S1524-4 | de fablar en ti muerte espanto me atrauiesa |
| S1529-2 | ome sabio nin neçio que de ty byen de-parta |
| S1529-3 | en -el mundo non ha cosa que con byen de ti se parte |
| S1529-4 | saluo el cueruo negro que de ty muerte se farta |
| S1530-4 | non te atender a -ty nin a -tu amigo cras cras |
| S1544-4 | en -ty tienes la tacha que tiene el mestuerço |
| S1546-4 | en -ty es todo mal rrencura E despencho |
| S1550-1 | Non plazes a -ninguno a -ty con muchos plaze |
| S1553-1 | Muerte por ti es fecho el lugar jn-fernal |
| S1553-3 | non aurien de ti miedo nin de la tu hostal |
| S1558-3 | al jnfierno E a -los suyos E a -ty mal quebranto |
| S1566-2 | aquel nos guarde de ty que de ty non se guarda |
| S1568-1 | Muerte desmesurada matases a -ty sola |
| S1571-4 | pues que a -ty non viere vere tu triste estoria |
| S1572-1 | Dare por ty lymosna e fare oraçion |
| S1636-6 | fue terçero angel a -ty menssajero |
| S1640-7 | quando tu fijo por ti veno |
| S1662-9 | por que loe a -ty fermosa |
| S1670-2 | por lo qual a -ty bendigo que me guardes de quebranto |
| S1670-3 | pues a -ty Señora canto tu me guarda de lisyon |
| S1671-3 | pues a -ty me encomiendo non me seas desdeñosa |
| S1672-1 | A -ty me encomiendo virgen ssanta maria |
| S1675-7 | de ty sea ayudado |
| S1676-7 | venga a -ti Señora en miente |
| S1678-1 | quiero Seguir a -ty flor de -laz florez |
| S1679-1 | grand fyança he yo en -ty Señora |
| S1679-2 | la mi esperança en -ty es toda ora |
| S1682-4 | quien a -ty non oluida |
| S1684-1 | En ty es mi sperança |
| **TIA** | |
| S 925-1 | garavato nin tya cordel nin cobertor |
| **TIBERIO** | |
| S 266-2 | tiberio agua cabdal que muchas aguas toma |
| **TIBI** | **(L)** |
| P 1 | Intellectum tibi dabo |
| P 34 | Intellectum tibi dabo |
| P 167 | jntellectum tibi dabo e cetera |
| **TIEN** | |
| S 110-2 | non ternia tantos presos el amor quantos tien |
| G 549-3 | los fermozoz rretraherez tien para dezir apreztoz |
| S 737-3 | que vos tanto loades e quantos bienes tien |
| G 759-3 | fasta que pase el año de -loz lutus que tien |
| G 762-1 | que prouecho uoz tien vestir ese negro paño |
| S 851-3 | syn verguença es el fecho pues tantas carreras tyen |
| **TIENBLA** | |
| S 642-3 | torre alta desque tyenbla non ay synon caer |
| **TIENBRAN** | |
| S 810-1 | los labrios de la boca tyenbranle vn poquillo |
| **TIENDA** | |
| S 697-4 | açerte en -la tyenda del sabio corredor |
| S 862-1 | Nunca esta mi tyenda syn fruta a -las loçanas |
| S 863-1 | desde aqui a -la mi tienda non ay synon vna pasada |
| S 864-1 | yd vos tan segura mente con-migo a -la mi tyenda |
| S 871-4 | entro con ella en -su tyenda byen sosegada mente |
| S1173-2 | mouio todo el Real mando coger su tyenda |
| S1264-1 | Dyz mando que mi tyenda fynque en -aquel plado |
| S1265-1 | Desque ovo yantado fue la tyenda armada |
| S1266-1 | la obra de -la tyenda vos querria contar |
| S1267-4 | alunbrase la tyenda de su grand rresplandor |

| | |
|---|---|
| S1301-2 | vy muchaz en la tienda mas por non vos detener |
| S1301-4 | non quiero de -la tienda mas prologo fazer |
| S1302-1 | Myo señor desque fue su tyenda aparejada |
| **TIENDEN** | |
| S1254-1 | Tyenden grandes alfamarez ponen luego tableroz |
| **TIENE** | |
| S 44-2 | que omne a -sus coydadoz que tiene en coraçon |
| S 162-3 | tiene por noble cosa lo que non vale vna arveja |
| S 206-1 | quien tiene lo quel cunple con -ello sea pagado |
| S 222-4 | quien tu cobdiçia tiene el pecado lo engaña |
| S 225-1 | Por la cobdiçia pierde el omne el bien que tiene |
| S 229-2 | desque lo tiene omne çiero E ya ganado |
| S 229-4 | quien dexa lo que tiene faze grand mal rrecabdo |
| S 284-1 | Por que tiene tu vezino mas trigo que tu paja |
| S 290-4 | quien se tiene por lo que non es loco es va a -perder |
| S 316-1 | El omne que tiene estado onrra E grand poder |
| S 337-3 | por que tiene barragana publica e es casado |
| S 381-2 | que -la vieja que tiene a -tu amiga presta |
| S 385-4 | la fiesta de seys capas contigo la pasqua tiene |
| S 394-1 | Tyene omne su fija de coraçon amada |
| S 394-4 | do coyda algo en ella tyene nada |
| S 395-4 | Remeçe la cabeça a -mal seso tiene mientes |
| S 411-2 | mas al tiene pensado en -el su coraçon |
| S 428-4 | synpre sera mesquino quien Amor vano tyene |
| G 444-1 | si dexiere que la dueña non tiene mienbroz muy grandez |
| G 445-1 | si diz que -loz zobacoz tiene vn poco mojadoz |
| S 490-4 | El que non tiene manos dyneros quiere tomar |
| S 491-4 | quanto mas algo tiene tanto es mas de valor |
| S 497-3 | el que non tyene dineros echan le las posas |
| S 512-4 | el que non tyene que dar su cavallo non corre |
| S 514-3 | quien non tiene miel en -la orça tengala en -la boca |
| S 519-2 | en -el coraçon lo tyene maguer se le escusa |
| S 527-4 | ca vna congrueca de otra sienpre tyene dentera |
| G 548-2 | muchaz bondadez tiene sy ze toma con mesura |
| S 568-1 | Como tyene tu estomago en -sy mucha vyanda |
| G 584-3 | por todo el mundo tiene grant poder e suerte |
| S 631-1 | Por mejor tyene la dueña de ser vn poco forçada |
| S 643-1 | ssy tyene madre vieja tu amiga de beldat |
| S 658-4 | de aquella seria mi cuerpo que tiene mi coraçon |
| G 666-4 | la peña tiene blanco e prieto pero todoz zon conejoz |
| S 733-1 | a -veçes luenga fabla tiene chico prouecho |
| S 787-2 | de dueña que te tyene por de mas oluidado |
| S 798-4 | sy mucho la amades mas vos tyene amado |
| S 801-3 | en todo logar tyene que esta el caçador |
| S 801-4 | que -la quiere leuar syenpre tyene temor |
| S 806-3 | que quien amores tyene non los puede çelar |
| S 807-2 | que vos quiere e vos ama e tyene de vos desseo |
| S 846-2 | vençe a -todas guardas e tyene las por mueras |
| S 865-4 | çiega es la muger seguida non tyene seso nin tyento |
| S 866-3 | non vee rredes nin lazos en -los ojos tyene arista |
| S 884-2 | ya el pescador los tiene E los trahe por el suelo |
| S 885-2 | vase perder por el mundo pues otro cobro non tyene |
| S 920-4 | que non mengua cabestro a -quien tyene çiuera |
| S 951-4 | quien busco lo que non pierde lo que tiene deue perder |
| S1015-1 | Mayores que -las mias tyene sus prietas baruas |
| S1017-1 | mas ancha que mi mano tyene la su muñeca |
| S1094-2 | E tiene por todo el mundo poder commo señor |
| S1116-4 | como tiene muchas manos con muchoz puede lydiar |
| S1228-3 | el corpudo laud que tyene punto a -la trisca |
| S1231-4 | a -laz gentes alegra todaz laz tyene pagadaz |
| S1282-1 | Este tyene trez diablos presos en -su cadena |
| S1380-2 | non tiene voluntad clara la vista temerosa |
| S1384-3 | syenpre tyene rreçelo e con miedo tristeza |
| S1416-3 | para quien dolor tiene en muela o en quexar |
| S1418-3 | para quien tiene venino o dolor en -la oreja |
| S1425-2 | en espesura tiene su cueua soterrana |
| S1433-3 | puede fazer seruiçio quien non tyene que pechar |
| S1434-3 | el que poder non tyene oro nin fidalguia |
| S1477-2 | en buena andança el omne tyene muchos galeotes |
| S1528-2 | non tyene vna meaja de toda su Riqueza |
| S1538-4 | el que lieua lo menos tyene se por peor |
| S1544-4 | en -ty tienes la tacha que tiene el mestuerço |
| S1556-3 | al que tiene el çielo e la tierra a -este |
| S1600-4 | mas fijos malos tyene que -la alana rrauiosa |
| S1613-1 | Como Roby pequeño tyene mucha bondat |
| S1613-3 | ansi dueña pequena tiene mucha beldat |
| S1707-3 | por que si el arçobispo tiene que es cosa que es maldad |
| **TIENEN** | |
| P 140 | o tienen en -la voluntad de fazer |
| S 47-2 | fueron las demandar a -griegos que las tienen |
| S 471-1 | Texedor E cantadera nunca tyenen los pies quedos |
| S 504-4 | mas condesyguos tyenen que tordos mil picaças |
| S 632-3 | muestran que tienen saña e son rregateras |
| S 722-2 | callar do non -le enpeçe E tyenen le por sesudo |
| S 742-2 | de muchos que me tyenen los mis algos forçados |
| G 761-4 | hado bueno que voz tienen vuestraz fadaz fadado |
| S 927-4 | nonbles e maestrias mas tyenen que Raposa |
| S1153-3 | tyenen sobre estos casos diuersas opiniones |
| S1247-3 | fueron le muy contrarios quantos tyenen fleylya |
| S1249-2 | ca non tyenen moradas do touiesedes la fiesta |
| S1251-4 | tyenen muy grand galleta e chica la canpana |
| S1252-3 | tyenen cozinaz grandes mas poca carne dam |
| S1333-2 | tienen a -sus amigos viçiosos syn sosaños |
| S1338-2 | non tyenen de letuarios tantos nin tanta espeçia |
| S1390-3 | tyenen algunaz cosaz preçiadaz e de querer |
| S1474-3 | que yo tengo travadaz mis pies tienen sangrias |
| S1526-3 | parientes E amigos todos le tyenen Saña |
| **TIENES** | |
| S 185-1 | Non tienes Regla çierta nin tienes en ti tiento |
| S 208-2 | que tan presos los tienes en tu cadena doblada |
| S 276-2 | con grand çelo que tienes omne de ti se espanta |
| S 292-4 | sy tienes que o -puedes a -la noche çahorar |

| | |
|---|---|
| **TIENES** | **(cont.)** |
| S 304-2 | mas orgullo e mas bryo tyenes que toda españa |
| S 414-3 | quantos tyenes atados con tu mala estanble |
| G 438-1 | si parienta non tienez atal toma viejaz |
| S 635-3 | que non sabe tu vezino lo que tyenes condesado |
| S 786-2 | por que matas el cuerpo do tyenes tu morada |
| S 995-3 | sy dexas lo que tyenes por mintroso coydar |
| S 996-2 | este de yuso escripto que tyenes so la mano |
| S1383-1 | Tu tyenes grandes casaz mas ay mucha conpaña |
| S1522-2 | con todo el mundo tyenes continua en-amiztat |
| S1544-4 | en -ty tienes la tacha que tiene el mestuerço |
| **TIENPO** | |
| P 116 | que dura poco tienpo |
| S 63-2 | que en tienpo de su vida nunca la vies vengada |
| S 74-2 | todos a -tienpo çierto se juntan con natura |
| S 74-3 | el omne de mal sseso todo tienpo syn mesura |
| S 77-1 | Assy fue que vn tienpo vna dueña me prisso |
| S 77-2 | de su amor non fuy en -ese tienpo rrepiso |
| S 90-2 | que a -cabo de tienpo non sea bien sabida |
| S 104-4 | al tienpo se encoje mejor la yerua malua |
| S 144-2 | al rrey en algund tienpo a -tanto le seruio |
| S 160-4 | E a -toda pera dura grand tienpo la madura |
| S 401-1 | Eres muy grand gigante al tienpo del mandar |
| S 454-2 | non ayas miedo della quanto tienpo tovyeres |
| S 516-4 | non puede ser que a -tienpo a -byen non te rrecubda |
| S 530-3 | en tienpo de su vyda nunca el vyno beuia |
| S 532-3 | grand tienpo ha que esto aqui a -dyos seruiendo |
| S 577-2 | de commo en seruir dueñas todo tienpo non canse |
| S 647-4 | el tyenpo todas cosas trae a -su lugar |
| S 657-3 | sy ovies lugar e tienpo por quanto de vos oya |
| G 661-2 | tienpo es ya pazado de -loz añoz mas de dos |
| G 673-4 | a entender laz cosaz el grand tienpo laz guia |
| G 683-1 | pero fio de dioz que a -vn tienpo verna |
| G 684-2 | que sy ouiere lugar e tienpo quando en vno estemoz |
| G 686-4 | tienpo verna que podremos fablar noz uoz e yo este verano |
| S 715-4 | tienpo ay que aprouecha E tienpo ay que faz peor |
| S 728-1 | Todos quantos en -su tyenpo en -esta tierra nasçieron |
| S 886-2 | es en -el mucho tienpo el saber e la çiençia |
| S 940-1 | Agora es el tyenpo pues que ya non la guardan |
| S 996-3 | fazia tyenpo muy fuerte pero era verano |
| S1067-1 | acercando sse viene vn tienpo de dios ssanto |
| S1137-1 | do ha tienpo E vida para lo emendar |
| S1157-1 | En tienpo de peligro do la muerte arapa |
| S1170-1 | anda en -este tienpo por cada çiminteryo |
| S1211-3 | las aves e los arbores nobre tyenpo averan |
| S1234-2 | non fueron tyenpo ha plazenteriaz tales |
| S1262-4 | tyenpo ha que non andude tan buena estaçion |
| S1264-2 | Ca todo tyenpo quiere a todos ser pagado |
| S1303-2 | atreui me e preguntel que el tyenpo pasado |
| S1333-1 | yo la serui vn tienpo more y byen diez años |
| S1355-3 | ayudete con algo fuy grand tyenpo tu ama |
| S1462-2 | vso su mal ofiçio grand tienpo e grand sazon |
| **TIENPOS** | |
| S 125-2 | deprende grandes tienpos espienden grant quantia |
| S 647-3 | mill tienpos e maneras podras despues fallar |
| **TIENTO** | |
| S 185-1 | Non tienes Regla çierta nin tienes en ti tiento |
| S 537-1 | beuio el hermitano mucho vyno syn tyento |
| S 865-4 | çiega es la muger seguida non tyene seso nin tyento |
| **TIERRA** | |
| S 12-1 | El que fizo el çielo la tierra E el mar |
| S 97-4 | ffaze commo la tierra quando estaua finchada |
| S 98-1 | Ansy ffue que -la tierra commenço a -bramar |
| S 126-4 | pero muchos de aquestos dan en tierra de palmas |
| S 270-3 | non ay pendola della que en -tierra caya |
| G 669-3 | loz ojoz baxo por tierra en -el poyo asentada |
| G 671-1 | a -dioz juro zeñora para aquesta tierra |
| S 728-1 | Todos quantos en -su tyenpo en -esta tierra nasçieron |
| S 833-2 | los ojos façia tierra non queda sospirando |
| S 835-1 | de tierra mucho dura furta non sale buena |
| S 859-2 | vuestras fazes E vuestros ojos andan en color de tierra |
| S 955-2 | sy quieres dime quales vsan en -esta tierra |
| S 998-1 | diz que buscas por esta tierra commo andas descaminado |
| S1056-3 | dandol del ascona la tierra estremeçio |
| S1067-1 | ffuy me para mi tierra por folgar algund quanto |
| S1070-3 | astragando mi tierra faziendo mucho dapño |
| S1073-2 | lyeuela por la tierra non -la traya escondida |
| S1210-3 | fue por toda la tierra grand Roydo sonado |
| S1293-4 | a -las bestias por tierra e abaxar laz çeruiçes |
| S1312-4 | dende andare la tyerra dando a -muchos materia |
| S1454-1 | En tierra syn justiçia eran muchos ladrones |
| S1538-2 | dexan lo so -la tierra solo todos han pauor |
| S1556-3 | al que tiene el çielo e la tierra a -este |
| S1576-4 | cay en vna ora so tierra del altura |
| **TIESTA** | |
| S 893-1 | El leon fue doliente doliale tiesta |
| S1289-2 | la calor del estio doler faze la tyesta |
| **TIMET** | **(L)** |
| P 31 | qui timet dominum façiet bona |
| **TIMOR** | **(L)** |
| P 25 | yniçium sapiençie timor domini |
| **TINAJAS** | |
| S 547-4 | el mucho vyno es bueno en -cubas e en tinajas |
| S1175-1 | Escudillaz sartenez tinajaz e calderaz |
| **TINTA** | |
| S1035-2 | bermeja byen tynta |
| S1218-2 | vna blanca rrodilla esta de sangre tynta |
| **TINTAS** | |
| S1291-4 | traya las manos tyntas de -la mucha çereza |
| **TINTOS** | |
| S1085-4 | que dan de -las espuelas a -los vinos byen tyntos |

| | |
|---|---|
| **TIÑA** | |
| S 499-3 | por todo el mundo anda su sarna e su -tyña |
| **TIRA** | |
| S 4-4 | dame tu misericordia tira de mi tu s(aña) |
| S 10-2 | tira de mi tu saña tira de mi Rencorez |
| S 204-4 | danos la tu ayuda tira de nos tu plaga |
| S 497-2 | tyra çepos e gruillos E cadenas peligrosas |
| S 544-2 | tyra la fuerça toda sys toma syn medida |
| S 605-2 | tyra de mi coraçon tal saeta e tal ardura |
| G 662-3 | Nos me tira noz me parte non me suelta non me dexa |
| S 814-1 | tyra muchos prouechos a -vezes la pereza |
| S 962-2 | tirate de -la carrera que non trax para ty nada |
| S1167-4 | quando mejor te sepan por dioz de ti -las tira |
| S1625-3 | dixol doña fulana tyra te alla pecado |
| **TIRAD** | |
| S 875-2 | don melon tyrad vos dende troxo vos y el diablo |
| **TIRADA** | |
| S 597-3 | toda mi fuerça pyerdo E del todo me es tirada |
| **TIRANDO** | |
| S 569-1 | Tyrando con sus dientes descubre se la çarça |
| S1432-2 | abriendo e tirando laz rredes rresgaredes |
| **TIRAR** | |
| S 874-3 | ally rraviaria agora que non puede tirar el fierro |
| **TIRARA** | |
| S1185-4 | a -muchos de nos otros tirara las pellejas |
| **TIRARE** | |
| G 690-2 | si la leña se tirare el fuego menguara luego |
| **TIRARES** | |
| S1688-1 | E si tu me tyrarez |
| **TIRARIA** | |
| S 744-1 | Este vos tiraria de todos esos pelmasos |
| **TIRARIES** | |
| S1439-4 | me tiraries en punto mas que otro ensayo |
| **TIRAS** | |
| S 183-3 | al que mejor te syrue a -el fieres quando tiras |
| S 184-4 | sienpre tiras la fuerça dizenlo en fazañas |
| S1548-1 | Tyras toda verguença desfeas fermosura |
| **TIRASTE** | |
| S1666-4 | que tiraste la tristura |
| **TIRAVA** | |
| S 412-3 | el topo quanto podia tiraua fazia suso |
| S1268-4 | de -sseda son laz cuerdaz con que ella se tyraua |
| **TIRO** | |
| S 272-4 | de mi salyo quien me mato e me tiro la vida |
| S 305-4 | tyro le dios su poderio e todo su honor |
| S 649-3 | consejo me dona venuz mas non me tyro pesares |
| S1475-1 | Su Razon acabada tirose dyo vn zalto |
| **TIZNADO** | |
| S1030-2 | tyznado moreno |
| **TIZONES** | |
| S 639-1 | ado son muchos tyzones e muchos tyzonadores |
| **TIZONADORES** | |
| S 639-1 | ado son muchos tyzones e muchos tyzonadores |
| **TIZONES** | |
| S1082-4 | fazian su alarde çerca de -los tyzones |
| **TOBRAS** | |
| S 15-2 | fablar vos he por tobras e cuento rrimado |
| **TOCA** | |
| S1004-2 | E da me toca amarilla byen listada en -la fruente |
| S1037-1 | E dan buena toca |
| **TOCA** | **(H)** |
| S 384-2 | todos los jnstrumentos toca con -la chica manga |
| **TOCAR** | |
| S 375-3 | primo dierum onium los estormentos tocar |
| **TOCINO** | |
| S1093-1 | Estaua don toçino con mucha otra çeçina |
| S1123-1 | Synon fuese la çeçina con -el grueso toçino |
| S1125-4 | E a -doña çeçina con -el toçino colgasen |
| S1275-1 | Comie el cavallero el toçino con verçaz |
| **TOCO** | |
| S 729-4 | yo lo piensso en mi pandero muchas veçes que lo toco |
| **TOCON** | |
| S 942-4 | se que el perro viejo non ladra a -tocon |
| **TODA** | |
| P 23 | el qual es comienço de toda sabidoria |
| P 178 | maz fue por Reduçir a -toda persona |
| P 194 | E por que toda buena obra |
| S 20-4 | toda via |
| S 31-2 | la iglesia toda canta |
| S 34-2 | rrogando te toda via |
| S 53-4 | doy mays vengan los griegos con toda su porfia |
| S 73-2 | omnes aves animalias toda bestia de cueva |
| S 73-4 | E quanto mas el omne que a -toda cosa se mueva |
| S 74-1 | Digo muy mas del omne que de toda creatura |
| S 79-1 | ssabe toda nobleza de oro e de seda |
| S 87-2 | toda la canal del toro al leon dio entera |
| S 94-4 | nin el leal amigo non es en toda plaça |
| S 111-3 | el mastel syn la vela non puede estar toda ora |
| S 146-2 | por graçia o por seruiçio toda la pena soltar |
| S 160-4 | E a -toda pera dura grand tienpo la madura |
| S 164-2 | toda cosa que dize paresçe mucho buena |
| S 169-4 | graçiosa e donable amor en -toda cosa |
| S 189-4 | porfiaron en -cabo con -el toda la gente |
| S 235-4 | toda maldat del mundo es do quier que tu seas |
| S 257-2 | adulterio E forniçio toda via desseaz |
| S 288-3 | pelole toda la pluma E echola en -el carrizo |
| S 304-2 | mas orgullo e mas bryo tyenes que toda españa |
| S 340-1 | Encerraron Racones de toda su pofia |
| S 357-1 | Es toda perentoria la escomunion atal |
| S 365-4 | que ado buen alcalde judga toda cosa ez segura |
| S 377-3 | que -la lieue por agua e que de a -toda çima |
| S 408-3 | çerco toda su cueva que non salya de fuera |

| | |
|---|---|
| **TODA** | **(cont.)** |
| S 417-1 | Toda maldad del mundo E toda pestilençia |
| G 444-4 | contra la fegura toda por que maz çierto andez |
| S 476-3 | por que seades guardada de toda altra locura |
| S 508-1 | Toda muger del mundo E duena de alteza |
| S 510-4 | toda cosa del sygro se faze por su amor |
| S 511-2 | toda muger cobdyçiosa de algo es falaguera |
| S 523-1 | Toda muger nasçida es fecha de tal massa |
| S 524-1 | A toda cosa brava grand vso la amansa |
| S 525-3 | doña venuz gelo pide por el tu su vyda |
| S 544-2 | tyra la fuerça toda sys toma syn medida |
| S 544-4 | a do es el mucho vyno toda cosa es perdida |
| G 548-4 | toda maldat del mundo faze e toda locura |
| S 569-4 | buen callar çient sueldos val en toda plaça |
| S 575-4 | nin creo que -la falle en toda esta cohyta |
| G 581-4 | graçioza e Risueña amor de toda coza |
| S 597-3 | toda mi fuerça pyerdo E del todo me es tirada |
| S 610-1 | Toda muger que mucho otea o -es rrysueña |
| S 630-1 | Toda muger los ama omnes aperçebydos |
| S 651-3 | toda la mi esperança e todo el mi confuerto |
| S 659-2 | por que toda aquella gente de -la plaça nos miraua |
| G 685-4 | toda muger es vençida des que esta Ioya es dada |
| S 703-2 | toda cosa que vos diga oydla en paçiençia |
| S 706-4 | toda cosa deste mundo temo mucho e temi |
| S 710-4 | doblar se ha toda dueña que sea bien escantada |
| S 716-3 | yo se toda su fazienda E quanto ha de fazer |
| S 755-1 | Mas este vos defendera de toda esta contienda |
| S 794-4 | toda la mi esperança pereçe e yo so perdido |
| S 811-3 | avyua mas el ojo e esta toda bulliendo |
| S 821-1 | En toda parte anda poca fe e grand fallya |
| S 825-3 | corrida e amarga que me diz toda enemiga |
| S 898-3 | que toda nuestra fiesta al leon mucho plaz |
| S 921-4 | toda la poridat fue luego descobrilla |
| S 939-2 | tovo en -lo que puso non -lo faz toda menga |
| S 947-1 | de toda lazeria E de todo este coxixo |
| S1004-3 | çapatas fasta rrodilla e dira toda la gente |
| S1064-3 | en -la cruz lo sobieron syn toda piedat |
| S1186-3 | E toda la serena El presto mançebillo |
| S1187-1 | El canpo de alcudia e toda la calatraua |
| S1190-2 | de nos don carnal fuerte madador de toda cosa |
| S1210-3 | fue por toda la tierra grand Roydo sonado |
| S1217-2 | a -toda quatro-pea con -ella da la muerte |
| S1225-3 | los omnes e laz avez e toda noble flor |
| S1240-4 | cantando andeluya anda toda la villa |
| S1304-2 | toda el andaluzia que non fynco y villa |
| S1304-3 | ally toda persona de grado se me omilla |
| S1321-2 | toda la santa iglesia faz proçesion onrrada |
| S1330-1 | toda muger por esto non es de ome vsada |
| S1338-4 | en noblezaz de amor ponen toda su femençia |
| S1341-1 | Commo ymajenes pyntadaz de toda fermosura |
| S1341-4 | con medidaz conplidaz e con toda mesura |
| S1422-4 | pierde toda su onrra la fama e la vida |
| S1450-2 | esperança e esfuerço vençen en toda lid |
| S1471-2 | e di melo que vieres toda cosa que sea |
| S1476-4 | es en amigo falso toda la mal andança |
| S1484-3 | bien atal qual sea di me toda su fechura |
| S1528-2 | non tyene vna meaja de toda su Riqueza |
| S1533-4 | que desque viene la muerte a -toda cosa sonbra |
| S1548-1 | Tyras toda verguença desfeas fermosura |
| S1550-3 | toda cosa bien fecha tu maço laz desfaze |
| S1635-6 | la tu graçia toda ora |
| S1635-7 | que te sirua toda via |
| S1641-2 | sienpre toda vegada |
| S1661-4 | toda via |
| S1662-7 | guardame toda ora |
| S1672-3 | E me guarda toda via piadoza virgen santa |
| S1679-2 | la mi esperança en -ty es toda ora |
| S1687-1 | ffasta oy toda via |
| S1694-2 | que clerigo nin casado de toda talauera |
| S1695-2 | fynco muy queblantada toda la clerizia |
| S1696-3 | diz amigoz yo querria que toda esta quadrilla |
| S1699-1 | Ante Renunçiaria toda la mi prebenda |
| S1699-2 | E desi la dignidad E toda la mi Renta |
| S1702-4 | ante que -la partyr de toda la mi mesa |
| **TODAS** | |
| P 106 | ca tener todaz laz cosaz en -la memoria |
| S 62-1 | que yo le quebrantaria ante todas las gentes |
| S 82-2 | todas las animalias vinieron ver su Señor |
| S 82-4 | alegraron se todas mucho por su amor |
| S 83-2 | conbidaronle todas quel darian A -yantar |
| S 105-2 | que las cosas del mundo todas son vanidat |
| S 105-3 | todas son pasaderas van se con -la hedat |
| S 105-4 | ssaluo amor de dios todas sson lyuiandat |
| S 270-2 | todas las otras aves de ally las atalaya |
| S 311-2 | que fue a -todas bestias cruel e muy dañoso |
| S 312-2 | quando era mançebo todas bestias corria |
| S 313-3 | contra el vynieron todas por vengar sus denteras |
| S 349-4 | que propusso el lobo en todas sus rrazones |
| S 428-1 | Para todas mugeres tu amor non conviene |
| G 443-1 | de aquestaz viejaz todaz ezta ez la mejor |
| S 452-4 | que el grand trabajo todas las cosas vençe |
| S 501-4 | todas al dinero syruen E suyas son conpladas |
| S 522-4 | judgar todas las otras e a -su fija bella |
| S 530-2 | que en -todas sus oblas en yermo a -dios seruia |
| G 553-3 | Cummo en todaz cosaz poner mesura val |
| G 556-2 | todaz suz maeztriaz e las tachaz que an |
| S 566-1 | Sobre todas las cosas fabla de su bondat |
| G 585-3 | de todaz cozaz zodez voz e el amor zeñor |
| S 596-3 | sobra e vençe a -todas quantas ha en -la çibdat |
| S 601-1 | Todas aquestas noblezas me fazen querer |
| S 611-4 | el grand trabajo todas las cosas vençe |

| | |
|---|---|
| S 631-4 | en todas las animalyas esta es cosa prouada |
| S 632-1 | Todas fenbras han en -sy estas maneras |
| S 644-3 | sospechan E barruntan todas aquestas cosaz |
| S 647-4 | el tyenpo todas cosas trae a -su lugar |
| S 651-2 | oteo a -todas partes e non puedo fallar puerto |
| G 663-4 | esto zobre todas cosaz me traye mas afincado |
| G 674-1 | a -todaz laz cosaz fæe el grand vso entender |
| S 697-2 | de todas las maestrias escogi la mejor |
| S 721-4 | do bien acaba la cosa ally son todas bondades |
| S 726-3 | en todas buenas costunbres creçen de cada dia |
| G 757-4 | que do zon todaz mugerez nunca mengua rrenzilla |
| S 846-2 | vençe a -todas guardas e tyene las por mueras |
| S 882-4 | oy que so escarnida todas me son fallydas |
| S 893-3 | todas las animalias vn domingo en -la syesta |
| S 950-1 | prouar todas las cosas el apostol lo manda |
| S1072-3 | yremos pelear con -el e con todas suz porfiaz |
| S1091-4 | non te podra enpesçer con todas sus espinaçaz |
| S1111-3 | ffazian a -don carnal pagar todas las costas |
| S1122-3 | todas las otras rreses fueron le muy estrañas |
| S1175-2 | cañadaz e uarrilez todaz cosaz casseraz |
| S1198-1 | Escriptaz son laz cartas todas con sangre biua |
| S1201-2 | mas que todaz las fenbraz son de coraçon fracaz |
| S1204-4 | por todas estaz Razones non quiso esperar |
| S1208-4 | que a -todo pardal viejo nol toman en -todaz Redes |
| S1209-1 | ssalyo mucho ayna de todaz aquestaz callez |
| S1231-4 | a -laz gentes alegra todaz laz tyene pagadaz |
| S1241-1 | Todaz dueñaz de orden laz blancaz e laz prietaz |
| S1241-3 | todaz salen cantando diziendo chanzonetaz |
| S1292-2 | trigos e todaz mieses en -las eraz tendiendo |
| S1297-2 | fynche todaz sus cubas commo buen bodeguero |
| S1329-2 | diz non avedes pauor vos las mugeres todaz |
| S1340-1 | ssyn todaz estaz noblezaz han muy buenas maneras |
| S1380-4 | todaz cosaz amargan en vida peligrosa |
| S1403-3 | yo a -la mi Señora E a -todaz sus gentes |
| S1420-1 | Dixo todaz laz coytas puede ome sofrir |
| S1438-3 | mas que todaz las aves cantas muy dulçe mente |
| S1444-3 | todas laz otras temen eso que vos temedes |
| S1446-1 | Andauan a -todas partes non podian quedas ser |
| S1451-2 | E a -todas las monjaz que tenedes freylia |
| S1451-4 | temedes vos que todaz yres por esa via |
| S1489-2 | sabe los jnstrumentoz e todaz jugleriaz |
| S1489-4 | tal omne como este non es en -todaz eriaz |
| S1573-4 | que quantas siguia todas yuan por el suelo |
| **TODO** | |
| P 160 | E ansi este mi libro a -todo omne o -muger |
| S 14-4 | Ca por todo el mundo se vsa E se faz |
| S 19-1 | E por que de todo bien es comienço e Rayz |
| S 54-3 | sobio en otra cathreda todo el pueblo juntado |
| S 66-2 | rre-mendar bien non sabe todo alfayate nuevo |
| S 74-3 | el omne de mal sseso todo tienpo syn mesura |
| S 87-3 | para si e los otros todo lo menudo era |
| S 99-4 | que a -todo el mundo conbrie e estragaria |
| S 108-4 | todo bien del mundo e todo plazer es |
| S 147-2 | pero por todo eso las leyes y el derecho |
| S 150-1 | Non son por todo aquesto los estrelleros mintrosos |
| S 159-3 | mas noble que los otros por ende todo onbre |
| S 164-3 | non es todo cantar quanto rruydo suena |
| S 168-2 | todo saber de dueña sabe con sotileza |
| S 198-3 | desque A -ti fallaron todo su bien perdieron |
| S 202-2 | çercava todo el lago ansy faz la rribera |
| S 212-2 | anda todo el mundo quando tu lo rretientas |
| S 228-3 | de aquesta rrayz mala nasçe todo el mal |
| S 266-1 | Todo el suelo del Ryo de -la çibdad de Roma |
| S 286-1 | Pelo todo su cuerpo su cara E su çeja |
| S 289-4 | non fallaran en -ti synon todo mal obrar |
| S 290-3 | lo suyo E lo ageno todo se va a -perder |
| S 296-4 | luego es la logxuria E todo mal despues |
| S 305-4 | tyro le dios su poderio e todo su honor |
| S 316-3 | que mucho ayna se puede todo su poder perder |
| S 320-2 | en-gañas todo el mundo con palabra fermosa |
| S 350-3 | visto todo el proçeso E quantas rrazones en -el son |
| S 351-1 | Por mi examinado todo el processo fecho |
| S 371-3 | especial para todo esto E conplida jurysdiçion |
| G 439-2 | andan por todo el mundo por plaçer e cotaz |
| S 480-2 | conplido de cabeça con todo su apero |
| S 497-4 | por todo el mundo faze cosas maravillosaz |
| S 499-3 | por todo el mundo anda su sarna e su -tyña |
| S 519-3 | pero que todo el mundo por esto le acusa |
| S 543-4 | en -el beuer demas yaz todo mal prouecho |
| S 544-3 | faze tenbrar los mienbros todo seso olvida |
| S 564-3 | sy non todo tu afan es sonbra de luna |
| S 570-4 | por mala dubda de vno pyerde todo el tablero |
| S 577-2 | de commo en seruir dueñas todo tienpo non canse |
| G 584-3 | por todo el mundo tiene grant poder e suerte |
| S 597-3 | toda mi fuerça pyerdo E del todo me es tirada |
| S 622-4 | todo esto da el trabajo el vso e la femençia |
| S 651-3 | toda la mi esperança e todo el mi confuerto |
| G 674-2 | el arte e el vso muestra todo el zaber |
| S 693-4 | pero syn dios todo esto non puede aprouechar |
| S 695-2 | quando aquel fuego vinie todo coraçon muda |
| S 708-3 | encobrid todo aquesto lo mas mucho que podades |
| S 719-2 | el mi algo E mi casa a -todo vuestro mandar |
| S 720-1 | Todo el vuestro cuydado sea en aqueste fecho |
| S 720-3 | de todo vuestro trabajo auredez ayuda e pecho |
| G 763-4 | grand plazer e chico duelo es de todo omne querido |
| S 785-2 | mi fuerça e mi seso e todo mi saber |
| S 785-3 | mi salud e mi vyda e todo mi entender |
| S 795-3 | en nada es tornado todo el mi laçerio |
| S 798-3 | todo el su desseo en vos esta fyrmado |
| S 801-3 | en todo logar tyene que esta el caçador |
| S 805-1 | Todo nuestro trabajo E nuestra esperança |
| S 807-4 | todo se le demuda el color e el desseo |

## TODO

| | |
|---|---|
| **TODO** | **(cont.)** |
| S 826-1 | Anda me todo el dia como a -çierua corriendo |
| S 850-2 | todo lo peor diga que podiere dezir |
| S 890-4 | todo vuestro deseo es byen por mi conplido |
| S 908-1 | Andan por todo el pueblo della muchos dezires |
| S 917-2 | que quien le diese esta villa con todo su aver |
| S 933-2 | buen amor dixe al libro e a -ella todo saçon |
| S 947-1 | de toda lazeria E de todo este coxixo |
| S 949-2 | de dicho E de fecho e de todo coraçon |
| S 974-4 | erre todo el camino commo quien lo non sabia |
| S1017-1 | boz gorda e gangosa a -todo omne enteca |
| S1019-4 | a -todo son de çitola andarian syn ser mostradas |
| S1043-1 | Santiago apostol diz de todo bien conplido |
| S1043-2 | e todo don muy bueno de dios bien escogido |
| S1043-3 | E yo desque saly de todo aqueste Roydo |
| S1067-4 | puso por todo el mundo miedo e grand espanto |
| S1069-2 | enbiada de dios a -todo pecador |
| S1079-3 | a -don carnal mañana a todo esto le dezir |
| S1094-4 | E tiene por todo el mundo poder commo señor |
| S1100-4 | por todo el su Real entro el apellido |
| S1133-2 | es pielago muy fondo mas que todo el mar |
| S1137-1 | verdat es todo aquesto que puede omne fablar |
| S1157-3 | todo el su poder esta so vuestra capa |
| S1160-2 | ca es de todo el mundo vicario general |
| S1161-4 | absoluiole de todo quanto estaua ligado |
| S1173-2 | mouio todo el Real mando coger su tyenda |
| S1195-4 | guardat la que non fuya que todo el mundo en-arta |
| S1208-4 | que a -todo pardal viejo nol toman en -todaz Redes |
| S1244-2 | estar rresplandeçiente a -todo el mundo rriye |
| S1245-3 | luego el mundo todo e quanto vos dixe ante |
| S1245-4 | de -los grandes rroydos es todo el val sonante |
| S1257-1 | Todo su mayor fecho es dar muchos sometes |
| S1258-3 | todo viçio del mundo E todo plazer oviera |
| S1264-4 | Ca todo tyenpo quiere a todos ser pagado |
| S1290-2 | segando las çeuadas de todo el alfoz |
| S1299-2 | en sola vna palabra puso todo el tratado |
| S1337-1 | ssabed que de todo açucar ally anda bolando |
| S1339-3 | desque me parti dellaz todo este viçio perdy |
| S1340-4 | para el amor todo que dueñas de sueraz |
| S1342-1 | Todo plazer del mundo e todo buen donear |
| S1374-4 | alegria buen Rostro con todo esto se llega |
| S1428-1 | Por ende vençer es onrra a -todo ome nasçido |
| S1439-4 | sy agora cantasses todo el pesar que trayo |
| S1440-2 | prazie a -todo el mundo mas que con otro cantar |
| S1473-1 | Respondio el diablo todo esto que dixiste |
| S1507-3 | emiende la todo omne e quien buen amor pecha |
| S1522-2 | con todo el mundo tyenes continua en-amiztat |
| S1545-4 | en -la cabeça fiere a -todo fuerte doma |
| S1546-4 | en -ty es todo mal rrencura E despencho |
| S1566-4 | a -venir es a -tu rrauia que a -todo el mundo escarda |
| S1602-1 | De todos buenos desseos e de todo bien obrar |
| S1611-3 | asi dueña pequena sy todo amor consyenta |
| S1618-2 | el pecado que sienpre de todo mal es maço |
| S1625-2 | yua se los deziendo por todo el mercado |
| S1700-1 | Demando los apostolos E todo lo que mas vale |
| **TODO** | **(H)** |
| S 10-3 | ffaz que todo se torne sobre los mescladorez |
| S 60-1 | yo dixe que era todo a -la su voluntad |
| S 78-1 | Era dueña en -todo e de dueñas señora |
| S 197-4 | destruyes a -la dueña todo commo el fuego a -la rrama |
| S 222-1 | en -todo eres cuquero e de mala picaña |
| S 333-3 | quanto demanda E pide todo -lo faz con arte |
| S 339-2 | otorgaron lo todo con miedo e amidos |
| S 345-4 | coydauan que jugaua e todo era rrenir |
| S 419-2 | todo lo quel dixieren piense lo bien primero |
| S 469-4 | alma e cuerpo e fama todo lo dexan perder |
| S 482-4 | fey y ardida mente todo lo que vollaz |
| S 489-3 | fara por los dineros todo quanto le pidieres |
| S 499-2 | sus muebles e Rayzes todo lo des-alyña |
| S 528-2 | guardate sobre todo mucho vino beuer |
| G 553-1 | asi syn la mesura todo paresçe mal |
| G 583-1 | fiia de algo en todo e de alto linaje |
| G 584-4 | todo por su consejo se fara aslo apuerte |
| G 593-1 | E si encubre del todo su ferida e su dolor |
| G 593-4 | morria de todo en todo nunca vy cuyta mayor |
| S 785-4 | por esperança vana todo se va a -perder |
| S 816-1 | a -vezes non façemos todo lo que dezimos |
| S 838-1 | dezid me de todo en -todo bien vuestra voluntad |
| S 843-1 | En -todo paro mientes mas de quanto coydades |
| S 863-3 | todo es aqui vn barrio e vezindat poblada |
| S 895-4 | quiso abrillo todo alcançar non lo pudo |
| S 901-2 | que -lo guardase todo mejor que -las ovejas |
| S 931-2 | yo lo desdire muy byen e lo des-fare del todo |
| S 931-4 | yo dare a -todo çima e lo trahere a -rrodo |
| S1072-1 | dezid le de todo en todo que de oy siete dias |
| S1136-4 | menester me fue todo en todo con -la satysfaçion |
| S1140-2 | pero que a -purgatorio lo va todo a -purgar |
| S1157-4 | vos sodes para todo arçobispo E papa |
| S1165-4 | para por dios lo otro todo te mando que apartes |
| S1174-4 | que todo non lo muda sobre linpio librillo |
| S1175-3 | todo lo fyzo lauar a -las sus lauanderaz |
| S1263-4 | mi Señor don amor en -todo paro mientes |
| S1269-2 | do todo se escriue en toledo non ay papel |
| S1342-3 | todo es en -las monjaz mas que en otro lugar |
| S1381-4 | todo es amargura do mortal miedo yaz |
| S1382-1 | Por -que tanto me tardo aqui todo me mato |
| S1401-4 | demonstraua en -todo grand Amor que -la Amaua |
| S1455-4 | el me fara con -la forca ser del todo casado |
| S1534-1 | Muchos cuydan ganar quando dizen a -todo |
| S1536-2 | por lo heredar todo amenudo se ayuntan |
| S1547-3 | non ay omne que te sepa del todo denostar |

## TODOS

| | |
|---|---|
| S 10-1 | Dame graçia señora de todoz los señorez |
| S 70-1 | de todos jnstrumentos yo libro so pariente |
| S 132-4 | dio todos sus juyzios por mitrosos prouados |
| S 207-1 | byen anssy acaesce a -todos tus contrallos |
| S 218-1 | de todos los pecados es rrayz la cobdiçia |
| S 259-3 | por ende non fizo el tenpro en todos los sus diaz |
| S 384-2 | todos sus jnstrumentos toca con -la chica manga |
| S 400-3 | de todos tus vassallos fazes neçios fadragas |
| G 445-4 | tal muger non -la fallan en todaz loz mercadoz |
| S 500-3 | con -el dinero andan todos los omnes loçanos |
| S 509-4 | de todos los ofiçios es muy apoderado |
| S 540-1 | ffue con -el cobdvçia Rays de todos males |
| G 553-1 | En todaz los tuz fechoz en fablar e en Al |
| S 630-2 | mas desea tal omne que todos byenes conplidos |
| G 666-3 | todoz los omnez non zomoz de vnoz fechoz nin cozejoz |
| G 691-4 | el amor do esta firme todoz los miedoz departe |
| S 727-4 | a -todos los otros sobra en fermosura e bondat |
| S 744-4 | Este vos tiraria de todos esos pelmasos |
| S 785-1 | ay que todos mis mienbros comiençan a -tremer |
| S 831-4 | en todos los sus fechos vos trahe antojada |
| S 881-4 | que todos los omnes fazen commo don melon ortiz |
| S 927-3 | dezir todos sus nonbles es a -mi fuerte cosa |
| S1069-3 | a -todos loz açiprestes E clerigoz con amor |
| S1117-1 | ally lidian las ostyas con todos los conejos |
| S1144-2 | oyen de penitençia a -todos los erradoz |
| S1144-4 | a -todos los absueluen de todos sus pecados |
| S1147-1 | Todos los casos grandes fuertes agrauiados |
| S1157-4 | la grand neçesidat todos los casos atapa |
| S1177-3 | a todoz loz xristianoz llama con buena cara |
| S1193-1 | la nota de -la carta venia a -todos nos |
| S1193-3 | a -todos los xristianos e moros e jodioz |
| S1212-1 | a -don carnal rresçiben todos los carniçeroz |
| S1212-2 | E todoz loz rrabyz con todoz suz aperoz |
| S1215-4 | non lo conplaria dario con todos sus thesoros |
| S1248-1 | Dixieron ally luego todos los rreligiosoz e ordenados |
| S1255-1 | Dexa todos aquestos toma de nos Seruiçio |
| S1325-4 | entyende los vrraca todos esos y esos |
| S1358-4 | a -todos sus vezinos del galgo se loaua |
| S1375-4 | solaz con yantar buena todos omes ablanda |
| S1526-3 | parientes E amigos todos le tyenen Saña |
| S1539-4 | de todos sus thesoros dan le poco axuar |
| S1547-1 | todos los çinco sesos tu los vienes tomar |
| S1602-1 | De todos buenos desseos e de todo bien obrar |
| S1603-3 | con coraçon al diablo todos trez yran de yuso |
| S1604-1 | Todos los otros pecados mortales E veniales |
| S1604-3 | estos dichos son comienço e suma de todos males |
| S1649-1 | Todos los xpristianos |
| S1658-4 | si el salue a -todoz noz |
| S1703-2 | nin es agora tristan con todos sus amorez |
| **TODOS** | **(H)** |
| P 182 | E por que sean todoz aperçebidoz |
| S 15-1 | E por que mejor de todos sea escuchado |
| S 50-1 | Pusieron dia sabido todoz por contender |
| S 54-2 | escogido de griegos entre todos loado |
| S 58-1 | A Todos los de greçia dixo el sabio griego |
| S 58-3 | leuantaron se todos con paz e con sosiego |
| S 67-1 | En general a -todos ffabla la escriptura |
| S 74-2 | todos a -tienpo çierto se juntan con natura |
| S 84-1 | ffizo partidor a -todos e mando que a -todoz diese |
| S 136-1 | Penssaron mucho Ayna todos de se acojer |
| S 138-1 | Estando ansy colgado ado todos lo vieron |
| S 138-3 | los çinco fados dichos todos bien se conplieron |
| S 207-4 | en cuerpos e en almas asy todos tragalloz |
| S 264-2 | amatauase luego e venien todos a -ella |
| S 264-3 | ençendien ally todos commo en grand çentella |
| S 279-1 | Con çelo e ssospecha a -todos aborresçes |
| S 314-1 | Todos en -el leon ferien E non poquyllo |
| S 372-3 | eres mal enemigo a -todos quantos plazes |
| S 398-2 | a -ellos e a -ellas a -todos das mal rramo |
| S 414-4 | todos por ti peresçem por tu mala enxanbre |
| S 493-2 | que todos al dinero fazen grand homildat |
| S 493-4 | todos a -el se omillan commo a -la magestat |
| S 546-2 | fazen muchas vylezas todos los aborrescen |
| G 585-2 | todoz voz obedesçen commo a -su fazedor |
| S 599-2 | menos los preçia todos que a -dos viles sarmientos |
| S 658-3 | a -todos dy por rrespuesta que -la non queria non |
| G 666-2 | zon los dedoz en -laz manoz pero non zon todoz parejoz |
| G 666-4 | la peña tiene blanco e prieto pero todoz zon conejoz |
| G 668-3 | Non uoz vean aqui todoz lo que andan por la calle |
| S 727-4 | Muy byen me rresçiben todos con aquesta pobledat |
| S 728-1 | Todos quantos en -su tyenpo en -esta tierra nasçieron |
| S 784-2 | el mundo rreuoluiendo a -todos engañados |
| S 893-4 | vynieron antel todos a -fazer buena fyesta |
| S 897-4 | a -todos e agora non vale vna faua |
| S 900-4 | de -la su segurança non todos espantados |
| S1051-4 | trauaron del luego todos enderedor |
| S1062-3 | al que todos bendiçen por nos todos morio |
| S1083-3 | escudauan se todoz con -el grand tajadero |
| S1093-3 | todos aperçebidos para la lyd malyna |
| S1096-4 | parlaua mucho el vino de todos alguaçil |
| S1097-3 | adormieron se todos despues de -la ora buena |
| S1101-1 | Todos amodoridos fueron a -la pelea |
| S1101-4 | vinieron a -fferyr deziendo todos ea |
| S1102-1 | El primero de todos que ferio a -don carnal |
| S1112-2 | para saluar sus almas avian todos desseo |
| S1124-2 | fyncaron las espuelas dieron todos en -el |
| S1144-4 | a -todos los absueluen de todos sus pecados |
| S1198-2 | todos con -el plazer cada vno do yua |
| S1211-4 | los que amor atyenden sobre todos se esmeran |
| S1224-2 | todoz le dan dineroz e delloz de dan tornesez |
| S1225-4 | todoz van rresçebir cantando al amor |

**TODOS** **(cont.)**

| | |
|---|---|
| S1239-3 | todos manda que digam que canten e que llamen |
| S1239-4 | benedictus qui venit Responden todos amen |
| S1246-2 | todos finojos fyncados besaron le la mano |
| S1256-1 | ally Responden todos que non gelo conssejauan |
| S1259-4 | a -todos prometio merçed E a mi primero |
| S1262-3 | todoz le aconpañan con grand conssolaçion |
| S1264-4 | Ca todo tyenpo quiere a todos ser pagado |
| S1271-1 | Tres caualleros comian todos a -vn tablero |
| S1284-2 | todos e ellas andan en modorria |
| S1288-3 | fuyan del los gallos a -todos los mataua |
| S1294-1 | trez labradorez vinien todos vna carrera |
| S1315-3 | todos avien grand fiesta fazien grandez yantares |
| S1327-4 | muy loçano E cortes Sobre todos esmerado |
| S1351-4 | tanto que sierpe grande a -todoz paresçia |
| S1402-2 | tomauan con -el todos solaz E plazenteria |
| S1449-2 | esto les puso miedo e fizo a todos yr |
| S1469-2 | coydando que era muerto todoz dende derramaron |
| S1491-3 | todos nadar quieren los peçes e las rranas |
| S1521-3 | a -todos los egualas e los lieuas por vn prez |
| S1525-4 | todos fuyen del luego como de rred podrida |
| S1526-4 | todos fuyen del luego como si fuese araña |
| S1536-4 | si dizen que sanara todos gelo rrepuntan |
| S1538-2 | dexan lo so -la tierra solo todos han pauor |
| S1538-3 | rroban todos el algo primero lo mejor |
| S1552-4 | dizez a cada vno yo sola a -todos mudo |
| S1554-4 | sy non dios todos temen tus penas e tus lazerios |
| S1563-3 | a -todos los saco como santos escogidos |
| S1575-3 | todos los que -lo oyeren por dios nuestro Señor |
| S1577-4 | que byen como yo mori asy todos morredes |
| S1633-2 | por vos dar solaz a -todos fable vos en -jugleria |
| S1642-1 | Todos bendigamos |
| S1696-1 | Ado estauan juntados ellos en -la capilla |
| S1697-3 | demas que sabe el rrey que todos somos carnales |

**TOLEDO**

| | |
|---|---|
| S 657-1 | Señora la mi sobrina que en toledo seya |
| S1269-2 | do todo se escriue en toledo non ay papel |
| S1305-1 | Entrada la quaresma vine me para toledo |

**TOLEDOS**

| | |
|---|---|
| S 471-3 | la muger syn verguença por darle diez toledos |

**TOLLO**

| | |
|---|---|
| S1115-1 | brauo andaua el tollo vn duro vyllanchon |

**TOMA**

| | |
|---|---|
| S 173-4 | quien toma dar deue dizelo sabio enviso |
| S 266-2 | tiberio agua cabdal que muchas aguas toma |
| S 486-2 | non la sygue nin la toma faze commo cazador vyl |
| S 486-4 | tomala esto contesçe a caçadorez mill |
| S 524-3 | caçador que -la sigue tomala quando descanssa |
| S 544-2 | tyra la fuerça toda sys toma syn medida |
| S 840-1 | fija perdet el miedo que se toma syn Razon |
| S1249-2 | de grado toma el clerigo e amidos enpresta |
| S1545-4 | non le valen mengias des-que tu rrauia le toma |

**TOMA** **(H)**

| | |
|---|---|
| G 438-1 | si parienta non tienez atal toma viejaz |
| G 440-1 | toma de vnaz viejaz que ze fazen erveraz |
| S 510-1 | En suma telo digo tomalo tu mejor |
| S 538-3 | toma gallo que te muestre las oras cada dia |
| S 634-4 | toma de la dueña lo que della quisieres |
| S1031-3 | ese blaço E toma |
| S1255-1 | Dexa todos aquestos toma de nos Seruiçio |

**TOMAD**

| | |
|---|---|
| S 719-3 | de -mano tomad pellote e yd nol dedes vagar |
| G 761-2 | tomad aqueste marido por omne e por velado |
| S 822-2 | lo que yo vos promety tomad E aved folgura |
| S1197-1 | nuestra carta leyda tomad della traslado |

**TOMADO**

| | |
|---|---|
| S 787-1 | Coraçon que quisiste Ser preso E tomado |
| S1455-1 | si mas yo so con furto del merino tomado |
| S1458-1 | El ladron fue tomado en -la cadena puesto |

**TOMALDO**

| | |
|---|---|
| S1510-4 | tomaldo fija Señora dixo la mora le ala |

**TOMAN**

| | |
|---|---|
| S 126-2 | otros toman esfuerço en -querer vsar armas |
| S 506-1 | Monges frayles clerigos non toman los dineros |
| S 506-3 | luego los toman prestos sus omes despenseros |
| S 618-2 | tomanse las çibdadez derribanse los muros |
| S 619-1 | Por arte los pescados se toman so -las ondas |
| S1208-4 | que a -todo pardal viejo nol toman en -todaz Redes |

**TOMAR**

| | |
|---|---|
| S 12-4 | que los que lo oyeren puedan solaz tomar |
| S 104-3 | non quiso tomar dixe yo muy mal va |
| S 172-3 | los omnes en dar poco por tomar grand rriqueza |
| S 246-2 | al tomar te alegras el dar non -lo as ducho |
| S 459-2 | con -el mas perezosso E aquel queria tomar |
| S 490-4 | El que non tiene manos dyneros quiere tomar |
| S 533-4 | yo te mostrare manera por que -lo puedas tomar |
| S 770-2 | dezir nos buena missa e tomar buena yantar |
| S 778-2 | por tomar el cochino que so -la puerca yaze |
| S 864-2 | commo a -vuestra casa a -tomar buena meryenda |
| S 867-2 | a -tomar de -la su fruta e a -la pella jugar |
| S 974-3 | coyde tomar el puerto que es de -la fuent fria |
| S1253-4 | al tomar vienen prestos a -la lid tardineroz |
| S1391-1 | A -quien da dios ventura e non la quiere tomar |
| S1547-2 | todos los çinco sesos tu los vienes tomar |
| S1617-3 | del mal tomar lo menos dizelo el sabidor |

**TOMARA**

| | |
|---|---|
| S 628-3 | tomara tan grand enojo que te querra aborresçer |

**TOMARE**

| | |
|---|---|
| S 455-2 | dize luego entre sus dientes oyste tomare mi dardo |
| G 590-1 | qual carrera tomare que me non vaya matar |

**TOMARON**

| | |
|---|---|
| S 302-3 | yua mucho cansado tomaron lo adyuaz |
| S 369-4 | tomaron los abogados del ximio buena liçion |
| S1695-3 | algunoz de -los legos tomaron azedia |

**TOMAS**

| | |
|---|---|
| S 304-3 | sy non se faze lo tuyo tomas yra E saña |
| S 421-3 | tomas la grand vallena con -el tu poco çeuo |

**TOMASE**

| | |
|---|---|
| S1574-4 | que non tomase tristeza e pesar syn medida |

**TOMASEN**

| | |
|---|---|
| S 51-2 | que tomasen vn rribaldo vn vellaco Romano |

**TOMASTE**

| | |
|---|---|
| S1640-2 | quanto plazer tomaste |

**TOMAVA**

| | |
|---|---|
| S 531-1 | Tomaua grand pesar el diablo con esto |

**TOMAVAN**

| | |
|---|---|
| S1402-2 | tomauan con -el todos solaz E plazenteria |

**TOME**

| | |
|---|---|
| P 202 | e tome el verso primero del salmo |
| S 61-3 | desto ove grand pesar e tome grand enojo |
| S 88-3 | ella dixo en -la cabeça del lobo tome yo esta liçion |
| S 116-2 | tome por entendera |
| S 116-3 | tome senda por carrera |
| S 167-4 | tome amiga nueva vna dueña ençerrada |
| S 335-4 | ante que -la comiese yo gelas tome frias |
| S 849-2 | tome me por palabla a -la peor se tenga |
| S1619-2 | tome por mandadero vn Rapas traynel |

**TOME** **(H)**

| | |
|---|---|
| S 800-3 | por que tome conorte e por que aya folgura |
| S 906-1 | En muchas engañadas castigo e seso tome |
| S1629-4 | como pella a -las dueñas tomelo quien podiere |

**TOMEDES**

| | |
|---|---|
| S1208-3 | diz vos que me guardades creo que me non tomedes |
| S1444-1 | sseñora diz la vieja esse miedo non tomedes |
| S1654-2 | vos çiento de dios tomedes |

**TOMEMOS**

| | |
|---|---|
| S1584-3 | destos trez vienen aquellos tomemos armas atales |
| S1598-3 | tomemos escudo fuerte pyntado con tabletas |

**TOMEN**

| | |
|---|---|
| S 245-1 | Aqui tomen ensyenpro e lyçion de cada dia |

**TOMES**

| | |
|---|---|
| S 141-3 | por que creas mis dichos e non tomes dubdança |
| S 920-2 | non tomes el sendero e dexes la carrera |

**TOMESTE**

| | |
|---|---|
| S 6-3 | de -las ondaz del mar a -sant pedro tomeste |

**TOMO**

| | |
|---|---|
| S 82-3 | tomo plazer con ellas e sentiose mejor |
| S 103-1 | Tommo por chica cosa aborrençia e grand saña |
| S 196-2 | que a -la otra donzella nunca mas la tomo |
| S 478-3 | tomo vn entendedor E poblo la posada |
| S 967-1 | Tomome Resio por la mano en -su pescueço puso |
| S 981-1 | Tomo me por la mano e fuemos nos en vno |
| S1119-1 | Tomo ya quanto esfuerço e tendio su pendon |
| S1324-1 | ffue con -la pleytesia tomo por mi afan |
| S1350-1 | Tomola en -la falda e leuola a -su casa |
| S1426-1 | El leon tomo vno e querialo matar |
| S1561-4 | a -ysac e a -ysayas tomolos non te dexo dan |

**TOPE**

| | |
|---|---|
| S 187-3 | non se ffuerte nin rrecio que se contigo tope |

**TOPO**

| | |
|---|---|
| S 100-3 | pario vn mur topo escarnio fue de rreyr |
| S 407-2 | commo contesçio al topo que quiso ser amigo |
| S 408-1 | Tenia el mur topo cueva en -la rribera |
| S 411-3 | creo se le el topo en vno atados son |
| S 412-3 | el topo quanto podia tiraua fazia suso |
| S 413-4 | al topo e a -la rrana leuolos a -su nido |
| S 416-3 | commo el topo e la rrana peresçen o -peor |

**TORA**

| | |
|---|---|
| S 78-4 | mas mucho que non guardan los jodios la tora |

**TORBADA**

| | |
|---|---|
| S 614-2 | espantase al marynero quando vyene torbada |

**TORCAZAS**

| | |
|---|---|
| S1091-1 | vino el cabron montes con corços e torcazaz |
| S1113-3 | a -las torcazas matan las sabogas valyentes |

**TORDO**

| | |
|---|---|
| S1439-2 | mejor gritas que tordo nin Ruy Señor nin gayo |

**TORDOS**

| | |
|---|---|
| S 504-4 | mas condesguos tyenen que tordos nin picaças |
| S1014-3 | las sobreçejas anchas e mas negras que tordos |

**TORME**

| | |
|---|---|
| S 936-3 | torme me a -mi vieja commo a -buena Rama |

**TORMENTA**

| | |
|---|---|
| S1686-6 | en tormenta tamaña |

**TORMENTAS**

| | |
|---|---|
| S 210-2 | das le a -quien non -le ama tormentas le con penas |

**TORNA**

| | |
|---|---|
| S 426-3 | torna te a -tu culpa pues por ti lo erreste |
| S 579-2 | sy oy non Recabdares torna y luego cras |
| S 962-3 | ella diz dende te torna por somo sierra trastorna |
| S1197-4 | dada en torna vacaz nuestro lugar amado |
| S1569-4 | nunca torna con nuevas quien anda esta carrera |

**TORNAD**

| | |
|---|---|
| S 889-4 | el pesar E la saña tornad lo en buen solaz |
| S1707-4 | dexemos a -las buenas E a -las malas vos tornad |

**TORNADA**

| | |
|---|---|
| S1032-5 | fasta la tornada |
| S1039-5 | para la tornada |

**TORNADO**

| | |
|---|---|
| S 306-1 | El ffue muy vil tornado E de -las bestias egual |
| S 795-3 | en nada es tornado todo el mi laçerio |
| S1143-2 | lloro mucho contrito a -la pared tornado |

**TORNAN**
S 207-2   do son de sy Señores tornan se tus vasallos
**TORNAR**
S 887-2   quando el quexamiento non le puede pro tornar
**TORNARAN**
S1178-4   que son çeniza e tal tornaran çierta mente
**TORNARES**
S1688-4   en -goço tornares
**TORNARIA**
S1392-4   con -este mançebillo que vos tornaria moça
**TORNAS**
S 397-1   El coraçon le tornas de mill guisas a -la ora
**TORNAVA**
S1358-2   nunca de -la corrida vazio le tornaua
**TORNE**
S 578-1   Contra mi coraçon yo mesmo me torne
G 669-4   yo torne en -la mi fabla que tenia començada
S 974-1   Torne para mi casa luego al terçer dya
S1043-4   torne Rogar a -dios que non diese a -oluido
S1404-3   puez tan bien torne pino e falagare la dueña
**TORNE**   **(H)**
S 10-3   ffaz que todo se torne sobre los mescladorez
S 905-2   guarde se que non torne al mal otra vegada
**TORNEAR**
S1000-1   sse muy bien tornear vacas E domar brauo nouillo
**TORNEDES**
S 898-4   que tornedes al juego en saluo e en paz
**TORNEO**
S1112-3   quantos son en la mar vinieron al torneo
**TORNESES**
S1224-3   todoz le dan dineroz e delloz de dan tornesez
**TORNO**
S 749-1   Torno la golondrina e dixo al abutarda
S 827-4   a -la rraçon primera tornole la pelleja
S 899-2   tornose a -la fiesta baylando el cantador
S1320-3   torno a -mi muy triste e con coraçon agudo
**TORNO**   **(H)**
S 267-2   mando fazer escalera de torno enxerida
S 773-2   pastores e mastines troxieron lo en -torno
**TORO**
S 83-4   mando matar al toro que podria abastar
S 87-2   toda la canal del toro al leon dio entera
S 314-3   ferianlo de -los cuernos el toro y el novillo
**TORO**   **(H)**
S1339-2   do an vino de toro non enbian valadi
**TORONJA**
S1443-4   rreligiosa non casta es perdida toronja
**TOROS**
S1188-1   Desquel vieron los toros yrizaron los çerros
S1215-1   loz cabrones valyentes muchas vacas E toroz
**TORPE**
S 108-1   Mucho seria villano e torpe Pajez
S 159-1   El bauieca el torpe el neçio El poble
S 162-2   lo que en -si es torpe con amor bien semeja
S 404-2   pierde se por omne torpe duena de grand Respuesto
S 466-3   veo vos torpe coxo de qual pie coxeades
S 467-2   de perezoso torpe nin que vileza faga
S 490-2   al torpe faze bueno E omne de prestar
G 551-4   el mucho vagarozo de torpe non ze defiende
S 626-3   al sañudo e al torpe non lo preçian vn figo
**TORPEDAT**
S 456-2   torpedat e vileza ssuziedat e astrossya
S 566-2   non te alabes della que es grand torpedat
S1363-3   es torpedat e mengua e maldat e villania
**TORRE**
S 261-4   coydando que -lo sobia a -su torre por esto
S 512-1   Derrueca fuerte muro E derriba grant torre
S 642-3   torre alta desque tyenbla non ay synon caer
S1007-2   corri la cuesta ayuso ca diz quien da a -la torre
**TORRES**
S 618-3   caen las torres altas alçan pesos duros
S1465-1   leuando lo a -la forca vido en altas torres
**TORREZNO**
S 779-3   bueno le fuera al lobo pagarse con torrezno
**TORTOLAS**
S 747-1   Dixo la golondrina a -tortolas e a -pardales
**TORTOLILLA**
G 757-2   zola e sin conpanero commo la tortolilla
S1329-1   ffablo la tortolilla en -el rregno de rrodaz
**TOS**
S 310-2   el que tos obras viere de ty se arredrara
S1660-4   del jnfierno e de su tos
**TOVE**
S1009-4   touelo a -dios en merçed e leuome a -la tablada
S1706-1   que sy yo tengo o -toue en casa vna seruienta
**TOVIENDO**
S1390-1   Muchos leem el libro touiendo lo en poder
**TOVIERA**
S 903-2   que sy el coracon E orejas touiera
**TOVIERE**
S 206-3   el que non touiere premia non quiera ser apremiado
S 936-4   quien tal vieja touiere guardela commo al alma
**TOVIERES**
G 451-2   quando dar non quisieres o quando non touierez
S 454-2   non ayas miedo della quanto tienpo tovyeres
S 492-1   sy tovyeres dyneros avras consolacion
**TOVIERON**
S 877-4   dios E mi buena ventura mela touieron guardada
**TOVIESE**
S1694-3   que non touiese mançeba cassada nin soltera
S1694-4   qual quier que -la touiese descomulgado era
S1704-3   Sy yo touiese al arçobispo en otro tal angosto

**TOVIESEDES**
S1249-2   ca non tyenen moradas do touiesedes la fiesta
**TOVIESEN**
S1127-2   E que lo touiesen ençerrado ado non -lo vea ninguno
**TOVILLOS**
S1016-4   sus touillos mayores que de vna añal novilla
**TOVISTES**
S 205-3   vengue vuestra locura Ca en poco touistes
**TOVO**
S 939-2   tovo en -lo que puso non -lo faz toda menga
S1102-4   tovo doña quaresma que era suyo el Real
S1373-4   con esto el aldeano touos por byen apreso
S1403-1   El asno de mal Seso penso E touo mientes
S1429-1   El leon destos dichos touose por pagado
**TOXO**
S 779-1   Toxo lo enderedor a mal andar el rrodezno
**TOZINO**
S 781-4   dezian que non conbrian tozino sin gallynas
**TOZINO**
S 767-4   non quise comer tozino agora soy escarnido
S1106-2   fallose con don tozino dixole mucho baldon
S1373-2   mucho tozino lardo que non era salpreso
**TRABAJA**
S 68-2   trabaja do fallares las sus señales çiertas
S 71-2   el mundo por dos cosas trabaja por la primera
S 155-4   que si mucho trabaja en mucho plazer byue
S 834-3   de noche e de dia trabaja syn pereza
**TRABAJAMOS**
S 816-4   por vanas promisiones trabajamos e seruimos
**TRABAJAN**
S 125-1   Muchos ay que trabajan sienpre por clerezia
S 152-3   trabajan E afanan mucho syn medida
**TRABAJAR**
S1391-3   aya mucha lazeria e coyta e trabajar
**TRABAJAT**
S 720-2   trabajat en tal manera por que ayades prouecho
**TRABAJAVA**
S1504-4   en locura del mundo nunca se trabajaua
**TRABAJE**
S1319-4   si poco ende trabaje muy poco ende saque
**TRABAJEDES**
S 782-4   lo que fazer se puede por ello trabajedes
**TRABAJO**
S 209-2   das al cuerpo lazeria trabajo syn Razon
S 452-4   que el grand trabajo todas las cosas vençe
S 600-4   aver la he por trabajo E por arte sotil
S 611-4   el grand trabajo todas las cosas vençe
S 612-3   que trabajo e seruiço non -la traya al espuela
S 622-4   todo esto da el trabajo el vso e la femençia
S 642-2   poco trabajo puede sus coraçones vençer
S 692-4   dios e el trabajo grande pueden los fados vençer
S 693-3   el trabajo e el fado suelen se aconpañar
S 694-2   el guie la mi obra el mi trabajo prouea
S 720-3   de todo vuestro trabajo auredez ayuda e pecho
S 793-3   quiça el grand trabajo puede vos acorrer
S 794-1   yo le dixe qual arte qual trabajo qual sentido
S 804-3   el grand trabajo cunple quantos deseos son
S 805-1   Todo nuestro trabajo E nuestra esperança
S 814-3   conplid vuestro trabajo e acabad la nobleza
S 835-3   saca gualardon poco grand trabajo e grand pena
**TRABAR**
S1320-2   mas non pudo trabar atar nin dar nudo
**TRAE**
P 51   e trae al cuerpo a fazer buenaz obraz
S 271-1   Saetas e quadrillos que trae amolados
S 297-1   Muerte muy Rebatada trae la golossyna
S 378-4   Quod eva tristis trae de quicunque vult Redruejas
S 389-1   El que tu obla trae es mitroso puro
S 540-4   trae el mucho vino a los decomunales
S 602-3   non preçia nada muerto me trae coytado
S 603-3   esto me trae muerto perdido E penado
S 647-4   el tyenpo todas cosas trae a -su lugar
S 855-1   Con aquestos pesares trae me muy quebrantada
S1534-2   viene vn mal azar trae dados en Rodo
**TRAEDES**
S 832-4   que lo traedes muerto perdido e penado
**TRAELLA**
S 488-4   ca estas cosas pueden a -la muger traella
**TRAEN**
P 13   que traen al Alma conssolaçion
P 125   E loz malez muchoz que -lez aparejan e traen
S 417-3   dezir palablas dulzes que traen abenençia
**TRAER**
S 241-2   a arar lo pusieron e a traer la leña
S 427-4   Recabdaras la dueña E sabras otras traer
G 763-3   mas deuen lo traer poco e fazer chico rroydo
S1145-3   si el çiego al çiego adiestra o lo quier traer
S1448-4   non deue temor vano en -sy ome traer
S1622-3   que solo e cargado faz acuestas traer
**TRAERE**
S 718-4   en aqueste mi farnero las traere al sarçillo
**TRAES**
S 184-1   Traes enloquecidos a muchos con tu saber
S 186-2   traes los de oy en cras en vida muy penada
S 230-1   Soberuia mucha traes ha -do miedo non as
S 291-1   la golossyna traes goloso Laminero
S 304-1   yra e vana gloria traes en -el mundo non ay tanta
S 319-1   otrosy con açidia traes ypocresia
S 388-1   Con açidua traes estos males atantos
S 392-4   mas traes neçios locos que ay pyñones en piñas
S 405-4   traes los omnes çiegos que creen en tus loorez
S 420-1   So la piel ovejuna traes dientes de lobo

**TRAGALLO**
S 321-4  el non veya -la ora que estouiese en -tragallo
**TRAGALLOS**
S 207-4  en cuerpos e en almas asy todos tragalloz
**TRAGAR**
S 254-2  el lobo dixo como yo non te pudiera tragar
S 295-4  por comer e tragar sienpre estas boca abierto
**TRAGAS**
S 400-2  almas cuerpos e algos commo huerco las tragas
**TRAGONIA**
S 294-1  adan el nuestro padre por gula e tragonia
**TRAHE**
S 651-4  esta en aquella sola que me trahe penado e muerto
S 831-4  en todos los sus fechos vos trahe antojada
S 855-2  su porfia e su grand quexa ya me trahe cansada
S 858-3  el a -vos ansy vos trahe en -su coraçon consygo
S 884-2  ya el pescador los tiene E los trahe por el suelo
S1220-1  Enderredor de ssy trahe muchos alanes
S1243-3  llenas trahe laz manos de mucha noble dona
**TRAHEDES**
S 837-1  desque con -el fablastes mas muerto lo trahedes
S 882-2  a -las mugeres trahedes engañadas vendidas
**TRAHEN**
S1257-4  trahen a -muchos locos con sus falsos rrisetes
S1583-2  aquestos de cada dia nos trahen muy conbatidos
**TRAHER**
S1293-3  la mosca mordedor faz traher las narizes
S1511-2  que non gelo desdeñedes pues que mas traher non pud
S1687-3  en me mal traher
**TRAHERE**
S 931-4  yo dare a -todo çima e lo trahere a -rrodo
S1623-3  e yo vos la trahere syn mucha varahunda
**TRAHES**
S 217-1  Contigo syenpre trahes los mortales pecados
**TRAICION**
S 143-1  Acaesçe que alguno ffaze grand trayçion
S 176-4  tu furtarias lo que guardo E yo grand trayçion faria
S 840-2  en casar vos en vno aqui non ay trayçion
**TRAIDO**
S 282-1  ffue por la enbydia mala traydo jhesu xpisto
S 536-2  dixo saca dello e beue pues lo as traydo
**TRAIDOR**
S 119-4  El traydor falso marfuz
S 220-1  En -ti fazen morada aleuoso traydor
S 790-1  Mugeres aleuosas de coraçon traydor
S1049-4  judas el quel vendio su disçipulo traydor
**TRAIDORES**
S 7-4  Señor tu sey comigo guardame de trayd(ores)
S1051-2  los traydores gollynes commo si fuese rrapaz
**TRAILLA**
S 927-2  traylla nin trechon nin rregistro nin glosa
**TRAINEL**
S 924-4  altaba traynel cabestro nin almohaça
S1415-3  fare traynel della para calçar lygero
S1619-2  tome por mandadero vn Rapas traynel
**TRAMA**
S 812-1  En otras cosas muchas entyendo esta trama
**TRANCE**
S 904-4  en amor de dios lynpio vuestro loco nol trançe
**TRANÇA**
S 517-1  con vna flaca cuerda non alçaras grand trança
S1587-3  con -tal loriga podremos con cobdiçia que nos trança
**TRAS**
S 656-2  a -bezes mal perro atado tras mala puerta abierta
S 991-1  Enbiome la cayada aqui tras el pastorejo
S1273-4  las viejaz tras el ffuego ya dizen laz pastrañas
S1414-4  dezian los que pasauan tente esa tras nochada
**TRASCALA**
S 545-3  que-ma -las assaduras el fygado tras-cala
**TRASFAGOS**
S1436-4  de -la falsa rraposa con -sus malos trasfagos
**TRASLADO**
S1197-2  nuestra carta leyda tomad della traslado
**TRASPASA**
S 523-3  aquello la ençiende E aquello la traspassa
**TRASPASO**
S1442-2  dan pessar e tristeza e dapno syn traspaso
**TRASPAZO**
G 550-4  de -lo que -le prometierez non la trayaz a traspazo
**TRASPUSO**
S 901-3  quanto el leon traspuso vna o dos callejas
**TRASTORNA**
S 962-3  ella diz dende te torna por somo sierra trastorna
**TRASTORNE**
S 379-2  tu catolica a -ella cata manera que -la trastorne
S1151-3  trastorne byen los libros las glosaz e los testos
**TRATADO**
S 54-4  E començo sus señas commo era tratado
S1299-2  en sola vna palabra puso todo el tratado
**TRAVA**
S1109-4  ansi traua dellos Como si fuese gato
S1475-3  quien al diablo cree traual su garauato
S1704-2  E con rrauia de -la muerte a -su dueño traua al rrostro
**TRAVADAS**
S1474-3  que yo tengo travadaz mis pies tienen sangrias
**TRAVANDO**
S 741-3  sus manos se contuerçe del coraçon travando
**TRAVAR**
S1001-2  quando a -la lucha me abaxo al que vna vez trauar puedo
**TRAVARON**
S1051-4  trauaron del luego todos enderedor

**TRAVAS**
S 415-2  en tal guisa les travas con tus fuertes mordaçaz
S 420-2  al que vna vez travas lievas telo en Robo
**TRAVE**
S 945-4  yo traue luego della e fablele en seso vano
**TRAVESEROS**
S1325-2  Señora diz conprad traueseros e aviesos
**TRAVESURA**
S 934-1  ffizo grand maestria E sotil trauesura
S1284-4  fazen sus diabluraz e su trauesura
**TRAVIESA**
S 971-1  la vaquera trauiessa diz luchemos vn Rato
**TRAVIESOS**
S1325-3  dixo la buena dueña tus dezirez trauiesos
**TRAVO**
S 315-2  el leon con grand yra trauo de su coraçon
**TRAX**
S 962-2  tirate de -la carrera que non trax para ty nada
S1039-3  non trax por ventura
**TRAXO**
S 738-2  es aparado bueno que dios vos traxo agora
**TRAY**
S1466-2  con vna freyla suya que me dize trayle trayle
**TRAYA**
S 175-1  lanço medio pan al perro que traya en -la mano
S 502-3  traya joyas preçiosas en -vyçioz E folguras
S 612-3  que trabajo e seruiçio non -la traya al espuela
S 826-3  quel lyeue la sortija que traya vendiendo
S 893-2  quando fue Sano della que -la traya enfiesta
S 974-2  mas non vine por locoya que joyas non traya
S 994-3  coydos que traya rrodando en derredor
S1073-2  lyeuela por la tierra non -la traya escondida
S1074-1  otra carta traya abyerta e ssellada
S1086-1  Traya buena mesnada Rica de jnfançones
S1109-2  traya muy duro Cuero con mucho garauato
S1217-1  Traya en -la su mano vn assegur muy fuerte
S1218-1  Enderedor traya çeñida de -la su çynta
S1243-1  Traya en -su cabeça vna noble corona
S1291-4  traya las manos tyntas de -la mucha çereza
S1618-3  traya abbades lleno el su rregaço
S1691-1  aqueste açipreste que traya el mandado
S1691-4  coydando que traya otro mejor mandado
**TRAYAN**
S1083-1  Estoz trayan lançaz de peon delantero
S1086-4  trayan armas estrañas e fuertes guarniçiones
S1087-2  ollas de puro cobre trayan por capellynas
S1110-3  trayan armas muy fuertes e ballestas e arcos
S1111-2  trayan muchas saetas en sus aljauas postas
**TRAYAS**
G 550-4  de -lo que -le prometierez non la trayaz a traspazo
**TRAYE**
G 663-4  esto zobre todas cosaz me traye mas afincado
S1244-1  a -cabo de grand pieça vy al que -la traye
**TRAYEN** (V)
G 60-3  des que vy que entendien e trayen la trinidat
**TRAYENDO**
S1292-1  El terçero andaua los çetenos trayendo
**TRAYO**
G 588-2  en -el coraçon lo trayo ençerrado e ascondido
S 714-3  yo lo trayo estoruando por quanto non -lo afynco
S 916-2  catad aqui que vos trayo esta preçiosa sortija
S1356-2  quando trayo presente so mucho falagada
S1361-4  quando non le trayo nada non me falaga nin me sylua
S1404-2  trayoles la farina que comen del açeña
S1431-2  fue a -el dixo Señor yo trayo buen cochillo
S1439-3  sy agora cantasses todo el pesar que trayo
**TRE**
S 966-3  ella diz dam mas amigo anda aca trete con-migo
**TREBEJO**
S 396-2  que fago tu mandado E sigua tu trebejo
G 560-2  el trebejo dueña non lo quiere en otra aljaba
G 688-2  si mucho vso la dueña con palabraz de trebejo
S 754-2  por astragar vuestro e fazer vos mal trebejo
S 839-3  el miedo E la verguença defienden me el trebejo
S 923-4  que commo el verdadero non ay tan mal trebejo
S 991-4  sobarte diz el aluarda synon partes del trebejo
S1479-3  al que te dexa en coyta nol quieras en -trebejo
S1609-2  en -la cama solaz trebejo plazenteras Ryentes
**TREBEJOS**
G 666-1  yo le dixe ya sañuda anden fermozoz trebejoz
**TRECHADAS**
S1105-2  salpresaz e trechadas a -grandes manadillas
**TRECHO**
S 543-3  perdio cuerpo e alma el cuytado mal trecho
S 954-3  desque me vy en coyta aRezido mal trecho
**TRECHON**
S 927-2  traylla nin trechon nin rregistro nin glosa
S1115-2  tenia en -la su mano grand maça de vn trechon
**TREGUA**
S1579-2  non fiedes en -tregua de vuestro enemigo
**TREINTA**
S1050-1  Por treynta dineros fue el vendimiento
S1645-1  Años treynta e trez
**TREMER**
S 785-1  ay que todos mis mienbros comiençan a -tremer
**TREMOR**
S1378-2  estaua el aldeano con miedo e con tremor
S1419-2  para el tremor del coraçon es mucho prouechoso
**TRENÇA** (V)
G 396-3  loz cabelloz en -trença el peynde e el espejo
**TRENTANARIO**
S1542-4  muda el trentanario del duelo poco se syente

**TRES**

| | |
|---|---|
| P 8 | en -el qual verso entiendo yo trez cosaz |
| P 169 | que guarde bien laz trez cosaz del Alma |
| S 5-2 | en -que moro trez diaz dentro en -la mar ll(ena) |
| S 6-1 | Señor a -los trez niñoz de muerte loz libraste |
| S 56-1 | Mostro luego trez dedos contra el griego tendidos |
| S 59-4 | vno e trez personaz e tal señal feziera |
| S 189-3 | sy non con trez mugeres tal era su talente |
| S 243-3 | vido lo el asno nesçio Rixo bien trez vegadas |
| S 260-2 | quemadaz e destruydas las trez por sus maldadez |
| G 447-1 | trez cosaz non te oso agora descobryr |
| S 473-4 | do estas tres guardares non es tu obra vana |
| S 540-2 | loxuria e soberuia tres pecados mortales |
| G 554-3 | El judio al año da tres por quatro pero |
| S 572-1 | de trez cossaz que le pidas a -la muger falaguera |
| S 919-2 | que çedaçuelo nueuo trez dias en astaca |
| S1020-2 | vnas trez vezes contelas estando arredrado |
| S1021-2 | fize bien trez cantigaz mas non pud bien pyntalla |
| S1187-3 | en tres dia lo andudo semeja que bolaua |
| S1270-4 | trez comen a -ella vno a -otro assecha |
| S1271-1 | Tres caualleros comian todos a -vn tablero |
| S1278-1 | Estauan trez fijos dalgo a otra noble tabla |
| S1282-1 | Este tyene trez diablos presos en -su cadena |
| S1287-1 | Andan tres Ricoz onbrez ally en vna danca |
| S1294-1 | trez labradorez vinien todos vna carrera |
| S1491-4 | a -pan de quinçe diaz fanbre de trez selmanas |
| S1584-1 | lydyan otrosi con estos otros trez mas prinçipales |
| S1584-3 | destos trez vienen aquellos tomemos armas atales |
| S1603-1 | Contra los trez prinçipales que non se ayunten de consuno |
| S1603-3 | con coraçon al diablo todos trez yran de yuso |
| S1645-1 | Años treynta e trez |

**TREVO**

| | |
|---|---|
| G 664-1 | zeñora yo non a me treuo d dezir uoz mas rrazonez |

**TREXNA**

| | |
|---|---|
| S 852-3 | aca e alla lo trexna el su quexoso amor |

**TREXNADA**

| | |
|---|---|
| S 646-3 | syn su plazer non sea tanida nin trexnada |

**TREZENO**

| | |
|---|---|
| S1644-4 | el trezeno año |

**TREZIENTAS**

| | |
|---|---|
| S 212-1 | En vn punto lo pones a jornadas trezientas |

**TREZIENTOS**

| | |
|---|---|
| S 326-2 | era de mill e trezientos en -el ano primero |
| S1634-1 | Era de mill E trezientos E ochenta E vn años |

**TRIA**

| | |
|---|---|
| S1336-3 | tria sandalix muy fyno con diasanturion |

**TRIBULACION**

| | |
|---|---|
| S 149-4 | el poderio de dios tuelle la tribulaçion |
| S1679-3 | de tribulaçion syn tardança |
| S1688-3 | E mi grand tribulaçion |

**TRICESIMO**

| | |
|---|---|
| P 6 | en -el psalmo triçesimo primo del verso dezeno |

**TRIFUDA**

| | |
|---|---|
| S1008-4 | yeguariza trifuda talla de mal çeñiglo |

**TRIFUDO**

| | |
|---|---|
| S1485-2 | el cuerpo ha bien largo mienbros grades e trifudo |
| S1488-2 | los pechos delanteros bien trifudo el braço |

**TRIGO**

| | |
|---|---|
| S 101-2 | prometen mucho trigo e dan poca paja tamo |
| S 119-2 | trigo que tenia Anejo |
| S 284-1 | Por que tiene tu vezino mas trigo que tu paja |
| S 950-4 | quien mas de pan de trigo busca syn de seso anda |
| S1273-2 | mandaua ssenbrar trigo e cortar laz montañas |
| S1286-2 | con -los vientoz que faze grana trigo E çeteno |
| S1388-1 | Mas querria de vuaz o -de trigo vn grano |

**TRIGOS**

| | |
|---|---|
| S1292-2 | trigos e todaz mieses en -las eraz tendiendo |

**TRILLA**

| | |
|---|---|
| S 170-4 | quien en -el arenal sienbra non trilla pegujarez |

**TRILLAN**

| | |
|---|---|
| S 953-4 | pagame synon veras commo trillan Rastrojo |

**TRILLANDO**

| | |
|---|---|
| S1295-3 | trillando e ablentando aparta pajas puras |

**TRILLAR**

| | |
|---|---|
| S1015-4 | valdria se te mas trillar en -las tus paruas |

**TRINIDAD**

| | |
|---|---|
| P 203 | que ez de -la santa trinidad E de -la fe catholica |
| S 60-3 | desque vi que entendien e crey en -la trinidad |

**TRINIDAT**

| | |
|---|---|
| S1239-1 | los de -la trinidat con -los fraylez del carmen |

**TRIPERAS**

| | |
|---|---|
| S1212-3 | a -el salen triperaz taniendo suz panderoz |
| S1221-3 | para laz triperaz gamellaz e artesaz |

**TRISCA**

| | |
|---|---|
| S1228-3 | el corpudo laud que tyene punto a -la trisca |

**TRISTAN**

| | |
|---|---|
| S1703-2 | nin es agora tristan con todos sus amorez |

**TRISTE**

| | |
|---|---|
| S 91-3 | algun triste ditado que podiese ella saber |
| S 92-2 | ffize cantar tan triste commo este triste amor |
| S 212-3 | dexaz le solo e triste con muchaz soberuientas |
| S 213-4 | das me en -el coraçon triste fazes del ledo |
| S 268-4 | el mundo escarnido E muy triste la gente |
| S 277-3 | por esto eres çeloso e triste con rrencura |
| S 319-3 | pensando estas triste tu ojo non se erzia |
| G 563-3 | sey cuerdo e non sanudo nin trizte nin yrado |
| S 605-1 | Non veen los vuestros ojos la mi triste catadura |
| S 944-1 | Con -el triste quebranto E con -el grand pesar |
| S1048-3 | la triste estoria que yo con tristeza enpieço |
| S1118-4 | esta mucho triste non falla quel confuerte |
| S1139-2 | sospiros dolorosos muy triste sospirando |
| S1142-3 | se yo que lloro lagrimas triste con amargura |
| S1279-2 | oras triste Sanudo oras seye loçano |
| S1314-4 | de triste e de sanudo non quiere ser ospedado |
| S1320-3 | torno a -mi muy triste e con coraçon agudo |
| S1523-3 | la tu venida triste non se puede entender |
| S1557-3 | la su humanidat por tu miedo fue triste |
| S1571-4 | pues que a -ty non viere vere tu triste estoria |
| S1677-4 | en -que so coytado triste |

**TRISTENCIA**

| | |
|---|---|
| S 797-2 | vienen muchos plazeres despues de -la tristençia |

**TRISTES**

| | |
|---|---|
| S 783-2 | que nuevas atan malas tan tristes me troxistes |

**TRISTEZA**

| | |
|---|---|
| S 44-4 | que la mucha tristeza mucho coydado pon |
| S 91-4 | que cantase con tristeza pues la non podia aver |
| S 103-4 | desto fize troba de tristeza tam mañana |
| S 276-4 | tristeza e sospecha tu coraçon quebranta |
| S 398-4 | tristeza e flaqueza al de ty non Recabdo |
| S1518-2 | que pesar e tristeza el engenio en-bota |

**TRISTEZA**

| | |
|---|---|
| G 580-3 | parti me de tristeza de cuydado dañozo |
| S 626-4 | tristeza e Renzilla paren mal enemigo |
| S 717-3 | muchas vezes he tristeza del lazerio ya -pasado |
| S 800-2 | por que pierda tristeza dolor e amargura |
| S 802-4 | perdet esa tristeza que vos lo prouaredes |
| S 834-1 | El mesquino sienpre anda con aquesta tristeza |
| S 855-3 | alegro me con mi tristeza lasa mas enamorada |
| S1384-3 | syenpre tyene rreçelo e con miedo tristeza |
| S1442-2 | dan pessar e tristeza e dapno syn traspaso |
| S1507-2 | con pesar e tristeza non fue tan sotil fecha |
| S1508-1 | Por oluidar la coyta tristeza E pessar |
| S1522-4 | sy non dolor tristeza pena e grand crueldad |
| S1574-4 | que non tomase tristeza e pesar syn medida |
| S1575-2 | la tristeza me fizo ser rrudo trobador |

**TRISTIS** (L)

| | |
|---|---|
| S 378-4 | Quod eva tristis trae de quicunque vult Redruejas |

**TRISTURA**

| | |
|---|---|
| S 606-3 | afynco vos pidiendo con dolor e tristura |
| S1666-4 | que tiraste la tristura |
| S1668-2 | aguardando los coytados de dolor E de tristura |
| S1681-2 | de dolor conplido E de tristura |

**TROBA**

| | |
|---|---|
| S 103-4 | desto fize troba de tristeza tam mañana |
| S 114-1 | ffiz con -el grand pessar esta troba caçura |
| S 122-2 | fize esta otra troba non vos sea estraña |

**TROBADOR**

| | |
|---|---|
| S 92-4 | mas que yo podria sser dello trobador |
| S1575-2 | la tristeza me fizo ser rrudo trobador |

**TROBADORES**

| | |
|---|---|
| S 65-4 | tu non fallaras vno de trobadorez mill |

**TROBAR**

| | |
|---|---|
| P 190 | e muestra de metrificar E rrimar E de trobar |
| S 45-4 | Saluo en -la manera del trobar E del dezir |
| S 66-3 | a -trobar con locura non creas que me muevo |
| S 575-2 | pero que mi coraçon de trobar non se quita |
| S1629-1 | qual quier omne que -lo oya sy byen trobar sopiere |

**TROBARIADES**

| | |
|---|---|
| S 484-4 | vos venieseds tenplano E trobariades corder |

**TROBAS**

| | |
|---|---|
| P 191 | Ca trobas E notaz e rrimaz e ditadoz e uersoz |
| S 170-1 | Por amor desta dueña ffiz trobas e cantares |

**TROBASE**

| | |
|---|---|
| S 114-4 | sy de tan grand escarnio yo non trobase burla |

**TROBO**

| | |
|---|---|
| S 483-4 | que yo pynte corder E trobo este manjar |

**TROCA**

| | |
|---|---|
| S 514-4 | mercador que esto faze byen vende e byen troca |

**TROCO**

| | |
|---|---|
| S1607-3 | dueñas ay muy grandes que por chicas non troco |

**TROCO** (H)

| | |
|---|---|
| S1607-4 | mas las chicas e laz grandes se rrepienden del troco |

**TRONPAS**

| | |
|---|---|
| S1234-1 | Tronpas e añafiles ssalen con atanbales |

**TROPEL**

| | |
|---|---|
| S1124-1 | la mesnada del mar fizo se vn tropel |

**TROTA**

| | |
|---|---|
| S 930-1 | a -la he diz açipreste vieja con coyta trota |
| S1029-1 | diz trota conmigo |
| S1518-4 | por que trota conventos ya non anda nin trota |

**TROTACONVENTOS**

| | |
|---|---|
| G 441-4 | eztas trota conventoz fazen muchaz barataz |
| S 697-1 | busque trota conventos qual me mando el amor |
| S 738-1 | Dixo trota conventos quien fija es fija Señora |
| S 845-3 | dixo trota conventos a -la vyeja pepita |
| S 868-1 | vyno me trota conventos alegre con el mandado |
| S 912-3 | busque trota conventos que siguiese este viaje |
| S1317-1 | ffyz llamar trota conventos la mi vieja sabida |
| S1343-1 | yo le dixe trota conventos escucha me vn poquillo |
| S1497-1 | yol dixe trota conventos Ruego te mi amiga |
| S1509-1 | Dixo trota conventos a -la mora por mi |
| S1518-4 | por que trota conventos ya non anda nin trota |
| S1569-1 | ay mi trota conventos mi leal verdadera |
| S1572-3 | la mi trota conventos dios te de rredepnçion |

**TROTALLA**

| | |
|---|---|
| S1021-3 | las dos son chançonetas la otra de trotalla |

**TROTAS**

| | |
|---|---|
| S 380-4 | coxquea al dar ofrenda byen trotas el comendon |

**TROTERA**

| | |
|---|---|
| S 645-4 | qual don amor te dixo tal sea la trotera |
| S 926-3 | nunca le digas trotera avn que por ti corra |
| S1213-4 | taniendo el Rabadan la çitola trotera |
| S1328-4 | estos fueron los versos que leuo mi trotera |
| S1571-2 | que mas leal trotera nunca ffue en memoria |

**TROTERAS**
S1513-1   Despues fize muchas cantigas de dança e troteras

**TROTERO**
S1068-2   truxo a -mi dos cartaz vn lygero trotero

**TROXA**
S 711-4   que non ay mula de aluarda que la troxa non consienta

**TROXIERON**
S 773-2   pastores e mastines troxieron lo en -torno
S 900-3   al leon lo troxieron abriol por los costados
S1125-1   Troxieron los atados por que non escapasen
S1470-4   me troxieron a -esto por que tu me sopesaz

**TROXIESE**
S 117-3   que troxiese la pletesia

**TROXILLO**
S1186-1   Plados de medellyn de caçres de troxillo

**TROXISTES**
S 783-2   que nuevas atan malas tan tristes me troxistes

**TROXO**
S 23-3   troxo te mensaz diuino
S 223-4   que troxo a -elena que cobdiçiaua seruir
S 875-2   don melon tyrad vos dende troxo vos y el diablo
S 902-3   syn coraçon E syn orejas troxolo des-figurado
S1498-2   troxo me buena rrepuesta de -la fermosa Ryma

**TROYA**
S 223-1   Por cobdiçia feciste a -troya destroyr

**TROYAS**
S 699-3   non ay tales maestras commo estas viejas troyas
S 937-3   non ay tales maestras commo estas viejas troyas

**TRUCHA**
S 342-4   presentan al alcalde qual salmon e qual trucha
S 969-2   mucho queso assadero leche natas e vna trucha
S1164-2   conbras de -las arvejas mas non salmon nin trucha

**TRUCHAS**
S1105-4   las truchas de aluerche dauanle en -las mexillas
S1288-4   los baruos a laz truchas amenudo çenaua
S1394-3   dexades del amigo las truchas laz gallynas

**TRUENO**
S 238-3   que a -las otras bestias espanta como trueno
S1286-4   a -los moços medrosos ya los espanta el trueno

**TRUHANERIA**    (V)
G1284-4   fazen suz diabluraz e su truhaneria

**TRUHANEZ**
S 269-4   contesçeles commo al aguila con -los nesçios truhanez

**TRUJAMANIAS**    (V)
T1284-4   fazen suz trauesuraz e suz trujamaniaz

**TRUXO**
S1068-2   truxo a -mi dos cartaz vn lygero trotero
S1080-4   truxo muy grand mesnada commo era poderosso

**TU**
S 2-2   antel el rrey asuero ouo tu graçia digna
S 2-3   Señor da me tu graçia e tu merçed Ayna
S 4-4   dame tu misericordia tira de mi tu s(aña)
S 6-4   Señor de aquesta coyta saca al tu açipre(ste)
S 9-3   Señora da me tu graçia E dame consolaçion
S 9-4   ganame del tu fijo graçia E bendiçion
S 10-2   tira de mi su saña tira de mi tu Rencorez
S 13-2   enforma e ayuda a -mi el tu açipreste
S 21-4   Cantar de tu alegria
S 26-4   En tu braço do yazia
S 28-4   quel tu fijo veuia
S 29-2   quando al tu fijo viste
S 30-1   Madre el tu gozo sesto
S 30-4   En tu santa conpania
S 32-1   Reynas con tu fijo quisto
S 34-1   Dezir de tu alegria
S 37-1   ffue el tu gozo terçero
S 38-1   ffue tu quarta alegria
S 38-4   que el tu fijo veuia
S 39-2   quando al tu fijo Señor
S 41-3   dios tu padre
S 42-2   que tu fijo el saluador
S 85-1   comme la tu señor que -te sera buena e sana
S 101-1   E bien ansi acaesçio a -muchos e a -tu Amo
S 162-4   lo que semeja non es oya bien tu -oreja
S 176-3   ssy yo tu mal pan comiese con -ello me afogaria
S 177-4   vete de aqui ladron non quiero tu poridad
S 181-4   yo le pregunte quien era dixo amor tu vezino
S 184-1   Traes enloquecidos a muchos con tu saber
S 186-3   fazes al que te cree lazar en tu mesnada
S 196-4   ansy tu deuaneo al garçon loco domo
S 204-4   danos la tu ayuda tira de nos tu plaga
S 208-2   que tan presos los tienes en tu cadena doblada
S 208-3   que non pueden partir se de tu vida penada
S 209-1   Non quiero tu conpaña vete de aqui varon
S 211-2   rrebuelves lo amenudo tu mal non adeuina
S 211-4   de diuerssas maneras tu quexa lo espina
S 213-3   nunca me aperçibes de tu ojo nin del dedo
S 214-1   Non te puedo prender tanta es tu maestria
S 214-3   tu cada ora a mi prendez tanta es tu orgullya
S 216-3   syenpre de ti me vino con tu sotil engaño
S 218-2   esta es tu fija mayor tu mayordoma anbicia
S 218-3   esta ez tu alferez E tu casa offiçia
S 222-4   quien tu cobdiçia tiene el pecado lo engaña
S 224-1   Por tu mala cobdiçia los de egipto morieron
S 230-3   las joyaz para tu Amiga de que las conplaras
S 231-1   ffazes con tu soberuia acometer malas cosaz
S 232-3   lyeua los el diablo por tu el grand abeytar
S 233-1   Por tu mucha soberuia feziste muchos perder
S 235-3   amor por tu soberuia se fazen bien lo creas
S 244-1   Do es tu noble freno e tu dorada silla
S 244-2   do es tu soberuia do es la tu rrenzilla
S 244-4   vengue la tu soberuia tanta mala postilla

S 249-2   quando de tus averes E de tu mucha rrenta
S 266-4   a -dueñas tu loxuria desta guisa las doma
S 269-2   quantos en tu loxuria son grandes varraganes
S 273-2   vsando tu locura e tu mala barata
S 275-1   Quien podrie dezir quantos tu loxuria mata
S 275-2   quien dirie tu forniçio e tu mala barata
S 275-3   al que tu ençendimiento e tu locura cata
S 276-3   sy el tu amigo te dize fabla ya quanta
S 276-4   tristeza e sospecha tu coraçon quebranta
S 277-1   El çelo syenpre nasçe de tu enbydia pura
S 277-2   temiendo que a -tu amiga otro le fabla en locura
S 280-4   estorua tu pecado façe te ally moryr
S 284-1   Por que tiene tu vezino mas trigo que tu paja
S 284-2   con tu mucha envidia leuantas le baraja
S 289-1   Anssy con tu envidia ffazes a -muchos sobrar
S 291-4   por cobrar la tu fuerça eres lobo carniçero
S 293-2   duermes con tu amiga afoga te postema
S 296-3   a -fazer tu forniçio Ca do mucho vino es
S 299-2   dyz tu eres mi Señor e yo tu vasallo
S 300-3   enclauo me ven Señor con tu diente bendito
S 304-4   enojo E mal querençia anda en -tu conpaña
S 319-3   pensando estas triste tu ojo non se erzia
S 330-4   ayas tu abogado luego al plazo vente
S 375-1   Do tu Amiga mora comienças a -leuantar
S 376-1   desque sientes a -ella tu coraçon espacias
S 377-2   deus jn nomine tuo Ruegas a -tu saquima
S 379-1   E sy es dueña tu amiga que desto non se conpone
S 379-2   tu catolica a -ella cata manera que -la trastorne
S 380-1   Tu vas luego a -la iglesia por le dezir tu Razon
S 381-2   que -la vieja que tiene a -tu amiga presta
S 389-1   El que tu obla trae es mitroso puro
S 390-1   Non te quiero amor nin cobdiçio tu fijo
S 390-4   non me val tu vanagloria vn vil grano de mijo
S 393-1   fazes como folguym en tu mesma manera
S 396-2   que fago tu mandado E sigua tu trebejo
S 397-4   rremira se la loca ado tu lo-cura mora
S 402-2   fazes con tu grand fuego commo faze la loba
S 409-2   quiero ser tu amiga tu muger e tu çercana
S 410-2   ata tu pie al mio sube en mi ynojo
S 414-2   asy faze a -los locos tu falsa vedegabre
S 414-3   quantos tyenes atados con tu mala estanble
S 414-4   todos por ti peresçem por tu mala enxanbre
S 421-3   tomas la grand vallena con el tu poco çeuo
S 422-4   pues calla te e callemos amor vete tu vya
S 426-3   torna te a -tu culpa pues por ti lo erreste
S 428-1   Para todas mugeres tu amor non conviene
G 437-1   puña en quanto puedaz que la tu menzajera
S 455-4   del vestido mas chico sea tu ardit alardo
S 467-3   por ende mi amigo en -tu coraçon non yaga
S 473-4   do estas tres guardares non es tu obra vana
S 489-1   Por poquilla cosa del tu aver quel dyerez
S 513-2   por ende a -tu vieja se franco e llenero
G 559-4   poder te ya tal achaque tu pleyto enpeesçer
S 564-3   sy non todo tu afan es sonbra de luna
S 565-1   Pyenssa sy consyntyra tu cavallo tal freno
S 565-2   que tu entendera amase a frey moreno
S 565-3   pues piensa por ty mesmo e cata byen tu seno
S 565-4   E por tu coraçon judgaras ajeno
S 568-1   Como tyene tu estomago en -sy mucha vyanda
S 572-4   non pierdas a -la dueña por tu lengua parlera
S 623-2   non canses de seguir la tu obra non se dañe
S 623-3   faziendo le zeruiçio tu coraçon se bañe
S 624-1   con aquesto podras a -tu amiga Sobrar
S 631-2   que dezir faz tu talente como desvergonçada
S 635-3   que non sabe tu vezino lo que tyenes condesado
S 635-4   encubre tu pobleza con mentyr colorado
S 639-4   mayor sera tu quexa E sus desseos mayores
S 643-1   ssy tyene madre vieja tu amiga de beldat
S 648-2   sey sotil e acucioso e avras tu amiga
G 690-4   si la muger oluidarez poco preçiara tu Ruego
S 750-3   non quiero tu conssejo vete para villana
S 786-2   por que matas el cuerpo do tyenes tu morada
S 786-4   coraçon por tu culpa byviras culpa penada
S 847-4   por me dar tu conssejo verguença en ty non aya
S 923-3   desque tu poridat yaze en tu pellejo
S1018-4   byen sentiria tu cabeça que son viga de lagar
S1025-5   anda tu jornada
S1038-5   e yo tu velada
S1045-3   mi alma E mi cuerpo ante tu magestat
S1047-1   My alma E mi coyta e en tu alabança
S1047-4   rruega por mi a -dios tu fijo mi Señor
S1048-2   yo en tu memoria algo quiero fazer
S1049-3   quan poco la preçia al tu fijo quisto
S1055-2   grand coyta fue aquesta por el tu fijo duz
S1058-3   tu que a -dios pagas da me tu bendiçion
S1076-1   Desde oy en syete dias tu e tu almohalla
S1089-3   omillo me diz Señor yo el tu leal syeruo
S1163-1   El dia del domingo por tu cobdiçia mortal
S1164-1   En -el dia del lunes por la tu soberuia mucha
S1165-1   Por tu grand avariçia mando te que el martes
S1165-3   el terçio de tu pan comeras o -las dos partes
S1166-2   por la tu grand loxuria comeras muy pocaz desaz
S1167-1   El jueues çenaras por la tu mortal yra
S1168-1   Por la tu mucha gula E tu grand golosina
S1169-2   por tu envidia mucha pescado non comeras
S1169-4   tu alma pecador ansi la saluaraz
S1191-1   byen sabes commo somos tu mortal enemigo
S1344-2   dixo me quel preguntara qual fue la tu venida
S1344-3   commo te va mi vieja como pasaz tu vida
S1347-3   diz asy me contesçeria con tu conssejo vano
S1355-3   ayudete con algo fuy grand tyenpo tu ama
S1423-4   sy non dar te he gualardon qual tu meresçimiento

| TU | (cont.) | |
|---|---|---|
| | S1426-4 | en tu dar me la muerte non te puedes onrrar |
| | S1459-3 | pon mano en -tu Seno E dalo que fallaras |
| | S1490-3 | la merca de tu vço dios que -la aduxo |
| | S1520-4 | de tu memoria amarga non es que non se espante |
| | S1523-3 | la tu venida triste non se puede entender |
| | S1524-3 | non es omne çierto de tu carrera aviesa |
| | S1525-3 | en punto que tu vienes con tu mala venida |
| | S1530-4 | que non atender a -ty nin a -tu amigo cras cras |
| | S1545-2 | otrosi tu mal moço en punto que assoma |
| | S1545-4 | non le valen mengias des-que tu rrauia le toma |
| | S1548-4 | lo dulçe fazes fiel con tu much amargura |
| | S1550-3 | toda cosa bien fecha tu maço laz desfaze |
| | S1550-4 | non ha cosa que nasca que tu rred non en-laze |
| | S1552-1 | Tu morada por sienpre es jnfierrno profundo |
| | S1553-3 | non aurien de ti miedo nin de tu mal hostal |
| | S1553-4 | non temerie tu venida la carne vmagnal |
| | S1554-3 | por tu miedo los santos fizieron los salterrios |
| | S1555-4 | escotan tu manjar adobladas e zenzillas |
| | S1557-3 | la su humanidat por tu miedo fue triste |
| | S1560-1 | A -santos que tenias en tu mala morada |
| | S1560-3 | ffue por su santa muerte tu casa despoblada |
| | S1563-2 | quantos en -tu jnfierrno estauan apremidos |
| | S1564-4 | guarde nos de tu casa non fagas de nos rriso |
| | S1565-3 | a -los perdidos malos que dexo en -tu poder |
| | S1566-1 | Dios quiera defender nos de tu la çalagarda |
| | S1566-4 | a -venir es a -tu rrauia que a -todo el mundo escarda |
| | S1567-2 | que dezir non se puede el diezmo de tu mal |
| | S1567-4 | que defender me quiera de tu venida mortal |
| | S1571-4 | pues que a -ty non viere vere tu triste estoria |
| | S1625-4 | que a -mi non te enbia nin quiero tu mandado |
| | S1635-4 | del tu fijo mexia |
| | S1635-6 | la tu graçia toda ora |
| | S1637-1 | Conçebiste a tu padre |
| | S1637-2 | fue tu goço segundo |
| | S1638-7 | al tu fijo presentaron |
| | S1639-1 | fue tu alegria quarta |
| | S1639-5 | tu fijo duz |
| | S1640-7 | quando tu fijo por ti veno |
| | S1662-3 | por la tu merçed Señora |
| | S1662-6 | por la tu bondad agora |
| | S1665-5 | E tu padre |
| | S1665-6 | es tu fijo syn dubdança |
| | S1667-3 | por la tu grand santidad |
| | S1668-3 | El que loa tu figura non lo dexes oluidado |
| | S1669-2 | al que es tu seruidor bien lo libraz de lygero |
| | S1669-3 | non le es falleçedero tu acorro syn dudança |
| | S1669-4 | guardalo de mal andança el tu bien grande llenero |
| | S1670-4 | de muerte E de ocasion por tu fijo jhesu santo |
| | S1671-2 | tu acorro E guarda fuerte a -mi libre defendiendo |
| | S1671-4 | tu bondad marauillosa loare sienpre seruiendo |
| | S1672-4 | por la tu merçed que es tanta que dezir non la podria |
| | S1674-8 | con -el tu deffendimiento |
| | S1675-1 | Con -el tu deffendimiento |
| | S1675-4 | mas la tu propia bondad |
| | S1675-8 | por la tu virginidad |
| | S1676-1 | Por la tu virginidad |
| | S1677-6 | tu me guarda en -tu mano |
| | S1680-3 | en -tu esperança coyta atanta |
| | S1682-1 | Nunca falleçe la tu merçed conplida |
| **TU** | **(H)** | |
| | S 2-1 | Señor tu diste graçia a -ester la Reyna |
| | S 3-1 | Señor tu que sacaste al profecta del lago |
| | S 4-1 | Señor que libreste A -santa susaña |
| | S 5-3 | sacastelo tu sano asy commo de casa buena |
| | S 5-4 | mexiaz tu me salua sin culpa e sin pena |
| | S 7-1 | Avn tu que dixiste a -loz tus seruidorez |
| | S 7-4 | Señor tu sey comigo guardame de trayd(ores) |
| | S 8-4 | te fizo çierta desto tu fueste çierta del |
| | S 13-1 | Tu señor dioz mio quel omne crieste |
| | S 20-3 | tu me guia |
| | S 24-1 | Tu desque el mandado oyste |
| | S 33-1 | Tu virgen del çielo Reyna |
| | S 35-1 | Tu siete gozos oviste |
| | S 39-5 | e tu fincaste con amor |
| | S 40-4 | tu estauas en ese lugar |
| | S 52-3 | para disputar por señas lo que tu quisieres pit |
| | S 65-4 | tu non fallaras vno de trobadorez mill |
| | S 70-3 | qual tu dezir quisieres y faz punto y tente |
| | S 85-1 | Señor diz tu estas flaco esta vianda liuiana |
| | S 176-4 | tu furtarias lo que guardo E yo grand trayçion faria |
| | S 177-2 | que tu furtes su thesoro que dexo en mi fealdat |
| | S 177-3 | tu leuarys el algo yo faria grand maldat |
| | S 185-4 | de quanto yo te digo tu sabes que non miento |
| | S 203-2 | señor acorre nos tu que matas E sanas |
| | S 203-3 | el rrey que tu nos diste por nuestraz bozes vanas |
| | S 204-3 | sseñor tu nos deffiende Señor tu ya nos paga |
| | S 207-3 | tu despues nunca pienssas synon por astragallos |
| | S 212-4 | anda todo el mundo quando yu lo rretientas |
| | S 214-3 | tu cada que a mi prendez tanta es tu orgullya |
| | S 230-2 | piensaz pues non as miedo tu de que pasaras |
| | S 230-4 | por esto rrobaz E furtas por que tu penaras |
| | S 232-2 | mueren de malas muertes non los puedes tu quitar |
| | S 235-4 | toda maldat del mundo es do quier que tu seas |
| | S 246-1 | Tu eres avarizia eres escaso mucho |
| | S 249-1 | Mesquino tu que faras el dia de -la afruenta |
| | S 250-1 | quando tu eras poble que tenias grand dolençia |
| | S 255-1 | byen ansy tu lo fazes agora que estas lleno |
| | S 257-1 | Syenpre esta loxuria a do-quier que tu estas |
| | S 257-3 | luego quieres pecar con qual quier que tu veas |
| | S 283-3 | a do-quier que tu seas los çelos ally cryan |
| | S 291-2 | querries a -quantas vees gostar las tu primero |

| | S 293-4 | tu dizes al garçon que coma byen e non tema |
|---|---|---|
| | S 298-4 | vassallo dixo mio la mano tu me besa |
| | S 299-2 | dyz tu eres mi Señor e yo tu vasallo |
| | S 302-4 | anssy mueren los locos golosos do tu y vaz |
| | S 303-4 | tu dizes que quien byen come byen faze garçonia |
| | S 307-4 | matanse los bauiecas desque tu estas follon |
| | S 380-1 | Tu vas luego a -la iglesia por le dezir tu Razon |
| | S 381-3 | comienças jn verbum tuum e dizes tu de aquesta |
| | S 396-1 | Tu le rruyes a -la oreja E das le mal consseio |
| | S 405-1 | Natura as de diablo ado quier que tu mores |
| | S 426-1 | ssi tu fasta agora cosa non rrecabdaste |
| | G 444-2 | nin loz braços delgadoz tu luego lo demandez |
| | S 510-1 | En suma telo digo tomalo tu mejor |
| | S 533-3 | diz aquel cuerpo de dios que tu deseas gustar |
| | G 561-2 | quando juegaz con -ella non seaz tu parlero |
| | G 561-3 | do te fablare de amor sey tu plazentero |
| | G 562-1 | ante otroz de acerca tu muchoz Nom la catez |
| | S 573-1 | ssy tu guardar sopieres esto que te castigo |
| | S 619-4 | por arte non ha cosa a -que tu non rrespondas |
| | S 624-4 | aquellos deues tu mucho amenudo andar |
| | S 634-2 | non fazer lo que quieren byen como tu lo quieres |
| | S 640-4 | desque vieres que dubda ve la tu afyncando |
| | S 647-2 | luego que tu la vieres comiençale de fablar |
| | G 765-2 | de quantoz me Rogaron zabez tu mas de çiento |
| | G 765-3 | sy agora tu me sacaz de buen entendemiento |
| | S 844-1 | lo que tu me demandas yo eso cobdicio |
| | S 963-4 | tu me pagaras oy la rroda |
| | S 986-4 | Ca tu endenderas vno e el libro dize al |
| | S 999-1 | Mas pariente tu te cata sy sabes de sierra algo |
| | S1002-1 | Diz aqui avras casamiento qual tu demandudieres |
| | S1015-2 | yo non vy en -ella al mas sy tu en -ella escaruas |
| | S1025-3 | diz tu que bien corres |
| | S1047-2 | virgen tu me ayuda e sy detardança |
| | S1052-1 | Tu con -el estando a -ora de prima |
| | S1058-3 | tu que a -dios pagas da me tu bendiçion |
| | S1076-1 | Desde oy en syete dias tu e tu almohalla |
| | S1099-2 | vino doña quaresma dios Señor tu me valas |
| | S1209-2 | diz tu carnal soberuio meto que non me falles |
| | S1261-4 | señor tu me oviste de pequeno criado |
| | S1355-1 | tu estauas coytada poble ssyn buena fama |
| | S1379-4 | a -ty solo es dulçe tu solo come del |
| | S1383-1 | Tu tyenes grandes casaz mas ay mucha conpaña |
| | S1388-4 | que sy me conosçiesez tu andariaz loçano |
| | S1389-4 | non conosçes tu nin sabes quanto yo meresçria |
| | S1395-2 | en -lo que tu me dizes en ello penssare |
| | S1410-3 | yo non vlo consentria commo tu melo rrogueste |
| | S1423-1 | E pues tu a -mi diez Razon de perdimiento |
| | S1433-1 | Tu rrico poderoso non quieraz des-echar |
| | S1465-3 | rrespondio el diablo E tu por que non corres |
| | S1470-4 | me troxieron a -esto por que tu me sopesaz |
| | S1521-1 | Muerte al que tu fieres lieuas telo de belmez |
| | S1525-3 | en punto que tu vienes con tu mala venida |
| | S1527-4 | desque tu vienes muerte luego son aborridos |
| | S1530-1 | Cada dia le dizes que tu le fartaras |
| | S1547-2 | todos los çinco sesos tu los vienes tomar |
| | S1551-4 | do tu tarde rrequierez aquel esta mejor |
| | S1552-2 | tu erez mal primero tu erez mal Segundo |
| | S1554-1 | Tu yermas los pobrados puebras los çiminterios |
| | S1555-1 | Tu despoblaste muerte al çielo e sus syllas |
| | S1556-1 | El Señor que te fizo tu a -este mataste |
| | S1556-2 | jhesu xpisto dios E ome tu aqueste penaste |
| | S1556-4 | tu -le posiste miedo e tu lo demudeste |
| | S1557-1 | El jnfierno lo teme e tu non lo temiste |
| | S1558-4 | tul mataste vna ora el por sienpre te mato |
| | S1559-3 | dionos vida moriendo al que tu muerte diste |
| | S1562-4 | profectas E otros santos muchos que tu abarcas |
| | S1565-2 | en fuego jnfernal los fazes tu arder |
| | S1570-1 | Cyerto en parayso estas tu assentada |
| | S1635-5 | tu Señora da me agora |
| | S1664-9 | tu me guarda piadosa |
| | S1667-4 | tu me guarda de errar |
| | S1670-3 | pues a -ty Señora canto tu me guarda de lisyon |
| | S1672-4 | la mi coyta tu la parte tu me salua E me guia |
| | S1674-7 | tu me deña estorçer |
| | S1677-6 | tu me guarda en -tu mano |
| | S1683-3 | mas tu me val que non veo al |
| | S1688-1 | E si tu me tyrarez |
| | S1689-1 | Mas si tu porfias |
| **TU** | **(L)** | |
| | P 58 | tu rediz vnicuique justa opera sua |
| | S1664-1 | benedita tu |
| **TUAE** | **(L)** | |
| | S 384-2 | con virgam virtutis tue fazes que de ay Retangan |
| | S 387-3 | in -gloria plebys tue fazes las aveytar |
| **TUELGA** | | |
| | S 418-4 | lengua tan enconada dios del mundo la tuelga |
| **TUELLE** | | |
| | S 149-4 | el poderio de dios tuelle la tribulaçion |
| **TUERO** | | |
| | S 507-1 | Ally estan esperando qual avra mas Rico tuero |
| **TUERTO** | | |
| | S 458-1 | El vno era tuerto del su ojo derecho |
| | S 462-1 | Desque callo el coxo dixo el tuerto Señora |
| | S 465-3 | el ojo de que soy tuerto ovo melo de quebrar |
| | S 466-4 | veo tuerto suzio que sienpre mal catades |
| **TUERTO** | **(H)** | |
| | S 301-2 | el cavallo ferrado contra sy fizo tuerto |
| | S 880-2 | defyenda vos E ayude vos a -tuerto e a -derecho |
| | S1683-1 | sufro grand mal syn meresçer a -tuerto |
| **TUI** | **(L)** | |
| | S1667-1 | Ventris tuy |

| | | |
|---|---|---|
| **TUIS** | | |
| P 39 | (L) E meditabor in mandatis tuiz que dilexi | |
| **TUNBAL** | | |
| S1487-1 | las ençiuas bermejas E la fabla tunbal | |
| **TUO** | (L) | |
| S 377-2 | deus jn nomine tuo Ruegas a -tu saquima | |
| **TUS** | | |
| S 7-1 | Avn tu que dixiste a -loz tus seruidorez | |
| S 33-4 | que de tus gozos ayna | |
| S 183-2 | enpoçonaz las lenguas en-eruolas tus viras | |
| S 188-3 | con tus muchos doñeos e con tus malas mañaz | |
| S 207-1 | byen anssy acaesçe a -todos tus contrallos | |
| S 207-2 | do son de sy Señores tornan se tus vasallos | |
| S 210-3 | anda el coraçon syn cuerpo en tus cadenas | |
| S 243-4 | diz conpañero soberuio do son tus enpelladas | |
| S 247-4 | nin de -los tus thesoros non le quieres dar vn pico | |
| S 249-2 | quando de tus averes E de tu mucha rrenta | |
| S 251-1 | oyo dios tus querellas E dio te buen consejo | |
| S 259-4 | fizo grand penitençia por las tus maestrias | |
| S 318-4 | con tus malas maestrias almas e cuerpos matas | |
| S 384-3 | la que viene a -tus visperas por byen que se rremanga | |
| S 389-2 | por conplyr tus deseos fazes lo erege duro | |
| S 389-3 | mas cree tus lysonjas el neçio fadeduro | |
| S 392-1 | Con tus muchas promesas a -muchos envelyñas | |
| S 400-3 | de todos tus vassallos fazes neçios fadragas | |
| S 405-4 | traes los omnes çiegos que creen en tus loorez | |
| S 407-1 | Contesçe cada dia a -tus amigos con-tigo | |
| S 415-2 | en tal guisa les travas con tus fuertes mordaçaz | |
| S 415-4 | el diablo los lyeva presos en -tus tenazas | |
| G 451-1 | de tus joyaz fermozaz cada que dar podierez | |
| G 553-1 | En todoz los tuz fechoz en fablar e en Al | |
| G 557-3 | nyn seaz de ti mismo a -tus fechoz loador | |
| S 610-2 | dyl syn miedo tus deseos non te enbargue vergueña | |
| S 639-3 | ado muchos le dixieren tus bienes e tus loores | |
| S 640-1 | En quanto estan ellos de tus bienes fablando | |
| S 742-1 | Dexa me de tus Roydos que yo tengo otros coydados | |
| S1005-4 | byen loçanas E fermosas a -tus parientes conbydes | |
| S1015-4 | valdria se te mas trillar en -las tus paruas | |
| S1168-3 | fostigaras tus carnes con santa disçiplina | |
| S1253-1 | dar te han dados plomados perderaz tus dineroz | |
| S1325-3 | dixo la buena dueña tus dezirez trauiesos | |
| S1468-2 | E pon tuz piez entranboz sobre laz miz espaldaz | |
| S1470-2 | tan caros que me cuestan tus furtos e tus presaz | |
| S1470-3 | dixo el enforcado tus obras mal apresaz | |
| S1471-4 | tus pies descalabrados e al non se que vea | |
| S1472-3 | e veo las tus manos llenas de garauatos | |
| S1493-1 | la dueña dixo vieja guarde me dios de tus mañas | |
| S1493-4 | e dil que non me diga de aquestas tus fazañas | |
| S1554-4 | sy non dios todos temen tus penas e tus lazerios | |
| S1561-1 | Saco de -las tus penas a -nuestro padre adan | |
| S1562-2 | que los tenies en -las penas en -las tus malas arcas | |
| S1562-3 | al cabdillo de moysen que tenias en -tus baraças | |
| S1563-4 | mas con-tigo dexo los tus malos perdidos | |
| S1636-4 | los tus gozos que canto | |
| S1663-7 | por los tus gozos preçiados | |
| S1678-2 | sienpre dezir cantar de tus loorez | |
| **TUUM** | (L) | |
| S 381-3 | comienças jn verbum tuum e dizes tu de aquesta | |
| **TUYA** | | |
| S 572-3 | sy las dos byen guardares tuya es la terçera | |
| **TUYO** | | |
| S 300-4 | saca melo e faz de my como de tuyo quito | |
| S 304-3 | sy non se faze lo tuyo tomas yra E saña | |
| S 635-1 | de tuyo o -de ageno vele byen apostado | |
| S1058-4 | que sea yo tuyo por sienpre seruidor | |
| **TUYOS** | | |
| S 388-4 | a -los tuyos das oblas de males e quebrantos | |
| **UÇO** | | |
| S1490-3 | la merca de tu vço dios que -la aduxo | |
| **UELE** | | |
| S 545-2 | vele muy mal la boca non ay cosa quel vala | |
| **UERCO** | | |
| S 828-1 | diz ya leuase el verco a -la vieja Risona | |
| **UERTA** | | |
| S 727-3 | es don melon de -la verta mançebillo de verdat | |
| S 738-4 | don melon de -la verta quered lo en buen ora | |
| **UERTAS** | | |
| S 378-2 | que la lyeue a -las vertas por las rrosaz bermejas | |
| **UESO** | | |
| S 252-2 | atravesosele vn veso estaua en contienda | |
| S 253-3 | sacole con -el pico el veso con ssotileza | |
| **UESPED** | | |
| S1249-1 | Non quieras a -los clerigos por vesped de aquesta | |
| **UEVO** | | |
| S 66-1 | ffallaras muchas garças non fallaras vn veuo | |
| **UFANA** | | |
| S1318-2 | muy rrica e byen moça e con mucha vfana | |
| **UFANAS** | | |
| S1491-2 | los clerigos cobdiçiosoz desean laz vfanaz | |
| **UMAGNAL** | | |
| S1553-4 | non temerie tu venida la carne vmagnal | |
| **UMANA** | | |
| P 96 | E viene otrosi esto por rrazon que -la natura vmana | |
| **UMANAL** | | |
| P 156 | en pero por que ez vmanal cosa el pecar | |
| S1063-1 | Por saluar fue venido el lynaje vmanal | |
| S1666-3 | del lynaje vmanal | |
| **UMANIDAD** | | |
| P 108 | maz ez de -la diuinidat que de -la vmanidad | |
| **UMANO** | | |
| P 115 | E non ez apropiada al cuerpo vmano | |

| | | |
|---|---|---|
| **UN** | | |
| S 12-3 | que pueda de cantares vn librete Rimar | |
| S 13-3 | que pueda fazer vn libro de buen amor aqueste | |
| S 14-1 | Sy queredes senores oyr vn buen solaz | |
| S 15-3 | es vn dezir fermoso e saber sin pecado | |
| S 51-1 | Estando en su coyta dixo vn cibdadano | |
| S 51-2 | que tomasen vn rribaldo vn vellaco Romano | |
| S 52-1 | ffueron a -vn vellaco muy grand E muy ardid | |
| S 54-1 | vino ay vn griego doctor muy esmerado | |
| S 55-2 | E mostro solo vn dedo que esta çerca del pulgar | |
| S 58-4 | grand onrra ovo rroma por vn vil andariego | |
| S 59-3 | diz yo dixe que es vn dioz El rromano dixo que era | |
| S 66-1 | ffallaras muchas garças non fallaras vn veuo | |
| S 77-1 | Assy fue que vn tienpo vna dueña me prisso | |
| S 100-3 | pario vn mur topo escarnio fue de rreyr | |
| S 113-3 | a -vn mi conpanero sopome el clauo echar | |
| S 119-3 | E presentol vn conejo | |
| S 128-2 | dezir te vn juyzio de çinco naturales | |
| S 128-3 | que judgaron vn niño por sus çiertas senales | |
| S 129-1 | Era vn Rey de moros alcaraz nonbre avia | |
| S 129-2 | nasçiole vn fijo bello mas de aquel non tenia | |
| S 130-4 | dixo vn maestro apedreado ha de ser | |
| S 134-3 | vn rrevatado nublo començo de agranizar | |
| S 137-2 | pasando por la puente vn grand rrayo le dio | |
| S 137-4 | en vn arbol del rio de sus faldas se colgo | |
| S 159-4 | como vn amor pierde luego otro cobre | |
| S 174-3 | que fallo vn grand mastyn començole de ladrar | |
| S 181-3 | vn omne grande fermoso mesurado a -mi vino | |
| S 189-1 | Era vn garçon loco mançebo bien valiente | |
| S 190-4 | E dende a -vn mes conplido casase con -la mayor | |
| S 193-2 | tenia vn molyno de grand muela de preçio | |
| S 194-3 | el vn mes ya pasado que casado avia | |
| S 194-4 | quiso prouar commo ante e vino ally vn dia | |
| S 199-1 | las rranas en vn lago cantauan E jugauan | |
| S 212-1 | En vn punto lo pones a jornadas trezientas | |
| S 226-1 | alano carniçero en vn Rio andava | |
| S 229-3 | nunca deue dexarlo por vn vano coydado | |
| S 247-2 | que al poble Sant lazaro non dio solo vn çatico | |
| S 247-4 | nin de -los tus thesoros non le quieres dar vn pico | |
| S 252-2 | atravesosele vn veso estaua en contienda | |
| S 255-3 | non quieres dar al poble vn poco de çenteno | |
| S 282-4 | en -ty non es vn byen nin fallado nin visto | |
| S 298-1 | vn cavallo muy gordo pasçia en -la defesa | |
| S 299-4 | mas yr a -ty non puedo que tengo vn grand contrallo | |
| S 300-1 | ayer do me ferrava vn ferrero mal-dito | |
| S 300-2 | echo me en este pie vn clauo tan fito | |
| S 323-2 | fueron ver su juyzio ante vn sabydor grande | |
| S 329-4 | dat me vn abogado que fable por mi vida | |
| S 332-2 | vyno dona marfusa con vn grand abogado | |
| S 332-3 | vn mastyn ovejero de carrancas çercado | |
| S 353-3 | dire vn poco della que es grand estoria | |
| S 354-2 | mas la descomunion fue vn poco errada | |
| S 359-3 | desecharan su demanda su dicho non val vn figo | |
| S 390-4 | non me val tu vanagloria vn vil grano de mijo | |
| S 413-1 | Andaua y vn milano volando desfranbrido | |
| S 428-3 | es vn amor baldio de grand locura viene | |
| S 434-2 | eguales e bien blancos vn poco apartadillos | |
| G 445-1 | si diz que -loz zobacoz tiene vn poco mojadoz | |
| S 474-3 | era don pita pajas vn pyntor de bretaña | |
| S 477-1 | Pyntol so el onbligo vn pequeno cordero | |
| S 477-4 | fazia sele a -la dona vn mes año entero | |
| S 478-3 | tomo vn entendedor E poblo la posada | |
| S 479-4 | en aquel logar mesmo vn cordero menor | |
| S 480-1 | Pyntole con -la grand priessa vn eguado carnero | |
| S 483-2 | E vydo vn grand carnero con armas de prestar | |
| S 487-1 | el primero apost deste non vale mas que vn feste | |
| S 491-1 | ssea vn ome nesçio E rudo labrador | |
| S 517-2 | nin por vn solo farre non anda bestia manca | |
| S 529-1 | fizo cuerpo E alma perder a -vn hermitano | |
| S 530-1 | Era vn hermitano quarenta Años avya | |
| S 531-3 | vyno a -el vn dia con sotyleza presto | |
| S 536-3 | prueva vn poco dello E desque ayas beuido | |
| G 554-4 | el tablax de -la vn dia dobla el su mal dinero | |
| G 571-1 | Por vn mur muy pequeno que poco queso priso | |
| G 588-1 | so ferido e llagado de vn dardo so perdido | |
| S 600-1 | Ryqua muger e fija de vn porquerizo vyl | |
| S 626-3 | al sañudo e al torpe non lo preçian vn figo | |
| S 629-3 | vn poquillo como a -miedo non dexes de jugar | |
| S 631-1 | Por mejor tyene la dueña de ser vn poco forçada | |
| S 641-2 | nunca pierde faronia nin vale vn pepion | |
| G 670-2 | vn poquillo que uoz diga la muerte mia | |
| G 683-1 | pero fio de dioz que a -vn tienpo verna | |
| S 714-3 | mando me por vestuario vna piel e vn pellico | |
| S 728-4 | manso mas que vn cordero nunca pelear lo vyeron | |
| S 746-1 | Era se vn caçador muy sotil paxarero | |
| S 746-2 | ffue senbrar cañamones en vn viçioso ero | |
| S 754-1 | que muchos se ayuntan e son de vn conssejo | |
| S 773-3 | de palos e de pedradas ouo vn mal sojorno | |
| S 774-1 | fuese mas adelante çerca de vn molino | |
| S 777-3 | E vos faredes por ellos vn salto syn bolliçio | |
| S 810-1 | los labrios de la boca tyenbranle vn poquillo | |
| S 814-2 | a -muchos aprouecha vn ardit sotileza | |
| S 863-3 | todo es aqui vn barrio e vezindat poblada | |
| S 875-4 | las ove ganado non posistes ay vn clauo | |
| S 893-3 | todas las animalias vn domingo en -la syesta | |
| S 897-2 | paçiendo en vn prado tan byen lo saludaua | |
| S 907-2 | que de vn grano de agraz se faze mucha dentera | |
| S 907-4 | e muchas espigas nasçen de vn grano de çiuera | |
| S 928-1 | Commo dize vn derecho de coyta non ay ley | |
| S 966-2 | E mandel para el vestido vna bronca E vn pancha | |
| S 969-1 | de buen vino vn quartero manteca de vacaz mucha | |
| S 970-1 | desque fuy vn poco estando fuyme desatyriziendo | |

| | |
|---|---|
| **UN** | **(cont.)** |
| S 971-1 | la vaquera trauiessa diz luchemos vn Rato |
| S 986-1 | desta burla passada ffiz vn cantar atal |
| S 993-2 | falle çerca el cornejo do tajaua vn pyno |
| S 996-1 | de quanto que paso fize vn cantar serrano |
| S1003-1 | diz dame vn prendero que sea de bermejo pano |
| S1003-2 | e dame vn bel pandero E seys anillos de estaño |
| S1003-3 | vn çamaron disantero e garnacho para entre el año |
| S1031-4 | vn canto de soma |
| S1044-1 | Cerca de aquesta ssierra ay vn logar onrrado |
| S1067-1 | acercando sse viene vn tienpo de dios ssanto |
| S1068-2 | truxo a -mi dos cartaz vn lygero trotero |
| S1070-1 | ssabed que me dixeron que ha çerca de vn año |
| S1077-2 | vy que venia a -mi vn fuerte mandado |
| S1095-2 | a messa mucho farta en vn Rico estrado |
| S1106-1 | Ay andaua el atun commo vn brauo leon |
| S1115-1 | brauo andaua el tollo vn duro vyllanchon |
| S1115-2 | tenia en -la su mano grand maça de vn trechon |
| S1124-1 | la mesnada del mar fizo se vn tropel |
| S1124-2 | a -el e a -los suyos metieron en vn cordel |
| S1128-1 | vino luego vn frayle para lo convertyr |
| S1133-4 | saluo vn poquillo que oy disputar |
| S1152-3 | el jnoçençio quarto vn sotil consistorio |
| S1162-3 | comiese cada dia vn manjar señalado |
| S1206-2 | echo vn grand doblel entre loz sus costados |
| S1217-1 | Traya en -la su mano vn assegur muy fuerte |
| S1230-3 | la flauta diz con ellos mas alta que vn Risco |
| S1230-4 | con ella el tanborete syn el non vale vn prisco |
| S1251-2 | estragarie vn frayle quanto el convento gana |
| S1266-2 | aver se vos ha vn poco atardar la yantar |
| S1267-2 | vn marfyl ochauado nuncal vistes mejor |
| S1271-1 | Tres cavalleros comian todos a -vn tablero |
| S1271-3 | non se alcançarien con vn luengo madero |
| S1271-4 | e non cabrie entrellos vn canto de dinero |
| S1278-4 | non cabria entre vno e otro vn cabello de paula |
| S1306-1 | Estaua en vn palaçio pyntado de almagra |
| S1307-1 | Avn quise porfiar loy me para vn monasterio |
| S1332-1 | Ella dixo amigo oyd me vn poquiello |
| S1333-1 | yo la serui vn tienpo more y byen diez años |
| S1339-4 | quien a -monjas non ama non vale vn marauedy |
| S1343-1 | yo le dixe trota conventos escucha me vn poquillo |
| S1345-1 | Desque me party de vos a -vn açipreste siruo |
| S1348-1 | Era vn ortolano byen sinpre e syn mal |
| S1348-2 | andando por su huerta vido so vn peral |
| S1350-4 | entro en vn forado desa cozina rrasa |
| S1359-4 | fue su Señor a caça e Salio vn conejo |
| S1360-1 | El caçador al galgo firiolo con vn palo |
| S1366-3 | el malo a -los suyos non les presta vn figo |
| S1370-1 | Mur de guadalajara vn lunes madrugara |
| S1370-3 | vn mur de franca barua rresçibiol en su caua |
| S1375-2 | vn manjar mejor que otro amenudo y anda |
| S1388-1 | Mas querria de vuaz o -de trigo vn grano |
| S1400-1 | sseñora diz la vieja dire voz vn juguete |
| S1400-4 | dire voz la fablilla sy me dadez vn Risete |
| S1401-1 | Vn perrillo blanchete con su Señora jugaua |
| S1415-1 | passaua de mañana por y vn çapatero |
| S1415-2 | o diz que buena cola mas vale que vn dinero |
| S1415-4 | cortola e estudo mas queda que vn cordero |
| S1418-2 | cortolas E estudo queda mas que vn oveja |
| S1427-2 | matar vn pequeno al pobre al coytoso |
| S1431-4 | do estan vuestraz manos fare vn grand portillo |
| S1437-1 | la marfusa vn dia con -la fanbre andaua |
| S1437-2 | vido al cueruo negro en vn arbol do estaua |
| S1438-1 | sy vn cantar dixieres dire yo por el veynte |
| S1445-2 | Sono vn poco la selua e fueron espantadas |
| S1455-1 | Dixo el vn ladron dellos ya vo lo desposado |
| S1456-2 | vino a -el vn diablo por que non -lo perrdiese |
| S1457-4 | fue el ladron a -vn canbio furto de oro grand sarta |
| S1466-2 | luego sere contigo desque ponga vn frayle |
| S1472-1 | beo vn monte grande de muchos viejos çapatoz |
| S1475-1 | Su Razon acabada tirose dyo vn zalto |
| S1488-1 | los ojos ha pequeños es -vn poquillo baço |
| S1518-1 | Dize vn filosofo en su libro Se nota |
| S1521-3 | a -todos los eguales e los lieuas por vn prez |
| S1521-4 | por papaz E por Reyes non das vn vil nuez |
| S1532-2 | en vn punto se pierde quando omne non coyda |
| S1534-3 | viene vn mal azar trae dados en Rodo |
| S1546-2 | çiegas los en vn punto non han en -si prouecho |
| S1571-3 | fazer te he vn pitafio escripto con estoria |
| S1575-1 | ffizele vn pitafio pequeño con dolor |
| S1578-3 | que por mi pecador vn pater noster diga |
| S1579-1 | Si vedes que vos miento non me preçiedes vn figo |
| S1619-2 | tome por mandadero vn Rapas traynel |
| S1624-2 | dixo dad me vn cantar E veredes que Recabdo |
| S1633-1 | yo vn gualardon vos pido que por dios en -rromeria |
| S1633-4 | digades vn pater noster por mi E ave maria |
| S1634-1 | Era de mill E trezientos E ochenta E vn años |
| **UN** | **(V)** |
| G1003-1 | diz dame vn prendedero que sea de vn bermejo paño |
| **UNA** | |
| P 19 | vna de -las petiçionez que demando dauid a -dios |
| S 63-1 | yo le Respondi que -le daria vna tal puñada |
| S 77-1 | Assy fue que vn tienpo vna dueña me prisso |
| S 78-2 | non podia estar solo con -ella vna ora |
| S 106-2 | dixe querer do non me quieren ffaria vna nada |
| S 111-1 | vna fabla lo dize que vos digo agora |
| S 111-2 | que vna ave sola nin bien canta nin bien llora |
| S 123-2 | de -la astrologia vna buena sabiençia |
| S 157-4 | lo que non vale vna nuez amor le da grand prez |
| S 160-2 | commo es este mio dize vna escriptura |
| S 161-1 | vna tacha le fallo al amor poderoso |
| S 162-3 | tiene por noble cosa lo que non vale vna arveja |

| | |
|---|---|
| S 167-4 | tome amiga nueva vna dueña ençerrada |
| S 175-4 | por el pan de vna noche non perdere quanto gano |
| S 181-1 | Dyre vos vna pelea que vna noche me vino |
| S 189-2 | non queria cassar se con vna sola mente |
| S 191-3 | que al otro su hermano con vna e con mas non |
| S 200-1 | Enbioles don jupiter vna viga de lagar |
| S 226-2 | vna pieça de carne en -la boca passaua |
| S 241-1 | desque salyo del canpo non valya vna çermeña |
| S 272-3 | dixo contra si mesma vna Razon temida |
| S 318-1 | Nunca estas baldio aquel que vna vez atas |
| S 331-2 | las partes cada vna pensaron de buscar |
| S 342-1 | las partes cada vna a -su abogado escucha |
| S 368-4 | non gelo preçio don ximio quanto vale vna nuez |
| S 370-1 | dixieron le otrosy vna derecha rracon |
| S 371-1 | a -esto dixo el alcalde vna sola Responssion |
| S 415-1 | a -los neçios e neçias que vna vez enlaças |
| S 420-2 | al que vna vez travas lievas telo en Robo |
| G 449-1 | en fin de laz rrazonez faz le vna pregunta |
| S 457-3 | amos por vna dueña estauan codyçiossos |
| S 463-1 | yo era enamorado de vna duena en abryl |
| S 464-1 | Mas vos dire Señora vna noche yazia |
| S 464-3 | daua me vna gotera del agua que fazia |
| S 468-1 | ffaz le vna vegada la verguença perder |
| S 468-3 | desque vna vez pierde verguenca la muger |
| S 476-2 | yo volo fazer en vos vna bona figura |
| S 516-1 | Sy vna cosa sola a -la muger non muda |
| S 517-1 | con vna flaca cuerda non alçaras grand trança |
| S 517-3 | a -la peña pesada non la mueve vna palanca |
| S 525-1 | Por vna vez al dia que omne gelo pida |
| S 527-2 | donear non la quieras ca es vna manera |
| S 527-4 | ca vna congrueca de otra sienpre tyene dentera |
| S 541-1 | desçendyo de -la hermita forço a -vna muger |
| S 564-1 | de vna cossa te guarda quando amares vna |
| S 610-3 | apenaz de myll vna te lo niegue mas desdeña |
| S 628-1 | Por vna pequeña cosa pierde amor la muger |
| S 645-1 | Por ende busca vna buena medianera |
| S 646-4 | vna vez echale çeuo que venga segurada |
| S 658-2 | con vna donçella muy rrica fija de don pepion |
| S 698-1 | falle vna vieja qual avia menester |
| S 706-1 | yo le dixe amo vna dueña sobre quantas yo vy |
| S 710-2 | desque ya entre las manos vna vez esta maznada |
| S 714-3 | mando me por vestuario vna piel e vn pellico |
| S 724-3 | si vos non me descobrierdes dezir vos he vna pastija |
| S 774-1 | fallo vna puerca con mucho buen cochino |
| S 809-2 | ansy vna grand pieça en vno nos estamos |
| S 863-1 | desde aqui a -la mi tienda non ay synon vna pasada |
| S 886-4 | E dio en este pleito vna buena sentençia |
| S 897-4 | a -todos e agora non vale vna faua |
| S 901-3 | quanto el leon traspuso vna o dos callejas |
| S 907-3 | de vna nuez chica nasçe grand arbor de grand noguera |
| S 910-2 | vy vna apuesta dueña ser en -su estrado |
| S 916-4 | sy me non mesturardes dire vos vna pastija |
| S 945-2 | vino me ver vna vieja dixo me luego de mano |
| S 948-4 | conssentyd entre los ssesos vna tal bauoquia |
| S 952-2 | falle vna vaquerisa çerca de vna mata |
| S 954-2 | vna vereda estrecha vaqueros la avian fecho |
| S 959-1 | Passando vna mañana por el puerto de mal angosto |
| S 959-2 | salteome vna serrana a -la asomada del rrostro |
| S 964-3 | dixel yo par dios fermosa dezir vos he vna cosa |
| S 966-1 | yo con miedo E aRezido prometil vna garnacha |
| S 966-2 | E mandel para el vestido vna bronca E vn pancha |
| S 968-1 | Pusso me mucho ayna en vna venta con su enhoto |
| S 969-2 | mucho queso assadero leche natas e vna trucha |
| S 972-3 | fuy ver vna costilla de -la serpiente groya |
| S 975-1 | Por el pynar ayuso falle vna vaquera |
| S 993-3 | vna sserrana lerda dire vos que -me avino |
| S 997-3 | encomedio de vallejo encontre vna serrana |
| S1001-3 | quando a -la lucha me abaxo al que vna vez trauar puedo |
| S1010-3 | ca byen creed que era vna grand yegua cavallar |
| S1016-3 | de -las cabras de fuego vna grand manadilla |
| S1016-4 | sus touillos mayores que de vna añal novilla |
| S1024-2 | dy una corrida |
| S1024-3 | falle vna sserrana |
| S1035-1 | pues dan vna çinta |
| S1074-2 | vna concha muy grande de -la carta colgada |
| S1126-3 | luego los enforcaron de vna viga de faya |
| S1131-2 | rrepetir vos querria vna buena lyçion |
| S1207-3 | bien cabe su azunbre e mas vna meaja |
| S1214-1 | Por el puerto asoma vna seña bermeja |
| S1214-2 | en medio vna fygura cordero me semeja |
| S1218-2 | vna blanca rrodilla esta de sangre tynta |
| S1242-1 | De -la parte del sol vy venir vna seña |
| S1242-3 | en medio figurada vna ymagen de dueña |
| S1243-1 | Traya en -su cabeça vna noble corona |
| S1266-3 | es vna grand estoria pero non es de dexar |
| S1268-1 | en -la çima del mastel vna piedra estaua |
| S1270-2 | estaua vna messa muy noble e muy fecha |
| S1287-1 | Andan tres Ricoz onbrez ally en vna danca |
| S1287-3 | del primero al segundo ay vna grand labrança |
| S1294-3 | trez labradorez vinien todos vna carrera |
| S1299-2 | en sola vna palabra puso todo el tratado |
| S1318-1 | Dixo me que conosçia vna byuda loçana |
| S1321-4 | acaeçiome vna ventura la fiesta non pasada |
| S1322-1 | vy estar vna dueña fermosa de veltad |
| S1344-1 | ffuese a -vna monja que avia Seruida |
| S1348-4 | vna culebra chica medio muerta atal |
| S1370-4 | conbidol a -yantar e diole vna favaua |
| S1374-1 | Manteles de buen lyenço vna branca talega |
| S1412-1 | Contesçio en vna aldea de muro byen çercada |
| S1417-2 | vna vieja passaua quel comio su gallina |
| S1425-3 | ally juegan de mures vna presta conpaña |
| S1447-1 | Dixo la vna liebre conviene que esperemos |

## UNA

| | (cont.) |
|---|---|
| S1451-3 | por vna syn ventura muger que ande rradia |
| S1460-4 | vna copa de oro muy noble de preçiar |
| S1464-3 | saco vna grand soga diola al adelantado |
| S1466-2 | con vna freyla suya que me dize trayle trayle |
| S1498-1 | leuol vna mi carta a -la missa de prima |
| S1508-3 | fablo con vna mora non -la quiso escuchar |
| S1510-2 | enbia vos vna çodra con aqueste aluala |
| S1528-2 | non tyene vna meaja de toda su Riqueza |
| S1558-4 | tul mataste vna ora el por sienpre te mato |
| S1576-4 | cay en vna ora so tierra del altura |
| S1654-1 | Por vna Razion que dedes |
| S1706-1 | que sy yo tengo o -toue en casa vna seruienta |

## UNA

| | (V) |
|---|---|
| G 966-2 | e mandel para el veztido vna broncha e vna prancha |

## UNAS

| | |
|---|---|
| S 312-3 | a -las vnas matava e a -las otras feria |
| G 440-1 | toma de vnaz viejaz que ze fazen erveraz |
| G 441-1 | E buzca menzajera de vnaz negraz pecaz |
| S 655-1 | Vnas palabras tenia pensadas por dezir |
| S1020-2 | vnas trez vezes contelas estando arredrado |
| S1274-4 | con -el frio a -las de vezes en -las sus vnas besa |
| S1397-2 | o -las vnas con las otraz contendiendo Reñiendo |

## UNCION

| | |
|---|---|
| S1599-1 | Sacramento de vnçion meternos e soterremos |

## UNGENTE

| | |
|---|---|
| S1159-3 | que de -los casos grandes que vos distes vngente |

## UNGENTO

| | |
|---|---|
| S1050-2 | quel Caen Señores del noble vngento |

## UNGIDO

| | |
|---|---|
| S1057-2 | cupleta llegada de vnguente vngido |

## UNGUENTE

| | |
|---|---|
| S1057-2 | cupleta llegada de vnguente vngido |

## UNICUIQUE

| | (L) |
|---|---|
| P 58 | tu rediz vnicuique justa opera sua |

## UNO

| | |
|---|---|
| P 5 | a -cada vno de nos dize |
| P 166 | puede cada vno bien dezir |
| S 59-4 | vno e trez personaz e tal señal feziera |
| S 65-4 | tu non fallaras vno de trobadorez mill |
| S 158-3 | el vno E el otro non ha cosa que vea |
| S 179-2 | dixo vno coyda el vayo e E otro el que -lo ensilla |
| S 182-4 | saluar non puedes vno puedes çient mill matar |
| S 248-4 | que nunca le diste a -vno pidiendo telo çiento |
| S 264-1 | sy daua vno a -otro fuego o -la candela |
| S 269-1 | de muchos ha que matas non se vno que sanes |
| S 346-2 | que non podrian ser en vno acordados |
| S 411-3 | creo se lo el topo en vno atados son |
| S 411-4 | atan los pies en vno las voluntades non |
| S 416-1 | Al vno e al otro eres destroydor |
| S 458-1 | El vno era tuerto del su ojo derecho |
| S 458-3 | el vno del otro avya muy grand despecho |
| S 570-4 | por mala dicha de vno pyerde todo el tablero |
| G 668-4 | aqui voz fable vno ally voz fablare al |
| G 684-2 | que sy ouiere lugar e tienpo quando en vno estemoz |
| S 695-2 | vno o -otro non guarda lealtad nin la cuda |
| S 809-2 | ansy vna grand pieça en vno nos estamos |
| S 825-4 | vno non se quien es mayor que aquella vyga |
| S 840-2 | en casar vos en vno aqui non ay trayçion |
| S 891-1 | doña endrina e don melon en vno casados son |
| S 935-3 | de -lo que ante creyan fue cada vno rrepiso |
| S 979-2 | cohieren se en vno las buenas dineradas |
| S 981-1 | Tomo me por la mano e fuemos nos en vno |
| S 981-4 | dixo me que jugasemos el juego par mal de vno |
| S 986-4 | Ca tu endenderas vno e el libro dize al |
| S1097-2 | que tenia cada vno ya la talega llena |
| S1114-2 | sus armas cada vno en don carnal enprea |
| S1127-4 | E quel dyesen a -comer al dia majar vno |
| S1198-2 | todos con -el plazer cada vno do yua |
| S1200-1 | Por ende cada vno esta fabla decuere |
| S1270-4 | trez comen a -ella vno a -otro assecha |
| S1271-2 | asentados al fuego cada vno Señero |
| S1275-4 | en pos deste estaua vno con dos cabeçaz |
| S1278-2 | mucho estauan llegados vno a -otro non fabla |
| S1278-4 | non cabria entre vno e otro vn cabello de paula |
| S1282-2 | el vno enbiaua a -las dueñas dar pena |
| S1287-2 | entre vno e otro non cabe punta de lança |
| S1402-3 | dauale cada vno de quanto que comia |
| S1426-1 | El leon tomo vno e querialo matar |
| S1445-4 | las liebrez temerosaz en vno son juntadas |
| S1469-4 | los amigos entranbos en vno rrazonaron |
| S1480-4 | abenid vos entre anboz desque en vno estedes |
| S1510-1 | fija mucho vos saluda vno que es de alcala |
| S1552-4 | dizes a cada vno yo sola a -todos mudo |
| S1580-3 | por ende cada vno de nos sus armas puerte |
| S1603-4 | nin de padres nin de fijos con esto non fynca vno |
| S1690-4 | tal que si plugo a -vno peso mas que a -dos mill |

## UNOS

| | |
|---|---|
| G 666-3 | todoz los omnez non zomoz de vnoz fechoz nin cozejoz |
| S 705-2 | ssopiesen vnos de otros muchas serian las barajas |
| S 768-2 | vyo en vnos fornachos rretoçar amenudo |
| S1173-4 | los vnos a -los otros non se paga de contyenda |
| S1478-2 | non viene dellos ayuda mas que de vnos alrrotes |
| S1502-1 | oteome de vnos ojos que paresçian candela |

## UÑAS

| | |
|---|---|
| S 306-4 | vñas crio mayorez que aguila cabdal |
| S 315-3 | con sus vñas mesmas murio E con al non |
| S 901-1 | Mando el leon al lobo con sus vñas parejas |

## URDIALES

| | |
|---|---|
| S1119-3 | de castro de vrdiales llegaua esa saçon |

## URDIENDO

| | |
|---|---|
| S 216-4 | andas vrdiendo sienpre cobierto so mal paño |

## URIAS

| | |
|---|---|
| S 258-2 | que mato a -uriaz quando le mando en -la lyd |
| S 259-1 | Por amor de berssabe la mujer de vrias |

## URRACA

| | |
|---|---|
| S 919-3 | dixo me esta vyeja por nonbre ha vrraca |
| S 923-1 | prouelo en vrraca do te lo por conssejo |
| S 939-1 | la mi leal vrraca que dios mela mantenga |
| S 942-2 | asy fizo venir vrraca la dueña al Ryncon |
| S1325-4 | entyende los vrraca todos esos y esos |
| S1326-2 | dixo la dueña vrraca por que lo has de dexar |
| S1576-1 | vrraca so que yago so esta Sepultura |

## USA

| | |
|---|---|
| S 14-4 | Ca por todo el mundo se vsa E se faz |
| S 364-2 | E es magnifiesto e çierto que el por ello vsa |
| S 378-1 | E sy es tal que non vsa andar por las callejas |
| S 488-1 | otrosi quando vyeres a -quien vsa con ella |
| S 519-1 | El que la mucho sygue El que la mucho vsa |

## USADA

| | |
|---|---|
| S 167-1 | E por que es constunbre de macebos vsada |
| S1330-4 | toda muger por esto non es de ome vsada |

## USADO

| | |
|---|---|
| S 49-3 | mas por que non entedrien el lenguage non vsado |
| S 195-1 | prouo tener la muela commo avia vsado |
| S 271-3 | fue commo avia vsado a -ferir los venados |
| S1088-4 | vsado so de lyd syenpre por ende valy |
| S1464-1 | Aparto al alcalde el ladron Segud lo avia vsado |

## USADOS

| | |
|---|---|
| S 985-2 | anbos son byen vsados e anbos son camineros |

## USAN

| | |
|---|---|
| P 133 | que vsan algunoz para pecar |
| P 144 | que vsan para pecar E engañar laz mugerez |
| P 184 | como algunoz vsan por el loco amor |
| G 442-4 | ca tal escanto vsan que saben bien çegar |
| G 674-4 | do se vsan loz omnez pueden ze conoçer |
| S 955-2 | sy quieres dime quales vsan en -esta tierra |

## USANDO

| | |
|---|---|
| S 273-2 | vsando tu locura e tu mala barata |
| S 524-4 | la dueña mucho braua vsando se faz manssa |
| G 675-4 | vsando oyr mi pena entenderedez mi quexura |

## USAR

| | |
|---|---|
| P 158 | quisieren vsar del loco amor |
| S 48-1 | pero si las querien para por ellas vsar |
| S 76-4 | e saber bien e mal e vsar lo mejor |
| S 126-2 | otros toman esfuerço en -querer vsar armas |
| S 139-3 | fizo les mucho bien e mando les vsar |
| S 624-3 | los logares ado suele cada dia vsar |

## USARE

| | |
|---|---|
| S 310-3 | quanto mas te vsare menos te preçiara |

## USAVA

| | |
|---|---|
| S 322-4 | dezie que non feziesen lo quel mas vsaua |
| S 498-1 | yo vy fer maravillas de el mucho vsaua |
| S 539-1 | Ceyo su mal conssejo ya el vino vsaua |

## USE

| | |
|---|---|
| S 576-4 | falle que en -sus castigos syenpre vse beuir |

## USO

| | |
|---|---|
| S 363-1 | Pues por su confesion e su costunbre e vso |
| S 412-4 | qual de yuso qual suso andauan a -mal vso |
| S 472-2 | muger molyno E huerta syenpre querie grand vso |
| S 524-1 | A toda cosa brava grand vso la amansa |
| S 526-3 | por grand vso el rrudo sabe grand letura |
| S 622-4 | todo esto da el trabajo el vso e la femençia |
| G 674-1 | a -todaz laz cosaz faze el grand vso entender |
| G 674-2 | el arte e el vso muestra todo el zaber |
| G 674-3 | sin el vso e arte ya se va pereçer |
| S 700-1 | Como lo han vso estas tales buhonas |
| S 793-4 | dios e el vso grande fazen los fados boluer |
| S 967-4 | commo es de -la sierra vso |
| S 990-3 | dixo non sabes el vso comos doma la rres muda |
| S1324-2 | fizose que vendie joyas Ca de vso lo han |

## USO

| | (H) |
|---|---|
| S 347-2 | vso bien de su ofiçio E guardo su conçiençia |
| G 688-2 | si mucho vso la dueña con palabraz de trebejo |
| S1462-2 | vso su mal ofiçio grand tienpo e grand sazon |

## UT

| | (L) |
|---|---|
| S 375-4 | nostras preçes ut audiat E fazes los despertar |

## UTER

| | (L) |
|---|---|
| S 381-4 | feo sant sant vter por la grand misa de fiesta |

## UTRA

| | |
|---|---|
| S1113-1 | Andava y la vtra con muchos conbatyentes |

## UVAS

| | |
|---|---|
| S1295-1 | El primero comia vuas ya maduras |
| S1296-3 | comiença a -bendimiar vuas de -los parrales |
| S1388-2 | Mas querria de vuaz o -de trigo vn grano |

## UVIA

| | |
|---|---|
| S 278-1 | Desque uvia el çelo en ty arraygar |

## UVIAS

| | |
|---|---|
| S 232-4 | fuego jnfernal arde do vuiaz assentar |

## UZADA

| | |
|---|---|
| G 580-1 | fazaña es vzada prouerbio non mintrozo |

## UZAJE

| | |
|---|---|
| G 583-2 | poco salie de caza zegunt lo an de vzaje |

## UZAN

| | |
|---|---|
| G 441-2 | que vzan mucho frayrez monjaz e beataz |
| G 442-1 | do eztaz mugerez vzan mucho ze alegran |

## UZAR

| | |
|---|---|
| G 690-3 | el amor e la bien querençia creçe con vzar juego |

## UZES

| | |
|---|---|
| G 557-1 | Non vzez con vellacoz ny seaz peleador |

## UZO

| | |
|---|---|
| G 689-1 | si la non sigo non vzo el amor se perdera |
| G 689-3 | El amor con vzo creçe desusando menguara |

**VA**

| | |
|---|---|
| S 104-3 | non las quiso tomar dixe yo muy mal va |
| S 290-3 | lo suyo E lo ageno todo se va a -perder |
| S 290-4 | quien se tiene por lo que non es loco es va a -perder |
| S 377-4 | va en achaque de agua a -verte la mala esquina |
| S 379-4 | va la dueña a -terçia caridat a -longe pone |
| S 597-4 | la llaga va creziendo del dolor non mengua nada |
| S 629-3 | muchas vezes cobdiçia lo que te va negar |
| G 674-3 | sin el vso e arte ya se va pereçer |
| S 723-1 | la buhona con farnero va taniendo cascaueles |
| S 785-4 | por esperança vana todo se va a -perder |
| S 808-1 | fago que me non acuerdo ella va começallo |
| S 885-2 | vase perder por el mundo pues otro cobro non tyene |
| S1140-2 | pero que a -purgatorio lo va todo a -purgar |
| S1207-1 | De yuso del sobaco va la mejor alfaja |
| S1238-2 | non va y sant françisco mas van flayres menorez |
| S1294-2 | al Segundo atiende el que va en delantera |
| S1335-3 | miel rrosado diaçiminio diantioso va delante |
| S1344-3 | commo te va mi vieja como pasaz tu vida |
| S1399-1 | Alegre va la monja del coro al parlador |
| S1399-2 | alegre va el frayle de terçia al rrefitor |
| S1551-3 | al -lugar do mas siguez aquel va muy peor |
| S1708-2 | es este que va de sus alfajaz prendiendo |

**VACA**

| | |
|---|---|
| S 616-4 | el conejo por maña doñea a -la vaca |
| S 743-3 | es la vyda sola mas que vaca corrida |
| S1085-1 | las puestas de -la vaca lechones E cabritoz |

**VACAS**

| | |
|---|---|
| S 969-1 | de buen vino vn quartero manteca de vacaz mucha |
| S 975-3 | que guardaua sus vacaz en aquesa rribera |
| S 988-2 | encontrome con gadea vacas guarda en -el prado |
| S 999-2 | yol dixe bien se guardar vacas yegua en cerro caualgo |
| S1000-1 | sse muy bien tornear vacas E domar brauo nouillo |
| S1188-2 | los bueys E vacas Repican los çençerros |
| S1197-4 | dada en torna vacaz nuestro lugar amado |
| S1201-1 | Dizen los naturales que non son solas laz vacaz |
| S1215-1 | loz cabrones valyentes muchas vacas E toroz |
| S1221-1 | ssogaz para laz vacas muchos pessos e pessas |

**VADO**

| | |
|---|---|
| S1044-2 | muy santo E muy deuoto santa maria del vado |

**VAGAR**

| | |
|---|---|
| S 55-1 | leuantose el griego sosegado de vagar |
| S 278-4 | el coraçon te salta nunca estas de vagar |
| S 574-3 | pesa les por mi tardança a -mi pessa del vagar |
| S 629-4 | dar te ha lo que non coydas sy non te das vagar |
| S 719-3 | de -mano tomad pellote e yd nol dedes vagar |
| S 867-3 | Señora dixo la vieja cras avremos buen vagar |
| S1116-1 | el pulpo a -los pauones non -les daua vagar |
| S1353-4 | apretandolo mucho cruel mente syn vagar |

**VAGAROZO**

| | |
|---|---|
| G 550-2 | Non'seaz rrebatado nin vagarozo lazo |
| G 551-4 | el mucho vagarozo de torpe non ze defiende |

**VAL**

| | |
|---|---|
| S 357-3 | contra juez publicado que su proçesso non val |
| S 359-3 | desecharan su demanda su dicho non val vn figo |
| S 390-4 | non me val tu vanagloria vn vil grano de mijo |
| G 553-4 | Cummo en todaz cosaz poner mesura val |
| S 569-4 | buen callar çient sueldos val en toda plaça |
| S 580-2 | mas val rrato acuçiozo que dia perezozo |
| S 636-4 | mas val que fazer se pobre a -quien nol dara nada |
| G 756-4 | mas do non mora omne la caza poco val |
| S 870-4 | que mas val verguença en faz que en coraçon manzilla |
| S 945-3 | moço malo moço malo mas val enfermo que sano |
| S 973-4 | dixe mi casilla e mi fogar çient sueldos val |
| S1326-4 | ca mas val suelta estar la viuda que mal casar |
| S1327-1 | Mas val tener algun cobro mucho ençelado |
| S1327-2 | ca mas val buen amigo que mal marido velado |
| S1622-2 | que mas val con mal asno el omne contender |

**VAL** (H)

| | |
|---|---|
| S1467-2 | Amigo valme valme que me quieren enforcar |
| S1500-1 | val me santa maria mis manos aprieto |
| S1683-3 | mas tu me val que non veo al |

**VAL** (H)

| | |
|---|---|
| S1237-2 | calatraua e alcantara con -la de buena val |
| S1245-4 | de -los grandes rroydos es todo el val sonante |

**VALA**

| | |
|---|---|
| S 545-2 | vele muy mal la boca non ay cosa quel vala |

**VALADI**

| | |
|---|---|
| S1339-2 | do an vino de toro non enbian valadi |

**VALAN**

| | |
|---|---|
| G 682-2 | non se graçiaz que lo valan quantaz uoz mereçedez |

**VALAS**

| | |
|---|---|
| S1099-2 | vino doña quaresma dios Señor tu me valas |

**VALDEMORILLO**

| | |
|---|---|
| S1186-2 | la bera de plazençia fasta valdemorillo |

**VALDRAN**

| | |
|---|---|
| S 249-4 | non te valdran thesoros nin Reynos çinquaenta |

**VALDRIA**

| | |
|---|---|
| S1015-4 | valdria se te mas trillar en -las tus paruas |
| S1530-3 | el que byen fazer podiese oy le valdria mas |

**VALDRIE**

| | |
|---|---|
| S1500-3 | mal valdrie a -la fermosa tener fijos e nieto |

**VALE**

| | |
|---|---|
| S 157-4 | lo que non vale vna nuez amor le da grand prez |
| S 162-3 | tiene por noble cosa lo que non vale vna arveja |
| S 368-4 | non gelo preçio don ximio quanto vale vna nuez |
| S 487-3 | el primero apost deste non vale mas que vn feste |
| S 641-2 | nunca pierde faronia nin vel con vn pepion |
| S 897-3 | a -todos e agora non vale vna faua |
| S1230-4 | con'ella el tanborete syn el non vale vn prisco |
| S1339-2 | quien a -monjas non ama non vale vn marauedy |
| S1385-1 | Mas vale en convento laz sardinaz saladas |

| | |
|---|---|
| S1415-2 | o diz que buena cola mas vale que vn dinero |
| S1700-1 | Demando los apostolos E todo lo que mas vale |

**VALEDES**

| | |
|---|---|
| S 607-3 | sy vos non me valedes mi menbrios desfalleçen |

**VALEN**

| | |
|---|---|
| S 338-2 | por ende los sus dichos non valen dos arvejas |
| S1340-3 | mas saben e mas valen sus moçaz cozineraz |
| S1545-4 | non le valen mengias des-que tu rrauia le toma |

**VALENCIA**

| | |
|---|---|
| S1105-1 | De parte de valençia venien las anguillas |
| S1338-1 | Monpesler alexandria la nonbrada valençia |

**VALENTIA**

| | |
|---|---|
| S 194-1 | aquesta fuerça grande e aquesta valentia |
| S 245-3 | que fuerça e hedat e onrra salud e valentia |
| S 312-1 | El leon orgullo con yra e valentya |
| S 518-1 | Prueua fazer lygerezaz e fazer valentya |

**VALER**

| | |
|---|---|
| S1391-2 | non quiere valer algo nin saber nin pujar |

**VALES**

| | |
|---|---|
| S 208-1 | Querellan se de ti mas non les vales nada |

**VALI**

| | |
|---|---|
| S1088-4 | vsado so de lyd syenpre por ende valy |

**VALIA**

| | |
|---|---|
| S 53-1 | vistieron lo muy bien paños de grand valia |
| S 241-1 | desque salyo del canpo vna vna çermeña |
| S 456-4 | por pereza se pierde muger de grand valya |
| S 821-3 | non ha el aventura contra el fado valya |
| S 898-1 | Mas valya vuestra abbuelbola e vuestro buen solaz |
| S1036-4 | de buena valya |
| S1114-4 | non le valia nada deçenir la correa |
| S1434-1 | Puede pequeña cossa E de poca valya |
| S1649-6 | en nuestra valia |
| S1684-3 | en señor de tal valia |

**VALIAN**

| | |
|---|---|
| S1122-4 | los que con -el fyncaron non valyan dos castañas |

**VALIE**

| | |
|---|---|
| S1244-4 | el cauallo de españa muy grand preçio valie |

**VALIENTE**

| | |
|---|---|
| S 189-1 | Era vn garçon loco mançebo bien valiente |
| S 237-2 | por que forço la dueña el su Señor valiente |
| S 237-3 | lorigas bien levadas muy valiente se siente |
| S 987-2 | desta sserrana valyente |
| S1159-2 | que si dende non muere quando fuere valiente |
| S1357-1 | El buen galgo ligero corredor e valyente |
| S1489-1 | Es ligero valiente byen mançebo de diaz |
| S1542-3 | que casara con mas rrico o -con moço valiente |

**VALIENTES**

| | |
|---|---|
| S 373-3 | synon solteros sanos mancebos e valyentes |
| S 766-2 | los carneros valyentes vinieron bien corriendo |
| S1113-3 | a -las torcazas matan las sabogas valyentes |
| S1215-1 | loz cabrones valyentes muchas vacas E toroz |

**VALIERE**

| | |
|---|---|
| S 453-2 | pongelo en mayor de quanto ello valyere |

**VALO**

| | |
|---|---|
| S1360-4 | agora que so viejo dizen que poco valo |

**VALOR**

| | |
|---|---|
| S 163-3 | non avrie de -las plantas fructa de tal valor |
| S 491-3 | quanto mas algo tiene tanto es mas de valor |
| S 615-2 | que non dara la mercaduria sy non por grand valor |
| S 715-1 | El presente que se da luego sy es grande de valor |
| S1612-2 | en oro muy poco grand preçio E grand valor |

**VALLADARES**

| | |
|---|---|
| S1277-1 | ffaze a -sus collaçoz fazer loz valladarez |

**VALLADOLID** (V)

| | |
|---|---|
| G1339-2 | do an vino de toro non beuen de valladolid |

**VALLEJO**

| | |
|---|---|
| S 251-4 | fazes commo el lobo dolyente en -el vallejo |
| S 991-2 | fizo me yr la cuesta-lada derribome en -el vallejo |
| S 997-2 | encomedio del vallejo encontre vna serrana |
| S1359-2 | prendiol e nol pudo tener fuesele por el vallejo |

**VALLEJOS**

| | |
|---|---|
| S1117-4 | de escamas E de sangre van llenos los vallejos |

**VALLES**

| | |
|---|---|
| S1209-3 | luego aquesta noche llego a -rronçaz valles |
| S1209-4 | vaya e dios la guie por montes e por valles |

**VAN**

| | |
|---|---|
| S 101-3 | çiegan muchos con -el viento van se perder con mal Ramo |
| S 105-3 | todas son pasaderas van se con -la hedat |
| S 184-4 | en ti fasta que el cuerpo e el alma van perder |
| S 245-4 | non pueden durar syenpre vanse con mançebia |
| S 341-3 | ay van los abogados de -la mala picaña |
| S 535-3 | dyz aquellos taverneros que van por el camino |
| S1117-4 | de escamas E de sangre van llenos los vallejos |
| S1145-4 | en -la foya dan entranbos e dentro van caer |
| S1178-1 | A -loz que alla van con el su buen talente |
| S1212-4 | de muchos que corren monte llenoz van loz oteroz |
| S1225-4 | todoz van rresçebir cantando al amor |
| S1234-4 | de juglares van llenaz cuestas e eriales |
| S1235-1 | laz carreraz van llenaz de grandes proçesiones |
| S1238-2 | non va y sant françisco mas van flayres menorez |
| S1238-3 | ally van agostynes e dizen sus cantorez |
| S1240-1 | ffrayles de sant anton van en esta quadrilla |
| S1541-1 | Entieran lo de grado E desque a -graçiaz van |
| S1708-3 | E van se las vezinas por el barrio deziendo |

**VANA**

| | |
|---|---|
| S 57-3 | leuantose el vellaco con fantasia vana |
| S 85-3 | para mi E a -los otroz la canal que es vana |
| S 304-1 | yra e vana gloria traes en -el mundo non ay tanta |
| S 305-1 | Por la grand vana gloria nabuco-donofsor |
| S 311-1 | yra E vana gloria al leon orgulloso |
| S 315-4 | yra e vana gloria dieronle mal gualardon |

**VANA** (cont.)
S 473-4   do estas tres guardares non es tu obra vana
S 750-1   dixo el abutarda loca sandia vano
S 785-4   por esperança vana todo se va a -perder
S1318-4   E si esta rrecabdamos nuestra obra non es vana
S1442-1   falsa onrra E vana gloria y el Risete falso

**VANAE** (L)
P 87   Cogitaciones hominum vane sunt

**VANAGLORIA**
S 390-4   non me val tu vanagloria vn vil grano de mijo

**VANAS**
S 203-3   el rrey que tu nos diste por nuestraz bozes vanas
S 816-4   por vanas promisiones trabajamos e seruimos

**VANDERO**
S1259-1   Mas commo el grand Señor non deue ser vandero

**VANDURRIA** (V)
G1233-4   la neçiacha vandurria que aqui pone su zon

**VANIDAD**
S 106-3   rresponder do non me llaman es vanidad prouada

**VANIDADES**
P 85   por que ome piensa vanidadez de pecado
S 784-3   mityendo aponiendo deziendo vanidades
S1283-4   que pierden las obladas e fablen vanidades

**VANIDAT**
S 105-2   que las cosas del mundo todas son vanidat
G 672-2   cuydadez que -uoz fablo lizonga e vanidat

**VANO**
S 227-1   Por la sonbra mentirosa E por su coydar vano
S 229-3   nunca deue dexarlo por vn vano coydado
S 365-3   Ca su miedo era vano e non dixo cordura
S 428-4   syenpre sera mesquino quien Amor vano tyene
G 686-3   non sospeche contra mi que ando con sezo vano
S 792-2   por ese quexo vano nada non ganades
S 846-3   dexa el miedo vano e sospechas non çiertas
S 945-4   yo traue luego della e fablele en seso vano
S1347-3   diz asy me conteçeria con tu conssejo vano
S1447-2   las nos señeras que miedo vano tenemos
S1447-4   las liebrez E las rranas vano miedo tenemos
S1448-4   non deue temor vano en -sy ome traer
S1452-1   Tened buena esperança dexad vano temor

**VANOS**
S 776-2   fablo contra el lobo dixo dechos non vanos

**VAQUERA**
S 962-1   Dixele yo por dios vaquera non me estorues mi jornada
S 971-1   la vaquera trauiessa diz luchemos vn Rato
S 975-1   Por el pynar ayuso falle vna vaquera

**VAQUERISA**
S 952-2   falle vna vaquerisa çerca de vna mata

**VAQUERIZO**
S 992-3   commo fiz loca demanda en dexar por ty el vaquerizo

**VAQUEROS**
S 954-2   vna vereda estrecha vaqueros la avian fecho
S1220-2   vaqueros e de monte e otros muchos canes

**VARA**
S1323-3   commo la marroquia que me corrio la vara

**VARAHUNDA**
S1623-3   e yo vos la trahere syn mucha varahunda

**VARAS**
S1698-3   dile luego de -mano doze varas de pano

**VARGA**
S 239-3   derribole el cavallo en medio de -la varga

**VARIAR**
S 360-1   sy non fuere testigo falso o sy lo vieren variar

**VARON**
S 209-1   Non quiero tu conpaña vete de aqui varon
S 213-1   Varon que as con-migo qual fue aquel mal debdo
S 328-1   de aquesto la acuso ante vos el buen varon
S 641-4   a -muger que esta dubdando afynquela el varon
S 892-2   entendet bien las fablas guardat vos del varon
S1422-1   Desque ya es la dueña de varon escarnida
F 6   ya muger tan dura qual fuerades para uaron

**VARONA**
S 382-1   dizes quomodo dilexi nuestra fabla varona

**VARONES**
G 677-3   yr e venit a -la fabla que mugerez e varonez
S1153-4   Pues por non dezir tanto non me Rebtedes varones
S1393-4   perdedes vos coytadaz mugeres syn varones
S1628-4   dios con esto se sirue bien lo vedes varones

**VAS**
S 374-4   Jn notibus estolite despuez vas a -matynes
S 380-1   Tu vas luego a -la iglesia non por dezir tu Razon
S 383-1   vas a -Rezar la nona con -la duena loçana
S 789-4   ay cuerpo tan penado commo te vas a -moryr

**VASAIN**
S1187-2   el canpo de fazaluaro en vasayn entrava

**VASALLO**
S 298-4   vassallo dixo mio la mano tu me besa
S 299-2   dyz tu eres mi Señor e yo tu vasallo
S 327-1   En cassa de don cabron mi vassallo e mi quintero
S 424-3   por mala dicha pierde vassallo su Señor

**VASALLOS**
S 207-2   do son de sy Señores tornan se tus vasallos
S 400-3   de todos tus vassallos fazes neçios fadragas

**VASOS**
S 504-2   guardando lo en -covento en vasos e en taças

**VAYA**
S 338-4   asolued a -mi comadre vayase de -laz callejas
S 366-1   do lyçençia a -la Raposa vayase a -la saluagina
S 513-3   que poco o que mucho non vaya syn logrero
G 590-1   qual carrera tomare que me non vaya matar
S 849-4   o callara vençido o vaya se por menga
S1054-1   Dizyendo le vaya lieua lo a -muerte

S1126-2   E que a -descolgallos ninguno y non vaya
S1159-4   vaya a -lauarse al Rio o -a la fuente
S1196-1   E vaya el almuezo que es mas aperçebido
S1197-2   dalda a -don almuerzo que vaya con -el mandado
S1197-3   non se detenga y vaya luego priuado
S1209-4   vaya e dios la guie por montes e por valles
S1511-4   non vaya de vos tan muda dixo la mora ascut

**VAYADES**
S 708-1   aqui es bien mi vezina Ruego vos que alla vayades
S 719-4   pero ante que vayades quiero voz yo castigar
S1495-2   cras dize que vayades fabladla non señero

**VAYAMOS**
S 135-3   diz vayamos nos Señor que -los que a -vos fadaron
S1181-2   vayamos oyr misa señor vos e yo anbos
S1398-4   pues la misa es dicha vayamoz al estrado

**VAYAN**
S 605-4   que non vayan syn conorte mi llaga e mi quexura
S 713-4   vayan ante vuestros rruegos que los ajenos conbites
S1177-4   que vayan a -la iglesia con conçiençia clara
S1539-1   Mucho fazen que luego lo vayan a -soterrar

**VAYAS**
S1108-4   ençierra te en -la mesquita non vayas a -las prezes
S1320-4   diz do non te quieren mucho non vayas amenudo

**VAYO**
S 179-2   dixo vno coyda el vayo e E otro el que -lo ensilla

**VAZ**
S 302-4   anssy mueren los locos golosos do tu y vaz

**VAZIO**
F 2   a -las uezes con algo a -las uezes uazio

**VAZIAS**
S1356-3   vine manos vazias finco mal escultada

**VAZIO**
S1358-2   nunca de -la corrida vazio le tornaua

**VE**
S 101-4   vete dil que me non quiera que nol quiero nil amo
S 177-4   vete de aqui ladron non quiero tu poridad
S 208-4   rresponde a -quien te llama vete de mi posada
S 209-1   Non quiero tu conpaña vete de aqui varon
S 389-4   que non la fe de dios vete yo te conjuro
S 406-4   assegurando matas quita te de mi vete
S 422-4   pues calla te e callemos amor vete tu vya
S 535-4   te daran asaz dello ve por ello festino
S 635-1   de tuyo o -de ageno vele byen apostado
S 640-4   desque vieres que dubda ve la tu afyncando
S 750-3   non quiero tu conssejo vete para villana
S 991-5   lyeuate vete sandio
S1255-4   Señor vete con nusco prueua nuestro çeliçio
S1353-1   dixole el ortolano vete de aqueste lugar
S1423-3   yo non quiero fazer lo vete syn tardamiento
S1466-4   entre tanto amigo vete con ese bayle
S1493-2   ve dil que venga cras ante buenas conpañas

**VE** (H)
S1218-4   faze fazer ve valando en -boz E doble quinta

**VEA**
S 158-3   el vno E el otro non ha cosa que vea
S 195-4   diz ay molyno Rezio avn te vea casado
S 518-2   quier lo vea o -non saber lo ha algud dia
S 694-3   por que el mi coraçon vea lo que dessea
S 694-4   el que amen dixiere lo que cobdiçia lo vea
S 735-4   fasta que yo entienda e vea los talentos
S1127-2   E que lo touiesen ençerrado ado non -lo vea ninguno
S1471-4   tus pies descalabrados e al non se que vea

**VEADES**
S 790-4   ay muertas vos veades de tal Rauia e dolor
S 833-4   Raviosa vos veades doled vos fasta quando

**VEAN**
G 668-3   Non uoz vean aqui todoz lo que andan por la calle

**VEAS**
S 257-3   luego quieres pecar con qual quier que tu veas
S 435-3   puna de aver muger que -la veas syn camisa
S1163-4   que non veas el mundo nin cobdiçies el mal

**VECES**
S 729-4   yo lo piensso en mi pandero muchas veçes que lo toco
S 733-1   a -veçes luenga fabla tiene chico prouecho

**VECINDADES**
S 260-3   las dos non por su culpa mas por las veçindadez

**VED**
S 307-2   vos ved que yo soy fulano de -los garçones garçon

**VEDADO**
S1407-3   lo que dios e natura han vedado E negado

**VEDEGABRE**
S 414-2   asy faze a -los locos tu falsa vedegabre

**VEDES**
S 858-1   vos de noche e de dia lo vedes byen vos digo
S 873-2   vedes vedes como otea el pecado carboniento
S1184-2   dixieron los corderos vedes aqui la fyn
S1208-1   Estaua demudada desta guisa que vedes
S1579-4   Si vedes que vos miento non me preçiedes vn figo
S1628-4   dios con esto se sirue bien lo vedes varones

**VEE**
S 75-3   el omne quando peca bien vee que desliza
S 455-1   quando la muger vee al perezoso covardo
S 866-3   non vee rredes nin lazos en -los ojos tyene arista
S 884-3   la muger vee su daño quando ya fynca con duelo
S1172-4   non lo vee ninguno xristiano rreligioso
S1543-4   fasta que ya por ojo la muerte vee que vien
S1579-3   ca non vee la ora que vos lyeue consigo

**VEEMOS**
S 147-3   veemos cada dia pasar esto de fecho
S1062-4   dios e omne que veemos en -el santo altar
S1447-3   las rranas se escondem de balde ya lo veemos

## VEEN
| | |
|---|---|
| S 605-1 | Non veen los vuestros ojos la mi triste catadura |
| S 743-1 | A -la fe dyxo la vieja desque vos veen bilda |
| S 883-3 | quando el lazo veen ya las lyeuan a -vender |
| S 884-1 | ssy los peçes de -las aguas quando veen al anzuelo |
| S1477-4 | desque le veen en coyta non dan por el dotes motes |

## VEES
| | |
|---|---|
| S 251-4 | quando vees el poble caesete el çejo |
| S 291-2 | querries a -quantas vees gostar las tu primero |
| S 317-3 | desque lo vees baldio dasle vida penada |
| S 319-4 | do vees la fermosa oteas con rraposya |
| S 847-3 | pues mi voluntad vees conseja me que faga |

## VEGA
| | |
|---|---|
| S1250-3 | a -grand Señor conviene grand palaçio e grand vega |

## VEGADA
| | |
|---|---|
| S 468-1 | ffaz le vna vegada la verguença perder |
| S 614-4 | non te espante la dueña la primera vegada |
| S 646-1 | guardate non la tengas la primera vegada |
| S 725-2 | sola envejeçedes quered alguna vegada |
| S 750-4 | dexa me esta vegada tan fermosa e tan llana |
| S 831-1 | Por que veo e conosco en vos cada vegada |
| S 905-2 | guarde se que non torne al mal otra vegada |
| S1342-4 | prouad lo esta vegada e quered ya sossegar |
| S1641-2 | sienpre toda vegada |

## VEGADAS
| | |
|---|---|
| P 72 | Como quier que a -laz vegadaz |
| S 180-4 | por esto a -las vegadas con -el amor peleo |
| S 185-2 | a -las vegadas prendes con grand arrevatamiento |
| S 243-3 | vido lo el asno nesçio Rixo bien trez vegadas |
| S 515-3 | a las vegadas poco en onesto lugar |
| S 525-2 | çient vegadas de noche de amor es rrequerida |
| S 526-2 | muchas vegadas dando faze grand cavadura |
| G 591-3 | las artez muchaz vegadaz ayudan oras fallesçen |
| G 667-1 | a -las vegadas lastan justoz por pecadorez |
| S 740-3 | muchas otras vegadas me vyno a -Retentar |
| S 808-1 | yo a -las de vegadas mucho canssada callo |
| S 865-1 | los omnes muchas vegadas con -el grand afyncamiento |
| S 979-3 | non te ensañes del juego que esto a -las vegadas |
| S1088-3 | que ya muchas vegadaz lydie con don aly |
| S1231-2 | adormiendo a -vezes muy alto a -las vegadaz |
| S1408-4 | callar a -las de vegadaz faze mucho prouecho |
| S1468-3 | que yo te soterne Segund que otraz vegadaz |

## VEGEDAT
| | |
|---|---|
| G 673-3 | la vegedat en sezo lieua la mejoria |

## VEINTE
| | |
|---|---|
| S 330-3 | pero yo te do de plazo que fasta dias veynte |
| S1438-4 | sy vn cantar dixieres dire yo por el veynte |

## VEIS
| | |
|---|---|
| S 26-3 | e adoraron al que veys |

## VEJEDAT
| | |
|---|---|
| S 312-4 | vino le grand vejedat flaqueza e peoria |
| S 643-3 | es de -la mançebya celosa la vejedat |

## VEJEZ
| | |
|---|---|
| S 157-2 | e al viejo faz perder mucho la vejez |
| S1362-2 | defienden la fraqueza culpa de -la vejez |

## VEJEZUELA
| | |
|---|---|
| S 872-1 | Commo la mi vejezuela me avya aperçebydo |
| S1319-1 | Con -la mi vejezuela enbiele ya que |

## VELA
| | |
|---|---|
| S 111-3 | el mastel syn la vela non puede estar toda ora |

## VELADA
| | |
|---|---|
| S1038-5 | e yo tu velada |

## VELADO
| | |
|---|---|
| G 761-2 | tomad aqueste marido por omne e por velado |
| S1327-2 | ca mas val buen amigo que mal marido velado |

## VELARON
| | |
|---|---|
| S1098-2 | velaron con espanto nin punto non dormieron |

## VELO
| | |
|---|---|
| S1500-2 | quien dyo a -blanca rrosa abito velo prieto |
| S1500-4 | que atal velo prieto nin que abitos çiento |

## VELLACA
| | |
|---|---|
| S 919-4 | que non querria ser mas Rapaça nin vellaca |

## VELLACO
| | |
|---|---|
| S 51-2 | que tomasen vn rribaldo vn vellaco Romano |
| S 52-1 | ffueron a -vn vellaco muy grand E muy ardid |
| S 57-3 | leuantose el vellaco con fantasia vana |
| S 61-1 | Preguntaron al vellaco qual fuera su antojo |
| S1516-4 | mas aman la tauerna e sotar con vellaco |

## VELLACOS
| | |
|---|---|
| G 557-1 | Non vzez con vellacoz ny seaz peleador |

## VELLOSA
| | |
|---|---|
| S1017-2 | vellosa pelos grandes pero non mucho seca |

## VELLOSAS
| | |
|---|---|
| S1201-4 | saluo si son vellosaz ca estaz son barracaz |

## VELLOSO
| | |
|---|---|
| S1013-2 | el su pescueço negro ancho velloso chico |
| S1485-3 | la cabeça non chica velloso pescoçudo |

## VEN
| | |
|---|---|
| S 300-3 | enclauo me ven Señor con tu diente bendito |
| S 330-4 | ayas tu abogado luego al plazo vente |
| S1395-3 | ven cras por la rrepuesta e yo tela dare |
| S1679-4 | ven me librar agora |
| S1681-3 | ven me librar E conortar |

## VENADO
| | |
|---|---|
| S 133-3 | de yr a correr monte caçar algun venado |

## VENADOS
| | |
|---|---|
| S 271-3 | fue commo avia vsado a -ferir los venados |

## VENCE
| | |
|---|---|
| S 160-3 | que buen es-fuerço vençe a -la mala ventura |
| S 452-4 | que el grand trabajo todas las cosas vençe |
| S 596-3 | sobra e vençe a -todas quantas ha en -la çibdat |
| S 611-4 | el grand trabajo todas las cosas vençe |

## VENCE (cont.)
| | |
|---|---|
| S 846-2 | vençe a -todas guardas e tyene las por mueras |
| S 854-4 | mi porfya el la vençe es mas fuerte apoderado |
| S1427-4 | el que al amor vençe es loor vengonçoso |

## VENCEDOR
| | |
|---|---|
| S 240-2 | coydo ser vencedor E fynco el vencido |
| S1428-3 | el vençedor ha onrra del preçio del vençido |

## VENCEN
| | |
|---|---|
| S 607-4 | Respondio doña venus seruidores vençen |
| S 621-3 | con buen seruiçio vençen cavalleros de españa |
| S 633-4 | los doñeos la vençen por muy braua que sea |
| S1450-2 | esperança e esfuerço vencen en toda lid |

## VENCER
| | |
|---|---|
| S 79-4 | non se podria vençer por pintada moneda |
| S 280-3 | nin la puedes vençer nin puedes ende foyr |
| G 559-3 | cuydara que a -la otra querriaz ante vençer |
| S 621-4 | pues vençerse la dueña non es cosa tan maña |
| S 642-2 | poco trabajo puede sus coraçones vençer |
| S 692-4 | dios e el trabajo grande pueden los fados vençer |
| S 729-1 | El sabio vençer al loco con conssejo non es tan poco |
| S1427-3 | es desonrra E mengua e non vençer fermoso |
| S1428-1 | Por ende vençer es onrra a -todo ome nasçido |
| S1428-2 | es maldad E pecado vençer al desfallydo |
| S1597-4 | con tal graçia podremos vençer gula que es viçio |

## VENCERAS
| | |
|---|---|
| S 518-4 | non cansses de seguir la vençeras su porfia |

## VENCEREMOS
| | |
|---|---|
| S1591-4 | vençeremos a -avariçia con la graçia spiritual |
| S1595-4 | con esto vençeremos yra E avremos de dios querençia |

## VENCIDA
| | |
|---|---|
| G 685-4 | toda muger es vençida des que esta Ioya es dada |

## VENCIDO
| | |
|---|---|
| S 240-2 | coydo ser vencedor E fynco el vencido |
| S 849-4 | o callara vençido o vaya se por menga |
| S1173-1 | Desque ovo la dueña vençido la fazienda |
| S1203-3 | por ende non avia por que lidiar con su vençido |
| S1428-3 | el vençedor ha onrra del preçio del vençido |

## VENCIMIENTO
| | |
|---|---|
| S1593-4 | ansi contra luxuria avremos vençimiento |

## VENÇA
| | |
|---|---|
| S1001-2 | non fallo alto nin baxo que me vença Segund cuedo |

## VENÇAMOS
| | |
|---|---|
| S1584-4 | que vençamos nos a -ellos quiero vos dezir quales |
| S1605-2 | que vençamos los pecados e arranquemos la lid |

## VENDE
| | |
|---|---|
| G 443-3 | que mucha mala bestia vende buen corredor |
| S 514-4 | mercador que esto faze byen vende e byen troca |

## VENDEDOR
| | |
|---|---|
| S 615-1 | jura muy muchas vezes el caro vendedor |
| S1050-4 | dieron le algo al falzo vendedor |

## VENDEMOS
| | |
|---|---|
| S 705-1 | Sy a -quantas desta villa nos vendemos las alfajas |
| S 705-4 | muchos panderos vendemos que non suenan las sonajas |

## VENDEN
| | |
|---|---|
| S 699-1 | Era vieja buhona destas que venden joyas |
| S 937-1 | ffizose corredera de -las que benden joyas |

## VENDER
| | |
|---|---|
| S 883-3 | quando el lazo veen ya las lyeuan a -vender |

## VENDIDAS
| | |
|---|---|
| S 882-2 | a -las mugeres trahedes engañadas vendidas |

## VENDIDO
| | |
|---|---|
| S1063-2 | ffue de judas vendido por mi poco cabdal |
| S1630-3 | non le dedes por dineros vendido nin alquilado |

## VENDIE
| | |
|---|---|
| S1324-2 | fizose que vendie joyas Ca de vso lo han |

## VENDIENDO
| | |
|---|---|
| S 700-2 | andan de casa en casa vendiendo muchas donas |
| S 826-3 | quel lyeue la sortija que traya vendiendo |
| S 938-2 | andan de casa en casa vendiendo muchas donas |

## VENDIMIENTO
| | |
|---|---|
| S1050-1 | Por treynta dineros fue el vendimiento |

## VENDIO
| | |
|---|---|
| S1049-4 | judas el quel vendio su disçipulo traydor |

## VENGA
| | |
|---|---|
| S 646-4 | vna vez echale çeuo que venga segurada |
| S 652-2 | por que por la mi fabla venga a -fazer mesura |
| S 822-4 | que venga a mi posada a -vos fablar segura |
| S 849-1 | Mas el que contra mi por acusar me venga |
| S 850-1 | venga qual se quier comigo a -departir |
| S 879-3 | casamiento que vos venga por esto non lo perderedes |
| S 939-3 | diz quiero me aventurar a -que quier que me venga |
| S1079-4 | que venga aperçebido el martes a -la Iud |
| S1178-3 | dizenlez que -se conoscan E lez venga miente |
| S1492-4 | yol fare cras que venga aqui a -este palaçio |
| S1493-2 | ve dil que venga cras ante buenas conpañas |
| S1676-7 | venga a -ti Señora en miente |

## VENGADA
| | |
|---|---|
| S 63-2 | que en tienpo de su vida nunca la vies vengada |

## VENGADES
| | |
|---|---|
| G 676-2 | que vengadez otro dia a -la fabla zola miente |

## VENGAN
| | |
|---|---|
| S 53-4 | doy mays vengan los griegos con toda su porfia |
| S 386-2 | vengan fermosas o feas quier blancas quier prietas |
| S 718-3 | yo fare con mi escanto que se vengan paso a -pasillo |

## VENGAR
| | |
|---|---|
| S 313-3 | contra el vynieron todas por vengar sus denteras |

## VENGAS
| | |
|---|---|
| S 89-2 | que jamaz a -mi non vengas nin me digas tal enemiga |
| S 261-1 | Non te quiero por vezino nin me vengas tan presto |

## VENGO
| | |
|---|---|
| S 264-4 | ansy vengo virgillio su desonrra e querella |
| S 330-1 | Respondio el alcalde yo vengo nueva mente |
| G 662-1 | Con la grant pena que pazo vengo a -uoz dezir mi quexa |

**VENGO** (cont.)
S 825-2   commo vengo señora non se como melo diga
S1026-2   e por eso vengo

**VENGONÇOSO**
S1427-4   el que al amor vençe es loor vengoncoso

**VENGUE**
S 205-3   vengue vuestra locura Ca en poco touistes
S 244-4   vengue la tu soberuia tanta mala postilla

**VENGUENÇA**
S 818-4   es venguença e mengua sy conplyr lo podemos

**VENI**
S 298-2   veni el leon de caça pero con -el non pesa

**VENIA**
S 479-1   quando ella oyo que venia el pyntor
S 480-4   que ya don pytas pajas desta venia çertero
S1077-2   vy que venia a -mi vn fuerte mandado
S1183-3   pascua de pan çenzeño estos les venia
S1193-1   la nota de -la carta venia a -todos nos
S1216-1   Venia don carnal en carro muy preciado
S1405-2   commo garanon loco el nesçio tal venia
S1416-1   El alfajeme pasaua que venia de ssangrar
S1690-3   en -las quales venia el mandado non vil

**VENIALES**
S1604-1   Todos los otros pecados mortales E veniales

**VENIAM**
S1224-2   dando a -quantoz veniam castellanoz E jnglesez

**VENIAN**
S1083-4   en -la buena yantar estos venian primero
S1086-3   venian muy byen guarnidos enfiestos los pendones
S1107-3   del Rio de henares venien los camarones
S1114-2   de seuilla E de alcantara venian a -leuar prea
S1204-1   lo al es ya verano e non venian del mar
S1223-2   venian a -obedeçerle villaz E alcariaz

**VENID**
S 258-4   leuad esta mi carta a -jaab E venid
G 675-3   yt e venid a -la fabla esa creençia atan dura
G 676-4   al non oso demandar voz venid zegura miente
S1496-4   enamorad a -la monja e luego voz venid
S1605-4   que nos diga jhesu xpisto benditos a -mi venid

**VENIDA**
S 701-2   dixele madre zeñora tan bien seades venida
S1317-2   presta e plazentera de grado fue venida
S1344-2   dixo me quel preguntara qual fue la tu venida
S1523-3   a tu venida triste non se puede entender
S1525-3   en punto que tu vienes con tu mala venida
S1553-4   non temerie tu venida la carne vmagnal
S1567-4   que defender me quiera de tu venida mortal

**VENIDAS**
S1694-1   Cartas eran venidaz que dizen en esta manera

**VENIDES**
S 713-3   es omne de buen lynaje viene donde vos venides
S 825-1   dixo le doña Rama como venides amiga

**VENIDO**
S 332-1   El dia era venido del plaso asignado
S 343-1   venido es el dia para dar la sentençia
S 481-1   quando fue el pyntor de frandes venido
S 536-1   fizolo yr por el vyno E desque fue venido
S 769-4   byen venido seades a -los vuestros criados
S 794-2   Sanara golpe tan grand de tal dolor venido
S 890-1   Pues que por mi dezides que el daño es venido
S1038-3   seras byen venido
S1063-1   Por saluar fue venido el lynaje vmanal
S1203-4   syn verguença se pudo yr el plazo ya venido
S1312-1   Pues carnal es venido quiero perder lazeria
S1352-1   venido ez el estio la siesta affyncada

**VENIE**
S 313-4   avn el asno nesçio venie en -las delanteras

**VENIEN**
S 264-2   amatauase luego e venien todos a -ella
S1105-1   De parte de valençia venien las anguillas
S1107-1   de parte bayona venien muchos caçones

**VENIERA**
S 903-4   mas que -lo non tenia e por end veniera

**VENIERON**
S 26-2   quando venieron los Reyes
S 654-2   a -mi luego me venieron muchos miedos e tenblores
S1638-3   venieron a -la luz della
S1644-5   rreyes venieron lluego

**VENIESEDES**
S 484-4   vos veniesedes tenplano E trobariades corder
S 770-2   que nuestra santa fiesta veniesedes a -onrrar

**VENINO**
S1352-4   començo de enponçoñar con venino la posada
S1354-1   alegrase el malo en dar por miel venino
S1379-2   dixo el aldeano al otro venino jaz en -el
S1418-3   para quien tiene venino o dolor en -la oreja

**VENIR**
G 592-1   si se descubre mi llaga qual es donde fue venir
S 803-4   solo dios e non otro sabe que es por venir
S 838-4   que venir aca cada dia non seria poridat
S 942-1   Commo faze venir el senuelo al falcon
S 942-2   asy fizo venir vrraca la dueña al Ryncon
S1060-2   primero jeremias como ovo de venir
S1189-4   pero de venir solo non era atre-vudo
S1242-1   De -la parte del sol vy venir vna seña
S1424-3   puede vos por ventura de mi grand pro venir
S1443-2   de aqueste dulçor Suele venir amarga lonja
S1566-4   a -venir es a -tu rrauia que a -todo el mundo escarda

**VENISTE**
S 426-4   por que a -mi non veniste nin viste nin prometiste
S1192-1   Commo ladron veniste de noche a -lo escuro

**VENISTES**
S 783-1   ay de mi con que cobro tan malo me venistes

**VENIT**
G 675-1   yd e venit a -la fabla otro dia por mesura
G 677-3   yr e venit a -la fabla que mugerez e varonez

**VENIT** (L)
S1239-4   benedictus qui venit Responden todos amen

**VENITE** (L)
S1236-4   venite exultemus cantan en alto grito

**VENO**
S1640-7   quando tu fijo por ti veno

**VENTA**
S 968-1   Pusso me mucho ayna en vna venta con su enhoto

**VENTAJA**
S 284-3   anssy te acaesçe por le leuar ventaja

**VENTENERA**
S 202-3   andando pico abierta como era ventenera

**VENTERNERO**
S 291-3   enfraquesçes pecado eres grand venternero

**VENTERNIA**
S 303-1   El comer syn mesura E la grand venternia

**VENTRIS** (L)
S1667-1   Ventris tuy

**VENTURA**
S 67-4   escoja lo mejor el de buena ventura
S 160-3   que buen es-fuerço vençe a -la mala ventura
S 180-1   Ca segund vos he dicho de tal ventura seo
S 181-2   pensando en mi ventura sañudo e non con vino
G 586-3   conplit loz miz deseoz e dat me dicha e ventura
G 593-3   por ventura me vernia otro peligro peor
S 609-1   sy algo por ventura de mi te fuere mandado
G 675-2   pues que oy non me creedez o non es mi ventura
G 687-4   quiso me dioz bien giar e la ventura mia
S 692-1   muchas vezes la ventura con ssu fuerça e poder
S 693-1   ayuda la ventura al que bien quiere guiar
S 697-3   dios e la mi ventura que me fue guiador
S 789-1   Ay lengua syn ventura por que queredes dezir
S 800-1   ansy fazedes madre vos a -mi por ventura
S 877-4   dios E mi buena ventura mela touieron guardada
S 934-3   dixo luego la gente de dios mala ventura
S 972-1   despues desta ventura fuy me para ssegouia
S1039-3   non trax por ventura
S1321-4   acaeçiome vna ventura la fiesta non pasada
S1391-1   A -quien da dios ventura e non la quiere tomar
S1424-3   puede vos por ventura de mi grand pro venir
S1451-3   por vna syn ventura muger que ande rradia
S1484-1   dixo l doña garoça que ayas buena ventura
S1506-1   Atal fue mi ventura que dos messes pasados
S1685-1   ventura astroza

**VENUS**
S 152-1   Muchos nasçen en venus que -lo mas de su vida
S 223-3   quando la dio a -venuz paris por le jnduzir
S 525-3   doña venuz gelo pide por el toda su vyda
G 583-3   fuy m(e) a doña venus que le leuaze menzaje
G 585-1   zeñora doña venus muger de don amor
S 601-4   sy non vos doña venuz que -lo podedes fazer
S 603-4   asy señora doña venuz ssea de vos ayudado
S 607-4   Respondio doña venus seruidores vençen
S 648-4   fuese doña venuz a -mi dexo en fadigna
S 649-3   consejo me dona venuz mas non me tyro pesares
S 698-1   doña venuz por panfilo non pudo mas fazer
S 856-4   atanto mas doña venus la fla e la ençiende

**VEO**
S 81-2   yo veo otraz muchas creer a -ti parlera
S 151-3   mas por que cada dia veo pasar esto
S 151-4   por aquesto lo digo otrossy veo aquesto
S 466-3   veo vos torpe coxo de qual pie coxeades
S 466-4   veo tuerto suzio que sienpre mal catades
S 795-4   veo el daño grande E de mas el haçerio
S 807-1   Amigo diz la vieja en la dueña lo veo
S 828-4   veo vos loçana byen gordilla e fermosa
S 831-1   Por que veo e conosco en vos cada vegada
S 842-1   Desque veo sus lagrimas e quan byen lo de-parte
S 842-4   por que veo que vos ama e vos quiere syn arte
S 843-2   E veo que entre amos por egual vos amades
S1471-3   el ladron paro mientes diz veo cosa fea
S1472-1   beo en monte grande de muchos viejos çapatoz
S1472-3   e veo las tus manos llenas de garauatos
S1485-1   Señora diz la vieja yol veo amenudo
S1680-4   que veo mal pecado
S1683-3   mas tu me val que non veo al
S1692-4   en ver lo que veo E en ver lo que vy

**VER**
S 48-3   por ver si las entienden e meresçian leuar
S 82-2   todas las animalias vinieron ver su Señor
S 91-1   Nunca desde esa ora yo mas la pude ver
S 130-1   Entre los estrelleros quel vinieron a -ver
S 247-3   non quieres ver nin amas poble grand nin chico
S 323-2   fueron ver su juyzio ante vn sabydor grande
S 373-2   nin visitas los presos nin quieres ver dolientes
S 377-4   va en achaque de agua a -verte la mala esquima
S 462-4   nin ver tal la puede omne que en dios adora
S 520-4   non coyda ver la ora que con -el seya yda
G 589-1   la llaga non ze me dexa a -mi catar nin ver
S 657-4   desea vos mucho ver E conosçer nos querria
S 788-2   en dueña que non vos quiere nin catar nin ver
S 911-1   de talla la mejor de quantas yo ver pud
S 917-2   diz yo se quien vos querria mas cada dia ver
S 930-4   que mano besa ome que -la querria ver corta
S 945-2   vino me ver vna vieja dixo me luego de mano
S 972-2   fuy ver vna costilla de -la serpiente groya
S1176-3   ado ella ver lo puede suzedat non se -llega

## VER

**(cont.)**

| | |
|---|---|
| S1264-2 | ssy me viniere a -ver algud enamorado |
| S1265-2 | nunca pudo ver omne cossa tan acabada |
| S1312-3 | quiero yr ver alcala morare ay la feria |
| S1372-3 | que el martes quisiese yr ver el su mercado |
| S1446-3 | ellas esto fablando ovieron de ver |
| S1473-2 | E mucho mas dos tanto que ver non -lo podiste |
| S1492-1 | Dixol doña garoça verme he da my espaçio |
| S1509-4 | non es quien ver vos pueda y como sodes ansy |
| S1537-2 | non coydan ver la ora que tangan las canpanas |
| S1692-4 | en ver lo que veo E en ver lo que vy |

**VERA**

| | |
|---|---|
| S 17-2 | es de dentro muy blanco mas que -la peña vera |
| S 17-4 | açucar negro e blanco esta en vil caña vera |
| S1213-3 | su moço el caramillo fecho de caña vera |

**VERA** **(H)**

| | |
|---|---|
| S 730-4 | en -el bezerrillo vera omne el buey que fara |

**VERAN**

| | |
|---|---|
| S 115-1 | Mys ojos non veran luz |

**VERANO**

| | |
|---|---|
| G 686-4 | tienpo verna que podremos fablar noz uoz e yo este verano |
| S 945-1 | El mes era de março salido el verano |
| S 996-3 | fazia tyenpo muy fuerte pero era verano |
| S1204-1 | lo al es ya verano e non venian del mar |
| S1279-4 | partese del jnvierno e con -el viene el verano |

**VERAS**

| | |
|---|---|
| S 64-3 | veras que bien es dicha si bien fuese entendida |
| S 457-4 | eran muy byen apuestos E veras quan fermosos |
| S 536-4 | veras que mi conssejo te sera por byen avydo |
| S 953-4 | pagame synon veras commo trillan Rastrojo |
| S 964-2 | fascas que me amenazaua pagan sinon veras juego |

**VERAS** **(H)**

| | |
|---|---|
| G 440-4 | echan la moça en ojo e çiegan bien de ueraz |

**VERBO**

| | |
|---|---|
| S1089-1 | Non avia acabado dezir byen su verbo |

**VERBOS**

| | |
|---|---|
| S 960-2 | diz el pecado barruntas en -fablar verbos tan blauos |

**VERBUM** **(L)**

| | |
|---|---|
| S 381-3 | comienças jn verbum tuum e dizes tu de aquesta |

**VERÇAS**

| | |
|---|---|
| S 111-4 | nin las verças non se crian tan bien sin la noria |
| S1275-1 | Comie el cavallero el toçino con verçaz |

**VERÇUELAS**

| | |
|---|---|
| S1393-2 | verçuelas e lazeria e los duros caçones |

**VERDAD**

| | |
|---|---|
| S 140-1 | Yo creo los estrologos uerdad natural mente |

**VERDADERA**

| | |
|---|---|
| S 71-1 | Commo dize aristotiles cosa es verdadera |
| S 104-1 | ffiz luego estas cantigas de verdadera salua |
| S 268-3 | ansy por la loxuria es verdadera mente |
| S 534-2 | la sangre verdadera de dios en -ello yaze |
| S1300-3 | los omes son los meses cosa es verdadera |
| S1569-1 | ay mi trota conventos mi leal verdadera |

**VERDADERO**

| | |
|---|---|
| S 37-4 | el camino verdadero |
| S 282-2 | dios verdadero e omne fijo de dios muy quisto |
| S 419-4 | en -el buen dezir sea omne firme e verdadero |
| G 552-3 | a -quien de oy en craz fabla non dan por verdadero |
| G 561-1 | Non le seaz mintrozo sey le muy verdadero |
| S 923-4 | que commo el verdadero non ay tan mal trebejo |
| S 963-3 | en-avento me el dardo diz para el padre verdadero |
| S1669-1 | Ayudaz al ynoçente con amor muy verdadero |
| S1701-1 | diz amigoz si este Son a -de -ser verdadero |

**VERDADEROS**

| | |
|---|---|
| S 127-3 | por que puede ser esto creo ser verdaderos |
| S 135-4 | non sean verdaderos en -lo que adevinaron |
| S 138-4 | los sabios naturales verdaderoz salieron |

**VERDADES**

| | |
|---|---|
| S 165-1 | diz por las verdadez sse pierden los Amigos |
| S 494-4 | fazie de verdat mentiras e de mitiras verdades |
| S 784-4 | a -los nesçios fazedes las mentyras verdades |

**VERDAT**

| | |
|---|---|
| S 60-2 | rrespondio que en su poder tenie el mundo E diz verdat |
| S 69-1 | Do coydares que miente dize mayor verdat |
| S 73-1 | que diz verdat el sabio clara mente se prueua |
| S 80-3 | dize verdat la fabla que la dueña conpuesta |
| S 105-1 | Commo dize salamo e dize la verdat |
| S 136-2 | mas commo ez verdat e non puede fallesçer |
| S 170-3 | verdat es lo que dizen los antiguos rretraheres |
| S 423-3 | non digas mal de amor en verdat nin en -juego |
| S 494-4 | fazie de verdat mentiras e de mitiras verdades |
| S 576-3 | en -lo que me castigo E por verdat dezir |
| S 596-4 | sy el amor non me engaña yo vos digo la verdat |
| S 637-2 | la verdat a -las de vezes muchos en daño echa |
| G 671-2 | que quanto voz he dicho de -la verdat non yerra |
| S 707-2 | desque nasçe tarde muere maguer non sea verdat |
| S 727-3 | es don melon de -la verta mançebillo de verdat |
| S 802-1 | Creed que verdat digo e ansy lo fallaredes |
| S 802-2 | sy verdat le dixistes e amor le avedes |
| S 802-3 | ella verdat me dixo quiere lo que vos queredes |
| S 838-2 | qual es vuestro talante dezid me la verdat |
| S 861-1 | verdat es que -los plazeres conortan a -las de vezes |
| S 869-4 | byen se que diz verdat vuestro prouerbyo chico |
| S 942-3 | ca diz vos amigo que -las fablas verdat son |
| S1016-1 | Mas en varat sy byen vy fasta la rrodilla |
| S1137-3 | verdat es todo aquesto do puede omne fablar |
| S1156-1 | Segund comun derecho aquesta es la verdat |
| S1298-2 | coyde que soñaua pero que verdat son |
| S1397-4 | verdat diz mi amo a -como yo entiendo |
| S1675-5 | que confieso en verdat |
| S1707-2 | otro si a -las vibdas esto es cosa con verdat |

**VERDELES**

| | |
|---|---|
| S1104-2 | los verdeles e xibias guardan la costanera |

**VERDURA**

| | |
|---|---|
| S 989-4 | pues vos yo tengo hermana aqui en esta verdura |

**VERE**

| | |
|---|---|
| G 683-4 | ella dixo pues dezildo e vere que tal zera |
| S 876-4 | entrad mucho en buen ora yo vere lo que faredes |
| S1571-4 | pues que a -ty non viere vere tu triste estoria |

**VEREDA**

| | |
|---|---|
| S 954-2 | vna vereda estrecha vaqueros la avian fecho |
| S 961-4 | non pasaras la vereda |

**VEREDES**

| | |
|---|---|
| S1624-2 | dixo dad me vn cantar E veredes que Recabdo |
| S1624-3 | e Señor vos veredes maguer que non me alabo |

**VEREMOS**

| | |
|---|---|
| G 664-3 | dezit me vuestro talante veremoz los Coraçonez |

**VERGILIO**

| | |
|---|---|
| S 265-2 | por fazer su loxuria vergilio en -la dueña |
| S 267-4 | que sobiese vergilio acabase su vida |

**VERGOÑA**

| | |
|---|---|
| S1517-3 | commo quier que por fuerça dizenlo con vergoña |

**VERGOÑOSA**

| | |
|---|---|
| S1662-8 | de muerte vergoñosa |

**VERGUENCA**

| | |
|---|---|
| S 468-3 | desque vna vez pierde verguenca la muger |

**VERGUENÇA**

| | |
|---|---|
| S 265-1 | despues desta desonrra E de tanta verguença |
| S 391-1 | Non as miedo nin verguença de Rey nin Reyna |
| S 454-3 | verguença non te enbargue quando con ella estodieres |
| S 468-1 | ffaz le vna vegada la verguença perder |
| S 470-1 | Desque la verguença pierde el tafur al tablero |
| S 471-3 | la muger syn verguença por darle diez toledos |
| S 528-4 | en verguença del mundo en zaña de dios caer |
| S 634-1 | El miedo e la verguença faze a las mugeres |
| S 839-3 | el miedo E la verguença defienden me el trebejo |
| S 847-4 | por me dar tu conssejo verguença en ty non aya |
| S 848-3 | verguença que fagades yo he de çelar |
| S 851-3 | syn verguença es el fecho pues tantas carreras tyen |
| S 870-4 | que mas val verguença en faz que en coraçon manzilla |
| S1203-4 | syn verguença se pudo yr el plazo ya venido |
| S1548-1 | Tyras toda verguença desfeas fermosura |

**VERGUENÇAS**

| | |
|---|---|
| S 744-2 | de pleitos e de afruentas de verguençaz e de plazos |

**VERGUEÑA**

| | |
|---|---|
| S 610-2 | dyl syn miedo tus deseos non te enbargue verguueña |

**VERIEDES**

| | |
|---|---|
| G 758-4 | ante de muchoz diaz veriedez la mejoria |

**VERITATIS** **(L)**

| | |
|---|---|
| P 137 | E podra dezir con -el salmista veni veritatis E cetera |

**VERNA**

| | |
|---|---|
| G 683-1 | pero fio de dioz que a -vn tienpo verna |
| G 686-2 | mi madre verna de miza quiero me yr de aqui tenprano |
| G 686-4 | tienpo verna que podremos fablar noz uoz e yo este verano |
| S 812-4 | E verna doña endrina sy la vieja la llama |
| S 815-2 | por mi verna la dueña andar al estricote |
| S 868-4 | cras verna fablar con-vusco yo lo dexo Recabdado |
| S 987-1 | ssyenpre se me verna miente |

**VERNE**

| | |
|---|---|
| S 867-4 | yo me verne para vos quando vyere que ay logar |

**VERNIA**

| | |
|---|---|
| G 593-3 | por ventura me vernia otro peligro peor |
| S1061-2 | que el cordero vernia e saluaria la ley |

**VERSO**

| | |
|---|---|
| P 6 | en -el psalmo triçesimo primo del verso dezeno |
| P 8 | en -el qual verso entiendo yo trez cosaz |
| P 33 | del verso que yo començe en -lo que dize |
| P 45 | del verso que dize E instruan te |
| P 70 | E esta ez la sentençia del verso |
| P 202 | e tome el verso primero del salmo |

**VERSOS**

| | |
|---|---|
| P 191 | Ca trobas E notaz e rrimaz e ditadoz e uersoz |
| S1325-1 | Dixol por que yva e diole aquestos verssos |
| S1328-4 | estos fueron los versos que leuo mi trotera |
| S1634-2 | E por mostrar a -los synplex fablas e versos estraños |

**VERTIENDO**

| | |
|---|---|
| S1070-4 | vertyendo mucha ssangre de -lo que mas me asaño |

**VERTUD**

| | |
|---|---|
| S1071-1 | E por aquesta Razon en vertud obediençia |
| S1595-1 | Con vertud de esperança E con mucha paçiençia |

**VES**

| | |
|---|---|
| S 296-2 | beuer tanto que yugo con sus fijas pues ves |
| S 372-2 | estrañas lo que ves E non el don en -que yazes |
| S 410-1 | yo se nadar muy byen ya lo ves por el ojo |

**VESO**

| | |
|---|---|
| P 59 | E desto concluye la terçera rrazon del veso primero |
| P 204 | que ez qui cuque vul el vesso que dize |

**VESPERADA**

| | |
|---|---|
| S1057-1 | a -la vesperada de cruz fue desçendido |

**VESTID**

| | |
|---|---|
| S1532-4 | vestid la con -la obra ante que muerte acuda |

**VESTIDA**

| | |
|---|---|
| S 287-1 | graja enpavonada como pauon vestida |
| S 997-3 | vestida de buen bermejo buena çinta de lana |
| S1219-2 | queça tenie vestida blanca e Raby galga |

**VESTIDO**

| | |
|---|---|
| S 455-4 | del vestido mas chico sea tu ardit alardo |
| G 763-2 | a caualleroz e a dueñaz es prouecho vestido |
| S 966-4 | E mandel para el vestido vna bronca E vn pancha |

**VESTIDOS**

| | |
|---|---|
| S 56-4 | assentose el neçio Catando sus vestidos |
| G 555-3 | Al tablagero fincan dineroz e vestidoz |

| | | |
|---|---|---|
| **VESTIDURA** | | |
| S 934-2 | fizo se loca publica andando syn vestidura | |
| **VESTIDURAS** | | |
| S 502-2 | vistia los nobles paños doradas vestiduras | |
| **VESTIGLO** | | |
| S1008-2 | de frio al pie del puerto falle me con vestiglo | |
| **VESTIR** | | |
| G 762-1 | que prouecho uoz tien vestir ese negro paño | |
| S1251-1 | Señor dizen los clerigos non quieras vestir lana | |
| S1499-4 | desaguisado fizo quien le mando vestir lana | |
| S1587-1 | vestir los probles desnudos con santa esperança | |
| **VESTRA** | **(L)** | |
| P 114 | querite dominum e viuet Anima vestra | |
| **VESTUARIO** | | |
| S 714-3 | mando me por vestuario vna piel e vn pellico | |
| **VESUGOS** | | |
| S1112-4 | arenques E vesugos vinieron de bermeo | |
| **VEVIA** | | |
| S 28-4 | quel tu fijo veuia | |
| S 38-4 | que el tu fijo veuia | |
| S 530-3 | en tienpo de su vyda nunca el vyno beuia | |
| **VEVIENDO** | | |
| S1553-2 | ca beuiendo omne sienpre e mundo terrenal | |
| **VEVIR** | | |
| S 145-3 | dyspensa contra el fuero e dexalo beuir | |
| S 576-4 | falle que en -sus castigos syenpre vse beuir | |
| G 594-4 | que non el morir syn dubda e beuir en grant Rencura | |
| S 855-4 | mas quiero moryr su muerte que beuir penada | |
| S1449-3 | en tal manera tema el que bien quiere beuir | |
| S1686-5 | con deseo beuir | |
| **VEY** | | |
| S 309-3 | el mesmo se mato con su espada pues vey | |
| S1021-4 | de -la que te non pagares veyla e Rye e calla | |
| **VEYA** | | |
| S 121-1 | quando la cruz veya yo sienpre me omillava | |
| S 321-2 | veya lo el lobo mandava le dexallo | |
| S 321-4 | el non veya -la ora que estouiese en -tragallo | |
| S1309-2 | yo veya las caras mas non lo que dezien | |
| S1316-2 | veya los de dueñaz estar aconpañados | |
| S1357-4 | quantas liebres veya prendialaz ligeramente | |
| S1402-4 | veya lo el asno esto de cada dia | |
| **VEYADES** | | |
| S 878-1 | quando yo saly de casa puez que veyades las rredes | |
| **VEYAN** | | |
| G 681-4 | ante testigoz que noz veyan fablar uoz he algund dia | |
| **VEYE** | | |
| G 689-2 | sy veye que -la oluido ella otro amara | |
| **VEYEN** | | |
| G 552-2 | nin acaba quanto quiere si -le veyen coztumero | |
| **VEYENDO** | | |
| S 216-2 | mas fallo que te diga veyendo quanto dapño | |
| S1564-2 | do an vida veyendo mas gloria quien mas quiso | |
| **VEZ** | | |
| S 318-1 | Nunca estas baldio aquel que vna vez atas | |
| S 368-3 | por lo que avia dicho E suplido esta vez | |
| S 415-1 | a -los neçios e neçias que vna vez enlaças | |
| S 420-2 | al que vna vez travas lievas telo en Robo | |
| S 468-3 | desque vna vez pierde verguenca la muger | |
| S 525-1 | Por vna vez al dia que omne gelo pida | |
| S 578-3 | con dueña falaguera e desta vez terne | |
| S 646-4 | vna vez echale çeuo que venga segurada | |
| S 710-2 | desque ya entre las manos vna vez esta maznada | |
| S1001-3 | quando a -la lucha me abaxo al que vna vez trauar puedo | |
| **VEZA** | | |
| S 168-4 | muchas dueñaz e otras de buen saber las veza | |
| **VEZES** | | |
| S 76-2 | ove de -las mugeres a -las vezes grand amor | |
| S 102-1 | omne que mucho fabla faze menos a -vezes | |
| S 102-4 | las viles e las rrefezes son caras a -las de vezes | |
| S 185-3 | a -vezes poco a -poco con maestrias ciento | |
| S 241-3 | a -vezes a -la noria a -vezes a -la açenia | |
| S 242-2 | del jnogar a -vezes fynchadas las narizes | |
| S 397-3 | a -las vezes en saya a -las vezes en alcandora | |
| S 423-4 | que a -las vezes poca agua faze abaxar grand fuego | |
| S 602-2 | muchas vezes gelo dixe que fynque mal denostado | |
| S 615-1 | jura muy muchas vezes el caro vendedor | |
| S 629-3 | muchas vezes cobdiçia lo que te va negar | |
| S 637-2 | la verdat a -las de vezes muchos en daño echa | |
| S 652-4 | a -vezes de chica fabla vinie mucha folgura | |
| S 692-1 | muchas vezes la ventura con ssu fuerça e poder | |
| S 710-3 | despuez con el poco fuego çient vezes sera doblada | |
| S 731-1 | El fijo muchas vezes commo el padre prueua | |
| S 733-3 | a -vezes cosa faze muy grand despecho | |
| S 734-1 | E a -vezes pequeña fabla bien dicha e chico Ruego | |
| S 734-2 | obra mucho en -los fechos a -vezes rrecabda luego | |
| S 803-1 | la fyn muchas de vezes non puede rrecudyr | |
| S 814-1 | tyra muchos prouechos a -vezes la pereza | |
| S 821-4 | a -las vezes espanta la mar e faze buen orilla | |
| S 989-2 | a -las vezes omne gana o -pierde por aventura | |
| S1231-2 | adormiendo a -vezes muy alto a -las vegadaz | |
| F 2 | a -las uezes con algo a -las uezes uazio | |
| **VEZINA** | | |
| S 321-1 | ffurtava la Raposa a -su vezina el gallo | |
| **VEZINDADES** | | |
| S 260-4 | por malas vezindadez se pierden eredades | |
| **VEZINDAT** | | |
| S 596-1 | Dona endryna que mora aqui en mi vezindat | |
| **VEZINO** | | |
| S 181-4 | yo le pregunte quien era dixo amor tu vezino | |
| **VEZADA** | | |
| S1412-2 | que -la presta gulhara ansi era vezada | |

| | | |
|---|---|---|
| **VEZES** | | |
| S 336-1 | muchas vezes de furto es de juez condenado | |
| G 592-4 | la esperança non conorte zabez a -las vezez fallir | |
| S 637-1 | las mentyras a -las de vezes a -muchos aprouechan | |
| S 656-2 | a -bezes mal perro atado tras mala puerta abierta | |
| S 717-3 | muchas vezes he tristeza del lazerio ya -pasado | |
| S 734-4 | e vienen grandes peleas a -vezez de chico juego | |
| S 804-4 | muchas vezes allega rriquezas a monton | |
| S 805-4 | a -vezes viene la cosa pero faga tardança | |
| S 816-1 | a -vezes non façemos todo lo que dezimos | |
| S 861-1 | verdat es que -los plazeres conortan a -las de vezes | |
| S 861-2 | por ende fija Señora yd a -mi casa a -vezes | |
| S 946-1 | Con su pesar la vieja dixo me muchas vezes | |
| S1020-2 | vnas trez vezes contelas estando arredrado | |
| S1274-4 | con -el frio a -las de vezes en -las sus vnas besa | |
| S1334-1 | Muchos de leutarios les dan muchas de vezes | |
| S1462-3 | muchas vezes fue preso escapaua por don | |
| S1623-4 | que a -las vezes mal perro rroye buena coyunda | |
| S1703-3 | que faze muchas vezes rrematar los ardorez | |
| **VEZINA** | | |
| S 366-3 | pero mando que non furte el gallo a -su vezina | |
| S 391-4 | como el fuego andas de vezina en vezina | |
| G 582-4 | de mi era vezina mi muerte e mi zalut | |
| S 602-4 | sy non fuese tan mi vezina non seria tan penado | |
| S 708-1 | aqui es bien mi vezina Ruego vos que alla vayades | |
| S 709-1 | dixo yo ire a -su casa de esa vuestra vezina | |
| S1685-6 | E falsa vezina | |
| **VEZINAS** | | |
| G 665-2 | el omne tan engañozo asi engaña a -suz vezinaz | |
| S1708-3 | E van se las vezinaz por el barrio deziendo | |
| **VEZINDAT** | | |
| S 704-4 | mas encubiertas encobrimos que meson de vezindat | |
| S 707-1 | De pequena cosa nasçe fama en -la vezindat | |
| S 863-3 | todo es aqui vn barrio e vezindat poblada | |
| S 932-3 | Ca de buena palabra paga se la vezindat | |
| **VEZINO** | | |
| S 261-1 | Non te quiero por vezino nin me vengas tan presto | |
| S 284-1 | Por que tiene tu vezino mas trigo que tu paja | |
| S 635-3 | que non sabe tu vezino lo que tyenes condesado | |
| S 909-3 | guardate de falsa vieja de rriso de mal vezino | |
| S 993-4 | coydos cassar con-migo commo con su vezino | |
| S1354-2 | E por fructo dar pena al amigo e al vezino | |
| **VEZINOS** | | |
| S1358-4 | a -todos sus vezinos del galgo se loaua | |
| **VI** | | |
| S 60-3 | desque vi que entendien e crey en -la trinidad | |
| S 106-1 | E yo desque vi la dueña partida E mudada | |
| S 107-1 | Sabe dios que aquesta dueña e quantas yo vy | |
| S 215-4 | en fuerte punto te vy la ora fue mal dicha | |
| S 292-1 | desque te conosçi nunca te vy ayunar | |
| S 335-3 | vy que las dellogaua en aquellas erias | |
| S 384-1 | Nunca vy sancristan que a -visperas mejor tanga | |
| S 386-1 | Nunca vy cura de almas que tan byen diga conpletas | |
| S 493-1 | yo vy en -corte de Roma do es la santidad | |
| S 498-1 | yo vy fer maravillas do el mucho vsaua | |
| S 501-1 | vy tener al dinero las mejores moradas | |
| S 503-1 | yo vy a -muchos monges en sus predycaciones | |
| S 508-3 | yo nunca vy fermo-sa que quisyese pobleza | |
| S 532-4 | nunca vy aqui omne con -la cruz me defyendo | |
| G 593-4 | morria de todo en todo nunca vy cuyta mayor | |
| S 659-3 | desque vy que eran ydos que omne ay non fyncaua | |
| G 687-2 | des que yo fue naçido nunca vy mejor dia | |
| S 706-1 | yo le dixe amo vna dueña sobre quantas yo vy | |
| S 824-3 | Señora doña Rama yo que por mi mal vos vy | |
| S 910-2 | vy vna apuesta dueña ser en -su estrado | |
| S 911-4 | nunca vy tal commo esta sy dios me de salud | |
| S 952-1 | En çima deste puerto vyme en Rebata | |
| S 954-3 | desque me vy en coyta aRezido mal trecho | |
| S 957-3 | yo desque me vy con miedo con frio e con quexa | |
| S 973-3 | desque vy la mi bolsa que -se paraua mal | |
| S 980-4 | desque la vy pagada leuante me corrienda | |
| S1008-3 | la mas grande fantasma que vy en -este siglo | |
| S1015-2 | yo non vy en -ella al mas sy tu en -ella escaruas | |
| S1016-1 | Mas en verdat sy byen vy fasta la rrodilla | |
| S1020-3 | digo te que non vy mas nin te sera mas contado | |
| S1077-2 | vy que venia a -mi vn fuerte mandado | |
| S1242-1 | De -la parte del sol vy venir vna seña | |
| S1244-1 | a -cabo de grand pieça vy al que -la traye | |
| S1260-1 | Desque vy a -mi señor que non tenia posada | |
| S1260-2 | E vy que la contyenda era ya sosegada | |
| S1298-1 | Yo fuy maruillado desque vy tal vision | |
| S1301-2 | vy muchaz en la tienda mas por non vos detener | |
| S1303-1 | Desque lo vy de espaçio commo era su criado | |
| S1307-4 | vy que non podia sofrir aquel lazerio | |
| S1310-4 | desque vy que me mal vua fuy me dende sañudo | |
| S1315-2 | vy llenos de alegriaz de bodas e cantares | |
| S1322-1 | vy estar vna dueña fermosa de veltad | |
| S1331-1 | Desque my señero e syn fulana solo | |
| S1346-4 | para vos lo querria tal que mejor non vy | |
| S1488-4 | Señora del non vy mas por su amor voz abraço | |
| S1499-2 | vy estar a -la monja en oraçion loçana | |
| S1509-2 | ya amiga ya amiga quanto ha que non vos vy | |
| S1619-3 | sy non por quatorze cosaz nunca vy mejor que el | |
| S1692-4 | vy en lo que veo E en ver lo que vy | |
| **VIA** | | |
| S 20-4 | toda via | |
| S 34-2 | rrogando te toda via | |
| S 257-2 | adulterio E forniçio toda via desseaz | |
| S 422-4 | pues calla te e callemos amor vete tu vya | |
| S 648-3 | non quiero aqui estar quiero me yr mi vya | |
| G 687-1 | fuese mi zeñora de -la fabla su via | |
| S1313-2 | mouio con su mesnada amor e fue su via | |

| | |
|---|---|
| **VIA** | **(cont.)** |
| S1396-4 | en aqueste rroydo vos fallo cada via |
| S1451-4 | temedes vos que todaz yres por esa via |
| S1635-7 | que te sirua toda via |
| S1661-4 | toda via |
| S1672-3 | E me guarda toda via piadoza virgen santa |
| S1687-1 | ffasta oy toda via |
| **VIA** | **(L)** |
| P 2 | et Instruam te In via hac qua gradieris |
| P 60 | que dize Jn via hac qua gradieris |
| **VIAJE** | |
| G 583-4 | Ca ella es comienço e fin deste viaje |
| S 912-3 | busque trota conventos que siguiese este viaje |
| **VIAM** | **(L)** |
| P 137 | E podra dezir con -el salmista veni veritatis E cetera |
| **VIANDA** | |
| S 85-1 | Señor diz tu estas flaco esta vianda liuiana |
| S 86-4 | el leon a -la rraposa mando la vianda dar |
| S 113-4 | el comio la vianda e a -mi fazie Rumiar |
| S 176-1 | Por poca vianda que esta noche çenaria |
| S 293-1 | Con -la mucha vianda e vino creçe la frema |
| S 568-1 | Como tyene tu estomago en -sy mucha vyanda |
| S 950-3 | luego perdi la mula non fallaua vyanda |
| S 992-1 | hospedome E diome vyanda mas escotar mela fizo |
| S1100-2 | con -la mucha vianda mucho vino ha beuido |
| S1371-2 | con -la poca vianda buena voluntad para |
| S1375-1 | Esta en mesa rrica mucha buena vyanda |
| S1394-1 | Con -la mala vyanda con -las Saladas Sardinaz |
| **VIANDAS** | |
| S1095-4 | desaz muchas vyandas era byen abastado |
| S1381-3 | las viandaz preçiadaz con miedo son agraz |
| S1383-2 | comes muchas viandas aquesto te engaña |
| **VIBDAS** | |
| S1707-2 | otro si a -las vibdas esto es cosa con verdat |
| **VICARIO** | |
| S1160-2 | ca es de todo el mundo vicario general |
| **VICIO** | |
| S 620-3 | el que llorava poble canta Ryco en vyçio |
| S 777-3 | conbredes e folgaredes a -la sonbra al vyçio |
| S 844-4 | tal lugar non avremos para plazer E vyçio |
| S1255-2 | las monjas le dixieron Señor non avrias viçio |
| S1258-3 | todo viçio del mundo E todo plazer oviera |
| S1339-3 | desque me parti dellaz todo este viçio perdy |
| S1351-3 | creçio con -el grand vyçio e con -el grand bien que tenia |
| S1386-2 | dexar plazer E viçio E lazeria queredes |
| S1576-2 | en quanto fuy al mundo oue vyçio e soltura |
| S1597-4 | con tal graçia podremos vençer gula que es viçio |
| **VICIOS** | |
| S 394-3 | ençerrada e guardada e con vycios criada |
| S 502-3 | traya joyas preçiosas en -vyçioz E folguras |
| **VICIOSO** | |
| S 746-2 | ffue senbrar cañamones en vn viçioso ero |
| S1304-4 | andando mucho viçioso quanto fue marauilla |
| S1305-2 | coyde estar viçioso plazentero e ledo |
| **VICIOSOS** | |
| S1333-2 | tienen a -sus amigos viçiosos syn sosaños |
| **VID** | |
| S1281-3 | vid blanca fazen prieta loz buenoz enxeridorez |
| **VIDA** | |
| P 14 | e aluengan la vida al cuerpo |
| P 154 | apocando la vida E dando mala fama e deshonrra |
| S 63-2 | que en tienpo de su vida nunca la vies vengada |
| S 152-1 | Muchos nasçen en venus que -lo mas de su vida |
| S 186-2 | traes los de oy en cras en vida muy penada |
| S 208-2 | que non pueden partir se de tu vida penada |
| S 267-4 | que sobiese vergilio acabase su vida |
| S 272-4 | de mi salvo quien me mato e me tiro la vida |
| S 273-4 | que de sy mesmo sale quien su vida desata |
| S 274-4 | acortase la vida quien lo dixo non miente |
| S 317-3 | desque lo vees baldio dasle vida penada |
| S 329-4 | dat me vn abogado que fable por mi vida |
| S 498-2 | muchos meresçian muerte que -la vida les daua |
| S 525-3 | doña venuz gelo pide por el toda su vyda |
| S 530-3 | en tienpo de su vyda nunca el vyno beuia |
| S 544-4 | faz perder la vysta E acortar la vyda |
| G 584-1 | ella es nuestra vida e ella es nuestra muerte |
| S 636-2 | encubre su pobreza e su vyda lazrada |
| S 701-3 | en -vuestras manos pongo mi salud e mi vida |
| S 701-4 | sy vos non me acorredes mi vida es perdida |
| S 732-3 | ome es de buena vyda E es byen acostunbrado |
| S 743-3 | es la vyda sola mas que vaca corrida |
| S 785-3 | mi salud e mi vyda e todo mi entender |
| S 791-2 | la vida deste mundo yo non -la preçio nada |
| S 791-3 | mi vida e mi muerte esta es señalada |
| S 797-1 | vyene salud e vyda despues de grand dolençia |
| S 857-4 | los plazeres de -la vyda perdedes sinon se amata |
| S1137-2 | do ha tienpo E vida para lo emendar |
| S1143-4 | quince años de vida anadio al culpado |
| S1317-4 | Ca solo syn conpaña era penada vida |
| S1344-3 | commo te va mi vieja como pasaz tu vida |
| S1344-4 | Señora dixo la vieja asy comunal vyda |
| S1347-2 | era de buena vida non de fecho lyuiano |
| S1349-4 | doliose mucho della quisole dar la vida |
| S1380-4 | todaz cosaz amargan en vida peligrosa |
| S1422-4 | pierde toda su onrra la fama e la vida |
| S1432-4 | perdonastez mi vida a vos por mi byuiredes |
| S1504-3 | la su vida muy lynpia en dios se deleytaua |
| S1525-2 | que por bien que -lo amen al omne en -la vida |
| S1531-3 | tened que cras morredes ca -la vida es juego |
| S1532-1 | la Salud E la vida muy ayna se muda |
| S1549-4 | muerte matas la vida al mundo aborresçes |
| S1559-3 | dionos vida moriendo al que tu muerte diste |
| S1560-2 | por la muerte de xpistos les fue la vida dada |
| S1564-2 | do an vida veyendo mas gloria quien mas quiso |
| S1577-3 | obrad bien en -la vida a -dios non -lo erredes |
| S1642-4 | E su vida quanta |
| S1642-7 | vida tanta |
| S1647-1 | la vida conplida |
| S1647-3 | nueue años de vida |
| S1667-5 | que my vida sienpre sigua |
| S1673-4 | del mundo salud E vida |
| S1674-1 | Del mundo salud E vida |
| S1682-2 | syenpre guaresçez de coytas E das vida |
| **VIDO** | |
| S 139-1 | desque vido el Rey conplido su pessar |
| S 243-3 | vido lo el asno nesçio Rixo bien trez vegadas |
| S 272-2 | e vido que sus pendolas la avian escarnida |
| S 285-1 | al pauon la corneja vydol fazer la Rueda |
| S 287-2 | vydo se byen pintada e fuese enloqueçida |
| S 288-2 | vydo el mal engaño E el color apostizo |
| S 413-2 | buscando que comiese esta pelea vydo |
| S 461-2 | fazia la syesta grande mayor que ome non vydo |
| S 483-2 | E vydo vn grand carnero con armas de prestar |
| S 537-3 | desque vydo el dyablo que ya echaua çemiento |
| S 539-2 | el estando con vyno vydo commo se juntaua |
| S 723-4 | vydola doña endrina dixo entrad non Reçeledes |
| S 834-2 | par-dios mal dia el vydo la vuestra grand dureza |
| S 872-3 | falle la puerta çerrada mas la vieja byen me vydo |
| S1011-2 | no vido tal figura nin de tan mala vista |
| S1183-4 | plogo a -ellos con -el e el vido buen dia |
| S1263-4 | Ca vido pequeñas cassas para tantos seruientes |
| S1324-4 | non vido a -la mi vieja ome gato nin can |
| S1348-3 | andando por su huerta vido so vn peral |
| S1349-3 | el omne piadoso que la vido aterida |
| S1387-3 | fallo çafyr culpado mejor ome non vido |
| S1413-3 | desque se vido ençerrada diz los gallos furtados |
| S1437-2 | vido al cueruo negro en vn arbol do estaua |
| S1465-1 | leuando lo a -la forca vido en altas torres |
| S1512-1 | Desque vido la vieja que non Recabdaua y |
| S1645-7 | E lo vido |
| **VIEJA** | |
| S 64-1 | Por esto dize la pastraña de -la vieja ardida |
| S 89-1 | Por ende yo te digo vieja e non mi amiga |
| S 96-3 | dixo a -la mi vieja que -le avia enbiada |
| S 381-2 | que -la vieja que tiene a -tu amiga presta |
| S 513-2 | por ende a -tu vieja se franco e llenero |
| S 643-1 | ssy tyene madre vieja tu amiga de beldat |
| S 698-1 | falle vna vieja qual avia menester |
| S 699-1 | Era vieja buhona destas que venden joyas |
| S 701-1 | desque fuy en mi casa esta vieja sabida |
| S 703-4 | diz la vieja puez dezildo e aved en mi creençia |
| S 724-1 | Entro la vieja en casa dixole Señora fija |
| G 756-1 | començo su escanto la vieja coytral |
| G 761-1 | fiia dixo la vieja el año ya es pasado |
| S 783-3 | ay vieja mata amigos para que melo dixistes |
| S 796-1 | dixo la buena vieja en ora muy chiquilla |
| S 799-1 | Señora madre vieja que me dezides agora |
| S 801-1 | Estonçe dixo la vieja ansy al amador |
| S 807-1 | Amigo diz la vieja en la dueña lo veo |
| S 812-4 | E verna doña endrina sy la vieja la llama |
| S 813-1 | Señora madre vieja la mi plazenteria |
| S 819-1 | Eso dixo la vieja byen se dize fermoso |
| S 827-1 | Desque oyo esto la Rysona vieja |
| S 828-1 | diz ya leuase el verco a -la vieja Risona |
| S 829-2 | diz la vieja que nueuas que se yo que es del |
| S 845-3 | dixo trota conventos a -la vyeja pepita |
| S 847-1 | dixo doña endrina a -la mi vieja paga |
| S 867-3 | Señora dixo la vieja cras avremos buen vagar |
| S 871-3 | vyno doña endrina con -la mi vieja sabiente |
| S 872-3 | falle la puerta çerrada mas la vieja byen me vydo |
| S 877-2 | vieja por esto teniades a -mi la puerta çerrada |
| S 886-3 | la mi vieja maestra ovo ya conçiençia |
| S 909-3 | guardate de falsa vieja de rriso de mal vezino |
| S 914-1 | aquesta mensajera fue vieja byen leal |
| S 915-2 | leuogelos la vieja con otros adamares |
| S 919-3 | dixo me esta vyeja por nonbre ha vrraca |
| S 921-3 | fue sañuda la vieja tanto que a -marauilla |
| S 926-4 | creo que si esto guardares que -la vieja te acorra |
| S 929-1 | ove con -la grand coyta Rogar a -la mi vieja |
| S 930-1 | a -la he diz açipreste vieja con coyta trota |
| S 930-3 | tal vieja para vos guardadla que conorta |
| S 933-1 | Por amor de la vieja e por dezir Rason |
| S 934-4 | ha vieja de mal seso que faze tal locura |
| S 935-2 | quien vieja loca creyese tal mal seso |
| S 935-4 | dixe yo en mano de vieja nunca dy mejor beso |
| S 936-3 | torme a -mi vieja commo a -buena Rama |
| S 936-4 | quien tal vieja touiere guardela commo al alma |
| S 945-2 | vino me ver vna vieja dixo me luego de mano |
| S 946-1 | Con su pesar la vieja dixo me muchas vezes |
| S 946-3 | dixel yo diome el diablo estas vieja Rahezes |
| S 957-1 | Commo dize la vieja quando beue ssu madexa |
| S1061-1 | Dize otra proffeçia de aquella vieja ley |
| S1317-4 | ffyz llamar trota conventos la mi vieja sabida |
| S1320-1 | assaz fizo mi vieja quanto ella fazer pudo |
| S1322-3 | rrogue a -la mi vieja que me ovies piadat |
| S1324-4 | non vido a -la mi vieja ome gato nin can |
| S1326-1 | fija dixo la vieja osar vos he fablar |
| S1331-2 | enbie por mi vieja ella dixo adolo |
| S1344-3 | commo te va mi vieja como pasaz tu vida |
| S1344-4 | Señora dixo la vieja asy comunal vyda |
| S1356-1 | ssenora dixo la vieja por que so baldonada |
| S1368-1 | vieja dixo la dueña çierto yo non menty |
| S1386-1 | Señora diz la vieja desaguisado façedes |

| | |
|---|---|
| **VIEJA** | **(cont.)** |
| S1396-1 | otro dia la vieja fuese a -la mongia |
| S1400-1 | sseñora diz la vieja dire voz vn juguete |
| S1410-1 | la dueña dixo vieja mañana madrugeste |
| S1417-1 | vna vieja passaua quel comio su gallina |
| S1424-1 | Mucho temio la vieja deste brauo dezir |
| S1435-2 | vieja dixo non temas esta byen Segurada |
| S1444-1 | sseñora diz la vieja esse miedo non tomedes |
| S1453-1 | Tal eres diz la dueña vieja commo el diablo |
| S1480-1 | Señora diz la vieja muchas fablaz sabedes |
| S1482-1 | Diz la vieja Señora que coraçon tan duro |
| S1483-1 | la dueña dixo vieja non lo manda el fuero |
| S1485-1 | Señora diz la vieja yol veo amenudo |
| S1490-1 | A -la dueña mi vieja tan byen que -la enduxo |
| S1492-2 | alahe dixo la vieja amor non sea laçio |
| S1493-1 | la dueña dixo vieja guarde me dios de' tus mañas |
| S1494-1 | vino la mi leal vieja alegre plazentera |
| S1508-2 | rrogue a -la mi vieja que me quisiese casar |
| S1512-1 | Desque vido la vieja que non Recabdaua y |
| S1519-1 | assy fue mal pecado que mi vieja es muerta |
| S1520-2 | mataste a -mi vieja matasses a -mi ante |
| S1568-2 | que oviste con-migo mi leal vieja dola |
| S1570-4 | quien te me rrebato vieja por mi sienpre lazrada |
| S1575-4 | la oraçion fagades por la vieja de amor |
| **VIEJAS** | |
| G 438-1 | si parienta non tienez atal toma viejaz |
| G 439-4 | ay quanto mal zaben eztaz viejaz arlotaz |
| G 440-1 | toma de vnaz viejaz que ze fazen erveraz |
| G 443-1 | de aquestaz viejaz todaz ezta ez la mejor |
| S 644-1 | mucho son mal sabydas estas viejas Risoñas |
| S 699-3 | non ay tales maestras commo estas viejas troyas |
| S 784-1 | ay viejas pytofleras mal apresas seades |
| S 882-1 | doña endrina le dixo ay viejas tan perdidas |
| S 937-3 | non ay tales maestras commo estas viejas troyas |
| S1273-4 | las viejaz tras el ffuego ya dizen laz pastrañas |
| **VIEJO** | |
| S 93-1 | Diz el prouerbio viejo quien matar quisier su can |
| S 157-2 | e al viejo faz perder mucho la vejez |
| S 942-4 | se que el perro viejo non ladra a -tocon |
| S 972-4 | que mato al viejo rrando segund dize en moya |
| S1092-1 | vino su paso a -paso el buey viejo lyndero |
| S1113-4 | el dolfyn al buey viejo derribole los dientes |
| S1208-4 | que a -todo pardal viejo nol toman en -todaz Redes |
| S1356-4 | conteçe me como al galgo viejo que non caça nada |
| S1359-1 | Con -el mucho lazerio ffue muy ayna viejo |
| S1360-4 | agora que so viejo dizen que poco valo |
| S1361-3 | estonçes me loaua agora que so viejo me esquiua |
| S1362-3 | por ser el omne viejo non pierde por ende prez |
| S1362-4 | el seso del buen viejo non se mueue de rrefez |
| S1363-2 | E des-echar al viejo e fażer le peoria |
| S1363-4 | en -el viejo se loa su buena mançebia |
| S1366-4 | apenas quel pobre viejo falla ningud amigo |
| S1692-4 | ay viejo mezquino en -que envegeçi |
| **VIEJOS** | |
| S 940-4 | Ca do viejos non lydian los cuervos non gradan |
| S1472-1 | beo vn monte grande de muchos viejos çapatoz |
| S1472-2 | suelas rrotas e paños Rotos e viejos hatos |
| **VIEN** | |
| G 759-4 | casarse ca el luto con esta carga vien |
| S1543-4 | fasta ya por ojo la muerte vee que vien |
| S1650-2 | que vos vien demandar |
| **VIENE** | |
| P 74 | este desacuerdo non viene del buen entendimiento |
| P 75 | nin tal querer non viene de -la buena voluntad |
| P 76 | nin de -la buena obra non viene tal obra |
| P 77 | Ante viene de -la fraqueza de -la natura humana |
| P 83 | E viene otrosi de -la mengua del buen entendimiento |
| P 92 | E avn digo que viene de -la pobledad de -la memoria |
| P 96 | E viene otrosi esto por rrazon que -la natura vmana |
| S 166-4 | apenas non se pierde fasta que viene la muerte |
| S 225-2 | lo que contescio al perro a -estos tal les viene |
| S 384-3 | la que viene a -tus visperas por byen que se rremanga |
| S 385-1 | Sede a -destris meys dizes a -la que viene |
| S 428-3 | es vn amor baldio de grand locura viene |
| S 614-2 | espantase al marynero quando vyene torbada |
| S 653-1 | ay dios E quam fermosa vyene doña endrina por la plaça |
| S 702-2 | de quantos bienes fazedez al que a -vos viene coytado |
| S 705-3 | muchas bodas ayuntamos que viene arrepantajas |
| S 712-2 | que çiuera en molyno el que ante viene muele |
| S 713-3 | es omne de buen lynaje viene donde vos venides |
| S 733-4 | E de comienço chico viene granado fecho |
| S 742-3 | non se viene en miente desos malos rrecabdos |
| S 796-3 | despues de -las muchas lluuias viene buen orilla |
| S 797-1 | vyene salud e vyda despues de grand dolençia |
| S 805-4 | a -vezes viene la cosa pero faga tardança |
| S 809-4 | quando alguno vyene otra rrazon mudamos |
| S 865-3 | quando es fecho el daño viene el arrepentymiento |
| S1067-1 | acercando sse viene vn tienpo de dios ssanto |
| S1089-2 | ahe vos ado viene muy lygero el çieruo |
| S1279-4 | partese del jnvierno e con -el viene el verano |
| S1284-3 | antes viene cueruo blanco que pierdan asneria |
| S1294-4 | el que viene non alcança al otro quel espera |
| S1295-4 | con -el viene otoño con dolençiaz e curaz |
| S1478-4 | non viene dellos ayuda mas que de vnos alrrotes |
| S1533-4 | que desque viene la muerte a -toda cosa sonbra |
| S1534-2 | viene vn mal azar trae dados en Rodo |
| S1534-3 | viene la muerte luego e dexalo con lodo |
| **VIENEN** | |
| S 547-3 | por ende vyenen muertes contyendas e barajas |
| S 734-4 | e vienen grandes peleas a -vezez de chico juego |
| S 797-2 | vienen muchos plazeres despues de -la tristençia |
| S1214-3 | vienen derredor della balando mucha oveja |

| | |
|---|---|
| S1215-2 | mas vienen çerca della que en -granada ay moroz |
| S1245-1 | Muchas vienen con -el grand enperante |
| S1245-2 | açiprestes E dueñas estos vienen delante |
| S1253-4 | al tomar vienen prestos a -la lid tardineroz |
| S1254-3 | al contar laz soldadaz ellos vienen primeros |
| S1478-1 | De -los malos amigoz vienen malos escotes |
| S1515-4 | en quales quier jnstrumentos vienen mas assonados |
| S1584-3 | destos trez vienen aquellos tomemos armas atales |
| **VIENES** | |
| S 213-2 | que tanto me persygues vienes me manso e quedo |
| S1523-4 | desque vienes non quieres a -ome atender |
| S1525-3 | en punto que tu vienes con tu mala venida |
| S1527-4 | desque tu vienes muerte luego son aborridos |
| S1547-2 | todos los çinco sesos tu los vienes tomar |
| S1547-4 | quando eres denostada do te vienes acostar |
| **VIENTO** | |
| S 101-3 | çiegan muchos con -el viento van se perder con mal Ramo |
| S 700-4 | ffazen con -el mucho viento andar las athonas |
| S 873-1 | Es omne o es viento creo que es omne non miento |
| S 873-4 | a -la fe aquel es don melon yo lo conosco yo lo viento |
| S 938-4 | fazen con -el su vyento andar las atahonas |
| S1006-4 | viento con grand elada Rozio con grand friura |
| S1349-1 | Con -la nieue E con -el viento e con -la elada fria |
| S1352-2 | que ya non avia miedo de viento nin de elada |
| S1535-4 | los averes llegados derrama los mal viento |
| **VIENTOS** | |
| S1286-2 | con -los vientoz que faze grana trigo E çeteno |
| **VIENTRE** | |
| S 3-3 | a santa marina libreste del vientre del drago |
| S 5-1 | A jonaz el profecta del vientre de -la ballena |
| S 204-1 | Su vientre nos ssotierra su pico nos estraga |
| **VIERA** | |
| S 38-6 | que viera a -el |
| S1303-3 | commo nunca me viera o -do avia morado |
| **VIERDES** | |
| S 708-4 | açertad aqueste fecho pues que vierdes las voluntades |
| **VIERE** | |
| S 310-2 | el que tos obras viere de ty se arredrara |
| S 867-4 | yo me verne para vos quando vyere que ay logar |
| S1395-4 | lo que mejor yo viere de grado lo fare |
| S1571-4 | pues que a -ty non viere vere tu triste estoria |
| **VIEREN** | |
| S 360-1 | sy non fuere testigo falso o sy lo vieren variar |
| **VIERES** | |
| S 454-4 | perezoso non seas ado buena azina vyeres |
| S 474-2 | sy vieres que es burla dyme otra tan mañana |
| S 488-1 | otrosi quando vyeres a -quien vsa con ella |
| S 625-1 | sy vieres que ay lugar dile jugetes fermosos |
| S 629-1 | Ado fablares con ella sy vieres que ay lugar |
| S 638-1 | quando vyeres algunos de -los de su conpana |
| S 640-4 | desque vieres que dubda ve la tu afyncando |
| S 647-2 | luego que la vieres comiençal de fablar |
| S1471-2 | e di melo que vieres toda cosa que sea |
| **VIERNES** | |
| S1079-2 | fuese e yo fiz mis cartaz dixele al viernes yd |
| S1168-2 | el viernes pan E agua comeras E non cozina |
| S1205-1 | El viernes de jndulgençias vistio nueua esclamina |
| **VIERON** | |
| S 130-3 | desque vieron el punto en -que ovo de nasçer |
| S 138-1 | Estando ansy colgado ado todos lo vieron |
| S 200-4 | mas vieron que non era Rey para las castigar |
| S 728-4 | manso mas que vn cordero nunca pelear lo vyeron |
| S 748-3 | la semiente nasçida vyeron como rregaua |
| S 769-1 | quando vyeron al lobo fueron mal espandidos |
| S1188-1 | Desquel vieron los toros yrizaron los çerros |
| **VIES** | |
| S 63-2 | que en tiempo de su vida nunca la vies vengada |
| **VIESE** | |
| S 84-3 | E para si la canal mejor que omne viese |
| S 910-4 | de dueña que yo vyese nunca ffuy tan pagado |
| S1467-4 | vino el malo e dixo ya te viese colgar |
| S1704-4 | yo le daria tal buelta que nunca viese al agosto |
| **VIGA** | |
| S 200-1 | Enbioles don jupiter vna viga de lagar |
| S 201-1 | Suben ssobre la viga quantas podian sobyr |
| S 825-2 | vno non se quien es mayor que aquella vyga |
| S1018-4 | byen sentiria tu cabeça que son viga de lagar |
| S1126-3 | luego los enforcaron de vna viga de faya |
| **VIGAS** | |
| S1278-3 | non se podrian alcançar con -las vigas de gaola |
| **VIGILIA** | |
| S1044-3 | fuy tener y vigilia commo es acostunblado |
| S1210-1 | vigilia era de pascua abril çerca pasado |
| **VIL** | |
| S 16-3 | Ca segund buen dinero yaze en vil correo |
| S 17-4 | açucar negro e blanco esta en vil caña vera |
| S 58-4 | grand onrra ovo rroma por vn vil andariego |
| S 65-1 | la bulrra que oyeres non la tengas en vil |
| S 306-1 | El ffue muy vil tornado E de -las bestias egual |
| S 337-4 | con su muger doña loba que mora en vil forado |
| S 390-4 | non me val tu vanagloria vn vil grano de mijo |
| S 463-3 | vyno me desçendimiento a -las narizes muy vyl |
| S 486-2 | non la sygue nin la toma faze commo cazador vyl |
| S 600-1 | Ryqua muger e fija de vn porquerizo vyl |
| S1365-3 | agora que non do algo so vil e despreçiado |
| S1521-4 | por papaz E por Reyes non das vn vil nuez |
| S1528-4 | vyl fediondo es muerto aborrida villeza |
| S1627-3 | o sy muger lo oye que su marido vil sea |
| S1690-3 | en -las quales venia el mandado non vil |
| **VILDA** | |
| S 743-1 | A -la fe dyxo la vieja desque vos veen bilda |

**VILES**
S 102-4   las viles e las rrefezes son caras a -las de vezes
S 599-2   menos los preçia todos que a -dos viles sarmientos

**VILEZAS**
S 546-2   fazen muchas vylezas todos los aborrescen

**VILEZA**
S 456-2   torpedat e vileza ssuziedat e astrossya
S 467-2   de perezoso torpe nin vileza faga
S 467-4   nin tacha nin vyleza de que dueña se despaga

**VILLA**
S 705-1   Sy a -quantas desta villa nos vendemos las alfajas
S 726-1   En aquesta villa mora muy fermosa mançebia
S 730-1   Mançebillo en -la villa atal non se fallara
S 914-4   que çerca de -la villa puso el arraval
S 917-2   que quien le diese esta villa con todo su aver
S1240-4   cantando andeluya anda toda la villa
S1304-2   toda el andaluzia que non fynco y villa
S1311-2   fuy tener la quaresma a -la villa de castro
S1369-3   con -el mur de -la villa yendo a -fazer enplea
S1372-2   conbido el de -la villa al mur de monferrado

**VILLANA**
S 431-3   sy podieres non quieras amar muger villana
S 750-3   non quiero tu consssejo vete para villana

**VILLANCHON**
S1115-1   brauo andaua el tollo vn duro vyllanchon

**VILLANIA**
S 891-3   sy vyllania he dicho aya de vos perdon
S1363-3   es torpedat e mengua e maldat e villania

**VILLANO**
S 108-1   Mucho seria villano e torpe Pajez
S 239-4   diz don villano nesçio buscad carrera larga
S1246-3   al que gela non besa tenian lo por villano
S1388-3   el çafir diol Respuesta bien te digo villano

**VILLANOS**
S 500-2   condes e Ricos omnes de algunos vyllanoz

**VILLAS**
S 501-3   castillos hereadadez E villas entorredaz
S1223-2   venian a -obedeçerle villaz E alcariaz

**VILLENCHON**
S1115-4   mando que -los echasen en sal de vyllenchon

**VILLEZA**
S 168-3   cuerda E de buen seso non sabe de villeza

**VILLEZA**
S1528-4   vyl fediondo es muerto aborrida villeza

**VIN**
S1367-3   por que vyn syn presente la vuestra Saña cresçe

**VINAGRE**
S1065-2   la su set abebraron con vinagre E fiel

**VINE**
S 775-3   dios vos de paz comadre que por vos vine yo aqui
S 974-2   mas non vine por locoya que joyas non traya
S1305-1   Entrada la quaresma vine man a toledo
S1356-3   vine manos vazias finco mal escultada

**VINIE**
S 652-4   a -vezes de chica fabla vinie mucha folgura
S 695-2   quando aquel fuego vinie todo coraçon muda

**VINIEN**
S1104-1   vinien las grandes mielgas en esta delantera
S1294-1   trez labradorez vinien todos vna carrera

**VINIER**
S1641-7   jhesu vinier quiere me ayudar

**VINIERA**
S1382-3   como estaua solo sy viniera el gato

**VINIERE**
S1264-2   ssy me viniere a -ver algud enamorado

**VINIERON**
S 82-2   todas las animalias vinieron ver su Señor
S 130-1   Entre los estrelleros quel vinieron a -ver
S 130-2   vinieron çinco dellos de mas conplido saber
S 313-3   contra el vynieron todas por vengar sus denteras
S 766-2   los carneros valyentes vinieron bien corriendo
S 772-4   con palos e con mastines vinieron los a -buscar
S 893-4   vynieron antel todos a -fazer buena fyesta
S1088-1   vinieron muchos gamos e el fuerte jauali
S1094-1   vinieron muy omildes pero con grand temor
S1101-4   vinieron se a -fferyr deziendo todos ea
S1111-1   De sant ander vinieron las bermejas langostas
S1112-3   quantos son en la mar vinieron a lidiar
S1112-4   arenques E vesugos vinieron de bermeo
S1406-2   ella dando Sus bozes vinieron los collaçoz

**VINO**
S 23-1   Del angel que a -ty vino
S 37-2   quando vino el luzero
S 40-2   los discipulos vino alunbrar
S 54-1   vino ay vn griego doctor muy esmerado
S 100-2   E desque vino el dia que ovo de parir
S 181-1   Dyre vos vna pelea que vna noche me vino
S 181-3   vn omne grande fermoso mesurado a -mi vino
S 194-4   quiso prouar commo ante e vino ally vn dia
S 216-3   syenpre de ti me vino con tu sotil engaño
S 253-2   vino la grulla de somo del alteza
S 312-4   vino le grand vejedat flaqueza e peoria
S 326-2   que a nuestra çibdat por nonble de monedero
S 332-2   vyno dona marfusa con vn grand abogado
S 408-4   vyno a -el cantando la rrana cantadera
S 463-3   vyno me desçendimiento a -las narizes muy vyl
S 480-3   luego en ese dia vino el menssajero
S 531-3   vyno a -el vn dia con sotyleza presto
S 535-2   rrespondio el diablo presto por lo que vino
S 576-2   desque vyno al alua començe de comedyr
S 740-3   muchas otras vegadas me vyno a -Retentar
S 774-3   ea diz ya desta tan buen dia me vino

**VINO**
S 868-1   vyno me trota conventos alegre con el mandado
S 871-3   vyno doña endrina con -la mi vieja sabiente
S 902-1   quando el leon vyno por comer saborado
S 909-2   dixela por te dar ensienpro non por que a -mi vino
S 945-2   vino me ver vna vieja dixo me luego de mano
S 965-4   buena mañana te vino
S1055-3   mas al mundo presta que dende vino luz
S1062-2   vino en santa virgen E de virgen nasçio
S1080-3   non quise dar Respuesta vino a -mi acuçioso
S1081-1   desque vino el dia del plazo señalado
S1081-2   vino don carnal que ante estaua esforçado
S1090-1   vino presta e lygera al alarde la lyebre
S1091-1   vino el cabron montes con corços e torcazaz
S1092-1   vino su paso a -paso el buey viejo lyndero
S1093-4   la dueña fue maestra non vino tan ayna
S1097-1   Desque vino la noche mucho despuez de çena
S1099-2   vino doña quaresma dios Señor tu me valas
S1103-1   vino luego en ayuda la salada sardina
S1109-1   ally vino la lyxa en aquel desbarato
S1120-3   mas vino contra el la gigante ballena
S1128-1   vino luego vn frayle para lo convertyr
S1302-3   vino dormir a -ella fue poca su estada
S1302-3   desque se leuanto non vino su mesnada
S1306-2   vino a -mi mucha duena de mucho ayuno magra
S1328-2   vyno me muy alegre dixo me de la primera
S1331-3   vino a -mi rreyendo diz omillome don polo
S1354-4   ansi derecha mente a -mi de ty me vino
S1424-4   commo al leon vino del mur en su dormir
S1456-2   vino a -el vn diablo por que non -lo perrdiese
S1458-3   vino el mal amigo diz fe me aqui presto
S1463-2   vino el malo E dixo a -que me llamas cada dia
S1467-3   vino el malo e dixo ya te viese colgar
S1494-1   vino la mi leal vieja alegre plazentera
S1498-4   pero de buena fabla vino la buena çima

**VINO**   (H)
S 181-2   pensando en mi ventura sañudo e non con vino
S 293-1   Con -la mucha vianda e vino creçe la frema
S 296-3   a -fazer tu forniçio Ca do mucho vino es
S 303-2   otrossy mucho vino con mucha beuerria
S 528-2   guardate sobre todo mucho vino beuer
S 528-3   que el vino fizo a loc con sus fijas boluer
S 529-4   fizole beuer el vino oye en-sienpro estraño
S 530-3   en tienpo de su vyda nunca el vyno beuia
S 534-1   Non deues tener dubda que del vyno se faze
S 535-1   dyxo el hermitano non se que es vyno
S 536-1   fizolo yr por el vyno E desque fue venido
S 537-1   beuio el hermitano mucho vyno syn tyento
S 539-1   Ceyo su mal consssejo ya el vino vsaua
S 539-2   el estando con vyno vydo commo se juntaua
S 539-4   cobdiço fazer forniçio desque con vyno estaua
S 540-4   trae el mucho vino a los decomunales
S 543-1   descobrio con -el vyno quanto mal avya fecho
S 544-4   a do es el mucho vyno toda cosa es perdida
S 545-4   si amar quieres dueña del vyno byen te guarda
S 547-1   Ado mas puja el vyno quel seso dos meajas
S 547-4   el mucho vyno es bueno en -cubas e en tinajas
G 548-1   Es el vino muy bueno en su mesma natura
G 549-1   por ende fuy del vino e faz buenoz geztoz
S 946-4   desque han beuido el vino dizen mal de las fezes
S 965-2   fazer te he fuego e blasa darte he del pan e del vino
S 969-1   de buen vino vn quartero manteca de vacaz mucha
S 983-2   que pan E vino juega que non camisa nueva
S1030-3   e dyon vino malo
S1096-4   parlaua mucho el vino de todos alguaçil
S1100-2   con -la mucha vianda mucho vino ha beuido
S1123-3   que non podia de gordo lydiar syn el buen vino
S1276-4   echar de yuso vino que guardan vino agudo
S1280-3   mandaua poner viñaz para buen vino dar
S1339-2   do an vino de toro non enbian valadi

**VINOS**
S1085-4   que dan de -las espuelas a -los vinos byen tyntos
S1275-2   enclaresçe los vinos con anbas sus almuezaz
S1297-1   Pissa los buenos vinos el labrador terçero

**VIÑA**
S 499-1   fazer perder al pobre su casa e su vyña
S 569-2   echanla de -la vyña de -la huerta e de -la haça

**VIÑADERO**
S1442-3   muchos cuydan que guarda el viñadero e el paso

**VIÑAS**
S 392-3   non te menguan lysonjas mas que fojas en vyñas
S1280-1   lo mas que este andaua era viñaz podar
S1280-3   mandaua poner viñaz para buen vino dar
S1281-1   El Segundo enbya a -viñas cauadorez

**VIO**
S 63-3   desque vio -que -la pelea tenie mal aparejada
S 332-4   el lobo quando lo vyo fue luego espantado
S 768-2   vyo en vnos fornachos rretoçar amenudo
S1400-3   que el vio con su Señora jugar en -el tapete
S1558-1   Nol cataste nil viste vyo te el byen te cato

**VIOLADO**
S1337-3   açucar de confites e açucar violado

**VIRAS**
S 183-2   enpoçonaz las lenguas en-eruolas tus viras

**VIRGA**   (L)
S 384-4   con virgam virtutis tue fazes que de ay Retangan

**VIRGE**
S1637-7   virge del santo mundo

**VIRGEN**
S 11-2   el que nasçio de -la virgen esfuerçe nos de tanto
S 19-2   la virgen santa maria por ende yo joan rroyz
S 24-3   luego virgen conçebiste
S 25-4   de ti virgen el mexia

**VIRGEN** (cont.)
S 33-1 Tu virgen del çielo Reyna
S1044-4 a -onrra de -la virgen ofreçile este ditado
S1046-2 virgen Santa e dina oye a -mi pecador
S1047-3 virgen tu me ayuda e sy detardança
S1060-4 la virgen que sabemos ssanta maria estar
S1062-2 vino en santa virgen E de virgen nasçio
S1635-2 virgen santa marya
S1642-2 a -la virgen santa
S1643-5 virgen bella
S1648-7 virgen genta
S1649-5 de la virgen maria
S1661-2 virgen santa preçiosa
S1664-3 syendo virgen conçebiste
S1665-7 o virgen mi fiança
S1668-1 Miraglos muchos faze virgen sienpre pura
S1670-1 Reyna virgen mi esfuerço yo so puesto en tal espanto
S1672-1 A -ty me encomiendo virgen ssanta maria
S1672-3 E me guarda toda via piadoza virgen santa
S1673-1 santa virgen escogida
S1680-1 virgen muy santa yo paso atribulado
S1684-2 virgen santa maria

**VIRGENES**
S 231-4 virgenes E solteras vyudas E rreligiosas

**VIRGILLIO**
S 261-2 al sabidor virgillio commo dize en -el testo
S 264-4 ansy vengo virgillio su desonrra e querella

**VIRGINIDAD**
S1675-8 por la tu virginidad
S1676-1 Por la tu virginidad

**VIRTUD**
S 911-2 niña de pocos dias Ryca E de virtud
S1586-4 la virtud de -la justiçia judgando nuestra follia
S1588-3 vyrtud de tenperamiento de mesura e onestad
S1590-3 virtud de natural justiçia judgando con omildal
S1613-2 color virtud e preçio e noble claridad

**VIRTUDES**
S1585-3 las obras de piedat de virtudes nos menbrar

**VIRTUOSA**
S1663-8 te pido virtuosa

**VIRTUTIS** (L)
S 384-4 con virgam virtutis tue fazes que de ay Retangan

**VISAGRA**
S1306-4 echaron me de la çibdat por la puerta de visagra

**VISION**
S1298-1 Yo fuy maruillado desque vy tal vision

**VISITA**
S1170-2 visita las iglesiaz Rezando el salterio

**VISITANDO**
S1595-2 visitando los dolientes e faziendo penitençia

**VISITAS**
S 373-2 nin visitas los presos nin quieres ver dolientes

**VISITE**
S1304-1 Dyxo en -la jnvernada visite a sseuilla

**VISPERAS**
S 384-1 Nunca vy sancristan que a -visperas mejor tanga
S 384-3 la que viene a -tus visperas por byen que se rremanga

**VISTA**
S 348-3 vista la demanda que el lobo fazia
S 349-3 e vista la rrespuesta e las rreplicaçiones
S1195-4 Por ende vos mandamos vista la nuestra carta

**VISTA** (H)
S 163-2 de dentro qual de fuera dan vista e color
G 678-2 es la color e la vista alegria palançiana
G 678-3 es la fabla e la vista de -la dueña tan loçana
S1011-2 no vido tal figura nin de tan mala vista

**VISTA** (H)
S 544-1 faz perder la vysta E acortar la vyda
S 788-3 ojos por vuestra vista vos quesistes perder
S 866-2 pierde el entendimiento çiega e pierde la vista
S1380-2 non tiene voluntad clara la vista temerosa

**VISTAS**
S 248-2 que vistas al desnudo E fartes al fanbriento
S 349-1 E vistas las escusas e las defensiones

**VISTE**
S 29-2 quando al tu fijo viste
S 39-3 viste sobir
S 40-5 del çielo viste y entrar
S 426-4 por que a -mi non veniste nin viste nin prometiste
S1052-2 viste lo leuando feriendo que lastima
S1473-3 he Roto yo andando en pos ty Segund viste
S1557-4 la deydat non te temio entonçe non la viste
S1558-1 Nol cataste nil viste vyo te el byen te cato
S1639-7 que viste morir en cruz

**VISTE** (H)
S1242-4 labrada es de oro non viste estameña
S1244-3 non conpraria françia los paños que viste

**VISTEN**
S1275-3 anbos visten çamarraz querrien calientes quezaz

**VISTES**
S 462-3 dezir vos he la mia non vistes tal ningud ora
S1267-2 vn marfyl ochauado nuncal vistes mejor

**VISTIA**
S 502-2 vistia los nobles paños doradas vestiduras

**VISTIERON**
S 53-1 vistieron lo muy bien paños de grand valia

**VISTIO**
S 286-2 de pendolas de pauon vistio nueva pelleja
S1205-1 El viernes de jndulgençias vistio nueva esclamina

**VISTO**
P 188 de -lo que ante hemoz visto
S 32-3 por ti sea de nos visto

S 282-4 en -ty non es vn byen nin fallado nin visto
S 350-1 E visto lo que pide en su rreconvençion
S 350-3 visto todo el proçeso E quantas rrazones en -el son
S1049-2 judea lo apreçia esa ora fue visto

**VISTOS**
P 186 loz dardoz que ante son vistoz

**VIUDA**
G 582-2 biuda rrica es mucho e moça de juuentud
G 757-1 asi estadez fiia biuda e mançebilla
G 759-2 casar ante del año que a -bivda non conuien
S1318-1 Dixo me que conosçia vna byuda loçana
S1326-4 ca mas val suelta estar la viuda que mal casar

**VIUDAS**
S 231-4 virgenes E solteras vyudas E rreligiosas

**VIUELA**
S1229-4 la vyuela de pendola con aquestos y ssota
S1231-4 la viuela de arco ffaz dulçez de vayladaz
S1516-1 arauigo non quiere la viuela de arco

**VIVA**
S1198-1 Escriptaz son laz cartas todas con sangre biua
S1361-2 a -mi Señor la daua quier muerta o -quier byua
S1503-4 en -quanto ella fue byua dioz fue mi guiador
S1569-2 muchos te siguian biua muerta yazes Señera

**VIVA** (H)
S1179-2 por que en -la cuaresma biua linpio e digno

**VIVAMOS**
S1566-3 ca por mucho que vyuamos por mucho que se tarda

**VIVAS**
S 302-1 El cavallo connel miedo fuyo aguas byuaz

**VIVE**
P 112 E biue sienpre en dioz
S 155-4 que si mucho trabaja en mucho plazer byue

**VIVEN**
G 591-4 por las artez biuen muchoz por las artez peresçen
S1450-4 biuen los esforçados deziendo daldes ferid

**VIVET** (L)
P 113 otrosi dize dauid Anima mea illius viuet
P 114 querite dominum e viuet Anima vestra

**VIVIERDES**
S1660-1 agora en quanto byuierdes

**VIVIO**
S1647-4 byuio santa maria

**VIVIRAS**
S 786-4 coraçon por tu culpa byviras culpa penada

**VIVIREDES**
S1432-4 perdonastez mi vida e vos por mi byuiredes

**VIVIT** (L)
P 79 Ca dize Caton Nemo sine crimine viuit

**VIVO**
S 717-2 de aqueste ofiçio byuo non he de otro coydado
S1345-2 mançebo byen andante de su ayuda biuo

**VIVO** (H)
S1528-3 el que byuo es bueno e con mucha nobleza

**VIVOS**
S1582-1 Pues si esto fariamos por omes como nos byuos

**VIVRAS**
S 244-3 sienpre byvras mesquino e con mucha manzilla

**VO**
S 650-1 Amigos vo a -grand pena E so puesto en -la fonda
S 650-2 vo a -fablar con -la dueña quiera dios que bien me Responda
S 652-1 ya vo Razonar con ella quierol dezir mi quexura
S 960-1 Dixele yo a -la pregunta vome fazia sotos aluos
S 970-4 creo que vo entendiendo
S1005-4 que ya vo por lo que pides
S1708-1 Don gonçalo canonigo Segud que vo entendiendo

**VOLANDO**
S 413-1 Andaua y vn milano volando desfranbrido

**VOLO**
S 475-2 yo volo yr a -frandes portare muyta dona
S 476-2 yo volo fazer en vos vna bona fygura

**VOLUNTAD**
P 11 son estas entendimiento voluntad E memoria
P 47 e buena voluntad con buena rremenbranca
P 65 e buena voluntad escoje el alma
P 75 nin tal querer non viene de -la buena voluntad
P 127 escogiendo E amando con buena voluntad
P 140 o tienen en -la voluntad de fazer
S 60-1 yo dixe que era todo a -la su voluntad
S 838-1 dezid me de todo en -todo bien vuestra voluntad
S 847-3 pues mi voluntad vees conseja me que faga
S1371-2 con -la poca vianda buena voluntad para
S1380-2 non tiene voluntad clara la vista temerosa

**VOLUNTADES**
S 411-4 atan los pies en vno las voluntades non
S 708-4 açertad aqueste fecho pues que vierdes las voluntades
S 860-4 que si non la muerte sola non parte las voluntades

**VOLUNTAT**
S 655-4 con mi voluntat mis dichos non se podian seguir

**VOLLAZ**
S 482-4 fey y ardida mente todo lo que vollaz

**VOS**
S 14-2 escuchad el rromanze sosegad vos en paz
S 14-3 non vos dire mentira en quanto en el yaz
S 15-2 fablar vos he por tobras e cuento rrimado
S 88-1 El leon dixo comadre quien vos mostro ha fazer partiçion
S 111-1 vna fabla lo dize que vos digo agora
S 122-2 fize esta fabla por que non vos sea estraña
S 135-3 diz vayamos nos Señor que -los que a -vos fadaron
S 161-2 la qual a -vos dueñas yo descobrir non oso
S 162-1 Ca Segund vos he dicho en -la otra consseja
S 164-4 por vos descobrir esto dueña non aya pena
S 165-4 E nunca vos creades loorez de enemigos

**VOS**     **(cont.)**

S 180-1   Ca segund vos he dicho de tal ventura seo
S 181-1   Dyre vos vna pelea que vna noche me vino
S 325-1   Ante vos el mucho honrrado e de grand sabidoria
S 328-1   de aquesto la acuso ante vos el buen varon
S 343-4   ante que yo pronunçie e vos de la sentençia
S 359-4   la pena ordinaria non avra yo vos lo digo
S 462-3   dezir vos he la mia non vistes tal ningud ora
S 464-1   Mas vos dire Señora vna noche yazia
S 465-2   la gotera que vos digo con -su mucho Rezio dar
S 476-2   yo volo fazer en vos vna bona fygura
S 482-1   dixo don pitas pajas madona sy vos plaz
S 575-3   nunca falle tal dueña como a -vos amor pynta
G 585-4   todoz voz obedesçen commo a -su fazedor
G 586-2   vos temen e voz seruen commo a vuestra fechura
G 587-1   Non uoz pidre grant coza para voz me la dar
G 587-3   zin voz yo non la puedo començar ni acabar
G 587-4   yo sere bien andante por lo uoz otorgar
S 596-4   sy el amor non me engaña yo vos digo la verdat
S 603-2   asy señora doña venuz ssea de vos ayudado
S 606-3   afynco vos pidiendo con dolor e tristura
G 645-3   que entienda de vos anbos byen la vuestra manera
S 657-2   se vos encomienda mucho mill saludes vos enbya
S 657-3   sy ovies lugar e tienpo por quanto de vos oya
S 657-4   desea vos mucho ver E conosçer vos querria
G 661-1   en -el mundo non es coza que yo ame a par de uoz
G 661-3   que por vuestro amor me pena amo voz mas que a -dioz
G 662-1   Con la grant pena que pazo vengo a -uoz dezir mi quexa
G 663-1   rreçelo he uoz non oydez esto que uoz he fablado
G 663-3   cret que uoz amo tanto que non ey mayor cuydado
G 664-1   zeñora yo non a me treuo d dezir uoz mas rrazonez
G 668-2   Auet por bien que uoz fable ally zo aquel portal
G 668-3   Non uoz vean aqui todoz lo que andan por la calle
G 668-4   aqui voz fable vno ally voz fablare al
G 670-2   vn poquillo que uoz diga la muerte mia
G 670-3   Cuydadez que voz fablo en engaño e en folia
G 671-2   que quanto voz he dicho de -la verdat non yerra
G 672-1   cuydadez que -uoz fablo lizonga e vanidat
G 676-4   al non oso demandar voz venid zegura miente
G 677-1   yo entendere de -uoz algo E oyredez loz miz rrazonez
G 680-1   quanto esto uoz otorgo a -uoz o a otro qual quier
G 680-4   non uoz consintre engaño cada que -lo entendiere
G 681-1   estar zola con uoz zolo esto yo non lo faria
G 681-4   ante testigoz que noz veyan fablar uoz he algund dia
G 683-3   querria fablar non ozo tengo que uoz pezara
G 684-3   segund que do -lo yo deseo voz e yo noz abraçemoz
G 684-4   para uoz non pido mucho ca con -esto pazaremoz
G 686-1   esto sy non uoz otorgo saluo en la fabla de mano
S 702-1   oy dezir sienpre de vos mucho bien e aguisado
S 702-2   de quantos bienes fazedez al que a -vos viene coytado
S 702-3   como ha bien e ayuda quien de vos hes ayudado
S 702-4   por la vuestra buena fama E por vos enbiado
S 703-2   toda cosa que vos diga oydla en paçiençia
S 704-2   fare por vos quanto pueda guardar he vos lealtad
S 708-1   aqui es bien mi vezina Ruego vos que alla vayades
S 711-2   yo le dixe por dios amiga guardat vos de soberuienta
S 712-1   Mienbre se vos buen amigo de -lo que dezir se suele
S 713-1   Amigo non vos durmades que -la dueña que dizedez
S 717-1   Non vos dire mas rrazones que asaz vos he fablado
S 719-1   yo le dixe madre señora yo vos quiero byen pagar
S 719-4   pero ante que vayades quiero voz yo castigar
S 721-2   fablad tanto E tal cosa que non vos aRepintades
S 724-3   si vos non me descobrierdes dezir vos he vna pastija
S 725-4   entre aquestas paredes non vos prestara nada
S 732-4   vos queriades aquesto que yo vos he fablado
S 736-2   esto que vos he fablado sy vos plaze o si non
S 736-3   guardar vos he poridat çelare vuestra rraçon
S 738-2   es aparado bueno que dios vos traxo agora
S 739-2   creed me fija señora que quantos vos demandaron
S 739-3   el dia que vos nasçites fadas aluas vos fadaron
S 739-4   que para esse buen donayre atal cosa vos guardaron
S 740-4   mas de mi el nin vos non vos podredes alabar
S 741-1   la muger que vos cree las mentiras parlando
S 743-1   A -la fe dyxo la vieja desque vos veen bilda
S 743-4   por ende aquel buen omne vos ternia defendida
S 744-1   Este vos tiraria de todos esos pelmasos
S 744-3   muchos dizen que coydan parar vos talez lazos
S 744-4   fasta que non vos dexen en -las puertas llumazos
S 745-1   guardat vos mucho desto Señora doña endrina
S 745-2   sy non contesçer vos puede a -vos mucho ayna
S 753-4   guardat vos doña endrina destas paraças malas
S 754-2   por astragar lo vuestro e fazer vos mal trebejo
S 754-3   juran que cada dia vos leuaran a -conçejo
S 754-4   commo al abutarda vos pelaran el pellejo
S 755-1   Mas este vos defendera de toda esta contienda
S 755-4   si el non voz defiende non se quien vos defienda
G 758-3   por ende tal mançebillo para uoz lo querria
G 761-4   hado bueno que voz tienen vuestraz fadaz fadado
G 762-1   que prouecho uoz tien vestir ese negro paño
S 770-1   quatro de nos queriamos yr vos a -conbydar
S 770-4   pues que dios vos aduxo quered la oy cantar
S 775-2   dios vos de paz comadre que por vos vine yo aqui
S 777-2   ofreçer vos los he yo en graçias e en seruiçio
S 788-1   ay ojos los mis ojos por que vos fustes poner
S 788-2   en dueña que non vos quiere nin catar nin ver
S 788-3   ojos por vuestra vista vos quesistes perder
S 790-4   ay muertas vos veades de tal Rauia e dolor
S 792-1   Diz loco que avedes que tanto vos quexades
S 793-3   quiça vna muerte estraña non vos querria acorrer
S 797-3   conortad vos amigo e tened buena creençia
S 798-3   todo el su desseo en vos esta fyrmado
S 798-4   sy mucho la amades mas vos tyene amado

S 807-2   que vos quiere e vos ama e tyene de vos desseo
S 807-3   quando de vos le fablo e a -ella oteo
S 809-3   sienpre de vos dezimos en al nunca fablamos
S 812-1   ella non me lo niega ante diz que vos ama
S 812-3   sy por vos non menguare abaxar se ha la rrama
S 813-2   por vos mi esperança syente ya mejoria
S 817-1   Madre vos non temades que en mentyra vos ande
S 817-3   yo non vos engañaria nin dios nunca lo mande
S 817-4   sy vos yo engañare el a -mi lo demande
S 822-2   lo que yo vos promety tomad E aved folgura
S 822-4   que venga a mi posada a -vos fablar segura
S 823-1   sy por aventura yo solos vos podies juntar
S 823-2   Ruego vos que seades omne do fuer lugar
S 823-4   dar vos ha en chica ora lo que queredes far
S 824-1   Señora doña Rama yo que por mi mal vos vy
S 828-4   veo vos loçana byen gordilla e fermosa
S 831-1   Por que veo e conosco en vos cada vegada
S 831-4   en todos los sus fechos vos trahe antojada
S 832-2   dezides me non maguer que sienpre vos encargo
S 833-1   sy anda o -sy queda en vos esta pensando
S 833-4   Raviosa vos veades doled vos fasta quando
S 836-1   Primero por la talla el fue de vos pagado
S 837-4   el fuego encobyerto vos mata E penaredes
S 840-2   en casar vos en vno aqui non ay trayçion
S 842-4   por que veo que vos ama e vos quiere syn arte
S 843-4   pues el amor lo quiere por que non vos juntades
S 844-3   mas que nos al queramos por vos fazer seruiçio
S 857-4   façed byen su mandado del amor que vos ama
S 857-3   fija la vuestra porfia -a vos mata e derrama
S 858-1   vos de noche e de dia lo vedes byen vos digo
S 858-3   el a -vos ansy vos trahe en -su coraçon consygo
S 858-4   acabad vuestros desseos matad vos con enemigo
S 859-1   Tan byen a -vos commo a -el este coydado vos atierra
S 859-3   dar vos ha muerte a -entranbos la tardança e la desira
S 861-4   jugaredes e folgaredes e dar vos he ay que nuezes
S 862-4   las que vos queredes mucho estas vos seran mas sanas
S 863-2   en pellote vos yredes commo por vuestra morada
S 864-1   yd vos tan segura mente con-migo a -la mi tyenda
S 867-4   yo me verne para vos quando vyere que ay logar
S 869-3   Sed cras omne non vos tengan por tenico
S 870-1   Catad non enperezedes acordad vos de -la fablilla
S 870-3   rrecabdat lo que queredes non vos tenga por çestilla
S 875-2   don melon tyrad vos dende troxo vos y el diablo
S 876-1   yo vos abrire la puerta esperat non -la quebredes
S 876-3   luego vos yd de mi puerta non nos alhaonedes
S 879-2   que non que vos descobrades E ansy vos pregonedes
S 879-3   casamiento que vos venga por esto non lo perderedes
S 879-4   mejor me paresçe esto que non que vos enfamedes
S 880-2   defyenda vos E ayude vos a -tuerto e a -derecho
S 881-3   castigad vos amiga de otra tal contra yz
S 889-3   aved entre vos anbos corcordia e paz
S 891-3   sy vyllania he dicho aya de vos perdon
S 892-2   entendet bien las fablas guardat vos del varon
S 892-3   guardat vos non vos contesca commo con -el leon
S 904-2   guardat vos de amor loco non vos prenda nin alcançe
S 916-2   catad aqui que vos trayo esta preçiosa sortija
S 916-4   sy me non mesturardes dire vos vna pastija
S 917-1   diz yo se quien vos querria mas cada dia ver
S 917-4   quered salyr al mundo a -que vos dios fizo nasçer
S 930-3   tal vieja para vos guardadla que conorta
S 931-1   Nunca jamas vos contesca e lo que dixe apodo
S 937-2   ya vos dixe que estas paran cauas e foyas
S 938-1   otrosi vos dixe que estas tales buhonas
S 940-3   quanto de vos dixieron yo fare que -lo padan
S 942-3   ca diz vos amigo que -las fablas verdat son
S 948-1   a -vos dueñas Señoras por vuestra cortesia
S 948-2   de-mando vos perdon que sabed que non querria
S 948-3   aver saña de vos Ca de pesar morria
S 949-1   Por melo otorgar Señoras escreuir vos he grand saçon
S 964-3   dixel yo par dios fermosa dezir vos he vna cosa
S 988-3   yol dixe en buena ora sea de vos cuerpo tan guisado
S 989-2   pues vos yo tengo hermana aqui en esta verdura
S 993-3   vna sserrana lerda dire vos que -me avino
S1026-5   a vos fermosura
S1028-5   darvos he amada
S1068-3   desir vos he laz notas ser vos tardinero
S1071-2   voz mando firme mente so -pena de setençia
S1076-3   fasta el sabado santo dar vos he lyd syn falla
S1089-2   ahe vos ado viene muy lygero el çieruo
S1131-1   Pues que de penitençia vos fago mençion
S1131-2   rrepetir vos querria vna buena lyçion
S1154-1   vos don clerigo synpre guardat vos de error
S1154-4   non querades vos penar por ajeno pecador
S1161-1   El frayle sobre dicho que ya he nonbrado
S1193-4   salud con muchas carnes sienpre de nos a -voz
S1195-1   Por ende vos mandamos vista la nuestra carta
S1208-3   diz vos que me guardedes creo que me non tomedes
S1245-3   luego el mundo todo e quanto vos dixe ante
S1266-1   la obra de -la tyenda vos querria contar
S1266-2   aver se vos ha vn poco atardar la yantar
S1269-1   En suma vos lo cuento por non vos detener
S1301-2   vy muchaz en la tienda mas por non vos detener
S1301-3   e por que enojo soso non vos querria ser
S1319-2   con ellas estas cantigas que vos aqui Robre
S1326-1   fija dixo la vieja osar vos he fablar
S1327-3   fija qual vos yo daria que voz serie mandado
S1339-1   E avn vos dire mas de quanto aprendi
S1345-1   Desque me party de vos a -vn açipreste siruo
S1345-3   para que a -vos sirua cada dia lo abyuo
S1346-3   por el byen que me fezistes en quanto vos serui
S1346-4   para vos lo querria tal que mejor non vy
S1367-2   serui vos byen e syruo en -lo que contesçe

| | |
|---|---|
| **VOS** | **(cont.)** |
| S1386-4 | dezir vos he la fabla e non vos enojedes |
| S1392-1 | byen asy acaesçe a -vos doña garoza |
| S1392-4 | con -este mançebillo que vos tornaria moça |
| S1396-4 | en aqueste rroydo vos fallo cada via |
| S1397-1 | o vos fallo cantando o -vos fallo leyendo |
| S1397-3 | nunca vos he fallado jugando nin Reyendo |
| S1398-3 | dexat eso Señora dire voz yn mandado |
| S1400-1 | sseñora diz la vieja dire voz vn juguete |
| S1400-4 | dire voz la fablilla sy me dadez vn Risete |
| S1409-1 | E por que ayer Señora vos tanto arrufastez |
| S1409-2 | por lo que yo dezia por byen vos ensañastez |
| S1409-4 | rruego vos que me digades en -lo que acordastez |
| S1424-3 | puede vos por ventura de mi grand pro venir |
| S1444-2 | el omne que vos ama nunca lo esquiuedes |
| S1451-1 | Aquesto acaesçe a -vos Señora mia |
| S1452-4 | dezilde dios vos salue dexemos el pauor |
| S1478-4 | guarde vos dios amigoz de tales amigotes |
| S1480-2 | mas yo non vos conssejo eso que voz creedes |
| S1480-4 | abenid voz entre anboz desque en vno estedes |
| S1482-2 | de eso que non vos rresçelades ya vos yo asseguro |
| S1482-3 | E que de vos non me parta en vuestraz manos juro |
| S1482-4 | si vos me partiere a -mi caya el perjuro |
| S1488-4 | Señora del non vy mas por su amor voz abraço |
| S1494-2 | ante del dioz voz salue dixo la mensajera |
| S1495-1 | Amigo dios vos salue folgad sed plazentero |
| S1496-3 | a -la misa de mañana vos en -buena ora yd |
| S1509-2 | ya amiga ya amiga quanto vos que non vos vy |
| S1509-3 | es quien ver vos pueda y como sodes ansy |
| S1509-4 | saluda vos amor nueuo dixo la mora yznedri |
| S1510-1 | fija mucho vos saluda vno que es de alcala |
| S1510-2 | enbia vos vna çodra con aqueste aluala |
| S1511-1 | fija si el criador vos de paz con Salud |
| S1511-3 | aducho bueno vos adugo fablad me alaud |
| S1511-4 | non vaya de vos tan muda dixo la mora ascut |
| S1512-2 | diz quanto vos he dicho bien tanto me perdi |
| S1533-3 | amigos aperçebid vos e fazed buena obra |
| S1573-2 | que si a -vos syruiera vos avriades della duelo |
| S1579-1 | Señorez acordad vos de -bien si vos lo digo |
| S1579-3 | ca non vee la ora que vos lyeue consigo |
| S1579-4 | Si vedes que vos miento non me preçiedes vn figo |
| S1582-4 | E para sienpre jamas dizen al jnfierno yd vos |
| S1584-4 | que vençamos nos a -ellos quiero vos dezir quales |
| S1606-1 | quiero vos abreuiar la predicaçion |
| S1608-3 | dezir vos he de dueñas chicaz que -lo avredes por juego |
| S1623-3 | e yo vos la trahere syn mucha varahunda |
| S1631-1 | ffiz vn pequeño libro de testo mas la glosa |
| S1632-3 | Sea vos chica fabla solaz e letuario |
| S1633-1 | Señorez he vos seruido con poca sabidoria |
| S1633-2 | por vos dar solaz a -todos fable vos en -jugleria |
| S1633-3 | yo vn gualardon vos pido que por dios en -rromeria |
| S1650-2 | que vos vien demandar |
| S1651-2 | fare por voz oraçion |
| S1651-3 | que dios vos de saluaçion |
| S1652-3 | esto vos avra de ayudar |
| S1653-3 | escusar voz ha de afruenta |
| S1655-3 | poder vos ha estorçer |
| S1659-1 | Acordat vos de su estoria |
| S1659-3 | Sy el vos de la su gloria |
| S1692-3 | Sy pesa a -vos otros bien tanto pesa a -mi |
| S1693-1 | he -vos lo a -dezir que quiera o -que non |
| S1693-4 | maguer vos lo digo con rrauia de mi coraçon |
| S1702-4 | E del mal de vos otros a -mi mucho me pesa |
| S1705-4 | por ende yo apello en -este escripto abiuad voz |
| S1707-4 | dexemos a -las buenas E a -las malas vos tornad |
| F  5 | por mucho que uos digo sienpre dezidez non |
| **VOS** | **(H)** |
| S 307-2 | vos ved que yo soy fulano de -los garçones garçon |
| S 466-3 | veo vos torpe coxo de qual pie coxeades |
| S 482-3 | diz la muger monseñer vos mesmo la catat |
| S 484-4 | vos veniesedes tenplano E trobariades corder |
| G 585-3 | de todaz cozaz zodez voz e el amor zeñor |
| S 601-4 | sy non vos doña venuz que -lo podedes fazer |
| S 604-4 | oyt me vos mansa mente las mis coytas sobejas |
| S 607-3 | vos me valedes mi menbrios desfalleçen |
| G 680-2 | fablat uoz zalua mi onrra quanto fablar uoz quixeredez |
| G 682-2 | non se graçiaz que lo valan quantaz uoz mereçedez |
| G 686-4 | tienpo verna que podremos fablar noz uoz e yo este verano |
| S 701-4 | sy vos non me acorredes mi vida es perdida |
| S 703-3 | sinon vos otro non sepa mi quexa e mi dolençia |
| S 713-2 | otro quiere casar con ella pide lo que vos pedidez |
| S 713-3 | es omne de buen lynaje viene donde vos venides |
| S 724-3 | si vos non me descobrierdes dezir vos he vna pastija |
| S 732-3 | ssy vos lo bien sopiesedes qual es e quan preçiado |
| S 732-4 | vos queriades aquesto que yo vos he fablado |
| S 737-3 | vos tanto loades e quantos bienes tyen |
| S 739-3 | el dia que vos nasçites fadas aluas vos fadaron |
| S 740-4 | mas de mi el nin vos nin vos podredes alabar |
| S 771-3 | vos cantad en -boz alta responderan los cantores |
| S 775-3 | vos e vuestros fijuelos que fazedes por ay |
| S 775-4 | mandad vos E fare yo dessayuno governad a mi |
| S 777-1 | despues que vos ayas fecho este sacrifiçio |
| S 777-3 | E vos faredes por ellos vn salto syn bolliçio |
| S 782-4 | fijo el mejor cobro de quantos vos avedes |
| S 800-1 | ansy fazedes madre vos a -mi por ventura |
| S 802-3 | ella verdat me dixo quiere lo que vos queredes |
| S 802-4 | perdet esa tristeza que vos lo prouaredes |
| S 806-1 | Madre vos non podedes conosçer o asmar |
| S 813-4 | non canssades vos madre seguilda cada dia |
| S 815-3 | mas yo de vos non tengo synon este pellote |
| S 832-1 | E vos del non avedes nin coyta nin enbargo |
| S 837-2 | pero que avn vos callades tan bien commo el ardedes |

| | |
|---|---|
| S 843-2 | E veo que entre amos por egual vos amades |
| S 857-1 | E pues que vos non podedes amatar la vuestra llama |
| S 858-2 | vos de noche e de dia lo vedes byen vos digo |
| S 860-1 | Mas çierto fija Señora yo creo que vos cuydades |
| S 860-3 | esto vos non lo penssedes nin coydedes nin creades |
| S 862-4 | las que vos queredes mucho estas vos seran mas sanas |
| S 877-1 | Señora doña endrina vos la mi enamorada |
| S 878-3 | a -mi non Retebdes fija que vos lo meresçedes |
| S 880-1 | E pues que vos dezides que es el daño fecho |
| S 890-3 | vos sed muger suya e el vuestro marido |
| S 916-3 | dam vos esta poco a -poco la aguija |
| S 930-2 | E tal fazedes vos por que non tenedes otra |
| S1034-1 | vos que eso dezides |
| S1135-3 | aquesto que yo dixiere entendet lo voz mejor |
| S1154-1 | vos don clerigo synpre guardat vos de error |
| S1157-2 | vos sodes para todo arçobispo E papa |
| S1159-3 | que de -los casos grandes que vos distes vngente |
| S1181-2 | vayamos oyr misa señor vos e yo anbos |
| S1181-3 | vos oyredes misa yo rrezare miz salmos |
| S1329-2 | diz non avedes pauor vos las mugeres todaz |
| S1386-2 | ansy commo el gallo vos ansy escogedes |
| S1393-4 | perdedes vos coytadaz mugeres syn varones |
| S1394-2 | con sayas de estameñas comedes vos mesquinas |
| S1419-3 | ella diz al diablo catedes vos el polso |
| S1432-3 | por mis chiquillos dientes vos oy escaparedes |
| S1432-4 | perdonastez mi vida e vos por mi byuiredes |
| S1444-3 | todas laz otras temen eso que vos temedes |
| S1451-4 | temedes vos que todaz yres por esa via |
| S1461-4 | yo le do por quito suelto vos merino soltalde |
| S1480-3 | si non tan sola mente ya voz que -lo fabledes |
| S1482-2 | de eso que non vos rresçelades ya vos yo asseguro |
| S1496-2 | lo que cras le fablardes vos oy lo comedit |
| S1496-4 | enamorad a -la monja e luego voz venid |
| S1573-2 | que si a -vos syruiera vos avriades della duelo |
| S1624-3 | e Señor vos veredes maguer que non me alabo |
| S1654-2 | vos çiento de dios tomedes |
| G1656-1 | zeñorez voz dat a -noz esculárez pobrez dos |
| **VUESTRA** | |
| S 205-3 | vengue vuestra locura Ca en poco touistes |
| S 330-2 | a -esta vuestra çibdat non conosco la gente |
| S 336-4 | nin en vuestra abdiençia oydo nin escuchado |
| S 382-3 | luçerna pedibus meys es la vuestra persona |
| S 475-4 | non olvidedez vuestra caza nin la mi persona |
| S 476-4 | ella diz monssener fazet vuestra mesura |
| G 586-2 | vos temen e voz seruen commo a vuestra fechura |
| G 645-3 | que entienda de vos anbos byen la vuestra manera |
| G 670-3 | escuche me zeñora la vuestra cortesia |
| G 670-4 | E non ze que me faga contra vuestra porfia |
| G 672-1 | fablo en aventura con la vuestra moçedat |
| G 672-3 | non me puedo entender en vuestra chica hedat |
| S 702-4 | por la vuestra buena fama E por vos enbiado |
| S 709-1 | dixo yo ire a -su casa de esa vuestra vezina |
| S 709-3 | por que esa vuestra llaga sane por mi melezina |
| S 725-3 | Salyr andar en -la plaça con vuestra beldat loada |
| S 736-3 | guardar vos he poridat çelare vuestra rraçon |
| S 788-3 | ojos por vuestra vista vos quesistes perder |
| S 797-4 | cerca son vuestros gozos de -la vuestra querençia |
| S 798-1 | Doña endrina es vuestra e fara mi mandado |
| S 813-4 | por la vuestra ayuda creçe mi alegria |
| S 830-2 | ya la vuestra manera entyende la ya mi alma |
| S 834-2 | par-dios mal dia el vydo la vuestra grand dureza |
| S 836-2 | despues vuestra fabla fue mucho enamorado |
| S 837-3 | descobrid vuestra llaga synon ansy morredes |
| S 838-1 | dezid me de todo bien vuestra voluntad |
| S 857-1 | E pues que vos non podedes amatar la vuestra llama |
| S 857-3 | fija la vuestra porfia -a vos mata e derrama |
| S 863-2 | en pellote vos yredes commo por vuestra morada |
| S 864-2 | commo a -vuestra casa a -tomar buena meryenda |
| S 898-1 | Mas valya vuestra abbuelbola e vuestro buen solaz |
| S 948-1 | a -vos dueñas Señoras por vuestra cortesia |
| S1135-4 | so -la vuestra emienda pongo el mi error |
| S1155-4 | de -los casos que non son en -vuestra pertenençia |
| S1157-4 | todo el su poder esta so vuestra capa |
| S1367-3 | por que vyn syn presente la vuestra Saña cresçe |
| **VUESTRAS** | |
| G 595-4 | en vuestraz manoz pongo el mi coraçon abierto |
| G 604-3 | non me dades rrespuesta nin me son vuestras orejas |
| G 665-3 | non cuydedez que zo loca por oyr vuestraz parlillaz |
| G 665-4 | buscat a -quien engañedez con vuestraz falsaz espinaz |
| G 701-3 | en -vuestras manos pongo mi salud e mi vida |
| G 761-4 | hado bueno que voz tienen vuestraz fadaz fadado |
| S 792-3 | alynpiat vuestras lagrimas pensad que fagades |
| S 859-2 | vuestras fazes E vuestros ojos andan en color de tierra |
| S 904-2 | abrid vuestras orejas vuestro coraçon se lançe |
| S1431-4 | do estan vuestraz manos fare vn grand portillo |
| S1482-4 | E que de vos non me parta en vuestraz manos juro |
| **VUESTRO** | |
| G 585-2 | Noble dueña omillome yo vuestro seruidor |
| G 661-3 | que por vuestro amor me pena amo voz mas que a -dioz |
| G 662-2 | vuestro amor he deseo que me afinca e me aquexa |
| G 664-3 | dezit me vuestro talante veremoz los Coraçonez |
| G 676-3 | yo pensare en -la fabla e zabre vuestro talente |
| S 704-2 | Comigo Segura mente vuestro coraçon fablad |
| S 719-2 | el mi algo E mi casa a -todo vuestro mandar |
| S 720-1 | Todo el vuestro cuydado sea en aqueste fecho |
| S 720-3 | de todo vuestro trabajo auredez ayuda e pecho |
| S 736-1 | agora señora fija dezit me vuestro coraçon |
| S 738-3 | mançebillo guisado en vuestro barrio mora |
| S 754-2 | por astragar lo vuestro e fazer vos mal trebejo |
| S 790-3 | de mudar do queredes el vuestro falso amor |
| S 811-1 | Cada que vuestro nonbre yo lo esto deziendo |
| S 814-3 | conplid vuestro trabajo e acabad la nobleza |

## VUESTRO (cont.)

S 838-2 qual es vuestro talante dezid me la verdat
S 858-2 en -el vuestro coraçon al omne vuestro amigo
S 869-1 byen se que diz verdat vuestro prouerbyo chico
S 878-4 El mejor cobro que tenedes vuestro mal que -lo calledes
S 890-2 por mi quiero que sea el vuestro byen avydo
S 890-3 vos sed muger suya e el vuestro marido
S 890-4 todo vuestro deseo es byen por mi conplido
S 897-3 Señor dixo confrade vuestro solaz onrra
S 898-1 Mas valya vuestra abbuelbola e vuestro buen solaz
S 898-2 vuestro atanbor sonante los sonetes que faz
S 904-3 abrid vuestras orejas vuestro coraçon se lançe
S 904-4 en amor de dios lynpio vuestro loco nol trançe
S1134-4 Senores vuestro saber quiera mi mengua conplir
S1329-3 de mudar vuestro amor por aver nueuaz bodaz
S1579-2 non fiedes en -tregua de vuestro enemigo

## VUESTROS

S 605-1 Non veen los vuestros ojos la mi triste catadura
G 664-4 ella dixo vuestroz dichoz non loz preçio dos piñonez
S 713-4 vayan ante vuestros rruegos que los ajenos conbites
S 769-4 byen venido seades a -los vuestros criados
S 775-3 vos e vuestros fijuelos que fazedes por ay
S 797-4 cerca son vuestros gozos de -la vuestra querençia
S 858-4 acabad vuestros desseos matad vos con enemigo
S 859-2 vuestras fazes E vuestros ojos andan en color de tierra
S1156-4 a -vuestros E ajenos oyd absolued E quitad
S1432-1 los vuestros blazos fuertes por ally los sacaredes

## VULT (L)

P 204 que ez qui cuque vul el vesso que dize
S 378-4 Quod eva tristis trae de quicunque vult Redruejas

## VUSCO

S 732-2 creo que casaria el con vusco de buen grado
S1510-3 el criador es con vusco que desto tal mucho ha

## XAQUIMA

S 926-2 xaquima adalid nin guya nin handora

## XAROPE

S 187-2 non lo sana mengia enplasto nin xarope

## XERGAS

G 763-1 xergaz por mal zeñor burel por mal marido

## XIBIAS

S1104-2 los verdeles e xibias guardan la costanera

## XIMIO

S 323-3 don ximio avia por nonble de buxia alcalde
S 325-2 don xymio ordinario alcalde de bugia
S 333-2 alcalde Señor don ximio quanto el lobo departe
S 341-1 don ximio fue a su cas con -el mucha conpaña
S 348-2 yo don ximio ordinario alcalde de bugia
S 368-4 non gelo preçio don ximio quanto vale vna nuez
S 369-4 tomaron los abogados del ximio buena liçion

## XPISTIANOS

S1665-1 de xpistianos anparança

## XPISTO

S 32-2 nuestro señor jhesu xpisto
S 90-1 E segund diz jhesu xpisto non ay cossa escondida
S 282-1 ffue por la enbydia mala traydo jhesu xpisto
S1049-1 Myercoles a -terçia el cuerpo de xpisto
S1069-4 salud en jhesu xpisto fasta la pasqua mayor
S1142-2 nego a -jhesu xpisto con miedo E quexura
S1556-2 jhesu xpisto dios E ome tu aqueste penaste
S1568-3 que me la mataste muerte ihesu xpisto conplola
S1605-4 que nos diga jhesu xpisto benditos a -mi venid

## XPISTOS

S1061-3 daniel lo dezia por xpistos nuestro Rey
S1560-2 por la muerte de xpistos les fue la vida dada

## XPISTUS

S1053-1 a -la terçera ora xpistus fue judgado
S1059-1 Los que -la ley de xpistus avemos de guardar

## XPRISTIANOS

S1649-1 Todos los xpristianos

## XPRISTOS

S1645-2 con xpristos estudo
S1657-2 xpristos tanto que noz quiso

## XRISTIANO

S1172-4 non lo vee ninguno xristiano rreligioso
SJ1179-1 Al xristiano catholico dale el santo signo

## XRISTIANOS

S 776-4 bautizat a -mis fijuelos por que mueran xristianos
S1177-3 a -todoz loz xristianoz llama con buena cara
S1193-3 a -todos los xristianos e moros e jodioz
S1321-3 de -las mayores del año de xristianos loada

## Y

P 172 E la sentençia de -lo que y dize
S 31-4 al çielo e quanto y avia
S 40-5 del çielo viste y entrar
S 70-3 qual tu dezir quisieres y faz punto y tente
S 295-2 de -los mas mejores que y eran por çierto
S 302-4 anssy mueren los locos golosos do tu y vaz
S 413-1 Andaua y vn milano volando desfranbrido
S 482-4 fey y ardida mente todo lo que vollaz
S 508-4 do son muchos dinero y es mucha nobleza
S 579-4 sy oy non Recabdares torna y luego cras
S 824-2 Respondiole la madre quien es que llama y
S 869-4 fablad mas Recabdat quando y yo no fynco
S 875-2 don melon tyrad vos dende troxo vos y el diablo
S 894-1 Estaua y el burro fezieron del joglar
S 895-3 su atanbor taniendo fuese mas y non estudo
S 958-4 fyz de -lo que y passo las copras de yuso puestas
S1044-3 fuy tener y vigilia commo es acostunblado
S1113-4 Andaua y la vtra con muchos conbatyentes
S1126-2 E que a -descolgallos ninguno y non vaya
S1170-3 esta y muy deuoto al santo misterio
S1197-3 non se detenga e vaya luego priuado

S1206-3 gallofaz e bodigoz lyeua y condesados
S1229-4 la vyuela de pendola con aquestos y ssota
S1232-3 los organos y dizen chançones e motete
S1238-2 non va y sant françisco mas van flayres menorez
S1246-1 Desque fue y llegado don amor el loçano
S1304-2 toda el andaluzia que non fynco y villa
S1333-1 yo la serui vn tienpo more y byen diez años
S1375-2 vn manjar mejor que otro amenudo y anda
S1415-1 passaua de mañana por y vn çapatero
S1453-3 puso lo en -la forca dexolo y en su cabo
S1509-1 non es quien ver vos pueda y como sodes ansy
S1512-1 Desque vido la vieja que non Recabdaua y
S1609-4 mucho al y fallaredes ado byen pararedes mientes

## Y (H)

S 70-3 qual tu dezir quisieres y faz punto y tente
S 147-2 pero por todo eso las leyes y el derecho
S 184-2 fazes los perder el sueño el comer y el beuer
S 314-3 ferianlo de -los cuernos el toro y el novillo
S1325-2 entyende los vrraca todos esos y esos
S1442-1 falsa onrra E vana gloria y el Risete falso
F 1 De señor y de amada y de monte y de Rio

## YA

S 190-2 afyncaron le mucho que ya por su amor
S 191-2 el primer mes ya pasado dixieron le tal Razon
S 194-3 el vn mes ya pasado que casado avia
S 204-3 sseñor tu nos deffiende Señor tu ya nos paga
S 229-2 desque lo tiene omne çiero E ya ganado
S 276-3 sy el tu amigo te dize fabla ya quanta
S 331-4 ya sabya la rraposa quien le avia de ayudar
S 381-1 acabada ya la missa Rezas tan byen la sesta
S 410-1 yo se nadar muy byen ya lo ves por el ojo
S 480-1 que ya don pytas pajas desta venia çertero
S 505-2 sy varruntan que el rrico esta ya para moryr
S 507-1 non es muerto ya dizen pater noster a -mal aguero
S 507-4 cras cras nos lo avremos que nuestro es ya por fuero
S 537-3 desque vydo el dyablo que ya echaua çemiento
S 539-1 Ceyo su mal conssejo ya el vino vsaua
G 559-4 poder te ya tal achaque tu pleyto enpeesçer
S 604-1 ya ssabedess nuestros males E nuestras penas parejas
S 607-1 El color he ya perdido mis sesos des-falleçen
S 608-1 ya fueste consseiado del amor mi marydo
S 647-1 asaz se te he ya dicho non puedo mas aqui estar
S 652-1 ya vo Razonar con ella quierol dezir mi quexura
G 661-2 tienpo es ya pazado de -loz añoz mas de dos
G 666-1 yo le dixe ya sañuda anden fermozoz trebejoz
G 674-3 sin el vso e arte ya se vereçer
G 676-1 otorgat me ya zeñora aquesto de buena miente
S 710-2 desque ya entre las manos vna vez esta maznada
S 717-3 muchas vezes he tristeza del lazerio ya -pasado
S 740-2 que ya esse parlero me coydo engañar
S 749-2 que arrancase la yerua que era ya pujada
S 752-1 Cogido ya el cañamo E fecha la parança
S 752-4 dixo la golondrina ya sodes en pelaça
G 761-1 fiia dixo la vieja el año ya es pasado
S 774-1 ea diz ya desta tan buen dia me vino
S 813-2 por vos mi esperança syente ya mejoria
S 828-1 diz ya leuase el verco a -la vieja Risona
S 830-3 ya la vuestra manera entyende la ya mi alma
S 845-4 ya la cruz la leuase conl agua bendita
S 855-2 su porfia e su grand quexa ya me trahe cansada
S 883-3 quando el lazo veen ya las lyeuan a -vender
S 884-2 ya el pescador los tiene E los trahe por el suelo
S 884-3 la muger vee su daño quando ya fynca con duelo
S 886-3 la mi vieja maestra ovo ya conçiençia
S 906-3 ya oystes que asno de muchos lobos lo comen
S 918-4 somouiola ya quanto e byen lo adeliño
S 937-2 ya vos dixe que estas paran cauas e foyas
S 940-1 Agora es el tyenpo pues que ya non la guardan
S 970-3 oteo me la pastora diz ya conpañon agora
S1005-4 que ya vo por lo que pides
S1062-1 Commo profetas dizen esto ya se conplio
S1088-3 que ya muchas vegadaz lydie con don aly
S1097-2 que tenia cada vno ya la talega llena
S1119-1 Tomo ya quanto esfuerço e tendio su pendon
S1121-1 las mas de sus conpañas eran le ya fallesçidas
S1122-1 Commo estaua ya con muy pocaz conpañas
S1161-1 El frayle sobre dicho que ya voz he nonbrado
S1203-4 syn verguença se pudo yr el plazo ya venido
S1204-1 lo al es ya verano e non venian del mar
S1260-2 E vy que -la contyenda era ya sosegada
S1273-4 las viejaz tras el ffuego ya dizen laz pastrañas
S1286-4 a -los moços medrosos ya los espanta el trueno
S1292-4 el tauano al asno ya le yua mordiendo
S1295-1 El primero comia vuas ya maduras
S1319-1 Con -la mi vejezuela enbiele ya que
S1330-1 E desque ffue la dueña con otro ya casada
S1342-4 prouad lo esta vegada e quered ya sossegar
S1352-2 que ya non avia miedo de viento nin de elada
S1365-4 non ay mençion nin grado de seruiçio ya pasado
S1367-4 e so mal denostada zegud que ya paresçe
S1378-1 Cerrada ya la puerta e pasado el temor
S1406-4 fasta que ya los palos se fazian pedaçoz
S1412-3 que entraua de noche la puerta ya çerrada
S1422-1 Desque ya es la dueña de varon escarnida
S1435-1 ffue con -esto la dueña ya quanto mas pagada
S1447-3 las rranas se escondem de balde ya lo veemos
S1449-1 acabada ya su fabla començaron de foyr
S1452-3 sy mas ya non fablalde como a -chate pastor
S1455-1 Dixo el vn ladron dellos ya yo so desposado
S1467-3 vino el malo e dixo ya te viese colgar
S1480-3 si non tan sola mente ya voz que -lo fabledes
S1481-1 farias dixo la dueña Segund que ya te digo

| | |
|---|---|
| **YA** | **(cont.)** |
| S1482-2 | de eso que vos rresçelades ya vos yo asseguro |
| S1509-2 | ya amiga ya amiga quanto ha que non vos vy |
| S1518-4 | por que trota conventos ya non anda nin trota |
| S1541-3 | por lo que ellos andauan ya fallado lo han |
| S1543-4 | fasta que ya por ojo la muerte vee que vien |
| S1583-1 | los mortales pecados ya los avedes oydos |
| S1619-1 | Pues que ya non tenia menssajera fiel |
| S1666-10 | ya ponia |
| S1677-2 | como a -otros ya conpliste |
| S1687-4 | faz ya cortesia |
| S1689-4 | ya las coytas mias |
| F 6 | ya muger tan dura qual fuerades para uaron |
| **YAGA** | |
| S 467-3 | por ende mi amigo en -tu coraçon non yaga |
| **YAGO** | |
| S 3-4 | libra A -mi dioz mio desta presion do ya(go) |
| S1576-1 | vrraca so que yago so esta Sepultura |
| **YANTA** | |
| S 871-2 | a -ora de medio dia quando yanta la gente |
| **YANTADO** | |
| S1265-1 | Desque ovo yantado fue la tyenda armada |
| **YANTAR** | |
| S 83-2 | conbidaronle todas quel darian A -yantar |
| S 292-2 | almuerças de mañana non pierdes la yantar |
| S 770-3 | dezir nos buena missa e tomar buena yantar |
| S1083-4 | en -la buena yantar estos venian primero |
| S1266-2 | aver se vos ha vn poco atardar la yantar |
| S1370-4 | conbidol a -yantar e diole vna favaua |
| S1372-1 | la su yantar comida el manjar acabado |
| S1375-4 | solaz con yantar buena todos omes ablanda |
| S1376-1 | Do comian e folgauan en medio de su yantar |
| **YANTARES** | |
| S1315-3 | todos avien grand fiesta fazien grandez yantares |
| **YANTES** | |
| S 967-3 | hadre duro non te espantes que byen te dare que yantes |
| **YASE** | |
| S1610-3 | en -la dueña pequeña yase muy grand amor |
| **YAZ** | |
| S 14-3 | non vos dire mentira en quanto en el yaz |
| S 543-4 | en -el beuer demas yaz todo mal prouecho |
| S 889-2 | pone sospechas malas en cuerpo do yaz |
| S1381-4 | todo es amargura do mortal miedo yaz |
| **YAZE** | |
| S 16-3 | Ca segund buen dinero yaze en vil correo |
| S 18-3 | como so mala capa yaze buen beuedor |
| S 69-2 | en -las coplas pyntadas yaze la falssedat |
| S 534-2 | la sangre verdadera de dios en -ello yaze |
| S 778-2 | por tomar el cochino que so -la puerca yaze |
| **YAZES** | |
| S 372-2 | estrañas lo que ves E non el lodo en -que yazes |
| **YAZIA** | |
| S 26-4 | En tu braço do yazia |
| S 294-4 | por ello en -el jnfierno desque morio yazia |
| **YAZIE** | |
| S 82-1 | Diz que yazie doliente el leon de dolor |
| **YAZE** | |
| S 281-2 | matolo por que yaze dentro en mongibel |
| S 923-4 | desque tu poridat yaze en tu pellejo |
| S1610-1 | En pequena girgonça yaze grand rresplandor |
| S1610-2 | en açucar muy poco yaze mucho dulçor |
| S1612-3 | commo en poco blasmo yaze grand buen olor |
| S1612-4 | ansy en -dueña chica yaze muy grad sabor |
| **YAZER** | |
| S1048-3 | la triste estoria que a -jhesu yazer |
| S1528-1 | ffazes al mucho Rico yazer en grand pobleza |
| **YAZES** | |
| S1569-2 | muchos te siguian biua muerta yazes Señera |
| **YAZIA** | |
| S 464-1 | Mas vos dire Señora vna noche yazia |
| **YAZIENDO** | |
| S1192-2 | estando nos dormiendo yaziendo nos sseguro |
| **YEGUA** | |
| S 999-2 | yol dixe bien se guardar vacas yegua en cerro caualgo |
| S1010-2 | ca byen creed que era vna grand yegua cavallar |
| S1012-4 | mayor es que de yegua la patada do pisa |
| **YEGUARIZA** | |
| S1008-4 | yeguariza trifuda talla de mal çeñiglo |
| **YELA** | |
| S1006-2 | sy nieua o -si yela nunca da calentura |
| **YELOS** | |
| S1276-4 | echar de yuso yelos que guardan vino agudo |
| **YEN** | |
| S1019-3 | ca estando senzillas dar -l -yen so -las yjadas |
| **YENDO** | |
| S1369-3 | con -el mur de -la villa yendo a -fazer enplea |
| **YERGOS** | **(V)** |
| T1276-4 | echar de yuso yergoz que guardaran vyno agudo |
| **YERMADA** | |
| S1560-4 | quieres la poblar matandol por su muerte fue yermada |
| **YERMAS** | |
| S1554-1 | Tu yermas los pobrados puebras los çiminterios |
| **YERMO** | |
| S 530-2 | que en -todas sus oblas en yermo a -dios seruia |
| S1524-1 | Dexas el cuerpo yermo a -gusanos en -fuesa |
| **YERRA** | |
| S 357-4 | quien de otra guisa lo pone yerralo e faze mal |
| G 671-2 | que quanto voz he dicho de -la verdat non yerra |
| S 733-2 | quien mucho fabla yerra dizelo el derecho |
| S 859-4 | quien non cree los mis dichos mas lo falle e mas lo yerra |
| S 922-3 | ayna yerra omne que non es aperçebydo |

| | |
|---|---|
| S 955-3 | Ca segund es la fabla quien pregunta non yerra |
| S 998-3 | ella dixo non lo yerra el que aqui es cassado |
| **YERRAN** | |
| S 546-4 | a -dios lo yerran mucho del mundo des-fallesçen |
| S1145-1 | En esto yerran mucho que lo non pueden fazer |
| **YERRE** | |
| S 949-3 | non puede ser que non yerre omne en grand Raçon |
| **YERRO** | |
| S 142-4 | para quien faze el yerro que pena deue aver |
| S 144-4 | por que del yerro fecho conplido perdon le dio |
| G 668-1 | el yerro que otro fizo a mi non faga mal |
| S1507-4 | que yerro E mal fecho emienda non desecha |
| **YERROS** | |
| S 888-2 | a -los acaesçimientos a -los yerros de locuras |
| **YERTA** | |
| S1414-3 | laz manos encogidaz yerta e des-figurada |
| **YERVA** | |
| S 104-4 | al tienpo se encoje mejor la yerua malua |
| S 749-2 | que arrancase la yerua que era ya pujada |
| **YERVAS** | |
| S 302-2 | avia mucho comido de yeruas muy esquiuaz |
| S 306-2 | comia yeruas montessas commo buey paja E al |
| S1279-3 | tenia laz yeruas nueuas en -el plado ançiano |
| S1289-4 | busca yeruas e ayres en -la sierra enfiesta |
| **YO** | |
| P 8 | en -el qual verso entiendo yo trez cosaz |
| P 33 | del verso que yo començe en -lo que dize |
| P 122 | onde yo de mi poquilla çiençia |
| S 19-2 | la virgen santa maria por ende yo joan rroyz |
| S 33-5 | escriua yo prosa digna |
| S 34-3 | yo pecador |
| S 58-2 | meresçen los rromanoz las leyes yo non gelas niego |
| S 59-3 | diz yo dixe que es vn dioz El rromano dixo que era |
| S 60-1 | yo dixe que era todo a -la su voluntad |
| S 62-1 | que yo le quebrantaria ante todas las gentes |
| S 63-1 | yo le Respondi que -le daria vna tal puñada |
| S 70-1 | de todos jnstrumentos yo libro so pariente |
| S 72-2 | dizelo grand filosofo non so yo de Rebtar |
| S 76-1 | E yo commo ssoy omne commo otro pecador |
| S 81-2 | yo veo otraz muchas creer a -ti parlera |
| S 88-3 | ella dixo en -la cabeça del lobo tome yo esta liçion |
| S 89-1 | Por ende yo te digo vieja e non mi amiga |
| S 89-3 | sy -non yo te mostrare commo el leon castiga |
| S 91-4 | Nunca desde esa ora yo mas la pude ver |
| S 92-4 | mas que yo podria sser dello trobador |
| S 104-3 | non las quiso tomar dixe yo muy mal va |
| S 106-1 | E yo desque vi la dueña partida E mudada |
| S 107-1 | Sabe dios que aquesta dueña e quantas yo vy |
| S 112-1 | E yo commo estaua solo syn conpañia |
| S 112-4 | yo cruyziaua por ella otro la avie val-dia |
| S 113-1 | E por que yo non podia con -ella ansi fablar |
| S 114-1 | sy de tan grand escarnio yo non trobase burla |
| S 121-1 | quando la cruz veya yo sienpre me omillava |
| S 121-4 | del mal de -la cruzada yo non me rreguardaua |
| S 140-1 | Yo creo los estrologos uerdad natural mente |
| S 140-4 | segund la fe catholica yo desto creyente |
| S 153-1 | En este signo atal creo que yo nasçi |
| S 161-2 | la qual a -vos dueñas yo descobrir non oso |
| S 171-1 | Coydando la yo aver entre las benditas |
| S 173-1 | Non perdere yo a -dios nin al su parayso |
| S 173-3 | non soy yo tan ssyn sesso sy algo he priso |
| S 176-3 | ssy yo tu mal pan comiese con -ello me afogaria |
| S 176-4 | tu furtarias lo que guardo E yo grand trayçion faria |
| S 177-3 | tu leuarys el algo yo faria grand maldat |
| S 181-4 | yo le pregunte quien era dixo amor tu vezino |
| S 185-4 | de quanto yo te digo tu sabes que non miento |
| S 254-2 | el lobo dixo como yo non te pudiera tragar |
| S 285-2 | dixo con grand envidia yo fare quanto pueda |
| S 299-2 | dyz tu eres mi Señor e yo tu vasallo |
| S 299-3 | en te besar la mano yo en eso me fallo |
| S 307-2 | vos ved que yo soy fulano de -los garçones garçon |
| S 325-3 | yo el lobo me querello de -la comadre mia |
| S 329-3 | Señor diz yo so syenpre de poco mal sabyda |
| S 330-1 | Respondio el alcalde yo vengo nueva mente |
| S 330-3 | pero yo te do de plazo que fasta dias veynte |
| S 334-1 | E por ende yo propongo contra el esençion |
| S 335-4 | ante que -las comiese yo gelas tome frias |
| S 343-4 | ante que yo pronunçie e vos de la sentençia |
| S 348-2 | yo don ximio ordinario alcalde de bugia |
| S 358-3 | por exepçion non puedo yo condepnar nin punir |
| S 359-4 | la pena ordinaria non avra yo vos lo digo |
| S 361-3 | por exepçion non puedo yo condepnar nin matar |
| S 362-1 | Por quanto yo fallo por la su conffesion |
| S 389-4 | que non la fe de dios vete yo te conjuro |
| S 390-3 | tanto mas me aquexas quanto yo mas aguijo |
| S 409-3 | yo te sacare a -saluo agora por la mañana |
| S 410-1 | yo se nadar muy byen ya lo ves por el ojo |
| S 423-2 | dyz açipreste Sañudo non seyas yo te rruego |
| S 429-1 | en -el fallaras fablas que -le ove yo mostrado |
| S 429-4 | panfilo e nason yo los ove castigado |
| G 447-4 | zy laz yo dexieze començarien a rreyr |
| S 460-2 | yo soy mas perezosso que este mi conpanon |
| S 461-1 | otrossy yo passava nadando por el Ryo |
| S 461-3 | perdia de sed tal pereza yo crio |
| S 463-1 | yo era enamorado de vna duena en abryl |
| S 465-1 | yo ove grand pereza de la cabeça Redrar |
| S 475-2 | yo volo yr a -frandes portare muyta dona |
| S 476-2 | yo volo fazer en vos vna bona fygura |
| S 483-4 | que yo pynte corder E trobo este manjar |
| S 487-4 | con aqueste e por este fare yo sy dios me preste |
| S 493-1 | yo vy en -corte de Roma do es la santidad |
| S 498-1 | yo vy fer maravillas do el mucho vsaua |

| | |
|---|---|
| | **(cont.)** |
| S 503-1 | yo vy a -muchos monges en sus predycaciones |
| S 508-3 | yo nunca vy fermo-sa que quisyese pobleza |
| S 532-2 | dy me que cosa eres que yo non te entyendo |
| S 533-4 | yo te mostrare manera por que -lo puedas tomar |
| S 575-1 | Yo Johan Ruyz el sobre dicho açipreste de hita |
| S 578-1 | Contra mi coraçon yo mesmo me torne |
| S 578-2 | porfiando le dixe agora yo te porne |
| G 582-1 | la mas Noble figura de quantaz yo auer pud |
| G 585-2 | Noble dueña omillome yo vuestro seruidor |
| G 587-3 | zin voz yo non la puedo entender ni acabar |
| G 587-4 | yo sere bien andante por lo uoz otorgar |
| G 590-2 | Cuytado yo que fare que non la puedo yo catar |
| S 596-4 | sy el amor non me engaña yo vos digo la verdat |
| S 598-1 | A persona deste mundo yo non la oso fablar |
| S 598-3 | es de mejores paryentes que yo e de mejor lugar |
| G 661-1 | en -el mundo non es coza que yo ame a par de uoz |
| G 664-1 | zeñora yo non a me treuo d dezir uoz mas rrazonez |
| G 666-1 | yo le dixe ya sañuda anden fermozoz trebejoz |
| G 669-4 | yo torne en -la mi fabla que tenia començada |
| G 676-3 | yo pensare en -la fabla e zabre vuestro talente |
| G 677-2 | yo entendere de -uoz algo E oyredez loz miz rrazonez |
| G 681-1 | estar zola con uoz zolo esto yo non lo faria |
| G 684-3 | segund que -lo yo deseo voz e yo noz abraçemoz |
| G 686-1 | esto yo non uoz otorgo saluo la fabla de mano |
| G 686-4 | tienpo verna que podremos fablar noz uoz e yo este verano |
| S 706-1 | yo le dixe amo vna dueña sobre quantas yo vy |
| S 709-1 | dixo yo ire a -su casa de esa vuestra vezina |
| S 709-4 | dezid me quien es la dueña yo le dixe doña endrina |
| S 711-2 | yo le dixe por dios amiga guardat vos de soberuienta |
| S 714-1 | yo lo trayo estoruando por quanto non -lo afynco |
| S 716-3 | yo se toda su fazienda E quanto ha de fazer |
| S 718-3 | yo fare con mi escanto que se vengan paso a -pasillo |
| S 719-1 | yo le dixe madre señora yo vos quiero byen pagar |
| S 719-4 | pero ante que vayades quiero voz yo castigar |
| S 729-4 | yo lo piensso en mi pandero muchas veçes que lo toco |
| S 732-4 | vos queriades aquesto que yo vos he fablado |
| S 735-2 | leuantar yo de mio e mouer cassamientos |
| S 735-4 | fasta que yo entienda e vea los talentos |
| S 737-4 | yo penssare en ello si para mi con-vyen |
| S 742-1 | Dexa me de tus Roydos que yo tengo otros coydados |
| G 760-1 | sy yo ante casaze seria enfamada |
| G 765-1 | yo non quize fasta agora mucho buen casamiento |
| S 767-3 | yo ove buen aguero ayr dios avia melo conplido |
| S 775-2 | dios vos de paz comadre que por vos vine yo aqui |
| S 775-4 | mandad vos E fare yo despues governad a mi |
| S 777-2 | ofreçer vos los he yo en graçias e en seruiçio |
| S 791-2 | la vida deste mundo yo non -la preçio nada |
| S 794-1 | yo le dixe qual arte qual trabajo qual sentido |
| S 794-4 | toda la mi esperança pereçe e yo so perdido |
| S 808-1 | yo a -las de vegadas mucho canssada callo |
| S 811-1 | Cada que vuestro nonbre yo le eras deziendo |
| S 815-3 | mas yo de vos non tengo synon este pellote |
| S 817-3 | yo non vos engañaria nin dios nunca lo mande |
| S 817-4 | sy vos yo engañare el a -mi lo demande |
| S 822-2 | lo que yo vos promety tomad E aved folgura |
| S 823-1 | sy por aventura yo solos vos podies juntar |
| S 824-3 | Señora doña Rama yo que por mi mal vos vy |
| S 829-2 | diz la vieja que nueuas que se yo que es del |
| S 842-2 | con piedat e coyta yo lloro por quel farte |
| S 844-1 | lo que tu me demandas yo eso cobdicio |
| S 845-1 | que yo mucho faria por mi amor de fyta |
| S 848-3 | verguença que fagades yo he de çelar |
| S 851-1 | la fama non sonara que yo la guardare byen |
| S 860-1 | Mas çierto fija Señora yo creo que vos cuydades |
| S 867-4 | yo me verne para vos quando vyere que ay logar |
| S 868-4 | cras verna fablar con-vusco yo lo dexo Recabdado |
| S 869-4 | fablad mas Recabdat quando y yo no fynco |
| S 873-3 | es aquel non es aquel el me semeja yo lo siento |
| S 873-4 | a -la fe aquel es don melon yo lo conosco yo lo viento |
| S 875-1 | Cyerto aqui quiere entrar mas por que yo non -le fablo |
| S 876-1 | yo vos abrire la puerta esperat non -la quebredes |
| S 876-4 | entrad mucho en buen ora yo vere lo que faredes |
| S 878-1 | quando yo saly de casa puez que veyades las rredes |
| S 885-4 | pues otro cobro yo non he asy fazer me convyene |
| S 910-1 | Seyendo yo despues desto syn amor e con coydado |
| S 910-4 | de dueña que yo vyese nunca ffuy tan pagado |
| S 911-1 | de talla la mejor de quantas yo ver pud |
| S 917-1 | diz yo se quien vos querria mas cada dia ver |
| S 920-1 | yo le dixe commo en juego picaça parladera |
| S 931-2 | yo lo desdire muy byen e lo des-fare del todo |
| S 931-4 | yo dare a -todo çima e lo trahere a -rrodo |
| S 932-2 | llamat me buen amor e fare yo lealtat |
| S 935-4 | dixe yo en mano de vieja nunca dy mejor beso |
| S 940-3 | quanto de vos dixeron yo fare que -lo padan |
| S 944-2 | yo cay en -la cama e coyde peligrar |
| S 944-4 | dixe yo que buen manjar sy non por el escotar |
| S 945-4 | yo traue luego della e fablele en seso vano |
| S 946-3 | dixel yo diome el diablo estas vieja Rahezes |
| S 952-4 | yo so la chata Rezia que a -los omnes ata |
| S 953-1 | yo guardo el portadgo E el peaje cogo |
| S 957-3 | yo desque me vy con miedo con frio e con quexa |
| S 960-1 | Dixele yo a -la pregunta vome fazia sotos aluos |
| S 960-3 | que por esta encontrada que yo tengo guardada |
| S 961-2 | a -la he diz escudero aqui estare yo queda |
| S 962-1 | Dixele yo por dios vaquera non me estorues mi jornada |
| S 964-3 | dixel yo par dios fermosa dezir vos he vna cosa |
| S 965-1 | Dyz yo leuare a -cassa e mostrar te he el camino |
| S 966-1 | yo con miedo E aRezido prometil vna garnacha |
| S 975-3 | omillome dixe yo sserrana fallaguera |
| S 976-3 | sy non yo te fare que mi cayada midas |
| S 978-3 | cofonda dios dixe yo çigueña en -el exido |

| | |
|---|---|
| S 981-2 | era nona passada e yo estaua ayuno |
| S 982-1 | Pardios dixe yo amiga mas querria almozar |
| S 983-1 | Pensso de mi e della dixe yo agora se prueua |
| S 984-3 | dixe le yo esto de priessa sy dios de mal me guarde |
| S 988-3 | yol dixe en buena ora sea de vos cuerpo tan guisado |
| S 989-4 | pues vos yo tengo hermana aqui en esta verdura |
| S 992-4 | yot mostrare sinon ablandas commo se pella el erizo |
| S 997-4 | dixele yo ansy dios te ssalue hermana |
| S 999-2 | yol dixe bien se guardar vacas yegua en cerro caualgo |
| S 999-3 | se el lobo commo se mata quando yo en pos el salgo |
| S1002-3 | faras buen entendimiento dixel yo pide lo que quisieres |
| S1005-1 | yol dixe dar te he esas cosas e avn mas si mas comides |
| S1007-4 | yo dixe so perdido sy dios non me acorre |
| S1015-2 | yo non vy en -ella al mas sy tu en -ella escaruas |
| S1025-1 | dixe yo a -ella |
| S1026-1 | yol dixe frio tengo |
| S1028-1 | yol dixe de grado |
| S1033-2 | quales yo pediere |
| S1038-5 | e yo tu velada |
| S1041-3 | e yo non me pago |
| S1043-3 | E yo desque saly de todo aqueste Roydo |
| S1048-2 | yo en tu memoria algo quiero fazer |
| S1058-4 | que sea yo tuyo por sienpre seruidor |
| S1078-3 | dixo yo so el alfrez contra esta mala presa |
| S1078-4 | yo justare con ella que cada año me sopesa |
| S1079-2 | fuese a yz fiz mis cartaz dixele al viernes yd |
| S1089-3 | omillo me diz Señor yo el tu leal syeruo |
| S1090-2 | Señor diz alla dueña yo le metre la fiebre |
| S1135-3 | aquesto que yo dixiere entendet lo voz mejor |
| S1142-3 | se yo que lloro lagrimas triste con amargura |
| S1181-2 | vayamos oyr misa señor vos e yo anbos |
| S1181-3 | vos oyredes misa e rrezare miz salmos |
| S1298-1 | Yo fuy maruillado desque vy tal vision |
| S1298-4 | por do yo entendiese que era o -que non |
| S1309-2 | yo veya las caras mas non lo que dezien |
| S1318-3 | diz açipreste amad esta yo ire alla mañana |
| S1319-3 | ella non la erro e yo non le peque |
| S1326-3 | Señora pues yo digo de casamiento far |
| S1327-3 | fija qual vos yo daria que voz serie mandado |
| S1333-1 | yo la serui vn tienpo more y byen diez años |
| S1337-4 | E de muchas otraz guisaz que yo he oluidado |
| S1343-1 | yo le dixe trota conventos escucha me vn poquillo |
| S1343-2 | yo entrar como puedo ado non se tal portillo |
| S1343-3 | ella diz yo lo andare en pequeño rratillo |
| S1346-2 | dixele non Señora mas yo melo comedi |
| S1365-2 | quando yo daua mucho era mucho loado |
| S1368-1 | vieja dixo la dueña çierto yo non menty |
| S1368-2 | por lo que me dixiste yo mucho me ssenti |
| S1368-3 | de -lo que yo le dixe luego me arrepenty |
| S1368-4 | por que talente bueno entiendo yo en -ty |
| S1389-4 | non conosçes tu nin sabes quanto yo meresçria |
| S1395-3 | ven cras por la rrepuesta e yo tela dare |
| S1395-4 | lo que mejor yo viere de grado lo fare |
| S1397-4 | verdat diz mi amo a -como yo entiendo |
| S1403-3 | yo a -la mi Señora E a -todaz sus gentes |
| S1404-1 | yo en mi espinazo les tayo mucha leña |
| S1409-2 | por lo que yo dezia por byen vos ensanastez |
| S1410-3 | yo non -lo consentria commo tu melo rrogueste |
| S1423-3 | yo non quiero fazer lo vete syn tardamiento |
| S1431-2 | fue a -el dixo Señor yo trayo buen cochillo |
| S1438-4 | sy vn cantar dixieres dire yo por el veynte |
| S1455-1 | Dixo el vn ladron dellos ya yo so desposado |
| S1455-3 | si mas yo so con furto del merino tomado |
| S1461-4 | yo le do por quito suelto vos merino soltalde |
| S1467-4 | que yo te ayudare commo lo suelo far |
| S1468-3 | que yo te soterne Segund que otraz vegadaz |
| S1473-3 | he Roto yo andando en pos ty Segund viste |
| S1474-3 | que yo tengo travadaz mis pies tienen sangrias |
| S1480-2 | mas yo non vos conssejo eso que voz creedes |
| S1482-2 | de eso que vos rresçelades ya vos yo asseguro |
| S1485-1 | Señora diz la vieja yol veo amenudo |
| S1492-4 | yol fare cras que venga aqui a -este palaçio |
| S1497-1 | yol dixe trota conventos Ruego te mi amiga |
| S1497-2 | que lieues esta carta ante que gelo yo diga |
| S1501-3 | ay diez E yo -lo fuese aqueste pecador |
| S1502-2 | yo sospire por ellos diz mi coraçon hela |
| S1502-4 | enamorome la monja e yo enamorela |
| S1508-4 | ella fizo buen seso yo fiz mucho cantar |
| S1518-3 | E yo con pessar grande non puedo dezir gota |
| S1552-4 | dizez a cada vno yo sola a -todos mudo |
| S1563-1 | yo dezir non ssabria quales eran tenidos |
| S1567-3 | a -dios me acomiendo que yo non fallo al |
| S1577-4 | que byen como yo mori asy todos morredes |
| S1608-2 | que diga de sus noblezaz yo quiero laz dezir luego |
| S1623-3 | e yo vos la trahere syn mucha varahunda |
| S1633-3 | yo vn gualardon vos pido que por dios en -rromeria |
| S1636-2 | yo percador por tanto |
| S1670-1 | Reyna virgen mi esfuerço yo so puesto en tal espanto |
| S1671-1 | Yo so mucho agrauiado en esta çibdad seyendo |
| S1679-1 | grand fyança he yo en -ty Señora |
| S1680-1 | virgen muy santa yo paso atribulado |
| S1696-3 | diz amigoz yo querria que toda esta quadrilla |
| S1698-1 | que yo dexe a -ora-buena la que cobre antaño |
| S1698-2 | en -dexar yo a -ella rresçibierya yo grand dapño |
| S1701-4 | si malo lo esperades yo peor lo espero |
| S1704-3 | Sy yo touiese al arçobispo en otro tal angosto |
| S1704-4 | yo le daria tal buelta que nunca viese al agosto |
| S1705-4 | por ende yo apello en -este escripto abiuad voz |
| S1706-1 | que sy yo tengo o -toue en casa vna seruienta |
| **YO** | |
| G 687-2 | **(H)** |
| | des que yo fue naçido nunca vy mejor dia |

**YPOCRAS**
    S 303-3    mas mata que cuchillo ypocras lo dezia
**YUGO**
    S 242-1    Tenia del grand yugo dessolladaz las ceruiçes
**YUGO**    **(H)**
    S 296-2    beuer tanto que yugo con sus fijas pues ves
**YUSO**
    S  80-1    Enbiele esta cantiga que es de yuso puesta
    S 171-4    con ello estas cantigas que son de yuso escriptas
    S 412-2    dio salto en -el agua somiese fazia yuso
    S 412-4    qual de yuso qual suso andauan a -mal vso
    S 958-4    fyz de -lo que y passo las copras de yuso puestas
    S 996-2    este de yuso escripto que tyenes so la mano
    S1207-1    De yuso del sobaco va la mejor alfaja
    S1276-4    echar de yuso yelos que guardan vino agudo
    S1603-3    con coraçon al diablo todos trez yran de yuso
**YUY**
    S 872-4    yuy diz que es aquello que faz aquel rroydo
    S1396-3    yuy yuy dixo Señora que negra ledania
    S1492-3    quiero yr a -dezir gelo yuy como me engraçio

# APPENDIX 1:
# PROSE AND FRAGMENTS

P  1  "Intellectum tibi dabo
P  2  et Instruam te In via hac qua gradieris,
P  3  firmabo super te occulos meos".
P  4  El profecta dauid, por spiritu santo fablando,
P  5  a -cada vno de nos dize
P  6  en -el psalmo triçesimo primo del verso dezeno,
P  7  que ez el que primero suso escreui.
P  8  en -el qual verso entiendo yo trez cosaz
P  9  laz qualez dizen algunoz doctorez philosophos
P 10  que son en -el alma E propia mente suyas.
P 11  son estas: entendimiento, voluntad E memoria.
P 12  las quales, digo, si buenaz son,
P 13  que traen al Alma conssolaçion,
P 14  e aluengan la vida al cuerpo,
P 15  E dan le onrra con pro e buena fam[a].
P 16  Ca, por el buen entendimiento,
P 17  entiende onbre el bien E sabe dello el mal.
P 18  E por ende,
P 19  vna de -las petiçionez que demando dauid a -dios
P 20  po[r] que sopiese la su ley fue esta:
P 21  "Da michi intellectum e cetera."
P 22  Ca el ome, entendiendo el bien, avra de dios temor,
P 23  el qual es comienço de toda sabidoria;
P 24  de que dize el dicho profecta:
P 25  "yniçium sapiençie timor domini."
P 26  Ca luego ez el buen entendimiento en los que temen A -dios
P 27  E por ende sigue la Razon el dicho dauid
P 28  en otro logar en -que dize:
P 29  "jntellectuz bonus omibus façientibus eum, e cetera."
P 30  Otrosi dize salamon en -el libro de -la sapiençia:
P 31  "qui timet dominum façiet bona."
P 32  E esto se entiende en -la primera rrazon
P 33  del verso que yo començe, en -lo que dize:
P 34  "Intellectum tibi dabo."
P 35  E desque esta jnformada E jnstruyda el Alma,
P 36  que se ha de saluar en -el cuerpo linpio,
P 37  e pienssa e ama e desea omne el buen amor de dioz e sus mandamientoz.
P 38  E esto atal dize el dicho profecta:
P 39  "E meditabor in mandatis tuiz que dilexi".
P 40  E otrosi desecha E aborresçe el alma
P 41  el pecado del amor loco deste mundo.
P 42  E desto dize el salmista:
P 43  "qui diligitis dominum, odite malum, e cetera."
P 44  E por ende se sigue luego la segu[n]da rrazon
P 45  del verso que dize: "E instruan te."
P 46  E desque el Alma, con -el buen entendimiento
P 47  e buena voluntad, con buena rremenbrança
P 48  escoge E ama el buen Amor, que ez el de dioz,
P 49  E ponelo en -la çela de -la memoria
P 50  por que se acuerde dello,

P 51  e trae al cuerpo a fazer buenaz obraz,
P 52  por laz qualez se salua el ome.
P 53  E desto dize sant Ioan apostol, en -el Apocalipsi,
P 54  de -loz buenos que mueren bien obrando:
P 55  "beati mortui qui in domino moriuntur,
P 56  opera enim illorum secuntur illos."
P 57  E dize otrosi el profecta:
P 58  "tu rediz vnicuique justa opera sua."
P 59  E desto concluye la terçera rrazon del veso primero
P 60  que dize: "Jn via hac qua gradieris,
P 61  firmabo super te occulos meos."
P 62  E por ende deuemoz tener sin dubda
P 63  que obraz sienpre estan en -la buena memoria,
P 64  que con buen entendimiento
P 65  e buena voluntad escoje el alma
P 66  E ama el Amor de dioz por se saluar por ellaz.
P 67  Ca dioz, por laz buenas obraz que faze omne
P 68  en -la carrera de saluaçion en -que anda,
P 69  firma suz ojoz sobre el.
P 70  E esta ez la sentençia del verso
P 71  que enpieça primero: "breue".
P 72  Como quier que a -laz vegadaz
P 73  se acuerde pecado e lo quiera e lo obre,
P 74  este desacuerdo non viene del buen entendimiento,
P 75  nin tal querer non viene de -la buena voluntad,
P 76  nin de -la buena obra non viene tal obra.
P 77  Ante viene de -la fraqueza de -la natura humana
P 78  que ez en -el omne, que se non puede escapar de pecado.
P 79  Ca dize Caton: "Nemo sine crimine viuit".
P 80  E dize lo job:
P 81  "quiz potest fazere mundum de jmudo conçeptum semine".
P 82  quasi dicat: "ninguno saluo dioz".
P 83  E viene otrosi de -la mengua del buen entendimiento,
P 84  que -lo non ha estonçe,
P 85  por que ome piensa vanidadez de pecado.
P 86  E deste tal penssamiento dize el salmista:
P 87  "Cogitaciones hominum vane sunt".
P 88  e dice otrosi
P 89  a -loz tales mucho disolutoz E de mal entendimiento:
P 90  "Nolite fieri sicut equz E muluz
P 91  jn quibuz non est jntellectus".
P 92  E avn digo que viene de -la pobledad de -la memoria,
P 93  que non esta jnstructa del buen entendimiento,
P 94  ansi que non puede amar el bien
P 95  nin acordarse dello para lo obrar.
P 96  E viene otrosi esto por rrazon que -la natura vmana,
P 97  que mas aparejada E jnclinada ez al mal que al bien,
P 98  e a pecado que a -bien; esto dize el decreto.
P 99  E estaz son algunaz de -laz rrazonez,
P 100  por que son fechoz loz libroz de -la ley E del derecho
P 101  e de castigoz E constunbrez E de otraz çiençiaz.

P 102 otrosi fueron la pintura E la escriptura
P 103 e laz ymagenez primera mente falladaz,
P 104 por rrazon que la memoria del ome desleznadera ez;
P 105 esto dize el decreto.
P 106 ca tener todaz laz cosaz en -la memoria
P 107 E non olvidar algo,
P 108 maz ez de -la diuinidat que de -la vmanidad;
P 109 esto dize el decreto.
P 110 E por esto ez maz apropiada a -la memoria del alma,
P 111 que ez spiritu de dioz criado E perfecto,
P 112 E biue sienpre en dioz.
P 113 otrosi dize dauid: "Anima mea illius viuet,
P 114 querite dominum e viuet Anima vestra".
P 115 E non ez apropiada al cuerpo vmano,
P 116 que dura poco tienpo,
P 117 et dize job: "breuez diez hominiz sunt"
P 118 E otrosi dize:
P 119 "homo natuz de muliere, breuez diez hominiz sunt".
P 120 E dize sobre esto dauid:
P 121 "Anni nostri sicut aranea meditabuntur e cetera".
P 122 onde yo, de mi poquilla çiençia
P 123 E de mucha E grand rrudeza,
P 124 entiendo quantoz bienez fazen perder el alma e al cuerpo,
P 125 E loz malez muchoz que -lez aparejan e traen
P 126 el amor loco del pecado del mundo,
P 127 escogiendo E amando con buena voluntad
P 128 saluaçion E gloria del parayso para mi anima,
P 129 fiz esta chica escriptura en memoria de bien.
P 130 E conpuse este nuevo libro
P 131 en -que son escriptaz algunaz maneraz, e maestriaz,
P 132 e sotilezaz engañosaz del loco Amor del mundo,
P 133 que vsan algunoz para pecar.
P 134 laz qualez leyendolaz E oyendolaz
P 135 ome o muger de buen entendemiento,
P 136 que se quiera saluar, descogera E obrar lo ha.
P 137 E podra dezir con -el salmista: "veni veritatis E cetera".
P 138 Otrosi loz de poco entendimiento non se perderan;
P 139 ca leyendo E coydando el mal que fazen
P 140 o tienen en -la voluntad de fazer,
P 141 e loz porfiosoz de suz malaz maestriaz,
P 142 e descobrimiento publicado
P 143 de suz muchaz engañosaz maneraz,
P 144 que vsan para pecar E engañar laz mugerez,
P 145 acordaran la memoria E non despreçiaran su fama;
P 146 ca mucho ez cruel quien su fama menospreçia;
P 147 el derecho lo dize.
P 148 E querran maz amar a -si mesmoz que al pecado;
P 149 que la ordenada caridad de -si mesmo comiença:
P 150 el decreto lo dize.
P 151 E desecharan E aborrezçeran laz maneraz
P 152 E maestriaz malaz del loco Amor,
P 153 que faze perder laz almaz E caer en saña de dioz,
P 154 apocando la vida E dando mala fama e deshonrra
P 155 E muchoz dañoz a -loz cuerpoz.
P 156 en pero por que ez vmanal cosa el pecar,
P 157 si algunoz, lo que non loz consejo,
P 158 quisieren vsar del loco amor,
P 159 aqui fallaran algunaz maneraz para ello.
P 160 E ansi este mi libro a -todo omne o muger,
P 161 al cuerdo E al non cuerdo,
P 162 al que entendiere el bien e escogiere saluaçion,
P 163 E obrare bien Amando a dioz,
P 164 otrosi al que quisiere el ammor loco,
P 165 en -la carrera que andudiere,
P 166 puede cada vno bien dezir:

P 167 "jntellectum tibi dabo e cetera."
P 168 E rruego E conssejo a -quien lo oyere E lo oyere
P 169 que guarde bien laz trez cosaz del Alma;
P 170 lo primero que quiera bien entender
P 171 E bien juzgar la mi entençion, por que lo fiz,
P 172 E la sentençia de -lo que y dize,
P 173 E non al son feo de -laz palabraz.
P 174 E segud derecho laz palabraz siruen a -la jntençion
P 175 E non -la jntençion a -laz palabraz.
P 176 E dioz sabe que la mi jntençion non fue de -lo fazer
P 177 por dar manera de pecar, ni por mal dezir,
P 178 maz fue por Reduçir a -toda persona
P 179 A -memoria buena de bien obrar,
P 180 e dar ensienpro de buenaz constunbrez
P 181 e castigoz de saluaçion.
P 182 E por que sean todoz aperçebidoz
P 183 e se puedan mejor guardar de tantaz maestriaz,
P 184 como algunoz vsan por el loco amor.
P 185 Ca dize sant gregorio que menoz firien al onbre
P 186 loz dardoz que ante son vistoz,
P 187 E mejor noz podemoz guardar
P 188 de -lo que ante hemoz visto.
P 189 E conposelo otrosi a -dar algunoz leçion
P 190 e muestra de metrificar E rrimar E de trobar;
P 191 Ca trobas E notaz e rrimaz e ditadoz e uersoz,
P 192 que fiz conplida mente,
P 193 Segund que esta çiençia Requiere.
P 194 E por que toda buena obra
P 195 es comienço E fundamento dioz e la fe catholica,
P 196 e dize lo la primera decretal de -laz crementinaz
P 197 que comiença: "fidey catholiçe fundamento."
P 198 e do este non es cimiento
P 199 non se puede fazer obra firme nin firme hedifiçio:
P 200 Segud dize el apostol.
P 201 Por ende començe mi libro en -el nonbre de dioz,
P 202 e tome prinçipio primero del salmo,
P 203 que ez de -la santa trinidad E de -la fe catholica,
P 204 que ez "qui cuque vul", el vesso que dize:
P 205 "ita deuz pater, deus filius e cetera."

F 0044 2 quel ome a las sus cuytas que tiene en el su coraçon
F 0044 3 que entreponga plazeres e alegre Razon
F 0044 4 que la mucha tristeza Mucho pecado pon
F 0206 2 "quien pudiere ser suyo non sea enagenado,
F 0206 4 que lybertad e frranqueza non es por oro conprado"
F 0491 4 quien non a dineroz, de zi non ez zeñor.
F 0492 1 el que a -dineroz a conzollaçion,
F 0492 2 plazer e allegria, del papa rrazion;
F 0493 1 alla en roma donde ez lla zantidad
F 0493 2 a el dinero fazen gran zollenidad
F 0493 4 anzi ze omilan a ello como a -lla majestad.
F 0547 1 desque peza maz el vino que el zezo do[s] o -tres meajas
F 0547 2 departian loz onbrez como picaçaz e gragaz.
F 0547 3 por ezo zen contienen coyttaz e mallez y dollorez e[barajaz;
F 0547 4 el mucho vino ez bueno en cubaz e tinajaz.
F 0711 3 Diz: "pues ella fue casada creed que non se sienta,
F 0711 4 que no ha mula de albarda que la carga no consienta.
F 0781 1 "Algunos en sus casas passan con dos sardinas,
F 0781 2 en agena possada demandan gollo-rias,
F 0781 3 desechan el carnero, pyden adefinas,

F 0781 4   dizen que no conbran [to]cino sin gallinas."
F 0782 1   "Fijo, el mejor cobro de quantos uos auedes
F 0782 2   es oluidar la cosa que cobrar no podedes,
F 0782 3   lo que no puede ser nunca lo porfiedes,
F 0782 4   lo que fazer se puede por ello trabajedes."
F 0796 1   Dixo la buena uieja: "en hora muy chiquilla
F 0796 2   sana dolor muy grande, y salle muy gran manzilla;
F 0796 3   despues de grandes lluuias uiene la buena orilla;
F 0796 4   en pos de grandes ñublos viene sol y sonbrilla.
F 0804 1   "Estorua grande hecho pequeña ocasion,
F 0804 2   desesperar el ome es perder coraçon,
F 0804 3   que gran trabajo cunple quantos deseos son".
F 0811 1   "cada que vuestro nonbre yo le estoy diziendo

F 0811 2   oteame y sospira e esta comidiendo,
F 0811 3   abiua mas el ojo, y esta toda bullendo;
F 0811 4   pareçe que con-busco non se estaria durmiendo."
F 0829 3   "mezquino, magrillo, no ay mas carne en el
F 0829 4   que en vn pollo inuernizo despues de san miguel."
F 0000 1   De señor, y de amada, y de monte y de Rio,
F 0000 2   a -las uezes con algo, a -las uezes uazio.
F 0000 3   No auedes amiga de carne el coraçon,
F 0000 4   sino de hueso duro, mas fuerte que de leon,
F 0000 5   por mucho que uos digo sienpre dezidez non,
F 0000 6   ya muger tan dura, ¡qual fuerades para uaron!
F 0000 7   De mal en peor andan [co]mo el lobo a las hor-
           migas."

# APPENDIX 2:
# WORD FREQUENCIES
# ORDERED ALPHABETICALLY

| | | | | | | |
|---|---|---|---|---|---|
| 1014 | a | 68 | ansi | 124 | buen |
| 11 | abogado | 68 | ante | 112 | buena |
| 7 | abogados | 14 | antes | 21 | buenas |
| 7 | abutarda | 15 | año | 28 | bueno |
| 7 | acaesce | 10 | años | 13 | buenos |
| 11 | acipreste | 8 | apercebido | 7 | burla |
| 6 | açucar | 38 | aquel | 7 | busca |
| 22 | ado | 8 | aquella | 73 | ca |
| 9 | ageno | 6 | aquello | 7 | cabdal |
| 38 | agora | 35 | aquesta | 15 | cabeça |
| 17 | agua | 15 | aquestas | 6 | cabellos |
| 6 | aguila | 29 | aqueste | 20 | cabo |
| 26 | aina | 22 | aquesto | 6 | cabritos |
| 373 | al | 19 | aquestos | 7 | caça |
| 24 | alcalde | 48 | aqui | 6 | caçador |
| 13 | alegre | 7 | arçobispo | 59 | cada |
| 20 | alegria | 13 | armas | 7 | caer |
| 39 | algo | 23 | arte | 6 | calla |
| 8 | alguna | 20 | as | 10 | camino |
| 7 | algunas | 27 | asi | 6 | can |
| 6 | algund | 19 | asno | 7 | canpo |
| 6 | alguno | 27 | atal | 7 | canta |
| 12 | algunos | 9 | atan | 20 | cantar |
| 34 | alma | 6 | atiende | 9 | cantares |
| 16 | almas | 15 | aun | 8 | cantigas |
| 9 | alta | 12 | ave | 9 | cara |
| 12 | alto | 7 | aved | 34 | carnal |
| 11 | alla | 11 | avedes | 15 | carne |
| 46 | alli | 8 | aventura | 21 | carrera |
| 18 | ama | 38 | aver | 16 | carta |
| 8 | amada | 10 | aves | 12 | cartas |
| 16 | amar | 43 | avia | 34 | casa |
| 13 | amenudo | 6 | avra | 10 | casado |
| 8 | amidos | 12 | avras | 9 | casamiento |
| 27 | amiga | 77 | ay | 21 | casar |
| 51 | amigo | 9 | aya | 6 | casos |
| 26 | amigos | 8 | ayas | 6 | castigo |
| 7 | amo | 21 | ayuda | 8 | cata |
| 154 | amor | 6 | ayudar | 7 | cavalleros |
| 7 | amores | 14 | ayuno | 16 | cavallo |
| 7 | an | 10 | bendicion | 8 | caza |
| 10 | anbos | 7 | bestia | 7 | celo |
| 37 | anda | 9 | bestias | 21 | cerca |
| 20 | andan | 7 | bever | 6 | cerrada |
| 7 | andança | 344 | bien | 7 | cetera |
| 12 | andando | 8 | bienes | 6 | cibdat |
| 16 | andar | 10 | blanca | 19 | cielo |
| 6 | andas | 7 | blanco | 11 | ciencia |
| 14 | andava | 16 | boca | 6 | cient |
| 8 | andavan | 8 | boz | 7 | ciento |

| | | | | | |
|---:|---|---:|---|---:|---|
| 15 | cierta | 100 | cuanto | 9 | dieron |
| 18 | cierto | 24 | cuantos | 18 | diga |
| 9 | cima | 14 | cuaresma | 11 | digas |
| 6 | cinta | 7 | cuatro | 27 | digo |
| 9 | clara | 9 | cuello | 22 | dinero |
| 13 | clerigos | 10 | cuerda | 23 | dineros |
| 17 | cobdicia | 12 | cuerdo | 52 | dio |
| 10 | cobro | 33 | cuerpo | 192 | dios |
| 15 | coida | 9 | cuerpos | 15 | dire |
| 10 | coidado | 9 | cuervo | 10 | dis |
| 8 | coidando | 6 | cuidado | 6 | diste |
| 6 | coide | 11 | culpa | 52 | dixe |
| 9 | coido | 9 | cunple | 15 | dixieron |
| 24 | coita | 7 | cura | 157 | dixo |
| 7 | coitado | 7 | chata | 126 | diz |
| 8 | coitas | 29 | chica | 60 | dize |
| 16 | color | 6 | chicas | 10 | dizen |
| 9 | comadre | 18 | chico | 8 | dizes |
| 8 | come | 51 | da | 16 | dize |
| 23 | començo | 6 | dad | 18 | dizen |
| 14 | comer | 7 | dada | 6 | dizes |
| 14 | comia | 6 | dados | 115 | do |
| 8 | comiença | 30 | dan | 9 | doliente |
| 12 | comienço | 14 | dando | 27 | dolor |
| 7 | comiese | 8 | daño | 83 | don |
| 7 | comio | 71 | dar | 9 | dona |
| 263 | como | 7 | dare | 7 | donde |
| 710 | con | 6 | daria | 43 | doña |
| 6 | concejo | 18 | das | 46 | dos |
| 13 | conmigo | 17 | dava | 8 | dubda |
| 6 | conorte | 7 | david | 6 | duelo |
| 11 | conpaña | 2149 | de | 21 | duena |
| 8 | conpañas | 7 | dedes | 134 | dueña |
| 7 | conplida | 6 | defiende | 34 | dueñas |
| 14 | conplido | 7 | delante | 15 | dulce |
| 12 | conplir | 13 | demanda | 8 | dulces |
| 33 | consejo | 16 | dende | 15 | dura |
| 6 | consigo | 10 | dentro | 7 | duro |
| 7 | consolacion | 7 | derecha | 1854 | e |
| 8 | contesce | 20 | derecho | 8 | echa |
| 7 | contescio | 9 | desea | 6 | echan |
| 7 | contienda | 12 | deseo | 10 | echo |
| 14 | contigo | 7 | deseos | 1779 | el |
| 42 | contra | 6 | desonrra | 6 | elada |
| 9 | conviene | 28 | despues | 141 | ella |
| 7 | convusco | 98 | desque | 25 | ellas |
| 77 | coraçon | 25 | deve | 27 | ello |
| 7 | cordero | 6 | devemos | 34 | ellos |
| 7 | cordura | 6 | deven | 1017 | en |
| 7 | corrida | 16 | dexa | 10 | enamorado |
| 88 | cosa | 11 | dexar | 12 | enbia |
| 40 | cosas | 6 | dexes | 7 | enbidia |
| 6 | costados | 15 | dexo | 12 | enbio |
| 26 | cras | 22 | dezir | 48 | ende |
| 9 | crece | 8 | dezia | 20 | endrina |
| 8 | cree | 9 | dezides | 9 | enemiga |
| 6 | creed | 13 | deziendo | 12 | enemigo |
| 7 | creer | 56 | dezir | 10 | engaña |
| 29 | creo | 17 | di | 9 | engaño |
| 6 | crey | 94 | dia | 6 | enojo |
| 6 | cruel | 35 | diablo | 12 | entender |
| 14 | cruz | 26 | dias | 16 | entendimiento |
| 75 | cual | 11 | dicha | 12 | entiende |
| 13 | cuales | 24 | dicho | 8 | entiendo |
| 126 | cuando | 13 | dichos | 7 | entranbos |
| 20 | cuantas | 17 | dientes | 9 | entrar |

| | | | | | | | |
|---|---|---|---|---|---|---|---|
| 27 | entre | 7 | faziendo | 10 | guardat |
| 8 | entro | 19 | fe | 14 | guarde |
| 9 | envidia | 8 | fecha | 6 | guia |
| 97 | era | 35 | fecho | 11 | guisa |
| 18 | eran | 8 | fechos | 6 | gula |
| 35 | eres | 24 | fermosa | 85 | ha |
| 448 | es | 13 | fermoso | 30 | han |
| 19 | esa | 6 | fermosos | 84 | he |
| 6 | escarnida | 8 | fermosura | 8 | huesped |
| 6 | escarnio | 6 | fidalgo | 10 | id |
| 8 | escripto | 14 | fiesta | 10 | iglesia |
| 18 | ese | 7 | figura | 11 | in |
| 11 | esfuerço | 31 | fija | 9 | infierno |
| 13 | eso | 30 | fijo | 7 | instrumentos |
| 6 | esos | 7 | fijos | 25 | ir |
| 8 | espanto | 6 | fin | 15 | ira |
| 7 | espera | 6 | finca | 15 | iva |
| 16 | esperança | 7 | finco | 12 | jhesu |
| 171 | esta | 6 | finque | 6 | jodios |
| 6 | estades | 9 | firme | 13 | joyas |
| 12 | estan | 23 | fiz | 18 | juego |
| 14 | estando | 6 | fize | 6 | juez |
| 31 | estar | 49 | fizo | 7 | jugar |
| 58 | estas | 20 | fizo | 6 | jupiter |
| 38 | estava | 7 | flor | 1610 | la |
| 9 | estavan | 6 | folgura | 21 | ladron |
| 78 | este | 7 | forado | 8 | lagrimas |
| 129 | esto | 6 | forca | 490 | las |
| 11 | estoria | 6 | fraile | 6 | lazeria |
| 26 | estos | 6 | frias | 507 | le |
| 10 | estudo | 11 | frio | 14 | leal |
| 14 | et | 180 | fue | 9 | lengua |
| 6 | exepcion | 33 | fuego | 42 | leon |
| 61 | fabla | 9 | fuera | 56 | les |
| 7 | fablad | 17 | fuerça | 12 | levanto |
| 38 | fablar | 6 | fuere | 6 | levar |
| 10 | fablas | 10 | fuero | 13 | levo |
| 8 | fable | 38 | fueron | 11 | ley |
| 13 | fablo | 29 | fuerte | 8 | leyes |
| 7 | fado | 8 | fuertes | 18 | libro |
| 13 | faga | 21 | fuese | 6 | libros |
| 6 | fago | 8 | furto | 12 | lid |
| 10 | falsa | 28 | fuy | 10 | lidiar |
| 11 | falso | 8 | galgo | 7 | liebre |
| 10 | falla | 9 | gallo | 13 | lieva |
| 7 | fallar | 9 | gana | 6 | lievas |
| 7 | fallaras | 7 | garçon | 6 | lieve |
| 20 | falle | 19 | gelo | 13 | ligero |
| 27 | fallo | 10 | gente | 8 | limosna |
| 16 | fama | 10 | gentes | 9 | linaje |
| 8 | far | 6 | gestos | 6 | linpio |
| 12 | fara | 15 | gloria | 611 | lo |
| 21 | fare | 7 | golondrina | 45 | lobo |
| 8 | faria | 7 | goloso | 12 | loca |
| 34 | fasta | 16 | gracia | 21 | loco |
| 48 | faz | 9 | gracias | 7 | locos |
| 49 | faze | 21 | grado | 19 | locura |
| 17 | fazen | 263 | grand | 16 | loçana |
| 59 | fazer | 28 | grande | 7 | loçano |
| 26 | fazes | 44 | grandes | 6 | logar |
| 25 | faze | 8 | grant | 553 | los |
| 12 | fazen | 6 | griego | 13 | loxuria |
| 36 | fazer | 6 | griegos | 107 | luego |
| 8 | fazes | 25 | guarda | 27 | lugar |
| 15 | fazia | 7 | guardada | 6 | luz |
| 6 | fazian | 9 | guardar | 10 | llaga |

| | | | | | |
|---|---|---|---|---|---|
| 8 | llama | 12 | miente | 29 | ome |
| 6 | llena | 10 | mientes | 10 | omes |
| 6 | lleno | 20 | mill | 6 | omillo |
| 33 | madre | 11 | mio | 136 | omne |
| 11 | maestrias | 44 | mis | 27 | omnes |
| 6 | maestro | 17 | misa | 17 | onrra |
| 15 | maguer | 9 | moça | 38 | ora |
| 210 | mal | 6 | moço | 9 | oracion |
| 50 | mala | 7 | molino | 9 | oras |
| 21 | malas | 10 | monja | 7 | orden |
| 12 | males | 9 | monjas | 15 | orejas |
| 18 | malo | 7 | monte | 10 | oro |
| 11 | malos | 15 | mora | 7 | oso |
| 6 | mancebia | 9 | morada | 40 | otra |
| 6 | mancebillo | 12 | morir | 26 | otras |
| 8 | mancebo | 6 | mortal | 70 | otro |
| 12 | manda | 66 | mucha | 47 | otros |
| 21 | mandado | 85 | muchas | 32 | otrosi |
| 7 | mandar | 230 | mucho | 13 | ove |
| 27 | mando | 143 | muchos | 6 | ovieron |
| 26 | manera | 13 | muda | 10 | oviste |
| 13 | maneras | 6 | mudo | 26 | ovo |
| 9 | manjar | 6 | muela | 34 | oy |
| 36 | mano | 7 | muere | 6 | oya |
| 31 | manos | 10 | muerta | 7 | oye |
| 7 | manzilla | 58 | muerte | 7 | oyo |
| 19 | mañana | 17 | muerto | 17 | padre |
| 17 | mar | 87 | muger | 10 | paga |
| 6 | maravilla | 23 | mugeres | 6 | pagada |
| 7 | marfusa | 91 | mundo | 7 | pagado |
| 19 | maria | 16 | mur | 9 | pagar |
| 13 | marido | 6 | murio | 7 | pajas |
| 378 | mas | 194 | muy | 6 | palabla |
| 16 | mata | 25 | nada | 8 | palabra |
| 17 | matar | 9 | nasce | 15 | palabras |
| 8 | matas | 18 | natura | 21 | pan |
| 12 | mato | 6 | natural | 6 | paños |
| 29 | mayor | 10 | necio | 10 | papa |
| 12 | mayores | 6 | negra | 6 | par |
| 580 | me | 10 | negro | 130 | para |
| 15 | medio | 7 | nescio | 9 | paraiso |
| 55 | mejor | 6 | ni | 7 | paresce |
| 10 | mejores | 6 | nieve | 6 | pariente |
| 6 | mejoria | 261 | nin | 10 | parientes |
| 6 | melezina | 11 | ninguno | 19 | parte |
| 6 | melon | 33 | no | 13 | partes |
| 18 | memoria | 25 | noble | 6 | parti |
| 8 | menester | 25 | noche | 6 | pasada |
| 10 | mengua | 1275 | non | 9 | pasado |
| 10 | menos | 11 | nonbre | 6 | pasar |
| 7 | mensajera | 111 | nos | 6 | pasava |
| 10 | mensajero | 18 | nuestra | 12 | paso |
| 42 | mente | 20 | nuestro | 7 | pavon |
| 6 | mentiras | 10 | nueva | 9 | paz |
| 14 | merced | 13 | nuevas | 33 | pecado |
| 9 | mes | 7 | nuevo | 16 | pecador |
| 10 | mesa | 94 | nunca | 15 | pecados |
| 12 | mesmo | 117 | o | 6 | pecar |
| 7 | mesnada | 17 | obra | 10 | pelea |
| 12 | mesquino | 7 | obrar | 6 | pella |
| 25 | mesura | 12 | obras | 6 | pelleja |
| 382 | mi | 10 | oficio | 25 | pena |
| 8 | mia | 14 | oir | 6 | penada |
| 6 | mias | 16 | ojo | 6 | penado |
| 59 | miedo | 26 | ojos | 9 | penas |
| 6 | miel | 7 | olvido | 22 | penitencia |

| | | | | | | |
|---:|---|---:|---|---:|---|
| 7 | pensando | 6 | pro | 7 | saben |
| 10 | peña | 6 | profecta | 27 | saber |
| 15 | peor | 6 | provada | 15 | sabes |
| 8 | pequena | 8 | provar | 7 | sabia |
| 6 | pequeno | 12 | provecho | 6 | sabidor |
| 9 | pequeña | 12 | prueva | 14 | sabio |
| 31 | perder | 7 | pud | 12 | saca |
| 7 | perdi | 16 | pudo | 10 | saco |
| 13 | perdido | 9 | pueda | 7 | sale |
| 7 | perdon | 77 | puede | 7 | salen |
| 10 | pereza | 18 | pueden | 12 | salio |
| 56 | pero | 13 | puedes | 16 | salud |
| 6 | perro | 20 | puedo | 6 | salva |
| 7 | persona | 12 | puerta | 11 | salvacion |
| 9 | pesa | 13 | puerto | 6 | salvador |
| 21 | pesar | 70 | pues | 12 | salvar |
| 7 | pico | 9 | puesto | 7 | salve |
| 7 | pide | 21 | punto | 16 | salvo |
| 7 | pido | 23 | puso | 7 | sana |
| 9 | pie | 2054 | que | 9 | sangre |
| 6 | pieça | 8 | queda | 10 | sano |
| 8 | piedat | 9 | quered | 15 | sant |
| 9 | piensa | 11 | queredes | 42 | santa |
| 28 | pierde | 6 | querencia | 27 | santo |
| 8 | pierden | 9 | querer | 7 | santos |
| 16 | pies | 10 | queria | 20 | saña |
| 6 | pitas | 28 | querria | 6 | sañuda |
| 9 | plaça | 7 | queso | 9 | sañudo |
| 10 | plazer | 8 | quexa | 525 | se |
| 17 | plazer | 7 | quexura | 62 | sea |
| 6 | pleito | 6 | qui | 10 | seades |
| 17 | poble | 120 | quien | 7 | sean |
| 7 | pobre | 42 | quier | 22 | seas |
| 11 | pobres | 22 | quiera | 6 | sed |
| 16 | poca | 12 | quieras | 7 | segud |
| 72 | poco | 39 | quiere | 6 | seguir |
| 9 | pocos | 19 | quieren | 24 | segund |
| 26 | poder | 24 | quieres | 14 | segundo |
| 7 | poderoso | 34 | quiero | 9 | segura |
| 12 | podia | 6 | quise | 6 | seguro |
| 7 | podieres | 6 | quisiere | 18 | sentencia |
| 9 | podiese | 10 | quisieres | 6 | señas |
| 6 | podremos | 11 | quisiese | 88 | señor |
| 13 | podria | 18 | quiso | 76 | señora |
| 7 | podrian | 9 | raçon | 10 | señores |
| 8 | pon | 7 | rana | 7 | sepa |
| 10 | pone | 9 | ranas | 73 | ser |
| 10 | poner | 10 | raposa | 19 | sera |
| 10 | poquillo | 20 | razon | 15 | seria |
| 850 | por | 13 | razon | 8 | serrana |
| 12 | porfia | 9 | razones | 25 | servicio |
| 15 | poridat | 7 | recabdo | 8 | servidor |
| 8 | pos | 6 | redes | 15 | servir |
| 16 | posada | 6 | rescebir | 35 | seso |
| 6 | precia | 19 | respondio | 11 | sey |
| 10 | precio | 13 | respuesta | 8 | seya |
| 6 | presente | 28 | rey | 331 | si |
| 8 | presion | 6 | ribera | 94 | sienpre |
| 8 | preso | 8 | rica | 13 | sierra |
| 7 | presos | 17 | rico | 9 | siete |
| 9 | presta | 12 | rio | 9 | signo |
| 9 | prestar | 12 | roido | 7 | sigue |
| 9 | presto | 6 | roma | 129 | sin |
| 15 | primera | 6 | rudo | 8 | sirve |
| 40 | primero | 15 | ruego | 60 | so |
| 6 | priso | 27 | sabe | 14 | sobervia |

| | | | | | |
|---|---|---|---|---|---|
| 21 | sobre | 6 | torno | 19 | veo |
| 8 | sodes | 9 | torpe | 30 | ver |
| 6 | sofrir | 17 | trabajo | 6 | veras |
| 10 | sol | 11 | trae | 6 | verdadera |
| 22 | sola | 6 | traer | 9 | verdadero |
| 17 | solaz | 10 | traes | 29 | verdat |
| 19 | solo | 7 | trahe | 15 | verguença |
| 8 | somos | 18 | traya | 7 | verna |
| 139 | son | 8 | trayo | 6 | verso |
| 8 | sonbra | 9 | trebejo | 6 | vevir |
| 20 | sotil | 30 | tres | 7 | veya |
| 7 | soy | 7 | trigo | 10 | vez |
| 13 | spiritu | 22 | triste | 28 | vezes |
| 418 | su | 6 | tristeza | 18 | vezes |
| 6 | suerte | 14 | tristeza | 8 | vezina |
| 153 | sus | 13 | trotaconventos | 6 | vezino |
| 10 | suyo | 355 | tu | 49 | vi |
| 114 | tal | 7 | tuerto | 15 | via |
| 9 | talente | 53 | tus | 12 | vianda |
| 20 | tales | 189 | un | 10 | vicio |
| 10 | talla | 130 | una | 54 | vida |
| 110 | tan | 7 | unas | 26 | vido |
| 8 | taniendo | 51 | uno | 86 | vieja |
| 12 | tanta | 6 | unos | 10 | viejas |
| 56 | tanto | 7 | urraca | 17 | viejo |
| 12 | tarde | 6 | usan | 35 | viene |
| 354 | te | 6 | usar | 12 | vienen |
| 9 | temor | 17 | uso | 6 | vienes |
| 6 | ten | 22 | va | 9 | viento |
| 21 | tener | 10 | vacas | 9 | vieres |
| 9 | tenga | 8 | vagar | 7 | vieron |
| 16 | tengo | 21 | val | 15 | vil |
| 31 | tenia | 11 | vale | 10 | villa |
| 6 | tenie | 10 | valia | 14 | vinieron |
| 10 | tercero | 8 | valiente | 89 | vino |
| 7 | thesoros | 19 | van | 26 | virgen |
| 96 | ti | 11 | vana | 11 | vista |
| 6 | tien | 13 | vano | 11 | viste |
| 13 | tienda | 7 | varon | 6 | visto |
| 71 | tiene | 13 | vaya | 7 | vo |
| 19 | tienen | 18 | ve | 11 | voluntad |
| 15 | tienes | 8 | vea | 384 | vos |
| 41 | tienpo | 7 | vedes | 36 | vuestra |
| 24 | tierra | 7 | vee | 11 | vuestras |
| 12 | tira | 9 | vegada | 31 | vuestro |
| 104 | toda | 17 | vegadas | 10 | vuestros |
| 69 | todas | 7 | vence | 7 | ximio |
| 164 | todo | 11 | vencer | 9 | xpisto |
| 135 | todos | 12 | venga | 43 | y |
| 17 | toma | 9 | venia | 94 | ya |
| 6 | toman | 6 | venian | 9 | yantar |
| 16 | tomar | 7 | venida | 6 | yaze |
| 12 | tome | 12 | venido | 6 | yaze |
| 11 | tomo | 11 | venir | 7 | yerra |
| 7 | topo | 25 | ventura | 284 | yo |
| 7 | torne | 12 | venus | 9 | yuso |

# APPENDIX 3:
# WORD FREQUENCIES
# ORDERED BY FREQUENCY

| | | | | | | | |
|---|---|---|---|---|---|---|---|
| 2149 | de | 126 | cuando | 59 | cada | 37 | anda |
| 2054 | que | | diz | | fazer | 36 | fazer |
| 1854 | e | 124 | buen | | miedo | | mano |
| 1779 | el | 120 | quien | 58 | estas | | vuestra |
| 1610 | la | 117 | o | | muerte | 35 | aquesta |
| 1275 | non | 115 | do | 56 | dezir | | diablo |
| 1017 | en | 114 | tal | | les | | eres |
| 1014 | a | 112 | buena | | pero | | fecho |
| 850 | por | 111 | nos | | tanto | | seso |
| 710 | con | 110 | tan | 55 | mejor | | viene |
| 611 | lo | 107 | luego | 54 | vida | 34 | alma |
| 580 | me | 104 | toda | 53 | tus | | carnal |
| 553 | los | 100 | cuanto | 52 | dio | | casa |
| 525 | se | 98 | desque | | dixe | | dueñas |
| 507 | le | 97 | era | 51 | amigo | | ellos |
| 490 | las | 96 | ti | | da | | fasta |
| 448 | es | 94 | dia | | uno | | oy |
| 418 | su | | nunca | 50 | mala | | quiero |
| 384 | vos | | sienpre | 49 | faze | 33 | consejo |
| 382 | mi | | ya | | fizo | | cuerpo |
| 378 | mas | 91 | mundo | | vi | | fuego |
| 373 | al | 89 | vino | 48 | aqui | | madre |
| 355 | tu | 88 | cosa | | ende | | no |
| 354 | te | | señor | | faz | | pecado |
| 344 | bien | 87 | muger | 47 | otros | 32 | otrosi |
| 331 | si | 86 | vieja | 46 | alli | 31 | estar |
| 284 | yo | 85 | ha | | dos | | fija |
| 263 | como | | muchas | 45 | lobo | | manos |
| | grand | 84 | he | 44 | grandes | | perder |
| 261 | nin | 83 | don | | mis | | tenia |
| 230 | mucho | 78 | este | 43 | avia | | vuestro |
| 210 | mal | 77 | ay | | doña | 30 | dan |
| 194 | muy | | coraçon | | y | | fijo |
| 192 | dios | | puede | 42 | contra | | han |
| 189 | un | 76 | señora | | leon | | tres |
| 180 | fue | 75 | cual | | mente | | ver |
| 171 | esta | 73 | ca | | quier | 29 | aqueste |
| 164 | todo | | ser | | santa | | creo |
| 157 | dixo | 72 | poco | 41 | tienpo | | chica |
| 154 | amor | 71 | dar | 40 | cosas | | fuerte |
| 153 | sus | | tiene | | otra | | mayor |
| 143 | muchos | 70 | otro | | primero | | ome |
| 141 | ella | | pues | 39 | algo | | verdat |
| 139 | son | 69 | todas | | quiere | 28 | bueno |
| 136 | omne | 68 | ansi | 38 | agora | | despues |
| 135 | todos | | ante | | aquel | | fuy |
| 134 | dueña | 66 | mucha | | aver | | grande |
| 130 | para | 62 | sea | | estava | | pierde |
| | una | 61 | fabla | | fablar | | querria |
| 129 | esto | 60 | dize | | fueron | | rey |
| | sin | | so | | ora | | vezes |

27 amiga
asi
atal
digo
dolor
ello
entre
fallo
lugar
mando
omnes
sabe
saber
santo
26 aina
amigos
cras
dias
estos
fazes
manera
ojos
otras
ovo
poder
vido
virgen
25 deve
ellas
faze
guarda
ir
mesura
nada
noble
noche
pena
servicio
ventura
24 alcalde
coita
cuantos
dicho
fermosa
quieres
segund
tierra
23 arte
começo
dineros
fiz
mugeres
puso
22 ado
aquesto
dezir
dinero
penitencia
quiera
seas
sola
triste
va
21 ayuda
buenas
carrera

casar
cerca
duena
fare
fuese
grado
ladron
loco
malas
mandado
pan
pesar
punto
sobre
tener
val
20 alegria
andan
as
cabo
cantar
cuantas
derecho
endrina
falle
fizo
mill
nuestro
puedo
razon
saña
sotil
tales
19 aquestos
asno
cielo
esa
fe
gelo
locura
mañana
maria
parte
quieren
respondio
sera
solo
tienen
van
veo
18 ama
cierto
chico
das
diga
dizen
eran
ese
juego
libro
malo
memoria
natura
nuestra
pueden
quiso

sentencia
traya
ve
vezes
17 agua
cobdicia
dava
di
dientes
fazen
fuerça
mar
matar
misa
muerto
obra
onrra
padre
plazer
poble
rico
solaz
toma
trabajo
uso
vegadas
viejo
16 almas
amar
andar
boca
carta
cavallo
color
dende
dexa
dize
entendimiento
esperança
fama
gracia
loçana
mata
mur
ojo
pecador
pies
poca
posada
pudo
salud
salvo
tengo
tomar
15 año
aquestas
aun
cabeça
carne
cierta
coida
dexo
dire
dixieron
dulce
dura

fazia
gloria
ira
iva
maguer
medio
mora
orejas
palabras
pecados
peor
poridat
primera
ruego
sabes
sant
seria
servir
tienes
verguença
via
vil
14 andava
antes
ayuno
comer
comia
conplido
contigo
cruz
cuaresma
dando
estando
et
fiesta
guarde
leal
merced
oir
sabio
segundo
sobervia
tristeza
vinieron
13 alegre
amenudo
armas
buenos
clerigos
conmigo
cuales
demanda
deziendo
dichos
eso
fablo
faga
fermoso
joyas
levo
lieva
ligero
loxuria
maneras
marido
mayores

| | | | |
|---|---|---|---|
| muda | vienen | llaga | dezides |
| nuevas | 11 abogado | mejores | dieron |
| ove | acipreste | mengua | doliente |
| partes | alla | menos | dona |
| perdido | avedes | mensajero | enemiga |
| podria | ciencia | mesa | engaño |
| puedes | conpaña | mientes | entrar |
| puerto | culpa | monja | envidia |
| razon | dexar | muerta | estavan |
| respuesta | dicha | necio | firme |
| sierra | digas | negro | fuera |
| spiritu | esfuerço | nueva | gallo |
| tienda | estoria | oficio | gana |
| trotaconventos | falso | omes | gracias |
| vano | frio | oro | guardar |
| vaya | guisa | oviste | infierno |
| 12 algunos | in | paga | lengua |
| alto | ley | papa | linaje |
| andando | maestrias | parientes | manjar |
| ave | malos | pelea | mes |
| avras | mio | peña | moça |
| cartas | ninguno | pereza | monjas |
| comienço | nonbre | plazer | morada |
| conplir | pobres | pone | nasce |
| cuerdo | queredes | poner | oracion |
| deseo | quisiese | poquillo | oras |
| enbia | salvacion | precio | pagar |
| enbio | sey | queria | paraiso |
| enemigo | tomo | quisieres | pasado |
| entender | trae | raposa | paz |
| entiende | vale | saco | penas |
| estan | vana | sano | pequeña |
| fara | vencer | seades | pesa |
| fazen | venir | señores | pie |
| jhesu | vista | sol | piensa |
| levanto | viste | suyo | plaça |
| lio | voluntad | talla | pocos |
| loca | vuestras | tercero | podiese |
| males | 10 anbos | traes | **presta** |
| manda | años | vacas | presto |
| mato | aves | valia | pueda |
| mesmo | bendicion | vez | puesto |
| mesquino | blanca | vicio | quered |
| miente | camino | viejas | querer |
| morir | casado | villa | raçon |
| obras | cobro | vuestros | ranas |
| paso | coidado | 9 ageno | razones |
| podia | cuerda | alta | sangre |
| porfia | dentro | atan | sañudo |
| provecho | dis | aya | segura |
| prueva | dizen | bestias | siete |
| puerta | echo | cantares | signo |
| quieras | enamorado | cara | talente |
| rio | engaña | casamiento | temor |
| roido | estudo | cima | tenga |
| saca | fablas | clara | torpe |
| salio | falsa | coido | trebejo |
| salvar | falla | comadre | vegada |
| tanta | fuero | conviene | venia |
| tarde | gente | crece | verdadero |
| tira | gentes | cuello | viento |
| tome | guardat | cuerpos | vieres |
| venga | id | cuervo | xpisto |
| venido | iglesia | cunple | yantar |
| venus | lidiar | desea | yuso |
| vianda | | | |